动态变形模量E_{v2}检测

路基边坡喷播植草

路基护坡

Q900 型下导梁架桥机

900T 箱梁运架一体机

汀泗河特大桥

东湖特大桥

章水河特大桥

衡阳湘江特大桥

北乡特大桥

东平水道特大桥

南水特大桥

花都特大桥

西华海特大桥

桥隧连接

浏阳河隧道出口明洞段

浏阳河隧道进口

大瑶山1号隧道

五尖大山隧道

刺山隧道

海棠隧道

隧道群

隧道防水层施作

隧道洞内

CRTS Ⅰ 型双块式无砟轨道

CRTS Ⅰ 型板式无砟轨道

轨道粗调作业

道床板钢筋绑扎

道床板钢筋绝缘测试

轨道精调作业

道床板浇筑

路基上成型无砟轨道道床板

单元板铺设

长钢轨现场铺设

长枕埋入式无砟道岔

板式无砟道岔

长沙南站鸟瞰

长沙南站候车厅

长沙南站站台雨棚

岳阳东站

衡阳东站

站场

接触网

恒张力架线车组

车站咽喉区接触网

试验基地

综合接地

铁塔

武广铁路客运专线工程总结

（上　册）

武广铁路客运专线有限责任公司　编著

中国铁道出版社

2012年·北　京

图书在版编目(CIP)数据

武广铁路客运专线工程总结/武广铁路客运专线有限责任公司编著.—北京:中国铁道出版社,2012.12
ISBN 978-7-113-14618-4

Ⅰ.①武… Ⅱ.①武… Ⅲ.①客运专线-铁路工程-概况-中国
Ⅳ.①U212.33

中国版本图书馆CIP数据核字(2012)第088705号

书　　名:武广铁路客运专线工程总结
作　　者:武广铁路客运专线有限责任公司　编著

策　　划:江新锡
责任编辑:江新锡　曹艳芳　冯海燕　　**编辑部电话:**010-51873018　　**电子信箱:**jxinxi@sohu.com
封面设计:郑春鹏
责任校对:孙　玫
责任印制:郭向伟

出版发行:中国铁道出版社(100054,北京市西城区右安门西街8号)
网　　址:http://www.tdpress.com
印　　刷:中煤涿州制图印刷厂北京分厂
版　　次:2012年12月第1版　2012年12月第1次印刷
开　　本:880 mm×1 230 mm　1/16　印张:80　插图:3　插页:10　字数:2 588千
书　　号:ISBN 978-7-113-14618-4
定　　价:485.00元(上、下册)

编辑委员会

序言 *xuyan*

武广铁路客运专线是国家《中长期铁路网规划》中京广铁路客运专线的重要组成部分，位于湖北、湖南、广东三省境内，北起武汉站，途经咸宁、岳阳、长沙、株洲、衡阳、郴州、韶关、清远等市，南到广州南站，全线共18个车站。建筑长度968 km，其中路基323 km、桥梁684座468 km、隧道226座177 km，桥隧比66.7%。全线铺设无砟轨道，采用世界上最先进的国产“和谐号”高速动车组和牵引供电、列车控制、行车指挥等系统，列车时速350 km，行车密度可达3 min/列，是世界上一次开通线路最长，运行速度最快的高速铁路，代表了世界高速铁路的最高水平。

武广铁路客运专线是一个研究探索型的超大规模的系统工程。在铁道部的统一组织下，广大科技和建设工作者，以武汉综合试验段建设为载体，通过原始创新、集成创新、引进消化吸收再创新，在线下基础工程变形控制技术、无砟轨道技术、牵引供电技术、CTCS-3列车运行控制技术、系统集成技术等高速铁路关键技术领域取得一系列重要突破，系统掌握了高速铁路建造技术，走出了一条铁路自主创新的成功之路，形成具有自主知识产权的高速铁路技术体系。

武广铁路客运专线建设采用“小业主、大咨询”的管理模式，实行工程总承包，四电系统集成，中外联合体工程咨询，中外联合体工程监理。在建设管理中，以建设世界一流高速铁路为目标，通过体制创新、管理创新、技术创新，成功地走出了一条具有中国特色的高速铁路建设之路。武广铁路客运专线的开通，对我国大规模高速铁路建设具有引领、示范作用，为铁路实施“走出去”战略提供了有力的支撑。

武广铁路客运专线工程总结充分反映了建设管理、科研、勘察设计、施工、监理等工作情况和创新成果，既总结了建设过程中的成功经验，又反映了建设过程出现的问题和教训，对典型问题作了剖析，并提出了预防和改进建议，是一部实用性强、很有参考价值的文献。这部工程总结对于完善我国高速铁路建设技术标准和管理标准，进一步提高铁路建设水平具有重要意义。

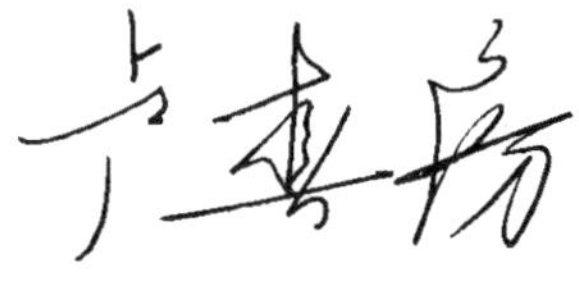

目录 mulu

（上　册）

第一篇　综　　述

第二篇　建 设 管 理

第三篇　勘察设计

（下 册）

第四篇 工 程 施 工

第五篇　科研与技术创新

第一篇

综　　述

武广铁路客运专线连通湖北、湖南、广东三省，北起武汉站，途经咸宁、岳阳、长沙、株洲、衡阳、郴州、韶关、清远、佛山等市，南到广州南站，设计时速 350 km。全线于 2005 年 6 月 23 日开工，2009 年 12 月 26 日开通运营，是世界上一次开通线路最长、运营速度最快的高速铁路，代表了世界高速铁路的最高技术水平。本工程总结编撰范围主要为武广铁路客运专线武汉站(不含)至广州南(不含)。

第一章 工程简介

第一节 建设目的和意义

既有京广铁路武汉—广州段是我国铁路运输最繁忙的干线之一，客流密度居全路之首，长期以来，运能已呈严重饱和状态，成为制约京广大通道运输的“瓶颈”。2002年京广线以占全路3.3%的营业里程，完成了全路客、货运输周转量的16.8%和9%，其中武汉至广州段尤为紧张，2004年新运行图最大区段(株洲至衡阳)图定客车71对，货物列车和行包专列58对，运输能力处于超饱和状态，运输质量难以进一步提高，特别是节假日期间因增开大量旅客列车，货物列车被迫全面停开，严重制约区域经济的发展。同时，国民经济和社会发展对京广通道客、货运输能力和运输质量提出了更高要求。经预测，2020年武汉至广州段最大区段客流密度达6 200万人，货流密度达6 570万t。利用既有线扩能、新建货运双线或其他线路改建分流等方式，均不能彻底解决提高运输能力和运输质量的问题。修建武广铁路客运专线，形成大能力的快速客运通道、实现客货分线运输是彻底解决通道运能矛盾、提高运输质量的最佳选择。

建设武广铁路客运专线，对提高京广大通道的综合运输能力，促进沿线国民经济和区域经济协调发展，具有重大意义。建设该项目，实现客货分线运输，可以使整个通道运输能力达到最大，通道的区段平图能力达到270对客车，货物输送能力8 000万t以上，高速列车最高运行速度可达350 km/h，是彻底解决通道运能矛盾、提高运输质量的最有效途径。项目建成后，从武汉至广州的运行时间可由原来的11 h缩短至3 h左右，在充分满足旅客对快速、安全、舒适、方便和准时出行的不同层次需求的同时，释放既有线路货运能力，货物送达速度可提高15%～20%，有效缓解铁路对煤炭、石油、粮食等重要物资运输的瓶颈制约，促进区域经济的协调发展。

建设武广铁路客运专线，对进一步完善全国铁路运输网，提高全国铁路网的整体运输能力，促进经济社会又好又快发展，实现经济可持续发展战略，具有重大意义。建设该项目，与规划中的北京—武汉、南京—武汉—成都、上海—长沙—昆明以及广州—深圳—香港等数条高速铁路连接，在完善路网建设、实现“四纵四横”建设规划的同时，成为沿线地区社会经济发展的交通命脉，有力促进沿线经济又好又快发展，充分发挥珠江三角洲的区位优势及其辐射带动作用。实践证明，相比其他交通方式，高速铁路的建设在占地、能耗和废气排放等方面都是最低的，用于治理污染的外部成本也是最低的，高速铁路还有相对成本低、速度快、安全性高等方面的经济技术优势，符合可持续发展战略的要求。在国家面临能源安全、资源减少及环境治理日益严峻的形势下，发展节能、环保的高速铁路就更具有其深远的战略意义。

建设武广铁路客运专线，对推进铁路技术进步的重大跨越，加快我国铁路现代化建设步伐，具有重大意义。武广铁路客运专线集世界高速铁路之大成，是世界上一次开通线路最长、运营速度最快的高速铁路，代表世界高速铁路的先进技术水平。通过原始创新、集成创新和引进消化吸收再创新，走出一条中国铁路自主创新之路，系统掌握高速铁路工程建造技术、高速列车技术、列车控制技术、系统集成技术等关键技术，高速铁路技术均达到世界一流水平，形成具有自主知识产权的高速铁路技术体系，实现由世界高速铁路技术的“追赶者”到“领跑者”的历史性跨越。

第二节 建设项目总体目标

建设之初，武广铁路客运专线有限责任公司就积极运筹，通过各种方式组织和动员参建各方和公司的全体员工，深入贯彻落实科学发展观，更新建设理念，开拓管理思路，以实现“一流的工程质量，一流的装备水平，一流的运营管理”、建设世界一流的高速铁路的建设总目标为主线，对建设项目实施了全方位、全过程的目标化管理。根据武广铁路客运专线建设总体目标和铁道部关于进度、安全、质量、投资、环保、技术创新“六位一体”的管理要求，组织编制了全线指导性施工组织设计，制定和确立了建设管理的各项管理目标。

工期目标：总工期 54 个月，其中：施工期 49 个月，综合调试期 5 个月。2009 年底建成通车。

安全目标：消灭责任生产安全较大及以上事故；消灭责任设备、火灾、爆炸等事故；消灭危及铁路行车安全的责任行车险性及以上事故；创建安全生产标准工地，实现安全生产达标。

质量目标：各检验批、分项、分部工程质量检验合格率达到 100%，单位工程一次验收合格率达到 100%。实现设计无隐患、主体工程零缺陷、材料设备无隐患；线路工后沉降、差异沉降及结构变形有效控制，确保设计开通速度，全面满足运营需要。

投资目标：努力降低建设成本，节约资源，将总投资控制在铁道部批准的概算范围内。

环保目标：严格执行国家和地方政府有关环保法规，坚持环保工程与主体工程“三同时”(同时设计、同时施工、同时竣工)原则，确保把工程设计和施工对环境的不利影响减至最低限度，努力实现铁路沿线景观不受破坏，江河水质不受污染，植被得到有效保护，建成绿色环保型铁路。

技术创新目标：以技术创新为先导，在充分利用我国现有技术成果和经验的基础上，通过原始创新、集成创新、引进消化吸收再创新，开展科技攻关和自主创新，在高速铁关键技术上取得突破，系统掌握高速铁路建造技术，形成具有自主知识产权的高速铁路技术体系。

建设管理目标：积极探索和推行“小业主、大咨询”的建设管理新模式，充分发挥咨询、监理的作用，强化过程控制，完善监控体系，整合各方资源，优化施工组织，加快工程进度。按照质量、安全、工期、投资、环保、技术创新“六位一体”的建设管理要求，努力实现“三个一流”的建设目标。

第三节 建设程序与决策

一、立项决策

武广铁路客运专线由武汉天兴洲公铁两用长江大桥工程项目武汉至乌龙泉段、武广铁路客运专线乌龙泉至花都段、广州铁路枢纽新广州客站及相关工程三个项目组成，分别立项批准建设。其中，武汉站由武汉铁路局建设管理，武汉站(不含)至新广州站(不含)由武广铁路客运专线有限责任公司建设管理，新广州站由广州铁路(集团)公司建设管理。

(一)天兴洲公铁两用长江大桥工程项目

1. 2002 年 6 月 19 日，国家发展计划委员会《印发国家计划委关于审批新建武汉天兴洲公铁两用长江大桥工程项目建议书的请示的通知》(计基础〔2002〕1056 号)批准该项目立项。

2. 2004 年 7 月 30 日，国家发展和改革委员会《印发国家发展改革委关于审批新建武汉天兴洲公铁两用长江大桥工程可行性研究报告的请示的通知》(发改交运〔2004〕1503 号)批复该项目可行性研究报告。

3. 初步设计批复

(1)2004 年 9 月 22 日，铁道部和湖北省人民政府《关于新建武汉天兴洲公铁两用长江大桥工程初步设计的批复》(铁鉴函〔2004〕522 号)批复该项目初步设计。

(2)2006 年 12 月 15 日，铁道部《关于新建武汉天兴洲公铁两用大长江大桥及相关工程新建武汉站工程初步设计的批复》(铁鉴函〔2006〕1054 号)批复该项目补充初步设计。

4. 2004 年 9 月 27 日，铁道部发展计划司《关于武汉天兴洲公铁两用长江大桥工程开工建设的通知》(计综函〔2004〕291 号)批准该项目开工建设。

5. 2005 年 5 月 26 日，铁道部发展计划司《关于变更武汉天兴洲大桥出资者代表及建设管理单位的通知》(计建函〔2005〕184 号)将天兴洲大桥项目中的武汉站(含)至乌龙泉段纳入武广铁路客运专线合资建设范围。

(二)乌龙泉至花都工程项目

1. 2004 年 7 月 30 日，国家发展和改革委员会《印发国家发展改革委关于审批新建铁路武汉至广州客运专线项目建议书的请示的通知》(发改交运〔2004〕1500 号)批准该项目立项。

2. 2004 年 12 月 3 日，国家发展和改革委员会《印发国家发展改革委关于审批新建铁路武汉至广州客运专线可行性研究报告的请示的通知》(发改交运〔2004〕2772 号)批复该项目可行性研究报告。

3. 初步设计批复

(1)2004年12月31日,铁道部《关于新建铁路武广客运专线工程试验段站前工程初步设计的批复》(铁鉴函〔2004〕853号)批复武汉工程试验段站前工程初步设计。

(2)2005年5月22日,铁道部《关于新建武广铁路客运专线大瑶山一号等六座隧道初步设计的批复》(铁鉴函〔2005〕306号)批复大瑶山一号等六座隧道初步设计。

(3)2005年12月21日,一部三省《关于武汉至广州客运专线乌龙泉至花都段初步设计的批复》(铁鉴函〔2005〕783号)批复该项目初步设计。

(4)2007年9月4日,铁道部《关于新建铁路武汉至广州客运专线新长沙站补充初步设计的批复》(铁鉴函〔2007〕943号)批复新长沙站补充初步设计。

(5)2008年8月11日,铁道部《关于武广铁路客运专线新清远等11个中间站站房修改初步设计的批复》(铁鉴函〔2008〕896号)批复沿线11座中间站房补充初步设计。

4. 2006年1月26日,铁道部《关于开工建设武广铁路客运专线武汉至花都段工程的通知》(铁计函〔2006〕66号)批准该项目开工建设。

(三)新广州站及相关工程

1. 2004年8月,国家发展和改革委员会《国家发展改革委关于审批广州铁路枢纽新广州客站及相关工程项目建议书》(发改交运〔2004〕1412号)批准该项目立项。

2. 2004年12月28日,国家发展和改革委员会《印发国家发展改革委关于审批广州铁路枢纽新广州站及相关工程可行性研究报告的请示的通知》(发改交运〔2004〕2356号)批复该项目可行性研究报告。

3. 初步设计批复

(1)2004年11月28日,铁道部《关于广州枢纽新广州站及枢纽相关工程站前工程初步设计的批复》(铁鉴函〔2004〕716号)批复该项目站前工程初步设计。

(2)2005年11月21日,铁道部《关于广州枢纽新广州站及枢纽相关工程DK2167+000～DK2216+000段站前工程修改初步设计及站后工程初步设计的批复》(铁鉴函〔2005〕882号)批复该项目DK2167+000～DK2216+000段站前工程修改初步设计及站后工程初步设计。

(3)2006年11月28日,铁道部《关于广州枢纽新广州站及枢纽相关工程新广州站补充初步设计的批复》(铁鉴函〔2006〕971号)批复该项目新广州站补充初步设计。

4. 2006年6月27日,铁道部《关于开工建设广州铁路枢纽新广州站及相关工程的批复》(铁计函〔2006〕499号)批准该项目开工建设。

二、工程招标

设计、施工、监理等中标单位均按照国家招投标法规和铁道部有关招投标规定,在铁道部工程招投标管理办公室和铁道部监察局的监督下,通过铁道部工程交易中心公开招标确定。

(一)设计单位

中铁第四勘测设计院集团有限公司为设计总体单位,设计范围包括:武汉天兴洲公铁两用长江大桥及相关工程项目武汉至乌龙泉段工程、武广铁路客运专线乌龙泉至韶关段工程、广州铁路枢纽新广州站及相关工程项目花都至广州南站工程。

中铁二院工程集团有限责任公司设计范围:武广铁路客运专线韶关至花都段工程。

武汉市建筑设计院负责咸宁北、赤壁北、汨罗东、株洲西站房设计。

中南建筑设计院负责岳阳东、长沙南、衡山西、衡阳东、耒阳西站房设计。

上海联创建筑设计有限公司与中铁工程设计院有限公司联合体负责郴州西、韶关西、清远站设计。

(二)工程咨询单位

工程咨询采取中外咨询联合体方式,中铁第四勘测设计院集团有限公司、中铁二院工程集团有限责任公司与德国欧博迈亚工程设计咨询有限公司组成中外咨询联合体,铁四院为联合体主办方,中铁二院、德国欧博迈亚公司为联合体成员方。

（三）施工单位

全线共分 28 个施工标段，其中线下土建工程标段 13 个，重点控制工程（隧道）标段 4 个，铺轨工程标段 3 个，站房工程标段 5 个，四电系统集成标段 1 个，声屏障标段 1 个、客服系统集成标段 1 个。站前、站房工程采用工程总承包，站后四电工程采用系统集成工程总承包。施工标段划分及中标单位见表 1-1-1。

表 1-1-1　施工标段划分及中标单位

序号	项目	标段	工程范围	正线长度（km）	中标单位
1	线下土建工程	先建段	DK1190＋790～DK1228＋476	37.46	中铁十八局
2		武汉工程试验段	DK1228＋476～DK1238＋750	9.30	中铁八局、德国海特坎普公司联合体
3		XXTJⅠ标	DK1238＋750～DK1341＋415 起点至鄂湘省界	102.8	中铁十一局、中铁十八局联合体
4		XXTJⅡ标	DK1341＋415～DK1592＋585 鄂湘省界至成田塘大桥（不含 SDI 标）	209.19	中铁一局、中铁四局、中铁大桥局联合体
5		XXTJⅢ标	DK1592＋585～DK1713＋536 成田塘大桥（不含）至石机头大桥（含）	119.90	中铁十四局、中铁十六局联合体
6		XXTJⅣ标	DK1713＋536～DK1901＋261 石机头大桥（不含）至湘粤省界	182.24	中铁三局、中铁五局、中铁隧道局联合体
7		XXTJⅤ标	DK1901＋261～DK1989＋500 湘粤省界至二、四院设计分界 （不含 SDⅡ、SDⅢ标）	63.46	中铁十五局、中铁十九局联合体
8		XXTJⅥ标	DK1989＋500～DK2167＋000 二、四院设计分界至终点（不含 SDⅣ标）	142.4	中铁十二局、中铁十七局联合体
9		ZQ-1	DK2167＋000～DK2197＋300	30.3	中铁四局
10		ZQ-2	DK2197＋300～DK2208＋905	11.86	中铁大桥局
11		SYD-6	DK2170＋800～DK2178＋180	7.38	中铁四局、日本海外铁道联合体
12		CCQ-7	DK2208＋905.24～DK2217＋295.93	5.1	中铁十二局
13		JYX-8	DJGK2239＋600～DJGK2243＋439.65	3.84	中铁四局
14	重点控制工程（隧道）	SDⅠ标	DK1378＋781.2～DK1385＋725.42	6.94	中铁一局、铁三院联合体
15		SDⅡ标	DK1908＋200～DK1920＋530	12.33	中铁隧道局
16		SDⅢ标	DK1920＋530～DK1932＋982.03	12.49	中铁十二局
17		SDⅣ标	DK2015＋500～DIK2025＋500 DK2064＋076.8～DK2058＋622	16.76	中铁十一局
18	轨道工程	GDGCⅠ标	DK1188＋000～DK1592＋585	348.82	中铁十一局
19		GDGCⅡ标	DK1573＋988.178～DK1901＋261.72	320.74	中铁四局
20		GDGCⅢ标	DK1901＋261.72～DK2216＋000	293	中铁三局
21	站房工程	WGZFⅡ标	长沙南站		中铁建工集团
22		WGZFⅢ标	咸宁北站、赤壁北站		中铁十一局
23		WGZFⅣ标	岳阳东站、汨罗东站		中建股份集团
24		WGZFⅤ标	株洲西站、衡山西站、衡阳东站、 耒阳西站、郴州西站		中铁建工集团
25		WGZFⅥ标	韶关西站、清远站		中铁二十五局
26	四电集成		武汉至广州南		中铁电气化局、中国铁路通信信号集团联合体
27	声屏障		武汉至广州南		中铁电气化局
28	客运服务系统集成		乌龙泉至花都段 13 个车站站房主体、站台和雨棚		易程科技股份有限公司、中铁电气化局联合体

（四）工程监理单位

工程监理采用中外监理联合体方式，全线共分 6 个监理合同标段。监理标段划分及中标单位见表 1-1-2。

表 1-1-2 监理标段划分及中标单位

序号	项目	标段	监理范围	正线长度(km)	中标单位
1	武汉至花都	JLⅠ标	DK1188+000～DK1341+415 武汉站至鄂湘省界	152.6	沈阳铁路建设监理公司、山东济铁工程建设监理公司、北京通达监理公司、黑龙江中铁建设监理公司、郑州中原铁道建设工程监理公司和韩国铁道施设公团联合体
2		JLⅡ标	DK1341+415～DK1713+536 鄂湘省界至石机头大桥(含)	336.1	华铁工程咨询公司、甘肃铁一院工程建设监理公司、北京中铁诚业工程建设监理公司、北京铁城建设监理公司和德国DEC公司联合体
3		JLⅢ标	DK1713+536～DK1901+261 石机头大桥(不含)至湘粤省界	182.2	西南交通大学工程建设监理公司、武汉桥梁建筑工程监理公司、天津新亚太工程建设监理公司、云南铁路工程监理公司和法国赛特路公司联合体
4		JLⅣ标	DK1901+261～DK2167+000 湘粤省界至花都	247.5	华南铁路建设监理公司、济南铁路顺达工程建设监理公司、长沙中大建设监理公司、广东省广梅汕建设监理公司、广东至艺工程建设监理公司和荷兰阿卡迪斯公司联合体
5	花都至广州南	JL-1	DK2167+000～DK2217+295	47.268	华南铁路建设监理公司、广东至艺工程建设监理公司和德国PEC+S公司联合体
6		JLCCQ	DK2208+905～DK2217+295	5.1	华南铁路建设监理公司

(五)"三电"迁改单位

"三电"迁改共分7个标段，其中武汉至花都段6个，新广州站及相关工程1个。"三电"迁改标段划分及中标单位见表1-1-3。

表 1-1-3 "三电"迁改标段划分及中标单位

序号	标段	里程范围	中标单位
1	SDQG1标	DK1188+000～DK1341+066	中铁十二局电气化工程公司
2	SDQG2标	DK1341+066～DK1501+630	中铁一局电气化工程公司
3	SDQG3标	DK1501+630～DK1667+200	中铁十五局电气化工程公司
4	SDQG4标	DK1667+200～DK1900+560	中铁五局电气化工程公司
5	SDQG5标	DK1900+560～DK2018+652	中铁电气化局二公司
6	SDQG6标	DK2018+652～DK2167+000	中铁四局电气化工程公司
7	新广州站及相关工程	DK2167+000～DK2217+195	中铁四院、中铁二十五局电务工程公司联合体

(六)工程质量专项检测单位

工程质量专项检测共分9个标段，对全线桩基工程进行第三方检测。工程质量专项检测标段划分及中标单位见表1-1-4。

表 1-1-4 工程质量专项检测标段划分及中标单位

序号	标段	里程	中标单位
1	Ⅰ标	DK1188+000～DK1255+386	武汉铁路科技公司武汉铁路工程质量检测站
2	Ⅱ标	DK1255+386～DK1341+416	中铁二院
3	Ⅲ标	DK1341+416～DK1474+600	中铁三院岩土工程公司
4	Ⅳ标	DK1474+600～DK1592+585	中南大学土木工程检测中心
5	Ⅴ标	DK1592+585～DK1713+536	安徽中铁工程技术服务公司
6	Ⅵ标	DK1713+536～DK1901+262	中铁西南科研院公司
7	Ⅶ标	DK1901+262～DK1989+500	山东铁正工程试验检测中心
8	Ⅷ标	DK1989+500～DK2056+400	铁四院工程监理咨询公司
9	Ⅸ标	DK2056+400～DK2167+000	中铁西北科研院公司

第二章 工程概况

第一节 自然特征和地质概况

一、线路走向

武广铁路客运专线起于武汉站北侧 DK1188＋000，终于广州南站南端 DK2220＋158，途经武汉、咸宁、岳阳、长沙、湘潭、株洲、衡阳、郴州、韶关、清远、佛山、广州三省十二市，建设长度 968 km。

湖北段线路起自武汉市东侧杨春湖畔的武汉站，经由东湖风景区东侧绕行，跨枢纽南环线后经流芳过东湖开发区，由江夏区乌龙泉东侧傍梁子湖西侧南下，经横沟桥折向西南，跨京广铁路后在咸宁市西北侧设咸宁北站，两跨京珠高速公路后穿行将山至赤壁市西北侧设赤壁北站，后跨陆水，踏鄂南残丘南下，跨新店河，由赵李桥西侧出湖北省。

线路由临湘进入湖南境内，以多座短隧道穿越湘北的低山与丘陵，跨京广铁路，经临湘市西侧白云镇附近，以 6 859 m 隧道穿五尖大山森林公园进入岳阳市，在岳阳开发区东侧 2.5 km 处设岳阳东站，出站后折向南，过鹰嘴山隧道后脱群山之羁，进入洞庭湖平原。其后，线路跨新墙河、罗水、汨水，在汨罗市东设汨罗东站。

线路入长沙市境后傍黑麋峰东麓南行，跨白沙河、捞刀河，至长沙经济技术开发区下潜入地，以 10 115 m 长的浏阳河隧道穿城过河后，于长沙东侧的黎托乡设长沙南站。出站后，线路沿京珠高速公路东侧南行，在株洲白马垅、湘潭十里冲分跨京广、沪昆铁路，并设置株洲北、株洲南联络线，沟通既有京广、湘黔铁路，在株洲马家河首跨湘江，于株洲市开发区西侧设株洲西站，此后经湘潭白石、茶恩寺，在南岳衡山东麓设衡山西站，经九观桥越岭后进入衡阳盆地。

其后线路在茶山坳杨家洲附近复跨湘江，上跨京广铁路后在耒水之滨的咸塘设衡阳东站。其后跨耒水，于既有京广线西侧，伴欧阳海干渠南行，在耒阳市西侧设耒阳西站。线路穿越丹水岭隧道后进入湘南中低山区，至郴州开发区西侧傍增湖岭依山设郴州西站。其后跨仙岭水库并折向东南，选取骑田岭与五盖山夹持的垭口，于良田上连溪登顶翻越南岭，实现由长江水系向珠江水系的跨越。此后，经折岭，跨章水河，走杨梅山，穿银岭头隧道出湖南省。

线路由乐昌进入广东，经庆云，以三座长度分别为 10 081 m、6 024 m、8 387 m 的长大隧道，于武水东侧穿越大瑶山，过北乡后于乐昌市东南侧设乐昌东站，其后跨京广铁路、武水，至韶关市西侧转而折向西南，在其规划西联新城西侧依山设韶关西站，尔后走北江西侧南下，穿 7 582 m 的牛岭隧道至英德，于其城市西侧设英德西站，出站后穿 5 558 m 的高岭隧道，跨连江，走北江西岸，过黎溪、高田圩，在白庙跨越北江，与白家望设置清远站。其后线路经银盏，穿大窝山隧道进入珠江三角洲平原。进入花都后，一桥飞跨狮岭镇，续跨京广线至其西侧后，在既有广州北站对侧并行设站，其后线路折向西南，在大田跨流溪河，西华跨珠江主干，至金沙洲附近以长度 4 434 m 的隧道下穿浔峰山及环城高速沙贝枢纽立交后，跨珠江东平水道、陈村水道，终至番禺区石壁，设广州南站而止。

二、沿线自然特征

(一)地形地貌

武广铁路客运专线自江汉平原穿越湘鄂交界的五尖大山进入洞庭湖盆地，之后线路行经于长沙、株洲、衡阳三大红层盆地，进入湘南中高丘陵区，线路过郴州后行径于五盖山与骑田岭夹持地带，于武水东穿越南岭瑶山山脉后进入韶关断陷盆地，然后线路顺北江西岸南行，穿越粤北低山丘陵区或河谷区，进入珠江三角洲平原。沿线城镇星罗棋布，建筑群、开发区等比比皆是，部分基本城市化，107 国道及京珠高速公路纵贯全境。

乌龙泉至咸宁段、花都地区地处江汉平原及珠江三角洲，以垄岗地貌为主，间剥蚀残丘，区内发育湖汊港地，湖泊、水塘星罗棋布，水网密布。赤壁至岳阳、易家湾、白石铺至衡阳北一带、耒阳至郴州、乐昌至沙口以中高丘陵为主，其他以丘陵地貌为主，间中低山区，山岭海拔标高一般为 462～702.9 m，相对高差 100～270 m，山势较陡，自然边坡在 25°～45°之间，丘坡植被茂密，多有基岩出露，风化剧烈，其内丘谷相间，且多发育 V 型谷地；郴州至连江口段发育岩溶盆地、峰丛等岩溶地貌景观；岳阳至汨罗、长沙、株洲、衡阳地区为盆地地貌，以剥蚀丘陵为主，地势波状起伏，切割深度一般 10～30 m，部分地段小于 10 m，一般海拔高程 60～100 m 左右，区内沟谷宽浅，呈树枝状，谷地水塘星罗棋布，“梳状”坳沟发育，沿主干沟谷及沟谷交汇部位，多形成宽阔的溪谷平原，与区域外围的中、高丘陵地形相比较，高差一般在 40～100 m 之间。临湘至岳阳之间的五尖大山，以及湘粤交界的南岭瑶山山脉为中低山区，五尖大山峰岭标高为 588.1 m，相对高差 170～393 m；南岭瑶山山脉区内最高峰岭标高近千米，山峦巍峨，河谷深切，地形险峻，东有五盖山，西为骑田岭，南为大瑶山东西向山脉，武水乘隙穿凿其间，两岸沟壑纵横，河床狭窄，水流湍急，是著名的九龙十八滩险地所在，是全线地形、地质最困难地段。沿线植被茂盛，大部分山区为封山育林区，水土保持较好。

长江、湘江、北江及其一级支流两岸，多发育冲积平原，由河漫滩及一至五级阶地组成，宽几公里至十多公里，以乌龙泉至咸宁、岳阳、长沙、株洲、衡阳、清远、花都为典型，其内沟塘密布。其中二至五级阶地大多“丘陵化”，组成岗状平原地貌，地势波状起伏，坡度 4°～10°；一级阶地，阶面标高一般为 30～40 m，阶面平坦，微向河谷倾斜，宽一般数百米。部分地段发育埋藏古河道；河漫滩，地势平坦，高出当地河水位 1～6 m，洪水季节多被淹没。

(二)气象特征

湖北、湖南及广东省乐昌以北地区属亚热带季风气候，四季变化明显，雨量充沛，汛期雨量集中。冬季多年平均气温为 7.5℃，夏季多年平均气温 28.0℃，年较差 23.0℃，极端最高气温可达 40℃以上，极端最低气温不到－10℃。沿线最热 7 月，最冷是 1 月。沿线平均降雨量在 1 470～1 500 mm 之间，65％以上的降雨量集中在春、夏两季。

乐昌至广州段属热带、亚热带季风气候，四季不甚分明，冬无严寒、夏无酷暑，阴雨天多，汛期(4 月～9 月)占全年雨量的 70％～90％，且暴雨强度很大。雨量不仅在季节上分配不均，而且在地区、年季变化也大，10 年间平均年降水量变化范围为 1 280～2 231 mm，局部范围的雨量变化幅度更大。四季的主要特点是：春季阴雨，雨天较多；夏季高温湿热，水汽含量大，暴雨集中；秋季常有热雷雨和台风雨；冬季低温，雨量稀少，北部则有短期严寒霜冻。

(三)河流水系

本线主要穿越长江水系和珠江水系。

穿越长江水系时，湖北境内主要与淦河、陆水、新店河等相关，湖南境内主要与湘江干流及其支流新墙河、汨罗江、白沙河、捞刀河、浏阳河、耒水等相关。

穿越珠江水系时，主要与北江干流及其支流武水、连江以及广州地区东平、东村等水道相关。

(四)自然保护区与保护动物

与本线相关的保护区有：武汉东湖风景名胜区、咸宁斧头湖湿地保护区，临湘五尖大山森林公园、岳阳县新墙河水源保护区，粤北华南虎省级自然保护区、石门台省级自然保护区、银盏森林公园和飞来峡风景区等。

沿线保护动物主要为粤北地区的华南虎。

三、地质概况

(一)工程地质

1. 地层岩性

沿线地层岩性从元古界至新生界第四系地层出露齐全。耒阳以北以冷家溪群、板溪群及震旦系板岩、粉砂质板岩、千枚状板岩，浅变质石英砂岩、长石石英砂岩，白垩系—下第三系棕红色钙、泥质粉砂岩、砂砾岩、泥岩等地层为主；耒阳至沙口段以及花都一带以泥盆系、石炭系灰岩、白云质灰岩、泥质灰岩、含砾石英砂岩、页岩、泥质细砂岩等地层为主，其中大瑶山一带中低山区广布寒武系、震旦系板岩、长石石英砂岩、燧石灰岩等地层，而马田至郴州二叠系含煤地层分布较广，煤质较好，为区内主要采煤地层，韶关地区以及花都石炭系测水段含煤地层零星分布，煤质相对较差，多为零散的小煤窑开采；泥盆系桂头群含砾石英砂岩及石英砂岩于韶关以南成片分布；长沙捞刀、衡山以北和连江口至狮子脑一带大面积出露燕山期花岗岩、细粒二云母二长花岗岩、黑云母花岗岩等，其全风化层厚一般 20～35 m。第四系地层广布于江河两岸冲积平原区、丘陵区及山间谷地。岩性以黏土、粉质黏土、网纹状黏土、砂、卵、砾石土为主，其中埋藏古河道区、湖汊港地区等积水低洼地带具淤泥、淤泥质黏土等。

2. 地质构造

武广铁路客运专线乌龙泉至花都段跨越两个一级构造单元：长沙以北属杨子准地台，长沙以南属南华后加里东准地台。先后通过山字形弧形构造、华夏系构造体系、新华夏构造体系、纬向及经向构造体系，各构造体系相互切割、交接、穿插，使区内构造变得较为复杂。尤其是郴州至乐昌段线路穿越南岭纬向构造及粤北山字形构造，这两大华南地区的巨型构造各自组合成特殊的构造格局，构成复杂的地质背景，褶皱强烈、区域性大断裂及富水性构造发育，岩溶等不良地质普遍，分布广泛而复杂。

3. 不良地质及特殊地质

沿线不良地质及特殊地质以采空区、岩溶、软土及松软土，膨胀土及网纹状红土等为主，危岩落石、堆积体、塌岸、滑坡、地震区，岩盐等沿线零星分布。

(1)岩溶

本线岩溶主要分布在乌龙泉至临湘、长沙芦狄塘、株洲中路铺及马家堰，耒阳至英德、狮岭至花都等地，总长度约 304.2 km，占全线总长度的 34.77%，是全线最主要的不良地质问题之一。

岩溶发育程度与岩组、构造等密切相关，且地区差异性大。其中咸宁至临湘部分地区以及郴州至英德段，岩溶大多为中强发育，分布岩溶洼地、地下暗河、岩溶大泉等，经钻探揭示，韶关地区个别溶洞洞径达 22 m，工程地质、岩溶水文地质条件差，对铁路影响相对较大。

(2)软土及松软土

本线软土及松软土地基主要分布在乌龙泉至咸宁的湖汊港地区、蒲圻至临湘丘间谷地、岳阳地区的新墙河冲积阶地，汨罗至长沙的捞刀河、浏阳河冲积一级阶地区，湘江冲积一级阶地区，北江一、二级阶地及支流谷地，狮岭至花都间珠江三角洲平原，其他河流冲积阶地区、丘间谷地区零星分布；多呈层状及透镜状分布，厚度一般小于 7.3 m，部分地区厚度达 15 m，主要为淤泥、淤泥质黏性土、软黏性土，具有孔隙比大，含水量高，压缩模量大，物理力学性质差等特点；设计桥梁通过一般应采用桩基础，路基通过应视基底稳定及工后沉降，采取相应的加固措施。

(3)矿产采空区

矿产采空区沿线分布较为广泛，主要分布在郴州地区及韶关地区，成矿地层以二叠系龙潭组、石炭系测水段以及三叠系含煤地层为主，其次泥盆系地层中含硫铁矿等。大部分矿区线路已基本绕避，仅韶关地区的仙人影小煤窑、沙元煤矿以及 DK1995＋300～DK1995＋600 段有三个矿区对线路有所影响，线路均以隧道从采空区底部通过，并加强支护及防水处理。

(4)风化剥落、坍塌及顺层

选线时虽然尽量考虑避开深挖方，但局部地段挖深仍然较大，由于山势较高、构造发育、岩体破碎，受断层带、岩层接触带及破碎岩体软弱结构面组合等原因，切坡后坡在水或外界因素的影响下极易产生边坡失稳；沿线软岩变形、顺层问题及郴州至韶关一带的二叠系及石岩系软硬岩(夹)互层高边坡问题尤其突出，工程地质条件差，隧道通过易产生围岩变形及塌顶等危害，需加强衬砌；路基地段通过边坡稳定性差，应尽量降低边坡高度，并加强支护措施，部分地段需采取边坡监测措施。

(5)膨胀土及灰岩残积层红黏土

沿线乌龙泉至咸宁的垄岗区，第四系更新统黏性土及耒阳至英德的丘陵区的灰岩残积层黏性土，部分地段属弱膨胀土或红土，由于其具有较强的往复胀缩性，水理性差，其工程地质条件差，采用桥梁通过应注意基坑防水，基础应有一定的埋置深度，采用路基通过边坡稳定性差，应尽量控制边坡高度，并加强支挡防护措施。

(6)地震

本线仅岳阳至汨罗段地震动加速度为0.1g,其余地段均不大于0.05g。动反应谱特征周期均为0.35 s。

(7)有害气体

本线有害气体根据调查含量一般较低,沿线小煤窑亦未出现过瓦斯爆炸,但对隧道工程具有一定的影响,施工中应做好监测及通风工作,采取有效的安全防护和应急处理措施。

(8)放射性

根据有关资料,粤北山区燕山期侵入岩一般含放射性物质,临近我国三大主要铀矿成矿带,可能具有较高的放射性。根据地质测绘,表明在樟市小江林场附近曾经进行过铀矿勘察,因而本线以牛岭隧道通过。

(9)液化土地层

新墙河特大桥、罗水及汨罗特大桥局部分布有液化土地层,其液化等级属轻微,桥梁基础一般应采用桩基。

滑坡、坍塌、岩堆、坍岸、堆积体等不良地质体,沿线零星分布,且规模小,铁路通过较易处理。

(二)水文地质概况

本线水文地质条件复杂,地下水类型有碳酸盐岩类岩溶水、松散岩类孔隙水、基岩裂隙水(含碎屑岩类、岩浆岩类、变质岩类等)、红层裂隙孔隙—溶洞水四大类。

碳酸盐岩类岩溶水多以地下暗河、岩溶泉排泄出地表,补给区范围与地下水系统分布范围基本一致,有水平径流带与垂向径流带,地下水具有系统复杂、水位变化大、径流速度和径流量随季节变化大等特点,排泄带是基本集中。一般裸露型岩溶区,地下水埋藏较深,覆盖型岩溶区,碳酸盐岩类隐伏型岩溶很发育,在地下水流长期作用下,易发生塌陷等不良地质现象。

松散岩类孔隙水存在于河流、湖泊及其支流河漫滩、沿岸阶地中。其中全新统地层内主要为孔隙潜水,更新统地层内主要为承压水,化学类型为低矿化的重碳酸型水,一般无侵蚀性。

基岩裂隙水分布广泛,地下水主要赋存于构造裂隙中,局部存在层间裂隙水及带状裂隙水,岩溶发育区的基岩裂隙水,以层状裂隙水及带状裂隙水为主。一般构造复合部位、多期断裂及断裂密集带地下水汇集,水量丰富。水位埋深3~43 m,衡山一带水位埋深1.6~2 m。

基岩裂隙水的地下仅长沙至衡阳段对混凝土大部分具溶出型弱侵蚀,局部还具有硫酸型酸性弱侵蚀,另外耒阳至韶关段的二叠系龙潭组与石炭系测水段含煤系地层中的基岩裂隙水对混凝土大多具溶出型弱侵蚀。

红层裂隙孔隙—溶洞水:一般红层地下水富水性贫乏~极贫乏,仅伞铺垄短轴向斜核部地下水十分发育,且具承压性,对伞铺特大桥基坑影响较大;杨梅山地区及其他部分地区,红层地下水存在着泥岩风化裂隙溶孔水、砂砾岩裂隙孔隙层间水及钙质砾岩裂隙岩溶水,富水性中等至丰富。地下水位的起伏与地形变化基本一致,一般径流深度较大,部分地下水在沟谷中以下降泉的形式排泄,部分地下水作深部径流,水位埋深3.5~27.7 m。部分对混凝土具溶出型弱侵蚀。

第二节 主要技术标准

一、正线主要技术标准

设计速度:350 km/h;

铁路等级:客运专线;

正线数目:双线;

最小曲线半径:区间7 000 m,枢纽内根据速度目标值选取;

正线线间距:5 m;

最大坡度:一般12‰,最大20‰;

到发线有效长度:650 m;

牵引种类:电力;

列车运行控制方式：自动控制；

调度指挥方式：综合调度集中；

建筑限界：按《新建时速 300～350 公里客运专线铁路设计暂行规定》(铁建设〔2007〕47 号)执行。

二、其他线路主要技术标准

联络线、动车走行线等其他线路，按确定的速度目标值采用相应的技术标准。株洲北联络线：140～200 km/h；株洲南联络线：120～200 km/h；株洲十里冲西南(南西)联络线：120～200 km/h；长沙(株洲)枢纽西北联络线：140 km/h；广州北联联络线：140～200 km/h；动车组联络线：不大于 120 km/h；养护维修列车走行线：不大于 100 km/h。

第三节　工程特点和主要工程数量

一、工程特点

(一)工程地质、水文地质复杂，工程量浩大

武广铁路客运专线横跨湖北、湖南、广东三省一千多公里，穿越建筑密集的武汉、长沙、广州等大中城市群，跨越江河湖网密布的长江和珠江两大水系，穿越山峦巍峨、河谷深切、地形险峻的南岭瑶山地区，全线江河、丘陵、山区等地形地貌丰富，工程地质和水文地质条件极其复杂。全线设桥梁 464.9 km、隧道 177.6 km，桥隧长度占线路全长的 66.7%，涉及武汉、长沙(株洲)、衡阳、广州四个铁路枢纽，工程类型繁多，工程量浩大。

(二)征地拆迁、三电迁改任务重，施工干扰大

沿线经济发达，城镇星罗棋布，人口密集，建筑群、开发区较多，全线共征地 7.21 万亩，拆迁房屋 380.63 万 m^2，三电迁改 7 536 处，征地、迁改的任务繁重、难度大，直接影响工程建设的整体推进。

(三)建设组织难度大

武广铁路客运专线是一项全新的研究探索型的超大规模系统工程，建设过程中需攻克我国高速铁路建设的诸多新问题。全线工程规模大、技术标准高、施工难度大、质量要求严、工期要求紧，建设管理任务重，组织难度大。

(四)技术标准高

全线按设计时速 350 km 一次建设，为满足列车运行的高速度、高舒适性和高安全性，对线下基础工程变形控制、无砟轨道平顺性、牵引供电、通信信号、系统集成等技术标准提出更高的要求，全线大量采用了新技术、新结构、新材料、新工艺，路基工后沉降要求达到"零沉降"，工程质量要求达到"零缺陷"。

(五)安全风险高

沿线工程地质复杂，岩溶地段达 310 km，共有隧道 226 座 178 km，大部分为岩溶和软弱围岩隧道，尤其是下穿长沙市区的浏阳河隧道和下穿广州市的金沙洲隧道，以及多次穿越富水断层破碎带的大瑶山隧道群，施工安全风险极大。沿线跨越既有铁路和等级公路 135 处，其中跨越京广、沪昆等铁路干线 16 处，跨越京珠等高速公路 25 处；全线架设 900 t 箱梁 10 638 孔，现浇箱梁 2 854 孔、连续梁 122 联，铺设轨道 2 000 多公里，大量的跨线施工、深水大跨桥梁施工、大型机具施工及联调联试等，施工安全风险高。

(六)环保要求严

沿线涉及东湖国家风景区、粤北华南虎省级自然保护区等 8 处生态敏感区，环境影响报告书审查意见对全线生态敏感区保护、水环境保护、声环境控制、振动防治、电磁污染防治、集约用地、临时用地生态恢复、绿色通道等提出了严格的要求，全线环境敏感点多、环保要求严。

二、主要工程数量

武汉(不含)至广州南(不含)主要工程数量见表 1-2-1。

表 1-2-1 武汉(不含)至广州南(不含)主要工程数量

项目		区段	武汉(不含)至乌龙泉(不含)	乌龙泉至花都(不含)	花都至广州南(不含)	全线	备 注
路基		土石方总量(万 m^3)	307	9 484.628	916.000	10 707.63	正线路基总长 320.184 km,占线路总长 33.3%
		每 km 土石方数量(万 m^3)	47.94	30.7	189.41	33.44	
桥梁		特大桥(座/km)	10/33.266	212/293.942	6/36.193	228/363.401	总计 676 座,长 463.591 km,占线路总长 48.2%
		大桥(座/km)	3/0.826	341/89.618	1/0.341	345/90.785	
		中桥(座/km)	1/0.044	102/9.361	0/0	103/9.405	
隧道		特长隧道(座/km)	—	2/20.196	—	2/20.196	总计 226 座,长 177.598 km,占线路总长 18.5%
		长隧道(座/km)	—	11/57.161	1/4.469	12/61.63	
		中长隧道(座/km)	1/1.173	55/60.5	—	56/61.673	
		短隧道(座/km)	3/1.105	152/32.785	1/0.209	156/34.099	
轨道		正线铺轨(km)	81.95	1 748.764	92.032	1 922.746	无砟轨道 955.690 双线 km,有砟轨道 5.683 双线 km
		高速道岔(组)	—	159	10	169	
车站		始发站(座)	—	长沙南站	—	1	
		客运站(座)	—	咸宁北、赤壁北、岳阳东、汨罗东、株洲西、衡山西、衡阳东、耒阳西、郴州西、韶关西、英德西、清远	广州北	13	
		越行站	—	乌龙泉东、乐昌东	—	2	
四电集成	通信	敷设通信光缆(km)	204.22	3 183.727	238.373	3 626.32	
		通信电缆(km)	9.57	149.26	11.17	170	
		GSM-R 基站(个)	22	290	18	330	
		光纤直放站(远端机)(处)	6	422	7	435	
	信号	信号中继站(个)	3	48	2	53	
		信号电缆(km)	53.85	483.42	66.120	603.39	
		微机连锁(站)	2	16	2	20	
		CTCS 列控系统(站)	5	66	5	76	
		调度集中(站)	2	16	2	20	
		微机监测(站)	5	66	5	76	
	牵引供电	架设接触网(条公里)	232.423	2 432.617	311.66	2 976.7	
		牵引变电所(处)	1	18	1	20	
		开闭所(处)	1	2	1	4	
		分区所(处)	1	17	1	19	
		AT 所(处)	1	35	2	38	
		AT 兼开闭所	1	0	0	1	
		电力 SCADA 系统(套)	25	531	214	770	
	电力	电力贯通电缆(km)	109	2 196	123	2 428	
		箱式变电站(处)	23	592	25	640	
		电力配电所(处)	3	21	2	26	
征地拆迁数量		湖北省	征地(亩)	13 701.23	拆迁(万 m^2)	95.59	
		湖南省		39 860.47		173.21	
		广东省		18 526.39		111.83	

第四节　主要建设过程

一、公司组建

2004 年 5 月 9 日，铁道部以铁劳卫函〔2004〕236 号决定成立武广铁路客运专线建设筹备组。

2004 年 10 月 3 日，铁道部以铁劳卫函〔2004〕537 号决定撤销武广铁路客运专线建设指挥部筹备组，成立武广铁路客运专线公司筹备组。

2005 年 5 月 28 日，铁道部与湖北、湖南、广东三省出资者代表共同签署《合资建设经营武广铁路客运专线合同书》和《武广铁路客运专线有限责任公司章程》。

2005 年 6 月 18 日，武广客运专线有限责任公司召开第一次股东会和第一届董事会第一次会议，明确了公司的组织领导机构和运作机制。

2005 年 6 月 21 日，武广铁路客运专线有限责任公司在湖北省武汉市注册成立，负责武广铁路客运专线的建设和经营管理。

二、建设进度

2005 年是武广铁路客运专线建设的起步年。以推进公司建设、项目前期工作、方案稳定、勘察设计、征地拆迁、工程招标、试验段开工等工作为重点，公司精心组织、强力推进，为武广客专建设的良好开局积极创造条件。公司全面介入前期勘察设计工作，严把工程源头，加强对地质勘探组织和检查监督，组织 1 800 台钻机同时作业，完成钻探工作量 178 万 m，将地勘成果及时用于设计，确保设计质量。2005 年 5 月，武汉工程试验段和重点控制工程陆续开工建设，6 月 23 日，铁道部在长沙召开武广铁路客运专线开工动员大会，8 月 22 日，中共中央总书记、国家主席胡锦涛视察建设中的武汉天兴洲长江大桥时，要求“将武广铁路客运专线建成中国铁路建设史上新的里程碑工程”，使全体建设者受到巨大鼓舞和鞭策。

2006 年是武广铁路客运专线建设开局年。年初线下土建大标段施工单位跑步进场，抓紧完成了各项施工准备。各参建单位抓住时机，迎难而上，克服征地拆迁、设计供图以及粤北百年不遇的特大洪水灾害等重重困难，逐步形成了施工高潮，顺利完成了年度各项建设任务。全年累计完成投资 211.2 亿元，路基土石方 6 484 万 m^3，大中桥 93 717.3 成桥米，隧道 53 123.4 成洞米，夺取了开局之年的全面胜利。

2007 年是武广铁路客运专线建设攻坚年。线下工程和制架梁施工全面展开，站房工程陆续开工。参建各方努力克服设计供图、设计咨询和征地拆迁难关，大力抓好重难点控制工程施工，针对每项工程存在的主要问题，制定措施，细化安排，狠抓落实，不断加快施工进度。1 月 10 日，江夏梁场开始预制第一孔箱梁，3 月 15 日开始架设第一孔箱梁，3 月 29 日开始第一孔现浇箱梁施工，11 月长沙南站开工。全年完成投资 272.2 亿元，累计完成土石方 9 023.6 万 m^3，桥梁 34.7 万成桥米，隧道 14 万成洞米，涵洞 2.11 万横延米，房屋 11 378 m^2。全线除浏阳河隧道和花都特大桥外，其他重点控制工程完成 70%以上，武汉综合试验段线下工程基本完工，实现了攻坚目标。

2008 年是武广铁路客运专线建设决战年。全年以线下工程基本完工、无砟轨道和站后四电施工全面展开、武汉综合试验段建成并投入试验为重点，统筹协调、精心组织铺轨铺岔、站前站后施工。3 月 12 日开始首段无砟轨道施工，5 月线下主体工程基本完工，6 月 27 日四电系统集成全面开工建设，6 月 29 日开始从横沟桥铺轨基地向北铺设武汉综合试验段长轨。为加快铺轨工程进度，7 月 29 日武广公司研究决定，在株洲（白马垅）增加一个铺轨基地，以东南联络线和武广铁路客运专线作为长轨运输通道。10 月沿线中间站站房全面开工建设，11 月武汉综合试验段全面建成达到综合试验条件。全年完成投资 367.4 亿元，累计完成路基土石方 10 180.9 万 m^3，占设计的 100%，路基附属工程完成 95%以上；桥梁完成 46.5 万成桥米，占设计的 99%；隧道完成 175 306 成洞米，占设计的 99%；无砟轨道完成 1416 单线公里，占设计的 75%，铺轨完成 398 km，占设计的 20%；房屋完成 138 887 m^2，占设计的 46%；四电集成工程完成 30%。

2009 年是武广铁路客运专线建设决胜年。各参建单位以年底开通运营为目标，进入最后冲刺阶段，抓紧完成工程竣工和联调联试，同心协力，决战决胜。1 月 5 日完成全部现浇梁，3 月 31 日完成全部桥梁架设；

5 月 30 日完成全线无砟轨道，9 月 26 日完成全部长轨和道岔铺设；11 月站房和四电工程全面完成，全年完成投资 309.6 亿元。从 6 月 10 日开始，全线分 5 个区段进行联调联试，历时 5 个多月，于 10 月 31 日完成全线联调联试。11 月 25 日完成全线拉通试验并开始试运行，12 月 15 日通过铁道部初步验收，12 月 26 日正式开通运营。

广大建设者经过四年半的艰苦努力，顽强拼搏，成功建成了世界上一次开通线路最长、运营速度最快的高速铁路，实现了建设世界一流高速铁路的目标。

第三章 综合评价

武广铁路客运专线是我国首条长大高速铁路，面临诸多技术和管理难题。武广铁路客运专线有限责任公司采取全新的建设管理模式，精心组织施工，经过各参建单位的顽强拼搏和同心协力，工程建设安全优质、快速有序，攻克了高速铁路建设技术新的制高点，实现了项目建设总体目标，树立了中国铁路建设史上一座新的里程碑。

武广铁路客运专线是当前世界高速铁路技术的集大成者，在广泛借鉴国内外新技术、新结构、新材料、新工艺的基础上，按照“引进、消化、吸收和再创新”的理念，大胆创新，在高速铁路关键技术领域取得了一系列重要突破，在线下基础工程变形控制、无砟轨道、全补偿弹性链型悬挂接触网、CTCS-3 列车运行控制技术等方面走出自主创新的成功之路，形成了具有我国自主知识产权的高速铁路技术体系。

武广铁路客运专线全面实现了高速度、高密度、高安全性、高平稳性组织行车的设计目标，满足了运输要求。动态检测报告表明：轨道状态、接触网、路基及过渡段、轨道结构、道岔、桥梁等满足 CRH_2 型、CRH_3 型单列和重联动车组 350 km/h 速度运行的安全性、平稳性要求；隧道气动效应和列车空气动力学以及气动力作用下的动车组动力学性能指标满足 CRH_2 型和 CRH_3 型单列、重联动车组 350 km/h 通过隧道或在隧道内交会时的安全性、平稳性要求；CRH_2 型和 CRH_3 型动车组以 350 km/h 运行时，振动、噪声和电磁兼容性满足相应标准要求；通信系统满足语音和电路域相关指标要求；CTCS-3 级列控系统、联锁系统和 CTC 等系统功能满足设计要求，满足开通运营时速 350 km 要求。2009 年 12 月 9 日，武广铁路客运专线创造了重联动车组时速 394.2 km 的世界纪录。

武广铁路客运专线不仅是一条高速线，更是一条科技线、创新线，积累了我国高速铁路建设的宝贵经验，对大规模高速铁路建设具有引领、示范作用。武广铁路客运专线的成功建成，极大地推进了我国铁路技术进步，为加快铁路现代化建设步伐和铁路实施“走出去”战略提供了有力的支撑。

第二篇

建设管理

武广铁路客运专线的建设过程是在不断探索、研究和创新中推进的，面临诸多新情况、新问题。铁道部领导和有关部门经常深入现场检查指导工作，解决建设中的重大问题。采用部省合资建路模式，各级地方政府积极做好征地拆迁和路地协调等工作，全面支持和参与工程建设。这些都为顺利完成武广铁路客运专线建设任务提供了坚强保证。

建设过程中，建设单位以管理制度、人员配备、现场管理、过程控制标准化管理为基础，全面落实质量、安全、工期、投资、环境保护和技术创新“六位一体”的管理要求，充分依托武汉综合试验段，大力推行“试验先行、样板引路”，坚持铁路建设程序、依法合规，认真履行职责，强化服务意识，积极协调解决问题。设计单位不断开展技术攻关，优化施工设计，主动配合现场施工，不断提高设计质量。施工单位建立健全质量保证体系，强化现场管理，针对技术难题，整合集团资源，组织科技攻关，狠抓控制工程和重点工程。监理单位加大监控力度，加强重点工序、关键部位施工的旁站监理。各参建单位高度重视质量管理，坚持样板引路，推行首段工艺评估，认真贯彻执行施工作业标准化、质量检测数据化、验收评定规范化，确保工程质量；始终坚持“安全第一、预防为主、综合治理”的原则，认真落实安全生产责任制，强化安全教育和培训，不断加强安全监控，杜绝安全质量事故的发生。

第一章 建设管理模式

按照铁道部确定的战略决策和总体框架，武广铁路客运专线工程建设采用全新的建设管理模式并在过程中不断探索实践和丰富完善。武广铁路客运专线有限责任公司(以下简称“武广公司”)努力整合中外各方优势资源，有效调动各方的积极性，创新运行机制，实现了公司管理效能的最大化，为顺利实现一流的建设目标奠定了坚强的基础。

一、部省合作建路

（一）确定合作建路的总体原则

为加快铁路建设，促进地方经济社会快速发展和可持续发展，铁道部分别于2004年10月1日、11月26日、12月16日先后与广东、湖北、湖南三省人民政府形成关于各省铁路建设的三个部省会谈纪要，按照“政府主导、多元化投资、市场化运作”的方式建设武广铁路客运专线。部省纪要明确了武广铁路客运专线由铁道部负责组织建设并筹集建设资金；沿线三省地方政府负责征地拆迁工作并承担相关费用；地方政府在税收、地方料价等方面提供优惠政策，对电力、水利、航运、公路、通信、广播线路迁改和文物保护等，负责协调有关单位和部门给予积极配合；部省组成联合工作小组，共同研究决策铁路建设中的重大问题。各级地方政府全面支持和参与工程建设，推进了铁路建设的体制创新，实现了铁路建设由铁路单兵作战到路地合作共建模式的转变。

（二）组建合资公司

根据部省会谈纪要精神及原则，组建了武广公司。武广公司是铁道部授权中国铁路建设投资公司作为铁道部出资人代表控股，广东省、湖南省、湖北省人民政府分别授权广东省铁路建设投资有限公司、湖南省投资发展集团公司、湖北省客运铁路投资有限责任公司作为其出资人代表，按《公司法》组建的国有控股企业。2005年6月21日，公司在湖北省工商局注册成立并举行了挂牌仪式。公司以多元化方式筹集资本金，负责建设和经营武广铁路客运专线，拥有投资所对应的武广铁路客运专线设备、设施等各项资产的所有权，是筹资、建设、经营、偿还债务的主体。各省以土地作为资本金作价入股。

公司实行项目法人责任制，将工程建设与现代企业制度紧密结合。按照“产权明晰、权责明确、政企分开、管理科学”的目标，不断完善企业内部治理结构。公司每年召开两次股东大会、董事会和监事会，由公司经理层报告建设工作情况，将有关投资计划安排、施工组织设计、资金使用情况、建设管理费使用及安排等重大事项提交大会审议，广泛征求中铁投、三省地方股东的意见，形成决议后付诸实施。如有建设过程中的重大问题，公司经理层随时向股东方进行汇报。

通过定期召开“三会”，理顺了公司治理结构，为部省合作建路摸索出了有益的经验，形成了路地双方团结协作推进工程建设的良好局面。同时，武广公司和三省地方建立起了良好的沟通交流机制，在征地拆迁、工程验收、工程建设遗留问题等涉及地方政府和有关部门的问题处理上，争取到了地方股东的大力支持。

二、建设分工

武广铁路客运专线工程建设采用铁道部统一组织和决策、武广公司进行实施和推进、委托运营单位武汉铁路局和广州铁路(集团公司)提前介入的建设模式。

铁道部以高度的前瞻性和科学性，研究确定了武广铁路客运专线的线路方案、技术标准；在实施过程中，对中外双方咨询过程中存在的重大分歧进行明确，组织对重大施工组织方案进行研究；对征地拆迁中的重难点问题，与沿线各级政府共同协商推进；统一组织路内多个单位进行系统的联调联试。

武广公司作为业主单位，充分发挥建设单位的核心作用，按照铁道部确定的总体目标，全面负责工程建设的实施，对质量、安全、工期、投资、环境保护、技术创新等进行全过程控制，组织参建的设计、咨询、施工、监理单位，按照公司确定的阶段性计划和目标，有序推进。

武汉铁路局、广州铁路（集团）公司作为受公司委托的运营单位，在工程建设的后期，从2008年7月份开始，陆续选派工务、电务、通信、信号等各专业人员分两个批次提前介入工程建设，为顺利进行运营奠定了良好的基础。第一批人员主要为现场操作层人员，经过系统的客运专线知识培训后，参与公司各建设指挥部的工作，在既有线施工安全、轨道车行车安全、钢轨焊接打磨、无缝线路锁定、四电施工的管理监控中发挥了较好的作用；第二批介入人员主要为副段长以上的高级管理人员，在工程验收、联调联试、运营需求完善等方面，做了大量工作，发挥了较好的作用。

三、小业主、大咨询

为了更好地借鉴国外高速铁路建设的成熟经验和技术成果，武广铁路客运专线在我国铁路长大干线建设中首次采用了"小业主，大咨询"的管理模式，实现了建设管理体制和机制的创新，为有序推进项目建设发挥了积极作用。

通过招标，组建技术管理力量强大的咨询机构，对勘察、设计、施工、监理和设备采购等全面承担起咨询责任，实现对工程的有效管理。同时，通过招标形式，引进了外方监理公司，与中方共同组成监理联合体；在工程实施过程中，德国睿铁、博格、海德坎普公司又在无砟轨道、道岔铺设方面提供了引进技术的延伸服务。

（一）中外联合咨询

中外咨询联合体的主要任务包括施工图设计咨询、施工技术咨询和协助业主进行项目管理等。工程咨询情况详见本篇第十三章。

（二）中外联合监理

中外监理联合体的管理模式在我国铁路建设史上是首次尝试，引进国外工程监理目的是为了引进国外监理的全新理念、技术和丰富的经验，给国内监理企业提供了一个实现提升监理职业化技能和学习国外监理经验的平台，全面提升武广铁路客运专线的管理水平。取得的效果主要有：

一是全程参与，现场安全质量形势得到有效控制。凭借外方监理们的专业技能和知识，使各工点施工质量和安全状况均得到了提高。在工作中，外方监理与中方合作伙伴不但保持了良好的同事关系，同时，还充当了培训师和老师的角色。

二是坚持原则，严格把关。外方监理对检查中发现的问题及时指出，提出具体的整改要求，责令施工单位限期整改，现场监理复查或自行复查，对全线反复发生的、直接影响质量的问题，必要时采取停工措施，由外方总监签发停工令。JL1标韩国监理结合中国实际，编写了《总监质量控制强制性措施》（简称3Z通知），经总监及中方站长审定后签发执行，内容涉及混凝土拌和站、现场巡检监控追踪、梁场投产检查、隧道施工、AB组填料、岩溶注浆等项目的质量控制，取得了较好的效果。

三是注重过程，精细管理。外方监理注重每个微小的细节，不放过任何瑕疵，强调事先控制和过程控制。如：JL4标外方总监舒茨先生深入施工现场，攀高爬低检查混凝土工程的钢筋间距、绑扎、焊接、混凝土保护层厚度是否满足设计要求。JL2标总监施洪斯先生检查隧道的围岩类别、光面爆破效果、初期支护施作及强度、防水板挂设和二次衬砌、查阅地质预报、监控量测的结果，提出控制变形的措施等。

四是言传身教，开展培训。对中方监理、施工人员进行培训，讲解国外高速铁路施工经验和教训，提供参考资料，并结合现场实际，提出隧道、路基和桥梁工程各工序安全质量控制要点，引导施工监理人员牢固树立安全质量意识，真正重视工程的安全质量工作。

五是注重程序、加强过程控制。外方监理明确和规范了办事程序，编制了工地审查程序书，监理工程师通知程序书，停工令程序书等。严格程序控制，对于现场出现的问题，辅以相应的数据和图形，个别的有数据图表说明或者附图像资料，用图文共同说明问题，施工中的缺陷与整改得到了有效的控制。

（三）外方的技术延伸服务

1. 无砟轨道和道岔铺设

德国海德坎普公司与中方中铁八局组成设计施工联合体，负责武汉试验段的雷达2 000双块式无砟轨道的设计并进行现场施工指导，对技术总负责。德国欧博迈亚公司为咨询联合体的外方公司。德国瑞铁公司为雷达2 000双块式无砟轨道的技术转让方。

在后期的大面积 CRTSⅠ型双块式无砟轨道和无砟高速道岔铺设和精调中，公司委托德国欧博迈亚、海德坎普、睿铁、BWG 公司进行现场技术指导，分别负责广州、郴州、长沙和武汉建设指挥部管段。对各服务范围单位的无砟轨道首段实行首件认可，从培训、到现场具体技术指导、再到评估认可；对高速道岔的铺设安装、焊接、打磨、精调，必须进行现场技术指导及检查确认，对联调联试中的高速道岔精调继续跟踪调整指导；定期及时提供咨询报告，一般不超过一周，公司和指挥部再根据他们提供的咨询技术报告中存在的问题组织施工、监理、咨询单位进行分析，提出加强改进措施，形成轨道精度持续提高发展。外方的技术延伸服务在无砟轨道和高速道岔铺设质量和精度方面发挥了重要作用。

2. 系统集成

参与系统集成的外方公司主要有 BB 公司、诺西公司、庞巴迪公司。

一是技术培训。在站后工程实施阶段，外方公司对施工单位和各路局供电段、电务段分别进行了大小百余次培训。其中包括预配培训、安装培训、放线培训、测量培训、计算软件使用培训、检测结果分析培训、克缺专项培训等。另外，在项目结束后还对接管单位进行了综合维护培训。开展多次有效的出国培训、设计联络、课堂教学，并针对武广项目特点，及时安排中方技术人员多次赴欧洲研究基地联合工作、联合开发，为武广铁路客运专线线开通提供了技术保障和支持，并培养了大批中方技术人员，为今后的运营维护提供有力保障。

二是技术服务或转让。外方公司向业主和集成商提交了设计文件、各种图纸、培训材料等合同规定的各种文件。技术服务包括设计、施工和试验督导，设计督导促进设计工作顺利有效完成，施工督导和试验督导主要对沿线各个施工作业以及预配车间，包括对中方施工人员进行培训、对关键的施工作业进行技术指导、沿线抽查施工单位的安装质量、对发现的问题进行现场纠正并以书面形式报告各个施工单位技术主管，在此项工作中合作与配合很到位，为施工作业人员提供了成熟实用的操作技巧，提高了作业能力与效率。

在一定范围内完成了技术转让工作，确保集成商全面掌握车载、RBC 设备在工程实施过程中的故障分析，满足武广及后续项目工程应用需求。其中车载设备方面主要完成了 C2 联合开发、TSG 车载网关部分源代码技术转让、DMI 接口协议部分代码转让，基本完成了 CRH_2 型车的车载工程化技术转让，硬件生产基本完成技术转让；RBC 方面主要完成了 RBC 线路数据准备、生成、调试、审核和测试以及 RBS 编译，按照武广需求完成 RBC-联锁、RBC-CTC、RBC-TSR 服务器接口适配及逻辑适配，基本完成各适配模块的模块测试及子系统测试，完成综合试验段联合设计及武广铁路客运专线初步联合设计，掌握 RBC 系统工程设计技术，完成 TSR 服务器的软件开发。

三是配合联调联试。派驻大量工程技术人员赴现场配合联调联试工作，与集成商和业主充分沟通，及时分析解决调试过程中发现的故障和问题，为联调联试工作提供了有力的支持。

四、公司运行机制

武广公司实行董事会领导下的总经理负责制，公司对工程建设安全、质量、进度、投资、环保、技术创新向铁道部负总责，授权指挥部分段组织建设，各指挥部对管段内工程建设安全、质量、进度、投资、环保、技术创新向武广公司负责。

公司按照决策、执行、监督分开的原则推进建设管理工作，公司负责决策和监督，指挥部负责执行。公司职能部门对指挥部进行业务指导。公司实行分级、分权、分段管理，日常建设管理由各指挥部承担，例外管理由武广公司负责决策，指挥部组织实施。

公司对例外管理决策实行民主集中制，重大事项由各业务部门提出意见，同一事项涉及多个部门时，由主管业务部门提出意见，分管领导(或授权部门负责人)组织专业委员会集体研究提出建议，上报总经理或总经理办公会决策。

为切实提高公司监督效果和各建设指挥部的执行力，公司建立了督查督办制度，由综合部对公司决策和各项重点工作进行督查督办。

公司每季度对指挥部工作进行绩效考核，指挥部对公司领导和职能部门的履职情况进行测评。公司对指挥部运行状况和工程状态进行监控，并定期组织现场办公，对指挥部的管理工作和工程状态进行分析评估，针对薄弱环节提出改进建议和整改指令，指挥部组织整改并报告整改结果。

指挥部实行指挥长负责制。指挥部内设机构自行确定。指挥部建立定期风险评估机制，特别重视软岩、特殊地质隧道施工安全和无砟轨道质量风险控制。指挥部按照P(计划)、D(实施)、C(检查)、A(总结)循环原则推进并不断改进工程建设，努力实现建设过程的有序可控。

指挥部对公司实行定期(周、月)书面报告工作制度，特殊问题专题报告。公司对指挥部报告的问题及时组织研究，并书面回复。

公司要求各部门、建设指挥部努力减少各种会议、切实提高会议效率、决策效率；各种检查要目的明确、带着问题检查、坚决避免形式主义，从而使参建各方的各级领导有更多的时间和精力抓工程建设。

运行机制实现了公司管理效能的最大化：

一是提高了公司的决策能力。体现了"逐级负责、权责结合、重心下移、强化现场"的原则，确保了公司领导从日常管理事务中解放出来，集中精力思考和解决影响工程建设的施组方案、设计供图、征地拆迁、Ⅰ类变更设计、钢轨、道岔等重点物资供应、站前站后单位之间的协调等重大问题，切实提高了公司的决策效率和决策水平。

二是提高了建设指挥部的执行力。建设指挥部得到充分授权，集中精力负责日常建设管理，解决好技术标准、技术方案、安全措施、质量要点、环保措施等的落实，极大提升了指挥部的执行力和现场管理水平。

第二章　标准化管理体系

武广公司全面推行建设管理标准化，通过构建标准化管理体系，严格定标、贯标和达标，实现管理制度标准化、人员配备标准化、现场管理标准化、过程控制标准化，全面提升了建设管理能力和水平，为实现高标准、高质量建设武广铁路客运专线奠定了良好的基础。

一、构建标准化管理体系

武广公司立足于高标准、高水平的建设管理要求，加强建设单位自身建设，以建设单位管理体系的标准化，带动和推进整个建设项目管理的标准化。

（一）组织机构和人员配备标准化

针对武广铁路客运专线建设管理跨度大、范围广、层次多的特点，公司按照决策、执行、监督分开的原则，探索并建立了公司总部和现场指挥部两级管理模式，形成以公司总部为决策中心，以现场指挥部为执行中心的新型建设管理体制。公司负责决策、监督、协调重大问题，指挥部负责执行，公司业务部门对指挥部进行业务指导。公司将技术专业能力强的人员配备到各业务部门，将现场管理经验丰富、工程建设组织能力强的人员配备到各现场指挥部，实现管理资源的合理配置。

在这一管理体制下，按照"逐级负责、权责结合、重心下移、强化现场"的要求，将管理重心下移到各指挥部，使指挥部集中精力加强日常现场管理。公司则发挥决策、监督、协调功能，集中精力研究部署建设中的重要决策，制定全线统一的管理办法、规章制度，加强统一的标准化管理，协调解决建设中的重大问题，如施工组织设计的编制或调整、征地拆迁、三电迁改、施工供图、物资供应和资金保障等。管理职能的明确分工，有效地提升了公司的决策能力；现场管理的专业化，则提升了指挥部的执行力，形成了"决策及时、支持有力、现场高效、整体提升"的建设管理格局。

（二）管理制度标准化

在完善权责体系设计的基础上，公司建立健全了不同管理层面的管理职能、权限和责任的标准化规章制度。按照国家和铁道部有关工程建设的方针、政策、法规和相关规定，制定了武广公司 15 项主要管理职责、董事会 8 项管理职责、总经理 14 项管理职责，以及公司建设指挥部 11 项管理职责，公司 5 个管理部门共计 51 项管理和工作职责，形成了管理责权明晰、行为规范的组织体系。

根据建设工程总目标和"六位一体"的建设管理要求，经过认真研究，反复修订，制定了 35 个管理办法、3 项管理规定、11 个实施细则和 6 个管理程序，并将各项管理制度汇编成手册，下发执行。管理制度汇编涵盖了工程质量、科研试验、环境保护、劳务用工管理、施工安全、宣传和思想政治工作等各项重要内容，详细规定了工作的目标、标准、程序、检查、考核、奖罚等内容，形成了一套办事有依据、实施有规范、操作有程序、过程有控制、落实有考核的标准化管理体系。

（三）现场管理和过程控制标准化

公司组织制定了施工现场管理强制性标准、各专业工程施工技术细则及质量验收细则、施工工法及工艺标准、沉降观测实施细则等规范性文件，强化施工现场的标准化管理。按照铁道部关于质量、安全、工期、投资、环保、技术创新相关要求，对六大要素标准做了细化界定，制定"六位一体"管理制度，对管理体系文件进行汇编，下发各单位，严格执行。同时，各参建单位按照公司"六位一体"管理体系文件要求，制定相应的管理制度和实施细则。

1. 质量管理。管理体系健全有效；管理活动及时、有针对性；内业资料真实、齐全；原材料、隐蔽工程及工程实体质量满足设计和规范要求；竣工文件编制及时等。

2. 安全管理。管理文件健全、有效；施工过程中操作规范、标准，现场安全防护措施到位；隧道施工、既有线及跨线施工、现浇梁运架、高空作业、接触网施工等必须满足相关安全规范要求。

3. 工期管理。各标段节点工期满足指导性施工组织设计的要求；阶段工期滞后时，必须采取有力保证措施，合理调配资源，确保总工期要求。

4. 投资管理。施工图现场核对优化工作及时、有效，通过优化节省投资；变更设计及时、规范，在保证安全、质量等前提下，节省投资，合理配置人力与机械设备资源，降低工程成本。

5. 环保管理。管理文件健全；节约耕地、林地，水土保持较好；临时用地的复耕、复垦满足当地要求；建设绿色长廊和环保铁路，减少环保投诉。

6. 技术创新。在精测网建立、预制箱梁运架、隧道施工安全、综合沉降评估、无砟轨道施工、四电集成、接口管理等方面体现技术创新成果，并及时转化成生产力，促进工程建设，及时组织编写专业论文和技术总结。

二、科学定标，严格贯标

（一）推行试验先行、样板引路，明确标准

武广公司大力推行"试验先行，样板引路"的理念和方法，通过实施武汉综合试验段、岳阳和株洲无砟轨道先导段、四电工程武汉试验基地等先行试验研究，确定施工工艺和质量控制标准，形成各专业工程施工技术标准化文件，在全线进行推广。

在武汉综合试验段的建设过程中，通过重点专业的中外联合设计、咨询和施工，对地基处理（CFG 桩）、褥垫层施工、AB 组填料施工、路基过渡段、无砟轨道施工、沥青砂浆灌注技术等进行工艺试验，开展科技攻关，确立了一系列施工工艺标准和质量控制标准。依托武汉综合试验段的试验研究成果，公司进一步完善和细化了路基、桥涵、隧道、无砟轨道、道岔、四电等专业工程的施工方法、工艺、设备配置、质量控制等标准内容，编制了专业工程的技术标准，作业标准和管理标准，经过铁道部组织专家评审确定，形成武广铁路客运专线各专业工程标准化施工指导意见，下发各单位执行。

（二）实行首段评估制，明确标准

公司研究制定了首段施工评估制度，对各施工单位的第一段路基、第一片梁、第一段轨道等各项工程的首段施工进行评估定标，首段评估通过后，以此为标准展开施工。各施工单位在每项工程开工前，先施工首段（或先行段），公司组织设计、咨询、监理等专业人员对施工工序、工艺、质量标准进行全过程监控，首段工程完成后，组织专家组进行施工标准评估，通过后以此为标准展开大规模施工。通过先行先试和首段评估，明确了相关的技术标准、质量标准和管理标准，将施工质量风险降到了最低，同时也完善了标准化施工的定标工作。

（三）组织培训，夯实贯标基础

公司高度重视对参建人员的培训工作，专门制定了培训上岗制度，所有参建的施工、监理和咨询人员必须进行客运专线岗前培训，熟悉和掌握相关的设计标准、施工规范、质量标准等，未经培训及考核不合格的人员，不得上岗，提高参建人员的技术素质和对标准的认识。通过开展各种技术培训，将高速铁路的设计理念、施工理念、建设理念进行深入宣传教育，灌输到每个参建者的头脑中，并使之成为参建工程建设的行动指南。公司先后组织多期培训班，对施工、监理单位的主要管理人员和技术人员进行业务培训，培训内容包括铁道部新颁布实施的客运专线路基、桥梁、无砟轨道等专业工程的质量验收标准、施工技术指南、试验检测等专业知识。

2008 年 3 月，武广公司邀请铁科院、西南交大等有关专家、教授就无砟轨道技术、验收标准以及 CPⅢ控制测量进行培训，并先后两次邀请德国慕尼黑大学 Leykauf（莱考夫）教授（雷达 2000 无砟轨道创始人）来武广进行双块式无砟轨道设计和施工技术咨询及现场指导。2008 年 4 月，武广公司分别在岳阳和株洲选择两段无砟轨道施工先导段，组织中国中铁和中国铁建两大施工企业所属的参建施工单位进行无砟轨道现场技术培训，由睿铁公司组织 12 名无砟轨道专家进行为期一个月的现场培训和指导，为全线无砟轨道施工全面展开打下坚实的基础。2008 年 6 月，公司组织德国海特坎普公司、睿铁公司、欧博迈亚公司成立 3 个无砟轨道现场指导小组，分段负责指导各施工单位无砟轨道的施工，提供技术指导，实施技术理论培训、现场施工指导和质量监控。在联调联试的关键时期，公司专门组织了联调联试技术规范和安全培训班，保证了联调联试的顺利进行。针对监理人员素质参差不齐的状况，公司先后组织了"客运专线知识"、"客运专线新验标"、"高

性能混凝土”、“客运专线预制梁实验员培训”、“铁道部实验员上岗证培训”、“站房工程施工与监理培训”等专项培训16次，有效提高了监理人员的业务能力。各参建单位通过举办内部培训班、建立培训基地、录制的培训专题片，加强培训工作，深化对标准的认识。

(四)交流观摩，提高贯标效果

在建设过程中，公司经常组织现场观摩和技术交流活动，促进标准化施工的贯彻和落实。在武汉综合试验段工程取得成果之后，公司组织各参建单位到现场观摩学习，交流经验。通过武汉综合试验段施工，编写了武广铁路客运专线沉降变形观测系统实施细则，随之召开全线现场技术交流会进行推广。公司有针对性地组织对关键技术、关键环节、关键工艺等施工经验的交流和推广，加快标准化的技术、工艺和施工细则的制订和实施。2008年5月，公司组织全线参建单位在综合试验段召开了双块式无砟轨道施工工艺和质量控制技术交流会；2008年8月，在乌龙泉车站组织召开了客运专线高速道岔施工技术交流会；2008年9月，在武汉召开了路基附属和桥梁栏杆施工工艺交流会；2009年3月，在长沙南站组织召开了轨道精调现场会。通过组织现场观摩和经验交流，促使各相关专业工程的关键技术、工艺标准等在全线推广，推动了全线标准化施工。

三、加强管理，确保达标

在推进标准化管理中，武广公司十分注重对参建队伍和施工现场的管理，强化过程控制，对标监控，确保达标。并运用激励机制，增强参建单位自控、自律、自主管理的主观能动性，提高标准化施工的主动性和自觉性。同时，充分发挥中外联合咨询、中外联合监理的作用，加强现场监控和把关，不断提升标准化管理和标准化施工的水平。

(一)重心下移，强化现场，推进标准化施工

公司制定了详细的施工现场标准化管理的实施方案，将标准化管理的重点放在施工现场。采取重心下移，全面加强现场管理，推行标准化施工，强化精细化施工，狠抓对标、达标工作。坚持以设计为控制源头，以工程质量和施工安全为控制核心，实施全方位、全过程控制，落实标准化管理。在施工的关键阶段和关键性工程的施工中，公司及时派出指导组、督导组，深入施工现场进行检查指导，抓好标准化施工和质量控制。通过技术咨询，科研攻关，引导施工单位主动开展有关施工工艺、施工方法的细化研究，掌握技术标准和质量控制标准，采用先进技术和先进工艺，确保建设项目的高质量、高水平。推行重大技术如无砟轨道技术转让方“首件负责制”、试验先行、首段评估等措施，实现工程质量监控关口前移。通过推行外方总监技术质量总负责制，细化外方监理人员工作职责和工作流程，推行工序技术、工艺细则外方审查制度，充分发挥外方监理作用。对质量管理标准进行细化，实行施工质量建档管理，开展质量信誉评价，促进施工单位落实标准化管理。各参建单位以武广铁路客运专线标准化施工指导意见为指南，以机械化、工厂化、专业化、信息化为支撑，全面推行标准化管理，保证了标准化目标的实现。

(二)强化过程控制，对标达标

在建设过程中，以提高施工单位自控能力为重点，加强监理单位的现场监控、监督机构的监督和建设单位的检查督导，强化过程控制的标准化；通过建立完整的数据化检测体系，加强关键工程的咨询评估，实现过程控制的精确化。严格实施施工过程中的对标检查和监控，对过程中发现的偏差问题，通过认真的原因分析，及时制定纠正和预防措施，限期整改，闭合销号。公司组织专家对路基沉降控制、精密测量控制、道岔铺设等进行技术评估，对桥梁桩基、隧道无损检测、钢结构探伤等实施第三方检测，确保关键工程的技术标准、质量标准达标。

在安全管理中，以隧道施工、跨越既有线和高速公路桥梁施工、特种设备管理、联调联试等作为安全风险评估和安全监控的重点，制定了隧道施工“六达标”和联调联试“十二必须”等管理标准。组织各参建单位对于安全管理的关键工点进行评估，制定风险控制措施。将跨越江河、京广、沪昆铁路和高速公路等32座桥梁，以及28座重难点隧道作为安全监控重点工程，组织各施工、监理单位，落实安全责任制，严格按技术标准、施工规范、规程组织施工，全面落实安全措施，确保重点工程有序安全施工。

在质量管理中，认真贯彻执行施工作业标准化、工艺工法精细化、质量检测数据化、验收评定规范化，加强工程质量过程控制。路基工程重点控制基底处理、本体填筑和沉降观测；桥梁工程重点控制箱梁预制、现

浇制梁、新型结构、高性能混凝土等各道工序环节；轨道工程重点控制无砟轨道、道岔施工和质量控制的标准化，建立了无砟轨道铺设精度测量周报制度，并为监理单位配备了20台精调小车，对无砟轨道铺设质量进行实时监控，确保施工过程达标。

（三）加强考核，选树典型，激励推进标准化管理

为提升标准化管理水平，公司加大对参建各方的考核力度。首先，公司坚持自律原则，搞好自我考核。公司内部每月召开一次月度会议，对各指挥部和各业务部门工作进行讲评；每季度对指挥部工作进行一次绩效考核，指挥部则对公司领导和职能部门进行测评，激励公司所有成员搞好建设管理的积极性。公司每季度召开一次，设计、施工、监理等单位参加会议进行讲评；每半年对参建单位进行一次考核，考核结果纳入企业信誉评价。通过开展标准化管理的绩效考核，促进工程建设的良性推进。

公司把选树先进、榜样引路，作为推进标准化管理的一项重要方法。在实施“六位一体”标准化管理过程中，将评比选树作为整个推进计划的一个重要阶段，评选“六位一体”标准化管理示范典型。根据阶段工作重点，分别组织评选路基、桥梁、隧道、无砟轨道、站后工程、绿色通道等标准化管理的样板工点、样板区段、样板标段等示范点，作为全线的样板标准，召开现场观摩会，进行总结推广。公司通过工会组织开展建功立业、“六位一体”管理等劳动红旗竞赛活动，细化考核目标，评选先进，向优秀单位颁发火车头奖杯、先进红旗，向先进个人授予火车头奖章、优秀项目经理、优秀指挥长等荣誉，对按期完成重大节点工程的单位专门发贺电进行通报表彰。通过选树先进，榜样引路，激励参建各方实施标准化管理的积极性和主动性，提升全线标准化管理水平，确保武广铁路客运专线优质高效完成。

第三章 建设管理机构

第一节 建设管理机构的设置

一、公司机构设置

武广公司定员54人，按照建设管理专业化、科学化、精干高效的原则设立了两级管理机构。在建设期，设综合部、工程管理部、安全质量部、技术装备部、计划财务部5个职能部门，并根据点多线长、管理跨度大、工程组织难度大的特点，在全线设立了武汉、长沙、郴州、广州4个建设指挥部，负责工程的组织实施。根据建设管理的职能划分和管理重点需要，公司将技术专业能力强的人配备到各职能部门，将现场管理经验丰富、工程建设组织能力强的人配备到各建设指挥部。

二、管理团队建设

一是起点高。高素质的人才队伍和管理团队是武广铁路客运专线顺利建成的重要保证。公司组建伊始，就高起点、高标准、积极拓宽视野，打破传统思维，不拘一格，努力整合各方优秀人力资源加强队伍建设。从设计、施工、铁路局等单位抽调了一批责任心强、素质过硬、业务精湛的管理人员，组成公司主要管理力量，这些管理人员全部为多年从事铁路建设或运营管理工作、具有丰富的管理经验和组织能力，大部分为总工程师、副处长以上级别的高级管理人才。同时，施工单位进场之初，公司就要求施工单位必须由副局长、副处长分别担任局、处两级项目部的项目经理。各参建单位从全集团范围调集优秀管理人才和技术力量，参加武广建设。

二是加强学习培训。建设过程中，公司首先组织人员分批参加了铁道部主办的高速铁路技术培训，同时，制定了详细的培训计划，分批次对公司的全体员工和参建各方的主要管理人员进行新技术、新标准的培训；针对无砟轨道、高速道岔铺设等关键技术，组织进行技术讲座。分批次组织公司主要管理人员到国外参加技术交流，学习国外高速铁路建设的经验。

三是强化激励。公司及时对各部门、建设指挥部工作进行考核讲评，查找不足，提出阶段性工作目标，创造良好工作环境，采取有效措施，激励员工，推动各级管理人员不断提高自身素质、向更高目标迈进。根据建设管理需要和人员变动情况，将表现突出的人员及时进行考核晋升，同时在工程建设后期，将一大批经过武广铁路客运专线锻炼的人员及时推荐到其他铁路建设单位担任更高的管理岗位，为大规模高速铁路建设培养了一批优秀的高级管理人才。

三、责权体系

武广公司是武广铁路客运专线建设组织实施机构，是实现建设目标的直接责任者，建设工程项目管理的主要任务是在建设工程项目可行性研究、投资决策的基础上，对建设准备工作、勘察设计、施工至竣工验收等全过程的一系列活动进行计划、协调、监督、控制措施，实现"六位一体"建设目标。完善的权责体系设计是建设管理起点，是武广公司的组织结构得以有效运行的关键，通过明确不同管理层次在各项主要业务活动中的权限和责任，从而确保建立高效的组织运行系统。

(一)公司的主要管理职责

1. 贯彻国家和国务院铁路主管部门的有关工程建设的方针、政策、法规和规定，按照批准的建设规模、技术标准、建设工期和投资，组织武广铁路客运专线工程项目建设，就工程质量、安全、工期、投资等全过程对委托方负责。

2. 组织勘察设计招标，组织实施勘察设计、工程地质勘察监理和设计咨询工作。

3. 组织施工、监理、物资设备采购招标，与中标企业签订合同。

4. 办理工程质量监督手续。

5. 负责项目的征地、拆迁工作，负责审批建设项目中单项工程开工(复工)报告。

6. 组织编制建设项目施工组织设计。

7. 负责审核施工图，供应设计文件，组织工程设计现场技术交底。

8. 编报建设项目年度建设计划及建设资金预算建议。

9. 组织、协调工程建设中出现的问题，负责统计、报告工程进度。

10. 按规定办理变更设计。

11. 按规定组织或参与对工程质量、人身伤亡和行车安全等事故的调查和处理。

12. 负责工程项目的财务管理工作，按规定使用建设资金，办理与工程项目有关的各种结算业务。

13. 负责验工计价，及时办理工程价款的资金的拨付与结算。

14. 负责工程竣工验收前期工作，组织编制工程竣工文件和竣工决算，组织编写工程总结。

15. 负责武广铁路客运专线的资产管理工作。

(二)公司董事会管理职责

1. 负责筹措建设资金。

2. 审核、上报项目初步设计和概算文件。

3. 审核、上报年度投资计划并落实年度资金。

4. 提出项目开工报告。

5. 研究解决建设过程中出现的重大问题。

6. 负责提出项目竣工验收申请报告。

7. 审定偿还债务计划和生产经营方针，并负责按时偿还债务。

8. 聘任或解聘项目总经理，并根据总经理的提名，聘任或解聘其他高级管理人员。

(三)公司总经理管理职责

1. 组织编制项目初步设计文件，对项目工艺流程、设备选型、建设标准、总图布置提出意见，提董事会审查。

2. 组织工程设计、施工监理、施工队伍和设备材料采购的招标工作，编制和确定招标方案、标底评标标准，评选和确定投、中标单位。实行国际招标的项目，按现行规定办理。

3. 编制并组织实施项目年度投资计划、用款计划、建设进度计划。

4. 编制项目财务预、决算。

5. 编制并组织实施归还贷款和其他债务计划。

6. 组织工程建设实施，负责控制工程投资、工期和质量。

7. 项目建设过程中，在批准的概算范围内对单项工程的设计进行局部调整(凡引起生产性质、劳力、产品品种和标准变化的设计调整以及概算调整，需经董事会决定并报原审批单位批准)。

8. 根据董事会授权处理项目实施中的重大紧急事件，并及时向董事会报告。

9. 负责生产准备工作和培训有关人员。

10. 负责组织项目试生产和单项工程预验收。

11. 拟订生产经营计划、企业内部机构设置、劳动定员定额及工资福利方案。

12. 组织项目后评价，提出项目后评价报告。

13. 按时向有关部门报送项目建设、生产信息和统计资料。

14. 提名请董事会聘任或解聘项目高级管理人员。

第二节 部门职能

一、建设指挥部职责

1. 负责管段内工程建设组织实施和现场管理工作，对管段内工程质量、安全、工期、投资、环保、水保、文明施工、技术创新等建设全过程负责。

2. 根据武广公司总体施组，负责施组的具体组织实施，管段内节点工期控制和施工组织方案的优化调整，负责现场的控制和协调，负责管段年度、季度投资建议计划的上报、月度计划的编制和实施。

3. 负责施工图和工程数量的审核（不含武广公司直接负责审核的施工图）和Ⅱ类设计变更审查。

4. 负责管段内征地拆迁、三电迁改和工程建设协调工作。

5. 负责管段内物资管理和运输协调工作。

6. 负责管段工程建设调度和统计工作，定期报告工程建设情况。

7. 负责管理管段内设计、咨询、监理、检测机构。

8. 负责验工计价的工程数量、质量审查。

9. 按照武广公司授权，负责对外协议、合同的商谈、处理。

10. 负责管段内竣工文件的编制、移交的日常管理。

11. 完成武广公司领导交办的其他工作。

二、综合部职责

1. 负责武广公司政务的督查、督办，绩效考核工作。

2. 负责组织企业管理研究，建立现代企业制度。

3. 负责武广公司文电处理、印章管理和保密工作，负责重要文件、讲话起草和文书档案工作。

4. 负责武广公司大型会议、接待及行政事务管理工作。

5. 负责武广公司人事、劳资、劳保、社保、外事和员工教育培训工作。

6. 负责党务、工会、党风廉政建设、综合治理工作。

7. 指导建设指挥部相关工作。

8. 完成武广公司领导交办的其他工作。

三、计划财务部职责

1. 负责概（预）算管理工作，编制和监督执行武广公司预算。

2. 负责计划管理工作，编制下达武广公司年度、季度计划。

3. 负责资金筹集和运用管理工作。

4. 负责会计核算和会计监督。

5. 负责招标、合同管理及法律事务工作。

6. 负责验工计价管理工作。

7. 负责物资采购供应管理和运输协调工作。

8. 负责投资统计和分析工作。

9. 负责招商引资和征地拆迁费用入股认证工作。

10. 负责竣工决算和资产管理工作。

11. 指导建设指挥部相关工作。

12. 完成武广公司领导交办的其他工作。

四、工程管理部职责

1. 负责全线站前土建、房建工程（不含站房外四电设备用房）建设的协调和管理工作。

2. 负责全线征地拆迁管理工作。

3. 负责全线施工组织设计的编制、修订、监督实施工作。

4. 负责工程统计、调度工作。

5. 负责组织全线（不含四电）工程总结、竣工文件编制和移交工作。

6. 指导建设指挥部相关工作。

7. 完成武广公司领导交办的其他工作。

五、技术装备部职责

1. 负责全线站后工程、站房外四电设备用房的建设协调和管理工作。
2. 负责既有铁路改造方案的协调和长轨铺设的建设协调。
3. 负责全线三电迁改管理工作。
4. 负责全线站后四电工程设计管理工作。
5. 参与四电工程、设备招标工作，组织设备的监造、验收。
6. 负责建设项目信息系统的维护、管理工作。
7. 负责组织站后四电工程的工程总结、竣工文件编制和移交及技术总结工作。
8. 指导建设指挥部相关工作。
9. 完成武广公司领导交办的其他工作。

六、安全质量部职责

1. 负责全线工程建设安全、质量的管理、监督。
2. 负责全线工程监理的管理。
3. 负责工程建设质量检测管理。
4. 负责全线工程建设环保的监督。
5. 负责安全、质量事故的调查处理工作。
6. 指导建设指挥部相关工作。
7. 完成武广公司领导交办的其他工作。

第四章　设计管理

第一节　预可研与可研阶段

一、积极推进建设前期工作，协同设计单位完成方案论证

按照铁道部有关文件精神，武广公司积极介入建设管理前期工作，协同设计单位听取地方及有关部门意见，配合设计单位摸清影响线路方案的外界环境，研究绕避重要建筑（或文物）、风景名胜区、自然保护区、基本农田保护区、军事设施、不良地质地段等，参与协调、解决影响线位的重点问题，分析对路外工程设施影响并提出处理措施，组织设计单位尽快完成立交桥设置、征地拆迁、三电迁改、管线等地上、地下构筑物改移等方案论证和迁改方案并签订协议。

二、贯彻地质勘察监理制度，加强地质勘察管理工作

为了确保武广铁路客运专线工程地质勘察质量，规范工程地质勘察监理工作，武广铁路客运专线工程在定测阶段和补充定测阶段实行工程地质勘察监理。工程地质勘察监理单位由武广公司通过招标确定，并签订《工程地质勘察监理合同》。

工程地质勘察监理实行报告制度、例会制度、考评及奖惩制度、资料管理制度等。

1. 报告制度

工程地质勘察监理单位定期向公司书面报告工程地质勘察监理工作情况。工程地质勘察监理工作结束后，工程地质勘察监理单位向武广公司提交工程地质勘察监理报告，对勘察单位完成的原始资料、勘察报告及图件的完整性、可靠性等提出评价意见。

2. 例会制度

建立和完善工程地质勘察监理例会制度，工程地质勘察监理单位及时与武广公司、勘察单位信息互通，交流工程勘察和监理情况。

3. 奖惩制度

武广公司对工程地质勘察监理工作进行考核。对成效显著的监理项目，可根据合同适当予以奖励；因工程地质勘察监理工作失职，未按合同约定履行监理义务的，按照有关规定扣减勘察监理费；造成工程质量事故的，应承担相应的责任。

4. 资料管理制度

工程地质勘察监理单位要建立资料管理制度，落实专职（或兼职）负责人员，负责监理资料的建立和归档管理。

通过加强地质勘察管理工作，及时组织钻探布置和钻探数量审查，抽查钻探取芯资料是否真实、钻探密度和深度是否满足规范要求，抽查钻探分包单位的资质和工作质量，及时组织勘察资料验收，达到稳定线路方案、合理确定建设规模和投资的目标。

三、贯彻设计新规范

武广铁路客运专线是中国铁路建设新的里程碑工程，集中体现了我国铁路建设的技术水平和发展方向，其建设是在利用我国已有研究和经验、总结设计和咨询成果的基础上，借鉴、吸收国外高速铁路的先进技术和成熟经验，结合工程和技术发展的具体情况，高标准、高起点地进行设计和咨询。武广铁路客运专线在设计阶段严格贯彻设计新规范，为确保建设世界一流铁路奠定了良好的基础。武广铁路客运专线各阶段采用的新规范有一百多项，随着工程实践的深入，设计规范会不断修改完善，各种设计参数会有所变化，勘察设计单位严格执行有关设计强制性标准，保证设计文件的有效性。

第二节 初步设计阶段

初步设计初审工作是建设管理的重要环节，武广公司充分运用“小业主、大咨询”管理模式的优势，发挥中外联合咨询机构的作用，有力地加强了设计咨询工作。

一、设计咨询制度

根据武广公司制定的《工程咨询管理办法》，咨询联合体在咨询合同约定的范围内，开展设计阶段的技术咨询工作，包括：审查执行初步设计批复意见和工程建设强制性标准情况；审查标准设计图；审查设计文件编制内容、深度和质量是否满足工程建设的要求；负责对设计文件、图纸进行审查、提出审查报告并签认。

二、初步设计初审

1. 指导原则

初步设计文件初审工作，要贯彻“以人为本、服务运输、强本简末、系统优化、着眼发展”的建设理念，体现“提高质量、节省投资、保护环境”的总体要求。

2. 组织程序

(1)初步设计初审工作由武广公司负责组织，咨询单位（或由武广公司另行委托有相关资质的单位）、勘察设计单位参加。

(2)初步设计初审工作由武广公司技术负责人全面负责，武广公司工程管理部、技术装备部、计划财务部分别负责各自职责范围内的相关专业的审查。

(3)勘察设计单位应按要求提交完整的初步设计文件及初审所需的必要图纸和资料，认真对待初审工作和初审意见，并书面答复对初审意见的落实情况。

(4)咨询单位（或由武广公司另行委托有相关资质的单位）负责对初步设计进行初审并提交书面意见，对初审意见的质量和有效性负责。

3. 初审内容

设计方案点线能力是否匹配、运输组织是否先进合理、设备选型配置是否合理、既有设备是否得到合理利用、新建工程与既有设备是否协调、接口是否合理有效、运输安全措施是否得当、接轨站设计方案是否合理，车站布置和规模、进出站线布置和疏解方案、综合管线布置、站内排水、安全设备设置及站房设置是否符合城市规划，线位方案是否稳定，线位是否绕避了重要建筑（或文物），绕避或通过不良地质地段的方案和措施是否得当，各类勘探工作是否基本完成，大型拆迁工程和大临工程是否单独设计，过渡工程是否合理，指导性施工组织设计是否合理，工程概算计算是否有错误或遗漏等。

第三节 项目实施阶段

一、严格施工图审核程序，确保施工图质量

为了加强施工图质量，武广公司制定《关于印发〈武广铁路客运专线施工图考核实施细则〉的通知》（武广安〔2007〕51 号），每半年对施工图进行一次考核，并将考核结果上报铁道部相关部门，通过对设计院施工图考核，提高了施工图质量，加快了施工图设计速度。咨询方严格施工图审核程序，严把施工图质量关，确保施工图质量满足武广铁路客运专线技术标准要求。

(一)施工图审核组织分工

武广铁路客运专线施工图审核流程是有序开展咨询工作的关键程序，武广公司有关部门、咨询联合体、设计单位共同对咨询流程进行了反复研究讨论，制定了施工图审核流程和时间要求，按照“四阶段、十二工序”进行，如图 2-4-1 所示。

施工图审核由铁四院、铁二院、欧博迈亚公司组成咨询联合体进行审核，铁四院作为主办方，出任项目经理、副经理，全面主持项目咨询工作；铁二院出任项目副经理，负责铁二院咨询工作的组织和管理；欧博迈亚

出任总咨询工程师，对工程咨询技术质量负总责。

欧博迈亚公司对本项目工程咨询技术质量负总责，具体负责桥梁、隧道、路基、轨道、接口等重点专业施工图审核工作。根据武广铁路客运专线咨询项目中、外方咨询内容的分工和德方咨询重点的要求，经咨询方与设计总体组共同研究，并报武广公司审定，组织对重点桥梁27座、隧道21座、路基50段共98个代表性工点进行施工图审核。

铁四院负责除欧博迈亚公司重点专业以外的铁二院设计范围内的设计施工图审核，并协助欧博迈亚公司完成其所负责的重点专业的部分设计施工图审核。

铁二院负责除欧博迈亚公司重点咨询专业以外的铁四院设计范围内的设计施工图审核，并协助欧博迈亚公司完成其所负责的重点专业的部分设计施工图审核。

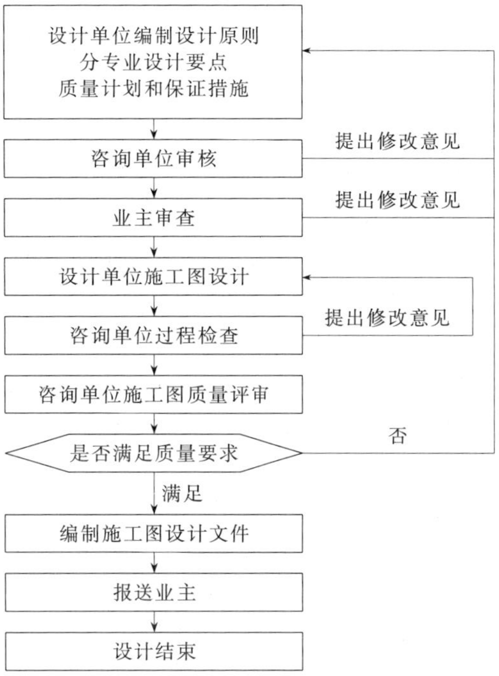

图2-4-1　施工图设计质量保证流程

（二）施工图审核的重点内容

1. 武广铁路客运专线初步设计批复意见及部有关规范、规定、文件的执行情况。

2. 是否满足运营安全和正常运行要求。

3. 工程建设强制性标准的执行情况。

4. 施工图设计文件编制内容、深度和质量是否达到《铁路基本建设项目预可行性研究、可行性研究和设计文件编制办法》规定和有关规范、规程要求。

5. 工程措施、工点技术措施、施工过渡措施、安全措施、施工组织方案。

6. 防火、节能、环保、水保、消防、建筑抗震措施。

7. 地质灾害防治措施。

8. 工程数量、设备和材料数量、用地数量，审核拆迁数量，并与初步设计数量进行对比。

9. 检查投资检算编制，并与初步设计概算进行对比，以审核工程投资控制效果。

10. 标准图及通用参考图选用。

11. 设计文件的总体性和专业间的衔接。

二、强化施工图现场核对环节，完善施工图设计

为加强武广铁路客运专线建设管理，最大限度地纠正和避免因施工图与现场实际不一致及工点设置不合理而造成的损失乃至造成工程隐患，依据武广铁路客运专线施工承发包合同规定，施工单位应对承包标段内线、桥、隧、涵、路基工程在工点开工前进行施工图现场核对，完善施工图设计，确保工点设置合理，强化使用功能，合理使用投资。未经现场核对、完善的工点不得开工。

1. 组织

在武广公司组织领导下，由武广公司建设指挥部牵头，工程咨询、监理、设计、施工单位参加，进行施工图核对现场办公。参加施工图核对的人员应具有丰富的现场施工经验或相应的专业技术知识。

2. 核对条件

在设计、施工单位完成现场交接桩，经现场贯通复测无误，且一个标段（或一个大的段落）的施工图（或施工资料）已到位的情况下，才具备现场核对条件。

3. 核对程序

施工单位先按施工图现场放样。要求涵渠标出轮廓线及出入口高程，桥梁标出墩台（特别是跨越重要道路及其他建筑物两侧的墩台）位置、轮廓线，隧道标出隧道洞门位置，洞身开挖及边仰坡开挖轮廓线，路基标出挡护构筑物轮廓线，取（弃）土场的位置。现场放样经复核准确无误后通知监理单位。

监理单位会同施工单位对现场进行首轮核对。

由监理单位汇总并提出需由咨询、监理、设计、施工四方重点核对完善的工点、部位，特别是需进一步完

善的隧道洞口位置及防护、桥梁墩台位置及防护、路基挡护及排水系统、涵渠新增、取消、改孔、方向、高程和功能兼顾及建议、需进一步地质补勘的部位等事宜，报武广公司建设指挥部（施工、监理、咨询单位有不同意见一并上报）。

由武广公司建设指挥部牵头，咨询、设计、监理、施工单位参加，进行现场核对、现场办公。现场核对时，首先由监理单位现场监理工程师提出对首轮施工图核对完善的建议，施工单位项目总工程师予以确认及提出补充意见，设计单位介绍工点设计意图和设置原则，并对施工、监理单位提出的核对完善方案提出意见，经充分论证后形成现场纪要，涉及变更事宜按规定程序处理。

4. 具体要求

经现场核对无须完善的工点才能申请开工。已确定需完善的工点均纳入变更设计管理，由设计单位按会议纪要要求编制变更设计图纸、文件，经批准后由施工、监理单位实施。

如现场需要补充地形资料，由施工单位于3日内提交给设计单位。若需补充大量的地质、水文资料等，由建设指挥部通知设计单位补充资料。设计单位3日内组织人员、设备到场，展开工作，并按有关规定进行变更设计资料、图纸、文件管理。

若需与地方政府、企业补充完善相关协议时，由建设指挥部组织办理，设计、施工单位予以配合。

各专业设计现场核对表由监理单位填写，参加核对的五方各执一份，并作为技术管理文件和监理批准工点开工的依据之一。监理在批准工点开工报告时应说明该工点施工图现场核对情况。监理单位应根据施工复测、图纸到位、施工准备情况，督促、检查施工单位及时放样，并组织进行首轮核对。监理月报中应及时反映现场设计核对的内容及进展情况。

三、依法办理变更设计，强化过程控制

依据《铁路建设项目变更设计管理办法》（铁建设〔2005〕146号），武广公司于2006年6月制定《武广铁路客运专线变更设计管理细则》（武广工〔2006〕67号）制度，根据工程建设情况，武广公司于2007年4月对《武广铁路客运专线变更设计管理细则》进行了修订，制定了《关于印发＜武广铁路客运专线变更设计管理实施办法＞的通知》（武广工〔2007〕34号），确定了变更分类原则、变更设计项目划分原则、变更设计原因和责任、变更设计程序和分工、变更设计时限等规定。

第五章 质量与安全

第一节 质量体系的建立与运行

武广公司坚持“质量为工程建设的生命”、“质量为高速铁路建设的核心”的质量管理理念，通过质量管理体系的建立和运行，针对影响工程质量的人员、施工设备、工程材料和施工方法、施工环境、试验检测及质量控制资料等主要因素，以标准化管理为有效手段，抓源头、抓过程、抓细节，进行全方面、全过程、全员质量控制；实行质量分级负责制，建立完善的质量控制体系，与评先、评优、风险抵押、企业信誉评价挂钩实行严格考核制度。

在质量预控方面，主要是通过技术培训提高参建人员质量意识和施工技能，通过物资、设备招投标、进厂考察、驻厂监造等把控质量源头关；通过“试验先行，样板引路”，确定质量控制技术标准和先进的施工工艺，以工艺、标准保质量；通过阶段性现场设计排查完善结构功能。

在施工过程控制中，一方面以中外监理联合体质量监控、监督机构质量监督、建设单位质量督查及施工企业质量信誉评价等手段和措施，不断提高施工企业施工质量自控能力；另一方面建立完善的质量检测体系，实现质量控制数据化、精确化。

事后控制方面，对于施工过程中发现的质量问题和静态验收排查提出的问题，通过认真的原因分析，制定纠正与预防措施，并落实整改，形成闭环管理。

一、构建严密的质量管理体系

（一）加强组织领导，组建质量管理机构

武广公司对全线质量实行统一领导，武广公司成立以总经理为组长，副总经理、总工程师为副组长的质量管理领导小组，小组成员由安全质量部部长、工程管理部部长、技术装备部部长、计划财务部部长、各建设指挥部指挥长等组成。设立安全质量部，负责全线安全质量日常监督管理。各指挥部，设有专职的安全质量副指挥长负责现场安全质量的日常管理；另外，铁道部质监站还成立武广分站，负责武广全线的工程质量安全监督工作。设计、咨询、监理、施工单位都成立专门的管理机构，配备了专职人员，负责各自工作范围内的质量安全管理工作。

（二）明确质量方针目标，落实质量责任

武广公司根据“坚持一流目标，严格质量标准；优化设计集成，规范施工管理；借鉴先进经验，发挥咨询作用；加强过程控制，强化监理职能；硬化合同管理，建设一流工程”的质量方针；制定了明确的质量目标：工程质量全面达到国家和铁道部客运专线工程质量验收标准，单位工程一次验收合格率100％，实现主体工程质量零缺陷，结构施工质量应满足设计使用寿命期，整个系统全面满足高速运行下的高安全性、高舒适性的运营要求；施工中杜绝重大及以上工程质量事故发生。

实行分级管理，在层层分解质量目标的基础上，建立了质量责任制。公司对安全质量负总责，设计单位对勘察设计质量全面负责；咨询单位重点解决好工程建设中的重大技术、质量问题，把好技术质量关；中外监理联合体，外方监理重点对新结构、新工艺、新标准及重大质量问题进行咨询指导和监管，对质量控制负责，中方监理肩负起对工程实施方案审批及安全质量的监控职责；施工单位对工程安全质量负主体责任。公司与施工、监理单位每年签订质量包保责任状，切实履行总监负责制和施工单位项目经理为质量第一责任人，通过分级签订质量责任状，层层落实质量责任制。

（三）健全质量管理制度，强化贯彻落实

武广公司制定一套完整的质量管理制度汇编，包括以下21项管理制度。

1. 工程质量监督制度。在开工前，武广公司负责到工程质量监督机构办理质量监督手续，各单位必须及时如实提供申报资料，接受政府质量监督部门的监督，对监督提出的问题认真落实整改。

2. 地质勘察监理制度。为确保地质勘察质量,初测和定测及补测阶段实行工程地质勘察监理。

3. 初步设计咨询、初审制度。武广公司组织咨询、勘察设计单位对初步设计进行咨询、初审及优化,消除设计缺陷,提高设计深度和质量。

4. 施工图审核制度。施工图设计完成后,由咨询单位组织审核,未经咨询单位审核的施工图不得用于施工。

5. 技术交底制度。施工图设计完成后,由武广公司或咨询单位组织设计、施工、监理单位各方召开技术交底会议,明确设计意图、技术质量标准和施工要求。

6. 施工图核对优化制度。施工、监理、咨询、设计单位在单位工程开工前应对施工图进行现场核对和设计优化工作,未经核对的设计文件不得使用。

7. 施工测量复核及评估制度。武广公司明确贯通测量、控制测量、施工放样的各项具体要求、规定、责任等,实行施工测量复核制度;对精密控制网建设实行评估制度。

8. 施工组织设计编制与审批制度。武广公司组织编制项目指导性施工组织设计,并报铁道部工程管理中心审查;对施工单位编制上报的实施性施工组织设计进行审批。

9. 开(复)工报告审批制度。工程开(复)工前,各有关单位必须严格按照有关规定,办理开(复)工报告审批手续,未经批准开(复)工的工程一律不准验工计价。

10. 重点及关键施工工艺咨询制度。重点及关键的施工工艺,必须经咨询单位审核后,方可实施。

11. 变更设计审批制度。现场核对优化或施工过程中需发生变更设计时,应严格按照变更设计有关规定,办理变更设计审批手续。严格遵守"先批准,后变更;先变更,后施工"的规定。

12. 建筑材料、构配件和设备质量检验复验制度。建筑材料、构配件和设备进场时必须坚持先检验后使用的原则,不合格的建筑材料、配件和设备一律不得进场,已进场的不合格建筑材料、构配件和设备必须坚决清理出场。

13. 工程质量试验检测制度。施工、监理、咨询单位按合同约定设立现场试验室,并经建设、监理方组织的验收认可,按有关规定开展试验检测工作。

14. 隐蔽工程检查签证制度。隐蔽工程检查签证必须按照有关规定进行,严禁监理单位委托施工单位代检。

15. 监理人员的随工检查和旁站制度。监理人员的工作应侧重在施工现场,工程的重点部位和关键工序必须坚持旁站,并做好旁站记录,确保工程的每一道工序都得到有效的控制。

16. 培训上岗制度。施工、监理和咨询人员必须进行岗前培训,熟悉有关法律法规、合同、设计文件、施工规范、技术质量标准等,提高人员素质和质量意识,未经教育培训及考核不合格的人员,不得上岗。

17. 工程质量情况报告制度。参建单位均应定期对工程质量的管理工作进行总结报告,发现工作中的问题,调整工作程序、方法和重点,保证质量管理措施落实到位,以质量管理信息系统为平台,在动态管理中实现质量管理目标。

18. 工程质量责任追究制度。建立工程质量责任追究制度是进一步贯彻落实《建设工程质量管理条例》的需要,强化质量责任。谁负责施工谁承担质量责任,谁监理谁承担监理应承担的质量责任。出现质量问题,追究相关人员的质量责任,并承担相应的处罚。

19. 工程质量检查评比制度。武广公司每季度、半年进行一次工程质量检查,将检查纳入施工企业质量信誉评价,并上报铁道部;每年进行一次工程质量年度综合检查,并进行考核和评定,纳入评优、评先。根据工程进展情况,进行不定期的质量检查、抽查。

20. 工程质量评估制度。无砟轨道施工、铺轨前和试运营前,武广公司委托咨询单位或专业机构对工程质量进行评估。

21. 技术质量资料管理制度。参建单位按有关规定做好质量技术资料的收集、整理和归档,保证质量技术资料的真实、完整,严禁编制虚假技术质量资料。

二、实施质量预控措施,预防质量偏差

(一)开展技术培训,提高参建人员质量意识和施工控制能力

如本篇第二章"标准化管理体系"中所述,武广公司通过开展各种技术培训,将高速铁路新的设计理念、

施工理念、建设理念灌输到每个参建者头脑中。公司面向施工单位、监理单位主要的管理人员和技术干部，先后组织多期涉及铁道部新颁布实施的路基、桥梁、隧道、无砟轨道、高性能混凝土等专业的客运专线验收标准、施工技术指南等内容的技术培训取得了良好效果。

（二）推行试验段，坚持样板引路，以标准、工艺保质量

公司大力推行"试验先行，样板引路"，充分借鉴京津城际经验，依托武汉综合试验段的探索成果，完善路、桥、隧、涵、无砟轨道、道岔、四电集成及接口系统的施工方法、施工工艺、设备配置、内控标准、施工要点及实施细则，经专家评审后形成公司标准化施工指导性意见，下发各单位执行。公司适时组织各种观摩会、交流会，不断总结经验、努力发挥样板引领作用。

武汉综合试验段在地基处理（CFG 桩）、褥垫层施工、AB 组填料施工、路基过渡段、桥梁大体积承台、无拉杆桥墩、无砟轨道、高速道岔、沥青砂浆灌注技术、结构沉降变形观测等进行工艺试验，开展科技攻关，组织现场观摩技术交流，确定一系列施工工艺、工法和质量控制标准、实施监理细则，使得后续施工有章可循，有标可依，有经验借鉴，有效地推动了工程的全面展开，以标准、工艺保质量。

公司还要求全线各施工单位每项工程开工前先建设先行段，公司组织专家评估通过后，再大规模展开，将探索试验的风险降到最低。尤其在无砟轨道施工中，公司推行了无砟轨道外方技术转让方"首件负责制"，即每个施工单位现场施工的第一个作业面或新增加作业面施工的第一段（100～150 m）应通过外方技术服务单位的检查确认，建设单位组织通过评估后，方准大面积展开施工；对每个标段生产填筑的每种 AB 组填料和每个标段选择 1～2 座隧道防水板防排水系统，公司或指挥部组织进行评估，完善工艺，提出质量控制标准和要点，从而实现了工程质量把关前移。充分发挥外方监理的作用，明确外方总监为技术总负责，细化了监理人员的工作职责和工作流程，关键工序技术、工艺细则实行外方审查制度。特别是在无砟轨道施工中，公司各指挥部组织外方技术服务人员对每个工作面每周完成的工作进行质量验收，对精度指标进行统计，指出存在问题，提出改进意见，无砟轨道施工质量的持续改进促进了工程质量水平上台阶。

（三）加强质量源头控制，确保结构的长期耐久性和稳定性

武广铁路客运专线运行速度高、技术标准高、质量目标高，大量采用新结构、新材料、新设备，以保证结构的长期耐久性和结构的稳定性。

武广铁路客运专线混凝土用量达 4 000 万 m^2，砂石料、粉煤灰、钢材、水泥、外加剂等材料使用量巨大，地区分布广，又使用相对集中，原材料质量控制和供应极其困难，把好原材料质量源头关极为重要。从采购、进场、检测、试验等各个关口把关，每个关口都要认真负责，严格落实相关标准要求，确保原材料的合格；针对砂石料和粉煤灰质量波动性大的特点，对粉煤灰实行定期进厂调研、抽查和进现场一车一检制度，严格分级使用；对砂石料级配差、含泥量易超标，采取分级组合、拌和站增设冲洗设备严格冲洗，从源头上把控保证工程质量。

特殊防水材料、无砟轨道扣件、道岔设备、四电材料、四电设备、房建设备等物资、设备性能要求高，首先需要招标严格比选控制，且对道岔、支座、变压器、双块轨枕等部分物资设备派人进厂考察、驻厂监造等把控质量源头关。

对于材料、设备按照甲供、甲控、自购三类管理，实行谁负责采购谁负责的质量职责；充分发挥监理单位对物资设备的进场验收和监督作用；对于物资质量问题，按"三不放过"原则，扩大分析，举一反三，追究责任。

根据现场实际，积极组织设计、施工、监理单位查找现场设计不完善的地方，从源头上解决施工现场存在的问题；先后多次组织优化、完善设计，解决了现场实际问题，有效地改善了工程建设设计、施工环节互相脱节的现象，为铁路运营安全提供有力的保障。路基防排水系统、隧道边仰坡（洞门加长）防护、隧道隧底排水防上拱、声屏障设置等比较重大的完善设计活动，都取得较好的成果。

线下结构沉降变形的稳定性是保证无砟轨道铺设质量和线路长期稳定性最基础的工作。对结构沉降变形控制，借鉴国外经验和武汉试验段摸索的经验，公司组织中外咨询、设计单位编制了《武广铁路客运专线沉降变形观测系统实施细则》，建立了沉降变形观测控制体系，要求各单位严格比选观测元器件的性能质量，正确埋设元器件，加强观测实施管理，确保观测数据的及时性、真实性、有效性，为无砟轨道铺设提供可靠的依据，保证线路变形长期稳定性。

三、加强质量过程控制，实现持续改进

（一）企业质量自控与外部质量监控相结合，加强过程控制，消除质量缺陷

武广铁路客运专线建设以施工单位的质量自控为基础，充分发挥以质检工程师为骨干的质量保证体系的作用，严格现场技术交底，明确工艺、标准，落实自检、互检和专业检的“三检”制度，并对关键工序施行全过程的跟班作业，使每一道工序都处于受控状态；严把隐蔽工程检查和检验批施行全方位检查，质检工程师和质检员必须完整翔实记录自检情况，使得分项和分部工程一次验收合格。

武广公司充分利用中外咨询、中外监理单位的质量监督和控制，各个监理单位针对路基、桥梁、隧道、无砟轨道、四电接口及四电集成系统均制定了较为详细的监理细则，明确了监控的重点；通过中外监理旁站、巡检、抽检和专项检查，严格质量控制标准，及时发现和解决设计、施工存在的质量问题，把质量缺陷和隐患消灭在萌芽状态和过程之中；中外咨询单位也定期到现场进行巡查，将检查情况形成咨询报告，提出一些好的施工工艺方法和质量控制办法，以促进质量提高。以勘察设计单位的施工图设计质量为重点，通过加强施工前期和过程中的勘察、优化设计，确保工程设计质量。无砟轨道施工、铺轨前和试运营前，武广公司委托咨询单位或专业机构对建设工程质量进行评估，确保工程质量总目标能够实现。如双块式无砟轨道道床板施工使用已评估通过的CPⅢ控制网进行粗调和精调，采用精调小车进行精度调整，测量监理采取旁站、见证方法进行检查，即精调完成后轨检小车取值时监理见证取值情况，必须保证100％符合要求；混凝土施工完成后用精调小车对精度进行复测，监理独立抽检不少于20％，同时按月或施工阶段对无砟轨道施工精度进行分析，对合格率不稳定的情况查找原因，向施工单位提出注意事项及改进意见，对精度较差的单位下发监理通知单，责令停止施工进行调整整改，使得无砟轨道施工精度质量不断提高。

建立企业信誉评价制度，有力促进质量管理水平。武广公司每季度进行一次工程质量平时检查，每半年进行一次工程质量综合检查，并进行施工企业质量信誉评价和监理等级考核，并将考核评价排名公布和上报铁道部；信誉评价主要检查施工单位的现场标准化管理情况、自控质量体系运行状况及工程实体质量状况，考察各施工单位高速铁路质量理念及各级领导的重视程度，也考察各监理公司监理人员的整体素质和监控体系到位情况；各标段（16个）的项目经理均为集团副总级，勇争第一的荣誉感都较强，以信誉评价为抓手和主要手段，有力地推动了施工质量的提高。

武广公司通过加大施工现场的质量检查和整改力度，建立质量检查和奖惩制度，并根据工程进展实时调整质量监控重点，通过开展日常检查和专项检查来纠正现场不良质量行为，及时排除质量隐患。2008年，武广公司及各建设指挥部共组织质量专项检查52次，下发检查整改通知书226份，并督促各单位全部落实整改到位，整改回复率100％。公司还积极配合监督站开展监督检查工作，及时与监督站沟通和交流，认真落实监督整改要求；针对监督分站发出的监督通知书，武广公司都立即组织设计、施工、监理单位召开专题会议进行原因分析，部署落实整改措施，对监督检查中存在的质量问题进行全面彻底的整改，保证了质量监控体系有效运行和持续改进。

在静态验收之前提前一年，邀请路局相关工务、电务部门提前介入，对于可能影响运营安全的一些设计不够完善、施工质量可能存在的缺陷进行分阶段拉网式排查，对排查出的问题，采取措施，逐个整改和消号，以彻底完善和提高整个系统工程的功能和质量。如路基防排水系统、隧道洞口边仰坡防护、隧道渗漏水、路桥隧与四电各专业之间的接口等进行了重点排查和完善。

（二）扎实开展质量专项活动，狠抓整改落实

在建设过程中，根据高速铁路建设新形势，针对现场存在的突出安全质量问题，发挥建设单位的龙头管理作用，适时、定期组织安全质量大检查、大反思活动，组织施工、监理单位排查现场存在的安全质量问题，明确责任人，建立问题库，建立逐一销号制度，整改一项，销号一项，对不能短时间整改销号的，确定整改责任人，跟踪落实，直到整改销号为止，不留安全质量隐患。另外，对发生安全质量问题的责任单位，绝不手软姑息，一查到底，达到警示和教育的目的，建立安全质量管理长效机制。

1.“三项治理”专项检查

武广公司及建设指挥部针对质量管理薄弱、工程分包、内业资料弄虚作假等三项影响工程质量的突出问题，先后共组织“三项治理”专项检查84次，检查范围遍及全线各施工、监理单位、设计配合组以及各工点，共

检查施工、监理单位内业资料达 16 420 份，现场排查问题 126 项，并全部落实完成整改。

2. 劳务用工管理专项治理

为进一步规范各施工单位劳务管理，要求施工单位一律实行“包工不包料”的工序分离、工费承包的劳务模式。对技术性强的工程，成立由内部职工担任骨干的“架子队”，领工员、技术员、安全员（以下简称“三员”）24 h 跟班作业，加强劳务人员的教育培训，特种岗位实行持证上岗。武广公司根据铁道部《关于对清理“包工队”情况进行检查的通知》的要求，组织开展全线劳务用工管理专项治理，重点检查架子队主要组成人员是否由施工企业正式职工担任，每个工序和作业面是否有“三员”跟班作业，施工单位是否与劳务队签订劳务协议，劳务队与劳务人员是否签订劳动合同，技术工种是否有相关职业资格证书，特殊工种是否取得特种作业证书等主要内容。对不合格的劳务人员和包工队是否进行了及时清退。

3.“更新理念、贯彻验标、强化管理、确保一流”为主体的质量专项整治

针对质量存在的一些通病和各参建单位质量管理状况，武广公司先后分阶段组织开展以“更新理念、贯彻验标、强化管理、确保一流”为主体的质量专项整治活动，组织各参建单位紧紧围绕严格贯彻和执行客运专线验收标准这一主线，在学习培训、原材料质量控制、施工过程控制、试验检测等方面进行充分研究，制定贯彻执行验收标准的方案和保证制度；在现场管理过程中，严格按照验收标准要求开展各项管理活动，真正做到把客运专线验标贯彻执行到施工过程的每道工序中去。

4. 拌和站计量及原材料质量专项整治

为改善原材料粗细骨料质量不稳定，武广公司组织进行原材料质量专项整治活动，对全线的拌和站进行登记清理，保证了拌和设备电子计量误差控制在验标允许的范围；增设粗细骨料清洗设备 24 台套，对原材料料存放场，增大使用面积，待检和已检合格砂石料分仓，增设遮阳（雨）棚，棚内设置测温设施，采取保温、降温及升温设施，保证高性能混凝土的入模温度符合要求，提高混凝土的长期耐久性。

（三）建立完整的试验检测体系，实现精确的数据控制

1. 建立完善的质量检测机构体系

武广铁路客运专线试验检测工作由武广公司安质部检测中心负责全面管理，整个体系分为建设单位工程试验室、监理单位试验室、施工单位试验室三级机构；另外质监站社会监督和工程质量专项检测单位也是重要的组成部分。

(1)建设单位建有工程试验室 2 个，负责对各自管段内监理和施工单位试验室验收、检测工作的管理指导和督促检查工作；人员常驻现场，对现场存在的问题反应迅速，处理及时、控制有力。

(2)监理试验体系以各监理联合体中心试验室为主体，下设分站试验室。中心试验室负责标段内监理试验检测工作的管理指导和重要试验项目的试验工作，各分站试验室独立承担管段内监理试验检测工作任务；另外每个工地监理组还根据工作需要配备了一定数量的现场巡检试验监理；全线共有 5 家监理中心试验室，下设 20 家分站试验室；共有大型试验检测设备 400 多台套；试验人员 300 多人；试验能力满足客运专线建设的要求；对现场施工需要的工程试验项目独立做到了全方位专业监控。

(3)施工单位按施工标段共建有 22 家中心试验室，下设 75 家工地试验室；在混凝土搅拌站等重点控制部位还配备了专职的试验员；中心试验室负责本标段的工程试验管理工作，同时承担高性能混凝土配合比设计，原材料性能检测等主要试验项目的试验工作；工地试验室主要承担需要在施工现场进行的试验项目

(4)武广公司采用招标方式，引进专业检测机构进行独立的第三方工程质量专项检测，其中桩基检测单位 11 家、隧道检测单位 6 家、钢结构焊缝检测单位 1 家，岩溶专业检测单位 3 家，对全线桥梁、路基混凝土桩基和 CFG 桩、隧道二衬、站房钢结构焊缝、路基、隧道基底岩溶等重要工程部位的施工质量进行专项质量检测。

从武广铁路客运专线建设过程来看，试验检测管理体系机构设置合理，各级试验室层次分明、职责清晰、任务明确、程序顺畅，人员全部持证上岗；设备全部通过国家法定机构的计量检定；整个试验检测体系运转有序高效，监控有力。

2. 工程试验检测管理制度

公司制定了工程试验检测管理制度，武广铁路客运专线工程试验检测管理工作实行从下到上逐级监督管理的工作程序，使整个工程试验检测体系各项工作的开展做到了有章可循，有据可依，杜绝了工作的随意

性、盲目性。即:施工单位工地试验室接受其中心试验室监督管理,并在其指导下开展工作;监理单位分站试验室接受其中心试验室监督管理,并在其指导下开展工作;施工单位中心试验室接受其监理单位中心试验室和建设单位工程试验室监督管理,并在其指导下开展工作;监理单位中心试验室接受建设单位工程试验室监督管理,并在其指导下开展工作;建设单位工程试验室接受武广公司安质部检测中心监督管理,并在其指导下开展工作;工程质量专项检测单位接受武广公司现场指挥部和武广公司安质部检测中心的监督管理;整个程序线条清晰、分工明确、信息交流顺畅;使工程试验工作得以有序高效开展。

3. 工程试验检测工作管理

(1)武广公司安质部检测中心每半年召开一次全线工程试验检测工作会议;年底召开全线工程试验检测工作年度工作会议;总结前一段工程试验检测工作情况,并对下一步工作作出安排和要求。

(2)根据工程建设进展,武广公司安质部检测中心不定期召开试验检测工作专题会、试验检测人员座谈会和试验检测工作现场会;通过这些会议,增强试验检测工作交流,及时解决工作中出现的问题,不断强化监控力度,持续提高管理水平。

(3)根据工程建设不同阶段的特点,及时调整试验检测工作的重点,组织开展混凝土桩基检测、CFG 桩质量检测、路基填筑压实、原材料质量、高性能混凝土配合比及无砟轨道施工、附属工程、站场站房、四电系统、工程实体质量检测等各类专项试验检测工作检查;全力督促各级试验检测机构严格按各类标准规范和相关规定及时高效开展工作;做到突击检查,不留死角,确保试验检测工作的针对性、及时性。

(4)各级试验检测机构积极参与铁道部监督站等上级部门和武广公司组织的各项工作和专项检查;如混凝土拌和站、路基、梁场抽样检查和其他现场评估。通过参与这些检查,掌握了全线试验检测工作开展的基本状况,发现了试验检测工作管理和实施中存在的不足,并提出了相应的工作要求和针对性措施,为施工一线解决了实际问题,如:隧道衬砌强度检测、高性能混凝土配合比调整控制措施、CFG 桩浅部缺陷处理等,确保了试验检测工作处于有序可控状态。

(5)在日常管理中,各级试验检测机构从技术、人员,检测环境、检测标准、量值溯源,抽样、样品处理,检测记录和报告等环节均按照相关的技术管理制度执行;另外还及时清理现有的各类规范标准并建立有效文件清单,确保试验工作采用标准的有效性、权威性。

(6)定期组织全线各级试验检测机构之间进行对比试验,以提高试验检测机构本身的业务能力;同时积极督促协调各单位领导保证各级试验检测机构工作上的独立性,确保各级试验检测机构出具的试验检测结果的准确性、真实性、公正性。

(7)各级试验检测机构高度重视试验检测原始数据和信息的收集、整理、分析和上报工作,将其作为一项基础管理工作做细做实,保证各项原始数据的可溯性;各级试验检测机构都建立了完整的试验检测机构信息和资料档案管理制度;按时完成试验检测周报、月报的汇总、分析上报工作;并随着工程施工的进展对积累的试验检测数据及时进行整理分析;并以整理分析的结果(不合格出现频率、不合格率、不合格发展趋势等)为基础数据,对下一步工作进行指导和调整。

4. 试验检测工作成效

武广铁路客运专线工程试验体系自建立以来,经过全体试验检测人员的共同努力,以《客运专线验收标准》和其他有关规范,以及武广公司的相关文件规定为工作依据;围绕高性能混凝土配合比设计、原材料试验、工程施工过程试验、工程实体质量检测、试验工作自身管理、工程质量专项检测等方面;开展了大量扎实有效的工作;共开展各项试验检验 200 多万组次;各类管理活动 1 000 多次;为工程质量控制提供了及时、翔实的试验数据;为武广铁路客运专线建设目标实现作出了贡献。整个试验工作取得了显著成效。主要表现在:

(1)高性能混凝土配合比设计。全线各级试验检测机构共进行高性能混凝土配合比设计 1 000 多组次;有力保证武广铁路客运专线高性能混凝土工程的施工和质量。

(2)原材料试验。全线各级试验检测机构对进场材料的出厂质量证明书及进场材料的规格、型号、数量、生产日期、标识、储存等进行了严格的检查核对,对材料的生产厂家进行实地考查;共进行原材料检测 50 多万组次,清退不合格材料 500 多组次;为原材料质量控制工作提供了有力的数据支持;从源头确保进场材料质量满足要求;杜绝了不合格原材料的使用。

(3)工程施工过程试验检测。全线各级试验检测机构在桥梁、路基、隧道、无砟轨道、站场站房、附属工程、混凝土等施工过程中,共进行各类试验检测150多万组次;为各项工程施工的顺利进行和过程质量控制发挥了应有的作用。

(4)工程实体质量检测。全线各级试验检测机构对桥梁、路基、隧道、无砟轨道、站场站房、附属工程等工程实体质量,共进行各类试验检测10多万组次;为各项工程验收和评价打下了坚实的基础。

(5)工程质量专项检测:根据管段内工程的进展及工程质量的控制情况,对已完工的工程组织专项检测单位及时进行检测;及时掌握检测结果并对存在的问题组织落实整改,将相关整改资料报武广公司安质部检测中心核备,检测中心不定期对检测单位进行检查。积极主动参与不合格项的整改和复检工作,以确保重要工程部位的施工质量满足设计要求和武广铁路客运专线建设目标的实现。例如:全线采用低应变法共抽检路基地基加固CFG桩完整性50 685根;其中Ⅰ类桩47 923根,Ⅱ类桩2 616根,不合格桩146根(其中Ⅲ类桩140根、Ⅳ类桩6根),不合格桩全部得到及时整改,经复测已全部合格。全线采用地质雷达法共对隧道二衬施工质量进行抽检69.39 km,占隧道总里程的20%。在具体检测过程中共发现二衬背后脱空,局部混凝土不密实等不合格项100多处,全部得到及时整改,经复测已全部合格。

第二节 工程质量问题的处理和闭合

一、质量事故处理规定

为加强武广铁路客运专线工程质量管理,及时调查处理工程质量事故,根据建设工程质量管理有关条例、规定,武广公司制定了《武广铁路客运专线质量事故报告处理制度》,规定发生质量事故时,施工单位必须马上口头或电话汇报,在12 h之内向武广公司书面报告,并及时通知有关单位和铁道部直属监督站。武广公司及时向有关部门报告,同时在24 h内向铁道部建设管理司和工程质量安全监督总站提出书面报告。

武广公司接到事故报告后,立即成立工程质量事故调查组,武广公司领导担任组长,施工、设计、咨询、监理及有关单位为成员单位。由建设指挥部组织咨询分部、设计、监理、施工等单位到现场调查,判别质量事故的类别。一般质量事故由建设指挥部负责组织施工、监理单位参加调查,施工单位应如实汇报质量事故工程、工序的施工工艺、所用材料、施工机具及施工资料等情况,监理单位对施工单位提供的资料进行核实。

质量大事故由安全质量部负责组织,建设指挥部和咨询、设计、施工、监理单位参加调查;质量重大事故由总经理负责组织,安全质量部、建设指挥部、设计、施工、监理单位参加调查,对工程质量事故产生的原因进行分析。调查结果填写《质量事故调查表》报武广公司。

质量事故处理实行分级管理制度,工程质量特别重大事故的调查处理按国务院《特别重大事故调查程序暂行规定》办理。工程质量重大事故由武广公司调查并提出处理意见,报铁道部批复。工程质量大事故由武广公司组织调查处理,并报铁道部备案。工程质量一般事故由武广公司处理。

二、质量问题的整改闭合

对于质量管理体系运行过程中,无论是通过企业的质量自控还是外部质量监控的发现质量问题,都应该在分析原因的基础上,制定有针对性的纠正和预防措施,并跟踪验证所实施措施的效果,保证质量偏差得以纠正,并防止同类问题再次发生。现场指挥部认真抓现场质量问题的整改,对监督站、公司、铁路局静态验收、路局提前介入检查、监理检查中发现的施工质量问题实行建档管理,限期闭合消号。

1. 组织专家论证。对十重要病害工点如新耒阳站DK1777+500~+750段岩溶路基下沉,塘背、煤隆岭、浏阳河隧道无砟轨道上拱病害等,武广公司组织各方面专家分析病害原因、研究制定整治方案进行整改。

2. 整改静态验收和联调联试期间发现的问题

轨道工程整改长轨焊缝接头重伤、轨道扣件位置不正确或未按设计安装、轨道精调不到位、道岔及岔间渡线高低、方向不良等遗留问题总计2 565项。

路基边坡防护不到位、排水系统不完善、新耒阳站DK1777+500~+750段岩溶路基下沉病害整治等遗留问题5 759项。

桥涵工程整改桥台处防护栅栏安装不到位、1.8 m以下低矮桥墩防护、涵洞排水不畅通等遗留问题

9 433 项。

隧道工程整改隧道回填层与道床板间渗水，隧道进出口仰坡防护不到位，塘背、煤隆岭、浏阳河隧道无砟轨道上拱病害等遗留问题 2 043 项。

通信、信号工程整改 GSM-R 系统存在 MU 光模块声光告警，MU 尾纤未防护，BTS 天馈线走线不规范等遗留问题 8 567 项。

电力电气化工程整改 AT 所至变电所的高压电缆未通过 50 mm^2 的电缆在室外侧接地，GIS 环网柜底下进出的高压电缆未安装支架、抱箍固定，变电所、AT 所、分区所的电缆夹层未安装温控轴流通风机等遗留问题 19 235 项。

3. 联调联试期间设计补充、完善问题

根据铁道部有关文件要求及武汉铁路局、广铁集团公司两接管单位提前介入、验收要求，设计单位对线路、地路、桥涵、隧道、站场等专业进行了补充设计。

线路专业主要有增设刚性护栏，加高加密防护栅栏，路基地表、桥台端路基排水工程补强等 6 项工程共约 550 处。

地路专业主要有路基边坡防护、区间路基排水补强，岩溶路基补注浆等 4 项工程共涉及路基为 87.3 km。

桥梁专业主要有增设桥涵防抛网、限高防护架，桥涵边坡防护处理，低矮桥墩防护等 8 项工程共计约 1 160 处。

隧道工程主要有隧道洞口边仰坡防护及洞口排水工程、隧道基底岩溶处理等 3 项工程共约 181 处。

三、质量问题的持续改进

武广公司按照 PDCA 循环构建的质量管理体系在运行过程中，能够动态控制工程质量，不断发现质量管理的偏差，通过制定纠正和预防措施及效果的跟踪验证，实现了质量管理的持续改进。在武广铁路客运专线四年半的建设过程中，没有发生重大及以上工程质量事故，实现了既定的质量目标。

为确保工程质量的长期稳定，消除隐患，组织设计、监理单位从设计深度侧面、施工监控层面进行各自排查可能存在的不足和隐患；还引进了 3 家岩溶专业检测单位，对重点隧道的隧底岩溶、防排水系统及路基岩溶可能存在隐患的段落进行排查检测，并根据排查结果（路基 10 处、隧道 8 座 30 余处存在岩溶地质因素质量隐患），及时组织设计、施工等单位进行补强处理，较好的消除了地质因素给工程带来的质量隐患。

四、静态验收存在的质量缺陷的整改闭合

在动态验收之前，必须完成静态验收，消除工程结构质量问题和结构缺陷，完善工程结构整体系统性、良好的功能安全性及长期耐久性、稳定性，确保联调联试安全及动态验收顺利通过。因此，静态验收是高速铁路验收体系的基础工作，必须引起各参建单位的高度重视。

静态验收具体由铁路局和武广公司组成，然后，由铁道部组建四个专家组分别对工务、电务、通信、信号工程进行检查验收，出具验收报告。

在第一阶段静态验收中，路局验收会对各专业提出质量问题和结构缺陷，列出问题清单或问题库，要求施工单位限期整改，监理督促检查。公司要求各施工标段根据分段联调联试节点时间计划，编制工程质量和缺陷问题整改推进计划，分们别类列出缺陷问题名称、计划完成时间、责任单位、责任人、整改措施、进展情况、还存在的问题；系统推进，逐个验收、消号，不留隐患。在动态验收时，可能一些不影响联调联试安全的问题还不能及时完成，但要在动态验收汇报中形成遗留问题专题报告，确定限期完成计划，必须形成问题缺陷闭合。

第三节　安全体系的建立与运行

武广公司始终坚持“安全第一、预防为主”的方针，坚持“安全为工程建设的生命”理念，按照“零事故率”的指导思想，通过构建各级安全生产管理机构，落实安全生产责任制，形成完善的安全监控体系；采取提前识

别、评估安全风险，采取施工风险防控措施和应急预案，抓住安全薄弱要害地段、关键工点予以重点盯控，重点整治，确保在安全生产的前提下，实现全线质量、工期、投资、环保及科技创新等管理目标。

一、健全安全管理机构，落实安全生产责任制

2005 年 8 月，武广公司对各参建单位发布了《武广铁路客运专线工程建设安全生产管理办法》(试行)。2007 年 4 月及 2008 年 12 月分别重新修订发布了《武广铁路客运专线工程建设安全生产管理办法》。

武广公司成立了安全生产委员会，由总经理任主任，副总经理及总工程师任副主任。公司各部部长及二级管理机构的各建设指挥部指挥长为委员，下设办公室，由安全质量部部长任办公室主任。

安全质量部配备 2 名安全专业工程师，协助武广公司及安全质量部分管领导担负全线安全管理的日常具体工作，安全职责具体包括：建立安全生产管理台账；建立健全安全生产监督保证体系和安全生产监控网络；及时传达贯彻国家安全生产政策、法律、法规和铁道部有关安全生产的文件精神；组织各参建单位的安全管理人员进行安全学习和培训；定期组织安全生产联合大检查，收集、分析施工现场的安全情况，指导工程项目的安全生产管理工作，并负责安全管理的考核；组织或参与调查、分析、处理安全事故。

各建设指挥部也相应设置了安全质量部，配备了专职安全管理工程师，负责管段范围内的日常安全管理工作。武广公司还督促咨询、设计、监理、施工各单位建立健全各级安全生产责任制。成立由党政领导、有关部门负责人组成的安全领导小组，并设立专职的安全管理部门。明确各单位行政正职是安全生产管理第一责任人，对本单位安全生产负全面责任。武广铁路客运专线安全生产管理机构如图 2-5-1 所示。

二、认真开展安全警示教育，加强施工安全培训

武广公司及时把铁路系统发生的各种施工安全事故通报转发给各参建单位，并结合武广铁路客运专线实际情况提出具体要求，要求各参建单位深刻吸取事故教训，举一反三、引以为戒，对照查找施工安全管理上的漏洞和薄弱环节，抓好武广铁路客运专线的安全工作的检查和落实。

2008 年 7 月，武广公司向各参建单位下发文件通知，督促各单位立即清查施工人员安全培训情况，对没有进行培训的人员要立即组织培训。针对全线施工单位的主要负责人、项目负责人、专职安全生产管理人员(以下简称“三类”人员)的培训和认证工作进行了专项审查，对未“达标”的人员下发了《安全整改通知单》，要求按期进行整改。对无证人员不允许担任“三类”人员的工作岗位。

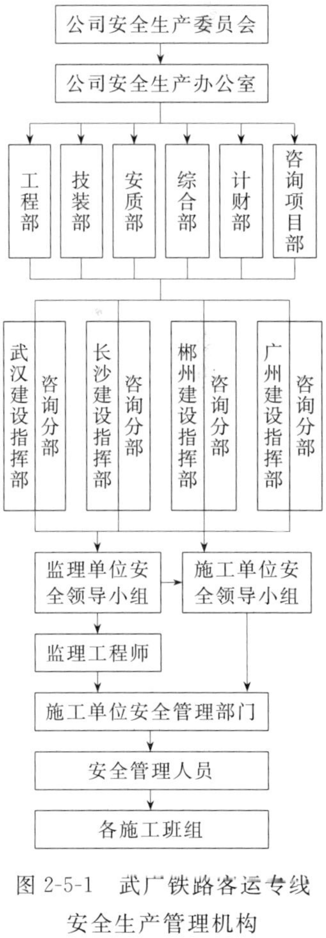

图 2-5-1　武广铁路客运专线安全生产管理机构

三、安全生产重点风险识别、评估与防控措施

(一)重大安全风险的识别与评估，确定安全监控重点

通过对全线施工生产任务的风险评估，明确了隧道施工、跨越既有线和高速公路桥梁施工、特种设备管理、站后施工、联调联试等施工过程为安全监控的重点。各参建单位对于安全管理的关键工点应评估其安全生产风险，采取一定的风险防控措施，将风险控制在可接受范围以内，保证施工安全。同时还要加强消防、施工用电安全管理，做好防洪防汛预案工作，确保汛期施工安全。

具体来看，在隧道施工中明确了其中的 28 座作为安全监控重点；在桥梁施工中明确跨京广线 13 座，跨湘黔铁路 2 座(含联络线 1 座)，跨武九铁路 1 座；跨高速公路桥梁 17 座(含联络线 1 座)为安全监控重点。武广公司针对这些安全风险高的工点，组织了各施工单位落实安全包保责任人，强化安全包保责任制，深入开展安全隐患排查治理工作，及时消除现场存在的安全隐患，加强对安全风险高工点的安全控制。

(二)开展隧道施工“六达标”活动，确保重、难点隧道施工安全

武广公司始终将隧道施工安全管理作为重中之重。施工高潮期间，组织开展了以隧道施工“六达标”为

主要内容的施工安全大检查、大整治、促达标、筑精品活动。对全线28座在建的重点隧道建立了安全周报工作，狠抓隧道仰拱、二衬距掌子面安全距离达标工作，防止前面开挖后面坍塌。针对岩溶、围岩软弱、洞内富水、涌泥等地质复杂隧道，从设计变更、施工方案、安全措施、安全投入等方面狠抓落实，确保隧道施工安全。对全线复杂的岩溶地质隧道组织中外方咨询专家进行了安全风险评估；组织设计单位针对地质条件复杂、安全风险大的隧道进行设计复查，补充完善安全防范措施，及时办理各类变更设计，解决施工中存在的疑难问题。针对金沙洲、浏阳河、大瑶山、海棠、尖峰顶等16座全线安全风险最大的隧道工程，组织路内、外专家深入现场调研，提出整治方案。围绕隧道施工中遇到的重大安全质量疑难问题，先后共13次组织设计、咨询、监理、施工单位召开现场分析会，研究制订技术方案及安全保证措施，使重、难点隧道的施工安全得到有效控制。

（三）加强跨既有线和高速公路施工安全监控力度

在跨线施工中，武广公司要求各单位严格履行程序，及时办理施工许可，认真编制施工组织和作业指导书，严格按照铁路、公路部门审定的施工方案、范围和批准的计划组织施工，加强施工防护，并通过现场盯控加强安全监控。

例如，2008年4月，新广州站进行京广铁路改线拨接施工，武广公司组织20人的工作组夜以继日盯在现场帮助指导工作。通过精心组织，密切协调施工、运输各参建单位的工作，圆满安全地完成了整个改线拨接施工任务。2008年7月，临湘跨京广铁路桥进行跨线施工，武广公司组成检查组深入现场，全面进行安全隐患排查工作，对现场安全防护和应急预防措施提出具体要求。在7月28日至29日跨线架梁施工时，检查组坚持在现场予以盯控，保证了架梁的施工安全。

在运架梁和造桥施工中，严格要求施工单位对架桥机、运梁车、造桥机、铺架设备等各类重型机械必须经具有专业资质的机构进行检测，否则严禁投入使用。针对跨越公路的现浇梁施工，督促施工单位采取相关防护措施，加设防护棚架，桥梁上部施工加设安全防护网，设立限高架。施工脚手架必须稳固可靠并定期进行检查，为此保证了跨线施工安全可控。

（四）加强大型、特种设备安全管理检查

按照铁道部有关“安全第一，预防为主，养修并重，服务生产”的方针，建立健全大型施工机械安全保证体系并保证有效运转。结合铁路建设项目实际，针对工程特点和使用的大型施工设备情况，研究并制订工程设备的设计制造、培训教育、检验验收、操作使用、检查维护、应急处置等制度规定。明确岗位职责和工作内容，建立大型施工机械设备档案管理制度，并设专人管理。

武广公司在2008年6月下旬至7月初对全线桥梁移动模架特种设备全部停工进行了专项检查验收。全线共有61套设备，通过全面检查认为：有58套设备总体情况较好，能够满足施工安全生产的要求，可以恢复施工。另外3套设备因没有办理机械验收合格证，为此立即向有关施工单位下发了安全整改通知，责令限期整改，符合要求之后方可恢复施工。

（五）加强无砟轨道施工中的安全管理

现场检查中发现，个别施工单位无砟轨道道床板混凝土多处出现蜂窝麻面，多处轨枕、轨道板在施工过程中碰撞损伤等现象，武广公司及时下发《安全整改通知单》，督促施工单位进行了整改。现场检查中发现，个别施工单位无砟轨道施工吊车作业时，先后两次出现撞击线路上空新架设的牵引供电线，导致接触网线索严重损伤等安全隐患；部分地段无砟轨道和铺轨同时进行，存在人员、施工机具安全防护不到位、不重视引起的安全问题。针对此类安全事故苗头，及时下发通知，要求站前、站后施工单位加强协调，对可能危及双方设备安全、质量的施工作业，互派现场施工监护人员，签订施工安全协议，有效杜绝了类似事件的再次发生。

（六）加强防洪防汛和高温季节施工安全管理

针对重点地段、重要设施进行了安全专项隐患排查；加强对在建桥梁、隧道进出口边仰坡、路堑边坡、天沟及支档结构排水设施的检查；加强对生活区、料场、机电设备的防洪、防雨、排涝等设施的检查，及时完善和疏通排水系统，确保生产和生活区的排水通畅。针对夏季高温季节施工特点，要求施工单位尽量采取错时上班措施，避开中午高温时间。另外，做好一线工人的防暑降温工作，搞好食堂饮食卫生，防止食物中毒事件发生。

（七）高度重视联调联试安全工作，确保运行安全

联调联试期间的安全管理已经由施工安全转变为行车安全；由施工单位负责转变为运营单位负责；由死看死守转变为规章制度管理。武广公司先后下发了《关于加强联调联试期间施工安全管理的通知》、《关于加强联调联试期间安全防护管理的通知》、《关于实行联调联试安全"八卡死、三必须"制度的紧急通知》等文件，明确联调联试期间，禁止一切无计划施工，严格遵照"行车不施工、施工不行车"的原则，确保调试列车通过的绝对安全。为加强对铺架及"四电"施工单位轨道车使用的安全管理，下发了《关于做好轨道车安全运行的通知》，要求严格执行铁道部轨道车运行的有关规定，在轨道车运行前，必须按照规定办理相应手续，对车辆及线路进行全面检查，消除不安全隐患，确保运行安全。

武广公司高度重视联调联试期间的安全管理工作，要求各单位必须将各项规章制度记名传达，并由监理检查效果；要求施工、监理单位领导必须在岗在位，加强现场安全检查。同时，开展安全管理活动，深入开展安全大反思、大检查活动，采取日常检查、月度季度集中检查和专项检查相结合的方式，大力排查安全隐患、不断加大整改力度，为安全完成联调联试工作提供了有力保障。

四、超前制订应急预案，及时开展演练，做到有备无患

（一）建立健全应急预案，明确各级职责

公司成立武广铁路客运专线重特大安全生产事故应急救援领导小组，总经理担任组长，副总经理（总工程师）担任副组长，成员由公司各部门、建设指挥部和设计、咨询、监理、施工单位等主要负责人组成，领导小组办公室设在公司安全质量部。一旦发生重特大安全生产事故，以领导小组为基础，设立事故现场应急救援指挥部，负责组织、协调和指挥应急救援工作。并根据各部门特点明确了应急救援组织机构的职责。

（二）建立应急响应机制，明确事故上报程序

公司明确应急救援指挥机构接到重特大安全生产事故和自然灾害发生的信息后，应立即启动应急响应机制，在第一时间内向上级主管部门报告事故灾难的基本情况、事态发展和救援进展情况。公司应急救援指挥机构应立即开通与事故灾难发生地的通信联系，随时掌握事态发展情况，派出有关人员和专家赶赴现场参加、指导和协调现场应急救援，必要时请求地方应急救援力量增援，积极组织协调应急救援各方面的工作。

（三）组织应急救援的宣传、培训和演练，确保"战时有备"

公司应急救援指挥机构、建设指挥部和施工单位组织应急救援法律法规和事故预防、避险、避灾、自救、互救等常识的宣传教育工作，以提高施工人员的危机意识。施工单位组织应急救援队伍的相关人员进行上岗前培训和业务培训。同时，积极组织对施工人员的培训，以提高施工人员的自救、互救能力。公司应急救援指挥机构要对培训结果进行检查。各施工单位应每年组织一次安全生产事故灾难应急救援演练，演练结束后及时进行总结并上报演练资料（文字、图片、音像等）。公司派专人进行观摩，对安全生产事故灾难应急预案演练实施的全过程进行监督、检查。

五、强化现场安全检查，及时消除安全隐患

（一）落实监理单位的安全监督检查

武广公司要求各监理单位严格按照法律、法规和工程建设强制性标准及监理委托合同实施监理，对所监理工程项目的安全生产进行监督检查，认真履行监理职责，切实承担起铁路建设工程安全生产监理责任。

（二）强化建设单位的安全检查

武广公司制定了《武广铁路客运专线工程建设施工安全生产检查考评办法》，形成了定期安全检查工作制度。武广公司每半年对全线进行一次安全生产大检查；各建设指挥部每季度进行一次管段范围内的安全大检查；各监理、施工单位每个月进行一次全面检查。对检查结果进行考评，将考评结果进行全线通报。对检查中发现的违规行为及安全隐患，及时下发《安全整改通知书》，提出整改意见，督促施工单位制定整改措施，按期完成整改，消除不安全因素，并指定专人跟踪复查，确保安全整改落到实处。

武广公司根据铁道部的部署，结合施工现场情况，开展多项安全专项检查，先后组织检查了各参建单位安全管理体系的建设与运行；"安全隐患排查"活动的落实；"施工建设许可证"的审核；施工"架子队"的落实；施工现场消防安全管理；施工现场用电管理；全线"炸药库"规范建设与管理；专业技术工种持证上岗及

“三类”人员持证情况;大型施工机械设备的安全管理;隧道施工安全专项检查;桥梁高空作业安全专项检查;既有线施工安全专项检查;跨线桥梁施工安全专项检查;站房施工安全专项检查;进入联调联试之后,组织专职人员成立检查组,对全线每天进行安全隐患排查,确保了联调联试期间的施工安全。

仅 2008 年一年,武广公司和各建设指挥部采取日常检查、月度季度集中检查和专项检查相结合的方式,共组织施工现场集中和专项检查 274 次,下发整改通知书 136 份。各监理单位认真落实安全监控责任,共下发安全整改监理通知 892 份。同时,武广公司对全线重点监控的 28 座隧道、16 座跨既有线桥梁和 17 座跨高速公路桥梁,加大了检查力度,共组织集中检查 16 次,专项检查 13 次,下发整改通知书 36 份,武广公司所下发的整改通知,均得到整改回复,形成闭合。

六、建立安全生产月报、周报工作制度,实现安全动态分析

武广公司为加强安全信息管理工作,建立安全生产月报工作制度和重点隧道、桥梁安全周报工作制度,督促各参建单位每月按期上报《安全月报》及《安全动态分析报告》,重点隧道、桥梁的施工、监理单位每周上报现场施工安全情况。武广公司可以及时掌握安全生产动态,每月底对全线的安全情况通过报表和数据进行分析评估,查找原因,制定措施,对下一个阶段的安全监控重点进行明确,做到安全管理有的放矢。

第四节　安全事故的调查与处理

一、安全事故报告、调查、处理规定

武广公司为加强安全生产管理,颁布了《武广铁路客运专线工程建设安全生产管理办法》,其中,对安全事故的报告、调查处理等事宜作出了明确的规定。

建设项目发生《生产安全事故报告和调查处理条例》(国务院令第 493 号)的生产安全事故,建设单位及其他有关单位应按照国家有关规定向当地安全生产监督管理部门报告,同时按铁道部有关规定向铁道部安全监察司、铁道部建设管理司、铁道部工程质量安全监督总站和铁路监督机构报告,并在规定时间内提交书面报告。

施工现场发生《生产安全事故报告和调查处理条例》(国务院令第 493 号)的生产安全事故,施工单位应立即如实向建设单位和当地安全生产监督管理部门报告,并在规定时间内提交书面报告。

建设项目发生安全事故后,施工单位和建设单位应严格保护事故现场,采取有效措施抢救人员和财产,防止事故扩大。需要移动现场物件时,应做出标志并做好书面记录,现场重要痕迹应当拍照或录像,妥善保管好有关物证。

在发生安全生产事故后,事故现场有关人员应当立即报告本单位负责人。单位负责人接到事故报告后,应当迅速采取有效措施,组织抢救,防止事故扩大,减少人员伤亡和财产损失,并按照《生产安全事故报告和调查处理条例》(国务院令第 493 号)立即上报有关部门,进行安全事故调查处理。不得隐瞒不报、谎报或者拖延不报,不得故意破坏事故现场、毁灭有关证据。

对出现安全生产事故而隐瞒不报的或存在重大安全隐患被媒体曝光的,武广公司将追究施工、监理等相关单位的责任。

铁路营业线行车事故处理按《铁路交通事故调查处理规则》(铁道部令〔2007〕第 30 号)办理。

事故责任依次划分为全部责任、主要责任、重要责任、次要责任和无责任。武广公司将对责任单位和个人按照铁道部规定进行必要的处罚;罚款金额由武广公司安全质量部拟定,报武广公司安全生产委员会核定后执行。

二、安全事故处理

安全事故发生后,应按照规定报告,并启动相应应急预案减少损失、防止事故扩大。调查、处理事故时,应深入分析事故原因,做到举一反三,避免同类事故再次发生。下面以金沙洲隧道施工安全事故处理为例说明这一过程。

2008 年 9 月 7 日,武广铁路客运专线金沙洲隧道 1 号竖井往广州方向,因洞外地表截水帷幕施作不到

位，未能连续封闭止水，洞内超前小导管未施作和初期支护不及时，造成掌子面围岩遇水软化、失稳塌方，引发地面公路塌陷，致使一辆汽车陷入塌坑内。

1. 事故原因

(1)施工单位在洞内超前小导管未施作，洞外地表止水帷幕施工不到位，没有做到全封闭，且中间有缺口，隔水、止水效果不明显的情况下，依然盲目掘进，致使地下水沿围岩缝隙渗入掌子面，造成掌子面围岩软化、失稳塌方，引发地面塌陷。

(2)地表止水帷幕注浆不饱满，质量没有达到设计要求，致使帷幕渗水、漏水。超前预测手段缺失，措施不力。

(3)在施工帷幕搅拌桩，遇到地下管线不能按设计要求施工时，既没有及时向设计单位反映，也没有采取任何补救措施，致使帷幕搅拌桩不连续，留有缺口，起不到整体封闭作用。

(4)监理单位对施工过程中的质量把关不严，控制不力。对洞内超前小导管未施作的情况没有进行有效制止，对帷幕施工中存在的质量问题没有采取果断措施，态度不坚决，手段不强硬。

(5)监理人员专业素质不高，业务水平低，工作责任心差，特别是缺乏对地质复杂多变的长大隧道施工监理经验，在过程控制中显得力不从心，底气不足。

2. 事故责任

根据事故调查分析结果，该事故由施工单位负主要责任；监理单位负重要责任；武广公司广州建设指挥部负重要管理责任。

3. 事故处理

依据《武广铁路客运专线工程质量管理办法》(武广安〔2008〕22 号)和《武广铁路客运专线工程建设安全生产管理办法》(武广安〔2007〕28 号)的规定，经武广公司研究决定：

(1)责成施工单位按照“四不放过”的原则彻底查找和分析事故原因，制定整改和预防措施，将处理和整改情况报告武广公司。

(2)严肃处理相关责任人，撤换不称职的主要管理人员，更换不放心的施工队伍。

第五节　安全质量事故的教训与建议

以上述金沙洲隧道施工安全事故为例，该事故属于施工责任安全事故，施工单位负主要责任。为了避免类似事故的再次发生，武广公司要求各施工单位深刻吸取事故教训，引以为戒，具体要求如下：

(1)贯彻落实国家、铁道部和武广公司有关施工安全的规定，结合大反思、大检查活动，对照检查施工管理上的漏洞和薄弱环节，切实强化施工安全管理和质量管理工作，防止类似事故的发生。

(2)各参建单位要按照隧道施工“六达标”的要求，加大对未贯通隧道施工安全整治工作力度，加强施工现场安全保证措施，克服安全意识淡薄，存在侥幸的思想，严格按照设计要求进行施工。

(3)各参建单位要进一步加强施工现场安全隐患的排查工作，特别是要做好既有线施工、隧道施工、桥梁制运架施工、特种设备施工、跨线桥梁施工、高空和水中作业施工、火工品保管等重点安全防护工作，及时消除安全隐患，确保武广铁路客运专线施工安全形势稳定。

(4)各监理单位要认真落实安全监理责任，严格按设计要求进行有效的监控，切实加强监理队伍的管理，加大对监理人员的培训力度，提高监理人员的业务素质，工作责任心。对施工过程中存在的问题，要大胆指出，及时纠正，做到有错必纠，不留隐患，加强关键工序、关键部位、敏感部位的检查监督。

通过建立和不断完善安全管理体系，强化运行机制，确保了武广铁路客运专线在建设期间，无责任死亡及以上事故，全面实现了武广铁路客运专线安全管理目标。

第六章　施工组织

根据武广铁路客运专线工程建设规模大、技术标准高、质量要求严、建设工期紧、管理体制新等主要工程特点，武广公司精心组织编制了全线指导性施工组织设计，并在实施过程中不断进行调整优化。建设过程中，以指导性施工组织设计为纲，全面落实资源要素投入，加强组织协调，着力过程控制，优化施工组织，加快工程进度，围绕重难点控制工程，落实重点部署和节点工期要求，有序推进工程建设。

第一节　指导性施工组织设计

2005 年 5 月，武广公司根据铁道部批复的初步设计文件、国家和铁道部有关标准规范、项目前期签订的有关协议纪要及现场勘测调查资料，组织编制了武广铁路客运专线指导性施工组织设计。2006 年 2 月，结合有砟轨道改无砟轨道、宜桥地段以桥代路等重大设计标准的变更和客运专线设计、施工技术的进一步研究成果，对全线指导性施工组织设计进行了修编完善，经报部审查，批准实施。

一、施工组织总体目标

1. 质量目标

实现设计无隐患、主体工程零缺陷、材料设备无隐患；线路工后沉降、差异沉降及结构变形有效控制，确保设计开通速度，全面满足运营需要。

2. 安全目标

消灭责任生产安全较大及以上事故；消灭责任设备、火灾、爆炸等事故；消灭危及铁路行车安全的责任行车险性及以上事故；创建安全生产标准工地，实现安全生产达标。

3. 工期目标

2009 年 12 月 31 日建成。总工期 54 个月，其中：施工期 49 个月，综合调试期 5 个月。

4. 投资目标

将总投资控制在铁道部批准的概算范围之内。

5. 管理目标

树立“以人为本，服务运输，强本简末，系统优化，着眼发展”的建设管理理念；积极探索和推行“小业主、大咨询”的建设管理新模式，充分发挥咨询、监理在工程建设中的组织、监督、指导、协调作用，强化过程控制，完善监控体系，整合各方资源，优化施工组织，加快工程进度。按照质量、安全、工期、投资、环保、技术创新“六位一体”的建设管理要求，努力实现“三个一流”的建设目标。

6. 环保目标

确保把工程设计和施工对环境的不利影响减至最低限度，努力实现铁路沿线景观不受破坏，江河水质不受污染，植被得到有效保护，建成绿色环保型铁路。

二、施工组织设计的指导思想和编制原则

1. 指导思想

按照“一流的工程质量，一流的装备水平，一流的运营管理”的建设方针，依靠科技，更新理念，精心组织，攻坚克难，均衡有序，优质安全，将武广铁路客运专线建成我国铁路快速客运专线的示范性工程，成为中国铁路建设史上新的里程碑工程。

2. 编制原则

(1)坚持科学性、先进性、经济性、合理性与实用性相结合的原则。要体现科学性，采用先进的施工技术，

应用科学的组织方法，合理安排施工顺序和选择施工方案。坚持实事求是，经济实用，统筹兼顾。

(2)整体推进，均衡生产，确保总工期的原则。为确保总工期，安全、优质、高效地完成建设任务，指导性施组按关死后门、倒排工期的原则；站前、站后各专业在有条件的情况下同步进行的原则；尽量减少过渡、确保一次到位的原则；以及全面规划、均衡生产的原则编制。

(3)保证重点、突破难点、质量至上的原则。根据本工程项目规模大、技术标准高、施工质量高、科技含量高、开通速度高的特点，必须坚持突出重点、统筹安排的原则；依靠科技创新、突破技术难点、确保质量目标的原则。

(4)确保运输和建设两兼顾的原则。为确保既有铁路、公路、航道运输安全畅通，指导性施组编制力求精心设计方案。

(5)保持施工组织设计严肃性与动态控制相结合的原则。指导性施组一经制定，就要严格实施，不得随意更改，维护其严肃性；由于本工程技术复杂，需随时掌握施工动态，对不符合施工现场要求的计划、方案要及时研究调整，保证施工组织科学有序进行。

三、施工组织总体安排

1. 总体部署

(1)精心组织尽快开工，突破控制有序生产。

(2)三年完成线下工程，四年轨道站后配套。

(3)稳步调试确保开通，全线优质一次建成。

2. 年度安排

2005 年：积极筹备组织，征地拆迁先行；控制重点开工，完成土建招标。

2006 年：线下开局良好，主攻控制重点；征拆基本完成，迅速掀起高潮。

2007 年：突破控制重点，制架形成高潮；站后工程开工，实现攻坚目标。

2008 年：线下全面完工，决战无砟轨道；铺轨全线展开，站后形成高潮。

2009 年：站前铺轨完成，站后配套完善；稳步联合调试，按期正式开通。

3. 施工组织安排重点

(1)征地拆迁进度状况和施工图纸能否及时供应是影响工程建设的关键因素，务必高度重视，及早解决。

(2)站前工程以保证客运专线无砟轨道平顺性、稳定性、耐久性为核心，严格控制工后沉降、差异沉降和结构变形，保证基础设施速度目标值 350 km/h；站后四电工程以保证系统运行的可靠性和安全性为目标，确保设计措施到位，工程质量可靠。

(3)工期安排以箱梁制架、无砟轨道施工和长轨铺设为主线，以路基、预制箱梁、现浇箱梁、重点隧道、无砟轨道、长轨铺设、四电系统集成、联调联试为关键节点，工期服从质量。

第二节　指导性施工组织设计的特点与重大调整

一、指导性施工组织设计的特点

(一)各专业工程的主要特点

1. 路基工程

(1)沿线地形和地质结构复杂，路基地段长(320.184 km)，地基处理和支挡结构类型多，软土路基段填筑和沉降期长，对架梁、轨道、四电工程的施工工期影响大。

(2)路基的沉降控制对保证无砟轨道的高平顺性起着至关重要的作用，对路基设计、施工提出了更高的要求，必须制定保证路基质量的措施。

(3)路基工程采用了较多的新的工程措施，必须严格控制工后沉降和差异沉降，施工中必须对地质条件进行核对。

(4)路基施工要求设置专门的沉降观测装置，对路基沉降进行观测分析，据此确定和指导下道工序的施工和确定路基的沉降期，依据观测分析结果确定无砟轨道道床的开始铺设时间。

(5)路基工程与桥梁、隧道、轨道、四电等相关专业接口的施工协调复杂,施工干扰大。

(6)过渡段的类型多,施工工序复杂,是控制差异沉降的重点部位。

(7)全线穿越的地形以丘陵为主,挖方量大于填方量,弃方数量大,对沿线生态环境和水土保持的影响大,必须采取足够的工程措施。

2. 桥梁工程

(1)沿线河流沟谷遍布,公路纵横,新型大跨结构多,如大跨钢箱系杆拱、钢管提篮拱、T 形刚构桥与连续梁、结合梁等。

(2)无砟轨道对桥梁上部结构的线型控制提出了严格的要求,施工中必须采取严格的技术工艺保证措施控制收缩徐变引起的结构线型变化。

(3)严格控制墩台沉降和相邻墩台的差异沉降,按设计要求对墩台沉降进行观测。

(4)全线双线整孔预制箱梁数量庞大,制运架设备投入多,与路基、桥隧等工程干扰大,其预制、运输、架设施工是本工程的关键线路。

3. 隧道工程

(1)本段隧道工程量大,施工技术复杂,影响因素多,长大隧道是关键的工期控制工程,宜尽早开工。

(2)沿线地形、地质复杂,不良地质和特殊地质地段长,各区域性大断层,富水结构发育,浅埋偏压突出,岩溶、岩爆、高地应力、突水涌泥等地质灾害风险大。

(3)隧道开挖断面大,主体结构设计寿命 100 年,一级防水标准,施工标准高。

(4)采用信息化施工技术,包括综合超前地质预测预报,围岩及初期支护量测和监控。

(5)隧道弃砟量大,部分地段有可能因隧道施工引起地层失水、地面下陷或塌陷,影响生态环境和居民正常生活。隧道工程施工对水土保持、环境保护要求高,必须制定和执行严格可行的水保、环保措施。

4. 轨道工程

(1)采用无砟轨道结构,其施工组织和工艺与传统有砟轨道结构有本质区别,施工一次成型,轨道状态一次达标,施工精度控制技术是无砟轨道施工技术的关键。

(2)无砟轨道施工时间短,与箱梁架设、路基填筑预压及无缝线路铺设工序密切相关,其分区段、分阶段的快速施工技术是施工组织的关键。

(3)具体施工时间必须根据路基及结构物的沉降观测和桥梁徐变上拱观测的结果分析确定,必须排除不确定因素对施工组织存在较大的干扰。

(4)首次采用 100 m 定尺轨,工厂焊接 500 m 长钢轨,一次铺设跨区间无缝线路。从长轨的运输、铺设、现场焊接、应力放散及锁定都要采用一套全新的与传统国铁干线不同的施工方法与工艺,须采用现代化自动控制技术和大型施工设备。

5. 站房工程

(1)建设理念新,客站建设必须体现"五性"原则和以人为本、可持续发展理念,对设计、施工和建设管理提出了更高要求。

(2)技术难题多,大型客站采用立体化布局模式,采用"站桥合一"的新型空间结构及节能环保、环境控制、消防安全等新技术,施工难度大。

(3)受城市规划制约,与城市交通、市政设施接口多,协调难度大。

6. 四电工程

(1)通信工程

通信工程所采用的 GSM-R 无线系统,部分设备需从国外引进,采购周期长,手续复杂,工作量大;通信工程涉及国外、国内的多种技术、标准,并且需考虑无线通信与有线通信的接口,除完成本系统的调试外,还要完成各种庞大复杂的网络软、硬件的连通与联合调试,调试工作量大,调试周期长,对工期影响大。

(2)信号工程

信号工程采用较多的新技术、新设备、新系统,特别是综合调度系统、信号列控系统涉及国外、国内的多种技术、标准,除完成本系统的调试外,还要完成上述系统各种庞大复杂的网络软、硬件的连通与联合调试,调试工作量大，调试周期长，工程复杂。信号系统采用新标准，部分国外设备采购周期长，手续多，工作量大；无砟轨道对轨道电路影响大，需对相关信号设备进行选择及安装方案的研究。

(3)电气化工程

电气化工程特点是“四新、二高、一紧、一多”，采用较多的新技术、新设备、新工艺、新方法，标准高、质量等级高，工期紧，交叉施工多。部分设备国外采购，采购周期长，手续多，工作量大，国内尚无施工和调试经验，具体操作时不确定因素较多；尤其是接触网施工需轨道具备条件，并且客运专线速度等级高，因此对施工安装工艺、调试工艺、冷滑、热滑试验的要求很高，而铺轨完成后留给接触网冷滑试验的工期很短，工期相当紧张。

(4)电力工程

沿线线路两侧各设一条 10kV 电缆贯通线，沿铁路侧边预制电缆槽敷设。车站供电变压器采用室内变电所或箱式变电所，区间采用小型落地变电箱，设置电力远动系统，对本段供电设施进行集中监控，配电所按无人值守的原则设计。

(二)施工组织的难点

1. 征地拆迁任务重，施工干扰大

全线共征地 7.21 万亩，拆迁房屋 380.63 万 m^2，征地、迁改的任务繁重、难度大，直接影响施工组织的落实和工程建设的整体推进。

2. 大临工程规模大，建设标准高

为满足建设工期和质量标准要求，全线需设置制梁场 41 处，双块式轨枕预制场 5 个，轨道板预制场 2 个，铺轨基地 5 处，混凝土拌和站 210 处，改良土和级配碎石拌和站 49 处。大临工程的投产时间必须满足主体工程施工安排。

3. 线下工程量巨大，控制工程多

全线路基工程经过软土及松软土等特殊与不良地质地段，路基与桥台、路堤与路堑、路基与横向结构物、路基与隧道过渡段多，软土及松软土区段的地基处理、路基及过渡段的填筑压实和沉降控制是工程的技术难点。桥梁制架箱梁数量庞大、新型大跨结构多、桥隧错落分布，桥梁基础沉降控制、梁体变形控制、箱梁通过隧道运输是施工的难点；箱梁运架通道必须统筹兼顾，妥善处理好与下部工程施工进度及工序间的合理衔接，形成有序、高效的架梁线。全线隧道工程量大，地质复杂，隧道开挖面积大，施工安全风险大，是全线的控制性工程。

4. 无砟轨道施工和精度控制难度大

全线共铺设无砟轨道 1 900 多 km，需在路、桥、涵、隧道沉降变形评估满足铺设条件后进行，具有标准高、制约因素多，时间紧、施工接口多、物流组织困难等特点，轨道精调要求严，精调难度大，是施工的重点和难点之一。

5. 站房工程造型新颖，结构复杂

站房按照“功能性、系统性、先进性、文化性、经济性”的要求，对站房设计、施工工艺、质量控制提出了更高的要求。

6. 四电工程标准新，系统集成难度大

四电工程大量采用新技术、新设备、新工艺和新系统，涉及国外、国内的多种技术标准，部分设备国外采购周期长，国内尚无施工和调试经验。四电工程质量要求高、工期紧、交叉施工多，调试工作量大、周期长，系统集成难度大。

7. 接口工作量大，管理任务重

接口工作是整个系统集成密不可分的组成部分，贯穿建设全过程，涉及各个专业、各个工序和各个单位。需转变观念，协调各专业及站前、站后工程，做好接口管理，为后续工序提供条件。

二、施工组织的调整优化

在武广铁路客运专线工程建设的推进过程中，由于受到各种因素的影响，各阶段的实际工程进展与原施工组织安排已不能匹配，同时随着技术标准的逐步确定和参建各方对客运专线建设认识的不断加深，主要工效指标也在不断优化，为确保建设工期总目标，必须对施工组织进行不断调整和优化。武广铁路客运专线指导性施工组织设计在实施过程中，根据阶段性工程进展情况和建设工期总目标要求，先后进行了2次重大调整(修编)。

(一)第一次调整(2008年4月)

1. 调整的原因

武广铁路客运专线开工以后，由于受到设计标准重大变更(如有砟轨道改为无砟轨道、宜桥地段以桥代路等)、征地拆迁拖延、施工图供应不及时等各种因素影响，实际工程进展与施工组织设计安排变化很大。

2006年和2007年，各参建单位克服了技术标准新、征地拆迁难、年度任务重等困难，精心组织、科学安排，工程进度不断加快，取得了一定的成效。但对照指导性施工组织设计来衡量，在形象进度方面还有较大差距，部分重点控制工程、制架梁工程、无砟轨道工程、武汉综合试验段建设、站房建设的工期均不同程度的滞后，部分重点控制工程滞后约4个月，部分标段(主要是线下土建Ⅴ标，其次是Ⅳ标)因关键线路影响工期滞后约4～6个月，综合全线各标段进度情况分析，工期滞后约4～6个月。

为确保2009年12月底建成的目标，对原施工组织设计进行了较大的调整和优化。

2. 调整的主要内容

根据铁道部2008年3月10日《关于印发＜武广铁路客运专线现场办公会议纪要＞的通知》(铁建设〔2008〕229号)的要求，对武广铁路客运专线建设的施工组织进行了如下调整：

(1)施工组织以铺轨工程为主线，抓住重点控制工程，提高制架梁能力，高度重视无砟轨道施工，优化铺轨、铺岔和锁定工作，精心组织联调联试和试运行工作，确保全线按期建成开工。

(2)总体工期安排为：综合试验段2008年3月底完成线下工程，6月底完成无砟轨道施工，7月底完成铺轨，8月底达到试验条件。全线2009年6月底完成铺轨工作，7月底达到联调联试条件，2009年底建成开通。

(3)倒排工期控制节点。以长轨铺设的节点时间控制无砟轨道完成节点，以无砟轨道施工节点控制线下和梁部完成节点，以架梁节点落实制架梁能力匹配，解决好架梁通道的制约点，重点落实资源优化配置问题，尽快结束下部工程施工，压缩铺轨施工时间，尽可能延长无砟轨道施工周期，留足联合调试工作时间，确保全线按2009年底建成开通。

(4)保证主要工效指标。制架梁2孔/d、现浇梁移动模架造桥12 d/孔、支架现浇15 d/孔、无砟轨道铺设4单线公里/(月·工作面)、长轨铺设4～5 km/d、后浇翼缘板4孔/(月·套)、连续梁7 d/段。

(5)架梁与桥面系施工统筹安排，尽可能跟进施工，架梁完成后预留2个月的桥面系施工时间(困难地段和个别控制工点考虑1个月)，需后浇翼缘板的区段架梁完成后预留2～3个月时间，现浇梁完成后预留2个月徐变上拱时间，才能施工无砟轨道；桥梁上接触网支柱在防水层铺设前完成安装，路基接触网支柱在水硬性支撑层施工前完成安装；无砟轨道道床板施工完至铺长轨预留1个月道床板强度增长期。

(6)组织有关参建单位针对工期要求和节点目标，对施工组织进一步细化，做好分解和落实。施工单位根据施工任务和节点工期目标，合力调配施工力量，不断对施工工艺进行创新和改进，提高工作效率；设计单位加快、加深站房的设计工作，以便尽快启动站房工程招标，尽早开展施工，加强现场施工配合，及时解决施工现场有关设计问题。加强对钢轨供应和焊接工作的管理，及时解决长钢轨的焊接和供应问题。

3. 调整后的工期目标

总工期54个月，2009年12月31日建成，其中：施工期49个月(延长1个月)，综合调试期5个月(压缩1个月)。调整后各专业工程阶段工期的变化见表2-6-1。

(二)第二次调整(2009年1月)

2008年底，各项工程全面进入收尾阶段，为确保2009年底全线开通目标，必须对剩余工程收尾和联调联试工作的施工组织进行科学、合理、有序的安排，重点对收尾工程中控制工程的节点工期进行施工组织安排，确保铺轨及精调、接触网安装调试和联调联试的有序进行。2009年1月，武广公司根据铁道部《武广铁路客运专线剩余工程施工组织专题会议纪要》(铁建设函〔2009〕58号)的要求，编制了武广铁路客运专线剩余工程指导性施工组织设计。

表 2-6-1　调整前后各专业工程阶段工期对比

施组编制(修编)时间		2005 年 5 月			2008 年 4 月		时间(月)	节点调整(月)
工程项目		开始时间	结束时间	时间(月)	开始时间	结束时间		
施工准备		2005-07-01	2006-01-31	7	2005-07-01	2006-01-31	7	0
路基工程(含接触网基础及路基电缆沟)	软土、松软土地基加固	2006-02-01	2007-06-30	17	2006-02-01	2007-04-30	15	−2
	软土、松软土路基和基床底层填筑	2006-11-01	2007-10-31	12	2006-11-01	2007-10-31	12	0
	路基沉降	2007-05-01	2008-07-31	15	2007-05-01	2008-07-31	15	0
	一般路基和基床底层填筑	2006-10-01	2007-12-31	15	2006-10-01	2007-12-31	15	0
	基床表层	2008-06-01	2008-08-31	3	2008-06-01	2008-08-31	3	0
桥梁工程(含接触网预埋件、电缆槽)	桥梁下部	2006-05-01	2007-12-31	20	2006-05-01	2008-04-30	24	+4
	重点桥梁	2006-03-20	2008-10-31	32	2006-03-20	2008-12-31	34	+2
	现浇箱梁	2007-01-01	2008-10-31	22	2007-01-01	2008-10-31	22	0
	梁场建设	2006-02-01	2007-09-30	20	2006-02-01	2007-09-30	20	0
	箱梁预制	2006-10-01	2008-10-31	25	2006-10-01	2008-09-30	24	−1
	箱梁架设	2007-04-01	2008-12-31	21	2007-04-01	2008-10-31	19	−2
隧道工程(含接触网预埋件、电缆槽)		2005-12-01	2008-11-30	36	2005-12-01	2008-12-31	37	+1
无砟轨道施工		2007-11-01	2009-02-28	16	2008-03-01	2009-05-31	15	−1
长轨铺设、轨道整理		2008-02-15	2009-04-21	10	2008-06-06	2009-06-20	12.5	+2.5
房建工程		2007-01-01	2008-12-31	24	2007-10-01	2009-10-31	25	+1
四电工程(电缆铺设、接触网及设备安装)		2007-10-01	2009-6-30	21	2008-02-05	2009-07-31	18	−3
联合调试		2009-07-01	2009-12-31	6	2009-08-01	2009-12-31	5	−1

剩余工程施工组织的主要特点有以下几项：

1. 施工组织以铺轨和联调联试为主线。线下工程基本完成后，施工组织由前期的高以架梁和无砟轨道施工为主线调整为以铺轨和联调联试为主线，施工作业面由原来的重点工程突破转为线上施工，工序多，相互干扰大。

2. 强力推进剩余的控制工程，确保节点工期。如金沙洲、尖峰顶、海棠、吊沟岭隧道的完工，剩余的无砟轨道，长轨、道岔铺设，线路锁定、精调，站房工程，四电工程等，落实资源配置和节点目标。

3. 施工组织必须充分考虑不同专业施工的交叉干扰。线上作业涉及专业多、工期紧，要统筹安排、确保安全，最大限度地发挥工程线路的使用效率，合理安排平行作业和交叉作业。

4. 加强组织协调和现场管理。公司总经理是剩余工程施工总调度长，统筹施工中的难点、重点和节点，重难点工程逐一明确主管领导，具体到每一个责任人。各施工单位加强领导，加大投入，攻坚克难；设计单位加强现场设计配合力量，及时处理现场出现的问题；监理单位加强现场质量安全监控，确保各个工序施工质量。

5. 工期目标：2009 年 5 月底完成新咸宁至新长沙区间全部建安工程，6 月底完成新长沙至新乐昌站区间全部建安工程，7 月底完成新乐昌站至花都站区间全部建安工程，8 月底完成花都站至新广州站(不含)区间全部建安工程，9 月底完成全部站房建设；自 6 月 10 日开始全线分段联调联试，11 月 1 日开始试运行，确保全线年底开通运营。

第三节　工期控制与节点工期

根据武广铁路客运专线建设总工期要求，武广公司坚持以指导性施工组织设计为主线，完善施组工期的编制并适时优化调整，以关键工程和重点控制工程为重点，落实节点工期目标，通过强化工期控制和建设管理的各项措施，确保实现建设工期总目标。

一、施组工期的编制和优化

（一）统筹全局，突出重点，完善指导性施组工期的编制

在广泛借鉴国外高速铁路和国内客运专线建设经验的基础上，结合武广沿线自然条件、工程特点和建设资源等因素，武广公司及时组织编制了全线指导性施工组织设计，按照统筹全局、突出重点、科学合理、适度弹性的原则，选取先进的工效指标，编制了指导性施工组织设计的工期计划。对阶段工期目标进行分解、细化，制定年度计划和各节点工期，确定重点控制工程和关键线路。

对工期控制节点实施倒排，合理划分线下与线上工程、站前与站后工程的阶段性工期目标，科学确定架梁线、铺轨线和联调联试线等工期控制基准目标。以钢轨铺设的节点时间控制无砟轨道完成节点；以无砟轨道施工节点控制线下和梁部完成节点；以架梁节点落实制架梁能力匹配，解决好架梁通道的制约点。重点落实资源优化配置问题，尽快结束下部工程施工，压缩铺轨施工时间，尽可能延长无砟轨道施工周期，留足联合调试工作时间。

（二）细化实施性施工组织设计，落实节点工期要求

在工程招标后，武广公司及时组织各施工、监理、设计、咨询等单位进行现场调查研究，依据指导性施工组织设计和投标承诺编制实施性施工组织设计，分轻重缓急，优化施工力量、物资设备等资源配置，落实工期节点要求。一是施工单位根据征地拆迁计划、施工图供图计划、建设标准和工程特点分析关键线路和节点工期，落实施工进度计划；二是充分发挥施工企业的技术、设备和管理资源，以自我约束、自我控制为主体，优化施工资源，优化设备配置，优化人员组合，强化施工组织管理；三是积极协调各方关系，精心组织施工，严格过程控制，保证节点工期。在各标段实施性施工组织设计执行过程中，强化关键线路的过程控制和动态管理，落实节点工期要求。

（三）适时优化调整施组工期，突破重点控制

武广铁路客运专线开工以后，由于受到设计标准重大变更（如有砟轨道改为无砟轨道、宜桥地段以桥代路等）、征地拆迁拖延、施工图供应不及时等各种因素影响，实际工程进展与施工组织设计安排变化很大。同时随着技术标准的逐步确定和参建各方对客运专线建设认识的不断加深，主要工效指标也在不断优化。按照建设总工期不变的原则，武广公司分别于 2008 年 4 月和 2009 年 1 月对指导性施工组织设计及施组工期进行了重大调整，调整了部分专业工程的节点工期，明确了各施工阶段工期控制的重点，实施工期控制动态管理。通过提高工效和技术创新，缩短了架梁、无砟轨道、道岔、铺轨等专业工程的施工周期，对部分重点控制工程的施工组织方案进行了针对性调整，保证工期目标的实现。

二、工期控制的主要措施

（一）全面协调服务，创造良好建设环境

在建设管理中，武广公司树立"大建设、大工程、大服务"、"服务就是最好的管理"的理念，全面做好协调服务工作，为参建各方创造良好建设环境，以支持帮助各参建单位有序、高效地展开工程建设，为工期控制提供有力保证。

1. 依靠国家重视，发挥部省合建优势，全力推进征地拆迁和三电迁改工作

全线征地拆迁和三电迁改工作量巨大、重难点多，对工程的全面展开和顺利推进制约较大，对此，武广公司和各参建单位都给予高度重视，主动应对。首先，充分利用武广铁路客运专线国家重视、部省合资建设、地方土地入股的有利条件，狠抓《部省会谈纪要》和《征地拆迁实施协议》的落实，加大与地方各级政府协同工作力度，形成推动全线征地拆迁工作的合力，细化分段推进计划，尽快落实征拆资金和建设用地；其次，抓住地

方征地拆迁中管理体制建立、筹资方案落实等关键环节和全线拆迁重点及三电、管线迁改难点，重点推进影响征地拆迁全面展开的地方管理体制和资金问题的尽快解决，提前研究确定重大迁改工程的工作方案，为开展征地拆迁创造有利的工作环境；第三，力争实现拆迁体制早建立、补偿资金早落实、迁改难点早施工的局面，确保先期工程和大临工程早用地、重点工程顺利开工、征地拆迁工作能够满足全线工程分期开工、分批用地的需要，为保证重点控制工程工期创造条件。

2. 加强设计和咨询管理，及时交付施工图

武广铁路客运专线建设前期部分设计标准不明确，需不断进行研究和确定，同时采取中外联合咨询模式，设计需经中外方咨询、审核，反复修改完善，制约施工图交付的因素较多，设计供图成为影响工程推进的主要制约点。武广公司将设计供图作为工作重点，加强对设计和咨询的管理，推进设计标准的尽快确定，确保及时交付施工图。公司积极协调，为及时开展地质补勘工作创造条件，加快推进特殊工点的施工图设计。制定设计和咨询的工作流程，加快设计进度，确保施工图供应优先满足先期工程、重点工程和分步展开工程的施工需要。加强与设计、咨询、施工单位的沟通，坚持召开设计供图和工程进度协调会，采取分段供图的方式，确保重点工程先开工。公司与设计院签订供图协议，根据分期分批供图原则，督促和协调设计单位按照供图协议和阶段任务指标，加快供图速度，尽早供图，保证施工如期展开。

3. 强化服务意识，及时协调解决现场问题

武广公司强化为参建单位做好服务的意识，全方位支持和帮助各参建单位顺利推进施工生产，按期完成各自任务，保证整个建设项目全面实现工期目标。在努力创造良好外部建设环境和施工条件的同时，武广公司在技术支持、资金保障、物资供应、工装配置等方面给予重点服务，为参建单位着想，及时解决现场困难。在施工的各个环节和关键阶段，深入现场，组织协调，保证工程建设的均衡推进。如，在花都至广州段铺轨施工时，现场焊轨施工力量不足，严重影响了焊轨进度，公司立即协调，从咸宁调集施工队伍支援花都，解决了焊轨工期制约。在道岔和变电所主变压器等大型设备运输中，克服重重困难，多方协调将物资设备及时运到施工现场，保证了施工如期展开。线上施工展开后，公司提前购置 20 台轨道精调小车和 6 台轨道车提供给施工和监理单位，保障施工现场需要，提高工作效率。

(二)硬化合同管理，确保生产要素的投入

武广公司硬化合同管理，以合同为依据，加强履约考核。根据指导性施工组织设计安排，要求参建单位兑现合同承诺，保证人力、装备、资金等生产要素的及时投入，为工程推进提供基础保障。从招标文件编制开始，对合同条款的制订、合同审查与签订、合同履行与变更等进行严格确定，明确合同双方的权利和义务，强化履约意识。在实施过程中，认真组织履约检查和考核，奖优罚劣，促进合同各方诚实守信，保证施工生产有序展开。

(三)实现工程进度信息化管理

武广公司加强项目管理信息化网络建设，运用现代管理手段，实现工程进度信息化管理，确保工期进度可控。根据总体工期计划，对关键线路、形象进度、单项进度指标等进行实时监控。坚持经常性的对比分析和阶段性的评估分析，评定项目进度状况，尤其是关键线路上的工程进度，同时对后期工作做出调整和安排，根据形象进度拟定出单项进度指标，建立新的工期目标计划。实行施工进度报告(周报、月报)制度，通过信息网络跟踪工程进度情况，掌控工程进展和指导性施工组织设计执行情况，及时对比重点控制工程的实际进度和计划进度的偏差，分析原因，采取相应的对策措施。及时进行超前筹划、超前预想，分析可预见的因素，调整施工部署，修正施工效参数和资源配置，以科学、安全的施工方法和工艺，保证施工任务的完成。

(四)抓好接口管理，统筹部署站前站后工程

武广公司高度重视站前、站后及各专业、各单位的接口工作，组织专门人员负责接口管理，让四电施工单位提前进场，协助土建施工单位做好沟、槽、管、线预埋及接触网支柱基础、综合接地、设备安装基础预设等接口工作，为后序工程施工提供条件。对线下、轨道、站房、四电及联调联试、竣工验收等工作超前考虑、统筹部署、系统安排、统一管理，有序组织施工。统筹安排各专业平行作业、交叉作业，严格轨道线占用的调度管理，协调各专业工程同步推进，铺轨一段，锁定一段，精调达标一段，子系统调试一段、竣工验收一段，确保按期建成开通。

（五）建立进度目标管理激励机制

建设伊始，武广公司就在全线组织开展了建设武广铁路客运专线重要意义的宣传动员，增强所有参建人员的责任感、使命感和紧迫感，凝聚合力，为保证工期目标夯实思想基础。公司建立进度目标管理激励机制，制定了“建功立业”和“五比”劳动竞赛实施办法，组织开展争创火车头奖杯奖章、年度先进集体和个人、优秀项目经理等多种形式的评优活动，树立先进典型，实施奖罚措施，鼓励先进、鞭策落后，在建设过程中形成各比、学、赶、超的良好氛围，使全体参建人员始终保持旺盛的活力，不断掀起施工高潮，攻坚克难，加快了施工进度。

三、分年度工期控制的重点

（一）2006 年工期控制的重点

2006 年，武广公司组织各参建单位，狠抓了前期施工准备。年初，各施工单位跑步进场，布局谋阵造势，开展安全文明标准工地建设，为施工的全面展开奠定了良好基础。强化了施工组织落实，按照“多交图、多交地、快开工”的总体要求，大力推行目标管理，不失时机加快工程建设进度。扎实开展了“建功立业”劳动红旗竞赛活动，在全线形成了“谁英雄、谁好汉、武广线上比比看”的浓厚建设氛围。截至 2006 年年底，不含新广州站及相关工程，全线已开工工点 1 906 个，占总工点数 2 842 个的 67%。

（二）2007 年工期控制的重点

在 2007 年初，对照总体施工组织安排，大部分工程工期分别滞后 3～9 个月左右，工期压力已经非常严峻。因此，武广公司要求各参建单位必须瞄准工期目标，关闭后门、倒排工期，要通过加快在建工程的进度、提高后续工程的工效，在 2007 年年底以前要努力将全线滞后的工期赶回来。2007 年武广公司重点组织了“三个战役”：第一战役（1 月 1 日～4 月 30 日）充分利用旱季时间，路基基底处理全面完成，路基填筑施工完成大半，级配碎石开始铺设，涵洞工程全面完成，桥梁墩台身全面施工，水中墩完成至洪水位以上，开始架设箱梁，造桥逐渐展开，隧道施工处于高产期，轨枕厂基本具备生产条件；第二战役（5 月 1 日～8 月 31 日）征地拆迁工作基本结束，路基填筑施工雨季前完成，级配碎石基本完成，桥梁墩台身施工形成高潮，短隧道基本贯通，制架形成高潮，造桥全面铺开，轨枕正常生产，铺轨基地开始建设；第三战役（9 月 1 日～年底）桥梁下部基本完成，制架快速推进，造桥基本完成，隧道大部贯通，无砟轨道开始施工，铺轨基地开始生产。

各参建单位为实现三个阶段战役目标，以《指导性施工组织》为纲，结合年度投资计划，将指标认真分解到每一个项目队、每一个单位工程，层层落实目标，明确责任，优化施工组织、继续抓好征地拆迁和设计供图，施工进度明显加快。对于重点控制工程、困难地段工程、工期严重滞后的工程，各单位结合已经分解的年度投资计划和当前进展，组织专人，进行深入细致的研究，对实施性施组进行科学的调整和修改，进一步配齐配强工装设备、施工队伍，合理分配生产资源。对于隧道施工、桥梁墩身、制架梁等工程所用的大型设备给予充分保证。全线各单位紧紧抓住工程建设中的关键和难点问题，结合阶段计划，不断掀起攻坚高潮。截止 2007 年年底，全线重点控制工程基本达到施组要求。

（三）2008 年工期控制的重点

根据 2008 年形象进度目标，全线线下土建工程全部完成；无砟轨道完成正线铺设 1 698 单线公里，占完成设计总量 92%；正线铺轨 1 460 单线公里，站线铺轨 96 单线公里，占完成设计总量 80%；站后“四电”工程 419 正线公里，完成 43%；房建工程全面展开，完成 63%；武汉综合试验段下半年建成试车。2008 年总体安排是围绕决战之年重点打好三个战役：第一战役（1 月 1 日～6 月 30 日）以除浏阳河隧道外隧道全部贯通为目标，实现隧道工程决战决胜；第二战役（7 月 1 日～10 月 31 日）以除流芳、西瓜地、狮岭梁场外梁场箱梁架设全部完成为目标，实现箱梁架设决战决胜；第三战役（11 月 1 日～年底）以除个别地段外无砟轨道全部完成为目标，实现无砟轨道施工决战决胜。

为确保实现全年工期目标，各参建单位结合各自工程实际，统筹安排，抓住关键，紧盯工期目标，采取有力措施，系统推进，不断加快整体工程建设进度。

1. 强化施工组织管理

武广公司进一步加强对参建单位和全线各项重点工作的组织领导，形成各项工作统一协调、整体推进的运行机制。各单位依照修编后的全线指导性施工组织设计，结合武广公司下达的投资计划，精心编制年度施工计划和施工组织实施方案。全面动员部署，层层分解任务指标，将年度计划落实到每一个月、每一个作业队、每一个工点，把年度各项建设任务落到实处，确保工程形象进度，确保完成投资计划。同时，坚持动态优化，根据现场施工的实际情况，对施工组织方案进行优化调整，不断强化对现场的控制和协调，尤其抓住工程建设的关键环节，解决制约工程的关键问题，强化节点工期控制，确保各项重点工程有机衔接、有序进行、整体推进。对于关键工程存在的问题，在组织措施、施工方案、管理力量、劳务队伍、机械设备等方面，超前考虑、统筹安排，该调整的调整、该投入的投入、该加强的加强。尤其加强人员队伍的稳定工作，加强对各单位的履约检查，做到在武广铁路客运专线建设期间所需要的队伍不变、人员不散、机构不撤、力量不减。

2. 加快武汉综合试验段建设

围绕实现2008年建成试车的目标，有关单位倒排工期，加大工装设备投入，按照施工组织设计，安排三个梁场、四套运架设备分四个工作面进行箱梁架设，安排11套工装设备加快无砟轨道施工。同时，在铁道部的统一组织下认真开展无砟轨道再创新试验研究，实现总体技术达到世界一流水平、试验速度不低于385 km/h的目标。组织抓好试验成果的总结和推广应用，用武汉综合试验段的实践经验、技术成果指导全线工程建设。

3. 确保重点控制工程目标工期

各单位工作重点是抓好桥梁制运架，力争上半年大部分架梁工作面结束。抓好剩余30座隧道的安全贯通和二次衬砌，除浏阳河隧道外力争上半年全部实现贯通。加快浏阳河隧道施工进度，解决好影响花都特大桥的拆迁问题，突破重点控制工程个别工点对总工期的制约。武广公司有关部门、各参建单位认真分析26处重点控制工程的进度情况，对工期已经滞后的，研究对策，采取追赶措施；对进度正常的，超前考虑，科学安排，保证工程顺利推进。对于部分非重点控制工程的"卡脖子"工程，要求施工单位集全局之力，采取非常措施，实现工程突破，决不能让这些工程成为总工期目标实现的"拦路虎"。

4. 抓好全线无砟轨道施工

认真抓好武汉综合试验段无砟轨道施工试验研究，总结其施工工艺工法，做好技术培训。组织好全线各单位无砟轨道施工准备与工艺性试验研究，落实好精测网、沉降评估等无砟轨道铺设条件。按照"工作面最多化、工作量最大化、工装配置最佳化、工作效率最优化"的原则组织全线无砟轨道施工，优化物流条件，加强对大宗施工物资生产、运输、贮备等工作的协调，一季度无砟轨道部分工作面展开施工，二季度全面开工，三季度形成施工高潮，四季度全力冲刺，完成正线无砟轨道1 698单线公里。

5. 全面开展"四电"工程施工

"四电"施工单位提前进场，继续配合土建做好电缆沟、槽、管路预埋、接触网支柱基础预埋、综合接地预埋等接口工作，保证接口工程质量，为"四电"施工创造良好条件。尽快研究确定站后"四电"系统集成实施方案，设计单位要抓紧开展相关设计，尽快启动通信、信号、电力、电气化各专业正式施工图设计，确保按既定时间提供施工图纸。在一季度设计单位抓紧提供"四电"配套工程的红线图，武广公司征拆办和各建设指挥部协调组织抓紧"四电"及配套工程的征地拆迁工作。春节前后尽快签订"四电"集成施工总承包合同，施工单位提前做好施工方案和人员培训、物资设备等施工准备工作。

截止2008年12月31日，全面完成站前工程征地拆迁和三电迁改工作，站后征地拆迁基本完成。线下工程除个别工点外基本完成，花都特大桥以北箱梁预制、现浇梁、连续梁全部完成。无砟轨道工程累计完成75%。铺轨、四电集成和站房建设全面展开，有序推进。全线重难点工程相继突破，工程进度与部批施组基本吻合，部分工程还稍有提前。

（四）2009年工期控制的重点

2009年是武广铁路客运专线建设的决胜年，全年安排投资164亿元，其中武广公司直管项目安排投资108.14亿元，工程形象进度总体目标是5月底完成新咸宁至新长沙（不含）区间全部建安工程，6月底完成新长沙至新乐昌站区间全部建安工程，7月底完成新乐昌站至花都站区间全部建安工程，8月底完成花都站至新广州站（不含）区间全部建安工程，9月底完成全部站房建设。

按照"锁定目标、明确责任、狠抓落实、期到必成"的指导思想，采取以下确保工期目标的施工组织措施。

1. 各线下施工单位尽快完成线下工程收尾，按照武广公司确定的节点目标，对本单位承担的工程进行仔细梳理,细化安排,落实责任,认认真真落实到位。

2. 各铺轨单位抓住已具备的大面积展开铺轨的条件,要形成两铺、三运、四焊两班制组织生产,争分夺秒,赶在梅雨季节到来之前把铺设的长轨焊接锁定完,5 月 10 日之前铺完湖北、湖南境内的长轨,5 月底之前铺完广东境内花都桥以北的长轨,6 月底之前锁定完花都桥以北无缝线路。

3. 站后四电集成单位:站后四电集成施工条件已具备,与轨道无关的设备安装 6 月底前要安装完毕,长轨铺设后 1 个月完成接触网工程,无缝线路锁定后 1 周内完成轨旁设备安装。

4. 武广公司 2009 年每月组织一次铺轨和四电协调会,武广公司各指挥部第一管理者亲自抓铺轨、四电施工条件的落实,确保铺轨、四电施工工期目标的实现。

四、关键工程节点(完工)工期

以下为关键工程节点(完工)开、竣工时间。

1. 路基工程:2005 年 9 月路基工程陆续开始施工,2008 年 5 月路基主体工程基本完成;

2. 预制箱梁:2007 年 1 月 10 日,在江夏梁场开始预制第一孔箱梁,2007 年 3 月 15 日开始预制梁架设,2009 年 3 月 31 日完成全部预制箱梁架设。

3. 现浇梁:2007 年 3 月 29 日开始第一孔现浇箱梁施工,2009 年 1 月 5 日完成全部现浇梁。

4. 隧道工程:2006 年 1 月开始重点隧道的进洞施工,2009 年 7 月 28 日隧道全部贯通,2009 年 9 月 20 日全部隧道竣工。

5. 无砟轨道:2008 年 3 月 12 日开始第一段无砟轨道施工,2009 年 6 月 1 日完成全部无砟轨道施工。

6. 长轨铺设:2008 年 6 月 29 日开始从横沟桥铺轨基地向北铺设武汉综合试验段长轨,2009 年 9 月 26 日完成最后一段长轨铺设(至新广州站外)。

7. 四电系统集成:通信专业 2008 年 9 月 1 日开工,2009 年 7 月 31 日完成通信配套系统调试;信号专业 2008 年 7 月 20 日开工,2009 年 6 月 8 日完成室内外信号系统联调试验。电力专业 2008 年 7 月 1 日开工,2009 年 10 月 10 日全段贯通线送电完毕;变电专业 2008 年 6 月 27 日开工,2009 年 9 月 28 日向花都以北接触网送电,9 月 30 日向花都以南接触网送电;接触网专业 2009 年 7 月 5 日钢柱安装完毕,2009 年 8 月 2 日接触网送电开通;四电房屋 5 月 4 日开工,2009 年 9 月 20 日竣工。

8. 联调联试及动态检测:2009 年 1 月 6 日武汉综合试验段开始综合试验。全线分 5 各区段进行联调联试,2009 年 6 月 27 日开始试验段北起点至长沙南第一区段进行联调联试,10 月 31 日全部完成,11 月 1 日开始全线拉通运行试验。

9. 站房工程:2007 年 11 月长沙南站开工,2008 年 10 月沿线中间站房开工,2009 年 4 月站房四电用房交付使用,11 月全线站房竣工。

第四节　重点控制工程工期控制

一、重点控制工程的适时调整

武广铁路客运专线包含大量的重点控制工程,在建设过程中,由于征地拆迁、工程地质不确定因素导致重大方案变更等原因,需要进行重点控制工程的适时调整,以保证整个工程总工期目标的实现。

(一)制梁施工方案的调整

1. 移动模架制梁改膺架制梁

土建六标段管段现浇简支箱梁共 40 座 449 孔,其中移动模架制梁设计为 402 孔,膺架制梁 47 孔,原计划投入移动模架 10 套,总施工周期为 24 个月。由于征地拆迁和标准变化的影响,至 2007 年 6 月份才有部分桥梁开始施工梁体,比原计划梁部开工时间推迟了 10 个月。按施组安排,该段无砟轨道于 2008 年 4 月开始施工,梁体必须于 2008 年 8 月前完成,有效施工时间仅为 14 个月。2007 年 5 月,公司组织施工单位对现浇箱梁施工方法进行优化调整。根据移动模架制梁不能满足工期要求的实际情况,将移动模架制梁的数量由 402 孔减少为 220 孔,减少的 182 孔改为膺架制梁,每套膺架配备 2 套底模,加快了模板的周转速度,同时增加移动模架至 11 套。2008 年 4 月,公司再一次进行优化调整,将该段 220 孔移动模架制梁优化为 213

孔。由于施工组织的及时调整，大大地提高了施工效率，确保了桥梁工期。

2. 预制架设改原位现浇

(1)花都特大桥

273号～276号墩受富都煤气站拆迁滞后影响，影响272号～282号墩之间10孔梁的架设，决定将该10孔梁改为原位现浇，消除架梁工期制约。

(2)流溪河特大桥

由于受征地拆迁的干扰，2008年5月才出施工图，工期非常紧张，考虑架梁将会受西华海168 m跨度连续梁施工的制约。为保证工期，将流溪河特大桥西华海以南43孔箱梁由预制架设改为原位现浇。

(3)跨环城高速特大桥

原设计预制架设293号～295号墩、298号墩～327号台共28孔简支箱梁，由于贵广铁路引入，跨东平水道主桥由二线桥改建为四线桥，受跨东平水道主桥(99＋242＋99)m连续钢桁拱的施工制约，箱梁无法按期架设。为保证全桥工期，将28孔箱梁由预制架设改为原位现浇施工。

(4)陈村水道特大桥

原设计预制架设116孔箱梁，预制架设联络线20孔T梁。原施工组织设计在新广州站北咽喉西侧设一预制梁场，由于贵广铁路引入新广州站后，原计划的制梁场用地被车站咽喉区占用。由于梁场用地面积大，广州地区市区内另行租地困难。2007年1月29日经部批复同意，取消梁场，将陈村桥简支梁预制架设改为移动模架制梁。为确保工期，又将54孔箱梁改为膺架制梁，两侧联络线采用单线T梁原位现浇制梁，紧随中间正线箱梁施工，缓解了工期压力。

3. 预制后浇翼缘板箱梁，通过隧道运架梁

武广铁路客运专线简支箱梁原设计宽度为13.4 m，无法通过隧道运架梁，全线桥隧相间，严重制约了桥梁制架施工组织和工期。经过认真研究，将全线部分地段现浇箱梁改为预制后浇翼缘板箱梁，通过隧道运梁架设，后现浇翼缘板部分，既提高了工效、保证了工期；又保证了质量、降低了成本。

黄家湾跨线桥跨越既有湘黔铁路，原设计梁部采用造桥机施工。由于该桥梁中心梁底至接触网线之间的高度为2.67 m，移动模架位于梁底以下的结构高度为2.8 m，不能满足造桥机施工条件；经研究，改用预制后浇翼缘板箱梁，通过黄家湾隧道运梁架设，确保了跨线施工安全和工期。

(二)竹山屋特大桥架梁方案的优化调整

竹山屋特大桥位于新衡阳站北端，全长2 370.02 m，总计73孔简支箱梁。该桥跨越既有京广铁路、衡北联络线、环发线和专用线等共八条铁路线。按照原施工组织设计，桥梁运架自南段的柏树梁场，途经耒河特大桥，从广州台开始架设，必须在春运前(2009年1月11日)完成跨京广铁路架梁任务。由于受到2007年8月超强台风“圣帕”和2008年初严重冰雪灾害的影响，2009年9月耒河特大桥连续梁施工工期推迟了3个月。如按原计划，春运前架梁跨不过京广线，因春运期间铁道部禁止跨线施工，架梁将推迟到春运后的3月份才能完成，直接影响该区段无砟轨道和后序工程的施工。为确保2009年春运前完成竹山屋特大桥跨京广线架梁任务，武广公司组织参建各方进行现场踏勘调查和分析研究，决定对竹山屋特大桥、耒河特大桥架梁方案进行优化调整。一是新增设一台架桥机组，用于从竹山屋特大桥中部48号墩开始向北架设48号-1号的48孔梁(南端73号～49号的25孔梁留后架)，并填筑架桥机拼装场地和运梁便道；二是提前修建自耒河特大桥连续梁(北端10孔梁留后由原架桥机架设)下桥的临时运梁便桥和运梁便道，在耒河特大桥悬灌连续梁合拢后，运梁车经耒河大桥及运梁通道运梁到竹山屋特大桥。架梁方案调整后，节省了架耒河特大桥10孔梁5 d时间、桥间转移12 d的时间、架竹山屋特大桥25孔梁9 d时间，较原架桥机提前26 d开始竹山屋特大桥跨京广铁路箱梁架设，使跨京广铁路桥梁春运前完成架设成为可能，为无砟轨道和后序工程施工争得了宝贵时间。

(三)增加株洲铺轨通道，调整铺轨组织

武广铁路客运专线指导性施工组织设计中共设置横沟桥、黄秀桥、向阳桥和安口4个铺轨基地，其中横沟桥铺轨基地计划铺轨349 km，向阳桥铺轨基地计划铺轨321 km，接轨在株洲。实施过程中，部分线下工程因各种因素的制约，完成时间较原施组计划滞后，制约铺轨通道的形成和铺轨的连续作业，直接影响铺轨的工期。2008年7月29日，武广公司组织研究决定，增加株洲铺轨通道，多开铺轨作业面。将新株洲站作

为存轨场地，利用已基本建成的东南联络线作为铺轨通道，从接入点开始向北铺设长轨 99 单线公里、向南铺设长轨 137 单线公里。增加株洲铺轨通道后，分担了黄秀桥、向阳桥铺轨基地的铺轨压力，有效地缓解了铺轨工期紧张的压力，为缩短全线铺轨时间创造了条件。

2009 年 4 月，由于受到海棠等隧道施工进度的制约，向阳桥铺轨基地向南铺轨受阻，经研究，及时将其合同范围内海棠隧道以南 70 km 的铺轨工作量，调整给安口铺轨基地完成，保证了总体铺轨工期目标的实现。

（四）长枕埋入式道岔改板式道岔

全线共铺设无砟轨道高速道岔 169 组，原设计均为长枕埋入式，高速道岔由中外联合制造，长枕埋入式道岔需要在道岔组件及岔枕运到现场后，进行组装架立，整体浇筑道床混凝土，工序多、精度控制难，施工时间较长。2008 年下半年，全线进入大量道岔铺设阶段，因国外生产的道岔组件受排产限制，不能及时到货，一度使施工中断，严重影响了道岔铺设进度，铺轨和联调联试受到严重制约。公司及时组织相关专家和技术人员反复论证，大胆创新，提出将部分长枕埋入式道岔改为板式道岔，先行预制和铺设道岔板，后铺设道岔，缩短衔接施工时间，最终得到铁道部的批准认可。利用既有衡山梁场改建为道床板预制场，将全线制约铺轨及联调节点的 93 组道岔改为铺设板式道岔，创新了施工技术，提高了工效和质量，争取了时间，有效地化解了道岔铺设的工期制约。

二、重难点工程的主要控制措施

在施工组织中始终坚持统筹全局、系统优化、突出重点的原则，以铁道部批准的总工期目标为基准，在保证安全、质量的前提下，进行线下与线上工程、站前与站后工程的阶段性工期目标划分，明确各专业和重点工程节点目标，科学确定架梁线、铺轨线和联调联试线等关键控制线路。以重难点工程为重点，系统分析关键线路各工序，超前筹划，制定推进措施和对策，加强资源整合，落实要素配备，推进重难点工程突破，实现阶段目标。重难点工程的主要控制措施详见表 2-6-2。

表 2-6-2　重难点工程的主要控制措施

序号	项目	主要难点或关键技术	主要对策和措施
1	土建控制工程	(1)长隧大桥控制工程施工技术方案要确保安全质量和施工进度	(1)加强领导、各控制工点建立专家委员会，研究和确定优选的施工方案，及时解决施工中出现的问题； (2)建立监控技术系统，对控制工程和新型结构工程必要时建立第三方监控量测，及时评估，尽早采取措施，确保工程的安全与质量； (3)加强与地方政府及有关部门协调，争取地方支持，及时化解矛盾，降低对工程的不良影响； (4)建立重点关键技术的科研攻关，组织设计、施工、科研联合攻关组，依靠科技进步，促进工程施工
		(2)路基与隧道弃渣及失水对环保的影响	(1)做好调查与规划，在工程开工前督促施工单位与地方环保部门，达成协议； (2)制定严格的工程施工环保的技术措施； (3)加强隧道工程的防水措施，成功解决或减少隧道施工中和施工后的失水； (4)合理选择弃砟位置，避免因弃砟造成泥石流等自然灾害的发生
		(3)确保下部工程满足工后沉降要求 (4)路基与结构物过渡段的施工技术	(1)全面推进工程试验段的科研与工艺技术的试验和总结工作，在此基础上尽早制定指导全线施工的技术规范、验收标准、评定标准与文件； (2)根据工期目标，尽早组织对软土、松软土地基加固方案与路基沉降稳定期的科学评估，并逐个区段或工点落实进度安排与施工技术措施； (3)制定对路基成品的保护措施，对使用路基做运输道路的标准，要求和维修作业作出必要规定； (4)加强对基础工程的检测，确保满足设计要求
2	整孔箱梁的预制与架设	(1)预制场的合理布局 (2)箱梁运输和架设不能通过隧道和特殊结构的桥梁 (3)架桥与下部工程施工干扰	(1)尽早沿线调查，多次优化、确定各种参数（如运输半径、生产周期），完善预制场布局设计； (2)多种方法解决山区选定预制场困难，占地大的预制场问题； (3)研究箱梁运输割断翼板的方案和改用现浇移动模架浇注方案，作出优化比较； (4)有针对性地引导或督促施工单位优化制、运、架梁设备的设计、选型、制造和养护，提高设备的可靠性与生产率； (5)指导施工单位研究和设计便于通过隧道的架桥机

续上表

序号	项目	主要难点或关键技术	主要对策和措施
3	无砟轨道施工技术	(1)无砟轨道自主研发结合外方指导施工 (2)施工技术标准和要求 (3)线路长,安排给无砟轨道施工时间短,工期紧迫 (4)施工便道条件受限,物流将制约施工效率 (5)无砟轨道精密测量控制体系和控制方法	(1)尽快确定无砟轨道型式,编制施工技术规范、验收评定标准文件; (2)变更传统轨道工程施工理念,化整为零,解决无砟轨道施工线长,工期短的矛盾; (3)加快箱梁架设速度和路基基层施工速度,为无砟轨道施工留下足够的时间; (4)合理配置无砟轨道铺设设备,优化物流条件,提高设备利用率; (5)加快无砟轨道施工技术和装备的开发,成功研制全套的国产化设备; (6)提前研究和建立无砟轨道精密测量体系,系统研究和培训,配置人员和足够精度的测量装备; (7)选择一区段试铺无砟轨道,从而总结出适应武广铁路客运专线的无砟轨道施工关键技术工艺流程、检验方法及标准
4	一次铺设无缝线路施工技术	(1)统一规划、合理布置铺轨基地,根据总体部署确定铺轨口和铺轨作业面 (2)解决一次跨区间铺设无缝线路的关键技术	(1)尽早制定和颁布施工技术规范、验收标准文件; (2)加快研制无砟轨道道岔系统及道岔区施工技术; (3)培训队伍,完善工艺和工装设计,加强设备的国产化研究
5	四电工程与土建工程的配合协调及系统联合调试	(1)四电工程引进多项国外先进技术和设备 (2)与站前工程联系密切,工程数量大,工期紧 (3)设备调试及联合调试工作量大,周期长;联合调试的技术复杂 (4)接触网调试复杂,施工质量控制难度大,国内缺乏相应的施工经验	(1)统一规划、科学决策、尽早明确装备技术体系,有计划地安排引进设备的采购; (2)必须彻底打破传统的站前与站后工程施工组织观念,牢固树立全局一盘棋的新理念,站前工程与站后工程的设计、施工必须做出统一部署和安排。站前工程要为四电工程创造条件; (3)提前做好技术交流和培训,总结出完善的施工工艺和调试方案; (4)做好各区段调试和联合调试的设计,缩短调试周期
6	精测网	测量精度要求高,现有的测量控制技术和测点布置难以满足无砟轨道技术要求	(1)提前研究和建立无砟轨道工程工程测量平面、高程控制网体; (2)分级建立CPⅠ,CPⅡ,CPⅢ测量控制网; (3)CPⅠ,CPⅡ全线整体平差成果进行评估分析; (4)施工单位按设计要求进行施工测量,测量成果经监理确认后提交设计院,由设计院提出处理意见
7	沉降控制	(1)元器件、观测桩的精确埋设与妥善保护 (2)沉降变形观测要求标准高、工作量大且缺乏相应的实施经验,要采取有力措施保证沉降变形观测数据的系统性、完整性、真实性和可追溯性 (3)沉降变形观测分析评估技术方法的完善建立 (4)路桥、路隧过渡段差异沉降的控制 (5)路堑高边坡施工安全稳定性监测 (6)由于工期紧,要考虑保证堆载预压地段及其他施工困难地段的沉降观测期	(1)制定沉降变形观测系统实施细则,各施工单位要针对各自标段情况制定相应的实施方案,成立专门管理机构,制定落实制度,明确职责,以确保沉降变形观测各项工作实施到位; (2)加强沉降变形观测有关人员的技术培训和考核,并做好可操作性的技术交底,不断总结和完善沉降变形观测实施技术方法和一些保证措施; (3)对沉降变形观测分析评估和平行观测,从有关设计、科研单位、大专院校中优选引进有经验的专业分析评估单位,以探索出完善、科学的无砟轨道沉降变形观测分析评估系统,以保证武广铁路客运专线无砟轨道铺设条件; (4)对于松软土地基堆载预压时间相对较长地段,应尽早实施,早观测,早发现问题,早采取措施; (5)在高边坡路堑施工中,应加强综合监测,建立预警机制,以保证路堑高边坡的稳定性

第七章 精密测量控制系统

第一节 精密测量控制系统的建立

为了保证武广铁路客运专线轨道的高平顺性，轨道测量精度要达到毫米级。其测量方法、测量精度与传统的铁路工程测量完全不同，武广铁路客运专线的测量系统属于高速铁路精密工程测量系统，该精密工程测量系统包括勘测、施工、运营维护测量控制网。

一、精密测量控制网体系设计

武广铁路客运专线精密工程测量网按分级布网、逐级控制的原则，建立武广铁路客运专线平面和高程控制网，形成“三网合一”控制体系，包括基础平面控制网(CPⅠ)、线路控制网(CPⅡ)、基桩控制网(CPⅢ)和二等水准控制网及CPⅢ精密水准控制网。其特点为坐标高程系统统一、起算基准的统一及测量精度的协调统一。其之间的相互关系是CPⅡ附合到CPⅠ上，采用固定数据平差；当采用边角后方交会法测量时，CPⅢ控制网采用独立自由网平差，然后在CPⅠ或CPⅡ中置平。

(1)基础平面控制网(CPⅠ)主要为勘测设计、施工、运营维护提供坐标基准，是高速铁路无砟轨道铁路工程测量平面控制网。采用GPS施测，每对GPS点间距离1 km左右，点对间距离以4 km为宜，按B级GPS网精度要求测量；

(2)线路控制网(CPⅡ)主要是为勘测设计和施工提供控制基准。采用GPS或者导线测量方法施测，按C级GPS网或四等导线精度要求测量。点间距为800～1 000 m，除了能提高导线边(基线边)方位角精度外，还可以增强平面控制网的可靠性；

(3)基桩控制网(CPⅢ)主要为铺设无砟轨道提供控制基准。采用后方交会法施测或导线测量，点间距离为50～60 m，可满足无砟轨道施工高平顺性要求。

三级控制网之间的相互关系如图2-7-1所示。

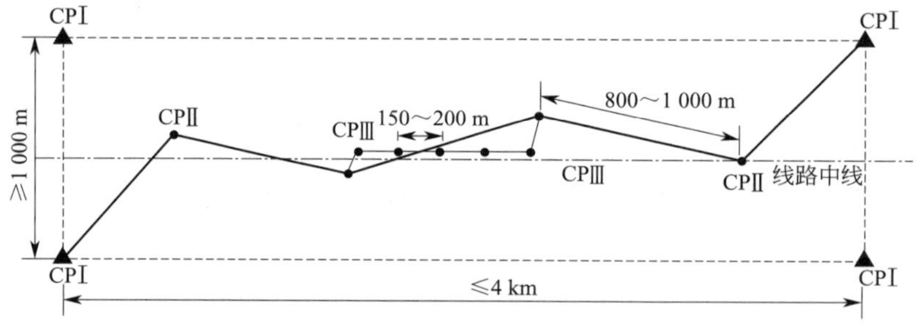

图2-7-1 控制网之间的相互关系

无砟轨道CPⅢ控制网测量中，采用自由测站后方交会测量法测量无砟轨道CPⅢ控制点的平面坐标；采用精密水准环法测量无砟轨道CPⅢ控制点的高程。

武广铁路客运专线各级平面控制网按表2-7-1的要求布设，高程控制网按表2-7-2的要求布设。

表2-7-1 无砟轨道铁路工程测量平面控制网布网要求

控制网级别	测量方法	测量等级	点间距	备注
CPⅠ	GPS	B级	≥1 000 m	≤4 km一对点
CPⅡ	GPS	C级	800～1 000 m	
	导线	四等水准测量		
CPⅢ	导线	五等水准测量	150～200 m	
	后方交会		50～60 m	10～20 m一对点

表 2-7-2 无砟轨道铁路工程测量高程控制网布网要求

控制网级别	测量等级	点间距
勘测高程控制测量	二等水准测量	≤2 000 m
	四等水准测量	
水准基点高程控制测量	二等水准测量	≤2 000 m
CPⅢ高程测量	精密水准测量	≤200 m

地理位置：东经 112°45′～114°27′，北纬 24°44′～30°37′。

平面坐标系统采用北京—54 椭球高斯投影工程独立坐标系统，全线共采用 25 个任意中央子午线，中央子午线及高程投影面不同区域里程均有分化设置。高程坐标系统采用 1985 国家高程基准，根据需要联测既有的施工高程网。

武广铁路客运专线武汉站(不含)至新广州站(不含)设计共布设精测网 CPⅠ点约 413 个，CPⅡ点约 557 个，施工单位 CPⅡ加密点约 1 045 个，二等水准点 599 个；无砟轨道基桩 CPⅢ点控制点约 1 469 对，29 538 个。

二、精密工程测量控制网技术实施方案

(一)CPⅠ、CPⅡ平面控制网测量和二等高程控制网测量

1. 精度控制指标

(1)CPⅠ网精度指标

CPⅠ、GPS 点最弱边相对中误差小于 1/170 000，基线边方向中误差不大于 1.3″，相邻点的相对点位中误差≤$8+D\times10^{-6}$ mm。

(2)CPⅡ网精度指标

GPS 点最弱边相对中误差小于 1/100 000，基线边方向中误差不大于 1.7″，CPⅡ控制点的相邻点的相对点位中误差≤10 mm。

(3)二等水准网精度指标

二等水准测量精度要求应符合表 2-7-3 的规定。

表 2-7-3 二等级水准测量精度要求(mm)

水准测量等级	每千米水准测量偶然中误差 M_Δ	每千米水准测量全中误差 M_W	限差			
			检测已测段高差之差	往返测不符值	附合路线或环线闭合差	左右路线高差不符值
二等	≤1.0	≤2.0	$6\sqrt{L}$	$4\sqrt{L}$	$4\sqrt{L}$	—

注：表中 L 为往返测段、附合或环线的水准路线长度，单位 km。

(4)高程控制网精度

高程控制网精度应符合表 2-7-4 的规定。

表 2-7-4 高程控制网的技术要求

水准测量等级	每千米高差偶然中误差 M_Δ (mm)	每千米高差全中误差 M_W (mm)	附合路线或环线周长的长度(km)	
			附合路线长	环线周长
二等	≤1	≤2	≤400	≤750

2. CPⅠ、CPⅡ网及二等水准测量技术方案

标石预制、选埋及点之记的制作：武广铁路客运专线 CPⅠ、CPⅡ级点、二等水准点的标石、选埋及点之记的制作均满足规范及设计书的要求。

CPⅠ约束平差采用的软件为 Solution2.6，三个国家一等点参与坐标转换，约束平差最弱边边长相对中误差为 5.4 ppm，对应基线为 DK1936-GSⅡ572，限差 5.88 ppm，最弱点 CPⅠ634 点位中误差为 $Mx=1.9$ cm，

My=2.2 cm。

CPⅡ固定误差 a≤10 mm,比例系数 b≤5。武汉—岳阳段,全网最弱边(GSⅡ077—CPⅡ206)边长相对中误差为 7.12 ppm,小于允许值 10 ppm(1 / 100 000)的设计要求,其余边长相对中误差普遍优于 5.0 ppm,即 1/200 000,最优则达到 0.2 ppm (1/4 953 256)。

水准路线应沿线路敷设,水准点埋设应每 2 km 设置一个。水准点可与平面控制点共用,也可单独设置,单独设置的水准点距线路中线距离宜在 50~150 m 之间;水准点应选在土质坚实、安全僻静、观测方便和利于长期保存的地方。

二等水准测量应进行往返观测,以下为其观测顺序。

(1)往测:奇数站为后—前—前—后;偶数站为前—后—后—前。

(2)返测:奇数站为前—后—后—前;偶数站为后—前—前—后。

水准观测应符合表 2-7-5 的规定。

表 2-7-5 二等水准观测主要技术要求

等级	水准尺类型	水准仪等级	视距(m)	前后视距差(m)	测段的前后视距累积差(m)	视线高度(m)
二等	因瓦	DS1	≤50	≤1.0	≤3.0	下丝读数≥0.3
		DS05	≤60			

观测读数和记录的数字取位:使用 DS05 或 DS1 级仪器,应读记至 0.05 mm 或 0.1 mm;使用数字水准仪应读记至 0.01 mm;使用区格式木尺应读记至 1 mm。

水准测量计算取位应符合表 2-7-6 的规定。

表 2-7-6 水准测量计算取位

等级	往(返)测距离总和(km)	往(返)测距离中数(km)	各测站高差(mm)	往(返)测高差总和(mm)	往(返)测高差中数(mm)	高程(mm)
二等	0.01	0.1	0.01	0.01	0.1	0.1

线路水准基点控制网测量等级及布点要求,应按表 2-7-7 的要求执行。

表 2-7-7 高程控制测量等级及布点要求

控制网级别	测量等级	点间距
线路水准基点测量	二等	≤2 km

注:长大桥隧及特殊路基结构施工高程控制网等级应按相关专业要求执行。

通过上述测量要求,得到的武广铁路客运专线每公里偶然中误差见表 2-7-8。

表 2-7-8 每公里偶然中误差统计

各测段	每公里偶然中误差(mm)	各测段	每公里偶然中误差(mm)
水准测量一	±0.62	水准测量六	±0.53
水准测量二	±0.88	水准测量七	±0.47
水准测量三	±0.60	水准测量八	±0.36
水准测量四	±0.42	水准测量九	±0.44
水准测量五	±0.40	精密三角高程	±0.89

从表 2-7-8 中可以看出,武广铁路客运专线二等水准测量的观测数据满足《国家一、二等水准测量规范》(GB/T 12897—2006)要求,观测数据合格。

(二)CPⅢ控制网测量与评估

1. CPⅠ、CPⅡ及施工控制网的复测

在无砟轨道施工控制网 CPⅢ建立时,首先进行 CPⅠ、CPⅡ和高程控制网的复测。

(1)技术要求

①对于丢失破坏的CPⅠ、CPⅡ和二等水准点按《客运专线无砟轨道铁路工程测量暂行规定》(铁建设〔2006〕189号)的要求进行恢复。

②对于点位的位置和密度不能满足CPⅢ控制网测量要求的CPⅡ控制点和二等水准点按插点或插网的方法进行同精度加密。

③将复测成果与此前上报公司的交桩成果进行对比,对异常情况进行分析,提交复测成果报告。

(2)外业观测

一般复测外业观测按GPS C级网精度要求进行,观测采用GPS静态定位模式,共投入双频徕卡1 230 GPS接收机8台(平面3+0.5 ppm,高程6+0.5 ppm)。同步作业图形之间采用边连接构网相结合的方式。每次迁站有四台不动,后面四台向前迁站。以保证每个控制点有两个或两个以上的观测时段。

(3)内业处理

复测内业数据处理按GPS C级网精度和设计院要求进行。包括基线解算和网平差两部分,基线解算采用美国TRimble公司TGO V1.62软件完成;网平差采用COSA GPS平差软件。

2. CPⅢ控制网布设

(1)CPⅢ控制点的元器件

CPⅢ的相对精度要求较高,并且边长较短,因此测量标志必须采用强制对中标志。测量标志强制对中的误差一般不应大于0.2 mm,最大不超过0.4 mm。

CPⅢ控制点的元器件按照武广铁路客运专线CPⅢ测量标志连接件实施方案的要求,采用工厂精加工部件(要求数控机床),用1Cr18Ni9不锈钢的合金材料制作。

CPⅢ测量标志连接件采用固定套筒,直杆轴螺旋式旋入的形式(长轴用于测量高程,短轴则用于测量三维坐标),带有支架的反射镜、轨道标记销钉、标记点锚固螺栓、栓孔保护销钉(塑料)等。

(2)CPⅢ控制点的布设

CPⅢ自由设站边角交会控制网的固定点沿线路布置在路基两侧的接触网杆旁、桥梁防撞墙、隧道壁上,根据建筑物的结构情况,每隔50~60 m布置一对点,且不应大于80 m,CPⅢ控制点布设高度应与轨面高度保持一致的高度间距,一般为300 mm左右。在两对点之间,相隔100~120 m布置自由测站点,对前后各三对点(共12个CPⅢ平面控制点)进行边角交会。

①一般路基地段宜布置在接触网杆旁同一基座立柱上。

立柱采用直径20cm的钢筋混凝土圆柱,高度在直线及曲线内侧地段1.2 m,曲线外侧地段R=8 000 m时高1.345 m、R=9 000 m时高1.325 m、R=10 000 m时高1.31 m、R=12 000 m时高1.285 m,测量标志点距离杆顶0.1 m,如图2-7-2所示,测量标志点应高出超高一侧轨面0.2~0.3 m的上方相应位置,面向轨道的内侧。

图2-7-2 路基段CPⅢ点布设

②桥梁上每隔约60 m左右在桥梁支座端两侧防撞墙顶面以下10 cm处布设一对三维CPⅢ控制点,面向铁路,控制点距离线路中线约2.2 m,两侧相对的两点之间允许的里程差应小于1 m。其位置如图2-7-3

所示(CPⅢ控制点距防护墙表面 50 mm 左右)。

③在隧道内每隔约 60 m 设置两对永久标志点,一对标志用于平面测量,布设在隧道内两侧电缆槽盖板上方高度 30~50 cm 处且距离线路中线 4 m 的二衬上;在隧道内电缆槽边缘距线路中线 2.2 m 处设置一对三维点,点位在电缆槽盖板顶面以下 10cm 处,面向铁路,可用于平面及高程测量,这样在一个隧道断面上有四个 CPⅢ控制点。

图 2-7-3 桥上 CPⅢ点布设

(3)CPⅢ连接件的安装

检查轴芯和套筒间隙,轴芯全部插入套筒后套筒沿口应和轴芯横截面密接。用后盖封闭套筒后端筒口,封堵水平槽,防止锚固剂流入水平槽。调制锚固剂成软滑黏稠可堆积状,然后塞入洞孔。将长轴(专用与套筒安装和水准测量的轴芯)旋入套筒。锚固剂沿套筒外壁四周被挤出。用圆水准气泡置于长轴芯平面上,整平轴芯。稍待稳定后旋出长轴芯。轻轻旋上套筒盖。

CPⅢ控制点的编号定义如下:CPⅢ点按照公里数递增进行编号,其编号反映里程数。CPⅢ点以数字 3 为数字代码。所有处于线路下行线轨道左侧的标记点,编号为奇数,处于上行线轨道右侧的标记点编号为偶数,在有长短链地段应注意编号不能重复。

(4)CPⅢ控制点的定位精度要求

基桩控制网 CPⅢ按自由测站边角交会法施测。CPⅢ控制点高程测量工作应在 CPⅢ平面测量完成后进行,并起闭于二等水准基点。CPⅢ控制点的定位精度见表 2-7-9、表 2-7-10。

表 2-7-9 CPⅢ控制点的定位精度要求表(mm)

控制点	测量方法	可重复性测量精度	相对点位精度
CPⅢ	后方交会测量	5	1

表 2-7-10 CPⅢ平面网的主要技术要求

控制网名称	测量方法	方向观测中误差	距离观测中误差	相邻点的相对中误差
CPⅢ平面网	自由测站边角交会	±1.8″	±1.0 mm	±1.0 mm

精密水准测量精度要求应符合表 2-7-11 的规定。

表 2-7-11 精密水准测量精度要求(mm)

水准测量等级	每千米水准测量偶然中误差 M_Δ	每千米水准测量全中误差 M_W	限差			
			检测已测段高差之差	往返测不符值	附合路线或环线闭合差	左右路线高差不符值
精密	≤2.0	≤4.0	$12\sqrt{L}$	$8\sqrt{L}$	$8\sqrt{L}$	$4\sqrt{L}$

注:表中 L 为往返测段、附合或环线的水准路线长度,单位 km。

高程控制网应符合表 2-7-12 的规定。

表 2-7-12　高程控制点限差要求(mm)

控制点类型	可重复性测量的高差限差	相邻点高差限差	水准测量等级
CPⅢ控制点	$8\sqrt{L}$	$8\sqrt{L}$	精密

高程控制网精度应符合表 2-7-13 的规定。

表 2-7-13　高程控制网的技术要求

水准测量等级	每千米高差偶然中误差 M_Δ(mm)	每千米高差全中误差 M_W(mm)	附合路线或环线周长的长度(km)	
			附合路线长	环线周长
精密	≤2	≤4	≤3	—

3. CPⅢ平面控制网测量

(1)观测要求

使用带目标自动搜索及测量的自动化全站仪,全站仪必须满足如下精确度要求:角度测量精确度:±1″;距离测量精确度:±1 mm +1 ppm。

观测的技术要求:半测回归零差不大于 6″,一测回中 2 倍照准差变动不大于 9″,同一方向值各测回较差不大于 6″,同一方向距离值各测回较差不大于 3 mm。每台仪器应至少配 13 套棱镜。

CPⅢ在一个测站上观测方向一般为 12 个,为减少外界对观测的影响,可进行分组观测。另外,为减少气象条件对观测的影响,一般选择在夜间观测比较适宜。

在自由站上测量 CPⅢ的同时,应将靠近线路的 CPⅠ点及全部 CPⅡ点进行联测,纳入网中,CPⅠ/CPⅡ点应至少在三个自由站上进行联测,每段 CPⅢ测量必须起闭与 CPⅠ/CPⅡ,联测长度应控制在 150 m 之内。当受观测条件限制,只能有一个自由站点和 CPⅠ/CPⅡ通视时,应设置辅助点。

(2)测量方法

①测量方法

CPⅢ控制网采用自由设站交会网的方法测量,其测量布网形式如图 2-7-4 所示。

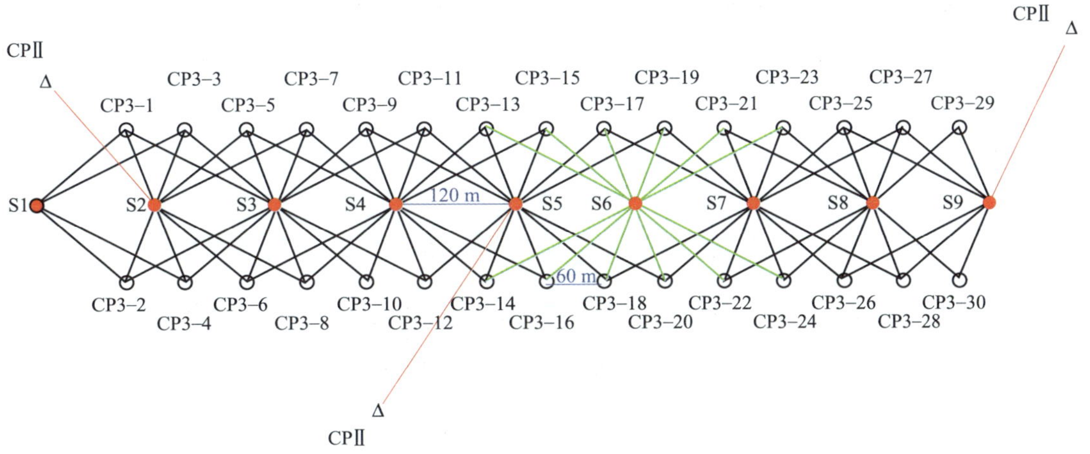

图 2-7-4　CPⅢ平面控制网网形

②与上一级 CPⅠ、CPⅡ 控制点联测

a. 与上一级 CPⅠ、CPⅡ控制点联测,一般情况下应通过 2 个或以上线路上的自由测站,如图 2-7-5 所示。

在自由站上测量 CPⅢ的同时,将靠近线路的 CPⅠ点及全部 CPⅡ点进行联测,纳入网中,CPⅠ、CPⅡ点至少在两个自由站上进行联测,有条件时应联测 3 次,联测长度控制在 150 m 之内。

b. 当受观测条件限制,只能有一个自由站点和 CPⅠ、CPⅡ通视时,设置辅助点,如图 2-7-6 所示。

c. 当布设自由设站点遇到特殊情况时,可隔 60 m 加设一个测站点,在加站点上可仍观测 12 个方向,如图 2-7-7 所示。

d. 当在正常的两个自由设站点之间加设一个测站点,在加站点上可只观测 8 个方向,如图 2-7-8 所示。

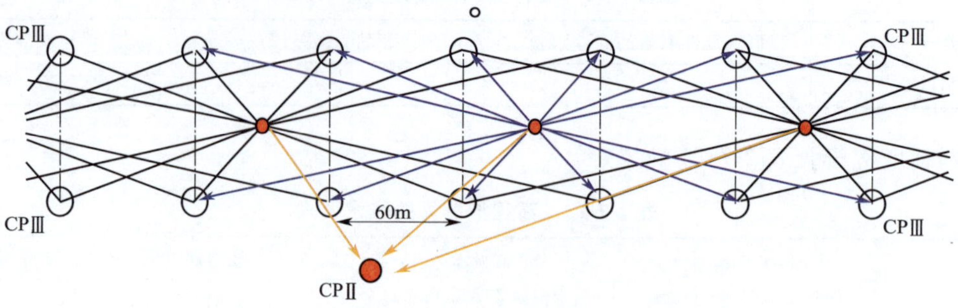

图 2-7-5　CPⅢ控制点测量方法及其与上级控制点关系

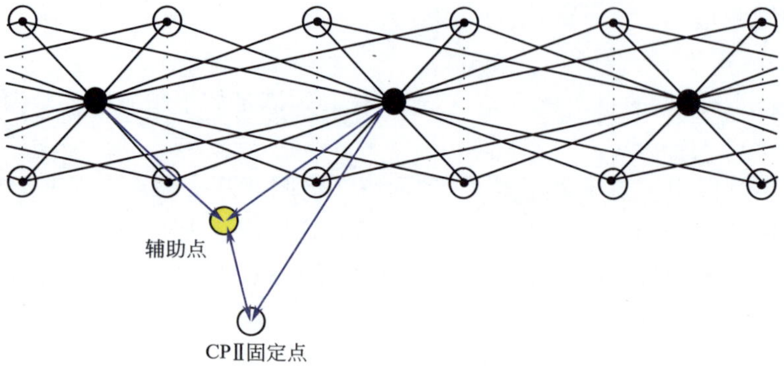

图 2-7-6　辅助点设置示意图

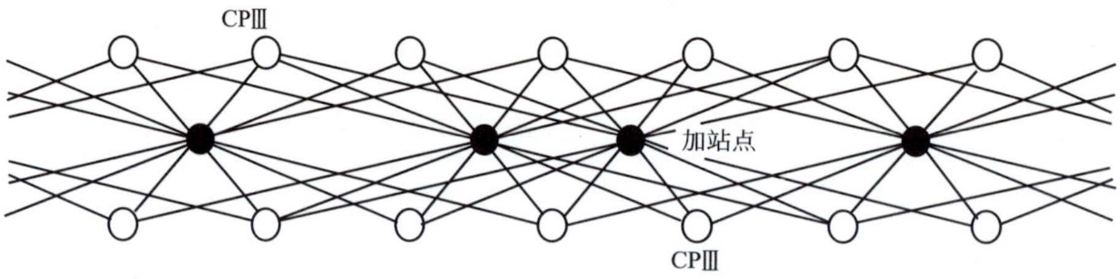

图 2-7-7　加设测站点

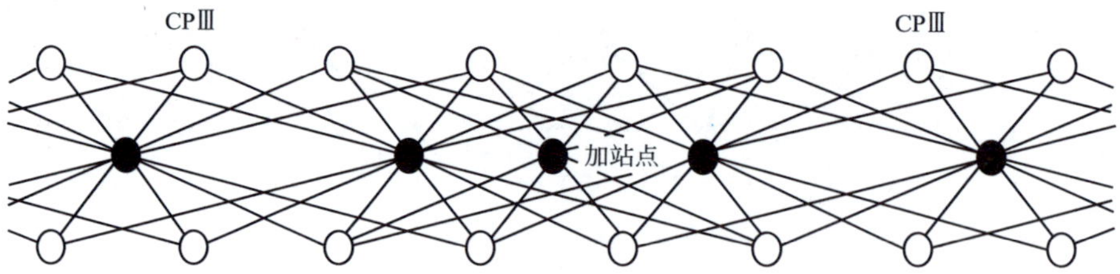

图 2-7-8　在正常的两个自由设站点之间加测站点

e. CPⅢ自由设站边角交会控制网按分段观测计算，分段长度一般为 4 km 左右。在分段观测连接处应有三条边 8 个 CPⅢ控制点作为公共点进行观测，如图 2-7-9 所示。

f. 不能直接观测的 CPⅡ点建议用 GPS 按 CPⅡ精度加密。

g. 为了使相邻重合区域能够满足 CPⅢ网络的测量高均匀性和高精确度，每个重合区域至少要有 3～4 对 CPⅢ点(约为 180 m 的重合)一起测量，并且考虑平差，每个区域不小于 4 km 为宜。桥梁、隧道段须与已有的独立的隧道施工控制网相连接。通过选取适当的 CPⅡ点和 CPⅢ 特殊网点，来保证形成均匀的过渡段。

③内业数据处理

在自由设站 CPⅢ测量中，测量时必须使用与全站仪能自动记录及计算的专用数据处理软件。软件采用

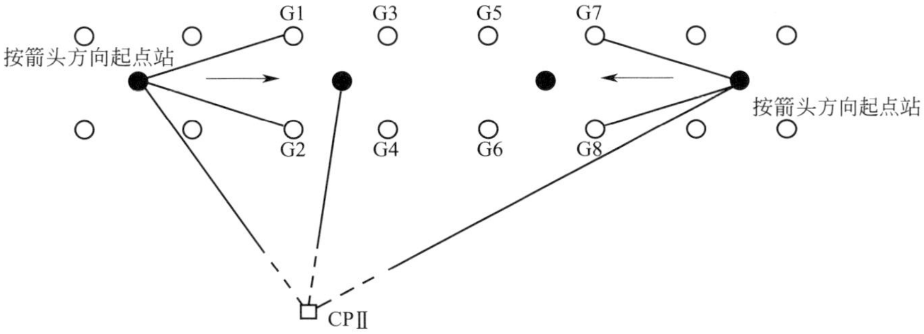

图 2-7-9 分段观测连接处

已通过铁道部鉴定的由中铁二院和西南交大研发的“无砟轨道 CPⅢ网测量数据采集及其数据处理系统”。

观测数据存储前，必须进行观测数据的质量检核。观测数据经检核不满足要求时，及时进行重测，直至满足要求才能进行数据存储，提交给数据计算、平差处理。

各项精度要求：

a. 约束平差坐标及其精度 M_X(mm)、M_Y(mm)小于 1；

b. 约束网 CPⅢ点间方位角、边长及其相对精度 E(mm)、F(mm)平方和的平方根小于 1；

c. 两期独立测量成果坐标较差 ΔX(mm)、ΔY(mm)均小于 3。

4. CPⅢ控制网高程测量

(1)测量方法

采用数字水准仪或精密光学水准仪，按精密水准测量方法测量。每相邻两对点构成闭合环，每隔 2 000～3 000 m 与二等水准点联测。每千米水准测量高差中误差不大于 4 mm，如图 2-7-10 所示。

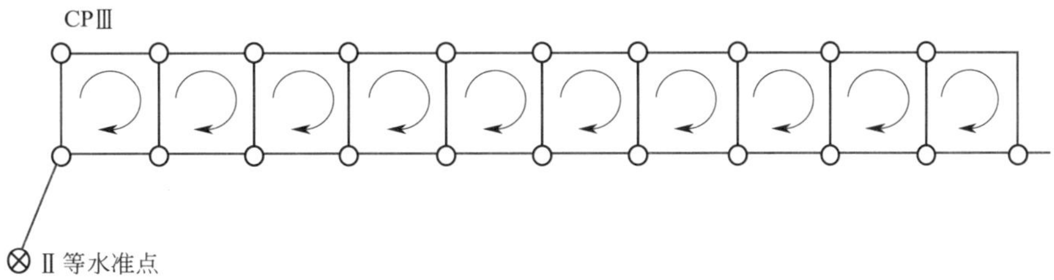

图 2-7-10 高程测量

(2)内业数据处理

CPⅢ控制点高程数据处理同样采用“无砟轨道 CPⅢ网测量数据采集及其数据处理系统”进行处理，平差时计算取位按精密水准测量的规定执行。两期独立观测数据成果差 Δh 小于 1 mm。在数据存储之前，必须对观测数据作各项限差检验。CPⅢ控制点高程测量应严密平差，平差计算取位按精密水准测量的规定执行。

5. CPⅢ控制网的维护

由于 CPⅢ网布设于桥梁防撞墙和接触网杆的基础之上，线下工程的稳定性等原因的影响，为确保 CPⅢ点的准确性，在具体施工中应定期与周围其他点进行校核，特别是要与地面上布设的稳定的 CPⅠ、CPⅡ点进行校核，以便及时发现和处理问题。

6. CPⅢ控制网的评估

CPⅢ控制网测量从布点设计、测量标志、观测仪器、观测方法、观测条件、平差计算到验收评估，都是非常严谨、要求很高的。CPⅢ控制网用于铺设无砟轨道前需上报设计院(或指定的评估单位)对其测量成果进行综合评估，待合格后方可使用。

评估过程中，首先对 CPⅢ控制网的起算数据进行了核对，对加密 CPⅡ点、二等水准点进行了审查，精度满足要求后方可作为 CPⅢ控制网的起算数据。CPⅢ控制网一次独立建立的段落长度一般不宜少于 3 km，个别根据结构物情况进行适当调整。CPⅢ同一段控制网测量需要经过两次测量初测和复测，并使用两种不同的软件平差，只有在两次测量结果均满足规范要求的情况下才能通过设计院的评估。

7. 静态精调前的CPⅢ控制网复测

武广公司组织路内的有关测量专家，对武广铁路客运专线轨道精调之前的CPⅢ控制网复测技术方案进行了研讨和评审，并编制下发了《武广铁路客运专线轨道控制网(CPⅢ)复测技术方案》，以指导无砟轨道精调前的CPⅢ控制网复测，并按此技术要求进行指导精调控制。

(1)CPⅢ控制网复测技术方案

1)复测原则：轨道控制网(CPⅢ)复测应与原测控制网型一致，复测方法、精度要求应与原测相同；平面控制网复测中使用的棱镜型号应与原测一致；计算软件与原测相同。复测前首先进行现场勘查，检查CPⅢ点和CPⅡ标石的完好性，对丢失和破损较严重的标石按原控制点标准恢复。

2)复测方法：CPⅢ控制网构网应与原测网一致，采用自由设站交会网(《客运专线无砟轨道铁路工程测量暂行规定》(铁建设〔2006〕189号)称为"后方交会网")的方法测量，自由测站的测量，从每个自由测站，将以2×6个CP Ⅲ点为测量目标，每个CPⅢ点至少应保证有三个自由测站的方向和距离观测量，测量方法如图2-7-11所示。

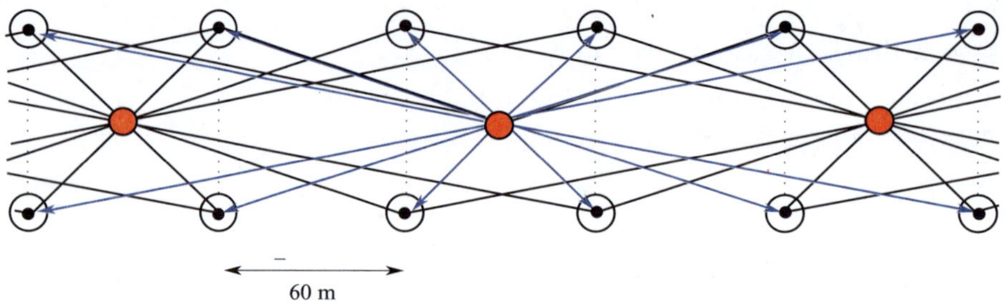

图2-7-11 CPⅢ控制网复测

复测宜联测与原测相同的高等级CPⅠ、CPⅡ控制点，复测控制网与上一级CPⅠ、CP Ⅱ 控制点联测时，应通过2～3个自由测站进行联测。

为了使相邻重合测段能够满足CPⅢ控制网的测量高均匀性和高精确度，每个重合测段应重复观测6对CP Ⅲ点(约300 m)进行平差；每个测段应不小于4 km。

3)复测成果分析

①应根据复测成果进行平面控制点的稳定性分析，"同精度复测坐标较差"±5 mm及相邻点坐标差之差(见式2-7-1～式2-7-2)应小于±2 mm作为判别标准，满足限差要求可认为点位稳固，超过限差要求应结合线下工程结构及高程复测成果进行分析判断，特别要结合沉降评估结论进行分析判断。

$$\Delta X_{ij}=(X_j-X_i)_{复}-(X_j-X_i)_{原} \quad (2\text{-}7\text{-}1)$$

$$\Delta Y_{ij}=(Y_j-Y_i)_{复}-(Y_j-Y_i)_{原} \quad (2\text{-}7\text{-}2)$$

②对丢失和破损较严重的CPⅢ标志应按原控制点标准进行恢复，平差计算时应纳入复测控制网按测段进行平差计算。

(2)复测成果应用

①复测的CPⅢ控制网与与原网坐标及高程满足复测差要求，直接采用原控制网，对于大于复测差要求，采用新复测后的控制网，用于轨道精调工作。

②长轨精调时自由设站要求：在长轨精调作业前，应对CPⅢ进行设站检核，CPⅢ设站检核要求如下：

a. 采用6～12个CPⅢ点进行CPⅢ间相对精度检查；

b. 搭接区CPⅢ测量点的较差必须小于2 mm。

③CPⅢ长轨精调作业设站的要求。

a. 长轨精调测量范围必须在CPⅢ覆盖范围内；

b. 两自由设站之间有至少4个共用CPⅢ点。

三、精密测量控制系统布设工作阶段划分

武广铁路客运专线建立无砟轨道精密控制网时，工程已经开工，为了保证线下工程施工的顺利进行，满足施工需要，设计院根据施工进度计划和施工作业需要，把精密控制网测量分为四个阶段建设。

第一阶段，建立基础平面控制网（CPⅠ）、线路控制网（CPⅡ），应急二等水准高程控制网，为保证线下工程施工满足无砟轨道要求提供了精密的控制基准，满足线下工程施工需要。

第二阶段，按《客运专线无砟轨道铁路工程测量暂行规定》（铁建设〔2006〕189 号）的二等水准测量规定，建立全线水准基点高程控制网，检核和代替线下工程施工中采用的应急二等水准高程控制网，确保线下工程施工的高程控制符合无砟轨道要求。

第三阶段，线下工程施工基本完成的时期，对基础平面控制网（CPⅠ）、线路控制网（CPⅡ）、水准基点高程控制网进行全面复测。检核线下工程施工平面、高程控制基准，确保将要建立的 CPⅢ控制网的平面高程测量与 CPⅠ、CPⅡ控制网精度匹配。

第四阶段，建立无砟轨道施工的基桩控制网（CPⅢ），为无砟轨道铺设施工提供基桩控制。

四、精密工程控制控制系统的建设管理

武广公司根据咨询意见，武广铁路客运专线无砟轨道工程施工原有控制网主要采用《京沪高速铁路测量暂行规定》，其控制精度不能满足铺设无砟轨道的施工精度要求。2006 年 10 月 12 日，武广公司在武汉主持召开武广铁路客运专线无砟轨道控制测量方案专家研讨会，审查了铁二院和铁四院提编的《武广铁路客运专线精密控制测量技术设计书和技术方案报告》。与会专家意见，必须建立全线 B 级 GPS 平面基础控制网和二等高程控制网；按《客运专线无砟轨道铁路工程测量技术暂行规定》（铁建设〔2006〕189 号）的规定，分级布设 CPⅠ、CPⅡ和 CPⅢ平面控制网，高程控制网用二等水准测量方法施测。

设计院于 2007 年 2 月完成全线二等水准测量成果，2007 年 3 月完成全线 CPⅠ、CPⅡ分段分投影面成果。2007 年 4 月，武广公司组织，由设计院对武汉至韶关段进行了精密测量技术交底，并形成了纪要。

根据铁道部工程管理中心 2007 年 5 月 940 号电报《关于加强客运专线精密测量工作的通知》，武广公司进行了转发，并要求无砟轨道 CPⅢ平面控制网建立之前，设计院必须对 CPⅠ、CPⅡ平面控制网和二等高程控制网进行全线或区段性贯通复测，形成系统性测量报告。设计院于 2007 年 11 月～2008 年 5 月，完成了全线二等水准复测工作；2008 年 4 月～6 月，完成全线 CPⅠ、CPⅡ复测工作并提交复测成果。

2008 年 2 月 18 日，武广公司下发了铁四院、铁二院、中铁八局共同编制的《武广铁路客运专线无砟轨道铺设 CPⅢ控制网测量技术方案》（武广电〔2008〕34 号），作为 CPⅢ建网的作业指导书，统一设计 CPⅢ元器件的形状、规格，并规定所使用的棱镜为进口 LECIA 棱镜。根据 2008 年 5 月《关于进一步加强工程测量和无砟轨道工作的通知》（工管工电〔2008〕44 号）和《时速 200 公里及以上铁路工程基桩控制网（CPⅢ）测量管理办法》（铁建设〔2008〕80 号））要求，武广公司编制下发《武广铁路客运专线基桩控制网（CPⅢ）测量管理办法》（武广工〔2008〕47 号），要求由各施工单位对无砟轨道基桩控制网（CPⅢ）进行布设和系统测量，将测设成果报武广公司委托的设计单位进行评估，评估通过后才准进行无砟轨道施工。

对于无砟轨道精调前的 CPⅢ控制网复测与使用问题，武广公司 2009 年 3 月 18 日邀请设计院及大专院校的专家进行研讨，并形成了专家意见。根据专家意见，设计院进一步完善编制下发《武广铁路客运专线轨道控制网（CPⅢ）复测技术方案》（武广技电〔2009〕71 号），以指导无砟轨道精调前的 CPⅢ控制网复测，并按此技术要求指导精调控制。

2008 年 5 月～2009 年 8 月，完成全线 CPⅢ测量评估工作。

第二节　精密测量控制系统的管理程序

一、工程测量控制网总体要求

在武广铁路客运专线建设期间，根据铁道部有关标准、规范和规定，对精密测量控制系统总体要求如下：

1. 建设、勘察设计、施工及监理单位要提高对工程测量控制网重要性的认识，将工程测量控制网作为工程的一部分（固定资产的一部分）进行测设和管理，依据国家和铁道部保密规定对工程测量控制网设施及资料进行管理。

2. 武广铁路客运专线应构建适应于勘测、施工、运营维护各阶段使用的“三网合一”的完整统一的工程

测量控制网。

二、各参建单位的责任分工

1. 建设单位负责组织工程测量控制网测设和维护管理工作，要对设计单位提交的工程测量控制网设计方案进行审查，对测设工作进行统一管理，统一平差标准，统一组织复测和验交。督促勘察设计、施工单位做好基桩维护、资料保管和交接工作。

2. 勘察设计单位负责高速铁路和客运专线工程测量控制网中的CP0、CPⅠ、CPⅡ及相应高程控制网的测设和建设期间的维护管理工作，并及时处理建设过程中上述测量成果相关问题，同时为施工单位测设CPⅢ提供基础资料。

3. 施工单位负责CPⅢ测设工作并负责维护管理工作。

4. 监理单位负责对施工单位CPⅢ测设工作进行质量监控。

5. 各参建单位应明确组织结构和责任人，负责精密测量控制网的(组织)测设、质量监控或维护管理。

三、工程测量控制网管理工作程序

1. 在工程测量控制网测设前，由客运专线总体勘察设计单位制订工程测量控制网设计方案，提交建设单位进行审查。

2. 勘察设计单位根据审定的工程测量控制网设计方案进行客运专线工程测量控制网中的CP0、CPⅠ、CPⅡ及相应高程控制网的测设。

3. 建设单位组织勘察设计单位向施工、监理单位进行技术交底和线路基桩交接，同时应将CPⅠ、CPⅡ和水准点及施工单位测设CPⅢ需要的资料交各施工单位。

4. 建设单位组织勘察设计单位会同施工单位对CPⅠ、CPⅡ和水准点进行复测。

5. 施工单位依据复测资料和规范进行CPⅢ测设。其过程是：各标段(即工程局施工单位)先复测设计院提供的CPⅠ、CPⅡ控制网点，满足有关误差范围要求，再在设计院提供的CPⅠ、CPⅡ点的基础上根据各自标段情况加密自己的CPⅡ点；二等水准点复测满足要求并加密二等水准点。依据复测的CPⅠ、CPⅡ和二等水准控制点进行路基、桥梁、隧道施工测量。在无砟轨道铺轨前设计院进行全线或区域性的CPⅠ、CPⅡ和二等水准的贯通测量及长大隧道的贯通测量；各标段施工单位再次复测后进行CPⅢ控制网布设。在测量CPⅢ控制点时，平面每隔500～1 000 m联测CPⅠ、CPⅡ点，高程每隔2 000～3 000 m联测二等水准点；各标段之间要进行CPⅡ、CPⅢ贯通衔接测量。

6. 建设单位组织相关单位对CPⅢ控制网进行复测和评估。

7. CPⅢ控制网评估结果合格后用于指导无砟轨道精调工作。

8. 将工程测量控制网设施及相关资料移交给客运专线设备管理部门。工程测量控制网属于客运专线工程的一部分，静态验收前，由建设单位组织勘察设计、施工单位与设备管理部门对工程测量控制网进行复测，以形成服务于客运专线运营的统一、完整的工程测量维护网；其中CP0、CPⅠ、CPⅡ及相应高程控制网设施及资料由勘察设计单位提交，CPⅢ设施及资料由施工单位提交。在工程测量控制网移交之前，由施工单位负责维护管理。

9. 工程测量控制网移交给设备管理部门后，设备管理部门应按照国家和铁道部保密规定对工程测量维护网设施和资料进行管理。

第八章　投资控制

武广公司按照铁道部党组提出的“高标准、讲科学、不懈怠”要求，依据国家法律和铁道部及地方政府规定，根据国家发改委批准的可行性研究投资估算及铁道部批复的初步设计概算和各项工程设计变化增加投资，确定武广铁路客运专线的投资控制目标。在建设实施过程中，采用了科学融资、降低财务费用，施工图设计审查，征地拆迁补偿费用第三方审核，严格合同管理，严格执行变更设计程序，把好验工计价关，统一招标采购、保证物资供应等投资控制措施。

第一节　项目投融资体制

2005 年 6 月，铁道部与湖北、湖南、广东三省人民政府分别授权中国铁路建设投资公司、湖北省客运铁路投资有限公司、湖南省土地资本经营有限公司、广东省铁路建设投资集团有限公司组建武广公司，首期注册资本 5 亿元。武广公司成立后，作为项目法人负责项目的资金筹措、建设实施、运营管理、贷款偿还和资产保值增值。

对铁路建设项目而言，建设资金的到位情况决定着建设项目施工的进度。同以往的铁路建设项目管理模式不同，武广公司要自行开展筹融资工作，筹集铁路建设资金。铁道部为了实现铁路投融资体制改革目标，对筹融资工作提出了要求，即按照“政府主导、多元化投资、市场化运作”的基本思路，积极发挥市场配置资源的基础性作用，努力构建投资主体和产权主体多元化、资金来源多渠道和融资方式多样化、项目建设法人制和市场化的铁路投融资体制新格局。

武广公司的董事会和管理层非常重视和支持武广公司筹融资工作的开展，将建设资金的筹集、管理作为项目建设管理的重要范畴。武广公司设有专门的筹融资工作小组，董事长、总经理亲自担任组长并参与筹融资活动，小组其他成员由总会计师和计财部相关人员组成，同时还聘请中信集团属下的中信证券股份有限公司作为武广公司的筹融资顾问。

武广公司采取积极融资战略，优化筹融资方案。武广铁路客运专线的资金来源包括权益性资金和债务性资金，为降低融资成本，提高资金使用效率，公司在融资方面，优先安排权益性资金，其次为债务性资金。

1. 权益性资金

在铁道部的领导下，自 2004 年武广公司组建以来一直积极地开展股权融资工作，同中国平安、中国人寿、中国光大、法国的阿尔斯通公司等境内外知名企业进行过融资接触，探讨了债转股、BOT、PPP 等融资方式。目前，部分企业仍抱着极大的投资兴趣同公司保持紧密接触。

2. 债务性融资

为确保债务性资金的供应，同时有效降低债务性资金成本，公司同各大商业银行签订了临时周转贷款合同，并委托工商银行组织银团签订项目贷款合同。铁道部也给公司安排了低成本的统借统还资金。在融资安排方面，公司采用短期、中期、长期的债务资金搭配、衔接的组合方式，结合施工进度和资本金到位情况，合理、安排使用债务资金，最大限度降低债务性资金成本。

截至 2010 年 9 月底，武广铁路客运专线项目累计筹集建设资金 11 886 328 万元。公司融资工作的开展对加强建设资金管理，提高资金使用效率取得了良好的效果，既保证了项目建设资金的供应，又节约了资金成本，仅武广铁路乌龙泉至花都段建设期节约利息成本约 12 亿元。

第二节　技术标准与规模的确定

武广铁路客运专线设计时速 350 km，主要技术标准详见第一篇第二章第二节。根据铁道部要求，武汉站和广州南站分别委托武汉铁路局和广铁集团代建，其投资控制由代建单位具体实施，武广公司负责武汉站外至广州南站外自管项目的投资控制。

武广铁路客运专线以国家发改委批准的可行性研究报告和铁道部批复的初步设计及各项工程变化确定的概算作为项目投资控制目标。

1. 国家发改委批准的可行性研究报告

根据国家发改委批准的可行性研究报告，武广铁路客运专线由天兴洲公铁两用长江大桥中武汉站至乌龙泉段、乌龙泉至花都段、广州枢纽中花都至新广州站三个项目组成，投资估算 837.3 亿元。

2. 铁道部对初步设计的批复及各项工程变化增加投资

(1)铁道部批复的初步设计概算

铁道部批复初步设计概算 948.3 亿元，增加新长沙站，区间中间站房，通信、信号、电力、电气化工程补充初步设计 41.1 亿元，共计 989.4 亿元。技术经济指标为 1.01 亿元/正线公里，其中路基 2 180 万元/km；桥梁 50 073 元/延长米，隧道 68 978 元/延长米。

(2)铁道部批复初步设计后，各项设计变化增加的投资

1)执行抗震设计规范、桥梁代替部分路基、噪声治理等国家强制性标准规定增加投资 13.6 亿元；

2)国家和地方征地拆迁补偿政策变化增加投资 41.7 亿元；

3)物价上涨增加投资 175.5 亿元；

4)实施综合接地系统、绿色通道建设，混凝土强度等级变化、接触网增加光纤光栅温度在线监测系统、施工监理费、建设单位管理费等增加投资 19.1 亿元；

5)重大方案与工程措施调整增加 14.5 亿元。

(3)一般措施调整，地质变化、局部增加的工程投资

根据铁道部对项目上报概算清理批复和审查情况，一般措施调整，地质变化，局部增加工程所发生的工程投资可控制在批复概算中基本预备费及招标降造费内，不再增加项目概算。

项目总投资 1 253.8 亿元，技术经济指标为 1.3 亿元/正线公里，其中武广公司自管项目投资 1 063.5 亿元，技术经济指标为 1.1 亿元/正线公里。

武广公司严格按部批复的技术标准和规模进行建设，始终将投资控制作为项目管理的核心，贯穿于项目建设全过程，尤其是以下事项。

1. 重视施工图设计审查

武广公司把设计阶段作为投资控制的重要阶段，在筹备阶段就介入到勘察设计工作中，在勘察期即组织勘察监理招标，在降低勘察监理费的同时从源头上把住勘察质量关，在初步设计阶段介入到重大方案研究工作中，为设计提出降低投资的优化方案建议。在铁道部对初步设计批复后、集中各专业力量介入到施工图设计工作中，同时邀请路内设计、施工技术专家对个别重点工程施工措施进行论证，提出指导性施工组织设计方案。

由于合同条款约定“招标用施工图与正式施工图工程量差”可调整合同额，所以核算施工图设计工程量就成为控制投资的关键。武广公司主要从三个方面采取事前控制措施。

(1)工程咨询联合体计算核对工程数量

公司在与咨询联合体签订合同咨询任务书中约定咨询单位要进行投资控制，约定咨询单位不但要对设计图进行咨询，还需重新计算工程数量。对路基、桥梁、隧洞岩溶注浆，地基处理，桥梁基础及施工措施、隧道开挖措施设计工程量要进行合理性分析与计算，提出优化咨询报告，全线共对 960 个路基工点、667 座桥梁、226 座隧道，850 座涵洞工程量进行重新计算、提出了降低工程投资的方案，设计单位对咨询报告进行逐项核实核查。

(2)第三方投资检算咨询

在咨询单位把好施工图设计数量关的基础上，安排第三方进行投资检算(送审稿)咨询，对路基、桥梁、隧道工程数量计算进行重点核查，对投资检算中采用定额和费率标准进行核对，提出了有价值咨询意见：如 CFG 桩、管桩数量；路基石方开挖数量；新株洲站断面填挖数量；桥梁桩基土石分类；锚索定额单位的错误；钢板腻子止水带定额采用；桥涵基础土方开挖采用定额；现浇连续梁采用定额；路基填筑碾压定额；夯填砂、

碎石、级配碎石填筑不计列外来料价等，投资检算减少约5亿元。设计单位各专业针对咨询意见进行逐项核实核查，在对技术问题进行探讨和研究的基础上，以书面文件答复咨询意见，落实咨询意见所反映的投资检算错误，为武广公司补充施工承包合同的签订提供了技术支持。

（3）重视设计对比分析工作

武广公司要求设计单位在对施工图设计进行自查自纠的基础上，组织设计单位对工程设计进行详细对比分析工作，从中找出问题，基本消除工程数量及概算中差、错、漏、碰现象，达到合理确定工程投资。

2. 聘请第三方进行投资审核工作

为了真实反应征地拆迁、"三电"迁改、地下管线改移、跨越铁路公路行政事业收费、岩溶注浆工程和材料、设备价格上涨等费用，公司聘请第三方对发生的费用进行审核，根据审核报告分析投资变化情况上报铁道部审批。

第三节 合同管理

武广铁路客运专线作为我国建设的第一条真正意义的自主知识产权的高速铁路，毫无疑问，其建设成功将成为我国铁路建设史上新的里程碑。但高新技术的采用会增加风险，高速铁路建设是一项高风险的生产实践活动。为此，公司根据项目的特点，全面、细致的分析面临的风险，制定风险分担原则，建立以合同管理为核心的投资风险管理体系。

一、风险识别

武广公司作为一家多元股东的有限责任公司，追求利润最大化是公司经营的目标。在建设期间，这一目标具体化为保证铁路建设投资都与计划相符，以及整个工程建设过程安全地进行。公司系统化的风险管理体系就是要为实现公司的这一目标服务。具体说，就是要在整个项目的建设过程中，将所有可控的风险控制在公司可以接受的范围内；对于不可控的风险，也制定了相应的措施，减少其负面影响。从系统的角度分析，高速铁路建设期间所面临的有以下风险。

1. 政治风险。稳定的政治环境会对建设产生有利的影响，反之，将会给各市场主体带来顾虑和阻力，加大工程建设的风险。当前，我国正处于政治环境最好的阶段，无疑给高速铁路的建设提供了良好的外部环境。但社会上潜在的不安定因素还是必须注意的，特别是武广铁路客运专线建设纵跨三省，方案稳定、征地拆迁会涉及众多方面的利益，容易引起冲突；项目建设还会对环境产生不利影响。这些都是政治风险中需要关注的风险点。

2. 市场风险。我国正处于从计划经济向市场经济转轨的时期，市场的变化可能带来各种风险。其中最突出的问题就是信用风险，参建各方的信用是业主面临的最大市场风险。除此之外，市场价格的变化、市场资源的变化等都是公司所面临的风险。

3. 法律风险。"继后立法"是建筑工程必须面对的主要法律风险。武广铁路客运专线建设期长达近5年，在此期间，我国建筑、金融、外汇、税收等管理制度，以及公司制度、市场规则等方面法律法规的颁布和修订，将直接影响到建筑市场各方的权利义务，从而进一步影响到其根本利益，这些都会给公司带来法律风险。

4. 建筑风险。指工程建设中由于人为的或自然的原因影响建设工程顺利完工的风险。具体而言是指建设工程的质量、安全、工期、投资未能够达到预期目标，或完工后造成不利影响等风险。包括设计失误、工艺不善、原材料缺陷以及其他由于自然灾害或意外事故造成的工程损毁、施工人员伤亡、第三者财产的损失或人身伤亡、工程间接损失等等。

5. 经济风险。在市场经济条件下，公司所面临的所有风险，最终都会表现为经济风险。具体表现为不能实现预期的投资目标，公司融资困难，资金链断裂等，使公司陷入财务困境。

二、风险分担原则

针对以上风险，武广公司高度重视风险管理，积极探索风险管理机制，强化风险意识，严格遵守招标程序，硬化合同内容，提高风险管理能力，严格控制成本支出，努力降低工程造价。

风险管理工作分为公司层面和项目层面两个层次。在公司层面,风险管理的目标是实现公司的建设投资目标,即按照预定投资目标建成,实现公司预定的投资收益;在项目层面,是根据公司确定的风险管理思路,通过对项目风险的评估,制定具体的风险规避、风险自留、风险转移、风险控制方案,保证项目按照预定的投资目标建成。

为此,根据公司确定的以合同管理为核心的风险管理体系,合同条件编制原则是以 FIDIC 合同条件为基础,结合工程实际编制的施工总承包合同,是工程建设期的风险管理基本思路,合同条件的具体制定和细化是风险管理具体体现。

在合同中明确规定:本项目实行总价承包,合同签订后任何一方不得擅自调整合同价格,但有以下情况之一的可作调整:

(1)发包人对建设方案、建设标准、建设规模和建设工期的重大调整;

(2)保险范围之外,由于不可抗力造成的损失;

(3)甲方供材料设备按实际采购价调整,每年调整一次(总承包风险费处理的工程除外)。

总承包风险费是指由总承包单位为支付风险费用计列的金额,风险费用包括但不限于以下内容:

(1)承包人原因引起的Ⅰ类变更设计及全部Ⅱ类变更设计引起的工程增减的费用;

(2)非不可抗力造成的自然灾害损失及其采取的预防措施费用;

(3)发包人供应的材料和设备以外的材料和设备价差;

(4)建设工期重大调整以外的施工组织设计调整工期造成的损失和增加的措施费;

(5)工程保险费;

(6)由于变更施工方法、施工工艺所引起费用的增加。

总承包风险费由投标人根据建设项目的具体情况自主填报,费用包干,一律不调整。工程相关保险由承包人自行办理,保险费计入总承包风险费,不再单独报价。

这种合同价格调整的风险分担方式,体现了 FIDIC 合同"近因易控"的原则,即:承包商可以控制的风险由承包商分担,承包商无力控制的风险由业主分担。相应的,项目的风险保证金也由业主和承包商分别掌控,这种风险分配原则能使双方受益,降低整个风险管理成本,从而降低合同总造价。合同价格部分调整的风险分担方式是建设总成本最低的风险分担方式。

三、严格遵守招投标程序,控制工程成本

公司严格按照国家法律、法规和铁道部相关规章制度组织工程招标和物资招标工作。工程招标评标全过程均在铁道部招标办和监察局的指导、监督下,按照公平、公正、公开的原则进行,评标委员会提交的评标报告均经过公司招标领导小组和铁道部招标办的批准。从招标结果看,工程招标降造 27.5 亿元,降幅 6.45%,同时所选择的施工单位技术装备好、人员素质高、管理能力强,确保了工期和质量。

纳入施工总承包的甲控物资招标,按照国家和铁道部的相关规定,由施工单位作为招标主体共同组织招标。为慎重起见,公司要求所有施工单位全过程参与招标、评标工作,并恳请中国铁路建筑总公司、中国铁路工程总公司纪委实行全过程监督。从招标结果看,仅钢材和水泥两项就比国家价格主管部门公布的建筑市场价格,节省资金 3.28 亿元;所选择的产品均是国内知名企业的品牌产品;自工程开工以来,在原材料价格持续上涨的情况下,确保了施工单位的物资供应。

四、硬化合同条件,强化合同管理

公司建立以合同管理为核心的项目管理体系,工程建设项目的各类合同是建设活动中科学管理的重要手段,是贯穿于工程项目全过程的技术、经济性文件,合同编制的好坏直接影响到工程项目的风险控制。

合同条件是发包人和承包人为完成商定的建安工程,明确相互权利、义务和责任关系的条款,是工程建设质量、进度、投资等方面控制的主要依据。一个完整、科学、合理的合同条件具体内容均体现在与工程造价有关的信息,包括:合同文件的组成与解释顺序、工程实施范围、工期、质量、工程数量、总造价及组成、计费方式及费率、工程款的支付方式、工程的变更等规定;同时还有索赔、风险责任、保险等约定以及甲供或甲控材料和设备、分包工程等。上述各项内容应在招标文件中都予以全部、合理、科学地的确,以便各投标单位有针

对性地报价，使中标造价尽可能接近竣工后的实际造价。

为此，武广公司按照 FIDIC 条款编写施工总承包招标文件，使每一个投标人都能接受相应的合同条款，在编制招标文件时，将科学、合理的合同条款纳入其中，这项工作对公司来说，招标前的工作量是巨大的，但在实施过程中的受益也是非常大的，可将风险控制在可接受的范围。

五、规范合同管理流程

公司从质量、进度、投资、安全控制等方面入手全面抓好合同管理工作。为规范合同管理流程，公司制定了《合同管理办法》，明确了合同管理过程中各相关部门的职责权限、管理流程以及具体的操作办法。从招标文件的编制入手，对招标手续的办理、合同条款的制订、合同的审查和签订、合同的履行、变更、纠纷的处理以及合同的审计、监督检查、合同的统计、信息化管理等全过程进行严格的控制。

对经济合同的签订实行经办部门与合同、法律、计划财务等专业部门联签审核制。合同、法律与财务主管对会签的合同进行严格审核，审核是否符合法律规定，能否有效规避法律风险；审核是否已经落实预算，审核付款方式，明确资金的支付方式、时间、单价、金额等要素，通过对合同相关条款的审核，从源头控制无预算支出的支付。

六、全过程监控合同履约情况

全过程监控施工、监理等单位的合同履约情况，严格重要岗位履约人员的变更标准和审批程序；检查关键设备的到场情况并督促及时补充；规范劳务用工，推行“架子队”模式；杜绝违规分包、转包行为。

七、严格控制合同变更程序

合同变更的管理是合同实施过程中成本控制的关键。对照合同实施过程中的实际情况与合同条款的约定，由合同主管部门组织其他部门进行会审，必要时与承包人、监理进行协商、谈判。专业部门重点从承包人所提出的变更申请的工程现场情况与技术方面，提出会审意见。合同主管部门按照相关办法和合同，对变更金额进行审定，考虑同类合同变更情况的处理，最终提出合同变更处理意见，参与变更会审会议，审定合同变更金额。同时，对计量支付申请中完成工作的价格进行审核，并进行相关扣款处理。

八、合理规避合同纠纷

公司认真解读、细化合同条款，针对合同执行过程中存在的问题，解决好合同争端和合同变更等问题。强化风险管理，提高风险管理意识，制定防范风险措施，通过科学、合理的运作，增加内部抵抗风险能力，有效合理化解合同各种风险。通过全过程的细致工作和严格监督，有效地降低了合同法律风险，全线未发生合同纠纷事件，未造成任何重大不利影响。

第四节　验工计价管理

武广公司制订了《验工计价管理办法》，验工计价严格遵守铁道部有关规定及武广公司管理办法、施工合同的约定。

一、严格执行验工计价管理程序，明确各部门职责与权限

武广公司工程管理部、技术装备部，安全质量部负责人对验工计价的真实性和工程质量负责，计划财务部预算工程师对包价内验工计价和总费用控制负责，计划财务部负责人对验工总价负责，验工计价汇总表经主管副总经理确认并报总经理批准后方可执行。

二、验工计价与完成的实物工作量相对应，严禁超前计价或隐瞒不报

严格按实际完成工程数量进行验工计价，计量支付的工程数量全部控制在工程量清单及项目设计范围内，超出工程量清单及工程项目范围的全部按变更设计办理相应手续。

三、强化各建设指挥部和监理工程师验工计价管理职能

各建设指挥部和监理单位要严格履行验工计价管理职责。总监理工程师组织监理人员在开工前和施工中认真核对施工图,发现差错或与现场实际情况不符、及时书面上报武广公司。监理工程师是工程计量的第一核查人,要认真检查现场提交的计量资料,包括形象进度、验收报告、验工计价表格签证是否齐全、有效,工程质量是否合格、是否达到计量要求,杜绝不合理计量。

只有质量合格的项目才允许计量,不合格或者有缺陷工程不予验工计价,必须按照武广公司及监理工程师要求进行整改修复并达到规定要求,才能进行计量支付,整改修复费用不予计量支付。

四、暂定价验工计价

为了解决无砟轨道及桥面保护层等Ⅰ类变更设计资金缺口问题,经公司研究,在铁道部没有明确桥梁保护层、双块式无砟轨道、单元板无砟轨道等分部分项工程概算的情况下,公司通过对现价分析,以通知的方式暂定分部分项工程验工计价指标,工程量以监理确认的工程量为准。

从铁道部在武广铁路客运专线概算清理审查会议上对设计单位上报的无砟轨道个别概算初步审查意见来看,暂定计价控制在铁道部认可的概算和调整材料差价范围内。暂定价计价解决了现场能够根据完成实物工程量按施工进度进行验工计量问题。

第五节　财　务　管　理

资金是确保建设项目有序可控建设的血液,是项目财务管理的集中表现,资金管理的好坏是衡量一个单位财务管理水平的重要标志。武广公司始终注重科学融资,降低财务费用和通过监控保证建设资金的有效使用。

一、建设资金管理制度

根据《基本建设财务管理规定》、《铁路基本建设资金管理办法》、《铁路单位账户管理暂行办法》及《铁路建设工程验工计价办法》,武广公司制定了《财务管理办法》、《建设资金管理办法》及《验工计价管理办法》等一系列建设资金管理办法,从制度上为资金使用和管理的规范提供了保证。《建设资金管理办法》明确大额资金实行武广公司资金管理领导小组集体讨论的制度。对预付款、工程结算款等大额资金的拨付,以铁道部下达的年度计划及合同、协议为依据,实行总经理、总会计师、财务主管联签制度。资金使用过程中,各部门严格把关,层层制约,确保资金使用的真实性和合法性。

二、资金管理工作的具体做法

1. 通过银企合作,加强建设资金监管

(1)管控协议。在施工单位进场后,武广公司及时与工行、建行、农行及施工单位签署了《资金管控协议》。在协议中明确约定,对建设项目资金实行专户管理和实时管控,确保建设资金专款专用,有效防止建设资金挪用,发挥资金使用效益。管控内容包括:甲控材料款,工程预付款,向上级和下级施工单位拨款,工资性支出,施工单位自购物资设备款,管控账户余额查询及用途监控。

(2)账户开设。施工单位在银行开设一级账户,使用银行《重要客户服务系统》,按时向武广公司和银行提供相关资料,及时支付材料设备款和民工工资,严格按规定用途使用资金。

(3)管控台账。银行按要求设立工作专班、明确岗位职责,制定内部管理方案,协调好相关部门、各分行之间关系;为武广公司和施工单位开通《重要客户服务系统》,建立管控台账。

(4)定期检查。武广公司定期对合同单位资金流向进行检查,保证资金用于工程建设,防止截留、挪用、串换、调剂等违规现象的出现。

2. 实施大宗物资设备集中代付款,保证工程进度和质量

对集中采购的大宗物资设备实施由武广公司集中代付结算款制度,一方面,有效预防了资金拖欠,确保

物资供应；另一方面，锁定了供货单位后，把住了物资采购源头，确保了物资设备质量，使不合格产品进入工程项目的可能性降低到最低限度。

第六节　变更设计管理

武广铁路客运专线变更设计较多，仅Ⅰ类变更就有一百多项。变更设计严格执行国家工程建设强制性标准，在确保工程安全、质量和使用功能前提下，尽量节约投资。武广铁路客运专线变更设计管理先后按照《武广铁路客运专线变更设计管理细则》(武广工〔2006〕67号)、《武广铁路客运专线变更设计管理实施办法》(武广工〔2007〕34号)执行。

1. 变更设计遵守“先批准，后变更；先变更，后施工”的原则，要求充分论证，坚持集体决策，一次变更到位。Ⅰ类变更设计文件编制完成后，武广公司组织相关专业技术人员进行审查，形成审查意见，设计等单位按要求进行修改，再次对修改后变更设计文件进行审查，形成审查意见报部鉴定中心，由部鉴定中心组织专家对变更设计进行审查和审批；Ⅱ类变更设计文件均由武广公司相关部门(建设指挥部)审查和审批，相关费用由风险包干费用支付。未经批准自行变更和施工的不予计量。例如：武广铁路客运专线设计利用路基弃土和隧道出砟作AB组填料达300万m^3以上，因隧道围岩变化造成出砟质量不能满足填料要求和隧道出砟进度满足不了路基施工进度，各单位没有办理变更手续而自行采购填料施工，在验工计价时没有被批准。

2. 变更设计明确各参建单位需承担的责任。对有争议的变更设计原因和责任界定，会商纪要中记录各方意见，在变更设计通知单中明确。Ⅰ类变更设计以铁道部审批意见为准。例如：DK1824＋510处、DK1987＋166处路堑边坡坍滑病害整治在施工原因和2008年南方冰灾原因上有争议，变更设计增加投资没有被批准。

3. 严格按变更设计程序办理变更。由提议单位填写《变更设计建议书》，交监理单位审查，由总监理工程师签署意见后，分发建设、咨询、设计、施工单位，由建设单位组织现场调查研究，形成会商纪要。Ⅰ、Ⅱ类变更设计由武广公司总工程师或分管副总经理牵头，公司工程、安质、计财、技装等部门、相关建设指挥部及设计、施工、监理单位参加，公司根据需要，组织变更设计专题会议，通报变更设计情况，对变更设计较集中的专业和工点进行分析，防止违规变更或“反复变更”。

4. 变更设计工程量核定。在审批签发《变更设计通知单》时，必须核定工程数量，批准后的工程数量作为编制变更设计工程预算的依据，变更设计工程量在经监理、公司指挥部核定后，公司管理部门组织审查批准后提供给设计院。

第九章 征地拆迁

武广铁路客运专线征地拆迁工作严格执行国家相关的法律法规，全面落实铁道部与湖北、湖南、广东省人民政府分别签署的系列会谈纪要，认真执行武广公司与沿线各省、市签订的《征地拆迁实施协议》，实施效果良好。

武广铁路客运专线截止2009年底，征地拆迁工作已全部完成，武汉（不含）至广州南（不含）共完成征地72 088.09亩，拆迁380.63万m^2。其中，湖北省境内征地13 701.23亩，拆迁95.59万m^2；湖南省境内征地39 860.47亩，拆迁173.21万m^2；广东省境内征地18 526.39亩，拆迁111.83万m^2。

第一节 省部纪要

武广铁路客运专线采用部省共建的模式建设。2004年开始，铁道部与沿线湖北、湖南、广东三省地方政府签订了系列会议纪要，就武广铁路客运专线征地拆迁问题明确了相关原则：武广铁路客运专线由铁道部负责组织建设并筹集建设资金，沿线三省地方政府负责征地拆迁工作并承担相关费用，征地拆迁补偿费用按国家有关规定确定并经双方认可后作为资本金入股；地方政府在税收、地方料价等方面提供优惠政策；对电力、水利、航运、公路、通信、广播线路迁改和文物保护等，地方政府负责协调有关单位和部门给予积极配合；部省组成联合工作小组，共同研究决策铁路建设的重大问题。以下为主要会议纪要。

(1)《铁道部 湖北省政府关于湖北铁路建设有关问题的会议纪要》(铁计函〔2004〕734号)。

(2)《关于推进湖北省境内铁路建设有关问题的会谈纪要》(铁计函〔2005〕475号)。

(3)《关于加快湖南铁路建设工作有关问题的会议纪要》(铁计函〔2005〕476号)。

(4)《铁道部 湖南省铁路建设协调小组会议纪要》(铁计函〔2007〕1117号)。

(5)《铁道部 广东省人民政府关于加快广东省铁路建设有关问题的会谈纪要》(铁办函〔2004〕558号)。

(6)铁道部、广东省人民政府《关于加快铁路建设协调小组第八次会议纪要》(铁计函〔2007〕1351号)。

第二节 用地报批

根据《关于加强耕地保护促进经济发展若干政策措施的通知》(国土资发〔2000〕408号)精神，在《关于报国务院批准的建设用地审查报批工作有关问题的通知》(国土资发〔2000〕201号)基础上，武广铁路客运专线建设项目正式用地报批已按规定程序分省组卷上报。湖北省(国土资函〔2009〕722号)、湖南省(国土资函〔2009〕489号)正式用地已获国土资源部批复。

第三节 征地拆迁实施

一、组织机构及职责

武广铁路客运专线征地拆迁工作根据国家相关法律法规，以全面落实铁道部与湖北、湖南、广东省人民政府分别签署的会议纪要为总的工作原则，结合武广铁路客运专线建设的实际，武广公司与沿线各省、市分别签订《征地拆迁实施协议》，具体实施机构为：

湖北省：武广铁路客运专线乌花段湖北省境内，征地、拆迁工作由湖北省客运铁路投资有限责任公司(以下简称湖北铁投)负责组织、管理。项目沿线各县(市、区)都成立了支持铁路建设办公室，负责本行政区内铁路建设征地、拆迁管理工作。

湖南省：武广公司为武广铁路客运专线项目的拆迁人，湖南省土地资本经营有限公司为武广铁路客运专线项目征地拆迁的投融资主体。武广铁路客运专线项目的征地拆迁工作实行是在湖南省政府领导下，湖南省国土资源厅总负责和所在市、县政府领导下的市、县国土资源局包干负责的办法。

广东省：广东省铁路建设投资集团有限公司，作为广东省武广铁路客运专线的出资代表，负责武广项目广东省境内征地拆迁工作的管理与协调、资金筹集、拨付。沿线四市成立了武广铁路客运专线征地拆迁工作领导小组，下设办公室（广州市与市征地办合署办公，其他三市与市国土资源局合署办公），负责日常工作。

各县（市、区）设立武广铁路客运专线征地拆迁协调办公室，指定县（市、区）国土局或征地办公室具体负责武广铁路客运专线征地拆迁工作；相关乡（镇）也成立了相应机构，负责配合境内征地拆迁。

武广公司：工程管理部为公司征地拆迁工作的归口管理部门，负责项目征地拆迁的管理工作，征拆办负责日常工作。征拆办主要工作职能：负责与铁道部、国家有关部委及沿线各省主管部门建立工作联系，办理有关报批手续，签订有关协议；制定全线的征地拆迁推进计划并督促落实；向省（市）国土、计划部门提报重点控制性工程先行施工用地申请；参与部省纪要、实施协议以外的军事、国道等特殊项目拆迁的商谈；负责审定征地拆迁的补偿费用；组织征地拆迁竣工文件的交验归档。

在公司下属的武汉、长沙、郴州、广州四个建设指挥部都设置了征地拆迁办公室，负责所属区域的征地、拆迁工作。

公司下属各建设指挥部主要工作职能：配合、督促政府有关部门依据部省纪要和实施协议做好各自管段的征地拆迁工作；负责组织施工用地红线图的审核，向用地所属行政主管部门提交相关资料；负责组织施工、设计单位与县（市、区）相关部门现场复核清点征地拆迁的范围、权属及数量；负责组织征地拆迁竣工文件的审核。

参建施工单位主要工作职能：复核施工用地图纸、资料，提报用地计划，配合公司指挥部向用地所属市、县（区）行政主管部门办理建设用地申报的相关手续，配合勘测定界单位测设用地界址、开挖界沟、理清管段所属行政辖区分界里程，确认权属人；现场复核确认用地范围、权属及征地数量；清点丈量用地范围内的建（构）筑物种类及数量；填写《铁路建设用地、青苗及拆迁建筑物补偿清册》，现场办理各方签章手续，确认征地拆迁数量的完成情况；收集、整理征地拆迁有关资料，编制地亩竣工文件并办理移交。

二、征地拆迁具体做法

（一）征地拆迁前的准备工作

武广公司转变观念，积极与相关单位沟通，迅速开展征地拆迁的前期工作。

一是催促设计单位尽快提交征地红线图。由于武广铁路客运专线工程工期紧。有了用地红线图才能进行下一步具体工作，在各方的共同努力下，全线用地红线图都按计划陆续出齐，为征地拆迁工作提供了基本保障。

二是积极配合地方搞好勘测定界工作。为了武广铁路客运专线的早日建成，勘测人员与地方人员一道夜以继日、兢兢业业地工作。在具体勘界中要处理好国家利益与个人利益的关系，既不能让国家利益受损，也不能让老百姓吃亏。要求各施工单位派出人员及调配必要的机械设备积极配合地方做好勘测定界工作。在划定界限的同时，做好标记并挖出地界沟。

（二）征拆过程中的具体做法

1. 全力争取地方政府支持

武广铁路客运专线工程能否顺利推进，征地拆迁是关键。省部领导的关怀是征地拆迁的动力，地方政府支持是完成征地拆迁的保障。公司领导积极向各省领导和相关部门汇报，各建设指挥部定期到省国土资源厅、重点办走访，沟通项目建设进展情况，全力争取地方政府理解和支持。

2006 年 2 月 28 日湖南省常务副省长主持召开了全省征地拆迁动员大会，省政府办公厅下发了《湖南省人民政府办公厅关于我省境内武广铁路客运专线征地拆迁有关问题的通知》（湘政办函〔2006〕18 号），明确要求各级政府和部门要高度重视武广铁路客运专线建设。在湖南省武广铁路客运专线工程征地拆迁动员会上，湖南省常务副省长对沿线各级政府提出了“加强领导，主动服务；大力宣传，深入发动；依法办事，补偿到位；强化监督，规范管理”的四点要求，同时要求各级国土资源部门要按照省国土资源厅和省财政厅联合制订的《武广铁路客运专线（湖南境内）征地拆迁资金管理办法》的规定，规范征地拆迁资金的使用和管理，做到专户存储、专账核算、专款专用，资金拨付要依法依规的程序，形成制度管人、制度管事的工作机制，以保证按法律规定的时限，将征地拆迁补偿费及时、足额落实到位。由于省政府的高度重视，省直各有关部门和沿线各级政府都把武广铁路客运专线建设工作纳入重要议事日程，指定主要领导负责，层层设立协调办。2006 年 3 月份湖南省 6 个市均相继召开征地拆迁动员大会，紧接着 23 个县区先后召开征地拆迁动员大会，形成湖南全省武广铁路客运专线建设的良好局面。

湖北省人民政府对征地拆迁工作高度重视，于 2005 年 9 月 5 日下发了《省人民政府办公厅关于做好支持我省境内铁路建设工作的通知》(鄂政办发〔2005〕79 号)，通知要求：切实加强对支持铁路建设工作的组织领导，各部门要切实履行职责，提供优质服务，加强组织协调，搞好部门配合，努力为铁路建设创造良好的环境；认真落实支持铁路建设的征地拆迁、征占用林地的管理、水利设施及水土保持、征地拆迁补偿资金的监管、有关费用收取政策等政策措施；切实形成支持铁路建设的工作合力。要求各有关部门本着精简、优质、高效的原则，规范审批行为、简化审批程序、提高办事效率。省铁路办制定下发了《武广铁路客运专线、武合铁路湖北段建设征地管理费管理办法》(鄂铁办文〔2005〕10 号)及《武广铁路客运专线、武合铁路湖北段征地拆迁补偿资金管理办法》(鄂铁文〔2005〕3 号)，对征地拆迁补偿资金专户集中管理，在资金上加以管控，确保资金运行渠道规范操作。

广东省签订征拆协议遇到了不少困难，公司及时向广东省委、省政府主要领导汇报重大问题，例如武广铁路客运专线在广州市途经四个区，因涉及征地拆迁户的回迁用地和经济发展留用地的问题，广州市一直未能解决这一政策性问题，使得广州市的《征地拆迁实施协议》无法签订，为此公司领导在 2005 年底就这一问题向广东省委书记作专题汇报，在省委主要领导的亲自指导下，最终解决了相关问题，并最后签订了《广州市征地拆迁实施协议》。广东省途经的四个地市签订《征地拆迁实施协议》后，都分别成立了铁路建设办公室和县、区、镇一级的征地拆迁办公室，完善了组织机构，明确了各自的工作职责，从而保证了整个征地拆迁工作的有序推进。在征地拆迁过程中，由于有的地方征地拆迁补偿资金不能及时到位，虽然签订了征地拆迁协议但却不能立即支付补偿款，被征地农民对此意见很大。例如韶关市和清远市在 2005 年就已经与农民签订了征拆协议，由于补偿资金没有及时到位，第二年开春农民又开始了耕作，指挥部发现这一问题后，立即与这两个市的主管领导沟通，并向广东省主管省长专题汇报，从而促使这两个市的征地拆迁补偿资金及时到位，保证了这两个市的征地拆迁工作得以顺利进行。

2. 畅通信息渠道

(1)建立信息通报制度

在征地拆迁过程中各种情况繁多，矛盾复杂，如不能及时有效解决势必给工程施工带来非常大的影响。为此，武广公司建立了有效的通报渠道，通报征地拆迁工作进展情况。其一，省、市政府及各支铁办定期或不定期地召开征地拆迁协调会，通报征地拆迁情况，总结征地拆迁工作，反映遇到的各种问题，共同研究解决问题的办法，规定具体部门、人员负责并限时完成。其二，武广公司经常与地方各支铁办沟通，互通情况，遇到问题一方面了解问题的症结和根源所在；另一方面不等不靠，积极主动和地方支铁办及相关部门联系，共同商量解决问题的办法，争取多方位、多渠道解决问题，能在基层解决的问题力争在基层解决，不能解决的问题及时向武广公司领导及省、市政府汇报，争取早日解决。

(2)建立协调机制

在取得各级政府大力支持的前提下，指挥部积极与地方重点办、国土资源局、各区县协调办等具体执行层联系沟通，建立高效有序的征拆协调机制。一是协调征拆资金。长沙、郴州指挥部主动与湖南省国土资源厅用地中心和省土地资本经营有限公司出资单位沟通，要求采用预付资金的形式给沿线国土资源局运作首次征地资金，同时要求沿线国土资源局抓紧制定补偿方案与标准，依法进行公告。并根据补偿方案和标准与村组签订征地协议，向省厅申报征地拆迁款，组织供地并办理补偿兑现。二是协调外部环境。长沙、郴州指挥部及线下土建单位主动与地方规划、国土、林业、交通、城管、公安等部门联系，掌握行业政策，增强彼此间的理解和信任，做到通力合作，特事特办，急事急办，及时为武广铁路客运专线征地拆迁工作提供保障服务。三是协调日常工作。长沙、郴州指挥部与沿线政府市重点办、区县协调办建立周碰头、旬小结、月例会、重大问题随时协调制度，及时通报信息，随时掌握情况，研究有关政策，迅速解决征地拆迁各类问题，做到一般性的问题不出村，村与村之间的问题不出镇，镇与镇之间的问题由市重点办、县协调办协调，真正使征拆工作上下联动、高效有序运作。如:2006 年 6 月处理郴州市苏仙区荷叶坪乡董家村上湾组与郴州市桂阳县东城乡东城村雷姓家族的山林权属纠纷问题。桂阳县东城乡东城村雷姓家族有两座祖坟葬在苏仙区荷叶坪乡董家村上湾组鸡婆冲龙形山林中,荷叶坪乡董家村上湾组拥有此山的山林权属管理证,因武广铁路客运专线红线征地征用此山约 3 亩,雷姓祖坟恰在征地范围内,桂阳县东城乡东城村雷姓由此提出征地补偿,引发了纠纷。雷姓在东城有 2 800 余人,经个别人煽动,纠纷现场混乱,一场大的纠纷械斗一触即发。指挥部得到信息后,及时通知郴州市苏仙区武广协调办,并和协调办同志赶到现场,在荷叶坪乡、东城乡政府干部的配合下,做通雷姓人的思想工作,平息了矛盾,维护了社会稳定,确保了武广铁路客运专线建设的顺利进行。

在武广铁路客运专线建设初期,为了解决工程建设的征地拆迁工作中的问题,避免事后造成遗留问题,公司和指挥部从 2005 年 7 月到 11 月,在坚持省部纪要的原则精神的前提下,对途经广东省的四个主要市政府逐个进行走访协调。

3. 加强协调配合

公司各指挥部和各线下参建单位协作配合,对于征拆工作涉及的项目前期准备、技术方案优化、工程措施调整和施工组织以及与各级政府协调等方面非常重要。搞好与施工单位的协作配合还能充分发挥施工单位的主观能动性,各线下参建单位在进点时指派一名领导盯在指挥部具体负责,选派精兵强将在局经理部、施工队、作业队成立三级工作专班,针对市县、乡镇、村组分别开展工作,增强整体战斗力,确保征拆工作快启动、快推进。

4. 因地制宜,攻坚克难

(1)湖南路地联手攻坚

湖南省境内公司建设指挥部针对征拆工作的特殊性,在地方政府全力支持下,充分发挥参建单位的优势,采取灵活机动的战略战术,抓重点带一般,快速推进征地拆迁工作。一是集中组织力量攻坚。对沿线的征地拆迁,主动与地方政府协商,按照先易后难的原则,对没有拆迁、不占或少占农田的处所先征用,优先提供建设用地,保证施工单位早进点、早开工、不窝工。中铁一局、三局、四局、五局、十四局就是采用先征地后拆迁的策略,衡山县两个月内完成了征地任务,其征地速度之快、效率之高在铁路建设中比较少见。为此公司给衡山县发出了贺电,湖南省国土资源厅给衡山县一定奖励,并通报全省,这样以点带面,奖励先进促后进,全省仅用 4 个月就完成 60% 征地任务。对市区的征地拆迁,对拆迁量大、情况复杂、问题突出的关键处所,路地联手攻坚,采取见缝插针、零打碎敲、积零为整、以拆违促拆迁等方法,多处开花,逐个突破,分块推进,充分利用时间,合理运用空间,做到空间上占满、时间上不断,使征拆工作由点到线,由线到片,实现整体推进。比如长沙南站的拆迁就是采用此方法,指挥部与长沙市领导深入拆迁现场,首先由地方执法部门对所有的违章建筑进行无条件拆除,然后由国土部门对拆迁户房屋进行丈量,居民房屋由评估公司进行评估,谈好一户、补偿一户、拆一户,逐户突破。二是现场办公解决突出问题。针对少数地段征拆工作滞后、老百姓阻工等突出问题,指挥部主动向省市重点办汇报,并请求重点办领导带领各有关部门和政府负责人集中到现场办公,符合政策的现场拍板解决,超出政策规定的,面对面地向群众宣传解释,做好思想工作,及时化解矛盾。2007 年 7 月指挥部针对衡阳市范围内 5 个征地拆迁的重点和难点,积极与衡阳市重点办联系,7 月 20 日衡阳市市委常委、市纪委书记到征拆现场办公,解决了竹山屋特大桥用地问题,包括衡南县咸塘镇花江村铜钱坪组 96 亩征地和 62 户房屋拆迁问题、耒阳市公平镇桐树村 22 组及 8 组红线内 6 户房屋拆迁问题、毛坪及王江小学搬迁问题、耒阳市公平镇群丰村路基隔断约 40 亩水漫田问题一并解决。三是注重引导激励。指挥部配合区县协调办搞好宣传工作。对拆迁户签订拆迁协议后 15 天内自行拆除的给予一定奖励。衡阳市珠晖区、衡山县、衡南县、耒阳市,郴州市苏仙区、北湖区、永兴县均采用此方法,收效颇好。四是对重难点问题组织集中攻坚。如耒阳小水铺铁路采石场租给当地村民办金新化纤厂房屋拆迁问题,郴州市范围内新郴州站、永兴县洋塘乡八公分村房屋拆迁问题等,依靠当地政府集中攻坚。2007 年 11 月,指挥部针对郴州市范围内新郴州站、永兴县八公分村房屋拆迁问题,积极与郴州市重点办和省重点办联系,请求政府的帮助和支持。2007 年 11 月 29 日由省重点办牵头,会同省监察厅、省国土资源厅等单位组成督查组,就武广新郴州站、永兴县八公分村拆迁工作进行督查。督查组先后到武广新郴州站、永兴县八公分村拆迁现场了解情况,在现场召开会议,对新郴州站、永兴县洋塘乡八公分村的拆迁工作提出了具体要求。对新郴州站拆迁:要求郴州市规划局在会后 20 天内即 2007 年 12 月 20 日前做好新郴州站拆迁户安置问题的相关规划和放线工作；北湖区国土资源分局在规划放线后 30 天内即 2008 年 1 月 20 日前完成全部拆迁工作。对永兴县洋塘乡八公分村拆迁，要求永兴县国土资源局必须在春节前完成拆迁安置的基础性工作，包括安置用地的三通一平、拆迁户的房屋丈量、拆迁协议签订等工作。2008 年春节后立即启动拆迁，3 月底前完成红线内 116 户房屋拆迁，保证铁路施工的全面开展。红线外靠西边的 26 户由村民自愿申请，可以与红线内房屋一同拆迁，并于 2008 年 4 月 10 日前全部完成。

为了落实湖南省政府对武广铁路客运专线郴州段拆迁现场办公会议纪要要求，指挥部针对郴州车站、永兴县八公分村房屋拆迁的重点和难点，积极与郴州重点办联系，2008 年 3 月 10 日郴州市委助理巡视员及市重点办、市国土资源局、监察局、规划局、武广协调办负责人，北湖区政府、武广协调办、国土资源分局负责人，永兴县政府、县人大、武广协调办、监察局负责人现场视察办公，达成共识。会议决定由郴州市重点办、监察局、国土资源局成立联合督查组。市委助理巡视员要求各相关单位要严格按督查组的要求解决好四个到位：即领导到位、责任到位、目标到位、责任追究到位。对新郴州站和永兴县八公分村拆迁工作完成情况每半月进行一次督查，每半月出一期简报，认真落实拆迁工作。经过路地双方共同努力，2008 年 3 月 28 日终于解决了郴州车站 28 户房屋拆迁问题、5 月 10 日解决了永兴县八公分村 145 户房屋拆迁问题和八公分村红线外 26 户房屋拆迁问题。

2008 年 7 月指挥部针对原广铁(集团)耒阳小水铺铁路采石场租给当地村办金新化纤厂房屋拆迁问题，积极与广铁(集团)和长沙铁路多元公司联系，并请求耒阳市政府和耒阳市法院的帮助和支持。经过一年多的多次协商，终于于 2008 年 7 月 10 日对耒阳小水铺铁路采石场内的金新化纤厂进行强制搬迁，解决了耒阳小水铺铁路采石场租给当地村办金新化纤厂房屋的拆迁难题。

(2)广东选准突破口，拆迁钉子户

2008 年，广东段韶关、清远的征地拆迁工作早已完成，线下土建工程基本完成，而在广东段花都以南的广州和佛山征拆工作却进展缓慢，这种状况已严重影响了整个武广铁路客运专线的建设进度。为了解决这一难题，根据铁道部要求，武广公司于 2008 年 4 月正式接管了武广铁路客运专线花都以南 56 km 的征地拆迁和建设管理的任务，在时间紧、任务重的情况下，为了尽快完成花都以南的拆迁工作，广州指挥部选准主要突破口，抓难点、啃骨头，集中力量突破钉子户，较快地完成了所有拆迁工作。

为了解决钉子户的问题，指挥部采取的主要措施：一是主动协调政府部门的关系；二是调动施工单位的积极性；三是与媒体沟通取得舆论上的积极支持。随后，积极请求地方政府对主要钉子户开展工作，做到形式合法，社会支持，组织到位。例如：关于花都的富都气站拆迁问题，从 2005 年就开始进行谈判，该气站业主提出的补偿金额与评估公司评估的价格相差太大，而且还有个别政府工作人员附和气站业主，就气站拆除提出了这样和那样的困难，更增大了拆除的难度，造成了该气站四年都无法拆除，严重影响铁路建设的被动局面。广州指挥部接手后，在请求花都区政府尽快拆除的同时；寻求广州市政府相关部门的大力支持，邀请广州市政府主管副秘书长亲自坐镇参加拆迁协调会，并安排熟知压力容器相关业务的专业人员在协调会上，说明气站在拆除时的可控的相关安全知识，有理有据地驳斥那种扩大危险性的说法，消除了某些人对拆除气罐存在巨大危险的恐惧认识，同时还积极联系广州市煤气公司帮助拆除气站的工作。由于相关工作到位，最终气站业主只能在最后期限内自行卸载气罐内的液化气，在预定时间内按计划拆除了该气站。

在拆除广州市荔湾区最后 9 个钉子户时，指挥部积极配合广州荔湾区政府在政策允许范围内行动，主动沟通协调各相关单位和职能部门，形成整体合力。在开拆之前参与制定荔湾区的行动预案，调集相关施工单位的人员和设备与广州市政府一起组织拆迁力量，在 2008 年 11 月终于啃下了武广铁路客运专线建设最后一块硬骨头。从 2008 年 4 月接手花都以南 56 km 的拆迁和建设任务以来，广州指挥部仅用了八个多月的时间就完成多年未能完成的艰巨任务，为保证 2009 年底武广铁路客运专线全线通车作出了贡献。

(3)湖北拆迁委托拆迁公司依法运作

武广铁路客运专线穿越武汉市中心城区，征地拆迁政策性强，尤其是房屋拆迁数量大，类型多，既有农户，也有一些企业和学校，因此情况繁杂，矛盾突出，并且城区房屋拆迁在还建选址、异地安置，发展用地等许多具体操作问题都有别于乡镇，难度更大。为了解决武汉市这一特殊的拆迁问题，武广公司结合武汉市具体情况，进行了探索，确定通过地方政府主导并委托专业化的拆迁公司负责拆迁。

按照用地图及房屋拆迁数量，武汉市城投公司委托武汉市勘测设计院对用地面积及房屋面积进行勘界并出具书面资料，城投公司组织铁路施工单位、区、乡(镇)、村、户主对用地面积进行实地丈量并由各方签字确认，然后办理交地相关手续。在房屋拆迁方面，城投公司采取市场运作的独特方式，经各方丈量签字认可后进行公告，由专业拆迁公司进行拆迁。城投公司与拆迁公司签订拆迁协议，明确拆迁包干单价及拆迁时间、职责。利用拆迁公司熟悉当地情况和习俗的有利优势，充分发挥他们的作用，有效地推进了征地拆迁工作。在城区的拆迁工作中，由于宣传工作到位，基础工作扎实，绝大多数企业及农户都能顾全大局，支持武广铁路客运专线建设。

(三)征拆结束后的工作

1. 临时用地复垦复绿

临时用地复垦复绿是各方关注的焦点问题。制梁场、搅拌站、弃砟弃土场等临时用地的租借、复垦复绿工作由施工单位按照三省的要求委托地方负责。

为了彻底搞好复垦复绿工作，公司组织开展了三次全线的清查活动。督促施工单位付清拖欠的复垦余款，协调地方政府做好土地的复垦工作和有关土地按照新规划的变性工作。

2. 落实铁路安全保护条例的拆迁工作

安保区内的拆迁问题在建设期间已经解决，安保区外 1 000 m 范围内的一些限制性活动的处理比较困难。铁路沿线矿山、采石场等涉及的主体众多，许多问题都是历史遗留问题，各种矛盾和利益关系纠结在一起，要关闭这些矿山遇到很大困难，并且耗资巨大。经过武广公司和沿线三省及铁路局的大量工作，较好完成了这项工作。

3. 绘制用地竣工图，埋设地界桩

在运营开通前夕，武广公司相关部门对用地竣工图工作进行了专门部署。施工单位均按规定埋设了地界桩，根据实际征地情况，填写了用地界桩表，并在 2009 年 12 月前将武广铁路用地界桩表交铁四院，由铁四院统一绘制武广铁路建设用地竣工图，经过施工单位与铁四院反复核对，2010 年 3 月武广铁路建设用地竣工图全部绘制并正式出图交施工单位进行沿线乡镇的确权。

4. 土地确权、办证工作

土地确权工作，从 2010 年初即开始启动并强力推进，但土地确权工作艰巨和复杂。因为土地确权工作一结束，即表示施工单位与当地政府和村民的所有关系结束了，故对方以种种理由拒绝在建设用地竣工图上盖章确权。据施工单位反映，一般理由是施工单位拖欠当地协调办的临时用地协议款、村民的地材地料款、施工中使用道路的各项款项，以及地表水系影响要求把原来的土水沟改造为圬工水沟等。特别是 2010 年南方 4 月至 6 月降雨量大，较多地区因降雨水淹稻田受灾，而在武广铁路客运专线旁的个别受灾区被说成是修路造成、要求赔款等。为解决这些问题，武广公司领导多次向三省主管省长汇报，定期与各省重点办沟通，协商解决办法。2010 年 8 月分片区在湖南境内的长沙、衡阳召开武广铁路客运专线债务清理及用地确权办证工作推进会。目前，全线土地确权工作已大部分完成。

土地办证工作，按照征拆协议，地方负责土地证的代办工作。由于征拆涉及遗留拆迁、审计以及审计中一些问题需要部省协商处理，处理较复杂，进展缓慢，武广公司已安排专班紧盯各省的办证工作。

三、征拆工作取得的成效

为了推进征地拆迁工作，武广铁路客运专线所有参建单位的各级征拆人员全身心投入，不分昼夜，不畏艰苦，经常深入征地拆迁一线，严格按政策办事，进村入户宣传征地拆迁政策，讲解项目建设意义，坚持以人为本，帮助被征地拆迁群众解决就业、养老保险、安置、生产、生活等实际问题，为群众办实事、做好事，消除被征地拆迁群众的顾虑，对征用土地权属有争议的进行调解，平衡利益，化解矛盾，维护群众的切身利益，做好有号召力的骨干等群众思想工作，争取群众的最大理解和支持，寻找征地拆迁的突破口，更新观念，创新方法，开拓进取，终于克服征地拆迁过程中遇到的一个又一个困难，攻破一种又一种坚冰，使征地拆迁工作取得了圆满成功。武广铁路客运专线的征地拆迁工作没有滞后影响工程施工，没有造成地方人民群众生产、生活的不和谐，取得了地方政府满意、被拆迁户满意、参建单位满意的良好效果。

在铁道部的正确领导下，在地方政府的大力支持下，武广铁路客运专线征地拆迁工作实践证明：按照新的建设理念，紧紧依靠当地各级人民政府的支持，依法保护好沿线人民群众的合法权益，努力创造和谐的外部建设环境，是建设好一流客运专线的有力保障。武广铁路客运专线的征地拆迁工作走出了一条集约、环保、和谐、科学的探索之路。

第四节 “三电”迁改

武广铁路客运专线的“三电”迁改工程克服了时间短、任务重、总工期目标压力大等困难，战胜了2006年碧雷斯台风、2007年“圣帕”台风、2008年初我国南方百年不遇的冰灾等自然灾害，公司各相关部门、各单位通过与省、市的地方政府加强联系与协调，通过与产权单位密切联系与交流，团结奋斗，安全顺利地完成了全部迁改工程，为武广铁路客运专线实现总工期目标奠定了坚实的基础。

一、明确管理界面，搞好规范管理

1. 明确“三电”迁改的管理界面

武广公司于2005年9月颁布了《三电迁改管理实施办法》，于2005年11月对三电迁改单位和各建设指挥部进行了技术和协调方面的培训，明确了三电迁改、设计、监理、建设指挥部等各层面的责任，明确了合同中的硬化条款。

2. 规范“三电”迁改管理

针对三电迁改工作初期站前工程的施工图纸到位不及时、迁改工作缺少技术支持、各建设指挥部和监理单位三电专业人员缺乏、各土建单位急于开展施工准备等原因、三电迁改工作受到了严重阻碍的现状，公司于2006年3月发布了《关于加强“三电”迁改管理的通知》，再次明确了三电迁改的监理、设计单位、武广公司建设指挥部的工作要求和三电迁改的范围，并对开工报告的格式和实施性施工组织设计审批手续进行重新审核和签发，规范了相关手续的办理。

3. 确定过轨统一标准

在站后接口方案确定之前实施三电迁改的过轨线路，必须尽早确定过轨统一标准。公司组织各专业设计人员对迁改过轨标准及方案进行研究，于2006年3月确定了过轨方案及埋设标准，进一步强调了超高压架空线路与客专铁路线路交叉的净高，规范了三电迁改在客运专线的验收标准。

二、合理解决费用、量差问题

1. 合理验工

因为三电迁改的特殊性和不确定性，验工与费用兑现问题会影响产权单位配合的积极性，大多数产权单位签了协议就要求兑现资金。为了解决实际需要，经过协调，妥善解决了制约迁改进度的费用验工问题。

2. 实事求是处理工程量差

针对三电迁改实际工程数量增加较多的问题，武广公司组织设计、监理、施工单位进行全线逐一核查，对新增迁改地点进行资料留证，并明确新增迁改地点也属于标段整体范围内迁改单位的职责范围，要求迁改单位做好现场巡查，在避免产生新的迁改内容的同时，不能停止现有新增项目的迁改工作。同时，武广公司积极协调解决部分迁改单位新增数量较多、资金缺口较大等实际问题，采取措施确保迁改进度及投资计划的完成。

3. 认真清理工程数量

2006年12月，武广公司发布《关于三电迁改实际工程数量清理的通知》，要求各建设指挥部组织监理及施工单位对管段内的三电迁改数量再一次进行彻底清查。核查后的数量经汇总后召开了会议，以设计单位为主对实物工作量与设计数量进行核对，并对现场证明资料及照片进行确认，历时一个半月，最终形成《武广铁路客运专线三电迁改新增工程数量及费用的报告》。

4. 严格过程管理，防止出现不必要的新增迁改

公司要求土建单位和迁改单位要共同努力，密切配合，重点掌握设计漏项和路改桥后数量的变化，对迁改前后实际状态定点拍摄照片存档；对标段内重点区段进行定期或不定期地巡视，防止在铁路范围内进行新的架线作业等，及时协商有关单位的交叉方案，避免增加迁改工作量。

三、加强计划和过程管理，确保工程进度

为了加强工程数量平衡及总体形象进度管理，公司制定了《关于三电迁改完成年度计划的措施》，对制约工期的因素进行全面分析，及时制定切实可行的应对措施：一是减少雨季及气候条件影响；二是提前介入，调动各种可利用资源；三是增加资源投入、有效扩大作业面；四是优化资源组合，科学安排工期，把剩余施工作业内容逐级分解；五是利用新技术，提高施工效率，在全线推广；六是有效组织物资设备供应；七是适时开展劳动竞赛等。

对影响土建工程进展的个别问题，公司安排专人进行重点盯控。派专业工程师到现场进行研究、协调并及时解决各类问题，准确掌握三电迁改工作动态。

公司各建设指挥部发挥现场管理的主体作用，主要做好以下几方面的工作：

1. 认真审核施工单位编制的进度计划

公司建设指挥部认真审核施工单位编制的年度、月进度计划，注意进度计划与总工期目标及公司年度建设目标是否一致，密切注意迁改点与线下土建施工进度要求是否一致，要求施工单位严格按照总工期目标调整年度、月度计划。

2. 采用调度报表，实时跟踪进度

进度报表是施工单位每周、每月按实际完成的工程进度向指挥部提交的报表。当进度报表反映的实际进度和计划进度不一致时，结合现场记录和各分项控制工程进度进行分析，如果属于工程或其任何部分进度过慢的情形，立即通知施工单位采取必要措施加快进度，以确保迁改工程按计划完成。

3. 落实协商分析会制度，加强过程管理

针对众多施工单位会战的态势和施工单位间横向间不易协调的问题，公司建设指挥部建立定期协调会议制度，将协调会议的时间、地点、参加人员、议题等都作为制度固定下来，有效化解了矛盾，保证工程总体进度。

公司建设指挥部坚持开好每月进度分析会，召集咨询、监理和施工单位，将投资完成情况与计划进行对比，对制约进度的施工图到位、施工环境、征地拆迁、三电迁改、材料供应、参建单位的工作配合等问题进行综合分析、点评，总结经验，找出问题和不足，与各施工单位共同制定措施，有效促进了工程推进。

四、加强协调配合，确保沟通有效

"三电"迁改工程的进度直接关系到主体工程能否顺利实施。"三电"迁改工程所面对的是铁路局、地方电业局、各通信运营商等产权单位。迁改所涉及的产权单位不仅要调整其既有设施的运行，而且还要派出人员配合施工，避免产生阻断。地方政府也有许多工作需要协调，因此，"三电"迁改工作离不开产权单位和地方政府的支持，与他们达成迁改共识，得到他们的支持和帮助是一项不可缺少的重要工作。

公司及指挥部积极与当地政府建立有效联系，争取得到当地政府、重点办的大力支持，请当地政府、重点办、国土资源局等有关部门协调解决征地、伐树、青苗赔偿、各种管线迁改等工作中存在的问题，及时办理有关手续，确保迁改工程顺利进行。

五、三电迁改的体会

1. 三电迁改的设计工作对现场调查不够详尽，造成数量上的遗漏。为了加强设计管理，应该建立设计阶段的监督考核机制，适时对迁改数量进行现场核对，有利于更好地控制迁改投资计划，减少由此带来的不利影响。

2. 因全线协调方面的困难，存在迁改与站前施工的配合以及与产权单位谈判的不平衡问题，使三电迁改与土建施工单位对产权单位的谈判时机掌握与补偿价格不能协调一致，造成不必要困难。若能够在客运专线建设阶段把三电迁改纳入站前大标段工程中，由土建施工单位统一组织管理，可以有效节约投资，便于统一协调管理。

3. 受路改桥及其他设计变更的影响，站前土建工程的设计不能及时到位，对制定迁改方案的影响很大，不但在工期上受到影响，在人力物力财力上也造成不必要的浪费，所以，设计单位应合理安排设计出图顺序，重点安排能够为先期迁改、征地、施工准备等创造条件的设计图。

4. 三电迁改的定位应该是服务于大局。三电迁改的进展往往受产权单位的制约，土建单位应该充分考虑迁改不到位时的应对措施，合理安排施工计划。

第十章 环境保护

武广铁路客运专线高度重视环境保护工作，确立了“建设一条具有中国特色的绿色环保型铁路”的环境保护总目标。在工程建设中，根据《环境影响报告书》、审查意见及《建设项目环境保护条例》等相关法律、法规的要求，武广公司严格执行环保工程与主体工程同时设计、同时施工、同时竣工和环评指导设计、施工、环境管理原则，建立环境保护体系，认真落实环保措施，强化过程控制，自觉接受各级政府环保主管部门的监督，努力减轻和降低工程建设对生态环境的影响，建设资源节约型和环境友好型的高速铁路。

第一节 复垦与绿化

一、土地复垦

全线工程建设所需租用的临时用地，严格按照“节约土地”和七部委《关于加强生产建设项目土地复垦管理工作的通知》(国土资发〔2006〕225号)的文件及“十一五”规划纲要提出的“加快推进土地复垦要求”有关精神，并结合当地可持续发展的要求办理。公司委托中地宝联(北京)建设工程有限公司，就武广铁路客运专线临时用地的复垦绿化问题，编制了沿线三省的土地复垦方案报告书并经过专家评审和有关部门批准后实施，沿线临时用地的复垦绿化工作基本完成。

二、绿化防护

加强路基工程坡面防护工程措施，防止坡面冲蚀。土质路基边坡采用液压喷播植草＋种植紫穗槐或夹竹桃，岩质边坡挂网喷混植生，粗粒土路堤边坡采用截水拱型骨架内客土喷播植草＋种植紫穗槐或夹竹桃，路基边沟外铁路用地范围内进行植树绿化。路基排水设施与桥涵、隧道、车站等排水设施衔接配合，对于隔断既有地面天然排水系统和沿线农田灌溉排水设施地段，增设了排灌涵和引排沟。桥梁基坑弃土及时清运、合理堆弃或利用地形平铺堆放、综合治理，桥梁水中墩台基础施工结束后及时清理了河道。隧道洞口开挖坡面选择适宜的树种、草种，配合路堑边坡防护及时进行了绿化、美化。

第二节 噪声、振动、电磁等

一、噪声治理措施

1. 降低噪声源强

采用加大接触网张力，CRH3型动车组采用低噪声的sss400受电弓等减少弓网摩擦噪声；采用先进流线车型，减少空气动力学噪声；采用大体量的桥梁墩身和箱梁，有利于减少桥梁的二次结构噪声；优化设置隧道缓冲洞门结构，减少了空气动力学效应对隧道周围环境的影响。

2. 声屏障、隔声窗措施

根据环评批复意见，对蒲圻学校等8所学校实施了拆迁；对沿线距离铁路较近的集中敏感点，噪声治理优先考虑了声屏障措施；对距铁路较远或规模小、分布零散的声环境敏感点，以及同时受其他工程噪声影响而超标的敏感点，噪声治理以建筑隔声防护为主，根据实测结果对超标敏感点安装隔声通风窗。

武广铁路客运专线沿线较集中的环境敏感点分布较多，公司组织设计院在对2007年、2009年两次现场核查的基础上，调整了声屏障设置区段，全线设置声屏障共约95 km，比环评时增加45 km。

根据武广铁路客运专线噪声测试结果，对应于2010年车流量，距离铁路外测轨道中心线30 m处，昼间等效声级不高于 67 dB(A),夜间不高于 63 dB(A),可满足《铁路边界噪声限值及测量方法》(GB 12525—1990)中昼间、夜间不超过 70 dB(A)的标准限值要求。

二、振动防治措施

武广铁路客运专线借鉴了国内外经验,采用了先进的轨道弹性支承系统与提高轨道刚性相结合的减振型轨道结构,即采用了 60 kg/m 的重型钢轨、正线轨道一次铺设跨区间无缝线路、弹性扣件等轨道减振措施,并在环保要求较高的相关线路区段铺设了减振型轨道板。桥梁采用箱型梁、盆式橡胶支座。路基下采用 CFG 桩的复合基础。以上工程措施大大降低了振动影响程度,其源强较环评采用的源强低 5~10 dB。

根据武广铁路客运专线振动测试结果,距离铁路外测轨道中心线 30 m 以外区域,环境振动影响最大 Z 振级不高于 70 dB,满足《城市区域环境振动标准》(GB 10070—1988)中 80 dB 的标准限值要求。

三、电磁污染防治措施

牵引变电所选址尽量远离居民点。工程设计时预留了居民有线电视入网补偿费。根据武广铁路客运专线电磁辐射测试结果,电磁辐射源强符合相关标准要求。

四、生态敏感区保护

武广铁路客运专线涉及的生态敏感区主要有 8 处,即东湖国家风景区、咸宁市斧头湖市级湿地自然保护区、湖南临湘五尖大山森林公园、岳阳新墙河一级水源保护区、粤北华南虎省级自然保护区、石门台省级自然保护区、银盏市级森林公园及飞来峡省级风景区。在设计和施工阶段充分考虑对生态敏感区的保护,尽量减少工程对生态敏感区的切割,线路从生态敏感区的边缘经过或以隧道通过,并根据生态敏感区的保护特性采取针对性的防护措施。如:穿越东湖国家风景区的东湖特大桥在桥式、桥型及墩台的设计中尽可能选择体量轻、跨度大的桥式结构,桥梁的外观色彩以浅灰等冷色调为主,以弱化桥梁轮廓线,尽可能使其融入景区的湖光山色中;线路以隧道形式穿过湖南临湘五尖山森林公园时,隧道两端洞口设置在公园外,取消隧道施工斜井方案,改为平导,避免了对景区环境造成破坏;咸宁市斧头湖市级湿地自然保护区在向阳特大桥两侧设置防护网,防止对鸟类的伤害;对岳阳新墙河一级水源保护区,将桥下游 150 m 取水口上移至桥梁上游 200 m 外,达到了调整水源保护区的目的;粤北华南虎省级自然保护区将线路两侧一定范围调整为实验区,隧道斜井方案改为平导;银盏隧道出口、果合山隧道进口不设置施工场地,并从远离银盏水库一侧单口单方向施工,降低对水库环境的影响;对新南岭隧道和大瑶山隧道群、大窝山隧道等开展了环境监控等。

五、水环境保护

1. 跨江河桥梁水环境保护

跨河桥梁采用钢围堰使桥墩施工区域与其他水体隔离,钻孔泥渣由封闭泥浆船外运处置,避免直接排入水体,最大限度地降低了水中墩施工对河流水环境的影响。

2. 站、段、所、工区污水处理

沿线站房、动车段(所)、维修工区生活污水经化粪池深化处理达到一级排放标准后直接排入市政污水管网;动车段含油污水采用隔油池进行处理达到一级排放标准后,排入市政污水管网。

六、节约用地措施

(1)以桥(隧)代路。2006 年在铁道部的领导下,武广公司对设计进行优化,全线的桥隧比由原设计的 59.9%提高到 66.7%,节约用地 2 171.63 亩。

(2)浏阳河由桥改为隧道,减少建筑物拆迁 3.83 万 m^2,减少占用土地 369.9 亩。

(3)执行铁道部关于印发《客运专线铁路建设用地宽度暂行规定》的通知(铁建设函〔2006〕246 号),将桥梁地段由原设计的 21 m 用地宽度缩窄为 18 m,全线节省用地 2 110 亩。

(4)集中设置沿线配套设施。对沿线分布的牵引变电所、电力变电所、桥梁工区、守护房和通信信号基站场地能共用的尽量合并设置,不能共用的尽量集中设置,共用进出场道路和减少边角用地,达到集约用地的目的。

第三节 水土保持

一、水土保持工作原则

根据《中华人民共和国水土保持法》、《中华人民共和国水土保持法实施条例》,按照水利部《关于新建铁路武汉至广州客运专线乌龙泉至花都段水土保持方案的复函》及有关水土保持及铁路建设的技术标准和规范,武广铁路客运专线在工程建设中,依据"因地制宜、因害设防,重点治理与一般防治兼顾"的原则,做到工程措施、林草措施及复垦利用相结合,预防与保护相结合,治理与开发相结合,近期防治与远期利用相结合,形成水土保持综合防治体系。在施工期内分年度、有计划地进行水土保护,确保水保措施的实施与主体工程相配套,防止了新的水土流失和次生影响。

二、水土保持防治措施

1. 取土场选址遵循集中取土的原则,最大限度地减少取土场数量,弃土、弃砟场选在植被稀疏的荒地、荒滩、荒沟,并采取先挡后弃的原则,取弃土完成后,及时进行平整顺坡,并采取相应的恢复措施。

2. 严格控制施工便道数量、设置标准;便道两侧设置临时排水沟,避免造成水土流失,并采取相应的恢复措施。

3. 线路两侧征地范围内按照设计文件要求进行绿色通道建设;路基边坡施工按照设计文件要求进行植物防护措施;站场范围内的绿化工程按照设计文件要求进行施工。

4. 路基工程施工开挖后及时进行支护工程施工,以防止边坡坍塌、水土流失。隧道洞口开挖时根据洞口地质情况,采取有效的防护措施,尽量减少洞口开挖时对周围地表植被的破坏,提高洞口边坡的稳定性,减少水土流失。隧道施工产生的弃渣,采取植物措施和工程措施,并结合排水措施进行防护。

通过铁道部及沿线各级水保监督管理部门的监督检查以及全线参建人员的努力,武广铁路客运专线水土保持工作取得了良好的效果。路堑边坡防护工程坚固,植被成长良好,有效地防止了因边坡开挖导致严重的水土流失;通过采取各种有效措施,所有桥梁施工的水土流失或环境污染得到了较好的控制;沿线弃土(渣)场均遵循了先挡后弃的原则,及时施做了排水设施,有效防止了因弃土(渣)造成的水土流失;制梁场、拌和站等临时用地的复垦问题,已按当地政府有关要求得到妥善处置。

第四节 环境管理

一、施工期环境管理

1. 健全环境管理体系

武广铁路客运专线是国家重点工程,工程建设中的环境保护工作是公众关注焦点之一。武广公司十分重视环境保护工作,工程开工建设前,建立了由政府(主管部门)、业主、咨询、设计、施工、监理等单位组成的环境管理体系,从制度设计上保证环保工作的落实。各单位制定了环境管理制度,实行以主要领导牵头负责的环保责任制,有效避免了施工期环境事故的发生。

2. 环保工作纳入合同管理

国务院环保部对武广铁路客运专线的批复文件中明确提出,环保投资必须纳入工程投资概算,开展工程环境监理,在施工招标文件、施工合同和工程监理招标文件中明确环保条款和责任,建设单位应定期向地方环保部门提交工程环境监理报告。

根据环保部的批复文件,本线开工建设前,设计单位已落实将环保投资纳入到工程投资概算中,武广公司在工程施工、监理合同中对环保工作提出了明确要求,并制定了严格的奖惩措施。在监督检查主体工程施工的同时,监督检查环保和水保设施的施工。建设单位建立了月度巡检、季度抽检、半年全面大检查的施工阶段性三检制度;施工单位坚持周巡检、月度抽检、季度全面大检查的施工阶段性自检制度;监理单位坚持了日巡检、月度全面检查的监理制度。

将环保工作纳入合同管理,保证了环保工作落实到实处。施工期间建设单位、监理单位和施工单位分别设立了专职的环保责任人,负责落实施工期的各项环保措施。施工单位还将环保公约、环保责任人在环保宣传牌上进行公示,便于当地群众监督、联络,促进了环保工作。

3. 开展施工期环保培训

施工单位进场后,武广公司于2006年组织了施工期环保专题培训。培训对象主要是建设单位、施工单位、监理单位负责人、专职兼职环保管理人员。培训内容包括:建设项目环保法律法规要求,施工期水土保持措施、施工期环保措施落实、施工期环保应急事故处理,施工期水污染、噪声污染、固体废弃物污染预防措施等。通过邀请环保专家讲课,强化了施工管理人员的环保意识、法律意识。

树立预防为主的环保理念。为充分发挥"全员参与"的力量,控制好影响环保工作中"人"的这一关键因素,各施工单位在施工准备阶段,采取了强化培训和教育的管理手段,对全线所有站前施工标段和站后施工标段人员进行培训。同时,重点监督各施工单位落实内部员工的环保培训教育工作和"环保管理办法"、"环保作业指导书"以及"环保实施细则"的制定工作。各施工单位按照武广公司的要求,根据铁道部和国家环保部要求,对进场的施工人员进行了不同层次的培训,沿线施工场地树立了诸如路基施工环保"十不准"、桥涵施工环保"十不准"、混凝土拌和站环保"三不准"、临时工程环保"五不准"等环保措施要求和"环保工作程序"提示牌以及环保宣传牌。环保知识的培训教育,有效提高了广大参建员工的环保工作技能、环保质量意识和环保工作的主动性,在全线形成了人人重视环保、人人参与环保的氛围,有效避免了施工过程中环境污染事故的发生。

4. 开展全过程工程环境监理工作

武广公司根据环保部的批复要求,在工程监理中设置环境监理,环保监理利用工程监理的平台,以"保护水土资源、生态环境和污染控制与治理"为任务目标开展环境监理工作,分别按照月度、季度、年度完成施工期的环境监理报告,使环保工作在施工全过程得到有效监管。

环境监理工作的主要内容是:环境影响评价指出的工程建设对自然环境和社会环境的潜在影响;施工期包括:施工机械和运输车辆的噪声、施工车辆扬尘、跨河桥梁施工对水流的扰动、临时施工便道、施工营地、废弃物处置、施工时土壤表面的侵蚀、对文物古迹的破坏等问题;运营期包括:噪声防护措施(绿化、声屏障、隔声窗等)、污水处理设施等。

通过施工期环境管理,使本工程的污染治理设施满足与主体工程"同时设计、同时施工、同时投产"的三同时要求,使武广铁路客运专线工程建设环保工作取得了明显的效果,为环保措施的落实及监督、项目环境保护审批及环境保护竣工验收提供了保证。

二、运营期环境管理

武广铁路客运专线竣工后,武广公司将运营管理按照属地原则分别委托给武汉铁路局和广州铁路集团公司统一管理。武汉铁路局、广州铁路集团公司均有完整的环境管理体系,对全路局(集团公司)的环境保护工作进行管理。武汉铁路局、广州铁路集团公司的环境保护和节能减排工作由总工程师和路局(集团公司)领导分管,具体在计划统计处下设置节能环保办(科级),配备专职管理人员。

三、风险事故防范及应急措施

环境风险应急措施对建设项目建设期和运营期间发生的可预测突发性事故(一般不包括人为破坏和自然灾害)引起的有毒有害、易燃易爆等物质泄漏,或突发事件产生新的有毒有害物质所造成的对人体安全与环境的影响及损害程度进行评估,提出防范、应急与减缓措施。

根据《国家突发环境事件应急预案》、《铁道部关于实施铁路突发公共事件应急预案的决定》,铁路局按照铁道部《关于铁路突发公共事件应急预案编制修订工作的通知》(铁办函〔2007〕882号文)的要求,结合本局实际情况,编制了《武广客专环境风险应急预案》。

第五节 竣工验收

一、竣工验收调查概述

2010年4月，武广公司委托环境保护部环境工程评估中心（以下简称“评估中心”）和中国铁道科学研究院（以下简称“铁科院”）开展武广铁路客运专线竣工环境保护验收调查工作。参加调查和协作的单位还有环境保护部卫星环境应用中心、轻工业环境保护研究所和北京市劳动保护科学研究所，武广铁路客运专线进行竣工环境保护验收调查工作由上述单位组成调查组联合开展。

联合调查组在武广公司及相关单位的大力配合下，收集、研阅了项目的工程资料、环评和相关批复文件，对武广铁路客运专线进行了多次现场踏勘，对工程情况、铁路及沿线的环境状况进行了认真调查，并于2010年7月28日就验收调查方案召开了技术咨询会，听取了有关专家对验收调查工作的指导意见，会后对调查方案进行了调整和修改；根据完善后的调查方案，联合调查组委托湖北省环境监测中心站、湖南省环境监测中心站、广东省环境监测中心站、北京电视台监测中心和北京奥达清环境质量检测有限公司对武广铁路客运专线的噪声、振动、污水、大气、动车组运行产生的电视干扰信号、牵引变电所和基站的电磁辐射进行了现状监测，并在沿线受影响居民中开展了公众意见调查，对项目沿线的环保行政管理机关和环境保护目标管理机构进行了走访。2011年3月，评估中心、铁科院与武广公司、设计单位就调查中的生态恢复补救和噪声防治等情况召开了分析研究会，明确了有关环境问题的整改方式和时限。会后，武广公司组织专门力量再次进行了整改。2011年5月，联合调查组对整改落实情况进行了全线逐点现场检查，对整改结果给予了满意评价。在上述工作的基础上，评估中心编制了《新建铁路武汉至广州客运专线竣工环境保护验收调查报告》(以下简称“调查报告”)，并于2011年7月18日在北京召开了《调查报告》专家评审会，通过了专家评审，调查报告于8月15日前送环保部审查通过后，环保部即进行行政验收。

武广铁路客运专线的竣工环保验收调查工作从2010年4月启动到2011年8月结束，历时1年4个月。在调查过程中，联合调查组进行了3次全线的现场踏勘和调查，还首次使用了卫星遥感和航空摄影技术，得到了武汉铁路局、广铁集团、中国环境监测总站、沿线各地方环保局、环境保护目标管理机构、设计单位、监理单位及各施工单位的大力支持和帮助。

二、《调查报告》中突出肯定的生态恢复补救工作

武广铁路客运专线全线施工迹地的后期生态恢复工作已委托沿线省市地方国土部门负责，建设单位已支付了恢复和复垦资金。验收调查初期，调查组发现全线存在大量生态恢复不良的施工迹地，几乎完全没有采取恢复措施的面积较大的就有108处。

武广公司对调查中发现的问题非常重视，在公司领导的亲自主持下，召回原施工单位，对各存在问题的施工迹地进行生态恢复补救工作。2011年4月调查组针对整改情况，对存在问题的施工迹地进行了补充踏勘，各施工迹地均已基本得到恢复。图2-10-1为部分施工迹地在2010年8月与2011年4月整改前后对比照片。

1. 武汉市江夏区乌龙泉街道建设村制梁场，原为林地，基本未恢复

1'. 武汉市江夏区乌龙泉街道建设村制梁场，原为林地，已平整复垦

图 2-10-1

2. 咸宁市赤壁市官塘驿镇独山村王家湾制梁场，原为林地、农田，基本未恢复

2*. 咸宁市赤壁市官塘驿镇独山村王家湾制梁场，已平整复垦，种植树苗。部分拟作养猪场

3. 咸宁市赤壁市蒲圻街道苦竹桥村拌合站，原为耕地，基本未恢复

3*. 咸宁市赤壁市蒲圻街道苦竹桥村拌合站，已平整复垦

4. 岳阳市岳阳县长湖镇燎原村取土场，原为丘陵，未恢复

4*. 岳阳市岳阳县长湖镇燎原村取土场，现已植松树

图 2-10-1

5. 韶关市曲江区白土镇上杨村拌合站，原为耕地，基本未恢复

5*. 韶关市曲江区白土镇上杨村拌合站，已平整覆土，种植茶树

6. 清远市英德市沙口镇大江中屋村实验基地，原为山坡绿地，基本未恢复

6*. 清远市英德市沙口镇大江中屋村实验基地，已平整覆土，种植松树

7. 清远市英德市大湾镇田心村拌合站，原为菜地，基本未恢复

7*. 清远市英德市大湾镇田心村拌合站，部分被广乐高速项目办利用，部分已平整覆土

图 2-10-1 部分施工迹地在 2010 年 8 月与 2011 年 4 月整改前后对比照片

第十一章 工 程 监 理

第一节 监理管理机构与监理机构设置

为加强武广铁路客运专线建设工程监理的管理，规范和促进工程监理工作，提高工程建设管理水平，实现建设世界一流客运专线的目标，根据国家及铁道部有关规定，结合武广铁路客运专线工程实际，制定了《工程监理管理办法》。

一、监理管理组织机构与监理站组织机构

武广铁路客运专线采用中外监理联合体的管理模式。通过招标形式，全线组建 4 个监理联合体，每个联合体由一家外方监理公司和 4～5 家中外监理公司组成。联合体指定一名中方监理单位为主办方，其余为联合体成员单位，外方担任总监理工程师，对工程质量技术负总责，中方担任监理站长，负责日常管理工作。根据标段实际划分，联合体下设监理分站。

武广铁路客运专线监理管理组织机构图如图 2-11-1 所示，监理站组织机构如图 2-11-2 所示。

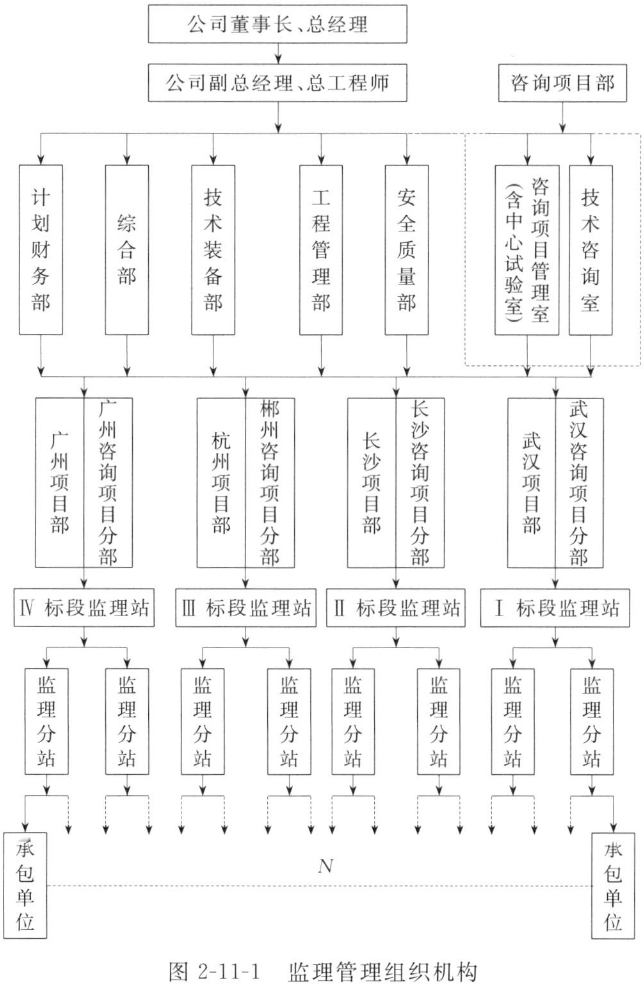

图 2-11-1 监理管理组织机构

二、监理管理机构职责

武广公司负责对全线监理机构及其监理工作进行监督和管理，安全质量部归口管理全线的监理工作，其

他部门负责相关监理工作的指导、检查和监督，建设指挥部负责管段内监理机构及其监理工作的日常管理工作。武广公司先后制定了《武广铁路客运专线工程监理管理办法》、《加强外方监理工作的通知》、《关于外方监理上报监理月报的通知》、《加强外方考勤工作的通知》等管理制度和办法。公司建立起中外方之间的协调机制，各监理单位的法人代表定期会商制度，对存在的各种问题，经过各方协商能很快达到共识，及时解决，联合体内部形成了分工明确、职责清晰、沟通及时、合作顺畅的工作局面。

武广铁路客运专线工程咨询项目经理部(以下简称咨询项目部)依据工程咨询合同、监理合同及有关规定，作为业主项目管理的补充和延伸，在武广公司的领导下，对武广铁路客运专线工程监理工作进行日常监督和管理。

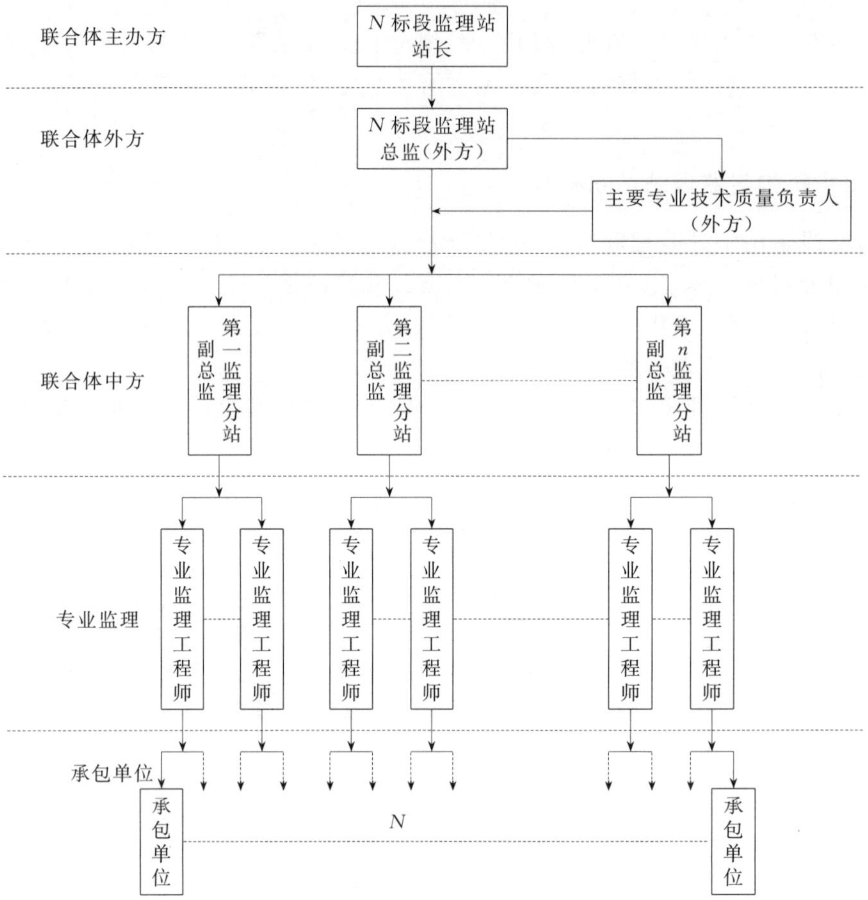

图 2-11-2　监理站组织机构

1. 咨询项目部中方职责

(1)协助武广公司编制监理管理办法；审核监理机构编制的工程监理规划、监理实施细则；统一制订工程监理的操作程序、监理用表及各专业质量检查用表。

(2)制订统一的试验、检测工作体系；对监理机构试验室进行业务指导，并检查其按规定频率进行的试验、检测等工作。

(3)协助业主对监理机构履行合同的情况实施考核，向业主提出对违纪监理人员的处理意见。

(4)协助业主及时督促并审批监理机构报送的各类资料、报告。

(5)协助业主对监理机构在工程变更、特殊施工方案及索赔等控制工作进行监督管理。

2. 咨询项目部外方职责

(1)依据中华人民共和国和铁道部有关监理工作的规定，对监理机构的技术、质量监理工作实行监督和管理，确保质量管理体系有效运行。

(2)指导建立本项目的质量管理体系。审核本项目的质量管理办法和实施细则，审核本项目的施工监理规划和施工监理实施细则。

(3)审核监理机构报送的各类资料、报告等。具有对工程质量的否决权。

(4)对监理机构进行考核,向业主提出建议意见;会签各标段监理费用计量资料。

3. 咨询项目分部职责

(1)协助武广公司建设指挥部对本管段内监理机构进行管理和考核。

(2)监督和检查监理规划及实施细则在本管段内的实施情况,审核或审批监理机构报送的各类资料、报告。

(3)监督检查监理机构和施工单位的安全质量保证体系及相关规定、办法、制度在工程建设中的贯彻落实情况,定期提交评价报告。

(4)组织或参与设计、监理和施工单位对Ⅰ、Ⅱ类变更设计的预审。

(5)参与施工、监理机构的验工计价数量审核工作。

(6)检查监督监理机构对建设项目的工程进度、工程质量、施工安全、环境保护、水土保持、文物保护、文明施工等管理工作的成效,并提出意见。

(7)协助武广公司建设指挥部搞好监理机构与参建单位之间工程建设中的协调工作。

三、监理机构主要职责

(1)按监理合同规定的工作范围、内容和约定的组织形式,确定监理机构人员的分工和岗位职责。

(2)根据合同和有关工程建设监理程序要求,协调处理好内外关系,保证监理计划目标的圆满实现。

(3)编制施工监理规划和施工监理实施细则。

(4)督促检查施工单位安全质量保证体系的建立和运转。

(5)检查施工单位履约情况(包括人员、机械设备、仪器、检测试验设备等)。有权对不符合要求的施工技术、管理人员提出更换意见。

(6)督促检查工程开工准备情况,参加由武广公司主持的第一次工地监理例会。定期召开工地监理例会,不定期召开专题会议。

(7)审查施工组织设计文件并签署意见。按权限签署工程开工报告。审查施工单位的施工计划,提交工程进度评估报告。

(8)组建监理试验室,建立健全监理试验工作质量保证体系,确保其有效运行。按客运专线验收标准及相关规定对工程质量进行检测、试验,对使用的材料、设备、构配件、半成品、成品质量进行检测。督促检查施工单位试验室工作。

(9)所有监理人员必须履行现场监督检查职责,按规定对施工工序进行旁站。

(10)组织或参与工程质量检查、评价与验收。检查施工进度与施工质量,提交监理工程质量评估报告和监理工作总结报告。

(11)主持或参与处理变更设计事宜。

(12)审查并签发单位工程停工令、复工令、工程付款凭证和工程结算书。

(13)主持或参与工程安全质量事故的处理。

(14)协助武广公司处理与承包单位的合同争议,对索赔、工程延期等提出处理意见。

(15)审核监理合同段内施工单位的月、季、年度和末次验工计价。

(16)组织编写和签发监理月、季、年报及监理工作总结。

(17)协助组织完成竣工资料的编制。

(18)参加交工验收、工程初验和竣工验收,签发工程移交证书。

(19)负责责任期内缺陷工程的所有监理工作。

第二节　监理制度

武广铁路客运专线制定了一套完整的监理制度,包括以下 25 项:

(1)设计文件、图纸和复测资料复查制度;

(2)施工图(资料)核对优化制度;

(3)施工组织设计审批制度;

(4)开(复)工报告审批制度;
(5)工程材料、构配件、工程实体、检查复验制度和设备监造制度;
(6)进场材料、设备报验送检制度;
(7)施工单位技术(作业)交底书复审制度;
(8)变更设计审核制度;
(9)监理中心实验室和工地试验室管理制度;
(10)监理平行、抽样和见证检验制度;
(11)旁站监理制度;
(12)隐蔽工程检查签证制度;
(13)工程安全、质量事故报告和处理制度;
(14)安全生产管理制度;
(15)监理日记、日志、例会、文档及信息管理制度;
(16)监理工作台账制度;
(17)监理工作报告制度;
(18)施工进度监督及报告制度;
(19)验工计价及投资监控制度;
(20)总监技术质量负责制度;
(21)监理站长全面协调管理制度;
(22)工程监理质量终身责任制度;
(23)监理工作考评制度;
(24)监理工作廉政制度;
(25)监理人员岗前培训、持证上岗、岗位职责制度。

第三节 现场监理工作的实施

一、质量控制

现场监理应以质量控制为核心,严格执行监理工作程序,对施工过程中出现的质量问题,及时下发书面通知单、质量问题通知单或质量通报,要求施工单位限期整改。采取隐检、巡检、抽检、旁站、交底、协调等监理手段,切实做好施工过程质量控制工作。

1. 加强质量的事前控制措施,严格质量的事中、事后控制。

2. 加强与设计、咨询单位的沟通,做好图纸会审和技术交底工作。

3. 认真审查、审批施工总承包单位编制的施工组织设计、方案和作业指导书。督促施工总承包单位严格执行国家和铁道部颁发的工程建设标准、工程质量检验评定标准、工程承发包合同及有关技术标准;督促承包人认真履行施工总承包合同约定的责任和义务。

4. 编制监理规划、监理细则和质量监理工作程序,严格执行。

5. 充分运用先进的科学仪器和试验手段,保证测量和试验数据准确可靠。加强对施工单位工地试验室的检查指导,试验室有合格资质并达标,设备要定期经过有合格资质的计量单位检定校准,从而有效控制工程质量。

6. 检查施工总承包人的工程质量自检工作,按规定填写各种质量检查表,对各种自查记录、施工测量、放样等资料进行随机抽查,发现问题做出监理记录,并通知施工总承包人及时纠正;监督施工过程中的工程质量,对重点难点工程派人员驻点监理,对关键工序进行旁站监理;严格执行隐蔽工程签证制度,上道工序不合格,严格禁止进行下道工序的施工。

7. 监理工程师在进行监督检查施工过程中,发现质量问题时,立即书面通知施工总承包人改正或返工处理,并记入监理日志中。如不及时改进,发出质量问题通知书或在征得业主同意后,由总监签发停工令;对隐蔽工程中出现的各种问题,及时监督承包人认真处理,必要时邀请业主、咨询和设计单位共同参加处理。

8. 加强对施工单位原材料监控工作,重点加强甲控材料和砂、石料、粉煤灰、外加剂等材料进场把关。制定并实行材料进场报告制度，根据进场的批量及批号督促施工单位按“验标”要求自检，监理单位试验室按规定频率进行现场随机见证取样、见证试验，并对原材料按照验标规定及武广公司要求进行平行检测和抽查，对关键及敏感性原材料加强平行和见证检测频率，如对粉煤灰的检测做到车车必检。检测发现不合格的材料坚决不得用于工程施工之中，要求施工单位清除出场或改作他用，切实保证用于工程的材料全部为合格材料。

9. 检查确认工程材料、成品、半成品和设备的质量，如果有疑义，监理采取必要措施，如：通过监理监测体系、监理的试验室，对疑义部分进行抽检或复查，主要检查以下内容：

(1)查验试验资料、出厂合格证是否齐全、合格。

(2)查验施工总承包人工地试验室的各种检测设备状况是否良好。

(3)监督重要工程材料的现场复验或取样送检。

(4)对运到现场的重要设备进行开箱检验。

对确认不符合要求的材料、成品、半成品和设备，禁止进入工地和投入使用，已进场的，责令承包人立即清出现场。

10. 督促施工总承包单位严格按照施工规范、规程和设计图纸施工；对工程的主要部位、重要环节、关键工序的施工及设备的安装、调试，按国家及铁道部有关质量检测规定进行检查签证；督促施工总承包单位按规定进行各类试验，同时进行一定数量的平行抽检试验，并对施工总承包单位的试验结果进行抽样检查；按“验标”规定，对施工总承包单位自评的检验批、分项、分部、单位工程质量进行复查认定，按期向业主书面报告单位工程质量等级评定情况。

11. 对合同范围内的工程建设项目，进行经常性的质量检查，对单位工程的施工检查确保不漏检，对重点、难点工程及技术复杂的工程增加检查频率。

12. 遵守《工程质量管理条例》，积极搞好创优工作，确保实现工程质量目标。

13. 参加质量问题的调查、分析，督促施工总承包单位按规定的程序及有关部门的要求进行调查并及时处理；审查施工总承包单位对质量问题的处理意见，发现其不符合要求时，责成其重新研究处理方案，并及时书面报告业主。

二、安全控制

1. 组织安全监理工程师复核设计文件、图纸资料，熟悉安全监理内容、安全监理细则、政府和业主有关文件、相关的规范、规定、标准等，并进行现场核对。

2. 开工前，督促、审定施工承包单位根据设计文件和任务要求，编制施工方案和安全技术措施，完成后上报业主。

3. 制定施工安全监理细则，其主要内容包括如下几点。

(1)严格执行政府的政策法令和上级、主管部门所颁布的有关安全施工法规。

(2)督促施工单位落实安全保证组织体系，牢固树立“安全第一、预防为主”的安全生产方针。

(3)审查安全施工技术措施，审查并落实施工中每道工序的安全教育内容，严禁违章作业，特殊作业必须持证上岗。

(4)关键工序的设施应有设计计算数据，特殊部位应有专门的安全测试。

(5)监督安全生产、消防工作、文明施工、卫生防疫责任制的实施，做好冬季防寒、夏季防暑工作。

(6)审查施工现场的规划图，并督促贯彻落实，达到布局合理。

(7)安全监理工程师在进行现场安全检查时，发现违章作业者，立即停止其工作。发现安全隐患，则令其停工整改。不定期地组织综合安全检查，按有关规定组织评定。

4. 安全监理内业资料管理

(1)安全监理人员要认真学习安全规定，各分管安全监理人员要严格执行并要求施工单位执行内业资料编制方法。

(2)安全监理人员要经常督促施工承包单位做好内业资料管理工作，并要求做到外业与内业同步，必要时应停工补齐内业资料。

(3)设专人保管好所有图纸、设计变更单、业务联系单等有关资料，防止丢失。

(4)根据招投标文件、监理合同、业主单位有关内业资料文件以及安全监理细则有关抽检规定的要求，做好内业资料的收集、整理、上报工作。

(5)现场安全监理人员不接受执行设计、施工单位的任何设计变更的口头传达或承诺，安全监理执行的依据是设计变更单、业主单位通知、业务联系单。

(6)任何一道工序若无任何一方的原始检验(批准)，则其记录无效。

5. 督促工程承包单位安全自检

为了使承包单位正确地履行合同，承包单位应做好自身的一切监督检验工作，监理工程师应批准承包单位有资格的代表，专职负责本工程的自检工作，并督促和协助承包单位建立起相应的安全、文明施工自检体系。

监理工程师对施工承包单位自检的一般要求：

(1)在工程实施期间，监理工程师要求承包单位必须派驻自己的施工监督人员，对安全和文明施工进行监督和检查。

(2)自检人员对工程每一道工序直到每一环节进行安全检查，随时纠正不良操作方法，处理工作缺陷。

(3)承包单位自检人员的检查和检验应按监理工程师规定的安全监控程序进行，提供的数据和材料必须真实可靠。

(4)监理工程师对自检人员提供的书面材料和数据进行分析，必要时进行抽检或复查。

(5)安全监理工程师也可以直接对自检人员提供的数据和书面材料进行认定，但这些材料必须可靠、完整，并经自检人员、安全监理工程师签字认可后，方可作为资料依据。

三、环保、水土保持控制

1. 认真审查施工设计文件，检查有无遗漏差错，协助设计单位提交满足环保法规要求的设计文件。

2. 审查承包人的环境管理体系情况，审定承包人识别的《环境因素清单》，以此为依据进行检查。

3. 防护工程监理要点：监理坡面防护工程、挡土墙工程、冲刷防护工程等数量、质量、位置符合设计要求及质量标准。

4. 植被工程监理要点：水土保持或改进工程、污水治理工程、化粪池、毛发聚集井、隔油池、中和池、降温池系统完整，质量合格。

5. 大气环境监理：通过文明工地建设及硬化、遮挡、苫盖、洒水等措施最大限度控制扬尘污染，同时监控好锅炉除尘设施的施工。

6. 噪声治理：监控承包人尽量采用低噪声设备，通过调整作业时间，避免夜间施工扰民。重点监控承包人对噪声的密闭、隔声措施及沿线敏感点采取的拆迁和隔声墙措施，以求降低或避免噪声污染。

7. 固体废物：监理各施工营地定点设置垃圾桶，对垃圾要进行必要的处理，严禁随意堆放、焚烧；及时回收包装废弃物，不得随意丢弃，污染周边环境，定期清理运往垃圾填埋场；监控承包人根据工程进度需要合理安排取弃土作业，制止乱取乱弃，检查并督促承包商采取防止渣土洒落、泥浆废水流溢、粉尘飞扬的施工措施，工程结束及时平整取弃土场地。

8. 电磁污染监理：审核承包人使用产生电磁波的各种工业和家用电器设备、产品是否符合设计要求，检查产品合格证、技术说明书，对有电磁污染的设备要采用主动屏蔽和被动屏蔽的技术方法，将电磁波的影响控制在一定范围内。将屏蔽体在电磁波作用下感应生成的射频电流导入大地(射频接地)，以避免屏蔽本身成为射频电磁波的二次污染源。利用某些物质构成电磁波的吸收部件，进行吸收防护。监控承包人加强对产生电磁波的应用设备的技术管理和治理。

9. 会同委托人、设计人、承包人针对环保、水土保持重大问题制订处置预案。

10. 依法及时向有关部门报告环保、水土保持重大事件。

四、投资控制

1. 审查施工组织设计和施工方案，对主要施工方案进行技术经济分析，均衡施工，合理开支施工措施费，按合理工期组织施工，避免造成浪费；要求总承包人对施工使用的主要材料、设备进行招标，优选生产供应厂家。

2. 按业主有关规定、办法办理验工计价签证，保证验工的各项工程质量合格，数量准确。审核总承包人申报的季、年度验工计价报表中的已完工程数量表，做到不超验不漏验。

3. 建立验工计价台账。

4. 对不符合质量标准的工程，未经返工处理、未达标前不予验工。

5. 按委托人的要求参加或组织变更设计的审查工作，对设计变更进行经济比较，严格控制设计变更，建立变更设计管理台账。

6. 审查、汇总施工图数量，并与施工总承包合同工程数量进行列表比照，建立管理台账，以便与项目实施过程中的变更设计进行比较。

7. 寻找通过设计挖潜节约投资的可能性。

五、进度控制

1. 审批承包单位在开工前提交的实施性施工组织设计、总体施工进度计划、阶段性详细进度计划和变更计划并报业主；审批承包单位拟定的各项加快工程进度的措施。

2. 审查承包单位根据总体施工进度计划编制的年、季度计划并上报业主，审批承包单位的月计划，并严格对施工进度监督、检查和控制。

3. 向业主和承包单位推荐先进、科学、合理、经济的技术方法和手段，以加快工程的进展。

4. 督促总承包单位严格按施工合同规定的工期和业主下达的年、季、月度施工计划组织施工，每月向业主报告施工计划完成情况和存在的主要问题，对承包单位主观原因造成的工期滞后有权向承包单位提出处理意见并报业主；签认总承包单位呈报业主的工程进度报表。

5. 建立工程进度管理台账，核对工程形象进度，按月、季、年向业主报告。

6. 在对施工组织设计或进度计划进行调整时，提出主导意见并报业主。

7. 采用网络计划技术进行施工进度控制。

8. 使用计算机辅助监理工作，及时根据计划值与实际值之间的比较，进行分析与研究，当实际进度与计划进度发生差异时，在分析原因的基础上，督促施工总承包单位采取如下措施：

(1)采取如上所述的在组织上、技术上、经济上、合同上及其他配套措施，确保总工期不突破；

(2)督促施工总承包单位制定总工期突破后的补救措施；

(3)协调相应的施工计划、材料、设备、资金供应计划等，在新的条件下组织新的协调和平衡；

(4)监督承包人合理组织施工，避免不必要的赶工期。

六、协调管理

1. 协调好施工总承包人与设计单位的关系

尊重设计单位的意见，组织设计单位、施工总承包人进行设计交底，介绍设计意图、技术要求、施工难点等；对于设计文件中的错漏之处，按规定程序上报，请设计单位补充完善；对发生的质量问题，认真听取设计单位的处理意见；邀请设计单位代表参加工程验收。

2. 协调好业主与施工总承包人的关系

业主与施工总承包人对于工程承包合同负有共同履约的责任，在频繁的工作往来中，对一些具体问题产生意见分歧是正常现象，监理工程师本着协调的原则，耐心协调处理各种矛盾。

3. 协调好施工总承包人之间的关系

相邻施工总承包人之间的结合部施工相互干扰较大，是各种矛盾集中的地方，监理工程师认真做好结合部的组织协调工作，避免矛盾激化，避免留下质量隐患，影响施工进度。

不同工种在同一作业面上施工时，也容易产生矛盾，监理工程师做好协调工作，做到互相兼顾，统筹安排，实现时间分离。

不同工种同一时间在不同空间的作业面上施工时，亦易产生矛盾，尤其是安全问题突出，监理工程师做好协调工作，从整体利益出发，按工序先后循环作业，避免相互干扰，避免安全事故的发生。

4. 协调好施工总承包人和运营单位的关系

本工程项目包括既有线工程改建，与既有线行车互相干扰，为了确保行车安全同时又有利于施工顺利进行，施工总承包人和运营单位必须密切配合，相互支持，监理工程师认真做好这方面的协调工作。

5. 协调好外部关系

铁路施工线长点多，可能与沿线村民发生一些利益冲突，监理工程师主动协助业主，依靠地方政府作好协调工作，将各种不利因素和干扰降到最低限度，充分保障业主的权益。

6. 协调好监理与承包人的关系

尽管施工过程中监理工程师与施工总承包人的关系是监理与被监理的关系，但武广公司要求监理人员要尊重承包人，细心倾听承包人的意见，坚持以理服人，不以势压人。特别是施工工艺，对不违背施工技术规程和安全操作规程，能保证质量，保证工期，监理工程师不过多地进行干预，允许承包人通过改进施工工艺获得利润。

7. 协调好监理与业主的关系

监理单位与业主的关系是合同关系，监理工程师除完成好合同内的任务外，还应努力完成好业主交办的其他工作。

8. 协调好监理内部的关系

监理队伍内部由于是联合体组成的监理，加之外方派驻总监理工程师和主要专业的技术负责人，因此内部协调至关重要。内部协调主要做好联合体内部中外方建立、各专业间、专业内部、上下级工作分工等协调工作。监理站制定内部协调管理制度，充分发挥中外联合体的作用；武广铁路客运专线涉及专业种类多，专业间的协调、专业内部的协调也是必不可少的，因此在协调中由站长主管，主要监理人员齐抓共管，同时发挥一般人员的作用，做到在充分讨论的基础上，实行少数服从多数、下级服从上级的原则求同存异、同心同德，努力做好监理工作。

第四节　质量验收制度

一、基本规定

1. 施工现场质量管理应有相应的施工技术标准、健全的质量管理体系和施工质量检验制度。施工现场质量管理检查记录应由施工单位在施工前按相关工程施工质量验收标准填写，总监理工程师进行检查，并做出检查结论。

2. 应按下列规定进行施工质量控制：

(1)工程采用的主要材料、构配件和设备，施工单位应对其外观、规格、型号和质量证明文件等进行验收，并经监理工程师检查认可。凡涉及结构安全和使用功能的，施工单位应进行检验，监理单位应按规定进行平行检验或见证取样检测。

(2)各工序应按施工技术标准进行质量控制，每道工序完成后，施工单位应进行检查，并形成记录。

(3)工序之间应进行交接检验，上道工序应满足下道工序的施工条件和技术要求。相关专业工序之间的交接检验应经监理工程师检查认可，未经检查或经检查不合格的不得进行下道工序施工。

3. 工程施工质量应按下列要求进行验收：

(1)工程施工质量应符合本标准和相关专业验收标准的规定；

(2)工程施工质量应符合设计文件的要求；

(3)参加工程施工质量验收的各方人员应具备规定的资格，各种检查记录签证人员应报建设单位确认、备案；

(4)工程施工质量的验收均应在施工单位自行检查评定合格的基础上进行；

(5)涉及结构安全的试块、试件和现场检验项目，监理单位应按规定进行平行检验、见证取样检测或见证检测；

(6)检验批的质量应按主控项目和一般项目进行验收；

(7)对涉及结构安全和使用功能的分部工程应进行抽样检测；

(8)承担见证取样检测及有关结构安全检测的单位应具有相应的资质；

(9)单位工程的综合质量应由验收人员通过检查共同确认。

二、工程施工质量验收单元的划分

工程施工质量验收单元划分为单位工程、分部工程、分项工程和检验批，具体如下：

1. 单位工程是按一个完整工程或一个相当规模的施工范围来划分的。各项验收标准都遵循了这一原则，并给出了推荐的单位工程划分原则。

2. 分部工程是按一个单位工程中的完整部位、主要结构、施工阶段或功能相对独立的组成部分来划分的。

3. 分项工程按工种、工序、材料、设备和施工工艺等划分。

4. 检验批是根据施工质量控制和验收的需要，把一个分项工程划分成若干个检验批，检验批验收是施工质量验收的基本单元。

三、工程施工质量验收

1. 检验批的质量验收应包括如下内容：

(1)实物检查，按下列方式进行：

①对原材料、构配件和设备等的检验，应按进场的批次和本标准规定的抽样检验方案执行；

②对混凝土性能指标的检验，应按国家现行有关标准和本标准规定的抽样检验方案执行；

③对本标准中采用计数检验的项目，应按抽查点数符合本标准规定的百分率进行检查。

(2)资料检查，包括原材料、构配件和设备等的质量证明文件（质量合格证、规格、型号及性能检测报告等）和检验报告、施工过程中重要工序的自检和交接检验记录、平行检验报告、见证取样检测报告等。

2. 检验批合格质量应符合下列规定：

(1)主控项目的质量经抽样检验全部合格；

(2)一般项目的质量经抽样检验全部合格，其中，有允许偏差的抽查点，除有专门要求外，80%及以上的抽查点应控制在规定允许偏差内，最大偏差不得大于规定允许偏差的1.5倍；

(3)具有完整的施工操作依据、质量检查记录。

3. 分项工程质量验收应符合下列规定：

(1)分项工程所含的检验批均应符合合格质量的规定；

(2)分项工程所含检验批的质量验收记录应完整。

4. 分部工程质量验收合格应符合下列规定：

(1)分部工程所含分项工程的质量均应验收合格；

(2)质量控制资料应完整；

(3)分部工程中涉及安全及功能的项目检验和抽样检测结果应符合有关规定；

(4)观感质量验收应符合要求。

5. 单位工程质量验收合格应符合下列规定：

(1)单位工程所含分部工程的质量均应验收合格；

(2)质量控制资料应完整；

(3)单位工程所含分部工程有关安全和功能的检测资料应完整；

(4)实体质量和主要功能项目应符合相关标准、规范的规定和设计要求。

6. 当工程质量不符合要求时，应按以下规定进行处理：

(1)经返工重做的或更换构配件、设备的检验批，应重新进行验收；

(2)当对试块试件的试验结果有怀疑时，或因试块试件丢失损坏、试验资料丢失等无法判断实体质量时，应由有资质的法定检测单位对实体质量进行检测鉴定，凡达到设计要求的检验批可予以验收。

7. 通过返修或加固处理仍不能满足安全使用要求的分部工程、单位工程，严禁验收。

四、工程施工质量验收的程序和组织

1. 检验批应由施工单位自检合格后，报监理单位，由监理工程师组织施工单位专职质量检查员等进行验收。监理单位应对全部主控项目进行检查，对一般项目的检查内容和数量可根据具体情况确定。检验批质量验收记录应按相关工程施工质量验收标准填写。

2. 分项工程应由监理工程师组织施工单位分项工程技术负责人等进行验收，分项工程质量验收记录应按相关工程施工质量验收标准填写。

3. 分部工程应由监理工程师组织施工单位项目负责人和技术、质量负责人等进行验收，线路基桩分部工程进行验收时，勘察设计单位项目负责人应参加。分部工程质量验收记录应按相关工程施工质量验收标准填写。

4. 单位工程完工后，施工单位应自行组织有关人员进行检查评定，并向建设单位提交单位工程验收报告。

5. 建设单位收到单位工程验收报告后，应由建设单位项目负责人组织施工、设计、监理单位项目负责人进行单位工程验收，并按相关工程施工质量验收标准填写记录。单位工程验收包含综合质量验收的内容，综合质量验收应符合相关工程施工质量验收标准的有关规定。

第十二章　工程接口管理

高速铁路工程建设是一项复杂的系统性工程，项目的设计、施工、安装、调试和运营，需多方参与、多专业协调、多方位推进，同时，它又是一项高科技含量的项目，包含了当今世界铁路和工程建设的最新、最高技术。系统集成和接口管理是高速铁路工程建设中的关键技术，贯穿整个建设过程，涉及各个单位和部门。为确保武广铁路客运专线的系统性和整体性，协调统一全线各相关专业、部门间的关系和标准，武广公司非常重视接口管理工作，成立了接口管理组织机构，探索了一些卓有成效的工作方法。

一、转变观念，高度重视接口管理工作

（一）认识接口管理的重要意义

武广公司多次组织对接口管理工作重要性的反复宣传和培训，促进全体参建人员都重视接口管理。接口管理，人人有责，接口管理工作的相关方应站在对国家和民族利益负责，对武广铁路客运专线的质量负责，对自己的岗位和良心负责的高度，承担各自的职责和义务。全体参建人员进一步认清了接口管理的重要意义，积极掌握接口技术方案，认真落实接口施工质量，主动布置接口管理工作，切实总结接口管理经验。各参建单位也进一步规范了接口管理，借解决接口管理存在问题的契机，取得了我国高速铁路建设的成功经验。设计单位逐渐转变了设计理念，进行详细调查，重视咨询意见，周全考虑，采用大量成熟适用的方案，使站前站后工程有机地结合。

（二）健全组织，保障接口管理顺利完成

1. 武广公司成立接口管理工作小组，由武广公司总工程师担任工作小组组长，各部门部长为工作小组成员。

2. 武广公司接口管理工作小组下设接口管理工作办公室，由技术装备部负责办公室的日常工作，技术装备部部长兼任办公室主任。

3. 武广公司各部门、各建设指挥部的负责人为接口管理工作相应的责任人，在武广公司接口管理工作办公室协调下负责其范围内的接口工作具体事务。

4. 各设计、咨询、监理、施工等参建单位均由其负责人专门负责接口管理工作，并成立或指定相应的接口管理责任部门。接口管理的负责人和责任部门的组成均应报武广公司接口管理工作办公室核准。

二、积极推动接口管理工作规范化

大量接口问题存在于众多的参建单位之间，各种施工工序、工艺和国内外技术匹配之间，以及与铁路以外各行业部门之间，因此，接口管理工作迫切需要规范和统一，以保证设计、施工、安装、调试等阶段工作的有序开展及设计资料的正常提交。

（一）制定接口管理工作的管理程序

2006 年 7 月，武广公司召开了接口设计工作会议并形成了《研究武广铁路客运专线设计接口管理工作会议纪要》，会议确定了接口管理预留设计必须以“迅速有效、确保质量、节约成本、保持系统完整、方便施工维护”为原则，在武广铁路客运专线的接口预留设计中全线应统一方案，铁四院要担负起总体设计单位的职责，协调各设计单位的接口方案，制定详细的总体设计原则、方案和必要的参考图纸。自 2006 年 3 月，武广公司即着手组织起草有关接口的管理办法，经过多方沟通修订，最终于 2006 年 9 月 19 日由武广公司颁布了《武广铁路客运专线接口管理办法》，明确了接口管理工作的管理机构、各方职责、接口管理工作流程和工作程序。对接口管理工作程序、接口清理、管理层次、设计方案与供图等具体要求做了详细部署。为规范接口管理及质量控制，武广公司于 2008 年 4 月 14 日发布了《关于印发〈武广铁路客运专线接口移交验收管理程序〉的通知》（武广技〔2008〕35 号）。这对抓好接口管理工作，全面、准确、系统地把握

接口的动态，科学有序地全过程控制好接口质量，系统完整地实现武广铁路客运专线建设目标起到积极推动作用。

（二）督促各参建单位规范日常接口管理工作

接口管理工作涉及所有参建单位，是高速铁路建设中各参建单位的一项日常工作，公司主要工作包括：根据《武广铁路客运专线接口管理办法》组织有关部门共同制订可操作的接口管理流程，确保接口管理日常化、文件化和系统化；督促设计单位做好接口的设计和建立接口管理工作表；督促咨询单位和监理单位对接口运行状态进行动态跟踪，建立接口状态动态确认工作表，确保接口运行在程序上的完整闭合；督促各部门、各建设指挥部、监理单位和施工单位加强接口实施过程的管理，确保接口工程质量达到设计要求。

（三）改进接口管理模式

为了确保建成后的武广铁路客运专线建设按预定技术指标运营，要求各设计单位、供货单位按协调的技术参数进行设计，首先要在相互的接口处提出对方所需要的设计资料，满足全线设备运行的功能要求。这些资料可以是各种载体信息或功能指标，如各种参数值、流程图、布置图、性能要求、控制信号等内容。如果缺乏一套有严格文字依据的管理办法和档案材料，出现问题后往往责任不清，互相扯皮。召开协调会受与会人员的工作日程安排、身体状况以及其他人为因素影响较大，无法对何时开会，开会时到底能解决哪些接口问题进行严密控制，导致事倍功半。若涉及外方参与设计或咨询，这种模式来管理设计接口就更难与其相适应。采用接口管理档案模式，使接口交换有章可循、有据可查、有法可依，突出了高速铁路建设中资料提交的计划性和前瞻性，保证了工程建设按照进度计划井然有序地开展。

武广铁路客运专线接口管理的工具（接口档案）包括接口矩阵、接口编码表、接口申请表、接口日志表、接口进度汇总表及接口确认表等，实时更新，动态管理。采用接口档案进行管理，有利于设计过程控制，打破了工程建设中的传统运作模式，加强了工程进度控制，为各合同商有责任、有计划、有步骤交换彼此间存在的设计技术资料提供了具有权威性的文件。因为接口档案的建立是根据客运专线设计的客观规律、站前与站后的逻辑关系、各里程碑的进度要求、各合同商的任务分工等因素，经过各主要合同商磋商后确认的；每个接口的交换过程都经过接口双方的严格审查和确认，并有规范的文字记载，形成了设计输入的依据材料。接口档案对工程施工过程进展提供了很好的指引作用，计划接口数和解决的接口数量一目了然。

1. 接口矩阵

首先接口管理矩阵是完成接口清理，避免接口遗漏的必要数据库文件。武广铁路客运专线建立矩阵的方法见表 2-12-1，因此表比较庞大，所以只以通信、信号两项为例，其中站后专业还包括电力、接触网、环评、给排水、综合维护（IM）、运行调度、动车、站房/建筑、安全防护（SM）等。表 2-12-1 中“●”表示“确认接口存在”，“○”表示“确认接口不存在”，空白表示“未确认”。

2. 接口编码文件

接口是指两个功能部门、物质设施、功能或进度表的汇合点，它可能是矛盾的或需要协调。严格地说一个接口只涉及两方。所以，接口编码也应只包含接口双方信息，并确保每一接口的编码的唯一性。对某一特定的接口进行统一编码，便于工程各个环节的状态跟踪、查询及竣工文件归档等接口管理。表 2-12-1 中，每个项目都对应自己的编号，按照统一的编码规则，“★”处的编码即为 IFTU21CO12，这样，各工程实施环节中，从设计到施工交接，某一个特定的接口项目的编码就是独一无二的。

3. 接口确认表

接口管理的首要任务就是设计标准和规则的共享、相互审核和最终统一。接口确认表的作用是为了使各合同商按照统一的接口问题，统一的接口编码，统一的流程进行的逐级检查签认的过程。

接口确认表是接口日志表的支持性表格，在统一的接口编码下有统一的格式，分设计、咨询、监理、施工、产品及业主 6 个分支。其作用是控制各个接口环节，作为确保接口工程质量的依据，它反映某一特定接口的完成情况，记录与其相关竣工事项。

接口确认过程是按照统一格式，经过设计、咨询、建设指挥部、监理、施工单位、业主领导小组按照流程签字确认后的接口确认表，并实时更新，接口管理行为的确认状态分已定义、已责任分配、已实施、已完成四种。

表 2-12-1 接 口 矩 阵

序号	专业	位置	单项	隧道(TU)								桥梁(BR)							…
				综合洞室 1		二次衬砌 2		两侧 3		其他 4		墩台 1		梁体 2		桥面系 3		…	…
				1	2	1	2	1	2	1	2	1	2	1	2	1	2	…	…
1	通信(CO)	一般地段 1	过轨	●		●						○		○		○			
2			接地	●		★						●		●		○			
3			电缆	●				●				●		○		●			
4		中继站等 2	过轨	●								○		○		○			
5			接地	●		●						●		●		○			
6			电缆	●				●				●		○		●			
7		3	手孔	○		○		○		○		○		○		○			
8	信号(SI)	一般地段 1	过轨	●								○		○		○			
9			接地	●		●						●		●		○			
10			电缆	●				●				●		○		●			
11		轨旁设备等 2	过轨	●								○		○		○			
12			接地	●		●						○		●		○			
13			电缆	●				●				○		○		●			
14																			
15	…	…	…																

4. 接口申请表、接口进度汇总表、接口日志表

接口申请表和接口进度汇总表反映每一接口项目的启动、进展，接口日志表记录某一接口项目的状态与重大事项。

接口数量可以根据实际需要和设备招标情况定期更新，补充新的设计接口。此外，各方需要在每月末发布接口月报，业主要通报接口进展情况并提出需要各参建方关注的问题。

三、深入研究，逐步确定接口实施方案

从 2006 年初开始，根据铁道部站后四电技术系统集成的新思路，武广公司迅速改变工作思路，即在站后技术系统集成商尚未确定前，重点研究和解决土建施工中站后预留的接口问题，为土建工程大规模推进创造条件。武广铁路客运专线土建工程工期紧迫，而站后工程设计的滞后导致土建施工中站后系统预留和预埋非常困难。为确保工程建设的进度，并尽量避免站后工程实施过程中对已形成路基、桥梁、隧道的破坏，武广公司组织了设计、咨询、监理及施工单位认真研究工程系统性问题，按照协调统一、节约投资、全面细致、容易实现的原则，逐一解决土建施工中站后系统预留和预埋的实施方案，并及时组织土建施工单位进行了实施。其间，由于许多接口方案需要逐步确定，或接口技术尚不完全成熟，或站后系统和设备集成商众多不统一，必要时利用现场试验段进行多方案试验比较，通过试验和测试数据确定应用全线的接口方案，及时完成接口施工工艺和验收细则。对于无砟轨道、综合接地、过轨管线、接触网支柱或槽道、声屏障、电缆引入等方案的研究确定均经历了理清思路、摸索实践、从无到有、反复修正的过程，充分实现了客运专线建设的整体性与系统性。

四、加强过程控制，落实站后接口预留的施工质量

在接口方案确定以后，武广公司通过接口管理工作专题会议及武广公司月度例会等，积极督促各参建单位规范日常接口管理工作。确保接口事务日常化、文件化和系统化，督促设计单位做好接口的设计和建立接口管理工作表，督促咨询单位和监理单位对接口运行状态进行动态跟踪，建立接口状态动态确认表，确保接口运行在程序上的完整闭合；督促各部门、各建设指挥部、监理单位和施工单位加强接口实施过程的管理，确

保接口工程质量达到设计要求。2007年武广公司分别在四个建设指挥部组织了大型的四电预留接口技术交底，举办了两次大型的监理接口管理培训，主持了接口管理现场观摩交流。通过这些活动，以四电预留工程的接口管理作为切入点，举一反三，把接口管理的思路和做法，贯彻到土建各专业之间、四电各专业之间、各标段之间、各单位之间等等的接口管理中去，切实做好接口管理的各项工作。

(一)积极清理接口状态，有序组织设计供图

为了满足现场施工的进度要求，武广公司与设计及咨询单位随时以小范围会议的形式进行反复沟通，以通知和纪要的形式督促设计院抓紧时间出图，重点就桥梁与隧道的接口问题与设计院协调，推进设计工作进展。按照施工单位的施工组织安排，着力解决制约站前施工的接口设计图，从施工单位收集现场工点施工顺序及隧道二次衬砌施工模板台车长度等信息，本着方便施工的原则，有计划地分批次出图，先后发布了《关于隧道接触网基础预留出图顺序的通知》、《关于桥梁接触网支柱布置图出图顺序的通知》、《关于路基地段接触网支柱布置图出图顺序的通知》及其他接口施工图供图计划的通知，确保了接口设计供图，为现场实施接口工程创造有利条件。2007年6月，召开了站后预留接口设计工作会议，接口供图得到控制。除站场综合管线图、路基地段典型工点贯通地线、分支引接线的敷设、引接端子布置及安装设计图等外，制约主体工程施工的接口图纸包括路桥隧的接口图纸按时提供。

(二)组织参建人员接口培训与技术交底

武广公司要求各参建单位将《武广铁路客运专线接口管理办法》向相关人员进行深入宣传，提高大家的认识。尤其是现场如果发现与接口有关的问题，一定要按照接口管理的程序来做，不得自行其是。在加强施工现场管理的同时，武广公司注重接口管理人员培训，于2006年12月及2007年4月先后组织了两次大规模接口管理培训，咨询、监理及施工单位参加培训人员达172人次。2007年5月武广公司组织设计院、咨询、监理、施工单位参加分别于武汉、长沙、郴州及广州建设指挥部召开的接口工程施工图技术交底会议，及时回答了各土建单位提出的大量接口问题，同时也发现了土建单位在接口施工中一些质量通病。

(三)加大技术力量投入，配合做好站后接口预留

为了在保证接口工程质量方面有所促进和突破，增强对接口工程质量的过程控制及检查力度，武广公司组织由咨询项目部增派了四名现场接口工程师。要求四电集成施工单位组织了40名人员进场，对每一个站后接口的预留进行配合及确认，这是武广铁路客运专线建设中采取的加强接口工程质量控制的重要举措。四电人员的进场不是替代监理的职责，而是在监理之外的一个补充，既不减少监理的工作，也不减轻监理的责任。武广公司各建设指挥部加强了对四电人员的组织、配合与支持。四电人员在现场发挥了重要作用，促进了接口预留质量符合设计要求，为站后施工顺利进行创造了有利条件，为武广铁路客运专线建设良好的系统性奠定了基础。

(四)加强现场接口工程质量检查与监管

站后接口预留涉及路基、桥梁、隧道各个土建工点，主要有接触网的各类基础预埋件、综合接地的各种钢筋的焊接和接地端子的预留、各类电缆的过轨管道和上下桥预留的槽道、声屏障预留、车站地道的预留等。武广公司于2007年9月至10月，先后对全线接口工程质量组织了全面检查，通过对部分制梁场、隧道工点、桥工点的现场抽查，发现施工一线大量存在对综合接地、接触网预留等接口问题不重视，施工质量不能满足接口预留的要求。武广公司在各建设指挥部范围内召开的检查总结会议上明确要求：土建工程本身的质量零缺陷，更要在服务站后工程方面保证质量零缺陷。如果土建单位没有保证质量，一定要严肃处理，该返工要返工；监理单位要严格把关，加强现场旁站和检查工作，接口预留没有达标的，绝对不能允许进行下一道工序。各土建施工单位、监理单位都要配备必要的站后专业工程技术人员，与站前专业人员共同做好接口管理工作。

(五)丰富接口控制手段

为了加强接口管理，进一步规范接口检查，保证接口工程质量，统一接口工程验收，于2007年3月15日和9月17日发布了《接口检查记录表》暂行版本和正式版本，《接口检查记录表》标准表格是按照土建工程项目中的不同接口位置编制的，包括桥墩桩基础综合接地检查记录表(表2-12-2)、桥墩承台综合接地检查记录表、桥墩综合预留接口检查记录表等13个标准表格，并对接口检查记录表的填写要求作了统一规定，并要求各监理单位、土建施工单位要本着严肃、认真的态度填写检查记录，把工程接口资料管理工作作为质量管理

的重要环节。

表 2-12-2 武广铁路客运专线桥墩桩基础综合接地检查记录表

WGIFC-001□□□□

<table>
<tr><td colspan="3">单位工程名称</td><td colspan="7">武广铁路客运专线站前工程第四标段(XXTJIV)×××桥</td></tr>
<tr><td colspan="3">分部工程名称</td><td colspan="7">墩台</td></tr>
<tr><td colspan="3">分项工程名称</td><td colspan="3">综合接地</td><td colspan="2">验收部位</td><td colspan="2">×#墩</td></tr>
<tr><td colspan="3">施 工 单 位</td><td colspan="3">中铁×局武广铁路客运专线(XXTJIV)项目经理部</td><td colspan="2">项目负责人</td><td colspan="2">×××</td></tr>
<tr><td colspan="3">施工质量验收标准名称及编号</td><td colspan="7">(A)铁集成[2006]220 号《客运专线综合接地技术实施办法(暂行)》
(B)按设计要求</td></tr>
<tr><td colspan="5">施工质量验收标准的规定</td><td colspan="4">施工单位检查评定记录</td><td>监理单位
验收记录</td></tr>
<tr><td rowspan="4">主
控
项
目</td><td>1</td><td colspan="2">材料质量和结构</td><td>产品说明书、合格证</td><td colspan="4">符合设计要求,质量合格。</td><td></td></tr>
<tr><td>2</td><td colspan="2">安装质量</td><td></td><td colspan="4">符合设计要求,质量合格。</td><td></td></tr>
<tr><td></td><td colspan="2"></td><td></td><td colspan="4"></td><td></td></tr>
<tr><td></td><td colspan="2"></td><td></td><td colspan="4"></td><td></td></tr>
<tr><td rowspan="6">一
般
项
目</td><td rowspan="2">1</td><td rowspan="6">允
许
偏
差
(mm)</td><td rowspan="2">竖向接地主钢筋焊接</td><td>单面:≥200 mm</td><td>数字</td><td>数字</td><td>…</td><td></td><td rowspan="6">备注:省略号表示接地钢筋有几处焊接处就填几处</td></tr>
<tr><td>双面:≥100 mm</td><td>数字</td><td>数字</td><td>…</td><td></td></tr>
<tr><td>2</td><td>焊接缝是否饱满</td><td>良好</td><td>符合要求</td><td>符合要求</td><td>…</td><td></td></tr>
<tr><td>3</td><td>贯通性检查</td><td>良好</td><td>符合要求</td><td>符合要求</td><td>…</td><td></td></tr>
<tr><td>4</td><td></td><td></td><td></td><td></td><td></td><td></td></tr>
<tr><td></td><td></td><td></td><td></td><td></td><td></td><td></td></tr>
<tr><td colspan="3">施工单位检查
评定结果</td><td colspan="7">专职质量检查员 年 月 日
分项工程技术负责人 年 月 日
分项工程负责人 年 月 日</td></tr>
<tr><td colspan="3">监理单位验收结论</td><td colspan="7">监理工程师 年 月 日</td></tr>
</table>

武广公司 2008 年 2 月编制下发路基、桥梁和隧道《铁路客运专线站前工程预留站后接口作业要点手册》,归纳了预留接口相关主要技术要求、工序流程、作业要点及检测方法等。2008 年 4 月 14 日向各参建单位印发《武广铁路客运专线接口移交验收管理程序》(武广技〔2008〕35 号)的规定,为做好站前与站后工程及时有效衔接,按照上道工序为下道工序负责的原则,"四电"各类接口设施在站前工程中预留完工后,建设单位将组织有关单位,对"四电"各类接口设施进行移交验收工作。移交验收依据铁道部《客运专线无砟轨道铁路工程施工质量验收暂行标准》(铁建设〔2007〕85 号文)的规定及设计文件、标准的要求,按自检和移交验收两阶段实施。

第十三章 工 程 咨 询

第一节 工程咨询模式

一、中外咨询联合体机构设置

中外咨询联合体由中铁四院、中铁二院、德国欧博迈亚公司三方组成。咨询联合体组建了"武广铁路客运专线工程咨询项目经理部",下设技术咨询室、项目管理室、工程试验室(长沙、韶关)、办公室、翻译室、财务室和武汉、长沙、郴州、广州四个咨询项目分部。中铁四院作为主办方,出任项目经理、副经理,全面主持项目咨询工作;中铁二院出任项目副经理,负责铁二院咨询工作的组织和管理;欧博迈亚出任总咨询工程师、质量总监,对咨询项目的技术质量负总责。咨询项目部及其分部与建设单位合署办公。

二、公司咨询管理机构

武广公司成立了工程咨询领导小组,负责工程咨询的管理工作,对工程咨询重大问题进行决策。领导小组下设办公室,办公室设在安全质量部,建设后期设在工程管理部。办公室负责工程咨询的日常管理工作,制定武广公司的工程咨询管理办法和制度,组织日常工程咨询工作的检查、监督、考核、资料汇总等管理工作。武广公司各部门、各建设指挥部分别负责咨询联合体相应的部门或人员工作的检查、监督和考核等管理工作。

三、技术咨询的实施

武广公司对咨询联合体编制的《施工图咨询大纲》进行审批,确定了施工图技术咨询的工作程序与管理重点,由工程管理部负责组织施工图咨询管理。

(一)技术咨询的工作程序

1. 技术咨询的工作分工

(1)联合体咨询任务分工

欧博迈亚公司对本项目工程咨询技术质量负总责。具体负责桥梁、隧道、路基、轨道、接口等重点专业咨询(含设计、施工技术)工作。

铁四院负责除欧博迈亚公司重点咨询专业以外的铁二院设计范围的设计咨询,并协助欧博迈亚公司完成其所负责的重点专业的部分设计咨询及施工技术、联合调试及试运行等咨询工作。

铁二院负责铁四院设计范围内的除欧博迈亚公司重点咨询专业以外的设计咨询工作,并协助欧博迈亚公司完成其所负责的重点专业的部分设计咨询,根据需要参加联合调试及试运行阶段性工作。

(2)岗位职责及人员配备

咨询项目部下设技术咨询室,负责设计、施工技术等阶段技术咨询工作。咨询项目部设总咨询工程师(由欧博迈亚公司派任)、技术咨询室设中方副总咨询工程师(由铁四院和铁二院派任),外方副总咨询工程师(由欧博迈亚公司派任)、技术室主任(由铁四院派任)。桥梁、隧道、路基、轨道、接口管理等专业负责人由欧博迈亚公司配备,中方配备副专业咨询负责人;线路、地质、站场、电气化、通信、信号(含安全监控)、电力、工经、环保、给排水、建筑、暖通、综合调度及信息系统、综合维修及系统集成等咨询负责人由中方配备,各专业咨询工作中配备相应的专业咨询工程师。

2. 技术咨询流程

公司有关部门、咨询联合体三方、设计单位反复研究讨论,制定了技术咨询(施工图审核)流程,按照"四阶段、十二工序"进行。

第一阶段:咨询准备阶段。

(1)设计单位先向咨询单位提供项目初步设计有关资料(包括各类文件及各级审查意见),中、外方咨询人员根据工程咨询任务书和咨询细则的要求,做好咨询技术准备。业主提供设计单位分阶段交付施工图文件时间计划。

(2)咨询项目部技术咨询室根据业主提供的设计单位交付施工图文件时间计划,制定咨询阶段计划,合理安排咨询人员,满足咨询进度、质量要求。

第二阶段:施工图审核阶段。

(3)设计单位应按与业主签订的供图计划,按时将咨询用的设计文件、图纸提供业主。咨询项目部及时接收业主提供的施工图文件。

(4)咨询联合体根据任务分工组织专业咨询。

(5)咨询联合体组织中、外方就初步咨询意见进行内部讨论,在规定的时间内向业主、设计单位报送初步咨询报告。

第三阶段:咨询意见交流阶段。

(6)设计单位在接到初步咨询意见后,在规定的时间内提交初步回复意见给业主和咨询单位。

(7)咨询联合体与设计单位分专业进行面对面交流。

(8)咨询意见与设计单位回复意见有较大分歧时总结上报业主。

(9)由业主组织对分歧意见进行确认(必要时组织专家论证)。

第四阶段:施工图确认阶段。

(10)根据咨询意见交流情况,咨询方修改初步咨询报告,提交正式咨询报告。

(11)设计单位结合正式咨询报告进行正式回复,并对施工图进行修改。

(12)设计修改完成后送咨询单位确认,正式施工图签字盖咨询章,再送业主最后审定。

3. 咨询联合体中、外方签署流程

根据联合体各方任务分工和职责界定,施工图咨询确认按以下流程签署。咨询过程中涉及质量、安全、投资、进度、技术等重大事项,咨询单位必须报业主审批后予以确认,联合体对各级签署将根据岗位职责分别承担相应的责任。

(1)中方负责咨询的专业文件、图纸由中方专业咨询负责人和中方负责技术咨询的副总咨询工程师共同签署。

(2)德方负责咨询的重点专业的主要文件、图纸由德方专业咨询负责人和总咨询工程师共同签署。

(3)由中方协助德方完成的重点专业的一般性文件、图纸由中方副专业咨询负责人签署,并由德方专业咨询负责人审核,由总咨询工程师或其授权副总咨询工程师共同签署。

(4)涉及专业接口的重要图纸由相关专业负责人及负责接口管理的德方副总咨询工程师会签。

(二)技术咨询的管理要点

1. 超前谋划,制定提高咨询效率的具体措施

(1)在设计工作进行过程中,咨询人员提前介入设计,了解设计原则并及时对设计原则开展咨询,了解工程设计具体情况,初步安排咨询具体计划。

(2)特殊工点由设计院提交初步设计成果,让德方专家提前咨询。

(3)与设计单位共商,对各标段德方负责的重点咨询内容按工点详细分类,需德方咨询的工点优先设计、翻译,陆续交付德方咨询,以确保咨询进度要求。

(4)根据咨询工作量和完成咨询的时间要求,及时调配咨询人员,确保咨询任务保质保量按时完成。

2. 明确重点,突破制约工程技术咨询进展的瓶颈

考虑到武广铁路客运专线线路长,工程总量大,为有效提高咨询质量,真正达到学习国外先进技术的目的,根据武广铁路客运专线咨询项目中、外方咨询内容的分工和外方咨询重点的要求,经咨询方与设计总体组共同研究,并报武广公司审定,选取站前专业主要或代表性工点作为外方重点咨询的内容。

3. 强化内部管理,确保咨询质量

(1)制定咨询联合体内部沟通机制,明确联合体各方职责,明确各咨询岗位职责,在联合体各方对业主承当相互连带责任的前提下,责任到单位,责任到个人。

(2)加强内部计划、协调工作,以业主要求的目标工期为指导和依据,以满足咨询质量为前提,制订详细的咨询计划。

(3)强调联合体各方总部支持,以确保最高水平的咨询成果。

(4)中方成员积极提供必要的辅助支持,充分调动和发挥德方技术优势,以保证提供世界先进水平的咨询成果。

四、项目管理咨询的实施

咨询联合体按照咨询项目管理是业主项目管理的延伸的思路,与业主“合署办公”,严格履行合同,坚决服从业主领导,全心全意服务于武广铁路客运专线建设。设置的项目管理咨询机构有:咨询项目管理室、四个咨询分部和两个工程试验室。

1. 咨询项目管理室

设有项目管理室主任、质量管理工程师、安全管理工程师、监理管理工程师、信息系统管理工程师、试验管理工程师、培训管理工程师、统计管理工程师、工经专业工程师等岗位。在武广公司的组织机构框架内与武广公司合署办公开展工作,执行武广公司的相关管理制度和各类项目管理办法,并完成合同规定的有关内容。

2. 武广铁路客运专线工程试验室

受武广公司的委托,武广咨询项目部分别在长沙、韶关成立工程试验室,在武广公司质量检测中心的领导下独立开展武广公司层面上的抽检试验检测和全线试验检测的管理工作,在业务上接受咨询项目部技术咨询室和项目管理室的归口管理。设有试验室主任、试验主管工程师、试验员、资料员等岗位。定期向武广公司质量检测中心和项目管理室报送试验检测工作月报。

3. 咨询分部

按照咨询合同和武广公司的要求,与武广公司现场建设指挥部对应,武广咨询项目部分别在武汉、长沙、郴州、广州等地设有四个咨询分部。武广公司现场建设指挥部与咨询分部合二为一,在武广公司现场建设指挥部的组织机构框架下开展工作,执行武广公司的相关管理制度和各类项目管理办法。在业务上接受武广咨询项目部技术咨询室和项目管理室的归口管理。设有分部经理、质量管理工程师、安全管理工程师、监理管理工程师、综合管理工程师、专业技术咨询工程师等岗位。

第二节 主要工程咨询成果

一、提交咨询报告情况

咨询联合体按照《工程咨询合同》和有关规定,认真履行工程咨询工作的义务和责任,提交了大量的咨询报告,根据咨询联合体任务分工,中外方咨询各有侧重。

中方咨询:对所有图纸进行咨询。主要按照我国现行规范、规程、暂行规定等以及参照外方对代表性工点咨询后提出的一些原则、方法,对施工设计文件和图纸等的完整性、技术方案的合理性,以及设计文件和图纸的差、错、漏、缺等进行审核工作。分专业按照设计单元提交咨询报告。

外方咨询:对其所负责的专业进行代表性工点的咨询。主要依照德国 300 km/h 以上高速铁路标准、规范、理论和方法,参建高速铁路的经验对施工图设计文件和图纸的完整性、是否满足 350 km/h 高速铁路的要求进行审核验证工作。按照其咨询工点提交咨询报告。外方还根据专业交流情况及独立检算工点提交了一些专题报告。

根据咨询流程,咨询方提交初步咨询报告后在约定时间内设计方提交对咨询意见的回复报告,根据设计回复情况,咨询方与设计方进行交流,对初步报告进行修改,在规定时间内提交最终咨询报告。

二、咨询意见处理情况

在形成咨询报告之前,咨询联合体中、外方安排了内部交流,中方独立咨询的工点的咨询报告报外方核查后提交;中外方共同咨询的代表性工点,由外方汇总中外方咨询意见后提交。

设计单位对咨询意见均逐一进行了书面回复。咨询方与设计方就咨询意见的落实进行了多次交流，大多数意见双方达成共识，对咨询与设计存在的分歧意见也进行了分析总结，并由武广公司组织召开专题会议，进一步解决分歧问题，对仍然存在的重大分歧意见，由武广公司牵头组织上报部工管中心处理。武广公司分七批上报了站前工程共28个重大分歧问题(表2-13-1)，铁道部、部工管中心均组织专家论证予以明确和批复。

表2-13-1　上报铁道部重大技术问题汇总

序　号	专　业	内　　容	批次、时间
1	隧道	防火和防灾(救援理念)	第一批 2005.11.14
2		土工勘察和使用的参数	
3		开挖设计	
4		隧道防、排水设计	
5		隧道断面净空和支护设计	
6		隧道洞门设计	
7		隧道缓冲结构设计问题	2006.5.25
1	桥涵	涵洞分节设计问题	第一批 2005.11.14
2		关于桥面布置问题	
3		关于梁部设计	
4		桩基础计算理论和主要参数取值	第四批 2006.03.20
5		桩承台配筋及桩承台底配筋设计	
6		关于制动力或牵引力计算取值问题	
7		框架涵身边墙纵向配筋及横向钢筋间距问题	
8		涵洞翼墙采用素混凝土问题	
9		承台底配筋方式	第五批 2006.08.18
10		桥墩配筋方式	
1	路基	基床换填厚度问题	第二批 2005.11.27
2		路基工后沉降控制问题	
3		地基加固处理设计差异问题	
4		无砟轨道路基曲线地段超高问题	
5		路基附属设施的设置问题	
6		边坡稳定性问题	
7		过渡段问题	
8		关于路基工后沉降控制标准问题	第三批 2006.03.10
9		关于路基放置时间(含预压)的估算问题	
10		关于CFG桩复合地基土工格栅受力问题	
1	轨道	无缝线路的计算方法与参数取值问题	2006

三、咨询成果

武广公司积极探索对中外咨询联合体的管理经验，努力克服中外双方在沟通交流、文化理念、设计理念、技术标准等方面存在的差异，较好地发挥了咨询联合体的作用。

(一)坚持分项咨询原则，技术咨询咨询取得重要成果

从武广铁路客运专线的技术标准和工程技术特点出发，综合分析影响高速行车安全性、平稳性、舒适性的技术重点和难点，对代表性的工点和关键技术进行重点咨询。综合采用标准对比、经验判断、设计复核、独立验算、仿真计算等方法，从而优化设计、规避风险。

测量精度。武广铁路客运专线根据咨询意见完善了精测网系统,引进了德国设标网精密测量技术,制定了较为完整的CPⅢ测量控制系统。

路基设计。明确了路基工后沉降控制标准和计算方法、基床换填厚度、过渡段设计、排水设计、过轨管线埋设深度等,为无砟轨道的成功铺设创造了条件。

桥涵设计。对涵洞分节设计、配筋、边墙最小厚度,对桩基础计算理论及参数取值,对桩基承台配筋、大跨度连续梁设轨道伸缩器、钢箱结合梁桥面板设计等方面提出了较好的咨询意见,对重点桥梁进行了车桥耦合动力响应分析,在满足高速设计质量方面提供了有价值的帮助。

隧道设计。对隧道防排水设计、Ⅱ、Ⅲ类围岩衬砌配筋和长大隧道救援安全设计等方面提出了有价值的意见,外方咨询选择代表性隧道进行了空气动力学分析,明确了设置洞口缓冲结构的边界条件。就"防水型隧道"、"排水型隧道"的设计理论和计算方法与设计单位进行了深入探讨,对提高隧道设计质量和完善我国高速铁路隧道设计理念方面起到了积极的作用。

施工技术方面。在站前施工图设计咨询接近尾声时,及时调整资源,把咨询的工作重点及时转移到现场施工的工艺工法咨询。在高性能混凝土施工、沉降监测、A/B组填料施工、隧道铣挖法施工工艺、隧道超前地质预报、预制箱梁混凝土灌注、张拉、养生作业指导书,移动模架现浇简支箱梁施工工艺、双块式无砟轨道施工工艺等诸多方面取得了较好的成果。

(二)坚持合署办公的运作模式,有效提升了项目管理水平

有效实现资源整合,减少管理环节。将业主方的建设管理资源与咨询方提供的资源统一整合,把咨询方的一个项目管理室、4个咨询分部和2个工程试验室同业主方的武汉5个管理部门和沿线4个建设指挥部纳入统一的管理机构,共同进行项目管理,起到了对建设管理的补充和延伸作用,有效提升了项目管理水平。在安全质量体系的制定、设计文件的审核、施工组织设计审核、监理管理、工程试验等方面,发挥了积极的作用。

第十四章 信息化管理

在我国铁路建设快速发展的新形势下，铁道部领导以前瞻性、战略性的眼光，提出把信息化作为搞好标准化建设管理的重要手段和可靠支撑。武广公司按照部领导的要求，从项目前期工作开始，就积极主动参与并推进铁路建设项目管理信息系统（RCPMIS）的立项和可研工作，成功试点应用了RCPMIS，并配合铁道部信息中心课题组研究开发和成功应用了V2.0版、V2.1版、V2.2版，还成功应用了视频会议、视频监控系统。建设项目管理信息系统是现代工程建设管理的重要手段，它将全新的建设理念和计算机网络技术有机地结合在一起，使工程建设管理更加规范、全面、可控、高效。在武广铁路客运专线工程建设中全方位、全过程实现建设项目的信息管理，是工程建设达到优质、高效，实现"三个一流"目标的基础，是实现"把武广铁路客运专线建成我国铁路客运专线的示范性工程和我国铁路现代化的标志性工程"目标的保证。

第一节 信息化系统的建立

一、项目信息管理系统建立的原则

按照整体规划，瞄准一流，着眼长远；分步实施，滚动开发，满足需求；突出重点，强攻难关，力求实效；规范管理，写到做到，做到有效；强化领导，全员参与，科学分工。在系统实施过程中对每项工作予以层层分解，落实到人，采用包保的方法，按规定时间完成。实施过程中要向参建单位宣传项目管理的理念，充分调动和发挥参建单位的积极性。

系统建设的主要目标是以建设单位需求为基础，整合工程建设过程中所有基础数据和重要数据，在管辖的范围内建立一个以网络技术、计算机技术与现代信息技术为支撑的，具有工程、管理、标准和办公功能的信息平台。在该平台的支持下，集成国际领先的专业项目管理软件，对项目进度、成本、质量、安全实施有效的动态管理和控制。

系统建设与实施涉及公司项目管理的全方位，涉及公司全体员工、参建单位人员的管理理念、管理运作模式，以及公司各部门之间、与咨询公司、承包商、供应商等的业务协同，是管理思想、方法、手段的再造。强有力的领导和协调是系统建设与实施的关键。为此，武广公司成立了系统建设领导小组，下设办公室；根据系统建设的需要，成立各个功能模块的项目小组。

二、项目管理信息系统建立的过程

2004年5月，铁道部在组建武广铁路客运专线建设筹备组的同时就明确指出，建设武广铁路客运专线必须引入现代工程管理的手段——RCPMIS，使项目管理更加规范、全面、可控、高效。武广公司按照早谋划、早上手、早实施的原则，积极建立和实施RCPMIS，其过程可以分为四个阶段。

（一）酝酿准备阶段

2004年8月至10月，武广公司筹备组组织全体人员认真学习项目管理及信息系统的有关知识，切实转变思想观念，树立新的项目管理理念。为保证项目管理信息系统建设方案设计的科学性、合理性，公司组织专业技术人员专程赴三峡等地进行考察，聘请外籍专家进行技术咨询和交流，广泛征求意见。按照高标准、高起点、高规格、高质量建设项目管理信息系统的思路，武广公司多次组织召开专题会议进行反复论证，研究制订初步方案。2004年12月10日，武广公司在北京组织专家对武广项目管理信息系统选型进行了充分论证，为高起点构建信息系统平台打下了基础。武广公司结合武广铁路客运专线建设的实际需求，对武广铁路客运专线项目管理信息系统进行了统筹规划，确立了信息系统建设的指导思想、总体目标、技术方案，为下一阶段工作创造了条件。

（二）开发建设阶段

2005年1月，铁道部成立信息系统项目组，提出《铁路建设项目管理信息系统可行性研究》，铁道部有关部门也相继下发了铁路建设项目管理信息系统建设的相关文件。在部信息中心项目组领导和工作人员的帮助和共同努力下，经过前期的充分论证与规划，武广公司编写了《项目管理信息系统实施大纲》，正式启动了项目管理信息系统的开发与建设。按照规范管理的要求，运用系统论和控制论等科学管理思想，组织编写了项目管理体系文件，包括管理体系、程序文件、管理制度、作业标准及岗位职责等，为项目管理信息系统的建立奠定基础。

根据武广铁路客运专线项目管理的需求，与部信息中心共同组织参与系统设计的业务人员和程序人员深入管理工作全过程，调查了公司综合部、计划财务部、工程管理部、技术装备部、安全质量部、建设指挥部以及各参建单位有关管理工作，明确了各相关方、不同层次的需求，确定了基础数据编码和业务流程，参与完成了系统需求分析、系统设计、程序设计、程序测试、联网测试。

（三）实施应用阶段

系统的建设和应用以项目管理为中心，以业务系统扩展为重点，遵循“统筹规划、分步实施、应用驱动、数据着手”的指导原则。系统建设是一项巨大的系统工程，具有多元化、多层次、多学科交叉的特点，并具有广泛性和综合性，要根据铁路工程建设项目管理内部的实际需要和将来发展，充分考虑到公司的实际需求，在铁道部的领导下，全面规划信息系统的总体目标、技术方案、基础数据编码和业务流程，明确各相关方、不同层次的需求，建设一个既能满足公司工程管理需求，又能满足铁道部综合管理、决策要求的信息系统。系统涵盖项目管理的所有子系统，根据武广公司的实际情况，采取了急用先上，缓用后上，预留发展容量和接口的分步实施方案。逐步建成了覆盖公司各部门、各建设指挥部以及各参建的咨询、监理、施工单位的管理信息系统。信息系统共分为OA、合同管理、成本管理、验工计价、质量管理、进度管理、物资管理、调度管理等20个子系统，涵盖项目管理的所有职能，使武广铁路客运专线的每一份合同、每一份文件、每一个单位工程等都纳入了管理信息系统，办公管理、合同管理、验工计价、进度管理等工作基本上实现了通过信息系统来运转的目的。

系统实施范围为武广公司和参建个单位的项目管理信息的建设，具体包括网络建设、应用服务器和数据库服务器以及相关设备、各建设指挥部网络和管理终端、视频会议系统，VPN通道和工程建设项目管理软件二次开发、软件调试，数据库建立和维护等。

2006年4月，铁道部组织在武广公司召开了“铁路建设项目管理信息系统推广应用现场会”，全路各客运专线公司(筹备组)、相关铁路局、设计院和部内有关单位参加，武广公司介绍了系统试点应用经验，并进行了系统演示。同年6月，铁道部组织在合肥召开“全路建设管理现场会”，武广公司再次向全路建设同行讲解了系统构建目的、意义、做法、经验并演示了系统，对全路建设管理和信息化工作起到示范作用。

（四）巩固提高阶段

在召开推广会和现场会后，许多客运专线公司纷纷来电、来函联系交流或参观考察，掀起了铁路建设项目管理信息系统建设的热潮。武广公司以此为新的起点，总结经验，扎实苦干，继续全面推进项目管理信息系统建设和深入应用，巩固基础，不断创新、提高。武广公司不断总结经验和教训，分析建设管理业务流程和管理需要，分析软件的优势和不足之处，与部信息中心课题组一起整合业务需求、优化系统功能，配合完成设计管理、监理管理等系统的开发工作和原三峡公司开发的合同管理等软件改造工作，2007年，形成了功能齐全、能够满足建设项目管理需要的铁路建设项目管理信息系统V2.0版及后续升级的V2.1和V2.2版，同时，视频会议和视频监控系统也得到全面应用，办公自动化程度和现场监控水平有了很大提高。信息系统在武广铁路客运专线全线得到全面、深入应用，形成了武广公司与施工、监理、设计、咨询等参建单位进行有效沟通和建设项目管理的平台，为有效控制项目工期和投资，加强质量、安全管理，为一流管理建设一流铁路提供了手段、工具和技术保证。

三、项目管理信息系统功能

武广公司全面应用了RCPMIS，包括办公管理、资料管理、岗位管理、项目规划和编码管理、投资管理、进度管理、质量管理、安全管理、合同管理、招投标管理、设计管理、监理管理、物资管理、计划统计、验工计价、调度管理、风险管理、综合信息发布等子系统，还部署应用了手机短信、视频会议和视频监控系统。

1. 办公管理

RCPMIS系统提供协同办公平台，是一个通用的可配置的构件式无纸化办公平台，通过灵活的参数化配置操作，完成办公作业信息流在各业务部门之间的收发流转操作。主要包括即时通讯、信息发布、公文流转、工作管理等模块。

(1)即时通讯。实现点对点的即时信息交互、消息广播、多媒体对话、文档传递与分发操作等功能。即时通讯是用户之间直接沟通、协同工作的桥梁，是即时信息上传下达高效、可靠的有效手段之一。

(2)信息发布。通过灵活的参数化配置与界面设置操作，建立具有企业文特色的信息交流与沟通方式。实现多级管理部门之间的信息沟通与共享。

(3)公文流转。支持Word留痕、手写签名、电子签名、印章处理、文档保护、发文笺处理、处理记录打印等功能，公文流转系统与文档管理模块无缝集成。系统提供流程设计器方便用户根据各自需要制定流程，以工作流为驱动，提供规范的文档流转过程控制和资料管理与查询功能，可实现完整的文档生命周期管理。借助于图形化的流程设计器，结合通用流程驱动，实现公司内部及与各参建单位之间不同类型的文档的收、发、存操作。

(4)工作管理。既是个人工作管理的有效助手，又将个人工作与部门计划有机的结合在一起，实现工作任务的分发、汇报、审批、总结、考核一体化管理。

2. 资料管理

提供可自定义的资料分类体系，具备采集各种格式资料的功能，建立项目资料库及技术标准库，可根据不同条件进行资料的查询，可对资料库的各级目录设定用户浏览权限，使用户只能在自己具有相应权限的资料库中进行操作。

3. 岗位管理

根据项目组织结构(OBS)进行岗位设计并对岗位进行定义、编码和管理，建立平台统一用户与岗位人员，由授权管理员统一管理。进行用户身份注册与岗位设置操作。

4. 项目规划和编码管理

以铁路工程概预算编制办法、铁路工程质量验收标准、现行标准化管理办法为依托，建立行业性基础编码体系。并将其融入到工程质量、进度、投资等过程管理当中。细化管理结构、落实责任主体，实行节点控制。建立以项目、工程组织结构为主体的WBS结构。

(1)以工程建设单位、指挥部、标段、施工单位为主体的企业项目结构(EPS)—WBS第一层次；

(2)以工程专业、单位工程划分为主体的工程项目结构(PBS)—WBS第二层次；

(3)以分部、分项工程为主体的质量、成本、进度细化结构—WBS第三层次。

5. 质量管理

质量管理是铁路建设项目管理信息系统的一个重要组成部分，它主要用于保证工程实体质量，以达到建设工程使用功能。系统依据国家和铁道部有关工程质量管理政策和法规、技术标准、规范、规程和验收标准等为依据，围绕工程质量工序检验、事件检测、过程试验、检查整改、信用评价等功能展开。

建立铁路行业质量管理体系标准，进行质量控制单元分解，登记质量检查记录、工程试验，进行材料和试件检测质量控制，还提供了质量信息(质量缺陷及事故)统计分析和质量信息评价等功能。

6. 安全管理

建立以安全台账、安全检查、安全生产天数为核心的数据管理功能、包括建立安全管理标准体系、安全计划管理、安全天数登记、安全事故登记、安全文档管理、安全记录登记与监控管理以及安全管理信息发布功能。

7. 进度管理

以网络计划图为中心进行时间进度管理，内容包括：活动分解并编制项目进度计划，生成网络图、横道图和里程碑图，通过审批形成项目进度管理的基线；自动标注关键线路；项目进度实时汇报，形成前锋线；进度变更管理；提供包括网络图、甘特图在内的多种分析工具；进度统计、分析、报告等。

8. 调度管理和形象进度

为实现工程调度信息化管理，加强建设单位对工程项目进度的实时掌握和管理，并进行及时、有效的指导。调度管理系统一改过去复杂、低效的手工操作和单纯的点对点管理模式，实现对工程项目进度的动态控制和管理，在网络的支持下，实现迅速、全方位的信息采集和汇总，为公司对工程项目进度管理和及时进行有效的决策提供依据。

施工调度管理系统除了传统意义上的施工调度工作之外，还加入了投资完成情况、人员设备、安全质量等方面的内容。其主要工作内容有：

(1)施工计划编制。

(2)调度报表编制。

(3)单位工程形象进度图绘制。

(4)重点控制工程进度分析。

以实物进度管理为重点，按照单位工程为节点实现进度台账、图形化形象进度的分解与上报操作，实现由台账—周报—月报的数据归集与汇总功能。建立以横道图为主体的进度分析功能，实现与铁道部级系统平台的实物进度数据传输与上报操作。

9. 投资控制和计划统计

投资控制是对项目管理各个阶段的投资进行管理，达到全过程的投资控制。系统包括投资计划的管理(建议计划、下达计划、调整计划、计划汇总)，统计管理(投资完成汇总、分省汇总、明细汇总)，项目过程中投资完成情况和成本费用的管理(降造费、其他费用、预备费、动态投资)。

与合同、验工计价建立资金链条，按照发生成本的投入产出情况建立投资分析(收支对照，成本对照，成本归集)功能。

10. 合同管理

以合同基本信息、清单、履约信息、统计分析为重点进行管理。包括合同基本信息维护、合同评审、变更和索赔管理、合同支付、合同信息的统计、分析和预警的功能，合同验收管理等。

系统对各业务应用下的变更进行统一管理，建立以清单为核心的变更申请、审批功能，审批后的清单变化量直接转入变更计价过程当中。

11. 验工计价

从合同管理中提取清单数据，形成验工计价的依据。施工单位按照台账上报季度/月度完成数据，计算汇总后生成季度/月度的完成数量表，同时计算产生本年、开累完成和剩余数量，上报监理、建设单位审批。

系统还充分考虑了变更管理和变更设计计价。支持合同内计价、施工图量差计价、变更设计计价、设备计价、价差及调整计价。系统计算完成后，根据铁道部和武广公司的相关文件生成各类台账、报表。

12. 物资管理

按照甲控、甲供两种模式建立物资管理系统功能。以施工项目部所属的施工分部作为物资核算基本单位，依此考核物资需求计划、供货情况、物资消耗(消耗/领用)情况等，以追溯物资的来源和物资的去向。

13. 设计管理

以施工图管理为核心，支持建设单位按职责要求实施工程各阶段的设计管理工作。主要包括前期设计管理、供图计划管理、施工图管理、设计配合联络单、设计相关文档管理、设计考核管理等功能。

14. 监理管理

以铁路工程建设监理规范为依据，侧重于监理与建设、施工、设计单位的信息交互。系统主要包括监理月报、监理试验(平行、见证)、过程管理(监理指令的收、发、存)、静态资料、信用评价等功能。

15. 招投标管理

建设单位承担的招投标管理工作应包括：编报招标计划，提出招标申请，组织编制招标文件，委托招标代理单位具体进行招标工作，确定中标单位并签订合同，报送招标工作报告等。主要应用对招投标结果及招投标过程中形成的文档进行管理。

16. 风险管理

主要包括建立风险管理体系，确定风险管理流程；编制风险管理计划并支持计划变更流程；对项目各个阶段进行风险识别，利用工作分解结构对风险进行审查；提供灵活的风险评估手段；制定风险评估对应措施等功能。

17. Web信息发布与查询

WEB信息发布/查询系统是一个综合性系统，集中发布铁道部和本公司相关政策法规、作业规范和标准、工程设计技术标准、机构设置、岗位责任、人员联系方式，以及工程项目过程中关键领域（如进度、成本、合同、质量、安全）综合信息的发布/查询。

18. 手机短信

应用手机短信模块，与信息系统无缝连接，可以在系统中发布通知或通过即时通向相关人员手机发送短信，在紧急通知或即时掌握动态信息方面起到很好作用，以最短且便捷的方式实现信息及时传递。

19. 重点工点视频监控

对于重点控制工程建立作业面的视频监控系统，在中铁八局、一局、十一局、十二局等现场工地安装了一部分视频监控系统。进行远程监控对现场规范作业，建立标准化施工现场，对保证施工安全、提高施工质量起到重要作用。

20. 视频会议系统

采用Avcon软件视频会议系统，投资小、部署快，并且能够满足公司与下属建设指挥部，以及与各参建单位的视频会议要求，具有较好的会议效果，节约了大量用于会议用车、用餐等日常费用，并且节省了公司人员和参建单位人员的往返路途时间，提高工作效率。

第二节 信息化系统的运行

一、项目管理信息系统运行保障措施

（一）规范项目管理，科学确定需求

武广公司根据现代项目管理的理念，铁道部"六位一体"标准化要求，结合武广铁路客运专线"小业主、大咨询"建设管理模式的需要，制定了项目管理体系文件（各项管理办法、规章），再根据管理体系提出系统的用户需求。

（二）结合实际，动态改进系统和管理

在系统各模块试用阶段结合现场的实际提出系统的修改意见，在实用阶段根据系统的流程和要求对标检查，对各模块软件进行修改和完善或是改进项目管理制度，使信息系统和建设管理在使用中进入良性循环，不断完善，持续改进。

（三）制定办法，落实管理，确保系统稳定运行

为保证武广公司的铁路建设管理信息系统能够高效运行，武广公司依据《中华人民共和国计算机信息系统安全保护条例》、公安部《中华人民共和国计算机信息网络国际互联网管理暂行规定》、《计算机信息网络国际互联网安全保护管理办法》、铁道部《关于加快铁路建设项目管理信息系统建设的通知》（铁计函〔2005〕341号文件）、《武广铁路客运专线建设项目管理信息系统实施大纲》等有关法律法规、规章文件，制定了《铁路建设项目管理信息系统运用管理及考核办法》。

按照《铁路建设项目管理信息系统运用管理及考核办法》要求，武广公司成立了总经理为组长、各部门负责人为组员的系统运用管理及考核领导小组，并设置系统运用管理及考核办公室。领导小组、考核办公室、武广公司各部门、各参建单位依据信息系统运行管理方面的职责要求，积极落实系统接入及安全维护工作、设备维护工作、考核管理工作，确保了系统在广域网上运行稳定。

（四）细化合同条件，保障系统推广

武广公司在招标时在专用合同条款中提出信息化管理的要求，督促施工单位构建具备接入系统、运行系统的基本硬件和软件平台，以保障系统的推广。例如新建铁路武汉至广州客运专线乌龙泉—花都段站前工程施工招标文件（招标编号：JS 2005—63）的合同专用条件1.12信息化管理中，对武广铁路客运专线项目信息管理和项目监控提出以下要求。

（1）承包人应建立信息系统，自成网络后通过互联网与发包人网络相连。发包人采用铁道部统一开发的"铁路建设项目管理信息系统"，承包人的信息系统必须满足与发包人系统连接的要求，其中编码、工程分解、

计划进度、验工计价、安全管理、质量控制、工程调度以及其他项目管理所需的数据的传输、交换必须符合"铁路建设项目管理信息系统"的规定。

(2)承包人信息系统所采用的通道要求2～10 M带宽进入Internet骨干网与发包人连接，VPN设备要求明文转发速率大于30 Mbits/S、3DES加密速率大于2 Mbits/S、最大并发隧道数大于10条，最大并发连接数大于5 000条，内置防火墙功能。

(3)为确保项目管理信息系统数据的完整性和及时性，承包人的信息网络必须覆盖各施工工区，各工区通过专线或internet与施工项目部相连接形成施工标段的网络，各工区按照项目管理的需要配置适用数量的终端设备。

(4)承包人必须建立视频电话会议系统，系统满足与发包人视频电话会议连接的兼容性。

(5)发包人将规划全线的工程视频监控网络系统，标段的视频监控网络将是其子系统。承包人应对重点和控制工程建立视频监控网络，视频图像采用相对集中储存，各监控点的图像储存必须满足48 h的要求。视频监控的技术要求应符合规划的要求。

(五)加强宣传与培训，推进系统运用

由于系统的数据来自现场，因此参建单位的运用成为系统运用成败的关键，为此武广公司领导和各部门利用各种机会大力宣传项目管理的理念，特别是精细化管理对参建单位成本控制的好处，使参建单位从思想上消除了信息系统的顾虑。同时武广公司积极组织对施工单位进行项目信息管理系统各个模块使用的培训，每次培训都落实到各单位的每个具体工作人员，以充分了解各施工单位实施项目信息管理系统存在的问题，共同提出解决的办法，迅速让施工单位按照项目管理信息系统的要求进行项目管理，使武广公司的系统运行效果稳步走在全路前列，达到了节约管理成本、提高管理效率、提供迅捷的科学决策依据的目的。

二、信息化系统应用的效果

项目管理信息系统的建设和应用，直接导致了管理方式的变革，对提升建设管理水平起到了积极的推动和促进作用，具体体现在以下几个方面：

1. 满足了巨大信息量处理的需要

武广铁路客运专线建设规模大，过程中需要处理大量的表格、数据等各类信息。应用项目管理信息系统后，所有的表格信息和数据都是通过电子流程运转，随时随地均可调用、查询、检索到想要的资料，实现了以公司的信息中心服务器为核心，各单位项目经理部和工点与公司大量的信息交换、实现了信息在参建各方之间的快速传递和共享。通过信息平台，各单位能够及时了解武广工程的最新进展、了解工程建设中一些好的做法和经验，激励各单位发扬长处、克服不足，并积极开展竞赛活动。

联调联试期间，联调指挥部每天联调指令的发布、行车计划安排、安全质量问题的整改、缺陷的完善全部通过信息系统进行发布，很好地满足了联调工作对于信息的快速反应和传递的需求，有力地确保了联调联试安全、有序、快速进行。

2. 支持管理人员承担了大量建设管理工作

应用信息系统设定的工作流程、建立的数据库和提供的图文报表操作，减轻了管理人员工作强度，极大地提高了工作效率。应用项目管理信息系统后，在硬件环境和网络系统正常、信息安全可靠的前提下，由于系统具有能够支持网上远程作业、无纸化办公、网上验工计价和财务结算等功能，公司大部分决定和通知都是通过计算机网络发送至各参建单位，各参建单位与公司的关联工作也均是通过计算机网络来实现，减少了以纸张印刷发送的各种文件。使用视频会议和电话会议功能，节省了时间，降低了管理费用。公司领导随时对业务部门工作了解，加快了部门间信息的传递速度，减轻了劳动强度，极大地提高了工作效率。

3. 加强了对施工现场的远程监控

武广铁路客运专线点多、面广、难度大，按照"小业主、大咨询"的管理模式，在现场安全、质量、进度控制方面，工作量巨大，人力难以企及全面。而信息系统的运用，为强化现场管理搭建了一个崭新的平台，提供了可靠的技术保障，通过安装在重点控制工程工点的视频监控系统，可以进行远程实时重点监控，打破了时间与空间上的限制，随时随地可以查看现场安全、质量、进度情况，能完成过去需要大量的人力物力才能完成的工作量，提高了现场管理可控性，实现对项目进度、成本、质量、安全实施有效的动态管理和控制。

4. 大量节省了会议成本

建设期间，公司利用信息系统的视频会议系统，将沿线 1 000 km 范围内的建设、设计、施工、监理单位分头集中在武汉(公司机关)以及长沙、郴州、广州建设指挥部，召开每月一次的月度建设工作会议和有关专题会议，实现了面对面的交流沟通，实现了快速反应，大量节省了会议成本。

5. 提升了建设管理水平

信息系统的建设应用，促使公司按照科学化、系统化、程序化的要求进一步建立健全了管理制度，优化了作业流程，规范了管理行为，提升了管理质量。由于信息系统的运用，许多管理工作都是通过“人机对话”来实现，减少了人为随意性，使建设管理按照规范化的程序有序进行。同时，信息系统的运用使管理工作更加精细化。工程结构分解比较清晰、明确，涵盖的信息较全且不易出错，能清楚分解到检验批。以单位工程和结构部位建立台账，将施工图数量与工程量清单有机地结合起来，细化了成本控制。

第十五章 物资管理

武广铁路客运专线物资管理的特点是:"高、新、大、紧、严",即:技术标准高、品种规格新、需求数量大、供应时间紧、质量控制严。因此,在实施过程中,物资管理遇到了不同于普通铁路建设项目的新情况。

第一节 物资采购

一、大宗物资需求数量及资源分布情况

武广铁路客运专线大宗物资需用量大,如钢材约 200 万 t、水泥约 2 000 万 t、新型轨道结构材料 1 700 多 km,涉及的物资设备品种规格繁多,而且用料时间相对集中,供应难度大,供应过程复杂。由于近几年国家建设投资增长迅速,加上中部崛起战略的实施,使得项目沿线资源比较紧张。例如低碱水泥,沿线只有有限的几个水泥厂能生产质量稳定的低碱水泥,其产量只占其总产量的约 1/3;区域内生产大型建筑钢的骨干钢厂不多,靠铁路从外地运输,又受京广铁路运力的限制,尤其是春运、暑运基本没有货物列车开行。武广铁路客运专线在全线同时集中实施,使得区域内原本资源偏紧的弱平衡被迅速打破,大宗料采购及供应均出现紧张状况,沙石料等地材价格更是显著上涨。

二、把住源头,集中招标

物资投资占工程投资 60%以上,武广铁路客运专线建设高峰期的 2007 年、2008 年物价显著上涨,既要保证物资供应与又要控制合理的成本矛盾为工程建设带来了不少难度。武广铁路客运专线物资设备在工程合同中约定分三类管理,即甲供料、甲控料和施工单位自购料。钢轨、道岔、扣配件、轨枕等轨料为甲供料部管物资,由部物资部门组织建设单位招标采购供应;电力变电设备、牵引变电设备、接触网设备器材、车辆维修、运营维护设备、信号设备、通信设备等建设单位管甲供料由公司技术部门牵头招标采购供应。构成工程实体的钢材、水泥、钢绞线、土工材料、防水材料等主要原材料为甲控料,按照《工程建设项目货物招标投标办法》(七部委第 27 号令)的规定由施工单位与公司共同统一招标采购。地材等其他材料为施工单位自购料。

关于甲控大宗物资的招标,从合理配置区域资源考虑,要避免施工单位之间片面强调本单位局部利益而哄抢有限资源;从保障供应角度考虑,要结合京广线运输紧张情况,尽可能在区域内解决资源供应;从降低成本考虑,要用规模优势整体对外,避免各自为战陷于不利局面。基于这些认识,广大施工单位统一了思想,认为应该整体一次性招标。按照国家和铁道部的有关规定,纳入工程总承包的物资由施工单位和建设单位共同招标,施工单位是责任主体,建设单位参与并监督招标。在铁道部纪检监察机关不对施工单位为主体的招标过程进行直接监督的情况下,公司为慎重起见,除公司监督外,还特别邀请了招标人的上级单位中铁建总集团公司、中铁工总集团公司的纪检监察部门监督招标过程,对招标工作实施"双重"监督。集中招标由各施工单位分别委托部分施工单位作为招标人代表招标,所有单位全程参与招标的各项工作,包括讨论招标文件、确定评标方法、开评标等,招标工作在"公平、公正、公开"的原则基础上体现了各施工单位的共同意见。

从招标结果看,招标选择的都是各省流通领域前三名的供应商,生产厂家都是国家级或者区域性的行业龙头或者骨干企业,所提供的产品都是名牌或者国家免检产品。招标全过程及招标结束后没有不良投诉。从合同实施情况看,尽管受原材料价格上涨、资源紧张的影响,但供应商的整体供应情况都比较好。

从采购成本看,达到了经济合理的目的。据粗略统计,钢材、水泥两项合计节约成本约 3.22 亿元。

不具备招标条件的物资采用供应商目录管理,由施工单位自主采购。施工单位考查推荐供应商,公司组织参建各方审查确定并公布合格供应商目录。

第二节 物资供应

一、加大协调力度，保障甲控大宗物资供应

(一)大宗物资供应数量巨大、供应时间集中、不设中转库，保供问题比较突出

例如混凝土采用搅拌站集中拌和，高峰时段全线需使用10万t散装水泥，无法储存，全部依靠罐车不间断运输，同时赶上地方上治理公路超重，保供压力非常大。为搞好大宗料的供应，在招标阶段和供应阶段分别做了以下工作：在招标阶段，通过招标文件特别约定供应商必须制订生产、储存、运输各环节完整的供应方案和应急供应方案；在供应阶段，督促供应商考虑施工期的不平衡供应问题，处理好满足武广铁路客运专线供应与其满足社会客户需要的矛盾。另外，由于一些复杂技术问题的研究，使施工过程经常出现停工又赶工，从而导致不同施工单位之间、同一施工单位不同项目队之间哄抢钢材、水泥的问题，公司物资部门都进行了及时协调，一一化解了这些供应矛盾。

(二)高新物资设备货源紧缺，保供难度大

例如，耐久性混凝土使用的粉煤灰高于国家一级标准，由于南方燃煤煤质不好，致使一级粉煤灰稀缺、价格高昂、供应紧张。粉煤灰从概算价的每吨数十元，涨到每吨300多元。生产双块式轨枕的超细水泥要从河北通过2 000 km的公路运输运到现场，供应价达到每吨2 000元以上，是普通水泥的5倍，即便这样还供应数量稀少。隧道里面接触网使用的槽道，由国外生产，只有一个厂家生产，属于典型的卖方市场。上述高新物资设备不一一列举，其供应协调都比较困难，公司与施工单位一道付出了耐心、责任心和艰苦的努力。

(三)原材料价格上涨，增加了保供难度

供应期内，由于社会性物价涨升因素，原材料价格飞涨，造成许多供应商微利供应，甚至还处于亏损边缘。尽管受原材料价格飞涨、资源紧张的影响，经过公司物资部门和施工单位超前谋划、及时协调，绝大部分物资设备供应情况比较好，满足了施工需要。

二、科学组织，创新甲供物资供应

(一)钢轨供应

在供应过程中遇到了三大困难，即：生产难、焊接难、运输难。时速350 km的UM71百米定尺钢轨在国内三大钢厂首次批量生产，由于生产经验少，成材率低，而供应需求集中，导致三大钢厂满负荷生产仍然不能保障供应。百米定尺钢轨需从钢厂运往定点铁路焊轨厂焊接成500 m的长钢轨，再把500 m长钢轨运到现场铺轨。由于路内11个焊轨厂生产线都是新建的，以往没有500 m高速铁路钢轨焊接经验，所以500 m长钢轨的焊接能力也不能满足要求。经铁道部协调，调动全路11个焊轨厂中的7个焊轨厂集中焊接500 m长钢轨。用普通平板车大量运送百米钢轨和500 m长钢轨在国内也是首次尝试，由于车、转向支架、装卸等问题，钢轨的运输困难一直伴随供应全过程。经过公司向铁道部、钢厂、铁路局、施工单位等各方的沟通和努力，克服了钢轨供应中的三大困难，全线共供应钢轨2 042 km。

(二)高速道岔供应

供应过程比较曲折，主要体现在生产紧张、运输紧张、倒运困难。高速道岔在德国生产，海运到国内合资道岔厂组装。由于施组调整和合资道岔厂不能按计划形成产能，道岔生产一直紧张。为缓解道岔铺设工期不够的矛盾，公司还创新采用了部分板式道岔。为了督促工厂加快生产进度，公司与施工单位联合组织专班专人驻厂督促生产和装车。用火车运输整体结构的高速道岔在国内没有先例，为了解决运输问题，经铁道部协调，采用特种平板车固定编组和特殊加固方案循环运输。

50号道岔，尖轨长达63 m，在国内第一次使用，其运输问题非常棘手。如果采用公路运输，需要采用特种长大平板车和大吨位吊车，并且费用昂贵。经过组织铁路系统内的专家多次反复论证，确定采用铁路长轨车和专门加固措施的运输方案，圆满完成了运输任务，费用非常节省，不到公路运输的十分之一，开创了50号道岔运输范例。

另外，公司还安排专门人员驻铁路局调度所全时段盯控钢轨、道岔、T梁等的运输在途情况，及时协调解决有关问题，确保轨料运输在铁路网内时刻保持畅通。

(三)调整件供应

调整件由外资公司福斯罗公司供应,供应过程中有一些值得探索的地方。如此长大线路的无砟轨道精调在国内外没有先例,调整件的需求数量没有可供借鉴的例子。精调初期调整件的产能安排较少。供应过程中,尽管带有一定超前性的不断扩大产能,同时还每 2 d 从国外空运一个批次的调整件,供应仍然紧张。

在以后的轨道精调中,要提前充分估计调整件的使用比例及数量,在采购合同中要约定供应商的替换回收比例,在施工过程中可以探索调整件的再利用问题。

第三节　质量控制

一、严格分类管理,把住采购源头

按照甲供、甲控、自购三类管理,实行谁采购谁负责的质量职责,同时在施工合同中约定,不按规定采购的实施惩罚性赔偿。对于物资质量问题,按照“三不放过”的原则扩大分析,举一反三,追究责任。

二、细化质量控制措施,加大对料源地和物流过程的监控

对水泥、粉煤灰、钢材等采用了专窑(炉)生产、专库库存、专车运输、专人押运。对散装水泥、粉煤灰运输车辆实施启运时加装铅封、到达时确认铅封完整制度,防止物资在运输途中被调换。对道岔、支座、变压器等特殊物资设备实行第三方机构驻厂监造制度,确保源头质量良好。

三、强化监理单位的质量责任

监理单位除按照监理规范承担现场物资的检测试验工作外,还须按照监理合同约定参与物资的验收工作,对物资来源进行符合性验收,保证建设物资设备既合格又合规。物资合规与否是物资合格与否的重要保证,只有解决了物资来源合规的问题才有可能从根本上解决物资的合格性问题。公司采取周检(查)、月巡(查)的办法,对监理单位检查,支持监理对物资工作监督。

第十六章 队伍管理

第一节 对专业队伍要求

一、对投标人资格审查

武广公司《招标投标管理办法》第十七条规定，对投标人资格审查分为资格预审和资格后审。资格审查应主要审查潜在投标人或者投标人是否符合下列条件：

(1)具有独立订立合同的权利。

(2)具有与招标项目相适应的资质证书、生产许可证或特许证等。

(3)具有有效履行合同的能力，包括专业、技术资格和能力，资金、设备和其他物质设施状况，管理能力，经验、信誉和相应的从业人员。

(4)没有处于被责令停业，投标资格被取消，财产被接管、冻结，破产状态。

(5)在最近两年内没有骗取中标和严重违约。

(6)近一年无重大质量、安全事故以及施工造成的铁路行车重大、大事故。

(7)法律、行政法规规定的其他资格条件。

二、对承包人基本要求

通过合同通用条件和专用条件，表达武广公司对承包人项目经理及一般义务与责任的明确要求，强化对专业队伍的管理。例如新建铁路武汉至广州客运专线乌龙泉—花都段站前工程施工招标文件(招标编号:JS 2005—63)的合同条件，关于承包人的条款如下：

(一)通用条件

1. 项目经理

(1)承包人任命一名人员作为本工程的项目经理；如果承包人为联合体，应由各当事人共同任命一名联合体主办方人员作为项目经理。并授予其代表承包人根据合同采取行动所需要的全部权力。

(2)除非合同中已写明了项目经理的姓名，承包人应在开工日期前，将其拟任命为项目经理的人员姓名和详细资料提交发包人取得同意。如果未获得同意，或随后撤销了同意，或任命的人不能担任项目经理，承包人应同样地提交另外适合人选的姓名、详细资料，以取得该项任命的认可。

(3)未经发包人事先同意，承包人不得撤销项目经理的任命，或任命任何替代人员。

(4)项目经理应代表承包人接受根据第3.4款[指示]规定的指示。

(5)项目经理可向任何胜任的人员委托任何职权、任务和权力，并可随时撤销委托。任何委托或撤销应在发包人收到项目经理签发的指明人员姓名、并说明委托或撤销的职权、任务和权力的事先通知后生效。

(6)项目经理和所有这些人员应能运用第1.4款[语言文字和适用法律、标准及规范]规定的语言和文字进行交流。

2. 承包人的一般义务和责任

承包人应按合同文件规定的时间和内容履行一般义务和完成下列工作：

(1)遵守与本合同工程有关的法律，并保证发包人免于承担由于承包人违反上述法律的任何责任。

(2)按照合同和发包人的指示，实施和完成工程，并修补工程中的任何缺陷。

(3)提供合同规定的生产设备和承包人文件，以及此项施工、完工和修补缺陷所需的所有临时性或永久性的承包人人员、货物、消耗品及其他物品和服务。

(4)按合同约定的内容和时间要求，编制实施性施工组织设计、施工措施计划，报送监理审定后组织实施，并对所有现场作业、施工方法和全部工程的完备性、可靠性和安全性负全部责任。

(5)当监理提出要求时，承包人应提交工程施工安排和方法的细节。事先未通知监理，对这些安排和方法不得做重要改变。

(6)承包人应编制并随时更新一套完整的、有关施工情况的竣工记录，如实记载竣工工程的准确位置、尺寸和实施工作的详细说明。上述竣工记录应保存在现场，应在竣工试验开始前，提交正本给发包人。

(7)负责绘制并向发包人提供工程的竣工图，表明整个工程的施工完毕的实际情况，提交发包人根据承包人文件的规定进行审核。承包人应取得发包人对它们的尺寸、基准系统及其他相关细节的同意。

(8)在签发任何接收证书前 21 d，承包人应按照合同中规定的份数和复制形式，向发包人提交上述相关的竣工文件。在发包人收到这些文件前，不应认为工程已经按照第 10.1 款[竣工验收]规定的接收要求竣工。

(9)当承包人在查阅、核对合同文件或在本合同工程实施过程中，发现有关的工程勘察、设计、技术规范、图纸或其他资料中的任何差错、遗漏或缺陷后，应及时书面通知发包人和监理。

(10)承包人不得将发包人支付的预付款转移或用于本合同工程之外的其他工程。承包人应随时接受发包人或监理对工程资金使用情况的检查，对于检查中发现问题及时纠正。

(11)承包人应按监理的指示为其他人在本工地或附近实施与本工程有关的其他各项工作提供必要的条件。

(二)专用条件补充条款

“承包人的一般义务和责任”补充：

(1)承包人应提供的计划、方案、报表完成时间：实施前 14 d。

(2)需承包人办理的有关施工场地交通、环卫、施工噪音、振动管理等手续：开工前。

(3)已完工程成品保护的特殊要求及费用承担：由承包人自行承担费用。

(4)施工场地周围地下管线和邻近建筑物、构筑物(含文物保护建筑)、古树名木的保护要求及费用承担：承包人主动配合发包人办理，费用由发包人负责。

(5)施工场地清洁卫生的要求：达到铁道部及工程所在地安全文明工地要求。

(6)发包人要求承包人应配合的工作：

①承包人应积极配合发包人及第三方的试验工作。

②在工程项目实施过程中，承包人应协助发包人进行办理征地拆迁工作，其主要内容包括：放地界桩、挖地界沟、测量数量、附着物及构筑物的清点和造册等，其职责详见《武广铁路客运专线建设协调工作及征地拆迁管理办法》(武广工〔2005〕82 号)。

(7)承包人应按照合同的各项规定，对工程进行施工和竣工，并修复其任何缺陷，完成后工程应能满足合同规定的预期目的。

(8)承包人应当提供为上述施工、完成工程和缺陷修复所需的全部监督管理、劳力、材料、生产设备和承包人文件，不论是临时性的或永久性的，只要提供上述各项的必要性在合同内已有规定或可以从合同中合理推论得到的，皆应及时提供。

(9)承包人如发现发包人提供的设计中有错误、遗漏、含糊、不一致、不适当或其他缺陷，则应将此类发现及时地通知发包人，发包人收到书面通知后应及时核实并尽快给予答复。承包人不应在发现上述事项时向发包人隐瞒，使发包人造成损失。

三、对承包人员工要求

通过细化合同条款，明确武广公司对承包人员工资格、雇佣、撤换、合法权益、无序行为等要求，强化对专业队伍的管理。例如，新建铁路武汉至广州客运专线乌龙泉—花都段站前工程施工招标文件(招标编号：JS 2005—63)的合同条件，关于承包人员工的条款如下：

(一)通用条件

1. 承包人人员

(1)承包人应为实施和完成本合同工程及其缺陷的修复安排技术合格和数量足够的下述人员：

①按投标文件附件中所列的各类专业技术和管理人员。未经监理的批准，这些人员不得无故不到位或

被替换;若确实无法到位或须替换,需经监理报发包人批准后,用不低于其资格和经历的人员替换。

②其他满足本合同工程需要的技术熟练、经验丰富的各类专业技术和管理人员。

③适应本工程需要的各类熟练的技术工人。

(2)承包人人员应具有与其所从事的工作相应的资格。承包人应在按第1款[承包人人员]要求提交的人员情况报告中,说明承包人人员持有上岗资格证明的情况。监理有权随时检查承包人人员的上岗资格证明。

2. 人员的雇用

(1)除非合同另有约定,承包人可自行雇用人员,并为上述人员及时支付工资,提供必要的工作和生活条件。但不得从为发包人、咨询或监理服务的人员中招聘。承包人应与其雇用的人员订立劳动合同,以明确双方的权利和义务。承包人应将劳务合同的副本报监理核查。

(2)如监理认为承包人按投标文件附件中所列数量派遣的人员不能适应现场施工的需要或不能保证工程质量时,监理有权要求承包人继续增派或雇用这类人员,并书面通知承包人和抄送发包人。承包人在接到上述通知后应立即执行监理的上述指示,不得无故拖延。

3. 人员情况的报告

承包人应在接到开工通知后28 d内向监理提交承包人在工地的管理机构以及人员安排的报告,其内容应包括管理机构的设置、主要技术和管理人员资格以及各工种技术工人的配备状况。如监理认为有必要时,承包人还应按约定的格式,定期向监理提交工地人员变动情况的报告。

4. 人员的撤换

承包人应对其在工地的人员进行有效的管理,使其能做到尽职尽责。如监理认为有必要撤换不能胜任本职工作或行为不端或玩忽职守的人员时,承包人应及时予以撤换。

5. 人员合法权益的保障和健康

承包人应充分保障承包人人员的合法权益,承包人应做到(但不限于):

(1)及时支付人员工资,所付工资标准应不低于国家规定的标准。

(2)承包人应按劳动法的规定安排其人员的工作时间,保证其享受休息和休假的权利。因工程施工的特殊需要占用休假日或延长工作时间,不应超过规定的限度,并按规定给予补休或付酬。在项目实施过程中应充分考虑和尊重法定的节假日,尊重宗教习惯和风俗习惯,由于承包人处理不当引起的费用或纠纷等责任由承包人自负。

(3)为其人员提供必要的食宿条件以及符合环境保护和卫生要求的生活环境,配备必要的伤病预防、治疗和急救的医务人员和医疗设施。承包人不应允许承包人人员中的任何人,在构成永久工程一部分的构筑物内,保留任何临时或永久的居住场所。

(4)按有关劳动保护的规定采取有效地防止粉尘、降低噪声、控制有害气体和保障高温、高寒、高空作业安全等措施。若其人员在施工中受到伤害,承包人有责任立即采取有效措施进行抢救和治疗,并承担全部抢救、治疗和赔偿等的费用。

(5)按有关法律,为其雇用的所有人员办理养老保险。

(6)负责处理其管辖人员伤亡事故的全部善后事宜。

6. 无序行为

承包人应始终采取各种合理的预防措施,防止承包人人员或其内部发生任何非法的、骚乱的或无序的行为,以保持安定,保护现场及邻近人员和财产的安全。

(二)专用条件补充条款

1."承包人人员"补充条款

(1)承包人人员上岗资格要求:应严格按照下述要求配备上岗:

①至少有50%的技术和管理人员具有10年以上的经验。

②至少有70%的技术和管理人员具有5年以上的经验。

③至少有30%的技术和管理人员具有高级技术职称。

④主要技术和管理人员参加过铁路客运专线知识培训。

⑤基层作业人员必须具有3年以上铁路施工经验，并经过承包人对其进行过客运专线知识培训。严禁使用民工包工队。

(2)项目经理、项目副经理、项目总工程师、副总工程师以及路基、桥梁、线路、质检专业技术负责人要求如下：

①投标文件中已写明确的项目经理及项目总工程师，未经发包人事先同意，承包人不得撤销项目经理及项目总工程师的任命，或任命替代人员。如果项目经理及项目总工程师在工程施工期间要暂时离开现场，应事先征得发包人的同意，任命合适的替代人员，并相应通知发包人。

②承包人任命的项目经理、项目总工程师、项目副经理、副总工程师以及路基、桥梁、线路、质检专业技术负责人，承包人如随意更换，按违约处理，承包人若更换项目经理、项目总工程师，支付违约金100万元人民币/人次；更换项目副经理、副总工程师支付违约金50万元人民币/人次，更换路基、桥梁、线路、质检专业技术负责人支付违约金30万元人民币/人次。

2.“人员合法权益的保障和健康”补充条款

(1)如果承包人拖欠所雇用的农民工工资三个月以上，经工程所在地劳动监察部门查明，发包人有权根据监察部门的要求，从应付工程款中直接扣除。

(2)承包人雇用的外籍人员。承包人可以雇用实施工程所需要的外籍人员。承包人必须确保此类人员所需的居住签证和工作许可。承包人应负责雇用的外籍人员返回他们招聘地点或户籍所在地。在任何此类人员或他们的家属在工程所在国死亡的情况下，承包人同样应负责对他们的送回或安葬做出适当的安排。

(3)消灭病虫害的措施。承包人应始终采取必要的预防措施，保护雇用于现场的所有职员与劳工免受病虫害侵袭，并减少对健康的威胁以及由此造成的普遍危害。承包人应遵守当地卫生当局的所有规章并安排使用经批准使用的杀虫剂对建于现场的所有房屋进行彻底的喷洒，此类处理每年至少应进行一次或按卫生当局的要求进行。

(4)传染病。当发生任何传染性疾病时，承包人应遵守并执行国家或当地医疗或卫生部门为处理及消灭此类传染性疾病所制定的有关规章、指令和要求。

3. 尊重宗教信仰

承包人或分包人及其人员在从事有关宗教信仰和民族习惯的活动时，应遵守国家有关法律的规定，并不应影响工程的施工。

4. 毒品或中华人民共和国法律明令禁止的物品

承包人应遵照中华人民共和国的法律，不得进口、销售、给予、易货交换或以其他方式处理任何毒品或中华人民共和国法律明令禁止的物品；不得许可或容许承包人人员进口、销售、馈赠、易货交换或处理上述物品。

5. 武器弹药及火工品

承包人不得向任何人给予、易货交换或以其他方式处理任何种类的任何武器弹药、火工品；或容许承包人人员进行上述活动。

6. 节日和休息日

承包人应尊重中华人民共和国公认的节日、休息日。

7. 个人收入所得税

承包人应依法为其所雇用人员代扣代缴个人收入所得税。

第二节 岗位培训

为提高武广公司及参建单位人员整体素质，推动培训工作走向科学化、制度化、规范化，2006年8月23日武广公司发布《武广铁路客运专线有限公司培训管理暂行办法》(武广综〔2006〕82号)，2006年12月27日武广公司进一步修订、发布《教育培训管理办法》(武广综〔2006〕125号)，明确了培训的管理机构与职能、培训的内容、形式与方法、培训周期与时间、培训计划的编制与实施、培训的检查与考核、培训经费的管理与使用、继续教育证书的管理与使用。

一、培训周期与时间的确定

岗位培训一个周期为5年，根据工作需要可以集中时间安排，也可以分段进行。具体规定如下：

(1)武广公司局级后备培训时间为3个半月；

(2)武广公司处级领导培训时间为3个月；

(3)武广公司优秀青年培训时间为2个月以上；

(4)武广公司机关、建设指挥部中的科级培训时间为1个月以上；

(5)武广公司关键岗位培训时间为1个月。

高、中级专业技术人员每年接受继续教育的时间累计不少于40学时，初级专业技术人员累计不少于32学时。其他人员培训，由武广公司结合实际，按照部有关规定组织。

二、培训计划的编制与实施

武广公司综合部依据铁道部培训计划和武广公司工程建设工作总体部署，结合全公司员工队伍建设实际，负责编制武广公司年度培训计划并组织实施。武广公司各部门、各建设指挥部按照武广公司规定时间，编制本部门、建设指挥部培训计划，并报武广公司综合部。

武广公司综合部按照部、武广公司的培训计划和要求，编制培训教学计划，完成好培训工作任务。对重点班次，武广公司综合部或武广公司有关部门派专人参与组织和管理，并对学员进行入学教育和考试监督。

截止到2009年11月30日，武广公司针对武广公司在职员工及参建各单位管理、技术人员，重点是专业技术人员，各级各类管理、技术人员，共组织客运专线工程施工质量验收标准知识、武广铁路客运专线高性能混凝土试验检测、铁路客运专线施工监理等培训80次(其中综合部11次、技装部6次、工程部25、安质部29次、计划财务部2次)。培训内容涉及项目管理、岗位知识、技术业务、安全管理，特别是新技术、新知识、新设备、新工艺等方面的培训，切实提高了各级各类管理、技术人员自我学习、技术创新、经营管理和科学决策能力。

三、培训实施检查与考核

武广公司综合部会同有关部门组成培训检查考核组，负责对全公司培训工作及培训主办单位进行检查、指导、考核。培训主办单位对参加培训人员在培训期间的表现进行全面考核，并将考核结果定期向武广公司综合部汇报。

各部门、各建设指挥部强化了对培训工作的管理，在培训周期内，应参加培训的员工未经过相应脱产培训的，不得继续聘任；参加培训未通过结业考试的员工，需重新补考，不合格者不得上岗；培训期间发生违纪行为的，一律视为不合格，必须参加下次培训。

武广公司在职员工必须按照要求参加培训。未按规定完成培训的，不得提拔使用和晋升高一级专业技术职务；确因特殊情况在提任前未达到培训要求的，要求在提任后一年内完成培训。

武广公司每年对培训工作进行总结，交流培训工作经验，对先进单位和个人予以表彰，以丰富搞好培训工作的手段和提高组织、参与培训单位、人员的积极性。

第三节　劳务使用

一、劳务分包模式

劳务分包可以采取劳务队和架子队二种方式。劳务队模式是将工程非主要工序分包给具有法人资格、对应资质、信誉良好的劳务公司或其他有相应资格的承包公司，由各单位签订相应的合同；架子队模式是将劳务工直接补充至各工班，由项目经理部直接管理，各单位与劳务工本人签订相应的劳务用工协议。所有劳务分包应采取“劳务承包、工序分离、设备租赁、包工不包料”的形式。

禁止与无资质或不具备相应资质的单位签订劳务分包合同。

二、劳务分包管理

（一）严格规范各施工单位架子队及用工行为

2008年8月8日，武广公司《关于积极推进架子队管理模式清退不合格劳务作业人员或包工队的通知》（武广计电〔2008〕232号）转发了《关于积极倡导架子队管理模式的指导意见》（铁建设〔2008〕51号）（下称《指导意见》），并对各施工单位提出规范劳务用工管理的要求。

（1）各施工单位根据铁道部的《指导意见》，结合武广公司前期对劳务用工管理专项整改活动的有关要求，再次开展自查自纠，对不合格劳务作业人员或包工队坚决予以清退。

（2）施工单位自查自纠活动以每个架子队为单元，检查内容和分项检查指标按表2-16-1的格式如实填写，将书面汇报材料和检查表于2008年8月20日前报相应的武广公司建设指挥部，各建设指挥部对各单位报送的材料经检查核实后，将组织检查和整改结果于8月31日前报武广公司计划财务部后，武广公司组织抽查。

表2-16-1　架子队及用工情况检查

序　号	检查内容	分项检查指标	结果
1	劳务管理机构	（1）是否有专职队长、技术负责人	
		（2）架子队主要组成人员是否由施工企业正式职工担任，是否经过岗位培训有上岗证	
		（3）是否每个工序和作业面有领工员、技术员、安全员跟班作业	
		（4）是否建立和实行技术交底制度，书面技术交底资料是否归类	
2	劳务管理制度	（1）施工单位是否与劳务队签订劳务协议，劳务队与劳务人员是否签订劳动合同	
		（2）对劳务作业人员是否登记造册，记录其身份证号、职业资格证书号、劳动合同编号等情况	
		（3）对劳务人员是否进行过岗前专业培训，有教育培训档案	
		（4）技术工种是否有相关职业资格证书；特殊工种的是否取得特种作业证书	
		（5）劳务人员的生产和生活条件是否符合有关规定及标准，是否有歧视劳务作业人员的现象	
		（6）是否有劳务作业人员工资基金专户，劳务人员的工资是否有保障	

（二）规范劳务用工管理

从劳务公司的调查、会审、批准、合同签订、履约、结算等过程建立相应制度，规范管理，形成逐级负责、相互制约、层层落实的管理机制。坚持把规范劳务用工作为首要任务来抓。一是正确引导，划清违法分包与合法用工的界限，引导施工企业依法合规地使用劳务工，通过增加安全员、质量员、技术员提高劳务队素质，促进“架子队”模式管理和劳务工工作的加强。二是加强核查，施工单位使用劳务工必须先培训合格再行录用，并按规范要求建立花名册备案。武广公司和监理单位对一线作业人员进行经常性的抽查和考试，发现不合格坚决清出现场。三是坚决查堵，对搞违法分包的施工单位实施严厉的经济处罚，并扣减信誉评价分数。

（三）建立劳务用工管理台账

每份劳务合同应有三证（营业执照、资质证书、安全生产许可证）及授权书，架子队模式的合同应建立三员台账，对三员的管理应符合武广公司的相关规定。

（四）加强对劳务人员的技术培训

劳务人员必须有三年以上铁路工程施工经验并经客运专线施工技术培训的熟练劳务人员。对已进场人员应进一步加强客运专线知识的培训，确保所有施工人员的能力能够满足客运专线施工要求。

第十七章 精神文明建设

几年来，武广公司大力贯彻落实科学发展观，按照铁道部党组关于大规模和谐铁路建设的要求，以“和谐、共赢”为和谐武广建设理念，积极发展企业文化，推动精神文明建设，带领参建各单位有序推进工程建设，形成了良好的建设环境。

第一节 建设文化

作为武广铁路客运专线建设的领导者，始终坚持对各参建单位实施领导、关键是思想上领导的理念。公司将铁道部党组“高标准、讲科学、不懈怠”和“苦干、实干、拼命干”的要求，化为用优秀的建设文化向广大建设者传播，变成建设者的实际行动力量。

公司要求各级管理人员充分认识到：只有武广的每一个参建单位都取得成功，才能实现工程的建设目标，公司才能最后取得成功，要努力帮助每一个单位实现成功。

公司不断强化服务理念。公司始终致力于为承包商创造良好的建设环境，以合同为基础，认真履行设计供图、征地拆迁、三电迁改、物资供应、资金保障等重大问题的协调等建设单位的职责，为各单位履行合同创造条件。

作为武广铁路客运专线建设的组织者，公司努力创建一种使每一个人都尽自己最大努力去工作的环境。对全体参建者倡导一系列先进的文化，并通过各种激励机制的导向作用，提高全体参建者工作的积极性、主动性、创造性。

忠诚比能力更重要。忠诚、诚信是中国传统文化的核心价值观之一，也是建好武广铁路客运专线最基本的前提。公司要求员工要始终怀着对中国客运专线建设的无限忠诚和美好愿望，进而焕发出持久的热情，投入日常工作，心系武广，想武广之所想、急武广之所急，只要忠诚武广，信念就会坚如磐石，就会勇克难关，每战胜了一个困难，就离目标近了一步。

群体奋斗。武广铁路客运专线是一项系统工程，公司要求各级管理者要始终注重发挥和整合部门内部、参建各方的集体力量，要集思广益，举全员之智、举全体之力，进行群体奋斗、搞好团结协作。唯有如此，才能产生强大持久的力量，才能确保武广铁路客运专线的顺利建成。

对结果负责。对结果负责既是一种思考习惯，更是一种行为习惯。公司要求各级管理人员努力打破传统观念，在贯彻领导决策和指示上，不能简单机械的仅对规定和方法负责，更要对既定目标和任务的完成负责，要求大家勇于承担、敢于承担，对结果负责。

持续改进。武广铁路客运专线是在不断探索中最终建成的，实施过程中，经常出现反复和波折，因此，公司要求各级人员通过持续改进来实现建设目标，通过 PDCA 循环不断总结提高，走入螺旋形上升通道。比如：在无砟轨道施工中，2008 年 5 月至 8 月的四个月时间里，全线仅完成了 100 多公里，公司通过组织各方不断改进工艺、提高工效、优化资源匹配，在 9～12 月的四个月完成了 1 400 多公里。在高速无砟道岔铺设中，开始是一个单位 1 个月铺 1 组，通过持续改进，达到了 1 个月铺设 2 组的工效。

功到自然成，不走捷径。公司要求各级人员在管理工作中要脚踏实地、扎实稳步推进各项工作，靠每一项工作的高质量完成确保武广铁路客运专线建成成功。比如：在地质复杂隧道、无砟轨道、轨道精调等关键施工监控中，要求各单位必须按部就班，严格落实各种技术标准、施工工艺、施工工序，绝不能走捷径，必须加强细节管理。

第二节 劳动竞赛

公司从 2006～2009 年，在参建的设计、施工、监理各单位中深入持续开展“六位一体”建功立业劳动竞赛活动。在施工单位中开展“比安全生产，创平安佳绩；比工程质量，创优质精品；比工程进度，创一流效率；比环境保护，创两型工程；比科技攻关，创技术进步；比团结协作，创和谐建设”的“六比六创”竞赛活动。在公司内部开展“比建章立制，赛科学管理；比优质服务，赛高效管理；比无私奉献，赛文明管理”的“三比三赛”竞赛活动。在开展过程中，公司积极和中华全国铁路总工会联系，给予竞赛活动大力支持。同时，各参建单位也开展了形式多样的竞赛活动，比如：参建的工总各局开展了“武广铁路客运专线党旗红、中铁X局争先锋”竞赛。

在竞赛活动的实施过程中，按照公司的统一部署，参建各方在工期、质量、安全、科技创新、管理工作等多方面掀起了此起彼伏的竞赛热潮，各单位党、政、工、团齐抓共管，广大建设者在各自岗位攻坚克难，互相之间比学赶超，涌现出了一大批先进单位、先进人物。在竞赛活动中，各单位各级党组织抓住工程建设的关键阶段和重难点控制工程，充分发挥党组织的战斗堡垒作用和党员的先锋模范作用。

建设期间，全国铁路总工会共授予武广参建各单位火车头奖杯42个、220人次获得火车头奖章；部直属机关和公司共表彰先进集体16个、49人次被授予先进个人称号、先进党支部2个、56人次被授予优秀共产党员称号；公司共表彰红旗单位31个、共有68人次被授予优秀项目经理称号、10人次被授予优秀指挥长称号、表彰优秀监理站6个、优秀监理分站22个、358人次被授予优秀监理工程师称号。

第三节 廉政建设

几年来，武广公司认真按照部党组关于党风廉政建设的要求和若干规定，不断加强工程建设重点领域的治理，打造阳光工程，确保了工程建设的顺利推进。

一、认真落实党风格廉政建设责任制

公司认真按照党中央和部党组的要求，全面落实《中共铁道部党组落实〈建立健全教育、制度、监督并重的惩治和预防腐败体系实施纲要〉的具体意见》，制定了《党风廉政建设责任制实施办法》。公司严格落实“三重一大”问题集体决策制度、认真开好党员领导干部民主生活会，在招投标、资金拨付、变更设计、验工计价等诸多方面按章办事。公司与参建各单位之间；公司领导、各部门(指挥部)负责人、部门(指挥部)员工之间层层签订了《党风廉政建设责任状》，明确了责任目标，要求各级人员做到不收礼、不吃请、不违法乱纪，按照“工程优质、人才优秀”的宗旨，坚定理想信念，坚守行为准则，提高自身素质、加强自我约束，做好自身及亲属、分管范围人员的党风廉政建设工作。

二、与铁路检察院开展廉政共建工作

为加强监督约束、健全内控防范机制，公司与广铁、郑铁检察院联合开展了“预防职务犯罪、共建廉政工程”工作，将全线各参建单位纳入预防范围，通过落实党员领导干部民主生活会制度、工程承包合同、联席会议制度，加强对各级领导干部、管钱管物的重点部门、工程建设的重点领域等进行监督。检察院不定期宣讲有关反腐倡廉案例，双方每半年召开一次联席会议，通报有关情况，加强预防监督。

第四节 路地和谐共建

武广铁路客运专线建设经过沿线三省，涉及地方政府诸多职能部门，涉及许多地方性的法规、政策、规定等，牵扯到沿线广大人民群众的切身利益，因此，营造良好路地关系至关重要。公司组织参建各单位针对工程建设不同阶段的特点，大力开展路地共建，营造了和谐有序的外部建设环境。

一、建立良好的沟通机制

在武广铁路客运专线的建设过程中，铁路和地方各级政府分层次建立起了良好的沟通机制，为建立良好的路地关系、营造外部建设环境奠定了坚实的基础。

涉及线路方案、重难点征地拆迁、有关费用等工程建设的重大问题，由铁道部与沿线三省政府共同研究

解决，明确有关意见，公司负责进行推进。

在建设过程中，本着和谐共赢、大局为重的原则，公司及时与地方省级职能部门、市县、有关产权单位等各级政府和单位联系汇报，解决影响工程建设征拆、出资等的有关问题；同时，通过与三省股东方的定期沟通，由股东方出面，进一步丰富了与地方沟通交流的渠道。

沿线各施工单位高度重视与各级县、乡镇、村、广大人民群众的联系沟通，做到合理合法、遵规守纪、有理有据，确保了各类问题的及时解决和各种矛盾的有效化解。

二、合理设置临时工程设施

在施工图设计和指导性施工组织编制过程中，公司要求各单位在梁场、搅拌站、取弃土场等大型临时工程的设置中，按照"永临结合"的原则，努力实现双赢。

公司要求参建施工单位在修建施工便道及大临设施时主动征求当地政府和当地村民的意见，实现永临结合，便民利民。例如，武广铁路客运专线 XXTJⅣ标吊沟岭隧道在修建施工便道时，主动与郴州市桂阳县东城乡花麦村联系，花麦村要求结合村修道路走向修路，经协商施工单位采纳 3 这个方案，花麦村主动提出让地修路，施工单位节约了资金，村民得到了实惠，支持铁路施工。又如：武广铁路客运专线 XXTJⅡ标新墙河制梁场修建时，经与岳阳县政府协商，改在待开发的生态工业园规划地内修建，路地双方实现了双赢。为避免永兴县八公分村东侧村民的搬迁，方便东侧村民的生活，经现场调查，在八公分村与新拆迁安置地之间修一条连接公路，经公司出面协调，资金由省国土资源厅安排。

三、认真抓好"三改"工程、立交桥、车站建设

为最大限度地减少工程建设对当地村民生产生活的影响，公司各建设指挥部组织设计、监理、施工单位，到现场认真调查，客观合理地解决沿线政府、部门以及村民提出的有关实际问题。合理设置改沟、改渠、改路等"三改工程"和公跨铁的线路位置，并及时完成修建，对铁路新建的交通涵、过水涵、公跨铁等设施及时进行疏通，及早发挥作用。例如：在佛山南海区的大沥镇黄岐村的地下排水因铁路桥的修建造成了该村的地下水排水不畅，每逢下雨都会造成积水现象，民众意见很大，而要解决这一问题政府又得进行征地，但该地区，征地的难度很大，且征地的费用太高，因此当地政府希望借用铁路桥下的红线内土地修建一条排水涵，了解到这一情况后，指挥部领导安排设计、咨询，工程技术人员和专家多次到现场核实，在确保桥梁安全的情况下，最后同意大沥镇政府利用铁路桥下红线内的土地修建一条长 1 600 m 的地下排水涵，从而较好地解决了这一问题，贯彻了建设和谐武广的理念。

对武广铁路客运专线沿线施工后确给群众的生产生活带来重大影响、施工危及房屋安全及铁路安保区内的房屋进行拆迁；对构筑物拆迁、企业、学校搬迁，地下水位补偿、征地边角余料的补偿等也及时与地方进行充分协商，作为个案处理。

关于武广铁路客运专线沿线各车站建设，沿线各级政府高度重视，在站房设计选型方面充分征求了地方的意见，进行了修改设计；在选址方面，充分结合当地的城市规划和整体线路方案，进行综合考虑；沿线 11 个中间站房初设批复面积为 34 000 m^2，应各级政府的强烈要求，各车站共增加面积 76 000 m^2，增加面积除地方政府应分摊的投资之外，铁道部因此而多投资 1.64 亿元。

四、及时合理解决施工单位拖欠地方的各种费用

武广铁路客运专线在建设过程中，沿线施工单位存在拖欠地方地材款、工程款、复垦费房屋、房屋和农田水利设施损坏补偿及修复等各种款项的现象，随着工程竣工和武广铁路客运专线的开通运营，地方村民、单位和有关市县反应强烈，带来不稳定因素。

公司自 2010 年以来，将合理解决施工单位拖欠地方费用作为公司工作的重点，及时与地方政府进行联系汇报和沟通协调，进行强力推进。在大部分施工单位已经撤离工地的情况下，与其集团公司和项目部进行数次沟通协调，组织施工单位人员深入沿线进行了数次清理，制定了详细的方案，明确了款源和支付程序，要求有关单位出具委托书，由公司进行统一支付，妥善解决了拖欠地方费用问题，树立了铁路建设的良好形象。仅在湖南省，2010 年下半年以来，公司就组织各施工单位清理并支付地方各种款项 16 951 万元。

五、路地携手应对自然灾害和突发事故

面对突发的自然灾害和地方发生的重大事故，沿线各参建单位以高度的社会责任感，弘扬人民利益高于一切的集体主义精神，无私援助、大力支持，与地方一起携手进行抢险救援工作。

2007 年 8 月，碧利斯台风造成的强降雨给广东和湖南地区造成了严重的自然灾害，施工单位在搞好生产自救的同时，积极伸出援助之手，与地方政府、人民一起抗击天灾。中铁建十五局、十九局等单位免费为受灾群众提供食宿，出动机械和人员抢修受损道路、疏通河道；在大瑶山群山之中，负责施工大瑶山 1 号、2 号隧道的中铁隧道局 100 多人被困深山，且大部分人员为来工地探亲的妇女和小孩，交通、电力、食品、用水供应中断，危急之中，地方政府协调部队，派出直升机将受困人员解救出深山。

2008 年 12 月，我国南方地区发生了百年不遇的冰冻雪灾，交通、电力中断。京珠高速公路沿线施工单位出动各种机械，协助地方铲除冰层，疏通交通大动脉。

2009 年 5 月 17 日，湖南省株洲市红旗路高架桥垮塌事故发生后，中铁建十六局由项目经理亲自带队，组织人员和机械投入救援抢险工作，为降低国家和人民的生命财产损失作出了贡献，株洲市委、市政府派专人送锦旗表示感谢。

2009 年 6 月 29 日凌晨，郴州火车站发生两列火车侧面相撞事故，在郴州地区施工的中铁五局、电化局共出动 700 多人的抢险队伍和各种施工机械，抢险人员置个人安危于不顾，鏖战 60 多个小时，抢救广大旅客的生命财产，顺利抢通线路，恢复了正常的运输秩序，确保 2 000 多名旅客在最短的时间内重新踏上了行程。

第十八章 建设协调

武广公司和各参建单位及全体参建职工顾全大局、服从协调、步调一致，按照《建设协调工作及征地拆迁实施办法》共同开展路地协调工作，创造了和谐的铁路建设外部环境。

一、依法依规抓好征地拆迁

建设协调及征地拆迁工作严格遵守国家的法律、法规，以全面落实铁道部与湖北、湖南、广东省人民政府分别签署的《关于湖北铁路建设有关问题的会谈纪要》、《关于加快湖南铁路建设工作有关问题的会议纪要》、《关于加快广东省铁路建设有关问题的会谈纪要》(以下简称部省纪要)为总的工作原则，认真执行武广公司与沿线各省、市签订的《征地拆迁实施协议》(以下简称"实施协议")，紧紧依靠当地各级人民政府支持，依法保护铁路建设和沿线人民群众的合法权益。建设协调工作实行分层协调、各负其责、相互配合的管理机制。

1. 在铁道部的统一领导下，武广公司积极配合部有关部门推进项目的前期工作，协调解决建设工作中的重大问题。武广公司建设指挥部按部省纪要和实施协议负责组织各自管段的建设协调和征地拆迁工作。

2. 参建设计、咨询、监理单位依据合同约定或武广公司委托，积极配合做好有关建设协调及征地拆迁工作。

3. 参建施工单位认真按照省部纪要和实施协议，加强与各自标段有关县(市、区)人民政府及授权的主管部门的工作联系，做好各自标段征地拆迁和当地政府优惠政策的落实工作。依据合同约定或武广公司的委托，负责协调解决施工现场遇到的具体问题。遇有省部纪要、实施协议及施工合同约定以外的特殊情况或问题，要逐级上报，由武广公司统筹协调解决，重大问题报请铁道部决定。不得擅自处理违背省部纪要和实施协议的特殊问题，擅自处理造成不良影响的按违约处罚，擅自处理所发生的费用由责任单位承担。

二、积极落实建设"和谐武广"总要求

深入贯彻落实"管理科学、组织有序、安全优质、节约环保、环境良好"的"和谐武广"总要求，精心组织施工，加强施工现场管理，减少施工扰民；加强现场人员遵纪守法教育，搞好施工现场精神文明建设；严格落实环境保护、水土保持措施，建设环保武广；自觉尊重当地民风民俗和生活习惯。

三、加强宣传工作，展示武广铁路客运专线的建设成果

各参建单位明确专人负责宣传工作，加强与报社、电视台等新闻媒体的沟通联系，借助新闻媒体的力量，大力宣传和展示武广铁路客运专线的建设成果和精神风貌及武广铁路客运专线对当地经济发展拉动的作用，对群众致富的重要作用，形成有利于路地关系发展的氛围。

四、做好突发事件的应对处理

深入分析可能发生的突发事件，建立完善相应的应急预案，在突发事件发生后，迅速启动应急预案，及时上报、头脑冷静、反应迅速、处理得当，努力减少事件带来的负面影响。

五、强化地方劳务的管理

对地方劳务要加强安全教育，尽量招聘身体健康、有一定劳动技能的人员，扬长避短，安排力所能及的工作。同时，做好劳动保护，避免人身伤害引发不必要的矛盾。

六、争取路料运输的支持

事先分析客运专线建设对沿线公路交通等带来的影响，提前与沿线地方政府、企事业单位和当地群众的联系汇报、沟通协调，争取相应部门的支持帮助，确保路料运输特别是大型机械、大型构件的运输协调。

七、依靠各级地方政府，搞好共建活动

紧紧依靠各级政府，与当地政府开展各种形式的路地和谐共建活动，尽力为当地人民群众做好事、办实事，帮助沿线做好扶贫工作，维护沿线社会稳定，为武广铁路客运专线建设创造良好的外部环境。

八、做好线位方案稳定工作

线位方案稳定是工程建设的前提条件，武广铁路客运专线跨越三省一千多公里，影响线位方案的外界因素较多，情况复杂，项目前期技术标准又在不断调整变化中，线位方案稳定工作任务重。武广公司将线位方案稳定工作摆在突出位置，紧紧依靠铁道部和地方部门的支持，积极工作，多方协调，争取尽快解决线位方案稳定问题，为工程建设的顺利推进创造条件。

（一）明确任务，早期介入

武广公司成立之初，把线位方案稳定作为工作重点，会同设计单位摸清影响线位方案的外界因素，首先研究如何绕避重要建筑物、文物保护区、生态敏感区、农田保护区、矿藏区、军事设施及不良地质地段等敏感区域，对无法绕避的，积极与相关单位沟通联系，协商解决的方案。与线路跨越的公路、铁路、河道等相关产权和管理单位进行协商，签订交叉跨越协议，落实沿线涉及的地下构筑物、三电线路、油气管道等设施的迁改方案。公司成立多个协调工作组，领导分省负责，一处一处反复沟通协调，直至达成协议，稳定线位方案。如，与沿线交叉跨越的高等级公路管理部门签订协议 82 个；与解放军 76160 部队签订 5 处军事设施防护及迁建协议；咸宁张双一级公路下穿改为上跨武广铁路客运专线立交桥工程协议，既解决了铁路与公路的交叉问题，又降低了新咸宁站标高，节省工程投资及少征耕地；与仪征—长岭原油管道、湖南玉山水泥厂石灰石矿山、欧阳海灌区、袁隆平科技园等管理单位签订迁建协议；与线路跨越淦河、湘江、耒河、北江等通航江河的海事、航道部门签订了航道协议等。

（二）全面介入勘察设计，推进设计方案稳定

武广公司在建设前期就全面介入勘察设计，推进设计方案的尽快稳定和落实。武广铁路客运专线地质勘探量巨大，全线需钻探 178 万 m，以当时铁二院、铁四院的全部力量都拿出来，也只能满足 10%的钻探任务，地质勘探任务重、时间紧，直接关系到设计方案的确定。武广公司将推进地质勘察工作作为一项工程来管理，从组织专家研究地勘大纲入手，加强地质勘察监理，落实推进地勘进度的措施，会同勘察设计单位，大量组织了社会力量，全线动用了全国 11 个省的地勘力量，高峰期投入钻机 1 800 多台，确保地质勘察任务的按期完成，保证了地勘成果及时应用于设计。

（三）落实生态环境敏感区线路方案的审批

全线涉及的生态敏感区主要有 8 处，公司一方面从设计方案和工程措施着手，在设计上充分考虑对生态敏感区的保护，尽量减少工程对生态敏感区的切割，线路从生态敏感区的边缘经过或以隧道通过，并根据生态敏感区的保护特点采取针对性的防护措施，尽量满足生态敏感区的保护要求，以争取得到批准；另一方面，积极协调地方主管部门对生态敏感区的功能区规划进行适当调整，使线路方案满足相应的功能区要求。采取的相应工程措施已在本篇第十章环境保护中具体叙述，均取得了很好效果。为尽快落实生态环境敏感区线位方案，武广公司与设计院成立了联合催办小组，跟踪和落实生态环境敏感区的线路方案的批文。

（四）研究确定穿越大城市的技术方案

武广铁路客运专线穿越武汉、长沙、广州等大城市，线路技术方案与城市规划、城市交通和市政设施等工程关系紧密，尽早确定穿越大城市的线路技术方案是线位方案稳定的重点。武广公司积极协调，从争取地方政府的支持和完善设计方案入手，力争达成共识，稳定城市线位方案。例如，武汉至乌龙泉段是铁道部 2004 年底确定为开展无砟轨道综合试验而设置的先行建设段，但线位方案无法及时稳定，2005 年 11 月，武汉市

提出最新的武汉市东湖高新技术开发区东扩规划和江夏区藏龙岛科技园区规划中的14条道路与设计的武汉至乌龙泉段线路方案在高程和平面上有矛盾，要求武广铁路客运专线满足城市新的规划要求和在城市区域减少路基、增加桥梁，改善武汉城区风景。由于这一变更，对武汉至乌龙全段工期和投资产生严重影响。武广公司先后与武汉市进行了12次协调都未能达成协议，最终按照武汉市新规划修改设计，线路方案才基本稳定。线路穿越长沙市区时，原设计为明线方案，修建全长9 568 m的浏阳河特大桥，但由于各方意见不一致，方案举棋不定。武广公司积极组织设计等单位，经多方面研究论证，决定采用浏阳河桥改隧方案，采取全长10 115 m的浏阳河隧道穿城过河，获得各方面的认同。桥改隧方案较原设计减少城区拆迁约3.83万 m^2，减少占地369.9亩，核减投资4 188万元，平面线型也得到改善。线路穿越广州市区，将原设计的金沙洲特大桥改为全长4 469 m的金沙洲隧道，及时稳定了广州城区的线位方案。

第十九章　工 程 验 收

第一节　验 收 方 式

按照铁道部《铁路客运专线竣工验收暂行办法》(铁建设〔2007〕183 号)等有关规定，武广铁路客运专线竣工验收分为静态验收、动态验收、初步验收、安全评估和国家验收等五个阶段，竣工验收采用建设单位自验、铁路局验收、专家检查、政府验收的方式。武广铁路客运专线各阶段竣工验收时间为：2009 年 11 月 12 日静态验收；2009 年 12 月 11 日动态验收；2009 年 12 月 15 日初步验收；2009 年 12 月 22 日安全评估。

第二节　静 态 验 收

一、验收组织

静态验收工作由武广公司与武汉铁路局、广州铁路(集团)公司成立验收领导小组和验收工作组，共同组织实施。验收领导小组由铁路局主管副局长，武广公司主管领导，设计、咨询、施工、监理等单位主管领导组成，武汉铁路局、广州铁路(集团)公司为组长单位，武广公司为副组长单位。验收领导小组负责工程验收工作的组织实施，协调处理验收中的重大问题，审查验收报告并上报铁道部。验收工作组分若干专业验收组，各专业验收组由参加验收单位的专业工程师及专家组成。验收工作组负责工程验收的具体组织，制订验收方案，编写综合系统验收报告及综合系统验收记录表，协调、指导各专业验收组的验收工作；专业验收组负责制订本专业的验收方案，具体实施检查验收和整改复验工作，编写子系统(专业)验收报告和子系统(专业)验收记录表。

铁道部成立铁路客运专线竣工验收工作专家组，加强铁路客运专线铁路竣工验收工作的组织领导和验收把关，由铁道部总工程师担任组长，铁道部副总工程师及有关专家担任副组长。竣工验收工作专家组按专业下设工务组、电务组、集成组、安全评估组 4 个专家小组。其中，工务组以土木工程为主，运输局基础部为组长单位，工管中心为副组长单位，运输局基础部和工管中心共同负责组建工务组；电务组以通信信号和信息工程为主，其中信息部分主要审核信息系统是否符合路网规划、信息通道建设方案、网络信息与安全以及资源共享等相关问题，运输局基础部为组长单位，信息办为副组长单位，由运输局基础部和信息办共同负责组建电务组；集成组以牵引供电、其他运营设备(运调、客服、防灾系统等) 及系统联调联试为主，运输局客专技术部为组长单位，铁科院为副组长单位，由运输局客专技术部和铁科院共同负责组建集成组；安监司为安全评估组组长单位，负责组建安全评估组。工务组、电务组、集成组适时检查工程验收情况，对《静态验收报告》、《动态验收报告》进行评审，提出评审意见；安全评估组适时了解工程验收情况，指导运营单位和建设单位做好安全评估前的各项准备工作，组织安全评估，对试运营提出安全评价意见。

按照铁道部《铁路客运专线竣工验收暂行办法》(铁建设〔2007〕183 号)和《客运专线铁路工程静态验收指导意见》(铁建设〔2009〕183 号)等有关规定和要求，2009 年 4 月，武广公司分别与武汉铁路局、广州铁路(集团)公司成立了武广铁路客运专线静态验收领导小组和静态验收工作组，研究制定了《武广铁路客运专线(武汉局管段)静态验收方案》和《武广铁路客运专线(广铁集团管段)静态验收方案》，共同成立了武广铁路客运专线静态验收工作组，验收工作组下设工务、通信信号、电力电气化、房建、安保、综合等专业组，具体实施检查验收和整改复验工作。

根据铁道部批复的《武广铁路客运专线联调联试及试运行大纲》的安排，结合武广铁路客运专线工程建设进展，武广铁路客运专线静态验收分为五个区段。区段划分如下：

第一段：武汉试验段北起点至长沙南站，里程 DK1213＋012.3～DK1574＋072.635，正线长 329.993 km。

第二段：长沙南站至耒阳西站，里程 DK1574＋072.635～DK1776＋000，正线长 199.87 km。

第三段：耒阳西站至韶关西站，里程 DK1776＋000～DK1989＋500，正线长 209.057 km。

第四段：武汉站至武汉试验段北起点，里程 DK1188＋000～DK1213＋012.3，正线长 24.79 km。

第五段：韶关西至广州南站，里程 DK1989＋500～DK2216＋000，正线长 214.283 km。

二、验收经过

按照客运专线工程施工质量验收标准和设计要求，由监理单位组织对检验批、分项、分部工程进行验收并形成验收记录。武广公司组织设计、监理、施工等单位对单位工程进行验收并形成验收记录。铁路局有关专业处室和单位结合提前介入工作情况，对主要专业工程进行静态预验收。武广公司在检查确认区段达到静态验收条件后，向武广铁路客运专线静态验收领导小组提出区段静态验收申请，验收工作组具体组织静态验收。

根据铁道部《新建客运专线使用综合检测列车试验运行条件》（运技综合〔2009〕96 号）要求，为保证武广铁路客运专线联调联试时间安排，验收领导小组组织了各区段联调联试条件确认验收，通过了铁道部专家组的审查后进行区段联调联试。

2009 年 5 月～10 月，武广公司和武汉铁路局、广铁集团组织完成了五个区段的静态验收工作，编制了各区段静态验收报告上报铁道部。

2009 年 11 月 7 日～12 日，铁道部专家组分别对工务、通信、信号、系统集成、信息专业静态验收报告进行专家审查，同意武广铁路客运专线通过静态验收。

三、验收结论

1. 静态验收结论

武广铁路客运专线（武汉站至广州南站（不含））满足相关设计要求和验收标准，总体质量合格，具备联调联试和动态验收的条件。

2. 工务专家组评审意见

同意武广铁路客运专线（武汉站至广州南站（不含））工务工程静态验收结论。工程总体质量合格，具备进行联调联试、动态验收条件。同意通过静态验收。

3. 通信专家组验收意见

经专家组审议，一致认为：武广铁路客运专线（武汉站至广州南站（不含））相关工程通信光缆、传输系统、调度系统、数据网、GSM-R 系统电路域部分基本具备联调联试和动态验收的条件。

4. 信号专家组验收意见

经专家组审议，一致认为：武广铁路客运专线（武汉站至广州南站（不含））信号工程车站联锁、自动闭塞、列控、CTC 子系统具备联调联试和动态验收的条件。

5. 集成专家组评审意见

武广铁路客运专线（武汉站至广州南站（不含））电力、牵引供电工程已基本完成。原则同意静态验收报告中的相关验收结论，可以开展联调联试和动态验收工作。

6. 信息专家组评审意见

同意武汉铁路局、广铁集团、武广公司的静态验收结论，武广铁路客运专线（武汉站至广州南站（不含））信息工程基本具备联调联试和动态验收的条件。

第三节 动态验收

一、验收组织

动态验收工作由武广公司与武汉铁路局、广州铁路（集团）公司、铁道科学研究院成立验收领导小组和验收工作组，共同组织实施。

2009 年 4 月，铁道科学研究院和武汉铁路局、广铁集团、武广公司共同编制完成《武广铁路客运专线联调联试及试运行大纲》。2009 年 5 月 20 日，铁道部批复了《武广铁路客运专线联调联试及试运行大纲》(铁集成函〔2009〕653 号)。在铁道部武广铁路客运专线联调联试协调组的领导下，铁科院、武汉铁路局、广铁集团、武广公司共同成立了武广铁路客运专线联调联试及试运行现场领导小组，组长单位由武汉铁路局和广铁集团公司担任，负责联调联试的组织实施、行车和试验安全；副组长单位由武广公司、铁科院担任，武广公司负责联调联试配合、后勤保障和现场安全管理，铁科院负责具体联调联试及检测试验工作。

按照《武广铁路客运专线联调联试及试运行大纲》，武广铁路客运专线联调联试分五个区段进行，五个区段分别为乌龙泉东—长沙南、汨罗东—耒阳西、衡阳东—韶关西、乐昌东—广州南和武汉—咸宁北。武广铁路客运专线联调联试内容分为两大部分：系统速度试验和信号系统联调联试。

武广铁路客运专线动态检测内容包括轨道状态、供变电系统、接触网系统、通信系统、信号系统、综合接地系统、客运服务系统、防灾安全监控系统、轨道结构、道岔、路基及过渡段、桥梁、噪声振动及声屏障、电磁兼容性、隧道内列车空气动力学、隧道内气动效应及轨道与路基结构探地雷达等 17 项专项检测内容。

二、验收经过

2009 年 6 月 27 日～12 月 3 日，武广铁路客运专线联调联试及动态检测。

2009 年 12 月 3 日，铁道科学研究院对各项动态检测的数据，进行了分析、整理，根据《客运专线铁路工程竣工验收动态检测指导意见》(铁建设〔2008〕7 号)和相应的设计文件、技术合同及其他相关技术标准等，对武汉—广州南站外(K2285)的工程质量进行了评价，编写完成了《武广铁路客运专线动态检测总报告》。动态检测总体结论：武广铁路客运专线轨道状态、接触网、路基及过渡段、轨道结构、道岔、桥梁等满足 CRH_2 型、CRH_3 型单列和重联动车组 350 km/h 速度运行的安全性、平稳性要求。武广铁路客运专线隧道气动效应和列车空气动力学以及气动力作用下的动车组动力学性能指标满足 CRH_2 型和 CRH_3 型单列、重联动车组 350 km/h 通过隧道或在隧道内交会时的安全性、平稳性要求。CRH_2 型和 CRH_3 型动车组以 350 km/h 运行时，振动、噪声和电磁兼容性满足相应标准要求。通信系统在全部基站工作条件下，总体满足语音和电路域相关指标要求。

2009 年 12 月 4 日，武广公司和武汉铁路局、广铁集团编制完成了《武广铁路客运专线(武汉局段)动态验收报告》和《武广铁路客运专线(广铁集团段)动态验收报告》上报铁道部。

2009 年 12 月 7 日～11 日，铁道部专家组分别对工务、通信、信号、系统集成、信息专业动态验收报告进行专家审查，同意武广铁路客运专线通过动态验收。

三、验收结论

1. 工务专家组评审意见

根据静态验收问题整改落实情况和铁科院《武广铁路客运专线动态检测报告》的结论，武广铁路客运专线动态检测结果符合设计文件和《铁路客运专线铁路工程竣工验收动态检测指导意见》(铁建设〔2008〕7 号)的要求，满足动车组 350 km/h 及以下速度正常运行要求，动态验收总体评定为合格，具备初步验收条件。

2. 电务专家组评审意见

(1)武汉局、广铁集团和武广公司武广铁路客运专线验收工作组完成了通信信号系统的动态验收工作，分别提交了武广铁路客运专线动态验收报告。经专家组检查，动态验收程序和内容符合《铁路客运专线竣工验收暂行办法》(铁建设〔2007〕183 号)的相关规定，同意武汉局、广铁集团和武广公司的动态验收结论。

(2)根据动态检测和动态验收报告，认为传输及接入系统、调度通信系统、GSM-R 数字移动通信系统、数据网，CTCS-3 级列控系统、联锁系统和 CTC 等系统功能符合设计要求。

(3)武广铁路客运专线通信信号系统采用国内系统集成方式，优化了系统设计，完善了接口管理，强化了联调联试，建立了时速 350 km 铁路通信信号系统技术平台，总体掌握了长距离客运专线信号系统集成技术。

3. 信息专家组评审意见

武汉铁路局、广铁集团公司和武广公司对所属范围的武广铁路客运专线信息工程进行了动态验收，并提报了动态验收报告，资料完整，静态验收发现的问题大部分得到整改解决。根据《铁路客运专线竣工验收暂行办法》(铁建设〔2007〕183 号)和《关于印发〈武广铁路客运专线联调联试及试运行大纲〉批复意见的通知》(铁集成函〔2009〕653 号)等文件精神,经专家组审议,原则同意其动态验收意见,武广铁路客运专线(不含广州南)信息工程已基本具备初步验收条件。

4. 集成专家组评审意见

原则同意武汉铁路局、武广公司提交的《关于报送武广铁路客运专线湖北段及武汉站动态验收报告的函》及广铁集团公司、武广公司提交的《关于报送武广铁路客运专线(广铁集团管段)动态验收报告的函》中电力牵引供电动态检测等相关部分的验收结论,可以开展下一阶段验收工作。

武广铁路客运专线动态检测工作严格按《铁路客运专线竣工验收暂行办法》(铁建设〔2007〕183 号)、《关于印发〈武广铁路客运专线联调联试及试运行大纲〉批复意见的通知》(铁集成函〔2009〕653 号)及《关于做好武广、郑西客运专线和甬台温、温福、福厦铁路联调联试工作的通知》(铁运函〔2009〕790 号)文件要求进行,接触网相关检测的项目和内容完整。

第四节 初步验收

一、验收组织

初步验收工作由铁道部组织,成立武广铁路客运专线初步验收委员会,初步验收委员会由铁道部有关业务部门、武汉铁路局、广铁集团公司、武广公司、专家组正副组长以及设计、咨询等单位人员组成,在专家组检查的基础上进行初步验收。

二、验收经过

2009 年 12 月 9 日,武广公司、武汉铁路局、广铁集团共同向铁道部建设管理司报送了武广铁路客运专线初步验收申请函。

2009 年 12 月 10 日,铁道部质量安全监督总站直属监督站报送了武广铁路客运专线《质量安全监督报告》,认为初验范围内各项工程均达到了验收标准。

2009 年 12 月 14 日~15 日,铁道部组织对武广铁路客运专线进行初步验收工作,同意武广铁路客运专线通过初步验收。

三、验收结论

武广铁路客运专线工程建设严格执行了国家和铁道部有关政策、规程、规范和强制性标准,已按批准的设计标准建成,劳动、卫生、安全、消防等设施符合设计和验收标准;环境保护、水土保持工程按环评报告书和水保方案及批复意见同步建成;地质灾害整治措施及建筑抗震设防得到落实;竣工文件基本齐全。静、动态验收发现问题已基本得到整改;全线动态检测结果符合相关标准要求;静、动态验收报告通过工务、电务、信息及系统集成专业专家组评审。验收委员会认为,经过动态检测和运行试验,武广客运专线达到最高运行速度 350km/h 的条件。同意通过初步验收。

第五节 安全评估

一、评估组织

安全评估工作由铁道部组织,成立武广铁路客运专线安全评估组,铁道部安全监察司为安全评估组组长单位,组织安全评估,对武广铁路客运专线试运营提出安全评价意见。

二、评估经过

根据铁道部《新建铁路项目安全评估暂行办法》(铁安监〔2008〕53 号)等有关规定和安全评估检查具体标准,铁道部安全监察司组织制定了《武广铁路客运专线安全评估方案》,组织成立了武广铁路客运专线安全评估组。

2009 年 12 月 16 日～22 日，安全评估组对武广铁路客运专线进行了全方位的安全检查并召开了安全评估会，听取了各评估专业组、武广公司、武汉铁路局、广铁集团、部工程质量安全监督小组的汇报，安全评估组经过认真研究，通过武广铁路客运专线安全评估。

三、评估结论

规章制度基本建立，各岗位人员基本到位，各类人员技术业务培训基本达标，线路桥隧、通信信号、牵引变电和动车组等主要行车设备及安全防护设施基本到位，能够保证动车组安全运行。评估意见为：武广铁路客运专线满足开行 350 km/h 动车组的运营条件。

第二十章 工程决算与资产托付

第一节 工 程 决 算

武广公司依据《企业会计制度》、《基本建设财务管理规定》、《铁路运输企业会计》及铁道部《财务管理办法》、《建设资金管理办法》和《工程验工计价管理办法》等一系列规章制度，严格按照合同约定办理工程价款结算，在确保建设资金安全和提高资金使用效率的基础上，保证建设项目正常进度和工程价款结算。

在公司各级领导的统一布置和协调下，武广铁路客运专线项目竣工财务决算编制工作稳步推进，已顺利完成了固定资产暂估和竣工决算准备两阶段工作。2009 年 12 月底已完成武广铁路客运专线项目固定资产暂估入账工作；2010 年 7 月 31 日，为下一步竣工决算细化布置召开了武广铁路客运专线项目竣工决算研讨会，获得了与会专家和部分施工单位代表的许多宝贵意见；8 月 17 日，公司召开了武广铁路客运专线项目全部施工单位参加的竣工财务决算工作会议，对下一阶段竣工决算报表编制工作进行了详细布置，特别是对相关表格的编制组织施工单位进行了认真学习。11 月 12 日，公司又召集武广铁路客运专线全体参建单位针对国家验收前清理概算和竣工审计工作召开全体会议，对相关工作进行了细化部署和督导。2012 年 3 月底完成了武广铁路客运专线项目概算清理和末次计划工作，预计 12 月底完成项目竣工财务决算编制、审核和正式固定资产交付工作，同时做好迎接国家验收审计准备工作。

第二节 资 产 托 付

2009 年 12 月，为提高武广铁路客运专线运输效益和效率，武广公司决定采取委托运输管理的方式经营武广铁路客运专线旅客运输等相关业务，以武汉铁路局和广州铁路(集团)公司管段分界将武广铁路客运专线的运输管理和调度指挥业务分别委托给武汉铁路局和广州铁路(集团)公司。依据铁道部《关于新建合资铁路委托运输管理的指导意见》(铁政法〔2008〕232 号)、《关于铁路客运专线运输管理有关问题的指导意见》(铁运〔2008〕224 号)等文件精神，分别与武汉铁路局和广州铁路(集团)公司签署《武广铁路客运专线委托运输管理协议》及《武广铁路客运专线委托运输管理专项管理细则》。

委托管理的主要有以下内容：

(1)运输安全管理。包括但不限于铁路运输设施设备的安全保障、运输生产过程中的安全管理、事故救援、沿线安全防护、综合治理及护路联防等工作。

(2)运输组织管理。包括但不限于客运组织、客运管理、行车组织、调度指挥、列车开行方案、运输计划等。委托方(武广公司)不设调度台，由受托方(武汉铁路局或广铁集团)集中调度指挥。

(3)运输设备设施管理。包括但不限于车站、线桥隧涵、通信信号、牵引供电、电力、房建及安全技术装备等设施、设备的租用、使用、维修、养护和建筑界限检测等，其中有特别约定的事项，按特别约定处理。

(4)运输移动设备管理。包括但不限于机车、车辆、动车组及必要的自轮运转设备的采购、维护、修理、运用管理等。

(5)其他内容。包括铁路用地管理、经营开发、统计、路风及旅客投诉、内部安全保卫、消防、节能环保、档案管理等应由受托方承担的与本委托运输管理相关的其他业务。

第二十一章　经验体会与问题探讨

武广铁路客运专线的建设成功是铁路系统深入学习实践科学发展观成果的结晶，4年半建设期间，在铁道部的正确领导下，公司按照20字铁路建设新理念和“三个一流”的建设目标，通过建设体制、建设管理、关键技术、建设文化等方面的不断探索创新，实现了世界一流的运行品质，实现了中国高速铁路建设质的飞跃，成功走出了一条具有中国特色的高速铁路建设自主创新之路，对大规模高速铁路建设深入推进和中国铁路实施走出去的战略具有较好的示范和引领作用。回顾几年来的建设历程，有以下几点经验和体会。

一、建设的启示和体会

(一)建设成功的启示

1. 武广铁路客运专线的建成得益于党中央、国务院的大力支持

2005年8月22日，胡锦涛总书记视察武汉天兴洲大桥时，指示“要将武广铁路客运专线建成中国铁路发展史上新的里程碑工程”，极大鼓舞了全体建设者的士气、坚定了信心。2007年10月，国务院会议通过的《综合交通网中长期发展规划》为铁路大规模发展提供了强有力的依据和保证。

2. 武广铁路客运专线的建成得益于铁路系统“举国体制”的优越性

一是科学确立时速350 km高速铁路的技术标准和技术路线。确定了“引进、消化、吸收再创新，打造中国自主品牌”的指导思想，瞄准当今世界先进水平，高起点、高标准，建设世界一流高速铁路的目标。

二是加强重大问题的协调解决。在武广铁路客运专线工程建设的关键时期，部领导多次组织现场办公，及时解决制约工程建设的重大问题，并亲自组织2008年全线无砟轨道施工动员、2009年开通动员会。部有关司局和中心，深入基层现场，及时协调解决科技攻关、工程咨询、变更设计、标准化管理等问题，做了大量卓有成效的工作。

三是统一组织联调联试。在铁道部的统一组织下，由两个铁路局、铁科院、武广公司、各参建单位、车辆厂等单位联合进行联调联试，通过科学的手段系统验证了我国时速350 km高速铁路的技术体系和成套装备，确保了一次性开通运营的成功。

3. 武广铁路客运专线的建成得益于我国改革开放30年以来综合国力的显著提升

改革开放30年以来，我国综合国力不断增强，奠定了雄厚的物质、资金、技术水平。工程建设机械化、专业化水平不断提高。武广铁路客运专线建设更是由机械化向智能化过渡，有效地保证了无砟轨道精度误差在1 mm级别，施工精细化水平不断提升。新技术、新材料、新工艺水平不断提升，参建各方的铁路建设管理水平和技术水平在实践中显著提高，为武广铁路客运专线建设奠定了雄厚的基础。

(二)建设成功的体会

1. 又好又快推进高速铁路建设，必须始终坚持将安全和质量摆在首位。安全是一切工作的前提，质量是工程建设的生命，不容有丝毫的疏忽和失误，必须正确处理“好”与“快”的关系。实践证明，安全质量不好，轻则影响大规模铁路建设的形象，重则祸国殃民，贻害无穷。

2. 又好又快推进高速铁路建设，必须始终坚持管理创新和技术创新。要在管理体制、管理理念、管理方法、管理手段等方面勇于探索、认真实践、不断创新。要把技术创新作为出发点和落脚点，贯穿于建设全过程，突破关键技术，构建具有自主知识产权的技术体系。同时，要重点解决好机制的问题、为自主创新营造良好的环境和持久的活力。

3. 路地合作共建模式取得了较好的效果。公司充分利用铁道部构建的合作建路模式，不断加强与地方政府、省方股东代表的联系汇报和沟通协调，有效调动了地方参与铁路建设的积极性，实现了铁路单兵作战到路地合作共建模式的转变。沿线三省共征地7.21万亩、拆迁建筑物380.63万m^2，满足了工程建设的用

地需求，营造了良好的外部建设环境。

4. 大标段管理模式取得了较好的效果。由于公司采用“小业主、大咨询”的管理模式，相应的建设管理人员和技术人员紧张，通过大标段施工管理模式和专业互补，一是减少了建设管理的难度，二是施工单位可产生规模效应，发挥集团优势，有利于各单位合理配置资源，提高设备资源的利用效率，组织规模化、标准化生产，降低管理成本，保证工程建设的安全、质量和工期。

5. 试验先行和样板引路工作取得了良好的效果。几年来，在重难点关键技术施工中，武广公司始终坚持试验先行、样板引路、建树标杆、总结经验、交流观摩、全线推广的思路和做法，有效减少了探索的成本、降低了建设的风险，加快了建设的进度。

二、建设的主要经验和做法

(一)强化施工组织设计与实施，确保工程建设有序快速推进

1. 优化施工组织设计

建设伊始，武广公司根据总工期要求和有关文件精心编制指导性施工组织设计，并实行动态管理，按工程实际进展情况及时进行优化调整。在建设过程中，武广公司强化指导性施工组织设计的科学计划作用，要求各参建单位结合武广公司下发的指导性施工组织设计和年度投资计划，进一步细化实施性施组，确保工程形象进度，确保完成投资计划。对于重点控制、困难地段和工期严重滞后的工程，各单位结合已经分解的年度投资计划和工程进展情况，深入细致研究，对实施性施组进行科学调整和修改。抓形象进度的关键是抓好全线特殊结构桥梁、跨既有线和高速公路立交桥、长大隧道等重点控制工程进度。特别是针对关键工程存在的问题，在组织措施、施工方案、管理力量、劳务队伍、机械设备等方面，要求各单位提前考虑、统筹安排，确保工程按期完工。

2. 狠抓重点控制工程，保证节点工期实现

一是抓好全线无砟轨道施工。武广公司认真总结武汉综合试验段无砟轨道施工试验，总结其施工工艺工法，积极做好各参建单位技术培训工作，组织好全线各单位无砟轨道施工准备与工艺性试验研究，落实好精测网、沉降评估等无砟轨道铺设条件。要求各单位按照“工作面最多化、工作量最大化、工装配置最佳化、工作效率最优化”的原则组织全线无砟轨道施工，优化物流条件，加强对大宗施工物资生产、运输、贮备等工作的协调，完成正线无砟轨道施工。

二是做好铺轨、铺岔和四电施工协调配合工作。武广公司努力做好铺轨前无砟轨道、道岔验收、工作面交接和钢轨供应、焊接、运输的协调衔接工作，确保铺轨、四电节点工期。并要求各铺架单位按照合同约定主动介入轨料供应全过程，搞好轨料保供工作。武广公司各指挥部设立了专职调度室，协调铺轨和电气化施工，避免相互干扰，确保施工安全，提高施工效率。要求“四电”施工单位要提前进场，土建施工要做好电缆沟、槽、管路预埋、接触网支柱基础预埋、综合接地预埋等接口工作，保证接口工程质量，为“四电”施工创造良好条件。及时确定站后“四电”系统集成实施方案，并督促设计单位抓紧完成相关设计，包括通信、信号、电力、电气化各专业正式施工图设计，确保按既定时间提供施工图纸。

三是高水平、高效率组织好轨道、四电联调工作。轨道、接触网精调质量决定列车运行平顺性、舒适性和长期可靠性，通信信号、联调质量决定列车运行的安全性。根据试验段的经验，轨道、接触网的精调和测量是关键问题，武广公司要求各单位无砟轨道精调人员、设备在轨道精调未完之前不准离开武广。通信信号联调模拟了所有可能的场景，确保列车运行安全。

(二)注重过程控制，确保工程质量

武广公司要求各单位彻底改变“重结果、轻过程”的管理方式，紧紧抓住影响质量的重点环节，加强现场管理，强化过程控制，以严格的过程控制确保工程质量。要将原材料、路基填筑、混凝土工程、隧道工程、桥梁工程等作为重点，加大日常检查、抽查和集中检查力度，落实质量控制措施。

1. 切实抓好原材料质量控制

原材料质量是工程质量的源头。武广公司从思想上高度重视，要求各参建单位从局工程指挥部到处项目队再到作业队、从监理总站到分站再到监理组，进一步从质量保证体系上严密组织、落实人员，采取强有力的手段和措施，加大把关力度，杜绝不合格原材料流入施工现场。同时加强了供应合同和质量证明文件的审

查，对不合格、有问题的供应商坚决中止合同，净化供货渠道，并要求咨询、监理、施工单位的试验室必须全程跟踪样品，确保样品和进场原材料的一致性。按规定的时间、频次、技术标准，对符合要求的原材料样品进行严格的试验检测。实际工作中，强调各施工单位要加强原材料的进场验收、分类标识和现场保管工作，确保原材料的可追溯性，严格过程管理，确保原材料质量。

2. 加强工程实体施工过程质量控制

工程实体是最终的建设产品，是一流工程质量的最终展示，在质量控制上实行了标准化作业、精细化施工。在隧道工程上，突出强调防排水施工，要求施工单位严格按照武广公司下发的防排水施工工艺要求，从防水板铺设搭接、排水管的安装等方面精益求精、严格施工；同时，要求在开挖爆破、锚杆施作、初期支护、二次衬砌等方面严格按照工艺工法、验收标准和有关规范施工。在路基施工上，在地基处理和本体填筑过程中，要求施工单位随时关注气象预报，结合天气情况合理安排作业工序，从填料的质量、工艺工法的落实等方面要严格按照武广公司下发的指导意见精心组织施工。在桥梁工程上，箱梁预制、移动模架和造桥机造桥、高墩身施工是质量控制的关键，要求施工单位重点抓好高性能混凝土夏季施工的质量，严把混凝土拌和、运输、浇筑、振捣、养生等工序环节，做到内实外美。在无砟轨道和道岔施工中，武广公司提出了"精度决定无砟轨道和道岔成败"的观点，实施了一系列质量激励政策。通过示范段建设编制了无砟轨道、道岔铺设作业技术标准，多次召开质量现场会、技术观摩会、电视电话会强力推进施工技术上水平、工程质量上台阶；组织海特坎普、睿铁、欧博迈亚、BWG、博格公司等外方单位分别成立了三个无砟轨道和四个道岔培训小组，分段负责现场指导施工单位无砟轨道和道岔的各个工作面施工，提供技术支持，实施质量监控；为监理单位配备了20 台精调小车，对无砟轨道铺设精度质量进行实时监控；建立了无砟轨道、道岔铺设精度测量周报制度，武广公司建设指挥部和施工单位按照 PDCA 循环工作法，每周对无砟轨道、道岔铺设精度进行分析、评估，提出改进意见，实现了工程质量不断上升的良性循环。

3. 加强试验检测工作

武广铁路客运专线采用由铁道部武广监督分站、武广公司质量检测中心、监理单位、施工企业自身和社会第三方质检中心构成了武广铁路客运专线四个层次、五个方面的工程质量检测体系。武广公司要求参建各方要按照各自的职责抓好试验检测工作，以完整、科学、系统的监督检测体系，以科学的工法工艺与检测控制手段，保证工程质量得到实时监控，充分满足工程质量控制的需要，及时、准确的反映质量状况，以便采取针对性的措施纠正存在的问题。要加强对原材料、工程实体的检测，加强对各单位试验室的检查，确保检测频率和数据的真实性，为参建各方对工程质量控制提供可靠的手段和依据。第三方检测单位要确保足够的试验、检测设备和人员，加强对所有桩基、重要单位工程、隐蔽工程的质量检测。通过保证试验检测频次和精度，武广公司迅速发现存在的工程质量问题，及时采取措施处理，彻底消除了工程质量隐患。同时，加强对各参建单位试验检测机构的检查力度，保证设备到位率、完好率，保证试验检测人员到位率，重点检查试验检测工程的规范性和真实性。

（三）开展科技攻关及技术创新，是建成武广铁路客运专线的根本保证

1. 广泛开展科技攻关活动

一是要求各参建单位结合各自所承担的工程特点，在设计、咨询、施工组织、技术管理、工艺工法、施工技术、材料技术、设备技术、接口技术、试验检测技术、环境保护等方面系统制定详细的科技攻关计划，抓好计划推进实施。

二是要求各标段局工程指挥部要加大对武广科研工作的组织领导，各参建的工程局科技处、所要充实力量到武广施工现场牵头组织、专项指导。

三是要求充分利用中外咨询、中外监理、中外施工联合体的优势，积极引进、吸收、消化国外的先进技术。

四是要求注重发挥设计院所、高等院校等社会力量优势，以提高自主创新能力为基础，加大科研和技术攻关力度。

五是要求开展科技样板段建设。各施工单位结合实际选择科技攻关的重点建设样板段，对好的样板段，武广公司组织综合评比后在全线推广交流，促进创新成果共享。

六是由武广公司牵头组织突出抓好铁道部立项科技攻关项目的推进，做好科研和技术总结汇编工作，逐

步建立武广铁路客运专线建设成套技术体系。

2. 抓好无砟轨道技术再创新

武广公司结合武汉综合试验段工程建设，不断完善无砟轨道预制件设计，提高制造工艺，组织自主研发水泥沥青砂浆及引进CA砂浆的现场试验及乳化沥青的工业化实施，确保满足武汉综合试验段板式轨道施工的要求。对于不同类型无砟轨道结构进行绝缘性能试验验证，确定技术、经济、合理的绝缘和接地方案。同时，做好不同类型无砟轨道施工技术细则的编制，并根据武汉综合试验段的实施情况不断完善。

3. 组织施工工艺工法研究和推广应用

由武广公司牵头，组织有关设计、咨询、施工、监理各方，以武汉综合试验段为平台，及时对无砟轨道施工、四电施工等关键技术进行经验总结，对相关施工工艺工法加强研究，反复验证后总结出一套较为成熟的工艺工法，在全线推广应用。同时做好技术培训工作，通过举办培训班，组织相关单位技术人员进行集中培训，并到试验段施工现场实地观摩，使全线各单位在较短的时间内，熟练掌握和应用工艺工法，迅速展开施工。

(四)加强现场管理，强化安全重点控制是确保施工安全的重要途径

武广公司始终坚持“安全第一、预防为主、综合治理”的安全生产管理方针，以强化现场管理为抓手，巩固安全基础建设，完善安全保障措施，落实现场监管责任，提高安全工作质量，确保了全线安全生产形势的持续稳定。

武广公司要求各参建单位紧紧抓住影响安全的重点环节，加强现场管理，强化过程控制，以严格的过程控制确保施工安全。在安全方面，要将隧道施工、水上施工、高空作业、施工用电、火工品、机械设备等方面作为重点进行控制，各单位必须认真执行安全规范，制定完善的安全措施，加强安全设备的投入，文明施工，有序施工，确保实现施工安全。

1. 加强工程现场管理

武广公司将15座隧道、10座跨既有线桥梁和12座跨高速公路桥梁列为安全控制的重点。加大日常检查、抽查和集中检查力度，落实安全技术措施和监控措施、安全责任和应急预案，做到防患于未然。特别是在隧道施工方面，强调要切实加强隧道施工安全，做好地质超前预报，制定周密的施工方案，采取科学的安全措施，防止塌方、涌水、瓦斯中毒等事故发生；要切实加强爆破器材和爆破物品的管理，严格执行爆破品管理制度，在爆破品的运输、存储、发放、使用、退库、登记等每一个环节都不能掉以轻心，坚决杜绝事故发生。积极推进隧道“六达标”，加强了对涌水、突泥、浅埋、偏压、瓦斯、软弱围岩等地质复杂隧道的监控量测、地质超前预报，明确规定了开挖、仰拱、二衬之间的安全距离，并将其作为隧道施工的硬性指标对各单位进行考核。

2. 大力开展各种安全管理活动

开展了施工安全专项整治活动，对各单位责任体系的落实、保证措施的完善、人员设施的配备进行了重点检查整改。重点开展了“大检查、大整改、促达标、筑精品”活动，有效地保证了全线的施工安全。

3. 认真落实安全教育培训和安全分析评估

针对路内外施工项目发生的各类安全事故，武广公司组织参建各方认真学习，做到警钟长鸣、举一反三、引以为戒。对隧道施工安全、桥梁施工安全进行了多人次、多层次的培训。建立了安全动态分析制度，每月底分析评估全线的安全生产情况，明确下一个阶段监控重点。

4. 构建抗洪防洪机制

武广公司要求各参建单位要高度重视抗洪防洪工作，认真贯彻执行各项规章制度，结合现场实际，制定有针对性的保证措施。要切实加强组织领导，认真落实责任制，进行应急预案演练，建立快速反应机制，掌握管内地形地质、河流水库的详细资料，储备适当的防洪抢险物资，密切关注天气预报，实行24h不间断值班。各级领导在防洪工作中要牢固树立以人为本的思想，确保施工人员人身安全。

(五)借鉴中外经验，推行工程管理档案化

经过多方位搜集和各参建单位共同参与配合，与咨询联合体及外方咨询反复沟通，借鉴中外方的实践经验，确立了采用工程档案的管理模式，实时更新，动态管理，推行过程管理档案化和动态分析，有利于设计过

程控制，打破了工程建设中的传统运作模式，为各参建单位有责任、有计划、有步骤交换彼此间存在的技术资料提供了具有权威性的文件，突出了高速铁路建设中资料提交的计划性和前瞻性，保证了工程建设按照各级进度计划井然有序地开展。

（六）工程质量的保证，应重点发挥监理单位的作用

发现质量问题，一定要严肃处理，该返工要返工；监理单位要严格把关，加强现场旁站和检查工作，质量没有达标的，绝对不能允许进行下一道工序。

（七）转变观念，提高对系统集成和接口管理的认识

接口管理工作是为确保武广铁路客运专线的系统性和整体性，协调统一全线各相关专业、部门间的关系和标准，接口管理和系统集成在客运专线的建设中具有十分重要的意义。接口管理，人人有责，促进全体参建人员都重视接口管理，站在对质量负责，对自身岗位负责的高度，担负起各自的责任。使全体参建人员提高对接口管理认识，积极掌握接口技术方案，认真落实接口施工质量，主动布置接口管理工作，切实总结接口管理经验。借解决接口管理存在问题的契机，各参建单位进一步规范了接口管理。

（八）广开渠道，丰富接口控制手段

为了加强接口管理，进一步规范接口检查，保证接口工程质量，统一接口工程验收，武广公司于2007年3月15日和9月17日发布了《接口检查记录表》暂行版本和正式版本，表格是按照土建工程项目中的不同接口位置编制的，并对接口检查记录表的填写要求作了统一规定，并要求各监理单位、土建施工单位要本着严肃、认真的态度填写检查记录，把工程资料管理工作作为质量管理的重要环节。各单位要高度重视接口的施工质量，所有接口在相关的后续施工单位进场后，均由土建施工单位进行移交，丰富了接口工程质量的控制手段。

武广公司于2008年2月发布了路基、桥梁和隧道《站前工程预留站后接口作业要点手册》，在全线分发学习。

（九）加强技术力量投入，积极配合做好站后接口预留

各土建施工单位、监理单位都要配备必要的站后专业工程技术人员，与站前专业人员共同做好接口管理工作。通过对部分制梁场、隧道工点、桥工点的现场抽查，发现施工一线大量存在对综合接地、接触网预留等接口问题不重视，施工质量不能满足接口预留的要求。

为了在保证接口工程质量方面有所促进和突破，增强对接口工程质量的过程控制及检查力度，公司组织由咨询项目部增派了四名现场接口工程师。要求四电集成施工单位组织了40名人员进场，对每一个站后接口的预留进行配合及确认，这是武广铁路客运专线建设中采取的加强接口工程质量控制的重要举措。四电人员的进场不是替代监理的职责，而是在监理之外的一个补充，既不减少监理的工作，也不减轻监理的责任。公司各建设指挥部加强了对四电人员的组织、配合与支持。四电人员在现场发挥了重要作用，促进了接口预留质量符合设计要求，为站后施工顺利进行创造了有利条件，为武广铁路客运专线良好的系统性奠定基础。

三、问题探讨

按照武广铁路客运专线建成世界一流的总体目标，在接口管理上仍存在许多缺陷，这仍是需要继续努力的方向，尤其在以下几个方面：

1. 在客运专线接口管理上缺乏专业性和系统性经验。长大的铁路客运专线建设在国内尚属首次，即使是传统的铁路建设中，对接口管理也未曾有成型的管理经验可以借鉴，国外类似工程与我国客运专线的巨大差异也不容照搬国外的做法，这就要求建设者广开渠道、逐渐摸索，敢于创新，在实践中总结经验、吸取教训，使大量的接口管理更加专业化和专职化，投入更多资源，使接口管理与接口技术成为一门专业性强和系统性强的学科。

2. 提高对接口重要性的认识，这也是一个长期努力的过程。各参建单位对客运专线的整体性与系统性尚缺乏深入理解，没有固化到质量管理本体中，达不到自觉自律。接口管理的规范化已是大势所趋，关键是要转变观念，改变在以往铁路工程建设管理中的粗放方式，不能停留在形式上，需

要贯彻到工程建设过程中。可喜地看到，各参建单位已经逐渐重视接口问题，但现场投入的技术力量仍然薄弱，包括各单位的现场管理与作业层，没有合理的资源配置，就不能达到建设质量上的整体平衡。

3. 缺乏真正有效的接口质量控制手段。尽管采取了一系列的手段和措施，但由于没有较成熟的施工工法，使工程质量控制较为困难，管理环节薄弱的状况仍未得到很大改观。这仍需要进一步研究总结，形成一整套行之有效的现场质量管理模式。

第三篇

勘察设计

武广铁路客运专线是中国铁路建设新的里程碑工程，集中体现出我国铁路建设的技术水平和发展方向，其建设是在利用我国已有研究和经验、总结设计和咨询成果的基础上，借鉴、吸收国外高速铁路的先进技术和成熟经验，结合工程和技术发展的具体情况，高标准、高起点地进行勘察设计。

武广铁路客运专线武汉(不含)至广州南(不含)主要工程数量有:正线路基总长320.184 km，占线路建筑长度总长的33.3%；桥梁总计676座，长463.591 km，占线路建筑长度总长的48.2%；隧道总计226座，长177.6 km，占线路建筑长度总长的18.5%。全线铺设无砟轨道955.69双线km，有砟轨道5.683双线km。沿途设有始发站1座，客运站13座，越行站2座。全线共征地7.21万亩，拆迁建筑物380.63万m^2，三电迁改7 536处。

第一章 大型临时设施设计

一、编制依据

1. 铁道部铁建设〔2000〕95 号文《铁路工程施工组织调查与设计办法》
2. 建标〔1991〕235 号文发布的《铁路工程建设工期定额》(以下简称“工期定额”)
3. 国家有关方针政策,以及国家和铁道部有关规范、规程
4. 现场勘测调查资料及设计文件。

二、交通条件

1. 铁路

武广铁路客运专线与既有京广线并行,两端接武汉及广州两大枢纽,中间连通长沙(株洲)枢纽、衡阳枢纽。在客运专线的北端有汉丹线、武九线、长荆线;中部有湘黔线、浙赣线、湘桂线;南端连广深线、广三线,铁路运输条件非常方便。施工时可充分利用既有铁路的运输能力,将主要材料运至既有京广线武广段各个车站,再转运至工地。

2. 公路

本工程所经地区公路发达,除与客运专线并行的 G107 国道、京珠高速公路外,还有 G106、G318、G319、G320、G322、G323 等国道与之交叉;除个别地区外,客运专线通过的大部分地区的县乡公路较发达,公路运输较为便利。

3. 水路

线路所经地区的长江、湘江、武江、北江、珠江等河流均通航,有些河流的通航等级虽较低,但均可为本工程的施工提供运输服务。本地区的航运比较发达,为工程的施工提供了便利的条件。

三、施工用水、用电

1. 施工用水

本段线路所经地区河网密集,湖泊众多,水系发达。根据对全线主要河流地表水及地下水的水质分析,其水质对混凝土无侵蚀性,施工用水可就近取水或打井取水,城区范围内施工用水可利用城市自来水。

2. 施工用电

沿线电力资源丰富,3.5 kV、10 kV、35 kV 等高压电力线或交错或平行线路分布,施工用电可就近引入。

四、大型临时设施

1. 汽车运输便道

重点工程局部考虑贯通便道,贯通便道尽可能沿路基两侧征地范围内设置,以减少租地;一般情况下桥梁工程、隧道工程的便道结合本工程所经地区公路运输情况,考虑引入。

2. 临时电力干线

本段线路所经地区电网密布,主干网有 220 kV 和 110 kV 线,35 kV 线主要为县级网,10 kV 及以下电力线路送往各居民点和工矿企业。各级电网相应变电站分布有序,为本工程施工提供了良好的电源条件。

本段线路桥隧工程多,用电量大,而沿线地区经济较发达,用电负荷较高,若铁路施工搭接地方 10 kV 线,供电难以保证。为此,本工程施工供电采用以地方电源供电为主、自发电为辅的方案。根据全线重点工程及其他大临工程的分布情况,局部地段以由地方既有变电站出 10 kV 线到本线,再沿铁路线局部贯通的方案。

3. 临时通信

沿线通信基础设施较发达,可以满足客专线建设期间的临时通信需要。

4. 临时材料厂

根据外来材料供应计划,全线共设置材料厂 30 处,平均运距 7～34 km。各料厂分别位于既有京广铁路沿线具有办理货运能力的车站或货场,以其供应范围和供料数量来确定其租用场地的规模。

5. 制梁场

根据全线桥隧工程的分布、地形地貌和架桥技术装备能力以及经济供梁范围,经方案研究比较,共设置 41 座箱梁预制场,见表 3-1-1。

表 3-1-1 制梁场一览表

序号	制梁场名称	上线里程	供应范围	供应梁数量(孔)
1	流芳制梁场	DK1210+640	DK1190+790.71～DK1213+012.3	467
2	五一梁场	DK1220+100	DK1213+012.3～DK1228+476.77	406
3	江夏制梁场	DK1238+560	DK1228+476.77～DK1255+549.48	259
4	淦河制梁场	DK1276+000	DK1256+882.2～DK1289+860	493
5	王家湾制梁场	DK1298+600	DK1290+000～DK1307+845.44	411
6	蛟龙制梁场	DK1310+900	DK1307+961～DK1312+933.35	103
7	凤余制梁场	DK1335+000	DK1316+003.45～DK1341+408.85	545
8	灯明箱梁场	DK1347+601.6	DK1343+644.60～DK1352+730.66	224
9	新临湘制梁场	DK1371+340	DK1369+618.90～DK1378+764.86	174
10	天福路制梁场	DK1393+496.5	DK1388+360.52～DK1396+049.93	154
11	新墙河制梁场	DK1432+200	DK1421+766～DK1449+100	456
12	罗水制梁场	DK1465+500	DK1449+300～DK1481+556	470
13	汨罗制梁场	DK1488+700	DK1483+379.17～DK1522+526.75	319
14	长沙制梁场	DK1532+600	DK1522+683.26～DⅡK1559+285.89	359
15	天易路梁场	DK1608+100	DK1605+360～DK1612+425	46
16	上水口山梁场	DK1632+500	DK1614+880～DK1656+097	223
17	衡山西制梁场	DK1681+300	DK1670+300～DK1692+900	336
18	衡阳湘江梁场	DK1707+800	DK1700+888～DK1716+890.13	276
19	柏树制梁场	DK1727+300	DK1717+377～DK1736+280	285
20	瓦田坪制梁场	DK1741+848	DK1736+670～DK1751+413	196
21	搭塘铺制梁场	DK1761+594	DK1754+803.77～DK1767+865	159
22	罗家湾制梁场	DK1772+771	DK1768+050～DK1788+523	287
23	湘芝塘制梁场	DK1804+080	DK1792+453～DK1804+638	154
24	金星冲制梁场	DK1819+268	DK1815+148.73～DK1818+388	99
25	铁龙头预制场	DK1823+270	DK1820+029.64～DK1826+283.23	124
26	曹家制梁场	DK1866+750	DK1864+995.93～DK1867+561.88	58
27	章水河制梁场	DK1883+450	DK1880+736.07～DK1884+701.10	105
28	北乡制梁场	DK1934+650	DK1932+974.03～DK1937+010.79	124
29	西瓜地制梁场	DK1939+550	DK1938+936.32～DK1943+006.3	122
30	廊田河制梁场	DK1946+100	DK1945+668.76～DK1954+243.58	181
31	梅村制梁场	DK1960+950	DK1958+301.17～DK1973+113.05	242

续上表

序号	制梁场名称	上线里程	供应范围	供应梁数量(孔)
32	罗源洞制梁场	DK1976+090	DK1974+565.02~DK1986+750.68	218
33	樟市制梁场	DK2012+050	DK2009+678.306~DK2017+027.426	141
34	云岭制梁场	DK2035+020	DⅠK2026+779.118~DK2053+768.64	485
35	阳光制梁场	DK2094+341.885	DK2093+649.11~DⅠK2104+505.44	59
36	清远制梁场	DK2111+900	DⅠK2104+768.56~DK2112+413.89	432
37	狮岭制梁场	DK2157+300	DⅠK2156+705.42~DK2167+000	277
38	郭塘制梁场	DK2177+500	DK2167+027~DK2177+909	223
39	流溪制梁场	DK2183+300	DK2178+205~DK2192+726	370
40	花地河制梁场	DK2201+900	DK2197+444~DK2208+515	280
41	石壁制梁场	DK2217+500	DK2208+905~DK2217+320	125

6. 制枕(板)场

共设5个双块式轨枕预制场和2个板式轨道板预制场,见表3-1-2。

表 3-1-2 轨枕场一览表

轨枕厂名称	对应武广铁路客运专线的里程	轨枕供应范围
咸宁双块轨枕场	DK1271+500	DK1188+000~DK1341+415.58
汨罗双块轨枕杨	DK1473+720	DK1341+415.58~DK1592+585.18
株洲双块轨枕场	DK1613+600	DK1592+585.18~DK1713+536.18
耒阳双块轨枕场	DK1777+150	DK1713+536.18~DK1901+261.72
英德双块轨枕场	DK2061+410	DK1901+261.72~DK2167+000
江夏轨道板预制场	DK1238+750	武汉综合试验段
衡山轨道板预制场	DK1680+900	全线道岔区博格板

7. 铺轨基地

全线设计设置横沟桥、黄秀桥、白马垅(增设)、向阳桥、安口等5处铺轨基地,见表3-1-3。

表 3-1-3 铺轨基地一览表

序号	基地名称	接入武广铁路客运专线里程	铺轨基地管辖范围	
			起点里程	终点里程
1	横沟桥长轨运输便线及铺轨基地	DK1272+520	DK1088+000	DK1341+066
2	黄秀桥长轨运输便线及铺轨基地	DK1439+050	DK1341+066	DK1592+585
3	向阳桥长轨运输便线及铺轨基地	DK1738+286	DK1592+585	DK1901+227
4	安口长轨运输便线及铺轨基地	DK1952+020	DK1901+227	DK2216+000

8. 改良土和级配碎石搅拌场

全线共设置集中改良土拌和站49处,分别布置于施工便道一侧,租地为15~30亩。考虑到级配碎石后于改良土填筑,改良土拌和站使用后可兼做级配碎石拌和站。

第二章 线路设计

第一节 线路走向与重大方案比选

一、线路走向

详见第一篇综述第二章工程概况。

二、重大方案比选

在项目前期研究阶段，将全线分为武汉、咸宁、岳阳、汨罗至长沙、长株衡、郴州、大瑶山以及韶花、花广共计9个长大区段进行多方案研究。

每个区段方案研究分论证方案、次要比较方案、主要比较方案，同精度比较方案与贯通方案，4个层次进行研究比较。以乌花段为例，各种研究方案累计线路长度近3 000 km，约是正线长的4.2倍。

依据线路总体走向，进行综合选线。在经济选线、航空选线的基础上，先行强化工程地质选线、环保选线，尔后地形选线。分析各区段地质特征，对采空区、极发育岩溶等大型不良地质区域考虑绕避，合理规避重大工程风险；对一般不良地质体在工程处理措施安全可靠的前提下，线路尽可能择位短直通过。客运专线是高标准线路，在工程规模适度的前提下，线路走向力求顺直，以缩短线路长度、减少旅行时间，为提高运输质量创造基础性条件。

对于地质特别复杂的地段，在可行性研究前，进行地质加深专项工作，在大面积范围内摸查、核实区域工程地质、水文地质条件，以地质加深结论为基准，倚重地质选线，合理地选取区域线路方案。

（一）武汉至乌龙泉段沙湖方案与武东方案

根据规划，京广客运专线经天兴洲跨长江通过武汉枢纽。在天兴洲特大桥与乌龙泉之间，该线通过武汉枢纽有沙湖方案、武东方案两大线路走向方案。

1. 沙湖方案：京广客运专线经天兴洲公铁两用桥过长江跨过楠姆庙车站、武青三干道后，经武汉站位、跨徐东路、沿沙湖边经武昌站后沿既有京广线北侧至乌龙泉。该方案新建武汉站位于城市内环线徐东路以东2.5 km处的杨家桥附近，动车段设在车站对侧东部天兴洲移民镇南侧、距车站中心约4 km，站区有武青四干道、中北路延长线、城市规划二环线经过，城市规划有轨道交通4号线和5号线引入车站地区。沙湖方案滠口—乌龙泉线路长度为59.85 km，天兴洲大桥—武昌站22 km范围限速160～200 km/h，该方案天兴洲大桥—乌龙泉动车运行时分为26 min。沙湖方案拆迁总量66.5万 m^2（其中城区拆迁39万 m^2），征地7 022亩。沙湖方案高速铁路站位于城市中心地区，靠近武汉市主要的居民集散地，服务功能强，乘客出行方便，节约到站时间，有利于吸引客流、发挥客运专线高速快捷的优势。

2. 武东方案：京广客运专线经天兴洲大桥过长江跨过楠姆庙车站、冶金大道、武青三干道后，在市区外围沿城市中环路南行，跨过南环铁路至军械士官学校西侧、省体育运动学校附近，经流芳岭、凤凰山、五里界、宁港等地至乌龙泉。该方案新建武汉客运站有青山站位、流芳站位两个选项。流芳站位具有市政配套难度小、周边环境较好、发展空间大、对城市新区开发有一定带动作用等优点，是城市要求采用的方案；但其距离城区比青山站位更远，且铁路运输组织不便（往九江方向客车需折角走行），站区地形起伏致工程量较大，综合而言，武东方案选取青山站位更合理。武东方案滠口—乌龙泉线路长度为57.85 km，天兴洲大桥正桥范围限速200～250 km/h，天兴洲大桥—乌龙泉动车运行时分为21 min。武东方案拆迁总量35.7万 m^2（其中城区拆迁26.9万 m^2），征地6 856亩。武东方案客运专线沿城区边缘通过，基本避开了对武昌城区的影响，所经地区噪声敏感点少、噪声污染治理难度小、治理费用低，污染负荷分散，高速铁路站设在市郊，旅客转乘运距较长。

2003年后，武汉市改而坚持铁路应采用武东方案而非此前议定的沙湖方案。其时，武广铁路客运专线的建设已提上日程，建设环境发生了较大变化，为使铁路避开武昌城区、减少铁路运营对城区的影响，以及今后铁路建设的顺利实施，满足地方要求，故最终采用武东方案。该方案实施后，高速铁路站设置于青山杨春湖地区，产生了巨大的带动效应，发挥了推动地区社会经济发展的良好作用，武汉市亦以此为契机，围绕高速铁路站重点推进杨春湖城市副中心的建设工作，完善新城区的市政配套设施。

（二）长沙捞刀河至机场路段（图 3-2-1）

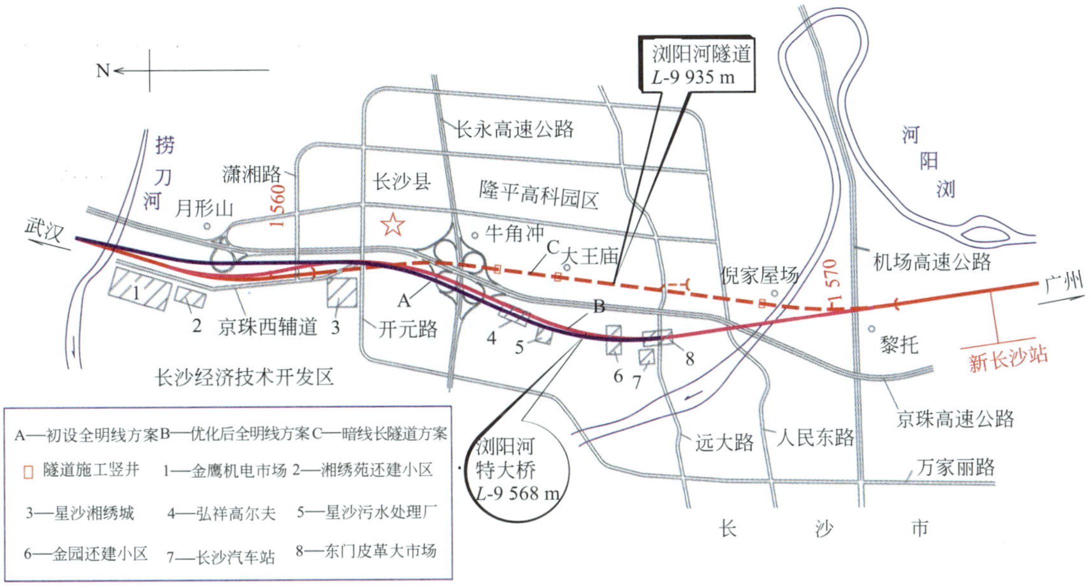

图 3-2-1 长沙浏阳河段线路方案示意

长沙捞刀河至机场路段，对应于 DK1557＋867～DIK1571＋350 段，原初步设计为全明线方案，其线路由湘绣苑东侧通过，以卫星特大桥（全长 2 138 m）跨越京珠高速公路月形山互通立交、潇湘路，尔后一举跨越牛角冲互通立交、远大片城区、京珠高速公路、浏阳河和机场高速公路，再引入长沙南站，浏阳河特大桥全长 9 568 m。京珠高速公路为双向四车道，线路与之交角 26°，设计采用单孔 140 m 钢箱系杆拱跨越。浏阳河宽约 240 m，原设计线路与水流方向夹角为 52°，采用（107＋160＋107）m 连续刚构跨河。

全明线方案采用城市控制多年的规划通道，该通道临近京珠高速公路，位于经长沙县与长沙市的两城接合部，是长沙经济技术开发区招商引资项目布点区域。随着本项目推进，该通道的不适应性逐渐暴露。线路行经还建小区、皮革市场等建筑密集区，勘测期间在远大片区调查时，业主集体抵制，矛盾初露端倪。继而，地方为保全突击上马的弘祥高尔夫等引资项目，要求线路近京珠高速公路、占压牛角冲至污水处理厂段京珠西辅道走行，迫使线路进入公路建筑控制区。接着，交通方面要求扩大跨越京珠孔跨，并坚持要求深入探讨铁路跨越公路互通立交的可行性与合规性。最后，水利方面在防洪论证中认为线路与浏阳河斜交过甚，即使其同意按水利设计单位拟定的初步方案花费 3 382 万元整治河道，短期内也还不能对跨河桥梁方案进行有效决断。

全明线方案所涉及的防洪、交通、拆迁、环保、城市规划以及景观协调等一系列较重大问题，自 2004 年 6 月至 2005 年 8 月，多方进行了各层次的密集论证、协调，虽历时一年有余，部分关键问题仍悬而未决，全明线方案一时难以稳定，项目实施遇到很大困难。

有鉴于此，2005 年 9 月底综合各方面协调情况，编制《长沙北捞刀河至机场路段方案深化研究》报部。该深化研究主要内容有三：一是，逐项核实外部控制因素，对局部线位进行微调并绕避了月形山互通，以视距包络图为依据扩大了牛角冲互通范围内的孔跨，明确了优化后全明线方案的技术条件；二是全面阐述了全明线方案的弊端；三是对不同组合的 7 种暗线方案进行了较详尽的论证和必要的工程技术经济比较。

此次研究认为，本段采用全明线方案，不仅建设期间存在互通区内施工困难、远大片区拆迁量大等系列硬性难题，而且其建成后浏阳河仍需长期观测并承担无限期责任、环保负担较重、大部地段景观协调性较差等软性问题。综合国外高速铁路建设经验来看，本段采用全明线方案，敏感地段高架通行、大跨飞越，呈“飞龙在天”之势，易受各方非议，且于高速铁路而言隐藏较大工程风险，全明线方案不易经受住时间的检验。

2005 年 12 月中旬，根据铁道部设计审查部门现场踏勘调研意见，在增补并完成大量的现场验证性勘探的基础上，对暗线长隧道方案进行优化研究，认为以泥岩、泥质砂岩、砂岩、砂砾岩为主的地层条件相对有利，采用大坡率、长隧道，可使隧道埋深至有利地层，过河等地段的工程风险相对可控，进一步肯定了其工程可行性与经济性，形成该段"方案修改深化研究"报部，推荐采用暗线长隧道方案。

2006 年元月，根据部后续要求，主要从线路技术标准、隧道施工工法两方面对暗线长隧道方案进行细化研究，形成"方案修改深化研究补充材料"报部，推荐暗线长隧道方案选用京珠大东线线位、隧道采用铣挖等非钻爆法施工。

2006 年 2 月中旬，开始隧道方案的补充勘测，4 月中旬完成隧道方案初步设计，组织专家研讨后报部审查，6 月完成浏阳河隧道方案修改初步设计。

隧道方案地质钻探成果揭示，DⅡK1561＋700～DⅡK1562＋875 段，对应于开元路至经贸路段，岩溶较发育且多填充，溶洞规模 1.0～5.2 m。本段隧道即使用足纵坡条件深埋，洞身与隧底以下部分也在溶洞影响范围，且该段原属谷地，地下水补给面积较大，加之存在红层溶洞，易涌水，并产生地表塌陷。故研究中，在单一深埋长隧道方案的基础上，增补了两隧夹路堑、单一局部浅埋长隧道两种方案。征询地方意见后，考虑两隧间所夹深路堑排水困难等，研究认为单一长隧道方案在实施、运营等方面具有优势，故该段仅限于深埋暗挖、浅埋明挖两种纵坡的比选。综合工程地质条件与施工场地条件等因素，经贸路以北 1 370 m 范围采用明挖暗埋纵坡方案。

2006 年 8 月部批复同意该段线路采用暗线长隧道方案，线路绕避月形山互通立交后，下穿潇湘路，于其南侧入地，暗线穿越牛角冲互通立交后在隆平高科园区之下潜行，续穿浏阳河，至机场路南侧出露，是以单一的长隧道穿城过河，属"潜龙在渊"。

暗线长隧道方案较原初步设计缩短桥梁计 11 467 延米，减少城区拆迁约 20.1 万 m^2，线路短 108 m，并且平面线型得到改善、线路技术标准有所提高，其浏阳河隧道长 10 115 m，本段设计批复较原初步设计核减投资 4188 万元。

隧道进出口线路布设为一对曲线半径 R＝9 000 m 的反向曲线，洞身纵坡设计为"V"字形，使用了 20‰ 坡率。除几段风化槽谷地段外，隧道洞身基本位于基岩微风化层之中，隧道最大埋深约 70 m。浏阳河隧道按 3 竖井、1 斜井，计 4 处辅助坑道进行施工，暗埋长隧道方案得以顺利实施。

长沙捞刀河至机场路段，全明线方案依赖外部条件，是"外张"型的线路方案，其实施条件深受交通、水利、环保等因素制约；暗线长隧道方案，更多的是从铁路技术内部挖潜，是"内敛"型的线路方案，其顺利实施，一是区域地层以泥岩、泥质砂岩为主，在地质条件上对降低隧道工程风险存在有利的一面，二是得益于相关部门直面现实，反应迅速，决策科学及时。因隧道埋深总体偏浅，且位于城区，在建设与运营阶段，需联合城市规划管理部门对隧道地段的铁路线路安全保护区实施严格控制。

(三)粤北大瑶山地段(图 3-2-2)

大瑶山地段线路方案研究的首要任务是选择合理的线路大通道。以既有大瑶山隧道为方位参照，有大瑶山西线与大瑶山东线两大通道可选。

大瑶山西线方案，线路多展长 4.1 km，需经行瑶山南北向断裂带西部强烈发育部位，经坪石、大坪的石炭系含煤地层与软硬岩互层地层，且控制性工程大瑶山隧道中最长者达 20 140 m，隧道所经区域为湖洞断层群的宽广发育范围，湖洞至大洞一带谷地岩溶极度发育，隧道通过易发生较大规模突泥涌水事故，工程实施难度远高于既有大瑶山隧道，此点在京珠高速公路粤北段乐昌比较线研究时也曾得到印证。故应舍弃大瑶山西线方案，粤北大瑶山地段的线路通道选择大瑶山东线方案。

区域加深地质工作成果表明，经庆云至北乡的两跨武水方案和不跨武水方案是大瑶山东线一系列方案中最具研究价值者。武水峡谷在坪石至乐昌间呈 V 形展布，湖洞断层的空间分布是西宽东窄、西低东高，于武水转折的梅园角处附近呈抬起渐趋尖灭之势。

两跨武水方案，线路顺直穿越，受武水与大源水分割，大瑶山地段设 4 座隧道，长度依次为 10 840 m、2 100 m、2 350 m、9 000 m。其主要不足之处有二：一是受规划乐昌峡水利枢纽影响，线路两跨武水时均需设超过 50 m 的高桥；二是线路需经武水两岸大型坍塌体，且位于梅园角的大瑶山 2 号隧道岩体破碎。

不跨武水方案，增设曲线绕避武水，最远处较两跨武水方案线路东移 1.5 km，线路多展长 85 m。受九

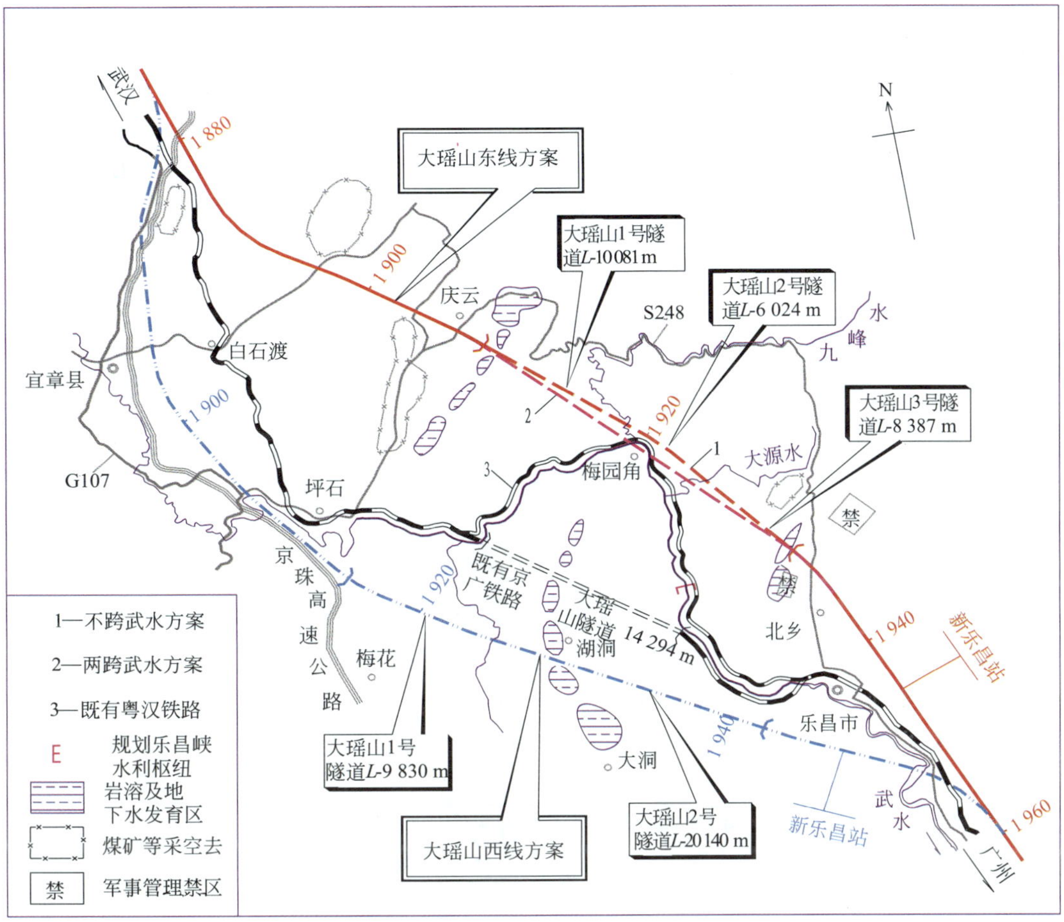

图 3-2-2 粤北大瑶山地段线路方案示意

峰水、大源水分割，设 3 座大瑶山隧道，长度分别为 10 081 m、6 024 m、8 387 m。其优点在于，工程地质条件相对较好，大瑶山三座隧道长度相对均衡，控制性工期较短，工程风险总体上稍低。

研究推荐的线路以三座长大隧道由武水东侧穿越大瑶山，其工程风险主要集中于 1 号隧道进口、3 号隧道出口的两段岩溶发育、地下水相对富集区，隧道工程实施条件远优于位于其西侧 10.6 km 的既有京广铁路大瑶山隧道。

2006 年 7 月，台风“碧丽斯”横扫郴州—韶关地区，大瑶山地段出现超百年一遇强降雨，一时间群山万壑，山洪暴发，山体坍滑，泥石俱下，S248 省道、京珠高速公路等交通线路受到重创，位于乐昌峡中的既有粤汉铁路更是损毁待废。正在实施中的大瑶山隧道主要是临时工程受损，关乎隧道安全的洞口等处山体未受到实质性影响，不跨武水方案经受住考验，显示出一定的综合优势，也说明在特别复杂工程地质条件下，线路方案需在细微之处敏锐着力。

第二节 重大设计原则的确定

一、平面技术标准

（一）曲线半径及相关理念

曲线半径的关键是确定最小曲线半径，其主要取决于客车运行速度、超高等因素。武广铁路客运专线是京广客运专线的南段，位于我国路网东西区域分界线上。根据我国的国情、路情，武广铁路客运专线运输模式，在建成后的相当长一段时间内是不同速度客车共线运行，远景才可能过渡至全高速运行模式。为提高武广铁路客运专线作为长大高速客运通道运行的舒适度，有必要注重总体上控制曲线占线路长度的比例，故本段线路平面曲线设计遵循以下主要理念：尽可能少设曲线；结合拆迁、路桥隧工程条件等合理选用曲线半径，普遍采用推荐半径；重视大偏角弯道的曲线长度。

项目前期规划时期，国内普遍认同的高速铁路高中速共线运行匹配时速是 300 km/160 km 方案。武广研究之初，基于铁路跨越式发展理念，追踪国际高速铁路发展的最新趋势，中铁四院率先提出运行时速350 km/200 km 匹配方案，将基础设施按 350 km/h 标准进行设计，选取初期最低运行速度为 200 km/h。

远景全高速运行条件下，最小曲线半径 R_{min} 按下式计算：

$$R_{min}=11.8V_{max}^2/[h+h_g] \tag{3-2-1}$$

式中 V_{max}——最高运行速度(km/h)；

$[h+h_g]$——实设超高 h 与欠超高 h_g 之和的允许值，一般值为 220 mm，困难值为 260 mm。

初期高中速共线运行条件下，最小曲线半径 R_{min} 按下式计算：

$$R_{min}=11.8(V_{max}^2-V_{min}^2)/[h_q+h_g] \tag{3-2-2}$$

式中 $[h_q+h_g]$——欠超高 h_q 与过超高 h_g 之和的允许值，参照相关研究成果，其标准值为 110 mm、个别值为 140 mm。

按式(3-2-1)计算，最小曲线半径一般为 6 570 m，困难为 5 560 m。按式(3-2-2)计算，最小曲线半径一般为8 850 m，困难为 6 954 m。综合本线运输模式，武广正线平面设计采用较大曲线半径和较长的缓和曲线。主要表现在：

(1)区间最小圆曲线半径，一般为 9 000 m，困难为 7 000 m，最大曲线半径不宜大于 12 000 m，个别不应大于 14 000 m。推荐的曲线半径为 11 000～9 000 m。采用最小曲线半径困难值，需进行多方案比选后方可使用。

(2)采用了较长的缓和曲线，超高时变率不大于 25 mm/s。

(二)曲线运用情况

1. 武乌段

武乌段设计有 6 个平面曲线，曲线总长度 15.57 km，占本段线路长度的 35.57%，不同半径的曲线运用情况见表 3-2-1。

表 3-2-1 武乌段平面曲线运用情况统计

曲线半径(m)	处数	曲线长度(km)	占线路长度比(%)	曲线半径(m)	处数	曲线长度(km)	占线路长度比(%)
5 500	1	2.073	4.7	11 000	—	—	—
7 000	1	4.761	11	12 000	—	—	—
9 000	2	5.670	12.9	14 000	—	—	—
10 000	2	3.066	7	合 计	6	15.57	35.6

2. 乌韶段

乌韶段设计有 90 个平面曲线，曲线总长度 228.59 km，占本段线路长度的 31.96%，不同半径的曲线运用情况见表 3-2-2。

表 3-2-2 乌韶段平面曲线运用情况统计

曲线半径(m)	处数	曲线长度(km)	占线路长度比(%)	曲线半径(m)	处数	曲线长度(km)	占线路长度比(%)
7 000	—	—	—	11 000	19	38.58	5.4
8 000	6	24.48	3.4	12 000	2	1.95	0.3
9 000	36	101.16	14.1	14 000	—	—	—
10 000	27	62.42	8.7	合 计	90	228.59	31.9

3. 韶花段

韶花段设计有 31 个平面曲线，曲线总长度 88.138 km，占本段线路长度的 55.34%，见表 3-2-3。

表 3-2-3 曲线使用情况

曲线半径(m)	处数	长度(m)	占曲线长度(%)	占线路长度(%)	曲线半径(m)	处数	长度(m)	占曲线长度(%)	占线路长度(%)
<9 000 m	0	0	0	0	12 000 m	2	1 826.77	2.07	1.15
9 000 m	5	18 254.34	20.71	11.46	14 000 m	1	914.96	1.04	0.57
10 000 m	15	50 453.24	57.24	31.68	小计	31	88 138.31	100	55.34
11 000 m	8	16 689	18.94	10.48					

4. 花广段

花广段曲线总长度 26.094 km,占本段线路长度的 52.01%,不同半径的曲线运用情况见表 3-2-4。

表 3-2-4 花广段平面曲线运用情况统计

曲线半径(m)	处数	曲线长度(km)	占线路长度比(%)	曲线半径(m)	处数	曲线长度(km)	占线路长度比(%)
2 500	2	4.247	8.46	8 000	2	5.019	10.00
3 500	2	2.936	5.85	9 000	1	1.527	3.04
5 500	3	8.070	16.08	10 000	1	1.353	2.70
7 000	1	2.942	5.86	合　计	12	26.094	52.01

二、纵断面技术标准

(一)武广铁路客运专线纵断面设计的基本理念和原则

1. 提高线路平顺度,尽可能减少波浪型起伏的理念。

纵断面设计的核心理念是依据工程地质条件,寻求合理的坡势,尽可能减少波浪型起伏。设计中随项目推进,逐阶段细化工程地质和水文地质条件,动态优化线路纵坡,以期合理选择工程类型。

2. 减少高路堤与深路堑,"宜桥则桥,宜隧则隧"的原则。

初步设计审查时,结合全面铺设无砟轨道、严格控制工后沉降的要求,针对性地提出了减少高路堤与深路堑的纵断面设计原则,前者主要通过严格控制路堤高度来实施,后者则将"宜隧则隧"纳入纵断面设计基本理念范畴。

2006 年 3 月,提出项目"路改桥",乌韶段对 43.77 km 线路纵坡进行选择性调整,"宜桥则桥"也成为一项基本的纵断面设计理念。

此两原则是与武广铁路客运专线位于我国南方地区,沿线绝大部分地段缺乏 AB 组填料,而且人口稠密、人多地少的矛盾突出的国情密切相关。两者均可提高线下土建工程可靠度,有利于夯实铁路跨越式发展基础,且可节约国土资源,有助于区域内社会经济可持续性发展。

以桥代路方案实施后,武广铁路客运专线的桥隧比由原设计的 59.9%增加至 66.67%,少占用土地约 2 500 亩,取消了高填路基,基本取消了路基堆载预压措施,为工程的顺利实施创造了良好的条件。

(二)纵断面设计的技术标准的确定

武广铁路客运专线纵断面采用了较长的坡段长度和大半径的竖曲线,避免纵断面的波浪型起伏。纵断面设计主要技术标准是:本线设计的最小坡段长度均在 900 m 以上,相邻坡段坡度差大于或等于 1‰时,均采用圆曲线型竖曲线连接,并尽量采用较大竖曲半径,一般采用 3 0000 m,为避免竖缓重合以及为了优化特殊工点,部分采用 25 000 m,个别采用 35 000 m。

武汉至广州南全线共设计为 446 个坡段,平均坡段长 2 164 m。

第三章 地质勘察

第一节 勘察工作概况

一、勘察阶段的划分及内容

(一)预可研阶段

2003 年 1 月～4 月:现场踏勘收集沿线地质、矿产、勘察、既有铁路病害等成果资料,编制竞标文件。

(二)加深地质阶段

2003 年 4 月～10 月:在利用衡广复线勘察成果的基础上,采用遥感、区域地质、矿产和不良地质体分布等资料,研究确定了线路走向,确定郴州至韶关越岭地段为加深地质工作范围。

2003 年 10 月～12 月:采用 1∶1 万大面积地质调查、岩溶水文地质调查结合部分物探、钻探工作,完成了南岭、大瑶山、天子岭—也白岭等越岭地段的工程地质选线工作。

(三)初测阶段

1. 武乌段(含武汉站):2003 年 10 月,进行了武东方案初测,工程地质调查、钻探、原位测试、物探等工作。

2. 乌韶段:2003 年 10 月～12 月,完成了全线线路(含比较方案)的 1∶2 000～1∶10 000 图幅地质调查及物探、钻探、原位测试等勘探工作。

3. 韶花段:从 2003 年 12 月开始进驻现场开展初测。

4. 花广段:2003 年 10 月～11 月对新广州站及枢纽相关工程进行初测。

(四)定测阶段

1. 武乌段(含武汉站):2004 年完成定测阶段的勘察工作。工作方法主要有 1∶2 000 图幅的工程地质调查测绘以及钻探、物探、原位测试、土工试验等勘察工作。

2. 乌韶段:2004 年 5 月～8 月,完成全线贯通方案(含长沙东车站方案)的 1∶2 000 图幅地质调查及物探、钻探、原位测试等勘探工作。

3. 韶花段:2004 年 5 月～10 月完成初步设计工作。

4. 花广段:2004 年 3 月～4 月进行定测;6 月完成初步设计;9 月底,铁道部鉴定中心对初步设计进行了审查。

(五)补充定测阶段

1. 武乌段(含武汉站):2004～2005 年完成了补充定测阶段的勘察工作。工作方法主要有 1∶2 000 图幅的工程地质调查测绘及钻探、物探、原位测试、土工试验等勘察工作。其中武汉站的工程勘察持续到了 2007 年。

2. 乌韶段:2004 年 11 月～2005 年 10 月,完成全线主要的浅孔、隧道深孔钻探工作量。2006 年 2 月～4 月,完成浏阳河隧道物探、钻探、测井、水文试验等工作。2006 年 5 月～10 月,完成路改桥方案的补充钻探及试(化)验、资料编制工作。

3. 韶花段:2004 年 11 月中旬～2005 年 4 月,按照无砟轨道技术标准完成修改初步设计;2005 年 4 月～6 月完成初步设计文件修编;2005 年 8 月～11 月分批次提交供咨询用的施工图文件;2006 年 5 月～7 月上旬,完成路基改桥梁地段的补充地质勘察工作。

4. 花广段:2004 年 10 月～11 月进行补充定测。12 月,开展修改初步设计和全线施工图设计工作,并提交提前开工的陈村特大桥、花都—新广州站(不含)区间站前施工资料。

(六)施工补勘阶段

1. 武乌段(含武汉站):2006～2007 年完成补充定测阶段的勘察工作。以机动钻探、物探为主。同时完成了站后工程等工点的勘察工作。

2. 乌韶段：2006 年 5 月迄今，由于本项目的特殊性以及地质复杂性，施工补勘时间持续较长，完成了各类站后工程、地质复杂地质工点等补充勘察。

3. 韶花段：至 2009 年 3 月完成施工阶段补充钻探及站后工程地质勘察工作。

4. 花广段：2006 年 5 月～2009 年 11 月，主要勘察内容包括受征地拆迁等影响的桥梁、高架站房及各类站后工程。

二、勘察方法及手段

综合采用工程地质调绘（1：1 万大面积工程地质及岩溶水文调查、1：2 000 带状工程地质调绘）、物探（电法、震法、EH-4、管道探测等）、钻探（浅孔、深孔，深孔主要应用于复杂桥梁、隧道工程）、原位测试（静力触探、应力铲、钻孔内标贯、动探等）、挖探、水文地质试验、室内试验等相结合的综合地质勘察方法，并收集、利用部分既有京广线地质资料，调查了解既有京广线的稳定状况和病害情况。埋深较大的岩溶隧道及构造复杂隧道尚应补充地应力测试、综合测井、长期水文地质观测等工作。

（一）地质调绘

采用远观近察，按由面至点、点面结合的工作方法，对重要的地质界线采用穿越法与追索法相结合的方法进行工程地质调绘。

（二）地质钻探

采用取芯回转钻进法，土层、基岩全风化带采用（风压）干钻。饱和砂层可采用跟管钻进、套管护壁或泥浆钻进等有效方法。断层破碎带和滑动面（带）必须采用双层单动岩芯管钻探。

（三）工程物探

针对沿线不同的地质条件，采用了电测深、地震影像、地震反射、弹性波层析成像（CT）、瑞利面波法、充电法、大地音频电磁法等多种工程物探方法。

（四）原位测试

采用标准贯入试验、动力触探、静力触探（双桥为主，部分采用单桥）、十字板剪切（每次应包括原状与重塑土剪）、平板荷载试验、剪切试验、岩土波速测试、视电阻率测试等原位测试手段。

（五）室内试验

室内试验根据岩性、工程类别的不同而有针对性地选择试验项目。

1. 黏性土试验项目：密度、天然含水量、天然密度、天然孔隙比、饱和度、液限、塑限、塑性指数、液性指数、压缩系数、压缩模量、固结系数（水平、垂直）、各级压力下的孔隙比、直接快剪（包括快剪 q、固结快剪 C_q 的 c、φ 值）、无侧限抗压强度、渗透系数，自由膨胀率（膨胀性黏土选择性做蒙脱石含量及阳离子交换量试验）。

软土试验项目：在黏性土试验项目基础上增加灵敏度、有机质含量。在软土较厚的路基段，选择部分软土样做三轴剪切试验[（包括不固结不排水剪（UU）（c、φ 值）、固结不排水剪测孔隙水压力（CU）（c、φ 值）]、高压固结试验，高压固结试验成果提供 e-lg$p$ 曲线，确定先期固结压力并计算压缩指数和回弹指数。

膨胀岩（土）：对于深路堑、隧道，应取样进行膨胀性试验，如具有膨胀岩崩解特征或自由膨胀率大于 30%（岩石易湿化时按膨胀土试验），可初判为膨胀岩，并取样进行详判，测定极限膨胀力、极限膨胀率、极限膨胀量、干燥饱和吸水率等指标。对于初判为膨胀土的地段（自由膨胀率大于 35%），应进行详判，测定自由膨胀率、蒙脱石含量、阳离子交换量等指标。

因全线采用无砟轨道，对路基沉降要求高，对于路基段、土质隧道、桥台的黏性土、软土、基岩全风化层应全做压缩试验、固结试验，软塑状黏性土及软土应代表性做固结快剪试验，黏性上应全做自由膨胀率试验。压缩试验、固结试验最大压力应考虑填方和覆土的总和，一般不要小于 600 kPa。

为满足桥梁沉降计算，对于桥梁孔 30 m 以下所有土层和全风化层，应进行在不同压力下（分别按0 kPa、50 kPa、100 kPa、200 kPa、300 kPa、400 kPa、600 kPa、800 kPa、1 000 kPa）的压缩试验，并提供不同压力下的孔隙比、压缩模量、压缩系数、渗透系数。

2. 砂土、粉土样品应做颗粒级配（粒度分析），提供不均匀系数、曲率系数等参数。

3. 岩石试验项目：密度（天然、风干、饱和）、吸水率、饱和吸水率、孔隙率、单轴极限抗压强度（天然、饱和、风干)、软化系数。当直接测定岩石强度指标难以满足需要时,可进行点荷载试验。

4. 填料试验

(1)细粒土、砂、砾石、卵石土、碎石土、风化岩石、改良土等填料试验主要按《铁路工程土工试验规程》进行操作,承载比试验(CBR)主要参照《公路土工试验规程》(JTJ 051—1993)试验。掺和物(水泥、砂)性能试验主要参照相关现行国家标准进行。

(2)级配碎石、级配砂砾石试验按《铁路碎石道床底砟》(TB/T 2897—1998)和《铁路碎石道砟试验方法》(TB/T 2328.1~18—1992)进行操作。

(六)专题研究

进行了采空区及压覆矿产评估专项研究,建设用地地质灾害危险性评估,工程场地地震安全性评价,放射性环境评价。

三、勘探原则

(一)桥梁工程

1. 可溶岩区

本线碳酸盐岩等岩溶发育区,勘探点的布置应在综合分析定测阶段各期钻孔资料的基础上,进行岩溶发育程分区划分,根据基础类型、既有钻孔的位置,确定补钻孔的位置。

对柱桩基础,岩溶不发育至微弱发育区,每个墩台按 3~5 个钻孔勘探,岩溶发育的墩台基础宜逐桩钻探。具体实施时,应先逐墩布置 3 孔(中心及对角,包括已完成钻孔)进行钻探,对已见溶洞的墩,宜逐桩钻探。

对摩擦桩基础,岩溶不发育区,每墩对角钻探,不少于 2 孔,岩溶发育区,按梅花孔钻探,一墩 5 孔。

明挖基础,应在墩中心布置钻孔,对墩高大于 40 m 的桥,应在基础对角布置 2 孔,发现溶洞后,按梅花孔钻探,一墩 5 孔。

钻孔深度至明挖基础底以下完整基岩 10~15 m;桩基础至桩尖以下完整基岩 10 m,当遇串珠状溶洞时,与桥梁专业共同研究钻孔深度。

2. 花岗岩区

逐墩进行钻探,当存在不均匀风化时,再增加一孔。当同一墩内风化差异较大等特殊情况下,应单独研究,酌情增加钻孔。

钻孔深度:全风化层,为桩基时,钻至桩尖以下 5~10 m,扩大基础孔深不小于 30 m。具球状风化或不均匀风化时,钻至基底或桩尖以下深度应超过当地弱风化~微风化球体直径的 2 倍,且不小于 10 m。

花岗岩全风化层中的桥孔钻探,应加强标贯试验,每次标贯的间距不得大于 3 m。

3. 碎屑岩区及巨厚层第四系地层区

原则上逐墩进行钻探,对摩擦桩基础,当地层岩性单一,覆盖层及风化层厚均一时,可跳墩进行钻探。当岩石差异风化严重、岩性变化大和地质界线附近等地质条件复杂地段的墩台应适当加密钻孔,一般一墩 2 孔。

勘探深度:持力层为黏性土或粉细砂、中砂及全风化层等地层时,扩大基础的孔深不小于 30 m,摩擦桩应钻至桩尖以下 5~10 m,且孔深不小于 30 m。持力层为粗砂、碎石类土或强风化层时,摩擦桩应钻至桩尖以下不小于 5 m,且孔深不小于 25 m;扩大基础应钻至基底以下 15 m,且孔深不小于 20 m。持力层为基岩时,扩大基础和柱桩基础应钻至弱风化层内 3~5 m,控制性钻孔勘探深度较一般钻孔深 5~10 m,或钻入弱风化层不小于 5 m。

4. 取样及测试、试验

取样要求:主要针对基础持力层范围内的地基土采取岩土样,分工点按不同岩性分层取样,同一座桥范围内,每一层岩土的土样数量应满足数理统计的需要,各项物理力学参数应至少有 6 组数据。

土工试验项目:除全套物性指标外,持力层范围内的土层,还应进行剪切及压缩试验,岩样主要进行饱和、干燥、天然状态下的极限抗压强度试验。

第四系松散层、风化岩、及软岩区应尽量提高岩芯采取率,并加强孔内标贯或动探试验,测试间距不大于

3 m。下第三系及白垩系软岩，尤其是极软岩区以及下第三系的胶结差的岩层，宜选取代表性工点，进行旁压试验。

每座桥不少于一组地表水及地下水水样，特大桥每 200～500 m 取一组地表水及地下水水样，进行侵蚀性试验。

5. 高墩、特殊结构、大跨桥梁及岩溶强发育区，勘探深度应会同桥梁专业研究确定。

(二)路基工程

补充定测路基工程勘探充分利用既有勘探孔(包括既有静力触探孔、有效的挖探、机动钻孔)，根据既有勘探点的分布、工点类型以及工点设计措施等，依据下列原则合理确定补钻孔的位置，详细查清各类路基工程的工程地质条件及水文地质条件，尤其是要详细查清路基基底的地基条件，压缩层厚度以及满足变形计算的各层岩土的物理力学指标。

1. 填方路基及低填浅挖路基，结合涵洞工程综合考虑勘探点的布置，原则上沿中线 50 m 布置 1 个勘探点(静力触探孔及机动钻孔)，勘探点应尽量布置在地质条件最不利位置，如低洼积水处、沟谷及水塘等。山前、河床、低洼积水地区及有明显的横坡地段、以及涵洞位置，应进行横断面勘探，每个横断面的勘探点不少于 2 个。

桥路、涵路过渡段，尽量利用桥台或涵洞钻孔，当存在软土、松软土时，过渡段范围内应有 1 个勘探孔。路堤与路堑过渡段，当地层变化大时，进行纵、横向断面勘探，以查明地基土及压缩层的纵坡变化、横坡变化为原则。

半填半挖路基、陡坡路基以及凹谷区路基，当基岩出露条件差，第四系松散层厚大时，至少有 1 个地质勘探横断面，下挡墙址位置应有勘探孔，满足墙址勘探纵断面需要，详细查明基底有无下卧软弱夹层、硬底横坡等，满足路基的稳定及变形分析的需要。

岩溶路堤按 2～3 条物探断面贯通，物探异常位置布置钻探验证。岩溶路堑地段，在施工开挖后同精度补充物探和钻探。

2. 路堑地段勘探孔布置，结合支挡防护类型、堤堑过渡段勘探孔、有效的挖探、观测点等综合考虑，详细查明路堑地段的地层岩性、风化层厚度、岩层的完整性、地下水发育程度等，勘探点间距 100 m 左右。当地层岩性变化大、风化层厚差异大时，布置横断面勘探，钻孔应尽量布置在堑坡坡脚处。构造位置、地下水发育位置等地质不良位置，应有足够的机动钻孔查明其性质及工程地质条件。

灰岩残积层红土区，机动钻孔应较一般地区适当加密，每处路堑不少于一处勘探横断面，当工点长度超过 100 m 时，勘探横断面应不少于 2 个，或每 100～150 m 一处勘探横断面。施工开挖路基成型后，应布置 2～3 条贯通物探断面，物探异常位置应布置钻探验证。

3. 堆积体、滑坡等不良地质区的勘探应满足《铁路工程不良地质勘察规程》(TB 10027—2001)中的有关要求。

4. 勘探深度要求。

路堤地段：每处应不少于 1 孔控制性机动钻孔钻穿第四系地层、全风化岩层(附近有桥涵孔可利用时，可不再增加控制性钻孔)。当第四系松散层较薄时(本线一般多小于 10 m)，一般钻至风化岩层 3 m。当第四系松散层厚度大时，除控制性钻孔应钻至基岩终孔外，一般孔应钻入硬底不少于 5 m，且孔深控制在 25 m 左右。灰岩残积层红土区，孔深应至基岩面以下不小于 5 m，或孔深不小于 25 m。

路堑地段：钻孔深一般应至路肩设计标高以下 5 m，为硬质岩层时，应至路基面以下 2～3 m。灰岩区，应至路基面以下 10～15 m。

5. 取样及测试要求。

取样及室内试验：填方地段、土质路堑地段，主要加强第四系土层取样，逐工点按不同土层分层取样，进行物理、力学(快剪、压缩试验及代表性标准固结试验，测定前期固结压力及回弹指数等)，同一工点范围内，每一层岩土的土样数量应满足数理统计的需要，各项物理力学参数应至少有 6 组数据，其中标准固结试验可按地貌单元或地质单元采取土样进行代表性试验。快剪试验主要针对软弱土层进行。

灰岩残积层红黏土区，路堤地段除全套物性指标外，还应进行压缩试验及标准固结试验(测定前期固结压力及回弹指数等)。路堑地段，每段路堑应有膨胀土指标判定试验、全套物性指标试验，路肩标高以下土层应进行压缩试验以及代表性的标准固结试验，路肩标高减 5 m 以上的土层应进行剪切试验以及代表性的反复剪切试验(测取残余剪切强度)。

水样按地貌单元、不同岩组及不同水文地质单元采取地表水及地下水进行侵蚀性试验。

6. 现场测试。

第四系松散层区、花岗岩残积层区、灰岩残积层红黏土区钻孔应分层进行标准贯入或动探试验，层厚时，应视地层情况加密测试点。花岗岩残积层区、灰岩残积层红黏土区，路基工点集中分布地段，视需要选取有代表性的位置进行现场载荷板试验。

软岩顺层地段，原则上以现场调绘、反演算为主获取层面检算参数，必要时，宜选取代表性工点进行饱和状态下的大面积剪切试验。

(三)隧道工程

隧道勘察应充分采用综合勘探技术，对隧道洞口、浅埋地段应布置钻孔勘探。穿越隧道的重要地质界线应采用适宜的物探方法勘探，明显的物探异常点、段应布置钻孔验证。隧道底板下的溶洞，应在施工开挖后布置 2～3 条物探剖面，物探异常点、段应布置钻探验证。

隧道钻孔当遇地下水时，应补充取水样进行侵蚀性试验，并加强水文地质测试。

(四)站场及房屋建筑工程

地质调查结合站场内路基、桥梁勘探工作，查明站场及各类建筑场地范围内的地形地貌、地层岩性、地质构造等工程地质条件，判明站场场地的稳定性，并为建筑物的平面布置方案和基础类型确定提供工程地质资料。

勘探与测试:必要时可结合桥梁、路基工程进行代表性勘探工作。生活区、区段站及其以上的大站，应做场地控制性剖面勘探，剖面间距 150～300 m，每个剖面的勘探点数目不少于 3 个，应结合桥路工程勘探点进行。取样试验项目应满足岩土场地评价要求，网纹状粉质黏土应进行胀、缩性试验。

(五)供水工程

以地质调绘为主，初步查明供水建筑物场地的地形地貌、地层岩性、地质构造、地下水埋深等工程地质、水文地质条件，为确定供水方案和供水建筑物的平面位置及基础类型提供工程地质资料，如地基承载力、挖方边坡坡率和岩土施工工程分级。

日供水量大于等于 300 t 的供水站，应有不少于一孔的水文地质钻孔，勘察重点为根据调绘成果，采用物探、与水文地质钻探相结合，分析确定水源位置。

日供水量小于 300 t 的供水站，原则上不考虑机动钻孔，以调绘为主，必要时辅以静力触探、螺钻、挖探进行勘探。对于位于正线附近的供水站，可结合既有的路基、桥梁等工程钻孔进行必要的水文地质试验(抽水试验等)，为评价该地区的水文地质条件提供准确的试验依据。

四、主要工程地质问题

1. 岩溶

主要有灰岩岩面起伏引起的路基加固深度或加固措施的改变，岩溶引起的地面塌陷、隧道内溶洞充填物引起的突泥突水及岩溶洞穴对桥梁、隧道、路基等工程基础稳定性的影响。

2. 软基

因段内软基一般较薄，且一般均要进行地基加固处理，所以稳定性一般能满足要求，对客运专线影响较大的就是软基的沉降。

3. 边坡稳定

边坡稳定性的工程地质问题主要有滑坡及坍塌、崩塌及危岩落石、坡面泥石流等。

4. 隧道围岩

主要有岩性、构造(包括不利结构面等)、地下水引起的围岩变化，隧道内的掉块、坍塌、冒顶、突水突泥等。

5. 河岸冲刷及水库坍岸

主要引起岸坡失稳(坍塌、滑坡等)或路基下沉等病害。

第二节　工程地质选线

一、工作目的与意义

武广铁路客运专线郴州至韶关段地处湘粤交界的崇山峻岭区，线路穿越长江与珠江分水岭——南岭山脉及瑶山中低山区，山峦巍峨，河谷深切，地形险峻。南岭纬向构造及粤北山字型构造构成复杂的地质背景，褶皱强烈、区域性大断裂及富水性构造发育，不良地质普遍，采空区及岩溶分布广泛而复杂，制约方案的选择。

既有京广线南岭隧道施工时曾因岩溶及岩溶水问题突水涌泥 24 次，地表出现陷坑 52 处，并危及既有线安全，诱发诸多病害，数次中断行车，造成了严重的涌水、突泥及不可逆转的环境病害。既有大瑶山隧道穿越班古坳富水向斜，施工时发生了严重的水害，最大涌水量 51 000 m^3/d，疏干了表水，引起班古坳地区地表岩溶塌陷两百余处，造成了严重的突水、涌泥及不可逆转的环境病害。京珠高速公路粤北段在施工中现了以煤系地层高边坡、软硬相间岩层高边坡、红黏土高边坡和残坡积风化层高边坡等边坡失稳为代表的诸多病害。凡此种种，均显示需加强区域工程地质选线。

二、工作范围

郴州至乐昌段：方案研究范围东起自五盖山平和、赤石一带至诸广山岩体，西起自骑田岭花岗岩体向南至既有大瑶山隧道湖洞一带，涉及区域面积达 1 800 km^2。在此范围内进行工程地质大面积选线。

韶关西也白岭至天子岭段：工作范围涵盖韶关西西联站址方案、韶关西黄塱坝站址方案、韶关西赤水站址方案、韶关西甘棠站址方案及其局部取直的“穿也白岭方案”等，具体范围为东至韶关，西至厚坪，北至重阳，南至龙归，涉及区域面积达 200 km^2。

三、南岭山脉五盖山—骑田岭地段的工程地质选线

(一)地形地貌

南岭山脉中低山区，东部五盖山峰顶高程为 1 619.9 m；西部骑田岭峰顶高程为 1 432 m；其间夹持低山槽谷丘陵区，高程在 200～500 m，相对高差等在 50～200 m，地形平缓，为线路通过的良好通道。五盖山区岩溶地貌总体呈峰丛谷地、溶丘洼地型特征，自早更新世以后在地壳抬升的稳定期形成四级夷平面详见表 3-3-1。

表 3-3-1　五盖山区岩溶地貌发育特征表

代号	测区内夷平面	高程(m)	形成时代	相应地史期	接触关系	地貌组合及岩溶发育特征
S1	一级夷平面	700～800	第三纪末～早更新世初	山盆期	与高级夷平面呈陡坡接触	峰丛谷地、低山丘陵为主，地表发育石芽、溶沟及少数小型洼地，洼地内以漏斗、落水洞等垂直岩管道为主
S2	二级夷平面	550～700	早更新世	乌江期	缓坡接触	低山丘陵为主，次为洼地，地表发育石芽、溶沟及少数较大型洼地，洼地内以漏斗、落水洞等垂直岩溶管道为主
S3	三级夷平面	430～550	中更新世			溶丘洼地，地表岩溶洼地、漏斗、落水洞较发育，以垂直岩溶管道为主，水平岩溶管道次之
S4	四级夷平面	300～430	晚更新世			溶丘洼地，地表岩溶洼地、漏斗、落水洞、溶洞发育，水平岩溶管道较发育

南岭为长江与珠江两大水系之分水岭。长江水系河流受新华夏褶皱的控制，均呈 NNE 向展布，主要河流有郴江、清溪洞等。珠江水系主要河流有武江及其支流如头木冲河、漳水河等。

(二)地层及构造

骑田岭主要为花岗岩组成，五盖山、五盖山与骑田岭之间的槽谷地段主要由泥盆系、石炭系可溶岩地层

组成。区内最主要的构造为五盖山复式背斜，东翼次级褶皱极为发育，如柿竹园向斜、大奎垣向斜、东洋—小盆向斜、桐木井背斜等。五盖山与骑田岭之间的槽谷地段处于五盖山背斜西翼，次级褶皱不发育，构造作用相对较弱。槽谷西侧靠近骑田岭地段，受燕山期骑田岭花岗岩侵入体影响，形成了连溪复式倒转背斜、褶岭向斜等，构造作用以呈加强趋势。

（三）线路方案的工程地质及水文地质条件

1. 穿五盖山出长隧道通过的大取直方案

(1)赤石大取直方案

主要的控制性工程为柿竹园隧道，隧道长度约 21 km，埋深 100～500 m。隧道穿过柿竹园向斜、东洋—小盆向斜等储水构造以及棉花土—黄老卢压性断裂(F_4)、资兴—杨梅山断裂(F_5)等富水断层，且隧道洞身（高程在 250 m 左右）处于岩溶水平径流带以及垂向渗流带，易产生极为严重的隧道涌水涌泥问题。该方案水文地质条件复杂，向东或向西适当调整均无法完全绕避岩溶水及其带来的环境问题，线路通过困难。

(2)平和取直方案

主要的控制性工程五盖山隧道长度约 21 km，埋深 100～500 m。隧道进口段属五盖山背斜西翼岩溶强烈发育区，岩溶漏斗、洼地、暗河等十分发育，平和一带属金坪坦暗河补给区并发育有平和暗河。此外，隧道尚穿越大奎垣向斜储水构造以及棉花土—黄老卢压性断裂(F_4)等富水断层，水文地质条件极其复杂。清洞溪沟底标高为 300～350 m，樟水河标高约为 200 m，分别为五盖山背斜西翼、东翼灰岩段地下水排泄基准面及本区的岩溶基准面。隧道处于岩溶水平径流带以及垂向渗流带，易出现岩溶涌水涌泥灾害及地表环境问题。该方案向东或向西适当调整均无法完全绕避岩溶水及其带来的环境问题，线路通过困难。

2. 穿骑田岭及其蚀变带的线路方案

可能的线路通过方案均位于既有南岭隧道西侧，其通过部位主要有两个：沿骑田岭花岗岩与石炭系灰岩的蚀变带通过方案（寥家湾方案）；往西从骑田岭花岗岩体中通过（黄家湾方案）。

寥家湾方案通过骑田岭花岗岩与石炭系灰岩蚀变带，其控制方案的主要岩溶隧道为扶塘隧道（AⅠK1871＋300～AⅠK1875＋900，L＝4 600 m）。隧道穿过连溪倒转背斜石炭系灰岩与骑田岭侵入体的外蚀变带，岩性以灰岩为主，局部见大理岩化现象，属岩溶水中等富水区。线路方案无法绕避上洞、白果树下两处洼地，洼地汇水流入南部边沿白果树暗河，隧道易产生较为严重的涌水涌泥问题。

黄家湾方案以长隧道形式通过骑田岭花岗岩体，骑田岭隧道（AⅡK1871＋190～AⅡK1882＋140，L＝10.95 km），花岗岩体工程地质和水文地质条件较好，隧道不会出现较大的涌水问题以及由此引起较大的环境问题。

3. 沿五盖山与骑田岭之间槽谷通过的线路方案

线路方案主要穿过邓家塘至太平里中等富水区以及金坪坦岩溶水排泄区。其中金坪坦岩溶水区分布有 11 处大型岩溶洼地、18 条地下暗河或管道流。

邓家塘至太平里中等富水区：主要越岭隧道为南岭隧道（AK1875＋780～AK1879＋055，L＝3 275 m）。隧道大部分地段上覆碎屑岩，仅在进口地段穿过冬菇山等 2 处岩溶洼地，汇水面积约 0.2 km^2，且隧道洞身处于垂直渗流带，水文地质条件较好，不控制线路方案。

金坪坦岩溶水排泄区：金坪坦岩溶排泄区暗河受溪流切割以及碎屑岩阻水而排出。

金坪坦岩溶水区近东西向延伸，线路方案无法绕避。金坪坦暗河、金门口暗河、溪下暗河等以及大型岩溶洼地如新庵、桐茅窝、松树窝等应绕避，此外，西冲、沉源水岩溶洼地区洼地土层厚度达 30 m，土体松散，地下水位埋深小，易形成岩溶塌陷，且西冲洼地上游修建有西冲水库，对于隧道工程及路基工程均十分不利，应予以绕避。

线路穿过金坪坦岩溶水区比较有利的位置有两处，一是沿桐茅窝洼地与 244.3 洼地之间分水岭—金门口暗河西侧—金坪坦暗河与欧家暗河出口之间布线；二是沿西冲洼地与沉源水洼地分水岭布线。则线路方案均以岩溶短隧道通过，并避开了暗河及大型洼地的影响，水文地质条件有利。

综上所述，沿邓家塘—太平里—邓家湾村—小水—金坪坦—下沉源水—杨梅山一线，可绕避所有地下暗河、大型岩溶洼地及采空区等其他不良地质体，线路多以短隧道从岩溶垂直渗流带中通过，易处理，工程相对其他方案均要简单，因而该区为客运专线的有利通过部位。

（四）工程地质比选及结论意见

比造方案：黄家湾方案优于邓家塘—金坪坦通过方案优于寥家湾方案，邓家塘—金坪坦通过方案可选择沿桐茅窝洼地与244.3洼地之间分水岭—金门口暗河南侧—金坪坦暗河与欧家暗河之间布线；或沿西冲洼地与沉源水洼地分水岭穿过金坪坦岩溶水区。

四、大瑶山区的工程地质选线

（一）地形地貌

大瑶山东西向山脉，山峦巍峨，河谷深切，地形险峻，是全线地形、地质最困难地段。大瑶山区瑶山山脉呈东西向延伸，线路方案无法绕避。以既有京广线大瑶山隧道为界，研究的线路方案有“大瑶山西方案”、“大瑶山东方案”。“大瑶山东方案”以武江为界，又可细分为“大瑶山东不跨武水方案”、“大瑶山东取直方案”。

（二）地层构造

大瑶山区属粤北山字型构造的脊柱部位，构造线近SN向。由瑶山复背斜及平行冲断裂构成。瑶山背斜及其次级褶皱泗公坑背斜、干溪背斜、大源向斜分布面积占该区的80%左右，为本区最主要的褶皱构造。如图3-3-1所示。

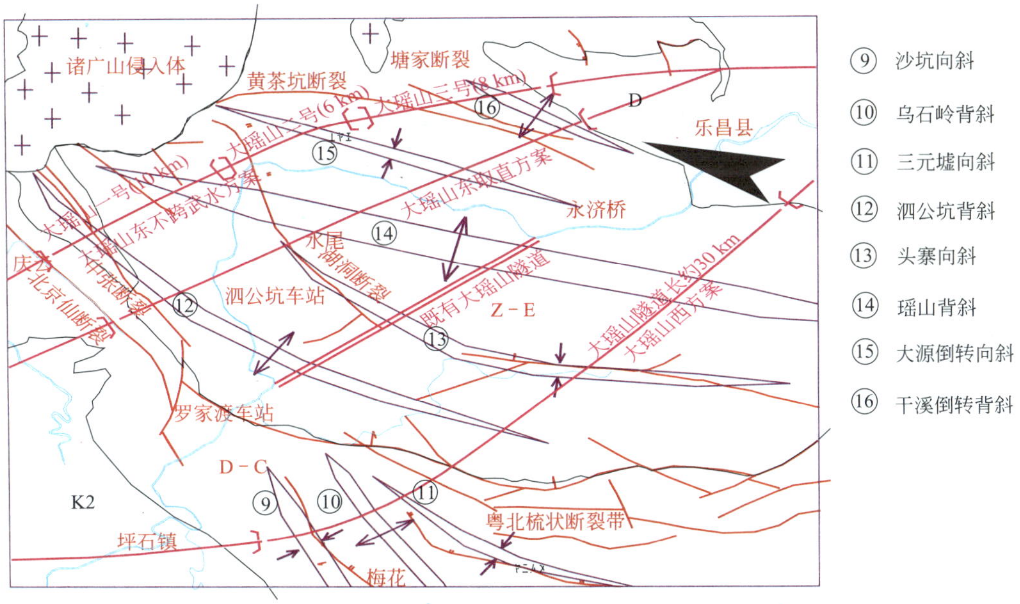

图3-3-1　大瑶山区构造纲要

头寨向斜为一船形储水构造，分布于水尾—湖洞一带。核部为灰岩，受湖洞断裂切割影响，头寨向斜的岩溶及岩溶水复杂，为控制线路选择的构造。此外，沙坪向斜、乌石岭背斜、三元墟向斜位于梅花镇一带，主要为灰岩以及灰岩夹碎屑岩岩组，粤北梳状断裂构造作用强烈，岩溶强烈发育，亦在较大程度上控制了线路方案的选择。

（三）线路方案的工程地质及水文地质条件

1. 大瑶山西方案

线路方案从既有京广线大瑶山隧道以西通过（大瑶山西方案），可选择头寨向斜岩溶水富水区的“夹缝”中通过，但梅花镇一带岩溶强发育区无法绕避。控制性工程大瑶山隧道长达30 km，隧道大部分地段属泗公坑背斜、瑶山复背斜震旦系、寒武系变质板岩、砂岩，以基岩裂隙水为主，水量贫乏。但隧道进口段沙坪向斜、三元墟向斜属储水构造，地表溪流发育，且粤北梳状断裂强烈发育，隧道涌水涌泥问题以及环境问题较为突出。此外湖洞断裂带南段影响范围宽度达400 m以上，属富水、导水断层，易将头寨向斜富水构造的岩溶水引入隧道。

2. 大瑶山东方案

线路方案从京广线大瑶山隧道以东穿过，以武水为界可分为大瑶山东不跨武水方案、大瑶山东取直方案。头寨向斜为本区最为重要的储水构造，线路方案必须绕避。线路方案选择在水尾以东湖洞断裂带渐趋尖灭端通过可绕避其影响，水文地质条件较好。

大瑶山东不跨武水方案、大瑶山东取直方案的水文地质条件相似，暂以大瑶山东不跨武水方案为例分析。主要的越岭隧道有大瑶山 1 号、2 号、3 号隧道等。

①大瑶山 1 号隧道

大瑶山 1 号隧道(AK1908＋220～AK1918＋385，隧道长 10.165 km)为低中山区，高程一般在 250～960 m，最大埋深达约 645 m。隧道主要穿越泗公坑背斜，核部为 Z 板岩及砂岩，翼部为寒武系砂岩、板岩以及泥盆系桂头群砂岩、页岩等。仅在进口段分布约 1 km 的灰岩段，因灰岩段处在斜坡段，自然坡度较陡，表水排泄快，岩溶来不及发育，地表岩溶如漏斗、洼地少，主要受谷皮坦管道流影响，对隧道工程影响较小。

②大瑶山 2 号隧道

大瑶山 2 号隧道(AK1918＋512～AK1924＋510，隧道长 5.998 km)为低山区，高程一般在 300～500 m 左右，最高山峰七星落地高程为 710.2 m，隧道洞身最大埋深达约 490 m。隧道主要穿越头寨向斜、大源倒转向斜、干溪背斜等，岩性以寒武系砂岩、板岩以及泥盆系桂头群砂岩、页岩等为主，未见有灰岩段出露，且湖洞断层渐趋尖灭，胶结较好，透水性差，本隧道以基岩裂隙水为主，水文地质条件较好。

③大瑶山 3 号隧道

大瑶山 3 号隧道(AK1924＋580～AK1932＋960，隧道长 8 380 m)，为低中山区，高程一般在 170～880 m，区内最高山鹅公岭，高程为 931.1 m，隧道洞身最大埋深达约 695 m。隧道主要穿越大源倒转向斜南翼、干溪背斜等，岩性以寒武系砂岩、板岩以及泥盆系桂头群砂岩、页岩等为主，出口区灰岩段分布有约 1 km 的灰岩，灰岩与碎屑岩分界处的沟谷中发育有地表河流——干溪，地表岩溶如漏斗、洼地等较发育，并发育有崩岗下暗河、下塘暗河等，属强富水区。暗河分布明确，分布槽谷狭窄，距出口很近，易于处理。

(四)工程地质比选及结论意见

大瑶山西方案岩溶水文地质条件差，隧道长度大，建议放弃。大瑶山东取直方案绕避罗家渡煤矿区、梅坑岩堆体等困难。大瑶山东不跨武水方案绕避了头寨向斜岩溶富水区以及罗家渡煤矿采空区，构造影响较弱，通过岩溶地段长度小，越岭隧道工程地质及水文地质条件好，为大瑶山区的优势方案。

大瑶山线路方案综合评价见表 3-3-2。

表 3-3-2 大瑶山区线路方案综合评价

方案名称	越岭及重点岩溶隧道						单座隧道长度(km)	岩溶发育程度分区	岩溶塌陷	罗家渡煤矿区	不良地质体	区域断裂
	隧道名称	岩溶长度(km)	正常涌水量(m^3/d)	最大涌水量(m^3/d)	富水储水构造	暗河、岩溶洼地等影响						
大瑶山通西方案	大瑶山	6	28 000	91 000	三元墟向斜、沙坪向斜为储水构造，粤北断裂带为富水构造穿过“头寨向斜富水区”夹缝	大坪暗河等	30	强烈发育区	易诱发	可绕避	无	湖洞断裂及粤北梳状断层影响极大
大瑶山东不跨武水方案	大瑶山1号	2.21	11 000	20 000	无	无	6～10	中等发育区	不易诱发	可绕避	平面优化可绕避	湖洞等断裂影响较小
	2号	0	5 200	6 400	无	无		不发育区	无			
	3号	1.16	11 000～23 000	26 000	北乡富水区	绕避崩岗下、下塘暗河，发育干溪		强发育区	易诱发			
大瑶山东取直方案	同大瑶山东不跨武水方案				水尾以东绕避“头寨向斜”富水构造	同大瑶山东不跨武水方案	6～13	中等～强发育区	同大瑶山东不跨武水方案	绕避困难	绕避困难	湖洞断裂、梅杭断裂影响较大

五、韶关天子岭地区的工程地质选线

(一)地形地貌

测区位于南岭山脉中段南麓,天子岭地区属低山丘陵区,海拔高程一般在130～400 m。测区内植被极其发育,山丘多呈馒头状,山顶浑圆,为洼地、漏斗密布的岩溶地貌,尤其是割滕坪岩溶洼地汇水面积达1.6 km²,发育有天子岭暗河,汇入武江,属场区东侧常年性河流,多年平均迳流量471 m³/d,平均径流模数0.28 m³/(s·km²)。

(二)地层及构造

区域构造位置处于粤北山字型构造脊柱东侧马蹄形盾地中。本区的主要褶皱为天子岭背斜,长约7 km,宽约1～3 km,对称型褶皱。轴部为上泥盆系佘田桥阶灰岩,翼部依次为上泥盆系锡矿山阶和石炭系灰岩及砂岩。轴向北东,北东端为第四系覆盖,南西端封闭倾伏,两翼倾角25°～40°。两翼被宝岭、观音坐莲等北东向断裂切割而保存不完整。

(三)线路方案的工程地质及水文地质条件

韶关西西联站址方案、韶关西赤水站址方案、韶关西黄塱坝站址方案均以天子岭隧道穿过天子岭山区。隧道长2 250 m,隧道洞身最大埋深达约80～200 m,主要穿越天子岭背斜南翼灰岩强富水区。

天子岭暗河进口位于割藤坪,进口高程为150～158 m。暗河长度3.1 km,补给面积2.896 km²。出口位于十里亭,高程为61.159 m,流量为52.4 L/s。割藤坪岩溶洼地以及天子岭岩溶漏斗区汇集形成的天子岭暗河横穿上述各方案的隧道。如图3-3-2所示。

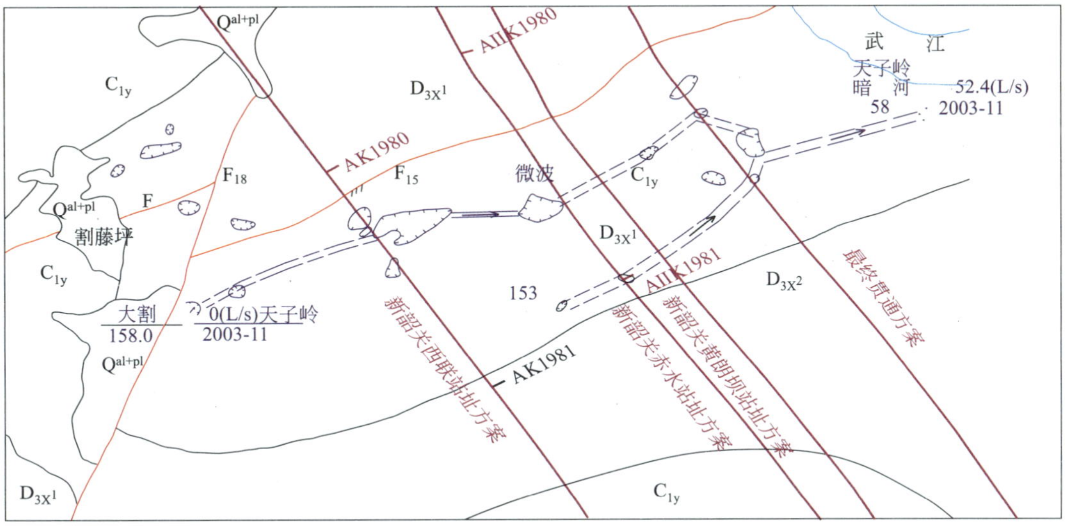

图3-3-2 天子岭暗河平面示意

根据计算以及EH-4物探资料分析,天子岭暗河与各方案的位置关系如图3-3-3所示。

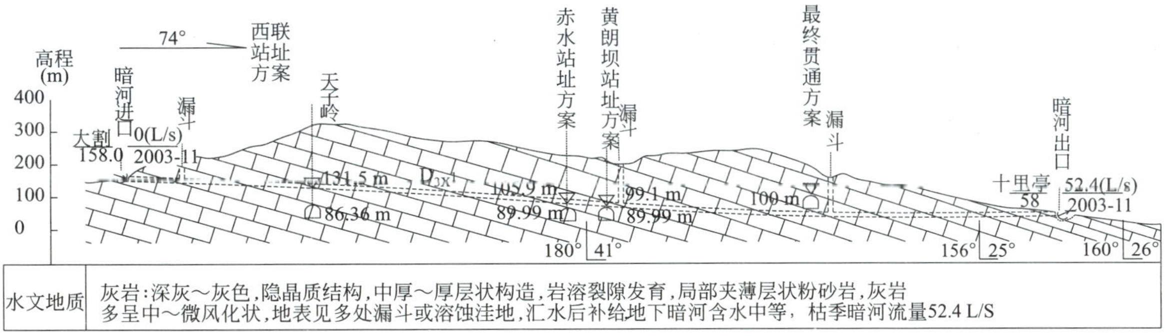

图3-3-3 天子岭暗河水文地质剖面

综合分析该区岩溶强烈发育,高程100～155 m以上以垂向渗滤带为主,水平径流带分布高程为61～155 m,由西往东倾斜。韶关西西联站址方案、韶关西赤水站址方案、韶关西黄塱坝站址方案之天子岭隧道均位于暗河上方或相交，天子岭暗河丰水期涌水高达 $5m^3/s$，水文地质条件十分复杂，对线路方案存在较大影响。在后期勘测过程中，建议线路方案东移，纵坡标高调整到 100 m 左右上跨暗河通过。

六、结　　论

五盖山至骑田岭段沿槽谷丘陵段通过，避免修建长大复杂隧道，对客运专线运营安全十分有利。原则上采用抬高纵坡选择垂直渗流带、平面选择绕避暗河及岩溶洼地等负地貌通过岩溶区段，隧道岩溶工程地质条件良好，新南岭隧道、折岭隧道、仙殿岭隧道、寒水隧道、金门口隧道、沉源水 1 号隧道、沉源水 2 号隧道等仅局部地段揭露了岩溶槽腔，总体工程地质条件明显改善。

大瑶山区选择东不跨武水方案通过，完全绕避了班古坳(头寨)富水向斜的影响。大瑶山 1 号隧道进口段、大瑶山 3 号出口段可溶岩长度、岩溶发育程度等均与勘察成果相吻合。

天子岭隧道选择垂直渗流并上跨暗河的方案基本绕避了暗河的影响，隧道开挖过程中未揭露暗河通道，隧底岩溶探测成果表明暗河应在探测范围以下，暗河隐患基本予以消除，对后期的运营安全提供了较大保障。

第三节　重大工程及地质复杂工点的工程地质勘察

一、浏阳河隧道

(一)工程概况

浏阳河隧道位于湖南省长沙市东，起止里程 DⅡK1560＋785～DⅡK1570＋900，建筑长度 10 115 m(隧道长 9 935 m)，是武广铁路客运专线唯一的一座越江浅埋长隧道，隧道进出口纵坡 20‰，进口段轨面标高 54.6 m，出口段轨面标高 32.4 m，中间下凹最低点轨面标高为－19.3 m。

该隧道下穿浏阳河主河道，以及潇湘西路、京珠高速公路、长永高速、机场高速公路等道路及建筑物密集区，埋深多小于 60 m 且地质条件复杂。

(二)地质概况

1. 地形地貌

浏阳河隧道进口段约 6.4 km 处于剥蚀低丘区，最大高程 83.79 m。隧道出口段约 3.7 km 处于浏阳河阶地及河漫滩区，地面高程为 30～33 m。浏阳河自东向西穿过场区，属常年性河流，宽约 210 m，河床最低高程 23 m。

2. 地层构造

浏阳河隧道位于平江—长沙晚白垩—下第三系盆地西南段，盆地堆积物形成轴向北东的黄花宽缓向斜构造，无大的断裂构造。阶地区第四系全新统(Q_4)冲积层具有明显的二元结构特征，表层为淤泥质土、黏土、粉质黏土，厚度为 1～8 m；下部为砂、卵砾石等组成，厚度为 0～5 m。垄岗区及阶地下伏基岩为白垩系(K)泥岩、泥质砂岩、粉砂岩、砂砾岩等(因其为主色调为红色，统称为白垩系红层)。

3. 水文地质

阶地下部卵砾石层属场区的主要含水层。浏阳河洪水水位(年平均水位 30.19 m，十年一遇洪水位 35.82 m，百年一遇洪水位 38.14 m)均远高于两岸河漫滩地面高程，河水与卵砾石含水层水力联系极为密切。此外，白垩系红层多为泥岩或泥质胶结，属弱含水层，局部地段如物流园一带发育岩溶，裂隙－溶洞水水量较为丰富。

(三)白垩系红层的地下水含水特征

现场钻孔内 24 h 观测稳定水位多小于 6.0 m，结构静水压约 50～60 m 水头，采用全包防水设计时结构断面须过强，直接影响了工程投资。但是隧道围岩多属白垩系泥岩类或泥质胶结，岩体裂隙多属封闭型，张开度＜0.025 mm 或为泥质充填，工程界一般认为含水性极差。以下两个水文地质问题有待分析明确：一是钻孔内的 24 h 观测稳定水位是否为混合水位(钻孔循环水未抽净、其他含水层渗入)？二是在实际开挖过程中是否会出现无水状态，隧道衬砌可否按无水压情况进行结构设计？

丘陵、阶地段选择了代表性钻孔(其中丘陵 5 孔，阶地 1 孔)分段封闭上部含水层进行白垩系红层基岩段的提水试验。地下水位恢复时间曲线如图 3-3-4 和图 3-3-5 所示。

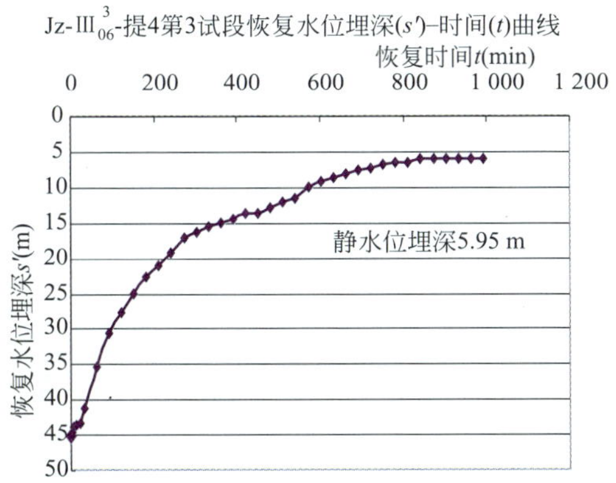

图 3-3-4 丘陵段红层地下水位恢复时间曲线

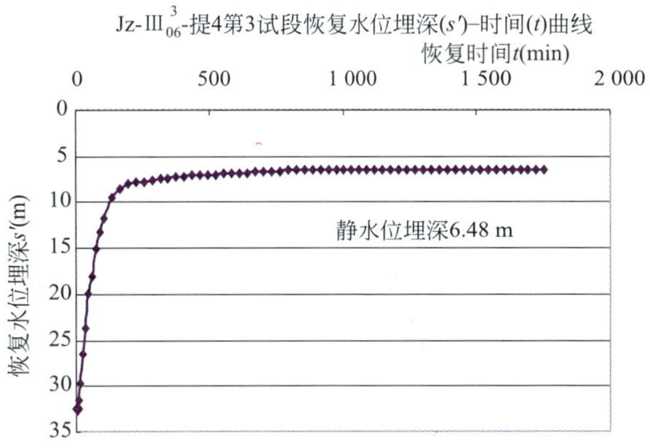

图 3-3-5 阶地段红层地下水位恢复时间曲线

根据上述提水试验以及前期完成的压水试验成果，可得以下结论。

1. 17 孔压水试验查明岩体渗透系数 K＝0.000 55～0.054 m/d，根据《水力水电工程地质勘察规范》(GB 50287—1999)，岩土渗透性分级属“弱透水”～“微透水”，根据水文地质条件建模计算隧道正常涌水量为 3 675 m^3/d，分段涌水量均小于 0.1 m^3/(d·m)，含水性较差。

2. 场区白垩系红层地下水位均在 1 000 min 内恢复，阶地段水位恢复时间相对更短，表明场区红层内的基岩裂隙水是存在的，达不到常规理解的无水状态。

3. 白垩系红层地下水呈潜水状态，隧道结构必须按有水状态进行设计。如采用全包防水方案设计，必须按常水位考虑结构静水压力，采用堵排结合方案时，静水压水可依据相对规范规定适当折减。

(四)越江段白垩系红层岩体的完整性及透水性

浏阳河隧道属越江水下隧道，拱顶与河床底之间的红层厚度为 20～25 m，隧道设计采用铣挖法而非盾构法施工，小规模的断层或裂隙、风化槽谷等均可能带来灾难性的后果。

勘探工作采用水上地震映像、电测深法沿隧道轴向控制垂直洞身构造，采用高密度电法沿两岸河堤控制平行洞身构造。

水上地震映像采用锤击作为震源，经滤波处理得到的波形图基岩相位连续，反映出河床 18～20 m 以下岩层界面较为平整，没有断层反映(图 3-3-6、图 3-3-7)。

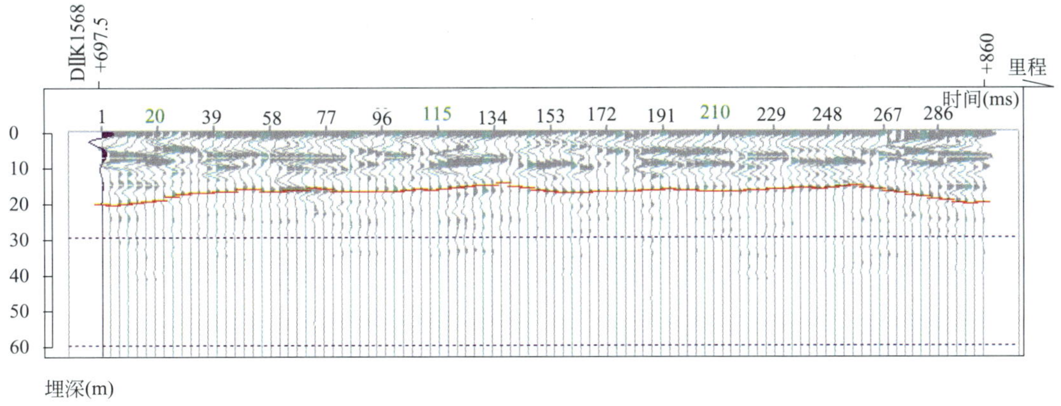

图 3-3-6 DⅡK1568＋697.8～＋860 地震映像成果

水上电测深亦反映浏阳河河底基岩视电阻率小于 15 Ω·m。视电阻率等值线分布均匀，相对变化较小，没有明显的电性异常带，综合推测岩体较完整。

采用水上钻孔 7 孔—276.12 m(其中水文试验孔 2 孔—75.43 m)进行验证，岩芯 RQD 值一般在 75%～90%，岩体完整。压水试验查明岩体渗透系数 K＝0.00316～0.0164 m/d，岩土渗透性分级属“弱透水”～

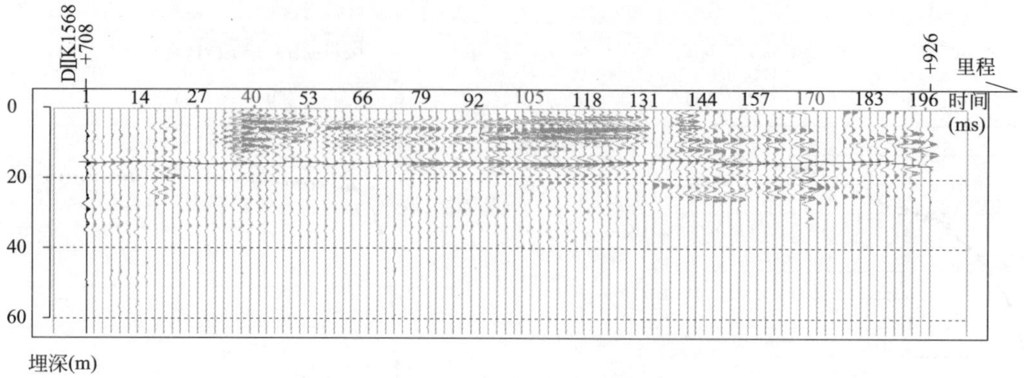

图 3-3-7　DⅡK1568＋708～＋926 地震映像成果

“微透水”，计算涌渗水量为 445 m³/d，在不破坏围岩的情况下不会产生将河水引入造成灾难性后果。

（五）白垩系红层的水理性及膨胀性

白垩系红层泥岩、泥质砂岩进行了岩矿分析，黏土矿物含量一般为 27%～41%，饱和强度一般为 2.98～6.23 MPa，自然或干燥强度为 7.25～14.97 MPa，软化系数为 0.3～0.5，耐崩解指数均值为 59.3%，水理性差，具暴露时间长易开裂、泡水易软化等特点。根据钻孔内声波测井成果，全～强风化弹性波速在2 000 m/s 以下，弱风化完整段弹性波速一般在 2 000～2 600 m/s 之间，个别达到 3 000～3 500 m/s，隧道明挖段基坑或洞身开挖时，应防止水浸泡或暴露时间过长，及时封闭支护。

白垩系红层粘土类矿物含量为 27%～41%，且岩体中夹有白色硬石膏斑点、薄层状石膏及芒硝矿物，其膨胀性特征对隧道结构设计尤为重要。

勘察过程中对泥质岩类取样进行膨胀性试验，主要参数指标如下：自由膨胀率轴向均值 0.425%，自由膨胀率径向均值 0.16%；膨胀率均值为 0.488%；膨胀力为 25～738 kPa，平均为 160 kPa；饱和吸水率均值为 7.045%。依据《铁路工程特殊岩土勘察规程》（TB 10038—2001）综合判定属非膨胀岩。

但应引起重视的是，13 组岩样有 4 组膨胀力超过了 100 kPa，其中最大值达 738 kPa，平均值达160 kPa，均超过了规范规定的 100 kPa。初步分析是白垩系红层中局部夹含的膨胀性黏土矿物、硬石膏及芒硝所致。隧道结构宜适当加强，以消除局部岩体膨胀变形带来的围岩压力增加问题。

（六）白垩系红层夹含矿物对地下水的影响

DⅡK1564＋020～DⅡK1570＋800 段部分钻孔泥岩中夹杂有极薄层白色石膏、芒硝等矿物，零星分布，DⅡK1564＋800～DⅡK1565＋300 段含石膏较多，呈薄层状。对夹含矿物岩芯进行了易溶盐分析，易溶岩总量为 0.04%～1.14%，离子成分主要为 SO_4^{2-}、Cl^-、HCO_3^-。由于石膏、芒硝等属易溶盐、可溶盐，其对地下水的化学侵蚀性的改变应予以重点分析。

该段采用地下水水样 27 组，地下水矿化度明显增高，$K^+ + Na^+$、Cl^-、SO_4^{2-} 含量急剧增高，地下水出现微咸水类型，其中 2 组地下水样呈硫酸盐侵蚀，3 组地下水样呈酸性侵蚀。

考虑隧道使用年限长，隧道开挖改变了地下水原有的循环途径，地下水垂直渗流经过洞顶白垩系红层夹含盐岩时，易溶解该类矿物，形成侵蚀型地下水，对隧道衬砌结构混凝土产生腐蚀。因此，DⅡK1564＋020～DⅡK1570＋800 段含石膏地层地下水按具有侵蚀性考虑。

（七）白垩系红层岩溶及岩溶水

红层岩溶一般发育在含有砾石成分为灰岩的砂砾岩、钙质砂岩等岩层中，岩溶发育程度一般弱于灰岩地层。

勘察采用地表调查、物探方法确定 DⅡK1561＋700～DⅡK1562＋875 段属红层可溶岩，钻探验证后采用加密钻孔方法进行了岩溶勘察，其中 13 孔揭露半充填至全充填溶洞，溶洞规模为 1.0～5.2 m。

溶洞成因初步分析属溶蚀—风化型，多呈层状分布，在水平方向上水力连续密切。裂隙—溶洞水属承压水，具有明显的管道流特征，根据多层空洞混合抽水和单层空洞抽水试验结果，渗透系数采用值为 6.22 m/d，强透水，地下水较丰富。试验成果见表 3-3-3。

表 3-3-3 25-1 号钻孔抽水试验成果

含水层(m)		S	Q	q	K
顶	底	m	m^3/d	$m^3/(h\cdot m)$	m/d
17.20	18.10	14.54	432.13	1.238	6.22
23.40	25.80				
30.40	31.30				

(八)白垩系红层风化槽谷的分布特征及影响

白垩系属中生界地层,生成时代相对较新,构造作用相对较弱,风化带厚度较为均匀。但个别地段仍可能存在风化槽谷,深切至隧道洞身,造成坍塌失稳定、地下水入渗软化围岩等工程地质问题。

风化槽谷的勘察原则上采用震法物探结合钻孔验证较为有效。但浏阳河隧道因建筑密集无法开展震法物探工作,前期安排进行的电法物探对风化槽谷均无明显的异常反映。后期钻孔揭露风化槽谷 4 处,近于等间距展布,多分布于沟谷段,其中 DⅡK1565+020～+260 段深切风化槽谷全风化层最大深度达 53.6 m 以上。隧道围岩分级一般降低至Ⅴ级以加强支护。

(九)结　　语

浏阳河隧道实际开挖涌渗水量(集中排水井日常每天抽排水量 2 000 m^3左右)、越江段岩体完整性及透水性、红层岩溶段、风化槽谷等与原勘察成果吻合性较好。隧道勘察成果对白垩系红层的特殊地质问题,如地下水含水特征、岩体的完整性及透水性、水理性及膨胀性、夹含矿物对地下水的影响、红层岩溶及岩溶水、风化槽谷等,进行了初步的探讨与分析,为工程地质条件类似的隧道勘察提供了参考依据。

二、大瑶山 1 号隧道

(一)工程概况

大瑶山 1 号隧道位于广东省乐昌市的庆云镇和两江镇境内,线路走向近北西至南东向(约 133°),路肩高程约 188～290 m,横贯山峰海拔高度为 958 m 的狮子山。线路里程为 DK1908+264～DK1918+345,隧道长度为 10 081 m,为全线最长的隧道之一,最大埋深约 650 m。

(二)地形地貌

大瑶山区属南岭山系,最高点位于 DK1910+650 左侧 700 m 的狮子山山顶,高程为 958 m;最低点位于隧道出口处的九峰河谷,海拔高程约 141 m。剥蚀—溶蚀切割中低山、低山地貌,进口至 DK1909+730 段为碳酸盐岩分布区,属溶蚀构造型低山,主要岩溶形态为溶峰、溶谷,岩溶洼地、漏斗、落水洞等较大的垂向岩溶形态发育较少,表层溶沟、溶槽、石芽等较发育。地形起伏较小,最大相对高差小于 250 m;DK1909+730 至出口为碎屑岩—浅变质岩分布区,属构造剥蚀型低山,其主要特点为深切割,最大相对高差达 750 m,陡坡、峡谷极为发育。

(三)地质及构造

隧道位于粤北山字型脊柱构造的北端西侧,构造线方向近 SN～N10－30E。主要由泗公坑倒转背斜及狮子山背斜等次级褶皱和 13 条断裂。狮子山断裂(F_7)为陡倾角断裂,其倾向北西,倾角为 65°～75°,所见特征主要为石英脉和挤压破碎现象。主要岩性有震旦系上统、寒武系八村群下组中细粒浅变质石英砂岩、砂质板岩及板岩互层,泥盆系中下统桂头群紫色厚层底砾岩、石英砂岩及少量紫色页岩,泥盆系中统棋梓桥组+上统佘田桥组灰岩为主,夹白云质灰岩。

(四)暗河及管道流

岩溶水的补给途径主要有大气降水补给、溪沟下渗、相邻地下水系统的补给。该段岩溶水含水层的垂直渗漏补给带厚度约 50～100 m,即水平径流带埋深为 50～100 m,主要径流通道为溶蚀裂隙及溶洞断续组成管道系统。主要排泄途径为管道流,主要有半岭管道流、谷皮坦管道流。

半岭管道流:出口分布于 DK1908+450 左 400 m 处,出口洞穴内可见泥沙等流水沉积物,发育方向约 210°,流向为 30°;洞口呈三角形:高 1.2 m、宽 5.0 m,出口高程为 283.54 m,据访问进入约 8 m 后,洞穴逐渐变小，不能进人，出口段发育方向为140°。管道流发育受F_3断裂控制，出口附近岩层产状陡立、裂隙发育，见进口段管道流系统分析平面图及照片。根据2004年11月3日～2005年1月21日连续测量显示，正常天气水流量为4.72～20.13 L/s，平均水流量7.86 L/s，最大水流量20.13 L/s(2004年11月15日测，可能受雨水滞后效应影响，2004年11月14日为中雨)，90%以上水流量介于5～11 L/s，动态变化较小，水流较稳定，上游半岭村有少量地表水混入。

谷皮坦管道流：出口分布于DK1909+000左400 m处，出口洞穴内可见泥沙等流水沉积物，流向为30°、洞穴发育方向210°，洞口为三角形：高1.6 m、宽1.8 m，底部平坦，进入20 m后洞口逐渐变小不能进人；该管道流发育于F_4断裂谷中，其发育方向受断裂控制。根据2004年11月3日～2005年1月21日连续测量显示，正常天气水流量为16.69～39.79 L/s，平均水流量24.85 L/s，最大水流量50.96 L/s(2004年11月11日中等阵雨测)，90%以上水流量介于18～35 L/s，动态变化较大，水流较不稳定。

半岭管道流出口标高为283.54 m，顺F_3方向延伸至隧道中轴线的斜向距离为550 m，按此推算，管道系统与隧道相遇处约高于20～30 m。谷皮坦管道流出口标高为342.9 m，顺F_4方向与隧道中轴线相遇的斜向距离为420 m，推测其高出隧道路肩标高约80 m以上。隧道与F_3、F_4贯通，地下水易沿断裂带向隧道汇集排泄，袭夺泉水的补给量，造成管道流水量大量减少。

(五)深埋隧道地温问题

大瑶山1号隧道洞身最大埋深达约645 m，沿线附近无温泉出露和地温异常区。受地下水循环及沟谷切割等因素影响，本区地温梯度相对较低，大瑶山1号隧道预测最高地温为23.28℃，全隧道地温变化范围<10℃，初步评价隧道施工影响较小。后期在勘察过程中对21号深孔地温测试成果见表3-3-4。

表3-3-4 后期在勘察过程中对21号深孔地温测试成果

点号	孔深(m)	测井前温度(℃)	测井后温度(℃)	点号	孔深(m)	测井前温度(℃)	测井后温度(℃)
1	井口	24.0	24.1	25	240	25.0	25.0
2	10	24.0	24.1	26	250	25.1	25.0
3	20	24.0	24.1	27	260	25.4	25.1
4	30	24.0	24.1	28	270	25.6	25.4
5	40	24.1	24.1	29	280	25.9	25.8
6	50	24.1	24.1	30	290	26.2	26.3
7	60	24.1	24.1	31	300	26.4	26.4
8	70	24.1	24.1	32	310	26.5	26.5
9	80	24.1	24.1	33	320	26.7	26.7
10	90	24.1	24.1	34	330	26.8	26.8
11	100	24.1	24.1	35	340	26.9	26.9
12	110	24.1	24.2	36	350	26.9	26.9
13	120	24.2	24.2	37	360	27.1	27.0
14	130	24.2	24.2	38	370	27.2	27.1
15	140	24.2	24.2	39	380	27.2	27.2
16	150	24.2	24.2	40	390	27.3	27.3
17	160	24.2	24.2	41	400	27.3	27.3
18	170	24.3	24.3	42	410	27.4	27.4
19	180	24.3	24.4	43	420	27.5	27.5
20	190	24.4	24.5	44	430	27.6	27.6
21	200	24.6	24.6	45	440	27.7	27.7
22	210	24.7	24.7	46	450	27.9	27.9
23	220	24.8	24.8	47	460	28.1	28.1
24	230	24.9	24.9	48	472	28.3	28.3

根据以上地温成果绘制“温度—埋深关系曲线图”，如图 3-3-8 所示，可以看出地温梯度存在一定的变化。埋深 200～300 m 地温梯度约为 1.8 ℃/100 m，埋深 300～500 m 地温梯度约为 1.1 ℃/100 m，自 200 m 以下综合地温梯度约为 1.36 ℃/100 m。

采用地温测试成果进行评价，埋深>450 m 地段，地温即大于 28 ℃，即可能构造热害，隧道施工中应加强防护措施。

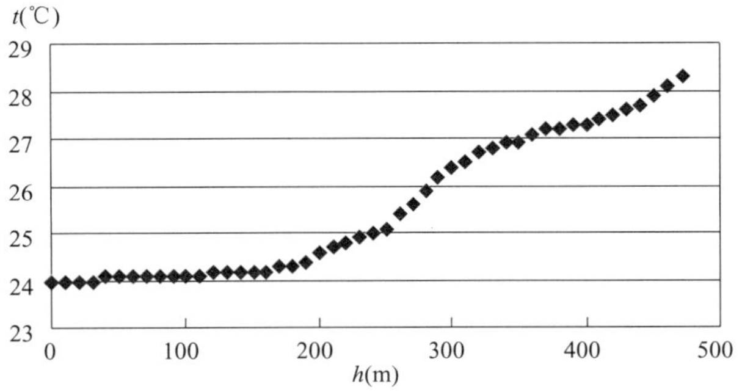

图 3-3-8　温度—埋深关系曲线图

（六）深埋隧道地应力问题

根据 2005 年 1 月～6 月 J$_Z$-Ⅳ$_{04}^{6}$—深孔 20 和 J$_Z$-Ⅳ$_{04}^{6}$—深孔 21 野外测试工作成果，其中 J$_Z$-Ⅳ$_{04}^{6}$—深孔 20 在 106.7～283.0 m 深度范围内共选择 16 段进行测试，获得 11 段测试资料；J$_Z$-Ⅳ$_{04}^{6}$—深孔 21 号在 192.0～469.0 m 深度范围内共选择了 15 段进行测试，获得 9 段测试资料。并在其测段中各选择了 2 测段进行破裂方向印模记录。

地应力测试成果

地应力测试成果见表 3-3-5 和表 3-3-6。

表 3-3-5　J$_Z$-Ⅳ$_{04}^{6}$—深孔 20 号地应力测试成果

测段序号	测段深度 H(m)	破裂压力 P_b(MPa)	重张压力 P_r(MPa)	关闭压力 P_s(MPa)	抗拉强度 T(MPa)	孔隙压力 P_0(MPa)	最大水平主应力 σ_H(MPa)	最小水平主应力 σ_h(MPa)	自重应力 σ_z(MPa)	侧压系数 $\lambda=\sigma_H/\sigma_z$	最大水平主应力方位角(°)
1	106.71	5.62	4.31	2.70	1.31	0.47	4.26	3.17	2.83	1.49	—
2	187	6.01	4.70	2.80	1.31	1.27	4.97	4.07	4.96	0.98	—
3	196.23	9.06	7.49	3.90	1.57	1.36	5.57	5.26	5.2	1.28	—
4	218.5	6.05	4.88	2.99	1.17	1.58	5.67	4.57	5.79	0.96	NE7°
5	232.25	—	7.72	4.81	—	1.72	8.43	6.53	6.15	1.35	—
6	242.47	—	5.37	3.24	—	1.82	6.17	5.06	6.43	0.95	—
7	255.77	—	6.13	4.13	—	1.96	8.22	6.09	6.78	1.2	—
8	260.51	—	9.37	6.10	—	2.00	10.93	8.1	6.9	1.57	—
9	269.45	—	5.71	4.04	—	2.09	8.50	6.13	7.14	1.18	—
10	279	—	10.45	6.77	—	2.19	12.05	8.96	7.39	1.62	—
11	283	10.36	8.17	6.25	2.19	2.23	12.81	8.48	7.5	1.69	NE58°

表 3-3-6　J$_Z$-Ⅳ$_{04}^{6}$—深孔 21 号地应力测试成果

测段序号	测段深度 H(m)	破裂压力 P_b(MPa)	重张压力 P_r(MPa)	关闭压力 P_s(MPa)	抗拉强度 T(MPa)	孔隙压力 P_0(MPa)	最大水平主应力 σ_H(MPa)	最小水平主应力 σ_h(MPa)	自重应力 σ_z(MPa)	侧压系数 $\lambda=\sigma_H/\sigma_z$	最大水平主应力方位角(°)
1	192.43	4.19	3.55	2.24	0.64	1.92	5.09	4.16	5.09	1.0	—
2	252.12	—	4.35	2.65	—	2.52	6.12	5.17	6.68	0.9	—
3	275.0	9.37	6.08	4.23	3.29	2.75	9.36	6.98	7.29	1.3	NE22°
4	303.67	—	10.28	5.87	—	3.03	10.36	8.90	8.03	1.3	—
5	352.09	—	5.09	3.2	—	3.52	8.02	6.72	9.3	0.9	—
6	374.31	—	3.58	2.82	—	3.74	8.62	6.56	9.9	0.9	—
7	402.0	5.77	4.92	3.5	0.85	4.02	8.57	7.17	10.7	0.8	—
8	416.45	14.15	10.44	6.86	3.71	4.16	14.3	11.02	12.2	1.2	NE29°
9	469.18	—	7.85	5.62	—	4.69	15.44	10.89	12.43	1.2	—

注：表中破裂压力、重张压力及关闭压力为测点孔口压力值。

2. 应力方位

地应力测试所获得的最大水平主应力方位为 N22°E～N76°E，属 NNE～NEE 向。

3. 侧压系数

最大水平主应力方向的侧压力系数 σ_H/σ_Z 范围为 0.80～1.69，说明该测区岩体水平应力相当或略大于自重应力，测试区域地应力状态受地形地貌及地质构造等因素的影响较大。

4. 地应力量值与深度的关系

在测试范围内，各应力量值均有随深度的增加而呈线性增大的趋势。Jz-Ⅳ$^{6}_{04}$—20 深孔、Jz-Ⅳ$^{6}_{04}$—21 深孔的应力与深度的变化关系曲线如图 3-3-9 和图 3-3-10 所示。

5. 高地应力下的岩爆预测

采用强度理论中普遍应用的工程岩体分级标准判别法、Russenes 判别法、Turchaninov 判别法、Hoek 判别法四种判别法进行定性或定量的综合评价。预测结果除 Heok 法预测无岩爆发生外，其他方法均预测有岩爆发生的可能。但既有大瑶山隧道在施工中未出现高地应力引起的岩爆问题，通过工程地质类比分析，本隧道总体产生岩爆的可能性不大，设计、施工中应加强地应力监测、预报工作及必要的安全措施。

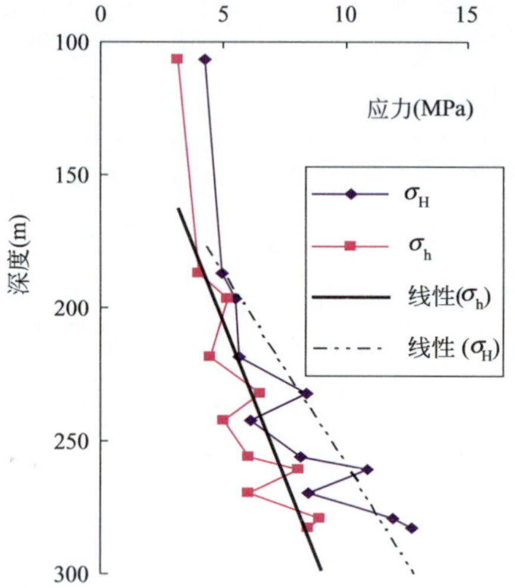

图 3-3-9　20 孔应力随深度的变化曲线

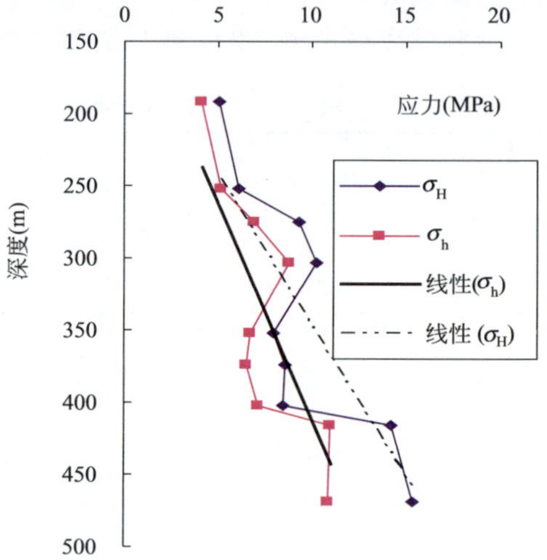

图 3-3-10　21 孔应力随深度的变化曲线

(七)碎屑岩破碎岩体含水层的勘察与评价

1. 碎屑岩破碎岩体含水层的勘察

Jz-Ⅳ$^{6}_{04}$—深孔 21 位于广东省乐昌市两江镇蓝坪村，里程位置为 DK1911＋400 左 10 m，山坡地段，自然坡角 30°～45°，孔口高程 727.00 m，终孔深度 482.03 m。

2005 年 3 月 28 日，Jz-Ⅳ$^{6}_{04}$—深孔 21 号钻孔钻至 198～201 m 时，钻孔中开始产生大量涌水，初步估计涌水量大于 300 m^3/d，涌水现象一直至终孔甚至延续至施工阶段，2005 年 6 月 23 日～24 日堰测该钻孔的孔口流量为 339 m^3/d，水量一直较为稳定。

2. 岩体完整性分析

据钻孔成果，岩芯多以柱状为主，岩芯完整。其中 196～200.7 m、205～220 m、274～276 m、410～440 m 裂隙发育，岩芯较为破碎。

根据测井曲线，32.40～33.00 m、43.40～46.20 m、92.80～100.70 m、149.60～154.00 m、172.60～201.30 m 段岩体可能存在破碎或裂隙发育现象，其余岩层岩体较完整，岩性均匀。

综合钻孔及测井成果分析，钻孔揭露岩体完整性较好，以下地段 32.40～33.00 m、43.40～46.20 m、92.80～100.70 m、149.60～154.00 m、172.60～201.70 m、205～220 m、274～276 m、410～440 m 因裂隙发育、构造等影响存在岩体破碎现象。

3. 含水层位置及其水文地质特征

由盐化扩散曲线反映，该孔存在多个含水层段，含水层分别为：① 195.0～219.5 m；② 272.00～

275.50 m；③407.80～414.00 m；④426.50～431.00 m。各含水层都为涌水，流向井口，涌水量较大。

第①②③④含水层混合孔口涌水量为339 m^3/d，混合水头高度为13.9 m。其中实测第③④孔口测定混合涌水量为256.56 m^3/d，混合水头高度为6.40 m；计算分析第①②涌水量为280.24 m^3/d，混合水头高度为17.62 m。

4．含水层岩体特征

本区岩体历经多期构造变动，岩体褶曲强烈易造成局部岩体破碎，区域性断裂、次级断裂、层间断裂以及构造节理裂隙极为发育，断裂构造与破碎岩体相组合，易构成地下水的赋存介质及运移通道。

根据钻探以及测井成果，各含水层均与钻孔揭露的岩体破碎带吻合较好，表明各含水层均为节理密集带、层间裂隙带、构造裂隙带等。钻孔揭露了岩体破碎带等富水层，且由层间裂隙、层间断层以及其他断层的集水作用，造成地下水的运移、富集。

5．地下水的补给、径流及排泄

地下水的补给以大气降水为主，狮子山构成本区地下水排泄的分水岭。大气降水入渗后主要通过层面裂隙、构造破碎带、节理裂隙带等富集，排泄方向主要向狮子山两侧排泄。由于狮子山峰顶海拔较高，两翼地下水易富集具有承压性。

根据以上分析，深孔内的地下水补给范围主要位于狮子山至蓝坪村一带，受断层集水作用，地下水东西侧补给范围可能延伸较远。

6．高水头地下水对隧道的影响

隧道轨面高程为281.207 m，与第3段、第4段含水层距离相近。由于深孔偏离隧道约14.68 m，而深孔内水头压力为4.6 MPa（孔口高程727.00 m，水头标高740.9 m。因此可以计算地下水水头约459.7 m），且深孔已将四层地下水连通，高水头承压水易沿裂隙形成突水（经计算隧道揭露各含水层时涌突水量10 000 m^3/d,），甚至造成衬砌破坏。

因此，$Jz\text{-}Ⅳ^{6}_{04}$—深孔21号附近隧道开挖过程中，应加强防排水措施及安全防护工作。该段在设计中应充分考虑引排或防水措施，并考虑隧道衬砌在高水头地下水作用下的抗渗、防渗工作。

（八）结　语

该隧道在进口段灰岩施工过程中，下穿谷皮坦管道流水平径流，改变了地下水的补给、排泄途径，袭夺了其部分流量，造成泉水流量减少。注浆加固过程中又对泉水产生污染，造成泉水混浊，这与勘察成果预测基本相符。

地温问题在施工过程中表现并不严重，初步分析仍是由于改变地下水循环以及地表沟谷深切等影响所致，与前期初步预测成果更为接近。

高地应力下的岩爆等问题在施工过程中基本未发生，初步分析岩体强度高是主因，与勘察预测结论“本隧道总体产生岩爆的可能性不大”基本吻合。

$Jz\text{-}Ⅳ^{6}_{04}$—深孔21揭露的含水层在施工中出现突水，突水量约每天10 000 m^3，与之前的预测成果极为接近。

第四节　经验及体会

1．吊沟岭隧道—天鹅岭隧道段表层二叠系下统当冲组、上统龙潭组碎屑岩地层具有风化厚度大、炭质页岩含量高的特点，易破碎软化，且与下伏灰岩呈典型的角度不整合关系，或者解译为基岩界面古岩溶——石芽、溶沟、溶槽等发育，造成多座隧道围岩变更、揭露溶蚀腔槽等而产生Ⅰ类变更。

2．全线浅埋岩溶隧道数量较多，深切的充填型溶腔（槽）较为发育。而普通的电法勘探深度有限，对查明评价岩溶形态存在困难。应加强勘探深度较大的大地音频电磁法或其他有效的物探方法予以查明。

3．根据武广铁路客运专线《工程地质勘察大纲》，一般路基段每50 m一个钻孔，对于碎屑岩、侵入岩及地质条件较简单的灰岩地段基本能满足设计的要求。但对于灰岩溶槽溶沟发育、基岩面起伏较大、地下水发育的地段，往往会因覆盖层厚度的变化引起地基处理深度的变化，甚至引起地基处理措施的改变。对于这些地段，应结合岩溶物探资料适当增加钻孔；对于路基面较宽的车站地段，应增加钻孔地质断面。

4. 对于断层、各类构造接触带、花岗岩球状风化发育、岩溶发育等地质条件复杂地段的隧道，除采用多种物探结合钻探的方法进行综合勘探，最大限度地为设计提供可靠、实用的地质基础资料外；更重要的应在隧道施工过程中加强地质超前预报。

总之，武广铁路客运专线施工揭示的地质情况与原设计的地质资料基本相符，表明地质勘察和报告编写符合国家有关规范及武广铁路客运专线《工程地质勘察大纲》的要求，工程地质勘察方法和勘察精度基本满足设计要求。

第四章　路 基 设 计

武广铁路客运专线是我国第一条一次开通运营里程最长、运行速度 350 km/h 的高速客运专线，地质条件复杂，特殊路基工点多，技术标准高。与常规铁路相比，具有路基变形控制标准高、路基强度高、刚度大且均匀、在高速运行以及自然条件下能保持长期稳定等特点。这就要求武广铁路客运专线无砟轨道路基按土工构筑物设计，强调与相邻构筑物的变形和刚度协调、统一，确保列车高速、安全、平稳运行。

此前，无砟轨道在我国尚无成熟的建设实践经验，在缺乏规范和标准的情况下，路基工程面临路基结构形式选择、填料选择、过渡段路基设计、高标准沉降控制、站后结构物接口等一系列难题和新课题，武广铁路客运专线通过对国内外技术标准、国外无砟轨道建设经验及咨询成果的学习、掌握，在较短时间内掌握了无砟轨道客运专线路基的部分关键技术，确定了新的勘察设计理念，采用了一系列新技术、新结构、新材料，并对一些关键技术进行了科研攻关，取得了一批对高速铁路建设有直接指导意义的创新成果。

第一节　路基工程概况与特点

一、路基工程概况

武汉至广州客运专线包括武汉站(含)—乌龙泉、乌龙泉—韶关、韶关—花都、花都—广州南(含)四段，正线路基总长 322.218 km，占线路总长的 33.3%。其中：武汉站(含)至乌龙泉段正线路基长度 15.412 km；乌龙泉至韶关段正线路基长度 266.45 km，占线路总长约 37.25%，另有客运专线与既有线的联络线路基工程长 12.835 km，全段岩溶路基长度 77.66 km，占路基全长近 30%；韶关至花都段正线路基长度为 42.494 km，占线路总长的 26.68%；花都—广州南(含)段(即广州枢纽工程)正线路基长度 4.836 km，其余联络线等工程路基长度 8.266 km。

二、路基工点类型

武广铁路客运专线经平原区、阶地区、丘陵区、低山区多种地貌单元，沿线工程地质条件复杂，地基软弱，广泛分布软土、岩溶、红黏土、膨胀土等特殊和不良地质；地形地貌起伏大，沿线分布众多深路堑、陡坡路基、危岩落石、浸水路基。

(一)全线路基工点总体分布

全线路基工点类型主要有：(1)深路堑 245 处/48 493.79 m；(2)边坡防护路基 85 处/11 595.34 m；(3)岩溶路基 244 处/64 752.37 m；(4)松软土路基 214 处 75 904.02 m；(5)顺层路堑 136 处/34 091.23 m；(6)顺层路堑及松软土地基路堤 5 处/2 806.49 m；(7)基床处理路基 91 处/41 717.04 m；(8)岩溶路基及松软土地基路基 38 处/17 884.86 m；(9)陡坡路基 32 处/6 130.86 m；(10)顺层深路堑 3 处/615.82 m；(11)松软土地基路堤及深路堑 3 处/1 305 m；(12)堆积体路基 2 处/362.62 m；(13)顺层路堑及陡坡路基 3 处/509 m；(14)顺层路堑及边坡防护路基 1 处/106 m；(15)顺层路堑、高路堤 8 处/552.42 m；(16)岩溶路基、深路堑 25 处/7 613.32 m；(17)堆积体及松软土路基 1 处/936.66 m；(18)深路堑及松软土地基路基 3 处/1 179.32 m；(19)水塘路基 9 处/4 219.53 m；(20)浸水路基 6 处/2 348.89 m。岩溶路基主要分布在临湘五尖大山以北地区；深路堑、陡坡路基和边坡防护路基主要分布沿线低山丘陵区；松软土路基和基床处理路基主要分布在全线河流冲积阶地区、丘间谷地区。

其中，武汉站(含)至乌龙泉段全段软土及松软土路基 9.54 km/34 处；全段水塘路堤零星分布，共有水塘路堤 1.81 km/16 处；土质及软质岩路堑分布于岗地及缓丘地段；岩溶路基 4.53 km/8 处。花都—广州南(不含)段(广州枢纽工程)共计 17 个路基工点，以浸水路堤、岩溶路基、软土及松软土路基和受限路基为主。

(二)乌龙泉至韶关段路基工点类型分布

乌韶段路基工点及工点类型多,全段共计958个路基工点,其中正线路基工点924个,平均每个工点长度288.61 m;另联络线、长沙动车段和衡阳、乐昌工区等路基工点34个,平均每个工点长度397.31 m。主要工点类型、工点数及分布范围见表3-4-1。

表3-4-1 武广铁路客运专线乌韶段路基工点分布一览

(DK1238+750~DK1989+500)

序号	工点类型	工点数/长度(处/km)	主要分布范围
1	深路堑	201/45.189	DK1366~DK1426、DK1432~DK1532、DK1574~DK1637及DK1657~DK1702、DK1766以南相对集中,长沙、株洲、衡阳红层盆地区相对较少
2	陡坡路基	22/6.135	主要分布在DK1353~DK1422、DK1596~DK1606、DK1668~DK1713及DK1847~DK1892等地段
3	地基处理路基(含软土、松软土地基路堤、厚层黏性土地基等)	242/91.94	全线谷地、垄岗和冲积平原区分布,主要集中在DK1232~DK1341+400、DK1353~DK1375、DK1426~DK1575、DK1607~DK1656、DK1671~DK1692、DK1703~DK1827、DK1846~DK1857、DK1933~DK1989段。冲积平原区主要分布在乌龙泉至咸宁、汨罗至长沙、衡阳地区;湖汉港地区分布较少
4	岩溶路基	302/77.66	主要分布在乌龙泉—咸宁—临湘一线,芦狄塘、中路铺一带,耒阳桥至杨梅山,大瑶山南北坡麓地带以及乐昌至韶关一带
5	基床处理路基	38/14.164	主要集中在江汉平原垄岗区、汨罗地区和衡山花岗岩区、衡阳湘江垄岗区,其他地区零星分布
6	红黏土路堑	56/14.65	主要集中分布于DK1238~DK1339、DK1353~DK1375以及耒阳以南的灰岩分布区的表层覆盖层
7	膨胀土路基	12/3.218	主要集中在江汉平原垄岗区、衡阳湘江垄岗区及耒阳至吊钩岭,其他地区零星分布
8	顺层路堑	42/16.856	主要集中在咸宁至临湘、长沙易家湾,株洲、衡阳红层盆地区,以及马家岭一带,其他地区零星分布
9	危岩落石路基	8/2.852	主要分布在临湘、易家湾、马田至杨梅山一带
10	浸水路基	35/6.758	沿线均有分布

(三)韶关至花都段路基工点类型分布

武广铁路客运专线韶关至花都段设计正线线路长度为159.240 km,其中正线路基长度为42.494 km,占线路总长度的26.68%。全段路基工点类型主要有:陡坡路基、深路堑高边坡路基、顺层路基、岩溶路基、软土路基、膨胀土路基,累计长度约136.6km,占路基长度的81.8%。主要路基工点类型见表3-4-2。

表3-4-2 韶关至花都段路基工点类型一览

工点名称	处数	累计长度(km)	设计采用的主要工程措施
高路堤	6	4.2	边坡水平铺设土工格栅、追密碾压
陡坡路基	38	1.01	重力式路肩墙、路肩桩板墙
深路堑高边坡	77	5.32	桩间挡土墙、桩间土钉墙、桩板墙、锚杆(索)框架梁
顺层路基	6	0.5	顺层清方,坡脚设锚固桩,个别坡面加锚索
岩溶路基	168	17.352	钻孔注浆、回填、封闭
软土松软土路基	310	22.5	挖除换填、水泥搅拌桩、CFG桩、钢筋混凝土桩网结构、钢筋混凝土桩板结构、侧向约束桩
改河、改沟路基	14	3.64	浆砌片石砌筑
膨胀土路基	6	0.26	路堑挡土墙、支撑渗沟
合计	625	54.33	

(三)花都至广州南段路基工点类型分布

共计17个路基工点,以浸水路堤、岩溶路基、软土及松软土路基和受限路基为主。

三、路基主要工程数量

(一)武汉站(含)至乌龙泉段

本段支挡及防护主要工程数量:圬工7.36×10^4 m^3(含C30混凝土0.41×10^4 m^3、C20混凝土0.25×

10^4 m^3、C15 混凝土 0.47×10^4 m^3、C15 片石混凝土 0.21×10^4 m^3、干砌片石 1.75×10^4 m^3、M7.5 浆砌片石 4.27×10^4 m^3)；路堤边坡土工格栅 29.45×10^4 m^2，立体植被网 11.42×10^4 m^2，路堤及路堑边坡(客土)喷播植草 12.41×10^4 m^2、边坡锚杆 1.3×10^4 m；地基加固主要工程数量：CFG 桩 105.11×10^4 m，预应力管桩 45.86×10^4 m，粉喷桩 14.88×10^4 m，旋喷桩 0.36×10^4 m，岩溶注浆 8.3×10^4 m^3，砂砾石垫层 21.64×10^4 m^3，土工格栅 56.01×10^4 m^2。

(二)乌龙泉至韶关段

乌韶段路基工程有以下主要工程数量分支挡工程、边坡防护工程和地基处理与加固工程。

1. 支挡工程

武广铁路客运专线乌韶段(含联络线)设置挡墙地段单侧长度 71.75 km，设置桩板墙(或锚固桩)地段单侧长度 21.87 km，边坡设置预应力锚索地段单侧长度 15.76 km。乌韶段路基支挡加固工程主要数量见表 3-4-3，汇总全线(Ⅰ～Ⅴ标段)路基支挡工程(含钢筋混凝土、混凝土、片石混凝土)圬工总量为 131.96×10^4 m^3，预应力锚索、锚杆延米数为 129.38×10^4 m。

表 3-4-3 乌韶段支挡工程主要数量

标段	里程范围		挡土墙	锚固桩/桩基挡墙等	预应力锚索		框架锚杆		附注
	起始里程	终止里程	C15、C20、C25(片石)混凝土	C15、C25、C30、C35 钢筋混凝土	延长米	框架梁 C30 钢筋混凝土	延长米	框架梁 C30 钢筋混凝土	
			×10^4 m^3	×10^4 m^3	×10^4 m	×10^4 m^3	×10^4 m	×10^4 m^3	
Ⅰ标	DK1238+750.00	DK1341+415.58	2.47	4.24	0.86	0.10	6.37	0.57	
Ⅱ标	DK1341+415.58	DK1592+585.12	13.90	19.23	4.36	0.50	23.41	2.10	含株北联络线/长沙动车段
Ⅲ标	DK1592+585.12	DK1713+536.19	12.02	16.24	9.90	1.04	23.90	2.10	含株南联络线/西南联络线
Ⅳ标	DK1713+536.19	DK1901+261.72	11.09	32.67	11.84	1.25	36.21	3.29	含衡南联络线
Ⅴ标	DK1901+261.72	DK1989+500.00	3.70	4.28	2.07	0.21	10.46	0.96	
全段汇总			43.18	76.66	29.03	3.10	100.35	9.02	

2. 边坡防护工程

乌韶段路基边坡防护工程主要数量见表 3-4-4，全段路基边坡防护工程(含混凝土、M7.5 浆砌片石)圬工总量为 232.74×10^4 m^3，绿色防护(含植草、客土植草、喷混植生)面积为 275.47×10^4 m^2；干砌或码砌片石数量为 22.67×10^4 m^3。

表 3-4-4 乌韶段边坡防护工程主要数量汇总

标段	里程范围		(客土)植草	喷混植生	立体植被网	边坡土工格栅	干砌片石	C15 混凝土空心砖预制块	M7.5 浆砌片石	素混凝土	主、被动防护网	附注
	起始里程	终止里程	×10^4 m^2	×10^4 m^2	×10^4 m^2	×10^4 m^2	×10^4 m^3	×10^4 块	×10^4 m^3	×10^4 m^3	×10^4 m^2	
Ⅰ标	DK1238+750.00	DK1341+415.58	34.21	0.86	26.30	24.97	3.92	399.02	27.88	0.47	0.49	
Ⅱ标	DK1341+415.58	DK1592+585.12	75.17	9.72	42.95	106.37	9.17	1146.39	73.21	1.93	3.76	
Ⅲ标	DK1592+585.12	DK1713+536.19	51.37	9.28	27.01	53.69	4.68	876.22	47.93	1.40	2.62	
Ⅳ标	DK1713+536.19	DK1901+261.72	60.75	15.05	31.39	54.03	3.92	987.79	57.68	2.27	4.87	
Ⅴ标	DK1901+261.72	DK1989+500.00	15.40	3.66	6.34	8.50	0.98	294.29	15.42	0.58	1.15	
全段汇总			236.90	38.57	133.99	247.56	22.67	3703.71	222.12	6.65	12.89	

3. 地基处理与加固工程

乌韶段路基地基加固与处理工程主要数量详见表 3-4-5 和表 3-4-6，汇总全线(Ⅰ～Ⅴ标段)路基地基加固与处理的挖除换填(含清淤、挖除换填 AB 组填料、改良土、碎石土、级配碎石、M7.5 浆砌片石、C15 片石混凝土等)数量总量为 964.83×10^4 m^3、褥垫层总数为 232.16×10^4 m^3；冲击压实、强夯碾压面积为 252.5×10^4 m^2；地基加固桩(含粉喷桩、CFG 桩、旋喷桩、管桩、方桩、钻孔灌注桩)总数为 1539.59×10^4 m；岩溶注浆水泥浆液为 154.54×10⁴ m³；注浆钻孔总延米为 148.26×10⁴ m。

表 3-4-5 乌韶段地基处理与加固工程主要数量汇总(一)

标段	里程范围		清淤	挖除换填 A、B 组、碎石土等	挖除换填圬工等	土工格栅	碎石垫层	冲击压实	强夯碾压	深层搅拌桩	附注
	起始里程	终止里程	$\times10^4$ m³	$\times10^4$ m³	$\times10^4$ m³	$\times10^4$ m²	$\times10^4$ m³	$\times10^4$ m²	$\times10^4$ m²	$\times10^4$ m	
Ⅰ标	DK1238+750.00	DK1341+415.58	12.64	112.92	4.48	79.28	38.16	40.30			
Ⅱ标	DK1341+415.58	DK1592+585.12	79.15	286.17	7.59	208.34	86.59	69.22	7.66	35.14	含株北联络线/长沙动车段
Ⅲ标	DK1592+585.12	DK1713+536.19	20.92	186.69	7.48	87.84	36.87	70.20	6.30	31.98	含株南联络线/西南联络线
Ⅳ标	DK1713+536.19	DK1901+261.72	7.46	160.50	22.20	117.67	56.48	45.97	0.39	4.27	含衡南联络线
Ⅴ标	DK1901+261.72	DK1989+500.00	6.01	43.41	7.21	24.57	14.06	12.40	0.06	—	
全段汇总			126.18	789.69	48.96	517.70	232.16	238.09	14.41	71.39	

表 3-4-6 乌韶段地基处理与加固工程主要数量汇总(二)

标段	里程范围		CFG 桩	旋喷桩	管桩	预制方桩	灌注桩	微型桩	注浆钻孔延米	注浆水泥量	附注
	起始里程	终止里程	$\times10^4$ m	$\times10^4$ m	$\times10^4$ m	$\times10^4$ m	$\times10^4$ m	$\times10^4$ m	$\times10^4$ m	$\times10^4$ m³	
Ⅰ标	DK1238+750.00	DK1341+415.58	253.07	4.74	8.39	—	3.36	0.32	45.33	44.70	
Ⅱ标	DK1341+415.58	DK1592+585.12	550.93	12.66	13.12	0.94	1.98	0.96	14.93	15.28	含株北联络线/长沙动车段
Ⅲ标	DK1592+585.12	DK1713+536.19	171.28	1.64	2.81	0.04	0.88	—	6.23	6.49	含株南联络线/西南联络线
Ⅳ标	DK1713+536.19	DK1901+261.72	322.08	13.09	13.42	4.13	3.41	0.91	57.23	63.49	含衡南联络线
Ⅴ标	DK1901+261.72	DK1989+500.00	66.71	0.62	18.08	—	0.82	0.10	24.54	24.58	
全段汇总			1364.07	32.75	55.82	5.11	10.45	2.29	148.26	154.54	

(三)韶关至花都段

韶关至花都段全段区间路基土石方(断面方)共 660.028 8×10⁴ m³，支挡结构(钢筋混凝土、混凝土、片石混凝土及浆砌片石)圬工总数为 22.200 5×10⁴ m³，路基加固防护工程(钢筋混凝土、混凝土、浆砌片石和干砌片石)圬工总数为 14.654 5×10⁴ m³；区间路基附属工程圬工总数为 26.928 2×10⁴ m³。全段新征区间路基铁路用地 4 508.1 亩，其中永久用地 3 254 亩，临时用地 1 254.1 亩。路基主要工程数量汇总见表 3-4-7。

表 3-4-7 韶关至花都段路基主要工程数量汇总

工程项目		主要工程数量		备注
		数量	公里指标	
土石方($\times10^4$ m³)	断面方	660.028 8	19.529 2	
	施工方	220.682 2	6.548 4	
圬工数量($\times10^4$ m³)	支挡及边坡防护工程	36.855	0.993	含车站
	附属工程	26.928 2	0.8	
	圬工合计	63.783 2	1.793	
地基加固($\times10^4$ m)	搅拌桩	0.827 6	0.022 3	含车站
	CFG 桩	378.325 5	10.191 4	
	旋喷桩	117.664 4	3.169 7	
	桩网结构	18.850 9	0.507 8	
	螺旋钻孔桩	3.229 1	0.087	
	合计	518.897 5	13.978 2	

续上表

<table>
<tr><td colspan="2" rowspan="2">工 程 项 目</td><td colspan="2">主要工程数量</td><td rowspan="2">备 注</td></tr>
<tr><td>数量</td><td>公里指标</td></tr>
<tr><td>岩溶整治(×10⁴ m)</td><td>钻孔延米</td><td>49.199 2</td><td>1.455 7</td><td>含车站</td></tr>
<tr><td rowspan="3">区间路
基征地
(亩)</td><td>永久</td><td>3 254</td><td>96.6</td><td rowspan="3"></td></tr>
<tr><td>临时</td><td>1 254.1</td><td>37.2</td></tr>
<tr><td>合计</td><td>4 508.1</td><td>133.8</td></tr>
</table>

韶关至花都段沿线经过低山河谷区、低山丘陵区、珠江三角洲平原区三大地貌单元。路基工程以英德为界,根据不同的、地形地貌和地质分布具有明显的区域特点。

韶关至英德段主要为低山河谷区,线路主要走行于北江一、二、三级阶地。地势相对平坦,偶见孤峰、峰林点缀,地表多为耕地,交通方便。沿线的阶地、丘间谷地大面积分布第四系黏土、粉质黏土、软土、松软土等覆盖层;下伏基岩主要为石炭系和泥盆系灰岩等可溶岩,间夹砂岩、泥岩、页岩等软质岩。此段路基工程以路堤为主,主要特点是软土松软土和岩溶路基分布较广。

英德至花都段主要为低山丘陵区,线路在飞来峡附近跨北江,连江口及飞来峡附近为北江峡谷地貌,地势陡峻,V型谷发育,地面横坡一般大于30°,植被茂盛,交通不便。其中清远站附近及狮岭至花都为珠江三角洲平原区北端,开阔平坦,偶见残丘点缀其中,城镇星罗棋布,已基本城市化,交通便捷。沿线平原、阶地、丘间谷地大面积分布第四系黏土、粉质黏土、软土、松软土等覆盖层;下伏基岩主要为侏罗系、白垩系、石炭系、泥盆系砂页岩、泥岩、页岩夹炭质页岩,以及燕山期花岗岩及前寒武系片岩、板岩、变质砂岩等,基本以软质岩为主,风化层厚度差异性较大。此段路基工程除了在DK2099～DK2102段分布成段路堤外,大多以路堑或半填半挖路基为主,分布众多深路堑高边坡、顺层路基及陡坡路基等。

(四)花都至广州南(含)段

本段路基工程主要工程数量如下:混凝土挡墙0.95×10⁴ m³;加筋土挡墙碎石包裹体136 m³;干砌片石2.39×10⁴ m³;浆砌片石1.47×10⁴ m³;岩溶注浆7.44×10⁴ t;搅拌桩89.38×10⁴ m;CFG桩59.00×10⁴ m;旋喷桩27.48×10⁴ m;砂砾石垫层15.84×10⁴ m³;土工格栅58.53×10⁴ m²。

四、无砟轨道路基工程主要特点

(一)树立“路基零沉降”的设计理念

无砟轨道路基要满足工后沉降小于15 mm,台后路基沉降差小于5 mm的“零沉降”高标准变形控制要求。要实现路基变形控制的要求,需要转变设计理念,面对常规铁路设计不会面临或可忽略的问题,需解决好一系列变形控制中的关键技术和技术难题。设计中不仅要掌握准确的地质资料以及正确的土工参数,还涉及设计中沉降估算方法的正确选取、纵横向沉降或不均匀沉降控制措施的合理选择,以及路基施工质量的控制、沉降监测系统与分析评估等各个方面的工作。通过学习消化、科学试验、深化细化,掌握了客运专线路基的关键技术,并运用到实际建设中去,路基变形控制达到了预期的目的。

(二)多项试验研究成果为路基设计提供了科学依据

对关键技术和难点问题组织科研攻关,进行了《武广铁路客运专线软质岩改良土填料的现场填筑成套技术的试验研究》、《无砟轨道过渡段路基的变形控制技术及施工工艺的试验研究》、《武广铁路客运专线残积层红黏土路基变形特性及路堑边坡稳定性试验研究》、《武广铁路客运专线无砟轨道路基软土及松软土地基加固措施的应用效果研究》、《无砟轨道非饱和土路基工后沉降控制试验研究》、《无砟轨道低填浅挖路基动力作用特点及基床结构设计技术研究》等重点科研课题的试验和研究,验证设计构想,形成了一套自主的、有特色的无砟轨道路基设计技术。

(三)路基基床结构设计——合理处理了与站后结构物、管线布置的复杂关系;首次设计了“路堤式路堑”结构形式

无砟轨道路基基床有别于一般铁路路基基床,既要满足强度、刚度要求、控制沉降和不均匀沉降,又要考虑站后结构物布置以及地表水、地下水长期影响问题。

在满足无砟轨道结构宽度、动荷载作用特点、排水、接触网和通信、信号、电力电缆槽、过轨等站后接口构造物要求的条件下，合理确定无砟轨道路基基床结构，包括路基面宽度、基床厚度、填料类型、压实标准和检测方法等，特别是路堑地段的基床换填厚度，针对武广铁路客运专线沿线的气象特征，对路堑地段首次设计了“路堤式路堑”结构形式，满足了客运专线路基在列车高速运行以及自然条件下长期稳定的要求。

（四）路基填料设计——对路基 A、B 组填料颗粒控制提出新的标准，在采用软岩风化物填筑路基方面有所突破

无砟轨道路基，不仅要求对地基沉降进行严格控制，还要求严格控制路基填料产生的变形，且要求路基具有良好的长期稳定性。

1. A、B 填料设计

现行规范要求 A、B 组填料的最大粒径，基床以下不超过 150 mm，基床底层不超过 100 mm，细粒土含量不超过 30%。但工程试验段发现当 A、B 组填料最大粒径 100 mm 时，由于颗粒粒径偏大，AB 组填料摊铺过程中易导致细颗粒严重离析、粗颗粒发生集窝现象，检测的 K_{30}、E_{v2} 力学指标离散性大，孔隙率偏大，且呈非正态分布。

填料设计中根据工程试验段成果，总结出一套完整、可行的 A、B 组填料的技术要求，完善了现行规范的技术标准：A、B 组填料的最大粒径宜控制在 60 mm 以内，应具有良好的颗粒级配组成，大于 20 mm 的颗粒含量宜控制在 25%～45%，小于 0.075 mm 的细粒含量宜控制在 15%以内。

2. 软岩填料改良土设计

350 km/h 无砟轨道路基能否采用软岩填筑、如何改良、施工工艺等在我国尚未有实践经验和成熟的技术储备，这涉及技术、环境和工程造价问题。为此武广铁路客运专线进行填筑试验研究。试验系统研究了软岩风化物的工程特性、改良方法、填筑路基施工工艺、施工质量控制标准及其检测方法，改良土填筑路堤的长期稳定性等；形成了软岩风化物填筑高速铁路路基的成套技术，取得了良好的环境和经济效益。

（五）创新设计的 28 种路基“组合型过渡段”，成功解决了轨道平顺过渡难题

此前，国内铁路规范或技术标准中有关路基过渡段的技术资料和结构形式较少，更未考虑多种类型过渡段叠加或组合形式等特殊情况下过渡段结构设计。武广铁路客运专线沿线地形复杂，地表起伏大，桥、隧、涵分布密度大，路堤与路堑过渡段多，以及桥桥、桥隧间短路基的多种过渡段叠加现象，增加了线路纵、横向差异沉降控制及刚度平顺过渡的难度。

为解决上述问题，设计中结合高速铁路路基过渡段现有的研究成果，以及德方欧博迈亚（OPB）咨询意见，共研究设计了 65 种过渡段形式，从中优选了 28 种组合式过渡段结构形式，并编制了各类过渡段路基设置结构大样图集，首次综合考虑了各类过渡段叠加或组合等特殊情况的过渡段路基结构设计。如图 3-4-1 所示。

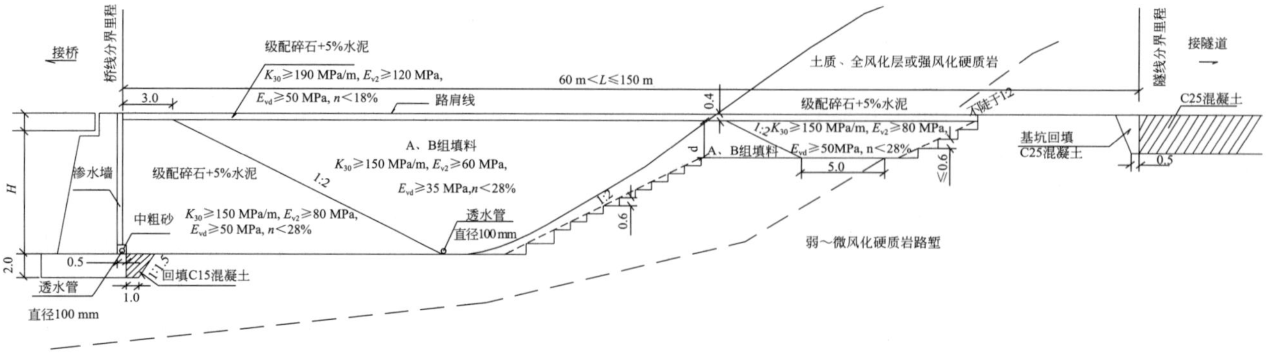

图 3-4-1　桥路＋堤堑＋隧路组合式过渡段设计示意(单位：m)

武广铁路客运专线过渡段路基设计内容全面，功能齐全，尤其是相邻结构物间的短路基“组合型”过渡段设计突破了现有规范，填补了设计中的空白。

（六）科学合理的路基地基加固设计——实现路基零沉降的关键

客运专线无砟轨道路基地基变形"零沉降"控制必须按系统工程对待，设计提出无砟轨道路基变形控制的关键不仅要有准确的地质资料以及正确的土工参数，还关系到设计沉降估算方法的正确选取、设计沉降控制措施的合理选择、路基施工质量的控制、沉降监测系统与分析评估等各个方面。

对地基土的加固与处理是控制路基工后沉降和不均匀沉降的主要方法，在掌握地基准确地质资料和正确的土工参数条件下，针对不同的地质条件、路基填高、施工组织计划，根据沉降检算结果，对工后沉降值不能满足要求的地段，采取了相应的地基加固措施。措施的选取遵循满足无砟轨道变形控制、降低投资、符合工期要求的原则，按摆放、预压、地基加固的顺序优选设计措施，具体体现在：

1. 设计要求无砟轨道路堤填筑后应有不少于 6 个月的观测和调整期，分析评估沉降稳定满足设计要求后方可铺设无砟轨道。

2. 根据施工组织计划，对不通过架梁车地段；低填浅挖路基检算工后沉降值接近控制要求地段和低矮路基当列车轨道荷载引起的工后沉降大，强夯及复合地基加固（或不宜采用时）难以满足要求时，优先考虑了预压措施。

3. 对工后沉降值不能满足要求的地段，按以下原则采取相应的地基加固措施：表层软土、松软土、软黏土厚度不大于 1.5 m 的地段原则上采用挖除换填措施；厚层黏性土、粉土和松软土地基，特别是当具有较厚的硬壳或硬层夹软弱层地基主要采取 CFG 桩复合地基加固，这是本线的主要加固措施，并大力推广使用"桩帽式 CFG 桩复合地基"；含较多碎石黏性土和砂性土、填土、碎石土的地基，采取旋喷桩复合地基加固；对于正常固结的淤泥、淤泥质土和软黏土以及地基承载力标准值小于 120 kPa 的黏性土和粉性土地层，采用搅拌桩复合地基加固。

深厚层软弱地基，对于地基沉降要求高或存在侧向应力作用时（如桥路、隧路过渡段、溶沟溶槽地段等）地段，以及不均匀沉降大的地段采用刚性桩"桩-网结构"复合地基加固，如图 3-4-2 所示。

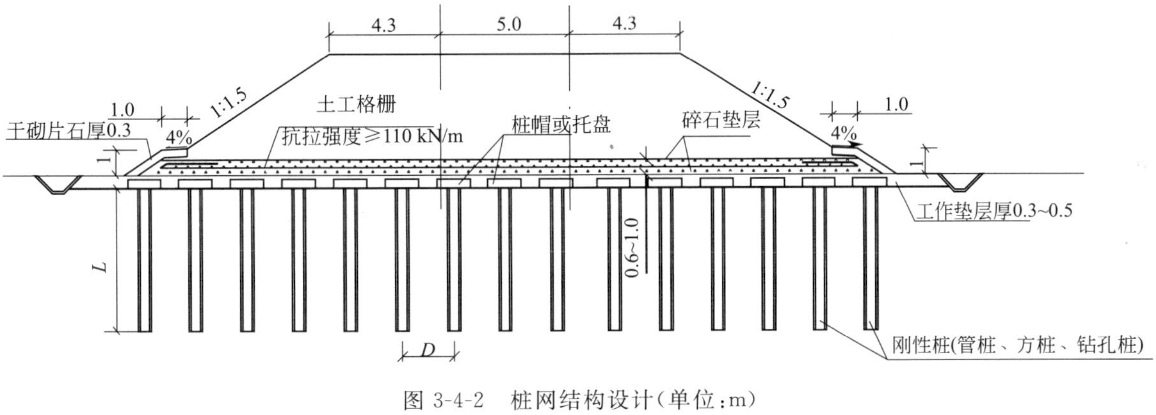

图 3-4-2 桩网结构设计（单位：m）

在低矮路堤和软弱地基路堑及岩溶地区跨越小型溶洞，难以采用其他复合地基处理的过渡段软弱地基和岔区高填路基加固时，采用刚性桩桩-板结构。

（七）岩溶地基处理设计

武广铁路客运专线沿线岩溶分布广泛，全线岩溶路基长度 77.66 km，占路基总长近 30%。由于岩溶发育的复杂性和不确定性，易形成路基安全的隐患。

为避免岩溶坍陷的带来的隐患，设计时根据岩溶类型、发育程度、地下水条件，分别采取嵌补、回填、封堵、注浆加固等措施，对于全线分布最广、隐蔽性最大的覆盖型岩溶，提出了"帷幕注浆"设计理念，以隔断地下水活动对路基安全的长期性影响；注浆工艺上采取了"探灌结合"技术，采用先导勘探孔进行基底工程地质条件的核查，以验证地层、岩溶发育情况，调整设计参数及设计范围、孔深等，达到有的放矢的效果。

设计要求路基建成运营后，运营部门应加强监督，线路两侧对路基运营安全有影响的范围内应禁止抽取地下水，禁止出现会引起地下水位波动的建设工程施工（如钻孔桩、井点降水工程等），确保客运专线路基的长期稳定。

(八)路基边坡复合式绿色防护设计——保护了生态环境,将武广铁路客运专线建成绿色通道

武广铁路客运专线路基边坡防护设计贯彻了绿色防护理念,边坡防护与绿色景观效果兼顾,设计中借鉴国内外高速公路边坡绿色防护技术和园林绿化技术,创造性地进行防护措施的组合,为边坡绿化创造条件,取得了良好的全线绿色防护效果,将铁路建成了绿色长廊。

(九)加强路堑高边坡稳定性、安全性设计

路基边坡的稳定是确保铁路正常运营安全的前提,对于无砟轨道路基而言尤其关键,是"零缺陷"要求的重要组成部分。本线路基边坡防护与加固的设计理念上,采取降低支挡工程高度,适当放缓边坡坡率,加强边坡防护和防护类型多样性,加强绿化、景观效果等措施。为确保路基边坡施工和运营安全,重点采取了"路堑高边坡的预加固技术"和"路堑高边坡稳定性监测与信息化施工"等新技术。

1. 路堑高边坡的"预加固技术"

武广铁路客运专线存在较多的白垩系、下第三系以及元古界风化软质岩路堑高边坡和存在不利结构面组合的岩质高边坡。上述路堑边坡往往边坡高度大、边坡稳定性差,极易引起边坡开裂、坍滑等病害,不仅影响施工的安全和进度,而且增加了大量的工程整治费用,故应引起高度重视。

对于明显存在安全隐患的路堑高边坡,根据各工点的地形条件、工程地质及水文地质条件,设计采用预应力锚索(杆)框架梁加固技术,坡脚采取预加固桩、竖向预应力拉杆桩(墙)等预加固技术措施。对于施工严格要求采取自上而下分层开挖、分级锚固、分级防护、坡脚预加固桩等科学施工工序,以避免高边坡的变形、失稳等病害发生。

2. 路堑高边坡稳定性监测与信息化施工

为保证施工期间和运营阶段的安全,考虑到自然条件的复杂性,对上述高边坡设计根据边坡高度、支护结构措施、地质条件、地下水发育状况等,分别设置边坡地表位移监测(监测桩)、边坡深部位移监测、桩(墙)背土压力监测、预应力锚索锚固力监测及地下水渗流监测等,建立实时、动态的边坡变形位移监测系统,起到动态预警的作用。

第二节　设计原则与采用的主要技术标准

一、路基面形状及宽度

(一)路基面形状

区间正线路基面形状采用梯形,轨道基础板(支撑层)下面为平面,由基础外侧向两侧设 4% 的横向排水坡。

(二)路基面宽度

无砟轨道区间双线直线地段路基面宽度为 13.6 m,线间距 5.0 m,路基面设梯形路拱,两线轨道板支承层范围内为平坡,混凝土支承层边缘至路肩设置横向排水坡,并采用 0.07 m 厚的沥青混凝土封闭。路基面宽度不考虑预留填料及地基工后沉降加宽,也不设曲线加宽。当轨道结构和接触网立柱等设施的设置有特殊要求时,根据具体情况计算确定。

二、路基基床

路基基床由表层和底层组成,表层厚度与无砟轨道的混凝土支承层或混凝土底座的总厚度不小于 0.7 m,底层厚度为 2.3 m。基床表层采用级配碎石填筑,材料规格应符合《客运专线基床表层级配碎石暂行技术条件》的要求。正线路堤、路堑基床均按统一标准设置。路堑地段,当基床为弱风化的硬质岩时,如为节理不发育的非可溶岩时,基床表层换填 10 cm 厚的 C25 混凝土;如为可溶岩及节理发育的硬质岩时,基床表层应换填 0.4 m 的 C25 混凝土,同时应采用 C15 片石混凝土或混凝土嵌补凹坑、溶沟、溶槽及溶蚀裂隙等,岩溶发育时应加强岩溶整治。当为软质岩、强风化的硬质岩及土质路堑时,基床表层、基床底层均应作换填处理。

三、基床以下路堤填料

基床以下路堤应优先采用 A、B 组及 C 组中的块石、碎石、砾石类填料。当选用 C 组填料中的细粒土、

粉砂和软块石土时，应根据土源性质进行改良后填筑。考虑到本线路堑挖方量大，为降低工程造价，保护环境，基床以下部分填料应尽量采用路、隧弃砟之 A、B 组填料以及 C 组填料中的块石、碎石、砾石类填料，但必须满足颗粒粒度及级配要求，对细粒土(膨胀土、有机土等性质不稳定的土除外)、粉土和易风化软岩块石及其风化物等 C、D 组填料，应进行改良，同时采取边坡加筋、坡面防护等加固措施。当路堤填筑硬质岩石及不易风化的软质岩的碎、块石时，应采用级配较好的材料，不应倾填，分层压实，基床底层填料的最大粒径不得大于 6 cm，路基本体填料的最大粒径不得大于 10 cm。

四、路基工后沉降控制标准

根据《客运专线无砟轨道铁路设计指南》(铁建设函〔2005〕754 号)及《关于武广铁路客运专线路基工后沉降控制标准执行等问题的复函》(工管〔2006〕50 号)，土质地基路基均应进行工后沉降分析。路基工后沉降应满足无砟轨道扣件调整和线路竖曲线圆顺的要求，一般不超过扣件允许的沉降调高量 15 mm，路基与桥隧间的沉降差异不大于 5 mm，路基与桥隧间过渡段的折角不大于 1/1 000，路基不均匀沉降应满足调整轨面高程后的竖曲线半径满足式(3-4-1)要求。

$$R_{sh} \geqslant 0.4V_{sj}^2 \tag{3-4-1}$$

式中　R_{sh}——轨面圆顺的竖曲线半径(m)；

V_{sj}——设计最高速度(km/h)，对应于本线为 350 km/h。

无砟轨道路基工后沉降控制标准按表 3-4-8 执行。

表 3-4-8　路基工后沉降控制标准

轨道类型	工后沉降	沉降差异	折　　角
无砟轨道	15 mm	5 mm	1/1 000

五、路基沉降监测与评估

高速铁路路基作为变形控制十分严格的土工构筑物，施工中应进行沉降变形动态监测，根据变形监测数据，指导施工及确定无砟轨道结构施工和铺轨时间。在路堑基床(主要为土质路堑、全风化层)和路堤基底、填筑层中、路基面布置监测点，构筑纵横向立体监测网络。根据路基工点的特点、长度、工程地质条件等因素确定监测断面数量，原则上每个工点应不少于 2 个监测断面，监测断面间距不大于 50 m；地质条件变化大、地形起伏大及过渡段范围应适当加密，其中过渡段折角处路基与桥、涵、隧等刚性构筑物相连处、地形或地层突变处必须布设监测剖面。

无砟轨道路堤填筑后，应对路基沉降进行系统的观测与分析评估，在路基完成或施加预压荷载后应有 6～18个月的观测和调整期，根据《客运专线铁路无砟轨道铺设条件评估技术指南》(铁建设〔2006〕158 号)，分析评估路基工后沉降满足控制标准后方可铺设无砟轨道。地质复杂、工后沉降难以控制或地下水位较高、路基易产生冻害和存在其他不稳定因素的路基区段，不宜铺设无砟轨道。

根据地质条件及工程实践经验，主要针对高边坡、存在不良地质条件的路堑设置路堑边坡的位移、应力状态的监测系统。

六、过 渡 段

过渡段路基设计主要包括桥路过渡段、路堤与横向结构物(立交框构、箱涵)过渡段、隧路过渡段、堤堑过渡段、桥桥或桥隧过渡段、半填半挖路基及不同岩土组合的横向过渡段等。过渡段一般采用水泥稳定级配碎石填筑，在个别压实困难的短路基地段采用混凝土浇筑。

七、路基排水系统

路基应有良好的排水设施，对受水浸泡易于松软的黏性土和易于软化的岩石路基，必须加强排水措施，保证路基边坡和地基的稳固。路基排水设备应设置合理，与桥涵、隧道、车站等排水设施衔接配合，并有足够的过水能力，排水设备的设置应考虑农田失灌或冲毁。对于隔断既有地面天然排水系统和沿线农田灌溉排水设施地段，一般增设排灌涵和引排沟。为避免地表水对路基的侵蚀，路堤地段坡脚根据需要设置排水沟，路堑地段设置侧沟、天沟、边坡平台截水沟、吊沟等。排水系统主要包括地表排水系统、地下水防排水系统和路基本体排水系统。

八、路基工程耐久性设计标准

混凝土结构耐久性设计执行《铁路混凝土结构耐久性设计暂行规定》(铁建设〔2005〕157 号)，结合武广铁路客运专线的情况和特点，主要包括碳化环境、化学侵蚀环境、冻融破坏环境等腐蚀环境类型。本线主要考虑碳化环境、化学侵蚀环境作用影响，其中化学侵蚀环境根据各段地表水、地下水化验结果确定 H1～H4 等级，不同部位混凝土结构选用相应的标号；当不存在化学侵蚀环境的一般路基地段，最低混凝土最低标号、最小保护层厚度依据"碳化环境"决定，即按 T2 等级考虑。

路肩桩板墙(包括挡土板)、地基加固桩板结构等轻型结构的使用年限按照 100 年设计，锚固(索)桩、抗滑桩、桥台搭板、边坡防护的锚杆(索)框架梁、地基加固的桩网结构等使用年限按照 60 年设计，其余的侧沟等附属工程的使用年限按照 30 年设计。

九、路基与其他专业间的接口设计

路基与其他专业间的接口设计主要有：路基与站后相关设备如电缆槽、手孔及过轨管线的预留预埋关系，站后相关设置在路基上的各种设备纵向与桥梁、隧道间的联接，路基接口设计内容主要有：

1. 电力、通信、信号电缆槽、综合接地电缆在路基上的布置位置与布置方式，路基与桥梁或隧道中的电力、通信、信号电缆槽、综合接地电缆的纵向连接方式。

2. 线间集水井、接触网立柱基础与声屏障基础在路基横断面中的布置。

3. 各种过轨管道、集水井中排水管等预埋管道，在路基中的布置。

4. 牵引变电所、AT 所、AT 分区所电缆引向路基接口设计。

第三节 路基基床设计

一、路基标准横断面

(一)双线无砟轨道路基标准横断面

双线无砟轨道路基标准横断面型式如图 3-4-3～图 3-4-6 所示。

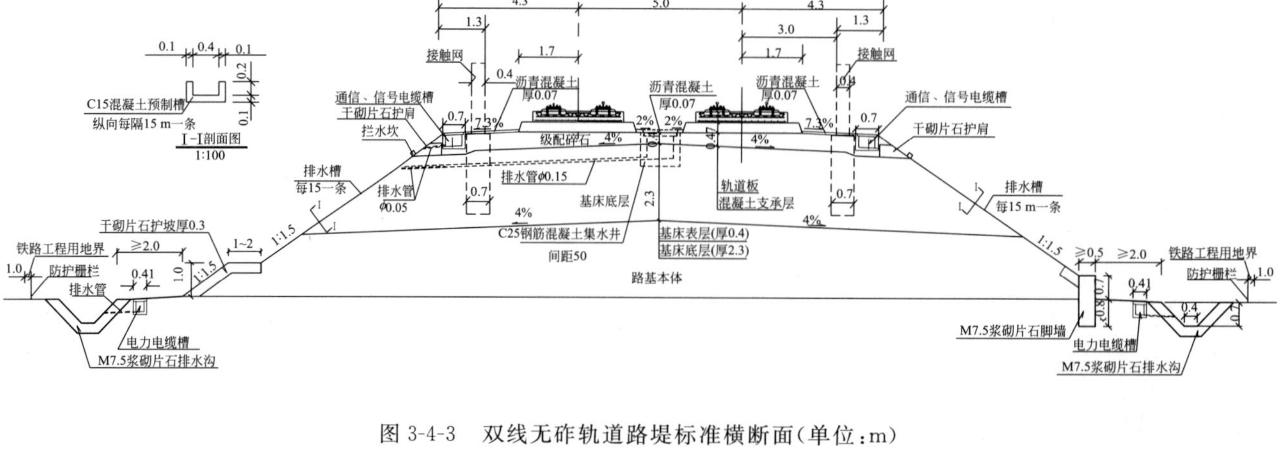

图 3-4-3 双线无砟轨道路堤标准横断面(单位：m)

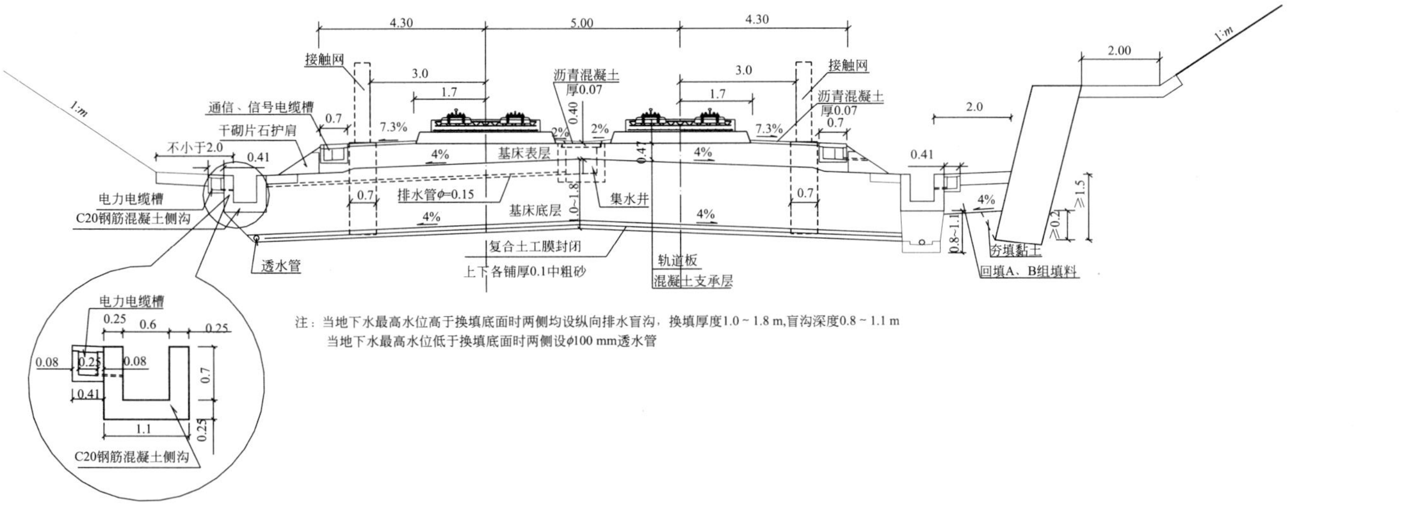

图 3-4-4 双线无砟轨道路堑(一般土质、软质岩类、强风化硬质岩)标准横断面(单位:m)

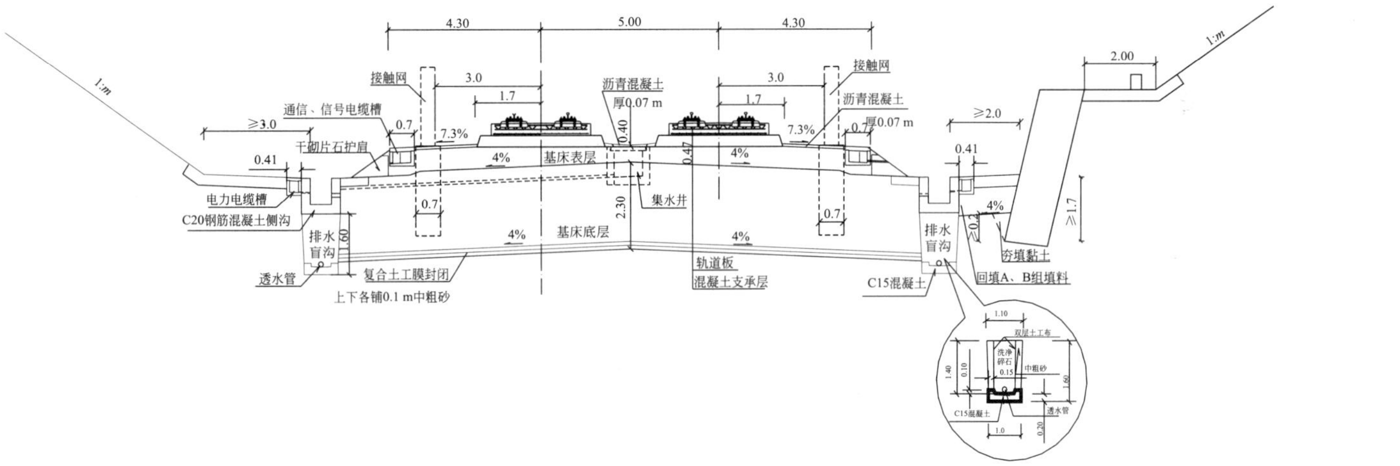

图 3-4-5 双线无砟轨道(膨胀土、红黏土等特殊岩土)路堑标准横断面(单位:m)

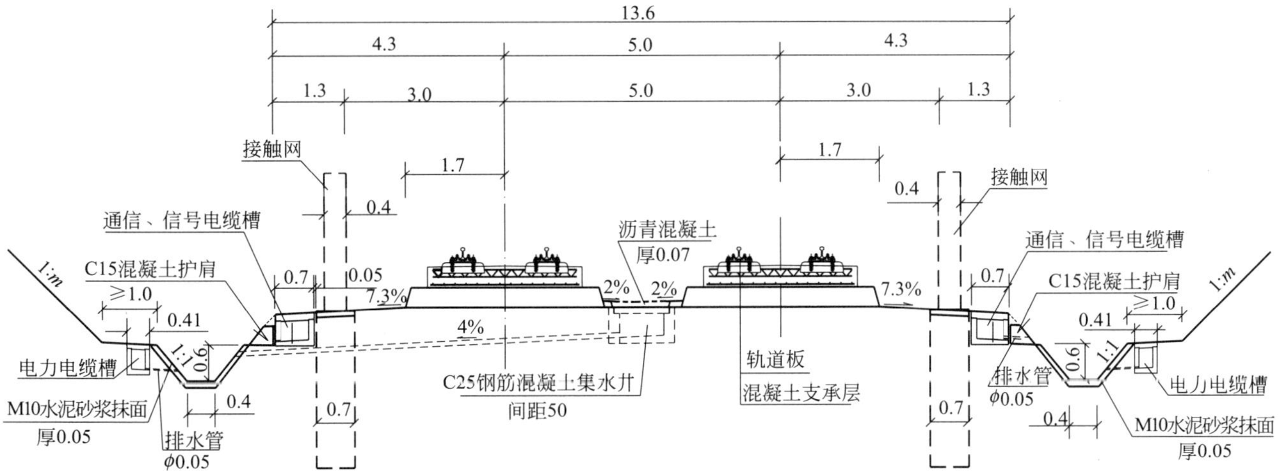

图 3-4-6 双线无砟轨道路堑(弱～微风化硬质岩)标准横断面(单位:m)

(二)路基面宽度

1. 区间双线直线地段路基面宽度见表 3-4-9。350 km/h 路基面不考虑预留填料及地基工后沉降加宽。

表 3-4-9 路基面宽度

线别 路基面宽	350 km/h 无砟轨道	
	路基面宽度(m)	线间距(m)
路　堤	13.6	5.0
路　堑	13.6	5.0
道床厚	轨道结构高度 797 mm	

2. 350 km/h 无砟轨道铁路路基不设曲线加宽。

3. 350 km/h 双线无砟轨道路基面宽 13.6 m,线间距 5.0 m,路基面设梯形路拱,两线轨道板支承层范围内为平坡,混凝土支承层边缘至路肩设置横向排水坡,并采用 0.07 m 厚的沥青混凝土封闭(弱～微风化硬质岩路堑不设此封闭层)。

二、基床结构形式

(一)路基基床结构

基床表层厚度加轨道结构的混凝土支承层总厚度不小于 0.7 m,基床底层厚度 2.3 m。

(二)基床表层填料及压实标准

基床表层一般采用 0.4 m 厚级配碎石填筑,在轨道基础板外设 0.05～0.07 m 的沥青混凝土防水层。在过渡段范围采用水泥稳定级配碎石(掺加 3%～5%水泥)填筑,在个别压实困难的桥隧之间短路基地段采用混凝土浇筑。路堑基床表层及其以下部分为不易风化的硬质岩石时,在表面设 0.1 m 厚 C25 混凝土垫层。基床表层级配碎石的材质和级配应符合《客运专线基床表层级配碎石技术条件》要求,基床表层压实标准见表 3-4-10。

表 3-4-10 路基基床表层填料及压实标准

轨道类型	填　料	厚度(m)	压实标准			
			地基系数 K_{30}(MPa/m)	变形模量 E_{v2}(MPa)	动态变形模量 E_{vd}(MPa)	孔隙率 n(%)
无砟轨道	级配碎石	0.4	≥190	≥120	≥50	<18

(三)基床底层填料及压实标准

基床底层均采用 A、B 组填料或改良土。

路堑基床底层范围内不得含有 P_s<1.8 MPa 或[σ]<0.2 MPa 的土质,否则应采取换填或地基加固措施。基床底层填料及压实标准见表 3-4-11。

表 3-4-11 路基基床底层填料及压实标准

轨道类型	填　料	厚度(m)	压实标准	细粒土、改良土	砂类土及细砾土	碎石类及粗砾土
无砟轨道	A、B 组填料及改良土	2.3	地基系数 K_{30}(MPa/m)	≥110	≥130	≥150
			变形模量 E_{v2}(MPa)	≥60	≥60	≥60
			动态变形模量 E_{vd}(MPa)	≥35	≥35	≥35
			压实系数 K	≥0.95	—	—
			孔隙率 n(%)	—	≤28	≤28

注:1. 压实系数 K 为重型击实标准。
2. 改良土压实标准:当采用物理方法改良时,应符合本表规定;当采用化学方法改良时,除符合本表规定外,还应满足设计提出的技术要求。

(四)低路堤及土质路堑基床

1. 路堤

填土高度 H≤3.0 m 时,按低路堤设计。基床范围内的地基应无 P_s<1.8 MPa 或[σ]<0.2 MPa 的土层,E_{v2}检测在基床底层范围内应不小于 60 MPa,在基床底层底部应不小于 45 MPa。不能满足时应采取地

基加固处理等措施。

填土高度 $H \leqslant 1.1$ m 时，当地基为软质岩、全强风化的硬质岩及土层，并且基床底层满足强度条件（P_s、$[\sigma]$及 E_{v2}）时，在基床底层范围内全部换填A、B组填料或改良土，并满足基床底层的压实要求，在换填底部铺设复合防排水板，两侧侧沟底部设纵向盲沟。当基底为完整的硬质岩时，除因地面横坡需要挖台阶及设置路堤式路堑结构外，一般可不作处理，直接在其上填筑路堤。

填土高度 1.1 m$<H\leqslant$3.0 m 时，除了在基床底层范围内全部换填A、B组填料或改良土（不小于0.5 m），并满足基床底层的压实要求外，在换填底部铺设复合防排水板，两侧侧沟底部设纵向盲沟。

2. 软质岩、全强风化的硬质岩及土质路堑

施工开挖后应加强软质岩、全强风化的硬质岩及土质路堑基床土地基条件的检测。路堑基床底层岩性应满足基底地基条件（$P_s \geqslant 1.8$ MPa，$[\sigma] \geqslant 0.2$ MPa，同时 E_{v2} 在基床底层范围内不小于60 MPa，在基床底层底部不小于45 MPa），基床底层填料要求（A、B组填料）和压实标准（$K_{30} \geqslant 110 \sim 150$ MPa/m）。

在路堑基床范围内的岩性不满足地基条件（P_s、$[\sigma]$及 E_{v2}）时，应采取地基加固处理。一般采用挖除软弱土层、换填渗水土等A、B组填料或改良土，当挖除换填困难或换填深度较深时，采用深层搅拌桩、CFG桩、旋喷桩等复合地基或桩板结构加固。

在路堑基床范围内的岩性满足地基条件、但不满足基床底层填料要求（A、B组填料）时，在基床底层范围内根据岩性全部或部分换填A、B组填料或改良土（土层及全风化软质岩一般换填2.3 m，强风化软质岩一般换填1.0 m），并在换填底部铺设复合防排水板，两侧侧沟底部设纵向盲沟。

第四节　一般路基设计

一、一般路堤设计

（一）路堤填料及压实标准

基床以下路堤应优先采用A、B组及C组中的块石、碎石、砾石类填料。当选用C组填料中的细粒土、粉砂和软块石土时，应根据土源性质进行改良后填筑，其压实标准应符合表3-4-12的规定。当路堤填筑硬质岩石及不易风化的软质岩的碎、块石时，应采用级配较好的材料，不应倾填，分层压实，基床底层填料的最大粒径不得大于6 cm，路基本体填料的最大粒径不得大于10 cm。

表3-4-12　基床以下路堤填料及压实标准

线路等级	填　料	压实标准	细粒土	砂类土及细砾土	碎石类及粗砾土
350 km/h 无砟轨道	A、B和C组填料（不含细粒土、粉砂、软块石土）或改良土	地基系数 K_{30}（MPa/m）	≥90	≥110	≥130
		压实系数 K	≥0.92	—	—
		变形模量 E_{v2}（MPa）	≥45	≥45	≥45
		孔隙率 n（%）	—	≤31	≤31

（二）路堤边坡坡度

一般地基条件良好，边坡不浸水地段，路堤边坡坡度依据其填料、填筑高度等确定，见表3-4-13。对于不良地质地段，应进行边坡稳定性检算。以砂类土、细粒土及风化软岩填筑的路堤，宜在两侧边坡2～3 m范围内铺设双向土工格栅，每层竖向间距结合碾压层厚确定，宜为0.5～0.6 m。

表3-4-13　路堤边坡坡度

路堤本体填料种类	边坡高度（m）	边坡坡度	备　注	边坡控制高度（m）
				350 km/h
改良土及C组中的不易风化的块石、碎石、砾石类填料	0～8.0	1∶1.5	边坡高超过12 m时，于8 m处设2 m宽边坡平台	8
	8.0～15.0	1∶1.75		
A、B组填料	0～12.0	1∶1.5	边坡高超过15 m时，于12.0 m处设2.0 m宽边坡平台	10
	12.0～20.0	1∶1.75		

（三）路堤护道与脚墙

无支挡加固地段的路堤坡脚应设置高不小于0.5 m、宽不小于1.0 m的天然护道，或设高≥1.5 m、厚≥0.7 m、埋深≥1.0 m的M7.5水泥砂浆砌片石脚墙，外接排水沟。花岗岩地区及易受山洪冲刷地段设高≥2.5 m、厚≥1.0 m、埋深≥1.5 m的M7.5水泥砂浆砌片石脚墙。

（四）路堤基底处理要求

1. 对填高≥3 m的路堤地段，路基基底有换填层时，换填层的填料及厚度按设计施工，换填层的填料不得随意更改。当路基基底有地基加固桩时，且地基加固桩穿过换填层时，换填层的压实应满足压实系数$K\geq 0.9$的要求。无地基加固地段，路堤基底冲击压实或换填后，路基基底及换填层的压实系数K、孔隙率n以及变形模量E_{v2}应满足路基本体相应的压实要求。

2. 当地基条件良好时，对水田、雨季滞水或地下水位高的低洼地段，应清除表层种植土，路堤底部填筑渗水性填料（如中粗砂、砂卵砾石土或碎石土），厚度不小于0.5 m，并重型机械振动碾压、冲击压实技术压实至路堤本体压实标准；对旱地或山地，地表杂草应予全部清除，地表松土不大于0.3 m时，应原地采用冲击压实技术进行填前压实；松土厚大于0.3 m时，应翻挖、分层回填压实，或采取其他加固措施；地面横坡陡于1∶5时，地表应挖成底宽不小于2 m的台阶后再填筑路基；路堤地基处于倾斜地段，斜坡陡于1∶5时，应挖成高0.6 m左右的台阶，原地采用冲击压实技术进行填前压实。

3. 无砟轨道路基地段，对满足路基工后沉降和差异沉降要求的低填浅挖路基的天然地基应进行填前冲击压实；为减少路堤填土的工后沉降，地势起伏大的路堤地段，当填土达到路基设计标高后，采用冲击压实技术进行追密压实。

二、一般路堑设计

（一）路堑结构形式

350 km/h无砟轨道路基路堑横断面采用"路堤式路堑"断面形式。

（二）路堑基床换填

路堑地段，当基床为弱风化的硬质岩时，如为节理不发育的非可溶岩时，基床表层换填10 cm厚的C25混凝土；如为可溶岩及节理发育的硬质岩时，基床表层应换填0.4 m的C25混凝土，同时应采用C15片石混凝土或混凝土嵌补凹坑、溶沟、溶槽及溶蚀裂隙等，岩溶发育时应加强岩溶整治。当为软质岩、强风化的硬质岩及土质路堑时，基床表层全部换填，换填材料、厚度见表3-4-14，并满足压实标准要求。

表3-4-14 路堑地段基床表层以下换填一览

线路等级	换填厚度（m）	换填填料	适用的路基及地质条件	附注
350 km/h无砟轨道	≥1.0	A、B组填料	强风化硬质岩	
	≥1.5	A、B组填料	弱风化软质岩；半干硬一般黏性土（含全风化层）	换填底部设复合土工膜
	≥1.8	A、B组填料	强风化软质岩；硬塑状一般黏性土（含全风化层）	换填底部设复合土工膜
	≥2.3	A、B组填料	膨胀土、红黏土、膨胀岩等特殊岩土	换填底部设复合土工膜

（三）路堑基床检测

当软质岩、强风化的硬质岩及土质路堑（当地基采用复合地基、桩网结构加固时除外）开挖至基床底层换填底部以上约0.3 m时，必须加强检测，确保动应力范围内的地基土土质均匀，并具有足够的强度与抗变形能力。对土质地基含风化岩除应进行原位测试检测外，还应进行K_{30}、E_{v2}、E_{vd}等检测，对不满足要求者，应加大换填深度或进行加固处理；对存在纵向或横向土石组合或土质不均地段，应按纵向或横向过渡要求进行处理。

1. 路堑开挖后应采用工程地质调绘、原位测试、电法物探，必要时进行钻探取样等办法，加强地基土地基条件的核查与检测工作，换填底面应满足均质地基的要求。换填以下基床范围内（路基面以下3.0 m）不得夹有$P_s<1.8$ MPa、$\sigma_0<0.2$ MPa的土层。设计无复合地基加固地段，基床换填底的地基土除应符合设计地质条件外，换填底应满足的检测要求：基床底层换填厚小于2.3 m时，换填底面$E_{v2}\geq 60$ MPa；基床底层换填厚达2.3 m时，换填底面$E_{v2}\geq 45$ MPa，当地基土不满足要求时，应加大换填深度或进行地基加固处理。

2. 当基床以下存在软土或松软土层时，应加强边坡稳定、基底地层强度及变形检算，视检算结果采取相应措施。岩溶发育区应采用电法物探辅以验证性钻孔查清基底岩溶。

3. 覆盖型岩溶区灰岩残积层地段基床检测数目：原位测试每 50 m 不少于 1 处，物探测线不少于 2～3 条；花岗岩全风化层、膨胀土地段基床检测数目：原位测试每 50 m 不少于 1 处；其他黏性土及风化软岩区，原位测试点每 100 m 不少于 1 处。

（四）路堑侧沟及边坡平台

全线路堑地段应在侧沟与堑坡坡脚之间设置不小于 2.0 m 宽的侧沟平台，侧沟平台原则上要求采用 M7.5 浆砌片石封闭。由不同地层组成的较深路堑（边坡高度为 15～20 m 及以上）应在边坡中部或在不同地层分界处（特别是土石分界、透水与不透水层交界处）设置不小于 2.0 m 的边坡平台，平台上设置截水沟。

第五节 特殊路基设计

一、浸水路基

浸水路基包括河滩、滨河路堤及山洪冲刷路基、水塘路基和受江河（如湘江、长江）倒灌水位影响地段的路堤。

（一）水塘路堤

客运专线通过水塘地段时，有条件时应尽量架桥通过，当必须路基通过时，应尽量将水塘废除，清除塘底淤泥，或尽量改建塘堤，使水塘位于线路以外。当路基必须穿越水塘时，必须确保塘水位低于轨底以下不小于 1.5 m，具体可通过破塘放水，降低塘堤标高使其满足要求。对占压农业灌溉用的水塘或小水库，应考虑还建，并计还建所需费用。

1. 当可改建塘堤时，则围堰、抽水、清淤后，在路基坡脚不小于 5 m 处，设夯填黏土挡水埝，压实系数 $K \geqslant 0.9$，埝顶宽≥2 m，浸水侧边坡坡率 1∶1.75，且设 M7.5 浆砌片石护坡；内侧边坡坡率 1∶1.5，立体植被网内喷播植草；靠挡水埝侧路基边坡于防护高程处设宽不小于 2.0 m 的平台，平台以下填筑渗水性好的 A、B 组填料，坡面干砌片石护坡，下接防冲刷脚墙或浸水挡墙，墙基础埋深不少于 1.5 m。当地基不进行加固时，清除基底淤泥后，采用强夯或冲击压实，或两者相结合的方法夯填片石，尽量将片石压入原地基土中，片石总厚不少于 0.5 m。如需进行地基加固，清淤后采用符合要求的填料整平并压实后再施工地基加固桩。

2. 水塘地段路基防护高程以下采用渗水性好的 A、B 组填料（细粒含量≤5%）填筑，且边坡采用干砌片石或 M7.5 浆砌片石防冲刷护坡，其中浆砌片石护坡下设砂卵砾石反滤层厚 0.3 m，干砌片石护坡下设一层 RCP-X715D(A)渗水板材＋0.15 m 厚的砂卵砾石反滤层。

3. 水塘地段电力电缆槽位于边坡平台上。

（二）河滩、滨河路堤及山洪冲刷路基

河滩路堤，两侧边坡经受水流作用并浸水，均需考虑浸水防护；滨河路堤，一侧边坡经受水流作用且受设计水位浸泡的路堤，仅沿河一侧（外侧）考虑浸水防护，滨河路堤应尽量避免边坡侵占河床，必要时设挡护工程收坡。

从水库大坝前或山洪排泄区通过的路基，应有足够的过水构筑物，同时应按最不利水位进行防冲刷设计，一般路堤边坡应采用 M7.5 浆砌片石护坡，基底为粉质黏土、碎石土、花岗岩全风化等易冲刷地段，应设置防冲刷脚墙。

跨越河流的桥头路堤两侧以及山洪汇集排泄区的桥头路基，采用浆砌片石护坡，山洪汇集排泄区路基受冲刷范围均应防护。

（三）受江河（如湘江、长江）倒灌水位影响地段的路堤

受江河（如湘江、长江）倒灌水位影响地段的路堤应按浸水路基设计，设防高程为：百年洪水位＋波浪侵袭高＋0.5 m。设防高程以下边坡坡度放缓一级，迎水面的坡面防护措施依据洪水流速而定。防护高程以下填料应采用水稳性好的碎石类土或硬质岩砟填筑，严禁填筑易风化的软块石。

（四）浸水防护措施

1. 设防高程：百年洪水位＋波浪侵袭高＋壅水高＋0.5 m。在防护高度处留 2.0 m 宽平台，以下填料应

采用水稳性好的碎石类土或硬质岩砕填筑，且边坡坡率较一般路堤放缓一级。

2. 防护措施：边滩流速 V_p＜1.8 m/s，立体植被网＋喷播植草防护；边滩流速 V_p＝1.8～3.0 m/s，干砌片石护坡厚 0.30 m，碎石垫层厚 0.15 m；边滩流速 V_p＝3.0～5.0 m/s，浆砌片石护坡厚 0.30 m，碎石垫层厚 0.15 m。

3. 冲刷深度小于 1.0 m 时设墁石基础，冲刷深度大于 1.0 m 设 M10 浆片矮脚墙基础或设片石笼防冲刷。

4. 防冲刷脚墙埋置深度应满足如下要求：黏性土、碎石类土及花岗岩全风化层地基，冲刷线以下≥1.0 m；软质岩石地基，嵌入弱风化岩层以下≥1.0 m；硬质岩石地基，嵌入弱风化岩层以下≥0.30 m；花岗岩全风化层的冲刷深度可按附近的冲沟深度确定。

二、软土与松软土路基

本线的软土和松软土路基主要包括：①软土、松软土地基；②厚层的可塑状的第四系黏性土；③厚层砂类土、花岗岩全风化层；④灰岩残积红黏土层；⑤液化土路基。根据各工点的地基条件、填土高度，按下列不同地基条件选择加固措施：其中厚层～巨厚层的第四系黏性土、花岗岩全风化层、灰岩残积红黏土层、膨胀土路基同时应根据现场载荷试验成果，计算路堤地基的沉降量。主要地基加固措施有挖除换填、强夯，振动碾压，冲击压实，搅拌桩、旋喷桩、CFG 桩复合地基和刚性桩桩—网复合地基。

(一)各种加固措施的适用范围及主要技术指标

1. 表层软土、松软土、软黏土厚度不大于 1.5 m 的地段，原则上采用挖除换填措施；强夯法处理的有效厚度不超过 5.0 m，采用夯击能范围值 2 000～4 000 kN·m，夯击遍数一般不少于 4 遍，最后再以低能量满夯 2 遍。

2. 搅拌桩、旋喷桩、CFG 桩复合地基和刚性桩-网复合地基措施原则上必须穿透软土及松软土层，嵌入强度相对较高的地层。搅拌桩、旋喷桩、CFG 桩复合地基的桩间距不大于 5 倍桩直径。

(1)CFG 桩复合地基：适用于处理厚层黏性土、粉土和砂土等，特别是当具有较厚的硬壳或硬层夹软弱层地基。CFG 桩桩径 0.5 m，桩体原材料采用碎石、石屑、粉煤灰、水泥配合而成，材料按 C25 混凝土配比。水泥应为 42.5 级及以上的普通硅酸盐水泥，混合料 28 d 龄期标准试块抗压强度不小于 10 MPa，桩体压缩模量不小于 80 MPa。

(2)旋喷桩复合地基：适用于处理含较多碎石黏性土和砂性土、填土、碎石土地基。复合地基旋喷桩桩径 0.6～0.8 m，侧向帷幕时为 1.0 m，水泥应采用强度等级为 32.5 级及以上的普通硅酸岩水泥或矿渣水泥，水泥浆液的水灰比一般为 1∶1，根据需要可加入适量的外加剂，掺入量应通过试验确定。加固桩的试验抗压强度砂土地层一般不小于 8.0 MPa，桩体压缩模量不小于 70 MPa；粉土、黏性土地层强度 4.0～6.0 MPa，桩体压缩模量不小于 50～65.0 MPa。。当用于阻水帷幕时，渗透系数 $k \leqslant 1\times10^{-7}$ cm/s。单管法、双管法的高压水泥浆压力应大于 20 MPa。

(3)搅拌桩复合地基：适用于正常固结的淤泥、淤泥质土和软黏土，地基承载力标准值不大于 120 kPa 黏性土和粉性土地层。加固深度一般不宜超过 12.0 m。搅拌桩桩径 0.5 m，一般采用 42.5 级及以上的普通硅酸盐水泥，掺入量一般不少于 10%～15%，有机质含量较高时，应适当提高置换率、增加水泥掺入量。要求水泥土无侧限抗压强度不小于 2.0 MPa，桩体压缩模量不小于 50 MPa。当用于阻水帷幕时，渗透系数 $k \leqslant 1\times10^{-6}$ cm/s。目前，普遍采用砂浆搅拌桩处理技术。

(4)刚性桩(如管桩、钻孔桩等)桩—网复合地基：适用于深厚层软弱地基，对地基沉降要求高或存在侧向应力作用时(如桥头路堤)或夹杂大量孤石、块石的不均匀地层(采用搅拌桩、旋喷桩、CFG 桩难以满足技术或施工要求地层)，具体桩型主要有预制钢筋混凝土方桩、预应力管桩、钻孔灌注桩等。

(二)路堤稳定性及工后沉降估算

路堤稳定性分析检算通常采用圆弧法，也可采用复合地基承载力法计算(允许承载力取 1/2 极限承载力)，其稳定安全系数：不考虑轨道和列车荷载时 $k_{min} \geqslant 1.25$，考虑轨道和列车荷载时 $k_{min} \geqslant 1.15$。

1. 路基稳定性检算时，双线采用双线双荷，单线采用单荷；填料的物理力学指标，改良土：$r = 19\ kN/m^3$，$C_u = 20$ kPa，$\Phi_u = 25°$；A、B 组填料：$r = 20\ kN/m^3$，$C_u = 5$ kPa，$\Phi_u = 35°$。

2. 350 km/h 无砟轨道路基沉降检算时双线按双线单荷考虑，350 km/h 正线路基，路堤地段换算土柱荷载宽 3.0 m、高 4.0 m(r=19 kN/m^3)或宽 3.0 m、高 3.8 m(r=20 kN/m^3)；路堑地段按均布荷载考虑，即换算土柱荷载宽 8.0 m，高 1.45 m(r=20 kN/m^3)；单线采用单荷；车站范围按四线双荷考虑。计算工后沉降应满足无砟轨道变形控制要求以及路基工后沉降值控制要求。

3. 地基检算深度。

(1)350 km/h 无砟轨道路基：软土、黏性土、粉土地基压缩层厚度按 0.1 倍附自比控制；砂类土、碎石类土压缩层厚度按 0.2 倍附自比控制。

(2)160 km/h 及以下有砟轨道路基：软土、饱和粉土和高压缩性土地基压缩层厚度按 0.1 倍附自比控制；一般黏性土、砂类土、碎石类土压缩层厚度按 0.2 倍附自比控制。

4. 固结时间一般按施工期 1 年(即固结期 6 个月)，摆放半年，总固结期为 12 个月。特殊情况下可按 1 年的摆放期考虑(即 18 个月的总固结期)。

5. 沉降估算方法：主固结沉降计算(采用分层总和法)可采用 e-p 曲线、压缩模量 E_s或 e-lg(p)曲线进行沉降估算。对于正常固结、欠固结土可采用以上 3 种方式之一，而对于 $Q_{2\text{-}3}$黏土及灰岩残积层红黏土的超固结土应采用 e-lg(p)曲线进行沉降估算。下卧层(加固区以下)沉降按《建筑地基基础设计规范》(GB 5007—2002)有关规定计算。

(三)地基加固措施的选取原则

设计措施的选取原则应遵循无砟轨道变形控制、降低投资、符合工期要求的原则，按摆放、预压、加固的顺序优选设计措施。

1. 由于本线工期紧张，且土源来源困难，原则上仅对深厚压缩层或过渡段、道岔区沉降控制标准高地段，采用复合地基加固仍无法控制沉降地段，必须采取预压措施时，可采取复合地基加固与堆载预压联合处理，减少预压时间。采用预压措施需注意：对需通行架桥机的区段，尽量不采用预压措施，而采用复合地基刚性桩桩—网复合地基加固；对现场采用现浇梁施工，不通行架桥机的区段，可采取预压措施，减少投资；当采用预压措施时，应尽量加大预荷载(预压高度取 3.0 m)，减少预压时间。

2. 对桥路及涵路过渡段、车站道岔区应适当提高置换率或采用刚性桩桩-网复合地基加固，当软土地基存在斜基底，采用搅拌桩、旋喷桩等无法控制侧向变形时，可采用刚性桩加强约束。

3. 搅拌桩、旋喷桩复合地基和 CFG 桩、刚性桩—网复合地基应注意地下水对水泥混凝土的腐蚀性问题。

三、膨胀土路基

本线膨胀土、具有膨胀性的网纹状黏性土按膨胀土路基进行设计。沿线仅零星地段分布弱膨胀土，主要分布于咸宁周边的高阶地、耒阳附近的红黏土缓丘上。

1. 路堤地段，不宜采用膨胀土作填料；采用具有膨胀性的网纹状黏性土作填料时应进行化学改良，且路堤高严格控制在 8 m 内。基底在路堤填筑之前，应采用强夯、冲击压实技术措施加固。路堤高小于 3 m 时，路基基底应采用符合要求的填料或改良土进行换填，换填深度至路肩以下不小于 2.7 m，并加强排水与换填底的封闭。

2. 路堑地段，堑坡坡率及边坡平台、侧沟平台按《铁路特殊路基设计规范》(TB 10035—2002)表 4.2.2 采用。路堑边坡加固防护措施，按《铁路特殊路基设计规范》(TB 10035—2002)第 4.5 节采用。当存在下卧软层时应进行边坡稳定检算及基底变形检算，当不能满足要求时应采用刚性桩加固或边坡采用抗滑桩支护。当设置支挡工程时，工程指标的选取应考虑最不利情况，如墙后土体由于长期降水可能达到饱和状态，致使力学参数降低的不利情况。

3. 膨胀土红黏土路堑基床表层换填级配碎石，基床底层 2.3 m 范围采用 A、B 组填料换填，碾压至规定的密实度，换填底采用复合土工膜或土工布，做好横向排水至渗水盲沟或透水管中。基床开挖后，应采用原位测试进行基床土强度检测，检测数目：原位测试每 50 m 不少于 1 处；当基床土为灰岩残积层红黏土时，除应进行原位测试外，还应进行电法物探结合验证性的机动钻孔检测，物探测线不少于 3 条，当存在下卧软层或岩溶发育时，应按软土(松软土)路基或岩溶路基进行加固处理。

四、高 路 堤

路堤边坡高度一般不大于 8 m，软土及松软土地段路堤边坡高度一般不大于 6 m。超过上述标准时按高路堤设计，应采取措施，保证路堤与地基的整体稳定。

高路堤地段尽量利用优质填料，采用阶梯形边坡，并加强边坡防护，当边坡高度 $H \geqslant 4$ m 时，边坡增设土工格栅水平加筋，以保证边坡稳定性。边坡高度 $H \geqslant 6$ m 且基底为土层时，为保证路堤与地基的整体稳定，在基底铺设加筋垫层。

路堤基底地下水位较高时，在基底设置纵横向盲沟，排除地下水，增加基底稳定性。

韶关至花都段共分布边坡高度大于 8 m 的高路堤 4 处，262 延米，主要分布于樟市坝子。

五、陡坡路基

当路堤地面横坡较陡，填方边坡较高或形成薄条时，为收回填方坡脚、保证路基稳定，一般设置路肩挡土墙或路堤挡土墙，当持力层埋藏较深或挡墙较高时，采用路肩桩板墙结构。

陡坡路堑设计中尽可能避免山坡剥山皮现象，为降低路堑边坡高度，根据地形、地质条件，一般设置路堑挡土墙、锚固桩、路堑桩板墙、锚索框架梁等支挡结构。

韶关至花都段共分布陡坡路基 38 处，1010 延米，主要分布于连江大桥至坪岭隧道之间。

六、全风化花岗岩地基

武广铁路客运专线乌韶段岳阳鹰嘴山附近(DK1420＋100～DK1422＋000)、汨罗至捞刀河段(DK1470＋750～DK1534＋400)、衡山地区(DK1671＋000～DK1692＋500)和海垄口附近(DK1867＋350～DK1869＋150)分布花岗岩地层。

花岗岩全风化层在地下水的长期浸泡或表层施工扰动下，呈流塑～软塑状，工程性质差，地基承载性能低；位于边坡或基坑时，易溜坍变形。

(一)地基处理与加固

当正线路基基底分布标准贯入击数小于 30 击/30 cm 的花岗岩全风化层时应进行沉降检算，当路基工后沉降量≥15 mm 时原则上应进行基底处理或加固。具体结合上覆土层的性质、厚度和状态，选择加固措施。

1. 当上覆土层地层较软(液性指数 $I_1 > 0.4$，天然含水量 $W > 30\%$)或厚度较小(层厚≤3.0 m，$I_1 < 0.4$)时，可选用搅拌桩(浆喷)加固；

2. 当上覆土层厚≤5.0 m，土层 $I_1 < 0.4$，可选用旋喷桩加固；

3. 当上覆土层厚度较大，且地层较硬(层厚≤3.0 m，$I_1 < 0.4$)以及道岔区、过渡段地基宜选用 CFG 桩复合地基加固；

4. 沉降计算深度应至即 $N > 30$ 击/30 cm 层以下不少于 10 m，花岗岩全风化层 $N > 30$ 击/30 cm 时，取 $r = 20$ kN/m^3，$E_s = 25 \sim 30$ MPa 检算；全风化花岗岩的"固结率"，9 个月可达 100%，6 个月取 90%。

(二)低矮路基基床处理

1. 当路基填高小于 3.0 m 且地基条件较好无须进行地基加固时，基床厚度范围内为粒径大于 0.25 mm 的颗粒超过全重的 50%，$N > 20$ 击/30 cm 或粒径大于 0.25 mm 的颗粒小于全重的 50%，$N > 15$ 击/30 cm 的花岗岩全风化层时，地表种植土应全部清除，同时基床表层以下 2.3 m 范围内的土质应满足路基填料、压实标准要求。换填底部采用冲击压实或振动碾压密实达到基床以下填料及压实标准要求。

2. 当路基填高小于 3.0 m，基床厚度范围内为粒径大于 0.25 mm 的颗粒超过全重的 50%时，$N <$ 20 击/30 cm；粒径大于 0.25 mm 的颗粒小于全重的 50%时，$N < 15$ 击/30 cm 花岗岩全风化层，按地基处理路基相应要求设计，并同时基床底层换填厚度不小于 1.8 m。

(三)液化土地基

当全风化花岗岩层位于地震动峰值加速度≥0.1g(如岳阳—汨罗段)时，应进行液化判定，当为液化土地基时，可采用搅拌桩、旋喷桩、CFG 桩复合地基加固。

七、岩溶路基

本线乌龙泉至临湘、易家湾、中路铺、耒阳至韶关段岩溶十分发育，另外咸宁、伞铺、中路铺及杨梅山地区白垩系及下第三系的钙质胶结的砂砾岩、砾岩也发育溶洞。全线乌韶段岩溶路基长度 77.66 km，占路基全长近 30%。韶关至花都段出露的碳酸盐岩主要分布于韶关—英德段，为石炭系及泥盆系灰岩、泥质灰岩。段内可溶岩分布地段共 64.84 km，其中路基段 23.44 km，采取钻孔注浆加固处理的有 17.352 km。

当上覆土体会因地下水的潜蚀破坏产生土洞时，或溶洞距路基的距离不能满足安全距离要求时，应进行彻底整治。

1. 对位于基床厚度范围内的溶沟、溶槽，应将突出的坚硬岩石进行清爆，堆积填充物予以换填，基床范围换填 C20 混凝土或级配碎石掺 5%水泥、A、B 组填料掺 3%～5%水泥。当基床厚度范围以下，堆积充填物强度较低，按计算对堆积物进行换填或加固。

2. 对溶洞无流动地下水且有充填堆积物，顶板厚度不能满足要求时，采用压浆进行处理。有条件时，空洞可以先填砂砾石或碎石再行压浆。压浆设计时，应根据岩溶空洞率、充填物孔隙率等合理选用灌浆技术参数。

3. 对覆盖型岩溶地段，溶洞在安全距离以下时，考虑到地下水波动易对上覆土层掏蚀，易产生土洞，原则上封闭土石界面，形成隔水帷幕，注浆厚不小于 8 m，进入基岩顶面以下不小于 5 m。当上覆土层层厚大于 15 m 时，应结合工点地质、地下水活动情况以及当地既有工程病害整治的经验确定，当地下水与表水连通性好，地下水位波动大或附近存在抽取地下水、或存在地表塌陷时，存在可能引起地表变形隐患地段，应按岩溶路基进行加固。

4. 岩溶地基，当路堤填筑高度较低（小于 4.0 m）或为低路堤时，宜在路堤基底加铺一层土工格室或土工格栅加固，其极限抗拉强度不小于 80 kN/m。

5. 耒阳至大瑶山段的裸露、半裸露型岩溶地段，对规模较小的溶洞、溶蚀裂隙，采用梁跨、板跨、拱跨等结构形式跨越等措施。对于大型封闭洼地套落水洞、漏斗，由于其可变性，为确保客运专线的稳定与安全运营应设桥通过。

6. 对影响路堑边坡稳定的坡面上的溶洞、溶槽和溶蚀凹坑，采取 M7.5 浆砌片石嵌补支顶加固措施；基床范围的溶沟、溶槽中充填的黏土全部清除，采用 C25 混凝土嵌补。

7. 对常流的岩溶水，考虑设置泄水洞、管道、桥涵和明沟等排泄工程措施。

8. 线路通过岩溶洼地、漏斗时，原则上不应设置路基通过。

八、危岩落石地段路基

崩塌和危岩落石主要分布于牛岭隧道出口附近及猴岩至山麻冲隧道间。崩塌、危岩落石规模一般较小，对线路影响也较小。其中路基地段主要分布在猴岩隧道出口左侧，设两级钢轨栏栅防护。

九、改河、改沟地段路基

一般沟渠的改移，根据外业调查的水文、地质等资料及铁路主体工程的位置，综合考虑确定其改移位置。改移断面一般根据流量计算确定并不得小于原沟渠截面，注意两端与原沟顺接。对复杂的较大的改移沟渠，根据实测纵、横断面，结合水文资料，进行必要的水力计算，确定合理的改沟截面尺寸。一般对河道不宜进行改移。所有改沟均采用浆砌片石加固。

第六节 路 堑 设 计

武广铁路客运专线正线路堑地段长度约为 151 km，占路基长度的 47.16%；主要工点类型有深路堑、顺层路堑、红黏土路堑等。

一、深 路 堑

1. 当路堑堑顶为反坡地形或平缓坡时，两侧堑坡宜采用放坡刷方或采用坡脚设矮挡墙固脚。对斜坡地段，需采用重力式挡墙收坡时，挡墙高不宜超过 6 m。

2. 软质岩路堑边坡高度不大于 20 m 且无不利结构面影响地段，以挡墙、及护坡为主进行支挡防护，挡墙高不宜大于 8 m；边坡高度大于 20 m 或存在不利结构面影响、岩性破碎地段，应考虑采用分层开挖，分层加固或坡脚预加固等措施，如预应力锚索、锚索桩板墙、桩板墙等。

3. 对白垩系、下第三系泥岩、粉砂岩、砂砾岩及元古界泥质板岩、千枚状板岩，二叠系、石炭系、泥盆系炭质页岩、砂页岩、煤系地层、泥岩等易浸水软化的软质岩及软硬互层路堑，尤应加强边坡防护措施，当边坡高达 20 m 时，每工点应有不少于 2 个边坡变形监测剖面。

4. 耒阳至韶关段的覆盖型的岩溶区，路堑边坡基岩面起伏很大，且犬牙交错，上为黏性土覆盖，设计应视基岩裂隙、充填土质等情况采用浆砌片石护坡、挡墙支护等措施，如岩笋间土质疏松、易坍滑，应加设预加固桩加固。岩溶发育区的土质路堑边坡，当边坡较高时需要采取支挡措施时，应以重力式挡墙为主，尽量避免设桩。

5. 在强风化～弱风化软质岩边坡或强风化硬质岩边坡，视情况适当采用喷混植生等新技术。

6. 土质(特别是膨胀土、红黏土)、软岩全～强风化层(如元古界千枚状板岩、绢云母板岩、泥质板岩；白垩系、下第三系泥质粉砂岩、泥岩等强风化极软岩；二叠系、石炭系软、硬互层)及花岗岩全风化层地段，工程指标的选取应考虑最不利情况，如墙后土体由于长期降水可能达到饱和状态，致使力学参数降低的不利情况。

7. 对于含盐地层、石膏地层、煤系地层，当设置抗滑桩、桩板墙等加固措施时应注意地下水对水泥混凝土的腐蚀性问题，并根据腐蚀类型及程度，设计选用不同的耐腐蚀混凝土及相应工程措施。

二、顺层路堑

线路走向与岩层走向夹角小于 45°，岩层视倾角为 10°～40°地段(部分极软岩地层缓倾角顺层，如衡阳地区下第三系泥岩，可放宽至 10°以下)，应按顺层路堑进行设计。顺层路堑设计时应根据岩性组合特征，用极限平衡理论进行边坡顺层稳定性检算，求出极限高度，合理确定支护措施。

1. 路堑边坡高度小于极限高度时，按一般路堑防护设计，但边坡坡度较非顺层路堑坡度放缓一级。

2. 堑坡高度大于极限高度，且具备刷方条件时，可设边坡平台、分级防护或顺层面刷坡等。当路堑堑顶为反坡地形或平缓坡时，两侧堑坡宜采用放坡刷方或采用坡脚设矮挡墙固脚，刷方以降低堑坡高度。陡倾角顺层地段尽量顺层刷方。顺层路堑地段应自上而下逐层开挖，逐层加固，采用格梁式锚杆或自钻式注浆锚杆＋锚索加固边坡。

3. 堑坡高度大于极限高度，不具备刷方条件时，宜以工程地质法结合反算法确定层面力学指标，求算下滑力的安全系数 K 采用 1.1～1.25，按下滑力大小合理选用支挡加固措施：原则上当下滑力≤35 kN/m 时，可采用抗滑挡墙，墙高控制在 6 m 以内；下滑力＞35 kN/m 时，可采用抗滑桩、锚索桩板墙、边坡预应力锚索等支护措施。

4. 顺层路堑高边坡应设置变形位移监测网，进行坡表位移、深部位移监测，每工点应有不少于 2 个边坡变形监测断面，一般设置间距 30～50 m。深部位移监测应选择最不利位置或代表性位置。当地下水活动明显，应进行渗压监测。

三、红黏土路堑

武广铁路客运专线红黏土分布广泛，主要分布于赤壁、耒阳、郴州灰岩分布区；红黏土系碳酸盐岩系出露区的岩石，经红土化作用形成的棕红或褐黄等色的高塑性黏土，其液限一般大于或等于 50%，具有较突出的高含水率、高孔隙比、高塑性、裂隙发育特性，以及具上硬下软、明显的收缩性等特性。对于红黏土边坡开挖后，往往先经历一个干湿循环，即先失水剧烈收缩产生干裂，形成竖向裂隙，水分能从土体深层蒸发出来，使裂隙变宽变深，再遇水浸湿，产生较大的膨胀，产生湿化和裂解；若开挖后的边坡不能及时防护而长期暴露，反复干缩、湿胀、湿化、裂解，最后使土的结构遭到破坏，土体自身强度急剧下降，极易形成边坡的坍滑破坏。

1. 本线红黏土路堑地段，边坡设计遵循放缓边坡、加宽平台、坡脚加固、坡面 M7.5 浆砌片石植草窗封闭或框架锚杆加固等措施，堑坡坡率及边坡平台、侧沟平台参照《铁路特殊路基设计规范》(TB 10035—

2006)设计,见表3-4-15。原则上单级边坡高度不超过10 m。

表3-4-15 红黏土路堑边坡坡率及平台宽度

边坡高度	边坡坡率	边坡平台高度(m)	侧沟平台高度(m)
<6.0 m	1∶1.5～1∶1.75	不设	2.0
6～10 m	1∶1.75～1∶2.0	2.0	2.0～3.0

2. 边坡加固与坡面防护措施如下。

(1)当仅为一级边坡,且边坡高小于3.0 m时采用立体植被护坡网内喷播植草防护。

(2)边坡高度3.0～6.0 m时采用M7.5浆砌片石截水骨架内空心砖客土喷播植草防护或M7.5浆砌片石植草窗内空心砖客土喷播植草防护。

(3)当路堑边坡高度为二级及以上时,坡脚设置3.0～4.0 m挡墙,且下部一、二级边坡采用框架锚杆内M7.5浆砌片石植草窗内空心砖客土喷播植草防护。

(4)当地下水较发育,堑坡较高易产生溜坍时,每隔10～15.0 m设一条边坡支撑渗沟。

(5)当边坡存在下卧软层时应进行边坡稳定检算,不能满足要求时应采用抗滑挡墙或抗滑桩加固。当设置挡墙等支挡时,工程指标的选取应考虑最不利情况,如墙后土体由于长期降水可能达到饱和状态,致使力学参数降低的不利情况。

(6)覆盖型灰岩区表层分布厚层状的残积红黏土,大多呈硬塑～半干硬,厚17.5～35.0 m,其孔隙比较大,自由膨胀率、蒙脱石含量、阳离子交换量均相对较高,接近弱膨胀土的指标范围,遇水极易崩解。灰岩基岩面起伏大,多发育溶槽、溶沟等,且基岩面以上普遍存在一层软塑～流塑状的软弱土层,厚一般为0.2～3.0 m,最大厚度不大于6 m,常形成软弱土路堑,路基开挖边坡易失稳。设计中根据具体地层性质、不同路基部位等情况,采用挖除换填、嵌补或支挡工程等措施,特别是当基岩面高于路基面一定高度时,于路基边坡即基岩面(主要为灰岩面)位置设置支挡工程(锚固桩、挡墙),以防止边坡失稳。当采用锚固桩加固时,应根据岩面标高、地层变化情况核实或调整桩位及锚固段深度。

3. 基床处理措施:膨胀土红黏土路堑基床表层换填级配碎石,基床底层2.3 m范围采用A、B组填料换填,碾压至规定的密实度,换填底采用复合土工膜或土工布,做好横向排水至渗水盲沟或透水管中。基床开挖后,应采用原位测试进行基床土强度检测,检测数目:原位测试每50 m不少于1处;当基床土为灰岩残积层红黏土时,除应进行原位测试外,还应进行电法物探结合验证性的机动钻孔检测,物探测线不少于3条,当存在下卧软层或岩溶发育时,应按软土(松软土)路基或岩溶路基进行加固处理。

第七节 填料设计

一、路基填料采用原则

武广铁路客运专线总体而言挖方大于填方,尤其是乌龙泉至韶关段全线挖方远大于填方,大量的路堑挖方必须利用,是路堤填料的主要来源;而天兴洲、乌龙泉至咸宁部分地段、长沙、马家堰、衡阳地区和广州枢纽工程缺乏移挖作填符合要求的填料,需设置集中取土场。因此,合理的选用路基填料,是确保路基稳定、降低工程造价、保护环境的关键。韶关至英德段交通比较方便,路堤填料主要来源于路堑挖方、隧道弃渣中的灰岩等A、B组填料;英德至花都段路堤填料主要来源于路堑挖方弃渣中的花岗岩风化层、砂岩夹页岩风化层、粉质黏土等改良土填料,部分采用隧道弃砟中的A、B组填料。标段内除了北江沿岸飞来峡水库淹没区外,其余地段交通比较方便。

路基各部位所采用的填料必须符合不同等级的线路对应的不同路基部位所要求的填料材质以及压实标准要求,同时还应满足表3-4-16的要求。采用路堑或隧道弃渣中的块石、碎石、砾石类填料,必须满足颗粒粒度及级配要求,最大粒径,基床底层不应大于10 cm,基床以下不应大于15 cm;对细粒土(膨胀土、有机土等性质不稳定的土除外)、粉土和易风化软岩块石及其风化物等C、D组填料,应进行改良,同时采取边坡加筋、坡面防护等加固措施。

浸水地段以及填高大于8 m地段的路基,所采用的填料不仅要满足上述要求,还应符合表3-4-17中的要求。不同填料、不同改良措施，在全面填筑开始前，应进行现场填筑及改良工艺试验，确定填筑及改良工艺、参数及质量控制措施等。

表 3-4-16(1) 填料分类及处理措施

类别	地层	主要岩性	工程特征	填料组别	处理措施
		膨胀土、有机土、炭质页岩、含煤地层、第四系含矿地层			弃运
		第四系黏性土		C、D	需进行改良
极软岩	E、K、T、P_{21}、C_{1d}^2	泥岩、泥质粉砂岩，含砾砂岩、泥质页岩等	结构疏松、强度低，易风化、崩解，易浸水软化，含砾砂岩水稳性相对较好，其他水稳性很差	C、D	强至全风化者，按风化物特征进行改良；弱风化者则物理改良
	Ptln、Ptbn	泥质板岩、千枚状板岩、凝灰质板岩、绢云母板岩、页岩等	强度较低，易风化、水稳性差	C、D	
较软岩	E、K、T	砂砾岩、泥灰岩、钙质砂岩、长石石英砂岩、钙质泥岩等	结构疏松，强度相对较高，干湿循环颗粒产生较大的变化	B、C、D	全风化者，按风化物特征进行改良；强风化岩应进行物理改良；弱风化岩，应控制级配、加强压实、施工检测等
	T、P、C、D	砂岩、砂质页岩、钙质页岩、泥灰岩、生物灰岩、泥质灰岩等	强度相对较高，不易风化，水稳性相对较好	B、C、D	
	Ptln、Ptbn、Z	砂质板岩、条带状板岩、钙质页岩、厚层状硅质板岩等	强度相对较高，不易风化，干湿循环颗粒产生较大的变化	B、C	
硬质岩	T、J	硅质页岩、角砾状灰岩、长石石英砂岩等	强度高，不易风化，水稳性较好	A、B	可直接用于基床以下填筑，用于基床底层时应满足级配要求
	P、C、D	灰岩、白云岩、白云质灰岩、硅质灰岩、石英砂岩、石英砾岩、砂砾岩、硅质岩等	强度高，不易风化，水稳性好，性质稳定	A、B	
	Ptln、Ptbn、Z	变质砂岩、钙质砂岩、长石砂岩、厚层状含钙砂质板岩、长石石英砂岩、中细粒石英砂岩、灰岩等			

表 3-4-16(2) 细粒土填料分组、适用范围与处理措施

一级定名				液限含水率	填料分组	适用范围与处理措施	
						200 km/h 以上无砟轨道	200 km/h 及以下有砟轨道
细粒土	粉土		$I_p \leqslant 10$，且粒径大于 0.075 mm 颗粒的质量不超过全部质量 50% 的土	$\omega_L < 40\%$	C	掺中粗砂或碎石物理改良后，用于基床底层或基床以下部分填筑	当级配良好时，可用于基床以下部分填筑。用于基床底层填筑应进行改良
				$\omega_L \geqslant 40\%$	D	改良后用于基床以下部分填筑	改良后用于基床底层或基床以下部分填筑
	黏性土	粉质黏土	$10 < I_p \leqslant 17$	$\omega_L < 40\%$	C	化学改良后用于基床以下部分填筑	可用于基床以下部分填筑，但应加强边坡防护及采取防水措施。用于基床底层填筑时，应进行化学改良
		黏土	$I_p > 17$	$\omega_L \geqslant 40\%$	D		化学改良后用于基床以下部分填筑
					D		
	有机土			有机质含量大于 5%	E	禁止使用	

注：液限含水率试验采用圆锥仪法，圆锥仪总质量为 76g，入土深度 10 mm。

表 3-4-17 浸水地段或高路堤路基填料要求

路堤填高 H(m)	场地条件	应采用的填料	附 注
$H>8$	水塘或常年浸水地段	采用不易风化的硬块石、渗水性好的砂卵砾石土 A 组填料，细粒含量小于 5%	粗颗粒的单轴饱和抗压强度 $R_c > 30$ MPa，且不易风化，不易软化。并满足浸水路基及高路堤的设计要求
	不浸水	不易风化的块石土 A 组填料	粗颗粒的单轴饱和抗压强度 $R_c > 15$ MPa，且不易风化，不易软化。并满足高路堤的设计要求
		A、B 组填料	

续上表

路堤填高 H(m)	场地条件	应采用的填料	附　注
$3<H\leqslant8$	水塘或常年浸水地段	采用不易风化的块石土 A 组填料，细粒含量小于 5%	粗颗粒的单轴饱和抗压强度 $R_c>15$ MPa，且不易风化，不易软化。并满足浸水路基的设计要求
		采用碎石土、砂卵砾石土 A 组填料，细粒含量小于 5%	
	季节性浸水地段	采用不易风化的硬质岩块石土 A 组填料，细粒含量小于 10%	
		采用碎石土、砂卵砾石土 A 组填料，细粒含量小于 10%	

二、主要填料的改良措施和建议

本线填料改良主要分为化学改良及物理改良两种，化学改良系指细粒土掺入 3%～5%的水泥或 5%～8%石灰进行改良；物理改良系指掺入 10%～25%的粗骨料（如砂卵砾石土、碎石土）进行改良。用于基床底层填筑时必须采用场拌法改良，用于基床以下部分填筑时，视具体情况采用路拌法或场拌法改良，具体应进行现场试验确定，质量控制标准必须满足前述要求。改良场地根据需要设置，区间一般 10～15 km 设置一处。

根据既有的研究成果，第四系全新统冲积层粉质黏土、黏土，改良方法根据其塑性指数确定，当塑性指数小于 11 时，采用掺入 5%的水泥进行改良；当塑性指数大于 11 时，采用掺入 5%～8%的石灰进行改良，具体掺入比可据现场试验确定，用作基床底层填筑须采用场拌法施工。

第四系更新统网纹状黏土以及灰岩残积层棕红色黏土（膨胀土弃运），多为 D 组填料，用作填料时可采用掺入 5%～8%石灰进行改良；用于基床底层填筑必须采用场拌法施工。

花岗岩全风化物填料，根据颗粒分析试验成果，按现行规范中的有关要求划分填料组别。如为 C 组粗粒土，应进行物理改良（掺中粗砂）；如为 C、D 组细粒土，应按细粒土类别进行化学改良。用于基床底层时应采用场拌法。

采用易风化软岩或风化软质岩块填筑路基时，应先采用机械破碎，使最大粒径不大于 15 cm，或当条件许可时，先摊铺 1～5 个月，待其风化破碎达到粒度要求时，方可填筑施工。同时视其风化物中细粒土的含量，采取掺 6%水泥或掺 5%～7%石灰进行改良，具体应在现场试验段路基进行试验后确定。

硬质岩岩块弃渣以及强风化硬质岩及其因构造和风化影响呈碎块石土状的硬质岩岩块土填料，属 A、B 组填料，可通过加强施工控制作为基床以下路堤填料分层填筑；作为基床底层填料必须满足级配要求，否则应进行级配改良。基床底层填料的最大粒径不得大于 10 cm，基床以下路基本体填料的最大粒径不得大于 15 cm；且块石不应集中，应均匀地分布于填筑层中，应满足级配要求，改良后级配曲线需通过现场试验确定。

各类填料现场填筑前，必须进行工艺性试验，确定施工参数及检测方法、质量控制标准，以确保施工满足各种等级线路的路基填筑要求。

第八节　过渡段设计

过渡段类型主要有：桥路过渡段、路堤与横向结构物（立交框构、箱涵）过渡段、隧路过渡段、堤堑过渡段、桥桥或桥隧过渡段、半填半挖路基及不同岩土组合的横向过渡段等。过渡段范围的基床表层、表层以下的级配碎石填筑压实标准应满足表 3-4-18 的要求。

表 3-4-18　过渡段路基填筑压实标准

设计速度目标值	轨道类型	填料类型	填筑部位	压实标准			
				K_{30} (MPa/m)	E_{vd} (MPa)	n	E_{v2} (MPa)
350 km/h	无砟	级配碎石+5%水泥或级配碎石	基床表层	190	50	<18%	120
			基床表层以下	150	50	<28%	80

一、桥路过渡段

(一)填方桥台

采用沿线路纵向一次过渡段或二次过渡段的形式。过渡段路堤基床表层应满足前述基床表层的有关要求，过渡段基床表层范围内掺入5%水泥。台后的正梯形部分采用水泥稳定级配碎石(掺5%水泥)填筑，对200 km/h以上线路，其后再设置一段倒梯形过渡段，采用A、B组填料。在路基与桥台结合部设宽10 cm带排水槽的渗水墙，渗水墙采用无砂混凝土块砌筑，长30 cm、厚10 cm、宽15 cm。在渗水墙底部设直径ϕ=100 mm渗水管将渗流水排出路基以外，过渡段桥台基坑应以混凝土回填或以碎石分层填筑并用小型平板振动机压实达到规定的压实标准。如图3-4-7所示。

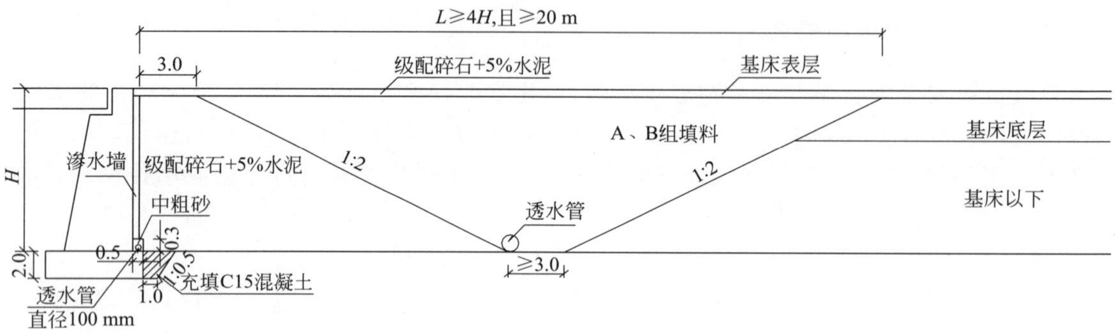

图3-4-7 200 km/h以上无砟轨道桥路过渡段形式(单位:m)

(二)挖方桥台

桥台台尾路基为软质岩、强风化的硬质岩及土质路堑时，桥路过渡段采用混凝土或级配碎石掺5%水泥填筑，长度不小于20 m。在过渡段以外20 m范围内的基床表层级配碎石掺5%水泥。当桥台台尾路基为硬质岩路堑时，桥台基坑采用C25混凝土回填。

二、路堤与横向结构物(立交框构、箱涵)过渡段

1. 当路基面距横向结构物顶的垂直高度小于2.0 m时，如图3-4-8中的图(a)所示，涵洞两侧不小于20 m范围内的基床表层采用级配碎石基床表层掺5%水泥填筑，表层以下涵顶及每侧顶宽2 m的正梯形范围内采用级配碎石掺5%水泥填筑，其外侧再设置底宽3 m的倒梯形A、B组填料过渡段，其压实标准应满足底层的压实要求。当路基面至横向构筑物顶不小于2 m时，则如图3-4-8中的图(b)所示设置过渡段。

2. 当横向构筑物位于土质、软质岩及强风化硬质岩路堑中时，构筑物两侧各不少于20 m范围内基床表层换填级配碎石掺5%水泥，表层以下基坑范围内的基床底层换填厚度范围采用级配碎石掺5%水泥填筑，底层以下基坑采用C15混凝土回填。当横向构筑物位于硬质岩路堑时，构筑物基坑均采用C25混凝土回填。

3. 当横向构筑物轴线与线路中线斜交时，应使过渡段的设置与线路中心垂直，避免横向的刚度差异。

三、路堤路堑过渡段

路堤与路堑过渡段设计应在详细研究过渡段处的地形、地基条件，通过采取合理的措施使纵横向的刚度均匀过渡和减小差异沉降，同时应注意排水系统的衔接。

1. 路堤与弱～微风化硬质岩石路堑连接时应设置堤堑过渡段，过渡段自路堑一侧沿原硬质岩坡面纵向开挖台阶，台阶高度0.6 m左右。过渡段基床表层20 m范围内填掺入5%水泥的级配碎石，表层以下自路堤一侧分层填筑级配碎石。级配碎石与路堤填料之间的分界线应与线路走向保持垂直，使轨道板下基础保持均质。

2. 当路堤与强风化硬质岩、软质岩石或土质路堑连接时，路堑一侧沿坡面按1∶2的坡率挖台阶，台阶高度0.6 m左右。

3. 对正线与既有线相连的的联络线等200 km/h有砟轨道线路，堤堑过渡段可参照上述要求设置，与硬

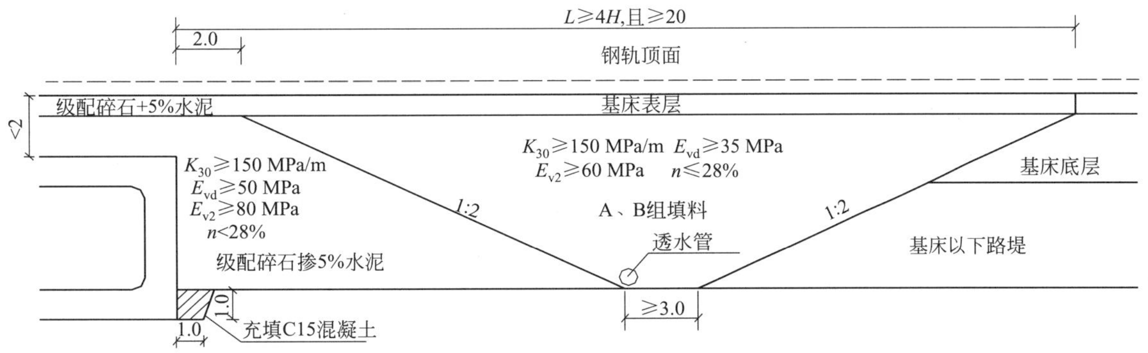

(a) 路堤与横向结构物过渡段(结构物顶距路基面<2 m)设置形式

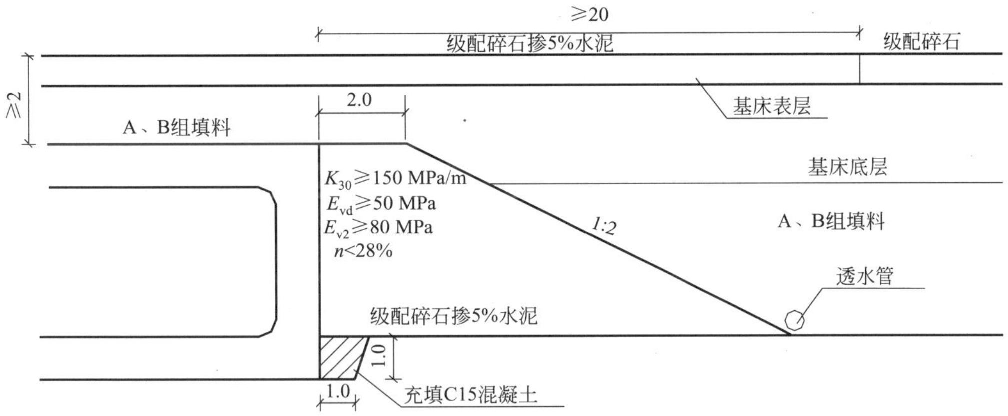

(b) 路堤与横向结构物过渡段(结构物顶距路基面≥2.0 m)设置形式

图 3-4-8 路堤与横向结构物过渡段设置(单位:m)

质岩路堑相连时,基床表层 0.6 m 及过渡段范围采用级配碎石或级配砂砾石填筑,压实标准满足 200 km/h 线路相应的要求。

四、路堑与隧道过渡段

隧道与路基相连时,应根据洞门型式、地基土岩性、隧道排水方式等情况,设置隧道过渡段,并将电缆槽、排水等顺接到路基。

1. 当隧道与硬质岩路堑相接时,无论是与斜切式洞门还是挡翼墙洞门相连,均应将洞门开挖基坑采用 C25 混凝土回填。当为斜切式洞门与路堑相连时,如隧道线间沟或侧沟水需要引入路基排水沟排出,则与洞门相连处对应设置 C25 钢筋混凝土集水井,集水井顶平隧道混凝土铺砌顶面,深度不小于 1.0 m,集水井底部各设一根直径 300 mm 的钢筋混凝土排水管,将水引入两侧侧沟排出,开挖排水沟的基坑采用 C25 混凝土回填。

2. 隧道与土质、软岩及强风化硬质岩路堑相连时:①如路基与斜切式洞门相连,隧道线间沟的水需经过路基侧沟排出,其过渡段长度不小于 27 m。其中与隧道相连段应有不小于 7 m 长采用 C25 混凝土浇筑,20 m长的级配碎石过渡段,其表层采用级配碎石+5%的水泥,底层底宽不小于 5 m 的倒梯形范围内采用级配碎石+5%的水泥填筑;②当路基与挡翼墙洞门相连时,则路基范围设置长度不小于 20 m 的过渡段,过渡段范围基床表层采用级配碎石+5%的水泥,底层于底宽不小于 5 m 的倒梯形范围内采用级配碎石+5%的水泥填筑,压实标准同前。

五、半挖半填路基

1. 区间正线陡坡地段的半填半挖路基,为保证路基横向刚度与变形均匀一致,基床表层以下挖除换填均质材料,换填厚度及范围由以下条件确定:基床底层 2.3 m 范围内(挖方侧外轨以下 2.3 m)的填料一致,或底层换填厚小于 2.3 m 时换填底轨道主要受力范围内的地基条件一致,且满足基床的要求。挖除换填地基土的底部应设向外倾斜 4％的横向排水坡。

2. 对正线与既有线相连的联络线等按 200 km/h 的线路，底层厚度不小于 1.9 m，换填 A、B 组填料。

六、纵横向不同岩土组合路基

1. 正线路基路堑地段，当硬质岩石路基与土质路基纵向连接时，应由硬质岩路基向土质路基设置过渡段，其长度不应小于 20 m，过渡段范围内基床表层采用级配碎石掺 5％水泥填筑，且满足基床表层的压实标准，表层以下，底宽 5 m 的倒梯形范围内换填级配碎石掺 5％水泥，换填厚满足相应地层的换填要求，如图 3-4-9 所示。压实标准应满足 $K_{30} \geqslant 150$ MPa/m、$E_{v2} \geqslant 80$ MPa、$E_{vd} \geqslant 50$ MPa、$n < 28\%$。

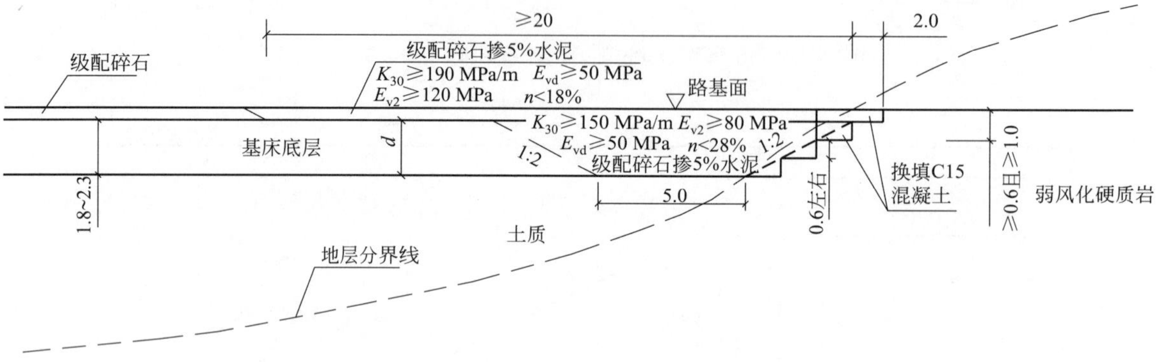

图 3-4-9　土质路基与石质路基的纵向过渡段设计(单位：m)

2. 横向存在土石组合或半填半挖时，应分别满足不同岩组合横向过渡设计要求以及半填半挖横向过渡设计要求。

七、桥桥、桥隧和隧隧间短路基过渡段

桥桥、桥隧、隧隧(包括期间分布的涵洞)之间的路基长小于 150 m 时，应分小于 60 m 的短路基与 60～150 m 的短路基两种情况设置短路基过渡段，长度大于 150 m 路基不按短路基考虑设过渡段。短路基过渡段的设置，应根据与路基相连的桥、涵、隧、路堤与路堑等具体工程，以及工程地质条件综合考虑设置过渡段，短路基过渡段应分别满足上述 6 种基本过渡段的设置要求，并结合地形地貌、施工方式等具体情况尽量将相邻过渡段连通设置，确保横向刚度一致，纵向刚度平顺过渡。如图 3-4-10 所示。

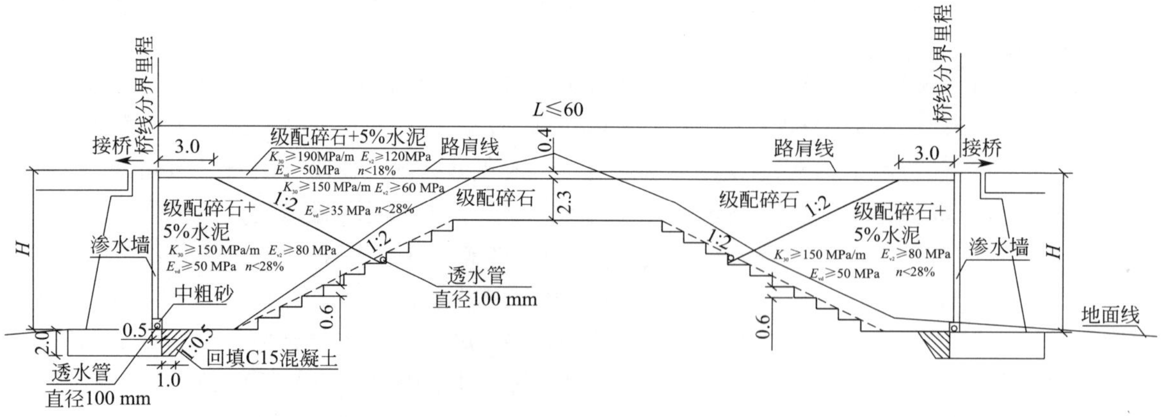

图 3-4-10　桥与桥间距≤60 m 过渡段形式示意图(单位：m)

第九节　路基防排水设计

路基应有良好的排水设施，对受水浸泡易于松软的黏性土和易于软化的岩石路基，必须加强排水措施，保证路基边坡和地基的稳固。路基排水设备应设置合理，与桥涵、隧道、车站等排水设施衔接配合，并有足够

的过水能力，排水设备的设置应考虑农田失灌或冲毁。对于隔断既有地面天然排水系统和沿线农田灌溉排水设施地段，一般增设排灌涵和引排沟。为避免地表水对路基的侵蚀，路堤地段坡脚根据需要设置排水沟，路堑地段设置侧沟、天沟、边坡平台截水沟、吊沟等。

一、地表排水设施

1. 路基排水系统，应根据当地降水量特征、汇水面积、地形和地质条件、地下水状况进行布置。路基排水设备，应与桥涵、隧道、车站等排水设施衔接配合，与水土保持及农田水利的综合利用相结合。对路基有危害的地面水，应设置侧沟、天沟、排水沟及边坡平台截水沟，将水拦截引排至路基范围以外，防止水流冲刷路基、或软化地基。

2. 路基排水设施的纵坡，不应小于 2‰，地面平坦地带或反坡排水地段，仅在困难情况下，方可减少至 1‰。侧沟、天沟、排水沟或截水沟应按 1/50 频率设计，沟顶应高出设计水位 0.2 m。

3. 软质岩、强风化或构造破碎的硬质岩路堑及土质路堑侧沟、天沟及排水沟一般采用 C20(钢筋)混凝土或 C20 混凝土预制块加固，侧沟底宽 0.6 m、深 0.7～0.9 m 矩形沟，厚 0.25 m；天沟及排水沟采用深 0.6 m，底宽 0.4 m 的梯形截面(预制块)，厚 0.15 m。硬质岩地段排沟一般采用梯形沟，沟内采用水泥砂浆抹面。路堑侧沟的水流，不得经隧道排出。隧道洞口的反坡排水可结合隧路过渡段的统一设置，起止水沟断面可为 0.4 m 深。路堑边坡平台原则上应设置边坡截水沟，边坡平台截水沟尺寸一般采用底宽 0.40 m、深 0.3～0.40 m 的矩形或梯形断面，采用 M7.5 浆砌片石或混凝土封闭。在深长路堑和反坡排水困难的地段以及谷地路堑地段，当侧沟深超过 1.50 m、宽超过 0.80 m，宜增设涵洞，或专用排水沟，将侧沟水尽快引排至路基外。

4. 当路堤边坡采用立体植被网＋喷播植草防护时，则每 15 m 设置一条横向排水槽，采用骨架护坡时，则于主骨架上设置横向排水槽。路堤与桥台联结处、边坡上有地下管线或综合接地线通过处必须设置边坡排水槽。

5. 部分堑坡地质不良，或单面坡汇水面积大或存在明显的水害，如顺层路堑、岩堆、滑坡路基，为防止表水的下渗，路堑堑顶至天沟间宜采用 M7.5 浆砌片石封闭。

6. 排水设施(天沟、排水沟、吊沟或急流槽等)末端或路堤路堑排水设施顺接地段，当地形坡度大、水流流速快存在冲刷现象时，应设置消能消力设施(如跌水台阶、消力池或消力坪等)和挡水设施(如挡水板、拦水墙等)。

7. 路堑地段边坡平台截水沟的水应顺接排水天沟或自然山沟中；挡墙、桩板墙墙顶平台截水沟末端通过急流槽引排入侧沟、排水沟或自然沟中。

8. 通信信号电缆槽、电力电缆槽底部沿纵向每隔 2.0 m 设置一孔泄水孔，将槽内的积水排向路堑侧沟、路堤的排水沟或拦水坎中。

二、路基基床防排水设施

1. 无砟轨道路基线间排水：无砟轨道路基曲线地段线间排水采用集水井，再通过埋设于路基内(基床表层下一定深度)的横向排水管将水引出路堤坡脚外或排水沟、路堑侧沟内。集水井和横向排水管的设置间距 50.0 m，横向排水管采用 ϕ150 mm 镀锌钢管或高强度耐压复合材料排水管。直线地段线间采取回填及 C25 混凝土封闭措施，线间水按两侧横向直排方式。

2. 基床表面及护肩的防排水：路基基床表层及两侧护肩的防排水日的是防止表水渗入基床，路基基床表层铺设沥青混凝土防水层(无砟轨道路基为轨道基座边缘起)，厚 7 cm，且路基面做成向外的横向排水坡，干砌片石护肩下部设置拦水坎，使路基面水汇流引入边坡排水槽中排出路基坡脚外。路肩上的电缆槽、手孔均应设置泄水孔，将槽水引出经边坡排水槽排出。

3. 路基面沥青混合料防水层与电缆槽间的处理：对于通信信号电缆槽盖板与路基面沥青混合料防水层直接相连地段，为防止电缆槽盖板揭开时损坏沥青混合料防水层，可于电缆槽旁设置一 C15 混凝土预制块，预制块顶宽为 10 cm，高 15 cm，每节长 1 m，节间采用 M7.5 水泥砂浆密贴。预制块如图 3-4-11 所示。

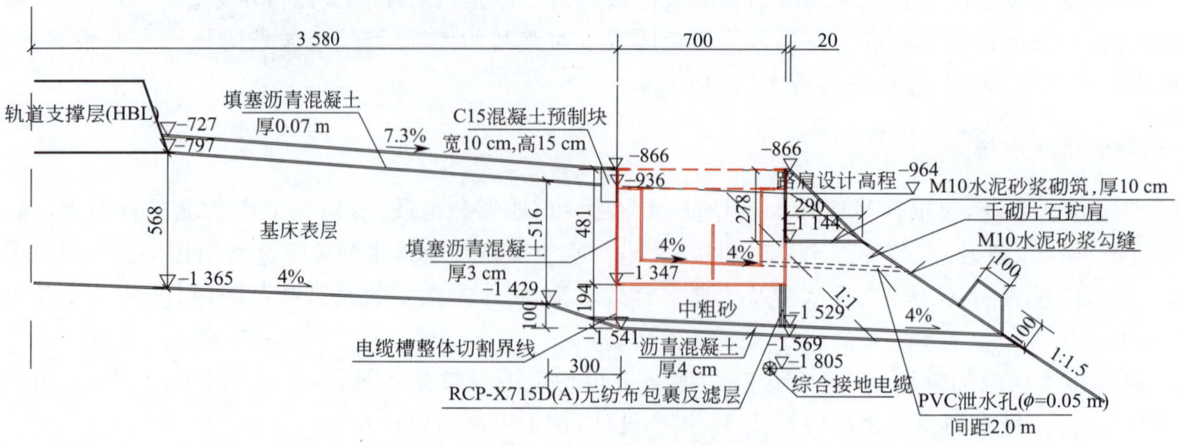

图 3-4-11　路基面沥青混合料与电缆槽间预制块布置(单位:mm)

三、地下水防排水设施

1. 对路基有危害的地下水应根据地下水类型、含水层埋藏深度、地层的渗透性等条件及对环境的影响，选用适宜的排除地下水设施。当地下水埋藏浅或无固定含水层时，可采用明沟、排水槽、渗水暗沟、边坡渗沟、支撑渗透等；当地下水埋藏较深或为固定含水层时，可采用渗水隧洞、渗井、渗管或仰斜式钻孔等。

2. 加强路堑基床的排水。当地下水最高水位高于基床换填底面时，设纵向渗水盲沟排水；当地下水最高水位低于换填底面时，采用设纵向透水管排水。渗水盲沟一般采用透水土工布包裹式盲沟，内中排水层必须是洁净的砂、卵、砾石，或碎石；透水管应采用高强、耐久的管材，如高强复合管、钢管、或混凝土管等。纵向透水管、渗水盲沟和渗水隧洞的纵坡不宜小于 5‰，条件困难时亦不应小于 2‰。渗水盲沟、渗水隧洞的横断面及结构尺寸，应根据埋置深度、施工和维修条件由计算确定。渗水盲沟一般每隔 30 m、渗水隧洞每隔 120 m和平面转折、纵坡变坡点等处，宜设置检查井，检查井内应设检查梯，井口应设井盖及护栏等安全设施。路堑基床盲沟排水断面如图 3-4-12 所示。

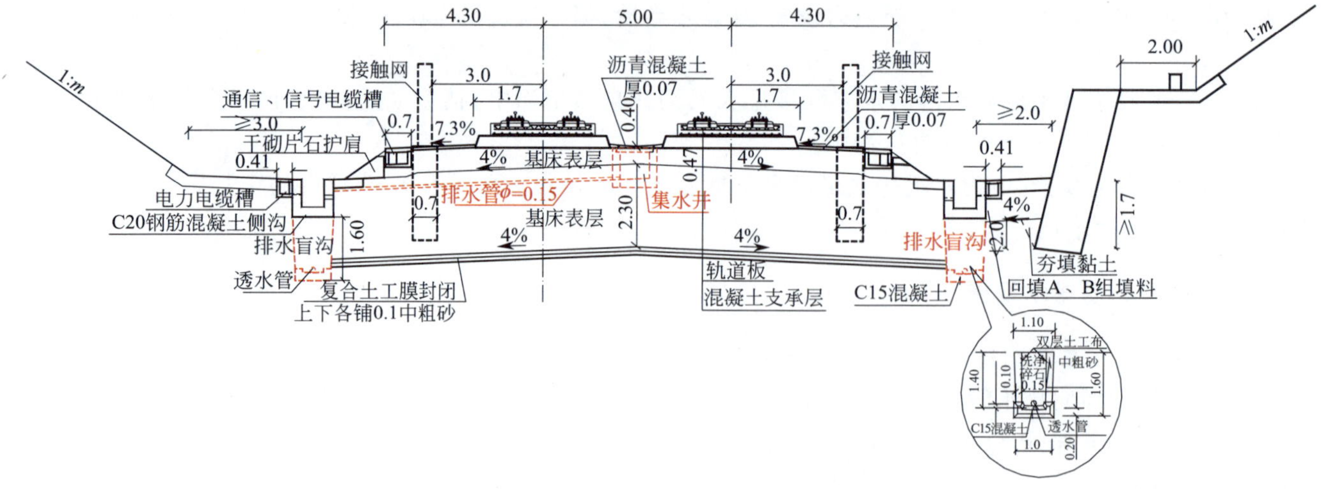

图 3-4-12　路堑基床盲沟排水断面示意(单位:m)

3. 存在含水层的路堑边坡以及地下水发育的路堑边坡，应设置边坡支撑渗沟，设置间距一般为 10～15 m，宽 1.5 m，排水层最小厚度 1.0 m，采用筛选洗净的砂、卵、砾石，或碎石，若路基边坡较陡时应用片石充填；排水层与渗水的沟壁之间需设置反滤层，反滤层采用砂砾石和卵砾石，各层厚 0.15 m。

4. 排水斜孔：当滑坡、堆积体或路堑边坡地下水发育较深，或构造破碎带、储水层等集中发育地下水时，通过设置排水斜孔排出地下水，增强岩土边坡的稳定性；排水斜孔孔径一般采用 110 mm，钻孔仰角一般为 5°～10°，困难时不应小于 5°，内置软式透水管(管内充填中粗砂)或渗排水管材，孔位布置、长度可根据含水层水文地质情况而定。

四、过渡段基底排水设施

桥路、涵路等过渡段，基底为非渗水土时，在填筑级配碎石掺5%水泥的坡脚，沿横向设置ϕ100 mm的透水管，铺设透水管时由线路中心向两侧设4%的排水坡。

第十节 路基防护工程设计

一、主要边坡防护类型

路堑地段边坡根据路堑高度、边坡坡率、地层岩性、风化程度以及地下水发育等因素分析采用；路堤边坡防护依据路堤边坡高度、填料性质及地基条件等确定，本线路基采用的边坡防护措施的类型多、形式多样，主要类型有以下几种。

1. 植草、客土植草、立体植被护坡网内植草、小灌木、行栽香根草、喷混植生等绿色防护。
2. 预制混凝土块，主要有空心块、实心块两种。
3. 截水骨架护坡，含拱形、方形、人字形。
4. 浆砌片石植草窗护坡，主要是拱形、方形。
5. 防冲刷防护的浆砌片石、干砌片石防护。
6. 框架梁锚杆及组合方式护坡。
7.（边坡）支撑渗沟。
8. 防止危岩落石的主动、被动防护网。
9. 用于路基边坡补强的土工合成材料等。

二、路堤边坡防护

1. 细粒土、已风化软岩块（细粒改良土）填筑地段，边坡高小于3 m时，采用立体植被护坡网内喷播植草；边坡高≥3 m时，坡面采用C15混凝土空心砖内客土喷播植草或骨架内空心砖内客土喷播植草护坡。边坡高大于3 m，边坡每隔0.5 m铺一层双向土工格栅，宽不小于3.0 m。

2. 粗粒土、易风化软岩块（块石改良土）填筑地段，边坡高小于3 m时，采用立体植被护坡网内客土喷播植草；边坡高≥3 m时，坡面采用M7.5浆砌片石截水骨架内客土喷播植草。边坡高大于3 m，边坡每隔0.5 m铺一层双向土工格栅，宽不小于3.0 m。硬质岩、不易风化的软岩岩渣及其块石填筑地段，坡面设干砌片石护坡。

3. 无支挡的路堤坡脚，不受洪水或山洪冲刷地段，视具体情况采用M7.5浆砌片石脚墙或护道，易受洪水或山洪冲刷地段，按防冲刷脚墙设计。

三、路堑边坡防护

1. 网纹状黏土、灰岩残积层、煤系地层、花岗岩全风化层以及软岩全风化层路堑边坡，当边坡高度较低，采用立体植被护坡网内喷播植草防护，较高时采用截水骨架内空心砖客土喷播植草防护；当地下水较发育，堑坡较高易产生溜坍时，每隔10～15.0 m设一条边坡支撑渗沟。

2. 强风化软岩路堑边坡高度较低，采用立体植被护坡网内喷播植草防护；较高时采用截水骨架内喷播植草、格窗式浆砌片石护坡（窗内空心砖植草或客土植草）。强风化破碎硬质岩路堑边坡，采用挂网喷混植生、截水骨架内客土植草或浆砌片石内截水培土植草窗护坡。较完整的弱风化硬质岩边坡，采用预裂、光面爆破技术开挖，对局部裂隙则采用浆砌片石嵌补。其中下第三系（E）泥岩、泥质砂岩；白垩系（K）泥质粉砂岩、泥岩；侏罗系（J）泥岩；元古界（Pt）泥质板岩、千枚状板岩以及各时代的页岩、炭质页岩、煤层（含石煤层）、含石膏地层等极软岩全～强风化边坡，当地下水发育时，每隔10～15.0 m设一条边坡支撑渗沟。

3. 软硬岩互层边坡，当具有页岩、泥岩及煤系地层时，则采用M7.5浆砌片石护坡或浆砌片石内截水窗空心砖植草护坡。

4. 对地质条件复杂、边坡高度超过 25 m(含支挡高度),且施工运营中有安全隐患的深路堑,原则上采用隧道或明洞通过。当必须以路基通过时,采取安全可靠的边坡加固防护措施,必要时加强位移变形监测。

第十一节　路基沉降控制设计

一、无砟轨道路基变形控制要求

土质地基路基均应进行工后沉降分析。路基在无砟轨道铺设完成后的工后沉降应满足扣件调整和线路竖曲线圆顺的要求。根据铁道部"工管〔2006〕50 号"文件精神,要求"建设、设计、咨询、施工、监理要统一思想,建立趋于'零'沉降"的理念。原则上按《客运专线无砟轨道铁路设计指南》(铁建设函〔2005〕754 号)的第 4.1.4 条执行。设计中一般按 15 mm 控制,对设计中出现工后沉降 15～30 mm 的路段,必须进行整体沉降分析和判断"。路桥或路隧交界处的差异沉降不应大于 5 mm。无砟轨道路堤填筑后,应对路基沉降进行系统的观测与分析评估,在路基完成或施加预压荷载后应有 6～18 个月的观测和调整期,分析评估沉降稳定满足设计要求后方可铺设无砟轨道。地质复杂、工后沉降难以控制或地下水位较高、路基易产生冻害和存在其他不稳定因素的路基区段,不宜铺设无砟轨道。

二、路基沉降监测系统

高速铁路路基作为变形控制十分严格的土工构筑物,施工中应进行沉降变形动态监测,根据变形监测数据,指导施工及确定无砟轨道结构施工和铺轨时间。本次设计在路堑基床(主要为土质路堑、全风化层)和路堤基底、填筑层中、路基面布置监测点,构筑纵横向立体监测网络。

(一)监测断面的设置原则

监测断面的设置根据路基工点的特点、长度、工程地质条件等因素确定监测断面数量,原则上每个工点应不少于 2 个监测断面,监测断面间距不大于 50 m;地质条件变化大、地形起伏大及过渡段范围应适当加密,其中过渡段折角处路基与桥、涵、隧等刚性构筑物相连处、地形或地层突变处必须布设监测剖面。

(二)路基沉降监测剖面设置

1. 沉降监测剖面的设置及监测剖面的监测内容应根据地形地质条件、地基处理方法、路堤高度、堆载预压等具体情况,结合沉降预测方法和工期要求具体确定。路基沉降监测剖面的间距一般不应大于 50 m,对于地势平坦、地基条件均匀良好且高度小于 5 m 的路堤或路堑地段可放宽到 100 m,过渡段范围及地形或地层起伏大的地段沉降监测剖面应加密。

2. 当路堤填高小于 3 m 且基底土层厚小于 5 m 时,仅对路基面进行沉降监测(详见 A 型监测剖面)。当基底地面或压缩层底横坡缓于 1∶5 时,采用 A－1 型路基沉降监测剖面;基底地面或压缩层底横坡≥1∶5 时,采用 A－2 型路基沉降监测剖面。相邻剖面间距 50～100 m。

3. 当路堤中心填高小于 3 m 且基底土层厚≥5 m 时,采用 B 型、A 型监测剖面间隔布置。基底地面或压缩层底横坡缓于 1∶5 且基底土层厚 5 m≤H<20 m 时,采用 A－1 型与 B－1 型监测剖面间隔布置;基底地面或压缩层底横坡≥1∶5 时,采用 A－2 型与 B－2 型监测断面间隔布置。相邻剖面间距一般不大于 50 m,其中路基与桥、隧、涵等刚性构筑物相连处,地形或地层突变处。过渡段折角处必须布置 B－1 型或 B－2 型沉降监测断面。基底地面或压缩层底横坡缓于 1∶5 且基底土层厚≥20 m 时,采用 A－1 型与 B－3 型监测断面间隔布置,基底地面或压缩层底横坡≥1∶5 时,采用 A－2 型与 B－4 型监测断面间隔布置,相邻剖面间距一般不大于 50 m,其中路基与桥、隧、涵等刚性构筑物相连处,地形或地突,过渡段折角处必须布置 B－3 型或 B－4 型沉降监测断面。

4. 当路堤中心填高≥3 m 时,采用 C 型、A 型监测断面间隔布置。基底地面或压缩层底横坡缓于 1∶5 且基底土层厚小于 20 m 时,采用 A－1 型与 C－1 型监测断面间隔布置;基底地面或压缩层底横坡≥1∶5 时,采用 A－2 型与 C－2 型监测断面间隔布置,相临剖面间距不大于 50 m,其中路基与桥、隧、涵等刚性构筑物相连处,地形或地层突变处,过渡段折角处必须布置 C－1 型或 C－2 型沉降监测断面。基底地面或压缩层底横坡缓于 1∶5 且基底土层厚≥20 m 时,采用 A－1 型与 C－3 型监测断面间隔布置;基底地面或压缩层底横坡≥1∶5时，采用A－2型与C－4型监测断面间隔布置，相临剖面间距不大于50 m，其中路基与桥、隧、涵等刚性构筑物相连处，地形或地层突变处，过渡段折角处必须布置C－3型或C－4型沉降监测断面。

5. 路基本体采用改良土填筑的路堤，填高大于5 m时，C型监测剖面增加对路基本体(改良土填筑部分)沉降监测，监测剖面改为D型，监测剖面布置原则与上述基本一致。

6. 预压地段，预压期因基床表层尚未施工，路堤顶面沉降监测应在预压土方底部(基床底层顶面)布置沉降监测元件进行，即在基床底层顶面中心临时布设沉降板，在基床底层顶面两侧临时布设沉降监测桩，其他部位沉降监测元件布置与无预压时一致，预压土方卸除且基床表层施工后路基面沉降监测桩布置及监测照常进行，具体布置型式有F－1～F－10型10种，适用条件与上述A、B、C型(D型)相对应。

7. 每一工点路堤地段监测剖面B型、C型、D型、F型(F－3～F－10型)应设置基底沉降校核剖面。一般地段校核剖面数量不少于上述剖面总数的25%，且不少于1个；桥路、涵路、隧路、堤堑、桥桥、桥隧等各类过渡段路基范围校核剖面数量不少于上述剖面总数的50%，且不少于1个。

8. 路堑地段基底为土质地基(含全风化岩层)时，应进行路基沉降监测，主要进行路基面沉降监测。当为一般土质地基时，基底压缩层底横坡缓于1∶5时采用E－1型监测断面，基底压缩层底横坡≥1∶5时采用E－2型监测断面，按每50～100 m布置1个监测剖面。当为红黏土、膨胀土等特殊岩土地基时，基底压缩层底横坡缓于1∶5时按每50 m间距间隔布置E－1型与E－3型监测剖面；基底压缩层底横坡≥1∶5时按每50 m间距间隔布置E－2型与E－4型监测剖面。

(三)监测方法及要求

1. 观测频度要求：所有元件埋设后，必须测试初始读数，在路堤正式填筑前，必须对所有元件进行复测，作为正式初始读数。路基施工各阶段沉降观测频度应满足表3-4-19的要求，测试过程中发现异常必须及时查明原因，尽快妥善处理。

2. 观测方法及测量精度要求：所有标高水准测量应满足二等变形等级测量技术要求，按国家一等精密水准测量方法施测，测量精度±1 mm，读数取位至0.1 mm；单点沉降计采用智能型频率检测仪器进行测试，单点沉降计量程20 cm，精度1%，灵敏度0.05 mm；剖面沉降采用剖面沉降仪进行测试，精度8 mm/30 m，灵敏度0.01 mm；静力水准仪采用智能型频率检测仪器进行测试，静力水准仪量程10 cm，精度1 mm，灵敏度0.01 mm。

表3-4-19 路基沉降观测频次

观测阶段	观测频次	
填筑或堆载	一般	1次/d
	沉降量突变	2～3次/d
	两次填筑间隔时间较长	1次/3 d
堆载预压或路基施工完毕	第1个月	1次/周
	第2、3个月	1次/10 d
	3个月以后	1次/2周
	6个月以后	1次/月
无砟轨道铺设后	第1个月	1次/2周
	第2、3个月	1次/月
	3～12个月	1次/3月

(四)沉降的评估方法与措施

路基施工至设计标高(有预压土方时至预压土方的顶面)后，先持续监测不少于6个月的时间，根据监测数据，绘制“时间—填土高—沉降量”曲线，按实测沉降推算法或沉降的反演分析法，分析并推算总沉降量、工后沉降值以及后期沉降速率，并初步分析推测最终沉降完成时间，确定铺轨时间。根据分析结果，结合工期要求，验证、调整设计措施，使地基处理达到预定的变形控制要求。当评估结果表明沉降还不能满足无砟轨道的要求时，则研究确定是延长路基摆放时间继续监测，还是采取(或调整)地基加固措施(如调整预压土高度、确定预压土卸荷时间、调整或增加地基加固措施等),即进行“监测—评估—调整”循环,直至工期要求的时间止,并满足无砟轨道铺设要求。

实测沉降推算:利用实测数据推算最终沉降量方法很多,常用的有双曲线法、三点法(对数曲线法)、沉降速率法、星野法及修正双曲线法等。根据现有的研究成果,推算方法得到的结果与实际沉降对比,误差较小的推算方法有:复合地基为沉降速率法、双曲线法;等载(或超载)排水固结为三点法、双曲线法。

沉降的反演分析推算:利用先前实测沉降曲线进行反演分析,修正地基土设计参数,并重新进行沉降计算,再由实测沉降验证。经过多次循环分析计算,预测工后沉降量。要说明的是该法进行计算时所采用的土层参数是利用先前实测曲线进行反演推算出来的,且经过实测沉降验证,因此也更符合实际情况。

三、路堑边坡变形监测系统

确保路堑边坡的安全稳定是设计、施工和运营的根本和关键。设计中根据具体路堑边坡工程地质条件,除选择合适的边坡形式、坡率、防护与加固措施选择外,对自然、人工边坡的变形破坏、应力状态进行监测是确保施工和运营安全的重要手段。

(一)变形监测对象和范围

根据地质条件及工程实践经验,主要针对以下地质条件、边坡高度设置边坡位移、应力状态的监测系统:①大型滑坡、堆积体等不良地质边坡;②白垩系、下第三系泥岩、粉砂岩、砂砾岩;元古界泥质板岩、千枚状板岩等软质岩高边坡;二迭、石炭、泥盆系的炭质页岩、砂页岩、煤系地层、泥岩等易浸水软化的软质岩及软硬互层的路堑边坡高度≥20 m时;③第“②”条的地层条件,当存在顺层现象或受构造影响结构面发育;不利结构面发育,边坡高度≥15 m时;④土质及全风化层,边坡高度≥15 m时,需进行变形监测的各工点应根据具体工程的实际情况,选择代表性断面进行变形监测,每工点应有不少于2个边坡位移监测断面。主要采用的监测方法和类型有Ⅰ～Ⅴ五种类型,其中以Ⅰ型为基本类型,根据边坡具体条件可设置组合型[如Ⅰ型+Ⅱ(或Ⅲ、Ⅳ、Ⅴ)型]。

(二)变形监测内容与监测剖面的布置

1. 边坡地表位移监测(Ⅰ型):建立射线网法观测网。边坡或滑坡沿线路纵向每隔30～50 m设置监测断面,每个断面分别于路堑边坡的路肩、桩(墙)顶平台、边坡平台、堑顶以及堑顶外5.0 m、10 m设置观测桩。各工点分别于边坡可能破坏的范围外30 m设照准点和置镜点。采用经纬仪或全站仪测量,监测边坡状态,指导施工。

2. 深部位移监测(Ⅱ型):大型滑坡、堆积体等不良地质边坡和土质、软质岩路堑边坡高超过25 m(存在顺层、滑面等不利结构面时为20 m以上),进行深部位移变形监测;边坡成型后,在边坡平台钻孔成孔埋置(竖直孔,孔深应至稳定地层一定深度内),安装测斜管,采用侧斜仪精确地测量岩土层内部水平位移。每工点应有不少于2个监测断面,每个监测断面设1～2个监测孔。

3. 桩(墙)背土压力监测(Ⅲ型):当滑坡、堆积体等不良地质边坡和土质、软质岩路堑边坡设置桩板(挡)墙或高挡墙(墙高≥6.0 m)时,根据现场需要,选择代表性地段于桩(墙)后埋设智能弦式数码压力盒,以监测土压力的大小及变化。监测断面设置间距为15～20 m,每个桩(墙)背设置3个土压力盒。

4. 预应力锚索锚固力监测(Ⅳ型):当采用预应力锚索加固高边坡时,选择代表性工点进行预应力锚索锚固力监测,选择各工点代表性位置锚索孔,安装锚索计,约按工点锚索总孔数的5%计,且不少于2孔,采用振弦频率检测仪监测。

5. 地下水渗流监测(Ⅴ型):当边坡地下水发育或存在渗流影响时,选择代表性工点,采用渗压计进行地下水渗流监测,在监测边坡选取1～2处,埋设渗压计进行地下水渗流监测。

(三)监测方法

1. 位移监测桩采用经伟仪或全站仪进行监测。
2. 测斜管采用测斜仪进行测试。
3. 土压力盒采用振弦频率检测仪进行测试。
4. 锚索计采用振弦频率检测仪进行测试。
5. 渗压计采用振弦频率检测仪进行监测。

（四）监测频率

仪器埋设后应观测几次，确定稳定的起始基准值。路堑开挖施工期，1～2 次/d，施工完后 1～3 个月，1～2 次/周；3 个月以上，1～2 次/月。可根据边坡工程安全等级、边坡稳定性和施工进程及监测类型等实际情况对监测频率进行适当调整，初步拟定各类监测的周期为 1 年。

（五）各类监测警戒值的确定

边坡变形控制应满足各类支护结构型式的验收标准，边坡稳定性验算应满足规范规定和设计要求。各类监测警戒值，应根据当地工程经验采取类比法和监测资料的分析、归类总结确定，随着监测项目的实践深入，可逐步建立和完善各种条件下的边坡变形评价、边坡稳定性、边坡质量的综合评估办法和控制标准。

第五章 桥涵设计

第一节 桥涵工程概况与特点

一、桥涵工程概况

(一)基本概况

全线各段分述如下:

1. 武汉站(含)至乌龙泉(不含),起讫里程为:DK1188+000~DK1232+000,正线全长43.77 km。大中小桥17座,桥长38.477 km,涵洞19座,公跨铁5座。桥梁占线路87.83%。线路涵洞计0.4座/km,每9.4 km线路公跨铁1座。

本段范围内跨越既有铁路1处,跨越沪蓉高速公路1处,跨越等级公路(城市道路)21处。DK1200+000~DK1232+000共计32 km的范围岩溶发育或较为发育。位于岩溶区的桥梁有9座。本段范围内桥梁均位于Ⅵ度地震区,最长桥梁为五一水库特大桥,全长6 455.44 m,全桥除一联采用(40+56+40)m连续梁外,其余采用32 m、24 m简支箱梁。

2. 乌龙泉(含)至韶关站(含),起讫里程为:DK1232+000~DK1989+500,正线全长715.227 km。大中小桥558座,桥长322.49 km,涵洞738座,公跨铁101座。桥梁占线路45.08%。每1 km线路涵洞1座,每6.4 km线路公跨铁1座。

本段桥梁跨越陆水、湘江、武水等通航河流9条,跨越京广线、湘黔线等既有铁路14处,跨越京珠高速公路5处,跨越其余高速公路及等级公路80余处。

本段工程地质复杂,不良地质及特殊地质主要有:采空区、岩溶、岩堆、滑坡、危岩落石、软土等。DK1232+000~DK1360+000、DK1775+000~DK1989+500共计342.5 km的范围岩溶发育或较为发育。位于岩溶区的桥梁有230座。DK1405~DK1471约66 km位于Ⅶ度地震区。Ⅶ度地震区桥梁48座,桥长31 521.23 m。本段最长桥梁为赤壁特大桥,桥梁全长9 522.03 m,全桥采用32 m、24 m简支箱梁。大禾特大桥墩高42 m,为本段最大墩高。

3. 韶关(不含)至花都(不含)段,起讫里程为:DK1989+500~DK2167+000,正线全长159.240 km。本段线路地处广东北部中低峡谷区及珠江三角洲平原北沿,多次跨越北江及支流,沿线陆路及水路交通发达,水网交织,水库塘泊密布,沟壑交错,同时由于沿北江百年水位、北江四级水利枢纽设计水位影响,桥涵分布较密,工程量较大。桥梁总计99座67 586.21双延长米,占线路总长159.24 km的42.44%,涵洞146座3 333.18横延长米,车站旅客地道2座88.2 m,跨线建筑物15座966.61 m。

4. 花都(含)至广州南站(含),起讫里程为:DK2167+000~DK2220+158,正线全长50.174 km。穿越广州市和佛山市的花都、南海、荔湾、番禺各区。全段大中桥7座,桥长38.11 km,涵洞11座,公跨铁6座。桥梁占线路75.95%。

本段桥梁跨越流溪河、西华海、东平水道、陈村水道等通航河流6条,跨越京广线、广三线既有铁路2处,跨越高速公路3处,跨越其余等级公路十余处。DK2167+000~DK2194+000共计27 km的范围岩溶极发育或较为发育。位于岩溶区的桥梁有5座。DK2179~DK2218约32 km位于Ⅶ度地震区,Ⅶ度地震区桥梁3座,桥长29 786.69 m。本段最长桥梁为流溪河特大桥,全长13 430.93 m,全桥一般采用32 m、24 m简支箱梁,跨广清高速采用(70+125+70)m连续梁,跨西华海水道采用(94+168+94)m连续刚构,跨东平水道采用(99+242+99)m连续钢桁拱。跨环城高速特大桥墩高27 m,为本段最大墩高。

(二)沿线气象特征

沿线气候特征见表3-5-1。

表 3-5-1 沿线气候特征

地区	多年1月平均气温(℃)	多年7月平均气温(℃)	多年年平均气温(℃)	极端最低气温(℃)	极端最高气温(℃)
武汉地区	3.5	28.9	16.6	−18.1	41.3
咸安区	3.5	29.7	16.8	−15.4	41.4
赤壁市	4.0	29.7	16.9	−14.6	40.7
岳阳地区	4.0	29.7	—	−11.8	38.3
长沙地区	4.6	29.5	16.7～18.3	−9.5	40.6
株洲地区	4.6	—	17.5	−11.5	40.5
湘潭地区	5.0	29.2	17.3	−12.1	40.4
衡阳地区	5.5	—	17.9	−7.9	41.3
郴州地区	6.2	29.3	18.0	−9.0	41.3
乐昌	9.2	28.1	19.7	−4.6	38.4
韶关地区	10.0	29.1	19.1	−4.3	42.0
英德地区	11.1	28.9	20.9	−3.6	40.1
清远地区	9.2	30.6	21.7	−0.6	38.7
花都地区	9.7	30.6	21.9	0.4	38.7
广州地区	9.7	30.6	22	0	39.1

(三)桥长分布

全线桥长分布见表 3-5-2。

表 3-5-2 全线桥长分布

桥长类别	武乌段		乌韶段		韶花段		花广段		汇总	
	桥全长(m)	桥梁座数	桥全长(m)	桥梁座数	桥全长(m)	桥梁座数	桥全长(m)	桥梁座数	桥全长(m)	桥梁座数
$20 \leqslant L < 100$	44.4	1	7 955.81	85	1 653.9	23	0	0	9 654.11	109
$100 \leqslant L < 500$	935.95	4	78 093.4	297	10 091.01	39	340.56	1	89 460.92	341
$500 \leqslant L < 1\ 000$	1 692.79	2	67 718.22	92	12 969.71	18	0	0	82 380.72	112
$1\ 000 \leqslant L < 3\ 000$	8 981.64	5	112 452.02	72	24 518.93	16	4 197.39	2	150 149.98	95
$3\ 000 \leqslant L$	26 792.93	5	56 259.58	12	18 352.66	3	33 571	4	134 976.17	24
汇总	38 447.71	17	322 479.03	558	67 586.21	99	38 108.95	7	466 621.9	681
线路长度(m)	43 770		715 227		159 240		50 174		968 411	
桥梁比例(%)	87.8		45.08		42.44		75.95			

(四)下部结构主要数量统计指标

下部结构主要数量统计指标见表 3-5-3。

表 3-5-3 下部结构主要数量统计指标

项　目	单　位	数　量
全线平均墩高	m	9.70
全线平均桩长	m	22.25
桩基础指标	m^3/延米	5.10
承台指标	m^3/延米	4.32
扩大基础指标	m^3/延米	0.65
基础汇总	m^3/延米	10.07
墩台指标	m^3/延米	5.45
汇总指标	m^3/延米	15.52

二、桥梁特点

武广铁路客运专线技术标准高，列车运营速度快，是我国第一条运行速度 350 km/h 的长大客运专线，由轨道不平顺引起的轮轨动力响应及其对行车安全性、平稳性和乘车舒适性的影响均随行车速度的提高而显著增大。因此要求线路必须具有高平顺性、高稳定性和高可靠性等特点，桥梁作为轨道的下部结构，主要功能是为高速列车提供平顺、稳定的桥上线路，确保运营安全和乘座舒适，并尽量减少使用期间的维修工作量。本线桥梁特点如下：

1. 桥梁的主要功能是为高速列车提供高平顺、稳定的桥上线路。

桥上线路与路基上、隧道中的线路不同，由于桥梁结构在列车活载通过时产生变形和振动，并在风力、温度变化、日照、制动、混凝土徐变等因素作用下产生各种变形，桥上线路平顺性也随之发生变化，因此，每座桥梁都是对线路平顺的干扰点，尤其是大跨度桥梁。为了保证高速列车的行车安全和乘坐舒适，高速铁路桥梁除了具备一般桥梁的功能外，首先要为列车高速通过提供高平顺、稳定的桥上线路。

2. 客运专线桥梁可分为高架桥、谷架桥和跨越河流的一般桥梁，以预应力混凝土桥梁为主。

预应力混凝土桥梁的优点有：刚度大、噪声小、温度变化引起结构变形对线路影响少、养护工作量小、造价低。

3. 桥梁比例大，高架桥、长桥多。

由于本线采用全封闭行车模式；线路平、纵断面参数限制严格，曲线半径大、坡度小；在人口、路网稠密地区、地质不良地区大量采用高架桥(以桥代路)；节省农田；减少运土、取土；确保线路平顺。因此，本线桥梁比例大，高架桥、长桥多。

4. 桥上无缝线路与桥梁共同作用。

修建客运专线要求一次铺设跨区间无缝线路，以保证轨道的平顺和稳定。桥上无缝线路可看作为不能移动的线上结构，而桥梁在列车荷载、列车制动作用下和温度变化时要产生位移。当梁、轨体系产生相对位移时，桥上钢轨会产生附加应力。如果附加应力过大，会造成线路丧失稳定。客运专线桥梁必须考虑梁轨共同作用，尽量减小桥梁的位移与变形，以限制桥上钢轨的附加应力，保证桥上无缝线路的稳定和行车安全。

5. 桥上无砟轨道对桥梁的变形控制提出更为严格的要求。

无砟轨道是以钢筋混凝土道床取代散粒体道砟道床的整体式轨道结构，铺设无砟轨道的桥梁与铺设有砟轨道的桥梁相比，具有以下特点。

(1)轨道稳定性、连续性和平顺性好，可减少行车时轨道侧向不平顺振动对桥梁的影响；

(2)轨道结构耐久性和少维修性能良好，可延长桥面结构使用寿命；

(3)桥上工务养护、维修工作少，可减少养护设备的投入；

(4)避免高速行车时散粒体道砟的飞溅；

(5)轨道适应变形的能力低，因而提高桥梁的变形控制标准；

(6)一旦产生病害，修复困难；

(7)无砟轨道铺设后的调整量十分有限，因此，对桥梁的变形控制更为严格。

6. 满足乘坐舒适度。

与普通铁路不同，客运专线必须保证高速运行的列车有很好的旅客乘坐舒适度，它取决于车体的垂直振动加速度。列车通过桥梁时，影响乘坐舒适度的主要因素是桥梁的竖向刚度。

7. 结构动力效应大。

桥梁在列车通过时的受力要比列车静置时大，客运专线速度效应大于普通铁路，桥梁的动力效应相应较大。

8. 使用年限长。

对客运专线桥梁首次提出在预定的作用、维修和使用条件下，主要承力结构要有 100 年使用年限的耐久性要求。

9. 维修养护时间少。

客运专线行车密度大，维修养护时间相对较少。

10. 客运专线桥梁设计突出人性化，通过满足适用、舒适、耐久、环保、便于养护维修等方面的要求体现经济性。桥梁施工要求精细化、工业化。

11. 桥梁设计充分考虑景观与环境的协调。

第二节 设计原则与采用的主要技术标准

一、高速铁路桥梁设计标准

(一)设计活载图式

武广铁路客运专线桥梁设计活载为 ZK 活载。

(二)结构刚度与变形控制限值

结构刚度与变形控制限值见表 3-5-4 所示。

表 3-5-4 结构刚度与变形控制限值

序号	项目	限值	说明
1	桥面竖向加速度	≤0.35g(0.5g)	有砟(无砟)(f≤20 Hz)
2	上部结构扭转变形	≤1.5 mm/3 m	ZK 活载作用下
3	梁端竖向转角变化	≤2‰	ZK 静活载作用下，跨梁的转角
4	梁端水平转角变化	≤1‰	
5	梁体水平挠度	≤L/4 000	
6	简支梁 L≤40 m 竖向自振频率	≥120/L(Hz)	
7	墩台基础工后均匀沉降	≤30 mm(20 mm)	有砟(无砟)
8	相邻墩台基础工后沉降差	≤15 mm(5 mm)	有砟(无砟)
9	铺轨后梁体残余徐变上拱	≤20 mm(10 mm)	有砟(无砟)
10	上部结构挠度	L/1 800(L≤24 m)	ZK 静活载作用下
		L/1 500(24 m<L≤80 m)	
		L/1 000(L>80 m)	

(三)列车安全、舒适和平稳运行的评估标准

1. 列车运行安全性与舒适性(客车)、平稳性(货车)评价指标

采用脱轨系数、轮重减载率来判断列车运行安全性，用 Sperling 指标来判断乘坐舒适性(或运行平稳性)。根据《铁道机车动力学性能试验鉴定方法及评定标准》(TB/T 2360—1993)、《铁道车辆动力学性能评定和试验鉴定规范》(GB 5599—1985)，并参考历次提速试验所采用的评判标准，在车桥动力仿真分析中，选取以下列车运行安全性与舒适性(平稳性)的评定指标。

(1)安全性指标

脱轨系数：≤0.8；轮重减载率：≤0.6。

(2)乘坐舒适性(对客车车辆)

车体振动加速度：中速(≤200 km/h)，竖向≤0.25g，横向≤0.20g；高速(≥200 km/h)，竖向≤0.13g，横向≤0.10g。

舒适性评价指标：优良，<2.50；良好，2.50～2.75；合格，2.75～3.00。

(3)运行平稳性(对货车车辆)

车体振动加速度：竖向半峰值≤0.70g=7.0 m/s^2，半横向峰值≤0.50g=5.0 m/s^2。

平稳性评价指标：优良，<3.50；良好，3.50～4.00；合格，4.00～4.25。

(4)机车运行平稳性

车体振动加速度：竖向半峰值≤0.365g=3.65 m/s^2，横向半峰值≤0.245g=2.45 m/s^2。

平稳性评价指标：优良，<2.75；良好，2.75～3.10；合格，3.10～3.45。

2. 桥梁动力响应限值

桥梁竖向振动加速度限值：有砟轨道半幅 $0.35g=3.5\ m/s^2$；无砟轨道半幅 $0.50g=5.0\ m/s^2$。

桥梁横向振动加速度限值：$0.15g=1.5\ m/s^2$（半幅）。

（四）纵向力传递

为了保证桥上无缝线路稳定和安全，要求桥上无缝线路钢轨附加压应力不大于 61 MPa，附加拉应力不大于 81 MPa，要求制动时，梁轨相对快速位移不大于 4 mm。桥梁下部结构纵向刚度限值见表3-5-5。

表 3-5-5　桥梁下部结构纵向刚度的限值

下部结构	跨度(m)	双线桥下部结构最小纵向刚度(kN/cm)
桥墩	20	240
	24	300
	32	400
	40	700
桥台		3 000

二、武广铁路客运专线桥梁设计主要原则

（一）技术标准

1. 采用洪水频率：桥梁 1/100，涵洞 1/100。
2. 设计荷载：采用 ZK 标准荷载图式。
3. 采用双块式无砟轨道时，轨底至梁顶采用 767 mm。
4. 原则上涵洞顶至轨底的填方高度 $H\geqslant1.5$ m。
5. 桥台尾至涵洞及两涵间距离不应小于 30 m，路堤段两桥台台尾间距离不宜小于 150 m。

（二）建筑限界

1. 本线建筑接近限界按《新建时速 300～350 公里客运专线铁路设计暂行规定》（铁建设〔2007〕47 号）有关规定处理。

客运专线跨越普通铁路时，桥下净空原则上按“建限-1”办理。

对既有电气化铁路，考虑既有电气化接触网柱网布置与结构，有条件时，优先考虑采用较“建限-1”为大的桥下行车净空，以尽量减小对既有电气化接触网的迁改影响。

对跨越拟开行双层集装箱列车的线路，按铁科技函〔2004〕157 号文，内燃牵引区段桥下最低高度 6 700 mm，电化区段最低高度 7 960 mm。

客运专线跨越新建时速 200 km 客货共线铁路时，建筑限界按《新建时速 200 公里客货共线铁路设计暂行规定》第 1.0.9 条办理，电气化区段最低高度 7 500 mm。

2. 公跨铁时建筑限界满足《新建时速 300～350 公里客运专线铁路设计暂行规定》相关规定。

3. 公路建筑限界按《公路工程技术标准》（JTG B01—2003）规定及地方经主管部门审批的规划和所提意见办理，且客运专线跨越二级及以上标准的公路时，其桥下净高不应小于 5.0 m；三级及以下等级公路，其桥下净高一般不应小于 4.5 m。必要时，根据道路等级，考虑预留 0.2 m 的富余量。

4. 小型立交：乡村道路、机耕道的净空尺寸按下列考虑：净高 3.0～4.0 m，人行立交净宽≥3.0 m，机动车立交净宽≥4.0 m，若有必要可预留通行汽车的条件并适当提高标准。

5. 桥下净空受到限制时，应考虑施工所需净高。

（三）桥涵设计

1. 桥涵结构应构造简洁、力求标准化、尽量采用统一的孔跨类型，便于施工和养护维修，重视桥梁结构的耐久性、良好的动力特性，满足客运专线列车安全运行和旅客乘坐舒适度的要求；优先采用简支标准梁跨，预制架设施工。

2. 对于跨越高速公路、铁路以及位于城市附近的桥梁结构型式的选择，除满足客运专线行车技术要求外，应重视建筑设计，与周围环境和当地人文景观相协调；尽可能减少对既有公路、铁路行车的干扰；同时，还

要兼顾施工的便利与可行。

3. 桥梁主要承重结构按 100 年使用年限要求设计。

4. 对于两隧道之间的桥梁，因隧道限界限制采用双线整孔箱梁预制架设施工困难时，配合工经、隧道专业研究采用：①桥长为 120 m 以内，墩高不超过 10 m 的桥梁采用主跨 24 m 及以下的多孔小刚构桥式，现浇施工；②桥长超过 120 m，墩高超过 10 m 者，根据施组情况，采用 3×24 m、2×24 m、2×32 m 连续梁，现浇施工；③墩高较高时，选用中等跨度连续梁，悬灌施工。

5. 跨越道路、航道、铁路等桥跨，当采用 32 m 梁不能满足净空要求时，采用桥跨为(32＋48＋32)m、(40＋56＋40)m、(40＋64＋40)m、(40＋72＋40)m、(48＋80＋48)m、(60＋100＋60)m 及其他大跨度的预应力混凝土连续梁及系杆拱桥等。

6. 涉河桥梁采用大跨长联预应力混凝土连续梁结构。

7. 相邻两桥台尾间距离不足 150 m，两桥之间为路堑或路基高度不足 4.0 m 者，原则上采用刚性路基墙将两桥连为一体，以满足高速行车对线下结构刚度的连续性、均匀性要求，同时便于结构排水及养护维修。

8. 桥梁支座。常用跨度简支梁桥支座采用客运专线盆式橡胶支座。

9. 常用跨度桥梁墩台，桥台采用双线矩形空心台；桥墩墩高超过 6.0 m 者，一般采用空心墩，否则采用实体墩；跨公路或铁路既有线的墩采用实体墩，全桥一般采用同一种类型桥墩。

10. 桥梁基础类型根据地质、水文条件，一般采用扩大基础和钻孔桩基础。

11. 桥梁墩台基础的沉降量应按恒载计算，其工后沉降量不应超过以下容许值。

(1)墩台均匀沉降量

有砟桥面桥梁 30 mm；无砟桥面桥梁 20 mm。

(2)外静定结构相邻墩台沉降量之差

有砟桥面桥梁，$\Delta=0.5L$(mm)，并不大于 15 mm；

无砟桥面桥梁，$\Delta=0.15L$(mm)，并不大于 5 mm。

式中　Δ——相邻墩台沉降量之差，mm；

　　L——相邻墩台间的梁跨长，m。

对于外静不定结构，其相邻墩台均匀沉降量之差的容许值，还应根据沉降时对结构产生的附加应力的影响而定。

涵洞的地基为软弱黏性土地层时，应计算涵洞的沉降，其工后沉降量不应大于 15 mm。

12. 涵洞一般采用框架涵、钢筋混凝土倒虹吸。涵洞的设置以尽量不改变原有交通(公路、道路与水运)、灌溉及排水系统为原则，适当考虑远期发展。

13. 公跨铁立交。

(1)在路堑处设公跨铁立交时，应避免高桥台。桥墩设置除满足限界要求外，尚应考虑列车可能脱轨的事故影响。

(2)在较平坦处设公跨铁立交时，桥长应由经济技术比较确定路桥分界高度。位于城镇附近时可适当降低路桥分界高度。

14. 建筑材料。

(1)桥梁梁部主体工程等采用预应力混凝土、钢筋混凝土材料；墩台身、墩台基础、墩台顶部及顶帽等采用混凝土或钢筋混凝土。

(2)涵洞出入口翼墙、边墙及基础均采用混凝土；框架涵身等采用钢筋混凝土。

15. 重视桥梁的维修设计，桥面结构的布置应综合考虑接触网、综合管线、桥面维修作业通道和桥面的排水等设施的合理布置。要从方便养护维修作业的角度统筹布置维修设施，旱桥、高架桥有便道可到达各桥孔、高度低于 15 m 的桥梁，可采用自行走升降式桥梁检修车进行检修作业；旱桥、高架桥无便道到达各桥孔的桥梁、高度高于 15 m 的桥梁以及桥下长期有水无法到达的桥梁，可采用走行在桥面维修通道上的桥梁检修车进行检修作业。

16. 紧急疏散通道每 3 km 设一处。

第三节 基础工程设计

武广铁路客运专线的桥梁基础有桩基础、扩大基础两种，以桩基础为主，部分地质条件、地形条件适宜墩台采用扩大基础。桩基础采用钻孔灌注桩。

桥梁下部结构投资占桥梁总投资的1/2以上，下部结构系统研究对桥梁设计的经济性意义重大。结合沿线地质条件，对无砟轨道无缝线路与桥梁下部结构的关系、影响桥梁下部结构刚度的主要因素、不同地质条件下桥墩和基础刚度的合理分配、基础布置型式等做了系统研究。

一、影响桥梁下部结构刚度的主要因素

客运专线桥梁设计除了应注重强度、经济性外，还应注重刚度、耐久性设计，特别是结构的刚度，对运行高速列车的客运专线来说，尤为重要。

客运专线铁路桥梁对结构横向刚度控制的主要目的有：保证桥上列车运行的安全性和舒适性；保证桥上轨道结构的稳定性；保证结构不出现过大的附加受力和振动；减少桥上轨道的养护维修。对桥墩纵向刚度控制的主要目的则是满足无缝线路轨道的受力要求。下部结构的刚度是桥梁结构整体刚度的主要组成部分，分析影响桥梁下部结构刚度的主要因素，对桥梁下部结构设计，特别是桩基础的合理设计十分必要。

研究表明，在采用已有桥墩参考图的情况下，墩形、桩身混凝土强度等级、桩的受力类型对桥梁下部结构刚度影响较小，摩擦桩桩长30 m以内时，刚度变化很小。影响桥梁下部结构刚度的主要因素为：墩高、桩间距、桩的布置形式、柱桩的桩长、桩的自由长。

二、桥墩墩身基础刚度比例

桥梁下部结构由墩身刚度和基础刚度组成，桥墩墩身基础刚度比例对墩身尺寸和下部结构的经济性影响较大。一般来说，地下基础单价比地上墩身单价高得多，同样圬工，基础施工费用比墩身大。墩身刚度不宜太小，否则需要较大的基础刚度来满足整体刚度的需要，投资势必增加，墩身刚度也没有必要太大，否则会加大墩身尺寸，影响桥梁的美观。

武广铁路客运专线绝大部分梁跨采用32 m简支箱梁，研究32 m简支箱梁的墩身基础刚度比例关系表明：地质条件较好时，单位力墩身位移占单位力总位移的40%的情况，桥墩和基础总圬工最省，而且刚度容易满足。

三、桩径选择

在同等满足承载力和刚度条件下，桩径、桩数的不同选择对基础造价有一定影响。

对于墩高20 m以下的桥墩基础，在一般地质条件下，按8ϕ1.00 m、9ϕ1.00 m、10ϕ1.00 m、11ϕ1.00 m、12ϕ1.00 m布置，如采用ϕ1.25 m桩径，则按6ϕ1.25 m、8ϕ1.25 m、9ϕ1.25 m布置。

ϕ1.00 m、ϕ1.25 m桩径不同地质条件工程费用比值见表3-5-6。该表反映出陆上施工直径ϕ1.00 m、ϕ1.25 m钻孔桩的费用比值，在取得相同刚度的情况下，在软弱地层，ϕ1.00 m、ϕ1.25 m钻孔桩的综合费用相当，在一般地层，小直径钻孔桩的经济性比大直径钻孔桩的经济性好。多数情况下，从分散受力的角度出发，应尽可能采用小直径钻孔桩，但当桩长超过50 m，由于构造的原因，应采用较大直径的钻孔桩。

表3-5-6 两种桩径不同地质条件工程费用比值

项　目	6ϕ1.25/8ϕ1.00	8ϕ1.25/11ϕ1.00	9ϕ1.25/12ϕ1.00
钻软塑、黏性	0.98	0.95	0.98
钻可塑、黏性	0.88	0.85	0.88
钻硬土	1.09	1.05	1.09
钻软石	1.12	1.08	1.12
钻次坚石	1.12	1.09	1.12
钻坚石	1.12	1.09	1.12
混凝土、钢筋材料费用	1.08	1.05	1.08

四、桩的排列方式

客运专线桥梁下部结构的横向刚度总是希望尽可能大，因为较大的横向刚度是列车运行安全性和舒适性的保证，桩基础的平面布置形式应以尽可能加大下部结构横向刚度为原则。

桩基础的平面布置形式有行列式和梅花式之分，图 3-5-1 是 8 根直径 1.00 m 的桩的两种布置方式，表 3-5-7 反映了两种布置方式下桥墩纵横向刚度。对于桥墩的横向刚度来说，行列式是梅花式的 1.2 倍左右，而承台体积行列式是梅花式的 0.773 倍，因此，在纵向刚度不控制的情况下，桩基础的平面布置应尽量采用行列式布置，另外，行列式比梅花式施工方便。

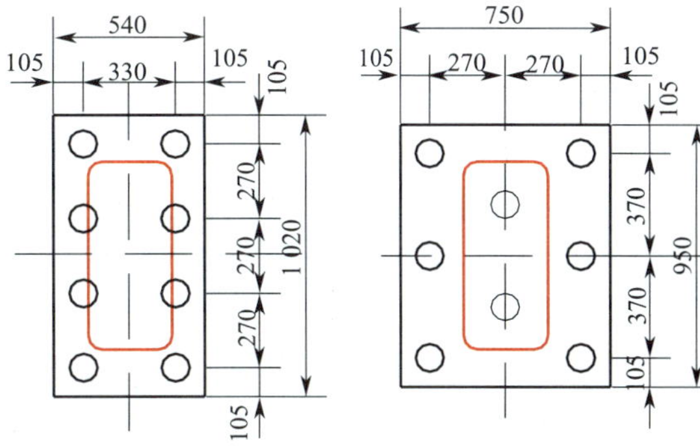

图 3-5-1　桩的排列方式(单位:cm)

表 3-5-7　两种布置方式下桥墩纵横向刚度

排列方式	墩高(m)	桩基	桩型	纵向刚度(kN/cm)	横向刚度(kN/cm)
行列	11.5	8ϕ1.0 m	摩擦桩	646	1 416
行列			柱桩	502	1 170
梅花	11.5	8ϕ1.0 m	摩擦桩	987	1 251
梅花			柱桩	752	970

五、常用跨度简支箱梁桩基础设计结论

结合地质特点，通过大量桩基础比较计算表明，对于矮墩，桩的承载力控制设计，对于高墩，则为纵横向刚度控制设计。

桩基础设计时，不仅要考虑墩顶的纵向刚度，还应考虑墩顶的横向刚度。如按规范梁的水平折角不应大于 1‰规定，墩顶横向刚度基本上不控制设计，但车桥耦合动力响应分析及大量墩顶横向振幅现场检测表明，客运专线桥墩应在设计时考虑墩顶横向刚度。桥墩越矮，需要的横向刚度越大；桥墩越高，需要的横向刚度越小。

经比较分析，32 m 标准跨桥墩的桩基础按以下选用。

1. 墩高 20 m 以内时一般采用直径 1.00 m 的桩，地质条件复杂如岩溶地区的桥墩也采用直径 1.25 m 的桩；

2. 墩高 20～35 m 时一般采用直径 1.25 m 的桩，墩高 35～45 m 时一般采用直径 1.50 m 的桩。

当桩长超过 50 m 时，考虑施工的难度，桩径采用 1.25 m。桩基础桩数采用 8～12 根。

六、扩大基础适用条件

1. 大量的计算表明：基底基本承载力 $\sigma_0 \geqslant 350$ kPa。
2. 基坑开挖深度不大于 6.0 m。
3. 灰岩地区基坑开挖深度不大于 6.0 m、基底岩面顶板厚度不小于 6.0 m 时。
4. 陡坡地形不宜采用扩大基础。
5. 在岩层面倾斜度较大，且抽水困难，难以将岩层面凿平的地基上，不宜采用扩大基础。
6. 在难以排水施工，且可能发生流砂现象的地基上，不宜采用扩大基础。

七、桩基础配筋

1. 桩基础配筋根据计算确定，并满足规范轴心受压构件纵筋截面积不小于构件截面积 0.5%的规定。
2. 钻孔灌注桩的主筋及箍筋采用 Q235 钢筋。
3. 主筋在桩径≤1.50 m 时按 ϕ16 mm、ϕ20 mm、ϕ22 mm、ϕ25 mm 四种直径设计，桩径≥1.80 m 时按

ϕ20 mm、ϕ22 mm、ϕ25 mm、ϕ28 mm 四种直径设计，主筋一般按单根钢筋布置，当主筋根数较多，相邻主筋净距<8.0 cm 时，采用两根一束布置。

4. 桩身配筋根据桩身内力计算要求确定，可根据受力情况及主筋根数分段配筋。

5. 主筋净保护层厚度采用 70 mm。桩顶伸入承台内的主筋长度按 45 倍主筋直径设置，主筋采用喇叭型伸入承台内，斜率 15∶100。主筋上端设弯钩，下端不设弯钩。

6. Ⅵ度地震区桩径 1.00 m 时，箍筋直径采用 8 mm，桩径>1.00 m 时，箍筋直径采用 10 mm，承台底以下不小于 2D(D 为桩径)范围内箍筋间距均采用 100 mm，其余范围内箍筋间距均采用 200 mm。承台底以下箍筋间距采用 100 mm 的长度见表 3-5-8。承台底以下 40 cm 处开始顺钢筋笼长度每隔 2.0 m 加一道直径与主筋相同的加强骨架箍筋，增大钢筋笼的刚度。箍筋可采用螺旋筋。

表 3-5-8　承台底以下箍筋间距采用 100 mm 的长度

桩径(m)	ϕ1.00	ϕ1.25	ϕ1.50	ϕ1.80	ϕ2.00	ϕ2.20	ϕ2.50
长度 A(m)	2.4	3.0	3.6	4.4	4.8	5.4	6.0

Ⅶ度地震区桥梁桩基础，所有桩径的箍筋直径采用 10 mm，承台底以下 2(D+1)范围内箍筋间距均采用 100 mm，其余范围内箍筋间距均采用 200 mm。承台底以下箍筋间距采用 100 mm 的长度见表 3-5-9。

表 3-5-9　承台底以下箍筋间距采用 100 mm 的长度

桩径(m)	ϕ1.00	ϕ1.25	ϕ1.50	ϕ1.80	ϕ2.00	ϕ2.20	ϕ2.50
长度 A(m)	4.4	4.4	6.4	6.4	6.4	6.4	6.4

7. 桩身采用构造配筋时的主筋见表 3-5-10，主筋在桩身内的长度为承台底以下至桩底以上 10 cm 处。

表 3-5-10　桩身采用构造配筋时的的主筋

桩径(m)	主筋直径(mm)	主筋根数	主筋间距(mm)
1.00	16	20	132.6
1.25	20	20	171.2
1.50	20	28	150.3

八、承台配筋

承台是桥梁主要受力结构。桥梁上部结构的力通过桥墩传至承台，再通过承台传给桩基础。由于其受力复杂，不易计算，常见的分析方法是在满足刚性角的情况下将其假设为刚体，承台底按构造配筋，一般按经验和参考以前的设计，即 ϕ20@20 cm。复杂重要的桥梁则加强配筋。

桩基承台的计算方法，除最新的公路规范明确外(撑杆理论)，铁路规范未予明确。对于大型桥梁，专门对承台进行实体模型分析。

武广铁路客运专线外方及中方咨询对承台配筋提出意见，以下是有关承台配筋的咨询及确定过程。

(1)天兴洲公铁两用长江大桥相关工程桥梁咨询提出承台配筋按计算考虑。

(2)广州南站及相关工程桥梁咨询日方专家提出承台配筋应按 6 面设计。

(3)桥梁咨询德方专家提出承台配筋应按 6 面设计，承台底钢筋按撑杆理论计算。

(4)编制《武广承台配筋研究》。

(5)2006 年 3 月 27 日，铁道部工程管理中心在北京主持召开了武广铁路客运专线桥梁桩基础等设计问题研讨会，同意承台配筋按 6 面设计，承台底钢筋按计算设计。

(6)2006 年 4 月 11 日铁道部工管中心发文，建议进一步研究承台侧面配筋的必要性。

(7)2006 年 4 月 24 日，铁道部同意承台配筋按 6 面设计。

本线对 12 个典型承台进行了实体模型分析，根据分析成果确定承台的配筋方案。

常用跨度 24 m、32 m、40 m 简支箱梁，常用跨度 2×24 m、3×24 m、2×32 m、3×32 m 连续梁边墩、中墩

的承台配筋：

(1)承台钢筋采用 HRB335 钢筋。

(2)承台底层钢筋网钢筋间距采用 10 cm。

桩径 ϕ1.00 m 承台厚度为 2.00 m 时钢筋网采用 ϕ20 mm 钢筋；桩径 ϕ1.00 m 承台厚度为 2.50 m 或采用 10 根桩布置时钢筋网采用 ϕ22 mm 钢筋。

桩径 ϕ1.25 m 或 ϕ1.50 m 时钢筋网采用 ϕ25 mm 钢筋。

承台底层钢筋网净保护层厚度 100 mm。

(3)承台顶层钢筋网采用 ϕ16 mm 钢筋、间距 10 cm，净保护层厚度 50 mm。

(4)承台 4 个侧面钢筋网采用钢筋直径 ϕ12 mm、间距 15 cm，净保护层厚度 50 mm。

(5)桩中心距≥桩直径的 3 倍时，在两桩边缘内侧之间设置吊筋，吊筋直径 ϕ16 mm、间距 20 cm。

(6)承台架立钢筋采用∟50×50×4 角钢，在设有吊筋的区域可不采用，在不设吊筋的区域间距 150 cm×150 cm。

主跨 48 m 及以上连续梁边墩及主墩承台配筋：

(1)承台钢筋采用 HRB335 钢筋。

(2)桩径 ϕ1.00 m 时钢筋网采用 ϕ22 mm 钢筋，间距采用 10 cm；桩径 ϕ1.25 m 时钢筋网采用 2ϕ25 mm 钢筋，间距采用 15 cm；桩径 ϕ1.50 m 时钢筋网采用 2ϕ28 mm 钢筋，间距采用 15 cm。

承台底层钢筋网净保护层厚度 100 mm。

(3)承台顶层钢筋网采用 ϕ20 mm 钢筋、间距 15 cm，净保护层厚度 50 mm。

(4)承台 4 个侧面钢筋网采用钢筋直径 ϕ12 mm、间距 15 cm，净保护层厚度 50 mm。

(5)桩中心距≥桩直径的 3 倍时，在两桩边缘内侧之间设置吊筋，吊筋直径 ϕ16 mm、间距 20 cm。

(6)承台架立钢筋采用∟50×50×4 角钢，在设有吊筋的区域可不采用，在不设吊筋的区域间距 150 cm×150 cm。

九、桩基础统计数据

桩基础统计数据见表 3-5-11。

表 3-5-11　桩基础统计数据

桩径(m)	根数	桩长(m)	桩长比例(%)	桩数比例(%)	平均桩长(m)
1.00	70 199	1 578 678	83.49	82.60	22.51
1.25	12 567	257 561	13.62	14.79	20.5
1.50	1 655	34 236	1.81	1.95	20.69
1.80	166	5 200	0.27	0.20	31.32
2.00	329	11 840	0.63	0.39	35.99
汇总					22.23

十、岩溶桥梁基础设计

(一)岩溶桥梁的基础型式

1. 扩大基础

当条件允许时应尽量采用明挖扩大基础。当岩溶埋藏较深且稳定时，充分利用上覆性能较好的土层作为持力层，或使基底与洞体间保留相当厚度的完好岩体。对利用上覆土层作为持力层的基础，应充分考虑当岩溶岩面起伏较大，基底土层厚度不等而产生的土质地基压缩变形不均的问题。

岩溶明挖扩大基础设计应注意地下水位的不利影响。

扩大基础底面为中密砂砾，且在地下水位以下时，明挖基坑时涌水量可能较大，特别是其下有空溶洞，不宜采用扩大基础。

2. 桩基础

根据不同的地质条件、覆盖层厚度及岩溶特征，将桩基础设计分为三种类型。

(1)第一种类型：溶洞层数少，在不深的地层内有完整的岩溶支承顶板厚度，则设计为不等桩长的柱桩基础，桩底必须嵌人岩层。

(2)第二种类型：覆盖层较厚，岩溶埋藏较深，溶洞内有填充物，则设计为短桩大承台基础，桩支承在覆盖层内，群桩按摩擦桩计算，但应注意桩底至岩石的距离及溶洞顶板的厚度，确保不致坍塌。

(3)第三种类型：多层串珠状溶洞(槽)，在较深的底部难于确定稳定基岩作为桩的支承面，此时桩身连续穿透几个溶洞(槽)，其累计岩壁厚度达到一定数值，桩身受力按柱桩计算，桩承载力则按摩擦桩理论计算。应考虑基础的不均匀沉降。由于岩石裂隙发育，赋存丰富的裂隙水和岩溶水，桩基施工可能出现渗水、漏浆等现象，桩底沉淀土难以清除。因此，设计中不计桩尖抗力的作用。

(二)岩溶基础设计中的几个问题

1. 地基承载力

在满足承载力前提下，尚应注意满足桩底以下 3 倍桩径范围内无软弱夹层、断裂带、洞隙分布；桩端的应力扩散范围内无岩体临空面，方可认为安全。

2. 桩底基岩完整性

岩溶桩基础成孔工艺有二种，一是冲孔，二是钻孔。经比较在岩溶发育复杂地区，钻孔进度太慢，平均每天进尺不足 10 cm，而冲孔每天可达 100 cm。由于冲孔对孔底岩石完整性造成损害，设计应考虑其不利因素。

3. 桩基或岩体的临空面

临空面是指桩基或岩体与变形空间相临的面。桩顶加荷后，有可能发生较大的压缩变形或岩石破碎而松动。

由于桩基岩面起伏较大，桩的长短参差不齐，长短桩不仅刚度存在差异，且桩受力不均。如桩底周围有临空面，岩体风化、岩溶发育及层理、层面无法确定，一旦有软弱夹层或不稳定裂隙，将会引起滑动而失稳。

4. 桩周土的流失

部分桩孔在施工中，桩周土随涌水大量流失，形成空洞，并造成地面塌陷，对地基整体稳定性会有影响，故岩溶桥桩基考虑桩周土流失，应不计摩阻力。

岩溶区嵌岩桩的嵌岩深度确定是一个难点，入岩不能等于嵌岩。只有在桩孔四周全部入岩，其最低点才算嵌岩起点。

第四节 墩 台 设 计

一、概 述

为满足无缝线路轨道的受力要求，桥梁墩台需要一定的纵向线刚度，为满足高速行车车桥动力响应要求，桥墩需要有一定的横向刚度，无砟轨道的扣件可调量小，对墩台工后沉降控制要求非常严格。总的来说，桥墩设计需综合考虑功能、受力、施工、耐久性、景观、维修、经济性等多方面的因素。

本线以 32 m 简支箱梁为主导梁型，32 m、24 m 简支箱梁占全线桥梁的 95%。桥墩采用编制的客运专线空心墩台通用图目录，见表 3-5-12。

表 3-5-12 客运专线空心墩台通用图目录

图 号	图 名
肆桥设(2006)4080	时速 350 公里客运专线铁路无砟轨道矩形空心桥台
肆桥设(2006)4081	时速 350 公里客运专线铁路无砟轨道矩形空心桥墩
肆桥设(2006)4082	时速 350 公里客运专线铁路无砟轨道圆端形空心桥墩
肆桥设(2006)4084	时速 350 公里客运专线铁路无砟轨道单圆柱桥墩

本线桥墩的主要特点，一是采用空心墩；二是不设顶帽，改变了我国铁路桥梁多年来桥墩一直均设顶帽

的习惯，从而简化了桥墩外形，在增加较少圬工用量的情况下还附带增加了桥墩纵向刚度，以确保高速铁路桥梁行车更加平顺；三是注意墩身刚度占下部结构总刚度的合理比例，避免了墩身刚度过小加大基础刚度的做法，体现了经济性；四是矩形空心墩比圆端形空心墩的经济性好，工点设计大量采用矩形空心墩；五是注意检查维修附属设施设计。

大跨度连续梁桥墩、其他特殊跨度桥墩特别设计，根据工点具体情况，考虑功能、景观因素确定墩形。

二、墩顶功能划分

桥墩顶除通过支座支承梁部外，还有其他附属功能，如更换支座时千斤顶摆放空间、防止落梁和防止梁部移动设施、检查或更换支座时工作空间、墩顶排水等。

三、桥墩构造

我国普通铁路空心墩一般采用混凝土结构，最小壁厚为 50 cm，为厚壁空心墩，一般在温度应力比较集中及截面变化较大的地段布置有一定量的钢筋，其余部位不布设钢筋。考虑到高速铁路耐久性要求，空心墩墩身内外两侧均设了钢筋，除根据受力计算外，其余按构造配筋。

根据研究，如果把顶梁用的千斤顶放在梁端内侧而非腹板下时，桥墩顶帽纵向尺寸可以减小 20 cm 左右，桥墩顶纵向尺寸可以采用 300 cm，节约了桥墩工程量(经与梁部通用图编制单位协商，顶梁千斤顶中心与支座中心距离按最大 80 cm 控制，此条件限制支承垫石横向宽度为 110 cm)。综合各种因素，当简支箱梁采用预制架设时，矩形空心墩外形尺寸统一采用 300 cm×680 cm，四角采用 $R=50$ cm 的圆角；圆端形空心墩外形统一采用 300 cm×800 cm，横向两侧采用 $R=300$ cm 的半圆，极大地方便了桥墩外模的制作、倒用，同时桥墩外形体量与简支箱梁相匹配。当简支箱梁采用现浇施工(造桥机、满堂支架)时，因张拉空间要求，现浇梁支点距梁端距离加大，矩形空心墩纵向 330 cm×680 cm，墩身尺寸圆端形空心墩采用 330 cm×830 cm。墩高超过 20 m 时采用圆端形空心墩，墩身坡度 1∶35，墩顶外形尺寸见表 3-5-13。

表 3-5-13　墩顶外形尺寸

墩高(m)	简支箱梁预制架设		简支箱梁现浇施工	
	墩顶纵向(cm)	墩顶横向(cm)	墩顶纵向(cm)	墩顶横向(cm)
4～30	300	800	330	830
31～40	340	850	340	850
41～50	400	850	400	850

为满足顶梁、维修、支座更换的需要，垫石高采用 35 cm；墩顶设宽 150 cm、高 100 cm 凹槽；凹槽内设 70 cm×70 cm 进人洞，墩顶上设置不小于 3%的排水坡。上实体段处墩身壁厚均为 50 cm；墩顶实体段厚 250 cm，墩底实体段厚度 100 cm，空心墩梗肋 100 cm×50 cm。当墩高≤6 m 时，墩身采用实体墩；外形轮廓同空心墩。以求外观统一，且节省模板。

图 3-5-2 所示为 32 m+32 m、24 m+24 m 简支箱梁空心墩大样。

矩形空心墩大样如图 3-5-3 所示。

四、连续梁桥墩墩顶纵向水平力计算

连续梁合龙后梁体收缩徐变、温度变化、列车制牵力、制动力、无缝线路长钢轨力等作用下，对墩均产生纵向水平力。

由于连续梁活动支座摩阻力的存在，连续梁常具有固定支座“不固定”，活动支座“不活动”的特性，连续梁固定墩、活动墩共同承受纵向水平力。

为方便计算，无缝线路长钢轨力由固定墩承受。

客运专线连续梁墩顶荷载大，连续梁固定墩纵向刚度须满足无砟轨道无缝线路的要求，固定墩纵向刚度往往较大，出于外形协调的考虑，活动墩墩身尺寸一般同固定墩一致，这样，活动墩的纵向刚度也较大。在桥

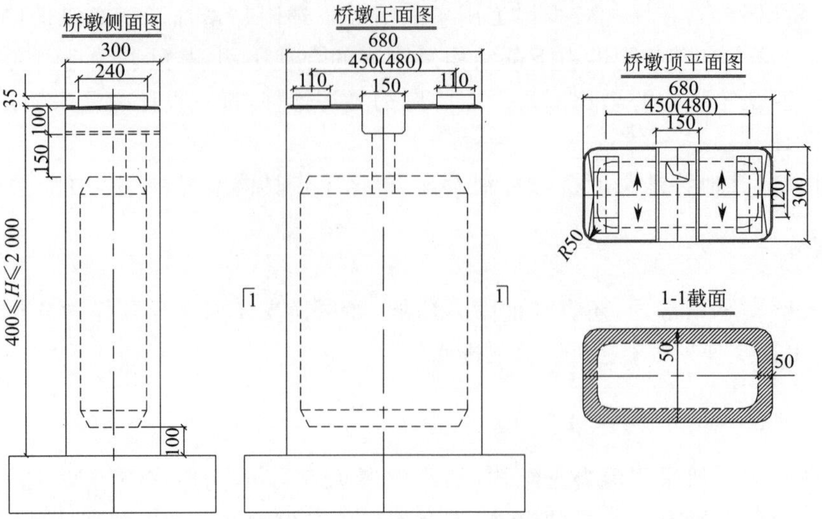

图 3-5-2 空心墩大样(单位:cm)

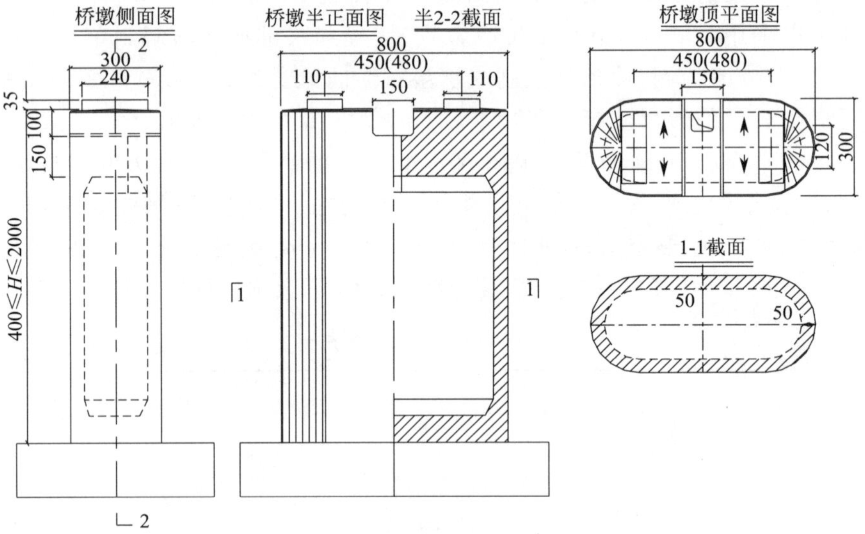

图 3-5-3 矩形空心墩大样(单位:cm)

墩纵向刚度较大时,即使较小的纵向变形也会产生较大的纵向水平力。

连续梁桥墩墩顶纵向水平力计算原则:

(1)活动墩按支座摩阻力计算。

(2)支座摩阻系数 μ 取 0.03。

(3)固定墩承受无缝线路长钢轨力、制动力与支座摩阻力之和,其中,制动力根据桥墩纵向刚度分配,如分配的制动力大于活动墩的摩阻力,则该活动墩退出,根据桥墩纵向刚度重新分配;支座摩阻力为固定墩左侧摩阻力合力与右侧摩阻力合力的差。

五、墩型经济比较

通过对矩形墩、圆端形墩、双柱墩进行经济比较,结论如下:

(1)圆端形实体墩造价最高。

(2)矩形墩与双柱墩相比,墩高小于 7.0 m 时,矩形墩比双柱墩造价低,大于 7.0 m 时,矩形墩比双柱墩造价高。

(3)矩形墩混凝土用量多,钢筋用量少。钢筋价格越高,混凝土价格越低,矩形墩造价越低。

(4)同双柱墩相比,矩形墩体积增加对基础影响很小。

(5)同双柱墩相比,矩形墩施工简单,提供了较大的纵横向刚度,受力性能优越。

(6)公路、铁路两侧双柱墩抵抗撞击的能力低于实体矩形墩，可能需要增加防撞措施。

(7)一般来说，桥梁平均墩高 8 m，墩高不高的情况下，优先采用矩形实心墩。

六、桥墩选型原则

(1)同一座桥的墩型尽量统一。

(2)全线以矩形空心墩为主要墩形。

(3)在铁路与河流夹角较小，水中墩采用单圆柱墩。

(4)涉水桥梁一般采用圆端形空心墩。

(5)墩高大于 20 m 的桥梁采用变截面圆端形空心墩。

七、桥　　台

桥台采用矩形空心结构，切合梁部设计，台长设为定长，既简化图纸又方便施工，空心台身圬工更省，重量更轻，也利于优化基础设计。台后填土高度 4.0～8.0 m，级差 0.5 m，台身入土深分别为 0～2.0 m。同一跨度的直曲线桥台合并设计，采用相同尺寸。适用于地震动峰值加速度 $a_g \leqslant 0.15$ g 的地区。

桥台垫石按盆式橡胶支座确定，满足顶梁、维修和更换支座需要。顶帽的纵向宽度为 3.2 m，横向宽度为 7.0 m，顶帽上设置不小于 2% 的排水坡。台顶防水层、保护层横断面组成及排水方式与梁部相同，台顶每隔 2 m 左右设横向泄水孔，使台顶水流通过其引入泄水管而排走。防护墙、人行道、栏杆及声屏障等参照梁部并结合桥台长度进行设计。台身按混凝土截面设计，并设护面钢筋。为方便桥台检修，台尾左右均设检查台阶且桥台内空心部分也设检查梯。

第五节　常用跨度桥梁设计

一、桥式方案

桥式方案主要有两方面内容：一是桥梁设置的范围即桥长；二是桥梁的孔跨布置。

1. 沉降不宜控制的区段设桥通过，由路基专业提出。

路基工后沉降包含路基填方本体的沉降和地基沉降。研究表明，路基填方本体压实度达到规定要求，其后期沉降很小，地基沉降则主要受填土荷载大小及地基岩土性质控制，对于武广铁路客运专线，软土地区、浅表层岩溶发育区，如填土高度超过 6.0 m，一般以桥通过。

2. 桥路相接处，为减少过渡段，桥台伸入路堑。

路基填土相对桥梁结构具有可压缩性，提供的竖向刚度比桥梁弱。在路基、桥梁交变地段，竖向刚度的突变将对高速行车造成影响。为了保证高速行车的安全和舒适，适应高速铁路对线路高平顺性的要求，桥路之间、路堤与路堑之间需设过渡段，当桥梁台尾与路堑相隔很近、路堤长度很短时，将桥台台尾伸入路堑，只设桥梁、路堑过渡段，减少桥路之间过渡段。

3. 我国客运专线设计暂规规定："相邻桥涵之间的距离，要综合考虑高速列车行车的平顺性要求、路桥(涵)过渡段的施工工艺要求以及经济造价等因素，合理确定。两桥台尾之间的距离不宜小于 150 m，两涵之间以及桥台尾与涵之间的净距离不宜小于 30 m。"当两桥台尾之间的距离小于 150 m 时，一般设桥通过。

4. 桥路比较综合考虑施工工期、路基工程后期养护维修、土地资源占用、环境保护等因素。当线路通过高效经济作物区或城市、城市近郊时，当路基填料缺乏需大量取土或远运时，从节约土地、保护环境出发，应控制路堤高度。

5. 桥梁孔跨满足交通、通航、防洪的需要；桥梁跨越公路、通航河流时，桥式方案要满足相关规划的要求，桥梁跨越河流时，桥式方案要满足防洪评价的要求。

6. 以 32 m 简支箱梁为主，24 m 简支箱梁调整跨度用，跨路、跨河桥梁如 32 m 简支箱梁不适应时，尽量采用标准跨度的连续梁，如(32＋48＋32)m、(40＋56＋40)m、(40＋64＋40)m、(48＋80＋48)m、(60＋100＋

60)m 连续梁。

经济分析表明：在桩基础条件下以跨度 32 m 简支箱梁为最经济的梁型，预制架设为最经济的施工方法。在地质条件较好或采用明挖基础情况下，24 m 简支梁要比 32 m 简支梁略显经济，考虑架设工期、车桥耦合振动等因素，仍应首推 32 m 双线整孔简支桥式。

简支箱梁对地基的适应性较强，连续梁对地基的适应性较差，支座不均匀下沉量控制严格，一方面对梁部设计起着控制作用；另一方面也控制下部结构的设计，要求严格的不均匀沉降控制值无疑将增加基础的工程量。

简支箱梁桥桥墩的纵向水平线刚度限值小于连续梁，同时由于各墩受力较均匀，其相邻桥墩的沉降差较容易控制，且该沉降差不会对结构产生附加内力，只须满足轨道变形要求即可。因此，简支箱梁下部工程的工程数量较连续梁要少。

常用跨度桥梁的动力响应分析表明，采用简支箱梁、常用跨度刚架以及常用跨度混凝土连续梁均能满足高速列车的安全性和旅客舒适性要求，简支箱梁能达到甚至超过连续梁的动力性能。

线路与公路、铁路、河流夹角不大需要连续梁跨越时，为了减少基础施工对既有公路、铁路的影响，宜适当加大主跨跨径，增加投资有限。

二、梁部施工方法

简支箱梁主要有预制架设、支架现浇、造桥机施工等几种施工方案。预制架设方案可以工厂化生产，能保证箱梁制造质量，提高了施工进度和工效，较其他方案投资省、效益好。长大桥梁或桥梁集中地段(一般按 100 孔以上)按运梁半径不超过 20 km 设置一个制梁场，超出合理半径的零星桥梁或隧道间分散桥梁综合工程情况、工期要求等因素，经技术经济比选可采用支架现浇或造桥机施工。武广部分隧道之间的简支箱梁根据施工组织的综合要求采用预制架设后浇翼缘的施工方案。

常用跨度连续梁采用悬臂浇筑法。部分(32＋48＋32)m 连续梁采用支架现浇。

三、简支箱梁截面

(一)简支箱梁截面

简支箱梁截面如图 3-5-4 所示。

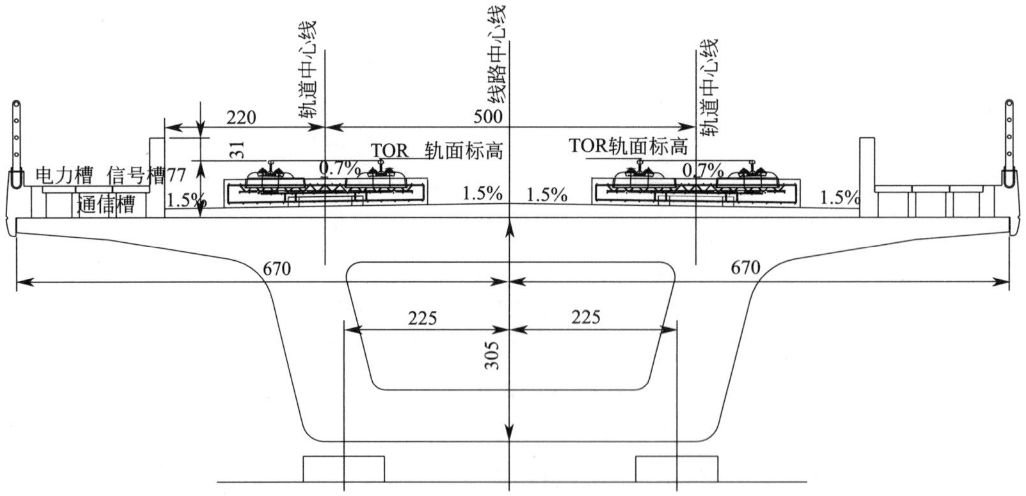

图 3-5-4　简支箱梁截面(单位：cm)

(二)简支箱梁后浇翼缘截面

简支箱梁后浇翼缘截面如图 3-5-5 所示。

(三)简支箱梁过隧道内净空

简支箱梁过隧道内净空如图 3-5-6 所示。

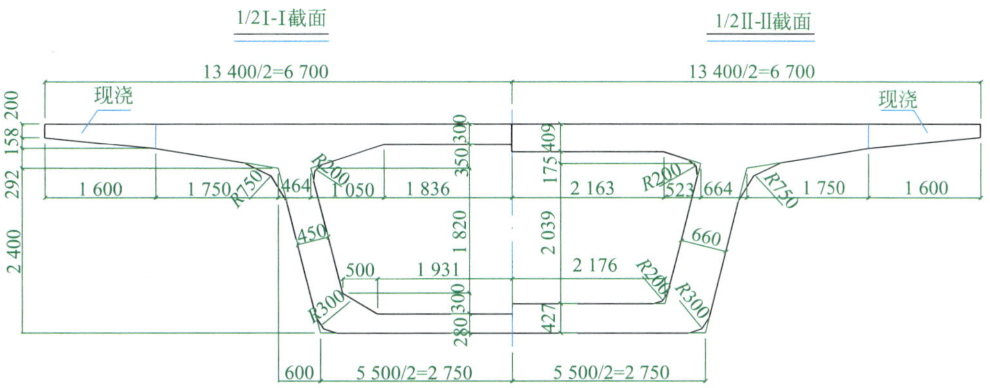

图 3-5-5　简支箱梁后浇翼缘截面(单位:mm)

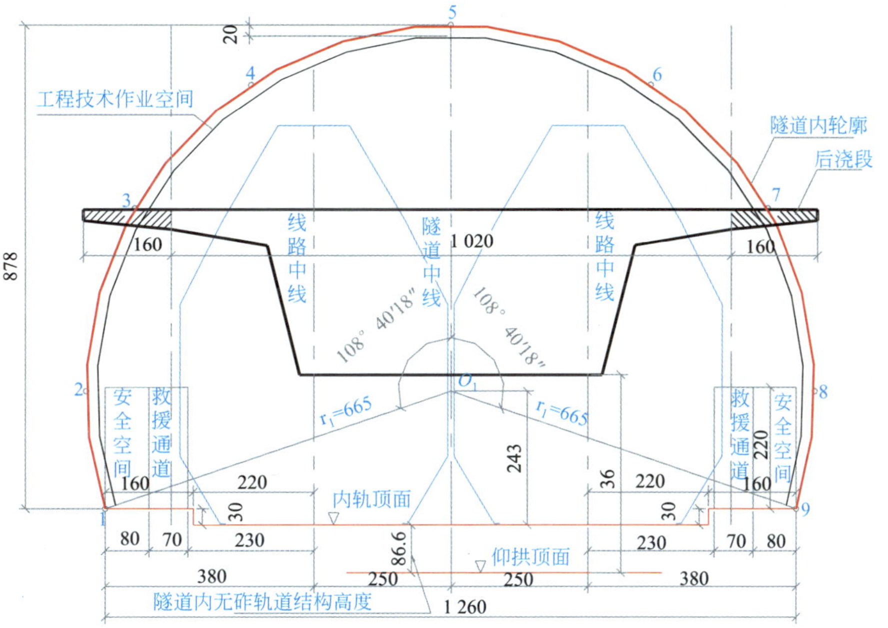

图 3-5-6　简支箱梁过隧道内净空(单位:cm)

第六节　大跨度桥梁设计和特殊桥梁结构

一、概　　述

武广铁路客运专线沿线跨越多处大江大河及高等级公路,受通航及立交净空、防洪等诸多条件限制,需要桥梁以较大跨度跨越,由此出现了多处大跨度桥梁。全线主要大跨度桥梁见表 3-5-4。

表 3-5-14　全线主要大跨度桥梁

桥　名	主跨结构型式	跨越河流、道路	轨道类型	有无钢轨温度伸缩调节器
跨环城高速特大桥	(99+242+99)m 连续钢桁拱	东平水道	有砟	有
流溪河特大桥	(94+168+94)m 连续刚构	西华海水道	无砟	—
汀泗河特大桥	140 m 钢箱系杆拱	京珠高速	无砟	—
东湖特大桥	112 m 提篮拱	城市中环线	无砟	—
胡家湾特大桥	112 m 提篮拱	京珠高速	无砟	—
梁家湾特大桥	112 m 提篮拱	京珠高速	无砟	—
陆水特大桥	(70+125+70)m 连续梁	陆水	无砟	—
王灌冲大桥	(70+125+70)m 连续梁	京珠高速	无砟	—
跨环城高速特大桥	(70+125+70)m 连续梁	花地河	无砟	—
流溪河特大桥	(70+125+70)m 连续梁	广清高速	无砟	—

续上表

桥　　名	主跨结构型式	跨越河流、道路	轨道类型	有无钢轨温度伸缩调节器
陈村水道特大桥	(60＋125＋60)m 四线连续梁	陈村水道	无砟	—
衡阳湘江特大桥	(64＋4×116＋64)m 连续梁	湘江	无砟	有
株洲西湘江特大桥	(60＋5×100＋60)m 连续梁	湘江	无砟	有
沪蓉高速公路特大桥	(60＋100＋60)m 连续梁	沪蓉高速公路	无砟	—
流溪河特大桥	(60＋100＋60)m 连续梁	流溪河	无砟	—
罗水特大桥	(48＋80＋48)m 连续梁	罗水	无砟	—
宋家湾特大桥	(48＋80＋48)m 连续梁	京珠高速	无砟	—
陈村水道特大桥	(48＋80＋48)m 连续梁	广珠西线高速	无砟	—
跨环城高速特大桥	(42＋3×76＋42)m 连续刚构	海南收费站	无砟	—
新墙河特大桥	(40＋2×72＋40)m 连续梁	新墙河	无砟	—
汨水特大桥	(40＋2×72＋40)m 连续梁	汨水	无砟	—
捞刀河特大桥	(40＋2×72＋40)m 连续梁	捞刀河	无砟	—
耒河特大桥	(40＋2×72＋40)m 连续梁	耒河	无砟	—
黄土湾大桥	(70＋70)m T 构	河谷	无砟	—
陈村水道特大桥	(30＋2×60＋30)m 四线道岔连续梁	广珠停车线	无砟	—
北庙北江特大桥	(48＋2×80＋48)m 连续梁			

二、主要大跨度桥梁结构

(一)跨环城高速特大桥(99＋242＋99)m 四线连续钢桁拱

本桥位于广东省广州市，主桥跨越东平水道，一跨过江，桥式为(99＋242＋99)m 四线连续钢桁拱，桥上有武广铁路客运专线及广茂线各两线，主桥位于直线、平坡上，有砟轨道，设计行车速度均为 200 km/h。东平水道主桥布置如图 3-5-7 所示。

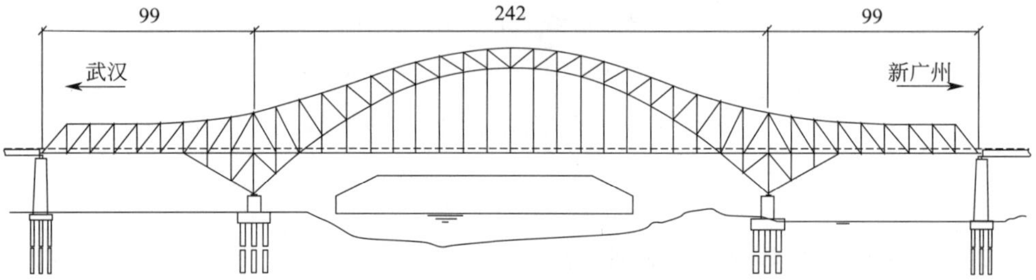

图 3-5-7　东平水道主桥布置(单位：m)

结构采用三片主桁，中心距 2×14.0 m，主桁间设交叉形纵向及横向联结系，吊杆采用箱形截面，中间不设置横撑。桥面为正交异性四线线间距(5.0＋9.2＋4.6)m，武广铁路客运专线道砟槽宽 9.4 m，广茂线道砟槽宽 9.0 m，人行道各宽 1.3 m。其 1/2 主桁三维图如图 3-5-8 所示。

主桁采用整体节点，弦杆、拱肋、吊杆及箱形截面腹杆与节点四面对拼，H 形腹杆通过插入方式与节点连接，H 形纵向平联与主桁节点通过翼板对拼，H 形横联通过插入方式与主桁节点连接。桥面采用正交异性板整体桥面，钢桥面顶板上设 150 mm 的现浇混凝土道砟槽，用焊钉与钢桥面板结合，道砟槽顶铺 60 mm 后的防水耐磨层。

主桁采用 Q370qD 或 Q370qE，桥面系、联结系采用 Q345qD，道砟槽板采用 C40 钢筋混凝土，全桥主结构用钢量 17 083.5 t。

钢桁拱节间长度 11 m，边跨 9 个节间，中跨 22 个节间，边跨与中跨之比为 0.409；边跨平行弦桁高14 m，拱顶桁高 9 m，加劲弦高 20 m，拱肋采用二次抛物线，下拱圈矢跨比 1/4，最大吊杆长度 40.5 m。

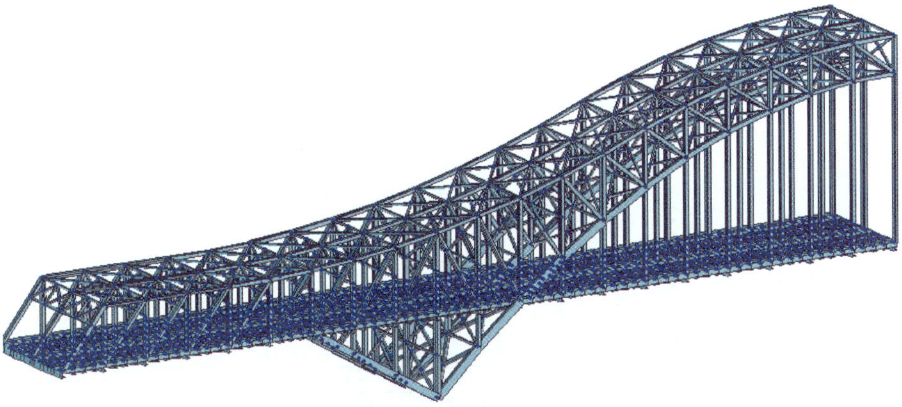

图 3-5-8 1/2 主桁三维图

本桥施工难度较大，主要体现在三个方面：一是整体节点、三片主桁，制造、安装精度要求高；二是边跨与中跨之比偏小，为满足施工过程中结构的抗倾覆稳定性，悬拼中跨时边支点需要张拉配重索，同时对边跨进行压重；三是受东平水道航运限制，钢桥面系必须与主桁同步安装，加大了中跨悬拼过程中结构抗倾覆稳定性的负担。

施工时先边跨、后中跨，合龙时先拱肋、后系梁，大致分为以下几个步骤：

施工基础、桥墩、临时墩，设置预拼厂，施工提升架。

通过架梁吊机、临时墩施工边跨至中墩，在边墩处张拉配重索。

悬拼中跨至第 2 个节间，起顶中支座至设计高度，继续悬拼中跨至第 6 个节间，边跨近边支点侧 6 个节间施工压重 12 t/m。

安装塔架，挂边跨扣索和中跨扣索，张拉扣索至设计吨位。

继续悬拼中跨至合龙段，并预留合龙口，通过中支座起落合龙拱肋，释放多余约束，完成第一次体系转换。

再次调整中支座高度，合龙系梁及钢桥面系，然后拆除塔架扣索以及压重、配重索，完成第二次体系转换。

纵移钢梁至设计位置，安装永久支座，从两侧由边跨向中跨施工桥面混凝土。

安装轨道线路设备及栏杆、人行道，施工检查设施，成桥。

(二)流溪河特大桥(94＋168＋94)m 双线预应力混凝土连续刚构

本桥位于广东省广州市，主桥跨越西华海水道，桥墩轴线与水流方向成约 28°斜交，桥下通航净空要求，净高不少于 10 m、净宽不小于 135 m，采用(94＋168＋94)m 双线预应力混凝土连续刚构跨越。主桥位于直线、平坡上，无砟轨道，计算行车速度 300 km/h。桥址处地震基本烈度 7 度，地震动峰值加速度为 0.1g，地震动反应谱特征周期为 0.35 s。

箱梁横截面为单箱单室直腹板，箱梁顶宽 13.4 m，底宽 8.5 m，中墩处梁高 11.0 m，跨中梁高 5.5 m，梁高按圆曲线变化，圆曲线半径 R＝570.114 m。全梁共分 89 个梁段，中支点 0 号梁段长度 13 m，一般梁段长度分成 3.0 m、3.5 m 和 4.0 m，合龙段长 2.0 m，边跨直线段长 11.0 m，最大悬臂浇注块件重 2 938.9 kN。

双柱中心距离 8.0 m，净间距 5.5 m，墩身截面尺寸为 11.0 m×2.5 m，两个主墩墩高分别为 15.3 m、22.3 m。

梁部最大竖向静活载挠度为 45.5 mm，竖向刚度为 1/3 692.3＜L/1 800＝93.3 mm；梁体下挠梁端转角：0.6‰＜2‰；梁体反弯的梁端转角：－0.3‰＞－1‰

按成桥后 60 d 二期恒载计算，徐变上拱值最大为 4.1 mm。

(三)汀泗河特大桥 140 m 钢箱系杆拱

汀泗河特大桥位于湖北省咸宁市，跨越京珠高速公路，线路与高速公路夹角为 30°；京珠高速公路为双向四车道，沥青路面，路肩宽 27.5 m。根据湖北省交通厅意见，按预留 8 车道设计。跨越京珠高速公路主跨采用 140 m 钢箱系杆拱。

钢箱拱桥由于具有拱桥受力性能良好且造型优美，兼钢结构桥梁自重轻、建筑高度小、跨越能力大、施工周期短的特点，因而此种桥式在跨越高等级公路及河流时具有较好的优越性。

桥型布置：梁长 143 m，计算距径 140 m，全桥布置如图 3-5-9、图 3-5-10 所示。

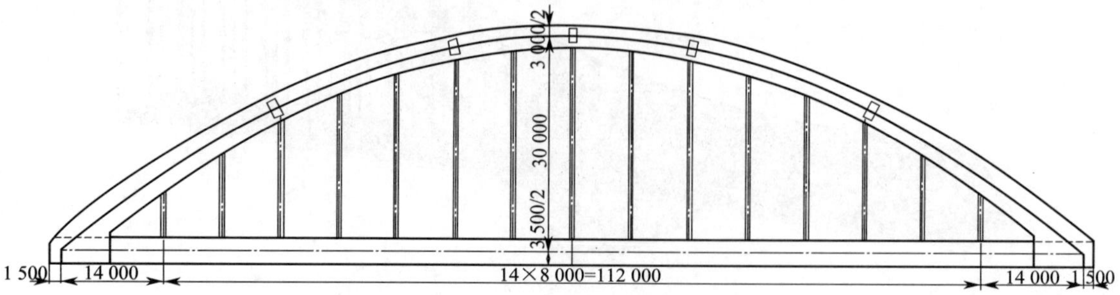

图 3-5-9 钢箱拱立面（单位：mm）

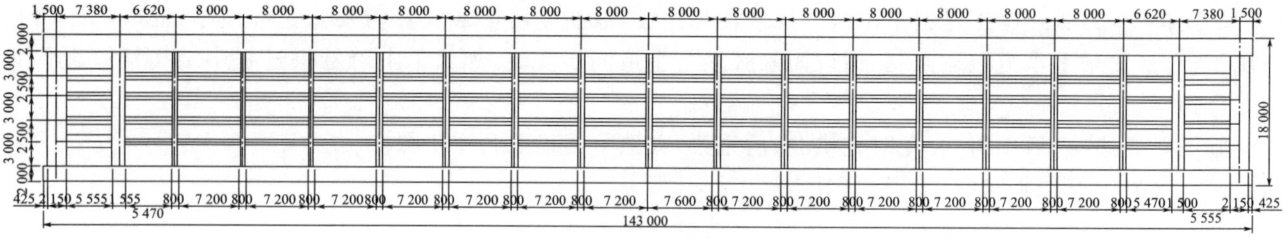

图 3-5-10 纵横梁平面（单位：mm）

拱肋线型采用 2 次抛物线，计算跨径 140 m，矢跨比 1/5，变截面钢箱，截面理论高度 4.5～3.0 m，以适应拱肋均匀受力；钢管宽为 2.0 m，每隔 3 m 左右设置横隔板，与拱肋中线垂直布置，用以保证大截面钢箱的局部稳定性。两侧拱肋平行布置，中心间距 16 m，全桥宽 18 m。桥面布置在拱肋内侧。

两拱肋之间共设五道一字横撑，确保拱肋的整体稳定性，横撑采用钢箱截面，内宽 1.18 m，外高适应拱肋截面高度的变化，高度分别为 1.8～2.332 m。

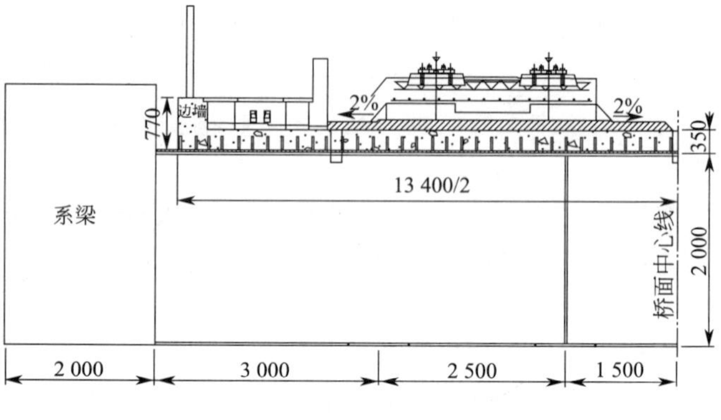

图 3-5-11 桥面布置（单位：mm）

桥面板采用⊔混凝土板，通过剪力钉与纵横梁结合，如图 3-5-11 所示。桥面板一般厚度 300 mm，在纵横梁处加厚到 350 mm，在板端设置高 770 mm，宽 400 mm 的边梁，以减少板边的混凝土拉应力。桥面系采用“半结合”的形式，即桥面板与纵横梁结合，与系梁不结合，在“半结合”桥面下，整个桥面系受力明确且施工方便。

系梁为等截面钢箱，梁高 3.5 m，内宽 1.94 m。横梁为抵抗较大的面外弯矩，均设为箱形截面，其中，端横梁为适应梁端布置及受力要求，采用了较大的横向截面；纵梁一般采用与横梁等高（2.0 m）的工形截面，在与端横梁连接的端纵梁采用了箱形截面，以减少梁端桥面板的拉应力。

吊杆采用工形钢性吊杆，主要考虑避免了后期吊杆的更换，减少维护量，同时为整体拖拉法施工作准备，吊杆在拖拉的过程中可承受一定的压力。为减少风振，在吊杆腹板上开设过风孔。

在静活载作用下，系梁最大竖向位移值为 4.87 cm，挠跨比 1/2 817＜1/1 000；梁端最大转角为 1.86‰。

由于传统明桥面不适应客运专线高速行车的要求，目前较为常用的有混凝土道砟板桥面结构、混凝土整体桥面结构、正交异性板整体钢桥面结构等。当钢混凝土全结合时，系梁充当了一般钢桁架的弦杆的功能，属拉弯构件，尤其是在梁端处，混凝土的拉应力超出了规范要求，很难保证后期桥面的耐久性。本桥选择了“半结合”这种桥面形式进行了详细研究，对 11 种桥面形式进行了比较计算，择优选定了⊔板，在此种桥面形式下，混凝土的拉应力不超过 5.5 MPa，通过高配筋，最大裂缝可控制在 0.2 mm 以内。

由于轨道高平顺与高稳定性的要求，对桥梁上部结构提出了非常严格的规定。本桥由于梁端转角偏大，最大转角值达 1.86‰，且支座中心距梁端 1.5 m，为适应无砟轨道的要求，在本桥与邻跨 32 m 梁间设置了过渡梁。如图 3-5-12 所示。

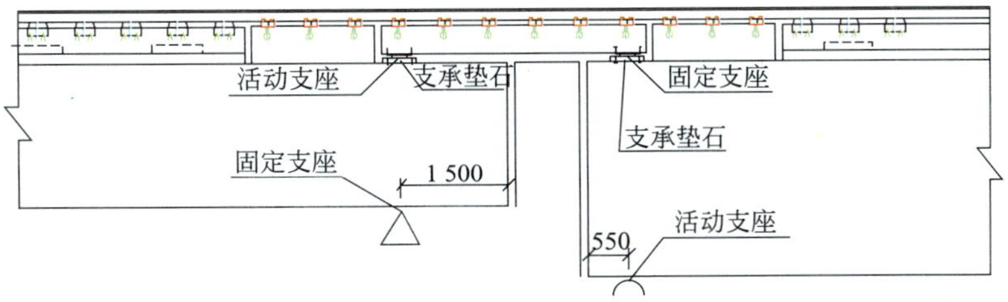

图 3-5-12　梁端过渡梁立面布置(单位：mm)

为满足相邻梁梁端两侧的钢轨支点横向相对位移值不大于 1 mm 的要求，本桥设置了横向限位装置。同时，为使列车上桥上轨道的变形达到平顺效果，计算了 CRH3 型列车作用下的轨道光顺曲线调整值，如图 3-5-13 所示。

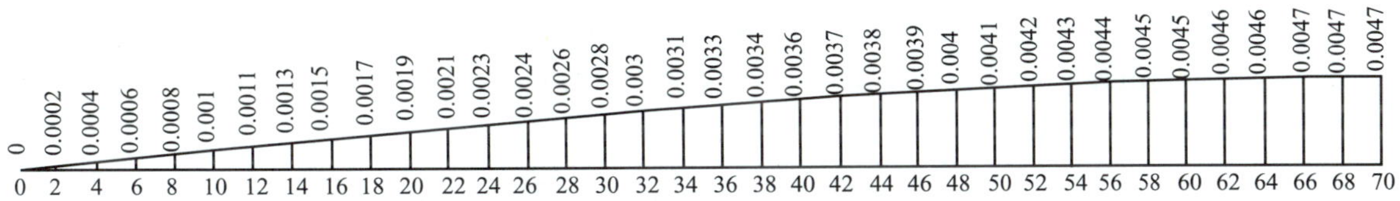

图 3-5-13　单线满桥 CRH3 型列车活载下预拱设置值(单位：m)

(四)112 m 尼尔森体系提篮系杆拱

全线采用了 3 处 112 m 提篮系杆拱。其中，东湖特大桥位于湖北省武汉市，跨越武汉市三环线，夹角 28°；胡家湾特大桥位于湖北省赤壁市，跨越京珠高速公路，夹角 35°；梁家湾特大桥位于湖南省临湘市，跨越京珠高速公路，夹角为 39°。根据湖北省、湖南省交通厅意见，按预留 8 车道设计，主跨采用 112 m 提篮系杆拱。

下承尼尔森体系钢管混凝土提篮式系杆拱桥造型美观，建筑高度低，跨越能力强；外部静定结构，适应性强；桥梁结构竖、横向刚度大，整体桥面对轨道的应对性能好；造价经济，养护方便，能较好地适应高速铁路对桥梁结构的要求。

高速铁路无砟轨道 112 m 尼尔森体系提篮系杆拱桥全长 116 m，计算跨径 112 m，全桥布置如图 3-5-14～图 3-5-16 所示。

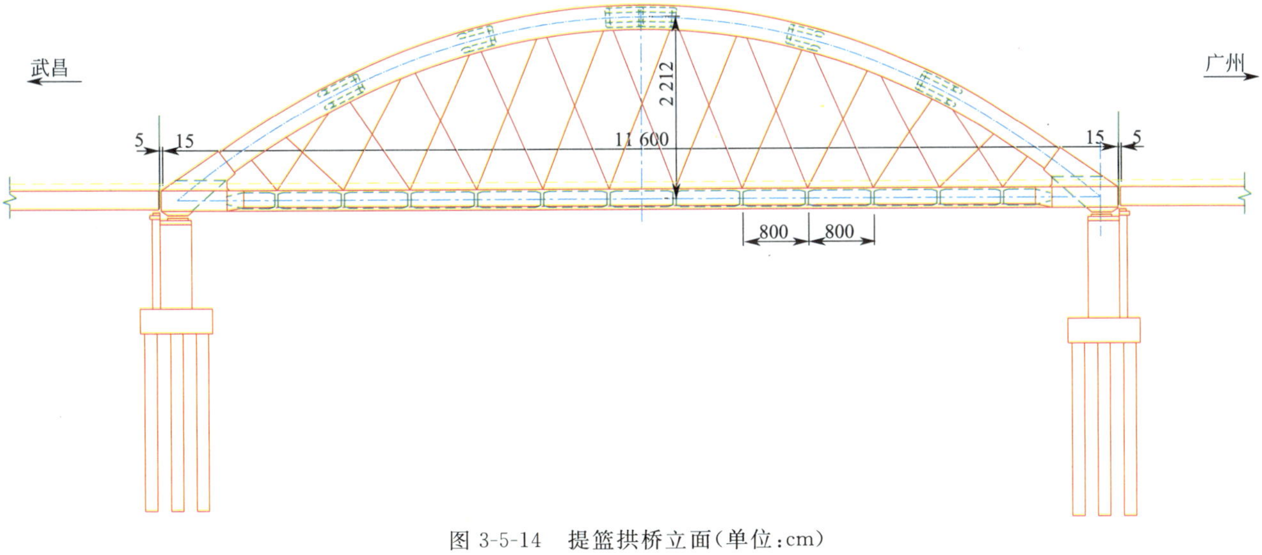

图 3-5-14　提篮拱桥立面(单位：cm)

拱肋采用悬链线，计算跨径 112 m，矢高 $f=22.4$，矢跨比 $f/l=1/5$，拱轴系数 $m=1.347$；悬链线方程为(拱肋平面)：

$$y=f(\text{ch}k\xi-1)/(m-1)$$

式中，$k=\ln(m+\sqrt{m^2-1})=0.81068$；$f=22.4$，$m=1.347$，则

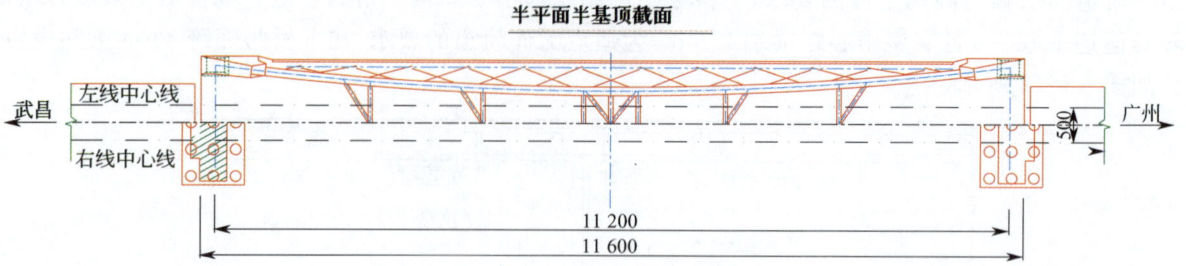

图 3-5-15　提篮拱桥平面(单位:cm)

$$y=64.5533(\mathrm{ch}0.81068\xi-1)$$

$$\xi=2x/l=x/56$$

式中　x——拱顶至计算点处的距离。

拱肋采用竖置哑铃形钢管混凝土截面,截面高 3.0 m,等高布置;钢管直径为 1 200 mm,由厚 18 mm 的钢板卷制而成,每根拱肋的两钢管之间用 $\delta=16$ mm 的腹板连接。每隔一段距离,在圆形钢管内设加劲环和加劲角钢,在腹板中焊接拉筋。拱肋在横桥向内倾 9°,形成提篮式,拱顶处两拱肋中心距 9.19 m,拱脚处两拱肋中心距 16.12 m。

两拱肋之间共设五道横撑,拱顶处设 X 型撑,拱顶至两拱脚间设 4 道 K 型横撑。横撑由 ϕ600 mm、ϕ500 mm 和 ϕ360 mm 的圆形钢管组成,钢管内部不填混凝土,其外表面需作防腐处理。

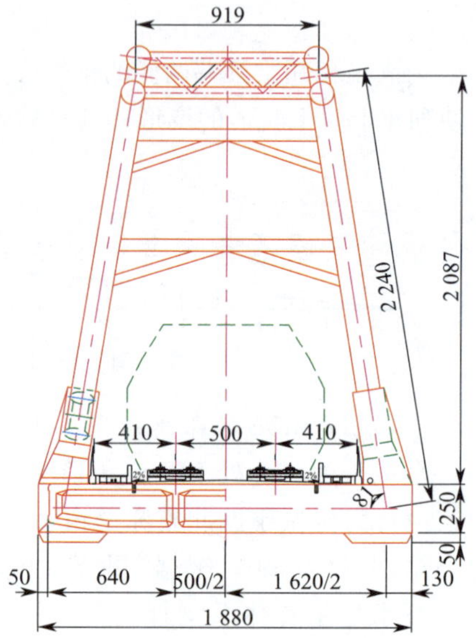

图 3-5-16　提篮拱桥侧面(单位:cm)

系梁按整体箱形梁布置,采用单箱三室预应力混凝土箱形截面,桥面箱宽 17.8 m,梁高 2.5 m;拱脚顺桥向 8 m 范围内设成实体段,横桥向宽度由 17.8 m 增加至 18.8 m,截面渐变处设过渡段。系梁顶、底板厚度均为 30 cm,边腹板厚度 35 cm,中腹板厚度为 30 cm。底板在 3.0 m范围内上抬 0.50 m 以减小风阻力(图 3-5-17)。对应吊点处设横梁,横梁厚度为 0.4 m。系梁两端底板上设进人孔,每个箱室均设检查孔,便于在箱内对吊杆等进行检查与换索。底板上设截水槽、泄水孔,边腹板与中腹板上设通气孔。

系梁按全预应力构件设计,纵向设 70 束 12-7ϕ5 预应力筋。横隔板上设 4 束 9-7ϕ5 预应力筋。横向在底板设 3 束 4-7ϕ5 的横向预应力筋。

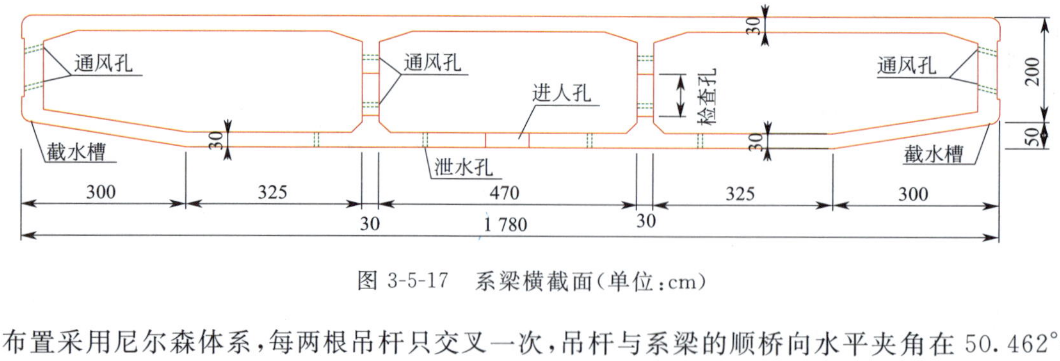

图 3-5-17　系梁横截面(单位:cm)

吊杆布置采用尼尔森体系,每两根吊杆只交叉一次,吊杆与系梁的顺桥向水平夹角在 50.462°～68.662°之间,横桥向水平夹角为 81°。吊杆间距为 8 m,两交叉吊杆之间的横向中心距为 341 mm。吊杆采用 127 根 ϕ7 mm 高强低松弛镀锌平行钢丝束,冷铸镦头锚,索体采用 PES(FD)低应力防腐索体,并外包不锈钢防护。吊杆内设磁通量传感器,对施工过程中及后期吊杆应力进行长期监测。

吊杆上下端设有保护罩,更换方便,吊杆更换时遵循对称原则,每次可对称更换 2 对,吊杆正常更换时需限速行驶。

在桥梁两端对应简支梁固定支座侧设横向限位装置,以适应轨道横向要求。

拱桥设四个 32 500 kN 的支座,由两个单向活动支座和两个多向活动支座组成。

为减小梁体转动以及温度变化对轨道结构的影响，在梁端设置轨道调节板。轨道调节板为钢筋混凝土构件，在伸缩缝上方支撑着线路。调节板可沿线路纵向水平移动，但不可横向移动。调节板支座中心线与桥梁上部结构支座中心线对应设置，从而保证梁端转动时调节板的位移最小。

提篮拱桥支座横向间距 16.12 m，当在一侧设置固定支座时，其于简支梁固定支座间距 5 m，在温度应力作用下，梁端钢轨支点横向相对位移大于规范规定的 1 mm，因此，需改固定支座为横向活动支座，同时在对应简支梁固定支座侧设置限位装置。本桥限位装置采用钢构件，设计为允许纵向滑移，横向限位结构。

在静活载作用下，系梁最大竖向位移值为 1.94 cm，挠跨比 1/5 770<1/1 000；梁端最大转角－0.705‰、＋0.267‰，工后徐变 1.8 mm。

系杆拱桥为外部静定、内部超静定结构，以梁、拱、吊杆组成的结构受力体系具有较好的力学调整性能和变形协调能力，而系梁预应力主要采用直索，因此，大幅减小了由结构徐变产生的梁体竖向挠度。计算表明，梁体由工后徐变产生的竖向挠度仅 1.8 mm，很好地满足了无砟轨道对结构工后变位要求。

（五）大跨度连续梁

全线主跨 100 m 以上大跨度连续梁 9 座，跨度分别为（60＋100＋60）m 连续梁 2 座、（70＋125＋70）m 连续梁 5 座、株洲西湘江特大桥（60＋5×100＋60）m 连续梁、衡阳湘江特大桥（64＋4×116＋64）m 连续梁，跨越江河、高速公路。

铁道部科技计划项目《武广铁路客运专线大跨度预应力混凝土桥梁技术研究》（2005K002-C-1）对大跨度预应力混凝土桥梁徐变变形机理、二期恒载合理铺设时间、连续梁动力特性、后期徐变变形对高速列车走行性的影响、桥上无缝线路设计方法和设计参数、梁端垂直转角计算模型和计算方法、无砟轨道与桥梁连接方案等进行了系统研究。

课题通过调整桥梁结构收缩、徐变的计算模式或计算参数，使大跨度无砟轨道预应力混凝土桥梁的收缩、徐变、上拱度发生一系列改变，对各组参数变化分别进行详细的车—桥系统动力响应计算分析，得到车辆系统和桥梁系统的动力响应最大值并进行评价，对目前所采用的关于大跨度无砟轨道预应力混凝土桥梁收缩、徐变、上拱度的限值是否满足动力学性能要求进行检验，满足桥梁和列车走行性评价标准各桥的徐变变形最大值见表 3-5-15。

表 3-5-15 桥梁和列车走形性评价标准部分桥梁徐变变形的最大值

桥 型	理论计算后期徐变变形（mm）	允许最大徐变变形值（mm）
（64＋4×116＋64）m 连续梁	2.76	18.126
（60＋5×100＋60）m 连续梁	2.98	13.032
（70＋125＋70）m 连续梁桥	0.30	27.66

研究表明，《京沪高速铁路设计暂行规定》“无砟轨道桥面梁的徐变限值为 10 mm”对于大跨度无砟轨道预应力混凝土桥梁太小，可适当调整。

连续梁主要设计成果见表 3-5-16。

表 3-5-16 连续梁主要设计成果

跨度（m）	60＋5×100＋60	64＋4×116＋64	70＋125＋70
梁长（m）	621.5	593.5	266.5
支点梁高 h_1（m）	7.85	8.9	9.2
高跨比	1/12.74	1/13.03	1/13.59
跨中梁高 h_2（m）	4.85	5.2	5.2
高跨比	1/20.62	1/22.31	1/24.04
节段划分	9.75＋2.0＋5×4.0＋3×3.5＋4×3.0＋13.0	5.75＋2.0＋2×4.0＋7×3.5＋6×3.0＋13.0	7.5＋2.0＋9×4.0＋7×3.0＋9.0
节段总数	159	163	71
梁底半径（m）	377.542	418.1	467.125

续上表

悬臂最大节段重(t)	182.1	190.5	204.6
支座吨位(kN)	8 000/45 000	8 000/60 000	9 000/60 000
竖向刚度(边跨)	1/8 955.2	1/13 913.0	1/5 035
竖向刚度(中跨)	1/2 283.1	1/2 028.0	1/2 716
梁端转角(rad)	0.60%	0.70%	0.63%

第七节 桥面系工程设计

高速铁路桥面附属设施包括六个组成部分,从外向内依次为:人行道遮板及栏杆,电缆槽、防水系统、排水系统、伸缩系统及综合接地系统。如图 3-5-18 所示。

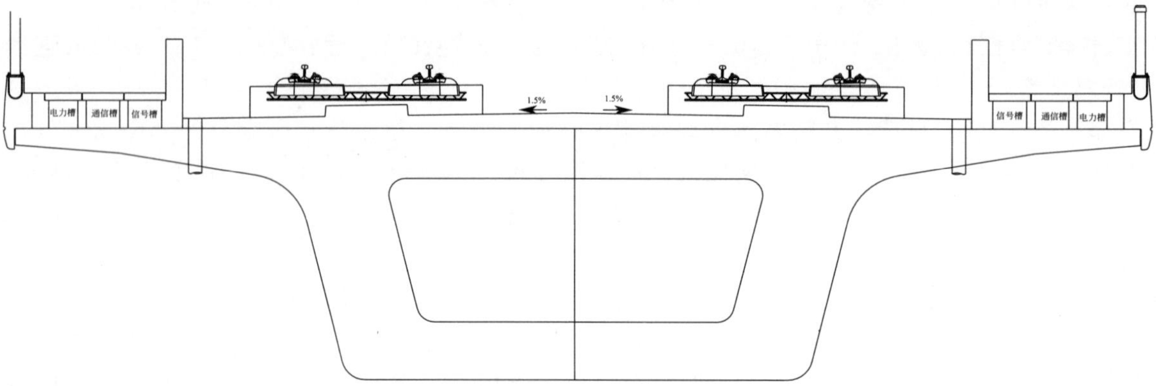

图 3-5-18 桥面布置示意

武广铁路客运专线桥梁附属设施及接口主要根据《客运专线铁路常用跨度梁桥面附属设施桥面布置、桥面附属构造、排水体系、伸缩缝、桥梁综合接地》[通专桥(2006)8388]确定,栏杆、防水、支座有所调整。

一、排水系统

排水系统采用两侧排水方式,一般桥梁不设纵向排水管,直排地面,环境敏感区桥梁、跨越铁路、公路的孔跨设纵向排水管。

二、伸 缩 缝

伸缩缝由建设单位招标确定,采用耐候钢方案。

三、支 座

根据铁道部招标结果,支座采用 CKPZ 盆式橡胶支座。

四、栏 杆

根据《武广铁路客运专线桥梁栏杆、盖板研讨会专家意见》及《关于武广铁路客运专线桥梁栏杆问题的复函》(鉴桥隧〔2008〕147 号),修改桥面栏杆设计。

(一)主要设计原则

1. 构造上满足正常运营需要,力求结构简洁、合理。
2. 满足养护维修作业要求,安全可靠,确保作业人员人身安全。
3. 提高结构耐久性,满足设计使用年限要求。
4. 从美学角度出发,考虑景观设计,与周围环境及桥梁景观相协调。
5. 在满足使用功能的前提下,最大限度的降低成本。

6. 以人为本，简化施工工艺，方便维修养护。

7. 重视环保设计，采用材料等对周围环境不产生影响。

(二)构　　造

1. 采用多功能性、高强高性能钢筋混凝土桥梁栏杆，每 2 m 为一榀，分别由立柱、扶手、托梁、隔柱等构件组成。隔柱采用圆形变截面形式，中间部分截面最大。

2. 立柱截面尺寸为 120 mm×120 mm，高度 810 mm；下端两侧设置 70 mm 牛腿，连接托梁，扶手、托梁高 100 mm，宽 110 mm，扶手、托梁与隔柱连接表面设置隔柱安装插槽，插槽深度 25 mm，满足隔柱安装后，端部位于横梁内配置纵向钢筋的下部，同时插槽处箍筋加强，防止出现裂纹。

3. 扶手在立柱处连接，端部预留钢筋，立柱顶部设置扶手卡槽，卡槽深度 110 mm，宽 60 mm，同时柱顶预埋钢筋，外露长度 230 mm，扶手通过卡槽与立柱固定，并通过柱顶预埋钢筋连接两侧横梁及柱帽，钢筋埋入立柱深度满足锚固要求。

4. 立柱与桥梁遮板通过预埋钢板连接，立柱下采用预埋 Q235 钢板，厚 $\delta=10$ mm，钢板与立柱主筋焊接，焊接采用手工电弧焊，外露钢板防腐防锈处理。

(三)材料选用

1. 栏杆立柱、托梁、扶手采用多功能性、高强高性能混凝土材料，强度≥C40 混凝土，隔柱、柱帽采用 C30 纤维混凝土。

2. 钢筋：Q235、HRB335。

3. 法兰钢板连接型钢：Q235 BZ，金属部件所有外露部分采用热镀锌进行防腐处理。

五、防水体系

铁道部经济规划研究院 2006 年颁布《常用跨度梁桥面附属设施》(通桥(2006)8388)及《客货共线铁路桥梁防水体系》(通桥(2006)8061)通用参考图，桥面防水采用 L 类或 N 类氯化聚乙烯防水卷材，根据武广铁路客运专线招标情况，补充桥面高聚物改性沥青防水卷材的设计。

高聚物改性沥青防水卷材用于有砟及无砟桥面道砟墙内，其下采用低固含量液态涂料处理剂；聚氨酯防水涂料用于电缆沟槽内的防水和混凝土保护层的防水封边。

第八节　涵洞工程设计

一、涵洞结构形式

由于武广铁路客运专线全线采用无砟轨道，不宜采用钢筋混凝土盖板箱涵(尤其在板顶填土较低时)，而优先采用整体性好的钢筋混凝土框架涵。

二、涵洞顶板填土高度

满足《新建时速 300～350 公里客运专线铁路设计暂行规定》第 6.4.7 条规定："涵洞顶至轨底的填料厚度不宜小于 1.5 m"。

三、涵洞的分节及节长

考虑高速行车对轨道平顺性的要求，无砟轨道铁路的涵洞分节其最小节，长以不短于 5 m 为限，且要求沉降缝不应设置于轨下，以保证轨道板放置在同一涵节上。斜交时，应保证涵洞接缝方向与线路方向一致。同时沉降缝应采用适应变形和止水的材料，并保证耐久性要求的使用寿命。

四、涵洞工后沉降

无砟轨道铁路的涵洞应控制工后沉降。涵洞的地基为压缩性土层时，应按要求计算并控制以下沉降：

1. 涵洞的整体工后沉降量，其整体工后沉降不应大于 15 mm。

2. 涵节间的差异沉降，且沉降差不得大于 5 mm。

3. 涵路差异沉降：要求涵身沉降与过渡段的沉降基本一致，当不一致时，其形成的沉降差不得大于 5 mm；涵洞基础地基应采取与相邻路基相一致的处理原则。

第九节 沉降变形设计

桥梁沉降变形观测主要观测墩台基础的沉降和预应力混凝土梁的徐变变形；涵洞主要是观测涵洞自身的沉降。桥涵主体工程完工后，沉降观测期一般不少于 6 个月，岩石、地基等良好地质区段沉降观测期不少于 60 d。

一、桥涵观测点位布置

1. 桥梁沉降观测点的布置

桥梁基础设计一般为摩擦桩和柱桩，基础为柱桩情况可只选择典型墩台布点进行沉降观测；对于基础为摩擦桩的墩台一般应对每个墩台布点进行沉降观测。墩台观测点位一般布置在墩台的承台四个角位上，如图 3-5-19 所示。如承台埋设在地面下较深，则在墩、台身施工完成后再将观测桩移设到离地 0.5 m 的墩、台身两侧各设一个观测点继续进行观测。

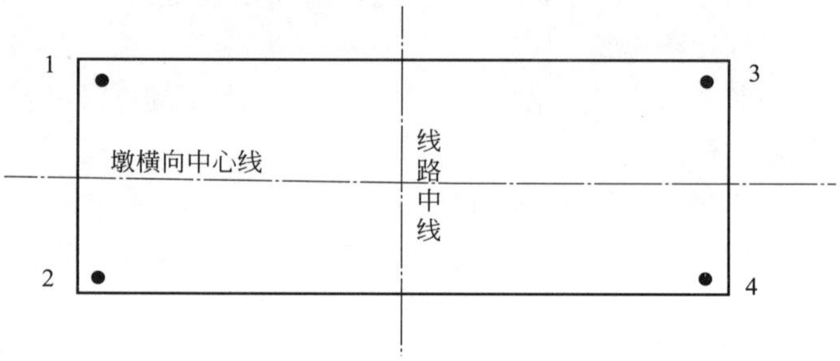

图 3-5-19　墩台沉降观测点布置

2. 预应力混凝土梁的徐变观测点的布置

预应力混凝土梁的观测点布置在箱梁的四个支点和跨中截面的两侧腹板梁顶处，每孔梁的测点不少于 6 个，如图 3-5-20 所示。

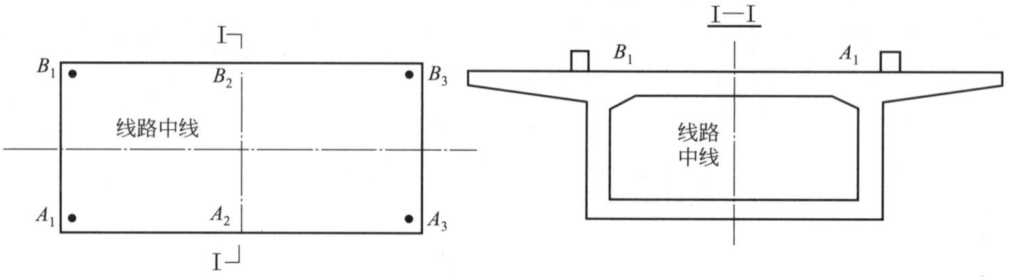

图 3-5-20　梁体变形观测点示意图

3. 涵洞沉降观测点的布置

涵洞沉降观测点设在涵洞两侧边墙上方帽石上，每个涵洞测点数 4 个。

二、沉降观测点的规格及埋设

桥涵沉降观测点采用长 10 cm、ϕ20 mm 钢筋，观测点钢筋头为半圆形，用电钻在已完工的结构物上进行钻孔，将观测点钢筋植入，高出埋设表面 3 mm，用锚固砂浆锚固，如图 3-5-21所示。

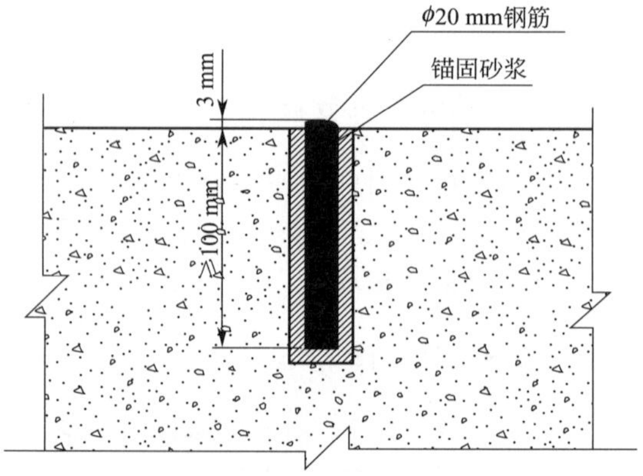

图 3-5-21　桥涵变形观测点设置参考

三、设备精度及观测频率

1. 观测设备

沉降及徐变观测点采用高精度水准仪进行观测，要求测量精度为 1 mm，读数取位至 0.1 mm。

2. 观测频次

(1)墩台观测频次见表 3-5-17。

表 3-5-17　墩台沉降观测频次

<table>
<tr><th colspan="2" rowspan="2">观测阶段</th><th colspan="3">观测频次</th><th rowspan="2">备　注</th></tr>
<tr><th colspan="2">观测期限</th><th>观测周期</th></tr>
<tr><td colspan="2">墩台施工完成</td><td colspan="2"></td><td></td><td>设置观测点</td></tr>
<tr><td colspan="2">墩台混凝土施工</td><td colspan="2">全程</td><td>荷载变化前后各 1 次或 1 次/周</td><td>承台回填时，测点应移至墩身</td></tr>
<tr><td rowspan="3">预制梁桥</td><td>架梁前</td><td colspan="2">全程</td><td>1 次/周</td><td rowspan="3"></td></tr>
<tr><td>预制梁架设</td><td colspan="2">全程</td><td>前后各 1 次</td></tr>
<tr><td>附属设施施工</td><td colspan="2">全程</td><td>荷载变化前后各 1 次或 1 次/周</td></tr>
<tr><td rowspan="3">桥位施工桥梁</td><td>制梁前</td><td colspan="2">全程</td><td>1 次/周</td><td rowspan="3"></td></tr>
<tr><td>上部结构施工中</td><td colspan="2">全程</td><td>荷载变化前后各 1 次或 1 次/周</td></tr>
<tr><td>附属设施施工</td><td colspan="2">全程</td><td>荷载变化前后各 1 次或 1 次/周</td></tr>
<tr><td colspan="2">架桥机(运梁车)通过</td><td colspan="2">全程</td><td>前后各 1 次</td><td>至少进行 2 次通过前后的观测</td></tr>
<tr><td colspan="2">桥梁主体工程完工至无砟轨道铺设前</td><td colspan="2">≥6 个月</td><td>1 次/周</td><td>岩石地基的桥梁，一般不宜少于 2 个月</td></tr>
<tr><td colspan="2">无砟轨道铺设期间</td><td colspan="2">全程</td><td>1 次/d</td><td></td></tr>
<tr><td colspan="2" rowspan="3">无砟轨道铺设完成后</td><td rowspan="3">24 个月</td><td>0～3 个月</td><td>1 次/月</td><td rowspan="3">工后沉降长期观测</td></tr>
<tr><td>4～12 个月</td><td>1 次/3 个月</td></tr>
<tr><td>13～24 个月</td><td>1 次/6 个月</td></tr>
</table>

注：观测墩台沉降时，应同时记录结构荷载状态、环境温度及天气日照情况。

(2)预应力混凝土徐变上拱观测频次见表 3-5-18。

表 3-5-18　梁体徐变上拱变形观测频次

<table>
<tr><th rowspan="2">观测阶段</th><th colspan="3">观测频次</th><th rowspan="2">备　注</th></tr>
<tr><th colspan="2">观测期限</th><th>观测周期</th></tr>
<tr><td>梁体施工完成</td><td colspan="2"></td><td></td><td>设置观测点</td></tr>
<tr><td>预应力张拉期间</td><td colspan="2">全程</td><td>张拉前后各一次</td><td>测试梁体弹性变形</td></tr>
<tr><td>桥梁附属设施安装</td><td colspan="2">全程</td><td>安装前后各一次</td><td>测试梁体弹性变形</td></tr>
<tr><td>预应力张拉完成至无砟轨道铺设前</td><td colspan="2">≥60 d</td><td>1 次(1 d、3 d、5 d)后期 1 次/周</td><td></td></tr>
<tr><td>无砟轨道铺设期间</td><td colspan="2">全程</td><td>1 次/d</td><td></td></tr>
<tr><td rowspan="3">无砟轨道铺设完成后</td><td rowspan="3">24 个月</td><td>0～3 个月</td><td>1 次/月</td><td rowspan="3">残余徐变变形长期观测</td></tr>
<tr><td>4～12 个月</td><td>1 次/3 个月</td></tr>
<tr><td>13～24 个月</td><td>1 次/6 个月</td></tr>
</table>

注：测试梁体徐变上拱变形时，应同时记录梁体荷载状态、环境温度及天气日照情况。

(3)涵洞观测频次见表 3-5-19。

表 3-5-19　涵洞沉降观测频次

<table>
<tr><th rowspan="2">观测阶段</th><th colspan="3">观测频次</th><th rowspan="2">备　注</th></tr>
<tr><th colspan="2">观测期限</th><th>观测周期</th></tr>
<tr><td>涵洞基础施工完成</td><td colspan="2"></td><td></td><td>设置观测点</td></tr>
<tr><td>涵洞主体施工完成</td><td colspan="2">全程</td><td>荷载变化前后或 1 次/周</td><td>观测点移至边墙两侧</td></tr>
<tr><td>洞顶填土施工</td><td colspan="2">全程</td><td>荷载变化前后或 1 次/周</td><td></td></tr>
<tr><td>架桥机(运梁车)通过</td><td colspan="2">全程</td><td>前后</td><td>至少进行 2 次通过前后的观测</td></tr>
<tr><td>涵洞完工至无砟轨道铺设前</td><td colspan="2">≥6 个月</td><td>1 次/周</td><td>岩石地基的涵洞，一般不宜少于 2 个月</td></tr>
<tr><td>无砟轨道铺设期间</td><td colspan="2">全程</td><td>1 次/d</td><td></td></tr>
<tr><td rowspan="3">无砟轨道铺设完成后</td><td rowspan="3">24 个月</td><td>0～3 个月</td><td>1 次/月</td><td rowspan="3">工后沉降长期观测</td></tr>
<tr><td>4～12 个月</td><td>1 次/3 个月</td></tr>
<tr><td>13～24 个月</td><td>1 次/6 个月</td></tr>
</table>

注：测试涵洞沉降时，应同时记录结构荷载状态、环境温度及天气日照情况。

第六章 隧道设计

第一节 隧道工程概况与特点

武广铁路客运专线隧道共计 226 座，总长 177.598 km，占线路长度的 18.49%。全线隧道均为双线隧道。其中 3 000 m＜隧长≤10 000 m 长隧道有 12 座；隧长＞10 km 隧道有 2 座，即浏阳河隧道(10 115 m)和大瑶山 1 号隧道(10 081 m)。长大隧道概况见表 3-6-1。

隧道沿全线范围内不均匀分布，穿过的地层有灰岩、板岩、页岩、砾岩、砂岩、粉砂岩、花岗岩、泥岩等。在郴州段有多座隧道穿过溶洞、瓦斯、煤炭采空区及高压水等复杂地质地段。

表 3-6-1 长大隧道简况

序号	隧道名称	进口里程	出口里程	隧道长度(m)	地质概况
1	五尖大山	DK1378＋868	DK1385＋725	6 857	隧道主要穿越白云岩、泥质板岩、砂质板岩、千枚状板岩、炭质板岩、页岩等岩层，岩层软弱不均、破碎、地下水丰富、节理发育
2	浏阳河	DK1560＋785	DK1570＋900	10 115	隧道主要穿越泥岩，泥质砂岩及砂质泥岩，通过 K2 弱风化软岩岩体，围岩一般为Ⅳ级，下穿高速公路段围岩为Ⅴ级
3	吊沟岭	DⅠK1827＋842	DK1831＋350	3 508	隧道主要穿越有灰岩、硅质灰岩、炭质泥岩砂岩等，大部分为岩溶区，岩溶发育且不均，断层破碎带岩层软弱不均，地下水丰富
4	新南岭	DK1874＋808	DK1877＋905	3 097	隧道主要穿越岩溶发育、断层破碎带、煤层、出口浅埋横过村庄等不良地质段
5	大瑶山 1 号	DK1908＋264	DK1918＋345	10 081	隧道主要穿越深灰色厚状灰岩、白云质灰岩、泥质板岩、砂质板岩、炭质板岩、长石石英砂岩、粉质粘土等。岩层软弱不均，岩层破碎，地下水丰富，节理发育
6	大瑶山 2 号	DK1918＋515.0	DK1924＋540.6	6 024	隧道主要穿越砂质板岩、泥质板岩，小型断裂和裂隙发育，岩体较破碎，水系发达，裂隙水发育
7	大瑶山 3 号	DK1924＋578.9	DK1932＋970	8 387	隧道主要穿越 F_1～F_9 共 9 条断裂带，洞身岩性主要为石英砂岩、砂质板岩、砂页岩及灰岩，其中灰岩分布于本隧道出口端，长约 1.3 km，岩溶极为发育
8	黄秋山	DK2005＋433	DK2009＋670	4 237	隧道主要穿越花岗岩，出口小段为页岩夹砂岩。花岗岩段内节理裂隙发育，出口花岗岩侵入接触，受此影响，附近岩体较破碎，页岩风化层较厚，最大涌水量为 14 100 m^3/d
9	牛岭	DK2017＋105	DK2024＋693	7 588	隧道主要穿越石英砂岩夹页岩，中部为侵入花岗岩，该侵入体正好位于黄思脑背斜核部，洞身范围两段侵入接触带，进口位于碎石土和块石土层。砂岩地层中节理较发育，全隧最大涌水量为 28 000 m^3/d
10	高岭	DK2064＋387	DK2069＋945	5 558	隧道主要穿越灰岩夹页岩、砂岩夹页岩、石英岩夹板岩、混合花岗岩、花岗岩，洞身一处侵入接触带。砂岩地层中节理较发育，全隧最大涌水量为 18 000 m^3/d
11	山天尾	DⅠK2069＋516	DⅠK2073＋367	3 851	隧道主要穿越变质砂岩夹板岩、片岩，多处浅埋。穿越山天尾断层，断层附近岩体较破碎，倾角变化较大。岩体节理裂隙较发育，全最大涌水量为 17 200 m^3/d
12	坪岭	DK2079＋226	DK2083＋440	4 214	隧道主要穿越变质砂岩夹片岩、石英砂岩、花岗岩。洞身隧道在中部穿越太平尾断层、分水坳 1 号断层及一条隐伏断层。全隧节理发育，全最大涌水量为 30 800 m^3/d
13	大窝山	DK2152＋756	DK2156＋651	3 895	隧道主要穿越花岗岩、断层角砾。节理发育，穿越一逆断层，为富源水断层，属压性断层，该断层破碎带宽 150～200 m，全最大涌水量为9 850 m^3/d
14	金沙洲	DK2192＋831	DK2196＋893	4 469	隧道主要穿越灰岩强～弱风化层，部分地段为粉质黏土层和流塑状淤泥质地层，地质条件异常复杂。岩溶较发育，主要发育形态为溶沟、溶槽、溶洞等，溶洞的规模、埋深及充填情况等差异较大

第二节 设计原则与采用的主要技术标准

一、建设标准

本线隧道工程按时速 350 km 客运专线双线设计，线间距 5 m。

二、隧道建筑限界及内轮廓

隧道建筑限界采用《京沪高速铁路设计暂行规定》规定的“建筑限界”，隧道内轮廓尺寸参照《京沪高速铁路设计暂行规定》及“通隧〔2005〕0301”图拟定，如图 3-6-1 所示。主要有：

(1)隧道(轨面以上)断面有效面积为 100 m^2；

(2)隧道内设双侧救援通道，救援通道宽 1.5 m(自线路中线外 2.3 m 起算)、净高 2.2 m，救援通道走行面高于轨面 30 cm；

(3)隧道内设置双侧电缆槽，外侧电缆槽结构外缘距同侧线路中线距离为 2.2 m；

(4)隧道底部 30 cm 工程技术作业空间融入救援通道；

(5)曲线地段及下锚段衬砌内轮廓不考虑加宽。

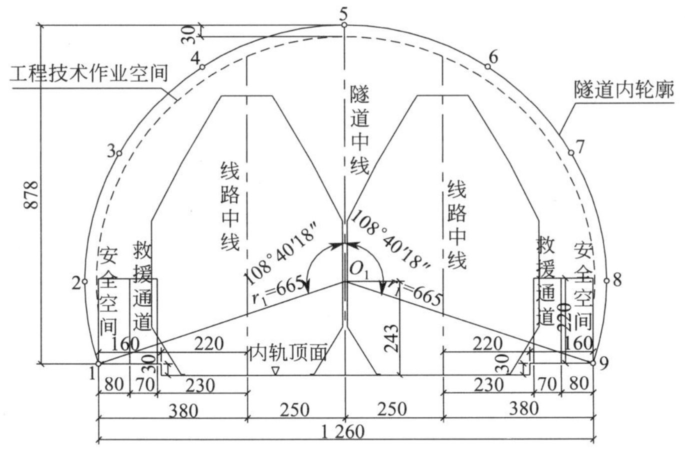

衬砌内轮廓坐标表(cm)

点号	坐标		备注
1	横距	−630	内轮廓与基础襟边交点
	竖距	30	
2	横距	−665	衬砌内轮廓最大跨度点
	竖距	243	
3	横距	−576	拱脚
	竖距	575	
4	横距	−364	最接近限界的内轮廓点
	竖距	800	
5	横距	0	拱顶
	竖距	908	
6	横距	364	最接近限界的内轮廓点
	竖距	800	
7	横距	576	拱脚
	竖距	575	
8	横距	665	衬砌内轮廓最大跨度点
	竖距	243	
9	横距	630	内轮廓与基础襟边交点
	竖距	30	
注：内轮廓各主要坐标点是以内轨顶面与隧道中线之交点为原点			

图 3-6-1 隧道限界及内轮廓(单位：cm)

三、隧道结构设计

1. 明洞设计

明洞设计断面分路堑式、偏压式、单压式明洞，设计根据地形地质条件分别选用，单压式明洞外侧边墙基础加深一般不超过 3 m。

2. 暗洞设计

暗洞均采用复合式衬砌，支护参数见表 3-6-2。

四、防 排 水

防水等级满足《地下工程防水技术规范》(GB 50108—2008)规定的一级防水标准，衬砌表面无湿渍。

本线隧道的防排水设计，采用“防、排、堵、截结合，因地制宜，综合治理”的原则，重视初期支护的防水，以混凝土结构自防水为主体，施工缝、变形缝防水为重点，并辅以注浆防水和防水层加强防水；对于隧道穿过岩溶、断裂破碎带，预计地下水较大，当采用以排为主可能影响生态环境时，根据实际情况采用“以堵为主，限量排放”的原则，达到堵水有效、防水可靠、经济合理的目的。在岩溶发育地段，则采用“以疏为主、以堵为辅”的原则，应强调尽量维系岩溶暗河的既有通路，严禁随意封堵溶洞、暗河。

五、地震设防

根据《铁路建设贯彻国防要求的规定》，地震动峰值加速度为 0.05g 地段隧道均不设防，地震动峰值加速度为 0.1g 地段要加强洞口防震措施。

六、洞内附属结构

1. 照明

长度大于 100 m 隧道设置固定的电力照明；1 000 m 以上的隧道增设应急照明设备；洞内专用洞室和紧急出口处设置固定照明和应急照明设备。

2. 附属洞室

长度大于 500 m 的隧道内设综合洞室，设置间距为单侧 500 m，沿隧道两侧错开布置。

七、防灾救援设计

1. 隧道消防设计

隧道消防原则为“以防为主、防消结合”，主动引导旅客疏散。

2. 救援措施设计

(1)全段隧道内设贯通的救援通道，双线隧道两侧设置，单线单侧设置，救援通道每隔 200 m 应设图象文字标记，指示两个方向分别到下一个洞口或紧急出口的整百米数，并配备灯光显示方向。

表 3-6-2 双线隧道复合式衬砌支护参数

围岩级别	初期支护									二次衬砌		预留变形量(cm)
	喷射混凝土厚度(cm)	锚杆			喷聚丙烯纤维混凝土/素喷混凝土			格栅钢架/型钢		拱墙(cm)	仰拱/底板(cm)	
		位置	长度(m)	间距(m)(环×纵)	位置	合成纤维掺量(kg/m³)	钢筋网 φ8/φ10	直径(mm)	每榀间距(m)			
Ⅱ(无仰拱)	10	拱部	2.5	1.5×1	拱部/边墙	1.2/—	—	—	—	35	/40	3
Ⅱ(有仰拱)	10(拱墙)	拱部	2.5	1.5×1	拱部/边墙	1.2/—	—	—	—	35	45/	3
Ⅲ	15(拱墙)	拱墙	3.0	1.2×1	拱墙/仰拱	1.2/—	拱部 φ8 25×25	—	—	40	55/	5
Ⅲ偏	18	拱墙	3.0	1.2×1	拱墙/仰拱	1.2/—	拱墙 φ8 25×25	/I16	1.0(拱墙)	45*	55*/	5
Ⅳ	23	拱墙	3.5	1.0×1	拱墙/仰拱	1.2/—	拱墙 φ8 20×20	格栅 φ22/	1.0(拱墙)	45	55*/	8
Ⅳ加	25	拱墙	3.5	1.0×1	拱墙/仰拱	1.2/—	拱墙 φ10 25×25	/I18	1.0(全环)	50	55*/	8
Ⅳ偏	25	拱墙	3.5	1.0×1	拱墙/仰拱	1.2/—	拱墙 φ10 20×20	/I18	0.8(全环)	50*	60*/	8
Ⅴ	28	拱墙	4.0	0.8×1	拱墙/仰拱	1.2/—	拱墙 φ10 20×20	/I20a	0.8(全环)	50*	60*/	12
Ⅴ加	28	拱墙	4.0	1×0.8	拱墙/仰拱	1.2/—	拱墙 φ10 20×20	/I20a	0.6(全环)	50*	60*/	12
Ⅴ偏	28	拱墙	4.0	0.8×1	拱墙/仰拱	1.2/—	拱墙 φ10 20×20	/I22a	0.5(全环)	55*	65*/	12

注：表中带*号表示为钢筋混凝土；钢筋外侧混凝土保护层厚 5 cm。

(2)长度大于 6 km 的隧道需利用辅助坑道设置紧急出口，并设置紧急出口的标志牌。

(3)本段浏阳河隧道及大瑶山 1 号、2 号、3 号隧道利用辅助坑道(平导、横洞)进行防灾通风。防灾通风利用平导和横洞等辅助坑道作为安全通道，并设置机械通风设施，以保持灾害情况下安全通道内一定的风速和风压。

八、施工方法设计

1. 本线隧道按新奥法原理组织施工，隧道Ⅴ级围岩严重偏压段宜采用双侧壁导坑法，其余Ⅴ级围岩宜采用CRD法；Ⅳ级围岩隧道浅埋段宜采用CRD或CD法，深埋段宜采用三台阶临时封闭仰拱工法或超短台阶法，Ⅲ级围岩偏压段宜采用三台阶临时封闭仰拱工法或超短台阶法；一般Ⅲ、Ⅱ级围岩双线隧道采用台阶或全断面法。

2. 隧道开挖采用光面爆破，严格控制超欠挖，初期支护喷射混凝土应采用湿喷工艺。工程数量不考虑超挖、超挖回填和施工误差数量。

3. 对于长度小于500 m的隧道，一般按单口单方向安排施工。

九、隧道洞口设计

隧道进、出口位置的确定应贯彻"早进晚出"的原则，尽量减少对地表的破坏，洞口边、仰坡不开挖或少开挖。洞口边仰坡应采取防护措施，按"安全、可靠、绿化"的原则处理。

十、弃渣及环保

全线隧道的弃渣均在渣场设置永久的渣场挡护工程，顶面设置截排水系统，同时对砟场坡面采取植被防护等措施。

第三节　一般隧道设计

一、隧道洞口设计

1. 洞口里程及洞门型式

依据洞口段地形地质条件确定洞口里程和洞门型式。

(1)线路中线与等高线基本正交的情况下，隧道洞口里程按拱顶与地面高程等高点里程外延(斜切段长度+2 m)，洞门型式除特殊情况外(长大隧道或靠近城市、公路等)均采用斜切式、斜切帽檐式或喇叭口斜切式洞门，仰坡山体陡峭的情况下或桥隧相连时采用倒切式洞门。

(2)线路中线与等高线斜交的情况下，按隧道低侧基础不露空并有足够的承载力及稳定性、高侧边坡挖方高度不超过15 m确定洞口里程，洞门型式根据地面横坡及仰坡情况采用台阶式洞门或明洞(棚洞)门结构。

2. 隧线分界里程的确定

斜切式洞门(含倒切式)以洞门斜切面与左线内轨顶面的交点里程取整为洞口里程和隧线分界里程；端墙式或柱式洞门，以隧道洞口里程分界；翼墙式洞门，按翼墙终点里程加1 m后取整分界；如一侧为翼墙、另一侧为挡墙时，当翼墙长度大于挡墙长度时，按翼墙终点里程加1 m后取整分界；否则，按挡墙终点里程分界。当两侧为挡墙时，以设挡墙7 m为界；当洞门挡墙与路基挡墙相接时，设计时与路基专业联系，以协调挡墙型式。

桥隧相连时，分界里程协商确定。

3. 洞门设计

(1)洞门设计应依照参考图，并根据各隧道纵横断面具体情况就有关参数进行调整。

(2)明(棚)洞洞门低侧基础需要加深时一般不超过3 m。

(3)岳阳(含)至汨罗(含)(DK1402+500～DK1471+400)地震动峰值加速度为0.1g地段隧道洞门设计应有抗震措施。全线长度大于5 km的隧道洞门应按国防要求予以设防，设防洞门采用钢筋混凝土整体灌注，达到承受冲击波压力0.2 MPa。

4. 洞口防护及绿化原则

(1)洞口边仰坡应采取防护措施，按"安全、可靠、绿化"的原则设计。当边仰坡高度小于12 m时，对土质边仰坡采用液压喷播植草，岩质边坡采用挂网喷混凝土植生防护；边坡刷方高度超过12 m时，采用挡墙结构防护，以达到收坡效果，挡墙顶部边坡防护同上。边仰坡绿化的植物种类应适应当地的环境条件，并与所连接路基段绿化协调一致。

(2)洞口防护。隧道洞口边仰坡刷方线外 5 m 采用防护栅栏隔离措施，有落石时，采用 SNS 防护网防护，防护网型式 RS-025 型，防护网高度 4 m。

5. 路隧、桥隧衔接

隧道洞口与路基或桥梁衔接，衔接地段考虑相互影响，路隧衔接一般考虑在路基地段进行过渡，桥隧衔接时端墙基础结合桥台设计设置。

二、隧道结构设计

隧道支护结构耐久性按 100 年设计，衬砌混凝土采用高性能混凝土，拱墙二衬混凝土掺加高效防水剂，仰拱掺加高效抗裂防水膨胀剂。

隧道支护设计采用复合式衬砌，一般地段不考虑水压力作用。偏压地段采用偏压衬砌，浅埋地段采用加强型衬砌，地下水发育地段采用带仰拱衬砌。设置明洞地段明洞长度一般不小于 5 m。隧道初期支护喷射混凝土采用湿喷工艺，网喷改性聚酯纤维混凝土；二次衬砌Ⅳ、Ⅴ级围岩地段采用现浇钢筋混凝土，洞口 150 m范围内Ⅱ、Ⅲ级围岩地段采用三肢钢架与单层钢筋网片相结合护面钢筋混凝土结构，其余地段采用掺纤维素纤维混凝土。

三、防 排 水

1. 暗洞防排水设计

(1)截堵水措施设计

地下水发育、地下水无控制排放影响生态环境情况下，采用开挖前预注浆或开挖后围岩注浆等措施对地下水进行截堵，在隧道开挖线外围一定范围内截断地下水与隧道之间的水流通路，达到限制地下水排放量的目的。根据综合超前地质预测预报成果判定，当在水量丰富、导水性好的断层破碎带、岩溶水发育段等地段围岩无自稳能力，施工中可能产生突水、突泥，可采取超前预注浆措施；当在一般地段裂隙水较发育、围岩涌水量超过允许排放量、施工中围岩可自稳时，采用开挖后围岩径向注浆等形式；对围岩自稳能力较好、局部面状淋水或局部渗流、渗水量超过允许排放量等状况，采用上述注浆方式进行局部注浆。注浆材料包括普通水泥、超细水泥、TGRM 水泥基注浆材料、无收缩多液固堵剂、发泡注浆抢堵剂或化学浆液，慎用水玻璃，提高浆液材料的耐久性。

(2)防水措施设计

隧道防水措施主要通过防水板及模筑衬砌防水混凝土的双重作用，避免地下水从混凝土表面渗入。

一般地段拱墙敷设防水板，防水板厚度 1.5 mm，土工布重量≥400 g/m^2；对地下水流失敏感地段敷设封闭式防水板，二次衬砌按承受一定水压力设计。

隧道衬砌要求混凝土抗渗等级不低于 P8，二次衬砌采用防水混凝土，即拱墙混凝土掺加防水剂，仰拱混凝土掺加高效抗裂防水膨胀剂。防水混凝土结构的衬砌厚度不应小于 30 cm。

在铺设防水板之前，应对初期支护的渗漏水情况进行检查，并采取有效措施(如径向压浆等)进行处理。

(3)疏排水措施设计

洞内采用双侧水沟，地下水发育隧道设中心排水管。隧道衬砌防水板背后环向设置 ϕ50 加劲软式透水管盲沟，环向排水盲沟间距按 8 m；在隧道两侧边墙墙脚外侧两道环向盲沟之间设置 160/142 纵向盲沟，环向盲沟与纵向盲沟两端均直接与隧道侧沟连通，必要时便于排水管路的维护。每段纵向盲沟中部设置一处 ϕ50 泄水孔连接到隧道侧沟。

隧道开挖线以内截断明确的地下水通路时，采用在隧道开挖线以外埋设不小于原通路水量的 PVC 管(外套钢管)，连通被截断的出入水口，保证地下水通路的畅通。

(4)施工缝及变形缝(宽 2 cm)防排水设计

施工缝及变形缝是隧道防排水的薄弱环节，隧道内主要存在施工缝及沉降缝，施工缝分为环向及纵向两种。

纵向施工缝主要采用刷涂混凝土界面剂的处理措施。

素混凝土拱墙段环向施工缝设置中埋波纹排水管及钢板腻子止水带等防水措施；仰拱环向施工缝设置中埋式钢板腻子止水带防水；钢筋混凝土拱墙段环向施工缝设置中埋波纹排水管及橡胶止水带等防水措施。

沉降缝拱墙部位防水采取中埋波纹排水管、橡胶止水带、沥青木丝板塞缝、聚硫密封胶（内侧设置排水槽引排渗入水）等措施；沉降缝仰拱部位采取中埋橡胶止水带、沥青木丝板塞缝并环向设置双层抗剪钢筋的措施，以减小沉降缝两边的不均匀沉降。

（5）回填注浆措施

隧道拱顶纵向预埋注浆管，每幅模板衬砌预留两处 ϕ20 mm 镀锌钢管，在衬砌施工完成并变形稳定后，进行衬砌背后回填注浆。

2. 明洞防排水

明洞衬砌采用防水混凝土，衬砌背后设防水涂料，铺设防水卷材，在明洞衬砌拱脚（或边墙脚）背后设置纵向坡度不小于 2‰ 的纵向 HDPE160/142 双壁打孔波纹管，边墙衬砌背后每隔 5～10 m 设置竖向 HDPE50 打孔波纹管，墙底设泄水管，衬砌外汇水通过竖向盲沟和与之相接的纵向盲沟，由泄水管引入洞内侧沟。如有条件可横向拉槽设置排水管将水引出洞外。如线路出洞方向为上坡时，反坡排水坡度不得小于 2‰。路堑式明洞顶填土应有倾向洞口不小于 2% 的坡度，洞顶铺设 0.5 m 厚黏土隔水层，填土厚度最薄处不小于 2 m。

3. 洞口防排水

隧道洞口排水包括洞口截水沟、洞内外沟槽连接和洞顶截排水。

（1）隧道在洞口 3 m 范围设置横向截水沟，避免洞外水进入隧道；

（2）隧道内水沟在洞口接入路基侧沟，桥隧相连地段通过隧底侧向排水管排出隧道外，并接入自然排水系统；

（3）隧道洞顶设置截水天沟，拦截地表汇水，并优先引入自然排水系统，如自然或人工沟渠等。边仰坡刷坡面积大，考虑增设截水沟。

四、防灾救援设计

隧道内设置双侧贯通的救援通道，位于两侧沟槽上部，侧壁底部每隔 200 m 设置灯光显示图象文字标记，指示两个方向分别到下一个洞口或紧急出口的整百米数。

五、施工方法设计

对于长度小于 500 m 的隧道，一般按单口单方向安排施工，长隧道一般按进出口双口掘进组织施工，隧道主攻方向结合进出口条件、渣场位置及施工通风、排水考虑。隧道开挖采用光面爆破，严格控制超欠挖，初期支护喷射混凝土采用湿喷工艺。工程数量不考虑超挖、超挖回填和施工误差数量。施工工法根据围岩级别、地质条件及地下水发育情况确定。施工方法设计强调如下：

1. 初期支护和围岩为暗洞隧道的主要受力结构，施工中一定要“保护围岩”，确保初期支护的施工质量；初期支护的参数和采用的施工方法密切相关，在施工中应根据具体的地质情况合理确定施工方法，必要时适当调整支护参数。

2. 在隧道开挖时，应随时核对围岩级别与地下水状态，如发现与设计不符，应及时提出，以便修正设计。

3. 施工中若遇地下水，应取样化验，了解有否侵蚀性，以便决定是否变更水泥品种，调整水灰比或采取其他措施，以防侵蚀。

4. 开挖应采用光面爆破、预裂爆破等控爆工艺，严格控制超欠挖，以达到开挖轮廓圆顺，开挖面平整。开挖中，应加强开挖面的地质素描和地质预报工作。隧道爆破应减少对围岩的扰动，开挖后必须及时支护。

5. 超前支护是隧道支护体系的重要组成部分，施工中应确保施作质量。

6. 隧道施工应贯彻仰拱先行的原则，仰拱填充不应与仰拱混凝土同时灌注，且均不得留纵向施工缝；仰拱及底板施工前应严格清底，不得留有虚渣。

7. 为确保衬砌对围岩的支护效果，衬砌超挖回填应符合设计要求：墙脚以上 1 m 范围内和拱部的超挖必须采用同级混凝土一次灌注，其他部位可采用与衬砌同级的混凝土或 M10 水泥砂浆砌片石回填。

8. 明洞段回填应符合设计要求，回填高度较大时，应分层填筑，码砌及浆砌应分层错缝进行，夯填应密实，确保施工质量。

9. 加强隧道施工中的监控量测，掌握开挖过程中围岩应力、应变的动态变化规律和支护结构体系的受力状态，及时预测和评估支护体系的受力状态，据此调整相关支护参数和施工方案，确保施工及结构体系的安全。

10. 对断层破碎带或不同围岩的接触带等地质复杂隧道段，采取地震波、红外线、超前钻孔等综合施工地质超前预报措施，根据预报结果，及时采取相应的工程措施，防止突水、突泥等地质灾害的发生。

六、辅助施工方法设计

1. 对浅埋、偏压等地形、地质条件较差的隧道洞口、洞身段应先预加固围岩后再开挖，视地质条件可采用地表砂浆锚杆、地面预注浆、地表旋喷桩等加固围岩，网喷混凝土或砂浆锚杆等加固边仰坡，并根据具体围岩情况设置 10～40 m 长管棚、超前小导管、超前锚杆等超前支护措施，适用条件见表 3-6-3。

2. 软岩段隧道的基底承载力小于 0.15 MPa 或基地岩层遇水易软化时应予以加强，可采用围岩注浆、钢管桩、旋喷桩或其他加固措施，确保衬砌安全。

3. 岩溶发育的长大隧道，根据隧道环境要求、具体围岩状况、水压、水量等采取恰当的注浆堵水措施。

表 3-6-3 预支护措施适用条件

序号	项目	主要作用	主要设计参数	适用条件
1	洞口段长管棚	加固周边一定范围围岩，与钢架组合成预支护系统，防止洞口软弱围岩坍塌，创造进洞条件	ϕ108 mm 热轧无缝钢管，长 10～40 m，外插角 1°～3°，压注水泥浆液	洞口Ⅴ级及以下围岩，无自稳能力，或洞口段地表有重要建筑物
2	洞身段长管棚	加固周边一定范围围岩，与钢架组合成预支护系统，防止洞身软弱围岩坍塌、下沉或松弛	ϕ89 mm 热轧无缝钢管，每环长 10 m，外插角 3°～5°，搭接长度≥3 m，压注水泥浆液	Ⅴ级围岩浅偏段、Ⅳ级围岩偏压段、自稳能力极差地段
3	小导管	加固周边一定范围围岩，与钢架组合成预支护系统，控制软弱围岩变形量	ϕ42 mm 热轧无缝钢管，每环长 3.5(或 4.2)m，外插角 3°～5°，搭接长度≥1 m，压注水泥浆液	Ⅴ级围岩、Ⅳ级围岩浅埋段
4	超前锚杆	与钢架共同作用支托上部临空面松动岩体	ϕ25 mm 中空注浆锚杆，每环长 3.5 m，外插角 10°～15°，搭接长度≥1 m	Ⅳ级围岩、Ⅲ级围岩裂隙发育段
5	R51L 自进式锚杆	与钢架共同作用支托上部临空面松动岩体	R51L 自进式锚杆，外插角 3°～5°	堆积体
6	超前预注浆	在一定范围内加固围岩，减小加固圈岩体空隙率及渗透系数、控制围岩涌水量	超前注浆，加固范围 8 m(5 m)，纵长 30 m 一环，压注多组合浆液	较高水压、无自稳能力、涌水量大于控制值、可能突水突泥段
7	围岩径向注浆	在一定范围内加固围岩，减小加固圈岩体空隙率及渗透系数、控制围岩涌水量	径向注浆，加固范围 5 m(3 m)，压注多组合浆液	高水压、涌水量大于控制值、有自稳能力

七、隧道内无砟轨道设计

隧道内采用双块式无砟轨道，无砟轨道内轨顶面至轨道板底面 497 mm。无砟轨道的基础为仰拱填充，施工前检查是否满足无砟轨道施工条件，并按照后浇混凝土施工要求进行处理。

八、洞内相关设施设计

1. 隧道照明

全线 $L\geqslant100$ m 的隧道设置固定的电力照明；长度 $L\geqslant1\,000$ m 的隧道应设置应急照明设备，应急照明灯具安装间隔不大于 50 m，该设备必须在断电时能自动接通并连续工作 2 h 以上。

专用洞室及紧急出入口处应设置固定照明并配备灯光显示方向，紧急出口通道内应设应急照明设备。

2. 隧道内综合洞室设置

隧道内不设置供维修人员使用的避车洞，但应考虑设置存放维修工具和其他业务部门需要的综合洞室，洞室间距单侧为 500 m 左右，双侧错开设置。洞室尺寸按大避车洞断面设计，洞室深 5 m。综合洞室内底部设置余长电缆腔；洞室内预留通信及电力等相关专业设备安装空间，如无线列调中继器、中继站、变压器等。

3. 电缆槽设置

隧道内设置双侧电缆槽，且电缆槽结构外缘距同侧轨道中线的距离不小于 2.3 m；电缆槽设盖板，能开启维护。隧道内电力电缆沟尺寸：宽×深＝300 mm×380 mm，槽道内用粗砂填实。通信、信号电缆沟尺寸为：净宽 350 mm，深 380 mm，槽道中间以 ϕ16 mm 插筋分隔，槽内用粗砂填实。

九、环境保护与水土保持措施

1. 本线隧道所处地区，耕地少，洞口施工、施工场地布置和弃渣场应尽可能少占耕地。施工污水应先排入沉淀池，经沉淀处理后方可排入河中，同时做好洞口及施工场地附近的排水设施，避免因隧道施工引起地表径流改变而冲毁农田。洞口边仰坡必须及时进行防护(一般为骨架护坡或锚网喷防护)，防止雨水冲刷导致水土流失。

2. 隧道弃渣均根据隧道附近地形地质和水文条件，研究了弃渣方案，并与地方有关部门一起落实弃渣场位置，设置永久的渣场挡护工程，渣场顶面设置截排水系统，同时对渣场坡面采取绿化等防护措施，有条件时可进行复耕。严禁在没有稳妥的防护措施条件下，向江河及桥涵上游弃置，防止渣土流失，堵塞河道。

第四节　长大、重难点隧道设计

以下面浏阳河隧道、大瑶山隧道群、牛岭隧道和高岭隧道、金沙洲隧道为例，对武广铁路客运专线长大、重难点隧道设计方案进行说明。

一、浏阳河隧道

(一)设计范围

浏阳河隧道工程设计范围为 DⅡK1560＋785～DⅡK1570＋900，长 10 115 m，其中暗洞段长 9 935 m。

(二)总体线位

线路避开在建的湘绣城后，径直穿京珠高速公路及牛角冲互通立交，旋即转至其东侧。此后沿桂花路西侧南行，由张公岭高阶地之下穿行，过浏阳河后至机场高速南侧接入长沙南站。线路设计为 3 个 R＝9 000 m 的平曲线。隧道洞身处于两曲线反弯中，但夹直线甚长，且曲线均位于洞口附近。

(三)隧道纵坡

潇湘路至牛角冲段，地面建筑物稀少，尤其是开元西路至牛角冲段，仅有几条通往中南汽车大世界的城市道路，其场地开阔，在一定程度上具备放坡开挖条件。另该段也是砾岩岩溶发育区。针对以上特点，对牛角冲以北采用浅埋隧道纵坡。

线路下穿潇湘路后，先采用 12.2‰的缓坡下潜，至蒸湘西路北侧以 20.0‰的坡率快速下潜，在 DⅡK1564＋806 处接上 5.01‰缓坡段，至变坡点 DⅡK1566＋598 后采用 3‰缓坡上台，在 DⅡK1568＋369 处接 20.0‰的上坡快速上升，至 DⅠK1571＋159 处采用平坡接入长沙南站。

(四)辅助坑道设置

根据浏阳河隧道工期要求、施工场地以及逃生救援要求等实际情况，经初步设计阶段多方案比较后采用"三竖井＋一斜井"方案，设置情况见表 3-6-4。考虑本隧道为凹形纵坡长大隧道，为加强隧道的防灾与逃生能力，需在隧道最低点处设置疏散定点，设计考虑在隧道内轨顶面标高最低点前后各 200 m 范围内隧道中线两侧 40 m 各设置局部疏散通道。

斜井采用无轨运输单车道断面，井底 XDK0＋000～＋128 及 XDK0＋386～＋416 段设置错车道。斜井位于线路前进方向左侧并平行于线路走向，与左线线路中线距离 87.5 m，交点里程 DⅡK1566＋598，井底与线路正交，斜井综合坡度 8.43％，斜长 652.47 m。斜井洞口位于线路里程 DⅡK1567＋170.2 左侧 87.5 m 处。

表 3-6-4 辅助坑道设置一览表

编号	对应线路里程	结构型式	断面尺寸(长×宽)(m)	竖井中心位置	深(长)度(m)	备注
1号竖井	DⅡK1563+550	矩形井	16.8×8	隧道顶部	50.07	
2号竖井	DⅡK1564+820	矩形井	16.8×8	隧道顶部	53.85	
斜井	DⅡK1566+598	—	—	—	652.47	DⅡK1566+398～+798 段隧道中线两侧 40 m 各设置局部疏散通道
3号竖井	DⅡK1568+350	矩形井	16.8×8	隧道顶部	51.03	

(五)隧道洞门设计

隧道进口里程 DⅡK1560＋785，主要为粉质黏土与泥质砾岩地层，洞门采用帽檐斜切式；出口里程 DⅡK1570＋720，为矩形暗埋段与 U 形槽引道敞开段衔接处，主要为粉质黏土地层；引道敞开段终点里程DⅠK1570＋900。

(六)隧道主体结构设计

暗挖段隧道按喷锚构筑法原理进行设计，采用复合式衬砌；明挖段结构型式有明挖拱形断面、明挖矩形断面和 U 形槽三种型式。

(七)困难地段处理措施

1. 隧道进口暗挖段

隧道进口段 DⅡK1560＋914～DⅡK1561＋010 段地表为施工用地，结构拱墙位于人工填土地层中，主要为素填土、杂填土，土层厚度为 8.0～17.4 m，堆积时代较新，多结构疏松，松散～稍松，标贯击数为 4～17 击，工程性质差且不稳定，围岩分级主要为Ⅵ级。

根据本段人工填土厚的特点，通过综合分析比较，为确保施工安全，方便施工，满足工期要求，分 DⅡK1560＋914～＋923.6 及 DⅡK1560＋923.6～DⅡK1561＋010 两段，采取不同方案施工。

(1)DⅡK1560＋914～＋923.6 段

①地表减载措施：将地面至内轨顶面标高上 10.96 m，隧道中线横向各 19.5 m 范围内的素填土地层采用 1∶1.5 的临时边仰坡进行明挖减载处理，在施工完成隧道二次衬砌并达到设计强度后适时回填至原地面线。

②超前支护：采用洞口 ϕ108 mm 长管棚进行超前支护，管棚长 10.5 m，环向间距 0.4 m，注浆材料采用采用普通水泥-水玻璃双液浆，双液浆配比为，水灰比 $W:C=(0.8:1)\sim(1:1)$，水泥、水玻璃体积比 $C:S=1:1$，水玻璃浓度为 35°Be′。

③施工方法：采用双侧壁导坑法施工，侧壁导坑采用超前小导管预支护，其布置方式同拱部。超前小导管注浆采用普通水泥—水玻璃双液浆。

(2)DⅡK1560＋923.6～DⅡK1561＋010 段

①地表减载措施：将 DⅡK1560＋923.6～DⅡK1561＋000 段钻孔桩范围间的素填土地层采取垂直明挖减载处理，开挖深度为地面至内轨顶面高程上 10.68 m；DⅡK1561＋000～＋010 段将地面至内轨顶面高程上 10.96 m，隧道中线横向各 7.83 m 范围内的素填土地层采用 1∶1.5 的临时边仰坡进行明挖减载处理。纵向钻孔桩间隙土层设置网喷混凝土防护，C20 喷混凝土厚 10 cm，钢筋网采用 ϕ8 mm，间距 20 cm×20 cm；在施工完成隧道二次衬砌并达到设计强度后适时回填至原地面线。

②钢支撑设置：分别在地面线以下 3 m 及 8 m 位置基坑内侧设置二道 ϕ609 mm、壁厚 14 mm、水平间距 3.6 m的横向钢支撑，围檩采用 56b 双拼工字钢。

③套拱加固：在完成地表减载及钢支撑施工后，隧道洞顶设置套拱加固，套拱采用 1.0 m 厚 C30 钢筋混凝土，套拱内侧与隧道二次衬砌外侧距离为 10 cm。套拱拱座与钻孔桩之间采用植筋连接，套拱脚部预埋与隧道主体结构初期支护钢架焊接连接的钢板。

④锚杆加固：在隧道最大跨度处上下各 0.75 m 位置设置 2ϕ32 mm 锚杆，锚杆钻孔直径为 ϕ110 mm，纵向间距 1.2 m，并结合隧道初期支护中的 I20a 钢架及 20 槽钢设置。

⑤施工方法：采用三台阶法施工。

2. 牛角冲互通桥梁基础

线路在DⅡK1563＋120里程处下穿京珠高速公路，在DⅡK1563＋290里程处下穿长永高速公路，且此位置为牛角冲互通式立体交叉，京珠高速公路上跨长永高速公路采用桥梁方式，桥长约为50 m。

根据收集的设计资料，牛角冲立交墩台均采用扩大基础，底面高程约为39～40 m之间。最近墩台距离隧道结构边缘水平距离约为16 m，桥梁墩台基础与隧道拱顶高差约为10 m。交叉范围内地质情况主要为W3的砂砾岩地层，围岩分级为Ⅴ级。

为控制隧道施工对桥梁墩台基础影响，本段采用机械开挖与弱爆破法开挖，双侧壁导坑法施工，洞身段拱部采用ϕ108 mm长管棚套打ϕ42 mm小导管预支护。长管棚环向间距0.4 m；小导管长3.5 m环向间距0.4 m；同时侧壁导坑的外侧采用超前小导管预支护，其布置方式同拱部。

3. 京珠西辅道排水箱涵

隧道在DⅡK1562＋927.54里程处下穿京珠西辅道排水箱涵，箱涵结构尺寸为5 m×3 m，涵底高程约为37.5 m，距离隧道结构拱顶约0.7 m。交叉范围内地质情况主要为强风化及全风化的泥质砂岩地层，围岩分级为Ⅴ级。

隧道下穿箱涵地段采用机械开挖与弱爆破法开挖，双侧壁导坑法施工，洞身段采用ϕ108 mm长管棚套打ϕ42 mm小导管预支护。长管棚环向间距0.4 m；超前小导管长3.5 m，环向间距0.4 m。施工中长管棚的长度及角度应根据开挖面与箱涵的具体位置关系适当调整，并加强监控量测，重点监测箱涵的沉降及接头张角，有条件时可采用开挖保护。

4. 过浏阳河段

浏阳河河道宽度约300 m，两岸修筑有河堤。浏阳河隧道过江段线路起止里程为DⅡK1568＋666～DⅡK1569＋028，河底绝对高程为22.8～26.0 m，隧道洞顶标高为4.0～8.7 m，隧道洞顶覆盖厚度为19.1～23.8 m。

过河段根据区域地质构造属黄花向斜核部，根据钻探岩芯以及地下电阻率值分布较均匀的特点分析岩层接近水平。隧道穿越地层主要为K_{2d}泥质粉砂岩，泥质砂岩：紫红色，中厚～厚层状，岩石完整，局部夹含石膏脉或斑点状石膏，岩芯呈中长柱状，*RQD*值一般＞80％。局部地段岩芯节理裂隙发育，倾角为38°～39°，围岩分级为Ⅴ级。

隧道过河段岩体相对较为完整，透水性差，渗透系数为0.000 87～0.016 4 m/d，属不透水至弱透水岩组。局部存在的裂隙一般属非贯通性或导水裂隙，透水性亦较差。

针对过河段工程地质及水文地质条件，设计遵照“超前预报，加强支护，控制变形，快速封闭”的原则，采用三台阶临时仰拱法施工，并对上台阶设置临时钢架进行封闭。超前支护采用ϕ108 mm超前长管棚套打ϕ42 mm超前小导管，长管棚环向间距0.4 m，小导管环向间距0.4 m；同时在开挖掌子面设置ϕ25 mm玻璃纤维锚杆。施工过程中应采用超前钻孔探明开挖面前方的地质及地下水情况，钻孔数量不少于6个，钻孔长度不小于50 m，钻孔搭接长度不小于10 m。

5. 下穿机场高速段

隧道DⅡK1570＋148～＋200下穿机场高速，采用暗挖形式通过，两侧为明挖隧道。地层主要为冲积粉质黏土层、粉土层、砂砾石层，以及强风化泥质粉砂岩；隧道仰拱之下为白垩系强风化～弱风化泥岩及泥质粉砂岩；隧道拱顶之上为人工填筑土(公路路堤)，地层稳定性差，砂砾石富水。围岩分级为Ⅵ级。

为维持南北两辅道的交通畅通，在北侧DⅡK1570＋110～＋120、南侧DⅡK1570＋230～＋240段架设钢便梁方案。为架设钢便梁，北侧DⅡK1570＋100～＋120、南侧DⅡK1570＋220～＋245段围护采用钻孔桩支护方案。

DⅡK1570＋100～＋134段基坑宽16.1 m，采用钻孔桩＋钢筋混凝土支撑＋预应力锚杆支护。在DⅡK1570＋110～＋120段第一道钢筋混凝土支撑上架设军用便梁。

DⅡK1570＋134～＋148段为暗挖段的管棚施做空间，基坑宽19.3 m，采用钻孔桩＋钢筋混凝土支撑＋预应力锚杆支护。基坑第一道钢筋混凝土支撑采用1.2 m×0.8 m的“八”字撑；在第一道支撑下打设四排预应力锚杆。

DⅡK1570＋148.6掌子面设置一排桩径1.2 m的钻孔灌注桩，间距1.4 m。为便于管棚施作，同时为了基坑正面的稳定性，控制机场路的变形，基坑端部不设预应力锚杆，在距第一道钢筋混凝土支撑 6 m 下方设置一道“U”形钢筋混凝土支撑梁，梁高 2.0 m。

DⅡK1570＋200～＋214 段基坑为暗挖段的管棚施做空间，基坑宽 19.3 m，采用钻孔桩＋钢筋混凝土支撑＋预应力锚杆型式。基坑第一道钢筋混凝土支撑采用 1.2 m×0.8 m 的“八”字撑；在第一道支撑下打设三排预应力锚杆。

DⅡK1570＋214～＋245 段基坑宽 15.6 m，采用钻孔桩＋钢筋混凝土＋钢支撑的支护型式。在DⅡK1570＋230～＋240 段第一道钢筋混凝土支撑上架设军用便梁。

DⅡK1570＋199.4 掌子面设置一排桩径 1.2 m 的钻孔灌注桩，间距 1.4 m。为便于管棚施作，同时为了基坑正面的稳定性，控制机场路的变形，基坑端部不设预应力锚杆，在距第一道钢筋混凝土支撑 6 m 下方设置一道“U”形钢筋混凝土支撑梁，梁高 2.0 m。

DⅡK1570＋148～＋200 暗挖段超前支护采用双层 ϕ108 mm 长管棚方案，从机场高速公路南北两侧对向施工，上、下层管棚错开长度不小于 8 m。施工采用双侧壁导坑法施工，考虑到基岩面的起伏，为避免管棚与基岩交界处的涌水涌泥，该范围采用超前小导管注浆预支护。

二、大瑶山隧道群

大瑶山隧道群起讫里程为 DK1908＋264～DK1932＋966.5，全长 24 702.5 m，包含三隧两桥及小段路基。

其中三座隧道分别为：(1)大瑶山 1 号隧道，长 10 081 m，起讫里程 DK1908＋264～DK1918＋345；(2)大瑶山 2 号隧道，长 6 025.53 m，起讫里程 DK1918＋515.07～DK1924＋540.6；(3)大瑶山 3 号隧道，长 8 387.6 m，起讫里程 DK1924＋578.9～DK1932＋966.5。相邻两座隧道之间的间距较小，大瑶山 1 号和 2 号隧道之间间距 170.07 m，包括 12.65 m 路基段及黄土湾大桥 157.4 m；大瑶山 2 号和 3 号隧道之间为溰眺中桥 38.3 m。

隧道正洞采用双线复合式衬砌，按通隧(2005)0301 设计“人”字坡。辅助坑道采用单车道无轨运输＋错车道结构形式，喷锚支护整体式衬砌，单车道辅助坑道净宽 5.1 m，净高 5.8 m。坑道的内净空考虑通过大型挖装机、混凝土搅拌车等需要。

隧道群两端为碳酸盐岩分布区，属溶蚀构造型低山，其中 DK1908＋264(1 号隧道进口)～DK1909＋730 段主要岩溶形态为溶峰、溶谷，岩溶洼地、漏斗、落水洞等较大的垂向岩溶形态发育较少，表层溶沟、溶槽、石芽等较发育。地形起伏较小，最大相对高差小于 250 m；DK1931＋700～DK1932＋970(3 号出口)段主要岩溶地貌形态以溶蚀丘陵及谷地为主，微地貌如溶沟、溶槽、岩溶漏斗、落水洞等十分发育；地下岩溶如溶洞、管道流等均发育，地形起伏相对较小。该段隧道穿越的主要地层为灰岩、白云质灰岩和薄层泥灰岩。

隧道群中部其余地段位于碎屑岩～浅变质岩分布区，属剥蚀侵蚀－构造型低山，山体多呈 NE-NNE 向，山顶浑圆，斜坡陡峭，山坡坡度多为 30°～50°，植被发育，沟谷深切，多呈“V”形，隧道穿越的主要地层为震旦系、寒武系、泥盆系板岩、石英砂岩、细砂岩、粉砂岩夹页岩等。

(一)大瑶山 1 号隧道

1 号隧道起迄里程为：DK1908＋264～DK1918＋345，全长 10 081 m。设置辅助坑道 2 座，包括进口平导和中部横洞。

进口平导穿越岩溶地段，主要目的为增加工作面并超前探测地质情况，该平导位于左线中线右侧 50 m，全长 2 268 m，导坑纵向坡度为 3‰(与正洞一致)，平导起点里程为 PDK0＋032(对应正线里程 DK1908＋252)，终点为 PDK2＋300(对应正线里程 DK1910＋520)，穿越 F_7 断层，进入砂岩地层。平导内共设置 30 m 长错车道 9 处，间距 230 m。平导内设置 3 处 40°正向横通道，横通道里程分别为 PDK0＋800、PDK1＋550、PDK2＋300，交于正洞 DK1909＋080、DK1909＋830、DK1910＋580，平行导坑设置标高为对应线路里程处正洞仰拱底面标高以下 0.7 m。平导施工过程中多次遭遇岩溶，发生突水突泥，以 F_5、F_6 断层处最为严重。

中部横洞主要为增加工作面设置，长 888 m，位于线路左侧，垂直于正洞。平导穿越地层为$\in_1$ 砂质板岩夹浅变质长石英砂岩与少量泥质板岩，交于正洞 DK1915＋153 里程，3‰下坡，设置错车道 2 处，出口位于九峰河边。

(二)大瑶山2号隧道

2号隧道起迄里程为:DK1918+509～DK1924+536,全长6 027 m。由于隧道进出口均位于河边,沟谷深切,场地狭窄,洞口无法施工,为开辟工作面,各设置横洞一座。交点处横洞中线设计高程较该处正洞轨面高程低0.866 m。

进口横洞全长341 m,位于线路右侧,9‰下坡,交于正洞DK1918+993里程,与正洞交角约40°,横洞内设置一处错车道,出口位于九峰河边。横洞穿越地层为$\in_1$浅变质长石石英砂岩,砂质板岩,灰黄色、灰绿色。

出口横洞全长320 m,位于线路右侧,3‰下坡,交于正洞DK1923+540里程,与正洞交角约43°,横洞内设置一处错车道,出口位于大源河边谷地。横洞穿越地层为$\in_2$灰黄色、灰褐色砂质板岩。

(三)大瑶山3号隧道

3号隧道起迄里程为:DK1924+583～DK1932+970,全长8 387 m。隧道进口位于大源河边,沟谷深切,场地狭窄,洞口无法施工,为开辟工作面,设置平导一座。隧道出口位于灰岩地段,岩溶发育,为增加工作面并超前探测地质情况设置平导一座。

进口平导长256 m,位于线路左侧,平导内靠近正洞侧设置1处错车道。平导穿越地层为E_2地层,灰绿色砂质板岩夹浅变质粉砂岩。平导起始段与线路中线的夹角为30°,至PAK0+044处后平行线路,位于左线中线左侧50 m,纵向坡度为4‰下坡,于PAK0+272处设置通向正洞的正向横通道,横通道与线路中线的交角为40°,横通道终点与正洞的交点里程为DK1924+970。交点处平导终点路面高程较对应正洞轨面标高低3.2 m。

出口平导长2 852 m,位于线路左线中线左侧50 m,平导穿越中～薄层泥灰岩、灰岩、白云质灰岩进入砂岩地层。平导内设置5处横通道和11处错车道,平导于里程PBK-1-492、PBK0-915、PBK0-390、PBK0-054.5及PBK1+110五处设置通向正洞的横通道,分别为5号～1号横通道,1号和5号垂直于正洞,3号为反向横通道,2号和4号为正向横通道,正、反向横通道与线路中线的交角为40°。错车道间距约200 m,导坑起点处路面高程较相应正洞轨面高程低3.43 m。平导施工过程中多次遭遇岩溶,发生突水突泥,并揭露管道流,以干溪断层最为严重。

三、牛岭隧道

(一)概　　况

牛岭隧道位于武广铁路客运专线韶关境内,双线隧道,重型轨道,无砟轨道结构。进口里程DK2017+105,出口里程DⅠK2024+693,全长7 588 m。

(二)工程地质条件

1. 地形地貌

隧道范围属低山深丘地貌,地形起伏较大,相对高差约100～500 m,进口为斜坡,土层较厚;出口为陡坡,土层较薄,基岩裸露;洞身山顶呈猪背状,山峰林立,坡面竹树成林,植被茂密,局部有陡坎。隧道最大埋深510 m。

2. 地层岩性

隧道通过岩层主要为泥盆系中、下统桂头群上亚群含砾砂岩、石英砂岩夹页岩,下亚群石英砂岩夹页岩,燕山期三期花岗岩。上覆第四系全新统崩、坡积层碎石土、块石土,坡、残积层粉质黏土。测段出露地层有第四系、泥盆系中下统桂头群、燕山三期花岗岩侵入体。

3. 地质构造及地震动参数

DK2021+000～DⅠK2022+165段燕山期花岗岩侵入接触,该侵入体正好位于黄思脑背斜核部。黄思脑背斜轴线由南北方向转成北东方向,呈一钩状,由一个短轴背斜,一个穹隆构成的一个不对称的背斜构造。线路穿过该背斜的北东部,背斜在该处呈北东向走向,背斜核部侵入燕山三期花岗岩。该背斜两翼为下泥盆统桂头群石英砂岩夹页岩。进口产状:N8°～20°W/20°～40°NE,出口产状:N40°～49°E/33°～63°SE。

黄思脑断层于DK2017+073处与线路呈30°夹角相交,走向N65°E,倾南东,倾角约68°,长约20 km,北西盘为泥盆系中下统桂头群上亚群石英砂岩夹页岩，南东盘岩性为桂头群下亚群石英砂岩夹页岩，区域上见断层角砾岩，断距数百米，长近 20 km，断层附近钻孔内岩体破碎。

砂岩中主要发育有三组节理：N20°～57°E/39°～90°SE；N70°W/55～82°SW；N39°～64°W/70°～90°NE。节理面呈铁锈色，较平直，延伸远，缝宽 3～8 mm，间距＜1.0 m，呈张开状。

地震动峰值加速度为 0.05g，地震动反应谱特征周期为 0.35 s。

4. 水文地质条件

地下水主要为基岩裂隙水，赋存于石英砂岩及花岗岩的风化、构造裂隙中，主要受大气降雨补给。因测区自然坡度较陡，地表径流顺畅，基岩裂隙中富水程度低，水量较少，但石英砂岩及花岗岩节理密集地段地下水发育。

由于石英砂岩中夹有的薄层页岩具有相对隔水性，故砂岩裂隙水局部具承压性。DZ-牛-1 及 DZ-牛-3 钻孔资料可知，在 DⅠK2022＋770 及 DK2017＋973 附近砂岩层中存在有承压水。根据钻孔 DZ-牛-1 揭示，在该孔附近，高程为 120 m 处，水头达 95.15 m。钻孔 DZ-牛-3 揭示，承压含水层高程为 105.538～102.038 m。根据抽水试验分析，该承压含水层以静态裂隙水为主。

本隧最大涌水量为：Q＝28 000 t/d。

（三）设计概况

根据地形条件，隧道进口采用斜切式洞门，后接Ⅴ级明洞。进口段线路右侧炉溪河流转弯处（对应线路 DK2017＋100～＋130 段坡脚范围）设置 C20 混凝土防护挡墙，挡墙基础嵌入基岩深度不小于 1 m，墙后露空部分用干砌片石回填，表面用水泥砂浆勾缝。隧道出口紧邻大江中桥武汉端桥台，结合地形条件采用环框式洞门。其边、仰坡采用锚网喷防护，并于天沟外 5 m 设钢轨栅栏防护落石。

出口段采用环框明洞衬砌，其余各段均采用复合式衬砌。为满足主体结构的耐久性要求，二次衬砌采用强度等级为(C35)C30 的耐腐蚀（钢筋）混凝土，抗渗等级不低于 P8。

隧道Ⅱ级、Ⅲ级围岩采用台阶法开挖，Ⅳ级围岩采用 CD 法开挖，Ⅴ级围岩采用双侧壁导坑法开挖，各级围岩均锚喷支护，拱墙一次衬砌。

全隧二次衬砌拱部、边墙及仰拱（底板）采用耐腐蚀防水混凝土，其抗渗等级不低于 P8，初期支护与二次衬砌之间拱部及边墙部位铺设 EVA 塑料防水板加土工布防水，纵、环向施工缝均涂抹混凝土界面剂并加设中埋式橡胶止水带，拱墙部分环向施工缝内缘采用双组份聚硫密封膏嵌缝。

全隧道洞内设双侧水沟加中心排水明沟，侧沟水采用 ϕ100 mm PVC 排水横管引入中心排水沟，每隔 30 m 设 2 根。全隧二次衬砌背后设环向透水盲沟，纵向每 10 m 设一环，集中出水处可根据水量增设；两侧边墙脚设纵向透水盲沟，并每隔 20 m 左右将地下水引入洞内侧沟。

隧道出口紧邻桥台，且地表陡竣，为解决施工场地，避免桥隧施工干扰，加快施工进度，在隧道出口端线路前进方向左侧设置横洞一座，长 93 m。

本隧道总工期为 41.99 个月，分进口及横洞两个工区，其中进口工区承担施工长度 3 838 m，横洞工区承担施工长度 3 750 m，全隧于 DK2020＋943 处开挖贯通。本隧各工区均采用独头压入式通风。

全隧共弃渣 100.66 万 m^3，除路基利用 10 万 m^3 外，其余均设专门弃渣场，弃渣坡脚设大石码砌。渣顶设截水天沟，并做好渣场排水系统，防止弃渣流失，污染环境，渣场坡面及顶面均予以绿化。

施工中产生的废渣、废液均按有关环保要求处理，隧道进、出口施工场地布置中，均在洞口外设置了污水处理池。

四、高岭隧道

（一）概　　况

高岭隧道位于广东省清远境内，隧道进口里程为 DK2064＋387，出口里程为 DK2069＋945，全长 5 558 m。隧道进口位于右偏曲线上，出口位于左偏曲线上，洞身位于直线上，隧道内采用人字坡。

（二）工程地质条件

1. 地形地貌

隧道穿越低山地貌，最高峰（自贡岭）高程为 640 m，相对高差约 550 m；山坡的自然坡度为 30°～

40°，局部为陡崖，进、出口为缓坡，被土层所覆盖，其余地段大部分基岩裸露；缓坡及山顶杂草、竹木丛生，植被茂密。进口处分布旅游点及村庄，有公路通达，交通便利。出口处人口稀少，交通不便，隧道最大埋深约 555 m。

2. 地层岩性

测段出露地层有第四系、泥盆系、下古生界及燕山侵入旋回地层。区内地层主要为泥盆系中统东岗岭组灰岩夹页岩，泥盆系中下统桂头群上、下亚组石英砂岩夹页岩，下古生界砂岩夹页岩、石英岩夹板岩，燕山一期花岗岩。上覆第四系全新统坡残积、坡洪积、崩坡积粉质黏土、块石土。

3. 地质构造及地震动参数

测区位于湘粤拗褶束（三级）中的粤北凹褶束（四级）与粤中拗褶束（三级）中的连龙凹褶束（四级）之交接处。

隧道区 DK2067＋036～出口为燕山期花岗岩侵入体，整个侵入体呈下伏“月芽”状，其边缘伸入测区内，呈下倾“舌”状，花岗岩侵入体与下古生界及泥盆系中下统桂头群下亚群地层呈侵入接触。下古生界及泥盆系中下统桂头群下亚群地层呈角度不整合接触。夹页岩地层单斜，倾角较陡，岩层产状变化较大，为 N6°～75°W/41°～65°NE，标高越高，其倾角有变缓的趋势。地层产状为 N35°～60°E/32°～52°NW。

地层中节理较发育，岩体较完整，主要见：N29°～44°E/76°NW～86°SE；N77°～83°W/76°NW～81°SE 两组，间距均为 1.5～2 m，微张开。根据地质测绘及物探资料可知，石英岩夹板岩及混合花岗岩接触带附近受构造影响，节理裂隙发育，岩体较破碎。砂岩夹页岩地层节理较发育，岩体较完整。花岗岩节理不发育，岩体完整，偶见：N20°～90°E/45°～90°NW 和 N25°～60°W/55°～90°SW 两组节理。

地震动峰值加速度为 0.05g，地震动反应谱特征周期为 0.35 s。

4. 水文地质条件

地下水主要为第四系堆积层中的孔隙水、基岩裂隙水、岩溶水三类。

(1)堆积层中的孔隙水

地表仅见一处泉点出露，分布于 DK2064＋540 左 180 m 之坡洪积块石土中，水量较小，为 0.5 L/s，在堆积层中共施钻 7 孔，均未见地下水，孔隙水不发育，主要受大气降雨补给。取附近泉水作水质分析，对混凝土具中等溶出型侵蚀及中等硫酸型酸性侵蚀。

(2)基岩裂隙水

基岩裂隙水主要赋存于围岩构造节理及风化裂隙中，分布广泛，主要受大气降雨补给，水位埋深较浅。测区自然坡度较陡，地表径流顺畅，基岩裂隙中富水程度低，水量较少。但花岗岩与下古生界地层接触带附近，受构造影响岩体较破碎，地下水较发育。取钻孔水作水质分析，对混凝土具中等硫酸型酸性侵蚀及弱溶出型侵蚀。

(3)岩溶水

隧道进口段附近灰岩岩溶发育，岩体较破碎，地下水主要赋存于岩溶裂隙及溶洞中，地下水位埋藏较浅，局部具微承压，主要受大气降水越流补给或基岩裂隙水补给，DK2064＋850 附近灰岩与砂岩的接触带附近岩溶发育。

本隧道洞身最大涌水量：Q＝1 800 t/d。

（三）设计概况

根据地形条件，隧道进出口均采用斜切式洞门，进口接Ⅴ级明洞。

除进口段采用明洞衬砌，其余各段均采用复合式衬砌。为满足主体结构的耐久性要求，二次衬砌采用强度等级为(C35)C30 的耐腐蚀（钢筋）混凝土，抗渗等级不低于 P8。

隧道Ⅱ级、Ⅲ级围岩采用台阶法开挖，Ⅳ级围岩采用 CD 法开挖，Ⅴ级围岩采用双侧壁导坑法开挖，各级围岩均锚喷支护，拱墙一次衬砌。

全隧二次衬砌拱部、边墙及仰拱（底板）采用耐腐蚀防水混凝土，其抗渗等级不低于 P8，初期支护与二次衬砌之间拱部及边墙部位铺设 EVA 塑料防水板加土工布防水，纵、环向施工缝均涂抹混凝土界面剂并加设中埋式橡胶止水带，拱墙部分环向施工缝内缘采用双组份聚硫密封膏嵌缝。

全隧道洞内设双侧水沟加中心排水明沟，侧沟水采用ϕ100PVC 排水横管引入中心排水沟，每隔 30 m 设 2 根。全隧二次衬砌背后设环向透水盲沟，纵向每 10 m 设一环，集中出水处可根据水量增设；两侧边墙脚设纵向透水盲沟，并每隔 20 m 左右将地下水引入洞内侧沟。

本隧均采用压入式通风。

本隧土建施工工期为 38.65 月(包括施工准备工期)，分进口、出口两个工区，进口工区承担 2 737.5 m 正洞施工，出口工区承担 2 820.5 m 正洞施工。各工区均采用独头压入式通风。

全隧共弃渣 79.21 万 m^3(紧方)，除路基利用 4.98 万 m^3 外，其余均设专门弃渣场，弃渣坡脚设大石码砌。渣顶设截水天沟，并作好渣场排水系统，防止弃渣流失，污染环境，渣场坡面及顶面均予以绿化。

施工中产生的废渣、废液均按有关环保要求处理，隧道进、出口施工场地布置中，均在洞口外设置了污水处理池。

五、金沙洲隧道

(一)方案研究及设计经过

金沙洲隧道段线路初步设计时采用高架桥梁方案通过，初步设计审查后根据地方要求改研究隧道方案。随后铁四院根据当时的地质资料，上报了隧道设计方案。2004 年 11 月，铁道部鉴定中心发布了《关于广州枢纽新广州站及枢纽相关工程站前工程初步设计的批复》(铁鉴函〔2004〕716 号)，明确“里水至三山段线路采用环城高速公路西侧的金沙洲方案，线路尽量靠近高速公路，经金沙洲居住新城时，原则同意隧道方案”，并提出了隧道的主要设计原则和要求。

2005 年 9 月，铁四院完成金沙洲隧道修改初步设计，金沙洲隧道最大纵坡为 12‰，隧道全长为 4 240 m，其中暗挖段长 2 497 m，明挖段长 1 747 m。2005 年 11 月，部提出研究隧道纵坡 20‰和 30‰的方案，根据纵坡为 12‰的地质资料进行了纵坡 20‰和 30‰的方案研究，报部审查。部审查后，2005 年 11 月铁道部下发了《关于广州枢纽新广州站及枢纽相关工程 DK2167＋000～DK2216＋000 段站前工程修改初步设计及站后工程初步设计的批复》(铁鉴函〔2005〕882 号)，确定线路采用 20‰的纵坡方案。

2005 年 12 月，铁四院完成了金沙洲隧道施工设计(供招标用)；2006 年 4 月，根据部批复的隧道纵坡 20‰方案进行了补充勘察工作。按照新的勘察成果提供的地质资料，我院于 2006 年 11 月完成金沙洲隧道咨询施工图设计，铁四院 2007 年 3 月完成正式施工图。

工程施工期间，当地村民强烈要求保留三乡路，并提出线路必须全部以地下隧道通过，否则不予提供施工场地。为此，建设单位会同设计、施工单位与地方政府进行了多次沟通，对局部线路纵坡进行了调整，隧道 DK2195＋190～DK2196＋190 段纵坡由 20‰调整为 18.5‰，其他地段不变。2007 年 3 月，部鉴定中心以《关于新建广州枢纽新广州站及相关工程技术标准变化等 4 项 I 类变更设计的批复》(铁鉴函〔2007〕247 号)进行了批复，明确了纵坡变更、DK2196＋110～＋430 段采用暗挖方案、DK2196＋179～430 段长约 251 m 双层小导管改按ϕ159 大管棚超前支护。

根据金沙洲隧道施工情况、“专家研讨会意见”及广铁集团报部修改施工图，2008 年 3 月，部鉴定中心下发《关于新广州站金沙洲隧道部分地段变更设计方案的复函》(鉴桥隧〔2008〕57 号)，对 DK2193＋710～＋890 水塘段，DK2194＋410～＋860 下穿厂房、广佛高速、佛环匝道及西环高速段和 DK2194＋860～DK2196＋110 段注浆截堵水设计方案、DK2196＋110～＋555 段设计方案进行了批复。

(二)地质概况

2004 年 10 月～2005 年 1 月补充定测勘察阶段共完成机动钻孔验 87 个，总进尺 2 374.69 m，现场标准贯入试验 244 次，取原状土样 107 件，扰动样 18 件，岩样 41 件，水样 12 组。

2006 年 4 月 20 日开始进行金沙洲隧道的补充定测勘察工作，2006 年 5 月 28 日完成所有外业工作。本次勘察共布设钻孔 64 个(包括 2 个检查孔)，钻孔间距约·50 m，左右线交错布孔。其中暗挖段布置钻孔 46 个，出口明挖段布置钻孔 8 个，2 个竖井共布置钻孔 3 个，斜井段布置钻孔 5 个。总进尺 2 563.78 m。

根据勘察揭示，金沙洲隧道处在古生界及新生界岩性地层的区域内，场区的岩土层按其成因分类主要有：第四系人土填土层，全新统冲积相沉积层、残积层、石炭系下统、泥盆系上统及断层构造角砾岩。下伏基岩为泥盆系上统帽子峰组和石炭系下统。根据钻探揭露，隧址的岩性主要有：(1)石炭系下统测水段，岩性以粉砂岩为主，粉砂岩夹炭质页岩、砂岩、炭质灰岩、灰岩等。(2)石炭系下统石磴子组，岩性以灰岩为主；局部灰岩夹粉砂岩、炭质页岩、砂岩、炭质灰岩等。(3)泥盆系上统帽子峰组，岩性为粉砂岩、砂岩。

隧道位于广从断裂中段的西侧及广三断裂东段的南侧，总体上为相对稳定区段。

隧址附近地表无河流，主要接受大气降水。测区地处北回归线以南，属亚热带海洋性气候，雨量充沛，为地下水的渗入补给提供了充足水源。隧道范围内地下水可划分为四大基本类型：(1)第四系松散岩类孔隙水；(2)泥盆系及石炭系测水段碎屑岩类裂隙、孔隙水；(3)石炭系碳酸岩类孔隙裂隙水；(4)石炭系碳酸岩类溶洞水。

场地内不良地质作用较发育，存在软土震陷、岩溶、断裂构造等不良地质作用。

(三)设计说明

1. 工程概况

金沙洲隧道位于广州市西北侧及南海市境内。进口位于南海市里水镇洲村，出口位于黄岐镇沙溪村，南侧紧临广州西环高速公路，在隧道沿线地面有高速公路及二、三级公路通过，交通便利。

隧道进口里程为 DK2192＋831，出口里程为 DK2196＋893，出口隧线分界里程为 DK2197＋265，隧道(含明洞)全长 4 062 m，建筑长度为 4 434 m(含 DK2196＋893～DK2197＋265 的敞口段，长 372 m)，隧道平面位于直线上，全隧道纵坡设计为“V”字坡，分别为长 2 359 m 的 20‰下坡和长 1 000 m 的 18.5‰上坡及长 1 075 m 的 20‰上坡。

隧道位于剥蚀残丘与冲积平原交接地带，地势相对较为平坦，属珠江三角洲冲积平原地貌单元及剥蚀残丘地貌单元，地表主要为农田、鱼塘、果园及苗圃，小河渠、小河涌较密。所穿越地层岩溶发育，地质条件极其复杂，地下水丰富；且隧道下穿广佛、广州西环高速公路、建设大道和风岐里峰村等，隧道施工安全风险巨大，是武广铁路客运专线控制工程之一。隧道设置概况见表 3-6-5。

表 3-6-5　隧道设置概况

项　目		里　程		长　度(m)
		起始里程	终止里程	
隧道建筑长度		DK2192＋831	DK2197＋265	4 434
隧道长度		DK2192＋831	DK2196＋893	4 062
分段情况	进口洞口段	DK2192＋831	DK2192＋844	13
	洞身暗挖段	DK2192＋844	DK2196＋555	3711
	明挖暗埋段	DK2196＋555	DK2196＋893	338
	出口引道段	DK2196＋893	DK2197＋265	372

2. 暗挖结构设计

暗挖隧道采用复合式衬砌，初期支护与二次衬砌均是主体结构的重要组成部分，初期支护的主要作用是保证施工安全和控制地面沉降，其支护参数依据工程类比并辅以必要的理论分析确定。

二次衬砌根据防水设计措施区别设计，对采用全封闭防水地段，二次衬砌按承受全部围岩压力和水压力，采用荷载结构模式进行计算；对拱墙设防水层地段，二次衬砌按承受部分围岩压力，不承受水压力，采用荷载结构模式进行计算。

根据以上原则，经工程类比和结构计算后拟定支护参数见表 3-6-6。暗挖段辅助施工措施见表 3-6-7。

3. 明挖结构设计

(1)结构净空尺寸应满足建筑限界、施工工艺及使用要求，并考虑施工误差、结构变形及后期沉降的影响；

(2)结构设计分别按施工阶段和正常使用阶段进行强度、刚度和稳定性计算，并满足运营、施工工艺、抗震、防水和耐久性的要求；

(3)结构的计算模式，应充分考虑结构的实际工作情况，并反映结构与周围地层的相互作用；根据以上原则结合本隧道的特点，拟定的明挖段结构形式见表 3-6-8。

表 3-6-6 隧道暗挖段衬砌支护参数

围岩级别	衬砌形式	初期支护									二次衬砌及配筋		预留变形量(mm)	防排水设计
		喷射混凝土厚度(cm)	锚杆			喷改性聚酯纤维混凝土		钢筋网 ϕ8(位置/间距)(cm)	格栅钢架/型钢		拱墙(cm)	仰拱(cm)		
		拱墙/仰拱	位置	长度(m)	间距(m)(环×纵)	位置	改性聚酯纤维掺量(kg/m³)		钢架类型	每榀间距(m)				
Ⅲ	Ⅲa	15/—	拱部	3	1.2×1.0	拱墙	1.2	拱墙 25×25	—	—	40	55	5～8	防排结合
	Ⅲb	18/10	拱部	3	1.2×1.0	拱墙	1.2	拱墙 25×25	—	—	45※ 5ϕ18	65※ 10ϕ20	5～8	全封闭防水
	Ⅲc	18/10	拱部	3	1.2×1.0	拱墙	1.2	拱墙 25×25	I16	1.0(拱墙)	45※ 5ϕ18	65※ 10ϕ20	5～8	全封闭防水
Ⅳ	Ⅳa	25/25	拱墙	3.5	1.0×1.0	拱墙	1.2	拱墙 20×20	I18	1.0(全环)	45※ 5ϕ20	55※ 5ϕ20	8～10	防排结合
	Ⅳb	22/10	拱墙	3.5	1.0×1.0	拱墙	1.2	拱墙 20×20	150ϕ22	0.75(拱墙)	45※ 5ϕ20	65※ 10ϕ22	8～10	全封闭防水
Ⅴ	Ⅴa	28/28	拱墙	4	0.8×1.0	拱墙	1.2	拱墙 20×20	I20a	0.6(全环)	50※ 5ϕ22	60※ 5ϕ22	10～15	防排结合
	Ⅴb	25/25	拱墙	4	1.0×1.0	拱墙	1.2	拱墙 20×20	I20a	0.6(全环)	50※ 5ϕ22	65※ 10ϕ28	10～15	全封闭防水
Ⅵ	Ⅵa	28/28	拱墙	4	1.0×1.0	拱墙	1.2	拱墙 20×20	I22a	0.5(全环)	55※ 5ϕ22	65※ 5ϕ22	10～15	防排结合
	Ⅵb	28△/28	拱墙	4	1.0×1.0	—	—	—	I22a	0.5(全环)	55※ 5ϕ22	65※ 10ϕ22	10～15	全封闭防水
	Ⅵb	28△/28	拱墙	4	1.0×1.0	—	—	—	I22a	0.5(全环)	60※ 5ϕ22	70※ 10ϕ22	10～15	全封闭防水
	Ⅵc	28△/28	拱墙	4	1.0×1.0	—	—	—	I22a	0.5(全环)	60※ 5ϕ22	80※ 10ϕ25	10～15	全封闭防水
	Ⅵd	28△/28	拱墙	4	1.0×1.0	—	—	—	I22a	0.5(全环)	60※ 5ϕ22	80※ 10ϕ28	10～15	全封闭防水

表 3-6-7 暗挖段辅助施工措施

地质资料			设计情况			
起讫里程	长度(m)	围岩分级	起讫里程	长度(m)	辅助措施	施工方法
DK2192+831～DK2192+920	89	Ⅴ	DK2192+831～DK2192+844	13		明挖
			DK2192+844～DK2192+885	41	洞口 40 mϕ108 mm 管棚	双侧壁导坑法
			DK2192+885～DK2192+895	10	ϕ42 mm 超前小导管	双侧壁导坑法
			DK2192+895～DK2192+930	35	洞身 45 mϕ108 mm 管棚，其余ϕ42 mm 超前小导管	双侧壁导坑法
DK2192+920～DK2192+970	50	Ⅳ	DK2192+930～DK2192+950	20		双侧壁导坑法
			DK2192+950～DK2192+980	30	超前锚杆	三台阶临时仰拱封闭法
DK2192+970～DK2193+290	320	Ⅲ	DK2192+980～DK2193+280	300		台阶法
DK2193+290～DK2193+330	40	Ⅳ	DK2193+280～DK2193+320	40	超前锚杆	三台阶临时仰拱封闭法
DK2193+330～DK2193+350	20	Ⅴ	DK2193+320～DK2193+340	20	超前小导管	三台阶临时仰拱封闭法

续上表

地质资料			设计情况			
起讫里程	长度（m）	围岩分级	起讫里程	长度（m）	辅助措施	施工方法
DK2193＋350～DK2193＋500	150	Ⅵ	DK2193＋340～DK2193＋510	170	ϕ89 长管棚＋ϕ42 超前小导管	双侧壁导坑法
DK2193＋500～DK2193＋530	30	Ⅴ	DK2193＋510～DK2193＋540	30	超前小导管	三台阶临时仰拱封闭法
DK2193＋530～DK2193＋550	20	Ⅳ	DK2193＋540～DK2193＋560	20	超前锚杆	三台阶临时仰拱封闭法
DK2193＋550～DK2193＋660	110	Ⅲ	DK2193＋560～DK2193＋650	90		台阶法
DK2193＋660～DK2193＋720	60	Ⅳ	DK2193＋650～DK2193＋710	60	超前锚杆	三台阶临时仰拱封闭法
DK2193＋720～DK2193＋930	210	Ⅴ	DK2193＋710～DK2193＋940	230	ϕ89 长管棚＋ϕ42 超前小导管	分部台阶法
DK2193＋930～DK2194＋350	420	Ⅳ	DK2193＋940～DK2194＋340	400	超前小导管	三台阶临时仰拱封闭法
DK2194＋350～DK2194＋685	335	Ⅴ	DK2194＋340～DK2194＋675	335	DK2194＋650～＋675 段采用 5 m 超前帷幕注浆，ϕ89 长管棚＋ϕ42 超前小导管	三台阶临时仰拱封闭法
DK2194＋685～DK2194＋825	140	Ⅵ	DK2194＋675～DK2194＋835	160	DK2194＋675～＋700 段采用 5 m 超前帷幕注浆；洞内 ϕ89 长管棚＋ϕ42 超前小导管，DK2194＋720～＋780 采用小导管基地注浆加固	双侧壁导坑法
DK2194＋825～DK2194＋870	45	Ⅴ	DK2194＋835～DK2194＋880	45	超前小导管	双侧壁导坑法
DK2194＋870～DK2194＋920	50	Ⅳ	DK2194＋880～DK2194＋930	50	超前锚杆	三台阶临时仰拱封闭法
DK2194＋920～DK2195＋540	620	Ⅲ	DK2194＋930～DK2195＋186	256	部分超前锚杆＋部分径向注浆	台阶法
			DK2195＋194～DK2195＋380	186	部分超前锚杆＋部分径向注浆	台阶法
			DK2195＋380～DK2195＋530	150	部分超前锚杆＋部分径向注浆	台阶法
DK2195＋540～DK2195＋670	130	Ⅳ	DK2195＋530～DK2195＋660	130	超前小导管	三台阶临时仰拱封闭法
DK2195＋670～DK2195＋720	50	Ⅵ	DK2195＋660～DK2195＋730	70	ϕ89 长管棚＋ϕ42 超前小导管	双侧壁导坑法
DK2195＋720～DK2195＋790	70	Ⅴ	DK2195＋730～DK2195＋780	50	超前小导管	分部台阶法
DK2195＋790～DK2196＋555	765	Ⅵ	DK2195＋780～DK2195＋795	15	ϕ89 长管棚＋ϕ42 超前小导管	双侧壁导坑法
			DK2195＋795～DK2195＋926	131	DK2196＋056～＋096 采用 40 m ϕ108 长管棚，其余采用 ϕ89 长管棚＋ϕ42 超前小导管	双侧壁导坑法
			DK2195＋934～DK2196＋045	111	DK2196＋104～＋144 采用 40 m ϕ108 长管棚，其余采用 ϕ89 长管棚＋ϕ42 超前小导管	双侧壁导坑法
			DK2196＋045～DK2196＋110	65	采用 ϕ89 长管棚＋ϕ42 超前小导管	双侧壁导坑法
			DK2196＋110～DK2196＋555	445	ϕ159 长管棚	双侧壁导坑法

表 3-6-8　明挖结构型式表

结构形式	里程	长度（m）	底板厚度（m）	侧墙厚度（m）	拱部（顶板）厚度（m）
曲墙明洞 M1	DK2196＋555～DK2196＋605	50	1.4	1.1	0.9
曲墙明洞 M2	DK2196＋605～DK2196＋655	50	1.3	1	0.8
曲墙明洞 M3	DK2196＋655～DK2196＋750	95	1.2	1	0.7
矩形明洞 M4	DK2196＋750～DK2196＋840	90	1.2	0.9	1
矩形明洞 M5	DK2196＋840～DK2196＋893	53	1.1	1.1	0.9

续上表

结构形式	里程	长度(m)	底板厚度(m)	侧墙厚度(m)	拱部(顶板)厚度(m)
敞开段 U1	DK2196+893～DK2196+920	27	1.4	1.2	—
敞开段 U2	DK2196+920～DK2197+020	100	1.4	1.2	—
敞开段 U3	DK2197+020～DK2197+133	113	1.3	1.1	—
敞开段 U4	DK2197+133～DK2197+192	59	1	1.0-0.5	—
敞开段 U5	DK2197+192～DK2197+265	73	0.8	0.8-0.5	—

4. 围护结构设计

(1) 采用明挖顺作本工程基坑施工，DK2196＋555～DK2197＋133 采用钻孔灌注桩作为围护结构，DK2197＋133～265 采用放坡开挖施工。钻孔桩作为基坑开挖时的围护结构，不参与主体结构受力。

(2)围护结构要确保施工期安全稳定，控制其变形和沉降，防止对周围环境产生明显不利影响。

(3)明挖段工程重要等级：侧壁安全等级为一级，基坑侧墙变形安全等级为二级；桩位偏差，轴线和垂直轴线方向均不宜超过 50 mm。垂直度偏差不宜大于 0.5％。

(4)DK2196＋555～＋555 段基坑采用 ϕ800 mm 钻孔桩，桩间距 1 000 mm，设 5 道钢支撑；DK2196＋555～DK2197＋840 段基坑采用 ϕ800 mm 钻孔桩，桩间距 1 000 mm，设 3 道钢支撑；DK2196＋840～DK2197＋020 段基坑采用 ϕ800 mm 钻孔桩，桩间距 1 000 mm，设 2 道钢支撑；DK2197＋020～DK2197＋133 段基坑采用 ϕ800 mm 钻孔桩，桩间距 1 000 mm，设 1 道钢支撑。

其中，DK2196＋555～＋805 段钢支撑采用 ϕ609 mm 壁厚 16 mm 钢管；DK2196＋805～DK2197＋133 段钢支撑采用 ϕ609 mm 壁厚 14 mm 钢管；基坑钻孔桩间采用 ϕ650 mm 旋喷桩桩间止水。

(5)DK2197＋133～＋265 段采用 1∶2 的坡度放坡开挖，坡面上采用 8 cm 厚的网喷混凝土护坡。

(6)DK2196＋750～DK2197＋020 段主体结构利用围护桩作为抗拔桩。

5. 基底处理

暗挖地段 DK2194＋720～＋780 段，隧道基底处于粉质黏土，基底承载力小于 200 kPa，采用小导管注浆加固基底。

明挖地段对于承载力小于 200 kPa 的软弱地基，利用抗拔桩承载。抗拔桩为 ϕ800 的钻孔灌注桩，深度至基岩面下。当水位高浮力大时，抗拔桩提供抗拔力；当水位小不需要提供抗拔力时，抗拔桩将上部荷载传至基岩。

隧道处于灰岩地段时，在开挖后进行地质雷达探底，对基础以下 10 m 范围内的溶洞，根据其规模和具体的位置确定处理措施。

6. 下穿高速公路段设计

DK2194＋650～＋700 上有匝道桥桥墩位于隧道顶部，为防止地表下沉，该段采用 5 m 超前帷幕注浆止水后，采用“ϕ89 长管棚＋ϕ42 超前小导管”预支护措施；DK2194＋340～DK2194＋650、DK2194＋700～＋835 两段洞内采用 ϕ89 长管棚＋ϕ42 超前小导管预支护措施。

7. 隧道防排水设计

(1)隧道衬砌要求混凝土抗渗等级不小于 P12，暗洞二次衬砌、明洞结构采用防水混凝土，拱(顶板)墙混凝土掺加防水剂，仰拱(底板)混凝土掺加高效抗裂防水膨胀剂。

(2)DK2192＋831～DK2194＋340 按防排结合型防水设计，拱墙设 EVA 型双面自粘型防水板；隧道衬砌防水板背后环向设置 ϕ50 mm 打孔波纹管，环向排水盲沟间距按 8 m；在隧道两侧边墙墙脚外侧两道环向盲沟之间设置纵向 ϕ110 mm 打孔波纹管，环向盲沟与纵向盲沟两端均直接与隧道侧沟连通，必要时便于排水管路的维护。每段纵向盲沟中部设置一处 ϕ50 mm 泄水孔连接到隧道侧沟。

(3)DK2194＋340～DK2196＋893 采用全封闭防水设计，全断面敷设防水板。

以下为其防排结合型和全封闭型防排水设计参数。

①防排结合型防水

a. 防水板为 3 mmEVA 复合型防水板，环向施工缝处理为：环向施工缝设置幅宽 30 cm 中埋式止水带及排水管，排水管采用 ϕ50 mm 的波纹管(外包土工布)。

拱墙、仰拱为钢筋结构时中埋止水带采用遇水膨胀橡胶止水带，为素混凝时采用钢板腻子止水带。

b. 纵向施工缝涂刷混凝土界面剂厚度为 2 mm。

c. 沉降缝采用幅宽 30 cm 遇水膨胀橡胶止水带，SGJL-851M 聚硫密封胶，填缝料采用沥青木丝板，安装 ϕ50 mm 抗剪钢筋，镀锌钢板接水盒。

②全封闭型防水

a. 防水板为 3 mmEVA 复合型防水板，环向施工缝处理为：环向施工缝设置幅宽 30 cm 中埋式止水带及排水管，排水管采用 ϕ50 mm 的波纹管(外包土工布)。

b. 纵向施工缝涂刷混凝土界面剂厚度为 2 mm，并安装遇水膨胀橡胶止水条。

c. 沉降缝采用幅宽 30 cm 遇水膨胀橡胶止水带，SGJL-851M 聚硫密封胶，填缝料采用沥青木丝板，安装 ϕ50 mm 抗剪钢筋，镀锌钢板接水盒。

(4)DK2196＋893～DK2197＋265 边墙和底板外贴防水板。

(5)全隧道洞内采用双侧水沟，隧道中间设置直径为 16 cm 的半圆形的排水明沟排水。

(6)在隧道最低点处设 1 号排水泵房，出口段洞内设置 2 号排水泵房，洞内的水通过侧沟和左右侧沟间的横沟排入泵房中，1 号泵房中的水通过沿隧道的侧沟抽到出口排出，2 号泵房中的水直接从出口抽排出。

(7)施工缝和沉降缝防排水措施。

①暗挖段：

纵向施工缝防排结合型防水设计地段采用刷涂混凝土界面剂的处理措施，全封闭型防水设计地段采用刷涂混凝土界面剂＋埋设遇水膨胀橡胶止水条的处理措施。

环向施工缝设置中埋式止水带和可维护注浆管系统综合防水措施。

斜切洞门与暗洞衔接处设一处沉降缝。沉降缝拱墙部位防水采用中埋波纹排水管、橡胶止水带、沥青木丝板塞缝、聚硫密封胶(内侧设置排水槽引排渗入水)等措施；沉降缝仰拱部位采用中埋橡胶止水带、沥青木丝板塞缝并环向设置双层抗剪钢筋(暗挖隧道)或剪力榫(明挖段)的措施，以减小沉降缝两边的不均匀沉降。

②明挖段：

环向施工缝采用中埋式橡胶止水带＋外贴式止水带的处理措施；纵向施工缝采用刷涂混凝土界面剂＋埋设钢板止水带的处理措施。

明暗衔接处设沉降缝，明挖段每 30 m 设一处沉降缝。采用拱墙部位防水采用中埋波纹排水管、橡胶止水带、沥青木丝板塞缝、聚硫密封胶(内侧设置排水槽引排渗入水)等措施；沉降缝底板部位采用中埋橡胶止水带、沥青木丝板塞缝并环向设置剪力榫的措施，以减小沉降缝两边的不均匀沉降。

(8)洞口及地表排水设计。

本隧道纵坡为"V"字坡，为防止洞外水流入洞内，进口洞外路堑侧沟沟底应做成不小于 2‰的反坡。在线路 DK2196＋893～DK2197＋393 段(其中 DK2196＋265～DK2197＋393 为路基专业设计段)，要求线路上部设置挡雨棚挡雨，两侧设置墙顶高程为 3.0 m(高出内涝水位不小于 0.5 m)的挡水墙，同时要求在 DK2197＋393 外设置截水横沟一道，以防路基面上的水顺流入隧道内。进口洞顶边仰坡设置截水天沟，引入路基的侧沟。

8. 溶洞处理方案及施工报警设计

施工中对灰岩地段采用超前地质预报，本隧道灰岩地段均位于地下水以下，溶洞一般都是充填型的；如有溶洞，根据溶洞位置和规模一般采用两种处理方法，一是换填。当溶洞位于基底且规模较小，可采用片石混凝土进行换填；二是注浆。当溶洞位于基底规模较大，边墙或拱部采用注水泥砂浆或水泥—水玻璃浆液加固。如果溶洞的规模巨大，或溶洞无填充物以及其他特殊情况时，及时通知建设、设计和监理单位进行研究，确定合理的方案进行处理。

施工中应建立洞内外报警联系通讯设备，以确保施工安全。

9. 辅助坑道设计

(1)斜井设计

斜井位于线路前进方向的左侧，斜井中线与隧道交于 DK2193＋943，斜井斜长 235 m，按单车道无轨运输设计。

(2)竖井设计

1 号竖井位于 DK2195＋190 里程处隧道结构正上方，竖井深 40.88 m，内净空断面尺寸为 700 cm×1 550 cm，中间设中隔墙。竖井采用明挖法施工，竖井位于非基岩段，采用 ϕ80 cm 钻孔灌注桩，桩外采用摆喷防渗墙止水，防渗墙厚度不小于 20 cm，竖井结构采用顺作施工，位于基岩地段，采用喷锚支护，竖井结构采用逆作施工。竖井主体结构均采用矩形断面。

2 号竖井位于 DK2195＋930 里程处隧道结构正上方，竖井深 32.75 m，内净空断面尺寸为 700 cm×1 550 cm，中间设中隔墙。竖井采用明挖法施工，竖井位于非基岩段，采用 ϕ80 cm 钻孔灌注桩，桩外采用摆喷防渗墙止水，防渗墙厚度不小于 20 cm，竖井结构采用顺作施工，位于基岩地段，采用喷锚支护，竖井结构采用逆作施工。竖井主体结构均采用矩形断面。

10. 附属构筑物

(1)隧道内设置综合洞室，洞室间距单侧为 500 m 左右，双侧错开设置，共设置综合洞室 16 个。综合洞室内底部设置余长电缆腔，其中在 DK2194＋330、DK2195＋830 处综合洞室内预留通讯无线设备安装空间，在 DK2195＋080 处综合洞室内预留安装照明变压器。

(2)隧道内设置双侧电缆槽，且电缆槽结构外缘距同侧轨道中线的距离不小于 2.3 m；电缆槽设盖板，能开启维护。

(3)DK2195＋190、DK2196＋889 两处设置排水泵房。

(4)过轨管设置：各专业过轨管每组两根，均布设于综合洞室或洞口附近。

11. 综合接地

(1)接地所有钢筋均为 HRB335 非预应力钢筋。

(2)综合接地钢筋网的设置：电气化接地钢筋网设于模筑衬砌中，由纵向钢筋和环向钢筋构成，每 100 m 构成一个接地钢筋网单元。

12. 监控量测

暗挖隧道监控量测是采用新奥法原理设计、施工的隧道，施工过程中必不可少的施工程序。应按照《铁路隧道喷锚构筑法技术规范》执行，施工过程中，对围岩支护体系的稳定状态进行监测，为初期支护和二次衬砌设计参数的调整提供依据，是确保施工及结构运营安全、指导施工程序、便利施工管理的重要手段。

基坑工程的监测按《建筑基坑支护技术规程》(JGJ 120—1999)执行，监测以掌握土体、地下水、围护结构与支撑体系的工作状态信息。通过对量测数据的整理和分析，及时确定采取相应的施工措施，确保工程安全和施工工期。

13. 耐久性设计

(1)隧道二次衬砌混凝土应满足 100 年使用年限。

(2)主体结构设计类型等应利于结构耐久，并有减轻环境侵害的作用。

(3)构造布置建筑材料及配比。

14. 施工方法

隧道暗挖段按新奥法原理组织施工。Ⅵ级围岩段采用双侧壁导坑法进行施工，Ⅴ级围岩根据地质和水文条件、地面环境及预支护措施分别采用双侧壁导坑法、分部台阶法、三台阶临时仰拱封闭法施工，Ⅳ级围岩采用三台阶临时仰拱封闭法施工，Ⅲ级围岩采用台阶法施工。施工方法的选择同时考虑有利于工法的转换；暗挖隧道开挖采用光面爆破，严格控制超欠挖，初期支护喷射混凝土应采用湿喷工艺。

明洞、U 形槽段采用明挖法，根据基坑深度采用了带围护结构的明挖法和放坡明挖法。

15. 施工组织

本隧道按进口、斜井、1 号竖井、2 号竖井、明挖段 5 个工区组织施工，进口、斜井工区及 1、2 号竖井施工采用无轨运输方式，施工进度安排总工期 24 个月。

(1)进口工区负责 DK2192＋836～DK2193＋943 段正洞施工任务，长 1 107 m，施工准备期 2 个月，隧道主体工程工期 21 个月。

(2)斜井工区负责 DK2193＋943～DK2194＋638 段正洞施工任务，长 695 m，施工准备和斜井施工共 5 个月，隧道主体工程工期 18 个月。

(3)1 号竖井工区负责 DK2194+638～DK2195+676 段正洞施工任务,长 1 038 m,施工准备和 1 号竖井施工共 5 个月,隧道主体工程工期 18 个月。

(4)2 号竖井工区负责 DK2195+676～DK2196+240 段正洞施工任务,长 564 m,施工准备和 2 号竖井施工共 5 个月,隧道主体工程工期 15 个月。

(5)DK2196+240～DK2196+555 段,长 315 m,在明挖段与暗埋段分界处进洞,进行该暗挖段施工,隧道主体工程工期 15 个月。

(6)DK2196+555～DK2197+265 段,长 710 m,按 DK2196+555、DK2197+020 两处分段明挖法施工。根据施工需要调整明挖施工分段。

(四)变更设计情况

金沙洲隧道变更设计主要包括以下五部分内容:

(1)DK2194+550～DK2194+860 下穿广佛高速、佛环匝道及广州市西环高速公路段。

(2)DK2194+860～DK2196+110 下穿沙凤二路、凤岐里峰村和西环高速公路浔峰洲收费站段。

(3)DK2196+110～DK2196+300 段。

(4)DK2196+300～+555 段。

(5)隧道防排水设计。

具体变更设计内容如下:

1. DK2194+550～DK2194+860 段

①为控制地下水流失,影响广佛高速、佛环匝道及西环高速公路段安全,DK2194+620～DK2194+860 段洞外两侧设止水墙。

②DK2194+720～+780 段断层破碎带止水墙间采用旋喷桩加固,其他地段采用地表注浆加固。

③为了快速通过广佛高速、佛环匝道桥及西环高速公路下穿段,加快隧道施工进度,DK2194+675～+835 段开挖工法由原设计双侧壁导坑法变更为 CRD 法。

④为了有效控制下穿广佛高速和佛环匝道段隧道施工变形及地表下沉量,对 DK2194+550～DK2194+835 段加强初期支护,初支钢拱架采用 I25b,喷射混凝土厚度采用 35 cm;DK2194+620～DK2194+860 段洞内采用 ϕ159 长管棚。

⑤为控制地下水流失,影响广佛高速、佛环匝道及西环高速段安全,DK2194+558～DK2194+620 段实施全断面 5 m 超前注浆止水并加固围岩。

⑥DK2194+675～DK2194+835 段位于粉质黏土中,优化该段锚杆设置,除综合接地和钢架安装需要锚杆外,其余拱部系统锚杆取消。

⑦封闭既有佛环匝道桥,根据沙贝立交区段详细地质情况和既有匝道桥结构型式,研究制定在施工开挖过程中对既有匝道桥的保护措施。

2. DK2194+860～DK2196+110 段

①在 DK2194+860～DK2195+354 段隧道结构左右外侧增设一道截水墙。

②DK2195+354～DK2195+780 段采用“H”型注浆加固。

③DK2195+530～DK2195+660、DK2195+720～DK2195+780 段增加 ϕ108 mm 管棚超前支护。

④DK2196+040～DK2196+110 段 ϕ89 mm 管棚改为 ϕ108 mm 管棚,并辅助 ϕ42 mm 小导管注浆。

⑤该段开挖后根据涌水量的大小、位置和性质,可选择采用径向注浆堵水、局部注浆堵水等措施治理。

⑥DK2195+783、DK2195+804 出现涌泥引起地表塌陷处理,主要处理措施为溶洞回填、注浆处理、小导管加强及钢架间距调整。

⑦DK2195+750～+780 溶洞处理,主要处理措施为在溶洞处打设小导管、挂网、喷射混凝土封闭,并注浆回填,对地表塌陷处进行深孔注浆回填。

3. DK2196+110～DK2196+300 段

①考虑本段明挖法施工难度较大,风险高,且建设大道地下管线众多,迁改困难,明暗挖分界里程由 DK2196+555 改为 DK2196+300,即 DK2196+110～DK2196+300 采用暗挖法施工,在 DK2196+300 处设临时竖井。

②DK2196＋110～DK2196＋250、DK2196＋270～DK2196＋300 段采用水泥土搅拌桩改良加固淤泥质地层，DK2196＋250～DK2196＋270 段因受高架 10kV 高压线影响，搅拌桩无法靠近施工，将此段水泥土搅拌桩改为旋喷桩施工；加固范围平面宽度为隧道开挖跨度外 4 m 范围内，深度下部为穿越砂层进入粉质黏土层不小于 1 m，上部至拱顶开挖线以上 6 m。

③因 DK2195＋820～DK2196＋250 段隧道下穿广州西环高速公路浔峰洲匝道，此段隧道埋深 9～15 m，地层为淤泥，流塑状，含少量有机质腐殖物软土，为确保匝道行车和洞内施工安全，采取如下措施：

a. 隧道 DK2195＋820～DK2196＋250 下穿西环高速浔峰洲收费站、浔峰洲匝道和建设大道，需对 DK2196＋110～DK2196＋300 段拱顶淤泥质地层采用水泥土搅拌桩改良加固，因匝道位于隧道正上方，必须对此匝道进行改移。匝道改移自建设大道起至匝道拐弯处与既有匝道相接，全长 326 m。

b. 由于隧道施工引起西环高速浔峰洲收费站路面下沉，为确保匝道正常运行，对该段匝道进行过渡顺接，顺接长度 94 m。

c. 为确保浔峰洲收费站出口和建设大道正常运行，增设浔峰洲匝道改移交通设施，同时对建设大道进行交通疏解。

④DK2196＋200～DK2196＋300 段下穿建设大道，建设大道地下管线众多，其中有煤气管、电信光缆、高压电缆、给水管、排污管等，这些管线均在使用中，为了确保在隧道下穿施工中管线使用安全，制定建设大道地下管线具体保护和迁改施工措施。

⑤DK2196＋110～DK2196＋300 段，此段地层软弱，为了加快施工进度，控制沉降变形，加强初期支护，钢拱架由 I22a 加大至 I25a，喷射混凝土厚度由 28 cm 调整至 35 cm；同时为了加快隧道施工进度，此段开挖工法由原设计双侧壁导坑法变更为 CRD 法。

⑥DK2196＋110～DK2196＋300 段地面下 12.3～14.8 m 为粉砂层（位于隧道 CRD 法②、④），厚度为 2.5 m，设计采用水泥土搅拌桩改良加固淤泥质地层，对于粉砂层作用不明显，开挖过程中出现涌水、涌砂现象，把地层掏空，易导致隧道初期支护开裂、失稳。因此在 DK2196＋110～DK2196＋300 砂层地段，采取洞外井点降水、洞内掌子面打设超前钢花管引水和洞内两侧注浆加固的措施防止涌砂涌水。

⑦DK2196＋110～＋300 深井井点降水，基底为灰岩和粉质泥岩交界面，为有效地减少洞内涌水，采取增加深孔降水井。

⑧DK2196＋109～＋131 涌水段处理，该段采取 CRD 法开挖，但②、④、⑤、⑥临时仰拱发生涌水，水量及水压较大，基底松软，为确保隧道结构及施工安全，确定对该段施做止浆墙进行注浆加固堵水。

⑨DK2196＋163～＋230 砂层加固，该段采取 CRD 法开挖，其①、③部拱脚位于砂层中，隧道施工后，初支结构沉降变形较大，为确保隧道满足净空要求和施工安全，决定加强临时支撑，对该段拱脚进行增设小导管注浆加固。

⑩隧道临时竖井（DK2196＋280～＋300 段 CRD 法由六部开挖法转变为八部开挖法）：该段为临时竖井出口段，且基底松软，涌水。为确保施工安全，在 CRD 法⑤、⑥部仰拱处增加临时支撑。

⑪DK2196＋210～DK2196＋280 段采取 CRD 法①、③部拱腰增加支撑，该段位于建设大道下方，拱部为淤泥层、埋深浅，隧道上部初期支护施工后，拱腰部位变形较大，决定对该段拱腰部位增加竖直支撑。

4. DK2196＋300～＋555 段

①本段隧道洞顶覆土厚约 8.5～4 m，周边比较空旷，采用钻孔围护桩围护明挖，衬砌采用明洞结构。根据基坑深度和地层地质情况，围护结构采用直径 ϕ1 000 mm、间距 1 200 mm 和直径 ϕ800 mm、间距 1 000 mm 的钻孔桩分段设计。在围护桩外侧桩间采用 ϕ650 mm 高压旋喷桩止水。

②DK2196＋300～＋430 段溶洞处理，在该段施工过程中，部分地段发现有较大溶洞，对该溶洞进行回填片石、黏土和混凝土处理。

③DK2196＋300～＋430 段原设计采用暗挖法施工，地表采用 ϕ600 mm 高压旋喷桩进行加固，加固范围为隧道开挖边线外 5 m，间距 1 m，梅花形布置，深度至基岩，2006 年 10 月该段变更为明挖。现场按原设计，地表加固已实施。

④因隧道出口 DK2196＋300～DK2196＋430 明挖暗埋段地层中粉细砂、中粗砂厚度约 5～12 m，地下水较丰富；由于该段开挖后涌水、渗漏水严重，为确保基坑施工安全，在 DK2196＋300～DK2196＋430 段基

坑两侧围护结构外侧 2 m 处，分别增设 ϕ600 mm 双排咬合高压旋喷桩止水。DK2196＋430～＋550 段地表为深水鱼塘，在基坑两侧围护结构外侧采用多排 ϕ650 mm 咬合高压旋喷桩止水加固。

⑤DK2196＋300～DK2197＋133 段两侧冠梁顶砖砌挡墙，该段由于原设计冠梁顶标高为 0.5 m，但原地面标高为 2.0～2.5 m 左右，地面高于冠梁，易造成雨水倒灌，遇暴雨，地表积水易灌入基坑，存在较大安全隐患。该段采用在冠梁上部砌筑砖墙，并抹面，防止雨水灌入，确保明挖段基坑施工安全。

⑥DK2196＋300～320 拱顶防水处理，该段为明暗挖交界处，且明挖段向暗挖为 20‰下坡，隧道封闭后，该段易积水，且水压较大，易导致隧道漏水，故对该段防水进行加强，在原防水结构的基础上，增加浸油无纺布和双层沥青，并在直墙与拱部交界处浇筑 1 m 厚 C35 混凝土。

⑦DK2196＋431～480 段地表为水塘，淤泥层较厚，为实施该明挖段围护桩、旋喷桩等项目，对该段水塘进行回填处理。

⑧因地方要求增建三乡公路跨客专线桥，客专线左侧引道地质较差，SDK0＋050～＋107.46、SDK0＋207.54～＋270 段地基采用旋喷桩加固，桩径 0.5 m，桩间距分别为 2.0 m 和 1.5 m，按等边三角形布置，加固至粉砂岩全风化下 0.5 m，桩长 13.0～15.0 m。

5. 隧道防排水设计

金沙洲隧道与浏阳河隧道均为下穿城市的隧道，采用了新的防水理念和新型防水材料，并开展了相关科研工作。针对金沙洲隧道施工情况，对隧道正洞未施工地段 DK2193＋390～DK2193＋940、DK2194＋260～DK2197＋300 的防排水进行修改设计。

隧道防水板全环变更设置 4 mmEVA 型单面自粘型高分子复合防水板，防水板胎基 1.5 mm，其背水侧喷涂砂浆起保护防水板粘结层和加强防水板与二次衬砌的粘结作用，迎水侧设置复合土工布；防水板卷材的搭接由直接粘结改为采用双缝焊接。

第五节　特殊不良地质隧道设计

一、大跨浅埋地段设计

客运专线隧道断面大，跨度宽，浅埋地段开挖成拱困难，设计根据地形地质条件，分别采用明挖、护拱暗挖和地层加固暗挖处理。

(一)明　　挖

当地表埋深浅、刷方不大时优先采用明挖施工，如图 3-6-2 所示。

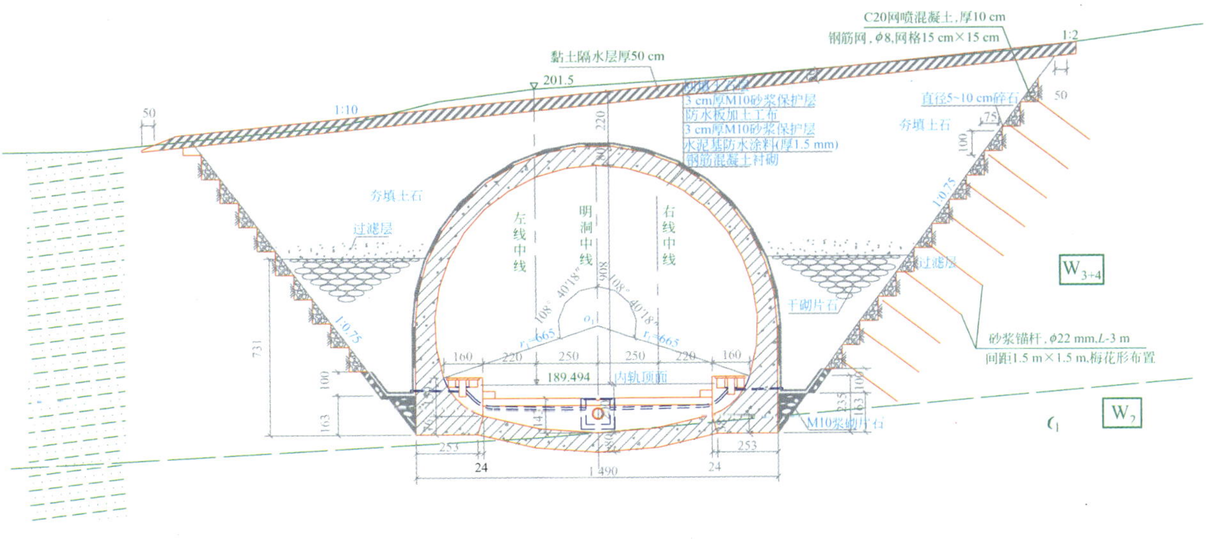

图 3-6-2　明挖法施工(单位：cm)

(二)护拱暗挖

当地形偏压，采用明挖法施工时刷方大、对地表破坏较严重时，可考虑护拱暗挖施工(图 3-6-3)，护拱暗挖与暗洞施工互不干扰，对地表影响小，简单方便。

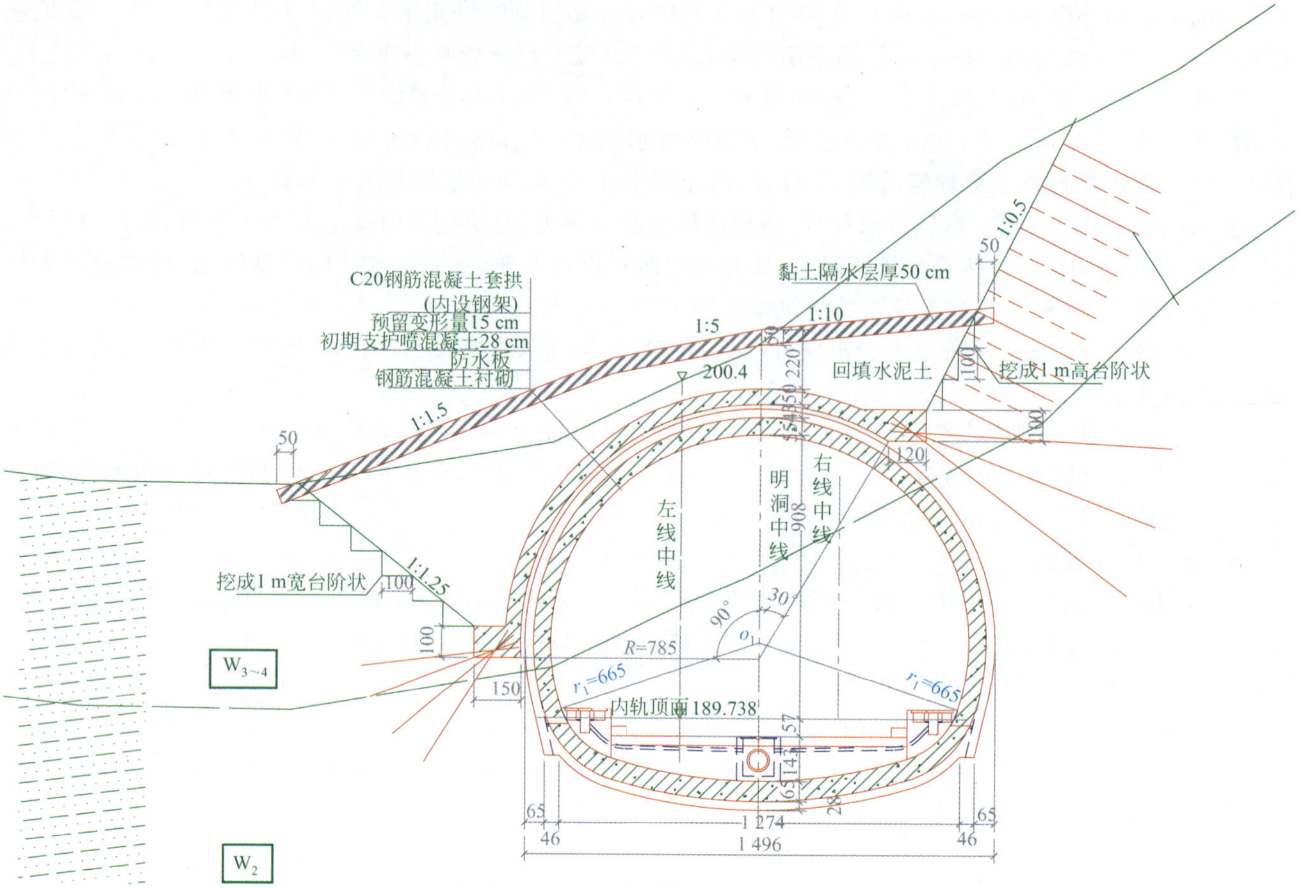

图 3-6-3 护拱暗挖施工(单位:cm)

(三)地层加固暗挖

当地层覆土相对较厚,明挖和护拱暗挖开挖量大,或不允许地表开挖时,可考虑洞内或地表加固措施,加固措施包括长管棚及小导管超前预支护、帷幕注浆、地表钢花管注浆加固等。

二、瓦斯隧道设计

(一)揭煤、防突设计原则

1. 设计依据地质资料及有关瓦斯隧道施工规范、标准。

2. 隧道施工过程中煤层及瓦斯危险性预测按《铁路瓦斯隧道技术规范》、《煤炭安全规程》、《防治煤与瓦斯突出细则》等要求进行。

3. 预测有突出危险的煤层,从工作面距该煤层不小于 15 m(垂直距离)处开始,至穿过煤层进入底板 3 m(垂直距离)的全部作业过程中,都必须采取防突出措施。

4. 隧道施工上导坑采用纵向钻孔及石门纵向揭煤排放瓦斯,下导坑采用顺煤层扇形布孔排放瓦斯。

(二)揭煤、防突作业流程

揭煤、防突作业流程如图 3-6-4 所示。

(三)瓦斯防治设计

全线瓦斯隧道包括窑头、煤隆岭等 4 座隧道,窑头岭隧道穿越煤系地层,周边存在小煤窑,隧道按瓦斯隧道设计,设计情况如下:

1. 隧道平纵断面

隧道起讫里程 DK1963+683~DK1964+750,全长 1 067 m。隧道位于直线上,纵坡为人字坡,变坡点里程为 DK1964+625,两端坡度分别为 5.26‰、−3‰。

2. 主要工程地质

隧道洞身主要为石炭系下统大塘阶石磴子组灰岩,灰黑色,中厚层状,弱风化,岩溶发育,岩溶埋深 19.4~34.1 m,

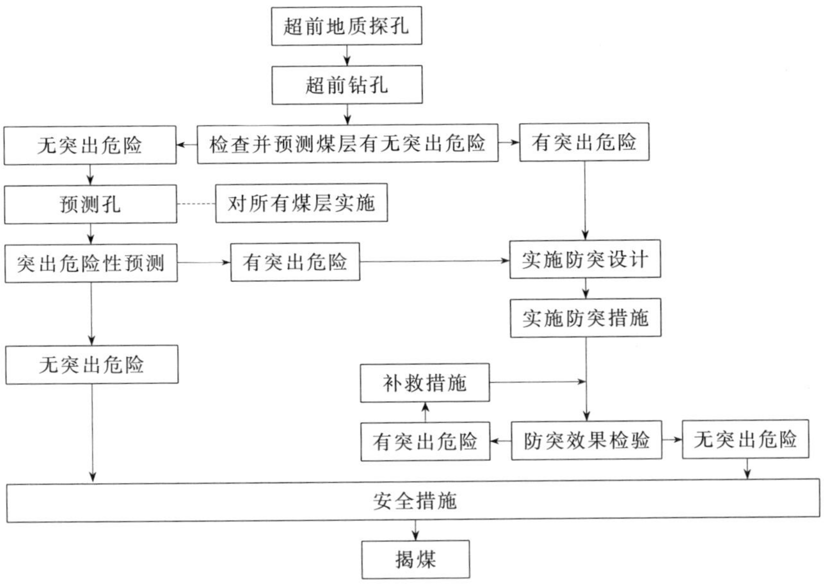

图 3-6-4　揭煤、防突作业流程

溶洞直径 5.60～8.00 m，充填黏土夹碎石；隧道出口为石炭系下统大塘阶测水组地层，以砂岩为主，灰白色，风化后多呈紫红色、棕黄色，强风化～弱风化，夹有鲕状赤铁矿、炭质泥岩、页岩等，其间夹有一层煤层，厚 0.8～3.4 m。里程 DK1964＋000～＋450 段，沿线路两侧分布有大小煤洞约 600 个，煤洞以斜井和平洞为主，坡度约 0°～45°，长度在 20～50 m 居多，深度约 10～20 m。根据钻探揭示资料，该段煤层距线路路肩设计线约 26～66 m，估算煤洞洞底标高高于线路 20.0 m 以上；小煤洞里常年集水，隧道施工中易引起涌水、突泥等突发灾害，同时众多小煤洞的存在易引起地表局部坍陷，从而影响行车安全。隧道出口，煤层埋深约10～20.0 m。

3. 瓦斯防治设计

隧道全段按瓦斯设防设计，采用全封闭复合衬砌，封闭地层中的水及瓦斯，尽可能使地层中瓦斯不渗入隧道，同时采用两套完全独立的排水、排放瓦斯系统，即洞内侧沟排水系统和衬砌外盲沟排水、排放瓦斯系统。

洞内盲沟排水、排放瓦斯系统由纵向盲沟和气水分离装置组成。气水分离洞室设置在最高点 DK1964＋625 处，地下水（水气混合体）通过盲沟进入气水分离室，瓦斯气体通过 ϕ203 mm 无缝钢管（壁厚 8 mm）直接引排至隧道外，地下水则通过纵向盲沟直接排至洞外路基侧沟。

纵向盲沟采用 2 根 ϕ299 mm 的钢花管（壁厚 10 mm），分设于衬砌两侧边墙墙脚附近，钢管周壁布置 ϕ5 mm 钻孔，间距 8～10 cm，钢花管与初期支护及二次衬砌间不得留有间隙。

纵向盲沟（含拱顶）及瓦斯排放管施工工序：掏槽→初期支护→埋管→闭孔 PE 泡沫塑料垫层→EVA 防水板→二次衬砌。

瓦斯排放钻孔 ϕ320 mm，其内安设 ϕ203 mm 钢管（壁厚 8 mm）。竖直地表钻孔与钢管间空隙应压注水泥浆回填密实，确保地表水不不渗入隧道中，钢管应采用有置中措施，确保钢管位于钻孔中心部位。瓦斯放空钢管上端管口距地面 5 m。钢管周围 20 m 内禁止有明火火源及易燃易爆物品；隧道气水分离室内瓦斯排放管周壁与围岩间的间隙采用水泥砂浆填充，洞顶排放管施工及运营期间应定期养护，清除排放管周围 20 m 范围内的易燃物质；为避免雷击，瓦斯排放钢管必须设置接地装置，其接地体电阻不大于 5 Ω。

环纵向施工缝处理：环、纵向施工缝采用混凝土界面剂、背贴橡胶止水带、中埋橡胶止水带和内侧聚硫密封胶嵌缝三道防水防气处理，其中背贴橡胶止水带施工前应在工厂提前将其和防水板焊接成整体（严格按隧道内施工缝的布置进行焊接）。

三、尖峰顶隧道设计

（一）概　　况

尖峰顶隧道位于广东省清远市境内，进口里程为 DIK2024＋755，出口里程为 DIK2026＋172，全长 1 417 m，隧道位于右偏曲线上，全隧 4.5‰的下坡，最大埋深约 150 m，为一傍山隧道。

该隧道于 2007 年 4 月及 2006 年 9 月分别由进口及出口两个工区组织施工，至 2009 年 5 月 15 日隧道全断面贯通。该隧道现场揭示 DIK2025＋265～＋860 段地质情况与施工图变化较大，在地质调查及复查等补充地质工作基础上，进行了一系列变更处理。

（二）施工开挖揭示地质条件

1. 进口工区

（1）DIK2025＋265～＋305 段隧道围岩为泥盆系砂岩夹页岩；至 2008 年 4 月 28 日，掌子面里程为 DIK2025＋310，岩性为弱风化砂岩与页岩互层，灰色，砂岩为薄～中厚层状，节理发育，主要有两组，其中一组倾向于隧道右侧，倾角约 50°，另一组近水平发育；节理间距 0.3～0.7 m。岩体破碎，总体呈碎石状，局部呈碎块状。页岩质软，遇水易软化。拱顶裂隙中有少量的地下水渗透出。

（2）DIK2025＋305～＋380 段隧道围岩为泥盆系砂岩与页岩互层，岩体破碎，地下水较发育，部分拱部锚杆钻进两米左右围岩变为全风化砂岩，有泥水流出，与补充钻探的地表 DSZ-JFDSD-8 号钻孔（DIK2025＋350 线路左线左 8 m）相符，该段拱部以上 2 m 左右即为全风化砂岩。

2008 年 6 月 8 日，进口工区上台阶掘进至 DIK2025＋380 时，在距拱顶左侧 1.5～3 m 处出现局部坍塌，并发生涌水、突泥。涌水量约 900 m^3/d，突泥隧道内漫流长度约 80 m，初步估计涌泥有近 1500 m^3，涌泥以软～流塑状黏性土为主，其中夹灰岩质碎块石，突泥一直持续到次日清晨，该处上台阶右侧及下半断面为较完整岩石。

突泥涌水引起地表 DIK2025＋375 左线中线左侧 3 m 位置出现一陷坑，陷坑直径约 5 m，深度约 6 m。

根据在隧道中线拱顶以下约 2 m 位置的钻孔显示，掌子面 8 m 以后全部为碎块石、硬～软塑状粉质黏土，结合其他几个超前钻孔分析，DIK2025＋380 处遇到的溶洞与补充地质勘察 DSZ-JFDSD-9 号钻孔（DIK2025＋415 线路左线左 8 m）中揭示的为同一充填溶洞，通过后续施工揭示，该溶洞直至 DIK2025＋470 结束。

2. 出口工区

2008 年 3 月 2 日出口段掘进至 DIK2025＋860 时，隧道右侧围岩由灰岩转变为硬塑状粉质黏土，中部及左侧仍为灰岩。粉质黏土中微含 10%～25%的砂岩质角砾，有少量的地下水下滴，软化土体，使得洞内掌子面左侧坍塌，约 200 m^3，引起隧道 DIK2025＋855 洞顶右侧地表出现一直径约 7 m、深 4 m 的陷坑。

至 2008 年 6 月 20 日，出口工区上台阶掌子面里程为 DIK2025＋850，该处右侧为粉质粘土，左侧为灰岩，由于连续降雨，粉质黏土含水量不断增大，由开挖初期的硬塑状逐渐变为软塑状，分别于线路左侧下半断面及右侧上半断面处实施超前小导坑，在左侧下半断面超前小导坑施工至 DIK2025＋841 处揭示粉质黏土，至＋835 处揭示软塑状粉质黏土，再向前施工 2 m，到达＋833 处，由于掌子面软塑状粉质黏土不断涌出，无法继续掘进，故该导坑于＋838.5 处实施了封闭；右侧上半断面小导坑施工至＋852，全部为粉质黏土，由于地下水发育，也进行了封闭。

根据 DIK2025＋860 掌子面情况，为进一步核查 DIK2025＋305～＋860 段岩土层厚度、物理力学性质及基岩岩性、完整程度、地下水发育等地质条件及隧道围岩分级，采用了工程补充地质测绘、钻探（分别在 DIK2025＋350、＋415、＋480、＋540、＋600、＋660、＋735、＋770、＋810、＋830 处布置钻孔进行补钻）、物探（全段布置）、标贯、室内试验等相结合的综合地质勘察方法进行补勘。

该隧道进口段（DIK2024＋755～DIK2025＋200 段）地形陡峻，基岩裸露，为泥盆系中厚层状含砾砂岩、石英砂岩夹页岩。DIK2025＋200～DIK2026＋172 段树木成林，植被茂密，未见基岩露头，该段山脊与沟谷相间，由小里程往大里程方向洞身逐渐靠近山脚，埋深逐渐变浅，横坡也逐渐变缓。定测及补定测阶段在隧道出口及浅埋段（DIK2025＋890～DIK2026＋172 段）布置了 4 个钻孔进行钻探，覆盖层厚度 12～22 m 不等，下伏基岩为泥盆系灰岩、页岩、砂岩，且基岩（灰岩）面往小里程方向逐渐抬高；特别是 DIK2025＋890 左侧钻孔资料揭示，隧道洞顶以上 9 m 均为较完整灰岩。结合地形、坡面碎块石的岩性以石英砂岩为主及钻探资料，推测 DIK2025＋200～＋790 段覆盖层较薄，下伏基岩为泥盆系中厚层状含砾砂岩、石英砂岩夹页岩。

隧道进口段开挖至 DIK2025＋265 时揭示岩性变为砂岩夹页岩，同时出口段在 DIK2025＋860 处遇较大的溶蚀槽谷。为进一步核查未开挖段的工程地质条件及隧道围岩等级，对 DIK2025＋300～DIK2025＋860 段进行补充工程地质勘察，根据补充钻探及物探资料分析，DIK2025＋470～DIK2025＋785 段主要为砂岩、页岩，砂岩为泥质、钙质胶结，砂岩、页岩抗风化能力较石英砂岩差，岩体风化强烈，全风化层较厚；DIK2025＋785～DIK2025＋860 段位于灰岩与砂岩、页岩的接触带附近，地下水的活动相对较强，同时灰岩、砂岩中含硫铁矿，地下水对灰岩的溶蚀作用较强，因此在该段形成一深切的古溶蚀槽谷（古溶蚀洼地），经后期坡积层堆积而形成现在的山前坡积地貌。

（三）变更设计内容

对尖峰顶隧道 DIK2025＋265～＋871 段地质情况进行分段研究后变更设计如下：

1. 围岩级别变更

根据已开挖段围岩情况及补勘情况，DIK2025＋265～＋860 段围岩级别进行了调整。

2. 增设辅助坑道

(1)辅助坑道设置

于 DIK2025＋700 线路前进方向左侧增设横洞，横洞与线路中线平面夹角为 90°，横洞长 120 m，坡度为 −2%，横洞坑底高程与正洞 CRD 法开挖上台阶位置齐平，净空为 5.1 m(宽)×4.8 m(高)。横洞内右侧壁 HK0＋061 处增设向进口方向的斜井，斜井长 67 m，从横洞进入斜井设 10 m 长的平坡段，剩余 57 m 坡度为 −7%，与正洞相交时斜井底板与正洞底板齐平，斜井断面与横洞相同。

(2)辅助坑道施工组织

该段隧道穿越全风化砂页岩，Ⅴ级围岩，为加快施工进度，减少工序转换，在调整支护参数的基础上，正洞采用台阶法施工。通过横洞施工正洞，只开挖上半断面，为确保洞室稳定，防止在后续施工下半断面接长钢架时发生变形及沉降，上半断面设双层初期支护，第一层为 I22a 型钢加喷混凝土，扩大拱脚 0.6 m，设 ϕ75 mm 锁脚锚管(壁厚 5 mm)，锚管长 6 m，每处不小于 2 根；第二层为 I22a 型钢加喷混凝土，设 ϕ42 mm 锁脚锚管，锚管长 6 m，每处不小于 2 根，并设 I22a 临时仰拱(喷混凝土覆盖)。

通过斜井施工正洞，只开挖下半断面，通过合理的施工组织调配，使斜井与正洞贯通控制在横洞上半断面施工超过贯通里程 20 m 左右，斜井在正洞中先向出口方向施工下半断面，使支护能够尽早成环，并及时施作二次衬砌，这样可以保证横洞工区在与出口工区贯通前，能形成开挖、支护、二衬等完整的工序作业面，一方面充分发挥横洞作用，提高功效；另一方面可使开挖后支护尽快成环，二衬紧跟，避免了单一的高位横洞引起的长台阶施工带来的安全隐患。

3. 下穿铁塔地表处理

DIK2025＋595～＋600 隧道洞顶有一曲花甲线 56 号的 500 kV 输电铁塔，该段隧道埋深约 58 m，上覆第四系碎石土及粉质黏土，厚度约 40 m，洞身位置穿越全风化砂页岩，拱顶以上厚 12～20 m，铁塔基础为四根桩，平面布置为 8 m×6.5 m，地面以下深 3 m。

为确保洞内施工时电力铁塔安全，必须在严密监控的基础上采取地表加固与洞内加强支护相结合的措施。

(1)地表及洞内监控量测

观测网覆盖下穿铁塔段及两侧各不小于 100 m，观测网格尺寸 10 m×10 m，监测点建立后对各监测点进行闭合测量。

(2)地表加固

对铁塔附近采用 ϕ75 mm 钢管桩(壁厚 5 mm)加固，加固范围为铁塔基础以外靠沟侧 10.0 m，靠山侧 5.0 m，左右两侧各 8.0 m。

(3)洞内加强支护

①超前支护

该段拱部 130°范围施作一环 ϕ108 mm 大管棚配合大外插角 ϕ42 mm 小导管对开挖轮廓外 5 m 范围超前注浆，为了提高导管的抗弯能力，管棚时内增设钢筋笼。

②施工方法及加强支护

采取台阶法施工，拱部 150°范围双层钢架，第一层设 I22a 型钢，扩大拱脚，ϕ75 mm 锁脚锚管，I20b 临时仰拱，喷混凝土封闭。拱部第二层、边墙及仰拱设 I22a 型钢，拱脚设 ϕ42 mm 锁脚锚管。

③系统支护

拱部第一层钢架喷混凝土覆盖，拱部第二层、边墙及仰拱钢架均喷混凝土覆盖；系统锚杆拱墙均采用 ϕ42 mm 注浆锚管，并补充注浆；拱墙设 ϕ8 mm 钢筋网。

④二次衬砌

二衬采用拱墙采用 C35 耐腐蚀钢筋混凝土。

4. 涌水突泥处理

(1)DⅠK2025＋380 处涌水突泥处理

①地表处理

a. 于地表陷坑周围设临时截水沟，并设警示标志，雨天先用彩条布覆盖好，避免地表水下渗，坑边裂隙先灌砂浆再用黏土夯填。

b. 待该段衬砌完成并达到设计强度后，对陷坑进行平整和回填，地表设黏土覆盖层封闭。

②洞内处理

a. 清除下台阶的淤泥，在确保安全的前提下尽可能清除上台阶的淤泥，临近掌子面锥体处的坍塌体及淤泥不清除。

b. 先对掌子面坍塌体进行挂网、喷射混凝土封闭，封闭范围到整个锥体的坡脚，再于坡脚设一级高 2 m 的 C25 混凝土墙，墙厚 2 m，以确保掌子面坍塌体整体稳定。

c. 在掌子面突泥处及坍塌体进行小导管注浆。

d. 由于该处涌水突泥事发突然，在 DⅠK2025＋365～＋380 段施工期间施作的超前钻孔并没有发现在＋380 处有异常，为了进一步探明引起此次涌水突泥的充填物发育形态及范围，在该处掌子面施作了超前地质钻探，钻孔呈放射状布置。

e. 为确保在施作超前钻孔时的安全，在对掌子面坍塌体进行加固后，对掌子面后方 5 m 范围的围岩也进行加固，加设 I20a 临时套拱，与原钢架相交错布置。

(2)DⅠK2025＋860 处洞内涌泥处理

①地表处理

a. 先对地表坍坑进行遮盖防水，并于地表坍坑周围设临时截水沟及安全警示牌，建立地表沉降观测网，对观测数据整理分析。

b. 洞内施工通过该段后，对陷坑进行平整和回填，地表设黏土覆盖层封闭，周边裂缝先灌砂浆再用黏土夯填。

②洞内处理

a. 为确保洞内坍塌体稳定，于坍塌体坡脚堆码 2 m 高砂袋，并于砂袋以外范围坍体表面沿坍体径向打入 ϕ42 mm 钢管，并设 ϕ8 mm 钢筋网及喷混凝土防护。

b. 于掌子面右侧坍体施作 ϕ108 mm 管棚，钢管环向间距 40 cm，每环长度 7 m，纵向搭接不小于 3 m。

5. 各段施工方法及参数调整

(1)超前支护

结合各段实际情况，设计中采取了超前帷幕注浆、拱部 ϕ108 mm 大管棚、ϕ89 mm 大管棚、ϕ75 mm 中管棚、ϕ42 mm 小管棚等超前支护，以确保后续施工安全。

(2)施工方法及加强支护

除超前帷幕注浆的两段采用 CRD 法施工、并设全环单层型钢钢架外，其余地段为减少工序间转换，加快施工进度，采取台阶法施工，并于拱部 150°范围采用双层钢架，拱部第一层设型钢钢架，扩大拱脚，并施作锁脚锚管。拱部第二层、边墙及仰拱架设型钢钢架，拱脚设锁脚锚管。

(3)系统支护及二次衬砌

系统支护中的锚杆均采用 ϕ42 mm 注浆锚管，并对围岩进行补注浆。二次衬砌均采用全环 C35 耐腐蚀钢筋混凝土结构。

第六节 洞口设计

一、洞门设计

(一)新型斜切式洞门

线路所经区域沿线雨水充沛,植被发育,部分地段穿越森林公园景区或自然保护区,线路与高速公路、国道并行段长,频繁进出城区,景观要求高。隧道洞口设计重点考虑了洞门与周围环境的协调,全线首次将新型帽檐斜切式洞门应用于铁路隧道洞口,与传统洞门相比,新型帽檐斜切式洞门与周围环境协调好,且可以减少洞口微气压波峰值30%。

设计采用的斜切式洞门包括:帽檐斜切式、等环宽斜切式、变环宽斜切式和喇叭口斜切式,各种形式洞门如图3-6-5~图3-6-8所示。

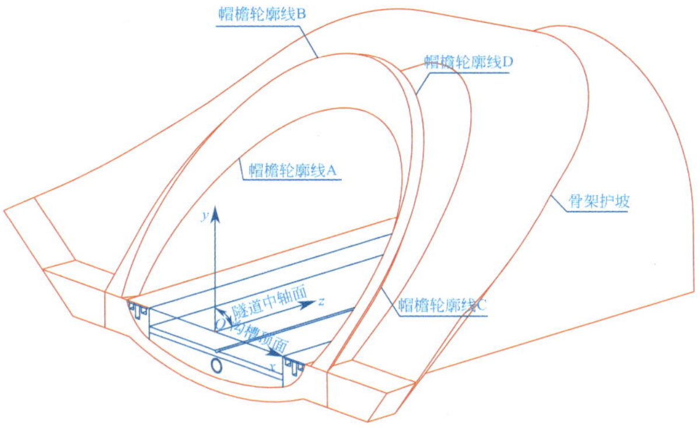

图3-6-5 帽檐斜切式洞门设计

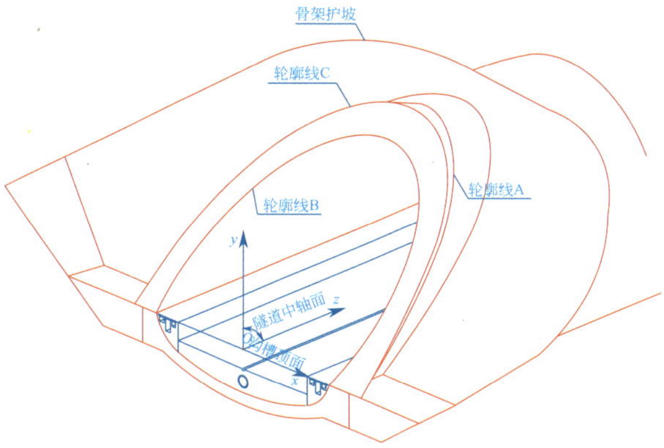

图3-6-6 等环宽斜切式洞门设计

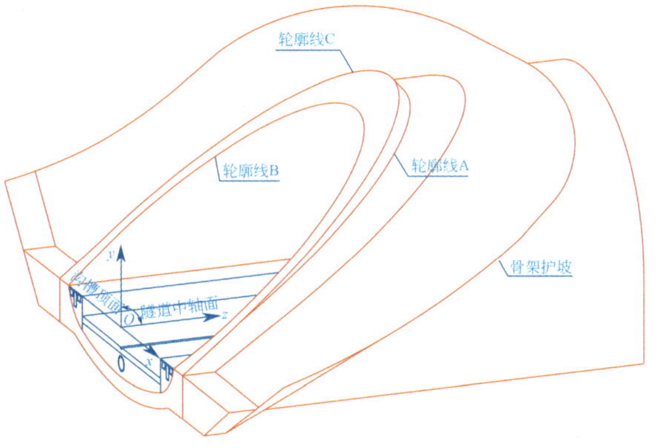

图3-6-7 变环宽斜切式洞门设计

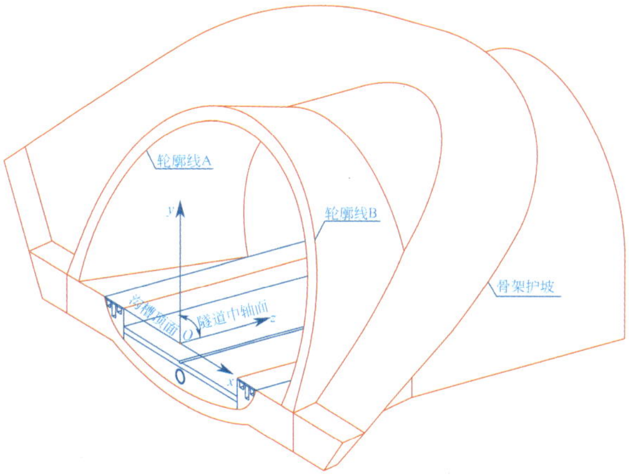

图3-6-8 喇叭口斜切式洞门设计

(二)其他洞门型式

当地形条件不利于斜切式洞门时,采用普通挡墙式、挡翼墙式或明洞门。例如有落石掉块、横坡陡峭或条件不容许时,则根据实际情况按清除危岩、设SNS柔性防护网、接长明洞或"人造地形"尽早进洞处理。桥台进洞的竹园隧道出口就采用了棚洞结构。

二、缓冲结构

列车高速通过隧道时将产生显著的瞬变压力和微气压波影响,从而影响乘车舒适性和产生声爆。隧道设计首次考虑采取了缓解气动效应措施,除采用帽檐斜切式措施降低洞口微气压波外,还对比分析了乌花段长度大于1 km的22座隧道洞口条件,在理论分析的基础上,针对我国客运专线不同隧道密集程度和隧道类型提出了双线隧道中旅客承受瞬变压力的舒适度准则建议值为1.25 kPa/3 s。通过三维数值分析和模型实验建立了列车进入隧道诱发的洞口微气压波同车速、阻塞比和列车头形之间的关系，提出了缓冲结构的型式、主要设计参数等。

根据研究成果、《京沪高速铁路设计暂行规定》相关规定及武广铁路客运专线有关咨询意见，对浏阳河隧道进、出口以及鹰嘴山、石门岭等共9座隧道13个洞口设置缓冲结构。缓冲结构有两种型式：①采用洞口明挖洞门段拱部开孔的形式，一般开孔两处，开孔面积为2.6 m(横向)×4.2 m(纵向)，两孔纵向间距7 m；②采用洞口接扩大断面拱形结构，拱形结构(轨面以上)断面有效面积为153 m^2，共计开孔1处，开孔面积为2.5 m(横向)×4.8 m(纵向)。

第七节　洞内设施设计

一、洞室设计

1. 长度大于500 m的隧道内设置综合洞室。洞室间距单侧500 m，沿隧道两侧错开布置，洞室宽(沿线路方向)4 m，深5 m，中心高2.8 m。大于3 km的隧道中部电力电缆槽侧设变压器洞室，尺寸为5 m×4.26 m×6 m(宽×高×深)。

2. 隧道内设置双侧电缆槽，且电缆槽结构外沿距同侧轨道中线距离不小于2.2 m。电力电缆槽尺寸为300 mm×300 mm(宽×深)，通信、信号电缆槽尺寸为350 mm×300 mm(宽×深)。

3. 隧道内设置无线通信系统的区间中继设备，该设备安装在综合洞室内。

4. 隧道长度大于500 m时，洞内设置电缆余长腔，电缆余长腔设置在综合洞室内；所有隧道内均预埋综合接地体。

二、综合接地

1. 隧道左右两侧电力电缆槽中各设置一根贯通地线。

2. 利用在两侧通信信号电缆槽侧墙上部纵向贯通的1ϕ16 mm结构钢筋作为纵向接地钢筋，此根钢筋每100 m断开一次，端头距离不小于10 cm。

3. 信号、通信、电力的综合接地设置。

(1)Ⅱ级围岩(无仰拱)隧道内综合接地设置。

利用底板的下层结构钢筋作为接地极，接地极的面积和间距由一个台车长度确定，每个接地极中有1ϕ14 mm横向钢筋通过ϕ16 mm连接钢筋与纵向接地钢筋连接，此根ϕ14 mm横向钢筋与底板用于接地的纵向结构钢筋及通过ϕ16 mm连接钢筋与通信信号电缆槽侧墙上部的1ϕ16 mm纵向结构钢筋之间的连接采用“L”形焊接，底板其他用于接地的纵、横向钢筋间连接采用双面点焊。

(2)Ⅱ级围岩(有仰拱)和Ⅲ级围岩隧道内综合接地设置。

利用隧道系统锚杆和ϕ16 mm专用环向接地钢筋作为接地极，以约6 m为间距选择锚杆作为接地锚杆，以约一个台车长度为间距设置专用环向接地钢筋。专用环向接地钢筋与接地锚杆焊接，并与通信信号电缆槽侧墙内的1ϕ16 mm纵向结构钢筋连接。

(3)Ⅳ、Ⅴ级围岩隧道内综合接地设置。

利用隧道系统锚杆和钢架作为接地极，以约6 m为间距选择锚杆作为接地锚杆，以约一个台车长度为间距选择钢架作为环向接地钢筋，用于接地的钢架与接地锚杆焊接牢固，并与通信信号电缆槽侧墙上部的1ϕ16 mm纵向结构钢筋连接。

(4)明洞段隧道内综合接地设置。

利用明洞仰拱衬砌外侧钢筋作为接地极，接地极的面积和间距由一个台车长度确定，接地钢筋参照Ⅱ级围岩隧道内综合接地设置。

(5)隧道进出口里程处综合接地设置。

每个隧道进出口里程处综合接地均需按左右侧分别设置一处。

4. 接触网的防闪络接地和预留槽道加固。

(1)Ⅱ、Ⅲ级围岩隧道内防闪络接地设置。

1)当隧道内设置单组(一组 2 个)或者双组滑槽时,二次衬砌内设置 1 处钢筋焊接网片加固滑槽和 1ϕ16 mm环向钢筋作为接触网专业的防闪络环向接地钢筋,环向接地钢筋与通信信号电缆槽侧墙上部的 ϕ16 mm 纵向结构钢筋分上下行交错焊接,不允许环向接地钢筋的两端同时与上下行的通信信号电缆槽侧壁上部的 1ϕ16 mm 结构钢筋相连。

2)当隧道下锚段设置滑槽时,在二次衬砌内每个滑槽基础后设置一组钢架加固滑槽,并在每组钢架中选择 1ϕ20 mm 环向钢筋作为接触网专业的防闪络环向接地钢筋,与通信信号电缆槽侧墙上部的 ϕ16 mm 纵向结构钢筋分上下行交错焊接,不允许环向接地钢筋的两端同时与上下行的通信信号电缆槽侧壁上部的 1ϕ16 mm 结构钢筋相连。

3)未设置滑槽地段,在距离施工缝 80 cm 处,设置 1ϕ16 mm 环向防闪络接地钢筋;ϕ16 mm 环向防闪络接地钢筋与通信信号电缆槽侧壁上部的 1ϕ16 mm 结构钢筋上下行交错连接,不允许环向接地钢筋的两端同时与上下行的通信信号电缆槽侧壁上部的 1ϕ16 mm 结构钢筋相连。

4)距离隧道洞口≤150 m 的Ⅱ、Ⅲ级围岩段接触网防闪络接地参照Ⅳ、Ⅴ级围岩隧道内防闪络接地设置。

(2)Ⅳ、Ⅴ级围岩隧道内防闪络接地设置。

在每模衬砌内均选择距离施工缝约 80 cm 的环向结构钢筋体为环向接地钢筋,有接触网预埋槽道衬砌段,环向接地钢筋应设置在槽道侧,并至少与 3 根槽道锚杆进行可靠的接地焊接;用于接地的环向结构钢筋与隧道仰拱内的钢筋只可绑扎,不得焊接;环向接地钢筋间隔地分别与上行或下行通信信号电缆槽侧壁上部的 1ϕ16 mm 结构钢筋单点连接一次,不允许环向接地钢筋的两端同时与上下行的通信信号电缆槽侧壁上部的 1ϕ16 mm 结构钢筋相连;在每模衬砌间距要求选用纵向结构钢筋作为纵向接地钢筋,其中有 6 根纵向结构钢筋采用并筋形式,并筋间采用可靠搭接焊;二次衬砌中用于接地的纵向结构钢筋,在每个施工缝处断开一次,端头间距不小于 10 cm;用于接地的纵向结构钢筋与其他未用于接地的结构钢筋只可进行绑扎,不可焊接;钢筋不能与接触网槽道本体进行焊接,以免破坏其防腐层或使材料强度发生改变。

(3)明洞段隧道内防闪络接地设置。

利用明洞二次衬砌内侧纵、横向结构钢筋作为接地钢筋,接地钢筋参照Ⅳ、Ⅴ级围岩隧道内防闪络接地设置。

5. 综合洞室内综合接地。

在综合洞室的二次衬砌内左右侧各预留 1 个接地端子,接地端子通过 ϕ16 mm 连接钢筋与通信信号电缆槽侧墙上部的纵向结构钢筋连接。

6. 通信信号电缆槽侧墙上部的纵向连接钢筋每 100 m 通过 ϕ16 mm 的连接钢筋与贯通地线连接一次。

7. 在通信信号电缆槽侧墙上部的纵向接地钢筋与贯通地线连接处,在 4 个电缆槽侧壁上和通信信号电缆槽侧墙线路侧外缘各设置 1 个接地端子(即每 100 m 设置 6 个接地端子),并在相邻的连接处中间里程处,通信信号电缆槽侧墙线路侧外缘再设置 1 个接地端子(即每 50 m 在通信信号电缆槽侧墙线路侧外缘内设置 1 个接地端子)。

8. 用于接地的钢筋连接。

用于接地的钢筋连接应采用焊接工艺,焊缝长度为单面焊接长度不小于 220 mm,双面焊接长度不小于 110 mm,钢筋间十字交叉时采用 ϕ16 mm 的“L”形钢筋进行焊接;锚杆与钢架或者专用环向接地钢筋间的焊接面积应不小于 360 mm^2。

三、照明设置

1. 长度 100 m 以上的隧道均设固定的电力照明,100 m 以下的隧道在洞内装设照明插座。长度1 000 m以上的隧道加设应急照明设备,该设备必须在短路或供电中断时,能自动接通并能连续工作 2 h 以上。

2. 专用洞室及紧急出口处设置固定照明和应急照明灯具,应急照明灯安装间隔不大于 50 m。

第八节 运营通风及防灾救援设计

一、浏阳河隧道

(一)基础资料

浏阳河隧道全长 10 115 m,其中暗洞段长 9 935 m。隧道施工期间设有 3 座竖井和 1 座斜井。该隧道纵断面示意如图 3-6-9 所示。

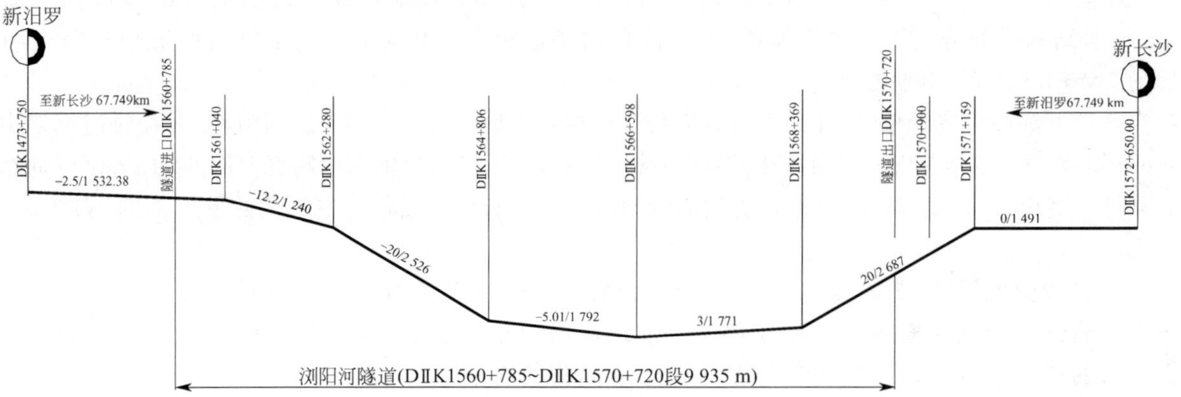

图 3-6-9 隧道纵坡及与两端车站的相互关系

隧道施工过程中结合辅助坑道位置，在坑道口设置施工场地，施工场地采用水泥硬化，并有道路与公路连接。施工完毕后 3 座竖井回填封闭，斜井则作为疏散通道使用。

作为疏散通道的斜井宽 5.1 m，高 5.95 m，净空面积 32.56 m^2，断面型式如图 3-6-10 所示。

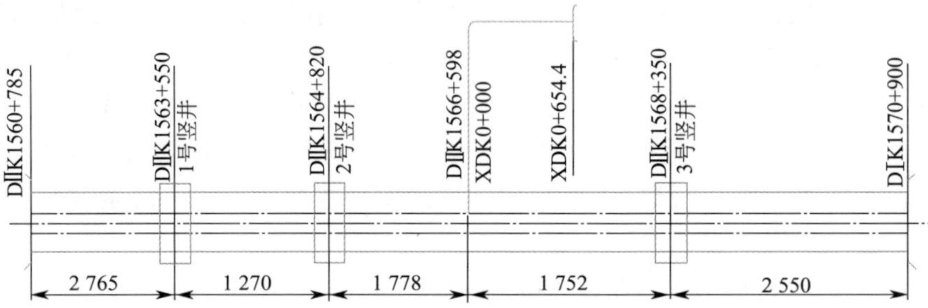

图 3-6-10 辅助坑道平面位置示意(单位：m)

(二)防灾定点设置

本隧道为凹形纵坡长大隧道，利用斜井设置定点疏散。定点范围为 DⅡK1566＋398～＋798 段，全长 400 m。定点设置设施包括：

1. 定点处配置疏散通道，连接既有斜井进行不跨线疏散。
2. 斜井口设置疏散场地和救援通道，疏散场地考虑指挥、救援及疏散的需要。
3. 疏散通道按防灾通风布置风机。
4. 疏散通道设置防烟设施。
5. 隧道防灾的安全监控及通信控制。
6. 灾害情况下的变电、接触网设施防护和供电、照明。

(三)疏散通道设置

防灾定点中心位于隧道最低点处(DⅡK1566＋598)，前后各 200 m 范围内隧道中线两侧 40 m 各设置局部疏散通道，左右线在隧道侧壁各设置 3 个疏散口，左线疏散口设置里程 DⅡK1566＋398、＋598、＋798，右线疏散口设置里程为 DⅡK1566＋418、＋618、＋818，右线疏散通道通过在 DⅡK1566＋598 处设置的下穿正洞左右线联络疏散通道接入左侧斜井。斜井出口为疏散场地，与城市道路连通。

(四)疏散通道断面

疏散通道根据邻近的正洞、斜井等情况，同时考虑自身的施工条件、地质条件等特点，采用排水型喷锚支护整体式衬砌结构。疏散通道净宽 2.5 m，净高 3.22～4.05 m。

(五)疏散方案

左线列车发生紧急情况需疏散时，对中心 DⅡK1566＋598 停车，人员通过 DⅡK1566＋398、＋598、＋798 疏散口，即左线 1～3 号疏散口进入左线疏散通道，通过斜井至洞口疏散场坪，然后集中疏散。右线列车发生紧急情况需疏散时，对中心DⅡK1566+618停车，疏散人员通过DⅡK1566+418、+618、+818疏散口，即右线1～3号疏散口进入右线疏散通道，通过右线横向联络通道进入左右线联络通道，再进入斜井至洞口疏散场坪，然后集中疏散。

疏散定点处轨面高程−19.312 m，疏散通道下穿正洞段最低点高程−26.449 m，地面疏散场坪高程为34.8 m，最不利情况下疏散人员上下爬坡高度为61.249 m、7.137 m，疏散通道长度、宽度及坡度见表3-6-9和表3-6-10。

表3-6-9 疏散通道分段长度

序号	名称	长度(m)	通道宽度(m)	坡度	疏散能力	备注
1	斜井	672	7.35～5.1	9.07%	314人	含左线2号疏散通道
2	左线1号疏散通道	221.44	7.35～5.1	2.10%	314人	
3	左线2号疏散通道	55.21	7.35	2.00%	444人	斜井尾端
4	左线3号疏散通道	122.21	2.5	12.28%	148人	
5	右线1号疏散通道	45.12	2.5	−3.21%	148人	
6	右线2号疏散通道	32.45	2.5	−12.50%	148人	
7	右线3号疏散通道	45.12	2.5	−1.97%	148人	
8	右线横向联络通道	360	2.5	−10.00%	148人	
9	左右线联络通道	100.26	2.5	14.81%～−5%	148人	与斜井连通处5.13 m高度设置台阶
长度合计：1 653.81 m						

表3-6-10 各疏散口距疏散场坪距离

序号	名称	里程位置	长度(m)	估算通过时间(min)
1	左线1号疏散口	DⅡK1566+398左线	865.92	14.4
2	左线2号疏散口	DⅡK1566+598左线	672	11.2
3	左线3号疏散口	DⅡK1566+798左线	603.06	10.1
4	右线1号疏散口	DⅡK1566+418右线	924.67	15.5
5	右线2号疏散口	DⅡK1566+618右线	774.5	13
6	右线3号疏散口	DⅡK1566+618右线	964.67	16.2

注：疏散通道爬坡平均走行速度1 m/s，台阶走行速度0.25 m/s(垂直方向)。

按有效宽0.6 m的通道每分钟疏散人流为37人估算，各疏散通道疏散能力如下表，右线全部通过疏散通道疏散为最不利情况，此时左右线联络通道入口为控制点，控制点宽度2.5 m，1 220人通过控制点的时间约为8.2 min，右线1～3号疏散通道以及右线横向联络通道总长度482.69 m，面积约1 200 m^2，按人均0.3 m^2(0.5 m×0.6 m)计，聚集人数可达1 609人，疏散通道可容纳所有乘客。定点疏散地下结构布置和断面如图3-6-11～图3-6-13所示。

(六)其　他

建议参照国外高速铁路防灾疏散方面经验，在动车组上配置紧急用疏散梯及搭板等辅助疏散设施。

(七)疏散通道洞外设置方案

斜井口作为疏散通道出口及疏散、救援人员集散地，考虑作为疏散场坪。疏散场坪面积20 m×40 m，经过硬化处理后作为救灾时的疏散场地。

(八)隧道通风

1. 通风设计原则

(1)隧道正常运营时，充分利用列车活塞风进行换气通风。

(2)阻塞通风采用纵向通风方式，送风方向与列车运行方向相同，按区间隧道断面风速不小于2 m/s计算，并按控制列车顶部最不利点的隧道温度低于45 ℃和满足人员新风量校核确定。

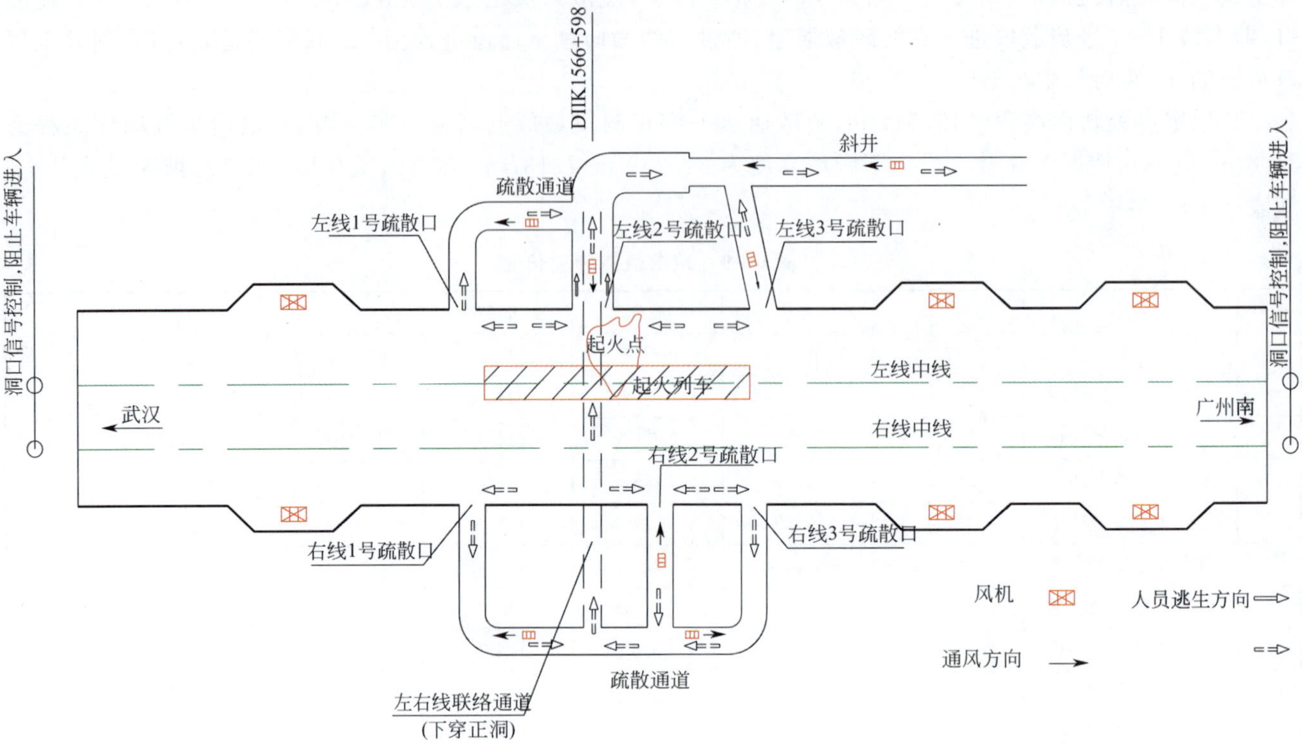

图 3-6-11 浏阳河定点疏散地下结构布置

(3)隧道通风按同时仅一处火灾进行设计,列车火灾规模为 20 MW。

(4)火灾通风采用纵向排烟方式,根据着火点位置启动风机进行排烟,火灾通风按控制事故区段纵向风速大于 2.5 m/s 确定,同时向疏散通道内加压送风,维持通道正压,以确保人员安全疏散。

2. 通风方案及风机运行控制方式

浏阳河隧道采用纵向通风方式。在隧道内 DⅡK1560+897、DⅡK1569+355、DⅡK1570+555 共设置 SDS-(R)-11.2 可逆射流风机 16 台,单台功率 55 kW,构成串、并联运行,满足正常、阻塞与火灾时的通风排烟。

每个疏散通道顶部均装有 SDS-8 型射流风机 2 台,斜井处共设 4 台射流风机,单台功率 11 kW,火灾时射流风机全部开启并能保证疏散通道防火门处空气流速不小于 0.7 m/s,疏散通道内风速控制在 2~11 m/s 之间。

浏阳河隧道通风工况风机控制情况见表 3-6-11,风机布置如图 3-6-14 所示。

表 3-6-11 通风工况风机控制表

工况	正常工况	右线列车堵塞	左线列车堵塞	右线列车车头火灾	右线列车车尾火灾	左线列车车头火灾	左线列车车尾火灾
SF-1~3	关闭	开 3 台	逆转 3 台	开 3 台	逆转 3 台	逆转 3 台	开 3 台
SF-4~6	关闭	开 3 台	逆转 3 台	开 3 台	逆转 3 台	逆转 3 台	开 3 台
SF-7~8	关闭	关闭	关闭	开 2 台	逆转 2 台	逆转 2 台	开 2 台
SF-9~10	关闭	关闭	关闭	开 2 台	逆转 2 台	逆转 2 台	开 2 台
SF-11~13	关闭	开 3 台	逆转 3 台	开 3 台	逆转 3 台	逆转 3 台	开 3 台
SF-14~16	关闭	开 3 台	逆转 3 台	开 3 台	逆转 3 台	逆转 3 台	开 3 台
疏散通道与斜井内射流风机	关闭	关闭	关闭	开启	开启	开启	开启

二、大瑶山隧道群

(一)基础资料

大瑶山隧道群位于武广铁路客运专线杨梅山至乐昌东之间瑶山山区,受武水支流九峰水和大源河下切

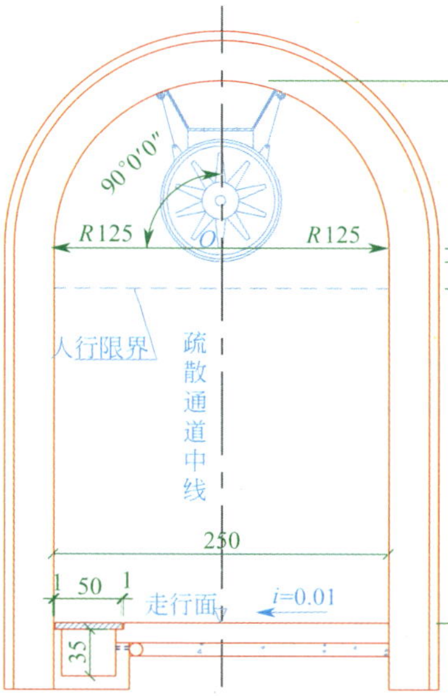

图 3-6-12 疏散通道一般断面示意(单位:cm)

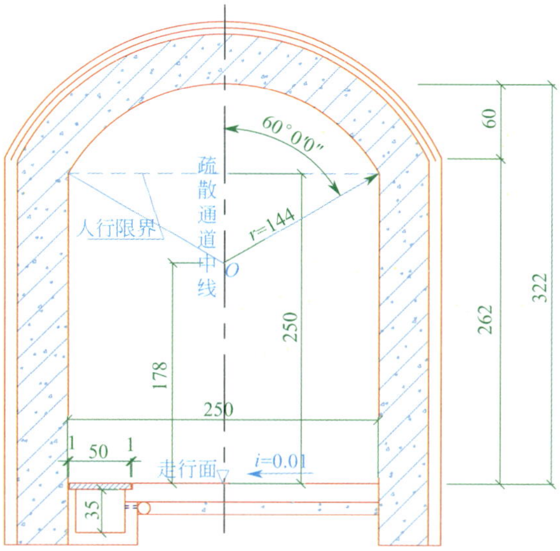

图 3-6-13 联络通道断面示意(单位:cm)

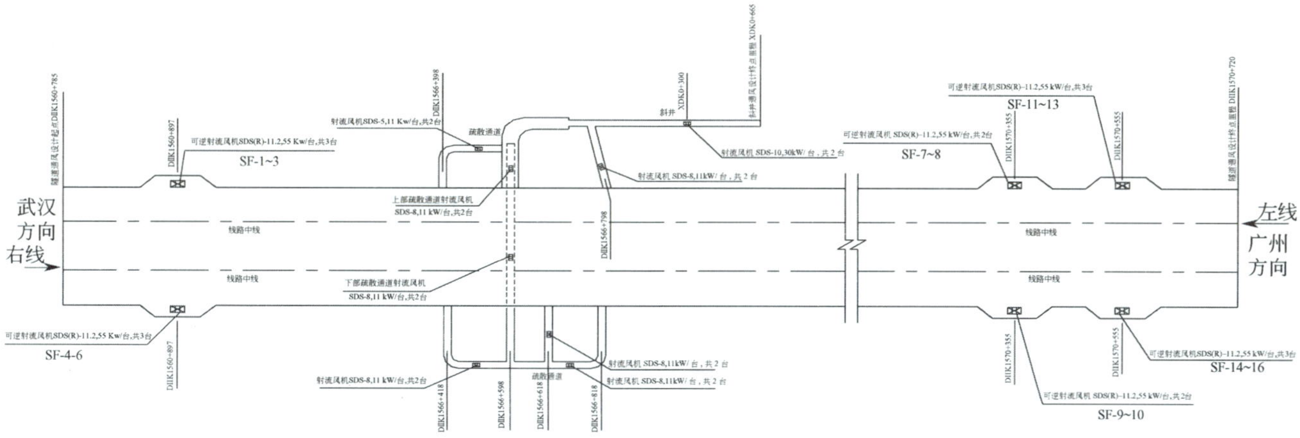

图 3-6-14 浏阳河隧道风机布置

影响,该段分设大瑶山 1 号、2 号、3 号隧道。隧道群全长(1 号进口到 3 号出口)24.7 km;大瑶山 1 号隧道进口外有 101.72 m 路基,其外为头井冲中桥,洞口距郴州西车站 48.371 km,大瑶山 3 号隧道出口仅有 7.53 m 路基,其外为北乡特大桥,洞口距乐昌东车站 11.168 km。隧道群中间出露部分较短,合计仅 208.37 m,其中大瑶山 1 号和 2 号隧道之间间距 170.07 m,包括 12.65 m 路基段及黄土湾大桥 157.4 m;大瑶山 2 号和 3 号隧道之间为湮眺中桥 38.3 m。黄土湾大桥为(70+70) m T 构,桥墩高约 46 m,该处线路轨面高程 187.591 m。大瑶山隧道群相互关系如图 3-6-15 所示。

隧道施工期间乐昌峡水库开始建设,乐昌峡塘角坝址位于京广铁路 K1985+800 左侧约 3 200 m,坝顶设计高程 164.74 m(坝高 86 m),正常蓄水位 155.24 m,设计洪水位(1/100)162.18 m,校核水位(1/1 000)163.52 m,壅水高 0.151 m,总库容 3.39 亿 m^3。

该段隧道设置的辅助坑道包括:大瑶山 1 号隧道进口平导,中部横洞;2 号隧道进、出口横洞;3 号隧道进、出口平导。辅助坑道设置情况见表 3-6-12。隧道施工过程中结合辅助坑道位置,在坑道口设置施工场地,并有公(道)路连接。施工场地布置位置如图 3-6-16 所示。

(二)防灾定点

1. 定点设置及功能划分

该段隧道总长度大,桥隧相连,不利于逃生救援,根据部批复要求,按在大瑶山 1 号、2 号隧道间和大瑶山 2 号、3 号隧道间设置定点疏散通道进行设计。防灾定点分别以隧道间黄土湾大桥和湮眺中桥为中心,包

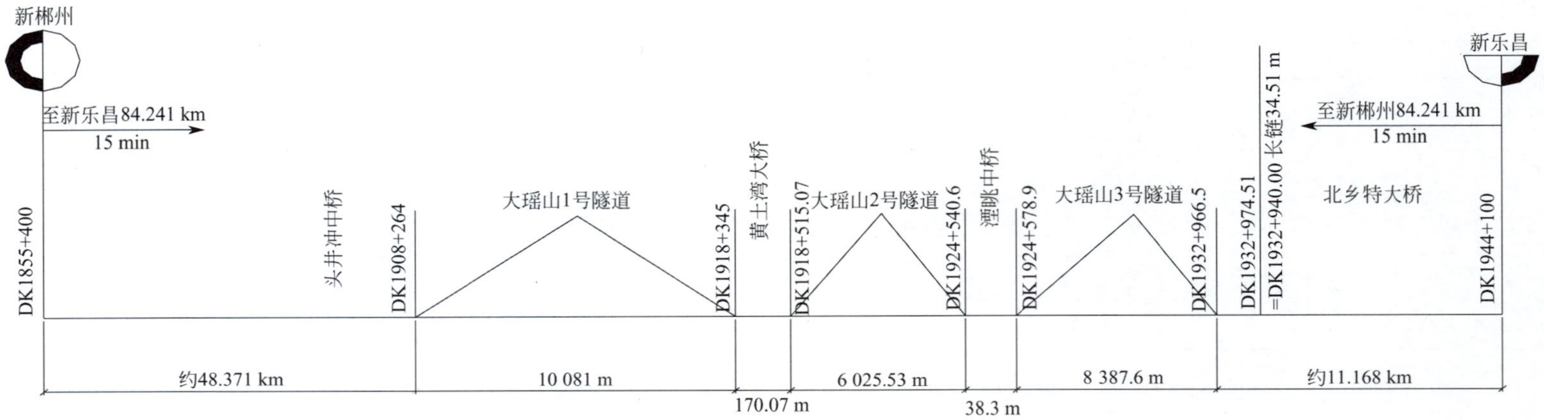

图 3-6-15　大瑶山隧道群相互关系

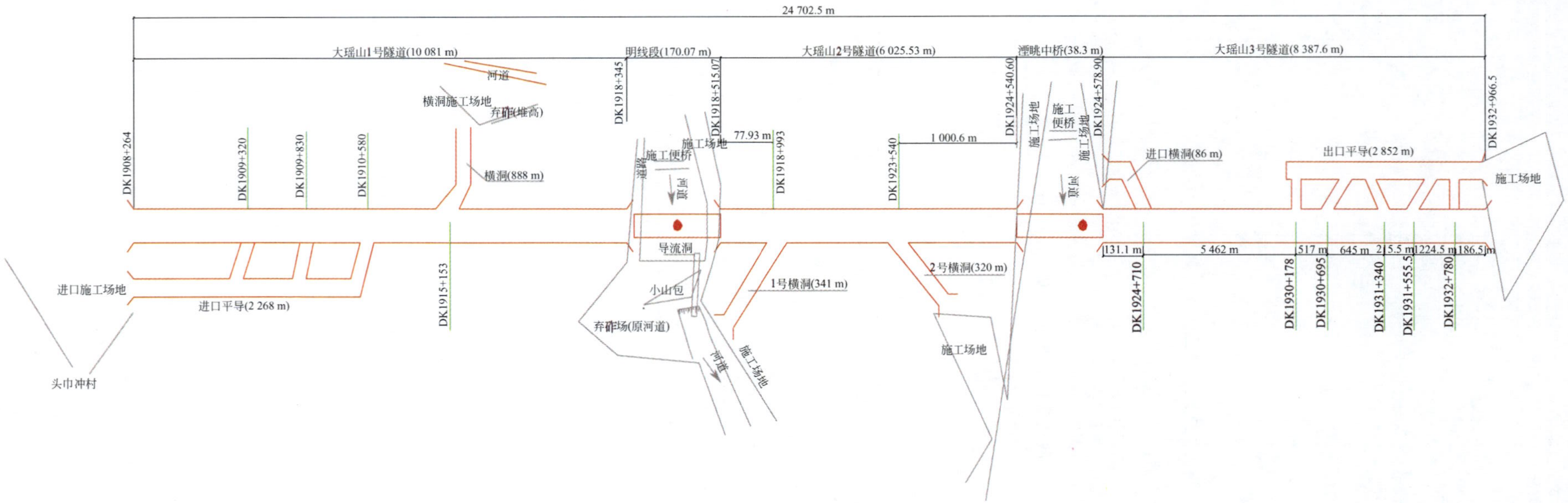

图 3-6-16　隧道洞口施工场地布置示意

表 3-6-12　辅助坑道设置一览表

隧道名称	序号	辅助坑道名称	位置	长度	备注
大瑶山1号	1	进口平导	进口右侧	2 268 m	设置 3 处横通道
	2	中部横洞	中部左侧	888 m	交叉口 DK1915＋153
大瑶山2号	3	进口横洞	进口右侧	341 m	交叉口距洞口较远
	4	出口横洞	出口右侧	320 m	交叉口距洞口较远
大瑶山3号	5	进口横洞	进口左侧	86 m	
	6	出口平导	出口左侧	2 852 m	设置 5 处横通道

含相邻路基及隧道洞口区段，紧急情况时列车事故车厢应开出隧道，方便列车司乘人员逃生。

黄土湾大桥段外露长度为 170.07 m，相当于 6.8 节车厢长度，8 节编组列车，居中停靠时，每端进入隧道部分不足 1 节车厢，有利于人员紧急疏散。浬眺中桥外露长度为 38.3 m，约 1.5 节车厢。考虑空间狭窄度、心理因素、对车辆和环境影响、场地条件、交通条件、定点之间距离等因素，确定黄土湾为主定点，定点设置长度 600 m，满足紧急情况下车辆的停靠及防灾疏散；浬眺作为辅助定点，满足受事故列车滞阻列车的临时停靠。

2. 黄土湾定点疏散

黄土湾定点作为主定点，如图 3-6-17 所示。设置里程为 DK1918＋130～＋730，全长 600 m，为“V”形纵坡，其中 DK1918＋130～＋400 为 3.1‰下坡，其余长度为 3‰上坡，该段定点设置以下设施。

(1)定点处按跨线疏散配置疏散通道，包括黄土湾大桥武汉端路基段疏散口、黄土湾大桥广州端疏散通道、2 号隧道进口横洞等。

(2)渣场平台，场地开阔平整，上部有乡村公路，设置为疏散场地，并开通疏散场地至乡村公路间的通道为救援通道，场地考虑指挥、救援及疏散车辆的停靠。

(3)定点处进行防灾消防。

(4)隧道防灾的安全监控及通信控制。

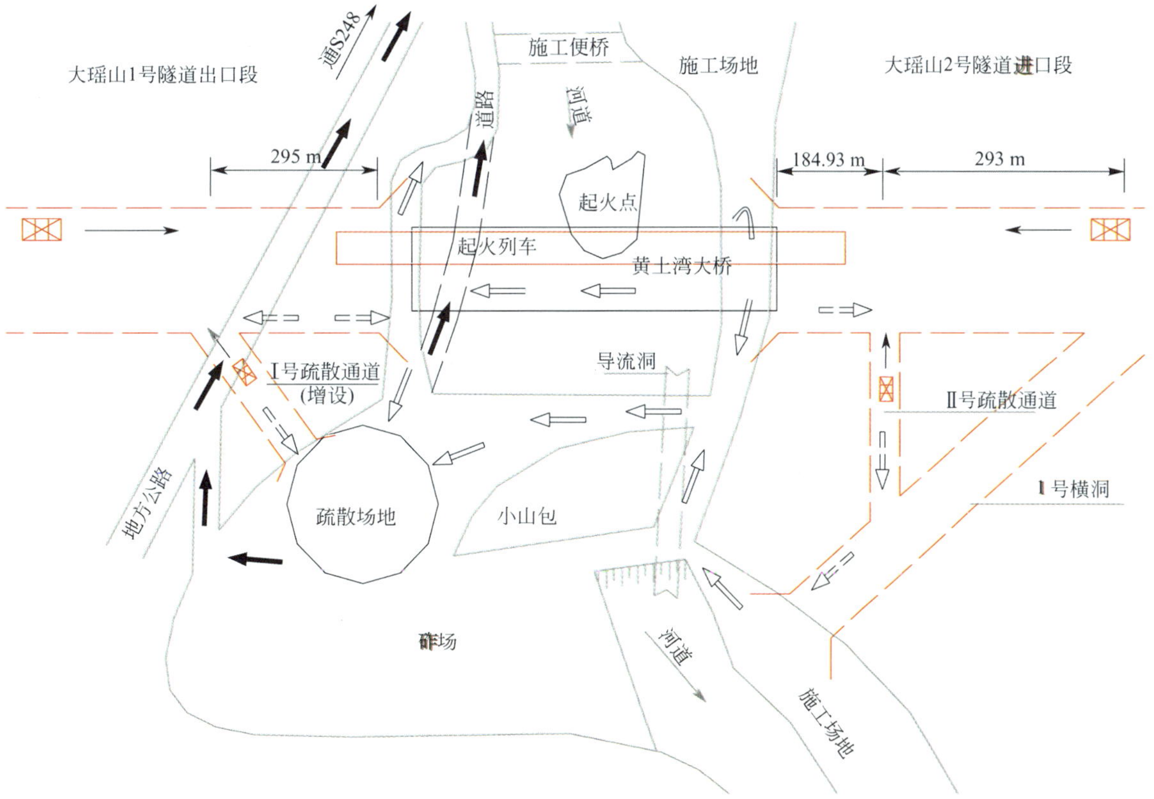

图 3-6-17　黄土湾大桥定点疏散示意

(5)灾害情况下的变电、接触网设施防护。

(6)灾害情况下的供电、照明。

3. 湮眺定点疏散

湮眺作为辅助定点。设置里程 DK1924+320～+720,全长 400 m,为“V”形纵坡,其中 DK1924+320～+550 为 4.5‰下坡,其余为 4.0‰上坡,定点设置设施包括:

(1)定点处按跨线疏散配置疏散通道,包括既有 3 号隧道横洞、桥梁两端下桥通道,以及疏散通道(或疏散口)至疏散场地的连接道路。

(2)疏散场地结合地形以及施工场地布置,分别在原施工辅助坑道(2 号隧道出口横洞、3 号隧道进口横洞)口设置疏散场地,疏散场地考虑指挥、救援及疏散车辆的停靠,救援通道沿 X329 布置,并考虑跨河交通。

(3)隧道防灾的安全监控及通信控制。

第九节 防排水设计

一、暗洞防排水措施设计

(一)堵、截水措施设计

主要针对地下水发育、地下水无控制排放影响生态环境等情况,采用开挖前预注浆或开挖后围岩注浆等措施对地下水进行截堵,是防排水系统设计的重要措施。在隧道开挖线外围一定范围内截断或阻塞地下水与隧道之间的水流通路,达到人为的限制地下水排放量及排放方向的目的,同时起到加固围岩、改善隧道受力条件的作用,从而保证隧道运营安全。注浆材料可选择普通水泥、超细水泥、TGRM 水泥注浆材料、无收缩多液固堵剂、发泡注浆抢堵剂或化学浆液,慎用水玻璃,提高浆液材料的耐久性。预注浆剖面如图 3-6-18 所示。

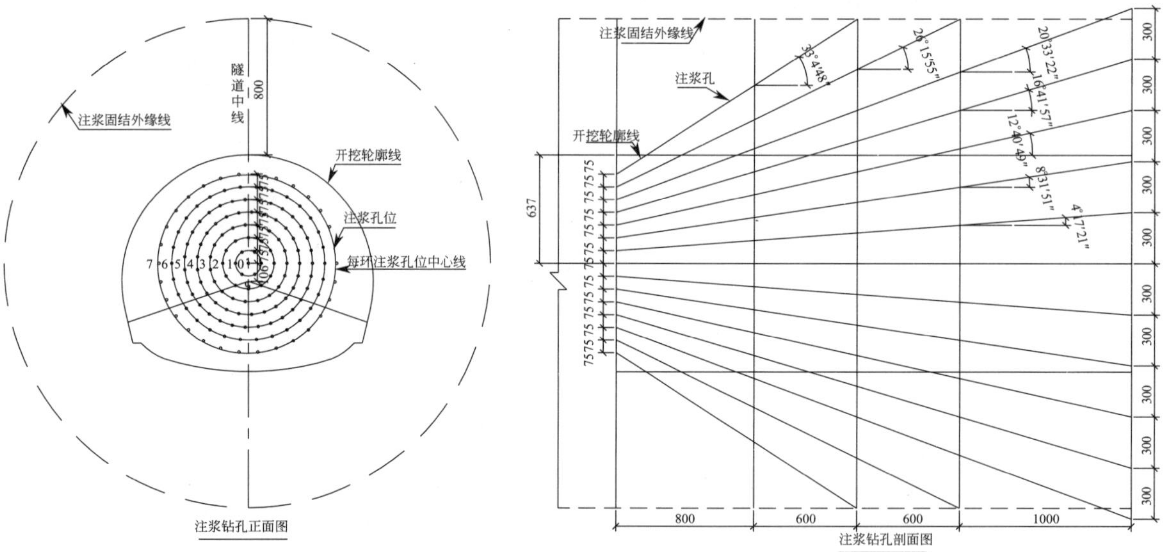

图 3-6-18 预注浆剖面示意(单位:cm)

(二)截、防水措施设计

防水板作为防排水系统的最重要的环节,不仅能对内衬与围岩渗入水进行隔离,从复合式衬砌改善受力条件考虑,还能减少内衬约束,避免内衬受力不均导致开裂,从而降低内衬的防水效果,隧道衬砌要求混凝土抗渗等级不小于 P8,二次衬砌采用防水混凝土,即拱墙混凝土掺加防水剂,仰拱混凝土掺加高效抗裂防水膨胀剂。防水混凝土结构的衬砌厚度不应小于 30 cm。

本线隧道防水板选用耐久性能较好的 EVA 或 ECB 材质,防水板厚度 1.5 mm。防水板铺装设计采用无钉铺设。设计采用宽幅防水板,系为减少人工焊接造成质量问题,同时也为简化工序、加快铺装进度考虑。防水板铺装如图 3-6-19 所示。

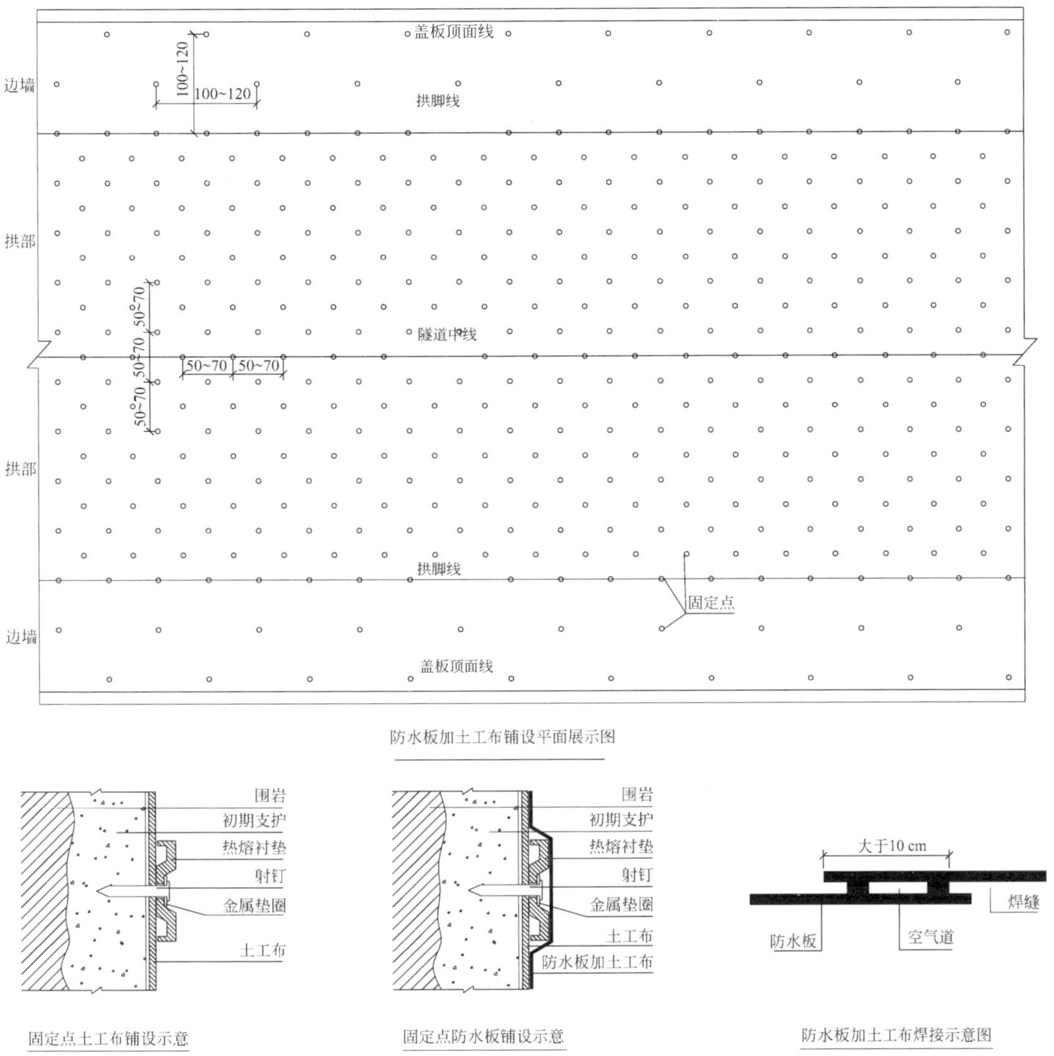

图 3-6-19　防水板铺装示意(单位:cm)

(三)疏排水措施设计

隧道自身疏排水措施主要包括土工布、环向盲沟、纵向盲沟及洞内侧沟。围岩渗入水由于防水板的阻隔,通过土工布渗流与环向盲沟汇集到纵向排水管或洞内侧沟,达到及时疏排渗入水的目的。纵向排水管布置如图 3-6-20 所示。

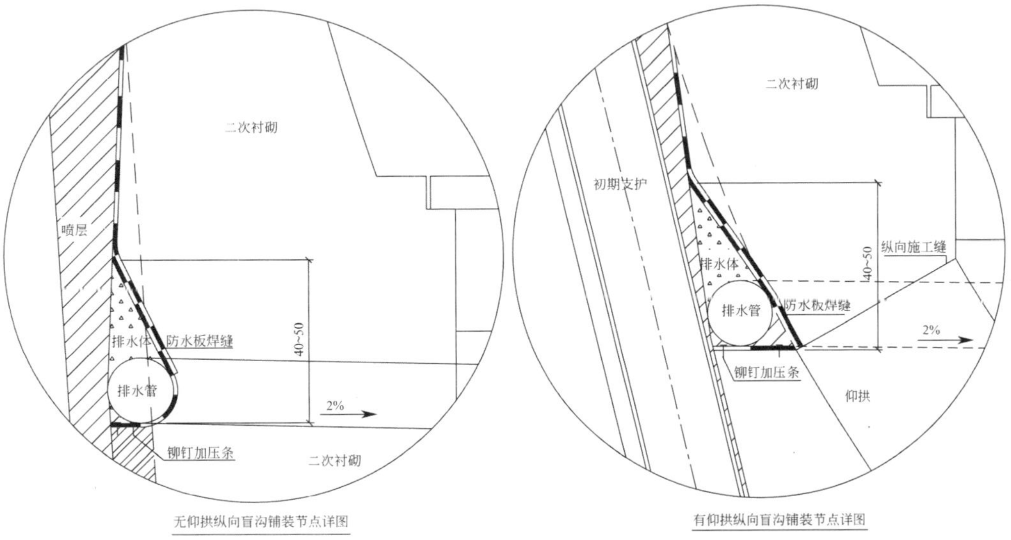

图 3-6-20　纵向排水管布置示意(单位:cm)

另外，对可以明确的地下水通路位于隧道开挖线以内而被截断时，采用在隧道开挖线以外埋设过水能力不小于原通路水量的管材，恢复水流通道，保证地下水通路的畅通。

隧道衬砌防水板背后设土工布及环向 ϕ50 mm 打孔波纹管盲沟，环向排水盲沟间距按 8～10 m；在隧道两侧边墙墙脚外侧两道环向盲沟之间设置纵向 HDPE160/142 双壁打孔波纹管盲沟，环向盲沟与纵向盲沟两端均直接与隧道侧沟连通，必要时便于排水管路的维护。每段纵向盲沟中部设置一处 ϕ50 mm 泄水孔连接到隧道侧沟。洞内采用双侧水沟，地下水发育隧道可以根据渗水量增设中心排水管。

纵向管材料的选择主要考虑满足渗水量及维护疏通的需要。

(四)施工缝及变形缝(宽 2 cm)防排水设计

施工缝及变形缝是隧道防排水的薄弱环节，隧道内主要存在施工缝及沉降缝，施工缝分为环向及纵向两种。

纵向施工缝主要采用刷涂混凝土界面剂的处理措施。

素混凝土拱墙段环向施工缝设置中埋波纹排水管及钢板腻子止水带等防水措施；仰拱环向施工缝设置中埋式钢板腻子止水带防水；钢筋混凝土拱墙段环向施工缝设置中埋波纹排水管及橡胶止水带等防水措施。

沉降缝拱墙部位防水采用中埋波纹排水管、橡胶止水带、沥青木丝板塞缝、聚硫密封胶(内侧设置排水槽引排渗入水)等措施；沉降缝仰拱部位采用中埋橡胶止水带、沥青木丝板塞缝并环向设置双层抗剪钢筋的措施，以减小沉降缝两边的不均匀沉降。

二、明洞防排水设计

明洞衬砌的防排水执行铁道部现行《铁路隧道防排水技术规范》(TB 10119—2000)中的有关规定。衬砌外缘采用水泥基渗透结晶型防水材料，外贴防水板加土工布，防水板厚度 1.5 mm，并具有较好的耐热度、抗冻性、柔性、防腐和耐水、抗老化性能，防水层铺至墙顶开挖或墙脚泄水孔处。

三、洞口及地表防排水设计

隧道洞内侧沟或中心沟应与路堑侧沟顺接，隧道洞口设截水沟拦截道床水流，避免洞外水流入洞内。

当隧址区地表有漏斗、洼地等不良地形地貌时，应根据调查情况判别表水与地下水的联系，对漏斗、洼地采用铺设土工布、填土平整、浆砌铺面等措施，并采取措施截排地表水，避免地表水的汇集。

隧道洞口边仰坡之外 5～10 m 设截水天沟，当刷坡面积大、坡面高时需增设截水天沟。

洞口桥隧衔接时在隧道洞口设置中心集水井，再通过 ϕ600 mm 排水管排出，如图 3-6-21 和图 3-6-22 所示。

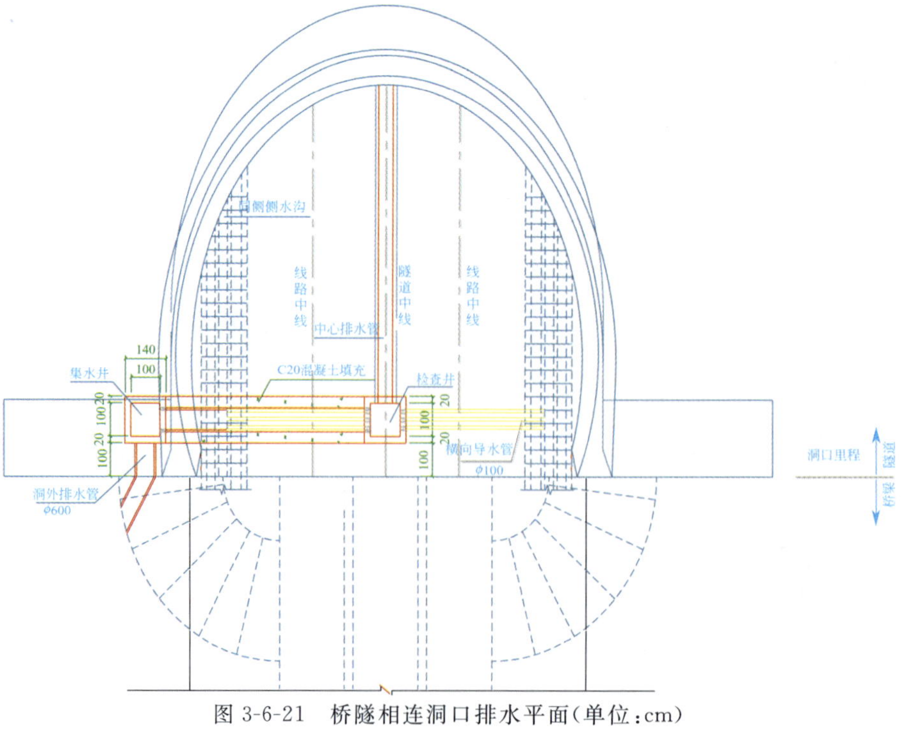

图 3-6-21　桥隧相连洞口排水平面(单位：cm)

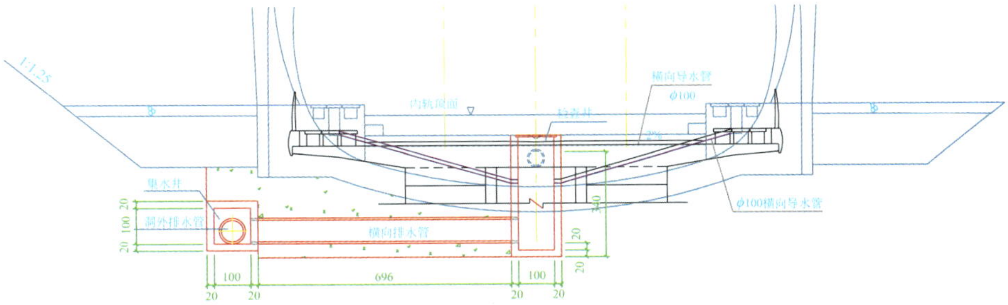

图 3-6-22　桥隧相连洞口排水剖面(单位:cm)

四、水土保持措施

隧道边仰坡、明洞洞身填土及其边坡、弃渣场(底部、挡护及渣面覆土)进行绿化及水保设计,达到保持水土、保护环境的目的。

五、防水材料

根据措施设计选择材料,见表 3-6-13。

表 3-6-13　隧道防水措施材料

序号	项目	细目或材料名称	材 料 指 标
1	注浆	水泥浆液	42.5R 级水泥
2		特种浆液	无收缩多液固堵剂、发泡注浆抢堵剂、TGRM、超细水泥等
3	防排水	防水板	EVA 或 ECB,厚 1.5 mm,幅宽 4 m
4		土工布	长丝土工布质量 400 g/m^2
5		打孔波纹管	聚丙烯复合材料,具有一定弹性,透水性好,可曲挠性好,环刚度≥6 kPa
6		中埋橡胶止水带	硬度为(60±5)度,膨胀前拉伸强度 15 MPa,扯断伸长率 380%,撕裂强度 30 kN/m
7		钢板腻子止水带	幅宽不小于 300 mm,厚 6 mm,拉伸强度≥0.06 MPa,延伸率≥1 000%,腻子胶与钢板粘结剪切强度≥0.1 MPa,与混凝土粘结剪切强度≥0.09 MPa,耐低温－40℃不脆裂,耐高温 150℃不流淌
8		聚硫密封胶	SGJL851M 型新型防水聚硫密封胶,密度(1.6±0.1)g/cm^3, 适用期 2～6 h, 表干时间≤24 h, 下垂度≤1 mm, 恢复率≥80%, 低温柔性－55℃, 粘结强度≥0.4 MPa, 伸长率≥500%,颜色接近混凝土
9		遇水膨胀橡胶止水条	硬度为 45°±7°,膨胀前拉伸强度≥3 MPa,扯断伸长率 350%,体积膨胀率 400%
10		混凝土界面剂	白色乳液,黏度 0.025～0.06 Pa·s,PH 值 7～8.5,固体含量 5.6%～7%,抗拉粘结强度≥0.2 MPa,剪切强度≥0.4 MPa,干燥时间≤2h

六、实施工艺及要求

(一)围岩保护

围岩的松弛变形不仅给地下水形成了储水空间,其既有地下水路的“破坏—稳定”过程及后果也是漫长未知的,设计强调施工要保护围岩,即是保证岩体自身的稳定性及既有水路受最小的施工影响。保护围岩可以从以下方面实施:

1. 采用安全的工法控制围岩变形,对土质及软岩加强预支护;对硬岩严格采用控制爆破。
2. 加强监控量测,及时施作初期支护及临时支护,适时施作模筑衬砌。

另外隧道开挖后及时对围岩状况做好地质素描,以使后续处理工作更具针对性。

(二)注浆工艺

1. 单孔注浆作业不宜中断,特殊条件下间歇注浆应先扫孔至原设计深度以后进行复注。单孔结束标准为注浆压力逐步升高至设计终压,并继续注浆 10 min 以上且进浆量小于 20 L/min。
2. 全段结束标准:注浆后涌水量小于 2 $m^3/(m \cdot d)$。

3. 注浆效果评定，设检查孔，每循环设 2～3 个检查孔，检查孔钻取岩芯，观察浆液充填情况，并测量检查孔内涌水量，检查孔涌水量小于 0.2 L/(m · min)。

(三)喷射混凝土

要求初支喷射混凝土采用湿喷纤维混凝土，按相关规范进行喷射作业，对钢架背后、接头处应特别处理，避免存在空洞。

(四)排水管的铺装及纵向施工缝的处理

对纵向排水管的铺装要求直、顺、标高准确。应注意按设计要求做好排水体及排水管保护层，做好管头的保护措施。

在拱墙衬砌前应对纵向施工缝面层清理，做好界面剂。

(五)土工布、防水板铺装

防水板铺装前应对喷射混凝土表面凸出物进行处理，对渗漏水点应结合地质素描情况分类采用引排、注浆等处理措施。

防水板铺装应注意以下几点：

1. 悬挂点不得有焊穿，破损点及时修补。

2. 相邻悬挂点间板材松紧度合适，以铺装人员焊接前手压触及喷射混凝土表面为宜，也不宜过松，避免内衬浇筑后造成防水板的破坏或形成空洞。

3. 考虑隧道内爆破震动、烟尘影响，防水板超前衬砌跟进的距离不宜大于二环模板的长度。

宽幅防水板的铺装应尽量采用专用的防水板铺装台架(自制简易台架)，国外大部分隧道已经实现了防水板的机械化铺装，在铺装质量及速度上，比人工铺装均有极大提高。

(六)内衬施工、背后压浆

隧道内衬在施作前，应在拱顶部位纵向铺装隔缝聚氯乙烯管或带橡胶套的开孔 PVC 管，并预设注浆孔，衬砌完毕达到设计强度后进行拱背压浆。压浆既为保证初支、防水板及内衬密贴，避免因防水板意外损坏渗入水纵向窜流的可能，同时也为保证结构安全，避免结构开裂破损。

第十节　辅助坑道设计

一、设置要求

1. 辅助坑道的设置应根据隧道长度、施工工期、地形、地质、水文等条件，结合施工以及通风、排水、防灾等运营服务方面的需要综合考虑，通过技术、经济比较确定。

2. 辅助坑道的洞口在使用期间应不受洪水威胁，要考虑施工场地布置，注意保护环境，避免弃渣堵塞河道、影响水利、破坏农田等不良后果。

3. 辅助坑道的设置至少应达到下列要求之一。

(1)增加施工工作面，加快施工进度。

(2)解决隧道主体工程施工的运输、通风、排水、弃渣、处理塌方或通过不良地质地段等特殊要求。

(3)适应隧道运营通风、排水、救援等需要。

4. 各类辅助坑道的净空须满足施工期间使用要求，包括出渣、材料运输、设备进洞、通风、排水及安全间隙等要求，兼顾运营服务的辅助坑道，尚应满足运营期间使用要求。

5. 辅助坑道的支护类型采用喷锚支护整体式衬砌。

二、辅助坑道净空断面

坑道的内净空根据运输要求，结合地质条件、支护类型、机械设备、各种管线设置、人行道、安全间隙等因素，同时兼顾考虑通过大型挖装机、混凝土搅拌车等要求而拟定，通行车辆高度取 3.8 m，风管直径取 1.5 m，风管与车辆间的安全间距为 0.3 m。

单车道坑道宽＝0.05 m(富余量)＋0.75 m(人行道)＋0.25 m(余宽)＋3.5 m(车道宽)＋0.25 m×2(路缘宽)＋0.05 m(富余量)，总宽为 5.1 m；单、双车道净空断面如图 3-6-23 和图 3-6-24 所示。

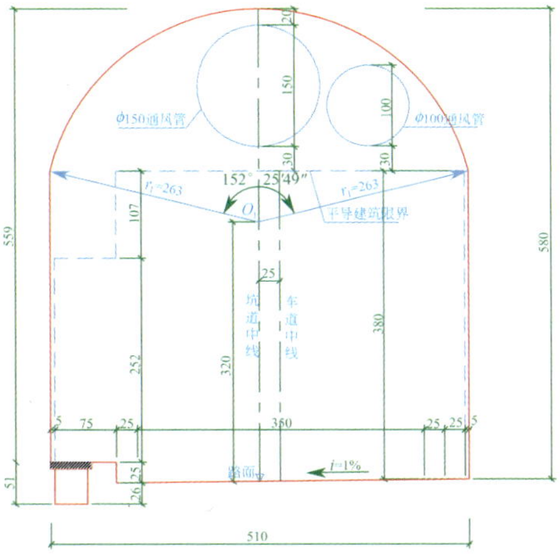

图 3-6-23　单车道净空断面(单位:cm)

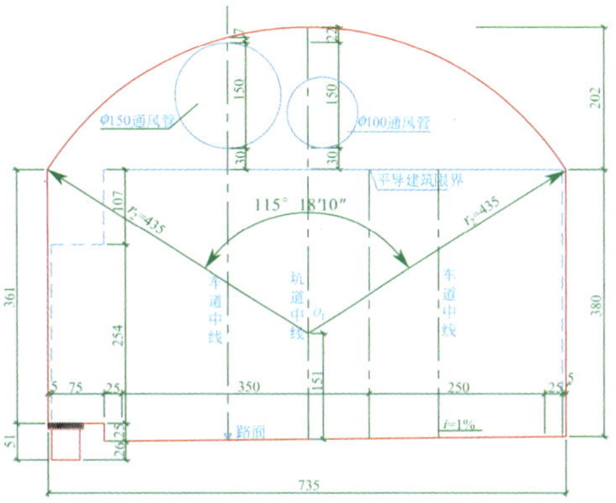

图 3-6-24　双车道净空断面(单位:cm)

双车道坑道宽=0.05 m(富余量)+0.75 m(人行道)+0.25 m(余宽)+6 m(车道宽)+0.25 m(路缘宽)+0.05 m(富余量),总宽为 7.35 m。

三、支护参数

辅助坑道的支护应根据围岩级别、工程地质、水文地质、坑道宽度、埋置深度、施工方法等确定。各种衬砌支护参数见表 3-6-14。

表 3-6-14　支护参数

车道类别	围岩级别	喷射混凝土厚度(cm)	模筑衬砌厚度(cm)	锚杆			钢筋网	格栅钢架
				位置	长度(m)	间距(m)		
单车道	Ⅲ	6	25	拱部	2	1.2×1.0	—	—
	Ⅳ	10	30	拱墙	2.5	1.0×1.0	拱墙设置	—
	Ⅴ	20	35	拱墙	3	0.8×1.0	拱墙设置	局部设置
双车道	Ⅲ	8	30	拱墙	2.5	1.2×1.0	拱部设置	—
	Ⅳ	12	35	拱墙	3	1.0×1.0	拱墙设置	—
	Ⅴ	20	40	拱墙	3.5	0.8×1.0	拱墙设置	拱墙设置

四、建筑材料

建筑材料见表 3-6-15。

表 3-6-15　建筑材料

序号	项目	细目或材料名称	材料指标
1	初期支护	喷射混凝土	C20
2		钢筋网	Q235 钢筋
3		砂浆(药包)锚杆	φ22 mm,20MnSi、带垫板
4		格栅钢架	20MnSi 及 Q235 钢筋
5	模筑衬砌	混凝土	C25
6		钢筋混凝土	C30
7		钢筋	20MnSi 及 Q235 钢筋
8		外加剂	防水剂、高效减水剂、高效抗裂防水膨胀剂(材料性能指标见武广隧参 01 图)
9	防排水	塑料盲沟	材料性能指标见武广隧参 01 图
10	沟槽	预制钢筋混凝土盖板	C25
11		钢筋	Q235
12		沟槽身混凝土	C15

五、防 排 水

辅助坑道根据使用要求采取适当的防水措施，辅助坑道排水根据隧道正洞和辅助坑道洞身的涌水量、坡段设置、施工组织安排、使用期限及便利施工等因素确定。

六、辅助坑道的处理

需利用作为通风、排水或其他用途时，根据使用要求进行处理；不予利用时，可作封闭或回填进行处理，处理前应作好排水设施并满足排泄地下水的要求。

辅助坑道与正洞连接及坑道洞口应根据运营需要决定设门保护或封闭，如需封闭，采用 M7.5 号浆砌片石封堵，封堵长度不小于 2 m。如不能封闭时，应做好安全门或铁栅栏。洞口设置安全门或铁栅栏时，应在洞外设置看守设施，保证运营期间的安全。

第十一节　沉降变形设计

客运专线无砟轨道对隧道等线下工程的工后沉降要求严格、标准高，设计中对隧道等均进行了沉降变形计算，采取了相应的设计措施。影响沉降计算的因素较多，沉降计算的精度不足以控制无砟轨道工后沉降。

施工期必须按设计要求，根据铁道部工管中心批复的《武广铁路客运专线沉降变形观测系统实施细则》，进行系统的沉降变形动态观测。通过对沉降观测数据系统综合分析评估，验证或调整设计措施，使隧道工程达到规定的变形控制要求。分析、推算出最终沉降量和工后沉降，合理确定无砟轨道开始铺设时间，确保客运专线无砟轨道结构铺设质量。

一、观测范围及内容

隧道沉降变形观测范围、内容主要包括，隧道口仰拱、隧道一般地段和不良、复杂地质区段沉降观测。

二、隧道观测要求

1. 隧道内一般地段沉降观测断面的布设根据围岩级别和结构类型分别确定，不良地质和复杂地质区段适当加密布设。

2. 隧道洞口、明暗分界处和变形缝处均应进行沉降观测。

3. 隧道主体工程完工后，变形观测期一般不应少于 3 个月。观测数据不足或工后沉降评估不能满足设计要求时，应适当延长观测期。

三、观测断面布置

1. 一般情况下，暗洞地段Ⅲ级围岩每 400 m、Ⅳ级围岩每 300 m、Ⅴ级围岩每 200 m 布设一个观测断面；明洞地段断面间距为 30 m。当长度不足时，每段围岩或不同衬砌段应至少布置一个断面。

2. 不良地质和复杂地质区段，观测断面的间距为一般地段的一半。

3. 隧道洞口里程、隧线分界里程、明暗分界里程、有仰拱和无仰拱衬砌变化里程及所有设置变形缝两侧均应布置观测断面。

4. 隧底填充或底板施工完成后，每个观测断面设置 2 个沉降观测点，分别布置在隧道中线两侧各 4.6 m 处；变形缝处每个观测断面设置 4 个沉降观测点，分别布置在隧道中线两侧各 4.6 m 和变形缝前后各 0.5 m处。

四、元器件埋设

测点及观测元器件的埋设位置应标设准确，埋设稳定。观测期间应对观测点采取有效的保护措施，防止施工机械的碰撞和人为因素的破坏。

五、观测频率

沉降观测的频次不低于表3-6-16的规定，沉降稳定后可不再进行观测。

表3-6-16　隧道基础沉降观测频次

观测阶段	观测频次		
	观测期限		观测周期
隧底工程完成后	3个月		1次/周
无砟轨道铺设后	3个月	0～1个月	1次/周
		1～3个月	1次/2周

六、观测仪器等其他要求

所使用的仪器和设备应进行定期检查并作出详细记录，每次测量应采用同一仪器，固定观测人员，采用相同的观测路线和观测方法，在基本相同的环境和观测条件下工作。

沉降观测水准的测量精度不低于1 mm，读数取位至0.1 mm。

第十二节　设计阶段的安全风险评估及技术措施

一、本线隧道建设存在的主要风险

在隧道设计、施工期间存在明显或潜在危险，以及对运营存在潜在威胁，可能造成人员伤亡、环境破坏、财产损失、工程经济损失、工期延误等不利事件的因素。

根据《铁路隧道风险评估与管理暂行规定》的有关规定，本线存在以下主要风险：

(1)进出口落石威胁施工及行车安全；

(2)隧道岩溶、岩溶水对施工安全、施工工期以及行车安全影响；

(3)大的富水断层对隧道施工、结构安全影响；

(4)高压裂隙水对隧道施工、结构安全影响；

(5)侵蚀性环境及混凝土开裂对耐久性影响。

二、风险控制目标和原则

(一)风险控制目标

风险控制的目标为确定对工程安全、工期、投资、环境有重大影响的控制性隧道工程风险，包括极高和高度风险，通过选线规避、降低风险，将工程风险降低到可控程度。

(二)风险控制原则

(1)对极高风险进行规避；

(2)对高度风险尽量规避，不能规避的，必须采取风险处理措施降低风险，且满足降低风险的成本不高于风险发生后的损失。

三、风险评估及对策措施

(一)进出口落石威胁施工及行车安全

1. 风险评估。

落石威胁施工及行车安全，高速列车遭遇落石后果是“灾难性的”，概率等级为“可能”，风险等级标准为“极高”。

2. 对策措施。

本线隧道经过危崖地段较少，一般地段地形平缓，少数陡崖和局部较高边坡尽量避开，当受地形、地质以及线路影响，隧道必须穿越该地区时，应采取以下措施降低风险，确保安全。拟采取的措施包括：

(1)卸载,清除危石;

(2)加固危崖;

(3)采用挑檐式洞门结构或延长明洞,防护小的落石威胁;

(4)进行洞口防护,包括坡面主动拦石网防护、洞口喷锚防护进洞措施以及被动拦石网。

3. 措施的可靠度:对策拟定的措施可操作性强,可靠度高。

4. 残留风险:经处理后残留风险为"中度~低度",属可接受范围,加强监测可保证安全。

(二)隧道岩溶、岩溶水对施工安全、施工工期以及行车安全影响

1. 风险评估

武广铁路客运专线耒阳至韶关段可溶岩隧道数量为64座、长64.1 km,其中长度大于1 km的岩溶隧道15座、长44.9 km。该段全可溶岩隧道48座,部分可溶岩隧道16座,可溶岩地段或隐伏可溶岩地段总长约44.0 km,约占可溶岩隧道总长的68.6%。岩溶隧道多为浅埋短隧道,其中埋深<50 m的隧道37座、11.773 km,约占隧道总数的57.8%;埋深50~100 m的隧道16座、13.765 km,约占隧道总数的25%;埋深>100 m的隧道11座、38.574 km,约占隧道总数的17.2%。隧道岩溶发生概率等级为"很可能",发生岩溶对安全、结构、工期、投资均有较大影响,后果等级为"很严重",风险等级为"极高"。

2. 对策

在超强预报的基础上采取预加固措施和进行结构加强,保证施工及结构安全,拟采取的措施包括:

(1)规避,选择岩溶、岩溶水相对不发育地段通过;

(2)避开岩溶水平发育带,选择通过垂直发育带;

(3)抬高线路,避开岩溶底部充水、充泥地层;

(4)进行超前预报,提前探明地质及地下水状况,有针对性确定施工方案;

(5)避免反坡施工,加强抽排水;

(6)采取超前预注浆固结围岩,封堵地下水通道;

(7)初支结束后进行径向注浆堵水;

(8)隧道纵坡采用"人"字坡,尽量采用大坡度通过岩溶区;

(9)进行基底及周边岩溶核查,对查明的岩溶进行处理,确保结构及运营安全避免反坡施工。

3. 措施的可靠度

由于勘探技术、勘探水平的限制以及岩溶发育的随机性和复杂性,通过岩溶发育区时遭遇岩溶几乎无法完全避免,但通过宜万线设计、施工,对隧道岩溶有了更深入的认识,处理措施更有针对性,可靠度较高。

4. 残留风险

经处理后残留风险一般为"中度~低度"。

(三)大的富水断层对隧道施工、结构安全影响

1. 风险评估

大的断裂构造往往伴随有长达几十米到数百米的破碎围岩,并伴有大量地下水,隧道如果从中穿越,由于大埋深影响,将产生很大风险,很容易产生突水、突泥、支护变形、坍塌、沉降等危害,本线隧道遭遇大的富水断层的发生概率等级为"很可能",后果等级为"很严重",风险等级为"极高"。

2. 对策

隧道选线应尽量避开断裂构造等不良地质体,必须穿越时,应采取以下措施降低风险,确保安全。可采取的措施包括:

(1)规避,选择相对受影响较小地段通过;

(2)尽量垂直穿越,避免小角度相交;

(3)选择地下水少的地段和地层通过;

(4)加强超前探测,必要时设置平导;

(5)隧道纵坡采用"人"字坡,尽量采用大坡度通过;

(6)避免反坡施工;

(7)进行超前预注浆处理，改善围岩条件；

(8)设置平导进行超前探测，并加强排水；

(9)初支后进行径向注浆加固围岩并堵水，初支背后加强排水措施，保证排水通畅，减小结构水压；

(10)衬砌结构考虑承受部分水压保证结构安全。

3. 措施的可靠度

处理措施较为成熟，可靠度较高。

4. 残留风险

经处理后残留风险一般为“中度～低度”，如果处理措施不到位，局部风险可能为“高度”，应制定应急处理方案，施工中加强超前预测预报，保证安全，施工完成后应定期检测，并疏通排水系统。

(四)高压裂隙水对隧道施工、结构安全影响

1. 风险评估

高压裂隙水的发生与围岩的完整性往往没有必然的联系，因此更难以预测，如产生高压裂隙水，将造成较大的风险，对隧道施工、支护造成较大的影响。发生概率等级为“可能”，后果等级为“严重”，风险等级为“高度”。

2. 对策

由于预测高压裂隙水较困难，需要在勘测及施工中采取措施降低风险，确保安全。可采取的措施包括：

(1)加强勘测阶段地下水探测，线路尽量通过贫水地段，避开富水、高压等不良地质区段；

(2)施工中加强超前探水；

(3)避免反坡施工。

3. 措施的可靠度

由于受施工设备影响，处理高水压存在一定难度。

4. 残留风险

经处理后残留风险一般为“中度～低度”，局部风险可能为“高度”，特别是地下水流失造成的环境破坏，应加强监测。

(五)侵蚀性环境及混凝土开裂对耐久性影响

1. 风险评估

隧道所处的周边环境可能存在侵蚀性，包括侵蚀性地下水、运营过程中的潮湿等，此外洞内温度变化以及混凝土的收缩、碱-骨料反应等，这些都将造成混凝土开裂或影响混凝土质量，由于环境条件的复杂性以及自然条件的恶化，对混凝土的耐久性要求更加急迫。本线隧道侵蚀性环境及混凝土开裂对耐久性影响发生概率等级为“很可能”，后果等级为“很严重”，风险等级为“极高”。

2. 对策

侵蚀性环境及混凝土开裂对耐久性影响很大，应采取措施避免混凝土开裂，并加强抗侵蚀措施，可采取的措施包括：

(1)初期支护掺加纤维素纤维，较少微裂缝；

(2)二次衬砌按高性能耐久性混凝土设计，控制混凝土骨料、外加剂质量及拌和条件；

(3)洞口 150 m 范围内Ⅱ、Ⅲ级围岩地段采用三肢钢架与单层钢筋网片相结合护面钢筋混凝土结构，其余地段采用掺纤维素纤维混凝土；

(4)二次衬砌掺加高效抗裂防水膨胀剂；

(5)地下水具有侵蚀性时混凝土掺加抗侵蚀性外加剂；

(6)加强养护，避免后期开裂。

3. 措施的可靠度

由于环境条件的复杂性，侵蚀性处理及开裂控制具有一定难度。

4. 残留风险

经处理后残留风险一般为“中度～低度”，局部风险可能为“高度”，应加强地下水检测及施工、养护环境下的控制。

第七章 轨道设计

第一节 轨道工程概况与特点

武广铁路客运专线除武汉站、广州站及其北侧大跨径桥梁地段为有砟轨道外，其余地段均为无砟轨道。无砟轨道有雷达2000型双块式、道岔区轨枕埋入式、普通双块式、道岔区板式、创新双块式、创新单元板式、创新纵联板式、创新轨枕埋入式、日本板式、CRTSⅡ型板式等多种类型。各种创新系列无砟轨道，铺设在武汉综合试验段内。

武汉综合试验段(DK1213+012.22～DK1276+136.63)，正线全长62.160 km，铺设有德国雷达2000双块式、普通双块式、创新双块式、创新单元板式、创新减振型单元板式、创新纵连板式、创新道岔区轨枕埋入式无砟轨道等多种无砟轨道结构形式(表3-7-1)。

表3-7-1 武汉综合试验段轨道类型及地段

起点里程	终点里程	断链	长度(m)	说明
DK1213+012.22	DK1217+609.73		4 597.51	普通双块式无砟轨道
DK1217+609.73	DK1228+476.77	−3.2	10 863.84	创新双块式无砟轨道
DK1228+476.77	DK1238+750.00	−973.78	9 299.45	雷达2000双块
DK1238+750.00	DK1244+215.00		5 465.00	创新双块式无砟轨道
DK1244+215.00	DK1250+903.16		6 688.16	创新板式无砟轨道
DK1250+903.16	DK1251+557.26		654.10	创新减振板式无砟轨道
DK1251+557.26	DK1253+246.47		1 689.21	创新板式无砟轨道
DK1253+246.47	DK1254+897.47		1 651.00	创新纵连板式无砟轨道
DK1254+897.47	DK1265+700.00	12.13	10 814.66	创新板式无砟轨道
DK1265+700.00	DK1276+136.63		10 436.63	创新双块式无砟轨道
合计			62 159.56	

雷大桥特大桥前后地段(左线DK1853+898.94～DK1854+627.75，右线DK1853+900.31～DK1854+704.38)铺设CRTSⅡ型板式无砟轨道。

除上述两段外，DK1190+794.86～DK2170+800段正线轨道一般铺设双块式无砟轨道，道岔区铺设轨枕埋入式无砟轨道和道岔板式无砟轨道。

广州南站及相关工程DK2167+000～DK2216+000段正线18号道岔铺设轨枕埋入式无砟轨道，正线50号道岔铺设道岔板式无砟轨道，非道岔区无砟轨道类型见表3-7-2。

表3-7-2 广州南站及相关工程轨道类型及地段

起点	终点	断链	长度(m)	无砟轨道类型
DK2170+800.00	DK2178+180.00		7 380.00	试验段板式无砟轨道
DK2178+180.00	DK2180+899.49		2 719.49	试验段板式无砟轨道
DK2180+899.49	DK2190+383.76		9 484.27	创新板式无砟轨道
DK2190+383.76	DK2192+720.14		2 336.38	创新双块式无砟轨道
DK2192+720.14	DK2207+034.77	253.73	14 568.36	创新板式无砟轨道
DK2207+034.77	DK2216+000.00	−3 280.46	5 684.77	有砟轨道
合　计			46 015.72	

第二节 设计原则与采用的主要技术标准

1. 正线轨道按一次铺设跨区间无缝线路设计。

2. 轨道应具有可靠的稳定性和高平顺性，以确保行车安全，保证良好的旅客乘坐舒适度。

3. 除极个别经研究和咨询认为不能满足铺设无砟轨道要求的地段外，均铺设无砟轨道。

4. 焊接用钢轨采用定尺长 100 m、60 kg/m 无螺栓孔新钢轨，其质量应符合《350 km/h 客运专线 60 kg/m 钢轨暂行技术条件》(铁科技〔2004〕120 号)的有关要求。

5. 正线有砟轨道应符合以下规定。

(1)轨枕采用 2.6 m 长Ⅲ型有挡肩混凝土枕，每公里铺设 1 667 根。桥梁、隧道及石质路堑地段铺设相应的弹性轨枕。道岔铺设混凝土岔枕。

(2)扣件：有挡肩Ⅲ型轨枕配套采用弹条Ⅴ型扣件，一般配以 W2 型弹条和 RP5 橡胶垫板，根据计算需要采用小阻力扣件地段配以 X3 型弹条和 CRP5 复合垫板。

道岔区和伸缩调节器地段采用与其配套的扣件。

轨下垫板采用静刚度 55～75 kN/mm 的垫板。

(3)道床。采用特级碎石道砟。

正线单线道床顶面宽度 3.6 m，道床厚度 35 cm，道床边坡 1∶1.75，砟肩堆高 15 cm，双线道床顶面宽度按单线设计。

铺设Ⅲ型混凝土枕地段道床顶面应与轨枕中部顶面平齐；铺设其他轨枕地段的道床顶面应低于轨枕承轨面 4 cm。

桥梁地段道床标准与路基地段相同，桥梁地段砟肩至挡砟墙间以道砟填平。

隧道内道床厚度按与隧道外道床厚度相同设计，砟肩至边墙(或高侧水沟)间以道砟填平。

线路开通前道床密实度不得小于 1.75 g/cm^3，支承刚度不得小于 120 kN/mm，纵向阻力不得小于 14 kN/枕，横向阻力不得小于 12 kN/枕。轨道电路道床电阻值不小于 2 Ω·km。

6. 正线双块式无砟轨道应符合下列规定。

(1)除有砟轨道地段以外，其他地段一般采用双块式无砟轨道，道岔区采用轨枕埋入式无砟轨道。

(2)在通过居民区、学校等减振降噪要求较高的地段，考虑采取轨道减振措施。

(3)双块式无砟轨道道床板宽度按 2 800 mm、扣件高度按 34 mm、承台高度按 47 mm 考虑。路基和桥梁地段道床板顶面向外侧设 0.7% 的排水坡，隧道地段道床板顶面向线路中心设 0.7% 的排水坡。

(4)路基地段：双块式无砟轨道道床板下设宽 3 400 mm、厚度为 300 mm 的水硬性材料支承层。线间填以级配碎石和 100 mm 厚混凝土，直线地段混凝土顶面向外侧设不小于 2% 的横向排水坡，曲线地段线间另设集水井，混凝土顶面向线路中心设不小于 2% 的横向排水坡。曲线超高通过路基面实现。

(5)桥梁地段：道床板分段设计，道床板长度 5～8 m，板间设 100 缝隙。梁面设 140 mm 厚保护层，道床板与保护层间设 4 mm 厚土工布中间层。梁上防撞墙侧设竖向泄水管，梁面按两侧排水设计，线间雨水通过板间缝隙汇入泄水管。曲线超高通过道床板实现。

(6)隧道地段：双块式无砟轨道不设底座，不设横向排水管。曲线超高通过道床板实现。距隧道口 200 m 范围内在道床板与踏步间设混凝土凹槽，在 200 mm 处设横向排水管。

7. 正线板式无砟轨道应符合下列规定。

(1)板式无砟轨道轨道板按宽度 2 400 mm、厚 190 mm、扣件按高度 41 mm 考虑。工程试验段采用试验段轨道板，试验段以外采用创新轨道板。底座间伸缩缝应根据行车方向设置，一般向前绕过凸形挡台。

(2)路基地段。板式无砟轨道底座宽 3 000 mm、厚度为 300 mm，每 3～4 块轨道板底座为一段。线间设集水井，并填以 100 mm 厚混凝土，混凝土顶面向线路中心设不小于 2% 的横向排水坡。曲线超高通过底座实现。

(3)桥梁地段。板式无砟轨道底座宽 2 800 mm、厚度为 300 mm，每块轨道板底座为一段。梁中设竖向泄水管，梁面按中间集中排水设计，两侧雨水通过底座下设横向排水管汇入泄水管。曲线超高通过底座实现。

(4)隧道地段。板式无砟轨道底座宽 2 800 mm、厚度为 250 mm，不设横向排水管。曲线超高通过底座实现。

8. 不同轨道结构间设置轨道弹性过渡段，且轨道间的过渡段与下部结构物间的过渡段错开设置。

无砟轨道与有砟轨道间过渡段不设辅助轨，道砟需进行胶结。道砟胶结长度不小于 $V/7.2$(m)。道砟胶结应分三段并分层进行，并应对扣件垫板刚度进行调整。桥上过渡段应在一跨梁上完成。

9. 轨道高度

武汉至韶关段(非综合试验段)及花都至广州南段轨道高度见表 3-7-3。

表 3-7-3 武汉至韶关段(非综合试验段)及花都至广州南段轨道高度

地段	有砟轨道	双块式无砟轨道	板式无砟轨道	轨枕埋入式无砟轨道
路基	766(不含路拱)	797(含支承层 300 mm)	751(含底座 300 mm)	860(含支承层 300 mm)
桥梁	766(轨顶至保护层)	767(含保护层 140 mm)	751(含底座 300 mm)	800(不含保护层 140 mm)
隧道	766(轨顶至回填层)	497 mm	704 mm(含底座 253 mm)	560 mm

10. 无缝线路

(1)单元轨节的长度根据线路条件、工点情况、施工工艺等因素综合研究确定，一般宜为 1 000～2 000 m。单元轨节起止点不应设置在不同轨道结构过渡段以及不同线下基础过渡段范围。

(2)无缝线路的设计锁定轨温根据线路通过地区的最高和最低轨温计算确定，并满足无缝线路的断缝检算要求。

(3)无缝线路在设计锁定轨温范围内锁定，且相邻单元轨节间的锁定轨温差不应大于 5 ℃，左右股钢轨的锁定轨温差不应大于 3 ℃，且曲线地段外轨的锁定轨温不得高于内轨，同一区间内单元轨节的最高与最低锁定轨温差不应大于 10 ℃。

(4)桥上无缝线路设计按《新建铁路桥上无缝线路设计暂行规定》执行。

(5)无缝道岔的设计锁定轨温与两端区间无缝线路的设计锁定轨温一致。

(6)隧道内至洞口 200 m 范围内的无缝线路设计锁定轨温与两端区间一致；隧道口轨温过渡区段应加强锁定。

(7)钢轨伸缩调节器尽量少用或不用。钢轨伸缩调节器宜设置在直线地段，且不宜与竖曲线重叠。

11. 轨道附属设备

线路基桩暂按直线地段每 50 m 设一对，曲线地段每 10 m 设一对考虑。其他标志按相关规范要求设置。

第三节 有砟轨道结构设计

有砟轨道主要铺设于花都至广州南站区间，里程范围 DK2207＋034.77～DK2216＋000。

有砟轨道由钢轨、轨枕、扣件和道床等组成。

一、钢 轨

焊接用钢轨采用 100 m 定尺长、60 kg/m、非淬火、无螺栓孔、U71Mn(k)新钢轨，其质量应符合《350 km/h 客运专线 60 kg/m 钢轨暂行技术条件》的要求。

设计范围内，区间采用无绝缘轨道电路，不设胶接绝缘轨或胶接绝缘接头；车站范围采用有绝缘轨道电路，设胶接绝缘接头。

钢轨胶接绝缘可采用 60 kg/m 厂制胶接绝缘轨，也可进行现场胶接。胶接绝缘轨应符合《胶接绝缘钢轨技术条件》(TB/T 2975—2000)的要求，其钢轨钢种、类型与区间线路钢轨相同。胶接绝缘钢轨长度不小于 12.5 m。

正线轨道上伸缩调节器基本轨与正线轨道钢轨类型一致。

二、轨　　枕

路基地段采用普通有挡肩Ⅲ型轨枕，桥梁和隧道地段采用有挡肩Ⅲ型弹性轨枕。轨枕长 2.6 m。

道岔区采用与其配套的预应力钢筋混凝土岔枕。

三、扣　　件

有挡肩Ⅲ型轨枕配套采用弹条Ⅴ型扣件，一般配以 W2 型弹条和 RP5 橡胶垫板，钢轨伸缩调节器广州端 105 m 范围配以 X3 型弹条和 CRP5 复合垫板。

伸缩调节器地段采用与其配套的扣件。

四、道　　床

根据《铁路建设协调小组第四十四次会议纪要》(铁建设函〔2009〕190 号)，采用特级碎石道砟。道砟应符合《350 km/h 客运专线特级碎石道砟暂行技术条件》(铁科技〔2004〕120 号)的相关要求。

正线单线道床顶面宽度 3.6 m，道床厚度 35 cm，道床边坡 1∶1.75，砟肩堆高 15 cm，双线道床顶面宽度按单线设计。

铺设Ⅲ型混凝土枕地段道床顶面应与轨枕中部顶面平齐；铺设其他轨枕地段的道床顶面应低于轨枕承轨面 4 cm。

桥梁地段道床标准与路基地段相同，砟肩至挡砟墙间以道砟填平。

隧道内道床厚度按与隧道外道床厚度相同设计，砟肩至边墙(或高侧水沟)间以道砟填平。

线路开通前道床密实度不得小于 1.75 g/cm^3，支承刚度不得小于 120 kN/mm，纵向阻力不得小于 14 kN/枕，横向阻力不得小于 12 kN/枕。轨道电路道床电阻值不小于 2 Ω·km。

第四节　无砟轨道结构设计

一、CRTSⅠ型双块式无砟轨道

CRTSⅠ双块式无砟轨道主要铺设于广州工程试验段以北、综合试验段以外非岔区正线地段(不含雷大桥前后)。

(一)基本组成

双块式无砟轨道由钢轨、弹性扣件、带有桁架钢筋的双块式轨枕、现浇混凝土道床板、支承层(路基地段)、中间层(桥梁地段)、保护层(桥梁地段)、垫层(隧道地段，由隧道专业设计)等组成，可应用于路基、桥梁和隧道地段。该种无砟轨道系统采用铁道部由德国前弗莱德尔(现睿铁)公司引进的全套技术，除轨枕为工厂预制外，道床板、支承层、保护层等其他构件均采用混凝土现浇，且路基和隧道地段为连续浇筑，因而结构整体性好，施工难度低。如图 3-7-1 和图 3-7-2 所示。

图 3-7-1　双块式无砟轨道结构

图 3-7-2 双块式无砟轨道结构组成

1. 钢轨

采用 60 kg/m、100 m 定尺长、非淬火无孔 U71Mn(k)新轨。钢轨质量应符合《350 km/h 客运专线 60 kg/m 钢轨暂行技术条件》(铁科技〔2004〕120 号)及《客运专线 250 km/h 和 350 km/h 钢轨检验及验收暂行标准》(铁科技〔2005〕402 号)的要求。

2. 扣件

一般情况下采用 Vossloh300-1U 型扣件,扣件高度 34 mm,扣件垫板静刚度为 22.5 kN/mm,动刚度为 40 kN/mm。路基、隧道、桥台、桥梁两端最外侧扣件及伸缩调节器尖轨后方 15 块道床板范围内配套采用 Skl 15 黑色弹条,桥梁上其他扣件配套采用 Skl 15B 弹条。特殊情况下,过渡板上及根据计算确定的部分梁端扣件采用 BWG ERL(修改)扣件。

3. 轨枕

采用 WG-I 型双块式轨枕,该种轨枕长 2 400 mm,为预制件,其质量应符合《武广铁路客运专线无砟轨道双块式混凝土轨枕技术条件》的要求。

采用 BWG ERL 扣件地段扣件直接浇筑于混凝土道床板内,不采用轨枕。

一般情况下,轨枕间距应不大于 650 mm,并不宜小于 600 mm。在考虑极限最低气温、列车起动、制动等荷载的情况下,梁缝处轨枕间距可大于 650 mm,但不应大于 680 mm。

4. 道床板

路基地段道床板宽 2 800 mm,厚约 240 mm,采用双层配筋,在支承层上连续浇筑而成。如图 3-7-3 所示。

桥梁地段道床板宽 2 800 mm,厚约 370 mm,在保护层和中间层上分段浇筑而成。

隧道地段道床板宽 2 800 mm,厚约 240 mm,在垫层上连续浇筑而成。

道床板由钢筋混凝土现场浇注而成,桥梁地段道床板采用 C40 混凝土,路基和隧道地段道床板混凝土 28 d 抗压强度应控制在 35～40 MPa 以内。

在不同线下基础连接处,道床板设置横向伸缩缝。伸缩缝宽 20 mm,用 20 mm 厚泡沫板填充,并用密封胶封面。

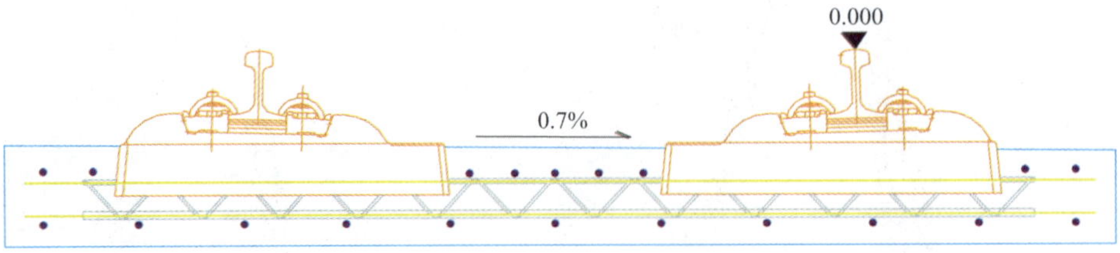

图 3-7-3 道床板结构配筋设计

桥上双块式无砟轨道的道床板下设置 C40 钢筋混凝土保护层及限位凸台，每块道床板范围内设置三个限位凸台，道床板与混凝土保护层之间设置 4 mm 厚土工布隔离层，土工布性能应满足水泥碱性环境下可使用 60 年。混凝土保护层在桥梁中心沿线路纵向设置纵向伸缩假缝，缝宽 20 mm，深 30 mm，用 20 mm 挤塑聚苯烯发泡材料板填充，并用混凝土伸缩缝密封硅橡胶封面。

5. 支承层

在路基基床表层铺设水硬性支承层或 C15 混凝土支承层。支承层宽 3 400 mm，厚度 300 mm，在路基基床表层上连续铺筑，并不远于 5 m 设一深度约 105 mm 的横向伸缩假缝。当在气温高于 20 ℃条件下施工时，应每隔 4 m 进行切缝。切缝应在支承层硬化前进行，最迟不得超过浇筑后 6 h。

支承层可采用水泥胶结混和料，也可采用低强度混凝土。现场取样时，支承层混凝土的 28 d 抗压强度平均值应在 10～15 MPa 之间，任何一个试样的强度不应低于 8 MPa 或高于 20 MPa。

施工时，支承层浇注完后应通过采取拉毛、凿毛等措施确保支承层顶面粗糙。

6. 中间层

桥梁地段，在道床板与保护层之间设置 4 mm 厚聚丙烯土工布中间层。

7. 保护层

保护层采用 C40 钢筋混凝土，构筑于桥面以上、防撞墙之间，通过防撞墙预埋钢筋与防撞墙相连。在保护层上、每块道床板范围内设置三个限位凸台，在凸台四周粘贴弹性垫层。

在桥梁混凝土保护层中心沿线路纵向设置伸缩缝，并用聚氨酯密封胶填充(图 3-7-4)。

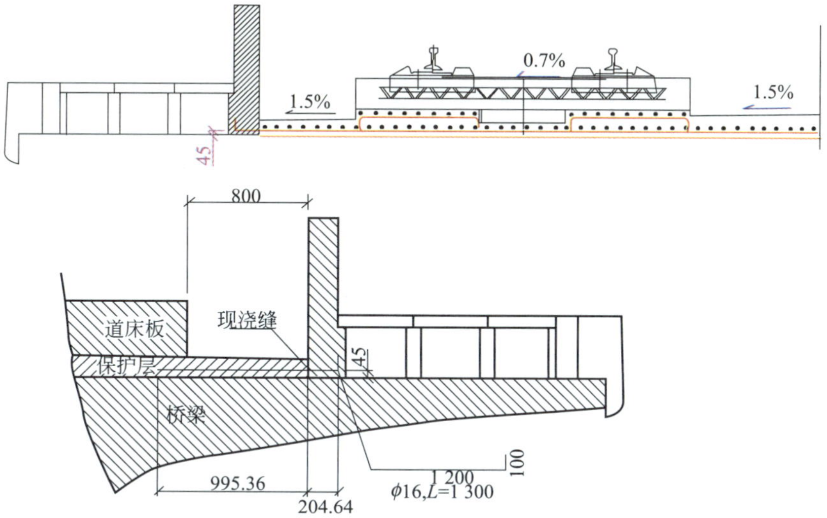

图 3-7-4　桥上保护层结构设计(单位:mm)

8. 垫层

隧道地段道床板在无砟轨道垫层上连续构筑。垫层是隧道结构的一部分，厚 300 mm，由 C30 连续浇筑而成。

施工时，应通过采取拉毛、凿毛等措施确保垫层顶面粗糙。

9. 过渡段

在不同线下基础连接处，设置轨道过渡段。道床板设置横向伸缩缝，宽 20 mm，用 20 mm 厚泡沫板填充，并用密封胶封面。

当路基长度不大于 10 m 时，路基地段不设置端梁，但需每隔一个轨枕盒设置一排 4 个销钉；当路基长度大于 10 m、不大于 20 m 时，在路基中间设置端梁；当路基长度大于 20 m 时，路基两端均设置端梁。

端梁采用 C40 钢筋混凝土现浇而成，长 2.8 m，宽 0.8 m，深 1.3 m，距伸缩缝 5～10 m。

在端梁至伸缩缝间设 2 排销钉，隧道口内设 5 排销钉。每排设 4 个销钉。

销钉采用 ϕ25 mm 钢筋，用植筋胶进行锚固。

10. 曲线超高设置

无砟轨道地段最大曲线超高为 170 mm，曲线超高采取抬高外轨的办法来设置。不同地段的超高设置方式有所不同，路基上曲线超高在路基面实现，桥梁、隧道地段曲线超高在道床上实现。实设超高取 5 的整倍数，最小超高不得小于 20 mm。曲线超高在缓和曲线内过渡，按铁道部文件《关于武广、郑西客运专线超高设置的通知》(铁集成〔2008〕74 号)进行设置。曲线地段超高设置见表 3-7-4。

表 3-7-4　曲线超高计算及实设超高(单位：mm)

曲线半径(m)	计算超高		实设超高	过超高	欠超高
	时速 300(km/h)	时速 350(km/h)			
7 000	152	206	175	23	31
8 000	133	180	155	22	25
9 000	118	160	140	22	20
10 000	106	144	125	18	19
11 000	97	131	115	18	16
12 000	89	120	105	16	15
14 000	76	103	90	14	13

对于站端曲线的实设曲线超高，根据铁集成〔2008〕154 号文＜关于印发《时速 300～350 公里客运专线车站外曲线超高设置意见》的通知＞的要求进行计算设置。

11. 无砟轨道结构高度

根据睿铁公司《RHEDA 2000 无砟轨道系统中国·技术转让施工高度的建议》(T000265C-060317-ENG-SPECS)，直线地段无砟轨道结构高度见表 3-7-5。

表 3-7-5　无砟轨道结构高度

地　段		结构形式	轨道结构高度(mm)	备　注
桥梁		双块式轨道	767	
隧道			497	
路基	土质路基		797	含支承层厚度 300 mm
	路基桩板结构		497	
路基岔区		轨枕埋入式轨道	860	含支承层厚度 300 mm
桥梁岔区		轨枕埋入式轨道	800	

注：均为内轨处的轨道结构高度。

对于轨道结构高度存在差异的地段，线下基础高程应在 30 m 范围内按不大于10‰的坡度进行线性过渡。

12. 排水设计

直线路基地段，线间用级配碎石和 C25 混凝土进行填充封闭，采用两面排水系统，道床板顶面设置 0.7％的排水横坡向路边排水；曲线路基地段，设置超高地段，线间设集水井，并用级配碎石和 C25 混凝土进行填充封闭，在道床板顶面设与超高相适应的横向排水坡。

桥梁地段采用两侧排水，线间雨水通过道床板间缝隙汇至防撞墙处泄水孔，排出桥面。直线地段道床板顶面向线路外侧设置 0.7％的横向排水坡，曲线地段道床板顶面设与超高适应的横向排水坡。

隧道地段在线间设中心排水沟或 U 形排水槽。直线地段道床板顶面向线路中心设置 0.7％的横向排水坡，曲线地段道床板顶面设与超高相适应的横向排水坡。

13. 凸型挡台设计

桥上每分块道床板上设置三个凸型挡台，凸型挡台周围填充弹性垫层，弹性垫层的中间部分为弹性橡胶垫板，周围为泡沫板。弹性橡胶垫板满足相关的技术指标要求。

14. 道床板的综合接地

(1)连续道床板的综合接地

连续浇筑道床板接地根据铁集成〔2006〕220 号及铁鉴函〔2007〕892 号进行设计。将道床板在纵向上划分成长度不大于 100 m 的接地单元，每一单元与贯通地线单点“T”形连接一次。接地钢筋采用道床板上层结构钢筋，每接地单元内取一根横向结构钢筋作为横向接地钢筋。接地端子材料为 GB00Cr17Ni14Mo2。

道床板接地端子应对应接触网支柱位置设置，并尽可能靠近。接地钢筋间采用焊接方式进行连接，焊接长度单面焊不小于 200 mm，双面焊不小于 100 mm，焊接厚度至少 4 mm。

(2)分块道床板的综合接地

桥上道床板的综合接地与路基上的类似，先用不锈钢钢缆将道床板纵向连接，然后再进行接地。桥梁地段每块道床板、路基和隧道地段每接地单元取三根上层纵向钢筋和一根横向钢筋作为接地钢筋。除纵、横向接地钢筋交叉点和纵向接地钢筋搭接处进行焊接外，其他纵、横向钢筋交叉点和纵向钢筋搭接处采用绝缘卡进行绝缘。

（二）横断面设计

1. 路基上横断面设计

路基上双块式无砟轨道结构由钢轨、扣件、轨枕、道床板、支承层（水硬性支承层或 C15 混凝土）组成。线间采用级配碎石和素混凝土填充。直线地段线间水通过道床板面排向两侧，曲线地段线间设集水井排向线路两侧。路基上道床板连续浇筑。

2. 桥上横断面设计

桥上双块式无砟轨道结构由钢轨、扣件、轨枕、道床板、桥面钢筋混凝土保护层或底座组成。对于桥面预置钢筋的桥梁，桥上双块式无砟轨道结构采用底座结构形式。对于桥面没有预置钢筋的桥梁，其防撞墙上预置钢筋，桥上双块式无砟轨道结构采用保护层结构形式。道床板采用分块浇筑形式。

3. 隧道内横断面设计

隧道内双块式无砟轨道结构由钢轨、扣件、轨枕、道床板组成。道床板直接浇筑在隧道的仰拱回填层或钢筋混凝土底板上，道床板连续浇筑。

（三）平纵断面设计

1. 路基上道床板连续浇筑设计

路基上道床板采用连续浇筑结构，轨枕间距为 650 mm，支承层每隔 5 m 左右设置假缝，路基两端部距桥台 5～10 m 处设置端梁。连续浇筑道床板内的纵向钢筋采用连续铺设，搭接长度为 700 mm。

2. 桥上道床板单元分块浇筑设计

桥上道床板采用分块浇筑设计，道床板与道床板间设置 100 mm 的间距。分块道床板的长度为 5～8 m。每分块道床板下设三个凸型挡台。

3. 隧道内道床板连续浇筑设计

隧道内道床板采用连续浇筑结构，轨枕间距为 650 mm。连续浇筑道床板内的纵向钢筋采用连续铺设，搭接长度为 700 mm。

二、单元板式无砟轨道

（一）基本组成

单元板式无砟轨道结构从上至下由钢轨、弹性分开式扣件、充填式垫板、轨道板、水泥乳化沥青砂浆调整层、混凝土底座、凸形挡台及其周围填充树脂等组成。可应用于路基、桥梁和隧道地段。该种无砟轨道系统轨道板为工厂预制，底座和凸台采用混凝土现浇，因而结构美观，具有良好的可修复性。

单元板式无砟轨道结构及其组成如图 3-7-5 和图 3-7-6 所示。

图 3-7-5 单元板式无砟轨道

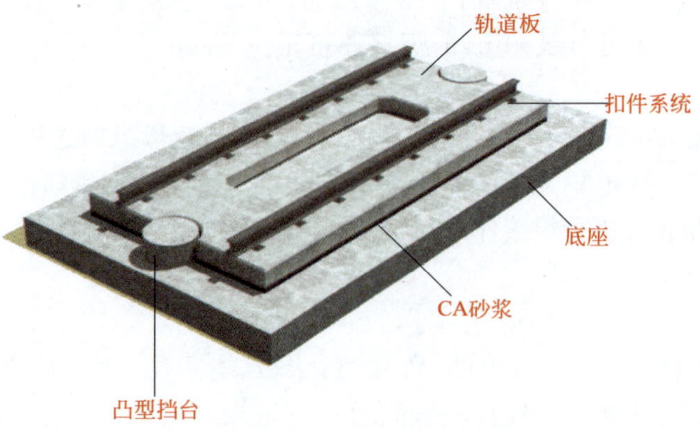

图 3-7-6 单元板式无砟轨道结构组成

1. 钢轨

钢轨采用 60 kg/m、100 m 定尺长、非淬火无孔 U71Mn(k)新轨。钢轨质量应符合《350 km/h 客运专线 60 kg/m 钢轨暂行技术条件》(铁科技〔2004〕120 号)及《客运专线 250 km/h 和 350 km/h 钢轨检验及验收暂行标准》(铁科技〔2005〕402 号)的要求。

2. 扣件

采用 WJ-7B 型分开式扣件,扣件节点间距一般为 629 mm,特殊情况下不宜大于 650 mm。路基和梁端采用配置 W1 弹条和橡胶垫板的大阻力扣件,桥梁上其他扣件均采用配置 X2 弹条和复合垫板的小阻力扣件。在轨下设充填式垫板。

3. 轨道板

轨道板需在厂内预制,其质量应满足相关技术要求。轨道板的型号有 KJ4962、KJ3685、KJ4856、KJ4856A 等。

4. 水泥沥青砂浆调整层

轨道板下设 CA 砂浆调整层,其设计厚度为 50 mm。

5. 底座及凸型挡台

路基上混凝土底座宽度为 3 000 mm,高度为 300 mm。桥上底座的宽度为 2 800 mm,高度为 300 mm。凸型挡台周围填充树脂材料,设计厚度为 40 mm,填充树脂的性能指标应满足相关技术要求。

(1)凸形挡台分圆形和半圆形,梁端和台尾处为半圆形,其余为圆形。

(2)伸缩缝的设置与行车方向有关,总是向前绕过凸形挡台。

路基上底座板的长度以 4 块轨道板的长度为单元,底座板间缝 20 mm,用填缝板隔开并用 8 根剪力棒(ϕ32 mm,700 mm)连接。

6. 综合接地

将轨道板在纵向上划分成长度不大于 100 m 的接地单元,每一单元与贯通地线单点"T"形接地一次。

(二)横断面设计

1. 路基上横断面设计(图 3-7-7)

路基上单元板式无砟轨道,在线间浇筑 C25 素混凝土和线路两侧铺设沥青混凝土。线间 C25 素混凝土沿纵向每 3 m 进行横向切缝,缝深 40 mm,并用沥青填充。直线地段和曲线地段,线间均设集水井进行三面排水。

2. 桥上横断面设计(图 3-7-8)

桥上混凝土底座与桥面间通过连接的"门"形筋连接。桥上线路中间与两侧各设集水井,三面排水。

(三)平纵断面设计

1. 路基上平纵断面设计

路基上铺设框架轨道板,以 KJ4962 型、KJ4856 型框架轨道板为标准轨道板。路基上单元板式无砟轨道的轨道结构高度为 751 mm。路基地段底座每隔 4 块标准板长度设置横向伸缩缝。

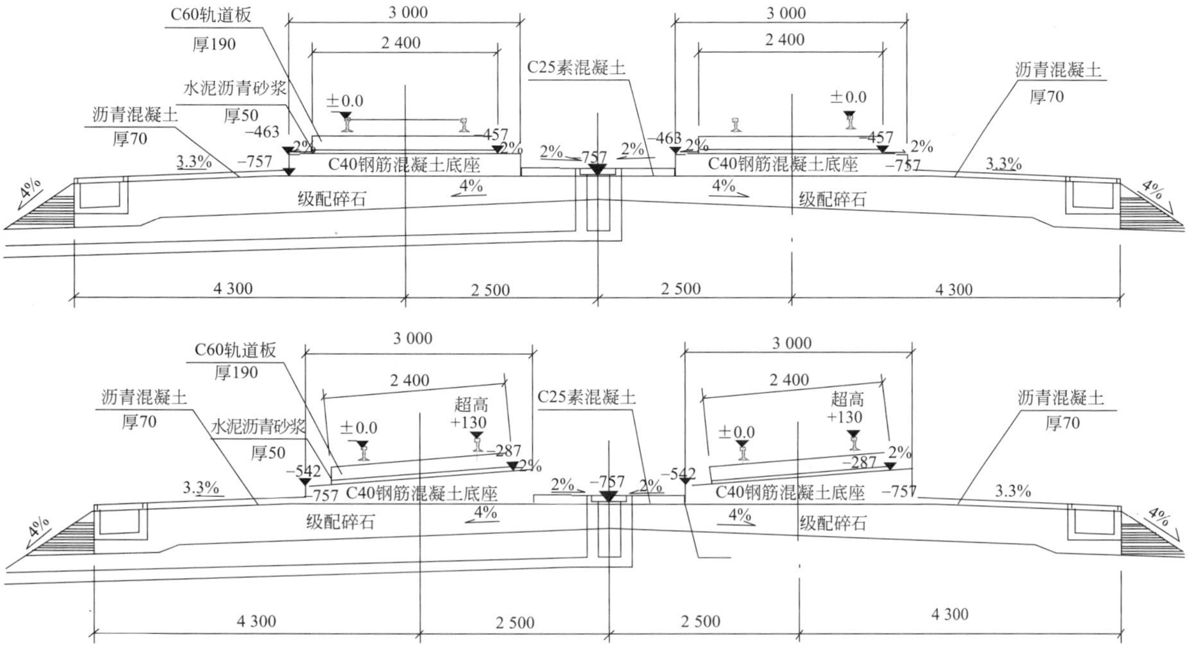

图 3-7-7 路基上横断面设计(单位:mm)

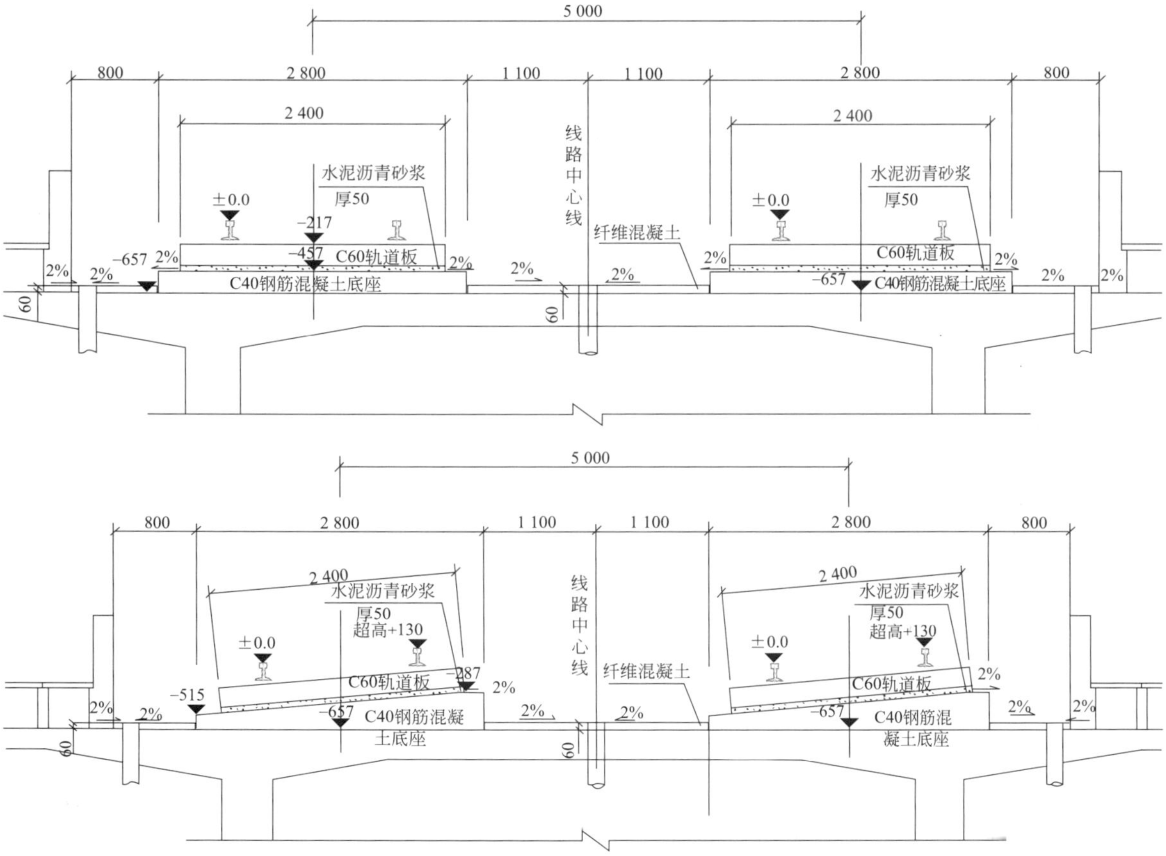

图 3-7-8 桥上横断面设计(单位:mm)

伸缩缝对应凸型挡台中心位置,并绕过凸型挡台,绕的方向在行车方向的另一侧(严格参照平面布置图中设置)。路基上伸缩缝处在底座上用剪力棒进行连接。桥上路基上的底座处的伸缩缝采用聚氨酯填充。

凸型挡台分圆形与半圆形两种形式,凸型挡台的直径均为 520 mm。路基上每块底座板的端部采用半圆型凸型挡台,除端部外的其他地方采用圆形凸型挡台。

2. 桥上平纵断面设计

路基上铺设框架轨道板，以KJ4962型、KJ3685型、KJ4856型框架轨道板为标准轨道板。32 m简支梁上单线铺设5块KJ4962型轨道板(铺设在中部)和2块KJ3685型轨道板(铺设在两端)。24 m简支梁上单线铺设3块KJ4856型轨道板(铺设在中部)和2块KJ4856A型轨道板(铺设在两端)。

三、CRTSⅡ型板式无砟轨道

设计范围内下行线DK1853＋898.94～DK1854＋627.75和上行线DK1853＋900.31～DK1854＋704.38除道岔区采用道岔板式无砟轨道外，其余地段均铺设CRTSⅡ型板式无砟轨道。CRTSⅡ型板式无砟轨道除部分位于弱口隧道内和路基地段外，绝大部分位于雷大桥特大桥上。

CRTSⅡ型板式无砟轨道自上而下由钢轨、扣件、轨道板、砂浆垫层、底座板、滑动层和加高层等组成。

1. 钢轨及扣件

正线钢轨采用60 kg/m、U71Mn(k)钢轨。

扣件系统为Vossloh 300-1型扣件。扣件间距为600～650 mm。

2. 轨道板

轨道板厚度为200 mm，宽2 550 mm，标准轨道板长6 450 mm，特殊轨道板(一边为直边)长6 365 mm，补偿轨道板分别长4 121 mm、4 239 mm和3 589 mm。

承轨台间的轨道板表面为水平，设置横向预裂缝，缝深4 cm。

轨道板为预应力钢筋混凝土板，采用HRB500钢筋和C55混凝土在工厂预制而成。纵横向钢筋间根据综合接地和轨道电路要求进行焊接或采用涂层钢筋进行绝缘，板一侧端部设接地端子。

3. 砂浆垫层

砂浆垫层厚30 mm，采用高弹模砂浆现场灌注而成。

4. 底座板

底座板厚度为207 mm(轨道中心)，宽度为2.950 m，顶面设0.5%的横向坡，边缘向轨道系统外侧设置2%的排水坡。

底座板为钢筋混凝土结构，采用HRB500钢筋和C30混凝土现场浇筑而成。

底座纵横向钢筋间采用绝缘卡进行绝缘。

5. 滑动层

滑动层采用两布一膜。

滑动膜采用PE-HD高密度聚乙烯薄膜，厚度为1 mm，纵向连续；土工布采用聚丙烯土工布，厚度2.2 mm，纵向连续。

6. 加高层

加高层宽3 250 mm。道岔梁上加高层厚度为110 mm，其他简支梁和连续梁上加高层厚度为77 mm，梁端处由于设硬质泡沫板，加高层厚度分别为60 mm和27 mm。加高层突出的边缘向轨道系统外侧设置2%的排水坡。

当加高层厚度大于或等于60 mm时，采用钢筋混凝土结构，由HRB500钢筋和C30混凝土现场浇筑而成。

当加高层厚度小于60 mm时，采用PCC砂浆现场浇筑而成。

7. 综合接地

先用不锈钢钢缆将轨道板进行纵向连接，形成长度不大于100 m接地单元。每一接地单元采用不锈钢钢缆进行单点“T”形接地一次。不锈钢钢缆的横截面面积不小于200 mm^2。

8. 排水

轨道板向外设置0.5%横向排水坡；线间和防撞墙侧设泄水管，加高层侧面、加高层之间及加高层与防撞墙间梁面喷涂防水层，以确保排水畅通。

四、创新双块式无砟轨道

武汉综合试验段DK1238＋750～DK1244＋215及DK1265＋700～DK1276＋136.63段除道岔区外均

铺设我国自主创新的双块式无砟轨道。

路基地段道床板一般采用连续结构，仅 DK1241＋568.28～DK1243＋108.52 段分块的单元结构。

桥梁地段除孙家特大桥上采用植筋和底座结构外，其他桥梁上均采用保护层结构。

创新双块式无砟轨道由钢轨、扣件、双块式轨枕、道床板、支承层（路基地段）、中间层（桥梁地段）、保护层（桥梁地段）、底座（孙家特大桥）等组成。路基地段轨道结构高度为 815 mm，桥梁地段轨道高度为 727 mm。如图 3-7-9、图 3-7-10 所示（以路基地段分例）。

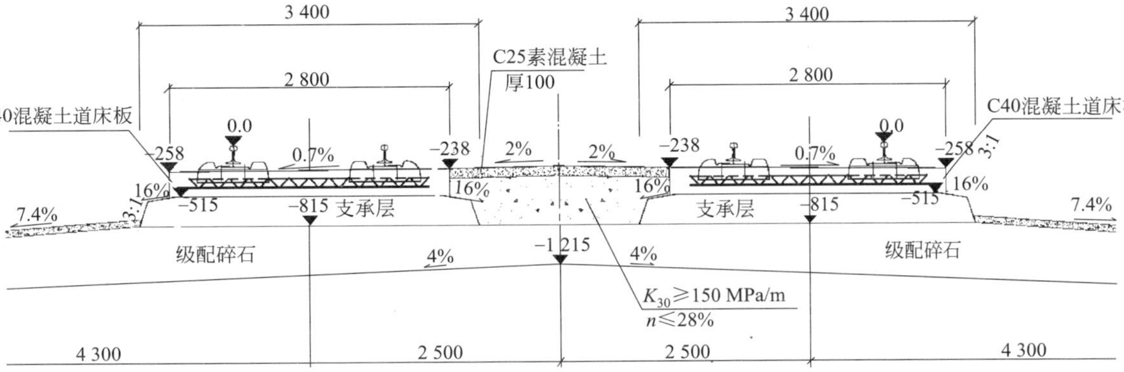

图 3-7-9 直线路基创新双块式无砟轨道横断面（单位：mm）

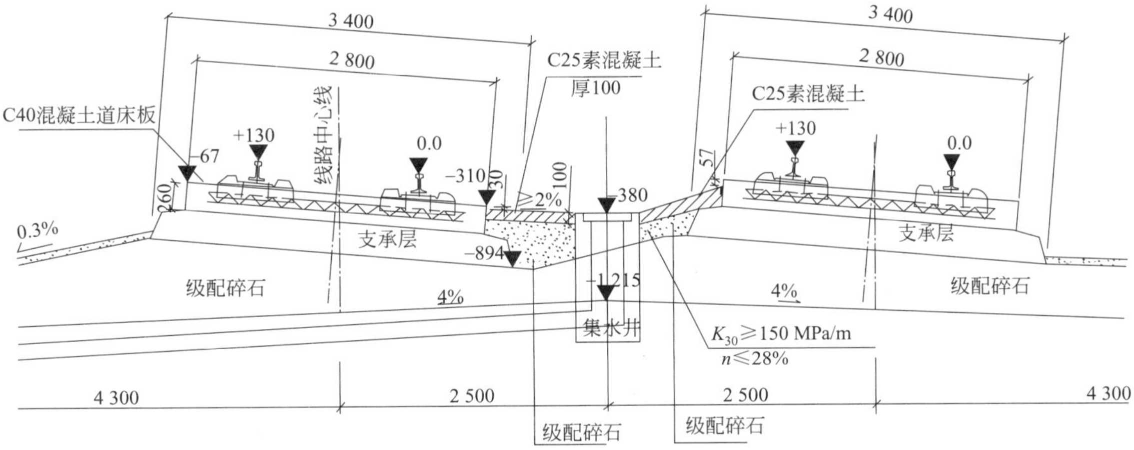

图 3-7-10 曲线路基创新双块式无砟轨道横断面（单位：mm）

1. 扣件

采用 WJ-8B 型扣件，扣件高度 32 mm，扣件垫板静刚度为 20～30 kN/mm，动刚度为 35 kN/mm。路基、桥台、简支梁桥上的扣件采用 W1 型弹条，每组扣件扣压力大于 18 kN，钢轨纵向阻力大于 9 kN。连续梁桥上的扣件采用 X2 型弹条，每组扣件扣压力大于 12 kN，钢轨纵向阻力 4 kN。

2. 轨枕

采用 ZS 型再创新双块式预制轨枕，其质量应满足双块式轨枕生产质量技术的要求。扣件节点最大间距一般≤650 mm，困难地段≤680 mm，扣件节点最小间距不宜小于 600 mm。

3. 道床板

路基地段道床板宽 2 800 mm，厚约 260 mm。直线地段道床板顶面向线路外侧设置 0.7%的横向排水坡，曲线地段道床板顶面设与超高相适应的横向排水坡。一般情况下，在支承层上连续浇筑而成；分块式道床板地段道床板标准长度 6 480 mm，最小长度不小于 5 000 mm，分块道床板间采用剪力棒连接并填充泡沫板和聚氨酯密封胶。

桥梁地段道床板宽 2 800 mm，厚约 260 mm，在保护层和中间层上分段浇筑而成，道床板分块长度 5～8 m，相邻道床板间设 100 mm 伸缩缝。直线地段道床板顶面向线路外侧设置 0.7%的横向排水坡，曲线地段道床板顶面设与超高相适应的横向排水坡。

道床板由钢筋混凝土现场浇筑而成，桥梁地段道床板采用C40混凝土。

在不同线下基础连接处，道床板设置横向伸缩缝。伸缩缝宽20 mm，用20 mm厚泡沫板填充，并用密封胶封面。

4. 支承层

路基地段道床板在支承层上连续构筑。支承层宽3 400 mm，厚度300 mm，在路基基床表层上连续铺筑，并不远于5.2 m设一深度约105 mm的横向伸缩假缝。切缝应在支承层硬化前进行，最迟不得超过浇筑后6 h。支承层浇筑完后应进行拉毛。分块式道床板地段支承层横向伸缩假缝与道床板缝对齐。

支承层可采用水泥胶结混和料，也可采用低强度混凝土。

5. 中间层

桥梁地段，道床板与保护层或支承层间设4 mm厚聚丙烯土工布中间层。

6. 保护层

保护层采用C40钢筋混凝土，构筑于桥面以上、防撞墙之间，通过防撞墙预埋钢筋与防撞墙相连。

在保护层上对应每块道床板设一矩形凸台，每一凸台上设置二个凹槽，在凹槽四周粘贴弹性垫层。

在桥梁混凝土保护层中心沿线路纵向设置伸缩缝，并用聚氨酯密封胶填充。

7. 底座

孙家特大桥上，对应每块道床板设钢筋混凝土底座，底座通过桥面预埋钢筋与桥面相连。每段底座上设置二个凹槽，在凹槽四周粘贴弹性垫层。

底座为钢筋混凝土结构，宽2 800 mm，长度与道床板相同，采用C40混凝土现浇而成。

底座与底座之间、底座与防撞墙之间、道床板之间铺设纤维混凝土，纤维混凝土表面向线路两侧设1.5%的排水坡。

8. 过渡段

台后设置轨道过渡段。道床板设置横向伸缩缝，宽20 mm，用20 mm厚泡沫板填充，并用密封胶封面。

在台后距伸缩缝5～10 m处设端梁，采用C40钢筋混凝土现浇而成，长2.8 m，宽0.8 m，深1.3 m。在端梁至伸缩缝间设2排销钉。

销钉采用ϕ25 mm钢筋，用植筋胶进行锚固。

9. 排水设计

直线路基地段，线间用级配碎石和C25混凝土进行填充封闭，向两侧设排水坡；曲线路基地段，线间设集水井，并用级配碎石和C25混凝土进行填充封闭。

桥梁地段采用两侧排水，线间雨水通过道床板间缝隙汇至防撞墙处泄水孔，排出桥面。

10. 综合接地

道床板进行综合接地，桥梁地段和采用分块式道床板的路基地段每块道床板、采用连续式道床板的路基地段每接地单元取三根上层纵向钢筋和一根横向钢筋作为接地钢筋。除纵、横向接地钢筋交叉点和纵向接地钢筋搭接处进行焊接外，其他纵、横向钢筋交叉点和纵向钢筋搭接处采用绝缘卡进行绝缘。

道床板不大于100 m的长度范围设为一个接地单元，用不锈钢钢缆与接地网支柱或电缆槽侧面的T形接地端子接地一次。桥梁地段和采用分块式道床板的路基地段，先用不锈钢钢缆将道床板纵向连接然后再进行接地。

五、创新板式无砟轨道

武汉综合试验段DK1244＋215～DK1253＋246.47及DK1254＋897.47～DK1265＋700段铺设我国自主创新的单元板式无砟轨道，其中瓦屋特大桥DK1250＋903.16～DK1251 ＋557.26段铺设减振型板式无砟轨道。

(一)基本组成

单元板式无砟轨道结构从上至下由钢轨、扣件、轨道板、板下橡胶垫层、CA砂浆、底座和凸形挡台等组成。

路基上的轨道结构高度为 757 mm，桥上的轨道结构高度为 657 mm。

1. 扣件

扣件采用 WJ-7B 型分开式扣件(研线 0603)，并都采用充填式垫板。扣件高度 41 mm(采用橡胶垫板)或42 mm(采用复合垫板)。扣件垫板静刚度为 20～30 kN/mm，扣件系统节点静刚度为 35 kN/mm。路基、桥台、32 m 和 24 m 简支梁桥上的扣件采用橡胶垫板及 W1 型弹条，每组扣件扣压力大于 18 kN，钢轨纵向阻力大于9 kN。连续梁桥上的扣件采用复合垫板及 X2 型弹条，每组扣件扣压力大于 12 kN，钢轨纵向阻力 4 kN。

2. 轨道板

采用再创新轨道板，轨道板需在厂内预制，其质量应满足相关技术要求。

一般情况下铺设 KJ4962、KJ3685、KJ4856 和 KJ4856A 钢筋混凝土框架型轨道板；瓦屋特大桥上铺设 P4962、P3685 双向预应力混凝土平板；桥台上铺设长度 3 320 mm 的钢筋混凝土平板式轨道板。

轨道板板缝间距设计一般为 70～90 mm 之间，设计最小为 61 mm，但施工时应保证为 55～100 mm。

3. CA 砂浆调整层

轨道板下设 CA 砂浆调整层，设计厚度为 50 mm，板下设橡胶垫层时，其设计厚度为 40 mm，其技术指标应满足《客运专线铁路 CRTSⅠ型板式无砟轨道水泥乳化沥青砂浆暂行技术条件》(科技基〔2008〕74 号)的相关技术要求。

4. 板下橡胶垫层

瓦屋特大桥上铺设减振型板式轨道，在板下设橡胶垫层。橡胶垫层的厚度为 20 mm，其技术指标应满足相关技术要求。

5. 底座和凸形挡台

路基上混凝土底座宽度为 3 000 mm，高度为 300 mm。桥上除瓦屋特大桥外混凝土底座的宽度为 2 800 mm，高度为 200 mm。瓦屋特大桥上底座的宽度为 2 800 mm，高度为 190 mm。

凸形挡台及底座采用 C40 钢筋混凝土结构。路基地段底座每隔 4 块标准板长度设置横向伸缩缝，在路基端部不能满足 4 块标准轨道板长度时，底座以每隔 3 块标准板长度进行调整；桥上每单块轨道板长底座设置横向伸缩缝。伸缩缝对应凸形挡台中心位置，并绕过凸形挡台，绕的方向在行车方向的另一侧。路基上伸缩缝处在底座上用剪力棒进行连接。桥上、路基上底座处的伸缩缝采用泡沫和聚氨酯密封胶填充。

凸形挡台周围填充树脂材料，设计厚度为 40 mm，填充树脂的性能指标应满足《客运专线铁路 CRTSⅠ型板式无砟轨道凸形挡台聚氨酯树脂(CPU)暂行技术条件》(科技基〔2008〕74 号)的相关技术要求。

凸形挡台分圆形与半圆形两种形式，凸形挡台的直径均为 520 mm。桥上简支梁或连续梁的端部及路基上的底座端部采用半圆型凸形挡台，除端部外的其他地方采用圆形凸形挡台。凸形挡台的高度一般为 250 mm，瓦屋特大桥上的凸形挡台的高度为 260 mm。

单元板式无砟轨道底座钢筋应采用绝缘卡绝缘，凸形挡台处的钢筋应采用涂层钢筋进行绝缘。绝缘性能应满足轨道电路的绝缘要求。

6. 综合接地

将道床板单元以不锈钢钢缆连接，形成长度不大于 100 m 的接地单元；每一接地单元以不锈钢钢缆单点“T”形接地一次。不锈钢钢缆和接地端子材质为 GB00Cr17Ni14Mo2，钢缆横断面积不小于 200 mm^2。

7. 排水设计

(1)路基地段

线间不远于 50 m 设一集水井。底座间填充 C25 混凝土并在其表面设不小于 2%的横向排水坡。

(2)桥梁地段

线间和防撞墙侧均设泄水管，底座间及底座与防撞墙间梁面铺设纤维混凝土并设横向排水坡。

(二)横断面设计

1. 路基上横断面设计(图 3-7-11、图 3-7-12)

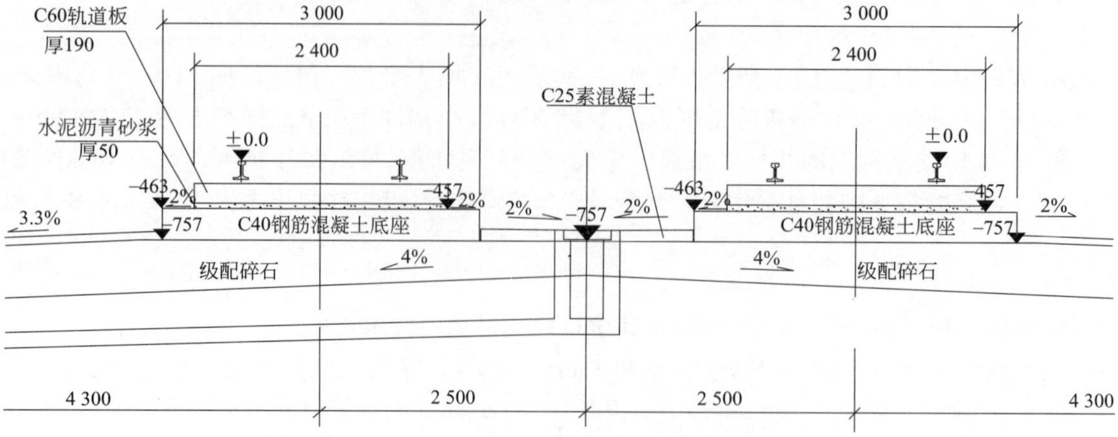

图 3-7-11　直线路基创新板式无砟轨道横断面(单位:mm)

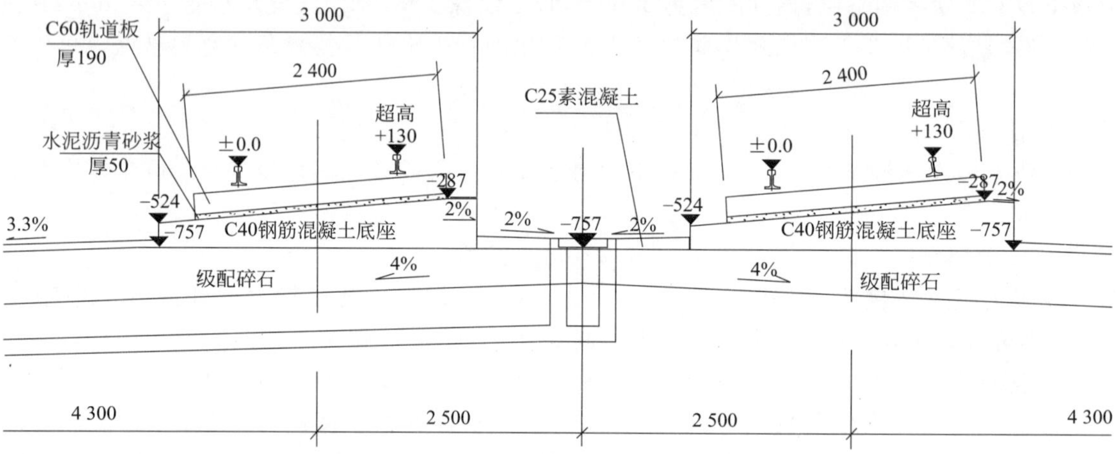

图 3-7-12　曲线路基创新板式无砟轨道横断面(单位:mm)

2. 桥梁上横断面设计(图 3-7-13、图 3-7-14)

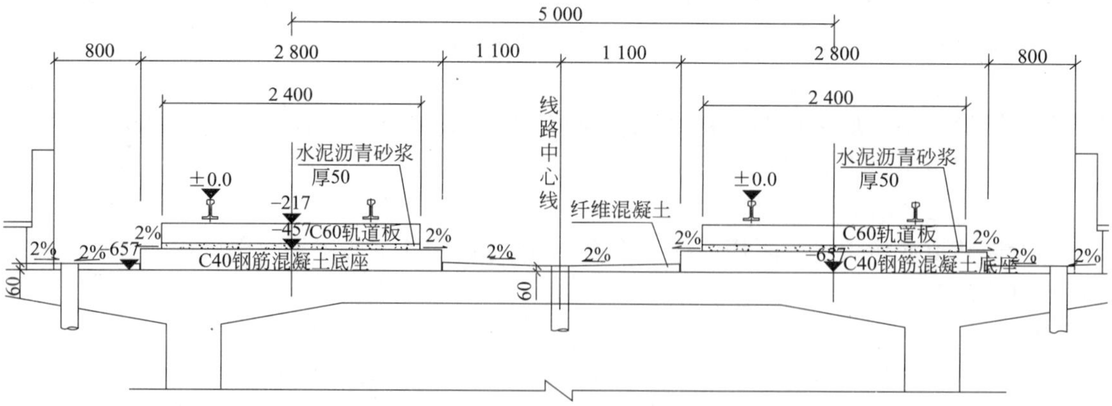

图 3-7-13　直线桥梁创新板式无砟轨道横断面(单位:mm)

六、创新纵连板式无砟轨道

武汉综合试验段 DK1253+246.47～DK1254+897.47 段铺设我国自主创新的纵连板式无砟轨道,共铺设纵连板式无砟轨道 1.651 km。

创新纵连板式无砟轨道位于路基地段,从上至下由钢轨、扣件、纵连轨道板、砂浆垫层和支承层等组成(图 3-7-15)。

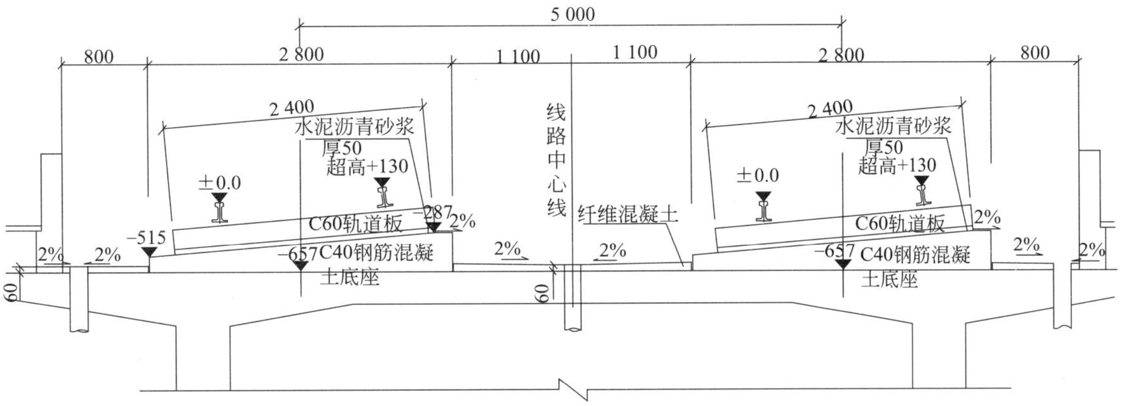

图 3-7-14 曲线桥梁创新板式无砟轨道横断面(单位:mm)

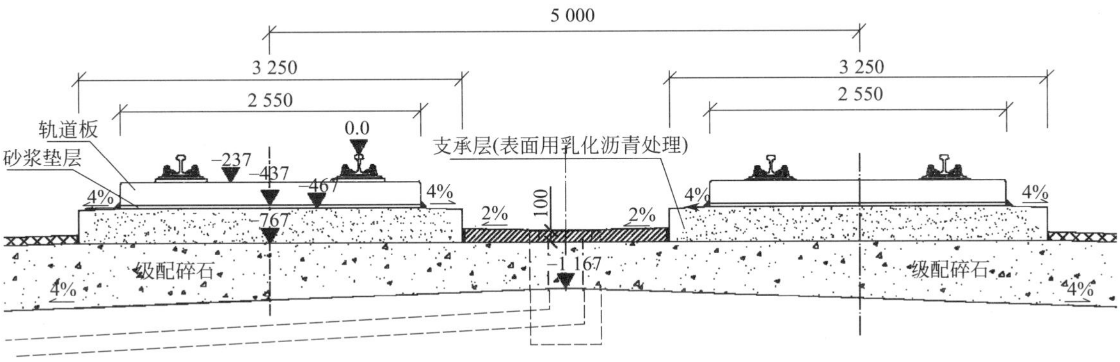

图 3-7-15 直线路基创新纵连板式无砟轨道横断面(单位:mm)

路基上的轨道结构高度为 767 mm。

1. 扣件

采用 WJ-7B 型分开式扣件(研线 0603),配套采用充填式垫板。扣件高度 41 mm(采用橡胶垫板)。扣件垫板静刚度为 20～30 kN/mm,扣件系统节点静刚度为 35 kN/mm。扣件采用橡胶垫板及 W1 型弹条,每组扣件扣压力大于 18 kN,钢轨纵向阻力大于 9 kN。

2. 纵连轨道板

标准轨道板长度为 6.45 m,宽度为 2.55 m,板厚为 0.2 m。轨道板需在厂内预制,其质量应满足相关技术要求。

3. 砂浆垫层

(1)纵连板与混凝土底座间设 CA 砂浆调整层,其设计厚度为 30 mm。

(2)CA 砂浆调整层的技术指标应满足《客运专线铁路 CRTSⅡ型板式无砟轨道水泥乳化沥青砂浆暂行技术条件》(科技基〔2008〕74 号)的相关技术要求。

4. 支承层

(1)混凝土支承层宽度为 3 250 mm,厚度为 300 mm。采用水硬性支承层或 C15 混凝土,其余性能指标应符合《客运专线铁路无砟轨道支承层暂行技术条件》(科技基〔2008〕74 号)的相关规定。

(2)在距纵连板式轨道的起终点 7 150 mm 范围内,混凝土支承层为钢筋混凝土结构。混凝土支承层宽度均为 3 250 mm,厚度为 300 mm。混凝土等级采用 C40。

5. 综合接地

轨道板间以不锈钢钢缆连接形成长度不大于 100 m 的接地单元,每接地单元以不锈钢钢缆单点 T 形接地一次。不锈钢钢缆和接地端子材质为 GB00Cr17Ni14Mo2,钢缆横断面积不小于 200 mm^2。

6. 排水设计

线间设集水井。支承层之间及外侧分别设 C25 混凝土和沥青混凝土层,并设不小于 2%的横向排水坡。

7. 与板式轨道过渡段

(1)在纵连板式无砟轨道段,距起终点 7 150 mm 范围内混凝土支承层改为钢筋混凝土结构。

(2)钢筋混凝土底座内钢筋间采用绝缘卡进行绝缘。

(3)在纵连板式轨道的起终点第一块纵连板处,纵连板与底座之间设置 28 根直径为 28 mm 销钉,销钉采用 HRB335 钢筋,植筋胶采用 RE 500 或同等性能的材料。

(4)在钢筋混凝土支承层与板式轨道底座板间设 9 根剪力棒。

七、伸缩调节器区段轨枕埋入式无砟轨道

本段范围内在株洲西湘江特大桥和衡阳湘江特大桥上设钢轨伸缩调节器 8 组。

株洲西湘江特大桥上伸缩调节器位于(60+5×100+60)m 连续梁两端,里程为 DK1606+013.18～DK1606+028.18 和 DK1606+613.82～DK1606+628.82。

衡阳湘江特大桥上伸缩调节器位于(64+4×116+64)m 连续梁两端,里程为 DK1712+330.55～DK1712+345.55 和 DK1712+903.25～DK1712+918.25。

钢轨伸缩调节器采用铁科院设计的 60 kg/m 钢轨单向伸缩调节器,型号为 TKY60-400DZ,图号为研线0706-1,伸缩调节器长 15 m。扣件和轨枕采用与伸缩调节器配套的产品。如图 3-7-16 所示。

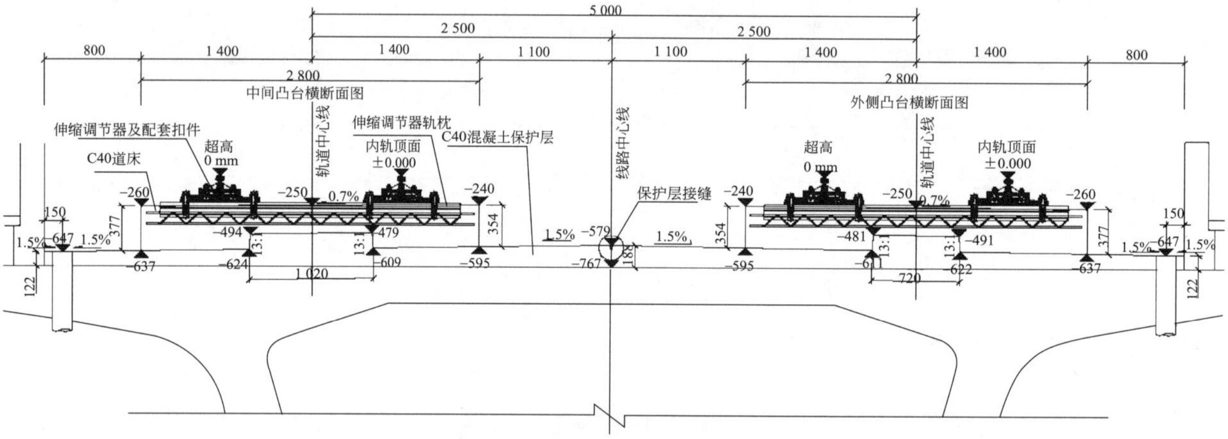

图 3-7-16 伸缩调节器布置(单位:mm)

伸缩调节器区域无砟轨道采用轨枕埋入式无砟轨道,轨道高度 767 mm。道床板采用分段式结构,除轨枕采用长枕外,道床板下结构与桥上双块式无砟轨道相同,具体参见双块式无砟轨道设计说明。

第五节 跨区间无缝线路设计

武广铁路客运专线正线轨道一次性铺设跨区间无缝线路,联络线和到发线均铺设无缝线路。

一、单元轨节布置

跨区间无缝线路由若干单元轨节及正线道岔焊接而成,单元轨节的长度根据线路条件、定尺轨长度、长钢轨基地焊接、运输、铺设、工地焊接及无缝线路锁定工艺等情况综合考虑,确定单元轨节长度一般为1 000～2 000 m,最短不小于 200 m。

本线采用定尺 100 m 长的钢轨,在焊轨厂或焊轨基地焊接成 500 m 长的长轨节,运抵施工现场后再进行单元焊和锁定焊。

锁定焊接接头的位置不应位于桥台前梁缝、连续梁端梁缝前后 50 m 范围内,且接头应位于相邻两根轨枕的中间位置。

无缝道岔中单组或相邻多组道岔一次锁定的道岔(含其间线路)及前后各 50 m 以上的线路组成一单元轨节。

在单元轨节布置时未考虑胶接绝缘接头(轨)的位置,施工单位在配轨时应加以考虑。

对于桥梁地段无缝线路按《新建铁路桥上无缝线路设计暂行规定》设计。正线铺设无缝道岔，道岔内部钢轨应采用与正线钢轨相同的材质，且应全部焊连。岔区无缝线路设计要求道岔满足跨区间无缝线路的允许温升和温降要求，各联结件应牢固、可靠、耐久。

对于隧道地段无缝线路应根据检算对隧道口轨温过渡区加强锁定。在桥梁和岔区无缝线路一般不设置钢轨伸缩调节器，只有经过检算必须设置时才铺设钢轨伸缩调节器。

二、钢轨焊接

根据铁道部铁建设〔2007〕104 号文《关于发布〈铁路轨道设计规范〉等八项铁路工程建设标准局部修订条文的通知》，长钢轨的焊接应优先在工厂焊接，特殊情况下（如工期控制），经技术经济比较后，可在工厂化基地焊接。

武广铁路客运专线除道岔内部焊接、道岔和钢轨伸缩调节器与区间单元轨节的焊接可采用接触焊、铝热焊，且焊接接头优先采用接触焊。其他的工厂焊、单元焊及锁定焊均应采用闪光焊。

钢轨焊接应按《钢轨焊接接头技术条件》（TB/T 1632—1991）执行。焊接接头质量应符合时速 350 km 高速铁路钢轨焊接的有关要求。焊接接头平直度标准应符合表 3-7-6 的规定。

表 3-7-6 焊接接头平直度标准（mm/m）

部　　位	平直度标准	部　　位	平直度标准
顶面	0 +0.2	底面（焊筋）	0 +0.5
内侧工作面	0 +0.2		

焊接接头位置：

(1)左右股单元轨节锁定焊接接头相错量不应超过 100 mm；

(2)道岔内各焊接接头焊缝相对于设计位置的偏差不得超过±2 mm，由道岔前端和辙叉跟端接头焊缝决定的道岔全长偏差不得超过±20 mm；

(3)钢轨铝热焊焊缝距扣件边缘不应小于 40 mm；

(4)无砟桥桥台附近的无缝线路单元轨节始、终端应设置在距桥头不小于 100 m 的路基轨道上；

(5)钢轨焊接接头应避开轨道过渡段及线下基础过渡段范围。

三、钢轨胶接

钢轨胶接可采用胶接绝缘轨，也可进行现场胶接，其钢轨应与相邻钢轨同轨型、同钢种。胶接绝缘接头应满足 350 km/h 客运专线胶接绝缘接头有关技术条件的规定，胶接接头的平顺度必须满足钢轨焊接接头的平直度标准。左右两股钢轨的绝缘接头应相对铺设，且绝缘接头夹板端头距轨枕边缘不小于 100 mm。

四、锁定轨温

由于中德双方在无缝线路计算参数取值、荷载组合等方面存在较大差别，最初阶段中德双方的设计、咨询人员一起进行了多次研究、探讨，并在铁道部工程管理中心的主持下多次召开专题会议，最终达成了一致意见。铁道部为此下发了《对〈关于报送武广铁路客运专线无缝线路设计有关问题的函〉的复函》（工管〔2006〕164 号）。

正线跨区间无缝线路设计锁定轨温根据沿线气象资料、无缝线路的允许温升、允许温降以及无缝线路断缝要求计算确定。无缝线路应在设计锁定轨温范围内锁定，同时，相邻单元轨节的锁定轨温差不应大于5℃，同一区间内单元轨节锁定轨温的最高与最低锁定轨温差不超过 10℃，左右股钢轨的锁定轨温应基本一致，最大温差不得超过 3℃。

武广铁路客运专线无缝线路锁定轨温设计依次如下：

(一)武汉至韶关段

铁四院计算了武广铁路客运专线乌龙泉至韶关段的无缝线路锁定轨温,武汉地区锁定轨温为19℃,锁定轨温范围为14℃～24℃,最大温升47.3℃,最大温降42.1℃。

乌龙泉站北端咽喉区铺设4组国产高速18号道岔,当尖轨跟端采用间隔铁时,允许温升为45℃,允许温降为54℃;当尖轨跟端采用限位器时,允许温升为51℃,允许温降为60℃。

道岔采用间隔铁时最大温升大于允许温升,为保证道岔正常工作,将长沙以北小于22℃地段的锁定轨温均设置为22℃。

(二)韶关至花都段

经过韶关、英德、清远、花都四个地区,年平均气温分别为14.8℃、20.9℃、21.7℃、21.9℃,各地区的最高、最低轨温和中间轨温见表3-7-10,无缝线路设计锁定轨温根据无缝线路允许温升、允许温降及无缝线路断缝检算,根据工管〔2006〕164号文,中铁二院计算了本段设计锁定轨温(表3-7-7),长大隧道内锁定轨温按现行规范单独进行设计。

表3-7-7 韶花段地区轨温表(℃)

地区	最高轨温	最低轨温	轨温最大幅值	中间轨温	设计锁定轨温	锁定轨温范围
韶关	60.4	−5.3	65.7	27.5	25	20～30
英德	60.1	−3.6	63.7	28.3		
清远	58.7	−0.6	59.3	29.1	26	21～31
花都	58.7	0.4	58.3	29.6		

最终确定武广铁路客运专线全线的锁定轨温见表3-7-8和表3-7-9。

表3-7-8 武广铁路客运专线锁定轨温计算(℃)

地　　区	最高轨温	最低轨温	最大轨温差	平均轨温	锁定轨温	最大温降	最大温升
武汉	61.3	−18.1	79.4	21.6	22	45.1	44.3
咸宁	61.4	−15.4	76.8	23	22	42.4	44.4
赤壁	60.7	−14.6	75.1	23	22	41.6	43.7
岳阳	59.3	−11.3	70.6	24	22	38.3	42.3
长沙	63	−11.3	74.3	25.8	22	38.3	46.0
株洲	60.5	−11.5	72	24.5	23	39.5	42.5
衡阳	61.3	−7.9	69.2	26.7	23	35.9	43.3
郴州	61.3	−9	70.3	26.2	24	38.0	42.3
乐昌	58.4	−4.6	63	26.9	24	33.6	39.4
韶关	62	−4.3	66.3	28.8	25	34.3	42.0
广州	58.7	−0.4	59.1	29.2	26	31.4	37.7

表3-7-9 无缝线路锁定轨温地段表

序　　号	起点里程	终点里程	锁定轨温(℃)	幅度(℃)	备　　注
1	DK1232+000.00	DK1592+466.34	22	±5	无砟轨道
2	DK1592+466.34	DK1806+890.73	23	±5	无砟轨道
3	DK1806+890.73	DK1964+500.63	24	±5	无砟轨道
4	DK1964+500.63	DK1989+500.00	25	±5	无砟轨道
5	DK2167+000.00	DK2206+902.03	26	±5	无砟轨道
6	DK2206+902.03	DK2216+000.00	29	±5	有砟轨道

五、位移观测桩

(一)设置原则

1. 在无缝线路锁定前埋置位移观测桩,埋设牢固可靠,易于观测和不易被破坏。

2. 跨区间无缝线路按单元轨节等距离成对设置位移观测桩,每对观测桩标记中心连线应与线路中线垂直,桩间距离不大于 500 m。单元轨节长不足 500 m 整倍数时,可适当调整距离。单元轨节起终点的观测桩应与单元轨节间的焊接接头对齐,纵向错动量不得大于 30 m,位移观测桩间相对位置应保持基本不变。

3. 道岔区按道岔单元轨节设置。每组道岔设置 5 对位移观测桩,即岔前、岔后、限位器、距离道岔前后各 50 m 处均设 1 对位移观测桩。

4. 无缝线路长轨条的起点、终点以及距离长轨条起终点 100 m 的位置各设 1 对位移观测桩。

5. 桥梁地段位移观测桩应设于桥梁固定支座附近的道床板中心位置,隧道内距洞口超过 200 m 地段不设位移观测桩,其他地段位移观测桩位置不受限制。

6. 长度大于 3 km 的隧道口和长度大于 500 m 的桥梁两端,以及单跨跨度大于 100 m 的连续梁、连续刚构、提篮拱或系杆拱两端,钢轨伸缩调节器基本轨接头和距离基本轨接头 100~150 m 处应增设位移观测桩。

7. 钢轨伸缩器的基本轨的起、终点及中部应各设置一对位移观测桩。

8. 长轨锁定后,应立即在钢轨对应位置用红色和白色油漆进行钢轨标记,标记内容包括锁定日期和锁定轨温。标记应清晰、可靠、耐久。

位移观测桩布置如图 3-7-17~图 3-7-20 所示。

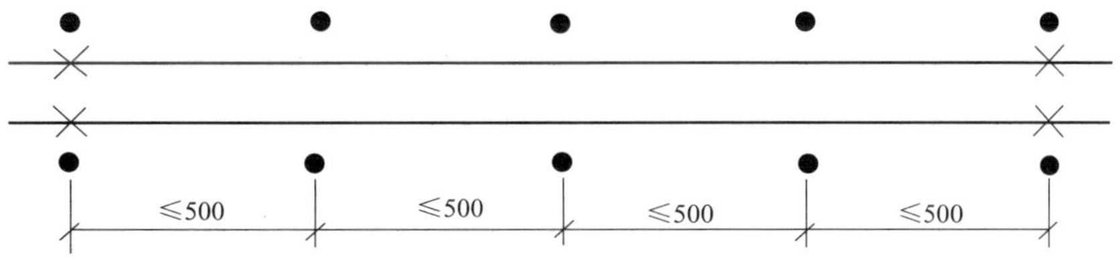

图 3-7-17 单元轨节位移观测桩的设置(单位:m)

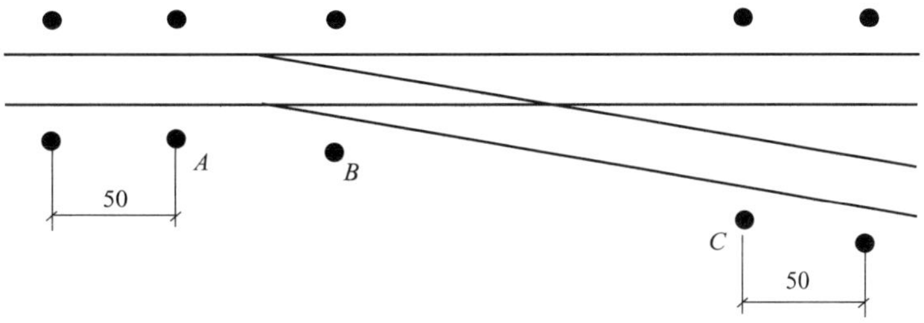

图 3-7-18 单组道岔位移观测桩的设置(单位:m)

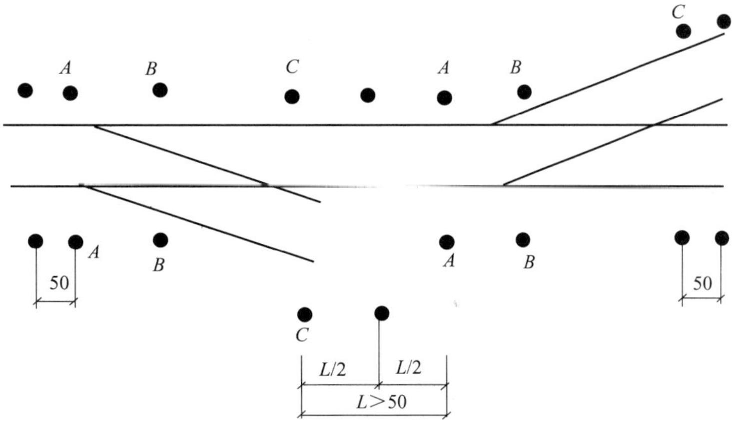

图 3-7-19 多组焊联道岔位移观测桩的设置(单位:m)

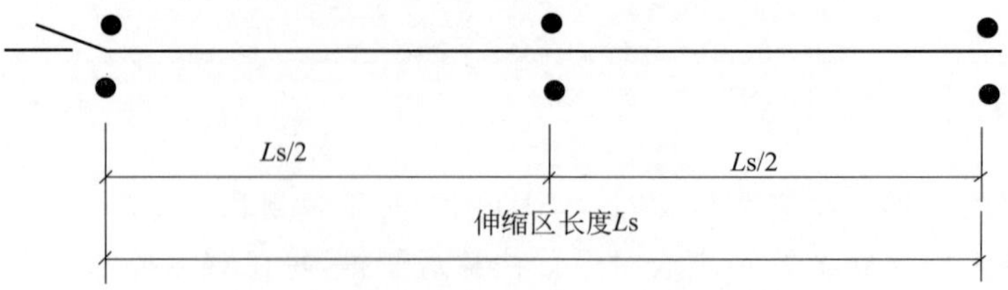

图 3-7-20　伸缩调节器伸缩区位移观测桩的设置

注:①图 3-7-18～图 3-7-20 中"●"表示位移观测桩,"×"表示单元轨节始或终端;②图 3-7-18～图 3-7-20 中 A、B、C 分别表示岔头、限位器、岔尾的对应位置设置位移观测桩;③当 $L \leqslant 50$ m,可不在中间设置位移观测桩。

(二)位移观测桩设置安装

武广铁路客运专线通过在钢轨中性轴处粘贴观测标尺来设置位移观测桩,双块式无砟轨道地段标尺的零点对应轨枕与道床板的分界线(图 3-7-21),板式轨道地段标尺的零点对应轨道板的端部。观测时可采用三角板或垂球读取位移量。

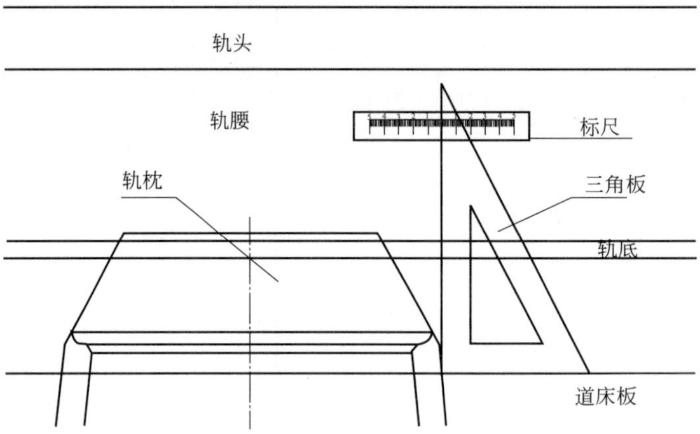

图 3-7-21　位移观测桩标尺的设置

正线每股道的左右两根钢轨均设置标尺;岔前、岔后每根钢轨均设置标尺;限位器处在直基本轨和直尖轨上设置标尺。标尺中间设零点,总长度不小于 10 cm。

路肩上的位移观测桩。可在路肩上垂直埋设钢筋混凝土桩,桩顶截面为圆形(ϕ100 mm),采用 C15 混凝土预制,桩顶用模板定型抹平,中心垂直预埋刻划拉线十字丝的 ϕ16 mm 圆钢。桩顶面应高于路肩面 20 mm,并采用水泥砂浆将观测桩固定于路基中。长度视埋入路基的深度确定,埋深应不小于 0.5 m。观测桩埋设于路肩中心。

车站内的位移观测桩可设在站台侧壁上。

桥上的位移观测桩可设置于桥梁固定支座附近稳固的桥面挡砟墙上。

隧道内的位移观测桩可设置在隧道侧壁或水沟壁上。

(三)观测桩编号

无缝线路位移观测桩由轨道施工承包商按线路里程方向顺序编号。编号应能反映单元轨节编号和单元轨节内观测桩编号等内容,并标记在观测桩上。编号以阿拉伯数字标注,编号方法为 ABCDEF。

A 为铁路局代号,17 武汉局,08 广铁集团。

B 为段内区间编号,01～17,见表 3-7-10。

表 3-7-10　区间编号表

编　　号	区　　间	编　　号	区　　间
01	武汉—乌龙泉东	03	咸宁北—赤壁北
02	乌龙泉东—咸宁北	04	赤壁北—岳阳东

续上表

编　　号	区　　间	编　　号	区　　间
05	岳阳东—汨罗东	12	郴州西—乐昌东
06	汨罗东—长沙南	13	乐昌东—韶关西
07	长沙南—株洲西	14	韶关西—英德西
08	株洲西—衡山西	15	英德西—清远
09	衡山西—衡阳东	16	清远—广州北
10	衡阳东—耒阳西	17	广州北—广州南
11	耒阳西—郴州西		

C 为线别，1～2，1 为下行，2 为上行。

D 为轨别，1～2，1 为左轨，2 为右轨。

E 为单元轨节编号，01～99。车站中心的单元轨节作为下一区间的 01 号。

F 为该单元轨节内的观测桩编号，为 01～99。

如 0808110504，表示广铁集团范围内株洲西至衡山西区间下行线上左轨第 5 个单元轨节上第 4 个观测标尺。

观测桩编号标注在标尺前方轨腰上，为红底白字。编号标注应标记清晰、可靠、耐久。

六、钢轨伸缩调节器

钢轨伸缩调节器是无缝线路的薄弱环节，而且会给工务部门带来较大的养护维修工作量。因此，本着尽量少用或不用钢轨伸缩调节器的原则进行设计。设置钢轨伸缩调节器时，一般在直线地段，且避免与竖曲线重叠。钢轨伸缩调节器采用曲线型尖轨，其技术性能应符合时速 350 km 高速铁路钢轨伸缩调节器的有关技术要求。伸缩调节器基本轨与相邻钢轨同轨型、同钢种。尖轨采用 AT 轨。

七、桥上无缝线路

桥上无缝线路设计按《新建铁路桥上无缝线路设计暂行规定》执行，钢轨断缝允许值为 70 mm，在无砟轨道采用小阻力扣件时，钢轨断缝允许值不得大于 100 mm。

八、隧道无缝线路

一般隧道内无缝线路锁定轨温与隧道梁端一致，长大隧道内距隧道口 200 m 范围内无缝线路的设计锁定轨温与两端区间无缝线路的设计锁定轨温一致；同时，隧道地段无缝线路应根据检算对隧道口轨温过渡区加强锁定。

九、岔区无缝线路

正线铺设无缝道岔，道岔内部钢轨采用与正线钢轨相同的材质，且全部焊连，岔后侧股钢轨焊接长度不小于 50 m。岔区无缝线路的锁定轨温与区间线路一致，并要求道岔满足跨区间无缝线路的允许温升和温降要求。无缝道岔限位器子母块应严格居中对齐，并满足道岔结构要求。各联结件应牢固、可靠、耐久。

第六节　道岔设计

一、轨枕埋入式无砟轨道

全线各站无砟轨道道岔设计情况分别为：乌龙泉东站 8 组、咸宁北站 10 组、岳阳东站 12 组、长沙南站南咽喉 10 组、株洲西站 8 组、韶关西站 12 组、乐昌东站南咽喉 4 组、清远站 4 组和广州北站 8 组，共计 76 组正线 18 号道岔采用轨枕埋入式无砟轨道。除乌龙泉东站北咽喉 4 组铺设国产 18 号高速道岔(客专线〔07〕009)外，其余道岔均采用 BWG 生产的 18 号高速道岔。这些道岔中除乐昌东站 4 组道岔位于桥上外，其余道岔均位于路基上。其他道岔岔区铺设博格板式道岔无砟轨道。

（一）路基上岔区轨枕埋入式无砟轨道（图 3-7-22、图 3-7-23）

路基上岔区轨枕埋入式轨道自上而下由道岔钢轨、扣件、岔枕、钢筋混凝土道床板和支承层等组成。

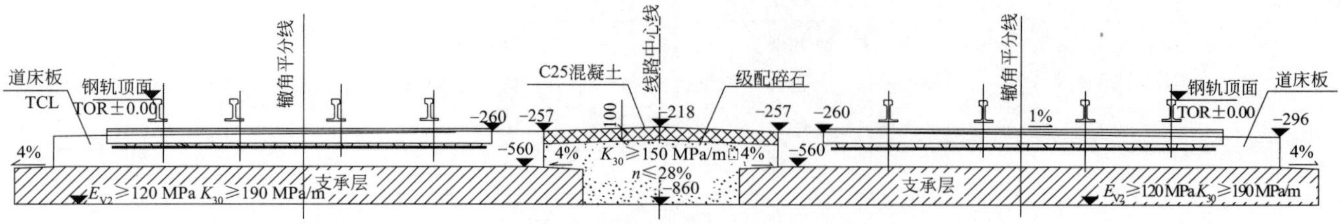

图 3-7-22　18 号单开道岔轨枕埋入式无砟轨道横断面（单位：mm）

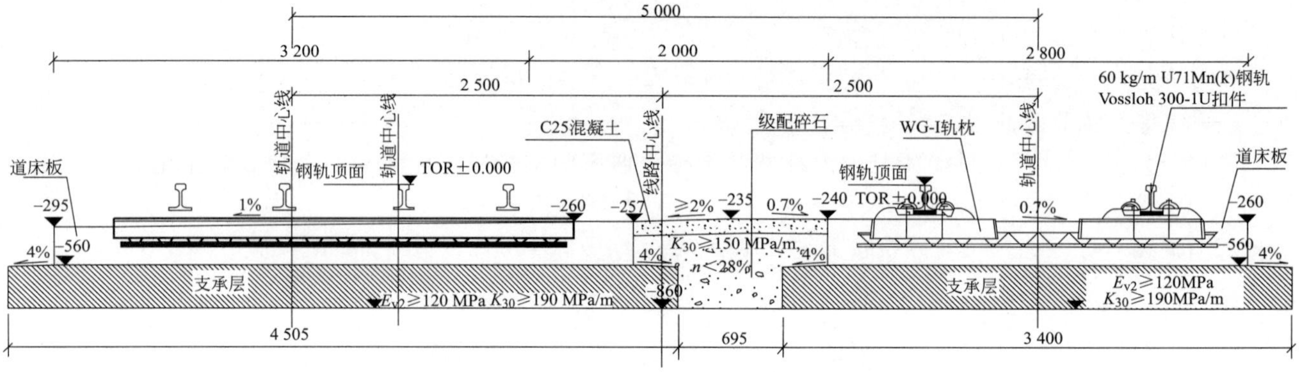

图 3-7-23　18 号单渡线道岔轨枕埋入式无砟轨道横断面（单位：mm）

1. 道岔及扣件

正线 BWG 18 号高速道岔（道岔直向容许通过速度为 350 km/h，侧向容许通过速度为 80 km/h）采用 VRC60 钢轨。

扣件配套采用 BWG ERL 扣件。

2. 岔枕

岔枕采用与道岔配套的 GWS 05-C 轨枕。

3. 道床板

道床板厚度 300 mm，轨道中心至道床板边绝缘的距离为 1 600 mm，道床板纵向上连续，不设伸缩缝。

道床板为钢筋混凝土结构，混凝土 28 d 抗压强度为 35～40 MPa。

道床板顶面设置 1%的横向排水坡。

4. 支承层

支承层可采用水泥胶接混和料，也可采用低强度混凝土支承层。支承层应满足《Rheda2000 轨道水硬性材料支承层-工艺说明》的要求，当采用 C15 混凝土代替水硬性材料时，应满足《Rheda2000 轨道用 C12/C15 混凝土代替水硬性材料支承层-工艺说明》的要求。

支承层厚度 300 mm，边缘至外侧轨道中心的距离为 1 900 mm。现场取样的 28 d 强度平均值应在 10～15 MPa 间，任何一个试样的强度不应低于 8 MPa 或高于 20 MPa。混凝土支承层连续铺筑，并不远于 5 m 设一深度约 105 mm 的横向伸缩假缝。当在气温高于 20℃条件下施工时，应每隔 4 m 进行切缝。切缝应在支承层硬化前进行，最迟不得超过浇筑后 6 h，并在假缝上铺设长 0.2 m、宽 2.8 m 聚丙烯土工布。施工单位施工前应进行配方试验，支承层性能检验应满足《Rheda2000 轨道水硬性材料支承层-工艺说明》的要求。

5. 综合接地

除纵向接地钢筋与横向接地钢筋及纵向接地钢筋间进行焊接外，道床板内所有纵向钢筋与横向钢筋、岔枕桁架钢筋交点处及纵向钢筋搭接处均设置绝缘卡进行绝缘。

根据设计要求进行综合接地，接地单元长度不大于 100 m。每一接地单元采用横截面面积不小于

200 mm²的不锈钢钢缆进行单点 T 形接地一次。

6. 排水

道床板表面设置横向排水坡；线间以级配碎石和 C25 混凝土进行填充和封闭，并设横向和纵向排水坡确保排水畅通，特殊情况下增设集水井。

（二）桥梁上岔区轨枕埋入式无砟轨道（图 3-7-24、图 3-7-25）

桥梁上岔区轨枕埋入式无砟轨道自上而下由道岔钢轨、扣件、岔枕、钢筋混凝土道床板、中间层和保护层等组成。

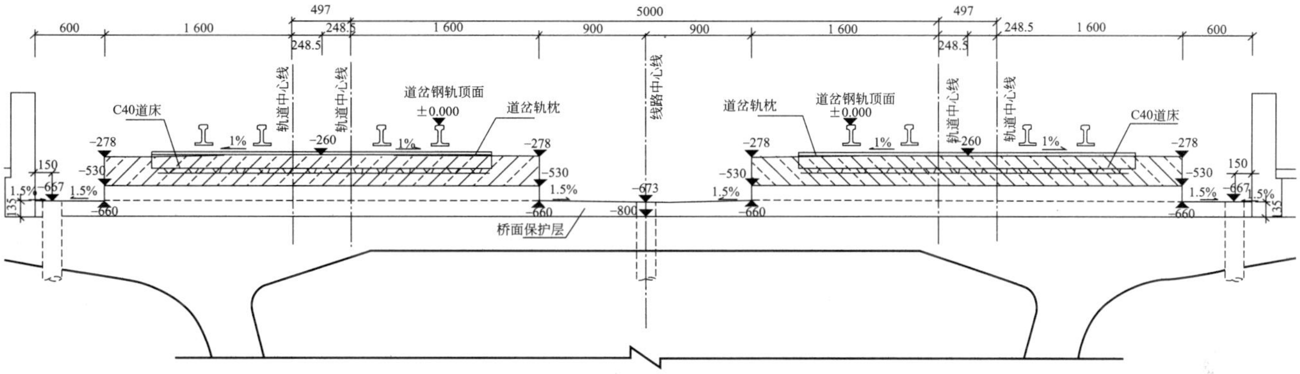

图 3-7-24　桥上 18 号单开道岔轨枕埋入式无砟轨道横断面（单位：mm）

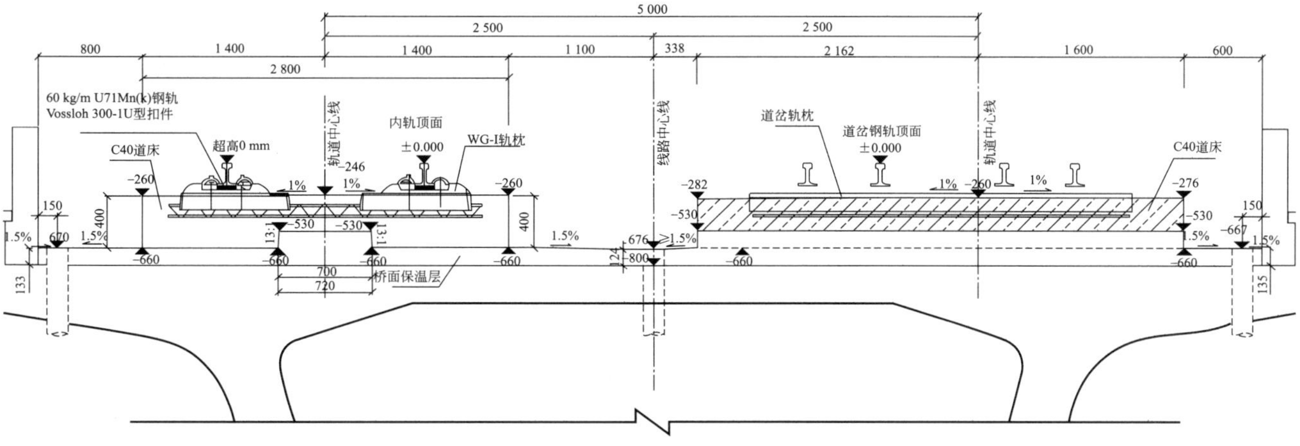

图 3-7-25　桥上 18 号单渡线道岔轨枕埋入式无砟轨道横断面（单位：mm）

1. 道岔钢轨及扣件

正线 BWG 18 号高速道岔（道岔直向容许通过速度为 350 km/h，侧向容许通过速度为 80 km/h）采用 60 kg/m、VRC60 钢轨。

扣件配套采用 BWG ERL 扣件。

2. 岔枕

岔枕采用与道岔配套的 GWS 05-C 轨枕。

3. 道床板

桥梁上道床板构筑于混凝土保护层上，根据道岔部件布置，按 43～66 m 长度设置，相邻道床板缝宽 100 mm。道床板厚度 300 mm，轨道中心至道床板边缘的距离为 1 600 mm，道床板纵向上分段设置。

道床板为钢筋混凝土结构，采用 C40 混凝土现浇而成。

道床板顶面设置 1%的横向排水坡。

4. 中间层

道岔区道床板与保护层之间设置 1.3 mm 厚 EPDM 橡胶和 0.4 mm 厚 PE 薄膜中间层。

5. 保护层

桥上道床板下设置C40钢筋混凝土保护层及限位凸台，每块道岔道床板下设置4～7个限位凸台，道床板与混凝土保护层之间设置隔离层，隔离层采用1.3 mm厚的EPDM垫层和0.4 mmPE膜，隔离层各参数见表3-7-11及表3-7-12。

桥上铺设单开道岔时，在桥梁混凝土保护层中心沿线路纵向设置伸缩缝，并用聚氨酯密封胶填充。

桥上铺设单开渡线道岔时，在桥梁混凝土保护层中心沿线路纵向不设置伸缩缝。

表3-7-11 EPDM垫层技术参数

项　目	技术参数	项　目	技术参数
抗拉强度	5.1 N/mm^2	水中储存后的抗臭氧性	断裂外观等级O
断裂处伸长率	400%	－30℃时的弯曲测试	没有断裂
在100℃储存后尺寸变化	0.25%	抗渗透性	抗渗透
气候引起的老化	—	抗水蒸气扩散系数	30.000
抗拉强度变化	5%	建筑材料等级	B2
断裂处伸长率的变化	5%	—	—

表3-7-12 PE膜的技术参数

项　目	技术参数	单位	项　目	技术参数	单位
MFI	0.2～1.5	g/10 min	纵向断裂处伸长率	≥250	%
密度	0.92	g/cm^3	横向断裂处伸长率	≥250	%
纵向抗拉强度	≥16	N/mm^2	落锤	≥1,0	g/μm
横向抗拉强度	≥15	N/mm^2	滑动摩擦值	0.2～0.6	—

6. 博格板式道岔无砟轨道

博格板式道岔无砟轨道结构由道岔部件、预制道岔板、钢筋混凝土底座和混凝土找平层组成。

道床采用C55钢筋混凝土在工厂预制而成，道床板厚度230 mm，其顶面承轨台高度10 mm。承轨台上预留扣件螺栓孔，承轨台之间设置预设裂缝、排气孔及0.5%的横向排水坡，在道床施工完成后，排气孔采用高强度无收缩砂浆进行封堵。道岔的各块道床板间不进行纵向连接，道床板与底座板之间通过道床板预留钢筋与扣件螺栓进行连接。道岔道床内上、下层纵向钢筋与横向钢筋交叉处及纵向钢筋搭接处均应设置自锁型尼龙绝缘夹，并用绝缘线绑扎牢靠。单个绝缘夹电阻不小于200 MΩ。

在道岔区的道床板下部设置厚180 mm、C40钢筋混凝土连续底座板，底座板内纵向钢筋与横向钢筋交叉处及纵向钢筋搭接处均应设置自锁型尼龙绝缘夹，底座板在道岔道床板精调完成后采用C40自流平混凝土现场浇筑而成。

在路基基床表面与底座层之间设置C25混凝土找平层。找平层连续浇筑，并每隔5 m设置一横向伸缩缝，伸缩缝深度为找平层厚度的1/3，伸缩缝应在找平层铺设后5 h内完成，并在所切伸缩缝上铺设长0.2 m、宽2.8 m聚丙烯土工布。

道岔直股的道岔板与双块式无砟轨道道床板之间设置4 m长过渡段，过渡段区域采用WG-Ⅰ型轨枕和Vossloh 300-1U型扣件，在过渡段的找平层上完成由岔区无砟轨道结构高度860 mm到正线无砟轨道结构高度797 mm的过渡，岔区底座纵向钢筋延伸至过渡段内连续设置。

7. 综合接地

除纵向接地钢筋与横向接地钢筋及纵向接地钢筋间进行焊接外，道床板内所有纵向钢筋与横向钢筋、岔枕桁架钢筋交点处及纵向钢筋搭接处均设置绝缘卡进行绝缘。

根据设计要求进行综合接地，接地单元长度不大于100 m。每一接地单元采用横截面面积不小于200 mm^{2}的不锈钢钢缆进行单点“T”形接地一次。

8. 排水

道床板表面设置横向排水坡；路基地段线间以级配碎石和C25混凝土进行填充和封闭，并设横向和纵向排水坡确保排水畅通,特殊情况下增设集水井。

二、道岔板式无砟轨道

设计范围内赤壁北站8组、汨罗东站8组、衡山西站8组、衡阳东站17组、耒阳西站8组、郴州西站12组、长沙南站北咽喉8组、乐昌东站北咽喉4组,共计73组,18号道岔以及株洲北、株洲南、衡阳南、广州北联络线的8组50号道岔采用道岔板式无砟轨道。除郴州西站北端2组18号道岔位于桥上外,其余道岔均位于路基上。

(一)路基上道岔板式无砟轨道

路基上道岔板式无砟轨道自上而下由道岔钢轨、扣件、道岔板、底座板和找平层等组成。

1. 道岔钢轨及扣件

正线BWG 18号单开和渡线道岔,直向容许通过速度为350 km/h,侧向通过速度为80 km/h。正线BWG 50号单开道岔,直向容许通过速度为350 km/h,侧向通过速度为220 km/h。

道岔钢轨采用60 kg/m、VRC60钢轨。

扣件系统为与BWG道岔配套的BWG ERL扣件。

2. 道岔板

道岔板厚度为240 mm,其上设置宽340 mm、纵向间距600 mm的横向承台,承台表面水平;承台间的道岔板表面设置0.5%的横向排水坡及横向预裂缝,缝深4 cm。

道岔板为非预应力钢筋混凝土板,采用HRB335钢筋和C55混凝土在工厂预制而成。纵横向钢筋间根据综合接地和轨道电路要求进行焊接或采用绝缘卡进行绝缘。

道岔板长度和宽度依据道岔几何尺寸确定。每组18号单开道岔铺板21块,每18号单渡线道岔铺板38块,每组50号单开道岔铺板50块。

安装道岔设备范围的道岔板上相应设置预留槽,其侧表面设置0.5%的斜坡。

3. 底座

底座厚度为180 mm,横向宽度较相应的道岔板宽220 mm,突出的边缘向轨道系统外侧设置2%的排水坡。

底座为钢筋混凝土结构,采用HRB335钢筋和C40自流平混凝土现场浇筑而成。底座纵横向钢筋间采用绝缘卡进行绝缘。

4. 找平层

找平层厚度为200 mm,横向宽度较相应的底座宽180 mm,突出的边缘向轨道系统外侧设置2%的排水坡。

找平层为素混凝土结构,采用C25现场浇筑而成。

5. 综合接地

先用不锈钢钢缆将道岔板进行纵向连接,形成长度不大于100 m接地单元。每一接地单元采用不锈钢钢缆进行单点"T"形接地一次。不锈钢钢缆的横截面面积不小于200 mm^2。

6. 排水

道岔板表面向外设置横向排水坡;线间以级配碎石和C25混凝土进行填充和封闭,混凝土表面设置一定的横向和纵向排水坡以确保排水畅通。

(二)桥梁上道岔板式无砟轨道

桥梁上道岔板式轨道自上而下由道岔钢轨、扣件、道岔板、砂浆垫层、底座板、滑动层和加高层等组成。

1. 道岔钢轨及扣件

正线BWG 18号单渡线道岔,直向容许通过速度为350 km/h,侧向通过速度为80 km/h。

道岔钢轨采用60 kg/m、VRC60钢轨。

扣件系统为与BWG道岔配套的BWG ERL扣件。

2. 道岔板

道岔板厚度为240 mm,其上设置宽340 mm、纵向间距600 mm的横向承台,承台表面水平;承台间的道岔板表面设置0.5%的横向排水坡及横向预裂缝,缝深4 cm。

道岔板为非预应力钢筋混凝土板，采用 HRB335 钢筋和 C55 混凝土在工厂预制而成。纵横向钢筋间根据综合接地和轨道电路要求进行焊接或采用绝缘卡进行绝缘。

道岔板长度和宽度依据道岔几何尺寸确定。

安装道岔设备范围的道岔板上相应设置预留槽，其侧表面设置 0.5%的斜坡。

3. 砂浆垫层

砂浆垫层厚 30 mm，采用高弹模砂浆现场灌注而成。

4. 底座板

底座板厚度为 180 mm，横向较相应的道岔板宽，突出的边缘向轨道系统外侧设置 2%的排水坡。底座板为钢筋混凝土结构，采用 HRB500 钢筋和 C30 混凝土现场浇筑而成。底座纵横向钢筋间采用绝缘卡进行绝缘。

5. 滑动层

滑动层采用两布一膜，滑动膜采用 PE-HD 高密度聚乙烯薄膜，厚度为 1 mm，纵向连续；土工布采用聚丙烯土工布，厚度2.2 mm，纵向连续。

6. 加高层

加高层厚度为 110 mm，横向较相应的底座宽，突出的边缘向轨道系统外侧设置 2%的排水坡。

加高层为钢筋混凝土结构，采用 HRB500 钢筋和 C30 混凝土现场浇筑而成。

7. 综合接地

先用不锈钢钢缆将道岔板进行纵向连接，形成长度不大于 100 m 接地单元。每一接地单元采用不锈钢钢缆进行单点"T"形接地一次。不锈钢钢缆的横截面面积不小于 200 mm^2。

8. 排水

道岔板表面向外设置 0.5%横向排水坡；线间和防撞墙侧设泄水管，加高层侧面、加高层之间及加高层与防撞墙间梁面喷涂防水层，以确保排水畅通。

三、创新轨枕埋入式无砟轨道

武汉综合试验段乌龙泉东站北端咽喉区正线铺设 4 组国产 18 号高速道岔(客专线〔07〕009)。道岔直向容许通过速度为 350 km/h，侧向容许通过速度为 80 km/h。道岔采用的岔枕图号为"客专〔07〕002"。

该 4 组道岔道岔区铺设创新轨枕埋入式无砟轨道，从上到下由道岔钢轨、扣件、岔枕、钢筋混凝土道床板和钢筋混凝土底座等组成。如图 3-7-26 所示。

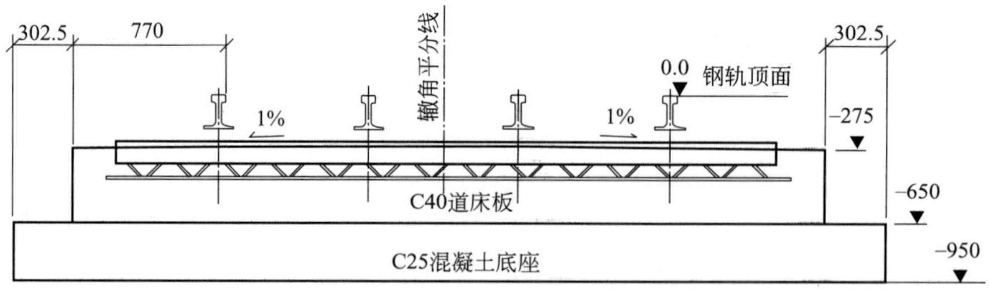

图 3-7-26 路基上创新轨枕埋入式无砟轨道横断面(单位：mm)

1. 钢轨

道岔用钢轨应符合《350 km/h 客运专线钢轨暂行技术条件》(铁科技函〔2004〕120 号）和《客运专线60AT 钢轨暂行技术条件》(科技基〔2005〕101 号)的规定。

2. 扣件

道岔扣件采用分开式Ⅱ型弹条扣件，扣件系统节点竖向刚度为(25±10%)kN/mm。

3. 道床板

道床板混凝土强度采用 C40，为钢筋混凝土结构，道床板内上、中、下层纵向钢筋与横向钢筋、岔枕桁架钢筋交点处及纵向钢筋搭接处均设置绝缘套管；直向外股轨下部位道床厚度为 382 mm，岔区轨道结构高度为 650 mm(不含 300 mm 混凝土底座)。各段道床板以道床中心线向两侧设置 1%的横向排水坡。

岔区道床板分为四个单元,单渡线与单开道岔第四单元采用不同设计。单元之间设横向伸缩缝,伸缩缝宽 20 mm,伸缩缝根据岔枕铺设情况垂直于直股线路中心线布置,伸缩缝用聚乙烯泡沫板填充,聚乙烯泡沫板顶至道床面留出 35 mm 的空间,用聚氨脂密封胶封面。道床板每隔 4～6 m 设计横向伸缩假缝,缝深约 80 mm,宽 8 mm,可用聚乙烯泡沫板形成,并用聚氨脂密封胶封面。

道床板单元之间还需设直径 28 mm 的剪力棒。

道床板与混凝土底座间设置"门"形钢筋竖向连接。

4. 混凝土底座

岔区道床板下设置混凝土强度等级为 C25 的钢筋混凝土底座,厚 300 mm。每隔 12 m 设置横向伸缩假缝,其位置与道床板伸缩缝或伸缩假缝位置对齐,缝深约 80 mm,宽 8 mm,可用聚乙烯泡沫板形成,道床板以外部分应以聚氨脂密封胶封面。

5. 转辙机平台

在转辙机安装位置设计钢筋混凝土转辙机平台,平台顶面距轨顶 550 mm,平台与道床相接处设置 20 mm的结构缝,用聚乙烯泡沫板填充,并用聚氨脂密封胶封面。

6. 综合接地

将道床板单元以不锈钢钢缆连接,形成长度不大于 100 m 的接地单元;每一接地单元以不锈钢钢缆单点"T"形接地一次。不锈钢钢缆和接地端子材质为 GB00Cr17Ni14Mo2,钢缆横断面积不小于 200 mm^2。

7. 排水设计

各段道床板以道床中心线向两侧设置 1%的横向排水坡。

线间设计集水井。线间填充级配碎石和 C25 混凝土,混凝土表面向线路中心设 4%横向排水坡。

第八章　站场及运营设备设计

第一节　站场工程概况与特点

一、全线车站概况

武广铁路客运专线全线设 18 个客运站，其中始发站有武汉站、长沙南站、广州南站 3 个，办理部分始发终到旅客列车作业的中间站有岳阳东、衡阳东、郴州西、韶关西共 4 个，一般中间站有咸宁北、赤壁北、汨罗东、株洲西、衡山西、耒阳西、清远、广州北共 8 个，另外还有乌龙泉东、乐昌东、英德西共 3 个越行站(其中，武汉站和广州南站不在本工程总结的管辖范围，考虑到工程的完整性，对其设计情况亦做扼要叙述)。全线平均站间距离 56.769 km，最大站间距离为郴州西至乐昌东为 84.271 km，最小站间距离为清远至广州北为 36.459 km。全线车站的性质及股道数量见表 3-8-1。

表 3-8-1　武广铁路客运专线车站性质及股道数量

序号	车站名称	车站性质	车站中心里程	与上站距离(km)	到发线数量
1	武汉站	始发站	DK1189+400	0	客运专线车场 15 条、普速场 5 条(含正线)
2	乌龙泉东站	越行站	DK1237+850	47.246	2 条
3	咸宁北站	中间站	DK1275+100	37.262	4 条
4	赤壁北站	中间站	DK1318+200	43.194	2 条
5	岳阳东站	中间站	DK1403+700	81.649	5 条
6	汨罗东站	中间站	DK1473+750	70.05	2 条
7	长沙南站	始发站	DK1572+500	67.707	10 条(不含正线)
8	株洲西站	中间站	DK1613+250	39.844	5 条
9	衡山西站	中间站	DK1680+900	67.503	2 条
10	衡阳东站	中间站	DK1722+050	41.156	6 条(不含正线)
11	耒阳西站	中间站	DK1777+150	54.071	2 条
12	郴州西站	中间站	DK1855+400	78.228	4 条
13	乐昌东站	越行站	DK1944+100	84.241	2 条
14	韶关西站	中间站	DK1988+150	44.05	4 条
15	英德西站	越行站	DK2061+410	70.43	2 条
16	清远站	中间站	DK2105+500	56.303	2 条
17	广州北站	中间站	DK2169+594	36.459	2 条
18	广州南站	始发站	DK2218+558	45.684	客运专线车场 17 条、城际场 5 条(含正线)

二、站场工程特点

(一)工程集中，工程量大

由于站场工程涉及车场、站房、维修工区及动车所等多项附属设施，所有工程都集中在站场 2～4 km 范围内完成，因此征拆、土方、三改及附属工程量一般数倍于相同长度的区间。

(二)专业结合面大，工程接口及施工组织复杂

一个中型车站施工项目多，不但涉及路基、轨道、桥涵甚至隧道等站前工程，还涉及站房、四电、给排水、动车所、综合维修等多项站后工程，需要相当严密的施工计划及组织才能顺利完成，否则容易造成因前后施工次序颠倒而产生废弃。

(三)与城市规划及配套设施结合紧密

车站是城市的窗口,更是带动城市发展的动力。地方对车站及周边的规划都很重视,同时车站的通站道路、给水排水等建设也应与城市规划紧密配合。一个车站建成并投入运营后,城市的交通、给排水、供电等配套设施也得相应完成,否则对车站的运营及旅客的出行造成极大的不便。

(四)综合管线复杂

由于车站是衔接站后站房、四电、给排水等工程的平台,因此各个专业的管线在车站内分布密集、相互交叉及重叠。这些工程需要业主、设计方及施工方紧密配合,甚至不断创新才能顺利完成。

第二节 设计原则与采用的主要技术标准

一、站场平面设计

1. 车站均设在直线上,采用横列式布置,中间站采用 2 台夹 4 线布置形式正线与相邻到发线间距采用 6.5 m。

2. 车站的图形根据本线及跨线旅客列车(200 km/h,动车组)共线运行的原则及运营要求选择。全部车站正线两侧一般不设置旅客站台。

(1)动车段(所)的设置根据城市规划,并结合地形、地质条件,按取送方便和留有发展余地等因素综合确定。动车段(所)按其作业量、主要设备规模及到发停留线与整备、检修线的配置采用纵列式。

(2)动车组走行线数量和接轨方式根据列车出、入段次数计算确定。武汉站、长沙南站分别按 4 条、2 条动车组走行线分方向疏解与车站连接,在岳阳东、衡阳东站、韶关西等有动车组折返作业的车站预留动车组走行线与客运专线立交疏解条件。

综合工区根据车站地形、地质等条件,与车站纵列布置。设有综合工区或保养点的车站,其综合工区或保养点设在进路条件较好的到发线一侧。

3. 通行正规列车的到发进路上的道岔至其连接曲线直线段长度一般不小于 32 m,困难条件下不小于 20 m。

4. 各种道岔号码规定如下。

(1)正线间渡线道岔及到发线上用于接发旅客列车的道岔均采用 18 号,联络线与高速正线接轨用道岔采用 50 号,与既有线接轨用道岔采用 30 号。

(2)综合工区(保养点)在到发线上出岔时一般采用 18 号道岔,有条件时可采用 9 号道岔;段、所内部线路采用 9 号道岔。

(3)道岔应避免设置在过渡段上,困难条件下,也应确保尖轨和心轨部分避开过渡段,并加强路基处理措施。

5. 岔后连接曲线半径不小于相邻道岔的导曲线半径。用于客运专线联络线的 50 号、30 号道岔岔后连接曲线半径分别不小于 2 200 m、1 200 m(均设缓和曲线);18 号专线道岔、18 号提速道岔岔后连接曲线半径不小于 800 m,到发线上的岔后连接曲线不设缓和曲线。

6. 到发线有效长采用 650 m,设计为双进路。出入段线按双方向行车设计。有效长的确定为顺方向的出站信号机至反方向的出站信号机间的长度,信号机至控制道岔的距离按岔根后配 50 m 短轨设计。

7. 车站内线路的直线地段,主要建筑物和设备至线路中心线的距离按《京沪高速铁路设计暂行规定》的有关规定执行,见表 3-8-2。

表 3-8-2 主要建筑物和设备至线路中心线的距离

序号	建筑物和设备名称		至线路中心线的距离(mm)
1	跨线桥柱、天桥柱、电力照明和雨棚等杆柱边缘	位于正线一侧	≥2 440
		位于站线一侧	≥2 150
		位于站场最外站线的外侧	≥3 100
2	矮柱信号机边缘	位于线路一侧	≥建筑限界

续上表

序号	建筑物和设备名称		至线路中心线的距离(mm)
3	旅客站台边缘	位于无通过列车正线或站线一侧	1 750
4	连续墙体、栅栏、声屏障边缘	位于正线或站线外侧(无人员通行)	≥4 500
		位于线间(无人员通行)正线一侧	≥2 440
		位于线间(无人员通行)站线一侧	≥3 500
5	接触网柱边缘	位于正线一侧	≥2 700
		位于站线一侧	≥2 500
		位于站场最外站线的外侧	≥3 100

曲线地段的建筑限界，考虑因超高产生车体倾斜对曲线内侧的限界加宽。其加宽量为：

$$W=H\cdot h/1\,500$$

式中 W——曲线内侧加宽值(mm)；

H——轨顶面至计算点的高度(mm)；

h——外轨超高值(mm)。

曲线上建筑限界的加宽范围，包括全部圆曲线、缓和曲线和部分直线，采用如图 3-8-1 所示阶梯加宽方法。

8. 车站线间距按《京沪高速铁路设计暂行规定》表 8.1.3 的规定，摘录见表 3-8-3。从表中可以看出正线与相邻到发线线间距取决于：线间是否设接触网立柱、线间是否设隔声屏障、线间是否设雨棚柱；另外还与线间纵向排水槽的设置、正线通过高速列车与到发线上停站高速列车的空气动力效应及站台上旅客安全、接车线末端综合工区岔线、安全线或动车组走行线的出岔方式等因素有关。

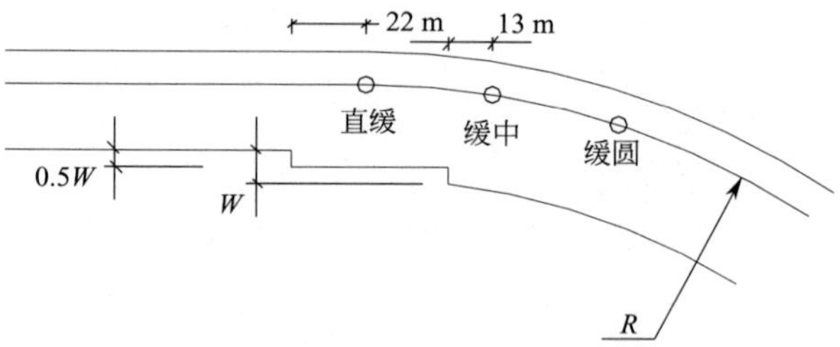

图 3-8-1 客运专线建筑接近限界的曲线加宽方法

长沙南站及衡阳东站的 5、7 道及 6、8 道间设置有雨棚柱，线间距为 6.0 m。客运专线与联络线、动车组走行线、大型养路机械停放线并行地段的线间距，根据相邻一侧客运专线的行车速度及其技术要求和相邻线的路基高程关系，考虑站后设备、路基排水设备、声屏障、桥涵等建筑物以及保障技术作业人员安全的作业通道等有关技术条件综合研究确定。

表 3-8-3 车站线间距

序 号	线 别	线间设施	线间距(mm)
1	正线间	无	5 000
2	正线与相邻到发线间	无	5 000
		声屏障	5 940+结构宽
		接触网支柱	5 200+结构宽
		雨棚柱	4 590+结构宽
3	到发线间或到发线与其他线间	无	5 000
		有站台	3 600+站台宽
		接触网支柱	5 000+结构宽
		雨棚柱	4 300+结构宽
4	正线与其他线间	无	5 000
5	正线与动车走行线	无	5 000

9. 联络线、岔线、段管线与到发线或正线接轨时，均设置安全线，安全线有效长度 50 m，与相邻线间的距离不小于 50 m。

10. 车站渡线设计原则。

办理列车折返作业的中间站两端咽喉正线间各设一组“八”字渡线，其他中间站及越行站两端咽喉正线间各设一条单渡线，连续两站“八”字渡线的朝向按交替形式布置。设有综合工区或保养点的车站，其综合工区或保养点应设在进路条件较好的到发线一侧。

11. 到发线轨道标准采用 60 kg/m 无螺栓孔新轨，按铺设无缝线路设计。站内正线及相邻到发线原则采用与区间正线相同的轨道结构；其余到发线采用有砟轨道，在站台范围内铺设混凝土宽枕或其他经济实用的无砟轨道形式。

综合工区(保养点)等其他段、所线路采用 50 kg/m 新轨。

12. 到发线有效长度为 650 m，按双进路设计。

13. 站台长度 450 m，位于曲线上的站台部分到发线的连接曲线半径采用 1 200 m。站台高度应高出轨面 1.25 m。

14. 全线均不考虑反方向行车条件，不设区间渡线，车站渡线按特殊情况下反方向办理站间闭塞及满足维修作业车转线等要求设置，一般在车站两端各设一条单渡线组成大八字渡线，有立即折返作业的车站在车站一端增加设置小八字渡线，连续两站“八”字渡线的朝向暂按交替形式布置，车站正线间渡线道岔号码为 18 号。

15. 到发线有效长 650 m 中考虑了 125 m 的安全走行距离，故一般中间站不再设置安全线，但有长时间停留列车的到发线两端均设置安全线。

16. 道岔。

(1)跨线列车联络线与客运专线连接的道岔采用 58 号道岔。

(2)车站渡线道岔及用于接发旅客列车的道岔采用 18 号道岔，其中正线上的道岔采用 18 号专线道岔，到发线上的道岔采用 18 号提速道岔。

(3)动车、养护维修列车走行线在到发线连接时采用不小于 12 号道岔。

17. 相邻道岔间插入钢轨长度遵照下列规定。

(1)正线上 18 号与 18 号道岔对向布置时，插入不小于 50 m 长度钢轨，当受站坪长度限制，插入不小于 33 m 长度钢轨；当无正规列车同时通过两侧线或道岔顺向布置时，插入不小于 25 m 长度的钢轨。

(2)当到发线上道岔顺向布置时，插入不小于 12.5 m 长度的钢轨；对向布置时，插入不小于 25 m 长度的钢轨。

上述插入短轨长度尚应满足无缝线路应力检算的要求。

其他站线上道岔之间连接按现行《铁路车站及枢纽设计规范》有关规定办理，并满足铺设混凝土岔枕的有关要求。

18. 道岔均不设置在路堤与桥台连接处，道岔两端距桥台尾边缘的距离不小于 50 m；道岔尽量避免设置在涵洞上，或路堤与涵洞、路堑连接处的过渡段上，道岔距过渡段边缘的距离控制在 20 m 以上。困难条件下如不能避免道岔设置在上述过渡段的位置时，涵洞顶的覆盖层厚度应不小于 3.0 m，或者另行研究确定路基标准。

过渡段长度按下式确定：

$$l=2(h-0.7)+a \tag{3-8-1}$$

式中　l——过渡段长度(m)；

h——桥涵台后路堤高度(m)；

a　常数，取 3～5 m。

19. 客运专线上道岔两端基本轨的接头以外的直线段长度应符合下列规定。

(1)区间渡线及联络线等出岔地段，一般不小于 180 m，困难条件下不小于 120 m。

(2)位于大型车站两端减、加速以及利用既有铁路等限速地段，根据相应的设计速度按下列公式计算：

一般条件下：$L\geqslant 0.5V$　困难条件下：$L\geqslant 0.4V$

式中　L——直线段长度(m)；

V——设计速度(km/h)。

20. 客运专线车站两端道岔的布置应满足设置接触网开关的要求。

二、车站纵断面设计

1. 车站尽量设在平道上；困难条件下，设在不大于1.0‰的坡道上。越行站设在不大于6‰的坡道上；车站咽喉区的正线坡度与站坪坡度一致，困难条件下，适当加大，但不大于2.5‰；位于咽喉区以外的个别道岔和渡线，其坡度与区间相同。跨线列车联络线最大坡度采用20‰。

2. 动车段(所)、综合维修段(工区)内线路，均设在平道上。咽喉区设在不大于2.5‰的坡道上。动车组、养护维修走行线走行线最大坡度不大于30‰。

3. 到发线纵断面坡段长度不宜小于400 m，且停车的有效范围宜设计为一个坡段；其他行驶正规列车的站线，其纵断面坡段长度不宜小于200 m；其余站线可采用不小于50 m的坡段长度。客运专线联络线的最小坡段长度，根据其设计速度，按相应速度标准的设计规范或规定执行，且不小于400 m，困难条件下不小于300 m，但不得连续使用。利用既有铁路地段，困难条件下最小坡段长度维持现状。

4. 到发线和通行正规列车的站线，相邻坡段的坡度差大于4‰时以圆曲线型竖曲线连接，竖曲线半径采用5 000 m。不行驶正规列车的站线，如相邻坡段的坡度差大于5‰时，采用3 000 m半径竖曲线连接。跨线车联络线相邻坡段的坡度差大于1‰时，以圆曲线型竖曲线连接，竖曲线半径一般采用15 000 m，个别靠近既有线地段采用10 000 m。客运专线车站正线及到发线和跨线车联络线的竖曲线均不与道岔或缓和曲线重叠。动车组走行线相邻坡段的坡度差大于3‰时，以圆曲线型竖曲线连接，竖曲线半径一般采用10 000 m，困难条件下采用5 000 m。

5. 车站道岔均不与竖曲线和变坡点重叠。困难条件下非正线上的道岔必须布置在竖曲线范围内时，其竖曲线半径不小于10 000 m；在不行驶正规列车的线路上，不小于5 000 m。正线道岔两端距竖曲线起点或变坡点不宜小于20 m。

6. 车站内正线按等高(曲线地段为内轨面等高)设计；客运站到发线原则上不顺坡，按与站内正线等高设计。越行站到发线及其他站线、次要站线间轨面高差的顺接，根据正线限制坡度、路基面横向坡度和道床厚度等因素设计确定。顺接坡道范围一般为道岔终端后普通轨枕起至警冲标。顺接坡道的坡度不大于咽喉区和到发线的坡度，且相邻坡段的坡度差，在到发线和行驶正规列车的站线上不大于4‰，其他站线上不大于5‰，坡段长度不小于50 m。

三、客运设备设计

1. 旅客站台。旅客站台长度按450 m设置，越行站一般不设站台。侧式中间站台均设于车站到发线的直线段上；岛式中间站台不强求设于直线上。

旅客站台宽度：大站及中型车站岛式或对应式站台12 m，小型站侧式站台9.0 m。

站台高度按高出轨面1.25 m设计。

2. 旅客地道或天桥。办理客运业务的车站均设置地道或天桥，并与车站建筑统筹考虑。

地道或天桥的数量根据车站客流量设计1～2处。县级客运站的地道或天桥一般为1座，地级客运站的地道或天桥一般为2座。

地道、天桥的宽度：地道宽度除咸宁北站为6 m外，其余均为8 m，天桥宽度均为6 m。

3. 旅客站台雨棚。大型站的雨棚与车站建筑统筹安排，并适应站台长度，中型站的雨棚长度与站台长度等长，小型站的雨棚长度可根据客流大小适当缩短，但不小于350 m。

4. 旅客站台上设有天桥或地道的出入口、房屋和其他建筑物时，各类建筑物边缘至站台靠线路边缘的距离大型站不小于3.0 m，中、小型站不小于2.5 m。

5. 专线客运站均考虑垂直升降电梯等残疾人无障碍设施。

6. 专线客运站均不考虑设置行包、邮政地道。

四、站线轨道设计

1. 轨道标准。车站到发线、客运专线联络线、动车段(所)出入段线按一次铺设无缝线路设计；采用60 kg/m钢轨；其他站线、次要站线采用50 kg/m钢轨。

2. 客运专线联络线铺设Ⅲ型预应力钢筋混凝土枕，到发线及中型以上客运站在站台长度范围内、动车段出入段均铺设无砟轨道；武汉动车段、长沙动车运用维修所检修场的有效长范围内也铺设无砟轨道结构。其他站线、次要站线除按普速铁路现行设计规范要求铺设木枕地段外，其余地段铺设Ⅱ型预应力混凝土枕。

五、站场及车站路基

(一)客运专线正线及其联络线

1. 路基面宽度及道床厚度

区间双线直线地段路基面宽度见表 3-8-4。其中 200 km/h 地段考虑预留填料及地基工后沉降加宽，每侧 0.3 m。200 km/h 以上地段路基面不考虑预留填料及地基工后沉降加宽。

表 3-8-4 路基面宽度

线别 / 路基	200 km/h 有砟轨道(双线)			200 km/h 以上有砟轨道		200 km/h 以上无砟轨道	
	路基面宽度	线间距	路肩宽度	路基面宽度	线间距	路基面宽度	线间距
路堤(m)	13.2(13.8)	4.4(5.0)	1.0	13.8	5.0	13.6	5.0
路堑(m)	13.6 (14.2)	4.4(5.0)	1.0	13.8	5.0	13.6	5.0
道床厚(m)	0.30			0.35		—	

注：1. 200 km/h 双线路基路堑地段为硬质岩时，路基面宽为 13.2(13.8) m，道床厚为 0.35 m。
2. 200 km/h 单线路基路堤、硬质岩路堑路基面宽 8.2 m；土质、软质岩路堑(含红黏土、膨胀土、极软岩)宽度为 8.6 m。
3. 动车段走行线采用表中括弧中数值。

2. 曲线地段路基面宽度按表 3-8-5 进行加宽，曲线加宽应在缓和曲线内渐变完成。

表 3-8-5 曲线地段路基面加宽值

线路等级	曲线半径(m)	路基面外侧加宽值(m)
200 km/h	3 500～6 000	0.3
	>6 000	0.2
200 km/h 以上	14 000～11 000	0.3
	11 000～7 000	0.4
	7 000～5 500	0.5

3. 路基面形状为三角形，由路基面中心向两侧设 4% 的横向排水坡。路基面加宽时，路基面仍保持三角形形状。

4. 基床厚度，见表 3-8-6。

表 3-8-6 基床厚度

速度目标值 / 基床厚度(m)	200 km/h 及以下	200 km/h 以上(有砟轨道)	200 km/h 以上(无砟轨道)
表　层	0.6	0.7	0.7(有轨道支撑层 0.3)
底　层	1.9	2.3	2.3

5. 基床填料见表 3-8-7。

路堑地段，基床为弱风化的硬质岩时可不换填，否则基床表层应换填符合要求的填料。基床填料设计原则为：基床表层，耒阳以北以级配砂砾石为主，耒阳至韶关段以级配碎石为主；基床底层采用 A、B 组填料。

表 3-8-7 路基填料

速度目标值 / 路基部位	200 km/h(有砟轨道)	200 km/h 以上(有砟轨道)	200 km/h 以上(无砟轨道)
基床表层	级配砂砾石或 级配碎石	级配碎石或 级配砂砾石	级配碎石或 级配砂砾石
路堤基床底层	A、B 组填料或改良土	A、B 组填料或改良土	A、B 组填料

6. 车站路基设计范围。

车站最外道岔(含预留)外正线上第一个百米标计算，若牵出线、安全线等岔线与正线并修，则以车挡后最近百米标计算。

(二)站场路基

1. 路基宽度

(1)车站内线路中心线至路基面边缘的距离应满足以下要求：车场最外侧到发线正线采用有砟轨道时不应小于 4.4 m，正线采用无砟轨道时不应小于 4.3 m；其他线路不应小于 3.5 m，且最小路肩宽度不应小于 0.6 m。

(2)保养线中心线至路基边缘的宽度

因有养路机械的作业及人员的通行，其宽度参照驼峰推送线的标准，靠正线一侧为 4.0 m，另一侧(靠路肩一侧)为 4.5 m。

(3)原则上站场路基宽度参考《京沪高速铁路设计暂行规定》的规定。例外的情况是，由于站场与区间路肩上通信信号电缆槽要求的宽度不同(表 3-8-8)，须对站场路基结合接触网立柱的布置情况进一步研究。

表 3-8-8 通信信号电缆槽有关要求

位置	手孔		通信电缆槽		信号电缆槽	
	尺寸 (长×宽×深)(mm)	位置	尺寸 (宽×深)(mm)	过轨	尺寸 (宽×深)(mm)	过轨
区间	1 500×1 500×500	路基 1 处/km ϕ100 mm /支管 ϕ80 mm	200×300	路基 1 处/km ϕ100 mm /支管 ϕ80 mm	300×300	路基 2 处/km ϕ100 mm
站场	1 500×1 500×500	站台端 2 处	300×300 对侧 困难时 200×300	站台端 2 处	500×300	路基 1 处/100 m ϕ100 mm

从表 3-8-8 看，站场内通信信号电缆槽的宽度较区间宽 200 mm/300 mm，因一般中间站(两台夹四线布置形式)及越行站接触网杆立于正线与相邻到发线间，故不影响到路肩宽度；有岛式站台的中间站，车场内最外侧到发线旁的路基上需立接触网杆，但立杆距相邻到发线的距离要求不小于 2.5 m(正线不小于 3.0 m)，故也不影响到路基面宽度。但自进站信号机至车场梯线间的咽喉区因通信信号电缆槽较区间宽 200 mm/300 mm，为保证必要的路肩宽度，将车站内该段正线线路中心线至路基面边缘的距离由 4.3 m 增加至 4.6 m。

2. 路基面加宽

自进站信号机至车场梯线间的咽喉区因该段正线线路中心线至路基面边缘的距离已由 4.3 m 增加至 4.6 m，故车场内不再考虑路基加宽。

3. 车站内路基横向排水坡采用 4%，每一坡面上不得超过 2 股道。动车(运用)段(所)、综合维修段(工区)内路基横向排水坡采用 2%，每一坡面不得超过道 2 条道。

4. 车站内正线路基基床标准与区间正线相同。当到发线与正线处于同一路基，到发线与正线间无纵向排水槽或渗管、站台等设施时，到发线路基采用与正线相同标准。当到发线与正线间设有纵向排水槽或渗管、站台等设施时，自正线线路中心向外宽度为 2.0 m 处的路基以下按 1∶1.0 边坡范围以内为正线路基标准，到发线路基标准按铁道部现行《铁路路基设计规范》(TB/10001—2005) Ⅰ级铁路标准办理。

5. 路基基床

站内正线路基基床应符合区间正线标准。当到发线与正线间无纵向排水槽、站台等隔开建筑设备时，到发线路基采用与正线相同标准；当到发线与正线间有纵向排水槽、站台等隔开建筑设备时，可按现行Ⅱ级铁路填筑标准(含路基填料和压实标准)，但应保证纵向排水槽处在同一填筑标准上。

一般中间站(二台夹四线)路基横断面到发线路基基床结构、填料规格及压实标准采用与正线相同标准。

(三)站场排水

车站设计范围内应作好路基面、场地面、侧沟和天沟的排水系统设计。地表水经侧沟、天沟排入区间内涵洞时，应与路基专业相互配合，作好接头设计。

区间正线无砟轨道地段路基面形状为梯形，轨道混凝土支承层基础下为水平面，混凝土支承层基础边缘外向两端电缆槽靠线路中心侧设 4% 的横向排水坡。路基基床底层顶面及基床下路基面自中心向两侧设 4% 的横向排水坡。正线间填渣并用沥青混凝土封闭并向两侧排水，进入正线与到发线间的纵向排水槽。正线与到发线间（间距 6.5 m）设纵向盖板排水槽，排除地表水引入涵洞，充分保障铁路路基、地面径流的合理疏导。

（四）道　　路

1. 新建通站道路，原则上只考虑铁路用地界范围内部分，用地界以外由地方自行修建，但须作好引线规划，必要时应有与地方有关部门的书面协议。

2. 车站道路与正线并行地段，道路路肩应低于铁路路肩 0.7 m 及以下。当不能满足时，应在其间设置排水和安全防护设施。

3. 通段、所道路按有关规定执行。

4. 改移道路应按原道路技术标准进行设计。

第三节　车站工程设计

武广铁路客运专线共有武汉、乌龙泉东、咸宁北、赤壁北、岳阳东、汨罗东、长沙南、株洲西、衡山西、衡阳东、耒阳西、郴州西、乐昌东、韶关西、英德西、清远、广州北和广州南等 18 座车站，其中株洲—长沙枢纽的长沙南站和株洲西站、衡阳枢纽的衡阳东站见本章第四节“引入枢纽工程设计”说明。

一、武汉站设计

根据客运量和客流量分析，到 2030 年武汉站年旅客发送量将达到 3 100 万人，平均日发送量为 84 900 人，高峰日旅客发送量为 9 300 人。站场采用横列式站型，设专线、普速两个车场：专线车场主要办理京广客运专线客车的始发终到和通过作业以及跨线客车通过作业，普速车场主要办理北东向、西东向（部分）通过客车及枢纽内市郊客车作业，专线车场南端设有衔接九江方向铁路的跨线车联络线及武汉动车段。武汉站作为京广客运专线的主要始发站，基本上没有不停站通过列车，因此采用站台靠正线布置站型，专线车场与普速车场并列等高布置，专线车场设 15 条到发线（含 2 条正线），8 座站台，站台长度 450 m；普速车场设 5 条到发线（含 2 条正线），3 座站台，站台长度 500 m。如图 3-8-2 所示。

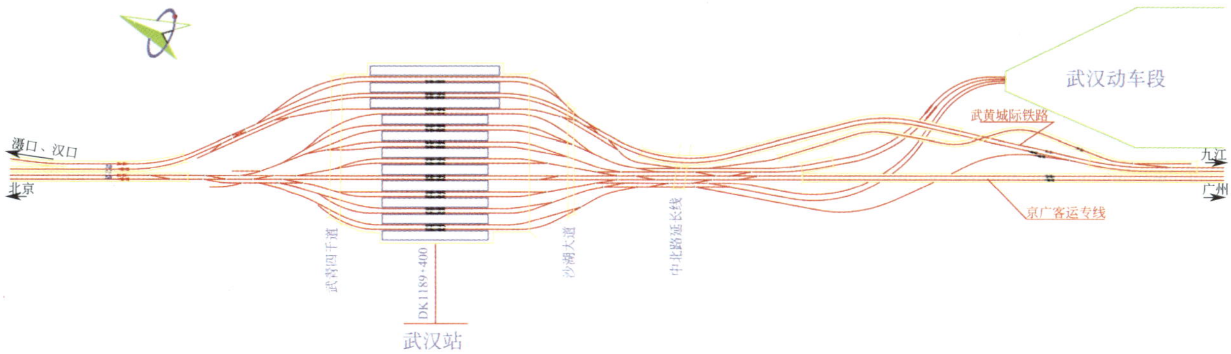

图 3-8-2　武汉站站场平面布置示意图

武汉站专线车场位于直线上，到发线有效长 650 m，均按双方向进路设计并考虑返折列车的顺接反发或反接顺发条件。

普速车场到发线有效长范围设于半径为 1 200 m 的顺向曲线上，有效长 650 m，均按双方向进路设计。在普速场南咽喉设与专线车场之间联络线，沟通专线车场动车走行线。

全站正线间距 5.0 m，到发线间距一般为 5.0 m，设置雨棚柱两线间距为 6.0 m；到发线岔后连接曲线半径不低于相应道岔的导曲线半径。

位于旅客高站台旁的到发线尽量设计为直线，其岔后连接曲线半径不低于相应道岔的导曲线半径，均不设缓和曲线，曲线超高设为 20 mm。

二、区间各站设计

（一）乌龙泉东站

车站近期办理通过专线车 107 对、B 类跨线车 17 对，远期办理通过专线车 163 对，主要是为满足区间通过能力而设置的越行站。

车站站坪位于 1‰的坡道上，设到发线 2 条，咽喉两端各设一组单独渡线组成“大八字”渡线，站房位于正线的左侧。如图 3-8-3 所示。

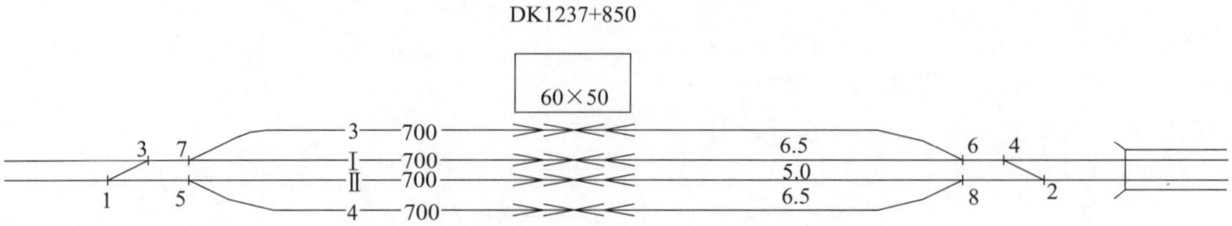

图 3-8-3　乌龙泉东越行站（单位：m）

（二）咸宁北站

车站近期办理通过专线车 107 对、B 类跨线车 17 对，远期办理通过专线车 163 对，站房按最高聚集人数 800 人规模设计，位于线路的左侧。站坪位于 0.3‰的坡道上。车站设到发线 4 条，450 m×12 m×1.25 m 岛式中间站台 2 座，6.0 m 宽旅客进出站地道各 1 座。综合工区纵列布置于车站同侧的广州端，共设轨道车库线 3 条，轨道车辆停放线、大型维修机组停放线各 1 条。如图 3-8-4 所示。

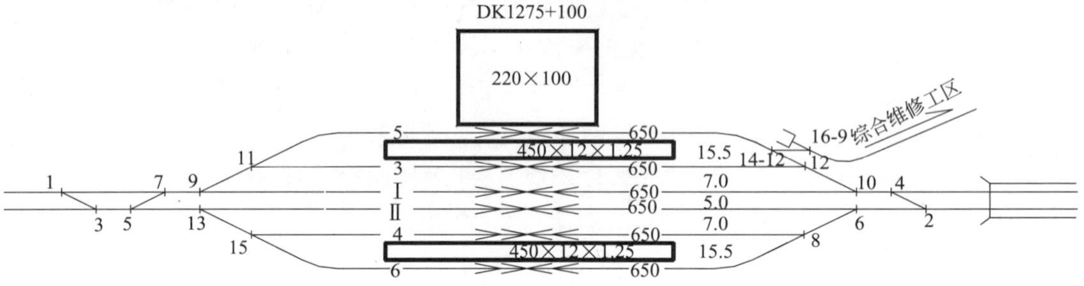

图 3-8-4　咸宁北中间站（单位：m）

（三）赤壁北站

赤壁北站近期办理通过专线车 107 对、B 类跨线车 17 对，远期办理通过专线车 163 对，站房按最高聚集人数 500 人规模、线上式设计，位于线路的左侧、靠近城市。站坪位于 1.0‰的坡道上，设到发线 2 条、大型养路机械停放线 2 条，450 m×9 m×1.25 m 侧式中间站 2 座，6.0 m 宽旅客天桥 1 座。如图 3-8-5 所示。

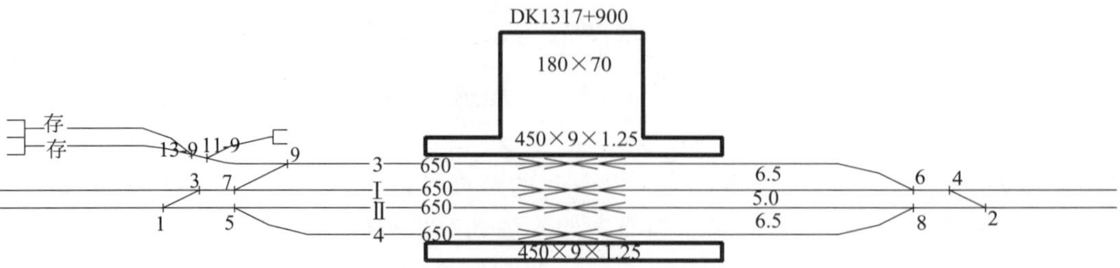

图 3-8-5　赤壁北中间站（单位：m）

(四)岳阳东站

岳阳东站近期办理通过本线车 106 对,B 类跨线车 17 对,始发终到本线车 10 对;远期办理通过本线车 161 对,始发终到本线车 11 对。车站站坪位于平直道上,站房按最高聚集人数 1 000 人规模设计,位于线路的右侧,车场设到发线 5 条,450 m×12 m×1.25 m 对应式中间站台 2 座,基本站台 1 座,6.0 m 宽旅客进出站地道各 1 座。综合工区纵列布置于站房同侧的南端,设轨道车库线 3 条,轨道车辆停放线、大型维修机组停放线各 1 条。综合工区西侧预留动车组存车场一处,设 5 条存车线。车站南端预留立即折返客车与客运专线的立交疏解线下穿京珠高速公路联络线特大桥。如图 3-8-6 所示。

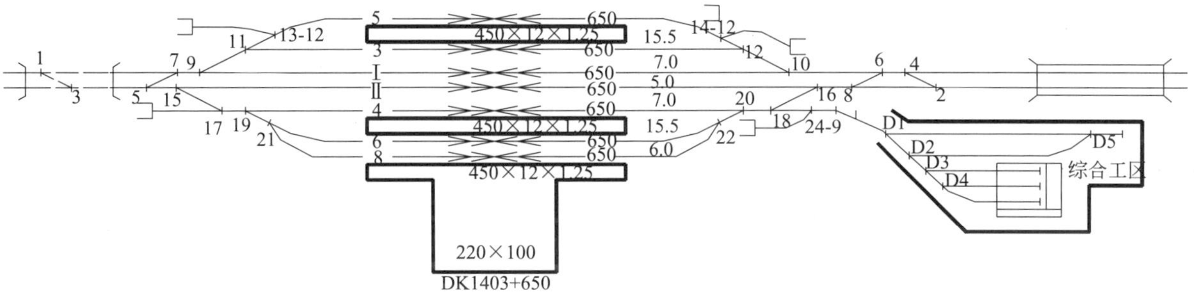

图 3-8-6　岳阳东中间站(单位:m)

(五)汨罗东站

汨罗东站近期办理通过专线车 115 对、B 类跨线车 17 对,远期办理通过专线车 170 对。站房按最高聚集人数 500 人规模设计,位于线路的左侧。站坪位于平直道上,设到发线两条,大型维修机组停放线 2 条,450 m×9 m×1.25 m 侧式中间站台两座,6.0 m 宽旅客进出站地道 1 座。如图 3-8-7 所示。

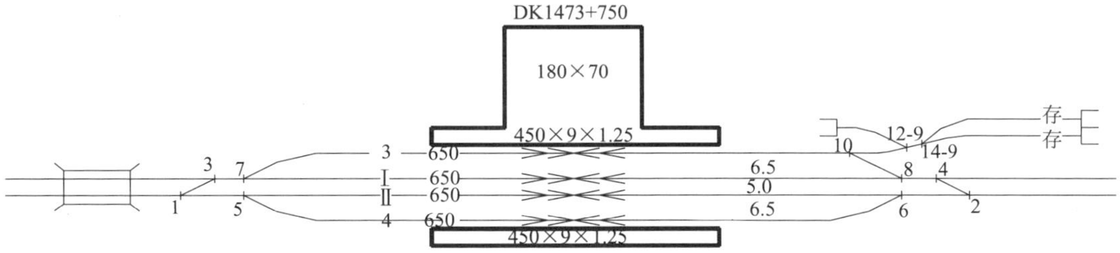

图 3-8-7　汨罗东中间站(单位:m)

(六)衡山西站

衡山西站近期办理通过专线车 138 对、B 类跨线车 16 对,远期办理通过专线车 203 对。站房按最高集聚人数 500 人规模设计,位于线路的左侧。站坪位于 1.0‰的坡道上,设到发线 2 条、大型养路机械存放线 2 条,450 m×9 m×1.25 m 侧式中间站台 2 座,6.0 m 宽旅客进出站地道 1 座。如图 3-8-8 所示。

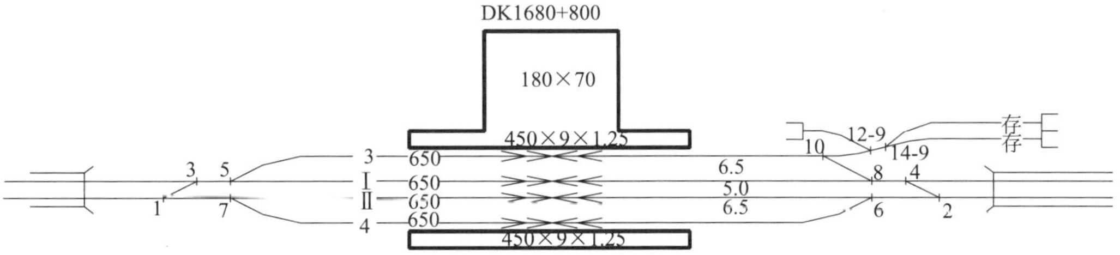

图 3-8-8　衡山西中间站(单位:m)

(七)耒阳西站

车站近期办理通过专线车 132 对、B 类跨线车 10 对,远期办理通过专线车 176 对。站房规模按最高聚集人数 500 人设计,位于线路左侧。站站坪位于 1.0‰的坡道上,设到发线 2 条、大型养路机械存放线 2 条,咽喉两端各设一组单独渡线组成“大八字”渡线,450 m×9 m×1.25 m 侧式中间站台 2 座,6.0 m 宽旅客进出站地道 1 座。如图 3-8-9 所示。

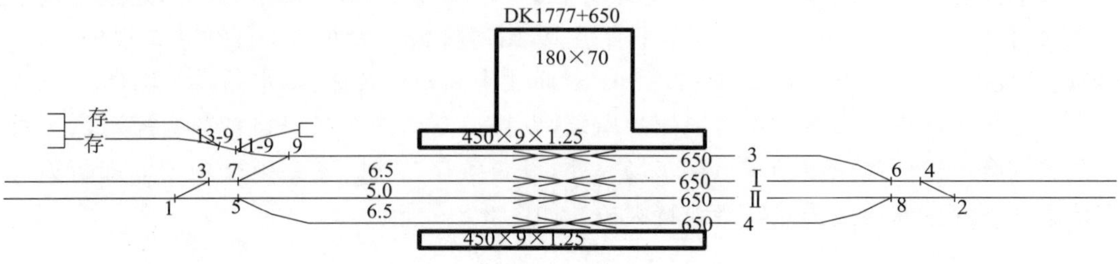

图 3-8-9 耒阳西中间站(单位:m)

(八)郴州西站

郴州西站站房按最高聚集人数 800 人规模、线下式设计,位于线路左侧。站坪设于平直道上,车站北咽喉的 1 组渡线设在雷大桥大桥上。共设到发线 4 条,450 m×12 m×1.25 m 岛式中间站台两座,6.0 m 宽旅客进出站地道各 1 座。综合工区从南咽喉的到发线上出岔,引出一条牵出线,再从牵出线上反向接入,与车站横列布置于站房对侧,有轨道车库线 3 条,轨道车辆停放线、大型维修机组停放线各 1 条。如图 3-8-10 所示。

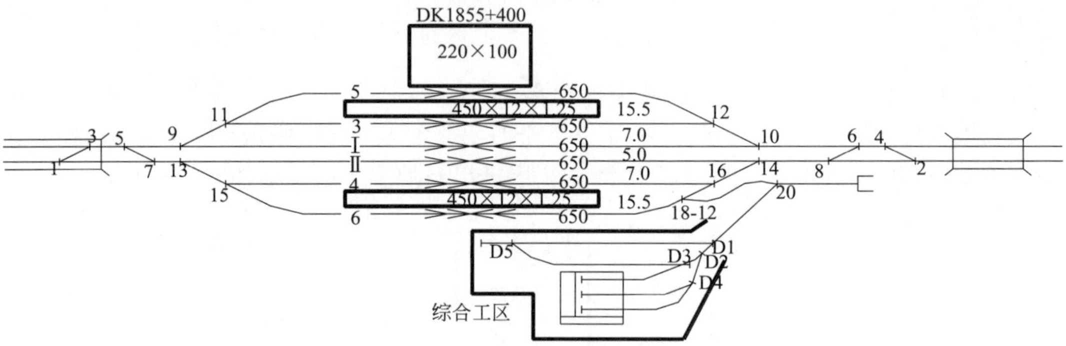

图 3-8-10 郴州西中间站(单位:m)

(九)乐昌东站

乐昌东近期办理通过专线车 132 对、B 类跨线车 10 对,远期办理通过专线车 176 对。站房按最高聚集人数 500 人规模设计,位于线路右侧。站坪设在坡度 1‰坡道上,设到发线 2 条,咽喉两端各设一组单独渡线组成“大八字”渡线,450 m×9 m×1.25 m 侧式中间站台 2 座,5.0 m 宽旅客进出站地道 1 座。综合工区设于车站对侧南端,共设轨道车库线 3 条,轨道车辆停放线、大型维修机组停放线各 1 条。如图 3-8-11 所示。

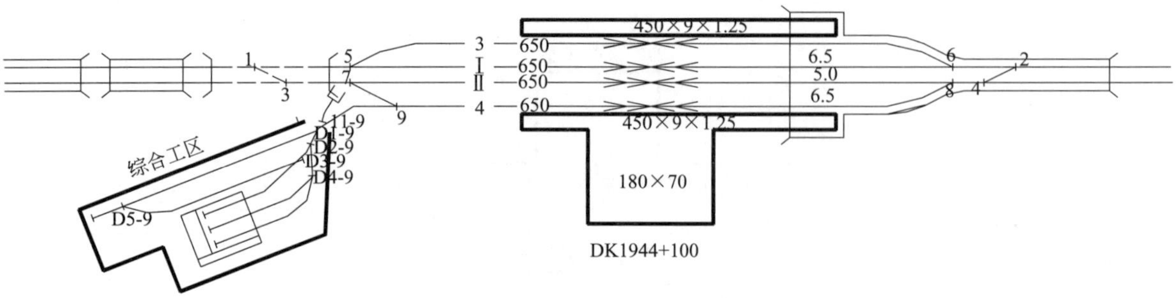

图 3-8-11 乐昌东中间站(单位:m)

(十)韶关西站

韶关西站站房按最高聚集人数 1 000 人规模设计,位于线路的左侧,站坪位于平直道上,设到发线 4 条,咽喉两端各设一组“小八字”渡线,450 m×12 m×1.25 m 对应式中间站台 2 座,6.0 m 宽旅客进出站地道各 1 座。综合工区设轨道车库线 3 条,轨道车辆停放线、大型维修机组停放线各 1 条。综合工区与正线间预留

3 条存车线，以备从韶关站始发的专线动车组存放，同时预留立即折返的专线车与客运专线立交疏解的条件。如图 3-8-12 所示。

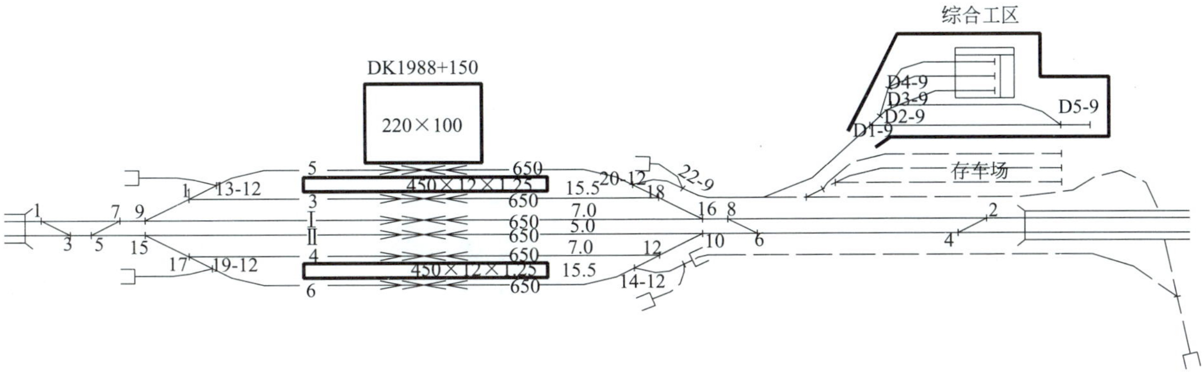

图 3-8-12　韶关西中间站

(十一)英德西站

英德西越行站站内正线为直线、站坪坡为平坡。设到发线 4 条(含正线)，预留旅客站台两座(450 m×9.0 m×1.25 m)，按两台夹四线形式布置，并预埋设置宽 8.0 m 旅客地道 1 座。场坪尺寸 150 m×90 m。车站两端咽喉正线间各设 1 条单渡线。在车站武汉端右侧(站房对侧)设置综合工区 1 处。综合工区与到发线相连接处设置安全线 1 条，有效长 50 m。

(十二)清　远　站

清远站中心里程为 DIK2105＋500，站内正线为直线、站坪坡为顺里程增大方向 1‰下坡。设到发线 4 条(含正线)，旅客站台两座(450 m×9.0 m×1.25 m)，按两台夹四线形式布置，并设置宽 8.0 m 旅客地道 1 座。场坪尺寸 180 m×100 m。在车站广州端左侧设置保养点，设轨道车辆停放线 2 条。轨道车辆停放线与到发线相连接处设置安全线 1 条，有效长 50 m。

(十三)广州北站

广州北站平面布置如图 3-8-12 所示。站房按最高聚集人数按 500 人规模设计，设到发线 2 条，咽喉两端各设一组单独渡线组成“大八字”渡线，450 m×8 m×1.25 m 侧式中间站台 2 座，8.0 m 宽旅客进站天桥一座，8.0 m 宽旅客进出站地道 1 座，维修保养线 2 条。如图 3-8-13 所示。

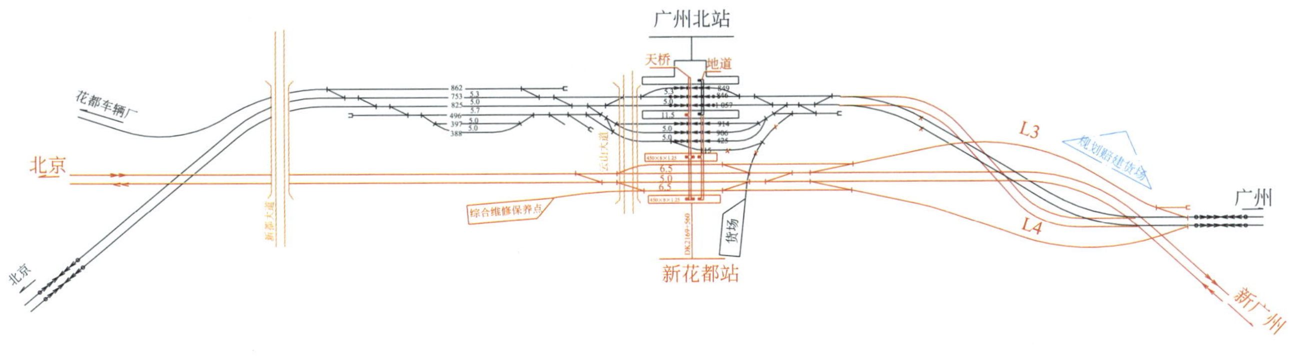

图 3-8-13　广州北站平面布置示意(单位：m)

三、广州南站设计

广州南站衔接武广、广深港、广珠城际、贵广、南广各线路，是广州铁路枢纽中最主要的客站，是铁路“十一五”规划的标志性工程，是华南地区核心的交通枢纽。车站平面布置参见图 3-8-14。

车场规模为 15 台 28 线。从东往西依次为武广下行车场，设到发线 7 条，站台 4 座；广深港和直通车车场设到发线 4 条，站台 2 座(550 m)；武广上行车场设到发线 8 条，站台 4 座；广珠城际及贵广线车场，设到发线 9 条，站台 5 座。

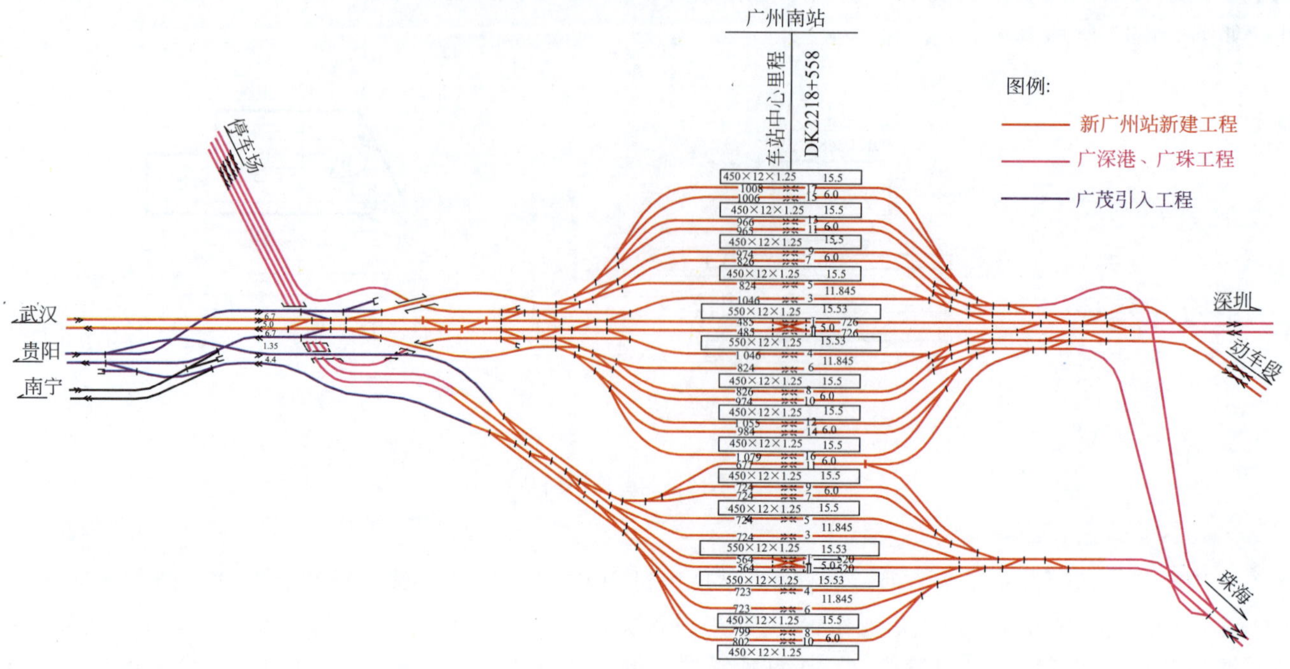

图 3-8-14 广州南站平面布置示意(单位:m)

第四节 引入枢纽工程设计

一、长沙(株洲)枢纽

(一)地方政府要求及相互配合的意见

湖南省人民政府以湘政函〔2005〕21 号文、长沙市人民政府以长政函〔2004〕168 号文致函铁道部,同意设计推荐的、符合长沙市城市总体规划的黎托站位。认为该站位有利于形成和完善长株潭区域良好的城市结构,距离市中心位置适宜,与城市各种客运交通方式衔接条件好,新站建成后有利于旅客出行和客流交通组织,有利于提高城市运行效率。并承诺在铁道部的组织下,将通往新站的城市轨道交通 1 号线、5 号线结合武广铁路客运专线长沙南站同步设计,同步施工轨道交通站场与长沙南站相衔接的土建工程及必要的附属工程;将周边的城市主干道劳动东路、香樟路、湘府路、红旗路、新花侯路列入城市重点工程建设计划,满足新站按期投入运营的城市道路配套要求。

株洲市同意初步设计批准的株洲西站位。

本线引入株洲枢纽接轨方案如图 3-8-15 所示。

(二)选用方案说明

1. 长沙南站

根据长沙(株洲)枢纽两端客运专线走向及长沙市城市总体规划,长沙南站设于城市的东侧,京珠高速公路以东的黎托乡,距既有长沙站约 7.0 km。车站北距汨罗东站 67.707 km,南距株洲西站 39.844 km。近期办理通过本线车 138 对,B 类跨线车 25 对,始发终到本线车 47 对;远期办理通过本线车 232 对,始发终到本线车 69 对。根据近、远期长沙南站客运作业量,按构建区域性中心客运站的构想,共设到发线 10 条,450 m×12 m×1.25 m 中间站台 5 座、基本站台 1 座,12.0 m 宽旅客进站地道 1 座、6.0 m 宽旅客出站地道 2 座,站房按 3 000 人规模设计,位于线路的右侧。长沙南站地理位置如图 3-8-16 所示,长沙南始发站平面布置如图 3-8-17 所示。

长沙南站客运车场按横列式布置,动车运用维修所及综合维修段与车站正线立交疏解后引出,设于车站东南方向的侯照村,距车站约 2.5 km。动车运用检查所设动车组出入线 2 条,与车站正线立交疏解,动车所内共设动车组存放线 17 条,检修库线 2 条,库外整备线 2 条,外皮清洗线、不落轮镟线各 1 条,预留动车组存

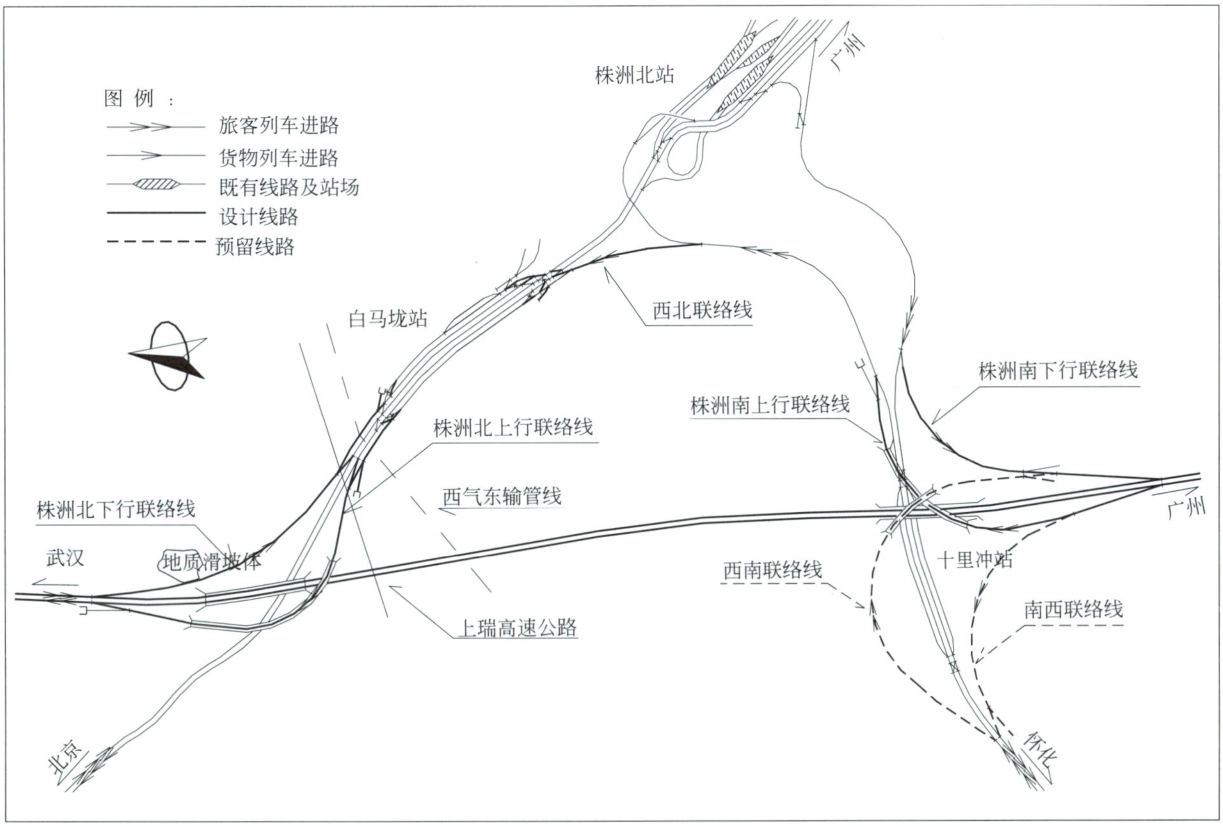

图 3-8-15　长沙(株洲)枢纽联络线方案示意

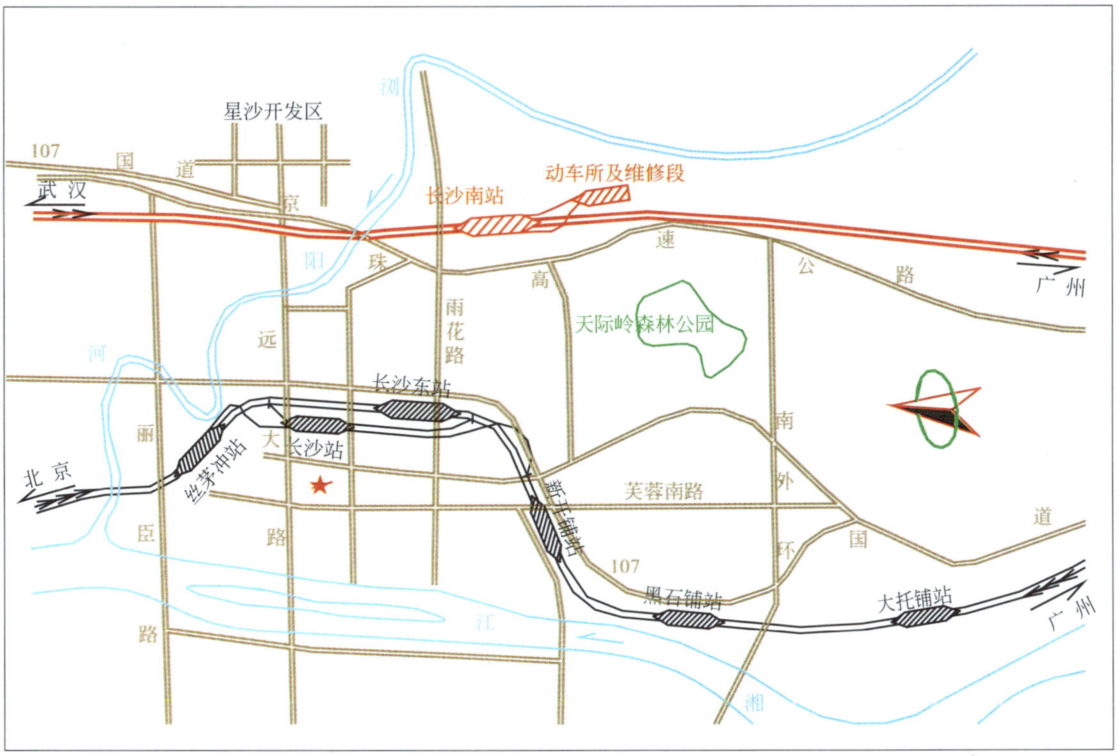

图 3-8-16　长沙南站地理位置示意

放线 13 条，检修库线 2 条。

综合维修车间在动车组走行线上出岔，设于动车运用所的东侧。

车站站坪、动车运用维修所、综合维修段均设于平坡上，与正线立交疏解的一条动车组走行线设一段 1 040 m、30‰的坡度。

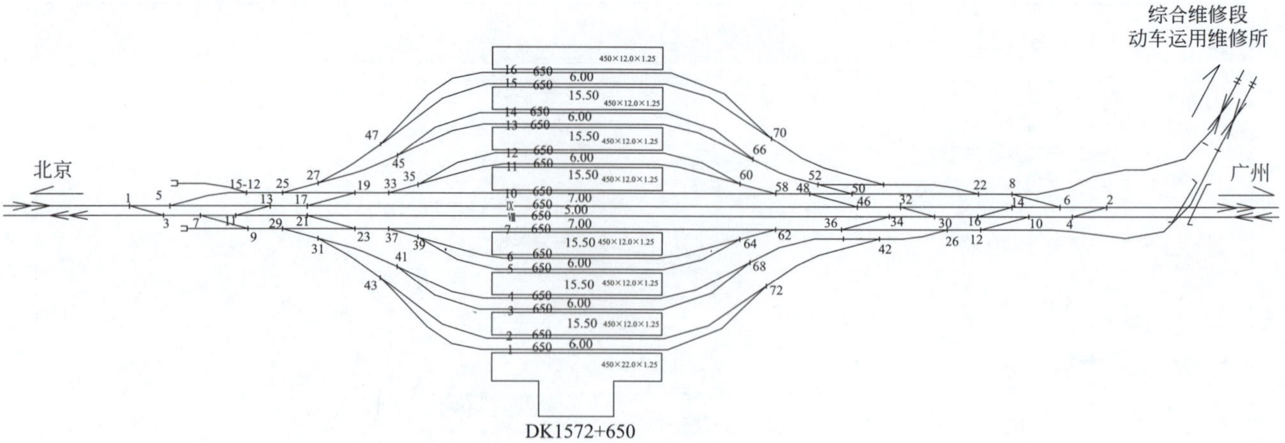

图 3-8-17　长沙南始发站平面布置

京珠高速公路(市区内为东三环)在车站西侧约 1 km 从北向南与武广铁路客远专线并行通过,机场高速公路在车站北咽喉外侧下钻客运专线与车站垂直通过,南端城市主干道香樟路穿京珠高速公路东延后可达车站,劳动东路穿京珠高速公路后东延可直达长沙南站站前广场,另外长沙南站附近还有多条城市道路支线可达车站及动车运用维修所、综合维修段,公路交通极为方便,通段、所的道路可就近衔接。规划有两条轨道交通线引入车站。

车站站坪范围均为填方,设有排水、灌溉、排洪等不同用途的涵洞,车场路基坡脚外拟用梯形纵向排水沟贯通,在适宜位置衔接排水涵洞,纵向排水槽设于车场到发线与站台间,经横向排水槽排出路基外。

2. 株洲西站

株洲西站位于株洲市湘江以西、城市高新技术产业开发区的西边缘,京珠、天易(天台山—易俗河镇)高速公路在车站的西北约 1.5 km 处交汇。车站北距长沙南站 39.844 km,南距衡山西站 67.503 km。如图 3-8-18 所示。

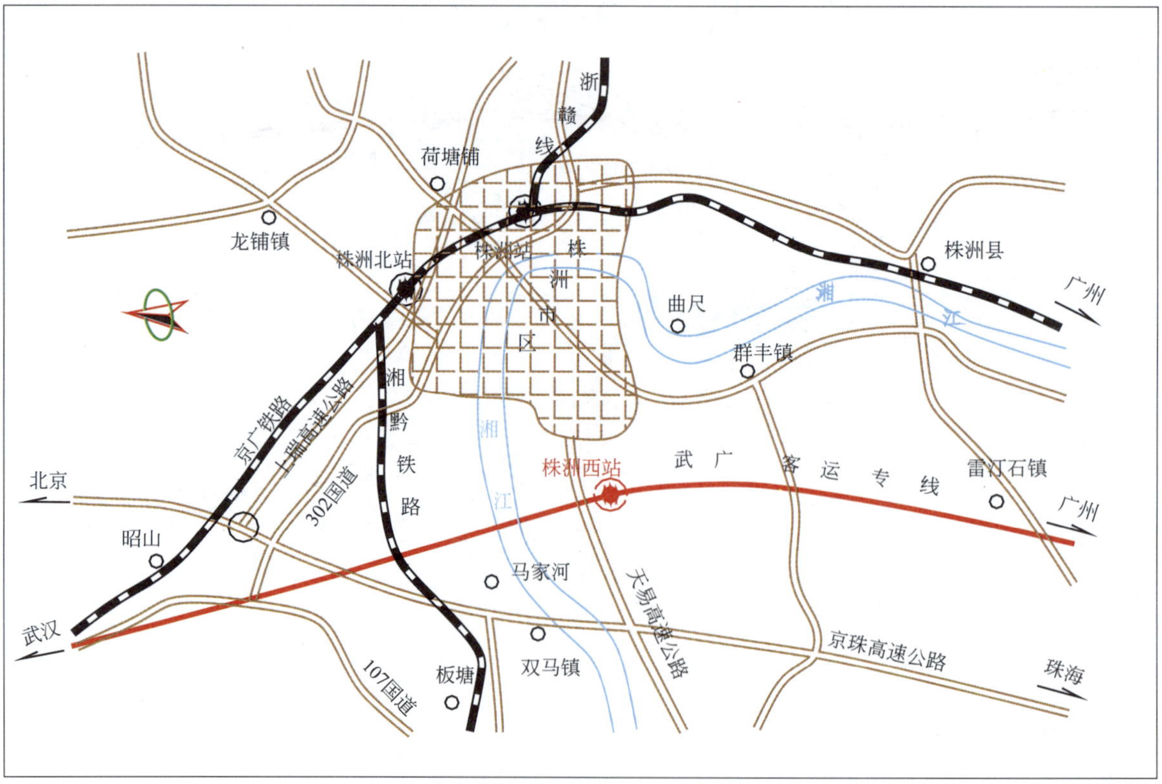

图 3-8-18　株洲西站地理位置示意

近期办理通过专线车 138 对、B 类跨线车 16 对,远期办理通过专线车 203 对。根据株洲西站办理的客运量，车站共设到发线 5 条、大型养路机械停放线 2 条，450 m×12 m×12.5 m 对应式中间站台 2 座、基本站台 1 座，6.0 m 宽旅客进出站地道各 1 座。站房按最高聚集人数 1500 人规模设计，位于线路的左侧。站坪位于平直道上。如图 3-8-19 所示。

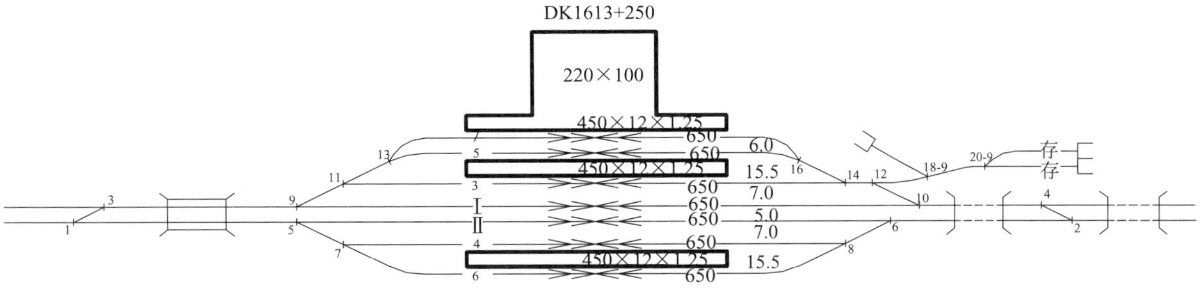

图 3-8-19 株洲西中间站(单位:m)

京珠高速公路在车站西约 1 km 从北向南并行车站通过，车站以北约 3 km 有天易高速公路下穿客运专线，车站南边有城市规划的南环线及上瑞高速公路(南线)与线路相交，另处有多条规划的城市道路与车站连通。车站及工区的道路可结合城市道路规划一并考虑，就近衔接。

车站内路基横向排水坡采用 4‰，站台边设纵向排水沟，并通过横向排水槽将路基上的地表水排入路基外侧沟，侧沟一般采用梯形沟，将车站地表水排入附近涵中。

车站为丘陵地貌，属株洲红层盆地，呈剥蚀残丘地貌，地形波状起伏，丘坡自然坡度为 20°～30°，相对高差约 25 m，植被发育，多为树木和灌木。山顶标高一般为 89～130 m 左右，相对高差一般为 20～50 m，部分地段小于 20 m。沟谷宽缓，呈带状，沿主干沟谷及沟谷交会部位，多形成较宽阔的谷地，辟为农田。

3. 枢纽联络线

在白马垅站及枢纽西端的十里冲站分别设置了供各方向跨线列车上、下客运专线的联络线，另外在十里冲与白马垅间还设计了京广湘黔上行客车联络线。各联络线长度及设计标准见表 3-8-9。

表 3-8-9 长沙(株洲)枢纽联络线技术指标统计

项　　目		株洲北联	株洲南联	西南联络线	西北联络线
联络线长度(km)	上行	5.336	3.369	4.553	2.618
	下行	4.384	3.348	6.49	—
速度目标值(km/h)		140～200	120～200	120～200	140
限制坡度(最大坡度)(‰)		20(19.5)	20(12)	20(12)	20(20)

(1)株洲北跨线车联络线

株洲北跨线车联络线在里程 DK1592＋751.59 处与客运专线接轨，接轨点北距长沙南站 20.252 km，南距株洲西站 19.632 km。线路所位于既有京广线 K1602＋500 以北 1.5 km，与客运专线区间路基分界里程为 DK1592＋650～DK1595＋600。下行联络线在 K1603＋767.14 处与既有京广下行线接轨，上行联络线在 K1603＋988.37 处与既有京广上行线接轨，同时分别在既有京广上下行外侧通过联络线引入白马垅车站北咽喉。

线路所西侧京珠高速公路与下行联络线并行，新建的上瑞高速公路在 DK1603＋810 处以 41°斜跨既有京广线。DK1594＋733 处有一条乡村道路，修建 1-3.0m 箱涵；LXDK2＋631 处乡村路修建 1-2.0 m 箱涵；LSDK4＋081.50 处乡村路修建 1-2.5 m 箱涵；K1603＋810.6 处涵洞为既有接长，1-4.0 m 框架；K1604＋180.7 处涵洞为既有接长，1-3.0 m 框架。其余各处道路均为铁路桥上跨。

既有京广线 K1603＋200～K1604＋450 范围，路基两侧各有一条宽 15 至 20 m、深 4 m 的水渠，引入白马垅站的两条联络线与既有线线间距均为 5.3 m，因此引起的改渠工程量较大。

线路所处于山区，植被较发育，自然坡度较陡，一般 30°～60°。用地主要为林地、旱地、水田及水塘；房屋拆迁基本为民房，面积达 10 640 m^2，其中简易房 1 180 m^2，平房 3 795 m^2，楼房 4 696 m^2，厂房 969 m^2。

(2)株洲南跨联络线

株洲南联络线起点里程为 DNDK0＋000，终点里程为 DNDK3＋513.134，全长 3 513.134 m，主要工程有：特大桥 1 座，大桥 1 座，隧道 1 座，涵洞 9 座；南东联络线为沪昆上行线与武广线的连接线，管段起点里程为 NDDK0＋000，终点里程为 NDDK3＋891.711，全长 3 891.711 m，主要工程有：特大桥 1 座，大桥 1 座，隧道 2 座，涵洞 5 座；设计时速为 200 km/h。

本段所经地区属湘中南温带亚湿润季风气候，四季分明，降水集中，地形较为平坦。线路与沪昆线交叉，并有许多乡村公路与线路交叉，交通便利。线路经过地段地下水和地表水丰富，河流较多，沿线村庄较多，电力供应充足。

(3)西北联络线

西北联络线在白马垅车站南咽喉 K1606＋668.00 处与京广上行线接轨，在 SK3＋062.38 处与湘黔绕行线接轨，主要为了运行长沙株洲枢纽西北方向客车。

联络线在 XBDK1＋500 处上跨莲易高速公路，由于老 320 国道紧贴跨莲易高速公路西侧，且桥梁处于曲线上，不能设置大跨度，因此须向西改移老 320 国道约 500 m。XBDK2＋168.00 处有一条宽 3.5 m 的乡村路，修建 1-4.0 m 箱涵以满足交通需求。

既有京广线 K1605＋460～K1606＋260 西侧，有一条宽 15 m、深 4 m 的水渠。由于西北联络线在此范围引入白马垅站引起路基加宽，引起该段水渠改移较大。

联络线处于丘陵，植被较发育，自然坡度较缓，一般 10°～15°。用地主要为水田、旱地及水塘；房屋拆迁基本为民房，面积 1 481 m^2，其中路内房屋 115 m^2，平房 372 m^2，楼房 653 m^2，厂房 341 m^2。

(4)株洲南联络线

株洲南跨线车联络线在 DK1605＋600 处与客运专线接轨，接轨点北距长沙南站 32.234 km，南距株洲西站 7.650 km。线路所位于既有湘黔线 K8＋000 以南 2.0 km，与客运专线区间路基分界里程为 DK1604＋250～DK1606＋000。东南联络线(下行)在 K5＋995.74 处与既有湘黔贯通线接轨，南东联络线(上行)在 SK4＋588.95 处与既有湘黔上行绕行线接轨。西南、南西联络线为预留，分别在东南联络线 DNDK2＋613.29 处和南东联络线 NDDK3＋317.51 处与联络线接轨。这两处接轨点填方均高达 15 m，为了避免道岔上桥，仍然按路基设计。

株洲市通往 815 油库的公路在东南联络线 DNDK0＋450 处与联络线交叉，且角度较小，引起公路改移长约 300 m。株洲至湘潭的株潭公路在 DK1604＋900 处的汪家垅大桥下穿过，其余各处乡村道路均设置立交涵或者铁路桥。

线路所处于山区，植被较发育，自然坡度较陡，一般 30°～60°。用地主要为林地、旱地、水田及水塘；房屋拆迁基本为民房，面积达 22 735 m^2，其中，平房 6 650 m^2，楼房 10 967 m^2，厂房 5 118 m^2。

4. 车站及区间通过能力

长沙南站、株洲西站车站通过能力见表 3-8-10。

表 3-8-10 长沙南站、株洲西站车站通过能力

车站	年度	股道数量	$\gamma_{空}$	K	$t_{占均}$(min)	需要能力(列)	通过能力(列)
长沙南	2018	10	0.25	0.9	12.4	312	622
	2028	10	0.25	0.9	12.2	420	633
株洲西	2018	4	0.25	0.9	12.3	66	249
	2028	4	0.25	0.9	12	88	270

从表 3-8-10 中可以看出长沙南站、株洲西站设计通过能力可以满足需求。

二、衡阳枢纽

(一)地方政府要求及相互配合的意见

衡阳市人民政府衡政函〔2004〕号文要求衡阳东站采用东外环路、耒水以东的衡阳东 8.0 km 方案(图 3-8-20)，认为该方案符合城市总体规划要求，有利于客运站建设，与城市向东发展相适应，有利于为客运站提供便捷的交通联系和客运畅通条件。该市在建的东外环路，路幅宽 64 m，距衡阳东站仅 1.5 km，南接衡昆高速公路，东接京珠高速公路，北连衡大高速公路，交通联系便捷，可达性强，有利于衡阳周边地区客流的快速联系，真正发挥衡阳中心站的辐射作用。自北向南城市规划船山路、雁城路、衡鄙路连接新客站和主城区，其中衡鄱路同期开工建设，为新客站的建设与运营提供有利条件。

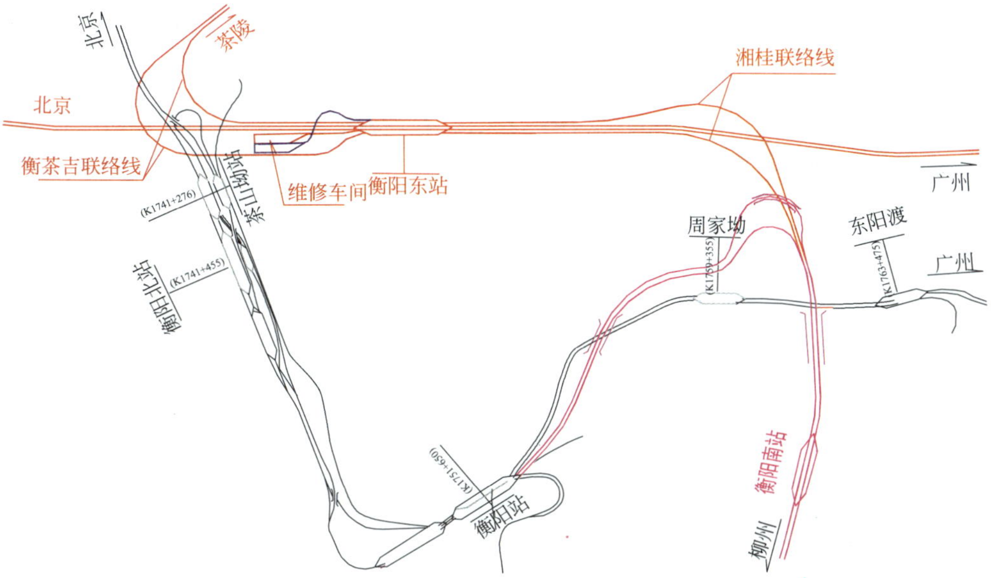

图 3-8-20　衡阳枢纽总平面示意

（二）车站设计说明

初步设计衡阳东站为四台六线的规模，施工图设计时根据衡阳枢纽湘桂线增建二线引入衡阳东站的要求，在衡阳枢纽Ⅰ类变更设计时规模增加为五台九线。

衡阳东站位于城市规划的东部边缘、耒河以东衡南县的咸塘镇(距既有衡阳站 8.0 km)。地理位置如图 3-8-21 所示。

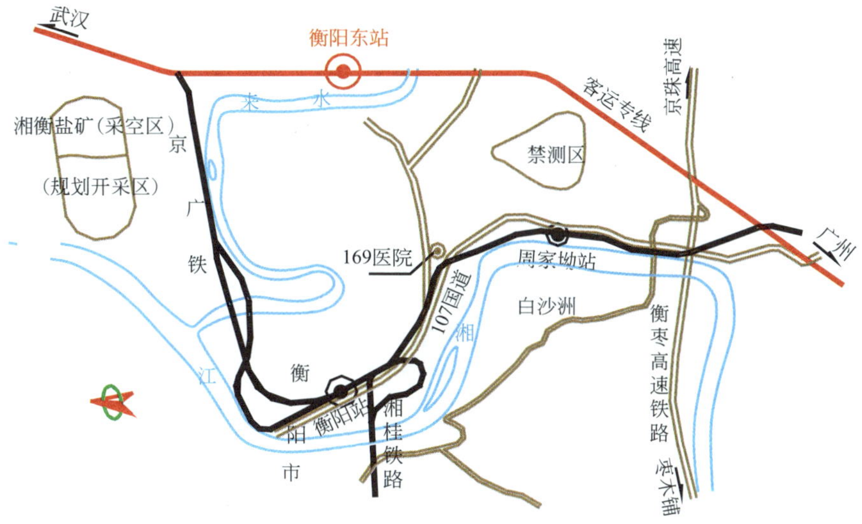

图 3-8-21　衡阳东站地理位置示意

车站中心里程为 DK1722＋050，站场与区间路基分界里程为 DK1719＋000～DK1723＋500，车站北距衡山西站 41.256 km，南距耒阳西站 54.071 km，站房按最高聚集人数 1 000 人规模设计，位于线路的右侧，设计为线下式。站坪位于平直道上，设到发线 6 条，450 m×12 m×1.25 m 岛式中间站台 2 座、东西侧基本站台各 1 座，6.0 m 宽旅客进出站地道各 1 座，车站南咽喉预留枢纽南环线(湘桂客车联络线)引入条件。综合工区及动车组存车场位于站房一侧的武汉端，靠近茶山坳镇，与衡阳正大有限公司毗邻，与车站纵列布置，设 1 条走行线，预留 1 条走行线与武广铁路客运专线立交疏解。综合工区设大机停放线 2 条，机走线兼材料线 1 条，接触网抢修车组停放线、线路轨道车库线、桥梁检修车及轨道车库线各 1 条。存车场预留动车组存放线 5 条。如图 3-8-22 所示。

衡阳东站东面有一条连接茶山坳镇与京珠高速公路连接线的三级道路，城市规划船山路、雁城路、衡鄱

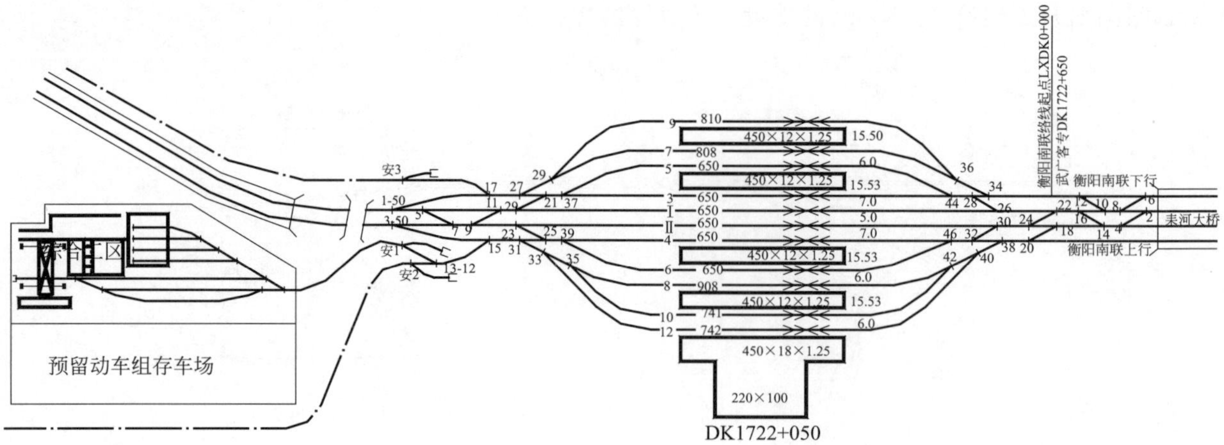

图 3-8-22 衡阳东中间站(单位:m)

路等干道东沿耒河至衡阳东站,连通车站及工区道路可与城市规划道路统筹考虑,就近衔接。

线路及车站与多条乡村道路交叉,在道路附近就近新建交通涵,以满足车站两侧居民穿越铁路的需要。站场范围内共设置三处立交:北端在 DK1720+080 处设 1-4.0 m 立交涵;在 DK1720+86935 处设 1-6.0 m 立交涵;南端结合白渔潭水电站至洪山坪村的道路改移,在 DK1723+392.38 处设公跨铁 1 座,路面宽度按双车道设计。附近其余道路沿线路两侧路基外改移,与各处立交衔接,车站中心附近道路封闭。

车站中心偏北有将耒河取直、连接耒河上下游的人工干渠通过,该渠兼有灌溉和排洪功能,设计在原址设 2-16 m 中桥一座,另在车站中心附近需改移一段灌溉渠。

车站内路基横向排水坡采用 4%,综合维修段内路基横向排水坡采用 2%,每一坡面上股道数不超过 2 条,站台边设置纵向排水沟,并通过横向排水槽将路基上的地表水排向路基外侧沟,工区股道间设置纵向盖板排水槽,道路边的排水沟类型为公路盖板排水槽,排水沟的纵坡不小于 1.5‰。路基侧沟与附近涵洞衔接,以便车站地表水及时排走,不侵蚀路基。

车站位于耒河冲击阶地,平缓起伏,植被不发育,多辟为水旱田、乡村小道,分布成片房屋,沟渠纵横,水塘密布,车站建设用地以水田、水塘、旱地、菜地为主,另有一些宅基地。站内咸塘镇小学须迁移,对衡南县农药厂也有部分影响,其余拆迁主要为咸塘镇的民房,在车站 DK1720+700~+900 右侧的咸塘中学,最近处离线路只有 44 m,须采取降噪措施,设立隔声屏障。

(三)跨线联络线设计说明

初步设计时根据预测的客运量,近期设计衡阳北跨线列车联络线,远期预留枢纽南环线。施工图时结合湘桂线扩能、新建衡茶吉引入衡阳东站的要求,在衡阳枢纽Ⅰ类变更设计中,分别从自新建的衡阳东站南北两端咽喉引入湘桂联络线、衡茶吉联络线。湘桂联络线下行线与武广并行段 DK1722+700~DK1725+984.82、上行线 DK1722+700~DK1728+334.27 及衡茶吉联络线上、下行与武广并行段 DK1720+500~DK1721+350 工程,与武广铁路客运专线同步实施。

第五节 接轨站施工过渡设计

本线与既有线车站接轨仅有京广线白马垅车站一处,见图 3-8-23。站中心里程 K1605+073,属株洲北编组站枢纽前方站。既有京广线上下行(图中Ⅰ道、Ⅱ道)穿过车站,另有(3)、(4)、(5)3 条到发线、1 条货车装卸线(货 1)以及 1 条从(5)道引出的专用线。到发线有效长 850 m,基本站台(230 m×6 m×0.3 m)的基本站台及基本站台(230 m×4.3 m×0.3 m)的中间站台各 1 座。株洲北联络线上下行接入车站北端,西北联络线接入车站南端,接轨后的车站改造方案如图 3-8-23 所示。

白马垅车站施工过渡分为以下几个步骤:

(1)拆除(9)号道岔,铺设 11-13 道岔,接通(4)道北咽喉;

(2)拆除(2)、(4)、(6)号道岔,铺设 10-12 道岔,接通(3)道、(5)道南咽喉;

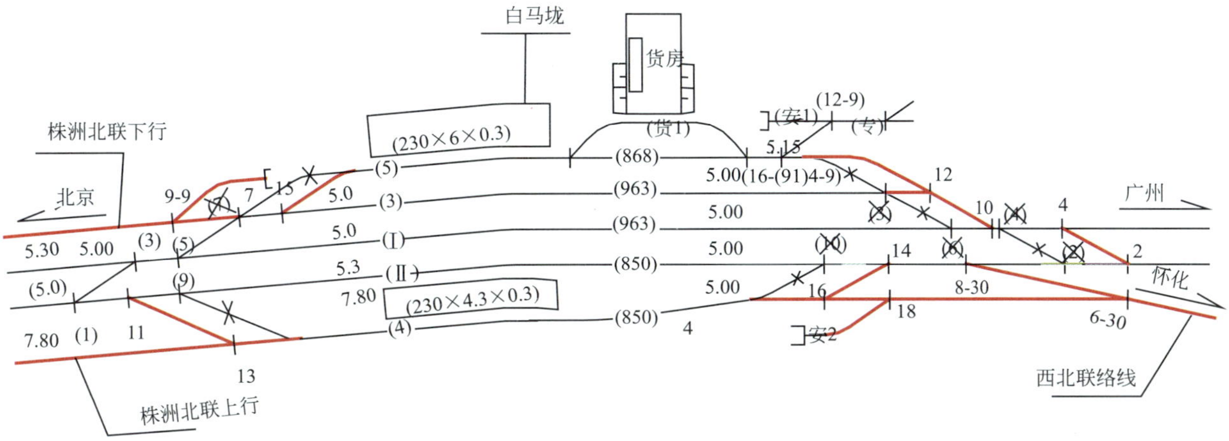

图 3-8-23 京广线白马垅车站(单位:m)

(3)拆除(7)号道岔,铺设 7、15 号道岔,接通(3)道、(5)道北咽喉;

(4)拆除(7)号道岔,铺设 7、15 号道岔,接通(3)道、(5)道北咽喉;

(5)拆除(10)号道岔,铺设 14-16 号道岔,接通(4)道南咽喉;

(6)铺设 6、18 号岔及连线;

(7)铺设 8 号道岔,将西北联络线与京广上行线接通。

第六节 动车整备基地设计

一、武汉动车段

武汉动车段建成后主要承担华中地区的检修任务,覆盖京广、沪汉蓉、浙赣、郑西客专等线路,在满足各型 CRH 动车组的一二级检修、动车组临修、客运整备以及存车作业要求的同时,还满足 CRH_3 型动车组三级检修及 CRH_2 型动车组(200 km/h 和 300 km/h)的三、四、五级检修。

武汉动车段由存车场、检查库、临修库、不落轮镟库、外皮清洗库(棚)、检修库、材料库及其配套设备设施和出入段线、存车线、检查(检修)线、轮对踏面诊断线、列车外皮清洗线、走行线、临修线、不落轮镟线、解编线、动态试验线等以及生产办公生活房屋等组成,设走行线 4 条,存车线 49 条(预留 15 条),不落轮及临修库线 2 条,检查库线 10 条,检修库线 8 条,新建房屋总面积 19.4 万 m^2,铺轨长度 67.59 km,占地面积 2 130 亩。

武汉动车段总平面呈错列式布置,北端为动车组存车一场,中间为 2 股走行线,两侧布置 51 条存车线(D10~D60),存车一场南侧设 10 线检查库(D89~D98)。存车场与检查库间设缓存清洗场,共 8 线(D78~D85),其中外皮清洗线 2 条,缓存预洗线 4 条,走行线 2 条。在咽喉区西侧预留动车组存车二场,预留 15 条存车线。大修同时考虑需 2 线(D5~D6)满足各 1 列长编组动车组停放要求。为方便外段检修动车组、不进检查库折返动车组排污等需要,在动车组存车一场东侧设 2 条整备线,武汉动车段长编组动车组较多,检修时需要解编,设 2 条解编线。检修区布置在检查库东侧,集中设置检修库、转向架检修库、车体部件解体组装库、车体检修库,周围布置空压机间、材料库等,检修库线从解编线引出,采用车辆流水作业方式检修。设 10 线检修库(D100~D109,预留 2 条股道):3 线三级修库(其中 1 线近期作调试及出入场作业),2 线四五级修库,3 线调试库,另预留 2 线调试库。紧邻架修转向架更换库为转向架检修库,负责架修、大修转向架检修。部件解体组装库、车体检修库与检修库通过移车台连接,设解体线 2 条,组装线 3 条,车体检修线 3 条,车体涂装作业线 4 条。检修区东侧布置运转检修技术办公楼、公寓及食堂浴室等生活设施。为便于备品、部件、材料通过铁路运输,设材料运输线 1 条,与材料棚、既有铁路线连通,材料可通过移车台方便运送至各检修库。在缓存清洗场与检修库之间设临修库、不落轮镟库。为避免段内试运行作业时动车组挤占检查库、检修库外通道及确保安全,在存车线西侧设段内试验线 1 条。

二、长沙动车运用所

长沙动车运用所如图 3-8-24 所示,设动车组出入线 2 条,与车站正线立交疏解,动车所内共设动车组存

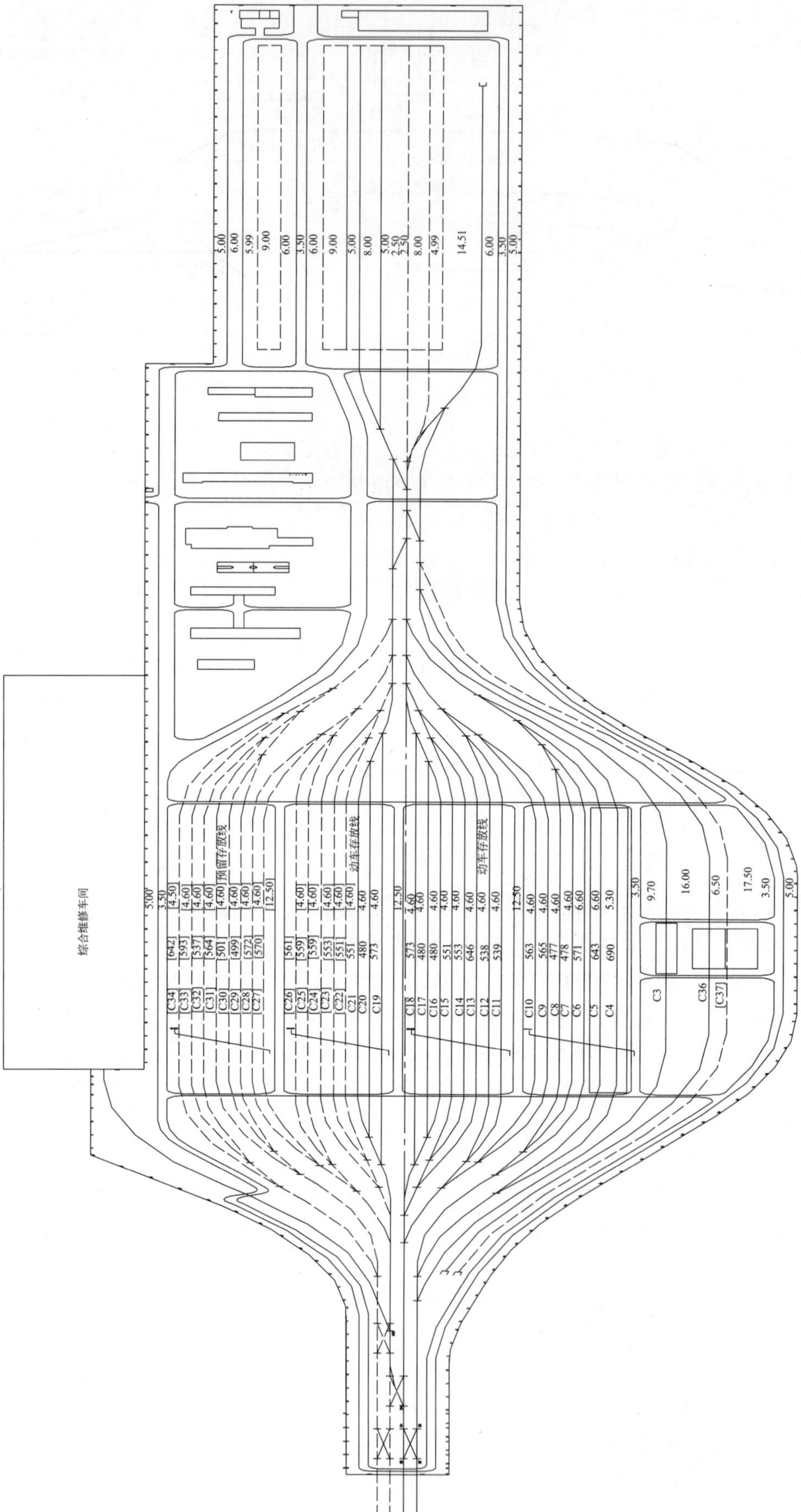

图 3-8-24 长沙动车所平面布置示意(单位:m)

放线 17 条，检修库线 2 条，库外整备线 2 条，外皮清洗线、不落轮镟线各 1 条，预留动车组存放线 13 条，检修库线 2 条。综合维修车间在动车组走行线上出岔，设于动车运用所的东侧。动车运用维修所、综合维修段均设于平坡上，与正线立交疏解的一条动车组走行线设一段 1 040 m、30‰的坡度。

三、广州动车段

广州动车段建成后主要承担华南地区的检修任务，覆盖京广、广深港客专、广珠城际、沿海通道等线路。广州动车段在实现动车组高度信息化管理基础上，满足 CRH 系列动车组的一二级检修、临修、客运整备、存车及 CRH_1 型动车组三、四、五级检修，兼容 CRH_3 型动车组三级检修。

广州动车段位于新广州站以南广州市番禺区和佛山市顺德区交界处，距新广州站中心约 6 km。广州动车段呈南北纵列式布置，所在用地地块呈折线形，总长约 3 400 m，最宽处约 480 m，铺轨长度约 60 km。近期存车线规模 56 条，一二级修库线 8 条，三级修及调试库线 4 条，四五级修库线 6 条(库线长度按 8 辆编组)。总建筑面积约 16 万 m^2。

第七节 主要客运设备配置

武广铁路客运专线各站主要客运设备配置见表 3-8-11。

表 3-8-11 武广铁路客运专线客运设备汇总

序号	车站名称	旅客站台 站台类型	旅客站台 数量	旅客站台 尺寸 长×宽×高(m)	雨棚 数量	雨棚 尺寸 长×宽(m)	跨线设备 地道(座-m)	跨线设备 天桥(座-m)	附注
1	武汉	基本站台	2	450×22.0×1.25	2	450×22.0			站房高架式
		中间站台	9	450×12.0×1.25	9	450×12.0			
2	乌龙泉东	基本站台							
		中间站台							
3	咸宁北	基本站台					2-6		站房线侧平式
		中间站台	2	450×12.0×1.25	2	450×12.0			
4	赤壁北	基本站台	1	450×9.0×1.25	1	450×9.0	1-8		站房线侧平式
		中间站台	1	450×9.0×1.25	1	450×9.0			
5	岳阳东	基本站台	1	450×12.0×1.25	1	450×12.0	1-8	1-12	站房线侧平式
		中间站台	2	450×12.0×1.25	2	450×12.0			
6	汨罗东	基本站台	1	450×9.0×1.25	1	450×9.0	1-8		站房线侧平式
		中间站台	1	450×9.0×1.25	1	450×9.0			
7	长沙南	基本站台	1	450×22.0×1.25	2	450×22.0			站房高架式
		中间站台	5	450×12.0×1.25	4	450×12.0			
8	株洲西	基本站台	1	450×12.0×1.25	1	450×12.0	1-8		站房线侧平式
		中间站台	2	450×12.0×1.25	2	450×12.0			
9	衡山西	基本站台	1	450×9.0×1.25	1	450×9.0	1-8		站房线侧平式
		中间站台	1	450×9.0×1.25	1	450×9.0			
10	衡阳东站	基本站台	1	450×18.0×1.25	1	450×18.0	1-15	1-24	站房线侧下式
		中间站台	4	450×12.0×1.25	4	450×12.0			
11	耒阳西	基本站台	1	450×9.0×1.25	1	450×9.0	1-8		站房线侧下式
		中间站台	1	450×9.0×1.25	1	450×9.0			
12	郴州西	基本站台					2-8		站房线侧下式
		中间站台	2	450×12.0×1.25	2	450×12.0			

续上表

序号	车站名称	旅客站台			雨棚		跨线设备		附注
		站台类型	数量	尺寸 长×宽×高(m)	数量	尺寸 长×宽(m)	地道 (座-m)	天桥 (座-m)	
13	乐昌东	基本站台	1	450×9.0×1.25			1-8		站房线侧平式
		中间站台	1	450×9.0×1.25					
14	韶关西	基本站台					1-8	1-12	站房线侧平式
		中间站台	2	450×12.0×1.25	2	450×12.0			
15	英德西	基本站台	1	450×9.0×1.25			1-8		站房线侧平式
		中间站台	1	450×9.0×1.25					
16	清远	基本站台	1	450×9.0×1.25	1	450×9.0	1-8		站房线侧平式
		中间站台	1	450×9.0×1.25	1	450×9.0			
17	广州北	基本站台	1	450×8.0×1.25	1	450×8.0		1-12	站房线侧平式
		中间站台	1	450×8.0×1.25	1	450×8.0			
18	广州南	基本站台	2	550×22.0×1.25	2	450×22.0			站房高架式
		中间站台	13	450×12.0×1.25	13	450×12.0			

第九章　房屋建筑及给排水设计

第一节　站房工程概况与特点

一、站房工程概况

武广铁路客运专线武汉(不含)至广州南(不含)段除3个越行站外,其余13个车站均为客运站,其站房工程见表3-9-1。

表3-9-1　站房工程概况

序号	车站名	车站性质	站房面积(m^2)	雨棚面积(m^2)	站房布局形式	客流模式	最高聚集人数
1	乌龙泉	越行站					
2	咸宁站	中间站	9 618	30 286	线侧平式		800
3	赤壁站	中间站	6 230	10 800	线侧平式		500
4	岳阳东	中间站	15 225	32 146	线侧平式		1 500
5	汨罗东	中间站	6 027	10 800	线侧平式		500
6	长沙南	始发站	137 614	49 470	线侧下式		3 000
7	株洲西	中间站	15 436	37 137	线侧平式		1 500
8	衡山西	中间站	6 088	10 577	线侧平式		
9	衡阳东	中间站	22 128	49 225	线侧下式		1 000
10	耒阳西	中间站	6 060	10 335	线侧下式		500
11	郴州西	中间站	11 881	28 266	线侧下式		
12	乐昌东	越行站			线侧平式		
13	韶关西	中间站	15 820	31 584	线侧平式		
14	英德西	越行站			线侧平式		
15	清远	中间站	10 430	10 800	线侧平式		
16	广州北	中间站		10 500	线侧平式		

二、站房工程特点

为适应武广铁路客运专线快速、便捷的运营需求,确立我国客运专线的新形象,车站建筑设计具有以下特点。

1. 站区规划遵循以车站建筑为中心,突出车站建筑主导地位,与站房当地的历史、经济、文化等各方面背景相匹配。合理组织铁路与城市公交、轨道交通等其他交通方式的连接与换乘,构筑现代、快捷的交通体系。

2. 树立了容纳站场、站台、雨棚、客运地道和相关设备用房及旅客专用场地为一体的车站建筑设计理念,使各部分功能得到充分而合理的发挥。

3. 从建筑的外部形象、内部装饰、站名牌、标识引导系统等共性元素入手,建立了武广铁路客运专线车站建筑形象共性识别系统,确立全线房屋的整体形象。

4. 全线房屋建筑设计融入可持续发展的理念,充分利用地形,贯彻生态、环保、节能等要求,重视站区环境绿化设计,合理利用和保护站区的自然地貌,提升站区环境质量,力求建筑与自然的协调。

第二节　设计原则与采用的主要技术标准

一、设计原则

武广铁路客运专线站房设计原则充分体现了五性原则，即"功能性、系统性、先进性、文化性、经济性"。

(一)功 能 性

铁路客站设计和建设须把客站的功能和效用，作为第一位的要素来考虑。全面体现以人为本、旅客为中心的理念，充分利用有限的空间、有限的环境、有限的资源，为旅客提供最快捷、最方便、最舒适的乘车环境；在广场规划、各种交通方式接驳、旅客流线、站房平面布局、空间组成及其他配套设施中，充分考虑旅客需求，最大限度地强化为旅客服务的功能；全面优化站前广场、站房、站台、天桥、地道、雨棚等旅客高度密集区域的场所和设施，使之成为一个流线顺畅、方便快捷、宽敞明亮、舒适宜人、美观大方的建筑整体，充分发挥铁路客站的功能和效用。

(二)系 统 性

铁路客站设计和建设须充分体现铁路客站在铁路网中的枢纽作用，实现点线能力匹配；须充分集成铁路客站基本功能，最大限度地满足旅客购票、候车、进出站、上下车、行包托运等需求；须充分考虑铁路客站与既有铁路、客运专线、高速铁路、城市地铁、城市轻轨、公共汽车、航空等各种交通方式的有机衔接，成为综合交通体系的枢纽。

(三)先 进 性

铁路客站设计和建设须面向世界，充分学习借鉴世界铁路客站建设的先进理念和方法，把世界一流水平作为规划和建设的目标；须面向未来，充分体现经济社会发展的客观要求，满足人民群众日益增长的旅行需要，为未来发展留有空间；须面向现代化，大力推进技术创新，广泛采用科学、先进的设计思想和施工工艺，充分考虑节能、环保要求，实现我国铁路客站规划建设现代化和铁路客站现代化。

(四)文 化 性

铁路客站设计和建设须充分强调建筑的审美标准，力争把每一个铁路客站都建设成为一个艺术精品；必须充分考虑地域文化特征，力争使每一个铁路客站既融入地域文化之中，又成为反映地域文化的代表作；必须大力弘扬中华民族优秀建筑文化遗产，通过铁路客站传承，光大中华民族优秀文化。

(五)经 济 性

铁路客站设计和建设须强调投资效益，精打细算搞建设，最大限度地降低建设成本；须贯彻强本简末的方针，合理地控制和使用投资，力求用最少的投入，实现最大的建筑功能；须全面落实可持续发展的要求，关注客站建筑节能，降低客站运营成本，把铁路客站建设成为资源节约型、环境友好型车站。

二、站房的主要技术标准

站房主体按设计基准期50年，耐久性设计年限100年。站房建设标准符合铁路客专工程标准规范以及房屋建筑工程标准规范、中华人民共和国强制性标准及现行的行业标准规范。

客运专线共设18个站点，根据大小可以分为三种形式：大型枢纽站房、中型站房和小型站房，各种站房的技术标准见表3-9-2。

表3-9-2　各种站房的技术标准

形式	设计基准期(年)	主体结构耐久年限(年)	结构安全等级	结构重要系数	抗震设防烈度	基础设计等级	耐火等级	防水等级
大型枢纽站房	50	100	1	1.1	7	甲	一级	一级
中型站房	50	100	2	1.0	6	乙	一级	一级
小型站房	50	100	2		6		一级	二级

第三节 一般站房设计

一、咸宁北站

(一)平面布局

咸宁站为线侧平式中型站房,2028 年高峰小时流量 1 227 人/高峰小时,站房最高聚集人数为 800 人,建筑总高度为 15.250 m(南面檐口),23.928 m(北面檐口),主体一层,局部设夹层。

1. 一层(相对高程±0.000 m)

站房主立面南向城市广场,一层平面面向广场一侧由东至西依次布置车站设备用房、售票厅、候车厅及进站集散厅、小件寄存、出站集散厅。候车厅及进站集散厅设于站房中部,形成整体的大空间,屋顶网架下弦标高为 10.982(南侧),17.511(北侧)。

2. 夹层(相对高程 4.200 m)

布置在出站集散厅附近,主要功能为公安派出所刑警队及水箱间。

(二)交通组织

由于咸宁站站前道路参考相对高程为 35.00 m,车站中心里程轨顶相对高程为 33.55 m,因此车站流线采用下进下出模式。咸宁站无基本站台。

1. 进站流线

旅客经检票口检票后通过楼梯、自动扶梯及电梯进入地道,然后通过交通核至各站台乘车。

2. 出站流线

各站台下车的旅客经进出站地道到达出站集散厅,检票后出站。

二、株洲西站

(一)平面布局

株洲西站为线侧平式中型站房,2028 年高峰小时流量 2 817 人/高峰小时,站房最高聚集人数为 1 500 人,建筑总高度为 32.3 m(檐口),局部设夹层。

1. 一层(相对高程±0.000 m)

站房主立面东向城市广场,西边最外沿距基本站台边缘 18.05 m,基本站台设计相对高程－0.150 m。一层平面面向广场一侧由北至南依次布置车站设备用房、出站集散厅、候车厅及进站集散厅、售票厅。候车厅及进站集散厅设于站房中部,形成整体的大空间,一层候车大厅层高 8.2 m,净高 6 m。其北侧夹层设有公安派出所办公用房,南侧夹层设有信号用房。

2. 二层(相对高程 8.400)

设有候车大厅和售票厅,客流通过高架桥进入。

(二)交通组织

1. 进站

基本站台乘车的旅客经检票口直接进入基本站台乘车;二站台、三站台的旅客通过二层候车大厅检票口检票后,经进站天桥到达二站台、三站台乘车。

2. 出站

在基本站台下车的旅客从基本站台直接进入出站集散厅,经检票后出站;在二站台、三站台下车的旅客经进出站地道到达出站集散厅,检票后出站。

三、岳阳东站

岳阳东站作为区域性交通枢纽,同时也成为了城市标志性建筑之一。按地方城市规划,规划中强调车站交通中心、景观中心的地位,并与所在成市环境相协调。

主站房集中设置在站台及线路的西侧,面向城市道路方向,强调景观和步行空间的连续性,形成车站的景观及形象广场。车流主要来自广场西侧的金凤桥北路和面对的巴陵东路。站场规划不设穿过站房及广场之间的道路，使道路依广场四周方向绕行。

车站的广场布置各种城市交通车场，便于旅客换乘。

主要的辅助生产生活用房设于主站房内，包括车站通信中心、客票中心、公安派出所、乘警队等客运服务用房。

站房正立面正对巴陵东路，由于巴陵东路和站场不是90°的垂直关系，有一个27.3°的夹角，因此站房平面呈一个A字形，此布局既满足了车站客流进出站的功能需求，又迎合了城市景观的总体布局。岳阳地区有7度抗震要求，A字形建筑物被抗震缝划分为四个部分：中间是二层通高的进站广厅和基本站台候车厅、高架桥候车厅；右翼是公安派出所、办公用房、设备等生产辅助用房；左翼沿站台一侧是出站厅；左翼面向广场一侧是售票厅和配套办公、设备用房。

(一)平面功能

设计分为两层：出站层、站台进站层和高架桥进站层。

广场与室内高差0.2 m，已缓坡衔接，旅客可直接从广场进入进站广厅安检，1站台旅客在一层候车室候车，2、3站台旅客乘两侧扶梯上二层候车室候车，由进站天桥下站台。室内空间通透，引导性强，旅客可用最短时间完成进站过程。

(二)立面设计

岳阳东站的重要特征是“湘北门户”的舒展立面，屋面由高低错落的单元组成，表面材质由混凝土屋面铝板包挑檐系统和直立锁边镀铝锌金屋面系统组成。外表饰面以石材为主，斗拱用骨架外包铝板完成，部分构件外涂防腐氟碳金属漆，使整个立面色调统一，形成一个整体。为实现良好的采光和通风效果，立面上采用了通透的框式、点式玻璃幕墙和落地窗，并尽可能增加窗户的开启扇。

(三)结构设计

岳阳东站结构工程由站房和站台雨棚构成。

站房结构形式为框架结构。站房结构因平面不规则，被抗震缝分为四个独立的结构单元。站房的直立锁边镀铝锌金屋面下方为钢网架结构形式，小屋面为混凝土屋面。

站台雨棚为单层结构，根据柱网布置及建筑造型，站台钢雨棚采用两跨鱼腹式钢桁架，简支于钢柱上，跨越各站台。钢桁架主要跨度为16.0 m×39.25 m、16.0 m×34.20 m，纵向总长431.016 m。边柱为单根圆钢管，至柱顶后采用椎管，支撑鱼腹桁架；中柱为单根圆钢管，在接近柱顶处分为两肢，支撑鱼腹式桁架。雨棚与站房相交处，因抗震要求与站房相连接处设双排柱。整个站台钢雨棚设置四条横向温度缝将雨棚分为五个部分。

(四)无障碍设计

按照《城市道路和建筑物无障碍设计规范》和《铁路旅客车站建筑设计规范》，建筑无障碍设计的具体措施如下：

(1)小汽车停车场内设置残疾人专用车位。

(2)进站大厅地面用防滑材料，通往候车厅。站台等服务设施地面设盲道。

(3)站房内公共空间楼层之间设供残疾人使用的电梯。

(4)站房内公共空间坡道两侧设供残疾人使用的专用坡道。

(5)售票口专设残疾人售票口。

(6)所有公共卫生间均设残疾人专用卫生间。

(7)候车厅设置残疾人候车区。

(8)旅客服务设施考虑方便残疾人使用的设施。

(9)旅客进站及出站均设无障碍电梯。

第四节　区域性枢纽站房设计

一、武 汉 站

武汉站是全国铁路四大路网客运中心之一——武汉枢纽内的主要客站，与枢纽内既有的汉口站、武昌站共同承担枢纽的铁路旅客运输。武汉站主要承担京广客运专线客车始发终到和通过作业、兼顾东西向车流及市郊列车作业。车站规模为 20 条客车到发线(含兼作到发线的 4 条正线,其中高速车场设到发线 15 条、普速车场设到发线 4 条)、11 座站台。东侧为普速车场、西侧为高速车场,其中普速车场内设到发线 5 条,站台 3 座;高速车场内设到发线 15 条,站台 8 座。

车站建筑工程由客运站房(包括并入站房内的各类生产用房)、站台雨棚、南北站台端范围内的铁路车场高架桥及站台、室外高架人行平台、站前高架公路桥、地面架空层人行广场和停车场及铁路用地范围内的旅客广场组成。车站建筑总量 355 391 m^2,其中:客运用房建筑面积 106 841 m^2,无站台柱雨棚 134 483 m^2。地上 351 347 m^2,地下 4 044 m^2。站房主体长度 450 m,进深 271 m,檐高 33 m。图 3-9-1 为武汉站效果图。

图 3-9-1　武汉站效果图

(一)平面功能设计

车站共有 4 层,地上 3 层,地下 1 层。

1. 高架层(18.80 m)

高架层(图 3-9-2)为客运专线旅客的入口层,设有进站厅、服务区及候车厅。站房内部功能围绕中央核心空间层层展开,依次设置绿色进站通道、服务空间、候车大厅和走道空间。两侧视野开阔,直达湖面景区。在该层局部之上还设有少量餐饮和商业服务空间。

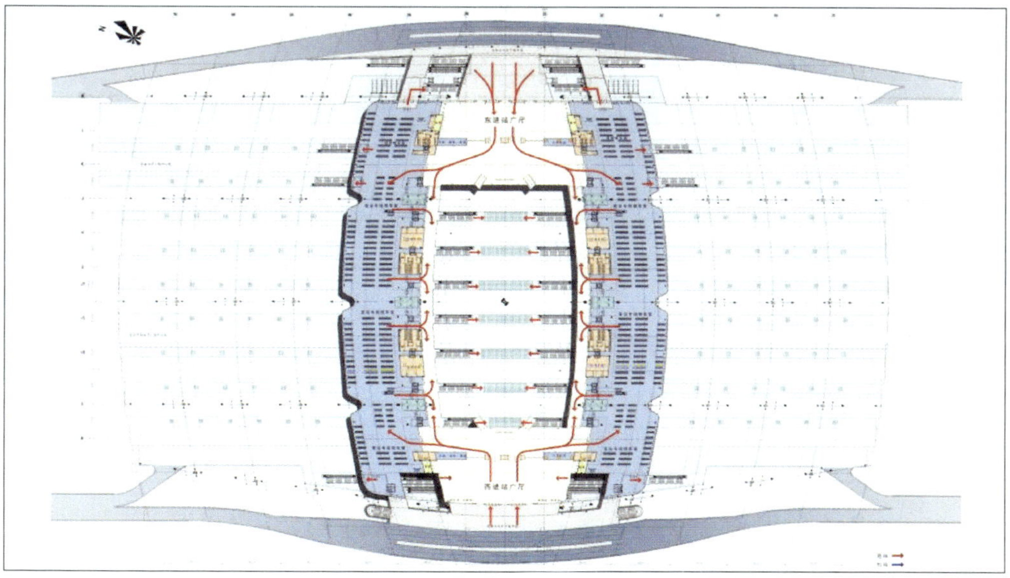

图 3-9-2　高架层

2. 站台层(10.25 m)

该层(图 3-9-3)东西基本站台两侧设有售票、贵宾候车室,贵宾车辆也可直接到达基本站台。

图 3-9-3 站台层

3. 地面层(±0.00 m)

地面层如图 3-9-4 所示。到达厅及去往城市交通与区域交通的换乘区。旅客从站台层下到出站厅检票出站后,可从这里便捷地到达公交、长途车站,搭乘出租车,换乘地铁,或前往社会车辆停车场。

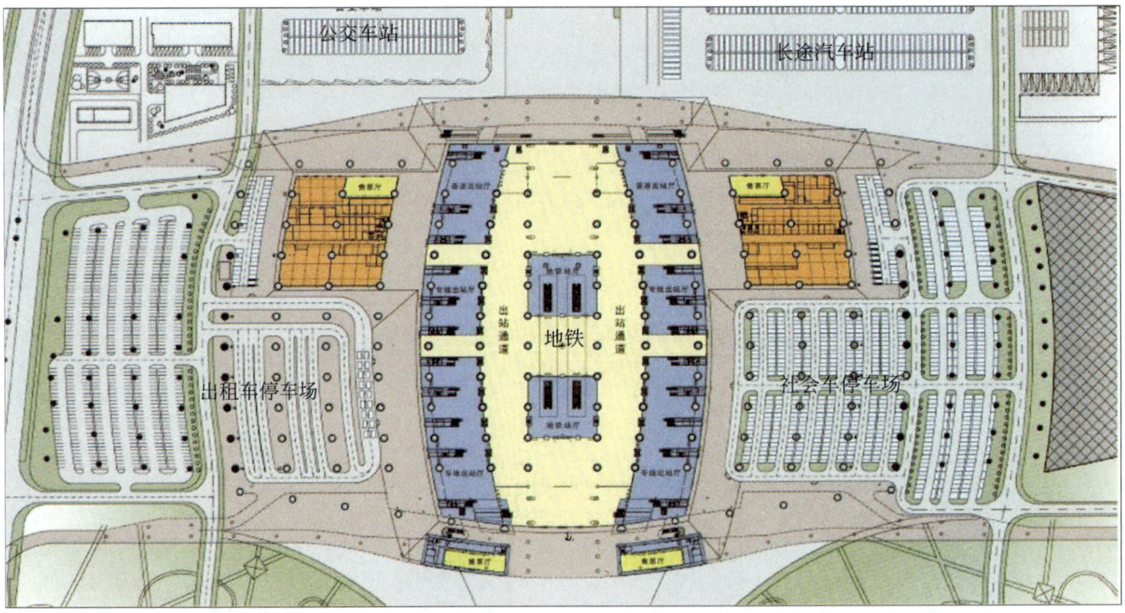

图 3-9-4 地面层

4. 地铁站台层(−8.40 m)

出站广场中部为地铁 4 号、5 号线站厅,地铁站台层设于−8.40 m 的地下一层。

(二)旅客流线设计

采用了先进的"绿色通道"进站模式,旅客可在中央大厅中选择进入候车室候车进站,也可直接由绿色通道进站。

进站人流流线——乘地铁、公交车和长途车到达车站的旅客由东侧可从地面上至中央大厅进站;乘出租车和社会车辆在东西两侧下客直接进入中央大厅。

到达人流流线——经出站大厅可以迅速到达地铁、公交车、长途汽车、出租车上客点、社会车辆停车场等。旅客可以方便地选择任意一种交通方式，实现零距离换乘。

换乘流线——普速旅客换乘客运专线，可通过站台上的楼扶梯到达高架层东侧的进站大厅。

（三）立面设计

武汉自古就有“九省通衢”之称，并素有“白云黄鹤的故乡”之美誉。武汉枢纽在铁路快速路网中处于“当日往返”、“夕发朝至、朝发夕至”或“一日到达”的最佳位置。

武汉站的立面造型设计结合武汉所独具的特色，使其建筑外观富有多层寓意。

1.“千年鹤归”设计之意。“白云黄鹤”为武汉的代名词。颇富仙气的千年黄鹤感叹新时代家乡翻天覆地的变化，翩然而归，是方案的造型立意。独特的造型使新建的武汉站成为一座“飞翔的车站”。

2. 立面水波状的屋顶寓意“千湖之省”的省会——江城武汉。

3. 建筑中部突出的大厅屋顶象征着地处华中的湖北武汉“中部崛起”，反映出武汉蒸蒸日上的经济发展趋势。

4. 车站大屋顶九片屋檐，同心排列，象征着武汉“九省通衢”的重要地理位置，同时突出了武汉作为我国铁路的四大客运中心沟通全国、辐射周边的重要交通地位。

（四）剖面设计

1. 各层层高

地下一层（局部设有地下设备层），层高为 8.400 m，地面层为 10.250 m，站台层为 8.550 m，候车层局部设有夹层，层高 6.200 m，其余为拱形屋面，波峰处高处为 38.038 m，电梯顶站高度为 4.500 m，室内外高差采取缓坡设计，地面取 0.5%坡向室外人行平台。建筑总高约为 58.000 m（主体最高点钢结构中心相对高程 57.138 m）。

2. 主要空间净空高度

地面层的出站厅、出站广场处地面距离顶面轨道梁下最低高度为 5.150 m，距离站台板底面高度为 9.750 m。出站广场局部空间位于快速进站通道层下，净空高度 2.800 m；快速进站通道夹层地面距轨道梁底面最低高度为 2.200 m，距离站台板底面高度为 6.250 m。

因无站台柱雨棚屋盖下部结构为弧形曲面，10.250 m 相对高程的站台层南北侧柱雨棚下净空高度为 14.662～20.868 m，中部候车层下净空最小高度为 5.600 m，中心大屋盖下净空最高点为 45.5 m。10.250 m相对高程基本站台的贵宾候车室净空高度为 5.500 m。

因高架候车层位于大屋盖下部结构为弧形曲面，18.800 m 相对高程进站广厅的净空高度为 17.066～36.125 m，候车室大屋盖下净空高度较低处为 10.185～12.238 m（设有主拱结构立柱处），净空较高处为 12.716～17.620 m（主拱结构立柱之间），南北侧局部净空为 5.156～6.112 m。候车室局部夹层下净空高度为 4.650 m。

25.000 m 相对高程旅客服务夹层位于连通通道处净空高度最低为 3.341 m，餐厅处净空最高处为 11.400 m。

（五）建筑装修

1. 建筑主要用料

(1)屋面。

①厚层中空聚碳酸酯采光屋面板＋铝镁锰金属屋面板、不锈钢排水沟。

②白色钢结构屋架。

③铝合金多孔管，内填吸声棉。

(2)外墙。高架候车层、站台贵宾候车室、地面层出站厅外幕墙采用白色钢结构，钢化透明低反射中空玻璃幕墙。外幕墙局部采用氟碳涂层铝合金板幕墙，内砌 200 mm 厚轻质混凝土砌块，M5 砂浆砌筑。

(3)内墙。

①18.800 m 相对高程高架候车层、25.000 m 相对高程服务夹层与中央大厅间隔墙采用钢骨架、透明钢化防火玻璃幕墙，局部 200 mm 厚轻质混凝土砌块外覆防火处理高级木板饰面。18.800 m 相对高程进站大

厅、绿色进站通道与下沉中央大厅间设2.2 m高不锈钢立柱玻璃隔断。

②18.800 m相对高程候车层、25.000 m相对高程服务夹层所有设备间、厕所、管理用房墙体采用100 mm厚轻质混凝土砌块(M5砂浆砌筑),该部分用房外侧墙面为防火处理高级木板饰面。空调设备间内墙面为轻钢龙骨穿孔吸音板墙面,厕所内墙面为面砖饰面,管理办公用房为乳胶漆内墙面。

③±0.000相对高程出站厅与出站广场间设2.0 m高不锈钢立柱玻璃隔断,出站广场与地铁站厅之间设防火钢骨架、透明钢化防火玻璃幕墙。出站厅厕所、管理办公用房墙体采用100 mm厚轻质混凝土砌块(M5砂浆砌筑),外覆经防火处理高级木板饰面,内墙面分别为面砖和乳胶漆饰面。

④±0.000相对高程南北侧独立设置的设备技术用房、行政管理办公用房内隔墙采用200 mm/150 mm厚轻质混凝土砌块,M5砂浆砌筑,乳胶漆面层。商业用房内隔墙采用玻璃隔断。

2. 地下室防水

地下室防水采用抗渗等级S12防水混凝土加3.0厚聚氨酯防水涂料防水层。

3. 落水及排水

采用不锈钢天沟、不锈钢虹吸雨水斗、加厚型不锈钢排水管(设于钢结构立柱内)组成虹吸式雨水排水系统。雨水大部分排入地面雨水管网,部分排入高架桥排水管网,最终排入广场市政雨水管网。

4. 室内楼、地面

站房室内楼、地面采用花岗岩石材面层。

站台面局部采用防滑防火复合玻璃楼面(钢结构支撑),其余采用花岗岩石材面层。

5. 建筑设备

(1)自动扶梯采用倾斜角度27.3°,交通型,透明玻璃栏杆扶手,拉丝不锈钢底板及侧板。

(2)电梯采用无机房全观光电梯,为无障碍电梯。

(六)建筑消防

本工程为建筑高度超过24 m的非单层公共建筑,属于高层一类建筑,耐火等级为一级。

1. 总体防火设计

(1)消防车道。武汉站工程南北侧与城市道路武青四干道、沙湖大道相邻接,东西侧与城市站房广场连接。站房广场与城市道路形成的周边环道,构成了武汉站车站建筑四面环形的消防车道。武汉站主站房东、西两侧均设有高架车行桥,消防车可到达站房站台层(10.250 m相对高程)的东、西侧基本站台,也可到达站房的高架候车层(18.800 m相对高程),对主站屋进行消防扑救。

(2)消防控制中心

消防控制中心设在武汉站地面层(±0.000相对高程),设有直通室外的门,面积197.5 m^2。

2. 主要消防安全问题和消防安全策略

(1)防火设计。按照《高层民用建筑设计防火规范》(GB 50045—1995)(2005版),武汉站站房工程为超过24 m的非单层公共建筑,为高层一类建筑,耐火等级为一级,防火设计应执行该规范的规定。

(2)主要防火安全问题及性能化消防策略原则。作为大型铁路交通枢纽的武汉火车站拥有综合性的功能,需要宽阔的、开放性的流动空间。其建筑空间大、各空间相互连通,客流量大,人员密度高,人流流线设计要求高。目前国家尚无针对此类型建筑的防火设计规范,又因火车站建筑类型及使用性质特殊,《高层民用建筑设计防火规范》(GB 50045—1995)(2005版)对此也并无针对性的条款。

武汉站建筑设计将人员疏散安全、使用便利、建筑美观作为基本的设计要求,本着安全适用、技术先进、经济合理的原则,采用以消防性能化为基础的消防设计理念和方法,通过对消防设计方案的分析和安全评估,使得制定的解决方案能更好的满足了武汉站车站建筑的消防要求。通过采用这种方法节约了投资,提高了建筑物使用的灵活性,同时还达到了较高的消防水平。

3. 消防安全性能化设计概念

由于武汉站为大空间型建筑,只按照处理方式规范难以满足建筑需求。针对一些特殊区域,武汉站性能化防火设计咨询初步方案使用了一些性能化设计的概念。

(1)防火"舱"。

(2)燃料"岛"。

(3)冷烟清除。

(4)准安全区及人员分区域分阶段疏散策略。

(5)区域人流量确定方法。

(七)节能设计

根据《公共建筑节能设计标准》(GB 50189—2005),本工程处于夏热冬冷地区,应满足冬季保温、夏季隔热要求。

主站房外墙围护结构主要采用低辐射镀膜玻璃中空幕墙。低辐射镀膜玻璃简称 Low-E 玻璃,是一种绿色、节能、环保的建材产品,具有良好的阻隔热辐射透过的作用。在冬季,它对室内暖气及室内物体散发的热辐射,可以像一面热反射镜一样,将绝大部分反射回室内,保证室内热量不向室外散失,从而节约取暖费用。在夏季,它可以阻止室外地面、建筑物发出的热辐射进入室内,节约空调制冷费用。Low-E 玻璃的可见光反射率一般在 11%以下,与普通白玻璃相近,低于普通阳光控制镀膜玻璃的可见光反射率,可避免造成反射光污染。武汉站站房玻璃幕墙初步选用低辐射镀膜中空玻璃,玻璃幕墙传热系数 $K=1.80\ W/(m^2\cdot K)$,遮阳系数≤0.40。

主站房屋盖采用厚层聚碳酸酯采光屋面+铝镁锰金属屋面板,并加设铝合金金遮阳管。厚层聚碳酸酯屋面板有较好的保温隔热效果。聚碳酸酯板的主要原料为聚碳酸酯,简称 PC,是一种综合性能优异的热塑性工程材料,其质量轻,中空板材的重量是相同厚度玻璃质量的 1/10~1/15。厚层聚碳酸酯板具有特殊的中空结构,具有良好的保温隔热性能,经查阅部分厂家资料,16 mm 厚的中空方格式板材传热系数为 1.53~$2.4\ W/(m^2\cdot K)$,较单层玻璃的隔热性能高出 85%。武汉站站房屋面板选用传热系数 $K=1.53\ W/(m^2\cdot K)$ 厚层聚碳酸酯采光屋面板,遮阳系数≤0.40。

站房其他内外墙体材料主要采用轻质混凝土砌块及轻质隔断,外墙采用挂贴聚苯乙烯板外保温处理方式。

武汉站各朝向窗墙比较大,屋顶透明面积大于屋顶面积的 20%,经建筑节能权衡判断,在采用上述模拟参数的情况下,其建筑节能基本满足规范要求,下一步根据所采用建筑材料的性能,完善设计,调整设计参数以满足节能的要求。

(八)无障碍设计

根据《城市道路和建筑物无障碍设计规范》、《铁路旅客车站无障碍设计规范》,车站无障碍设施实施范围为:公共区的楼梯、电梯、公共卫生间、检票口、出入口、通道等。

入口处地面坡度设计为 1%的无障碍入口。出入口、通道、楼梯、站台等公共空间地面设盲人诱导线。

在候车室、出站厅、停车场等处公共厕所设无障碍专用厕位(厕所)。

在东西高架桥侧设 8 部进站无障碍电梯,站房高架候车层、站台层、地面出站厅等进出、站通道处共设 22 部无障碍电梯。

在候车室设无障碍候车区。进出站检票口设无障碍专用检票口。

在社会停车场设无障碍停车位 。

(九)结构部分(含桥梁)

1. 工程概况

武汉站站区范围内的结构设计由建筑结构和桥梁结构两部分组成,主要设计分工和设计内容为:

(1)桥梁专业:列车轨道梁、柱;站台板;东西侧高架桥(18.8 m 结构及框架柱)。

(2)结构专业:东西侧高架桥(10.25 m 梁板结构);东西基本站台;3.5 m 快速进站通道;主站房及附属结构;站房夹层(夹层含 18.8 m 高架候车室及 25.0 m 夹层结构);雨棚结构;其他附属生产用房等。

利用桥梁中央连续拱梁处的洞口,在 3.5 m 标高处设置快速进站通道。在车站东西两端分别设置基本站台和高架桥,其中高架桥的 10.25 m 相对高程结构为车站主要进站通道。主站房、雨棚以及夹层结构为整体结构,仅夹层结构楼面设置了温度缝,主要的支撑结构大部分与高架桥墩合建,部分落地。

2. 建筑结构设计

(1)结构设计内容及结构体系。本工程房建结构设计内容包括:上部结构,基本站台结构,10.25 m 高架桥平台结构及其他附属结构。如图 3-9-5 所示。

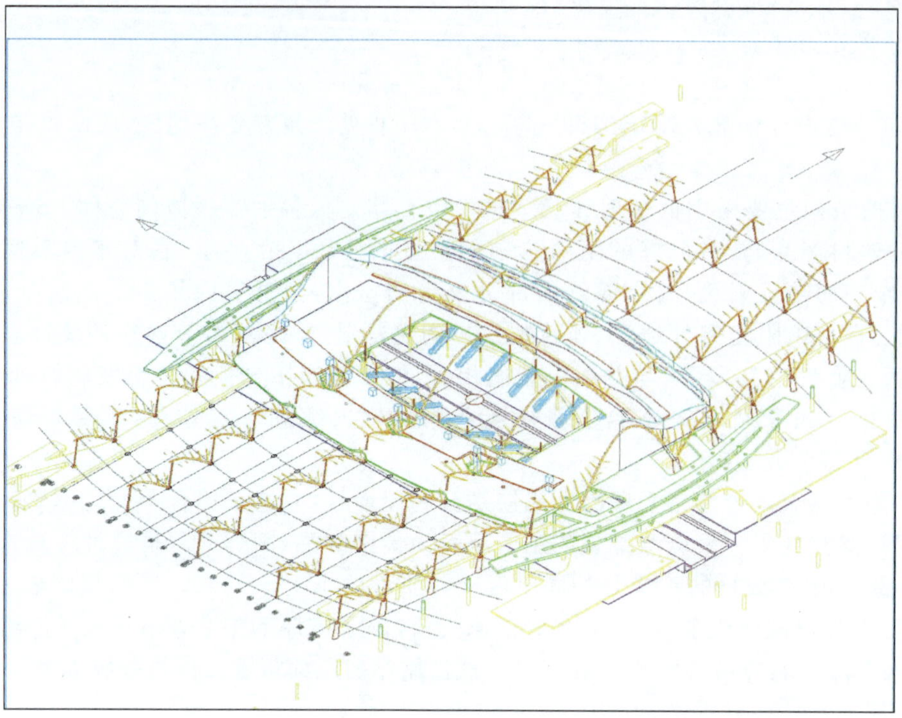

图 3-9-5 主结构三维示意

东西基本站台结构为独立结构，与相邻的轨道梁之间设置了变形缝，基本站台需要考虑消防车行走要求，为混凝土柱-钢箱梁结构。高架桥分为 10.25 m 和 18.8 m 两层结构，其中 18.8 m 结构层需要通行车辆，10.25 m 平台仅供旅客进出站使用，为混凝土柱-钢框架梁结构。

上部结构包括屋面结构，屋面支撑结构(包括主拱、次拱等)，夹层结构。上部结构为钢结构，局部构件为钢管混凝土。上部结构由下部的桥墩及其他混凝土柱和电梯井钢柱支撑。

其他附属结构包括：3.5 m 标高快速通道、普速站台雨棚及附属生产房屋等。其中，3.5 m 标高快速通道支撑在桥梁中央连续拱洞处，采用钢桁架结构，跨度为 21 m；普速站台雨棚为钢柱-拉索梁结构。

(2)屋面结构。整个屋盖由中央主拱壳及两侧雨棚桁架屋面构成，屋顶面积约143 000 m^2。

中央主拱屋面由双层网壳和纵横向桁架梁共同组成，网壳结构高度约为 2.0～1.1 m，跨度约为 80 m。在网壳和桁架梁相接的部位采用刚性节点连接。

雨棚屋盖采用了纵横向桁架梁体系，桁架梁下弦杆利用建筑造型，在纵横向形成拱，以保证大跨度的实现及结构抗侧能力的提高。

为了减轻结构自重，设计中网壳和桁架梁的斜腹杆均采用了仅承受拉力的拉杆。

①屋面支撑结构。屋面支撑结构由 5 个主拱和 2×5×4＝40 个次拱组成(包括拱上的 V 形支撑)，次拱包括拱和立柱。屋面支撑结构拱都有 V 形支撑与屋面结构连接，并支撑整个屋面结构。

屋面支撑结构有 5 排，三排平行，两排斜交，屋面支撑结构底相对高程为 10.25 m，主拱结构顶点相对高程约为 48.2 m，半拱结构顶点相对高程约为 19.2 m。屋面支撑结构在 10.25 m 相对高程处与下部的混凝土结构刚性连接，其中三排平行的屋面支撑结构为了减少列车出轨的撞击，在拱底部设置了防撞墩台，拱结构与防撞墩台共同形成整体结构，防撞墩台与高架桥墩刚性连接；东、西侧斜交的屋面支撑结构与独立的钢筋混凝土悬臂柱连接。

四列半拱结构互相连接，通过一个立柱传递，这样形成一个沿纵向(平行于股道方向)的刚架，受力状况类似一个较强的三角稳定结构。这种布置使结构具有很强的刚度来抵抗纵向的水平荷载，横向(垂直于股道方向)V 形支撑与屋面双层网壳形成拱形桁架结构，也可以抵抗水平力，此方向的刚度略小，但也足以符合要求。

本次设计时，为了改善结构的工作性能，在边跨次拱处增加了立柱，形成了完整的半拱结构，代替了原来边跨的半拱悬挑结构。

②夹层结构。夹层结构包括 18.8 m 高架候车室和 25.0 m 夹层,此部分建筑面积约为 4 万 m^2 左右。夹层结构采用钢柱-实腹梁框架结构,楼板为压型钢板-混凝土结构(混凝土厚度初步定为:120 mm),结构最大跨度约为24 m,最大悬挑约为 9.5 m。为减少温度应力的影响,夹层结构设置了伸缩缝。

由于采用了采暖楼面,仅装修荷载就有 4 kN/m^2;同时,建筑平面对结构专业提出了较多要求,增加了设计的难度。

夹层的支撑结构包括主拱和部分次拱,V 形柱,电梯井道结构及部分独立柱。

与夹层结构主梁相交的主拱和部分次拱作为夹层结构支撑结构的一部分与其连接,为了增加结构刚度,在 10.25～18.80 m 相对高程范围内的主次拱均为实腹钢管混凝土结构,而且与夹层梁刚性连接。

夹层结构下部为站台层,为了减少站台上的结构柱,设计时考虑了利用电梯井结构作为框架柱,电梯井结构穿过站台板穿过站台板的洞口落到地面。

为了不影响站台的美观,夹层仅设置了 8 根独立柱,穿过站台板落到底面。

为了减少跨度以控制结构截面,满足建筑净高要求,在 18.0 m 结构层设置 V 形柱;楼板的"V"形支撑固定于高架桥墩之上。

与主结构相交处,在夹层楼面设置了洞口,为了建筑造型需要,洞口内不能有框架梁穿过。因此,纵横向的框架梁不能完全拉通,而且与主结构连接的部分梁为悬挑梁,悬挑长度约为 9.5 m。这些都影响了结构的完整性,给设计带来了很大难度。

③基本站台。基本站台需要考虑消防车荷载,按照《建筑结构荷载规范》(GB 50009—2001)(2006 版),消防车荷载为3 500 kg/m^2,在设计时参照了《公路桥涵设计通用规范》(JTG D60—2004),按照汽车荷载采用城—B 活荷载进行设计。

西基本站台根据建筑要求需要和桥梁外形配合,因此结构采用钢箱梁结构,框架柱采用钢筋混凝土结构。根据箱梁的平面曲线变化确定地面框架柱的布置,在箱梁之间设置横向钢次梁,用于支撑楼板结构。西基本站台与上部结构支撑柱合建,基本站台简支在上部结构支撑柱上,支撑柱通过基本站台上的开洞与上部结构连接。

东基本站台采用纵横梁结构,基本站台与上部结构支撑柱相互独立。

④10.25 m 高架桥平台。10.25 m 高架平台采用钢筋混凝土柱-钢框架梁结构。

3. 桥梁结构设计

(1)概述。

设计依据及范围:

①设计范围。新建武汉站车站建筑是武汉站站及相关工程中的核心项目,范围包括南北至各站台端,即 DK1189＋175～DK1189＋625(普速 550 m、客运专线 450 m 范围内)。东西至高架桥外缘(包括高架桥匝道)投影所覆盖的范围以及西面铁路用地范围内的旅客广场和部分铁路用房。

②采用的规范:桥梁结构计算采用中国规范。

城市规划对铁路桥涵建筑的要求:

新建地铁车站武汉火车站位于武汉火车站出站广场下方,与武汉火车站中轴线垂直相交,地铁车站标准段主体结构外侧最大间距为 40.8 m。地铁车站上方轨道梁采用主跨为 48 m 的连续梁拱结构,椭圆形桥墩,外轮廓为 6.0 m×3.5 m,墩高 12 m(从地面向下 12 m),桥墩结构轮廓外侧与地铁车站标准段主体结构最外侧净距为 0.6 m,桥墩的桩基承台置于地铁结构底板面以下 1.39 m 处,因此两者主体结构可完全脱开,相互独立。地铁与轨道梁桥墩的关系如图 3-9-6 所示。

(2)轨道梁设计内容说明。车站轨道层由双线铁路箱梁和站台板构成,这些混凝土结构由混凝土桥墩和混凝土桥台支撑。

混凝土桥墩包括两种主要形式:A 型桥墩承受铁路轨道部分、站台以及屋面荷载;B 型桥墩仅承受铁路轨道部分和站台部分荷载。

站台全部为独立结构,支撑在混凝土箱梁上。

车站共有 20 条铁路线路和 11 个站台。两条有砟轨道线路构成一组,铺设在双线预应力箱梁上。

①轨道梁结构。两条轨道线路构成一组,由预应力混凝土箱梁形成的桥梁承担。所有桥梁都为直线桥。

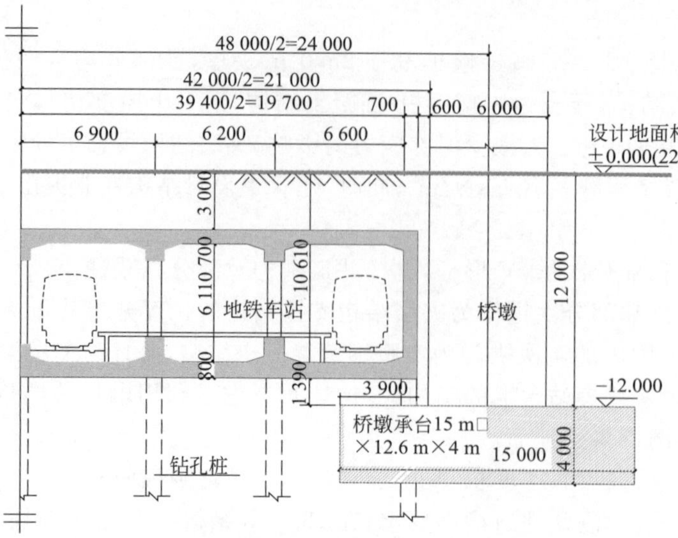

图 3-9-6　地铁与轨道梁桥墩的关系(单位:mm)

跨度分别为:5-36 m简支梁+(22～34)m+48 m+(22～34)m 连续梁拱桥+5-36 m 简支梁。中间 3 跨长度不同,最大值分别为 34 m+48 m+34 m 连续梁拱桥,最小跨度为 22 m+48 m+22 m 连续梁拱桥。

②站台支撑结构。站台结构为钢结构+玻璃结构。

③桥墩。桥墩满足武汉站整体建筑造型的需要,采用圆形截面。由于地铁武汉站的相关要求,支撑中间 48 m 跨度的桥墩墩高为 12 m;其余桥墩由于相关专业设备用房范围的要求,桥墩的桩基承台需深埋于地面以下2 m处,且武汉站站房范围在黄海高程 22.0 m 处填平,因此墩高均采用 8 m。

④轨道梁主跨 48 m 系列连续刚构。整个结构为预应力混凝土连续梁和钢筋混凝土拱组成,整个结构高度为 10.25 m,结构三维透视图如图 3-9-7 所示。

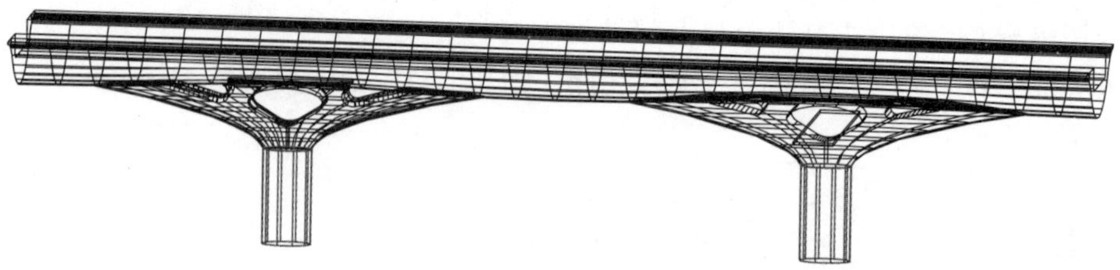

图 3-9-7　结构三维透视图

梁部预应力混凝土及封锚混凝土强度等级 C50,管道压浆采用 M40 强度等级水泥浆;纵向预应力索采用 19-7ϕ5 钢绞线,预应力管道采用塑料波纹管成孔,真空压浆。拱肋及桥墩均采用 C50 钢筋混凝土结构。

按全预应力构件设计,钢索张拉控制应力小于 0.75f_{pk},徐变影响按老化理论计算。基础采用桩基础。

(3)站前东、西广场高架公路桥设计内容说明。

①设计主要标准

a. 设计汽车活载:城 B 级。

b. 最大纵坡:≤6%。

②桥梁结构形式的选择。车站在 18.80 m 相对高程层的东西进站通道设计的是两个公路高架桥,双向四车道(包括中心的下客区)。公路桥和建筑的里面入口通过中央的钢结构平台相连,两侧的坡道将机动车从地面层引向 10.25 m 相对高程层。

图 3-9-8 为预应力桥和钢结构之间的节点连接,图中反映了公路桥和下层 10.25 m、上层 18.80 m 以及 31.5 m 宽的钢桁架进站平台之间的关系。

4. 结构设计中主要创新

(1)桥建合一结构体系。武汉站站房、雨棚建于高架桥上,整个结构体系由中央站房、雨棚,站房楼面。轨道层桥梁结构构成。屋面结构根据建筑形态设计成双向变厚度的正交正放式双层空间网壳,整

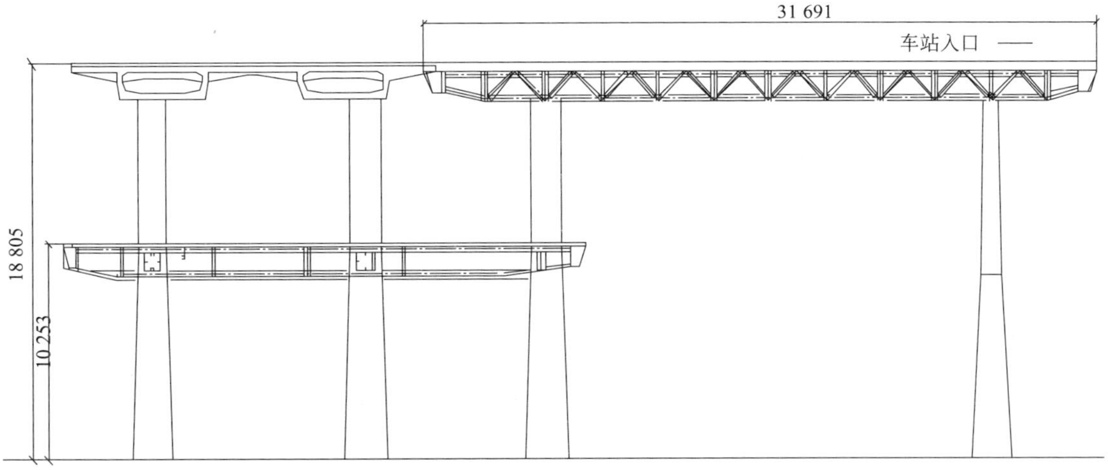

图 3-9-8 预应力桥和钢结构之间的节点连接(单位:mm)

个屋盖通过 V 形撑支撑于横向布置的 5 榀钢管拱、半拱形曲梁及斜立柱上,形成特殊的拱壳体系,主拱最大跨度 116 m,站房楼面结构为多层钢框架。竖向支撑嵌固于巨大的铁路桥墩,从而将铁路桥梁、大跨度的屋面结构以及楼面多层框架结构联系在一起,使三种不同形式和特点的结构相互耦合形成特殊的站桥合一的整体结构体系。

(2)站台轨道层桥梁结构特点及创新。

①站台轨道层结构特点。站台轨道层位于 10.250 m 相对高程,中央桥跨 48 m,承受铁路荷载、建筑荷载、地铁传递的荷载。桥梁设计采用轨道梁与站台梁合一的"单箱五室鱼腹式箱梁"、"清水混凝土饰面工艺",鱼腹式箱梁结构受力复杂、造型独特、设计难度大,为国内外铁路桥梁首次采用。梁体为 4.98 m 高的等高度鱼腹梁,桥面为有砟轨道。梁横截面为单箱五室鱼腹式截面,梁全宽 15.5 m,纵向为连续刚构拱型空间曲体。刚构主墩为直径 5.3 m 圆墩,墩高 13 m。

②武汉站核心区高架桥梁结构创新点。

a. 首创了轨道梁与站台梁合一的结构、单箱五室鱼腹式箱梁、清水饰面混凝土鱼腹式箱梁。

b. 对桥建合建组合体系结构设计原则及技术参数进行了研究。武汉站采用的桥建合建的组合体系,不仅是建筑结构,同时也是桥梁结构。由于铁路桥梁结构设计规范和建筑结构设计规范采用的是两种完全不同的设计方法,因此必须要有一套综合的计算评判体系供桥建合建结构遵循。

c. 通过建立桥梁和建筑结构整体模型,对车桥耦合振动时列车运行的安全性、舒适性的影响进行整体分析及评价。

二、长沙南站

长沙南站是武广铁路客运专线上的一个大型枢纽站,设有 8 个站台,14 条到发线、2 条正线。站房最高聚集人数 3 000 人,总建筑面积 1 990 000 m^2,其中站房建筑面积 137 614 m^2,站台雨棚 49 470 m^2。下面以长沙南站站房的设计为例,对区域性站房的设计进行介绍。

(一)平面功能设计

长沙南站高峰每天旅客发送量(单向)为 9 800 人,车站最高聚集人数 3 000 人。平面设计分为三层:高架层、站台层及地面层。

1. 高架层

高架层(图 3-9-9)主要是旅客的候车区,对应各站台设有进站检票口。旅客检票后通过楼扶梯到达各站台。在高架层东西两侧设有 16 m 宽的商业夹层。

2. 站台层

站台层平面如图 3-9-10 所示。基本站台一侧为进站广厅和基本站台候车厅,进站广厅内包括售票服务、安检口及咨询、商业服务等。旅客通过安检后进入基本站台候车厅或乘自动扶梯到高架候车层。基本站台候车厅分贵宾、团体及普通候车室。贵宾及团体候车厅设直接进出口并分别配有停车场。基本站台净宽

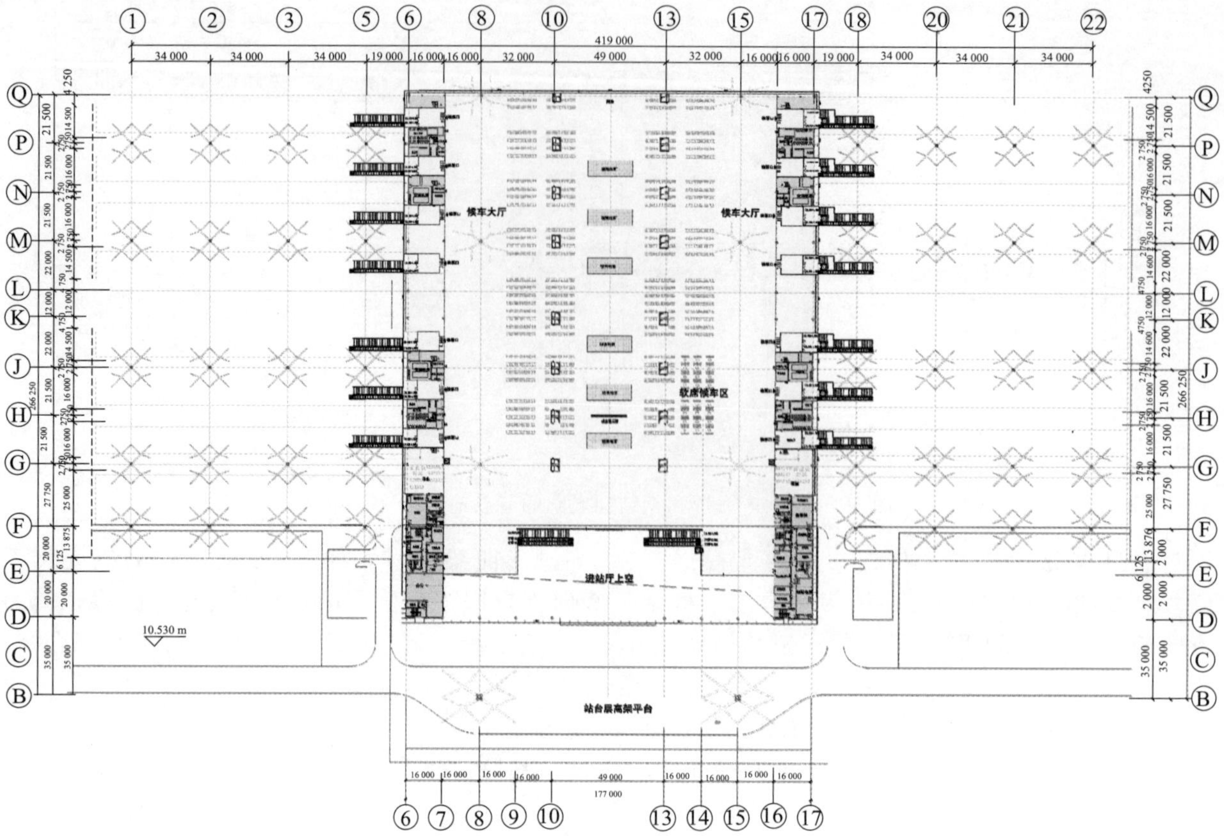

图 3-9-9 高架层平面(单位:mm)

22 m,为无柱站台雨棚。

3. 地面层

地面层平面如图 3-9-11 所示。出站大厅位于地面层中央,是地面层的核心空间。地铁站厅出入口及地面层与站台层的垂直交通组织均围绕出站大厅进行,出站大厅的两侧是连通道,将东西广场连成整体。少量从广场进入车站的旅客可以通过地面层的自动扶梯直达高架层候车厅。大量设备用房设在地面层。

(二)旅客流线设计

由于采用"线侧+高架"的站房形式,使"上进下出"旅客进站流线得以简化。基本站台候车设在站台层,紧邻基本站台,中间站台的候车则设在高架层。

1. 旅客进站流线

大部分旅客从西广场高架桥进入高架平台上的落客区,或者通过与地面层相通的自动扶梯和楼梯到达进站广厅。到达进站广厅并进行安检后的旅客分成两部分,一部分直接进入基本站台候车厅,另一部分则通过自动扶梯或楼梯进入高架候车厅,乘客在候车厅经过检票后进入各个站台。少量旅客从广场地面进站,通过自动扶梯或电梯直达高架候车层,然后进入各候车厅。

2. 旅客出站流线

出站旅客通过站台上的自动扶梯或楼梯到达出站厅检票出站后,通过出站通道向西方向疏解,可便捷地到达出租车和公交车上客点,或经过坡道到达广场地面的社会停车场,乘坐地铁的旅客则可通过出站通道内的地铁出入口进入。

(三)一、二期站房的衔接

按照设计要求,沪昆线与武广线的车场在一期建成,沪昆线站房在第二期建设,一期只建设武广线站房,因此必须充分考虑一、二期站房的衔接。

在一期站房建成后,实施二期站房建设时,可对一期站房进行局部改造。将高架候车层东侧的服务区改造成中转大厅,旅客通过自动扶梯从出站大厅直达高架候车层中转厅,再选择进入所在候车厅。

(四)立面设计

车站立面如图 3-9-12 所示。建筑造型在原有基础上进行了优化设计。在保持原有空间及造型的基础

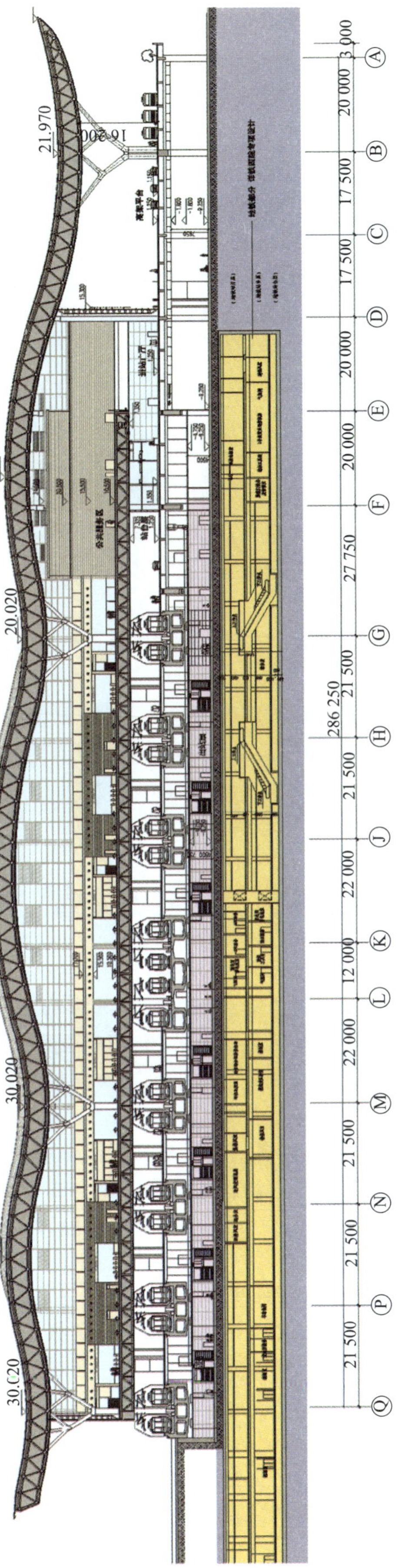
21.970
16.200
33.500
20.020
34.920
30.020
34.050
30.020
3 000
20 000
17 500
17 500
20 000
20 000
27 750
21 500
286 250
21 500
22 000
12 000
22 000
21 500
21 500
21 500
A
B
C
D
E
F
G
H
J
K
L
M
N
P
Q

图 3-9-12 车站立面

上，对造型的关键部分一屋面曲线进行了微调。同时，对原来的正立面玻璃幕墙进行了修改和深化设计，采用具有地方特色的窗花形式，传统与现代相结合，更具形式美感。同时减弱了东西日晒的影响。

立面造型强调长沙南站的地方特色，强调建筑形式与所在环境的共生关系。长沙是极具特色的“山水洲城”，山青水秀，人杰地灵。将山峦的起伏曲线提炼为站房造型，将水的波浪提炼为站台雨棚的形式，形成“山”与“水”的曲线，交相辉映，协调统一，与长沙市的山水园林环境相呼应。

(五)剖面设计

根据提供的站场设计条件，车站区域轨顶高程为 41.5 m(黄海高程)。室外地坪的高程为 36.50 m。

为了保证出站厅净空高度不小于 5 m，设计确定出站厅地面至站台层的高度为 10.15 m。

站台面至高架层吊顶的高度需考虑接触网悬挂高度，一般不低于 6.0 m(净空高度)，站台面至高架候车层的层高确定为 9.25 m。结构层厚度 2.8 m，加上楼面面层及吊顶高度 0.35 m，共计厚度 3.15 m，站台上方净空高度为 6.1 m。

站台上方高架候车层的结构高度较高，采用钢结构梁。利用这一部分空间作为设备管线层，包含水、电及空调的管线。

(六)建筑技术与建筑构造

1. 屋面系统

长沙南站的重要特征是起伏波动的站房屋面，面积约 66 000 m^2。屋面是一个整体，根据表面材质的不同，也可分为三部分，主轴线上 49 m 轴柱宽度内为中央屋顶，由西至东贯穿整个屋面。

屋面系统的设计综合考虑以下几个要素。

(1)屋顶采光。借鉴中国传统民居“亮瓦”的形式，屋面设置带状采光天窗，均匀地分布，大小尺寸受控制，以满足自然采光的需要为准。

(2)保温隔热和降噪。屋面主要采用成型铝合金屋面系统，具有防腐蚀、耐久、易于安装、便于成型等特点。由于材料重量轻，适用于车站、机场及体育馆等大跨度建筑。可以满足复杂的屋面形状，并采用标准安装部件。屋面板构造中包含保温矿棉层，可起保温作用并有一定的隔声效果，在此基础上再进行吸声处理。

(3)中央屋顶天窗采用聚碳酸酯采光顶，使中央带状天窗与其余部分屋顶形成鲜明的对比，柔和的自然光线均匀照亮建筑内部，直达站台面，并通地站台面上的玻璃顶，为出站大厅带来顶光。

2. 幕墙系统

长沙南站的外墙为幕墙系统，由低辐射玻璃、可控开启外窗及保温隔热金属板组成。正面为东、西向，低辐射玻璃可有效减少太阳辐射热能，降低东、西晒对室内环境的影响，减少夏季空调负荷。可控百叶窗为手动控制和自动控制两种方式，确保夏季可开启，冬季可关闭，形成夏季通风、冬季蓄热的室内环境，并可在火灾发生时开启，形成对外排烟通道，保证人员安全。如果采用中空低辐射玻璃，则效果更好。

3. 建筑声学控制

(1)大空间混响时间控制。主要部位为贯通站台层与高架候车层的空间，位于两个候车厅之间。中央大厅屋面采用 ETFE 透光材料，进行必要的声学处理，可显著改善声学效果。采用如下方式：一是在结构杆件上喷涂吸声纤维材料；二是采用透明吸声材料——微穿孔吸声薄膜，既不影响采光又可达到声学目标。

出站厅和站台层人流密集，人群喧嚣声较大，加上列车通过引起的振动和辐射噪声，必须进行必要的声学处理。建议在出站厅顶部安装吸声吊顶，墙面也进行吸声处理，地面则采用橡胶类地面，具体量化设计需进行专题深化设计。站台上的降噪除了在轨道两侧进行吸声处理外，还需对高架候车层楼板下的吊顶进行声学处理，初步确定为穿孔金属板吸声吊顶，吸声吊顶与结构层之间留有 200 mm 空间，以保证良好的声学效果。这种方式也可用于中间站台雨棚，尤其是正线通过轨道两侧的站台雨棚。

(2)列车振动噪声控制。借鉴国外实际应用的“轨道减振降噪”的方法，拟采用“浮置板轨道法”，浮置板轨道又称质量弹簧系统。这种轨道是在轨道下部建筑和基础之间扦入一个固有频率很低的线性谐振器，防止由钢轨传来的振动透入基础。浮置板轨道的减振效果可达 15 dB 以上，适用于减振要求很高的项目，已在欧洲及美国得到实际应用。

针对长沙南站的实际情况，采用上述“浮置板轨道法”，这就要求在轨道下铺设 500 mm 左右厚度的减振层，同时在站台侧壁安装吸声材料。减振体系还需进入深入的模拟和实验测量研究，并由铁四院完成最后的施工图设计。

(3)设备系统噪声控制。平面设计中对产生噪声的设备用房进行合理布置，使噪声产生区远离旅客主要活动区域；同时严格控制设备系统的噪声等级，以满足国家规定的允许噪声限值。

设备系统的噪声控制，包括暖通空调、风口、电梯、水泵等机械声源的消声、隔声及减振。通过对设备基础的减振处理、设备用房(如空调机房、水泵房等)本身的吸声处理、管道系统传声控制等，能有效减轻设备系统噪声的影响。

在设备选型上，选择低噪声级的设备也是有效的降噪手段。

(4)隔声降噪。主要是保证屋顶、墙面及上下层之间隔声，控制外界噪声(包括风雨雷鸣声)对室内空间的影响，在火车站，尤其是高架车站的设计中，通过加强维护结构的隔声能力，降低列车通过时产生的噪声。

目前国内大型火车站(尤其是高架候车厅)最受进站列车或通过列车噪声影响的区域往往是高架层与站台层连通的开口部位。长沙南站的平面设计中尽量避免了这个问题。高架候车厅用中空玻璃幕墙隔开，既不影响旅客视线，利于室内空气流动，又可有效减少站台上的噪声干扰。

4. 无障碍设计

长沙南站按照《城市道路和建筑物无障碍设计规范》和《铁路旅客车站建筑设计规范》进行设计。

(七)消防设计

长沙南站规模较大，空间尺度超出规范。交通建筑的特点要求站房内部空间开阔并且大多数为开放性空间，为加强视觉引导，室内的隔断要尽量减少。在此基础上必须保证旅客及工作人员的疏散，因此必须进行消防性能设计专题研究，作为本项目进行消防设计的依据。

长沙南站建筑高度 43 m(从室外地面至屋面最高点)。层数为地下一层(地面出站层)，地上两层(站台层和高架候车层)。

根据初步设计审查意见，长沙南站按《铁路旅客车站建筑设计规范》进行消防设计，超出规范范围以消防性能报告成果为消防设计的依据。

(八)环保设计

本项目为大型交通建筑，没有污染环境的设施，但也会对城市环境造成一定影响。本项目设计依据国家有关规定和规范，并遵守长沙市有关城市建设和环保的规定。

在总平面布置中，沿站场两边设置绿化带，以减少火车运行噪音的干扰。在平面布置与站台雨棚的设计中，强调站台层的自然通风和采光，改善站台环境。

在室内装饰材料的选择上，尽量选用环保型产品，避免建筑材料本身对室内环境的污染。

室外停车场广泛采用“树阵式”停车场，以免集中在室外硬质地面产生热岛效应，改善室外环境。

(九)节能设计

建筑屋面系统及幕墙系统是建筑节能的重要组成部分，其保温隔热性能的优化，可以减少空调系统的能耗，良好的自然采光系统和自然通风条件，在改善室内环境的同时，也具有节能效应。此外，建筑节能还体现在以下几个方面。

(1)广泛采用节能建筑材料或建筑体系，达到国家节能标准。

(2)应用成熟的太阳能技术，室外广场、道路及草坪的夜间照明，采用太阳能电池灯，实行全电脑自动控制，白天黑夜自动切换。

(3)针对旅客进出站比较集中的特点，自动扶梯采用自动启动技术，节省运行用电。

(4)室内人工照明结合自然采光，使用感光调节系统，节约用电。

(5)采用节能型设备系统并进行自动化控制，以降低能耗。

(十)结构部分

1. 工程简介

主站房为三层框架结构(不包括夹层)，其中地下一层(为半地下室)为出站层，地上 2 层，分别为站场层和高架层(旅客候车厅层)。

(1)出站厅层平面。出站层采用普通的混凝土底板与基础梁的结构形式，与桥台基础以及桥墩连为一体。基础梁主要跨度为 8 m、10.75 m，底板主要跨度为 8 m×10.75 m。位于地铁顶板之上的部分跨度为 41 m，而地铁顶板与出站通道地面之间的净距有限，采用混凝土地坪与地铁侧壁封闭连接的形式。

(2)站台层平面。基本站台和相邻站场轨道梁之间设置变形缝分开。轨道梁和相应站台结构由铁路专业设计院设计。基本站台区域主要由基本站台候车厅、进站厅和售票厅组成，楼盖平面尺寸为 252 m×110.75 m。柱网尺寸为 17.5 m(20 m)×16 m，局部 20 m×21 m、20 m×49 m。除 49 m 跨采用钢桁架结构外，其余均采用预应力梁＋普通现浇 RC 板楼盖结构。次梁采用后张无粘结预应力井字梁，截面尺寸为 400 mm(500 mm)×1 200 mm；框架梁采用后张有粘结预应力梁，截面尺寸为(1 200～1 400)mm×1 600 mm。楼面板厚150 mm，横向和纵向各设后浇带 3 条和 1 条。板中设无粘结预应力筋抵抗温度作用。

(3)候车厅层平面。该层的平面尺寸为 180 m×216.25 m，基本柱网为 21.5 m(27.5 m)×32 m、21.5 m(27.5 m)×49 m，由于跨度较大且下弦面设有设备夹层，同时要满足下部站台层净空不小于 6 m 的要求，采用钢桁架＋压形钢板非组合楼板的结构形式。

框架柱大都采用矩形钢管混凝土柱，截面尺寸为 1 200 mm×1 200 mm。次桁架沿长跨方向(32 m 跨、49 m 跨)布置，所有桁架的上下弦中心距均为 2.45 m，仅构件截面根据受力大小和连接要求有所不同，以方便桁架之间的连接。弦杆采用焊接 H 形截面或焊接箱形截面，腹杆则均采用焊接 H 形截面，桁架的构件材料均为 Q345B。钢次梁采用轧制 H 型钢，与钢桁架铰接连接。压型钢板仅作为施工模板考虑，板面设温度筋与支座筋相连。

(4)屋盖部分。屋面整体平面为矩形，尺寸约 312 m×181 m，面积 59 458 m^2，其中网架结构屋面覆盖面积(水平投影面积)为 49 397.7 m^2，张弦梁结构屋面覆盖面积(水平投影面积)为 6 278.6 m^2。屋盖结构由钢网架和覆盖中庭采光顶的张弦梁两部分组成。网架结构型式采用四角锥双层曲面网架，网架下弦支承在钢柱和树形钢柱上，张弦梁支承于网架上。站房高架候车层入口处的支撑屋盖结构的二级分叉钢柱跨度达到 113 m，此处钢网架跨度为 81 m(两斜撑点之间的距离)，钢网架最大出挑距离为 21 m，钢网架厚度为 3.6 m，节点形式为焊接球节点。支撑屋盖的钢柱均采用圆钢管柱，管径均为 1 168 mm，部分钢柱中有落水管穿过，钢柱均采用热轧 Q235B 钢材；室内支撑屋盖的树形分叉柱管径略大(1 219 mm)，为热轧 Q345GJ-C 钢材；室外支撑屋盖的树形分叉柱为四个管径 1 117 mm 的钢管柱拼接而成的组合截面形式，每个树形柱通过二级分叉后分成九个支点支撑屋盖钢网架，有效的减小了钢网架结构的最大跨度。树形钢柱与网架的部分连接节点采用铸钢节点。

2. 结构设计中主要创新

(1)站-桥合一结构设计。

站场结构采用连续梁＋桥墩结构，其余站房结构为框架结构，部分高架层的柱和站场结构的桥墩相连(部分柱与正线通过的桥梁结构相连)，整个站房为站-桥合一结构，车-桥振动对高架候车层旅客舒适度的影响分析复杂且难以解决。为此，在高架层结构柱与桥墩相连处在桥梁上设洞使柱穿越桥梁，直接与桥墩相连，使桥梁振动对高架层的影响降至最低。根据中南大学对本工程的车-桥振动数值分析和现场实测的结果证明，上述结构措施极为有效地降低了车-桥振动对高架候车层旅客舒适度的影响。

(2)多点黏滞性阻尼器(TMD)的设计。

由于层高的限制，高架层跨度为 49 m 的梁采用高度 2.45 m 的钢桁架结构，钢桁架高跨比为 1/20，楼盖竖向刚度偏小。虽然结构强度、稳定和变形等均满足规范要求，但竖向振动最小频率为 2.1 Hz<3 Hz，且最小的几个频率较接近，难以满足高架层旅客舒适度的要求。在桁架高度一定的条件下，若通过增加桁架上下弦截面积的方法既不经济又难以有效地提高楼盖的竖向刚度。通过在 49 m 跨的桁架上设置多点粘滞性阻尼器(TMD)起减振作用，使楼盖舒适度满足要求，通过理论分析和现场实测，为阻尼器的参数(质量、阻尼比及刚度)提供依据，该方法经济又有效。本工程的 TMD 设计，无论是减振范围还是减振难度，在国内都是首屈一指的。

(3)多级分叉柱及铸钢节点的设计。

主站房中支承屋盖结构的大部分柱采用两级分叉的钢柱，相邻钢柱之间屋盖最大跨度为 113 m。分叉柱受力大、分叉相交处采用铸钢节点，节点材料采用德国标准的 GS20Mn5，一些节点中留设落水管所需的洞口。节点和分叉柱的设计复杂，正立面处的两根分叉柱为目前世界上最大的分叉柱之一。节点设计通过有限元分析和节点试验确定。

(4)活塞风的分析。

长沙南站站房中有2条正线，高速列车通过时会对其周围建筑产生活塞风，对墙面装饰、吊顶及站台上人员的舒适性有较大影响。委托建研院采用Fluent软件对活塞风进行数值模拟分析，为相关的设计提供依据。

(5)风洞试验。

长沙南站无论是主站房还是站台雨棚，其屋盖均为波浪形，站台雨棚四周敞开，目前的规范无法确定结构的风荷载。为此，将主站房和站台雨棚一起按1∶250的几何缩尺进行风洞试验，确定24个风向角下的风载值，为设计提供依据。

(6)超长无缝结构设计。

①站台层线侧的站房结构采用预应力钢筋混凝土结构，其顺轨向长度为249 m，不设缝。

②高架层采用钢桁架结构，其平面尺寸为177 m×231.25 m。

③屋盖采用钢网架结构，其平面尺寸为177 m×305.67 m。

上述平面均不设缝，将温度作用作为荷载工况进行计算，同时在预应力混凝土结构中结合预应力筋的施工设置后浇带，以释放混凝土部分收缩应力。

(7)站台雨棚。

其基本柱网尺寸为43 m×34 m，悬挑长度8.5 m，采用钢架柱(两级分叉钢柱)+实腹钢梁结构体系，其中次梁为圆弧形H型钢，主梁为焊接箱型截面，梁高均为850 mm。该结构的最主要特点是：

①结构轻盈美观，结构构件全部外露，结构与建筑形态完全吻合，体现“结构即建筑”的效果。

②结构分析除采用SAP2000进行整体计算外，还采用ANSYS进行主体结构的线性和非线性屈曲分析以及复杂节点的有限元应力分析。

三、衡阳东站

衡阳东站是武广铁路客运专线上的一个中型站，设有5个站台，9条到发线、2条正线。站房最高聚集人数1 000人，高峰日发送量2 567人。站房建筑面积22 128 m^2，站台雨棚49 539 m^2。

(一)建筑部分

1. 平面功能与流线设计

(1)平面设计分为三层：高架层、站台层及出站层，各层平面布置如下。

①高架层。可划分为中间的候车厅和两端的服务区。旅客候车厅主要为普通候车区域，可根据需要划分出优先进站区域：母婴、残疾人候车区等，这些优先进站区域紧邻检票口，步行距离最短。商业服务、管理用房、设备用房、公共卫生间等设于候车厅两侧。

②站台层。基本站台一侧为进站大厅和基本站台候车厅。进站大厅内包括售票服务、安检口及咨询、商业服务等。旅客通过安检后进入基本站台候车厅或乘自动扶梯上到高架候车层。基本站台候车厅分贵宾、团体及普通候车厅，贵宾厅设直接进出口并分别配有停车场。

基本站台净宽18 m，为无柱站台雨棚。

进站旅客通过高架车道和广阔的站前平台下车，落客区分为3个车道，其中2个为停靠，1个通过。

③出站层。出站层由出站厅、商业空间、售票厅、设备用房以及高架平台下的架空空间等组成。出站旅客可以在架空空间下等候出租车及公交车。

站房主要设备用房设在出站层两侧。

④配套用房。各层平面中都设有各类配套用房，如直接为旅客服务的卫生间、饮水处、更衣室、问询室、自动查询处；为工作人员使用的安全检查室、服务员室、检票员室、补票间、备用间，以及各类办公管理用房等。

(2)旅客流线设计。由于采用“线侧”的站房形式，使“上进下出”旅客进站流线得以简化。基本站台候车设在站台层，紧邻基本站台，中间站台的候车则设在高架层。

①旅客进站流线。大部分旅客从西广场高架桥进入高架平台上的落客区，或者通过与地面层相通的自

动扶梯和楼梯到达进站大厅。到达进站大厅并进行安检后的旅客分成两部分，一部分直接进入基本站台候车厅；另一部分则通过自动扶梯或楼梯进入高架候车厅。乘客在候车厅经过检票后进入各个站台，或不进入候车厅直接检票通过绿色通道到达站台。

②旅客出站流线。出站旅客通过站台上的自动扶梯或楼梯到达出站厅，检票出站后可便捷地到达出租车和公交车上客点，或步行到达广场的社会停车场。

2. 立面设计

建筑造型在概念方案基础上进行了优化设计。在保持原有空间及造型的基础上，对造型的关键部分屋面曲线进行了微调。同时，对原来的正立面玻璃幕墙进行了修改和深化设计，采用了一些遮阳措施，减弱了东西日晒的影响。

叠落的人字形屋顶作为车站站房和站台雨棚的设计母题，抽象地表达了群雁展翅待飞的形态，造型设计舒缓、大方，错落有致。站房立面以玻璃幕墙结合竖向排列的铝合金分格为主，构图肌理暗仿羽毛的特征，婉转的表达出“雁”的设计寓意。

建筑形式体现与内部空间的协调。变化的曲线屋面形成变化丰富的室内空间，与功能需求一致，与旅客的流线同步，具有明确的引导性，使旅客具有明确的方位感。

3. 剖面设计

根据提供的站场设计条件，车站区域轨顶高程为 63.157 m（黄海高程），室外地坪高程为 57.257 m。为了保证出站厅净空高度不小于 5 m，设计确定出站厅地面至站台层的高度为 6.25 m＋1.25 m＝7.50 m，站台面至高架候车层的层高 8 m，站台上方最小净空高度 6.5 m，高架候车层的进站天桥上方最小净高 3.6 m。

4. 建筑消防设计

(1)建筑类别

衡阳东站建筑高度最高为 39 m（从室外地面至屋面最高点），层数为 3 层。根据《铁路客运建筑防火规范》（试行版）规定，且衡阳东站站台层室内人流可便捷的疏散至站台，故本次初步设计按多层建筑进行设计。

(2)各层平面的防火分区

①高架候车层：高架候车层为一个防火分区。

②站台层：站台层建筑面积分为三个防火分区。进站广厅及其他分区均有直通室外的出口，便于人员疏散，站台层中部大厅的防火分区与高架层防火分区连通。

③出站层：出站层分为两个防火分区。

(3)建筑构造

防火分隔方式有以下几种：200 mm 厚加气混凝土墙；耐火极限≥3 h 复合防火卷帘；防火玻璃及玻璃防火门。

设备用房及消防控制室设甲级防火门；管井检修门用乙级防火门。

室内主要装修材料根据规范要求采用非燃烧体材料，耐火等级为一级。层间分隔楼板耐火极限大于 2 h，所有管井层层封堵，封堵材料耐火极限大于 2 h。

5. 节能与环保设计

(1)自然通风

由于合理的空间布局，站房内部形成了自然通风的效果，除候车厅及主要服务空间外，大部分空间无需空调就可以循环通风降温，显著降低了车站运行的能耗。

(2)顶棚通风采光

屋顶结合造型采取顶侧窗采光，独特的采光通风设计避免了大面积的玻璃顶，有利于节能。将直射阳光过滤为温和的光线，不但透光、通风、防晒，更为进站、候车、休息等各种空间带来美轮美奂的光影效果。

6. 无障碍设计

各站台、进站通道、中央大厅、候车室、出站厅均设有残疾人电梯，实现全方位的无障碍进出站设计。所有导向系统均考虑设置无障碍设施，体现人文关怀。

7. 主要建筑技术与建筑构造

(1)屋面系统

衡阳东的重要特征是"展翅飞翔"的雁形屋面,由5个单元组成,表面材质一致采用直立锁边铝合金屋面系统。

屋面系统的设计综合考虑如下要素:

①自然通风和排烟。5个屋面单元高低错落,在南北向山墙面上共有4个开窗面,有效的改善了建筑东西向布局带来的采光和通风的不利条件。高侧窗由机械控制开启。

②保温隔热和降噪。屋面主要采用成型铝合金屋面系统,具有防腐蚀、耐久、易于安装,便于成型等特点。由于材料重量轻,适用于车站、机场及体育馆等大跨度建筑。可以满足复杂的屋面形状,并采用标准安装部件。金属屋面可反射一定量的太阳辐射,屋面板构造中包含保温矿棉层,可起保温作用并有一定的隔声效果,在此基础上再进行吸声处理。

(2)幕墙系统

衡阳东站的外墙为玻璃幕墙系统,由中空低辐射玻璃及保温隔热金属板组成。站房正面为西向,低辐射玻璃可有效减少太阳辐射热能,降低东、西晒对室内环境的影响,减少夏季空调负荷。窗扇可分手动开启和自动开启,形成夏季通风、冬季蓄热的室内环境,并可在火灾发生时开启,形成对外排烟通道,保证人员安全。固定遮阳百叶不影响窗扇的开闭。

(3)建筑节能

上述屋面系统和幕墙系统是建筑节能的重要组成部分,此外,建筑节能还主要体现在如下几个方面:

①广泛采用节能建筑材料,达到国家节能标准。

②可考虑在屋面布置4 000 m^2的太阳能板,通过系统将太阳能转换为电能,为站房提供照明用电。

③采用自然采光通风,减少能源消耗。

④针对旅客进出站比较集中的特点,自动扶梯采用自动启动技术。

⑤人工照明结合自然采光,采用感光调节,节约照明用电。

⑥设备系统采用节能型并进行自动化控制以降低能耗。

(4)建筑声学控制

①大空间混响时间控制。主要部位为贯通站台层与高架候车层的空间,位于两个候车厅之间。室内吊顶单元配合屋顶结构安装呈反弧状,可完全避免声音聚焦。室内部分墙壁铺贴微孔吸声材料。

出站厅和站台层人流密集,人群喧嚣声较大,加上列车通过引起的振动和辐射噪声,必须进行必要的声学处理。建议在出站厅顶部安装吸声吊顶,墙面也进行吸声处理,地面则采用橡胶类地面,具体量化设计需进行专题深化设计。站台上的降噪除了在轨道两侧进行吸声处理外,还需对高架候车层楼板下的吊顶进行声学处理。这一吸声吊顶的方式也可用于中间站台雨棚,尤其是正线通过轨道两侧的站台雨棚。

②设备系统噪声控制。平面设计中对产生噪声的设备用房进行合理布置,使噪声产生区远离旅客主要活动区域;同时严格控制设备系统的噪声等级,以满足国家规定的允许噪声限值。

设备系统的噪声控制,包括暖通空调、风口、电梯、水泵等机械声源的消声、隔声及减振。通过对设备基础的减振处理,及对设备用房(如空调机房、水泵房等)本身进行吸声处理、管道系统传声的控制等,能有效减轻设备系统噪声的影响。

在设备选型上,选择低噪声级的设备也是有效的降噪手段。

建筑专业根据设备的噪声等级,对设备用房、管道井、管廊等进行相应的隔声减振构造处理。

③隔声降噪。主要是保证屋顶、墙面及上下层之间隔声,控制外界噪声(包括风雨雷鸣声)对室内空间的影响,在火车站,尤其是高架车站的设计中,通过加强维护结构的隔声能力,降低列车通过时产生的噪声。

(5)建筑智能化设计

在站房内设置生产办公自动电话系统、客运无线通信系统、客运及综合楼广播系统、旅客引导显示系统、客运电视监视系统、报警与联动控制系统、候车及办公时钟设施、CATV系统、大屏综合信息显示系统、车站运营管理信息系统、安检系统、综合布线系统。

(6)建筑无障碍设计

按照《城市道路和建筑物无障碍设计规范》和《铁路旅客车站建筑设计规范》,进行建筑无障碍设计。

(二)结构部分

1. 工程简介

衡阳东站由站房和站台雨棚组成。

站房为局部地下1层出站厅,地上3层,柱网为15 m×15 m、20 m×15 m、30 m×48 m。出站厅地面相对高程为±0.000 m,层高7.0 m,主要功能为出站和站房的设备用房、商业及售票厅。一层主要为基本站台候车厅、售票、服务功能用房,地面相对高程为7.000 m,层高8 m和30 m。二层为普通候车室,地面相对高程15.00 m。屋面分为22.35 m相对高程屋面、25 m及屋脊顶39 m屋面,屋顶结构采用钢结构管桁架。

站台雨棚为单层结构,采用倒三角形钢桁架,跨越基本站台和普通站台,支撑于钢柱上。钢桁架间距为12 m和14 m,钢柱为单根圆钢管。站台雨棚与站房相接部分的钢桁架支撑于站房柱牛腿及边梁牛腿,支座采用可单向或者双向滑动的球铰支座。整个站台钢雨棚设置两条横向温度缝,将雨棚分为三部分。桁架最大跨度48 m。

本工程±0.000 m相当于绝对高程57.407 m。

2. 变形控制指标

(1)钢结构在风荷载标准值作用下的层间相对位移:$h/150$(h为层高)。

(2)钢筋混凝土梁挠度限值:$L_0/300$($L_0/400$)。

(3)钢桁架的挠度限值:

在恒+活标准值作用下为$L_0/400$;在活标准值作用下为$L_0/500$;

(4)檩条挠度限值:

在恒+活标准值作用下为$L_0/200$。

(5)混凝土结构裂缝宽度限值:

①钢筋混凝土结构:0.2 mm(二a类环境类别),0.3 mm(一类环境类别);

②预应力混凝土结构:二级裂缝控制等级(二类环境类别,预应力混凝土屋面梁);三级裂缝控制等级(一类环境类别,预应力混凝土楼面梁)。

3. 主要结构材料

(1)钢筋:HPB235、HRB335、HRB400、CRB550。

(2)钢材:Q235B、Q345B。

(3)钢绞线:$f_{ptk}=1\ 860\ N/mm^2$级别。

(4)混凝土:①钢筋混凝土柱:C40;②钢筋混凝土梁及相关板:C35;③预应力混凝土梁及相关板:C40。

建筑结构设计基准期为50年,主体结构耐久性为100年。

4. 荷载

(1)垂直活载。本工程所采用的主要活载标准值见表3-9-3。未见说明者均按《建筑结构荷载规范》(GB 5009—2001)(2006版)采用。

(2)雪荷载。基本雪压0.40 kN/m^2(按100年一遇取值),组合系数为0.7,频遇组合系数为0.6,准永久系数为0。

表3-9-3 主要活载标准值

项次	类别	标准值(kN/m^2)	组合系数ψ_c	准永久系数ψ_q	备注
1	冷冻机房	8.0	0.7	0.9	
2	配电间、水泵房、发电机房、通信信号间	10	0.7	0.9	
3	商业、出站厅,候车厅、售票大厅	3.5	0.7	0.5	
4	卫生间	2.5	0.7	0.5	不含轻质隔墙重量
5	楼梯间	3.5	0.7	0.3	消防楼梯

续上表

项　次	类别	标准值(kN/m²)	组合系数 ψ_c	准永久系数 ψ_q	备　注
6	空调机房	7.0	0.9	0.8	
7	不上人屋面	0.5	0.7	0	
8	办公、贵宾厅	2.0	0.7	0.5	
9	会议室	2.5	0.7	0.6	
10	强电、弱电机房、计算机房、主机房	5.0	0.9	0.8	
11	消防车道	20	0.7	0.6	次梁、主梁计算时再乘折减系数

(3)风载。

①基本风压：0.45 kN/m²(按 100 年一遇取值)，地面粗糙度为 B 类。

②体形系数：根据荷载规范并结合以往的工程风洞试验经验确定。

③风振系数：暂时根据计算和经验初步确定。

5. 荷载组合

荷载组合按《建筑结构荷载规范》(GB 50009—2001)(2006 版)执行，其中温度作用的分项系数取 1.3，组合系数取 0.6。恒载则按其对结构有利和不利两种情况分别取 1.0 和 1.2，若恒载为控制工况，则其分项系数为 1.35。主要荷载组合工况如下：

(1)恒载：D；

(2)楼面(屋面)活载：$LL(WL)$；

(3)风载：W；

(4)雪荷载：S；

(5)温度作用：T。

6. 站房结构设计

站房结构为框架结构。

(1)±0.000 为出站层，该层局部板采用 400 mm 厚的结构配筋防水底板。

(2)7.0 m 为基本站台候车层，该层板采用 150 mm 厚的结构板。大跨度梁采用后张有粘结预应力混凝土梁，并在纵向跨度板中设置无粘结预应力筋作为温度筋。

(3)15.0 m 为普通候车室，结构楼板 150 mm，对跨度及荷载较大的结构梁采用后张有粘结预应力混凝土梁。

(4)屋顶结构。

本工程屋顶结构采用钢结构管桁架，相贯焊接节点。桁架最大跨度 48 m，最大高度 4.62 m。经过结构计算分析，桁架结构的应力及位移均能满足规范要求。由于为曲面结构，采用管桁架比较合适，方便制作与安装。

7. 基础设计

本工程站房部分基础采用 ϕ800 mm 钻孔灌注桩。桩端持力层为中风化泥岩层，有效桩长在 27 m 左右，单桩竖向承载力特征值应不小于 5 500 kN。站台雨棚部分采用 ϕ600 mm 钻孔灌注桩。桩端持力层为强风化泥岩层，有效桩长在 23 m 左右，单桩竖向承载力特征值应不小于 2 200 kN。

四、广州南站

(一)概　　述

广州南站是全国铁路四大路网客运中心之一——广州枢纽内的主要客站，与枢纽内既有的广州站、广州东站、广州北站以及规划中的佛山西站，组成“四主一辅”的格局，共同承担枢纽内铁路旅客运输职能。广州南站主要办理武广铁路客运专线、广深港客专、贵广客专、南广线、广东西部沿海铁路大部分高、中速始发终到的旅客列车；广珠城际大部分始发终到城际列车；以及武广铁路客运专线、贵广、南广至广深港客专、广珠城际的通过列车。根据客流量分析预测，到 2030 年高峰日旅客发送量为 30 000 人。站场规模按客车到发线 28 条、站台 15 座建设。是一个集国有铁路、地铁、市郊铁路和公交、长途汽车、出租车、社会车等市政交通设施为一体的大型综合交通枢纽。

车站建筑工程建筑建筑面积为 48.6 万 m^2，其中客运用房建筑面积 21 万 m^2，建筑总高 52 m。建设充分体现了“功能性、系统性、先进性、文化性、经济性”的原则。图 3-9-13 为该车站立面图，图 3-9-14 为该车站立体效果图。

图 3-9-13　广州南站立面图

图 3-9-14　广州南站立体效果图

(二)工程特点

1. 地区性综合交通枢纽，对外便利衔接

广州南站选址珠江三角洲中心地带，至各主要城市核心区域距离相近，定位为珠三角、都市圈的核心交通枢纽，车站引入高速铁路、客专、城际、地铁、城市快线等各类型的轨道交通，以及公交、长途、自备车、出租车、机场巴士等多种交通工具，成为综合性的区域交通枢纽。

2. 高效合理的流线布局

车站内旅客流线、车辆流线多种多样，针对不同种类的流线，选用了不同的流线组织形式，并有机的组织在建筑内部，高效、合理、有序、便于识别。长途旅客候车时间长，需要较好的等候环境，上进下出。城际旅客候车时间短，需要尽快的完成乘降，下进下出。旅客到达后，分方向快速疏散。向下直达地铁，规划有 5 条线路；向东长途客运站、向西公交车站、南北出租车和自备车。站外，旅客流线和车辆流线完全分开，旅客东西向进出站，车辆南北向进出站。出租车多道停靠，可选择方向乘坐，与旅客分层。

3. 站桥合一的大跨度结构体系

受线路条件限制，广州南站轨道设置于高架桥梁上，在轨道上方又设置了高架跨线候车室。在轨道梁上直接设置混凝土结构的候车室和钢结构的雨棚。两种结构体系的融合，获得开敞的空间。结构设计需要考虑两者的相互作用，又跨越了不同的规范体系。桥梁为连续梁的形式，最大跨度 64 m，结构柱直接落于轨道梁上，部分与桥梁共基础、部分设在柱位，部分直接落于梁上。整体受力、计算、抗震、振动等都需要协同计算。

4. 大跨度多向预应力结构

中央采光带为预应力网壳结构，南北向施加预应力，端部为三向张拉，雨棚及候车区屋面部分采用索拱形式，连续 6 跨东西向张拉，通过刚性桁架转化。实现多项预应力的张拉，创造高大开敞的空间。

5. 大跨度预应力混凝土整板

高架层结构落于桥梁上，采用 32 m×23.5 m 的大跨度预应力钢筋混凝土结构，最大块 192 m×115 m。采用跳仓法施工，不设施工缝，加快了进度，确保质量。

6. 咽喉区高密度道岔桥梁设计

车站两端咽喉区大量的高速道岔，桥梁设计需要满足道岔、轨道的多项变形要求，设计采用标准梁段，不同翼板的准标准设计。解决了道岔群的铺设，同时又尽量实现了标准化设计。

7. 太阳能光伏发电技术

利用大面积屋面布设了约 4 200 m^2 面积的太阳能板，遮光的同时又可发电，年发电总量约 29 万 kW。

8. 针对性的消防性能化设计

为满足高大开敞空间的要求，有针对性完成消防性能化设计，根据建筑特点模拟计算火灾，制定单独的消防措施。

9. 大空间建筑热环境和节能设计

设计开展了“建筑热环境及节能研究”工作，计算建筑围护结构热工参数，确保满足节能要求；分析复杂建筑空间内自然通风对空调的影响；研究大空间内温度场、气流场、速度场的分布；分析计算建筑内的逐时负荷；评价高架层楼板下新风空气品质，均体现了站房生态、节能、环保的设计思路。

10. 高大空间建筑照明及智能控制

照明设计详细分析了各空间特性，根据不同区域的特点选用不同的照明方式。体现建筑特点营造良好光环境。设计根据不同场景、不同时间选用不同的照明方式，实现智能照明控制，节约能源。

(三)建筑设计

1. 平面布局

车站共有五层，其中地上三层，地下二层。地上一层为旅客出站厅、城际旅客进站厅、直通车旅客入境联检厅、地面停车场以及出租车上客区，二层为站台层，三层为旅客候车区域以及直通车旅客出境联检厅；地下一层为地铁交换厅，二层为地铁 2 号线、7 号线、佛山 2 号线站台层，车站还规划预留了地铁 20 号线、广佛城际线的接入条件。车站设 28 座站台(面)，设东西两个广场，广场上设置公交车站。车场下方设置出租车、小型车停车场，四周均规划了进出站道路。旅客流线采用上进下出和下进下出相结合的方式。出租车、社会车旅客可由东、西高架平台进入站厅，公交车旅客由地面进站厅转换进入高架候车厅，地铁旅客直接通过地面交换空间换乘。城际列车旅客，可由地面进站厅直接进站。出站旅客到达地面出站大厅后，可向五个方向分别疏散，向下到达地铁车站厅，向东西两侧可到达广场公交车场，向南北两侧可到达出租车、大巴车、社会车停车场。

2. 造型设计

广州南站以岭南特色的芭蕉叶为造型元素。屋面中央薄壳型双曲采光带将长短错落有致、层层叠叠的叶片状雨棚统一成整体，整个建筑以其优美的曲线和独特造型彰显出鲜明的地域特色和交通建筑特性。建筑屋面南北向 580 m，东西向 475 m；中央站房南北向 192 m，东西向 398 m；最高点 52 m，雨棚最高点 41.8 m，总建筑面积 11.14 万 m^2。

第五节　采暖与通风设计

一、设计原则、标准

1. 本线不设集中采暖。对设有空调系统的建筑，有条件的采用热泵采暖，并充分利用空调系统和末端装置。

2. 通信、信号、客运调度机房、客运信息用房等室内温、湿度以及洁净度达不到工艺和设备运行环境要求的房间，根据工艺要求设置空调。

3. 站房候车室、乘务员公寓、侯班楼及生产办公房屋设置舒适性空调。

4. 站房候车室及乘务员公寓等人员集中的生产、办公房屋设置电开水器供应开水。淋浴间、集中浴室、乘务员公寓等设置热水供应。

5. 根据《建筑设计防火规范》、《铁路工程设计防火规范》、《建筑灭火器配置设计规范》等国家规范要求设置消防水系统、气体灭火系统及配置灭火器。

二、设计概述

(一)采暖、通风

1. 空调

武广铁路客运专线各中间站房位于夏热冬冷地区，候车室和售票厅均设置有中央空调系统，夏天制冷，冬天制热。

冷热源形式：每个站房均设有独立的冷热源站，设置在站房内。株洲西站冷热源采用地下水水源热泵机组，汨罗东站、咸宁北站采用垂直土壤源地源热泵机组，赤壁北站采用风冷热泵机组。热泵机组夏天为中央空调系统提供7℃～12℃冷水，冬天为中央空调提供45℃～40℃热水。地埋管管材采用高密度聚乙烯管(HDPE100)*DN*32，埋设在站房室内地下。

候车室、售票厅采用全空调系统，结合建筑造型及装修要求采用喷口侧送，下侧集中回风。空调机组采用组合式转轮热回收空调机组(包括热回收段、混合过滤段、风机段、均流段、消声段、水平送风段)，设置在空调机房内。

根据各专业所提工艺要求，通讯机械室、信号电源及继电器室、信息总控室、信息主机房、配电房控制室等设有风冷智能变频冷暖空调系统。

贵宾候车室采用风冷智能变频冷暖空调系统，即使在中央空调不开启时也可单独使用。

空调、通风系统采用集散型控制系统，由中央管理站、局部通讯网络、现场控制器(DDC)、各种传感器、电动执行机构组成，并纳入车站楼宇智能化管理系统。

2. 通风

(1)候车室、售票厅及商业服务用房等由设在上部的电控远程可开启外窗自然排烟，当候车室、售票厅空调全新风运行或发生火灾时，上部外窗可通过消防控制室远程开启。

(2)站房内公共厕所设置机械通风系统。

(3)高压配电室、低压配电室、调压器室、接地设备室、柴油发电机房设有机械排风系统，并设有温度控制器自动控制风机的启停。柴油发电机房的风机采用防爆电机。

(4)设置气体灭火的房间同时设置机械排风系统，排风量按不小于5次/h设计。排风口设置在房间下部。

(二)消　防

1. 车站消防系统

车站消防系统分为室外消防系统和室内消防系统。

(1)室外消防系统

①站房室外消防给水流量为30 L/s，火灾延续时间2 h。

②室外消防用水流量和压力均由城镇市政给水管网以及设在消防泵站边的消防贮水池保障供应，室外消火栓处压力保证不小于0.1 MPa。消防水池为室外消火栓系统贮水 $V=216\ m^3$。

③室外给水管网设计成环状，由场区外围市政给水管网引2根*DN*200进水管。进水管上设倒流防止器，以避免供水事故时污染市政给水管网。室外给水管网供水至泵房无负压生活供水设备，还供应室外消火栓用水。室外给水管网设阀门，保证检修时关闭的室外消火栓不超过5个。

④消防水池贮存室内消火栓、室外消火栓、自喷等用水。室外消防用水取自室外消火栓，市政停水时，消防车可由消防水池取水口取水。消防水池共贮水500 m^3。

⑤室外消火栓的设置间距不大于 120 m，在水泵接合器的 15～40 m 范围内设置室外消火栓。

⑥消防水泵设在消防泵房内，以下为主要加压设备参数。

消火栓泵采用 XBD20-50-HY 型消防专用泵 2 台，一用一备，单台参数：$Q=20$ L/s，$H=40$ m，$N=15$ kW。自喷泵采用 XBD40-50-HY 型消防专用泵 2 台，一用一备，单台参数：$Q=40$ L/s，$H=40$ m，$N=30$ kW。

⑦站房屋顶设置高位消防水箱，贮 10 min 消防用水量 $V_x=18$ m^3，屋顶设 ZW(L)-I-XZ-13 型气压式消防增压设备，$N=1.5$ kW。

⑧室内消火栓系统、自动喷水灭火系统和消防水炮系统共用屋顶消防水箱、消防增压设备和消防贮水池。

⑨室外消防给水管采用球墨铸铁给水管。

(2)室内消防系统

室内消防系统的设置又可分为消火栓灭火系统和自动喷水灭火系统，并配备移动式灭火器材。

①室内消火栓系统。按一次火灾考虑，室内消火栓系统设计参数为：室内消火栓用水量 20 L/s，火灾延续时 2 h，消防水池为室内消火栓系统贮水 $V=144$ m^3，屋顶消防水箱贮存 10 min 贮水量 $V_x=18$ m^3。室内消火栓系统由消火栓供水泵供水，火灾时启动该泵。室内消火栓管网布置成环状，并在室外设置 2 套 SQ150 型消防水泵接合器，供消防车在室外向该系统供水。消防箱内设启泵按钮及自救用消防卷盘。室内消火栓系统给水管均采用热镀锌钢管，$DN<100$ mm 时螺纹连接，$DN\geqslant100$ mm 时卡箍连接。

②站台消火栓系统。本工程基本站台和中间站台均设站台消火栓，按一次火灾考虑。站台消火栓系统设计参数为：站台消火栓用水量 10 L/s，火灾延续时间 2 h。站台消火栓采用地下支状管网。中间站台在两端各设一个站台消火栓，基本站台除两端外，中间也设置消火栓，使站台消火栓间距不大于 50 m。

③自动喷水灭火系统。本工程除卫生间、电设备房、水泵房、设气体灭火系统的房间外，各处均设闭式自动喷水灭火系统，自喷采用湿式系统，由泵房内的自喷加压泵供水。吊顶后高度低于 8 m(含)的部位，按中危险 I 级布置喷头，喷水强度 6 L/(min·m^2)，作用面积 160 m^2；高度大于 8 m 且小于 12 m(含)的部位按高大空间布置喷头，喷水强度 6 L/(min·m^2)，作用面积 260 m^2。自喷系统供水量 34 L/s，供水时间 1h。消防水池为自喷系统贮水 $V=121$ m^3。室内自喷系统给水管均采用内外壁热镀锌钢管，$DN<100$ mm 时螺纹连接，$DN\geqslant100$ mm 时卡箍连接。

④气体灭火系统。售票机房、信息机房与信号、变配电所和通信网络机房等重要设备用房，不设自喷灭火系统，设置气体灭火系统。气体灭火系统采用无管网七氟丙烷气体灭火系统，根据各个防护区保护对象的不同，分别采用相应的灭火浓度和喷放时间。

⑤建筑灭火器配置。站房与生产办公用房等所有建筑均配置移动式干粉灭火器，其他部分根据《铁路工程设计防火规范》，按其配置场所的危险等级、火灾的种类配置相应的建筑灭火器。建筑灭火器采用手提式或推车式磷酸铵盐干粉灭火器，特种火灾类型的场所采用专门种类的建筑灭火器。

2. 动车所消防管道

长沙动车所消防采用低压式，消防与生产、生活共用同一给水系统。长沙动车所存车线消防按每隔两条线在股道间设置一排地下式消火栓，间距 50 m，同时配备水枪、水龙带消防器材等。存车场共设 8 排、计 72 座地下式消火栓。

三、新技术选用及节能设计

1. 与建筑专业配合选用热工性能好的建筑材料，减少建筑物外围护结构的热传递，建筑物外围护结构的热工性能满足《公共建筑节能设计标准》对夏热冬冷地区的要求。

2. 采用高效空调设备，在螺杆式风冷热泵机组额定工况和规定条件下，其性能系数(COP)不低于 3.2，水泵效率不低于 80%，风机总效率不低于 60%；风系统均采用低阻过滤器。

3. 高大空间空调侧送风方式，分层空调，仅满足人员活动下部空间对温度的要求，上部空间不作要求，减少空调负荷，节省运行费用。

4. 将空调风(水)系统、通风系统设计成多种组合方式，便于在不同季节、不同使用条件下灵活选择运行方式；风系统空调机房均靠近空调房间，减小系统阻力。

5. 空调风机单位风量耗功率不大于 0.48 W/(m³/h),空调水系统输送能效比不大于 0.019。

6. 过渡季节采用自然通风或空调系统全新风运行,减少空调冷热源系统运行时间,达到节能的目的。

7. 变频多联空调系统设置全热交换器,进行热回收。候车大厅、售票厅全空气空调系统,根据室内 CO_2 浓度调节新风量,在满足卫生要求的前提下节约能源、节省运行费用。

8. 候车大厅、售票厅外门均设有大门空气幕。

9. 空调系统风管、供回水管均采用难燃(B1 级)型闭泡橡塑绝热材料保温,可靠、保温效果好。

10. 空调系统设有完备的自动控制系统,实现空调系统的智能化运行,可靠、节能。

第六节 给排水工程设计

一、设计原则、标准

(一)一般原则

给排水管道(含附属构筑物)尽量布置在铁路购地界以内,避免施工、维护时与地方发生冲突。

(二)明铺管道

明铺管道(过桥涵)详细计算管道支架、防寒保温以及钢管防腐数量。过桥涵时,在设计过程中及时向桥梁专业提供管径、荷载、架设位置等相关资料。

(三)给排水构筑物及生产房屋

给排水专业所涉及的构筑物主要是水塔、清水池及各类污水处理池,给排水构筑物施工前,要求施工单位事先与设计单位联系,落实定位是否合适,避免由于设计时定位不准或由于其他专业变更而导致与其他设施交错。

对于有大型设备的水处理间,应注明设备最大尺寸(平面、高度),以便房建专业预留设备安装条件,避免设备不能正常从大门进入组装,引起个别土建拆改而影响施工。

(四)施工过渡方案

由于本线穿越岳阳、长沙等多个城区,市政管线错综复杂,在勘测中详细调查后,设计过程中考虑拆迁、过渡方案。主要应注意以下工点。

1. 线路发生立交处,例如公跨铁。

2. 新建股道。

3. 新建桥梁的桥墩、桥台。如淦河特大桥在 102 号～103 号墩之间跨越咸番公路,引起咸宁自来水公司 *DN*1 500 水泥管破裂,导致咸宁市局部停水,影响桥梁施工工期。

二、给排水设计

设计范围内武广铁路客运专线共设 18 个车站,其中给水站 10 个,分别为武汉、咸宁北、岳阳东、长沙南、株洲西、衡阳东、郴州西、韶关西、广州北、广州南;生活供水站 8 个,分别为乌龙泉东、赤壁北、汨罗东、衡山西、耒阳西、乐昌东、英德西和清远。

(一)车站水源

除乌龙泉东站、英德西站采用地下水外,其他站均采用城市自来水。

(二)给水加压站

岳阳东、耒阳西、衡山西及衡阳东站采用城市自来水直供,其他取用城市自来水的车站,均在站内设置给水加压站以保证车站的供水水压要求。咸宁北、赤壁北、汨罗东、株洲西、郴州西、乐昌东、韶关西及清远站采用变频供水设备或无负压供水设备;长沙动车所内设水塔配水,给水设备采用离心清水泵。

(三)客车上水点设置

武汉站、武汉动车段、长沙南站及长沙动车运用所整备库内、存车场整备线设客车上水设备,供始发终到或折返到车上水作业。根据车站站场布置,客车上水干管布设在股道与结构梁间的沟槽内,客车上水栓采用软管自动回收装置。

（四）输配水管道

室外给水管材经经济技术比较，管径＜300 mm采用钢丝网骨架塑料（聚乙烯）复合管，管径≥300 mm采用球墨铸铁管。长沙南站客车上水管采用球墨铸铁管。

室外排水管采用增强聚丙烯FRPP模压管。

给排水管道防护措施：给水管道穿越区间线路或站场时集中布设，无桥涵可利用时，设置防护涵洞，其断面尺寸满足管道检修要求，并与站前工程同步实施。排水管道穿越铁路正线及到发线时，无桥涵可利用时，设置防护涵洞，并与站前工程同步实施。

三、污水处理

（一）旅客列车卸污点分布及卸污方式

武汉站、长沙南站及长沙动车所设旅客列车卸污点。根据动车检修、整备方式，武汉站、长沙南站及长沙动车所采用固定式卸污方式，并在动车段、所配备移动式吸粪车2辆。

（二）污水处理方案

设计范围内各站的污水处理方案均根据“武广铁路客运专线环境影响评价报告”中所规定的污水排放标准确定。

长沙南站集便污水经厌氧池处理，排入城市下水系统。长沙动车所集便污水经厌氧池处理、含油污水经调节沉淀斜板隔油池处理，处理后污水汇同其他污水抽升至市政下水系统。英德西站生活污水由沼气净化池处理后就近排至低洼处。

乐昌东及韶关西站各设一座综合污水处理站，采用SBR污水处理工艺，清远站新建的污水处理站，采用人工湿地处理工艺，各站污水排放均执行《污水综合排放标准》中的一级标准。

（三）泵房设置

浏阳河隧道在最低点设废水泵房，广州侧洞口设雨水泵房。废水泵房废水经抽升排入城市雨水系统，雨水泵房雨水经抽升排入地方排洪系统。

第十章 通 信 设 计

第一节 工程概况、特点及主要工程数量

一、工程概况

武广铁路客运专线全线共设15个客运站，3个越行站。其中武汉、长沙南、广州南等3站为始发站，咸宁北、赤壁北、岳阳东、汨罗东、株洲西、衡山西、衡阳东、耒阳西、郴州西、韶关西、清远、广州北12站为中间站，乌龙泉东、乐昌东、英德西等3站为越行站。全线平均站间距离56.769 km，最大站间距离84.271 km，最小站间距离36.459 km。

枢纽相关工程包括武汉枢纽、长沙(株洲)枢纽、衡阳枢纽、广州枢纽，以及武汉动车段、广州动车段。

二、通信工程特点

武广铁路客运专线通信系统需满足高可靠性、高可用性、可维护性及可扩展性等要求，为高速铁路业务应用系统提供网络服务，并提供高质量的语音、数据及图像通信业务，满足与既有铁路通信系统共享资源、互联互通的需要。

武广铁路客运专线是国内第一条完全自主设计，当今世界运营速度最高、线路最长、规模最大、工程最复杂的高速铁路。

通信工程开通了全球第一个投入运营的时速350 km、提供C3列控通道的GSM-R系统，路内首创C3线路GSM-R系统隧道通用组网模式，首次提出GSM-R单基站覆盖范围的最小值并在工程中得到验证，提出了铁路枢纽GSM-R网络覆盖统一规划设计方案，路内首次建成武汉、北京核心网节点互备网络，路内首次实施跨局、跨MSC的调度组网及多业务IP数据网方案。

高可靠的GSM-R系统设计使武广铁路客运专线的技术装备水平，也使我国的铁路移动通信技术跨入了国际领先行列。

三、主要工程数量

通信工程共敷设通信光缆3 626.32 km、通信电缆170 km，新建GSM-R基站330个、光纤直放站435处。

通信主要工程数量见表3-10-1。

表3-10-1 通信主要工程数量表

区段	单位	武乌段	乌龙泉至局界	局界至韶关	韶花段	花广段	合 计
起讫里程		DK1188～DK1232	DK1232～DK1341+416	DK1341+416～DK1989+500	DK1989+500～DK2167+000	DK2167+000～DK2220+158	
GSM-R基站	个	18	35	200	59	18	330
光纤直放站	个	6	5	314	103	7	435
通信光缆	km	204.22	265.524	2294.79	623.413	238.373	3626.32
通信电缆	km	9.57	12.45	107.58	29.23	11.17	170

第二节 规程规范与设计原则

一、规程规范

依据的规程规范见表3-10-2。

表 3-10-2　通信工程的相关规程规范

序号	标准号(或文号)	标准名称
1	TB 10621—2009	高速铁路设计规范(试行)
2	TB 10006—2005	铁路运输通信设计规范
3	TB 10026—2000	铁路光(电)缆传输工程设计规范
4	TB 10073—2000	铁路通信用户接入网设计规范
5	TB 10087—2010	铁路数据通信网设计规范
6	TB 10086—2009	铁路数字调度通信系统及专用无线通信系统设计规范
7	TB 10085—2009	铁路图像通信设计规范
8	运基通信〔2010〕35 号	关于印发<铁路客运专线通信技术装备标准(试行)>的通知
9	建技〔2010〕11 号	关于认真做好铁路线路防护栅栏及防灾安全监控等实施工作的通知
10	YD/T 1267—2003	基于 SDH 传送网的同步网技术要求
11	YD 5102—2003—I	长途通信干线光缆传输系统线路工程设计规范
12	YD/T 5095—2000	同步数字系列(SDH)长途光缆传输工程设计规范
13	YDN—065—1997	邮电部电话交换设备总技术规范书
14	YD/T 1128—2001	电话交换设备总技术规范书补充件 1
15	YDN 088—1998	自动交换电话(数字)网技术体制
16	信部电〔1999〕728 号	电信网间互联管理暂行规定
17	GF001—9001	中国国内电话网 No. 7 信号方式技术规范
18		中国国内 No. 7 信令方式技术规范消息传递部分(MTP)
19		中国国内电话网 No. 7 信令方式技术规范综合业务数字网用户部分(ISUP)
20		中国国内电话网 No. 7 信号方式连接控制部分(SCCP)的技术规范
21		中国国内电话网 No. 7 信号方式事务处理能力部分(TC)技术规范
22	YD/T 1170—2001	IP 网络技术要求——网络总体
23	YD/T 1190—2002	基于网络的虚拟 IP 专用网(IP-VPN)框架
24	YD/T 1097—2001	路由器设备技术规范
25	科技运〔2006〕120 号	GSM-R 数字移动通信网技术体制(暂行)
26	铁信息函〔2005〕120 号	铁路 GSM-R 数字移动通信系统网络技术规划
27	科技运〔2008〕170 号	GSM-R 无线网络覆盖和服务质量(QOS)测试方法(V1.0)
28	运基通信〔2005〕164 号	铁路 GSM-R 数字移动通信系统 SIM 卡技术条件(V1.0)
29	科技运〔2007〕116 号	GSM-R 数字移动通信系统应用技术条件第一分册:调度通信系统 V3.0
30	科技运〔2007〕98 号	GSM-R 数字移动通信系统应用技术条件第二分册:列车无线车次号校核信息传送系统 V1.0
31	科技运〔2007〕99 号	GSM-R 数字移动通信系统应用技术条件第三分册:调度通信信息无无线传送系统 V1.0
32	科技运〔2007〕63 号	GSM-R 中继传输系统设备技术规范
33	科技运〔2006〕119 号	GSM-R 数字移动通信系统网编号计划(V2.0)
34	YD/T 1120—2001	通信电缆-物理发泡聚乙烯绝缘漏泄同轴电缆
35	铁建设〔2007〕92 号	铁路 GSM-R 数字移动通信系统工程设计暂行规定
36	铁建设〔2007〕39 号	铁路防雷、电磁兼容及接地工程技术暂行规定
37	运基通信〔2008〕351 号	GSM-R 数字移动通信网络数据报表填报办法(暂行)
38	铁建设〔2007〕163 号	铁路 GSM-R 数字移动通信工程施工质量验收暂行标准
39		调度通信系统主要技术条件(暂行)
40	TB/T 3160.1—2007	铁路调度通信系统第 1 部分:技术条件
41	TB/T 3160.2—2007	铁路调度通信系统第 2 部分:试验方法
42	TB/T 3204—2008	铁路应急通信接入技术条件

续上表

序号	标准号(或文号)	标准名称
43	YD/T 5032—2005	会议电视系统工程设计规范
44	运基通信〔2003〕455 号	铁路运输应急通信系统技术体制
45	YD/T 5089—2005	数字同步网工程设计规范
46	TB/T 2993.1—2000	铁路通信站用交流配电设备
47	TB/T 2993.2—2000	铁路通信站用－48 V 直流配电设备
48	TB/T 2993.3—2000	铁路通信站用－48 V 高频开关整流设备
49	TB/T 2169—2002	铁路中间站通信电源设备技术条件
50	TB 10072—2000	铁路通信电源设计规范
51	YD/T 1051—2000	通信局(站)电源系统总技术要求
52	YD/T 1058—2000	通信用高频开关组合电源
53	YD/T 1095—2000	通信用不间断电源——UPS
54	YD/T 799—2002	通信用阀控式密封铅酸蓄电池
55	铁运〔2008〕33 号文	关于加强铁路视频监控系统建设和运用管理的通知
56	运基通信〔2008〕630 号文	关于发布《铁路综合视频监控系统技术规范(试行)》的通知
57	GA/T 367—2001	视频安防监控系统技术要求
58	GA/T 75—94	安全防范工程程序与要求
59	GB 50198—1994	民用闭路监视电视系统工程技术规范
60	YD 1099—2005—I	以太网交换机技术要求
61	GB 50169—1992	电气装置安装工程接地装置施工及验收规范
62	TB/T 10034—2005	铁路无人值守机房环境远程监控系统工程设计规范
63	YD/T 1051—2000	通信局(站)电源系统总技术要求
64	YD/T 1363.1—2005	通信局(站)电源、空调及环境集中监控管理系统第 1 部分:系统技术要求
65	YDN 010—1998	光缆线路自动监测系统技术条件
66	ISO/IEC 11801—2000	用户建筑通用布线标准
67	CENELECEN 50173	用户建筑布线标准
68	CENELECEN 50174	用户建筑布线安装规范
69	GB/T 50311—2007	建筑与建筑群综合布线系统工程设计规范
70	GB 50312—2007	建筑与建筑群综合布线系统工程验收规范

二、设计原则

武广铁路客运专线通信系统具备高可靠性、高可用性、可维护性及可扩展性等要求，设备采用模块化设计，便于系统升级和扩展。

通信系统为高速铁路列车控制、运营调度、旅客服务、经营管理、防灾安全监控等业务应用系统提供网络服务，并为运输提供高质量的语音、数据及图像通信业务。

通信系统满足与既有通信系统互联的需要。通信网设计应符合铁路通信网统一规划。

通信系统设置通信线路、传输及接入系统、数据通信系统、电话交换系统、数字调度通信系统、GSM-R 数字移动通信系统、会议电视系统、综合视频监控系统、应急通信系统、车站及段所综合布线系统、同步及时钟分配系统、综合网管系统、电源及环境监控系统、通信电源等。通信系统构成如图 3-10-1 所示。

1. 传输系统

传输系统采用 MSTP 设备，新设 SDH 10 Gb/s 长途骨干及本地传输系统，新设 SDH 622 Mb/s 接入层传输系统。

2. 电话交换系统及接入系统

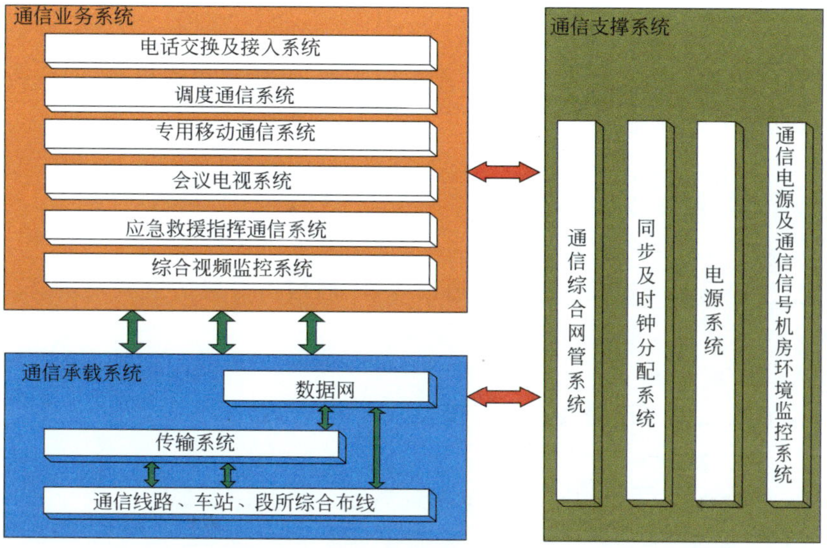

图 3-10-1 通信系统构成图

利用既有铁路程控电话交换网，新增自动电话用户通过接入网纳入既有铁路程控电话交换机。

3. 数据网

数据网为本线提供基于 TCP/IP 应用的网络连接业务，采用核心层、汇聚层、接入层三层网络结构组织武汉至广州 IP 数据网。

4. 专用移动通信系统

采用 GSM-R 铁路专用移动通信系统，采用单网交织冗余覆盖方式，场强覆盖及服务质量指标满足 350 km/h高速铁路的语音及 CTCS-3 级列车控制系统对无线传输的需要。系统包括核心网、无线网络子系统、网络管理子系统、终端等。

5. 调度通信系统

全线新设铁路数字专用通信系统，武汉高速铁路调度所、新武汉通信站分别设置调度交换机，沿线车站设置车站交换机，通过武汉高速铁路调度所交换机与武汉 GSM-R 交换机互联，实现有线、无线调度电话的互通。

6. 会议电视系统

采用 H.323 技术标准，沿线站、段新设分会场设备，武汉高速铁路调度所新设会议电视中心设备，通过设置铁路局既有会议系统终端设备，与铁路既有会议电视系统互通。

7. 应急救援指挥通信系统

全线新设应急通信系统，武汉高速铁路调度所新设应急指挥中心接入设备，沿线配置现场事故抢险设备。浏阳河隧道新设紧急电话系统；隧道疏散通道新设视频监控系统，纳入综合视频监控平台。

8. 通信综合网管系统

新设综合网管中心设备，并在相关维护管理机构设置远程终端，完成通信各个子系统资源和故障告警的综合管理。

9. 同步及时钟分配系统

为本线所有数字通信系统提供同步信号，并为各车站提供统一标准时钟信号。同步源利用铁路既有基准时钟信号。

10. 电源系统

直流电源系统采用－48 V 高频开关电源设备和蓄电池组，不间断交流电源采用 UPS 系统和后备电池组。

11. 综合视频监控系统

综合视频监控系统采用全数字网络视频技术，武汉高速铁路调度所新设监控中心设备，沿线车站设置监控分中心设备，客运站站房、车站重点部位(上、下行咽喉区)、区间公跨铁立交桥、通信、信号机房内、牵引供电及电力供电机房内外设置摄像机，实现对沿线重点设施、区间重点区段、公跨铁大桥及通信、信号、牵引供电、电力供电机房等的实时监控。

12. 通信线路

全线沿干线铁路两侧电缆槽道各敷设1条32芯单模光缆，联络线单线单侧，双线两侧敷设24芯单模光缆。枢纽、站场等地根据需要设置地区接入光缆。

13. 车站、段所综合布线

沿线段、所新设综合布线系统。

14. 通信电源及通信信号机房环境监控系统

通信电源及通信信号机房环境监控系统可对通信电源、通信信号机房空调及机房运行环境等各类情况进行实时监控。

15. 专用工具及仪器仪表

综合维修机构中配置必要的专用工具及仪器仪表。

第三节　与相关专业的接口

一、系统接口

（一）与牵引供电系统的接口

通信系统为牵引供电系统以及相关的运用维护人员提供满足日常工作以及紧急状况下所需的话音、数据通信功能。

电话交换及接入网系统、专用移动通信GSM-R系统为牵引供电系统提供有线、无线方式的公务语音通信。

通信线路、传输系统为牵引供电系统远动SCADA（含低压配电系统SCADA、隧道火灾报警系统FAS、隧道机电设备监控BAS）提供所需的光纤资源、专线传输通道，具体接口方案如下：

(1)牵引变电所SCADA设备通过10 M以太网端口与传输系统MSTP设备互连，接口位于传输系统MSTP设备的10 M以太网端口处。

(2)通信线路在本线正线两侧的36芯光缆中各提供4芯，将牵引变电所SCADA设备与区间AT所、开闭所、AT分区所以及低压供电系统LVD配电所、低压供电系统远动终端、隧道火灾报警系统FAS、隧道机电设备监控设备BAS(在本线500 m以上隧道设置)的相关设备互连，接口位于上述通信系统ODF模块上。

(3)调度中心SCADA监控主站通过100 M以太网端口与传输系统MSTP设备互连，接口位于传输系统MSTP设备的100 M以太网端口处。

车站、段所综合布线系统为牵引供电系统提供在车站、段所的综合布线系统，车站、段所综合布线系统与牵引供电系统的接口位于工作区的RJ45信息插座处。

通信系统利用牵引供电低压供电系统LVD为通信设备提供可靠的交流供电，通信系统设备与低压供电系统LVD的接口位于通信电源系统设备的交流输入端子处。

（二）与信号系统的接口

通信系统为信号系统以及相关的运用维护人员提供满足日常工作以及紧急状况下所需的话音、数据通信功能。

电话交换及接入网系统、专用移动通信GSM-R系统为信号系统提供有线、无线方式的公务语音通信。

通信线路、传输系统、专用移动通信GSM-R系统为信号系统提供所需的光纤资源、专线传输通道以及无线传输通道，以下为接口具体方案。

(1)通信线路在本线正线两侧的36芯光缆中各提供12芯，供信号系统列控、联锁及调度集中使用，接口位于相关信号机房的通信ODF模块上。

(2)专用移动通信GSM-R系统MSC与信号列控系统RBC设备通过30B+D接口互连，同时GSM-R系统GGSN设备通过传输系统提供的专线通道以100 M以太网端口与CTC设备互连。

(3)传输系统为信号集中监测系统提供MSTP专线传输通道，传输系统与信号集中监测系统的接口位于传输系统的10 M以太网端口上。

车站、段所综合布线系统为信号系统提供在车站、段所的综合布线系统，车站、段所综合布线系统与信号系统的接口位于工作区的RJ45信息插座处。

(三)与综合地线系统的接口

通信系统设备统一利用综合地线系统进行接地，接地电阻小于1 Ω，包括区间正线路肩、路堑、桥梁、隧道、车站、段所的所有通信系统设备。同时光缆线路在进局站时或在接近强电设施附近施工及检修接头时，需要接地。

通信系统与综合地线系统的接口位于综合地线的引接端子处。

(四)与运营维护调度系统的接口

通信系统为运营维护调度系统以及相关的运用维护人员提供满足日常工作以及紧急状况下所需的话音、数据通信功能。

电话交换及接入网系统、专用移动通信GSM-R系统为运营维护调度系统提供有线、无线方式的公务语音通信。

调度通信系统、专用移动通信GSM-R系统为运营维护调度系统提供有线、无线方式的调度语音通信。

传输系统为运用维护调度系统提供所需专线传输通道，接口位于传输系统所提供的2 M端口或10 M以太网端口处。

车站、段所综合布线系统为运营维护调度系统提供在车站、段所的综合布线系统，车站、段所综合布线系统与运营维护调度系统的接口位于工作区的RJ45信息插座处。

(五)与旅客服务系统的接口

通信系统为旅客服务系统以及相关的运用维护人员提供满足日常工作以及紧急状况下所需的话音、数据通信功能。

电话交换及接入网系统、专用移动通信GSM-R系统为旅客服务系统提供有线、无线方式的公务语音通信。

传输系统为旅客服务系统时钟、广播等业务提供所需专线传输通道，接口位于调度中心、车站传输系统所提供的2 M端口处。

数据网为旅客服务系统视频监控CCTV以及其他各类非视频应用的数据业务提供路由、交换等功能，接口位于调度中心、车站数据网设备所提供的100 M以太网端口处。

车站、段所综合布线系统为旅客服务系统提供在车站、段所的综合布线系统，车站、段所综合布线系统与旅客服务系统的接口位于工作区的RJ45信息插座处。

(六)与防灾安全监控系统的接口

通信系统为防灾安全监控系统提供满足日常工作以及紧急状况下所需的数据通信功能。

传输系统为防灾安全监控系统区间监测点至调度中心提供所需专线传输通道，接口位于调度中心、区间传输系统所提供的2 M端口处。

车站、段所综合布线系统为防灾安全监控系统提供在车站、段所的综合布线系统，车站、段所综合布线系统与防灾安全监控系统的接口位于工作区的RJ45信息插座处。

(七)与信息化其他相关应用系统的接口

通信系统为票务系统、以办公管理信息为主的信息化内部服务网各应用系统提供满足日常工作以及紧急状况下所需的话音、数据通信功能。

电话交换及接入网系统、专用移动通信GSM-R系统为上述应用系统提供有线、无线方式的公务语音通信。

传输系统为涉及到资金安全、财务安全的票务系统、财务管理系统提供专线传输通道，接口位于高速铁路公司、车站、段所、综合维修工区传输系统提供的10 M以太网端口处。

数据网为除票务系统、财务管理系统之外的信息化其他相关应用系统提供路由、交换功能，高速铁路公司、车站、段所数据网设备与上述应用系统的接口位于数据网设备所提供的100 M以太网端口上，综合维修工区则需要先将业务通过传输系统提供的10 M专线通道汇聚相邻数据网设备。

车站、段所综合布线系统为信息化其他相关应用系统提供在车站、段所的综合布线系统，车站、段所综合布线系统与信息化其他相关应用系统的接口位于工作区的RJ45信息插座处。

二、工程接口

(一)与站前专业的接口

通信专业要求站前专业预留沟槽管洞时,接口设计应满足以下要求:

1. 通信专业向路基专业提出在线路两侧提供通信电缆槽(含盖板)、过轨管材、接头手孔及引下设施等要求。

2. 通信专业向隧道专业提出在隧道两侧提供通信电缆槽(含盖板)或隧道壁挂电缆支架、过轨管材、余长腔、设备洞室等要求。

3. 通信专业向桥梁专业提出在桥梁两侧提供通信电缆槽(含盖板),并在桥墩处预留电缆引下的锯齿孔要求。如需在桥梁增设漏泄同轴电缆支柱,应结合桥梁上的接触网支柱统筹考虑。

4. 通信专业向站场专业提出在站场两侧设置电缆槽要求;并向房建专业提出在站台设置电缆槽的要求,站场至站台电缆槽间应平滑连接。

5. 通信专业向限界专业提出在断面中设置通信电缆支架或电缆槽、漏泄同轴电缆、通信设备等的布置需求。

(二)与其他专业接口

通信专业要求其他专业配套相关设施时,接口设计应满足以下要求:

1. 通信专业向房建专业提出通信设备机房要求;在基站、直放站房屋附近预留铁塔基础及接地网的要求。

2. 通信专业向电力专业提出通信设备用电负荷等级及负荷容量,通信机械室新设电力交流配电箱由电力专业设计。

3. 通信专业向暖通专业提出通信设备通风、空调及消防设施等要求。

4. 当漏泄同轴电缆与接触网同杆架设时,通信专业向接触网提交漏泄同轴电缆挂高、负荷等要求,由接触网专业统一设计接触网支柱杆型。

5. 通信专业向综合接地专业提出接地端子设置要求,通信专业设置引接线并接入综合接地系统中。

第四节 技术方案和主要技术参数

一、传 输 网

(一)传输系统技术需求

(1)应能提供对车站间物理层业务、数据链路层业务的支持,实现 TDM、以太网等业务的接入、处理和传送,并实现统一网管。

(2)应满足列控系统、联锁系统、CTC 系统、AFC 系统、供电系统等涉及安全生产、资金往来的应用系统的通信传送需求,并为通信业务网提供传送通道,系统能力应考虑适当预留。

(3)应采用不同物理路由光缆构成系统保护。

(4)系统网管应完成标准管理信息的交换及安全管理、配置管理、故障管理和性能管理,并提供与通信综合网管的接口。

(二)传输网组网方案

1. 网络结构方案

传输网采用 MSTP 技术按骨干层、接入层两层网络设计。骨干层的主要职责是完成各主干节点间的各类业务连接/调度,同时作为整个网络与既有系统的互连层。接入层的主要职责是完成对接入节点业务的接入、汇聚和转接,将来自区间接入层的业务汇聚到骨干层。

采用 STM-16 10 Gb/s 系统组建多业务传输平台(MSTP)骨干汇聚层;采用 STM-4 622 Mb/s 接入网系统组建多业务传输平台(MSTP)接入层。

(1)骨干汇聚层

骨干层为链型网络,本工程采用 MSP 1+1 方式,新设 STM-64 ADM 设备(采用华为 OSN3500 设备),

节点为武汉高速铁路调度所、洪山通信站、武汉通信站、咸宁北、赤壁北、岳阳东、汨罗东、长沙南、株洲西、衡山西、衡阳东、耒阳西、郴州西、乐昌东、韶关西、英德西、清远、广州北、广州南通信站、东山通信站等共 15 个车站、4 个通信站和 1 个调度所共计 20 个站点，利用 4 芯光纤构成 STM-64 MSP 1+1 传输系统。骨干层与接入层间通过在每个车站间的 2 个 STM-4 光接口互连。

传输系统组网如图 3-10-2 和图 3-10-3 所示。

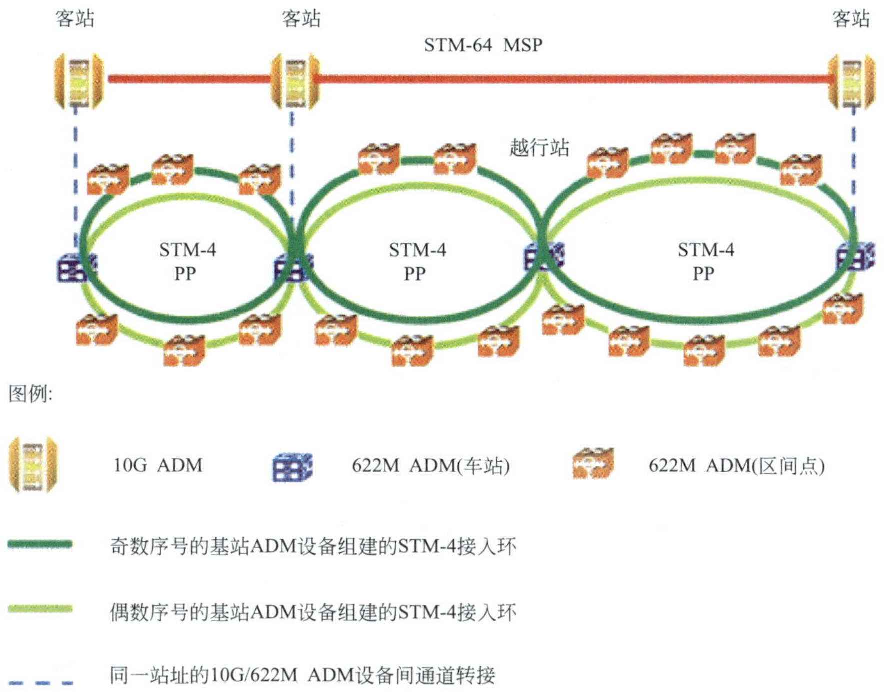

图 3-10-2 武广客运专线传输系统结构示意

(2)接入层

接入层车站节点设置 MSTP 的 622 M 设备，武汉站和广州南站作为区间接入节点设置了 MSTP 的 622 M设备。接入层车站节点共包括 16 个车站(不含武汉站和广州南站)和 2 个通信站(武汉通信站、广州南通信站)，接入层与骨干层之间采用 2 个 STM-4 互连。

区间接入层节点主要完成各基站等站点的业务接入。区间接入层节点新设 STM-4 ADM 设备，并按节点类型不同组成不同的保护环实现对接入业务的保护，在两车站之间利用铁路两侧各 6 芯光纤组成 3 个二纤复用段保护环(信号电牵环、奇数站基站环、偶数站基站环)，实现各接入层站点的业务保护。接入层结构如图 3-10-4 所示。

武汉、广州 2 个 GSM-R 的核心网节点新设 MSTP 622M ADM 设备，并与洪山通信站、东山通信站骨干层 MSTP STM-64 ADM 设备通过 2 个 STM-4 光接口互连，二者为 MSP1+1 保护。洪山通信站通过 1 个 STM-1 光接口与武汉铁路局调度所设置的 STM-1 MSTP ADM 设备互连。

在联络线 2 个节点(十里冲、白马垅)各新设 1 套 STM-4 MSTP ADM 设备。本工程在铁通既有汉口通信站、长沙通信站、株洲通信站、流花桥通信站分别新设 1 套 STM-4 MSTP ADM 设备，沟通本线武汉通信站至既有汉口通信站，本线长沙南站至既有长沙通信站和株洲通信站，本线广州南通信站至流花桥通信站通道。

2. 网络管理方案

武汉、广州南通信站各设置一套网元级网络管理系统，在沿线综合工区分别各设置一套本地维护终端(LCT)，管理整个通信系统的 SDH 设备。

二、电话交换及接入系统

(一)交换网组网方案

不新设程控交换设备，按照武汉、长沙、广州综合维修段管界分段纳入既有铁路电话交换网，统一编号组

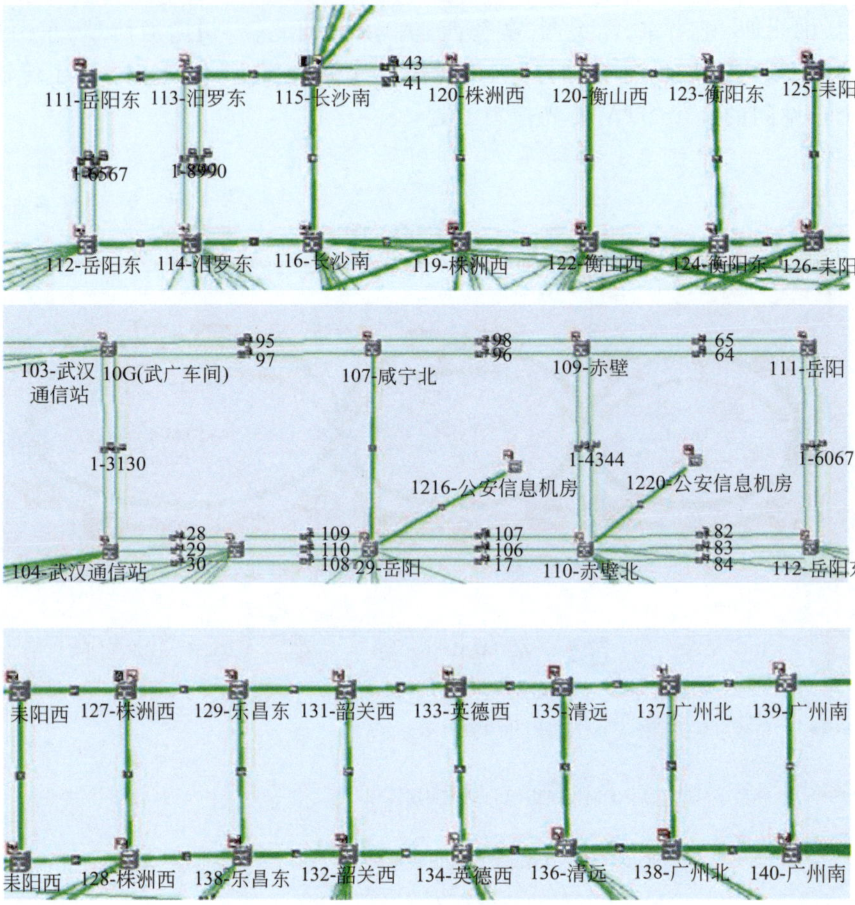

图 3-10-3　传输系统结构图

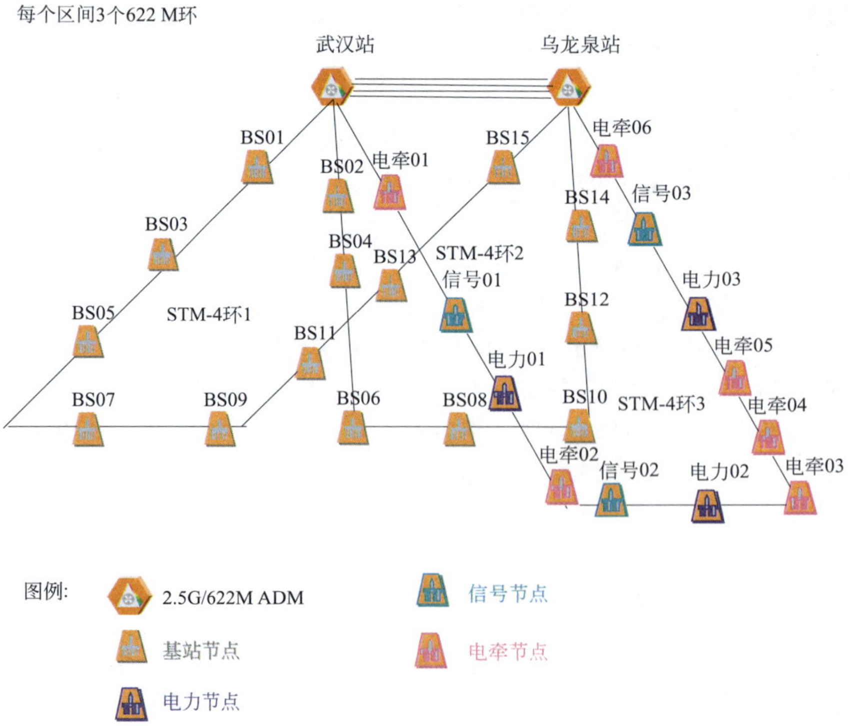

图 3-10-4　接入层结构示意

网，实现与既有铁路电话专网的互通。

通过既有铁路电话交换网与当地铁通公网的连接，以全自动直拨中继方式实现与公网用户的通信。

（二）接入网组网方案

本工程在铁通武汉洪山通信站、长沙通信站、广州流花桥通信站分别设置 OLT 设备，在沿线武汉通信站、18 个车站、综合维修车间/工区、长沙动车所、武汉高速铁路调度所、牵引变电所、电力配电所、联络线（白马垅、十里冲）、株洲北联、株洲南联线路所、站房公安接入点、武汉车站信号楼等设置 ONU 设备。

沿线自动电话用户以省界划分，通过接入网系统分别接入铁通洪山、长沙通信站既有专网交换机，纳入本地既有铁路电话网统一编号。

武汉高速铁路调度所的 ONU 设备应分别与武汉、长沙南、广州南的 OLT 设备及其管辖范围内的 ONU 设备实现 RS422 连接通道。

区间牵引变电所至相邻车站、站内综合工区至所属车站 ONU 之间设直达 2 M 通道连接，通过车站 ONU 设备提供的总机侧和分机侧接口，实现调度分机 Z 接口延伸。

武汉设置的 OLT 通过 V5 接口接入铁通武汉洪山通信站的一机双网交换机，长沙南、广州南设置的 OLT 通过 V5 分别接入铁通广州流花桥通信站、长沙通信站的专网交换机，接入铁通既有电话交换网。本工程扩容广州、长沙、武汉通信站的专网交换机 2 M 中继线。

在武汉、长沙南、广州南新设一套网元管理系统，对本次新设接入网进行统一管理。

接入网结构如图 3-10-5 所示。

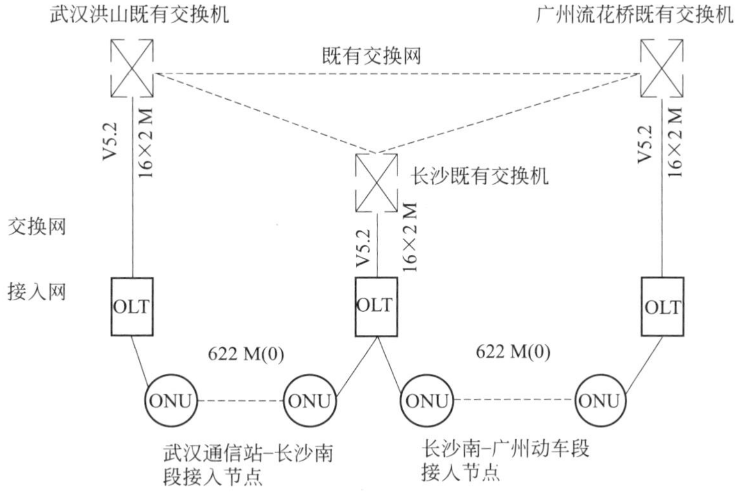

图 3-10-5 接入网结构示意

三、数据网组网方案

（一）系统功能需求

数据网为用户提供 10 M/100 M/GE 和 2 M 方式的接入，结合 MPLS 技术，为不涉及安全生产、资金往来的各种应用系统提供网络层的广域网互联服务，包括高速视频业务及需要数据联网的业务。

采用 TCP/IP 专用网络按服务质量分级提供服务，预留话音、数据和图像通信业务的承载条件。

（二）组网方案

本工程数据网按照调度所管辖范围内核心层/汇聚层/接入层的三级网络拓扑结构组建 IP 数据网，采用 MPLS VPN 技术提供业务系统隔离和服务质量保证，本线 MSTP 系统作为承载平台。

核心层在武汉调度所设置节点，配置 2 台核心路由器，与武汉、长沙南、广州南汇聚节点（分别配置 2 台汇聚路由器）通过 2×155 Mb/s 通道构成节点间连接，并预留 2×155 Mb/s 与全国骨干网大区节点的接口。同站址的 2 台汇聚路由器通过光纤 GE 接口直连。

接入层在武汉高速铁路调度所、武广铁路客运专线公司、本线客站（不包括越行站）设置节点，节点配置接入路由器、三层交换机。武汉高速铁路调度所设置 2 套接入路由器，2 套三层交换机；其余节点设置 1 套接入路由器、1套三层交换机；武汉GSM-R核心网节点、广州GSM-R核心网节点接入层设置2套用户路由器。

接入层节点与汇聚层节点之间、接入层节点之间通过MSTP系统提供的155 Mb/s通道互连构成环形网。利用MSTP多业务光接入网提供未设置数据网设备节点的数据业务的汇聚和接入。

武汉、广州调度所配置数据网综合网络管理系统和VPN Manager系统。

数据网结构图如图3-10-6所示。

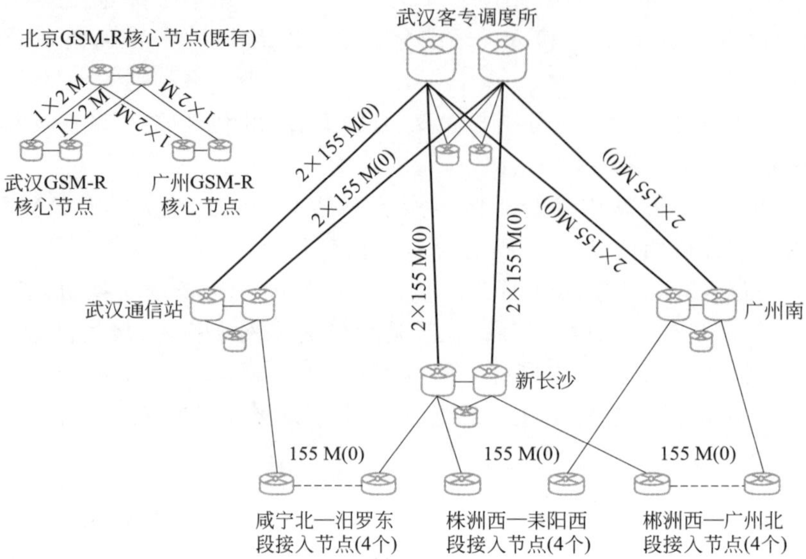

图3-10-6 数据网结构示意

四、移动通信业务网

(一)系统功能

1. 中国铁路无线列调标准中定义的列车调度员-机车司机间、车站值班员-机车司机间各种列车无线调度通信功能；列车车次号及调度命令信息传送；

2. 满足铁路沿线维护人员的通信需求，用于养路、桥隧、接触网(供电)、水电、电务等部门的区间维护作业通信；

3. 满足公安、抢修、救援等多部门、多工种的应急移动通信需求；

4. 为列控车载子系统与列车控制中心进行双向信息传输提供通道。

(二)GSM-R网络构成

1. 核心网

核心网武汉节点新设STP、HLR、SCP、SMSC等设备，与北京既有STP、HLR、SCP、SMSC等设备形成异地备份；在武汉新设GSM-R的交换子系统(SSS)，包括有移动交换中心(MSC)、访问位置寄存器(VLR)、组呼寄存器(GCR)、网络互联功能模块(IWF)等；在武汉新设GPRS系统的GGSN/SGSN设备，并在武汉的移动交换机中集成智能网的SSP设备。

核心网广州节点新设GSM-R的交换子系统(SSS)，包括有移动交换中心(MSC)、访问位置寄存器(VLR)、组呼寄存器(GCR)、网络互联功能模块(IWF)等；在广州新设GPRS系统的GGSN/SGSN设备，并在广州的移动交换机中集成智能网的SSP设备。

2. 无线子系统

无线子系统的设计除了要满足覆盖要求的场强值，还要满足服务质量指标的要求。

本工程采用单网交织冗余覆盖方案，当某一个基站出现故障时，相邻两个小区的覆盖电平仍然能够达到系统规定的性能要求。在空旷区域通过密集的基站提供高度重叠空间覆盖，在隧道等弱场区域采用光纤直放站结合天线/漏缆提供冗余覆盖。

武广铁路客运专线分别在武汉、长沙南、广州南设置基站子系统的基站控制器BSC设备、编译码和速率适配单元(TRAU)设备、PCU 设备。根据场强覆盖的需要在铁路沿线设置基站设备(BTS)。武汉 BSC 所辖基站接入武汉的 TRAU 设备并连至武汉 MSC;长沙、广州 BSC 所辖基站接入到广州的 TRAU 设备并连至广州 MSC。BSC 与基站间的 Abis 接口按每 4 个基站共用一个 2M/E1 环路设计。

弱场区域采用光纤直放站结合漏泄电缆或天线覆盖方案来解决。为了提供交织覆盖,每个直放站远端机需要接入相邻两个 BTS 的信号,经过放大后,输出两路合成的信号并分别馈送至两边与直放站连接的漏缆或天线;通过合理调节放大来自两个 BTS 信号的强度,安排切换区;每段漏缆两端均连接直放站,即漏缆两端同时接收不同直放站的信号;每个直放站具有冗余功放。

3. 终端

为满足本线动车组车载移动通信设备下线运行的需求,机车综合通信设备按数模兼容台设计。本工程配备机车综合通信设备 144 台,OPH 900 台,GPH 500 台,SIM 卡 3 036 张。

(三)GSM-R 铁塔设计

车站设置 GSM-R 铁塔需要满足与车站建筑协调融合等要求,武广铁路客运专线主要采用了站房边设置单管塔、站场咽喉区设置单管塔、楼顶景观塔等车站铁塔设置方案。

五、调度通信系统

(一)系统功能需求

系统应提供各种具有调度通信特征的语音通信业务,实现固定用户与移动用户的统一呼叫。系统能够完成专用通信、站场通信、站间通信。

(二)组网方案

采用固定用户接入交换机(FAS)组织调度通信系统,通过与 GSM-R 系统及相邻既有线调度系统互连,实现有线无线调度一体化。

本工程在武汉高速铁路调度所、武汉通信站分别设置调度所调度交换机,在 18 个车站、1 个动车所共设置 19 套站段调度交换机。武汉高速铁路调度所与武汉高速铁路通信站设置的调度交换机互为主热备。沿线车站及动车所的车站调度交换机与调度交换机组成 2 M 数字环网。

武汉高速铁路调度所设置各种业务调度台(采用触摸屏式调度操作台),以及集中录音设备(16 路录音仪),对全线调度台的通话进行集中录音。沿线各车站、动车所各设置调度值班台 2 台。区间调度电话通信采用 ONU 用户延伸解决。

在武汉高速铁路调度所配置调度通信管理系统,对全线调度系统设备进行管理和维护。

调度系统结构如图 3-10-7 所示。

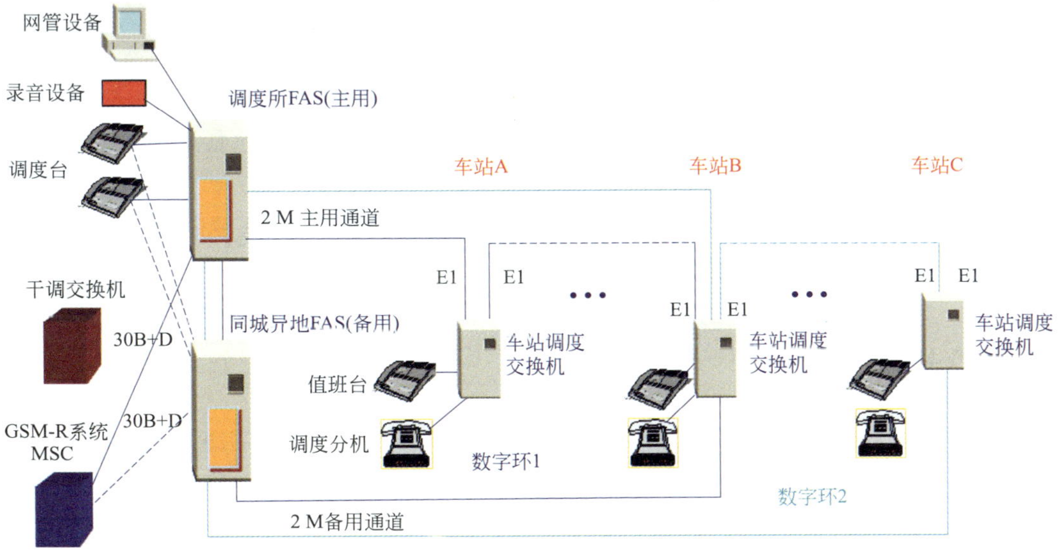

图 3-10-7 调度系统结构图

六、会议电视系统

会议电视系统采用数据网进行承载，基于 H.323 架构、星形组网建立本线会议电视平台，采用 H.264 压缩编码格式。

武汉调度所房配置 GK、多点资源管理系统和 MCU，在调度所主会场及沿线 15 个车站(不包括越行站)、长沙动车所，以及武汉、广州动车段(集成范围以外)等各分会场配置高清视讯终端。

设置武汉铁路局既有会议系统的视讯终端，接入既有铁路局会议电视系统，以模拟转接的方式实现。本工程在武汉铁路局既有会议系统 MCU 设备上增加 2×2 Mb/s 接口板。

七、应急救援指挥以及隧道应急通信系统

(一)应急救援指挥通信系统

应急救援指挥通信系统由事故抢险现场设备和应急中心设备构成。

本系统利用合武线设置在武汉高速铁路调度所的救援指挥中心设备，并配置防火墙、中心接入设备各 1 台。武广全线配置 4 套事故抢险现场设备，在综合维修段及指定的维修工区分别设置事故抢险现场设备 1 套。

事故抢险现场设备包括无线宽带设备、现场接入设备、无线影音发射机、数据终端、话音终端、双模手机、卫星终端、摄像机、数码相机和便携式油机。

救援指挥中心设置的防火墙设备与互联网连接，接收卫星网络传送的数据。中心接入设备提供 Z 接口、模拟视频接口、以太网接口及 2B+D 接口，其中 Z 接口与电话交换网/调度通信网连接，模拟视频接口、以太网接口分别与中心设备连接，用于将现场动图、数据/静图传送至中心设备，2B+D 接口与救援指挥台连接。

从救援指挥中心至事故抢险现场的通道由本线传输系统或卫星系统提供。从事故抢险现场的临近光接入点至事故抢险现场的通道可采用有线、无线、卫星等三种方式。

(二)浏阳河隧道应急通信系统

浏阳河隧道全长 10.3 km(单洞双线)，其应急救援系统为整个武广应急救援通信系统的一部分。浏阳河隧道应急救援系统包括视频监控及隧道紧急电话。

隧道紧急电话系统在隧道内每隔一定间隔设置电话机，使用该电话机可以与隧道控制中心进行通话。实现紧急情况下的人员电话报警和定位报警位置功能。

隧道紧急电话系统主要由总机、分机、局端接口模块、远端接口模块以及传输电缆等部分组成。

具有成本低、使用简单、维护方便的特点，以下为具体实现方式。

(1)总线式四线制，0.9 mm 电缆每通道最多可跨接 60 部分机。

(2)分机采用集中供电方式(直流 60 V)，外场话机毋需配备蓄电池。

(3)具有自动测试或人工测试功能，分机能够接受总机发出的检测命令，包括巡、单检、并把检测结果发送至总机。

(4)分机采用一键按钮式发起呼叫、免提通话，分机呼叫时自动发出一组地址码，总机显示该话机编号和呼叫时间，并实现分机定位，同时向内场值班机振铃，值班人员摘机即可和外场用户通话，通话结束是由总机来控制。

(5)分机防护等级 IP65，外壳、元件线路板均作防水工艺处理。

(6)分机采用线-线间、线-地间防雷等多级防雷电路；

(7)视频监控子系统仅对设置隧道内疏散通道的地段 DIIK1566+398～DIIK1566+818 共 420 m 范围正线隧道的情况以及疏散斜井的主要入口情况进行视频监控，在综合洞室附近及疏散斜井的主要入口共设置 10 个枪形摄像机，通过光缆及视频光端机将隧道内视频及控制信号传送至隧道外基站设置的编码器设备，然后通过传输系统通道将隧道内的视频监控信息接到长沙站视频监控分中心平台进行集中存储，纳入综合视频系统。

八、通信综合网管系统

武广铁路客运专线传输、接入网、数据网、专用移动通信、调度通信、会议电视、同步及时钟分配、通信电源及通信信号机房环境监控、综合视频监控共九个系统的网管服务器接入综合网管系统。通过结合地理信息系统技术和大型数据库，系统可直观地管理各系统网络资源，并进行分析。

在武汉高速铁路调度所和广州调度所各设置1套综合网管系统设备；在武汉、广州调度所、2个路局通信科及综合维修车间设置1套系统终端，通过传输通道、数据网与武广铁路客运专线各子系统网管连接，分别实现管内通信网的管理。

网元管理容量不少于5 000个，并能平滑扩容以满足远期要求。

九、同步及时钟分配系统

同步系统采用主、从同步方式，在武汉、长沙南、郴州西、广州南站设置二级节点时钟（含分配设备），通过与本地既有铁通传输网的连接，主用时钟源与铁通既有PRC/LPR同步。

本线的时间同步信号从武汉高速铁路调度所设置的BITS和中心母钟设备引接。在武汉高速铁路调度所设置二级时间同步设备，即中央主时钟、NTP信号分配设备共1套，完成时间同步信号的分配，同时设置GPS作为时间同步源。同步及时钟分配系统构成如图3-10-8所示。

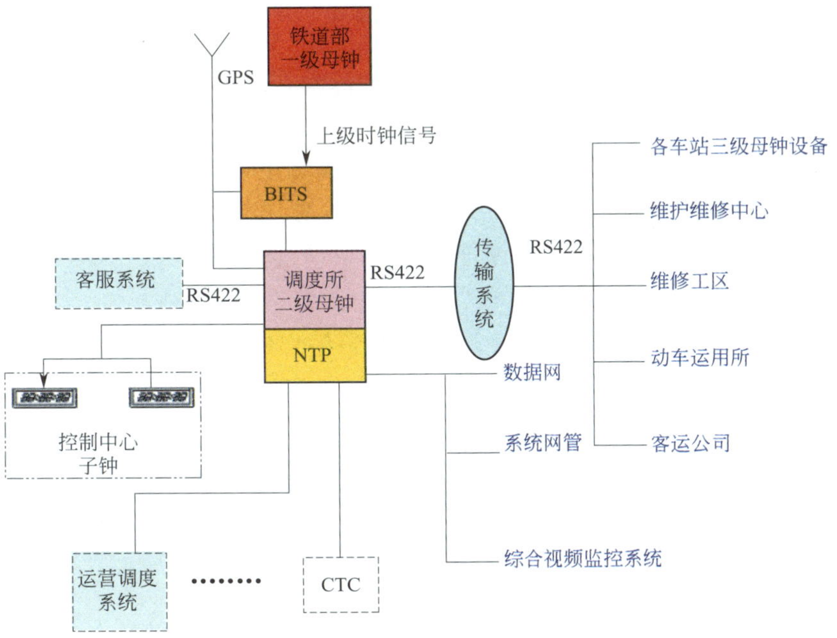

图3-10-8 通信同步及时钟分配系统构成

十、电源系统

电源系统为本工程直流通信设备提供高可靠性的-48 V直流电源、交流通信设备提供高可靠性的220 V交流电源。

直流电源系统采用组合开关电源设备和阀控式密封铅酸蓄电池组，电源整流模块采用$N+1$方式备份，配置2组蓄电池组，每组后备时间1 h。

不间断交流电源采用UPS系统和后备电池组，配置1组蓄电池组，后备时间1 h。基站与光纤直放站合设的节点，蓄电池按照2 h供电备用时间考虑。

按照铁建设〔2007〕39号文《铁路防雷、电磁兼容及接地工程技术暂行规定》，采用三级防雷进行配置。外供交流配电箱（屏）处考虑B级防雷，开关电源设备和UPS设备考虑D级和C级防雷。

十一、综合视频监控系统

（一）系统功能

综合视频监控系统为高速铁路各类视频监控应用提供统一的业务实现平台，包括客运服务、防灾安全、公安监控、综合维修等系统对车站重点部位，区间公跨铁区段，通信、信号机房内、牵引供电、电力供电机房内、外等的实时监控，对异物侵入、设备严重破坏或丢失等主动发出报警信息。

综合视频监控系统具有开放性和可扩展性，遵循统一规划、分步实施的原则，总体功能满足以下要求。

(1)综合视频监控系统图像分辨率采用 4CIF/CIF 格式。

(2)系统能够对沿线铁路设施及机房内部进行实时监控，支持自动监视和人工监视模式。在自动监视模式下，能够自动对监视区域进行行为分析，实现对异物“入侵”的自动跟踪监测。

(3)综合视频监控系统能够结合行为分析功能以及与 SCADA 系统、防灾安全监控系统、动力和环境开关量监控系统的联动，实现告警功能，告警时可自动实现视频的切换、视频的保存以及抓拍。查询告警信息时，系统可以自动查找告警时间及相应时段保存的对应视频文件。

(4)综合视频监控系统使用灵活方便，具有用户鉴权、分级管理的功能，可实现多用户同时观看功能。

(5)综合视频监控系统采用分布存储、重要图像集中备份的存储方式，在车站配置本地存储设备，负责车站及相邻区间视频监控图像的存储，本地存储设备具备 24 h 自动回放和告警图像的 7 d 内连续信息存储功能，对室内视频监控的非告警图像只考虑 1 d 内连续信息存储；同时在监控中心配置存储设备，对重要图像进行存储。

（二）组网方案

综合视频监控系统主要由监控中心、监控分中心、监控终端及前端设备组成，采用本线传输系统、IP 数据网互连。

监控中心设于武汉高速铁路调度所，配置中央服务器系统 1 套和监控终端等，实现全线视频设备的管理、报警视频图像、处理结果和报警信息的存储，并根据报警类型、报警级别和报警点位置做出处理决策。

中央服务器系统包括管理服务器 3 台、数据库服务器 1 台、接口服务器 1 台(与防灾安全监控系统互联)、存储服务器 1 台、磁盘阵列(共 15T)。中心告警视频信息存储按 20 路 30 d 考虑。中央管理服务器和数据库服务器可支持 6 000 个摄像头的需要，存储设备可满足本次工程的需要，将来可以用叠加方式平滑扩容。

监控分中心设于沿线 15 个正线客运车站，部署管理服务器系统、存储系统和监控终端。分控中心接收本站/区间视频编码器处理后的摄像机视频信号，进行存储和后期分析处理，并生成相应信息，向调度所进行发送。监控分中心向调度中心可同时传送 12 路调看监控图像。

存储采用集中和分散相结合的方式，即调度所和车站存储相结合，调度所存储全线的报警信息以及用户设定的其他重要信息；车站存储本站和就近的区间节点视频信息。

客服系统设置的治安防范的摄像头图像按 15 d 存储，其他的摄像头图像按 3 d 存储。通信系统设置的车站咽喉区的摄像头图像按 15 d 存储，其他的摄像头图像按 3 d 存储。

监控终端设备提供 4 路并发视频图像的监视，武汉高速铁路调度所各个业务部门(电力及牵引供电、综合维修、动车运用、列车运行控制、旅客服务、防灾安全监控)及安全监察室各设置 1 套共 7 套监控终端，从调度所中心平台连接调看监控图像。沿线派出所、武汉、长沙、广州既有电务段、供电段、工务段各设置 1 套监控终端，提供 4 路视频图像。就近与车站分中心平台连接调看监控图像。

前端设备主要由编码器、前端摄像机和相关的线缆组成。本工程在车站重点部位(上下行咽喉区)、车站/动车段(所示)通信信号机房内、GSM-R 基站机房内、信号中继站/线路所、维修工区/综合车间通信机房内、牵引供电所(亭)及电力供电机房内外、区间公跨铁桥梁设置视频监控所需的前端设备(摄像机和配套传输)。车站客运服务等业务系统视频监控相关的前端设备不在本工程计列。

由于分区所、AT 所、开闭所无传输设备，室内外的摄像头通过视频光端机连接至附近的基站。室内摄像机均采用半球机，有多个预置位，与动力环境监控系统进行联动。车站重点部位、区间公跨铁桥梁、牵引供电室外采用支持低照度、宽动态功能的枪机(带云台)。室外摄像机设备采用全天候防护罩，设置雨刷、自动除霜器以及散热风扇，防护等级满足 IP66 标准。

综合视频监控系统设备均采用 220 V 交流不间断 UPS 电源进行供电，其中室外摄像机采用交流远供方式。

十二、通信线路

在本线铁路两侧电缆槽道内分别敷设 1 条不同路由的 1 条 GYTZA53-32B1 干线光缆。为沟通本线通信网与既有铁路通信网的联系，自武汉通信站经洪山至武汉调度所新建 GYTZA53 型 32 芯光缆；自武汉通信站至汉口通信站、长沙南通信站至既有长沙通信站、长沙南站至既有株洲通信站、广州通信站至广州铁通东山通信站分别新建 GYTZA53 型 24 芯光缆。

在联络线两侧各敷设一条 24 芯 GYTZA53 型联络光缆并引入既有京广线白马垅车站、湘黔线十里冲车站。

为满足 GSM-R 系统直放站对光纤的需求，本工程在直放站远端机至近端机间敷设 3 条短段光缆，其中光纤直放站远端机至主用近端机敷设 2 条光缆，光纤直放站远端机至备用近端机敷设 1 条光缆。

为满足综合视频监控系统及环境监控系统在牵引供电系统无人职守点设置的光端机对光缆的需求，在该节点与相邻传输节点敷设 1 条光缆。

站场通信线路采用 HYAT23 市话电缆、8 芯 GYTZA53 型光缆。

十三、车站、段(所)综合布线系统

武广客站站房综合布线系统纳入信息化专业统一设计，通信工程负责长沙动车所及维修车间/工区综合楼的段(所)综合布线系统。

十四、通信电源及通信信号机房环境监控系统

通信电源及通信信号机房环境监控系统可对机房动力设备、空调设备以及机房运行环境和安全等各类情况进行实时监控，可监测各站点通信、信号机械室的环境量，包括温/湿度、烟雾、水浸、门禁、非法入侵、空调的控制，同时可对通信机械室的电源设备进行监测。

本系统由一级监控中心设备、二级监控中心设备及远端监测单元(SU)组成。

在武汉高速铁路调度所设置一级监控中心设备，在武汉通信站、长沙综合维修段、广州南通信站通信机械室分别设置 1 套二级监控中心设备；在沿线各通信机械室设置通信电源及通信信号机房环境监控系统远端监测单元(SU)，并在信号机械室设置采集器。

监控中心设备由系统服务器、前置服务器、操作终端、打印机、网络交换机等设备组成，远端监测单元(SU)由智能一体化采集器及环境传感器(温/湿度、烟雾、水浸、门禁、空调控制等)等构成。

远端监测单元(SU)至二级监控中心的数据传送采用 2 M 环网方式，二级监控中心至一级监控中心和远程显示终端采用点对点 2 M 通道方式。

十五、通信仪表

根据通信运维的需要，配置通信仪表及交通工具。

第五节　经验体会和建议

一、经验体会

(一)线路设计

1. 采用光缆置换实现枢纽内不同物理路径的通信线路

既有洪山、东山通信站是核心网所在地，也是既有武汉、广州调度所通道转接的必经之地，武广铁路客运专线引入武汉、广州枢纽通信线路方案必须保证不同物理路径。武汉站引入既有洪山通信站的通信线路方案采用置换合武工程的光缆，广州南站引入既有东山通信站的通信线路方案采用置换京广线既有光缆，这种

方案较为经济可行。

2. 车站槽道预留方案需待改进

武广铁路客运专线站台预留通信槽道盖板由于站台装修被封闭,间隔 50 m 才预留检查手孔,且站台通信槽道的填砂不易清理干净,给后续敷设光电缆带来很大的隐患,建议高速铁路站台槽道预留采用通信管道,甚至设置各专业共用的电缆隧道,以便于后续的维护及扩容。

3. 基站光缆双径路引入问题

武广铁路客运专线区间基站光缆引入了 1 条分支光缆自干线光缆分歧的方式,这种方式下,干线光缆不引出路肩槽道,保证了干线光缆径路的安全。分支缆采用全程防护的方式,但没有采用双径路引入,依靠基站的单网交织冗余组网来克服单区间基站分支缆中断的问题。根据武广现场情况看,桥下基站一般具备双径路引入的条件,其他隧道口或紧邻防护栅栏的基站由于地形受限,一般不具备双径路引入的条件,而且分支引入距离较短,也没必要采用双径路引入。因此,后续工程中应对基站光缆双径路引入问题做出更为明确、有效的规定。

4. 推广干线光缆的分歧方式

干线光缆采用每个松套管 4 芯光纤的光缆结构,光纤分配按照专业运用尽量分配到 1 个松套管内,便于采用"开天窗"方式进行区间接入点的分支接头(即只开断需要环引光纤所在的松套管,其他不需要环引光纤所在的松套管不开断),最大地减少了干缆的衰耗。

(二)传输系统

1. 枢纽节点设备选型要求应考虑枢纽组网要求

武广铁路客运专线干线传输设备采用 OSN 3500,只支持 8 个 10 G 光口方向,在与既有通信网互联。由于洪山、长沙站、东山通信站将来可能会通过既有 DWDM 波分组环,或组织枢纽本地传输环等需求,采用 OSN 3500 显然组网能力太低,建议以后高速铁路传输组网在主要枢纽节点采用 40 G 或更高的设备(广深港客站在广州南站干线节点选用了 OSN 7500)。

2. 传输设备配置要求应进一步细化

除传统的公共单元 1+1、业务口 N:1 或 1+1 配置、线路口必须分别在不同光板等要求外,由于高速铁路 FE 专线业务愈来愈多,传输设备接口配置应该配置更多的 FE 接口板,尤其是在 FE 专线汇聚的主要枢纽节点。由于 FE 接口板的集成度比较小(单板 8 路/16 路),传输设备的业务插槽有限,因此,主要枢纽节点干线传输节点设备应采用更高集成度的 155/622 单板配置,尽量预留将来扩容所需的业务插槽或业务端口。此外,由于采用汇聚性 FE 专线业务较多(如 SCACADA、防灾等),因此主要枢纽节点对 FE 单板的 VC-TRUNK 的数量、处理能力也应有一定的要求。

3. 干线传输的单节点问题应引起充分重视

武广铁路客运专线传输网分为骨干层与接入层。骨干层由车站/通信站 OSN3500 组成 10G 1+1 线性复用段保护;接入层由车站 OSN3500 与接入点组成 622 M 复用段环,并与骨干层 OSN3500 通过 622 M 光板组成 1+1 线性复用段。由于骨干传输层是链状网,而 MSC/BSC、调度所等重要业务中心节点均分布在两端或中间的长沙站,因此存在干线传输节点设备单点故障的隐患,虽然 OSN3500 作为具有电信级可靠性的设备,与单套的 MSC/BSC 设备具有相同的可靠性,但通过优化传输组网、调整通道分配,克服干线传输设备单点故障的问题。具体措施如下:

(1)洪山、东山通信站传输室及核心网机房采用双传输设备组网,避免重要业务集中在 1 套传输设备上。

(2)根据枢纽在建、拟建线路引入的需要,结合调度所专项工程,组建武汉、广州枢纽的本地传输环网,为拟建线路引入适当预留带宽,保证一段时期内枢纽本地传输环网的相对稳定。

(3)针对 MSC-MSC、MSC-BSC 以及其他主要业务,通过本线骨干层传输提供主用通道,利用既有京沪穗传输网络提供的 155 M 通道进行迂回保护。基站-BSC 之间的业务通道,通过骨干层 10 G 传输(主用)和车站层 622 M 传输(备用)提供。其余业务 FAS、电牵 SCADA、CTC 业务的备用通道,建议同步调整至车站 622 M 层。

4. 接入层复用段保护环/通道保护环的选择可探讨

武广铁路客运专线传输接入层由车站 OSN3500 与区间接入点组成基站环 1、基站环 2 及信号电牵环等

3个2纤622 M保护环。由于区间接入点带宽需求最大的是视频业务，接入点的视频信息需要实时上传至车站的视频服务器。通过开通试验，视频业务采用二层共享的以太网通道分配，时延可以满足要求，因此，武广铁路客运专线传输接入层采用了复用段保护环，可以简化通道分配，提供通道利用率。而且接入网均采用了站间光纤直连的保护方式，接入层可以提供车站间3个2纤622 M保护环的1.5个622 M的有效带宽，用于基站环网、调度环网等业务实现传输骨干层、接入层的双节点设备、双路由迂回。

5. 接入网环数量的可优化

武广铁路客运专线传输接入层由车站OSN3500与区间接入点组成基站环1、基站环2及信号电牵环等3个2纤622 M保护环。由于站间信号、电气化电力节点较少(一般不超过4个)，建议信号电牵环合并至基站环。

6. 基站环的光纤运用方式值得推广

基站环1自左侧干缆分歧，右侧干缆的站间光纤直连，基站环2自右侧干缆分歧，左侧干缆的站间光纤直连，既保证了站间直连光纤的最小衰耗，同时保证了单侧光缆即使同时中断2处，也能保证至少有1个基站环开环后也可以工作，从而不影响无线覆盖。

(三)通信箱房问题

1. 直放站箱房温度问题应引起重视

武广铁路客运专线直放站箱房采用风扇强排的方式保证室内外温差尽可能一致，但由于调试期间风扇未同步加电，且直放站箱房新风量设计过小，出现过直放站箱房温度过高(室内外温差一般3℃～5℃，最高8℃～9℃)，影响了直放站正常工作。后续改进了直放站箱房新风系统的设计，更换更大通风量的风机(增加了3倍)，不用改变原通风口尺寸，仅去除机房原进风口百叶窗片，减小风阻，同时增加防雨罩和防护网罩，实现了室内外温差基本一致(一般1℃～2℃)，保证了直放站正常工作。建议后续高速铁路建设重新研究直放站设置箱房的必要性，尝试采用室外直接安装直放站设备的方案，或设置砖房。

2. 基站选址应引起重视

基站、直放站的选择不仅应考虑50年一遇的防洪水位，还应对场坪的边坡进行防护，以防存在雨季被冲刷和掩埋的问题，并考虑场坪排水。

3. 箱房的适应性问题值得研究

为适应高速铁路的景观化需求，武广铁路客运专线基站、直放站均采用了拼装式的箱房，场坪采用2.1 m高的混凝土栏杆围墙。但根据“建技〔2010〕11号”的要求，目前已拆除原混凝土栏杆，修建了2.5 m高的实心围墙，并于围墙顶增设70 cm高的浸塑金属网片防爬，因此，后续高速铁路建设应重新研究通信区间其他砖房方案。

(四)综合视频监控应充分考虑运维要求

武广铁路客运专线综合视频监控系统由通信专业负责设计新设全线综合视频监控系统平台，武汉高速铁路调度所新设监控中心设备，沿线车站设置监控分中心设备、车站重点部位(上、下行咽喉区)、区间公跨铁立交桥、通信、信号机房内、牵引供电及电力供电机房内外、浏阳河隧道内疏散救援通道等处设置摄像机。

在原有区间监控设计基础上进行Ⅰ类变更设计，拟补充区间视频采集点(尚未实施)，主要包括：桥梁救援疏散通道、隧道洞口、区间通信、信号机房室外、路基地段治安复杂区、隧道以外的线路，利用GSM-R通信铁塔对其进行日常巡视。

另外增补了沿线18个车站的通信机械室、运转室、沿线警务区增加视频监控终端；武汉局及广铁集团电务、通信、工务、供电段、既有长沙站、既有广州站增加视频监控终端。在原客服系统设计基础上根据公安部门需求增加多屏显示设备。

(五)属地化维修后通信组网的变化

武广铁路客运专线实行属地化维修后重新调整了调度通信、数据网、会议电视等系统的组网方案，但通信网管及维护终端不满足属地化维护管理要求，武广铁路客运专线GSM-R系统、无线系统及其接口监测系统等在广铁管内未配置网管服务器(采用远程终端方式)，目前已上报变更。

为满足武广铁路客运专线属地化维护后，客票、旅服、办公、动车及维修、公安办公信息系统及CTC系统的通道接入既有系统的需要，对武汉、长沙、广州信息(分)所客票、信息机房、沿线公安处机房、武汉、广铁

CTC 机房等既有传输系统进行了扩容。建议后续新建项目关注属地化维护后充分考虑既有通信网的相关改造。

(六)浏阳河隧道紧急电话的推广

武广铁路客运专线是全路第一条开通隧道紧急电话系统的铁路。浏阳河隧道全长 10.3 km,隧道紧急电话系统采用电缆型紧急电话系统,在隧道洞室内设置壁挂式电话分机(共 41 个),实现紧急情况下的人员电话报警和定位报警,隧道紧急电话系统主要由总机、分机、局端接口模块、远端接口模块以及传输电缆等部分组成。具有成本低、使用简单、维护方便的特点,值得推广。

(七)动车段检修库的 GPS 信号覆盖

广州动车段一二级检修库为钢结构建筑,金属遮挡物较多,库内 GPS 信号覆盖较弱,导致恶劣气候时动车组车载台(CIR)无法获取地理位置信息,CIR 通信检测失败,影响动车组正常出库,补充设计了一二级检修库 GPS 无线覆盖方案,实现了库内 GPS 无线覆盖。

二、改进建议

(一)合理安排工期,避免光电缆受损

应该合理安排工期、应在站前电缆槽工程完全具备竣工条件后再进行站后通号、电力线路线路的施工,以便明确责任界面。站后线路的施工应统一协调,避免出现多次掀槽道盖板的情况,最大限度地减少光电缆损伤。

(二)尽早明确高速铁路维修管理体制

工程后期才明确高速铁路按属地化维护管理原则,会引起通信系统及相关维护设备的调整和相关设计变更。

(三)建议高速铁路增设光缆在线监测系统

武广铁路客运专线没有设置光缆监测系统。根据《铁路客运专线通信技术装备标注(暂行)》(运基通信〔2010〕35 号)要求,干线光缆需设置光缆监测系统,建议高速铁路增设光缆在线监测系统,以便于光缆线路故障的快速定位。

第十一章 信号设计

第一节 工程概况、特点及主要工程数量

一、工程概况

武广铁路客运专线全线共设15个客运站，3个越行站。

全线信号涉及站点情况如图3-11-1所示。

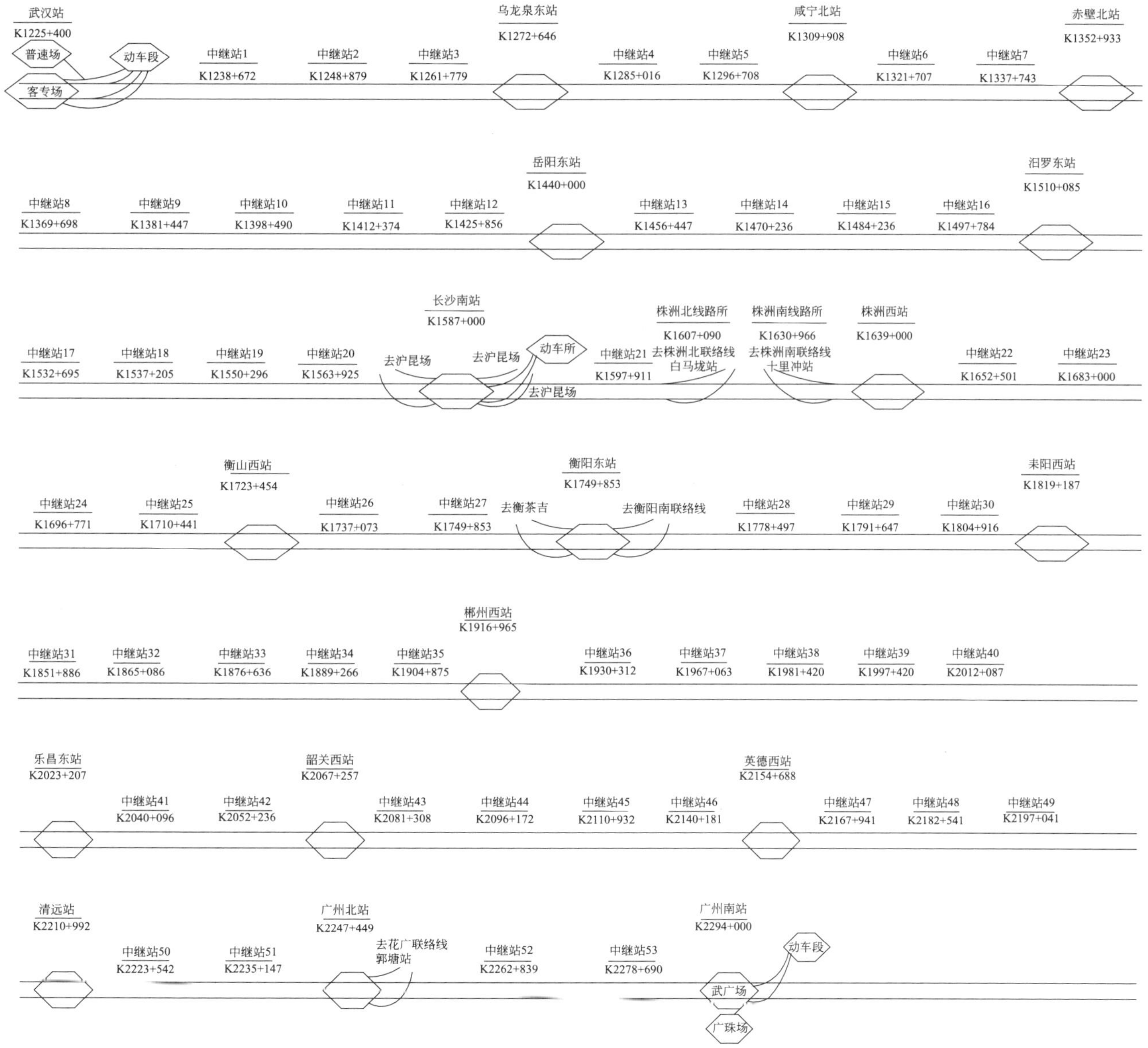

图3-11-1 武广铁路客运专线信号站点布置示意

二、工程特点

武广铁路客运专线信号系统首次需适应时速350 km、追踪间隔3 min、跨线混速运行的运输要求，当时投入使用的各种信号系统均无法满足武广铁路客运专线的运输需求，需要在系统构成、设备配置、通信与接

口等方面采用全新的体系结构。

信号系统工程设计在国内首次采用基于无线信息传输的 CTCS-3 级列控系统作为主用、CTCS-2 级列控系统作为后备模式的技术方案、在武广铁路客运专线首次使用了无线闭塞中心设备 RBC、临时限速服务器 TSRS、首次提出了信号安全网络系统并付诸实施、首次完成了 RBC 与计算机联锁、CTC 等的接口与通信、首次进行了车站列车信号机灭灯的信号控制，首次大规模的采用了箱式信号机房、解决了动车段所的列控及停车股道信号机构设置及点灯控制问题等。在武广铁路客运专线的整个设计与实施过程中克服了大量超越现有标准和规范的技术问题，通过技术方案的细化与系统设备的不断完善最终保证武广铁路客运专线顺利开通运行，同时也是当时世界范围内一次性开通运营里程最长、运营速度最高、行车密度最大、技术最为复杂的高速线路，其先进的列车控制系统成为各国关注的焦点之一。

三、信号主要工程数量

信号主要工程数量见表 3-11-1。

表 3-11-1　信号主要工程数量表

项　目	单位	武乌段	乌龙泉至局界	局界至韶关	韶花段	花广段	合计
信号车站	个	1	3	11	2	2	19
线路所	个		—	2	—	—	2
信号中继站	个	3	5	34	9	2	53
调度集中	站	2	3	11	2	2	20
信号电缆	km	53.85	56.66	350.49	76.27	66.12	603.39
区间移频轨道电路	个	102	224	1535	405	123	2389
区间补偿电容	个	1386	3065	17962	4277	1599	28289
区间综合柜	个	5	9	56	17	4	91
区间移频柜	个	14	29	166	45	14	268
区间组合柜	个	12	14	78	22	6	132
RBC	套	9	—	—	—	—	9
TSR	套	3	—	—	—	1	4
列控中心 TCC	站	5	8	47	11	5	76
无源应答器	个	286	484	2881	633	369	4653
有源应答器	个	69	60	333	52	131	645
LEU	个	25	32	146	10	33	246
站内移频轨道电路	个	36	47	255	32	103	473
站内综合柜防雷柜	个	11	7	41	4	13	76
站内移频柜	个	6	6	36	4	14	66
站内组合柜	个	57	33	237	20	87	434
站内各型信号机	套	50	40	252	32	90	464
站内各型转辙设备	套	82	35	283	21	129	550
微机联锁设备	站	2	3	11	2	2	20
电源设备	套	4	8	47	11	4	74
微机监测	站	5	8	47	11	5	76

第二节　规程规范与设计原则

一、规程规范

武广铁路客运专线信号系统追寻最新技术动态，采用基于无线信息传输的 CTCS-3 级列控系统作为主用、CTCS-2 级列控系统作为后备模式的技术方案，满足了武广铁路客运专线时速 350 km/h、追踪间隔 3 min、跨线兼容运行的运输需求，以下为其遵循的相关技术标准规范。

1. 铁集成〔2007〕124 号文《客运专线 CTCS-2 级列控系统车载和地面设备配置及运用技术原则(暂行)》。

2. 铁科技〔2009〕34 号文《CTCS-3 级列控系统总体技术方案 V1.0》。

3. 铁科技〔2009〕116 号文《铁路客运专线技术管理办法(试行)(200～250 km/h 部分)》。

4. 铁科技〔2009〕212 号文《铁路客运专线技术管理办法(试行)(300～350 km/h 部分)》。

5. 铁科运〔2008〕113 号《CTCS-3 级列控系统功能需求规范(FRS)》。

6. 铁科运〔2008〕127 号《CTCS-3 级列控系统系统需求规范(SRS)》。

7. 铁集成〔2007〕124 号《客运专线 CTCS-2 级列控系统配置及运用技术原则(暂行)》。

8. 铁科技〔2007〕158 号《客运专线 CTCS-2 列控系统列控中心技术规范(暂行)》。

9. 铁运〔2008〕19 号《关于客运专线信号系统若干问题的指导意见》。

10. 运基信号〔2009〕223 号关于印发《客运专线信号系统安全数据网技术方案 V1.0》。

11. 科技运〔2010〕144 号《CTCS-3 级列控系统应答器应用原则(V1.0)》。

12. 科技运〔2008〕151 号《客运专线列控系统临时限速技术规范(V.10)》。

13. 运基信号〔2006〕27 号《应答器编号规则(暂行)》。

14. 科技运函〔2004〕5 号《分散自律调度集中系统技术条件(暂行)》。

15. 运基信号〔2009〕676 号《列车调度指挥系统(TDCS)、调度集中系统(CTC)组网方案和硬件配置标准(暂行)》。

16. 运基信号〔2006〕317 号《信号微机监测系统技术条件(暂行)》。

17. 运基信号〔2009〕719 号《信号系统与异物侵限监控系统接口技术条件》。

18. 运基信号〔2009〕716 号《无配线车站信号系统技术方案》。

19.《铁路信号设计规范》(TB 10007—2006)。

20.《铁路信号站内联锁设计规范》(TB 10071—2000)。

21.《计算机联锁技术条件》(TB/T 3027—2002)。

22. 铁建设〔2007〕39 号《铁路防雷、电磁兼容及接地工程技术暂行》。

23. 铁建设〔2009〕209 号文《高速铁路设计规范(试行)》。

二、设计原则

1. 信号系统满足运行速度 350 km/h、正向追踪运行、正向运行最小安全追踪间隔 3 min 的要求。反向按站间闭塞行车。信号系统满足动车组跨线运行的需要。

2. 列车调度指挥采用调度集中系统(CTC),结合 CTCS-3 级列控系统的要求和中国运输指挥系统的实际状况和需求进行系统设计。

3. 列车运行控制采用列车超速防护系统,以车载速度信号作为行车凭证。列控系统控制模式采用连续速度(或目标—距离)控制模式。武广铁路客运专线采用 CTCS-3 级(兼容 CTCS-2 级)列控系统。

4. 各站均采用硬件冗余结构的计算机联锁,联锁功能适应高速运行列车安全性要求,适应客运专线常态灭灯的运营要求,满足铁道部有关运营的要求。

5. 车站设置信号集中监测分机系统,利用通信系统提供的数据通信网实现信号集中监测系统站间机车站与中央系统的信息交换。

6. 信号系统采用综合智能的供电系统,并具备一定的停电持续功能能力。

7. 信号系统适应无砟轨道的使用要求。

第三节　与相关专业的接口

随着线路等级的提高,站前工艺、站后设备的精准度、系统设备见间关联度要求也不断提高,使得信号专业与相关专业存在比既有线更多更复杂的接口关系,主要包括如下方面的内容。

1. 信号专业编制列控数据应根据相关专业提供的线路允许速度、线路坡度、桥及隧道里程、分相区等信息以及转换后的运营里程进行设计。

2. 桥、隧、路基、站场、房建等专业根据信号专业要求设计电缆槽道、电缆井、手孔及过轨防护钢管等。

3. 信号专业应与站场专业共同确定联锁道岔及非联锁道岔的范围,对股道站台长度与位置予以协商沟通。信号专业根据联锁道岔类型配套转辙设备。

4. 信号与轨道专业接口设计包括：轨道专业应结合信号设备平面布置调整配轨并对胶结绝缘节设置进行设计；轨道专业应根据信号专业要求对无砟轨道钢筋进行绝缘处理；应答器安装在有护轮轨地段轨道专业负责护轮轨的切割处理。

5. 信号与房建、暖通专业接口设计包括。

(1)房建专业应根据信号专业要求设计信号设备及办公用房。

(2)房建专业应根据区间信号中继站箱式机房尺寸和工艺要求设计机房基础。

(3)暖通专业应根据信号专业要求配置信号设备及办公用房通风及空调设施。

6. 信号与通信专业接口设计包括。

(1)通信专业应根据信号专业要求配置信号专用光纤和传输通道，其中列控系统要求通信沿线设置 2×8 芯光纤，光纤接入信号 TCC 机房中 ODF 子架；调度集中要求通信提供 2×2 M 专线通道，通道提供至通信机房；监测系统要求通信提供 2 M，通道提供至通信机房。

(2)通信专业应根据信号列控系统制式合理选择 GSM-R 无线覆盖和组网方案，并保证所提供的信号承载业务的服务质量要求。

(3)区间信号中继站设备应尽可能与通信基站、直放站设备同室布置。

7. 电力专业应根据信号专业要求配置信号设备用电等级及负荷，根据站场规模信号设备要求提供一级负荷若干容量的用电量，分工界面为信号房屋的电力开关箱。

8. 信号与电气化专业接口设计内容。

(1)区间信号标志牌应结合接触网支柱里程统筹设置。

(2)信号专业应根据牵引供电方式、牵引电流等资料选择轨道电路扼流变压器类型。

(3)信号专业应根据电气化专业提供的分相区设置及里程设计自动过分相应答器。

(4)高柱信号机设置地点应与接触网设计协调，确保信号机上方的信号机构外缘与接触网带电部分的距离不得少于规定的要求。

9. 信号与行车专业接口设计符合以下规定。

(1)信号专业应根据行车专业提供的闭塞方式、牵引计算及布点资料设计区间信号设备。

(2)信号专业应根据行车专业提供的调度区划分资料设计行车调度台设备。

10. 信号与动车专业接口设计符合下列规定。

(1)动车段(所)信号用房及电缆管线的布置应在动车专业的协调下统筹安排。

(2)动车段(所)存车场股道信号机布置应满足动车专业对相关股道存车的要求。

11. 信号与防灾安全监控专业接口设计符合下列规定。

(1)信号系统以继电接口的方式与落物监控系统接口。

(2)对于风雨雪监测宜采用临时限速的方法，通过列控系统保证列车运行安全。

第四节　技术方案和主要技术参数

一、信号系统概述

武广铁路客运专线信号系统以车站设备为基础、通信网络为骨架、集调度指挥、行车控制、设备监测和信息管理等功能于一体，包括信号网络系统、调度集中系统、列车运行控制系统、计算机联锁系统、信号设备集中监测系统、信号供电系统等。其系统结构示意如图 3-11-2 所示。

信号系统主要由下列子系统构成：(1)信号网络系统；(2)CTCS-3 级并兼容 CTCS-2 级的 CTCS-3 级列控系统；(3)计算机联锁系统；(4)调度集中控制系统(CTC)；(5)信号集中监测系统；(6)信号电源系统。

二、信号网络系统

武广铁路客运专线信号数据通信网络由信号安全数据通信以太网、125 M 信号安全通信局域网、CTC 数据通信以太网、信号监测数据通信以太网构成，实现联锁、列控、CTC、监测系统及系统间的安全数据通信

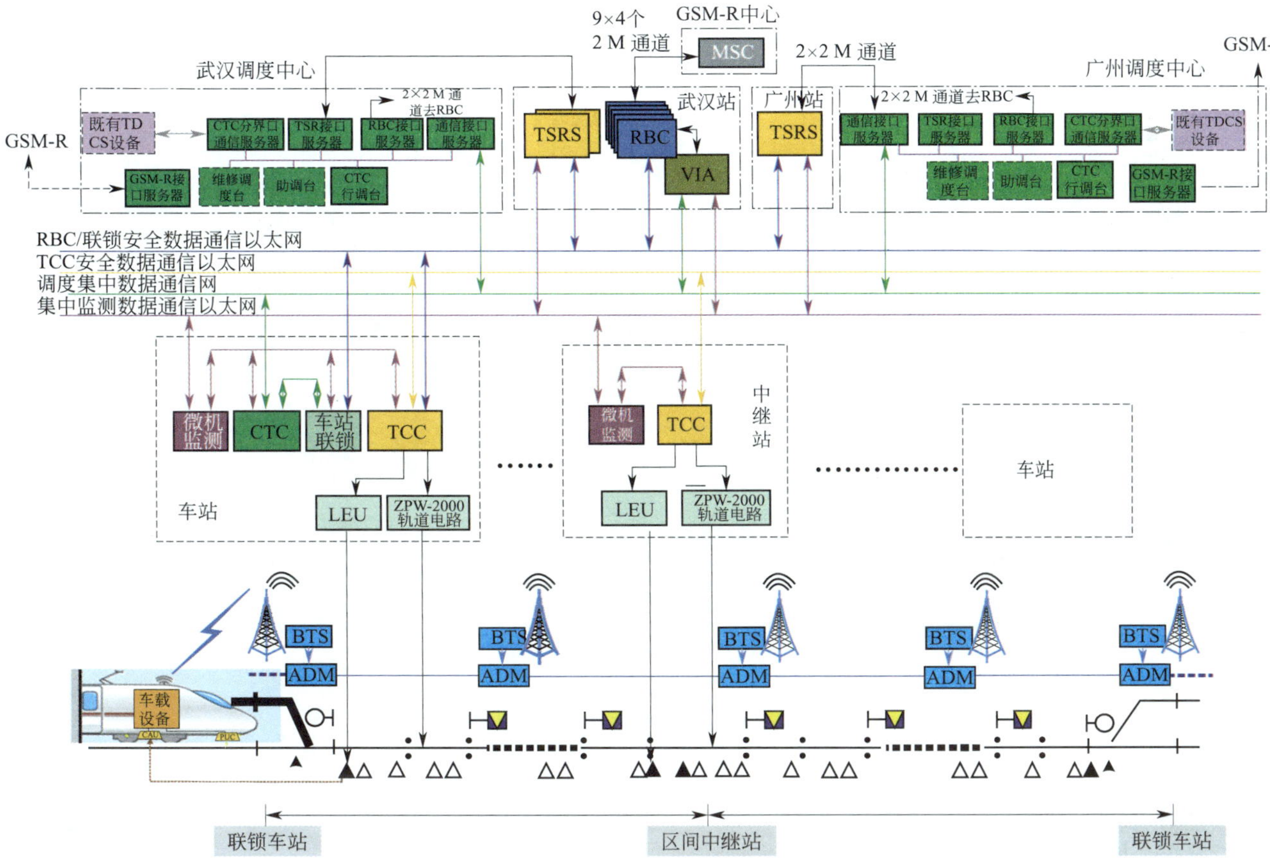

图 3-11-2 信号系统总体结构示意

和非安全数据通信。

采用 2×4 芯专用光芯构成的信号安全数据通信以太网实现无线闭塞中心(RBC)与车站联锁设备、临时限速服务器与无线闭塞中心(RBC)、临时限速服务器与列控中心(TCC)间的信息交换。具体网络结构如图 3-11-3 所示。

采用 2×2 芯独立光纤(不同物理路径)构成的 125 M 信号安全通信局域网实现 TCC 与 TCC 设备间信息传输与交换。

具体网络结构如图 3-11-4 所示。

采用通信数据网提供的双套 2 M 专用数字通道构成 CTC 数据通信以太网,实现 CTC 系统内及 CTC 与 RBC 之间的信息交换。

具体网络结构如图 3-11-5 所示。

采用通信数据网提供的 2 M 专用数字通道构成信号监测数据通信以太网时间监测系统的信息传输。

具体网络结构如图 3-11-6 所示。

三、列控系统

(一)主要设备组成及功能

列控系统主要由无线闭塞中心(RBC)、临时限速服务器系统、地面列控中心(TCC)、轨道电路、应答器及电子编码器(LEU)、车载设备、GSM-R 无线通信系统等设备组成。

1. 无线闭塞中心(RBC)

无线闭塞中心(RBC)是 CTCS-3 级列控系统核心,是基于信号故障安全计算机的控制系统,根据地面子系统或来自外部地面系统的信息,如轨道占用信息、联锁进路状态等产生列车行车许可命令 MA,并通过 GSM-R 无线通信系统传输给车载 ATP 设备,保证其管辖之内列车的运行安全。全线设置 9 台 RBC 系统,集中设置于武汉站 RBC 机房内。各 RBC 的管辖范围如图 3-11-7 所示。

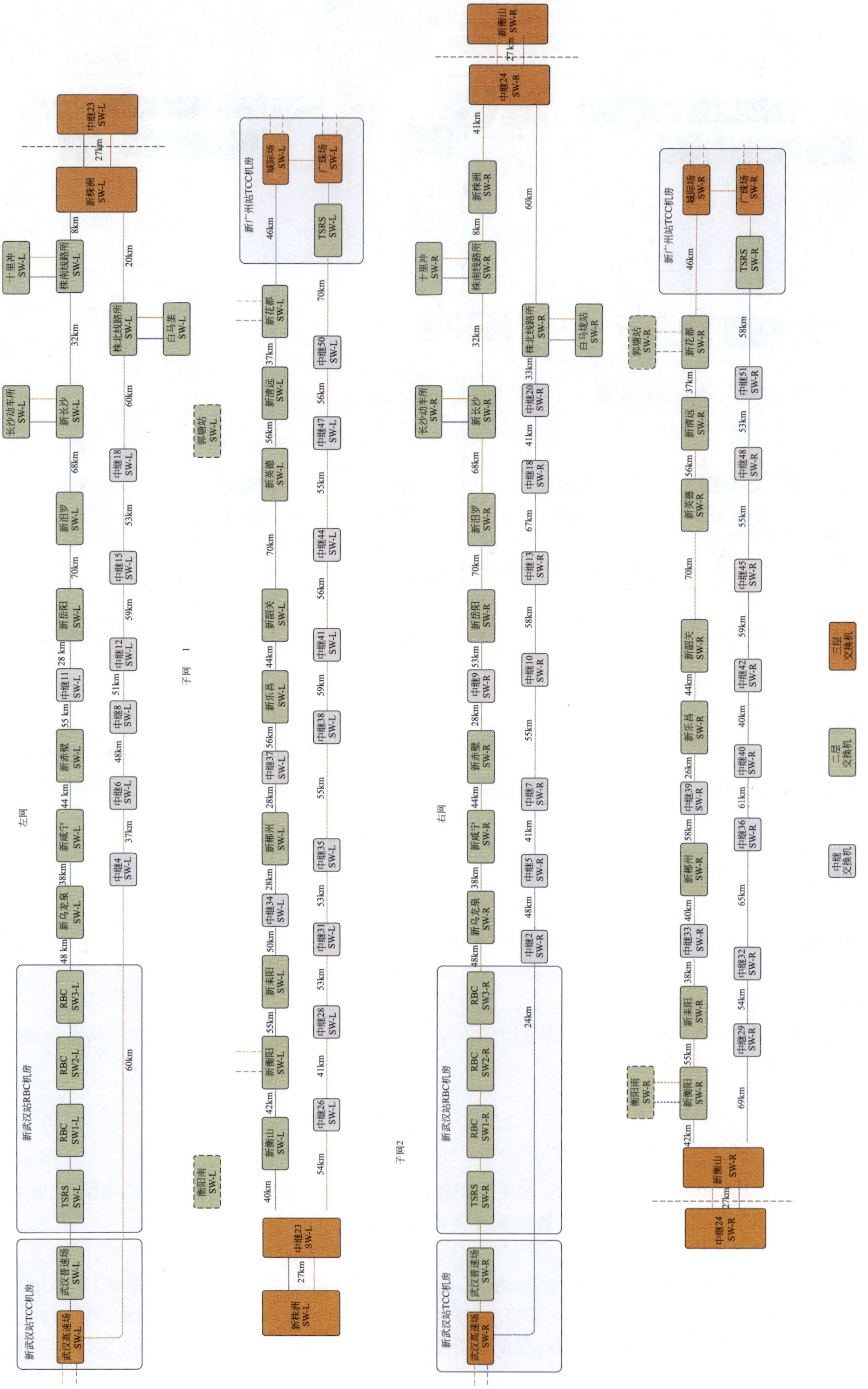

图 3-11-3　信号安全数据通信以太网结构示意

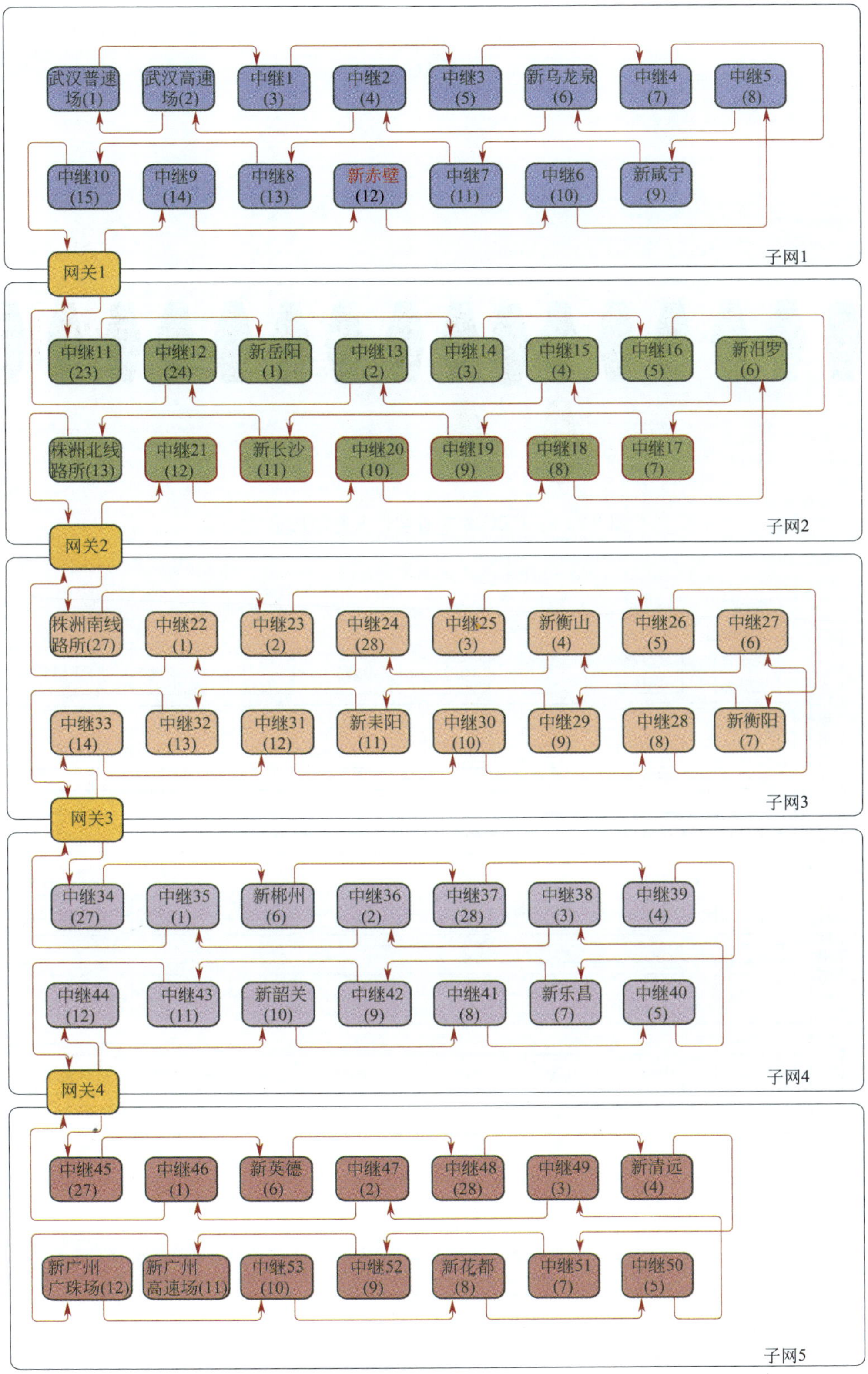

图 3-11-4 125 M 信号安全通信局域网结构示意

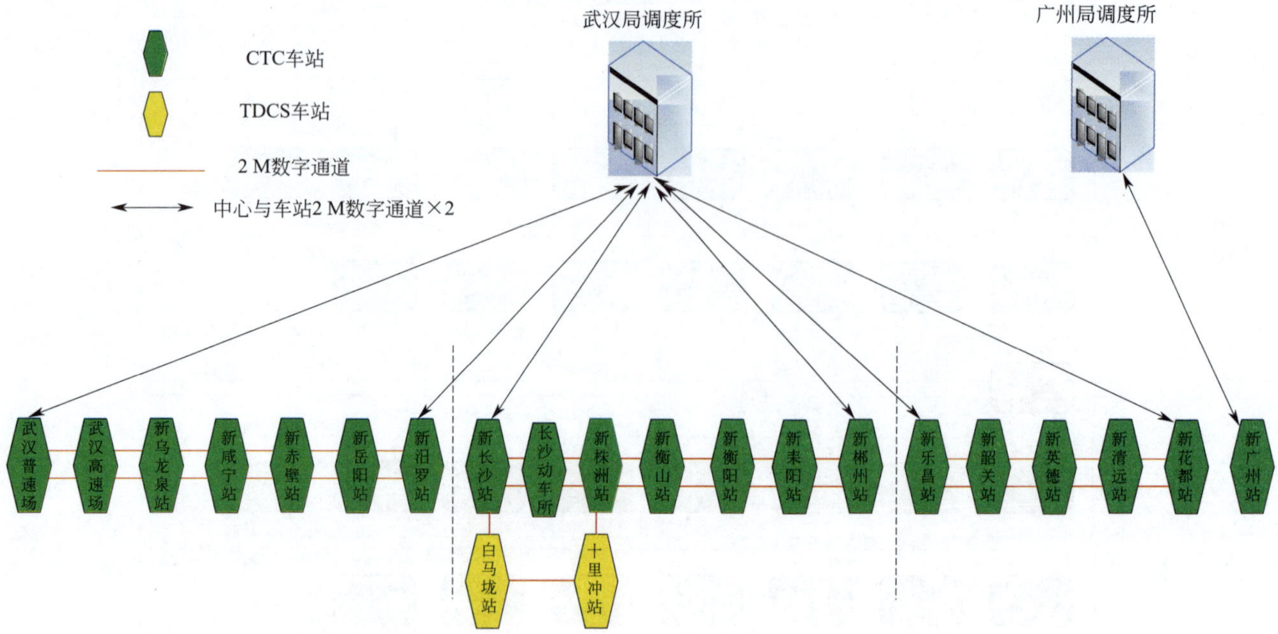

图 3-11-5 CTC数据通信以太网结构示意图

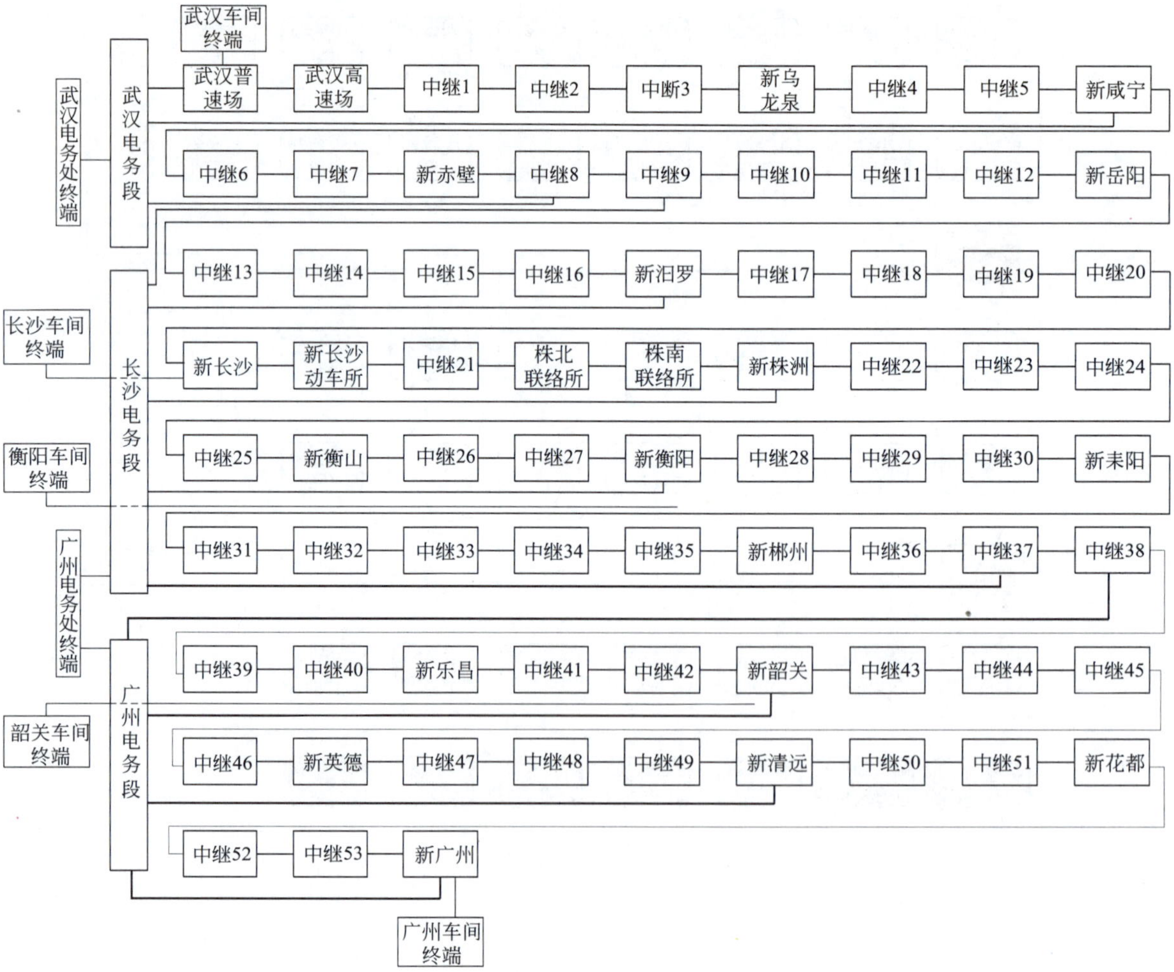

图 3-11-6 监测数据通信以太网结构示意

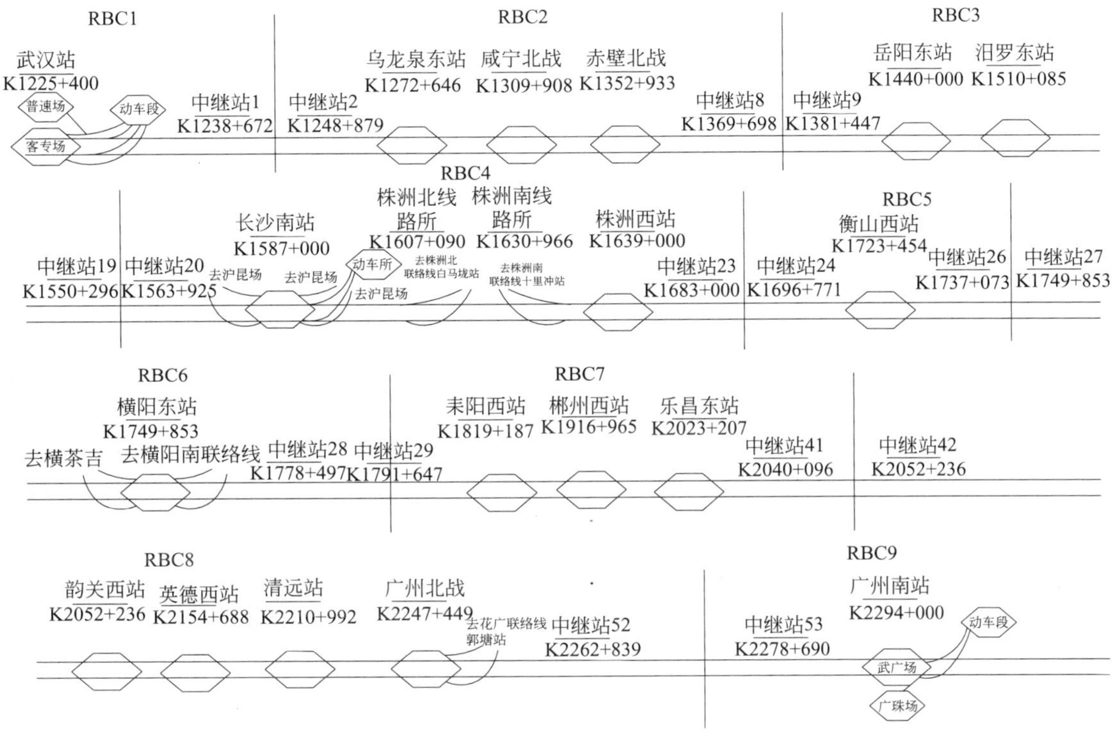

图 3-11-7 RBC 管辖范围示意

武广铁路客运专线采用庞巴迪公司的 RBC 设备。采用 2×2 取 2 结构，每单套有 A、B、C 共 3 台服务器，A、B 是用于安全控制逻辑，比较一致后方才输出，C 是用于 RBC 与相关系统通信接口的。系统考虑热备，所以每个 RBC 共有 6 个服务器构成。

RBC 系统与无线连接的通道有 2 个，在一个 RBC 管辖范围内运行时，使用其中的一个通道。在 RBC 切换点时启动另一个通道与 GSMR 网连接，如果成功则在 RBC 切换后由另一个通道接续工作，如此反复。如果另一个通道连接不成功，采用单通道切换方案。RBC 的无线通信速率可采用 4 800 bit/s，也可采用 9 600 bit/s，目前工程采用的是 4 800 bit/s。

每个 RBC 机柜中可容纳 4 个机笼，每个机笼内可设置一套系统，每套系统具备控制 30 列车的能力，即每个 RBC 具备控制 120 列车的能力。从目前武广铁路客运专线的使用来看，考虑系统的冗余能力，每套 RBC 按照控制 60 列车的能力进行系统设计。

无线闭塞中心(RBC)通过 RBC 接口服务器(VIA)与 CTC 系统的 RBC-CTC 接口服务器。由于 CTC 接口服务器放置于调度中心，因此两者通过外部的 2 M 数字传输通道进行通信。

RBC 和联锁系统将站间线路划分为若干个信号授权 SA 区段，然后以此为基本单位进行信息交互，它以对象的方式传递信息，对象包括列车状态、信号授权和紧急停车区。RBC 通过在武汉站 RBC 机房通信机柜内设置的工业以太网交换机接入信号安全数据网，进而实现与联锁、临时限速服务器等安全设备的连接。RBC 接入信号安全数据网的物理接口为 RJ45。连接电缆应采用 6 类标准屏蔽双绞电缆和带金属屏蔽的水晶头。

武汉站 RBC 机械室设立 RBC/CSM 接口服务器负责实现 VIA 和集中监测中心分机的通信。VIA 负责将所有 9 台 RBC 的维护、诊断信息汇总、处理，并通过接口服务器将 RBC 的监测信息传输给武汉站集中监测分机，由分机对数据进行处理，并通过信号集中监测网络，将 RBC 监测信息发送给各级维修中心。VIA 和 RBC/CSM 接口服务器采用以太网连接，物理接口采用 RJ45 接头及 STP6 类网络信号线。

RBC 系统配置框图如图 3-11-8 所示。

2. 临时限速服务器

TSR 系统包括 TSRS、TSRT、TSRM 和网络设备等设备组成。若设有多个 TSRS 时，还需增设 TSR-

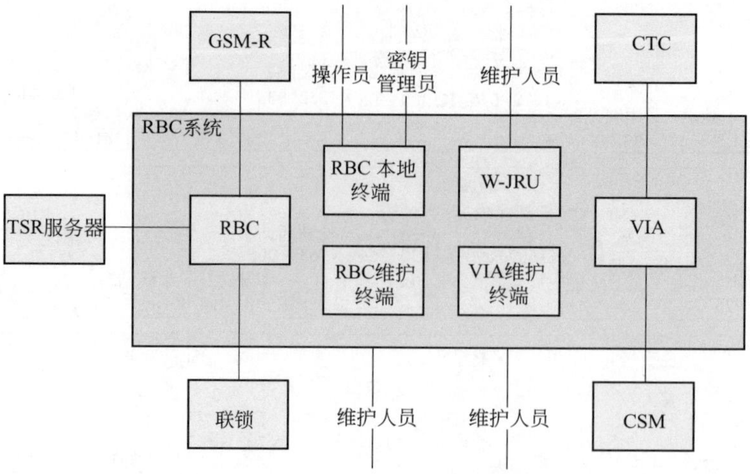

图 3-11-8　RBC 系统配置框图

CTC 接口服务器，由 TSR-CTC 接口服务器负责与 CTC 接口服务器接口，如图 3-11-9 所示。武广铁路客运专线 TSR 系统构成如图 3-11-10 所示。

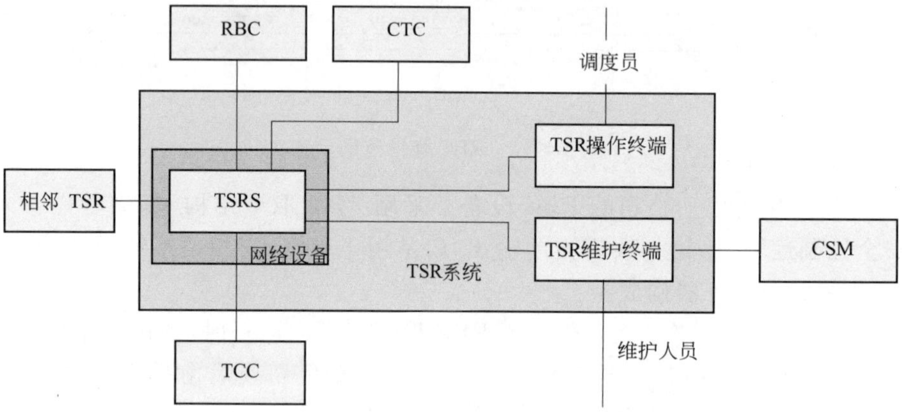

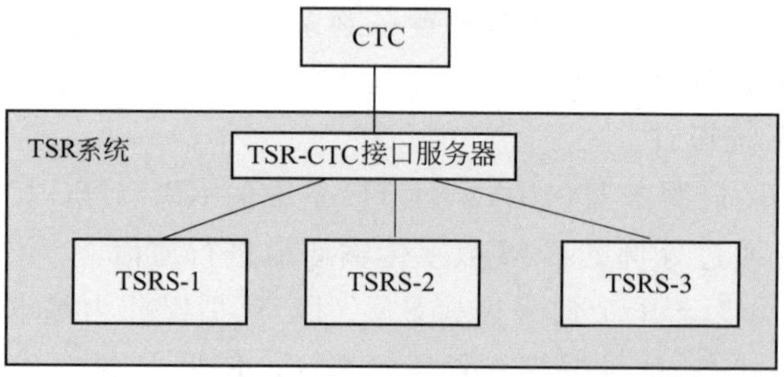

图 3-11-9　TSR 系统组成及接口服务器示意

集中设置于武汉站的 TSRS1～TSRS3 通过一路专用 2 M 数字通道连接至调度中心的 CTC-TSR 接口服务器；广州站的 TSRS4 通过一路专用 2 M 数字通道连接至调度心的 CTC-TSR 接口服务器。

武汉广州站的 TSRS 通过交换机接入信号系统安全数据网，进而与 TCC、RBC 间进行信息交换。

TSRS 向集中监测系统主要传送 TSRS 设备的运行状态信息。TSRS 通过 TSRM 和集中监测系统接口。

3. 地面列控中心(TCC)

地面列控中心负责车站、区间轨道电路的编码、区间方向控制和有源应答器的控制，并向车站联锁提供列车占用轨道信息。根据其管辖范围内轨道占用、联锁进路及边界条件等信息，按照 CTCS 相关技术规范规定的轨道电路码序、应答器信息，控制轨道电路的发码信息和应答器信息，并通过轨道电路和应答器向列车连续提供其行车所需要的运行许可。

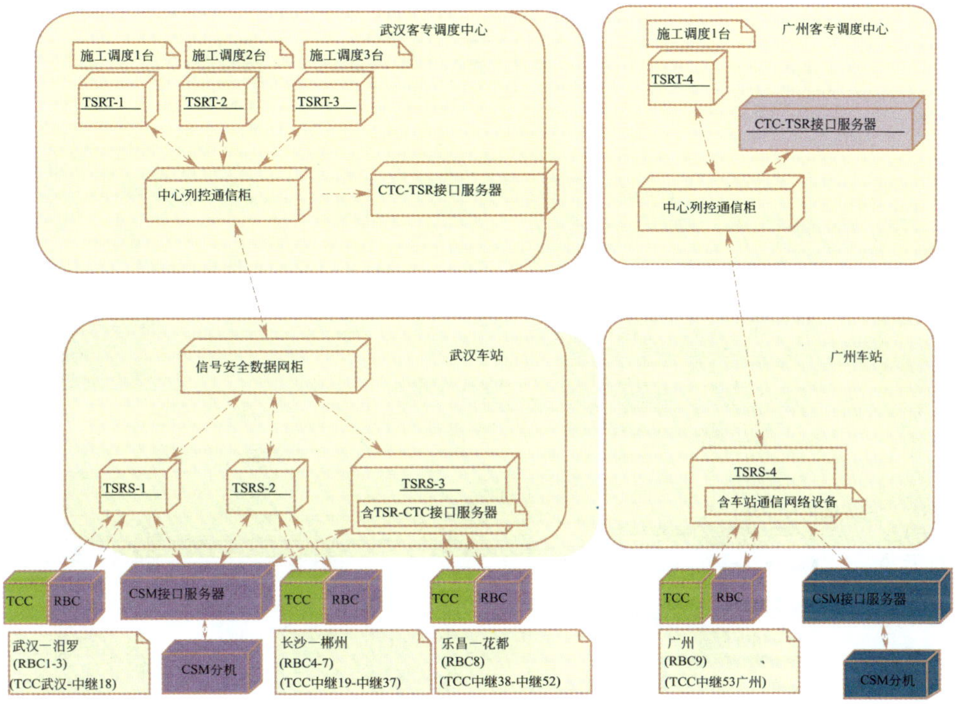

图 3-11-10　TSR 系统构成示意图

地面列控中心(TCC)采用 2 取 2×2 安全计算机平台,具有技术成熟、可靠等特点。地面列控中心(TCC)之间通过 125 M 信号专用光纤(2×2 芯)安全局域网进行连接,实现地面列控中心(TCC)之间的安全信息传输。

车站列控中心通过以太网接口和联锁设备建立通信,接收联锁设备的进路状态信息、车站信号机点灯状态信息、调车信号机状态、改方请求信息等;联锁设备通过以太网接口接收列控中心发送的区间方向信息、区间闭塞分区状态信息、信号机降级命令和灾害防护信息。

车站列控中心通过信号安全数据网接收 TSRS 服务器发送本站以及其所管辖的中继站的临时限速命令,并将中继站的临时限速命令向其转发;TSRS 服务器通过信号安全数据网接收车站列控中心发送的本站以及其管辖的中继站的临时限速命令状态信息和轨道区段状态信息。车站列控中心接收 TSRS 发送的时钟信息,用于系统校时。

车站列控中心通过 RS422 接口向 CTC 设备传输其管辖范围内的闭塞分区状态、区间方向信息和列控中心及其管辖的中继站设备状态信息。

对于设置灾害防护的区段,列控中心在采集到灾害防护信息后,将控制相应的轨道区段发送 H 码防护。同时车站列控中心将接收到的中继站灾害防护信息发送给联锁设备。

武广铁路客运专线各车站、线路所及中继站均设置一套地面列控中心(TCC),中继站距离一般不超过 15 km,特殊困难地段不能超过 20 km。

TCC 的结构及对外接口示意如图 3-11-11 所示。

4. 轨道电路

(1)区间轨道电路

采用计算机编码控制的 ZPW-2000A 型无绝缘移频轨道电路,用以完成列车对轨道区段的占用检查,同时作为 CTCS-2 级列控系统地对车间连续信息传输媒介。

为满足高速铁路 300 km/h 速度 3 min 列车追踪运行的要求,并考虑轨道电路传输长度等条件,列控系统闭塞分区一般按 2 000 m 进行设计,靠近车站附近适当缩短闭塞分区的设置长度。为简化系统设计及系统结构,CTCS-2 与 CTCS-3 级列控系统使用相同的闭塞分区。

无砟区段轨道电路设计长度按部有关文件执行,路基桥梁地段一般不超过 1 000 m,隧道地段不超过 800 m 或 600 m。轨道电路传输电缆长度一般不超过 7 500 m,根据轨道电路具体情况设计特殊轨道电路调

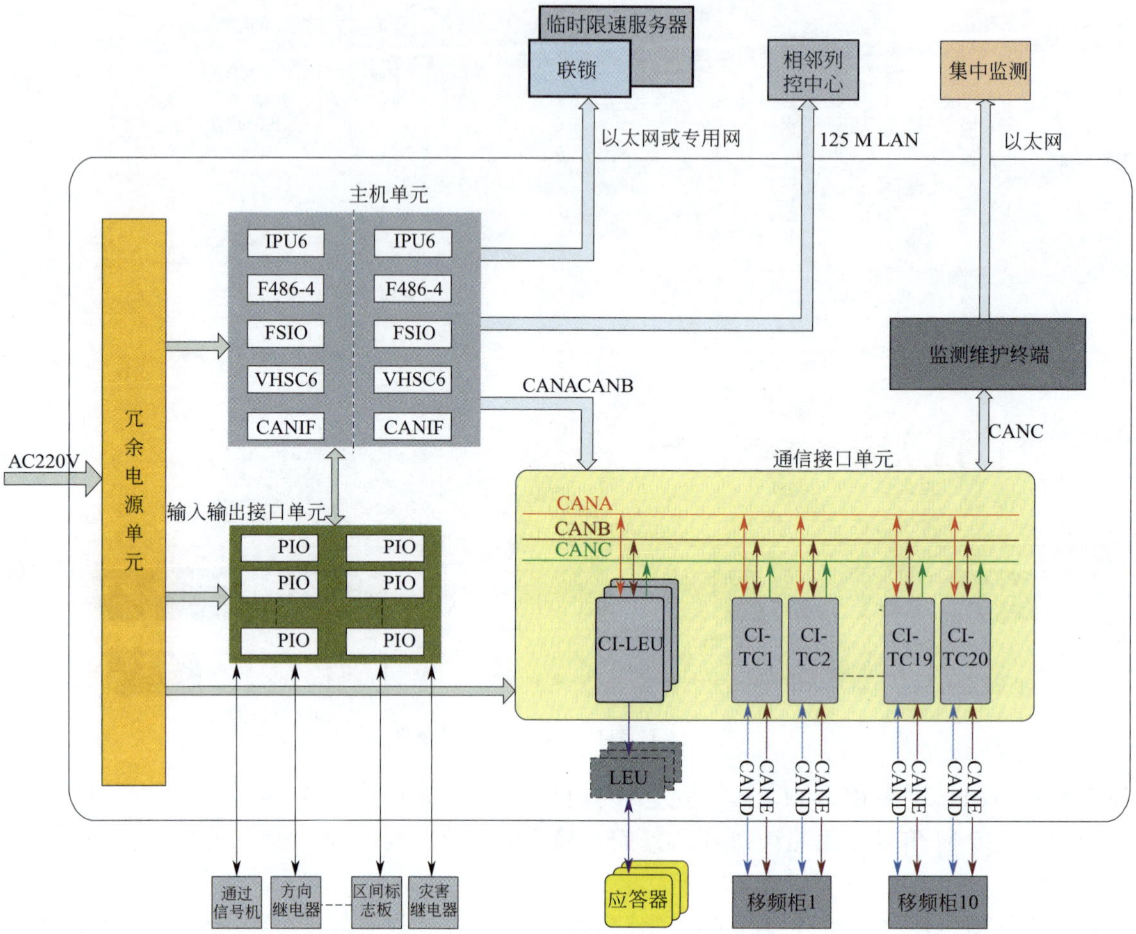

图 3-11-11　TCC 结构组成及对外接口示意

整表，传输电缆可延长至 10 000 m。

区间、车站轨道电路载频统一排列，绝缘节两侧采用不同载频。上行正线、上行侧到发线采用2 000 Hz、2 600 Hz，下行线正线、下行侧到发线采用 1 700 Hz、2 300 Hz。

轨道电路采用的追踪码序为：L5-L4-L3-L2-L-LU-U-HU，满足 300 km/h 速度列车安全运行的要求。

发送器采用 1+1 冗余方式，接收器采用双机并用方式，实现轨道电路系统的高可靠性。

(2)站内轨道电路

复杂大站包括武汉站、广州南站、新长沙站、新衡阳站，正线及股道区段采用计算机编码控制的 ZPW-2000A有绝缘轨道电路，其他区段采用 25 Hz 轨道电路。

其他车站及线路所，全站采用与区间同制式采用计算机编码控制的 ZPW-2000A 有绝缘轨道电路。

为避免轨道电路机车信号邻线干扰，当站内横向相邻同方向载频的轨道电路长度超过 650 m 时，应对轨道电路进行分割。

ZPW-2000A 轨道电路最小长度满足列车以 CTCS-2 最高运行速度 300 km/h 通过时车载设备能够正常接收轨道电路信息(按 2.5 s 并考虑 20 m 裕量计算)。

道岔区段 ZPW-2000A 有绝缘轨道电路长度一般小于 400 m，包含 1～2 个道岔分支。特殊情况不应超过 600 m。

轨道电路采用追踪码序为：L5-L4-L3-L2-L-LU-U-HU，满足 300 km/h 速度列车安全运行的要求。

5. 应答器

按照科技运〔2008〕144 号《CTCS-3 级列控系统应答器应用原则(V1.0)》，在每个闭塞分区入口处、进站信号机(含反向)、出站信号机、区间中继站及其他变相点、大号码道岔、级间转换、RBC 切换和应答器间距离较长(大于 1 500 m)处设置应答器组，为 CTCS-2 车载设备提供定位、线路参数、临时限速等信息，其中定位信息也同时提供给 CTCS-3 级系统使用。

6. 电子编码器(LEU)

电子编码器(LEU)负责接收从列控中心传送的应答器报文信息,经转换为高频基带信号传送给有源应答器。

电子编码器(LEU)原则上设置于室内,与地面列控中心间采用 RS485 串行通信的方式进行信息传输,1 个 LEU 可控制连接四个有源应答器。控制高速正线有源应答器的 LEU 设备按 1+1 冗余设置,控制侧线有源应答器的 LEU 设备按 $N+1$ 冗余设置。

电子编码器(LEU)与有源应答器间采用 LEU 专用应答器传输电缆进行连接,最远电缆长度为 3 000 m。若电缆长度超过 3 000 m,电子编码器(LEU)将放置在室外相关有源应答器处,通过增加光纤接口模块及光纤实现地面列控中心对电子编码器(LEU)的远程控制。

鉴于大号码道岔应答器的信息丢失后导向安全侧,故该应答器虽然处于正线上但采用单套 LEU 设备控制。

武广铁路客运专线设置室外 LEU 的地方有:十里冲 2 台,武汉站、株洲北线路所、株洲南线路所、衡阳、花都、郭塘、广州南站各 1 台。

7. 列控车载设备

列控车载设备采用独立单元模块化结构,设置 2 个独立的核心处理单元分别负责 CTCS-3 系统、CTCS-2 系统功能的处理。

当 CTCS-3 操控时,列车将与 RBC 通信,并读取应答器的数据,轨道电路编码将被忽略。如果列车在应答器里发现 CTCS-2 的数据,CTCS-3 系统将仅忽略 CTCS-2 信息,即使车载设备没有收到要转换至 CTCS-2 的预告信息,列车仍将存储 CTCS-2 信息以备人工转换或自动转换后使用。

当列车按照 CTCS-2 操控时,列车将采集轨道编码数据,并读取应答器。如果与 RBC 的通信对话开放,列车不会让 RBC 发出的指令影响速度监控。如果列车在应答器中发现 CTCS-3 的信息,列车将忽略该信息。如果预告转换至 CTCS-3,列车将存储 CTCS-3 的信息以备转换后使用。

车载设备主要构成及接口示意如图 3-11-12 所示。

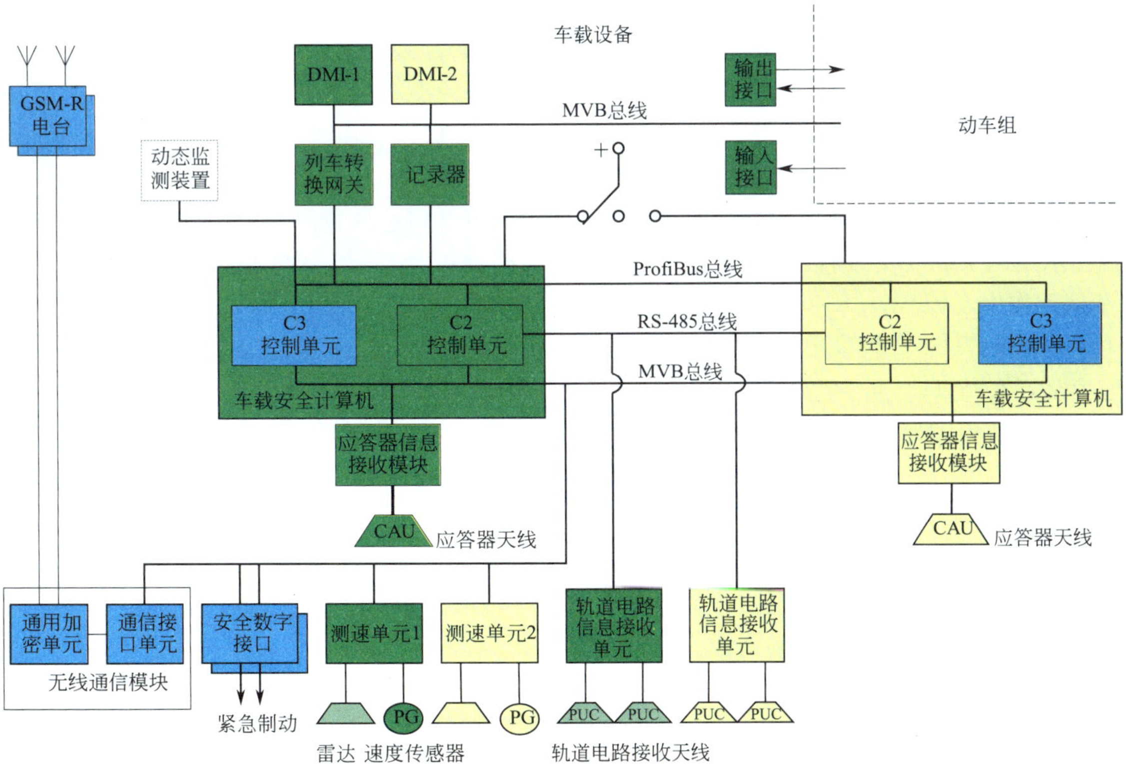

图 3-11-12　车载设备主要构成及接口示意

目前庞巴迪公司的 CTCS-3 车载设备硬件结构为冷备的双机系统。

(二)级间转换

武广铁路客运专线 CTCS-3 级模式与 CTCS-2 级模式的级间转换,转换均由 CTCS-3 级系统负责控制,正常的级间转换应不停车自动进行,特殊情况下,也可在停车后由司机手动转换。级间转换原则满足铁道部相关规定和要求。武广铁路客运专线在武汉站往武汉动车段、长沙南站往长沙动车运用所、广州南站往广州动车段发车口均设置有 C3→C2 切换点,从段所出发处设有 C2→C3 的切换点。

CTCS-2 级→CTCS-3 级转换前,应完成的工作包括 GSM-R 车载电台注册到 GSM-R 网络、车载设备与 RBC 建立通信会话、车载设备从 RBC 获得系统配置参数和行车许可等信息。如果在转换边界不具备 CTCS-3 级控车条件时,列车继续按 CTCS-2 级运行,直至 CTCS-3 级控车条件具备后,车载设备自动转入 CTCS-3 级工作。

CTCS-3 级→CTCS-2 级转换时,无线闭塞中心(RBC)提前一定距离给列车发送等级转换预告信息,同时在转换分界点设置应答器发送无条件等级转换命令信息,强制车载设备在通过分界点后转换为 CTCS-2 级控车。

级间转换时,车载设备的 CTCS-2 级控制单元与 CTCS-3 级控制单元应互相通信,确保不因转换触发制动。

C0/CTCS-2 的级间转换与既有线一致。

(三)CTCS-3/CTCS-2 兼容

武广铁路客运专线地面轨道电路、应答器均按同时满足 CTCS-3、CTCS-2 级要求进行设置,并采用独立的地面列控中心(TCC)。轨道电路信息、应答器信息满足 CTCS-2 级有关技术要求,使地面系统与 CTCS-2 级完全兼容,满足仅具有 CTCS-2 功能的动车走上线运行。

高速动车组采用具有 CTCS-3 和 CTCS-2 功能的车载设备,实现车载设备与 CTCS-2 兼容,满足高速动车组下线至 CTCS-2 线路上运行。

(四)临时限速

对于计划性临时限速,行车调度员在行调台检索待拟订的临时限速调度命令,确认后生成临时限速调度命令(含文本),下发给临时限速服务器进行有效性校验;对于非计划性的临时限速,行车调度员使用临时限速操作终端直接拟定临时限速调度命令,确认后下发给临时限速服务器进行校验和存储。临时限速服务器校验成功后,将该临时限速调度命令存入待执行列表中,并向 CTC 和临时限速操作终端返回校验成功;若校验失败,向 CTC 和临时限速操作终端返回失败原因。

临时限速服务器不断检查其存储的临时限速命令计划,即将到达执行时间的限速命令将通过临时限速操作终端提示给施工调度员进行激活。施工调度员确认并择机激活,经信号安全数据通信网分别下达给 RBC 和车站列控中心(TCC),RBC 和 TCC 分别处理执行。

CTCS-3 级和 CTCS-2 级采用统一的临时限速设置原则,限速命令、管辖范围应保持一致。中继站 TCC 临时限速由临近车站 TCC 负责转达。

临时限速的设置、取消均在调度中心进行,车站不进行临时限速的相关操作。设置与取消临时限速采用相同的操作原则。

(五)灾害防护

对于可以提前预测的灾害,如风、雨、雪等,可以采用临时限速的方法,确保列车运行安全。

对于塌方、落物等突发事件,应通过灾害监测系统及时监测出事件的发生,通过开关接点直接将信息传送给管辖事发地点范围的车站联锁和地面列控中心(TCC)。

地面列控中心(TCC)控制相关灾害闭塞分区轨道电路立即发出"H"码给在相关区段上运行的所有 CTCS-2 系统的列车。

车站联锁将相关灾害进路关闭信息立即传输给无线闭塞中心(RBC),通过 GSM-R 网络向在相关区段上运行的 CTCS-3 系统列车发送"停车"报文。车载设备接收到紧急停车命令后,将立即实施紧急制动进行停车。

（六）反向运行

武广铁路客运专线需反向运行时车站联锁按照自动站间闭塞方式办理接发车作业，列控系统与正向运行时的工作方式相同，区间轨道电路按与正方向相同的发码原则贯通发码，车载设备按照完全监控模式监控列车运行。

武广铁路客运专线反向运行时，列车应按规定降速至 300 km/h(CTCS-3)和 250 km/h(CTCS-2)及以下速度运行，CTCS-2 级系统反向运行限速参数由地面设备负责提供。

（七）联络线、动车走行线运行

长沙动车运用所动车走行线采用 CTCS-2 级列控系统，按双方向追踪运行设计，在正、反向闭塞分区入口处分别设置应答器，分别为正向运行列车和反向运行列车提供线路参数。

株洲北、株洲南、广北联络线采用 CTCS-2 级列控系统，正向追踪运行、反向按站间闭塞运行，发追踪码序。

（八）备用系统

客运专线列控系统采用 CTCS-3 级并兼容 CTCS-2 级的列控系统，当 CTCS-3 级系统车载设备 ETCS 功能单元、GSM-R 通信系统、地面无线闭塞中心等设备故障时，如果列车运行速度满足 CTCS-2 级允许速度时转换到 CTCS-2 级系统，列车按 CTCS-2 级系统继续运行。CTCS-3 级与 CTCS-2 级间的相互转换应实现经司机人工确认后不停车转换。

故障导致 CTCS-2 系统也无法正常工作时，列车将制动停车并隔离列控车载设备后，改由按调度命令行车。

四、联锁系统

（一）联锁设备配置

武广铁路客运专线正线各站均采用硬件冗余结构的计算机联锁，株洲北联线路、株洲南联线路与客运专线相衔接的道岔处设区域联锁电子终端设备，该终端分别由相邻的新长沙、新株洲站进行控制。

株洲北联线路、株洲南联线路与既有线衔接的道岔分别纳入白马垅、十里冲站联锁，株洲西北联络线与湘黔线接轨道岔纳入白马垅站联锁。白马垅站、十里冲站均设计硬件冗余结构的计算机联锁系统。

长沙动车运用所采用一套硬件冗余结构的计算机联锁系统。

武汉综合维修段、新长沙综合维修段、新广州综合维修段及武汉、新咸宁、新岳阳、新长沙、新衡阳、新郴州、新乐昌、新韶关、新英德、新广州 10 个综合工区内道岔不纳入联锁。

车站联锁设备间采用信号安全专用光纤局域网进行数据传输，网络采用专用 2×2 芯光纤及主备冗余结构，具有较高的安全性和可靠性。该网与地面列控中心(TCC)共用一个网络进行联锁-联锁、列控-列控、联锁-列控间信息传输。

区域联锁主站与电子终端间采用信号专用光缆(2×2 芯)进行信息传输。

计算机联锁系统配置如图 3-11-13 所示。

联锁系统与相关系统间接口关系如图 3-11-14 所示。

（二）系统技术要求

车站联锁满足铁道部《计算机联锁技术条件》(TB/T 3027—2002)、《继电式电气集中技术条件》(TB 1774—1986)及铁道部有关技术要求。

联锁设备为冗余的计算机系统，具有自检、自诊及远程诊断和对信号机、转辙机等基础信号设备的报警功能。

联锁系统设备实时与列控系统设备进行信息交换，通信协议或接口应符合国际通用的安全标准。

联锁设备向 CTC 系统提供表示信息并接收 CTC 的控制命令，并符合中国现行的通信协议和编码格式。

在联锁车站设置车站维修终端：主要用于联锁系统的维护、运行及操作记录、各种故障记录报警等。维修终端具有和中心维护设备连接的能力。维护终端提供故障分析参考。

在任何情况下冗余联锁设备的转换都不会对系统产生非安全或有害的影响。转换自动完成并且不会影响列车的正常运行。系统的转换应报警并记录。

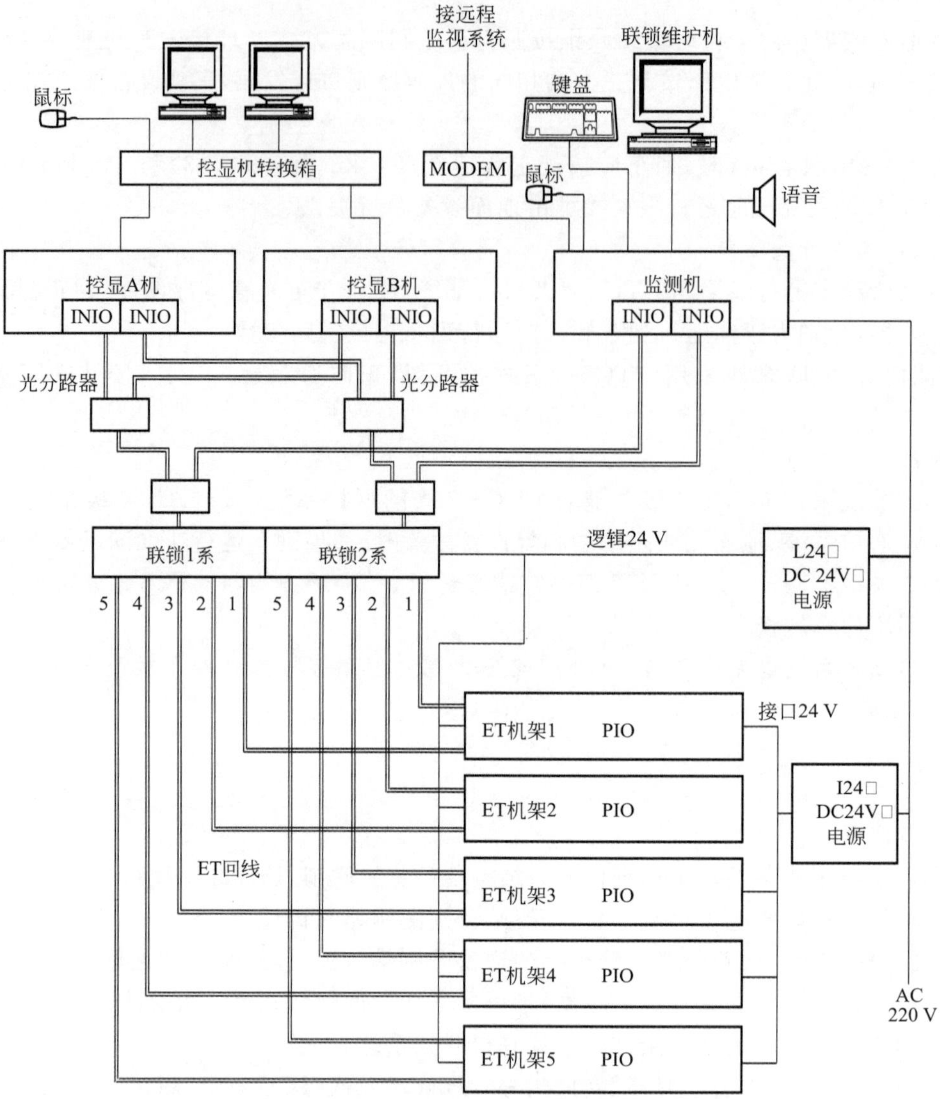

图 3-11-13 计算机联锁系统配置示意

具有非常站控的功能(紧急操作具有权力限制)。

具有接、发车进路引导功能。其中,办理发车引导时,发车进路包括第一离去区段。

联锁设备除具有对道岔转辙机、信号机控制外,还具有对客运专线高速道岔下拉装置的控制功能。

联锁系统能适应武广铁路客运专线站场布置和运输作业的要求。

联锁设备具有高安全性、高可靠性,应达到 IEC61508 规定的安全等级 SIL4 级。

(三)道岔控制

客专线路上道岔转辙机:18 号及以上道岔、60 kg12 号道岔采用 S700K 型转辙机,50 kg12 号、50 kg9 号道岔采用 ZD-6 型转辙机。其中武广正线道岔带下拉装置,需对时序进行控制。

纳入既有车站联锁的道岔转辙机:18 号及以上道岔、60 kg12 号道岔采用 ZYJ7 型转辙机,50 kg12 号、50 kg9 号道岔采用 ZD-6 型转辙机。

道岔控制方式:采用继电器接口直接控制道岔转辙机。

(四)信号机构

武广铁路客运专线区间不设地面通过信号机,在闭塞分区分界处设置标志牌。

武广铁路客运专线设置进站信号机、出站信号机、线路所防护信号机,信号机及显示符合《铁路技术管理规程》和铁道部有关规定。考虑客专正线车站信号机的特殊使用方式、综合考虑维护、了望习惯一致性等方面的因素,经报公司及运营部门同意正线车站进站信号机均考虑采用七灯位两机构矮型信号机。

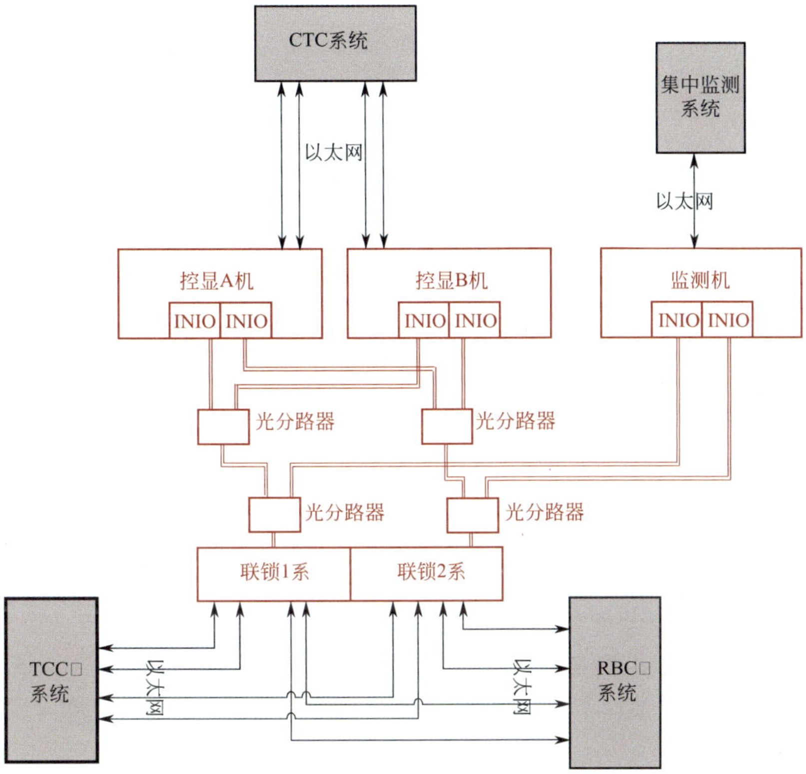

图 3-11-14 联锁系统与相关系统间接口示意

列车信号机常态为灭灯状态。当无 ATP 车载设备的列车接近信号机时，经调度员操作后，点亮相应信号机灯光，列车越过信号机后灯光自动熄灭。

各信号机灯丝条件均不纳入联锁，信号灯灭灯时，无 ATP 车载设备的列车应停止运行。

根据需要设置调车信号机，其显示符合铁道部《铁路技术管理规程》的有关规定。

五、调度集中系统(CTC)

武广铁路客运专线全线的调度指挥系统涉及武汉和广州两个客专调度所，武汉站至广州南站(不含)调度指挥权限归属客专武汉调度所，广州南站调度指挥权限归属广州客专调度所，武汉客专调度所与广州客专调度所的分界在广州南站的北端。

武广铁路客运专线调度集中系统由调度中心系统、车站系统和调度中心与车站、车站与车站之间的网络系统三部分组成。

CTC 中心系统安装在武汉客专调度所内。机房设备包括数据库服务器、应用服务器、通信服务器、RBC 接口服务器、临时限速接口服务器、对外信息接口服务器、GSM-R 接口服务器；系统网管、维护、安全管理、防病毒服务器；网络设备；GPS 时钟校核设备；电源设备。调度大厅设置武广铁路客运专线三个调度台，每个调度台上设置有调度员、助理调度员和维修调度员工作站。

CTC 车站系统安装于沿线各车站(武汉站分场设置两套)、长沙动车运用所内，车站设备包括车站自律机、车务终端、综合维修终端、电务维护终端、网络设备、电源设备、防雷设备、联锁系统接口设备、列控系统接口设备和无线系统接口设备以及系统机柜等。CTC 车站电源共用信号系统电源，不单独设置 UPS。

CTC 系统网络系统由网络通信设备和传输通道构成，车站与车站之间、车站与客专调度所之间采用通信提供的 2 M 专用数字通道。各车站、调度中心根据需要设专用于车站、中心设备间通信的网络交换机设备。CTC 系统在车站通过以太网与联锁设备进行连接。

调度集中系统提供相关信息系统的接口(如 RBC、CTC、TDCS、GSM-R、PIS、SCADA 等)，通过对车站系统功能的修改可以实现连接国内外不同的联锁系统，同时在系统配置上预留 CTC 备份中心控制功能。

系统关键硬件如数据库服务器、通信服务器、应用服务器、行调台、车站自律机、车务终端等均采用双机热备模式，中心及车站均提供功能丰富、可视化电务维护系统，系统在信息安全传输、网络安全、防病毒、防火墙及动态身份认证均配置相关系统，确保系统安全可靠运行。

系统软件根据功能进行模块化设计，配置灵活，只需对相关配置文件修改即可实现对调度台或调度台控制范围的重新划分。

六、信号集中监测系统

武广铁路客运专线信号集中监测系统由电务段主机部分、站机部分、终端部分以及广域网数据传输部分组成。系统满足铁道部《铁路信号微机监测系统技术条件》（运基信号〔2006〕317 号）等技术规范的要求和武广铁路客运专线的运营维护需求。暂不考虑道岔缺口报警，信号机房环境监测由通信专业统一设计。

各主体系统设备（如 CTC 站机、车站联锁、RBC、列控中心、ZPW-2000 轨道电路、电源屏等）应具有自诊断、检测报警等功能，并能与车站信号微机监测设备接口，所有检测、报警等信息应汇集到车站信号微机监测设备

武汉、长沙、广州电务段分别设置双机热备服务器、终端、维护工作站各 1 套以及相应的数据网络通信设备及通信防雷器件。

正线 1 个车站（武汉站分普速场和高速场）、2 个线路所、长沙动车所以及中继站分别设置集中监测采集机、站机各 1 套及相应的网络通信设备。

预留武汉动车段、广州动车段监测信息接入条件。

武汉、长沙、衡阳、韶关、广州维修车间、武汉、广州电务处分别配置监测终端 1 套和相应的数据网络设备。

既有线改建车站按既有监测标准改建，根据站场和线路的变化情况对车站级设备和中心级设备进行相应改造。

预留维修段系统与维修基地信息系统的接口条件。

七、信号综合供电系统

武广铁路客运专线客运专线采用一级负荷贯通线（10 kV）作为主供电源，综合电力贯通线作为备用电源直接为车站、中继站、线路所等处信号设备提供可靠电力电源。

各车站、区间信号中继站、线路所、长沙动车所、调度中心均设置智能电源屏，为列控、联锁、调度集中、信号集中监测等所有信号设备提供统一的信号电源。

单独设置 1 套专为无线闭塞中心（RBC）供电的信号电源系统。

各车站、区间信号中继站、线路所、长沙动车所和调度中心设置双套不间断电源 UPS，为信号系统中除转辙机以外的信号设备提供断电保护。

车站、区间信号中继站和 CTC 调度中心配置在线式双机并联 UPS，有人值守站蓄电池总备用时间为 30 min，无人值守站蓄电池总备用时间为 120 min。

综合维修工区配置在线式单机 UPS，蓄电池备用时间为 10 min。

第五节　经验体会和建议

一、综合管线的站前站后配合

区间线路两侧设置区间贯通电缆槽，需要处理好并线桥梁、区间出岔处、桥隧、桥路、路隧过渡段等特殊区段的衔接关系。

由于设备房屋距离线路侧电缆槽有一定的距离，电缆的引上引下、跨越水沟和各类障碍物等都需要有具体的可实施方案。

站内站场部分：站内管线存在多专业平行和交叉问题，既有沿线路方向的干线和分支电缆槽，又有大量的横穿轨道的管线，同时存在标高冲突问题，因此，需要站场专业统筹考虑，各专业密切配合。

在武广公司的有效接口管理领导下，武广铁路客运专线首次启动接口管理程序，站前站后基本能够相互

衔接，有效沟通，在站前施工过程中完成接地系统、管线系统的预留预埋工作，但由于观念转变不彻底、设计施工周期极短、各相关层面的技术储备不完善，在实际工程实施中尚存在预留预埋不到位、工艺不达标，甚至遗漏的现象，建议在今后的工作中能够保证站前、站后更充分的沟通、制定合理的设计施工周期，保证预留预埋更确切到位。

二、房屋防雷及设计院间配合

随着对设备防雷的认识加强、相关防雷文件的出台，建筑物防雷成为系统防雷的一个非常重要的组成部分。目前武广铁路客运专线房屋设计涉及到四个设计院，各设计院内分工界面不完全相同，对相关部文的理解不完全相同，造成设计、施工等各环节的程序不够流畅。建议在今后的工作中能够在设计、施工、管理等各层面明确分工、统一理解和认识，保证全线房屋防雷设计和施工质量。

三、方案确定与施工工序的合理衔接

武广铁路客运专线开通在即之时根据相关部门的意见，需要对轨道电路分路不良进行整治：对于 25 Hz 轨道电路采用 3 V 化处理；对于一体化轨道电路区段采用喷涂方式进行处理。为此，在开通前后，利用各种空隙或天窗时间采用上述方式进行整理，一方面更换 25 Hz 轨道电路的相关器材，造成一定的废弃；另一方面在运行开通后的施工难度及其艰巨，消耗大量的人力物力，需要进行大量的协调工作。在今后的工程建设过程中，设计单位需要和相关部门、单位进行沟通协调，在施工图开展之前将轨道电路分路不良的方案确定，并付诸实施，这样可以节约大量人力物力。

武广铁路客运专线开通之际，应运维部门的要求，上报了道岔融雪的一类变更设计并予批复。但在武广铁路客运专线开通后，进行道岔融雪的工程施工，工程难度非常大。建议今后类似工程在设计之初，过轨钢管的预留尽可能考虑上道岔融雪电缆的过轨要求；设计部门尽早与业主、接管单位及部主管部门进行沟通交流，尽早稳定道岔融雪的方案；同时建议相关管理部门，对高等级铁路的融雪设置原则进行研究并确定有关标准，使工程设计有据可依。

四、设计里程和运营里程的关系及早明确

根据新近颁布的部文要求，列控数据将采用运营里程编制相应的数据表格，由于大量数据需要编写且每更新一次数据工作量非常巨大，因此尽早明确运营里程和设计里程的关系对列控数据的编制非常有意义。

五、与集成商的有效沟通及集成方案细化

本线按照四电工程集成的模式开展建设，信号设计方案与系统集成方案密切相关。武广的信号设计单位与集成单位及时沟通，有效的保证了信号施工图纸的提供，保证信号施工进度不受影响。但由于沿线涉及站点的特殊情况较多，结合总体的集成方案需要细化具体站点的具体方式，在以后的工程中，有必要及早对具体的技术细节开展讨论，尽早确定细化技术方案以便工程实施的时间更充分可靠。

六、维护管理体制变化对信号设备配置的影响

武广铁路客运专线原按照综合维修管理的模式进行设计，后按照 36 号文属地化管理进行修改。由于维修管理体制的变化，使得维修管理机构设置、微机检测系统的主机设备放置、终端设置等均发生较大变化。另由于对各维修机构的功能定位、人员设置、岗位职责等尚无明确的定义，因此维修机构的仪表配置标准等都暂无统一的标准。建议相关部门需要在维修管理机构、功能定位等方面做出较详细的规划和定义，以免工程实施时发生调整，同时难以配置设备。

七、设备房屋建设滞后对信号设备的安装调试影响及对策

武广铁路客运专线沿线车站信号设备房屋均与车站综合楼合建。从武广铁路客运专线的建设情况看，各车站的综合楼由于车站规模、地方政府总体规划等方面的问题有待不断的论证，建设较为滞后。受制于工期要求，往往在该房屋尚未完全交付前车站室内信号设备必须开始安装，这时室内防雷、装修等均尚未开展，

安装环境较为恶劣。而室内防雷、装修工作开始时灰尘、震动、噪声等对信号电子设备均会造成一定影响，不利于今后的信号维护工作。

鉴于上述原因，可以考虑信号等设备综合楼与车站综合楼分开建设；或者在车站综合楼中规划出一片与整体车站规模、总体规划关系不大的一个区域先行设备综合楼的建议以满足信号等站后设备安装调试的要求。此外，由于箱式机房的技术标准、相关产品要求等也不断出台，对于站房受限严重的车站可以考虑采用箱式机房安装信号室内设备。

八、高速铁路轨旁设备安装方式与设备安全性分析

随着铁路运行速度的不断提高，列车运行过程中带来的风压对室外信号设备的安装提出的更高的要求。武广铁路客运专线联调联试期间就曾出现转辙机动作杆罩因卡接不牢被行驶的列车带起打击动车的情况，因此建议高速铁路的室外设备安装牢固程度应有相关规定予以定义，尤其是隧道内安装在电缆槽侧壁上的设备受隧道内风压影响更大，其安装紧固件等需要有更严格和更有依据的标准规范。

高速运行的列控系统对沿线设备，包括轨道电路、应答器等的依赖程度更大，因此室外设备的安装方案也应在总结不同线路的安装经验基础上，不断提高。京津城际铁路出现严寒天气下动车挂冰破坏两轨条间的补偿电容情况，为此各客运专线补偿电容的安装调整到了轨旁；同样道理道岔密检器的安装位置和方式也将从两轨条间调整到了轨旁；但武广铁路客运专线目前还发生过冰雪天气动车挂冰破坏应答器设备及其电缆的情况，为此，有必要对高速铁路室外设备安装进行进一步的梳理与完善，以期满足列控系统、运营维护管理的要求。

九、设计前提条件应及早明确

工程建设中一些较大的突出问题主要与需求有关，如列车的运营交路，上下线兼容，运营管理模式，维护管理体制等系统性问题，应作为设计前提和边界条件，在设计之初即形成上下较为统一的意见。

此外工程需要包含的设计内容有待相关部门尽早确认，否则工程实施完毕后由于沟槽管线封闭再行实施，施工非常艰巨。

设计过程中的一些总体性和技术性问题，包括6‰下坡道延续问题、过走防护区段正线出岔的列控方案、段所的点灯方案等应由铁道部主管部门尽早明确与拍板，形成统一的设计要求，贯彻到具体的施工图设计中去。

第十二章 电力设计

第一节 工程概况、特点及主要工程数量

一、工程概况

武广铁路客运专线电力供电工程主要由从国家电网接引的高压电源线路、铁路站(段)10 kV 变配电所、沿线两路 10 kV 电力贯通线路、站场及区间高低压电力线路、10/0.4 kV 变电所、箱式变、室外照明、动力配线、电气设备防雷接地、车站机电设备监控及火灾自动报警装置等设施组成。全线电力远动系统纳入综合 SCADA 统一调度。

全线共设 23 座 10 kV(110 kV)变配电所;另长沙南站房内设置 1 座 10 kV 开闭所。

10 kV 高压开关柜采用免维护、少维修 SF6 气体绝缘开关柜(GIS),断路器为真空断路器;10 kV 电容器组采用中性点不接地星型接线成套固定柜,电容器选用无毒、防爆型;变压器均采用新型节能变压器,10/0.4 kV 变压器采用干式;10/10 kV 调压器采用干式。直流电源设备采用智能高频开关铅酸免维护电池直流电源柜。

区间供电全部采用箱式变电站。

二、工程特点

(1)武广铁路客运专线全线设两条 10 kV 电力贯通线,保证对高速铁路铁路通信、信号等重要设备供电可靠性。10 kV 贯通线路全部采用非磁铠装的单芯铜芯电缆,分别沿路基、桥梁、隧道两侧预留的电力电缆槽敷设。

(2)沿线各铁路车站及站间距较大的区间设置 10 kV 电力变配电所,电力变配电所一般从地方变电站接引两路电源供电,部分接引一路电源供电。

(3)武广铁路客运专线沿线各铁路车站站房设高压备用柴油发电机组,给站房内重要用电负荷及区间电力贯通线供电,在百年一遇的冰雪灾害情况下仍能基本保证铁路正常生产生活秩序。

(4)既有铁路 10 kV 电力变配电所内高压开关柜采用空气绝缘开关柜(AIS)。而武广铁路客运专线 10 kV 电力变配电所内高压开关柜采用气体绝缘开关柜(GIS),变压器、调压器均采用干式节能型。配电所采用无人值班的工作方式,主要设备免维护、少维修。

(5)既有铁路区间负荷采用变电台供电。而武广铁路客运专线区间负荷均采用箱式变电站供电。

(6)与武广铁路客运专线运营管理相关设备供电的电力设施均纳入全线综合 SCADA,进行全过程监控。

(7)武广铁路客运专线电力工程达到了电力线路入地、电力设备进屋、电力供电全过程监控、主要电力设备免维护、变配电所无人值班的要求,其技术设备装备水平达到了国际国内一流水平。

三、主要工程数量

主要工程数量见表 3-12-1。

表 3-12-1 主要工程数量表

工程项目	单　位	数　量	备　注
一、供电线路			
(一)高压电缆线路	km	2 200.51	
(二)低压电缆线路	km	224.56	

续上表

工程项目	单　位	数　量	备　注
(三)高压架空线路	km	87.00	
二、电源设备			
(一)10/0.4 kV 变电台	处	4	
(二)10/0.4 kV 箱变	处	630	
(三)10/0.4 kV 变电所	处	9	
(四)10/0.4 kV 合建变电所	处	15	
(五)10 kV 变配电所	处	21	
(六)0.4 kV 柴油发电机组	处	1	
三、其他电力			
(一)站场照明	项	17	
(二)动力配线	kW	9 520.70	
(三)机电设备监控	项	2	
(四)火灾报警系统	项	2	

第二节　规程规范与设计原则

一、规程规范

武广铁路客运专线电力供电系统设计主要遵循以下技术标准，见表 3-12-2。

表 3-12-2　规 程 规 范

序　号	标准号(或文号)	名　称
一	国家标准	
1	GB 50052—1995	供配电系统设计规范
2	GB 50053—1994	10 kV 及以下变电所设计规范
3	GB 50059—1992	35～110 kV 变电所设计规范
4	GB 50060—1992	3～110 kV 高压配电装置设计规范
5	GB 50054—1995	低压配电设计规范
6	GB 50034—2004	建筑照明设计标准
7	GB 50055—1993	通用用电设备配电设计规范
8	GB 50056—1993	电热设备电力装置设计规范
9	GB 50057—1994	建筑物防雷设计规范
10	GB 50058—1992	爆炸和火灾危险环境电力装置设计规范
11	GB 50061—1997	66 kV 及以下架空电力线路设计规范
12	GB 50062—1992	电力装置的继电保护和自动装置设计规范
13	GB 50063—1990	电力装置的电气测量仪表装置设计规范
14	DL/T 620—1997	交流电气装置的过电压保护和绝缘配合
15	DL/T 621—1997	交流电气装置的接地
16	GB 14050—1993	系统接地的型式及安全技术要求
17	GB 50116—1998	火灾自动报警系统设计规范

续上表

序 号	标准号(或文号)	名 称
18	GB 50217—1994	电力工程电缆设计规范
19	GB 50229—1996	火力发电厂与变电所设计防火规范
20	GB 50260—1996	电力设施抗震设计规范
21	GB 50293—1999	城市电力规划规范
22	GB 50297—1999	电力工程基本术语标准
23	GBJ 16—1987	建筑设计防火规范
24	GB 4717—1993	火灾报警控制器通用技术条件
25	GB 50045—1995	高层民用建筑设计防火规范(2005 年版)
26	GB/T 50314—2000	智能建筑设计标准
27	GB 4717—1993	火灾报警控制器通用技术条件
28	GB/T 13926—1992	工业过程测量和控制装置的电磁兼容性
29	IEC 61000—4—3	中国国家电磁兼容相关标准
30	GB 16806—1997	消防联动控制设备通用技术条件
31	GB 14003—1992	线型光束感烟火灾探测器技术要求及试验方法
32	DBJ 15—34—2004	大空间智能型主动喷水灭火系统设计规范
33	GB 50226—1995	铁路旅客车站建筑设计规范
二	铁路行业标准	
1	TB 10008—2006	铁路电力设计规范
2	TBJ 23—1989	电气化铁路电力设计规定
3	TB 10039—1993	铁路备用柴油发电站设计规范
4	TB 10063—1999	铁路工程设计防火规范
5	TB 10064—2000	铁路电力远动系统工程设计规范
6	TB 10065—2000	铁路电力变、配电所设计规范
7	TB 10621—2009	高速铁路设计规范(试行)

二、总体设计原则

1. 负荷等级划分

一级负荷包括:与高速铁路运营管理密切相关的通信、信号、运营调度系统、实时信息化设备;动车段(所)运用设备;电力及电气化各所操作电源;车站及隧道应急照明和特大型站房公共区照明;火灾自动报警系统设备;自动售检票系统。其中应急照明、变、配电所操作电源、火灾自动报警系统设备和通信、信号等系统设备为特别重要的一级负荷。

二级负荷主要包括:为通信、信号主要设备配置的专用空调;接触网远动开关操作电源;动车组检修设备;综合维修段(工区)、车站给排水设施等设备;中间站公共照明等负荷。

其余用电设备的负荷等级应按现行《铁路电力设计规范》(TB 10008—2006)及其他相关规程规范确定。

2. 供电原则

一级负荷:两路相对独立电源分别供电至用电设备或低压双电源切换装置处,当两个电源中一个电源发生故障时,另一个电源不应同时受到损坏。一级负荷中特别重要的负荷,除设两路电源外,还必须设置应急电源。

二级负荷:有条件时提供两路高压电源供电,当两路电源供电确有困难时可为一路高压电源供电。

三级负荷:一般采用单回路供电,当供电系统为非正常运行方式时,允许将其切除。

3. 全线设两条 10 kV 电力贯通线，保证对通信、信号等重要设备供电可靠性。10 kV 贯通线路全部采用非磁铠装的单芯铜芯电缆。

4. 沿线各铁路车站设置 10 kV 电力变配电所，电力变配电所大部分从地方变电站接引两路电源供电。

5. 10 kV 电力变配电所内高压开关柜采用气体绝缘开关柜(GIS)，变压器、调压器均采用干式节能型。配电所采用无人值班的工作方式，主要设备免维护、少维修。

6. 区间负荷均采用箱式变电站供电。

7. 给予高速铁路运营管理相关设备供电的电力设施均纳入全线综合 SCADA，进行全过程监控。

8. 隧道供电及照明

(1)100～500 m 的隧道从 10 kV 综合电力贯通线上接取一回 10 kV 电源设箱式变电站供电。大于 500 m 的隧道从二回 10 kV 电力贯通线上各接取一回 10 kV 电源设箱式变电站供电。

(2)大于 100 m、小于 500 m 的隧道设正常固定照明；大于 500 m 的隧道设正常固定照明并作为疏散应急照明使用；大于 100 m 的隧道设疏散指示灯及标志灯；每个洞室按 5 kW 插座及照明负荷配置，全隧道仅计一个洞室容量。

9. 机电设备监控系统(BAS)

(1)全线车站、动车段(所)、综合维修段等重要建筑物应设置设备监控系统。监控对象包括空调通风、给排水、电梯、变配电设备、电气照明等。

(2)机电设备的监控功能包括：监视、控制、测量。

10. 火灾自动报警系统(FAS)

(1)全线车站、动车段(所)、综合维修段、浏阳河隧道等设置火灾自动报警系统。

(2)火灾自动报警系统具有报警、显示、联动功能，为独立系统；预留与上位管理主机通讯功能，可以通过协议将火警信息传至综合调度中心的相关工作站。

11. 防雷

(1)沿线站房综合楼及大型车间建筑物设防直击雷的避雷设施；变、配电所的每段母线上和 10 kV 的每路架空进出线上装设避雷器；10 kV 变压器在高压侧装设避雷器保护；多雷区的变压器在低压侧亦装设一组避雷器。

(2)为防止暂态过电压的干扰，对信号、通信、综合调度系统及其他智能系统设备的 380/220 V 供电电源根据设备的重要性，分别采取不同的过电压保护措施。

12. 接地

(1)低压电力系统接地形式采用 TN-S 或 TN-C-S 系统；电力装置的保护接地的接地电阻值根据设备类型、保护类型按有关规程规范确定；建筑物内根据需要采用等电位联结。

(2)武广铁路客运专线全线设有综合接地系统，沿铁路两侧 20 m 范围内的车站建筑、通信及信号中继站内的电气设备接入综合接地系统，并实行等电位联结，但距线路较远的建(构)筑、电气设施采取隔离措施后可独立设置接地装置。沿线 10 kV 贯通线路电力电缆采用单点接地。

第三节　与相关专业的接口

一、外部接口

1. 与电力公司接口：配电所计量装置，包括计量用电流互感器变比、精度，计量仪表精度等需经电力公司确认。继电保护配合需与电力公司协商确定。一般配电所与电力公司分界在地方变电站外电源线的一个根杆塔上，若采用全电缆线路，则分界点在地方变电站高压开关柜下端头。

2. 与土地规划部门接口：由设计院提供初步电源线路径给土地规划部门，经与土地规划部门联合现场踏勘后，设计院确定正式电源线路径图给土地规划部门报批。

二、内部接口

1. 与路基、站场、桥梁、隧道专业接口：由电力专业向路基、站场、桥梁、隧道专业提交电力设施附属构筑物要求，路基、站场、桥梁、隧道专业在各自的施工图中研究相应的配套施工工艺，并完成了配套施工图，如电缆沟、过轨钢管、上下桥梁电缆爬架槽道等附属构筑物。

2. 与房建专业接口：由电力专业向房建专业提交电力设备用房大小尺寸，房建专业根据电力专业的要求反馈具体平立剖图。电力专业在该平立剖图中布置具体的沟槽管洞提交房建专业。

3. 与变电专业接口：牵引所 10 kV 自用变电源由电力专业从 10 kV 贯通线接引，如采用电缆进线，分界在牵引所内 10 kV 变压器室，电力专业负责将 10 kV 电缆引入牵引所内 10 kV 变压器室，10 kV 变压器室内 10 kV 电缆头由变电专业负责。

牵引所亭附近的接触网开关电源由变电专业负责，其他接触网开关电源由电力专业负责。

4. 与暖通专业接口：由电力专业提供电力房屋温度、通风等要求。暖通专业返提空调、风机、消防设备的用电要求。对于暖通专业设置的气体灭火设备和消防水炮等设备，由电力专业设置火灾自动报警系统对其进行控制。

5. 与其他专业接口：由电力专业提供低压电缆供电至相关专业设备控制箱处，相关专业设备控制箱可由电力专业提供也可由相关工艺专业提供。

第四节　技术方案和主要技术参数

一、技术方案

（一）供　　电

1. 铁路电力系统是系统集成的重要组成部分，是确保调度指挥、信号、通信、旅客服务等系统重要负荷安全、可靠、不间断运行的基础设施。铁路电力系统必须满足本线铁路安全、可靠供电的要求，并满足免维护、少维修、10 kV 及以上变配电所无人值守的原则要求。

2. 为保证铁路各用电设备的可靠安全用电，铁路电力系统应保证各级供配电系统的相互匹配，除发生大面积自然灾害（如地震、战争、电网崩溃等）或故意损坏外，其可靠性满足每天 24 h 的运输需要（含“维修天窗”时间）。

3. 铁路电力系统的主要设备标准为模数化、标准化、免维护、少维修。

4. 铁路电力系统与铁路行车和运输安全密切相关，所有本线各个等级负荷的电源均自铁路电力系统接引。

5. 与行车相关的一级负荷或重要负荷至少从供电网络接取 2 路独立电源。

6. 铁路电力系统在遵守国家法规和不损害铁路部门利益的前提条件下，最大限度地满足接入当地电力系统运营商电网的要求。

7. 铁路电力系统遵循国家强制性标准，认真贯彻执行国家能源政策，因地制宜，保护环境，节约土地，积极采取节能措施，降低电能消耗。

（二）供配电网络

1. 武广铁路客运专线电力系统的供配电网络主要由国家电网接引的高压电源线路、铁路站、段 10 kV 及以上变配电所、沿线两回 10 kV 电力贯通线路、站场（房）高压电力线路、10/0.4 kV 变配电设施以及低压电力线路等构成。必要时设置柴油发电机组、EPS、UPS 作为应急电源。

2. 电源接引

武广铁路客运专线铁路沿线电力系统由华中（湖北省、湖南省）、华南电网（广东省）组成，沿线主要分布有 220 kV、110 kV 供电网络。沿线一般车站容易从附近接取 10 kV 电源，电源情况较好。

武广铁路客运专线与既有铁路的联络线，既有铁路侧用电负荷电源接引于既有京广线或既有湘黔线的 10 kV 自闭线、贯通线等电力线路。

（三）变配电所

1. 配电所设置

10 kV 配电所设置地点：武汉（110 kV 变配电所）、乌龙泉、咸宁北、赤壁北、五里、岳阳东、汨罗东、浏阳河隧道北口、长沙南、株洲西、衡山西、衡阳东、耒阳西、洋塘、郴州西、杨梅、乐昌、韶关、英德、沙口、清远、花都、广州南，共计23座配电所；长沙南站房内设置10 kV开闭所1座。

乌龙泉、浏阳河隧道北口、杨梅、乐昌、沙口等5座配电所为独立建配电所，五里、洋塘2座配电所与牵引AT所合建（所址合建），长沙南、广州南配电所与牵引变电所合建（所址、电源及相关设备合建），其余配电所与各车站站房综合楼合建。

2. 配电所规模及电源情况

除乌龙泉、五里、洋塘、杨梅、沙口处配电所接取一路专屏专线高压电源外，其他站配电所接取两路独立专屏专线高压电源，电压等级为10 kV；长沙南、广州南10 kV配电所与牵引变电所合建，并由牵引变电所提供两路10 kV独立电源；武汉110 kV变配电所从地方变电站接取两回110 kV电源。

配电所规模及电源情况见表3-12-3。

表3-12-3　10 kV变配电所规模及电源情况

序号	名　称	规　模	电　源　情　况
1	武汉		从地方变电站接取两回110 kV电源
2	乌龙泉	1进5出	土地堂35 kV变引一回10 kV专屏专线
3	咸宁北	2进8出	官埠220 kV、广东南110 kV变各引一回10 kV专屏专线
4	赤壁北	2进6出	沙子岭、赤马港110 kV变各引一回10 kV专屏专线
5	五里	1进4出	季台坡110 kV变，10 kV专屏专线
6	岳阳东	2进8出	10 kV金平线"T"一回、黎家110 kV变引一回10 kV专屏专线
7	汨罗东	2进6出	安园110 kV变引一回10 kV专屏专线，窑洲变电站引一回10 kV专屏专线
8	浏阳河隧道北	2进8出	水渡河110 kV变引二回10 kV专屏专线
9	长沙南	2进12出	与牵引变电所合建，由牵引变电所动力变压器接引两路10 kV电源
10	长沙南站房10 kV配电所	2进8出	长沙南10 kV配电所引二回10 kV专屏专线
11	株洲西	2进6出	王家坪220 kV变引二回10 kV专屏专线
12	衡山西	2进6出	田家冲110 kV、衡山220 kV变各引一回10 kV专屏专线
13	衡阳东	2进8出	茶山坳110 kV变引二回10 kV专屏专线
14	耒阳西	2进6出	联平110 kV变引二回10 kV专屏专线
15	洋塘	1进4出	箕山110 kV变引一回10 kV专屏专线
16	郴州西	2进8出	黄泥110 kV变引一回10 kV专屏专线，"T"接一回10 kV联络线
17	杨梅	1进4出	杨梅山110 kV变引一回10 kV专屏专线
18	乐昌东	2进6出	廊田220 kV引一回10 kV专屏专线、乐昌110 kV变"T"接一回10 kV公用线
19	韶关	2进8出	芙蓉220 kV、阳山110 kV变各引一回10 kV专屏专线
20	英德西	2进6出	南山110 kV变引二回10 kV专屏专线
21	沙口	1进4出	
22	清远	2进6出	源潭110 kV、七星岗110 kV变各引一回10 kV专屏专线
23	广州北	2进6出	大陵110 kV、湖畔110 kV变各引一回10 kV专屏专线
24	广州南		与牵引变电所合建

3. 配电所电气主接线

武汉站110 kV变配电所，110 kV侧采用外桥接线；双电源10 kV配电所采用单母线断路器分段接线方式，正常运行时两路电源同时供电，当一路电源失电母联断路器合闸由另一路电源带全所负荷；单电源10 kV配电所采用单母线方式；贯通馈出线经调压器供电；10 kV主母线采用不接地系统，根据铁道部运输局运计装备〔2009〕56号文《关于统一高速铁路电力供电系统接地方式的通知》的要求，贯通母线段采用低电阻接地系统。如图3-12-1所示。

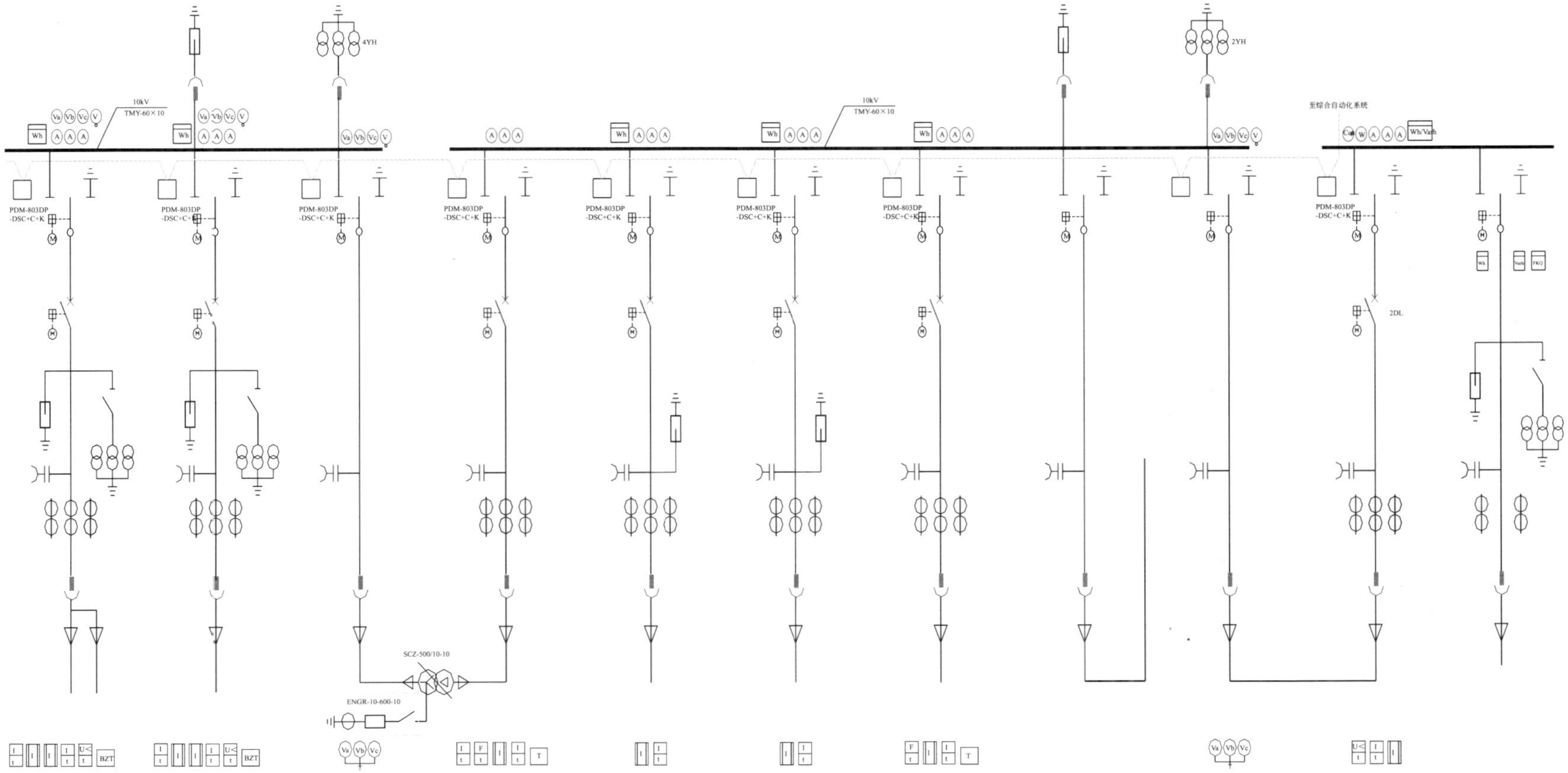

高压开关柜编号		12G		13G		14G		15G		16G		17G		18G		19G		20G		21G		22G	
高压开关柜型号		10kV GIS开关柜		10kV GIS开关柜		10kV GIS开关柜		10kV GIS开关柜		10kV GIS开关柜		10kV GIS开关柜		10kV GIS开关柜		10kV GIS开关柜		10kV GIS开关柜		10kV GIS开关柜		10kV GIS开关柜	
高压开关外型尺寸		600×1250×2250		600×1250×2250		600×1250×2250		600×1250×2250		600×1250×2250		600×1250×2250		600×1250×2250		600×1250×2250		600×1250×2250		600×1250×2250		600×1250×2250	
主要设备	真空断路器	630A-25kA	1	630A-25kA	1			630A-25kA	1	630A-25kA	1	630A-25kA	1	630A-25kA	1					1250A-25kA	1		
	三工位隔离开关	630A	1	630A	1	630A	1	630A	1	630A	1	630A	1	630A	1	1250A	1	1250A	2	1250A	2	1250A	1
	电流互感器	50/1A	3	50/1A	3			50/1A	3	50/1A	3	50/1A	3	75/1A	3					300/1A	3	250/1A	2
	电压互感器	10/0.1kV	3	10/0.1kV	3	10/0.1kV	3											10/0.1kV	3			10/0.1kV	2
	避雷器			GM-10	3											CM-10	3						
	电缆头	2×2CJB10-2595+SA	3	CJB10-2595+SA	3	CJB10-2595	3	CJB10-2595	3	CJB10-2595	3	CJB10-2595+SA	3	CJB10-2595	3	CJB10-1224	3	CJB10-1224	3	CJB10-1224	3	CJB10-1224+SA	3
	带电显示装置		1		1		1		1		1		1		1		1		1		1		1
回路名称		综合贯通南馈出		综合贯通北馈出		综合贯通母互		综合贯通调压器		备用馈伏		综合维修工区馈出二		车站综合变二		联络		主母互二及联络		电源二		进线及计费二	
回路容量(kVA)								500				125		800						3550			

图　3-12-1

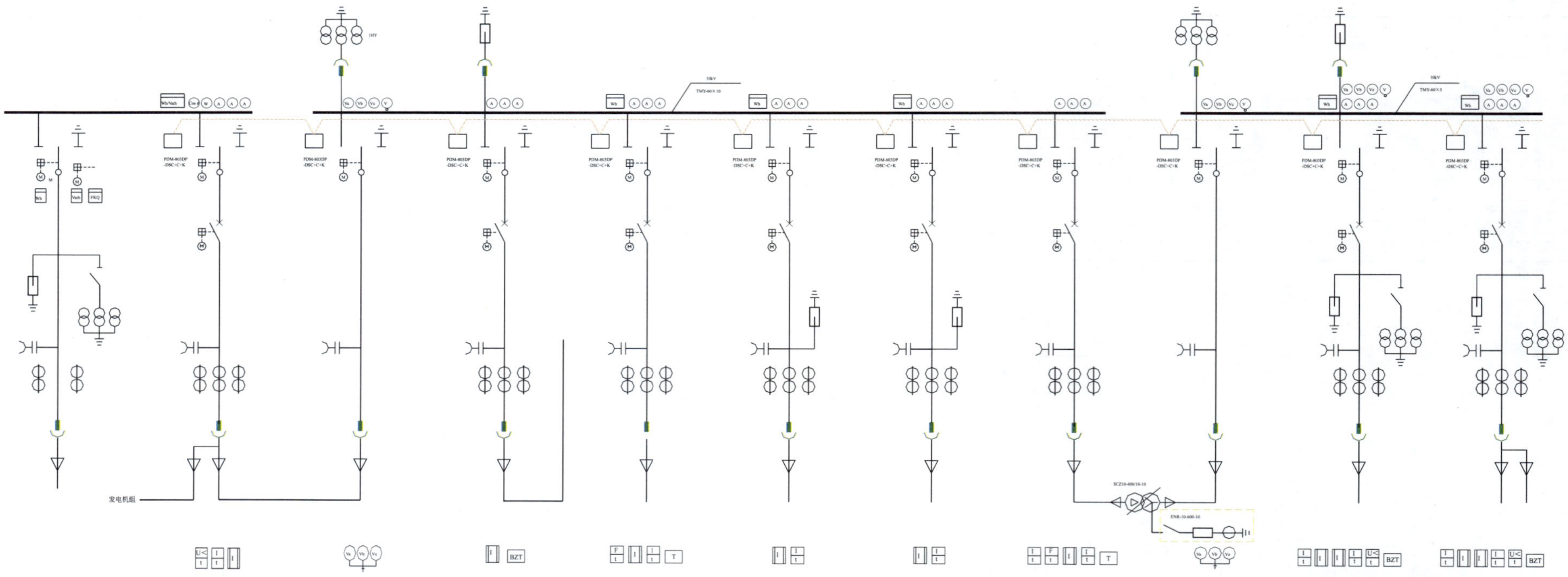

高压开关柜编号	1G		2G		3G		4G		5G		6G		7G		8G		9G		10G		11G	
高压开关柜型号	10kVGIS开关柜		10kVGIS开关柜		10kVGIS开关柜		10kVGIS开关柜		10kVGIS开关柜		10kVGIS开关柜		10kVGIS开关柜		10kVGIS开关柜		10kVGIS开关柜		10kVGIS开关柜		10kVGIS开关柜	
高压开关柜外型尺寸	600×1250×2250		600×1250×2250		600×1250×2250		600×1250×2250		600×1250×2250		600×1250×2250		600×1250×2250		600×1250×2250		600×1250×2250		600×1250×2250		600×1250×2250	
主要设备 真空断路器			1250A-25kA	1			1250A-25kA	1	630A-25kA	1	630A-25kA	1	630A-25kA	1	630A-25kA	1			630A-25kA	1	630A-25kA	1
主要设备 三工位隔离开关	1250A	1	1250A	2	1250A	2	1250A	1	630A	1	630A	1	630A	1	630A	1	630A	1	630A	1	630A	1
主要设备 电流互感器	250/1A	2	300/1A	3			150/1A	3	75/1A	3	50/1A	3	75/1A	3	75/1A	3			50/1A	3	50/1A	3
主要设备 电压互感器	10/0.1kV	2			10/0.1kV	3											10/0.1kV	3	10/0.1kV	3	10/0.1kV	3
主要设备 避雷器		3					CM-10	3											CM-10	3		
主要设备 电缆头	CJB10-1224+SA	3	2×CJB10-1224+2595	3	CJB10-1224	3	CJB10-1224	3	CJB10-2595	3	CJB10-2595+SA	3	CJB10-2595+SA	3	CJB10-2595	3	CJB10-2595	3	CJB10-2595+SA	3	2×CJB10-2595+SA	3
主要设备 带电显示装置		1		1		1				1		1		1		1		1		1		1
回路名称	进线及计费一		电源一及发电机受电		主母互一及联络		母联		车站综合变一		综合维修工区馈出一		次变电所		一级贯通调压器		一级贯通母互		一级贯通北馈出		一级贯通南馈出	
回路容量(kVA)			3550				2125		800		125		800		400							

图 3-12-1 双电源 10 kV 配电所电气主接线

4.10 kV 变配电所设备类型

10 kV 高压开关柜采用免维护、少维修 SF6 气体绝缘开关柜(GIS),断路器为真空断路器;10/0.4 kV 变压器采用新型节能干式变压器,10/10 kV 调压器采用干式。直流电源设备采用智能高频开关铅酸免维护电池直流电源柜。

5.10 kV 变配电所继电保护及自动装置

配电所采用数字继电器及通信装置,实现全所电气设备的测量、控制、保护等功能,并提供电力远动接口;数字继电器布置在高压柜仪表单元上、通信装置布置在控制室内。变配电所内设置视频监控探头,并布置在设备间,视频信息通过综合监控系统上传到综合调度中心(视频监控系统由通信专业设计)。

变配电所继电保护及自动装置配置见表 3-12-4。

表 3-12-4　变配电所继电保护及自动装置配置

单元名称	继　电　保　护	自动装置
电源	电流速断、定时过电流、低电压	
母联	电流速断	备用电源自投
变压器	电流速断、定时过电流、温度、过负荷	
调压器	电流速断、定时过电流、温度、过负荷、零序过电流	
一般馈出线	电流速断、定时过电流	单相接地信号
贯通馈出线	电流速断、定时过电流、失压、零序过电流	一次自动重合闸、备用电源自投
电容器	电流速断、过电压、低电压	
母线电压互感器		母线绝缘监察

6. 配电所房屋

区间配电所及无站房综合楼的车站配电所单独设置,其余配电所与车站站房综合楼合建。

7. 值班方式

配电所采用无人值班远方监控的工作方式。

(四)柴油发电机组

1. 柴油发电机组设置

分别在咸宁北、赤壁北、岳阳东、汨罗东、株洲西、衡山西、衡阳东、耒阳西、郴州西、新韶关各中间站房内以及乐昌、清远 10 kV 变配电所各设置一台 10 kV 柴油发电机组,主要供站房内通信、信号、客运信息设备及应急照明用电等一级负荷,并给区间 10 kV 电力贯通线供电,在重大灾害情况下当地方电网全部停电时,启动发电机组,保障与铁路运行、管理密切相关的负荷用电。

在长沙南站房内设一台 0.4 kV 柴油发电机组,作为站内一级负荷主要备用电源。

另外,根据 2009 年 9 月 8 日～11 日铁道部建设司在长沙主持召开的武广铁路客运专线塘背、煤隆岭和浏阳河隧道无砟轨道上拱病害整治方案研讨会上形成的《武广铁路客运专线塘背、煤隆岭和浏阳河隧道无砟轨道上拱病害整治方案会议纪要》,在隧道定点疏散通道口外增加备用低压柴油发电机组,作为浏阳河隧道排水备用电源。

2.10 kV 柴油发电机组容量

赤壁北、汨罗东、衡山西、耒阳西站房内、乐昌 10 kV 变配电所发电机组为 1 000 kW;咸宁北、岳阳东、株洲西、衡阳东、郴州西、韶关站房内、清远 10 kV 变配电所发电机组为 1 200 kW;长沙南站房内 0.4 kV 柴油发电机组为 1 200 kW;浏阳河隧道疏散通道口外 0.4 kV 柴油发电机组为 200 kW。

3. 接线型式

10 kV 柴油发电机组的 10 kV 馈线电缆接入各 10 kV 变配电所Ⅰ或Ⅱ段主母线,当两路电源均失电时,手动投入柴油发电机组。

4. 设备布置

发电机房面积约 100 m^2，尽量靠近 10 kV 高压配电室并考虑发电机组的通风、排烟及消声等因素。浏阳河隧道排水备用低压柴油发电机组设于定点疏散通道口看守点用房内。

(五)10/0.4 kV 变电所

1. 变电所的设置

各车站、动车运用所、综合维修段、工区负荷集中的地方设 10/0.4 kV 变电所，车站站房、综合楼变电所与配电所合建，综合维修段、工区变电所独立设置。维修工区设 10/0.4 kV 室内变电所，从配电所不同站馈回路分别接取电源。浏阳河隧道南口设 10/0.4 kV 室内变电所，分别从二回 10 kV 电力贯通线接取电源。

2. 主接线型式

乌龙泉、乐昌、英德 10/0.4 kV 变电所均为两台变压器各一段低压母线，两段低压母线分别运行。

其余与 10 kV 配电所合建的站房 10/0.4 kV 变电所为单母线母联断路器分断，低压母线共分为四段，正常运行时，Ⅰ、Ⅲ段母线由综合变压器一供电，Ⅱ、Ⅳ段母线由综合变压器二供电，母联断路器断开；当一路电源失电或一台变压器因故退出运行时，母联断路器自动合闸，由一路电源带全所重要负荷；当两路电源均失电时，所内重要用电负荷Ⅲ、Ⅳ段母线由接于电力贯通线的变压器供电。

独立设置的 10/0.4 kV 变电所 10 kV 侧设高压环网开关柜。

3. 10/0.4 kV 变电所设备类型及布置

高压环网开关柜采用 SF6 负荷开关、变压器采用带外罩的干式变压器、低压开关柜采用组合式柜型并配置数字化仪表。与 10 kV 配电所合建的站房 10/0.4 kV 变电所低压开关柜内设 RTU，所有低压回路均纳入 SCADA。独立设置的站房、动车所等变电所纳入 BAS 系统监控。

10/0.4 kV 变电所内高压环网柜、变压器、低压开关柜布置在同一房间内。

(六)10/0.4 kV 箱式变电站

1. 接线型式

10/0.4 kV 箱式变电站 10 kV 侧进出线及变压器设高压负荷开关，环网接线。

箱式变电站内负荷开关均采用电动操作机构纳入 SCADA 系统，实现自动隔离故障电力线路、故障定位、非故障段自动恢复供电等功能。

在 10 kV 电力贯通线路区间分散设置箱式电抗器，补偿贯通线电缆电容电流。

2. 设备类型及布置

箱式变电站内主要包括:10 kV 气体绝缘环网开关柜、干式变压器、低压开关柜、UPS 电源，并为 RTU 装置预留安装位置。

(1)高压环网开关柜采用紧凑型、共箱式 SF6 气体绝缘的充气式环网柜，实现 10 kV 高压系统的全封闭、全绝缘。环网柜负荷开关均采用电动操作，具备远方操作接口，通过 RTU 实现远方的遥信、遥测、遥控功能。高压限流熔断器置于独立的小室内，单相绝缘密封。电流互感器采用穿心式结构，精度 0.5 级。电压互感器安装于 10 kV 母线上，为三相 V/V 接线，采用全绝缘形式，插拔式结构，精度 0.5 级。环网柜配置全密封电缆插拔座，电缆头采用螺栓与电缆座相连。电缆附件为硅橡胶绝缘，预制式，插拔结构，可触摸。

(2)10/0.4/0.23 kV 变压器选用 DC10、SC10 干式配电变压器，自然风冷，线圈采用环氧树脂浇注。

(3)低压受电总开关及出线开关均采用空气断路器，低压受电总开关上侧安装隔离刀闸，形成明显的断开点，隔离刀闸设置合闸自锁装置。进出线开关具备电动操作功能，能进行远方及本地操作。

(4)箱式变电站内低压总进线、各低压馈出回路配置数字式电流表，每段低压母线配置数字式电压表。

(5)箱式变电站内设置 1 套 UPS 电源装置，分别从两台变压器低压侧各引一路电源经双电源切换装置切换后给 UPS 电源装置供电。如果 2 回低压电源均失电，UPS 电源装置在 2 h 内应保证箱式变电站内设备的操作、控制、测量电源以及 RTU 装置的工作电源。UPS 电源的容量不小于 1 000 VA。

(6)箱式变电站设置高压室、变压器室和低压室。综合负荷贯通线和一级负荷贯通线设备在布局上独立分割。

(7)箱体内设驱潮装置,保证内部元件不发生凝露,各高低压柜体间隔、变压器柜内配备温湿度控制器、加热板。

(8)箱式变电站设足够的自然通风口,并采取必须的隔热措施,以保证在正常环境温度下,所有的电器元件的温升不超过允许温升;如果变压器在周围环境温度下,采用自然通风不能保证在额定容量下运行时,在变压器室内采用强制通风冷却。变压器室装有温度控制器,当温度达到设定值时,自动启动风机,进行强制冷却,并可随变压器的运行温度的变化自动启动和切除,来控制变压器的室温,保证箱变在高温高湿的环境下正常运行。

(9)箱式变电站的基础高程尽量与通信、信号一体化机房一致,箱式变电站外观、颜色等亦尽量与通信、信号一体化机房相协调。

(10)区间箱式变电站尽量靠近通信、信号一体化机房,相邻布置,但需满足防止电力设备对通信、信号设备电磁干扰要求。

3. 箱变总图布置

通信、信号双电源专用箱变与通信基站、信号中继站机房相邻设置,其他箱变独立设置。箱式电抗器与箱式变电站相邻布置。

(七)沿线区间用电负荷(不含隧道)供电方案

全线设置 10 kV 一级负荷贯通线和 10 kV 综合负荷贯通线各一回,沿线区间通信基站、光纤直放站、信号中继站等负荷均从二回 10 kV 电力贯通线上各接取一回 10 kV 电源设箱式变电站供电。牵引供电所(亭)所用电从 10 kV 综合负荷贯通线上接取一回电源供电,另一路电源由牵引供电系统供给。区间铁跨公立交桥设置机械排水泵站时接取地方 10 kV 电源,设单电源箱变供电。

联络线区间通信基站、光纤直放站、接触网远动开关、隧道照明等用电负荷供电箱变靠近既有线侧,其电源接取于既有京广线、湘黔线 10 kV 自闭线、贯通线上。

(八)隧道照明方案

1. 隧道照明供电的目的

根据高速(高速铁路)铁路运营性质和方法,疏散指示标志灯常开。在正常运营时隧道内无行人和工作人员作业,隧道内无需进行照明;隧道工务检修时,由综合维修检修车辆自配电源提供动力及工作照明;天窗时间工作人员在隧道内巡检使用隧道固定照明;当高速列车因故在隧道内滞留,疏散通道上配置的照明有助于乘客须疏散出隧道。

2. 隧道照明供电

(1)供电原则:100～500 m 左右的隧道照明单电源供电,大于 500 m 的隧道照明采用双电源供电,低压供电线路的供电半径为 1.5 km 左右;100～500 m 的隧道单电源接引于 10 kV 综合负荷贯通线,大于 500 m 的隧道双电源接引于 10 kV 综合负荷贯通线及 10 kV 一级负荷贯通线。

(2)小于 1 500 m 左右的隧道在隧道外北口或南口设有隧道照明箱变一处,一端供电。

(3)大于 1 500 m 小于 3 000 m 左右的隧道在隧道外北口和南口各设有隧道照明箱变一处,两端供电。

(4)大于 3 000 m 左右的隧道除在隧道外北口和南口各设有隧道照明箱变一处外,另在隧道内每间隔 3 000 m左右设照明箱变供电。

(5)100～500 m 左右的隧道照明电源从供电箱变处引一回～220 V 隧道照明电源至北口洞外首端照明控制箱后分别馈出固定照明和疏散指示照明回路,隧道疏散指示灯除从疏散指示照明回路接引～220 V 电源外,并自带应急时间为 2 h 的蓄电池。

(6)大于 500 m 左右的隧道照明电源从箱变处两段低压母线各引一回供电线路分别引入各综合洞室经双电源切换装置切换后供各综合洞室电源箱电源;在各综合洞室设应急时间为 2.0 h 的 EPS,当外电源失电时供疏散照明灯及疏散指示标志灯使用。

(7)供电容量:500 m 以上的隧道每个洞室按 5 kW 检修插座及照明负荷配置,全隧道仅计一个洞室检修插座容量。

3. 隧道照明控制

(1)100～500 m的隧道照明控制:正常照明灯采用两端控制,开关设于隧道两端洞口,可使用设于隧道外控制箱内的按钮打开或关闭全隧道照明灯;疏散指示灯在首端控制箱控制。

(2)大于500 m的隧道照明控制:正常照明灯采用分段两端控制,分段开关设于隧道两端洞口和隧道洞室内,紧急情况下可使用布置在隧道内的紧急按钮打开全隧道照明灯;疏散指示标志灯在综合洞室控制箱控制,平时常开。

(3)大于500 m的隧道照明远动控制:在综合洞室内设置智能监控装置(RTU);在第一个或最后一个综合洞室设智能监控通信接口,从通信接口敷设光缆至隧道附近的通信基站;通过通信光缆专用通道上传至维修车间隧道照明监控主站。

4. 隧道照明设备安装

(1)大于100 m、小于500 m的隧道设正常固定照明,光源采用100 W高压钠灯,照明灯沿隧道两侧交错布置,水平间距一般为30 m、距地3.5 m。

(2)大于500 m的隧道设正常固定照明并作为疏散应急照明使用,光源采用50 W无级荧光灯,照明灯沿隧道两侧交错布置,水平间距一般为20 m、距地2.5 m。

(3)大于100 m的隧道设疏散指示灯及标志灯,光源采用3 W LED灯,疏散指示灯沿隧道两侧对称布置,水平间距一般为25 m、距地2.5 m。

(4)设置在隧道综合洞室洞口上的标志灯距地3.2 m。

(5)隧道口及综合洞室内电源箱、RTU、照明控制箱均为明挂,箱体底边距地1.3 m;EPS为落地靠墙安装。

(6)所有灯具、开关箱、按钮箱、EPS等的防护等级为IP65。

(7)隧道内的灯具安装、设备安装及配线安装应满足列车350 km/h时运行的要求。

5. 隧道照明配线方式

(1)隧道供电电源电缆、标志灯电源电缆干线、控制电缆及监控光缆沿隧道电力电缆槽敷设。

(2)隧道照明干线电缆沿隧道壁水平安装时采用电缆挂钩敷设,挂钩安装间距为0.8 m,电缆安装高度为距灯具上缘0.2 m。

(3)所有过轨电缆均沿预留过轨钢管敷设。

(4)除沿隧道壁采用电缆挂钩水平敷设的电缆和沿电缆槽敷设的电缆外,其他电缆均采用穿钢管沿隧道壁明敷。

(5)隧道外电力电缆采用钢管埋地敷设或沿墙壁明敷、监控光缆沿通信电缆槽敷设至通信基站。

6. 接地方式

(1)隧道照明接地系统采用TN-C-S系统。

(2)各综合洞室电源箱、照明控制箱从隧道综合接地母线接引PE线。

(3)隧道内疏散指示灯及标志灯回路、其他照明回路从各个洞室电源箱或照明控制箱接引PE线。

7. 隧道照明监控远动

(1)武汉、长沙、韶关综合维修车间综合楼设隧道照明监控用工作站、服务器及通信接口设备。

(2)电力隧道照明监控系统的主干通道由MSTP传输系统提供。

(3)MSTP传输系统在每个基站内提供1～2个FE(e)接口,在监控主站处为每个主干通道提供2个FE(e)接口。

(4)每个隧道的照明监控系统采用光纤+光调制解调器接入与隧道相邻通信基站的FE(e)接口,当1个通信基站接入的隧道为3个时,增设1台交换机,3个隧道通过交换机接入通信基站的FE(e)接口。

(5)施工界面为基站和监控主站内RJ45配线架的用户侧。

(6)通信基站提供的通道接入所属维修车间综合楼内隧道照明监控主站。

8. 隧道照明设计接口

(1)供电电源线:以隧道进或出洞口为隧道照明供电电源线的分界,箱变至隧道口为四电外线工程施工单位施工,隧道内为隧道照明施工单位施工。

(2)隧道照明监控：以通信基站内隧道照明通信接口为界，隧道照明监控通信光缆从隧道内 RTU 至通信基站为隧道照明施工单位施工。

(3)综合接地：以隧道洞室内综合接地端子为界，PE 保护线至综合接地端子为隧道照明施工单位施工。

隧道照明效果图如图 3-12-2 所示。

图 3-12-2 隧道照明效果

(九)电力线路

1. 10 kV 电力贯通线路

全线设置 10 kV 一级负荷贯通线和 10 kV 综合负荷贯通线各一回，电缆导线截面分别为 70 mm^2 和 95 mm^2，全部采用交联聚乙烯绝缘非磁铠装的单芯铜芯电缆，分别沿铁路两侧预制电缆槽敷设。

2. 10 kV 配电所电源线路

根据城市规划、地形等环境因素采用电力电缆或架空线路。电力电缆采用交联聚乙烯绝缘钢带铠装的三芯铜芯电缆，架空线路采用钢筋混凝土电杆、钢芯铝绞线、铁横担。

3. 站场、段所电力线路

车站站场、动车运用所内高低压电力线路全部采用电力电缆，一般沿沟敷设，局部地段直埋敷设，过路、过轨时穿管保护敷设。

4. 电缆敷设方式

(1)经过桥隧地段时沿桥隧两侧土建预留的电力电缆槽敷设；经过路基地段时沿路基两侧土建预留的电力电缆槽敷设。路基地段电力电缆槽设于水沟外侧，铁路购地范围内；经过涵洞时，采用下列两种方式通过：

①当为交通涵，路面高程与原地面高程一致或相差不大时，则于涵洞两侧设电缆井(土建预留)，采用暗埋钢管通过；

②当为排水涵或交通涵路面需下挖较深时，则沿自制电力电缆槽经涵洞翼墙引至涵洞帽沿后，穿钢管 SC150 保护过涵洞帽沿。涵洞帽沿处钢管敷水泥保护。

(2)过轨时沿土建预埋的钢管过轨，单芯电缆的三相电缆应穿于一根钢管内，并在钢管内绞编敷设。当桥隧相连处无预埋钢管时，电缆过轨可从桥台下绕行。

(3)电缆在站场地段可沿站场土建预留的电力电缆沟敷设，无预留电力电缆沟地段沿槽敷设。

(十)电力配电所综自系统

1. 配电所采用单元式微机保护装置、微机综合自动化系统，实现全所电气设备的测量、控制、保护等功能，并提供 SCADA(电力远动)接口。微机保护测控单元设于 10 kV 开关柜上。

2. 除进线计量柜的电能表由地方供电部门选型外，变配电所内高低压表计采用综合测量电子智能仪表。

3. 继电保护及自动装置配置。

(1)电源柜：设定时过电流、电流速断、定时低电压保护。

(2)母联柜:设电流速断保护;设备用电源自投装置。其中,电流速断保护只在合闸过程中投入。

(3)馈出柜:设定时过电流、电流速断保护。

(4)调压器柜:设定时过电流、电流速断、零序定时过电流、过负荷、温度保护,有载自动调压。

(5)贯通馈出柜:设定时过电流、电流速断、零序电流速断、零序定时过电流、低电压保护;设备用电源自投装置。

(6)绝缘监察装置:10 kV 系统由接在各段母线上的电压互感器来完成;直流系统由设于直流电源柜内的绝缘监察装置来完成。

(十一)其他方面

1. 满足电网要求的措施

计费装置的设置:接引外部电源的 10 kV 变配电所以及单独接引外部电源的供电点均设电力计费装置,并满足地方供电部门的要求。

无功功率补偿:负荷容量较大且功率因数低的设备就地设电容器补偿,10/0.4 kV 室内变电所采用低压无功自动补偿方式,功率因数补偿到 0.85 以上。

三相负荷平衡:三相负荷尽量均衡分配。

2. 电力设备的安全性、兼容性和协调性

(1)室内变配电设备全部无油化,消除火灾隐患。

(2)所有电气设备均设于室内或箱内,并设在高速铁路铁路封闭网内,减少自然、人为破坏。

(3)采取各种防雷、接地及其他防护措施,保证建筑物、用电设施的电气安全。

(4)作为一个完整的供电系统,各种电压等级的变配电设备应能保证供电的连续及保护匹配,相同电压等级的高低压开关移开或抽出开关应能互换。

(5)考虑整个系统设备的形式和外观协调一致,做到一致的形象并宜于识别,可以通过采用统一风格的标志、字母和符号,以及采用协调的颜色来实现。

(十二)电力与 SCADA 和其他自动化系统的配合

1. 全线 10 kV 配电所配置的综合自动化系统、车站站房、综合楼 10/0.4 kV 变电所配置的监控装置、区间接于贯通线上的箱变内高低压回路均纳入 SCADA 子系统。

2. 由 SCADA 统一在全线两条 10 kV 贯通线供电的箱变处设置 RTU,负责对两条 10 kV 贯通线及其供电的低压回路的电流电压数据的采集、监控;当贯通线出现相间短路、单相接地、断相的情况下,迅速完成对其故障区段的定位、隔离及非故障区段的恢复供电工作。

3. SCADA 对电力被控设备处采集的模拟量数据(电流、电压)可在调度端以图形方式显示,图形中相邻点间时间间隔最小为 20 ms。

4. 由综合视频监控系统在全线各站的 10 kV 配电所统一配置视频监视系统,负责对变配电所运行相关的场所进行监视。

(十三)机电设备监控系统

全线车站、动车段(所)、综合维修段等重要建筑物应设置设备监控系统。监控对象包括空调通风、给排水、电梯、变配电设备、电气照明等。

1. 系统构成及监控对象

(1)BAS 系统由中央监控工作站、现场控制器、其他监控系统(变配电监控、智能照明监控系统)、传感器、执行器及通信网络构成。

(2)监控对象包括:冷水机组系统、空调机组、新风机、送风机及排风机、给排水系统、照明系统、电梯、扶梯等。

2. 系统功能

(1)机电设备监控系统通过现场设备采集数据、通过网络传输数据、通过主站设备监视控制被控对象,系统规模根据所需监控的机电设备数量和分布范围的大小确定。

(2)系统具有友好的人机界面体系,具有彩色动态和多级显示功能,包括系统结构画面显示、地理信息画面、分类画面、事故监控画面、报警监控画面、工业系统画面、环控模式画面的显示。系统能够提供对各种信息，特别是事故、报警信息的存储、检索查询、统计、显示，查看和编辑报表信息，并进行打印等管理功能。

(3)当系统中出现故障时，能进行故障报警，提供方便的协调和调度监控手段来满足和应对特殊的工况要求，并根据调度及触发命令完成模式控制。

(十四)火灾自动报警系统

动车所、站房、浏阳河隧道等重要建筑物设置火灾自动报警系统。

1. 动车所火灾自动报警系统

(1)设置范围及防护等级。动车所建筑群内设置火灾自动报警系统的建筑物有：一二级检修库、危险品库、办公综合楼、信号楼等房屋。动车所建筑群内各建筑为二类防火建筑，火灾自动报警系统的防护等级按二级设置。

(2)系统组成。系统由火灾自动报警系统、消防联动控制系统和消防专用电话系统组成。

2. 站房火灾自动报警系统

(1)系统组成。火灾自动报警系统由联成环形网络的火灾报警控制盘(FACP)、手动控制盘(IBP)、图形工作站(CRT)、视频火灾监控报警系统、漏电火灾报警系统、打印机等组成。

FACP盘连接成令牌环网，FACP盘分别是网络上的一个节点，通过某个节点上传信息至CRT，同时，大空间智能型主动喷水灭火系统、红外线自动寻的消防泡灭火系统、视频火灾监控报警系统、漏电火灾报警系统等均设置与CRT的通讯接口，实现对整个站区的监控管理。

(2)系统设置。在车站地面层设置消防控制中心，FAS在消防控制中心设置图形工作站(CRT)，手动控制盘(IBP)，琴台式火灾报警控制盘(FACP)，另配置区域火灾报警控制盘。

(3)消防联动控制。联动控制系统是由FACP盘、IBP盘、监视、控制模块与现场强电、空调、消防水、防排烟等设备融为一体的控制系统。在消防控制室可以实现对消防设备的手动和自动控制。因正常使用的通风、空调系统设备与防烟、排烟系统设备合用，同一设备在火灾或正常工况中均发挥应有的作用，为避免同一设备监控设施重复设置，确定联动控制的原则为：凡正常与火灾状态下均运行的电气设备，由BAS联动控制；仅在火灾状态下运行的电气设备由FAS联动控制。

3. 浏阳河隧道火灾自动报警系统

(1)系统设计原则。

①隧道内按同一时间只发生一次火灾考虑救灾能力。

②系统保护范围为隧道全段范围。

③采用以防为主，防消结合的方针。

④报警系统设有自动和手动两种触发装置；自动报警装置须尽可能早且准确地探测到火灾情况。

⑤设备选用经国家有关产品质量检测单位检验合格的产品。

(2)浏阳河隧道系统构成。由设置在隧道武汉端洞口配电所控制室内的FAS主机及工作站、隧道洞室内分段设置的火灾区域报警控制器及风机现场控制器、隧道内光纤感温火情监控控制器、手动报警按钮、消火栓启泵按钮及相应的通信网络构成。

隧道FAS工作站预留上传信息至隧道机电监控中心的接口。

①FAS监控工作站。配置火灾自动报警及控制系统主控制器、工业级计算机、打印机、UPS不间断电源，图形监控软件等。

②火灾区域报警控制器。在消防泵房、隧道洞室内分段设置火灾区域报警控制器，接收并上传隧道内光纤感温火情监控控制器、手动报警按钮、消火栓启泵按钮的报警信息、控制消防泵启泵。

③风机现场控制器。在隧道洞室内设置风机现场控制设备，对风机的各种工况模式进行控制，并反馈风机各种工作状态。

④感温光纤火灾探测系统。由感温光纤分布式温度控制单元、光纤感温火情监控控制器以及光纤连接器件等构成。

采用光纤感温火情监控控制器实时检测隧道内现场环境温度、定点探测火情，实时传递火灾报警信息给温度控制单元机。DTS控制单元通过火灾区域报警控制器传递隧道内火灾进行实时报警信息。

⑤消火栓启泵按钮及手动报警按钮。根据隧道消火栓箱的布置，在消防定点段隧道壁上消火栓箱旁设置手动报警按钮，手动报警按钮及消火栓箱内启泵按钮通过探测回路线，接入消防泵房的区域报警控制器。

⑥通信网络。系统主干网络为工业级光纤环网结构，通信协议采用 TCP/IP 协议。

(3)系统功能。

①基本功能。实时数据管理、人机界面、报警功能、打印功能、在线自诊断功能及设备维修管理。

②报警功能。监测隧道内的空气温度及火情，监测隧道风机设备和水消防、废水雨水排水等设备的运行状态。

当检测到火灾危险情况后，及时向 FAS 工作站及相关控制系统发送报警信息。

③控制功能。消防泵房的消防联动控制柜上设置直接控制按钮，对消防用水泵直接强行控制。

在隧道武汉端洞口配电所控制室内 FAS 工作站上对消防水泵、隧道内废水泵以及隧道风机进行控制，并接受其反馈信号。

④显示功能。报警点及消防设备状态在智能火灾报警控制器上显示，同时也可在 FAS 工作站中文彩色图形终端上显示。

(4)系统接口。①与水消防设备的接口。消火栓箱内启泵按钮为设备自带，通过探测回路线接入系统。

消防泵房内消防水泵控制箱设备自带，通过硬线接口接入系统。

②与给排水设备的接口。废水泵房废水泵控制箱内自带 PLC 控制器，负责各组水泵的启停顺序，通过通信接口接入系统。

③与其他系统接口。隧道通风风机的模式控制指令由其他系统发出。

(十五)站场、室外照明及控制方式

1. 道路照明采用可倾式柱灯照明为主，车站站场采用升降式投光灯塔照明，动车所存车场采用灯桥照明。

2. 控制方式：纳入机电设备监控亦可就地控制。

(十六)动力照明

1. 一般动力照明

(1)动力配线采用放射式和树干式结合的混合式配线网络。

(2)动力设备控制方式一般采用就地控制，部分设备控制纳入机电设备监控系统。

(3)动力负荷分回路供电，容量相对较大的单独负荷(如给水、暖通、机务、车辆等设备)可设独立回路供电。通信、信号、信息等一级负荷均设独立回路双电源供电。

(4)室内照明一般采用节能型荧光灯，就地控制和集中控制相结合。

(5)道路照明采用可倾式柱灯照明为主，车站站场采用升降式投光灯塔照明，多股道存车场设照明灯桥；控制方式：就地控制及纳入机电设备监控。

2. 动车段(所)照明

(1)检修库一般照明电源采用双回路交叉供电；根据工艺要求，照明场所按照顶棚、检修台及地沟三个层面布置灯具。并设适量的应急照明，应急照明电源采用集中蓄电池供电的 EPS 应急照明配电箱。

(2)顶棚采用广照型金属卤化物灯，检修台采用节能型荧光灯，检修地沟采样节能 LED 灯。

(3)照明配线：顶棚一般照明采用钢管配线沿金属屋架明配；检修台照明配线采用钢管明配沿检修台明配；检修地沟照明配线采用钢管暗配。

(4)照明控制：大库照明采样智能照明控制系统控制，并纳入机电设备监控系统。

动车所检修库灯具布置图如图 3-12-3 所示。

3. 动车段(所)房动力

动车段检修库动力干线电缆沿电缆沟敷设、大容量用电设备采用封闭式母线直接供电，起重设备采用安全滑触线供电。

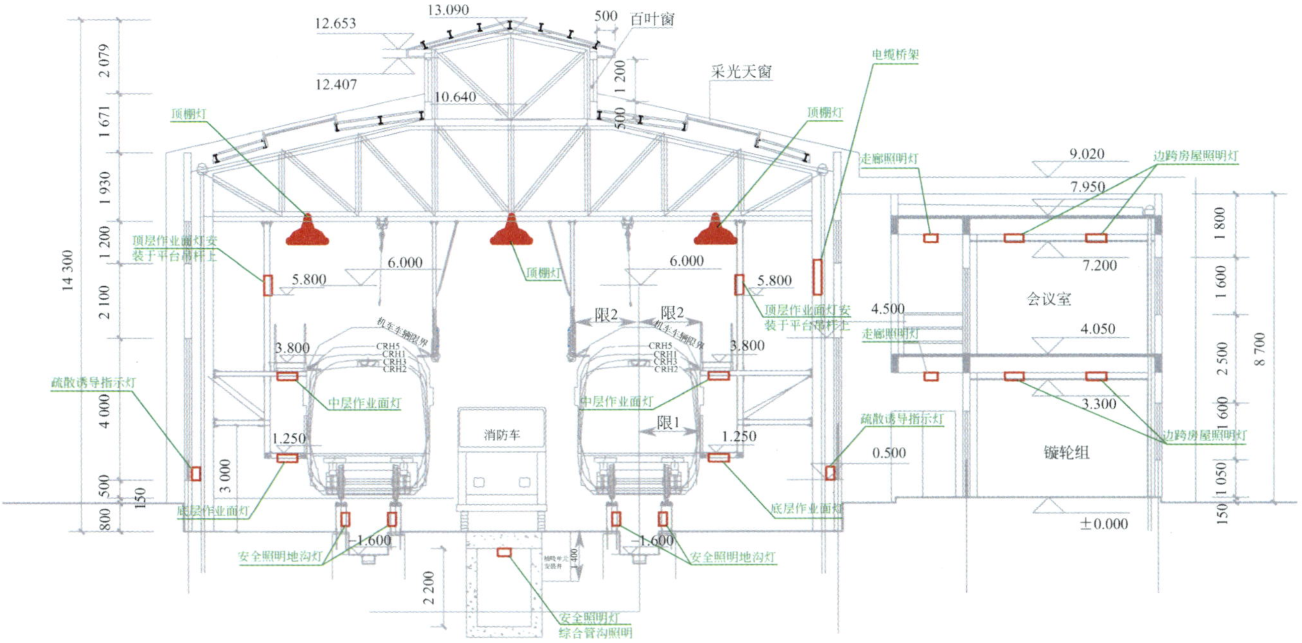

图 3-12-3　动车所检修库灯具布置(单位:mm)

4. 大型站房照明

(1)供电方式:应急照明由相应变电所应急母线和接于同一变电所另一变压器的非应急母线各提供一路电源,在末端切换后,并经 EPS 供电,EPS 持续供电时间不小于 90 min;公共区照明、售票厅照明、雨棚照明、贵宾候车室照明等,由同一变电所不同母线段提供两路电源交叉供电。其中贵宾候车室由两路电源切换后供电。设备间照明、办公区普通照明、景观照明和室外照明等,采用单电源供电。

(2)光源及灯具选择:站房内照明采用高效节能、显色性好、配光曲线均匀的光源及灯具。主要公共空间采用金属卤化物光源投光灯或筒灯,出站层及生产、办公用房采用三基色荧光灯。景观照明灯具选用 LED 光源。所有灯具都带接地端子。

(3)照度标准执行《建筑照明设计标准》(GB 50034—2004)要求。应急照明的照度标准,符合该标准第 5.4.2 条的规定,根据不同场所的具体要求确定。

(4)照明控制:大面积公共场所采用智能照明控制系统,通过分布式控制网络对灯具进行自动化管理,即可就地在服务员室等地通过面板控制,也可在控制中心自动控制,其他生产、办公用房采用就地控制。应急照明可通过与 FAS 接口强启。

(5)结合建筑造型,通过勾勒建筑轮廓与内透光相结合的方式,设置突出建筑特点的景观照明,并可根据不同需要,设置重大节日、一般节日、平日及深夜等不同场景模式。

(十七)防雷及接地

1. 防雷及接地的一般配置

(1)防雷:站房综合楼设防直击雷的避雷设施;为防止暂态过电压的干扰,如沿电源线引入的雷电波、主开关操作、无功补偿电容器的投入或切除而产生的过电压,对信号、通信、综合调度系统及其他智能系统设备的 380/220 V 供电电源根据设备的重要性,分别采取不同的过电压保护措施。

(2)接地:大型建筑物如站房、综合楼等强、弱电设备较多的场所采用共用接地装置,接地电阻为各类设备接地电阻的最小值;沿线 10 kV 贯通线电缆金属护层与沿线敷设的综合贯通地线单点相连,以防止综合贯通地线上的牵引回流流经电缆金属护层,影响电缆使用寿命。

(3)低压配电系统采用 TN-S 或 TN-C-S 接地形式。

(4)综合接地:武广铁路客运专线全线设有综合接地系统,综合接地干线沿线路两侧设置。沿线所需接地的建(构)筑、电气设施均纳入该系统,但距铁路线路 20m 以外的建(构)筑、电气设施采取隔离措施后可独立设置接地装置。

2. 大型建筑物的防雷接地

(1)利用金属屋面作为接闪器,建筑物内所有金属结构均与综合接地网可靠连接。钢构架和混凝土内钢筋应互相连通,利用钢柱或柱内钢筋作为防雷引下线。应将 45 m 及以上外墙上的栏杆,门窗等金属物与防雷装置连接。

(2)各弱电机房末端配电箱内设浪涌保护器,进出建筑物的所有电信铜缆、光缆、同轴电缆等弱电系统信号线/天线均应做防雷击电磁脉冲设计。

(3)利用桥梁柱承台及承台下桩内钢筋作为自然接地体,并在 0.00 m 层地下采用 50 mm×6 mm 镀锌扁钢将各自然接地体连接,形成南、北两个接地网带,接地网带埋深>1 m。采用综合接地形式,接地电阻<0.5 Ω。

二、系统主要性能指标

(一)可靠性指标

采用以元件组合关系为基础的故障模式后果分析法对武广铁路客运专线电力供电方案可靠性进行定量评估,供电可靠率指标达 99.999%以上,其供电可靠性指标达到发达国家供电先进标准。

除发生大面积自然灾害(如地震、战争、电网崩溃等)或故意损坏外,其可靠性满足每天 24h 的运输需要(含"维修天窗"时间),并满足以下要求。

(1)当供电网络中的一条外部电源线路停电时,不能导致一级负荷停电。

(2)当供电网络中的一条供电线路停电时,不能导致一级负荷停电。

(3)当供电网络中的一台供电设备停止供电时,不能导致一级负荷停电。

(4)当铁路电力子系统的一级负荷发生两路供电电源同时停电时,系统内部恢复其供电的时间不大于 3 min。

(二)可用性指标

根据铁路电力子系统平均停电持续时间(SAIDI)指标得到系统可用性指标值 99.969%。

铁路电力子系统可用性指标就是在要求的外部电网得到保证的前提下,电力元件或电力子系统在规定的条件下和规定的时刻或时间区间内保证铁路各用电设备的可靠灵活用电,保证各级供配电系统的相互匹配,保证高速铁路的正常运营。

(三)可维护性指标

铁路电力子系统可维护性定义为:在规定的条件下并按规定的程序和手段实施维修时,电力元件和系统在规定的使用条件下,保持或恢复能执行规定功能状态的能力。

武广铁路客运专线铁路电力子系统的主要设备采用模数化,标准化,免维护,少维修设备,并制定系统维修体制和方案,保证日常维护和校正性维修所需要的时间对可用性的影响是受限的。

(四)安全性指标

保证安全地维护铁路电力供电系统,编制一份量化的风险评估(QRA),用来模拟对维护人员的风险。QRA 根据系统特点及运行实际情况与已知风险等级的其他同等级高速铁路系统的比较而获得。QRA 的关键因素至少包括了对在线路旁作业时通过列车带来的风险评估,维护期间落物的风险评估及来自电力设备的电击死亡的风险评估。QRA 还包括电力设备对旅客及公众,包括业主工作人员在内的电击死亡的风险。QRA 显示出铁路电力供电系统是否满足规定的目标。

在铁路电力供电系统的设计中考虑将操作员和维护人员的失误减少到最低程度,并考虑通过系统设计减少这些类似的失误的人次数以及用来减缓这类失误的后果而采取的保护措施。设计将考虑对旅客及公众人员,包括侵入人员的风险在合理前提下尽可能地低。

建立铁路电力供电系统安全指标见表 3-12-5。

表 3-12-5 安全性指标

对　　象	事故率/(人·年)
乘客	2.79×10^{-8}
运营管理人员	5.4×10^{-6}
公众	5.31×10^{-8}

第五节 经验体会和建议

一、经验体会

1. 电力贯通线采用全电缆线路,大大提高了供电可靠性,在站前专业设计时将路基、桥梁、隧道地段的电力电缆槽预留好,不仅方便了施工,也使设计工作大大简化。

2. 供相关专业设计资料时应要求箱变基础通风口高出自然地面 300 mm,通风口设防小动物的钢板网;应特别强调箱变基础地坪的排水。

3. 设计时要求电缆进出箱变设防火封堵。

4. 区间通信信号基站招标采用一体化箱式机房后,其用电负荷发生变化,电力专业加强与通信、信号专业的协调,要求通信信号进线开关整定值调整到符合设计要求,满足开关阶梯配置的保护要求,更换个别不满足负荷需求的电力开关,满足了现场供电安全和可靠性的要求。

5. 暖通专业空调主机招标采用分置机型,将与之配套的水泵单独设置,电力专业加强了协调,采用了BAS 系统来完成整个空调系统的运行功能。

6. 对部分容量小,数量多的同类设备,一般我们采用树干式供电,将几台设备归为 1 个回路。对于同类设备属于不同修车工位,不能同时使用,则修改供电系统图,增加分控开关,合理划分了供电回路。

7. 在为潜污泵等泵类供电的设备,增加了液位仪控制启动,满足了现场自动控制功能。

二、节约能源措施的建议

(一)合理用电原则

变电所尽可能靠近用电负荷中心;在车站站房、综合楼等大型建筑物,设机电设备监控系统节约能源;对于随季节变化大且容量较大的空调负荷设置专用空调变压器供电,以避免因综合变压器容量选择过大而造成供电过程中电力能源不必要的损耗;选择合理的电缆径路及截面。

(二)节能设备选型

选用节能型干式调压器、变压器;变电所集中设低压无功自动补偿装置、10kV 贯通线合理设置并联补偿电抗器补偿电缆线路电容电流,以降低电能损耗;大面积的照明场所采用高压钠灯或金属卤化物灯等电光源。

三、环境保护措施的建议

1. 电磁环境卫生:高压架空供电线路尽可能远离居民区,否则应采用电缆方式使人员密集场所工频电、磁场满足规范要求。

2. 车站站房内变配电所不设于候车厅上、下方或毗邻,减少噪声干扰。

3. 变电所内变压器选用 D,yn11 接线组别,低压电容补偿柜选用带滤波型,有效减少谐波电流产生的电压畸变。

4. 电缆采用交联聚乙烯绝缘型,减少 PVC 对环境的污染。

5. 给产生谐波严重的通信、信息和信号设备供电的导线采用穿金属保护管敷设。

6. 站场投光灯灯具投射方向与角度尽可能不产生光污染。

7. 配电所内采用干式调压器,变电所、箱式变电站内采用干式变压器,避免采用油浸式调压器、变压器可能产生的污染。

四、运营方面建议

1. 电力设施投入运营前应制定严格的操作规程,并对操作人员进行技术培训,严格按照操作规程进行维护和操作。

2. 应采取措施防止箱式变电站内三工位负荷开关带电投入接地位,需要对相关设备进行检修时,应确认无电时才能将三工位负荷开关投入接地位。

3. 高压电缆头检修时应先测量不接地端感应电压，在确认安全后方可进行检修。

4. 双贯通线备自投和重合闸开通时须严格按设计整定时间进行，并逐步积累运行经验完善调整。

5. 电力系统运行过程中应根据用电负荷的变化情况相应调整区间贯通线上设置的补偿电抗器的容量，保证配电所电源线路功率因数满足地方供电部门的要求。

6. 车站变电所综合变压器投入运行前，合理分配负荷使各变压器所带负荷均衡。

7. 隧道照明供电设备、EPS、控制设备及远动系统需定期检查维修，使其处于完好的工作状态，特别是疏散照明用紧急按钮及控制线路一定要保持随时工作状态。

8. 运营时注意电力供电电压水平，电压过高或过低影响灯具或其他用电设备使用年限或损毁。电压可通过配电所的调压器或箱变内变压器电压分接头进行调节，使其保持在正常的电压水平。

第十三章 牵引供变电设计

第一节 工程概况、特点及主要工程数量

一、工程概况

(一)武汉天兴洲公铁两用长江大桥

1. 武汉站配套工程:新建武汉站 AT 所兼开闭所。

2. 武汉至乌龙泉段高速铁路:新建武昌东牵引变电所、大章分区所、流芳等 2 座 AT 所。

(二)武广铁路客运专线——乌龙泉至花都段

1. 乌龙泉至韶关段:新建新乌龙泉、泉口、坦渡、梅子(新岳阳)、先锋(黄沙)、塝上(李家段)、边山(新长沙)、经塘(雷打石)、师古(新衡山)、松山(云集)、豪坡(余庆)、董家(荷叶坪)、用口(新杨梅)、宋水(新乐昌)、苗联(新韶关)15 座牵引变电所;群力、新赤壁、五里、麻塘、新市、大尾冲、昭山、白石、宣州、廖田、马田、石盖塘、两江、桂头 14 座分区所;皮家湾、吴家山、宝塔、农丰、青石桥、羊楼司、上清溪、康王、新荣家湾、范家园、新市、青山、浏阳河、跳马、新株洲、中路铺、茶恩寺、店门、咸塘、向阳、哲桥、小水、洋塘、华塘、廖家湾、庆云、大源、长来、重阳 29 座 AT 所。其中:五里分区所、浏阳河 AT 所、洋塘 AT 所分别与电力配电所合建。边山(新长沙)牵引变电所与长沙南(新长沙)站 220/10 kV 铁路变配电所合建。

2. 韶关至花都段:新建老唐屋、大石古、武花(新花都)3 座牵引变电所;袁屋、茶屋、岭牌 3 座分区所;白土、山下、黄金土布、水背坑、军田、银盏 6 座 AT 所。

3. 长沙动车运用所及动车走行线:新建长沙动车运用所直供开闭所 1 座。

4. 株洲北、株洲南、株洲西北联络线:新建株洲南直供开闭所 1 座。

(三)广州枢纽——广州南站及相关工程

1. 花都至广州:新建里水分区所 1 座,茅山、盐步 2 座 AT 所。

2. 广州南站及相关工程:新建广南(新广州)1 座牵引变电所,该所与广州南(新广州)220/10 kV 铁路变配电所合建。

(四)武汉动车段

新建武汉动车段直供开闭所 1 座。

(五)新广州动车段

新建广州南动车段直供开闭所 1 座,并与 10 kV 电力变配电所合建。

二、工程特点

(一)供电方式

1. 采用电能传输能力强、供电质量好、对外部电源点要求少、对弱电系统干扰少的 AT 供电方式。

2. 牵引变电所采用两台单相变压器组成 V/X 接线方式;部分牵引变电所采用纯单相接线,预留 V/X 接线条件。

(二)注重应用先进技术和设备

1. 牵引变电所采用 2×27.5 kV 馈线备用接线方式。

2. 采用自耦变压器备用及安装方式。

3. 采用 220 kV(GIS)组合电器和 27.5 kV GIS 开关柜。

4. 控制保护装置采用全微机综合自动化系统和安全监控系统。

5. 接地装置纳入综合接地系统。

6. 牵引网故障测距采用“AT 中性点吸上电流比”法和电抗法进行测距两种故障测距方式。

7. 高压设备采用绝缘在线监测系统。
8. 牵引变电所与铁路电力变配电所采用合建方式。
(三)引进技术与国产化
牵引变电设备的 220 kV SF6 断路器、220 kV 电动隔离开关、GIS 开关柜设备采用引进技术,并实现国产化。
(四)注重接口设计
1. 注重与路基、桥梁等专业的接口设计。
2. 注重与地方电力供电部门之间的接口设计。

三、主要工程数量

主要工程数量见表 3-13-1。

表 3-13-1 牵引变电主要工程数量

区　段	武乌段	乌龙泉至鄂湘省界	鄂湘省界至韶关	韶花段	花广段	合计
起迄里程	DK1188～DK1232	DK1232～DK1341+416	DK1341+416～DK1989+500	DK1989+500～DK2167+000	DK2167+000～DK2220+158	
牵引变电所(处)	1	2	13	3	1	20
分区所(处)	1	2	12	3	1	19
开闭所(处)	1	—	2	—	1	4
AT 所(处)	1	5	24	6	2	38
AT 所兼开闭所(处)	1	—	—	—	—	1

第二节 规程规范与设计原则

一、规程规范

牵引供电系统为满足本线时速 350 km/h、追踪间隔 3 min、跨线兼容运行的运输需求,设计过程中采用的相关技术规程规范见表 3-13-2。

表 3-13-2 规 程 规 范

序号	规程规范名称	标 准 代 号	备注
1	《高速铁路设计规范(试行)》	TB 10621—2009	
2	《铁路电力牵引供电设计规范》	TB 10009—2005	
3	《铁路客运专线技术管理办法(试行)(300～350 km/h 部分)》	铁科技〔2009〕212 号	
4	《建筑结构荷载规范》	GB 50009—2001	
5	《客运专线铁路电牵引供电工程施工质量验收暂行标准》	铁建设〔2006〕167 号	
6	《客运专线综合接地技术实施办法》	铁集成〔2006〕220 号	
7	《铁路供电调度系统设计规范》	TB 10117—2008	
8	《铁路枢纽电力牵引供电设计规范》	TB 10007—2000	
9	《铁路电力牵引变电所所用电系统设计规范》	TB 10080—2002	
10	《电力工程电缆设计规范》	GB 50217—2007	
11	《建筑物电子信息系统防雷技术规范》	GB 50343—2004	
12	《建筑物防雷设计规范》	GB 50057—1994	
13	《铁路防雷、电磁兼容及接地工程技术暂行》	铁建设〔2007〕39 号	
14	《交流接地装置的接地》	DL/T 621—1997	
15	《铁路工程设计防火规范》	TB 10063—2007	
16	《火力发电厂与变电所设计防火规范》	GB 50229—2006	
17	《火灾自动报警系列规范》	GB 50116—1998	

二、设计原则

(一)牵引供电

1. 牵引网供电方式采用自耦变压器供电方式(以下简称 AT 供电方式)。

2. 牵引供电设施的分布按远期运输需要设置,变电所的设置应保证系统供电的可靠性、安全性,并且除应满足高速正线的供电外,还应实现资源共享,兼顾相邻线或枢纽地区的供电。经过研究,本线牵引变电所间距一般在 50～60 km。两变电所间设 AT 分区所,供电臂中间设置 AT 所。

3. 根据牵引负荷需求情况及沿线电源分布情况,牵引变电所外部电源采用 220 kV 电压等级供电。

4. 经过外电供电方案接入系统的评估,牵引变电所为两台单相变压器组成 V/X 接线方式;部分牵引变电所采用纯单相接线,预留 V/X 接线条件。

5. 根据高速铁路动车组技术条件,并借鉴国外经验,本线接触网的标称电压为 25 kV,长期最高电压为 27.5 kV,短时(5 min)最高工作电压为 29 kV,设计最低工作电压规定为 20 kV。

6. 牵引变压器采用按 V/X 接线,四台单相牵引变压器设计,两台运行,两台固定备用,设置备用电源自投装置。部分牵引变压器采用按 I/I 接线,两台单相牵引变压器设计,一台运行,一台固定备用,设置备用电源自投装置。

7. 牵引变压器容量按近期高峰小时需求容量来选取,主变过负荷系数取 2。

8. 从载流、过热安全性和与接触线匹配考虑,承力索可采用铜合金材质。结合本工程对牵引网持续载流量要求,采用 JTMH-120 承力索和 150 mm^2 截面的铜镁合金接触线构成的导线组合方案。

9. 电气化回流及闪络保护接地纳入综合接地系统,有效降低钢轨电位,保证人身安全。

(二)牵引变电

1. 牵引变电所接引电力系统两回独立、可靠的外部电源供电。供电电源采用 220 kV 电压等级,并互为热备用。上、下行馈线的断路器和隔离开关互为备用。

2. 分区所同一供电臂的上、下行馈线分别通过断路器、电动隔离开关接入并联母线,实现并联供电运行;不同供电臂的并联母线之间通过电动隔离开关可实现越区供电。

3. AT 所上、下行馈线分别通过断路器、电动隔离开关接入并联母线,实现并联供电运行。

4. 220 kV 配电装置、主变压器、自耦变压器为户外布置方式,2×27.5 kV/1×27.5 kV 配电装置为户内 GIS 开关柜布置方式。对于当用地困难或地方有特殊要求的采用户内布置,220 kV 侧高压设备采用组合电器(GIS)。

5. 牵引变电所按无人值班,有人值守设计,开闭所、分区所、AT 所按无人值班,有人巡视设计。

6. 继电保护及自动装置采用微机综合自动化系统,该系统采用集中组盘方式安装在控制室内。

7. 各所设置安全监控系统,通过微机综合自动化系统纳入 SCADA 系统实现远程监控。

8. 各所设交、直流自用电系统。交、直流自用电系统的监测单元通过微机综合自动化系统纳入 SCADA 系统实现远程监控。

9. 牵引变电所、开闭所、AT 分区所、AT 所设置防雷和接地装置,接地装置纳入综合接地系统。

10. 牵引供电设施纳入武广铁路客运专线综合 SCADA 系统,实现远程监控。

第三节 与相关专业的接口

一、外部接口

(一)与电力公司及电力设计院接口

牵引变电所址位置、电源进线机构受力要求、电源进线流互变比需经电力公司及设计院确认。继电保护配合需与电力设计院协商确定。一般牵引变电所与电力公司分界在所内进线杆塔拉环上,电源进线至拉环包括绝缘子由电力公司设置。

(二)与土地规划部门接口

由变电专业提供所址初步位置给线路、站场、地质、桥梁及房建等专业,各专业确认后,线路和站场专业出征地图，最后由业主征地部门负责征地，设计院及施工单位配合。

二、内部接口

（一）与接触网专业接口

1. 供电线：牵引变电所、开闭所、分区所、AT 所与接触网以牵引所围墙分界，围墙外供电线及设备由接触网专业负责。供电线若采用电缆，供电线分界在所内 GIS 开关柜电缆插拔头处，电缆头由变电专业负责，电缆头以下引出至接触网由接触网专业负责。馈线排列顺序由接触网专业提供资料，与变电专业协商确定。

2. 轨（地）回流线：牵引变电所、开闭所、分区所、AT 所的轨（地）回流线与接触网以所内集中接地回流箱分界，集中接地回流箱至轨（地）的回流线由接触网专业负责，所内牵引变压器、自耦变压器和所内其他设备至集中接地回流箱的接地线及集中接地回流箱设备由变电专业负责。

（二）与电力专业接口

1. 所用 10 kV 电源：牵引变电所、开闭所、分区所、AT 所 10 kV 自用变电源由电力专业从 10 kV 贯通线接引，分界在各所内 10 kV 开关柜，电力专业负责将 10 kV 电缆引入各所内 10 kV 开关柜，柜内 10 kV 电缆头由变电专业负责。

2. 接触网开关电源：车站附近、联络线的接触网开关电源由电力专业负责。变电专业负责牵引变电所、开闭所、分区所、AT 所附近接触网开关的电源。

（三）与线路（站场）、地质、桥梁专业接口

由变电专业提供所址初步位置给线路、站场、地质、桥梁及房建等专业，各专业确认后，线路（站场）专业出征地图；同时线路（站场）专业负责场坪设计，包括高程、土石方统计、排水坡度、进所道路等。地质专业负责提供所址土壤承载力资料，桥梁专业负责提供洪水位资料，当进所道路必须经过桥梁时，应负责核算是否满足运输变压器的要求并提出加固措施。

（四）与房建专业接口

由变电专业提供房屋平面及受力、孔洞预埋件要求、设备基础受力要求，电缆沟及排水管以及集油坑、排油管要求，场坪、道路及围墙等要求，由房建专业出相关房屋、设备基础图。电气施工单位在房建施工过程中应负责检查孔洞预埋件是否符合电气施工要求。

（五）与给排水专业接口

由变电专业提供牵引变电所用水和排水要求。给排水专业负责水源引入及排水引出等。

（六）与暖通专业接口

由变电专业提供牵引所温度、通风等要求。暖通专业返提空调、风机、消防设备的用电要求。对于牵引变电所内消防设备由暖通专业设计，该消防设备的控制和火灾报警系统由变电专业设计。

第四节　技术方案和主要技术参数

一、主接线及运行方式

1. 牵引变电所

牵引变电所接引电力系统两回独立、可靠的外部电源供电。供电电源采用 220 kV 电压等级，并互为热备用。湖北省、湖南省范围内的牵引变压器采用按 V/X 接线，四台单相牵引变压器设计，两台运行，两台固定备用，设置备用电源自投装置。

主变压器低压侧设断路器和隔离开关，27.5 kV 母线不分段。同一供电臂馈线之间设置一台上、下行联络电动隔离开关，可使所接的上、下行馈线的断路器和隔离开关互为备用。

牵引变电所设置两台自用变压器，一台为 10/0.4 kV 所用电变压器，接于所外 10 kV 铁路电力线路上；另一台为 27.5/0.23 kV 所用电变压器通过断路器、隔离开关接入 27.5 kV 母线上。

广东省范围内的牵引变压器采用按 I/I 接线，两台单相牵引变压器设计，一台运行，一台固定备用，设置备用电源自投装置。由于单台单相牵引变压器容量大，目前国内外没有能满足如此大容量的成熟开关设备。

为此牵引供电系统设计时从供电的运行方式、设备的保护设置的安全可靠性方面对单相牵引变压器27.5 kV侧主接线型式进行了专题研究和探讨，通过多个方案的对比，决定采用两台单相变压器组成V/X接线型式的27.5 kV侧主接线型式。

这种接线型式使通过开关设备的电流减少，满足采用单相牵引变压器的要求，不仅给将来运营发展预留扩容条件，而且避免了二次工程，同时使武广铁路客运专线的牵引变电所27.5 kV接线型式统一化、标准化。

边山(新长沙)牵引变电所与长沙南站220/10 kV铁路变电站、广州南(新广州)牵引变电所与广州南站220/10 kV铁路变配电所都采用合建方案设计，其接线方式为“外桥”接线，牵引变电所与220/10 kV铁路电力变电站共用两路三相220 kV进线电源及进线设备。220/10 kV铁路电力变配电所的电力变压器前接有电压互感器，计费装置设高压侧。边山(新长沙)牵引变电所与长沙南站220/10 kV铁路变配电所合建主接线如图3-13-1所示，广州南(新广州)牵引变电所与广州南站220/10 kV铁路变配电所合建主接线如图3-13-2所示。

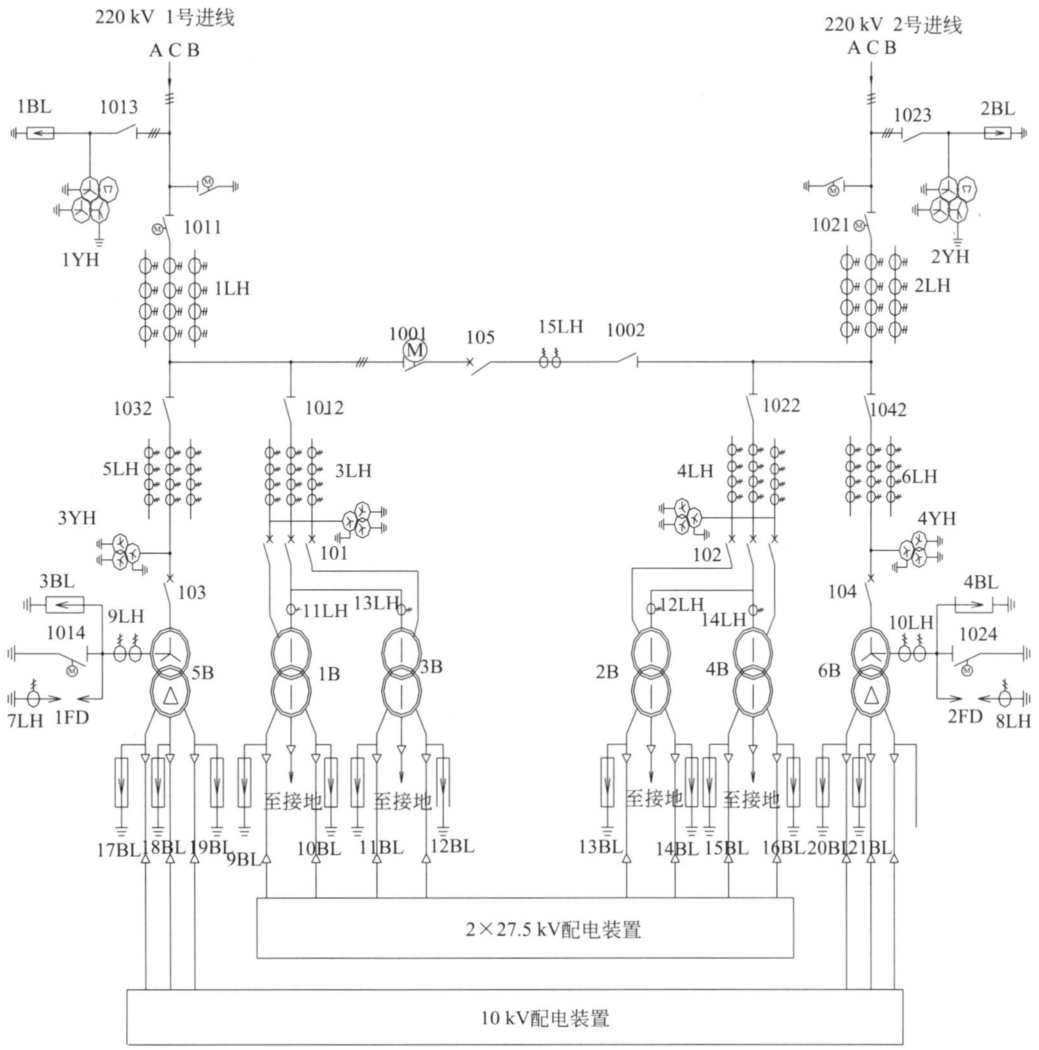

图3-13-1　边山(新长沙)牵引变电所与长沙南站220/10 kV铁路变配电所合建主接线

2. 分区所

同一供电臂的上下行馈线分别通过断路器、电动隔离开关接入并联母线，实现并联供电运行；不同供电臂的并联母线之间通过电动隔离开关可实现越区供电。

在每个供电臂的并联母线上通过断路器、电动隔离开关接有两台自耦变压器，一台运行，一台备用。

3. AT所

上、下行馈线分别通过断路器、电动隔离开关接入并联母线，实现并联供电运行；两台自耦变压器各自耦

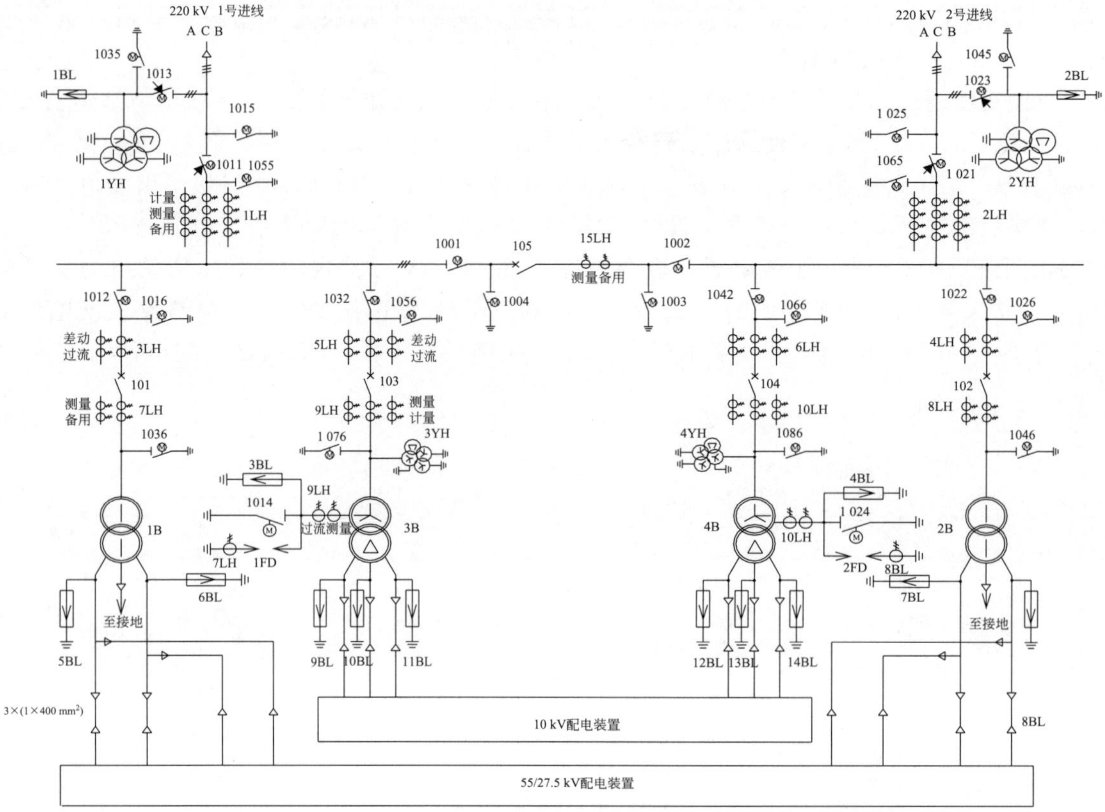

图 3-13-2 广南(新广州)牵引变电所与广州南站 220/10 kV 铁路变配电所合建主接线

变压器通过断路器、电动隔离开关接入并联母线一台运行,一台备用,当正在运行的自耦变压器故障时,通过断路器跳闸,使故障自耦变压器退出运行,再将另一台自耦变压器投入运行。AT 所主接线如图 3-13-3 所示。

4. 开闭所

27.5 kV 电源采用两路进线,为一主一备的运行方式,设有备用电源自投装置,开闭所主接线如图 3-13-4所示。

二、主要设备选择及参数

1. 主要设备选择

(1)变压器。牵引变压器采用单相、油浸、自冷式并预留风冷条件牵引变压器;自耦变压器采用油浸、自冷式、绝缘安装自耦变压器;自用变压器采用干式变压器。

(2)220 kV 断路器。户外柱式 SF6 断路器配弹簧储能操作机构。

(3)220 kV 隔离开关。户外柱式,改变运行方式的隔离开关采用电动操作机构,检修用的隔离开关均采用手动操作机构并配电磁锁。

(4)220 kV 电流互感器。采用户外柱式干式电流互感器。

(5)220 kV 电压互感器。采用户外柱式电容式电压互感器。

(6)避雷器。采用氧化锌避雷器配在线监测器。

(7)广南(新广州)牵引变电所 220 kV 设备。采用户内 GIS 组合电器。

(8)2×27.5 kV/27.5 kV 断路器。采用户内真空断路器配弹簧储能操作机构。

(9)2×27.5 kV/27.5 kV 隔离开关。采用户内三工位隔离开关配电动隔离开关。

(10)2×27.5 kV 和 1×27.5 kV 设备。真空断路器、三工位隔离开关、电流互感器、电压互感器、避雷器采用户内 GIS 开关柜。

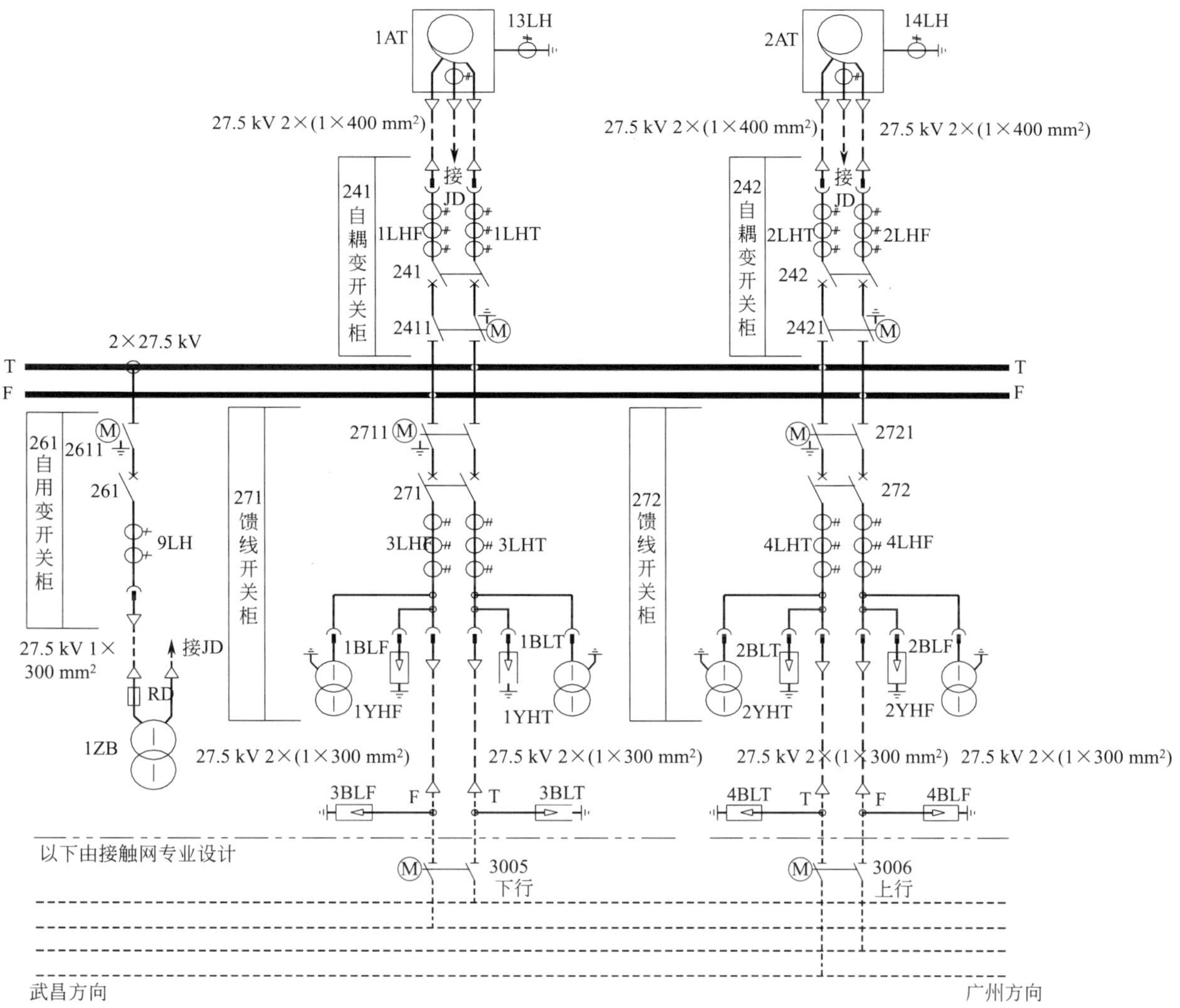

图 3-13-3 AT 所主接线

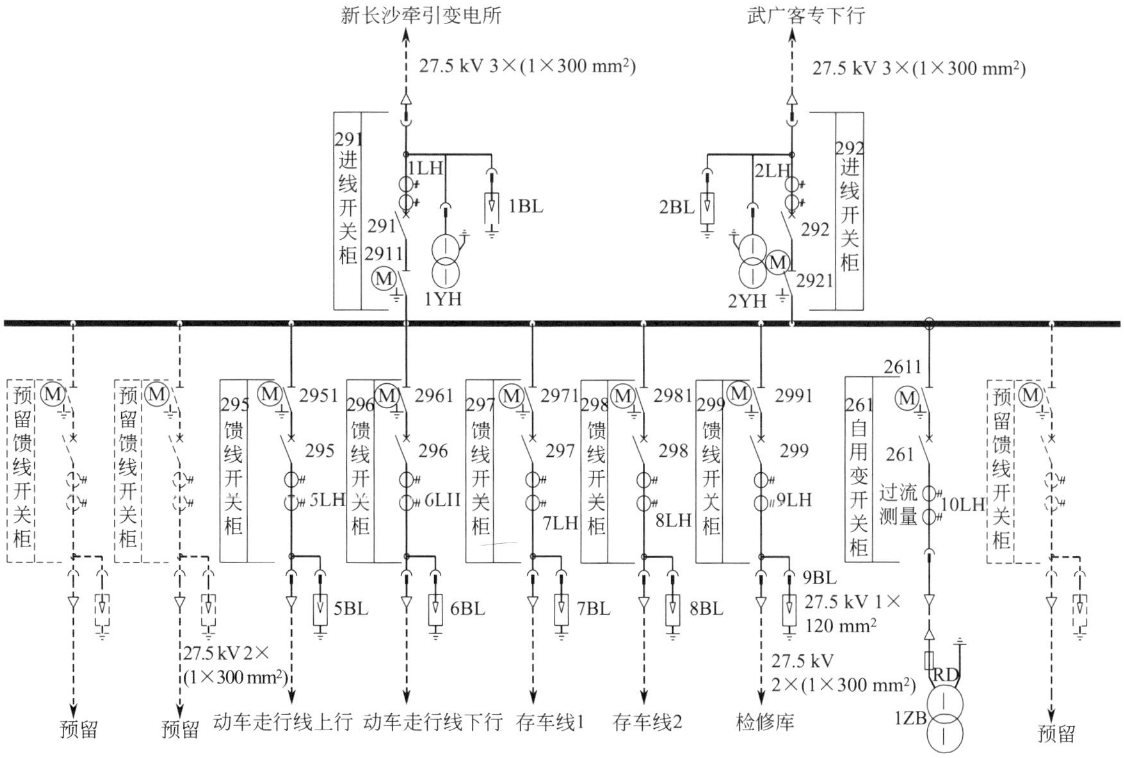

图 3-13-4 开闭所主接线

(11)27.5 kV 电缆及电缆头。27.5 kV 电缆采用单相交流、单芯铜导体、阻燃、铝材质铠装交联聚乙烯绝缘电缆;27.5 kV 电缆头采用单相交流、预制冷缩式电缆终端头。

(12)交直流电源系统。交直流电源采用微机型,交流进线电源开关纳入远程监控,直流蓄电池采用铅酸免维护。

(13)综合自动化系统。变电所、分区所和 AT 所二次设备采用集控制、保护、监测和远动于一体的微机综合自动化装置。

(14)电力电缆、控制电缆。1 kV 以下的交流电力电缆采用 VV22-1 kV 型电力电缆;控制电缆采用具有屏蔽功能的 KVVP2 型控制电缆。

2. 主要设备技术参数

(1)变压器。

①牵引变压器。额定容量:31.5～75 MVA;变比:220±2×2.5%/2×27.5 kV。

②电力变压器。额定容量:12.5 MVA;变比:220±2×2.5%/10 kV。

③自耦变压器。额定容量:25～32 MVA(电磁容量:12.5～16 MVA);变比:2×27.5/27.5 kV。

④自用变压器。额定容量:63～30 kVA;变比:27.5±0.5%/0.23 kV 或 10±0.5%/0.4 kV。

(2)220 kV 断路器。额定电压:220 kV;额定电流:2 500 A;额定开断电流:50 kA。

(3)220 kV 隔离开关。额定电压:220kV;额定电流:2 500 A;热稳定电流:50 kA。

(4)220 kV 电流互感器。额定电压:220 kV;牵引变比:(2×400～2×750)/1 A;电力变比:2×50/1 A,准确度等级:0.2S、0.5、5P/20;额定负载:15 VA。

(5)220 kV 电压互感器。额定电压:220 kV;准确度等级:0.2、0.5、3P,额定负载:25 VA。

(6) 220 kV 避雷器。额定电压:204 kV;放电电流:10 kA。

(7)2×27.5 kV/27.5 kV GIS 开关柜设备。额定电压:27.5 kV;最高运行电压:31.5 kV;额定电流:2 000 A;耐受电流 3S:31.5 kA。

(8)电流互感器。变比为:(100～2×2 000)/1 A;额定负载为:2.5 VA,5 VA;准确度等级:0.5、10P、10。

(9)电压互感器。变比为:27.5/0.1 kV;额定负载为:10 VA;准确度等级:0.5、3 P。

(10)避雷器。额定电压为 42 kV;放电电流:5 kA。

三、总平面及生产房屋配置

1. 牵引变电所总平面

除广南(新广州)牵引变电所 220 kV GIS 组合电器设备为户内布置外,其余牵引变电所的 220 kV 配电装置、主变压器为户外布置方式,2×27.5 kV/1×27.5 kV 配电装置为户内 GIS 开关柜布置方式,预留滤波装置的场地。

除武昌东、武花(新花都)、广南(新广州)牵引变电所的 220 kV 进线采用电缆进线方式外,其余牵引变电所的 220 kV 进线采用架空方式,27.5 kV 进线、馈线均采用电缆引入引出,馈线电缆按 N+1 备用设计,27.5 kV 自用变压器和 10 kV 自用变压器采用户内布置,高、低压侧均采用电缆引入。

各所内装设避雷针,设有与外部公路衔接的运输道路和巡视小道,四周砌 3 m 高的实体围墙并设置激光对射防非法闯入的装置。

边山(新长沙)、广南(新广州)牵引变电所的场坪大小与布置方式按与 220/10 kV 电力变电所、10/0.4 kV 电力变电所合建设计并预留扩建条件和滤波场地。

区间牵引变电总平面布置如图 3-13-5 所示。

2. 分区所、AT 所总平面

分区所、AT 所除自耦变压器为户外布置外,其余 2×27.5 kV 配电装置为户内 GIS 开关柜布置方式。2×27.5 kV 进出线均采用电缆引入引出。10 kV 自用变压器采用户内布置,高、低压侧均采用电缆引入。

各所内装设避雷针,设有与外部公路衔接的运输道路和巡视小道,四周砌 2.5 m 高的实体围墙并设置激光对射防非法闯入的装置。

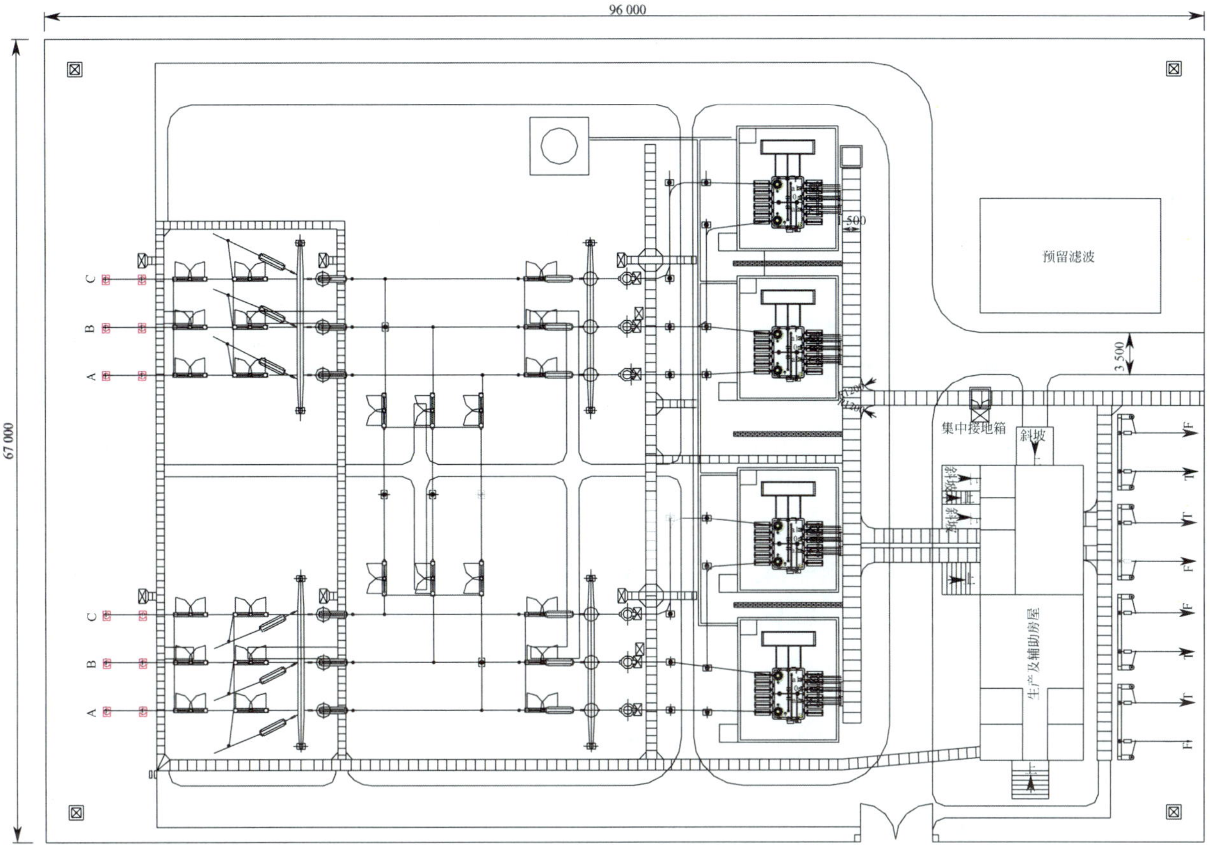

图 3-13-5 区间牵引变电总平面布置(单位:mm)

新建的浏阳河和五里分区所及洋塘 AT 所分别按与电力配电所合建设计。

3. 生产房屋布置

区间牵引变电所房屋按无人值班、预留有值守条件设计,生产及辅助生产房屋按一层房屋设计,配有 2.75 kV 高压室、二次设备室、10 kV 变压器室、27.5 kV 变压器室、储藏、工具、值守室和通信室等房屋并设电缆夹层。

边山(新长沙)牵引变电所房屋与长沙南站(新长沙站)220/10 kV 铁路变配电所房屋按合建设计,设有 2.75 kV 高压室、二次设备室、10 kV 配电室、10 kV 电容器室、10 kV 调压室、中性点设备接地室、10 kV 所用变室、储藏、工具、值守室和通信室等房屋并设电缆夹层。

广南(新广州)牵引变电所房屋与广州南站(广州南站)220/10 kV 铁路变配电所房屋按合建设计,设有 220 kV GIS 组合电器设备室、2.75 kV 高压室、二次设备室、10 kV 配电室、10 kV 电容器室、10 kV 调压室、中性点设备接地室、10 kV 所用变室、储藏、工具、值守室和通信室等房屋并设电缆夹层。

其他所开闭所、分区所和 AT 所房屋按无人值班、无人值守设计。生产及辅助生产房屋按一层房屋设计,配有 2.75 kV 高压室、二次设备室、10 kV 变压器室、27.5 kV 变压器室、储藏、工具室等并设电缆夹层。

四、亭、所综合自动化系统及保护配置

1. 牵引变电所

牵引变电所保护系统由牵引变压器保护、馈线保护、10 kV 及 27.5 kV 自用变压器保护组成。

(1)牵引变压器保护用于牵引变压器内部、外部故障及超出允许范围内的过负荷保护,保护动作将使牵引变压器 220 kV 侧和 2×27.5 kV 侧的断路器分闸。主要完成如下保护功能:差动保护、220 kV 电源失压、27.5 kV 低电压过电流、过负荷、2.75 kV 过电压等保护;主变压器设置瓦斯报警、瓦斯跳闸、油温过热报警、油温过热跳闸。

(2)电力变压器保护用于电力变压器内部、外部故障及超出允许范围内的过负荷保护,保护动作将使电

力变压器 220 kV 侧和 10 kV 侧的断路器分闸。主要完成如下保护功能：差动保护、220 kV 电源失压、10 kV侧低电压过电流、过负荷、10 kV 过电压等保护；电力变压器设置瓦斯报警、瓦斯跳闸、油温过热报警、油温过热跳闸。

(3)馈线保护用于切除馈线短路故障及超出允许范围内的过负荷电流，发生故障时，切除故障馈线。主要完成对牵引变电所馈线的如下保护功能：适应本线牵引负荷特点的二段距离保护、低电压过电流、电流增量(高阻)保护。

(4)10 kV 及 27.5 kV 自用变压器保护采用熔断器作自用变压器的主保护，27.5 kV 自用变压器设置电流速断保护主要用于对 27.5 kV 电缆进行保护。

2. AT 分区所

分区所的保护系统主要由线路保护、自耦变压器保护、10 kV 及 27.5 kV 自用变压器保护组成。

(1)线路正常供电(非越区供电)时，分区所线路保护功能仅设失压保护，当线路越区供电时，分区所电源侧设有失压保护，馈线侧设有一段距离保护、低电压过电流、电流增量(高阻)保护。

(2)自耦变压器设置瓦斯报警、瓦斯跳闸、油温过热报警、油温过热跳闸、过负荷保护、差动保护及碰壳保护。

(3)10 kV 及 27.5 kV 自用变压器保护采用熔断器作自用变压器的主保护，27.5 kV 自用变压器设置电流速断保护主要用于对 27.5 kV 电缆进行保护。

3. AT 所

AT 所的保护系统主要由线路保护、自耦变压器保护、10 kV 及 27.5 kV 自用变压器保护组成。

AT 所线路保护功能仅设失压保护。其他同上述“AT 分区所”中(2)和(3)。

4. 开闭所

开闭所保护系统由进线保护、馈线保护、10 kV 及 27.5 kV 自用变压器保护组成。

(1)进线保护主要用于切除母线故障和作为馈线保护装置的后备保护，其保护功能有：过电流保护和失压保护。

(2)馈线保护用于切除馈线短路故障，发生故障时，切除故障馈线。其保护功能有：电流速断保护，线路较长的馈线设置距离保护。

(3)10 kV 及 27.5 kV 自用变压器保护采用熔断器作自用变压器的主保护，27.5 kV 自用变压器设置电流速断保护主要用于对 27.5 kV 电缆进行保护。

5. 系统结构

牵引变电所、分区所、AT 所、开闭所均采用微机型综合自动化系统，系统采用分层分布式结构。各所、亭综合自动化系统均由站级管理层、通信层、间隔层三部分设备组成。综合自动化系统完成本所就地的运行管理(保护、控制、测量、自动控制、通信等功能)，并可通过远动通道与调度端设备接口实现远动功能。综合自动化系统结构如图 3-13-6 所示。

站级管理层设备包括所内集中监控计算机、打印机和人机接口设备；通信层设备包括通信处理装置、通信切换装置、远程通信设备及所内通信网络；间隔层设备包括主变压器差动保护装置，主变压器后备保护装置，主变压器本体保护装置，主变压器综合测控装置，AT 综合测控单元、进线及主变自投装置，馈线保护测控装置等设备。

所内通信采用现场总线或以太网络，各间隔层设备通过该网络完成所内数字化信息传输。组网方式应考虑便于故障的查找与隔离，并根据地域或设备种类优化组网，所内通信应采用抗干扰能力强的光纤介质，以保证系统的安全性和可靠性。

综合自动化系统应配合调度所控制站设备，高压开关设备实现远动控制、所内集中控制、高压开关设备本体控制三级控制方式(图 3-13-6)。

本系统具有与系统外其他智能单元接口的能力，且应为标准通信接口。

微机型综合自动化系统采用集中组屏方式。

6. 系统软件要求

(1)系统应提供运行成熟、先进可靠、标准化高、开放性好的软件资源。软件结构采用模块化设计。软件

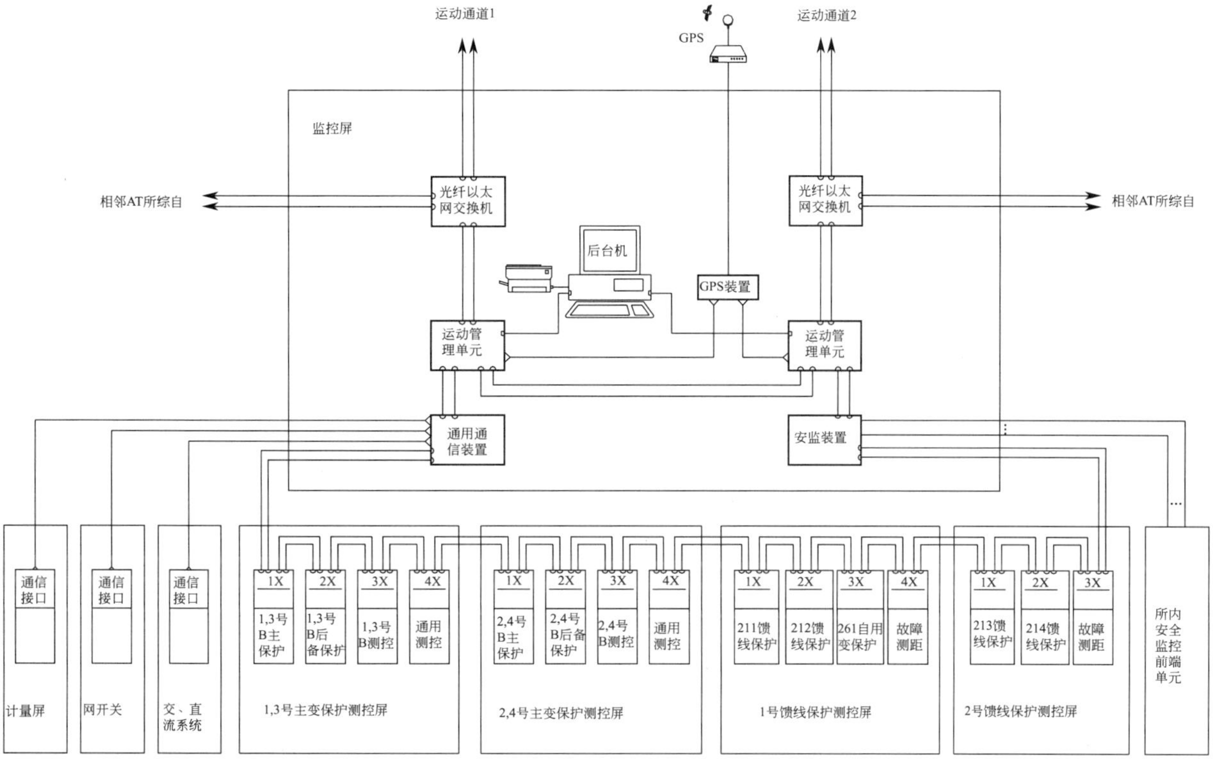

图 3-13-6 综合自动化系统构成

功能丰富、实用、自动化水平高。

(2)通信单元应采用通用性强、实时响应性快、内核占用容量小的工业标准实时多任务操作系统。

(3)应用软件是开放性的,用户在遵循操作规则的前提下,可以根据运营的要求修改、增扩系统容量。

(4)配置维护软件包,可维护各种设备,诊断各种设备故障。

(5)具有看门狗功能、自诊断自恢复功能。

(6)配置专用的综合自动化系统应用软件。

五、安全监控系统

牵引变电所、开闭所、分区所、AT 所各所的安全监控系统是由高压室、自用变压器室、二次设备室设置的感温/感烟探测器、双鉴探测器、碎窗探测器,室外设置的蜂鸣器、温湿探测器,围墙设置的激光对射探测器等安全监视装置组成。

安全监控系统的监测设备通过综合自动化系统纳入到综合调度 SCADA 监控系统。

牵引变电所二次设备室设有气体灭火装置,纳入消防控制系统,并通过安全监控系统报警。

本线综合视频系统在牵引变电所、开闭所、分区所、AT 所各所设有现场视频监控装置,纳入综合视频监控系统。

六、高压设备绝缘在线监测系统

各牵引变电所采用高压设备电气状态在线监测装置对所内的 220 kV 以上高压设备:变压器套管、变压器油、变压器铁芯、电流互感器、电压互感器和氧化锌避雷器的主要电气参数进行在线监测。其主要功能有:

(1)通过对主变 220 kV 侧套管、电流互感器、电压互感器的介质损耗 $\tan\delta$ 和电容量 C 以及主变铁芯和氧化锌避雷器的地电流 i 等参数的在线测量,来判断这些设备的绝缘状况。

(2)通过在线监测主变油的 4 种气体(H_2、CO、C_2H_2、C_2H_4)的混合气体含量,来判断其绝缘状况。

(3)高压设备绝缘在线监测系统由在线监测装置、传感器、传输光缆及光纤分路器等组成,实现对主变 220 kV侧套管、电流互感器、电压互感器、主变油的绝缘状况进行判断。

七、27.5 kV 电缆光纤光栅温度在线监测系统

牵引变电所设置 27.5 kV 电缆光纤光栅温度在线监测系统，对所内牵引变压器、开关的 27.5 kV 电缆和供电线的 27.5 kV 电缆实行实时监测，实现对故障诊断，保证供电的可靠性。

27.5 kV 电缆光纤光栅温度在线监测系统由在线监测装置、光纤光栅传感器、传输光缆及光纤分路器等组成，其功能实现对 27.5 kV 电缆过热报警。

八、防雷与接地

1. 防雷

各牵引变电所、开闭所、分区所、AT 所设有独立避雷针以防止直击雷对全所设备、架构及建筑物的袭击。独立避雷针与配电装置带电部分空气中距离不小于 5 m。

在牵引变电所高压进线侧、主变压器低压侧、2×27.5 kV/27.5 kV 馈线侧、分区所进线侧、馈线侧设有相应等级的氧化锌避雷器，以限制雷电波的幅值。

2. 接地

为确保人身和设备安全使接地系统安全可靠性更高，牵引变电所、分区所、AT 所接地装置通过钢轨回流接地线与钢轨扼流线圈所相连的线路贯通综合接地相连。牵引变电所、分区所、自耦变压器所接地装置纳入综合接地系统可有效降低牵引变电所、分区所、自耦变压器所接地电阻，对一些高土壤电阻率地区，接入综合接地系统，可减少工程投资，同时接地装置材料采用耐腐蚀的铜质材料，使接地系统安全更可靠。

牵引变电所、开闭所、分区所、AT 所接地网的接地电阻应不大于 0.5 Ω，当各所的接地电阻实测值达不到要求时，可采用引外接地、加降阻剂或将土壤换为所要求的土壤等方法起到降低该所接地电阻值。

牵引变电所、开闭所、分区所、AT 所各所均设置以水平接地体为主的网格式接地装置。各所采用 150 mm^2 的纯铜绞线作水平接地网，用 ϕ17.2 mm、l=2 400 mm 镀铜（水平连铸铜包钢）钢棒，铜的厚度不小于 0.5 mm 和少量的 l=3 000 mm 离子接地极作垂直接地极，接地体之间的连接采用放热焊接。

室外的架构、室外地上设备接地引下线采用—40×5 扁钢，避雷器及避雷线接地引下线采用 1×50 mm^2 电缆，分别连至主接地网，但不得连至电缆支架的接地线上。

室内在电缆夹层中设置的接地干线采用—40×5 的镀锌扁钢，沿墙水平敷设，距室内地面高度为 300 mm，用支持卡子固定在墙上，支持卡子的间距为不大于 1 000 mm。电缆夹层内接地干线引至室外接地线采用 ϕ16 mm 圆钢，并与接地网相连。

室内设备层的接地支线采用—40×5 的镀锌扁钢，预埋在地板内的装修层内，扁钢一端应与设备基础预埋件可靠焊接，另一端穿过楼板沿墙垂直引下用支持卡子固定在墙上与电缆夹层中接地干线扁钢可靠焊接。

27.5 kV 电压互感器、所用变工作接地、GIS 开关柜接地铜排分别采用 1×150 mm^2 1 kV 铜芯电力电缆，分别与电缆夹层中接地干线可靠连接。

电缆支架、电缆桥架接地线采用—40×4 扁钢，与所内室外接地网相连。牵引变电所的电缆沟内接地支线和电缆桥架接地线与所内 220 kV 侧主接地网连接，严禁在 27.5 kV 侧与主接地网相连。

各所每根 27.5 kV 电缆采用单点接地方式，接地点设在室外，接地线采用 1×150 mm^2 1 kV 铜芯电力电缆，就近与接地网或接地干线可靠连接。电缆线路正常感应接电压不得大于 60 V。与 GIS 开关柜相连处的接地引出线不接地或接电压限制护层保护器，接地引出线不接地时应绝缘包扎。

牵引变电所、分区所、AT 所各设有集中接地回流箱，箱内接地回流母排分别通过电缆与牵引变压器或自耦变压器的接地回流套管、所内的接地装置、接触网的上下行架空回流（PW 线）接地线和钢轨回流接地线相连，其中钢轨回流接地线通过钢轨扼流线圈与线路贯通综合接地相连。

对董家（荷叶坪）、宋水（新乐昌）牵引变电所，哲桥、重阳、华塘、廖家湾、大源、长来 AT 所，马田、桂头、两江分区所接地网的接地电阻经实测都大于 0.5 Ω。根据现场情况，针对各所具体情况通过计算，作了相应的降阻处理。

九、提高可靠性措施

1. 牵引变电所采用分支接线，保证每个牵引变电所有两路独立的 220 kV 电源。

2. 主要设备选择技术先进、成熟、可靠性高的产品，27.5 kV 配电装置采用 GIS 开关柜、继电保护和控制采用微机保护、综合自动化系统，该系统具备很强的在线自检和预防报警功能。

3. 牵引变电所设置高压绝缘在线监测系统，可及时采集高压设备绝缘状态信息，能了解设备的不良状态，防止设备事故发生。

十、环境保护措施

所址选择遵照国家的环保政策，尽量减少和周围环境相互影响；断路器、27.5 kV 电流/电压互感器等变电设备采用无油化设备；对于主变压器等有油设备设置废油回收条件；各所按无人值班设计，减少污水排放量；选用设备满足电磁干扰防护的要求；选用低噪声设备。

十一、节约能源措施

牵引变压器采用容量利用率高的单相变压器和；自用变压器采用节能型产品；断路器选用功率较小的弹簧操作机构；综合自动化设备采用低能耗设备；牵引变电所采用无人值班，二次设备采用暗屏运行方式；室内、外照明灯采用节能型的光源和灯具。

第五节　经验体会和建议

一、牵引变压器的接线型式

根据地方供电电源情况武广铁路客运专线牵引变压器的接线型式在湖北省、湖南省境内的牵引变电所牵引变压器采用两台单相变压器组成 V/X 接线型式；在广东省范围内采用国际创新的单台单相牵引变压器接线型式。这两种接线的牵引变压器采用次边带中性点的变压器，从而取代牵引变电所每回馈线需设置一台自耦变压器，不仅满足铁路供电的要求，而且节省占地面积、减少设备投资。

二、单相牵引变压器 27.5 kV 侧主接线型式

广东省范围内牵引变电所单相牵引变压器 27.5 kV 侧主接线型式采用两台单相变压器组成 V/X 接线型式的 27.5 kV 侧主接线型式，使通过开关设备的电流减少，解决了开关设备不能满足大容量供电的要求，实现创新采用单台单相牵引变压器接线型式和采用引进的能满足高速铁路供电高可靠性要求的少维修、免维护的 2×27.5 kV 气体绝缘(GIS)开关设备。不仅给将来运营发展预留扩容条件，而且避免了二次工程，同时使武广铁路客运专线的牵引变电所 27.5 kV 接线型式统一化、标准化。

三、牵引变电所与铁路电力变电站合建

牵引变电所与铁路电力变电站采用合建方式，本线工程的边山(新长沙)、广南(新广州)牵引变电所与分别 220/10 kV 铁路电力变电站合建，不仅共用两路 220 kV 进线电源，而且共用进线设备和所用电源设备，不但节省了 220 kV 电源投资，而且节约了设备投资、建设用地和生产房屋，同时变电所 220 kV 主接线设计合理，牵引变电所和电力变(配)电所的主变压器可按照各自的运行方式运行，互不影响。

四、注重与地方电力供电部门之间的接口设计

我国的电气化铁路牵引变电所的进线电源都是由地方电力部门供给，在湖北省、湖南省、广东省境内的既有电气化铁路牵引变电所的进线电源采用是 110 kV 电源，本次武广铁路客运专线的牵引变电所要求采用 220 kV 进线电源，对三个省的供电是第一次。经调查了解地方电力供电部门的 220 kV 电源供电系统的运行方式、保护配置及整定值等与武广铁路客运专线牵引变电所供电的要求是不一样的，为此，武广铁路客运专线建设和设计单位与地方电力部门及设计单位多次沟通交流，注重与地方电力供电部门之间的接口设

计，向地方电力部门提供牵引变电所的主接线、高压设备的技术参数和运行方式、计量装置和保护配置及整定值的设置等资料，同时与地方电力部门共同对牵引变电所进行现场勘测选址，并向地方电力设计单位提交牵引变电所所址位置、进线方向、相序排列、导线张力要求等设计资料，使其地方电力部门和设计了解武广铁路客运专线牵引变电所的供电要求。正是由于注重与地方电力供电部门之间的接口设计，从而保证了武广铁路客运专线的牵引变电所 220 kV 进线电源既能满足牵引供电系统的可靠供电，又能满足地方供电部门的要求。

五、注重方案研究、加强交流与沟通

根据我国的国情要求武广铁路客运专线工程建设应满足客流密度大、列车速度高、牵引负荷大、追踪间隔短、运输质量高等的运输需求，因此对牵引变电送电的能力以及供电的安全性、可靠性要求非常高，而且牵引变电所的供电容量大，牵引变电若按常规设计是不能满足高速铁路的需求。

武广铁路客运专线牵引变压器的容量选用 40～75 MVA，在国际上没有先例。为此，牵引供变电设计从可研设计阶段开始就对牵引变电所、分区所、AT 所各所的主接线形式、设备选型、设备运行方式和备用方式、防雷接地、控制保护选择等一系列技术方案进行研究，并与国外高速铁路的有关技术人员进行交流和探讨，借鉴国外的技术，自主创新设计出适合 350 km/h 高速铁路的牵引供变电技术标准。

对于牵引变电二次保护配置和整定计算，积极吸取设备厂家和运营管理单位的建议，计算适合 AT 全并联供电方式的整定值，并根据调试和试运行期间的保护动作记录，进行核实并修正，最后提交正常供电、越区供电情况下的保护整定值，满足运行需要。

第十四章 综合 SCADA 系统设计

第一节 工程概况、特点及主要工程数量

一、工程概况

(一)综合 SCADA 系统

武广铁路客运专线(不含广州南站)在武汉调度所设置一套综合 SCADA 系统,设有 3 个电力调度台、3 个牵引调度台。

(二)被 控 站

(1)武汉天兴洲公铁两用长江大桥

①武汉站及配套工程:新建 1 座 AT 所兼开闭所,2 座 10 kV 配电所、1 座 110 kV 变配电所、接触网开关有线监控和无线监控各 1 套、受控单元共 29 套。

②武汉至乌龙泉段:新建 1 座牵引变电所、1 座分区所、1 座 AT 所、接触网开关有线监控 3 套,受控单元共 20 套。电力箱变 RTU20 套。

(2)武广铁路客运专线——乌龙泉至花都段

①乌龙泉至韶关段:新建 15 座牵引变电所、14 座分区所、29 座 AT 所、19 座 10 kV 配电所、1 座 220 kV 变配电所。各所、车站、隧道接触网开关有线监控 87 套,无线监控 1 套,受控单元共 462 套。电力箱变 RTU 407 套。

②韶关至花都段:新建 3 座牵引变电所、3 座分区所、6 座 AT 所、2 座 10 kV 配电所。各所、车站、隧道接触网开关有线监控、受控单元、电力箱变 RTU 共计 214 套。

③长沙动车运用所及动车走行线:新建 1 座直供开闭所;接触网开关有线监控 1 套,受控单元共 6 套。

④株洲北、株洲南、株洲西北联络线:新建 1 座直供开闭所、接触网开关有线监控 2 套,受控单元共 12 套。

(3)广州枢纽广州南站及相关工程

①花都至广州:新建 1 座分区所、2 座 AT 所、1 座 10 kV 配电所、接触网开关有线监控 4 套、受控单元 21 套、电力箱变 RTU 共计 24 套。

②广州南站广州南站及相关工程:新建 1 座牵引变电所、1 座 10 kV 配电所、2 座电力开闭所、接触网开关有线监控和无线监控各 1 套,受控单元共 71 套。

(4)武汉动车段

新建 1 座直供开闭所、1 座 10 kV 配电所、接触网开关无线监控各 1 套,受控单元共 27 套。

(5)广州南动车段

新建 1 座直供开闭所、1 座 10 kV 配电所、接触网开关无线监控各 1 套,受控单元共 26 套。

二、工程特点

1. 电力、牵引供电采用综合监控系统(SCADA),将沿线的电力供电系统的电力变(配)电所、箱式变电站和牵引供电系统的各牵引变电所、分区所、开闭所、AT 所及接触网开关控制站一并纳入综合 SCADA 系统中,对电力供电系统和牵引供电系统的供电设施实现远程集中监控,以适应高速铁路运营管理模式,满足高速铁路供电系统调度指挥需求,为其供电系统运行管理提供了安全、可靠、高效的指挥保证。

2. 对电力、牵引供电系统各种运行数据的采集、事故追忆、事件重演和事故报警功能、故障标定、运行调度管理功能、数据管理及接口信息交换、打印功能、培训功能、口令功能、软件在线编辑、维护、修改、扩展功能、容错能力、自诊断、自恢复功能、系统时钟同步功能和复示数据转发功能。

3. 电力、牵引供电系统数据传输通道组成采用分层会聚的方式，设置两层通道，通信接口采用以太网接口，通道传输带宽为 2 M。

三、主要工程数量

SCADA 系统见表 3-14-1。

表 3-14-1 SCADA 系统主要工程数量

区段		武汉至乌龙泉段	乌龙泉至鄂湘省界段	鄂湘省界至韶关段	韶关至花都段	花都至广州段	合计
起迄里程		DK1188+000～DK1232+000	DK1232+000～DK1341+416	DK1341+416～DK1989+500	DK1989+500～DK2167+000	DK2167+000～DK2220+158	
1	被控站(处)	25	52	446	214	33	770
2	控制站(处)	1					1

第二节 规程规范与设计原则

一、规程规范

牵引供电调度系统为满足本线时速 350 km/h、追踪间隔 3 min、跨线兼容运行的运输需求，设计过程中采用的相关技术规程规范见表 3-14-2。

表 3-14-2 规 程 规 范

序号	规程规范名称	标 准 代 号	备注
1	《高速铁路设计规范(试行)》	TB 10621—2009	
2	《铁路电力牵引供电设计规范》	TB 10009—2005	
3	《铁路客运专线技术管理办法(试行)(300～350 km/h 部分)》	铁科技〔2009〕212 号	
4	《建筑结构荷载规范》	GB 50009—2001	
5	《客运专线铁路电牵引供电工程施工质量验收暂行标准》	铁建设〔2006〕167 号	
6	《客运专线综合接地技术实施办法》	铁集成〔2006〕220 号	
7	《铁路供电调度系统设计规范》	TB 10117—2008	
8	《铁路枢纽电力牵引供电设计规范》	TB 10007—2000	
9	《铁路电力牵引变电所所用电系统设计规范》	TB 10080—2002	
10	《电力工程电缆设计规范》	GB 50217—2007	
11	《建筑物电子信息系统防雷技术规范》	GB 50343—2004	
12	《建筑物防雷设计规范》	GB 50057—1994	
13	《铁路防雷、电磁兼容及接地工程技术暂行》	铁建设〔2007〕39 号	
14	《交流接地装置的接地》	DL/T 621—1997	
15	《铁路工程设计防火规范》	TB 10063—2007	
16	《火力发电厂与变电所设计防火规范》	GB 50229—2006	
17	《火灾自动报警系列规范》	GB 50116—1998	

二、设计原则

1. 在武汉综合调度中心内设置一套电力、牵引供电综合 SCADA 系统，该系统单独组网，并作为子系统纳入综合调度系统，负责电力、牵引供电系统的运行调度和管理工作。

2. 主控制站武广铁路客运专线综合 SCADA 系统设置 3 个牵引供电调度台，3 个电力调度台。

3. 全线各牵引变电所、开闭所、分区所、AT 所、电力变配电所作为被控站通过综合自动化系统接入综合 SCADA 系统；接触网开关、箱变通过设置的专用 RTU 接入综合 SCADA 系统。

4. 沿线牵引变电所、开闭所、分区所、AT 所、电力变配电所上传至综合调度中心的供电设施、环境监控、设备绝缘在线监测等数据通道采用铁路通信系统提供的专用数据传输通道，光纤进所方式。本工程采用分层会聚的方式，设置两层通道，通信接口采用以太网接口，通道传输带宽为 2 M，采用环形通道结构。

5. 综合调度中心至各综合维修基地设置铁路通信系统提供的专用数据传输通道，光纤进所方式，通道传输带宽为 2 M，采用点对点通道结构。

第三节　与相关专业接口设计

一、外部接口

外部接口为通信接口。

1. 通信通道

电力公司要求采集牵引变电所电源进线电压、电流值及进线电源开关位置，其通信通道一般是由铁路设置铁路调度所与电力公司调度所之间的专用信息通道，通过铁路调度所将牵引变电所的有关数据传递给电力公司调度所。另一种方式是电力公司光纤引至牵引变电所，通过牵引变电所作为实现铁路调度所与电力公司调度所之间信息传递，电力公司只负责敷设光纤，设置在牵引变电所的配套光端机由铁路部门负责实施。

2. 调度通信

铁路调度所与各电力公司调度所之间需设置专用的电调电话，电调电话及通道由铁路部门负责设置。

二、内部接口

(一)与接触网专业接口

接触网开关位置及电源要求由接触网专业提供，变电专业负责设置远动控制设备、光纤及牵引所附近接触网开关的电源电缆。

(二)与电力专业接口

车站附近、联络线、隧道内外远离牵引变电所、开闭所、分区所、AT 所的接触网开关电源由电力专业负责。变电专业负责牵引各所附近接触网开关的电源。

电力被控站 RTU 由电力专业确定位置并提供给变电专业，电力被控站远动通道组网由变电专业负责。

(三)与通信专业接口

由变电专业提供远动通道组网要求、通信接口要求及被控站资料，通信专业提供通信接口。与牵引所的分界在牵引所内的通信光端机，与电力箱变的分界在箱变 RTU 上。

第四节　技术方案和主要技术参数

一、电力调度所及调度区划分

武广铁路客运专线(不含广州南站)在武汉调度所设置一套综合 SCADA 系统，系统设置 3 个牵引供电调度台，3 个电力调度台，调度区划分为：武汉站(含)至长沙南站(不含)、长沙南站(含)至郴州西站(含)、郴州西站(不含)至广州南站(不含)。

二、综合 SCADA 系统构成方案

(一)综合 SCADA 总体框架方案

全线设置一套电力、牵引供电综合 SCADA 系统，本系统完成对牵引供电及电力供电系统实时监控及运行调度管理。

综合 SCADA 系统由控制站、被控站以及传输通道构成。控制主站设于调度所，被控站设在牵引变电

所、开闭所、分区所、AT 所、接触网开关控制站、电力配电所、箱式变电站及电力低压变电所等。

SCADA 系统调度端采用分层分布式结构，计算机网络型监控装置，系统采用服务器/客户机与浏览/服务器混合工作模式，重要设备冗余配置，保证系统的可靠性。调度中心采用独立的监控网络及设备，通过网络安全隔离措施与其他相关系统接口，保证系统的安全性。

综合 SCADA 系统通过专用的通信通道与电力、牵引供电被控站相连，主要完成电力、牵引供电系统运行状态的遥控、遥信、遥测及调度管理等功能，在线实时监控电力、牵引供电设备的运行状态及无人值班场所的环境状况。

牵引供电系统的被控站设置在沿线牵引变电所、分区所、AT 所、接触网开关站内。电力供电系统的被控站设置在沿线电力配电所、电力变电所、箱式变电站及电力低压变电所内。

牵引供电系统各被控站及电力配电所、电力变电所的远动终端功能由所内综合自动化系统实现，不设专用的远动终端。

在牵引供电系统的接触网开关控制站设置 RTU，在电力供电系统的箱式变电站及低压变电所设置监控终端设置 FTU，实现远程数据采集与监控。

全线通道采用铁路通信系统提供的专用数据传输通道，光纤进所方式。本工程采用分层会聚的方式，设置两层通道，通信接口采用以太网接口，其中牵引变电所和电力配电所与通信传输设备间接口为以太网电接口；被控站点之间的环形通道连接采用光以太网接口。通道传输带宽为 2 M。综合 SCADA 系统电力供电通道结构如图 3-14-1 所示。综合 SCADA 系统牵引供电通道结构如图 3-14-2 所示。

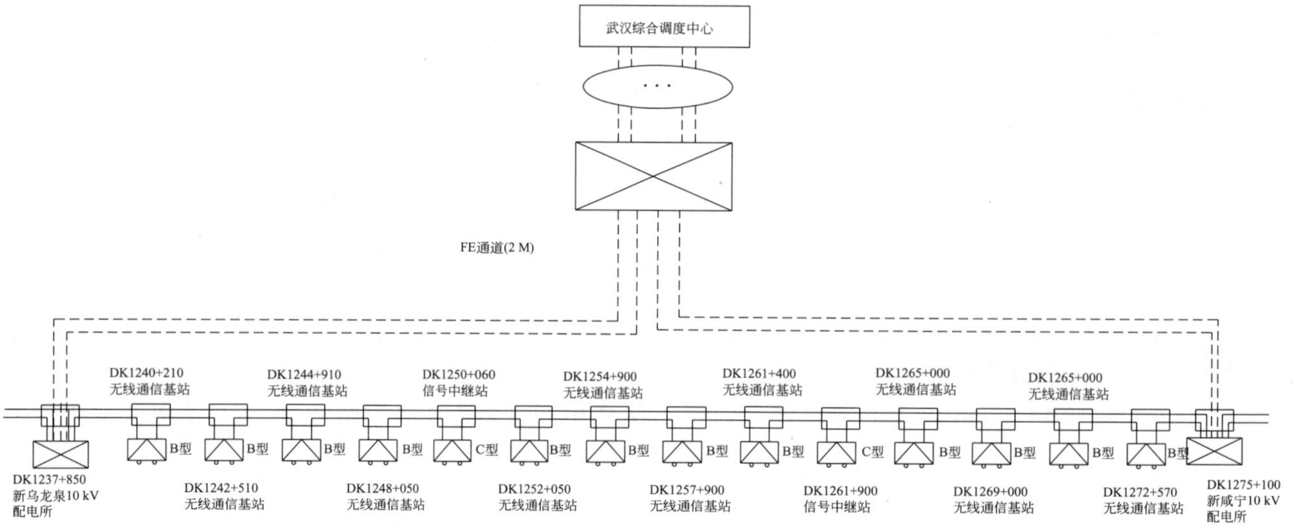

图 3-14-1　综合 SCADA 系统电力供电通道结构

第一层通道结构为星型结构，以点对点方式将牵引变电所、电力变、配电所连接至武汉综合调度中心，数据传输速率为 10 Mbps，以太网标准接口。将牵引变电所、电力变(配)电所分别连接至武汉综合调度中心，传输带宽 2 M。

第二层通道结构采用环形通道结构，每 2 个牵引变电所、2 个电力变配电所间的光环路组环，为牵引变电所连接相邻分区所、AT 所、直供开闭所、接触网开关控制站的环型通道及电力配电所连接相邻电力箱式变电站的环型通道。

在武汉、长沙、广州综合维修基地和武汉、长沙、广州供电段设置复示系统，系统通过通信通道与综合调度中心 SCADA 系统接口，实现实时监控数据的传输。

本系统还具备与时钟系统、综合视频监控系统、防灾安全监控系统、运行调度系统、铁道部调度系统、相邻线路电力调度系统、外电源电力调度系统等接口功能，通过网络通信与其他系统形成一个有机整体，实现系统间的信息传送与必要的联动，达到提高调度自动化水平及效率的目的。

(二)综合调度中心 SCADA 系统方案

综合 SCADA 系统综合调度中心调度端系统采用分层分布式计算机网络结构。系统配置了局域网络设

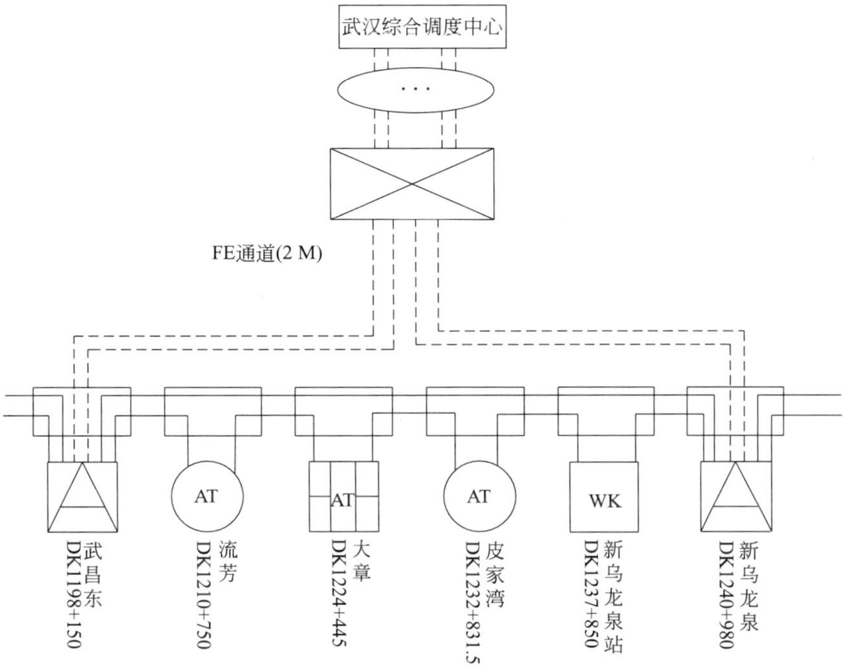

图 3-14-2 综合 SCADA 系统牵引供电通道结构

备、调度台、调度管理台、维护及域名管理台、服务器组、存储系统、网络安全设备、其他配套设备等，同时配置完善的软件资源。

武汉综合调度中心供电调度所的 SCADA 系统配置如图 3-14-3 所示。

在本工程中，因武汉调度中心建设工期不能满足武广铁路客运专线开通运营要求，武广铁路客运专线综合 SCADA 系统的调度管理层需要在武汉铁路局电力调度所过渡，综合 SCADA 系统调度管理层设在武汉铁路局电调楼三楼。本过渡方案，充分利用合肥至武汉客运专线既有主站设备。新增主站设备安装于合肥至武汉客运专线机房主机柜中，电源利用合肥至武汉客运专线既有设备。主要新增应用及通信、历史数据、接口及 WEB、NTP 时钟等服务器；SAN 存储、核心交换机；电力、牵引调度工作站；磁盘阵列、数据打印机等设备。

综合调度中心调度端武广铁路客运专线 SCADA 系统如图 3-14-4 所示。

牵引供电调度系统范围及通道构成如图 3-14-5 所示。

电力供电调度系统范围及通道构成如图 3-14-6 所示。

1. SCADA 系统内各硬件设备的功能

(1)局域网络：负责实现 SCADA 调度所系统中各计算机节点或存储设备间的数据交换。

(2)调度台：负责提供调度员用于日常调度操作的人机界面。

(3)调度管理台：提供与调度事务相关的各种管理功能，如调度范围调整、统计分析、设备履历查询、停送电计划签收等功能。

(4)维护及域名管理台：负责提供系统的各种增、添、修、改等 SCADA 维护功能以及 IT 系统的域管理功能。

(5)服务器组：用于完成系统的数据库管理、历史数据存储、SCADA 业务逻辑处理、实现与被控站系统的通信、实现与外部接口系统的通信、系统配置管理、系统备份等功能。

(6)存储系统：用以完成对系统的所有静态及历史数据的存储。

(7)网络安全设备：用于确保系统的网络安全，实现病毒防护、防火墙隔离、入侵检测等功能。

(8)其他配套设备：包括打印机、时钟等，用于完成系统的打印、时钟同步等功能。

为了确保系统的高可靠性，SCADA 调度所系统中的所有关键设备，包括局域网络设备、服务器、调度台均采用冗余配置。

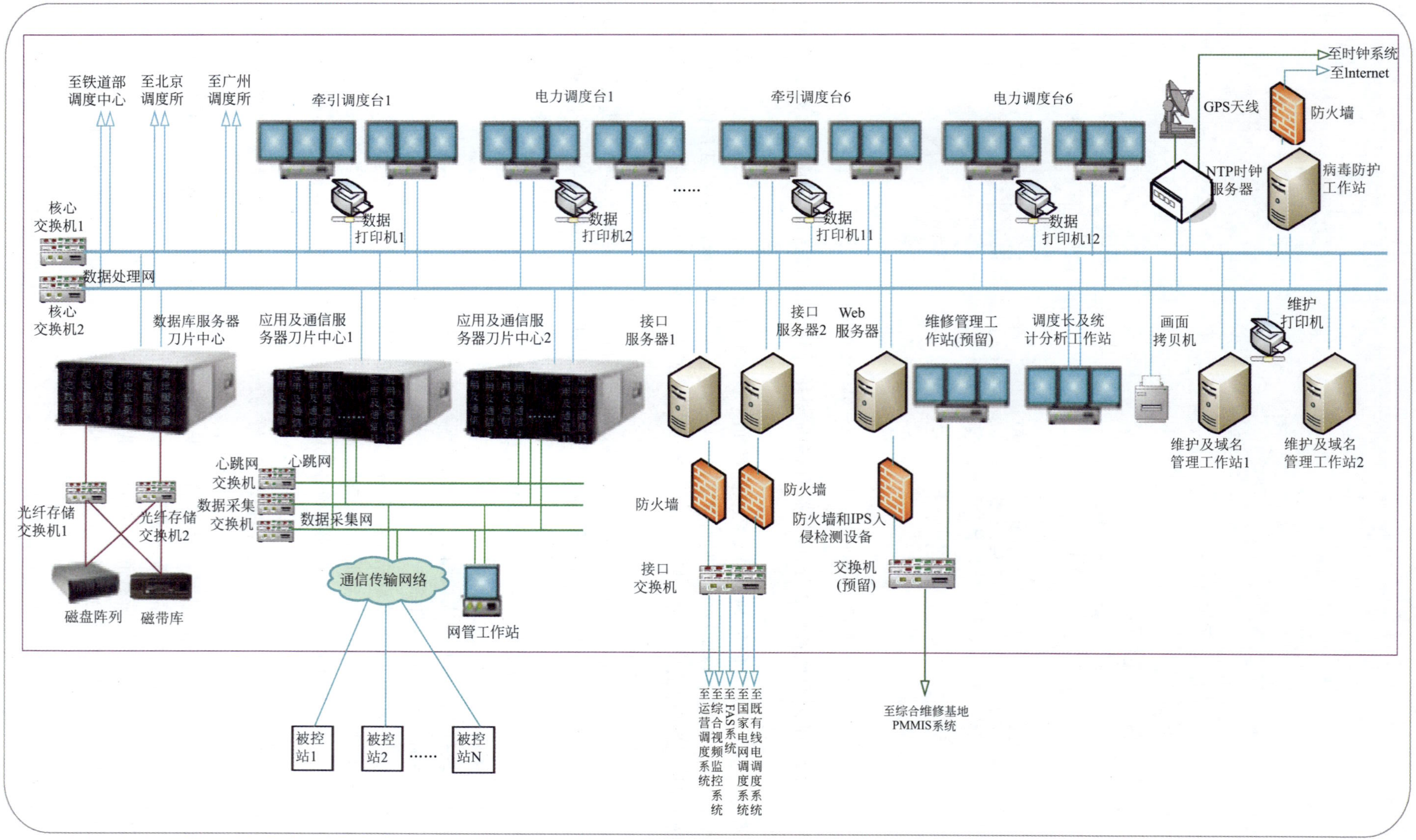

图 3-14-3 武汉综合调度中心供电调度所的 SCADA 系统配置图

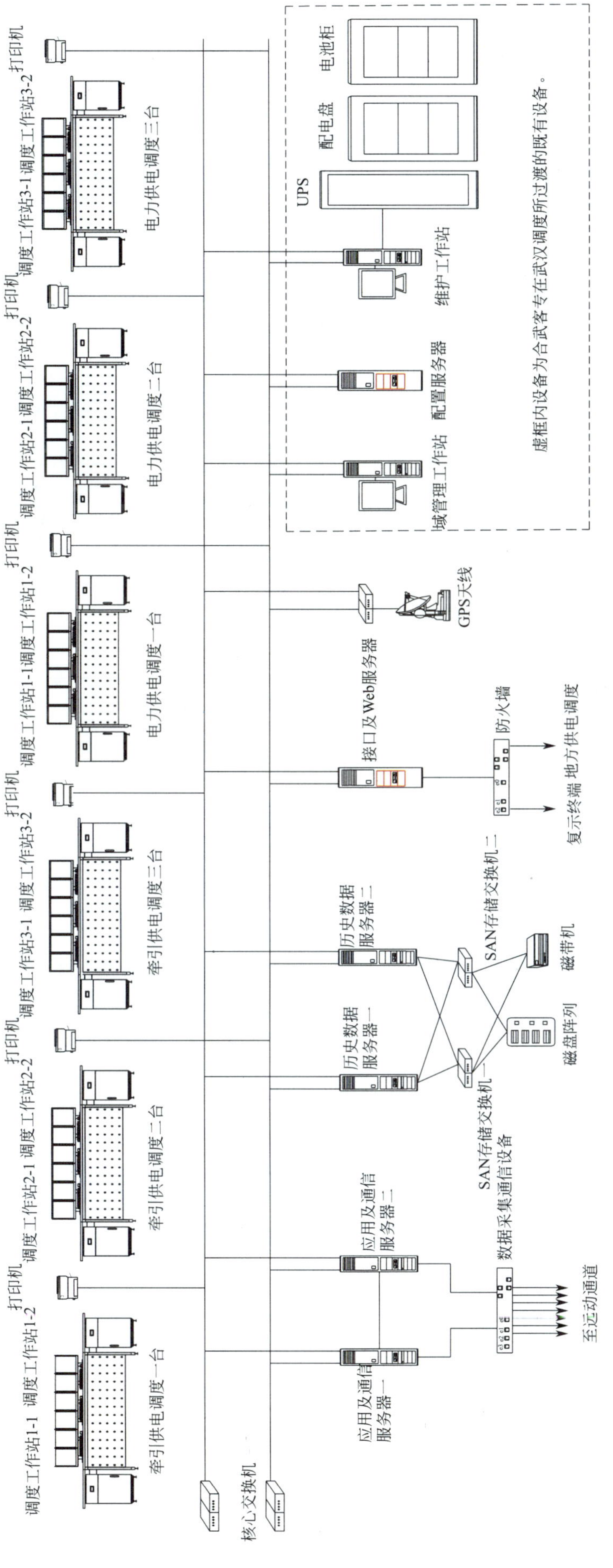

图 3-14-4 综合调度中心调度端武广铁路客运专线综合 SCADA 系统

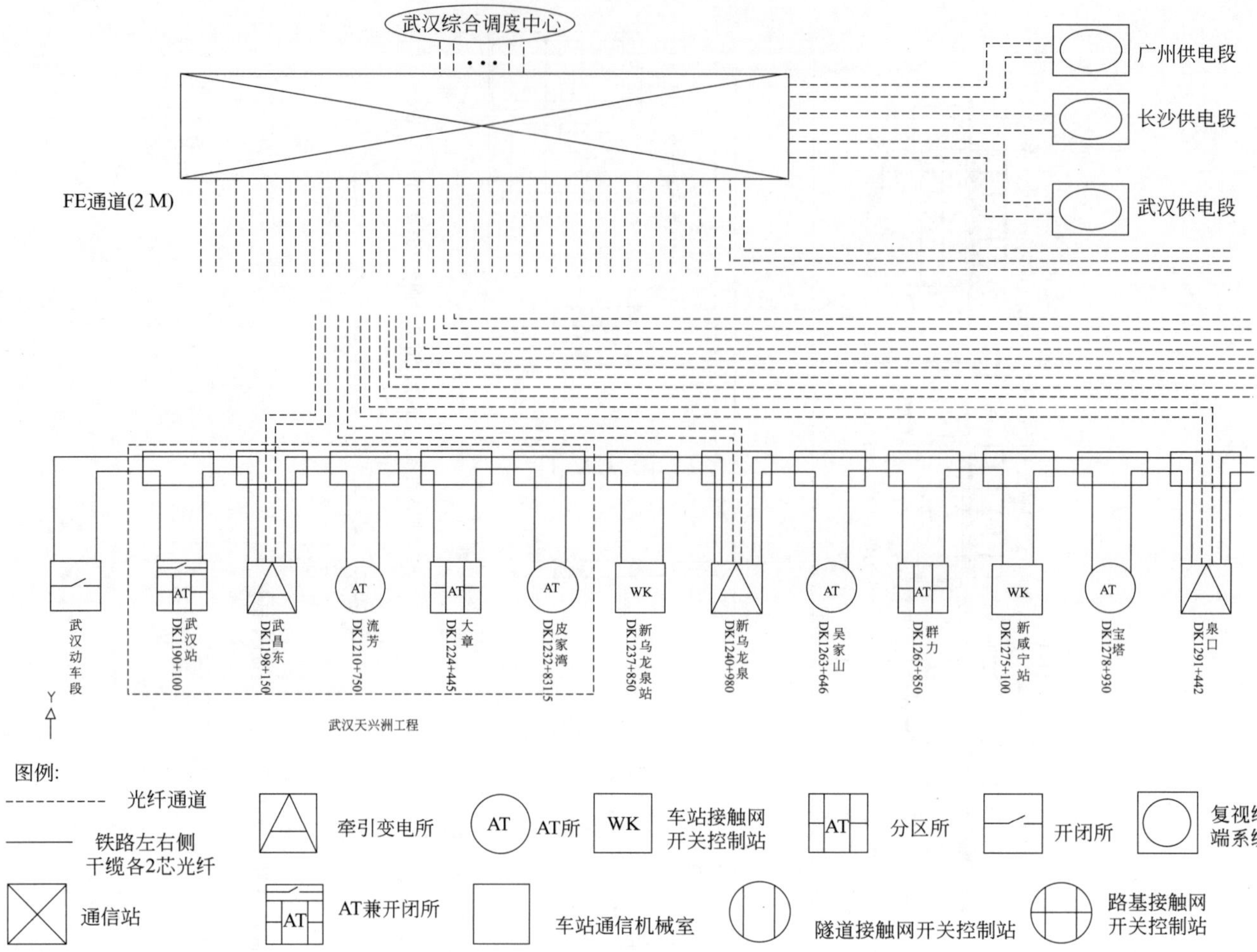

图 3-14-5　牵引供电调度系统范围及通道构成(部分)

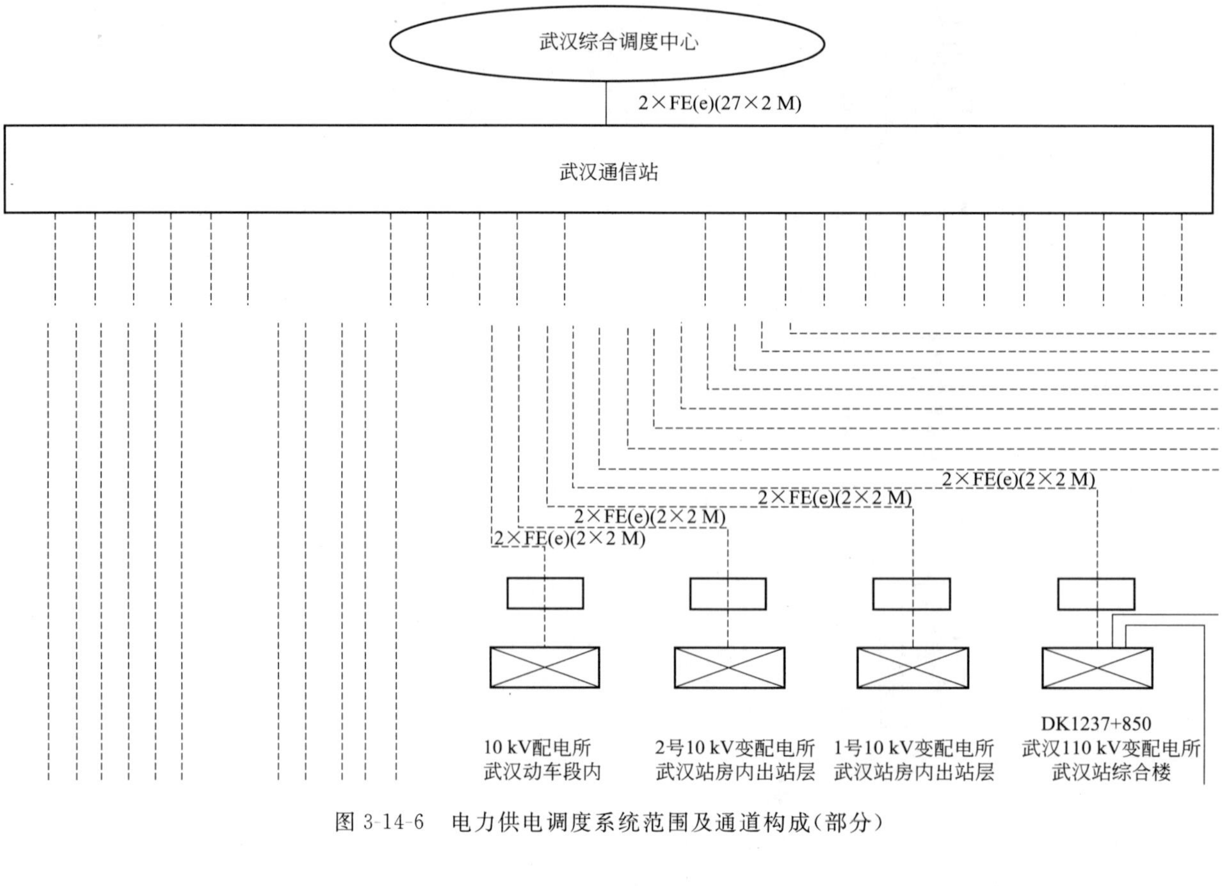

图 3-14-6　电力供电调度系统范围及通道构成(部分)

2. 系统功能

(1)控制功能

①单控。主要用于对被控站内的某一开关设备的运行状态进行控制，自动装置的投切控制，二次回路的复归控制等。

②程控。完成对被控站一系列开关设备按预定的顺序进行状态控制。

③模拟操作。当被控站系统或通道故障时，系统将有关点的运行状态位置为手动状态，相应开关的运行状态可由操作员根据实际状态手动设置，此外，显示器画面上显示的手动隔离开关的状态亦采用手动置位操作方式。

(2)遥信功能

①正常运行状态监视。不论装置在何种状态下，所有牵引变电所、开闭所、分区所、AT所综合自动化系统；电力配电所综合自动化系统；电力远动监控终端；接触网开关控制站的被监控设备的分、合状态均可以在显示器上进行显示。

②异常运行状态的监视。当牵引和电力供电系统发生故障和事故时，变位信号优先送往调度所，在显示器上将有相应提示，并伴有音响报警(可手动复归)。如有几个站同时发生事故，在画面上按故障处理等级对故障站名排序，紧急故障优先处理；同一等级的故障以先后次序排序。

当发生一般性故障，即预告信号时，其处理与事故报警相同。故障报警与预告报警将发出有明显区别的音响。

(3)报警信息处理

①报警条件：供电系统设备异常；调度系统设备故障；被控站自动化设备故障；FAS火灾信息；远动通道故障。

②报警处理：产生可视信号及音响提示；在调度工作站显示器屏幕上显示警报信息；显示与报警内容相关画面及相应的信息提示。

③警报种类：越限告警；变位报警；事故报警；预告报警；设备故障告警。

(4)显示和处理方式

①系统提供动态显示的供电系统图、监控系统图、变电所主接线、记录、报警、牵引网供电分段示意图、程控等用户画面，以及变电所盘面动态显示图。系统满足以下用户画面种类和要求，并可以按用户要求方便地增加：全线线路示意图；供电系统示意图；供电设备分布示意；监控系统构成示意图；变电所自动化构成示意图；各变电所主接线和接触网线路图；程控显示画面；遥测曲线画面；电度量直方图；日报报表；月报报表；年报报表；越限统计报表；操作记录报表；警报信息画面；变电所自动化系统网络拓扑图。

②显示器及投影系统上开关符号的颜色：合闸为红色；分闸为绿色。

(5)遥测功能

系统能够进行遥测预处理，根据需要进行数据类型转化。

系统能实时查询系统内所定义的遥测对象值，并根据需要进行数据类型转化的预处理。

①显示处理方式。系统能够在显示器所显示的被控站主接线图上，以数字方式实时显示电流、电压及功率等测量参数。

电流、电压、功率等曲线图：在同一曲线图上可以同时用不同的颜色来显示多条不同的相关模拟量以进行比较，如可以显示根据时间横坐标和单位纵坐标来定义等。

电度量直方图：可以同时用不同颜色显示有功、无功电度量。

系统按每时(天、月、季、年)定期统计电度量、模拟量极值、开关动作次数等。

②模拟量数据处理。当所测量的参数出现越限时，系统均可在线进行修改。

③脉冲量数据处理。本系统可以对脉冲量进行如下处理，并可根据需要方便的扩展：读取电度参数；增量、累加和刻度的计算；存贮至数据库内；为电度量参数提供手动置数功能，并刷新数据库。

(6)报表统计功能

①事件记录、操作记录、警报记录。

②每日(月、季、年)遥测量极值统计报表。

③每日(月、季、年)电度统计报表。

④开关运行情况统计表。

⑤负荷统计表。

⑥遥测越限记录表。

(7)打印功能

系统所有信息均能根据需要在打印机上打印。

(8)数据库管理功能

①系统提供大量的数据库在线监视、管理、统计、维护等工具。数据输入和修改采用在线方式进行。对任一数据库中的数据进行修改后,数据库管理系统对所有网络节点上的相应数据同时都进行了修改,保证数据的一致性。

②数据库管理软件可以快速访问常驻内存数据和硬盘数据,在并发操作下能满足实时响应的要求。

③允许不同程序对数据库内的同一数据集进行并发访问,保证在并发方式下数据库的完整性和一致性。

④具有良好的可扩性和适应性,满足数据规模的不断扩充,及应用程序的修改。

⑤数据库管理系统应能保证对数据库访问的实时性、灵活性和数据的一致性,以及数据库的可维护性和可靠性。

⑥数据库具有高压缩比以节省存储空间,能满足系统大容量数据存储的要求。

(9)计划管理功能

①系统能够接收并签发来自 PMMIS 系统的各类检修、抢修计划;能浏览并审批各个综合维修段上报的施工计划和停电请求,与综合维修段人员配合,完成现场作业的功能。

②能够实现对施工计划、停电请求、检修计划等各类计划的检索、查询及打印功能。

③浏览各个综合维修基地和综合维修段的生产运营日志报表等汇总信息,了解各个生产单位运营基本情况。

(10)设备管理功能

①能接收各个牵引变电所、分区所、开闭所、AT 所、电力变配电所内保护测控装置的测量信息和状态信息,及时反映现场设备的运行状态,并能对现场保护装置的整定值、事件报告、自检报告、故障报告和故障录波数据等信息进行查询。

②浏览各个综合维修基地和综合维修段固定设备的台账信息、履历信息、汇总明细报表等内容。

③在接收各个牵引变电所、分区所、开闭所、AT 所、电力变配电所内信息的基础上,PMMIS 系统支持对各种用电量、模拟量极值统计、设备运行时间累计等报表的生成、统计、归档、打印。

(11)在线维护功能

①系统具有在线维护修改系统数据功能,对各种用户画面和数据库进行在线修改、编辑和定义。系统提供简捷易用的界面工具对系统数据库、报表和画面进行增加、删除和修改。采用人机对话输入方式,包括数据库生成,报表生成,画面生成,控制监测点参数的修改、增加和删除等。用户可根据需要增加硬件(如终端、打印机等)和一些其他功能等,不会影响系统正常运行。

②在配置服务器或维护工作站上生成或修改配置数据后,能方便的发布至系统各个相关运行节点,并保证在系统范围内所有相关节点的数据是一致的。

(12)培训功能

系统具有对操作人员、运行维护人员进行上岗培训功能。本系统提供完整的自学教程软件。系统可对远动系统及供电系统进行演示、仿真,提供培训功能。通过系统提供的各种手段,可以使现场操作值班员掌握整个系统的操作使用和日常运行管理及维护方法。

(13)安全审核功能

①监管范围定义与审核。系统具有对调度监管范围动态划分,并对范围内每个监控信息点的监控权限进行灵活配置的功能。可以设置各调度台的管辖范围,合理分配各调度台信息资源,在进行身份验证后,可灵活变更某一台或者多台调度工作站的监管工作。

通过安全审核以防止操作员的越区操作。

②用户权限定义与审核。系统对各等级的运行管理人员进行角色级别设置，确定管理人员的管理范围，确保系统安全正常运行。角色等级分为调度长、值班调度主任、调度员、数据库与应用软件维护管理等级别等，并可以根据需要进行角色的进一步划分。

(14)容错及自诊断功能

①系统具有高度的容错能力，除了关键设备冗余配置外，系统定时检查各网络设备及软件模块等运行状况，并采用故障模块隔离措施，任一硬件故障都不会造成系统的停运，任一软件模块的故障仅影响该模块本身的功能，而不会使整个系统瘫痪，一旦发现有故障情况立即做出相应的处理，并报警。

②系统具有自启动、自恢复功能，系统在复电或从严重故障中恢复时，能够自动启动并恢复正常运行，保证系统安全可靠运行。

③系统能对整个系统的运行状况实施监视，具有故障自诊断功能，并能以图表来直观反映，对运行设备的故障发生时间，恢复时间能自动记录，并能自动报警提示维护人员。

④当历史数据库服务器失效时，系统能够暂时保存失效时段内的历史数据，当历史数据库服务器恢复运行时，上载至历史数据库服务器。

⑤系统具有对各通道进行监视的功能，若有通道故障，能发音响报警。对接收数据配置监视画面。

(15)通道切换功能

系统能够实现对通道的监视和告警。主用通道发生故障时可以自动投入备用通道。

(16)容量扩展功能

①系统具备高度的硬件及软件扩展能力。当系统规模增加时，可以通过扩展包括网络交换机模块、服务器、调度工作站、数据存储空间等，满足系统容量扩展时的硬件需求。当处理能力不能满足需求时，只需要添加服务器，同时将原来服务器上的部分负载部署至新服务器上，客户端不再需要额外工作。

②系统还具备易于扩展的软件平台。系统具备信息对象的自动命名功能，向系统中增加新的信息对象不需要进行繁琐的重名检查；系统提供设备建模功能，能将设备的各个属性组合成模型，在系统扩展时，只需要由模型生成相应的设备实体即可，减少工程实施的工作量。

(17)接口功能

系统能够实现与其他外部系统接口的功能，包括运营调度系统、综合视频监控系统、FAS 系统、国家电网调度系统、既有线电调系统、时钟系统等。

(18)系统时钟同步功能

在正常情况下，系统接受高速铁路时钟系统的标准时钟，以其作系统的时钟同步源，并通过 NTP 对钟协议对所有的网络内计算机节点进行 NTP 对钟；同时系统对被控站也进行 NTP 的时钟同步。

此外，系统还设置有 NTP 时钟服务器系统，其自带 GPS 时钟源，当高速铁路的时钟系统未投入使用或出现故障时，作为调度所的备用时钟源以同步所内及被控站系统的时钟。

(19)Web 浏览功能

系统具备向远程客户端提供标准 Web 浏览服务的功能。提供无论任何用户、任何地点均能通过网络以通用 www 浏览器的方式，实时浏览本系统的实时画面、实时遥信、遥测、报警、历史数据等功能。

(20)其他功能

系统在未来可以实现以下功能，由于本系统具有良好的可扩展性，因而还可以根据需要实现其他功能：

①通过与运调系统、综合维修基地等的接口可以实现。

②牵引供电接触网故障、停送电信息地发送功能。

③列车运行信息、列车运行计划接收显示功能。

④停送电操作申请发送、确认接收功能。

⑤牵引供电越区供电时对行车限制请求功能。

⑥系统接收列车实绩运行图，结合系统实际负荷曲线，分析预测系统负荷趋势。

⑦系统还可以直观地显示供电臂与列车的关系。

⑧实现馈线故障点参数的传送、计算和故障地点的标定。

⑨运行故障的智能处理。

⑩地理信息图的显示。

3. 系统主要监控对象及监控内容

(1)牵引及电力供电系统监控内容

①牵引变电所。

遥测:进线电压,进线电流,主变功率,27.5 kV 母线电压,主变一次侧有功电度,无功电度,馈线电流,馈线故障点参数(馈线号、公里标)。

遥信:中央信号(包括事故总信号、预告总信号、自动装置动作、控制回路断线、控制方式、交流回路故障、直流电源故障、压互回路断线等),遥控对象位置信号,进线有压/失压,自投投入/撤除信号,牵引变压器的各类故障信号(含保护动作信号),电容器的各类故障信号(含保护动作信号),馈线的各类故障信号(含保护动作信号),各开关操作机构的工作状态信号,被控站设备、远动通道运行状态、所内环境及安全报警信号。

遥控:27.5 kV 及以上断路器、电动隔离开关、重合闸投切、自投装置投切、远方复归。

②分区所。

遥测:接触网末端电压,馈线电流。

遥信:中央信号(包括事故总信号、预告总信号、自动装置动作、控制回路断线、控制方式、交流回路故障、直流电源故障、压互回路断线等),遥控对象位置信号,馈线的各类故障信号(含保护动作信号),自耦变压器的各类故障信号(含保护动作信号),各开关操作机构的工作状态信号,被控站设备、远动通道运行状态、所内环境及安全报警信号。

遥控:27.5 kV 断路器,电动隔离开关、自投装置投切、远方复归。

③ AT 所。

遥测:馈线电流。

遥信:中央信号(包括事故总信号、预告总信号、自动装置动作、控制回路断线、控制方式、交流回路故障、直流电源故障、压互回路断线等),遥控对象位置信号,馈线的各类故障信号(含保护动作信号),自耦变压器的各类故障信号(含保护动作信号),各开关操作机构的工作状态信号,被控站设备、远动通道运行状态、所内环境及安全报警信号。

遥控:27.5 kV 断路器电动隔离开关,自投装置投切,远方复归。

④接触网开关控制站。

遥信:各开关操作机构的工作状态信号,被控站设备、远动通道运行状态。

遥控:电动隔离开关。

(2)电力配电系统监控内容

①变配电所。

遥测:进线电压,有功功率,有功电能,无功电能,功率因数,进线电流,各段母线电压,各馈线回路电流,有功功率,有功电能,调压器电流,有功功率、通信信号机房内配电箱中为电源设备供电的出线开关处电流、电压。

遥信:中央信号(包括事故总信号、预告总信号、自动装置动作、控制回路断线、控制方式、交流回路故障、直流电源故障、压互回路断线等),遥控对象位置信号,馈线的各类故障信号(含保护动作信号),有载调压设备各类故障信号,电容器设备各类故障信号(含保护动作信号),通信信号机房内配电箱中为电源设备供电的出线开关位置信号、故障信号,被控站设备、远动通道运行状态、所内环境及安全报警信号。

遥控:10 kV 高压开关,有载调压器,400 V 低压开关。

②电力箱式变电所。

遥测:各段母线电压、各开关三相电流、功率因数、有功电度、通信信号机房内配电箱中为电源设备供电的出线开关处电流、电压。

遥信:遥控对象位置信号,各类故障信号(含保护动作、电源失电、控制方式等),通信信号机房内配电箱中为电源设备供电的出线开关位置信号、故障信号,被控站设备、远动通道运行状态。

遥控:10 kV 高压开关,400 V 低压开关。

③FAS。车站重要设备火灾报警信息。

4. 接口要求

(1)外部系统接口

SCADA 调度所系统设置的外部系统接口包括:与运营调度系统的接口;与综合视频监控系统的接口;与时钟系统的接口;与既有线调度系统接口;与国家电网调度系统接口;与 FAS 系统接口。

各接口的具体分界及信息交互内容描述如下。

①与运营调度系统的接口。SCADA 调度所系统具备与运营调度系统的接口。运营调度系统向高速铁路 PSCADA 调度所系统传送列车运行调整计划;事故救援及抢修中列车运行计划,维修作业工程车的维修计划;临时停送电计划批复,列车运行计划、列车实际运行位置及运行调整计划等;SCADA 调度所系统向运营调度系统传送供电故障信息、临时停送电计划请求、供电计划等。

接口采用成熟的实时中间件技术,接口协议基于 TCP/IP,接口规范满足运调系统的接口要求,接口分界在 SCADA 调度所系统的接口交换机端口处。

②与综合视频监控系统的接口。SCADA 调度所系统具备与综合视频监控系统接口,综合视频监控系统分别在 SCADA 调度所系统调度台的牵引及电力调度台上放置独立的视频监控终端,以提供实时监视、浏览相关视频监控图像的功能。

除此之外,SCADA 调度所系统在发生需要启动视频监控系统的故障报警录像故障时,产生联动报警信号通过 TCP/IP 协议输出到综合视频监控系统的管理主机触发相应的摄像机启动报警录像。

SCADA 调度所系统与综合视频监控系统的联动报警接口分界点在 PSCADA 调度所系统的接口交换机端口处。

③与时钟系统的接口。SCADA 调度所系统具备与高速铁路时钟系统的接口,接收来自高速铁路时钟系统的对钟信号,并以此信号作为 SCADA 调度所系统的时钟源。

SCADA 调度所系统与时钟系统的接口采用 100 M 以太网口接口,接口协议为 NTP 对钟协议,接口分界在 PSCADA 调度所系统的 NTP 时钟服务器的输入端口处。

SCADA 调度所系统与时钟系统的接口信息为单向传输,仅时钟系统向 PSCADA 调度所系统传送时钟同步信息。

④既有线调度系统接口。SCADA 调度所系统设置独立的接口服务器,负责实现与既有线电调系统的接口功能。SCADA 调度所系统与既有线电调系统的接口为一对多方式,信息流为 SCADA 调度所系统到既有线电调系统的双向传输,接口信息仅包括高速铁路与既有线路相关联的开关遥信信息及测量信息。

SCADA 调度所系统与既有线电调系统的接口分界在 PSCADA 调度所系统的通信接口处。

⑤与国家电网调度系统接口。由于国家电网调度系统不同的接入要求,PSCADA 调度所系统与国家电网的接口可能在 PSCADA 调度所系统处,也可能在牵引变电所综合自动化系统处。

为此,SCADA 调度所系统内设置独立的接口服务器,负责实现与本调度所相关的国家电网调度系统的接口功能。SCADA 调度所系统与国家电网调度系统的接口为一对多方式,信息流为 SCADA 调度所系统到国家电网调度系统的单向传输,接口信息仅包括牵引变电所进线侧的开关状态及遥测信息。

SCADA 调度所系统与国家电网调度系统的接口分界在 SCADA 调度所系统的通信接口处。

⑥与 FAS 系统接口。PSCADA 调度所系统具备监视高速铁路每个车站的重要火灾报警信息的功能,并在相应的电力调度台上进行显示。

PSCADA 调度所系统根据来自 FAS 系统的火灾报警信息,及时调整相关的供电系统的运行方式,最大限度地减少火灾事故的影响范围。

FAS 系统与 PSCADA 调度所系统的接口在调度所级,PSCADA 调度所系统与 FAS 系统的接口信息为单向传输,仅 FAS 系统向 PSCADA 调度所系统上送重要火灾报警信息。

(2)内部接口

SCADA 调度所系统设置的内部接口包括与 PMMIS 系统的接口和与 PSCADA 现场设备的接口。

①与 PMMIS 系统的接口。交互信息包括:综合维修、临修、抢修信息(起止时间、区间、限速、原因等),检测车试运行请求/固定设备故障恢复情况,批复后的供电系统检修计划、需要配合的停电计划;供电故障信

息、统计报表、停送电计划、供电设备检修计划等。

②与 SCADA 现场设备的接口。通过通信通道实现与 SCADA 现场设备的接口,并通过标准的通信协议实现与现场设备的数据交换,从而实现对现场设备的控制与监视功能。

三、复示系统方案

在武汉、长沙、广州供电段各设置一套复示系统,用于维护人员对其管辖范围内电力、牵引供电系统设备的运行状态进行实时监视。

复示系统设备包括:系统服务器、电力和牵引供电监测工作站、交换机、通信接口设备等,并配置相应的操作系统及复示系统软件包。

第五节 经验体会和建议

武广铁路客运专线对于综合 SCADA 系统通道结构采用两层通道,即:第一层通道结构为星形结构,以点对点方式将牵引变电所、电力变、配电所连接至武汉通信传输室,传输带宽为 2 M;在武汉通信传输室将对各牵引变电所,电力配电所通信连接进行汇聚,形成牵引 2×100 M 的 FE 接口和电力 2×100 M 的 FE 以太网标准接口至综合调度中心,数据传输速率为 100 Mbps;第二层通道结构采用环形通道结构,每 2 个牵引变电所、2 个电力变配电所间的光环路组环,牵引变电所连接相邻分区所、AT 所、直供开闭所、接触网开关控制站组成两个牵引变电所之间的环型通道;电力配电所连接相邻电力箱式变电站及电力低压变电所组成两个配电所之间的环型通道,与电力配电所同处一地的电力低压变电所通过配电所通信交换机连接调度端。

该通道结构型式不需单独设置牵引网故障测距专用通道,通道故障影响数据传输和远程监控的范围小,但增加了运营单位管理难度。为此:对于综合 SCADA 系统通道结构组成、接口型式(光口、电口)及与通信之间的接口界面需进一步研究,以达到即满足运营管理维护要求,又能使技术经济性价比最佳。

第十五章　接触网设计

第一节　工程概况、特点及主要工程数量

一、工程概况

（一）天兴洲公铁两用长江桥及相关工程接触网挂网范围

1. 武汉站：DK1188＋000～DK1191＋000，PKDK1188＋018.08～PKDK1191＋034.39。

2. 武汉至乌龙泉段客运专线：DK1191＋000～DK1232＋000（通信、信号工程纳入乌花段），全长约40.770 km。

3. 配套工程：动车走行线4条，跨线车联络线2条，综合维修工区。

本段正线接触网106条公里。

（二）武广铁路客运专线乌龙泉至花都段接触网挂网范围

1. 乌龙泉至花都段客运专线：DK1232＋000～DK2167＋000，全长约874.406 km。其中乌韶段正线长度715.166 km（DK1232＋000～DK1989＋500），由中铁四院设计；韶花段正线长度159.240 km（DK1989＋500～DK2167＋000），由中铁二院设计。

2. 长沙动车运用所及动车走行线、长沙综合维修段及沿线综合维修工区、保养点。

3. 株洲北、株洲南、株洲西北联络线工程。

4. 湘桂线引入新衡阳站以及衡茶吉线引入新衡阳站的站内同步建设部分。

本段正线接触网2 253条公里。

（三）新建铁路广州枢纽广州南站及相关工程接触网挂网范围

花都至广州客运专线：全长约46.016 km。含广北联络线、既有京广线广北至郭塘改线。正线接触网122条公里。

二、工程特点

（一）接触网系统复杂

接触网系统采用大张力弹性链型悬挂形式，接触线额定张力30 kN，承力索额定张力21 kN。大张力系统对于设计、施工均为首次采用。

（二）接口工程复杂

本线桥隧比65%以上，有多座长大隧道，既有长大11 km的浏阳河隧道，也有长大30 km的大瑶山连续隧道群。接触网专业与路基、轨道、桥梁、隧道、房建、信号、通信、电力、变电、电磁兼容等专业均存在复杂精细的接口工作。

三、主要工程数量

接触网主要工程数量见表3-15-1。

表3-15-1　接触网主要工程数量

序号	名称	单位	路段				备注
			武汉至乌龙泉	乌龙泉至韶关	韶关至花都	花都至广州	
1	接触导线	条公里	98.33	2041.42	391.22	136.85	
2	供电线	条公里	26.56	762.97	88.44	33.837	
3	回流线	条公里	—	33.03	636.65	5.98	
4	正馈线、保护线	条公里	89.2	1 942.13	—	92.796	
5	架空地线	条公里	—	92.44	6.46	1.1	

第二节　规程规范与设计原则

一、规程规范

设计中采用的规程规范见表 3-15-2。

表 3-15-2　规程规范

序号	规程规范名称	标准代号	备注
1	《高速铁路设计规范(试行)》	TB 10621—2009	
2	《铁路电力牵引供电设计规范》	TB 10009—2005	
3	《铁路客运专线技术管理办法(试行)(300～350 km/h 部分)》	铁科技〔2009〕212 号	
4	《建筑结构荷载规范》	GB 50009—2001	
5	《客运专线铁路电牵引供电工程施工质量验收暂行标准》	铁建设〔2006〕167 号	
6	《客运专线综合接地技术实施办法》	铁集成〔2006〕220 号	
7	《铁路枢纽电力牵引供电设计规范》	TB 10007—2000	
8	《电力工程电缆设计规范》	GB 50217—2007	
9	《铁路防雷、电磁兼容及接地工程技术暂行》	铁建设〔2007〕39 号	
10	《建筑物防雷设计规范》	GB 50057—1994	

二、设计原则

1. 接触网悬挂类型

(1)高速正线接触网悬挂方案为全补偿弹性链型悬挂。

(2)联络线、正线间渡线、站线、动车段所走行线等采用全补偿简单链型悬挂。

(3)为了满足远期最高运行速度 350 km/h 及接触网载流要求的要求,并确保接触线有较高的安全系数,正线采用采用截面为 150 mm^2 的铜合金接触线。正线承力索采用采用截面为 120 mm^2 的镁铜合金绞线。

2. 支柱、基础及横跨型式

(1)新建高速区段腕臂支柱采用热浸镀锌的铁道部通用图 H 型钢柱。隧道内采用中间吊柱形式支持接触网。上下行接触网分别设置吊柱。

(2)基础。对于新建高速区段,路基地段支柱基础及拉线基础一般由站前专业预留机械钻孔灌注桩基础,支柱与基础间采用法兰连接形式;高架桥上由站前专业预留法兰连接型基础。硬横跨及软横跨钢柱采用现浇混凝土基础。

(3)横跨型式。新建车站内跨越多股道且线间不能立柱时,一般采用硬横跨结构;枢纽内既有线改建部分的客运车场以及多股正线并行区段按硬横跨设计,其他情况均采用单立柱或软横跨形式。

硬横跨支柱、横梁以及软横跨支柱均采用热浸镀锌及喷漆等防腐措施。

3. 腕臂结构

全线采用耐腐蚀能力强的旋转平腕臂结构。斜腕臂与水平腕臂间加设腕臂支撑,腕臂、定位管一般采用铝合金管。

4. 定位装置

正线定位器采用铝合金限位定位器,设置防风拉线及等电位连接线。

5. 吊弦装置

根据国外高速线的经验,考虑到动态特性和机械特性,本工程采用截面为 10 mm^2 的镁铜合金绞线整体吊弦，并带鸡心环结构和等电位连接线。

6. 中心锚结

中心锚结采用防断两跨式结构，站线、普速线路困难时可采用防窜中心锚结。

7. 张力补偿装置

采用棘轮补偿装置，传动效率≥97%；传动比为1∶3。

露天段采用铁坠砣，隧道内采用矩形铁坠砣。补偿绳采用不锈钢丝绳。

8. 锚段关节

一般采用五跨锚段关节形式。

9. 线岔

对于侧线行车速度要求不高的正线道岔，采用无交叉式布置形式；对于侧线通过速度较高的大号码道岔，采用锚段关节式布置形式；站线道岔可采用交叉线岔。

10. 电分相

在变电所、分区所出口附近设置接触网电分相装置，电分相采用带中性段、空气间隙绝缘的双断口或多断口的锚段关节形式。电分相无电区或中性段的长度应满足双弓运行需要。

电分相中性段设电动负荷开关与两侧接触网相连。

11. 电分段

供电分段应满足双向行车要求及事故抢修要求，尽量缩短事故及维修范围，在车站两端设置绝缘锚段关节。线路站场具备正线间的“八”字或“V”字渡线条件的，相应合理设置绝缘锚段关节。

长大隧道的出入口处设置绝缘锚段关节，并设电动隔离开关(纳入远动控制)。

上下行接触网间实现电气分开，渡线一般设分段绝缘器；上下行接触网带电体间的距离一般不小于2 000 mm，困难时不小于1 600 mm。

枢纽站各独立电化车场应单独供电分段。

全段上、下行正线悬挂电气上分开。

12. 绝缘距离

根据《铁路技术管理规程》及《铁路电力牵引供电设计规范》，参照IEC 60815、EN 50119标准。

13. 附加导线选择

附加导线一般采用抗拉强度高、耐腐蚀性能好的钢芯铝绞线。供电线上网采用部分明线架空，部分电缆的方式。正馈线及保护线设于田野侧。车站及隧道口等处，正馈线及保护线一般设于线路侧或支柱顶。

14. 绝缘子的选用

绝缘子优先采用瓷绝缘子。

腕臂用绝缘子一般采用12 kN高强度瓷质棒式绝缘子，关节处采用16 kN高强度瓷质棒式绝缘子；供电线、加强线等附加悬挂用绝缘子一般采用瓷质悬式棒形绝缘子；下锚绝缘子、分段绝缘子采用硅橡胶合成绝缘子。

25 kV带电体瓷绝缘子的公称爬电距离按不小于1 400 mm设计。

15. 主要设备选择

(1)隔离开关为保证供电灵活性，正线、联络线所有电动开关纳入运动系统。

(2)分段绝缘器均采用带消弧功能的分段绝缘器。

16. 防雷与接地

(1)防雷。为提高接触网的可靠性，加强客运专线接触网防雷电侵害能力，在加大绝缘爬距的基础上，下列重点位置设置氧化锌避雷器：

①供电线上网处；

②雷害多发地区正线锚段关节处、电分相关节处设置避雷器；

③雷害多发地区长度1 000 m及以上桥梁每一锚段关节处；

④长度2000 m及以上隧道、高架站房、封顶式雨棚站区的两端。

(2)接地。接触网接地与通信、信号等专业共用接地体,接入铁路综合接地系统,根据施工图设置保护线或回流线(通过扼流圈)与钢轨的全并联或与综合地线相连,有效降低钢轨电位,保证人身安全。

17. 接触网系统防腐、防坠物、交叉跨越防断线等措施

(1)防腐措施。在允许条件下尽量采用有色金属(如:铜合金、铝合金)零部件,对于黑色金属(碳钢、铸钢等)零部件需采用可靠的高等级热浸镀锌防腐措施。

(2)防跨线桥高空坠物、交叉跨越防断线等措施。在承力索表面加设由高性能聚合绝缘材料制造的裸线包卷绝缘管。

第三节　与相关专业的接口

一、外部接口

根据《铁路客运专线技术管理办法》,两列同型号动车组可重联运行。单列长编组动车升双弓或两列动车组重联时各升1架受电弓运行,工作受电弓间距为200～215 m。

二、与非四电专业的接口

(一)与行车专业接口

接触网向行车专业提供电分相设置的具体里程位置,由行车专业检算是否满足运行时分能力要求,并给出调整建议。

(二)与线路专业接口

线路专业提供接触网专业沿线跨线桥位置。接触网专业向桥梁专业提供跨线桥净空要求。

(三)与站场专业接口

接触网专业向站场专业提出接触网立柱要求,由站场专业设置相应的线间距或路肩宽度。

(四)与路基专业接口

接触网专业向路基专业提供接触网基础及过轨管线要求,路基专业实施。

H型钢柱及硬横跨柱采用机械钻孔桩钢筋混凝土基础;供电线钢柱采用现浇混凝土基础;下锚拉线客运专线区段采用机械钻孔灌注桩钢筋混凝土基础、普速区段采用现浇混凝土整体柱式基础。

接触网基础需要考虑与电缆槽位置的配合,并与路基一体化施工。路基区段接触网基础垂直线路方向立杆位置根据侧面限界、电缆槽位置、声屏障位置等各种因素综合确定。接触网提供基础类型选择及基础设置里程。

接触网保护线上下行并联连接电缆过轨的保护套管由路基专业预留,过轨采用高强PVC管,外包混凝土的排管方案。

正线两侧路基上钢柱基础预留接地端子,可作为接地系统的接地极使用。

(五)与桥梁专业接口

接触网专业向桥梁专业提供接触网基础、锯齿孔、上网电缆孔及爬架槽道预留要求,桥梁专业实施。

客运专线桥钢柱及拉线基础一般采用桥梁面预留螺栓基础,拉线基础与锚柱在同一片梁上。

联络线及其他等级线路桥钢柱一般采用桥墩台预留螺栓基础。桥锚柱采用无拉线设计。

桥梁上网点处在桥墩处预留上桥用槽道,梁上预留上网电缆孔。锯齿槽口以及固定电缆托架的槽道。

跨越电气化铁路的钢、钢筋混凝土桥梁应在跨越范围内设置防护网栅。当附近接触网发生故障时,应确保形成可靠的短路闪络保护通道。

(六)与隧道专业接口

本线双线隧道净空有效面积约100 m^2,内设双侧救援通道,一般情况下救援通道宽1.8 m(自线路中线外2.3 m起算)。为避免增大开挖隧道断面,接触网下锚处等设备安装处的局部救援通道宽暂按≥1.2 m设计。单线隧道建筑限界及衬砌内轮廓图参照《铁路技术管理规程》有关规定拟定。隧道内接触网悬挂吊柱安装埋入件、下锚安装埋入件及附加导线安装埋入件和设备安装埋入件均由隧道专业预留槽道,以避免后期施

工的打孔灌注破坏隧道的防水层。为避免隧道开挖及占用救援通道空间，隧道内接触网全补偿下锚采用矩形铁坠砣补偿装置，坠砣可采用铸铁铅芯材料。隧道内的回流和闪络保护接地及其综合接地系统方案采用直径 16 mm 的钢筋构成的筐式接地网结构，由上部接地网、下部接地网、纵向接地体和带状接地体共同组成。隧道衬砌内的非预应力钢筋和接触网预埋构件都应可靠连接到筐式接地网上，并与综合接地系统相连，以降低钢轨电位，并提供可靠的闪络保护金属通道。

（七）与房建专业接口

接触网专业向站房结构设计专业提供接触网合架要求，由结构设计专业预留相应安装节点。

在设无柱雨棚的车站，接触网利用股道间的雨棚柱安装旋转全腕臂支持结构，或在无柱雨棚结构梁上采用悬吊吊柱加旋转腕臂支持结构。若雨棚结构梁不适合设置悬吊吊柱，在线间距允许的情况下，可采用线间立柱加旋转全腕臂支持结构。

（八）与精测专业接口

精测专业应向接触网专业提供精测设备与接触网设备合架的要求。

三、四电集成内部接口

（一）与通信专业接口

通信专业向接触网专业提供漏泄电缆与接触网支柱合架要求，接触网专业设计时考虑悬挂漏泄电缆的容量，并预留安装孔位（不含肩架）。

接触网专业向通信专业提供设备监控点及监控要求，通信专业实施。

（二）与信号专业接口

接触网专业向信号专业提供扼流变设置要求，信号专业反馈具体设置里程。

接触网保护线暂按每隔 1 200～1 500 m 上下行并联一次并通过扼流变中性点接钢轨，每隔 300～500 m 上下行并联一次，并可靠接地一次。

当接触网 PW 线接入综合接地时，通信、信号宜采用非磁性材料的铠装电缆的护层，（铠装）应预留足够大的铜当量截面，且信号电缆的耐压应大于钢轨电位可能的最高电压。交流电力牵引区段，信号设备外缘距接触网带电部分的距离不得少于 2 m。

接触网专业向信号专业提供列控数据所需的电分相正反向断标位置里程。

（三）与供电专业接口

接触网向供电专业提供电分相设置的具体里程位置，由供电专业检算是否满足供电能力要求。

（四）与变电专业接口

接触网专业向变电专业提供接触网隔离开关位置及远动控制要求。

（五）与电力专业要求

接触网向电力专业提供接触网隔离开关位置及用电要求。

第四节 技术方案和主要技术参数

一、气象条件、污秽等级及污秽区划分、绝缘元件配电距离

（一）气象条件

根据《建筑结构荷载规范》（GB 50009—2001）附录 D. 5. 3 全国基本风压图、《全国铁路接触网气象条件标准》及气象部门、沿线电力线路及沿线已开通电气化铁路的运行调查情况确定设计用气象条件，见表 3-15-3。

（二）附加气象条件计算要求

1. 客运专线的正线锚段长度及腕臂偏移量按最高计算温度为＋80℃，温差 100K 进行校验；其他线路的锚段长度及腕臂偏移量的最高计算温度为＋60℃，温差 80K 进行校验。

2. 接触网基本结构设计风速根据《建筑结构荷载规范》（GB 50009—2001）50 年一遇基本风速确定。计算时根据地区、地形、高度按规范修正使用。

表 3-15-3 设计用气象条件

段 落	武汉～鄂湘省界 DK1341＋066	鄂湘省界 DK1341＋066～衡阳(含)	衡阳(不含)～湘粤省界 DK1900＋560～新韶关站(含)	新韶关站(不含)～广州段
最高气温(℃)	＋43	＋44	＋40	＋40
最低气温(℃)	－15	－15	－5	－5
最大基本风速(m/s)	25	25	25	25
最大风速气温(℃)	0 或 25	0 或 25	0 或 25	0 或 25
距地面 8 m 基本结构验算风速(m/s)	37			
30 m 桥上基本结构验算风速(m/s)	45			
大风口区段基本结构验算风速(m/s)	45(地面 8 m);56(30 m 桥上)			
承力索覆冰厚度(mm)	10	10	5	5
覆冰时风速(m/s)	5	5	5	5
覆冰时气温(℃)	－5	－5	－5	－5
腕臂、定位器正常位置时气温(℃)	30	30	30	30
雷暴区(等级)	中雷区(武昌至蒲圻为重雷区)	高雷区	高雷区	重雷区

3. 隧道内气象条件应与平面布置定义相对应，2 km 以上的长大隧道区，距隧道口 500 m 内锚段长度及腕臂偏移量的计算温度与隧道外相同，应分全隧道外、半个隧道内、全隧道内三种分别定义温差范围。见表 3-15-4。

表 3-15-4 隧道内气象条件与平面布置对应

隧道气象分区	全隧道外	半个隧道内	全隧道内
使用条件	$L\leqslant 900$ m	$L>900$ m，距进出洞口≤500 m	$L>900$ m，距进出洞口＞500 m
最高气温(℃)	同隧道外	同隧道外	90
最低气温(℃)	同隧道外	同隧道外	－10
最大基本风速(m/s)(验算风偏)	25	25	25

注：1. 根据《关于印发〈客运专线隧道内预埋接触网滑道设计方案审查会议纪要〉的通知》(运技装备〔2007〕205 号)，隧道内吊柱风荷载“暂按不小于 49 m/s 选取”。

2. L 为隧道群全长，如果隧道间距较大时为单个隧道全长。

4. 接触网支持结构与线索的风荷载应按使其产生最大风载的方向计算。应考虑高路堤、桥梁以及明显强风地带，接触网结构设计风速需根据《建筑结构荷载规范》(GB 50009—2001)考虑风压高度变化系数及修正系数，见表 3-15-5。

表 3-15-5 风压高度变化系数表

离地面或海平面高度(m)	地面粗糙度类别	
	B	C
10	1.00	0.74
15	1.14	0.74
20	1.25	0.84
30	1.42	1.00
40	1.56	1.13

注：1. B 指田野、乡村、丛林、丘陵及房屋比较稀疏的乡镇和城市郊区；C 指有密集建筑群的城市市区。

2. 对于衡阳(不含)以南的山区，校验结构稳定时，还应考虑地形条件的修正，修正系数为 1.20～1.50。

(三)污秽等级及污秽区划分、绝缘元件爬电距离

参照 IEC 60815 标准，结合本线有关的相邻电气化铁路的运行经验，本线污染等级按重污设计。全段绝缘

子及绝缘元件爬电距离按不小于 1 400 mm 设计，上下行正线间、分束供电的分段处按 1 600 mm 设计。

二、主要技术方案及参数

（一）接触网悬挂方式

高速正线接触网悬挂方案为全补偿弹性链型悬挂。联络线、正线间渡线、站线、动车段所走行线等其余线路采用全补偿简单链型悬挂。

（二）线材及张力选择

线材及张力选择见表 3-15-6。

表 3-15-6　线材及张力选择

线材名称			线材规格	额定张力(kN)
接触线	客专正线		CTMH150	30
	站线、联络线		CTS120	15
承力索	客专正线		JTMH120	21
	站线、联络线		JTMH95	15
弹性吊索	客专正线		JTMH35	3.5
正馈线	客专正线		JL/ LB1A-315-45/7	12
接触网供电线	牵引变电所	电缆	3×300 mm^2 铜芯电缆	—
		架空	2×JL/ LB1A-250-26/7	12
	AT 所	电缆	3×300 mm^2 铜芯电缆	—
		架空	2×JL/ LB1A-250-26/7	12
	分区所	电缆	2×300 mm^2 铜芯电缆	—
		架空	1×JL/ LB1A-250-26/7	12
正馈线供电线	牵引变电所	电缆	3×300 mm^2 铜芯电缆	—
		架空	2×JL/ LB1A-250-26/7	12
	AT 所	电缆	3×300 mm^2 铜芯电缆	—
		架空	2×JL/ LB1A-250-26/7	12
	分区所	电缆	2×300 mm^2 铜芯电缆	—
		架空	1×JL/ LB1A-250-26/7	12
N 线	牵引变电所、AT 所、分区所	电缆	上、下行分别设 6×150 mm^2 铜芯电缆	—
		架空	4×JL/ LB1A-250-26/7	12
保护线			JL/ LB1A-125-26/7	10
直供回流线			JL/ LB1A-200-26/7	10
架空地线			JL/ LB1A-63-6/1	5
吸上线(CPW)			2×VV-150	—

（三）接触线高度、允许车辆装载高度

正线、联络线导线悬挂点高度为 5 300 mm。大于 250 km/h 的区段正线各悬挂点工作支导线高度恒定，设计坡度为 0；200～250 km/h 区段，最大允许设计坡度≤1‰，坡度变化率不大于 0.5‰；≤160 km/h区段，最大允许设计坡度≤2‰，困难情况下≤4‰。

（四）结构高度

客运专线正线接触网结构高度一般为 1.6 m，关节、道岔处根据安装设计要求适当降低或加大。

区间跨线建筑物受限区段，结构高度可适当降低，结构高度不宜小于 1.1 m，个别困难点不宜小于 0.8 m。以最短吊弦控制（速度大于 250 km/h 时，最短吊弦长度不小于 600 mm；速度在 200～250 km/h 区段，最短吊弦长度不宜小于 500 mm）。

联络线及其他新建线路结构高度一般为 1.6 m。

（五）跨距及拉出值

正线区段标准跨距取 50～55 m，弹性链型悬挂区段最大跨距 60 m，允许施工误差±1 m。

隧道内最大跨距一般为 50 m。

桥上跨距需根据桥梁孔跨的形式进行配合确定，一般为 48 m，困难时局部最大跨距可为 56 m。

武汉站根据景观需求，接触网站房范围内的跨距最大 90 m。

相邻跨距之差不应大于 10 m。

为延长受电弓滑板使用寿命，拉出值不宜过小，且正线直线或曲线段拉出值尽量按正反定位间隔布置成之字值，正线拉出值尽量采用 300 mm 设计（直线），曲线不超过 400 mm。由于本线接触线导线张力大，为防止水平力过大，对跨距小于 50 m 的直线、关节、道岔区域部分悬挂需减小拉出值至 200 mm。

（六）锚段关节

全线采用五跨锚段关节形式。

（七）锚段长度

1. 正线接触网锚段长度一般不超过 2×700 m，个别困难情况下不超过 2×750 m。单边补偿的锚段长度不超过 750 m。

2. 站线最大锚段长度不宜大于 2×800 m，个别困难时不宜大于 2×900 m；单边补偿的锚段长度不超过 850 m。

3. 客运专线正线道岔处的两支接触悬挂的补偿方向一致。其余道岔处的两支接触悬挂的补偿方向尽量一致。

4. 根据以上锚段长度，验算承力索、接触线的张力差，均不大于额定张力的±5%。

5. 附加导线锚段长度一般不超过 2 000 m，困难时不应超过 3 000 m。

（八）侧面限界

正线接触网支柱或吊柱侧面限界一般为：路基区段应不小于 3.0 m，桥上 3.0 m，隧道内 2.8 m。站内正线与站线间立柱时，支柱对正线侧面限界不小于 2.5 m，有条件时，尽量加大至正线侧面限界不小于 3.0 m。

（九）绝缘距离

根据《铁路技术管理规程》及《铁路电力牵引供电设计规范》，参照 IEC 60815、EN 50119 标准，空气绝缘间隙及工程设计及安装距离要求见表 3-15-7～表 3-15-9。

表 3-15-7　25kV 带电体空气绝缘间隙要求

序号	项　目	静态最小距离（mm）	动态最小距离（mm）	备注
1	接触网、供电线、正馈线等带电部分至接地体的净空距离	300	240	
2	接触网带电部分至机车车辆或装载货物的净空距离	350	—	
3	接触网、供电线、正馈线等带电部分至跨线建筑物的净空距离	500	—	
4	受电弓振动至极限位置和导线被抬起的最高位置距接地体的瞬间间隙	200(160)	—	
5	25 kV 带电绝缘子接地侧裙边距接地体间隙	100(75)	—	
6	43.3 kV 绝缘距离（120°相位电分相间）	400	230	
7	50 kV（AT 区段正馈线与接触网间）绝缘距离	540(450)	300	

注：表中括号内值为困难值。表中各值在特别重污染区和隧道内适当加强。

表 3-15-8　工程设计及安装的一般距离要求

序号	项　目	最小距离(mm)	备注
1	供电线、正馈线、接触网、回流线等带电导线跨越非电化股道时，在最大弛度情况下距轨面	7 500	
2	供电线、正馈线通过居民区、站台及公路时（不包括电气化铁道道口），在最大驰度情况下距地面	7 000	
3	供电线、正馈线通过非居民区（包括站场内非居民区）、区间电气化铁道道口，在最大驰度时距地面	6 000	

续上表

序号	项目	最小距离(mm)	备注
4	回流线、架空地线、保护线通过居民区、站台及公路时(不包括电气化铁道道口),在最大驰度情况下距地面	6 000	
5	回流线、架空地线、保护线通过非居民区(包括站场内非居民区)、区间电气化铁道道口,在最大驰度时距地面	5 000	
6	供电线、正馈线在最大风偏时与建筑物之间的水平距离	3 000	
7	不同回路(或不同相序)供电线间悬挂点处的水平距离	2 400	

表 3-15-9 附加导线与铁路沿线树木之间的最小水平距离 (单位:mm)

附加导线类型	供电线、自耦变压器供电线、加强线、捷接线	回流线、自耦变压器中线、保护线、架空地线
与铁路沿线树木之间的最小水平距离	3500	300

三、主要设备、结构的描述

(一)支　　柱

1. 腕臂柱

腕臂柱采用热轧热浸镀锌 H 形截面钢柱,H 型钢采用部通用参考图《接触网 H 型钢柱》(图号:通化(2008)—1301)。

在满足各项对地安全绝缘距离要求的规定下,工程中应力所能及地尽量减少支柱露头满足文中规定的景观要求,接触网 H 型钢支柱高度除施工图中特殊标注的支柱高度要求以外,一般暂按 8～8.5 m 计量,施工定测后确定的支柱高度需根据现行规范要求及铁道部铁建设函〔2008〕399 号《关于认真做好新颁客运专线接触网支柱桥梁通用参考实施工作的通知》严格控制接触网平腕臂至正馈线悬挂肩架间的距离,支柱高度应使支柱外露长度不得大于 0.3 m(不包括支柱悬挂供电线及加强线等特殊设计情况)进行确定。

2. 硬横跨支柱

硬横跨支柱采用热轧热浸镀锌 H 形截面钢柱,硬横梁采用视觉轻型圆钢管硬横梁。

(二)支持装置

采用全腕臂结构。腕臂支持结构一般采用铝合金材质,设腕臂支撑、定位管吊线或支撑、定位器防风拉线。腕臂底座采用整体铸造或锻造工艺。

定位管吊线采用进口软态不锈钢材质,吊线压接管材质采用配套钢材质,并采用安装手册要求的专用工具进行压接,并在两端设置导流电连接环,确保高速振动时不滑脱。

针对接触网绝缘子以内部分国产化零部件,其技术性能不应低于进口原型产品,并需通过设计联络确定零部件主要技术参数及性能要求。其中平腕臂及其配套零部件宜采用 ϕ70 mm 的铝合金管及配套零部件。

正线工作支采用限位定位装置,本次安全校验设计取值原则为:对安装限位定位器的,定位点最大抬升校验值取 1.5 倍抬升量,定位器无限位器的,按 2 倍抬升量设计。

典型腕臂安装如图 3-15-1、图 3-15-2 所示。

(三)附加导线

区间 AF、PW 线一般设置于田野侧。车站 AF、PW 线通过硬横跨转换至正线股道支柱顶部,GW 线安装在腕臂上方的支柱上。在雨棚、高架站房处均悬挂在相应建筑物上。

(四)补偿装置

客运专线正线采用棘轮补偿装置,棘轮制动方向统一采用正向制动;其他线路采用滑轮组补偿;传动比均为 1∶3。

隧道外坠砣均采用圆型铁坠砣,隧道内采用矩形铁坠砣,采用满足规定的防腐措施。

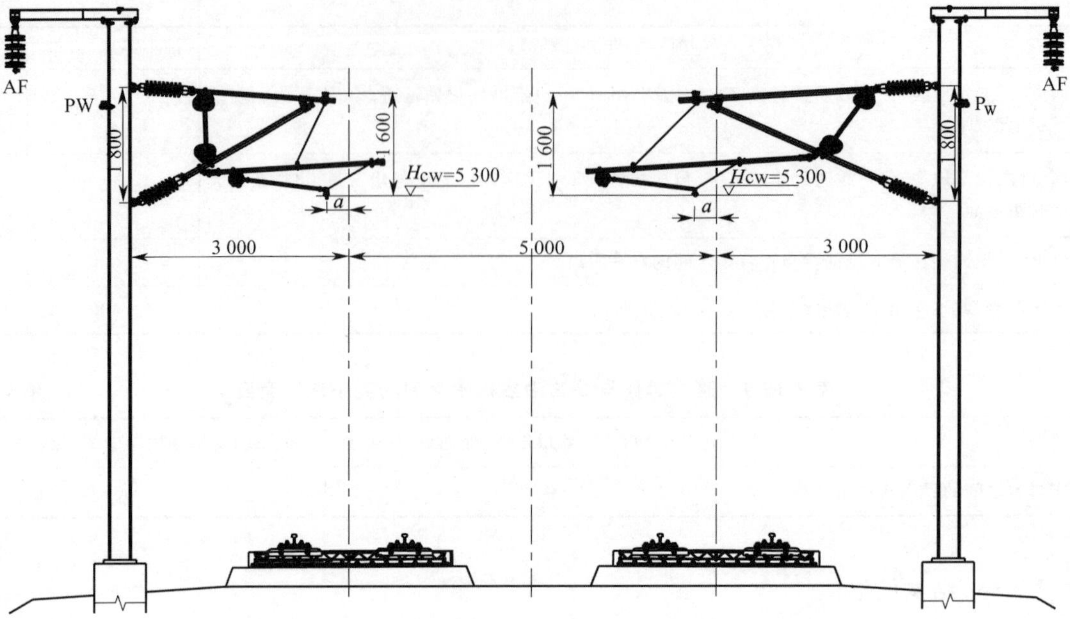

图 3-15-1 典型隧道外中间柱安装(单位:mm)

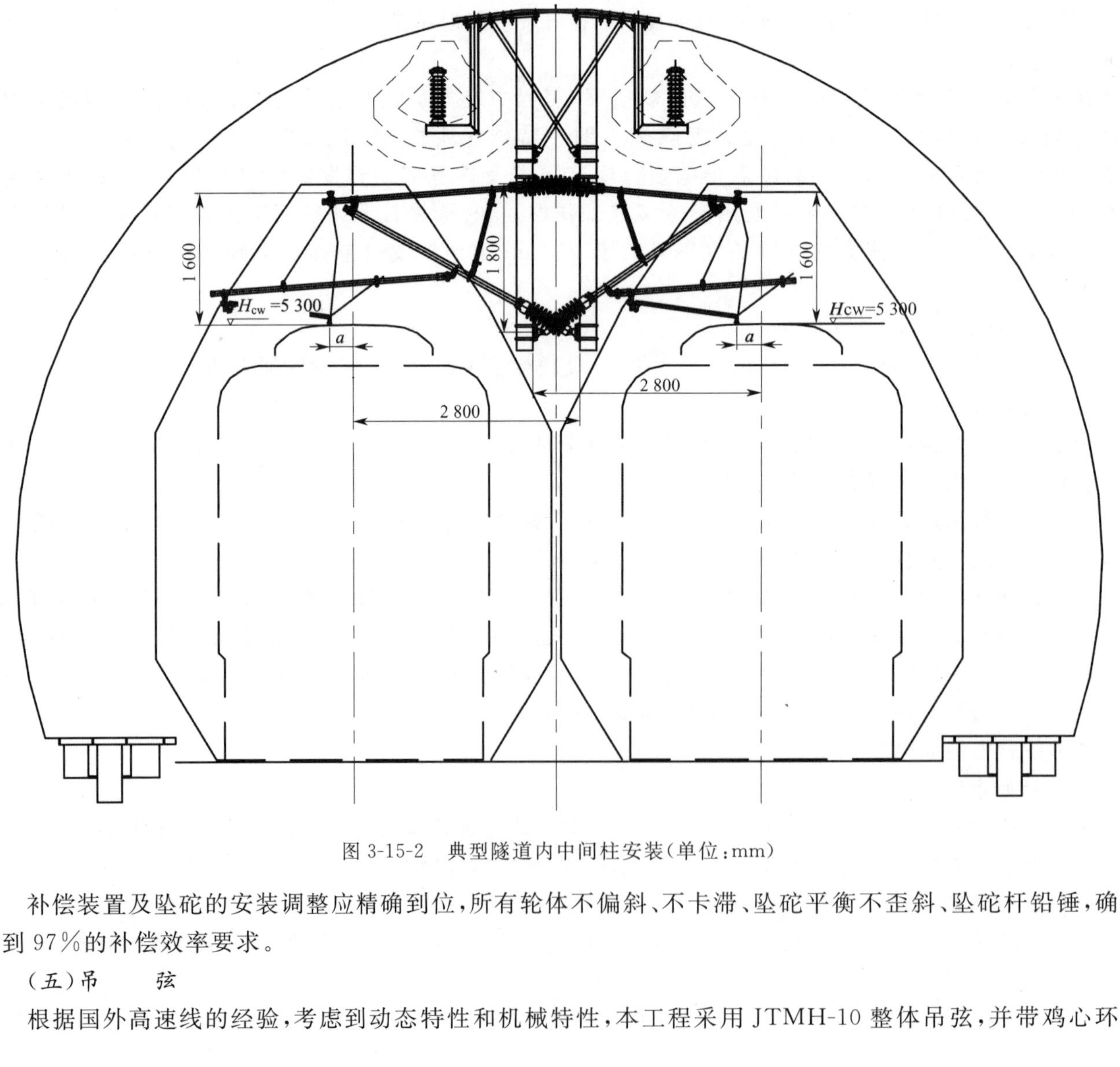

图 3-15-2 典型隧道内中间柱安装(单位:mm)

补偿装置及坠砣的安装调整应精确到位,所有轮体不偏斜、不卡滞、坠砣平衡不歪斜、坠砣杆铅锤,确保达到 97%的补偿效率要求。

(五)吊　　弦

根据国外高速线的经验,考虑到动态特性和机械特性,本工程采用 JTMH-10 整体吊弦,并带鸡心环结构和等电位连接线。

关节、道岔处调整困难时采用可调载流吊弦。

(六)弹性吊索

弹性吊索采用JTMH-35材质,工作张力约3.5 kN,一般长度18～22 m。

(七)隔离开关操作及运用方式

1. 在正线关节式电分相两端分别设置两台双极电动负荷开关,与两侧馈线或接触网相连,纳入远动。

2. 在联络线的关节式电分相机车前进方向设置单极电动负荷开关,纳入远动。

3. 在车站的绝缘关节处、供电线上网处设置双极电动隔离开关,纳入远动。

4. 站内横向分束电分段间设置单极电动隔离开关,纳入远动。

5. 变电所上下行馈线在接触网侧设并联备用双极电动隔离开关,纳入远动。

6. 隧道口和长大隧道或隧道群内的绝缘关节处设置带接地的双极电动隔离开关,有条件时纳入远动,接地刀闸可在开关确保切断的情况下就地电动闭锁操作,确保隧道灾害时安全接地的救援条件。

(八)其他设备零部件

1. 全线新建工程均采用氧化锌避雷器。

2. 全线新建工程均采用具有可通过速度160 km/h以上消弧功能的分段绝缘器。

3. 腕臂绝缘子选用瓷质高强度绝缘子,正线腕臂采用绝缘子的抗弯强度为12 kN,关节、道岔、分相等处为16 kN;其他线路为8 kN。腕臂绝缘子连接件机械性能不低于平腕臂和承力索支座的最大荷重和防腐要求。

4. 供电线、加强线等附加悬挂用绝缘子一般采用瓷质悬式绝缘子;下锚绝缘子、分段绝缘子采用统一色调的灰色系硅橡胶合成绝缘子。

5. 隧道外支柱双侧设支柱号码牌,隧道内吊柱上设号码牌,动车段线路支柱及公众能到达的高压危险区域高压危险牌应设置高压危险牌作警示保护。号码牌、高压危险牌、接触网终点牌、断合标、禁止双弓牌等应清晰,具有满足高速铁路动车组运行要求的反光性能,设计形式宜与景观协调统一,不影响其他系统运行的标识。安装方式应安全可靠,满足接触网系统使用寿命要求。

四、防雷及接地

由于客运专线大负荷和以旅客运输为目的,为保障人身和设备安全,保障接触网可靠性和可用性目标,在以下方面采取了加强措施:

(一)接地措施

接触网回流系统及安全接地设置:全线AT区段架设保护线(PW),作为钢轨回流的并联通道,工作接地兼闪络保护。区间地段保护线兼作安全接地。

1. 区间(含桥隧)

PW线与支柱不绝缘架设,在预留过轨管及手孔处,PW线每隔1 200～1 500 m(根据各区段短路电流和轨道结构等计算)上下行采用70 mm^2铜缆并联一次,通过70 mm^2铜缆连接至扼流变中性点,并经中性点接入综合接地。每隔300～500 m采用70 mm^2铜缆接入综合接地一次。

2. 车站

站台区段支柱:PW线与支柱绝缘设置,增设架空地线(GW)作为附加的闪络保护地线兼安全接地。在预留过轨管及手孔处,PW线每隔1 200～1 500 m(根据各区段短路电流和轨道结构等计算)上下行采用铜缆并联一次并通过扼流变中性点接钢轨,同时接入综合接地一次;架空地线每隔300 m采用VV 1kV 1×70 mm^2铜缆接入综合接地一次。PW线与架空地线(GW)之间采取绝缘配合措施。

非站台上支柱:同区间腕臂柱。

3. 变电所、分区所处的回流

上、下行各设PW回流、轨回流,均采用电缆方式。

4. 27.5 kV上网供电电缆接地保护措施

(1)如单根上网电缆长度<100 m,则每根电缆护层采用单点(即仅一端)接地。

(2)如单根上网电缆长度＞100 m，则每隔500 m分段设置中间接头，每段电缆护层采用一端接地，另一端设护层保护器。

(3)供电线上网全电缆方式＜100 m时，则每根电缆护层采用一端接地(上网端)，另一端设护层保护器(所亭内开关柜处)。

(4)供电线上网采用部分电缆部分架空方式或全电缆方式，如果电缆设置中间接头，每一段电缆＜100 m接地设置方式参照上述执行。

5. 接地连接要求

所有接地连接应满足现行设计规范、国家规范、电力系统规范等的要求。

有接地要求的支柱根部预留孔处应采用M16不锈钢材质接地螺栓连接，应根据规范要求配置不锈钢垫圈、螺母等确保可靠连接。

接地连接均采用铜缆，两端带压接镀锡铜接线端子，接触面积应满足规范要求。

(二)防雷保护

为了加强客运专线接触网防雷电侵害能力，本次设计在以下地点设置避雷器：

(1)供电线上网处。

(2)高架站房、封顶式雨棚站区的两端，隧道、隧道群进出口处。

(3)高雷区正线关节处和电分相处加设避雷器，腕臂绝缘子采用硅橡胶合成绝缘子；下锚绝缘子、分段绝缘子采用抗拉强度≥160 kN高强度硅橡胶合成绝缘子或绝缘子串。

(4)避雷器接地双引下绝缘铜电缆，并通过路基电缆沟手孔引出路基20 m以外连接至独立不大于10 Ω的接地极，桥梁上单独双引下连接至桥梁预留的接地端子。

五、设计技术特点

(一)接触网大张力系统

正线接触网采用承力索21 kN＋接触线30 kN大张力系统，在武汉综合试验段中部分区段采用了承力索23 kN＋接触线28.5 kN大张力系统进行对比试验。

(二)接触网悬挂类型

正线：一般采用全补偿弹性链型悬挂，跨距≤40 m及安装困难区段取消弹性吊索。

正线间渡线、站线悬挂方式采用全补偿简单链型悬挂。

(三)接触网的精确设计

高速铁路接触网严格执行欧标设计，结合武广客专复杂线路情况，形成国内第一套系统的高速接触网安装标准图，精确给出施工标准及误差控制要求等，确保直接有效地指导施工，并为控制施工质量制定了准确的标准。

(四)道岔定位方式

客运专线正线18号道岔采用新型无交叉式定位方式，定位方式综合国外高速接触网道岔定位方式，结合武广铁路客运专线各类型号道岔特性及国内动车组受电弓特性进行创新。动车组高速通过道岔时受电弓不接触侧线接触线是该新型无交叉式定位方式的最大特点。该特点能有效保证接触网的弹性均匀度，减少接触硬点的发生。

跨线列车联络线在客运专线上出岔的50号道岔，侧向通过速度220～230 km/h，采用安全性较好的三线辅助关节式定位方式。该定位方式考虑50号道岔叉后曲线半径大，道岔始触区范围广的特点，采用通过辅助锚段逐渐过渡的方式实现客专高速大号道岔的接触网定位。

(五)电 分 相

为了最大限度的满足运营要求，接触网电分相采用带中性段、空气间隙绝缘的双断口的锚段关节形式。设计电分相无电区或中性段的长度既能满足双弓运行需要，即应使无电区的长度大于双弓间距(长分相方案)，也能满足中性段的长度小于双弓间距(短分相方案)运行需要。而且两种分相方案可通过网上分段开关操作进行切换，不需要进行工程改造。

(六)支柱选型

全线隧道外采用能满足客专大容量小截面需求的欧标 H 型支柱。

(七)接触网系统安全校验设计

1. 始触区及其线夹安装规定

客运专线正线始触区范围定义为距离受电弓中心 600~1 050 mm 及抬升 150 mm 构成的空间区域，始触区范围内禁止安装除吊弦线夹外的任何线夹类金具。静态抬升力按(70±15)N 设计。

2. 动态包络线

受电弓动态包络线左右晃动量一般:直线为 250 mm，曲线为 350 mm。

悬挂定位点处接触线正常工作的最大抬升量为 150 mm，安装时采用限位定位器设计。

3. 定位装置的安装设计

悬挂点处的抬升量应采用最大跨距条件下的设计计算或仿真取值。根据本线推荐的技术条件，受电弓在悬挂点附近的动态最大抬升量按 150 mm 选用。悬挂点处抬升量在不采用限位定位器时，应按照不小于 2 倍的最大抬升量进行安全校验；在采用限位定位器时，应按照不小于 1.5 倍的计算或仿真最大抬升量进行安全校验。

4. 高速正线定位器静态安装角

高速正线定位器静态安装角应满足 8°~13°的要求

(八)电气化回流及闪络保护接地

电气化回流及闪络保护接地纳入综合接地系统，使接地系统安全可靠性更高。

(九)土建接口工程设计

接触网专业与路基、轨道、桥梁、隧道、房建、信号、通信、电力、变电、电磁兼容等专业均存在复杂精细的接口设计工作。由于近期新建铁路中与以往的土建施工分工有所变化:接触网与站前的路基、桥梁、隧道等专业相关的基础、过轨、电气化接地等内容均已经纳入土建施工承包商的施工负责范围，为减少站前工程实施时对已建成的站前土建工程进行二次开挖，新建铁路设计过程中与土建专业的接口设计非常重要。基于上述原因，本线接触网与土建接口采取与站前土建专业同步进行施工设计，标准化出图等以往未有方式进行设计，有效地解决了站后设计与站前实施时间滞后的矛盾，取得了良好效果。土建接口施工设计的概念及设计方法也成为了近期新建项目中参照的标准。

(十)景观设计

1. H 型钢柱安装采用预留孔安装形式，满足支柱、硬横梁视觉轻型、控制露头等要求，如图 3-15-3 所示。

图 3-15-3　H 型钢支柱

图 3-15-4　腕臂与雨棚柱合架

2. 车站雨棚悬挂安装采用与雨棚结构一体化景观设计，如图 3-15-4、图 3-15-5 所示。

3. 车站及多股道并行区段采用 H 形截面钢柱和圆钢管硬横梁结合的轻型硬横梁形式，如图 3-15-6 所示。

4. 供电线上网采用电缆上网方案，如图 3-15-7 所示。

图 3-15-5　架空地线与雨棚柱合架

图 3-15-6　长沙站轻型硬横梁

图 3-15-7　吴家山 AT 所电缆上网

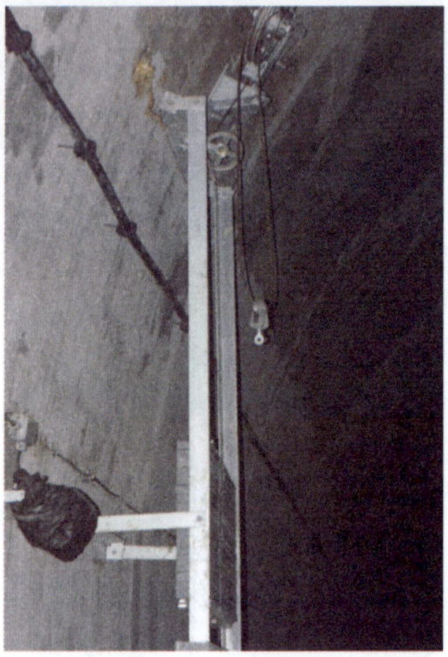

图 3-15-8　浏阳河隧道矩形铁坠砣补偿装置

5. 为避免隧道开挖及占用救援通道空间，隧道内接触网全补偿下锚采用矩形铁坠砣补偿装置。如图 3-15-8 所示。

6. 武汉站景观设计

(1)H 型钢柱安装采用预留孔安装形式；车站雨棚悬挂安装采用与雨棚结构一体化景观设计。

(2)车站及多股道并行区段采用 H 形截面钢柱和圆钢管硬横梁结合的轻型硬横梁形式，如图 3-15-9 所示。

图 3-15-9　H 形截面钢柱和圆钢管硬横梁结合的轻型硬横梁形式

图 3-15-10　供电线上网采用电缆上网方案

(3)供电线上网采用电缆上网方案;正馈线采用电缆方式通过站台。如图 3-15-10 所示。

(4)武汉站台外接触网下锚采用无拉线下锚方式。

(5)中央大厅采用大跨度悬挂方式,中央大厅无立柱。中央大厅大跨度弹性链型悬挂采用 22 m 弹性吊索,最短吊线按 450 mm 控制。如图 3-15-11 所示。

图 3-15-11　大跨度弹性链型悬挂

(十一)提高可靠性措施的防灾救援设计

1. 供电分段原则按满足双向行车要求及事故抢修要求,尽量缩短事故及维修范围,在车站两端设置绝缘锚段关节。在有条件的地方和部分靠近变电所和分区所的车站,线路站场具备正线间的“八”字或”V”字渡线条件的,相应合理设置绝缘锚段关节。

2. 电分相无电区或中性段的长度设计满足双弓运行和信号列控的安全运行配合需要,尽可能设置无电区的长度大于双弓间距的长分相方案,避免列控等故障引起相间短路的弓网拉弧灾难。

3. 接地保护根据 IEC 62128(EN 50122)的危险电压、安全空间、接近距离等要求进行设计,有效降低钢轨电位,采取防异物侵入接触网、防腐、抗震结构、抗磁零部件构造、电缆附件温度监控等有效防护技术,保证系统运行和故障时的人身设备安全。

4. 根据国内紧急救援经验及欧洲隧道安全规范相关条款,区间隧道区段为达到更好的救援需求,合理设计长大隧道分段绝缘锚段关节的开关布置,并进行了故障救援时运行操作要求的规定。

5. 为了加强客运专线接触网防雷电侵害能力,加强了防雷保护措施,采用了增加避雷器设置敏感工点、采用合成悬挂下锚绝缘子、防雷接地引下采用铜缆并与综合接地系统匹配的设计技术。

第五节　经验体会和建议

一、经验体会

(一)接触网系统应满足动车组高速运行受流质量要求

武广客专正线接触网接触线采用高含量铜镁合金接触线,额定张力 30 kN,接触线波动传播速度达到了 537 km/h,设计时速与接触线波动传播速度之比为 0.65,小于高速铁路规范中规定的最大值 0.7。

(二)接触网设计应最大限度考虑动车组安全运行要求

根据本线技术条件,受电弓在悬挂点附近的动态最大抬升量按 150 mm 选用。悬挂点处抬升量在不采用限位定位器时,应按照不小于 2 倍的最大抬升量进行安全校验;在采用限位定位器时,应按照不小于 1.5 倍的计算或仿真最大抬升量进行安全校验。

本线一般采用限位定位器,绝缘关节、道岔处部分采用非限位定位器。

(三)道岔定位方式应满足动车组安全、高速运行要求

客运专线正线 18 号道岔采用新型无交叉式定位方式,定位方式综合了国外高速接触网道岔定位方式,

结合武广铁路客运专线各类型号道岔特性及国内动车组受电弓特性进行创新。动车组高速通过道岔时受电弓不接触侧线接触线是该新型无交叉式定位方式的最大特点。该特点能有效保证接触网的弹性均匀度，减少接触硬点的发生。

跨线列车联络线在客运专线上出岔的50号道岔，侧向通过速度220～230 km/h，采用安全性较好的三线辅助关节式定位方式。该定位方式考虑50号道岔叉后曲线半径大，道岔始触区范围广的特点，采用通过辅助锚段逐渐过渡的方式实现客专高速大号道岔的接触网定位。

(四)客运专线应满足景观要求

接触网腕臂柱，硬横梁支柱均采用欧标截面的热浸镀锌H型热轧钢柱，景观视觉轻型，在确保系统功能的前提下，成功应用接触网景观研究的技术标准，设计完成了新型美观的横梁结构，新武汉站创新应用了适应于200 km/h的世界第一跨90 m跨距的弹性链型悬挂，确保了站房中央宽阔的整体景观效果。

二、建　议

(一)隧道外全补偿下锚装置改进方案

本线隧道外接触网全补偿下锚装置的下锚棘轮由于前期采购原因，补偿绳绕线方向采用远离支柱的方式，引起接触线下锚框架过长过大，影响结构稳定和美观效果。建议改进如下：

(1)下锚棘轮采用隧道内棘轮，即补偿绳绕线方向靠近支柱的方式，缩短坠砣与支柱距离。

(2)简化下锚框架设计，缩短其尺寸，尽量做到结构简单轻便。

(二)接触网基础侵占电力、通信、信号电缆沟改进建议

在车站咽喉区地段，电力、通信、信号电缆数量纵多，由于硬横跨钢柱基础大，侵占大部分电缆沟，虽然基础内预留了孔洞，但电缆无法全部穿过基础。因此，建议局部加宽该接触网基础位置处路基，改移电缆沟，实现所有电缆入槽。

(三)接触网悬挂点设置优化

武汉站房内部分接触网悬挂点由于前期配合原因，设置位置没有充分与结构专业实现统一设计考虑，从而导致施工完毕后对整体效果有一定影响。接触网设计除满足系统功能性要求外，在大型站房等特殊位置，还要着重考虑建筑景观等重要因素。

建议：对预留预埋件的位置、外形等需要充分反映到建筑渲染图上，接触网、结构专业都需要将建筑景观因素纳入到接口工程的设计中。

(四)电分相设置

既有长沙南电分相紧临长沙南站，且其位于长度达1477.3 m、坡率20‰下行上坡道上。CRH_3型动车采用车载设备自动过长沙南电分相，受早断开主断路器无法及时加速冲坡，晚合主断器不能及时加载等因素影响，当该站所发下行列车因各种原因无法加速而致入分相速度不高时，惰行过中性段，导致出分相速度过低，甚至在某些特殊情况下会造成列车在分相无电区停车或越过分相区因主断路器无法闭合在区间临时停车。

电分相位置选择应该在初步设计阶段及施工图设计初期，与行车、供电专业充分协商，将电分相的位置提供行车、供电专业进行运行能力、供电能力检算。对于运行时分影响较大的电分相位置应予以调整，必要时应对所亭位置进行调整。

第十六章　信息系统设计

第一节　工程概况与主要工程数量

一、工程概况

武广铁路客运专线沿线分布武汉站、咸宁北、赤壁北、岳阳东、汨罗东、长沙南、株洲西、衡山西、衡阳东、耒阳西、郴州西、韶关西、清远、广州北、广州南共15个客运站。

1. 武汉站

武汉站车站规模为20条客车到发线(含兼作到发线的4条正线,其中高速车场设到发线15条、普速车场设到发线5条)、11座站台。东侧为普速车场、西侧为高速车场,其中普速车场内设到发线5条,站台3座;高速车场内设到发线15条,站台8座。客流量:近期高峰小时5 300人,远期高峰小时9 300人。

车站建筑总量:33.2万m^2(不包括地铁),其中,站房建筑面积:11.3万m^2,雨棚建筑面积:13.2万m^2。

2. 长沙南站

长沙南站最高聚集人数为3 000人,近期高峰小时发送量为5 298人,近期高峰小时到达量为4 524人,1条基本站台,7条中间站台,15条到发线。站房分为出站层、站台层、设备层、高架层,站房建筑面积约为13.76万m^2。

3. 广州南站

广州南站车场规模为15台28线。从东往西依次为武广下行车场,设到发线7条,站台4座;广深港和直通车车场设到发线4条,站台2座(550 m);武广上行车场设到发线8条,站台4座;广珠城际车场,设到发线9条,站台5座。年发送量:近期2018年高峰小时发送量3万人,其中武广6 600人、广深港4 900人、广珠9 200人、广茂400人、贵广4 600人、南广4 300人。

建筑总体量:屋面南北向580 m,东西向475 m;中央站房主体外墙南北向192 m,东西向398 m,最高点52 m,檐口高度24.9 m;雨棚最高点41.8 m,最低点高度21.1 m。

4. 中小型站

广州北站站房为既有站房,客专新增客流最高聚集人数为500人,站房一层为普速候车室(在用),二层为客专候车室。既有普速场为2条站台,3条到发线,新增客专站场为2条站台,2条到发线,另外新建进站天桥1座。

其他中小站车站规模见表3-16-1。

表3-16-1　其他中小站车站规模表

序号	车站	2018年高峰小时客流(人)		最高聚集人数(人)	站房面积(m^2)	站台数	到发线数
		上车	下车				
1	咸宁北	370	323	800	9 500	2	4
2	赤壁北	266	271	500	6 000	2	2
3	汨罗东	276	225	500	6 000	2	2
4	岳阳东	1 326	1 154	1 000	15 000	3	5
5	株洲西	2 143	2 000	1 500	15 000	3	5
6	衡阳东	1 837	1 734	1 000	22 000	5	9
7	衡山西	298	281	500	6 000	2	2
8	耒阳西	236	202	500	6 000	2	2
9	郴州西	306	266	800	12 000	2	4
10	韶关	1 775	1 691	1 000	16 000	2	4

5. 武汉动车段

武汉动车段由存车场、检查库、临修库、不落轮镟库、外皮清洗库(棚)、检修库、材料库及其配套设备设施和入段线、存车线、检查(检修)线、轮对踏面诊断线、外皮清洗线、走行线、临修线、不落轮镟线、牵出线(解编线)、动态试验线路以及生产办公生活房屋等组成。

武汉动车段以 CRH_2 动车组为主要检修对象,检修范围重点承担华中(中原)、西南地区及华北部分地区,如长沙、郑州、西安、宜昌、成都、贵阳、重庆、襄樊,覆盖京广、沪汉蓉、浙赣、郑西客运专线动车组检修任务。可承担 400 列动车组的检修,约占全路总量的 40%,检修车型以 CRH_2 型车为主,兼顾其他车型动车组检修。检修内容包括一至五级各级修程,一般不再返厂检修。

6. 广州动车段

广州动车段具有管理本段、辐射周边运用所的整体管理功能,通过信息中心的连接作用对动车组运用、检修、整备、试验及运行安全进行全面管理。广州动车段在实现动车组高度信息化管理基础上,满足 CRH 系列动车组的一、二级检修、临修、客运整备、存车及三、四、五级检修。

广州动车段位于广州南站以南广州市番禺区和佛山市顺德区交界处,距广州南站中心约 6 km。广州动车段呈南北纵列式布置。全长约 3 300 m、最宽处 500 m,围墙内占地面积 1 724 亩。近期存车线规模 56 条,一、二级修库线 8 条,三级修及调试库线 4 条,五级修库线 6 条(库线长度按 8 辆编组)。主要生产房屋包括一、二级检查库,三、四、五级检修库,转向架检修库,部件检修库,材料仓库等,其他生产房屋有设备车间(机械加工)、空压机间以及变电所、信号楼、给水加压站、污水处理场等。总建筑面积约 16 万 m^2。铺轨长度约 60 km,道岔数 133 组。

7. 长沙动车运用所

长沙动车运用所设置 2 线检查库、临修库、不落轮镟库等设施,主要完成一、二级检修任务。

二、主要工程数量

信息工程主要工程数量见表 3-16-2。

表 3-16-2 主要工程数量表

区 段	单位	武乌段	乌龙泉至局界	局界至韶关	韶花段	花广段
起迄里程		DK1188～DK1232	DK1232～DK1341+416	DK1341+416～DK1989+500	DK1989+500～DK2167+000	DK2167+000～DK2220+158
大型站票务系统	套	1(武汉)	—	1(新长沙)	—	1(新广州)
中型站票务系统	套	—	—	3	1	—
小型站票务系统	套	—	2	4	1	1
大型站旅客服务信息系统	套	—	—	1	—	—
中型站旅客服务信息系统	套	—	—	4	—	2
小型站旅客服务信息系统	套	—	2	2	1	—
动车段所管理信息系统	套	—	—	1	—	—
车站办公信息系统	套	—	2	7	1	—
基层所队公安信息系统	套	2	3	11	1	2

第二节 规程规范和设计原则

武广铁路客运专线信息系统根据铁道部相关技术标准、鉴定意见开展设计,主要设计标准与设计原则如下。

1. 信息系统设计内容包括车站票务系统、车站旅客服务系统、动车段所运用检修管理信息系统、派出所公安管理信息系统、车站办公自动化等系统及辅助设施。

2. 站房票务系统和旅客服务系统,按照铁道部系统集成办提供的《铁路客运专线客运服务系统总体技术方案》(铁集成〔2008〕41 号文)进行设计。票务系统采用磁介质纸票票制,铁道部客专票务中心、车站 2 级设计，设置人工售票、自动售票和自动检票设施；旅客服务系统采用区域中心、车站2级设计，包括系统集成、广播、引导、监控、时钟、安检、求助、查询等应用系统。

3. 站房票务系统按照铁道部电报《关于2009年开通运营的客运专线采用客票系统5.0过渡的通知》(铁集成电〔2009〕1号)中的要求，武广客运专线武汉至赤壁段票务系统向上接入既有武汉局地区票务中心TRS5.0系统进行过渡；其他接入既有广铁集团地区票务中心TRS5.0系统进行过渡。

4. 旅客服务系统按照铁道部客运专线系统集成办公室的要求，以及《武广、郑西客运专线客服系统使用调度系统数据方案研讨会会议纪要》的要求分别接入武汉局TDMS系统和广铁集团TDMS系统过渡。

5. 动车段、所按照铁道部《关于公布〈动车组管理信息系统总体方案〉的通知》(运装管验〔2009〕95号)和《关于印发〈动车组运用检修管理信息系统应急工程实施方案〉的通知》(运装管验〔2006〕466号)的要求进行设计。动车段设置运用检修、动车追踪、视频监控、一卡通等应用系统；动车运用所设置运用检修、视频监控、一卡通等应用系统。

6. 办公信息系统按照分别接入武汉局和广铁集团办公系统进行设计。

7. 公安信息系统按照分别接入武汉局和广铁集团公安处公安管理信息系统进行设计。

8. 车站信息系统设置情况见表3-16-3。

表3-16-3 车站信息系统设置情况表

序号	主要项目名称	数量													
		武汉	咸宁北	赤壁北	汨罗东	岳阳东	长沙南	株洲西	衡阳东	衡山西	耒阳西	郴州西	韶关西	广州北	广州南
1	票务系统	1	1	1	1	1	1	1	1	1	1	1	1	1	1
2	旅服系统集成平台	1	1	1	1	1	1	1	1	1	1	1	1	1	1
3	导向揭示系统	1	1	1	1	1	1	1	1	1	1	1	1	1	1
4	广播系统	1	1	1	1	1	1	1	1	1	1	1	1	1	1
5	视频监控系统	1	1	1	1	1	1	1	1	1	1	1	1	1	1
6	时钟系统	1	1	1	1	1	1	1	1	1	1	1	1	1	1
7	自助查询系统	1	—	—	—	1	1	1	1	—	—	—	1	1	1
8	求助系统	1	—	—	—	1	1	1	1	—	—	—	1	—	—1
9	站台票系统	1	—	—	—	—	1	—	—	—	—	—	—	—	1
10	安全检查系统	1	1	1	1	1	1	1	1	1	1	1	1	1	1
11	一卡通管理系统	1	1	1	1	1	1	1	1	1	1	1	1	—	1
12	办公自动化系统	1	1	1	1	1	1	1	1	1	1	1	1	—	1
13	公安管理信息系统	2	2	1	1	2	2	1	1	1	1	2	2	—	2
14	综合布线系统	1	1	1	1	1	1	1	1	1	1	1	1	1	1

9. 武汉、广州动车段设置动车组运用检修系统、动车追踪系统、视频监控系统、办公自动化系统、一卡通管理系统、时钟系统、公安管理信息系统、综合布线系统。

10. 长沙动车运用所设置动车组运用检修系统、视频监控系统、办公自动化系统、一卡通管理系统、公安管理信息系统。

第三节 与相关专业的接口

信息专业的主要接口为经调、站场、机械、建筑、结构、暖通、电力、通信等专业，各专业间互提资料内容按照院相关规定以及专业需要进行互提，武广客专信息专业在接口上主要有以下方面：

1. 经调专业需要提供各站最高聚集人数、高峰小时客流量、列车开行方案等资料，旅客服务系统规模根据最高聚集人数来确定，售检票系统根据高峰小时客流量与列车开行方案来确定规模。

2. 对结构专业提供资料时，应尽可能的详细并考虑充分，特别是涉及荷载问题，天桥及雨棚上显示屏的吊挂位置、吊挂方式、设备尺寸、重量、设备高度等资料应尽可能详细，并在安装位置上作适当预留条件；站房内地面可移动设备的安装条件尽量考虑充分，预留后期移动条件。

3. 对建筑专业提供资料时，对信息专业设备的安装位置、条件、装修配合方案也应尽可能详细沟通布置方案，避免后期返工。

4. 对于大型以上客站，对电力提供电需求时，应与电力部门协商供电条件及方案，尽可能采用分区供电方案，避免电力电缆布线困难。

第四节　技术方案和主要技术参数

一、车站票务系统

按照铁道部客专系统集成部提供的《铁路客运专线客运服务系统总体技术方案》，票务管理系统采用铁道部客专票务中心——车站 2 级结构设计。客票制式采用磁介质纸票，售票采用自动售票和窗口售票 2 种方式，检票全部采用自动检票。车站票务系统主要完成车票发售、预订、退票、补票、检票、呼叫中心与互联网订票业务的落地等功能，负责采集和处理站内售检票设备的运行、交易及账目信息并统一上传到部中心票务系统；完成从部中心票务系统统一下载运营参数和黑名单等信息并下发到终端设备。

1. 主控平台设计

(1)大型站(广州南站、武汉站、长沙南站)

大型车站票务系统主控平台配置 2 套票务数据库服务器、2 套应用/监控服务器、2 套接口服务器、1 套磁盘阵列、1 套磁带库、7 套业务管理终端和 4 套维护管理终端。数据库服务器、应用/监控服务器均采用 UNIX 服务器，接口服务器采用微机服务器。大型站站配置 2 条 10 M 专线通道，接入区域中心。

(2)中型站(岳阳东、株洲西、衡阳东、韶关西)

中型车站票务系统主控平台配置 2 套票务数据库服务器、2 套应用/监控服务器、2 套接口服务器、1 套磁盘阵列、2 套业务管理终端和 1 套维护管理终端。数据库服务器、应用/监控服务器均采用微机服务器，接口服务器采用微机服务器。中型站配置 2 条 2 M 专线通道，接入区域中心。

(3)小型站(咸宁北、赤壁北、汨罗东、衡山西、耒阳西、郴州、广州北)

小型车站票务系统主控平台配置 2 套票务数据库服务器、2 套应用/监控服务器、2 套接口服务器、1 套磁盘阵列、2 套业务管理终端和 1 套维护管理终端。数据库服务器、应用/监控服务器均采用微机服务器，接口服务器采用微机服务器。小型站配置 2 条 2 M 专线通道，接入区域中心。

2. 售检票终端计算参考条件

车站售检票终端设备包括自动售票机、窗口售票机、补票机、自动检票机。设计参考条件如下：

(1)采用近期客流数据作为售检票系统计算依据，广州南站近期高峰小时发送量为 30 000 人，到达量按照 30 000 人设计。

(2)武汉站近期高峰小时发送量 5 300 人，到达量按照 5 300 人设计。

(3)长沙南站最高聚集人数为 3 000 人，近期高峰小时发送量为 5 298 人，近期高峰小时到达量为 4 524 人。

(4)广州北站、赤壁北站、汨罗东站、衡山西站、耒阳西最高聚集人数为 500 人，咸宁北站、郴州西最高聚集人数 800 人，岳阳东站、衡阳东站、韶关西站最高聚集人数 1 000 人，株洲西站最高集人数人 1 500 人。

(5)窗口售票机售票速度：武广、广茂、贵广、南广线 2 张/min；广深港、广珠 3 张/min。

(6)自动售票机售票速度：武广、广茂、贵广、南广线 1 张/min；广深港、广珠 2 张/min。

(7)进站检票机通过能力：15 人次/min。

(8)出站检票机通过能力：15 人次/min。

(9)进站检票时间：高峰小时发送量 20 min 检完。

(10)出站检票时间：高峰小时到达量 20 min 检完。

(11)广深港客流的 50%通过地面层进站；50%通过候车层和站台层进站。

(12)广珠客流全部通过地面层进站；其他线客流全部通过高架候车层和站台层进站。

(13)地面层按照双向进站设计(即同车次旅客分车厢南北两个方向进站)，高架层按照单向进站设计(即同车次旅客只能按照南或北单方向进站)。

(14)广深港客流按照 2 台 4 线接发车设计。

(15)广珠城际客流按照 5 台 9 线接发车设计。

(16)武广、贵广、南广、广茂按照 13 台 24 线设计。

(17)根据站房旅客流线与平面功能布局,广深港、广珠地面层候车按照先检后候设计;站台层、高架候车层全部按照先候后检设计。

(18)地面层 4 个售票厅和高架层 2 个小售票厅按照能够发售各线客票设计,广深港、广珠按照独立窗口售票和独立自动售票设计,其他线混合售票设计。

3. 售检票终端配置

(1)窗口售票机。设置在地面层售票厅、高架层售票厅、站台层候车区,主要完成车站窗口人工售票服务,包括购票引导、查询、计费、制票、打印票据、退票等功能。

①广州南站。本次设计全站共计设置 134 套窗口售票设备。

②武汉站。共设置 76 套窗口售票设备。

③长沙南站。长沙南站配置 31 套窗口售票设备。

④中小站。见表 3-16-4。

表 3-16-4 各站窗口售票机配置表

车站	咸宁北	赤壁北	汨罗东	岳阳东	株洲西	衡阳东
窗口售票机	6	4	4	20	26	26
车站	衡山西	耒阳西	郴州西	韶关西	广州北	—
窗口售票机	4	4	6	20	4	—

(2)自动售票机。设置在车站售票厅、进站大厅,由乘客自行操作出票,主要完成购票引导、计费、收费、找零、制票、打印票据、验票、网上订票落地出票等功能。

①广州南站。本次设计全站共计设置 124 套自动售票设备,工程实际实施 56 套。

②武汉站。武汉站共设计 32 套自动售票机。

③长沙南站。长沙南站设置 42 套自动售票设备。

④其他中小站。见表 3-16-5。

表 3-16-5 其他中小站自动售票机配置表

车站	咸宁北	赤壁北	汨罗东	岳阳东	株洲西
自动售票机	2	2(预留)	2(预留)	4	6
车站	衡阳东	衡山西	耒阳西	郴州西	韶关西
自动售票机	6	2(预留)	2(预留)	2	4

(3)补票机。设置在出站厅,由票务人员操作,对携带物超标、儿童超高、越站乘车、无票乘车、车票无效、不符合优惠条件的车票进行补票,并给予出站票出站。

①广州南站。根据建筑出站口布局,基本按照单侧出站厅每 2 条站台设置 1 套补票机,全站共计设置 16 套补票机。

②武汉站。根据建筑出站口布局,全站共计设置 10 套补票机。

③长沙南站。根据建筑出站口布局,基本按照单侧出站厅每 2 条站台设置 1 套补票机,全站共计设置 6 套补票机。

④其他中小站。见表 3-16-6。

表 3-16-6 其他中小站补票机配置表

车站	咸宁北	赤壁北	汨罗东	岳阳东	株洲西	衡阳东
补票机	1	1	1	2	2	2
车站	衡山西	耒阳西	郴州西	韶关西	广州北	—
补票机	1	1	1	2	1	—

(4)进站检票机。设置在进站检票通道，分为标准通道和宽通道检票机。主要完成车票有效性检查，改写客票状态，统计等功能。

①广州南站。本次设计全站共计设置170套进站检票机，工程实际实施112套。

②武汉站。全站共设计104套进站检票机，其中标准通道66套，宽通道38套，工程中实际安装76套进站检票机。

③长沙南站。长沙南站共设置62套进站检票机(含16套宽通道)。

④中小站。见表3-16-7。

表3-16-7 其他中小站进站检票机配置表

车站	咸宁北	赤壁北	汨罗东	岳阳东	株洲西	衡阳东
进站检票机	10	8	8	22	26	26
车站	衡山西	耒阳西	郴州西	韶关	广州北	—
进站检票机	8	8	10	26	8	—

(5)出站检票机。设置在出站检票通道，分为标准通道和宽通道检票机。主要完成车票有效性检查，统计等功能。

①广州南站。共计设置131套出站检票机，工程实际实施60套。

②武汉站。全站共设计62套标准通道出站检票机，22套宽通道出站检票机，工程中实际安装32套出站检票机。

③长沙南站。共计设置52套出站检票机(含10套宽通道)。

④中小站。见表3-16-8。

4. 票务系统过渡

根据铁道部的要求，武广客专按照既有路局分界，新建票务系统接入既有TRS系统进行过渡。武汉、咸宁、赤壁接入武汉局既有票务系统TRS5.0进行过渡，武广铁路客运专线其他站接入广铁集团既有票务系统TRS5.0进行过渡。

表3-16-8 其他中小站出站检票机配置表

车站	咸宁北	赤壁北	汨罗东	岳阳东	株洲西	衡阳东
出站检票机	4	4	4	8	16	16
车站	衡山西	耒阳西	郴州西	韶关西	广州北	—
出站检票机	4	4	4	14	4	—

①武汉局范围。武汉局地区票务中心新增应用服务器2台，扩容网络设备及客票安全系统；设置武昌联合站，新增数据库服务器2台、磁盘阵列2台、应用服务器2台，扩容网络设备及客票安全系统。

②广铁集团范围。广铁集团地区票务中心新增数据库服务器2台、磁盘阵列2台、应用服务器4台，扩容网络设备及客票安全系统；设置广州联合站，扩容既有数据库服务器，增加磁盘阵列1台，新增应用服务器4台；设置长沙联合站，新增数据库服务器2台、磁盘阵列2台、应用服务器4台、核心交换机2台，扩容客票安全系统。

具体网络架构如图3-16-1所示。

二、车站旅客服务信息系统

1. 车站旅客服务集成平台

车站旅客服务系统集成平台的主要功能如下：

(1)集成导向揭示、广播、监控等系统，与火灾报警、楼宇自控等系统进行互联。

(2)按运营需要制作业务模版，根据列车到发、检票等相关业务信息，自动生成广播计划和导向揭示计划，实现综合业务操作。

(3)完成各系统之间的数据交换与联动。

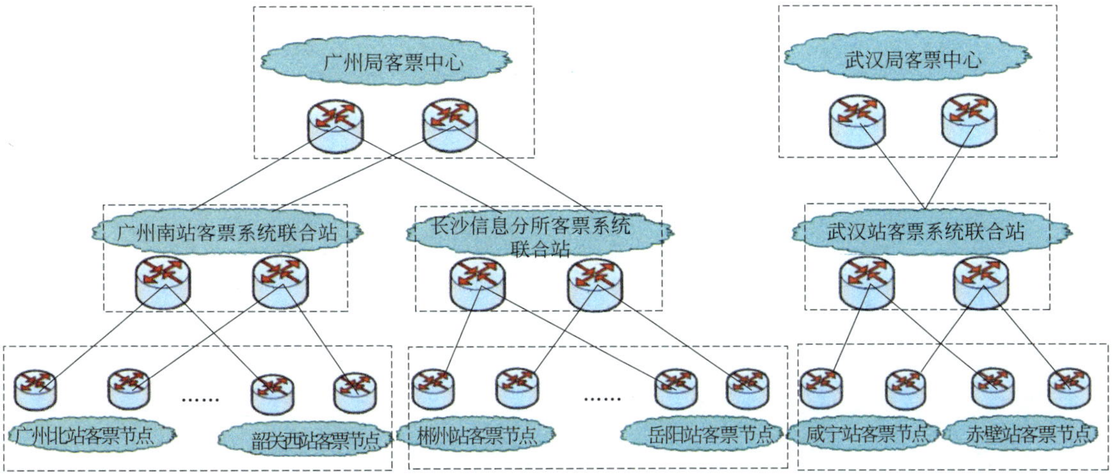

图 3-16-1 具体网络架构

(4)对各子系统设备进行集中监控和报警管理。

(5)在紧急情况下启动应急预案为决策人员提供综合决策信息，为操作人员提供及时的操作指导，提高整体应急处理能力。

(6)为运营人员提供完整的、定制化的权限管理。

(7)通过数据统计、报表制作与打印功能，满足各类统计数据业务需求。

(8)广州南站、武汉站、长沙南站 3 个大型站车站旅客服务系统集成平台采用千兆以太网组网，配置 2 套数据应用服务器、1 套磁盘阵列、6 套接口服务器，服务器采用 PC 服务器。

(9)其他中小站车站旅客服务系统集成平台采用千兆以太网组网，配置 2 套数据应用服务器、1 套磁盘阵列、2 套接口服务器，服务器采用 PC 服务器。

(10)大型站配置 2 条 4 M 专线通道，中小型站配置 2 条 2 M 专线通道，全部接入区域中心，车站视频监控业务纳入综合视频监控系统，由通信专业统一考虑对外通道。

2. 导向揭示

导向揭示系统主要功能如下：

(1)从集成管理平台获取各类旅客服务信息并进行分类和管理。信息主要包括：列车时刻表信息、票务信息、列车到发通告、市内交通、天气情况、旅客出行相关信息等。

(2)实现对客运作业人员列车到发信息的自动播放、作业指挥信息的发送。

(3)实现对旅客服务信息的自动播放，保障旅客能够清晰明确地了解站内环境、相关设施和出行信息。

(4)接受集成管理平台和工作人员的指令，调整导向揭示内容，为集成管理平台和工作人员编辑和发布导向揭示信息提供必要的接口和工具。

(5)按照预置的播放计划和优先级，执行导向计划、发布导向揭示信息。

(6)支持视频转播功能。

导向揭示系统按照乘客进、出站流向设置了进站大屏、售票屏、候车引屏、综合信息显示屏、检票屏、进站通道屏、到发信息屏、编组屏、出站通道屏、出站信息屏、列车到站信息屏等显示终端。设置位置主要包括进站大厅、售票厅、候车室、检票口、进站通道、出站通道、站台、出站厅等区域。

系统同时在车站工作人员办公、值班等位置放置到发通告终端，设置位置主要包括：客运值班员室、服务员室、检票室、补票室、公安室、问询处等客运、公安作业人员值班场所。

根据应用环境和发布内容的不同主要包括以下类型：

(1)LED 显示终端(室内、室外、半室内环境，发布文字信息为主)。

(2)PDP 显示终端(室内环境，发布视频、图片、文字等综合信息为主)。

(3)PC 终端(室内环境，到发通告信息为主)。

武汉、长沙南、广州南站显示终端配置见表 3-16-9。

表 3-16-9 武汉、长沙南和广州南站显示终端配置表

类 型	单 位	数 量		
		武汉	长沙南	广州南
双基色高亮 LED	m^2	375	307	742
双基色超高亮 LED	m^2	414	444	903
全彩 LED	m^2	104	82	222
PDP	台	50	89	62
到发终端	台	40	20	12

中小站主要终端配置情况见表 3-16-10。

表 3-16-10 中小站主要终端配置情况表

类 型	单 位	数 量					
		咸宁北	赤壁北	岳阳东	汨罗东	株洲西	衡山西
双基色高亮 LED	m^2	27	36.1	70.7	37.4	66.9	45.9
双基色超高亮 LED	m^2	72.8	61.1	100.2	56.9	110.4	44.3
全彩 LED	m^2	—	—	—	—	—	—
PDP	台	10	11	24	12	24	10
到发终端	台	10	8	11	8	12	8
类 型	单 位	数 量					
		衡阳东	耒阳西	郴州西	韶关西	广州北	
双基色高亮 LED	m^2	59.2	23.2	36	43	48.1	
双基色超高亮 LED	m^2	168	58	70.5	112	86.7	
全彩 LED	m^2	—	—	—	—	—	
PDP	台	31	9	12	24	21	
到发终端	台	8	8	7	14	11	

3. 广播

武汉、长沙南、广州南站采用数字广播系统，其他中小站采用模拟广播系统，在车站的检票口、服务柜台、售票厅、站台等处放置人工呼叫站进行人工插播。在候车室、售票厅、出站厅、软席等处所设置噪声检测设备，系统根据背景噪声自动调节该区域广播音量。在贵宾候车室、软席候车室设置音量控制器。

4. CCTV 监控系统

CCTV 监控系统采用网络化的视频监控系统，主要由前端音视频采集设备(摄像机、拾音器)、视频服务器、存储设备、监控终端、系统管理站、视频显示设备等组成。本次设计视频服务器、存储设备、系统管理站等设备有四电集成项目中的综合视频监控系统统一考虑。

车站系统覆盖进出站口、售票厅、候车区域、检票区域、站台、设备机房、财务部门等。

5. 时钟系统

车站设 1 套二级母钟和 1 套时钟同步服务器，二级母钟通过通信同步网获取更高精度的时钟信号，完成二级母钟的精度校准。二级母钟具备多路数字式及指针式输出接口，用于驱动不同类型车站子钟。

同步服务器按照统一的同步策略，完成运营调度等系统的时钟同步，并为广播、引导、监控等系统提供同步信号。

6. 安全检查设施

安检设施采用国内常规单通道 X 射线安检设备，并按车站客流大小和旅客出入控制口数量进行配置。系统同时配置安检通道同步摄像与存储设备，用于安全检查的复查和记录，确保旅客生命财产安全。

根据站房平面布局以及旅客流线，安检通过能力按照 30 人/min 计算。

7. 查询系统

在车站设置自助查询终端和人工查询终端，自助查询终端设置位置主要为进站大厅、售票厅、出站厅。

8. 旅客求助系统

车站旅客求助系统由呼叫分机、呼叫处理主机(交换机)、接听座席三大部分构成，在站台、候车厅、大厅、售票厅等旅客聚集位置设置呼叫装置。

9. 站台票发售系统

10. 一卡通管理系统

一卡通管理系统(ACS)主要完成对站内进出通道、机房、管理用房、办公房屋等处所进行安全技术防护，另外，系统同时实现员工身份识别标志、考勤管理等功能。

一卡通系统设备包括一卡通工作站、区域控制器、考勤站、读卡器、锁具、出门按钮等。车站级同时与消防系统联动，紧急情况下，按消防分区进行锁具释放。

11. 综合布线系统

综合布线系统主要提供楼内数据及语音的布线和管理，在本项目中布线系统覆盖范围主要为站房、站台。

综合布线系统采用6类布线系统，垂直数据主干采用6芯多模光缆，语音采用3类大对数非屏蔽电缆，水平采用6类非屏蔽电缆(UTP CAT.6)，信息系统机房等机房铺设光纤到桌面(FTTD)。

12. 旅客服务系统过渡

车站旅客服务系统实时列车运行数据采用同步既有路局调度所TDMS系统共享数据平台来获得，武汉、咸宁、赤壁接入武汉局TDMS系统共享数据平台，其他站接入广铁集团TDMS系统共享数据平台，通过MQ通信软件进行数据交互，武汉局、广铁集团调度所各配置2台接口服务器、2套网闸、2套防火墙等设备。

三、动车段所管理信息系统

1. 动车组运用检修管理系统

武汉动车段、长沙动车运用所、广州动车段设置动车组运用检修系统，系统主要完成动车组运用管理、维修管理、技术管理、配件物流管理、设备管理、安全质量管理、成本管理、统计与分析等功能。武汉、广州动车段系统采用调度厅、边跨调度室、作业点三级架构，长沙运用所采用边跨调度室、作业点两级架构。

武汉、广州动车段调度厅设置60英寸DLP×12的显示墙一套，并设置运用调度、动车调度、检修调度、车站调度、乘务调度、维修调度、主任调度等调度台，边跨调度室设置计划管理、作业监控、车间调度等调度台。在各检修库、检查库等位置设置业务终端、工位终端、手持终端。

2. 动车组追踪系统

武汉、广州动车段设置动车组追踪系统，由动车位置追踪子系统和车体跟踪子系统构成。动车位置追踪子系统适用于动车段出入口、运用场与高级修场间的咽喉处和检查库、三级调试库、解体组装库等库区股道；车体跟踪子系统适用于解体组装库。

追踪系统采取AEI设备与综合行车(调车)管理控制系统结合，在动车段出入口、运用场与高级修场间的咽喉处及检查库、三级调试库及解体组装库等无轨道电路处安装车号(AEI)读取设备，读取进出动车组号传送给综合行车(调车)管理控制系统。

对于第一、二存车场等设置联锁系统的信号集中区域，由AEI系统的数据集中服务器向动车段运用检修系统和动车段综合行车(调车)管理控制系统同时提供轨旁AEI设备所采集动车组位置跟踪信息，动车段综合行车(调车)管理控制系统在利用该信息的基础上，进一步向动车段运用检修系统发送动车组位置跟踪信息。

对于检查库、高级检修库、试车线及洗车线等不设置联锁系统的非信号集中联锁区域，由系统数据集中服务器向动车段运用检修系统和动车段综合行车(调车)管理控制系统同时提供轨旁AEI设备所采集的动车组位置信息。

3. 视频监控系统

武汉、广州动车段、长沙动车运用所设置视频监控系统，系统视频制式按彩色PAL制式，采用前端模拟后端数字的构架，武汉动车段设置160套摄像机，广州116套摄像机，长沙28套摄像机。

4. 一卡通管理系统

5. 时钟系统

武汉、广州动车段设置时钟系统，采用子母钟校时、网络校时等技术，通过办公楼设置一级母钟、一二级库、三四级库等独立建筑内设置二级母钟，一级母钟为二级母钟提供精度校核，保持标准时间信号同步，由二级母钟驱动子钟。系统同时配置同步服务器，为运用检修等相关信息系统提供时钟同步。

6. 综合布线系统

武汉、广州动车段设置综合布线系统，系统采用6类布线系统，垂直数据主干采用$n\times6$芯单模光缆，楼内话音主干采用3类/5类大对数非屏蔽电缆，站场语音主干由通信专业站场电缆提供，水平采用6类非屏蔽电缆(UTP CAT. 6)，信息系统机房等机房铺设光纤到桌面(FTTD)。

四、其他信息系统

1. 公安管理信息系统

按照公安部以及铁道部公安局信息系统建设总体规划，在每处公安派出所设置公安管理信息系统。公安管理信息系统主要完成指纹自动识别、网上追逃等刑事应用系统、情报管理、刑事案件管理、办公自动化系统等功能。

在每处派出所、乘警队各配置1套微机服务器，1套网络设备，移植既有所队级应用系统软件及办公软件。武汉、咸宁、赤壁站公安所队接入武汉局公安处信息网络，其他公安所队接入广铁集团公安处信息网络。

2. 站段办公自动化

除花都站外所有客运站、动车段所均设置办公自动化系统，配置微机服务器、磁盘阵列，承载办公自动化系统站段版，用户端安装客户端软件，用于本地事务处理。系统应用软件采用铁道部既有办公软件进行移植。

第五节　经验体会和建议

一、问题简述

开通各站客票发售采用既有软票与磁票两种票制共同对外发售方式，既有联网售票站及市内代售点发售既有软票、新建车站发售磁票，既有软票采用人工通道进出站，磁票通过闸机出站，由于既有软票发售量比例较大，目前各站售票窗口发售能力充足，车站进出站人工检票口在高峰时间压力较大，闸机口压力较小，在武汉、广州南较为突出。

由于客服系统采用TDMS数据共享数据进行联动，目前客服接收的联动数据与列车实际运行数据普遍存在偏差(小于2 min)，但在可容忍范围之内。

对于大站带小站的实施效果反映不一，主要原因是客服系统的代管模式与车站的职责相冲突。

二、问题分析

1. 由于武广客专为新开线站，车站距离主城区有一定距离，目前客票发售在既有票务系统中能够发售客专车票，且发售的车票票制为既有票制，旅客习惯就近购票，到车站买票的旅客数量目前偏少，因此售票窗口能力充足。当发车密度增加，旅客可以随到随走时，售票窗口将发挥最大能力。由于站外发售的车票为既有票制，不能通过闸机，只能由人工通道进出站，人工通道一般为1条通道，由此导致进出站人工口紧张，闸机口压力小，当既有售票点全部改为磁票后，所有车票均需通过闸机时，闸机口压力将显著增大。因此，闸机通道应该保证足够的通行能力，避免拥塞事故。

2. 由于受调度系统数据封闭隔离保护的制约，TDMS共享平台提供的是计划数据，实际列车运行数据与计划存在差异，导致联动出现偏差，需要人为干预，因此，建议共享数据加快更新频率，或者调度系统开放实时联动数据，保证旅服系统接收数据的时效性。

3. 大站带小站模式下小站系统控制受大站人力资源、操作员反应速度等影响，导致小站系统平时按照计划运行，实时反应能力差，小站工作人员缺乏干预权限，但出现问题时责任却在小站，由此引起责权不一，建议保留小站操控能力。

三、经验教训与改进建议

客站旅客流线设计应考虑信息专业售检票设施、导向设施对布局的影响。特别是进出站口闸机的设置位置、安检设施的设置位置、大型显示屏的安装条件以及对空间环境的影响。武广客专设计过程中，信息专业组织了多次由建筑、结构、装修、暖通等专业参加的设计衔接会，保证了武广信息系统设计与站房建筑设计的协调性。

针对大型客站，广播系统声场设计一直是个难题，通过采用模拟仿真的方法，结合建筑声学条件，计算合理的声场参数，在武汉、广州、长沙三个大型客站的超大空间结构环境下，广播系统取得了良好的播音效果。

建议给予更加宽裕的设计时间来保证设计与集成商、运营单位以及相关专业的充分沟通，对细部设计更好的沟通与设计协作，更深地了解、适应现场环境（包括装修方案）以及车站的运营规则、应用习惯。主要包括：

(1)显示屏的安装方式与装修的协调性。

(2)时钟的外观与尺寸、安装方式、安装位置与装修的协调性。

(3)资讯屏的设置位置、安装方式、与广告装置的结合方式，确保资讯屏发挥其真正的服务作用。

(4)摄像机的最佳设置点位与配置、安装方式与装修的协调性。

(5)扬声器的隐蔽安装与播音效果的平衡设计。

第十七章　防灾安全监控设计

第一节　工程概况、特点及主要工程数量

一、工程概况

武广铁路客运专线位于湖北、湖南、广东三省境内，线路自武汉站引出，途经咸宁、岳阳、长沙、株洲、衡阳、郴州、韶关、清远等地，终于广州枢纽内的广州南站，正线全长 968.57 km。

气候概况：湖北、湖南及广东省乐昌以北地区属亚热带季风气候，四季变化明显，霜期较短，夏季湿热、冬季干寒；乐昌至韶关属亚热带湿润季风气候，四季不甚分明，冬无严寒、夏无酷暑，阴雨天多。

湖北省年平均气温 15.5℃，极端最高气温 42.7℃，极端最低气温−17.3℃，年平均降水量在 750～1 500 mm 之间，每年洪水期在 6 月～8 月，占全年降水量的 40%左右，日最大降水量为 317.4 mm。

湖南省年平均气温 17.1℃，极端最高气温 43.7℃，极端最低气温−11.8℃，年平均降水量在 1 200～1 750 mm 之间，每年洪水期在 4 月～7 月，占全年降水量的 46%左右，日最大降水量为 259.5 mm。

广东省北部多年平均气温 19.5℃，七月份多年平均气温为 28.1℃，一月份多年平均气温 9.2℃，年极端最高气温 38.4℃（1967 年 8 月 29 日、1971 年 7 月 1 日和 25 日），年极端气温为−4.6℃（1967 年 1 月 17 日），月平均最高气温 29.4 ℃（1981 年 8 月），月平均最低气温 5.8℃（1977 年 1 月）。多年平均相对湿度 80%，最大月平均相对湿度为 90%（1975 年 5 月）。

广州地区年平均气温为 21.4～21.9℃，最热的 7 月～8 月，平均气温 28.0℃～28.7℃，绝对最高气温 38.7℃；最冷为 1 月（个别年份为 2 月），平均气温 12.4℃～13.5℃，绝对最低气温为−2.6℃。广州地区年降雨量平均为 1 623.6～1 899.8 mm，7 月～9 月的后汛期多为热带气旋雨，其次为对流雨（热雷雨）。广州地区因受季风的影响，年内冬季（1 月）华南受冷高压控制，多偏北风和东北风；春季（4 月）风向较零乱，而以东南风较多；夏季（7 月）受副热带高压和南海低压的影响，以偏南风为主；秋季（10 月）由夏季风转为冬季风，以偏北风为主。在平均风速方面，以冬、春季节风速较大，夏季风速较小。但夏季间常有热带气旋侵袭，风速可急剧增大到 8 级以上的大风。

依据铁道部指导意见，防灾安全监控实际工程实施从武汉站起至广州，不含天兴洲公铁两用长江大桥范围。

二、特　　点

1. 风、雨监测点的布设。风监测点的布设是防灾系统能否准确监测沿线风速、雨量的关键，国内尚无成熟的风、雨监测点布点方案。

2. 风、雨监测点现场设备的安装方案。国内没有标准安装图，因此借鉴气象部门经验和我们的试验研究结果选定方式。

3. 异物侵限监控子系统的控车方案。原设计采用非标电路，为统一标准，铁道部及时制定了接口标准并以运基信号〔2009〕719 号文“关于印发《信号系统与异物侵限监控系统接口技术条件》的通知”下达；武广铁路客运专线及时得到修改执行。

4. 异物侵限监测点现场设备的安装。异物侵限监测点现场情况复杂，安装方案设计难度大。新建和改建的公跨铁桥，采用由土建施工预埋螺栓、法兰盘，本专业施工型钢悬臂及水平防护网的方案；既有公跨铁桥水平防护网的安装，由本专业采用化学锚栓方式安装水平防护网；隧道口采用新设计的宽 2 m 高 3 m 的独立监控片网拼接安装。

三、主要工程数量

主要工程数量见表 3-17-1。

表 3-17-1　主要工程数量

区段		单位	武乌段	乌龙泉至局界	局界至韶关	韶花段	花广段
防灾监控	风监测点	处	2	8	69	22	7
	雨量监测点	处	1	8	32	7	2
	公跨铁桥异物侵限监控点	处	1	22	72	5	1
	隧道口异物侵限监控点	处	—	—	9	4	—
	监控单元	处	3	21	105	18	6
	中继站列控接口	处	1	16	59	7	1
	监控数据处理设备	处	1	—	1	—	1
	调度所终端	处	1	—	—	—	1
	工务处终端	处	1	—	—	—	1
	工务段终端	处	1	—	2	—	1

第二节　规程规范与设计原则

一、规程规范

武广铁路客运专线防灾系统设计主要遵循以下技术规范，见表 3-17-2。

表 3-17-2　技术规范列表

序号	标准号（或文号）	名称
1	QX/T 61—2007	地面气象观测规范
2	GB/T 8566—2007	信息技术软件生存周期过程
3	GB/T 9813—2000	微型计算机通用规范
4	ITU—TG. 703、G. 704	国际电联 2Mbps 接口通信标准
5		TCP/IP 网络通信协议标准-相关 RFC
6	IEC 61000-4-12	电磁兼容试验和测量技术
7	GA 267	计算机信息系统雷电电磁脉冲安全防护规范
8	GB 4208—2008	外壳防护等级
9	IEC 60068-2-14：1984	电工电子产品环境试验
10	GB 2887—2000	电子计算机场地通用规范
11	铁建设〔2007〕39 号	铁路防雷、电磁兼容及接地工程技术暂行规定
12	铁运〔2008〕73 号	CTCS-3 级列控系统技术创新总体方案
13	科技运〔2008〕151 号	客运专线列控系统临时限速技术规范（V1. 0）

二、设计原则

（一）总体设计要求

1. 防灾系统是风监测子系统、雨量监测子系统以及异物侵限监控子系统的集成系统。
2. 防灾系统设备应布设于铁路用地界内，现场监测设备的安装不侵入客运专线的建筑限界。
3. 防灾系统与其他系统的接口设备故障时，不影响其他系统的正常运行。
4. 防灾系统具有抗雷电及电气化铁路电磁干扰的能力。
5. 防灾系统的构建支持系统容量、功能等方面的平滑扩展。
6. 防灾系统现场设备满足无人值守的要求，具有故障自诊断和远程维护功能。
7. 防灾系统应能适应沿线长年潮湿、多雨、多雷、多风的气候条件。室外设备材料应选用防潮、防腐、耐湿、抗风、密封、防雷的产品。

（二）系统组成

防灾安全监控系统由风雨监测子系统、突发事故异物侵限监控子系统组成，系统预留地震监控系统功能接口。

防灾安全监控系统由现场探测设备、车站监控数据处理设备、报警监控终端及广域网络设备构成。现场探测设备主要有各种探测传感器、变换器组成、传输电缆及区间通信基站监控单元组成；系统主机按工务维护管辖范围划分，分别由武汉、长沙、广州三个监控数据处理设备组成。

报警信息传输至武汉、广州客专调度所和武汉、广州路局工务处调度；报警信息及维护信息按管辖范围分别传输至武汉、株洲、衡阳、广州工务段。

区间干线传输通道采用光缆，各探测点至区间通信中继站（或车站）采用电缆（或光缆）传输，区间干线传输通道由通信专业设计。

防灾安全监控系统的硬件设备按双机冗余配置（雨量计按单套设置）。

监测设备的选用以寿命长、稳定可靠、少维护并且维修简便、低成本为原则。

风速风向仪、雨量计宜采用非机械式产品；异物侵限监测宜采用双电网传感器。

（三）风雨监测系统

1. 风速风向计布设原则

（1）山区垭口、峡谷、河谷等地段，风速风向计的平均间距 1～5 km。

（2）轨面高度 10 m 及以上的高架桥、5 m 及以上的高路堤区段，风速风向计的平均间距 5～10 km。

（3）除上述情况外的平原区段，时速 300～350 km 客运专线，风速风向计的平均间距不大于 15 km；时速 200～250 km 客运专线，风速风向计的平均间距不大于 20 km。

（4）根据客运专线的运营速度及沿线气象条件、地理环境，合理布设并适时调整风速风向计的布设间距。

2. 雨量计布设原则

（1）雨量计的布设位置应临近路堤、路堑及隧道口等易产生塌方、水冲线路的处所。

（2）连续路基区段，有砟轨道线路，雨量计的布设间距一般为 15～20 km；无砟轨道线路，雨量计的布设间距一般为 20～25 km。

（3）路、桥、隧相间时，每处雨量计的监测范围一般为上下行方向各 7.5 km（有砟轨道线路）或 10 km（无砟轨道线路）。

（4）根据沿线地形、地貌以及地质、植被情况，合理调整雨量计的布设方案，特殊地段宜适当加密。

（四）突发事故异物侵限监测

公跨铁桥、隧道口等危险地段设置异物侵限监测报警系统。

（五）安全原则

系统设备设计遵循职业健康安全体系原则，对雷电感应过电压采取有效防护措施，设备带电机具设安全地线，电缆感应纵电动势不超过 60 V。

第三节　与相关专业的接口

一、系统接口

防灾监控平台具有多种规范的对外接口，可提供 OPC DA/UA Server、OPC Client、Modbus TCP 等多种主流的工业监控系统规范接口，也可通过协商与第三方系统非规范接口互连（TCP 或 RS232/RS485/RS422 等）。

（1）与 CTC 系统接口

通过武汉、广州调度所设置的通信服务器实现与 CTC 系统的接口，向其发送报警、预警信息，发生灾害时提醒调度员及时查看防灾监控终端上各监测点的状态，采取相应的应对措施。

（2）与运行调度系统接口

通过武汉、广州调度所设置的通信服务器实现与列调系统的接口，通过列车运行调度系统采用 TCP/IP

协议，10 M/100 Mbps 以太网接口连接，为相关业务调度台提供报警、预警信息。调试调度员也可通过终端下达临时通车、恢复、试验等指令。

(3)与时钟系统接口

可通过设置于武汉、广州调度所的通信服务器实现与客服时钟系统的接口，具体为通过通信专业提供的传输通道、10 M/100 M 接口方式接收客服时钟系统提供的 NTP 时间信号并向监控数据处理设备及前端监控单元授时。

(4)异物侵限现场监测设备与列控系统接口

异物侵限现场监测设备接入的防灾接入点监控单元处与信号列控中心系统之间采用继电器接口电路，连接至列控或联锁系统的接口在信号机械室接线端子排处，实现防灾异物侵限系统与列控系统的联动控制。

(5)防灾监控系统与国家气象信息系统的接口

系统预留与国家气象、地震部门的接口，具体接口方式应适应对方的接口条件。

二、工程接口

(1)与线路、桥梁工程的接口

电缆敷设预留的沟槽管道，干线内的主要电缆槽和电缆管道由土建工程承包人提供。土建工程未预留的沟槽管道由防灾安全监控专业负责自行解决。

(2)与土建工程的接口

防灾安全监控系统房屋(设于牵引变电所、分区所内的地震监测房屋)内动力、照明、建筑防雷接地、设备监控和火灾报警等系统由相关承包人负责。

(3)与综合接地工程的接口

防灾安全监控系统设备与综合贯通接地线的连接属防灾安全监控专业的责任。

(4)与通信、信号工程的接口

防灾安全监控系统与通信、信号系统的接口由防灾安全监控专业提需求，通信、信号专业负责提供。

防灾系统与列控或联锁系统的接口继电器及组合(含防雷单元、组合内部配线)由防灾安全监控专业提供，接口继电器组合的安装由信号施工单位负责(含架间配线)。

防灾系统与 CTC 系统对外信息提供服务器的接口设备、电缆等由防灾安全监控专业提供并安装。

防灾系统与通信系统的接口在通信配线架外侧，通信配线架外侧至防灾系统设备间的网络线由防灾安全监控专业提供并安装。

防灾系统与通信二级母钟系统的接口设备、电缆等由防灾安全监控专业提供并安装。

(5)与牵引变电工程的接口

防灾安全监控系统与牵引变电工程的接口由防灾安全监控专业提需求，牵引变电专业负责提供。防灾系统与牵引供电控制系统的接口采用继电器接口，涉及牵引供电控制系统的接口安装工程，由牵引供电施工单位负责。

(6)与电力供电工程的接口

防灾系统与电力供电系统的界面为二路 AC220 V/50 Hz 电力配电箱(不含二路电源的转换装置)的出线端，出线端及其上方的电力配电箱由电力专业提供，出线端至防灾设备的电力电缆由防灾安全监控专业提供并安装。

第四节 技术方案和主要技术参数

防灾安全监控系统实施从武汉天兴洲公铁两用长江大桥及相关工程项目的武汉站开始往南，武广铁路客运专线乌龙泉至韶关段、韶关至花都段，直至广州枢纽广州南站及枢纽相关工程项目的广州南站，整个系统由风监测、雨监测、突发事故异物侵限监控等功能子系统组成。

防灾安全监控系统采用统一的处理平台，系统构架于通信传输系统基础上，集信息采集、存储、分析处理一体，通过智能专家系统给出报警和决策信息，是调度系统的基础设施。系统由调度所监控终端设备、车站防灾监控数据处理设备(主机系统)、工务段所终端设备、区间监控单元、现场探测设备及通信网络设备构成,如图 3-17-1 所示为防灾安全监控系统网络结构图。

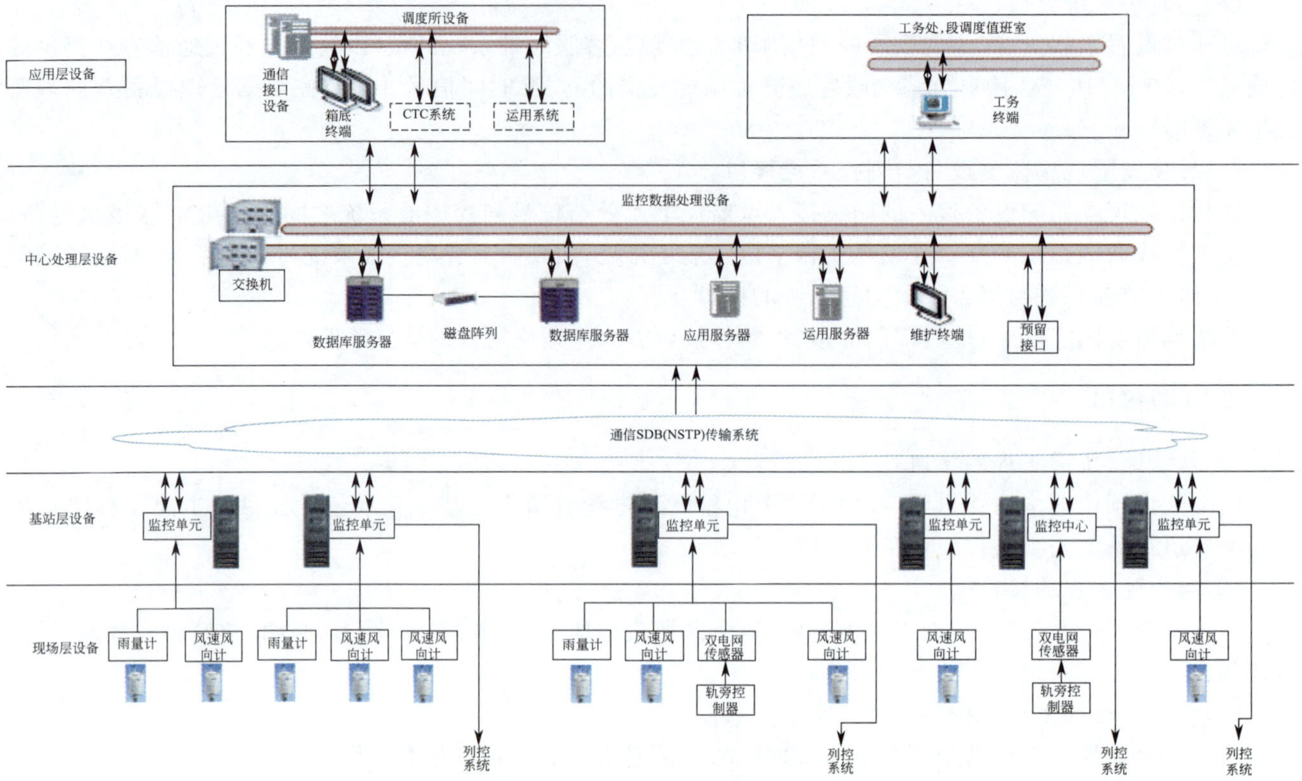

图 3-17-1 防灾安全监控系统网络结构

结合本客运专线调度指挥权限的划分及工务维修机构设置情况,在武汉、长沙、广州站分别设置防灾监控数据处理设备,在武汉、广州调度所分别设监控终端设备,在武汉、广州两路局工务处调度室和武汉、株洲、衡阳、广州四个工务段调度室分别设工务终端设备。

武汉、广州调度所调度指挥权限为广州南站(不含)以北由武汉调度所调度指挥,广州南站(含)以南由广州调度所调度指挥。

(一)调度所设备

调度所设备包括监控终端、通信服务器、接口转换设备、防雷单元、UPS 电源及打印、防火墙等设备构成。武汉、广州两调度所分别设有调度所设备,为与行调台控制范围对应,武汉调度所监控终端 3 套、广州调度所监控终端 1 套。

监控终端以文本、图形等方式显示风、雨、异物侵限等灾害的报警、预警信息以及相应的行车管制预案,并提供音响报警。监控终端设于行调台旁,从各防灾监控数据处理设备读取各种报警信息,并根据信息内容向行车调度员提供预警、报警及行车管制预案等命令信息。

(二)工务终端设备

工务终端设备包括工务监控终端、通信服务器、接口转换设备、防雷单元、UPS 电源及打印、防火墙等设备构成,在武汉、广州局工务处调度室和武汉、株洲、衡阳、广州四个工务段调度室分别设工务终端设备。

工务终端以文本、图形等方式显示风、雨、异物侵限等灾害的报警信息,监视管辖范围内各监测点设备运行状态,提供监测点位置信息、提供大风报警等级、雨量超限报警灾害信息,限速区段限速建议信息,提供异物侵限远程试验功能和各种灾害历史记录查询等。

(三)监控数据处理设备

1. 设备组成

在武汉、长沙、广州站分别设置防灾安全监控数据处理设备,主要负责实时接收管辖范围内各监控单元传送来各种信息，对实时数据进行存储、分析处理、显示、打印等，并根据信息内容提供相应级别的防灾报警、预警等信息，根据列车运行管制规则提供限速、停运等信息，同时将报警信息上传至武汉、广州调度所。

防灾安全监控数据处理设备由数据库服务器、应用服务器、磁盘阵列、工务终端、维护终端、网络交换机、打印机、告警箱、防雷单元等组成。

数据库服务器为双机热备方式，配一套磁盘阵列作为扩展存储设备，内设防灾安全监控各功能子系统相关监控数据表，存储防灾安全监控各种信息，如风向风速信息、雨量信息、各种异物侵限监测报警信息等历史记录，以备查询。数据服务器具备故障自动转移功能，保证主机设备稳定运行。

应用服务器负责采集监控单元主机传入监测点状态信息及设备状态信息，将防灾安全监控各种信息、报警信息等历史记录存入数据服务器。应用服务器为双机热备方式，任一台发生故障、任意网络发生故障不影响系统正常运行，提高整个系统的安全性和可靠性。

2. 系统功能

(1)按设定的报警门限值和业务处理规程对风、雨、异物侵限等灾害的监测信息进行综合分析处理，根据灾害强度生成各类报警、预警信息以及相应的行车管制预案，并在工务终端上生成文本、图形显示及音响报警；同时，将风、雨、异物侵限等灾害的报警、预警信息以及相应的行车管制预案传送至调度所监控终端。

(2)存储风、雨等灾害监测数据以及报警、预警和设备故障信息，存储时间不少于3年。各类报警、预警信息的内容包括灾害种类、发生时间、地段、灾害级别、行车管制预案等。

(3)具备对各类信息按指定时段的统计分析功能，并为维护管理人员提供监测报警、预警及设备故障等信息的查询显示和报表打印功能。

(4)配合调度所调度员进行各种设备的远程试验，实现系统设备自身故障定位和故障报警显示、历史记录查询等。

(四)传输及网络设备

1. 防灾安全监控系统涉及行车安全，应构建带宽不低于2 Mbps的业务专网，实现监控单元、监控数据处理设备以及调度所设备间的数据传输，采用EF接口。

2. 传输网络采用双以太网、TCP/IP协议，网络结构应满足信息传输的实时性要求。为确保传输网络的可靠性，双网络通道应分别接入不同的业务板卡。

3. 监控单元与风雨监测点之间采用串口进行通信，当距离较长时(电缆超过1 000 m)采用外接光隔离长线收发器(MODEM)。监控单元与异物侵限监控点现场控制箱之间通信采用音频通道或数据通道。

4. 异物侵限监控报警采用继电接点条件与列控中心接口，通过实回线传输报警条件。

5. 采取有效措施，防止计算机病毒的侵入与传播。

(五)报警控制

1. 异物侵限报警控制

在GSM-R通信基站，当监控单元监测到预警信息时，通知维修、排除故障；当监控单元监测到报警信息时，通过与列控中心的连接电缆依据安全型继电器接口传递紧急停车信息，并通过防灾安全监控系统对综合维修段、调度所上传异物侵限报警停车信息。

2. 大风报警控制

在武汉、广州调度所，本系统向CTC发送报警信息，由调度人员人工指挥行车并将命令通过无线通信传送给司机；并在报警时提醒调度员及时查看各监测点状态，采取相应应对措施。

防风预警系统的列车速度控制暂按如下三级办理：

(1)风速大于等于20 m/s且小于25 m/s，限速200 km/h；

(2)风速大于等于25 m/s且小于30 m/s，限速80 km/h；

(3)风速大于等于30 m/s，停车。

限速等级设定尚需与动车组生产厂家提出的风速限制要求和列控系统速度分级要求统筹考虑。系统取得一定运用经验后可在沿线基站监控单元与列控中心采用三级多回路继电电路接口控制列车限速实现设备自动控制，并可择机选择实施预测未来风速风向的功能。

第五节　经验体会和建议

一、经验体会

1. 异物侵限监控

高速运行的列车，目视瞭望已不能保证行车安全，危险大大增加；我国地域广阔，公路、铁路网纵横交错，公跨铁桥、危险隧道口的地段容易发生汽车、较大物体（落石）冲入或坠入铁路线上发生危险。安装本系统设备，可以最大程度保证列车行车安全；当监测到报警时，立即停车以最大限度降低列车运输损失，亦最大程度发挥列车运输的经济效益和社会效益。

异物侵限监控装置能初步防护铁路沿线公跨铁桥、危险隧道口地点发生灾害或事故事件，发生事件后能及时监测出事故地点并报警通知列车紧急停车，最大限度地降低事故对列车运行带来的灾害损失。系统采用的双电网传感器探测方案有效、适用、可靠。

当有坠落物冲击双电网时，如果落物只破坏了一层电网，就会监测到预警信息，通知维修、排除故障；若落物同时破坏两层电网，就会监测到报警信息，系统通过与列控中心的连接电缆依据安全型继电器接口启动传递紧急停车信息实现停车，并通过本系统对工务维修段、调度所上传异物侵限报警停车信息。

由于异物侵限监控子系统对报警后控车实时性的要求较高，因此不仅在各监视终端上发出报警信息，同时直接通知信号列控系统控制列车停车。当调度员通过视频监视终端（通信设计）发现现场无异物侵限或异物被清除，向开往异物侵限报警点线路的第一趟列车发布低速通过命令，司机确认无异常后通知调度员，调度员可点击临时通车按钮同意列车临时通车。当监测点异物清除、双电网完全修复，由现场工作人员按压控制箱内的现场恢复按钮，调度员点击调度台上的现场恢复按钮，使系统恢复为发生异物侵限前的状态，列车正常运行。此项工作人性化设计、服务运输，通过一系列严格的操作流程，确保了列车运行安全，同时兼顾了行车效率。

异物侵限监控装置采用的金属结构材质有望提高并实现标准化生产。

根据相关专业提供的输入资料并经现场踏勘，在初步设计或施工图设计阶段设计的个别“异物侵限监控点”，在施工配合过程中发现可不用监控，其原因就是前面现场踏勘由于“土建”没有成形，认为会发生异物侵限，后期配合施工过程中“土建”最终成形，联合调查认为很难发生异物侵限并认为可取消该监控点。

对于既有公跨铁桥，前期调查不细，本线设计遗漏 3 处既有公跨铁桥，究其原因是桥梁设计只考虑新设的桥，而对于既有桥未提供资料或资料不全，而初步设计时，防灾专业自己调查有困难，不清楚线位走向。

2. 大风预警监控

大风气象将会对铁路正常运营造成晚点、停运或列车倾覆等不利后果，在没有防风预警监控措施时，运输效率将会大幅降低，因此该种防范措施在客运专线运营中将发挥其重要作用。具体表现为，系统实时监控大风的风速风向，经过系统运算和内嵌程序的判断，为行车指挥控制提供较为合理的行车速度命令，为调度部门启动应急预案提供决策依据。

防灾安全监控系统针对大风监测，不仅具有大风监测报警功能，还具备了大风预警功能，使动车组列车调度在大风条件下具有足够的预警时间，更好地保证了动车组列车的安全；在发生大风报警或预警时，系统提供限速建议值，由调度员下达调度命令或操作临时限速终端对列车进行限速。系统根据调度部门需要，在系统维护终端通过管理权限对报警门限值进行调整，方便使用。

时速 350 km 运行的列车受大风影响特别严重，依据国外经验和我国京津城际铁路运行的情况看，当大风达到一定程度时必须对列车限速，防风预警系统必须投入使用。运用这种技术，既可以降低大风对铁路行车的影响和危害程度，也兼顾了保证最大程度的行车效率。在大风条件下，如果以减少列车对数或停运时间来计算运输损失，当防风预警监控系统发挥其作用时，其社会经济效益将会突出显现。

目前，防风预警系统还不能实现设备的自动控制，有望取得运营经验后逐步实现自动控制，即依据防风预警系统监测的沿线风速风向数据通过信号和调度系统实现设备的自动控制。

关于沿线风监测点的设置地点，受专业知识和对风活动规律认识水平的限制，目前还不能完全准确地进行判断和设置。

3. 由于是新专业项目，设计和施工都还没有针对性很强的规范可参照执行。就设计行业来讲，总体技术方案还在不断修改，至施工图阶段系统总体结构还不断变化，比如，需要增加既有路局工务处、工务段的工务终端，需要增加一些雨量监测点，需要增加部分隧道口的监控点，这些都造成施工图设计文件的不完整和不必要的凌乱。

二、建　议

1. 引进气象行业人才，用于收集铁路沿线附近各气象台站历年数据进行统计、分析、换算，将铁路附近各气象台站的气象数据换算至铁路线上工程所需的风速风向数据。

2. 在《高速铁路设计规范》基础上，尽快细化和统一风、雨、雪、异物侵限监控地点（含公跨铁桥、隧道口、公铁并行地段）的设置标准、计算办法、勘察选点步骤，能出标准图的尽快出标准图（含工艺要求）。

3. 统一概算中项目名称（包含的设备、材料内容）和单价，统一数量计算标准。

第十八章　综合接地系统

第一节　设计概况及系统构成

一、设计概况

铁路接地技术是人身安全、设备安全的重要保障措施之一，随着我国大规模铁路客运专线的建设，以往分散的接地方式越来越显其局限性。结合我国铁路客运专线的特点，经过近年来对国内外接地技术的研究、消化吸收和试验验证，在武广铁路客运专线的设计中提出了综合接地总体技术方案，旨在满足沿线各系统设备防雷、接地及等电位连接的要求，并采取相应的措施来有效减少对弱电系统设备的影响，通过本线的实施逐步形成和完善了铁路综合接地系统标准体系。

根据武广铁路客运专线初步设计审查意见的要求，武广铁路客运专线采用综合接地系统的设计方案后，在施工设计中根据当时最新研究技术成果和相关规范要求进行了武广铁路客运专线Ⅰ类变更设计（武广函〔2007〕135号文），铁道部以铁鉴函〔2007〕892号文进行了批复。

二、系统构成

铁路综合接地系统由贯通地线、接地装置、接地连接线及接地端子等构成。系统以沿线两侧分别敷设的贯通地线为主干，充分利用沿线桥梁、隧道、路基地段构筑物设施内的接地装置作为接地体，形成等电位综合接地平台。通过贯通地线将铁路沿线建筑物、构筑物的防雷接地、强弱电设备的工作接地、保护接地、防过电压接地、防静电接地、屏蔽接地装置等电位连接起来，以确保人身安全和设备安全。

第二节　主要技术方案及采用的新技术新材料

一、设计原则

1. 距接触网带电体5 m范围以内各专业需要接地的构筑物和设备应接入综合接地系统，并且在地中强弱电接地引线距离应大于15 m。

2. 距线路两侧20 m范围以内的铁路设备房屋的接地装置应接入综合接地系统。

3. 不便与铁路综合接地系统等电位连接的第三方设施（如路外公共建筑物、金属管线等）必须采取可靠的隔离或绝缘等措施。

4. 综合接地系统的接地电阻应不大于1 Ω。

5. 贯通地线及引接线采用铜质导线，截面积应满足正常情况下的载流和短路情况下的动热稳定要求，同时应满足有关敷设、运行中机械性能要求。

6. 接地装置主要包括接地极及接触网防闪络保护接地两部分。接地极应优先利用建筑物中的非预应力结构钢筋作为自然接地体，当自然接地体的接地电阻达不到要求时应增加人工接地体。

7. 为防止对预应力钢筋的影响，预应力钢筋不应接入综合接地系统。

二、综合接地系统实施方案

1. 武广铁路客运专线综合接地系统采用沿铁路上、下行敷设两根贯通地线的方式，正线贯通地线采用铜截面为70 mm^2的耐腐蚀并符合环保要求的接地铜缆；联络线、动车走行线为35 mm^2的铜线。

2. 路基地段贯通地线一般直接埋设，但可根据地质情况选择敷设方式，普通地段埋设于信号电缆槽下，距钢轨底部不小于1.5 m，硬质岩和石质岩地段可缩小埋深或敷设于电缆槽内，并采取砂防护，如图3-18-1所示。

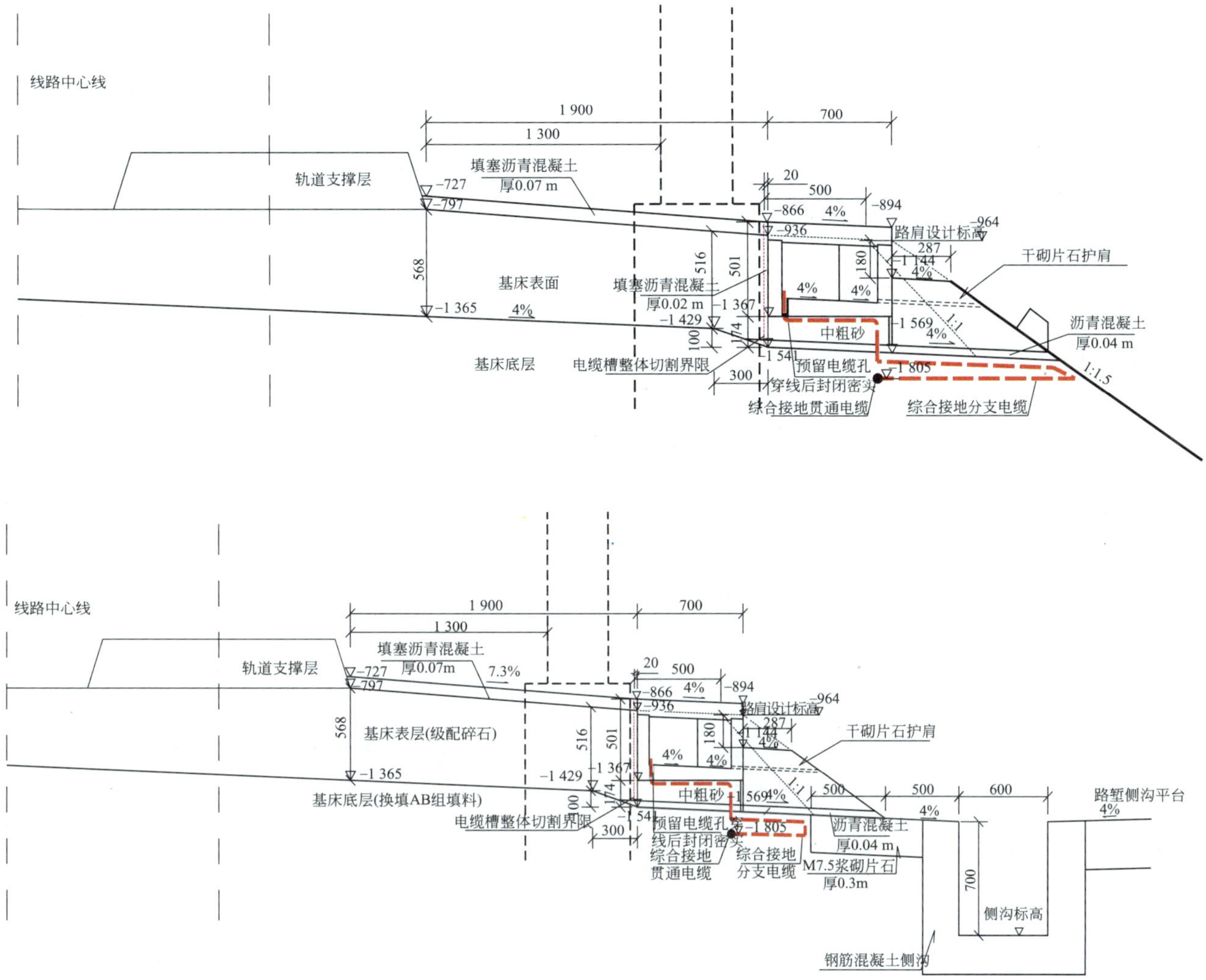

图 3-18-1　路堤与土质路堑地段综合接地电缆线布置(单位:mm)

长度超过 1 000 m 的路基地段,每间隔 500 m 左右将上下行贯通地线连接一次;长度为 500～1 000 m 的路基地段,在中间将上下行贯通地线连接一次。连接线的规格及埋设深度与贯通地线相同。

贯通地线通过分支引接线、C 形压接件及路基型接地端子接入综合接地系统。

3. 桥梁综合接地段按贯通地线敷设于电力电缆槽中,并采取砂防护措施。贯通地线通过 L 形连接器(跨线桥、涵除外)及桥隧型接地端子接入综合接地系统,如图 3-18-2 所示。

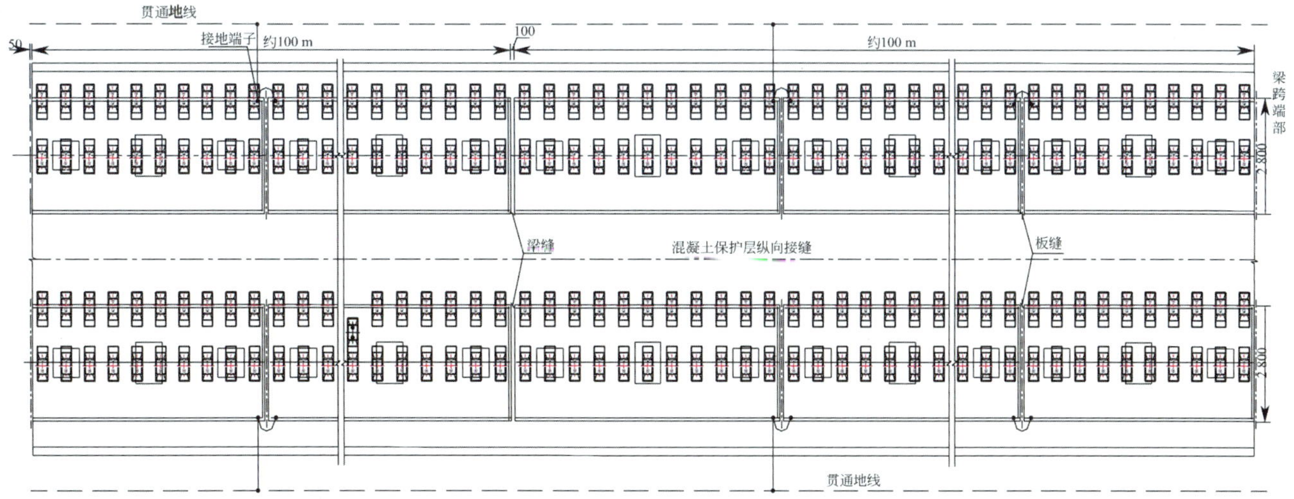

图 3-18-2　桥梁地段接地平面布置示意(单位:mm)

4. 隧道综合接地按贯通地线敷设于电力电缆槽中，并采取砂防护措施。贯通地线通过L形连接器及桥隧型接地端子接入综合接地系统。

5. 路基地段接地装置应充分利用接触网支柱基础内的结构钢筋。

6. 桥梁地段接地极应充分利用桥墩基础结构钢筋设置，以满足接地电阻值的要求。接触网防闪络保护接地应充分利用梁体(或保护层)及桥墩内的结构钢筋或钢结构。

7. 隧道地段接地极应充分利用隧道的初期支护锚杆或底板钢筋及结构钢筋，以满足接地电阻值的要求；接触网防闪络保护接地应充分利用隧道二次衬砌内的结构钢筋。

8. 无砟轨道地段接地装置对接触网闪络保护接地应充分利用轨道板结构钢筋，并在结构物内预埋接地端子。

9. 车站站台部分接地装置在车站站台靠近线路侧局部范围内设置的接触网闪络保护接地应充分利用结构钢筋，并在结构物内预埋接地端子。

10. 接地装置等电位连接措施，综合接地系统平台内的接地装置通过接地端子、连接导线实现等电位连接，沿线各系统设备、设施通过连接导线与接地端子可靠连接。

11. 相关工程的接地。

(1)沿线通信工程中需接入综合接地系统的设施(如无线通信铁塔等)，在自设接地装置之后，就近与贯通地线等电位连接，其引接线等由通信工程统一实施。

(2)沿线距离贯通地线20 m范围以内的设备房屋、设备接地装置等，由各自工程实施完成后，就近与贯通地线等电位连接。

(3)牵引变电所、分区所应通过轨(地)回流，接触网PW线(回流线)通过扼流变压器中点或空心线圈中点进行完全横向连接。

(4)沿线需接地防护的桥梁护栏、声屏障、隔离栅栏、雨棚、站台等金属构筑物设施，均由各自工程负责，按相关规范要求完成接地装置后就近与贯通地线等电位连接。

三、新技术、新材料

1. 正线贯通地线和分支引接线均选用铜截面为70 mm^2的环保型接地铜缆。

2. 接地母排及接地端子采用不锈钢制造，按照IEC 62305-3的规定，不锈钢材料的成分满足：Cr≥16%、Ni≥5%、Mo≥2%、C≤0.08%，如GB00Cr17Ni14Mo2。

3. 接地连接线采用同规格的接地铜缆，线鼻采用与接地端子同材质的不锈钢或镀锡铜。

4. 梁体、墩身及无电缆上桥需求的桥墩墩帽，设单孔(M16)接地端子；路基、隧道以及有电缆上桥需求的桥墩墩帽，一般设双孔(M16)接地母排，特殊情况可采用多孔(M16)不锈钢板作为扩展母排使用。

5. 为减少投资、方便现场操作以及减少人为因素对连接质量的影响，除钢筋与钢筋间以及钢筋与钢架间的连接采用焊接工艺外，其他连接采用压接工艺，压接压力不小于120 kN，地下连接处应采取防腐措施。

第十九章 工程接口设计

武广铁路客运专线站前与站后结构工程设计无完整的规程规范及相关完善的技术标准，之前也无实际工程设计经验，尤其是在路基地段附属结构物及其相关接口设计方面，更是一片空白。通信、信号、电力、接触网、牵引变电、综合接地、过轨管道等在路基上的布置、预留设施及其相互关系，特别是上述设施在桥路、路隧、隧桥、堤堑过渡段位置的设置及连接是客运专线设计的重点和难点。相对于普通铁路，机车牵引动力和行车速度是决定接口工程技术标准和精度要求的主要因素。

站前工程和站后工程的接口设计应充分考虑站后工程对接口的技术要求，同时也要考虑工程接口施工可能对站前工程施工质量的影响，做到两者都能均衡照顾，彼此协调，以此确定工程接口的设计。

第一节 专业间工程接口设计概述

一、工程接口设计涉及的专业

与路基、桥梁、隧道、站场、轨道等站前专业有工程接口设计的站后专业主要有通信、信号、电力、接触网、环境工程等。

站后专业提供接口工程的设置类别、原则及要求（位置、尺寸等），站前专业负责将接口工程纳入站前设计，接口工程应和站前土建工程一并完成。

二、专业间接口设计的主要内容

与普通铁路相比，客运专线接口问题多，而且要求精度高，这些接口问题涉及站前与站后单位之间、各专业之间、各种国内外技术之间、铁路行业与路外各行业部门之间等等，接口工作覆盖了设计、施工、安装、调试、试运行等各阶段。客运专线与普通铁路相比而言，电气化专业、通信信号专业与线下土建专业间存在着更为复杂、精细的接口工程，其施工精度是高速铁路运行可靠保证的关键工程之一，标准要求更高、更严。此外，接触网基础、电气化接地及沟槽管洞、电缆爬架均由原来的四电专业施工单位负责改为由线下土建施工单位负责，增加了线下土建施工的工作量和施工难度。

站前与站后工程接口工程源自通信、信号、电力、接触网、牵引变电、环境工程等专业的需求，对站前各专业（路基、桥梁、隧道、站场、轨道等）在施工过程中，均需预留部分结构与相应站后各专业进行衔接，所衔接的结构和部位称为接口工程。接口工程按照承载主体不同，分属路基、桥梁、隧道、站场和无砟轨道等5项工程。接口工程内容按照专业划分有：路基综合接地，过轨（手孔、人孔），接触网支柱基础（含下锚拉线基础），电缆沟槽；桥梁综合接地（含桩基础、承台、梁体等），锯齿形孔及爬架，梁体接触网支柱基础，桥上电缆槽；隧道综合接地及防闪络，隧道内过轨，接触网预埋槽道，隧道内电缆槽；无砟轨道绝缘处理，接地连接等。

按照接口需求确定的专业间接口设计的主要内容包括：

1. 电缆槽

信号、通信、电力电缆槽在线路两侧均设，且贯通全线设置，含各类电缆引入相关区间站所需和站前工程统一考虑的部分。

信号电缆槽设于最靠近线路侧，通信电缆槽靠信号电缆槽布设，电力电缆槽布置在最外侧；一般情况下，信号与通信电缆合槽设置，槽底预埋倒“U”形钢筋分隔各自所需宽度。

（注：信号、通信、电力电缆槽现设计均考虑设置于路肩上。）

2. 电缆过轨

信号、通信、电力电缆以及PW线、供电线等有横向过轨需求，需要设横向过轨通道，路隧地段敷设管道实现，桥梁上不考虑设置横向过轨管。

3. 电缆手孔

手孔为电缆驳接点、盘存余长电缆和检查维修电缆之用；横向过轨管两端设置手孔和线路两侧的电缆槽连接，电缆检修位置、接头位置和余长处均应设置手孔。

4. 综合接地

综合接地贯通地线在线路两侧均设，路基地段埋设于信号电缆槽下，桥隧地段与信号电缆槽合用。贯通地线每隔一定距离和根据需要设横向连接线或布设接地端子，与线路两侧贯通地线可靠连接。

5. 接触网悬挂基础

路桥地段线路两侧设接触网立柱基础，与路基和桥梁工程一并施作完成；隧道内洞顶预埋接触网滑道，与隧道衬砌整体浇筑。

6. 声屏障立柱基础

对线路两侧敏感点，噪声预测超标需设声屏障地段，声屏障立柱基础与路基和桥梁工程一并施作完成。

7. 其他与站前工程有关的接口工程

(1)电力电缆上下桥墩爬架。电力电缆根据需要在指定桥墩预埋上下桥电缆爬架，与桥墩一并浇筑完成。

(2)隧道内站后设备洞室。根据站后相关专业设备布设要求，在隧道内指定地点设置综合洞室或专用洞室，洞室与隧道主体工程一并完成。

(3)桥隧地段道岔。由信号专业根据道岔转换设备和安装装置的荷载及安装尺寸要求，给桥梁、隧道专业提出接口要求。

第二节　接口设计原则与要点

一、接口工程通用要求

1. 接口工程与相关站前主体工程同寿命设计，并应和站前土建工程一并完成。站后相关专业提供接口工程设置类别、位置及要求，站前专业负责将接口工程纳入站前设计。

2. 路基上的各种接口工程宜与路基同步施工，并不得因其设置而损坏和危及路基的稳固和安全。

3. 信号、通信、电力电缆槽贯通线路两侧设置，电缆横向过轨管及手孔根据站后相关专业要求设置。

4. 电缆槽(含过轨管、槽)及结合部要求平顺，设计的弯曲半径应符合相关专业要求。

5. 电缆槽(含过轨管、槽)及手孔内应考虑排水措施。

6. 路基地段过轨管的埋深要求：过轨管顶部外边缘至无砟轨道板顶面间距不小于 600 mm。

7. 综合接地。

(1)路基。

①一般应将贯通地线埋设于信号电缆槽下，距基床底层顶面－300～－400 mm 处；石质路堑地段，将贯通地线埋设于信号电缆槽下约－200 mm 的沟中并回填细粒土。

②在每个接触网立柱处的信号电缆槽靠线路侧的内壁上预埋接地端子。

③区间路基地段约每 500 m 预埋横向连接线，与线路两侧贯通地线可靠连接。

④路基工程负责完成路基地段贯通地线、分支引接线、横向连接线敷设前的路基开槽、回填、防护以及路基地段电缆槽内接地端子的预埋安装。

(2)桥梁(含上跨本线立交桥)。

①桥梁工程完成梁体、桥墩内部接地钢筋的连接及明挖扩大基础下部接地装置。

②在梁体、桥墩等位置预埋接地端子，并与内部的接地钢筋可靠焊接；完成梁体与桥墩预埋接地端子间的等电位连接。

(3)隧道。

①隧道工程完成隧道接地装置的设置，主要包括初期支护接地锚杆和接地钢筋、二次衬砌内接地钢筋、

底板接地钢筋等之间以及与贯通地线间的可靠连接。

②完成隧道洞室内接地端子、隧道内接地端子的预埋，以及与电缆槽外缘纵向接地钢筋的连接。

③完成接触网槽道基础的接地连接。

(4)轨道。

①在无砟轨道板中设置 4 根纵向接地钢筋。

②纵向接地钢筋原则上按照每 100 m 分段连接，各段中部预埋接地端子与贯通地线连接，段间钢筋不连接；注意接地钢筋不得构成电气回路。

③纵向接地钢筋原则上每 100 m 分别于线路两侧的贯通地线单点 T 型可靠连接。除无砟轨道板内纵横向接地钢筋交叉处进行焊接外，接地钢筋与其他结构钢筋交叉处应进行绝缘处理。

④无砟轨道板中的接地钢筋利用道床内非预应力结构钢筋，钢筋直径要求不小于 16 mm。

(5)车站。站内钢筋混凝土旅客站台墙，每块站台墙中下部预埋接地端子，接地端子高出路基面 15 cm 设置。

二、路基接口工程主要设计原则及要点

(一)电缆槽及手孔

1. 电缆槽及手孔的布置

信号、通信电缆槽贯通设置在接触网立柱基础外路肩上；电力电缆槽一般拉通设置在路堤坡脚(路堤地段)或侧沟平台上(路堑地段)，桥隧之间短路基地段(不大于 30 m)，电力电缆槽设置于路肩上。在路基与桥隧过渡段，电缆槽在水平和高程方向进行顺接。

在桥头，隧道洞门处，通信、信号、电力电缆、PW 线、供电线等需要横向过轨和检修的位置，电缆接头及余长处设置手孔。通信信号手孔对称设置在两侧路肩上，电力手孔对称设置在两侧路堤坡脚或侧沟平台上。路肩上的手孔位置应避开接触网立柱基础。

2. 路基与桥隧连接时电缆槽过渡

由于桥梁和隧道结构上的通信、信号、电力电缆槽以及综合接地贯通地线在水平位置和相对高程均与路基地段不同，需要进行过渡顺接。

桥梁与路基连接时，电缆槽及贯通地线在路基范围设置 3.0 m 长的过渡段顺接，然后通过乙型和丙型手孔进行转换。路基与隧道连接时，通信、信号电缆槽通过小转角顺接，电力电缆槽和侧沟通过手孔井和沉淀池进行顺接。

桥头路基设置手孔，便于各种电缆引出路基及过轨，隧道洞口路基一般不再单独设置手孔，电缆均在隧道洞口内进行过轨。

3. 电缆槽及手孔的材料及规格

电缆槽及手孔采用 C25 钢筋混凝土或无机复合板预制构件(手孔可现浇)。电缆槽每 50 cm 一节，手孔为单节，电缆槽内及手孔内均铺设中粗砂。为避免电缆在通过手孔时下垂弯曲，在手孔侧壁上设角钢支架，高度同电缆槽底部标高。现浇手孔时，在需要穿管位置，手孔底部或侧面预留 ϕ110 mm 孔洞。

为防止鼠害及孔内中粗砂流失，在外侧隔板的泄水孔处设置一层 ϕ2 mm 钢丝网(网距 1.0 cm×1.0 cm)，预制混凝土时一并埋入。

电缆槽采用横向排水措施，在每节电缆槽的中间隔板和外侧隔板底部设置泄水孔，采用 ϕ50 mm PVC 塑料管制作。

(二)综合接地贯通地线及横向连接线的敷设方式

路基地段的综合接地贯通地线采用两侧对称设置方式，一般埋设于通信信号电缆槽下方，在路堤、土质及软质岩路堑地段位于基床底层顶面以下 0.35 m，在硬质岩路堑地段位于电缆槽以下 0.2 m；在桥隧之间短路基地段(不大于 30 m)直接敷设在电缆槽内。同时在每个接触网立柱位置分别预留引接线，连接电缆槽内的引接线端子排。一般间隔一定距离(约 500 m)，采用横向连接线与贯通地线进行等电位连接，其材质、规格及敷设方式同贯通地线。在不同路基结构形式之间，路基与桥、隧、涵过渡段，贯通地线在水平和高程方向进行顺接。

(三)横向过轨管道及敷设方式

有横向过轨需求的电缆包括通信、信号、电力电缆以及PW线、供电线等,一般在路堤基底或路基基床通过开槽或预埋,并穿管敷设实现过轨目的。为避免对信号电缆产生电磁干扰,在强电电缆(电力电缆、PW线、供电线)与信号电缆在手孔内发生交叉时,应对信号电缆进行屏蔽保护。在信号中继站,信号与电力电缆应在不同里程分别过轨,间距5~10 m为宜。

过轨管道一般采用高密度聚乙烯(HDPE)双壁波纹管,内径100 mm(电力电缆管道为150 mm),环刚度8 kN/m^2,并满足不同电缆转弯半径不小于15D的弯曲要求。管内预埋两根ϕ2 mm钢丝用于穿管。为避免管道内积水,管道两端应高于手孔底部不小于5 cm。

在路堤、路堑及桥隧之间短路基地段,各种过轨管道的敷设方式如下。

1. 路堤地段横向过轨管道

(1)电力电缆过轨管道。电力电缆从乙型手孔侧面引出,过轨位置位于路堤填方基底,管道在地面、挡土板及排水沟等结构物以下最小埋深不小于0.3 m。

(2)其余电缆过轨管道。电缆从甲型手孔侧面引出,过轨位置在路基基床底层上部,过轨管道在基床底层内的最小埋深不小于0.1 m,其顶部距离路基面不小于0.712 m。

2. 路堑地段横向过轨管道

(1)通信、信号电缆或PW线、供电线过轨管道土质及软质岩路堑同路堤地段。硬质岩路堑地段,电缆从甲型手孔侧面引出,过轨位置在路基基床表层内,过轨管道在基床表层内的最小埋深(顶部距离路基面)不小于0.3 m。

(2)电力电缆过轨管道。电缆从乙型手孔侧面引出,穿过侧沟上部进入甲型手孔,与其余电缆一起过轨。电力电缆在土质及软质岩路堑与硬质岩地段的过轨方式相似,只是埋深不同。

3. 桥头路基横向过轨管道

在桥头路基一般只有通信和电力电缆过轨。电缆从丙型手孔侧面引出,过轨位置在路基过渡段内,过轨管道的最小埋深(顶部距离路基面)不小于0.3 m,在填方过渡段设有桥台搭板时,过轨管道顶部距离路基面不小于0.6 m。

4. 桥隧之间短路基地段横向过轨管道

在桥隧之间长度小于30 m的短路基地段,一般只有通信和电力电缆过轨。过轨方式同桥头路基,过轨管道的最小埋深(顶部距离路基面)不小于0.3 m。

(四)各类电缆从路基引入相关区间站所

区间站所包括信号中继站、通信基站、牵引变电所、AT所及分区所等,各类电缆包括通信、信号、电力电缆,以及PW线、供电线等。电力与信号电缆不在同一里程过轨,分别引入区间站所。桥隧之间长度小于30 m的短路基地段一般不设区间站所。

1. 路堤地段

电力电缆从路堤基底,通过排水沟上部进入乙型手孔,与另一根电力电缆一起引出,引入区间站所。其余电缆管道从甲型手孔侧面引出,顺路堤边坡而下,通过排水沟底部,引入区间站所。管道在地面、排水沟沟底以下及边坡坡面上的最小埋深均不小于0.3 m。

2. 路堑地段

电力电缆从甲型手孔侧面引出,通过侧沟上部进入乙型手孔,与另一根电力电缆一起引出,通向区间站所。其余电缆从甲型手孔侧面引出,一起从侧沟底部混凝土中穿过,引入区间站所。管道在地面的最小埋深不小于0.3 m。

(五)接触网立柱基础

接触网立柱基础位于电缆槽内侧,根据接触网专业提供的尺寸和位置浇筑,并预埋接地端子。

(六)声屏障立柱基础

声屏障立柱基础位于电缆槽外侧,根据环评专业提供的尺寸和位置浇筑,并预埋接地端子。声屏障立柱距离左、右线的距离不小于4.6 m。

(七)路基施工须考虑的接口问题

1. 路堤填筑应与接口工程同步施工,电力电缆过轨管道埋设在填方基底,因此在路堤填筑之前应埋设好过轨管道。

2. 排水系统(侧沟、排水沟)施工时应与接口工程同步,路堑地段,电力电缆过轨管道从乙型手孔进入甲型手孔时,需穿过侧沟上部,因此侧沟施工时要预埋过轨管道。

3. 各类电缆从路基引入区间站所时,均要与路基的排水沟及侧沟发生关系,因此这部分排水沟及侧沟施工时均要考虑好各类电缆的埋设(电力电缆穿过侧沟及排水沟,其余电缆埋入排水沟或侧沟底部)。

4. 路堤、土质及软质岩路堑地段,综合接地贯通地线及横向连接线埋设在基床底层倒数第二压实层(电力电缆槽下 0.35 m),因此在路基填筑时要预埋贯通地线及横向连接线。

三、桥梁接口工程主要设计原则及要点

1. 电缆槽

信号、通信、电力电缆槽贯通设置在接触网立柱基础外,桥梁浇筑前预留好电缆槽连接钢筋,电缆槽后期浇筑。

2. 接触网立柱基础

接触网立柱基础位于电缆槽内侧,根据接触网专业提供的尺寸和位置与梁体一并浇筑,并预埋接地端子。

3. 声屏障立柱基础

声屏障立柱基础位于电缆槽外侧,与梁体一并浇筑,可根据铁道部正式发布的桥梁段声屏障通用图设计。

4. 综合接地贯通线

综合接地贯通线布设于信号电缆槽内,与信号电缆槽合用。

5. 电力电缆上下桥墩爬架

在电力专业指定的桥墩面上预埋上下桥电缆爬架,与桥墩一并浇筑完成。爬架垂直桥墩面直线向上布设,爬架间距根据电力专业提供数据确定。

四、隧道接口工程主要设计原则及要点

(一)电缆槽、电缆横向过轨管及手孔

1. 隧道内线路两侧设槽,且贯通整个隧道设置。

2. 每个洞口处(在隧道内距离洞口 2 m 处)布置信号、通信、电力电缆过轨管各 2 根,并预留维修、盘存手孔;每个专用洞室处布置信号、通信、电力电缆过轨管各 2 根;每个变压器洞室处布置电力过轨管线 6 根。

3. 电缆过轨管采用高密度聚乙烯(HDPE)双壁波纹管。

4. 电缆过轨管设置。

(1)平面布置。每个洞口、洞室电缆过轨管从一侧电缆槽与线路平面成 45°夹角布设,按八字形排列下穿中心水沟,两边各并行埋置 3 根过轨管线,管线间距 60 cm,下穿电缆过轨管同仰拱内缘线净距为 17 cm,其弯曲半径不小于 100 cm,无仰拱地段采用与有仰拱段同曲率办理。

(2)侧面布置。Ⅲ～Ⅴ级围岩衬砌段洞室电缆过轨管在中心水沟底下以同仰拱的曲率弯曲通过,电缆过轨管的位置在仰拱填充内,Ⅱ级围岩衬砌段管线在中心水沟底下以同仰拱段的曲率弯曲通过,管线埋在底板以下的岩石中,需要开槽埋管,并用 C20 混凝土回填。

5. 施工注意事项。

(1)有仰拱的衬砌段管线埋置应在仰拱施作完成后、仰拱填充未施作之前进行,无仰拱的衬砌段管线埋置在底板施作之前进行。

(2)施工时管内预留穿线用直径 0.3 cm 的钢丝 2 根,管口设堵头。

(3)过轨管线要求在各电缆槽内露头 2 cm,以防止渗水。

(二)接触网滑道

接触网滑道有 1.5 m、2.0 m、2.5 m 长三种规格,根据接触网专业提供的滑道规格和设置里程确定隧道衬砌加固方案。

Ⅱ、Ⅲ级围岩隧道衬砌中一般地段接触网滑道基础加强设计采用钢筋焊接网片加强,隧道中下锚地段预埋加强设计采用钢筋混凝土加强,纵向加固范围为 3 m,采用钢筋混凝土结构。

Ⅳ、Ⅴ级围岩隧道及明洞中二次衬砌为钢筋混凝土结构,不进行另外的加固。

(三)综合接地贯通线

综合接地贯通线布设于信号电缆槽内,与信号电缆槽合用。

第二十章 高性能混凝土及耐久性设计

第一节 概 述

武广铁路客运专线要求桥梁、隧道等主体结构采用高性能耐久性混凝土,使用寿命为100年。下面根据高性能混凝土的特点,对高性能耐久性混凝土配合比设计和施工检测控制进行总结。

一、高性能混凝土特点

高性能混凝土是指采用普通原材料、常规施工工艺,通过掺加外加剂和掺和料配制而成的具有高工作性、高强度、高耐久性的综合性能优良的混凝土。

目前,高性能混凝土在客运专线的工程实践中已被较广泛采用,高性能混凝土具有以下特点:

(1)拌和料呈高塑或流态,可泵送、不离析,便于浇筑密实。

(2)在凝结硬化过程中和硬化后的体积稳定,水化热低,不产生微细裂缝,徐变小。

(3)有很高的抗渗性。其中高工作性是高性能混凝土必须具备的首要条件,即高流动性、高抗分离性、高间隙通过性、高填充性、高密实性、高稳定性;并同时具备低成本的技术经济合理性。

高性能混凝土具有丰富的技术内容,基本特征是按耐久性进行设计,保证拌和物易于浇筑和密实成型,不发生或尽量少发生由温度和收缩产生的裂缝,硬化后有足够的强度,内部孔隙结构合理而有低渗透性和高抗化学侵蚀。随着工程建设的需要,高性能混凝土的使用频率越来越高,对其进行严格质量控制的重要性也越来越明显。

二、高性能混凝土的研究设计内容

主要包括:高性能混凝土配合比设计,高性能混凝土及耐久性设计,高性能外加剂(聚羧酸系减水剂)在客运专线工程中的应用,高性能混凝土施工温度控制,高性能混凝土外观质量缺陷原因分析及预防措施,高性能混凝土搅拌站,高性能混凝土的应用及生产质量控制等。

第二节 高性能混凝土配合比设计

高性能混凝土配合比是保证高性能混凝土质量的关键,所有高性能混凝土的配制全部运用正交试验法进行配合比的优化设计试验。依据原材料性质配制多个配合比,对每个配合比坍落度、含气量、泌水率、强度、弹性模量等进行试验。从中选出能满足设计要求的最佳配合比,进行抗渗性、抗氯离子渗透性能、抗碱-骨料反应、抗冻性、抗裂性、抗钢筋锈蚀等检验,确定最终的混凝土配合比。

一、确定初步理论配合比设计参数

1. 配制强度

配制强度 $f_{cu,0}$ 应根据混凝土设计强度等级 $f_{cu,k}$ 和施工单位的混凝土强度标准差 σ,按国家现行《普通混凝土配合比设计规程》(JGJ 55—2000)中有关混凝土的施工配制强度计算公式确定:

$$f_{cu,0} \geqslant f_{cu,k} + 1.645\sigma \tag{3-20-1}$$

当施工单位无近期同一品种混凝土的资料时,混凝土强度标准差 σ 值可按表 3-20-1 取用。

但应注意,在进行水下混凝土配合比设计时,其配制强度应较普通混凝土的配制强度提高 10%～20%。水泥用量不宜小于 350 kg/m^3;当掺用外加剂,掺和料时,水泥用量可减少,但不得小于 350 kg/m^3。

2. 水胶比 W_0/J

表 3-20-1 混凝土强度标准差 σ 值

生产单位	混凝土等级		
	C20	C20～C40	＞C40
预制混凝土构件厂	3.0 MPa	4.0 MPa	5.0 MPa
现场混凝土集中搅拌站	3.5 MPa	4.5 MPa	5.5 MPa

根据国家现行《普通混凝土配合比设计规程》(JGJ 55—2000)中有关混凝土的水胶比计算公式计算，按耐久性设计要求确定。当按计算所得水胶比例大于按耐久性设计要求确定的水胶比值时，取耐久性设计要求确定的水胶比值。

3. 用水量 W_0

可参考行业标准《普通混凝土配合比设计规程》(JGJ 55—2000)选取，通过试验据混凝土拌和物流动性、黏聚性和泌水性确定。

4. 砂率 S_P

可参考行业标准《普通混凝土配合比设计规程》(JGJ 55—2000)选用。

二、配合比设计计算

进行高性能混凝土配合比设计计算时，所用骨料均以干燥状态骨料为基准(所谓干燥状态骨料系指含水率小于 0.5%的细骨料或含水率小于 0.2%的粗骨料)，所用细骨料均以过 10 mm 圆孔筛的细骨料为基准。混凝土配合比设计计算步骤和方法可参照行业标准《普通混凝土配合比设计规程》(JGJ 55—2000)执行。

高性能混凝土配合比由于设计影响因数众多、试验周期长、试验任务繁重，早期配合比设计宜采用正交试验设计，合理安排配合比组数，达到事半功倍。

三、高性能混凝土配合比设计参数

高性能混凝土配合比设计参数主要包括混凝土的强度等级、耐久性设计参数、最大水胶比和最小胶凝材料用量、混凝土含气量、混凝土电通量 q、混凝土的抗冻性、混凝土中的碱含量等。

采用设计规定混凝土的强度等级和耐久性设计参数，最大水胶比和最小胶凝材料用量应符合铁道部 140 号文变更规定，混凝土含气量、混凝土电通量 q 应符合相关规定，混凝土的抗冻性冻融破坏环境下的混凝土结构，混凝土的抗冻性应符合相关规定。混凝土中的碱含量应符合设计要求。

四、高性能混凝土配合比选定试验的检测项目

《铁路混凝土工程施工质量验收补充标准》规定混凝土配合比选定试验的检测项目应符合表 3-20-2 中的规定。

表 3-20-2 混凝土配合比选定试验的检测项目

序号	检测项目	试 验 方 法	备 注
1	坍落度	《普通混凝土拌和物性能试验方法标准》(GB/T 50080—2002)	必 检
2	泌水率		
3	含气量		
4	抗裂性	《铁路混凝土工程施工质量验收补充标准》附录 C	
5	抗压强度	《普通混凝土力学性能试验方法标准》(GB/T 50081—2002)	
6	电通量	《铁路混凝土工程施工质量验收补充标准》附录 H	
7	弹性模量	《普通混凝土力学性能试验方法标准》(GB/T 50081—2002)	根据结构所处环境类别、设计要求等进行试验
8	抗冻性	《普通混凝土长期性能和耐久性能试验方法》(GBJ 82—1985)	
9	耐磨性	《水泥胶砂耐磨性试验方法》(JC/T 421—2004)	
10	抗渗性	《普通混凝土长期性能和耐久性能试验方法》(GBJ 82—1985)	

第三节 高性能混凝土及耐久性设计

混凝土受到来自土壤、水和空气中有害介质的侵蚀或混凝土本身组成材料有害成分的化学及物理作用，往往会产生开裂、溶蚀、剥落、膨胀、松软及强度等级下降等现象，严重的还会出现结构破坏或倒塌。由于多种错综复杂的原因导致工程质量耐久性差给国家造成的损失难以估量，因此混凝土结构的耐久性和安全性已越来越受到广泛关注。提高混凝土结构耐久性对于当前实现可持续发展战略，更好地利用资源、节约能源和保护环境，都具有十分重要的意义。目前，我国铁路部门已经在大量推广应用以高抗氯离子渗透性能、高工作性和高体积稳定性为标志的耐久性混凝土，并于 2005 年先后出台了三部行业标准，即《铁路混凝土工程施工技术指南》(TZ 210—2005)、《客运专线铁路桥涵工程施工技术指南》(TZ 213—2005)以及《铁路混凝土结构耐久性设计暂行规定》(铁建设〔2005〕157 号)。

一、耐久性混凝土设计的主要内容

《铁路混凝土结构耐久性设计暂行规定》(铁建设〔2005〕157 号)明确规定了其主要内容有以下 8 个方面：

(1)结构及主要可更换部件的设计使用年限。

(2)结构所处的环境类别及其作用等级。

(3)结构耐久性要求的混凝土原材料品质、配合比参数限值以及耐久性指标要求。

(4)结构耐久性要求的构造措施(包括钢筋的混凝土保护层厚度)。

(5)与结构耐久性有关的主要施工控制要求。

(6)严重腐蚀环境条件下采取的附加防腐蚀措施。

(7)与结构耐久性有关的跟踪检测要求。

(8)与结构耐久性有关的养护维修要求。

二、耐久性混凝土的原材料选择

基于抗裂、低水化热、高体积稳定性、低渗透性，并适应混凝土施工要求，通常实现耐久性混凝土的关键技术措施主要有：选用高性能优质水泥、优质骨料、优质掺和料和高性能减水剂，并利用高性能减水剂的大减水率大幅度降低混凝土的水胶比。

1. 基于控制水化热和收缩的抗裂性要求以及强度、耐久性要求，选择胶凝材料时应注意的事项。

(1)水泥：不宜使用早强型水泥；C3A 含量≤8%(氯盐环境≤10%)；比表面积≤350 m^2/kg(对硅酸盐水泥、抗硫酸盐水泥)；碱含量≤0.8%，C40 级以上混凝土碱含量≤0.6%；氯离子含量≤0.06%。

(2)粉煤灰：铁路行业将其划分为 C50 以下混凝土用灰和 C50 以上混凝土用灰两个等级。铁路行业 C50 以上混凝土用灰某些技术要求要高于国家标准规定的Ⅰ级灰。具体而言，烧失量：C50 以下混凝土≤5.0%，C50 以上混凝土≤3.0%；细度：C50 以下混凝土≤25.0%，C50 以上混凝土≤12.0%；需水量比：C50 以下混凝土≤105%，C50 以上混凝土≤100%；对硫酸盐环境氧化钙含量≤10%；并增加了游离氧化钙含量和安定性两项指标。2009 年 8 月 26 日，“铁建设〔2009〕152 号文”对粉煤灰的质量要求又进行了局部修订，适当放松了烧失量指标要求，但对于 C50 以上混凝土用灰的需水量比应≤95%。

(3)矿渣粉：其主要技术指标有烧失量≤4.0%；比表面积 350～500 m^2/kg；需水量比≤100%，活性指数(28 d)≥95%；“铁建设〔2009〕152 号文”对烧失量规定修改为≤3.0%。

(4)硅灰：由于硅灰比表面积特别大，导致用水量增加，且掺加硅灰混凝土早期自收缩大，因此对于硅灰应该谨慎使用。其主要技术指标有烧失量≤6.0%；比表面积≥18 000 m^2/kg；需水量比≤125%，活性指数(28 d)≥85%。

2. 基于强度和耐久性要求并考虑施工性能，选择骨料应注意的事项。

(1)粗骨料：上述提到于 2005 年出台的三部行业标准，以《客运专线铁路桥涵工程施工技术指南》(TZ 213—2005)规定最为严格。以使用于 C50 级及以上混凝土用粗集料为例，母岩强度应为混凝土设计强度的 2 倍；压碎指标值≤10%；针片状颗粒含量≤5%；宜为 5～20 mm 连续级配碎石，使用 5～10 mm 和 10～

20 mm 两级配配料，其质量之比为(40±5)%：(60±5)%；含泥量≤0.5%；吸水率≤2.0%；并要求为非活性骨料；其他指标参见《铁路混凝土结构耐久性设计暂行规定》(铁建设〔2005〕157 号)。大量工程实践表明，粗骨料应积极选择石灰岩、玄武岩和细粒花岗岩等岩种，以满足线膨胀系数(温控)和混凝土弹性模量的要求。

(2)细骨料：C50 级以上混凝土用细骨料优先采用优质天然河砂，细度模数在 2.6～3.0 之间；含泥量≤1.5%；并要求为非活性骨料。其他指标参见《铁路混凝土结构耐久性设计暂行规定》(铁建设〔2005〕157 号)。

3. 基于收缩、抗裂性、强度、耐久性要求以及施工性能，选择减水剂时应注意的事项。

减水剂质量的好坏是实现耐久性混凝土的最关键材料，为此铁道部科技司与铁道科学研究院就我国当前能满足铁路客运专线工程的减水剂进行了系统的抽样检验，并公布了合格名录。因此在合格名录范围内应优先选择减水率大于 25%的聚羧酸系，其他类减水剂的减水率也应大于 20%，且应选择适应性良好，硫酸钠含量、碱含量、氯离子含量合格的产品，其他指标均满足《铁路混凝土结构耐久性设计暂行规定》(铁建设〔2005〕157 号)规定的优质减水剂。

三、耐久性混凝土的施工性能控制

掺加聚羧酸减水剂，大量使用矿粉的低水胶比耐久性混凝土拌和物往往比普通 C50 级纯水泥混凝土黏聚性更大，这主要是因为矿粉的颗粒形状引起的，而原材料品质的波动、计量误差、搅拌时间、骨料含水率的变化更容易引起混凝土拌和物工作性不良。结合武广铁路客运专线工程实践建议注意以下环节和参数控制：

(一)施工中合理控制混凝土拌和物性能，优化可泵性并注意合理选择泵机和布管工艺

混凝土的可泵性能与混凝土粘着管道产生的阻力及其在管道内流动的速度快慢产生的阻力有关，混凝土流动性过小、黏度过大会引起摩擦阻力增大并导致泵送压力增大，甚至堵管。正因为铁路耐久性混凝土黏度较普通混凝土大，因此应改变传统以单一坍落度指标控制，变成以坍落度、扩展度、倒坍落度流下时间等多项指标控制的方法。必要时可以适量掺加助泵剂或者润滑剂以改善新拌拌和物的工作性能。

混凝土输送泵的电机功率是决定出口压力和输送方量的前提条件，如果既要达到出口压力高，又想达到输送量大的目的，尤其在布管长度(高度)较大时，选择电机功率高的输送泵目前来看是最便捷的途径，同时还应保证液压泵、液压阀、电气元件的可靠性。根据武广工程实践经验：应选择拖式 S 形摆管阀高压泵，最大出口泵压在 16 MPa 以上，电机功率在 132 kW 以上。还应根据输送泵的设备能力和混凝土工作性能确定合理的泵管布置方案，必要情况下可以通过工程试泵试验来确定。

(二)配合比设计时应保证混凝土最适宜的浆体含量

最适宜的浆体含量与骨料品质特别是粗骨料的品质密切相关，应确保骨料质量的稳定，且经常对其浆体体积进行微调，通常浆体体积变动 1.5%左右即可以实现。

制定特殊条件下的施工措施。混凝土冬期、雨期、高温季节应该有不同的有效的施工保证措施，才能持续实现混凝土耐久性。一般而言，混凝土浇筑前温度宜控制在 5℃～28℃，入模温度不宜高于气温并不应大于 30℃，新浇混凝土与老混凝土温差不大于 15℃，混凝土入模后 30 min，内部最高温度不高于 65℃，混凝土表面养护水与混凝土表面温差不应大于 15℃；冬季搅拌混凝土，混凝土出机温度不宜低于 10℃，入模温度不宜低于 5℃。

(三)加强混凝土收浆并注意及时养护

客运专线铁路采用耐久性混凝土水胶比低的特点导致其早期收缩裂缝和沉缩裂缝概率增大，而进行二次甚至多次收浆是解决此类问题的最有效方法之一；同时注意及时养护(特别是高温季节的及时覆盖塑料膜)也是保证实现耐久性混凝土的重要环节。

第二十一章　联调联试及试运行

根据《关于印发〈武广铁路客运专线剩余工程施工组织专题会议纪要〉的通知》(铁建设函〔2009〕58号)文件精神,武广铁路客运专线于2009年6月10日～10月31日分五个区段进行联调联试,11月1日～12月20日完成试运行、动态验收、初步验收、安全评估并达到开通试运营条件。

一、目的、试验区段和试验列车

(一)目　　的

在动车组高速运行状态下对全线各系统进行综合测试,评价供变电、接触网系统设计参数和设备选型的合理性;验证通信、信号、客服、防灾等系统的功能、性能、安全性;验证路基、轨道、道岔、桥梁、隧道等结构工程和振动噪声、电磁环境、综合接地等的安全性和适用性;检验各系统接口关系;对全线的各系统进行调试,优化各系统的状态和性能,为武广铁路客运专线顺利开通提供科学依据。结合联调联试,同时进行京沪高速铁路相关试验研究。联调联试结果可为动态验收提供依据。

试运行主要通过运行图参数测试、故障模拟、应急救援演练、按图行车,检验各系统在正常与非正常条件下运输组织的适应性,验证行车组织方式能否满足运营要求;检验模拟设备故障和自然灾害条件下的应急处理能力;为完善科学合理的运输组织方案提供技术依据。

武广铁路客运专线联调联试及试运行为京沪高速铁路及其他客运专线(高速铁路)的设计、施工、联调联试、验收和运营等提供了技术支持。

(二)试验区段

联调联试在全线上、下行线分区段进行。

第一段为乌龙泉～长沙南(299.87 km);第二段为新汨罗～耒阳西(270.29 km);第三段为衡阳东～韶关西(260.65 km);第四段为乐昌东～广州南(不含)(253.21 km);第五段为武汉～咸宁北(84.51 km)。

拉通试验和试运行在全线进行。

(三)试验列车及试验速度

1. 动车组

采用安装轨道检测、接触网检测、通信检测、动力学性能监测设备和CTCS-3级ATP车载设备的CRH_2-068C动车组进行逐级提速试验;动车组重联和隧道交会试验,除CRH_2-068C动车组外,另需1列350 km/h的CRH_2型动车组;CTCS-2级、CTCS-3级列控系统功能测试,除CRH_2-068C动车组外,另需2列350 km/h的CRH_2型动车组;跨线列车适应性验证试验,需要1列200～250 km/h的动车组。

试运行根据内容采用不同数量的动车组,满图运行时采用配属到位的全部动车组。试运行期间同时进行供电能力试验。

站前专业试验和弓网受流性能、通信系统性能试验的速度档为200 km/h、220 km/h、240 km/h、260 km/h、280 km/h、300 km/h、310 km/h、320 km/h、330 km/h、340 km/h、350 km/h,在测试数据正常条件下每个速度档运行2～4个往返。正式试验前,进行地面测点的5 km/h准静态标定,运行1个往返。为进一步验证高速运行情况下轮轨和弓网关系,适时进行一次350 km/h以上速度级的试验。更高速度试验,由现场根据试验数据确定。试验进行时,在符合行车安全标准前提下逐级提速。

重联试验速度挡为200 km/h、220 km/h、240 km/h、260 km/h、280 km/h、300 km/h、310 km/h、320 km/h、330 km/h、340 km/h、350 km/h,300 km/h以下每个速度挡运行1个往返,300 km/h及以上每个速度挡运行2个往返,最高试验速度根据测试结果确定。

隧道交会试验速度挡为250/250 km/h、300/300 km/h、250/350 km/h、320/320 km/h、340/340 km/h、350/350 km/h,每个速度挡交会次数2～3次。

18 号道岔侧向试验以 70 km/h、80 km/h、90 km/h 各运行 3 个往返，50 号道岔侧向试验以 150 km/h、180 km/h、200 km/h、210 km/h、220 km/h、230 km/h 各运行 3 个往返；正式试验前，进行地面测点的 5 km/h 准静态标定。

信号系统功能验证试验的速度按 ATP 速度曲线控车。

全线拉通试验动车组的速度按 ATP 速度曲线控车。

2. 检测列车

采用 160 km/h 内燃机车＋电务试验车(武汉局 SY25T999255)＋轨道检查车(广铁集团 WX25T999287)＋接触网检查车(广铁集团 WX25k998845)组成的检测列车，对轨道、接触网和信号设备状态进行检测，检测最高速度为 160 km/h。

试验期间，采用 CRH_2-068C 动车组进行速度试验，同时对轨道、接触网和信号设备状态进行检测，检测速度依据试验速度确定。

轨道状态检测结果按《客运专线 300～350 km/h 轨道不平顺管理标准建议值》(科技基〔2008〕65 号)进行评定，并参考《客运专线铁路工程竣工验收动态检测指导意见》(铁建设〔2008〕7 号)相关规定。接触网状态检测结果按《客运专线铁路工程竣工验收动态检测指导意见》(铁建设〔2008〕7 号)和相关设计文件进行评定。根据检测结果对不符合标准处进行精调和整治。

(四)列车运行安全评判标准

(1)脱轨系数：$Q/P \leqslant 0.8$。

(2)轮重减载率：$\Delta P/P \leqslant 0.8$；当 $\Delta P/P > 0.8$ 时停止提速(间断式测力轮对连续出现两个峰值减载)。

(3)轮轴横向力：$H \leqslant 10 + P_0/3$，P_0 为静轴重。

(4)横向稳定性：当构架加速度滤波 0.5～10 Hz、峰值有连续振动 6 次以上达到或超过极限值 8～10 m/s^2(与转向架构架设计相适应)时，判定转向架失稳，即停止提速。

二、联调联试

(一)供变电系统联调联试

1. 试验目的

考核动车组按设计要求的最小列车追踪间隔运行条件下的供电能力，考核单列、双列重联动车组运行工况下的供变电系统性能，评价供变电系统的安全性、稳定性和可靠性。验证供变电系统是否满足设计和运行要求，是否存在功能缺陷。检验牵引网内是否存在谐振过电压，考核变电所引入电源的电能质量，验证变电所故障状态下的越区供电能力。

2. 试验内容

以武广铁路客运专线进行接触网短路试验的供电臂为测试对象，对该供电臂内的变电所、AT 分区所、AT 所牵引供电参数进行测试。

(1)供变电设备运行参数测试。

①牵引变电所的主变压器原、次边同时连续记录测试。220 kV 侧母线电压 U_A、U_B、U_C；母线电流 I_A、I_B、I_C。

2×27.5 kV 侧母线电压 U_α、U_β；馈线电流 I_{T1}、I_{F1}，I_{T2}、I_{F2}，I_{T3}、I_{F3}，I_{T4}、I_{F4}。

②牵引变电所无功补偿装置测试。按投入、切除两种运行状态进行测试。

③AT 分区所记录测试。分区所两侧接触网末端 27.5 kV 电压；供电臂上、下行末端穿越电流；AT 分区所两侧 AT 电流。

④AT 所测试。接触网 27.5 kV 电压；AT 电流。

(2)越区供电能力测试。联调联试期间安排越区供电运行一天，越区供电期间，相邻变电所被试变电所方向越区供电，越区供电期间越区供电臂上下行，按越区供电模式组织列车运行。测试越区供电期间 AT 分区所、AT 所的运行参数。

(3)接触网短路测试。测试短路状态下的变电所、AT 分区所、AT 所接触网短路电压、电流参数。

(4)供电能力测试。测试动车组按设计要求的最小列车追踪间隔运行条件下的变电所、AT 分区所运行参数，或重联、交会运行条件下的变电所、AT 分区所运行参数。

3. 试验方法

(1)使用微机数据采集系统，对测试信号连续采样记录，对采样结果经过相关分析、FFT 计算、统计归纳取得上述各项的有效值、最大值、波形、各奇次/偶次谐波分量，变压器原次边输入输出功率、因数功率。

(2)结合试验区段的列车运行图，测算牵引网末端电压水平和事故情况下的越区供电能力，测算牵引变电所不同电压侧的母线、馈线电流、功率因数、谐波、负序参数。

(3)在变电所、分区所、AT 所分别测试变电所不同电压侧的母线、馈线电压、电流、功率因数、谐波及负序等参数。

(4)将测试结果与设计参数及运行图进行校核。

(5)应分别在列车正常和紧密运行工况下，进行试验测试。

(6)越区供电能力测试时，铁科院与武广铁路客运专线运行部门在试验计划中指定越区供电日期，由武广铁路客运专线安排越区供电前、后相关变电所、分区所的开关操作。

(7)接触网短路测试，按武广铁路客运专线安排的短路测试日期、时间，事先安装适合测试短路电流、电压参数、波形的高速采样装置，测试短路状态下的变电所、AT 分区所、AT 所接触网短路电压、电流参数。

4. 评判标准

依据《铁路应用牵引供电系统的供电电压》(IEC 60850)、《铁路技术管理规程》、《电能质量供电电压允许偏差》(GB 12325—1990)以及《电能质量三相电压允许不平衡度》(GB 12325—1990)等标准进行评判。

①测试运行期间，接触网电压应满足标称电压 25 kV、最高值 27.5 kV、最小值 19 kV、瞬时最大值 29 kV 的要求。

②牵引负荷引起 220 kV 母线电压正负偏差绝对值之和不超过 10%。

③220 kV 母线的正常电压不平衡度低于 2%，短时值不超过 4%。

(二)接触网系统联调联试

1. 受电弓空气动力学调试

(1)试验目的。通过对 CRH_2-068C 动车组检测受电弓进行空气动力学调试，调整受电弓导流板的位置和角度，优化受电弓受流性能，以保证弓网受流性能满足运行要求。

(2)试验内容。以 CRH_2-068C 动车组 6 号车顶上的受电弓为测试对象，进行空气动力学调试。

受电弓的空气动力学调试分为两个步骤：

①受电弓空气动力学性能测试及性能优化。试验时，CRH_2-068C 动车组 4 车受电弓受流，6 车受电弓升弓，用四个测力传感器拉住，使其不与接触线接触(距接触线 100～200 mm)，受电弓升弓状态如图 3-21-1 所示。测试动车组高速运行时受电弓受到的空气动态力，测点布置如图 3-21-2 所示。同时在动车组车顶安装摄像机，监视受电弓运行状态。

图 3-21-1　动车组升弓状态

测试工况分别为无导流板和有导流板两种。受电弓供应商依据测试结果，进行导流板位置和角度调整，直至满足预期目标。

受电弓在双向运行时，两个碳滑板的测量值 F_1+F_2 与 F_3+F_4 基本一致。

受电弓双向运行时，总的压力与 $F_1+F_2+F_3+F_4$ 一致，且受电弓在双向运行压力基本一致。

②弓网受流性能验证及优化。待受电弓弓头的导风板调整完成后，解开 6 号车受电弓的拉绳，降下 4 号车的受电弓，用 6 号车的受电弓牵引运行一个往返，利用铁科院的弓网受流测量系统测量弓网受流性能，包括弓网接触力、离线火花等参数。如满足要求则此次试验调整工作结束，如不满足要求应进行登顶调整导风板后，再次上线进行 1 个往返的测试，根据测试结果决定是否继续登顶调整。根据实测的受流性能数据，继续对受电弓的导流板进行优化，直至受流性能满足要求。

(3)参考标准。

①高速受电弓空气动力学试验的参考标准为EN 50317、EN 50367。

②铁道部相关标准。

2. 弓网受流性能试验

(1)试验目的。测试单列、双列重联试验动车组的弓网受流性能，评价动车组的弓网适应性，并根据测试结果对接触网、受电弓进行调整。

(2)试验内容。

①弓网动态接触力测试。

②离线(火花)测定。

③硬点(受电弓所受的垂向加速度)。

④接触线动态高度。

⑤受电弓运行状态图像监视弓网受流。

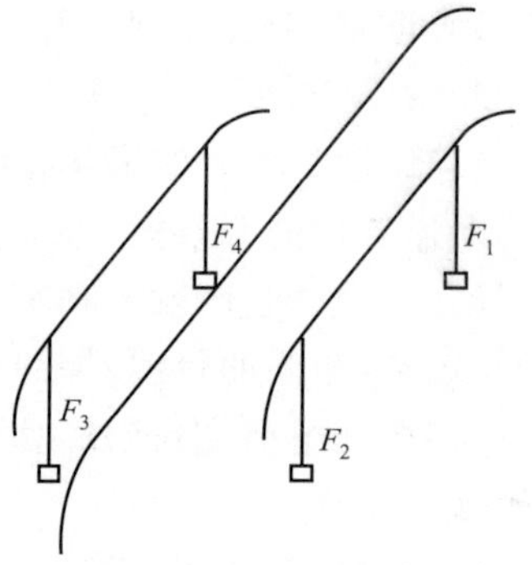

图3-21-2 测力传感器布置示意

(3)评判标准。《客运专线铁路工程竣工验收动态检测指导意见》(铁建设〔2008〕7号)；武广铁路客运专线接触网相关合同和技术规格书。

①弓网动态接触力。弓网动态接触力一般按一个跨距为分析单位，分析参数有：最大值、最小值、平均值和标准偏差。

②离线(火花)测定。离线火花的分析参数为最大火花时间、火花次数、离线火花率。

③接触线平顺性(受电弓滑板所受的垂直加速度)，硬点检测值超过标准值跨数应小于检测总跨数的0.5%。受电弓滑板所受的垂直加速度限值。见表3-21-1。

表3-21-1 受电弓滑板所受的垂直加速度限值

速度等级(km/h)	$200\leqslant v<300$	$300\leqslant v\leqslant 350$
硬点 A_V(m/s²)	<588(60g)	<686(70g)

注：A_V——受电弓滑板受到的垂直方向上的加速度最大值。

④受电弓运行轨迹(动态高度)。接触导线最大垂直振幅 $2A\leqslant 150$ mm。

3. 接触网性能试验

(1)试验目的。测试接触网悬挂的静态性能和接触网断面(跨中、定位点、线岔)的动态抬升量，评价接触网性能是否满足设计要求。

(2)试验内容。

①测量接触网静态弹性，计算接触网静态弹性差异系数。

②接触线动态抬升量。

(3)试验方法。接触网静态性能测试选择武广铁路客运专线的两个典型锚段。接触线抬升量：跨中、定位点、线岔处，测试断面试验前另行确定。

①接触网静态弹性试验。武广铁路客运专线接触网建成后，施工单位提供接触网作业车配合铁科院机辆所进行测试，试验人员使用专用仪器在接触网作业车的平台上对各测点的接触网静态弹性进行测量和记录。具体地点根据接触网竣工平面图确定。

测试仪器：接触网作业车1台；接触导线静态弹性测试仪2台。

②接触线动态抬升量。选择接触网上要测量的位置，在被测的接触导线附近安装标准参照板，作为振动位移的尺寸参照物。测量时，用摄像机对准这一点，当受电弓通过这一位置时，摄像机录像，事后对所录图像进行分析处理，可得出接触导线的振动情况，和导线振动的最大振幅。

(4)评判标准。

①抬升量：接触线抬升量不大于120 mm。

②接触网静态弹性：

弹性差异系数计算公式：$\mu=\dfrac{e_{\max}-e_{\min}}{e_{\max}+e_{\min}}\times 100\%$

弹性链型悬挂：$\mu<10\%$。

4．动车组自动过分相性能试验

(1)试验目的。检验动车组自动过分相装置性能是否满足要求，验证动车组是否能够安全通过分相区。

(2)试验内容。

①正常工作自动过分相。

②动车组手动过分相。

③动车组过分相时的速度损失。

④在不断电分相区试点工程完成后，进行带电自动过分相试验。

(3)试验方法。

①车载过分相装置正常工作自动过分相。试验过程中记录车载过分相装置信号、动车组网压、主断路器状态等信号，观察司机显示屏相关信息显示。

②动车组手动过分相。试验时，动车按最高速度 350 km/h 运行，进入分相区前(提前量应确保自动过分相功能起作用)，司机按下过分相按钮，触发系统过分相程序；当列车驶出分相区后，系统自动闭合主断并恢复牵引力。

试验时记录司机动作及时间、动车组网压、主断路器状态等信号，观察司机显示屏相关信息显示。

(4)评判标准。

①符合《高速动车组试验和评价规范》铁运〔2008〕28 号的要求。

②动车组自动过分相应满足设计规范要求。

③动车组手动过分相功能正常。

(三)通信系统联调联试

1．试验目的

通过通信系统联调联试，对通信系统的性能指标、功能、接口等进行测试和调试，使通信系统达到设计要求。验证 GSM-R 数字移动通信系统在列车高速运行动态条件下的场强覆盖、网络服务质量、承载业务可靠性等，重点是验证承载 CTCS-3 列控业务的系统特性、服务质量以及可靠性等。验证武广铁路客运专线通信系统为客运服务、牵引供电、信号等系统提供通信服务的质量和可靠性等。

2．试验内容和方法

通信系统的联调联试包括基本功能测试、应用业务功能测试、接口关系调试和通信系统可靠性测试等内容。

(1)通信系统基本功能测试。

(2)GSM-R 电磁环境测试。

(3)GSM-R 场强覆盖测试。

(4)GSM-R 网络服务质量测试。

3．通信系统应用业务功能测试

(1)调度通信系统功能测试。

(2)GSM-R 应用业务功能测试。

4．接口关系调试

(1)与 CTCS-3 级列控系统的联调。

(2)与客运服务系统的联调。

(3)与 GROS 和 GRIS 的联调。

(4)与 CTC 系统的联调。

(5)调度通信系统与既有数字调度通信系统间的互连互通。

5．通信系统可靠性测试

(1)传输通道中断时通道的迂回保护测试。

(2)GSM-R 数字移动通信系统基站及光纤直放站间传输链路中断时，传输通道的保护功能测试。

(3)测试传输通道迂回保护对 CTCS-3 级列控、GSM-R、调度通信、CTC、数据网等系统的影响。

6. 评判标准

(1)标准依据。

①原信产部 2007 年发布的函〔2007〕186 号《关于铁道部和中国移动共用 900 MHz 移动通信网频率资源问题的函》。

②《新建时速 300～350 公里客运专线铁路设计暂规》(铁建设〔2007〕47 号)。

③武广铁路客运专线工程设计文件、技术设计文件和施工图。

④铁路 GSM-R 数字移动通信工程施工质量验收暂行标准。

⑤GSM-R 数字移动通信网络技术体制。

⑥GSM-R 数字移动通信网编号计划。

⑦GSM-R 数字移动通信智能网技术条件。

⑧GSM-R 数字移动通信通用分组无线业务(GPRS)系统技术条件。

⑨GSM-R 固定用户接入交换系统技术条件。

⑩GSM-R 无线网络覆盖及服务质量(QoS)测试方法。

⑪铁路调度通信系统技术条件及试验方法　第一部分:技术条件。

⑫GSM-R 数字移动通信网设备测试规范　第二部分:调度台和车站台。

⑬GSM-R 数字移动通信应用技术条件　第一分册:调度通信系统。

⑭GSM-R 数字移动通信应用技术条件　第二分册:列车无线车次号校核信息传送系统。

⑮GSM-R 数字移动通信应用技术条件　第三分册:调度命令信息无线传送系统。

⑯Eirene System Require ments Specification v15。

⑰ERTMS/ETCS－Class 1 Interfaces Class 1 Require ments SUBSET－093 V2. 3. 0。

⑱v1. 2 ERTMS/GSM-R Quality of Service Test Specification。

(2)GSM-R 电磁环境测试。根据原信产部与(信部函〔2007〕186 号)文的要求,我国铁路 GSM-R 通信系统与中国移动通信集团公司按地域共同使用 EGSM 频段[(885～889)/(930～934)MHz],中国移动使用 EGSM 频段的信号电平在铁路轨道上方 4. 5 m 处的最大值不大于－105 dBm。

(3)GSM-R 场强覆盖测试

武广铁路客运专线 GSM-R 系统承载了 CTCS-3 级列控数据传输业务,GSM-R 系统的场强覆盖应符合表 3-21-2 的规定,95%时间地点概率条件下最小接收电平高于－92 dBm。

表 3-21-2　GSM-R 数字移动通信系统场强覆盖标准

终端种类	业务种类	接收天线位置	速度(km/h)	覆盖概率	Pr min(dBm)
车载台	列控类数据	机车顶部	$v>280$	95%	－92

(4)GSM-R 服务质量测试。

①端到端呼叫(连接)建立时间。

铁路紧急呼叫:<2 s(95%),<3 s(99%)。

同一区域内 MS 组呼:<5 s(95%),<7. 5 s(99%)。

MS-FT 的运营呼叫:<5 s(95%),<7. 5 s(99%)。

FT-MS 的运营呼叫:<7 s(95%),<10. 5 s(99%)。

MS 之间的运营呼叫:<10 s(95%),<15 s(99%)。

②呼叫(连接)建立失败概率:$<10^{-2}$。

③越区切换成功率:≥99. 5%。

④越区切换中断时间:<0. 5 s(95%)。

⑤GSM-R 电路域数据传输服务质量。

连接建立失败概率:$<10^{-2}$;

最大端到端传输时延(30 byte 用户数据块)：≤0.5 s(99%)；

连接丢失概率：≤10^{-2}/h；

传输干扰时间 TT1：<0.8s(95%)，<1s(99%)；

传输无差错时间 TREC：>20s(95%)，>7s(99%)。

⑥GSM-R 分组域数据传输业务服务质量。GSM-R 分组域数据传输延迟等级要求见表 3-21-3。

表 3-21-3　GPRS 延迟等级检测标准

数据包的大小 / 延迟等级	128 byte		1 024 byte	
	平均延迟	95%	平均延迟	95%
1	<0.5 s	<1.5 s	<2 s	<7 s
2	<5 s	<25 s	<15 s	<75 s
3	<50 s	<250 s	<75 s	<375 s
4	没有规定			

注：表中"95%"指 95%的数据包延迟满足标准规定。

GSM-R 分组域数据传输峰值吞吐量要求见表 3-21-4 和表 3-21-5。

表 3-21-4　GPRS 峰值吞吐量检测标准

峰值吞吐量级别	1	2	3	4	5	6	7	8	9
byte/s	1 000	2 000	4 000	8 000	16 000	32 000	64 000	128 000	256 000

(四)信号系统联调联试

武广铁路客运专线信号系统由 CTCS-3 级列控系统(包括无线闭塞中心 RBC、临时限速服务器、车站列控中心与 LEU、轨道电路、应答器设备、CTCS-3 级车载 ATP 设备等)、车站联锁系统、CTC 系统、GSM-R 无线网络接口设备等组成。

表 3-21-5　GPRS 平均吞吐量检测标准

级别	byte/h	级别	byte/h	级别	byte/h	级别	byte/h	级别	byte/h	级别	byte/h
1	100	4	1000	7	10 000	10	100 000	13	1 000 000	16	10 000 000
2	200	5	2 000	8	20 000	11	200 000	14	2 000 000	17	20 000 000
3	500	6	5 000	9	50 000	12	500 000	15	5 000 000	18	50 000 000

注：级别为平均吞吐量级别。

1. 试验目的

测试验证客运专线 CTCS-3 级列控系统的功能、安全性、可靠性。根据试验结果，进行系统调试，指导软件升级，同时结合相关子系统的静态测试数据和结论，为系统结构完善与优化、系统验收与开通、制定运营组织方案和规章制度、指导系统维护管理提供依据。

(1)验证 CTCS-3 级列控系统在 350 km/h 及以上速度运行条件下的功能，能否正确地通过 GSM-R 网络传输列控信息/命令，能否正确地实现 RBC 与 RBC 之间的切换，能否正确地实现 CTCS-3 级与 CTCS-2 级之间的转换，能否正确地控制列车运行。

(2)验证 CTCS-3 级列控系统与既有客运专线 CTCS-2 级列控系统的兼容性，装载 CTCS-2 级列控车载设备的动车组能否正确地接受地面发送的列控信息/命令，能否正确控制列车运行，能否满足应答器报文兼容性需求。

(3)验证按照 CTCS-3 级列控系统之系统需求规范等集成的地面信号系统在车地联动中，能否提供正确的、一致的控车信息，能否满足列控系统高速控车需求。

(4)验证无线闭塞中心与 CTC 系统、车站联锁系统、GSM-R 无线网络之间的接口关系，临时限速服务器与 CTC 系统、列控中心之间的接口关系。

(5)验证武广铁路客运专线跨线列车上下线和动车组进出动车段列控系统的控车功能和级间转换功能。

(6)验证 CTCS-3 级列控系统以及后备的 CTCS-2 级列控系统在各种典型故障模式条件下的故障安全功能。

2. 试验内容与方法

CTCS-3 级列控系统联调联试通过模拟 C3 列控系统所有运营场景，对客运专线 CTCS-3 级列控系统的功能、总体性能，相关技术条件，无线闭塞中心 RBC 的功能，RBC 与联锁系统、临时限速服务器的接口关系，后备模式 CTCS-2 级列控系统的功能等进行验证。

每个试验区段功能试验分为两个阶段进行。

第一阶段是：C3 系统功能试验；

主要验证武广铁路客运专线 CTCS-3 级列控系统所具备的 C3 系统的功能、后备模式 C2 系统的功能以及 C2、C3 系统相关控车信息的一致性。

第二阶段是：跨线列车 C2 功能试验。主要验证装备其他制式 C2 车载设备动车组在武广铁路客运专线的适应性以及级间转换功能。

动态试验期间，同步结合进行联锁系统、CTC 系统以及地面系统接口关系的测试。

(1)客运专线 CTCS-3 级列控系统。按照 C3 的主要运营场景来划分，联调联试包括注册与启动、注销、移动授权、临时限速、自动过分相、RBC 切换、级间转换、降级运行、灾害防护、进出动车段、调车、重联与摘解、特殊进路、人工解锁进路等 14 个运营场景，共 123 个案例。

测试案例以动态测试(测地面)为主，联调联试中需在实施方案中结合测试案例和进路条件等编制测试序列。

①运营场景 1：列车注册与启动(15 个案例)。见表 3-21-6。

表 3-21-6 运营场景 1

功能特征编号	测试内容	测试案例编号	测试案例内容
WG-C3-001	列车唤醒	WG-C3-001-01	GSM-R 无线通信单元应工作正常
		WG-C3-001-02	非本务端处于待机模式车载 ATP 进入休眠模式
		WG-C3-001-03	制动功能测试正常
WG-C3-002	列车参数输入	WG-C3-002-01	DMI 请求司机输入完整的列车参数或确认现有的参数
WG-C3-003	列车注册	WG-C3-003-01	呼叫 RBC 功能测试
		WG-C3-003-02	RBC 注册列车功能测试
		WG-C3-003-03	RBC 与 CTC 接口功能测试
		WG-C3-003-04	RBC 与车载设备数据交换功能测试，包括位置信息、MA、文本信息等
WG-C3-004	通过 RBC 修改列车数据	WG-C3-004-01	司机通过 DMI 数据输入功能(无效数据、未知数据、数据修改与确认)
		WG-C3-004-02	列车数据传输到 RBC 的功能(不同模式下车次号的修改)
		WG-C3-004-03	车载设备接收数据回执功能
WG-C3-005	建立无线通信会话	WG-C3-005-01	根据 RBC 标识和给定的短号码与 RBC 建立无线通信
		WG-C3-005-02	根据 RBC 标识和车载存储的短号码与 RBC 建立无线通信
		WG-C3-005-03	根据 RBC 标识和 RBC 电话号码与 RBC 建立无线通信
WG-C3-006	列车启动	WG-C3-006-01	司机选择开始，车载收到 OS 授权

②运营场景 2：注销(2 个案例)。见表 3-21-7。

表 3-21-7 运营场景 2

功能特征编号	测试内容	测试案例编号	测试案例内容
WG-C3-007	列车注销	WG-C3-007-01	车载设备传送任务结束信息，RBC 注销列车并关闭车载设备与 RBC 连接，CTC 注销列车
		WG-C3-007-02	无线通信中断故障后转 C2 列车注销

③运营场景 3～5：移动授权、临时限速、调车功能（63 个案例）。见表 3-21-8～表 3-21-13。

包括正常运行条件下的移动授权、延长与缩短移动授权、大号码道岔、临时限速的下达、执行与取消等测试内容。

表 3-21-8 运营场景 3～5(一)

功能特征编号	测试内容	测试案例编号	测试案例内容
WG-C3-008	发送行车许可	WG-C3-008-01	RBC 接收到 MA 请求消息，产生 MA
		WG-C3-008-02	通过 RBC 发送 MA，车载接收 MA
WG-C3-009	发送 SSP	WG-C3-009-01	RBC 向车载发送 27 包(SSP)消息
		WG-C3-009-02	车载接收 SSP 消息，生成速度监督曲线
WG-C3-010	发送链接包	WG-C3-010-01	RBC 向车载发送 5 包(链接数据)消息
		WG-C3-010-02	车载接收链接数据消息
WG-C3-011	发送坡道数据	WG-C3-011-01	RBC 向车载发送 21 包(坡道数据)消息
		WG-C3-011-02	车载接收坡道数据消息，DMI 显示坡道信息
WG-C3-012	发送文本数据	WG-C3-012-01	RBC 生成并向列车发送文本消息，包括运行模式、列控等级、位置消息、级间转换等。
		WG-C3-012-02	车载接收文本消息，并在 DMI 相关区域显示
WG-C3-012	临时限速下达	WG-C3-012-01	通过临时限速服务器终端下达临时限速
		WG-C3-012-02	CTC 对临时限制速命令的确认
		WG-C3-012-03	临时限速服务器向 TCC、RBC 下达临时限速
		WG-C3-012-04	RBC 生成并发送 65 包消息
		WG-C3-012-05	车载接收 65 包消息，生成速度监督曲线
WG-C3-013	临时限速撤消	WG-C3-013-01	通过临时限速服务器终端取消临时限速
		WG-C3-013-02	车载存储的 TSR 标志为不可取消，车载拒绝接收临时限速取消
WG-C3-014	临时限速消息更新	WG-C3-014-01	通过临时限速服务器终端更改临时限速(覆盖、交织或缩短)消息 24
		WG-C3-014-02	车载接收并处理临时限速信息，生成速度监督曲线
WG-C3-015	OS 模式	WG-C3-015-01	模式转换条件：SB—OS(列车启动)
		WG-C3-015-02	模式转换条件：FS—OS(越行)
		WG-C3-015-03	模式转换条件：CO—OS(越行)
		WG-C3-015-04	通过 RBC 发送 OS 模式应答器列表
		WG-C3-015-05	OS 模式顶棚速度、允许运行的距离和时间监督
		WG-C3-015-06	列车通过了应答器列表范围，冒进防护功能
WG-C3-016	CO 模式	WG-C3-016-01	未获得坡度和 SSP 曲线转入 CO 模式
		WG-C3-016-02	CO 模式顶棚速度监督、DMI 显示功能
WG-C3-017	FS 模式	WG-C3-017-01	整列车获知 SSP＋坡度信息后转入 FS
		WG-C3-017-02	FS 模式下速度监督功能
WG-C3-018	SH 模式	WG-C3-018-01	模式转换条件：SB(OS、CO、FS)—SH
		WG-C3-018-02	发送调车区域应答器列表
WG-C3-019	调车危险	WG-C3-019-01	SH 模式下接收 132 包信息或超出应答器列表范围，车载冒进防护
WG-C3-020	反向运行	WG-C3-020-01	RBC 生成并发送反向运行消息
		WG-C3-020-02	车载接收反向运行消息，生成速度监督曲线
WG-C3-021	监督行车许可方向	WG-C3-021-01	防止列车向 MA 相反方向运行，超过反向运行的默认值时触发制动命令

续上表

功能特征编号	测试内容	测试案例编号	测试案例内容
WG-C3-022	发送位置报告	WG-C3-022-01	车载设备周期性向 RBC 发送位置报告信息
		WG-C3-022-02	基于两个应答器组发送位置报告信息
		WG-C3-022-03	车载模式转变后发送位置报告
		WG-C3-022-04	列车通过 RBC 边界发送位置报告
		WG-C3-022-05	车载通过每个应答器组发送位置报告
WG-C3-023	延长移动授权	WG-C3-023-01	列车在达到 MA 终点前,从 RBC 接收到 MA 的延伸
		WG-C3-023-02	列车到达了 MA 终点,从 RBC 接收到 MA 的延伸
		WG-C3-023-03	停稳后通过司机向 RBC 申请延伸 OS 授权
WG-C3-024	缩短移动授权	WG-C3-024-01	列车达到 MA 终点前,从 RBC 接收到缩短的 MA
		WG-C3-024-02	接收有条件紧急消息后缩短 MA
		WG-C3-024-03	接收无条件紧急消息后缩短 MA
		WG-C3-024-04	由于码序突变缩短 MA
WG-C3-025	无线信息方向有效性	WG-C3-025-01	列车运行方向与 LRBG 方向有关,而 LRBG 方向未知时,车载设备接收正向和反向都有效的信息
		WG-C3-025-02	车载设备使用最新的应答器组信息定位当前位置并通知 RBC

表 3-21-9 运营场景 3～5(二)

功能特征编号	测试内容	测试案例编号	测试案例内容
WG-C3-026	多车注册与运行	WG-C3-026-01	两车正向追踪运行
		WG-C3-026-02	两车上下行对向运行,同时通过同一个 RBC 切换区域
		WG-C3-026-03	两车同向运行(上行线正向、下行线反向),接车站排列平行接车进路,验证多车注册功能

表 3-21-10 运营场景 3～5(三)

功能特征编号	测试内容	测试案例编号	测试案例内容
WG-C3-027	C3/C2 数据一致性	WG-C3-027-01	侧线接车,区间 C3 车载故障停车后转 C2 运行,行车许可应保持一致
		WG-C3-027-02	区间设置临时限速,到达临时限速区段前停车人工转 C2 运行,验证临时限速命令一致性
		WG-C3-027-03	办理侧线通过进路,发车进路上(岔区)临时限速 45 km/h,列车进入股道停车后转 C2 运行

表 3-21-11 运营场景 3～5(四)

功能特征编号	测试内容	测试案例编号	测试案例内容
WG-C3-028	文本信息显示	WG-C3-028-01	结合其他场景试验,验证 DMI 接收到相关无线消息或应答器信息后文本显示功能,包括车站名、里程、分相区、运行模式等。
		WG-C3-028-02	结合其他场景试验,验证 DMI 在车载故障或有报警提示时文本和声音提示功能

表 3-21-12 运营场景 3～5(五)

功能特征编号	测试内容	测试案例编号	测试案例内容
WG-C3-029	大号码道岔	WG-C3-029-01	办理大号码道岔侧线正向通过进路,在前方第二个闭塞分区入口(UUS 码区段)接收到大号码道岔预告信息,在大号码道岔前形成 200 km/h 目标速度(大号码道岔在发车进路上)
		WG-C3-029-02	办理大号码道岔侧线接车进路,车载设备按侧线最大通过速度 80 km/h 接车进站
		WG-C3-029-03	办理大号码道岔侧线正向通过进路,在前方第二个闭塞分区入口(UUS 码区段)接收到大号码道岔预告信息,侧线股道设置 80 km/h 临时限速,(大号码道岔在发车进路上)
		WG-C3-029-04	车站侧线接车后发车,大号码道岔在发车进路上

表 3-21-13　运营场景 3～5(六)

功能特征编号	测试内容	测试案例编号	测试案例内容
WG-C3-030	全线拉通	WG-C3-030-01	武汉—广州上行线全线拉通
		WG-C3-030-02	武汉—广州下行线全线拉通

④运营场景 6:自动过分相(2 个案例)。见表 3-21-14。

表 3-21-14　运营场景 6

功能特征编号	测试内容	测试案例编号	测试案例内容
WG-C3-031	自动过分相	WG-C3-031-01	通过自动过分相预告应答器组时 RBC 发送预告信息,DMI 显示预告信息
		WG-C3-031-02	反向运行,通过自动过分相预告应答器组时 RBC 发送预告信息,DMI 显示预告信息

⑤运营场景 7:RBC-RBC 切换 (7 个案例)。见表 3-21-15。

表 3-21-15　运营场景 7

功能特征编号	测试内容	测试案例编号	测试案例内容
WG-C3-032	RBC-RBC 切换(两部电台可用)	WG-C3-032-01	通过预告点 LTA 后,RBC 发送 RBC 切换预告信息
		WG-C3-032-02	通过切换点 RN 后,切换到另一个 RBC 控制,同时给非本务端车载设备提供新信息
		WG-C3-032-03	切换到新的 RBC 控制后,断开与前一个 RBC 的连接
		WG-C3-032-04	预告点应答器丢失,RBC 正常切换
WG-C3-033	RBC-RBC 切换(一个无线电台可用)	WG-C3-033-01	车载从移交 RBC 处收到 RBC 切换预告
		WG-C3-033-02	通过切换点 RN 后,切换到接收 RBC 控制;同时给非本务端车载设备提供新信息
		WG-C3-033-03	切换到接收 RBC 控制后,断开与移交 RBC 的连接并发送列车参数

⑥运营场景 8:级间转换(6 个案例)。见表 3-21-16。

表 3-21-16　运营场景 8

功能特征编号	测试内容	测试案例编号	测试案例内容
WG-C3-034	级间转换 C2 转 C3	WG-C3-034-01	通过 GSM-R 连接点后,车载移动台注册到 GSM-R 网络
		WG C3-034-02	通过 RBC 连接点,车载设备呼叫 RBC 并注册
		WG-C3-034-03	通过转换预告点,车载设备向 RBC 报告列车位置,RBC 提供行车许可和级间转换命令
		WG-C3-034-04	通过执行点执行 C2 转 C3,非本务端由 C2 休眠模式转 C3 休眠模式
WG-C3-035	级间转换 C3 转 C2	WG-C3-035-01	车载接收到 41 包,C3 转 C2 转换预告
		WG-C3-035-02	通过执行点执行 C3 转 C2,非本务端由 C3 休眠模式转 C2 休眠模式

⑦运营场景 9:降级运行(故障模拟试验,12 个案例)。见表 3-21-17。

表 3-21-17　运营场景 9

功能特征编号	测试内容	测试案例编号	测试案例内容
WG-C3-036	区间轨道区段故障占用	WG-C3 036-01	列车所在防护区段故障
		WG-C3-036-02	列车运行前方轨道电路区段故障占用,发送有条件紧急停车消息,MA 缩短
WG-C3-037	道岔表示故障	WG-C3-037-01	道岔失去表示(列车未进入进路内)
		WG-C3-037-02	道岔失去表示(列车进入进路内)
WG-C3-038	应答器丢失故障	WG-C3-038-01	列车自侧线股道启动,股道 CZ 应答器组丢失,列车没有有效位置信息,按 CO 模式运行至 Q 应答器后转 FS 模式
		WG-C3-038-02	Q 应答器连续丢失 2 组

续上表

功能特征编号	测试内容	测试案例编号	测试案例内容
WG-C3-039	车载无线通信单元故障	WG-C3-039-01	通信中断后，列车按原MA运行，MA结束或超时后车载ATP数据SB，C3自动转C2
		WG-C3-039-02	无线单元恢复并接收到41包时重新与RBC建立连接并C2转C3
WG-C3-040	RBC设备故障	WG-C3-040-01	C3控车条件下，模拟RBC故障(关闭电源后重新启动)
WG-C3-041	联锁故障	WG-C3-041-01	C3控车条件下，模拟车站联锁与RBC通信故障(通信网络中断)
		WG-C3-041-02	C3控车条件下，模拟车站联锁故障倒机
WG-C3-042	列控中心故障	WG-C3-042-01	C3控车条件下，模拟车站列控中心与联锁系统通信网络中断故障

⑧运营场景10：进出动车段(4个案例)。见表3-21-18。

表3-21-18 运营场景10

功能特征编号	测试内容	测试案例编号	测试案例内容
WG-C3-043	C3转C2控车进入动车段	WG-C3-043-01	车载设备按C2正常控车
		WG-C3-043-02	办理调车进路，按C2调车模式控车
WG-C3-044	动车段驶出	WG-C3-044-01	车载设备按C2正常控车
		WG-C3-044-02	轨道电路故障时目视行车出段

⑨运营场景11：灾害防护(3个案例)。见表3-21-19。

表3-21-19 运营场景11

功能特征编号	测试内容	测试案例编号	测试案例内容
WG-C3-045	CTCS-3级灾害防护	WG-C3-045-01	车站联锁接到报警信息，关闭相关防护信号，并通过RBC发送UEM和CEM
		WG-C3-045-02	车站联锁接到报警取消信息，关闭紧急停车区，停止发送UEM和CEM
		WG-C3-045-03	调度员指定列车紧急停车

⑩运营场景12：重联与摘解(5个案例)。见表3-21-20。

表3-21-20 运营场景12

功能特征编号	测试内容	测试案例编号	测试案例内容
WG-C3-046	重联	WG-C3-046-01	两列动车组以列车进路方式依次接入同一侧线股道(同方向)
		WG-C3-046-02	后续列车以目视模式实现与前车的重联
		WG-C3-046-03	重联动车组后续车非本务端休眠模式传递
WG-C3-047	摘解	WG-C3-047-01	摘解后两列动车组同向发车
		WG-C3-047-02	摘解后两列动车组同时背向发车

⑪运营场景13：特殊进路试验(2个案例)。见表3-21-21。

表3-21-21 运营场景13

功能特征编号	测试内容	测试案例编号	测试案例内容
WG-C3-048	特殊进路试验	WG-C3-048-01	车载ATP站内故障隔离，地面按站间闭塞方式办理发车进路，列车按地面信号行车
		WG-C3-048-02	车载ATP区间故障隔离，地面办理前方站接车进路，列车按地面信号接车进站

⑫运营场景14：人工解锁进路试验(2个案例)。见表3-21-22。

表 3-21-22 运营场景 14

功能特征编号	测试内容	测试案例编号	测试案例内容
WG-C3-049	人工解锁进路试验	WG-C3-049-01	车站控制模式下，列车已获得通过进路移动授权，但未到达车站，通过办理人工解锁进路向列车发送 SMA(正常解锁)
		WG-C3-049-02	车站控制模式下，进路已处于接近锁闭，延时 4 min 解锁

(2)CTCS-3 级列控系统后备模式功能试验。通过 CTCS-3 级列控系统后备模式功能试验，验证 CTCS-3 级列控系统地面设备提供 CTCS-2 级列控信息的正确性。CTCS-2 级与 CTCS-3 级列控系统级间转换以及控车信息一致性试验在 CTCS-3 级列控系统试验中完成。

①运营场景 1：正线拉通试验。见表 3-21-23。

正线拉通试验按总计划分段进行，包括从武汉—广州上下行全线。通过拉通试验，验证地面系统提供的 C2 列控信息的正确性。

表 3-21-23 后备模式功能试验运营场景 1

功能特征编号	测试内容	测试案例编号	测试案例内容
WG-C2-001	正线拉通	WG-C2-001-01	下行线正线拉通
		WG-C2-001-02	上行线正线拉通

②运营场景 2：控车模式及模式转换试验。见表 3-21-24。

列控车载设备根据不同的地面信息条件，可实现不同模式之间的转换，通过测试列控车载设备不同模式之间的转换条件、转换时机和速度监督等，验证地面系统提供控车信息的正确性。

表 3-21-24 后备模式功能试验运营场景 2

功能特征编号	测试内容	测试案例编号	测试案例内容
WG-C2-002	控车模式及模式转换	WG-C2-002-01	侧线发车，SB 模式—PS 模式—FS 模式
		WG-C2-002-02	侧线接车 FS 模式
		WG-C2-002-03	侧线通过 FS 模式
		WG-C2-002-04	正线运行、正线通过 FS 模式
		WG-C2-002-05	反向侧线发车 PS—FS 模式
		WG-C2-002-06	引导接车 FS—CO 模式
		WG-C2-002-07	引导接车进入股道后 CO—PS 模式
		WG-C2-002-08	FS 模式停车、司机选择 SH 模式
		WG-C2-002-09	FS 模式停车、司机选择 CS 模式

③运营场景 3：正线发车、停车、通过试验。见表 3-21-25。

根据地面控制信息和进路条件，测试 C2 动车组正线发车、停车与通过功能，验证地面控制信息的正确性。试验地点为全线所有车站正线。

表 3-21-25 后备模式功能试验运营场景 3

功能特征编号	测试内容	测试案例编号	测试案例内容
WG-C2-003	正线发车、停车、通过	WG-C2-003-01	正线发车(停开、正线启动)
		WG-C2-003-02	正线接车
		WG-C2-003-03	正线通过

④运营场景 4：侧线发车、停车、通过试验。见表 3-21-26。

根据地面控制信息和进路条件，测试 C2 动车组侧线发车、停车与通过功能，验证地面控制信息的正确性。试验地点为全线所有车站主要侧线。

表 3-21-26 后备模式功能试验运营场景 4

功能特征编号	测试内容	测试案例编号	测试案例内容
WG-C2-004	侧线发车、停车、通过	WG-C2-004-01	侧线发车(停开、启动)
		WG-C2-004-02	侧线接车
		WG-C2-004-03	侧线通过

⑤运营场景 5:临时限速试验。见表 3-21-27。

测试列控车载设备接收到临时限速信息后的反应,验证地面临时限速服务器下达临时限速命令的正确性、信号降级、临时限速管辖范围、临时限速命令的撤销时机等。

表 3-21-27 后备模式功能试验运营场景 5

功能特征编号	测试内容	测试案例编号	测试案例内容
WG-C2-005	临时限速	WG-C2-005-01	区间下达临时限速
		WG-C2-005-02	区间中继站下达临时限速
		WG-C2-005-03	侧线股道临时限速(45 km/h),接近轨 UU
		WG-C2-005-04	发车进路临时限速,股道 UU
		WG-C2-005-05	列车压入临时限速区段后,取消临时限速
		WG-C2-005-06	同一区间多处临时限速
		WG-C2-005-07	C2/C3 级间转换点临时限速

⑥运营场景 6:引导接发车。见表 3-21-28。

测试列控车载设备引导接车与引导发车功能,验证地面信号办理引导接车进路与发车进路功能。试验地点选择主要的车站侧线进路。

表 3-21-28 后备模式功能试验运营场景 6

功能特征编号	测试内容	测试案例编号	测试案例内容
WG-C2-006	引导接发车	WG-C2-006-01	岔区轨道电路故障,侧线引导接车,出站信号关闭
		WG-C2-006-02	岔区轨道电路故障,侧线引导接车,出站信号开放
		WG-C2-006-03	地面侧线股道停车后办理引导发车进路

⑦运营场景 7:反向运行。见表 3-21-29。

测试列控车载设备反向运行时的控车功能,验证地面应答器链接关系、应答器数据、地面码序、上下行载频切换的正确性。

表 3-21-29 后备模式功能试验运营场景 7

功能特征编号	测试内容	测试案例编号	测试案例内容
WG-C2-007	反向运行	WG-C2-007-01	直进弯出
		WG-C2-007-02	弯进直出
		WG-C2-007-03	弯进弯出

⑧运营场景 8:冒进防护试验。见表 3-21-30。

表 3-21-30 后备模式功能试验运营场景 8

功能特征编号	测试内容	测试案例编号	测试案例内容
WG-C2-008	冒进防护功能	WG-C2-008-01	机外停车
		WG-C2-008-02	进路前方轨道电路故障占用,区间停车
		WG-C2-008-03	站内股道冒进防护

测试地面设备故障信号突然关闭时列控车载设备的防护功能，验证地面线路数据和动车组制动性能的一致性。试验地点选择在区间连续下坡道和进站信号机外方。

⑨运营场景 9：自动过分相试验。见表 3-21-31。

测试列控车载自动过分相功能，验证地面过分相预告和执行应答器报文的正确性。测试时设置 200 km/h 和 250 km/h 两个速度级。

表 3-21-31　后备模式功能试验运营场景 9

功能特征编号	测试内容	测试案例编号	测试案例内容
WG-C2-009	自动过分相	WG-C2-009-01	正常运行自动过分相
		WG-C2-009-02	反向运行自动过分相
		WG-C2-009-03	预告点应答器丢失自动过分相
		WG-C2-009-04	自动过分相执行后手动恢复

⑩运营场景 10：应答器信息丢失试验。见表 3-21-32。

测试应答器丢失时列控车载设备的正确反应，验证地面应答器的链接关系、链接反应和数据冗余。

表 3-20-32　后备模式功能试验运营场景 10

功能特征编号	测试内容	测试案例编号	测试案例内容
WG-C2-010	应答器丢失	WG-C2-010-01	区间应答器丢失一组
		WG-C2-010-02	区间应答器连续丢失两组
		WG-C2-010-03	中继站应答器丢失一组
		WG-C2-010-04	侧线发车时，股道应答器丢失
		WG-C2-010-05	侧线接车时，进站口应答器丢失

⑪运营场景 11：故障模拟试验。见表 3-21-33。

测试地面系统典型故障条件下列控车载设备的反应，验证列控系统的故障安全功能。

表 3-21-33　后备模式功能试验运营场景 11

功能特征编号	测试内容	测试案例编号	测试案例内容
WG-C2-011	故障模拟试验	WG-C2-011-01	轨道电路故障占用
		WG-C2-011-02	进站口应答器 LEU 故障，默认报文
		WG-C2-011-03	进路锁闭后列控中心故障倒机
		WG-C2-011-04	C2 控车，RBC 故障

⑫运营场景 12：灾害防护试验。见表 3-21-34。

验证列控中心与防灾系统的接口，以及灾害报警信息发出后列控系统的正确反应。灾害系统主要考虑落物灾害。

表 3-21-34　后备模式功能试验运营场景 12

功能特征编号	测试内容	测试案例编号	测试案例内容
WG-C2-012	灾害防护	WG-C2-012-01	灾害防护接口测试
		WG-C2-012-02	模拟落物灾害，轨道区段故障占用
		WG-C2-012-03	落物灾害消除后轨道区段恢复

⑬运营场景 13：大号码道岔试验。见表 3-21-35。

测试动车组通过大号码道岔时的速度监督功能，验证通过大号码道岔时应答器报文的正确性。测试地点选择在大号码道岔进路(50 号道岔)。

表 3-21-35　后备模式功能试验运营场景 13

功能特征编号	测试内容	测试案例编号	测试案例内容
WG-C2-013	大号码道岔	WG-C2-013-01	大号码道岔侧线正向通过，接收 CTCS-4 包预告，形成在道岔区段前 200 km/h 的目标速度，进入道岔区后按 200 km/h 监控运行（大号码道岔在发车进路）
		WG-C2-013-02	大号码道岔在接车进路，侧线接车
		WG-C2-013-03	大号码道岔在发车进路，侧线股道设置 80 km/h 临时限速
		WG-C2-013-04	大号码道岔在发车进路，侧线接车后再发车

（3）跨线列车兼容性试验。跨线列车为装备既有客专 CTCS-2 级列控车载设备的动车组，跨线列车兼容性试验应包含上述（2）中所有试验内容，试验进路只选择典型进路。增加运营场景 14。见表 3-21-36。

联络线测试包括株洲北、株洲南和广州北联络线（C2）、长沙枢纽西北联络线、武汉站跨线车联络线（C0）。

表 3-21-36　联络线运营场景测试

功能特征编号	测试内容	测试案例编号	测试案例内容
WG-C2-014	联络线测试	WG-C2-014-01	联络线 C2 列控系统控车试验
		WG-C2-014-02	级间转换 C2—C0
		WG-C2-014-03	级间转换 C0—C2

（4）车站联锁系统结合试验。联调联试中联锁系统的测试主要是结合列控系统动态试验，对联锁系统部分特殊设计以及联锁系统与 RBC、列控中心、CTC 之间的接口关系进一步验证。

测试选择武汉—长沙间的一个站进行，测试内容包括：

①进出站信号机点灯关灯试验；

②接车进路保护区段联锁功能测试；

③股道停稳标志（40S）；

④正线接近锁闭闭塞分区数量测试；

⑤计算机联锁系统与 CTC 系统，即与 CTC 车站终端设备的接口测试；串行接口通信协议的测试和信息交换功能、控制权限转换的测试；

⑥计算机联锁系统与 RBC 接口测试，验证联锁系统在各种进路和轨道区段占用/空闲情况下向 RBC 发送 SA 的功能；

⑦计算机联锁系统与地面列控中心（TCC）、闭塞设备的接口测试和信息交换功能的测试。

（5）CTC 系统结合试验。武广铁路客运专线 CTC 系统监控正线及与其衔接的联络线，并监视沿线各动车段内的接发车区，调度指挥涉及武汉、广州两个调度所，其中武汉调度所调度集中（CTC）系统监视和控制武汉—广州站（不含）。CTC 系统试验结合列控系统动态测试同步进行，在武汉局调度所对 CTC 的基本功能、整体性能、接口关系等进行测试和验证，并在 CTC 模拟故障情况下，测试故障的影响范围，以及集成商提供的应对该故障的备有手段的有效性和合理性，保证 CTC 系统安全、有序、稳定运行。

①CTC 系统基本功能测试。基本功能测试包括列车运行监视、车次追踪、计划编制基础数据管理、列车运行计划编制、计划管理、调度命令管理、集中控制、车站控制、数据回放、统计分析等。

②接口关系测试。与受控系统通信时，进行 CTC 系统控制功能、模式切换试验。受控系统包括联锁系统、列控中心设备、无线闭塞中心 RBC、临时限速服务器等。

包括与联锁系统接口；与列控中心接口；与无线闭塞中心 RBC。

③故障模拟测试。测试故障的影响范围，以及集成商提供的应对该故障的备有手段的有效性和合理性。包括与受控系统通信故障测试、CTC 设备故障测试、CTC 系统通信故障测试、错误操作故障测试等。

根据武广铁路客运专线运调的实施情况，结合列控系统动态试验对运调的部分功能和接口关系进行验证。

(6)试验方法。

①方法。

a. 测试序列安排:根据测试案例和列控系统功能特征,结合武广铁路客运专线信号系统设备布置和线路条件编制测试序列,试验进路覆盖所有股道。

b. 地面配合条件:根据测试案例要求,试验前准备试验条件,包括进路要求、地面故障模拟、监测设备要求等,试验组织单位提供配合条件。

c. 试验速度:RBC—RBC 切换、级间转换等测试项目应结合不同速度级进行试验。

d. 监测设备:列控系统试验时,在 GSM-R 核心机房、信号机械室、试验动车组配置监测记录设备,对 GSM-R 网络接口、RBC、车载 ATP 进行全程监测,集成商提供监测设备配合。

e. 联调联试过程中,对 CTC、车站联锁设备进行同步测试,验证 CTC、联锁与 RBC 的接口功能,对 GSM-R 网络承载列控数据业务性能跟随试验动车组全程监测分析。

②试验设备。

a. GSM-R 网络综合监测设备。主要监测 PRI 接口、Abis 接口和 A 接口。GSM-R 网络综合监测示意如图 3-21-3 所示。

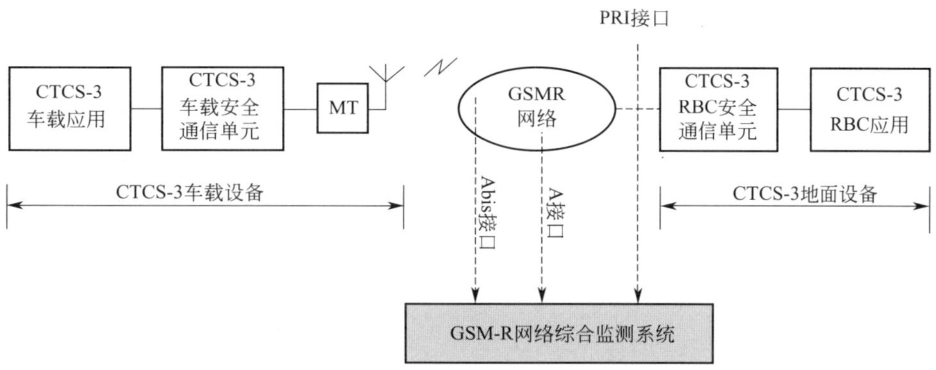

图 3-21-3 GSM-R 网络综合监测示意

GSM-R 网络 Abis 接口监测系统用于监测 BTS 和 BSC 之间的所有 Abis 接口链路。

GSM-R 网络 A 接口监测系统用于监测 TRAU 至 MSC 之间的所有 A 接口 2 M 链路。

GSM-R 网络 PRI 接口监测系统用于监测 CTCS-3 系统 RBC 与 GSM-R 系统之间的 PRI 接口链路。

GSM-R 网络 Abis 接口、A 接口和 PRI 接口监测系统可以对 GSM-R 网络所有 CTCS-3 用户 Abis 接口、A 接口和 PRI 接口的信令进行实时跟踪和记录,可以对 BSC 与 BTS 之间 2 M 环的传输闪断的实时监测与记录,可以实时显示与记录所有 CTCS-3 用户通信过程的电平值、电平质量、TA 值等参数。

b. 其他监测记录设备。其他监测记录设备见表 3-21-37。

表 3-21-37 监测记录设备

序号	备 注	可监测接口和设备	监测记录功能描述
1	ODL	Profibus 总线	监测和记录 ATPCU、C2CU、TSG、SDP 之间通过 Profibus 总线传输的消息
		车辆 MVB 总线	监测和记录 TSG、DMI、DX、DI 之间通过 MVB 总线传输的消息
		信号 MVB 总线	监测和记录 BTM、VDX(2)、SDU(2)、STU(GCD)、之间通过 MVB 总线传输的消息
2	JRU 模拟器	Profibus 总线	ATPCU、C2CU、TSG、SDP 之间 Profibus 通信
3	DCUTerm	ATP_CU	监测记录 ATP_CU 应用层消息
4	ATP Igsm 接口监测终端	Igsm 接口	对 GCD-MT 之间的 Igsm 接口,实现从物理层到应用层的完整的信令、数据和消息的监测和记录功能
5	DMI 摄像记录	DMI	对司机进行的 DMI 操作以及 DMI 显示内容进行摄像记录,并在测试台显示器上实时显示,便于测试组现场观察和事后分析
6	RBC 维护终端记录	核心 RBC	监测记录 RBC 应用层数据和事件

续上表

序号	备 注	可监测接口和设备	监测记录功能描述
7	空中无线传输信令监测	MT 接口	监测记录通过 GSM-R 网络从空中传输的无线信令
8	RBC-联锁接口监测记录		在 RBC-联锁之间实现从物理层到应用层的完整的信令、数据和消息的监测和记录功能
9	RBC PRI 接口监测记录		在 RBC 侧对 RBC-MSC 之间的 PRI 接口，实现从物理层到应用层的完整的信令、数据和消息的监测和记录功能

3. 评判标准

(1)《CTCS 技术规范总则(暂行)》、《CTCS-2 级技术条件(暂行)》(科技运函〔2004〕14 号)。

(2)《CTCS-2 级列控系统列控中心及列控车载设备系统测试验收暂行标准》(报批稿)。

(3)《客运专线 CTCS-2 级列控系统配置及运用技术原则(暂行)》(铁集成〔2007〕124 号)。

(4)《客运专线 CTCS-2 级列控系统列控中心技术规范(暂行)》(铁集成〔2007〕158 号)。

(5)《铁路客运专线竣工验收暂行办法》(铁建设〔2007〕183 号)。

(6)《客运专线铁路工程竣工验收动态检测指导意见》(铁建设〔2008〕7 号)。

(7)《CTCS-3 级列控系统系统需求规范(SRS)》(科技运〔2008〕127 号)。

(8)《CTCS-3 级列控系统系统应答器应用原则》(科技运〔2008〕144 号)。

(9)《CTCS-3 级列控系统系统临时限速技术规范》(科技运〔2008〕151 号)。

(10)《CTCS-2 级列控系统系统应答器应用原则》(科技运〔2008〕143 号)。

(11)《CTCS-3 级列控系统总体技术方案》。

(12)武广线工程设计文件、技术规格书等。

(13)《CTCS-3 级列控系统系统功能需求规范(FRS)》(科技运〔2008〕113 号)。

(14)《CTCS-3 级列控系统系统 GSM-R 网络需求规范》(科技运〔2008〕168 号)。

(五)客运服务系统联调联试

1. 试验目的

通过对武广铁路客运专线客运服务系统的内部接口关系、外部接口关系、售检票、业务流程、旅客服务业务流程、通信网络功能和性能、电源功能的测试，确认客运服务系统是否达到设计要求。并根据测试结果，指导客运服务系统的优化设计。

2. 试验内容

(1)客运服务系统内部接口关系联调。包括 TRS 系统与旅客服务集成管理平台接口关系；TRS 系统与自动售票系统接口关系；TRS 系统与自动检票系统接口关系；旅客服务集成管理平台与自动检票系统接口关系；旅客服务集成管理平台与导向揭示子系统接口关系；旅客服务集成管理平台与广播子系统接口关系；旅客服务集成管理平台与查询子系统接口关系；旅客服务集成管理平台与求助子系统接口关系；旅客服务集成管理平台与寄存子系统接口关系。

(2)客运服务系统与外部系统之间接口关系联调。包括客运服务系统与运营调度系统接口关系；客运服务系统与通信时钟系统接口关系；客运服务系统与综合视频监控系统接口关系。

(3)售检票业务流程测试。包括窗口售票后自动检票；窗口售票后改签再检票；窗口售票后退票再检票；窗口售票后废票再检票；自动售票机售票后自动检票；自动售票机售票后窗口改签再检票；自动售票机售票窗口换票再检票；自动售票机售票窗口退票再检票；自动售站台票机售票后检票；自动售票窗口结账。

(4)旅客服务业务流程。包括列车正常到达时在站台、出站通道和出站口的广播、引导业务；列车正常出发时在售票厅、进站口、候车室、进站通道、站台的广播、引导业务；途径列车的广播、引导业务；到达列车晚点情况下的广播、引导业务；出发列车晚点情况下的广播、引导业务；到达列车晚点情况下变更股道、出站口后的广播、引导业务；出发列车晚点情况下变更候车室、检票口、股道后的广播、引导业务；非每日开行列车广播、引导业务；大站代管小站情况下到达、出发、途经列车的广播、引导、监控业务；大客流、消防火灾等应急情况下的广播、引导业务。

(5)通信网络测试。包括 10 M/100 M/1 000 M 以太网接口吞吐量、丢包率、时延参数测试；旅客服务和票务系统局域网络中缆线、配线架(箱)、跳线、连接线、插座和插头的衰减、双向近端串扰、带宽等参数测试；网管的配置功能、故障管理功能、安全管理功能测试。

(6)电源测试。包括交流配电设备检查；UPS 设备检验；蓄电池检查；电源管理功能检查。

3. 评判标准

(1)《客运专线客运服务系统总体技术方案》(铁集成〔2008〕41 号)。

(2)武广铁路客运专线客运服务系统工程设计文件(含初步设计、修改初步设计、施工图设计等)。

(3)武广铁路客运专线客运服务系统招、投标文件技术条款。

(4)武广铁路客运专线客运服务系统合同文件。

(5)《局域网验收测试标准》(GB/T 21671—2008)。

(6)《网络线缆测试标准》(GB/T 50312—2008)。

(7)《民用闭路监视电视系统工程技术规范》(GB 50198—94)。

(六)综合接地测试

1. 测试目的

通过对武广铁路客运专线动车组正常运行和故障条件下牵引回流、轨道电位等内容的测试与分析，对综合接地系统的技术性能与技术指标等进行验证、分析与评价。通过测试发现问题，为综合接地系统进一步优化提供依据。

2. 测试内容

(1)钢轨电位。

(2)轨旁设施电位。

(3)牵引回流。

(4)接地电阻。

各测点具体试验内容见表 3-21-38。

表 3-21-38　综合接地各测点测试内容

测点		路基测点		桥隧测点		变电所测点		短路测点	
测量参量		电位	电流	电位	电流	电流	电位	电流	电位
测量项目	1. 钢轨电位	V		V					V
	2. 钢轨电流		I			I		I	
	3. 贯通地电位	V		V					V
	4. 贯通地电流		I		I	I		I	
	5. 保护线电流		I			I		I	
	6. 支柱电位	V							V
	7. 护栏电位			V(桥)					
	8. 地网回流					I			
使用仪表		电压探头　5 电流钳　6 录波仪　2		电压探头　5 电流钳　2 录波仪　1		电压探头　3 电流钳　2 录波仪　1		电压探头　3 电流钳　4 录波仪　1	
测点选择		车站绝缘节		高架桥上		变电所		距短路点 50 m	
工程配合		1. 贯通地线传感器安装 2. PW 线电流环安装				传感器安装确认			

注：路基和桥梁测点要进行贯通地线接地电阻测试，该项内容未列入表中。

3. 测试方法

(1)正常运行时电位测量。包括钢轨电位；贯通地线电位；支柱(护栏)电位。

(2)正常运行时牵引回流测量。包括钢轨电流；贯通地线电流；保护线电流。

(3)故障(短路)时钢轨电位和牵引回流测量。包括钢轨电位测试；贯通地线电流测试；贯通地线接地电阻测量。

4. 评判标准

根据《EN 50122-1 铁路应用—固定设施　第1部分：电气安全与接地的保护性规则》和铁道部《铁路防雷、电磁兼容及接地工程技术暂行规定》（铁建设〔2007〕39号），钢轨电位在正常情况下小于120 V（持续时间>300 s）。

根据《客运专线综合接地系统设计原则》（暂行）（工管〔2006〕18号文通知印发），贯通地线接地电阻不大于1 Ω。

（七）电磁兼容测试

1. 测试目的

通过对动车组高速运行条件下外部电磁辐射的测量，验证高速铁路无线电干扰是否满足相关标准要求。通过对信号电缆干扰分量测量，分析判断其受影响程度，为优化设计和施工提供依据。同时，可为采用国际标准的可行性积累数据。

2. 测试内容

（1）测量距线路外轨中心线10 m处列车通过时电磁干扰辐射强度。

（2）测量正常运行和接触网短路条件下信号电缆外皮牵引回流及芯线感应纵电动势。

3. 测试方法

（1）列车通过时干扰场强测量。测量接收机设置为准峰值检波方式。环天线环面平行于线路，环天线架高1.8 m。20～1 000 MHz频段双锥和对数周期天线水平极化，指向线路，架高2.5 m。

图3-21-4给出列车通过时无线电干扰测点布置示意图。

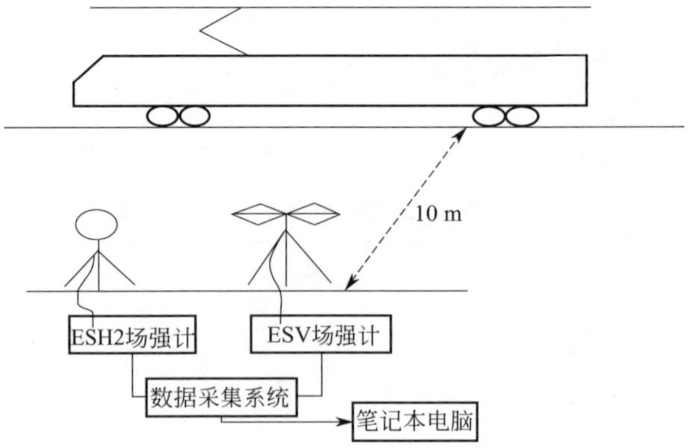

图3-21-4　列车通过时无线电干扰测点布置示意

（2）信号电缆受影响测量。信号电缆受影响测试方法示意如图3-21-5所示。

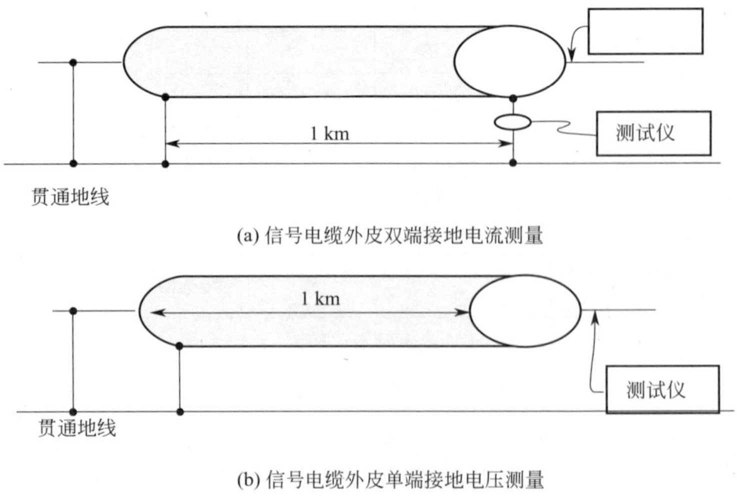

图3-21-5　信号电缆受影响测试方法示意

采用 3-21-5(a)法，可测得信号电缆外皮双端接地时外皮上流过的电流和芯线一端接地情况下另一端的开路电压，即感应纵向电动势。

采用 3-21-5(b)法，可测得信号电缆外皮单端接地时芯线一端接地情况下另一端的开路电压，即感应纵向电动势。

4. 评判标准

(1)《铁路应用电磁兼容性铁路系统对外部的电磁辐射》(IEC 62236-2)。

(2)《电信线路遭受强电线路危险影响的允许值》(GB 6830—1986)。

(八)振动噪声测试

1. 试验目的

测试典型桥梁、路堤、路堑区段和高架车站候车厅、站台，在高速动车组以不同速度运行时的环境噪声、振动源强，评价环境振动、噪声是否满足相关标准要求以及典型减振降噪措施的效果，为京沪高速铁路和其他客运专线的减振、降噪设施的设计及环境管理提供依据。

2. 试验内容

(1)典型桥梁、路堤、路堑线路条件下，高速动车组环境噪声源强测试。测试高速动车组以不同速度通过典型桥梁线路、路堤线路及路堑线路的环境噪声源强、各列车通过时的时域、频域特性。

(2)典型桥梁、路堤、路堑线路条件下，高速动车组环境振动源强测试。测试高速动车组以不同速度通过典型桥梁线路、路堤线路及路堑线路的环境振动源强、各列车通过时的时域、频域特性。

(3)声屏障降噪效果及气动力影响测试及评价。根据工程所采用的声屏障结构形式，选择典型声屏障结构，测试其插入损失值、动应力、压力、位移及自振频率等，以了解不同声屏障结构形式的降噪效果及气动力影响。

(4)减振设施对环境振动的减振效果测试及评价。对设置减振设施区段，为了解该类型减振设施的减振效果，测试其环境振动水平及频率特性。

(5)高架车站候车厅、站台声环境质量、振动环境影响及处理措施测试。测试高速动车组以不同速度通过正线时，候车厅声场分布、混响时间；站台噪声源特性、混响时间；候车厅及站台噪声控制措施及吸声板降噪效果。

3. 评判标准

(1)测量标准。列车辐射噪声测量符合《声学铁路机车车辆辐射噪声测量》(GB/T 5111—2002)中 11.1 或《铁路车辆辐射噪声测量》(ISO/DIS 3095：2004)中及《声学环境噪声测量方法》(GB/T 3222—1994)中的相关规定。

环境振动 Z 振级的测试方法应符合《城市区域环境振动测量方法》(GB 10071—1988)、《铁路环境振动测量方法》(TB/T 3152—2007)的规定。

声屏障插入损失的测试及评价方法应符合国家现行标准《声屏障声学设计和测量规范》(HJ/T 90—2004)、《铁路声屏障声学构件技术要求和测试方法》(TB/T 3122—2005)中的有关规定及《客运专线铁路工程竣工验收动态检测指导意见》中的相关要求。

(2)评判标准。目前国内尚无正式颁布针对客运专线(高速铁路)的环境噪声、列车辐射噪声及振动标准。

关于噪声限值，适用于既有铁路的《铁路边界噪声限值及其测量方法》(GB 12525—1990)，规定在距铁路外侧轨道中心线 30 m 处，昼夜间等效声级不得高于 70 dB(A)。

对于 200 km/h、300 km/h 动车组辐射噪声限值，在有关动车组采购文件要求的技术指标中规定：通过空旷地段时，在距轨道中心线 25 m 和距轨面高度 3.5 m 处，在速度为 200 km/h 时的噪声不允许超过 88 dB(A)；当动车组以 300 km/h 速度通过空旷平直线路时，在距轨道中心线 25 m 和距轨面高度 3.5 m 处的噪声不应超过 89 dB(A)。

适用于既有铁路的《城市区域环境振动标准》(GB 10070—1988)，规定在距铁路外侧轨道中心线 30 m 外，昼夜间最大振级不得高于 80 dB。

综上所述，不同测量内容所对应的评判标准分别见表 3-21-39 及表 3-21-40。

表 3-21-39　列车辐射噪声及环境噪声评判标准

测试项目	测试参数	评判标准	标准号	评判限值		
铁路环境噪声测量	列车通过时辐射声级	机车车辆及动车组运行辐射噪声限值	GB/T 13669（报批稿）	v=350 km/h	1 级	TEL≤94 dB(A)
					2 级	TEL≤92 dB(A)
					3 级	TEL≤90 dB(A)
	运营时段昼、夜间等效连续 A 声级 Leq	《铁路边界噪声限值及其测量方法》	GB 12525—1990	GB 12525—1990 中规定的铁路边界噪声限值：Leq（昼、夜）≤70 dB(A)		

表 3-21-40　环境振动评判标准

测试项目	测试参数	评判标准名称	标准号	评判限值要求
铁路环境振动测量	列车通过时最大 Z 振级	《城市区域环境振动标准》	GB 10070—1988	GB 10070—1988 中规定的环境振动限值：铁路干线两侧≤80 dB

（九）路基及过渡段动力性能测试

1. 测试目的

对无砟轨道的路基及过渡段动力性能进行测试，评价路基动力性能，研究无砟轨道路基动力参数的特点及分布规律，为武广铁路客运专线的运营管理提供基础数据，为今后高速铁路、客运专线无砟轨道结构进一步优化设计提供科学依据。

2. 测试内容

根据武广铁路客运专线路基结构形式、填料性质和地基加固处理方式，主要选取高路堤（挡墙和边坡形式）、路堑和路桥过渡段进行测试，分析基床的动变形和振动特性，结合路基土自身的强度特性，评价其工程适应性。主要测试内容包括：

(1)路基基床表层顶面的动变形、振动加速度。

(2)路基基床底层的振动加速度。

(3)挡土墙横向位移。

(4)过渡段动变形及振动加速度沿纵向的分布规律。

(5)不同路基结构下动力特性的对比分析。

3. 测试方法

(1)路基动变形。位移计＋数据采集与处理系统。

(2)路基振动特性。加速度传感器＋数据采集与处理系统。

4. 评判标准

控制路基基床填料剪应变不超过其临界体积效应剪应变，使列车荷载作用下路基不会发生塑性累积变形。考虑轨道结构、路基型式、填料特性等方面，结合实测数据，通过数值分析确定路基及过渡段动变形限值。

（十）轨道动力性能测试

1. 试验目的

通过对武广铁路客运专线双块式无砟轨道结构及扣件进行动力性能测试，验证和评估轨道结构的安全性、平顺性和轨道部件承载强度的安全储备。

2. 试验内容

(1)不同轨下基础上的轨道结构及扣件系统动力性能试验。

①路基上双块式无砟轨道结构的动力性能测试。

②不同桥梁结构上双块式无砟轨道结构的动力性能测试。

③隧道内双块式无砟轨道结构的动力性能测试。

④路基—桥梁过渡段无砟轨道结构的动力平顺性测试。

⑤路基—隧道过渡段无砟轨道结构的动力平顺性测试。

⑥最小半径曲线无砟轨道结构的动力性能测试。

⑦经过特殊设计的轨道结构形式无砟轨道结构的动力性能测试。

⑧扣件动力性能试验。

(2)具体测试内容。

①轨道结构静态测试。实车试验前获得无砟轨道静态几何状态(轨距、方向、水平、高低)以及轨检车检测结果。

②轨道结构动态测试。

a. 安全性指标测试。轮轨垂直力 P 和横向水平力 Q，据此计算机车车辆内外轮脱轨系数 Q/P、轮重减载率 $\Delta P/P$ 及轮对横向力(Q_1-Q_2)，判定试验列车运行的安全性。

b. 轨道结构部件受力测试。包括：轮轨垂直力、水平力测试；钢轨支点压力；道床板的纵、横向应变；道床板、底座钢筋应力。

c. 轨道结构部件与基础振动加速度测试。包括：钢轨垂向加速度；道床板垂向加速度；底座、混凝土支承层、梁面垂向加速度。

d. 轨道结构部件变形测试。包括：钢轨与道床板间垂向相对位移；钢轨与道床板间横向相对位移；桥上凹槽横向、纵向相对位移。

e. 扣件系统测试。包括：扣件的垂向动态变形；扣件的垂向动刚度；扣件轨下垫板的垂向动态变形；钢轨侧倾；扣件横向力；锚固螺栓的附加上拔力。

3. 评判标准

根据《客运专线 300～350 km/h 轨道不平顺管理标准建议值》(科技基〔2008〕65 号)、《高速动车组整车试验规范》(铁运〔2008〕28 号)和《铁路桥涵钢筋混凝土和预应力混凝土结构设计规范》(TB 10002.3—2005)以及国外经验和国内研究成果，形成本次测试的评判标准见表 3-21-41。

表 3-21-41　评判标准一览表

参数名称		评判标准	参照依据
无砟轨道结构变形	轨道不平顺(mm)	高低 3；轨向 3；水平 3；轨距＋3，－2	《客运专线 300～350 km/h 轨道不平顺管理标准建议值》
无砟轨道结构受力	轮轨垂直力(kN)	≤170	动车组技术条件
	钢轨支点压力(kN)	≤150	设计荷载
	轨道板/道床板抗拉强度(MPa)	≤2.43(C40) ≤2.79(C50) ≤3.15(C60)	《铁路桥涵钢筋混凝土和预应力混凝土结构设计规范》(TB 10002.3—2005)
	轨道板/道床板抗压强度(MPa)	≤13.5(C40) ≤16.8(C50) ≤20.0(C60)	

(十一)道岔联调联试

1. 测试目的

测试动车组直、侧向通过时，客运专线 18 号无砟道岔和 50 号无砟道岔及岔区板式无砟轨道结构的动力性能，验证动态轨距优化技术和关键部件的适应性，验证道岔轨道刚度设置的合理性、轨道刚度的均匀性。依据测试数据，进行道岔精调。

2. 测试内容

(1)安全性指标。轮轨垂直力 P 和横向水平力 Q，据此计算机车车辆内外轮脱轨系数 Q/P、轮重减载率 $\Delta P/P$ 及轮对横向力(Q_1-Q_2)，判定试验列车运行的安全性。

(2)道岔平顺性指标。根据列车的加速度计算列车直侧向过岔的平稳性指标，以评判道岔的平顺性。

(3)道岔部件的变形。包括逆向进岔时尖轨尖端开口量；逆向进岔时心轨尖端开口量；尖轨尖端前基本轨轨头横向位移及轨距动态变化；过渡段钢轨轨头横向位移；翼轨横向位移。

(4)轨道刚度。过渡段、尖轨尖端前部、尖轨中部、尖轨跟端、连接部分支距垫板处、连接部分通用垫板处、心轨跟端、岔尾处各 2 点测试钢轨的垂向位移。

(5)轮轨垂直力在尖轨和基本轨上的过渡。在曲基本轨上轨头宽度 20 mm、30 mm、40 mm、50 mm、

55 mm、60 mm、65 mm 处连续布置测点，测试作用在其上的垂直力变化，从而得到轮轨垂直力在直尖轨和曲基本轨上的过渡范围和过渡比例。

(6)道岔区板式无砟轨道结构部件受力。包括：道岔板的纵、横向应变；混凝土底座板的纵向拉应变。

(7)道岔区板式无砟轨道结构部件振动。包括：道岔板的垂向加速度；混凝土底座板垂向加速度；钢轨振动加速度。

(8)道岔区板式无砟轨道结构部件变形。包括道岔板与混凝土底座板间垂向相对位移；道岔板与混凝土底座板间横向相对位移；道岔板与混凝土底座板间纵向相对位移；测试结果应结合轨检车的轨检资料以及轨道几何形位情况进行综合分析。另外，应针对Ⅱ型板、混凝土底座和填充砂浆的粘结进行观测。

(9)转换设备动态试验测试。验证道岔在多机多点方式的牵引杆件所受动态力，密贴检查器在列车通过时尖轨心轨的振动位移对接点系统及控制电路的影响，为今后维护提供技术参数。包括：尖轨和心轨动作杆过车动态力；外锁闭销轴应力；心轨一、二动锁闭杆应力；转辙机三向振动加速度。

(10)转换设备静态试验测试。检测道岔实际转换阻力是否符合客专技术条件及转辙机输出力要求。包括：尖轨转换阻力；心轨转换阻力；夹异物试验。

(11)轨道静态观测内容。包括：道岔区几何状态(轨距、方向、水平、高低)，每天试验前后测量并记录上述参数；尖轨和心轨转换前后的不足位移，顶铁间隙，尖轨和心轨同台板的缝隙；尖轨和心轨在转换过程中有否卡阻现象发生，锁闭系统的实际使用效果。

(12)轮对横向位移。

3. 评判标准

脱轨系数 Q/P、轮重减载率 $\Delta P/P$、横向水平力 Q、轮轴横向力 Q_1-Q_2 的评判标准同区间轨道、尖轨、心轨开口量等其他参数，参考表 3-21-42 进行分析判定。

表 3-21-42 测试参数限值

测试参数	限 值	依 据
轨道竖向位移(mm)	±3.0(客车)	客运专线道岔暂行技术条件
钢轨件横向弹性位移(通过道岔直向，mm)	≤1.5	
尖轨、心轨开口量(mm)	≤4.0	
转换阻力(N)	≤6 000	

(十二)桥梁动力性能测试

1. 测试目的

通过测试桥梁自振特性和 350 km/h 动车组以各种速度通过典型桥梁时的动力响应(包括竖横向自振频率、阻尼比、动应变、动挠度、动力系数、竖横向振幅、强振频率、竖横向振动加速度、支座竖横向动位移等)，据以判断结构在动载作用下的工作状态(包括长大桥梁等跨布置引起的竖向周期性不平顺效应)，评价桥梁是否具有合理的竖向和横向刚度，分析、评价动车组通过时桥梁的动力性能是否满足设计要求。

2. 测试内容

(1)梁体控制截面的动应变及动力系数。测试列车以 5 km/h 和其他速度通过桥梁时梁体控制截面的动应变，一方面分析动应力的大小，另一方面分析应变动力系数，以评定是否满足设计动力系数和运营动力系数的要求。

(2)梁体控制截面动挠度及动力系数。测试列车以 5 km/h 速度通过桥梁时的梁体控制截面准静态竖向挠度(扣除橡胶支座竖向位移)，换算至 ZK 活载，得到竖向挠跨比，以评定桥跨竖向刚度；换算至 ZK 活载下的梁端竖向转角，以评定是否满足梁端转角限值的要求。通过测试列车以其他速度通过桥梁时测试得到的动挠度，分析挠度动力系数和运营动力系数，以评定是否满足设计动力系数的要求。

(3)梁体竖向振动(含振幅、强振频率、自振频率、阻尼比)。测试列车通过桥梁时梁体竖向振动(含强振频率、振幅)，分析竖向激励特征和梁体是否产生竖向共振现象；通过用环境微振动法或余振法测试梁体竖向固有特性(含自振频率、阻尼比)，以评定梁体竖向刚度。

(4)梁体横向振动(含振幅、强振频率、自振频率、阻尼比)。测试列车通过桥梁时梁体横向振动(含强振频率、振幅)，以分析横向激励特征和评定梁体横向刚度；通过用环境微振动法或余振法测试梁体横向固有特性(含自振频率、阻尼比)，以评定梁体横向刚度。

(5)桥面竖向和横向振动加速度。测试列车通过桥梁时桥面竖向振动加速度，以评定桥上道砟是否能保持良好状态；通过测试桥面横向振动加速度，以评定梁体横向刚度。

(6)桥墩横向振动(含振幅、强振频率、自振频率)。测试列车通过桥梁时墩顶横向振动(含强振频率、振幅)，以分析横向激励特征和评定桥墩横向刚度；通过用环境微振动法或余振法测试桥墩横向自振频率，以评定桥墩横向刚度。

(7)支座的横向和竖向位移。测试列车通过桥梁时支座的横向和竖向位移，以评定支座的横向位移是否过大和挠度扣除支座竖向位移。

(8)列车速度和位置。测试列车速度和位置，以分析在某些测试参数超标时列车在桥上的排列，找出产生异常激励的车辆。

(9)GPS 时间对准。通过 GPS 测试绝对时钟，以进行同一时刻桥梁动力响应与试验列车上测试数据综合分析。

测点布置见表 3-21-43 和表 3-21-44。

表 3-21-43　简支梁测点布置

检测项目	部位	检测位置	
动位移	梁体	跨中	
	支座	活动支座横、竖向；固定支座竖向	
动应变	梁体	跨中混凝土下缘	
振幅(自振频率)	梁体	横向	跨中、梁端
		竖向	跨中
	墩顶	横向	墩顶
加速度	梁体	横向	跨中
		竖向	跨中

表 3-21-44　预应力混凝土连续梁、刚构连续梁和框架桥测点布置

检测项目	部位	检测位置	
动位移	梁体	中跨、边跨控制截面	
	支座	活动支座横、竖向；固定支座竖向	
动应变	梁体	中跨、边跨控制截面	
		支点处	
振幅(自振频率)	梁体	横向	中跨、边跨、梁端、支点处
		竖向	中跨、边跨
	桥墩	横向	墩顶
加速度	梁体	横向	中跨、边跨
		竖向	中跨、边跨

3. 评判标准

本次检测数据评判主要依据《客运专线铁路工程竣工验收动态检测指导意见》(铁建设〔2008〕7 号)、《新建时速 300～350 公里客运专线铁路设计暂行规定》(铁建设〔2007〕47 号)(以下简称《300～350 暂规》)、《客运专线无砟轨道铁路设计指南》(铁建设函〔2005〕754 号)，并参考《铁路桥梁检定规范》(铁运函〔2004〕120 号)(以下简称《桥检规》)、《既有线提速 200 km/h 技术条件(试行)》(铁科技函〔2006〕747 号)、《新建时速 200 公里客货共线铁路设计暂行规定》(铁建设函〔2005〕285 号)。

(1)梁体竖向参数评价标准。

①挠度限值。《300～350 暂规》规定梁部结构在 ZK 活载静力作用下，梁体的竖向挠度不应大于表 3-21-45

所列数值。

表 3-21-45 梁体的竖向挠度限值

项目 \ 跨度	$L\leqslant 24$ m	24 m$<L\leqslant 80$ m	$L>80$ m
多跨	$L/1\ 800$	$L/1\ 500$	$L/1\ 000$

②转角限值。《300～350 暂规》规定梁部结构在 ZK 活载静力作用下，无砟轨道桥梁梁端竖向转角不应大于 1‰，两梁之间竖向转角不应大于 2‰。

③自振频率。《300～350 暂规》规定 $L\leqslant 80$ m 简支梁竖向自振频率不应低于：

$$n_0=\begin{cases}\dfrac{120}{L}, & L\leqslant 40\ m\\ 23.58L^{-0.592}, & 40\ \text{m}<L\leqslant 80\ \text{m}\end{cases}$$

式中 n_0——简支梁竖向自振频率限值(Hz)；

L——简支梁跨度(m)。

④加速度。《300～350 暂规》规定无砟桥面强振频率不大于 20 Hz 的竖向振动加速度 $a\leqslant 4.9\ \text{m/s}^2$。

⑤动力系数。动力系数评价可分为运营动力系数和设计动力系数。

实际运营列车的动力系数与列车速度、桥梁跨度和竖向自振频率以及实际的轨道状态有关，国内外大量理论和试验研究表明，在不出现共振条件下，运营列车的动力系数引用欧洲标准 1：承重结构的设计原理及对桥梁的作用——第 3 部分：桥上的移动荷载(DINV ENV 1991-3：1996-08；德文版 ENV 1991-3：1995)，可用下式表示：

$$1+\mu_{运营}=1+\mu'+0.5\mu''$$

$$\mu'=\frac{K}{1-K+K^4},K=\frac{V}{2L_\phi\cdot n_0}$$

$$\mu''=\frac{\alpha}{100}\left[56e^{-\left(\frac{L_\phi}{10}\right)^2}+50\left(\frac{L_\phi n_0}{80}-1\right)\cdot e^{-\left(\frac{L_\phi}{20}\right)^2}\right],\begin{cases}\alpha=V/22,V\leqslant 22\ \text{m/s}\\ \alpha=1,V>22\ \text{m/s}\end{cases}$$

式中 V——列车速度(m/s)；

n_0——桥梁竖向自振频率(Hz)；

L_ϕ——跨度(m)。

实测动力系数不宜大于实际运营动力系数，即：

$$1+\mu_{实测}\leqslant 1+\mu_{运营}$$

设计动力系数是在制定设计荷载图式时考虑各种运营的机车车辆的轴重和速度，根据实际列车的动力作用大小，按设计动力作用与实际动力作用等效的原则确定设计动力系数。

《300～350 暂规》规定：设计弯矩动力系数按下式计算：

$$1+\mu_{设计}=\frac{1.494}{\sqrt{L_\phi}-0.2}+0.851$$

式中，L_ϕ为加载长度(m)。其中 $L_\phi<3.61$ m 时按 3.61 m 计；简支梁时为梁的跨度；n 跨连续梁时取平均跨度乘以下列扩大系数：$n=2$ 时，扩大系数为 1.20；$n=3$ 时，为 1.30；$n=4$ 时，为 1.40；$n\geqslant 5$ 时，为 1.50。动力系数计算值小于 1.0 时取 1.0。当计算 L_ϕ小于最大跨度时，取最大跨度。

由于运营荷载的竖向动力作用不宜大于设计荷载的竖向动力作用，所以实测 $\mu_{实测}$ 乘以试验列车静荷载竖向效应($P_{运营}$)不宜大于 $\mu_{设计}$ 乘以设计活载竖向效应($P_{设计}$)，即：

$$\mu_{实测}\times P_{运营}\leqslant\mu_{设计}\times P_{设计}$$

(2)梁体横向参数评价标准。

①横向振幅。《桥检规》规定：预应力混凝土梁横向刚度的通常值：跨中横向振幅 $L/14.7B$(mm)(客车：160 km/h$<v\leqslant$200 km/h)。

②加速度。关于梁体横向振动加速度信号的处理方法，《桥检规》没有明确规定。为同车辆构架稳定性测试要求相一致，本次测试横向加速度采用 10 Hz 低通数字滤波。

③自振频率。《既有线提速 200 km/h 技术条件(试行)》规定 $L\leqslant 64$ m 混凝土简支梁的横向一阶弯曲自振频率 nh 不应小于：

$$nh\geqslant 60/L^{0.8}\ (\text{Hz})$$

式中　L——桥梁跨度(m)。

(3)桥墩横向参数评价标准。《桥检规》规定的墩顶横向振幅通常值和桥墩横向自振频率通常值见表 3-21-46。

(4)位移评价标准。《300～350 暂规》和《客运专线无砟轨道铁路设计指南》规定梁缝两侧的钢轨支点横向和竖向相对位移不应大于 1 mm。

《新建时速 200 公里客货共线铁路设计暂行规定》规定纵向活动支座的横向位移不大于±1 mm。

表 3-21-46　墩顶横向振幅和桥墩横向自振频率通常值

墩身构成	墩身尺寸特征	基础与地基土		墩顶横向振幅(mm)	横向自振频率(Hz)
		基础类型	地基土	$v>60$ km/h	
混凝土或石砌墩身	低墩：$H_1/B<2.5$	扩大基础	岩石	$\frac{H}{25}+0.1$	
		沉井基础			
		桩基础		$\frac{H}{25}+0.4$	
		扩大基础	黏土或砂、砾		
	中高墩：$H_1/B\geqslant 2.5$	扩大基础	岩石	$\frac{H_1^2}{100B}+0.2$	$\geqslant\frac{24\sqrt{B}}{H_1}$
		沉井基础			
		桩基础		$\frac{(H+\Delta h)^2}{100B}+0.2$	$\geqslant\alpha_1\frac{24\sqrt{B}}{H}$
		扩大基础	黏土或砂、砾	$\alpha_2\left(\frac{H_1^2}{100B}+0.2\right)$	$\geqslant\alpha_3\frac{24\sqrt{B}}{H}$

注：H 为墩全高(自基底或桩承台底至墩顶)(m)；H_1 为墩高(自基顶或桩承台顶至墩顶)(m)；B 为墩身横向平均宽度(m)。

(十三)隧道内列车空气动力学测试

1. 试验目的

通过测试动车组通过隧道和在隧道内交会时列车表面及车厢内部空气压力变化，验证动车组在隧道内运行及交会的空气动力效应是否满足相关标准要求，验证动车组高速通过隧道时运行的安全性、舒适性和隧道设计参数的合理性，为京沪高速铁路和其他客运专线的隧道设计和确定动车组隧道内最高交会速度提供参考。通过列车惰行试验分析隧道附加阻力，为研究隧道附加空气阻力问题积累试验数据。

2. 试验内容

(1)车体表面及车内压力变化。测试动车组通过隧道和在隧道内交会时列车表面及车厢内部空气压力变化，测点布置在 1～4 号车(暂定)，如图 3-21-6 所示。其中 3 号车和 4 号车车厢内部测点布置与 2 号车一致。交会时两列动车组表面均布置测点，测点布置不变。

(2)隧道附加阻力。列车在进入隧道前关闭动力自然减速通过隧道，测试几个速度档，记录全隧道列车速度变化曲线。根据全隧道列车速度变化曲线，并结合车体表面压力测试，与明线列车惰行试验对比，分析隧道附加阻力。

3. 评判标准

(1)车体承受的气动载荷。根据铁道部科技司颁发的《200 km/h 及以上速度等级铁道车辆强度设计及试验鉴定暂行规定》(科教装〔2001〕21 号)，车辆静强度评定中气动载荷按 4 000 Pa 进行加载考核(第 6.3.1 节)。

(2)人体舒适性。根据《铁路隧道设计施工有关标准补充规定》(铁建设〔2007〕88 号)，采用以下评判标准：

①单线隧道：车内<0.80 kPa/3s；

②双线隧道：车内<1.25 kPa/3s。

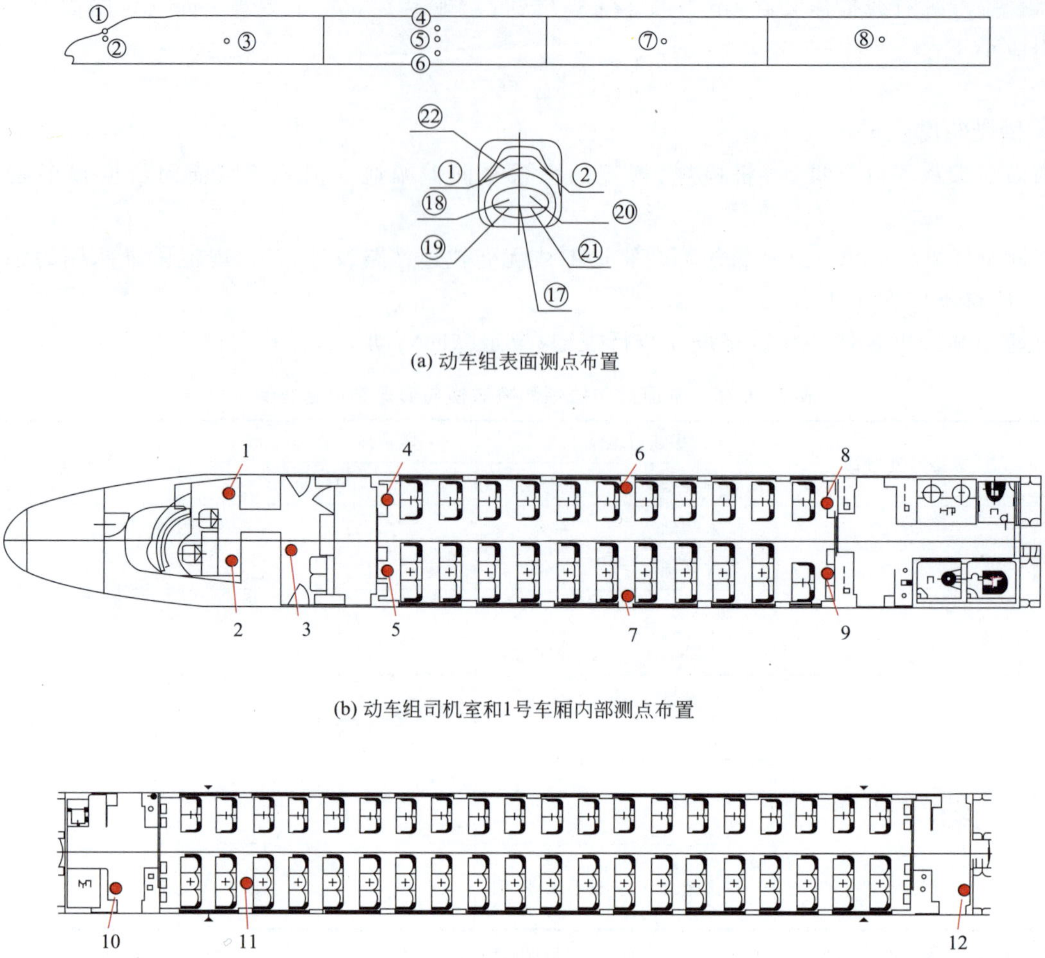

(a) 动车组表面测点布置

(b) 动车组司机室和1号车厢内部测点布置

(c) 动车组2号车厢内部测点布置

图 3-21-6 动车组列车表面及车厢内部测点布置

(十四)隧道内气动效应测试

1. 测试目的

通过测试隧道内瞬变压力、隧道洞口微气压波和列车风,为论证隧道断面参数的合理性和辅助坑道优化设计提供依据。

2. 测试内容

(1)瞬变压力。在隧道内各断面边墙位置安装气压传感器测试气压变化曲线,分析瞬变压力的变化规律、长隧道内辅助坑道对气压传播的能量分配影响。如图 3-21-7 所示。

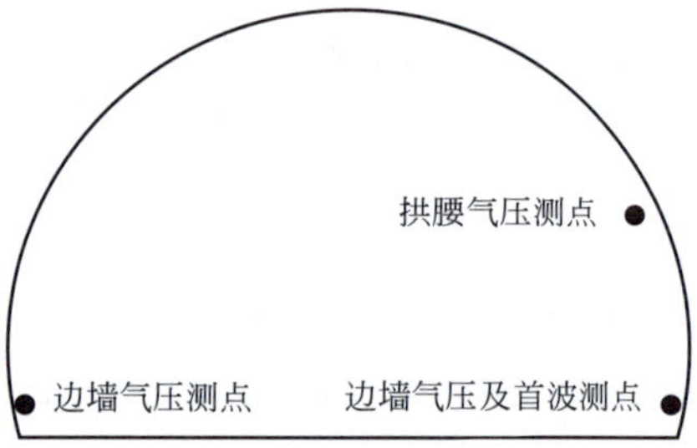

图 3-21-7 隧道气压测点横断面布置示意

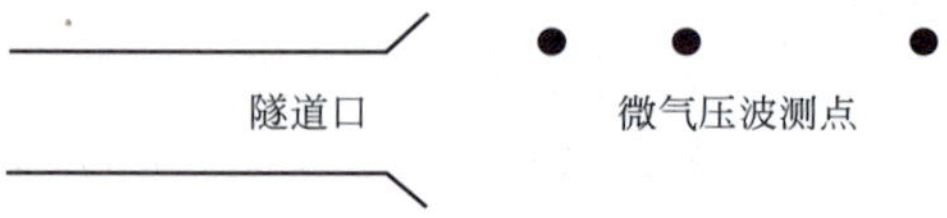

图 3-21-8 隧道口微气压波测点布置示意

(2)微气压波。在隧道各断面边墙位置安装气压传感器测试气压首波变化曲线,在隧道出口不同距离位置安装噪声传感器测试微气压波变化曲线,分析隧道内影响微气压波的气压首波传递时的变形规律,进而分析长隧道中辅助坑道对微气压波影响、无砟轨道对微气压波激化问题。如图 3-21-8 所示。

(3)列车风。在隧道各断面边墙位置安装风速传感器测试列车风变化曲线,分析列车风的变化规律。如图 3-21-9 所示。

3. 评判标准

本次现场试验的数据分析采用以下评判标准:

(1)瞬变压力。根据《铁路隧道设计施工有关标准补充规定》(铁建设〔2007〕88 号),采用以下评判标准:

①单线隧道:车内<0.80 kPa/3s;

②双线隧道:车内<1.25 kPa/3s。

(2)微气压波。根据《新建时速 300～350 公里客运专线铁路设计暂行规定》(铁建设〔2007〕47 号)第 7.5.4 条,隧道两端洞口微气压波峰值应符合表 3-21-47 的要求。

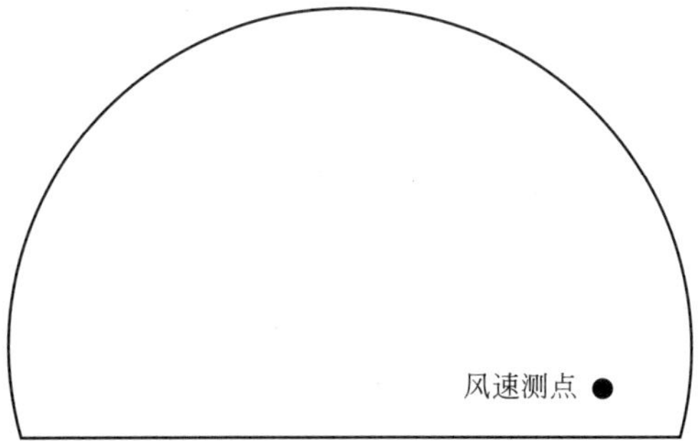

图 3-21-9 隧道风速测点横断面布置示意

表 3-21-47 隧道洞口微气压波峰值评判指标

条　件		微气压波峰值 P_{max}
洞口有建筑物	无特殊环境要求	建筑物处 $P_{max} \leq 20$ Pa
	有特殊环境要求	按要求
洞口无建筑物（或住宅距洞口大于 50 m）	有特殊环境要求	距洞口 20 m 处 $P_{max} < 50$ Pa
	无特殊环境要求	不设

(十五)防灾安全监控系统联调联试

1. 测试目的

通过对防灾安全监控系统的测试,验证系统设备是否达到相关技术条件要求,系统信息交换是否准确、及时,确认系统的功能是否满足设计要求。

2. 测试内容

(1)网络测试。包括测试监控单元到系统监控数据处理设备数据传输延时等技术指标;测试监控单元到系统监控数据处理设备网络冗余功能切换时间测试。

(2)专用设备测试。包括风速风向计测试;异物电缆传感器测试;轨旁控制器测试;监控单元测试;监测数据采集和处理功能;供电模块测试;UPS 电源切换性能测试;接地测试。

(3)通用设备测试。包括网络交换机冗余功能测试;数据库服务器双机热备,故障自动转移功能测试;应用服务器双机热备,故障自动转移功能测试;存储设备冗余功能测试。

(4)子系统测试。包括防风、异物侵限等子系统功能验证;子系统的功能性测试;子系统间接口;子系统间相互关联测试。

(5)与其他系统接口功能测试。包括与列控系统接口测试;与 CTC 系统接口测试;与牵引供电系统接口测试。

(6)系统集成测试。包括监测报警流程测试;大风、落物条件下紧急处置及恢复流程测试。

(7)现场联调联试。系统整体运行正常,各子系统监控、报警和处理等主要流程通过测试验证功能正常,针对系统特点的测试异常情况处理流程,验证异常处理功能。

3. 评判标准

(1)国家及铁道部相关标准和规定。

(2)关于印发《铁路信息工程建设项目竣工验收交接细则》的通知(铁信息〔2005〕98 号)。

(3)防灾安全监控系统设计、招标、合同等相关文件。

(十六)动车组动力学性能监测

1. 监测目的

通过监测 CRH_2-068C 动车组通过武广铁路客运专线不同区段运行的稳定性、平稳性,分析线路对动车组动力学性能的影响。依据测试数据,进行轨道状态精调。

2. 监测内容

动车组编组如图 3-21-10 所示，测点全部布置在 7 号车和 8 号车上。

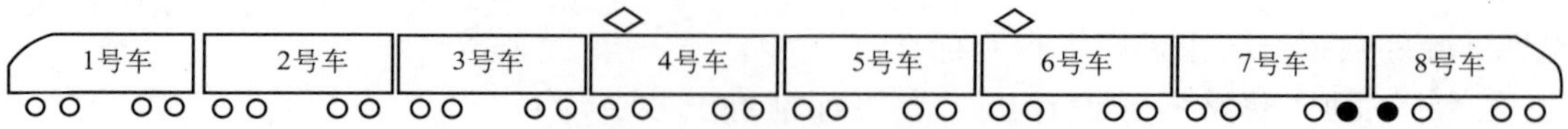

图 3-21-10 动车组测点布置(图中黑色●表示测力轮对)

(1)运行稳定性。测试脱轨系数、轮重减载率、轮轴横向力、横向稳定性判断(构架横向加速度)。

(2)运行平稳性。测试车体振动加速度(垂直、横向加速度)、平稳性指标(*W*)。

(十七)轨道、接触网、信号设备综合检测

1. 检测目的

通过试验准备阶段和试验过程中对轨道、接触网状态和应答器、轨道电路的工作状态进行检测，依据检测结果进行调整。

2. 轨道状态检测

(1)检测内容。轨道状态动态检测包括轨道几何状态和车辆动态响应加速度检测两方面。

①轨道几何状态检测项目包括高低、轨向、轨距、水平、三角坑、超高、曲线半径等。

②车辆动态响应检测项目包括车体横向加速度、车体横向加速度变化率、车体垂向加速度、构架横向和垂向加速度、轴箱垂向加速度等。

(2)评判标准。采用《客运专线 300～350 km/h 轨道不平顺管理标准建议值》(科技基〔2008〕65 号)审查意见中批复的管理暂行值进行评判，见表 3-21-48、表 3-21-49 的规定。参考《客运专线铁路工程竣工验收动

表 3-21-48 轨道不平顺动态管理值(300～350 km/h)

项目		作业验收	计划维修	舒适度	临时补修	限速 200 km/h
偏差等级		—	Ⅰ	Ⅱ	Ⅲ	Ⅳ
验收等级		验收Ⅰ级	验收Ⅱ级	—	—	—
42 m 波长	高低(mm)	3	5	8	10	11
	轨向(mm)	3	4	5	6	7
120 m 波长	高低(mm)	4	7	9	12	15
	轨向(mm)	4	6	8	10	12
轨距(mm)		+3；−2	+4；−3	+6；−4	+7；−5	+8；−6
水平(mm)		3	5	6	7	8
扭曲(mm)		3	4	6	7	8
车体垂直加速度(m/s^2)		—	1.0	1.5	2.0	2.5
车体水平加速度(m/s^2)		—	0.6	0.9	1.5	2.0

注：1. 高低和轨向偏差为计算零线到波峰的幅值。

2. 水平限值不包含曲线按规定设置的超高值及超高顺坡量。

3. 三角坑限值包含缓和曲线超高顺坡造成的扭曲量。

4. 车体垂向加速度采用 20 Hz 低通滤波，车体横向加速度采用 10Hz 低通滤波；加速度等速检测速度应在 V_{max}±10%范围内。

5. 避免出现连续多波不平顺和轨向、水平逆向复合不平顺。

表 3-21-49 轨道质量指数 *TQI* 管理值

项目	高低	轨向	轨距	水平	扭曲	*TQI*
波长 1.5～42 m	0.8×2	0.7×2	0.6	0.7	0.7	5.0
波长 42～120 m	2.0×2	1.5×2				

注：1. 波长 1.5～42 m 的单元区段长度为 200 m。

2. 波长 42～120 m 的单元区段长度为 500 m。

态检测指导意见》(铁建设〔2008〕7 号)相关规定。

线路动态验收评价标准分为验收Ⅰ级超限、验收Ⅱ级超限两级。其中验收Ⅰ级标准指作业验收管理值，验收Ⅱ级标准指日常保养管理值。严禁出现验收Ⅱ级超限，验收Ⅰ级超限数应符合下列规定：①每公里验收Ⅰ级轨道几何、车体加速度幅值评价指标超限数应不大于 5 处；②每公里验收Ⅰ级轨道几何区段评价指标超限数应不大于 2 处。

3. 接触网状态检测

在轨道和接触网铺设完毕后，使用检测列车重点对接触网几何参数、接触线平顺性进行检测。施工单位依据检测结果对个别或局部断面整改，整改完毕后继续使用该检测列车进行检测，直至达到验收标准。

(1)接触网几何参数接触线高度、拉出值应符合武广铁路客运专线设计文件和铁道部相关标准要求。

(2)接触线平顺性检测硬点(垂直加速度)、一跨内接触线高差(2A)，应满足表 3-21-50 的规定。

表 3-21-50　接触线平顺性检测标准

速度等级(km/h)	$160 \leqslant v < 200$	速度等级(km/h)	$160 \leqslant v < 200$
硬点(m/s^2)	<490	2A(mm)	<150

注：硬点检测值超过标准值跨数应小于检测总跨数的 0.5%。

4. 信号设备检测

(1)检测内容。

①应答器位置正确，应答器报文正确、完整有效、链接关系正确。

②轨道电路工作正常。

③补偿电容工作正常。

(2)评判标准。

①《电务试验车动态检测系统技术条件(暂行)》(运基信号〔2005〕443 号)。

②《铁路信号维护规则》(铁运〔2006〕127 号)。

③《客运专线铁路工程竣工验收动态检测指导意见》(铁建设〔2008〕7 号)。

(十八)轨道与路基结构车载探地雷达测试

1. 测试目的

通过车载探地雷达对无砟轨道路基填筑状况、基床表层厚度、CA 砂浆厚度及密实度、内部积水情况以及支承层的结构完整性的检测，确定线路施工情况是否满足设计要求，评价无砟线路的总体性能。

2. 测试内容

采用车载探地雷达，对线路进行检测，获得线路基床范围内路基的填筑结构状况，根据路基的填筑结构状况结合轨道资料分析了解全线路基的沉降变形特征及分布状况，为联调联试提供基础资料。

(1)测试基床结构层变化情况。

(2)测试基床表层厚度是否满足设计要求。

(3)基床底层上表面的平整度。

(4)测试基床和 CA 砂浆的含水情况。

(5)测试 CA 砂浆的厚度及密实情况。

(6)测试支承层结构完整性。

3. 测试方法

轨道车＋平板车＋四通道车载探地雷达系统＋环境记录系统＋GPS 定位系统以及处理分析系统。

4. 评判标准

新建客运专线各层结构厚度应符合《新建时速 300～350 公里客运专线铁路设计暂行规定》(铁建设〔2007〕47 号)的线路设计要求及标准。

三、试 运 行

(一)试运行目的

通过运行图参数测试、故障模拟、应急救援演练、按图行车,检验各系统在正常与非正常条件下运输组织的适应性,验证行车组织方式能否满足运营要求;检验设备故障和自然灾害条件下的应急处理能力;为完善科学合理的运输组织方案提供技术依据。

(二)试运行内容

(1)故障模拟。

(2)追踪测试。

(3)运行图参数测试。

(4)应急演练。

(5)满图试运行。

四、时间初步安排

《关于印发〈武广铁路客运专线剩余工程施工组织专题会议纪要〉的通知》(铁建设函〔2009〕58 号)文件要求:"联调联试分 5 个区段进行,武汉试验段以南至长沙南于 2009 年 6 月 10 日至 7 月 20 日,长沙南至乐昌东于 7 月 20 日至 8 月 10 日,乐昌东至新花都于 8 月 10 日至 9 月 10 日,新花都至广州南、新武汉至乌龙泉 9 月 10 日至 9 月 30 日。10 月 1 日至 10 月 31 日组织全线拉通联调联试"。根据文件精神,对联调联试及试运行时间进行了安排,在确保全线联调联试开始和结束时间符合文件要求的前提下,对区段划分和时间节点进行了适当调整。各区段的试验时间安排见表 3-21-51。

表 3-21-51 各区段的试验时间安排

阶段	试验区间	准备阶段	动车组试验	信号系统试验
1	乌龙泉—长沙(50)	6.10—6.14(5)	6.15—7.10(26)	7.27—8.14(19)
2	汨罗—耒阳(46)	7.20—7.23(4)	7.24—8.19(27)	8.20—9.3(15)
3	衡阳东—韶关西(48)	8.20—8.23(4)	8.24—9.21(29)	9.22—10.6(15)
4	乐昌东—广州南(60)	9.22—9.25(4)	9.26—10.17(22)	10.18—11.10(24)
5	新武汉—咸宁(14)		10.18—10.23(6)	10.24—10.31(8)

注:1. 准备阶段,采用 160 km/h 检测列车每天运行 1 个往返,根据检测结果,对轨道、接触网和信号设备进行调整。同时进行地面测点布置、测试系统调试等准备工作。

2. 动车组试验的列车速度为 200 km/h、220 km/h、240 km/h、260 km/h、280 km/h、300 km/h、310 km/h、320 km/h、330 km/h、340 km/h、350 km/h,共 11 个速度档,每个速度档运行 2~4 个往返。

3. 信号系统试验进行客运专线 CTCS-2 级车载兼容性试验和客运专线 CTCS-3 级列控系统联调联试。

4. 全线拉通试验:全线拉通试验于 2009 年 11 月 11 日~11 月 16 日进行,计划时间 6 d。

5. 试运行:武广铁路客运专线试运行时间初步安排在 11 月 17 日~12 月 26 日,共计 40 d。

6. 客运服务系统联调联试。在客运服务系统完成软硬件设备安装与调试并通过静态验收后进行。

7. 防灾安全监控系统联调联试。在防灾安全监控系统完成软硬件设备安装与调试并通过静态验收后进行。

五、联调联试前提条件

1. 满足《关于印发〈新建客运专线使用综合检测列车试验运行技术条件〉的通知》(运技综合〔2009〕96 号)所规定的试验运行条件。

2. 工程全部完工,所有招投标技术文件,工程竣工的图纸等相关技术资料齐全,承包商或集成商对工程质量和系统功能自检合格,提供测试报告。

3. 铁路局组织完成并通过各系统的静态验收,提交静态验收报告。

(1)轨道状态达到静态验收的标准。

(2)接触网完成冷滑和热滑试验,通过静态验收。

(3)应答器报文正确,通信信号系统通过静态验收。

(4)客运服务、防灾安全监控等系统的软硬件设备安装与调试完毕,通过静态验收。

4. 集成商在 CTCS-3 级列控系统联调联试之前完成 GSM-R 网络优化。

5. 联调联试大纲和实施组织方案(包括临时行车管理办法、应急预案等)经部组织审查并批准通过。

6. 联调联试组织机构成立、人员到位;试验机车车辆、相关试验整备条件和安全保障措施已准备到位。

7. 联调联试期间,第一、五阶段动车组进汉口动车运用所,第二、三阶段进长沙动车运用所,第四阶段进广州动车运用所进行检修、保养工作,保证列车的良好技术状态。

武广铁路客运专线工程总结

（下　册）

武广铁路客运专线有限责任公司　编著

中国铁道出版社

2012年·北　京

图书在版编目(CIP)数据

武广铁路客运专线工程总结/武广铁路客运专线有限责任公司编著.—北京:中国铁道出版社,2012.12
ISBN 978-7-113-14618-4

Ⅰ.①武… Ⅱ.①武… Ⅲ.①客运专线-铁路工程-概况-中国 Ⅳ.①U212.33

中国版本图书馆CIP数据核字(2012)第088705号

书　　名:武广铁路客运专线工程总结
作　　者:武广铁路客运专线有限责任公司　编著

策　　划:江新锡
责任编辑:江新锡　曹艳芳　冯海燕　**编辑部电话:**010-51873018　**电子信箱:**jxinxi@sohu.com
封面设计:郑春鹏
责任校对:孙　玫
任印制:郭向伟

发行:中国铁道出版社(100054,北京市西城区右安门西街8号)
址:http://www.tdpress.com
刷:中煤涿州制图印刷厂北京分厂
:2012年12月第1版　2012年12月第1次印刷
:880 mm×1 230 mm　1/16　印张:80　插图:3　插页:10　字数:2 588千
ISBN 978-7-113-14618-4
85.00元(上、下册)

编辑委员会

目录 mulu

（上　册）

第一篇　综　　述

第二篇　建 设 管 理

第三篇　勘察设计

（下 册）

第四篇 工 程 施 工

第五篇　科研与技术创新

第四篇

工 程 施 工

“试验先行，样板引路”是武广铁路客运专线建设一条重要经验。为了探索时速 350 km 高速铁路施工技术工艺和相关技术标准，武广铁路客运专线设立武汉综合试验段，该试验段北起跨沪蓉高速特大桥广州台尾，南至新咸宁站南端，包括先建段、武汉工程试验段、XXTJⅠ标部分线路，全长 62.16 km，其中路基长度 31.76 km，桥梁 30 座，总长共 30.391 km；车站 2 个，共铺设 14 组高速道岔。

通过武汉综合试验段的先导建设，积累了很多宝贵经验。总结完善了线下工程、无砟轨道、道岔、四电施工方法、施工工艺、设备配置和内控标准，形成公司标准化施工指导意见，在全线大力推广执行。同时，武广公司根据试验段经验建立了首段评估制度，要求所有施工单位在推广试验段成果的基础上，第一段无砟轨道必须经过建设单位组织的评估后，才能大面积开展施工。先导段、试验段和首段评估制度的建立，有力地解决了武广铁路客运专线建设实践中的重大技术风险问题，保证了工程建设的顺利进行。

第一章　大型临时设施工程

第一节　综　　述

为了合理使用大型临时设施工程建设费用，在建设单位的指导和设计、监理单位的支持下，各施工单位对大型临时设施工程进行了科学系统的规划设计与优化。施工单位在深入调查的基础上，结合本管段地区特征、工程特点及施工期限，进行了全面规划，合理安排部署施工生产、生活临时设施，确保武广铁路客运专线主体工程的顺利进行，并在现场施工管理中进行了不断探索，总结了宝贵经验。

一、大型临时设施工程选址原则

1. 方便施工管理

本着因地制宜、永临结合、方便施工、有利管理来统一规划。

2. 环保和文明施工

按照安全生产、文明施工的要求布置，满足环保和创建标准文明工地的要求。

3. 节约用地

在满足工期和存放的前提下，尽量少占田地，减少拆迁，减少租地，尽量避开各种设备、构筑物，选址应选在地质条件较好的地段，尽量减少土石方工程和基础加固工程量，按实际需要合理规划，力求经济实用。

4. 就地取材

有丰富的供应量和较好质量的资源条件，尽可能靠近主要原材料产地，力求就地取材。

5. 避免交叉干扰

避免与正式工程之间的干扰和交叉，合理安排，确保施工安全、工程质量和施工进度。

6. 布局合理、紧凑有序

在构件集中地段设置大型临时设施场地，全面考虑工程布置、工期、运架设备类型、地质状况等进行梁场选址，一般选择在工程管段中心附近。

7. 交通方便

尽量与已有公路和施工便道相连，从而有利于设备和材料运输。

8. 运输距离短

构件运输和架设是施工组织的一个关键工序，较短的运输距离可确保运输安全和加快运、架梁的施工进度，供应距离越近越合理。

9. 考虑防洪排涝，确保雨季施工安全。

二、工程概况

全线共设置材料厂 29 处，箱梁预制场 41 处，双块式轨枕预制场 5 个和板式轨道板预制场 2 个，横沟桥、黄秀桥、白马垅、向阳桥、安口 5 处铺轨基地，改良土拌和站和级配碎石拌和站 49 处。

三、工程优化情况

(一)上水口山箱梁场合并优化

XXTJⅥ标段原设计共设 4 个箱梁预制场，完成 573 孔简支箱梁的施工任务，其中，天易路箱梁预制场承担 99 孔，东林冲箱梁预制场承担 121 孔，上水口山预制场承担 179 孔，黄茅箱梁预制场承担 174 孔。由于受到架梁通道的限制，预制 573 孔梁需要设置 4 个梁场，显然很不经济。按照上述梁场设置原则，施工单位通过与设计和业主沟通提出变更设计，实现了东林冲、上水口山、黄茅三个制梁场的合并。首先是王灌冲大桥的主跨提篮拱部分改由连续梁(70 m+125 m+70 m)代替,上水口山箱梁预制场和东林冲箱梁预制场分设的前提条件已不存在,为梁场合并创造了条件。其次,经现场详细踏勘和调查,茅塘隧道最大埋深仅 13 m,且该处地质条件一般,地质岩层为单斜近水平分布,有条件变更为明洞方式。茅塘隧道变更为明洞后,为上水口山箱梁预制场和黄茅箱梁预制场合并创造了条件。合并后的梁场位于湘潭县谭家山镇铁炉村上水口山,箱梁预制场将承担 560 孔梁的制梁任务(其中 86 孔为路改桥增加)。

上水口山梁场位置经过多种方案比选优化最终确定,其特点是:上下行供梁数量与运距基本均衡,上行供梁 223 孔,最远运距 17.4 km,下行供梁 337 孔,最远运距 23.6 km;梁场位于山地,不仅避免占用农田,而且节省梁场地基处理成本;梁场位于两桥之间路基位置,不需要设置运梁便道,梁场挖方与该段土石方重叠,节约了梁场用地。

(二)新衡山梁场选址优化

原设计制梁场设在 DK1685+700 拾黄湾特大桥武汉台位置,施工单位进场后经调查研究,将制梁场变更至 DK1680+775～DK1681+300 新衡山车站位置,原因如下:

1. 永临结合:拾黄湾梁场位置在铁路建成后梁场平整出的场地基本没有开发价值,而设在新衡山站可以利用梁场场地作为站前广场和商业开发区,具有较高的开发利用价值,得到当地政府和人民群众的大力支持。

2. 节约土地:原梁场规划用地加上临时便道共需占用 300 多亩,根据以往经验,火车站周围肯定会进行商业开发占用土地,临时便道结合以后的交通规划改建成永久道路,碎石场利用弃土场建设,以后场地也可以开发利用,节约了大量的土地资源,取得良好的社会效益。

3. 交通方便:衡山制梁场的公路交通方便,并紧邻站场路基,利用宽敞的站场路基作为运梁车、架桥机的拼装场地和调头场地及运梁便道,更方便施工。梁场距离居民区较远,减少了施工对居民生活的影响。

4. 节约费用:梁场、碎石场、便道在施工完工后进行开发利用,节约了复耕费用和地方开发建设费用。

5. 运梁距离短:箱梁架设的桥梁里程范围是 DK1670+600～DK1692+756,制梁场设在 DK1680+775～DK1681+300 新衡山车站位置,处于架梁范围的中间,运梁距离最短。

第二节　代表性大型临时设施建设方案

本节以韶关罗源洞制梁场、咸宁轨枕场、向阳桥铺轨基地为代表介绍大临设施的建设方案,其他大型临时设施工程的建设方案大同小异,不再一一列举。

一、韶关罗源洞制梁场建设方案

武广铁路客运专线中双线铁路箱梁预制是工程质量、进度控制关键部位。

武广铁路客运专线采用预应力钢筋混凝土双线整孔简支箱梁,断面开阔、重量大,验收标准严,质量要求高,预制难度大,不能采用“工厂预制,铁路运输,工地架设”这一传统方法施工,只能在施工现场选址并设置临时预制场预制箱梁,然后通过专用运架设备完成箱梁架设。

因此,为保证预制箱梁的质量和预制效率,合理使用建场费用,施工单位有必要对预制场进行科学系统的规划设计与优化。

(一)工程概况

该制梁场位于 XXTJⅤ标,承担 DK1974+663.12～DK1986+750.72 段 9 座特大、大桥共 218 榀 32 m 和 24 m 双线箱梁的预制任务。箱梁重约 819 t,梁顶面宽 13.4 m,底板宽度 5.5 m,梁高 3.05 m,总投资 1.27 亿元,预计工期 1 年零 8 个月,梁场生产能力为 1.33 榀/d,存梁能力最小为 40 榀。

(二)场区建设规划设计原则

制梁场规划设计原则应本着安全适用、技术先进、经济合理、环保的原则,统筹规划设计,以达到“制梁速度快,质量高和建场费用低”的目的。基础设计时必须控制沉降量,地基最终沉降量不超过 10 mm,不均匀沉降小于 2 mm。台座有足够的强度和刚度。

(三)场区建设方案

韶关罗源洞制梁场征地 148.2 亩,长度 406 m,宽度 194 m,局部最大宽度 293 m。结合场址长宽比较小的特点，以及国内同类梁场建设经验和经济上、技术上的可行性，本场址只适合于采用横列式布置的方式，有3种梁场建设方案可供选用。

（四）场区建设方案优化设计

1. 技术优化比选

（1）方案1：滑道横移梁、轨道式提梁机装车方案。

依据梁场生产能力和存梁要求，梁场设制梁台座7个，存梁滑道16道，制梁台座按单列式设计。经按工序作业流程时间排定，需配置外侧模5套，自动化内模4套，端模4套，底模7套，方可满足制梁、架梁的工期要求。同时需设底腹板绑扎台2个，顶板绑扎台2个。

主要机械设备配备有：450 t龙门吊2台，含液压自动调平系统的移梁车组（含顶升、动力拖拉）2套。

为了保证移、存梁四个支点不平整量不大于2 mm的精度要求，在移梁设备方面需要增加含液压自动调平系统的移梁车组；此外，对移梁滑道的基础沉降量的控制要求相对严格。经对本场地的地质钻探，在24 m深度范围内均属含水饱和性红黏土地质，必须采取桩基础加固处理。

（2）方案2：轨道式提梁机移梁、装车方案。

依据梁场生产能力和存梁要求，梁场设制梁台座5个，存梁台座42个，外侧模5套，内模4套，端模4套，底模5套。制梁台座按双列式设计，设底腹板绑扎台2个，顶板绑扎台2个。

主要机械设备配备有：可纵向、横向走行的900 t龙门吊1台。

由于场地的限制，所采用的龙门吊为纵、横向均能行走的龙门吊。对台座而言，纵向走行是实现移梁和装梁；横向走行是实现各个台座的横向跨越。

采用龙门吊移梁、装梁是靠龙门吊自身所具有的“四点吊梁、三点平衡”的功能来保证梁体装、移过程中的四个支点不平整量不大于2 mm的规范要求，对于龙门吊的轨道基础主要是保证其地基承载力要求。经对本场地的地质钻探，在24 m深度范围内均属含水饱和性红黏土地质，也必须采取桩基础加固处理。

（3）方案3：轮胎式提梁机移梁、装车方案。

依据梁场生产能力和存梁要求，梁场设制梁台座5个，存梁台座42个，外侧模5套，内模4套，端模4套，底模5套。制梁台座按双列式设计，设底腹板绑扎台2个，顶板绑扎台2个。

主要机械设备配备有：可纵向、横向走行的900 t轮胎式提梁机1台。

由于场地的限制，所采用的轮胎式提梁机为自动控制的纵、横向均能行走的轮胎式提梁机。

采用轮胎式提梁机移梁、装梁是靠轮胎式提梁机自身所具有的“四点吊梁、三点平衡”的功能来保证梁体装、移过程中的四个支点不平整量不大于2 mm的规范要求，对于轮胎式提梁机的轨道基础主要是保证其地基承载力要求。经对本场地的地质钻探，在24 m深度范围内均属含水饱和性红黏土地质，轮胎式提梁机走行线路采用碎石换填、级配碎石填筑、顶面混凝土硬化封闭处理。

2. 建场时间优化比选

根据经验，滑道横移方案时间最长，轨道式提梁机方案其次，轮胎式提梁机方案时间最短。

3. 设备供货时间优化比选

滑道横移方案时间最短，轨道式提梁机方案其次，轮胎式提梁机方案时间最长（7个月）。

4. 经济优化比选

经济合理性是方案取舍的一个重要因素，施工单位就3种方案从临建费用、设备投入费用进行详细的经济比较，结果见表4-1-1。

表4-1-1 梁场建设方案经济比选

序号	比较项目	单位	轮胎式提梁机移梁、装车方案		轨道式提梁机移梁、装车方案		滑道横移梁、轨道式提梁机装车方案	
			数量	金额（元）	数量	金额（元）	数量	金额（元）
一	梁场临建费用合计	元	—	14 342 650	—	22 890 936	—	24 112 182
1	制梁场征地	亩	148.2	889 200	148.2	889 200	148.2	889 200

续上表

序号	比较项目	单位	轮胎式提梁机移梁、装车方案		轨道式提梁机移梁、装车方案		滑道横移梁、轨道式提梁机装车方案	
			数量	金额(元)	数量	金额(元)	数量	金额(元)
2	场地平整压实	亩	148.2	1 063 374	148.2	1 063 374	148.2	1 063 374
3	运梁便道	m	700	1 695 333	700	1 695 333	700	1 695 333
4	制梁台座	个	5	1 000 000	5	1 000 000	7	1 000 000
5	存梁台座(存梁支座)	个	42	2 520 000	42	2 520 000	—	159 600
6	龙门吊轨道及基础	延米	—	—	1 830	7 115 742	650	2 521 045
7	提梁机行走区基础处理	m^2	15 314	3 177 655	—	—	—	—
8	横移梁滑道	条	—	—	—	—	16	8 405 517
9	制梁区 50 t 配龙门吊轨道及基础	延米	642	40 000	642	40 000	642	40 000
10	设备基础	m^3	564.88	143 664	564.88	143 664	564.88	143 664
11	场地硬化	m^3	17 366.6	2 417 105	11 470.29	2 913 908	10 978.72	2 763 234
12	生活办公设施	m^2	3 635.08	1 324 823	3 635.08	1 324 823	3 635.08	1 324 823
13	生产配套设施	—	—	2 358 212	—	2 358 212	—	2 358 212
14	给水系统	—	—	336 034	—	358 902	—	358 902
15	电气系统	—	—	804 090	—	1 015 906	—	920 906
16	蒸养系统	—	—	457 372	—	451 872	—	468 372
二	主要设备投入	元	—	38 064 000	—	29 604 000		32 355 000
1	TLMEL900	台	1	16 460 000	—	—	—	—
2	900 t 龙门吊	台	—	—	1	8 000 000	—	—
3	450 t 龙门吊	台	—	—	—	—	2	6 800 000
4	液压自动调平移梁设备	套	—	—	—	—	2	3 000 000
5	底模	套	5	5 249 000	5	5 249 000	7	6 200 000
6	外模	套	5		5		5	
7	端模	套	4		4		4	
8	内模	套	4	4 355 000	4	4 355 000	4	4 355 000
9	其他生产设备	元	—	12 000 000	—	12 000 000	—	12 000 000
三	梁场临建、设备投入合计	元	—	52 406 650	—	52 494 936	—	56 467 182

5. 场区建设方案确定

梁场建设各方案规划设计优化比选情况见表 4-1-2。

表 4-1-2 梁场建设方案规划设计优化比选

方　　案	工　　期	投资预算	工作效率	长远利益
滑道横移梁、轨道式提梁机装车方案	建场工期较长、梁场建设压力加大	5 646 万元	工作效率低	场地复耕困难、对后续制梁场工程通用性较差
轨道式提梁机移梁、装车方案	建场工期较长、梁场生产管理难度加大	5 249 万元	工作效率较低	对后续制梁场工程通用性一般
轮胎式提梁机移梁、装车方案	建场工期短、使用机动灵活	5 240 万元	工作效率高	对后续制梁场工程通用性较好

通过上述的方案比选，最后决定选用方案 3 即轮胎式提梁机移梁、装车方案，该方案无论是从工期保证上，还是从工作效率、投资上都明显优越于其他两种方案，且从长远利益上分析，轮胎式提梁机移梁、装车方案具有通用性强、后期前景好的特点。建场效果如图 4-1-1 所示。

二、咸宁轨枕厂建设方案

按照建场选址的总体原则，根据轨枕承揽的生产任务、日产量不平衡系数、设备利用系数和时间利用系

图 4-1-1 韶关罗源洞制梁场建场效果

数，以及单位发展水平综合设计轨枕场的建场规模。

咸宁轨枕场布局的整体方式为“一字形”：两大主车间在中间，辅助设施紧靠车间两侧，东头为办公室，紧挨生产车间，西头为轨枕储存发运场地。总平面布置如图 4-1-2 所示，场区占地面积 50 亩，建筑面积 7 000 m^2，全年轨枕产量 45 万根。

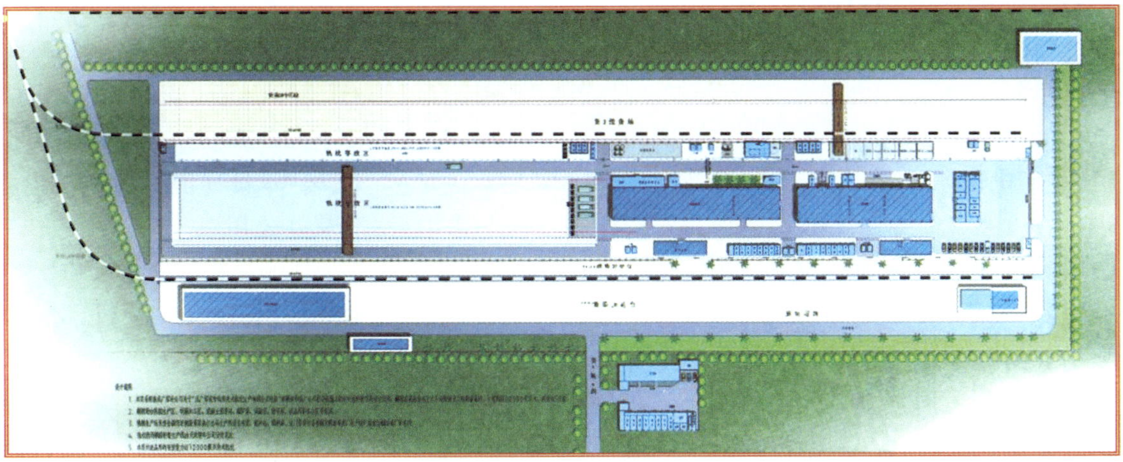

图 4-1-2 咸宁轨枕场总平面布置

(一)总平面布置的特点

1. 生产车间位于全场中心，辅助车间围绕主车间布置，布置紧凑，运输距离短。

2. 全场从砂石上料、混凝土制备、制品成型直到成品库，整个工艺流程流畅。

3. 铁路专用线(场地既有)位于枕场的一侧，对于钢材、配件和扣件等运输由铁路运入，以及部分产品也可以用铁路运出这样的运输方式，能充分发挥铁路专用线的作用。

4. 全场按功能区域划分清楚，如原材料堆放、辅助车间、生产车间、成品库、办公设施及场前区等，互不干扰。

(二)各区设计说明

1. 材料区

(1)钢材：采用汽车或火车运输，通过货场既有门吊或成品库门吊进行装卸作业，露天和室内存放，存放区地面进行硬化处理，可满足 15 d 生产能力。

(2)水泥：水泥库设 2 个 150 t 水泥罐，主要通过汽车运输，可满足 9 d 生产能力。

(3)砂石：砂石库修建防雨棚，周边挂帆布，采用 20 cm 厚 C20 混凝土硬化，占地面积约为 540 m^2，满足轨枕最大日产量时 9 d 生产需要，主要通过汽车运输。每个料仓均设标牌明示，粗骨料仓分合格仓和待检仓。

(4)油料:生产用油采用桶装油,主要通过汽车运输入库。

(5)配件库:根据具体情况设进口配件库、弹条扣件库、桁架库,分类管理,总面积 780 m^2。

2. 生产区

生产区包括钢筋加工生产线、双块式轨枕生产线、成品库。

3. 辅助生产区

辅助生产区包括维修班、混凝土搅拌站、洗石场、试验室、配件库、锅炉房和配电间。

4. 办公生活区

包括现场办公室、门卫值班室、正式员工用房、合同工用房等。

(三)水、电设计

1. 给水排水、蒸汽工艺设计

经过计算,生产总用水量为 $Q=1.29$ L/s,根据计算结果,并考虑管网压力及其他不可预见因素,从安全角度考虑,进水总管宜适当放大,采用 $DN50$ 规格,从货场消防栓引出。生活给水从水表后分支,采用 $DN25$ 供水。生产给水要求较高,使用比较集中,输送距离远,主干管也采用 $DN50$。给水管均采用铁管埋地铺设,给水管穿过马路和其他重载区域采用深埋或其他相应的保护措施。

排水系统考虑生产区排水及污水的排放,生产区的排水以地面明沟加盖盖板收集排水,纵向两条主排水沟贯通整个制枕场,横向各条次沟通过 PVC 管与主排水沟相连。污水经专门设施收集后经过处理达到排放标准后,排向货场既有排水管系统。

供汽系统采用 1 台 2 t 锅炉供汽,从锅炉房分两路给生产线供汽,一路用于轨枕养护,一路用于冬期施工轨枕生产厂房恒温,主蒸汽管采用 ϕ76 mm,分汽管采用 ϕ38 mm,供汽管道均采用无缝钢管架空铺设,外包保温岩棉处理。

2. 供电方案

根据主要用电设备计算,选用 2 台变压器(各 630 kVA)以满足生产需要,本设计供电系统采用电气低压系统为 380 V、50 Hz、三相交流系统,主回路采用三相四线制供电,生活及办公用电采用二相三线制供电。龙门吊滑触线拟采用电杆架空。电线回路设计 7 个回路。

本设计生产用电系统主要采用 TN-C 接零保护方式,手持式设备、临时灯、活动插座、室外配电设备均必须安装漏电保护器。工作零线与保护地线严格分开,插座回路必须安装漏电保护器。

3. 防雷设计

本设计中的变配电室、较高的重要设备等有被雷击的可能,其防雷设计要求如下:锅炉房烟囱和搅拌站水泥仓较高,是防雷重点,确保接地良好,接地电阻小于 4 Ω。配电设施内安装避雷器,可有效防止雷电波沿电缆等导体传入造成损失。龙门吊等重要设备几乎全部是钢构件制作,操作人员和敏感设备均在室内,而室内相当于一个等电位体,不会受到雷击损伤,因此不考虑防雷设计。其他一般建筑物及设施高度低于 6 m,可不考虑防雷设计。

4. 环保设计

坚持"以防为主、防治结合、综合治理、化害为利"的原则,采取有效措施,防止污染和破坏自然环境。

(1)水污染防治措施:轨枕生产过程中,将产生一定的污水和废水,须采取多级沉淀措施进行处理,经检验符合《污水综合排放标准》(GB 8978—1996)规定后,方可排放至指定的沟渠中。

(2)大气污染防治措施:锅炉采用水幕除尘,征得当地环保部门的许可后进行锅炉安装并取证,除尘器运行状况定期接受环保部门监督;对易产生扬尘的砂石料进行遮盖,车辆过往的车道适当洒水降尘;采用密封拌和设备和设置防尘设备;防止拌和混凝土产生的粉尘外泄;安全通道、混凝土拌和站经常进行洒水处理;生产、生活区道路定期洒水降尘。根据生产场地整体规划,生产及生活区周边进行适当绿化,种植抗粉尘树种等;控制机动车尾气污染,严格执行用车淘汰报废制度,选用符合国家卫生防护标准的车辆,严格控制各种机动车尾气排放。

(3)振动噪声防治措施:在浇筑区域建立隔声间,阻挡噪声传播,或者为操作人员佩戴耳塞,以减少对身体及耳膜的损伤。

(4)固体废弃物治理原则:生产、生活区设置一定数量垃圾桶,贮放垃圾。

(5)保护生态环境与水土保持措施:为了减少对周围环境的影响,生产现场定期洒水、种植树木,减少各种污染,美化环境;保护好生产现场绿化植被,生产作业不得损坏绿化设施,并在温暖季节布置绿化。充分利用现有的空间,做到绿化布置层次化、总体化。在道路两旁种植抗粉尘乔木,生活区种植花卉、灌木和草皮,防止水土流失。生产结束后(除特殊规定外)尽快恢复预制场地的生态环境。

三、向阳桥铺轨基地设计方案

(一)工程概况

向阳桥铺轨基地位于湖南省衡阳市境内,起自衡阳县云集镇,终于衡阳县向阳镇。便线从既有向阳桥车站北端 A3-06 专用线上以一组 9 号道岔侧向引出,为避开车站北边的军事禁区,立即折向西北并延伸至武广铁路客运专线京广立交大桥南端 DK1738+450 处接轨,全长 3 450.068 m,线路绕行与丘陵地带,高填方、大挖方地段多。设计以路基为主,有涵洞 17 座。

主要工程数量有:路基挖方 500 028 m^3,填方 453 682 m^3,涵洞 17 座、1 092 横延米,浆砌石 4 760 m^3,干砌石 639 m^3,夯填碎石 9 380 m^3、边坡植草 71 648 m^2、铺道砟 6 300 m^3、铺临时线路 6.91 km、铺临时道岔 9 组,龙门吊走行线 150 双线米等。

(二)工程特点、重点、难点及对策

1. 工程特点、重点及难点

(1)铺轨基地地处衡南县云集镇和向阳镇山林之中,山林茂密,地形波状起伏,最大填方高度达 17 m,最大挖方高度达 22.6 m,水系丰富,路基土石方施工难度大。铺轨基地大部分设置在高填方地段,且基础大部分位于水塘地段,场内要完成较大能力 500 m 长轨存放,严格控制工后沉降和差异沉降是基地内路基施工的关键。

(2)测量选线、征地拆迁、路基土石方工程及人工铺轨、基地设置等工程工作量大,路基施工正处于雨季,基地 2008 年 8 月份要达到长轨进场存放能力,工期极为紧张。

(3)轨料由火车运至向阳桥车站后,再通过汽车运输至施工现场,本段范围内仅有两条乡村道路,道路狭窄崎岖,运输不便。

(4)本段线路从既有向阳桥车站北端 A3-06 专用线上以一组 9 号道岔侧向引出(对应京广线里程为 K1775+258.21),既有线施工安全责任大。

(5)本段轨道工程全部采用自备轨料,工具轨、轨枕、旧道岔需用量大。

2. 主要对策

(1)对重点地段进行地质核查。施工时采用大功率挖掘机、带松土器的大功率推土机开挖,对于强风化岩层采用爆破的方法进行开挖。按土工结构物要求进行路堤填筑。

(2)进场后立即派遣有经验的人员积极开展土地租用的相关工作,尽快解决征地问题,为施工争取时间。

(3)利用乡村道路,修建施工便道,加强对运输道路的养护,便道采用定期和不定期养护相结合方式,专人巡回检查,及时养护,确保便道畅通无阻,保证施工材料的正常运输。

(4)积极与各相关铁路运营管理部门联系沟通,及时签订安全协议,明确安全责任,进行认真全面的调查,对既有管线、设备进行标识、保护,严格按规定程序作业,确保既有线施工安全。

(5)及早进行物资调查、准备,明确物资来源,按规定签订供货合同,及时提报用料计划,保证物资供应。

(三)铺轨基地平面布置

在基地内设置两个 21 m 跨 500 m 长轨存放区,一个 17 m 跨轨料存放区,铺设 4 股线路。其中 L1 道为长轨存放二区装卸线,有效长 800 m,L2 道为区间便线通过线,有效长 700 m,L3 道为长轨存放一区及轨料存放区装卸线,有效长 680 m,L4 道为机整线,有效长 90 m。

铺轨基地内长钢轨存放场按 10 层存放,共可存放长钢轨 420 铺轨公里,最多按 15 层存放,则可达 590 铺轨公里。

基地内轨料存放区长 150 m,可存放 25 m 钢轨 8 km,轨枕 4.5 km,宽枕 2.5 km。

(四)总体施工方案

路基工程注意当地雨季长、雨量大的特点，以路基施工为主线，新建涵洞为关键控制点，同时以石方爆破和基地范围工后沉降控制为重点，精心安排，分区段组织机械化平行施工。

路基工程挖方 500 028 m^3，填方 453 682 m^3，移挖作填，严格按“三阶段、四区段、八流程”作业顺序组织机械化快速施工。土质、石质路堑以大型机械开挖为主，石质路堑遇有坚石、孤石采用浅孔爆破松动后开挖，弃方由自卸车运到填方利用段，机械平整路基面。采用推土机摊铺，平地机整平，重型压路机碾压，人工夯实机械辅助压实。排水系统与路基工程协调进行，及时施工，完成必要的边坡防护工程，保证路基稳定和有利水土保持。

涵洞施工直接影响着路基的拉通，根据路基施工安排，合理安排涵洞施工。工程开工后涵洞优先施工，为路基形成段落施工区段提供条件。涵洞基坑采用机械开挖，人工修整基底。涵洞基础和涵身混凝土模板使用大块胶合板拼装，混凝土浇筑在各工点设混凝土搅拌机 1 台，以满足混凝土施工要求。盖板涵采用现场立模现浇完成。涵洞两侧回填土采用小型振动夯夯实。

轨道工程采用人工铺轨，轨料全部用汽车直接运送到施工现场进行铺设。

起点处既有线道岔插铺采用在设计岔位附近不影响既有线行车处搭设平台人工预拼后，进行既有线要点插铺。

长轨台座为 500 m 长轨存放台，待基地路基成型，沉降变形稳定后施工。

第二章　路基工程

武广铁路客运专线正线路基总长 320.184 km，占线路总长 33.3%，全线完成路基土石方工程数量 10 210.41 万m^3，其中区间路基土石方 6 775.49 万 m^3，站场路基土石方 3 434.92 万 m^3。沿线地质条件复杂，特殊路基工点多，与普通铁路相比，高速铁路路基具有工后沉降控制严、强度高、刚度大且均匀，在高速运行及自然条件下能保持长期稳定等特点，加之无砟轨道缺乏建设实践经验。路基工程面临结构形式选择、填料选择、过渡段路基设计、高标准沉降控制、站后结构物接口等诸多难题，为攻克路基工程施工技术难关，以武汉综合试验段为先导，开展工艺试验，采用了一系列新技术、新结构、新材料，针对关键技术，组织科技攻关，取得重大突破，确保了路基工程施工任务的顺利完成。无砟轨道路基的成功实践是武广铁路客运专线建设一个亮点，对于丰富我国高速铁路技术、指导今后高速铁路建设具有重要意义。

第一节　地基处理

针对不同地段路基地基的地质条件，采取不同的地基加固和处理措施，本线路基地基加固措施主要有：挖除换填；褥垫层（碎石、砂砾石垫层）；堆载预压法；强夯、冲击压实和振动碾压；搅拌桩（含浆喷桩、粉喷桩）复合地基；旋喷桩复合地基；CFG 桩复合地基；刚性桩（管桩、预制方桩、钻孔灌注桩）桩网复合地基；刚性桩桩板结构；岩溶注浆及嵌补等。厚层黏性土、粉土和松软土地基，特别是当具有较厚的硬壳或硬层夹软弱层地基主要采取 CFG 桩复合地基加固，CFG 桩是本线的主要加固措施。以下简要叙述 CFG 桩和岩溶注浆的施工工艺流程和施工要点。

一、CFG 桩

（一）概　　述

按照《客运专线铁路路基工程施工质量验收暂行标准》和《客运专线铁路路基工程施工技术指南》规定，CFG 桩大面积施工前进行成桩工艺试验。CFG 桩施工工艺主要有长螺旋钻孔-管内泵压混凝土灌注桩和振动沉管灌注桩。

（二）工艺试验内容及取得成果

1. 长螺旋钻孔—管内泵压混凝土灌注成桩工艺

（1）材料配合比选择。确定了混合料的配合比，配合比选为试验配合比。

（2）坍落度要求：泵送混凝土控制在 180 mm。

（3）钻杆上拔速度：钻杆上拔速度宜控制在 2～3 m/min。钻杆上拔速率和输送泵泵送混凝土的量要密切配合，钻杆应静止连续提拔，施工中严禁出现超速提拔及先提管后泵料，灌注过程中芯管插入混合料的最小深度宜按 25 cm 控制。

（4）工效总结：单机成桩功效约 400 m/d。长螺旋钻孔-管内泵送混凝土灌注成桩工艺具有功效高、成孔质量易控制等优点，大面积施工应优先选用。

（5）桩长：通过钻孔施工中，钻杆上部的动力头发生颤动和轻微的摆动等施工现象和相应的实验记录，与地质资料对比，分析是否达到持力层，确保桩长达到设计要求。

2. 振动沉管灌注成桩工艺

（1）材料配合比选择：确定了混合料的配合比，配合比选为试验配合比。

（2）坍落度要求：泵送混凝土控制在 30～50 mm。

（3）钻杆上拔速度：钻杆上拔速度宜控制在 2～3 m/min。钻杆上拔速率和输送泵泵送混凝土的量要密切配合，钻杆应静止连续提拔，施工中严禁出现超速提拔及先提管后泵料，灌注过程中芯管插入混合料的最小深度宜按 25 cm 控制。

(4)桩长：在钻进过程中，通过记录每米电流变化及电流突变位置及电流值、并观察钻杆上部的动力头发生颤动和轻微的摆动等施工现象，并和地质资料相对比，确定桩长是否达到设计要求，即桩尖必须穿过软弱土层至硬底，一般应嵌入砂类土或硬塑黏土不小于 2 m，对于下伏基岩段应嵌入风化层不小于 1 m。

(5)复核地质资料：通过钻孔施工中，记录每米电流变化及电流突变位置及电流值，作为地质复核情况的参考。

(三)施工工艺

通过现场施工发现，长螺旋法加固地基施工噪声及振动小、施工速度快，而且工艺易于掌握。通过对成桩桩身质量及复合地基与单桩载荷力的检测表明对加固地基、减少路基沉降量很有效。因此，武广铁路客运专线 CFG 桩施工多采用长螺旋钻机成孔—管内泵压混合料灌注成桩。CFG 桩施工工艺流程如图 4-2-1 所示。

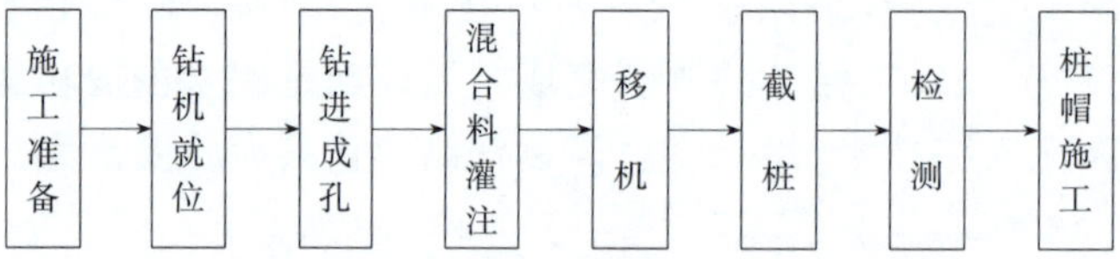

图 4-2-1　CFG 桩施工工艺流程

(四)施工要点

1. 根据地质情况和设计桩径选择适宜的施工方法，并配备相应的机具。采用的固化剂和外加剂的品种、规格及性能应符合设计要求。施工前按设计要求由试验室进行配合比试验，施工时按配合比配制混合料。

2. 开工前各施工标段按照验标要求进行现场工艺性试验，试验桩不少于 3 根，以确定合理的成桩控制参数。

3. 桩体质量检验在成桩 28 d 后进行，CFG 桩施工质量及桩身完整性采用无损检测进行检验(图 4-2-2)，加固效果检测采用载荷试验。

图 4-2-2　CFG 桩施工质量检测

4. 注意事项

(1)施工前必须进行地质核查，通过地质核查与设计地质条件对比最终确定岩面高程(桩底高程)，如与设计地质差别较大时要及时与设计单位联系，确定最终变更方案；现场主要通过观察记录，并与设计桩长对比，最终以钻机钻至岩面时，无法继续进尺，而且有上顶钻机晃动现象，以此判定钻至强风化岩面。

(2)对于土体易发生液化地段，应采用隔桩跳打法施工，以避免产生串孔现象。

(3)CFG 桩桩顶必须按设计要求比设计高程高出 50 cm，以确保有效桩体的强度；桩头凿除时要避免扰动桩头以下桩身，影响桩身质量。

(4)灌注混凝土过程中必须要保证先灌混凝土后拔管，提钻时要严格控制拔管速度；以防止发生断桩现象。

5. 施工质量问题及预防

通过 CFG 桩施工实践总结，施工质量问题及预防归纳如下：

(1)堵管

堵管是长螺旋钻孔管内泵压混合料灌注成桩工艺常遇到的主要问题之一。它直接影响 CFG 桩的施工效率,增加工人劳动强度,还会造成材料浪费。特别是故障排除不畅时,使已搅拌的 CFG 桩混合料失水或结硬,增加了再次堵管的几率,给施工带来很多困难。产生堵管的原因有以下几点。

①混合料配合比不合理

当混合料中的细骨料和粉煤灰用量较少时,混合料和易性不好,常发生堵管。因此,要注意混合料的配合比,尤其要注意将粉煤灰掺量控制在 70～100 kg/m^3 的范围内,坍落度应控制在 160～200 mm 之间。

②混合料搅拌质量有缺陷

在 CFG 桩施工中,混合料由混凝土泵通过刚性管、高强柔性管、弯头最后到达钻杆芯管内。混合料在管线内借助水和水泥砂浆润滑层与管壁分离后通过管线。坍落度太大的混合料,易产生泌水、离析,泵压作用下,骨料与砂浆分离,摩擦力加剧,导致堵管。坍落度太小,混合料在输送管路内流动性差,也容易造成堵管。

③施工操作不当

钻孔进入土层预定高程后,开始泵送混合料,管内空气从排气阀排出,待钻杆内管及输送软、硬管内混合料连续时提钻。若提钻时间较晚,在泵送压力下钻头处的水泥浆液被挤出,容易造成管路堵塞。

(2)窜孔

在饱和软土层中成桩经常会遇到这种情况,打完一根桩后,在施工相邻的桩时,发现刚施工的临桩的桩顶突然下落,当桩泵入混合料时,临桩的桩顶开始回升,此种现象称为窜孔。发现窜孔的条件有以下三条。

① 被加固土层中有松散饱和软土层;

②钻杆钻进过程中叶片剪切作用对土体产生扰动;

③土体受剪切扰动能量的积累,足以使土体发生触变。

由于窜孔对成桩质量的影响,施工中采取的预控措施:

①采取隔桩、隔排跳打方法;

②减少在窜孔区域的打桩推进排数,减少对已打桩扰动能量的积累;

③合理提高钻头钻进速度。

(3)桩头空芯

主要是施工过程中,排气阀不能正常工作所致。钻机钻孔时,管内充满空气,泵送混合料时,排气阀将空气排出,若排气阀堵塞不能正常将管内空气排出,就会导致桩体存气,形成空芯。为避免桩头空芯,施工中应经常检查排气阀的工作状态,发现堵塞及时清洗。

(4)桩端不饱满

这主要是因为施工中为了方便阀门的打开,先提钻后泵料所致。这种情况可能造成钻头上的土掉入桩孔或地下水浸入桩孔,影响 CFG 桩的桩端承载力。为杜绝这种情况,施工中前、后台工人应密切配合,保证提钻和泵料的一致性。

(5)桩孔偏斜

主要因为地面不平、导向设施出现偏差、钻架不正或钻杆弯曲、钻杆刚度不够所致。另外钻进时土层硬度发生突然变化或遇到障碍物也会导致桩孔偏斜。施工前应对安装好的钻机设备做全面检查,做到水平、稳固,对钻杆、接头要逐个检查,保证钻杆顺直,有足够的刚度。在钻进时,土层由软变硬时要少加压慢给进。

(6)钻进困难

主要原因为遇到地下障碍物如石块、混凝土块,钻机功率不够或钻进速度太快造成憋钻。应选用硬质合金钻头,采用合适的钻速。遇到障碍时如障碍物不深,应进行清除后复钻,如不易挖出则改变桩位。

二、岩溶注浆

(一)概　　述

岩溶是由于地下水随季节变化上、下波动急骤,在潜蚀、真空抽吸等作用下形成。岩溶地基加固方法可分为浆液渗透固结法和浆液充填固结法。浆液渗透固结是指浆液在压力作用下,沿土石界面向四周扩散,封闭土石界面形成隔水帷幕,阻隔上层滞水与岩溶水的联系。浆液充填固结是指人为采用砂、粉煤灰等对较大溶蚀腔体进行充填,再采用双液注浆使填充物与水泥浆固结成一体。

武广铁路客运专线地质条件复杂多变,岩溶路基设计采用岩溶注浆加固,其工作原理是在土石界面处压浆封堵固化浅部岩溶(溶洞、溶蚀、裂隙)和地下水侵蚀作用形成的土洞,填充土中的空隙,形成水平帷幕封堵地下水通道,隔断地下水对持力层的影响,达到加固持力层地基的目的,防止沉陷,确保行车安全。通过试验选定注浆施工工艺、施工机具、各种注浆参数等技术指标,指导后续施工。

(二)工艺试验内容

1. 验证选择合理的施工机械。

2. 验证注浆施工工艺。

3. 得到合理的注浆材料参数及合理的注浆压力。

4. 确定注浆质量的检测方法,评定岩溶注浆效果。

(三)施工工艺

岩溶注浆施工工艺流程如图 4-2-3 所示。

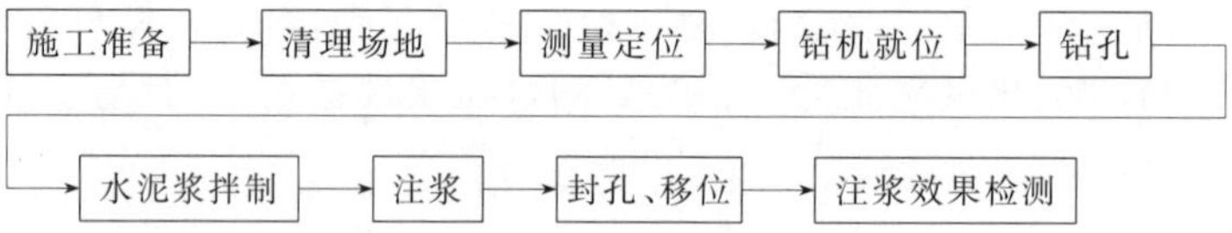

图 4-2-3　岩溶注浆施工工艺流程

(四)施工要点

1. 施工前尤其注意加强对地基地质的核查,重点在注浆加固之前采用先导孔勘探清楚岩溶分布状况和地质特征,根据溶洞发育的特点采用相应的施工方案。变化较大时应及时向设计单位反馈信息,以调整处理措施。

通过先导孔探明溶洞发育情况,根据溶洞发育的特点,可将其分为三类:轻微溶蚀、一般溶洞、复杂溶洞。由于岩溶发育复杂,对于溶洞注浆处理,应遵循先易后难的施工原则,即先处理轻微溶蚀或一般溶洞,基本摸清溶洞发育情况后,再处理复杂溶洞。据其特点采用相应的施工方案。

(1)轻微溶蚀

轻微溶蚀是指节理岩体、节理化岩体、岩溶发育轻微及封闭的比较小的溶洞。该类轻微溶蚀吸浆量一般比较小,适合于单液注浆工法。若洞内无填充物或填充物不满时,注浆开始及前期注浆量较大,可适当添加中粗砂挤密填筑溶洞,直至停止漏浆;若充填物呈松散或软塑,或已固结呈硬塑状态时,直接注浆固结即可。

(2)一般溶洞

一般溶洞是指溶洞发育明显,无大裂隙穿过,钻机注浆孔钻进成孔施工时,钻进冷却水和泥浆会明显泻漏,需及时补充。处理方法是施工时钻机钻孔穿过溶洞至溶洞底部后,再钻进 1.0 m;首先选用单液注浆,并且添加中粗砂挤密填筑溶洞;如果注浆流量较大或注浆量超过设计量 1.5 倍,改用双液注浆工法。

(3)复杂溶洞

复杂溶洞是指溶洞发育明显或断裂带高度发育地区,并有明显裂隙,空隙相当发育、分布广泛、孔径大、连通性好,钻机注浆孔钻进成孔施工时,钻进冷却水和泥浆泻漏浆严重。处理方法是施工时钻机钻孔穿过溶洞至溶洞底部后,再钻进 1.0 m;先进行溶洞内的充填加固,把溶洞用水泥、中粗砂灰浆填满,该地区吸浆量一般均比较大,注浆采用双液注浆工法。

2. 岩溶注浆材料的选择、注浆压力参数、注浆结束标准符合规范和设计要求。注浆施工按照有关注浆技术规程和细则执行。

3. 进行注浆质量检测,评定岩溶注浆效果。注浆效果应采用适宜有效方法进行检验。根据扩散半径对注浆压力的调整,通过钻孔取芯观察,在 0.1～0.3 MPa 的注浆压力下,由于注浆压力低,压力稳定持续时间短,在灰岩与土层交接面,扩散半径约为 1 m 左右;在有充填的溶洞中,扩散半径受到岩溶裂隙的充填程度、发育方向及连通程度的影响,扩散距离大小不等,在红黏土层,扩散半径约为 50～80 cm,未有效形成帷幕。后将注浆压力提高到 0.6～0.8 MPa,扩散半径大幅提高,在孔与孔之间形成了交叉区域,基本保证了帷幕的形成。

4. 岩溶整治措施为揭盖回填或封闭、钻孔充填及压密封闭注浆。钻孔注浆实行探、灌结合的动态设计施工原则。

(1)对位于基床厚度范围内的溶沟、溶槽,应将突出的坚硬岩石进行清爆,将堆积填充物予以换填,基床范围换填 C20 混凝土或级配碎石掺 5%水泥,A、B 组填料掺 3%～5%水泥。当基床厚度范围以下,堆积充填物强度较低,按计算对堆积物进行换填或加固。

(2)对溶洞无流动地下水且有充填堆积物,顶板厚度不能满足要求时,采用压浆进行处理。有条件时,空洞可以先填砂砾石或碎石再行压浆。压浆设计时,应根据岩溶空洞率、充填物孔隙率等合理选用灌浆技术参数。

(3)对覆盖型岩溶地段,溶洞在安全距离以下时,考虑到地下水波动易对上覆土层掏蚀,易产生土洞,原则上封闭土石界面,形成隔水帷幕,注浆厚不小于 8 m,进入基岩顶面以下不小于 5 m。当上覆土层层厚大于 15 m 时,应结合工点地质情况、地下水活动情况以及当地既有工程病害整治的经验确定,当地下水与地表水连通性好,地下水位波动大或附近存在抽取地下水、或存在地表塌陷时,存在可能引起地表变形隐患地段,应按岩溶路基进行加固。

(4)岩溶地基,当路堤填筑高度较低(小于 4.0 m)或为低路堤时,宜在路堤基底加铺一层土工格室或土工格栅加固,其极限抗拉强度不小于 80 kN/m。

(5)在裸露、半裸露型岩溶地段,对规模较小的溶洞、溶蚀裂隙,采用梁跨、板跨、拱跨等结构形式跨越等措施。对于大型封闭洼地套落水洞、漏斗,由于其可变性,为确保客运专线的稳定与安全运营应设桥通过。

(6)对影响路堑边坡稳定的坡面上的溶洞、溶槽和溶蚀凹坎,采取 M7.5 浆砌片石嵌补支顶加固措施;基床范围的溶沟、溶槽中充填的黏土全部清除,采用 C25 混凝土嵌补。

(7)对常流的岩溶水,考虑设置泄水洞、管道、桥涵和明沟等排泄工程措施。

(8)线路通过岩溶洼地、漏斗时,原则上不应设置路基通过。

第二节 A、B 组填料选择及填筑工艺

一、A、B 组填料选择

(一)填料要求

路基填料根据《铁路路基设计规范》(TB 10001—2005)的有关规定执行;设计所采用的 A、B 组填料应尽量采用碎石类土及砂类土中的 A、B 组填料,填料中的骨料的单轴饱和抗压强度 $R_c>15$ MPa,且不易风化,不易软化;A、B 组填料中的细粒土的液限 $W_L<40\%$,且没有膨胀性。

A、B 组填料是路基基床底层、路堤路基本体的主要填料,其施工工艺直接影响到路基的施工质量和施工速度,在进行 A、B 组填料施工前,必须进行 A、B 组填料的施工工艺试验,优化和确定施工参数,指导大面积施工。

(二)工艺试验

1. 概述

路基填筑前需进行基底处理,然后即可进行 A、B 组填筑施工。填筑时采用"四区段、八流程"的施工工艺进行,填料采用全幅纵向水平分层方法摊铺,推土机粗平、人工配合平地机精平的方法整平,20t 振动压路机采用静压、弱振、强振组合振压方法施工。采用试验确定 A、B 料的物理力学性质和 A、B 组料填筑施工工艺参数:(1)碾压方式组合;(2)虚铺厚度试验;(3)机械碾压速度试验。

2. 试验内容

(1)A、B 组填料室内试验。

取样应具有代表性,取样的均匀性特别重要;室内试验应在在填料采石加工场料堆取样三组。主要做填料的比重、不均匀系数、曲率系数、颗粒级配试验、含水率试验,对材料进行定名,并确定填料的种类及料源是否满足设计要求。

(2)A、B 组填料现场试验。

①通过工艺性试验对比确定碾压设备的选型与配套,提出适合于 A、B 组填料碾压的压路机类型、吨位

及碾压设备的配置数量；

②确定填料的合理级配、碾压最佳含水率；

③确定满足路基填层压实要求的最佳压实厚度、松铺系数、碾压遍数、碾压速度、碾压组合方式；

④确定合理的施工区段长度；

⑤确定施工要点，分析施工中可能出现的问题，并给出解决方案；

⑥确定施工中劳动力组织措施和质量控制方案。

3. 试验取得成果

通过室内试验明确了A、B组料物理力学性能，并确定了A、B料压实的最佳含水率；通过试验得出现场填筑A、B组料的施工工艺参数，包括最佳压实厚度、松铺系数、碾压遍数、碾压速度、碾压组合方式。

(1)结合各标段实际情况，全线A、B组填料实行工厂化生产。在建设加工基地的过程中综合考虑基床表层的级配碎石、改良土生产等因素，以充分合理利用资源，减少设备配置。

(2)根据全线地材分布的实际情况，A、B组填料应优先从开采的矿山、开挖的路堑、隧道的洞砟、河道的砂卵石选择加工生产。其次选择天然级配填料，如天然级配的填料粒径和级配及压实性能不能满足技术指标要求，也应对天然级配的填料通过工厂化加工进行筛分和物理改良。禁止采用天然全风化花岗岩和水稳性差的材料直接作为A、B组填料。

(3)对A、B组填料的材质要求：采用碎石类土(包括岩块石、卵石破碎加工而成的碎石类、砾石类和天然级配的砾石类)作为A、B组填料的，要求填料中的粗颗粒的母岩单轴饱和抗压强度$R_c>$15 MPa，且不易风化，不易软化(软化系数大于等于0.75)；填料中小于0.075 mm的细粒含量不宜大于15%，且宜为低液限粉土或低液限粉质黏土。采用砂类土(砾砂、中粗砂)作为A、B组填料的，砾砂中大于2 mm的颗粒、粗砂中大于0.5 mm的颗粒、中砂中大于0.25 mm的颗粒应坚硬，不易风化，颗粒级配应良好；小于0.075 mm细粒含量不宜大于15%(且不应大于20%)，细粒土宜为低液限粉土或低液限粉质黏土。

(4)A、B组填料的具体指标要求：严格控制A、B组填料最大粒径和细粒土含量，选择合理的级配组成，控制最佳含水率。对于矿山、路堑、隧道的洞砟、河床内的卵石加工而成的碎石类土填料技术指标要求：最大粒径宜控制在60 mm以内，应具有良好的颗粒级配组成，大于20 mm的颗粒含量宜控制在25%～45%，小于0.075 mm的细粒含量宜控制在15%以内，细粒土宜为低液限粉土或低液限粉质黏土；并进行标准击实试验确定最大干密度、最佳含水率。对于天然级配的砾石类细角粒土和细圆粒土，最大粒径宜控制在60 mm以内，大于20 mm的颗粒含量宜大于20%，小于0.075 mm的细粒含量宜控制在15%以内(且不应大于20%)；颗粒应做矿物成分分析，以判定其抗风化、软化性能及水稳定性能；并对细粒土应做液塑限指标试验。对细角粒土和细圆粒土应进行室内标准击实试验，以确定最大干密度和最佳含水率。若天然的砂卵石级配不良，圆粒过多，细粒土含量较少，整体黏性差应进行筛分(或破碎)与掺加细粒土进行组成拌和，以满足B组填料的各项指标和路基各部位压实标准。对于浸水(常年浸水或季节性浸水)地段路基以及高路堤，所采用的填料除应满足上述一般地段的填料要求外，还应符合路基设计图集“浸水地段或高路堤路基填料要求表”中的要求。

(5)应选取级配良好、强度高、水稳性好、可压实性好的材料作为路基的填料。选取的料场填料数量应满足路基填筑的要求，并进行合理调配；当填料土质发生变化时应重新进行检验。

(6)路基工程施工全面开工前，不同的填料均应先选择长度不小于120 m代表性地段进行工艺性试验，确定机械设备组合、施工工艺、摊铺厚度、压实遍数及试验、检测的方法。

(7)路基填筑压实标准的补充要求：路基填筑压实标准除应满足设计图中的要求及《客运专线无砟轨道铁路设计指南》(铁建设函〔2005〕754号)中的有关要求外，路基基床底层的压实标准宜满足以下要求：一般情况下，$E_{v2}/E_{v1}\leqslant 2.6$；当$2.6<E_{v2}/E_{v1}\leqslant 3.5$时，$E_{v1}$应不小于$E_{v2}$规范规定值的60%；若$E_{v2}/E_{v1}$大于3.5应认真分析施工工艺、检测方法等的合理性、规范性，及时予以纠正。

二、A、B组料填筑工艺

A、B组料的施工工艺流程，如图4-2-4所示。

三、施工要点

(一)填料的控制

1. 填料的级配一定合理,并满足相应规范和设计要求,避免级配不良导致填筑时填料发生离析。

2. 取土场取土时必须将表层的腐植土等有机物清除干净,同时取土时注意料中是否有不均匀夹层,均要及时清理掉。原状料运至现场后要进行二次筛分加工,将粒径大于60 mm的粒径筛除,通过砸石机破碎后掺入混合料中进行二次拌和后利用。

3. 存料场要将原状土与筛分二次加工的合格料分开,并标识明确。

4. 要加大大堆料的检测频率,确保在堆料是否均匀,并通过试验检测结果指导拌和。

(二)基底处理

路基填筑前需进行基底处理,并进行压实度的检测,压实系数均大于0.9。如采用桩网结构地基处理,在基底处理完毕后方可进行褥垫层施工。在垫层施工完毕后,即可进行A、B组填筑施工。

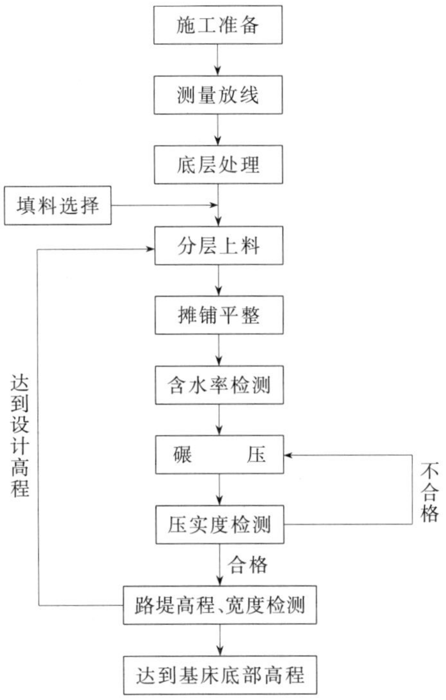

图 4-2-4 基床以下填筑工艺流程

(三)松铺厚度

路基填筑的松铺厚度必须按试验确定的松铺厚度进行,按照35 ~ 40 cm控制。

1. 网格法:在填筑区内,依据车容量计算堆土面积,然后用白灰线打出方格,每格子卸土一车(如按8 m^3/车计算,方格大小按5 m×5 m),以便控制其虚铺厚度和均匀。

2. 挂线法:在填筑范围内每10 m在路基两侧插设标杆(ϕ10 mm的钢筋),并用红油漆标注出每一层的填筑厚度。

3. 探坑法:摊铺完成后应挖孔测量铺土厚度,对局部超厚的地方挖除。

(四)摊铺平整

1. 填料摊铺平整使用推土机初平,平地机进行精平,使平面控制无显著的局部凹凸,平整时应先两侧后中间,中间高,平整面形成向两侧2%~4%的横向排水坡,平地机平整完后对小凹凸面,人工修复平整。

2. 在雨天坚决不能填土施工,对已填好的填层,在雨天时,要采用彩条布及时封闭隔雨,同时在填筑面两侧做好临时排水沟,保证雨天填料不受雨水的浸泡。

(五)含水率控制

1. 土的含水率直接关系到压实质量,所以在碾压前必须对填料进行含水率的测定,保证含水率控制在最佳含水率±1%进行碾压。

2. 现场测定含水率过大时,则需翻开晾晒,晾晒过程中要不断测定含水率,达到要求后立即恢复整平碾压,防止过晒;翻开设备不能采用推土机后的松土器,因为松土器翻晒不均匀,会造成表面“鸡窝”现象,必须采用翻耕犁进行翻晒,保证翻晒均匀,而且尽量避免碾压完后进行翻晒;如果含水率过小,则需现场洒水,洒水要采用高压洒水车,保证洒水均匀,并不断测定含水率,达到含水率范围后要及时进行碾压。

(六)填料集窝的控制

1. 填料加工严格控制,保证级配的均匀性。

2. 筛分合格后的料,填至路基后,对局部集窝现象现场翻拌均匀后重新压实。

3. 避免碾压后翻拌路基。

(七)机械碾压

1. 碾压时要严格按先两侧后中间、先慢后快的施工操作程序进行碾压(速度控制在2~4 km/h)。碾压轮迹重叠不少于1/3轮宽,做到无漏压,无死角,保证压实均匀,并达到规定的压实要求。脚墙前1~2 m范围内不能采用强振，防止振裂脚墙。

2. 路基碾压两侧边缘时，为了保证压实质量及压实安全要采用人字形压法。

（八）质量检测

压实后进行 K_{30}、E_{vd}、E_{v2}、n 值指标检测，达到规范要求。

第三节　软岩改良填料土填筑工艺

一、试验概况

为充分利用泥质板岩等软岩改良土作为路基填料，武广铁路客运专线立项“武广铁路客运专线软岩改良土填料现场填筑成套技术试验研究”课题，在室内软岩改良土最佳掺合料及最佳配比的对比试验研究的基础上，建立两段现场填筑试验段，DK1412＋280～＋415 段进行泥质板岩全～强风化混合物化学改良及强～弱风化混和物物理改良填筑施工工艺试验；DK1623＋363～＋510 段进行泥质粉砂岩、含砾砂岩全～强风化混合物化学改良及强～弱风化混和物物理改良填筑施工工艺试验。试验内容包括填料破碎粒度、碾压机具、摊铺系数、碾层厚度、拌和方法及效果、碾压遍数、碾压方式等方面；同时进行软岩改良土填料检测方法及质量控制标准、软岩改良土填料填筑路基的长期水稳性研究。

二、试验内容及取得成果

通过对武广铁路客运专线几种代表性的软岩风化物及其改良土填料现场填筑成套技术进行较为全面的研究，得出了软岩改良土填料现场填筑成套技术。对判别软岩可否用作路基填料、最佳掺和料及配比、填筑施工工艺及参数、压实标准与质量检测方法、长期稳定性评判等方面进行了深入的研究与分析。取得主要成果如下：

1. 硅质、钙质含砾砂岩破碎后级配良好时可直接用作基床以下路基填料；泥质板岩和泥质粉砂岩风化物必须经过化学或物理改良，方可用于填筑基床以下路基本体，根据软岩变异性大及风化程度的不同，有针对性地确定了适宜的改良剂及掺和比。

2. 针对软岩块不同于一般粗颗粒土本身固有特征，即粒径级配不稳定的特点，通过现场填筑的工艺试验确定了软岩的破碎方法及粒径要求、改良土拌和方法、摊铺系数、压实机具、碾压遍数等填筑施工工艺及参数。

3. 软岩填料既不同于一般粗粒土，也不同于一般细颗粒土，提出了软岩改良土填筑路基本体的压实标准与质量检测方法。

4. 泥质板岩化学改良土路基本体的总沉降量为填筑高度的 0.3%～0.7%，铺轨后的工后沉降小于预测总沉降的 15%，最大工后沉降量约 2.72 mm，目前剩余工后沉降约 1.7 mm。

5. 泥质粉砂岩化学改良土路基本体的总沉降量为填筑高度的 0.4%～0.7%，铺轨后的工后沉降小于预测总沉降的 20%，最大沉降量约 1.70 mm，目前工后沉降基本完成。

6. 泥质粉砂岩弱～强风化物理改良土的总沉降量约为填筑高度的 0.6%～0.7%，铺轨后最大工后沉降 5.13 mm，占预测总沉降的 37%。

7. 含砾砂岩弱～强风化物理改良土的总沉降量约为填筑高度的 0.35%，路基填筑完成后经 6 个月摆放，改良土本体完成其预测总沉降的 99%左右，含砾砂岩弱～强风化物理改良土工后沉降很小，其变形对客运专线路基的长期稳定性没有影响。

8. 软岩改良土填筑路基的水稳性、强度及刚度、长期沉降监测分析与研究表明，软岩改良土填筑的路基可保证长期稳定性。

软岩改良土研究解决了软岩弃砟的合理利用难题，同时可减少弃方，保护环境，社会经济效益明显。软岩弃砟来源丰富，通过适当的改良，便可作为路基填料，其施工工艺及参数、质量控制指标与检测方法、长期稳定性与一般填料没有较大的区别，但要在粒径控制、水稳性等方面适当控制。

三、软岩改良土填料填筑工艺

施工工艺流程如图 4-2-5 所示。

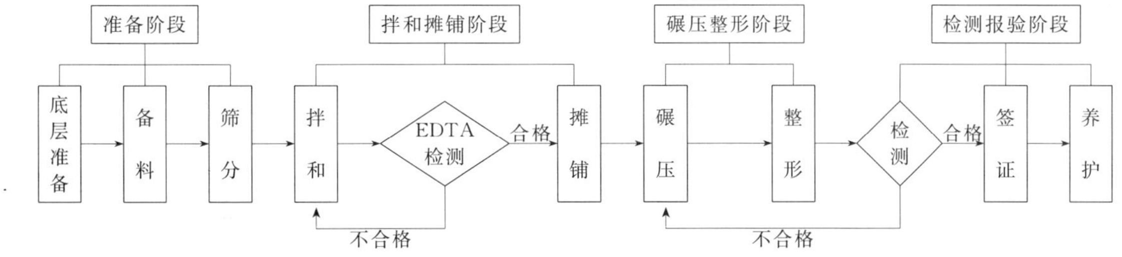

图 4-2-5 软岩改良土填筑施工工艺流程

四、施工要点

软岩改良土填料路基填筑的关键工序包括破碎、拌和、摊铺、平整、碾压以及检测等，其施工要点如下：

1. 软岩改良土施工前需进行试验，以了解软岩的物理力学性能，通过现场填筑试验确定软岩改良的最佳掺入料。

2. 根据软岩的风化程度及施工条件，合理选择岩石破碎方式。采用碾压破碎方式时，碾压需要较大面积硬化场地，不能直接在软岩改良土填筑路基上施工，主要是由于软岩改良土路基较软，破碎效果较差。采用破碎机破碎时，一般要经过两次以上破碎才能满足客运专线路基填料粒径要求，但级配控制具有一定难度。

3. 为保证填料拌和质量，填料应拌和均匀，掺入量控制精确，但拌和效率受含水率的影响较大，拌和前填料含水率应控制为小于 $w_{opt}+3\%$；碾压时改良土的含水率控制在 $w_{opt}\sim w_{opt}+3\%$，含水率大于 $w_{opt}+3\%$ 时碾压密实度难以达到要求；施工前含水率控制应作为施工重点质量控制项目。

4. 铺筑场地晒水湿润，将拌和好的混合料尽快运至场地，根据摊铺厚度计算堆放密度，取最后一车混合料做室内 7 d 无侧限抗压强度试验。

5. 用推土机进行全断面均匀摊铺，然后用平整机进行平整，形成设计的横行拱坡，并用压路机快速碾压 1～2 遍，出现的洼地等不平整区域由人工填平，而边缘不易压实的区域应超宽铺筑，超宽一般为0.5 m 左右。为满足压实系数 $K\geqslant 0.92$，26 t 压路机碾压时虚铺厚度应小于 40 cm，虚铺厚度为 30 cm 时压实质量最优。相同虚铺厚度条件下，26 t 压路机压实质量好于 18 t 压路机，所以路基压实首先应采用大功率压路机。

6. 摊铺后尽快碾压，先两侧，后中间，纵向轮迹重叠 0.4～0.5 m，横向接头应重叠不小于 2.0 m，无漏压、无死角，确保碾压均匀。碾压时应控制压路机行车速度，不大于 4 km/h。碾压完成后，路基表面应平整光滑，无反弹，无松散，无明显轮迹。为保证全断面压实一致，碾压宜先静压，然后为振动碾压，最后静压收光。摊铺碾压时严禁破坏路基监测设施，在沉降板附近等不易碾压的区域应采用蛙跳式振动机等小型压实机械分层填筑，保证其密实度。

7. 填筑施工应避免夏季高温时段，夏季应选择在清晨或晚上施工，泥质板岩失水比较快，摊铺表面易风干，因此应尽量采取措施减少摊铺时间。严禁雨天施工。碾压完成后 12 h 内应及时洒水养护，养护保持表面湿润，时间不小于 7 d 或至上层填筑前。

8. 路基填筑碾压完成两到三层后，需根据路堤边坡的设计边界和坡度进行修整，施工完成后及时施工路堤边坡防护设施。

9. 改良土压实后，路基平整，检测指标能够满足客运专线的要求，但是表层颗粒受压路机碾压破碎比较明显，且下雨后表层出现“泥化”和路基松弛等现象，对受雨水浸泡的路基应经过晾晒、表层清除和补压等处理，补压后的路基应满足高速铁路路基要求。

第四节 基床表层填筑

一、试验概述

路基基床由表层和底层组成，表层厚 0.4 m，设计为级配碎石填筑，下面重点介绍基床表层级配碎石（非摊铺机施工)施工技术。

二、试验内容

1. 根据《武广铁路客运专线铁路路基施工技术细则》，经试验室试验确定级配碎石填料的技术参数。

2. 验证基床表层填筑施工机械。

3. 调整级配碎石填料的厂拌法参数，使得厂拌所得的级配碎石满足《武广铁路客运专线铁路路基施工技术细则》规定的颗粒级配要求，含水率是否接近最佳含水率。

4. 采用现场碾压工艺试验验证基床表层填筑施工工艺，并确定级配碎石填料的最佳铺层厚度、最佳碾压含水率、碾压方式。

5. 验证碾压后的养护方案。

6. 确定施工要点，分析施工中可能出现的问题，并给出解决方案。

7. 确定施工中劳动力组织措施和质量控制方案。

三、取得成果

1. 确定级配碎石配合比

根据《武广铁路客运专线铁路路基施工技术细则》，经试验室试验确定以下技术参数：

粒径大于 1.7 mm 的集料的落筛及磨损率不大于 50%；

粒径大于 1.7 mm 的集料的硫酸钠溶液浸泡损失率不大于 12%；

粒径小于 0.5 mm 的细集料的液限不大于 25%，其塑性指数小于 6；

黏土及其他杂质含量的质量百分率小于等于 0.5%；

级配碎石拌和配合比(质量比) 混合料：水＝100：4.9。

2. 确定碾压工艺参数

本试验段路基基床表层分两层填筑，下层填筑厚度为 20 cm，上层填筑厚度为 20 cm。级配碎石碾压采用胶轮压路机与振动压路机配合进行、先用胶轮压路机静压两遍，再用振动压路机碾压，最后用胶轮压路机封面。

碾压时应遵循先轻后重、先慢后快的原则。直线段由两侧路肩向路中心碾压，曲线段由内侧路肩向外侧路肩碾压。

碾压时纵向重叠应不小于 0.4 m，横缝衔接处应搭接，搭接处不少于 2 m。

路基两侧靠近路肩处应多碾压 2～3 遍。

3. 质量检测

按《客运专线铁路路基工程施工质量验收暂行标准》要求，检测地基系数 K_{30} 值及孔隙率 n，若达不到要求，应分析原因，重新补压，直到满足要求。

4. 养护方案

(1)基床表层局部不平整处，应及时洒水补平并补压，使其外形质量达到设计要求。

(2)已施工的基床表层应严禁任何车辆通行。

四、施工工艺

施工流程如图 4-2-6 所示。

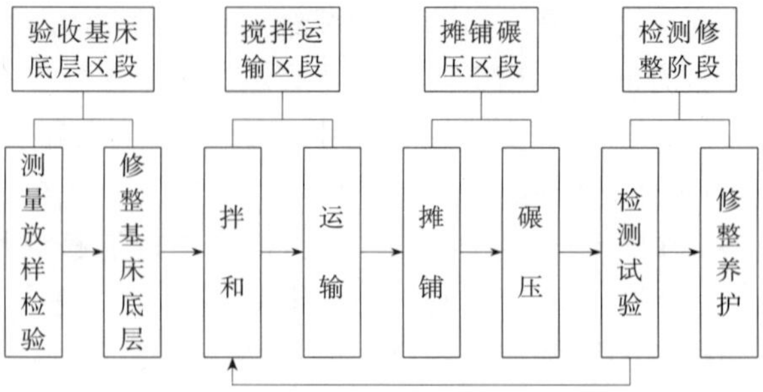

图 4-2-6 施工工艺流程

五、施工要点

1. 首先在基床底层表面，放中线，测高程，检查几何尺寸，放基床表层边桩；核对压实标准，是否满足验标要求。对不符合标准的基床底层进行修整，使其达到基床底层标准要求。

2. 正式拌和前，首先要调试所用厂拌设备，对拌和出的级配碎石取样进行筛分试验，确定级配碎石是否满足《武广铁路客运专线铁路路基施工技术细则》规定的颗粒级配要求，测定含水率是否接近最佳含水率。拌和好的混合料要尽快运到铺筑现场，待摊铺、平整作业结束后，及时测定级配碎石中的含水率是否接近最佳含水率。

3. 进行试验段试验，确定的施工流程和相应的施工工艺参数。

4. 严格按照规范、设计文件和既定的施工工艺进行施工，尤其注意填料的含水率控制，夏天施工时，将填料含水率调整到大于最佳含水率 1%～2%。

5. 严格控制施工质量，并按规范进行检测，同时注意施工后的养护。

第五节　过渡段填筑

过渡段类型主要有：桥路过渡段、路堤与横向结构物（立交框构、箱涵）过渡段、隧路过渡段、堤堑过渡段、桥桥或桥隧过渡段、半填半挖路基及不同岩土组合的横向过渡段等。作为不同刚度的桥隧涵等结构物和路基来说，为确保线路平顺过渡，路基过渡段的渐变性和均一性必须满足设计要求。而在现场的实际施工中由于受场地狭小和结构物及沉降观测元器件的影响，靠近桥台位置大型设备无法使用，必须使用小型设备，因而质量控制尤其重要。

一、工艺流程

过渡段施工工艺流程如图 4-2-7 所示。

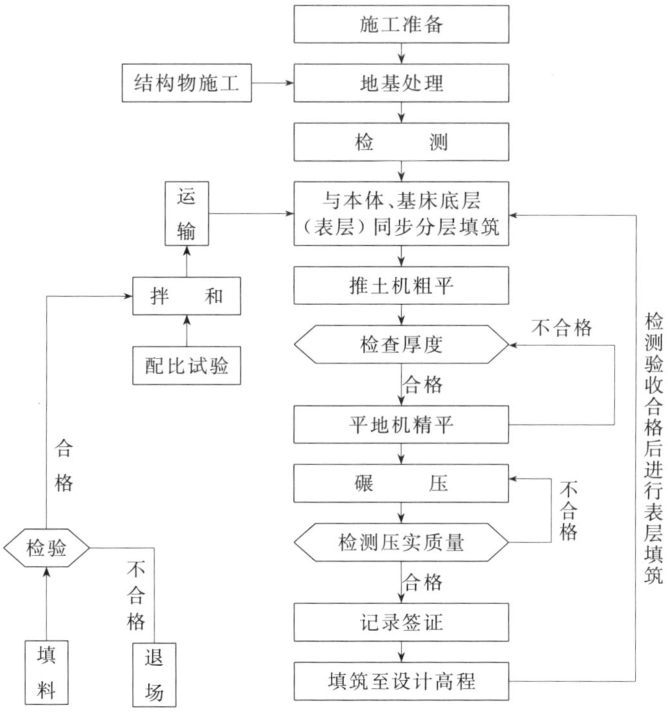

图 4-2-7　路基过渡段施工工艺流程

二、施工要点

过渡段路基采用级配碎石+5%水泥、级配碎石进行填筑或混凝土刚性过渡，所用的级配碎石、级配碎石+5%水泥和现浇混凝土，均采用集中拌和生产。填筑前应选择试验段对级配碎石（级配碎石+5%水泥）进行摊铺压实试验，确定主要的工艺参数。过渡段级配碎石的级配范围、技术要求，与基床表层的级配碎石要求一致。

基底处理后，进行 E_{v2} 指标检测，满足设计要求后，开始填筑，采用分层分台阶填筑，横向先填中间的级配碎石，再填同层横向两侧的路堤填料；纵向以同层级配碎石底部满足过渡段收坡需要，划分过渡段与路基填料分界线，按同层同高度逐层填筑施工。

过渡段基床底层及以下路基分别采用推土机推料、平地机配合人工进行整平，基床表层采用摊铺机摊铺，碾压采用重型振动压路机配合小型夯机进行压实。

刚性过渡段混凝土浇筑，根据设计范围和厚度支立钢模，混凝土用灌车运到现场后，分层浇筑，机械振捣成型。初凝后及时覆盖洒水养护。

横向结构物两侧过渡段，对称均匀分层同步填筑施工；桥台后、横向结构物后、横向结构物顶部以及刚性过渡段两侧路基一定范围内不能用大型机械施工的部位，均采用小型设备配合人工进行施工。

当填筑到基床表层时，均采用摊铺机进行摊铺，与相邻路基基床表层同步填筑。

第六节 路基压实质量标准

一、概　述

路基压实质量主要从物理指标与力学指标两个方面来控制。根据高速铁路路基验收规范与设计要求，武广铁路客运专线路基基床以下采用 K_{30}、E_{v2}、K（细粒土）或 n（粗粒土）作为检测项目，基床增加 E_{vd} 的检测。在物理指标方面，我国对砂类土、细砾土、碎石类等粗粒土统一采用孔隙率 n 指标来控制，要求基床底层孔隙率 $n \leqslant 28\%$，基床以下路堤孔隙率 $n \leqslant 31\%$；细粒土采用压实系数 K 指标来控制，要求基床底层 $K \geqslant 0.95$，基床以下路堤 $K \geqslant 0.92$。在力学指标方面，我国规范基床底层采用 K_{30}、E_{v2} 和 E_{vd} 控制，对基床以下路堤采用 K_{30} 和 E_{v2} 控制。而德国则不分填料类型，物理指标全部采用压实度 D_{Pr} 来控制，要求基床底层 $D_{Pr} \geqslant 1.0$，对基床以下路堤，则根据不同填料对压实度有不同的要求（D_{Pr} 在 0.97～1.0 之间）；德国基床、基床以下路堤力学指标只是采用 E_{v2}，要求基床表层 E_{v2} 为 80～120 MPa，基床底层 E_{v2} 为 60 MPa，基床以下路堤 E_{v2} 为 45 MPa。

鉴于两国检测指标存在不同，武广铁路客运专线就这些检测指标开展试验研究，分析各指标之间的相关性，为高速铁路路基填筑选择合理的检测指标与检测标准提供参考。

二、中国、德国无砟轨道路基压实质量控制指标对比试验及成果

（一）试验概述

按照《客运专线无砟轨道铁路设计指南》中分类，在对完整的检测数据进行归类分组后，其试验类别和数量情况列于表 4-2-1。试验填料根据二级定名法，共有 11 类土，其中细角砾、含土细角砾、细圆砾和含土细圆砾在武广铁路客运专线路基填筑中应用最多。

表 4-2-1　全线试验填料分类和数量情况

砂类土及细砾土		碎石类及粗砾土
细角砾（19） 含土细角砾（16） 土质细角砾（1） 含土砾砂（1） 土质砾砂（1）	细圆砾（13） 含土细圆砾（13） 土质细圆砾（1）	粗角砾（2） 含土粗角砾（3） 含土粗圆砾（1）

注：表中圆括号中的数为该类土的总组数。

通过对武广铁路客运专线的路基填料类型统计分析，选取了 4 种典型填料进行了对比试验，4 种填料及相应的现场试验段分别为：

1. 武汉工程试验段灰岩改良填料试验现场 DK1238＋600～DK1238＋750；
2. 中铁一局碎石改良填料试验现场 DK1410＋070～DK1410＋170；
3. 中铁一局全风化砂石砾岩填料试验现场 DK1403＋630～DK1403＋750；
4. 中铁十四局细圆砾土填料试验现场 DK1701＋400～DK1701＋585。

各个场地的试验填料的基本参数见表 4-2-2。

表 4-2-2 中德路基压实质量对比试验四种填料基本参数

填料名称	灰岩改良填料	碎石改良填料	全风化砂砾岩填料	细圆砾土填料
试验地段和里程	武汉工程试验段 DK1238+600～ DK1238+750	中铁一局武广 XXTJ Ⅱ标 DK1410+070～ DK1410+170	中铁一局武广 XXTJ Ⅱ标 DK1404+020～ DK1404+135	中铁十四局武广 XXTJ Ⅲ标 DK1701+400～ DK1701+585
填料来源	乌龙泉采石场 加工成品	鹰嘴山块石破碎填料 砂质板岩，加工成品	岳阳市西塘镇金家村 天然填料，加工成品	衡山渲洲取土场 天然填料
填料分组	含土细角砾 （B组填料）	含土细角砾 （B组填料）	含土细角砾 （B组填料）	细圆砾土 （B组填料）
填料颗粒级配参数	C_u≈14～243 C_c≈1～22	C_u≈204～381 C_c≈8～28	C_u≈67～133 C_c≈1～5	C_u≈116～464 C_c≈0.23～0.97
d≤0.075 mm	9.5%	10.4%	9.6%	19.2%
d≤2 mm	20.8%	21.1%	36.3%	46.6%

（二）试验内容

1. 分析孔隙率与 K_{30}、E_{v1}、E_{v2} 和 E_{vd} 之间的关系。

2. 分析填料压实后刚度指标 K_{30}、E_{v1}、E_{v2} 和 E_{vd} 与 E_{v2}/E_{v1} 比值各指标之间的依赖程度。

3. 针对中国《客运专线无砟轨道铁路设计指南》中的同一类填料、同一层填料的压实度检测标准 K（细粒土）或 n（粗粒土）与德国标准 D_{pr} 不同，通过试验分析两国标准的关系，从而统一路基检测标准，确定最佳路基压实质量控制物理指标及标准。

4. 针对中国《客运专线无砟轨道铁路设计指南》中的同一类填料、同一层填料，三个刚度控制指标 K_{30}、E_{v2} 和 E_{vd} 所反映的路基压实质量效果，统一路基检测标准，确定最佳路基压实质量控制力学指标及标准。

（三）取得主要成果

1. 砂类土、细砾土和粗砾土，轻、重型击实最大干密度比或中国压实系数与德国压实度比 $K/D_{Pr}=\rho_{Pr,轻型}/\rho_{Pr,重型}$ 约为 0.94～0.95。以德铁无砟轨道 300 km/h 等级路基压实度标准 $D_{Pr}=1.0$（基床底层）和 $D_{Pr}=0.97\sim0.98$（本体）为参照值，相应的中国压实系数分别可定为 $K=0.95$（基床底层）和 $K=0.92$（本体）。

2. 武广铁路客运专线全线路基检测资料的分析表明，对“砂类土，细砾土和粗砾土”，与中国压实系数 $K=0.95$（基床底层）和 $K=0.92$（本体）对应的孔隙率 $n(K=0.95)$ 和 $n(K=0.92)$ 比中国《客运专线无砟轨道铁路设计指南》中的验标值（分别为 28%、31%）小约 10 个百分点。这说明了用压实系数 K 代替孔隙率 n 来控制填料密实度的重要性。

3. 武广铁路客运专线全线现场变形参数实测资料的相关性分析表明，对“细砾土和粗砾土”，与地基系数 $K_{30}=130/110$(MPa/m)等价的变形模量 $E_{v2}(K_{30}=130)$、$E_{v2}(K_{30}=110)$ 和动态变形模量 $E_{vd}(K_{30}=130)$ 绝大部分小于《客运专线无砟轨道铁路设计指南》给出的相应验标值 $E_{v2}=60$ MPa(45 MPa) 和 $E_{vd}=35$ MPa。对“粗砾土”，两者比较接近。趋势上，等价值 $E_{v2}(K_{30})$、$E_{vd}(K_{30})$ 随颗粒级配不均匀系数 C_u 的提高和/或填料细颗率含量的增加而减小。总体上，对武广铁路客运专线路基绝大部分填料，《客运专线无砟轨道铁路设计指南》中 E_{v2} 和 E_{vd} 验标值要求高于等于 K_{30} 验标值要求。

4. $E_{v1}\sim E_{v2}/E_{v1}$ 和 $K_{30}\sim E_{v2}/E_{v1}$ 关系的规律性特别明显，可以证实 E_{v2}/E_{v1} 比值在间接控制填料压实度和力学指标中的意义和作用。

5. 建议高速铁路路基填筑质量控制采用表 4-2-3 中数值。

三、武广客专路基压实质量控制标准

武广铁路客运专线设计时速达到了 350 km/h，在检测项目上既采用了传统的检测项目也引进和消化了一些国外检测项目，并且所采用的标准更加苛刻，以此来保证路基施工的质量。武广铁路客运专线路基检测的具体项目和标准见表 4-2-4。

表 4-2-3　建议的路基填料压实标准

压实标准＼填料		基床底层			路基本体	
	参数	砂类土及细砾土	碎石类及粗砾土	参数	砂类土及细砾土	碎石类及粗砾土
密实度	K	$K \geqslant 0.95$		K	$K \geqslant 0.92$	
	E_{v2}/E_{v1}	$E_{v2}/E_{v1} \leqslant 2.6^*$		E_{v2}/E_{v1}	$E_{v2}/E_{v1} \leqslant 2.6^*$	
变形参数	E_{v2}	≥60 MPa		E_{v2}	≥45 MPa	
	E_{vd}	≥35 MPa		—		

注：* 如果 $2.6 < E_{v2}/E_{v1} \leqslant 3.5$，但 E_{v2} 达到验标值 E_{v2} 的 60%时仍可认为合格。

表 4-2-4　武广铁路客运专线路基压实质量控制标准

检测项目＼检测部位		地基系数 K_{30}(MPa/m)	孔隙率 n(%)	压实系数 K	动态变形模量 E_{vd}(MPa)	静态变形模量 E_{v2}(MPa)
基床以下路堤	改良细粒土	≥90	—	≥0.90	—	—
	砂类土及细砾土	≥110	<31	—	—	—
	碎石类及粗砾土	≥130	<31	—	35	—
基床底层	改良细粒土	≥110	—	≥0.95	≥40	≥60
	砂类土及细砾土	≥130	<28	—	≥40	≥60
	碎石类及粗砾土	≥150	<28	—	≥40	≥60
基床表层	级配碎石	≥190	<18	—	≥55	≥120
基床表层以下过渡段	级配碎石	≥150	<28	—	≥50	—

第七节　路基质量检测项目及方法

路基的施工质量主要从地基处理、路基填筑材料、路基施工工艺、质量检测等环节严格控制。为确保路基施工质量，武广铁路客运专线每道工序在施工方自检基础上，经检测、评估后方可进入下道工序。

一、地基检测

按设计要求和相关规范对换填质量、强夯处理、深层搅拌桩、CFG 桩、预应力管桩、岩溶注浆、高压旋喷桩等加固效果进行检测。在施工单位自检、监理见证(平行)检验的基础上，引入了第三方检测。地基质量检测需满足设计、《客运专线铁路路基工程施工质量验收暂行标准》(铁建设〔2005〕160 号)等相关要求，并参照《建筑地基处理技术规范》(JGJ 79—2002)、《建筑地基基础工程施工质量验收规范》(GB 50202—2002)等有关规定。

(一)换填质量检测

换填质量检测项目及方法见表 4-2-5。

表 4-2-5　换填施工质量检测

序号	检验项目	允许偏差	施工单位检验数量	检验方法
1	填　料	符合设计要求	每批抽样检验 1 组	现场抽样检验、观察
2	换填深度	符合设计要求	全部检验	尺量、水准测量
3	坑底清理	符合设计要求	全部检验	观察
4	压实质量	符合设计要求	符合设计及规范要求	符合设计及规范要求
5	顶面高程	±50 mm	沿线路纵向每 100 m 抽样检验 5 处	水准仪量
6	横　坡	±0.5%	沿线路纵向每 100 m 抽样检验 5 个断面	坡度尺量

（二）强夯质量检测

强夯质量检测项目及方法见表 4-2-6。

表 4-2-6 强夯施工质量检测

序 号	检 验 项 目	允 许 偏 差	施工单位检验数量	检 验 方 法
1	夯击点位置	满足设计要求	全部检验	观察、尺量
2	低能量满夯的搭接	不小于 1/4 夯锤直径	全部检验	观察、尺量
3	地基的承载力及有效加固深度	满足设计要求	每 3 000 m^2 抽样检验 12 点，其中：标准贯入试验 6 点，静力触探实验 3 点，载荷试验 3 点	按设计规定的检验时间进行
4	夯坑的中心位移	不大于 0.1 倍夯锤直径	总夯击点的 10%	测量检查
5	范围	不小于设计值	沿线路纵向每 100 m 抽样检验 5 处	尺量
6	横 坡	±0.5%	沿线路纵向每 100 m 抽样检验 5 个断面	坡度尺量

（三）深层搅拌桩施工质量检测

粉喷桩、浆喷桩均属于深层搅拌法加固地基方法的一种形式，也叫加固土桩。施工前均需进行工艺性试验（不少于 2 根），以确定工艺参数。施工质量检测主要有：

1. 桩身完整性、均匀性、无侧限抗压强度。桩体完工 28 d 后，在每根检测桩桩径方向 1/4 处、桩长范围内垂直钻孔取芯，观察其完整性、均匀性，拍摄取芯照片，取不同深度的 3 个试样作无侧限抗压强度试验，钻芯后的孔洞采用水泥砂浆灌注封闭。施工单位抽样检验桩总数的 2‰，且不少于 3 根，监理单位按施工单位抽样数量的 20% 见证检验。

2. 复合地基沉载力采用平板载荷试验，检验总桩数的 2‰，且不少于 3 根。

3. 粉体喷射搅拌桩施工的允许偏差、检验数量及检验方法见表 4-2-7。

表 4-2-7 深层搅拌桩施工质量检测

序 号	检验项目	允许偏差	施工单位检验数量	检验方法
1	桩位（纵横向）	50 mm	抽样检验总桩数的 10%，且每检验批不少于 5 根	经纬仪及钢尺丈量
2	桩身垂直度	1%		经纬仪或吊线测钻杆倾斜度
3	桩体有效直径	不小于设计值		开挖 50～100 cm 后，钢尺丈量

（四）CFG 桩施工质量检测

施工前需进行工艺性试验（不少于 2 根），以确定工艺参数。施工质量检测主要有：

1. 原材料必须满足设计及规范要求；混合料坍落度由工艺性试验确定，并每台班抽样检验 3 次，进行现场坍落度试验。

2. 每台班制作混合料试块，进行 28d 标准养护试件抗压强度检测方法检验桩体强度，施工单位每台班一组（3 块）试块。

3. 桩身质量、完整性检测采用低应变检测方法，施工单位检测总桩数的 10%，监理单位按检验桩数的 20% 见证检验，第三方检测总桩数的 1%，且不少于 3 根。

4. 单桩承载力及复合地基承载力采用平板载荷试验的检测方法，检验总桩数的 2‰，且每检测批不少于 3 根。设计要求：抽取不少于总桩数 0.5‰ 的桩进行单桩承载力检测，抽取不少于总桩数 1.5‰ 的桩进行单桩复合地基平版载荷板试验。

5. CFG 桩的桩位、垂直度、有效直径的允许偏差应符合表 4-2-8 的规定。

表 4-2-8 CFG 桩施工的允许偏差、检验数量及检验方法

序 号	检验项目	允许偏差	施工单位检验数量	检验方法
1	桩位（纵横向）	50 mm	按成桩总数的 10% 抽样检验，且每检验批不少于 5 根	经纬仪或钢尺丈量
				经纬仪或吊线测钻杆倾斜度
2	桩体垂直度	1%		开挖 50～100 cm 深后，钢尺丈量
3	桩体有效直径	不小于设计值		

(五)预应力管桩施工质量检测

打桩后应及时进行验收,并按照设计频率和参数要求进行小应变和单桩承载力试验。

1. 桩位检查

检查结果桩位偏差均在 5 cm 以内,桩身垂直度在 1%以内,完全符合设计要求,管桩施工允许偏差见表 4-2-9。

表 4-2-9 管桩施工允许偏差

序　号	项　目		允许偏差
1	桩位(终横向)	中间桩	$d/2$ 且不大于 250 mm
2		外缘桩	$d/4$
3	桩身垂直度		1%

2. 低应变法检测桩身完整性

按照客运专线验收标准要求,低应变无损检测不少于总桩数的 10%。

3. 静载试验检测管桩单桩承载力

路基管桩按照高速铁路验收标准要求,承载力检测桩数不低于总数的 2%。

4. 桩的混凝土表面质量应符合下列规定:

观察、尺量或用刻度放大镜等方法检查混凝土表面质量。桩的棱角破损深度应在 10 mm 以内,其总长度不大于 40 cm;预应力混凝土桩不得有裂缝(表面收缩裂缝除外);横向裂缝长度:管桩不应大于直径 1/3;纵向裂缝长:管桩不应大于直径的 1.5 倍。施工单位、监理单位全部检验。

5. 桩位、倾斜度的允许偏差、检验数量及检验方法应符合表 4-2-10 的规定。

表 4-2-10 桩位、倾斜度的允许偏差、检验数量及检验方法

序　号	项　目			允许偏差	施工单位检验数量	检验方法
1	桩位	群桩	中间桩	$d/2$ 且不大于 250 mm	按桩总数的 5%抽样检验,且每检验批不少于 10 根	测量或尺量
			外缘桩	$d/4$		
		排架桩	顺线路方向	100 mm		
			横线路方向	150 mm		
2	直桩垂直度			1%		吊线和尺量
3	斜桩倾斜度			15% $\tan\theta$		

注:1. d 为桩径或短边,单位为 mm;
2. θ 为斜桩轴线与竖直线间的夹角。

6. 预应力混凝土管桩允许偏差及检查方法,应符合表 4-2-11 的规定。

表 4-2-11 预应力混凝土管桩允许偏差及检查方法

检 查 项 目			允许偏差(mm)	检验方法
预应力管桩	管桩尺寸偏差	桩径	±3	尺量检查(L 为桩长)
		桩长	±0.4%L	
		壁厚	−5	
	桩的位置偏差		$D/2$	经纬仪或拉线和尺量检查
	按高程控制的打入桩桩顶高差		−50～100	水准仪和尺检查
	垂直度		1%	经纬仪或吊线检查

注:D 为桩的直径。

(六)岩溶注浆施工质量检测

路基注浆完毕后,通过 4 种方式进行注浆效果的检查:

1. 压浆前后遵循《铁路工程物理勘探规程》(TB 10013—2004)采用瞬态面波法进行探测。根据注浆前后瞬态面波 VR 特征的变化对比，确定注浆效果较好，确实起到加固地基的效果。

2. 根据注浆前后钻孔试验的单位长度吸水量对比，检查注浆效果。在钻孔注浆后，单位长度吸水量小于注浆前吸水量 4%左右，且不存在明显漏水现象。

3. 钻孔检查。按规范和设计文件确定钻孔数量，钻取芯样检查注浆效果，根据取芯浆液的填充及分布情况直观判断注浆效果。岩芯完整且节理裂隙内浆液分布均匀，说明注浆效果明显。

4. 注浆观察。部分注浆孔在注浆后，冒浆点出现在路基范围之外 3～5 m，可视该段路基范围岩深通道堵塞完毕。

（七）高压旋喷桩

旋喷桩的质量检验主要包括：桩身的完整性、均匀性、无侧限抗压强度；桩身的直径、垂直度，采取钻孔取芯和平板载荷试验两种方法进行检测，具体要求如下：

1. 桩身的完整性、均匀性、无侧限抗压强度检测，在桩体完工 28 d 后，在每根检测桩桩径方向 1/4 处、桩长范围内垂直钻孔取芯，观察其完整性、均匀性，拍摄取芯照片，取不同深度的 3 个试样作无侧限抗压强度试验，钻芯后的孔洞采用水泥砂浆灌注封闭。施工单位抽样检验总桩数的 2‰，且不少于 3 根，监理单位按施工单位抽样数量的 20%见证检验。

测试桩位的选取原则如下：

(1)有代表性的桩位；

(2)施工中出现异常情况的部位；

(3)地基情况复杂，可能对高压喷射注浆质量产生影响的部位。

2. 竖向承载旋喷桩地基竣工验收时，承载力检验应采用复合地基载荷试验和单桩载荷试验。单桩承载力及复合地基承载力采用平板载荷试验的检测方法，检验总桩数的 2‰，且每检测批不少于 3 根。设计要求：抽取不少于总桩数 0.5‰的桩进行单桩承载力检测，抽取不少于总桩数 1.5‰的桩进行单桩复合地基平版载荷板试验。

3. 高压旋喷桩施工的允许偏差、检验数量及检验方法见表 4-2-12。

表 4-2-12 高压旋喷桩施工的允许偏差、检验数量及检验方法

序号	检验项目	允许偏差	施工单位检验数量	检验方法
1	桩位(纵横向)	50 mm	按成桩总数的 10%抽样检验，且每检验批不少于 5 根	经纬仪及钢尺丈量
2	桩身垂直度	1%		经纬仪或吊线测钻杆倾斜度
3	桩体有效直径	不小于设计值		开挖 50～100 cm 后，钢尺丈量

二、路基压实质量检测

采用地基系数 K_{30}、压实系数 K、孔隙率 n、变形模量 E_{v2}、动态变形模量 E_{vd} 等综合检测方法控制路基压实施工质量。武广铁路客运专线路基基床以下路堤采用 K_{30}、E_{v2}、K(细粒土)或 n(粗粒土)作为检测项目，基床采用 K_{30}、E_{v2}、K(细粒土)或 n(粗粒土)、E_{vd} 作为检测项目，具体项目和标准见表 4-2-4。武广铁路客运

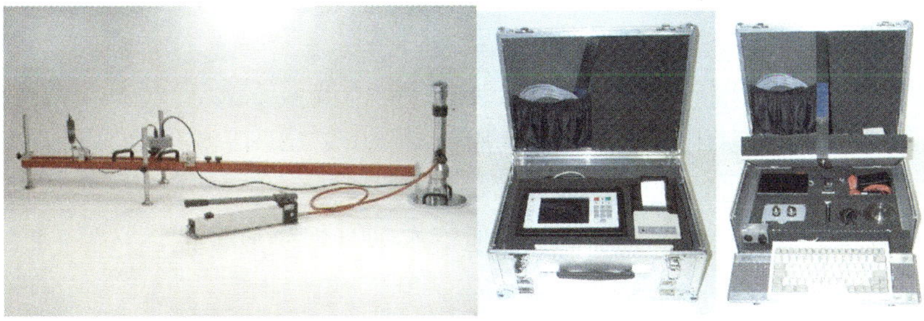

图 4-2-8 PDG-K 型 E_{v2} 测试仪

图 4-2-9 LFG 型 E_{vd} 测试仪

专线为解决高速铁路路基上修建无砟轨道的关键技术问题，系统研究了无砟轨道对路基的要求、路基压实指标 E_{v2} 的检测方法与标准，制定出了 E_{v2} 试验检测规程与设计标准，推动了我国铁路路基检测技术与设计标准的进步。图 4-2-8、图 4-2-9 分别是 E_{v2}、E_{vd} 的测试仪器。

第八节　新型支挡结构施工

一、锚杆框架梁结构施工

(一)工艺流程

锚杆混凝土框架梁结构施工流程如图 4-2-10 所示。

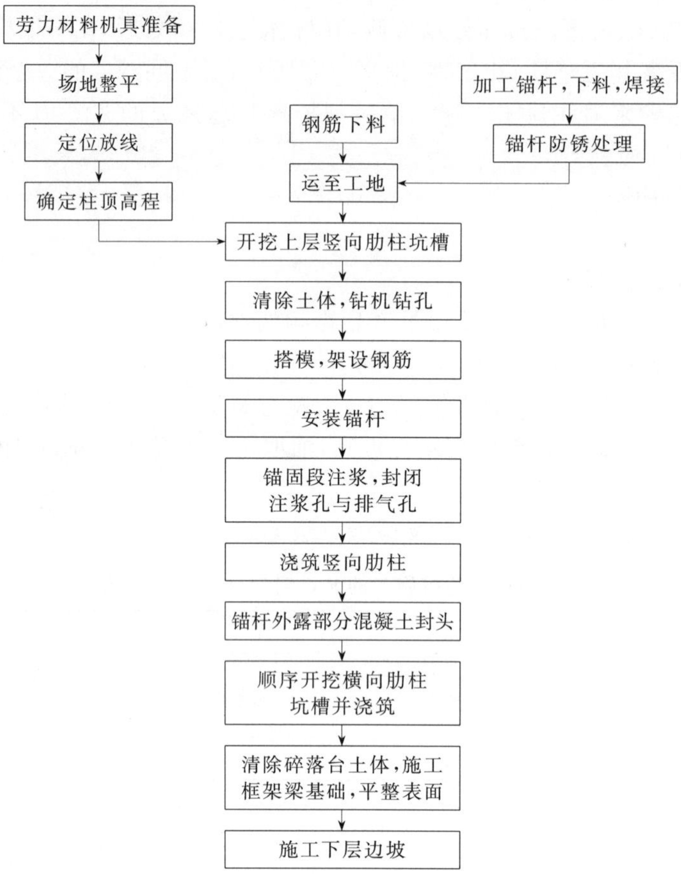

图 4-2-10　锚杆框架梁施工工艺流程

(二)施工要点

1. 锚杆孔测量放线

边坡施工要求边挖边加固，即开挖一级，防护一级，不得一次开挖到底。按设计要求，将锚杆孔位置准确测量放线在坡面上，孔位误差不得超过±50 mm。

2. 钻机钻孔

钻孔采用螺旋钻孔或锚杆钻机，钻孔孔位、深度、孔斜度应符合设计要求，定位偏差不大于 20 mm，孔深不小于设计孔深，孔斜度不超过±1°。钻孔完成后必须用高压空气(风压 0.2～0.4 MPa)将孔中岩粉排除干净。

锚杆孔必须采用干钻，不得采用水钻，孔径、深度应满足设计要求。地下水如具弱硫酸侵蚀性，锚杆水泥(砂)浆应采用抗侵蚀性水泥；锚孔内灌注 M30 水泥砂浆，水灰比宜为 0.38～0.5，灰砂比宜为 0.8～1.5，注浆采用孔底返浆法一次注浆技术，中途不得停注，注浆压力不小于 0.4 MPa。

3. 锚杆制作及安装

锚杆采用 HRB335 级热轧钢筋，应符合现行国家标准《钢筋混凝土用热轧带肋钢筋》(GB 1499)的规定。锚孔孔深一般 6～8 m，孔距 3.0 m，内采用 2 根 ϕ20 mm 或 ϕ25 mm 螺纹钢筋，钻孔孔径采用 70 mm，与坡面垂直施作。

4. 锚固注浆

锚孔内灌注 M30 水泥砂浆，使用 42.5 级普通硅酸盐水泥，水灰比宜为 0.38～0.5，灰砂比宜为0.8～1.5，注浆采用孔底返浆法一次注浆技术，中途不得停注。

5. 张拉锁定

待锚杆注浆达到龄期后，采用千斤顶适当张拉(张拉力 5 kN)锚杆，将锚杆外露段向梁长方向弯折，弯折不小于 10 cm，最后用 0.05 m 厚 C30 混凝土封闭锚头，锚头应与框架梁同时浇筑。

6. 框架梁制作

框架沟槽采用人工开挖，石质地段使用风镐开凿，超挖部分采用 C30 混凝土调整至设计坡面。横梁、竖肋基础先采用 5 cm 厚水泥砂浆调平，再进行钢筋制作安装。框架梁采用 C30 钢筋混凝土现浇，截面尺寸一般采用 0.3 m(厚)×0.4 m(宽)。框架梁采用全断面嵌入式，顶面与边坡坡面齐平；梁背面与槽底面宜密贴，凹凸不平处用水泥砂浆或混凝土填背，确保梁均匀受力。框架分片施工，纵向每隔 10～20 m 设伸缩缝一条，缝宽 0.02 m，采用沥青麻筋填塞。

二、锚索框架梁结构施工

(一)工艺流程

预应力锚索框架梁施工工艺流程如图 4-2-11 所示。

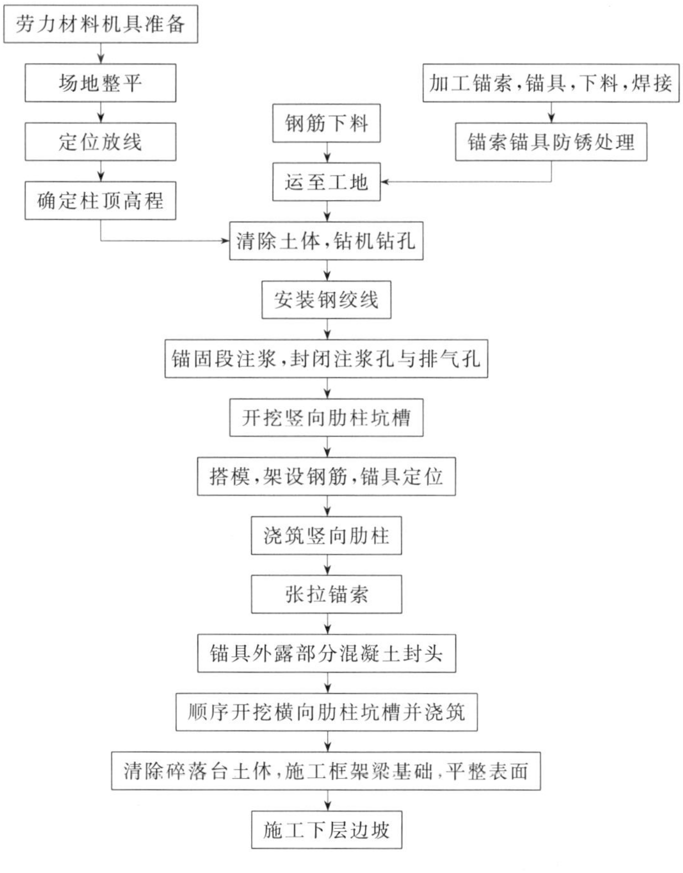

图 4-2-11　预应力锚索框架梁施工工艺流程

(二)施工要点

1. 锚孔测量放线

按设计将锚孔位置准确测放在坡面上，孔位误差不得超过±20 mm。如遇既有刷方坡面不平顺或特殊困难场地时，在确保坡体稳定和结构安全的前提下，适当放宽定位精度或调整锚孔定位。

2. 钻机钻孔

岩层中采用潜孔钻机成孔；在岩层破碎或松软饱水等易于塌缩孔和卡钻的地层中施工，必要时采用跟管钻进技术。

钻孔要求须采用风动钻进，禁止采用水冲钻进，确保锚索施工不影响边坡岩体的工程地质条件和保证孔壁的粘结性能。钻孔速度根据使用钻机性能和锚固地层控制，防止钻孔扭曲和变径，造成下锚困难或其他意外事故。钻进过程中对每个孔的地层变化、钻进状态（钻压、钻速）、地下水等情况作好施工记录。如遇塌孔缩孔等不良钻进现象时，立即停钻，及时进行固壁灌浆处理（灌浆压力 0.1～0.2 MPa），待水泥砂浆初凝后，重新扫孔钻进。

钻孔孔位、孔深、斜度符合设计要求。为确保锚孔直径，要求实际使用钻头直径不得小于设计孔径。孔深不小于设计孔深并且实际钻孔深度大于锚索设计长度 0.5 m 以上。

3. 锚孔清理

钻进达到设计深度后，不能立即停钻，要求稳钻 1～2 min，防止孔底尖灭、达不到设计孔径。在钻孔完成后，使用高压空气（风压 0.2～0.4 MPa）将孔内岩粉及水体全部清除出孔外，以免降低水泥砂浆与孔壁岩土体的粘结强度。除相对坚硬完整之岩体外，不得采用高压水冲洗。若遇锚孔中有承压水流出，待水压、水量变小后方可下安锚筋与注浆，必要时在周围适当部位设置排水孔处理。如果设计要求处理锚孔内部积聚水体，一般采用灌浆封堵二次钻进等方法处理。

4. 锚索体制作及安装

安装前，要确保每根钢绞线顺直，不扭不叉，排列均匀，除锈、除油污，对有死弯、机械损伤及锈坑处剔出。锚索在锚固段，每隔 1.0 m 设置一个对中支架，使锚索居中，自由段每隔 1.0 m 用细钢丝绑扎，并要求涂强力防腐涂料，套 ϕ20～22 mm 的 PVC 管，套管两端 10～20 cm 长度范围内用凡士林充填，外绕工程胶布固定。锚索的防锈、防腐处理应满足铁路路基支挡结构设计规范中各项技术要求。锚头顶面必须与锚索轴线垂直。

安装锚索体前再次认真核对锚孔编号，确认无误后再用高压风吹孔，人工将锚索体放入孔内，用钢尺量出孔外露出的钢绞线长度，计算孔内锚索长度（误差控制在 50 mm 范围内），确保锚固长度。

5. 锚固注浆

注浆采用一次注浆法，将自由段涂满防锈油，套上波纹管，管内注满凡士林，并严格封闭两端，一次将锚索的锚固段和张拉段注满，不留空隙。砂浆经试验比选后确定施工配合比。实际注浆量一般要大于理论的注浆量，或以锚具排气孔不再排气且孔口浆液溢出浓浆作为注浆结束的标准。注浆结束后，将注浆管、注浆枪和注浆套管清洗干净，施工过程中，做好注浆记录。

6. 框架梁（锚梁、锚墩或十字架梁）施工

框架梁（锚梁、锚墩或十字架梁）采用 C30 混凝土现浇。框架梁截面采用 0.4 m×0.4 m 或 0.4 m×0.5 m矩形截面；采用锚墩形式时，根据地层承载力及锚索吨位的不同采用不同尺寸的锚墩和承压板。基底先铺垫砂浆调平层，再进行钢筋制作安装，钢筋接头需错开。如锚索与竖梁箍筋相干扰，可局部调整箍筋的间距。在锚孔周围钢筋较密集，混凝土浇筑仔细振捣，保证质量。

7. 锚索张拉及锁定、封锚

锚索张拉须在孔内砂浆及外锚头等达到设计强度后进行。首先通过现场张拉试验，确定张拉锁定工艺。锚索的张拉及锁定分级进行，严格按照操作规程执行。在设计张拉完成 6～10 d 后再进行一次补偿张拉，然后加以锁定。

补偿张拉后，从锚具量起，留出长 5～10 cm 钢绞线，其余部分截去，须用机械切割，严禁电弧烧割。最后用水泥净浆注满锚垫板及锚头各部分空隙，对锚头采用不低于 20 MPa 的混凝土进行封锚，防止锈蚀和兼顾美观。

三、桩板墙施工

（一）施工工艺流程

路堤桩板墙施工工艺如图 4-2-12 所示。

（二）施工要点

1. 施工准备

地基处理完成后，方可进行桩板墙施工。

2. 测量放样

精确测量桩位，并在施工中进行控制，确保桩身位置准确。

3. 挖孔施工

桩施工时隔桩开挖，及时作好井口防排水工作，设置好锁口护壁，并注意井下通风，确保施工安全。每开挖 2 m 深及时施作护壁，开挖至桩底高程后，核对断面尺寸及地质情况。

4. 桩身混凝土施工

在桩井内绑扎钢筋，钢筋笼与护壁间采用钢筋耳环支撑牢固。地面以上的桩身模板采用厂制定型模板，确保桩身尺寸准确、观感良好。立模前对桩位重新测量检查，确保桩位准确。桩身混凝土必须连续灌注，不得形成水平施工缝。

5. 挡土板预制

板利用定做模型板，设预制厂预制，达到设计强度后安装就位。绑扎钢筋骨架，制作模型板，要求做到骨架牢固不变形，模型板尺寸准确，有足够刚度及强度，且光滑平整，在混凝土灌注前采用 PVC 管设置泄水孔。混凝土灌注时加强振捣，板外露面采用刮刀抹面，确保预制板表面光滑平整，无缺棱掉角现象。板预制好后按规范要求及时覆盖及洒水养护（一般不少于 7 d），并严格控制拆模时间。

6. 路基填筑

在路基填筑过程中，按设计要求做好反滤层。

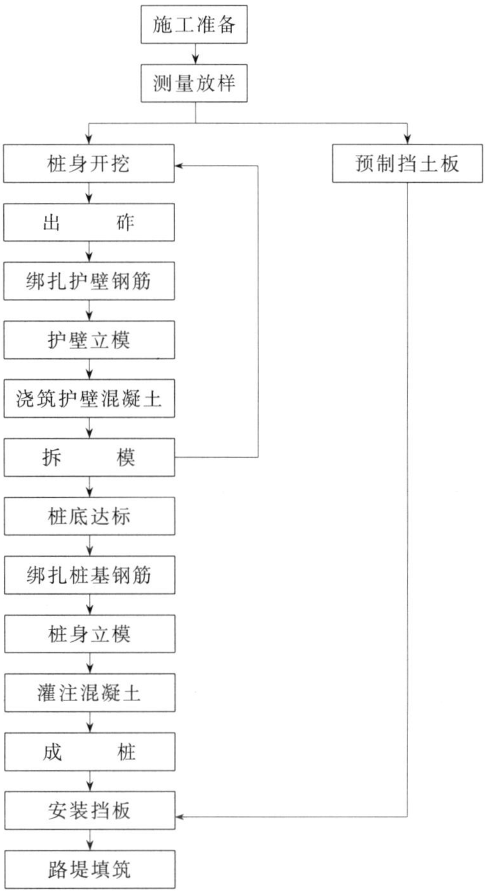

图 4-2-12　桩板墙施工工艺流程

四、格宾墙施工

（一）工艺流程

格宾墙施工工艺流程如图 4-2-13 所示。

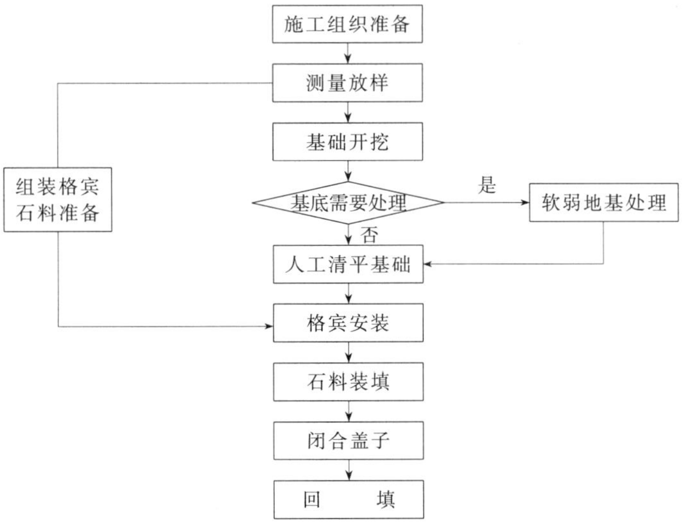

图 4-2-13　格宾墙施工工艺流程

（二）施工要点

1. 格宾组装

(1)打开包装的格宾,取出完整的格宾单元,用钳子等工具校正弯曲、变形的部分。

(2)立起隔板及前后面板,用边缘钢丝延长段固定各角点,确保格宾上部边缘在同一水平面上,所有竖直隔板及面板均应垂直于底板。

(3)用长钢丝绞合所有竖直相邻边缘,按间隔 10～15 cm 双圈-单圈-双圈进行绞合。

(4)用于转弯段的格宾,绞合时注意搭接重合面的竖直面板。

2. 格宾摆放、链接

(1)进行格宾摆放操作前,先放线以确定格宾摆放的位置,检查地基倾斜度是否达到要求。

(2)将组装好的格宾紧密整齐地摆放在合适的位置上,碰到需要拐角及弧形处理时,通过裁剪或者重叠进行处理。

(3)用一定长度的绞合钢丝将左右相邻格宾及上下层的格宾链接在一起。

3. 石料装填

(1)石料根据实际情况,可选择卵石或片石、块石,石料的粒径符合设计要求。

(2)面墙施工关系到格宾墙整体外观效果,需选用表面平整、粒径适宜且粗细均匀的石料,按照干砌片石的标准摆放。

(3)为防止格宾面墙的面板受压鼓出及装填导致隔板弯曲,可采取装填面墙前用方格面板固定、石料装填分层进行、每立方格宾面墙加 4 根拉筋钢丝。

(4)填充石头应有 2～4 cm 的超高,对上表面进行平整。

4. 闭合盖子

(1)绞合盖子前,检查石料是否装填饱满,上表面是否平整;对格宾箱外轮廓进行检查,对弯曲变形、表面不平整等进行校正。

(2)边缘需绞合到位,所有绞合边缘成一直线,且绞合点的边缘钢丝紧密靠拢。

第九节 路基防排水系统施工

高速铁路路基防排水系统施工是一个综合性工程,贯穿于高速铁路施工的全过程,任何一个环节施工不当,都将造成防排水系统失效。因此,施工单位必须严格按施工图纸、规范的要求,因地制宜地做好每一处防排水设施施工,并做好纵向排水设施与横向排水设施、路基表面排水设施与路基内部排水设施、路基排水体系与路外水系的衔接,确保路基防排水工程的施工质量,保证保高速铁路路基的稳定和高速行车的安全,同时达到与周围环境协调、美化高速铁路的效果。

一、概　　述

(一)路基防排水系统组成

1. 按照排水设施与线路的关系可分为纵向排水设施和横向排水设施。

(1)纵向排水设施

包括天沟、平台截水沟、侧沟、排水沟、拦水坎等,其功能是将路基范围内的积水纵向排出,或通过横向排水系统中的吊沟在内部分配排水量,保证路基的安全。

(2)横向排水设施

包括吊沟(路堑边坡上)、横向排水槽(路堤边坡)、线间集水井等。

2. 按照排水设施与路基关系分为路基表面排水设施和路基内部排水设施。

(1)路基表面排水设施

包括天沟、平台截水沟、侧沟、排水沟、拦水坎、路基面防水层等。

(2)路基内部排水设施

包括盲沟、盲管、支撑渗沟、泄水孔等。

3. 路基防排水系统设置基本原则

(1)当地下水埋藏浅或无固定含水层时,可采用明沟、排水槽、渗水暗沟、边坡渗沟、支撑渗透边沟等防排水系统。

(2)当地下水埋藏较深或为固定含水层时，可采用渗水隧洞、渗井、渗管或仰斜式钻孔等防排水系统。

(3)加强路堑基床的排水，当地下水最高水位高于基床换填底面时，设纵向渗水盲沟排水；当地下水最高水位低于换填底面时，采用设纵向透水管排水。渗水盲沟一般采用透水土工布包裹式盲沟，内中排水层必须是洁净的砂、卵、砾石，或碎石；透水管应采用高强、耐久的管材，如高强复合管、钢管、或混凝土管等。

(4)存在含水层的路堑边坡以及地下水发育的路堑边坡，应设置边坡支撑渗沟，设置间距一般为10～15 m，宽1.5 m，排水层最小厚度1.0 m，采用筛选洗净的砂、卵、砾石，或碎石，若路基边坡较陡时应用片石充填；排水层与渗水的沟壁之间需设置反滤层，反滤层采用砂砾石和卵砾石，各层厚0.15 m。

(5)当滑坡、堆积体或路堑边坡地下水发育较深，或构造破碎带、储水层等集中发育地下水时，通过设置排水斜孔排出地下水，增强岩土边坡的稳定性；排水斜孔孔径一般采用110 mm，钻孔仰角一般为5°～10°，困难时不应小于5°，内置软式PVC透水管，管内充填中粗砂。孔位布置、长度可根据含水层水文地质情况而定。

(二)排水设施设置原则

1. 天沟

位于路堑顶以外一般不小于5 m，拦截堑顶以外的地表水，防止水流冲刷坡面。在顺坡地段，天沟中的水沿纵向流出路基外，如受地形限制，则应设置急流槽将水引至侧沟中。在反坡地段坡顶较低处，将水直接引至路基外。

2. 平台截水沟

边坡二级平台、混凝土挡墙平台设30 cm×40 cm的截水沟，防止上一级边坡的水冲刷下一级边坡。截水沟中的水应根据现场地形条件尽量排出路基外，引至自然渠道、河流中，如受地形限制，同样设置急流槽，将水引至侧沟中。

3. 侧沟(排水沟)

一般距路堑(堤)坡脚不小于2.0 m的位置设置，用来排出路堑(堤)中的地表水，通过涵洞、倒虹吸或者直接将水引至自然渠道或水沟中。

4. 拦水坎

设在路堤护肩上，将路基表面的水拦截，每隔15 m对应横向排水槽位置设置出水口，将水引至横向排水槽中。

5. 盲沟(盲管)(检查井)

路堑地段地下水最高水位高于(低于)换填底层时，设纵向渗水盲沟(盲管)和检查井，一般在盲沟(盲管)出口处将水引至自然渠道或排水沟中。

6. 路堤横向排水槽

在植物防护、干砌片石防护的路堤地段，沿线路方向每隔15 m设置，截水骨架防护设在主骨架处。横向排水槽是将路基表面的水引至排水沟或侧沟中。

7. 急流槽

在地形受限地段或者地区降水量较大地段设置，将水进行消能后引至侧沟或排水沟中。

8. 集水井

沿线路每50 m设置一个，通过预埋横向排水管，将路基表面水排至侧沟或者横向排水槽中。

9. 泄水孔

电力电缆槽、通讯信号槽、干砌片石护坡、桥台锥坡、片石混凝土挡墙内等都设置。

10. 路基面防水层

路肩部分通讯信号槽下采用4 cm厚沥青封闭，通讯信号槽至无砟轨道支承层之间采用10 cm厚C25混凝土封闭，线间(即线路左侧无砟轨道支承层到右侧无砟轨道支承层)采用10 cm厚C25混凝土封闭，保证路面的雨水沿混凝土表面形成的纵坡或横坡排向路基两侧。

二、路基防排水系统施工关键技术

(一)(截水沟)天沟

1. 天沟布置:天沟采用C20混凝土预制块砌筑或M7.5浆砌片石梯形沟两种。C20混凝土预制块拼装同排水沟,采用M7.5浆砌片石时,天沟底宽0.4 m,深0.6 m,厚0.3 m。具体尺寸详见《新建铁路武汉至广州客运专线乌花段新建工程施工图设计路基设计图集(路-g4-1、路-g4-2)》。截水沟、天沟如图4-2-14所示。

图4-2-14 天沟

2. 施工工序

路堑开挖前按设计图纸进行测量放线→沟槽开挖→沟槽检查→砌筑片石(包括沉降缝、伸缩缝处理)→养护→沟身砌筑检查→结束。

3. 施工质量控制要点

(1)天沟砌筑前检查基坑尺寸、深度、边坡坡度及基底稳定性。

(2)浆砌片石砌筑采用挤浆法分层、分段砌筑,砂浆饱满,由下而上,先砌沟底,再砌边墙,同段沟身应同时砌筑,对不能同时砌筑的应留斜槎。

(3)勾缝采用凸缝,缝宽2 cm,厚1 cm,嵌缝饱满密实,勾缝平顺无脱落,缝宽大体一致。

(4)在砂浆终凝后,洒水养护7~14 d,气温低于5 ℃时,不能洒水养护。

(5)天沟要求线型美观,直线线型顺直,曲线线型圆顺。天沟、排水沟各部允许偏差、检验数量及检查方法见表4-2-13。

表4-2-13 天沟、排水沟各部允许偏差、检验数量及检验方法

序 号	检验项目	允许偏差	施工单位检验数量	检验方法
1	沟底中心位置	±100 mm	每100 m抽样检验各5处	尺量
2	沟底高程	±20 mm		水准测量
3	净空尺寸	±20 mm		尺量
4	沟底坡度	±5%设计坡度		坡度尺量
5	浆砌水沟铺砌厚度	−10 mm		尺量
6	沟底平整度	20 mm		2.5 m长直尺与钢尺量
7	沟底高程	$^{0}_{-20}$ mm		水准测量

(二)侧 沟

1. 侧沟布置:在软质岩路堑、强风化或构造破碎的硬质岩路堑及土质路堑,为防止水流冲刷路基设底宽0.6 m,深0.7 m的矩形侧沟,采用C20钢筋混凝土现浇,厚0.25 m。具体尺寸详见《新建铁路武汉至广州客运专线乌花段新建工程施工图设计路基设计图集(路-g4-1、路-g4-2)》。侧沟施工如图4-2-15所示。

2. 施工工序

路基填筑完成→测量组放出侧沟中线及两侧边线并用石灰作好标记→在侧沟位置反挖成形→测量组放样确定侧沟底高程，同时精确放出侧沟中线及两侧边线并打桩(一般间隔 3～5 m)→人工修整成型后绑扎钢筋→支立模板并浇筑混凝土→混凝土养护→拆除模板→沉降缝处理→验收合格→完成。

图 4-2-15　侧沟施工

3. 施工质量控制要点

(1)侧沟基坑开挖中和开挖后浇筑混凝土前，基坑内不得积水，受积水浸泡基底应晾晒，超挖部分用混凝土回填，确保基底稳定。

(2)混凝土灌注前，侧沟基底应夯实整平，不得有浮土等杂物，并用水湿润，但其表面不得积水。

(3)侧沟施工时，应沿线路纵向从高程低的一侧向高的一侧进行，同时保证施工时整段路基的排水通畅。

(4)长路堑地段应根据人员配置情况分段施工，不宜整段路基开挖完成后统一进行侧沟施工；侧沟每 30 m 设沉降缝一道，缝宽 2 cm，全断面填塞沥青麻筋 10 cm，表面采用 M10 砂浆勾缝，凹缝宽 2 cm，深 1 cm。

(5)侧沟混凝土浇筑完成后，应在收浆后 12 h 内覆盖和洒水养护。夏季浇筑的侧沟混凝土，在浇筑完成后立即加设棚罩，待收浆后在覆盖和洒水养护，混凝土面有模板覆盖时，养护期间使模板保持湿润，日平均气温低于 5 ℃时，采取保温养护措施，不对混凝土洒水养护。

(6)内模采用轻型组合钢模或竹胶模板，外模采用 2 cm 厚木板，宽 20 cm，保证外露部分混凝土尺寸符合要求；内模底部每隔 1.0 m，开数个小孔，保证混凝土的密实。

4. 侧沟验收及方法见表 4-2-14。

表 4-2-14　侧沟各部允许偏差、检验数量及检验方法

序　号	检验项目	允许偏差	施工单位检验数量	检验方法
1	沟底中心位置	50 mm 0	每 100 m 抽样检验各 5 处	尺量
2	沟底高程	±10 mm		水准测量
3	净空尺寸	±20 mm		尺量
4	边坡坡度(偏陡量)	5%设计坡度		坡度尺量
5	铺砌厚度	−10 mm		尺量
6	沟底平整度	10 mm		2.5 m 长直尺与钢尺量
7	沟底坡度	±5%设计坡度		坡度尺量
8	平台宽度	50 mm 0		尺量
9	沟顶高程	0 −20 mm		水准测量

(三)排　水　沟

1. 排水沟布置

路堤地段两侧设排水沟，采用 C20 混凝土预制块砌筑或现浇的梯形沟，深 0.6 m，底宽 0.4 m，厚 0.15 m。具体尺寸详见《新建铁路武汉至广州客运专线乌花段新建工程施工图设计路基设计图集(路-g4-1、路-g4-2)》。排水沟如图 4-2-16 和图 4-2-17 所示。

2. 施工工序

原地面土挖至排水沟沟底高程或填至排水沟沟底高程→测量放线→沟槽开挖→沟槽检查→预制块拼装(包括沉降缝、伸缩缝处理)或立模浇筑→拼装质量检查→沟槽回填封闭→总体质量检查→结束。

图 4-2-16　混凝土预制块砌筑梯形沟

图 4-2-17　现浇的梯形沟

3. 施工质量控制要点

(1)基坑开挖中和开挖后预制块安装前,基坑内不能有积水,否则,进行晾晒,基坑不得超挖,超挖部分用C20 混凝土填补。

(2)基坑坑底密实度和平整性是预制水沟的质量关键,必须满足设计要求,应给予高度重视。

(3)排水沟吊装安装前,按设计要求用砂浆铺平沟底,吊装时测量准确,保证排水沟纵向高程及平面位置正确。

(4)沿线路纵向每隔 15 m 设沉降缝一道,沉降缝宽 2 cm,全断面填塞沥青麻筋 10 cm,表面采用 M10 砂浆勾缝,凹缝宽 2 cm,深 1 cm,沉降缝应在拼装的同时进行处理。

(5)排水沟要求线型美观,直线线型顺直,曲线线型圆顺。

(四)盲沟、检查井

1. 盲沟布置

路堑地段地下水最高水位高于换填底层时,设纵向渗水盲沟排水。盲沟设置于侧沟以下(具体里程及布置位置见各工点图)。盲沟上口宽 1.1 m,下宽 1.0 m,高 1.65 m;底座采用 C15 混凝土,内设硬聚氯乙烯 PVC 滤管(内径 150 mm,公称直径 160 mm),壁厚不小于 7.7 mm,具体尺寸详见《新建铁路武汉至广州客运专线乌花段新建工程施工图设计路基设计图集补遗(路-g2-1)—附图 17》。检查井按各工点图要求设置。如图 4-2-18 所示。

图 4-2-18　盲沟、检查井

2. 施工工序

路堑基底处理完成后,人工或小型挖机挖除盲沟基座土方→立内模(外模采用土模)→浇筑 C15 混凝土→拆除模板后铺设透水土工布(注意预留土工布的搭接长度)→安装外包透水土工布的透水管→在透水管周围填筑洁净中粗砂砾石与底座齐平→回填 30～35 cm 中粗砂和洁净的碎石或卵砾石→填筑第一层基床底层 A 组料，同时回填中粗砂和洁净的碎石或卵砾石。如此循环，直至盲沟顶高程，最后土工布两端回折（搭接长度为 0.5 m），盲沟施工完成（混凝土浇筑完成后养护不少于 7 d）。

3. 施工质量控制要点

（1）盲沟底座中央凹槽顶面高程纵向坡度原则上与线路纵坡保持一致（高程参见各工点图），现场施工时确实存在困难的个别地段，可根据实际情况进行调整，但最小纵坡不小于 0.2%。

（2）铺设时透水管切口面朝上。

（3）施工过程中注意保护土工布、透水管等土工材料，避免外力对其造成破坏。

（4）回填用中粗砂，内中排水层（洁净的碎石或卵砾石）必须洁净（含泥量不大于 3%），如含泥量超标，必须清洗干净，方可回填。

（5）路基填筑 A、B 组料时，盲沟用彩条布进行覆盖，以免施工灰尘落入盲沟，使排水层失去意义。

（6）路基填筑时注意保护好盲沟端头的出水口，出水口设置端墙，并与路基排水沟衔接起来。

（7）检查井基础应与盲沟基础同时施工，其基坑回填应按路基相同部位的材料和压实要求采用人工分层回填，夯实密实，施工时避免机械损伤。

（五）基床底层透水管（盲管）

1. 盲管布置

路堑地段地下水最高水位低于换填底层时，采用纵向透水管排水，盲管设置于换填底层（具体里程及布置见各工点图）。盲管底座宽 0.5 m，高 0.3 m，内净宽 0.3 m，净高 0.2 m，壁厚 0.1 m，采用 C15 混凝土现浇，内设硬聚氯乙烯 PVC 滤管（内径 100 mm、150 mm，公称直径 110 mm、160 mm），壁厚不小于 5.3 mm、7.7 mm（具体型号以各工点图为主）；具体尺寸详见《新建铁路武汉至广州客运专线乌花段新建工程施工图设计路基设计图集补遗（路-g2-1）—附图 17》。如图 4-2-19 所示。

图 4-2-19　盲管

2. 施工工序

路堑基底处理完成后，人工或小型挖机挖除盲管基座土方→立内模（外模采用土模）→浇筑 C15 混凝土→拆除模板后铺设复合土工膜→铺设透水土工布→安装外包透水土工布的透水管→在透水管周围填筑洁净中粗砂砾石与底座齐平→将第一层透水土工布两端回折（搭接长度为 0.10 m），盲管施工完成（混凝土浇筑完成后养护不少于 7 d）。

3. 施工质量控制要点

（1）盲管底座中央凹槽顶面高程纵向坡度与线路纵坡保持一致（高程参见各工点图）。

（2）透水管壁厚根据型号不同必须满足要求，铺设时透水管切口面朝上。

（3）施工过程中注意保护复合土工膜、土工布、透水管等，避免外力对材料造成破坏。

（4）回填用中粗砂砾石必须洁净（含泥量不大于 3%），如含泥量超标，必须清洗干净，方可回填。

（5）铺设复合土工膜时注意：应将土工膜光面（一般为黑色）朝下，尤其注意其在基座中的位置。

(6)路基填筑时注意保护好盲管端头的出水口,出水口设置端墙,并与路基排水沟衔接起来。

4. 盲沟、盲管施工的技术参数

(1)混凝土施工及养护必须满足相关技术要求(此处不再重复)。

(2)透水管采用硬聚氯乙烯 PVC 虑管,内径为 100 mm 和 150 mm 两种(各工点不同),外径及厚度分别为:外径 110 mm、160 mm,厚度不小于 5.3 mm、7.7 mm,透水管透水面积大于 50 cm^2/m。

(3)透水土工布必须耐腐蚀、抗老化,刺破及撕裂强度应≥400 N,CBR 顶破强度≥1 500 N,幅宽不小于 5 m,垂直渗透系数不小于 100 cm/s,等效孔径 O_{95}≤0.3 mm。

(4)回填用中粗砂、砾石等含泥量不大于 3%。

(六)集 水 井

1. 集水井布置:沿线路方向每隔 50 m 设置集水井一处,将路基面表水汇集于集水井内,经底部排水管将水横向引入侧沟或坡面排水槽排出,集水井采用 C25 钢筋混凝土浇筑,外径 0.6 m,壁厚 0.15 m,内径 0.3 m,深 1.23 m。集水井靠底部侧壁设置泄水孔,通过预埋的 ϕ15 cm 镀锌钢管将水引出。集水井盖板采用 C25 钢筋混凝土浇筑,直径 0.45 m,厚 0.08 m,其上设直径 2 cm 泄水孔 4 个。如图 4-2-20 所示。

图 4-2-20 集水井

2. 施工工序:路基填筑—横向排水管预埋—路基填筑成型—测量放样—无水切割—集水井施工—检查—结束。

3. 施工质量控制要点:

(1)预埋管道的开挖到完成回填碾压,应尽量在一个工班内施工完成。

(2)集水井在路基上进行整体无水切割,切割后严禁摆放,原则上从开挖到混凝土浇筑完成,应尽量在一个工作日内施工完成,且避免雨天施工。

(七)路基面防水层

1. 布置

如图 4-2-21 和图 4-2-22 所示,路肩部分通讯信号槽下采用 4 cm 厚沥青封闭,通讯信号槽至无砟轨道支承层之间采用 10 cm 厚 C25 混凝土封闭,线间(即线路左侧无砟轨道支承层到右侧无砟轨道支承层)采用 10 cm厚 C25 混凝土封闭;施工缝沿纵向按 3~5 m 设置,深 10 cm 宽 1 cm,与无砟轨道支承层纵向接缝处深 5 cm 宽 1 cm,材料采用沥青灌注,防水层与通讯信号槽连接端设置 50 mm×30 mm 倒角。

2. 施工工序

路肩通讯信号槽、路肩级配料、线间级配料及铺轨施工完成→安装隔离及伸缩缝模板→浇筑振捣混凝土→抹面→覆盖养护→填充沥青混凝土。

3. 施工质量控制要点

(1)施工前级配料必须用小型夯机夯实并控制好高程,通讯信号槽盖板必须挂线调整好,保证盖板顶面侧面平顺,纵向线型符合要求。

(2)施工时控制好混凝土质量,浇筑振捣好混凝土并控制好纵坡和横坡,保证排水通畅。

(3)施工完混凝土做好覆盖养护工作,防止混凝土表面开裂。

(4)填充沥青混凝土必须饱满,保证运营后雨水不会渗透到路基内。

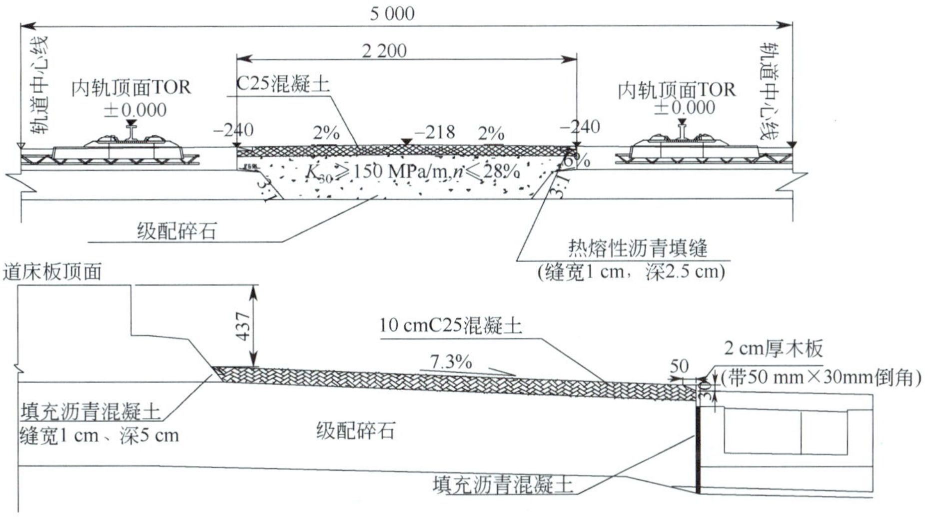

图 4-2-21 线内及两侧混凝土施工(单位:mm)

图 4-2-22 线内及两侧混凝土施工

(八)注意事项

1. 路基施工前应对影响路基稳定的地下水予以截断、疏干、降低水位,并引排到路基范围以外,防止漫流聚集和下渗。

2. 施工中应核对全管段内的排水系统,全线的沟渠、管道、桥涵必须形成完整的排水体系,并具有足够的过水能力。

3. 路基排水沟一般宜在少雨的季节施工。

4. 施工期间不得任意破坏隐蔽排水设施,各类排水设施及时维修及清理,保持排水通畅、有效。

5. 排水系统必须完善,各排水工程间要顺接良好,施工中注意临时排水设施宜与永久性排水设施相结合,并与原有地表排水系统相适应,确保排水顺畅。路堤横向排水沟应与路基两侧侧沟、排水沟相连,天沟中的水一般不宜排到侧沟中,受地形限制的地段应做吊钩,并且注意急流槽中消能池设置,和侧沟加固。

6. 路堑地段侧沟与路堤地段排水沟衔接处用 C25 混凝土封闭过渡。

7. 施工中采用的砂浆、混凝土应采用机械拌和,采用的土工合成材料、砂浆混凝土强度符合设计要求。

(九)环保、水保

1. 路基排水设施施工应做到随挖、随填、随碾压,合理安排好施工场地的临时排水,路堑坡面防护工程应及时施工,以减少水土流失对环境的影响。

2. 现场拌和混凝土、砂浆时,废弃的水泥包装袋应统一放置,进行深埋或烧毁。

3. 各种土工材料、排水管的零星碎片,应有专人负责清理,不得乱扔、乱弃,污染环境。

第十节 路基工程中采用的新材料

武广铁路客运专线在地基处理、路基填筑、路基边坡加固、支挡加固等施工中采用了大量土工合成材料等新材料。土工合成材料作为一种新型复合材料，具有加筋补强、反滤、排水、隔离、防渗、防护等功能。在实际工程应用时，开发了不同功能特点的土工合成材料，根据工程需要选用特定功能的土工合成材料，其应用已渗透到岩土工程及其他工程的各个角落。武广铁路客运专线大量推广应用新型土工合成材料，为提高工程质量起到了良好的作用。

一、路基基床及路堤基底施工使用新材料

(一)应用的新型土工材料

用于基底加固补强的土工合成材料应选用强度较高、延伸率较小、不易老化的土工格栅、土工格室；土工格栅间搭接宽不少于 0.5 m；当铺设多层时，其上下层接缝应交替错开，错开距离不宜小于 0.5 m。用于客运专线路基基床及基底的新型土工材料主要有：

1. 当路基下部填土与基床底层之间不满足 $D_{15}<4d_{85}$ 要求时，在基床底层表面铺设土工格栅。

2. 地基处理路基加固垫层中铺设土工格栅，以增强地基稳定、均布应力、减小地基沉降；另外作为桩-网结构的水平向增强体的“网”的土工合成材料，使网-桩-土三者共同形成加筋复合结构。当土工织物用于路基基床底面或地基加固与处理时，根据使用部位及材料，各项技术指标应满足表 4-2-15 要求。

表 4-2-15 土工合成材料技术要求

序号	使用部位及功能	材料名称	主要技术指标及要求
1	岩溶发育区路堤基底	土工格室	抗拉强度不小于 200 MPa，断裂延伸率＜15%，网格尺寸 25 cm×25 cm，格室高度 10 cm
2	土质路堤或岩溶发育区路堤基底(地基未加固时)	土工格栅	采用双向高强涤纶经编土工格栅或钢塑复合拉筋带土工格栅，其双向抗拉强度大于 50 kN/m，对应伸长率≤10%，其高强涤纶用量大于 290 g/m，外涂层 60 g/m，总重量大于 350 g/m。幅宽不小于 5 m，网格尺寸 25.4 mm×25.4 mm。其中钢塑复合拉筋带土工格栅节点剥离力不小于 350N，伸长率≥3%，网格尺寸 50 mm×50 mm
3	刚性桩(方桩、管桩、钻孔灌注桩)网复合地基	土工格栅	采用双向高强涤纶经编土工格栅，其双向抗拉强度大于 110 kN/m，对应伸长率 10%，其高强涤纶用量大于 480 g/m，外涂层重量大于 100 g/m，总重量大于 580 g/m，幅宽 5 m，网格尺寸 25.4 mm×25.4 mm
4	基床底面及 CFG 桩、旋喷桩、搅拌桩复合地基	土工格栅	采用双向高强涤纶经编土工格栅，其双向抗拉强度大于 80 kN/m，对应伸长率≤10%，幅宽不小于 5 m。其高强涤纶用量大于 360 g/m，外涂层重量大于 90 g/m，总重量大于 450 g/m，幅宽 5 m，网格尺寸 25.4 mm×25.4 mm

(二)施工要点

1. 用于地基基底垫层中的土工合成材料，其抗拉强度应满足设计要求，铺设土工格栅时，两端端部按设计要求回折不少于 2 m。为防止土工合成材料的顶破或刺破，铺设土工合成材料的底面和顶面应铺设厚度不小于 0.05 m 的中粗砂保护层。土工合成材料铺好后，应按设计要求铺回折段砂，用刮板整平后逐幅回折，并用砂压住；土工合成材料上铺的砂垫层，应采用人工或轻型机械运砂进场，散铺整平，且不宜直接碾压，待其上填土后再行碾压。第一层填料碾压应从两边开始循序向中间进行。土工织物在铺设时，幅与幅之间纵向连接可采用搭接法，其搭接宽度宜为 0.3～0.5 m；土工格栅可不搭接，采取密贴排放。土工合成材料受力方向的连接应采取可靠措施，连接强度不得低于设计容许强度；铺设多层土工合成材料时，其上、下层接缝应错开，错开距离不宜小于 0.5 m。图 4-2-23 为 CFG 桩加固地

图 4-2-23 加筋垫层中的土工格栅

基时加筋垫层中的土工格栅。

2. 用于路基基床的土工合成材料，铺设的土工织物和土工膜应平整无褶，铺设的土工格室应充分张拉成型并及时用设计要求的材料充填压实。土工合成材料的连接应满足下列要求：

(1)土工织物的连接可采用缝接、搭接或胶接，搭接宽度不得小于 30 cm。

(2)土工膜、复合土工膜、排水板一般可采用搭接、粘结或焊接方式，用于基床防水和冻害防治时，宜采用粘结或焊接方式；采用粘结或焊接方式时，接缝宽度不应小于 10 cm，连接处的各项技术性能指标不应低于设计要求，且不得渗水；采用搭接方式时，搭接宽度不应小于 30 cm。

(3)土工织物、土工膜、复合土工膜、排水板等纵向连接时，如线路有纵坡，应使高端压在低端上；当线路为平坡时，可将新铺的一端垫在相邻已铺好的一端之下。土工合成材料铺设后，应及时铺垫层覆盖，并夯拍密实。

二、路基边坡施工使用新材料

(一)应用的新型土工材料

1. 路堤边坡宽 3.0 m 铺设土工格栅加筋补强。用于路堤边坡加筋补强的土工格栅采用双向高强涤纶经编土工格栅或塑料双向拉伸土工格栅，其双向抗拉强度大于 25 kN/m，对应伸长率≤10%。高强涤纶经编土工格栅的高强涤纶丝的质量不应少于 150 g/m，外涂层质量不少于 40 g/m，总质量不小于 190 g/m，幅宽 3 m(或为 3.0 m 的倍数)，网格尺寸 25.4 mm×25.4 mm。用于边坡加固的双向土工格栅沿线路方向铺设，两幅间搭接长度不小于 0.5 m。

2. 路堑边坡防护在坡面铺设立体植被护坡网。立体植被防护网材料基本性能应满足下列要求：暴露状态下使用寿命不少于 5 年，极限抗拉强度不低于 0.8 kN/m。

3. 用于浸水或冲刷路基地段可防止细颗粒流失的透水土工片材或管材，无纺土工布(RCP-X715D(A)型)应具抗酸、碱腐蚀，不可降解，且为无污染产品，厚度不小于 15 mm，孔隙率应不小于 90%，最小保证厚度不小于 12 mm，幅宽不小于 600 mm，最小抗压强度不小于 50 MPa。

(二)施工要点

1. 用于边坡补强的土工格栅，铺设时，土层表面应平整，不容许有褶皱，应尽量拉紧，并用竹钉固定，不得有坚硬凸出物，严禁碾压机械直接在土工格栅表面上进行碾压。铺设多层土工格栅时，其上、下层接缝应交替错开，错开距离不宜小于 0.5 m。沿线路方向铺设，两幅间搭接长度不小于 0.5 m。

2. 边坡立体植被防护网顺坡面铺设，纵横向每隔 1 m 左右用不短于 15 cm 竹钉垂直打入边坡固定；搭接宽度不小于 5 cm，搭接部位适当加密竹钉。施工工序为：平整边坡→铺设立体植被网→摊铺松土→人工(或机械)播种→覆盖砂土；路堤伸入护肩或边坡平台内不小于 0.6 m，埋入深度不小于 0.4 m；路堤坡脚处埋入地面以下不小于 0.4 m；坡脚有脚墙段应埋入脚墙内侧宽 0.4 m 范围内。路堑埋入侧沟平台以下不小

图 4-2-24　立体植被网内喷播植草

于 0.4 m 或应至堑顶以外 1.0 m；坡脚有挡墙段应埋入挡墙内侧宽 0.4 m 范围内。图 4-2-24 为施工完成后的立体植被网内喷播植草。

三、路基防排水系统工程新材料推广及应用

(一)应用的新型土工材料

1. 对地下水发育的渗水土路堑及风化软岩路堑、膨胀土路堑、灰岩残积层路堑地段，基床底层顶面或路堑换填底部铺设复合土工膜，防止表水入渗软化地基或防止地下水侵入，以减少路基基床病害。

用于路基隔水防渗的经编复合土工膜或长丝复合土工膜，顶破强度不小于 2.5 kN，断裂强度不少于 20 kN/m，最大伸长率小于 30%，垂直渗透系数不大于 10^{-11} cm/s，膜厚不小于 0.3 mm，同时必须耐腐蚀、抗老化。不得使用裂膜丝或 PE 膜。

2. 用于排除路堑基床地下水的纵向盲沟或边坡仰斜排水斜孔中的软式透水管、PVC 排水管、透水管材等；桥路、涵路等过渡段，基底为非渗水土时，在填筑级配碎石掺 5% 水泥的坡脚，沿横向设置 ϕ100 mm 的透水管，铺设透水管时由线路中心向两侧设 4% 的排水坡。

用作纵向盲沟、透水管等反滤材料的土工织物：外包无纺透水土工布必须耐腐蚀、抗老化，刺破及撕裂强度应≥400 N，CBR 顶破强度≥2000N，幅宽不小于 5 m，垂直渗透系数不小于 1×10^{-2} cm/s，等效孔径 $O_{95}\leqslant$ 0.3 mm。

用作边坡排水斜孔的土工织物：采用软式透水管，内径为 10 cm，扁平率 10% 时的抗压强度不小于 620 kg。用于路基基底(含过渡段路基基底)、基床底层和盲沟中的透水管，采用硬聚氯乙烯 PVC 滤管，内径为 100、150 mm(公称直径分别为 110 mm、160 mm)，壁厚分别不小于 5.3 mm、7.7 mm。

3. RCP-X715D(A)渗水板材＋碎石反滤层用于浸水、冲刷路基地段以及路肩反滤层，可有效防止细颗粒流失，确保路基填筑材料不因水的反复浸蚀影响路基稳定。

(二)施工要点

用于防排水工程的土工合成材料；铺设应平顺、松紧适度，并与沟壁被保护土体密贴，不得有皱褶。破损时应及时修补，修补面积应大于破损面积的 4 倍。反滤土工织物的搭接宽度不宜小于 20 cm。隔水防渗土工膜和复合土工膜宜用粘结法，粘结宽度不应小于 10 cm，粘结强度不应低于材料设计强度，连接面不得夹有砂石等杂物。土工合成材料铺设后应及时回填或覆盖，回填碎石等填料时，应采取避免损伤土工织物和渗水管的措施。

第十一节　经验与体会

一、加强接口、过渡设计，确保平顺过渡

路基过渡、接口设计是客运专线保证列车平顺、舒适运行的系统工程，内容丰富，技术复杂，其内容不但包括路基与桥、隧、涵和路堤路堑等过渡段的结构过渡、地基处理的过渡及站后附属结构物的接口过渡设计，还包括排水工程的过渡、路基边坡挡护工程的过渡、轨道工程过渡和站后工程本身的过渡等等。

由于专业分工、施工工序、场地狭小等因素影响，往往存在顺接不畅、过渡不平顺现象，轻者造成外观急拐、突变等不美观，重者形成无法连接、刚度突变和差异沉降过大等质量问题。因此接口和过渡设计是客运专线的设计难点，更是关键技术所在。过渡技术设计的关键在于通过一定的工程措施控制线路纵向、横向的强度、刚度和沉降的协调、统一，满足高速列车平稳、安全运营，以及旅客乘坐的舒适度要求。武广铁路客运专线路基过渡设计内容全面，布置合理，现场实施顺利，特别是“组合式”过渡段的设计突破现有规范、规程，填补了我国客运专线过渡段设计的空白，可供以后类似工程的设计借鉴。

二、继续贯彻“矮挡墙、宽平台、缓边坡”的设计理念

客运专线不仅对乘客的舒适性有很高的要求，且对安全特别是运营后的安全要求也非常之高，必须保证万无一失。山区地形较陡，路基支挡和边坡防护工程较多，如何既能够保证列车运营安全又能满足旅客舒适

性成了设计的关键问题，设计时采用“矮挡墙、宽平台、缓边坡”能够有效解决这一问题，矮挡墙、宽平台、缓边坡这三项措施均能降低山区铁路危岩落石的危害性，不大于 6 m 高的挡土墙能够保证旅客的视野，提高旅客乘车的舒适性。因此，这一设计理念在以后的山区客运专线建设中值得广泛推广。

三、加强灰岩区边坡、地基的施工地质核查

武广铁路客运专线岩溶分布广泛，全段岩溶路基长度 77.66 km，占路基全长近 30%。特别是覆盖型灰岩区表层多分布厚层状的残积红黏土，其孔隙比较大，自由膨胀率、蒙脱石含量、阳离子交换量均相对较高，接近弱膨胀土的指标范围，遇水极易崩解。

设计根据具体地层性质、不同路基部位等情况，采用挖除换填、嵌补或支挡工程等措施，特别是当基岩面高于路基面一定高度时，于路基边坡即基岩面(主要为灰岩面)位置设置支挡工程(锚固桩、挡墙)，以防止边坡失稳，但因灰岩基岩面起伏大，变化快，现场施工中应根据实际开挖基岩面位置调整支挡工程位置及锚固段深度。同样对于基床换填，需要在施工中根据开挖后的岩溶发育状况、充填物的状态等确定挖除厚度、部位以及回填物类型(A、B 组填料，级配碎石或混凝土等)。

因此针对灰岩地区的基床换填、路堑边坡，施工中应加强施工地质核查工作，尤其要重点查明路基基底岩溶发育情况，以及堑坡岩溶形态。堑坡溶槽、溶沟、石牙间采用片石混凝土嵌补或支挡工程(锚固桩或片石混凝土挡墙)结合嵌补处理，当采用锚固桩加固时，应根据开挖后的岩面高程、地层变化情况核实或调整桩位及锚固段深度。

四、加强护坡的防排水设计

在加强外业边坡防护和防排水工程的地质勘察、流量调查等工作基础上，更新排水设施设计理念：一是路基轨面高程以上的水，要进行拦、截、排，不能任其冲击道床和路基；二是轨面以下的水，要尽快排出路基坡脚之外，不能任其冲击路基，要采取防护措施；三是与线路并行的水体，不能汇集到线路附近。设计要合理选用边坡防护措施，重视边坡防护及排水工程的系统性和完整性。与路基支挡、隧道洞口、车站、桥梁墩台、涵洞等同步开展边坡防护和防排水工程设计，形成完整、通畅的排水系统，有足够的过水能力；加强边坡防护和防排水工程设计接口，强化地形复杂、不良地质和特殊岩土地区边坡防护和防排水工程的设计；对“四电”等与已完工程干扰的后续工程施工提出技术要求。

石质边坡防护结构也应采用综合防护形式，如采用轻型骨架和喷混植生、主动防护网相结合，避免单一的喷混植生长期在自然环境下脱落，可预防落石危及行车安全。

路基排水设计时，要与水土保持及农田水利的综合利用相结合；城市地区还应与地方排灌、排污系统密切结合，路基排水设施拉通至桥涵下水沟。所有水网(包括天沟、排水沟、急流槽下游的侧沟及需扩大的侧沟地段)，需采用 1/50 频率的流量计算确定，沟顶高出设计水位 0.2 m。

路基排水设计中，从侧沟或排水沟排入涵洞或桥下后，应对涵洞内和桥下的排水方式进行设计，否则排入涵洞或桥下后，水依然没有出路，并与涵洞的交通问题一并考虑。

五、水塘路基的处理

在施工过程中应高度重视水塘路基的施工，在条件允许的情况下，应彻底废弃水塘，不采用浸水路基结构。同时施工单位应密切注意地方村民新建水塘位置的监督，严禁新建水塘距路基太近，影响路基结构的稳定。同时水塘路基和地下水较发育基底换填材料，应严格按照设计要求控制细颗粒含量，采用加工的渗水性好的 A 组填料，保证基底的稳定性。

六、地下排水盲沟施工

地下排水盲沟一般设在路堑换填地段，盲沟施工工艺控制是排水盲沟能否实现排水的关键。排水盲沟底座施工要认真，底座高程一定要控制到位，不能高于换填地面，盲管、盲沟施作一定要规范，盲沟、透水管由 C15 混凝土底座、$\phi100$ mm 高强复合管、透水土工布、洁净的中粗砂(碎石或卵砾石)组成。盲沟纵坡控制要严格，不宜小于 2%，将地下水排出路基外，在施工过程中应对出水口加强保护，

并设置端墙。

纵向排水盲沟施工与路基填筑同步进行，施工过程中要特别注意对盲沟的保护，防止盲沟被堵塞，影响排水功能。

七、路隧过渡段边坡防护和排水

路隧过渡段边坡顺接和防护结构应力求一致，专业之间的接口问题不容忽视，否则造成防护形式和结构不协调、不一致，影响美观。施工过程中，隧道边坡防护和路基边坡防护应同时施工，做好防护和排水的衔接，如隧道口汇水面积较大时，洞顶截水沟的排水走向与路基侧沟应统筹考虑，排水沟断面应加大，以满足排水能力。

第三章　桥涵工程

全线桥梁 676 座/463.591 km，其中：特大桥 228 座/363.401 km，大桥 345 座/90.785 km，中桥 103 座/9.405 km，桥梁占线路总长 48.2%。桥梁上部结构以 32 m 跨度简支箱梁为主导梁型，32 m、24 m 简支箱梁占全线桥梁 95%。由于列车高速行驶，桥梁结构的动力效应加剧，与普通铁路不同，对安全性、舒适性、荷载冲击、材料疲劳、结构耐久性等方面提出了更高的要求。其主要承重结构按 100 年使用寿命设计。

第一节　基础施工

武广铁路客运专线的桥梁基础有桩基础、明挖扩大基础两种，以桩基础为主，部分地质条件、地形条件适宜墩台采用了明挖基础。桩基础采用钻孔灌注桩，分陆地桩基础施工和深水桩基础施工。在岩溶地区，根据不同的地质情况选用了明挖基础和桩基础。

一、桩基础

(一)施工工艺流程

钻孔桩施工工艺流程如图 4-3-1 所示。

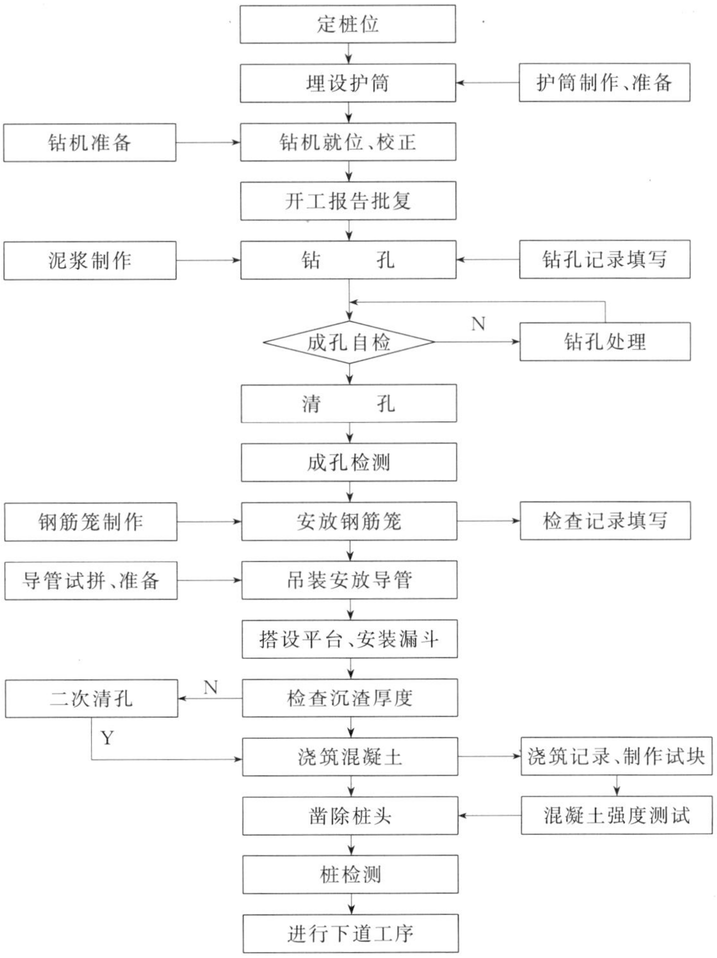

图 4-3-1　钻孔桩基础施工工艺流程

(二)施工关键工序及技术要点

1. 施工准备

(1)施工前,首先要进行施工图纸审核,确保桥位、高程设计合理,尺寸无误。

(2)加强便道维修与养护,确保便道畅通。

(3)现场合理规划泥浆池、沉砟池,要满足施工需要和环保要求。

(4)控制桩复测,完成各桩位的定位测量放样。

(5)平整场地,满足钻机就位和施工操作的需求。

2. 埋设护筒

施工前设置坚固、不漏水的钢制护筒,护筒内径应大于钻头直径,使用旋转钻机钻孔应比钻头大约20 cm,使用冲击钻机钻孔比钻头大约40 cm。

护筒顶面宜高出施工水位或地下水位2 m,还要高出施工地面0.5 m,护筒应埋到硬土以下至少1.0 m,孔位周围地质如不能满足要求时,在埋设护筒位置挖除软土换填,护筒四周要夯填密实,护筒顶面中心与设计桩位偏差不得大于5 cm,倾斜度不得大于1%。

3. 泥浆制备

泥浆选用新鲜黏土,辅以少量的膨润土制成,泥浆密度控制在1.1～1.3;在砂类土、碎、卵石土或夹有黏性土层中钻孔,采用膨润土泥浆护壁,在黏性土中钻孔,当塑性指数大于15、浮砟能力满足施工要求时,利用孔内原土造浆护壁。冲击钻机钻孔,将黏土加工后投入孔中,利用钻头冲击造浆。

泥浆性能指标须符合下列规定。

(1)泥浆比重:冲击钻钻孔时,孔底泥浆比重:砂黏土不大于1.3;大漂石、卵石层不大于1.4;岩石不大于1.2。反循环旋转钻机入孔泥浆比重为1.05～1.15。

(2)黏度:地层16～22 s;松散易塌地层19～28 s。

(3)含砂率:新制泥浆不大于4%。

(4)胶体率:不小于95%。

(5)pH值:>6.5。

为提高泥浆黏度和胶体率,在泥浆中掺入适量的碳酸钠、烧碱等,其掺量经试验决定。造浆后要试验全部性能指标,钻孔过程中要随时检验泥浆比重和含砂率,并填写泥浆试验记录表。

4. 钻孔

钻孔桩采用跳桩法施工,在已灌注成桩邻近桩位钻孔时,待已灌注钻孔桩混凝土强度达到2.5 MPa以上后方可施钻,避免扰动相邻已施工的钻孔桩。

安装钻机前,底架垫平,不得产生位移和沉陷,钻机保持稳定,钻头或钻杆中心与桩位中心偏差不得大于5 cm。钻孔桩钻孔允许偏差见表4-3-1。

表4-3-1 钻孔桩钻孔允许偏差

序号	项目		允许偏差(mm)
1	孔径		不小于设计孔径
2	孔深	摩擦桩	不小于设计孔深
		柱桩	不小于设计孔深,并进入设计土层
3	孔位中心偏心	群桩	≤50
4	倾斜度		≤1%孔深

开钻前应调制足够数量的泥浆,钻进过程中如泥浆损耗过大、漏失,须及时补充。按有关技术规范检查泥浆指标,遇土层变化须增加检查次数,并适当调整泥浆指标。

钻孔过程中严格按施工规范进行,每进尺2～3 m,应检查孔直径、垂直度和孔内地质情况,并定时定人记录观测数据。施工时如发现异常现象应立即找出原因,如发现钻孔偏斜或有涌砂现象,可采用片石回填,重新冲击,使孔位逐渐纠偏恢复至正位或将片石挤入砂层内堵住涌砂。

开孔的孔位要准确,使初成孔壁竖直、圆顺、坚实。在冲击钻进中清渣和停钻后,应及时向孔内补水或补充泥浆，保持孔内水头高度和泥浆比重及黏度。

开始钻孔时采用小冲程冲击，待钻进深度超过钻头全高时再正常冲程进行。钻进过程中，勤松绳和适量松绳，不得打空锤；勤抽砟，使钻头经常冲击新鲜地层。

钻孔过程中随时捞取钻渣，判断地层并与地质剖面图核对，根据地层变化情况，采用不同钻速，适时调整泥浆指标，并始终保持孔内液面高于孔外水位 1.5～2.0 m，保持孔壁稳定。

钻孔到达设计深度后，对孔位、孔径、孔深、孔形及垂直度进行检验，并填写钻孔记录表。

钻孔应连续进行，当遇到特殊情况需停钻时，提出钻头，补足孔内泥浆，始终保持孔内规定的水位和泥浆的相对密度、黏度。

钻孔中采取以下措施防止塌孔：

(1)护筒的埋设深度，应确保穿透淤泥质软土层，并做好护筒底部密封。

(2)现场钻孔操作人员，要仔细检测泥浆比重及黏度，尤其是含砂率的检测，不同地层必须按要求进行相应调整。

(3)控制钢筋笼安装垂直度，安放钢筋笼时，需对准钻孔中心垂直插入，严禁触及孔壁。

(4)紧密衔接各道工序，尽量缩短工序间隔。

(5)当天气变化无法施工时，需提起钻头，调整泥浆比重，孔内灌满泥浆或孔顶覆盖。

5. 清孔

当钻孔深度达到设计高程时，先用测绳(检测过)测量钻孔深度，并做好记录，再用检孔器对孔深、孔径、孔形进行检查，确认满足设计要求后，立即进行清孔，清孔采用气举抽砟法进行换浆清孔，在清孔的同时，将附着于护筒壁的泥浆清洗干净。

在清孔时，要及时向孔内加注清水或新鲜泥浆保持孔内水位。清孔应达到以下标准：孔内排出或抽出的泥浆手摸无 2～3 mm 颗粒，泥浆比重不大于 1.1，含砂率＜2％，黏度 17～20 s。泥浆指标符合要求后，再用测绳测量钻孔深度，清孔前后的孔深差值(孔底沉渣厚度)不大于 10 cm，立即进行下道工序，严禁采用加深钻孔深度方法代替清孔。

钢筋笼和导管安放完毕后、浇筑水下混凝土前，再检测桩底沉渣厚度。若沉渣超标，要立即进行第二次清孔，第二次清孔利用导管安装风管，气举反循环法清孔。

清孔过程中必须始终保持孔内原有水头高度，如孔较深，中途宜停顿片刻，待孔内悬浮钻砟均沉淀后，再送风清孔一次，当风管口设置很低，在清孔过程中不能保持孔口水头时，不可马上停止送风，应先将风管或导管提升一定的高度，才停止送风，以免稠浆砟将风管口堵塞。

二次清孔完成后，立即浇筑水下混凝土，避免泥砟再次沉淀。加快成孔与成桩速度，缩短从成孔到成桩的作业时间。

6. 钢筋笼骨架的制作与安装

钢筋的性能必须符合现行国家技术标准，具有出厂质量证明书和试验报告单。钢筋加工时，保证钢筋表面洁净，使用前应先将表面的油渍、漆皮、锈斑等清除干净。

钢筋笼在加工棚集中分节制作，钢筋焊接前，必须根据施工条件进行试焊，合格后方可正式施焊。钢筋制作过程中要预留好钢筋接头位置，钢筋接头采用单面搭接，两钢筋搭接端部应预先折向一侧，使两接合钢筋轴线一致。接头焊缝的长度不应小于 $10d$(d 为钢筋直径)。焊接保证钢筋接头在同一断面内(相邻焊接接头间距不小于 $35d$)的数量不能超过钢筋总量的 50％。钻孔桩钢筋骨架允许偏差见表 4-3-2。

表 4-3-2 钻孔桩钢筋骨架允许偏差

序号	项目	允许偏差(mm)	序号	项目	允许偏差(mm)
1	钢筋骨架在承台底以下长度	±100	6	钢筋骨架垂直度	0.5％骨架长度
2	钢筋骨架直径	±10	7	钢筋骨架保护层厚度	±20
3	主钢筋间距	±10	8	骨架中心平面位置	20
4	加强筋间距	±20	9	骨架顶端高程	±20
5	箍筋间距或螺旋筋间距	±20	10	骨架底面高程	±50

钢筋笼存放时下部架空(垫木间距与加强圈钢筋间距相同),钢筋笼应用彩条布覆盖,以防雨水侵蚀生锈,并挂标识牌。

钢筋笼吊装时配备专用托架,平板车运至现场,在孔口利用汽车吊吊放。下放前检查钢筋笼垂直度,确保上、下节钢筋笼对接时中心线保持一致。钢筋笼安装就位后,在钢筋笼顶设 4 根钢筋吊环,并与钢护筒顶部焊接固定,防止混凝土浇筑过程中钢筋骨架上浮。

7. 导管安装

导管采用钢导管,导管内壁光滑、圆顺,内径一致,导管接口严密、牢固。导管使用前进行试拼,导管接拼后,两端头安装配套的钢制法兰盘,管内注水,增加气压(试压压力为孔底静水压力的 1.5 倍),检测导管的水密性,要确保导管不漏水,连接螺栓强度满足要求,导管测试合格后,按自上而下顺序编号和标示尺度。导管组装后轴线偏差不超过钻孔深度的 0.5%并不大于 10 cm,连接时连接螺栓的螺帽带上(便于拆卸)。

导管长度按孔深和工作平台高度决定。下放过程中应保持导管位置居中,轴线顺直,逐步沉放,防止卡挂钢筋笼和碰撞孔壁。浇筑首盘混凝土时,导管底面应高出孔底 0.35～0.4 m。导管接头法兰盘加锥形活套,底节导管下端不设法兰盘。

8. 水下混凝土浇筑

水下混凝土灌注前进行二次清孔,以灌注水下混凝土的导管作为吸管,高压风管设在导管内,高压风管沉入导管内的入水深度大于水面至出浆口高度的 1.5 倍,且不小于 15 m。清孔过程中必须保持孔内原有水头高度,停止清孔时,先关气后断水,以防水头损失造成塌孔。

浇筑水下混凝土必须做好充分的准备工作,配置足够备用应急设备和材料,水下混凝土应连续浇筑,中途不得停顿。并应尽量缩短拆除导管的间断时间,导管内混凝土卡管时,应上下活动导管,并附以导管外部振动,使灌注顺畅,每根桩宜在 8 h 内浇筑完成。

水下混凝土灌注时的混凝土需用量由计算确定,必须满足首批混凝土入孔后,导管埋入混凝土的深度不小于 1 m 并不大于 3 m;同时当灌注的混凝土顶面距钢筋骨架底部 1 m 左右时,应降低混凝土的灌注速度。当混凝土拌和物上升到骨架底口 4 m 以上时,提升导管,使其底口高于骨架底部 2 m 以上,即可恢复正常灌注速度。完成首批封底混凝土后,将首批混凝土用大型储料斗换成小型储料斗,采用混凝土输送车直接浇筑混凝土,以加快水下混凝土的浇筑速度。

当桩身较长时,导管埋入混凝土中的深度可适当加大。灌注过程中随时测量孔内混凝土顶面位置,要始终保持导管埋深在 1～3 m 范围,防止泥浆冲入管内。当混凝土浇筑面接近设计高程时,采用测绳或取样盒确定混凝土顶面位置,保证混凝土顶面浇筑到桩顶设计高程以上 1.0 m 左右,最后拔管时注意提拔及反插,保证桩芯混凝土密实度。

9. 人工及主要机具

在水下灌注混凝土的过程中,为保证混凝土灌注连续不断地进行,确保每根钻孔桩的混凝土施工质量,要求在每个环节上安排足够的劳动力和机具设备。

10. 钻孔桩质量保证

严格控制钻孔桩的垂直度。在钻机就位时将其调整平整、垂直,钻进过程中作必要的检测,特别是钻进过程中遇到孤石、坚土时需及时复查。

严格控制钻孔桩的孔径。做好地质观测,根据地质情况及时调整泥浆比重,孔内水位必须高出地下水位 1 m 以上,防止孔壁坍塌。施工过程中应对钻锥的磨损情况加强检查,并及时给予补焊。当因地层中有遇水膨胀的软土、黏土泥岩时,应使用失水率小的优质泥浆护壁。已发生缩孔时,宜在该处用钻锥上下反复扫孔,以扩大孔径。

确保钻孔桩的地基承载力。成孔检查时从设计深度、钻速及浮渣取样的情况来综合判定地基承载力是否满足要求。

做好清孔工作,混凝土浇筑前还需对孔底沉碴厚度进行复查、二次清孔,确保沉碴厚度小于设计及规范要求。

混凝土原材料、配合比设计、施工和水下混凝土的检验必须符合设计与《混凝土工程施工质量验收补充标准》,混凝土强度等级符合设计要求,水下混凝土标准养护试件强度符合设计强度等级的 1.15 倍(混凝土浇筑时制作试件不得少于两组)。

11. 成桩质量检测

钻孔桩桩身全部进行无损检测。检测方法符合《铁路工程基桩无损检测规程》(TB 10218)的规定:①所有钻孔桩身混凝土质量均采用超声波探测法检测;②每根钻孔桩混凝土强度试件不少于五组;③对质量有问题的桩,钻取桩芯混凝土鉴定检验;④钻孔到达设计高程后,复核地质情况和桩孔位置,用检孔器检查桩孔孔深;⑤桩径大于 1.5 m、桩长大于 50 m,埋设声测管。

二、明挖基础

(一)陆地明挖基础施工

1. 测量控制

基坑开挖前由测量技术人员测定基坑纵、横中心线及地面高程,再根据地质情况划定开挖范围。

2. 技术准备

结合地质资料情况,确定基坑开挖方法、开挖坡度、支护措施、地面和基坑防排水等实施方案。开挖前应先做好地面防水、排水工作,准备好基坑遮阳棚和防雨棚。一般明挖基础,视土质及地下水质情况,选用适当的开挖坡率。当基坑开挖较深时,采用带挡板加撑的方法开挖。岩石地基采用松动爆破法开挖,控制装药量,以保证不破坏基岩的完整性,底层基础基坑开挖时按不超挖控制,最下层基础不立模,基坑满灌混凝土。

3. 开挖控制

(1)基坑开挖土石应"随挖随运",弃至指定弃土场,不宜长时间堆弃在基坑周围,弃土时预留基坑回填所需的填料。基坑开挖过程中,在基坑内施作临时积水井,利用抽水设备及时排出基坑内的积水。

(2)山坡上扩大基础施工时严格按照先下后上的顺序施工,下坡方向的桥基施工完成后,才能开始上坡方向的桥基施工,弃砟运到指定的弃砟场。

4. 混凝土灌注

(1)混凝土在拌和站集中拌制,混凝土输送车运到现场,采用泵送或溜槽入模,振捣器下到基坑内,振捣工下到坑底,逐层浇筑、逐层振捣。

(2)基础施工时若体积较大时,应采用掺入降低水化热的外加剂或浇筑混凝土时预埋冷却水管,降温散热,避免混凝土出现温度裂缝。混凝土浇筑完成后,立即洒水进行养护。底层基础采用满灌混凝土施工,顶层基础采用模板施工。

(3)基础内钢筋绑扎采用钢筋限位卡定位,保证钢筋间距、保护层厚度、数量符合设计要求。

5. 基坑回填

基础混凝土达到要求强度后,立即对基坑回填封闭。基坑回填采用分层夯实的方法,夯实机械采用冲击式打夯机。

(二)水中明挖基础施工(浅水)

1. 施工工艺

(1)核查地质资料

围堰筑岛完成后,采用地质钻机按设计单位要求对基底 5 m 进行钻探,以验证基础以下 5 m 范围是否有溶洞存在。从钻取的芯样判断基础以下 5 m 范围没有溶洞存在,进行下道工序施工。

(2)精确测量放样:准确放出扩大基础的十字中线及边框位置轮廓线。

(3)开挖基础:基坑开挖尽量以挖掘机机械开挖为主,当挖掘机无法开挖时,辅以人工开挖。挖孔前先将扩大基础附近地面加以平整、清除杂物,四周设临时防护,设定好弃砟堆积场地,并在基坑四周挖好排水沟。

基坑内开挖采用浅挖快护交替作业的方法施工,用短柄的铲、镐开挖,用能吊 300 kg 的辘轳和橡胶吊桶出砟,抽水机抽除积水。

挖基至 1.5 m 深时,先浇筑 C30 钢筋混凝土锁口,锁口顶面应比原地面高出 20 cm,以防土块、杂物落入井内,也能防止地表水流入井中。之后继续开挖,每掘进 1.5 m 立钢模现浇厚度为 50 cm 的 C30 钢筋混凝土锥形倒挂井护壁,为使护壁稳固,开孔时孔壁上每节下端挖成倾角 10°左右的喇叭口形台阶,且上节底内径稍大于下节顶外径,使土壤和下节护壁共同支承护壁混凝土,同时也便于下节护壁的浇筑,每节护壁钢筋相互连接。遇不良地质孔壁易坍塌时，每节护壁高度减至0.3～0.5 m。

挖基过程中遇到基岩以后，根据岩石软硬程度，能用风镐开挖的就用风镐开挖，遇到次坚石则用风枪打0.4～0.8 m浅炮眼，以电雷管放小炮爆破，严禁使用裸露药包。爆破地段要加强支撑和护壁，防止震塌孔壁。

提升到地面的弃砟不能随意乱倒，统一堆放，堆放地点应距井口10 m以外，并定时装运至指定的弃砟场。

挖基施工中应备好排水设备，经常检查孔内二氧化碳和有害气体浓度，做好排水及孔内通风工作。每天开工前要检查出土的镛铲和吊绳，出砟吊桶加装保险绳，以保证基础内工作人员安全。

挖基过程中要经常检查基础的垂直度，检查基础的净空尺寸是否符合设计要求。

(4)钢筋混凝土护壁循环施工

第一节基础开挖到设计高程后，清除四壁松砟、并夯实软土。现场安装钢筋笼并支立钢模板。钢模板支立采用"环形开挖留核心土"的方法，达到减少支撑方木用量、保证模板整体线形和刚度的目的。

护壁浇筑采用溜槽按一般方法灌注，并用振捣器分层振捣密实。若渗水量较大，抽水工作不要停顿，待灌注混凝土时才停止抽水，并加快混凝土的灌注速度。若渗水量很大，可插管引排。

当第一节护壁施工完毕，待其强度达到80%后方可开挖下一节基础并施作下一层基础开挖及护壁，如此循环，直至围堰全部施工完毕为止。

(5)钢筋混凝土护壁设计及计算

钢筋混凝土护壁需求算的壁厚均按最不利因素考虑进行验算。钢筋混凝土护壁施作过程及就位后均受主动土压力、被动土压力及水压力等外力作用，结合围堰结构及该处地质情况对围堰的承载力和壁厚选取进行设计和计算。

2. 技术保证措施

(1)扩大基础定位工作应根据基础定位十字线，先定出基础中心，在基础施工范围以外的合适位置放出护桩(定位桩)，以便施工人员能经常检查桩位和开挖偏差。

(2)开挖过程中应勤测量、常检查，以保证桩孔偏差在规范允许的范围以内。

(3)开挖过程中详细记录每天的地质变化情况，以便掌握本基础的实际地质资料，供设计、监理单位判定本基础的承载能力是否能满足设计要求。

3. 施工安全注意事项

(1)挖基时应注意施工安全，挖基工人配备安全绳、安全帽。

(2)提取土砟的吊桶、吊钩、吊绳等工具必须经常检查。

(3)扩大基础中安装分节的钢筋梯，以供施工人员上下。根据需要和可能在基础中设避险棚，基础下施工人员在出砟时可以暂避于棚下，以策安全。

(4)基础支护在开挖0.8～1.5 m深后做一次支护，按施工组织设计的要求灌注钢筋混凝土护壁，避免出现塌方造成人身伤亡的重大事故。

三、岩溶基础

岩溶地区桩基施工，当填充物为密实或软塑状态时，采用常规泥浆护壁方法；当填充物为流塑状或无填充物时，向孔内抛填片石、黏土或灌注混凝土、压浆及采用钢护筒跟进措施，施工时注意避免掉钻或由于钢护筒变形引起的卡钻。

(一)施工关键工序

岩溶地区从事钻孔桩施工，由于地下溶洞、溶沟的复杂性和不可预见性，给钻孔灌注桩施工带来很大困难。普通旋转钻机不能处理溶洞，且对洞底坚硬灰岩层钻进困难，极易损坏钻头，故选择冲击钻成孔。

岩溶地区钻孔桩施工常见问题有：钻机倾倒、塌孔、漏浆、斜孔、卡钻等，岩溶地区的钻孔桩施工与普通地区的钻孔桩施工的主要区别就是解决钻孔桩成孔问题，也就是如何解决溶洞位置钻孔护壁问题。其中护壁要求不但要保证钻孔作业时泥浆不流入溶洞，还要能保证水下混凝土灌注顺利进行。

1. 抛填片石法

钻孔遇到溶洞时，将抛填片石法作为最常用的溶洞处理方法。抛填片石法操作简单，成本低廉，效果明显。

抛填片石前，在岩溶极其发育地段，施工前先钻孔，往孔内注浆以有效加固地表，并往溶洞内注入适量的水泥浆，在一定程度上防止钻孔至溶洞时发生突然塌孔。

当溶洞顶板被击穿后，孔内泥浆高程下降，且速度很快。为保证孔内水头，必须迅速对孔内补水，同时使用装载机将片石和黏土投入孔内进行堵漏。孔内泥浆面稳定后，钻机重新开钻，反复几次后，片石和黏土在溶洞内形成挡土墙，完成堵漏护壁的工作。具体工艺步骤和注意事项如下：

(1)施工准备

①备足片石和黏土。片石需外运，黏土一般情况可就近取土。片石和黏土比例为 1∶1，其数量可按重力式挡土墙抗倾覆计算。

②准备充足的水源、直径 10 cm 以上的水管和水泵，用于向孔内及时补水。

③准备小型装载机一台，用于向孔内投放土石用。

(2)预处理措施

岩溶地区的预处理措施主要是岩溶注浆。注浆主要通过地质钻机钻孔至溶洞顶面(如有串珠状溶洞，钻至最低溶洞顶面)，然后进行孔内注浆，如果溶洞无填充物，还要向孔内投入砂浆及粉煤灰，先回填空洞后再进行岩溶注浆。

(3)钻孔

一般以正常速度钻孔，当到达溶洞顶板岩层后和在溶洞处理过程中以小冲程继续钻进。

(4)击穿溶洞顶板

这是溶洞处理的一个关键工序，存在着地面塌陷、钻机倾覆和人员伤亡的安全隐患。主要施工步骤包括：

①击穿溶洞顶板后，孔内水位迅速下降，迅速提起钻头，置放在距离钻孔 4～5 m 的地面上，离开钻机；同时对孔内迅速补水，保持孔内水头高度。

装载机向孔内填土石，土石的比例是 1∶1，回填高度高出溶洞顶 3 m 以上。若此时仍存在漏水现象，继续回填土石，高度超出溶洞顶 5 m 左右，等待 2 h 观察地面有无塌陷迹象，若无安全隐患开始下步工作。

②钻机重新冲孔直至漏水终止，开始第二轮回填，如此反复多次直到溶洞内的挡土墙不漏水为止，进行下一步工作。

③挡土墙不漏水但不一定能承受混凝土灌注时产生的混凝土压力。实践中发生过两次这样的现象：一次是当水下混凝土灌注完成后，混凝土面下沉 3.5 m；一次是混凝土灌注中，混凝土面急速下降 5 m，造成断桩，必须重新钻孔施工。实践说明：当完成第二步堵漏工作后，必须反复回填土石，冲孔 3 次以上，提高挡土墙抗倾覆能力，满足灌注混凝土时的压力。

2. 护筒跟进法

处理溶洞的另一个有效方法是护筒跟进钻孔。随钻头进尺，钢护筒跟进直到穿越溶洞，这种用钢护筒作护壁的方法称之为“护筒跟进法 ”。以孔径 1.5 m 钻孔桩为例，护筒跟进法施工步骤：

(1)下沉大护筒至基岩，目的是防止覆盖层的砂土因溶洞漏水发生孔壁坍塌。选择护筒直径的根据是：内径大于钻头直径 10 cm，护筒直径级差 10 cm。采用护筒跟进的钻孔桩，溶洞一般都有 4 层以上，对于洞高小于 3 m 的溶洞，直接填片石黏土处理，节省一级护筒。

(2)钻孔到岩面时，为防止岩面倾斜导致偏孔，须抛填片石找平岩面，小冲程锤击，一般情况抛填 0.5～1.0 m 片石，冲程 1 m 以内。

在岩溶地区钻孔桩施工中，由于地质复杂和存在许多不确定性因素，给钻孔带来了很大难度。因此要求事先多钻孔，做到每根桩都钻，绘制每根桩的地质剖面图以了解溶洞走向，从而为确定施工方案提供依据。溶洞的处理方法不是一成不变的，应根据覆盖层地质、溶洞填充等情况选择适合本地区的方法。抛填片石法与护筒跟进法施工对比见表 4-3-3。

表 4-3-3 抛填片石法和护筒跟进法施工对比

项　目	使用范围	平均造价（元/m）	检桩结果	安全隐患
抛填片石法	单层溶洞；洞高 7 m 以内或 2～3 层溶洞，洞高 3 m 以内	110	100%合格	无
护筒跟进法	适合任何溶洞	2 721	100%合格	无

3. 嵌岩及终孔的检验

岩面检验要点：按设计要求，桩端须进入新鲜完整基岩（承载力 800 kPa）不小于 2.5～3 m，工序中增加了一般地质条件下灌注桩施工所没有的全岩面检验。因此，全岩面的正确判断成为成孔施工的关键。影响全岩面判定的因素较多，而现有的桩基技术规范、规程等均未列出统一的判定标准，受地质条件复杂的影响，全岩面的判断意见不一，成为质量控制的一大难题。实际施工中，根据岩溶地区地质条件的特殊性、复杂性及工程特点，经过试桩检验，主要从以下四个方面来进行全岩面的综合判断：

(1)设计钻孔柱状图揭示的岩面高程在实际施工过程中仅作参考，岩面检测应以桩孔实际岩面高程开始，进行全岩面检验。

(2)查阅机台施工记录，可将基岩进尺速度 0.1～0.2 m/h 作为进入全岩面的控制速度。

(3)观察井口钢丝绳的摆动情况，锤头触岩面时会出现轻微反弹。

(4)使用细目筛网捞取岩渣，岩屑含量 56%～78%，且含泥、含砂量小于 3%时，认为已入岩。如出现特殊情况或判断标志不明显，则采用人工勘钻探揭露的办法来判断出全岩面。

（二）要点及措施

1. 进行必要的水文、工程地质调查，研究墩台处岩溶发育情况，根据不同的地质条件遵循相应的处理原则，做好溶洞处理的准备工作，在施工中不可盲目完全依赖地质资料。

2. 每个墩台最好只用一台钻机施工。

3. 合理规定钻孔顺序：先安排外围桩而后中间桩，先安排含有较深、较大、较多溶洞的桩孔施工。先外后内，溶洞较大处先钻孔，较长的桩先钻孔。桩位之间交叉开孔，遵循隔开和封闭的原则。按这种顺序施工，在中间桩冲击成孔时，漏浆现象明显减少、减弱，使得工效得以提高。

4. 重视溶洞的桩孔护壁方法。按照常规，桩孔护壁方法是采用黏土泥浆护壁，如果溶洞较大也可采用“草袋黏土包”抛填的方法进行护壁。孔洞内径超过 1 m、埋藏深度超过 5 m 的溶洞地段，桩孔护壁应改用片石与黏土混填的方法，向溶洞地段大量抛填片石和干黏土。干抛片石的比重为 1.8～1.9，与混凝土比重接近，按上述方法处理后，桩孔护壁不易被挤破，从而保证施工的顺利进行。

5. 缩短清孔时间，桩底沉渣要及时清除，一般掏渣法、换浆法和喷射法配合使用。

6. 地质资料不详的柱桩，桩孔在达到设计高程后，仍需采用钻机从桩底再钻入基岩 3～5 m 确认没有溶洞后才进行最后清孔。如发现桩底以下还有溶洞，就必须穿过溶洞，使桩底到达稳定岩面。

7. 在岩溶极发育、地下水极丰富的地区，第一层护筒都应穿过砂层卵石层，以防突遇溶洞漏浆，造成孔口坍塌。

8. 混凝土原材料的备料要充足，保证灌注桩的混凝土用量。通常溶洞地区的混凝土灌注量会超出设计圬工量数倍。

四、深水基础

深水桩基础施工，主要采用施工技术有：水中栈桥＋钻孔施工平台＋钢吊箱围堰；水中栈桥＋钻孔施工平台＋钢套箱围堰；水中栈桥＋钻孔施工平台＋钢板桩围堰。

（一）水中栈桥施工工艺

水中栈桥主要有钢管桩基础、管桩间连接系、分配横梁、受力主梁和桥面等组成。

1. 钢管桩定位和沉入

钢管桩定位采用全站仪，钢管桩的沉入采用振动锤和锤击法施工。

2. 连接系和分配横梁的焊接

单组墩钢管桩沉入后，可进行管桩间连接系和分配横梁的焊接，连接系多采用型钢，横向分配梁多采用工字钢。

3. 主梁和桥面施工

管桩间连接系和分配横梁的焊接完成后，安装主梁和桥面，分配主梁与主梁以及桥面与主梁根据受力进行必要的加固和约束。

(二)钻孔施工平台

水中钻孔施工平台由钢管桩、管桩间连接系、纵横分配梁、平台桥面等组成。施工包括钢管桩定位和沉入、管桩间纵横交叉连接系的焊接、纵横分配梁的焊接，钻孔平台桥面的安装。

(三)护筒打设和钻机就位钻孔

护筒分节加工，运至施工平台，利用振动锤和其他机具设备打设，边沉入边接长；护筒下沉至设计高程，移动钻机到钻孔工作平台，进行正常钻孔桩施工。

(四)承台施工围堰的安装和下沉

钻孔桩施工完成后，拆除部分临时平台结构，进行钢板桩的打设和内围囹和支撑的安装，或钢套箱的下沉，或钢吊箱的下沉。

第二节 墩 台 施 工

武广铁路客运专线桥梁承台均采用矩形承台，桥墩主要采用矩形和圆端形桥墩，一般 6 m 以上为空心桥墩，6 m 以下为实体桥墩；桥台采用矩形空心结构。实体桥墩施工可以采用定制的整体型大面积无拉杆钢模一次性灌注完成，工艺流程简单。

一、承 台

武广铁路客运专线桥梁承台施工主要分：陆上放坡开挖的承台施工和水中围堰承台施工。水中承台围堰类型主要有：钢板桩围堰、钢套(吊)箱围堰。

(一)承台施工工艺流程

承台的施工工艺流程如图 4-3-2 所示。

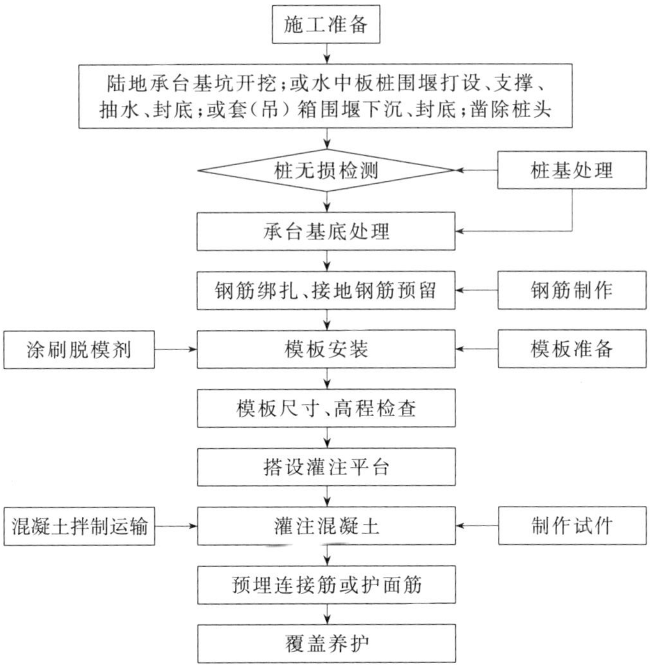

图 4-3-2 承台施工工艺流程

(二)施工工艺说明

1. 陆地基坑开挖和水中围堰吸泥封底

陆地承台基坑采用挖掘机开挖、人工配合，石方开挖采用风动凿岩机钻眼，浅眼爆破法开挖。在基底开挖至距设计高程 0.3～0.5 m 时，改由人工挖土至设计高程，避免基底承载力受损。

水中钢板桩围堰采用高压水枪射水，泥浆泵吸泥清底，至设计高程；水中钢套箱围堰采用高压水枪射水，泥泵吸泥，以及配重方式下沉至设计高程；进行围堰封底。

基坑开挖到设计高程和围堰封底后，采用风镐破除桩头，对桩头设计高程以上的 20 cm 部分用人工破除。桩头破除后进行无损检测桩基质量，平整基坑河床围堰底面，浇筑 10 cm 混凝土垫层。基坑和围堰四周设排水沟，根据基坑和围堰水量大小设置 1～2 个集水井，基坑和围堰内集水通过排水沟引入集水井排出坑外。

2. 立模

支立模板时重新测量放线，放线时除核对高程外，还仔细核对桥梁墩台中心坐标。模板采用组合钢模板，扣件式钢管脚手支架，模板支立准确、支撑牢固，浇筑混凝土时不发生走模和变形。

3. 钢筋制作及绑扎

钢筋在钢筋加工棚内制作，现场绑扎成型。钢筋的根数、直径、长度、位置等符合设计的要求，钢筋接头的位置和数量符合施工规范的要求。在钢筋上认真绑好高强水泥砂浆垫块，以确保钢筋的保护层厚度。

承台内接地钢筋用承台地层钢筋代替；桩基础中每根桩位处纵、横向各设一根接地钢筋，用通长钢筋代替。墩身专用接地钢筋与承台接地钢筋、承台接地钢筋与桩身接地钢筋均采用焊接。在承台侧面或墩身底部侧面设接地套筒，接地套筒距地面以下 30 cm。

4. 混凝土浇筑

为确保混凝土施工质量，混凝土在装配有自动计量系统的强制式搅拌机拌和站集中拌制，混凝土运输车运输到位，输送泵泵送或吊车吊装入模，混凝土连续浇筑，一次浇筑完成。浇筑时在承台整个平截面内水平分层进行，浇筑层厚度控制在 30 cm 以内，用插入式振捣棒分层捣固，保证混凝土密实。

混凝土浇筑期间设专人值班旁站，观察模板的稳固情况，发现松动、变形、移位时，及时处理。

5. 混凝土防开裂施工措施

承台厚度大于 2 m 以上承台施工时预埋冷却水管，冷却水管采用镀锌钢管，并作好通水冷却工作，水管弯头、接口处利用麻丝防水胶包裹。通过循环冷却水降低混凝土凝固水化热，避免出现大体积混凝土温度裂纹，保证混凝土质量。冷却水管沿高度分多层埋设，合理布置冷却水管和进出水的位置。管内循环方式为环向循环，施工时应埋设温度传感装置定时测量混凝土内部的温度变化。温度控制指标为混凝土核心最高温度不大于 60 ℃，内外温差不大于 25 ℃，依据测量温度来调整进出口水温，并利用洒水和覆盖塑料薄膜等手段进行合理养生。

（三）质量标准

承台混凝土强度应满足设计要求，混凝土表面应平整光滑，不得有蜂窝、麻面和露筋，钢筋保护层厚度不小于设计要求，承台各部位偏差应符合表 4-3-4 的规定。

表 4-3-4 承台各部位允许偏差

序号	项 目	允许偏差(mm)	序号	项 目	允许偏差(mm)
1	尺寸	±30	3	轴线偏位	15
2	顶面高程	±20	4	前、后、左、右边缘距设计中心线尺寸	±30

二、桥墩整体浇筑

（一）整体无拉杆钢模板设计与制造

1. 模板设计

墩身模板质量要求：表面平整度允许误差为 3 mm，相邻模板错台允许误差为 1 mm，桥墩内、外模之间不允许使用拉杆，设计时须充分考虑模板的刚度问题，使之不容易变形。同时，确保桥墩外部质量光洁、美观。按上述要求，模板设计构思如下：

(1)为保证刚度要求，模板采用可拆式桁架箍结构，与常规角钢式支撑结合使用，即每单元体采用 3 榀桁架箍作为水平支撑体，其高度差为 1.5 m，其外部采用可拆卸撑杆垂直连接，主支撑体之间采用角钢作为补充支撑连接，整体安装成型后模板体可视为箱形结构体。

(2)每单元模板组成体由 2 片平面模板与 2 片半圆弧模板连接而成，相邻模板周边连接法兰由钢板配钻制成，采用螺栓连接。

(3)基本单元模板高度分为 2 m，调整节模板高度为 1 m、0.5 m 两种，桥墩顶节为标准定型模板，高度 2.0 m。

2. 模板制造工艺要求

(1)整体圆法兰采用半自动切割机下料，确保尺寸准确，即切割半径调整后不允许更改。

(2)法兰体调平后每两片点焊成一组，钻模钻孔。

(3)各杆件下料尺寸一致，不允许火焰气割，切割时应采用刚性定位。

(4)各部件小组装一律采用胎具组装，确保部件外形周边尺寸正确，焊接时严格遵照焊接工艺操作，构件小组装焊接完毕后调平至每 3 m 不大于 2 mm 的不平度要求。

(5)整体组装。部件合格后进行构件框架整体组装，各部连接合格后固定施焊。

3. 模板组合原则：自下而上组合，调整节、标准节、顶节。

4. 桁架箍采用槽钢和角钢等型材焊接成型。

整体无拉杆钢模板结构样式如图 4-3-3 所示。

图 4-3-3 整体无拉杆钢模板结构样式

(二)整体无拉杆钢模板施工要点

1. 施工准备

将基础或承台顶面清理干净，按规范要求进行接缝处理。整修连接钢筋，在基础顶面测定中线、水平，划出墩身底面位置。

2. 模板预拼检查

新制模板在第一次使用之前，进行现场整体预拼，检查各部位尺寸，对有偏差的地方及时调整。

3. 模板清理、刷脱模剂

采用电动钢丝刷对模板表面除锈磨光，涂刷脱模剂并用薄膜覆盖，安装时再去掉薄膜，保证模板表面光亮无污染。

4. 模板安装与拆除

采用吊机辅助安装，设置可靠的防雷、抗风措施，模板轻吊轻放，拆模时，严禁重击和硬撬，避免造成局部变形或损坏混凝土棱角。模板拆除后，及时清除表面及接缝处的残余灰浆，并均匀涂刷脱模剂。同时清点和维修、保养、保管好模板零部件，如有缺损及时补齐，以备下次使用。

5. 混凝土浇筑和养护

桥墩台均采用高性能耐久性混凝土，为防止混凝土拌和物性能指标下降，全部采用混凝土运输罐车运输，汽车泵泵送入模，分层浇筑，连续进行，插入式振捣器振捣。施工时尽量减少暴露的工作面，防风、防晒、防冻、防雨，浇筑完成后立即抹平进入养护程序。

根据施工对象、环境、水泥品种、外加剂以及混凝土性能的不同提出具体的养护方案，各类混凝土结构的养护措施及养护时间符合高速铁路高性能混凝土技术条件的规定。

当新浇结构物与流动水接触时，采取防水措施，保证混凝土在规定的养护期内不受水的冲刷。

拆模后的混凝土立即采用保温保湿的无纺土工布覆盖，外贴隔水塑料薄膜，使用自动喷水系统和喷雾器不间断养护，避免形成干湿循环，养护时间不少于 7 d 后，拆除养生毯，再用塑料薄膜紧密覆盖，保湿养护 14 d以上。桥墩养护如图 4-3-4 所示。

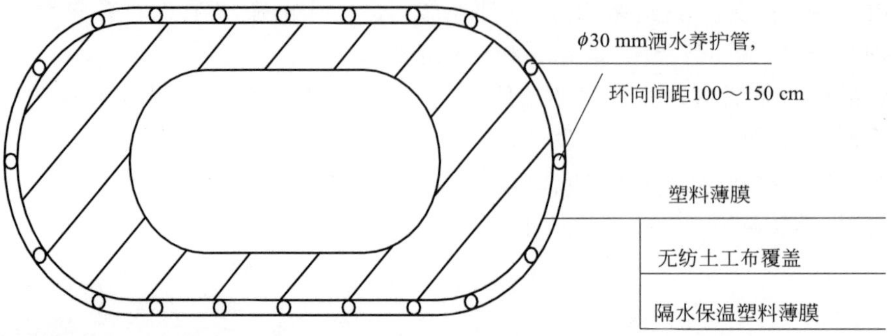

图 4-3-4 桥墩养护示意

养护期间混凝土强度未达到规定强度之前，不得承受外荷载。当混凝土强度满足拆模要求，且芯部混凝土与表层混凝土之间的温差、表层混凝土与环境之间的温差均不大于 20 ℃时，方可拆模。

6. 混凝土温度测量和控制

混凝土测温工作分为混凝土拌和物测温、混凝土施工测温和养护期测温。根据构造物尺寸、环境温度及浇筑工艺的不同，选取有代表性的结构利用大体积混凝土温度传感器，及时掌握混凝土内部温度、表层温度。并绘制温度曲线图，当发现混凝土浇筑温度、内外温差或降温速率出现异常时，应及时处理。

混凝土拌和阶段通过降低材料温度、改进搅拌机投料顺序等措施来降低混凝土出机温度。

浇筑阶段通过降低运输容器温度、适当选择浇筑时间、分层浇筑等技术措施来降低混凝土温度。

养护阶段通过内部降温或外部升温、保温、提高养生水温等措施，使混凝土核心温度、表面温度、外界温度差值控制在规定的范围内。

大体积混凝土尚应避免水化热产生过大的内外温差，经过计算，必要时在墩身内预埋冷却管，降低混凝土内部温度。

三、桥台整体浇筑

桥台模板采用专用定型钢模板，钢模板加固采用外撑内拉杆固定。桥台混凝土采用整体浇筑。

模板安装加固好后，检查轴线、高程符合设计要求，保证模板在灌注混凝土过程中受力后不变形，不移位。模内干净无杂物，拼合平整严密。支架结构的立面、平面均应安装牢固，并能抵挡振动进的偶然撞击。支架立柱应在两个互相垂直的方向加以固定，支架支承部分安置在可靠的地基上。模板检查合格后，涂脱模剂。混凝土输送车运输，泵送入模。

桥台混凝土施工完成、经监理工程师检查合格后，施作防水层及台后填土。

第三节 简支箱梁制架

箱梁采用工厂化预制，运架设备架设。长大桥梁或桥梁集中地段(一般按 100 孔以上)，按运梁半径不超过 20 km 设置一个制梁场，进行箱梁预制、架设比较合理。

一、简支箱梁预制

(一) 制梁场基础设计

1. 设计原则

梁场选址完成并做好平面布置规划后，首先要有具有一定资质的地质勘探单位对梁场制梁台座、存梁台座以及拌和站等处进行地质勘探，为基础的结构设计提供可靠依据。

(1)基础设计时必须控制沉降量，地基最终沉降量不超过 10 mm，不均匀沉降小于 2 mm。

(2)台座有足够的强度和刚度。

(3)在保证前两点的前提下兼顾经济原则。

2. 设计要点

基础设计分制梁台座基础与存梁台座基础设计。制梁台座的沉降量的控制是保证箱梁质量的关键，因此制梁台座端部和中部的设计依据地质报告选取，以确保箱梁初张拉后重量集中在端部时的不均匀沉降满足规范要求。制梁台座、存梁台座、静载试验台座根据受力需要可以采用桩基础加承台、强夯地基加扩大基础和扩大基础等基础加固方式。梁场其他区域地基采用夯实后浇筑混凝土硬化的加固措施。必须认真做好存梁台座区域内的排水设施，在存梁区域两内侧(台座)位置修一排水坡面，集水坡四周做成顺坡并用打夯机夯实，汇集到排水沟内，以保证排水顺畅。

(二)预制箱梁施工工艺

预制箱梁施工工艺如图 4-3-5 所示。

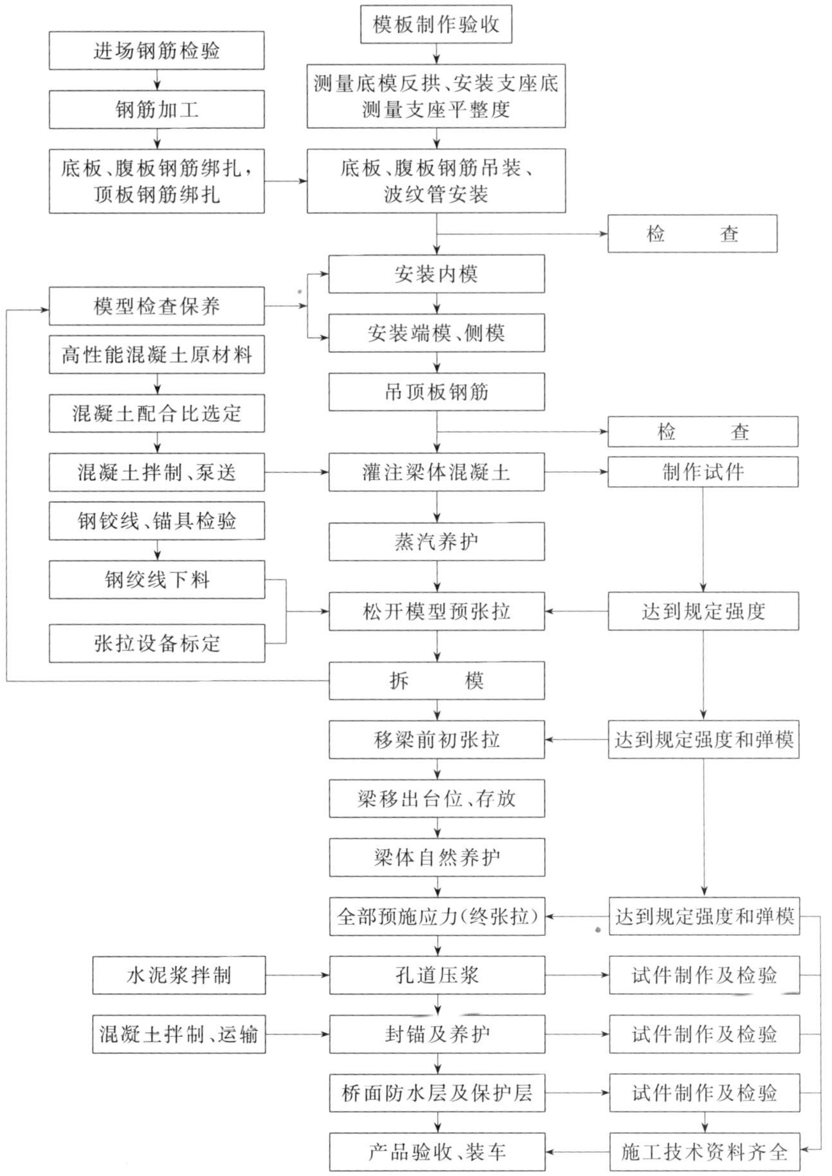

图 4-3-5　预制箱梁施工工艺

客运专线箱梁需要满足 100 年的耐久性要求，桥梁建设起点高，标准严，施工工艺先进。建场资源配置和场区规划以及环境保护等几个方面应周密考虑。预制梁场的资源配置、场区规划、梁场的选址、制梁台座的设置、存梁台座的设置、地基处理方式、台座布置形式与模板拼装形式都能符合科学、高效、节能的施工生产要求。施工过程中严格控制混凝土的原材料质量;加强混凝土在浇筑和养生阶段的温度观测,防止由于混凝土水化热,造成表面裂纹,影响箱梁耐久性要求;预应力筋张拉分三次进行,控制每次张拉力,是确保箱梁强度和平顺性的关键。

(三)预制箱梁静载试验

1. 箱梁静载试验工艺

根据《客运专线铁路桥涵工程施工质量验收标准》,生产的箱梁需进行静载试验。静载试验拟采用重力式试验台,重力式试验台仅靠基础混凝土自重承受横梁拉力,体积大,混凝土受力需保证整体不开裂。因此,采用在基础混凝土中预埋型钢框架结构,形成稳固的整体,加力架拉杆下部与基础预埋精扎螺纹钢通过连接器相连。基础预埋精扎螺纹钢采用与加力架上锚梁相同的形式与基础型钢框架焊接预埋。

(1)静载试验梁安装及试验前的准备

首先在存梁台座上安装试验架底座,然后在试验架底座上安装箱梁支座(其中一端为固定支座,一端为活动支座),并进行调平,使四支点不平整度不大于 2 mm。支座安装后的实测梁跨度应符合标准要求。

吊入试验梁并进行对准安装。在梁顶面上标出梁体纵、横向中心线,然后再将纵向中心线分别向两边平移 2.3 m,横向中心线分别向两侧平移 4 m、8 m,有 10 个交点作为梁体的加载中心点,最后在每一加载点铺设垫层及钢座板,钢座板用水平尺找平后移入千斤顶。千斤顶中心与梁体加载中心纵横向位置偏差均应不大于 10 mm。

在梁体两端支座处及跨中分别安装百分表进行挠度测量。测量挠度的支架应牢固、稳定,且不受加载时试验台座变形的影响。加载前用 10 倍放大镜在梁体跨中两侧 1/2 跨度范围内的下缘和梁底面进行外观检查;对初始裂缝(表面收缩裂缝和表面损伤裂缝)及局部缺陷用蓝色铅笔详细描出。

(2)加载试验

试验梁的加载分两个循环进行。以加载系数 K 表示加载等级,加载系数 K 是加载试验中梁体跨中承受的弯矩与设计弯矩之比。试验准备工作结束后梁体承受的荷载状态为初始状态;基数级下梁体跨中承受的弯矩指梁体质量与二期恒载质量对跨中弯矩之和。

①第一加载循环

初始状态→基数级(静停 3 min)→0.6(静停 3 min)→0.8(静停 3 min) →静活载级(静停 3 min)→1.0(静停 20 min)→静活载级(静停 1 min)→0.6(静停 1 min)→基数级(静停 1 min)→初始状态(静停 10 min)。

②第二加载循环

初始状态→基数级(静停 3 min)→0.6(静停 3 min)→0.8(静停 3 min) →静活载级(静停 3 min)→1.0(静停 5 min)→1.05(静停 5 min)→1.10(静停 5 min)→1.15(静停 5 min)→1.20(静停 20 min)→1.10(静停 1 min)→静活载级(静停 1 min)→0.6(静停 1 min)→基数级(静停 1 min)→初始状态。

当在第二加载循环中不能判断是否已出现受力裂缝时,应进行受力裂缝验证加载。验证加载从第二加载循环卸载至静活载级后开始。

③验证加载

静活载级(静停 5 min)→1.0(静停 5 min)→1.05(静停 5 min)→1.10(静停 5 min)→1.15(静停 5 min)→1.20(静停 5 min)→1.10(静停 1 min) →静活载级(静停 1 min)→0.6(静停 1 min)→基数级(静停 1 min)→初始状态。

各千斤顶宜同速、同步达到同一荷载值;加载速度不宜超过 3 kN/s。

每级加载后均应仔细检查梁体下缘和梁底有无裂缝出现。如出现裂缝或初始裂缝延伸,应用红铅笔标注,并注明荷载等级,量测裂缝宽度。

每级加载后均应测量梁体跨中和各支座的位移变化。

对每级加载下的实测挠度值应仔细复核,发现异常立即查明原因。

二、简支箱梁运架

900 t 整孔箱梁架设作为客运专线工程建设中一个重要组成部分,从运架设备配置、技术标准而言,都是我国现有铁路架梁施工中最先进和最高的。采用“提、运、架”三大设备(提梁机、运梁台车和架桥机)架设整孔预制箱梁具有缩短桥梁建设周期、降低桥梁施工成本、推行桥梁施工机械化、提高桥梁质量的特点,是高速铁路混凝土箱梁施工的首选模式。

(一)简支箱梁架设施工流程

900 t 箱梁的提、运、架设备属特种设备,结构比较庞大,需分组件运往施工工地进行拼装。施工前应切实做好设备的进场拼装工作,按照要求完成机械设备的型式实验和验收,建立完善的机械安全使用制度,并进行相关技术标准和机械使用的培训以及开工报告的审批工作。开架之前,线下桥梁工后沉降满足设计要求,桥墩高程、中线及锚栓孔尺寸达到设计标准,路基满足一定强度要求后,方可进行桥梁架设施工。其架梁过程主要由:施工准备、提梁机提梁、运梁车运梁、架桥机架梁、支座锚固等主要工序组成,施工工艺流程如图 4-3-6所示。

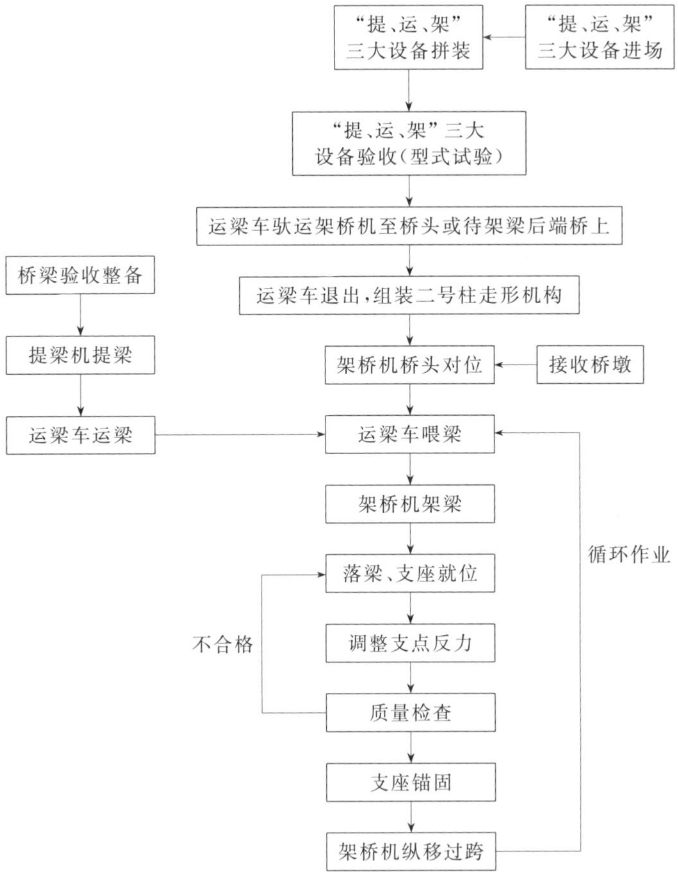

图 4-3-6 箱梁架设施工工艺流程

(二)运架准备

1. 提梁机、运梁车、架桥机组装

由于 900 t 箱梁的提、运、架设备单件重量大,拼装施工的难度及技术含量相对较高,在拼装时一定要按照设计图纸及相关标准,在详细的施工组织和严格的作业程序中进行,同时健全和制定安全生产方面的各种制度、规程。拼装完成后进行提梁机和架桥机的型式试验,获技术监督部门安全检验合格证后方可投入使用。

2. 提梁机、架桥机型式试验

提梁机、架桥机完成组装后应按《试验大纲》及合同规定进行型式试验和性能试验。型式试验由国家指定机构进行,机械设计单位和使用单位配合完成。具体试验内容包括:外型、外观检查,结构及性能检查,制动装置检查,主要结构件检查,液压系统检查,电气系统检查,控制室检查,整机稳定性检查,超载保护装置检查,作业性能试验,空载试验及重载试验等。试验通过后,需由国家指定机构下发相关机械使用证明。

3. 复测和接收桥墩

桥梁主体工程完工后当墩台的沉降变形达到设计要求时，需对桥梁的中线，支座十字线，墩台垫石高程、平整度和外部尺寸，支座锚栓孔深度、孔径、间距、垫石间的纵横向间距及桥墩台的孔跨距离等进行复测，复测结果满足要求后方可进行架梁施工。如果个别尺寸不满足设计要求时，要及时通知相关单位进行整改以确保架梁顺利进行。

4. 桥梁整备

检查桥梁外观尺寸(梁体全长 、跨度、梁高)等外形尺寸是否满足设计要求，吊孔位置、孔径、垂直度是否正确。在箱梁底板上安装支座，按照线路纵向坡度正确安装，活动支座及固定支座位置、型号应符合设计要求。同时注意支座上底板的坡度方向应与线路的坡度方向一致。支座安装在箱梁底部后，应拧紧支座与梁体的连接螺栓，在支座与梁底预埋钢板之间不得有间隙。

5. 架桥机桥头对位，做好相关架桥准备

运梁车驮运架桥机(或架桥机自行)到桥头，按照指定位置对位架桥机，达到架梁状态。运梁车退回梁场装梁。对位前，桥台作业人员用凿子凿毛支座安装部位的支承垫石表面，清除锚栓孔及预留孔中的杂物，用清水润湿凿毛的支承垫石表面。若锚栓孔内有积水，用海绵、棉纱将孔内的积水清除干净，并用棉纱清理锚栓孔内的杂物。

(三)提梁机提梁

武广铁路客运专线梁场采用的提梁机主要型号和类型有：900 t 轮胎式走行提梁机、2 台 450 t 龙门吊式提梁机。主要由主梁、支腿、起重小车、大车走行及电气系统组成。

提梁机行走至待吊装箱梁上方，用专用吊具与箱梁可靠联结，吊装时应调整 8 个吊杆，且一定要保证全梁 8 个吊点受力均衡。然后 2 台提梁机同时将箱梁缓慢吊起至 100 mm 左右停车制动，检查梁体纵横向水平度是否满足要求，吊杆螺栓是否有松动现象，如有上述情况发生，应将梁体落下重新调整吊杆螺栓或 2 台提梁机起升高度，同时检查提梁机起升制动是否可靠，一切正常后方可继续作业。

提梁机提梁过程中，2 台提梁机上一定要各安排专人监控钢丝绳的绞盘，密切监视钢丝绳有否在工作中发生错乱现象，发现问题要在第一时间用对讲机告知司机并及时消除隐患。另外提梁机起吊、制动装置及钢丝绳也要经常检查，确保其处于完好状态，这是提梁机能否正常并安全工作的一个重要因素，应引起足够重视。图 4-3-7 所示为 2 台起重 450 t 提梁机正在提梁。

图 4-3-7 2 台起重 450 t 提梁机正在提梁

(四)运梁车运梁及喂梁

运梁车采用 900 t 轮胎式运梁车，如图 4-3-8 所示，主要用于在路基及箱梁上运输混凝土箱梁。它由走行轮组、主梁、托梁台车及链轮驱动机构、支腿、转向

图 4-3-8 轮胎式运梁车运梁

机构、动力系统、液压系统、电气系统及制动系统等组成。

运梁车在载梁走行时要先收起前后两端支腿，在运梁过程中应控制梁体四个支点高程保持在同一平面。任一支点高程偏离其他三点平面不得超过 2 mm。其次在运梁车运梁过程中，行驶速度不得大于 4 km/h，尤其重要的是运梁车载重箱梁启动起步应缓慢平稳，严禁突然加速或急刹车，运梁车走行接近架桥机时应一度停车，得到指令后才能喂梁。

运梁车走行前应在梁和路基上画好走形线，运梁车通过已架箱梁或现浇梁时，运梁车的轮组应保持在警戒线以内运行。在运梁过程中，特别是通过路基段、桥台与路基交接处，应加强观测路基的变化和运梁车的走行情况。

当运梁车行至距架桥机 50 m 处要一度停车，调整方向使运梁车中心对正架桥机中心，启动运梁车以 1 km/h的速度进入架桥机臂内。此前工作人员要提前在距桥台胸墙或已架梁前端 3 900 mm 的位置用白灰画出运梁车对位线并放好铁鞋。待运梁车接近二号柱前，运梁车一度停车将司机室外摆。这时启动运梁车，以不超过 3 m/min 的速度缓慢向前，当运梁车前端到达对位线后，运梁车停车。此时值得注意的是要控制好运梁车速度，避免运梁车碰撞架桥机。当一切就绪后打好运梁车前后端支腿。架桥机 1 号起重小车下落起吊装置就可以准备吊梁。

需说明的是运梁车在运梁中，由专人引导。运梁车两边有专人严密监视路面情况，发现路基变化，应立即采取措施，保证运梁车安全。严禁紧急制动，当运行中各仪表显示超过正常值时，应停车检查，并采取相应措施。此外运梁车应由专人操作，禁止无关人员进入操作室。操作人员工作时，思想一定要高度集中。图 4-3-9 为运梁车在喂梁。

图 4-3-9 运梁车喂梁

（五）架桥机架梁

架桥机是架设箱梁最关键、最重要的设备。武广铁路客运专线采用的架桥机多是采用国际或国内最先进的辅助导梁式架桥机。

如中铁一局采用的 JQ900B 型箱梁架桥机，主要用于客运专线 900 t 的 32 m 及以下跨度双线预制箱梁的架设，可架设 32 m、24 m、20 m 双线等跨箱梁及其中任意跨度组合的变跨箱梁。JQ900B 型箱梁架桥机为龙门式双主梁三支腿结构，主要由一、二号起重小车，机臂，一号柱，二号柱，三号柱、液压系统和电气控制系统等组成；中铁三局采用 HJA 型 900 t 导梁式架桥机，可满足隧道口 7 m 处架梁和过隧道架梁。

架桥机架梁主要由架桥机对位、架桥机出梁、落梁、调整支座反力、质量检查、支座锚固、架桥机纵移过跨等工序组成。下面以 JQ900B 型箱梁架桥机为例，说明架桥机架梁的工序。

1. 架桥机对位

JQ900B 型箱梁架桥机一般有两种对位方式，一是架桥机在预先用提梁机架好的箱梁上进行组装，然后利用此平台自行纵移对位到需架设桥梁的孔跨处，当两桥间距离很短时，架桥机也可以自行纵移对位。二是两桥间距离很长，需利用运梁车把架桥机驮运到桥头进行对位。第二种包含第一种的工作内容，故这里予以着重介绍。图 4-3-10 为架桥机对位。

图 4-3-10 架桥机对位

第二种的桥头对位首先要将架桥机放在运梁车的驮运支架上，这种对位程序相对比较繁琐，首先架桥机由一、三号柱支撑，三号柱呈宽式支撑，利用1号起重小车拆除二号柱下横梁，吊放到运输车辆上，拆除架桥机电源，接着在运梁车上组装液压驮运支架，使运梁车进入架桥机驮运位置并打好运梁车前后端支腿，顶升驮运支架，托住架桥机机臂。随之运梁车收起支腿，驮运架桥机至桥头。

运梁车在行驶中当一号柱中心位于桥台胸墙前650 mm处时停止前进，支撑一、三号柱，使架桥机处于作业高度，运梁车退出，此时要组装二号柱下横梁并用木枕支撑好，三号柱变宽式支撑为窄式支撑，一、二号小车运行至机臂尾部。接下来要做的就是提升并折叠一号柱，将一号柱后退至二号柱前，提升二号柱支腿，拆除其下支撑木枕，架桥机沿走行线开始纵移对位。当架桥机走行到位(二号柱中心距桥台胸墙1.9 m)时支撑二号柱，一号柱运行到前方墩台，支撑一号柱，最后1号、2号起重小车运行至二号柱前，提升三号柱，变窄式支撑为宽式支撑。此时即完成架桥机对位作业。

2. 架桥机出梁、落梁、调整支座反力

在架桥机架梁时，当运梁车对位后，将1号起重小车起吊装置与箱梁前端联结，起吊箱梁前端，注意此时起吊高度不应大于100 mm。然后通过1号起重小车和运梁车上拖梁小车的动力系统同步移动箱梁前行。在此作业过程中要有专人监控1号小车的运行情况，当箱梁后端到达2号起重小车下方位置时，1号起重小车停止运行，将2号起重小车起吊装置与箱梁后端联结。起吊箱梁后端，起吊高度100 mm。这时2台起重小车同时吊梁纵移，距一号柱1 m处开始减速运行，当箱梁前端距一号柱100 mm时，1号、2号起重小车停止纵移。收起运梁车前后端支腿，运梁车退出架桥机，返回梁场装梁。

1号、2号起重小车在同时落梁的过程中，架桥机上一定要有专人监控钢丝绳绞盘的工作状态，在这一过程中，可以通过1号、2号起重小车的横移系统和起重小车纵向微量移动，使桥梁准确就位。

起重小车可分三个步骤完成落梁：距支承垫石顶面500 mm左右时，卷扬机制动，安装支座下座板锚固螺栓，通过支座下底板将锚固螺栓与套筒上紧，然后起动卷扬机落梁。距支承垫石顶面200 mm左右时，采用线锤对中引导、监视支座中心的偏移量。距支撑垫石顶面40 mm时，卷扬机制动，利用起重小车纵、横移装置微量调整箱梁位置后落梁就位(按照支座的纵横错动量的误差范围精确对位)。落梁时，首先按设计位置准确落在两端作为临时支点的测力千斤顶上，通过千斤顶调整梁体支点高程，架桥机撤除后用四个测力千斤顶精调箱梁四个支点支座反力，保证每个支座反力与四个支点反力的平均值相差不超过±5%，支承垫石顶面与支座底面间隙应控制在20～30 mm。实际施工中，利用水准和支座反力双方面控制，梁底水平将会更精确。架桥机落梁、梁体精确对位如图4-3-11和图4-3-12所示。

图4-3-11　架桥机落梁

图4-3-12　箱梁精确对位

3. 支座锚固和架桥机纵移过孔

(1)支座锚固

待梁体就位好后着重要考虑检查支座十字线与支撑垫石十字线间纵向、横向实际错动量，核实支座安装质量及固定端、活动端位置是否正确，检查梁缝、相邻两梁端左右与上下错台、相邻两梁端底面的高差、支座处的梁面高程等。

支座锚固是整孔箱梁架设中一个重要环节，900 t 箱梁不同于普通梁的架设，必须使锚固砂浆的强度达到 20 MPa 后架桥机才可纵移过孔。施工中对支座锚固质量务必高度重视。锚固作业时首先要安装灌浆用模板，灌浆用模板采用预制钢模，在模板底面设一层 4 mm 后橡胶防漏条或胶泥（在模板底面外侧）以防砂浆露出。在砂浆材料上采用的是早强快凝材料，常温条件下材料 2 h 抗压强度大于 20 MPa，56 d 抗压强度不应小于 50 MPa。灌浆前，应初步计算所需的浆体体积，灌注实用浆体数量不应与计算值产生过大误差，应防止中间缺浆。另外还需采用合适的注浆设备，灌注支座下部及锚栓孔处空隙，灌浆过程应从支座中心部位向四周注浆，直至从钢模与支座底板周边间隙观察到灌浆材料全部灌满为止。每孔桥作 3 组试验试块并进行 2 h 和 28 d 强度试验。

当灌浆材料强度达到 20 MPa 后，拆除钢模板，检查是否有漏浆处，必要时对漏浆处进行补浆。拧紧上、下支座板锚栓，并拆除各支座的上、下支座连接板及螺栓，拆除临时支承千斤顶，随后用水泥砂浆将支座四周抹坡，坡顶不得高于支座下底板，四周坡角光滑、平顺。最后及时安装防尘罩。

(2)架桥机纵移过孔

当架桥机架完一孔梁后需纵移过孔，作业时现场相关负责人员要高度注视架桥机的运行状态，尤其是对位环节要做好有关保护措施。

在过孔时起重小车走行至一、二号柱中间位置，提升三号柱，走行轮组内摆至走行位置，由宽式支撑转变成窄式支撑，接着 1 号、2 号起重小车退回到机臂尾部位置，提升、回退一号柱至二号柱前端，此时提升二号柱支腿，通过二、三号柱底部的走行系统，开始纵移走行，待架桥机纵移走行到下一个作业位置时停车，二号柱走行轮下打上止轮装置，支撑二号柱，一号柱纵移、支撑，调整机臂水平，起重小车走行至一、二号柱中间位置，提升外摆三号柱，最后起重小车就位，运梁车喂梁，开始架梁作业。

(六)主要施工设备机具、人员

1. 主要施工设备机具

箱梁预制、提梁、运输和架设需要大量的大型机具设备，下面列出中铁一局预制梁场架设施工现场使用的主要施工设备和机具，见表 4-3-5。

表 4-3-5 主要架梁设备机具

序号	名称	额定功率	吨位容量	规格型号	数量	备注
1	架桥机	300 kW	900 t	JQ900B	1	
2	运梁车	2×450 kW	900 t	YL900	1	
3	提梁机	175 kW	450 t	TLJ450	2	
4	汽车起重机	60 kW	20 t	QY20A	1	
5	载重汽车	60 kW	5 t	EQ140	1	
6	电焊机	30 kW		ZX5-450J	1	
7	工程指挥车	135 kW	5 座	现代	1	
8	柴油发电机组	250 kW		75G32	1	
9	油液质量检测仪			THY-18F	1	
10	电气故障检测仪			ZD2802	1	
11	钢丝绳检测仪				1	
12	扁平千斤顶		300 t		4	
13	卧式千斤顶		50 t		4	

2. 施工人员

施工中要成立专门的施工队伍，关键技术和重要岗位的人员除要熟悉施工工艺和熟练操作以外，还必须要有高度的责任心。中铁一局预箱梁架设施工劳动力组织见表 4-3-6(不包括管理人员)。

表 4-3-6 JQ900B 型全轮胎行走式箱梁架桥机架梁劳动力组织一览表

序号	班组	具体分工	人员	备注
1	架梁班	班长	1	
		前桥台	6	
		后桥台	5	
		桥面	10	包括搅拌锚固砂浆
2	提梁班	班长	1	
		司机	2	
		看卷筒	4	
		电工	1	
		综合	8	包含装支座,上卷筒等
3	架桥机组	机长	1	
		总控	1	
		发电司机	1	
		看卷筒	4	
		遥控	1	
		运梁车司机	1	
		引导运梁车	2	
4	机械班	班长	1	
		吊车司机	2	
		电工	1	
		钳工	1	
		电焊工	1	
5	其他	看守	4	
		机动人员	2	
6	合计		61	

(七)其他工艺

1. 设备组装、拆除及转场

考虑施工场地、经济投入等方面,箱梁预制、提梁、架梁的三大设备存在组装、拆除、转场的情况,要保证工期和设备的使用性能,必须认真研究三大设备的组装、拆除、转场的施工方案。

(1)设备组装

①提梁机组装

提梁机的现场安装应根据梁厂的布局和安装场地的大小,因地制宜,制定合理的安装方案,确保安装工作的顺利完成。要规划好主梁、刚性支腿、柔性支腿、大车走行机构和起重小车等部件的摆放位置,避免多次倒运。

根据提梁机的安装位置,预埋好支腿两侧的地锚,保证揽风绳相对地面的倾斜角度不大于 45°,地锚的承载力不小于 10 t。其安装顺序为:大车走行机构布置安装、主梁和支腿的地面拼装、支腿安装、主梁安装、起重小车安装、电气设备安装、安装走台、爬梯等附件。

提梁机整体安装完成后,必须经过全面的检查并试运行后方能投入吊装作业。正式使用前必须通过型式试验和相关部门的检验和验收。

②运梁车组装

运梁车组装相对简单,组装工作应参阅图纸按步骤进行,保证所有部件正确安装和定位。

③架桥机组装

架桥机组装一般选择在制梁场进行，组装场地有效长度不小于 100 m，宽度不小于 30 m。同时需利用提梁机在运梁车驮运支架上组装架桥机。

其组装顺序为：机臂组装、起重小车组装、1 号柱组装、2 号柱组装、3 号柱组装、2 号柱下横梁安装和起重小车钢丝绳缠绕、架桥机整机液压电气安装调试。

第一次使用架桥机前应按照相关规范的规定对架桥机进行型式试验，试验合格后方可进行架梁作业。

（2）设备拆除

设备的拆除与组装程序基本相反，要求特别注意施工安全和物件的保护、存放。

（3）设备转场

所有设备的部件均能满足普通公路的运输限界，设备转场前重点调查乡村道路的通过能力和限界情况，必要时采取特殊措施。运输前必须和道路交通管理部门取得联系，确保道路通畅和运输安全。

在装卸设备之前，仔细检查起升设备和相关物品（绳索、链条、带子、钩子等）是否满足即将起吊负载和稳定性要求。

在设备装卸期间，如果物件的最大尺寸阻挡了起升控制人员的视线，应由另外的指挥人员引导进行操作。

装卸车时，要确保吊装安全，特别是大件物品，要利用专用吊具、吊耳等。临时存放时，大件物品下要抄垫枕木或方木。重要部件如电机、电气、液压部件等要采用包装箱整体运输，避免运输途中损坏或遗失。而且不得以大压小，不得倒置，要有防雨防潮措施。

出场发运时要根据拼装步骤按顺序发运，前后协调，统筹配发，避免在现场造成堆压和不必要的周转倒运。货物装车后，要认真检查和核实加固情况，确保安全后才能发车。运输途中要有专人随时检查货物状态，发现异常及时停车处理。运输车辆应缓起缓停，低速行驶，严禁超速行驶、紧急制动。

2. 架桥机调头

客运专线预制架设，有些梁厂存在双向架梁，存在架桥机调头的问题，故架桥机如何调头也是整个架梁环节的关键技术。

（1）架桥机架完最后一孔梁，自行退回梁厂或用运梁车托运返回梁厂。一般距离近时可以自行退回，距离较远时必须用运梁车托运架桥机返回梁厂。

（2）运梁车托运架桥机开始调头。运梁车驮运架桥机先由 A 点运行至 B 点，再由 B 点按照调头方向驮运至 C 点，最后由 C 点走行至 A 点，这样便完成了架桥机的调头。某一梁场架桥机调头方案见图4-3-13。

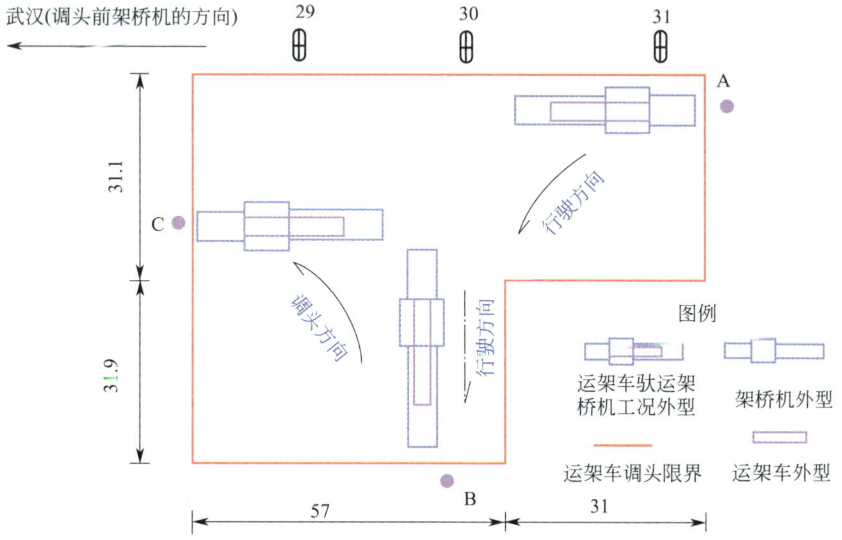

图 4-3-13　梁场架桥机调头方案（单位：m）

3. 架桥机过隧道

以中铁一局架桥机过青石冲隧道为例。客运专线箱梁架设根据梁场架梁总体安排，待架桥机架完一定数量的箱梁后，可能架桥机要过隧道再架设箱梁。由于隧道限界限制，需对架桥机进行小解体，用运梁车驮运架桥机过隧道后再进行重新组装。

(1)架桥机小解体

①根据现场实际情况，架桥机小解体场地设置在天福桥特大桥的 28 号～31 号墩之间的桥梁上。架桥机架设完天福桥大桥最后一孔箱梁后，与运梁车退回小解体场地。

②架桥机由一、三号柱支撑，拆除二号柱下横梁、泵站、液压管路等。

③运梁车装好驮运托架，进入架桥机内部。支撑好前后支腿，加装驮运托架加长节，顶升驮运托架托住架桥机机臂。

④收回一号柱下伸缩柱油缸，拆除一号柱下伸缩柱油管及下伸缩柱，用 5 t 手拉葫芦拉一号柱上伸缩柱柱体下端部，使其折叠靠近机臂。

⑤拆除二号柱、三号柱走行机构、上横联、弯梁、柱体及液压油管等。

⑥驮运支架下降至过隧道高度(架桥机最高点距地面≤6.5 m)，割除走行平台，拆除驮运支架加长节。核实架桥机驮运状态固定情况，一切良好后，准备通过隧道。

(2)架桥机过隧道和组装

运梁车驮运架桥机通过的青石冲隧道位于曲线线路上，曲线半径为 11 005 m，经计算运梁车驮运架桥机过隧道，不受曲线影响。

用白灰线标示清楚隧道中心线和 7 m 宽的行车线并延伸至洞外 100 m 外，运梁车以 1 km/h 速度缓缓通过隧道。图 4-3-14 为架桥机过隧道。

图 4-3-14 架桥机过隧道

在运梁车驮运架桥机安全顺利通过隧道后，在隧道出口至青石冲特大桥间场地内组装架桥机。组装前要求对场地进行处理，使其满足组装要求。

①用 130 t 汽车起重机提前把二号柱下横梁构件放置于架桥机组装场地的中间位置并进行组装(连接下横梁、接液压油管、安装泵站)。运梁车驮运架桥机出隧道后行至组装场地(保证二号柱下横梁处于一、二号柱之间)，打好运梁车支腿，安装驮运支架加长节，顶升机臂至作业高度。

②松开固定一号柱柱体的手拉葫芦，25 t 汽车起重机辅助立一号柱上伸缩柱，接一号柱液压、电气系统，顶升一号柱上伸缩柱油缸，安装一号柱上伸缩柱油缸。伸出上柱体上的伸缩柱，加装底座，支撑好一号柱。

③安装三号柱柱体、折叠机构和走行机构、曲梁、上横梁，组装完毕后连接三号柱液压、电气系统，调整其为宽式支撑状态。

④下降驮运支架，拆除驮运支架加长节，运梁车退出。

⑤汽车起重机进入架桥机中部辅助安装二号柱柱体、曲梁、上横梁。

⑥二号起重小车做走行、升降、横移试验，若没有异常，运行至二号柱下横梁处将二号柱下横梁吊运至其安装位置进行安装。

架桥机组装完毕后，安排相关人员对其进行检查、测试及验收。

（八）施工质量控制和注意事项

1. 施工质量控制

施工过程中质量控制的好坏直接影响开通后的运营，因此必须严格按照质量要求施工。

(1)建立完善的质量自控体系和健全的质量检查评定制度

任何一项工程完工后，都要进行质量检测，验收检测在项目部内部分两级进行，先由施工队进行全面检测，确认质量合格后由项目部相关部门进行"复检"或"抽检"，确认合格后报监理工程师"复检"或审批。

(2)原材料进场检验控制

物资采购订货要依据物资需要量计划，组织物资人员参与市场调查，在保证材料质量的前提下，合理选择货源，签订采购合同，保证材料供应。对采购的材料应全面检查其外观质量，并核对规格、型号和检验、试验单、合格证及有关证明物资质量的文件是否齐全，主要材料要进行复检和再试验，不合格的不得使用，所有进场材料必须填写《进场材料检验单》，且必须经过监理工程师审核签字。直接进入现场的材料均按规定要求进行送样检验和试验，并做好记录，不同的材料可以有不同的检验方式。保证进入现场的材料在未经检验和试验符合要求前不投入使用。

(3)施工过程质量控制

①保证梁体规格和梁体质量必须符合设计要求。

②箱梁的吊装和运输上运输支点应位于同一平面上，保证箱梁同一端支点相对高差不得大于 2 mm。

③架设时吊点位置要符合要求。

④梁体就位和锚固过程中一定要按标准保证预制箱梁支承垫石顶面与支座底面间的压浆厚度，控制好每个支座反力与四个支点反力的平均值相差不超过±5%，保证梁底的水平度。

⑤当灌浆材料强度达到 20 MPa 后，方可拆除千斤顶，架桥机纵移过孔。

⑥梁体架设后梁缝应均匀，梁体无损伤。

2. 作业安全注意事项

900t 整孔箱梁架设使用的都是一些大型设备，而且工序繁多，操作性相对复杂，诸多的不安全因素始终贯穿于整个施工之中，因此必须在生产中加强安全管理，做到预防为主，杜绝一切不安全隐患。施工前建立一套完整的设备管理制度体系和施工安全管理制度，制定架梁施工安全及设备应急预案。

(1)提梁机提梁安全注意事项

①提梁机在装梁作业中，由指挥人员统一进行指挥。

②桥梁起吊后，禁止行人从正在起吊的梁下行走或穿越。

③提梁机起吊、制动装置及钢丝绳应经常检查确保提梁机的完好状态。

(2)运梁车运梁安全注意事项

①运梁过程当中，运梁车前应由专人引导。运梁车两边应有专人严密监视路面情况，发现路基变化，应立即采取措施，保证运梁车安全。严禁紧急制动，当运行中各仪表显示超过正常值时，应停车检查，并采取相应措施。

②运梁车不得超载、带病运行。当发现不正常噪声时，及时停车检查。

③运梁车由专人操作，并配备指挥、辅助人员，禁止无关人员进入操作室。工作时，思想必须集中。

(3)架桥机架梁安全注意事项

①架桥机对位时，应有架梁指挥人员统一指挥。

②二号柱走行对位位置，应提前设置止轮装置。

③架桥机桥头对位时，行驶速度一般掌握在 3.0 m/min 左右，以便能及时制动。架桥机桥头对位后，架桥机中心线应和路基中心线基本重合，以便减少桥梁的横向位移，有效的提高架梁作业速度。架桥机桥头对好位后，应按说明书要求，各机构作业应进行互锁。

④运梁车进入三号柱后速度控制在 3 m/min 之内，运梁车两侧加强观察，严禁碰撞三号柱。运梁车进入三号柱后，在运梁车前端(运梁车前端至墩台中心 4.143 m 位置)安放止轮装置。运梁车两侧及前端禁止闲杂人员行走和停留。出梁、落梁过程中，桥下禁止站人或停放车辆。

⑤经常检查钢丝绳的磨损情况，超限时应立即更换，不得凑合使用。

⑥出梁过程中桥梁接近一号柱时，前墩台指挥人员应发出停止出梁信号，严防桥梁撞击一号柱。在整个架梁过程中应打开一号柱行程限位器。

⑦施工人员上下墩台作业时，必须穿戴好必要的安全防护用品。向墩台工作面传递物件时，应相互呼应，较重的物件应用起重小车上的悬臂吊具起吊，不得采用人工传递较重的工具。

⑧风中架梁应区别顺风、横风、经常或间隙有风等具体情况，吊梁走行、落梁应选择在风力较小或顺风时。在风中架梁时，必须有可靠的安全设施，墩台顶面应做好围拦，必要时设置安全网。

第四节　简支、连续梁桥位现浇

武广铁路客运专线箱梁除主要采用预制架设方案外，受制架条件件制约，同时采用了模架造桥机造桥、支架现浇等施工方案。

对于超出合理半径的零星桥梁和位于隧道群的桥梁，综合考虑桥梁结构特点、工期要求等因素，经技术经济比选，可采用支架现浇或造桥机施工。武广铁路客运专线部分隧道之间的简支箱梁根据施工组织设计安排采用了预制架设后浇翼缘的施工方案。

常用跨度连续梁采用悬臂浇筑法，部分(32＋48＋32) m 连续梁、小刚构桥梁采用支架现浇施工。

一、现浇简支梁

(一)移动模架造桥

简支箱梁采用移动模架现浇，移动模架造桥分上承式与下承式两种，其主要优缺点见表 4-3-7。

表 4-3-7　移动模架主要优缺点对比

序号	优　　点	缺　　点
1	机械化程度高，劳动力投入少	造价高，投入资金大，出现机械故障后容易窝工
2	原位制梁，临时用地占用少	转场费用高，拼装周期长
3	移动模架可自行过孔，跨越深沟、河流等复杂地形，不受桥下地质条件的限制	下承式移动模架无法施工桥墩墩高小于 3.5 m 的箱梁；上承式移动模架受空中管线影响大，梁体混凝土输送困难

1. 下承式移动模架造桥

下面以 HDZX32/900 型移动模架造桥机为例，说明其工作原理和施工工艺。

HDZX32/900 型移动模架造桥机为下承式，采用桥面下支承，外模系统支撑在两组钢箱梁(主梁)上，主梁通过支腿支撑在承台上，并利用高强度精轧螺纹钢筋将支腿对拉在桥墩上。外模模板随主梁一同横向开启以避开桥墩，支腿可自行向前倒装或利用辅助吊机倒装，外模系统随主梁系统一同纵移等功能，实现对箱梁的原位现浇、逐孔成桥的工作原理。

(1)主要技术参数

HDZX32/900 移动模架造桥机主要技术性能参数，见表 4-3-8。

(2)移动模架主要结构

移动模架在结构上可以分为主梁及导梁总装、支腿总装、纵横移小车总装、后辅助横梁总装、中辅助横梁总装、前辅助横梁总装、内模系统、外模系统、走台护栏爬梯及液压和电气系统等部分，构成一个完整的承载结构体系。

(3)施工工艺流程

移动模架造桥墩顶拼装顺序和现浇施工工艺流程如图 4-3-15 和图 4-3-16 所示。

表 4-3-8　HDZX32/900 移动模架造桥机主要技术性能参数

项　目	内　容	性能参数
整机主要性能参数	结构形式	液压内模，按实际桥墩高度考虑
	环境温度	－20 ℃ ～ ＋50 ℃
	施工方法	设计原位现浇，自动逐跨向前施工
	适用范围	同时满足客专线铁路 32 m、24 m 两种跨度
	一次浇筑 PC 箱梁的最大重量	900 t
	现浇 PC 箱梁最小曲线半径	2 000 m
	允许现浇 PC 箱梁纵向最大坡度	≤3%
	适应墩高	≥3.5 m
	驱动方式	电液控制驱动方式
	整机功率	60 kW
	模板设计周转次数	＞50 次
	模架移动速度	约 0.5 m/min
	模架过孔方式	自带动力走行
	模架使用寿命	≥6 年（不含模板）
	支腿最大反力	350 t
	整机总重量	约 510 t
	整机外形尺寸	69.5 m（长）×24.5 m（宽）×27 m（高）
浇筑状态	允许风速	6 级
	挠跨比	主梁系统：≤1/700
		模板系统：≤1/600
	设计浇筑时风压	≤500 N/m^2
移位状态	允许最大风速	6 级
	整机抗倾覆稳定系数	1.5（在最不利荷载组合工况下）
	设计移位时风压	≤150 N/m^2
非工作状态	允许最大风速	12 级

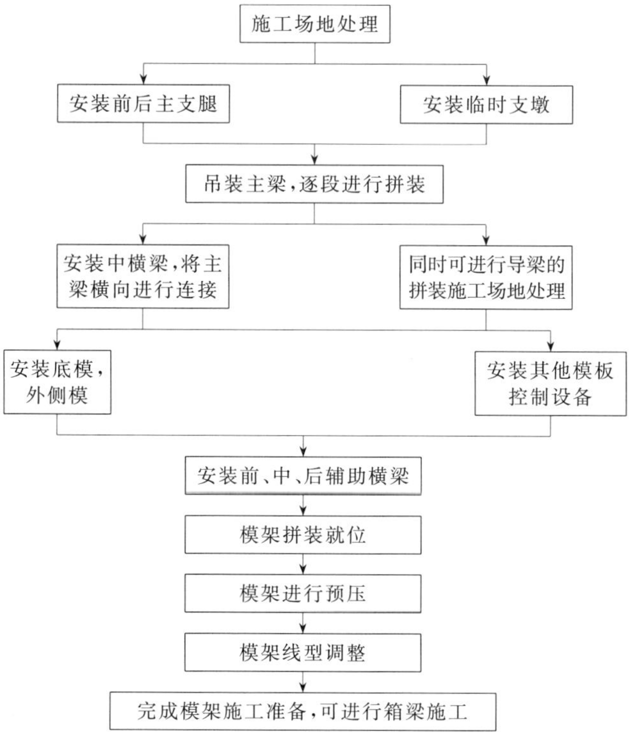

图 4-3-15　移动模架造桥墩顶拼装顺序

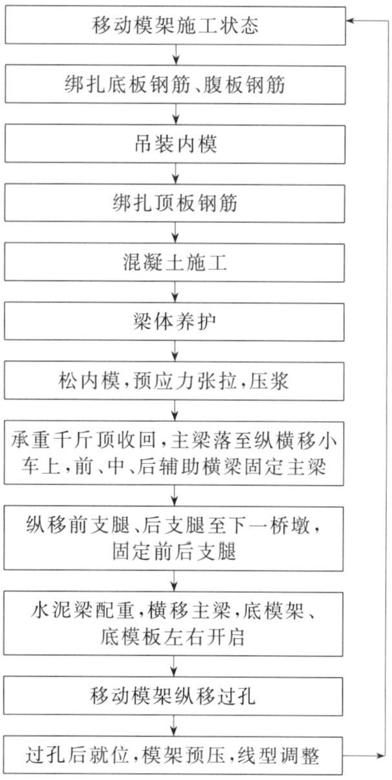

图 4-3-16　现浇施工工艺流程

(4)移动模架施工安全控制

移动模架具有显著的机械化作业、专业性强的特点，在现场作业人员上岗前，必须经过严格培训。施工过程中要对各道工序严格控制，施工中选用了专业的作业班组，作业前组织了多次专业培训。对各专业班组不仅进行了明确分工，而且制定了详细的控制程序，责任分解到人，确保每一道工序都有责任人控制。

(5)移动模架施工质量控制

建立严密完善的职能管理机构，按照质量保证体系正常运作要求，依据分工负责、相互协调的管理原则，层层落实职能、责任、风险和利益，保证在整个工程施工过程中，质量保证体系的正常运作和发挥保障作用。

移动模架施工中，对移动模架进行预压，按设计荷载的 50%、75%、100%、120%加载，精密测定各级荷载下移动模架的变形量，并推算出移动模架的塑性变形和弹性变形。施工中对模板设置反拱，确保了梁体的线型及成梁高程。

2. 上承式移动模架造桥

以 HDZS32/900 上承式移动模架施工工艺加以说明。

(1)HDZS32/900 上承式移动模架造桥机特点

①上承式造桥机能自行完成支腿过孔移位，无须地面其他辅助吊机设备，机械化程度高，操作简单，安全可靠；

②施工时不受桥下净空限制，过孔时不受墩身高度及宽度限制，曲线梁施工易于过孔定位；

③主梁及模架采用对称设计原则，只需调换前导梁及辅助支腿安装位置就能满足双向施工的要求；

④上承式造桥机与下承式造桥机相比，自重轻，结构紧凑。

(2)HDZS32/900 上承式移动模架造桥机主要构造

HDZS32/900 型造桥机在结构上可以分为承重主梁及导梁、挑梁及吊杆、模架及模板、前后支腿支承机构、纵移辅助支腿及纵移机构、液压和电气系统等部分，构成一个完整的承载结构体系。造桥机结构总图见图 4-3-17 所示。模架脱模状态的结构如图 4-3-18 所示。

①主梁及导梁

承重主梁 40 m、导梁 19.2 m，总长 59.2 m，各节间以精制螺栓连接。下翼缘设 2 根 50 mm 高轨道方钢，供整机纵移使用；腹板根部设有吊挂角钢及加劲，作为支腿吊挂的轨道。主梁设有 32 m、24 m、20 m 跨牛腿(支点)，通过支点变换可实现 32 m、24 m、20 m 跨梁的施工。

②挑梁及吊杆

挑梁为三角形桁架，位于主梁的两侧，用于吊挂模架，将模架的荷载传递给主梁。挑梁每两根为一组，每组中间用联结系连接。

吊杆是附属在挑梁上的传力结构，顶端与挑梁相连，下端与模架锚固。

③模架及模板

侧模架及底模架：模架采用桁架式结构，是模板的直接支撑体系，整机共 4 组。每组分左右两部分，对称布置，每组基本长度 8 m。

本机旋转开模形式的造桥机采用侧模架及底模架与模板整体旋转开启过墩工艺，模架旋转开启通过支撑在挑梁下弦节点上的双作用油缸来实现。

本机横移开模形式的造桥机采用翼模架固定、腹模架横向微调、底模架与模板整体横移过墩工艺，底模架横移开启通过导链或油缸来实现。

外模板：外模是箱梁混凝土的支撑及成型体系，包括底模、腹模、翼模及端模。为适应施工需要及满足运输要求，纵、横向模板与模架对应分块设计；为脱模及造桥机施工方便，在纵桥向两相邻模板间留 30 mm 的缝隙。

④造桥机支承机构

造桥机支承机构是造桥机主梁荷载的直接支承体系，根据造桥机工作状态所处位置不同，分为前支点支承机构和后支点支承机构。为满足曲线施工需要，各支承机构均有横移和定轴转向功能。

通过支点的变换，可实现 32 m、24 m、20 m 跨梁之间的变跨施工。

支腿横梁：支腿横梁为箱形结构，底部与墩顶支架通过法兰连接，顶部安装托辊轮箱及支承油缸。托辊

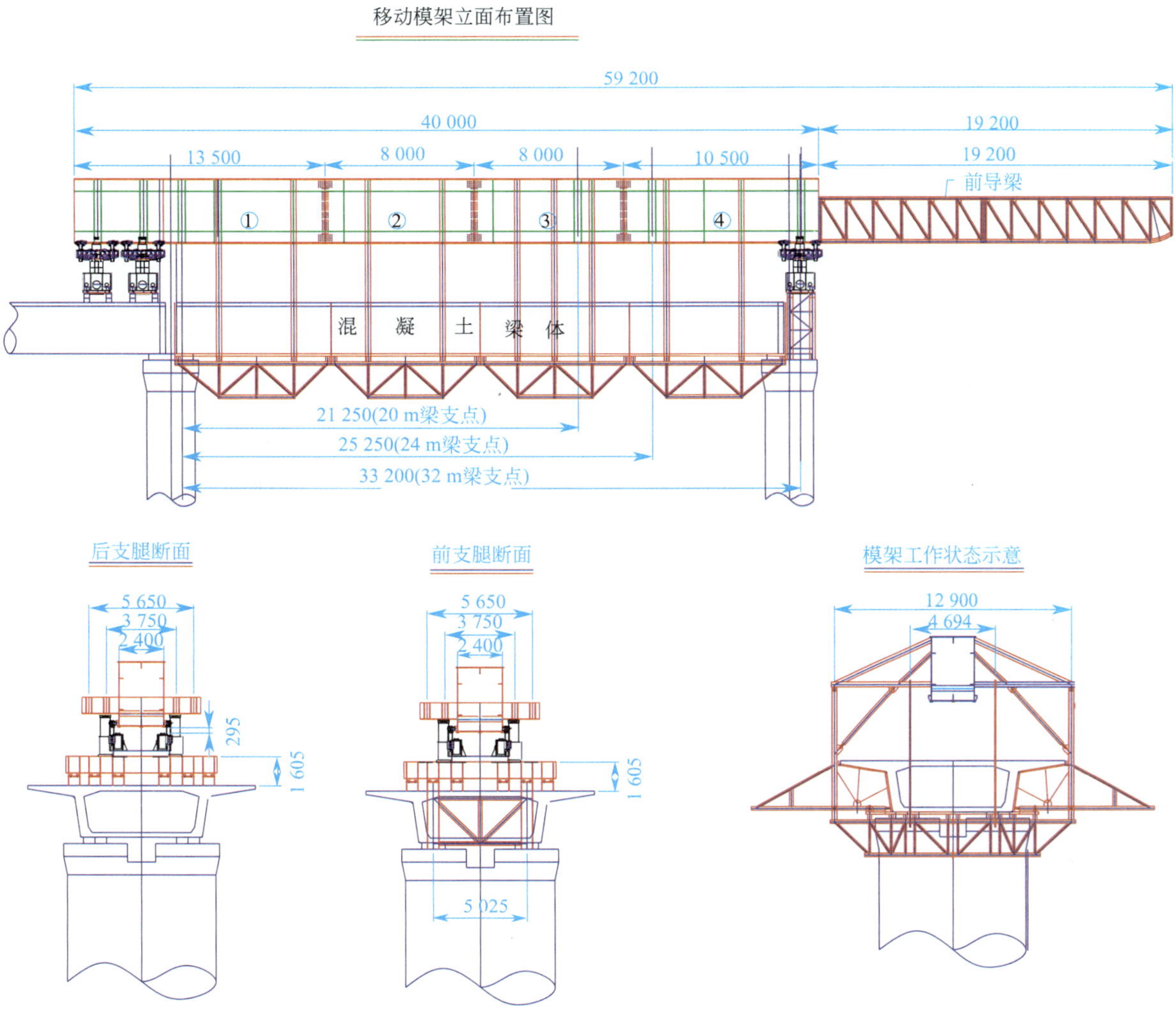

图 4-3-17 造桥机结构总图(单位:mm)

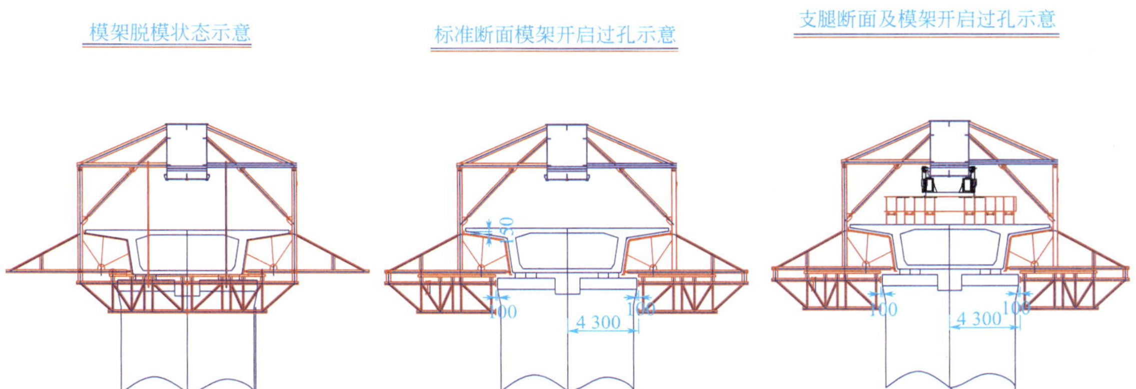

图 4-3-18 造桥机脱模状态(单位:mm)

轮箱每支腿共有两组,包含轮箱、支座、托辊轮等结构。

⑤纵移辅助支腿及纵移机构

HDZS32/900 型造桥机纵移机构安装在后支腿横梁处,由纵移油缸、固定耳座、移动耳座、移动滑道和定位销轴等组成。

(3)HDZS32/900 上承式移动模架造桥机施工工艺

简支箱梁施工分以下 5 步进行。

①第一步

a. 拼装移动模架(首跨),检查在前墩预先安装的墩顶支架及与预埋件锁定情况;

b. 精确调整模板,绑扎箱梁底板、腹板钢筋及预应力筋;安装内模,绑扎顶板钢筋及预应力筋;

c. 灌注混凝土;

d. 待箱梁混凝土养生至设计强度,张拉预应力钢筋。

②第二步

a. 拆除吊杆、拆除底模及侧模纵、横向连接螺栓,拆除模架横向对接螺栓,拆除墩顶附近散模;

b. 脱模,前、后支腿支承油缸收回,整机下降 300 mm(旋转开模形式)或 150 mm(横移开模形式),主梁落于轮箱上。

③第三步

a. 旋转或横移开启模架,准备第一次过孔;

b. 造桥机由辅助后支腿支撑,使后支腿吊挂前移 16 m,转换为后支腿支撑,辅助后支腿吊挂;

c. 整机前移 16 m。

④第四步

a. 辅助后支腿支撑,使后支腿吊挂前移至工作位置,转换为后支腿支撑,前支腿吊挂;

b. 由后支腿支撑,前支腿脱空后吊挂前移至前墩顶指定位置安装,与墩顶预埋件间锁定,经检查确认无误;

c. 辅助后支腿吊挂,整机前移至打梁状态。

⑤第五步

a. 模架旋转合模(旋转开模形式)或横移合模(横移开模形式),连接模架、模板纵、横向螺栓,安装吊杆并调整;

b. 前、后支腿油缸顶升 300 mm 或 150 mm 至打梁高程。

重复上述步骤,进行下一施工周期。

3. 施工关键技术

(1)首孔、末孔施工

①首孔施工:移动模架在首孔拼装时,拼装场地要平整,且根据相应检算设置拼装主梁时的临时支墩,桥台承台处若宽度不能满足要求也相应设置临时支撑体系,临时支撑体系可根据现场实际地质情况而定,地质条件较好,承载力能满足要求直接施作地基梁承载即可,若地质条件不好可采用扩大基础或桩基础承载,伍家大桥采用了桩基础配合地基梁的方式承载,取得了良好效果。

②末孔施工:移动模架移至最后一孔时,线下结构物需进行特殊处理。为预留张拉空间,桥台台身暂不施工,待最后一孔梁终张拉完成后再行施作;由于模架前导梁要伸入路基范围,故在前导梁范围内路基填筑高度不得超过前导梁底高程;最后一孔梁两侧的场地要预留出模架的拆除空间;桥台处支腿支撑体系要满足横移开模的空间要求。

(2)移动模架过孔

①移动模架横向开启及合龙过程左右两侧模架要基本保持同步,同侧移动模架前后端必须保持同步,主梁不得弯曲,前后最大不同步偏差不得大于 10 cm。

②移动模架纵移过程左右两侧移动模架要同步前行,不同步偏差不得大于 20 cm。

③过孔过程中主要观察接头通过支撑托架位置,防止因错台而出现的卡滞现象。

④过孔快结束时,最后 1 m 必须按点动按钮前进,并且在主梁后侧设置安全限位装置,防止纵移越位。

(3)预压试验

移动模架预压的目的是消除移动模架拼装的非弹性变形,测算出施工荷载时的弹性变形,根据箱梁张拉后的上拱度再计算出移动模架底模的预拱度,保证梁体线型,同时检查各部位联结的强度和稳定性。

(4)线形控制

①预拱度设置原则。根据预压移动模架承重主梁实测跨中弹性变形值与梁体设计反拱值之差,为预拱

度的最高值，应设置在预应力箱梁的跨中，其他各点的预拱度设值以跨中为最高，以支座中点为零按二次抛物线过渡。

②预拱度考虑的因素。

a. 由于支撑托架变形引起的移动模架承重主梁的下沉值；

b. 移动模架承重主梁弹性变形值；

c. 梁体设计反拱值。

(5)混凝土浇筑及温控

①混凝土浇筑。箱梁混凝土数量较大，要有科学的布料方法，才能保证混凝土强度及结合面的质量。需考虑混凝土初凝、终凝时间，混凝土拌和楼拌和能力，混凝土振捣时间以及人员情况，合理配置施工机具和人员。箱梁灌注时先灌注梁腹板倒角、底板，然后腹板，最后灌注顶板，其原则为"先倒角、底板、再腹板、最后顶板、由两端向中间进行"。两侧腹板的混凝土高度应保持一致，混凝土的灌注采用连续灌注一次成型，水平分层，其分层厚度不得大于 30 cm，先后两层混凝土的间隔不得超过混凝土的初凝时间。

②混凝土测温控制。混凝土灌注时埋设测温片作为温度控制依据，测温片布置共 28 个：a. 在梁跨 1/2、1/4、3/4 截面及梁端的箱梁支座中心线位置共 10 个；b. 梁体两端波纹管内 3 m 的位置，每端 2 个，共 4 个；c. 腹板通风孔处外侧，梁体两侧 1/4、1/2 处各 1 个，共 4 个；d. 腹板通风孔内侧，梁体两侧 1/4、1/2 处，各 1 个，共 4 个；e. 梁体腹板中部内预埋，两侧 1/4、1/2、3/4 处各 2 个，共 6 个。混凝土温度采用混凝土智能测温仪测量。

箱梁测温点布置为表面温度点、孔道内温度点、腹板内外侧温度点、芯部温度点。

测温方案：安排测温专职人员，混凝土达到最高温度前(3～5 d)，每天每隔 6 h 测试 1 次，每日 4 次。达到最大温度后，可减少为每日 2 次。

(二)膺架法现浇施工

简支箱梁采用膺架法现浇，膺架结构主要有：满堂式支架、梁柱式支架等。

1. 膺架结构特点

(1)作业程序清晰、结构受力明确。

(2)施工方便，一般普通工人经过简单培训后即可开始工作。

(3)机动灵活，能迅速转场。

(4)具备原位制梁及快速过孔能力，受桥下地质条件的限制小。

2. 膺架法优点

(1)工期方面：膺架施工周转速度最快。

(2)质量方面：控制方便，不存在技术难度问题。

(3)安全方面：安全风险中等，但其技术难度低、灵活、结构简单，控制容易。

(4)造价及经济效益方面：资金投入较少，具有很强的现场适应性，对于跨河、跨既有道路，可非常方便地跨越。

3. 控制要点

(1)膺架在承重后期弹性和塑性变形应控制在 15 mm 以内。

(2)膺架部分地基的沉降量控制在 5 mm 以内。

(3)当地基承载力较低或地表水丰富时优先采取挖孔桩基础方案。

(4)当地基承载力较好，强风化岩层埋置较浅且强风化岩层允许承载力满足 400 kPa 要求时优先采取明挖扩大基础方案。

(5)膺架整体结构应能方便地满足过跨、装拆及转场要求。

4. 施工工艺

图 4-3-19 为梁柱式膺架的结构形式，其施工工艺如下：

(1)膺架基础施工

膺架基础采用 C25 混凝土，挖孔桩时桩径为 100 cm，明挖扩大基础时基底宽度为 250 cm。在钢管支墩底部基础以下 25 cm 内布置 3 层 $\phi16$ mm 钢筋网。基础顶部预埋 4 根 $\phi16$ mm 螺栓，保证与钢管支墩钢板有

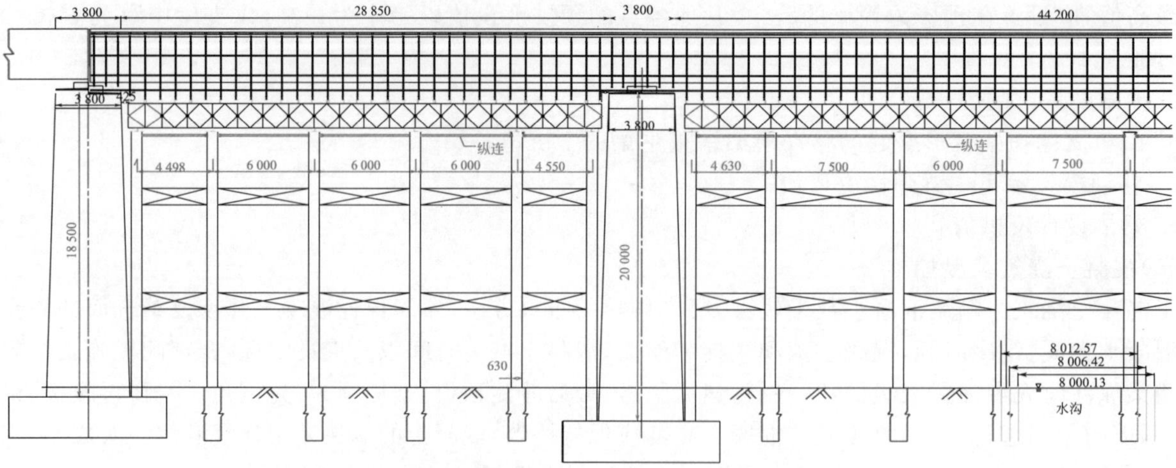

图 4-3-19 梁柱式膺架法立面布置(单位:mm)

较好的连接。

①当地基承载力较低或地表水丰富时采取挖孔桩基础方案。

②当地基承载力较好,强风化岩层埋置较浅且强风化岩层允许承载力满足 200kPa 要求时,优先采取明挖扩大基础方案。

③扩大基础施工时应注意最底层混凝土采取土模,开挖基坑混凝土实行满灌,以防积水浸泡基础,降低地基承载力。

④膺架基础布置前应先绘出平面图,主要是摸排沟渠及前期三改的管线,先将各种关系在图上反映出来,以有效避让现场管线。

(2)膺架搭设

①钢管支墩应提前规划标准节与配管节,法兰钢板采用 800 mm×800 mm×16 mm 钢板。配管尾数在基础高程上进行调整。

②钢管支墩在安装前应在基础顶抹一层砂浆,以保证支墩与基础的密贴。

③采取吊机吊装钢管支墩,钢管支墩采用 ϕ630 mm×14 mm 螺旋钢管,支墩与基础利用预埋螺栓连接。钢管支墩标准跨距为 6 m,局部跨河、跨路地段可放大到 8.25 m。

④钢管支墩设剪刀撑,支墩高 3 m 以内不设,超过 3 m 则每 6 m 设置一道剪刀撑,剪刀撑角度为 45°。剪刀撑用∠100 mm×6 mm 角钢,与钢管支墩上牛腿通过螺栓连接。

⑤钢管支墩较高时,应在支墩上焊制手抓式爬梯。

(3)模板安装

①模板安装前应对模板进行系统检查,在模板出厂前就必须要求其试拼,检查其平整度及错台情况。

②模板拼装前,首先进行中线放样。模板拼接预留 1 mm 缝,采用玻璃胶堵缝,底板和翼缘板的千斤顶必须要保证竖直。

③模板安装过程中应安排技术人员值班,控制高程。高程以模板接缝处的高程控制,千斤顶配合调整。

④侧模板安装时要注意高程和梁体顶板宽度(1 340 cm)的控制。

⑤内模拼装从中间部位开始向两端推进。

(4)支架预压

①支架预压按设计荷载的 120%考虑,利用钢材与砂袋组合。

②支架变形在地面上采用每跨布设 20 只百分表进行观测。在梁部采用沉降板进行二等水准观测。

③荷载预压完成后若日沉降量小于 2 mm 则可卸载,时间一般为加载后 24 h。

④卸载完成后重新调整底模高程,并根据预拱度设置反拱。

(5)钢筋施工

①钢筋在钢筋棚中加工成型,运至现场绑扎。

②钢筋在绑扎时应注意间距,要认真查阅图纸的每一种钢筋及钢筋的绑扎顺序。

③由于梁端部位衬管使波纹管不垂直与端模板表面，在端头要用钢管搭设钢管架，使波纹管垂直端模.

④梁体面板钢筋在内模顶板混凝土浇筑孔附近钢筋扎丝应松开，底板混凝土浇筑时掰开，以利于汽车泵浇筑梁体底板混凝土。

(6)高性能混凝土拌制

箱梁梁体采用C50耐久混凝土，T2等级。搅拌混凝土应采用强制式搅拌机，投料顺序及拌和时间如下：细骨料、水泥和矿物掺和料，搅拌均匀(15 s)后加水搅拌成砂浆(15 s)，再投入粗骨料充分搅拌(15s)后投入外加剂，搅拌均匀(90 s)。

混凝土运输设备的运输能力应满足混凝土凝结速度和浇筑速度的需要，运输过程中确保混凝土不得离析、漏浆、严重泌水及陷度损失过多等现象。运输过程中以2～4 r/min的转速转动，到达现场后应高速转动20～30 s后进行浇筑。

混凝土宜在搅拌后60 min内泵送完毕，且在1/2初凝时间内入泵，并在初凝前浇筑完成。

(7)混凝土工程

①附着式振动器梁端5 m范围内腹板部位横向间距1 m，层间距1.2 m，内外模均设置。其余部位仅在外模底板上60 cm设置一层，间距为2 m。附着式振动器共92台。一般振动时间为10 s左右。

②根据现场情况，现场配备12～16台罐车，并应考虑2条混凝土的运输路线，确保混凝土顺利浇筑。

③混凝土浇筑顺序为底板普通截面段(浇至设计高程下8 cm)→底板变截面段(与普通截面段合龙)→腹板→顶板梁端(3 m)→顶板两侧翼板→顶板中央的顺序进行浇筑。

④混凝土搅拌车在运送混凝土之前应先在搅拌斗中加水拌和，湿润搅拌罐。

⑤设波纹管内衬管抽拔人员，在混凝土浇筑过程中来回抽动衬管，以防波纹管破裂漏浆而造成管道堵塞，混凝土终凝后及时抽出衬管。

⑥顶板浇筑时一侧浇筑到设计高程，另一侧预留5 cm左右，梁的顶部整平采用振动提浆机，提浆机从一侧开始到达另一侧时再补齐剩余的混凝土，直至达到设计高程。

⑦混凝土养护：采用土工布覆盖、人工洒水养护，保证梁体湿润。

⑧梁体混凝土达到设计强度的60%时可以拆除端模及内模，达到设计强度的80%时可以进行初张拉。梁体混凝土强度达到100%，龄期不小于10 d，且弹性模量满足35.5 GPa时可以进行梁体终张拉。

(8)模板拆卸及梁体张拉与其他部位施工相同。

二、后浇翼缘板施工

基于部分隧道间桥梁无原位制梁条件，原设计预制的整体箱梁又不能通过隧道，为了使预制箱梁架设顺利通过隧道，在预制箱梁悬臂板外侧1 600 mm部分设计为架梁后现场浇筑，由于国内没有成熟的施工经验借鉴。对一些关键技术，在施工过程中不断探索和研究，形成后浇翼缘板施工技术。

(一)工艺原理和工艺流程

1. 工艺原理

(1)针对预制箱梁后浇翼缘板的设计构造、施工工艺特征，系统提出并应用上导式移动整体模架＋整体底模的施工技术，在施工过程中采用模板的背龙骨与上导式移动整体模架用钢销连接，既方便模板的安装，又保证靠模板的自重荷载实现整体脱模，大大提高了工作效率，对缓解工期压力起到了积极作用。该技术先进、工艺简单、结构轻便、新颖，可操作性极强，具有广泛的推广价值和应用前景。

(2)接缝施工时，接头钢筋采用单面电弧焊接，焊接接头达到1 300多个。钢筋的加工，左右着总的施工时间，为此，制作了Z字形挂篮，使焊接部分提前进行，显著缩短了模板的使用时间，加快了周转。最大限度的利用现有空间，保证施工的正常开展，同时节省了模板的占用时间。

(3)客运专线预制箱梁后浇翼缘板采用C50高性能无收缩混凝土配制技术。针对铁路客运专线预应力混凝土箱梁采用高性能混凝土，满足设计使用寿命100年的耐久性指标要求，又需要满足后浇部分混凝土不能收缩的要求。采用正交设计方法，通过大量试验优化，运用电通量测试等技术对混凝土耐久性能进行测试，设计出耐久性能优良的C50高性能无收缩混凝土，从而满足制箱梁后浇翼缘板耐久性能要求，质量稳定，指标可靠，有效地保证了箱梁的施工质量。

(4)为保证梁体的整体性,设置了横向预应力索,采用单侧交错张拉工艺。在施工中,精心设计制作了锚口模板,即在通常设计制作的上下贯通的锚口模板的基础上,从底部向上 5 cm 的位置加一块铁板,浇筑时,铁板下面的 5 cm 有混凝土浇筑,在锚口尺寸满足后续施工的基础上,形成翼缘板底面浇筑时的整体性,提高了外观质量。

2. 工艺流程

预制箱梁后浇翼缘板施工工艺如图 4-3-20 所示。

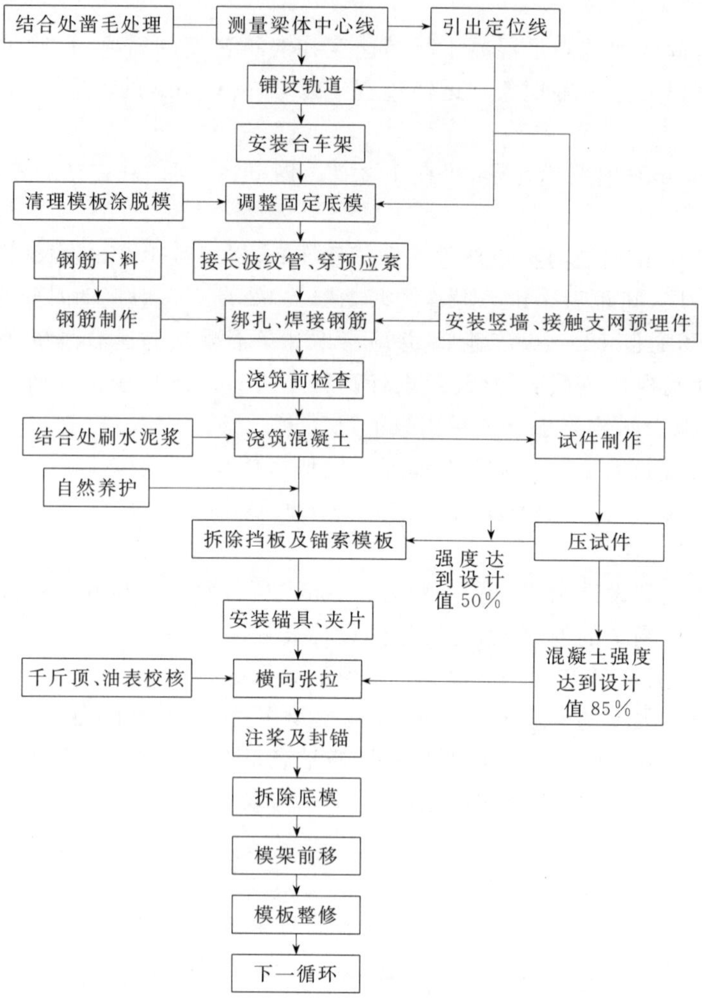

图 4-3-20　预制箱梁后浇翼缘板施工工艺

(二)模板工程

1. 模板特点

在预制箱梁后浇翼缘板的施工中,控制工效的关键工序是模板的设计。通过对模板强度与刚度的检算(考虑后浇翼缘板重量及模板自重),同时兼顾模板拆装便捷,设计制作了预制箱梁后浇翼缘板施工模架—上导式移动整体模架,如图 4-3-21 所示。

该模架具有以下优点:

(1)整体拆装、整体前移,提高了施工效率和模板的周转率。

(2)足够的强度、刚度和稳定性,保证了梁体后浇部分的施工质量。

(3)操作简单、安全。

(4)施工过程中保证罐车、运梁车的通行。

2. 模板结构

模架由台车架、整体底模、边模和端模等组成。

(1)台车架构造

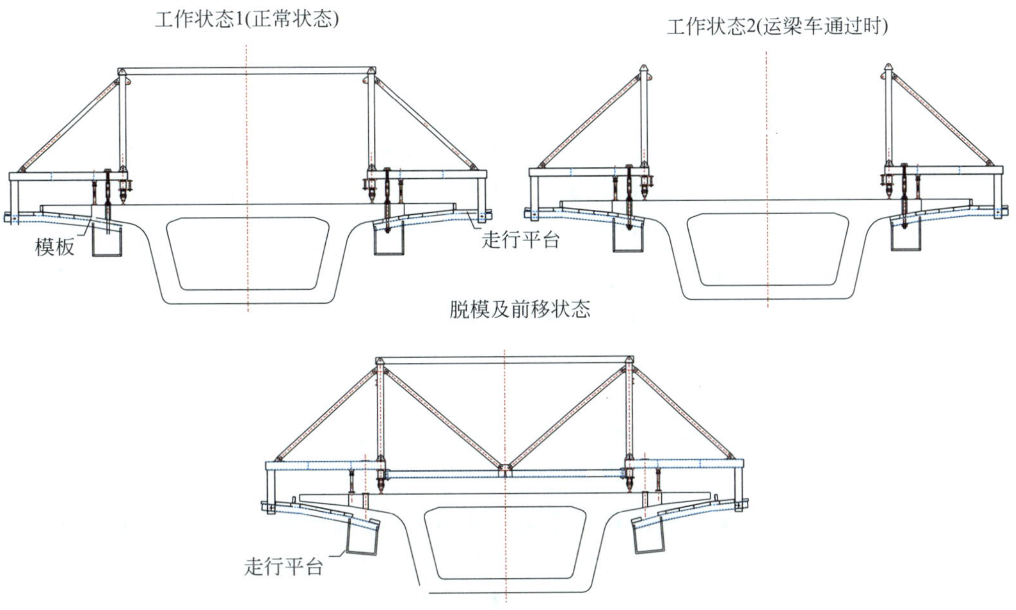

图 4-3-21 上导式移动整体模架

台车架由行走梁、移动门架和模板吊架组成。行走梁长 33 m(考虑运输需要分三段加工),共两根,每根行走梁下设 4 套车轮组。行走梁采用 2 根[25a 的槽钢来组成。移动门架由立柱、上拉杆、下拉杆、斜拉杆组成。立柱采用 2[20a 的槽钢,按照受力分布,设置 5 组,上拉杆、下拉杆用 2[20a 的槽钢,斜拉杆采用 2[14 的槽钢,与立柱相对应分别设置 5 组,所有连接采用钢销联结,便于拆装。模板吊架用 2[18a 的槽钢,与泄水孔及预留工艺孔对应设置 13 根,吊架与走行梁采用 M25 的高强螺栓连接,与模板背龙骨采用 ϕ50 mm 的钢销连接。每根吊架均设有上下拉杆及顶杆。

(2)底模构造

底模由面板、骨架和背龙骨组成。为保证整个底模平整度控制在 1.5 mm/2 m 内,面板采用 $\delta=8$ mm 的钢板,骨架用 110 的工字钢,按 400 mm 间隔布置。为保证底模在切翼板现浇时的整体刚度,模板的背龙骨用 2[18a 的槽钢,为避免底模焊后变形,骨架与面板间采用 50/150 mm 间断焊,焊缝厚度 6 mm。为了保证底模安装的准确,底模与切翼梁翼板底面有 200 mm 长的接触面,以保证翼板的几何尺寸。底模全长 32.85 m,分为 5 段,便于现场安装及转场时运输。

(3)边模构造

边模利用原有预制箱梁定型钢模的边模,由 $\delta=8$ mm 和 $\delta=4$ mm 钢板组成,每 4 m 长一段,在对应的横向管道上用 $\delta=4$ mm 钢板焊一 300×120×150 的锚穴口。边模与底模用 M20 的螺栓连接。

(4)端模构造

端模是由 $\delta=6$ mm 的钢板和 L60×60×6 的角钢组成,端模与底模及边模采用 M16 的螺栓连接。

3. 模板安装

用全站仪对箱梁中心线进行放样,以确定模架的正确位置。然后对模架各部分进行安装。

(1)台车架安装

首先安装 2 根 P50 的钢轨,钢轨长 32 m。安装前利用梁体中心线,每侧丈量 4.05 m,确定钢轨位置,然后对钢轨进行调平。经测量合格后,安装行走梁和移动门架。保证台车的纵向中心线与梁体中心线重合,才能进行底模安装。

(2)底模安装

底模吊装前应先将吊架与底模连接好,同时将下走台安装上,然后逐块对称安装,从前端开始向后端安装,每安装完一块至少用 2 根上下拉杆将底模固定在梁体上,以防止单侧受力不均匀,容易产生失稳。

(3)边模和端模安装

待底模安装完毕并调整合格后，分别吊装边模和端模，在边模和端模与底模的接缝处用双面胶密封，将螺栓紧固，防止漏浆。

4. 模架拆除及前移

模架定位后，即可拆除移动门架的上拉杆、下拉杆及内侧斜拉杆，便于混凝土罐车的进入。混凝土浇筑完毕后，待强度到达60%时，即可拆除边模和端模，待混凝土强度和弹模达到设计值85%后，进行张拉，张拉完成后，立即安装移动门架的上拉杆、下拉杆及内侧斜拉杆。接着拆除底模，底模拆除时，先拆除两端及中间的上下拉杆，并用6个5 t手拉葫芦将底模吊住，然后拆除其余上下拉杆和顶杆，最后松6个5 t手拉葫芦，底模靠其自重实现脱模，松6个5 t手拉葫芦时，其速度尽量保持一致，待底模脱离到位后拆除6个5 t手拉葫芦，同时下降在行走梁下的8个千斤顶，将模架落在轨道上，此时通过两个3 t电动卷扬机牵引，即可前移至下一个工位。

5. 模板创新

上导式移动整体模架乃施工单位自行设计及制作适用于24/32 m预制箱梁后浇翼缘板的专用工装，具有以下创新：

(1)为保证每套模架多次使用，要求模板和台车架的刚度，在能满足常规设计中对面板的局部刚度、骨架的整体刚度、台车架变形的同时，还考虑整体模板在多次拆模中的集中荷载对其变形的影响以及频繁使用和运转的不平稳而引起的扭曲变形，模板刚度控制成为关键。

(2)为减轻劳动强度，加快模板的周转，考虑采用整体脱模方式，将底模用M20的螺栓连成一体，靠模板的自重荷载脱模，脱模后将台架走行梁的螺旋千斤顶下降，整套模架落在轨道上即可前移。

(3)整体模板在应用中提高效率的另一个关键问题是要满足模板与台架的连接方便、装拆快捷的要求。采取的措施是利用模板的背龙骨与台车架用$\phi50$ mm的钢销连接，既方便模板的安装，又保证靠模板的自重荷载实现整体脱模。

(4)采用杠杆原理，利用梁体的泄水孔，通过$\phi50$ mm的拉杆和顶杆将模板的背龙骨牢固在梁体上，承担模板和混凝土的重量。

(三)钢筋工程

后浇翼缘板的钢筋施工，要点在于横向钢筋的焊接，安装好模板，然后再焊接纵向钢筋，制作加工了Z字型挂篮，如图4-3-22所示。先焊接横向钢筋，安装好模板后，再施工纵向钢筋及预埋件，使模板的占用时间减少到2.5 d，加快了模板的周转，提高了施工速度。

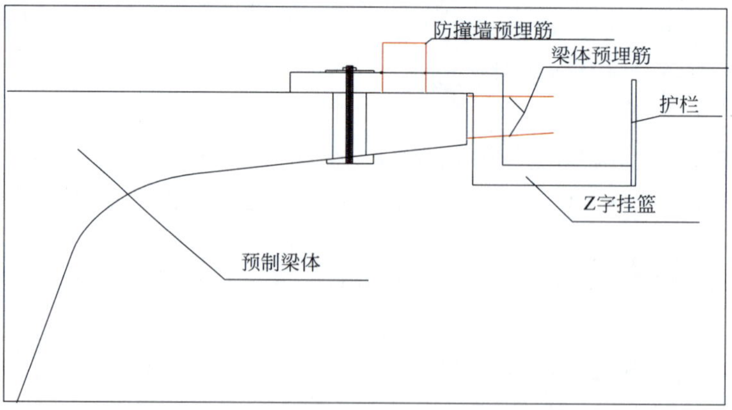

图4-3-22 横向钢筋焊接的Z字型挂篮示意

(四)混凝土工程

配制补偿收缩混凝土，以抵消混凝土的收缩，达到不收缩的目的，避免了因为新浇混凝土的收缩使得新旧混凝土不能很好结合的通病。

混凝土浇筑前，需对接缝进行处理。凿毛处理混凝土表面的水泥砂浆和松弱层，经凿毛处理的混凝土表面应用水冲洗干净，在进行切翼板混凝土前对凿毛面涂刷一层水泥净浆。

混凝土浇筑、振捣、收浆、养护严格按施工要求。

（五）预应力张拉

1. 锚具形式

后浇翼缘板中设置横向张拉，原设计在固定端与张拉端均采用 BM15 的扁形锚具，如图 4-3-23 所示，在顶板边缘留设后浇张拉锚口，设置夹片锚具，但张拉时须对固定端夹片锚具进行预紧以防止各束钢绞线之间的局部滑移差，施工繁琐，施工质量不易保证。经研究、协商，改为在固定端采用柳州欧维姆股份有限公司开发的挤压锚具，如图 4-3-24 所示。将固定端锚具预埋在混凝土内，简化了锚具安装，省去了张拉槽的开设和后浇，同时也避免了对钢绞线夹片局部滑移的担心。

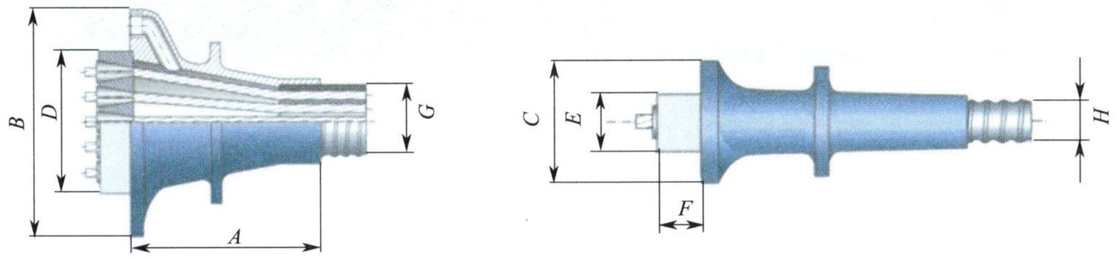

图 4-3-23　BM15 扁形锚具构造

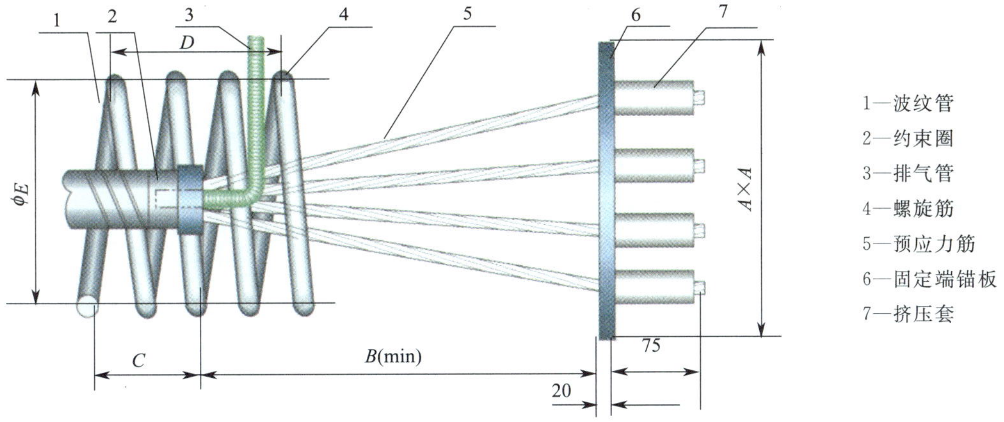

图 4-3-24　固定端挤压锚具

2. 张拉操作

预应力张拉采用单侧交错张拉，即强度达到 85%时进行张拉，张拉时采用 YDC240QX-200 型千斤顶，在两侧同时交错进行张拉，采用应力应变双控，以控制张拉力为主，钢绞线束伸长量作为校核。

张拉操作步骤：0→20%δ（作伸长量标记：测量油缸伸长量，）→100%δ（静停持荷 3 min）→补拉到 δ100%（测伸长值：测量油缸伸长量，校核伸长值）→锚固→分级回油卸载。

3. 张拉过程质量控制

(1)张拉前三控：梁体混凝土强度、弹模、龄期；张拉过程中三控：油压表读数与伸长量复核、滑丝、断丝。

(2)预施应力以油表读数为主，以预应力筋伸长值作校核。按预应力筋实际弹性模量计算的伸长值与实测伸长值相差不应大于±6%；实测伸长值以 20%张拉力作为测量的初始点。钢绞线回缩量控制在 6 mm 以内，如钢绞线伸长值偏差超过规定范围，查明原因后重新张拉。

(3)张拉中断丝、滑丝总数不得超过预应力钢丝总数的 0.5%，且一束内断丝不得超过一丝，也不得在梁体的同一侧。预施应力前应检查千斤顶和油压表是否进行标定，是否在校验有效期内，钢绞线、锚具安设是否符合技术要求。

图 4-3-25 为韶关制梁场施工后浇翼缘板实例图片。

图 4-3-25 施工后浇翼缘板实例图片

三、连续梁桥施工

（一）支架法现浇

武广铁路客运专线部分小跨径的连续梁采用了支架法现浇。支架的结构形式与简支梁现浇支架基本相同，工艺流程和施工技术与简支梁的支架膺架法基本相同。

（二）悬臂现浇法

连续梁挂篮悬臂灌注是一项技术成熟、工艺要求严格的施工方法。首先在主墩顶处用制式构件和型钢组成托架，预压后灌注 0 号段，然后在 0 号段上安装轻型挂篮，并进行预压，采用连体挂篮灌注 1 号梁段，1 号节块预应力施工结束后，挂篮解体，开始对称悬臂浇筑其他标准节块，并保证桥梁主墩的两个标准节块基本同步；标准节块施工的同时，完成边跨现浇段的墩旁支架搭设、混凝土浇筑。在当日最低温度时，灌注中跨、边跨合龙梁段混凝土，形成连续梁。按照先边跨合龙、后中跨合龙的步骤进行体系转换，完成连续梁的主体施工。

1. 连续梁节段 0 号块采用支架或托架法施工。

2. 标准节块采用挂篮悬臂浇筑

挂篮是施工梁段关键工装，属主要承重结构，又是施工梁段的作业（悬灌、张拉等）现场，挂篮设计应满足承受最大梁段重量及施工荷载，并按最不利荷载设计加工。

施工挂篮常用形式有三角挂篮和菱形挂篮，具有节点少、变形小、质量轻、结构可靠、施工方便和适应性强等优点。

挂篮作业流程：挂篮拼装按桁架吊装→后锚梁锚固→前吊梁安装→前吊杆安装→内、侧模滑道安装→内、侧模前移→底模吊装的顺序进行。

3. 标准段钢筋采用集中加工，现场绑扎成型。

4. 混凝土采用泵送一次浇筑成型。

浇筑顺序为：横向对称进行，纵向由外向内分层浇筑。浇筑过程中两端平衡进行，不平衡重量差控制在设计允许范围以内。混凝土初凝后，表面覆盖养生毯洒水养生。

5. 边跨现浇段施工在支架上进行。

体系转换是悬浇施工中的一个重要环节，体系转换的步骤为：合龙段临时锁定→边跨合龙段施工→边跨预应力施工→中跨合龙段施工→中跨预应力施工→完成体系转换。

合龙段临时锁定的目的是为了减少由于温差变形引起的箱梁的伸缩，以及混凝土凝固过程中的收缩，防止合龙段混凝土产生缩裂或压坏。

锁定时间选在一天中温度较低的时刻或设计要求的温度下进行，于钢筋绑扎后、混凝土浇筑前进行。施工时，型钢长度根据锁定位置的实际距离下料。

为减少运营时连续梁对主墩产生的不利影响，中跨合龙前需对两悬臂端施加预顶力。预顶力在临时锁定施工前施加，根据顶力的设计施加位置，在悬臂浇筑中跨 0 号块时，预埋顶座钢板，并对钢板表面预调垂直。在合龙段模板、钢筋初步完成后安装顶力架、千斤顶，然后根据千斤顶的标定结果及设计顶力值同时开动油泵，对梁体施加预顶力，并保证加载过程各顶的顶力基本相同。顶力施加完毕后检查顶力架，确保千斤顶放置稳固。在临时锁定及混凝土施工中，加强对千斤顶的保护，防止脱落或顶力失效。

6. 线型控制和应力控制是悬浇施工中的一项关键技术和质量控制重点，应予以高度重视，施工前进行线性控制设计，制定详细的作业指导书，并对作业人员进行严格的技术交底。

第五节 大跨度桥梁施工

武广铁路客运专线沿线跨越多处大江大河及高等级公路，受通航及立交净空、防洪等诸多条件限制，需要桥梁以较大跨度跨越，由此出现了多处大跨度桥梁和特殊桥梁结构。

一、70 m＋125 m＋70 m 陆水特大桥连续梁施工

(一)桥跨结构简介

陆水特大桥在40号～43号墩处以(70 m＋125 m＋70 m)连续梁跨越陆水河，一联全长266.5 m。主桥40号、41号和42号墩位于陆水河两侧河堤间，施工水位22.19 m，41号墩位于深水区，40号墩位于浅水区。主跨跨越的陆水河为通航河流，航道为Ⅴ级(3)等航道，通航净高8 m，净宽80 m，桥址处最高通航水位：$H_{10\%}=31.25$ m，水流平缓。基础设计为C30钢筋混凝土嵌岩桩基础，桩基础上设承台，墩身设计为C30双线圆端形实体桥墩。上部连续箱梁设计为C55预应力混凝土。

梁体结构按三向预应力体系设计，箱梁截面为单箱单室直腹板、变截面结构型式。梁端支座处、直线段和跨中处梁高均为5.20 m，中支座处梁高为9.20 m。梁底下缘采用圆曲线连接。箱梁顶宽13.4 m，底宽7.0 m。箱梁顶板厚度为50 cm，底板厚为48.5～110 cm，腹板厚为45～65～85～120 cm，全梁设置5道横隔板。梁体采用悬臂法施工，梁段划分：0号梁段长9 m，一般梁段划分为3 m和4 m两种，合龙段长度为2 m，直线段为7.25 m。连续箱梁节段为：0号块9.0 m，1号～7号块3.0 m，8号块～16号块均为4.0 m，合龙段2.0 m。边跨各设7.25 m的支架现浇块。主梁混凝土强度等级为C55，采用三向预应力体系，纵向及横向预应力筋采用抗拉强度标准值为$f_{pk}=1\ 860$ MPa、弹性模量$E_p=195$ GPa，竖向预应力筋采用抗拉强度标准值为$f_{pk}=830$ MPa、弹性模量$E_p=200$ GPa预应力混凝土用螺纹钢筋。

本桥的特殊性在于跨度大，截面较同类同跨公路桥大，结构要求精度高，施工节段自重大。

(二)施工技术

1. 总体施工方案

根据陆水河特大桥(70＋125＋70) m连续梁4个桥墩地质地形条件，为节约成本和简化施工工艺，根据墩身高度条件不同，分别在41号墩处采用在桥墩上预埋型钢三角托架浇筑0号段施工、42号墩处采用支墩托架浇筑0号段施工；悬臂浇筑各节段梁采用三角形组合梁式挂篮悬浇施工方案，41号和42号墩各上1套挂篮(共配备2套四只挂篮)；41号、42号墩采取墩旁设置塔式起重机进行垂直、水平运输。

40号墩～41号墩左侧采用条形基础，壁厚为6 mm的ϕ300 mm钢管立柱，纵梁为I25a型钢，跨度5 m，桥面铺设带肋平板模板，横向跨度为3 m。两侧各悬挑1 m搭设80 m长的临时栈桥，横向每两个墩采用ϕ100 mm钢管十字交叉焊接，增加横向稳定性，主要为河中的41号墩处供应材料，可运行10 m^3混凝土罐车。

40号墩侧边跨现浇直线段采用现浇水下混凝土基础，搭设满堂支架，再在钢管柱上搭设型钢支架现浇；43号墩侧边跨现浇直线段采用混凝土地坪上架设满堂支架现浇。合龙段采取先合龙边跨、后合龙中跨的次序，最后进行体系转换，成桥。

2. 挂篮结构及拼装预压

(1)挂篮结构

陆水特大桥选用三角形组合梁式挂篮进行悬臂段施工。此种挂篮是在平行桁架式挂篮的基础上，将受弯桁架改为三角形组合梁结构。其承重结构由型钢主梁、立柱、前后斜拉杆组成。由于斜拉杆的拉力作用，大大降低了主梁的弯矩，从而使主梁能采用单构件实体型钢。其底模平台及侧模支架等的承重传力与传统

平行桁架式挂篮基本相同。通过使用，改型后的三角形组合梁式挂篮具有杆件少、结构简单轻巧、受力明确、加工简单，拼装方便等优点。

陆水特大桥采用挂篮主要技术指标：梁段长度 4.0 m，梁段重量 2 500 kN，主构架最大下挠值 15 mm，前上横梁、走行梁、底模平台横梁和纵梁刚度为支撑计算跨径的1/500，底模板、外模刚度为支撑计算跨径的1/400，内模刚度为支撑计算跨径的 1/400，工作状态抗倾覆系数＞2.0，走行状态抗倾覆系数＞2.0。

挂篮由三角形主桁架、底模平台、模板系统、悬吊系统、锚固系统及走行系统六大部分组成。

①主桁架：主桁架是挂篮的主要受力结构。由两榀三角主桁架、横向联结系组成。两榀主桁架中心间距为 6.28 m，高 3.5 m，每榀桁架前后节点间距分别为 5.0 m 和 5.2 m，总长 11.2 m。桁架主杆件采用槽钢焊接的格构式，节点采用承压型高强螺栓联结。横向联结系设两道，其中一道联结于两榀主桁架的竖杆上，其作用是保证主桁架的横向稳定；另一道联结主桁架后斜杆上，用于增强主桁架的横向稳定并强制两榀主桁架同步行走。

②底模平台：底模平台直接承受梁段混凝土重量，并为立模、钢筋绑扎、混凝土浇筑等工序提供操作场地。其由底模板、纵梁和前后横梁组成，底模板由 4 块 3.5 m×2.15 m 的大块钢模板拼组而成；纵梁采用工字钢组焊而成，横梁采用槽钢组焊。前后横梁中心距为 5.1 m，纵梁与横梁螺栓联接。

③模板系统： 外侧模采用大块钢模板，内模采用组合钢模板拼组而成。外模板长度均为 4.2 m，更换两块模板后可直接用于 0 号段施工。内模板为抽屉式结构，可采用手拉葫芦从前一梁段沿内模走行梁整体滑移就位。

④悬吊系统：悬吊系统用于悬吊底模平台、外模和内模。并将底模平台、外模、内模的自重、梁段混凝土重量及其他施工荷载传递到主构架和已成梁段上。悬吊系统包括前上横梁、底模平台前后吊带（杆）、外模走行梁前后吊杆、内外模走行梁前后吊杆、垫梁、扁担梁及螺旋千斤顶。底模前后横梁各设 4 个吊点，其中前后横梁的中间 2 个吊点均采用吊带，由 Q345 钢板制成。两侧的吊点采用 ϕ32 mm 精轧螺纹钢筋。底模平台前端悬吊在挂篮前上横梁上，前上横梁上设有垫梁、扁担梁和螺旋千斤顶组成的调节装置，可任意调整底模高程。底模平台后端悬吊在已成梁段的底板和翼缘板上。外模走行梁和内模走行梁的前后吊杆均采用单根 ϕ32 精轧螺纹钢筋。其中外模走行梁前吊点与走行梁销接，以避免吊杆产生弯曲次应力。

⑤锚固系统：锚固系统设在两榀主桁架的后节点上，共 2 组，每组锚固系统包括 2 根后锚上扁担梁、4 根后锚杆、2 根后锚分配梁、3 根后锚下扁担梁及 6 根竖向预应力粗钢筋。其作用是平衡浇筑混凝土时产生的倾覆力矩，确保挂篮施工安全。锚固系统的传力途径为主桁架后节点→后锚上扁担梁→后锚杆→后锚分配梁→后锚下扁担梁→竖向预应力粗钢筋。

⑥走行系统：走行系统包括垫枕、轨道、前支座、后支座、内外走行梁、滚轮架、牵引设备及同步装置。挂篮走行时前支座在轨道顶面滑行，联结于主构架后节点的后支座反扣在轨道翼缘下并沿翼缘行走。挂篮走行由 2 台 YCL60 型千斤顶牵引主桁架并带动底模平台和外侧模一同前移就位。为保证底模、外模与主构架同步行走，保证挂篮行走安全，通过导向轮和钢丝绳组成同步装置，钢丝绳一端固定在外模走形梁后端，另一端固定在主构架，这样可完全避免外模和底模平台产生脉冲式行走。上千斤顶及油泵与竖向预应力粗钢筋张拉设备通用。挂篮走行过程中的抗倾覆力传力途径为主桁架后节点→后支座→轨道→垫枕→竖向预应力粗钢筋。

（2）挂篮拼装预压

包括挂篮安装、移动和挂篮静载试压试验。

为了确保悬臂灌注施工安全，检验挂篮各结构件具有足够的刚度和强度，每只挂篮上场使用前，均需拼装试验。一是按悬臂施工梁段最大重的 1.2 倍加载，检验其受力状况，以消除挂篮结构件的非弹性变形；二是测定出挂篮的弹性变形，这是悬臂施工中控制预拱度的重要参数。本项目所有试压项目均采用砂石料作为预压材料，装好后运到现场，吊车吊入预压部位堆码整齐。

3. 梁体施工

（1）0 号段施工工艺流程

在桥墩上预埋平台构件→拼装施工平台→托架预压→安装底模、侧模→绑扎底板及肋板钢筋→安装内模板→绑扎顶板钢筋及安装预应力孔道→各部位检查测量→0 号段混凝土灌注→养生→拆模进入下一阶段施工。施工图片如图 4-3-26 所示。

图 4-3-26　施工 0 号块的图片

(2)悬臂段施工

悬臂段施工流程:挂篮前移→挂篮锚固、底篮提升→立底模、外侧模→绑扎底板、腹板钢筋及预应力管道、竖向筋→安装内侧模及顶模→绑扎顶板钢筋及预应力筋、安装预埋件、预留孔→检查签证→浇筑混凝土→养护→拆模、凿毛连接面→预应力张拉。

挂篮经过静载试压试验,并征得监理工程师同意后进行悬臂梁施工。悬臂梁施工按以下顺序进行:

①挂篮移动到设计位置,锚固好后吊点、后吊带。测量控制底模板按设计高程控制底模高程后安装侧模,紧固好各吊点吊带。外侧模及底模就位后,绑扎底板钢筋及钢筋定位架,安装预应力束管道。安装预应力管束时要详细严格检查每根管道是否有破损,如果有破损采取更换或修补措施,防止漏浆;新安装管道和老管道接口要圆顺,管道口不带毛刺,一般采用管道接头安装后要采取胶带密封接口并用扎丝进行捆扎,严防漏浆。管道的定位钢筋适当加密,防止管道移位。

②绑扎腹板钢筋及安装预应力束管道。当普通钢筋和预应力管道相互干扰时,普通钢筋可以适当移动位置,确保预应力管道位置准确。

③立内模,结合外模使用拉撑组合形成内力。即侧模以拉杆固定,穿在混凝土中的拉杆,外套ϕ20 mm PVC 衬管,以利拉杆拔出。

④绑扎顶板钢筋及预应力束管道、立端模。

⑤与上述步骤同步,安装各种预留孔的预埋件(其上下口平面位置误差不超过 3 mm,竖向筋设定位板预埋)。经检查合格后,方可灌注梁段混凝土,悬臂段浇筑混凝土时对称、平衡施工,采用双泵同时供应。混凝土配合比,浇筑顺序及振捣,必须严格按施工工艺操作,梁段浇筑自悬臂端向后分层浇筑振捣。使用插入式振捣器时,不得碰损制孔管道及钢筋骨架。

(3)边跨直线段施工

主桥边孔箱梁为支架现浇,施工步骤为:搭设支架→支架压重→安装模板及钢筋→浇筑混凝土→养护→合龙→张拉及压浆→落架。边跨现浇梁段施工时,支架压重试验是关键步骤,借以消除地基的塑性变形和支架的机械变形,同时对支架的稳定性进行检查,最大限度地防止事故发生。在立模时将各种塑性变形和支架的机械变形、弹性变形全部考虑到预留沉落内，在预压后检查设置是否合适，如不合适须查找原因，及时调整。混凝土浇筑时由支座方向向合龙口靠拢，并对梁段高程进行监测，使合龙口高差控制在允许偏差范围内。

(4)合龙段施工(先边跨后中跨)

①边跨合龙

边跨合龙施工步骤为：搭设合龙底模、侧模→悬臂端两侧配重→安装钢筋、安装预应力管道→内侧和顶部焊接锁定→安装内模→浇筑混凝土(同时减载合龙侧配重)→养护→张拉及压浆→拆架。

边跨合龙段使用挂篮，底模侧模采用吊架施工。合龙前要调整中线和高程，连续梁边跨合龙时，将直线段的支座临时约束释放。在合龙的前一个星期收集现场 24 h 的气温变化，做好记录直至合龙锁定前，找出温度变化规律。按设计合龙温度，将悬臂端与现浇直线段用型钢梁焊接在预埋件钢板上，约束锁定，焊缝采用跳焊。混凝土浇筑前在合龙口两端悬臂预加符合设计要求的压重，各是合龙段混凝土重量的一半，并与混凝土灌注进程匹配减载，现场采用水箱加载或钢材配重，在浇筑过程中随混凝土浇筑量减载；合龙段混凝土施工选择在一天中温度最低的时间进行。合龙段混凝土严禁掺加早强剂，灌注时间也应在一天的温度最低时施工，合龙段混凝土灌注要求一次完成，灌注时间不超过 4 h。在混凝土强度达到 85%、且满足规定的养护龄期后，拆除体外刚性撑杆，张拉合龙段预应力束。合龙段混凝土强度宜提高一级。混凝土加强养护，将合龙梁段及两悬臂端部进行覆盖，降低日照温差影响。合龙梁段混凝土强度达到设计要求时，及时进行预应力筋张拉、压浆。

②中跨合龙

中跨合龙施工步骤为：搭设合龙底模、侧模→悬臂端配重→安装侧模板及钢筋→安装预应力管道→焊接锁定→安装内模→浇筑混凝土(同时减载)→养护→张拉及压浆→拆架。

中跨合龙采用托架合龙，托架利用 41 号墩挂篮底模作为平台，在平台上施工中跨合龙段。

将挂篮底模用吊带固定在两侧悬臂上，用千斤顶打紧；侧模挂蓝的外侧纵梁固定在悬臂的翼缘板上。浇筑合龙段混凝土前，将波纹管破开，包住吊带，避免吊带埋入混凝土中。在边跨合龙时的配重继续使用，绑扎中跨合龙段钢筋，关模，浇筑混凝土与边跨合龙工艺相同。

③体系转换

在中跨合龙完成并完成预应力束张拉后，进行主墩处临时支撑墩的拆除施工，临时墩的拆除采取人工持手提风镐凿除的方法。在临时墩的四周搭设作业平台，先凿除箱梁底 0.5 m 以下到 1.5 m 范围的临时墩，割除钢筋，解除其对主箱梁的支撑，尽量做到每个主墩的四个临时墩同步拆除(确保靠近边跨方向的临时墩比中跨方向的稍早拆除)，将梁体固结变为简支，完成体系转换。期间要有专人指挥、监控。人工凿出临时结构剩余部分用啄木鸟拆除。

体系转换注意事项：拆除前在主箱梁顶部设置观测点，墩顶、悬臂的 1/2 处和端部各设三个点(两侧翼板内 50 cm 和中心轴心处)，用于拆除中观测高程和位移的变化情况。在施工作业平台搭设的完成后，先凿除临时墩钢筋的保护层混凝土，用气割将钢筋割断，继续凿除工作，从四周均匀向内推进，同侧两个临时墩要有专人观察、指挥控制凿除的进度，以保持凿除的同步性。观测根据凿除的进度设定观测频率，开始时观测原始数据，在钢筋割除后观测一次，以后每小时观测一次，在剩余 1/2 断面后每 30 min 观测一次，均做好详细记录，发现异常情况及时通知现场指挥人员暂停凿除作业，查明原因；如在拆除中有异常情况及时观测，并增加观测的频率。拆除中要保持同侧两个临时墩的同步。

(三)施工控制及成果

施工过程中的结构线形控制除直接影响梁体结构的受力及合龙精度外，对无砟轨道施工精度影响也不容忽视，为连续梁施工质量控制的一项重要工作。线型控制的关键是通过监控量测，分析每一施工阶段、每一施工步骤的结构挠度变化状态，利用上一循环收集的各项相关实测数据，分析计算控制下一循环的立模高程，达到线性控制的目的。根据其有别于一般连续梁施工精度的特殊要求，施工单位邀请有资质有能力的监控单位对工程进行严格的全程监控。本桥主梁施工线形控制实施程序如图 4-3-27所示。

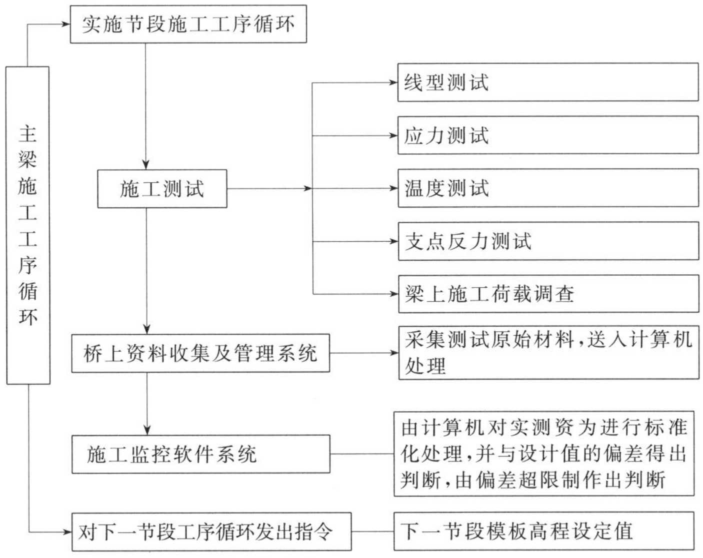

图 4-3-27　主梁施工线形控制实施程序

1. 控制原则

施工监控的目的是要对成桥目标进行有效控制,在施工过程中修正各种影响成桥目标的参数误差,确保成桥后结构受力和线形满足设计要求。因此,连续梁桥施工控制的原则为以主梁线形控制为主,应力控制为辅。这是因为在悬臂施工阶段梁段是静定结构,合龙过程如不施加额外的压重,成桥后内力状态一般不会偏离设计值很远。确保线形满足设计要求是第一位的。施工中以高程控制为主,确保顺利合龙;主梁截面内力的监控放到次要位置,主要是通过对控制截面内力(应力)监测,保证施工过程中内力(应力)偏差在允许范围内。

(1)线形(变形)要求

线形控制主要是严格控制主梁每一节段的竖向挠度及横向偏移。若偏差较大时,必须立即进行误差分析并确定调整方法,为下一节段更为精确的施工做好准备。主梁线形(变形)控制的最终目标是保证主梁的整体高程和局部平顺性,使成桥后(通常是长期变形稳定后)主梁的高程满足上述两方面的要求。其次,主梁的实际轴线与理论轴线的偏差应符合设计和桥梁工程质量评定标准等要求。

(2)应力要求

应力控制是控制主梁在施工过程中和成桥后的应力,尤其是合龙阶段的控制,确保主梁应力在安全范围内,满足规范要求。

(3)调控策略

主梁线形调整最直接的手段是调整主梁的立模高程。若应力实测值与理论值之间存在较大偏差,必须找出原因,进行调整。一般通过额外的压重、适当调整预应力张拉力等手段对应力误差进行调整。

2. 控制方法

大跨度桥梁施工过程问题多、难度大,影响参数复杂。如:结构刚度、梁段重量、施工荷载、混凝土的收缩徐变、温度和预应力等。在施工控制初期理论计算时,都取这些参数值为理想设计值。为了消除因设计参数取值的不确定所引起的施工中设计与实际的偏差,则应在施工过程中通过观测对这些参数进行识别和正确估计。

3. 施工控制中的计算与分析

(1)采用陆水特大桥连续梁桥的设计资料和设计参数的规范值,进行正装迭代计算。对成桥和主要施工阶段的变形、设计线形等进行计算并与设计方的结果进行相互校核对比,找出两组数据的差别,双方共同探讨、相互校核,找出原因,反复独立计算直至两套数据基本接近为止。

(2)根据对实际施工情况的观测,反馈调整桥梁设计参数。通过挂篮的试压结果,获得挂篮的变形值,进一步调整挂篮的纵梁刚度;对挠度变形、应力应变的实测值和理论值间存在的差别,通过参数识别法拟合出新的设计参数,使理论值和实测值的差别达到最小:如主梁容重、弹性模量、梁的刚度、混凝土收缩徐变系数等。依次调整计算下一梁段的控制数据。

4. 现场监控工作

(1)主梁挠度变形观测

①控制精度和原则

a. 立模必须在一天中相对稳定均匀温度场(一般为日出前)完成。

b. 立模高程允许误差:±5 mm。

c. 主梁质量控制要求:按施工规程要求对主梁横截面尺寸的误差严格控制在 5 mm。

d. 已浇梁段系统控制误差:5 mm。

e. 其他:主梁轴线、桥面平整度等参数;允许误差按有关规范取值。

②测点布置

挠度测量数据是控制成桥线形最主要的依据。在预应力混凝土连续梁桥箱梁悬臂施工中,通过在每个悬浇梁段上布置 6 个对称的高程观测点(底面、顶面各 3 个),可以同时观测箱梁的竖向挠度及扭转变形情况。观测点为预留露出混凝土(约 5 cm)的钢筋头,顶板钢筋头布置在中心和翼缘边缘,底板布置在底板中心和底板边缘,钢筋头都用红漆作了标记。在 0 号块箱梁顶板底板处设置临时水准点。

③测试方法

为了减小温度的影响,挠度的观测安排在清晨进行。测量工况包括立模、浇筑混凝土后、张拉预应力筋前后、移挂篮后。通过这些挠度观测资料对施工进行有效控制。对每一工况,用精密水准仪测定测点高程;立模时,测定底模板最前端高程,并在必要时作出调整(达到立模高程允许误差范围)。

(2)控制截面混凝土应变观测

桥梁施工中的主梁应力观测是一项长期、繁琐的现场监测工作。根据以往经验,施工单位选用长沙金码高科技实业有限公司生产的智能弦式数码应变 JMZX-215AT(这种应变计可同时测应变和温度),其观测值较为稳定,并且耐久性较好,适合应力场的长期观测。在典型控制截面处埋设了应变计,对每一施工梁段的每一工况,包括移挂篮、浇筑混凝土、预应力张拉,都进行了应变观测。比较观测值与理论值,以掌握主梁的内部应力情况,确保施工期主梁的安全。测点布置在控制截面的上下缘。

(3)温度场观测

①测试方法

在桥梁主要构件的标准截面内预埋 JMZX-215AT 型传感器,以测量其内部的温度场。如图 4-3-28 所示。

图 4-3-28 温度测点测试

②测点布置

桥梁主要构件的控制截面内布置若干个测点,具体布置同应变测点布置。

③测试时间

在每次应变测量时均进行温度测试,以了解梁体的实际温度分布状况,及时修正温度引起的应变/应力误差。另外，在施工期间选择有代表性的天气进行全天连续观测，例如：每个季节选择一个晴天、多云天和阴雨天。整个施工过程中，对梁体温度场的观测得出如下结论：

a. 最大梁内温度出现在下午约 15:00，位于顶板翼板，温度为 45.5 ℃；

b. 顶底板温差最大约为 17.0 ℃；

c. 全天顶板温度变化显著，变幅达 12.5 ℃，全天底板温度无太大变化，变幅基本稳定在 5 ℃以内；

d. 梁体最低温度为 7.7 ℃，最高温度为 45.5 ℃。

5. 主桥施工阶段的监控成果

(1)主桥线形

41 号、42 号墩梁段测点在各施工工况下挠度控制的实测值与理论值偏差大部分控制在±5 mm 内，从而可认为挠度的监控工作是令人满意的。

(2)主桥应力控制

①施工过程中的理论与实测应力比较

在施工过程中，主桥应力、应变均控制在允许范围内。需要说明的是，个别传感器在施工过程中被损坏，文中对应部分的数据系传感器损坏前的数据。由于温度、混凝土的收缩、徐变会引起应变，在静定(合龙前)情况下这种应变不会引起应力，而计算应力是通过测量的应变乘以混凝土弹模而得到的，故在体系转换前，应扣除这种应变。箱梁截面的剪力滞效应比较明显，应力的变化趋势和理论值吻合较好；从各截面的应力大小来看，各截面均受到压应力作用；设计施工阶段最大应力 17.25 MPa，实际检测最大压应力不超过 16.25 MPa；整个施工过程中结构处于安全状态。

6. 经验与体会

悬臂灌注法施工通常存在的问题主要有：梁体混凝土振捣质量难于控制，容易出现峰窝；新灌梁段接缝处混凝土容易出现收缩裂纹；梁体悬臂状态受诸多因素影响，线型变化难于控制；预应力混凝土连续梁合龙前，底板容易出现裂纹等。对于以往施工易出现的问题进行了研讨，并通过陆水特大桥悬灌梁的现场施工实践得知，出现上述现象主要是由混凝土内在质量和外部施工条件造成的，只要采取以下措施，过去的质量通病就得以避免。

(1)改进和提高混凝土质量，实行强度和弹性模量双指标控制。

(2)控制混凝土浇筑时间。宜在混凝土初凝之前完成底板及腹板灌注，初灌混凝土终凝之前完成顶板部位施工，初灌混凝土初凝之后不得使用附着式振捣器，其上层混凝土浇筑宜用插入式捣固器，以避免对混凝土凝结的干扰，同时控制混凝土的灌注时间。

(3)支架设计时充分考虑支架刚度和稳定性，避免在灌注过程中因支架变形挤压未达到承重强度的混凝土，使梁体衔接处挤裂。

(4)梁段混凝土灌注时的关键是腹、底板部位混凝土的入模和混凝土的早期强度控制。为此，对注入混凝土的各种形式的串筒和漏斗，采用宽敞口连接帆布袋或串筒效果最佳。

(5)严格控制张拉程序是防止裂纹发生的重要手段。

悬臂浇筑预应力连续箱梁为解决不等跨、斜交、实现较大跨径等提供了较好的途径。具有整体性好、施工方便等特点。陆水特大桥连续梁施工取得了很好经验，可为以后同类大跨度连续梁施工提供借鉴。

二、株洲西湘江特大桥 60 m+5×100 m+60 m 连续梁施工

(一)桥跨结构简介

本桥南岸为樟树脚下，北岸为地丘山坡，植被茂密。由北向南的孔跨布置为：2-24 m+3-32 m 简支箱梁+(60+5×100+60) m 连续梁+30-32 m 简支箱梁。中心里程 DK1606+737.75，全桥长 1763.86 m。

本桥桩基共计 366 根，均按柱桩设计。

本桥简支梁桥墩统一采用圆端形空心桥墩，其中两端位于上坡上的 1 号～3 号、36 号～41 号桥墩采用直坡圆端形空心桥墩，其余采用放坡圆端形空心桥墩；5 号～12 号墩为连续梁桥墩。为了使空心桥墩的空心部分高于地面和水位有足够的高度，本桥部分桥墩墩身下实体段加高，加高部分用墩身同强度等级混凝土灌注；桥台采用矩形空心台。

(二)施工技术

1. 引桥施工

0 号～4 号墩为北岸引桥,13 号～42 号墩为南岸引桥。除 2 号墩采用扩大基础外,其余桥墩均为桩基础,桥墩为圆端形空心桥墩,上部结构为预制箱梁。

(1)引桥基础施工

2 号墩扩大基础施工采用放坡开挖施工;0 号～1 号墩、3 号～4 号墩、19 号～42 号墩桩基施工采用钻孔和挖孔相结合施工;13 号～18 号墩采用先筑岛再钻孔的方法施工。

(2)承台施工

引桥承台基坑开挖采用机械开挖,对地下水位较深的采用放坡开挖,地下水位较浅的采用钢板桩支护后开挖。

(3)墩身施工

用整体无拉杆钢模板施工墩身,由于墩身为中空,为便于内模的安装、拆卸、混凝土的施工,墩身分两次浇筑。

灌注墩身混凝土前,对本桥及其两端接线的高程、里程中心线进行闭合测量复核,在已施工的承台上精确放出墩中心线,并复核跨距。

对于使用的钢模,必须先除锈,使钢模表面光亮无锈斑,涂脱模剂后才能使用。

模板的制造及拼装均需满足模板表面平整、圆顺、无错台、接缝严密、不漏浆等要求,否则应返工、修正。

模板的拆除、倒运、存放,均需保证模板不变形。

2. 主桥施工

(1)施工工艺

5 号～6 号墩、9 号～12 号墩为浅滩筑岛施工,利用枯水期进行筑岛并保证在第一个枯水期内完成基础、承台、墩身、梁体的施工。施工步骤为:筑岛→埋设护筒→钻孔、灌注混凝土→打钢板桩→承台开挖(长臂挖机)→打砂浆垫层→施工承台。

7 号～8 号墩为深水施工,采取钢板桩围堰的方案,利用第一个枯水期内完成基础、承台、墩身的施工。为了便于输送泵管的布置和施工人员走行,于北岸 6 号墩至 7 号墩、南岸 9 号墩至 8 号墩间设置临时浮桥。施工步骤为:打钢板桩→打钢护筒→封底→拼装施工平台→钻孔→灌注桩基混凝土→围堰内抽水→施工承台。

为保证混凝土的外观质量,本桥所有桥墩模板均采用整体大块钢模板,采用整体钢模分两次分段灌注成型。整体式钢模板按设计尺寸分块制作、组拼,模板拉杆全部采用外置式。

主桥(60＋5×100＋60) m 连续梁施工方案:连续梁采用挂篮悬浇法施工,挂篮选用菱形挂篮,最重块件的荷载控制设计。0 号段采用支架法施工,7 跨连续箱梁悬浇段采用 6 套(12 只)挂篮对称悬浇施工,合龙段采用吊架施工,连续梁按设计的顺序合龙,边跨直线段采用支架施工。

根据设计对梁体的分段长度,若 0 号节段分段长度短,需将 1 号节段与之同时施工,采取一次立模整体灌注的施工方案,以满足挂篮拼装所需长度。

0 号块施工先搭设墩旁万能杆件托架,托架座落在承台上。托架拼装完毕后,利用水箱进行预压重,消除托架的非弹性变形,并验证托架结构的可靠性。

施工完 0 号块后需将墩顶 0 号块梁段与墩身进行临时固结,临时固结在合龙端纵向预应力筋张拉、压浆后再解除,并进行连续梁的梁跨体系转换。体系转换时,支座反力的调整以高程为主,反力作为校核。

(2)0 号、1 号节段一次灌注的技术措施

①压重:在托架、底模安装完毕后,利用水箱对托架、底模进行预压重,预压重量应等于托架上混凝土块段的重量。以消除托架、底模的非弹性变形,验证托架、底模结构的可靠性,为设定底模高程提供参考数据。

②模板:箱梁内外侧模均设计成框架式结构,主要由模架、模板、横、竖带等组成。外模和内模均可在岸边预先拼装成互为独立的整体,既解决立模定位困难,又可减少高处作业,并保证模板精度。

③混凝土供应及运输:混凝土由混凝土工厂集中生产,岸上由混凝土运输车运输至墩位处直接泵送入模,水中混凝土由混凝土运输车送至 6 号、9 号墩位置,然后由输送泵直接泵送入模。

0 号(或 0 号与 1 号)节段施工完成后,利用汽车吊或塔式起重机在 0 号块上拼装挂篮。如图 4-3-29 所示。

为了加快悬臂施工进度,箱梁悬浇节段采取全断面一次浇筑的施工方案。

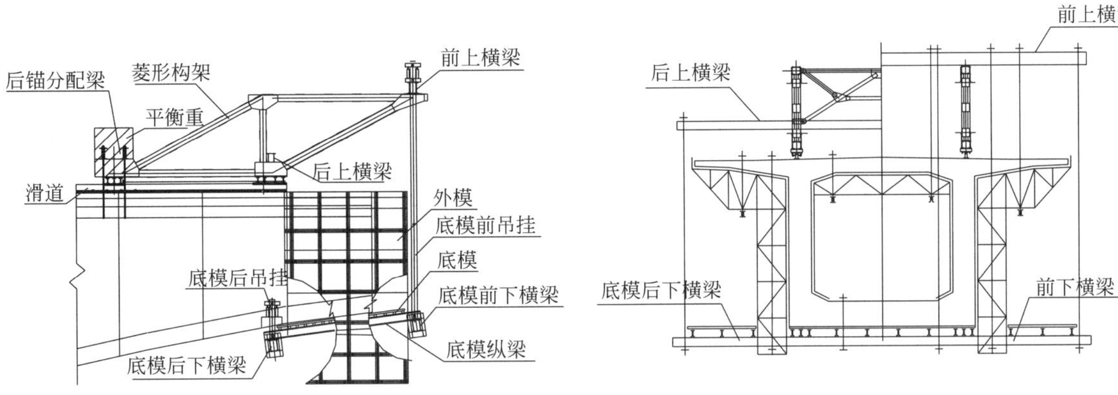

图 4-3-29　挂篮结构示意

(3)挂篮安装

走行滑道铺设→走行支腿安装→挂篮主梁及后锚固结构安装→斜拉索安装→前、后吊带安装→前后横梁及纵梁安装→张拉吊篮安装→底模安装→试压→外侧模安装。

挂篮在试压前,需经严格的检查、签证,确保其安全。在挂篮试压过程中,要求试压块分布与箱梁混凝土分布一致。试压时,需分级加载,并不停地观察其下沉、变形情况。在安装箱梁节段模板时,应有适当的变形预抬高量,以确保箱梁的整体线型。

挂篮行走时,需在其走行滑道上划出刻度,由油压千斤顶对称均匀、平稳地前移,两端前移的距离偏差不超过 0.2 m。

箱梁挂篮施工工艺流程与其他挂篮施工工艺步骤相同。

3. 主桥施工测量及线形控制

由于主桥采用挂篮悬臂浇筑混凝土方法施工,挠度控制极为重要,而影响挠度的因素极多,主要有挂篮变形、箱梁段自重、预应力大小、施工荷载、结构体系转换、混凝土收缩与徐变、日照和温度变化等。挠度控制将影响到合龙精度的成功与否,故必须对挠度进行精确计算和严格控制。

(1)预压观测

挂篮在墩顶已浇筑段上拼装完成后,必须进行加载试验,通过加载试验。实测挂篮变形值,消除挂篮非弹性变形,验证设计参数和承载能力,以指导施工,并为以后节段悬浇施工高程提供了可靠依据。

加载过程中,在主梁和长吊带上分别设立观测标志,用高精度水准仪对其进行变形观测。加载时按逐级加载顺利进行,且每级荷载持荷时间不少 30 min。

挂篮试压总变形和主梁变形,与理论计算值比较,验证计算是否正确。挂篮产生的变形要在计算允许范围内,试压为后续混凝土施工提供参考。

(2)施工变形控制

由计算及挂篮试压可知,在灌注 T 构混凝土时,挂篮和部件将随着混凝土荷载增加而产生持续变形,混凝土灌注未完成而先前灌注的混凝土已初凝则会因结构持续变形而导致开裂,为此应在弹性结构上灌注混凝土段采取稳定结构变形的措施。通常采取的措施有以下两种:一是随着混凝上灌注进程相应地调整变形,通过调节挂篮前吊杆调整高程,使其保持原有高程;二是随着混凝土灌注进程相应地调整荷载,通过先用水箱灌以相当于混凝土重的水,代替混凝土重,然后在浇筑过程中,按浇筑量逐级卸载(放水),使其保持原有变形。

实际施工时可根据具体情况采取其中的一种方法或两种方法综合使用。

(3)施工测量

立模操作时,用水准仪进行现场测量,将模板高程锁定在计算的高程上,便可使线型得到有效控制。

模板调整完成后,调整前长吊带的松紧度,使每根长吊杆受力均匀。此时在前长吊带上作好观测标志,并进行测量，确定初始值。

灌注混凝土时对前长吊杆位移量进行跟踪测量，如若发现吊带有不均匀沉降(即与吊带平均下沉量相比出入较大者)，应及时进行调整。

三、40 m＋2×72 m＋40 m耒河特大桥连续梁施工

耒河特大桥为武广铁路客运专线正线线路唯一的深水四线桥，中间为武广铁路客运专线，左右两侧为湘桂线，线间距均为5.0 m，桥跨布置为：10-32简支梁＋(40 m＋2×72 m＋40 m)预应力混凝土连续梁＋3-32 m简支梁，全长为664.39 m。

该桥2007年5月1日开工，2008年11月15日全桥合龙，施工时间18个半月。施工过程中遭受2007年8月20日洪灾和2008年1月南方冻灾袭击，工期受到严重影响。

(一)施工方案

1. 基础施工：南北岸搭设水中钢栈桥，河道中间预留通航通道，搭设水中作业平台。冲击钻钻孔，采用钢板桩和双臂钢围堰进行承台施工。双臂钢围堰在加工场分块加工成型，利用作业平台分节拼装围堰，拆除部分平台，钢围堰下沉河床。

2. 水中墩施工：为赶工期，三个水中墩采用三台定型钢模板一次立模浇筑混凝土。

3. 连续梁施工采用菱形挂蓝悬臂分段浇筑。

(二)施工关键技术

1. 钢栈桥施工

耒河特大桥的施工通道，结合现场实际情况和施工需要，经分析研究，在下游修建了钢栈桥；距桥轴线净距15.5 m，与主桥平行布置。栈桥分南北两岸修建，南岸长度为126 m，自14号墩向12号墩修建；北岸长度为48 m，自10号墩向11号墩修建。11号与12号墩之间留做通航孔。

桥面宽度为6～8 m，横向间距(管桩)为6 m。

桥面高程61 m，纵向铺9×400a型工字钢，间距1 m，桩顶高程为59.7 m，用3×450a型工字钢作横梁。栈桥面与水中钢平台顶高程齐平。

北岸栈桥起点里程10号墩退后15 m，便于桥头顺坡填土不影响9号墩基础开挖；南岸栈桥终点与14号墩齐平，方便挖孔施工。

从2007年3月10日开工，至2007年11月24日结束，完成南北岸钢栈桥，11号、12号、13号墩的环形栈桥和三个墩的作业平台施工。主要机械有汽车吊4台、90振动锤、货运船3艘、平板材料运输车。本栈桥、施工平台的钢材用量达到3 800 t。

2. 围堰施工

双壁围堰主要由筒壳、桩尖吊挂系统和封底混凝土组成，围堰全高15.7 m，钢结构部分总重分别为447 t、385 t(未设下放系统)，侧面封堵混凝土2×670 m^3＋2×245 m^3＝1 830 m^3。

(1)围堰筒壳侧板为壳板结构，防止壁板变形和辅助支承环向压力。面板根据不同水深分别采用10 mm、8 mm两种板以承受70％的环压力。筒壳环梁分别采用主环梁(16×200)、中环梁(16×200/16×150)和小环梁(12×150或10×150)三种，间距500 mm，竖向肋板分边肋(12×200)、中肋(10×150)，采用18开制作，分节强度不超过5 m。先拼装底节，整体下放到拼装平台下，然后用牛腿固定，接着拼装中间节并与底节焊接接长再下沉和固定；接着拼装第三节并与中间节焊接接长，再下沉到河床。最后注水下沉，直至穿过W4进到W3为止。

(2)内支撑

分为水平对口撑、垂直向剪刀撑和水平向剪刀撑3种。水平对口撑是防止内壁压缩变形，垂直向和水平向剪刀撑是防止错位。除3号块采用∟100 mm×8 mm角钢外(连接处采用[200槽钢)，其他均为∟75 mm×5 mm角钢。

(3)吊挂系统

围堰吊挂系统由6个吊架平台、12×YC-60双作用千斤顶和12根ϕ32 mm精轧罗纹钢筋吊杆组成。吊架平台高度12 m，由4根630 mm×9 mm螺旋管做立柱，平台尺寸为3 m×6 m。每个平台采用2I400＋

I400+2I400，支撑梁共同承担2台60 t千斤顶和2个锚固螺母的压力。为防止锚固螺母滑落在安装中节和上节的过程中，采用在水面上加焊牛腿于钢管桩上，以减少锚固螺母受力。

(4)导向结构

为控制双壁钢围堰的平面位置，在围堰内侧河流上游方向Ⅱ/2范围内插打I400a，间距1 m，并用连接板与环形平台的管桩焊连固定。围堰下沉采用高压注水冲射，清洁覆盖层，确保围堰到封堵底高程。

3. 围堰封底

(1)封底混凝土灌注方案

水下封堵面积335 m^2，抽水开挖后找平封底400 m^2，水下封堵混凝土采用C20流动混凝土，坍落度为18～22 cm。水下封堵混凝土时采用带支架的隔板控制混凝土在距围堰2.5～3 m范围内。灌注点应沿围堰内壁均匀向前灌注，每次移动导管的距离控制在3.5 m，并安排专人测量灌注前后的高度。完成后还应派潜水员下水摸探补灌。

在灌注平台上布置封堵导管和混凝土漏斗，为满足初灌混凝土量的要求，每根导管在初灌时，上方设一不小于10 m^3的混凝土存储罐。砍球后，存储罐移至下一个初灌导管上方。各导管的续灌混凝土由布料机直接供料。

(2)灌注平台

在吊杆上挂梁顶摆放钢轨或型钢，其上铺设脚手板，形成工作平台，脚手板要捆钉牢固，不得有翘头板，平台周围设置栏杆。

(3)水封导管及测量绳坨

水封导管采用ϕ273 mm扣接式导管或ϕ250 mm法兰盘栓接式导管，底节导管长度应不小于2 m。导管的作用半径宜为3.0～3.5 m，由于围堰内钢护筒较多，为保证封底混凝土与钢护筒的粘着力，在各钢护筒尤其混凝土不易流到死角都应布置导管。导管使用前应检查，不漏水、内壁光滑，并组装编号，划标尺。

为了全面、准确掌握控制水下混凝土高度和流动情况，除了在导管和周边特殊位置设测量点外，其余范围也须布设测量网格，网格间距不宜大于3.4 m，在接近封底混凝土顶面时，测点应加密至1 m，以防欠封或超封，给施工带来不利后果。测量绳使用前应进行标定，测量砣使用比重砣，使其能准确测定混凝土面高程。

(4)混凝土灌注

封底混凝土设计强度等级为C20，配置强度可提高10%。混凝土配合比应满足泵送混凝土要求，初凝时间不少于8 h，混凝土坍落度18～22 cm。初灌时坍落度宜偏小，以保证导管的埋入深度；在接近封底混凝土顶面时，坍落度适当加大，以增加混凝土流动性，使封底混凝土表面更趋于平整。

各导管首批灌入混凝土应使导管埋入混凝土深度不小于0.8 m，混凝土泵应做好补充接续灌注准备。水下混凝土灌注不得中途间歇，避免停滞时间过长造成堵管。

灌注过程中加强测量，正常灌注时每隔10～15 min测量一次，接近封底混凝土高程时，每5 min测量一次，防止超灌或欠灌过多，增加凿除工作或影响封底混凝土的有效厚度。

灌注封底时，随混凝土量的增加，围堰内应排水，使围堰内外水位基本保持一致。

4. 连续梁施工

同其他桥梁施工工艺。

四、64 m+4×116 m+64 m衡阳湘江特大桥连续梁施工

衡阳湘江特大桥主桥为(64+4×116+64) m六跨一联的预应力混凝土连续箱梁桥。由于无砟轨道线路平顺性要求严格，因而连续梁桥的悬臂施工中线形控制要求比普通铁路桥梁高。

(一)连续梁主要施工要点

1. 梁体0号段、边跨直线段、一般节段施工

0号段采用墩旁托架法施工。临时墩及支架由钢管混凝土临时墩立柱与墩旁托架、分配梁、底模排架等组成。其中临时墩采用4根ϕ1.1 m钢管柱，柱内用C50混凝土填实，底部与承台顶部预埋件焊接，上部与托架焊接，钢管顶部混凝土内设置锚固钢筋，伸入0号块底板，使钢管兼作连续梁施工临时墩。边跨直线段采用落地支架法一次立模整体浇筑的施工方案，采用设置临时墩、以贝雷架拼装施工平台的方式进行施工。

一般节段采用挂篮悬臂施工,其工艺成熟,不再赘述。

2. 合龙段施工

合龙方案为:先合龙次边跨,再合龙边跨,最后合龙主跨。施工合龙段时,为尽量减少不平衡弯矩,将合龙段挂篮进行改制,形成两端简支吊架,并拆除挂篮位于顶板上的构件。

(1)临时锁定

合龙段临时锁定是合龙段施工时尤为关键的过程。为约束两悬臂段的水平向伸长,抵消施工过程中温度降低时梁体缩短产生的拉应力,防止出现梁体裂纹,设计采用先施工体外劲性支撑,再对悬臂段、合龙段进行预压。劲性支撑位置在顶板、底板各两处,通过焊接锚固在合龙段相邻两端的预埋钢板上。具体要求有以下几点:

①临时锁定实际上是一次体系转换。由于两悬臂受温差、混凝土收缩徐变的影响,施工时,先固定一端,待温度变化幅度小、一天中温度最低时固定另外一端。

②焊接工作完成后,及时对劲性支撑进行降温处理,避免两端不均匀升温。

③预拉纵向钢束,张拉力为控制应力 30%左右。

(2)取消合龙配重

根据设计要求,合龙时需在最大悬臂端进行合龙段的配重(合龙段混凝土重量一半)。施工时,对配重工况进行分析,计算结果表明,按全固结计算各悬臂端位移量小于 10 mm,按铰接模式计算各悬臂端位移量小于 16 mm,变形量很小。主梁刚度大,结构变形小,应力协调。实际合龙时,取消合龙配重。实际测量混凝土浇筑前后悬臂端的位移量与按固结模式计算结果基本吻合。

(3)合龙段 C60 耐久混凝土浇筑

①时段选择:为减小梁体混凝土降温收缩引起的拉应力,合龙段浇筑选择在温度最低时进行。

②持续时间:为避免出现混凝土不均匀升温,浇筑时间不能过长,控制在 4 h 以内完成。

③处理细节:浇筑前一天用水将全梁表面、箱内洒水保湿进行降温。两端的混凝土连接表面要充分凿毛,露出致密骨料,冲水洗净保持湿润状态。

(4)纵向预应力筋张拉

合龙段混凝土强度达到设计规定值后,按次边跨→边跨→中跨→次边跨(第二批);先长束→后短束;先顶板→后底板→再腹板;同一断面,先边束→后中束,左右对称张拉。

(二)连续梁线型控制

1. 控制思路

施工控制思路是:理论计算预测→按预测进行阶段施工→阶段施工作业完成后实测反馈→根据实测反馈进行参数分析、评估及优化。其主要包括阶段施工前的预测计算、阶段施工过程中的控制测量、实测结果与计算预测结果的偏差分析及优化分析三个方面的内容。具体实施时,需要考虑以下内容:

(1)建立全桥关键断面应力、线型、温度场实时监测系统。

(2)施工控制以每一阶段构件的结构尺寸、桥面高程控制、结构应力控制为主。

(3)预应力张拉精度、梁体截面尺寸、混凝土材料性能及浇筑重量、施工周期、结构的温度场等对线型影响非常敏感,应作为精度控制的重点。

(4)预应力张拉对结构线型及结构受力安全均有较大影响,在张拉过程中应对其进行重点控制。

(5)温度变化影响梁体的几何线型,并对梁体的精确线型确定非常重要。各施工阶段的线型测量应在黎明前进行,以消除不均匀温度场造成的与计算值的偏离。

(6)混凝土收缩徐变对结构线型影响较为明显,施工前收集相关资料进行预测分析,施工过程中结合实测资料进行详细分析。

(7)悬臂施工阶段立模高程控制采用绝对高程和相对高差双控,立模高程的控制以追求桥面线型的平顺为目标。

2. 控制原则

如果实际线型与目标线型不一致是由于几何尺寸控制引起的,利用计算模型进行几何尺寸偏差对目标线型的影响分析,确定偏差对后期结果的影响及调整方法,纠正几何尺寸偏差对目标线型的影响。

如果所建桥梁线型与目标线型不一致是由于时间效应引起的,则需要调整计算参数使计算模型适应实测结果，并通过调整后的参数对线型进行计算，确定前期参数对目标线型的影响及是否应对目标线型进行优化，并在调整参数的基础上进行下一轮的预测。线型调整的基本原则：

(1)小于施工控制误差范围±15 mm 误差不做调整。

(2)大于施工控制误差±15 mm 的误差，在后续节段调整一半。

立模高程的控制应以追求桥面线型的平顺为目标，不片面追求个别节点的理论高程，当施工中某工序或梁段浇筑后高程值与理论值发生偏差后，不必在下一个梁段中立即调整，应根据偏差发生的特点找出原因，在后期悬臂浇筑梁段挠度计算时进行修正，在以后的几个梁段甚至后期悬臂浇筑的所有梁段中将高程偏差纠正过来。

3. 主梁施工预拱度

施工预拱度的计算准确与否直接关系到线型控制的好坏。不计挂蓝变形的施工预拱度曲线如图 4-3-30 所示。

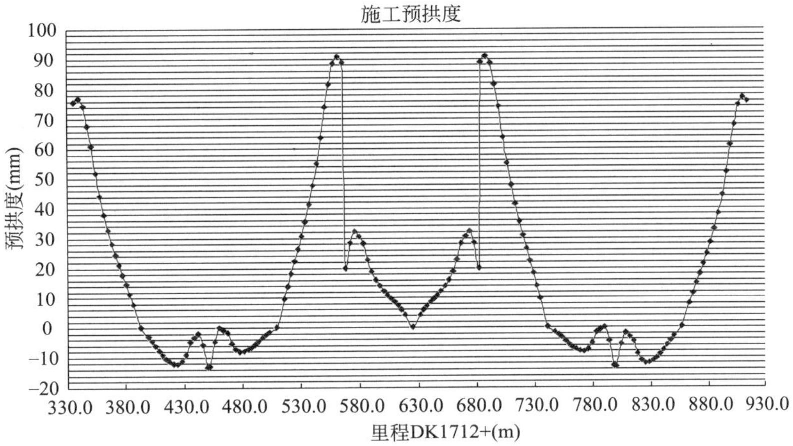

图 4-3-30　施工预拱度曲线

五、黄土湾大桥 70 m＋70 mT 形刚构桥施工

(一)桥跨结构简介

黄土湾大桥桥台位于九峰河“U”形峡谷两岸，地形陡峻，施工场地狭小；与桥前后连接的大瑶山 1 号隧道、大瑶山 2 号隧道正紧张施工，洞门施作、边坡防护与桥梁工程相互干扰，需统筹安排；1 号墩身高，桩基础位于九峰河原河道中心位置，受汛期影响大；广州、武汉方向桥台桩基均位于悬岩峭壁。

桥梁上部结构为 70＋70 mT 构悬臂现浇梁，材料和设备的吊运需采取可靠的起重方式；上部结构耐久性和动力特性等方面施工控制困难，纵横向刚度、抗扭刚度、基频和工后沉降等方面要求高；梁部宽，跨度大，结构自重大，施工工艺复杂，技术含量高。

(二)施工技术

1. 总体施工方案

桩基础采用冲击钻钻孔，水下混凝土连续灌注。承台采用人工配合机械井挖(必要时采用松动爆破)，模板采用大块钢模板，混凝土采用罐车运输、通过泵送混凝土入模。空心墩墩身和桥台外模及内模均采用大块定型钢模板，采用换模的施工方法循环使用。施工到墩顶部位时在墩顶墩身混凝土内预埋钢板，在钢板上焊接牛腿作为梁部 A0 号块施工的支撑和挂蓝预压时使用的托架。T 构主梁采用悬臂灌注法施工，墩顶梁段在托架上灌注，边直段利用支架施工，其余梁段用活动菱形挂篮两端对称灌注施工。

2. 施工进度安排

该桥正式图纸到位时间为 2007 年 10 月下旬，工期紧。1 号墩和悬臂梁施工是该桥施工的关键。

3. 主要分项工程施工方法

(1)1 号主墩承台施工

桩基混凝土达到设计强度后，进行桩头开挖，人工配合挖机进行，桩周和承台底 30 cm 范围内人工清挖，人工修凿桩头多余部分混凝土，进行桩基无破损检测。

1 号墩承台开挖深度达 7 m，开挖时视土质及地下水位情况，选用适当的坡率放坡开挖，必要时留台阶并设置支撑。开挖过程中设置集水坑利用污水泵排除基坑内的积水。两侧桥台处承台按照设计采用 2∶1 坡度放坡开挖。由于 1 号墩承台部分嵌岩，两侧桥台处承台也均在岩石中，当挖机不能挖动时采取安全防范措施后进行松动爆破。

当基坑开挖完成后，人工凿除位于设计桩顶(+10 cm 嵌入承台的桩长)以上的桩身混凝土，将变形的钢筋调整修复。基坑开挖深度比设计高程低 5 cm，浇筑一层 5 cm 厚的素混凝土或水泥砂浆垫层，垫层按要求整平后作为承台混凝土施工的底模，侧模用大块钢模板，背肋后两块对称模板用 ϕ18 mm 钢筋对拉。桥台处承台混凝土采用滑槽入模，主墩承台混凝土采用混凝土输送泵泵送入模，插入式振捣。进行混凝土养护，待混凝土强度达到 70% 后方可进行下道工序(混凝土强度以相同条件养护试件的抗压强度为依据)。承台钢筋制安必须满足设计及规范要求，并注意预埋墩身钢筋及综合接地预埋件。

由于承台混凝土体积较大，承台施工浇筑时应采取降低水化热及温控措施，混凝土浇筑完成后必须立即采取养护措施。为了避免温差过大引起裂缝，混凝土内外温差应控制在 20 ℃以内，当发现混凝土内外温差超过 20 ℃，应及时加强保温。混凝土采用麻包加塑料薄膜覆盖保温，麻包应保持湿润状态，麻袋相互搭接不少于 100 mm，派专人洒水养护，养护期不少于 14 d。

控制混凝土产生裂缝的措施：

①优化配合比，选用良好级配的骨料，严格控制砂石质量，降低水灰比，选用低热水泥，并在混凝土中掺加粉煤灰和减水剂等，以降低水泥用量，减少水化热，并尽量选用后期强度的混凝土，以降低混凝土最高温升，降低混凝土所受的拉应力。

②循环冷却水系统设置

为保证新浇筑的混凝土尽快散热，应在混凝土浇筑前在承台内设置循环冷却水系统。水管采用 ϕ40 的无缝钢管，钢管平面间距为 50 cm，外侧钢管距边缘 30 cm，层间距不大于 80 cm。1 号墩共布设 4 层，桥台承台布设 3 层。

③延长初凝时间，使混凝土充分沉实，同时加强初凝前的抹压，以消除初期裂缝，并加强早期养护，提高混凝土抗拉强度。

④混凝土浇筑后，应尽快回填土，土是混凝土最好的养护材料之一。这是目前混凝土保温保湿养护的最有效方法，对预防裂缝是非常有益的。

⑤加强插筋位置的振捣、抹压、养护。由于钢筋是热的良导体，易产生大的温度梯度，这是裂缝产生的一个主要环节。

⑥夏季施工要降低入模温度，如在拌和用水中加入适量冰块，对所用的拌和骨料以及混凝土输送罐车的混凝土罐进行覆盖及洒水降温，浇筑混凝土时最好不要让混凝土在太阳下直接暴晒。

⑦基坑回填：在基础拆模完成并经监理工程师认可后，进行基坑回填工作。回填时采用砂石回填分层摊铺夯实，分层厚度不大于 20 cm，如基坑内的积水无法排除时，则采用砂砾材料回填。

(2)缆索施工

该桥两侧均为地势较陡的山体，适合缆索施工。采用缆索方案以满足纵、竖两个方向的运输。缆索跨径为 250 m，共布置两股，主缆距线路中心线 3.07 m。设计吊重为每根主缆 7.5 t。主缆采用 ϕ40 mm 钢丝绳，塔架支座采用万能杆件拼装。

①施工前必须进行详细的施工方案设计和制定安全保证措施。

②索道基础设置必须稳固，缆索强度等必须按照起重能力进行检算。

③因索道高度高，使用频繁，故需精心组织，做好日常维护，合理调配，安全施工。

④索道操作人员须定人定岗并经过岗前培训和考核，合格后方能上岗。

(3)墩身施工

黄土湾大桥矩形空心墩身，墩身纵向外坡按 75∶1，内坡为直坡，横向外坡按 26.785 7∶1，内坡为直坡。墩顶顺桥向宽 7.5 m，墩顶壁厚最薄处为 1.022 m，横桥向宽 7.7 m，墩壁厚最薄处为 1.311 6 m，墩顶设实体段为 65 cm，与主梁按空间框架形式相接，墩底设 12 m 实体段与基础相接。墩身外模板采用特制的定型钢模板，内模板采用组合钢模板，以便拆模，外模用螺栓连接，标准段每节高 3.0 m，下部一节已灌注好的模板顶部作为上一节模板的立模底部，二节用螺栓连接，外模四周桁架抱箍形式加固外模并设剪刀撑。在桁架外侧四周用脚手架设置工作平台，以便绑扎钢筋及方便其他操作，内模的立模及拆模均在工作平台上人工操作完成。内模组合钢模板每侧设横木三道，相对两块模板用方木对撑，以防灌注混凝土时胀模。在墩身中心位置的四周，每隔 2 m 高度相互交错设置直径 20 cm 的通风孔。

第一节墩身施工时人工凿除施工面，处理干净，测量放线，搭设脚手架，人工绑扎钢筋，安装特制组合钢模板，测量复测，混凝土拌和站集中拌和混凝土，混凝土输送车运输，混凝土输送泵泵送入模，插入式振动器捣固。除混凝土外的其他材料采用索道垂直和水平运输，墩顶施工时预埋钢板用以设置托架。

墩身外观质量技术保证措施：

①由于桥身模板分块多，因此要求各块模板间的螺栓连接必须牢固，外模板采用桁架梁加固，不得采用对拉杆，内组合钢模板的连接及对撑要牢固，安装模板时可用外模四周的工作平台及索道的吊篮辅助施工。

②严格控制混凝土原材料的质量和配合比，并防止混凝土离析，防止钢筋保护层中只有砂而无粗集料造成肋纹。使用原材料必须采用同一厂家、同一批次的产品，以保证外露部分混凝土色泽一致。

③立好模板后，要认真检查模板的位置是否正确。为了保证墩身混凝土表面光滑无错缝，墩身模板必须有足够的强度、稳定性与刚度，模板接缝要严密、不漏浆，且每浇筑段浇筑混凝土高度必须比该节模板顶高程低 10 cm，作为两节间的搭接长度。

④分段进行灌注墩身混凝土，其间隔时间不宜超过 3d，接触面必须按施工缝处理，并加强接缝处振捣。

(4)桥台施工

人工对台身范围内的承台表面进行凿毛处理并清洗干净，测量放线，搭设脚手架，人工绑扎钢筋，安装特制组合钢模板，测量复测。混凝土在中心拌和站集中拌和，混凝土输送车运输，混凝土输送泵泵送入模，插入式振捣器振捣密实。为保证混凝土外观质量，模板加固采用落地斜撑，不得采用对拉杆，振捣时严禁漏振、过振、触及模板和预埋件，混凝土坍落度控制在泵送混凝土允许范围以内。混凝土必须达到 2.5 MPa 时方可拆模，拆模后对混凝土进行洒水养护。桥台身先浇筑到台身顶帽高程处，待悬臂梁施工完成后再浇筑台身顶帽以上部分。墩台、支撑垫石的高程、位置必须准确控制，垫石顶表面必须平整，其四角高差不得大于1 mm，且按设计或支座生产厂家的要求预埋支座地脚螺栓。支承垫石施工前要求实测墩顶高程，并根据实测高程调整垫石高度。桥台身高出支承垫石顶部分应在 T 构施工完成后另行施工。

(5)悬臂 T 构梁施工

①施工顺序

安装主墩侧托架→A0 块施工→拼装挂篮→A1 块对称施工→依次对称灌注悬臂段→搭膺架施工边直段→与边跨合龙。

②挂篮设计及施工

本桥采用平弦无平衡重式菱形挂篮施作连续 T 构梁，挂篮由菱形主桁(两片)、吊挂系统、走行系统、内外模及操作平台五部分组成。挂篮后部分与桥体锚固，解决倾覆问题。挂篮及附属设备重不大于 850 kN。挂篮采用地面试拼，合格后拆解，索道垂直提升，在 A0 号块节段上拼装组合。

六、白庙北江特大桥 48 m＋2×80 m＋48 m 连续梁桥施工

(一)桥跨结构简介

白庙北江特大桥中心里程为 DK2104＋206，桥长 2 201.755 m，桥跨布置为 2(54－32 m)简支梁＋2(48＋2×80＋48) m 预应力混凝土连续梁＋2(5－32 m)简支梁。大桥基础采用钻孔桩基础，桩基直径采用 100 cm、125 cm、150 cm、200 cm 4 种形式，平均长度约 45 m，最大桩长 88 m。桥墩采用双线圆端空心墩和实体墩，最大墩高 22 m。桥台采用双线钢筋混凝土空心桥台。梁部为 32 m 无砟轨道后张法预应力混凝土双线简支箱梁及(48＋2×80＋48) m 预应力连续梁。54 号～58 号墩为连续梁，位于白庙北江主河槽内，梁体为单箱单室变高度变截面箱梁。梁体从 0 号段开始，梁段类别分别为 1 号～9 号段、合龙段、非对称选灌段、边跨直线段。梁段长度为2～5.75 m(0 号段长 12 m)，梁高为 4～7 m，梁顶宽 13.4 m，梁底宽 6.7 m。梁体在完成 0 号段施工后采用挂篮对称悬灌施工，梁体通过 CKPZ-35000 型、CKPZ-7000 型支座支承在桥墩上。

(二)施工技术

1. 总体施工方案

根据设计，本桥基础为钻孔灌注桩基础，采用冲击钻进行施工，主墩围堰形式为双壁钢围堰，钻孔平台采用钢护筒支架；墩身施工采用大块定型钢模；梁部采用挂篮悬臂浇筑施工。

2. 施工组织

(1)组织机构：项目部由高效精干管理人员组成，下设综合管理部、工程管理部、安全质量部、计划财务部、物资设备部、试验室和测量队五部一室一队等职能部门。施工作业队按架子队模式要求，配备队长、技术负责人、技术员、安全员、质量员、材料员、领工员、试验员、工班长等。

(2)劳动力配置

根据本桥工程特点和施工需要安排施工队伍，见表4-3-9。

表4-3-9 施工队伍安排及任务

队伍安排		劳力计划(人)	施工内容
白庙北江特大桥第一作业区段	桩基工班	60	0号～34号墩桩基础、承台、墩台身施工
	墩台身工班	40	
	钢构件工班	30	
	综合保障工班	10	
白庙北江特大桥第二作业区段	桩基工班	60	35号～53号墩、59号～63号墩桩基础、承台、墩台身施工
	墩台身工班	40	
	钢构件工班	30	
	综合保障工班	10	
白庙北江特大桥第三作业区段	桩基工班	170	54号～58号墩钢围堰制作、定位、钻孔平台搭设、钻孔桩基础施工、墩身施工、连续梁施工、桥面系及附属工程施工
	墩台身工班	120	
	连续梁工班	180	
	桥面系工班	80	
	钢构件加工工班	60	

(3)主要机械设备配置

主要机械设备配置见表4-3-10。

表4-3-10 主要机械设备配备

序号	项目	设备名称	规格型号	单位	标段数量	用于施工部位
1	桥梁下部	冲击钻机	CZ30	台	48	基础
2		泥浆泵	BW-200	台	48	
3		挖掘机	CAT320C	台	3	
4		长臂挖掘机	PC220	台	2	
5		自卸汽车	K29	台	4	
6		驳船	400T	台	4	
7		振动锤	DZJ135	台	2	
8		汽车吊	QY200	台	2	
9		浮吊	50T	台	3	
10		塔式起重机	TC5015	台	3	承台、墩身
11		汽车吊	QY25	台	3	
12		汽车吊	QY50	台	1	
13		卷扬机	JK-5	台	200	
14		卷扬机	JK-10	台	100	
15		挂篮	自制	套	6	
16		水泵	kWPK200-400	台	10	

续上表

序号	项目	设备名称		规格型号	单位	标段数量	用于施工部位
17	桥梁上部	连续梁	千斤顶	YC25	个	3	连续梁
18			千斤顶	YC60	个	3	
19			千斤顶	YCW250B	个	4	
20			千斤顶	YCW350B	个	4	
21			千斤顶	YCW400B	个	4	
22			千斤顶	YCW500B	个	4	
23			张拉油泵	ZB4/500	个	8	
24			压浆机	JZ-350	个	2	
25			卷扬机	JK-5	台	8	

3．基础及承台施工

(1)双壁钢围堰及桩基础施工

钢围堰分节、分块在桥位下游工厂加工制作，底节钢围堰在岸边组拼完后，进行水密试验，检验合格后的钢围堰通过 2 台 200 t 吊车起吊下水，由打捞船及辅助货船组成的船组吊运到位，用锚绳锚固在上游的定位平台上。利用浮吊将围堰接高至可以下沉的高度，在壁仓内灌水使钢围堰着床就位。随后吸泥下沉，逐节接高交替进行，钢围堰下沉至设计位置。在围堰顶面吊装钻孔平台形成护筒的定位系统，利用浮吊将护筒逐根安装就位，采用振动锤将钢护筒击振沉入河床 7 m。采用导管法水下灌注封底混凝土。通过冲击钻机按照常规方法完成桩基施工。其施工工艺如图 4-3-31 所示。

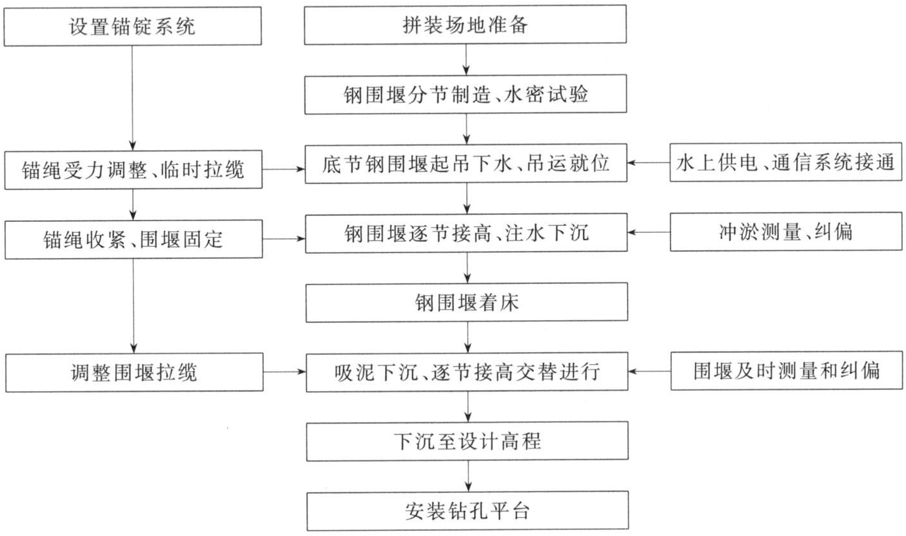

图 4-3-31　双壁钢围堰施工流程

(2)承台施工

55 号～57 号主墩承台为圆端型，结构尺寸为 15.8 m×21 m×4 m，圆端半径为 10.5 m，承台上部为 9.5×13.4 垫石。

大体积混凝土施工，为保证混凝土强度，施工时增加 ϕ40 mm(外径)钢管作为循环冷却管，钢管接头采用与之匹配的塑料网管，两端外套在钢管上用 3 mm 钢丝绑扎连接。进出口通过竖向管垂直引出承台面外，每 1 m 布置一层，共布置 3 层。

浇筑混凝土严格按规范要求分层浇筑，捣固密实。

4．墩身施工

北江桥主墩为圆端形桥墩，圆端半径 3 m，墩身最大高度为 23 m。模板采用无内拉杆大块定型钢模。主墩墩身高度分别为：55 号墩 19.5 m、56 号墩 23 m、57 号墩 19 m，墩身施工分别采用如下方案：55 号墩分三次浇筑，每次浇筑高度分别为9 m、9 m、1.5 m；56号墩分三次浇筑，每次浇筑高度分别为12 m、9 m、2 m；57号墩分三次浇筑，每次浇筑高度分别为9 m、9 m、1 m。、

针对高处作业且墩身钢筋骨架稳定性较差，为确保质量安全，施工时采取如下措施：

(1)由于墩身每次的浇筑高度较大，钢筋骨架的稳定性较差，竖向钢筋采用定位钢管和钢筋剪刀撑进行定位加固。圆弧端采用ϕ25 mm钢筋按照竖向主筋外缘加工定位钢筋。定位筋及定位钢管按照3.6 m设置一层，钢筋剪刀撑在墩身平面与圆弧的交点设置两层。

(2)钢筋安装时，先根据主墩的外缘尺寸设置好定位钢管及钢筋，按照设计的钢筋间距，在定位钢管及钢筋上标出钢筋位置。安装时与预埋钢筋逐一对接，根据标出的钢筋位置临时固定在定位钢管上。在完成箍筋绑扎和钢筋骨架内部剪刀撑加固后，解除定位钢管及圆端定位筋。

5. 桁架式无内拉杆大块钢模在墩身施工中的运用

模板标准节采用3 m/节，调节模板为2 m和1 m每节，面板为σ=6 mm钢板，平直段采用[12槽钢做横带，加强面板刚度。桁架采用∠100 mm×10 mm角钢和[12组合，高度每80 cm一层，每片用销子连接。经实际施工效果证明：能明显的消除混凝土施工错台漏浆和接缝多，表面不光洁的通病；桁架刚度大，模板不会产生涨模、跑模现象。

6. 施工体会

通过白庙北江特大桥施工，特别是深水基础钢围堰施工，有以下几点体会：

(1)北江特大桥墩钢围堰采用工厂化制作，底节在岸边码头组拼，采用吊车起吊下水的施工工艺，保证了制作精度和焊接质量，围堰水密实验一次合格率100%，围堰尺寸误差小于20 mm。

(2)通常双壁钢围堰下水自浮，采用大吨位拖船，顶推到上游就位。在缺少大吨位顶推设备的情况下，采用吊运，避免了庞大的围堰水流阻力，既经济又安全。

(3)桥址水域狭窄，航道繁忙，两岸上下游均为旅游船停泊码头，不具备传统抛锚条件。采用钢管桩平台定位系统，占用水域小，施工简单快捷，定位准确度高，钢围堰下沉到位后最大偏位0.215 m，达到了预期目标。

七、流溪河西华海水道(94+168+94) m连续刚构桥施工

(一)桥跨结构简介

武广铁路客运专线新广州站及相关工程流溪河特大桥跨西华海连续刚构横跨白泥水道，跨径组合为(94+168+94) m，为国内高速铁路最大跨度连续刚构。里程范围DK2189+053.58～DK2189+409.88，全桥长356 m，桥墩轴线与水道成28°夹角。水中主墩基础为12根ϕ2.5 m，桩长95 m钻孔桩。承台尺寸为23.2 m(长)×16.8 m(宽)×5 m(高)，最近角距离岸边约6 m。

设计主墩为双薄壁圆端形墩，单墩结构尺寸11.0 m×2.5 m，墩间纵向净间距5.5 m，墩顶钢筋伸入到梁内，与梁体刚形连接，另外每个薄壁墩用了22根精轧螺纹钢施加预应力与梁体锚固。

主梁设计情况为：0号块箱梁截面高11.0 m，腹板厚2.0 m，底宽8.5 m、厚1.8 m；合龙段长2 m，与边跨现浇段截面高度5.5 m，腹板厚50 cm，底板厚50 cm；全桥共分91个节段，腹板厚度按折线变化。悬臂浇筑节段最大混凝土体积130.7 m^3(1号块)，最小体积62.7 m^3(21号块)，全桥混凝土用量10 024 m^3；梁体采用三向预应力体系。

(二)施工技术

1. 深水基础桩基施工

(1)水下清礁及堤岸防护

根据地质勘查报告及取芯岩样显示河堤的地质分层状况，为保证开挖顺利进行和厂房安全，沿堤岸边布设21根直径为1.0 m钻孔灌注桩加固防护堤岸。钻孔桩中心间距为1.5～2 m。两桩之间采用60 kW震动锤插打ϕ63 cm钢管桩用以保证21根防护桩群的整体性，使之整体受力。

(2)清礁施工

防护桩施工完成后，立即采用反铲挖斗船进行水下挖礁工作。由测量组使用全站仪现场放样，确定所需开挖边线。开挖区域从围堰四周各放宽2.8 m，即顺桥向21.8 m，横桥向28.2 m，面积约为615 m^2。为保证

深水地段大面积开挖的准确性，采用分块与分层的开挖方式。将所需开挖区域分为9块，在岸边作明显标记标明。

由岸边向河中心，从上游向下游逐块开挖。每天组织技术人员对开挖区域进行测量，到达指定高度（一般为1 m）时换至另一块进行开挖。待9块全部开挖完毕后返回第一块循环开挖，直至整体达到设计高程。

(3)水下爆破

①炮眼钻孔

炸礁船采用400 t方驳，船舷处设置钻孔平台，钻孔采用3台潜孔冲击钻，每3个炮孔同时施工，钻头为ϕ91 mm金刚石钻头，配ϕ127 mm套管，采用垂直钻孔方式，一次钻到的深度高程为-13.939 m（考虑允许超深0.4 m＋超钻1.0 m）。水下爆破与陆上爆破不同，炮孔不能随意调整，因此炮眼采用全站仪测量定位，并在水流较急或转潮时进行孔位复测。

②水下装药、堵塞

水下钻孔爆破由于炸药一般在水中浸泡时间较长，因此炸药采用防水性能较好的乳化炸药，炸药直径ϕ75 mm，药卷长度0.4 m，单卷药重约2 kg，每米药卷重5 kg。

③雷管：采用导爆管毫秒非电雷管，主要使用的有Ms1，Ms7、Ms9、Ms11、Ms13、Ms15六种规格。起爆雷管采用击发枪起爆。

根据孔深不同，孔内装与爆柱长度相等的导爆索作为起爆药柱，每个起爆药柱装1个非电导爆破雷管，并将导爆管引出至南岸，采用孔内微差。

装药前将孔内的石砟清除干净，如药柱下不去，可用竹竿或塑料管等轻轻挤压；或取出药柱作进一步处理，排除后再装药。

根据《水运工程爆破技术规范》，水深大于6 m的，由于水的压力不必堵孔。

④爆破参数确定

炮眼布置：孔位按2.1 m×2 m呈矩形方式布置，孔径90 mm。

炮孔装最大药量计算公式为：

$$Q=q\cdot a\cdot b\cdot H$$

式中　Q——炮孔装药量(kg)；

q——炸药单耗(kg/m^3)，本工程选取q取1.0 kg/m^3，施工时，为提高爆破质量，可根据岩石情况进行调整；

a、b、H——孔距、排距、孔深(m)，本工程取a=2.1 m，b=2 m，H=为钻孔孔深（设计开挖岩层厚度＋设计允许超深0.5 m＋超钻1.0 m）。

由于岩层为变化面，装药量根据实际钻孔深度、试爆效果和岩石软硬程度进行适当调整，在保证安全的前提下，取得良好效果。

⑤网络爆破

每排三(四)个孔，孔内每个爆破体内分别装一发Ms9、Ms11、Ms13(Ms15)段的非电雷管，每个船位装药完毕后，进行大把抓，每把用胶布绑扎Ms7非电雷管将每排进行串联。起爆采用Ms1段导爆管长40 m的非电雷管。

⑥爆破效果

覆盖层开挖采用型号3 m^{3}反铲清礁船挖除，岩层开挖采用水下控制爆破破碎，再用反铲船挖除岩渣。

通过水深雷达的测定，炸礁工程达到预期目的，爆破岩面基本平整，误差在－10～－40 cm，爆破区域高程及宽度满足围堰下沉需要，施工过程中未出现补爆破情况。

(4)钻孔平台施工

钻孔平台施工主要工序为：施工准备→测设定位→测量抛填土袋→插打钢管桩→钢管桩对接→剪刀撑焊接→墩顶搭设→架设主梁→过程监测。

①钢管支墩对接

根据现场河床覆盖层测量深度，提前将钢管桩接长至18 m；为保证钢管桩接缝的受力性能，对接要求如下：上下两对接后钢管桩轴线夹角不大于1°，对接口管壁错开量不大于2 mm，焊缝满足钢结构验收要求，焊条采用 E 50(506)型。钢管桩对接时,沿钢管桩四周均匀设 4 块 12 × 25 cm 、δ=8 mm 加劲钢板,焊缝要求同上。焊接时加劲板与钢管壁密贴,所有焊缝高度不得小于 6 mm。

②测设定位浮标

根据测定的水流速度,利用全站仪和浮标船,计算出定位点,并在定位点上游抛下浮标。设置浮标后复测实际位置,定位偏差控制在 10 cm 以内。利用浮标定位施工前,根据水位涨落情况推算浮标位置,以便调整施工距离和方向,及时复核浮标位置。

③抛填土袋

鉴于河床面砂层较厚,每天受潮汐影响河水流向变化两次。大量河砂被带入基坑内。

钢管桩插打前利用钢钎测量覆盖层深度,如不足 3 m 需在支墩周围 5 m 范围内抛填黏土袋;用尼龙袋装土,不得装入大石块和树根类杂物,利用工程驳船运至抛掷点上游,根据计算的距离抛掷。用钢丝将 3 ～ 4 个土袋绑扎在一起抛掷,为保证抛填范围内土袋均匀布置,抛掷时驳船缓慢向下行驶,反复进行直至抛填厚度达到 3 m 以上。

④插打钢管桩

在 350 t 驳船上设置 25 t 汽车吊装配成浮吊,根据浮标位置,抛锚定位浮吊和运输船。利用浮吊吊起钢管桩,全站仪测量指挥定位后,利用 60 kW 振动桩锤插打钢管桩直至岩面。随后及时在桩四周抛掷土袋,并向桩内灌砂至常水位以上 2 m。除第一根钢管桩外,其他钢管桩均及时与已插打的桩利用槽钢进行临时连接。钢管桩插打顺序为从上游向下游,从西岸侧向东岸侧,从平台角点处向整个平台扩展。每班完成前及时焊接剪刀撑和水平撑。钢管桩插打时定位偏差≤0.1 m,倾斜度≤1%。

⑤架设工字钢梁

钢管桩插打、连接固定后,割除钢管桩至设计高程并焊接桩帽,桩顶高程偏差≤0.01 m。随后架设工字钢梁和铺设钢板,完成操作平台的施工。

ϕ63 cm 钢管桩、[22 槽钢水平撑和斜撑焊接连接构成整体后,钢管桩顶焊接 2 cm 厚的顶钢板。横桥向铺设两根一束的 I45b 工字钢,纵桥向铺设三根一束的 I45b 工字钢,形成钻孔平台的骨架,在纵梁上铺设 I28b 工字钢作为分配梁。两根并排工字钢错开至少 5 m。

(5)钻孔桩施工

钻孔桩施工主要工序为:钢护筒埋设→冲击反循环钻机开孔→气举反循环钻机钻进→成孔验收→钢筋笼下放→混凝土灌注。

护筒采用 δ=16 mm 的钢板制作,外径 280 cm,为防止钢护筒底部卷口,底部 30 cm 刃角加厚。根据浮吊性能及工作平台高度,将护筒分为 3 节,每节长 6 m,共 18 m,打入河床。护筒对接处焊缝必须光滑,无凹凸现象和夹杂焊渣,钢护筒下沉前必须做煤油渗透实验,不得有渗漏现象。钢护筒安装在施工平台完成后进行,先粗略测放出桩孔中心位置后,在作业平台上安装钢护筒导向框架,钢护筒在导向框上分 3 层定位,导向架固定在平台上,长 6.0 m,以确保护筒入土深度和垂直度。

导向框架采用型钢拼装成型,在工作平台调整水平,使其垂直并在同一平面内,固定安装在工作平台上,形成整体。利用船吊或汽车吊将接长的钢护筒下放到位后,为保证钢护筒的平面位置及倾斜度不会发生较大变化,且能够沿导向框架插入河床内。用两台全站仪从两个互相垂直的方向观察护筒的倾斜度是否符合施工规范的要求。用 DZ-90 震动打桩机在工作平台上插打钢护筒,钢护筒须逐节接高下沉,保证护筒中心位置和桩心位置偏差在 2 cm 以内,倾斜度不得大于 0.5%。护筒下沉过程中注意观察下沉速度,速度过快可能导致护筒倾斜,速度过慢则可能是护筒底遇到障碍物。遇上述情况应停止作业,复核孔位中心后,查明原因,尽快处理。

(6)开孔冲进

护筒埋设完成后,采用冲击反循环钻机开孔。注意先用小冲程正常冲进,待整个钻头全部、均衡的进入岩层(离护筒底口 2 m 左右),再采用大冲程(1.2 m)、高频次冲孔。冲击反循环钻机施工至 40 m 后,若进尺效率明显降低,则改用 KPG-3000 钻机施工。

钻杆为中空结构,通过向钻杆内通入高压空气,使管内上层形成负压,带动孔内泥浆循环。泥浆夹带孔内石碴排出孔外,经泥浆分离器过滤后回流至孔内,石碴分离存放在存碴池。

主墩采用低固相 PHP 泥浆，每方泥浆的材料配比见表 4-3-11。

表 4-3-11　泥浆的材料配比

水(kg/m^3)	膨润土(kg)	增粘剂 PAC(kg)	Na_2CO_3(kg)
1.00×10^3	104.0	2.08	10

钻进至设计高程后，可先检查钻杆长度，对所钻孔深度进行复核。然后在不起钻的情况下，将钻具提离孔底 50 cm 左右，放入测绳对钻孔实际深度进行验证。确认已达到设计要求的孔深后，再停止钻进。保持钻头不接触孔底，慢速回转钻具，开始清孔。提钻后，对钻孔的孔径、垂直度进行测量。验孔器为一节 10 m 长的钢筋笼，直径与钻孔桩的直径相同，上下口稍小。清孔采用反循环换浆法进行，泥浆比重控制在 1.05 左右。清孔时间视孔径、孔深和钻渣含量而定。

在成孔过程中，钢筋笼同时制作。因本桥桩基深 95 m，钢筋笼长 96.8 m，钢筋笼分节制作，每节长度为 9 ～12 m。成孔后将验收合格的钢筋笼运至孔口，采用 50 t 吊车依次按编号分节段将钢筋笼吊装入孔。在孔口处采用电弧焊连接钢筋笼。吊装钢筋笼采用专用钢丝绳、双[28 槽钢扁担及滑轮组。吊装时吊点要对称，吊点处采用钢筋头进行加强，吊钩垂直于笼子中心，保证钢筋笼垂直下入孔内。

混凝土灌注前进行二次清孔，采用气举反循环加高压射风清孔。当二次清孔的泥浆性能指标和沉渣厚度达到设计和规范要求，并经监理工程师检查合格后，立即砍球进行首盘水下混凝土灌注。

主墩桩基直径 2.5 m，桩长 95 m。砍球前需将导管提高至距离孔底 50 cm，首盘混凝土灌注后要求导管至少埋深 1.0 m 以上。

混凝土采用 2 台搅拌机拌制，安排 8 辆混凝土输送车运输，通过 2 台汽车泵进行泵送，将混凝土输送至平台储料箱中，料斗门放料，经流槽进入小料斗和导管进行灌注。

2. 矩形双壁钢围堰施工

钢围堰施工主要工序为：围堰设计→钢围堰加工→钢围堰拼装、下沉→钢围堰封底→承台施工→钢围堰拆除。

(1)钢围堰设计与加工

钢围堰由钢板和型钢焊接而成，围堰壁、分隔仓均为水密结构。经过多项方案研究、比较，考虑到西华海水道宽度只有 155 m，且根据现场施工及加工场地限制，跨西华海水道主墩承台施工确定采用矩形双壁钢围堰作为主墩基础的围水结构。

钢围堰净空尺寸为 23.4 m×17 m(与承台尺寸基本一致，可作为承台模板)，底高程为-12.539 m，设防顶高程+3.452 m，总高度约 15.991 m，双壁钢围堰外形尺寸为 25.4 m×19 m×15.991 m(长×宽×高)。为拼装、拆卸、吊装的方便，将围堰分为三节施工，每节高为 5～6 m。钢围堰共分 3 节，其分节高度及重量见表 4-3-12。

表 4-3-12　钢围堰分节及重量情况

序　号	名　　称	分节高度(m)	分节重量(t)
1	第一节双壁围堰	5.61	86.017
2	第二节双壁围堰	4.995	182.488 4
3	第三节双壁围堰	5.386	124.483 6
4	合　计	15.991	392.989

围堰周围由内外两层钢壁组成，钢围堰壁厚 1.0 m，面板采用厚 6 mm 钢板，面板上横肋采用∠75 mm×75 mm×6 mm 角钢，竖肋采用∠100 mm×100 mm×8 mm 角钢，肋的间距(内外壁)均为 40.4 cm。内外壁竖向每隔 0.985 m 或 1.5 m 设有 150 mm×10 mm 水平环形板，同一平面上的内外水平环形板间以角钢∠75 mm×75 mm×6 mm 焊接作为骨架，形成水平环形桁架，使得内外壁组合成整体。

根据侧压力情况安装设计所需的纵横支撑，按支撑间最大弯矩相等的原则设置支撑；钢围堰内采用 ϕ800 mm×12 mm 钢管桩作内支撑架，共设置 3 层。

在内外壁间设有隔仓，在平面上将围堰钢壳等分为 12 个互不相通的仓。隔仓板厚 6 mm，且用水平缀板进行加劲。

钢围堰面板采用厚度 6 mm 钢板。加工过程中稍有变形必然导致上下节围堰面板有缝隙，不利于拼装。为解决此问题，在首节围堰上口、第二节围堰上下口及第三节围堰的下口设置宽 150 mm，厚 20 mm 水平环向法兰板。使上下节钢围堰拼装时为面接触。钢管支撑布置如图 4-3-32 所示。

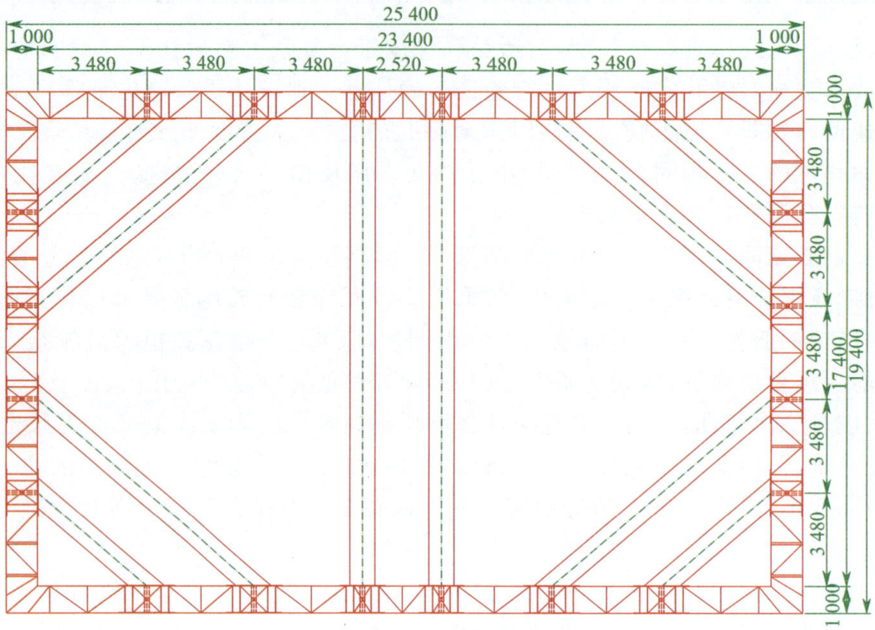

图 4-3-32 钢管支撑布置(单位：mm)

(2)钢围堰拼装与下沉

将钻孔平台中间防碍底节钢围堰就位及下沉的面板、工字钢主梁、ϕ63 cm 钢管桩、部分[20 槽钢剪刀撑拆除。中间的部分工字钢梁吊起架在平台四周钢管桩上，四周用段焊将相邻工字钢梁联系加固。同时在临时平台上搭设 100 cm 宽人行道，便于后序作业的展开。使转换后的临时钻孔平台保持自身稳定。

①钢围堰拼装平台、升降架、导向架等安装

a. 底节钢围堰搁置在拼装平台上进行组拼。在上、下游周边已成桩的 10 根钢护筒上焊接 I25 牛腿形成拼装平台，根据围堰的分片数量设置 14 个，然后在围堰内侧设置 50 cm 宽的通道，供施工时人员的行走。

b. 在上下游及周边 10 根钢护筒上安装 10 个 20 t 手拉葫芦，作为钢围堰下放及调整的升降架。为保证护筒的稳定，采用[22 槽钢将护筒连接。

c. 为保证钢围堰下沉过程中不偏位、不倾斜，必须在钢围堰内壁焊接导向架。导向架采用 I25b 工字钢及双[20 槽钢制作，沿围堰内侧四周设置两层。第一层设置在第一节围堰的顶部，第二层设置在第三节钢围堰的底部，每层 6 个。

②首节钢围堰拼装下沉

a. 围堰单片就位与拼装

第一节钢围堰分片按顺序拼装，下游钢围堰㈠片由浮吊吊起缓缓落置对应的拼装平台上，经测量校核围堰的定位点及垂直度无误后，用[22 型钢将围堰内侧与护筒之间焊接，使其临时固定及限位，汽吊松钩，这样第一片围堰作为定位基准块，吊车或浮吊再起吊㈡和㈣片，两片接口处以已修好的一边为基准，修整另一边，余量大小以保证横向支撑间尺寸为准，两接口通过手拉葫芦拉拢，余量割除后直接点焊，吊装一片后就位一片，12 片围堰依次就位完毕。

首节钢围堰 12 片全部组拼，经测量校核其平面位置及垂直度均符合要求后，利用 4 m 长挂梯依次满焊 12 条大合龙竖向缝。

首节钢围堰施焊完毕，焊缝处涂煤油作水密性检查。

b. 钢围堰下放吊耳的安装

钢围堰下放吊耳是挂架用来升降第一节围堰的重要部件，上、下游设有 10 个，吊耳安装在第一节围堰顶面以下 1.0 m 的内壁板上，安装的角度应与挂架顶口的吊点一致，要求在内壁板上吊耳位置的内外侧局部用 $\delta=10$ mm 钢板加强，内侧面加 30×50 cm 板，外侧面在环板处加 20×20 cm 的三角形劲板。

首节钢围堰拼装完成后，拆除操作平台，围堰内外壁不应残留施工部件，准备下沉首节双壁钢围堰。

c. 首节双壁钢围堰下放、注水下沉

利用 10 个性能完好的 200 kN 的手拉葫芦、20 根 2 m 长直径 ϕ32.5 mm 的钢丝绳和 20 t 的卡环将围堰吊在升降挂架上。

选择小潮期间，在现场专人统一指挥下，20 名操作工人同时向上将 200 kN 手拉葫芦链条收 10 cm，使钢围堰脱离牛腿支撑，此时检查链滑车及吊耳受力状态，确定滑车及吊耳等悬挂系统无变形后割除钢护筒上的牛腿，牛腿要割除干净不留突出铁件，避免造成围堰下沉困难。

牛腿全部切割完毕，检查护筒及围堰内外壁上无残留的施工物件后，在统一指挥下，同时均匀放松倒链，以每一声令下放 10 cm 为原则，使围堰在导向系统作用下徐徐入水，围堰入水 2.5 m 后自浮，此时取走手拉葫芦及钢丝绳。

用 10 台 30 m^3/h 潜水泵分别向 8 个舱内注水，钢围堰在配重水作用下徐徐下沉，同时测量观测围堰的顶面高差，通过隔舱内的注水量调平，待围堰下沉至 3 m 时，停止注水。

钢围堰停止下沉后立即用 10 个 50kN 手拉葫芦与钢护筒水平连接，调平钢围堰进行第 2 节钢围堰对接拼装。

③第二节钢围堰焊接接高下沉

a. 上述工作完毕后，使用汽吊或浮吊配合，吊装钢围堰块件至底节钢围堰上安装，钢围堰块件在吊装过程中，作业人员随时观察围堰外侧油漆对接标记是否对拢，若发现不对拢，须重新吊起调整，

b. 钢围堰对接合龙后，工作人员应检查上下两节围堰的接缝是否密贴，各隔舱分隔线是否对齐，岸上的观测人员通过仪器检测上下两节是否在同一条直线上，检查无误后，电焊工开始焊接。电焊结束后，应用煤油对焊缝进行渗透试验，检查焊缝的水密性，如有渗漏应及时补焊。

c. 对钢围堰位置进行定位测量和全面检查，检查合格后，解除与钢护筒的连接，使钢围堰缓慢下沉，每下沉一定深度，要全面检查是否漏水。

d. 处于悬浮状态的钢围堰，采取分舱对称加水的方法，使钢围堰下沉。一般情况下，能使钢围堰下沉到焊接面距水面约 2 m 处，方便电焊的高度为宜。

④第三节钢围堰焊接接高下沉

第三节钢围堰接高完成，解除钢围堰与护筒的连接，采取夹壁对称浇筑混凝土和吸泥、清泥等下沉的方式下沉。

吸泥机采用 ϕ250 mm×8 mm 刚性导管配备 20 m^3 的空压机，用 4 套导管配弯头、软管和 2 台 20 m^3 的空压机及注水水泵，第三节拼完后开启空气吸泥机，进行围堰刃脚周边吸泥，以最快的速度使钢围堰入泥下沉。清泥采用抓斗机吊车将围堰处泥土清除。

当钢围堰下沉系数不足时，采用水下刚性导管法分仓浇筑夹壁填仓混凝土(C20)，一是填仓压重；二是满足承台施工时对双壁钢围堰结构的强度和刚度要求。夹壁对称浇筑混凝土和吸泥下沉以下两点：

a. 夹壁混凝土浇筑

夹壁混凝土的灌注按对称原则，从两个方向开始灌注，灌注过程中，灌注速度尽量一致，一定要保证围堰顶面水平。

每个隔仓内夹壁灌注混凝土高度除满足围堰下沉要求外，同时考虑承台施工时对双壁钢围堰结构的强度、刚度要求，夹壁混凝土浇筑高度为 7 m。

b. 围堰下沉至设计高程

钢围堰下沉至设计高程－12.539 m 后，围堰内继续吸泥至高程设计高程，潜水员下水，用高压水枪对围堰刃脚内侧、钢护筒周边进行冲洗，使内侧与封底混凝土有良好的握裹。

c. 精确定位及围堰落河床

(a)当第三节钢围堰焊接接高下沉接近岩面时，应停止下沉，对钢围堰的位置进行测量。钢围堰下沉后的下一步工作就是正式定位，正式定位测量采用前后交会定点和全站仪坐标定点控制围堰的位置。钢围堰

的垂直状态测量，则用水平仪测量钢围堰水平高差，推算围堰中心与墩位中心偏差不超过围堰高度的1/50。根据测量结果，调整手拉葫芦，使钢围堰处于设计位置，调整围堰上下的缆绳，使钢围堰置于垂直位置，且围堰中心与墩中心基本上重合。

(b)围堰落河床工作应尽量安排在水位低、流速小时进行。

(c)围堰落河床前，应对所有锚锭设备及导向设施进行一次全面检查和调整，用调整锚绳和拉缆的办法使围堰精确定位。

(d)围堰精确定位后，应加速对称在围堰内灌水，使围堰尽快落入河床。收紧全部拉缆，使钢围堰不受水冲动。

(e)特别注意的是：当确认钢围堰有一点已经接触岩面，就不能再继续下沉，避免钢围堰下沉倾斜，应由潜水员在适当位置将钢围堰刃脚与岩面间隔进行抄垫堵塞，填妥后，再次进行测量检查，确认无误后，向钢围堰隔舱内灌水压重，使钢围堰稳妥地支撑在岩面上。

⑤钢围堰封底

a. 清基

主墩由于钻孔时间较长且经历5～9月份洪水季节，淤泥淤积过厚，使封底混凝土厚度不能达到要求，需要重新进行清底，采用水上浮吊抓斗清砟，最后再用吸泥机抽取表面淤泥和砂。

b. 钢围堰高程及平面位置确定

混凝土施工前，由测量组负责控制围堰平面位置、高程及垂直度，确定无误后方可施工封底混凝土。

c. 导管检查

封底混凝土浇筑前一天，准备三套导管并严格检查，务必进行水密及气密性试验，不合格的导管不得使用。

d. 除锈

钢围堰和钢护筒与混凝土的粘结力能否满足要求是混凝土封底能否成功的关键因素。混凝土施工前必须对钢围堰和钢护筒进行除锈。

测量人员测定出钢围堰与钢护筒除锈高度并做好醒目标记，由施工员安排潜水员采用铁刷打磨除去钢围堰及钢护筒上的铁锈，保证钢围堰和钢护筒与封底混凝土有效粘结。

e. 围堰外侧封堵

为阻止河砂向基底涌入及封底时水下混凝土向河道中溢出，沿围堰外侧用草袋封堵围堰与基坑底部空隙。

f. 首盘混凝土计算量

砍球时为保证混凝土能够埋住导管，向基坑底部投掷2个直径为1.0 m、高为0.6 m的钢护筒，混凝土满足首批混凝土需要量要求，导管距离基坑底部0.3 m，保证首批混凝土灌注后导管埋深1 m。

根据钻孔桩砍球时首盘混凝土方量计算，至少需要混凝土1.4 m^3，现场配备了2 m^3进行封底混凝土砍球。

g. 混凝土浇筑顺序

混凝土从围堰两个对角桩基护筒边开始，分别反向闭合浇筑，从围堰边向中心浇筑。如图4-3-33所示。

配备两台吊机分别吊装一套漏斗和导管，由2台汽车泵输送C30混凝土。混凝土浇筑顺序为先在1号、12号护筒处布导管。首盘混凝土砍球成功后，利用水下混凝土的流动性将混凝土扩散到围堰底部和护筒周围。测量导管处混凝土到达设计高程后，沿围堰周边水平移动导管(移动距离由现场测量结构决定)，继续灌注水下混凝土，直至此处混凝土面达到设计高程。重复移动导管，将围堰四周混凝土浇筑完成。

围堰内侧混凝土先行浇筑完成后，将导管由外向围堰内侧水平移动，直至围堰面积内封底混凝土面均达到设计高程。

⑥封底混凝土高程控制

为保证封底混凝土与围堰间的可靠连接和封闭，防止围堰内壁与混凝土接缝处漏水，混凝土在围堰内的有效高度经计算确定为2.0 m。测量组在混凝土浇筑前在围堰与钢护筒上布设若干水准控制点，并用红油漆标识刻度，刻度线每5 cm一道，长短交错排列，以用于测量围堰内水位高程。

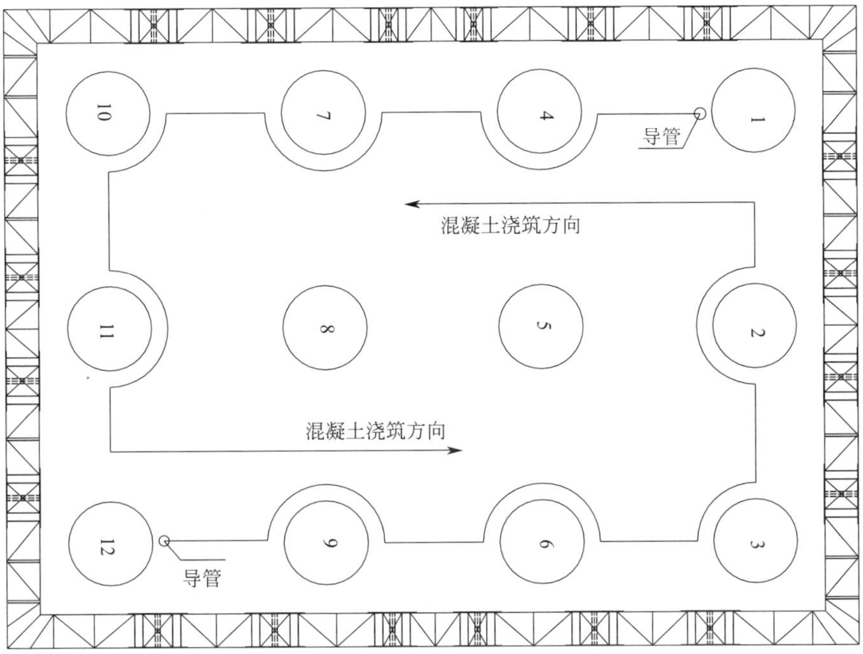

图 4-3-33　混凝土浇筑顺序示意

围堰与钢护筒间利用钢围堰顶作测量平台，钢围堰中间部分用小船系三道缆绳，在岸上安排 3 人从三个方向控制小船，使之成为稳定且可机动的测量平台。

探杆采用外径 ϕ48 mm 薄壁钢管接长至 15 m 制作，下口焊接 7 cm×7 cm 钢片，由 2 人负责随时测量导管灌注混凝土时导管旁及相隔最近围堰边的混凝土面高程，当导管周围混凝土面或围堰边混凝土面非常接近设计高程时，即转移导管灌注位置，直到封底混凝土到达设计高程。

3. 承台大体积混凝土施工

主墩承台设计为低桩承台，尺寸为 23.2 m×16.8 m×5 m(长×宽×高)，混凝土采用 C40 耐久混凝土，设计方量为 1 949 m^3，承台位于西华海河道中。围水结构为矩形双壁钢围堰，尺寸为 25.4 m×19 m×15.991 m(长×宽×高)。

本工程承台混凝土设计强度 C40，根据耐久性设计要求，高性能混凝土采用大掺量矿物掺合料与高性能减水剂技术，在满足混凝土工作性能及耐久性能前提下，通过降低水泥用量及水灰比，降低早期混凝土中的水化热温升、延缓放热高峰的出现。

(1)大体积混凝土配合比设计及试配

由于混凝土设计强度较高，为防止混凝土产生温度裂纹等结构裂纹(表面裂纹和纵向贯穿裂纹)，从降低混凝土温度应力和提高混凝土本身抗拉性能等方面综合考虑，主要措施是降低混凝土的水化热。因此，必须作好原材料的合理选取、配合比的优化设计和试配工作的有效可行。

经过反复试配，并根据该工程特点和大体积混凝土施工技术要求，对试验结果进行工作性能、经济性能及施工技术标准等全面分析，找出了工作性佳、经济效益明显的 C40 混凝土的施工配合比。配比见表 4-3-13。

表 4-3-13　混凝土的配合比

使用部位	编号	配合比(kg)							水胶比
		水泥	外掺料		砂	石子	水	外加剂	
			粉煤灰	矿粉					
承台	P-01	252	168	—	670	1 142	168	4.20	0.40

(2)大体积混凝土温控技术措施

①混凝土浇筑方法

由于混凝土设计厚度大，且每次灌注混凝土数量大，内部水化温升偏高，内表温差和降温频率不易控制，故混凝土浇筑时采用连续浇筑，间隔时间不能大于2 h。混凝土罐车运输，输送泵灌注，分层捣固。为了保证混凝土浇筑质量，承台混凝土分两次浇筑，第一次浇筑高度为3 m，第二次浇筑高度为2 m。承台混凝土应分层浇筑，每层浇筑厚度不得大于50 cm。浇筑过程中应充分振捣。

②混凝土内部降温处理措施

承台冷却管采用ϕ50 mm(δ=3 mm)钢管制作，顺桥向方向布置18排冷却管，每排5层，排距1.3 m，层距1 m。设有9个出水口与进水口。考虑承台外观质量美观，出水口与进水口设在墩身范围内。

混凝土灌注3 h起开始通循环冷却水，并对进出口水温进行测量，每2 h改变一次水流方向，以保证混凝土内部上下层间温差不能超标。

③混凝土内部温度监测

以289号承台混凝土块体平面对称轴线的半条轴线为测温区，等间距布置10个温度感应片，沿浇筑高度分置在底部(距离承台20 cm)、中部和表面(距离混凝土表面20 cm)。运用便携式温度仪进行温度测量，每2 h测温一次，并进行结果分析。

④承台混凝土测温结果分析

由实际测试温度情况得出：

a. 混凝土浇筑大约20～30 h出现温度峰值，峰值最高温度为60.7 ℃，比理论计算值低8.2 ℃；混凝土构件内部温度与表面温度最大温差为14.9 ℃，表面温度与环境温度最大温差为19.8 ℃，基本满足规范要求。

b. 随后在2 d内温峰稍有下降，保持较高温度3～4 d后，开始缓慢下降。

c. 继续冷凝通水7 d后，混凝土内部温度下降到45 ℃左右，混凝土构件内部温度与表面温度最大温差为8.5 ℃，表面温度与环境温度最大温差为10.6 ℃。混凝土温度已经下降到警戒线温度，在正常可控之中。

d. 连续通水降温10 d后，混凝土内部温度便可控制在40 ℃以下，停止通水后，跟踪测温一个月，混凝土内部温度保持在30 ℃～40 ℃之间，基本达到温控目的。

⑤混凝土的养护

a. 第一阶段：混凝土浇筑期间同时通循环冷却水进行内部降温处理，根据混凝土浇筑速度和混凝土结构形式，混凝土断面大；并根据温度测定结果显示，混凝土内部散热不均匀。因此，混凝土在灌注3 h后即通循环冷却水进行内部降温处理，且每2h进行水流换向，使混凝土内层和外层温度趋于平衡。

b. 第二阶段：混凝土浇筑完毕后的养护阶段根据轴力测定试验结果，混凝土浇筑后7 d才能达到设计强度的90% 以上，即混凝土在浇筑完成后至脱模前的养护，除通循环冷却水进行内部降温处理外，必须在混凝土表面及侧面洒水覆盖养护，以预防混凝土表面水分蒸发引起温度裂纹。

c. 第三阶段：混凝土后期脱模后，在侧面覆盖不了的部位喷洒混凝土养护，同时通循环冷却水进行内部降温处理，直至测定内表温差在规范范围内。

4. 墩身施工

流溪河特大桥288号、289号主墩墩身采用圆端形钢筋混凝土双薄壁墩结构，每片墩身宽11.0 m，厚2.5 m，采用C50混凝土，墩高分别为14.8 m、22.3 m。287号、290号交界墩墩身采用圆端形钢筋混凝土结构，每个墩宽11.1 m，厚4.5 m，采用C50混凝土，墩高分别为1.5 m、10.0 m。

承台完成后及时浇筑墩身，墩身混凝土龄期与承台混凝土龄期不至于相差太大。承台施工完成后，进行承台面混凝土处理、墩身放样，及时搭设支架。墩身模板采用加强型钢模板，水中墩模板施工，人工配合塔式起重机分节安装墩身模板，一模到顶，并做好底部防漏浆处理及模板加固。钢筋空中定位采用劲型骨架空中定位，施工测量采用三维坐标控制。水中墩各配备一台TC5013B塔式起重机用作材料垂直运输，施工人员上下通过施工马道来实现，混凝土采用HTB-60型拖泵泵送。交接墩模板采用吊机吊运拼装，墩身外围搭设钢管脚手架作为施工平台。墩身采用无拉杆模板施工工艺。墩身混凝土要求一次性成型，施工前要做好充分准备，因墩身较长，墩高最高达22.3 m，在墩身两侧圆弧段各设置一个串筒，保证混凝土自由下落高度不超过2 m。振捣设备采用ϕ50 mm插入式振动棒，为保证振捣质量，提高墩身密实度，每个墩身施工要求有8个振动棒同时运行，还需要2个备用。承台以上10 m高度模板上设置2排附着式振动机，以提高混凝土表面密实度,提高外观质量。

5. 主桥预应力连续刚构

(1)0 号块施工

跨西华海桥连续刚构 0 号块长度 13 m,梁段最大高度 11 m,最小高度 10.656 m,梁段总重量 954.2 m^3;梁底宽 8.5 m,顶宽 13.4 m。

由于 0 号块混凝土体积较大、重量重,经综合比较并结合类似工程施工经验,本桥 0 号块施工采用支架与托架相结合的方式。

①墩两侧支架设计

在顺桥向承台边缘各焊接、安装外径 820 mm 的钢管桩 3 根,桩间距 3 m,共 6 根。钢管桩间沿竖向每隔 5.0 m 采用[20a 槽钢设置高 1.5 m 的连接系,同时将钢管桩与墩身预埋钢板连接。

桩顶设 2I45a 工字钢横梁,其上部在钢管相应位置墩身内预埋设置 6 片单层单排贝雷梁,墩身内预埋件为采用[10 槽钢加工制作的贝雷梁阳头,预埋锚固长度 100 cm。桩顶贝雷梁间距为 0.45 m。为保证受力分布均匀,在贝雷梁上铺设 I40a 工字钢,间距 0.90 m,再设 15 mm×150 mm 方木与 ϕ48 mm×3.5 mm 钢管架和底模。

②墩间支架设计

前后两个墩间支架采用 I36a 工字钢与 I25a 工字钢设置:I36a 工字钢梁和 I25a 工字钢斜撑均与墩身预埋钢板焊接,采用顶接角焊缝,焊缝高 8 mm,并在横梁下缘焊接两块 20 mm 厚加固三角铁。每个墩各布置 5 片,其上铺设 I40a 工字钢,间距 0.8 m,再设 150 mm×150 mm 方木与 ϕ48 mm×3.5 mm 钢管架和底模。

③支架安装

支架安装施工是 0 号块梁体施工的关键,其设计的主要技术要求是:具有足够的刚度和承载能力;结构受力明确能准确测定出混凝土浇筑过程中结构的弹性变形和非弹性变形;施工偏差和施工定位要求均应符合规范要求;便于施工操作,确保施工质量。

支架梁上横向铺设 I40a 工字钢横梁,并牢固焊接在主梁上,使其形成整体。横梁上纵向铺设 150 mm×150 mm 方木和脚手钢管等,最后铺设 δ=18 mm 厚竹胶板底摸。

④模板安装

0 号外侧模部分采用墩身模板和专用模板,其余采用[10 槽钢和 L5 角钢焊接成单片钢架,由专业厂家加工制作。在地面拼装平台上拼成整块外侧模,用塔式起重机吊装于支架平台上,定位安装、临时固定,测量控制其水平位置及高程,校正两侧模之间的几何尺寸,保证立模的垂直度,待一切均调整、控制好后,采用对接 ϕ20 mm 拉杆紧固。

底模采用 18 mm 竹胶板,15 cm×15 cm 方木作背楞,方木中心间距 200 mm;内模和预留孔洞模板均采用竹胶板,按图纸标注尺寸制作加工,15 cm×15 cm 方木做背楞,钢管支撑加固,设对拉拉杆。

端模板采用钢木结构,用拉杆对拉固定,板面为厚 25 mm 木板钉镀锌铁皮。方木斜撑与支架联结,保证端模板准确定位。外侧模、内模,端模间用拉杆联结并使用钢管做内撑,防止模板变形和移位。

⑤ 0 号块采用汽车泵进行混凝土现浇。

⑥操作要点及方法

a. 预埋件与支架安装

预埋件有钢板和贝雷梁连接件,在加工场或委托厂家加工完成后,预埋定位后与墩身钢筋焊接。在混凝土达到设计强度后开始安装支架,严禁在刚浇筑完初凝后即扰动预埋件。支架安装采用塔式起重机装吊,焊接部位均采用 T506 焊条。支架安装时指定专业工程师负责,随时进行检查,并按照《钢结构工程施工质量验收规范》(GB 50205—2001)进行验收。

b. 卸落层搭设与人行道安装

卸落层采用钢管脚手架、方木或组合木楔,钢管脚手架搭设高度为 1.0 m 左右,组合木楔高度为 150 mm。在搭设卸落层前,先安装设置人行道,并按照安全技术规定设置好安全网,保证施工人员通行安全。钢管脚手架卸落层的钢管高度为 800 mm,上部安装钢管顶托调整高度。必要时钢管与下部构件梁体进行焊接固定,防止滑移。

c. 预压施工

预压施工措施如前所述，具体预压步骤按程序进行。水箱采用 δ=20 mm 钢板制作，并设置[20 加劲槽钢。预压重量达到设计荷载 120%。

d. 混凝土浇筑与模板拆除

外侧模桁架采用[10 槽钢和 L5 角钢焊接成单片钢架，由专业厂家加工制作。在地面拼装平台上拼成整块外侧模，用塔式起重机吊装于支架平台上，定位安装、临时固定，测量控制其水平位置及高程，校正两侧模之间的几何尺寸，保证立模的垂直度，待一切均调整、控制好后，采用对接 ϕ20 mm 拉杆紧固。内模和预留孔洞模板采用木模，按图纸标注尺寸制作加工，15 cm×15 cm 方木做背楞，钢管支撑加固。

端模板采用钢木结构，用拉杆对拉固定，板面为厚 25 mm 木板钉镀锌铁皮。方木斜撑与支架联结，保证端模板准确定位。外侧模、内模，端模间用拉杆联结并使用钢管做内撑，防止模板变形和移位。

根据分阶段施工要求，安装模板与绑扎钢筋、浇筑混凝土交叉进行，互相兼顾，一般施工工序流程如下：底模板就位后→外侧模→绑扎底板、腹板钢筋、安装预应力管道→预留孔洞模板→内侧模→安顶板底模板→绑扎顶、翼板钢筋、安装预应力管道→浇筑混凝土。

安装完成后，模板整体和局部强度、刚度、变形等尺寸偏差均符合规定。外形尺寸准确，模板表面平整光洁，模板内部尺寸允许偏差 5 mm，轴线偏位允许偏差±10 mm，模板表面平整度允许偏差 3 mm。

浇筑梁体节段混凝土完成后，待强度达到设计强度的 85%时可按下列顺序拆除模板：端模板→内模板→预留孔洞模板→外侧模→底模板。钢筋及预应力混凝土按相关施工规范和作业指导书执行。

(2)悬浇节块施工

①挂篮前移

在走行轨上涂凡士林，接长竖向精轧螺纹钢，每侧各一根压于挂篮桁架纵主梁上，防止反压轮意外破坏而造成挂篮桁架倾覆。利用 4 根 10 t 倒链将底模挂于侧模上，安装每侧侧模滑道吊架各两根，松侧模后锚杆和前吊杆，使侧模下落 10 cm。为利于模板前移，在侧模和底模间放置 2 cm 木楔。松内模前吊杆及后锚杆，使内模落于已浇筑梁段底模上。在已浇筑梁段端头腹板波纹管内插入粗钢管，10 t 倒链一头挂于粗钢管上，另一端挂于挂篮桁架主梁上，两端各两台倒链拉挂篮桁架及模板均匀对称前移。为防止挂篮倾覆，桁架后端设 10 t 倒链作为溜绳，后端松溜绳前端拉倒链，待挂篮桁架及模板移至设计位置时锚固挂篮桁架后锚杆，清理挂篮底模及侧模与混凝土接触面，锚固侧模及底模后锚杆，粗调侧模及底模前吊杆至设计高程。

②钢筋及预应力管道安装

钢筋下料、加工在岸上钢筋加工场内进行，加工成型的钢筋运至墩位后由塔式起重机吊至墩顶，人工搬运至待施工梁段进行绑扎。清理底侧模上杂物，均匀涂刷脱模剂。先进行底板及腹板钢筋绑扎，安装竖向预应力钢筋、波纹管及锚具，预埋竖向预应力 ϕ25 mm 硬 PVC 压浆管，进行腹板预应力管道安装。底腹板钢筋绑扎完成后进行内模安装，然后进行顶板钢筋的绑扎、顶板及横向预应力管道安装。预应力管道位置采用定位钢筋固定，定位钢筋牢固焊接在钢筋骨架上，如管道位置与骨架钢筋相撞时，应保证管道位置不变，仅将钢筋稍加移动。锚具垫板及喇叭管尺寸正确，喇叭管的中心线要与锚具垫板严格垂直，喇叭管和波纹管的衔接要平顺，不得漏浆，并杜绝堵塞孔道。

③模板安装

钢筋绑扎完成进行腹板和顶板端模安装，腹板端头模采用木模，对应纵向钢筋处开长条槽，为防止漏浆，开槽处采用木条封闭，内侧模上下口分别焊定位角钢，中间由纵向钢筋焊防胀模横向钢筋。端模采用分段钢模，对应纵向钢筋位置设长条槽，上下口采用木条予以封闭，外侧利用纵向钢筋焊定位钢筋。锚垫板采用螺栓固定在端模设计位置，确保位置准确。

为有效防止混凝土侧压力造成模板变形，侧模下口设三道 ϕ32 mm 精轧螺纹钢拉杆，由于腹板高度高，混凝土侧压力大，利用腹板通气孔设置一排拉杆，拉杆采用 ϕ28 mm，顶板前后端采用钢丝绳结合 2 台 10 t 倒链锁紧侧模上口。混凝土浇筑前，准确测量模板偏位情况，调整模板至设计位置，同时根据各阶段理论挠度值、挂篮变形资料及实际观测记录，调整各阶段模板立模高程。

④混凝土的浇筑

a. 采用拌和站拌和，混凝土输送泵输送到作业面。先底板后腹板、再顶板，从两侧向中间对称进行浇筑。上部腹板 2 m 范围可由输送管直接插入，分层厚度为 30 cm。顶板的灌注遵循由两侧向中央灌注的顺序。

b. 混凝土振捣采用附着式和插入式振捣器相结合的形式，底板和顶板以插入式振捣器为主，腹板以附着式振捣器为主并辅以插入式振捣器，箱梁捣角处两种振捣器相互补充，加强振捣。

c. 混凝土灌注注意事项

混凝土要分散缓慢卸落，防止大量混凝土集中冲击钢筋和波纹管；捣固混凝土时避免振动棒与波纹管接触振动；混凝土入模过程中随时注意保护波纹管，防止波纹管碰撞变形；混凝土灌注过程中要随时测量底板高程，并及时进行调整。

d. 混凝土养生及张拉

混凝土灌注完成后，表面采用土工布覆盖，并洒水养护，待同等条件养护的混凝土试件其弹性模量和抗压强度均达设计强度 90%以上方可张拉预应力束，张拉顺序为先腹板束，后顶板束，左右对称张拉，并应将单根钢绞线预张拉。张拉完成后继续洒水养护，始终保持混凝土表面潮湿，养护天数 28 d 以上。

(3)边跨现浇段施工

①边跨现浇段模板设计

边跨现浇段长 11.0 m，高 5.5 m。边跨模板底模采用 6 mm 钢板，竖肋为[8 槽钢、横肋为∠75 mm×6 mm角钢。侧模支架为[10 槽钢，侧模固定在支架上，内模通过型钢支架固定组合钢模，拐角处用小木模补齐，端头模为 1.5 cm 的竹夹板。

②膺架的设计与施工

根据地形及地质情况，支架选用西乙型万能杆件拼装。

为保证在现浇段施工时膺架基础稳定，对于一般硬土地段，先清除表面浮土后，对地基进行机械碾压，使之承载力达到 150 kPa 以上后，表层铺设 50 cm 级配碎石，再浇筑 20 cmC20 混凝土基础，在混凝土基础表面搭设万能杆件。

③膺架的预压与观测、反拱度的设置

在搭设完毕的支架上铺设底模，堆载砂袋进行支架预压，以消除非弹性变形，量测出弹性变形，同时检查支架的工作性能和安全性，并将试验结果作为现浇段立模时设置施工预拱度的依据。

预压的最大加载按设计荷载加施工荷载的 1.2 倍，按先 50%、后两次 40%、逐级进行。每级加载完并稳载 1 h(最后一级为 5 h)后，分别测定各级荷载下支架的变形值，同时记录力与位移数据，并根据试验结果，绘制力与位移关系曲线。卸载时也要分级卸载，并测量变形、记录数据。

预压后，架体已基本消除预压荷载作用下地基塑性变形和支架各竖向杆件的间隙及非弹性变形。预压卸载后的回弹量即是箱梁在混凝土浇筑过程中的下沉量，因此，支架顶部的高程值最后调整为设计高程值+设计预拱值+预压回弹量。

④钢筋绑扎

在钢筋加工棚按设计图纸要求集中加工成型。运至施工场地后，用吊车吊至现浇段膺架上绑扎。

⑤混凝土浇筑

立模现浇边跨直线段，由于支架本身压缩引起的非弹性变形及支架的弹性变形与基础沉降，以及温差变化和风力影响，这些均会对新浇混凝土产生不良影响，甚至使新旧混凝土相接处出现裂缝或新混凝土被挤压破坏。

为防止现浇段新浇混凝土受到损害，保证合龙段的施工质量满足设计要求，采取下列措施：

a. 现浇段混凝土分段浇筑，先浇筑梁段底板和腹板，再浇筑顶板。混凝土浇筑由膺架端向边墩方向水平分层顺序，一次连续浇筑完成，不留垂直施工缝。

b. 浇筑底板和腹板时，导管由从内模顶部开口，设导管浇筑底板混凝土，然后浇筑腹板上部和顶板混凝土。梁段底板中部由于混凝土流淌速度过快所产生的三角形缺口，由辅助下灰补充。

c. 底板和腹板浇筑时，采用 ϕ30 mm 插入式振捣振捣，在钢筋密的地方用 ϕ20 mm 插入式振捣棒，确保混凝土振捣密实。振捣作业选用经验丰富的混凝土工操作，防止漏振或过振。

(4)合龙段施工

两个边跨合龙段一个中跨合龙段共三个合龙段,边跨、中跨合龙段长度均为 2 m,模板采用 0 号块专用模板改拆除下央部分改制而成。箱梁合龙是主桥连续箱梁施工的主要环节,是控制全桥受力状况和线形控制的关键工序,技术含量高,质量要求严,箱梁合龙按照先边跨、后中跨顺序,选择一天中气温最低时合龙,必须严格混凝土浇筑质量。

①施工要点

a. 测量控制:主跨合龙前,对两悬臂端高程及主梁伸长量进行 48 h 连续观测,每隔 2 h 观测一次,绘制时间—挠度曲线及时间—伸长量曲线,以提供临时锁定及浇筑合龙混凝土的时间。并进行连续 3 d 观测,确定每天气温的变化规律。

b. 选择时机焊接临时锁定构件:临时锁定是为了防止合龙段接缝开裂,选择一天气温最低时,迅速完成锁定构件焊接,形成刚性连接。焊接时,在预埋件周边混凝土表面浇水降温,以免烧伤混凝土。本桥因顶板束、底板束多,故采用外刚性支撑方案。外刚性支撑采用双拼槽钢[40b。

c. 刚性连接杆件焊接完成,选择第二天气温最低时立即浇灌合龙段混凝土。在浇筑合龙段混凝土之前,在悬臂端设置平衡压重,边跨水箱容积为 45 m^3,边跨水箱容积为 70 m^3,水箱底部设水龙头,边跨合龙时两端压重 42.5 t,中跨合龙时两端压重 69.2 t,随着混凝土浇筑两端同时放水,放水总重量与浇筑混凝土的重量相等,防止混凝土产生变形裂缝。浇筑混凝土施工要一气呵成。

d. 待同等条件养护的混凝土试件弹性模量和抗压强度均达到设计强度 90%以上方可张拉预应力束。

②边跨合龙施工

首先进行边跨的合龙。悬浇 21 号段张拉、压浆完毕拆除挂篮,按设计图纸要求实施顶推力,安装边跨合龙段吊架,安装底模与侧模。将边跨直线段与相邻的 T 构的梁面清理干净,精确测量现浇段与 T 构高差,符合合龙要求后,在边跨合龙段箱体内模及顶板钢筋安装前,选择气温最低的时间,按设计位置与数量对称迅速焊接型钢劲性骨架,将边跨现浇段与相邻的 T 构连成一体。合龙段混凝土的浇筑选择在一天气温最低、温差变化较小的时间开始浇筑,混凝土掺入微膨胀外加剂,以免新老混凝土结合面产生裂缝。混凝土浇筑过程中,随着浇筑混凝土重量的增加,等同撤去配重,使"T"构在浇筑过程中保持两端的高程基本不动。混凝土作业的结束时间,尽可能安排在气温回升之前,在 2～4 h 内浇筑完成。混凝土浇筑完毕,顶面覆盖土工布,箱梁内外及合龙前后 1 m 范围内,由专人不停的洒水养护。待同等条件养护的混凝土试件弹性模量和抗压强度均达到设计强度 90%以上,张拉边跨合龙段钢绞线,拆除边跨现浇段吊架及边跨合龙段外刚性支撑。

③中跨合龙施工

边跨合龙完成后,进行预应力张拉,将现浇块与"T"构连成一个受力整体,形成简支悬臂梁的稳定体系。中跨合龙的方式和要求同边跨合龙一致,混凝土浇筑过程中,随着浇筑混凝土重量的增加,等同撤去配重,使"T"构在浇筑过程中保持两端的高程基本不动。

(5)连续梁体系转换

根据先边跨、后中跨的合龙原则。边跨合龙段合龙后,待混凝土强度达到张拉需要的强度时,尽快张拉、压浆,及早完成 T 构与现浇段组成的超静定体系向刚构体系的转换。拆除合龙段外刚性支撑。

(6)线型控制

项目经理部成立连续梁监控组。测量小组及时建立平面控制网和高程控制网、提供挂篮变形资料、以及每节块挂篮就位后、混凝土浇筑前后、纵向预应力张拉前后高程观测,合龙段增加拆除临时支撑后高程测量。

试验人员提供新浇梁段 3 d、7 d、14 d、28 d、60 d 及 90 d 混凝土强度和弹性模量值,以及预应力钢绞线试验数据给监控组。

在施工中由于梁体每段混凝土的重量、龄期、几何特征都在不断变化,并受到施工荷载、温度、徐变产生的内力影响,使梁体各个截面的内力和位移都发生相应变化。线型控制即通过实测,分析实际高程变化与理论各阶段挠度值间的差异,适时作出调整,作为各节块立模高程的依据。

①计算出各施工阶段立模控制高程,作为施工测量控制的依据。各梁段最终立模高程以监控组的立模

高程通知单为准。

②检查各施工阶段的高程是否与设计提供的高程一致，否则要报请监控组，分析原因。

③各阶段立模高程的计算

立模高程＝设计各阶段挠度值＋挂篮弹性变形预拱值＋吊带伸长值＋实测高程调整量。

按立模通知单的模板高程立模后，分别测出挂篮就位后、混凝土灌注前、灌注后及张拉后的实际高程（挠度），若有不符，及时反馈监控组适当调整下梁段立模高程，直至满意为止。

依据立模通知单所提供的立模高程值，正确进行每个梁段的立模放样，施工过程尽量保持与计算模式相一致，如施工方案出现较大变化，及时报请设计院和监控组重新计算，分析其影响程度，修正立模高程。本桥模板、混凝土上的高程控制、观测点如图 4-3-34 所示。

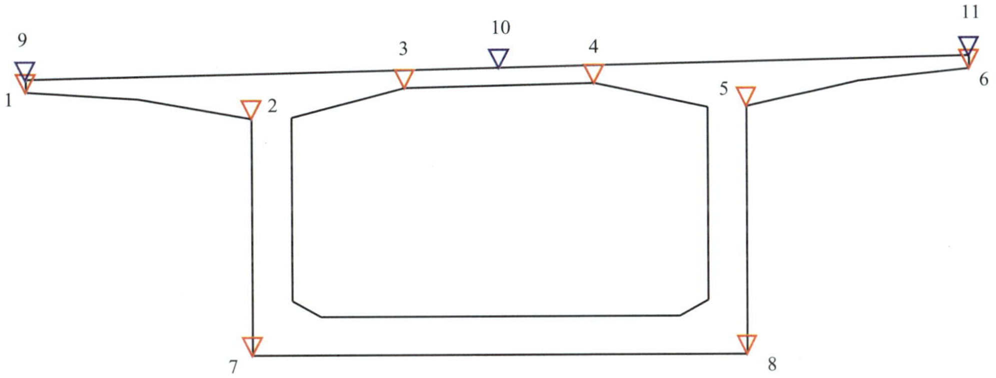

图 4-3-34　观测点布置

说明：测点沿桥宽方向设置 11 个。1～8 设于模板表面，用于立模高程控制。
9～11 设于混凝土梁顶面，用于收集各施工阶段梁体变形数据。

利用全站仪、自动安平水准仪和千分表在梁上观测，测点布置在离节块前端 10 cm，采用 16 钢筋在垂直方向与顶板的上下层钢筋电焊牢固，并要求竖直。箱梁测点钢筋露出梁表面 2 cm，钢筋头顶面磨平并用红油漆标记。测量小组密切注视施工过程的挠度变化，观测内容如下：挂篮移动前后、混凝土浇筑前后、预应力筋张拉前后、边中跨合龙前后。对以上过程每次已完梁段的高程，将观察数据填入高程数据统计表，与计算值进行分析比较，总结各种状态下梁体的实际变化趋势及其规律来指导施工。

由于浇筑混凝土和张拉预应力筋作用对梁体变化影响较大，因此现场要严格按照施工交底控制好混凝土施工质量和预应力张拉工艺。

严格按照平衡施工的要求进行，避免由于施工荷载和桥面杂物的不平衡引起的测量数据不准确，施工观测选择在每天日出之前，不允许在高温强光和大风的天气情况下进行观测，要定人、定仪器进行观测，避免人为误差。要勤观测、勤记录并及时反馈、严格控制梁体施工原材料的性能，基本做到全桥统一性，现场测量控制不仅能保证合龙精度，而且整个梁体线形流畅，能较理想地达到设计线形的要求。

6. 经验与体会

(1)实现客运专线列车速度高目标值，成败关键是能否达到高平顺性，而实现高平顺性的关键是基础沉降能否得到有效控制。本桥深水基础实施过程中，主墩钻孔桩施工采用冲击反循环钻机和气举反循环回转钻机成孔，既提高了施工效率，又合理配置了资源，尤其是确保了桩的质量。从桩基钻孔取芯芯样来看，混凝土完整，与桩底岩层紧密结合，中间无夹层，确保了桩底零沉渣。承台混凝土体积近 1 949 m^3，通过上述混凝土温控措施，很好地控制混凝土施工质量，无裂缝。通过连续的沉降观测，本桥的承台、墩台基础的工后沉降量未超过 20 mm。静定结构相邻墩台沉降量之差不大于 5 mm。工后沉降量满足了客运专线要求，为梁体线形及轨道的平顺性提供了有力保障。

(2)流溪河特大桥跨越西华海水道主跨 168 m 连续刚构桥的施工控制成果显示：结构变形及应力水平正常，没有出现异常情况，合龙口高程误差在 5 mm 以内，梁体高程误差控制在规定值内，成桥线形与控制目标吻合良好。梁体工后变形监测方法可靠，二期恒载完成 4 个月后能达到无砟轨道铺设条件。施工控制中采用预测控制技术，达到了预期效果，证明这套技术与施工过程密切结合能够适用于类似桥梁的施工控制，形成了该类桥梁线形控制的标准流程。

第六节　特殊结构桥梁施工

本线使用特殊桥梁结构主要有提篮拱、钢箱系杆拱、道岔区连续梁和钢桁拱梁结构等。

一、单跨 112 m 提篮拱结构桥梁

如第三篇"勘察设计"所述，全线采用了东湖、胡家湾、梁家湾三处单跨 112 m 尼尔森体系提篮系杆拱结构桥梁，全长 116 m，计算跨径 112 m。该三座大桥主桥基础、承台、墩台施工按常规施工工艺进行，这里以东湖特大桥为例，重点介绍系梁、拱肋和吊杆的施工技术和施工监控。

东湖特大桥地处武汉市森林公园，全长 2 225.14 m，设计孔跨为 29-32 m 简支箱梁＋1-112 m 提篮拱＋35-32 m 简支箱梁，全桥位于 R＝7 000 m 曲线上，20 号墩～34 号墩位于东湖中，水深一般在 2 m 左右。主孔 112 m 提篮拱(29 号～30 号墩)上跨规划城市中环路，计算跨度 112 m，湖面距提篮拱系梁顶面约 17 m。主墩基础采用 15 根 ϕ1.8 m 钻孔桩，承台长×宽×高＝19.40 m×11.00 m×4.50 m，墩柱为变截面特殊设计结构，其结构如图 4-3-35 所示。

本桥由中铁十八局施工，主墩钻孔桩自 2007 年 3 月 17 日开工，历时 655 d 完成所有项目施工。

(一)施工方案

1. 系梁支架基础类型

根据前期栈桥钢管桩及主墩钢管桩施工情况表明该水域地质条件不均，采用 60 t 振动锤插打钢管桩的单根钢管桩承载力难以达到 25 t，无法保证基础整体均匀沉降＜5 mm 的要求。采用钻孔桩受力更稳定，可实际通过钻孔取样分析岩层，能够准确计算其单桩承载力，能确保支架沉降量和承载力要求，可利用现有材料和设备，投入少，施工周期短。

图 4-3-35　墩柱的结构形式

2. 支架施工方案

若使用贝雷梁＋满堂支架，因支架高度过大，整体稳定性差，难以保证整体沉降量；特别是拱脚实体段需双排加密，且纵横向剪刀撑间距更密集，不方便现场操作。采用钢管立柱＋桁梁结构，该方法可使钢管立柱与钻孔桩对接，立柱与系梁横隔板对应分布，且自制的钢桁架严格按系梁的荷载分布进行设计，使整个结构受力模型清晰、整体刚度大，充分发挥连续梁受力特点，节约施工用材，系梁受力均匀，整体沉降变形减小。

3. 系梁施工方案

系梁若一次浇筑成型，不仅预压材料数量庞大(约 9 000 t)，同时不宜施工组织。采用分段预压、分段浇筑的方式施工，预压材料仅需 2 400 t，第一段预压过程可在 10 d 内完成，其他节段的施工也可同步进行，不仅缩短了施工周期，也大大节省了材料投入。

4. 拱肋施工方案

由于提篮拱地处东湖之中，施工场地狭窄，无法支立大跨度、大吨位的吊机，所以满堂支架法和缆吊法无法投入施工，采取平转法也无相应的施工场地。经过多次对比，最终采取了卧拼提升竖转的施工方法：即在四个拱脚的腹板位置设竖转临时铰，各段管节接头处设简易支架，将两个半拱在低位拼装，在距跨中设竖转提升塔架，用连续千斤顶分别将两半拱提升合龙。

5. 吊杆施工方案

在拱肋混凝土强度达到 75%以上后方可进行吊杆安装作业，全桥吊杆采用人工配合吊车安装。拱肋、吊杆安装完毕后，拱肋混凝土达到设计强度时，将吊杆调直，进行张拉及索力调整。

(二)系梁施工

系梁采用分段预压、分段浇筑的施工方案,共分为4段,分段长度为(26 m+32 m+32 m+26 m)。

1. 系梁支架体系施工

支架体系施工时,严格按照如下步骤进行:湖面2 m以下施工钻孔桩桩基础→桩顶预埋连接钢板→钢板上焊接支承钢管立柱→立柱上安放砂箱降高器→横梁→纵桁架→桁架分配梁→外楞梁→网格梁。

(1)钻孔桩基础、预埋连接钢板及立柱钢管桁架网

根据地质及系梁荷载分布情况,共设计9排立柱,每排4根,其中第1、9排支撑在两侧承台上,其他7排采用直径为1.2 m的摩擦钻孔桩基础。计算各排钻孔桩长度、桩基承载力、立柱直径及其分布的承载力等情况。施工时所有立柱钢管要按照10%比例对其焊缝进行超声波探伤检测,超声波探伤检测合格后方可投入使用。

①桩基:桩基施工采用传统的冲击钻,7排桩基础共计28根,分三个工作面间隔施工,先施工2号、4号、6号桩基础,依次由线路右侧向左侧施工。2号、4号、6号桩基础施工完成后,将作业平台移至3号、5号、7号桩基础,最后再施工8号桩基础。施工平台在每排柱位处的水域下部插打钢管桩,安放9 m长贝雷梁片,上部铺钢板。钻孔桩采用双护筒,以便于桩顶与钢管立柱的连接预埋件的安装,钻孔过程中严格控制桩径、桩长、垂直度,清孔完毕后吊装钢筋笼,灌注混凝土。

②预埋钢板:在桩体混凝土灌注结束的同时,启动泥浆泵将内外护筒中的水、泥浆抽干,人工将桩顶20 cm以上稀泥、黏土、混凝土清除。在保证外护筒不漏水后,取出内护筒,人工二次清理桩头混凝土,确保混凝土不受泥浆污染,安放预埋钢板并精确定位,临时焊牢固定,从钢板的预留灌混凝土孔倒入混凝土,用振动棒振捣密实,水平尺调整平整度,高差控制在2 mm以内,钢板顶面高程控制在±10 mm。振捣完后以敲击的方法检查出不密实的地方并补充混凝振捣密实。

③立柱钢管:桩基施工完成并具有80%强度后,清理护筒内积水和预埋钢板,在搭设好的平台上采用25 t吊车安装立柱钢管。安装立柱钢管时控制好立柱顶面高程、中心点位置与立柱垂直度三项指标。在立柱钢管的安装过程中随时使用全站仪对立柱钢管的垂直度进行测量,要确保立柱的垂直度偏差<L/1 000,且<10 mm,每根立柱中心线对定位轴线允许偏差<5 mm,根据放设位置安放立柱钢管,立即采用二氧化碳气体保护焊对钢管与钢板的环向角焊缝进行焊接。

④立柱钢管的桁架加强:为保证立柱钢管的整体稳定性,每个立柱钢管间纵、横、水平向设置上下连接钢管、上下层之间也设置加强连接钢管,桁梁各节点均为焊接链接,各型钢与连接板的焊接均为三面连续角焊,立柱与连接板的焊接采用双面连续角焊,上、下弦杆翼缘板上支承处的垫板待两槽钢与背间所夹连接板塞焊焊妥后安装。

(2)砂箱降高器安装

考虑后期模板、支架拆除,特设计了砂箱降高器,砂箱降高器由阴扣与阳扣两部分构成,在阴扣中灌入风干的细砂,然后合上阳扣,再将合好的砂箱放在事先加工好的台座上使用千斤顶进行预压。预压时按照立柱承载力的120%对砂箱预压,确保砂箱不会产生沉降,从而有效的控制了支架的稳定。由于上部桁架、桁架分配梁、外楞梁、网格梁的高度均为固定值,故系梁现浇预拱度要在砂箱上调节,每组砂箱降高器的高度除了根据梁底高程反算出来的砂箱顶高程和立柱实测高程进行控制外,更要考虑系梁相应位置的施工预拱度,所以对每排立柱钢管对应的砂箱进行编号,每一排4组砂箱的顶面高程要确保相同,以达到共同作用的目的。安装砂箱时,通过在事先放样的中心点四周焊接4块角来实现砂箱中心点与立柱中心点重合。

(3)横梁、纵桁架施工

砂箱降高器安装完成后,为保证砂箱受力均匀,砂箱在横向间通过H50型钢进行连接。纵桁梁沿砂箱位置纵桥向布置四片,其相互间通过上、下平联和垂直横联拼装成整体空间桁梁层,每片桁梁外形尺寸为108 850 mm×4 352 mm,分8段制作,运往现场后再使用主墩门吊(40 t)吊送至砂箱桁梁上。吊装到位后,根据放样中心点位置精确控制平面位置和高程,桁梁各节点均为焊接,其上、下弦杆端部和立柱均应采用等强度熔透焊焊接,安装上、下弦杆翼缘板上支承处的垫板,最终变简支为连续体系。

(4)桁架分配梁、外楞梁、网格梁施工

桁架分配梁采用H50型钢横桥向布置,间距2 m。在两端拱脚10 m范围内采用双肢加强,间距为

1.5 m。每根分配梁长度为 21 m,H50 型钢标准长度为 9 m,现场使用二氧化碳气体保护焊对焊接长,对焊时采用气刨打坡口,对缝宽度为 2 mm,坡口成 60°,全熔透焊接,超声波探伤全部检查。外楞梁采用 I14 工字钢,安装在桁架分配梁顶面,在系梁底板范围内,间距为 50 cm,在两侧翼板 3 m 范围内加密,间距为 40 cm。网格梁采用 9 cm×9 cm 的方木,间距为 20 cm。

(5)系梁支架体系预压

系梁预压的目的主要为了消除或发现由基础沉降、构件缝隙,构件变形等原因引起的非弹性及弹性变形,计算出桁架支撑沉降变形量,为控制系梁模板高程提供有效数据。根据既定的施工步骤,系梁采用分段预压的方式进行。预压时荷载按最不利因素考虑,即拱脚部分。总体尺寸按 6.2 m×18.8 m 平面计,根据系梁构造图,投影在端头两排钢立柱上的系梁荷载为 565.2 t,按施工荷载系数 1.1 计取,预压均布荷载为 53.34 kN /m^2,总重为 621.72 t。变形观测点设置在支架立柱顶部和主桁架梁弯矩最大处,每排 4 个点,主墩墩身上各设置两个沉降观测点,观测时同时记录底模竹胶合板与钢立柱相对高差变化。预压前调好模板,测量好所有观测点高程后开始加载,按 0→50%→80%→110%顺序分级加载。每级加载完成后每 2 h 观测一次,预压 72 h,直到支撑变形稳定。卸载顺序与加载相反,并做好沉降观测点高程测量。根据每次沉降记录绘制沉降曲线,并根据沉降值进行计算,确定支架体系的实际挠度值。

2. 系梁施工流程

铺设底模→绑扎底板、腹板钢筋→安装外侧模、内侧模→绑扎顶板钢筋、设预应力管道、安装预埋件、预留孔→检查签证→调整顶板高程→浇混凝土→养护→预应力初张拉→压浆→预应力终张拉→压浆。

(1)模板及预埋件施工要点

①底模:采用 18 mm 的高强木胶板,完整的铺在其下面的扰骨上,保证密贴无空隙,如有空隙采用木板或木楔塞牢。调整底模高程合格后,用小钉将底模固定在扰骨上,防止底模移动。

②侧模:采用定型钢模板,模板在使用前进行除锈,并用碱性洗液对模板进行清洗,待晾干后均匀涂抹 BT-20 模板漆,每节背面连接螺栓紧固,定型钢模板接缝处设双面胶,避免漏浆。

③预埋件:外模、侧模安装完成后,在两端准确放出支座及防落梁预埋钢板位置线,并采取可靠的稳固措施,确保安装位置准确。考虑到系梁横、纵向预应力较多,在加工模板的同时直接将锚具连接到模板上,可以完全保证锚具的准确定位。

④内模:底板与腹板钢筋施工后,即可安装内模。内模采用 18 mm 厚竹胶板+间距为 20 cm 的 10×10 带木,在现场分节制作,分箱拼装后,在箱体内部用碗扣件搭设支撑,防止框架受力变形。

(2)钢筋施工要点

①普通钢筋:绑扎时,自下而上依次进行,并采取可靠的临时加固措施,保证钢筋骨架的位置和稳定性。钢筋的交叉点用钢丝绑扎结实,箍筋的末端应向内弯曲,箍筋转角与钢筋的交接点均应绑扎牢固,箍筋的接头(弯钩迭合处)在梁中应沿纵向方向交叉布置,绑扎用的钢丝要向里弯,不得伸入保护层内,必要时也可用点焊焊牢。绑扎腹板钢筋时应按设计要求埋设有关预埋件,预埋件不得遗漏、错位,并在孔周设置螺旋筋加强。

②波纹管安装、定位:各个部位的波纹管的坐标与高程提前计算好,现场严格控制。波纹管采用"U"形钢筋架加固,确保不移位。波纹管接头采用大一号的同型波纹管套接,然后用胶带缠绕,密封好,以防止波纹管浇筑混凝土时漏浆。

③吊杆下护套管安装、定位:每组横隔板处内外吊杆的护套管均安放在箱室锚块处模板上。先在模板上放样出护套管中心点坐标,用钢钉标出,其高度使用木楔调节。定位好后,对护套管分上中下三层,采用型钢将护套管连接在侧模上,以防止护套管产生纵横向位移。加固护套管过程中,测量组全过程观测,随时对护套管坐标进行调整。护套管加固后即可绑扎锚块处加密钢筋网,浇筑混凝土前对护套管坐标再次校核,防止人员踩踏钢筋引起护套管移动。

④拱脚处拱肋钢管安装、定位:由于拱脚的形状是一个空间立体构件,其预埋位置关系到钢管拱肋的拱轴线方向能否一致,因而对拱脚坐标的控制最主要就是对拱脚顶斜面三维特征点的控制。如采用普通方法进行测量控制样位难以达到精度,为此将空间模型投影到水平面上进行水平纵横向位置的控制,将四个角点用高程予以控制。具体施测时:先根据设计图计算直、斜拱脚顶斜面的四角平面坐标,采用工字钢做成的稳

定框架建立临时水平控制平台，用全站仪、水准仪根据计算复核后的坐标在临时平台上放出四角坐标并作为拱脚顶四角点高程控制的基点，从而将空间位置转换为平面位置予以控制。根据监控数据分析，施焊时内应力残余变形量左右侧各 3 mm，浇筑混凝土浇筑时支架的沉降量 5 mm，张拉及温度变化引起的整座系梁收缩量 4 cm，定位时均把这些数值考虑进去。定位槽钢下端与系梁桁架的横向 H50 工字钢加牛腿相连，牛腿与 H50 工字钢使用螺栓连接，以方便支架拆除。

(3)混凝土浇筑质量控制

浇筑混凝土前，对模板的连接、接缝、加固和支架进行全面检查，波纹管、锚垫板、喇叭管、螺旋筋位置要准确，定位要牢固；接触网、接地端子、防撞墙、电缆槽、防梁移、泄水孔等各种预埋件是否有遗漏。浇筑过程采用 2 台混凝土泵车进行，按照从两头向中间、从底板到顶板的顺序进行。

①混凝土振捣：振捣时要注意不触及波纹管和锚具，混凝土浇筑过程中要派专人检查模板、固定螺栓和支撑是否有松动、脱落和漏浆现象，如有异常情况，必须停止浇筑混凝土，抓紧处理。针对波纹管最低处、密集处、锚头处要派专人加强振捣，必要时采用直径 30 mm 振捣棒振捣，特别在振捣到预埋管及预埋件处要小心细致振捣，确保位置准确密实。

混凝土初凝后，箱梁表面布置水管并覆盖土工布，进行洒水养护，洒水次数以混凝土表面潮湿为度。同时可在箱体内用塑料薄膜覆盖严密，向箱体内注水进行降温，注水时应注意塑料薄膜不能有破损。

②混凝土降温：系梁梁端 8 m 范围内为实体段，为了防止混凝土内部升温后引起混凝土表面出现裂缝，必须采用循环水管的方式对混凝土内部进行降温。具体布置形式为：采用 ϕ48 mm 钢管作为循环水管，循环管做成“S”形，水平间距 50 cm，最外侧距离混凝土面 50 cm，竖向布设 3 排，距系梁底面高度分别为：60 cm、120 cm、180 cm。当混凝土初凝后即可开始注水降温。通过采取循环水管的方式对混凝土进行降温，有效地保证了混凝土的质量。

浇筑混凝土过程中要有专人对模板进行监控，其要点是：侧模加固点有无松动，模板有无变形和位移；芯模支架支点有无严重变形，支点钢筋横担有无断焊下沉等。

③混凝土收面：混凝土面采用长 2 m 以上的刮板进行人工找平，利用在混凝土浇筑前各处设置的高程控制点进行施工，在混凝土初凝前，应避免施工人员对混凝土表面踩踏或放置重物，收浆、压实、二次收面等作业时应在混凝土表面铺木板后展开施工，随移动随恢复。

④合龙段施工：根据梁体的节段划分，共设置三个合龙段。合龙段的设置有效地防止收缩徐变引起混凝土出现裂缝，同时大大降低了因温度、梁体徐变等因素对支座产生的不利应力。合龙段采用 C55 无收缩混凝土，浇筑时间的选择要严格按照设计要求的温度进行，一般为 15 ℃±3 ℃，且选择在环境温度相对稳定的时段合龙。

(4)系梁张拉控制要点

根据设计要求，系梁预应力索分两批张拉：第一批索在系梁混凝土达到设计强度的 95%且龄期不小于 15 d 方可进行；第二批在二期恒载上桥前张拉完成。先张拉纵向索，后局部索，最后张拉横向索；底板与顶板同步对称张拉，局部索、横向索区域对称张拉，各截面均需遵行“对称张拉”原则。

张拉前必须对活动支座临时固结予以拆除，防止张拉过程中因支座无法移动而导致支座附近混凝土开裂。千斤顶不准超载，不准超出规定的行程。设计为两端张拉钢绞线时，必须两边同步进行，两端伸长量应尽量保持一致，达到设计张拉力后应持压 5 min 以上方可回油。为保障张拉作业的安全，千斤顶后面严禁站人，施工人员也不得踩踏高压油管，发现张拉设备运转声音异常，应立即停机检查维修。

(三)钢管拱施工

提篮拱采用提升竖转拼装方式，即在系梁施工完成后，在系梁中部修建塔式起重机，作为提篮拱提升设备。提篮拱在系梁上卧拼，拼装完成后通过提升设备提升到设计位置中部合龙形成钢管拱。

1. 钢管拱加工及运输

钢管拱厂内加工采用以折代曲，下料长度为 1.8～2.6 m，将单根拱肋吊装节段平均分成 6 段 12 节，所有全溶透焊缝 100%超声波检测，所有焊缝作 10%以上 X 射线拍片检查，在厂内按 1∶1 试拼后解体，分批次用汽车运输至主桥边施工平台，最大运输节段外形尺寸为 1.2 m×3 m×20 m、最大重量 32 t，利用门吊送至桥面进行拼装。

2. 拱肋卧拼施工

(1)设计原则

卧拼时拱顶截面中心与临时铰处在同一水平高度，可大大降低拱肋组装焊接临时支墩的高度；提升塔架布置在系梁纵横隔板的相交位置，有利于将提升力直接通过系梁支架的钢管立柱直接传递到系梁支架桩基上，形成稳定的提升支撑体系；塔架的位置在提升过程中不对拱肋及提升索产生干扰；塔架高度应保证提升到位时千斤顶上、下吊架间的距离不小于 50 cm 的空间；提升索与塔架的起始角度不宜过大，提升到位后宜保证提升索为竖直状态。

依据上述设计原则，竖转塔架高度确定为 28 m。半拱总重 216.5 t，半拱重心距竖转铰距离为 27.12 m。吊点依据经验计算，需设在距跨拱中轴线 12 m 位置，提升到位后提升索与塔架夹角为 0°，提升索与塔架起始角度为 10.9°，最大提升力为 108 t，如图 4-3-36 所示。

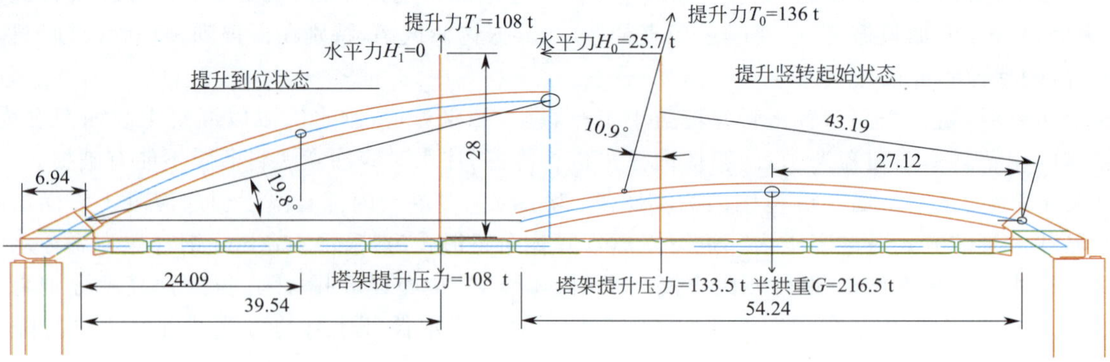

图 4-3-36 提升竖转过程受力分析(单位：m)

(2)塔架及提升装置

结合系梁纵、横隔板的几何尺寸，在距跨中 12 m 位置的系梁隔板交叉处设立塔架基础。竖转塔采用现有的 4×ϕ519 mm×11 mm 格构式钢管立柱，每半拱两组，立柱高 28 m，每侧两组立柱重 40 t。塔架使用 20 mm厚钢板通过 M24 预埋锚栓与系梁联结，每半拱侧的两组塔架间设横向平联增大塔架整体稳定性。每侧的两组塔架立柱间以 9.8 m 长箱形扁担梁作为提升主梁，提升梁重 9 t。

提升设备采用国内先进、可靠性高的计算机控制液压同步提升系统的全套设备，包括提升油缸、液压泵站和计算机控制系统三部分组成。在每侧塔架横梁上设置 2 台 200 t 液压提升千斤顶及 2 台流量为 40 L/min 的液压泵站，设 1 台电脑控制提升主控台，可实现千斤顶的单顶、双顶或 4 顶同步或单独操作控制。采用间歇式作业方式提升速度 6～8 m/h。每个提升压力系统布置一个压力传感器，通过压力传感器，中央控制单元可实时采集各个提升油缸的载荷，可及时收集各个提升油缸的载荷分配数据，中央控制柜根据理想的载荷分配比例进行实时调整，以实现每个提升油缸提升力一致。提升过程中，在每条拱肋提升吊点处安装一台长距离传感器测量各拱肋的提升高度，并根据竖转角度适时采用全站仪对拱肋高程进行测量，保证 2 塔柱位置同步，从而控制提升构件的横向两拱肋的同步提升，保证拱肋结构安全。在每台千斤顶两端安装有双安全锚，保证施工过程中千斤顶出现故障时将钢绞线临时锚住，以便维修或更换千斤顶。

(3)竖转临时铰设置

竖转临时铰的安装精度是竖向转体施工中合龙精确控制的关键，拱脚在制作时应先将竖转铰加固劲板装配焊接，竖转铰安装前对预埋段的安装精度进行复测，在加固劲板上精确定位出竖转铰空间位置，保证铰轴线在立面上与拱肋制以影轴线垂直。本工程主要利用已有材料，选用穿销式铰座，每个铰均为 3＋2 耳板 Q345qD 钢材，销轴采用的材料为 45 号钢(剪切应力许用值为 185 N/mm^2)，直径为 180 mm。为保证临时铰完成转体后不外露，将竖转铰设在拱脚腹板处，施工完成后将临时铰封入拱脚混凝土。

(4)分节拱肋拼装

分节拱肋拼装是利用支架来实现的，支架为两节 ϕ519 mm 钢管顶端加设横梁组成，横梁两侧设置弧型拼接垫板及横、竖向微调装置，支架的纵、横稳定由相互拉结钢丝绳和设置支撑保证。各段拼装完成后采用定位板进行固定，待半拱拼装完成后，全面复核半拱的空间位置，位置偏差符合设计要求后方可进行分段整体焊接施工作业。焊接按拱脚到跨中的接头顺序左右对称进行。接头焊接时跟踪测量，随时纠正焊接程序不当，出现偏差及时修正，最后应进行探伤检测。

3. 拱肋转体施工

(1)竖转前检查

30号墩半拱、竖转塔及提升设备安装完成后，在提升塔架立柱钢管埋设测点，收紧塔架平横索调整垂直度，预留30～50 mm的预偏量以减小提升过程中的平横索调整量。对提升索钢铰线、锚具及提升设备检查后，对提升油缸、液压泵站及控制系统试运行。成立提升竖转指挥中心，分设竖转塔观测、拱肋线形观测、提升等观测小组，做好工前交底。

(2)试竖转

按照提升最大索力的50%、80%、90%、100%程序分级加载，直至拱肋全部脱离支架。保持脱架状态停置6 h以上，观察组对塔架垂直度、竖转铰、提升索锚点等各重点部位进行详细检查，总结试竖转中各组织机构的协调性和工作状态，对存在的问题进行处理和完善。

(3)竖转

30号墩半拱提升到设计高程后，全面测量该半拱合龙口处的空间高程以取得合龙口的精确数据，再将其提升预抬高h(根据方案设计的竖转半径和拱肋高度进行几何分析确定)后临时锁定。然后拼装29号侧的第三段拱肋，根据已提升半拱在合龙口的数据确定预留长度，完成拼装后立即进行竖转到方案设计高程。测出两半拱合龙口误差，同步缓慢落放两半拱，通过截锥管式引导体引导两拱肋对位，并用模板临时固定，逐步释放提升索力，检查拱肋线形，修正合龙口预留长度，调整拱肋线形直到符合要求。最后再进行临时铰及合龙口拱肋焊缝，全部释放提升索力并解除提升系统。拱肋脱离支架，提升完成，全桥合龙。

4. 钢管混凝土压注

拱肋钢管采用C55无收缩混凝土进行压注，管内混凝的泵送采用由拱脚向拱顶的连续顶升施工，采用一级泵送一次到顶，拱顶弦管内以隔仓板隔开。压注采用对称顶升法施工，现场配置6台混凝土输送泵(4台施工、2台备用)，即从两肋四拱脚同时对称压注直至拱顶。首先对称灌注拱肋腹腔混凝土，待拱肋腹腔混凝土达到设计强度的60%时，对称灌注拱肋下管混凝土，待下管混凝土强度达到设计强度的60%时，再对称灌注拱肋上管混凝土。

(1)混凝土配比要求

为满足混凝土自身工作性能及泵送要求，水泥标号应高于或等于525号；砂、石集料满足相关技术要求，石料级配控制在5～25 mm；混凝土水灰比不大于0.45；每立方水泥用量不超过550 kg；优质膨胀剂达到技术要求；现场混凝土坍落度大于180 mm；掺加外加剂后缓凝时间大于12 h。

(2)压注及排气管设置

压注的工艺流程为：清除管内渣物→封拱脚、人工浇筑压注头以下区段混凝土→安设压注头和闸阀→压注钢管内混凝土→从拱顶排气(浆)孔振捣混凝土→关闭压注口处闸阀稳压→拆除闸阀完成混凝土压注。为防止堵管，应首先压入清水，润湿管壁，再压入一定数量的水泥浆作先导，然后才连续泵入无收缩混凝土。

为了保证管芯混凝土的压注质量，充分密实，在拱顶处设置了隔板，将钢管分为两部分，防止从一侧压注上来的混凝土流向另一侧。压注头布设在距拱脚4～5 m处，与钢管成30°角，压注头以下区段混凝土人工浇筑，用插入式振捣器振捣密实。距拱顶隔板40～50 cm处对称设置两个ϕ125 mm的排气(浆)管，管长150～200 cm，使管内气体充分排出，当管内灌满混凝土时，全部灰浆和部分混凝土从排气(浆)管排出，这时将振捣器从排气(浆)管插入，振捣混凝土，使混凝土密实。

(3)注意事项：泵送过程中，应注意观测拱轴线的变位情况，同时在泵升过程中，不得振捣、敲击钢管，否则将在混凝土和钢管之间形成沙浆层，减少混凝土和钢管之间握裹力，削弱整体性。

(4)钢管混凝土检测

混凝土压注完成、在规定的龄期后，用超声波检测每根钢管拱脚、$L/8$、$L/4$、拱顶各5 m范围，每个区域设 5 个断面，参照《超声波检测混凝土缺陷技术规程》及《中华人民共和国专业标准基桩无损检测技术规程》（草案）进行随机检测。对不密实的部位，进行钻孔、压浆、重新焊接处理。

（四）吊杆施工

1. 吊杆安装

吊杆由钢管拱肋上锚孔自上而下穿出，再穿过梁体上的预留孔。穿杆时，先拧拱肋上的冷铸墩头锚的螺母，当吊杆穿过边纵梁的预留孔后，再拧上墩头锚的螺母，并调整校正。在整个穿杆过程中，不得碰、擦伤防护层及墩头锚丝螺纹。

2. 吊杆调索张拉

桥面荷载先通过梁体传给吊杆，再传递给拱肋，最后传到桥墩上。由于不同的吊杆施工加载顺序会影响吊索的受力不均，如各施工阶段不对吊索随时调整和现场实时监控，会造成局部吊杆索力增大，弹性变形过大造成梁体出现裂缝，直接影响拱肋线型和成桥质量。

在索力调整时，吊杆张拉应严格按设计给出的张拉步骤进行。两片拱肋的吊杆在施加预应力过程中须交叉、对称进行；然后梁体第二次张拉。桥面二期恒载施工完毕后，实测吊杆力与设计是否相符合，不符合时进行调整。施工中通过对吊杆和拱肋的监测，控制拱肋的应力与变形均在设计允许的范围内，吊杆张拉结束后，锚头处须安装锚头防护罩，防护罩内部灌填阻蚀密封膏，防止锚头锈蚀。每次张拉过程中应注意拱脚支座位移检测情况。

（五）施工监测

1. 施工监测目的

对成桥目标进行有效控制，确保建成后的桥梁在结构受力和线形方面满足设计要求。

2. 施工监测阶段及内容

施工监测的各个阶段及对应的观测内容见表 4-3-14。

表 4-3-14 施工监测阶段及相关内容一览表

监测阶段	主要监测内容	目的
支架预压阶段	预压前后支架的弹性变形和非弹性变形	为模板调整做好数据支持
现浇系梁、拱脚混凝土、张拉部分预应力阶段	分节拱肋钢管拼装、提升及合龙完成后的整体空间位置	确保线形满足设计要求
泵送管内混凝土阶段	墩身、系梁、拱肋的高程、位移、应力应变情况	确保施工成品质量全面达标，掌握各部位在不同阶段的应力应变变化数值，掌握吊杆索力调整方案
拆除系梁支架，安装 2 号吊杆阶段	墩身、系梁、系梁的高程、位移、应力应变情况，监测吊杆索力	
安装其余吊杆，张拉系梁剩余预应力筋阶段	系梁的高程、位移、应力应变情况，监测吊杆索力	
活载通过，调整吊杆力，拱脚二次浇筑混凝土阶段	活载通过及拱脚二次浇筑完成前后的系梁高程、位移、应力应变情况，监测吊杆索力	

3. 施工监测点布设

（1）支架监测断面设置在每排立柱钢管的顶面以及立柱钢管上部纵桁架的中部。

（2）墩顶应变及温度监测点设置在墩身的顺桥向的侧面上，距离墩顶约 3 m 处，系梁应变监控点纵向设置在 1/4、2/4、3/4 截面处，温度测点仪设置在跨中截面处，应变及温度监控点横向均设置与箱体腹板及隔板上，上、中、下各 3 个点，系梁挠度测点布设于顺桥向两侧的顶板上，间距按照 $L/9$ 布设，采用预埋 $\phi20$ mm 钢筋型式，钢筋高出混凝土表面至少 5 cm，表面打磨光滑。

（3）拱肋的应力、应变测试断面设置间距为在拱肋垂直投影的 $L/4$，两侧共计布设 5 个观测断面。

4. 支架拆除后系梁高程（考虑支架沉降变形）施工监测成果

实测高程变化数值与理论计算数值相差均小于 5 mm，满足设计及规范要求，见表 4-3-15。

5. 索力检测成果

每组吊杆相对应的索力仪内置参数重新建模调整后，索力仪测得的实际索力与设计要求的索力相吻合，见表 4-3-16。

表 4-3-15　支架拆除后线型变化

断面编号	设计预拱度(mm)	理论变化值(mm)	实测变化值(mm)	断面编号	设计预拱度(mm)	理论变化值(mm)	实测变化值(mm)
1	40.1	−30.1	−29.8	7	62.7	−35	−32.5
2	47.3	−30.9	−38.6	8	61.3	−34.7	−30.8
3	53.3	−32.1	−36.8	9	57.9	−33.4	−38.5
4	57.9	−33.4	−34.4	10	53.3	−32.1	−32.5
5	61.3	−34.7	−32	11	47.3	−30.9	−33.1
6	62.7	−35	−38	12	40.1	−30.1	−29.1

注：表中数值均相对于吊杆张拉前系梁初始值，"−"号表示下降，"+"号表示上抬。

表 4-3-16　参数修正后实测索力与设计索力对比

索号	设计索力	29 号左侧		29 号右侧		30 号左侧		30 号右侧	
		修正后	百分比	修正后	百分比	修正后	百分比	修正后	百分比
1	946	937	−1%	931	−2%	925	−2%	939	−1%
3	492	476	−3%	476	−3%	481	−2%	471	−4%
4	733	740	1%	746	2%	753	3%	742	1%
5	598	600	0%	607	2%	615	3%	609	2%
8	514	519	1%	525	2%	529	3%	522	2%
9	541	562	4%	551	2%	557	3%	556	3%
11	472	482	2%	486	3%	489	4%	485	3%
12	520	512	−2%	507	3%	513	−1%	509	−2%

(六)施工体会

该桥于 2008 年 9 月 14 日完成 30 号墩侧的半拱提升，10 月 24 日完成全桥合龙，施工合龙后拱肋竖向偏位 5 mm，横向偏位 3 mm，合龙精度满足设计要求。该桥在武广铁路客运专线同类型桥梁施工中领先完成主体工程，并采集到墩身沉降、支座位移量、吊杆索力、拱肋及系梁线形等数据，结果显示各项参数均达到设计要求，施工完成后的全景如图 4-3-37 所示。

图 4-3-37　提篮拱全景

通过该桥的施工，有以下几点体会：

1. 采用分段预压与分段浇筑并合理设置合龙段的施工方法，不但能够有效地防止混凝土因收缩徐变而出现裂纹的质量通病，并大大减少了预压材料、机械设备、模板等资源投入，施工进度明显加快。

2. 卧拼提升竖转的施工方法对于先梁后拱有很强的适用性，较满堂支架法省去庞大的支架，略去了支架预压及落架工作量；较常规竖转略去了大型锚定；低位拼装门吊高度降低，门吊自重减轻，门吊购置费用及基础处理费用低。

投入的竖转塔架、横梁数量少，且均可二次利用；连续千斤顶、液压装置均可多次使用，竖转塔架为周转材料，钢绞线可再利用。采用卧拼、提升竖转方案可充分利用钢性系梁作为竖转支承，大大减少施工成本。

3. 拱肋按分段在工厂加工并试拼，缩短了现场吊装、焊接的作业时间；提升系统可与拱肋拼装同步作业，基本不占用施工主线时间；实际转体时间每半拱只需 5～8 h，从第一个半拱运输到两半拱空中合龙只需 10 d 时间，比缆索吊装作业可减少一个半月时间，较支架拼装可节约两个月时间。

4. 分大段在低位拼装，现场焊缝数量减少，便于质量检查，施工质量容易保证。专业提升设备，可实现空中精确定位，合龙精度高，高处作业少，降低作业风险，减小了施工难度；提升千斤顶上、下安全锚具有保护性自锁设置，构件可在提升过程中的任意位置锁定，保证整个提升过程系统的安全。

2008 年 11 月 26 日，TLJ900 型架桥机安全、顺利地通过了提篮拱，如图 4-3-41 所示。通过前期过架桥机的监测数据来看，运梁车重载驮梁状态通过提篮拱时构筑物各部位的线形、位移、高程均能达到设计要求。

图 4-3-38　架桥机安全通过提篮拱桥

二、单跨 140 m 钢箱系杆拱桥（汀泗河特大桥）

（一）桥跨结构简介

汀泗河特大桥位于湖北省咸宁市，跨越京珠高速公路，线路与高速公路夹角为 30°。京珠高速公路为双向四车道，沥青路面，路肩宽 27.5 m，车流量密度大。根据湖北省交通厅意见，按预留 8 车道设计。跨越京珠高速公路主跨采用 140 m 钢箱系杆拱，为世界高速铁路无砟轨道同类结构中的最大跨度，梁长 143 m，计算跨径 140 m。设计详见第三篇“勘察设计”。

钢箱拱桥由于具有拱桥受力性能良好且造型优美，兼钢结构桥梁自重轻、建筑高度小、跨越能力大、施工周期短的特点，因而此种桥式在跨越高等级公路及河流时具有较好的适用性。

（二）施工技术

1. 施工总体方案

本系杆拱桥系梁、拱肋采用原位拼装的施工方法。施工难点是跨京珠高速公路进行系梁、拱肋的吊装作业，难度大，安全风险大。

由于高速公路太宽，结合系梁的设计分段，为有效地利用系梁自身的刚度，系梁的拼装采用在支架上半悬臂拼装。系梁的两桁不对称，系梁的拼装分节亦有不同。

在 89 号～90 号墩间设置临时支墩，采用扩大基础，先在临时墩上从 89 号墩～90 号墩依次拼装系梁及系梁间纵、横梁。纵横梁体系拼装完成后，在系梁上拼装吊杆及吊杆间临时支撑，利用吊杆的自身刚度作为拱肋拼装平台，逐节拼装拱肋、横撑。在拱肋合龙后将临时墩从主墩往跨中方向拆除。

整个系杆拱全部采用大吨位履带吊进行拼装。拼装过程中要交替封闭高速公路的左右半副车道。

钢梁用平板车运输到高速公路桥位下，直接在平板车上检查、预拼，合格后大吨位履带吊直接提升架设。为保证系杆拱施工过程中高速公路的畅通，在施工区域下方，设置全封闭的防护装置，净空高度不小于 5.5 m，保证高速公路上无坠物，无污水，确保行车安全。

2. 机具设备、人员

(1)施工现场主要施工设备

主要在于施工拼装主吊车的确定，通过角度及臂长计算，确定吊车吨位，同时考虑到由于夹角过小原因，轮式吊车在高速公路上伸展不开，为此选用机身较短的履带吊。施工现场主要施工设备见表4-3-17。

表 4-3-17　主要施工设备配备

序　　号	机械名称及规格	单　　位	数　　量	说　　明
1	M999 式 250 t 履带吊	台	1	钢梁拼装
2	50 t 汽车吊	台	1	钢梁拼装
3	25 t 汽车吊	台	2	临时结构拼装
4	50 t 平板车	台	1	钢梁倒运
5	高栓试验设备	套	1	
6	电动扳手	套	3	用于高栓施拧
7	表盘带响扳手	套	1	用于高栓施拧
8	油漆施工设备	套	1	
9	200 t 千斤顶	台	4	拱肋合龙

(2)施工人员

钢梁架设作业队分为钢梁预拼、钢梁架设、高栓施拧及检查、机电、油漆等。各类作业人员均选用熟练工人。具体人员配备情况见表 4-3-18。

表 4-3-18　施工人员配备

作业项目	人员配置	备　　注	作业项目	人员配置	备　　注
临时工程	30	支架拼装和拆除	架设作业	20	分两个班架设
钢梁运输	10	—	高栓施拧及试验	16	分 4 个作业组
预拼作业	10	兼钢梁倒运	涂　　装	8	补铝、补漆

3. 施工步骤

(1)临时设施施工

施工场地:回填并压实 89 号～90 号墩间原地面,使其高程与高速路面相同,同时临时拆除高速公路两侧波形栏杆和中央绿化带,以利于构件运输车辆可直接从高速公路进入施工区,同时为吊车吊装作业提供通道。

临时支墩基础采用钢筋混凝土扩大基础有三类:A 类扩大基础:5 m×6 m;B 类扩大基础:3 m×6 m;C 类扩大基础:3.75 m×5 m。

临时支墩采用钢管进行搭设:ϕ800 mm×10 mm(2 号、3 号、4 号、5 号、7 号、8 号、9 号、10 号),用于 A、C 类扩大基础;ϕ468 mm×10 mm(6 号)、用于 B 类扩大基础;ϕ530 mm×12 mm(1 号、11 号),用于 B/类扩大基础。

临时支墩及基础在施工前均要进行受力检算。

(2)高速公路安全防护平台的施工

为确保交通安全,钢箱系梁拱采用全封闭施工,施工前在系梁下方、高速公路上方搭设拼装平台。

全封闭防护采用 ϕ400 mm×8 mm 钢管作立柱,在高速公路两侧的立柱基础顶面与原地面平,在中央隔离带两侧的立柱基础露出高速公路路面 1.2 m,防止行车直接碰撞钢管立柱致使防护坍塌。采用 I56 工字钢为横梁,I10 工字钢为纵梁,纵横梁间采用 U 型螺栓绞接,梁上满铺 2 cm 厚钢板,顶面设置双面排水坡度为 4‰。延高速公路方向两边各设置 1 m 高挡板,防落物反弹掉入高速公路。

(3)系梁架设

①步骤一:从 89 号墩开始利用大型汽车吊拼装 A、B 桁拱脚。如图 4-3-39 所示。

②步骤二:在桥位下方先将系梁节段 L1、L2 拼装成整体,利用大型汽车吊在临时支墩上整体拼装系梁节段 L1+L2,此时 B 桁系梁 L2 节段处于悬臂状态。如图 4-3-40 所示。

③步骤三:在桥位下方先将系梁节段 L3、L4 拼装成整体,利用大型汽车吊在临时支墩上整体拼装系梁节段 L3+L4,此时 A 桁系梁 L4 节段处于悬臂状态。如图 4-3-41 所示。

④步骤四:在桥位下方先将系梁节段 L5、L4′拼装成整体,利用大型汽车吊在临时支墩上整体拼装系梁

节段 L5＋L4′，此时 A 桁系梁 L4′节段处于悬臂状态。如图 4-3-42 所示。

图 4-3-39 系梁安装步骤一

图 4-3-40 系梁安装步骤二

图 4-3-41 系梁安装步骤三

图 4-3-42 系梁安装步骤四

⑤步骤五：在桥位下方先将系梁节段 L3′、L2′拼装成整体，利用大型汽车吊在临时支墩上整体拼装系梁节段 L3′＋L2′。如图 4-3-43 所示。

⑥步骤六：利用大型汽车吊悬臂拼装系梁节段 L1′、广州侧拱脚，至此系梁全部安装完成。如图 4-3-44 所示。

图 4-3-43 系梁安装步骤五

图 4-3-44 系梁安装步骤六

4. 拱肋、吊杆架设步骤

为减少临时工程量，拱肋拼装支架准备利用主体结构的吊杆作为施工期间的临时压杆。系梁拼装完后在系梁上设置拱肋吊杆并将吊杆局部加强且连成整体，分段安装拱肋、横撑，直至拱肋合龙。

具体施工步骤如下：

(1)系梁拼装完成后，交错封闭左右半幅高速公路，利用大型汽车吊安装系梁位置对应的吊杆。

(2)安装吊杆纵横向联结支架。

(3)对称安装各节段拱肋。

(4)安装过程中，要及时安装好横撑。

(5)如此循环，直至安装到合龙段。

(6)根据合龙时安装温度，确定合龙段长度。如图 4-3-45 和图 4-3-46 所示。

图 4-3-45 吊杆的安装

图 4-3-46 吊杆、拱肋的安装

(7)快速、精确地进行拱肋合龙；单肢合龙应尽量减少作业时间。合龙困难时，可采用千斤顶对拉、对顶等辅助措施。

(8)安装中间的横撑。

(9)安装过程中，严格按照要求对拱肋进行应力和变位监控。

5. 体系转换

整体体系转换之前，需将全桥的高程及轴线进行复测，并将其与转换之后的结果相对应。同时将拱肋上装有的应变计初始应变数值记录下来，每拆除一组临时墩时都要进行详细的应变测试，得出相应结果，指导下步施工。

临时支墩卸载分三组进行：第一组为 1 号、6 号、11 号临时支墩；第二组为 2 号、5 号、7 号、10 号临时支墩；第三组为 3 号、4 号、8 号、9 号临时支墩。

每组临时支墩卸载时需同步进行。体系转换时采用气割按卸载顺序分别进行卸载。气割时，将垫座以每刀 6 mm 的速度逐步缓慢割开。

6. 施工要点及注意事项

(1)钢箱梁在出厂前要经过整体试拼装

钢箱系杆拱在厂内试拼装之前按照实际桥形测量出平面位置，根据设计的梁与各墩顶关系设置支撑，作为临时性支墩，以保证预拼线形与实际施工后的线形相同。拼装时充分考虑气温、气压及各种影响测量和钢材物理性能的因素；各节段吊装后，严格检查对接情况，及时整治存在问题，以免和实际桥形出现偏差。试拼装时注意各节段在吊装、移位过程中，采取有效防变形措施。

(2)系梁的架设

由于温度变化引起系梁长度的伸缩，在系梁架设时两个主墩上的支座先不固定，当系梁、89 号拱脚、90 号拱脚全部架设完后再进行灌浆固定。由于活动支座在 89 号墩上，固定支座在 90 号墩上，故要在临时支墩上对系梁进行临时固定，保证梁的伸缩往 89 号墩方向。

(3)钢箱拱吊装顺序

主拱安装顺序为：拱肋与拱脚的连接段检查→对称吊装拱中段(同时安装拱肋之间横向联系)→拱顶段合龙→安装拱顶之间横向联系。

(4)钢箱拱吊装

吊机起吊钢拱肋并运行至安装位置,落钩要保证节段的平稳下降,并调整钢箱上下端高差,使之符合安装角度;在待装段下端与已装段的上端顶面接近时,用长拉杆螺栓进行初定位,测量钢箱拱肋坐标,按照监控单位对拱肋的监控指令,通过支撑顶部可调的定位装置将节段准确定位并固定于支撑上,再打上冲钉安装高强螺栓进行节段连接。

(5)合龙段的施工

确定合龙时刻,准确对位,快速合龙。合龙时尽量安排在白天进行,为防止温度过高,采取降温措施。

①在靠近合龙段的左右两个拱肋支墩上布置有200 t竖向及横向千斤顶,可以调整合龙段两侧钢箱拱肋的位移和转角,保证顺利合龙。

②拱肋拼接板采用一端工厂钻孔,另一端现场钻孔。合龙时根据实际合龙距离,在拼接板另一端现场钻孔,保证拱肋顺利合龙。成桥状态如图4-3-47所示。

图4-3-47　汀泗河140 m钢箱系杆拱桥

(6)拱肋横撑施工

起吊横撑,置于安装在支架顶调位支撑上,精确调整就位后,与拱肋栓接连接。

7. 主拱安装应注意的有关事项

系梁、拱肋、横梁、吊杆及横撑等钢构件采用工厂分段加工制作,并进行预拼装,检查验收合格后,运至现场预拼场地,采用起重机进行吊装。主体结构安装顺序为:安装拱脚→系梁→端横梁→辅助横梁→纵梁→安装刚性吊杆→对称吊装拱中段(同步吊装拱肋之间横向联系)→拱顶段合龙。

(1)系梁、纵横梁安装:起吊前核实吊装顺序,为控制好安装角度,按理论值计算出钢丝绳长度、直径及根数。就位对孔时在栓孔基本重合的瞬间用小撬棍拨正对合孔眼,再定位安装螺栓,确认结合缝间无任何杂物后,即拧紧螺栓。

拼装过程中随时观测钢梁的平、立面及中线、高程,并及时进行调整。

(2)拱肋安装:拱肋安装原则为对称均匀加载。在预装检查合格后,采用履带式起重机起吊作业。拱肋每节段设吊点2个,用起重钢丝绳绑扎拱肋收紧后,每吊点用卡环栓住绳头起吊。每节段起吊就位后置于支撑上,通过支架顶部可调的定位装置将节段准确定位并固定于支撑上,然后焊接或栓接节段接头。合龙节段要注意合龙天气和温度控制措施的选择,保证设计合龙温度的要求。

(三)施工监控

1. 位移监测和线形控制应力

线形(位形)控制的最终目标是保证桥面的整体高程和局部平顺性,使成桥后主梁的高程满足上述两方面的要求。桥面的实际桥轴线与理论桥轴线的偏差应符合设计和桥梁工程质量评定标准等要求。

两端桥墩顶部各布置4个位移测点,使用精密水准仪定期测量,用于监测桥墩的沉降,以确定拱座基础是否有位移。

2. 内力和温度监测

(1)应力状况监测的目的主要是观测钢箱系杆拱桥在各个施工阶段的应力变化情况,以便与理论计算值进行比较,对结构的实际状态作出合理的判断,如有问题及时采取适当的补救措施。

(2)温度监测的部位主要集中在主拱肋钢箱和系杆,以获得与线形和位移相对应的结构温度,为控制的理论分析提供可靠的温度值。温度场测试采用自带温度测试功能的钢弦式应变计。

(四)施工小结

本桥系梁、拱肋采用原位拼装的施工方法,有以下一些优点:

1. 对行车干扰小。

2. 临时设施工程量少。安装临时支架跨度小,设计荷载小。安装支架只承受拱桥系杆梁的重量而非全桥重量,设计荷载大大减小,有效地利用了系杆梁自身的刚度。

3. 在高速公路中央隔离带上布置扩大基础,不破坏原有路面结构。

4. 征地少。充分利用高速公路顶部空间(不侵入行车净空)以及铁路桥红线范围内的土地,基本不需要为安装而额外征地。

5. 工期较快。因钢管拱桥的安装基本不影响附近引桥的施工,工期可以相应缩短。

6. 采用 250 t 履带吊,比使用大型龙门吊机安全性能增加。

7. 避免了桥梁纵移和桥梁转体,施工难度显著减少。

三、5×32 m 变截面连续梁(昌山特大桥)

(一)桥跨结构简介

新乐昌站区的昌山特大桥,全长 863.79 m,中心里程 DK1944+691.22,位于新乐昌站咽喉区,其中第 6~10 跨为 5×32 m 四线变双线现浇变截面连续箱梁,12~17 跨为 6×32 m 双线现浇连续箱梁,道岔区设置在该段连续箱梁桥上,其中在四线变二线箱梁上设置站线道岔,在双线连续梁上设置渡线。

昌山特大桥 5×32 m 变截面连续梁,结构为等高、变宽异型连续梁,截面形式由单箱三室渐变为单箱单室。桥跨布置:(31.85+3×32.7+31.85) m 预应力混凝土连续梁,全长 163.3 m(含两侧梁端至边支座中心各 0.75 m),梁高 3.05 m。桥面宽度:防撞墙内侧净宽 9.4~20.35 m,桥上人行道栏杆内侧净宽 13.2~24.15 m,梁顶面宽 13.4~24.35 m。道岔箱梁结构采用预应力混凝土现浇变截面连续箱梁。

由于等宽的 6×32 m 连续箱梁施工与变截面的连续箱梁基本相同,本文不再赘述,仅对变截面的连续道岔箱梁进行介绍。

(二)施工技术

根据施工工期及梁部类型的特点,全桥采用满堂支架现浇法施工梁部,满堂支架现浇法施工灵活,可以有效加快施工进度,线形容易控制。

该 5×32 m 变截面连续箱梁混凝土数量达 2 500 m^3,根据设计,将全梁共分为五个施工节段,跨中 46.7 m为第一施工段,依次向两端施工,施工缝设置在距支座中心 7 m 处,上半部为 6 m。第一阶段施工长度为 46.7 m,第二阶段施工长度为 2×32.7 m,第三阶段施工长度为 2×25.6 m。

该处桥下净空较低,采用满堂支架法分段现浇变截面连续箱梁。模板设计考虑外观要求和节省投入,侧模采用定型钢模,底模和内模采用木模板。

1. 现浇变截面连续箱梁施工工艺

该箱梁第一施工段长度最大,混凝土方量约 700 m^3,为标准简支梁(327 m^3)的 2 倍多,两端分别伸出 7 号和 8 号墩顶支座中心 7 m,也是从单箱三室渐变为单箱单室的过渡段,预应力筋布置复杂,结构尺寸变化多,施工难度最大,技术新颖。以后各施工段施工方法与此基本相同,但长度较短。

现浇变截面连续箱梁施工工艺复杂,技术要求高,施工难度大,关键工序多,施工工艺流程如图 4-3-48 所示。

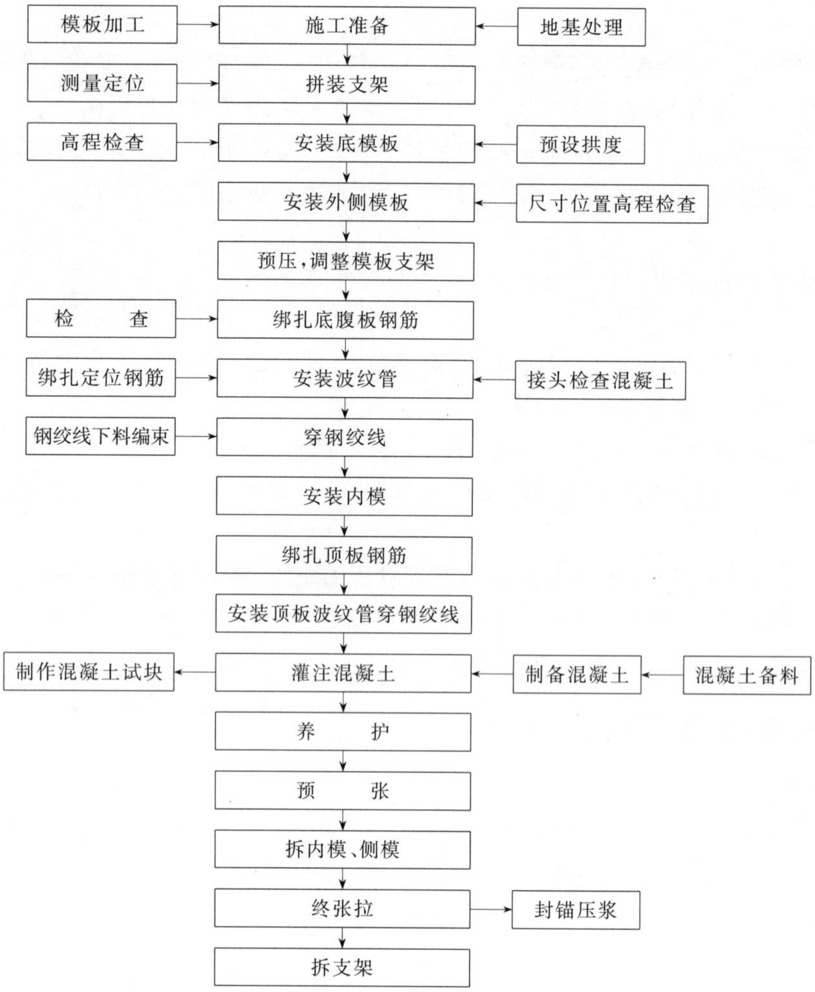

图 4-3-48　现浇变截面连续箱梁施工工艺流程

(1)支架的地基处理

根据对桥位处地质情况的静力触探数据及综合分析，决定支架的地基处理采用先回填 30 cm 级配碎石，再浇筑10 cm厚 C20 混凝土垫层处理，级配碎石碾压后实测地基承载力达 560 kPa 以上，满足要求，浇筑 10 cm厚混凝土垫层找平。

(2)支架搭设

支架采用满堂式钢管脚手架，支架钢管采用 $\phi48\times3.5$ 型，根据每跨地面高程选定立杆高度，立杆纵向间距 60 cm，横向间距 60 cm，步距为 90 cm；为了确保满堂支架的整体强度、刚度和稳定性，每跨纵向每隔 3 m 设置 5 道钢管剪刀撑，每跨横向设立 9 道剪刀撑。

支架的设计要满足强度、刚度和稳定性的要求。经计算满足施工要求。

10 号工字钢的最大允许挠度值$[f]=1$ mm。

工字钢的最大挠度计算值 0.15 mm ，小于工字钢的最大允许挠度值 1 mm，满足要求。

支架搭设完后，在墩柱上用全站仪准确测放出支座中心点位置，并按照设计图纸要求安装支座，固定支座设置在 7 号墩。支座安装时，必须认真核对图纸，选定支座型号，确定支座方向，横向纵向不能弄错。

(3)预拱度设置

预拱度计算公式：

$$f=f_1+f_2$$

式中　f_1——支架弹性变形；

　　f_2——梁体挠度预拱度，根据设计该连续梁 $f_2=0$。

最大值设在梁的跨中位置，并按抛物线形式进行分配，计算各点的预拱度值后，通过支架上的可调顶托对底模进行调整。

(4)模板的制作、安装及支架的预压

支座安装合格后,依据图纸尺寸加工并安装箱梁底模板,模板均采用优质竹胶合板(1.2 cm 厚),表面光洁度、平整度、线条平顺均能满足美观要求,其刚度

强度能满足要求。模板接缝处嵌填海绵条或采用胶带封缝,并设置斜撑和压脚,以防跑模和漏浆。模板安装前,检查其是否变形、污染。支架底模高程计入落地支架弹性、非弹性变形值,按抛物线设置预拱度,以确保箱梁的高程符合设计要求。预压完成后,卸去混凝土预制块,把模板清洗干净,并涂刷优质脱模剂。根据预压结果,调整预拱度,重新测量高程调整底板,吊装腹板。

(5)钢筋、波纹管、钢绞线、内模安装

调整底板合格、安装腹板完毕后,安装钢筋,首先,绑扎底板钢筋,底板底层纵向 ϕ12 mm,间距 15 cm,横向 ϕ16 mm,间距 12.5 cm。底层绑扎完毕后,焊接竖向联系筋,控制钢筋网间距,保证两层网片间距 23 cm(底板厚 30 cm),布置底板顶层钢筋网片。然后绑扎腹板钢筋,腹板厚度 45 cm。其次,绑扎墩顶横隔梁钢筋,中间箱室过人孔 120 mm×120 cm,两侧箱室过人孔 70 mm×120 cm。最后,绑扎底板张拉齿块,齿块类型 2K′、2L′、2M′、2N′、2J′、2P′、2Q′、2O′。预留孔处遵循普通钢筋让预应力筋的原则,在施工接缝处留出普通钢筋搭接头,在设计位置设置通风孔和排水孔。钢筋绑扎必须符合设计要求及有关标准规定,表面应洁净,不得有锈皮、油漆、油渍等污垢。钢筋弯曲成型后表面不得有裂纹、鳞落或断裂等现象。钢筋绑扎前,在模板上放样定位。绑扎成型时,钢丝必须扎实,不得有滑动、折断、移位等,成型后的骨架必须稳定牢固。

本连续梁位于道岔区,在梁顶布置纵向预应力筋 T3、T6,横向预应力筋 N1、N1a、N2、N2a,腹板 2W1～2W4、2W1′～2W4′。其中 T6 全长 150.22 m,共计 4 束,后穿钢绞线。为防止在浇筑混凝土时挤压波纹管,在各施工段浇筑混凝土时,穿入直径略小于波纹管的塑料管,混凝土浇筑完毕后,拔出清理管道。波纹管在施工缝处预留 300 mm 长搭接头。横向预应力筋采用扁锚单端张拉,每束间距 50 cm,在墩顶处加密为 25 cm,共计 345 束。

芯模制作:芯模制作时,只制作骨架部分和面板,其支撑部分待芯模安装就位后,再进行加固。内模面板采用 15 mm 厚竹胶板,肋骨架使用 10 cm×10 cm 方木直接与面板相连。肋骨架顺桥向间距 40 cm,内支撑采用 ϕ48 钢管支撑。

芯模安装:采用分节段吊入箱内,人工组拼成整体。内模采用加工场内制作成节段龙骨,吊装后整体组拼成型。为保证箱梁芯模稳固在箱梁主筋和腹箍筋上,设置一定数量的定位钢筋,准确确定模板位置。为保证混凝土浇筑连续性在芯模顶部设置 30×30 cm 的活动板,待底板混凝土浇筑完后,恢复至原位。为防止浇筑混凝土时芯模上浮,在芯模顶部每隔 1.5 m,设置一道防上浮压杆。

绑扎顶板钢筋:安好内模后,绑扎顶板钢筋,定位顶板波纹管,穿顶板预应力筋,同时注意预埋件的位置、高程以及预留孔道位置的准确性。

(6)混凝土浇筑

浇筑混凝土前,对支架、模板、钢筋和预埋件进行检查,对模板内的杂物、积水和钢筋混凝土的污垢应清理干净。

箱梁混凝土采用泵送,纵向分段,横向分层浇筑,混凝土由下坡端往上坡端浇筑,第一次浇筑底板和腹板下梗肋。

混凝土浇筑时先检查混凝土的坍落度和均匀性,对不符合要求的混凝土坚决退还。用插入式振捣棒振捣混凝土时,振捣棒与侧模应保持 5～10 cm 的距离,避免振动棒碰撞模板,波纹管和其他预埋件,混凝土必须振捣密实。

混凝土的浇筑应连续进行,浇筑混凝土期间,应设专人检查支架、模板、钢筋、预埋件等稳固情况,当发现松动、变形或移位,及时处理。浇筑混凝土时,填写混凝土施工记录,留足试块。施工过程中,当每一段顶板浇筑好后,立即用潮湿麻袋盖好进行养护,防止风吹开裂。

(7)预应力张拉

预应力筋施工工艺流程如图 4-3-49 所示。

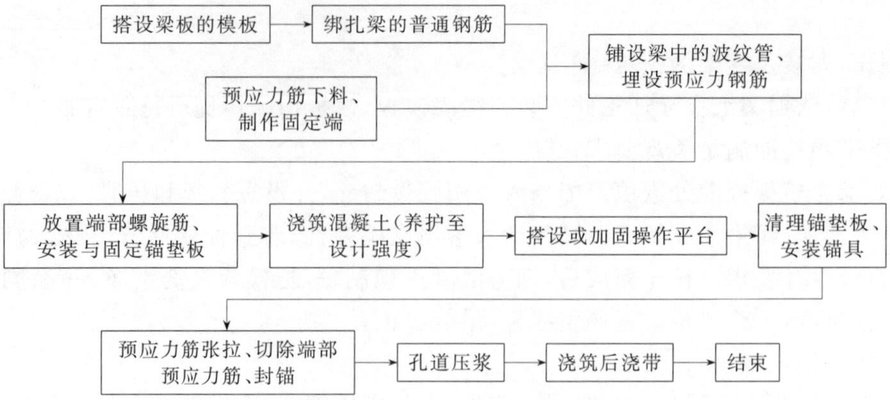

图 4-3-49 预应力施工工艺流程

①在混凝土强度达到设计强度 85%后,且龄期大于 7 d 后方可进行张拉。预应力钢束张拉严格按照设计图纸提供的张拉顺序和张拉控制应力进行。张拉设备在使用前须进行检查和校核。

②本桥预应力箱梁采用后张法,预应力筋为低松弛预应力钢绞线,张拉工艺根据设计图纸分别采用双端和单端张拉。

③预应力张拉采用双控,以张拉力控制,伸长量校核。实际伸长值与理论伸长值之差若超过规范要求应暂停张拉,查明原因并采取措施加以调整后,再继续张拉。

预应力钢绞线实际伸长值 $\Delta=\Delta L_1+\Delta L_2$,$\Delta L_1$ 为从初应力至最大张拉力间的实测伸长值,ΔL_2 为初应力时的推算伸长值,采用相邻级预拉力伸长值。

预应力钢绞线张拉后每束的断丝或滑丝不超过 1 丝,每个断面断丝之和不得超过该断面钢丝总数的 1%,如超过限制数,应进行更换。张拉控制应力为 0.70 倍的极限应力。

④张拉设备校核:张拉机具与锚具配套使用,在进场使用前进行检查与校核,每台千斤顶与压力表、压力盒、测力计及其他装置,应具有±1%的读数精度。压力表精度不应低于 1.0 级,校正有效期为一周。当用 0.4 级时,校正有效期可为一个月。压力表发生故障后必须重新校正。千斤顶一般使用超过 1 月或 200 次,以及在使用中出现不正常现象时,应重新校准。

⑤张拉筋制作:每根预应力钢筋应标签编号及盘号或使用钢材的号码,钢绞线不得扭折、绞旋,不得松散,且每根钢绞线在构件每端要易于识别。

钢绞线下料长度应把张拉工作长度计算在内,张拉后钢绞线的切割采用高速手砂轮切割机,外露长度 35 mm。

⑥钢绞线张拉操作程序为:0→初应力→20%σ_k→测伸长度→40%σ_k→测伸长度→100%σ_k→测伸长度→油缸回零、测回缩量(持荷 5 min)。

σ_k 为张拉控制应力(含锚口摩阻损失)。

⑦在预应力施加过程中会遇到断丝、滑丝、预应力损失等问题,解决好这些问题也就保证了预应力的施加效果。

a. 处理断丝的方法

双张钢束时先用卸锚器松锚,然后移动钢束,用单孔小顶进行张拉,缩短千斤顶占用长度。

当本身就是单张的钢束发生断丝时,采用超张拉的办法加以解决,超张时可采用全断面超张或同束号超张的办法。超张时应根据断丝数量计算超张值。计算时应以规范控制应力误差下限为准。

b. 处理滑丝的方法

滑丝处理一般采用单孔补张,补张失效时可用叠加锚环法处理。

c. 处理预应力损失的方法

在预应力的六种损失中,混凝土干缩损失、徐变损失两种不易控制,但其损失值与其他四种相比也较小。其他四种处理的方法为:

(a)孔道摩阻损失

在张拉锚固前先不上夹片,反复单张拉数次都可以有效的降低孔道摩阻系数。

(b)锚具回缩损失

减小锚具回缩损失一是选用机械顶锚的锚具及张拉机具，二是当采用自锚体系时，适当减小锚环与限位板之间的间距(用与钢绞线直径的配套限位板)，但调整时不能调整过大，否则锚具回缩损失虽然减小，但锚口损失增加，得不偿失。

(c)混凝土压缩损失

在不影响结构受力状态的前提下，通过调整张拉顺序减小，一般原则是先长后短、对称施压，一次完成。

(d)松弛损失

及时饱满的压浆并使水泥浆迅速达到设计强度，尽快使水泥浆与孔道混凝土把预应力钢绞线紧紧握住，尽量减少松弛损失。

⑧张拉钢绞线特别注意以下几点：

a. 现场养护的试块抗压强度不小于设计强度的 85%后，才能开始张拉。

b. 严格按照设计钢束张拉顺序进行，先张拉中间肋，后张拉边肋，两边对称双端同时张拉。

c. 分级张拉。所有的钢束都张拉到同一级荷载后再进行下一级的张拉。

d. 张拉到 $100\%\sigma_k$ 后持荷 3 min 再锚固，使钢束彻底舒展开，从而减少钢束松弛应力损失。

e. 张拉钢束时仔细观察锚具夹片，不能打滑，也不能将钢丝卡断，若有钢丝松散，说明钢束中有钢丝断裂，卸荷后更换钢绞线再张拉，不得有一根断丝现象发生，以确保预应力系统的准确性和完整性。

f. 每一级张拉时都计算出对应的理论伸长值，核查实际伸长值与理论值之差是否在±6%之间，若有出入，查明原因后再张拉。

g. 由于张拉顺序有先有后，当一级张拉完后，先张拉的钢束拉力会变小，伸长量随之改变，在下一级张拉时必须补偿，否则会出现伸长量与理论计算出入很大的情况。

h. 张拉钢绞线时，注意安全，钢绞线正面不得站立人员，以防不测。

i. 张拉作业时，两头工作面及现场指挥，均应配备音质清晰度较高的对讲机。

(8)孔道压浆

为了避免预应力筋锈蚀，施加预应力后，尽早进行孔道压浆。压浆采用 42.5 级硅酸盐水泥，所用水泥龄期不超过一个月，水泥浆水灰比在 0.4～0.45 之间，如需掺入掺加剂，掺加剂内的水分应计入水灰比内，水泥浆稠度控制在 18～25 s 之间。

本工程采用真空辅助压浆法，每次压浆时一端连接压浆泵，另一端连接真空泵。具体操作程序如下：

①压浆前，先吹入无油分的压缩空气清洗管道，再用含 0.01 kg/L 生石灰或氢氧化钙的清水冲洗管道，再以压缩空气吹干。

②用水泥制浆搅拌机制备符合要求的水泥浆。首先将水加入拌和机内，再放入水泥，经充分拌和后掺入掺加剂(如果需要)，压浆前须经过滤，拌和应至少 2 min，直至达到均匀的稠度为止。

③然后将压浆泵输出管与预应力管道的甲端相连接，乙端连接抽真空泵。

④先启动抽真空泵，将管道内抽真空，管道真空度应稳定在－0.06～－0.10 MPa 之间，关闭抽真空泵前阀门。启动压浆泵，打开甲端进浆阀门，开始压浆，待管道压满后。打开乙端三通排浆阀门，直到乙端排浆孔流出符合规定稠度的浓浆后，关闭乙端排浆阀门，并保持不小于 0.5 MPa 的一个稳压期，该稳压期不少于 2 min，然后关闭甲端进浆阀门。

⑤压浆施工过程中填写完备的压浆记录，包括每个管道的压浆日期、水灰比及掺加料、压浆压力、障碍事故细节及需要补做的工作。

⑥压满浆的管道应进行保护，使在一天内不受振动，管道内水泥浆注入后的 48 h 内，结构混凝土温度不得低于 5 ℃，否则应采取保温措施；当白天气温高于 35 ℃时，压浆宜在夜间进行。

⑦浇筑后浇带

为了保护外露的锚具不致锈蚀而失效，当灌浆完毕后，将外露部分进行清洗，并将端面混凝土凿毛，并绑扎钢筋。锚后钢筋网与预留钢筋点焊一体，然后安装模板，浇筑后浇带混凝土，保护锚具。待强度达到 80%后，拆除模板。

⑧支架、模板的拆除

预应力筋张拉完成后，即可拆除模板及支架。拆除支架时从跨中开始对称向两头均匀拆卸，以便使桥体重量对称、均匀地由两端支座平均承担，同时预防箱梁因受力不均匀产生裂纹。拆除外模时防止损坏箱梁外观质量。

2. 施工注意事项

(1)变截面连续箱梁支座型号多，有承载力不同的，同一承载力支座还分固定、横向活动、纵向活动和多向活动四种型号，部分型号不同的支座尺寸可能相同，出厂时标记的顺桥向或横桥向标识也可能有误，因此，连续梁支座很容易安装错误，有选错型号、方向安装错误等情况。故在支座进场时，应认真按照图纸进行检查，安装支座时，一定要按照图纸，正确选择型号，并确定好安装方向和位置，活动支座还要设置好预偏量。

(2)钢绞线布置应严格按照图纸，准确定位，并合理安排波纹管和钢筋的绑扎顺序，避免返工，遇有预应力筋和其他筋发生抵触时，一般应遵循普通钢筋让预应力筋、横向预应力筋让纵向预应力筋的原则。

(3)连续梁预应力筋布置较多，锚下局部压应力很大，张拉时，梁端锚垫板下混凝土易开裂。因此施工前，应认真核对锚下最小截面尺寸是否满足锚具厂提供的资料中要求的最小尺寸，如不满足可以采取局部加厚措施处理，绑扎钢筋时，应严格按设计布置锚下加强钢筋网片，避免张拉时开裂。

(4)该连续梁分 5 个施工段施工，大量纵向预应力筋穿过施工缝，前一施工段浇筑混凝土时，要采取可靠措施保护预留的波纹管不被挤压变形或漏浆堵塞，避免后期无法穿入钢绞线，一般可采取穿入硬塑料管等措施。

(5)箱梁上接触网立柱基础、综合接地端子、排水孔等预埋件种类繁多，浇筑混凝土前，要逐一核对，确保型号正确，定位准确，加固牢固。

(三)连续梁徐变观测

为了确保无砟轨道的几何尺寸，保证线路的高平顺性，在桥梁工程施工中，桥梁的徐变观测，显得尤为重要。在本桥中通过对连续道岔箱梁的徐变观测，评估后期徐变趋势，确定无砟轨道施工时间，以确保客运专线无砟轨道结构铺设质量。为满足客运专线沉降变形观测系统的技术要求，保证沉降变形观测系统的质量，依相关设计要求，针对昌山特大桥工程特点，制定了详细观测实施方案，在施工中严格执行。

观测仪器采用美国天宝 DiNi 12 电子水准仪一台，配备 3 m 铟条码钢尺进行观测读取读数两次及视距读数，两次读数差<0.5 mm 时，取其高差中数。

根据规定要求，在现浇梁施工完成后分别在支座及跨中设置桥梁徐变观测点，设置位置如图 4-3-50 所示，采用不锈钢标设置。在施工桥面铺装前将观测点移至铺装层顶面，作为永久性观测点继续观测。设置观测频率见表 4-3-19。

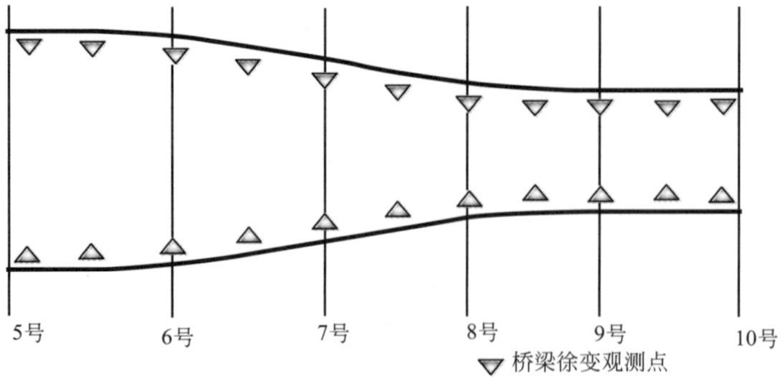

图 4-3-50 变截面连续箱梁徐变观测布点示意

在对梁体的上拱徐变观测中，高程采用相对高程进行观测，武汉端左 1 为 0.000 00 m，观测其他点位高差。测量过程中实行"人员、仪器、测量方式"三固定。认真树立"零"观测理念，达到数据整理的规范性和数据识别的统一性，确保观测数据的可靠性。梁体徐变上拱，向上为"正"，向下为"负"。沉降变形观测过程中注意记录荷载的变化，以便帮助分析结构变形变化和数据异常点情况。在沉降变形观测过程中，及时绘制沉降曲线和分析验证，并作记录，及时报送监理核对签字。徐变上拱度观测结果见表 4-3-20。

昌山特大桥 5 跨 32 m 变截面现浇连续梁，终张拉后徐变观测期为 10～14 个月，满足《评估技术指南》的要求。梁体跨中实测徐变上拱量为 14.313～16.545 mm，后期徐变变形趋于稳定。

表 4-3-19　桥梁徐变观测频率

<table>
<tr><th rowspan="2">观测阶段</th><th colspan="3">观测频次</th><th rowspan="2">备　注</th></tr>
<tr><th colspan="2">观测期限</th><th>观测周期</th></tr>
<tr><td>梁体施工完成</td><td colspan="2">—</td><td>—</td><td>设置观测点</td></tr>
<tr><td>预应力张拉期间</td><td colspan="2">全程</td><td>张拉前后各一次</td><td>测试梁体弹性变形</td></tr>
<tr><td>梁附属设施安装</td><td colspan="2">全程</td><td>安装前后各一次</td><td>测试梁体弹性变形</td></tr>
<tr><td>预应力张拉完成～无砟轨道铺设前</td><td colspan="2">≥60 d</td><td>1 次/1、3、5 d 后期 1 次/周</td><td>—</td></tr>
<tr><td>无砟轨道铺设期间</td><td colspan="2">全程</td><td>1 次/d</td><td>—</td></tr>
<tr><td rowspan="3">无砟轨道铺设完成后</td><td rowspan="3">24 个月</td><td>0～3 个月</td><td>1 次/月</td><td rowspan="3">残余徐变变形长期观测</td></tr>
<tr><td>4～12 个月</td><td>1 次/3 个月</td></tr>
<tr><td>13～24 个月</td><td>1 次/6 个月</td></tr>
</table>

表 4-3-20　徐变上拱量分析结果汇总

<table>
<tr><th>断面桩号</th><th>测梁编号</th><th>终张拉日期</th><th>当前观测日期</th><th>有效观测期（月）</th><th>荷载状况</th><th>观测徐变上拱量（mm）</th><th>后期徐变是否趋于稳定</th></tr>
<tr><td colspan="8">五孔变截面连续梁徐变观测统计表</td></tr>
<tr><td colspan="8"></td></tr>
<tr><td>DK1944＋429.70</td><td>6</td><td>2008/11/24</td><td>2009/10/5</td><td>10</td><td></td><td>11.943</td><td>是</td></tr>
<tr><td>DK1944＋462.30</td><td>7</td><td>2008/11/1</td><td>2009/10/5</td><td>11</td><td></td><td>11.653</td><td>是</td></tr>
<tr><td>DK1944＋495.00</td><td>8</td><td>2008/10/8</td><td>2009/10/5</td><td>12</td><td></td><td>14.318</td><td>是</td></tr>
<tr><td>DK1944＋527.70</td><td>9</td><td>2008/11/11</td><td>2009/10/5</td><td>11</td><td></td><td>11.400</td><td>是</td></tr>
<tr><td>DK1944＋560.40</td><td>10</td><td>2008/11/24</td><td>2009/10/5</td><td>10</td><td></td><td>11.700</td><td>是</td></tr>
<tr><td colspan="8">六孔连续梁徐变观测统计表</td></tr>
<tr><td>DK1944＋625.90</td><td>12</td><td>2008/8/4</td><td>2009/10/6</td><td>14</td><td></td><td>13.690</td><td>是</td></tr>
<tr><td>DK1944＋658.50</td><td>13</td><td>2008/9/1</td><td>2009/10/6</td><td>13</td><td></td><td>13.002</td><td>是</td></tr>
<tr><td>DK1944＋691.20</td><td>14</td><td>2008/9/30</td><td>2009/10/6</td><td>13</td><td></td><td>14.640</td><td>是</td></tr>
<tr><td>DK1944＋723.90</td><td>15</td><td>2008/10/17</td><td>2009/10/6</td><td>12</td><td></td><td>14.093</td><td>是</td></tr>
<tr><td>DK1944＋756.60</td><td>16</td><td>2008/11/2</td><td>2009/10/6</td><td>11</td><td></td><td>11.198</td><td>是</td></tr>
<tr><td>DK1944＋789.30</td><td>17</td><td>2008/11/25</td><td>2009/10/6</td><td>11</td><td></td><td>12.415</td><td>是</td></tr>
</table>

昌山特大桥 5 孔变截面连续梁于 2008 年 9 月 30 日完成灌注，10 月 20 日完成终张拉，通过铺设无砟轨道前的徐变观测，在施工完成 3 个月后，徐变趋于稳定，通过沉降和徐变评估，于 2009 年 3 月施工无砟轨道。在无砟轨道施工完成后，继续对梁体徐变进行观测，截止 2009 年 10 月 6 日的观测分析，各跨累计徐变量第八跨最终徐变上拱量为 14.318 mm，而其他跨都在 12 mm 以内，分析主要是由于施工节段长度不同而产生的。六孔连续箱梁为标准断面梁，徐变上拱量在 11.198～14.640 mm 以内，梁体整体徐变已经稳定，确保了轨道的几何尺寸，在无砟轨道联调联试阶段的轨道精调中，从精调数据上得到了验证。

由于目前连续道岔箱梁在客运专线铁路使用较少，随着客运专线的快速发展，在受地形限制时，将会有更多类似的客运专线道岔连续梁出现，本桥的施工技术可为同类道岔连续箱梁的施工提供一些借鉴。

四、跨广州环城高速公路东平水道(99＋242＋99) m 钢桁拱梁桥

本桥位于广东省广州市，主桥跨越东平水道，一跨过江，桥式为(99＋242＋99) m 四线连续钢桁拱，是继武汉天兴洲长江大桥、南京大胜关长江大桥之后，国内建成的又一座四线三衍大跨度铁路钢桥。桥上有武广铁路客运专线及广茂线各两线，主桥位于直线、平坡上，有砟轨道，设计行车速度均为 200 km/h。

桥跨结构如第三篇"勘察设计"所述。本桥施工难度较大，主要体现在三个方面：一是整体节点、三片主桁，制造、安装精度要求高；二是边跨与中跨之比偏小，为满足施工过程中结构的抗倾覆稳定性，悬拼中跨时边支点需要张拉配重索，同时对边跨进行压重；三是受东平水道航运限制，钢桥面系必须与主桁同步安装，加大了中跨悬拼过程中结构抗倾覆稳定性的负担。

施工采取先边跨、后中跨，合龙时先拱肋、后系梁的顺序进行。

(一)杆件安装

杆件进场后需进行严格检查验收，并进行试拼装。杆件安装一般按照设计的钢梁架设方法而定。钢梁架设方法的选用，不仅要考虑桥梁形式、跨度、宽度，桥位处的水文、地质、地形等条件，还要考虑交通状况、设备条件和工期、工程费用等因素，经技术经济比较后综合确定。

东平水道钢桁拱桥边跨采用临时墩膺架法半伸臂拼装的施工方法，中跨采用吊索塔架辅助悬臂安装、跨中合龙的施工方法。

1. 边跨钢梁杆件安装

东平水道钢桁拱桥南北岸各有 9 个节间，在南北岸前六个节间设置临时支墩。临时支墩基础采用预制混凝土管桩，在基础顶部浇筑小承台并预留立柱预埋件。立柱采用钢管立柱和混凝土立柱，中间设置万能杆件连接系。在临时墩顶布置分配梁和垫梁。

支架经过检查签证验收合格后，方能进行钢梁拼装。支架应设置高程及中线观测点，随时观测架梁过程中支架沉降和钢梁变位情况，以便及时调整。

在钢管支架上拼装钢梁时，除保证支架设计有足够的承载力和预留压缩下沉量外，应特别注意钢梁的拼装拱度曲线。在拼装主桁前一节间时必须在自由状态下进行，即下弦杆前端拼至前一支架的支点时，不得受力，与支架支点保持 2～3 cm 间隙。主桁杆件闭合，节点高强度螺栓 100%终拧后，下弦杆前端节点底面与支架支点垫块之间才允许用钢板抄垫死。一节间高栓全部终拧后，再拼装下一个节间。

边跨前五个节间钢梁采用 55 t 提升站进行起吊拼装，然后在第四个节间钢梁上开始拼装拱上爬行吊机。拱上爬行吊机主要为中跨钢梁拼装使用机械，具有全回转、拱上爬行、吊重大的特点。拱上爬行吊机拼装完毕并经过试调验收合格后，利用其开始拼装边跨剩余节间钢梁。此时边跨钢梁起吊区设置在 55 t 提升站支腿一侧，设置了足够的起吊宽度，然后通过平板车将钢梁运输至此区域进行起吊。

边跨钢梁拼装需要考虑钢梁拼装曲线的要求，并同时考虑半伸臂拼装钢梁顺利上主墩的要求，因此需要对边跨每个节间钢梁支点高程进行预抬。钢梁拼装至主墩位置时，安装正式支座，在支座和支撑垫石间抄垫钢板或垫块，使正式支座均匀受力。

2. 中跨钢梁杆件安装

中跨钢梁南北岸共有 22 个节间，采用吊索塔架辅助悬臂安装方法。钢梁按照悬臂拼装的方法将钢梁拼装至第十一节间后，起顶钢梁，脱空边跨临时支架，需要对钢梁进行一次精确调整。调整钢梁里程、轴线偏差、高程偏差。通过设置在主墩和边主墩位置处的顶升和纵横移设施，起顶主墩钢梁及落边主墩钢梁。按照施工设计要求，固定侧主墩钢梁调整至设计位置临时锁定，边主墩按照要求落梁，以满足中跨钢梁合龙要求；活动侧主墩钢梁里程预先进行预偏，预偏量由设计计算取得，中线和高程按设计要求调整，边主墩落梁，落梁高度由设计计算取得。

钢梁纵横移调整到位后，拱上爬行吊机继续前行，同步在主墩位置南北岸各设置 1、2 台塔式起重机，然后开始拼装吊索塔架。吊索塔架采用 H 型钢立柱，之间设置万能杆件连接系。继续拼装钢梁至第 13 节间，北岸(武汉侧)钢梁需要对前 6 个节间下弦进行每桁 5 t/m 的压重，南岸(广州侧)固定端开始后锚固。后锚固结构通过设置在边主墩墩身预埋的钢绞线与钢梁接长梁、后锚索连接，形成一后锚结构。钢梁压重采用下弦压小混凝土块，桥下吊混凝土大块的方式进行。继续拼装钢梁至第 17 节间前，北岸钢梁需要完成 5 次压重，总压重达到 4 950 t。

钢梁压重、后锚完成后，利用塔式起重机及拱上爬行吊机开始挂设塔架扣索。扣索张拉完成后，整个钢梁与吊索塔架、扣索形成一"斜拉桥"受力模式。继续悬拼钢梁至合龙口，预留合龙段。

(二)钢梁跨中合龙

东平水道钢桁拱桥为刚性拱柔性梁桥,采用"圆孔+长圆孔"无应力合龙方法。合龙的主要特点有:吊索、塔与主梁共同受力,形成"斜拉桥"体系,受力复杂;先合龙刚性拱后合龙系杆;合龙过程需要通过释放固定支座来调整前后支点的高程;合龙点比较多,需要进行分步合龙;钢梁受温度、制造安装偏差及吊索索力影响较大。

合龙前,需要对两侧钢梁进行全天 24 h 不间断测量,根据测量数据选择合适的气候进行合龙。为了消除钢桁梁悬臂拼装挠度及转角影响,使得跨中合龙时悬臂端"顶平",需要通过活动端钢梁向跨中进行纵移,调整合龙口里程;并通过设置在钢梁主墩处的大吨位千斤顶对钢梁进行顶升及落梁作业,调整合龙口高程。钢桁梁纵移及高程初步调整后,根据施工设计和监控方要求,对上弦及下拱肋六个点进行全天 24 h 测量检测,根据测量数据选择预先合龙那一桁钢梁,并通过设置在上弦及下拱肋的顶拉设施,精确调整钢桁梁合龙位置。

合龙顺序:先合龙下拱肋,然后合龙斜腹杆,合龙上弦杆件,合龙系杆(下弦),最后合龙桥面板。

(三)架设控制要点

1. 支座安装

东平水道钢桁拱支座分固定支座及活动支座两种,为球形支座。

(1)固定支座安装:武汉侧(固定端)钢梁中线、里程调整至设计范围内后,起顶钢梁将钢梁支座底面至设计高程并另超顶高 5 mm 作为灌浆层收缩量和压缩量。固定支座安装时,上、下摆接触部分应密贴,不密贴处间隙不得大于 0.1 mm,上摆槽形与下摆顶部之间顺桥方向的前后侧向空隙均匀,允许偏差±1 mm。

(2)活动支座安装:钢梁固定支座灌浆落梁定位后,活动支座底板安装应根据设计文件并结合实测梁跨办理,以施工气温(温度计挂在支座所在的弦杆上)为准,底板顺桥方向的安装容许偏差为±3 mm。

(3)支座灌浆:采用位能法灌浆。钢梁调整完毕后,将支座用倒链吊在钢梁上,顶起钢梁,使支座比设计高程高 2 mm,支座底打入钢楔块定位(钢楔块支承面积需计算确定,但钢梁大部分重量由千斤顶支承,仅小部分约钢梁重量的 10%由钢楔支承)。全面复核支座底板四角高差及横梁顶高程,符合设计要求,经检查签证后方可进行灌浆。

2. 钢梁纵横移、顶落梁

首先进行纵移调整,将主墩竖向起顶 2 cm,然后启动纵移两个方向千斤顶,一个方向千斤顶作为保险,防止超过移动量;另一方向进行纵移顶升作业。纵移调整到位后进行横移作业。千斤顶顶升或下落过程时,各油压表必须同步进行。可按 5 MPa 一个级别进行上升和下降,时刻注意油压表变化,防止发生个别千斤顶受力大,导致爆管或千斤顶坏死现象。观察油表人员应及时上报油表读数,以便两边同时进行监控调整。

3. 钢梁对点安装

对孔杆件起吊就位后对孔时,在栓孔基本重合的瞬间(相错在 10 mm 以内)将小撬棍插入孔内拨正,然后微微起落吊钩,使杆件转动对合其他孔眼。弦杆先对近端孔眼,竖杆先对下端孔眼,斜杆先吊成较陡状态,待下端对合后再徐徐降低吊钩对合上端。对合弦杆时,可用扁铲式小撬棍引导,必要时用牵引器或导链滑车拉入节点板内。

穿入钉栓对好孔眼后,先在栓孔群四周打入四个定位冲钉,随即安装 4~6 个高强螺栓,确认板缝间无任何杂物时,即拧紧螺栓,同时安装其余栓孔的冲钉和螺栓。

杆件拼装时,为保证拼装拱度,需按孔眼总数的 50%冲钉按梅花形均匀分布打入和上足 25%~30%的高强度螺栓,并作一般拧紧后方能松钩。松钩后立即补足剩余孔眼的高强度螺栓,并作一般拧紧。然后将这部分高强度螺栓按施拧工艺逐一循序初拧和终拧,终拧后的高强度螺栓检查合格后,用相应油漆作标志。第二步将冲钉换成高强度螺栓,并作一般拧紧。一次卸下的冲钉数量,最多不超过冲钉总数的 20%。将全部冲钉换成高强度螺栓后,按工艺进行初拧和终拧,终拧后的螺栓检查合格后,同样用相应油漆作标志。螺栓施拧应从栓群中心向四周进行,以利板束压平及减少螺栓之间的相互影响。

4. 高强度螺栓施工

主要包含高栓进场验收、高栓存储管理、高栓试验、高栓施拧、高栓检查等工序。高栓施拧分初拧和终拧两步骤。初拧一般采用经过校验的电动扳手或手动带响扳手将螺栓拧至 50%的终拧扭矩值。终拧由经过校验的电动定扭扳手完成，对于个别部位上无法使用电动工具的螺栓，使用经过校验的表盘式检查扳手或带响手动扳手完成终拧。高栓初拧检查用重约 0.3 kg 的小锤逐个敲击每一个螺母，采用标识的方法进行初拧确认，对初拧、终拧、检查三种状态分别用白、红、黄三种不同的颜色油漆对螺栓的不同状态进行标识。终拧检查用经过标定的扭矩检查扳手进行。

5. 钢梁涂装设计技术标准

(1)涂装作业要点：涂装所用涂料，进场后应按规定取样，对黏度、干燥时间、耐水性和柔韧性进行物理性能检验，合格后方可使用。钢桁梁涂装前必须经技术人员对高栓面及钢梁杆件表面清理程度、漆膜厚度进行检查测量，合格后方能进行喷涂作业。

(2)涂装作业环境：水性无机富锌防锈底漆、酚醛漆、聚氨酯漆、氟碳面漆不允许在气温 5 ℃以下施工，环氧类漆不允许在气温 10 ℃以下施工，不允许在相对湿度大于 80%以上，雨天、雾天及风沙场合施工。

(四)施工监控

本桥边跨孔桁梁采用临时墩辅助的悬臂施工架设，主跨孔桁梁采用吊索塔架辅助悬臂法架设。悬臂安装主跨拱肋和钢梁时，在边、主跨间通过临时扣塔的前后高强钢丝扣索来调节拱肋系统的自身平衡；同时，武汉侧采用传统的压重法，广州侧采用后锚索法代替压重法施工。

采用三片主桁的桁架结构为主、斜拉索扣挂为铺、压重和后锚平衡主跨桁架重量的施工方法，不同于一般的两片主桁的钢桁拱桥；该桥集新材料、新结构、新技术、新工艺于一身，为其成功建造提供了坚实的物质与技术基础。为了配合施工过程的顺利进行，对主桥的施工进行线形、应力和索力等控制参数的全程监测。

1. 施工监控方法及主要内容

施工监控的主要内容是变形、内力及稳定性控制综合考虑。其中，以稳定性控制为主，在施工控制过程中，采取以下控制方法：在满足稳定性要求的前提下，对变形、应力进行双控，其中以控制变形为主，严格控制钢桁梁吊拼装、体系转换过程中挠度和轴线偏位，严格监控成桥期间的应力变化趋势。

首先，根据该桥架设过程，进行施工架设直至合龙全过程的计算，并计算该桥在各种荷载作用下桥梁各构件的内力、变形；得到各控制施工阶段主拱肋和桥面系杆的控制截面内力和变形，即整个施工阶段的控制目标。其次，综合考虑各种控制影响因素带来的影响，建立合理、可行的施工控制系统与施工监测系统，从而获得真实、准确的实测数据。同时，对施工过程的高程和内力的实测值与预测值进行比较，对桥梁结构的主要参数进行识别，找出产生偏差的原因，从而对参数进行修正，正确的分析结构的实际状态，建立比较准确的结构计算分析模型，为后续施工提供可靠的依据。

2. 理论控制计算分析

采用 Midas/Civil2006 软件进行空间构模计算，计算模型中钢桁杆件均按梁单元模拟，扣索和后锚索采用只受拉桁架单元模拟，桥面板按梁格法进行模拟，扣塔采用拉压桁架单元模拟；各杆件重量按照设计重量取值，杆件截面按设计图纸输入，建立三维有限元杆系计算模型如图 4-3-51 所示，共计梁单元 5 103 个，只受拉桁架单元 15 个，拉压桁架单元 3 643 个。计算中新安装的单元考虑其由于已安装单元转角引起的初始位

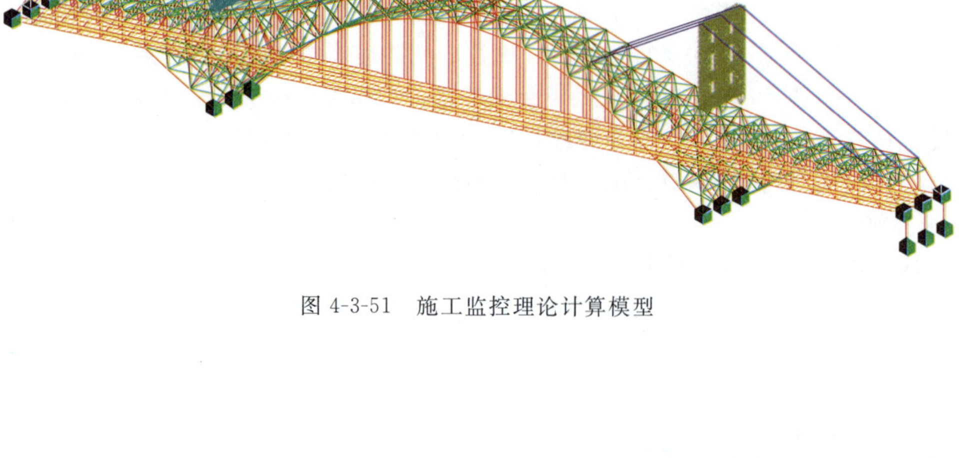

图 4-3-51 施工监控理论计算模型

移，根据无应力长度法进行施工阶段控制分析。

3. 主桥监控

(1)应力监测

随着主跨钢桁拱桥架设悬臂长度不断增加，控制杆件应力会不断发生改变，部分控制杆件的应力甚至会超过全桥施工完成后的运营应力，因此，对控制杆件的应力进行监测是十分必要的。

根据有限元计算结果，选择了 65 根控制杆件，共埋设应力测点 520 个。

通过施工阶段的应力监控，可以小结如下：①应力实测数值与理论值相比，基本吻合，变化规律正确；后期偏大，规律性基本一致；②实测数值与理论数值相比，吻合较好，略有波动，随着全桥合龙及通车运营，结构应力将趋于平稳；③实测应力变化与理论应力变化相比相差不大，说明在悬臂施工阶段结构应力正常，主桥在施工过程中始终处于安全状态，说明结构是安全的。

(2)索力监测

主跨连续钢桁拱的钢桁梁架设时，主要通过调整扣索索力来调整钢桁梁内力和线形。为了确保桥梁结构的施工质量和安全、顺利合龙，确保线形和内力符合设计要求，必须进行索力测试。

扣索索力测试拟采用频谱分析法进行测试，利用紧固在缆索上的高灵敏度传感器，拾取索在环境振动激励下的振动信号，经过滤波、放大、谱分析，得出缆索的自振频率，根据自振频率与索力的关系，来迅速确定索力。

通过施工阶段的索力监控，可以小结如下：整个扣挂体系的扣索索力大小一直处于控制之中，与理论计算目标值的误差均小于规范规定的 5%，一方面提高了施工的主动性；另一方面验证了计算模型的准确度，确保了整个结构的安全和合龙的精度。

(3)温度监测

温度监测采用美国 Dallas 半导体公司的数字化温度传感器及测控仪采集接收系统，该温度测试系统由于采用数字信号采集传输，数据不会失真，提高了系统的稳定性和抗干扰性，同时大大减少了系统的电缆数，更保证了温度测量的同步性，且感温元件的制作精度高，传感器也无须另外标定。该温度测试方法具有精度高、性能稳定、测试方便快捷等优点。

选择各种典型气温变化较大的一天进行全天测试，每隔 1 h 测量一次，分析温度场随气温变化的规律，限于篇幅，在此选取与拱肋中桁合龙当日气候变化较为一致的测试结果，来分析温度变化对合龙的影响，指导合龙工作的顺利进行。拱肋合理前合龙扣高程与大气温度的变化见表 4-3-21。

表 4-3-21 拱肋合龙前合龙扣高程与大气温度的变化

测试时刻	大气温度(℃)	中桁空间位置控制点高程(m)	
		南岸 G20	南岸 A20
1:30	26.0	73.730	82.788
2:30	25.8	73.731	82.784
3:30	25.3	73.728	82.784
4:30	25.1	73.729	82.780
5:30	24.8	73.730	82.780
6:30	25.1	73.733	82.782
7:30	27.1	73.724	82.778
9:30	29.6	73.717	82.769
11:30	33.6	73.712	82.760
13:30	38.3	73.705	82.759
15:30	41.5	73.709	82.766
17:30	39.1	73.721	82.771
19:30	30.7	73.728	82.781
20:30	29.1	73.735	82.779

分析表 4-3-21 中数据，可以小结如下：①杆件温度基本随大气温度发生变化，但与日照强度密切相关；②桁梁悬臂端挠度基本随大气温度发生变化，但与日照强度密切相关；③从实测数据来看，在合龙口相对高差较小时，可以直接利用外界温度的影响来实施合龙施工；④由于温度的升高，箱梁有普遍下挠的规律，因而对施工阶段挠度观测结果产生很大误差。为此，施工监测数据的识别必须考虑温度的影响。

(4)线形监测

线形控制是施工监控的重要内容，线形的好坏直接关系到梁体的安全、主跨合龙精度，以及全桥建成通车后的行车舒适度。同时，监控计算指令的正确合理与否，很大程度上依赖于线形等实测数据的准确性与真实性。线形测量采用全桥通测，同时，钢桁拱节间的几何测量在桁架拼装、扣索调整阶段及顶落梁阶段进行。控制施工阶段的线形测量安排在相应施工阶段结束且在日落后 3～4 h(夏季、秋季为日落后 4～5 h)，以后至次日清晨日出前进行。

钢桁梁是预制拼装结构，在理论上讲，只要确定了各吊索的初拉力，理想的施工结果就可以预先确定；但实际上，现场施工状态往往不会严格按施工开始前理论计算确定的阶段目标进行，而有许多变化，比如：对称的预制拼装结构一般难以做到两边对称拼装，不对称的施工过程将对主梁合龙前线形、成桥线形以及竖杆长度产生影响。所以，要随时根据实际现场参数修改计算过程，再评估结构状态，预测合龙前的龙口状态，据此做好合龙前的调整手段的准备；即线形偏差要在拼装过程中逐步纠正，不能待合龙前再一次性调整，只有这样，才能尽量做到无应力合龙。本桥合龙前合龙口高程和轴线偏差都在 4 cm 以内，通过合龙精度调整措施的逐步实施，达到了高精度合龙，即实现了栓孔对齐，过程比较顺利。

4. 结论

(1)东平水道桥的施工监控应用有限元分析方法和现代监测手段，对拱肋桁架和整体桥面板的线形与应力、扣索索力和后锚索索力等进行了施工监控，确保大桥在施工过程中的安全性和成桥后的线形及应力状态符合设计要求。

(2)有限元计算中细分施工步骤，监控每一步的结构状态。密切控制施工过程中，结构在横向、纵向的对称性，施工过程要尽量保持构造上的对称，出现偏差时要及时调整。要全面采集永久结构和临时结构的变形、应力、索力等数据，综合分析，正确判断结构状态。要把握拱、梁等预制拼装施工的特点，及时评估对后续施工过程的影响，并修改计算模型，重新预测合龙前以及成桥状态。

(3)主桥合龙后线形流畅，预拱度设置合理，各项监控内容均达到了预期效果，监控结果也均满足设计文件及相关规范的规定。

第七节 桥面系工程施工

一、主要结构物

预制梁架设完毕或现浇梁体浇筑完毕，桥梁上部结构梁体徐变拱度、工后沉降评估合格后，即可进行桥面附属工程施工。桥面附属工程包括桥面防水层、保护层、伸缩缝，防撞墙、竖墙、遮板安装、接触网基础等，如图 4-3-52 所示。桥面系安装施工的总体要求：横平竖直，防撞墙、遮板、栏杆、沟槽、盖板要平、顺、直，色泽一致，外形美观。

二、施工顺序

桥面系施工顺序按下列进行：准备工作(包括技术及物资设备的准备)→防撞墙→接触网基础→竖墙 B/C→遮板→竖墙 A→防水层→保护层、伸缩缝→保护层抗剪凸台→桥梁盖板、桥梁栏杆。

三、施工方法

(一)防撞墙施工

防撞墙设计断面为底宽 25 cm，在距底部 34 cm 的位置宽度变为 20 cm，总高 1.08 m；每 2 m 为一个单元，如图 4-3-53 所示。采用的钢筋在钢筋厂加工，运至现场与梁体预埋防撞墙钢筋绑扎牢固；模板制作为定型模板，分节长度为 2 m，高 1.06 m，底部开槽供防撞墙底部预埋钢筋伸出至保护层内，模板加固可用对拉

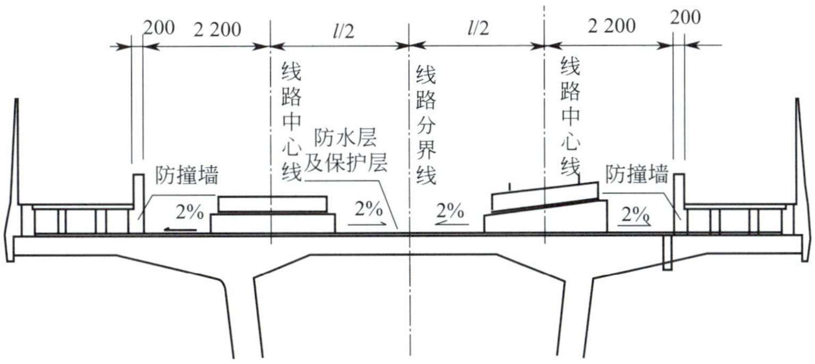

图 4-3-52　直线、曲线上桥面布置(单位:mm)

杆对拉外套 PVC 管。设计为 C40 混凝土浇筑。

防撞墙施工在架梁后进行,采用定型钢模板现场浇筑施工。模板具有足够的刚度和平整度,架梁后现场拼装。确保线条美观,表面光滑平整,施工严格控制预埋钢筋的尺寸偏差,确保准确无误。

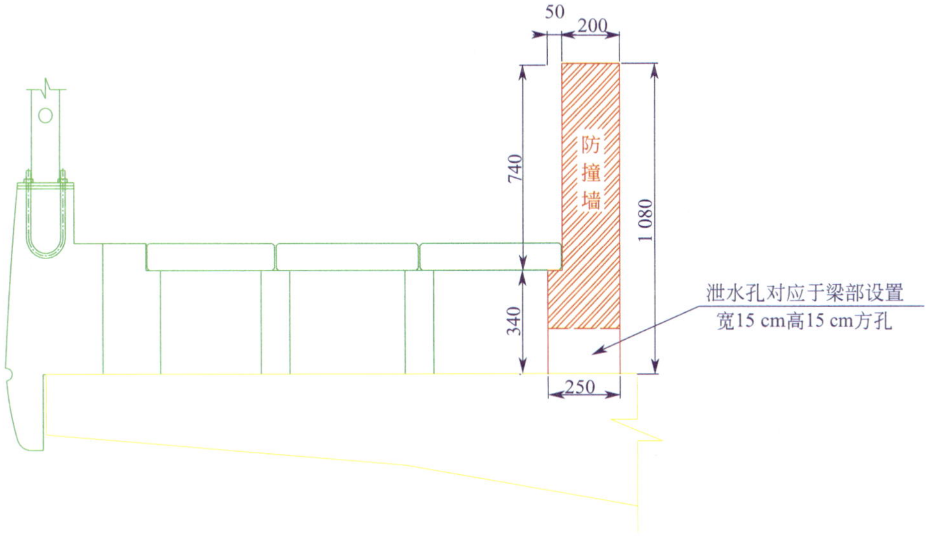

图 4-3-53　防撞墙设计断面(单位:mm)

1. 防撞墙梁端为 1.3 m,跨中为 2 m,均设断缝,断缝处填塞厚 10 mm 油毛毡,要求施工时采取加固措施确保断缝垂直于桥面,做到线条美观。

2. 对应于梁部设置泄水孔,泄水孔用直径 16 cm 的圆孔,并进行防水处理。

3. 由于先施工防撞墙,后施工伸缩缝及盖板,施工防撞墙时须预留伸缩缝安装槽口(25 cm×30 cm),待伸缩缝安装后再进行填塞同标号混凝土处理。

4. 为方便电缆槽内连接电缆通过,在武汉梁端(对应于电力电缆槽内接地套筒)竖墙及防撞墙上预留直径 10 cm 的圆孔,每侧防撞墙上设置 2 个,分别是距广州梁端 90 cm 处和 150 cm 处,孔底距梁面 15 cm。

5. 防撞墙上接地套筒设置在靠线路侧,由于位置与直径 10 cm 的预留圆孔冲突,套筒位置适当调整至距梁端 75 cm 处,每侧防撞墙上设置 1 个,对应于电力电缆槽内接地套筒设置在广州侧梁端。

6. 参考无砟轨道施工图,在跨中适当位置预埋保护层综合接地钢筋,对应于梁部采用 ϕ16 mm 圆钢与防撞墙内预埋综合接地钢筋有效焊接,并在防撞墙浇筑混凝土前,测试该综合接地钢筋的贯通电阻值,确保电阻值小于 1 Ω。切记要做好标记。

7. 保护层内防撞墙预埋钢筋参考无砟轨道施工图,采用 ϕ16 mm 钢筋伸出防撞墙 100 cm,距梁端 5 m 范围内按 75 mm 间距布置,在梁中部按 150 mm 间距布置。

8. 防撞墙内侧距线路中线 220 cm(施工时向外放大 5 mm),应做到线条顺直,大面平整,无蜂窝麻面现象。两侧防撞墙净距 941 cm。

9. 为便于检查维修人员通过，在两侧防撞墙盖板以上部位（43 cm）以上，每 5 孔梁预留宽度 60 cm（高 65 cm）宽过人通道。

10. 防撞墙施工完成后统一进行外观清理，保证各类线条顺直，外观整齐，伸缩缝处美观整洁。

（二）接触网立柱基础、拉线基础施工

1. 接触网立柱基础施工

桥梁上部接触网立柱基础螺栓和钢筋已预埋在梁体内，上部基础部分在架梁后立模现浇。接触网立柱基础根据沿线路方向长度和是否进行桥面板加强分为 A1、A2、B、C、D 五个类型。

（1）接触网立柱基础采用定型钢模板、定位工装现场浇筑，制作钢模板时应综合考虑立柱基础型号、几何尺寸，使模板通过组合具有通用性，一次浇筑成型。

（2）接触网立柱基础施工前应测设出线路中线，确保接触网立柱基础中心距线路中线不小于 315 cm，距梁中线不小于 5 650 mm，否则必须进行调整。施工时可适当往外侧放大 10～20 mm，确保侧向限界合格。

（3）锚栓外露基础面 220 mm，套丝长度 220±5 mm，配三个螺母两个垫圈。

（4）螺栓应严格按照布置图的尺寸进行预留，施工完成后及时采取有效措施对螺栓外露部分进行防护，防止锈蚀和损坏。

（5）支柱基础面应保持水平，预埋钢板应与基础顶面齐平，预埋螺栓应与基础顶面垂直，螺栓顶部垂直偏差不大于 1 mm。

（6）浇筑基础混凝土前应严格检查螺栓间距偏差，浇筑时采用高精度（孔径为 39.5 mm）钢板限位，确保成型后螺栓间距偏差控制在 1 mm 以内。

（7）在灌注混凝土基础时，应注意在基础底部预留一个 120 mm×150 mm 的长方形空洞，以便通信电缆通过。基础底部不能低于保护层顶面，若预埋钢筋影响应调整钢筋。注意 LJ-D 与其他类型的区别。

（8）基础面以下 150 mm 内的螺栓及其外露部分均应采用多元合金共渗＋达可乐＋封闭层处理，预埋钢板采用多元合金共渗＋封闭层处理。

（9）接触网立柱基础接地套筒，设在广州侧横向距基础内侧 260 mm，纵向距基础边 60 mm。浇筑前后检测接地套筒的贯通性，电阻值不大于 1 Ω。浇筑混凝土时对接地套筒采取保护措施，避免进入水泥浆。

2. 拉线基础施工

拉线基础螺栓和钢筋已预埋在梁体内，上部基础部分在架梁后立模现浇，基础型号为 QJLX-1，结构如图 4-3-54 所示。

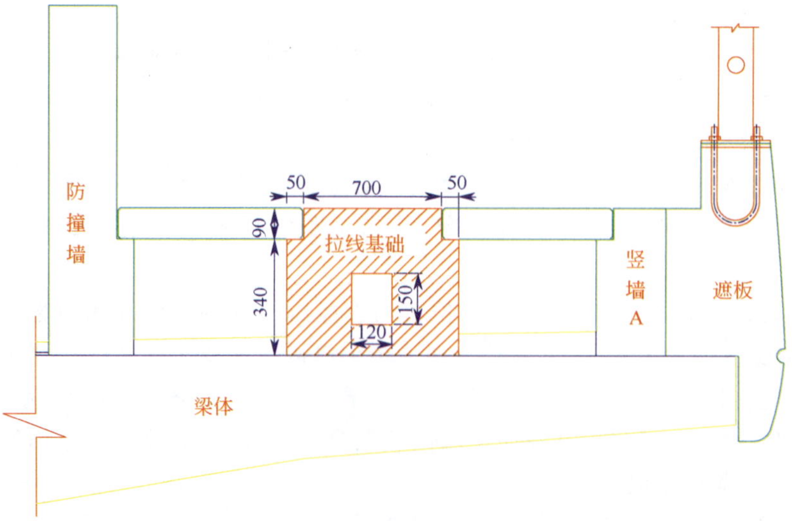

图 4-3-54　拉线基础结构形式（单位：mm）

（1）拉线基础采用钢模板现场浇筑，一次浇筑成型。

(2)拉线基础施工前应测设出线路中线，确保拉线基础中心距线路中线不小于 315 cm，距梁中线不小于 5 650 mm，施工时可适当往外侧放大 10～20 mm。

(3)拉线基础预埋 4 根 M24 锚栓，外露基础面 80 mm，套丝长度 80 mm。

(4)螺栓应严格按照布置图的尺寸进行预留，施工完成后及时采取有效措施对螺栓外露部分进行防护，防止锈蚀和损坏。

(5)拉线基础面应保持水平，预埋钢板应与基础顶面齐平，预埋螺栓应与基础顶面垂直，螺栓顶部垂直偏差不大于 1 mm。

(6)浇筑基础混凝土前应严格检查螺栓间距偏差，确保成型后螺栓间距偏差控制在 1 mm 以内。

(7)在灌注混凝土基础时，应注意在基础底部预留一个 120 mm×150 mm 的长方形空洞，以便通信电缆通过。

(8)基础面以下 150 mm 内的螺栓及其外露部分均应采用多元合金共渗＋达可乐＋封闭层处理，预埋钢板采用多元合金共渗＋封闭层处理。

(9)接触网立柱及拉线基础螺栓间距偏差不大于 1 mm；外露螺栓垂直度不大于 1 mm；基础中心线距桥中线间距偏差 $^{+20}_{0}$ mm；螺栓外露长度立柱基础不小于 170 mm，拉线基础不小于 80 mm；左右线立柱基础对齐。

(三)电缆槽竖墙施工

电缆槽竖墙钢筋预埋在梁体内，架梁结束后现场立钢模浇筑混凝土。其结构形式如图 4-3-55 所示。

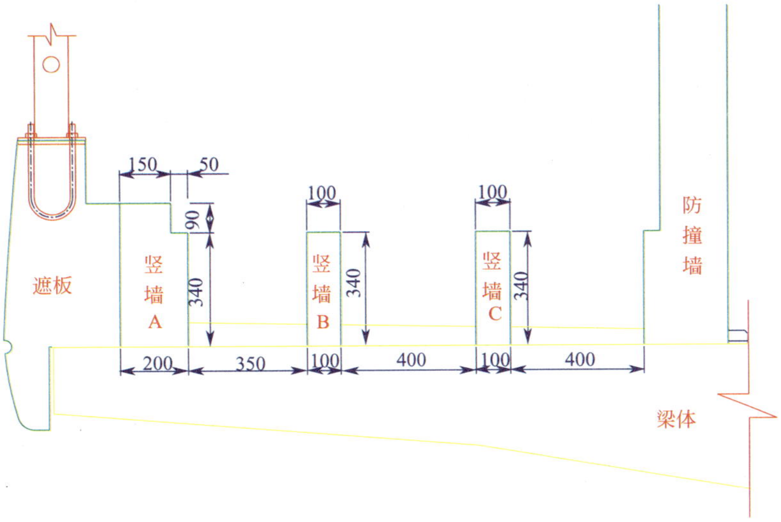

图 4-3-55　电缆槽竖墙断面(单位：mm)

1. 电缆槽竖墙 2 m 为一段，靠近梁端竖墙 A 为 1.3 m，竖墙 B 和竖墙 C 为 2.3 m，在有接触网立柱等基础时竖墙长度可适当调整。

2. 为保证电缆槽内的排水，对应于梁部泄水孔，在竖墙 B 和竖墙 C 底部设 10 cm×10 cm 的过水孔，电缆槽内保护层纵向设 3‰的排水纵坡，过水孔处横向设 2%的排水横破，以便能够顺利排除积水。

3. 为方便电缆槽内连接电缆通过，距武汉方向(对应于接地套筒)梁端 90 cm，距梁面 15 cm 处，在竖墙 B 上设置直径 10 cm 的圆孔。

4. 在竖墙 C 上距梁端 90 cm、150 cm、230 cm、290 cm 处，竖墙 C 断开，断缝宽 20 cm，兼作排水和电缆通道用。

5. 在竖墙 A 顶面距武汉端 90 cm 处，对应于电力电缆槽内，设置 1 个接地套筒，浇筑混凝土前测试套筒贯通性，电阻值不大于 1 Ω，确保贯通性良好，施工过程中加强保护。

6. 施工时注意控制竖墙顶面高程，保证电缆盖板均匀受力。

7. 竖墙间设 10 mm 断缝，竖墙 A 断缝与遮板对应，断缝采用砂浆填塞密实。

（四）遮板预制安装

桥梁遮板设计按照梁部左右侧分为F1、F2、F3、F4型，F1、F2型长度为2.0 m，F3、F4型长度为1.35 m，遮板安装后与竖墙A连接为整体。遮板采用集中预制、分散安装的施工方案。

1. 遮板预制

在小型混凝土结构预制场进行集中预制，模板采用自制定型钢模板，混凝土在拌和站集中拌制，罐车运送至预制场。为了确保遮板预制质量，在预制前经过反复工艺性试验，制定了遮板竖向预制工艺，保证了遮板外观质量。

遮板预制采用下挖地沟的方式，罐车直接浇筑，装载机将模板整体吊出，运至存放场地脱模。

由于遮板安装中，预留缝只有4 mm，为保证安装顺利，在预制过程中将遮板模板长度减少5 mm左右。

2. 遮板安装

采用小型吊机、专用吊具进行吊装，重点为线形的控制及高程的控制。

线形的控制首先检查全桥的梁体边缘是否顺直，找出最大的偏差，以最大的偏差作为线形控制的基准点，确保遮板安装完成后线形顺直，利用已经施工好的防撞墙及竖墙A的预埋钢筋，对遮板进行定位及线形的精调。

高程控制用砂浆堆做控制点（控制点宜低1～3 mm），安装时用砂浆压平。安装时自一端向另一端安装，最后安装5～6块时应调整遮板间隙，以保证梁缝的宽度满足设计要求。

（五）防水层施工

防水层材料分为氯化聚乙烯防水卷材和聚氨酯防水涂料。N类氯化聚乙烯防水卷材为无复合层卷材，顶面压成方格网状，粘结剂采用聚氨酯防水涂料。L类聚乙烯防水卷材为纤维复合卷材，即双面热熔无纺纤维布，粘结剂采用聚氨酯防水涂料或水泥基胶粘结剂。水泥基胶粘结剂采用42.5级普通硅酸盐水泥、390水泥基胶粉、增强剂及水进行拌制。无砟轨道桥面采用粘结剂铺设防水卷材，电缆槽内涂刷聚氨酯防水涂料，桥面及电缆槽内铺设保护层。防水层铺设效果如图4-3-56所示。

图4-3-56　防水层铺设

1. 防水层施工前进行检查验收，梁面应做到平整、无尖锐异物、不起砂、不起皮及无凸凹现象。平整度要求：采用1 m靠尺，空隙不大于3 mm，空隙只允许平缓变化，每米不超过一处。梁面应无浮渣、浮灰、油污等，防撞墙根部无蜂窝、麻面。

2. 采用防水涂料粘结剂时，梁面应干燥；采用水泥基胶粘结剂时，应对梁面进行湿润，如遇雨季，雨停后表面无积水即可施工。

3. 若采用水泥基胶粘结剂必须按规定配比制作，配制好的浆液必须在4 h内用完，否则不能再用。

4. 防水卷材边缘及保护层混凝土与梁体接缝处均采用聚氨酯防水涂料封边，封边宽度不小于8 cm。

5. 防水卷材沿梁面纵向铺设，横向按排水方向由低到高，从下往上，防撞墙、过轨预留孔及泄水管处先粘贴防水卷材附加层，然后再铺设防水层和附加层，附加层厚度不小于0.5 mm（不含无纺布）。防撞墙内侧施工时应设置4 cm的倒角，以便铺设附加层，附加层卷材宽35 cm，沿防撞墙纵向铺设，水平铺30 cm，竖直铺5 cm。防水卷材允许纵向搭接一次，搭接宽度不小于15 cm，横向分四道铺设，搭接宽度不小于10 cm。

6. 铺贴防水卷材时，粘结剂应涂刷均匀，厚度控制在1.2～1.5 mm。搭接处两层防水卷材之间的粘结剂不小于1 mm。

7. 防水卷材铺贴时，应边涂便铺贴卷材，同时用橡皮刮板在卷材上来回刮实。严禁有起鼓、起泡、翘边等现象，卷材铺贴做到平直，搭接采用聚氨酯防水涂料或水泥基胶粘结剂进行密封。

8. 铺贴防水卷材时气温不得高于35 ℃，超出气温时应采取防护措施。防水层施工完成后，在胶粘材料固化前不得在其上行走或进行下道工序。

9. 电缆槽内聚氨酯防水涂料防水层施工时，选用喷涂或刮涂的方式施工，厚度为2 mm，分两次喷涂，应做到喷涂均匀。

10. 对于防撞墙、电缆槽竖墙等垂直部位，首先采用手刷涂刷，然后在涂刷水平部位。配制好的聚氨酯防水涂料应在 20 min 内用完，随配随用。喷涂后 4 h 或涂刷后 12 h 内须防雨淋或暴晒。

（六）保护层及凸台施工

桥面混凝土保护层施工顺序：桥面清理→基层高程测量→基层找平→铺设防水层→梁中心线和凸台中心线施工放样→铺设钢筋网片和安装伸缩缝装置→立模→搭建混凝土浇筑移动模架→混凝土搅拌→混凝土振捣→整平→抹光→覆盖养生。

桥面保护层结构有卷材加粘贴涂料型、直接用于作防水层的涂料型等，如图 4-3-57 和图 4-3-58 所示。

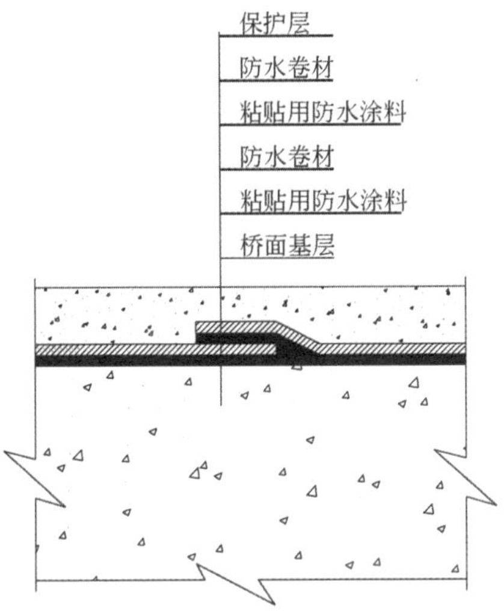

图 4-3-57　卷材加粘贴涂料型

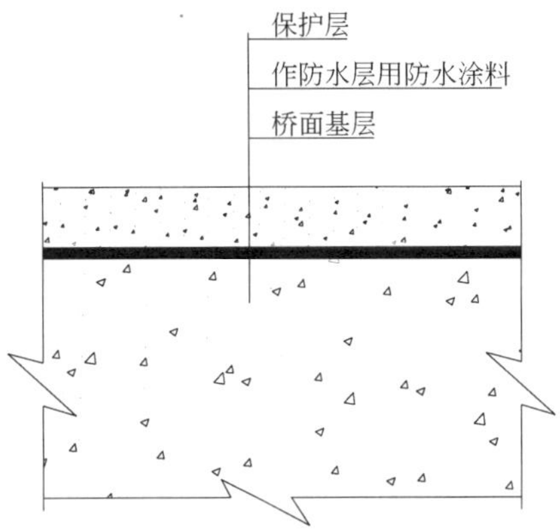

图 4-3-58　直接用于作防水

1. 防水层干固后方可进行保护层施工，混凝土施工前应对桥面表面进行清洁。桥面保护层采用 C40 钢纤维混凝土，电缆槽内保护层采用素混凝土。

2. 保护层采用 CRB550 级冷轧带肋钢筋焊接网，钢筋网工厂化加工制作。

3. 桥上保护层钢筋网上下两层，采用扣搭法相互扣接，单层钢筋网采用平搭法，搭接长度 45 cm。防撞墙预埋钢筋调直后，扣在两层钢筋网之间。

4. 凸台钢筋预埋在保护层内，施工时可根据实际情况适当调整，但必须保证凸台钢筋保护层不小于 25 mm。

5. 保护层左右线钢筋全部断开，沿桥中线纵向设 1 道伸缩缝，并用聚氨酯密封胶填充。

6. 保护层接地钢筋左右线单独设置，纵向接地钢筋采用结构钢筋代替，仅靠防撞墙和桥中线附近各选 2 根 ϕ12 mm 结构钢筋，所选钢筋纵向有效焊接联通，左右线在跨中各设 1 根 ϕ16 mm 钢筋作为横向接地钢筋，横向接地钢筋与防撞墙内预埋的接地引出钢筋有效焊接，并与保护层内纵向接地钢筋有效焊接成综合接地系统。施工时综合接地钢筋做好标记，避免混淆。浇筑保护层混凝土前，测试综合接地钢筋的导通性，确保综合接地有效。接地钢筋焊接长度单面焊不小于 20 cm，焊缝饱满厚度不小于 4 mm，系统中每两个点之间的贯通性，电阻值不大于 1 Ω。

7. 电缆槽内保护层采用素混凝土，按排水系统要求设置排水坡。施工保护层时梁端注意预埋伸缩缝型钢，并固定牢靠。

8. 电力电缆槽内接地套筒已预埋在箱梁梁端（广州端），施工保护层时与接地套筒顶面顺平，避免套筒低于或高出保护层顶面。

9. 凸台混凝土可以二次浇筑，施工保护层时必须将凸台位置拉毛。浇筑凸台混凝土时将保护层表面清理，并用干净高压水冲洗。

10. 混凝土保护层顶面应非常平整，其平整度要求 6 mm/4 m，保护层和凸台顶面高程误差$_{-5}^{0}$ mm。凸台厚度不小于 13 cm，其长度和宽度误差应为$_{-5}^{0}$ mm。

（七）伸缩缝安装

客运专线采用耐候型钢伸缩缝，产品代号为 TSSF-xx-yyy-z(j)，适用位移量在 0～100 mm 之间、梁端间隙在 60～170 mm 之间的铁路桥梁工程。规格代号对应的参数见表 4-3-22；客远专线桥梁伸缩缝选用情况见表 4-3-23。

表 4-3-22 伸缩缝规格代号的参数

（单位：mm）

规格代号	设计安装梁端间隙	满足梁端间隙	伸缩量
wg1	70±10	35～105	±25
wg2	100±20	40～160	±40
wg3	130±10	80～180	±40
wg	150±20	80～220	±50
wgqx	满足以上各种安装间隙	35～250	满足以上各种伸缩量

表 4-3-23 客运专线桥梁伸缩装置的选用情况

序号	标准梁跨度	安装梁端间隙(mm)	名称代号
1	20 m、24 m、32 m	100±20	TSSF-60-wg2-z(j)
2	曲线梁	按实际间隙	TSSF-wgqx-z(j)

1. 伸缩缝应根据满足梁体的实际伸缩量及实际的梁端间隙选用。

2. 根据曲线上曲率半径以及其他施工因素对梁端缝的影响程度，在满足安装要求的情况下，伸缩缝型号仍按表 4-3-23 选用，当梁端间隙变化，按表 4-3-23 选择无法安装时，可选用与梁端间隙相适应的型号，型钢与梁端正常施工，通过对防水橡胶条进行部分压缩安装，当梁端间隙变化使防水橡胶条压缩后不能满足安装要求时，采用 wgqx(曲线)型防水橡胶条。

3. 有锯齿型槽口的桥梁应选用集中排水形式的伸缩缝。伸缩缝置于保护层顶面。

4. 伸缩缝型钢按有无锯齿孔区分长度，无锯齿孔梁端伸缩缝尾脚锚固在电缆墙竖墙 A 内，有锯齿孔梁端伸缩缝尾脚锚固在防撞墙内。

5. 若先施工电缆槽竖墙和防撞墙，然后再施工伸缩缝，注意施工梁端缝附近竖墙和防撞墙时预留伸缩缝安装空间，待伸缩缝安装后再进行处理。

6. 伸缩缝在运输过程中，避免直接雨淋、日晒，并保持清洁；注意轻吊轻放，防止碰撞或受力变形；储存在干燥通风、清洁防雨、远离热源的地方，堆放应离地面 30 cm 以上并堆码整齐，橡胶密封条严禁与酸、油、碱类有机溶剂相接触。

7. 安装时先铺设保护层钢筋网，并将安装区清理干净，然后按高程尺寸安装伸缩装置，拉线调直并用临时支撑定位钢筋固定牢靠。将保护层纵向钢筋、横穿钢筋和伸缩装置的锚筋焊接。割掉固定型钢所用的卡板，并用泡沫条填塞型钢的型腔，用胶带将型腔密封，安装端梁模板。

8. 浇筑保护层混凝土时必须保护伸缩装置表面不受损，型腔内不得漏入水泥浆，集中排水应将型钢翘起部分封堵、防水。待混凝土强度达到 80%以上时清理型腔，嵌装防水橡胶条，防水橡胶条整根安装，不允许对接。

9. 伸缩缝上部结构施工时注意施工边界，不允许超出型钢边缘；施工时应采取措施保护橡胶条；施工后及时清理干净。

10. 伸缩缝安装后顶面高程偏差不大于 1 mm；顺直度偏差不大于 1.5 mm/m，全长顺直度偏差不大于 10 mm/10 m；型钢间隙应均匀，偏差不大于 2 mm。

（八）钢筋混凝土栏杆、声屏障的预制安装

1. 钢筋混凝土栏杆施工

钢筋混凝土栏杆采用多功能性高强高性能钢筋混凝土桥梁栏杆，每 2 m 为 1 榀，分别由立柱、扶手、托梁（C40 混凝土）、隔柱、柱帽（C30 纤维混凝土）等构件组成。

(1)栏杆各部分情况

①隔柱：高度 54 cm，采用圆形变截面形式，中间部分截面最大。

②立柱：截面尺寸 12 cm×12 cm，高 81 cm，下端两侧设置 70 mm 牛腿，连接托梁。扶手、托梁高 10 cm，宽 11 cm，扶手、托梁与隔柱连接表面设置隔柱安装插槽，深度 25 mm，满足隔柱安装后，端部位于横梁内配置纵向钢筋的下部，同时插槽处钢筋加强，防止出现裂纹。

③扶手在立柱处连接，端部预留钢筋，立柱顶部设置扶手卡槽，深度 11 cm，宽 6 cm，同时柱顶预埋钢筋，外露 23 cm。扶手通过卡槽与立柱固定，并通过柱顶预埋钢筋连接两侧横梁与柱帽，钢筋埋入立柱深度满足锚固要求。

④立柱与遮板通过预埋钢板连接，立柱下采用预埋 Q235 钢板，截面尺寸 20 cm×30 cm×1 cm，钢板与立柱主筋焊接，钢板采用热镀锌防腐处理。

⑤栏杆预制应采用定型塑料模具，振动台振捣混凝土成型工艺。

(2)预制构件标准及要求

①各种原材料必须符合现行规范要求。

②各种预制件表面必须要保证光滑平整，不得出现蜂窝、麻面、空洞、掉角，表面应避免出现裂纹。

③构件尺寸精度要求：各构件及预埋件尺寸及位置误差≤2 mm。

④所有预埋件及预留孔槽的位置、尺寸必须准确无误，以保证安装精度。

⑤梁端伸缩段栏杆，相邻梁端两立柱之间的距离需现场核实，以便确定构件尺寸保证安装精度。

(3)存放、吊装、运输要求

①各种不同的构件分开进行堆放，不得散乱堆放，以免构件开裂。要求场地平整，在距端头 40 cm 处用垫木垫起成为支点。层层之间接触面加垫板，最高层数不得大于 15 层。

②吊装要求：单独构件可采用吊篮一次起吊多个，吊装中应对构件进行保护，以免损伤。

③运输要求：运输的码放要求同场地存放要求。防止运输过程中颠簸，以免造成对构件的冲击作用。

(4)安装标准及要求

①栏杆扶手高度应保持一致，用 10 m 线量矢度不得大于 10 mm。

②预制构件拼接安装时必须注意施工精度，栏杆拼装后必须满足施工验收标准要求。

③垂直度要求：立柱垂直度应控制在小于 $h/1\,000$ mm 范围内(h 为立柱高度，以 mm 计)。

④立柱底钢板及地脚螺栓塑料套筒的外部颜色，尽量接近混凝土本色。

⑤栏杆分为一般中间段和梁端伸缩缝端两种，预制及安装时应注意区别。

⑥位于曲线上的预制梁本身为直线，在梁缝处的伸缩段栏杆会出现转折。桥梁栏杆随梁体线型按曲线分布。同一孔梁梁缝处伸缩段栏杆内外侧长度不同。

⑦位于坡道上的桥梁栏杆，安装时立柱保持与梁面垂直。

⑧立柱底预留钢板处理表面颜色，尽量接近混凝土颜色，以减少色差。

(5)安装注意事项

①安装顺序：立柱锚固→安装托梁→插入隔柱→安装扶手→固定柱帽。

②立柱锚固安装，应保持立柱的垂直度，保证立柱下钢板平整，与桥梁遮板上预留钢板密贴，孔位控制误差≤15 mm。立柱钢板与主筋采用手工电弧焊满焊，焊缝和强度满足规范要求，无漏焊现象。

③托梁与立柱之间通过立柱牛腿卡入托梁安装插槽内完成，插槽内应灌浆，水泥浆强度应同基体强度。

④隔柱与扶手、托梁通过预留插槽连接，插槽精度应在规定范围内，安装前应在插槽内灌注水泥浆，强度同基体强度，同时保证隔柱安装的精度。隔柱与插槽连接应密实，保证其上下两端与横梁连接的牢固性。

⑤扶手在立柱顶的卡槽内连接，将两侧扶手端头预留钢筋及立柱预留钢筋在柱顶连接，并用基材封端，然后安装柱帽。安装就位后，通过柱帽预留孔位灌入水泥浆。两侧扶手的安装应保证其平顺性。

2. 声屏障遮板基座的预制安装

声屏障遮板采用钢模板在加工厂预制，架梁后现场拼装。遮板预埋 M24 地脚螺栓，施工严格控制螺栓、钢板的尺寸偏差，确保准确无误。可根据具体情况调整梁端插入式声屏障遮板的长度。

曲线安装时综合考虑曲线内外侧曲线长度差，均匀设置断缝，直线上断缝宽度 4 mm，采用砂浆填塞。预埋件外露部分应进行锌铬涂层＋达可乐＋封闭层的防锈处理。遮板安装后预埋钢筋与电力电缆槽竖墙 A 钢筋帮扎成整体，并在竖墙上安装对应地脚螺栓和钢板，与该竖墙一起浇筑成型。

遮板要求外观线条直顺，外露面光滑平整，无蜂窝麻面。预埋件位置准确，遮板间 4 mm 断缝用砂浆填塞密室。

插入式声屏障遮板的结构形式如图 4-3-59 所示。遮板组合型式和各项具体尺寸见表 4-3-24。

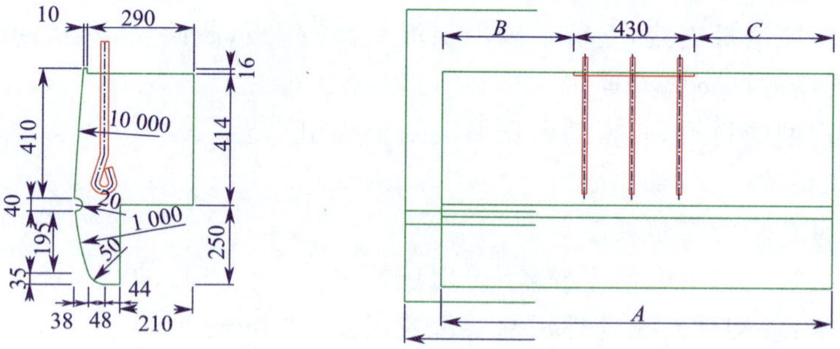

图 4-3-59 声屏障遮板的结构形式(单位:mm)

表 4-3-24 遮板组合型式和各项具体尺寸

桥跨长度		组合型式		
32 m梁		1F3＋15F1＋1F3		
遮板类型和尺寸	A(mm)	B(mm)	C(mm)	备注
F1	1996	783	783	
F2	1 261	48	783	梁端和桥台可根据具体情况适当调整
F3	1 326	113	783	
F4	1 776	563	783	

3. 盖板的预制安装

电缆槽盖板为预制板板厚 9 cm，分为 D、E 两种类型，D 型为电力电槽盖板，E 型为通信、信号电缆槽盖板。预制电缆槽盖板时，电缆槽盖板顶面设置横向波纹或凹槽，起到防滑和标示作用，避免放错。在盖板各方向设置 8 mm 截角，避免损坏盖板。检查维修用活动盖板，纵向布置间距为 10 m，也可根据需要设置。在安装电缆槽盖板时，确保受力均匀，必要时采用砂浆找平。预制采用特制的塑钢模具，在震动台上一次成型，达到一定强度后，拆除模具，进行养护。其盖板效果如图 4-3-60所示。

图 4-3-60 盖板施工效果

第八节 涵洞工程施工

本线涵洞采用钢筋混凝土框架涵，施工主要方法为：基坑开挖采用人工配合机械施工，墙身 C20 混凝土现场浇筑，模板采用组合钢模，混凝土由拌和站拌和，专用运输车运输。浇筑时采用插入式机械振捣，保证混凝土质量。

一、施工准备

基坑开挖的遮阳准备、排水准备。为防止基坑开挖后受日光的暴晒，须准备充足遮阳棚将基坑盖好，边施工边封闭。排水根据现场情况疏通出入口做排水沟或挡水堰将水沿原沟排走，基坑内排水可通过在基坑四边挖集水沟用水泵将水抽出。施工便道、施工场地布置好并做好充分的施工准备后，才能进行基坑开挖，以及基底的处理工作。

二、基坑处理

（一）CFG桩施工

涵洞基地处理方式一般与路基处理相同，如采用CFG桩地基加固时，CFG桩施工与路基CFG桩同步进行。施工要点如下：

1. 技术人员测放好基坑开挖线后进行，按照施工设计图布孔，桩身直径0.5 m，钻至硬层后对照基底设计高程，除桩头超封30～50 cm后，预留足够空钻长度，施工时严格按照CFG桩的施工工艺进行。

2. CFG桩施工完7 d后，进行基坑开挖、破除桩头、铺设基础垫层等工作，桩头按照设计高程破除后，施工CFG桩扩大桩头，桩头上部为1 m的圆形截面，高0.6 m，下部与桩身混凝土连接，整个桩头为倒锥形结构。

3. CFG桩扩大桩头施工完成、待桩头混凝土强度达到设计强度后，即可回填60 cm碎石垫层，回填宽度为涵身底板尺寸两边各加宽0.5～1 m，褥垫层回填时采用压路机或小型夯实机械夯实，每层夯实并经检测合格后即可进行下道工序的施工作业。铺设褥垫层填料，为避免碾压时对褥垫层中的土工格栅造成破坏，施工时应增设中粗砂保护层，即褥垫层的组成自上而下为25 cm碎石垫层＋5 cm中粗砂＋土工格栅＋5 cm中粗砂＋25 cm碎石垫层。

4. 基坑开挖利用人工配合挖掘机进行，挖至距设计换填层底高程20～30 cm后人工清理，采用垂直开挖，避免超挖。每边按涵身底部尺寸加宽50 cm作为施工空间。开挖时，开挖弃土及时用自卸车运走，严禁在基坑周围存放，更不允许将弃土堆在周围草皮及农田内。同时，现场施工负责人应严格规范施工区域，严禁挖掘机和施工车辆进入施工区以外区域，以免破坏农田及庄稼。

5. 基地褥垫层施工后即可进行涵身进出口2 m×1 m C20混凝土扩大基础的浇筑作业，浇筑前立好模板，经检查合格后即可进行混凝土的浇筑工作。

（二）测量放线

基坑开挖完成后，按要求利用全站仪进行测量放线。测放出涵身纵横十字线，以便控制涵身基础垫层的铺设范围。同时放好控制桩和护桩，以方便控制基础模板的位置。

（三）垫层的设置

出入口基础垫层设置可在人工将高程清到设计高程后，采用小型夯实机械先对基坑底进行夯实，后再分层夯填砂夹碎石垫层，分层厚度10～15 cm，夯至设计高程后整平垫层表面，在报检合格后，即可立模进行出入口基础混凝土的浇筑工作。

涵身垫层采用C20混凝土进行铺设，垫层厚度10 cm，在基底褥垫层施工至设计高程后，整平褥垫层顶面，按测放出的涵身十字线立好模板，进行涵身垫层的浇筑施工。

三、涵节施工

在涵节基础混凝土及垫层混凝土养护强度不小于2.5 MPa时，再进行测量放线，测放出涵洞纵向中心线、涵身中心里程桩及横向中心线，按照设计尺寸挂好涵身纵向中心线、墙身内外侧钢筋绑扎线，即可依据配套钢筋设计图进行涵身底板钢筋帮扎作业，每米涵身配置8排钢筋，其排列顺序按照配筋次序图①②③④①②③④排列，每排间距12.5 cm，框架始末排必须用①或③号骨架进行封闭，且同一截面上的接头不能超过50%（两钢筋接头相距在30 cm以内或两焊接接头在50 cm以内，或两绑扎接头的中距在绑扎长度以内，均视为同一截面，并不得少于50 cm），且“同一截面”内同一根钢筋上的接头不超过1个。

涵身底板钢筋绑扎完毕后，经现场技术人员、质检、监理检查合格后，就可进行模板拼装，模板宜采用组合钢模板，采用5 cm的砂浆保护层垫块控制混凝土的结构尺寸，以保证涵节形状尺寸、大面、端面平直。模板拼装好后经检查合格，方可进行混凝土的浇筑施工。涵身混凝土的浇筑分两阶段施工：先浇筑涵身底板(浇筑至涵身下倒角顶面处)，待底板混凝土强度达到设计强度的50%后，再施工边墙及顶板。

混凝土浇筑时采用集中拌和，混凝土运输车运送至施工现场，浇筑时控制好混凝土的坍落度，混凝土坍落度严格控制在标准坍落度的±15 mm范围内，混凝土的倾落高度不能超过2 m，且不能将混凝土粘到还没有浇筑的模板板面上，避免造成板面上前期混凝土的凝结，影响混凝土结构物的外观质量。振捣采用插入式振动器，严格控制振捣时间，一般振捣时间不得小于20～30 s，以保证混凝土的密实度。

在浇筑混凝土初凝后，将倒角处混凝土表面凿毛。夏季浇筑混凝土施工，要做好混凝土的养护工作，不能因混凝土内部早期水化热过高，造成混凝土表面开裂，影响混凝土工程的外观质量，洒水次数以混凝土面保持湿润为宜。

涵身施工时，先绑扎涵节两侧墙身钢筋，再进行涵节内膜和墙身内外模的拼装作业，内外侧模板均用钢管支架进行加固，在顶板处设置可调丝扛油托，以便调整顶板模板的高度及平整度。待墙身和顶板模板按设计及规范要求拼装加固好后，经检查无误，就可进行涵身顶板的绑扎工作，绑扎时按要求调整好各排钢筋的间距，且在钢筋与模板间垫好垫块，以防露筋。

在涵身混凝土浇筑作业中，对作业人员做到明确分工，使之各负其责，以保证混凝土浇筑施工能够顺利进行，确保工程施工质量创优。

四、附属工程施工

翼墙、帽石采用现浇混凝土施工方法。技术人员测量放样立模控制边线，严格按线立模。模板采用组合钢模和木模配合使用，外露部分用钢模。要求搭配合理，拉杆及支撑紧固。面板顺直，接缝严密，下口加设海绵条，外侧用黏土或砂浆包严以防漏浆。混凝土由中心拌和站拌制，罐车运至工地。插入式振动棒振捣密实。严格控制入模温度和施工配合比，使翼墙内实外美。翼墙沉降缝及防水层施工与涵节处相同。

附属工程包括涵洞出入口铺砌、泄床、锥坡，边坡防护及垂群。涵洞出入口铺砌与路基排水沟、改沟应顺接通畅，排水有出路，做到涵洞内不积水。铺砌均采用M10号水泥砂浆浆砌片石，下设厚10 cm碎石垫层。

五、沉降缝及防水层施工

涵身沉降缝嵌塞2 cm厚的石棉水泥板留作防水之用，施工期间，用电焊将石棉水泥板与涵身钢筋骨架定好位置当作模板使用。沉降缝外侧涂刷聚氨酯防水涂料并粘贴防水卷材，且相邻涵节不均匀沉降差小于5 mm。沉降缝内侧待涵洞施工完成后，再嵌入硫化型橡胶止水条。出入口翼墙与涵身间沉降缝内塞M20水泥砂浆15 cm，中间如有空隙可填塞聚丙烯纤维网混凝土。

沉降缝防水层施工完后，经检查合格，即可进行涵洞两侧回填施工，以保证涵节稳定性。在涵洞两侧大于两倍涵洞净宽范围内，涵背回填两侧同时进行。每层厚度不超过30 cm，人工用电夯机夯实。

六、质量及安全保证

(一)质量保证

1. 涵洞基础采用机械开挖时应预留20 cm，人工开挖清地达到设计高程，检测其断面尺寸、承载力是否满足设计要求，经监理检查合格并签字后方可进入下道工序。

2. 对钢筋要检查其出厂证明，并进行进场抽检，合格后方可使用。钢筋在使用前进行调直、除锈、去氧化皮；电焊工必须持证上岗，焊接头要经过试验合格后才允许正式作业。

3. 钢筋在安装时必须采用钢筋限位，钢筋先划线后绑扎，竖向主筋和横向水平分布钢筋按照设计位置要求绑扎牢固，形成规范施工，严格保证钢筋的保护层厚度。

4. 混凝土施工脚手架及支撑要搭设牢固，模板做到横平竖直，杜绝跑模现象发生；捣固设专人作业，严格分层厚度、布点振捣，防止出现蜂窝、麻面。

5. 涵洞工程砌体圬工施工时，要认真选好石料，砂浆严格按配合比拌制，采用挤浆法砌筑，层间搭接满足砌石规范要求，砌体要大面朝下，禁止立砌。砂浆饱满，灰缝统一采用凹缝。

6. 沉降缝、防水层严格按照设计、规范、验标要求施工，达到无渗漏。若发现渗水应及早返修。

7. 涵背填土严格按规范要求施工，对防水层进行保护，两侧对称夯填。涵顶填土厚度大于 1 m 时，方可允许施工机械通过，防止混凝土出现开裂等人为破坏。

(二)安全保证

1. 施工现场必须设置配电箱，且进出电缆线要有套管，电线进出不混乱。严禁使用花线或塑料胶质线，导线不得随地拖拉或绑在脚手架上。

2. 现场机械设备严格按安全技术操作规程作业，杜绝违章作业，严禁酒后操作机械设备。

3. 开挖基坑时，应根据设计的边坡开挖，做好临时支护，防止塌方。配备抽水设备，防止因水浸泡基地，并引起边坡坍塌、漏电事故发生。

4. 模板安装时，内外要支撑牢固，捣固人员应戴绝缘防电手套；拆除模板时，应按规定的程序进行，模板、材料、工具不得直接往下扔。

5. 高处作业必须系安全带，周围设防护栏，人员走动要小心，严禁患有恐高症、心脏病，近视眼的人进行高处作业。

6. 加强现场治安防护工作，施工现场的布置符合防火、防汛、防爆、防雷电等安全规定的要求。

7. 现场设置的照明灯具、护栏、围栏、警告标志经常维修，保持其正常使用功能，并在有危险地点悬挂规定的安全警示标牌。

第九节　新工艺、新工法、新装备、新材料的应用及效果

一、桩底沉渣厚度控制方法

按设计要求，柱桩桩底沉碴厚度必须控制在 5 cm 以内，以防桩基产生过大的沉降变形。清孔达到要求后，应迅速安装钢筋笼和浇筑水下混凝土。为控制安装钢筋笼过程，桩底产生的沉碴，在浇筑水下混凝土前，用射水或射风冲射钻孔孔底 3～5 min，将孔底沉淀物翻动上浮，而后迅速浇筑封底混凝土。射水或射风压力比孔底压力大 0.05 MPa 以上。

二、整体模板无内置拉杆施工工艺

武广铁路客运专线所有桥墩、桥台及预制箱梁模板，均采用大型钢模板一次浇筑成型，所有桥墩采用整体无拉杆钢模板施工。

(一)模板设计

1. 为保证刚度要求，模板采用可拆卸桁架箍结构，与常规角钢式支撑结合使用。即每单元体采用 3 榀桁架箍作为水平支撑体，其高度差为 1.5 m，其外部采用可拆卸撑杆垂直连接。主支撑体之间采用角钢作为补充支撑连接，整体安装成型后模板体可视为箱形结构体。

2. 每单元模板组成体由 2 片平面模板与 2 片半圆弧模板连接而成，相邻模板周边连接法兰由厚度 16 mm 钢板配钻制成，采用 M16 螺栓连接。

(二)模板制造工艺特点

1. 各部件小组装一律采用胎具组装，以保证部件外形周边尺寸正确。

2. 整体组装。各部件合格后进行构件框架整体组装，各部连接合格后固定施焊。

3. 焊接全部采用二氧化碳气体保护焊工艺，各焊接处间隙不大于 2 mm。

4. 板材周边修磨。

三、简支箱梁的制运架设

(一)简支箱梁的制造

武广铁路客运专线预制箱梁，由于箱梁自重大、数量多。因此在制造时应重点考虑：

1. 确保制、存梁台座的强度、刚度、稳定性

对于箱梁的预制、存放来说，因为在整个制(存)梁过程中，梁体混凝土、模板、施工机具等的重量，均由预

制(存梁)台座承受。施工前应对制、存梁台座的强度、刚度、稳定性等方面依据地质情况进行专门的设计。同时还需注意设置防、排水措施,以防止不均匀沉陷造成梁体开裂。

2. 确保模板的强度、刚度、稳定性

梁体的体积大,混凝土浇筑一次完成,且浇筑时间有限制,因而混凝土对模板的侧压力较大。预制梁的数量多,施工时,内、外模及端模需多次倒用,模板的强度、刚度、稳定性是保证预制梁质量的关键。

3. 加强梁体移位时对梁体的保护措施

预制箱梁从制梁台座转移到存梁台座,既可采取顶推滑移,也可采取吊机提梁移位,但不论采用何种移梁方式,箱梁的移位难度均比普通预制梁的移位难度大。

(1)顶推滑移时,严格要求滑道刚度及平顺度,以免移梁过程中梁体受力不均,造成梁体开裂。

(2)吊机提梁移位时,吊机的提升能力、稳定性、吊机走道的强度等必须进行受力检算。

(二)简支箱梁的运输

1. 梁体运输支点的位置及支承面积应满足设计要求;运梁时应保证车体平稳,减少对结构的冲击;应保持四支点均匀受力且为同一平面,误差范围应满足设计要求。

2. 运梁车的轴重、轴距、轮距不得超过运梁时所通过结构物的容许承载能力。

3. 轮胎式运梁车的接地比压不得超过路基的容许承载能力。

4. 轮胎式运梁车横向轴距受结构桥面板承载力的制约,运梁车的轮胎应尽量靠近箱梁腹板,如需采用千斤顶调整提梁时运梁车的轴重时,千斤顶的位置应作用于腹板附近。

5. 运梁车的构造尺寸和相应机构应与架桥机相配合。

(三)预制箱梁的架设

大吨位预制箱梁的架设,经过施工优化后,架设速度大大加快。各参建单位都成功地进行了预制箱梁的架设,积累了大量的架设经验。例如中铁大桥局自主研发的 900 t 箱梁提运架设备系统,包括 500 t 门式起重机、MBEC 运梁台车、JQ900 型下导梁架桥机相互配套使用的箱梁架设系统。在运梁与架梁过程中,做到了以下优化:

1. 采用四套 400 t 临时测力千斤顶支承,使落梁时的吊点力,缓慢转换成支承力,保证了落梁时梁体的平稳性和安全性。

2. 落梁高程测量方式由现场落位测量方式调整为先测量、标记控制线后,然后施工人员用角尺直接量出方式,既减少了测量误差,又提高了架梁落位速度。

3. 架梁梁体与线路线型控制

遵循"先粗后细、先纵后横、先固定支座后多向活动支座"的对位原则,先在梁体画出梁体中心线、线路中心线,并与墩台线路中心线进行粗对位,然后对位线路纵向轴线,接着落位固定支座横向轴线及梁体伸缩缝尺寸,落位多向活动支座横向轴线。

第四章　隧 道 工 程

全线隧道及明洞工程226座(含株洲南北联络线4座隧道),共177.598 km,占线路总长18.49%。其中3 000 m以上长隧道12座,总长61.7 km;500～3 000 m的中长隧道56座,总长62.3 km;500 m以下的短隧道156座,总长33.9 km,多座短隧道形成小隧道群。除浏阳河隧道下穿浏阳河及市区和金沙洲隧道下穿广州市区外,其余隧道均为山岭隧道。隧道沿线穿越众多不良地质,包括岩溶、淤泥质软土及松软土、浅覆土、软弱围岩、富水断层、高压裂隙水、瓦斯、岩爆等。为保证隧道施工和后期运营安全,在隧道施工阶段针对不同的地质情况和施工条件,对隧道开挖方法、超前支护、初期支护、衬砌施工、隧道综合防排水、监控量测、沉降观测、洞内设施、长大隧道运营通风与防灾救援、隧道综合超前地质预报等关键技术问题进行了大量攻关,在此期间,还采用了众多新工艺、新方法、新材料和新装备,并形成一些应用于实践的技术成果,确保了武广铁路客运专线隧道施工安全,也为后期运营提供了安全保障,同时可为以后高速铁路隧道建设提供参考和借鉴。

第一节　一般隧道施工

一、隧道施工原则与总体规划

隧道开挖遵循"先探后挖、支护在先"的原则,坚持"先预报、管超前、严注浆、短进尺、弱爆破、强支护、早封闭、勤量测、严防水"的原则稳步前进。施工中建立以地质工作为先导、以量测为依据的信息化施工管理体系,根据预报结果采取相应的处理措施,制定可靠的处理方案和技术措施,确保施工安全和不留隐患。按照"快速形成生产能力、工序紧凑平行、地质预报准确、措施有力及时、员工组织精干、机具配备精良、搞好环境保护、安全优质高效"的原则进行总体施工规划。

一般隧道施工的步骤为:边仰坡开挖→洞口暗洞超前预支护→洞口段明洞→暗洞施工。暗洞施工顺序为超前支护→开挖→初喷封闭→支护→仰拱及填充层→布设防水材料→衬砌钢筋骨架施工→二衬混凝土施工→水沟及电缆槽。

二、明洞施工

明洞具体施工顺序为:测量放线→洞口开挖(地表处理→截水天沟→洞口土石方开挖)→边仰坡刷坡与防护→超前小导管施工→暗洞进洞施工→洞口段基底处理→明洞衬砌→洞门→回填→骨架护坡。洞口段不宜安排在雨季施工。

明洞土石方开挖采取竖向分层纵向分段的方法进行施工,随挖随护,开挖完成后对进出口基底采取C15片石混凝土换填加固。当用静力荷载仪测定基底承载力达到要求后施作仰拱、填充混凝土,填充混凝土在仰拱混凝土终凝后进行浇筑。可采用模板台车做内模,外模采用组合钢模板,对拱墙进行一次性整体浇筑。洞口衬砌与隧道洞门整体灌注做好防水层,混凝土强度达到设计强度后进行洞顶分层回填,每层厚不大于0.3 m,左右对称回填,回填高度、坡度、回填材料和粒径应符合设计要求,回填密度采用静力触探试验进行。码砌和浆砌分层错缝进行。混凝土强度达到100%、拱顶回填达到0.7 m后才拆除模架。

三、超前支护施工工艺

(一)超前大管棚施工工艺

施工前,沿开挖轮廓线架立工字钢架,按设计的管棚环向间距,在钢架外缘安装ϕ140 mm孔口管作为导向管,并检查孔口管的方向和外插角,符合要求后安装模板浇筑环向厚1 m、纵向长度1 m的混凝土导向墙,导向墙内缘须满足明洞衬砌和防水层施工,待混凝土达到一定强度后开始管棚施工。超前大管棚施工工艺流程如图4-4-1所示。

(二)超前注浆小导管

超前小导管施工前用喷射混凝土封闭掌子面,然后通过施作小导管形成一定厚度的围岩加固圈后,进行开挖等作业。小导管施工工艺流程如图 4-4-2 所示。

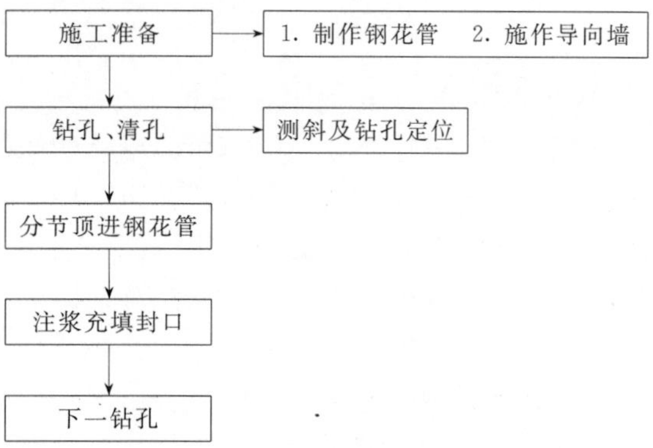

图 4-4-1 超前大管棚施工工艺流程

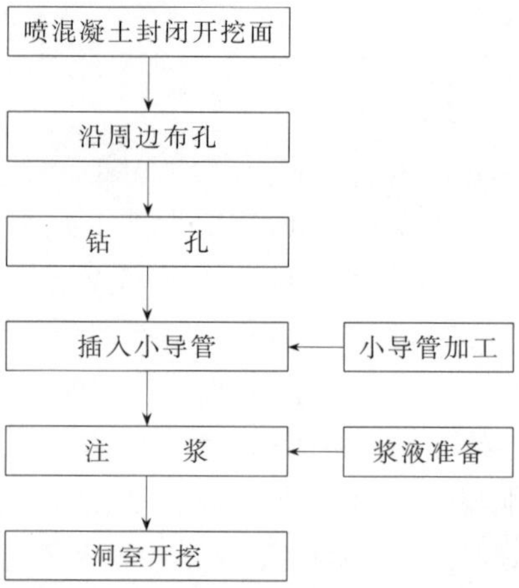

图 4-4-2 超前小导管施工工艺流程

开挖之前沿开挖轮廓线外 10 cm 施作超前小导管,外插角为 10°~15°,采用风动凿岩机钻孔后安装超前小导管并与钢架焊接固定。采用注浆泵进行注浆作业,注入水泥单液浆,注浆压力一般为 0.4~0.6 MPa,施工中根据现场实验确定合理的注浆参数。

小导管在构件加工厂制作,前端做成尖锥形,尾部焊接 ϕ8 mm 钢筋加劲箍,管壁上每隔 15 cm 交错钻眼,眼孔直径为 6~8 mm。小导管加工如图 4-4-3 所示。

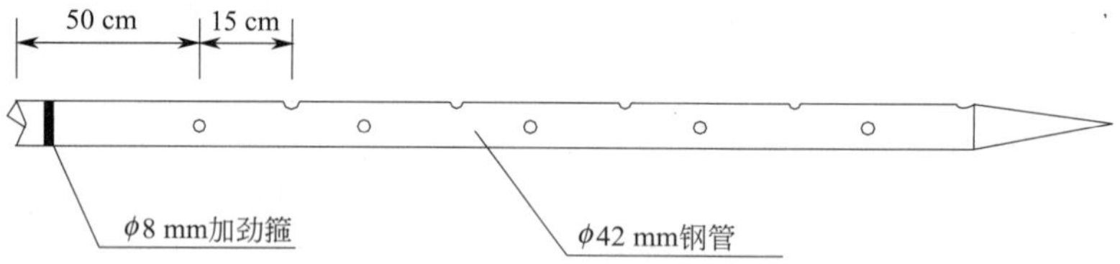

图 4-4-3 注浆小导管加工

(三)超前注浆锚杆施工

Ⅳ级软弱围岩段设计采用 ϕ25 mm 中空注浆锚杆形成超前支护,施工工艺流程如图 4-4-4 所示。

四、暗洞开挖方法

在施工中根据地质预报和地质勘探报告揭示的地质情况合理确定开挖方法,包括全断面法、台阶法(三台阶法)、三台阶临时仰拱法、预留核心土环形开挖法、CD 法、双侧壁导坑法等。

(一)上台阶 CD 法

如红江岭隧道洞口已经采用长管棚或超前小导管作超前支护,而且初期支护强度较高,其中上台阶采用 CD 法,下台阶采用预留核心土法。

1. 施工方法

上半部采用 CD 法施工,在开挖支护下部时,随拆除上部中隔壁,随逐榀进行下部和仰拱施工。开挖采用机械开挖和人工手持风镐开挖相结合,局部弱爆破,挖掘机或装载机装砟,自卸汽车运输。施工工序如图 4-4-5 所示。

2. 施工注意事项

(1)上、下部施工时,左右侧拉开距离,严格避免上下部同时处于悬空状态。

(2)仰拱初支及时跟进并尽快封闭成环。

(3)预留核心土坡率依据地质条件确定,以满足设备作业为前提,对极软岩可施作锚喷临时支护。

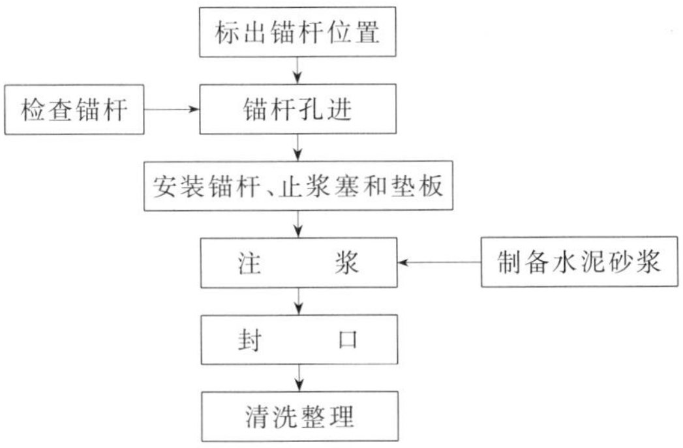

图 4-4-4　注浆锚杆施工工艺流程

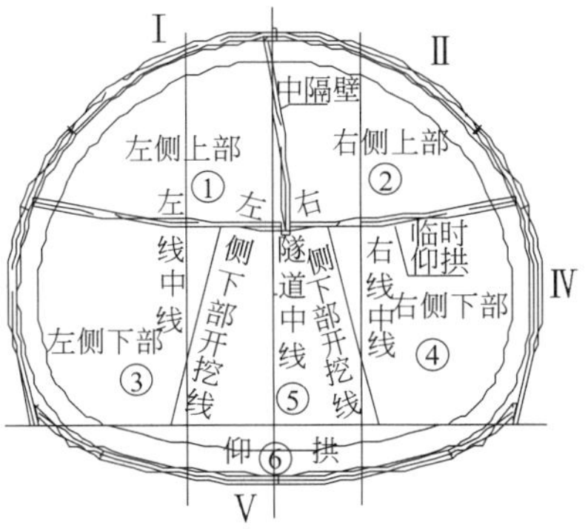

图 4-4-5　上台阶 CD 法施工工序横断面示意

（二）三台阶临时仰拱法

在红江岭隧道开挖支护施工过程中发现由于采用上台阶 CD 法开挖时，各部开挖造成对未成环初支钢架的频繁扰动，不利于初期支护变形的控制和稳定性，于是进一步对开挖工法进行优化，采用三台阶临时仰拱法。

1. 施工方法

超前小导管注浆预支护，三台阶开挖采用挖掘机或人工风镐开挖，局部坚硬地层采用微振动爆破，自卸汽车出砟，初期支护紧跟掌子面。

2. 施工注意事项

(1)中下导洞左、右边墙开挖必须交错施工，严禁两侧同时对挖。三个台阶平行作业，仰拱施工实行短开挖、早支护、快封闭、勤量侧，及时施作钢架支护，闭合成环。

(2)加强洞内施工抽排水，防止边墙失稳。

（三）台　阶　法

台阶法分为三种方案：

1. 长台阶法。上下台阶较远，一般上台阶超前 50 m 以上或＞5 倍洞跨，施工中上下部可配较大型机械进行平行作业。采用此方案当遇短隧道或Ⅱ～Ⅲ类硬岩长隧道各区段需尽早贯通时，亦可改用半断面法，即将上半断面全部挖通后，再挖下半断面。上半断面采用光面爆破开挖，下半断面采用预裂爆破，严格控制装药量及按照光面爆破设计施工，减少炮轰波对围岩的扰动，并根据围岩情况及时修正爆破参数，达到最佳爆破效果，形成整齐圆顺的开挖断面，实现对围岩的保护，减少超挖，杜绝欠挖。当在浅埋、软岩、邻近建筑物等特殊情况地段爆破时，采用仪器检测围岩爆破扰动范围和垂直振速，并采取必要的措施实施控制爆破，降低对围岩的扰动程度和振动效应。它干扰少，机械配套、施工通风和测量工作均较简单，可进行单工序作业。

2. 短台阶法。上台阶长度＜5 倍洞跨，但大于 1～1.5 倍洞跨，适用于Ⅲ、Ⅳ类围岩可缩短仰拱封闭时间，改善初期支护稳固条件。如欧冲山隧道、白门前隧道和黄秋山隧道采用三台阶分部(含仰拱)开挖，取得良好效果。

3. 超短台阶法。上台阶仅超前 3～5 m，断面闭合较快。此法多用于机械化程度不高的各类围岩地段，如观音山隧道、黄秋山隧道Ⅴ级自稳能力较差的围岩。当遇软弱岩时需慎重考虑，必要时应采用辅助施工措施稳定开挖工作面，以保证施工安全。

台阶法施工流程如图 4-4-6 所示，施工步骤如图 4-4-7 所示。

4. 施工注意事项

(1)分台数及分台高度、台阶长度应以保证围岩稳定和方便施工为原则，结合加快循环时间考虑。一般分为 2～4 个台阶，其中上台阶高度一般不小于 3.5 m，以方便锚杆施工和扒砟；各台阶距离以保证围岩稳定、方便出砟为宜。

(2)同时尽量减少开挖分部，从而减少因分部引起的围岩应力反复变化和松弛。

(3)下部开挖时在上部初期支护强度达到设计强度的 70%及以上时方可进行。

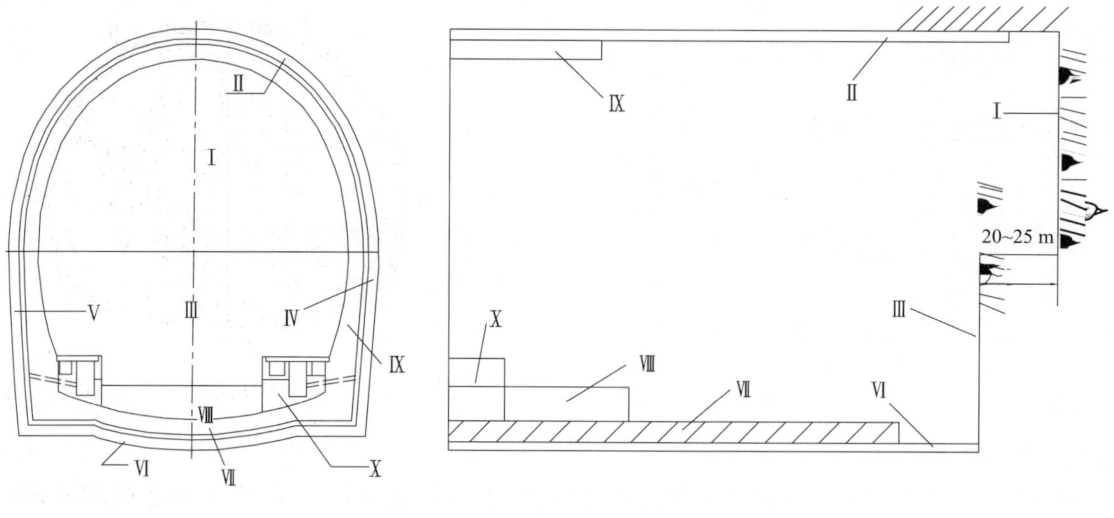

横向施工示意　　纵向施工示意

图 4-4-6　台阶法示意

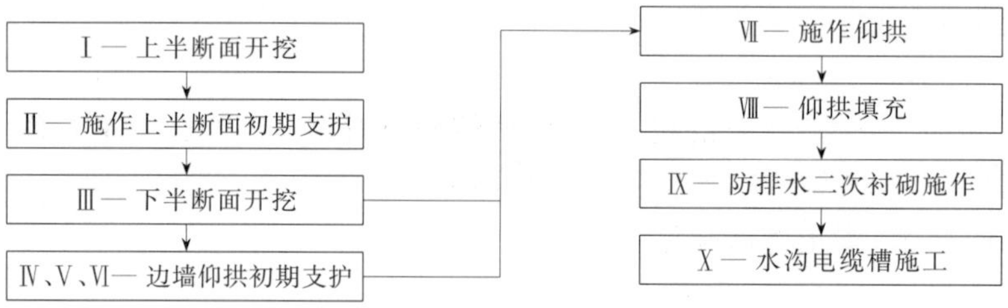

图 4-4-7　台阶法施工

(4)若设计有刚架时,分部钢架脚处应设锁脚锚杆,以确保钢架基础稳定;钢架之间纵向连接钢筋及时施作并连接牢固。

(四)预留核心土环形开挖法

1. 施工工艺

主要用于地质较差的地层,如洞口段、偏压段、浅埋段Ⅲ、Ⅳ、Ⅴ级和软岩等。环形开挖预留核心土法就是施工时分三个台阶、七个开挖作业面,以前后七个不同的位置相互错开同时开挖,然后对开挖面同时支护,缩小作业循环时间,逐步向纵深推进。

上台阶取 1 倍洞径左右环形开挖,留核心土;按设计施工超前预支护或预加固,开挖以挖掘机配合人工风镐为主,必要时辅以弱爆破,以尽量减少扰动围岩;上中台阶之间的间距 3～5 m,中下台阶之间的间距 10～15 m,各部开挖后及时封闭掌子面,喷网锚钢架联合支护作业。拱脚、中下导墙角增设锁脚锚杆,初期支护及时闭合成环。仰拱施工长度 2～4 m(软岩富水围岩地质不宜大于 3 m),各部实行平行作业。施工中认真进行围岩量测,实行信息化施工,动态化管理,及时反馈信息,调整支护参数,确保施工安全。

2. 施工工序

第 1 步:上导坑采用弧形开挖,开挖结束后立即施作上导坑初期支护;

第 3、3′步:在拱顶承载拱的保护下,分段开挖拱脚,使同一断面处暴露的开挖面仅限于一侧,并按同样方法进行支护;

第 4 步:拱部支护完成后开挖中部核心土;

第 5、5′步:在已完成拱部支护后,分段左右开挖边墙并及时施作边墙支护;

第 7、7′步:下部核心土挖除并落底后,及时施作初期支护,尽快形成闭合环。然后施作仰拱及填充混凝土,二次衬砌适时跟进。

3. 施工注意事项

(1)人工风镐开挖,开挖轮廓要圆顺,以防止出现局部应力集中。

(2)中下导坑左、右边墙开挖必须交错施工,严禁两侧同时对挖。三个台阶平行作业,工序变化处钢架应预设锁脚锚杆,富水软弱地段在钢架基脚处设纵向槽钢,或扩大拱脚以增加基底承载力,以确保钢架基础稳定。

(3)钢架之间纵向连接钢筋及时施作并连接牢固,必要时设置钢筋桁架纵梁。

(4)洞身锚杆施工钻孔机具优先采用螺纹钻杆实施干式钻孔,无法钻进处采用风枪辅助钻孔。

(5)下部开挖时应在上部初期支护强度达到设计强度的70%及以上时方可进行。

(6)加强洞内施工抽排水,防止边墙失稳。

(7)衬砌施工根据监控量测的结果进行分析,确定二次衬砌的施作时机。

(五)全断面法

全断面法常用于Ⅰ~Ⅲ级硬岩中,利用组织大型机械化作业,提高施工速度。该法可采用深孔爆破,例如黄秋山隧道用该法施工时,最深钻爆孔眼达3.5 m以上,复合式衬砌月成洞达100~200 m。采用多臂钻孔台车或在多功能台架上风钻钻孔施工,硬岩宜采用楔形掏槽方式,周边眼采用不隅合装药、导爆索引爆的光面爆破,其他眼连续装药;开挖进尺台车钻爆为4.5~5.0 m,人工钻爆为3.3~3.5 m。初期支护时采用湿喷机喷射混凝土;挖掘机配合装载机装砟,自卸汽车出砟的无轨运输方式。

1. 光面爆破技术控制要点

作为新奥法隧道施工三要素之一的光面爆破,是控制施工质量的最重要因素,要控制好以下几点:

(1)根据围岩特点合理选择周边眼间距及周边跟的最小抵抗线。

(2)严格控制炮眼尤其是周边眼的装药量,并尽可能使药量沿炮眼全长均匀分布;硬岩隧道采用全断面开挖,进尺为3~5 m的深孔爆破时,单位体积岩石的耗药量一般为0.9~2.0 kg/m^3;软岩隧道采用半断面或台阶法开挖,孔深为1.0~3.0 m的浅孔爆破时,单位体积岩石的耗药量一般为0.4~0.8 kg/m^3。

(3)周边眼宜采用小直径药卷和低爆速炸药。为满足装药结构的要求,可借助传爆线以实现空气间隔装药。

(4)采用毫秒微差塑料导爆管有序梯次起爆,应使周边爆破时有最好的临空面,周边眼同段号的超爆雷管延滞误差要求越小越好。

(5)光面爆破效果应符合要求。隧道施工开挖,由于受各种因素的影响必然会有超欠挖,施工时,必须严格掌握,把超欠挖控制在允许的范围内。技术人员首先要认真计算,根据临空面、地质情况进行爆破设计,然后不断摸索、不断改进,优化炮眼间距、数量、长度、装药量以及每循环进尺等参数,从而达到理想的光面 爆破效果。软岩隧道由于地质构造因素,有时炮眼痕迹保存率很难达到要求,故其周边主要应平整圆顺。

2. 施工注意事项

(1)施工准备:首先人工配合挖掘机清除靠近开挖面5 m范围内的上循环出砟后的剩余虚砟,为仰拱开挖爆破作业提供空间;同时作好风水管路等连接以及机具设备的检查等。

(2)多功能台架就位:就位时注意平整地坪,保证台架大致水平。

(3)炮眼布置:在掌子面用油漆画出中线和高程十字线,按钻爆设计图画出开挖轮廓线,确定钻孔范围;按钻爆设计图标明各炮孔位置,并明确钻孔先后次序。

(4)钻眼:周边眼外插角一般控制在2~3°,即眼底不超出开挖轮廓线3~5 cm/m;周边眼钻眼采用测斜仪控制外插角,首先钻设正顶孔,以起到导向作用。

(5)出砟时保留部分虚砟(约50 cm厚),待仰拱混凝土浇筑前人工配合挖掘机清除。

(六)CD工法

1. 适用地质条件

上下两部分部开挖法主要用于Ⅲ、Ⅳ级围岩,洞口、偏压和浅埋段硬岩地层宜采用台阶法开挖。若地层较差,可辅以小导管超前支护等措施以确保开挖面稳定,如寒水隧道隧道在DK1884+780~+810段采用CD法施工。

2. 施工方法

施工时先对拱部进行超前预支护，采用风钻钻眼爆破从一侧分三台阶逐级进行开挖，每一台阶开挖后即安装钢拱架，之后进行网、锚、喷施工，然后施工后续台阶，如此循环。每侧底部开挖完成后施工仰拱支护，使整个初期支护尽快闭合成环，同时仰拱紧跟。CD法开挖示意及工艺流程如图4-4-8所示。

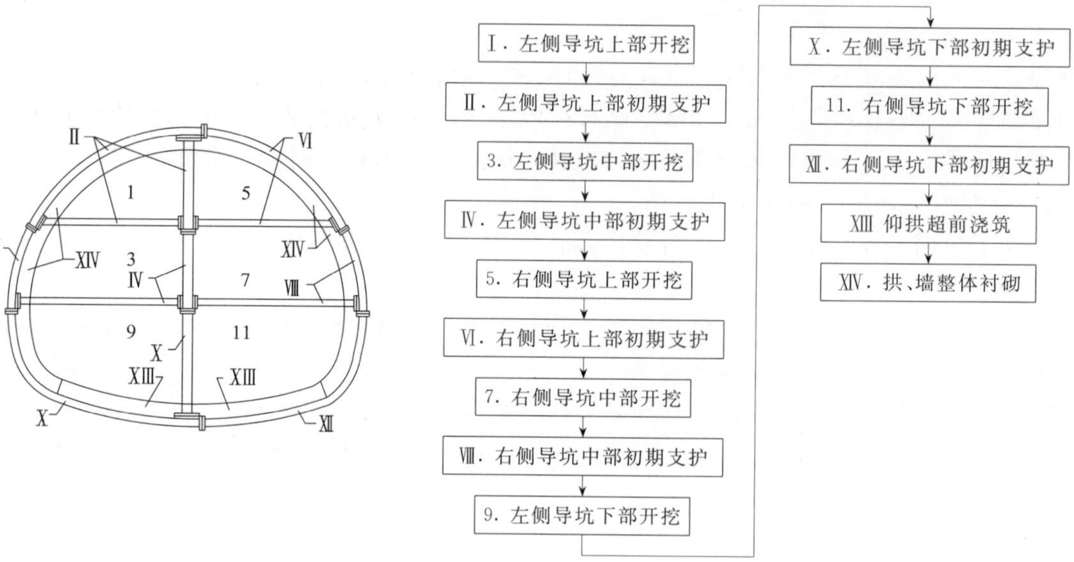

图4-4-8 CD法开挖示意及工艺流程

五、初期支护

洞身支护施工工序流程为：开挖后初喷混凝土→系统支护(系统锚杆、钢筋网、格栅钢架、型钢钢架)施作→复喷混凝土至设计厚度→辅助支护措施。以黄秋山隧道为例，采用带排气装置的ϕ25 mm中空注浆锚杆(ϕ42 mm中空钢管)、ϕ22 mm砂浆锚杆、钢筋网、格栅钢架、型钢钢架、C25喷射(合成纤维)混凝土，依据围岩类别设计综合使用。支护紧跟开挖面及时施作，尽量减少围岩暴露时间，抑制围岩变形，防止围岩在短期内松弛剥落。钢架、钢筋网和锚杆在洞外构件厂加工，人工安装钢架，挂设钢筋网，风动凿岩机施作系统锚杆，湿喷机喷射混凝土。

(一)系统锚杆

隧道拱部系统锚杆采用带排气装置的ϕ25 mm中空注浆锚杆，部分采用ϕ42 mm小导管代替系统锚杆，边墙及临时支护采用ϕ22 mm砂浆锚杆。

(二)砂浆锚杆

锚杆预先在洞外加工厂按设计要求加工制作，施工采用风动凿岩机按设计要求钻孔，达到标准后，用高压风清除孔内岩屑；用注浆泵将水泥砂浆注入孔内，砂浆填充锚杆孔体积的2/3后停止注浆；及时将加工好的杆体插入孔内，安装锚杆垫板。

1. 锚杆钻孔位置及孔深必须准确；锚杆要除去油污、铁锈和杂质；锚杆体插入孔内不小于设计长度的95%，施工时预留锚杆总数的10%施作锚杆拉拔试验。

2. 锚杆施工应在初喷混凝土后进行，以保证锚杆垫板有较平整的基面。锚杆用的水泥砂浆，其强度不应低于设计标准。锚杆孔内灌注砂浆应饱满密实。水泥砂浆达到一定强度后才能上紧垫板螺母。

(三)挂钢筋网

钢筋网采用ϕ8钢筋加工成方格网片，Ⅲ级围岩网格间距25 cm×25 cm，Ⅳ、Ⅴ围岩网格间距20 cm×20 cm，隧道钢筋网预先在洞外加工厂加工成型。钢筋类型及网格间距按设计要求施作。钢筋冷拉调直后使用，钢筋表面不得有裂纹、油污、颗粒或片状锈蚀。安装搭接长度为1～2个网格，采用焊接。砂层地段先铺挂钢筋网，沿环向压紧后再喷混凝土。钢筋网随受喷面起伏铺设，与受喷面的间隙一般不大于3 cm。与锚杆或其他固定装置焊接牢固。开始喷射时，缩短喷头至受喷面的距离，并调整喷射角度，钢筋保护层厚度不得小于 4 cm。喷射中如有脱落的石块或混凝土块被钢筋网卡住时，应及时清除。

(四)格栅拱架、型钢支撑的加工与安装

Ⅴ级围岩采用 I20a 型钢拱架，间距 60 cm；Ⅳ级围岩采用格栅钢架，间距 100 cm。施工要求为：

1. 格栅拱架、型钢支撑的加工在专设的加工场地进行。加工场地表面用混凝土铺筑。加工场地根据设计图纸准确测放出拱架的大样，用油漆绘出其轮廓线，每隔 2 m 安装一个定位装置，定位装置要牢固可靠。加工场地施工完成经监理工程师检验认可后，才能进行拱架加工。

2. 型钢钢架采用冷弯成型，格栅钢架采用胎模焊接。钢架加工的焊接不得有假焊，焊缝表面不得有裂纹、焊瘤等缺陷。

3. 每榀钢架加工完成后放在水泥地面上试拼，周边拼装允许误差为±3 cm，平面翘曲小于 2 cm。钢架在初喷混凝土后及时架设。

4. 型钢支撑各单元之间用连接板、螺栓及螺母连接，其连接材料要符合设计和规范要求，连接牢固。

5. 格栅采用钢筋焊接而成，各焊接处双面焊接，焊缝厚度不小于 4 mm，焊缝厚度均匀，施焊时不得烧伤钢筋骨架。格栅拱架各单元之间采用法兰盘和螺栓连接。

6. 拱架之间采用 ϕ22 mm 纵向连接筋进行连接，以加强支护的整体效果。

7. 钢拱架安装时要保证与隧道纵向垂直，其上下、左右允许偏差为 5 cm，钢架倾斜度不得大于 1°。若拱脚高程不足时，不得用土、石回填，而要设置钢板进行调整，必要时可用混凝土加固基底。

8. 分部开挖法施工时，钢拱架拱脚打设 ϕ22 mm 锁脚锚杆或 ϕ42 mm 注浆小导管，锚杆长度不小于4 m，每榀数量为 2～4 根。下部开挖后钢架及时落底接长，封闭成环。

9. 钢架与围岩之间的间隙用喷射混凝土充填密实。间隙过大时，用混凝土楔块顶紧，其点数单侧不得少于 8 个。喷射混凝土时要由两侧拱脚向上对称喷射，并将钢架覆盖，并保证钢架保护层不小于 4 cm。

(五)喷射混凝土

1. 喷射混凝土采用洞外自动计量拌和站拌和，湿式喷射，湿喷混凝土可减少回弹量，降低粉尘，提高工作效率和施工质量。

2. 喷射混凝土支护前撬去松动岩块或土体，用高压风清除杂物，岩石地段喷水湿润后再行喷射混凝土；遇开挖面水量大时，采取措施将水集中引排。

3. 喷射前对设备进行检查和试运转；在受喷面、各种机械设备操作场所配备充足照明及通风设备。

4. 按照设计厚度利用原有部件如锚杆外露长度等，也可在岩面上打入短钢筋，标出刻度，作为标记。

5. 喷射纤维混凝土中的碎石最大粒径不宜大于 10 mm，骨料级配采用连续级配；混凝土搅拌宜优先采用将纤维、水泥、骨料先干拌后加水湿拌的方法，且湿拌时间不得少于 1.5 min。

6. 混凝土喷射机安装调试好后，在料斗上安装振动筛(筛孔 10 mm)，以避免超粒径骨料进入喷射机。喷射时，送风之前先打开计量泵，送风后调整风压，使之控制在 0.45～0.70 MPa 之间，若风压过大，粗骨料碰围岩后会回弹；风压小，喷射动能小，粗骨料冲不进砂浆层而脱落，都将导致回弹量增大。以混凝土回弹量小、表面湿润有光泽、易粘着为度来控制喷射压力。

7. 喷射方向与受喷面垂直，等距喷射；若受喷面被钢架、钢筋网覆盖时，可将喷嘴稍加偏斜，但不宜小于 70°。

8. 一次喷射厚度不宜超过 5～6 cm，过大会削弱混凝土颗粒间的凝聚力，使喷层因自重过大而大片脱落，或使拱顶处喷层与围岩面形成空隙；过小则粗骨料容易弹回。分次喷至设计厚度，两层喷射的时间间隔为 15～20 min，如间隔时间过长，二次喷射前先喷水清除杂物和湿润混凝土表面。为提高工效和保证质量，喷射作业应分片进行。为防止回弹物附着在未喷岩面上影响喷层与岩面间的粘结力，按照从下往上施喷，呈“S”形运动；喷前先找平受喷面的凹处，再将喷头成螺旋形缓慢均匀移动，保证混凝土层面平顺光滑。

9. 喷射混凝土紧跟开挖掌子面进行，当围岩破碎、稳定性差时，一般采用小药量的松动爆破，初喷(厚 4 cm)、锚杆、钢筋网、钢架、复喷(二喷、三喷)等作业可以连续进行，直至达到设计要求。架设好格栅钢架后，迅速用喷射混凝土封填，使之发挥支护能力。围岩较完整、稳定时间较长时，初喷、锚杆、钢筋网等施工后即可进行开挖作业，待下一循环初期支护时间再复喷，可将设计厚度的喷层厚分两、三次完成喷射混凝土。

六、隧道洞身防排水

(一)防排水设计理念

武广铁路客运专线隧道防排水设计采用了“防、排、堵、截”相结合方式,因地制宜、综合治理的原则,从初期支护到二次衬砌可概述为三道防水保障系统:一是初期支护超前注浆帷幕、初期支护体共同承担堵、截水至初期支护以外系统;二是纵、环向排水盲管、防水板组成第二道截水系统;三是二次衬砌混凝土抗渗性、自防水功能实现严防死守的第三道关口。最后完成洞内排水系统与洞外排水系统的合理连接。

(二)洞内防排水主要技术措施

1. 隧道内设双侧排水沟,长度大于1000 m隧道设中心排水沟。

2. 隧道初期支护与二次衬砌间拱墙部位铺设土工布加防水板。

3. 土工布板背后设置环向排水盲管,边墙与仰拱结合部位设纵向排水盲管。

4. 二次衬砌变形缝及环、纵向施工缝采用止水带、界面剂复合防水措施。

5. 隧道采用抗渗性防水混凝土,抗渗等级不小于S8。

6. 隧道衬砌背后回填注浆。

(三)施工工艺

1. 土工布、防水板铺设

(1)施工方案。初期支护与二次衬砌间设防水板和土工布作为防水层,材质符合设计要求标准,防水板采用无钉铺设。

(2)施工方法

①基面处理:铺设防水层前对初期支护大致找平,边墙及拱部补喷找平、底部砂浆找平。对外露的锚杆等切除、磨平,水泥砂浆封堵找平。

②铺设防水板:铺设前先行试铺,再加以调整。防水板采用无钉孔铺设,即先用ϕ80 mm塑料垫圈和射钉将无纺布固定于基面上(垫圈间距:拱40 cm,边墙0.8 m,呈梅花型布置),再用热风焊枪将防水板焊接在垫圈上。

③防水板焊接:防水板之间的搭接缝采用双焊缝、调温、调速热楔式功能的自动爬行式热熔焊接,细部处理或修补采用手持焊枪。两层防水板的边缘搭接不小于10 cm,单条焊缝宽度不小于1.5 cm;当纵向接缝与环向接缝成十字交叉时(十字形接缝),事先对纵向接缝外的多余搭接部分齐根处削去,将台阶修理成斜面并整平。

2. 环向及纵向盲管

盲管在初期支护施作完成后、防水板铺设之前安装,综合施工缝布置。纵向盲管15 m一段,每段纵向盲管中间设PVC泄水管一处,接至水沟,采用HDPEϕ160 mm/142 mm双壁打孔波纹管;环向盲管纵向间距8～10 m,采用HDPEϕ50 mm双壁打孔波纹管,在富水地段适当增设环向盲管。纵向盲管两端及环向盲沟下端进行圆弯接入隧道侧沟。

防水板及土工布下端铺至纵向盲管位置,并适当包住纵向盲管,纵向盲管上方50～70 cm、防水板及土工布外侧设无砂混凝土作为排水体,厚约10～16 cm。洞内盲管施工期间,对盲管应定时清洗,以免管道阻塞引起背后水压升高致使隧道衬砌破坏。

3. 二次衬砌变形缝及环、纵向施工缝处复合防水施工技术

(1)环向施工缝:拱墙及仰拱环向施工缝处设置中埋式止水带,止水带采用遇水膨胀橡胶止水带。拱墙环向施工缝止水带外侧设置环向排水管即注浆止水管,此排水管采用ϕ50 mm打孔波纹管,外包土工布。

(2)纵向施工缝:纵向施工缝位于电缆槽底部、内轨顶面下约8 cm处,混凝土接触面涂刷混凝土界面剂。

(3)变形缝:以马山隧道为例,在DK1814+757、+845两明暗交界处设置2 cm宽沉降缝,仰拱沉降缝处设置中埋式遇水膨胀橡胶止水带,空隙采用填缝料(沥青木丝板)填塞密实;拱墙处沉降缝处设置钢板腻子止水带,并在衬砌内缘设置钢板接水盒,内缘3 cm范围内以聚硫密封胶封堵,其余空隙采用填缝料(沥青木丝板)填塞密实,防水效果甚佳。

4. 隧道衬砌施工及变形完成后，进行衬砌背后回填注浆

纵向注浆管设于拱顶模筑衬砌外缘，即防水板内侧，纵向注浆管孔径 ϕ20 mm，采用聚乙烯管，聚乙烯管上打孔。在防水板敷设完成后，采用胶粘于防水板内侧，结合施工缝布置，注浆管 8～10 m 一段，两端分别与预设的 ϕ20 mm 镀锌钢管注浆口相连接。镀锌钢管注浆口应突出衬砌内缘 3～5 cm，以便与注浆机注浆管相连接。施工中应注意做好钢管位置止水带穿孔处理防水措施。

七、隧道仰拱及衬砌施工

(一)施工方案

隧道正洞混凝土衬砌采用液压钢模整体衬砌台车，混凝土输送车运输，混凝土输送泵作业，机械振捣；混凝土采用自动计量拌和站生产，其设置满足冬季施工要求。混凝土灌注前做好钢筋的布设工作，钢筋角隅处要加强振捣，并做好防水层铺设及各类预埋件、预留孔、沟、槽、管路的设置。隧道衬砌施工工艺流程如图4-4-9所示。

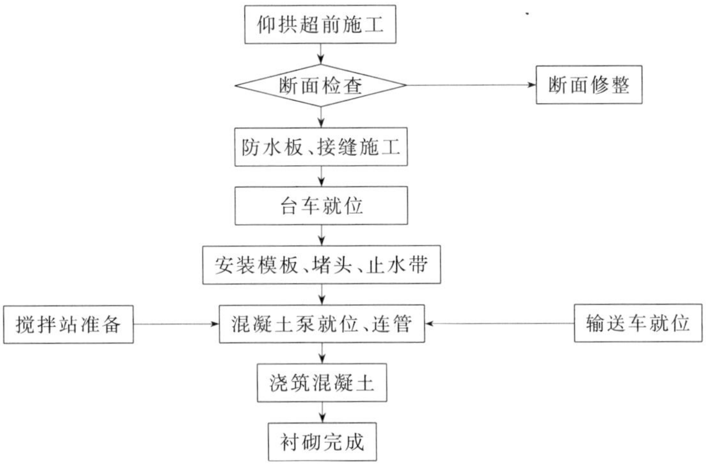

图 4-4-9 隧道衬砌施工工艺流程

(二)仰拱、隧底填充

1. 施工方法

采用挖掘机开挖人工配合清底迅速开挖仰拱到位，若地质条件较差时，仰拱应及时闭合成环。若开挖后15 m深钻探安全隐患很大，当与设计不符或存在隐患时进行变更，采取加固措施后再进行仰拱的施工。安装钢拱架使得初期支护成环，采用湿喷法工艺施工喷射混凝土，仰拱钢筋绑扎后立即进行仰拱混凝土回填施工，使得仰拱和初期支护一起共同受力。为减少其与出砟的干扰，采用仰拱栈桥跨过施工地段，以保证隧道底部的施工质量，从根本上消除了隧底施工质量隐患，确保结构稳定，仰拱栈桥如图 4-4-10 所示，施工工序流程如图 4-4-11 所示。

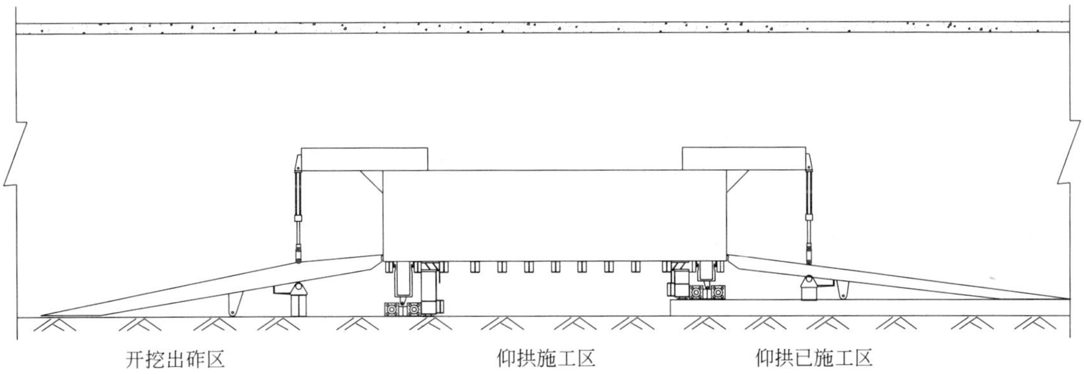

图 4-4-10 仰拱栈桥示意

2. 仰拱和底板施工要求

(1)施工前,应将隧底虚砟、杂物、泥浆、积水等清除,并用高压风将隧底吹洗干净,超挖应采用同级混凝土回填。

(2)仰拱超前拱墙二次衬砌,其超前距离保持3倍以上衬砌循环作业长度。

(3)底板、仰拱的整体浇筑采用防干扰作业平台保证作业空间,仰拱成型采用浮放模板支架。

(4)填充混凝土在仰拱混凝土终凝后浇筑,不得同时浇筑。仰拱拱座与墙基同时浇筑,排水侧沟与边墙同时浇筑。

(5)仰拱施工缝和变形缝作防水处理。

(6)膨胀岩性地段,开挖后及时施作仰拱,斜切洞口段采用C15片石混凝土换填后施作仰拱。

(7)填充混凝土强度达到5 MPa后允许行人通行,填充混凝土强度达到设计强度的100%后允许车辆通行。

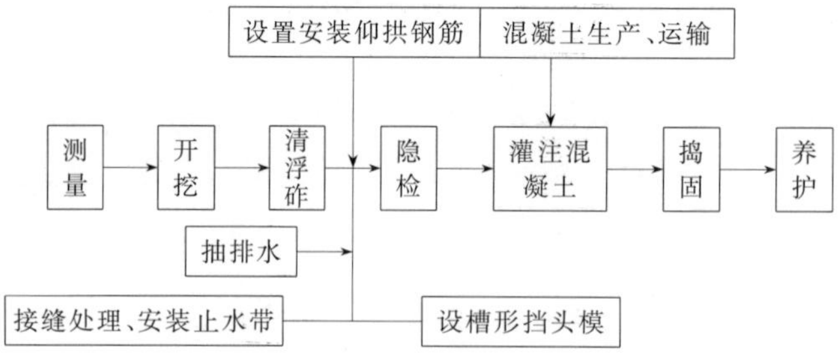

图4-4-11 仰拱施工工序流程

(三)拱墙衬砌施工工艺

1. 钢筋施工

(1)原材料检验:钢筋进场后进行复检,对于不符合要求的钢筋不予使用。

(2)钢筋加工。加工时钢筋应平直,无局部曲折。如遇有死弯时,应将其切除。钢筋表面应洁净,无损伤、油漆和锈蚀。钢筋级别、钢号和直径必须符合设计要求,需要代换钢筋时,必须有设计人员书面意见。所有加工好的钢构件,一律按规格、型号挂牌,分类存放,并设专人负责作好防锈工作。

(3)钢筋安装。钢筋的安装位置、间距、保护层及各部钢筋大小尺寸符合设计图规定。钢筋安装时严格按有关规程、规范及设计图纸要求进行现场人工绑扎、焊接。施工时防止损坏防水板和注意预埋件安装。

2. 模板架立

(1)根据测量的隧道中线及高程,铺设台车运行轨道,台车运行轨道中心与隧道中心线一致,其误差不得大于3 cm。

(2)将钢模台车运行到待浇混凝土地段,紧贴矮边墙调整就位。

(3)钢模台车就位后,锁定卡轨器,交替启动垂直油缸和侧向油缸,使模板立于设计要求位置。

(4)调整基脚千斤顶使其支顶于垫木上,然后安装并固定基脚模板。

(5)检查模板的位置,如发现有偏差,采用千斤顶进行调整,如偏差过大,则需移走台车,重新定位运行轨道,重新立模。

(6)安装并固定堵头板和接缝模板。

(7)安放基脚模板,下部紧靠基脚千斤顶下的垫木外侧,上部用木撑使其与边墙模板密贴。

3. 混凝土施工

(1)施工准备。测量工程师和隧道工程师共同进行水平、高程测量放样。启动台车液压系统使钢模定位,保证钢模衬砌台车中线与隧道中线一致,拱墙模板定位后固定,测量复核无误。清理基底杂物、积水和浮砟;衬砌台车前端装设带气囊的钢制挡头模板,并按设计要求安装固定止水带;拆除上组衬砌混凝土施工缝处止水带保护模,工作缝、伸缩缝涂刷混凝土界面剂,并自检防水系统设置情况。

(2)混凝土搅拌应注意以下几点:

①混凝土原材料严格按照施工配合比要求进行计量,最大允许偏差符合下列规定(按重量计):胶凝材料

(水泥、矿物掺合料等)±1%;外加剂±1%;粗、细骨料±2%;拌和用水±1%。

②搅拌混凝土前,用直接法测定粗细骨料的含水率,准确测定因天气变化而引起的粗细骨料含水率变化,以便及时调整施工配合比。含水率每班用直接测定法抽测不少于3次。

③混凝土搅拌时,先投入细骨料、水泥、矿物掺合料和外加剂,搅拌均匀后,再加入所需用水量,待砂浆充分搅拌后再投入粗骨料,并继续搅拌至均匀为止。每阶段的搅拌时间不少于30 s,总搅拌时间2~3 min。

④炎热季节搅拌混凝土时,采取在堆料场搭设遮阳棚、采用制冰机和冷水机组生产的低温水搅拌混凝土等措施降低混凝土拌和物的温度,或尽可能在傍晚和夜间搅拌混凝土,以保证混凝土的入模温度满足相关规定。

(3)混凝土运输应注意以下几点:

①保证混凝土在运输过程中保持均匀性,运到浇筑地点时不分层、不离析,并具有要求的坍落度和工作性能。严禁在运输过程中向混凝土运输车内加水。

②尽量减少混凝土的运输时间。从搅拌机出盘到浇筑完毕的延续时间以不影响混凝土的各项性能为限。

③在满足泵送工艺要求的前提下,泵送混凝土的坍落度尽量小,以免混凝土在振捣过程中产生离析和泌水。

④泵送混凝土时,输送管路起始水平管段长度不小于15 m。除出口处采用软管外,输送管路的其他部位均不采用软管。高温或低温环境下,输送管路分别用湿帘和保温材料覆盖。

⑤混凝土在搅拌后60 min内泵送完毕,且在1/2初凝时间前入泵,并在初凝前浇筑完毕。因各种原因导致停泵时间超过15 min时,每隔4~5 min开泵一次,使泵机进行正转和反转两个方向的运动,同时开动料斗搅拌器,防止斗中混凝土离析。

(4)耐久混凝土浇筑。混凝土自模板窗口由下向上对称分层、先墙后拱灌注,且应注意以下几点:

①倾落自由高度不超过2.0 m,混凝土灌注作业受阻不得超过2 h,否则按施工缝处理。

②浇筑混凝土前,仔细检查钢筋保护层垫块的位置、数量及其紧固程度,并指定专人作重复性检查,以确保钢筋保护层厚度,构件侧面和底面的垫块至少为4个/m^2,绑扎钢筋的钢丝头不得伸入保护层内。

③混凝土入模前,再次测定混凝土拌和物的温度、坍落度、含气量和泌水率等工作性能,满足要求的混凝土方可入模浇筑。

④在炎热季节浇筑混凝土时,保证混凝土入模前模板、钢筋及附近的局部温度均不超过40 ℃。尽可能安排在傍晚或夜间浇筑混凝土。

⑤新浇混凝土与邻接的已硬化混凝土或岩土介质间的温差不得大于15 ℃,新浇筑混凝土与上一区段衬砌混凝土或围岩之间的温差不大于15 ℃,洒于混凝土表面的养护水温度低于混凝土表面温度的差值不大于15 ℃。

(5)混凝土振捣

混凝土采用附着式高频振捣器、插入式高频振动棒辅以振捣,应注意以下几点:

①提高混凝土的振捣质量,确保密实度要求。

②在混凝土浇筑过程中及时将浇筑的混凝土均匀振捣密实,不得随意加密振点或漏振,每点的振捣时间以表面泛浆或不冒大气泡为准,一般不超过30 s,避免过振。

③采用插入式高频振捣棒振捣混凝土时,采用垂直点振方式振捣。若需变换振捣棒位置,首先竖向缓慢将振捣棒拔出,然后再将振捣棒移至新的位置,不得将振捣棒放在拌和物内平拖,也不得用插入式振捣棒平拖驱赶下料口处堆积的拌和物。

④在振捣混凝土过程中,加强检查模板支撑的稳定性和接缝的密合情况,安排专人负责监视模板、管道、钢筋、预埋件、螺栓松动和模板等,变形时及时采取措施予以处理。

(6)混凝土拆模。二次衬砌拆模时间应符合:

①在初期支护变形后稳定施作的,混凝土强度应达到8.0 MPa以上。

②初期支护未稳定,二次衬砌提前施作时混凝土强度应达到设计强度的100%。

③特殊情况下应根据试验及监控量测结果确定拆模时间。

④拆模时混凝土芯部与表层、表层与环境之间的温差不得大于 15 ℃，结构内外侧表面温差不得大于 15 ℃；混凝土内部开始降温前不得拆模。

⑤拆除非承重模板时，混凝土强度不得低于 2.5 MPa，并应保证其表面及棱角不受损伤。

(7)混凝土的养护

①应在浇筑完毕后的 12 h 以内对混凝土加以覆盖并保湿养护。

②浇水次数应能保持混凝土处于湿润状态；混凝土养护用水应与拌和用水相同，水温应和环境气温基本相同并与混凝土表面温度差不得大于 15 ℃。

③混凝土养护期间，混凝土内部温度(关键截面的中部点温度)不宜超过 60 ℃，最高不得大于 65 ℃；可利用预埋管件、注浆孔管等进行测温。

④衬砌结构任一截面在任一时间内的内部最高温度与表层温度(离表面约 5 cm 深处)之差、表层温度与环境温度之差不宜大于 20 ℃；新浇筑混凝土与上一区段衬砌混凝土或围岩之间的温差不大于 20 ℃。

⑤混凝土的降温每天最大不宜超过 3 ℃。

⑥混凝土强度达到 5 MPa 前，不应在其上安装模板及支架。

⑦当环境气温低于 5 ℃时不应浇水。

⑧当隧道混凝土施工属大气潮湿环境，混凝土养护的最低期限：当水胶比不小于 0.45 时，洞内平均气温(T)为 5 ℃$\leqslant T<$10 ℃，养护期限为 21 d；洞内平均气温(T)为 10 ℃$\leqslant T<$20 ℃，养护期限为 14 d；洞内平均气温(T)为 $T\geqslant$20 ℃，养护期限为 10 d。当水胶比小于 0.45 时，洞内平均气温(T)为 5 ℃$\leqslant T<$10 ℃，养护期限为 14 d；洞内平均气温(T)为 10 ℃$\leqslant T<$20 ℃，养护期限为 10 d；洞内平均气温(T)为 $T\geqslant$20 ℃，养护期限为 7 d。

(四)保证衬砌质量技术措施

(1)衬砌施工前，应对中线、高程、断面尺寸和净空大小进行仔细检查核对，准确无误符合设计要求后，方可灌注混凝土。

(2)施工前做好地下水的封堵、引排，仰拱及基础部位的浮砟、积水必须清理干净，衬砌混凝土必须在无水情况下进行施作，以保证混凝土质量。混凝土灌注前，对防水板模板、支架、钢筋、预埋件和止水带进行仔细检查，符合要求后进行灌注。

(3)混凝土中掺入粉煤灰、减水剂、引气剂，通过控制混凝土的水胶比和混凝土中水泥用量等措施，增加混凝土的密实性并减小因水化热引起的混凝土温度应力和收缩徐变。

(4)混凝土衬砌灌注过程中，严禁损坏防水板。

(5)衬砌后根据雷达检测和出水情况，选择合理的注浆和注浆材料，针对衬砌背后进行回填及压浆堵水，达到设计标准。

(五)中央排水管、检查井、水沟电缆槽施工

1. 中央排水管

隧道中心长度大于 1 000 m 的隧道增设中央排水管，排水管均采用圆形钢筋混凝土水管，内直径为 ϕ400 mm，均采用预制拼装，拼装接头要采用企口刚性接头形式。排水管统一订购，现场人工配合机械拼装。在隧道衬砌施工完成后，仰拱填充混凝土施工时，预留出排水沟的位置，加以固定。预制排水管拼装接头密贴于橡胶垫圈无缝隙，接头处用砂浆包裹严实。

2. 检查井

在施工中心排水沟时，每 30 m 设置一处检查井。检查井采用钢筋混凝土结构，壁厚 20 cm。在检查井处调平层基底设置一道横向 ϕ100 mm 导水管与两侧排水够连通。检查井位置设置铸钢盖板覆盖。在混凝土浇筑前检查纵横向以及各预留排水通道是否与侧沟连通，保证各排水暗沟的水能够顺利排入排水沟内。

3. 水沟电缆槽

两侧排水沟在隧道衬砌施工完成后进行，两侧排水沟与电缆槽同时施工，一次浇筑成型，保证水沟及电缆槽机构完整性。电缆槽及排水沟模板采用钢模板。每 20～30 m 为一浇筑段分段浇筑。浇筑段间混凝土接缝按设计要求进行防水处理，涂刷混凝土界面剂。模板施工同时施工预埋管道及预埋孔。在模板安装过

程中保证预埋孔及管道位置、型号、数量正确无误。模板施工完毕后经自检保证各部位尺寸、位置符合设计要求。混凝土统一由拌和站供应,混凝土运输车运输,施工现场人工浇筑,采用插入式捣固棒捣固密实,防止蜂窝、麻面出现。

八、超前地质预测预报

根据隧道的地质情况确定,以常规地质法为基础、TSP203 和 HSP 地质超前预报系统作长距离宏观控制、地质雷达作近距离判断、超前水平钻孔和加长炮孔钻探作连续岩溶、地下水等超前探测、地质钻探为辅助验证(重大物探异常段,全程水平地质钻探),形成综合的地质超前预报系统。

九、监控量测

监控量测工作是采用新奥法原理设计、施工的隧道在监视隧道围岩稳定性过程中必不可少的重要施工程序,它为初期支护和二次衬砌设计、施工参数的调整提供依据,是确保施工及结构运营安全、指导施工程序、便利施工管理的重要手段。

(一)量测项目和方法

监控量测项目的确定主要考虑以下因素:

1. 工程地质和水文地质情况。

2. 隧道埋深、跨度、结构型式和施工工艺。

3. 隧道施工影响范围内现有建(构)筑物的结构特点、形状尺寸及与隧道轴线的相对位置关系。量测项目和方法见表 4-4-1。

表 4-4-1 监控量测项目和方法

部位	量测项目	量测方法	量测设备
洞身暗挖段	洞内、外观察	现场观察	目测、钢尺等
	拱顶下沉	水准测量	水准仪、铟钢尺
	净空收敛	收敛仪	收敛仪
	地表或路面沉降	水准测量	水准仪、铟钢尺
	建(构)筑物沉降、倾斜及裂缝观测	光学仪器测量	水准仪、铟钢尺、裂缝观测仪
	地下管线位移	水准测量	水准仪、铟钢尺
明挖暗埋段	开挖边坡及影响范围内观察	观察、记录	—
	土体变位量测	测斜仪	—
	边坡位移及沉降	光学仪器测量	水准全站仪、棱镜
	建(构)筑物沉降、倾斜及裂缝观测	光学仪器测量	水准全站仪、铟钢尺、裂缝观测仪
	地下管线位移	水准测量	水准仪、铟钢尺
竖井	地层及支护观察	现场观察及地质描述	
	钻孔桩水平位移	测斜仪	测斜仪及测斜管
	地表沉降	水准测量	水准仪、铟钢尺

(二)量测频率和结束标准

1. 量测频率

根据监测数据变化情况而定,一般可按表 4-4-2 进行。

2. 结束标准

根据位移速率判别:位移速率<0.2 mm/d 时,说明变形基本达到稳定,在变形基本稳定 2 周后量测项目可结束。

(三)数据分析和反馈

现场获取监测数据后,应及时对数据进行整理分析,绘制时态曲线图并进行回归分析,预测可能出现的最大位移值,判断支护结构和建(构)筑物的安全状态。在暗挖段采用的“非接触量测及分析系统”具有自动计算、绘制时态曲线、回归分析和预测功能，明挖段、地表或路面沉降、建(构)筑物的监测数据也利用计算机进行整理分析。施工中建立三级变形管理等级(表 4-4-3)，通过对监测结果的比较和分析来判定支护结构的稳定性和安全性，并指导施工。

表 4-4-2　监控量测频率

监 测 项 目	监 测 频 率	备　注
洞内、外观察	开挖面观察开挖后进行； 洞内已支护段和洞外观察 1 次/d	—
地表或路面沉降	沉降速率≥5 mm/d，2 次/d； 沉降速率 1～5 mm/d，1 次/d； 沉降速率 0.2～1 mm/d，1 次/2d 沉降速率≤0.2 mm/d，1 次/周	—
拱顶下沉		—
净空收敛		—
隧底隆起		明挖段
建(构)筑物沉降、倾斜及裂缝观测	1 次/3 d	—
地下管线位移	1 次/3 d	—
边坡位移	根据开挖实际情况进行	—

表 4-4-3　变形管理等级标准

管 理 等 级	管 理 位 移	施 工 状 态
Ⅰ	$U_0<U_n/3$	正常施工
Ⅱ	$U_n/3\leqslant U_0\leqslant 2U_n/3$	加强支护
Ⅲ	$U_0>2U_n/3$	采取特殊措施

注：U_0 为实测变形值，U_n 为允许变形值。

十、洞口排水

洞门顶部设截水天沟，以形成完善的防排水系统。天沟设于边、仰坡顶以外 5 m，其坡度根据地形设置，但不应小于 0.3%，以免淤积。洞门端墙及挡翼墙背后设置滤水层，通过端墙及挡翼墙所设泄水孔排水。对洞口盲沟系统定期检查其通畅性，当有阻塞时应及时疏通。

十一、供水、供电、供风

(一)供　水

送水主管路采用 ϕ159 mm 钢管引至开挖面，与开挖面距离保持 30 m 左右，在送水主管路起点附近，设置总闸阀，洞内主管道适时安设闸阀，以便控制和维修管道。并且在适当位置根据需要设置减压装置，满足施工用水压力要求。洞内管道前端，用 ϕ50 mm 高压软管接分水器，中间预留异径三通。

(二)供　电

线路采用 380 V/220 V 三相五线系统，电线路固定于边墙上部，电源从布置于洞内的各变压器引接。压力等级：动力设备采用 380 V；照明：不作业地段采用 220 V，作业面和作业平台等施工现场，通过变压器，采用 36 V 安全电压供电。洞内照明作业区域，在未成洞地段每隔 6 m 设挂灯，成洞地段每隔 10 m 设一盏高压钠灯，以满足施工需要。所有灯具按规定安装悬挂。

(三)供　风

短隧道采取自然通风方式即可通风，长大隧道则采用轴流通风机压入式通风，风速不小于 0.7 m/s。洞外设空压机房，空压机生产的高压风，通过 ϕ200 mm 钢管输送。洞内适时设置一个阀门，用于施工段用风机械引接。洞内风水管路与电力线路布置隧道的两侧，高压动力线、照明线均按规范要求布置。

十二、环境保护及水土保持

（一）降低噪声、减少扰民的主要措施

1. 施工现场严格遵照《中华人民共和国建筑施工场界噪声限值》制定降噪的相应制度和措施。

2. 施工场界内合理安排施工机械，根据场地的布置情况实测或估算场界噪声，如果超标可采取加防振垫、包覆和隔声罩等有效措施减轻噪声污染。

3. 合理安排作业时间，噪声大的作业尽量安排在白天，注意避开午休、夜间施工，减少扰民。必须昼夜连续作业的施工现场，采取降噪措施，做好周围群众工作，并报有关环保单位备案。

4. 合理规划施工便道和载重车辆走行时间，尽量远离村庄，减小运输噪声对村民的影响。

5. 施工选择性能优良、噪声小的施工机械，对本工程使用的机械设备进行详细的建筑噪声影响评估。对各种车辆和机械进行强制性的定期保养维护，以减少因机械故障产生的附加噪声与振动。

（二）减少粉尘污染措施

1. 分工区运输道路每天专人清扫，晴天洒水，防止车辆行驶时扬起尘土。

2. 水泥等粉细散装材料，采用水泥罐，袋装水泥室内存放，卸运时采取必要措施，减少扬尘。

（三）固体废物处置措施

对纸质、木质、金属和玻璃类垃圾实行分类管理，回收再利用或送废品收购站；对于废油纱、物料包装垃圾等进行综合利用，不能利用的单独封装，运至地方垃圾场处理。

（四）建筑垃圾及生活垃圾的处置措施

施工中建筑垃圾及生活垃圾，要妥善处理，防止污染环境。建筑垃圾运至有关部门指定的砟土场；在驻地设垃圾池，分类收集，进行集中处理。

（五）水土保持措施

1. 遵照《中华人民共和国水土保持法》、《中华人民共和国水土保持法实施条例》及地方政府有关法律、条例的要求，严格组织施工管理，开展文明施工，创建标准化施工现场。

2. 建立健全水土保持体系，坚持“预防为主，综合防治，全面规划”的原则，抓住本工程水土保持工作重点，有针对性地采取措施，确保水源、植被不被污染和破坏。

3. 严禁将弃砟弃于河道、沟谷之内，按照设计要求与当地水保部门共同协商确定弃砟场位置，做好挡护和绿化，同时修好排水系统，防止水土流失。

4. 按照设计要求认真做好环保和绿化工作。永久用地范围内暴露地表用植被覆盖，裸露部分植草或种树。

（六）防止大气污染措施

1. 施工垃圾及时清运，适量洒水，减少扬尘。

2. 做好既有道路养护工作，不得随意占用道路施工、堆放物料、搭设建筑物。对现场临时道路经常洒水并栽树种草进行绿化，防止尘土飞扬，污染环境。

3. 严禁在施工现场焚烧废弃物和会产生有害有毒气体、烟尘、臭气的物品。施工中若产生有害气体，则采取有效措施，及时治理，尽量减少有害气体排放对大气的污染。

第二节　长大、重难点隧道施工

本线 3 000 m 以上长隧道有 12 座，还有少数瓦斯隧道，地质复杂，不良地质及特殊地质主要有：岩溶、软土及松软土、浅覆土、软弱围岩、富水断层、高压裂隙水等，施工难度大，本节就几座长大、重难点隧道及瓦斯隧道施工技术进行介绍。

一、五尖大山隧道

(一)工程概况

五尖大山隧道起于湖南临湘市西郊外107国道边五尖大山山脚，穿越五尖大山森林公园，出于岳阳市云溪镇竹山村，全长6 857 m，为单洞双线隧道，隧道开挖断面面积为151.7～162 m^2，开挖宽度约为15 m。本隧道穿越的地层主要有白云岩、泥质板岩、砂质板岩、千枚状板岩、炭质板岩、页岩等，岩层软弱不均，岩层破碎，地下水丰富，节理发育，最大埋深119 m，最小约7.5 m。隧道不良地质主要有浅埋、断层、涌水突泥等。其中Ⅲ级围岩3 760 m，占54.8%；Ⅳ级围岩2 459 m，占35.9%；Ⅴ级围岩638 m，占9.3%。

在距进口592 m处设斜井一座，长128 m，坡度为下坡12.6%，与进口方向水平夹角成55°，斜井断面面积约为40 m^2。斜井中心线与正洞右边线相交于斜井里程XDK0＋012.12处，与正洞线路中心线相交于DK1379＋460里程处，在此处斜井开挖断面拱顶高程为102.889 m，开挖宽度为5.9 m。正洞开挖拱顶高程为107.433 m，断面最宽处有14.96 m，正洞拱顶与斜井拱顶高差为4.544 m。斜井过渡段处于正洞缓和曲线上，曲线半径为9 000 m。此处的地质判定为Ⅴ级围岩。

(二)浅埋段“明洞暗做”施工技术

所谓明洞暗做是指在明洞施工前，在明洞建筑界限外设置类似明洞的结构(如护拱)，然后在此结构之内进行明洞施工。该法可保证明洞施工时，减少隧道边坡开挖，变明为暗，从而分担偏压山体的压力，使整个隧道受力达到均衡，保证施工安全。

1. 施工工序及流程

(1)踏勘和测量。五尖大山隧道进口DK1379＋140～＋440段设计为浅埋段，按Ⅴ级围岩加强进行复合衬砌设计。随着开挖上半断面临近本浅埋地段，首先进行地面高程测量，以核对设计地面线与实际地面线高程，从而完善施工方案和安全防护方案。

(2)地面安全防护。通过测量确定出浅埋段的具体位置和影响范围，开挖前对范围内的建筑物、道路河道和房屋建筑等均要做好安全防护工作，做好警示标志，必要时组织人员设备撤离，封锁道路河道。

(3)地表沉降观测。Ⅴ级围岩5～10 m设置一个断面。在隧道洞外设置沉降观测桩，观察地表沉降变化深度(h)，并在此处设立警戒标识，必要时派专人防护。地表下沉测量应在距$H+h$、开挖工作面前方、隧道埋设与隧道开挖高度H之和处开始，直到二次衬砌封闭、下沉基本停止时为止。地表下沉宜与洞内净空变化和拱顶下沉设置在同一横断面内，当地表有建筑物时，应在建筑物周围增设地表下沉观测点。横断面方向应在隧道中线两侧每隔2～5 m布设地表下沉测点，每个断面设7～11个，监测范围应在隧道开挖影响范围内。

(4)加强洞内监控量测。已经开挖支护地段，要加密(按5 m间距)设立监控量测变形点，加强量测变形观测，主要有拱顶下沉和净空变化。当位移速度≥5 mm/d时，观测频率2次/d，当位移速度1～5 mm/h，观测频率1次/d。按照开挖面距离确定时，(0～1)b(b为隧道开挖宽度)，观测频率2次/d。测出的数据要及时整理，根据位移时态曲线的形态来判别，当围岩位移速率不断上升时($du^2/dt^2>0$)，围岩进入危险状态，必须立即停止掘进，加强支护。

(5)地表水引排、地表处理。施工时采用人工配合小型机械设备清理拱顶地表植被，在洞身开挖宽度右侧3 m外人工施作挡水围挡，并沿小里程高边坡处吊挂三根ϕ150 mm的排水钢管，以排除上游地表水。并在预计透挖处大、小里程高边坡处施作挡水堰，以排除边坡上地表水流入洞内。总之，地表水处理要得当，浅埋地段影响范围内的地表水均不得进入隧道内，也不得浸泡地表坡体，不得影响洞内的正常施工和作业安全。

(6)护拱施工。地表处理后，按设计方案中的坡率沿线路纵向和横向进行刷坡，开挖的土石方及时运往弃砟场，当开挖成弧形拱部后，对拱顶两侧的地质情况进行检查核对。然后准备打锁索脚锚管，索脚锚管采用长度3.5 m的ϕ42 mm钢管，沿线路纵向设置2排，纵向间距根据护拱内的配筋统一考虑，最大间距控制在1 m以内为宜，锚管和护拱内的钢筋焊接以保证整体受力。采用厚度为50 cm的C25钢筋混凝土护拱，护拱两侧必须施工在可靠的岩石基础上，承受顶部传来的压力。

(7)施作反压层和隔水层。反压层采用水泥土或浆砌片石，最小厚度 50 cm 左右，分层夯实，要考虑山体横坡排水问题。隔水层采用 C25 钢筋混凝土，厚度 25 cm，为了保证隔水层的隔水效果，每个横断面的高端侧，已经深入坡体 0.5 m 以上，低端设置一个深度 1 m 以上的墙，主要是防止地面水侵蚀影响护拱稳定性。

(8)隔水层施工。回填厚度 1 m 以上的黏土层，坡面要求顺坡处理，不允许出现积水现象，回填黏土要分层夯实，密实度好保证隔水防水效果好，黏土层可以喷薄植草，保证绿化环保。

(9)恢复植被和坡面防护。对回填黏土地段和土质边坡采用了喷播植草的方式，以确保绿色环保的要求，并对石质边坡采用喷混植生的方式以保证绿化要求。

(10)洞内施工加强措施。对于浅埋地段隧道施工，首先是明洞部分施工完、强度达到要求后，方可进行洞内开挖掘进。开挖前采用超前小导管注浆处理，开挖方法采用 CRD 法开挖顺序，开挖支护紧随开挖完成，加强二次衬砌并及时封闭成环。

2. 施工小结

"明洞暗做"是在不具备边坡开挖的特殊条件下采取的行之有效的措施，首先是施工明洞部分，待明洞部分强度达到要求。具备避风挡雨和承受外力以后，再施工暗洞也就更容易、更安全。作为浅埋隧道，"明洞暗做"是一种更合理、更环保、更符合隧道"早进晚出、零开挖"设计原则的安全可靠的施工手段和方法，通过五尖大山隧道浅埋地段"明洞暗做"施工技术的总结，为大断面浅埋隧道施工提供经验和借鉴。

(三)简易栈桥跳槽法施工

衬砌结构的底部需要承受高速列车所带来的附加动荷载，隧道底部的刚度和均匀性要求高，为保证基础的完整性，仰拱及填充必须整幅施工。利用仰拱栈桥跳跃法施工，不仅可满足仰拱及仰拱填充工序的合理间隔，同时可保证洞内交通运输畅通有序，以利于各个工序协调作业。

1. 施工参数设计。按照最大设备通行条件及不利荷载组合，经栈桥设计计算，如采用 I25a 工字钢，所需根数为 9 根。为便于现场搬运，将栈桥对称设置成左右半幅，每幅采用 5 根 I25a 的工字钢组成，每幅宽度 1 m，主桥长度 8 m(略长于一个衬砌段长度)，两头顺接 1 m 爬坡段，总长 10 m。为加强栈桥的横向稳定性及防滑性能，在上缘铺设并焊接间距 6 cm 的 ϕ20 mm 的螺纹钢。

自卸车行走在栈桥上时，其两端的最大剪力为：$140+140\times(7-1.4)/7=252$ kN，根据 48 h 混凝土等强强度约为 11.4 MPa，采用 1×1 m 的钢垫板作为接地板，根据计算，接地比压为 0.03 MPa，由于汽车轮胎在栈桥的振动冲击经过钢板后，理论上不会对混凝土造成损害。现场施工时可在栈桥两端摊铺厚度 5～10 cm 的碎石土，以增加摩擦力并起到缓冲的作用。

自卸汽车的爬坡能力参数一般为 30%以上，简易栈桥的坡度设计为 25%，在两端摊铺碎石土以后，坡度可调整到 10%～15%左右，完全可以满足自卸汽车的爬坡能力要求。

2. 简易仰拱栈桥施工技术要点

(1)仰拱施工原则：需要保证隧道仰拱浇筑与掌子面开挖平行作业进度同步。

(2)施工时简易栈桥前移 1 h，开挖清底 12 h，绑扎钢筋及立模 10 h，仰拱浇筑 6 h，强化 24 h，共需 53 h；随后安装中心水沟圆管 5 h，填充混凝土浇筑 5 h，填充混凝土在该循环中的等强时间 48 h。每 4.6 d(111 h)一个循环，每月可以施工 6 个循环，每循环仰拱需要施工 22 m，其中Ⅲ、Ⅳ级围岩一次浇筑长度 6 m，Ⅴ级围岩一次浇筑长度 4 m，根据计算每作业面需要安排 5～6 副仰拱栈桥以满足施工进度要求。

(3)根据仰拱及填充距离掌子面的施工距离要求：Ⅲ级围岩不大于 90 m，Ⅳ级围岩不人于 50 m，Ⅴ级围岩不大于 40 m，可根据各种围岩安排跳槽的布置形式，并根据施工进度调整栈桥数量，以确保工期和施工质量。一般Ⅲ、Ⅳ级围岩地段布置 4 副栈桥同时施工，Ⅴ级围岩地段布置 5～6 副栈桥同时施工，可以满足施工要求。

3. 施工小结

客运专线隧道仰拱施工质量要求高，在满足隧底施工质量的要求下，采用简易栈桥施工经济快捷，简易栈桥移动方便，制作维修相对简单，可根据施工现场进度快慢适时安排数量，是比较适用的一种仰拱填充施工方法。

鉴于多栈桥布置时需前后倒运，最适宜的优化方式是采用梁式结构，加大栈桥跨越能力和长度，提高施工效率。

(四)斜井进入正洞过渡段安全快速施工技术

1. 斜井与正线隧道相交处的支护要求

五尖大山隧道斜井与正洞相交处施工地质情况为弱风化岩层，碳质板岩，节理较发育，岩石破碎，有少量地下水，判定为Ⅴ级围岩。由于正线隧道拱部初支在斜井处中断，无法形成闭合结构。为了保证斜井范围内正洞初支受力要求，在斜井位置先设置临时门式支撑，后设置永久门式支撑。临时门架支撑横梁、立柱均采用I20型钢，永久门架支撑横梁、立柱均采用I30型钢。门式钢架的连接采用焊接的方式。

2. 总体施工方案

斜井进入正洞的施工存在多次断面转换，施工技术复杂，考虑到此处地质条件较差、隧道断面大等问题，经过综合分析后，施工方案确定为斜井，采用台阶法开挖。

3. 关键工序及技术要点

(1)斜井拱顶从里程XDK0+030处以17.4%的坡度开始爬坡，与正洞开挖外轮廓线相交，相交点比正洞开挖轮廓的拱顶低1.0 m。

斜井的开挖从里程XDK0+030开始逐渐提高，并按规定做好初期支护，斜井与正洞相交段初期支护要紧跟，在正洞轮廓线最右侧除斜井轴线改为与正洞轴线正交外，并在斜井底部用水平钻打三个超前探孔(作为地质超前预报及兼顾降低水位之用)。斜井拱顶与正洞拱部相交处架设第一榀门式钢架(钢架采用20a型工字钢)，横梁的长度为7.2 m，为减少门式钢梁中部受力，可在此处斜井钢拱架上部焊埋2根长2 m的I20工字钢与门式钢架连接，连接采用焊接方式，以提高其整体性。第一榀门式钢架安装完成后，按矩形断面采用小断面矿山法向正洞的左线开挖，断面宽度为3 m，高度为4 m。支护采用I20门式钢架结合网片锚喷支护，钢架间距为1 m，锚杆采用4 m长ϕ22 mm砂浆锚杆，纵向横向间距均为0.6 m，梅花形布置。横梁与横梁之间用ϕ22螺纹钢筋连接，间距0.5 m。

开挖顶部高程为正洞拱顶开挖高程加工字钢高度，此处高程控制尤为重要，开挖时抬高5 cm，防止施工后侵限。

(2)开挖至左线上半断面边缘时，在门架下方支立正洞拱部型钢钢架，并在拱脚及各单元连接处施作锁脚锚杆(管)不少于2根，长度不应小于4 m，然后进行二次锚喷支护。

实际施作此处时，当导坑开挖深入正洞超过隧道中线1.5 m后，由于导坑狭窄，机械设备无法进入，断面前方所有工序必须用人工进行，进度缓慢。施工现场随即对工序进行了调整，停止向左线掘进，改为先架设正洞右线已开挖部分的正洞钢架。钢架拱脚右侧焊接在第一榀门架横梁上并用锚杆锁定；左侧由于只能架设至隧道中线左1.5 m处，无法保持稳定，故在隧道初期支护钢架底部中线处设置一临时门架，用以支撑正洞钢架。

正洞右侧钢架施工完成后，随即向大里程侧打设小导管并注浆，然后掘进加大导坑宽度，当导坑宽度大于4.8 m时，导坑继续向左线方向掘进，导坑成型后继续架设左侧的正洞钢架，最后再拆除中心的临时门架。

(3)在大里程侧沿拱顶施作超前小导管并注浆，完成后拆除大里程侧除第一榀外其他门架立柱，开挖正洞上断面(即Ⅰ区)。在开挖正洞之前要重点做好矩形段支护、喷锚，以确保安全。

(4)进入正洞后采用正台阶法施工，开挖的同时要及时进行喷锚支护，继续施作超前小导管并注浆，如有地下水或地质较差时预留核心土。开挖断面形成后要及时施作型钢钢架，型钢钢架的一端焊接在门式钢架的横梁上，另一端支撑在基岩上，此段要形成沿正洞纵向10排的钢架支护连接。正洞钢架纵向间距按0.6 m支立。

(5)Ⅰ区向大里程方向开挖4.8 m左右(8榀格栅钢架距离)后，进行Ⅱ区开挖和支护，Ⅱ区开挖高度为3 m，向大里程方向开挖4 m，与Ⅰ区形成短台阶后，此时可视实际情况继续短进尺开挖Ⅰ区。钢架接长和初期支护要及时跟进。

(6)Ⅱ区完成后开挖Ⅲ区，在开挖Ⅲ区时，左侧钢架的不断接长过程中，钢架的端部应设临时支撑，并喷锚稳固。

(7)待该段10排钢架初期支护全部完成后,再彻底拆除门式钢架立柱及其他辅助设施,恢复原设计。

(8)当向大里程方向开挖长度达到10 m后,可按此步骤同时向小里程方向掘进。

(9)当Ⅱ、Ⅲ区向大里程方向开挖、支护长度达到50 m后即可逐步进行下部(即Ⅳ区)开挖。

(10)当Ⅳ区的开挖、支护向大小里程各完成15 m后,即可拆除斜井上断面与正洞连接段侵入正洞的钢架,必要时用锚杆或锚管加固钢架上部。在拆除前,首先在斜井与正洞相交处架设I30永久门架,架设时要注意不能侵入正洞二次衬砌净空且高于斜井二次衬砌拱顶。然后将原来架设在临时门架上的正洞右侧钢架接长,支撑于永久门架横梁上,接长时要按从中间向两侧的顺序推进,由于隧道断面大,施工时要注意安全。

4. 超挖回填措施

斜井里程XDK0+030到正洞右侧交界处的二次衬砌仍按原设计断面和坡度施工,抬高段与设计纵坡之间的部分用同级的混凝土回填密实。

5. 防排水措施

(1)斜井的开挖外侧要设置排水盲沟,并铺设防水板。

(2)对于斜井至正洞交接段的斜井排水,采用右侧设置排水沟。进入正洞开挖时,正洞的临时排水沟应和斜井的排水沟设置在同侧,使地下水流入集水井,并及时将集水井的水抽出洞外。开挖正洞底部时,采用抽水的方式进行排水。

6. 变形量测

量测始终贯穿整个施工过程,每道工序完成后是否可以进行下一道工序,都必须通过量测数据的分析得出结论。

7. 超前预报

在连接段施工前和施工中,采用SIR-10B地质雷达以及超前钻孔,对前方的围岩进行了超前预报,制定相应的应对措施以及预案,以确保施工安全。

8. 施工小结

五尖大山隧道斜井进入正洞,由于隧道断面大(Ⅴ级围岩153 m^2)、工序转换多,施工复杂,通过实施上述施工方案,保证了施工的顺利进行。总的来看,隧道断面转换施工时采取以小断面过渡的方法,不论是在施工质量和安全,还是在工期上,都可以得到保证。

(五)施工经验和体会

1. 对于浅埋或穿越特殊地形地貌、构筑物地段需进行地面复测,绘制详细的平纵断面图,同时复核设计提供数据,防止灾害事故的发生。"明洞暗做"段设计高程与实测高程有一定误差。

2. 斜井辅助坑道往往是隧道施工通风排水的难点,施工前应配合设计单位进行合理的设计。

3. 斜井辅助坑道的设置不尽合理,进口与斜井间施工任务过短,比斜井与出口间提前贯通达半年之久,达不到快速施工的目的。应提前介入设计进行合理变更。

4. 长大隧道施工应注意设计提供的断层、褶皱、涌水突泥、浅埋等不良地质点,施工前应在可能位置点前后一定距离进行提前探测,并采取有效措施。

二、浏阳河隧道

(一)工程概况

浏阳河隧道位于湖南省长沙市境内,全长10.115 km,下穿浏阳河、机场高速、浅埋段敏感建筑群区,是我国第一条下穿河流及市区的客运专线铁路隧道,辅助坑道设计有1个斜井、3个竖井。防排水等级为一级,主要采用防水型为主的衬砌类型。开挖断面大,内净空面积达100 m^2,需要开挖面积约160 m^2(有仰拱),市区范围内施工环保、水保、景观要求高。

隧道主要穿越地层为泥岩,泥质砂岩及砂质泥岩,通过K2弱风化软岩岩体,岩体较完整。隧道围岩基本分级一般为Ⅳ级,隧道下穿高速公路段降低为Ⅴ级。隧道通过K2全强风化软岩岩体、人工填土以及高阶地土层时，围岩分级一般降低至Ⅴ级，隧道通过人工填土洞口浅埋段，围岩分级一般降低至Ⅵ级。隧道所在地下水类型主要有第四系松散岩类孔隙水和碎屑岩类孔隙水～裂隙水。

（二）隧道穿越人工填土施工技术

浏阳河隧道进口段地表为施工用地，结构拱墙位于人工填土地层中，主要为素填土、杂填土，土层厚度为10～20 m，堆积时代较新，多结构疏松、松散，标贯击数4～17击，工程性质差，且不稳定，围岩分级为Ⅵ。

1. 施工方法

洞口段采用双侧壁导坑法施工。DⅡK1560＋914～＋954段超前支护采用洞口ϕ108 mm长管棚；DⅡK1560＋954～DⅡK1561＋010段超前支护采用洞身ϕ108 mm长管棚套打ϕ42 mm超前小导管，长管棚环向间距40 cm，小导管长3.5 m，环向间距40 cm；同时对DⅡK1560＋923.6～DⅡK1561＋010段隧道两侧采取地表钻孔桩加固处理，钻孔桩直径ϕ800 mm，设置在隧道结构开挖线外40 cm，纵向间距1.2 m，桩底高程为仰拱结构底以下2 m。

隧道洞口仰坡率按1∶1施工，拱墙及仰拱采用工字钢支撑，间距50 cm，喷射C25混凝土，厚28 cm，边墙采用普通砂浆锚杆，锚杆长4 m，锚杆间距1.0 m×1.0 m（环、纵）。侧壁导坑临时支护采用I18的工字钢支撑，间距50 cm，喷射C20混凝土，厚18 cm。

施工过程中主要采取以下技术措施：

（1）地表减载处理

DⅡK1560＋923.6～DⅡK1561＋010段钻孔桩范围间的人工填土地层采取垂直明挖减载处理。

（2）钢支撑设置

分别在基坑顶面以下3 m及8 m位置内侧设置二道ϕ609、壁厚14 mm，水平间距3.6 m的横向钢支撑，围檩采用56b双拼工字钢。

（3）套拱加固

在隧道洞顶设置套拱加固，套拱采用1.0 m厚C30钢筋混凝土，套拱内侧与二次衬砌外侧距离为10 cm，套拱拱座与钻孔桩之间采用钢筋连接，套拱脚部预埋与隧道主体结构初期支护钢架焊接连接的钢板。

（4）锚杆加固

在隧道最大跨度处上下各0.75 m位置设置2根ϕ32 mm锚杆，锚杆钻孔直径为ϕ110 mm，纵向间距1.2 m，并结合隧道初期支护中的I20a钢架设[20槽钢纵向连接，共同受力。

（5）隧道内施工采用三台阶法。

2. 施工工序

（1）第一步

采取分段分层、平衡施工，边挖边撑边防护的方式，垂直开挖DⅡK1560＋923.6～DⅡK1561＋010段钻孔桩范围间的素填土，先开挖至地面线下3 m，架设第一道钢支撑；然后开挖至地面线下8 m，架设第二道钢支撑。开挖深度为内轨顶面高程上10.68 m。钢支撑施工如图4-4-12所示。

（2）第二步

分段开挖土层至套拱设置部位高程，施作C30混凝土套拱。然后停止施工转入隧道洞内施工，套拱施工如图4-4-13所示。

图4-4-12　钢支撑施工

图4-4-13　套拱施工

(3)第三步

采用三台阶法施工DⅡK1560+923.6～DⅡK1561+010段，并随中台阶开挖进程及时架设好初期支护型钢钢架和第一道锚杆，同时确保锚杆与钢架、钢架与钢架、钢架与套拱之间的连接整体性及可靠性；在施工下台阶时应及时施作墙脚位置的锁脚钢管，然后及时施作第二道锚杆。施工中加强地表及洞内变形观测，发现异常及时采取加固措施。

(4)第四步

施作隧道内防水和仰拱、拱墙衬砌。

(5)第五步

待全段隧道二次衬砌达到设计强度后，基坑及临时开挖部分土层采取分层、分段、夯实回填至原地面，并恢复绿化。

3. 施工效果

通过合理的设计，采用正确的施工方法，隧道顺利穿越了人工填土地段。

(三)超浅埋隧道上软下硬地层段施工方法

浏阳河隧道超浅埋段(DⅡK1562+860～DⅡK1563+020)主要地质情况：隧道断面上部为软弱的全风化泥质粉砂岩或全风化的砂砾岩，上伏第四系人工填土；下部为强风化和弱风化岩性地层。隧道埋深6～8 m。本段主要建筑物有经贸西路、排水箱涵、西霞路，京珠高速公路。

1. 施工方案选择

针对浏阳河隧道下穿城市道路、排水箱涵和京珠高速公路地段的特殊地质上软下硬地层，采用分部台阶法施工。该工法较中隔墙和双侧壁导坑法施工灵活，根据监测信息和相关理论的反馈，可很快地从分部开挖法转为中隔墙法施工，既能保证隧道施工安全，又便于隧道快速施工，满足工期要求。

2. 分部台阶施工方法

(1)利用上一循环架立钢架施作隧道主体结构超前支护，开挖1部台阶，开挖环宽0.5～1 m。

(2)施作1部洞身结构的初期支护和中隔壁临时支护，即初喷4 cm厚混凝土，架立隧道钢架(包括导坑的临时钢架)，并设置锁脚锚杆。

(3)钻设径向锚杆后复喷混凝土至设计厚度，底部钢架在初喷混凝土后架设，架设完毕后复喷混凝土封闭，必要时进行掌子面封闭。

(4)上台阶施工至适当距离后，开挖3部台阶，施作洞身结构的初期支护，即初喷4 cm厚混凝土，架立钢架；钻设系统锚杆后复喷混凝土至设计厚度。

(5)开挖4部台阶，及时封闭初期支护。

(6)灌注该段内5部仰拱。

(7)灌注该段内6部隧底填充。

(8)利用衬砌模板台车一次性灌注7部二次衬砌(拱墙衬砌一次施作)。

3. 施工效果

通过合理设计，采用正确的施工方法，隧道顺利通过超浅埋上软下硬地层。

(四)铣挖法施工技术

针对浏阳河隧道围岩地质条件，为安全快速的下穿浏阳河河底等敏感地段，并严格控制施工对地表构筑物的影响程度，采用铣挖法与弱钻爆法施工。

1. 施工机械设备

(1)ER1500-1S型装配式铣挖机。根据浏阳河隧道岩石强度普遍小于30 MPa的工程地质特征，选择了艾尔卡特ER1500-1S型横向铣挖头；根据铣挖头参数要求，选择了日立ZAXIS330型挖掘机(合肥产)。日立ZAXIS330挖掘机在适配过程中，因单液压泵的工作流量不足(180 L/min)，通过双泵合流、增加溢流阀等办法，满足了艾尔卡特ER1500-1S型铣挖机所要求的35 MPa压力工作标准。

(2)EBZ160S型悬臂掘进机。

2. 铣挖法施工工艺

(1)施工准备及设备配套选型

施工之前，根据围岩地质情况，选取合理的机械设备型号，并进行合理的机械设备配套。

(2)掌子面降水

降水的方法主要是加强两侧排水沟的维护、打设超长炮眼。要求掌子面无明水，尽量保持干燥，铣挖岩砟不能形成泥状。

(3)开挖断面设计

EBZ160S型悬臂掘进机为纵向铣挖头(铣挖头轴向与掘进方向一致)，开挖断面设计按分部条块法开挖，横向左右分部，竖向上下分条块，高度为0.8～1.2 m，开挖宽度为4.5～5 m，深度比设计循环进尺大20～30 cm。

ER1500-1S型装配式铣挖机为横向铣挖头(铣挖头轴向与掘进方向垂直)，开挖面分块大小：开挖长度为4.5～5 m，条块宽度0.5～1 m；中槽高度视断面高度而定，宽度2.5～3 m，深度比每循环进尺长度大20～30 cm，各条块开挖顺序从上往下为宜。

(4)按设计断面铣挖

按设计断面铣挖掘进，先进行试掘，然后根据试掘效果调整断面设计等铣挖参数。铣挖时需不断摆动或调整铣挖头，尽量产生一定冲击力，并提高刨挖作用效果。当铣挖速度或效率降低时，将铣挖头游离掌子面，待速度回升后再抵近开挖面进行铣挖。铣挖效果的控制以降低粉尘、提高岩砟块度、单位铣挖量为标准。提高悬臂掘进机铣挖效率，边角及卧底部位等铣挖效率低的部位，由人工或其他机械设备清理。开挖循环进尺需满足设计要求，断面轮廓线虽然不能修整到位，但能铣挖到的地方，必须修整整齐，并要保证隧道中线及高程控制。否则重新铣挖。

(5)喷雾除尘、出砟、场地清理

铣挖的同时，采取流水线作业，一边开挖，一边出砟。为控制粉尘，需适当喷雾，既达到降低粉尘的目的，又不引起岩砟泥化。悬臂掘进机喷雾装置为自动装置，装配式铣挖机可以配备简易的喷雾装置。

(6)轮廓修整及人工局部处理

由于机械设备条件所限，无法实现开挖轮廓线范围10～20 cm厚度轮廓修整，仅能采用人工修整或其他机械设备修整。在采用分部开挖时，可实现局部处理的平行作业。

3. 铣挖法现场工艺性试验

(1)根据工艺性试验方案，在武广铁路客运专线岳阳段选取5座隧道、6个不同地质地段，采用装配式铣挖机进行了铣挖法现场工艺性试验，如图4-4-14和图4-4-15所示。

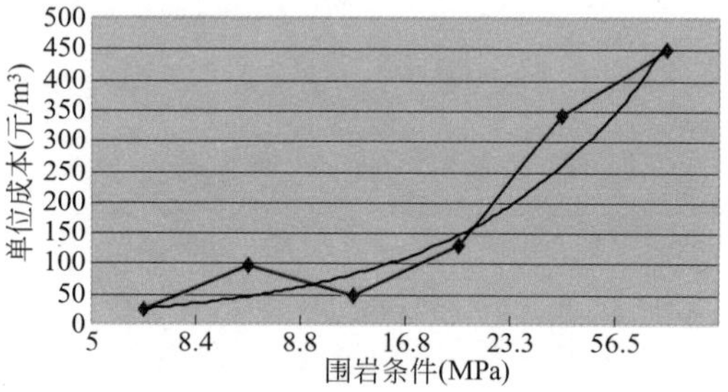

图4-4-14 铣挖成本分析曲线

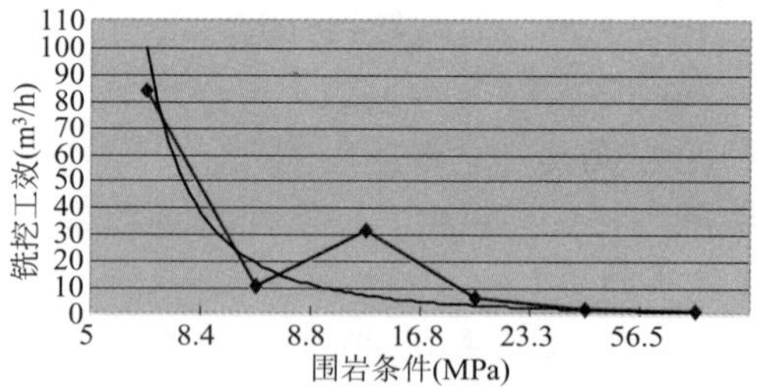

图4-4-15 铣挖工效分析曲线

(2)铣挖法因素敏感性分析。

从工艺性试验结果可知：

①岩石强度及节理裂隙发育程度是影响铣挖工效的首要因素。当岩石强度小于15 MPa时，铣挖工效达10～20 m^3/h，铣挖成本为20～80元/m^3；当岩石强度在15～20 MPa时，铣挖工效小于10 m^3/h，开挖成本达128.6元/m^3左右；当岩石强度大于20 MPa时铣挖工效极低。

②操作手熟练程度是影响铣挖工效的第二因素。同样的地质条件下，如操作熟练程度达到外方操作手水平，铣挖工效能提高20%～50%。付家山隧道在外方操作手操作情况下，铣挖工效达40.3 m^3/h。

③铣挖机械设备的选型是影响铣挖工效的第三因素。使用过程中发现，由于EX300挖掘机底盘太轻，铣挖时产生机身晃动，影响铣挖效果。ER1500-1S型装配式铣挖机特点是成本低、使用灵活，适用于岩石强

度小于 15 MPa、节理裂隙发育的软弱围岩地层。

④断面设计是影响铣挖工效的次要因素。经过工艺性试验和理论分析，装配式铣挖机宜采用拉中槽后分条块开挖，其铣挖条块宽度根据地质条件及铣挖头铣挖宽度而定，一般条块宽度 0.5～1 m，中槽高度视断面高度而定，宽度 2.5～3 m，深度比每循环进尺长度大 20～30 cm；各条块开挖顺序从上往下为宜。

(3)优化措施

①铣挖头增加喷雾装置；

②提高操作手的劳动技能，提高专业效率；

③不断优化铣挖工艺及相关参数。

4. 铣挖法在浏阳河隧道中的应用

分别介绍 ER1500-1S 型装配式铣挖机和 EBZ160S 型悬臂掘进机在浏阳河隧道斜井、出口施工中的应用。

(1)ER1500S-1S 型装配式铣挖机应用实例

①装配式铣挖机在斜井施工中的应用

浏阳河隧道斜井洞口段为Ⅴ级围岩，岩石强度为 5.9 MPa。随着隧道埋深增加，覆盖层加厚，岩石强度达到 14～19 MPa，完整性较好。

a. 施工方法

斜井采用台阶法开挖，上台阶高 4 m，上台阶断面为 28 m^2，每循环开挖进尺 1.0 m。上台阶采用环形开挖预留核心土，铣挖机环形铣挖宽度 1 m，中部核心土隔次铣挖，下台阶采用铣挖机开挖及修整轮廓线。

b. 施工过程中存在的问题

铣挖过程中粉尘大，洞内作业环境差，需要采取切实有效的除尘及通风措施，或采取带自动淋水的铣挖设备。

铣挖机对岩石强度及完整性适应范围小，在 15 MPa 以内，当围岩强度较高且岩石完整性较好时，铣挖工效低。岩石强度在 30 MPa 以上时，铣挖将岩石磨成粉状，工效极低，仅为 1～3 m^3/h。

c. 铣挖法施工工效与成本分析

从使用情况来看，围岩岩石强度为 5.9 MPa，完整性相对较差时，使用铣挖效果较理想，每小时开挖 20～30 m^3。当围岩强度逐步提高，到 14～19 MPa 后，施工工效降低，每小时开挖 5～6 m^3；局部地段岩石强度在 20～30 MPa 间，铣挖工效低至 1～3 m^3/h。

②装配式铣挖机在出口应用实例分析

采用装配式铣挖机在浏阳河隧道出口 DK1569＋457～447 段进行了铣挖施工。该段围岩等级为Ⅴ级，埋深约为 15 m，穿越地层为强风化泥质砂岩、粉砂质泥岩，遇水易软化，岩石强度为 16.5 MPa，节理裂隙被石膏岩脉充填，掌子面潮湿，拱顶极易发生松弛掉块现象。

采用上下台阶法，上台阶采用预留核心土环形开挖，开挖循环进尺为 2 m，采用铣挖机进行环形预切槽，切槽宽度为 1～1.5 m，切槽完成后，施作初期支护和超前支护。上台阶施工完成后，下台阶采用弱钻爆法施工。

经工效及成本分析，上台阶铣挖施工综合工效为 9.7 m^3/h，铣挖成本 91.5 元/m^3。

③装配式铣挖机施工效果分析

从斜井和出口段铣挖施工情况来看，ER1500-1S 型铣挖机对岩石强度及完整性适应范围小，主要适应于岩石强度在 15 MPa 以内，节理裂隙发育的地段。当岩石强度在 15～20 MPa、且岩石完整性较好时，铣挖工效较低，为 5～10 m^3/h。当岩石强度在 30 MPa 以上时，铣挖将岩石磨成粉状，工效极低，仅 1～3 m^3。经测算，斜井采用该铣挖机开挖成本为 134.74 元/ m^3，正洞采用铣挖机开挖成本为 139.00 元/ m^3。

浏阳河隧道正洞岩石强度在 20 MPa 左右，岩石节理裂隙被石膏岩脉充填，整体性较好。从研究结果来看，在浏阳河正洞的围岩条件下铣挖法施工工效低，生产成本高，按此进度无法满足浏阳河隧道施工要求，不宜继续使用。但在变形控制要求严等特殊地段，可以采用铣挖法施工。该施工方法适用于二台阶法、二台阶法上台阶预留核心土环形开挖、三台阶法、全断面开挖法。

(2)EBZ160S 型悬臂掘进机应用实例

在 ER1500-1S 型装配式铣挖机不能满足浏阳河隧道工期要求的情况下，经过多次方案论证，引进了煤矿使用的 EBZ160S 型悬臂掘进机，用于浏阳河隧道的开挖。

①悬臂掘进机应用实例

a. 浏阳河隧道斜井 XDK0＋463～389、355～255 段共 174 m，该段围岩等级为Ⅴ级，穿越地层为弱风化泥质砂岩、砂质泥岩，该类围岩遇水易软化，岩石强度为 14～19 MPa，岩体较完整，局部含石膏，且局部溶孔发育。斜井 XDK0＋389～355 段共 34 m 为下穿斜井水塘段，该段与河底段相比，围岩等级为Ⅴ级，围岩较软弱，岩石强度为 10～15 MPa，掌子面局部渗水量较大，围岩遇水软化，极易发生围岩松弛掉块等现象。以上地段均采用 EBZ160S 型悬臂掘进机进行开挖，施工断面设计如图 4-4-16 所示。

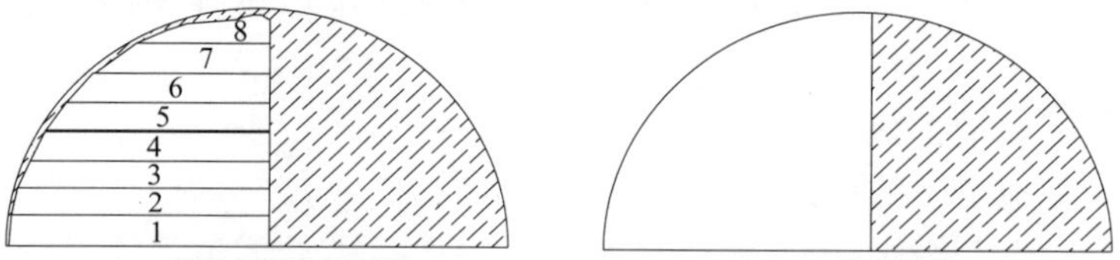

图 4-4-16　EBZ160S 型悬臂掘进机铣挖断面设计

说明：1. 图中 1～8 开挖顺序仅为示意，具体分部由现场实际情况及开挖断面大小决定。

2. 隧道左半断面开挖顺序同右半断面，图中未显示。

b. 施工时对斜井下穿水塘段(XDK0＋389～355 段)特别重视，将其作为下穿浏阳河河底段施工的技术准备，故在施工时进行了适应下穿浏阳河河段施工的工艺性优化研究。顺纵轴式铣挖头旋转方向断面设计，如图 4-4-17 所示。

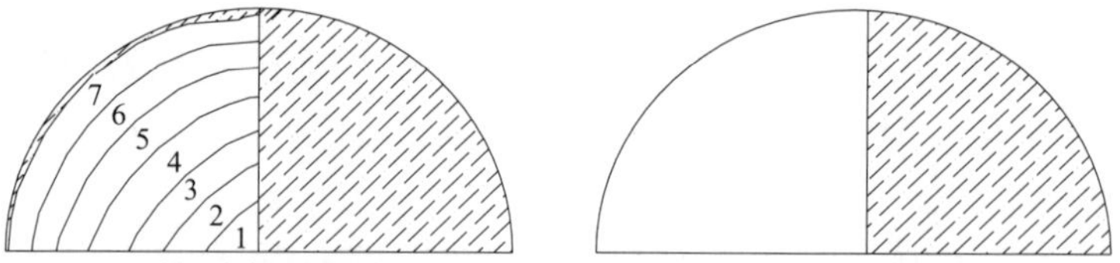

图 4-4-17　铣挖断面设计

说明：1. 按 1～7 开挖顺序顺时针开挖，具体分部由现场实际情况决定。

2. 隧道右半断面开挖顺序同左半断面，人工轮廓修整。

②施工方法

因悬臂掘进机最大作业高度为 4.8 m，斜井采用全断面开挖高度不足，须采用正台阶法施工。上台阶开挖断面积为 26.1 m^2，宽度为 7.3 m，开挖过程中须移动一次掘进机，如先开挖掌子面右侧断面(悬臂掘进机在左面则先开挖左侧)，自下向上施工，开挖成型后，移往另一侧施工。两侧边角悬臂掘进机修边困难，必须采用人工风镐修整。上台阶开挖完成后，下台阶左右侧分部、每部分条块法施工。

③EBZ160S 型悬臂掘进机铣挖工效、成本分析

EBZ160S 型悬臂掘进机施工正面岩土掘进效率较高，两侧边角修边困难，必须采用人工风镐修整。从现场施工统计资料分析来看，开挖正面弱风化泥质砂岩时，每小时产量为 60 m^3；开挖上台阶底部或卧底时效率低，每小时产量约为 10 m^3；开挖边角时速度较慢，每小时产量约 5 m^3。

④下穿水塘段铣挖工效、成本分析

浏阳河隧道下穿水塘段埋深浅，围岩软弱，与钻爆法相比，采用悬臂掘进机法施工方案安全、快速，实际施工较预定工期提前 3 d，仅需要 12 d 便顺利通过水塘段。从施工的效果来看，对围岩扰动小，收敛量测仅有 8 mm，掌子面无失稳，为下穿浏阳河河底段施工提供了丰富经验。从统计资料分析来看，下穿水塘段由于围岩相对软弱，且节理裂隙较发育，综合工效提高为 26.1 m^3/h，铣挖成本为 137.5

元/ m^3。

⑤机械设备配套改进措施

悬臂掘进机属煤矿专用设备，原配皮带运输机出砟不能直接装汽车。由于砟堆在掘进机后部及传送带下部，需用小挖掘机倒砟，然后由装载机装车运出洞外，同时由于开挖摆动，卸砟尾部亦发生摆动，与现有隧道出砟运输设备配套困难。为适应客运专线大断面隧道多工序平行作业，并提高工效，施工时增加了输送皮带的高度及长度，即配备悬臂掘进机的"第二次运输"设备，有条件可配备"第三次运输"设备，将洞砟直接输送到运砟车上，减少装载机装运的过程，形成流水线作业，大大提高了施工效率。

(3)铣挖法技术经济分析

通过试验研究，得出铣挖法具有的特点，见表 4-4-4。总体认为铣挖法主要适用于隧道围岩软弱、节理裂隙发育地层或隧道浅埋、控制变形要求严等特殊要求地段的施工。铣挖法在开挖节理裂隙不发育、岩体完整性好、岩石强度较高时，其铣挖出来的洞砟以粉末状、碎屑状为主，开挖效率极低。在铣挖法适宜地质条件下开挖时，需掌握围岩地质特征，尽量提高刨挖作用，增加铣挖岩砟块度以提高铣挖工效，降低截齿磨耗，从而降低开挖成本。

表 4-4-4 铣挖法特点

特点	主要内容
适用性	主要适用于岩石强度较低且节理裂隙发育的地层，特别适用于大断面软弱围岩隧道及隧道变形控制要求严等特殊要求的地段；当围岩条件与铣挖参数相匹配时，铣挖法工效达到理论铣挖量，与钻爆法相当。在台阶法施工中，为提高铣挖效率，可根据围岩条件，上台阶采用铣挖法，其余台阶采用钻爆法施工，以及其他组合方式
安全性	安全性好
广泛性	洞内开挖、出砟可分别在两侧平行作业，而且可用于洞内清欠、开槽、预留核心土环形切槽、超前导坑等施工
影响工效因素	1. 与围岩强度、完整性有很大关系，强度高、完整性好则工效低，反之则高。 2. 与操作手有很大关系，熟练操作手工效高
经济性	1. 与其他非爆破法开挖机械相比，如盾构、掘进机，成本较低，经济性较好。 2. 同级别的围岩，抗压强度等同的情况下，如果其完整性好，节理或裂隙不发育，则其铣挖成本会有大幅度的增加
其他方面	1. 洞内空气粉尘含量大，作业环境差，需加设铣挖机的喷雾装置。 2. 在富水地段水，喷淋不当会形成泥状，从而糊住铣挖头，降低铣挖功效

铣挖法研究技术经济成果总结，见表 4-4-5。

表 4-4-5 铣挖法现场试验研究技术经济成果总结

序号	试验地点	岩石抗压强度(MPa)	围岩级别	围岩地质条件及完整程度	操作熟练程度	开挖断面设计	机械设备选型	工效(m^3/h)	成本(元/ m^3)
1	鹰嘴山隧道 DK1414+107	56.5	Ⅳ级	变质砂岩夹硅质砂岩，裂隙不发育，岩体完整性好，无水	外方熟练	中槽开挖	装配式铣挖机	1.01	448.37
2	付家山隧道 DK1414+101.6～+099	8.8	Ⅳ级	碳质板岩夹泥质板岩，节理发育，岩体完整性差。为贫水地段	外方/学员	中槽开挖	装配式铣挖机	40.3/22.1	29.2/61.8 综合为：45.53
3	茅栗铺隧道 DK1414+467	8.4	Ⅳ级	震旦系板岩，节理较发育，岩层较破碎，个别地方岩体完整性好，掌子面附近干燥无渗水	学员	分部开挖	装配式铣挖机	2.7(边墙) 17.76(中部)	113.7/78.8
4	报马庄隧道 DK416+615	23.3	Ⅳ级	震旦系板岩，节理不发育，围岩完整体性好，为贫水地段	学员	中槽开挖	装配式铣挖机	1.15	339.4
5	黄元山隧道明挖段 DK1416+890～+896	<5	Ⅴ级	砂质板岩，强风化，局部夹条带状石英砂岩，岩体破碎，节理发育	学员	分部开挖	装配式铣挖机	83.38	21.5
6	黄元山隧道 DK1417+042.4	16.8	Ⅳ级	砂质板岩，局部夹石英砂岩，节理不发育，完整性较好，无水	学员	中槽开挖	装配式铣挖机	5.95	128.6
7	浏阳河隧道斜井 XDK0+650～563	5.9	Ⅴ级	泥质砂岩、砂质泥岩，全～强风化，岩体较破碎	熟练工	中槽开挖	装配式铣挖机	20～30	59.3

续上表

序号	试验地点	岩石抗压强度（MPa）	围岩级别	围岩地质条件及完整程度	操作熟练程度	开挖断面设计	机械设备选型	工效（m^3/h）	成本（元/m^3）
8	浏阳河隧道斜井 XDK0+563～463	14～19	Ⅴ级	泥质砂岩、砂质泥岩，强～弱风化，岩体较破碎，无渗水	熟练工	中槽开挖	装配式铣挖机	5～6	134.74（开挖出砟）
9	浏阳河隧道斜井 XDK0+463～389，355～255	14～19	Ⅴ级	泥质砂岩、砂质泥岩，弱风化，岩体较完整，无渗水	熟练工	中槽开挖分部开挖	悬臂掘进机	8.7	201.73（开挖出砟）
	其中 XDK0+389～355 段下穿水塘段	10～15	Ⅴ级	泥质砂岩、砂质泥岩，弱风化，遇水易软化，岩体较完整，掌子面渗水量较大	熟练工	分部开挖	悬臂掘进机	26.1	137.5（开挖出砟）
10	浏阳河隧道出口 DK1569+457～447	16.5	Ⅴ级	泥质砂岩、粉砂质泥岩，强风化，遇水易软化，节理裂隙石膏岩脉充填，掌子面潮湿	熟练工	环形预切槽	装配式铣挖机	9.7	91.5

①ER1500S-1S 型铣挖头与 ZAXIS330 挖掘机组装成装配式铣挖机，适用于岩石强度较低、节理裂隙发育、岩体较破碎的Ⅳ、Ⅴ级软弱围岩隧道（围岩强度小于 15 MPa），其特点是对隧道围岩扰动小、使用灵活，可用于洞内清欠、开槽、开挖边沟及边坡坡型破率的修整，但在进行隧道轮廓修整时，如果操作人员的操作技能不娴熟，很容易破坏已成型的初期支护和靠近掌子面开挖轮廓线附近的超前支护。铣挖过程中粉尘大，洞内作业环境差，需要采取切实有效的除尘及通风措施，或采取带自动淋水的铣挖设备。因浏阳河隧道围岩遇水易软化，喷淋不当会形成泥状，从而糊住铣挖头，降低铣挖功效；同时洞内路面泥泞，降低装运砟效率。从其开挖断面来说，其开挖半径约 11 m、开挖高度 10.7 m、开挖深度 7.6 m，可用于客运专线大断面隧道二台阶、三台阶、全断面法开挖断面。

②EBZ160S 型悬臂掘进机属于整体式铣挖机，适应于开挖节理或裂隙发育、岩体完整性差的Ⅳ、Ⅴ级低硬度（30 MPa 以内）围岩地层。其特点是设备配套齐全、功能完善，作业粉尘控制较好，但掘进效率与地层硬度和工作面自稳能力关系密切。EBZ160S 型悬臂掘进机原用于煤矿巷道施工，其机械设备配套在客运专线大断面隧道施工中还存在一定局限性。

③EBZ160S 型悬臂掘进机在浏阳河隧道的适应性分析

EBZ160S 型悬臂掘进机属于整体式铣挖机，从现场使用情况来看，EBZ160S 型悬臂掘进机施工正面岩土掘进效率较高，两侧边角修边困难，必须采用人工风镐修整。从现场施工资料分析来看，适应于开挖节理裂隙发育、岩体完整性差的Ⅳ、Ⅴ级低硬度（30 MPa 以内）围岩地层，其特点是铣挖成本高，掘进效率与地层硬度和工作面自稳能力关系密切。由于其主要适用于煤矿巷道施工，对于大断面隧道有轨运输还不能形成流水线作业，需配备“二运”乃至“三运”设备适应自卸卡车出砟。因其最大开挖高度为 4.3 m，从其适用断面来说，仅能将大断面隧道分为多部或多台阶开挖，故主要适用于客运专线大断面隧道三台阶法。

浏阳河隧道穿越主要地层为强～弱风化泥质砂岩、粉砂质泥岩、泥质粉砂岩等，岩石强度为 20 MPa 左右，发育 1～2 组节理，间距在 1 m 以上，节理裂隙被石膏岩脉充填，但局部地段围岩软弱，有较大渗水。设计采用三台阶临时仰拱法，但从现场施工情况来看，适应采用二台阶法，弱钻爆法施工。如采用悬臂掘进机三台阶法施工，工效低，开挖成本高，不宜继续采用，仅能在围岩软弱、地层变形控制要求高等特殊地段采用三台阶法施工时使用。

（五）客运专线长大断面隧道掌子面超前预加固核心技术

浏阳河隧道的主要特点是下穿浏阳河河底、机场高速、公路互通立交、排水箱涵、地表敏感建筑物等，具有山岭隧道和城市地铁工程施工的特点。施工时采用弱钻爆法与铣挖法相结合的开挖方法。浏阳河隧道河底段穿越强～弱风化粉砂质泥岩区，节理裂隙较发育，但局部石膏岩脉充填，并于河底段穿越黄花向斜核部，施工时极易产生松弛掉块现象，埋深为 19.1～23.6 m，开挖断面面积最大达 163 m^2，综合判断围岩等级为Ⅴ级。掌子面超前预加固技术是一种针对复杂地质条件下隧道施工的新技术，在我国属首次使用，能实现隧道围岩软弱、掌子面容易失稳等地段的安全快速施工。

1. 掌子面超前预加固工法理论基础

(1)工作面前方超前核心围岩的滑动与隧道塌方之间存在着紧密联系，隧道塌方总是发生在超前核心围岩滑动之后；

(2)工作面超前核心围岩的强度、稳定性以及对变形的敏感性在隧道施工中起着决定性作用；

(3)工作面挤压变形以及预收敛是导致开挖面—超前核心围岩系土体脱落、剥落和滑动的原因；隧道自身收敛变形是导致隧道拱顶及边墙部位土体脱落、剥落和隧道塌方的原因。

2. 掌子面超前预加固工法施工工艺

掌子面超前预加固施工工艺如图 4-4-18 所示。

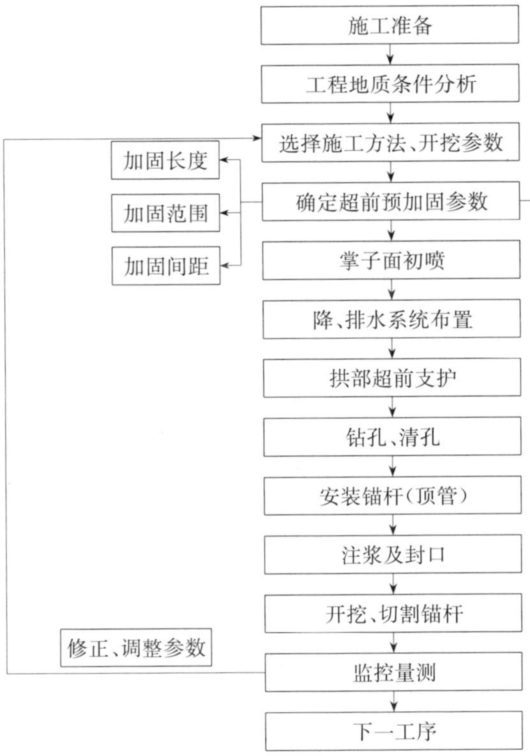

图 4-4-18　掌子面超前预加固施工工艺

3. 掌子面超前预加固工法关键技术

(1)掌子面稳定性分类

根据地质条件，掌子面超前预加固稳定性进行分类，见表 4-4-6。经分析，浏阳河隧道围岩为极软岩，开挖后浏阳河隧道掌子面处于短期稳定状态，在开挖轮廓线附近形成自然拱部效应，随着地下水的影响和围岩应力的松弛变形，会发生拱部效应远离开挖轮廓线，而发生转移拱部效应，如措施不当便会发生使拱部效应失效。

(2)施工方法

依据工程地质分析结果，采用超前预加固工法施工，选择上下台阶法施工方法，弱钻爆法开挖为主，辅以铣挖法开挖，开挖循环进尺为 2～2.4 m，循环时间约为 24～26 h，循环保证率为 85%。通过掌子面超前预加固之后，以实现增大开挖进尺、加快施工进度的目的。

(3)超前预加固施工技术参数

根据河底段围岩地质条件确定如下参数：

①锚杆规格：18 m 长 ϕ25 mm 玻纤锚杆或中空玻璃纤维注浆锚杆。

②锚杆布置：1.5 m×1.5 m 梅花型布置，主要布置于上台阶，共约 30～35 根，1 根/3～4 m^2，设计抗拔力在 150～200 kN/根，掌子面从上到下依次分层，1～5 层内玻纤锚杆取小值，6～10 层取大值，且不同抗拔力锚杆试验根数不小于 3 根。

③纵向间距：12 m 一环，搭接 6 m。

④倾角：外插角 1°～3°，可根据实际情况作适当调整。

⑤注浆材料：水泥浆液，水灰比 1∶1(质量比)，注浆压力 0.5～1.0 MPa。

表 4-4-6 掌子面超前预加固稳定性分类判定条件

判定条件	A类	B类	C类
岩体强度	岩体强度能够保持隧道稳定	岩体强度能够保持隧道短期稳定	岩体强度小于岩层应力，隧道失稳
拱部效应	拱部效应接近隧道墙体	拱部效应在离洞壁较远处形成	拱部效应不会形成
围岩变形	变形现象在弹性范围内发生，大小可以 cm 计	变形在弹性～塑性范围内，以 cm 计	无加固情况下围岩会出现明显的不稳定现象
掌子面	整个断面是稳定的	隧道掌子面在短期内稳定	没有支护处理情况下，掌子面将坍塌
地下水	隧道稳定不会因有地下水而受影响	受水的影响较小	受水的影响很大，尤其是动力水的影响

(4)施工机械设备配套

施工机械设备配套见表 4-4-7。

表 4-4-7 玻璃纤维锚杆施工配套机械

序号	机械名称	型 号	数 量	备 注
1	风动凿岩机	YT-28	2	清理钻孔、顶入玻璃纤维锚杆
2	C6 多功能钻机	C6	1	打设玻璃纤维锚杆钻孔，也可采用管棚钻机
	潜孔钻机(可选)	TSY～ZK	3	
3	注浆泵	ZJB(BP)-30A	2	掌子面、超前支护注浆。若为涌水较大地段则需改用双液特殊材料注浆
4	浆液搅拌机	JZ350	2	拌和浆液

(5)玻璃纤维锚杆施作

掌子面超前预加固工法技术核心是玻璃纤维锚杆的施作，并与拱部超前支护一起，形成一个系统支护。玻纤锚杆类型有两种：一种是玻璃纤维中空注浆锚杆，如图 4-4-19 所示；另一种为实心的砂浆锚固型玻璃纤维锚杆，如图 4-4-20 所示。

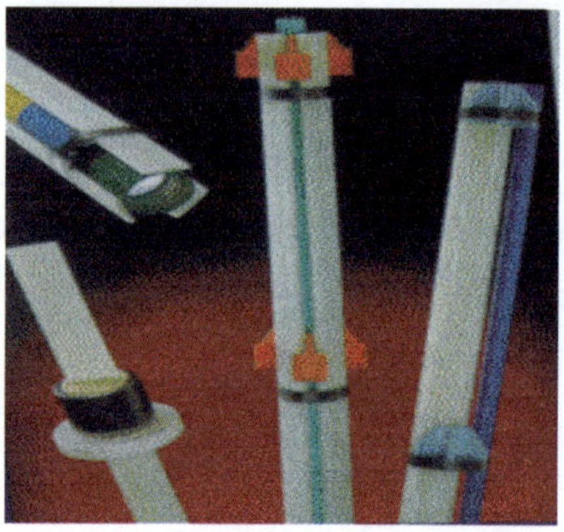

图 4-4-19 玻纤注浆锚杆组合构造

图 4-4-20 砂浆锚固型玻纤锚杆

①掌子面初喷。视围岩情况初喷厚度 3～5 cm。

②布置降排水系统。对拱部及掌子面渗水较大的地段，除通过超前预加固注浆堵水外，还需做好侧沟疏排水系统。同时为方便后续施工或铣挖，可在拱部及掌子面打设排水钻孔。铣挖法施工时，掌子面必须无明水，否则影响施工。

③超前支护。对于浅埋隧道，极易发生拱顶坍塌。为形成系统支护，除进行掌子面超前预加固外，还需严格施作拱部超前支护，超前支护加固长度与掌子面超前预加固长度相同或稍长，两者搭接部位应错开。河底段及出口浅埋敏感建筑群区采用管棚超前支护，管棚参数：18 m 长 ϕ108 mm@40 cm，外插角度为 9°，搭接

长度为 6 m。

④钻孔、清孔。上台阶布置有约 30～35 根玻纤锚杆，孔口段安设 ϕ108 mm 的孔口管作为孔口注浆套管，伸出 20～30 cm，采用 ϕ110 mm 的钻头钻孔，孔口段长 1～1.5 m。为保证玻纤锚杆顺利安装，其余孔长采用 ϕ90 的钻头成孔，孔深 18 m。钻孔时间应在初喷混凝土强度达到 75%之后，方可进行。

钻机就位时，搭设平台平整，保证钻机稳定。钻机顺序由高孔位向低孔位进行，并间隔错开。若由高到低连续钻孔，则因孔距过小，会造成前一个成型孔在未顶管时已出现塌孔现象。在钻到一定深度时，要用测斜仪检查孔的倾角是否正确，以便及时纠正，深度达到要求后，应边退钻边清孔。

在钻孔过程中，如果出现卡钻、塌孔现象，可能是隧道地质发生了变化，此时应及时退钻，然后采用往孔内压注浆液的方法，待浆液凝固后，再行开钻；如果出现掉钻头、钻杆断裂的现象，可用打捞器取出。

⑤安装锚杆（顶管）。玻纤锚杆应按“时间及时，分段安装”的原则进行施工。锚杆安装到位后，锚杆与套管间隙用速凝水泥或其他堵塞严密，以防注浆冒出。同时保证一定压力将浆液注入围岩节理裂隙中。

若采用中空玻纤注浆锚杆，注浆时采用套管柱塞方式；孔口管安装应固结牢固密实，不漏浆、不窜浆的孔口管是决定注浆效果的重要因素，埋设方法：先用钻机钻孔，再将孔口管插入，外露 20～30 cm，孔口管与孔壁之间采用环氧树脂充填粘结。

若采用非中空玻纤锚杆，注浆方式采用套管柱塞方式，锚杆外露尾端不能超过套管外露管口，管口安装封堵塞，通过注浆口进行注浆，注浆压力大，适应于需要注浆堵水或固结破碎围岩的地层，操作复杂，施工速度慢。

⑥注浆及封口。试验确定注浆参数后，采用注浆机灌注；孔口封堵方式为采用 C35 防水混凝土或注浆塞封堵。

⑦开挖、切割锚杆。采用以弱钻爆法为主，铣挖法配合开挖。在不影响施工的条件下，尽量减少玻纤锚杆的切割次数，并提高玻纤锚杆的切割节段长，以加快施工进度。

4. 掌子面超前预加固工法监控量测技术

掌子面超前预加固工法强调对掌子面超前核心岩土体变形的监控量测，掌握变形反应，突出了掌子面超前核心岩土的预加固要求。掌子面超前预加固工法监测的主要内容如图 4-4-21 和图 4-4-22 所示。

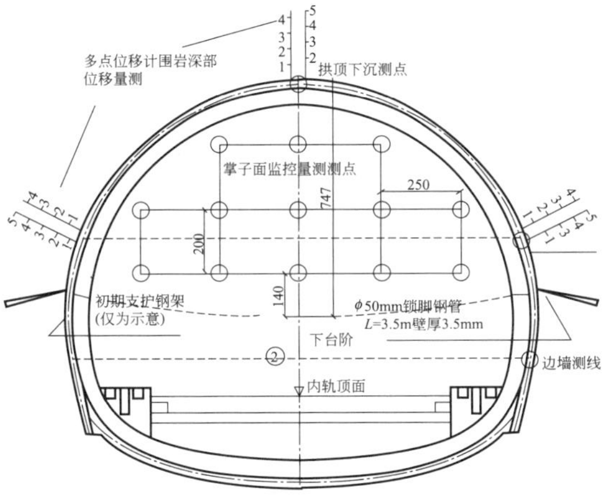

图 4-4-21　超前预加固工法量测横断面

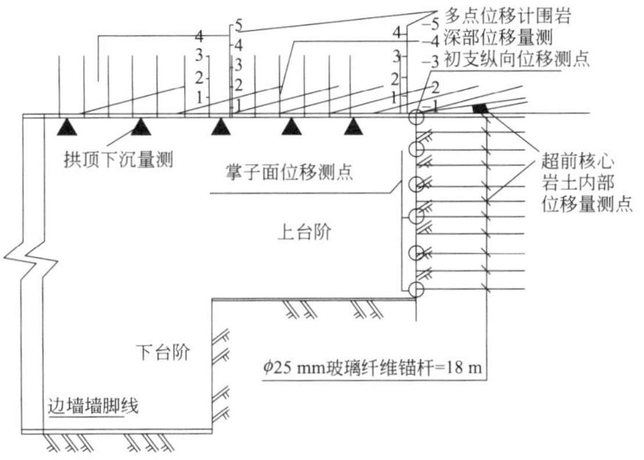

图 4-4-22　超前预加固工法量测纵断面

(1)掌子面挤压变形量测。每开挖循环完成后立即布置掌子面监控量测点，与洞身监控量测点同时布置。掌子面监控量测点点位按网格布置，监测采用全站仪进行无尺量测，监测点采用自制的测点，如图 4-4-23 所示。

(2)超前核心土预收敛变形量测。在浅埋地段，除在地表布置沉降观测点外，可在地表直接布置多点位移计进行超前核心土预收敛量测，如图 4-4-24 所示，从而代替在洞内预收敛量测点的布置。

(3)洞身的常规量测。如洞周收敛变形，拱顶下沉、地表沉降观测、多点位移计进行围岩深部位移量测等。地面各结构物变形量测报警值：地面敏感建筑群、机场高速均为 20 mm；防洪堤为 10 mm。双线隧道初期支护极限相对位移限制见表 4-4-8。

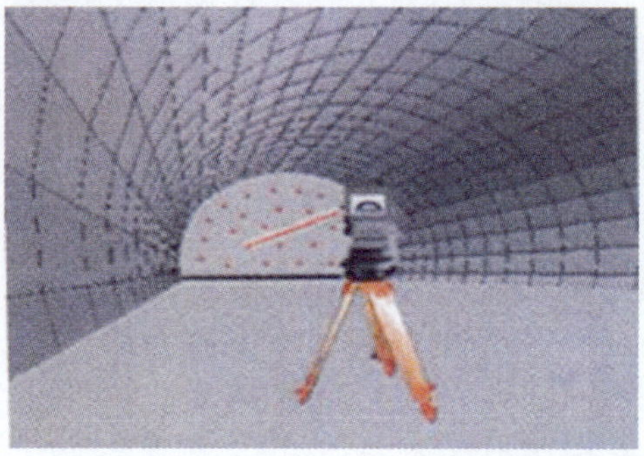

图 4-4-23 掌子面监控量测示意

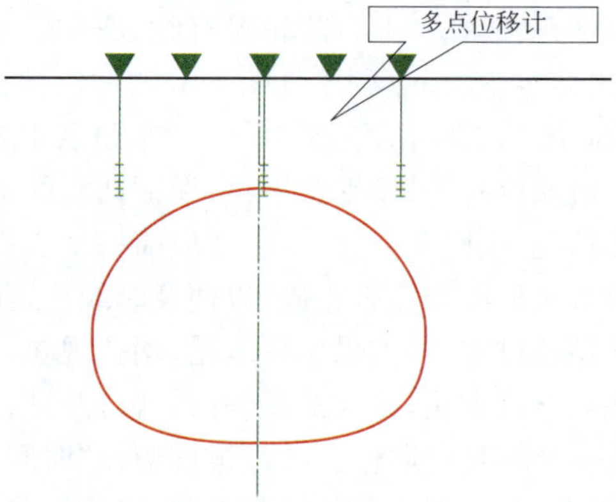

图 4-4-24 地表预收敛测点埋设示意

表 4-4-8 双线隧道初期支护极限相对位移(%)(TB 10108—2002)

围岩级别	埋 深(m)		
	<50	50~300	300~500
拱脚水平相对净空变化值			
Ⅴ	0.2~0.5	0.4~2	1.8~3
Ⅳ	0.1~0.3	0.2~0.8	0.7~1.2
Ⅲ	0.03~0.1	0.08~0.4	0.3~0.6
拱顶相对下沉			
Ⅴ	0.08~0.16	0.14~1.1	0.8~1.4
Ⅳ	0.06~0.1	0.08~0.4	0.3~0.8
Ⅲ	0.03~0.06	0.04~0.15	0.12~0.3

注:拱腰水平相对净空变化极限值可按拱脚水平相对净空变化极限值的1.1~1.2倍。

(4)每爆破施工循环后,均需对掌子面玻纤锚杆的施作效果等进行测试分析,通过收集地表、掌子面、超前核心岩土、开挖洞身的监控量测资料,分析围岩状态,预测围岩变形破坏趋势,针对不同情况及时采取合适的施工措施,并将信息反馈给设计,以实现动态信息化设计、施工。

5. 使用效果

(1)未加固前出口工区开挖进尺每循环1.5 m,每循环所用时间为24 h,采用超前预加固后,施工开挖方案先后采用2天3个循环,每循环14~17 h,开挖进尺1.3~1.5 m,平均每天1.9~2.2 m。

(2)通过成本测算分析,隧道每延米超前预加固工法施工成本为4 546.85元/延米。如未采用掌子面超前预加固,每延米初喷混凝土的成本为3 600元/延米(包括材料、人工、机械)。如果考虑超前预加固工法实现大断面机械化施工、同时通过加大施工循环进尺,使工期提前、减少初喷工序等所产生的技术经济效益,则掌子面超前预加固工法与钻爆法施工成本基本相当。

(六)隧道穿敏感建筑群区安全、快速施工技术

浏阳河隧道开挖宽度及高度大,出口、3号竖井浅埋段穿越居民密集区隧道长度约622 m,埋深为32.68~15.99 m。浅埋穿越敏感建筑群区围岩风化程度较严重、强度较低、工程地质情况较差,均为Ⅳ、Ⅴ级围岩;周围建筑物密集,修建年代长,地基基础薄弱,设计要求严,在穿越建筑群时地面沉降值控制在20 mm以内。设计采用机械法与弱爆破法相结合的开挖方法,实际施工以弱钻爆法为主,开挖爆破震动对周围建(构)筑物的影响较大,为了保证施工安全和施工质量以及地面建(构)筑物的安全,必须优化钻爆参数。同时还需采取一系列施工技术措施,以此来指导隧道工程爆破参数的优化设计和后续施工。

1. 加强施工地质调查和监控量测

施工前期在该段地表对隧道中线两侧各 50 m 范围内对地面建(构)筑物分布及其与隧道中线的关系进行调查。测量了隧道上部建筑物基础的覆盖层厚度和隧道埋深情况,并绘制了详细的平面图和纵断面图以指导施工,同时在隧道两侧布设地面沉降观测网。地表监测断面与洞内监测断面相对应,保证在同一里程,以便掌握变形规律。量测原则是:观测断面超前隧道开挖掌子面进行,一般为 20～30 m。

2. 综合超前地质预报

采用 TSP203 超前地质预报系统、30 m 超前水平地质钻探、红外探水、地质素描等多种地质预报手段,并据此采取有针对性的开挖及支护措施。

3. 选择合理的施工方法

经过各方面的综合比较,采用二台阶法施工。

4. 优化钻爆设计

为了验证理论计算结果能否满足隧道施工要求,施工中对隧道施工爆破震动进行监测,以评价隧道施工对地面建筑的影响。在垂直距离为 39 m 时,高于安全标准的按 1 cm/s 爆破振速进行计算,控制最大段位药量为 5.797 kg,实际最大段位药量按 6.0 kg 控制,实测数据为 0.802 cm/s,频率为 27HZ,低于允许的 2.3～2.8 cm/s 的标准,说明理论计算与实测结果吻合。

主要监测仪器有:IDTS3850 爆破振动自记仪,CD-1 型和 CDJ-1 型速度传感器、笔记本电脑等。采用智能型爆破振动测试仪,具有自动记忆功能,在现场用石膏将传感器固定在地表的测试点上,然后与自记忆相联。爆破振动传递到测点时自记仪自动记录信号,爆破后利用专用的分析软件分析处理。

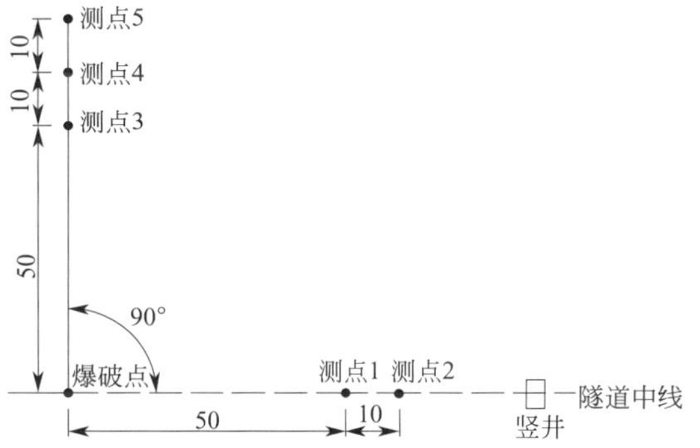

图 4-4-25　第一次爆破震动监测点布置示意(单位:m)

根据实际情况分两次进行现场监测:第一次沿隧道纵向距离掌子面前方 50 m 和 60 m 处,在地表布置测点 1 和测点 2,设置 3 通道传感器,在掌子面的隧道中线法线方向,距隧道中线 50 m、60 m 和 70 m 处,在地表布置测点 3、测点 4 和测点 5,设置 2 通道传感器。该处隧道埋深 36 m,测点布置如图 4-4-25 所示,检测结果见表 4-4-9。第二次沿隧道纵向距离掌子面前方地表布置 7 个测点,即测点 1 至测点 7,在掌子面的线路法线方向,距隧道中线 10 m 处,在地表布置测点 8,该处隧道埋深 36 m,测点布置如图 4-4-26 所示,检测结果见表 4-4-10。

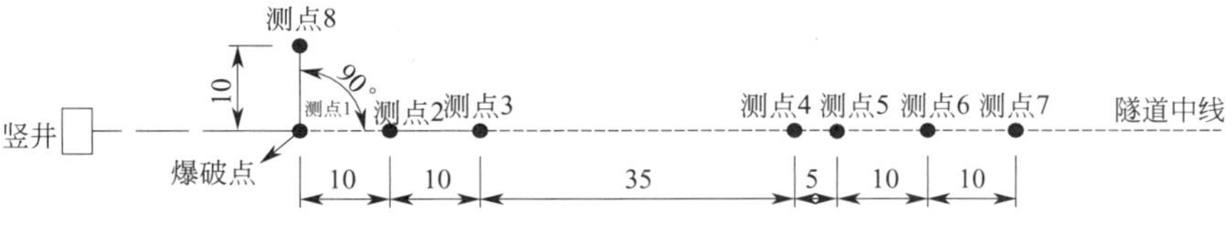

图 4-4-26　第二次爆破震动监测点布置示意(单位:m)

表 4-4-9　第一次爆破震动监测结果

测点编号	至爆破中心的等效距离 R(m)		最大振动速度(cm/s)	频率(Hz)	一般砖房、非抗震的大型砌块建筑物的安全允许振速(cm/s)
	等效垂直距离 Y(m)	水平距离 X(m)			
测点 1	39	50	0.282	19.1	2.3～2.8
测点 2	39	60	0.225	13.8	2.3～2.8
测点 3	39	50	0.236	18.7	2.3～2.8
测点 4	39	60	0.183	12.6	2.3～2.8
测点 5	39	70	0.125	10.7	2.3～2.8

表 4-4-10 第二次爆破震动监测结果

测点编号	至爆破中心的等效距离 R(m)		最大振动速度(cm/s)	频率(Hz)	一般砖房、非抗震的大型砌块建筑物的安全允许振速(cm/s)
	等效垂直距离 Y(m)	水平距离 X(m)			
测点 1	39	0	0.802	27.0	2.3～2.8
测点 2	39	10	0.735	25.8	2.3～2.8
测点 3	39	20	0.626	23.2	2.3～2.8
测点 4	39	55	0.25	17.4	2.3～2.8
测点 5	39	60	0.225	14.3	2.3～2.8
测点 6	39	70	0.175	11.6	2.3～2.8
测点 7	39	80	0.145	9.9	2.3～2.8
测点 8	39	10	0.682	24.1	2.3～2.8

实测结果，证明施工设计所采用的钻爆设计参数及药量控制是安全合理的。

为保证施工效果，在施工中需根据安全允许振速的要求，每次爆破之前，根据爆破源离建筑物的距离，计算最大段位控制装药量，同时需要增加雷管数量及段位，这增加了爆破设计难度，但是却保证了建筑物的安全。实际施工时只要对一次起爆同段位药量、单段号最大药量进行控制，并适当加大梯段时差，避免振动叠加，施工爆破产生的振速对地表建筑的影响将在允许范围之内。

5. 施工效果分析

通过洞内及地表监控量测结果来看，拱顶下沉累计沉降值及水平收敛累计值均小于 20 mm，地面沉降累计沉降值在竖井工区为 4～10 mm。

6. 经验与体会

对于紧邻建筑物的浅埋暗挖大断面隧道施工，控制沉降是首要而又关键的问题。同时要控制爆破产生的地震速度在建筑物允许的安全速度之内。施工中应坚持“管超前、严注浆、短开挖、强支护、快封闭、勤量测”的原则。一方面通过采取分部开挖超前支护注浆加固的方法施工；另一方面加强监控量测、及时反馈，做到信息化施工，就能很好地解决此类问题。

（七）隧道下穿机场高速公路施工（管棚）技术

浏阳河隧道在 DIIK1570＋146～＋202 下穿长沙市通往黄花机场的高速公路，隧道洞顶距路面最大埋深仅有 8 m，地面沉降控制要求在 20 mm 以内，隧道采用暗挖形式通过，两侧为明挖暗埋隧道。施工难度大、风险高。设计围岩等级为Ⅵ级，超前支护方式为管棚。

1. 基坑围护结构施工

由于下穿机场高速公路两侧为明挖暗埋段，且机场高速两侧有双向通行的上下高速的辅道，不能大面积放坡开挖。为创造进洞条件，需在下穿机场高速公路两侧分别施作始发进洞基坑，基坑垂直开挖，且施作围护结构。

(1)防渗帷幕施工

根据地质条件，隧道穿越地层有淤泥质土、粉细砂、粗细圆砾土，埋深处于地面以下 4.4～7 m(隧道拱顶以下 3.4～6 m)，粉细砂、圆砾土层共厚约 2 m，富含地下水。基坑开挖以后，因土压平衡作用，淤泥质土、粉细砂、粗细圆砾土等松散土层会发生失稳而向基坑突出，并发生较大的渗漏水，影响施工及安全。

为防止地下水向基坑渗漏，设计在基坑四周施作防渗帷幕以阻隔地下水，同时利用四周钻孔灌注桩加固基坑壁。防渗帷幕主要采用定向摆喷桩墙进行止水、堵水，摆喷墙距钻孔灌注桩边线 1.6 m，摆喷墙最薄处厚度 0.2 m，间距 1.5 m，伸入弱风化岩层不小于 0.5 m。摆喷墙加固宽度最薄处不小于 20 cm，摆喷墙施作以后，确保加固土体单轴抗压强度不小于 2.0 MPa，如图 4-4-27 所示。

(2)围护结构施工

①钻孔桩：浏阳河隧道机场路两侧围护结构共有钻孔桩 160 根，其中机场路北侧：82 根桩，分别布置在：

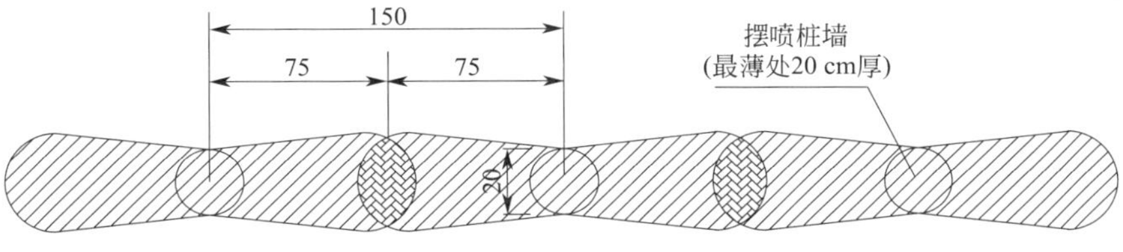

图 4-4-27　20 cm 摆喷墙大样图(单位:cm)

绿化带内 54 根、辅道 28 根;机场路南侧:78 根桩,分别布置在:绿化带内 54 根、辅道 24 根。南、北各明暗分界处紧邻掌子面横向布置 ϕ120 mm 钻孔桩,其余部位为 ϕ100 mm 钻孔桩。

②冠梁及支撑:机场路北侧钢筋混凝土冠梁总长 120.3 m,混凝土方量约 99.7 m^3;钢筋混凝土横撑 6 道,每道 16.5 m,共 99.0 m;斜撑 2 道,每道 10.63 m,共 21.26 m;支撑合计混凝土方量约 113.2 m^3。机场路南侧钢筋混凝土冠梁总长 114.3 m,混凝土方量约 94.9 m^3;钢筋混凝土横撑 5 道,每道 15.8 m,共 79 m;斜撑 2 道,每道 10.63 m,共 21.26 m;支撑合计混凝土方量约 96.3 m^3。

③ U 形梁:机场路南、北两侧基坑下 6.0 m 位置(即基坑以下 5.4～6.6 m)各有一道 U 形梁,断面为 1.2 m×2.0 m 和 1.2 m×1.6 m 两种,两侧 U 形梁混凝土方量分别为:92.4 m^3。

(3)基坑开挖

①基坑开挖支护参数

机场路北侧明挖基坑 DⅡK1570+100～+148,全长 48 m,深 16 m,其中 DⅡK1570+100～+132.8 基坑宽 16.1 m,DⅡK1570+132.8～+148 基坑宽 19.3 m,土石方量约 1.3 万 m^3;机场路南侧明挖基坑 DⅡK1570+200～+245,全长 45 m,深 14 m,其中 DⅡK1570+200～+215.2 基坑宽 19.3 m,DⅡK1570+215.2～+245 基坑宽 15.8 m,土石方量约 1.1 万 m^3。基坑壁支护参数:10 cm 厚 C20 混凝土,ϕ6 mm 钢筋网片,网格间距 15 cm×15 cm,ϕ32 mm 预应力锚杆直接穿越钻孔桩中心面锚固,长度 5～22 m。ϕ32 mm 预应力锚杆采用水平钻机钻孔,钻孔与水平夹角为 15°～18°,施钻时要控制好钻孔角度,遇到砂砾层或软弱围岩易坍孔时,钻机采用套管跟进成孔,成孔后及时安装预应力锚杆,钻孔注入 M20 水泥砂浆。设计采用 C30 钢筋混凝土锚墩,采用专用张拉千斤顶张拉。

按照施工安排,机场路两侧明挖基坑同时施工。

②施工顺序

第一步:施作地表截排水沟。

第二步:进行钻孔桩施工,钻机设备北侧 2 台,南侧 1 台。

第三步:施工 ϕ20 cm 的双层摆喷桩墙,钻机设备北侧 2 台,南侧 1 台。

第四步:施工 ϕ60 cm 的旋喷桩,钻机设备北侧 2 台,南侧 1 台。旋喷桩、摆喷桩墙的土体加固后的强度应达到 $q_u \geqslant 2$ MPa。

第五步:破除桩头,采用挖槽法浇筑北侧基坑 C30 钢筋混凝土冠梁及斜撑,南北两侧基坑架设第一道 120 cm×80 cm 的钢筋混凝土横支撑及 120 cm×80 cm 的钢筋混凝土斜撑。

第六步:南北两侧基坑同时进行分层、分段、平衡、限时的方式进行开挖,随挖随撑,每层高度控制在 3.5 m 以内,分段长度不得超过 6 m,土方开挖在 8 h 内完成,6 h 内装好支撑。基坑开挖至 4.0 m 深时,施作第一排预应力锚杆。开挖深度约 6.6 m,施作 U 形梁及其上部导向墙、侧壁。并做好抽排水设施,随时抽干基坑积水。

第七步:水平定向钻机就位,开始进行暗洞拱部上层 18 号～106 号(89 根)、下层管棚 17 号～98 号(82 根)施工。

第八步:水平定向钻机退出,进行下部的基坑开挖。南北两侧基坑分层开挖至隧道最下端管棚施工位置(即拱部 180°的范围内),开挖深度约 2.5～3 m。

第九步:水平定向钻机就位,开始进行暗洞墙部剩余管棚施作。

第十步:管棚施作完成后,进行基坑下部的开挖,并施作剩余的 3 排预应力锚杆。两侧基坑分层开挖至底部位置(南侧基坑停止开挖),开挖深度约 4 m,采用喷射混凝土对基坑侧壁进行围护。

第十一步：基坑分段铺设 C20 素混凝土垫层，以及底部防水板，开始施作仰拱，分段长度 8～10 m。

第十二步：纵向分段施作明挖二衬，分段长度为 8～10 m。绑扎钢筋，采用模板支架进行两侧边墙混凝土浇筑。边墙外侧铺设防水板，回填浆砌片石。

第十三步：绑扎钢筋，采用模板支架浇筑拱部混凝土。

第十四步：拱部外侧铺设防水板，在二衬混凝土强度达到要求后，进行基坑回填，并拆除结构内临时支撑。

第十五步：在两侧明挖段施工到一定位置后，开始进行暗洞施工。

③基坑在开挖过程中应注意做好坑内的抽排水工作，在开挖到底以后，采用坑外降水，以达到无水作业、稳定基坑的目的。基坑内的水位稳定低于开挖面以下 0.5 m。如基坑渗水量较大，还应对基坑壁进行补注浆。

2. 超前大管棚施工

(1)设计参数。采用双层 ϕ108 mm 超前管棚，设置范围为拱部 180°的范围内，管棚布设中心线距离结构开挖线外 650 mm，采用超前小导管注浆支护。ϕ108 mm 长管棚采用壁厚 6 mm，长 32 m 或 24 m 的热扎无缝钢管，环向共 275 根，与线路平行，环向间距 20 mm，内设钢筋笼，并充填 C20 混凝土。内外层管棚的间距为 500 mm。超前注浆小导管采用 ϕ42 mm 注浆花管。双层管棚施工现场如图 4-4-28 所示。

图 4-4-28 双层管棚施工现场

(2)施工机械设备选型

管棚采用意大利 Casagrande 钻机进行钻孔，型号为 C6，其主要性能见表 4-4-11。

表 4-4-11 DDW-550 钻机性能参数

性能	规格	性能	规格
最大推进力(kN)	35	最大钻孔能力(mm)	ϕ250×100
最大回转速度(rpm)	530	主机重量(t)	12.7
最大扭矩(kN·m)	13.55	主机尺寸(m)	约 7.7×2.25×2.77
钻孔角度(°)	≤12	动力配置(kW)	96

(3)施工工艺流程

施工工艺同普通洞口管棚施工工艺。

(4)钻孔施工方法

钻孔时，钻机安装要牢固，防止不均匀下沉、移位、倾斜等影响钻孔质量的现象发生，钻机距离掌子面不超过 2 m。为便于插管，钻孔直径应比管棚直径大 20～30 mm，钻孔深度宜大于设计的 0.5 m ，采用 ϕ125 mm 钻头钻孔，成孔直径 130 mm。

①为了便于插管，钻孔直径应比管棚直径大 20～30 mm，采用钻头钻孔。

②钻机开孔时应低速，待成孔 0.5 m 以后再升压至 1.0 MPa，遇软弱围岩，再改用低压钻进。钻孔顺序

由高位孔向低位孔进行，并间隔钻孔，先钻奇数号，注浆完毕后再钻偶数号。施钻时，钻机大臂必须顶紧在导向墙面上，以防止过大颤动影响施钻精度。

③管棚钻机钻深孔时必须接杆。因此，随着孔深的增长，需要对回转扭矩、冲击力及推力进行控制和协调，尤其要严格控制推力，不能过大。

④管棚钻机固定就位前，测量人员应准确测量钻机外插角。

⑤钻机开孔时钻速宜低，钻进 20 cm 后转入正常钻速。第一节钻杆钻入岩层，尾部剩余 20～30 cm 时停止钻进，人工用两把管钳卡紧钻杆(注意不得卡丝扣)，钻机低速反转，脱开钻杆。钻机沿导轨退回原位，人工装入第二根钻杆，并在钻杆前端安装好连接套，钻机低速送至第一根钻杆尾部，方向对准后连接成一体。每次接长钻杆，均按上述方法进行。

⑥换钻杆时，要注意检查钻杆是否弯曲，有无损伤，中心水孔是否畅通等，不符合要求的应更换，以确保正常作业。

⑦钻孔达到要求深度后，按同样的方法拆卸钻杆，钻机退回原位。根据设计要求安装管棚。

(5)顶管施工方法

管棚施工间距小，应采取跳 1 钻 1 的方法(即间隔法)进行钻孔，每层管棚从左侧第一个数起，单号采用钢花管，双号采用钢管，施工时先打设钢花管并注浆，然后打设钢管，以便检查钢花管的注浆质量。利用钻机推进钢管，其冲击压力控制在 1.8～2.0 MPa，推进压力控制在 4～6 MPa。接长管件应满足管棚受力要求，相邻管的接头前后错开 3 m，避免接头在同一断面受力。

长管棚注浆采用水泥浆液，水灰比：1∶1(质量比)，注浆压力：0.5～1.5 MPa。注浆前，先将钢管口外径与孔口周边的混凝土密封，但要留一个小通气孔，注浆时，使钢管与孔壁的环形空隙内的空气容易冒出。单号管注入水泥浆液，以加固岩体；管棚管身内注入 M10 水泥砂浆，增强其刚度和强度。

钢管及钢花管同一截面内的接头数不得超过管数的 50%，相邻钢管的接头至少错开 1 m。管棚钢管分节长度 4～6 m，安装前应在地面预先排好并进行编号再依次安装，保证接头分布符合要求。

①管件制作：棚管采用 ϕ108 mm 热轧无缝钢管。棚管接长时先将前一根钢管顶入钻好的孔内再连接。事先加工好的管节连接套，要预先焊接在每节钢管两端，便于连接。第一根钢管前端要焊上合金钢片空心钻头，以防管头顶弯或劈裂。接长管件应满足管棚受力要求，相邻管的接头应前后错开，避免接头在同一断面受力。在顶进时钻机上必须安装与管棚直径相应的钢管顶进连接套，并在大臂上改换钢管扶直器。

②顶管作业：将钢管安放在大臂上后，钻机对准已钻好的引导孔，低速推进钢管，其冲击压力控制在 1.8～2.0 MPa，推进压力控制在 4～6 MPa。

③接管：当前一根钢管推进孔内，孔外剩余 30～40 cm 时，开动凿岩机反转，使顶进连接套与钢管脱离，凿岩机退回原位，人工装上后一节钢管，大臂重新对正，凿岩机缓慢低速前进，对准前一节钢管端部(严格控制角度)，人工持链钳进行钢管连接，使两节钢管在连接处联成一体。凿岩机再以冲击压力和推进压力低速顶进钢管。

(6)注浆工艺

管棚单号钢管为注浆管(共 23 根)，管身布设 ϕ10 mm～ϕ16 mm 注浆孔，孔间距 15 cm，呈梅花型布置，尾部 150 cm 不设孔。注浆前，先将钢管口外径与孔口周边的岩石用水泥密封，但要预留一个小通气孔，注浆时，使钢管与孔壁的环形空隙内的空气容易从此通气孔冒出。单号钢花管注浆完毕以后再钻孔顶进施工双号钢管。

注浆浆液选用 1∶1 水泥砂浆；其水灰比控制在 1∶1，注浆初压力为 0.5～2.0 MPa，但应通过现场注浆试验调整注浆参数，取得管棚注浆施工经验。管棚注浆采用压力-流量双控。

为了保证注浆效果，注浆采用一次升压法施工，即从注浆一开始就在短时间内将压力升高到设计规定值，并一直保持到注浆结束。在规定的压力下，根据进浆量情况分级调整浆液浓度，直至裂隙逐渐被填充，单位吸浆量逐渐减小，达到结束标准即停止注浆。

注浆顺序根据降水漏斗原理，从拱部开始从上而下压注，先压注无水孔，后压注有水孔。如遇串浆或跑浆，可间隔一孔或几孔灌压。

(7)注浆异常现象的处理。在注浆过程中,经常发生浆液从其他孔流出的现象,这种现象称为串浆。发生串浆时,在有多台注浆机的条件下,应同时注浆,无条件时应将串浆孔及时堵塞。轮到该孔注浆时,再拔下堵塞物,用钢丝或细钢筋将孔内杂物清除并用高压风或水冲洗,然后注浆。

注浆压力突然升高,进行注清水,待泵压正常时,再进行注浆。

注浆量很大,压力长时间不升高,则应调整浆液浓度及配合比,缩短凝胶时间,进行小泵量低压力注浆或间歇式注浆,使浆液在裂隙水中有相对停留时间,以便凝胶,但停留时间不能超过水泥砂浆的凝胶时间。按照设计要求,所有管棚钢管管身内应注塞 M10 水泥砂浆,可采用挤压泵灌注。

3. 三台阶预留核心土法开挖

施工采用三台阶法施工,上台阶采用预留核心土环形开挖,上台阶开挖高度为 4.2～4.7 m;中台阶开挖高度为 3.5～4 m,开挖方法为弱钻爆法。

4. 监控量测

根据施工规范以及本工程的相关要求,各类变形值的控制标准见表 4-4-12。

表 4-4-12 监控量测控制标准

序号	量测项目	控制标准	预警值
1	围护桩	水平位移:30 mm;倾斜率:1/2 000	水平位移:24 mm;倾斜率:1/2 500
2	机场高速(地表)	变形速率(3 mm/d);总沉降:20 mm	15 mm
3	暗洞(沉降)	30 mm	20 mm

(1)围护结构(基坑)监测

①监测项目及监测方法

量测类别:为必测项目、重点监测项目和根据情况进行监测项目。

②测点布置

基坑测点布置分为平面测点和横断面。

(2)地表沉降监控量测

①监测内容:为掌握路基边坡是否下沉、开裂,以掌握边坡的稳定性。路面是否下沉、隆起、开裂等,对区域地表范围进行监测,以判断隧道暗挖对高速公路的影响情况及采取相应施工措施。

②监测方法:在施工暗挖机场高速公路之前,先在公路两侧的边坡、路肩位置各布设一个监测断面,每个断面至少 6 个观测点,以隧道中线为准每侧 3 个点,同时取得原始观察值,监测范围应在隧道开挖宽度 5 m 以外。采用精密水平仪进行二等水准观测。

(3)暗挖段监控量测

主要监测项目有拱顶下沉和周边收敛。具体实施方案按照相关规范要求进行布点和监测,根据围岩地质情况,测点间距 5 m/个,监测频率见表 4-4-13。

表 4-4-13 暗挖段监控量测频率

变形速度(mm/d)	量测断面距开挖面距离(m)	量测频率
≥5	(0～1)B	1～2 次/d
1～5	(1～2)B	1 次/d
0.5～1	(1～2)B	1 次/2 d
0.2～0.5	(2～5)B	1 次/2 d
<0.2	≥5B	1 次/周

注:表中 B 表示隧道开挖宽度,B≈15 m。

①布点要求:量测布点要及时,净空收敛、拱顶下沉量测要在喷混凝土后或每次开挖后 12 h 以内(最迟不超过 24 h)取得读数,且在下一循环开挖之前必须完成。布点要用特殊加工的 ϕ16 mm 螺纹钢加工成弯钩状或用 ϕ22 mm 螺纹钢加工成光滑面贴上反射膜片,布点时要将其打入围岩内并用锚固剂固定,监测断面要用标示牌标识清楚。

②监测方法:拱顶下沉可采用钢卷尺配精密水准仪,周边收敛采用收敛仪或全站仪进行监测。

5. 施工小结

(1)按照设计文件要求,下穿机场高速公路路面沉降规定值应控制在 20 mm 以内。根据目前国内相关的工程实例,这一指标过高,难以实现。根据下穿浏阳河河底及机场高速公路施工方案评审会专家意见,建议将沉降规定值增加到 50～100 mm,以符合工程的实际情况。

(2)机场高速公路南北两侧辅道担任上下机场高速的主要交通,且在附近有多个物流中心,交通流量大。在明挖基坑开挖中,挖断辅道前,必须先施工好临时通行的便桥,并做好交通疏散和沟渠改移。

(3)施工中应加强洞内及地表的监控量测,根据沉降事故应急反应程序,及时发现问题,解决问题。

(4)暗洞施工时应严格执行“管超前、严注浆、短进尺、强支护、早封闭、勤量测”的原则,确保施工安全质量。

(5)隧道穿越的地层主要为第四系土层,在隧道上台阶位置夹厚约 1 m 淤泥质土层、中台阶位置夹厚约 2 m 的砂砾石层,这是影响隧道洞内及地面沉降的关键因素。下穿机场高速沉降变形的主要原因是隧道开挖后土层失水、有效土压力增大引起的固结沉降压缩变形和因地层土体颗粒流失损失而产生沉降。施工时应根据实际情况,采用超前小导管进行拱部及边墙补注浆或局部注浆加固。

三、大瑶山 1 号、2 号、3 号隧道

(一)工程概况

武广铁路客运专线粤境北段穿越南岭山系的一个隧道群称为大瑶山隧道群,由大瑶山 1 号隧道、大瑶山 2 号隧道与大瑶山 3 号隧道组成,长度分别为 10 081 m、6 025.53 m、8 387.6 m。

大瑶山 1 号隧道主要穿越深灰色厚状灰岩、白云质灰岩、泥质板岩、砂质板岩、炭质板岩、长石石英砂岩、粉质黏土等。岩层软弱不均,岩层破碎,地下水丰富,节理发育。其中Ⅱ级围岩 2 135 m,占全隧道的 21.2%;Ⅲ级围岩 5 655 m,占全隧道的 56.1%;Ⅳ级围岩 1 396 m,占全隧道的 13.8%;Ⅴ级围岩 895 m,占全隧道的 8.9%。隧道不良地质主要有浅埋、断层,地下溶洞等。

大瑶山 2 号隧道主要穿越砂质板岩、泥质板岩,小型断裂和裂隙发育,岩体较破碎。水系发达,隧道裂隙水发育,多条电站引水隧洞及其附属工程从隧道顶斜穿,其中一处引水隧洞底距隧顶仅 10 m 左右。隧道地质灾害主要是岩爆、软弱围岩及洞口段浅埋偏压。

大瑶山 3 号隧道穿越有 F1～F9 共 9 条断裂带,洞身岩性主要为石英砂岩、砂质板岩、砂页岩及灰岩。其中灰岩分布于本隧道出口端,长约 1.3 km,岩溶极为发育。施工中存在岩溶、岩爆、突水、突泥、浅埋偏压及断层破碎带等不良地质现象。

(二)隧道综合超前地质预测预报技术

以大瑶山 2 号、3 号隧道为例,介绍大瑶山隧道群超前预测预报技术的应用情况。

按照“物探先行,钻探验证,有掘必探,先探后掘”的原则组织施工。采用配套技术进行地面及洞内工程水文地质地质调查,结合勘察设计资料拟定预报分级管理标准,划分出重点不良地质区段。采用多源协同预报的思想与方法建立预报模型,利用多种手段进行实地探测性能试验研究,最终选择了以 TSP203 地质超前预报方法为主、地质雷达和超前水平钻探、掌子面地质素描等预报方法为辅的综合超前预报手段,从而获得开挖面前方围岩的地质情况和力学参数,这对确保隧道施工质量和安全起到至关重要的作用,同时也为调整支护参数、合理变更设计和有效控制投资提供科学的依据。

1. 地质超前预报组织机构和人员设备配置

成立专业超前地质预报室,人员配备地质及试验专业工程师、测试技工;配备 TSP203 地质超前预测与预报仪、SIR-3000 探地雷达和 RPD-150C 型水平地质钻机。在施工期间主要先采用 TSP203 进行预测,然后再通过地质雷达和水平超前钻孔进一步确认前方地质情况,及时准确地采取相应措施,确保了隧道的施工安全。

2. 工作流程

结合大瑶山隧道地质条件,超前地质预报按照“长短结合、上下对照、定性与定量相结合”的办法确保预报准确性,超前地质预报工作流程如图 4-4-29 所示。

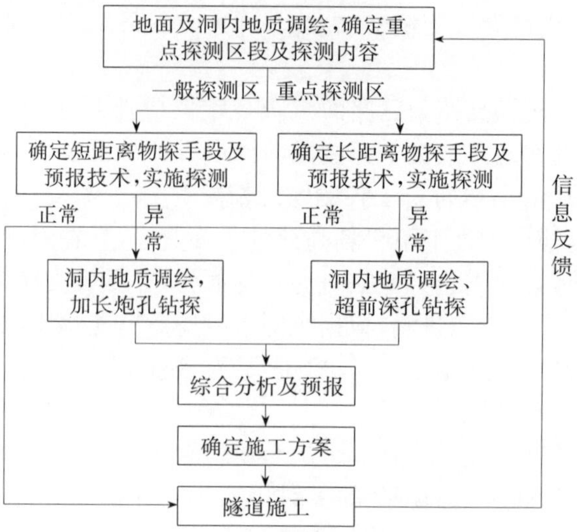

图 4-4-29 超前地质预报工作流程

3. 地质超前预报工作实施方案与计划

针对隧道不同段落的地质复杂程度，提出地质超前预报的不同要求，把隧道的地质超前预报工作分为三个等级，见表 4-4-14。

表 4-4-14 地质超前预报工作分级

地质超前预报分级 因子影响程度、危害程度 分级因子		A	B	C
		a(严重)	b(较严重)	c(一般)
1. 地质复杂程度 (含物探异常)	1-1 岩溶发育程度	岩溶管道、暗河、大型岩溶腔体	密集溶隙管道，中小型岩溶腔体	溶隙、溶孔、局部小型溶隙管道
	1-2 涌水、涌泥程度	大型突水、突泥、成灾害；高水压	中～小型突水、突泥，可能成小型灾害	小型涌水、涌泥
	1-3 断层稳定程度	大型断层带、性态差、富水，形成大型失稳坍方，可能酿成大型事故	中型断层带，软弱，中～弱富水，个别中型坍方，可能酿成中～小型事故	中小型断层，弱富水，小型坍方
2.(地质因子)对隧道施工影响程度		危及施工安全，影响工期	存在安全隐患	可能存在安全问题
3. 诱发环境问题的程度		形成环境灾害	施工、防治不当，可能诱发环境问题	特殊情况下可能出现一般环境问题

(1)A 级：综合开展地质素描、TSP203、地质雷达、洞内摄像、超前水平钻预测。首先以长距离 TSP203 和短距离物探方法相结合进行预测，同时进行多孔超前钻探探查。局部复杂地段，开展多种短距离物探探测以及洞内数字全景摄像等多种方法综合预测。

(2)B 级：在隧道内开展地质素描，TSP203，辅以地质雷达，进行必要的单孔超前水平钻探。当发现局部地段地质较复杂时，则按 A 级要求实施。

(3)C 级：以地质素描为主。对重要的地质(层)界面、断层或物探异常可采用 TSP203 进行探明，必要时进行单孔超前钻探。

依据设计与收集的本标段隧道工程地质与水文地质条件资料，根据不同的地质超前预报分级和针对不同类型的地质问题，选择不同的方法和手段开展超前地质预报，制定隧道综合超前地质预报实施计划。

4. 地质信息收集与处理

地质预报信息采集处理流程如图 4-4-30 所示。

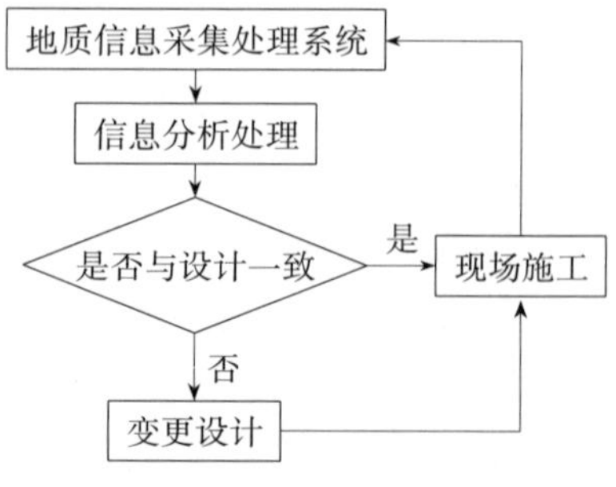

图 4-4-30 地质预报信息采集处理流程

5. 经验与体会

(1)TSP203 对平直状地质界面(断层、节理、裂隙)的空间位置探测效果较好，准确率在 80%左右，但存在探测盲区(对于近水平界面及近隧道走向界面等尚不能有效探出)，探测范围在隧道轴线方向可达百米，横向探测范围 40～50 m；直流电法对地下水探测效果较好，但横向探测范围不大。

(2)各种物探方法对异形边界的地质界面探测困难。

(3)钻探法是最直接和可靠的方法,但其投资较大、施工干扰大,单孔探测范围小,需要进行较多的钻探工作才能完成调查。因此,这种方法较多用于需重点探测的灾害性地质区域。使用该法时需考虑当钻孔触及到大量水体及含气层时极易同时产生地质灾害的问题,需事前制定应急方案。

(4)还不能对地质体的性质进行探测,如断层及充填物工程性质、含水构造的水力学与化学特性等内容。

(5)对涌水量及水压的预报准确率不到 30%。

(6)预报效果的检验方法多为开挖揭露后的肉眼观察结果,评价技术仅限简单统计,评价指标多为定性指标。

(7)探测设备的研制应适应隧道空间环境狭小、黑暗、潮湿及施工干扰源多等特点,同时考虑测线布置与探测范围的灵活性,使测点布置更加适应不同的探测需求,以完成各个探测方向的探测任务。

(8)探测对象的尺度宜进一步缩小,以满足围岩分级的需要,加强探测分辨率及探测量敏感性研究。开发集探测多种地质对象于一体的多探测量、多功能的设备(系列)。

(9)探索对地质体性状在时空上变化的监测方法与技术,开展对施工过程地质体性状随开挖进程的时空变化研究。

(10)地质预报方法与手段宜树立多源协同预报的思想,才能将地质体的复杂性与施工对地质体的作用及围岩与支护的组合体时空特性有效结合起来,以求达到预报的目的。

(三)超大断面隧道开挖技术

大瑶山隧道断面大,最大开挖宽度为 14.96 m,最大开挖高度为 12.84 m。Ⅱ、Ⅲ、Ⅳ、Ⅴ级围岩的开挖断面分别达到:139.23 m^2、143.55 m^2、149.60 m^2、154.40 m^2。

1. 超大断面隧道开挖方法的选择

大瑶山隧道围岩分级变化频繁。针对不同地段不同地质条件,并结合设计文件中推荐的施工方法,在进行施工方法工艺性试验的基础上合理确定开挖方式。Ⅴ级围岩地段主要采用台阶法、三台阶临时仰拱法、预留核心土环形开挖法,Ⅲ、Ⅳ级围岩主要采用台阶法、预留核心土环形开挖法;部分Ⅲ级围岩、Ⅱ级围岩采用全断面法。由于有的开挖方法在一般隧道施工中已有说明,只就个别施工方法做一说明。

(1)CRD 工法

①适用地质条件:主要用于特别破碎的岩石、碎石土、卵石土、圆砾土、角砾土组成的Ⅴ级围岩和软塑状黏性土、潮湿的粉细砂组成的Ⅵ级围岩及较差围岩中的洞口段、偏压段、浅埋段等适合于非爆破和少爆破围岩的开挖支护施工。

②施工方法:首先进行超前支护施工→左侧 1 部开挖及初支结构和中隔墙支护→左侧中层 2 部开挖及临时仰拱和中隔墙初期支护→右侧上层 3 部开挖及初期支护作业→右侧中层 4 部开挖及初期支护作业→左侧下层 5 部落底开挖及仰拱初期支护作业→右侧 6 部落底开挖及仰拱初期支护封闭作业。如图 4-4-31 所示。

施工过程中监控量测紧跟及时反馈,以调整支护参数;二次衬砌前拆除临时支护,为确保拆除后施工安全,量测必须及时进行。

(2)双侧壁导坑法

①适用地质条件:主要用于地层较差的可采用人工或人工配合机械开挖的Ⅴ级围岩地层、不稳定岩体和浅埋段、偏压段、洞口段及溶洞开挖。

②施工方法:左右侧壁导坑、中央部上部、中央部下部错开一定距离后平行作业。侧壁导坑可采用短台阶法开挖,左右侧壁导坑施工同步进行。当量测显示支护体系稳定、变形很小时,可适当加大循环进尺。

施工方法如图 4-4-32 所示。

2. 光面爆破技术在超大断面隧道开挖中的应用

为严格控制超挖,尽可能消除欠挖,大瑶山隧道在施工中广泛采用了光面爆破技术。

(1)爆破设计

①炸药的选择:炸药的密度和爆速与岩石的声阻抗相匹配,无水地段选用 2 号岩石硝胺炸药,有水地段

优先选用乳胶炸药。

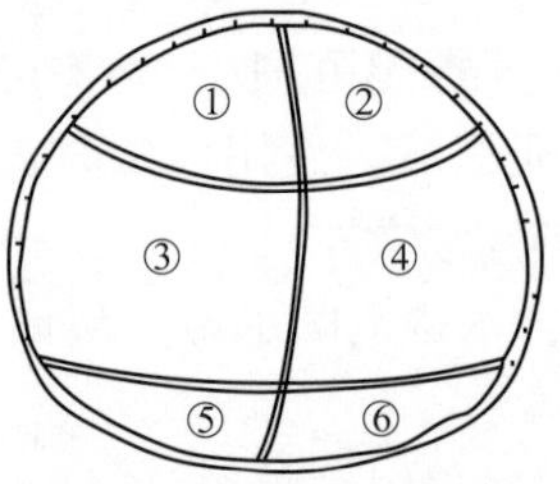

图 4-4-31　CRD 工法

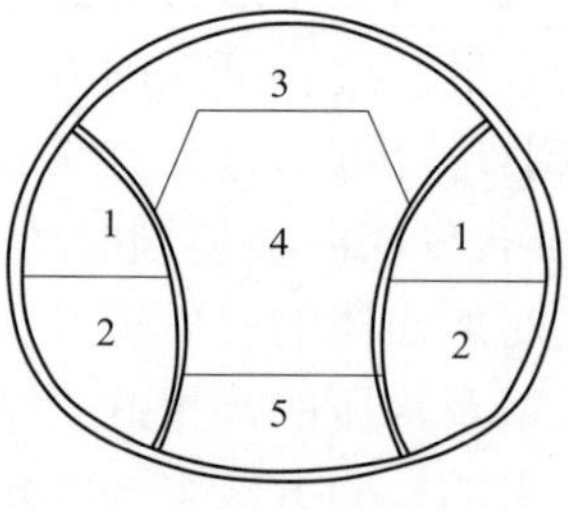

图 4-4-32　双侧壁导坑法

②钻爆参数的选择：通过爆破试验确定爆破参数，见表 4-4-15。

③掏槽方式：采用中空直眼或大角度斜眼掏槽。

④装药结构：周边眼间隔装药，根据现场成缝试验决定的线装药密度；掏槽眼、辅助眼、内圈眼、底板眼等均采用连续集中装药结构。

表 4-4-15　各级围岩光面爆破技术参数

岩石级别	周边眼间距 E(cm)	周边眼抵抗线 W	密集系数 E/W	线装药密度 ρ(kg/m)
Ⅰ、Ⅱ	55～70	70～90	0.60～0.8	0.25～0.30
Ⅱ、Ⅲ	45～60	70～80	0.60～0.8	0.20～0.25
Ⅳ	35～50	60～70	0.55～0.8	0.15～0.20
Ⅴ	30～45	50～60	0.50～0.8	0.08～0.15

注：适用于 ϕ40～ϕ50 mm 钻孔，表中数字硬岩取最大值，Ⅴ级围岩一般不爆破。

⑤堵塞方式：所有装药炮眼用炮泥堵塞，周边眼堵塞长度不小于 25 cm。

⑥起爆网路：利用非电雷管的固有延期作为起爆次序。

(2)合理资源配备

钻爆作业和挖装、运输三者应匹配，才能达到快速施工的目的，开挖装运设备配置情况见表 4-4-16。

表 4-4-16　开挖装运机具设备配置情况

序号	设备名称	规格型号	数量	单位	产地	主要用途
1	电动空压机	20 m^3	5	台	山东	高压供风
2	多功能台架	4 层	1	台	自治	作业平台
3	凿岩机	YT-28	50	台	天水	钻孔
4	挖掘机	PC300-6	1	台	日本	装砟、平整底板
5	装载机	WA380-3	2	台	日本	装砟、移动台架
6	自卸汽车	ND2631	3～5	辆	包头	运砟
7	自卸汽车	ND2530	5	辆	包头	运砟

(3)光面爆破效果

大瑶山隧道硬岩段达到线性超挖控制在 6～10 cm，半眼保存率为 90%以上，最大错台控制在 10 cm 以内，平均月进尺在 200 m 以上。

(四)超大断面隧道施工注浆堵水技术

1. 注浆堵水方案的选择

施工中根据超前地质预测预报，判定岩溶形态，根据地质资料制定科学、翔实、切实可行的施工方案，分别采取超前全断面预注浆、超前局部预注浆两种注浆方式。其中超前全断面注浆适用于可溶岩与非可溶岩接触带、断层破碎带、岩溶溶洞发育区等，超前局部预注浆适用于前方出现岩溶管道型、大型断层带等局部富水型地层情况。径向围岩注浆选择加固隧道周边 3～5 m 范围。

2. 注浆孔布置

注浆孔采取环向布置，环间距 750 mm，总钻孔数量为 111 个。

3. 注浆材料

采用水泥—水玻璃双液浆，水泥为 425 号普通硅酸盐水泥，水玻璃原液浓度为 40°Be′。普通水泥-水玻璃双液浆：水泥浆水灰比 $W:C=0.8:1\sim1:1$；水玻璃浓度 30～35°Be′；水泥浆水玻璃体积比 $C:S=1:1\sim1:0.5$。普通水泥单液浆：水灰比 $W:C=0.8:1\sim1:1$。

4. 注浆参数

注浆段长：30 m；注浆方式：采用分段前进式注浆，注浆段长 3～5 m；注浆固结范围：开挖轮廓线外 5 m；注浆顺序：由下到上，先注内圈孔，后注外圈孔；先注水泥-水玻璃双液浆，如注浆压力上升较快，则改注普通水泥单液浆；双液浆凝胶时间：20～90 s；注浆终压：根据现场测试静水压力为 1.5 MPa，确定注浆终压为 3～4 MPa；注浆速度：结合前方断层长度和注浆泵排浆能力，考虑注浆速度为 10～120 L/min。

5. 注浆工艺

纵向注浆采用前进式，径向围岩注浆采用全孔一次性注浆。

6. 注浆机械

主要选择 DK 系列钻机，该钻机具有重量轻、架设方便、钻孔速度快等特点，适合于注浆工程中多孔同时作业。选择 ZJB 系列注浆泵和 ZBY 系列注浆泵，主要型号有 ZJB/Bp-30、ZBY50/70、ZBY70/80、ZBY30/160 等。

（五）砂岩区高压突水的注浆处理

大瑶山隧道在穿越寒武系砂岩段地层时，隧道埋深达 400～650 m，处于水平径流层中，水压高 4 MPa 以上，超前探孔出水量达 12 000 m^3/d，高压裂隙水形成了较大规模的突水。2008 年 1 月 15 日 12:20 在 DK1911＋398.1 掌子面左侧拱墙施作超前探孔，当钻进至 3.2 m 位置时，出现承压水，压力 3～4 MPa，流量 430 m^3/h 左右，水流出现时有声响及气压，水头喷射距离达 47 m，水流为清水，且无衰减迹象，如图 4-4-33 所示。

图 4-4-33 掌子面突水点照片

DK1911＋398.1 掌子面突水事故发生后，由于突水量大，水压高，人无法靠近，突水治理难度很大。综合考虑各方面因素，最后确定“上游堵水、下游破门、顺坡排水、严防淹洞”的总体治理方案。突水的治理主要采用“封堵超前钻孔突水、全断面超前帷幕注浆，超前小导管预支护，台阶法开挖，5 m 围岩注浆，二衬加强”等处理措施。

1. 封堵超前钻孔突水

(1)下导水管。掘进工作面附近有 8 个孔出水位于 DK1911＋382～＋398.1 掌子面左侧拱墙，超前探孔孔深 3.2 m，孔径 ϕ42 mm，水量 430 m^3/h 左右，水压 3～4 MPa。下好导水管，将水从导水管全部导出，该步是封堵突水的技术关键，施工时既要保证安全，又要将水全部导出。

(2)关水增压实验。将所有的导水管外端的球阀全部关闭，将水闭在岩体内，时间可控制在 10～30 min，观察周边围岩有无漏水现象，如果有漏水现象，打开高压球阀，在漏水处用凿岩机打孔，埋设注浆管，注双液浆加固墙体，凝固后再进行增压实验，直至围岩不漏水，方可满足注浆要求。

(3)导水管注浆。在掘进工作面后方 30～50 m 位置布置注浆站，配备 ZJB/BP-30 型高压双液注浆泵 4 台，JB2-0.6 型搅拌机 1 台及相应的配套机具。

2. 全断面超前帷幕注浆

(1)循环及循环进尺。注浆孔深 40 m，开挖 35 m。

(2)止浆墙施工。超前注浆需设置安全可靠的止浆岩墙，岩墙采用 C30 混凝土，纵向厚度 5 m，止浆墙嵌入隧底基岩≥30 cm；周边施作径向 3 m 连接锚杆，锚杆外露 1 m，使岩体与止浆墙可靠连接。

(3)钻孔注浆。注浆时以单液水泥浆为主，注浆终压 8.0 MPa，如遇局部漏浆或大量失浆，可注水泥-水玻璃双液浆。

3. 超前小导管支护

超前注浆完后，开挖前拱部140°范围内施作4.2 m的ϕ42 mm小导管，环向间距40 cm，并注浆，小导管外插角5°～8°，浆液凝固形成棚架结构后再开挖。

4. 开挖及初期支护

注浆完后，采用CRD法开挖加固区，初期支护设置Ⅰ20a型钢钢架，纵向间距0.5 m，拱部设R25中空注浆锚杆，边墙设砂浆锚杆，间距1.0 m×0.8 m(环×纵)，拱墙设置ϕ8钢筋网片，网孔尺寸20 cm×20 cm，喷C25掺聚酯纤维混凝土，总厚度28 cm。

5. 开挖后径向注浆

隧道开挖后，再补充5 m径向围岩注浆。

6. 二衬加强

考虑破碎带段水压较大，二衬结构需加强。

7. 施工效果

DK1911＋382～＋398.1段突水的注浆封堵与超前预注浆工程共用了两个月才完成，整个注浆施工取得了良好效果，做到全部封堵涌水，实现安全生产。

四、牛岭隧道

(一)工程概况

牛岭隧道位于广东省韶关市境内，全长7 588 m，最大埋深510 m，隧道设计为单洞双线隧道。在隧道出口端左侧设置横洞一座，长93 m；斜井设于线路前进方向左侧，长510 m，坡度13.74%，交通不便。本隧道Ⅱ级围岩总长5 969 m，占隧道总长的78.7%；Ⅲ级围岩总长775 m，占隧道总长的10.2%；Ⅳ级围岩总长420 m，占隧道总长的5.5%；Ⅴ级围岩总长429 m，占隧道总长的5.7%。

(二)洞身开挖施工方法

正洞开挖Ⅱ、Ⅲ级围岩采用台阶法开挖；Ⅳ级硬质围岩采用CD法开挖，Ⅳ级软质围岩及加强段采用CRD法开挖；Ⅴ级围岩段采用双侧壁导坑法或CRD法开挖。

(三)岩爆地段施工

牛岭隧道埋深大于420 m的硬质岩段，地质为石英砂岩，地质构造和地层岩性复杂，隧道埋深大，特别在岭脊范围内，岩爆在所难免。对此采取“以防为主，防治结合”的原则进行处理，施工中做好动态信息化施工，避免或减少岩爆的发生。

1. 岩爆预测、预报方法

(1)以超前探孔为主，辅以地震波等手段进行预测预报；

(2)对开挖面及其附近的地质观察、素描，分析岩石的“动态特性”，主要包括岩体内部发生的各种声响和局部岩体表面的剥落、崩裂等现象；

(3)采用工程地质类比法进行宏观预报。

2. 岩爆地段的处理措施

为防止因岩爆和发生大变形造成隧道塌方、冒顶、隧底隆起导致失稳现象，影响隧道的

结构和工程进度，威胁施工人员和施工设备的安全，采取岩爆预测预报、优化隧道开挖方法、应力解降法和围岩加固法等“先柔后刚、先放后抗”的施工方法和防护措施。

(1)优化开挖方法：岩爆一般发生在上半断面，故减少上半断面周边眼孔距、采用小药卷、降低同段起爆药量，以达到开挖面圆顺，减少局部应力集中。

(2)超前处理措施：对预报有岩爆发生地段采用超前钻孔，注入高压水，达到超前释放应力、软化围岩、降低脆性的目的。打设超前锚杆，以锁定前方围岩，岩爆强烈地段可进行预切槽法施工或超前钻孔进行松动爆破，以改变围岩的应力状况和加速围岩的应力释放。

(3)开挖后的处理措施：微弱岩爆地段，直接在开挖面上喷雾洒水，软化围岩，降低脆性，促使应力释放和调整。中等以上岩爆地段，在开挖轮廓线外的拱部和边墙打注水孔，向孔内喷灌高压水，软化围岩，加快围岩

内部的应力释放。在掌子面设钢丝尼龙绳防护网，设备顶设钢质“防石棚”，随时观察和注意围岩表面的变形情况，加强围岩收敛与应力量测；同时加强初期支护，对发生岩爆地段挂设钢筋网，加长系统锚杆，喷射钢纤维混凝土，达到弱化岩爆程度的目的。

3. 岩爆地段施工

短进尺开挖，每循环控制在 1.0～1.5 m，避免引起较大范围的应力重分布，并利于尽快出砟后及时支护。采用光面爆破，使开挖轮廓圆顺，并严格控制用药量，以尽可能减少爆破对围岩的影响。

开挖前施作超前锚杆锁定前方围岩，开挖后在拱部及两侧边墙布置 2 m 长的锚杆，间距不大于 1 m，并与微纤维喷射混凝土联合使用，形成喷锚加固作用，防止岩石向外弹射，限制岩爆大规模发生。

4. 发生岩爆采取的措施

(1)停机待避，同时进行工作面的观察记录。

(2)在工作面、侧壁和拱部，每一循环内进行 2～3 次找顶。

(3)采用能及时受力的锚杆：锚固剂锚杆。

(4)采用喷射钢纤维混凝土，厚度为 5～8 cm。

(5)当用台车钻眼，岩爆的强度在中等以下时，可在台车及装砟机械、运输车辆上加装防护钢板，避免岩爆弹射出的块体伤及作业人员和砸坏施工设备。

(四)防排水施工

隧道防排水按照“防、排、截、堵结合，因地制宜，综合治理”的原则，在裂隙水较发育及有水文环境严格要求的地段，防排水按照“以堵为主，限量排放”的原则，堵水率达到 90%以上。全部采用复合式衬砌，隧道二次衬砌采用不低于 P8 的防水混凝土，耐腐蚀混凝土；隧道防水等级为一级；隧道内设双侧水沟排水。现主要介绍其防水板无钉铺设工艺。

1. 防水板无钉铺设施工工艺

防水板在铺设过程中，不能有任何孔眼穿透防水板，以确保防水板整体性、完整性、防水性，其施工方法如下：

(1)找平喷混凝土基面，凡基面凹在 10 cm 以上者，用水泥砂浆抹面，凸处凿平；矢高：弦长值小于 1∶6，锚头、钉头、钢筋头、钢支护凸出者清除至基面平，并用砂浆抹盖。

(2)在处理基面上铺设土工布(≥400 g/m^2)作垫层，搭缝宽 50 mm，热焊牢固、平整。

(3)铺设土工布时，用特制黑色 ϕ80 mm 将热熔塑料垫片敷其上，用电钻打眼钢钉膨胀环固定，间距拱部 0.5～0.7 m，边墙 1.0～1.2 m，凸凹处适当增加固定点。钉头在塑料垫片圆形环槽内。

(4)土工布铺设后，即可铺设防水板，标出土工布拱顶中线，防水板中线与拱顶中线一致，从拱顶向两拱脚、边墙对称铺设。

(5)用焊机把防水板热合固定于黑色 ϕ80 mm 塑料垫片上，焊接牢固，整个防水板无一穿孔。

(6)防水板环向搭接采用 TH 型自动焊机使两板热熔，双焊缝连接。

(7)通过检查，每环防水板是否有孔眼及漏缝、虚缝，是否有个别破损点，焊缝补焊，孔眼加设圆形防水板块进行覆盖焊补。

2. 注意事项

(1)防水板铺设应在初期支护基本稳定后进行，铺设前喷射混凝土表面不得有锚杆头或钢筋断头外露，对凸凹不平处应修凿、喷补，使混凝土表面平顺；局部漏水处应进行处理。防水板按环形铺设，粘结工序与固定工序紧密配合。两环防水板的搭接宽度为 100 mm。固定防水板时不得紧绷，并保证板面与喷射混凝土表面能密贴。

(2)铺设防水板地段距开挖工作面，不应小于爆破所需要的安全距离，灌注二次混凝土时，不得损坏防水板。

(3)防水板属隐蔽工程，灌注二次衬砌混凝土时，应检查板面与底层的密贴情况、搭接、粘结质量、固定防水板处结合情况等，并填写质量检查记录。

(4)防排水板铺设施工是一项严格细致的工作，由专业的防水工班作业，并建立专业检查制度，施工前要编制详细的作业指导书，并对操作人员进行严格的操作技术培训。

(5)不得将防水板的 BEP 面与另一块防水板的土工布相贴焊接，造成该处渗漏水。

(6)防水板沿隧道纵向一次铺挂长度要比本次灌注混凝土长度多 1 m 左右，一方面便于与下一循环的防排水板相接，另一方面可使防排水板接缝与混凝土接缝错开 1 m 左右，有利于防止混凝土施工缝渗漏水。

(五)监控量测

牛岭隧道的监控量测主要以围岩与支护状态观察、拱顶下沉、周边位移及收敛以及浅埋段的地表下沉为主测项目，为确保隧道施工顺利进行，及时掌握围岩和支护在施工中的力学动态及稳定程度，保障施工安全；为评价和修改初期支护参数、力学分析及二次衬砌施作时间提供依据，结合隧道具体条件确定开展监控量测。

1. 隧道围岩变形量测

(1)现场量测要求

①初期支护施作 2 h 后即埋设测点，采集第一次量测数据。

②测试前检查仪表设备是否完好，如发现故障应及时修理或更换；确认测点是否松动或人为损坏，只有测点状态良好时方可进行测试工作。

③测试中按各项量测操作规程安装好仪器仪表，每测点一般测读三次；三次读数相差不大时，取算术平均值作为观测值，若读数相差过大则应检查仪器仪表安装是否正确、测点是否松动，当确认无误后再按前述监控量测要求进行复测。每次测试都要认真做好原始数据记录，并记录掘进里程、支护施工情况以及环境温度等，保持原始记录的准确性。量测数据应在现场进行粗略计算，若发现变位较大时，应及时通知现场施工负责人，以便采取相应的处理措施。

④测试完毕后检查仪器、仪表，做好养护、保管工作。及时进行资料整理，监控量测资料须认真整理和审核。

(2)量测断面间距、测点布置

测点布置如下：全断面开挖时水平收敛基线布置 2 点，其中起拱线处水平布置 1 点，起拱线上 2 m 处布置 1 点；拱顶下沉测点每个断面内布置 1 点。

(3)施工监测

①周边水平位移量测

a. 测点埋设：喷锚支护施作后，用风钻凿 ϕ40 mm、深 200 mm 的孔，先用 1∶1 水泥砂浆灌满后再插入测点固定杆，尽量使同一基线两测点的固定方向在同一直线上，待砂浆凝固后，即可进行量测工作。

b. 量测方法：采用 SWJ-Ⅳ隧道收敛计监测。该收敛计采用大张力自锁紧摇柄加载系统，并在结构上进行了一系列性能提升设计，具有很高的量测精度，特别适用于大跨度隧道的变形监测。

②拱顶下沉量测

拱顶位移量测的测点用风枪打眼埋设好固定杆，并在外露杆头设挂钩。测点的大小要适中。支护结构施工时要注意保护测点，一旦发现测点被掩埋，要尽快重新设置，以保证数据不中断。如图 4-4-34 所示。

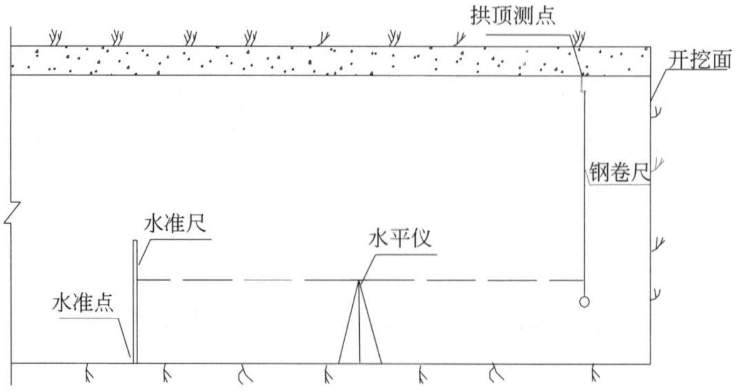

图 4-4-34 拱顶下沉量测示意

采用精密水平仪、铟瓦钢水准尺、挂钩式钢尺配合测量拱顶下沉，精度可达 0.5 mm。量测时用一把 2～4 m 长的挂钩式钢尺挂上即可。

③地表下沉量测

a. 测点布置：与洞内收敛、拱顶下沉量测断面里程对应，地表下沉量测点集中设在隧道中线附近，并在开挖面前方 $H+h_1$ 处设测点，（H 为隧道埋深，h_1 为上半断面净高），直到开挖面后方约 3～5B 处。

b. 测量方法：采用精密水平仪、铟瓦钢水准尺配合测量地表沉降，精度可达 0.5 mm。用经纬仪将所有测点布设于同一直线上。测点钢筋安设就位后，表面磨平，并用钢钉等锐器在其表面冲眼标记。

2. 围岩稳定性和支护效果分析

将量测数据进行处理和分析，绘制时间-位移曲线。一般情况会出现两种时间-位移特征曲线，如图 4-4-35 所示。

采用水平仪、水准尺配合测量地表沉降，精度可达 2～4 mm。用经纬仪将所有测点布设于同一直线上。测点钢筋安设就位后，表面磨平，并用钢钉等锐器在其表面冲眼标记。

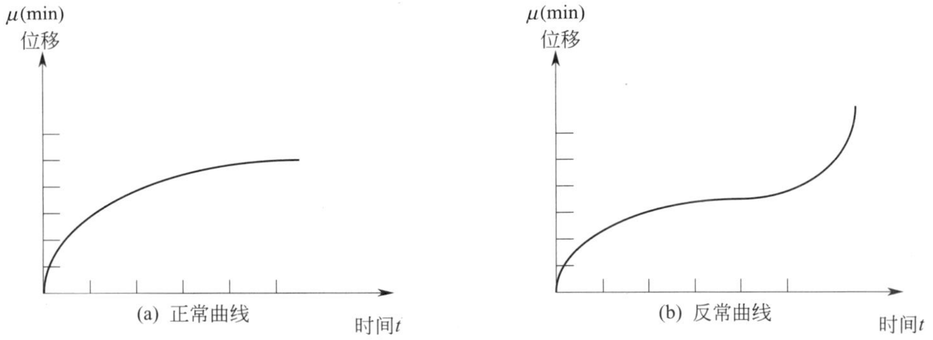

图 4-4-35　时间-位移特征曲线

（1）正常曲线表示绝对位移值逐渐减小，支护结构趋于稳定，可施作模筑混凝土衬砌。

（2）反常曲线表示位移变化异常，出现反弯点，初期支护严重变形，这时应及时通知施工管理人员，该段支护须采取加强措施，确保隧道不坍方；严重时施工人员须迅速撤离施工现场，保证施工人员安全。

（六）隧道突水、突泥施工预案

牛岭隧道 DK2020＋710～＋995 及 DIK2022＋470～＋780 段为石英砂岩与花岗岩的接触带及影响带，岩体破碎，为富含水地层，易发生突水。

1. 超前预报

加强超前地质预报，采用 TSP-203 或 TGP-12 地震波探测仪、红外线探水仪、地质素描、超前水平钻孔、地质雷达等综合物探的方法进行探测，对于溶洞及岩溶富水地段采用帷幕注浆堵水，其余则采用拱部超前小导管预注浆支护；选取合适的开挖方法，CRD 法和双侧壁导坑法开挖，变大断面为小断面，确保施工安全；实行动态监控，信息化施工。加强对围岩应力的监测，了解围岩应力的变化规律，进一步掌握围岩的特性，为施工提供可靠的技术依据。

2. 超前地质预报与补充地质调查

隧道施工中，重点地段上述各种预报手段并用，一般地段以地质雷达、红外线探水仪和地质素描为主。

对于设计提供的不良地质地段，提前 50 m 进行探测：TSP-203 或 TGP-12 地震波探测仪每 100 m 施作一次；HY303 红外线探水仪每掘进循环施作一次；超前水平钻孔（每断面布置 5 孔，其中 1 个孔钻取岩芯）30 m 一个循环，每循环搭接长度 5 m；地质素描每掘进循环进行一次；地质雷达每 30 m 施作一次。

根据几种探测手段的探测结果进行综合分析，互相验证，提出预测预报意见和工程措施建议，及时反馈，以调整优化设计，进一步改进和完善施工工艺和方法，实施信息化动态施工管理。

补充地质调查是在设计提供的地质资料的基础上，实地调查核实不同地层、岩性、岩层产状在隧道地表的出露及接触情况等。

五、高岭隧道

(一)工程概况

高岭隧道位于广东省清远市境内,全长 5 558 m,隧道全宽为 15.36 m,开挖高度为 12.99 m,隧道最大开挖断面为 166.5 m^2,高岭进口段土质Ⅴ级围岩总长 203 m。出口洞口段土质Ⅴ级围岩总长 295 m。属于浅埋、超浅埋隧道,进口段洞身位于坡积层粉质黏土崩、坡积层碎石土及块石土层中;出口段地质位于坡洪积层粉质黏土呈灰褐色及灰绿色,软塑~硬塑,表层 0~2 m 呈流塑状,夹约 5%~10%的石英岩、板岩、砂岩、花岗岩质碎石角砾,厚 2~8 m。开挖后围岩几乎无自稳能力,极易剥落、坍塌、片帮,支护不及时则易发展成为较大规模的冒顶塌方事故。由于在雨季施工,该地段受大气降雨补给,洞内地下水较为丰富,地下水对混凝土有弱侵蚀性;粉质黏土遇水迅速软化,呈流塑状,对隧道施工地质条件产生严重的破坏作用。

(二)施工方法

高岭隧道正洞开挖,Ⅱ、Ⅲ级围岩采用台阶法开挖;Ⅳ级硬质围岩采用 CD 法开挖,Ⅳ级软质围岩及加强段采用 CRD 法开挖;Ⅴ级围岩段采用双侧壁导坑法或 CRD 法开挖,围岩较好地段采用光面、预裂爆破,控制开挖轮廓,减少超欠挖,同时减少对围岩的扰动。施工过程中采用激光断面仪跟踪检查,对于不宜爆破的软弱围岩采用小型挖掘机直接开挖或采用人工风镐开挖。采用双侧壁导坑工法施工。

1. 施工要点

(1)双侧壁法施工应遵循"弱爆破、短进尺、强支护、早封闭、勤量测"的原测进行。

(2)本隧道双侧壁段以粉质黏土为主,含少量土夹石,土质地段人工用揪、镐开挖,遇少量土夹石,采用风镐开挖,中间部分地质相对较好时,采用小型挖掘机开挖。

(3)各台阶长度控制在 3~5 m,上导坑出砟采用人工翻砟入滑槽滑至下台阶,再采用 ZL40C 装砟入自卸汽车,运至指定弃砟场。

(4)在机械设备进入⑤、⑥部之前,先对底部临时横撑用枕木进行支垫,确保机械设备能在底部横撑上正常走行,以免对封闭结构造成扰动。

(5)⑦、⑧部采用类似台阶法施工方法,采用小型挖掘机开挖。

2. 注意事项

(1)侧壁开挖后,中央部分实际处于悬空状态,这部分围岩经开挖已扰动过两次,中部开挖方法不当,易导致临时壁墙破坏。

(2)隧底两侧与侧墙联结处应平顺开挖,避免引起应力集中。

(3)双侧壁导坑法左右侧导坑架立钢架时,要求准确定位,防止左右侧导坑钢架不在同一断面造成拱部钢架闭合时连接困难。

(4)在机械设备进入①、③部时,先对①、③部下部临时横撑以上找平垫层,确保机械设备能在横撑上正常走行。

(5)中洞围岩对导坑内壁临时支护作用应力也是很大的,容易导致拱部接头板处变形较大,产生扭曲、压瘪的现象,造成拱部施工时钢架接头板的螺栓孔难以对接。施工中要加强临时支护强度和质量。

(6)整幅灌注仰拱后按自上而下的顺序依次拆除临时钢架和临时横撑。

(7)监控量测是极为重要的,对设计、施工起反馈指导作用,如果地质情况变差,变形超限而不及时修正支护参数或采取必要的施工措施,极易产生坍塌变形侵限,同时影响临时支护拆除和灌注二次衬砌的时机,必要时调整施工工序及支护参数。

(三)劳力组织

作业组织方式:三班四倒作业制。

1. 开挖班:3×28 人,负责土石开挖等。

2. 支护工班:3×24 人,负责初喷、挂网、径向小导管、超前锚管、锚杆、型钢架架设、喷混凝土。

3. 机械保障工班:3×5 人,出砟运输、混凝土生产运输、风水电保障工作。

(四)材料设备配备

材料设备配备见表 4-4-17。

表 4-4-17 材料设备一览表

序 号	名 称	规格型号	数量(台/套)
1	装载机	ZL40c	1
2	挖掘机	PC200-6	1
3	自卸汽车	2632K	2
4	锚杆注浆泵	NZ130A	1
5	混凝土湿喷机	TK-500	2
6	注浆机	KBY50/70	2
7	浆液搅拌机	NJ-600	4
8	混凝土拌和站	75 m^3/h	2
9	混凝土运输车	5290GJB	2
10	电动空压机	3L-20/8	3
11	超前水平地质钻机	GY-60	1
12	风镐	G10	10

(五)深孔高压旋喷桩加固在高岭隧道地表坍塌处理中的应用

隧道通过粉质黏土层时,在DK2064+507～+525段地表形成坍坑,深约6～7 m,坍坑垂直隧道中线左右边缘距隧道中线各约9 m,坍坑边缘基本呈圆形。受坍方的牵引,地表出现多处裂缝,主要集中在DK2064+525～+545之间,另外地表DK2064+560处线路左侧有一道长约40 m的裂缝。根据地表开裂情况,DK2064+505～+560段土体均受到扰动,且受地下水的影响,土体变得更加松散、稳定性差,地表出现多处裂缝。根据现场条件、施工现状及所处段落的地质条件分析,采取地表处理与洞内处理相结合的原则,处理方案制订如下:

1. 首先对洞内坍方体坡面进行加固,确保地表处理时的安全

在地表处理前先于坍体坡脚堆码填土编织袋,确保坡脚稳定,对洞内坍体表面进行铺ϕ8 mm钢筋网,网格间距15 cm×15 cm,喷15 cm厚的混凝土封闭,并对坍方体正面进行注浆固结,注浆深度8 m。避免地表处理时发生新的溜坍,危及地表设备和人员安全。

2. 进行地表预加固处理

采用高压旋喷注浆,采用双重管法,旋喷固结体的直径不小于60 cm,桩间距按1 m布置。旋喷桩在施工前必须作试桩,按有关规定进行检测,以便调整施工工艺,确保施工质量,在加固到一定区域后应设置检查孔,检查加固效果。旋喷桩施工时,先施作周边,再加固中部。

加固范围为纵向长度DK2064+505～+545段40 m,而DK20 64+545～+565段20 m,须结合洞内坍体及变形段处理情况,若在洞内变形段处理开挖时,地表变形、开裂加剧,则应停止洞内处理,实施DK2064+545～+565段加固。横向宽度根据实际地形,按破裂角法控制,隧道中线左侧17 m、右侧26 m。加固深度一般至计算破裂面以下1～2 m,隧道范围内则至开挖轮廓线外1 m,其中DK2064+511～+518段为确保洞内清方形成作业空间的安全,须加深至拱顶以下约3 m。

3. DK2064+505～+545段地表预加固结束后,于DK2064+505～+600建立完善的地表观测网,观测网格尺寸10 m×10 m。监测点建立后(可根据实际情况进行适当调整),对各监测点进行闭合测量。

4. 基底处理

DK2064+512～+600段在衬砌施作前,均应核实隧底情况,清除软化层,若基底承载力小于150 kPa,则应采取高压旋喷注浆或花管注浆等基底加固措施,其加固深度为仰拱下5 m,桩(孔)间距1 m,呈梅花形布置。

六、金沙洲隧道

(一)工程概况

金沙洲隧道位于广州市西北侧和佛山市南海区境内,兼容山岭隧道及城市地铁的双重特点,沿线建筑物

密集，道路交通网错综复杂。隧道平面位于直线上，建筑长度 4 469 m(DK2192＋831～DK2197＋300，含长 407 m 敞开段)，最大开挖断面 160.11 m^2，最大跨度 16 m。纵断面设计为"V"形坡，坡度为 20‰。隧道辅助坑道设一个斜井和两个竖井，斜井长 235 m，DK2196＋300 明暗挖分界处增设一座简易竖井。

原设计采用高架桥跨越，由于地方强烈要求，设为浅埋隧道，需长距离在市区浅埋地下大断面开挖。隧道处在古生界及新生界岩性地层的区域内，不仅地质水文条件复杂多变，周边环境极其复杂，且工期紧张，风险源众多，环境控制标准严格，施工难度极大，安全风险极高，是全线控制性工程之一。

(二)施工方法

按新奥法原理，结合围岩特征及水文地质条件，设计有台阶法、三台阶法临时仰拱封闭法、双侧壁导坑法、CRD 法等多种施工方法，详见表 4-4-18 和表 4-4-19。

表 4-4-18 金沙洲暗挖段隧道围岩级别及原设计方案施工方法

起讫里程	围岩分级	长度(m)	辅助措施	施工方法
DK2192＋831～DK2192＋849	Ⅴ	18	倒弧切式洞门	明挖
DK2192＋849～DK2192＋930		81	洞口 40 mϕ108 mm 管棚，其余超前锚杆	双侧壁导坑法
DK2192＋930～DK2192＋980	Ⅳ	50	超前锚杆	三台阶临时仰拱封闭法
DK2192＋980～DK2193＋280	Ⅲ	300		台阶法
DK2193＋280～DK2193＋320	Ⅳ	40	超前锚杆	三台阶临时仰拱封闭法
DK2193＋320～DK2193＋340	Ⅴ	20	超前小导管	三台阶临时仰拱封闭法
DK2193＋340～DK2193＋510	Ⅵ	170	ϕ89 mm 长管棚＋ϕ42 mm 超前长管棚	双侧壁导坑法
DK2193＋510～DK2193＋540	Ⅴ	30	超前小导管	三台阶临时仰拱封闭法
DK2193＋540～DK2193＋560	Ⅳ	20	超前锚杆	三台阶临时仰拱封闭法
DK2193＋560～DK2193＋650	Ⅲ	90		台阶法
DK2193＋650～DK2193＋710	Ⅳ	60	超前锚杆	三台阶临时仰拱封闭法
DK2193＋710～DK2193＋940	Ⅴ	230	ϕ89 mm 长管棚＋ϕ42 mm 超前长管棚	分部台阶法
DK2193＋940～DK2193＋340	Ⅳ	400	超前小导管	三台阶临时仰拱封闭法
DK2194＋340～DK2194＋675	Ⅴ	335	DK2194＋400～＋675 段采用超前帷幕注浆，ϕ89 mm 长管棚＋ϕ42 mm 超前小导管	三台阶临时仰拱封闭法
DK2194＋675～DK2194＋835	Ⅵ	160	DK2194＋675～＋700 段采用超前帷幕注浆，ϕ89 mm 长管棚＋ϕ42 mm 超前小导管	双侧壁导坑法
DK2194＋835～DK2194＋880	Ⅴ	45	超前小导管	双侧壁导坑法
DK2194＋880～DK2194＋930	Ⅳ	50	超前锚杆	三台阶临时仰拱封闭法
DK2194＋930～DK2195＋186	Ⅲ	256	部分锚杆＋部分径向注浆	台阶法
DK2194＋186～DK2195＋496	Ⅲ	310	部分锚杆＋部分径向注浆	台阶法
DK2195＋496～DK2195＋530	Ⅳ	34	ϕ108 mm 长管棚	台阶法
DK2195＋530～DK2195＋660	Ⅵ	130	ϕ42 mm 超前小导管	三台阶临时仰拱封闭法
DK2195＋660～DK2195＋780	Ⅴ	120	ϕ89 mm 长管棚＋ϕ42 mm 超前小导管	分部台阶法
DK2195＋780～DK2196＋045	Ⅵ	265	ϕ108 mm 长管棚＋ϕ42 mm 超前小导管	双侧壁导坑法
DK2196＋045～DK2196＋300	Ⅵ	255	ϕ159 mm 长管棚＋ϕ42 mm 超前小导管	双侧壁导坑法
总长度		3 469		

表 4-4-19　金沙洲隧道暗挖段围岩级别及变更方案施工方法

起讫里程	围岩分级	长度（m）	辅助措施	施工方法
DK2192+831～DK2192+849	Ⅴ	18	倒弧切式洞门	明挖
DK2192+849～DK2192+930		81	洞口 40 mϕ108 mm 管棚，其余超前锚杆	三台阶临时仰拱法
DK2192+930～DK2192+980	Ⅳ	50	超前锚杆	三台阶临时仰拱封闭法
DK2192+980～DK2193+280	Ⅲ	300		台阶法
DK2193+280～DK2193+320	Ⅳ	40	超前锚杆	三台阶临时仰拱封闭法
DK2193+320～DK2193+340	Ⅴ	20	超前小导管	三台阶临时仰拱封闭法
DK2193+340～DK2193+510	Ⅵ	170	ϕ89 mm 长管棚+ϕ42 mm 超前长管棚	三台阶临时仰拱封闭法
DK2193+510～DK2193+540	Ⅴ	30	超前小导管	三台阶临时仰拱封闭法
DK2193+540～DK2193+560	Ⅳ	20	超前锚杆	三台阶临时仰拱封闭法
DK2193+560～DK2193+650	Ⅲ	90		台阶法
DK2193+650～DK2193+710	Ⅳ	60	超前锚杆	三台阶临时仰拱封闭法
DK2193+710～DK2193+940	Ⅴ	230	ϕ89 mm 长管棚+ϕ42 mm 超前长管棚	分部台阶法
DK2193+940～DK2193+340	Ⅳ	400	超前小导管	三台阶临时仰拱封闭法
DK2194+340～DK2194+675	Ⅴ	335	DK2194+400～+675 段采用超前帷幕注浆，ϕ108 mm 长管棚+ϕ42 mm 超前小导管	三台阶临时仰拱封闭法
DK2194+675～DK2194+835	Ⅵ	160	地表注浆加固，ϕ159 mm 长管棚+ϕ42 mm 超前小导管	三台阶临时仰拱封闭法
DK2194+835～DK2194+880	Ⅴ	45	超前小导管	三台阶临时仰拱封闭法
DK2194+880～DK2194+930	Ⅳ	50	超前锚杆	三台阶临时仰拱封闭法
DK2194+930～DK2195+186	Ⅲ	256	部分锚杆+部分径向注浆	台阶法
DK2194+186～DK2195+496	Ⅲ	310	部分锚杆+部分径向注浆	台阶法
DK2195+496～DK2195+550	Ⅳ	34	ϕ108 mm 长管棚	台阶法
DK2195+550～DK2195+660	Ⅵ	130	ϕ42 mm 超前小导管	三台阶临时仰拱封闭法
DK2195+660～DK2195+780	Ⅴ	120	ϕ108 mm 长管棚+ϕ42 mm 超前小导管	三台阶临时仰拱封闭法
DK2195+780～DK2196+045	Ⅵ	265	ϕ108 mm 长管棚+ϕ42 mm 超前小导管	CRD 法
DK2196+045～DK2196+300	Ⅵ	255	ϕ159 mm 长管棚+ϕ42 mm 超前小导管	CRD 法、三台阶临时仰拱封闭法
总长度		3 469		

(三)隧道下穿高速公路互通立交枢纽施工

通过对隧道下穿高速公路互通立交枢纽工程的具体分析，为保证施工安全，对原设计方案进行适当优化。本工程下穿施工方案优化与比选见表 4-4-20。

表 4-4-20　原方案与实际施工优化方案对比

项目	原方案	优化方案
地表加固	无	“H”型注浆加固，新建钢便桥
超前加固	超前全断面注浆，ϕ89 mm 长管（斜向埋设）+ϕ42 mm超前小导管	ϕ159 mm 长管（平角埋设）+ϕ42 mm 超前小导管

续上表

项目	原方案	优化方案
初期支护参数	I22a工字钢，喷混凝土厚度28 cm	I25a工字钢，喷混凝土厚度35 cm
开挖工法	双侧壁导坑工法	三台阶临时仰拱封闭法
优缺点对比	1. 全断面帷幕注浆、双侧壁导坑法施工难度大，施工工期长；2. 超前管棚斜角埋设，管棚防塌效果减弱	1. 洞内施工工法简单易行；2. 超前管棚角度容易控制，防塌效果显著；3. 地表进行注浆加固和新建钢便桥，对既有老桥和新建匝道桥有了实质性的保护
示意图	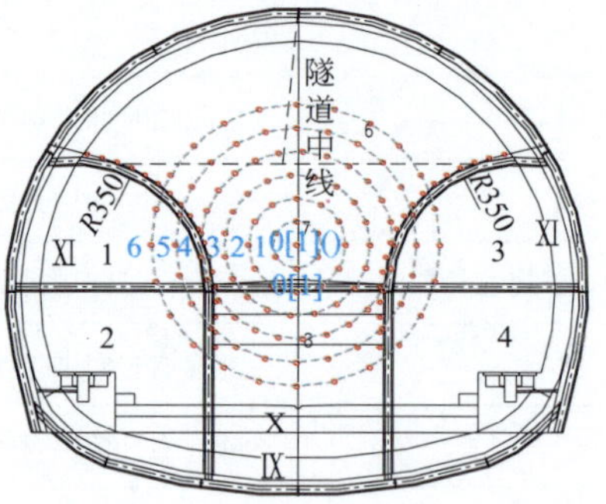	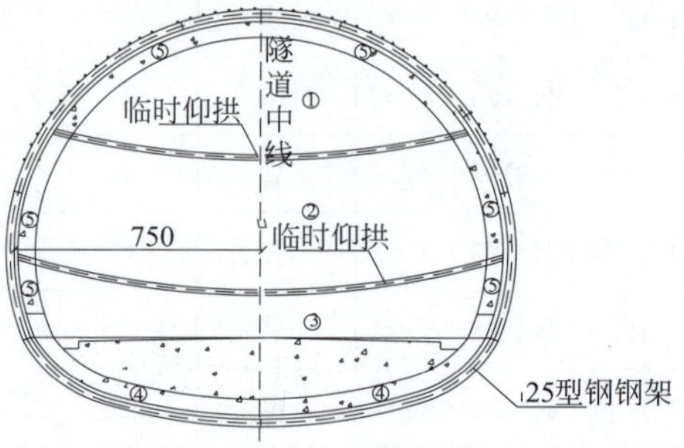

通过对施工方案的合理优化，采取一系列的应急措施，最终顺利通过高速公路互通立交枢纽。

（四）隧道穿越水塘地段施工

1. 施工措施

（1）地表围堰排水

DK2193＋337～DK2193＋398鱼塘，经过排水后回填土平整，避免隧道顶地面过多积水。原计划在隧道掘进进入DK2193＋400～DK2193＋480水塘范围前，修筑土坝，抽干堰内塘水，局部回填黏土，再在地表施作加固措施。最后考虑经济原因，只进行了部分围堰抽水。

（2）地面加固

地面进行注浆加固，注浆孔呈梅花型布置，排距1.5 m。注浆底部进入风化岩（W3）或隔离层，采用纯水泥浆液。含水率较大的地层采用水泥＋水玻璃浆液，注浆压力0.5～1.0 MPa。注浆完成后，钻孔取样检查，其渗透系数和土的力学指标有所改善。

（3）ϕ108 mm管棚超前支护

拱部140°范围埋设管棚，防止顶部围岩过度松弛，引起坍塌。原设计采用ϕ89 mm管棚，斜向埋设，长度10 m，开挖7 m，搭接3 m。施工优化采用ϕ108 mm管棚，洞内设管棚工作室，管棚水平设置，长度30～35 m，环向间距40 cm，采用花管注浆，注浆压力0.8～1.0 MPa。通过对比分析，优化方案无论在管棚加固支护效果、材料消耗、缩短工期等方面都有显著优势。

2. 施工效果分析

各阶段实际施工中，在DK2193＋440紧邻鱼塘断面的拱顶沉降与洞内收敛的监控量测数据如图4-4-36所示。由图4-4-36可知，虽然DK2193＋440断面紧邻鱼塘，但采取相应措施后，在各开挖施工工序阶段，断面附近拱顶沉降和围岩的收敛情况变化均较正常。

（五）淤泥地层改良加固

为保证安全，隧道施工过程中需采取有效的地层预加固措施。结合金沙洲隧道DK2196＋110～＋300段流塑状淤泥地层实际条件，通过现场取样，选取多种水泥土配合比和养护龄期，分别进行水泥土物理力学参数的室内试验，得到相应的力学指标。根据试验结果，选取了合理的水泥掺入比，并在工程现场实施。结果表明，在地表采用水泥搅拌桩加固淤泥地层能很好地控制隧道开挖期间地层的位移和变形，保证隧道施工安全和结构稳定，同时可加快施工进度，该方法的成功实施可为类似工程提供参考。

1. 淤泥地层改良加固室内试验

（1）水泥土试样制备和养护

水泥作为固化剂能有效提高淤泥土的强度，其化学成分和掺入比对加固后形成的水泥土的性能影响

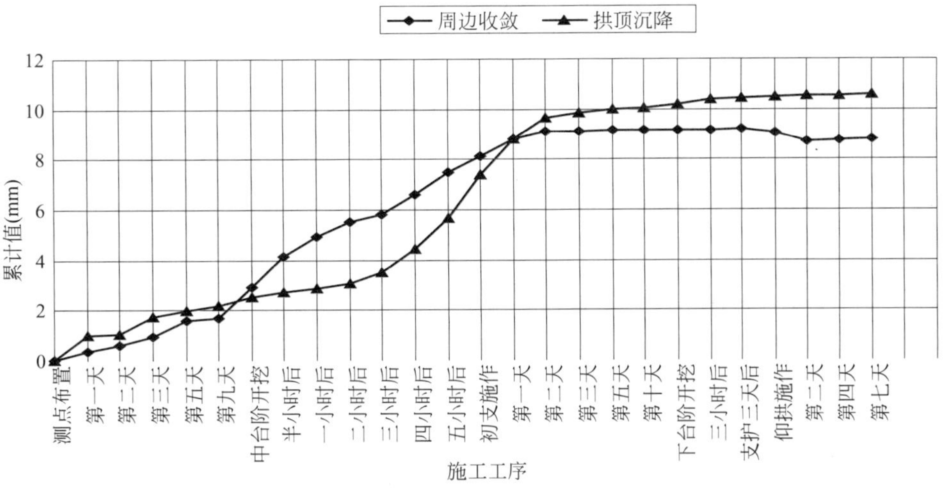

图 4-4-36 DK2193＋440 断面拱顶沉降与周边收敛实测曲线

极大。为得到不同水泥掺入比和养护龄期与水泥土性质的相关规律，以确定工程现场所需的最佳水泥含量，采用 42.5 级普通硅酸盐水泥，选取 5％、8％、10％、12％、15％、18％和 25％共 7 种不同的水泥掺入比制作试样。

(2)石灰土试样制备和养护

将生石灰粉按 6％、8％、10％、12％、15％掺入比掺入原状土中，并搅拌均匀装入 50 mm×50 mm 的圆柱钢模中均匀捣实抹平，24 h 后脱模。为模拟淤泥地层实际条件，采用塑料袋养生法，即将制备好的试样装入塑料袋内，封闭后置入水中在室内常温下养护。

在试样制备过程，对比水泥土试样发现，若石灰土试样在 12 h 后脱模，其自稳能力差，放置过程中无外力情况下仍有较大变形；若石灰土试样在 24 h 后脱模，情况大致与水泥土相仿。

2. 试验结果分析

(1)原状土的物理力学特征：原状土为取自金沙洲隧道 DK2196＋320 地下 2～3 m 深处的淤泥土，在天然状态下呈流塑状并具高压缩性，原状土物理力学特征指标室内试验结果略小于地质勘察报告结果，但基本在允许误差内。

(2)含水率。原状土掺入水泥或石灰后，含水率较原状土有所降低，且随水泥或石灰掺入量增加而降低，比较水泥土和石灰土后发现，在相同渗入比的情况下，石灰与水泥对含水率的影响规律大致相同，石灰对于含水率影响略大，但随着掺入量增加到一定限值后水泥土含水率下降速率较快。

3. 现场加固效果

DK2196＋110～＋300 段地表采取水泥搅拌桩加固后，在开挖过程中，上台阶掌子面稳定，挖出的改良土土块坚硬，自稳能力强，有较强的抗剪强度，表明通过对 DK2196＋110～299.8 段地表软土(基本为淤泥)的改良，基本达到了预期效果。在施工管棚过程中发现，土体改良后，地层较硬，孔口流出的浆液反映主要为水泥土混合物，基本为较硬地层，个别地段很硬，难以钻进。

4. 经验与体会

(1)室内试验表明，通过掺入一定量的水泥，可以显著提高淤泥土的物理力学特性。为采用地表粉喷桩进行金沙洲隧道出口淤泥质地层进行改良加固提供了基础。

(2)在室内试验结果的基础上，选取水泥渗入量不低于 18％作为固化剂，进行现场地表粉喷桩施工，施工结果表明，该方法加固效果良好。

(3)通过地表粉喷桩进行淤泥质地层的改良加固，能有效的控制大断面隧道开挖引起的地层变形和位移，相对于其他方法，具有施工进度快、易于保证加固效果等优点。

(六) 技术成果

面对工程难度大、安全风险高、工期紧等难题，在部有关部门、武广公司的积极支持下，中铁四局会同中南大学、铁四院进行了大量科技攻关，取得了丰硕成果，保证了施工的顺利进行。

1. 成功运用偏压加固进洞施工技术

在复杂的地质地段，通过建立计算模型，采取数值方法对施工工法进行分析，为隧道设计与施工提供有效的技术支持。金沙洲大断面隧道进口 60 m 长距离的严重偏压段在洞内 ϕ108 mm 超前管棚与覆盖层薄的右半洞室优先支护，结合洞外锚网喷和反压挡墙联合加固措施，采用三台阶分部开挖法施工，顺利安全地通过了偏压段，取得了较好效果，可以为类似工程提供参考。

2. 创造性地运用大断面客运专线隧道斜井转正洞大包法施工技术

在城市地铁大包法施工技术基础上，首次提出大断面客运专线隧道斜井转正洞大包法施工技术，并成功应用于金沙州隧道斜井转正洞施工实践中。工程实践表明，当隧道辅助坑道断面较小而正洞断面较大时，采用斜井断面上挑，直接转入大断面洞内，按正洞标准断面一次支护到位的大包法，转换直接，工序简单，克服了过去的小导洞爬坡、挑顶、漏槽、支护拆除的二次扰动等安全隐患，缩短工期至少 60 d，大大节约了成本。

3. 成功实施大断面隧道下穿高速公路互通立交枢纽的综合施工技术

针对隧道穿越高速公路沙贝立交桥互通枢纽，桥上约 10 万辆/日的高密度车流量（包括大量超重载车辆）的行车安全，特别是 A 匝道桥为浅埋扩大基础，B 匝道桥桩基底距隧道开挖外轮廓线拱顶仅 86 cm 高，同时 A 匝道主跨 6 号、7 号、8 号桥墩两主跨是刚构连续梁等安全风险点，创造性地采用对隧道拱顶和互通枢纽范围地表进行岩溶层“H”型注浆加固和两侧旋喷桩止水墙，从而提高桥基周围和高速公路路基的承载力，切实保护了路面结构和桥基的稳定性。同时联合铁科院、中南大学和铁四院等路内外专家进行研究，决定沙贝立交桥老桥停运和在 A、B 匝道桥南侧修建一座钢便桥，保证隧道施工时正常交通的临时过渡。同时采用对洞顶 6 号墩桥梁支座进行沉降变形监控和系统油顶支顶保护。依据隧道掘进和监测的地表、桥墩沉降变化，适时解除桥梁支座约束，及时动态支顶梁端底部，确保连续梁不均匀沉降差值不大于 20 mm、简支梁不均匀沉降差值不大于 50 mm，从而保证了 A、B 匝道桥的结构安全。

针对洞内穿越 F2 断层破碎带及涌水量 4 900 m^3/h 和粉质黏土等的不良地质情况，既要保护洞内的正常进度和施工安全，又要保护地表立交桥枢纽结构和交通的安全，选择采用 ϕ159 mm@40 cm、$L\geqslant 80$ m 的长大管棚，I25a 型钢拱架、初喷 35 cm 厚钢纤维混凝土和 I22 型钢作临时仰拱的三台阶临时仰拱法，施工过程严格按短台阶、快封闭原则，同时联合中南大学对支护体系内应力应变动态监控量测等复合技术措施应用，克服了原设计超前帷幕注浆质量的不确定性和双侧壁导坑法施工进度慢、拆除支护隔墙对围岩二次扰动等高风险隐患，从而使隧道安全顺利穿越该地段，确保工程洞内施工进度和地面交通运行安全，得到各方面的充分肯定。

4. 在流塑状淤泥质地层中应用水泥搅拌桩改良加固技术

DK2196＋110～＋300 范围，隧道暗挖洞内穿越无侧限抗压强度 $\sigma_0=12$ kPa 的流塑性淤泥质地层，如果不对该地层进行改良，实施暗挖几乎是不太可能且安全风险巨大。因此决定对淤泥质地层进行掺入生石灰和水泥的室内试验，经反复对比试验，选择 18％水泥掺入量后，土层改良效果最佳，即无侧限抗压强度 $\sigma_0=$ 1 849.7 kPa，提高了 154 倍，工地实施后，洞内开挖后掌子面自稳能力强，土块坚硬，能有效的控制隧道开挖引起的地层变形和位移，加固效果良好。

5. 创造性地实施岩溶地段“H”注浆、软弱地层改良和旋喷桩止水帷幕墙的技术研究

广州市地处冲击平原，地表多为 8～10 m 粉质黏土、淤泥质土及粉细砂，下伏基岩多为风化的灰岩、炭质灰岩等。在隧道施工中岩溶的处理是复杂多变且潜伏巨大的安全风险。广州地区的地铁等地下工程施工经常发生因溶洞、溶槽失水导致地表坍陷和构筑物损坏。金沙洲隧道施工创造性地实施“H”型注浆（旋喷桩、搅拌桩），形成“H”型止水帷幕墙和对淤泥质土层的改良。该技术实施效果良好，大大地减少了洞内的涌水，改善了施工环境，有效地防范了洞内开挖时突泥、突水带来的施工安全事故发生，更有效地防止地表因失水带来的地质灾害和次生灾害的发生。

6. 应用长大管棚超前支护技术，优化开挖工法，解决隧道机械化快速施工的难题

在浅埋大断面隧道施工中，双侧壁导坑法和 CRD 法都具有显著优点，开挖洞室小，稳定性好、沉降小；但供需转换复杂，进度慢，机械化效率低，特别是拆除隔墙支护对围岩的二次扰动安全风险较大，同时产生大量

的过渡废弃材料，造成巨大浪费。通过理论分析和试验研究，对不同的不良地质，采用不同直径、环向间距疏密不一的长大管棚超前支护技术；结合加强初期支护参数，可以大大提高洞内开挖支护的抗变形能力，特别是提高了抗塌方能力，加强了施工安全，有利于施工工法的简化和机械化快速施工的生产组织。

金沙洲隧道施工中，根据不同地段的不良地质变化，应用长度大于等于 40 m、60 m、80 m、110 m 和 ϕ89 mm、ϕ108 mm、ϕ159 mm 的长达管棚超前支护技术措施，结合恰当的支护参数，正确地优化双侧壁导坑法变更为 CRD 法或三台阶临时仰拱法和 CRD 法变更为三台阶临时仰拱法或三台阶法，保证了施工安全，显著提高了隧道的机械化水平，加快了工程进度，为城市大断面浅埋地下隧道施工提供了经验和数据。

7. 成功应用风险评估与管理，有效防范隧道施工风险

在城市大断面浅埋隧道施工中，引用风险评估与管理理论，通过对金沙洲隧道的重难施工关键点、潜在的风险因素进行风险识别、风险分析、风险评价、风险控制等风险管理基本流程，有针对性地提出风险防范对策。对不同的风险源和风险等级采取相应的防范措施，并引用计算机技术，开发隧道工程风险评估管理系统软件，从而确保了金沙洲隧道施工的整体安全。

七、瓦斯隧道

（一）工程概述

本线具有瓦斯特性的隧道包括庄南岭隧道、仙殿岭隧道、窑头岭隧道、煤隆岭隧道、东风林场一号隧道、茶午隧道，主要分布于湖南和广东境内。这些隧道地质条件复杂，先后穿越断层破碎带、岩溶洼地及煤系地层等不良地质地段，地下水丰富。

（二）施工工艺

隧道通过煤层瓦斯采取“短进尺、弱爆破、强支护、勤监测、强通风、快喷锚”的施工原则。

1. 短进尺

每次开挖进尺控制在 2 m 以内，采用上导坑开挖方案或长台阶开挖，台阶长度 300 m。保持每次开挖面积小，瓦斯溢量不大，开挖轮廓能够迅速得到支护。

2. 强支护

采用长锚杆超前支护，使用 ϕ32 mm 自进式中空注浆锚杆，长度为 6～8 m。开挖后采用型钢加工成 U 型钢架，两次喷射混凝土，先喷 20 cm，待变形后再喷 15 cm，总厚达 35 cm。提高模注混凝土衬砌刚度，一是加大厚度；二是提高衬砌材料强度。衬砌分二次，内层 25 cm，外层 55 cm，两层之间用塑料薄膜作为瓦斯的隔离层。采用 C30 钢钎维混凝土，外层加受力钢筋，仰拱与拱墙一致，形成“加固围岩，改善变形，先柔后刚，先放后抗，变形留够，底部加强”的支护原则。

3. 勤监测

采用“双保险”监测措施。即建立遥控自动化监测系统与人工现场监测相结合。遥控自动化系统由洞口监测中心（配置主控计算机）和洞内的控制分站以及在洞内各工作面，各巷道、塌方空洞、巷道转角等处设置瓦斯浓度探头、风速探头、自动报警器、远程断电仪组。通过各探头，洞口和监测中心随时了解洞内各处瓦斯浓度和风速情况，如有超标立即报警并通过断电器关闭洞内电器电源。各工作面和瓦斯情况可及时地被监控人员掌握，提高对事故的应变能力，特别是揭煤放炮期间，监测人员能立即观察到炮后瓦斯浓度变化曲线和涌出量，节省施工间隙。但设置自动监测系统的探头须离开挖面有一定距离，还要人工配合检查，实行装药前，起爆放炮前，爆破后人工进行瓦斯检查（即一炮三检查）。使得开挖过程中监测瓦斯浓度做到不间断。

4. 弱爆破

采用振动控制爆破，采用低爆力的矿用安全炸药与安全雷管，装药系数与普通掘进爆破相同，只在岩石段装药，煤段不装药。

5. 加强通风

瓦斯隧道通风方案应结合施工期间的工区划分，在每个工区中采用独立的巷道式通风系统。各工区通风系统互不干扰，斜井工区增设专用通风竖井，较长的隧道设计平行导坑，使之形成通风形成回路。瓦斯隧

道施工期间设置合理的机械通风系统，按设计风量供风。瓦斯隧道在施工期间，设专门的通风管理机构，负责通风系统各种设备的管理和检修，定期测试洞内风速、风量、气温、气压、瓦斯浓度等并作出详细记录，计算有效风量。施工期间，保证连续通风，在特殊情况下停风时，应同时停止工作，撤出人员，切断一切电源，恢复通风前首先检查瓦斯浓度。

6. 快锚喷

采用自进式注浆锚杆作为超前支护，利用中空立杆身注浆(带止浆塞)注浆压力须达到 2.0 MPa，水泥浆固结半径达到 15～20 cm，锚杆间距为 0.25～30 cm，胶结煤粉，使得环境相对稳定，不发生煤粉散落。

(四)瓦斯隧道防排水

1. 防水

(1)总体措施。全断面(拱、墙、仰拱)设置闭孔 PE 泡沫塑料垫层(厚度不小于 4 mm，幅宽 6 m)＋EVA 防水板(厚度 1.5 mm，幅宽 6 m)，PE 泡沫塑料垫层及 EVA 防水板宜采用专用的防水板台车进行铺设，喷射混凝土表面必须平整，无凸凹不平，确保铺设后防水层表面平滑。

(2)衬砌混凝土措施。二次衬砌混凝土采用抗侵蚀性气密性防水混凝土，考虑瓦斯问题，喷射混凝土透气系数不大于 1.0×10^{-11} cm/s，二次衬砌混凝土透气系数不大于 1.0×10^{-11} cm/s，二次衬砌施工缝封闭瓦斯性能不小于衬砌本体。

(3)施工缝措施。环、纵向施工缝采用混凝土界面剂、背贴橡胶止水带、中埋橡胶止水带和内侧聚硫密封胶嵌缝三道防水防气处理，背贴橡胶止水带施工前应先将其与防水板焊接成整体。

(4)变形缝措施。变形缝、沉降缝防水采用中埋橡胶止水带、外贴止水带、沥青木丝板塞缝、聚硫密封胶(内侧设置排水暗槽引排渗入水)等措施。

(5)防止瓦斯扩散措施。根据设计，在个别施工段中取消泡沫塑料垫层和防水板，直接施作模筑衬砌，模筑衬砌浇筑完毕并达到设计强度后进行衬砌背后注浆回填密实，注浆完毕后进行瓦斯检测。

2. 排水

每侧边墙脚外侧设置两排 ϕ299 mm 纵向花管盲沟(外包土工布)，不设置环向盲沟。根据设计间隔设置气水分离室，对气、水进行分离排放。

(五)劳动力组织及进度指标

1. 瓦斯隧道原则上分上、下部开挖组织劳动力。每个班比普通隧道施工人员增加 2 名通风监测人员。衬砌分二次衬砌，第一次使用简易衬砌台架；第二次使用衬砌台车。增加一个工作面，另需 6～8 人。

2. 瓦斯隧道围岩类别为Ⅱ、Ⅲ类，且工序多，岩石地段按常规安排进度，煤层地段开挖可根据煤层的厚薄，安排为 25～45 m/月，衬砌与普通隧道相同。

(六)机械设备配置

机械设备配置见表 4-4-21。

表 4-4-21 主要施工机械、仪器

机械名称		型 号
钻孔	风动凿岩机	7655 型
	钻孔水平钻机	TXU—75 型、YG40
装渣	耙斗式装砟机	P—30B
	装砟立爪装砟机	LZ—120B
运输	电瓶车	XK8—7/144KBT
	电瓶车	CDXT—2.5
	梭式矿车	S8D
	运砟矿车	U 型
通风	主扇	1KDBN0.18
	通风局扇	DXB88—1

续上表

机械名称		型号
监测	主控计算机	HP586
	洞内分站	
	高瓦斯传感器	
	低瓦斯传感器	
	备用电源	
	监测	
	远程断电仪	
	报警器	
	风速传感器	
	气体化验车	

(七)质量控制要点

1. 瓦斯隧道施工的关键是控制空气的瓦斯含量,各部位允许浓度见表4-4-22。

表4-4-22 瓦斯容许浓度指标

部 位	瓦斯容许浓度(%)	部 位	瓦斯容许浓度(%)
总回风巷道	0.75	工作面回风流	1.0
工作面	1.0	局扇及开关地点10 m附近	0.5

2. 严格瓦斯隧道的风速,正常通风巷道或采煤工作面,煤壁涌出的瓦斯与残留瓦斯浓度将因为风量(或风速)的变化而变化,极限状态时风流携带的瓦斯量等于煤壁的溢出瓦斯量,最小风速的取值对于风量计算关系极大。瓦斯隧道的最低风速要求见表4-4-23。

表4-4-23 瓦斯隧道容许风速最低指标

部 位	容许最低风速(m/s)
正洞已衬砌断面	1.0
正洞未衬砌断面	1.0
平导、正洞开挖工作面	1.0

3. 瓦斯隧道施工过程中,穿过煤系层,隧道揭煤层施工时瓦斯涌出量最大,危害最严重,准确计算瓦斯涌出量,配备相应的通风设备至关重要,揭煤前预探、预测、预钻,排放瓦斯,检验开挖支护,严格控制安全防护。

4. 隧道通过的煤系地层,围岩等级都较低,一般为Ⅱ类或Ⅲ类,且地应力较高,其初期支护要求平整、光滑,不能有造成瓦斯聚集的死角。

(八)安全措施

1. 瓦斯隧道施工各项工作管理在贯彻"安全第一、预防为主、依靠科学、综合管理"方针的基础上做到科学、简便、严密、系统。

2. 建立安全管理网络,对瓦斯的管理实行三级管理制。

3. 进行职工安全教育及上岗培训。

4. 所有洞内机电设备,不论移动式或固定式都必须采用安全防爆类型,进风巷道中采用安全照明灯,在工作面或回风巷中,采用矿用防爆型照明灯。禁止洞内电气设备接零,检修和迁移电气设备不准带电作业。普通型携带测量仪表只准在瓦斯劳动保护浓度1%以下地点使用。

5. 瓦斯隧道供电须采用双回路直供电源线路。经由地埋绝缘电缆线路引入隧道中心的供电线路,在隧道洞口外安设避雷装置。由于地面铺设隧道轨道,露天架空引入(出)线的应严格管理,都必须在隧道附近设置不少于两处的良好的集中接地。每月必须测定一次接地电阻值。

6. 洞内使用的各种机电设备,安设自动检测报警断电装置。

7. 工作人员进入隧道前，必须进行登记和接受洞口值班人员的检查，不准将火柴、打火机、损坏的烊灯及其他易燃物品带入洞内。严禁穿化纤衣服进洞。

8. 进洞实习或参观人员，应先进行有关防治瓦斯劳动保护安全常识的学习，并遵守有关防爆知识。

9. 建立安全施工的各项管理制度，细化到每个工序，实行标准化作业。使作业人员有章可循，杜绝违章现象发生。

八、海棠隧道

（一）工程概况

海棠隧道位于湖南省郴州市苏仙区荷叶坪海棠村境内，隧道全长 2 908.81 m。洞内岩溶区段 1 900 多米，占隧道总长的 65%，岩溶分布之广实属国内外隧道罕见。岩溶存在形式主要为填充或半填充型溶腔，填充物与地表覆盖层相连通，开挖过程中引起地表沉陷，地下水主要为岩溶溶洞水，多处掌子面出现出水点，主要表现在小规模的渗水、管道型岩溶水渗流等，水量一般较小。在开挖中出现一系列涌泥、崩塌等地质灾害，原不连通的溶洞、裂隙就被疏通，成为连通的地下水通道，极易软化围岩，疏通地下水通道，恶化地质条件。溶洞出现位置不定，形状极不规则，充填物主要为软～硬塑黏土，局部流塑，自稳性差。岩溶区开挖后揭示出的部分不同大小、规模、位置及形态的溶洞溶槽如图 4-4-37 所示。

图 4-4-37　海棠隧道溶洞溶槽分布

（二）岩溶处理措施

针对该隧道岩溶地质的特点和难点，施工中采取岩溶预防、岩溶处理和岩溶工后加固三阶段施工技术。

1. 岩溶地质灾害的预防措施

对于已探明的岩溶区域，为保证隧道施工的安全性，主要以预防为主，常用的岩溶预防措施主要有地质预报与超前钻孔、超前支护、短进尺与弱爆破、信息化管理等。

(1)地质预报与超前钻孔结合运用

考虑到隧道地质的不确定性和复杂多变性,在施工中将超前地质预报纳入施工工序实施管理,根据设计文件有关资料,在隧道施工前利用 TSP、HSP、地质雷达及地质素描推展等手段对掌子面实施超前地质预报,以查明溶洞的分布范围、类型情况(大小、有无水、溶洞是否在发育中及有无充填物)、岩层的稳定程度和地下水流情况(有无长期补给来源,雨季水量有无增长)等。施工时根据地质勘探预报资料,采用超前地质水平钻孔手段进一步探明和验证前方岩溶地质状态,尽量摸清其分布及发育的状态和规模,由此来判断其产生的危害性及影响程度,从而决定下一步施工预防技术措施。

施工时利用超前水平地质钻机对开挖前进方向进行 30 m 的钻探,一般可按照断面大小布设 3～6 个孔,拱顶及拱脚尽量都布设钻孔,钻机钻孔时要固定牢固,不得随意摆动。在岩溶高发地段,必要时结合风钻进行 5 m 超前钻孔,对洞身前方进行全方位空间探测,探孔成放射形布设。

(2)超前支护

①超前帷幕注浆。对可溶岩与非可溶岩接触带、断层破碎带等地段,根据地质预报资料,预测水压大于 1.5 MPa,涌水量难以控制,开挖后围岩无法自稳,极可能产生严重突水突泥地段,采用超前帷幕注浆。预测地下水压力≥2.0 MPa 时,采用 8 m 超前帷幕注浆方案;预测地下水压力≥1.5 MPa 时,采用 5 m 超前帷幕注浆方案。当预测水压小于上述值但探孔涌水量大于 150 L/min 时,也应采用预注浆措施。

开挖后先对掌子面进行压浆固结,以增加掌子面的稳定性。压浆采取全断面超前帷幕注浆,加固范围掌子面及开挖轮廓线外 5～8 m,钻孔深度 30 m,注浆压力 0.5～3.0 MPa。浆液扩散半径为 2.0～3.0 m,注浆方式采取前进式分段注浆,分段长 3～5 m ,即钻进 3～5 m ,注 3～5 m。注浆材料采用水泥单液浆或特种浆液(无收缩多液固堵剂、TGRM 固结剂等),开挖轮廓线外 7～8 m 范围间注浆材料采用发泡注浆抢堵剂,开挖轮廓线外 0～7 m 范围注浆材料采用无收缩多液固堵剂开,开挖轮廓线以内采用纯水泥浆液(水灰比 1∶1)。采用定量定压相结合的方式进行注浆结束标准控制。当注浆压力达到设计终压,且注浆量达到设计注浆量的 80 %以上,即可结束注浆。

②洞身管棚注浆。在隧道岩溶地质段、浅埋偏压段及地质条件差、存在有可能出现突泥、突水地段,隧道采用超前管棚预支护,其目的是加固周边一定范围围岩,与钢架组合成预支护系统,防止洞身软弱围岩坍塌、下沉或松弛。洞身大管棚施工时还可起到超前地质预报的作用,为施工提供最直观的地质资料,让施工人员提前掌握前方地质情况,以便有针对性地选用支护方式。

③超前小导管注浆。超前小导管适用于洞内围岩强度低、浅埋段、软弱地层及断层破碎带的拱部注浆预支护,同样适用于岩溶地质。其目的是加固周边一定范围围岩,与钢架组合成预支护系统,防止坍塌,并控制软弱围岩变形量。

小导管施工时利用上一循环架立的钢架作支撑,可在型钢钢架腹板开孔以穿导管,也可采用一榀格栅钢架替代需开孔的型钢钢架,钢管尾部与钢架焊接。

(3)钻爆法开挖及支护

保护围岩并发挥围岩的自身稳定性须采用光面爆破,做到多打眼、打浅眼,并控制药量,弱爆破、短进尺开挖。初期支护要结实有力,具有足够的承载力。要确保工法应用及工序衔接的合理性,如预留核心土开挖,及时落底封闭成环等。总之,要有效防止或减少因岩溶发育而发生坍塌涌泥等地质灾害事故,施工过程中按照“短进尺、弱爆破、强支护、早封闭、快成环、勤量测”等施工原则迅速通过,这对于控制隧道变形同样是适用的。

(4)超前导坑预报法

在隧道一侧增设迂回导坑,加快施工进度。

①由于海棠隧道工期紧迫,必须利用平导对海棠隧道进行补充勘察和地质超前预报工作,确保隧道快速施工的安全性;

②海棠隧道地质条件复杂,增加迂回导坑后可超前正洞施工,且由于距离正洞较近,可准确探明前方地质情况,对正洞施工支护参数的调整具有指导性作用;

③利用平导超前正洞施工,开辟横通道进入正洞多开工作面来实现“长隧短打”,缓解海棠隧道的工期压力;同时为海棠隧道提供疏水、排水、通风、运输等施工便利。

2. 岩溶处理

对于未探明但在施工中揭露出来的岩溶，施工时结合现场实际情况，对溶洞(槽)、围岩变形采取有针对性的措施。

(1)溶槽处理

对于分布在拱部拱腰、边墙部位的一般规模的充填型溶洞溶槽，往往在开挖揭露时发生坍塌，并形成溶腔空洞。为确保施工安全，在确保溶腔坍塌稳定的情况下，常规的处理方法一般采取封闭隔断方式，采用喷锚及型钢钢架为骨架的支护结构或混凝土护拱做骨架来封闭溶腔口，最后对溶腔回填并注浆以确保支护结构稳定；对于如隧道拱部、边墙或底部存在小型干溶洞或空腔，内部几乎无充填物、无水，也可采用先封闭再回填的处理方法。

施工过程中将支护措施加强，如将型钢钢架间距加密加厚，增加喷护厚度，以提高支护结构的刚度和承载力。回填是将支护背后的空腔裂隙填塞密实，以确保围岩与支护体系整体受力，防止再次坍塌或挤压对支护结构的破坏。回填材料一般采用水泥砂浆、混凝土、片石混凝土等，必要时可进行注浆加固，以进一步将背后的裂隙固结形成受力整体。

①如遇到较小的溶洞或溶蚀裂隙时，常见的处理方法为先架设环向钢架并挂网，加厚喷护厚度通过，然后对空腔进行注浆回填密实，必要时采用混凝土、砂浆进行回填，如果溶洞壁松散坍塌不稳定时，还必须先采取喷锚封闭等措施，待稳定后再进行处理。

②对于较大溶槽，可先对溶洞坍壁及坍口周边进行喷锚支护，待坍面稳定后，架设环纵向钢架及网片并预埋注浆管，加厚喷层厚度以防止继续坍塌砸坏拱架，待封闭成环后注浆回填通过。施工过程中要密切注意安全，并随时观测溶洞的走向及规模、地质变化情况。在完成溶洞处理往前掘进时可以采用超前支护施工，如充填物为松散的砾石、块石堆积或流塑状黏土及砂黏土等可于开挖前采用地表注浆、洞内注浆或洞内外结合注浆加固。如遇颗粒细、含水率大的流塑状土壤，可采用劈裂注浆技术，注入水泥浆或水泥水玻璃浆液进行加固。

③对于隧道底部发育岩溶且为充填物时，当充填物为松散或软塑状的黏土或砂黏土沉积物，为了防止列车运行过程中结构产生沉降，加强对地基的处理，隧道底部的处理可采用注浆加固、换填等方法。通过对隧底软弱地质的加固，以改善地基承载力，避免隧道整体下沉。

a. 隧道底部换填

如果隧道基底溶洞充填物的厚度小于 2.0 m(2.0 m 以下为基岩或微风化地层)，可以考虑采用换填方法，换填材料可以选用浆砌片石、混凝土等。

b. 隧道底部注浆加固

如隧道基底溶洞充填物的厚度大于 2.0 m，可采用垂直注浆加固。钻孔深度深入基岩 3.0 m 左右，注浆材料宜选用普通水泥或超细水泥浆，注浆管上端和仰拱相连，以提高支护结构的强度和刚度，在完成注浆后钻芯取样进行验证。隧底岩溶地质处理如图 4-4-38 所示。

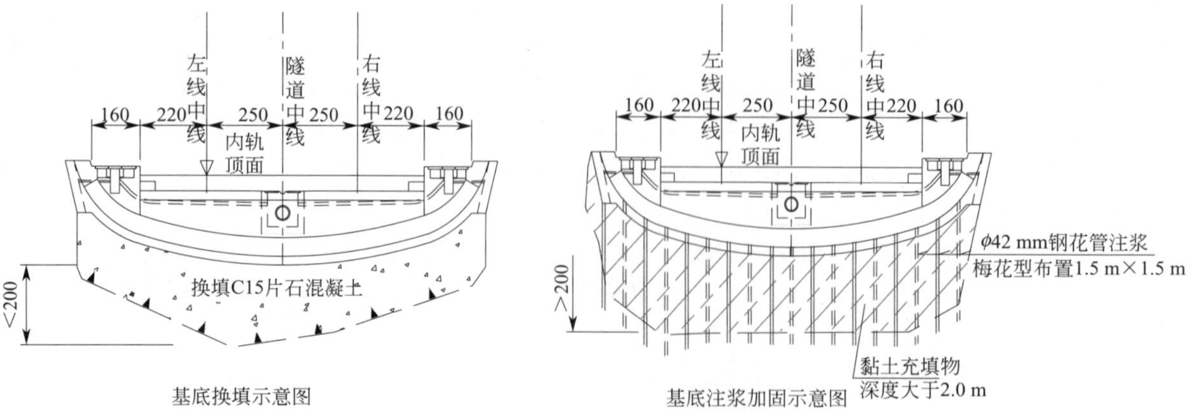

图 4-4-38 隧底岩溶地质处理(单位：cm)

c. 桩基处理。如基底溶洞范围超过 20.0 m，可考虑采用挖孔桩、钻孔桩、粉喷桩或钢管桩等进行加固。

具体加固厚度和范围由设计单位综合考虑后确定。

(2)大型溶洞处理

在施工中揭露出来的大型溶洞，较发育，无充填物或少量充填物。横跨洞顶，分支较多，呈串珠状发展，空腔高度1～18 m不等，有些与地表连通，形成大型漏斗。溶壁较脆弱，尤其是在隧道拱顶部位，顶板较薄，易瞬间垮塌造成严重地质灾害事故。

大型溶洞的处理方式并不是千篇一律的，往往要根据所揭示出的溶洞情况确定处理方案，采取综合治理的原则进行。首先查明溶洞分布范围，岩层的稳定程度、充填物和地下水情况，据以确定施工方法。对有可能发生突然大量涌水、流石流泥、崩坍落石等重大风险时，必须事先制定措施，确保安全施工。如岩层比较完整、稳定，溶洞停止发育，有较为坚实的充填物，且地下水量小，可以采取探孔或物探等方法，探明地质情况，如有变化便于采取相应措施。如溶洞尚在发育或穿越暗河水囊等岩溶区时，则必须探明地下水量大小、水流方向等，首先要解决排水问题。

海棠隧道所揭露出来的大型溶洞往往存在地下水、暗河，溶洞底部为少量黏土或块石充填，该类溶洞在揭露出来后，处理时立即封闭掌子面停止掘进，处理工作步骤如下：

①采用钻探技术探明左右前方的地质情况，查明溶洞范围；

②为防止坍塌引起周边地质条件恶化，及时对已开挖区域一定范围内加固处理；

③设置临时安全通道，专人设警戒；

④加固溶洞洞壁，必要时设置临时支撑；

⑤对溶洞内的地下水采取引、排等技术进行治理，解决排水问题；

⑥安设环纵向支撑，如钢架、管棚、小导管等，预埋混凝土输送管进行分层回填至一定高度；

⑦注水泥浆，吹砂处理；

⑧施作护拱，在护拱内安置双层钢架；

⑨加密观测点，观测变形情况。

(3)软弱围岩变形处理

软弱围岩主要是指隧道断面整体处于充填物之中，在初期支护完成后极易发生拱顶下沉和水平收敛。为控制其变形发展，一般采取以下加固处理措施：

①采用多种工法施工

客运专线隧道为双线大断面隧道，跨度大，而高速铁路隧道变形要求零沉降。为控制其变形，隧道采用多种施工工法施工，将“大断面”分化成“小断面”，减小隧道临空面，改变其应力状态。在加强超前支护的同时开挖如采用CRD、CD、双向侧壁导坑法、预留核心土环向施工法、七步开挖法、导坑超前+扩挖施工法、正台阶法等。并把这些工法相互结合使用，保证二次衬砌紧跟。

②刚性支护与柔性支护相结合

在软弱围岩某些地段初期支护采用单一的钢架并不能很好的支撑整个断面临空面，尤其是由于工法原因会致使初期支护暴露时间过长，这样变形会随时间性增长。结合现场围岩变形特点，隧道在施工时采用型钢与格栅钢架结合使用，即将格栅直接焊接在型钢上，然后运至作业面进行安装，完成后及时进行网喷。实践证明，这种刚柔性支护相结合的方法用于初期支护施工中是相当有效的，达到了“刚柔并济”的目的，能有效地控制围岩变形。

③预留足够变形量

根据监控信息及现场情况，施工开挖时预留足够的变形量，避免围岩及支护结构变形侵限。根据围岩变形特点，在开挖时尤其在拱部开挖时预留10～15 cm沉降量，并及时施工仰拱和拱墙衬砌。

④加强初期支护和锁脚支护

隧道在软弱地层施工时，将系统锚杆与钢架的锁脚锚杆结合起来使用，支护效果更佳，即在施作初期支护后，在拱脚、拱腰、拱顶部位适当增加锁脚锚杆，以支承、箍抱钢架。

与钢架连接的锁脚锚杆采用弯头形式，弯头与型钢翼缘焊接牢固。钢架的拱脚、拱腰、拱顶部位增打锁脚锚杆。每侧分别为2根，每根长度4.0 m，其中拱腰、拱顶部位2根垂直岩面打进、拱脚两根以30°～45°斜向下打入围岩形成撑脚锚杆。两侧锁脚锚杆需用ϕ22 mm短钢筋焊接弯头，且与型钢焊牢，确保钢架整体稳定性。

⑤加强监控量测，以信息指导施工

软弱围岩施工中加强监控量测频率，建立监测变形管理等级标准，通过对监测结果的比较和分析来判定支护结构的稳定性和安全性，并指导施工，随时调整施工工法和支护措施。

3. 岩溶段加固

海棠隧道断面跨度大，在岩溶地段会随着时间发生持续变形，支护沉降、收敛较大，严重时会出现坍塌等地质灾害事故。为此，在通过岩溶区域后，一般要采取工后加固处理措施，常用的加固措施如下。

(1)径向注浆加固。径向注浆加固是沿初支断面采用 3～5 m 小导管进行径向注浆，改善围岩自身稳定性，并起到固结围岩松散体及溶蚀裂隙的作用，从而达到与初期支护体系整体受力的效果。

(2)双层钢架加固。双层钢架是在初期支护的内圈再施作一层支护，即在原有喷锚、挂网、型钢联合支护的基础上再套一层钢架并纵向联结后进行喷护，形成双层钢架支护结构，来共同抵抗围岩变形。双层钢架加固一般对于初支结构需要留有补强空间，即不得侵占二衬净空。

(3)喷锚支护加固。当支护体系相对薄弱或与围岩结构面脱空时，可采取喷锚补强措施加固，即沿初支断面增设系统锚杆并进行喷护，这样有利于将周边松弛的围岩固结到一起，形成整体，有利于支护结构与围岩共同受力，同时加强了原有初支结构的受力抵抗能力。

(4)临时支护加固。

①临时仰拱

临时仰拱可采用工字钢做骨架，与初支钢架拱脚横向联结成整体，再喷射一层混凝土，这样临时仰拱与拱部钢架就形成了闭合环，大大改善了支护体系的受力状态。

②临时支撑

对于拱部受力过大，无法控制其坍塌的势头时，必要时可采用加设斜撑或竖撑还有对口撑等手段，一般采用钢管或型钢以及木排架等，以防止因变形过大产生的坍塌。如图 4-4-39 所示。

钢管支撑

工字钢竖撑

图 4-4-39　岩溶地段临时支撑

临时支撑的优点是见效快，易于操作，缺点是需要拆除，而且只能起到临时的作用，一旦拆除，就失去作用，所以往往与其他加固措施共同使用。

(三)岩溶整治效果评价

1. 施工安全效果评价

隧道正洞采用岩溶处理及综合整治施工技术后，在后面的溶洞溶槽处理中明显加快了掘进速度，确保岩溶区安全顺利通过。坍塌、涌泥等地质灾害得到了较好控制，施工过程中未出现施工人员、设备安全事故，确保了正洞的施工安全。

2. 结构安全效果评价

为了进一步分析、评价岩溶溶蚀发育地质处理施工效果，在岩溶带中进行系统的应力监测，从而分析支护结构、衬砌结构的安全、稳定性，进一步评价岩溶处理施工技术的合理性。

(四)现场量测内容及方法

1. 围岩与初期支护接触压力量测

围岩与初期支护接触压力量测是为了了解初期支护对围岩的支护效果和初期支护的实际受荷情况。采用钢弦式双膜土压力传感器进行直接测试。

2. 初期支护与二次衬砌接触压力量测

初期支护与二次衬砌接触压力量测是为了了解二次衬砌的实际受荷情况。采用钢弦式双膜土压力传感器进行直接测试。

3. 二次衬砌接触内力量测

二次衬砌接触压力量测是为了了解二次衬砌的内力分布,用以评价隧道的长期安全性。采用埋入式混凝土应变传感器测试出二次衬砌的上下外表应变,换算出二次衬砌的实际内力。

(五)现场量测测点布置

1. 围岩与初期支护接触压力量测

测点布置:拱顶 1 个、两侧边墙各 1 个、两侧拱脚各 1 个,仰拱 1～2 个。

2. 初期支护与二次衬砌接触压力量测

测点布置:拱顶 1 个、两侧边墙各 1 个、两侧拱脚各 1 个,仰拱 1～2 个。

3. 二次衬砌内力量测

测点布置:拱顶 1 个截面、两侧边墙各 1 个截面、两侧拱脚各 1 个截面,仰拱 1～2 个截面。

4. 现场量测仪器

现场量测仪器见表 4-4-24。

表 4-4-24 现场量测仪器

序　号	量测项目	量测仪器
1	接触压力	XYJ-4 型双膜压力盒
2	二次衬砌内力	XJH-2 型埋入式混凝土应变传感器

(六)经验与体会

1. 岩溶区施工的核心就是针对千差万别的岩溶地质状况提出因地制宜、科学合理的施工处理方案和综合整治措施。关键是预防,根本在处理,重点在整治,这分别体现在过程前、过程中、过程后三个阶段,这三个阶段的应对措施也是密切相关,可以说预防处理措施到位,就能大大降低岩溶处理的难度,有效降低岩溶处理的成本,减少不必要的损失和施工风险,岩溶处理到位,也相应减少综合整治带来的经济成本和时间成本。

2. 岩溶处理及整治的难点在于根据岩溶的形态、规模、大小确定科学合理的处理方案,这在隧道施工中是最为根本、最为重要的环节。总体来说,岩溶处理除采用喷锚封闭、注浆回填、跨越连通、换填支顶等常规处理方案外,还要采用各种加固措施进行辅助,也就是说加固措施是岩溶处理的组成部分和延续,也是综合整治的一部分。因此岩溶处理必须采取多种手段进行综合治理方可不留后患,既要发挥初期支护骨架和屏障作用,还要通过多种方式对其补强加固形成稳定的受力结构,岩溶处理及综合整治本身来说是不可分割的,也是相辅相成的。

3. 在岩溶整治过程中,必须采取合理的开挖工法及钻爆控制方案,尽量减少对围岩的扰动及破坏,保护围岩,避免因溶洞空腔松散体及充填物在开挖临空面内产生瞬间爆发力而发生大规模坍塌及涌泥。同时还应加强工序衔接,以达到支护结构尽量封闭成环,尽早发挥支护作用,以避免溶洞暴露时间过长造成失稳坍塌。

4. 岩溶处理在于简单有效,快速及时,在岩溶施工中应突出一个“抢”字,采取应急措施,通过快速封闭达到快速通过的目的,以减少岩溶因时间效应造成的连锁反应,将隐患消除于萌芽之中。如对岩溶洞壁暴露面进行喷射混凝土,使洞壁裂隙及松散体在混凝土作用下形成整体,从而延缓坍塌时间,为后续处理工作创造有利条件和时机,因此初喷混凝土在岩溶处理中是极为有效的一种应急措施。

5. 岩溶整治同样需要注意其有效性和时效性,否则因支护加固不到位或时间延误,同样错过最佳处理时机,造成岩溶危害加大,给施工造成被动和困难。

6. 从岩溶处理及整治效果来看,隧道坍塌、涌泥、大变形等地质灾害得到了较好控制,采取科学合理的整治措施在很大程度上降低了因岩溶地质灾害造成的施工安全风险并取得了较为理想的经济效益,确保了岩溶区安全顺利、快速通过,支护体系及衬砌结构性能安全可靠,满足设计使用要求,总体上来讲是成功的。

九、尖峰顶隧道

(一)工程概况

尖峰顶隧道位于广东省清远市英德沙口镇,隧道穿越南岭山脉的五盖山与骑田岭夹持地带剥蚀低山丘陵区,全长 1 417 m,最大开挖面积 154.40 m^2,属低山深丘地貌、地形起伏较大,植被茂密,最大埋深约 150 m,围岩主要由泥盆系砂岩夹页岩、砂岩和粉质黏土等组成,节理发育,隐藏型溶洞比较多。

施工过程中,发现隧道地质情况与施工图变化较大,为此结合现场后续施工情况进行了变更设计,主要变更内容有围岩级别变更、增设辅助坑道、下穿铁塔地表处理、涌水突泥处理、各段施工方法及参数调整等。

(二)溶洞段快速施工方案

采用三台阶预留核心土法施工,以加快施工进度,快速通过溶洞段。为有效的抑制三台阶法在开挖过程中出现大沉降、大变形,通过对施工过程中所遇到的各种情况总结出的几种特殊处理措施,归纳为"八"个字:"套、压、撑、喷、锁、仰、连、注"。

1. 套(套拱即双层拱架)

整个上台阶范围内增设套拱,内外两层钢架相并列,尺寸相匹配,外层钢架在拱脚处往外扩大 60 cm,呈大放脚形式,内填 C25 混凝土,套拱既可增加初期支护的刚度,增大拱脚的受力面积,外层钢架和大拱脚混凝土还可作为中台阶接腿承受上台阶的压力,能有效减缓沉降,套拱可采用 I20 工字钢。

2. 压(拱脚反压)

在上、中台阶拱脚处实行反压回填,防止拱脚因开挖出现悬空,导致沉降速度加快,拱脚处的钢架最好是埋入土体,并加垫槽钢或枕木,改善土体结构,增加基底承载力,也能有效减缓拱脚的侧压力,减慢隧道的收敛速率,反压可采用原状土体、岩石或沙袋回填,拱脚反压宽度不小于 2 m,高度不小于 1 m。

3. 撑(斜撑或竖撑)

台阶法开挖时,由于水平跨度过大(最大达 15 m),在初期支护刚度不是特别强的情况下,沉降问题是难以解决的。解决的办法是采取在拱部中央或距边墙 2 m 宽部位沿隧道纵向方向每 1~2 m 增加竖撑或斜撑,底部设钢板、枕木或混凝土基础,既能保证作业空间,又能有效的减缓上台阶的沉降,拱部支撑采取竖撑或扇形支撑,边墙支撑采取斜撑或"门"字形支撑,根据现场实际情况一般采用带法蓝的 ϕ219 mm 或 ϕ325 mm 钢管为最佳,拆装方便。

4. 喷(强喷射混凝土)

在遇到特殊地质情况的围岩,一般喷射混凝土的厚度已不能满足隧道顶层岩体的压力,可采取增加喷射混凝土的厚度和在喷射混凝土中掺加钢纤维或合成纤维,对围岩进行强喷,既可增加支护强度,又可增大初期支护的抗剪、抗裂能力,对控制沉降和收敛会达到一定效果。

5. 锁(锁脚锚管)

在上、中台阶的底脚处采用大锁脚锚管并注浆,利用钢管与钢架的焊接和周边围岩的注浆加固成一体,起到挑梁悬臂的作用,能有效的控制沉降和收敛,锁脚锚管一般采用 ϕ75 mm 或 ϕ89 mm 的无缝钢管,并在管周围穿孔,孔间距控制在 50 cm 左右,呈梅花型布置,锁脚锚管角度呈 45°的效果最好,长度一般控制在 6~8 m 为宜。

6. 仰(临时仰拱)

在施工过程中合理利用各级台阶的临时仰拱,促使永(久)临(时)支护结合,形成临时的闭合环,也能有效的控制沉降和收敛,临时仰拱具体设置为:两端设纵向工字钢与已施工的各级台阶拱焊接架连在一起,有利于后期的拆除,再施作临时仰拱的钢架和混凝土,临时仰拱钢架的间距可适当调整,一般控制在 1 m 左右,钢架和纵向连接工字钢可采取 I18 工字钢。

7. 连(工字钢连接)

取消前后钢架之间的 ϕ22 mm 钢筋连接,改为 I18 或 I20 工字钢连接,由于工字钢与工字钢连接焊接面积大,牢固性可靠,这样可以使前后钢架连成整体,从而形成整个刚性结构,避免出现不均匀沉降。需要注意的是连接工字钢要比钢架尺寸小,有利于连接工字钢镶入钢架内,连接工字钢的间距控制在 2~3 m 即可。

8. 注(注浆)

通过对围岩注浆加固,使松散自稳能力差的围岩在很短的时间内迅速固化,达到一定的强度,对开挖起到很大的作用。注浆分为超前大管棚注浆和全断面帷幕注浆,循环长度一般以 30 m 为宜。注浆液分单液浆和双液浆,双液浆分水泥、水玻璃双液浆和水泥、速凝剂双液浆,单液浆的水灰比控制在 1∶(0.8～1),双液浆的配合比控制在 1∶(0.75～0.8)∶0.1。由于双液注浆最快可在 30 min 内固化,如进度需要,采用双液注浆可达到预期效果。帷幕注浆可采用长玻璃纤维锚杆进行注浆,玻璃纤维锚杆具有抗腐蚀、高强度、耐久性好的特点,重量轻,仅为同长度钢锚杆的 1/4,便于运输、操作,易于切割,有利于在开挖过程中的拆除。

(三)下穿高压铁塔

1. 下穿铁塔地表处理

DIK2025+595～+600 隧道洞顶有一曲花甲线 56 号的 500 kV 输电铁塔,该段隧道埋深约 58 m,上覆第四系碎石土及粉质黏土,厚度约 40 m,洞身位置穿越全风化砂页岩,拱顶以上厚 12～20 m,铁塔基础为四根方桩,平面布置为 8 m×6.5 m,地面以下桩长 3 m。

为确保洞内施工时电力铁塔安全,必须在严密监控的基础上采取地表加固与洞内加强支护相结合的措施。

(1)地表及洞内监控量测

在隧道穿越铁塔的施工过程中对洞内、洞外进行了全面系统的检测。观测网覆盖下穿铁塔段及两侧各不小于 100 m,观测网格尺寸 10 m×10 m,监测点建立后对各监测点进行闭合测量。

(2)地表加固

为确保安全,对铁塔附近采用 ϕ75 mm 钢管桩(壁厚 5 mm)加固,加固范围为铁塔基础以外靠沟侧 10.0 m,靠山侧 5.0 m,左右两侧各 8.0 m。钢花管间距 1.0 m,长 10 m。注浆采用水泥浆,水灰比 W/C=0.5～1.0,注浆压力控制在 1.5～2.0 MPa。

2. 洞内加强措施

①超前支护。该段拱部 130°范围施作一环 ϕ108 mm 大管棚配合大外插角 ϕ42 mm 小导管对开挖轮廓外 5 m 范围超前注浆,大管棚壁厚 5 mm,大管棚长均为 35 m,环向间距 40 cm。为了提高导管的抗弯能力,管棚时内增设钢筋笼。钢筋笼由四根主筋和固定环组成,主筋直径为 18 mm,钢筋笼内采用砂浆或细石混凝土填充,固定环采用钢筋或钢管节,将其与主筋焊接,按 1 m 间距设置,注双液浆;小导管壁厚 3.5 mm,每环 42 根,每根长 4 m,每 2.0 m 设一环,注水泥浆。

②施工方法及加强支护。台阶法,拱部 150°范围采用双层钢架,第一层设 I22a 型钢钢架,扩大拱脚 0.6 cm,并施作 ϕ75 mm 锁脚锚管,锚管长 6 m,每处设 2 根,设 I20b 临时仰拱,喷混凝土 30 cm 厚封闭。拱部第二层、边墙及仰拱架设 I22a 型钢钢架,拱脚设 ϕ42 锁脚锚管,锚管长 6 m,每处设 2 根,钢架间纵向间距 0.5 m。

③系统支护。拱部第一层钢架喷混凝土厚 26 cm,拱部第二层、边墙及仰拱喷混凝土厚 30 cm;系统锚杆拱墙均采用 ϕ42 mm 注浆锚管,并补充注浆,锚管间距为 0.8×1.0(环×纵),长 4.0 m;拱墙设 ϕ8 mm 钢筋网,网格间距为 20 cm×20 cm。

(四)洞内涌泥处理

出口端掘进至 DIK2025+860 时,隧道右侧开挖后揭示围岩由灰岩转变为流塑状粉质黏土,引起隧道 DIK2025+855 洞顶右侧地表出现直径约 7 m,深 4 m 的陷坑。

1. 地表处理

(1)先对地表坍坑进行遮盖防水,并于地表塌陷坑周围设临时截水沟及安全警示牌,建立地表沉降观测网,对观测数据整理分析,发现异常及时上报。

(2)洞内施工通过该段后,对陷坑进行平整和回填,地表设不小于 50 cm 黏土覆盖层封闭,周边裂缝先灌砂浆再用黏土夯填。

2. 洞内处理

(1)为确保洞内坍塌体稳定,于坍塌体坡脚堆码 2 m 高砂袋,并于砂袋以外范围坍体表面按 1.5 m 间距沿坍体径向打入 ϕ42 mm 钢管,钢管长 5 m;设 ϕ8 mm 钢筋网,网格间距 25 cm×25 cm;喷混凝土防护,厚 10 cm。

(2)于掌子面右侧坍体施作 ϕ108 mm 管棚，钢管环向间距 40 cm，每环长度 7 m，纵向搭接不小于 3 m。

(3)开挖坍方体，于拱脚位置设 I25a 型钢桩，长度为 6 m，横向 2 排，纵向间距 0.4 m，并于右侧设 3 根锁脚锚管，采用 ϕ75 mm 钢管，每根长 8 m。

(4)超前支护

结合现场实际情况，对该段采用超前帷幕注浆辅以 ϕ75 mm 中管棚超前支护。

全断面帷幕注浆共设三段，每段之间设 10 m 止浆岩盘，第一段 DIK2025＋850～＋820，长 30 m；第二段 DIK2025＋830～＋800，长 30 m；第三段 DIK2025＋810～＋780，长 30 m。于掌子面实施第一段时，结合当时的开挖现状，分部设置止浆墙，分部实施注浆，注浆前应对后方 DIK2025＋850～＋871 段拱墙范围初期支护进行适当补强，采用 ϕ42 mm 钢花管进行径向补注浆，钢花管长 4 m，按 2 m×2 m 间距布置。

在施作帷幕注浆基础上开挖时，拱部超前支护采用 ϕ75 mm 中管棚，中管棚每 6 m 设一环，每环 42 根，每根长 8 m，搭接 2 m。

(5)施工方法

采用台阶预留核心土法施工，I20b 临时仰拱(喷混凝土覆盖)，扩大拱脚 0.6 m，设 ϕ75 mm 锁脚锚管，锚管长 6 m，每处不小于 2 根，并于拱脚下部增设 2 根 ϕ75 mm 钢管桩，长度 4 m。

3. 帷幕注浆施工工序

开挖掌子面后方由于变形比较大，且涌水对后方洞室结构稳定有一定影响。具体措施：一是通过径向注浆对掌子面后方一定范围进行加固补强，以稳定后方；二是对掌子面实施全断面超前预注浆，形成止水帷幕，防止水害发生。

(1)掌子面后方加固补强

为防止掌子面注浆堵水时，水压上升对后方已开挖段初期支护产生渗漏水、开裂、大变形等危险，必须在进行涌水掌子面超前预注浆前先对后方 30 m 范围进行径向注浆加固，以达到稳固后方的目的，保证隧道结构安全。

①径向注浆加固范围为开挖轮廓线外 5 m。

②径向注浆孔开孔环向间距 1.0 m，纵向间距 1.5 m，注浆孔垂直于开挖轮廓线布设，梅花型布置。

③注浆管采用 ϕ50 mm 小导管，锚管长 5 m。

④注浆孔采用风钻钻孔，成孔后安设 ϕ50 mm 小导管。

⑤布孔完毕后，在注浆管周围喷射(10 cm)混凝土封闭，以防止注浆过程中漏浆，保证注浆效果。

⑥采取全孔一次性注浆方式进行隧道周边围岩加固。

(2)注浆顺序

径向钻孔注浆采取间隔跳孔、隔排方式进行，实施劈裂型注浆措施。

(3)注浆结束标准

注浆结束标准以定压注浆为主，注浆终压为 2～3 MPa，但在施工过程中，若注浆孔周围的注浆孔串浆严重，且孔数较多时，结束该孔注浆。

4. 全断面超前预注浆

(1)止浆墙施作

止浆墙施作前对掌子面裸露岩体进行喷混凝土处理，防止继续坍落，确保安全，喷浆结束后，将掌子面虚渣清除干净至止浆墙施作里程。准备组合模板进行关模。

尽量把掌子面前方的水汇合集中在 ϕ125 mm 钢管流走，ϕ125 mm 管露出止浆墙 30～40 cm，并安装一个高压球阀。用 ϕ108 mm 钢管(前段焊接法兰盘)从出水点将水引出，以方便止浆墙的施作，保证止浆墙的施作质量，并预埋 ϕ42 mm 注浆管，以便后续的固结注浆。

在止浆墙顶端预埋 2～4 根长 1.5 mϕ42 mm 注浆管，外露 15 cm。

模板加固完后采用输送泵输送 C20 止浆墙混凝土.(厚度 2 m)，止浆墙施作采用 C20 混凝土，止浆墙施作过程一定要保证质量，尤其是周边与开挖轮廓线的接触部位，必须密实。

为防止止浆墙由于干缩在周边与围岩的接触部形成裂缝，在止浆墙浇筑到拱顶部位时预埋一定数量的 ϕ42 mm 注浆管，管长 150 cm，止浆墙外预留 30 cm。

(2)全断面超前预注浆状况

由于围岩及掌子面自稳能力较差,为了保证安全开挖施工,对掌子面前方涌水破碎段实施全断面超前预注浆进行加固堵水。全断面超前预注浆加固范围为开挖面及开挖轮廓线外 6 m,每循环注浆长度 30 m,开挖 22 m,预留 8 m 作为下一注浆循环的止浆岩盘。

(3)注浆设计参数

全断面超前预注浆设计参数见表 4-4-25。

表 4-4-25　注浆设计参数

序号	参数名称	参数值	备　　注
1	加固范围	开挖面及开挖轮廓线外 6 m	
2	扩散半径	1～1.5 m	
3	终孔间距	≤3 m	
4	注浆段长	30 m	
5	分段长度	3～5 m	前进式分段注浆
6	注浆终压	3～4 MPa	

(4)注浆材料

注浆材料采用以 HSC 单液浆、HSC 水泥-水玻璃双液浆为主,普通水泥单液浆为辅。注浆材料配比见表 4-4-26。

表 4-4-26　浆液配比参数

序号	名　称	配 比 参 数		
		水灰比	体积比	水玻璃浓度
1	HSC 水泥-水玻璃双液浆	$W:C=(0.8\sim1):1$	$C:S=1:1$	30～35°Be′
2	普通水泥单液浆	$W:C=(0.6\sim0.8):1$		
3	HSC 单液浆	$W:C=(0.6\sim0.8):1$		

注:现场注浆施工中根据情况进行浆液种类和配比的选择调整。

(5)注浆顺序

注浆分二序孔进行施作,按"由外到内、由下到上、间隔跳孔"的原则进行,以达到控制注浆、挤密加固的目的。

(6)钻孔注浆工艺

①先用钻机开深 2 m,直径 ϕ135 mm 的钻孔,安设固结孔口管(ϕ125 mm,δ=5～8 mm 无缝钢管)。

②通过孔口管钻设 ϕ100 mm 注浆孔,钻到 8 m 深时开始实施注浆作业。

③采取前进式分段注浆工艺进行钻孔注浆施工,注浆分段长度 3～5 m。即钻进 3～5 m,注浆一次,注浆结束后再钻 3～5 m 进行注浆,依次循环,直到结束该孔注浆。

④若钻孔过程中遇到较大突涌水,则应立即停止钻孔进行注浆。超前预钻孔注浆工艺流程如图 4-4-40 所示。

(7)注浆结束标准

①单孔注浆结束标准

单孔注浆以定压定量相结合,一序孔以注浆量为主要结束标准,当注浆量达到单孔设计注量的 2 倍,压力仍然不上升,可采取双液注浆等措施结束该孔注浆;二序孔以压力为主要结束标准。注浆过程中,压力逐渐上升,流量逐渐下降,当注浆压力达到 3～4 MPa 时,即可结束该孔注浆。

②全段结束标准

设计的所有注浆孔均达到注浆结束标准,无漏注现象。按总注浆孔的 5%～10%设计检查孔,检查孔满足设计要求。

(8)效果检查及评定

严格进行注浆效果检查及评定,符合要求时才能结束注浆作业。选择可能出现的薄弱环节进行钻孔检查，若达不到注浆效果，应补孔注浆。

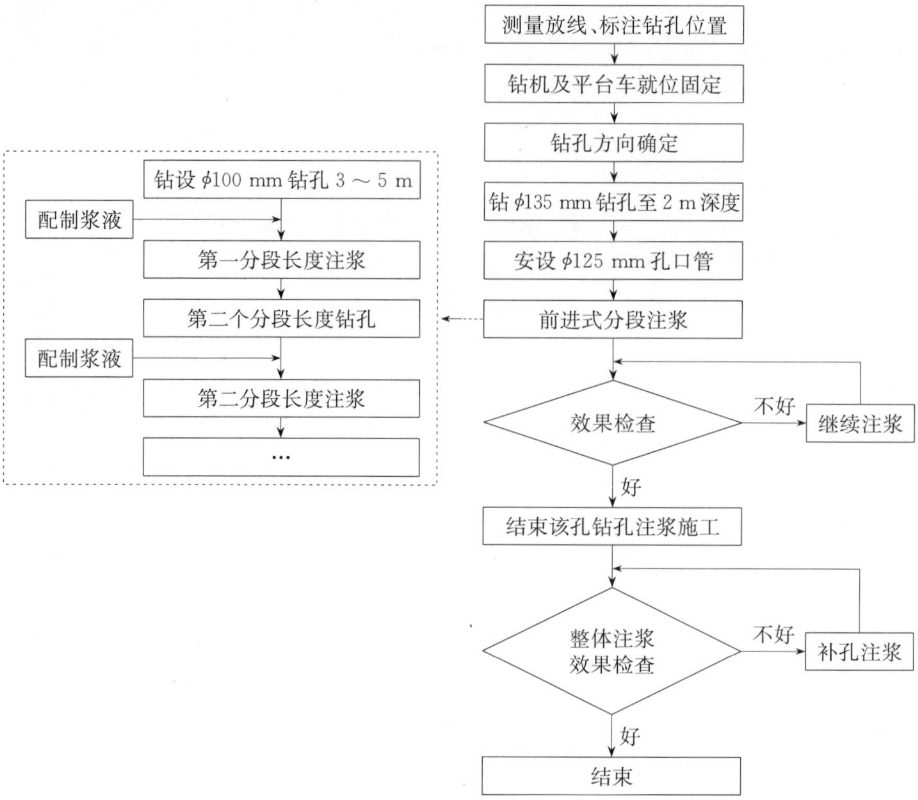

图 4-4-40 超前预钻孔注浆工艺流程

5. 注意事项

(1)应严格按照设计参数进行钻孔。钻孔孔位及角度偏差符合相关规范规定，若现场钻孔孔位因为客观条件限制不能满足设计要求，应进行移位并进行计算确定参数，必要时进行补孔。

(2)注浆材料应满足设计要求，严禁使用过期结块的水泥，必要时进行检验。

(3)浆液配比应符合设计要求，配浆时最大误差为：水泥、水玻璃、水±5%。

(4)浆液搅拌应均匀，一般水泥浆搅拌时间为 3～5 min，但不得超过 30 min。未搅拌均匀或沉淀的浆液严禁使用。

(5)注浆过程中，时刻注意泵压和流量的变化，若吸浆量很大或压力突然下降，注浆压力长时间不上升，应查明原因，如工作面漏浆，可采取封堵措施。如跑浆可通过调换浆液、调整浆液配比、缩短浆液凝胶时间，进行大泵量、低压力注浆，必要时采用间歇注浆，以达到控域注浆目的。

(6)注浆过程中压力突然升高，应及时查找原因，进行处理，确因浆液凝胶时间过短，则应停水玻璃泵，只注水泥浆，待泵压恢复正常后再进行双液注浆。

(7)一台泵发生故障时，应立即换上备用泵继续注浆。

(8)注浆过程中，应保持注浆管路畅通，防止因管路堵塞而影响注浆结束标准的判断。

(9)双液浆注浆结束后或注浆确实需要停较长的时间时，则先停水玻璃泵，后停水泥浆泵，并用清水清洗管路，以防堵管。

(10)严格按照前进式注浆设计的段长进行分段注浆，不得任意延长分段长度，必要时可进行重复注浆，以确保注浆质量。

第三节 洞口工程施工

隧道洞口段施工是整个隧道工程施工的关键。针对隧道洞口的特点，如何做到超前思维，制定出切实可行的进洞施工方案，使其既能减少隧道洞口边坡开挖和防护工程量，又能维护洞口的原生植被，同时也能加快洞口段的施工进度，确保施工安全。经研究，隧道洞口施工应根据现场地形、地质、水文条件，从环保角度出发，制定出科学合理的进洞方案，采用合理的施工技术、方法和步骤开展施工。对于隧道大断面施工应选择变大断面为小断面的施工方法（如CD法、CRD法等）和辅助施工方法（如环形开挖留核心土法、前置式洞口工法等），有效地解决了隧道洞口施工的安全隐患和环保问题。

一、隧道洞口工程施工工艺流程

洞口工程施工工艺流程如图4-4-41所示。

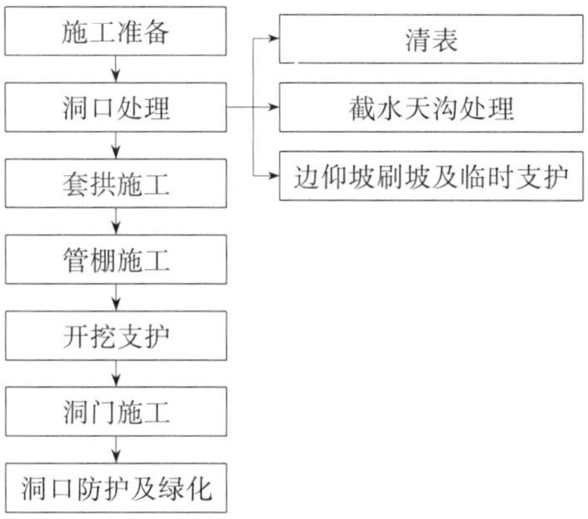

图4-4-41　洞口工程施工工艺流程

二、施工关键工序及技术要点

（一）施工准备

准备充足的施工人员和机械设备，明确施工工艺参数，并进行技术交底。

（二）洞口处理

1. 清表

对洞口植被茂盛或有虚土、危石的必须对地表进行清理。在清表的过程中，注意控制好清表的厚度，尽量少破坏山体原有的植被，保护好生态环境，减少对山体的扰动。如洞口为超浅埋或负浅埋地段进洞较难时，需对特殊地段进行反压回填。

2. 施工放样

清表工作结束后，用全站仪将洞门以及边、仰坡的开口线放样出来，打好木桩。

3. 截水沟施工

根据洞口的地形，现场确定截水沟的位置和走向，截水沟位置的选择要考虑到离洞口边、仰坡的距离不能太远（一般为边仰坡开挖线外3～5 m），以免造成当截水沟施工完成后，边、仰坡上方仍然存在较大的汇水面积，使得截水沟和边、仰坡之间汇集的水流冲刷洞口，从而不能发挥截水沟的作用。截水沟在开挖完成后应该立即用现浇混凝土或浆砌片石封闭，使其排水通畅，避免因截水沟的积水渗入到洞口的土体中，影响到土体的稳定。

4. 边、仰坡开挖及防护

边、仰坡开挖以挖掘机配合人工的方式进行，由上而下，视高度情况分台阶开挖，一次开挖的高度应该确保后面的防护施工能够展开。在刷破过程中，用坡度板控制刷坡坡率。边、仰坡的过渡面要做到过渡平缓，线性美观。开挖完成后，开始进行边、仰坡的防护施工。边、仰坡的防护采用长3～5 m长的ϕ22 mm砂浆锚杆，挂20 cm×20 cmϕ6 mm的钢筋网，10 cm厚的C20喷射混凝土。锚喷防护主要依靠锚杆、钢筋网和混凝土的共同作用，提高边、仰坡岩土的结构强度和抗变形刚度。

（三）套拱（导向墙）施工

由于隧道洞口常为浅埋、偏压、围岩风化破碎或围岩软弱，甚至堆积有第四系堆积层，破碎程度较为严重，直接开挖进洞可能会导致坍塌，给施工带来安全隐患。根据以上情况，在距洞口外1.0 m处架设2榀I18工字钢架，外面支模浇筑C20混凝土，形成套拱（导向墙），截面尺寸1 m×1 m。套拱的内模采用土模。

施工套拱时严格按照隧道路线进行测量放样，防止套拱偏移侵入道路内。套拱施工提前30 d进行，以确保浇筑混凝土达到一定强度。套拱施工时不设预留变形量，但是要安装供管棚施工进定向的导向管。孔口管作为管棚的导向管，安设的平面位置、倾角、外插角的准确度直接影响管棚的质量。用经纬仪以坐标法在工字钢架上定出其平面位置；用水准尺配合坡度板设定孔口管的倾角；用前后差距法设定孔口管的外插角。孔口管应牢固焊接在工字钢上，防止浇筑混凝土时产生位移。

（四）管棚施工

1. 为安全进洞，隧道洞口段设计打设长管棚，管棚长度10～40 m不等，长管棚需设置导向墙，导向墙采用C20混凝土，截面尺寸为1 m×1 m。导向墙在拱部140°范围施作，为保证长管棚施工精度，导向墙内设2

棚 I18 工字钢架，钢架外缘设 ϕ140 mm 壁厚 5 mm 导向钢管，钢管与钢架焊接。

2. 长管棚钢管采用热轧无缝钢管及钢花管，外径 108 mm，壁厚 6 mm，每节钢管两端均预加工成外丝扣，以便接头连接。管距环向间距 40 cm，外倾角 1°～3°，可依据实际情况调整，注浆材料采用水泥浆或水泥-水玻璃等双液浆。

（五）隧道开挖

从套拱下方搭设脚手架，脚手架距套拱内围岩面 0.5～1.0 m，脚手架搭设完毕后隧道开挖时从套拱下方向前掘进，主要以挖掘机开挖，接近设计高程 10 cm 时由人工修整。为减少对围岩的扰动，采用人工从上向下挖掘的方法进行破碎围岩的开挖。实际施工中，由于围岩破碎严重，人工挖掘的施工速度和机械及爆破施工基本相同，但是减少了对围岩的扰动，给后面的施工创造了良好条件。挖掘 5 m 后观察，如围岩情况转为正常则改为机械开挖或爆破施工，如无变化则继续人工开挖。

主洞洞口段一般采用预留核心土环形开挖法进洞，特别困难地段采用双侧壁导坑法或 CRD 法施工，洞口段施工一般控制在 5～10 m 范围内。

（六）初期支护及衬砌

采用 20Mnsi 系统锚杆（间距 1.5 m×1.5 m，长 3～4 m）、钢筋网、工字钢支撑、C25 喷混凝土进行联合支护。初期支护紧跟掌子面及时施作，确保施工安全。为有效保护洞口稳定及进洞施工安全，洞外设 1 m 喷混凝土套拱，采用 I 18 型工字钢和 ϕ8 mm 钢筋网为骨架，间距 50 cm，形成临时洞门，套拱既为管棚施工导向墙，也为进洞的临时洞门。

以往开挖完毕后先施工边墙衬砌再开挖主洞，但这样施工工序繁多、场地狭小、工期压力大，不利于施工。衬砌时采用整体式衬砌台车一次施工，确保结构的完整性。

明洞段施工时利用模板台车并支外模，再浇筑二衬混凝土。二衬施作完毕再回填土至设计厚度。

（七）洞门修建及防护

本线隧道洞门形式多样，有端墙式洞门、斜切式洞门，斜切式洞门包括喇叭口式、倒切式、帽檐式、等环宽式等，结构复杂，模板制作及施工困难。洞门的选型一般根据地形及景观环境的要求而选择，在隧道正洞衬砌施作完毕后，再施工洞门。洞门施工完毕，再按设计对洞门边仰坡进行防护或绿化处理。

由于隧线分界处隧道专业与路基或桥梁专业交界，隧道洞口设计仅说明在隧线分界处 3～5 m 范围内顺接，因此在隧线分界处边坡防护往往出现不连续或顺接不好的问题。施工时应注意顺接，防止产生边仰坡防护不到位的现象。另外端墙式洞门，端墙转角处极易出现圆顺不好的现象，也需加强施工控制。隧线分界处最好由同一单位施工。

三、洞门施工原则

1. 隧道洞门要尽早修建。隧道开挖进洞后，为确保洞口浅埋地段的结构稳定性和洞口安全，尽早进行洞口段暗洞二次衬砌施工，然后进行洞口明洞和洞门施工。

2. 洞门结构的所有基础和侧沟铺砌均需置于稳固地基上，基底虚砟必须清除干净。

3. 洞门混凝土结构需分次浇筑，各浇筑单元间的连接必须良好，并应及时施作，以保证洞门各部分结构的共同作用。

4. 洞门混凝土结构施工完成后，要及时进行防水施工和洞口回填。

5. 洞门回填后，及时按照设计要求和洞口周围自然环境进行洞口绿化。

四、洞门施工工艺

1. 斜切式洞门施工工艺流程如图 4-4-42 所示。

2. 端墙式洞门施工工艺流程

端墙式洞门施工工艺流程如图 4-4-43 所示。

3. 洞门混凝土施工工艺

洞门内模采用液压式整体台车（二次衬砌台车），外模采用组合钢模板，斜切式洞门的帽檐部分采用特制的定型钢模板。洞门混凝土施工工艺流程如图 4-4-44 所示。

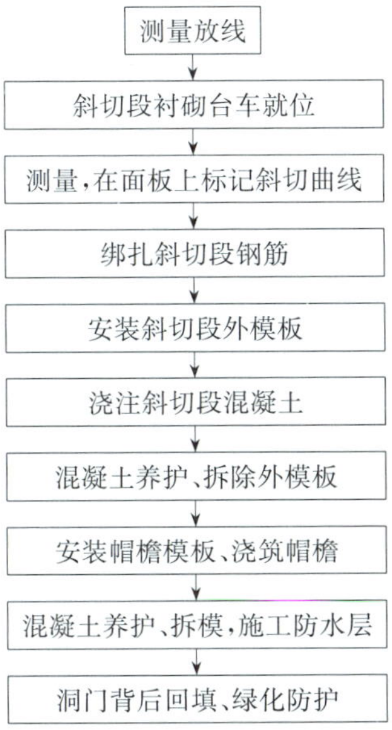

图 4-4-42　斜切式洞门施工工艺流程

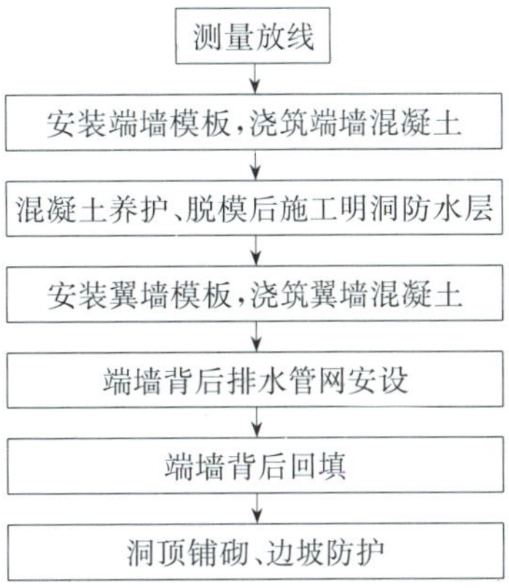

图 4-4-43　端墙式洞门施工工艺流程

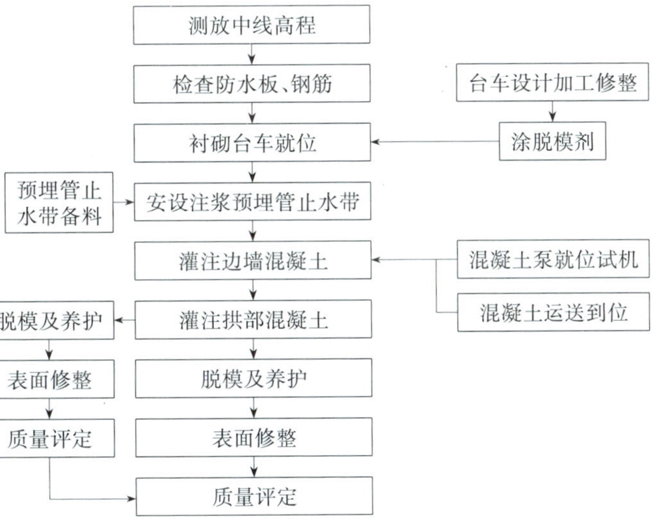

图 4-4-44　洞门混凝土施工工艺流程

4. 隧道出口缓冲结构施工

高速铁路微气压对隧道结构的影响更加明显,必须采取必要的措施降低微气压,以减少其对隧道结构的影响。如牛岭隧道进口采用斜切式隧道洞门,出口采用环框式洞门,能起到缓解微气压波的作用,以减少对附近居民的影响。而鹰嘴山隧道缓冲结构洞门设置在隧道出口,该洞门设计长度为 27.58 m,其中洞门帽檐结构为 9.58 m,缓冲结构 18 m,在缓冲结构正上方设置两个 420 cm×260 cm 的空气动力学开孔。现以鹰嘴山隧道出口为例介绍隧道洞口缓冲结构施工。

(1)鹰嘴山隧道工程概况

鹰嘴山隧道全长 2 112 m,最大埋深 195.7 m,最小埋深位于进口附近约 3 m。该隧道地质条件复杂,洞身穿越多种地质构造,施工难度大。

(2)缓冲结构施工

①施工前提条件

a. 隧道中线、高程、断面尺寸和净空大小均须符合规范要求。

b. 仰拱上的填充层或铺底调平层已施工完毕,地下水已合理引排;施工缝已按规范处理合格,基础部位的虚砟及积水必须清理干净。

c. 整体模板衬砌台车、拌和站、输送泵、运输车、捣固机械等处于可正常运转状态,计量准确,设备能力满足隧道二次衬砌混凝土施工需要。

②工序内容

主要包括测量放线、轨道铺设、台车及模板就位、基仓清理、涂脱模剂、安装背板、挡头板及止水条(带)、预埋件安装、灌注前检查验收、输送管路安装及输送泵运转调试、混凝土拌和、运输、泵送入模、捣固、拆模、养生等。

③施工准备

a. 设备及原材料均已准备,并且机具设备能够正常运行,原材料经检验合格,粗骨料加工拌和前要再次过筛,以防止超径骨料混入,造成堵塞。细骨料堆放在防雨料库,以控制含水率,且数量满足施工需要。

b. 钢筋绑扎完毕。

④模板台车施工

a. 台车就位前,进行测量放线。台车轨道枕木间距不大于 0.6 m,轨道中线同隧道中线重合,两根钢轨高差不得大于 1 cm,前后轨道高差不得大于 1 cm。

b. 台车就位时,须用仪器严格控制拱顶高度及中线、起拱线尺寸、大腰中线尺寸和轨面中线尺寸。中线、高程偏差控制在 5 mm 以内。组间环向接头错台不大于 2 mm。

c. 模板台车就位后,技术人员对缓冲结构进行放线立模,分别为两个 420 cm×260 cm 大小。

d. 该缓冲结构洞门采用 10 m 模板台车及钢模分段施工浇筑完成,洞门衬砌混凝土采用模板台车为模,而空气动力学开孔采用钢模在模板台车上焊接为模。

⑤钢筋绑扎

a. 钢筋绑扎施工前,根据测量放线位置进行"T"形钢筋支架的施工。"T"形钢筋支架一端焊接在台车上进行固定。

b. 钢筋按设计要求在洞外工厂化加工预制,运料车运输到现场,在作业台架上人工安装绑扎。

c. 为确保钢筋绑扎质量,测量人员必须在钢筋绑扎前、内层钢筋绑扎前、作业平台移动前分三次进行纵向拉线,对每根钢筋进行检查,确保钢筋位置准确。拱墙钢筋绑扎前,先要将边墙钢筋按照设计尺寸调整。使其纵向成一条直线,横向都处于法线方向;钢筋的纵横向间距均符合设计、规范要求(双排钢筋、上排钢筋与下排钢筋间距允许偏差±15 mm;同一排中受力钢筋间距拱部允许偏差±10 mm,墙部允许偏差±20 mm)。

d. 拱墙钢筋绑扎时,由测量人员准确放出不少于 3 个横断面的位置,每个横断面标出不少于 9 个定位点(拱顶 1 个,拱腰 2 个,大腰 4 个,边墙部位 2 个);技术人员现场指导施工人员精确安设"T"型支架。

e. 将钢筋预弯后,首先绑扎定位处的拱墙钢筋,尔后以定位处的钢筋为模型,加密进行其他钢筋的绑扎。绑扎按照先外圈,后内圈;先主筋,后连接筋、箍筋的顺序施作。主筋要进行预弯加工处理,确保安设的圆顺度;主筋要与支撑拱架的主筋处于同一圆面上,纵向成一条线,横向处于同一法线上。将每隔 3 m 固定好的外层主筋之间用尼龙线连接,以尼龙线为基准绑扎其他外层主筋。外层主筋绑扎结束后根据内外层钢筋间距逐根绑扎内层钢筋,尔后是纵向连接筋及箍筋的绑扎。

f. 钢筋的绑扎焊接要求:钢筋搭接长度必须符合施工规范要求。墙部的钢筋采用单面焊接接长,拱部钢筋接长采用绑扎接头。钢筋接头采用双面焊接时,焊缝长度不小于 $5d$;采用单面焊接时,焊缝长度不小于 $10d$;采用扎丝绑扎时,搭接长度不小于 $35d$。

g. 钢筋固定:钢筋绑扎过程中,为防止钢筋由于自重或混凝土灌注过程中发生变形,按照纵向间距 2 m、环向间距 2.5 m 的要求,将"T"型短钢筋同固定钢筋的骨架焊连,"T"型短钢筋一端支抵在模板上,另一端与钢筋骨架主筋焊接,从而将整个钢筋网固定并加固,防止钢筋整体变形,从而确保钢筋的准确位置。

h. 保护层的控制:钢筋绑扎完成后,按中线高程进行轮廓尺寸检查,合格后于内层钢筋挂设 5 cm 厚砂浆垫块,以确保混凝土灌注后钢筋净保护层厚度。或者在内圈钢筋(紧邻模板台车的钢筋)拱部按照 100 cm、墙部 200 cm 的间距,梅花型焊接长度为 6 cm 的短钢筋头(ϕ22 mm 的螺纹钢),短钢筋头直接支顶在模板台车的模板表面,使钢筋保护层厚度准确且一致。

i. 钢筋绑扎安装全部结束后,现场领工员通知现场值班测工及技术人员、质检人员,对整个钢筋绑扎情况进行全面检查。重点检查钢筋的圆顺度、保护层厚度、钢筋间距及数量,确认钢筋绑扎安装是否符合设计、规范要求。

⑥混凝土浇筑

a. 混凝土拌和站运入的混凝土，须经试验人员检查核实和配料单是否符合配合比要求后方能运至工作面灌注。对达不到质量控制要求或坍落度损失超标准以及超过允许运输时间的混凝土作废弃处理。

b. 按照灌注工艺和混凝土的供应量，混凝土进行对称灌注。在灌注过程中，全力组织好混凝土的运输供应，缩短灌注时间，以免出现施工冷缝。

c. 随着混凝土的灌注，捣固人员应从衬砌大模板混凝土捣固窗中对混凝土进行捣固，混凝土振捣以不冒气泡为准，但不得超振引起混凝土翻沙和粗骨料下沉。

⑦混凝土的养护

a. 混凝土养护期间，应重点加强混凝土的湿度和温度控制，尽量减少表面混凝土的暴露时间，及时对混凝土暴露面进行紧密覆盖，防止表面水分蒸发。

b. 混凝土养护应保持环境温度不低于 5 ℃，浇筑结束 4~6 h 且混凝土终凝后方可升温，升温速度不宜大于 10 ℃/h。恒温期间混凝土内部温度不宜超过 60 ℃，降温速度不宜大于 10 ℃/h。

c. 混凝土带模养护期间，应进行保湿、潮湿养护。

d. 拆模时混凝土芯部与表层、表层与环境之间的温差不得大于 20 ℃，结构内外侧表面温差不得大于 15 ℃。混凝土内部开始降温前不得拆模。

e. 脱模后应对混凝土进行蓄水、浇水或覆盖洒水等措施进行潮湿养护；采用喷涂养护液时，应确保不漏喷。

f. 在养护期间，养护水温度与混凝土表面温度之差不得大于 15 ℃。养护期间采取保温措施，防止混凝土表面温度受环境因素影响而发生剧烈变化。

第四节　洞内设施工程施工

隧道洞内施工内容包括隧道内照明灯具、配电箱、控制箱安装及电缆和光缆敷设等，主要工程内容为装设首末端照明控制箱、中间段照明控制箱、电源箱、应急电源装置(EPS)、应急按钮箱(EBS)、智能监控装置(RTU)、隧道照明灯具、各类低压电缆及光缆敷设等。

一、洞内设施工程施工特点

对于长大隧道洞内设施工程施工而言，如新大瑶山隧道、吊沟岭隧道、浏阳河隧道等，一般具有以下几个特点：

1. 施工难度较大。隧道长度长，洞内空气污染严重，且为新建隧道，洞内无施工电源，从电缆沟引出钢管至隧道壁需要破坏高强度混凝土。

2. 技术要求高。施工时可能存在交叉施工作业，需要与隧道主体施工单位密切配合，在灯具安装、各种箱柜安装及沿隧道壁配线时，不能损坏隧道防水层和隧道主体结构内钢筋；电缆分接头多，要求防尘防水性能好，洞内电气设施均要求防腐防潮，箱盒密闭性要求高，光纤熔接技术要求高。

3. 材料运输困难。大部分隧道远离公路，材料不能到位，尤其进入隧道内的材料基本上需靠人工倒运。

二、洞内设施施工方案

采用隧道两头同时施工的方法，以加快施工进度。施工顺序为：先上部后下部，先设备后线路。重点工序为洞内电缆沟引出钢管敷设、电缆防水接头、光纤熔接和智能监控安装调试，施工中严格按照施工规范及验收标准作业。

三、施工步骤和方法

(一)施工方法

洞内设施装设：沿隧道壁装设电缆挂钩，电缆沟引出钢管敷设，上部照明电缆敷设及分接头制作，上部照明灯具安装及接线，电源箱、照明控制箱安装，沿电缆沟电缆及光缆敷设，下部灯具安装接线，电源引入，照明调试，光纤熔接，智能监控安装调试。

（二）施工步骤

1. 隧道上部电缆挂设及上部灯具安装

（1）施工顺序

测定安装高度，打挂钩和灯具固定孔，安装电缆挂钩，挂设电缆，上部灯具安装，灯具接线及制作电缆分接头。

（2）施工方法

①安装高度确定：根据设计图确定电缆挂钩和灯具固定点，考虑挂钩和灯具尺寸，电缆挂钩固定孔按 2 900 mm 确定，灯具固定孔按 2 700 mm 确定，指示灯、配电箱根据实际尺寸确定固定孔，底边距地按设计要求。

②安装方法：挂钩及灯具固定孔采用弹墨线定位，保证挂钩和灯具固定在同一直线上。施工按流水作业顺序，每个工序分 4 组人员从隧道两端同时施工，先测量固定点，再打挂钩和灯具固定孔、然后安装挂钩和敷设照明电缆、灯具安装、电缆分接头制作。

2. 电缆接头(分接头)制作

（1）施工顺序

固定分接盒底座，剥除电缆接头位外护套，连接灯具与主电缆线芯，盖分接盒盖。

（2）施工方法

固定分接盒底座，在分接盒的中心按所需的开口长度剥除待接电缆外护套，按常规接线方法连接灯具线芯，检查无误后盖分接盒盖。

3. 挂钩、灯具、配电箱固定施工

（1）施工顺序

根据设计要求及设备尺寸位置确定安装固定点，冲击钻打眼，埋设不锈钢膨胀螺栓，装设挂钩及灯具、配电箱。

（2）施工方法

根据设计要求及设备尺寸位置采用墨线确定安装固定孔，保证各设备在同一直线上和垂直度。每一固定眼均以十字交叉点确定，固定件均采用不锈钢膨胀螺栓，埋设应牢靠，不能为减少工作量而少装和漏装。冲孔要保证深度，孔径不得随意扩大。电缆挂钩安装应平直、牢靠。

4. 隧道电缆施工

（1）施工顺序

测定洞室分段电缆长度，人工施放电缆，电缆两端防水包扎电缆固定。

（2）施工方法

根据实际照明分段长度或洞室长度确定所需电缆长度，按电缆施放地形条件确定将电缆截断施放或直接采用电缆放线盘采用人工拖放到位，其中挂钩上电缆先将电缆分段放到地面，从中间开始挂到挂钩上，然后将电缆两头包扎密封，固定好电缆。

5. 光纤熔接施工

（1）先拨去光缆的加强钢芯，根据需要拨去 2～2.5 m 左右。

（2）用专用的工具将表皮塑料去掉，长短和去掉钢芯的长度相同。

（3）仔细拔去中心塑管，用卫生纸擦去包在光芯上的油脂。

（4）用手把光芯 4 股仔细分开，1 股为黄色，1 股为红色，其余 2 股是白色。将黄色和红色的光芯用刀片刮去表面的涂附层，放到刀头上进行切断，确保切断面的平整。用酒精擦拭红色的光芯。把光芯和专用的跳线放到光纤熔接机进行熔接。熔接机会自动调整光芯的状态，自动对接，放电，激光熔接。如果失败，重新切断光芯，再次进行。

（5）将熔接好的光芯放入光纤熔接机内的加热础套上热缩管进行加热，热缩管会牢牢地套在刚才的熔接处。

(6)将黄色、白色的光芯按上述方法处理。

(7)将熔接好的光芯按顺序一圈一圈的排在端子盒内,与耦合器相连接。

6. 隧道照明灯具及设备安装

(1)大于 100 m、小于 500 m 的隧道设正常固定照明,光源采用 100 W 高压钠灯,照明灯沿隧道两侧交错布置,水平间距为 30 m、距地 3.5 m。

(2)大于 500 m 的隧道设正常固定照明并作为疏散应急照明使用,光源采用 50 W 无级荧光灯，照明灯沿隧道两侧交错布置,水平间距为 20 m、距地 2.5 m。

(3)大于 100 m 的隧道设疏散指示灯及标志灯,光源采用 3 W LED 灯，疏散指示灯沿隧道两侧对称布置,水平间距为 25 m、距地 2.5 m。设置在隧道综合洞室洞口上的标志灯距地 3.2 m。

(4)隧道口及综合洞室内电源箱、RTU、照明控制箱均为明挂,箱体底边距地 1.3 m;EPS 为落地靠墙安装。

(5)所有灯具、开关箱、按钮箱、EPS 等的防护等级为 IP65。

7. 隧道照明配线方式

(1)隧道供电电源电缆、标志灯电源电缆干线、控制电缆及监控光缆沿隧道电力电缆槽敷设。

(2)隧道照明干线电缆沿隧道壁水平安装时采用电缆挂钩敷设,挂钩安装间距为 0.8 m,电缆安装高度为距灯具上缘 0.2 m。

(3)所有过轨电缆均沿预留过轨钢管敷设。

(4)除沿隧道壁采用电缆挂钩水平敷设的电缆和沿电缆槽敷设的电缆外,其他电缆均采用穿钢管沿隧道壁明敷。

(5)隧道外的监控光缆沿通信电缆槽敷设至通信基站。

8. 接地方式

(1)隧道照明接地系统采用 TN-C-S 系统。

(2)隧道照明控制箱、灯具等电气设备外壳与 PE 线可靠连接,各综合洞室电源箱、照明控制箱从隧道综合接地母线接引 PE 线(PE 线已埋设好)。

(3)隧道内疏散指示灯及标志灯回路、其他照明回路从各个洞室电源箱或照明控制箱接引 PE 线(大于 500 m 隧道)。

(三)施工注意事项

1. 电缆敷设前应对电缆的长度、型号、规格与设计进行核对,然后进行绝缘测试,检查外表是否损伤。电缆接头(分接头)制作完后,线路送电前应进行绝缘测量。电缆埋设、暗配管等施工工序及各项电气测试应经监理人员现场检查合格并签认后方可进行下道工序施工。

2. 电缆敷设完毕后应同步做好标志,标牌明确标识电缆的回路、规格、型号。

3. 各电源箱、照明控制箱、照明灯具、电缆安装高度必须满足设计要求。

第五节　运营通风及防灾救援工程施工

一、隧道施工通风技术

(一)隧道通风设计原则

充分利用现有设备,在满足通风效果的前提下,进行合理调配,减少新购风机的数量。在净空允许的情况下,采用大直径风管,减少能耗损失。通过适当增加一次性投入,减少通风系统的长期运行成本。以几座典型隧道通风问题解决为例作一说明。

(二)五尖大山隧道施工通风技术

隧道前期分进口、斜井、出口 3 个工作面,后期分斜井正洞和出口 2 个工作面,其中斜井工区工作面担负 3 158 m 的掘进任务,为洞内施工的主要控制工作面之一,通风线路最长,困难最大,故取其计算并进行设备配置,其他两个工区对照进行设置。

1. 根据计算和对比,各工区的风机选型见表 4-4-27。

表 4-4-27 五尖大山隧道各工区风机选型

工 区	风 机 型 号	风量(m^3/min)	最高风压(Pa)	数量(台)	最大配用电机功率(kW)	备 注
进口工区	SDF(C)-NO11	1 015～1 985	4 150	1	55×2	高速风机
斜井工区	SDF(C)-NO12.5	1 550～2 912	5 355	2	110×2	高速风机
出口工区	SDF(C)-NO13	1 695～3 300	5 920	2	132×2	高速风机

2. 通风机布置

隧道进口与斜井辅助正洞未贯通前采用方案 1:进口距离洞口约 15 m 处设置 1 台型号 SDF(C)-NO11 的风机通风;斜井距离斜井洞口约 15 m 处设置 1 台型号 SDF(C)-NO12.5 的风机集中通风;出口距离洞口约 15 m 处设置 2 台型号 SDF(C)-NO13 的风机集中通风,如图 4-4-45 所示。

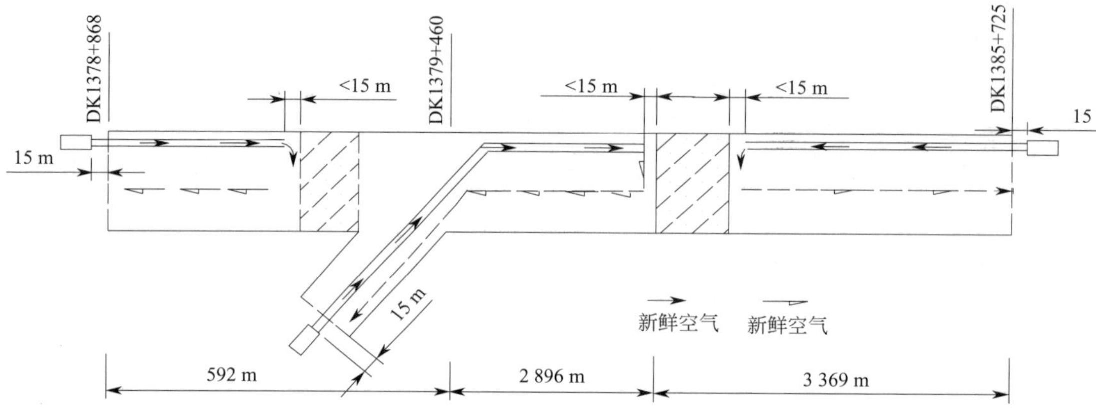

图 4-4-45 方案 1 风机布置

进口与斜井辅助正洞贯通后采用方案 2:在距离进口与斜井交接处 40～60 m 处的正洞内设置 2 台型号 SDF(C)-NO12.5 的风机集中通风;出口距离洞口约 15 m 处设置 2 台型号 SDF(C)-NO13 的风机集中通风;根据隧道掘进情况,如果排烟效果不好,为了隧道洞内更好的排烟,提高通风效果,在适当时间和位置安装射流风机作引导,如图 4-4-46。

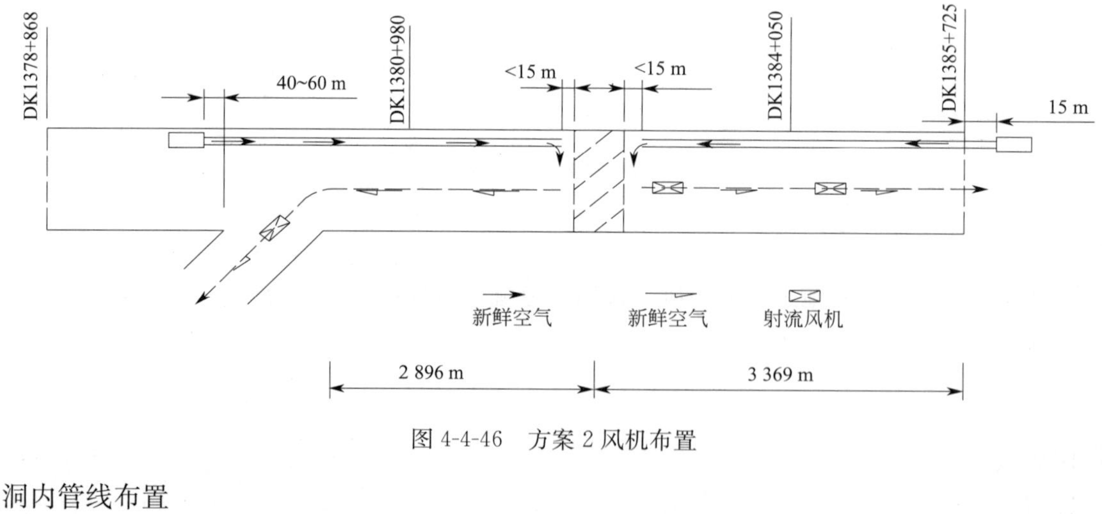

图 4-4-46 方案 2 风机布置

3. 洞内管线布置

洞内管线布置如图 4-4-47 所示。

4. 通风管理措施

(1)每个供风系统成立 3～5 人的班组,负责通风系统的操作、安装、维修等管理。

(2)风管安装目视要直顺,按管线布置图安装,每隔 10 m 进行固定。

(3)出风口距开挖掌子面不大于 15 m,风管在通过模板台车处,管路要圆顺,不能有死弯。

(4)风动机械与软管连接必须牢固,拆卸连接风管应在停机后进行,确保人身安全。

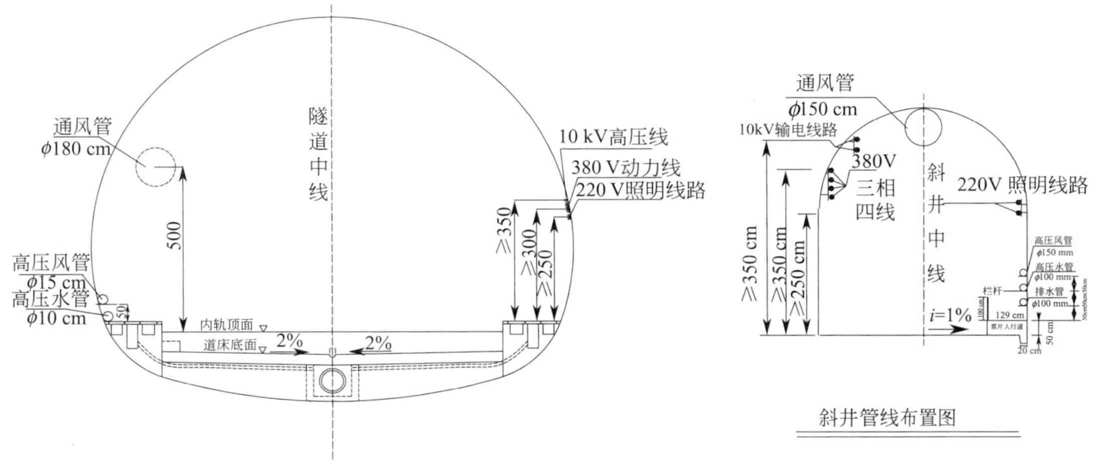

图 4-4-47　正洞管线布置(单位:cm)

(三)大瑶山 1 号隧道施工通风技术

大瑶山 1 号隧道全长 10.08 km,受地形限制,造成三个施工作业区承担施工任务不均衡,依次分别为:31.4%、55%、13.6%,最大独头通风距离达 4 607 m,给隧道施工通风技术带来了巨大挑战,在施工、管理上都提出了更高要求。

1. 长大隧道施工通风存在的主要问题

(1)洞内污染源增多,不能集中控制;

(2)需要的通风量大;

(3)通风管路沿程阻力大;

(4)各作业面对施工通风影响大。

由于诸多的通风难点,目前此类铁路隧道施工通风在国内可供参考的例子很少,因此,大瑶山 1 号隧道施工通风技术的研究与应用对以后类似工程施工具有重要的现实意义。

2. 解决方案

(1)采用大功率通风机配合大直径通风管送风;

(2)研究新的施工通风方法和辅助通风除尘措施;

(3)减少内燃机械的尾气排放量;

(4)加强施工通风管理。

3. 大瑶山 1 号隧道施工通风

大瑶山 1 号隧道施工分三个作业区,施工通风的重难点在二工区,一工区由于有 2 268 m 的平行导坑可以利用,施工通风相对容易。三工区 F 段由于在浅埋段可以增开工作面,施工通风简单,这里不作介绍。

(1)通风方式。一工区采用施工射流通风方式当隧道掘进过程中,两条巷道通过横通道的连接,即形成了 U 型风道,达到通风换气的目的;二工区根据施工条件采用压入式通风方式,能使开挖面工作段有害气体浓度降低,对快速施工非常有利。

(2)通风设备选择及配置

依据洞内主要机械性能参数及数量,经所需风量和进出口工区管路通风阻力,即可得到各通风设备的性能参数和配置数量,见表 4-4-28。

表 4-4-28　主要通风设备参数

名称	型号	技术参数				数　量
		速度(r/min)	风压(Pa)	风量(m^3/min)	功率(kW)	
轴流风机	SDF(B)-No11	1480	624～4 150	1 015～1 985	55×2	一工区使用 5 台备用 1 台,共计需 6 台
轴流风机	SDF(B)-No12.5	1 480	355～5 355	840～2 912	110×2	二工区使用 3 台备用 1 台,共计需要 4 台

续上表

名称	型号	技术参数				数　量
		速度(r/min)	风压(Pa)	风量(m^3/min)	功率(kW)	
射流风机	SSF-No10	功率 30 kW,出口风速 33.8 m/s				一工区使用 6 台备用 1 台,共计需要 7 台
拉链式软风管	PVCϕ1 300 mm	平均百米漏风率 0.02,摩阻系数 0.02,每节长度 20 m/节或 10 m/节(20 m/节占 75%以上)				一工区配置 11 075 m
拉链式软风管	PVCϕ1 700 mm	平均百米漏风率 0.02,摩阻系数 0.02,每节长度 20 m/节或 10 m/节(20 m/节占 75%以上)				二工区配置 12 460 m

(3)大瑶山 1 号隧道进口施工通风

大瑶山 1 号隧道进口施工通风分为四个阶段:

第一阶段是大瑶山 1 号隧道进口和平导两个开挖工作面分别采取压入式送风,其中正洞采用两台轴流风机和两道通风管路送风,平导只用一台轴流风机和一道通风管路送风。第二阶段是第一横通道贯通,从一通进去在正洞增开一个掌子面。这时一通内用两台风机送风,平导还用原来一路的风管,正洞送风不变。三个掌子面同时开挖施工,三个开挖工作面均采取压入式送风。

第三阶段是第二个横通道贯通,平导开挖完毕通过第三个横通道进入正洞施工,只有两个正洞开挖工作面,轴流风机整体迁移到第二横通道处,将第一个横通道封闭,增设两台射流风机,两个开挖工作面分别通过两台轴流风机和两道通风管路送风,行车和行人路线与前阶段相同;第四阶段是正洞 A、B 段开挖完毕,只剩下正洞 C 段一个开挖工作面,在平导内第三横通道附近布置两台轴流风机和两道通风管路为该工作面送风,将第二横通道也封闭,行车和行人路线不变。

(4)大瑶山 1 号隧道横洞施工通风

大瑶山 1 号隧道横洞工区施工通风分为三个阶段:

第一阶段是开挖横洞洞身,采用一台 SDF(b)-No12.5 型轴流风机和一路直径 ϕ1.7 m 通风管路向开挖工作面压入式送风。

第二阶段是当横洞贯通,进入正洞向两侧开挖,采用两台 SDF(b)-No12.5 型轴流风机和两道通风管路向两个开挖工作面压入式送风,另外一台 SDF(b)-No12.5 型轴流风机和一道通风管路在横通道口做三通向两个开挖工作面压入式送风。

第三阶段是正洞 E、F 段已贯通,正洞只有 D 段一个开挖面,但独头最长,达 4 607 m。将两台 SDF(b)-No12.5 型轴流风机移到交叉口横洞位置向武汉方向送风。移动风机可以缩短向掌子送风的距离近 800 m。布置一台 35 kW 的射流风机于横洞中,形成风墙,阻挡正洞广州方向回来的污风,使其由广州方向排出,同时射流风机起到本身引流的作用,使新鲜空气由横洞口进入。

(四)浏阳河隧道竖井施工通风技术

浏阳河隧道 3 号竖井处于 DⅡK1568+395 里程处,井深 51.03 m,在距井口 15 m 处安装 1 台 110 kW 通风机,采用 ϕ1 300 mm 软管压入式通风。

二、长大隧道防灾救援工程施工

浏阳河隧道和大瑶山隧道需要考虑防灾救援措施,以浏阳河隧道消防通风系统工程的施工为例作一介绍。

(一)工程概况

浏阳河隧道消防通风系统工程总造价 1 000 万元,全长 10 115 m,主要分为隧道风机安装工程、隧道动力电力安装工程和隧道火灾自动报警系统三个部分。隧道风机安装工程包括主洞风机安装和疏散通道风机安装,共计 26 台射流风机,其中主洞为 10 台 55 kW 可逆射流风机,疏散通道内为 14 台 11 kW 和 2 台 33 kW 射流风机。隧道动力电力安装工程是由浏阳河北口 10 kV 配电所、25 号洞室的箱变和南口 10 kV 配电所内变电所分别引入各级配电箱,经双电源切换装置切换后供隧道通风、排水、消防等动力负荷用电。工程量有电力电缆敷设 7 km,双电源动力配电箱安装 14 套。隧道火灾自动报警系统是在隧道内设置光纤分布式火灾监测系统，保证实时在线的温度监测、提供火灾危险的早期探测、清楚指示火灾危险地点、将报警信号传送至火灾报警控制系统，供火灾报警控制系统采取灭火等联动控制。主要工程量有感温光纤悬挂敷设22 km，监控光缆敷设28 km，控制电缆敷设9 km，各种监控设备安装27套。

（二）射流风机安装

1. 射流风机的安装步骤

(1)隧道左右侧墙壁打眼及地面打眼，满足M20型化学锚栓固定。

(2)做化学锚栓拉拔试验。

(3)锚栓与连接板连接固定。

(4)连接板与辅助支架焊接固定。

(5)辅助支架与主支架焊接固定。

(6)利用轨道吊车安装风机。

(7)在安装风机之前确认接触网已停电。

(8)主机与消音器组装。

(9)风机起吊摆放进主支架上固定(按下—中—上顺序)。

(10)主支架外侧立柱安装。

(11)右侧风机安装完后，左侧风机安装按以上顺序进行。

(12)疏散通道顶部壁上打眼，满足M20型化学锚栓固定。

(13)做化学锚栓拉拔试验。

(14)锚栓与连接板连接固定。

(15)连接板与斜拉板焊接固定。

(16)选定起重点，安装固定手动葫芦。

(17)主机与消音器组装。

(18)风机起吊找正，用螺栓M14×16与斜拉板连接。

(19)疏散通道的风机安装工序相同。

2. 射流风机的供电方式

(1)浏阳河隧道出口里程DⅡK1570+720，出口隧线分界里程DⅡK1570+900，明挖段"U"型槽段长180 m，浏阳河北口10 kV配电所内、25号洞室和南口各设10/0.4 kV双电源变电所一处，供隧道通风、排水、消防等动力负荷用电。

(2)10 kV电源：浏阳河北口10 kV配电所内变电所电源接引于两段10 kV母线上，25号洞室和南口变电所10 kV电源分别接引于一级负荷贯通线、综合负荷贯通线上。

(3)隧道动力电源为～380/220 V，从各变电所两段低压母线各引一回供电线路分别引入各最末一级配电箱经双电源切换装置切换后供各动力负荷供电。

（三）消防通风动力电力

1. 动力负荷供电控制方式

(1)射流风机：设机旁就地手动控制和远方自动控制两种控制方式，远方控制方式包括消防联动控制和远动控制；远动控制时按预设的各风机启动时间前后顺序依次启动。

(2)废水泵：设就地机旁手动、自动和远方三种控制方式，四台水泵三用一备，轮换使用。

(3)雨水泵：设就地机旁手动、自动和远方三种控制方式，四台水泵三用一备，轮换使用。

(4)消防水泵：设就地机旁手动、自动和远方三种控制方式，四台水泵三用一备。消防水泵启动与消防报警联动以及在隧道内消火栓启动按钮启动；消防泵控制柜由给水专业设置，并预留与消防联动的远动接口。

2. 动力配电箱等设备安装

(1)设置在隧道两侧的动力配电箱(控制箱)均为明挂，箱体底边距地1.3 m。

(2)所有安装在隧道主洞的电力设备均牢固安装，满足列车350 km/h运行时的风压要求。

(3)所有动力配电箱(控制箱)的防护等级为IP65，能防潮、防锈蚀、防腐、防振、防震。

3. 动力电力配线方式

(1)隧道供电电源电缆在主洞内水平敷设时沿隧道电力电缆槽敷设。

(2)所有过轨电缆均沿预留过轨钢管敷设。

(3)其他在疏散通道内敷设的电力电缆采用沿隧道壁上的电缆支架明敷,电缆敷设安装高度为 2 m。

(4)隧道外电力电缆采用沿沟、直埋或沿隧道壁钢管明敷。

(四)消防通风火灾自动报警系统

1. 火灾自动报警系统构成

隧道内设置分布式光纤感温火灾监测和预警系统,能将探测隧道沿线任意位置的实时温度,在火灾发生时发出报警,并监测火情。

火情监测预警系统由火灾报警控制器、若干个手动报警按钮、点式感烟、感温探测器、光纤测温火情监控系统控制器、探测光缆、光缆接线盒、光缆终端接线盒、现场报警工作站、后备电源管理系统、一体化声光报警器、系统软件以及相关连接电缆和安装附件等构成。

2. 火灾自动报警系统功能

(1)系统具备两种工作状态

①自动状态:隧道内一旦发现所测量值超过标准设定报警值时,感温设备立即向火灾报警控制器报告并发出火灾报警信号,或在火灾报警控制器输出继电器动作,系统确认火警,联动相关机电设备。

②手动状态:隧道内一旦发现火情时,紧急按下手动报警按钮,火灾报警控制器收到按钮报警信号,系统确认为火警,并立即进入处理程序,火灾报警控制器显示有关区域并发出火灾声光报警信号,同时把报警信号上传至监控管理站,以便及时组织人员疏散和抢险工作。

(2)光纤感温火情监控系统可对报警区域长度及报警点进行整体编程。根据不同的实际应用,设定不同的报警区域,既可以为定温报警(超过某最高温度时报警),也可以为差温报警(温升速率超过门限时报警),也可以设定为与分区平均温度之间差值报警,或几种条件的综合。报警点及区域长度可调整到符合实际状况,报警阈值的设定可以根据现场监测情况重新修订。

(3)系统应具有多向报警通道,主机本身既能显示报警定位和火势情况,又能通过继电器输出接口向火灾报警控制器输出报警信号,还可通过通信接口向中心监控平台输出报警信号,以确保在现场设备损坏或通信故障的情况下保证系统最基本的报警功能。

(4)当感温光纤探测器周围的环境满足火灾报警条件时,探测器应输出火灾报警信号,点亮火灾报警指示灯;多通道探测器还应指示出报警通道,并保持至复位。系统还应能输出准确的报警定位信息。

(5)为防止误报,系统软件可选择重复测量校验,通过比较,整条光缆两个周期扫描测量数据复核测量的准确性。

(6)系统可通过对监测点的连续温度监测和专用的分析软件,能够提前确定监测点的早期故障,实现检测部位的早期预测,防患于未然。

(7)系统的火灾评估机制中还应支持火灾蔓延程度的设置,系统中可予以不同的长度定义设置 5 级火情。该系统还可测量出火灾的蔓延方向(静止、向光缆始端蔓延或是向光缆末端蔓延),供操作人员准确了解火情发展。

(8)系统对探测器具有自检功能,每个检测周期内对整个光纤火灾检测系统进行一次自检,当系统某部位发生故障时,提供报警并准确确定故障点位置及报警时间,能指导检修工作;同时系统计算机记录故障情况,以备查证。

(9)系统具有高可靠性、安全性、操作方便、反应迅速、使用寿命长等特点,其主要设备材料的使用寿命不应低于 30 年,无需周期性维修和检查。

(10)系统设备具备防震、防噪、防腐蚀、防潮、防水、防尘等功能,适用于野外恶劣环境应用。

(11)系统内置防雷击抗高压保护设施。能承受高压的冲击,在瞬间高电压、电流或无线电波的冲击干扰下,仍能正常工作。

(12)系统的操作界面良好,数字或图形界面,显示为中文语言。

(13)系统具有历史记录功能,具有火灾报警、档案记录及打印功能,主机可以记录 1 000 项报警和故障档案记录，最长可记录 5-10 年的温度历史数据。

(14)系统具有通信网络接口，也可以通过以太网接口连接成网，用户可以通过一台火灾报警工作站监视下属多条探测光缆的报警和故障状态，并可同时检视它们的温度曲线。

(15)系统应开放 API 接口和编程控制接口，提供接口程序供二次开发，接入场内的综合网络管理系统。

(16)系统具有远程在线通讯支持功能，可以远程对内置的固化程序进行升级。

(17)感温光纤探测器发生故障时，输出故障信号，点亮故障指示灯；多通道探测器应指示出故障通道；并输出故障光纤点的定位信息。

(18)系统具有主、备电源转换功能。当主电源断电时，能自动转换到备用电源；当主电源恢复时，能自动转换到主电源；主、备电源的转换不应使探测器发出火灾报警信号。

(19)探测器备用电源在放电至终止电压条件下充电 24 h，其容量应能保证探测器在正常监视状态下工作 8 h，在报警状态条件下工作 30 min。

3. 主要设备技术要求

光纤感温火情监控系统采用双端环回保护的模式连接，探测光缆自光纤主机的光通道发出后，布置在探测空间，再环回连接到探测主机的另一个通道。如光纤出现断点，系统应能够自动检测，并自动切换到单端测量模式(从断点两端测试)，断点后的信号采集不应丢失。

每一报警分区可根据用户要求设定，每一分区可设置固定阀值报警和温升速率报警或多种组合报警(由软件设定)，报警阀值根据日后的现场监测情况设定。

光纤感温火情监控系统控制器主机支持独立控制和独立报警功能，当不能通过火灾报警控制器报警或通讯中断不能向远端集中监控系统传递报警信息时，本机能够独立发出声、光报警，并指示火灾发生位置；主机工作时无需另外连接计算机。

光纤感温火情监控系统控制器主机能够图形化显示隧道拓扑结构，显示温度曲线；发生火灾报警后，设备能显示火灾位置、火势的蔓延趋势和速度。

光纤感温火情监控系统主要设备具有安全可靠、抗干扰能力强、防潮、防尘、防腐蚀、防锈蚀、防振、能在严寒和高温条件下正常工作的特性。

4. 探测光缆安装说明

(1)探测光缆隧道内布设说明

探测光缆在隧道中的安装方式为吊装，由钢丝绳吊装在距隧道底部 7 m 的两侧隧道壁。

(2)感温光缆安装说明

在隧道两端使用固定装置张紧钢丝绳，同时每隔 10 m 使用膨胀螺栓将钢丝绳吊装在隧道顶部。使用不锈钢扎带每隔 1 m 将感温光缆固定吊装在钢丝绳上，感温光缆上有表示距离的米标，以方便距离的对应和查找，如图 4-4-48 所示。

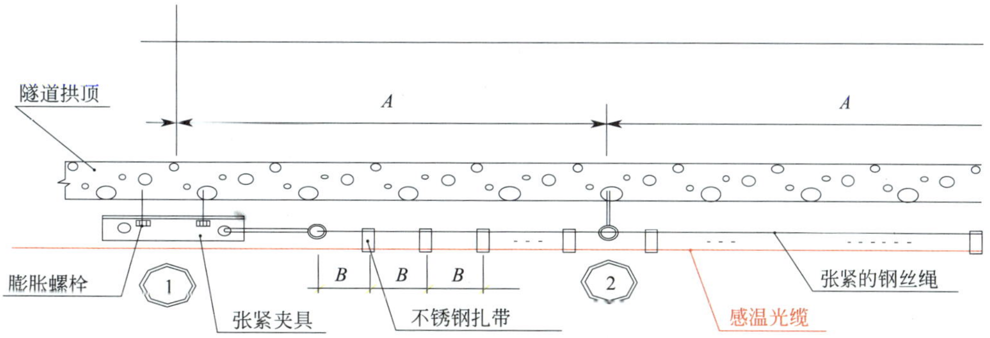

位置 1:拱顶钢丝绳安装起点　　距离 A:钢丝绳支架安装间距，本项目中为 10 m

位置 2:钢丝绳支架的安装位置　　距离 B:感温光缆吊钩的间距，本项目中为 1.0 m

图 4-4-48　感温光缆安装

(3)"L"形钢丝绳支架安装注意事项

"L"形支架安装时以两个为一组，以长边相贴靠、短边相分开的方式，分别通过膨胀螺栓将短边固定在隧道顶端。

两长边之间的间距取 5 mm 为宜，恰好可以夹住钢丝绳。

钢丝绳被夹在由两 L 形支架的长边和两枚水平安装的螺栓之间的空隙中，以保证钢丝绳不能横向(左右上下)位移即可，如图 4-4-49 所示。

U 形卡子是为防止钢丝绳产生纵向(轴向)位移而设置的紧固件，一般每个 100～200 m，在某一个“L”形支架的钢丝绳的两侧固定即可，如图 4-4-50 所示。

5. 施工质量保证措施

(1)配备足够的施工检测仪表，在器材、设备使用前，对其进行测试，并填写测试记录，对材料、设备实行双检制，确保进入工地的各种材料、器材、设备均符合设计质量要求，决不允许不合格的材料、器材、设备用于工程。

图 4-4-49 钢丝绳固定示意

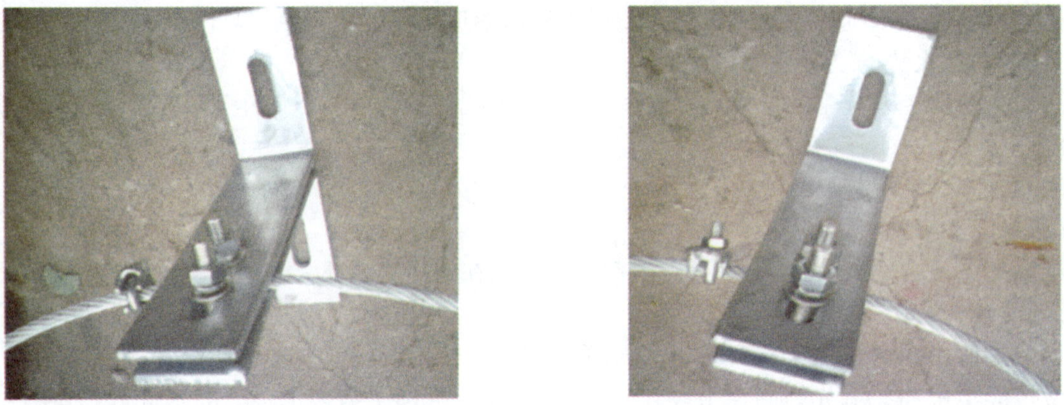

图 4-4-50 紧固件固定示意

(2)施工前首先了解缆线的种类、作用、去向，掌握从各变电站或箱式变电站到各隧道、照明、监控系统设备安装点的缆线种类及数量，各分支点的缆线去向等，同时进行现场定测，确定缆线的长度尽量避免在敷设过程中漏放、错放电缆，造成返工；熟悉图纸，了解各设备的安装位置和安装尺寸，了解电源及供电方式和各设备的配线方式。

(3)采用交叉平行施工方法，安排多个作业工班、小组同时进行多项工程的施工；又根据各分部工程自成体系的特点，采用分部施工的方法，如照明系统、供配电系统、监控系统等，组织独立的小组进行施工。

(4)采用由洞外单方向施工的方法，其他劳力可进行出口引线工程的施工，待洞内铺架完毕后，再配备简易轨道车进洞。加工集划线定位、打眼注架于一体的工作平台，以减轻劳动强度，提高工作效率。对于大型设备的安装，用轨道专用吊装车进行安装。

第六节 防排水施工

常规的隧道防排水施工技术已在一般隧道施工中有所介绍，本节仅对浏阳河隧道和大瑶山隧道防排水施工作一阐述。

一、浏阳河隧道全包型防排水系统施工技术

(一)全包型防排水设计理念

按照德国规范,浏阳河隧道除部分地段设计采用排水型衬砌结构外,其余所有辅助坑道及正洞均采用全包防水型衬砌,防水等级要求达到《地下工程防水技术规范》(GB 50108)规定的一级,衬砌表面无湿渍。全包型防排水的设计理念主要体现在采用"皮肤式"防水思想及预铺反粘施工技术,采用自粘型防水板全环铺设,其最大优点在于防止地下水"窜流"。所采用的防水卷材为自粘型防水板,由 EVA 或 ECB 材质胎基、高分子聚合物粘胶层及保护膜三层组成(图 4-4-51)。

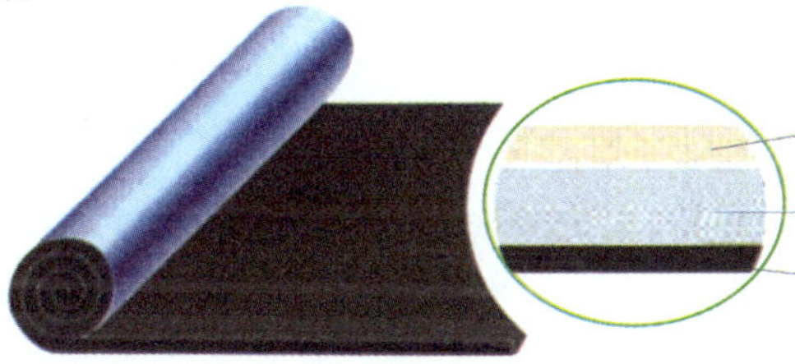

图 4-4-51　材料结构大样

(二)初期支护防水

全包型防水采用的是自粘型防水板,要求防水板施作之前初期支护表面无明水,需要做到以下两点:

1. 优化钻爆设计,合理控制开挖轮廓,避免产生贯通裂隙,从而最大限度阻断渗水通道;

2. 确保初期支护施作质量,构筑第一道防水屏障。

(三)自粘型防水板材料防水

自粘型防水板的施工工艺流程为:清理基层→铺设土工布→基层弹线→铺设防水板→搭接焊接→细部处理→质量检查→揭防水板隔离膜→做水泥砂浆保护层(仅仰拱做)→各级评审→下一步工序。对于暗挖段为单面自粘型防水板,无粘胶层的一面为迎水面,有胶的一面最后与二衬混凝土牢固粘结。

(四)细部结构防水

1. 纵向排水盲管在防水板与初期支护之间,仅在排水型衬砌布设,防水板铺设之前安装。其上部施作碎石松散体反滤层,坡度按照 1∶1.5 控制,碎石粒径 10～30 mm,反滤层高度 30～50 cm。纵向盲管开孔侧向上,每段盲管两端设 135°弯头至侧沟,每 15 m 一段。纵向盲管及反滤层施工结束后,采用防水板及土工布包裹,与拱墙防水板沿纵向焊接成整体。

2. 环向排水盲管仅在变形缝地段布设,浇筑在二衬混凝土中,离二衬内缘 1/3 处。

3. 施工缝、变形缝防水

(1)环向施工缝处设置中埋式钢边橡胶止水带与外贴式橡胶止水带,拱墙设置环向可维护注浆管。

(2)纵向施工缝处混凝土接触面涂以界面剂,设置止水钢板(离衬砌外表面约 1/3 衬砌厚度处)及遇水膨胀橡胶止水条(离衬砌内表面约 1/3 衬砌厚度处)。

(3)变形缝处全环设置中埋式钢边橡胶止水带、外贴式橡胶止水带与 ϕ20 mm 打孔 PVC 管,背水侧 3 cm 内空隙采用聚硫密封胶填塞密实,其余空隙采用填缝料—沥青木丝板填塞;ϕ20 mm 打孔 PVC 管设置三通与隧道侧沟连通。

(五)衬砌混凝土结构自防水

1. 优化衬砌混凝土施工配合比,提高其防水能力。

在选配配合比时,粗骨料应采用连续级配,采用合适的砂率;同时掺加防水剂、高效抗裂防水膨胀剂等减少混凝土内部的细微孔隙,提高其防水能力。

2. 优化混凝土灌注工艺,提高混凝土密实度。

混凝土两侧分层对称浇筑,插入式振动器和模板台车上固定的附着式振动器相结合,保证振固密实。保

证连续灌注，消除施工缝，减少防水薄弱环节。

3. 衬砌背后回填注浆。

回填注浆材料为1∶1水泥浆液，回填注浆压力为0.05～0.1 MPa。

4. 二衬分区防水。

施工时在施工缝及变形缝处衬砌背后施作外贴式橡胶止水带，并设置环向可维护式注浆管，以达到每10 m进行防水分区。在地下水敏感地段可适当减小分区范围。

二、新大瑶山隧道全过程防排水技术

新大瑶山隧道施工采取“先期主动防水，全工序、全过程防水”的新理念，着重全过程控制，在隧道开挖、围岩注浆、初支、衬砌各个环节均做好相应的防排水施工，并将每一环节都纳入整个隧道防排水施工的工序进行管理。现将一些与以往隧道防排水不同之处归纳如下。

1. 隧道围岩渗漏水的注浆处理技术

新大瑶山隧道为排水型隧道，段内裂隙水十分发育，主要赋存于岩溶溶隙、溶洞、破碎带中，对富水区段进行围岩注浆堵水十分必要。

(1)全断面围岩注浆

通过试验段注浆效果检验，采用“分区、隔断、集中、封堵，一长一短、先浅后深”的原则。

①分区：根据初支后隧道的渗漏水情况，分段进行注浆。区段长度以20～40 m为宜，30 m比较理想。

②隔断：注浆区段确定后，为了确保注浆堵水效果，避免串浆，必须把注浆段与其他区段进行隔断。方法是在注浆区段的两端各打两排5 m的深孔，然后进行深孔注浆，以此形成止浆墙。

③集中：注浆顺序采用由两端向中间、由边墙向拱部的方式进行。根据渗漏水的分布情况将大面积散水集中成一股或几股。

④封堵：调节浆液配比及注浆压力对股水进行封堵。一般地段通过这种注浆方式即可达到堵水效果，地下水较发育或有高承压水地段需进行特殊设计。

⑤一长一短、先浅后深：注浆施工中采用浅孔与深孔结合的方式，浅孔排间距为2 m，深度为1～3 m。首先对浅孔进行注浆，注浆终孔压力为0.3 MPa。浅孔注浆完毕后再打深孔，深孔孔间距与浅孔相同，深度为3～5 m，位置在浅孔的中间，注浆终孔压力为1.5 MPa。

(2)局部围岩注浆

根据渗漏水成点状、线状、片状等不连续的特征，局部围岩注浆主要采用“钻孔导水，一点一封；散水归股，集中封堵”的原则。

①钻孔导水：点状分布采用单点或多点注浆。线状首先根据围岩裂隙分布状况钻孔导水，使其成单个或多个出水点。导水孔一般选择在围岩裂隙的下端，方向向裂隙中部倾斜，导水孔下管后作为注浆孔。

②一点一封：在导水孔内下注浆管，封闭裂隙止浆。

③散水归股：采取先浅后深的顺序由周边向中间逐孔注浆，使散水归成股水，再对单个或多个出水点进行封堵。

④集中封堵：散水归成股水后钻孔下注浆管，开始先用低浓度、小流量的单液浆注10～15 min，若无跑浆现象，可适当加大浓度，调大流量。若有漏浆现象可在浅表层先注双液浆，再钻孔压注单液浆。

其中最难在于浅表层止浆，多次反复压注止浆才能成功。有了止浆层，其他注浆处理工作都比较简单，很容易达到设计的限排标准。

2. 施工缝防水技术

(1)环向施工缝

环向施工缝止水带在安装上往往出现定位不准、不牢固，导致施工缝漏水。结合止水带的特点及其安装工艺，在模板台车挡头板位置加设止水带安装支撑紧固装置，较好地解决了上述问题，有效地克服了止水带位置不准、受压变形、施工缝漏水等问题。

(2)纵向施工缝

纵向施工缝设计采用混凝土界面剂，施工质量不易得到保证，为了解决上述问题，在试验的基础上进行了改进，分别采用中埋式止水带和止水条，取得了显著效果。

3. 防水板固定

采用吊耳法固定防水板，解决了热熔焊接易于造成防水板破损的毛病，在新大瑶山隧道防排水施工中是一个创新亮点。

用同批防水板作为制作吊耳的材料，先切割成宽 5 cm、长 25 cm 的条状；再将切割好的耳条两端焊接在防水板上，在中部留出 5 cm 范围不焊接，留有一定富裕形成凸状，按一定间距梅花形布置；在防水板铺设时，直接将吊耳挂在土工布上的吊点上。射钉垫圈与专用吊绳连接形成吊点，吊耳与吊点分布要匹配，密度要合适，否则，防水板与岩面不密贴。吊耳法操作比较简单，制耳和挂耳可同时进行，工作条件好，易于标准化作业，提高了防水板的铺设工效，据统计，工效是无钉铺设法的 2～3 倍。关键是质量容易保证，操作过程可保证 100%无破损，是值得推广的一种方法。

4. 纵向排水盲管施工

将纵向排水盲管铺设与纵向施工缝防水相结合，按图 4-4-52 步骤施作，较好地解决了纵向施工缝漏水问题。

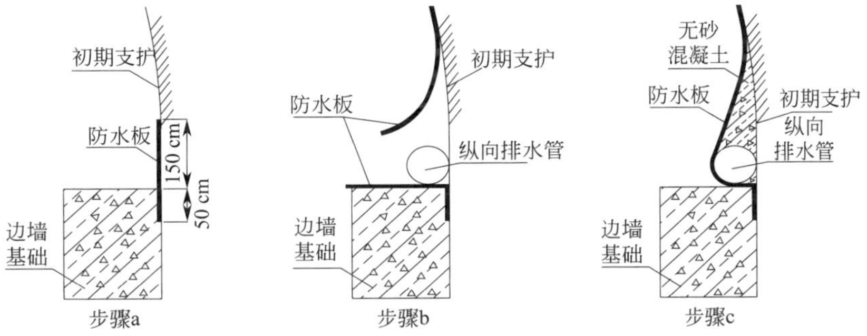

图 4-4-52　纵向排水盲管施工步骤

第七节　辅助坑道施工

一、迂回导坑施工

新南岭隧道和海棠隧道处于岩溶强烈发育区，受溶洞影响，海棠隧道施工进度严重滞后，如果按照施组正常施工将无法保证工期，最终决定增设辅助坑道。一方面可增加正洞施工工作面，另一方面可发挥超前地质预报的作用。迂回导坑中线与正洞净距离保持不小于 25 m。导坑坑底纵坡与正洞纵坡一致。平行导坑坑底高程比正洞内轨顶面低 50 cm，采用单道无轨运输，平导全长要求贯通。同时在相应匹配施工机具设备的前提下，新增的迂回或侧壁导坑应尽可能减小导坑断面，进一步提高施工安全系数和加快开挖进度。

（一）迂回导坑施工组织

本着“设备配备齐全、方便灵活、节约成本、狠抓循环”的原则，重点配好钻爆、装运、支护三个机械化作业线。

（二）迂回导坑运输问题处理

1. 由于迂回导坑断面尺寸较小，装载机无法在洞内完成装渣作业，只能将出渣车停在洞外，装载机退出导坑装渣。当新南岭隧道迂回导坑施工至 1 号横通道时，施工中主要问题是单车道出渣时间太长，考虑到横通道设备进出，决定在 K0＋145～K0＋155 段设置错车道，断面尺寸宽 6.8 m，高 7 m。1 号横通道及错车道施工完毕后，有效地解决了出渣时间问题。

2. 2 号横通道及加宽错车道

新南岭隧道 2 号横通道按与迂回导坑夹角 60°方向向正洞开口，采用 20 m 半径顺接，然后直线施工至 DK1877＋542.03 到正洞隧道中线，为方便正洞出碴，在 DK1877＋536.36～＋546.36 加宽错车道；从 DK1877＋536.36 开始不改变导坑断面，向进口方向以 8%的坡度爬坡至 DK1877＋479.28，然后开始逐步扩大开挖断面,形成上断面后拼装多功能台架,按台阶法进行正洞施工。

(三)迂回导坑快速施工效果

海棠隧道贯通后的导坑全长1 824.58 m,中间开辟了8个横通道可进入正洞施工,极大地缓解了整个海棠隧道的工期压力,同时也基本探明了正洞的地质情况,为海棠隧道正洞施工支护参数的及时调整起到了指导性的作用,实现了海棠隧道"长隧短打"的目标。

新南岭隧道利用1号横通道成功的处理了139 m长的(DK1877+596~DK1877+735) Ⅴ级围岩。利用2号工作面直接进入220 m长的Ⅲ级围岩施工,把较差的Ⅴ级围岩留给1号工作面处理,溶洞段留给0号工作面处理,隧道的关键线路大大缩短,从而保证了工期。

(四)经验与体会

1. 对于隧道而言,地质条件复杂且工期紧迫,条件具备时,可通过设置辅助坑道绕至前方多开一些工作面组织快速施工,为今后长大复杂地质隧道施工提供宝贵经验。

2. 为解决单车道出渣较慢、设备方便从横通道进出,在迂回导坑进入横通道的位置设置错车道。特别注意的是此段受力复杂,必须加强支护,横通道根据地质情况进行支护,但横通道两端必须有3~5榀拱架,以加强三岔口处支护。

3. 正洞未贯通前,迂回导坑是重要交通通道,一般都是只做初期支护,要坚持监控量测,设专人进行表面观测,并做好记录。

4. 迂回导坑一旦成功后必将存在二衬滞后问题,及早筹划解决措施,增加人员、设备投入。

二、竖井施工技术

浏阳河隧道暗挖洞身段采用三竖井一斜井的施工方法,施工竖井深均达50 m以上,与一般地铁施工竖井比较,提升高度和出砟能力差别很大。以其中2号、3号竖井为例,介绍竖井施工情况。

(一)竖井概况

2号、3号竖井采用矩形断面形式,位于隧道正上方。3号竖井的净空尺寸为16.8 m×8 m,竖井深度51.03 m,2号竖井净空尺寸为16.8 m×8 m,竖井深度53.85 m。

(二)竖井施工

主要采用明挖逆作法施工,从上往下开挖初支一环,衬砌一环(每循环长度4.5 m)。防排水处理主要通过结构自防水达到防水目的,初期支护和内衬之间不设置防水板。按此循环至隧底。开挖采用松动爆破,小挖机配合,人工风镐修整断面,龙门吊配砟斗吊运出砟。

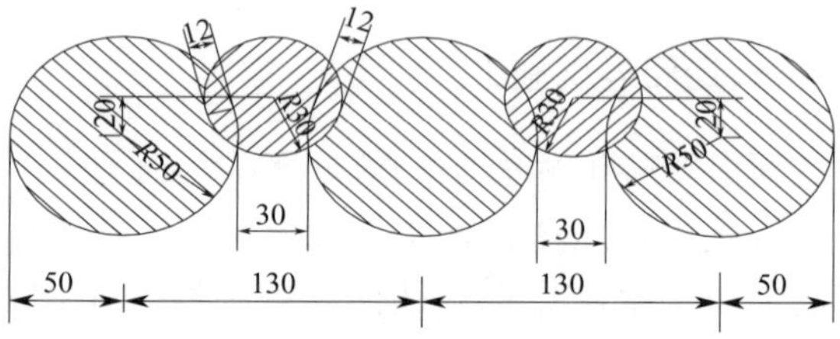

图4-4-53 钻孔桩与旋喷桩复合(单位:cm)

1. 钻孔桩围护结构及旋喷止水帷幕施工

竖井井口围护结构设计采用复合型防渗帷幕技术,采用钻孔灌注桩与高压喷射注浆(旋喷桩)相结合的复合支护结构,使两桩有良好结合,作成防水帷幕。钻孔灌注桩与旋喷桩复合防水帷幕的顶部设置圈梁连成整体,3号竖井设计的防渗帷幕布置如图4-4-53和图4-4-54所示。

2. 井身段施工

竖井由中隔墙分隔为一个大井、一个小井,施工采用"短段掘砌"结合的混合作业方式,大井小井同时向下开挖,中隔墙及大小井内衬由组合模板整体浇筑。在地质条件允许的地段可实行齐头开挖,遇到富水地段或软弱围岩地段,按图4-4-55所示开挖顺序,先井中后井周依次开挖,中间设集水坑,先开挖集水坑再向井壁扩挖,修边成形。

3. 过渡段施工

由于正洞采用三台阶法施工,当竖井开挖至正洞三台阶法开挖的上台阶底高程处时,在正洞开挖轮廓线范围以外按设计施作超前支护,然后分别向进、出口方向开挖上台阶并施作初期支护。当上台阶断面开挖30~40 m后,开挖竖井至正洞中台阶底高程处,施作超前支护后向进、出口方向开挖,与上台阶距离控制在20~30 m,形成正常开挖工作面以后,再开挖竖井落底至设计高程,最后开挖下台阶。开挖、支护、衬砌依次进行。

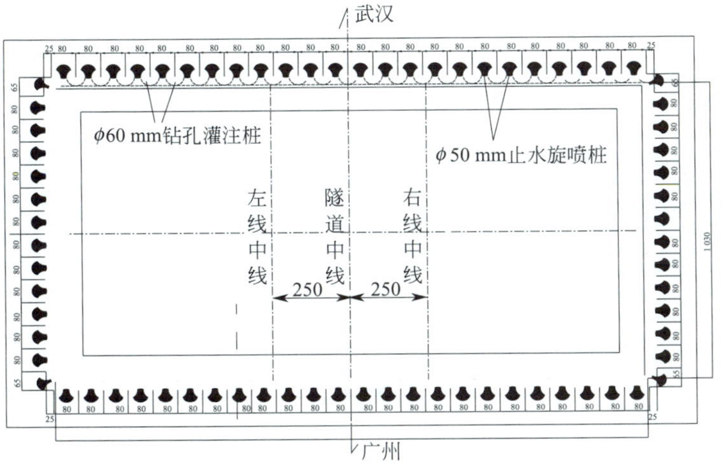

图 4-4-54　竖井围护结构(单位:cm)

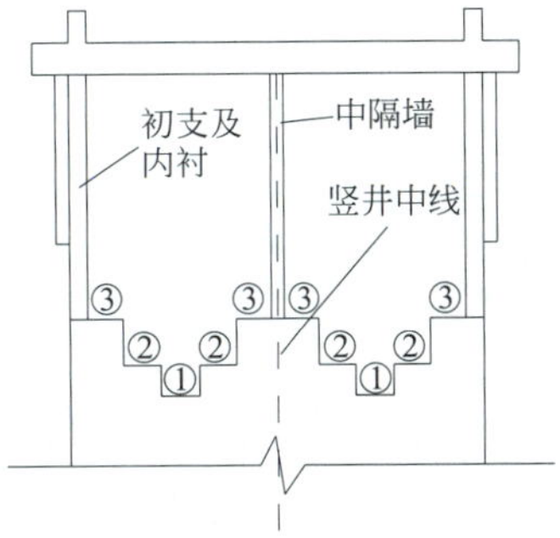

图 4-4-55　井身开挖顺序

4. 竖井设备配套及设施布置

3 号竖井主要由罐笼和绞车组成，为满足施工人员出入需要，在竖井内设自动升降机 1 部，同时设置“之”字形步行安全梯满足突发情况下人员上下需要。

2 号竖井通过对提升设备起吊系统、吊斗、吊具的设计优化及设置自动卸砟墙，较好地解决了深大竖井出砟速度慢、大型设备下井困难等技术难题。

(1)提升系统

配备了 4 台天车(吊钩)，其中 2 台专门负责各种材料、构件及机械设备下井，另 2 台负责砟土提升，实现多台天车同时同步工作和四点联动。砟土提升方面，根据隧道施工高峰期每个工作面进尺 2 m(两个工作面)、隧道结构断面为 160 m^2 等要求，确定了提升设备的提升速度及提升能力，并合理配备了吊砟斗。提升设备配备参数如下:

类型为双梁门式提升设备；天车 4 台，每台天车提升能力 20 t，提升速度 25 m/min；出砟吊斗容量 6 m^3。

(2)2 号竖井还采用了安装在竖井口的自动卸砟装置，使吊斗提升出竖井后能顺利通过该装置进行自动卸砟，卸砟时间仅需 10 s 左右时间。竖井自动卸砟如图 4-4-56 所示。

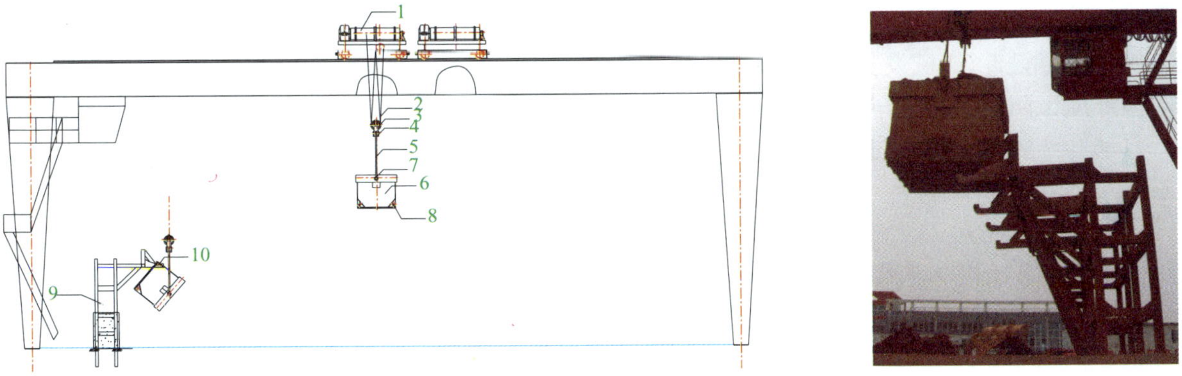

图 4-4-56　竖井自动卸砟示意

附件名称:1—起重天车;2—起重钢丝绳;3—定滑轮;4—挂梁;5—吊斗吊具;6—吊斗;7—吊斗吊耳;8—偏心轴;9—卸砟墙;10　卸砟槽

(3)起重天车起吊系统的配置

为克服起重钢丝长度大易缠绕、吊重物时起重挂钩易扭动的缺点，天车起吊系统采用了扁担梁三点起吊的方式进行设置，天车起重钢丝绳设置 6 根直径 18.5 mm 的光面双向防缠绕钢丝绳，扁担梁两端、中间分别装设三个定滑轮，钢丝绳通过天车滚筒与扁担梁定滑轮相连，扁担梁两端为 4 根起重钢丝，中间定滑轮为 2 根平衡钢丝绳，以自动调节横梁两端的起升高度，保证钢丝绳受力均匀。如图 4-4-57 所示。

(4)吊斗及吊具设置

吊斗制作成方形，长、宽、高尺寸为 2 m×2 m×1.8 m，容量为 6 m^3。为保证吊斗在提升过程中受力均匀，防止吊斗旋转，在吊斗上口两边正中位置各设置 1 个直径 ϕ10 cm 吊耳，采用两点起吊方式进行起吊，吊斗底部两端各设置 1 个直径 ϕ10 cm 偏心轴。

吊具的设置采用柔用结构，用直径 ϕ32 mm 的钢丝绳通过吊柄与起升横梁和吊斗吊耳进行连接。使吊具能与天车起吊系统一起灵活摆动，有效避开吊斗在井下装砟时对装砟车的干扰。吊斗及吊具配置如图 4-4-58 所示。

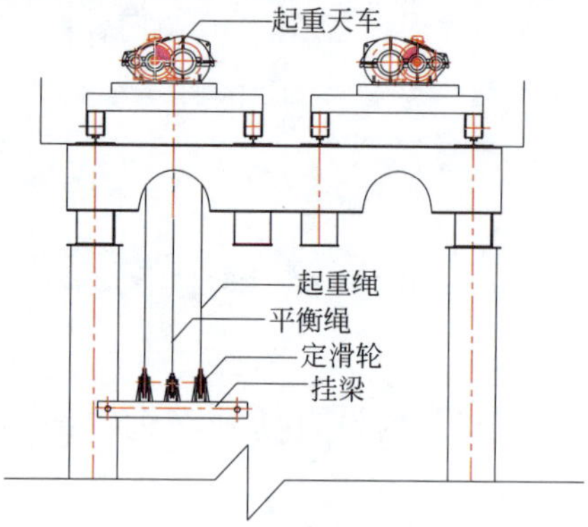

图 4-4-57 天车起吊系统配置

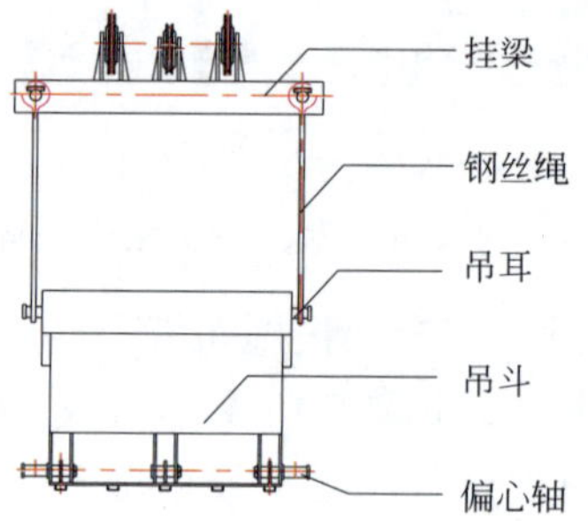

图 4-4-58 吊斗及吊具配置示意

(5)卸砟墙及卸砟槽的设置

卸砟墙采用预埋型钢构柱混凝土墙，混凝土墙厚 1.35 m，墙高 2 m，预埋型钢构柱伸入基底 1 m。预埋型钢构柱采用双拼[20 槽钢进行焊接。卸砟槽采用 2 cm 厚钢板加工成槽形，并通过双拼[20 槽钢与卸砟墙钢构柱焊连。在提升设备卸砟区域设置自动卸砟墙和卸砟槽。

5. 竖井陀螺定向控制测量技术

平面联系测量宜采用铅锤仪、陀螺经纬仪联合定向法。竖井高程传递测量采用精密光电测距法，仪器选用±(2 mm+2 ppm)测距仪；并用悬吊钢尺法进行检核。

(三)施工经验与体会

1. 掘砌混合作业，永久支护紧跟工作面，使围岩暴露时间短，施工安全较易保证。但内衬接茬部位的处理仍然值得研究。

2. 优化钻爆设计、机械设备等资源配置，对提高竖井施工进度非常重要。

3. 做好施工防排水，防止井壁水漫流而影响施工。

4. 自动卸砟装置目前在同类工程中尚属首次运用，该装置结构简单，操作简便，安全风险小，值得推广。

三、斜井施工

金沙洲隧道斜井和以浏阳河隧道斜井施工为例，介绍客运专线斜井辅助坑道的施工情况。

(一)金沙洲隧道斜井施工

1. 斜井洞口防护

洞口开挖施工前先按照测量放线施作洞顶截水天沟，截排地表水，对地表进行处理，确保边仰坡稳定。边仰坡刷坡自上而下分层开挖，随开挖及时进行锚网喷支护。支护参数：C20 网喷射混凝土厚 8 cm，ϕ8 mm 钢筋网格按 20 cm×20 cm 设置，砂浆锚杆间距按 2.0 m×2.0 m 布置，单根长 L=2.5 m。为确保安全进洞，洞门拱部 140°范围内打设单排 ϕ42 mm 超前小导管，长 6 m，环向间距 40 cm，注浆为 1∶1 水泥浆液，进洞前采用架设一榀格栅钢架与超前小导管连接并喷射 C20 混凝土，形成整体套拱。

2. 斜井开挖

斜井采用台阶法开挖，周边采用光面爆破减少对围岩的震动以控制成形。上、下台阶采用人工风钻钻孔，挖掘机将上台阶的砟扒到下断面，下断面出砟利用装载机装砟，自卸汽车运砟至指定的弃砟场地，为确保施工安全，及时进行量测。

3. 斜井二次衬砌

二次衬砌采用自制简易衬砌模板台车，长 10.5 m。暗洞衬砌施工完 30 m 后，及时施工洞门，保证斜井洞口稳定。

4. 斜井转正洞施工

(1)施工方案

斜井转正洞采用大包方案，垂直线路中线，自斜井台阶法开挖巷道进入正洞。巷道总开挖高度及开挖长度均大于正洞开挖轮廓线。巷道开挖到端头后，在侧壁上测量放线画出正洞开挖轮廓线，施工完成正洞超前支护后分别向大、小里程方向开挖正洞，转入正洞施工。

(2)施工方法

正洞拱架与斜井初支拱架垂直相交方能满足施工要求，通过 XDK0＋025～XDK0＋018.8 段，使斜井格栅由曲墙转化为直墙形式。初期支护参数：格栅拱架间距 1 m，ϕ22 mm 砂浆锚杆长度 3 m，环、纵间距 0.8 m×1.0 m，C20 网喷混凝土，厚度 20 cm，ϕ8 mm 钢筋网片间距 20 cm×20 cm 布置。

斜井与正洞相交处拱架跨度为 10.02 m，考虑跨度较大加之此段范围应力集中，故斜井 XDK0＋018.8～＋007.67 段初期支护采用 I20 工字钢进行加强，间距按 74.74 cm 每榀布设。在 XDK0＋007.67～005.93 段采用两榀Ⅰ20 的工字钢并列设置。

斜井 XDK0＋018.8～＋007.67 初期支护参数：I20a 钢拱架中心间距 0.747 m，ϕ22 mm 砂浆锚杆长度 4.0 m，环间距 0.8 m，纵向间距随钢拱架布置。C20 网喷混凝土，厚度 27 cm。ϕ8 mm 钢筋网片间距按 20 cm×20 cm 布置。

斜井垂直转入正洞 DK2193＋932.08～＋942.1 范围内，初期支护参数参考设计文件采用 I20a 加强，间距按 0.6～0.8 m 布设(视围岩情况确定)。为减少拱部回填工程量，自 XDK0＋005.93 至正洞拱顶中心段斜率按 26.87%控制。考虑施工安全，斜井垂直进入正洞范围内的开挖宽度拟定为 6.56 m，采用工字钢门式结构。初期支护参数：超前支护：ϕ42 mm 小导管，L＝3.5 m，搭接长度不小与 1.0 m。系统锚杆：ϕ22 mm 砂浆锚杆，L＝4 m。C20 网喷混凝土，厚 27 cm，ϕ8 mm 钢筋网片间距按 20 cm×20 cm 布置。根据实际情况，采用超前小导管进行拱部及边墙补注浆或局部注浆加固。

(二)浏阳河隧道斜井综合施工技术

(1)工程概况

浏阳河隧道斜井井身斜长为 667.15 m，采用无轨运输单车道断面，共设置 4 处错车道，与正洞交叉处 4.2 m^2 范围内共有 7 条疏散通道，开挖时相邻孔洞影响较大，类似于地下工程综合洞室群的施工。本区段位于隧道中段的Ⅳ、Ⅴ级围岩地段，存在溶蚀、小溶孔，岩体不均匀风化等不良地质，同时下穿地表水塘、干休所、地表邻近建筑物。

(2)开挖支护方法

斜井施工时先后采用装配式铣挖机、悬臂掘进机、弱钻爆法施工。疏散通道处于Ⅳ、Ⅴ级围岩地段主要采用全断面法、台阶法施工。对于Ⅴ级围岩地段、通道与斜井、正洞交叉段采用台阶法施工，其余地段均采用全断面法施工。疏散通道应在斜井及正洞衬砌结构强度达到设计要求后进行施工，并采用弱爆破法开挖，施工过程中正洞二次衬砌振动速度≤10 cm/s。

为减少斜井对地面环境的影响，斜井结构根据情况按防水型与排水型两种形式按喷锚构筑法原理进行设计，采用复合式衬砌，防水型适用于覆土厚度≤30 m 地段。

(3)斜井过渡段施工

在斜井施工至接近与正洞相交里程吋(距离控制以满足斜井上坡至正洞的钣度要求)，垂直进洞，逐渐抬高斜井拱顶高程，接长钢架长度。于正洞与斜井相交里程起，采用小导坑进入正洞洞身开挖，于正洞中线处达到正洞拱顶高程，且导坑拱顶高程高出正洞设计拱顶高程 25 cm，并架立支护，然后再逐步扩挖至正洞标准断面。扩挖到正洞标准断面后，拱顶支护不拆换，直接架立正洞支护。施工中应预留变形沉落量和临时支护厚度。如图 4-4-59 所示。

(4)关键工序及施工要点

正洞与斜井过渡地段处于复杂的三维受力状态，为保证正洞安全挑顶施工完成，正洞初期支护必须坐落

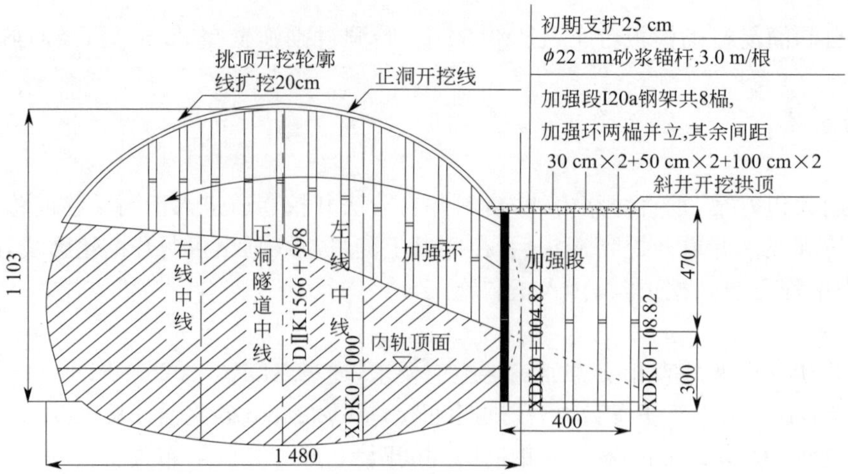

图 4-4-59 斜井与正洞过渡段断面(单位:cm)

于一个牢固的落脚平台,同时应加强该段正洞初期支护的锁脚锚杆施工,防止拱架下沉。

①斜井变断面段施工,应加强初期支护,设计参数较正常断面相应提高。

②交叉处加强环设置,如图 4-4-60 所示。

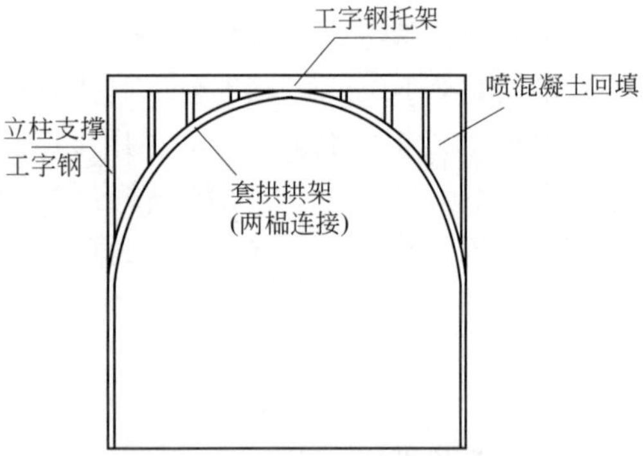

图 4-4-60 托梁于斜井口加强环拱架关系

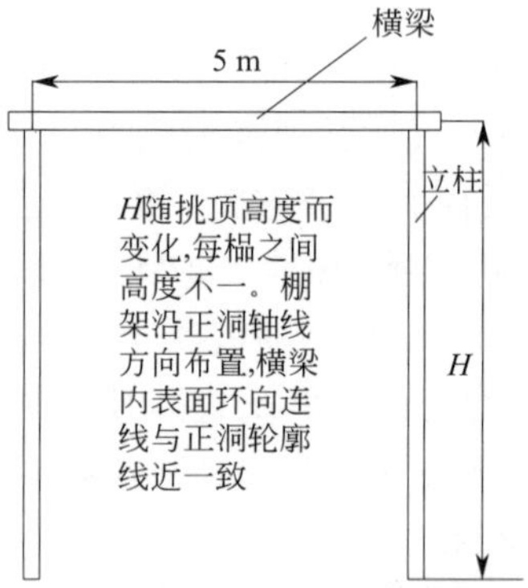

图 4-4-61 棚架示意

③设置托梁,为正洞拱架提供落脚平台。

④加密设置正洞初期支护锁脚锚杆,每榀钢架单侧不少于 4 根锁脚锚管,锚管长 4.0 m,注水泥砂浆,锁脚锚管与钢架牢固焊接,防止拱架下沉。

⑤斜井垂直进入正洞采用矩形台阶法导坑开挖,导坑拱部高出正洞拱部高程 25 cm,开挖后沿正洞轴线方向架立Ⅰ20 临时门式棚架,结构如图 4-4-61 所示。

(5) 斜井辅助坑道突变大断面过渡段快速施工技术

斜井穿在单车道与错车道之间采用断面突变转换,小断面向大断面转换难度较大,采取顺坡扩挖法施工,即从小断面以 1∶2 坡度喇叭口方式扩挖至大断面,如图 4-4-62 所示。开挖方法为短台阶法,设计超前支护采用中空注浆锚杆,为保证安全过渡到大断面,采取超前护顶稳扎稳打,步步成环的可靠施工方法。

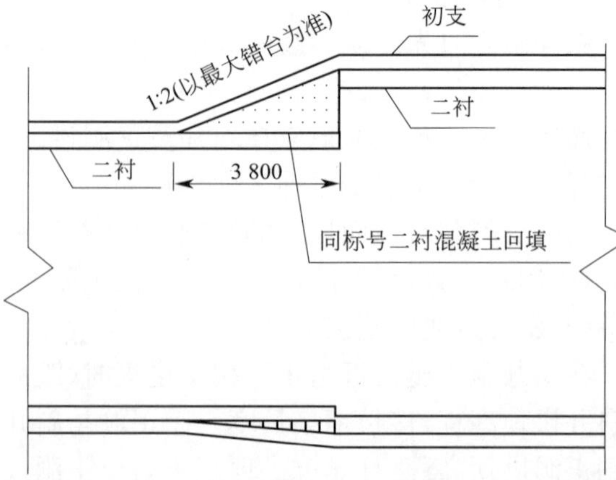

图 4-4-62 小断面渐变至大断面纵断面(单位:mm)

(6)斜井辅助坑道直角拐弯段快速施工技术

以斜井井身段 XDK0＋097.8～XDK0＋066.38 为例。直角拐弯段施工采用圆弧顺接,斜井及通道中线处圆弧半径均为 20 m,圆弧长度为 31.4 m,内弧长 16.32 m,外弧长 37.19 m。施工时从顺接点开始采用折线法开挖,开挖轮廓线沿起始点切线方向,开挖进尺控制在1.2～2.2 m。按设计该处钢架采用150ϕ20 mm格栅钢架，间距为1 m，安装钢架时，钢架横断面垂直于隧道中线，钢架横向沿圆弧径向布置，内外侧钢架间距不同，外侧钢架间距大，内侧钢架小，成扇形分布，钢架间距以内侧钢架距离控制。按内侧弧长控制间距，则需要17榀，内侧间距为1 m，中线处间距为1.8 m，外侧处钢架为2.2 m。为保证施工安全，在钢架间距大于设计间距的部分，加设半榀钢架，拱脚落底位于外侧，并从外侧延伸到拱部，在前后架立的钢架拱部设置纵向托梁，在拱部位置将半榀钢架末端固定于托梁上。托梁配筋同该段钢架配筋一致，但主筋为4根ϕ25 mm钢筋。

(7)斜井辅助坑道下穿水塘段均衡快速施工技术

斜井于XDK0＋355～389处下穿水塘段，水塘为山沟沟口筑坝而成水库。该段长34 m，水深约5.5 m，埋深约12 m(隧道拱顶至水底)，开挖断面高×宽为7.85 m×7.58 m，其中XDK0＋378～389段为错车道，开挖断面高×宽为8.69 m×9.62 m。

①施工方案

采用悬臂掘进机铣挖法开挖二台阶法施工。高度方向采用二台阶法施工，横向采用左右半断面法施工。上台阶开挖断面积为26.1 m^2，宽度为7.3 m，掘进机就位后先开挖上台阶的一侧，掌子面按横向进行条块分割，开挖时自下而上施工。当一侧开挖成型后，移往另一侧施工。上台阶施工完毕后，下台阶根据情况采用钻爆法或掘进机法施工。

②机械设备配套

悬臂掘进机属煤矿专用设备，为适应铁路客运专线隧道施工特点，提高施工效率，配备铁路“二运”设备乃至“三运”设备。

③工效分析

EBZ160S型悬臂掘进机施工掌子面中心部位掘进效率较高，两侧边角修边困难，必须采用人工风镐修整。现场开挖分为左右侧开挖，需要移动一次悬臂掘进机，所需时间为20 min。经测算，斜井上台阶开挖进尺2 m，开挖方量为52.2 m^3，平均需要约6 h，综合工效为8.7 m^3/h。

④经验与体会

铁路隧道施工利用悬臂掘进机开挖在我国使用较少，其主要特点是施工机械化程度高、对地层扰动少，不考虑工期提前而节约的费用，开挖成本稍高，在施工机械设备配套等方面还值得深入研究。但在特殊要求地段值得推广使用。

四、横洞施工

牛岭隧道在出口端左侧设置横洞一座，长93 m，与正洞相交于DⅠK2024＋520。

牛岭隧道出口通过横洞掘进至正洞边墙外轮廓线后，即开始垂直进入正洞掘进，考虑到机械设备在洞内的作业面，横洞的断面尺寸扩大，边墙采用直墙，拱部采用半圆形的形式，边墙宽度7.0 m，高度5.5 m。横洞直接掘进到距离正洞右侧边墙2.0 m处，以不扰动正洞边墙围岩为基准。

待垂直于正洞的横洞掘进完成后，横洞再以与正洞前进方向呈30度的夹角斜向上向正洞的武汉方向掘进，横洞的中线与正洞的线路中线重合，为保证机械设备及施工工作面的需要，朝正洞方向的横洞断面保持与垂直于正洞的横洞断面尺寸相同，待掘进到距离正洞拱顶50 cm左右高处后再与正洞平行方向往前掘进6 m作为施工工作面。

当所有的临时横洞掘进完成后，朝反向(正洞的广州方向)以正洞的中线为分界线向左右侧刷大，采用半断面法施工，先将正洞上半断面的左侧或右侧边墙刷大到正洞的断面并加设初期支护，作业面保持在4 m左右，待前后初期支护的钢拱架、锚杆及超前支护、喷射混凝土等完成后拆除原横洞的钢拱架等临时支护，施工下半断面。待上半断面施工到与垂直于正洞的横洞处后再施工下半断面。正洞下半断面施工从垂直于正洞的横洞向正洞的武汉方向施工，为保证安全也采用左右侧施工，直到整个正洞断面完成。

第八节　新工艺、新工法、新装备、新材料的应用及效果

一、隧道衬砌高性能混凝土配合比设计与施工控制

高性能混凝土是一种新型高技术混凝土，以耐久性作为设计的主要指标，能最大限度地延长混凝土结构

使用年限,降低工程使用维修成本。

(一)原 材 料

根据《铁路混凝土结构耐久性设计暂行规定》对原材料的技术要求,原材料使用情况如下:

1. 水泥:选用了普通硅酸盐水泥,选用了 42.5 级水泥。

2. 细骨料:尽量选用含泥量低的砂,同时应选用中粗砂,细度模数宜较大。

3. 粗骨料:碎石采用 5~31.5 mm 连续级配。

4. 外加剂:选定江苏博特 JM-PCA(Ⅰ)型聚羧酸盐高效减水剂,减水率 28%,含气量 4.0%,抗压强度比 135%,对钢筋无锈蚀作用等各项指标符合规范要求。

5. 粉煤灰:细度细的粉煤灰具有相对高的早、中、后期强度;需水量比小。

6. 水:采用施工区域生活用水。

(二)配合比设计

配合比的试配采用正交试验进行,设计三因数三水平的正交试验。从设计的配合比中选定表 4-4-29 内 3 种配合比用于隧道二次衬砌和仰拱填充。

表 4-4-29 混凝土配合比相关参数

试验编号	强度等级	使用部位	水胶比	砂率(%)	粉煤灰占胶凝材料比例(%)	水(kg/m³)	水泥(kg/m³)	砂(kg/m³)	石(kg/m³)	粉煤灰(kg/m³)	外加剂(kg/m³)
1	C35	衬砌	0.37	42	28	146	284	773	1 129	111	4.74
2	C30	衬砌	0.4	42	28	148	266	785	1 141	104	4.44
3	C25	仰拱填充	0.43	39	28	144	241	744	1 221	94	3.35

(三)高性能混凝土的试配成果与经验

通过上述试验分析,对高性能混凝土的试配有如下成果和经验:

1. 水胶比和掺合料掺量是影响高性能混凝土抗压强度及耐久性电通量值的关键和重要因数。

2. 较大的单方用水量,也是造成混凝土耐久性不足的一个重要因数,所以应尽可能减少混凝土的单方用水量,一般 C30~C50 级混凝土单方用水量控制在 140~160 kg 以下,对混凝土的电通量影响不大。

3. 在混凝土的水胶比、掺合料掺量等因数不变的条件下,胶凝材料总用量增减 30~50 kg 对混凝土的电通量值影响较小。

4. 在混凝土水胶比保持不变和拌和物性能满足要求的前提下,一定幅度调整配合比各种材料用量,对混凝土强度、电通量等指标影响程度较小。

5. 实践证明,粉煤灰的掺入能提高混凝土抵抗氯离子渗透能力,能有效改善混凝土耐久性;而高效减水剂的使用能明显减少混凝土的用水量,提高混凝土的密实度。粉煤灰和聚羧酸盐高效减水剂的联合使用是配制高性能混凝土的有效手段。

6. 使用高效减水剂,降低了混凝土用水量后,低水胶比的高性能混凝土为了满足耐久性要求,强度常会大大超过设计要求,强度问题已不是主要问题。

7. 选择适当的砂率、掺入粉煤灰以及高效减水剂增塑、保坍等作用,配制出的混凝土和易性、坍落度及含气量等拌和物性能均能满足客运专线混凝土泵送及模筑施工的要求。

(四)施工控制

混凝土施工时,混凝土输送泵的使用严格按安全技术操作规程执行,开始先泵水检查,确认无异物后,先泵送 1∶2 水泥浆润滑泵及管道,然后再泵送混凝土。施工中保证泵压力稳定,混凝土管出口不能直接对准模板。混凝土灌注高度要小于 2 m,防止混凝土离析。一次灌注高度不超过 30 cm,捣固间距不超过捣固棒作用半径的 1/2。泵送完毕后用水将泵及管道清洗干净。混凝土施工时应尽可能避免间隙灌注,间隙灌注时间控制在 1.5 h 以内。

(五)成果应用

施工完成的隧道衬砌混凝土质量内实外美,混凝土表面质量良好,色泽均一,无蜂窝麻面,抗裂性能好,无肉眼可见裂纹。混凝土内部致密，抗渗、抗冻、抗离子渗透性能、力学性能均能满足要求。

二、Ⅱ、Ⅲ级围岩衬砌混凝土掺加纤维加筋技术

目前国外早期建设并投入运营中的高速铁路隧道二次衬砌采用的均是素混凝土结构，但在投入运营后衬砌表面出现裂缝，并随着运营时间的推移，内衬裂缝也在不断加大、加密，导致后期维护工程量加大，甚至影响铁路运营安全，如日本新干线已发生几起混凝土掉块事故。为吸取上述教训，通过理论分析、室内试验、现场试验、现场效果调查相结合的方法进行了科研项目《纤维混凝土在高速铁路隧道中的应用研究》。

实验室研究显示，在疲劳试验下，随着拉应力的增加，各配比材料的素混凝土气渗系数增大，材料损伤增加；在循环荷载情况下添加 UF500 纤维后混凝土损伤程度降低，表现在气渗系数上，即同样荷载强度下，含纤维配比材料气渗系数降低；随着试件疲劳荷载增大，UF500 纤维对混凝土的抗渗能力的改善效果提高明显，尤其是在大荷载作用下。

现场试验显示，博凯超纤维 UF500 纤维素纤维可在不改变混凝土设计配合比和施工工艺的前提下，直接掺入；掺入后对混凝土的工作性能影响很小，混凝土和易性良好，未出现离析、泌水等现象。UF500 纤维素纤维掺入后对混凝土的抗压强度影响不大，纤维在混凝土中分散性良好，混凝土表面肉眼看不出有纤维露头、结团现象，对混凝土的抗氯离子渗透能力有所降低。

为防止运营期高速铁路隧道产生开裂掉块现象，首先应保证二次衬砌不会在运营期因承载而开裂，然后应采取措施控制混凝土在施工过程中的裂缝。二次衬砌混凝土材料选择可根据围岩条件而定，建议Ⅱ级围岩衬砌可采用素混凝土，Ⅲ级围岩衬砌可采用纤维素纤维混凝土，Ⅳ级围岩衬砌可采用单层钢筋网混凝土。考虑素混凝土微裂纹发展会导致混凝土表面的切割，随着裂纹深度及密度的增加，运营中可能出现掉块从而危及行车安全，因此设计时采取了素混凝土裂缝控制处理措施，采取的措施包括：洞口 150 m 范围内Ⅱ、Ⅲ级围岩素混凝土地段采用三肢钢架护面钢筋网，洞口 150 m 以外范围拱墙素混凝土中掺加纤维素纤维，纤维为掺量 0.9 kg/m^3。

（一）纤维素混凝土配合比设计

按照国家或行业标准进行混凝土配合比设计，纤维素纤维作为外加组分，根据设计掺量配制纤维混凝土，不需调整混凝土配合比。

（二）纤维素混凝土搅拌

纤维混凝土的搅拌遵循以下原则：

1. 方便于纤维的运输和投放，把纤维制成片状单体，片状单体在水的浸泡和搅拌机摩擦力的作用下，极易分散为纤维单丝。纤维与粗骨料一起添加。

2. 搅拌时间比普通混凝土适当延长 40～60 s。

（三）施工注意事项

1. 纤维素纤维只作为混凝土的次要加强筋，主要作用为抑制混凝土裂缝的产生，而非主要结构受力钢筋，不能因掺加纤维素纤维而随意降低混凝土标号或减少主结构的尺寸。

2. 纤维素混凝土浇筑时应保证振捣密实；养护按正常混凝土养护进行，不能因掺入了纤维而放松对混凝土的早期养护。

三、接触网槽道预留接口及综合预留

武广铁路客运专线隧道在预留接口施工过程中做到建设实施有先后，将要预留的在最初施工时就预留好，保证系统工程的最优化，为高速铁路的接口管理积累经验，形成一套适合我国客专接口工作的管理体系。

（一）接触网槽道

武广铁路客运专线隧道接触网悬挂安装采用锚杆槽道形式进行预留，即在悬挂预留的断面内，布置加强钢筋与槽道的锚杆焊接固定，所有槽道的预埋金属体接地连接。

1. 施工工序

(1)模板台车加工时，根据设计要求的槽道位置钻固定用螺栓孔；并在台车两端需要固定槽道的位置画好定位基准线。

(2)按照隧道弧度现场制作一个工作台,长约 3 m,宽约 1 m。

(3)将两根槽道放置在工作台上,根据设计要求调整槽道间距离,用钢筋或型钢焊接牢固。

(4)制作一个工装卡具,卡住槽道,可以对其在弧线方向进行约束,而沿线路方向可以通过卡具的伸出长度进行精确控制。

(5)模板台车脱模,将油缸收缩 20 cm 左右,推至工作位置;清理模板及刷完脱模剂之后,将焊接好的槽道组采用卡具卡好,由台车一端依据事先画好的基准线送入模板内部,直至对好螺栓孔;锁紧螺栓,使槽道贴紧模板。

(6)二次衬砌浇筑。

(7)衬砌脱模:T 型螺栓螺母松开后,旋转 90°取出螺栓,收回模板脱模。

2. 现场施工结果

经过拆模后测量结果显示,安装槽道的误差在允许范围内,符合设计要求。

3. 注意事项

槽道内发泡填充物为接触网安装阶段剔除,在施工中避免损坏该物件。

(二)综合接地

1. 未初支地段

Ⅱ、Ⅲ级围岩利用初支系统锚杆和 ϕ16 mm 专用环向接地钢筋作为接地极,环向接地钢筋与纵向接地钢筋连接。Ⅳ、Ⅴ级围岩利用隧道系统锚杆和钢架作为接地极,钢架通过 ϕ16 mm 连接钢筋与纵向接地钢筋连接。

2. 已初支地段但未施工仰拱地段

Ⅱ、Ⅲ级围岩每 10 m 在隧底两侧利用风钻打眼 5~6 m 深,锚入锚杆作为接地极。再与纵向接地钢筋焊接。Ⅳ、Ⅴ级围岩利用仰拱结构钢筋和初支中的钢架作为接地极,将接地极与纵向接地钢筋焊接。

3. 已施工仰拱地段

已施工仰拱地段,利用 50 钻头在两侧侧沟边打入 5~6 m 深眼,打入 ϕ42 mm 的镀锌钢管作为接地极,用直径 ϕ16 mm 的钢筋将接地钢管与纵向接地钢筋焊接。

四、深大竖井施工技术

深大竖井辅助隧道施工,碎土提升是控制工程进度的关键,提升设备配置的合理性直接影响隧道正洞施工进度。浏阳河隧道 2 号竖井进行了提升设备选型、布置、自动卸砟装置的设置等关键技术的攻关,较好地解决了深大竖井出砟速度慢、大型设备下井困难等技术难题。使砟土的提升、卸砟过程全部实现了在控制室内自动化操作,整个卸砟过程不到 10 s 内完成,且大大降低了安全风险。。

五、隧道衬砌施工新技术

武广铁路客运专线隧道衬砌类型主要为防水型复合式衬砌(隧道口有明洞段),根据地质条件,衬砌混凝土强度等级分别为 C25、C30、C35。为减少微裂纹出现,在局部地段混凝土中掺加钢纤维或微纤维。拱墙背后设复合式防水板,环向、纵向设排水管,施工缝设止水带,依水沟排水能力限量排放,要求防水等级为一级。仰拱超前,采用栈桥全幅施工,先浇筑仰拱混凝土,再浇筑填充混凝土。拱墙随后,采用 9~12 m 衬砌模板台车连续浇筑。混凝土采用自动计量搅拌站生产,无轨混凝土搅拌运输车运输,泵送混凝土入模。沟槽采用大块钢模,按刚度控制设计,盖板采取机制,确保尺寸准确,线条顺直;强度合格,内实外美;不渗不漏,整体协调。

(一)仰拱整幅施工无干扰技术

1. 仰拱施工防干扰简易栈桥的设计

仰拱防干扰简易栈桥由主梁、坡道、支撑、防护栏 4 个部分组成,主要技术参数见表 4-4-30。

表 4-4-30 仰拱施工防干扰作业平台技术参数

序号	项 目	技术参数	备 注
1	结构主跨(m)	34.4	
2	行车道宽(m)	3.4	

续上表

序号	项 目	技术参数	备 注
3	坡道长度(m)	前4～6、后2	前坡道可用虚砟调整
4	允许通过重量(t)	30	
5	车辆最大行驶速度(km/h)	5	
6	平台移动方式	挖装设备移动	
7	仰拱一次浇筑长度(m)	30	
8	结构外形尺寸	34.4 m×3.4 m×4.3 m	长×宽×高
9	结构自重(t)	22	
10	平台下部作业高度(m)	2.7	考虑施工仰拱填充施工

2. 工作原理及主要构造

(1)工作原理

隧道开挖与仰拱同步平行施工，必须解决出砟、进料与仰拱施工的干扰问题。仰拱可采取跳跃式施工，利用装载机或其他机械将简易栈桥拖移至仰拱施工段(也可加装自行装置)，就位后再进行捡底、清底。仰拱在进行混凝土浇筑和养护时，前方开挖、初支、出砟、进料等作业车辆及设备可在简易栈桥上正常通行，解决仰拱施工与其他工序间的干扰问题，实现平行作业，达到各工序协调推进的目的。当底部混凝土达到设计强度时，将简易栈桥前移，施作下一节仰拱。

(2)主要结构

该简易栈桥结构如图4-4-63所示。主梁与坡道主要由Ⅰ32b工字钢焊接桁架和δ8 mm钢板组成，工字钢之间用∟100 mm×10 mm角钢连接。δ8钢板作为面板，面板与主梁之间用螺栓固定，主梁与坡道之间采用铰接。走行轮为ϕ200 mm轮，前后共8个，走行钢轨采用43 kg/m钢轨，防护栏采用轻钢结构与主梁焊接。

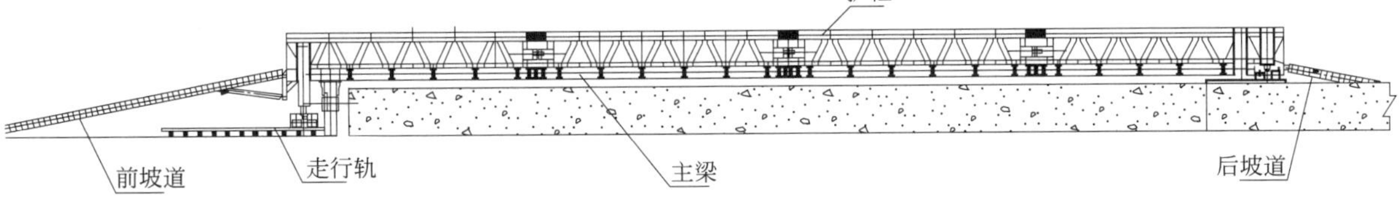

图4-4-63 简易栈桥结构

3. 主要工序施工

(1)架设仰拱栈桥。为确保中心水沟及检查井施工方便，栈桥架设在偏离水沟中心1.5 m以外、距填充顶面高30 cm处。

(2)仰拱施工。首先将仰拱模板骨架准确定位，模板固定(其中心左右侧2 m范围不设置模板)采用下锚的方式，在底板上锚固钢筋并将钢筋与骨架之间连接牢固，防止混凝土施工时模板上浮；然后在骨架上牢固固定小模板；安装环向止水带及堵头模板；固定到位后一次性连续浇筑仰拱混凝土。仰拱骨架设置如图4-4-64所示。

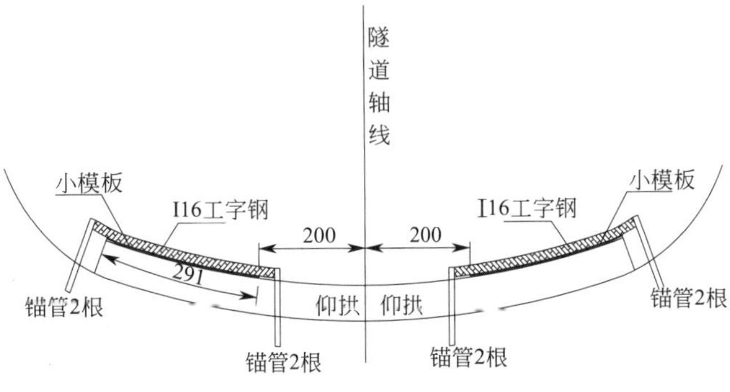

图4-4-64 仰拱施工曲面骨架模板安装(单位:cm)

(3)填充混凝土施工

填充整体一次施作，浇筑长度与仰拱相同。待仰拱混凝土脱模且混凝土强度达到8 MPa后，安设填充模板，固定中心排水圆管和检查井模板(采用同标号混凝土预制基座，中心排水圆管安装在基座上)、预留横向PVC泄水孔，浇筑填充混凝土。检查井采用定型钢模板，预留检查井钢筋混凝土井壁，在施工底板前(轨道基础)施工井壁。

4. 仰拱栈桥应用情况

该仰拱栈桥的使用,使新大瑶山隧道在施工中,解决了工序干扰,实现工序协调,在Ⅱ、Ⅲ级围岩段进度实现 180 m/月,Ⅳ、Ⅴ级围岩段进度实现 150 m/月。

(二)拱墙衬砌施工技术

新大瑶山隧道衬砌断面较大,在保证衬砌施工质量方面主要从模板台车质量、规范混凝土施工工艺、防止拱部空洞等方面采取相应的技术措施进行控制。

1. 模板台车的设计

新标准设计的模板台车与原常规设计的模板台车相比:重量要多 35 t 左右,刚度大,面板采用铣边技术等。采用大刚度液压模板台车和钢枕,基本消除了衬砌混凝土灌注过程中灌注压力造成的模板变形,消除了因模板变形而造成的衬砌不同循环间的错台和同一循环内不同模板间的错台。对拼装好的模板台车进行精调、打磨、抛光、除锈,保证衬砌表面的外观质量。

2. 拱墙衬砌施工条件及工艺

(1)拱墙衬砌施工的前提条件

正洞拱墙衬砌根据量测情况在围岩和初期支护变形基本稳定后施作,基本稳定的条件是:隧道周边变形率明显趋于收敛;拱脚水平收敛小于 0.2 mm/d,拱顶下沉收敛速度小于 0.15 mm/d;施作二次衬砌前的累计位移值,已达极限相对位移值的 80%以上;初期支护表面裂隙不再发展。

(2)拱墙衬砌施工工艺

模筑混凝土衬砌作业程序是先浇筑仰拱、仰拱填充层和边墙基础,然后拱墙采用模板台车一次浇筑成型,模板台车通常采用 9~12 m。混凝土采用自动计量装置计量,集中拌和,由混凝土车运送到现场,混凝土泵泵送入模,混凝土灌注完毕后进行养护、拆模,然后进入下一循环。

3. 封拱顶工艺

用模板台车、混凝土泵送施工的混凝土,在拱顶上方易出现脱空,将直接影响衬砌的受力,为此改进采用"封拱顶工艺"施工,确保气体排出顺畅。

当混凝土浇筑面已接近顶部(以高于模板台车顶部为界限),进入封顶阶段,为了保证空气能够顺利排除,在堵头的最上端预留两个圆孔,安装排气管(采用 ϕ50 mm 焊管),要避免其沉入混凝土之中。将排气管一端伸入仓内,且尽量靠上。随着浇筑继续进行,当发现有水(实为混凝土表层的离析水、稀浆)自排气管中流出时,即说明仓内已完全充满了混凝土,停止浇筑混凝土,疏通排气管和撤出泵送软管,并将挡板的圆孔堵死。封顶混凝土时尽量从内向端模方向灌注,以排除空气。后期利用排气管对拱顶因混凝土收缩产生的空隙进行填实。

六、隧道防排水施工新技术

浏阳河隧道采用了全包型防排水系统施工技术,引进"皮肤式"防水思想及预铺反粘施工技术,采用新型的自粘型防水板全环铺设,防止地下水"窜流"。所采用的防水卷材为自粘型防水板,由 EVA 或 ECB 材质胎基、高分子聚合物粘胶层及保护膜三层组成。

新大瑶山隧道采用了全过程防排水技术,采取"先期主动防水,全工序、全过程防水"的新理念,着重全过程控制,在隧道开挖、围岩注浆、初支、衬砌各个环节均做好相应的防排水施工,并将每一环节都纳入整个隧道防排水施工的工序进行管理。在模板台车挡头板位置加设止水带安装支撑紧固装置,有效地克服了止水带位置不准、受压变形、施工缝漏水等问题。采用吊耳法固定防水板,解决了热熔焊接易于造成防水板破损的质量缺陷。

七、特长大断面铁路隧道施工通风

特长大断面铁路隧道施工的通风难度很大,该领域的施工通风技术研究也是处在起步阶段,有待于进一步去探索、开发和实践,使之逐步成熟和完善。新大瑶山长大隧道的施工通风除利用平导、斜井等辅助导坑形成巷道式通风外,还通过非常压送风、永临通风设施结合、大断面隧道分隔等措施的研究,制定合理洞内空气检测方案，适时调整通风方案，力求通风方式的突破。

1. 施工通风方法和辅助通风除尘措施：当需风量大、长距离送风不经济时，利用辅助通风措施，消除一些污染源，减少送风量。利用空气引射器进行局部通风，以消除有害气体的局部聚集。利用水幕降尘器、干式除尘机和静电除尘器等进行除尘。当隧道内有大量的热量产生、温度过高时，采用冷却系统将新风冷却，然后经通风管路送到工作面。

2. 施工时对污染的防治措施

施工中必须采取必要的措施来改变施工环境，采取防污染的主要措施有：

(1)采用湿式凿岩机，较使用干式凿岩机可降低80%的粉尘。

(2)水幕降尘：把水雾化成湿水滴喷射到空气中，使之与空气中的粉尘碰撞，则尘粒附于水滴上，潮湿的尘粒凝聚成大颗粒，从而加快其降落速度，从而达到除尘的目的。

(3)机械通风：采用大功率轴流通风机配合便于装卸维修的PVC拉链式大直径软风管。通风要保证有足够的风量、风压、风筒基本完好无损且吊挂平、顺、直。

(4)机械净化：主要是调整机械发动机喷油嘴的喷油效果，采用涡轮增压器原理，使燃油燃烧更充分，产生的有害气体更少，并且在尾气排放装置上安装尾气净化器。

3. 有害气体检测

大瑶山1号隧道对风速、风量、CO浓度、NO_2浓度等各项指标都有严格要求，定期对风速、风量、CO浓度、NO_2浓度进行检测，以上述四项指标为基准，决定各项施工工序的合理性，如果某项指标超标，立即上报安全环保部门，理顺环境保护与隧道施工的关系，重视其环境危害，积极主动采取合理措施，使其危害降到最低限度。

4. 现场通风效果

大瑶山1号隧道施工通风由专业队伍进行组织管理，专业通风组进行现场检测和施工通风方案调整，施工爆破后一氧化碳(CO)和二氧化氮(NO_2)浓度在通风30 min后分别降到25 mg/m^{3}和5 mg/m^{3}以下，温度在20 ℃左右，作业环境得到了较大改善，提高了工作效率，基本满足了施工需要，得到了相关部门的认可。

八、铣挖法施工工艺

针对浏阳河隧道围岩地质条件，为安全快速的下穿浏阳河河底等敏感地段，并严格控制施工对地表构筑物的影响程度，采用铣挖法与弱钻爆法施工。根据工艺性试验方案，在武广铁路客运专线岳阳段选取5座隧道6个不同地质地段采用装配式铣挖机进行了铣挖法现场工艺性试验，进行了铣挖法因素敏感性分析。对铣挖法技术经济分析，总结得出铣挖法特点。将铣挖法成功应用在浏阳河隧道斜井、出口施工，达到了安全施工的目的。

九、长大断面隧道掌子面超前预加固核心技术

(一)研究范围和内容

掌子面超前预加固技术是一种针对复杂地质条件下隧道施工的新技术，在我国属首次使用，将其应用于浏阳河隧道，依据工程地质分析结果，采用超前预加固工法施工，选择合理施工方法，以实现增大循环开挖进尺，加快施工进度。

对玻璃纤维锚杆施作进行了深入研究，并与拱部超前支护一起，共同形成一个系统支护。还深入研究了掌子面超前预加固工法监控量测技术，掌握变形反应，以满足预加固要求。

(二)使用效果

1. 未加固前出口工区开挖进尺每循环1.5 m，每循环所用时间为24 h。采用超前预加固以后，每循环14～17 h，每循环1.3～1.5 m，平均每天1.9～2.2 m。

2. 通过成本测算分析，隧道每延米超前预加固工法施工成本为4 546.85元/延米。如未采用掌子面超前预加固，每延米初喷混凝土的成本为3 600元/延米(包括材料、人工、机械)。如果考虑超前预加固工法实现大断面机械化施工、同时通过加大施工循环进尺，使工期提前、减少初喷工序等所产生的技术经济效益，那么掌子面超前预加固工法与钻爆法施工成本基本相当。

第五章 轨 道 工 程

武广铁路客运专线除武汉站、广州南站及其北侧大跨径桥梁地段设计为有砟轨道外，其余地段全部铺设以 CRTSⅠ型(双块式)为主的无砟轨道。钢轨采用定尺长 100 m、60 kg/m 无螺栓孔新钢轨，正线无缝道岔内部钢轨、胶接绝缘钢轨以及伸缩器钢轨采用与正线钢轨相同的材质；单元板、纵联板式无砟轨道采用 WJ-7 型扣件系统；CRTSⅠ型再创新双块式无砟轨道采用 WJ-8 型扣件系统；CRTSⅠ型双块式无砟轨道采用 Vossloh 300-1U 型扣件系统。

武广铁路客运专线正线 100 m 定尺轨由工厂焊接成 500 m 长轨条，运至铺轨基地后，在现场焊接一次铺设跨区间无缝线路，正线铺轨 1 930 km。

道岔区铺设轨枕埋入式无砟轨道和道岔板式无砟轨道。DK1213＋012.22～DK1276＋136.63 为武汉综合试验段，铺设有雷达 2000 型双块式无砟轨道、创新双块式无砟轨道、创新单元板式无砟轨道(含减振型单元板式无砟轨道)、创新纵联板式无砟轨道、创新道岔区轨枕埋入式无砟轨道等多种无砟轨道结构形式。DK2170＋800～DK2178＋180 为广州无砟轨道工程试验段，采用板式无砟轨道。正线高速道岔 169 组，其中长枕埋入式道岔 76 组，板式道岔 93 组。

雷大特大桥全长 609.08 m，桥梁形式为 1-24 m＋2-32 m＋(40＋64＋40)m＋5-32 m＋(6-32)m。在(6-32)m 连续梁上设计有二组板式道岔，这是板式道岔首次应用在桥梁上。桥梁上板式道岔的施工标准、精度及特殊材料要求比较高，为以后板式道岔在桥梁上应用奠定基础。

第一节 有砟轨道道床施工

一、工程概况

武广铁路客运专线 DK2207＋039～DK2216＋000 段设计为有砟轨道，扣除短链长度 3 280.581 m，双线轨道有效长度 5.681 km。该段线路有桥梁、路基和隧道。

全段共分三个工作面，安排三个班组，第一组负责 DK2207＋039～DK2208＋700(大桥局管段)，第二组负责 DK2208＋700～DK2210＋710，第三组负责 DK2210＋710～DK2212＋719.419。三个班组同步展开作业。

二、施工方案

(一)施工工艺流程

施工工艺流程如图 4-5-1 所示。

(二)施工机具配备

分三个作业面，施工机具配置见表 4-5-1。

表 4-5-1 机 具 配 置

序号	设备名称	型号规格	单位	数量	备 注
1	PC120 轮式挖掘机		台	4	
2	起道机		台	0	
3	自卸汽车	20 t	台	40	
4	拨道机		台	20	
5	随车吊	10 t	台	4	
6	电动螺栓紧固机		台	3	
7	汽车吊	25 t	6		
8	小型捣固机		台	12	

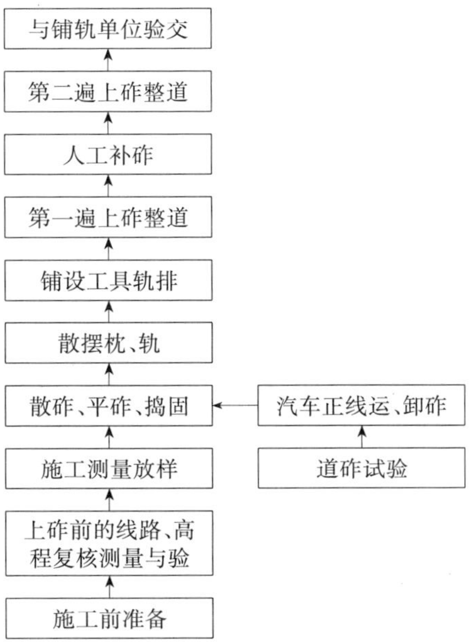

图 4-5-1 有砟轨道施工工艺流程

三、施工方法及控制要点

(一) 原材料质量验收

客运专线对道砟的质量要求比较严格,设计时速大于 200 km 的客运专线均采用特级碎石道砟。在碎石道砟进场前,工地试验室要对其材质、性能进行相关的试验检测,确保各项指标满足设计要后方可采用。施工中由专门的材料验收人员逐车对道砟进行检查、验收,合格后使用。特级碎石道砟材质性能见表 4-5-2。

表 4-5-2 特级道砟材质性能

抗磨耗、抗冲击性能	洛杉矶磨耗率(%)	≤18
	标准集料冲击韧度	≥110
	石料耐磨硬度系数	>18
抗压碎性能	标准集料压碎率(%)	<8
	道砟集料压碎率(%)	<17
渗水性能	渗透系数(10^{-6} cm/s)	>4.5
	石粉试模件抗压强度(MPa)	<0.4
	石粉液限(%)	>20
	石粉塑限(%)	>11
抗大气腐蚀破坏	硫酸钠溶液浸泡损失率(%)	<10
稳定性能	密度(g/cm³)	>2.55
软弱颗粒	保水单轴抗压强度(MPa)	≤20

特级碎石道砟应是花岗岩或玄武岩质的硬质碎石,粒径级配应符合表 4-5-3 的规定。

表 4-5-3 特级碎石道砟粒径级配

级 配	方孔筛孔边长(mm)	22.4	31.5	40	50	63
	过筛质量百分率(%)	0~3	1~25	30~65	70~99	100
颗粒分布	方孔筛孔边长(mm)	31.5~50.0				
	颗粒质量百分率(%)	≥50				

道砟颗粒形状和清洁度应满足以下要求:

①针状指数≤20%,片状指数≤20%。

②粒径＜0.5 mm颗粒含量的质量百分率≤0.6％；粒径＜0.063 mm粉末含量的质量百分率≤0.5％。

③道砟出场前要用水清洗，且不含黏土团及其他杂质，保持颗粒表面清洁。

④保水单轴抗压强度＜20 MPa的软弱颗粒及其他杂质含量应＜2％。

（二）施工放样

客运专线上部结构放样都是采用CPⅢ点作为控制点，采用后方交汇进行现场施工放样。为保证线形圆顺、方便现场施工的高程控制，对左、右线路沿线路中心按照5 m间距进行放样。为保证施工放样点的牢固稳定，桥梁、隧道线路中心点采用长度为15 cm的短钢筋，用电钻在桥梁、隧道混凝土面上钻孔5～7 cm左右，将短钢筋植入并锚固后，其顶面外露部分采用高强砂浆或混凝土将其包裹加固与保护。

路基地段顶面为级配碎石，为保证路基地段的中心桩位稳固性，其植入的钢筋长度应在隧道、桥梁的基础上加长，植入的深度加深。同时为保证路基段左右线外边缘的碎石道砟的铺设宽度、线形圆顺美观，在上砟时需要对其放样，并以此进行挂线作业。

为方便现场散砟施工人员控制厚度与高程，桥梁地段的高程利用CPⅢ控制点在左右线两侧的防撞墙顶面进行点位布控与使用；隧道地段则利用两侧电缆槽靠线路外缘顶面进行高程点位的布控与使用；路基地段的高程点利用线路的中心桩位作为高程点进行施工过程的高程控制。

（三）上砟及捣固

上砟顺序遵循先左后右、两端向中间的原则。首先集中上左线道砟，采用20 t自卸汽车，沿右线行驶。第一个作业面自小里程方向向大里程方向运、散砟，第二、三个作业面自大里程向小里程方向散砟。散砟时，每500 m左右留出一个20 m长的区段不上砟，该区域作为自卸汽车或其他施工机械错车和调头的平台。

右线采取大小里程各单作业面散砟的方法，即右线散砟时分成两个作业面，小里程起点为一个作业面，向大里程方向散砟，至大松林隧道出口处，大里程终点作为一个作业面，向小里程方向散砟，至大松林隧道出口处。散砟期间，预留的错车位置不上砟，并在旁边预留好相当数量的道砟，后期采用人工上砟、散砟。

在左线大面积散砟前，现场选取15～20 m作为试验段，按照高程进行分层上砟、捣固，准确确定单位长度所需的道砟实际数量，并按照得出的结论进行沿线管段内自卸车卸道砟的车距，避免线路范围内的道砟数量过多或偏少，尽量减少后期采用人工搬运道砟。左线上砟时可适当每米预留1 m^3左右的富余量，以作为右线和线间补砟使用。

平砟采用PC200型轮式挖掘机，分三个作业面同步施工，作出枕木槽，枕下道砟人工配合整平至设计高程以下5 cm，作为大机养道抬道的预留量。平砟时，每15 cm一层，分两层采用小型液压捣固机整平捣固密实。管段内设有两段超高，设置超高的曲线段内，缓和曲线段内的超高设置是由直线到圆曲线呈线性变化过渡的。圆曲线内道砟分三次平砟、捣固，前两次施工情况与直线段一致，超高部分作为第三次平砟、捣固。

（四）上枕、布枕

不同施工地段需要采取不同的上枕方法。DK2207＋039～DK2208＋510.87段可利用原桥下既有施工便道，轨枕运输车辆将轨枕运输至桥下后，采用25 t吊车沿便道自桥下吊枕上桥；DK2208＋510.87～DK2208＋694段路基上枕必须先于路基道砟施工进行，利用随车吊将轨枕放置于路基左右线两侧外边缘（左右线道砟施工范围以外），确保其摆放位置不影响路基道砟的施工；DK2208＋694～DK2208＋903段隧道上枕方法同路基一致，只是将轨枕摆放在隧道左右线两边的电缆沟槽上，并确保轨枕在道砟施工时不影响现场施工；DK2208＋903～DK2212＋719.419为桥梁段，其上枕同样利用原桥下既有施工便道，轨枕运输车辆将轨枕运输至桥下后，采用25 t吊车沿便道自桥下吊枕上桥。

按照要求进行沿线布枕，布枕过程中需对轨枕的外观情况进行检查，对于在运输过程中由于碰撞等原因造成外观损伤的，要根据验标要求对不合格的轨枕予以剔除或更换，不得继续使用。同时对不同地段的轨枕型号在布轨时要一一对应，严格按照设计图纸要求对轨枕的型号、数量、间距逐段复核检查。

根据线路中心施工放样点，直线段每隔15～20 m按照要求精确定位一根轨枕，中间部分轨枕可根据精确定位轨枕挂线布枕；曲线段的精确定位轨枕间距根据实际情况为5～10 m。

（五）铺工具轨

工具轨采用 60 kg/m 的标准 12.5 m 再用轨，桥梁段用吊车从桥下吊上桥，隧道及路基段采用随车吊运至路基旁边，人工采用钢轨卡转运至铺轨处。所有工具轨采用人工铺设，以实现多面展开的局面。在铺设工具轨时，其弹条、扣件与钢轨连接密贴无松动或孔隙，不得采用其他型号的钢轨进行混杂使用。

（六）整　道

采用人工进行上砟填盒。起道时按水平桩将一股轨面起至设计高程（第一遍按面砟厚度 15 cm 控制高程），曲线先起内股，再用道尺调整另一股高程，左右均匀进行，校正好左右水平和前后高低，找平小洼。曲线外轨超高必须在缓和曲线全长范围内顺接，不允许出现三角坑及反超高。

1. 串砟：整节钢轨抬起后，立即向轨枕下面串砟，串满串实，没有悬空吊板现象，串砟时注意混凝土枕的中部必须留出一定宽度的凹坑。

2. 拨道：先将线路中心桩处拨移到位，然后目视指挥拨直拨顺，曲线按中心桩拨道到位圆顺后，再用弦线（圆曲线用 20 m 弦线，缓和曲线用 10 m 弦线）检查正矢，超过允许误差时及时调整，不允许有反弯及“鹅头”。拨道前检查拨道地段轨缝，进行必要调整。

3. 道床捣固：在钢轨两侧各 45 cm 范围内均匀捣固，钢轨下、钢轨接头处、曲线外股应加强捣固，但轨枕中部 60 cm 范围内严禁捣实。道床捣实后及时补填轨枕端部砟间及轨枕盒内的道砟，使道床达到基本稳定。路基地段捣固的同时，用夯拍机夯拍砟肩和边坡，机养作业完毕后根据情况再夯拍道床边坡和轨枕盒内道床。人工捣固完成后再用大机进行捣固，稳定车进行稳定，本段有砟轨道线路进行了八捣四稳后达到了要求。

（七）动力稳定

每次捣固作业后，应进行不少于一次的动力稳定。动力稳定一次时，稳定车走行速度应取低值；动力稳定两次时稳定车走行速度适当提高；一般情况下稳定车走行速度为 0.6～0.9 km/h；由道床下层至道床上层，稳定作业速度宜逐渐降低。

（八）道床整形

每次分层补砟，经过机械作业后，道床肩宽不得小于设计要求。道床达到设计高程后，对道床进行整形，使道床几何尺寸符合设计要求。

四、经验与体会

高速有砟轨道需通过大机捣固、稳定车稳定，才能确保轨道满足高速运行要求。

第二节　无砟轨道施工

当具备以下条件时，方可铺设无砟轨道：

1. 线下桥梁、路基、涵洞、隧道工程主体完工并已经验收合格。

2. 线下构筑物施工完成后，应对其变形进行系统的观测与分析评估，按《客运专线无砟轨道铺设条件评估技术指南》（铁建设〔2006〕158 号）执行，并出具评估报告。

3. 路基、桥涵、隧道工程做好防排水系统，防排水设施与车站等防排水设施衔接配合。

4. 施工单位应会同有关单位交接无砟轨道基桩控制网（CPⅢ），测量精度必须满足《客运专线无砟轨道铁路工程测量暂行规定》（铁建设〔2006〕189 号）的要求。

一、双块式无砟轨道施工

（一）工程概况

1. 主要工程数量

CRTSⅠ双块式无砟轨道主要铺设于广州工程试验段以北、综合试验段以外非岔区正线地段（不含雷大桥前后）。

2. 结构形式

CRTSⅠ型双块式无砟轨道由支承结构、现浇道床板、钢轨和扣件系统组成，支承结构路基上为水硬性支承层，桥梁上为混凝土保护层(含凸台)，隧道内为混凝土垫层，道床板为C40钢筋混凝土结构，轨枕采用CRTSⅠ型双块式轨枕，钢轨采用T-60高速轨。

3. 技术要求

双块式无砟轨道的工艺原理是将轨枕按设计要求散布后，用工具轨完成轨排组装，采用粗调机对轨排位置初步定位，通过螺杆调节器转换轨排受力体系；道床板钢筋绑扎后，安设模板；使用高精度全站仪，配合轨道状态检测仪和螺杆调节器完成轨排最终精确定位，现场浇筑混凝土，从而使轨枕按设计空间位置永久固定在混凝土整体道床上。

双块式无砟轨道具有高平顺性、高稳定性、高精度和高标准。其主要技术要求有：

(1)无砟轨道静态平顺度允许偏差见表4-5-4。

表4-5-4 无砟轨道静态平顺度允许偏差

项　目	高低	轨向	水平	扭曲(基长6.25 m)	轨距
幅值(mm)	2	2	1	2	±1
弦长(m)	10		—		

注：轨距变化率不得大于1‰。

(2)混凝土支承层模板安装允许偏差见表4-5-5。

表4-5-5 混凝土支承层模板安装允许偏差

序号	检查项目	允许偏差(mm)	检验方法
1	中线位置	10	全站仪
2	顶面高程	+2 −5	水准仪
3	内侧宽度	+10 0	尺量

(3)混凝土支承层外形尺寸允许偏差见表4-5-6。

表4-5-6 混凝土支承层外形尺寸允许偏差

序号	检查项目	允许偏差(mm)	检验方法
1	厚度	±20	尺测
2	中线位置	10	全站仪
3	宽度	+15 0	尺测
4	顶面高程	+5 −15	水准仪
5	平整度	10	3 m直尺

(4)桥梁保护层及凸台尺寸允许偏差见表4-5-7。

表4-5-7 桥梁保护层及凸台尺寸允许偏差

项　目	允许偏差值(mm)	项　目	允许偏差值(mm)
顶面高程	±10	中线位置	3
宽度	±10	凸台中心间距	±3
中线位置	3	横向宽度	±5
平整度	10/3 m	纵向宽度	±5

(5)轨枕布设允许误差见表 4-5-8。

表 4-5-8 轨枕布设允许误差

序号	检查项目		允许偏差(mm)	检测方法
1	同组轨枕间距		≤±5	检查尺
2	两组轨枕间距		≤±5	检查尺
3	两组轨枕左右偏差		≤±5	检查尺
4	轨枕线型		平顺,与轨道中线基本垂直	目检
5	桥梁地段轨枕布设	中间层	无褶皱及其他损坏,宽度≥3 200 mm	尺量
		垫木	支撑在扣件系统下方	目检

(6)混凝土道床板尺寸允许偏差见表 4-5-9。

表 4-5-9 混凝土道床板尺寸允许偏差

序 号	检 查 项 目	允许偏差(mm)
1	顶面宽度	±10
2	道床板顶面与承轨台面相对高差	±5
3	伸缩缝宽度	±5
4	中线位置	2
5	平整度	2(1 m尺量)

(7)轨排调整精度验收标准见表 4-5-10。

表 4-5-10 轨排调整精度验收标准

序 号	检 查 项 目		允 许 偏 差(mm)	检 验 方 法
1	轨面高程	一般情况	±1	专用测量仪器
		紧靠站台	+1 0	
2	轨道中线		1	
3	线间距		+3 0	
4	轨距		±1,变化率不得大于 1‰	轨检尺
5	水平		1	轨检尺
6	轨向		1 mm/10 m 弦	轨检尺
7	高低		1 mm/10 m 弦	轨检尺

(8)轨排组装允许误差见表 4-5-11。

表 4-5-11 轨排组装允许误差

序号	检查项目	允许误差	检测方法
1	轨缝	15～300 mm	尺量
2	螺栓拧紧扭矩	扣件安装技术条件	扭矩扳手
3	轨 距	±1 mm	轨检尺

(9)轨排粗调允许误差见表 4-5-12。

表 4-5-12 轨排粗调允许误差

序号	检查项目	允许误差	检测方法
1	轨排轨顶高程	−5～−2 mm	检查记录
2	轨道至设计中线位置	±5 mm	检查记录

(10)无砟轨道道床板钢筋安装允许偏差见表4-5-13。

表4-5-13 无砟轨道道床板钢筋安装允许偏差

序号	检验项目	允许误差	检验方法
1	钢筋间距	±20 mm	观察、尺量
2	保护层厚度	$^{+10}_{-5}$ mm	观察、尺量
3	绝缘性能	满足设计要求	欧姆表测试

4. 采用的新技术

(1)无砟轨道铺设条件评估及线路交接技术

对无砟轨道施工而言,严格控制工后沉降是成败的关键。施工前,由建设、设计、咨询、施工和监理等单位组成的验评小组对沉降变形观测资料进行分析评估,并提出分析评估报告。施工单位应按《无砟轨道铺设条件评估报告》,工后沉降变形符合设计要求后进行无砟轨道施工。当工后沉降趋于稳定并达相关要求时,施工前还应进行相应的线路交接和复测,主要目的是检查线下结构物的中线、高程、平整度等是否满足设计要求,与设计不符的要及时整改。

(2)无砟轨道施工测量技术

无砟轨道测量,尤其是轨道几何尺寸控制是无砟轨道施工的关键,将直接决定无砟轨道施工的成败。由于无砟轨道对线路的平顺性要求很高,其中高低为:2 mm/10 m弦长,轨向:2 mm/10 m弦长,水平:1 mm,轨距:±1 mm。在这方面除了需要拥有先进的测量设备外,还要建立一套精度高的施工控制网,也就是在CPⅠ和CPⅡ基础上建立的CPⅢ控制网,它是无砟轨道施工过程中和运营后对轨道几何尺寸控制和复测唯一的控制点,在施工过程中要严加保护,避免碰撞,还需经常复核。其控制网的建立和测设需严格按照《客运专线无砟轨道铁路工程测量暂行规定》执行,最终成果通过设计单位或第三方评估合格后方可应用于实际施工。

(3)无砟轨道混凝土支承层施工技术

支承层是路基地段无砟轨道的一部分,设计宽度:3.4 m,厚度:30 cm,采用水泥胶结混合料或C15混凝土。施工前路基表层的平整度和高程需满足设计要求,其中混凝土质量、支承层表面平整度、支承层养护及切缝等是施工的重点。施工方法可分为滑膜摊铺机和人工立模两种。

(4)无砟轨道桥面防水层及凸台施工技术

桥梁保护层、凸台施工前应对桥面进行验收,桥面应满足铺设无砟轨道的要求,其顶面平整,高程允许偏差为±10 mm,施工前应对桥梁表面进行清洁。施工中需从以下几方面重点进行控制:一是混凝土的质量。二是保护层和凸台的钢筋预埋和接地要严格按照施工规范进行。三是两者的保护层尺寸要符合要求。四是保护层和凸台的表面一定要光滑。五是凸台的高度、顶面高程及相互间的间距等。

(5)双块式无砟轨道混凝土道床板施工技术

混凝土道床板是无砟轨道的主体,由很多关键工序组成,质量控制相对较难,也是无砟轨道施工最为关键的部分。涵盖了路、桥、隧及过渡段不同的结构形式。其中钢筋绑扎、综合接地设置、轨道粗精调、道床板混凝土浇筑、道床板养护等都是其中的关键环节。在具体施工中需不断在施工组织、施工工艺及施工设备等方面进行创新和经验积累。混凝土道床板可根据现场条件和环境的不同分为机械和人工进行施工。

(6)双块式无砟轨道质量控制技术

CRTSⅠ型双块式无砟轨道属于施工一步到位的轨道结构形式,其设计标准高,施工控制严,对轨道几何尺寸要求极为精确。它是由诸多大大小小的施工工序组成进行流水性作业,且工序之间相互关联制约。特有的施工性质,决定了一旦在施工中出现质量问题将很难进行返工,会给总体施工带来难以预计的损失。

5. 双块式无砟轨道施工技术特点

(1)技术优点

武广铁路客运专线是我国首次采用双块式无砟轨道施工工艺的线路,是集引进国外高速铁路施工技术和我国自主研发设计施工于一体的施工机构,具有短尺轻便容易施工、结构类型统一、整体性能稳定、美观整洁等特点。但同时又具有设计标准高、精度要求严、施工过程控制难等特点。无砟轨道是一种少维护的轨道结构,它利用成型的组合材料代替道砟,将轮轨力分布并传递到路基基础上。与有砟轨道相比,无砟轨道具有以下优点:

①良好的轨道稳定性,连续性和平顺性,使用寿命长;

②结构耐久性好,维修工作量少;

③可避免高速行驶下有砟轨道的道砟飞溅;

④有利于适应地形选线,减少线路的工程投资;

⑤可减轻桥梁二期恒载,降低隧道净空;

⑥荷载特性、振动特性和车辆的平稳性都较好;

⑦长期维护费用比有砟轨道低。

(2)技术缺点

①初期投资大;

②一旦基础变形下沉,修复困难,改进的可能性受到限制;

③无砟轨道在黏土深路堑、松软土路堤或地震区域铺设困难;

④无砟轨道噪声水平比有砟轨道高 5 dB;

⑤混凝土无砟轨道为刚性承载层,当达到承载强度极限时将产生断裂,并引起轨道几何尺寸的突然变化和难以预见的恶化。

(二)路基上双块式无砟轨道

1. 路基上双块式无砟轨道施工流程如图 4-5-2 所示。

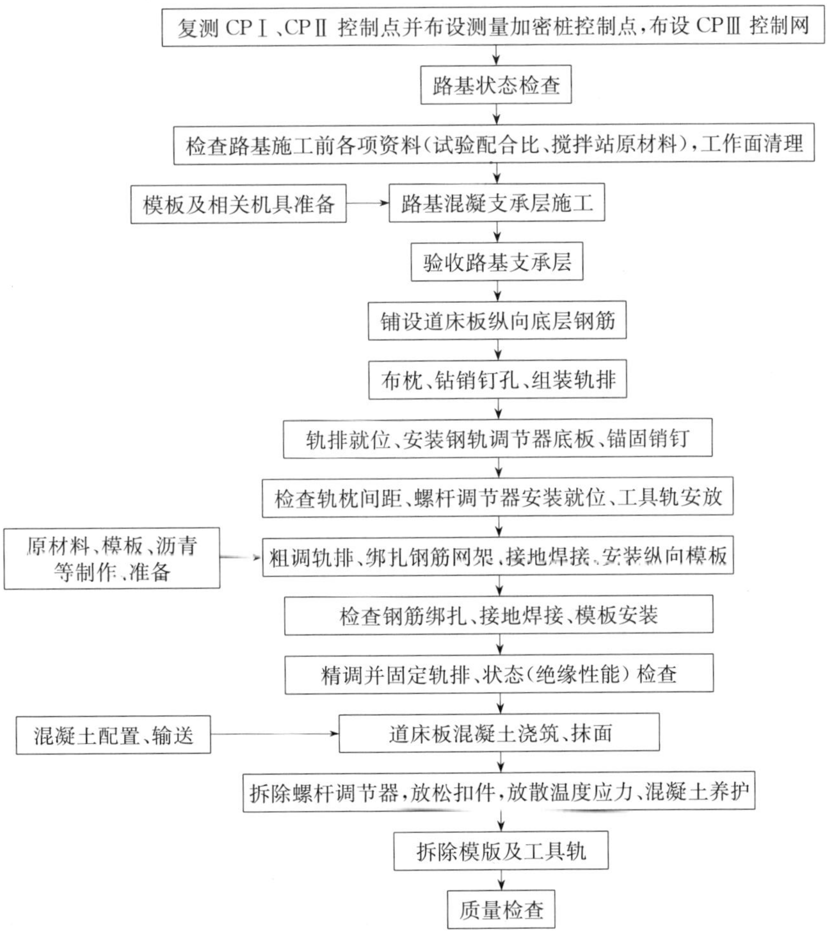

图 4-5-2 路基上 CRTSⅠ双块式无砟轨道施工工艺流程

2. 施工方案

施工作业面划分为 A、B、C、D 四个施工区域,每个区长度为 100 m。A 区为轨排精调和混凝土浇筑区,

B 区为钢筋绑扎、模板安装区，C 区为轨排粗调区，D 区为轨排组装区。

施工开始前 2 天，进行 A 区的轨排组装、粗调、钢筋绑扎和模板安装。

在第 3 天精调 A 区轨排并用输送泵浇筑道床板混凝土，12h 后拆除 A 区工装倒换到 D 区使用。B 区绑扎道床板钢筋，安装模板。C 区进行轨排粗调，D 区组装轨排。

第 4 天 B 区轨排精调并浇筑道床板混凝土。C 区进行钢筋绑扎、楼板安装。D 区进行轨排粗调。按上述方法循环施工。

3. 施工方法及控制要点

(1)路基支承层施工

支承层是基础防冻层和土路基顶面分部荷载的面板，该层既可采用滑模摊铺机一次性摊铺，如图 4-5-3 所示，也可调整配比后直接立模浇筑。该支承层厚 30 cm，宽 3.4 m，采用强度不低于 10 MPa 的水硬性材料或混凝土。

①技术标准

a. 路基支承层施工前应对基础进行验收，基础应满足铺设无砟轨道的要求，基础顶面应平整其表面平整度 20 mm/4 m，高程误差为±20 mm。

b. 路基支承层宽度 3 400 mm，厚度 300 mm。混凝土支承层连续铺筑，并不远于 5 m 设 1 深度不小于 105 mm 的横向伸缩假缝，但在气温高于 20 ℃条件下施工时，每隔 4 m 进行切缝。切缝应在支承层硬化前进行，最迟不得超过浇筑后 6 h。

图 4-5-3 滑模机摊铺支承层

c. 路基支承层顶面应平整，其表面平整度应达到 15 mm/4 m，高程误差为$^{+5}_{-15}$ mm。

d. 路基支承层顶面应保持粗糙，确保支承层与道床板间具有足够的粘结力。

e. 支承层密度应不小于 98%，其平均厚度不得小于要求厚度的 10%。

f. 支承层铺设后至少 3 d 内进行洒水养护，防止变干。

②施工工艺

路基地段为支承层结构，宜采用滑膜摊铺法施工，在桥头两端或路基长度较短不适合大型设备施工时，也可采用人工模筑法浇筑。

a. 滑膜摊铺法施工支承层

施工前完成支承层的测量放线工作，通过 CPⅢ控制网测设混凝土支承层中线，进而设置两侧的引导线，然后摊铺机就位，并采用导线法校准摊铺机四角点高程和侧模行进方向，检查机械操作性能无误后方可进行作业，摊铺速度控制在 1～2 m/min。混凝土材料采用水泥胶接混合料，试验室样本的 28 d 平均抗压强度应不小于 15 MPa，弹性模量应控制在 10 000～20 000 MPa 范围内，其他性能应满足《雷达 2000 无砟轨道水泥胶接支承层工艺说明》和相关技术条件要求。施工时混合料采用自卸车运输，滑膜摊铺机进行摊铺，在摊铺前应对基床表面进行洒水湿润，混合料采用挖掘机布料，布料时要在摊铺范围内保证其均匀。支承层摊铺完成后，要保证表面粗糙，从而达到支承层和道床板更好的粘结，路基支承层成型后其两侧边缘各 35 cm 的区域将裸露在外界，此部分应进行修边处理，并让其表面光滑。支承层 300 mm 厚的混凝土要一次摊铺完成，一股道完成后再进行另一股道施工。摊铺作业即将结束前，在计算出的伸缩缝里程位置安放端头模板做好伸缩缝，一般在支承层摊铺完成后 6 h 内，在不大于 5 m 设置深度不小于 105 mm 的横向假缝，当气温高于 20 ℃时应每隔 4 m 进行切缝。切缝完成后要及时进行覆盖和洒水养护，其次还要在施工完成后每隔 500 m 用灌沙法测混凝土拌和料的密实度，每 250 m进行钻心取样，以进行抗压测试。其钻心直径为 150 mm，待强度达到要求后，按设计要求进行两线间级配碎石的回填。

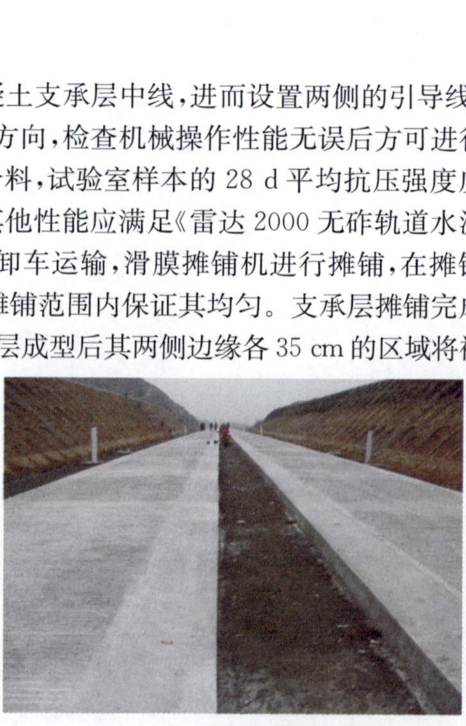

图 4-5-4 已完成的路基直线段支承层

路基直线段支承层完成后如图 4-5-4 所示。

b. 模筑法施工支承层

施工放样出支承层边线，每隔 10 m 打上钢钎，并在钢钎上用红油漆标上支承层顶面高程位置，架立两侧模板。混凝土罐车行走在线路中间，将混凝土溜滑入模。首先用振动棒振捣混凝土，然后用三轴振动梁振动表面，提浆整平。支承层混凝土养护和切缝与滑膜摊铺法施工相同。

(2)工具轨、轨枕、钢筋管理

①工具轨管理

工具轨进场和铺设前必须按照钢轨技术条件逐根进行平直度、扭曲和表面质量检验。

②轨枕管理

轨枕进场后，质检人员对轨枕进行检验。轨枕存放地基要用方木垫平。轨枕每堆距离为 10 m 左右，每垛轨枕不宜超过 5 根×4 层。为保证测量通视，当轨枕堆放在两个 CPⅢ点范围内时，每垛最多 3 层，如图 4-5-5 所示。

(a) 常规堆放　　(b) 在两个CPⅢ点范围内时的堆放

图 4-5-5　轨枕堆放

③钢筋管理

钢筋应没有严重的锈蚀、油污及其他杂质的污染，放置于支承层两侧。

(3)钻销钉孔及锚固、铺设纵向底层钢筋

销钉应采用 $\phi25$ 钢筋，$H=400$ mm；锚固销钉采用的植筋胶为 RE500。路基地段利用机械根据设计要求进行钻眼和销钉锚固施工；底层钢筋采用人工现场按照设计要求进行布设施工。钻销钉孔、铺设纵向底层钢筋应在完成支承层施工、经现场检查符合要求后开始施工。

销钉布设时根据图纸要求，测放出路桥或路隧过渡段处销钉位置，并用红色油漆标识在混凝土支承层上，用钻孔机钻孔，确保孔的深度和直径符合要求。钢销钉钻孔深度为 400 mm，钻孔后需要使用空气压缩机清理孔洞。埋设销钉时应绝对保证销钉孔钻在轨枕钢筋网格之间，且中心要垂直于支承层表面，并用 RE500 植筋胶进行封锚。

路基地段按照设计图纸，钢筋规格型号、规定间距铺设道床板底层钢筋。布置钢筋时应注意钢筋在纵向搭接时搭接量的要求，每根钢筋搭接量不小于 700 mm，两根相对钢筋搭接距离不小于 1 000 mm，钢筋搭接要用绝缘卡进行连接绝缘。

(4)轨排组装

轨排组装的工序为：散枕→铺设钢轨→固定钢轨→轨排检查→固定螺杆调节器托盘。

根据批复的 CPⅢ网及线路平面坐标数据，利用全站仪在路基保护层每 10 m 一个点测设线路中心线，路基段标准轨距为 650 mm，散枕如图 4-5-6 所示，组装完成的轨排如图 4-5-7 所示。

采用 12.5 m 钢轨作为工具轨，同一截面内的两根钢轨的端部应对齐。工具轨安装后，设置托盘和螺杆调节器，如图 4-5-8 所示。

其设置原则：直线和超高小于 50 mm 地段每隔 3 根轨枕安装；超高大于 50 mm 但小于 120 mm 地段每隔 2 根轨枕安装；超高大于 120 mm 每隔 1 根轨枕安装；桥梁地段安设时，应通过间距调整，保证托盘不在单元缝处。

(5)轨道粗调

轨道粗调采用全站仪和轨排粗调机对轨排进行施工(图 4-5-9)。

图 4-5-6 散枕

图 4-5-7 组装完成的轨排

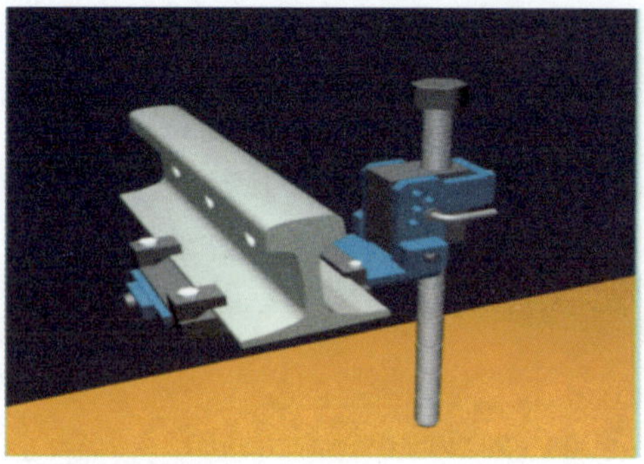

图 4-5-8 螺杆调节器

图 4-5-9 轨道粗调机粗调作业

轨道粗调作业内容包括:录入线路数据、粗调机就位、支撑夹轨、全站仪设站、测量与轨排调整、确认粗调结果、安装螺杆、轨排复测。

轨排粗调施工采用全站仪和轨排粗调机对轨排进行施工,使轨排方向和高程处于正确位置,然后拧紧螺杆调整器,将轨道固定。为确定轨排位置,必须给出轨排支承螺杆调节器处每一横断面的里程。使用水准仪测量轨面高程,起落竖直调整装置,使轨顶高程满足设计值,容许偏差为 0～－10 mm。逐点调整轨道至设计中线位置,容许偏差为±5 mm,并用全站仪精确测量复核。粗调完成后,组织人员安装上层纵向 ϕ20 mm 钢筋,形成钢筋网。因特殊的电绝缘需要,上层钢筋按照设计要求布设完成后,需进行绝缘和综合接地处里。其轨道绝缘接地的本质就是让所有裸露的金属部分及导磁材料均要有可靠良好的接地。

根据设计图纸,在路基上将不大于 100 m 的道床设置为一个接地单元(对于单线而言),布置形式为三纵一横,三根纵向钢筋进行焊接,分别为上层两边最外侧和一根中间钢筋。上层钢筋在 100 m 范围内进行绝缘处理,其余均进行搭接焊,搭接长度要求每根长度不小于 700 mm,两根相对搭接长度不小于 1 000 mm,焊接长度单面焊不小于 200 mm,双面焊不小于 100 mm,厚度均不小于 4 mm;横向焊接钢筋布置于综合接地单元内随意一处,但必须要进行三处“L”焊接,横向长度不小于 200 mm,纵向不小于 100 mm。

路基一个单元内的三根纵向绝缘搭接和轨枕钢筋桁架为导体。综合接地端子的设置应符合设计要求,布置应结合线下施工的具体情况而定,尽可能的靠近接触网杆基础,端子接头应紧贴于模板内侧面,为更好地与四电连接,最好在模板进行钻孔,端子直径为 ϕ16 mm,钻孔直径选择 ϕ17 mm～ϕ18 mm。

上层钢筋布设完成后,在精调前需对前面所有已施工工序进行检查验收。首先从支承层表面开始检查,支承层表面杂物、焊渣需清理,钢筋绑扎、钢筋焊接、接地端子设置、模板尺寸、保护层厚度、轨枕间距、销钉布置、施工缝布置等各项尺寸及位置在监理旁站下经现场检查确认满足设计要求后,做好记录,方可进行精调作业完成粗调后,安装调节器螺杆。根据超高不同选择螺杆调节器托盘的倾斜插孔(表 4-5-14),放入螺杆,安装隔离套(波纹管、PVC 管或塑料保护套),如图 4-5-10 所示。

表 4-5-14 螺杆调节器插孔位置与超高关系对应

序号	线路超高值(mm)	对应角度(°)	插孔位置(°)
1	0～30	0～1.14	0
2	30～80	1.14～3.05	2
3	80～125	3.05～4.76	4

粗调完成后，安装上层纵向钢筋，形成钢筋网，并进行绝缘和综合接地处理。

(6)定位锚具安装

为防止轨道在精调后因外力干扰造成滑移，尤其是在曲线超高地段，在轨道一侧设置定位锚具锁死轨道，同时在精调中还可以起到调整轨道中心的作用。

(7)安装模板

安装纵向模板采用人工配合跨线龙门吊进行现场立模施工(图 4-5-11)。

钢筋网绝缘性能检测合格后，清除钢筋网内的杂物，使用机械安装侧向模板，并加固模板，模板的安装尺寸一定要满足验标要求，同时确保侧向模板与轨道间无任何连接，钢模板应牢固的固定在支承层混凝土上，模板应使用模板油进行处理。

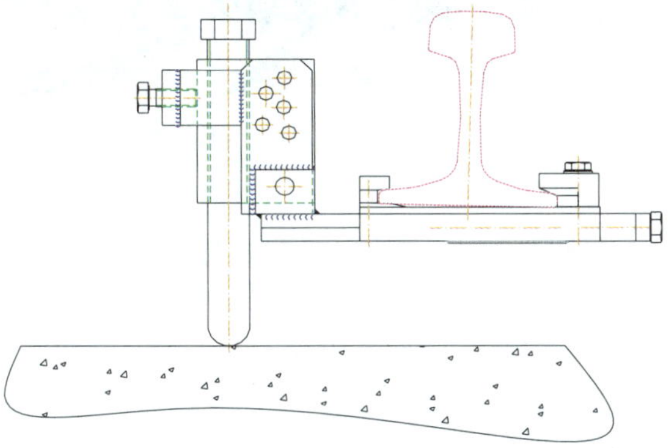

图 4-5-10 安装调节器螺杆

图 4-5-11 模板安装机进行纵向模板安装

①模板安装允许偏差应符合表 4-5-5 规定。

②钢模板应牢固的固定在支承层混凝土上，模板在立模前应使用模板油进行处理，保证模板的使用质量。

③在混凝土浇筑的位置，整个区域必须预先进行清洁。采用高压设备处理任何存在的污物并且通过工作通道进行处置。

(8)精调轨排并固定

精调轨排主要使用螺杆调节器及引进的 GRP1000 测量系统进行轨道精确调整，根据测量显示数据，调整螺杆调节器。通过转动螺杆调节器竖向螺杆，垂直调整轨道高程；通过转动螺杆调节器水平螺杆，实现水平调整。在曲线地段，调整时可能产生水平位置和高度的冲突，因此必须在垂直及水平双方向同时进行调整。水平调整通过螺旋调整器进行，水平调整螺栓的旋转使用特殊丝杠同时进行。

①精调轨排应根据施工气温，最终线形调整应在混凝土浇筑之前约 1.5～2 h 开始进行。调整长度比当班计划浇筑段长度保持不少于 50 m 的距离。

②轨道精确调整阶段应由质检人员检查，并做详细记录。最终精调结束后，现场做好防护，严禁对轨道进行碰撞或扰动。

③轨道精确调整和混凝土浇筑之间的时间必须非常短，避免温度变化造成调整好的钢轨伸长或收缩。

④轨排精调测量测点应设在轨排支承架位置，保证钢轨及其接头的平顺。

⑤利用控制基桩或加密基桩作为调整基点，使用轨检小车和全站仪配套逐一检测每根轨枕处的轨面高程、轨道中线位置、线间距、轨道平顺度等几何状态，全站仪测角标称精度不应大于 1″，测距标称精度不应大于 2 mm+2 ppm；高程测量按精密水准测量要求施测。精调后轨排允许偏差应符合下列规定：

a. 轨面高程以一股钢轨为准，与设计高程允许偏差：±2 mm；紧靠站台为 0～5 mm；

b. 轨道中线以一股钢轨为准，与设计中线允许偏差为 2 mm；线间距允许偏差为 0～2 mm；

c. 无砟道床静态平顺度标准应符合表 4-5-4 的规定；

d. 道床混凝土浇筑前应再次采用轨检小车和全站仪对轨道状态进行检查，对不合格部位进行调整；

e. 轨道调整定位合格后，应安装轨排固定装置，防止混凝土浇筑时轨排横向移位及上浮。

(9)混凝土道床板浇筑

混凝土道床板浇筑采用混凝土浇筑机施工，人工进行抹面修整(图 4-5-12)。

混凝土运输至施工现场应先做混凝土的坍落度及其他性能指标试验，试验数据满足施工要求后方可进行混凝土浇筑。混凝土始终应该从起始端浇筑口浇灌，振捣密实后移至下一个浇筑口，并及时进行混凝土的修整。混凝土罐车直接就位在混凝土浇筑机的侧面供料口，当搅拌车内的混凝土用完之后，搅拌车离开工作区域，下一个搅拌车立即上前补充新鲜的混凝土。当在路基和隧道地段混凝土不能连续浇筑超过 24 h 时，要严格按照施工图要求设置施工缝。另一方面在混凝土浇筑的过程中一定好做好钢轨、扣件及轨枕的保洁工作。

图 4-5-12　混凝土浇筑机进行道床板施工

①施工过程中应防止浇筑时混凝土温度过高。现场施工时利用红外线测温仪随时监控混凝土入模温度，当温度高于 30 ℃(或低于 5 ℃)时，严禁混凝土浇筑。

②浇筑过程中如中断且中断时间超过 24 h 时，在最后 2 根轨枕之间应设置施工缝，铺设金属网以保证新老混凝土之间有足够的粘结力。

③轨道精确调整和固定，施工验收合格后，方可逐段浇筑道床混凝土。

④混凝土浇筑前对钢轨、扣件和轨枕表面必须进行覆盖，防止混凝土浇筑时受到污染；同时，混凝土支承层、混凝土底座及轨枕应洒水湿润，以利界面结合。

⑤混凝土道床浇筑前，应复测轨排几何形位、保护层厚度，并由专业人员检测长轨排绝缘性能，每一块混凝土道床单元的钢筋网架绝缘指标，均需有检测、确认、签字记录，符合要求后方可进行混凝土浇筑。

⑥捣固时防止振动棒触碰钢轨支撑架，并跟踪监测轨排几何形位的变化。

⑦混凝土浇筑完成后轨枕承轨面高出道床板顶面 47 mm。

(10)钢轨调整器拆除和松扣件释放应力

钢轨调整器拆除和松扣件释放应力采用人工施工。

在轨道混凝土施工完成后，用一重 2 kg 直径约 75 mm 的铁球轻轻放在混凝土表面，静置片刻，然后将铁球拿起，测量混凝土表面压痕，当直径 30～33 mm 时，即可开始拧松竖向螺杆 1/4 圈。在拧松前，需测量轨距、轨顶高程。拧松后，再次测量轨距、轨顶高程，视其变化情况，做好施工记录。一般在松解螺杆调节器后约 1～2 h 就可适当松开扣件。

(11)混凝土养护

混凝土养护时每浇筑 10～12 m 混凝土之后，利用移动帐篷及时进行混凝土的覆盖养护，目的使混凝土在凝固期内，有效防止水分从混凝土内挥发和释放。混凝土内保存较高的水分的作用是有效保证最适合的水合作用，在混凝土的上表层更是如此，并可达到较好的凝固强度，将混凝土产生的裂缝最小化。覆盖洒水养护的时间一般不应小于 14 d。特别注意的时不能在混凝土内部温度很高时拆模，拆模后不能立即浇凉水，且注意保温(图 4-5-13)。

(12)拆模拆架、拆工具轨

当混凝土强度达到一定强度时需拆掉摸板，模板采用跨线龙门吊配合人工拆除，侧模应在混凝土强度达到 2.5 MPa 以上，其表面及棱角不因拆模而受损时，方可拆除。道床混凝土强度达到 5 MPa 后，即可拆除全部模板、钢轨及支撑架，利用道床板混凝土浇筑的间歇时间往前倒用。工具轨、模板及钢轨支撑架使用运输钢轨的自卸卡车或跨线龙门吊倒运，对于Ⅱ线施工，以上材料及工具可使用跨线龙门吊倒运。道床混凝土未达到设计强度75%之前，严禁在道床上行车和碰撞轨道部件(图 4-5-14)。

图 4-5-13　混凝土养护

图 4-5-14　拆卸模板及清理

4. 设备工装

CRTSⅠ型双块式无砟轨道施工主要施工设备见表 4-5-15。

表 4-5-15　主要施工机械设备、机具配备

序号	设备名称	单位	数量	备　注
1	混凝土浇筑机	台	1	
2	滑模摊铺机	台	1	
3	粗调机	套	1	含全站仪 TCRP1201 型 1 台
4	可变跨龙门吊	台	2	带布枕和吊轨装置
5	精调小车	套	1	含全站仪 TCRP1201 型 1 台
6	螺杆调节器	套	2 000	按 400 双米计
7	纵横向模板	米	2 000	一个工作面
8	轨枕散布机	台	1	散布轨枕
9	模板安装机	台	1	安装模板
10	模板拆洗机	台	1	拆除模板
11	轨检小车	台	1	粗、精调轨排

5. 物流组织

双块式无砟轨道一般采用以路基边贯通施工便道、距离远的一侧的线路先施工，距离近的一侧线路后施工的方式组织。施工远侧线路时以近侧线路作为物流通道，施工近侧线路时以贯通便道作为物流通道。

(1)总体物流组织

①总体物流组织工序

以物流组织为重点，其总体工序可由以下组成：提前组装跨线龙门吊等施工设备→运输路基支承层摊铺所需混凝土→轨枕、工具轨运输→运输钢筋(在基地已按标准加工成型)→模板运输→运输道床板所需混凝土→倒运工具轨。

②混凝土供应

路基无砟轨道施工遵循物流组织原则，由较近的搅拌站供应混凝土，满足现场施工需要。

(2)运输轨枕、工具轨

运输轨枕和工具轨时可根据现场实际便道及马道分布情况运至施工现场，利用跨线龙门吊，根据数量均匀的摆放在两线间或线路两侧。

(3)钢筋运输

施工所需钢筋数量，根据每天施工进度安排，由工程部提写计划，工区根据工程部下达计划进行钢筋加工，利用汽车运至施工现场。

(4)模板运输

施工所需模板可利用汽车运输，利用跨线龙门吊卸车。

(5)现场物流组织

现场物流组织工况，可分为三种：

① 第一种工况：双线均未施工，此时为充分发挥施工便道的物流作用，应先安排施工远离便道一侧的道床板，即Ⅰ线，再施工靠近便道一侧的道床板即Ⅱ线。施工Ⅰ线时，利用现有施工便道或Ⅱ线作为物流通道，如图 4-5-15 所示。

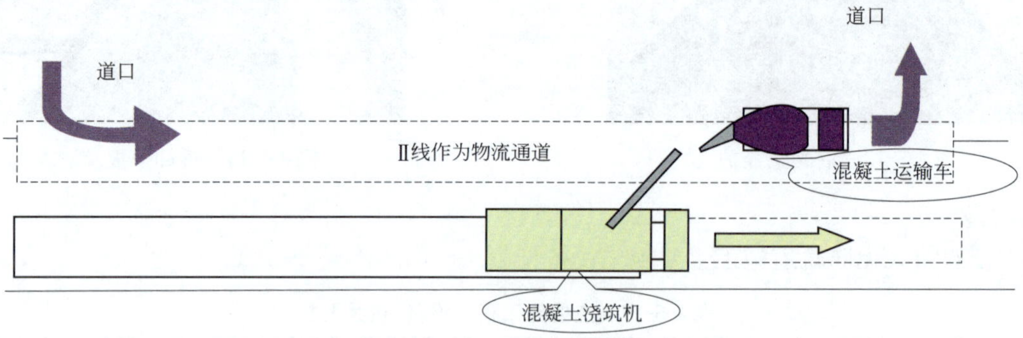

图 4-5-15 工况 1 物流

②第二种工况：Ⅰ线已经施工完成，Ⅱ线侧有平行便道。此时，应在Ⅱ线还未施工前，提前将Ⅱ线所用钢筋、轨枕运输到位，存放在路基坡脚或桥梁防撞墙外侧电缆槽上。周转材料可通过汽车吊或小型运输设备进行倒运，混凝土浇筑利用汽车泵在平行便道上进行浇筑，如图 4-5-16 所示。

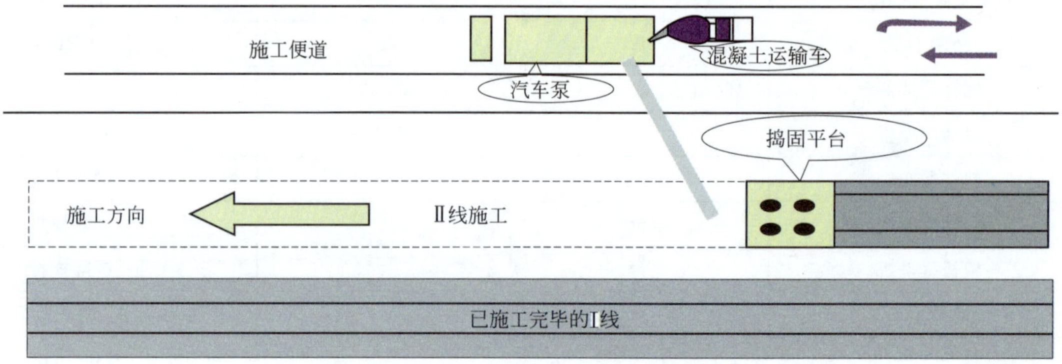

图 4-5-16 工况 2 物流

③第三种工况：Ⅰ线已经完成，Ⅱ线附近无可利用平行便道。此地段一般在深路堑、桥梁跨主河段处和双线隧道内等特殊位置。此时，在Ⅰ线施工时，应提前做好Ⅱ线材料的存放工作。Ⅰ线施工完成后，最好在此处预留Ⅱ线所需模板、工具轨等材料，Ⅱ线施工时，通过跨线小龙门吊直接从Ⅰ线侧倒运至Ⅱ线。Ⅱ线混凝土浇筑时需要在前方设置拖泵，在线间安置混凝土输送管道，将混凝土输送到浇筑面，如图 4-5-17 所示。

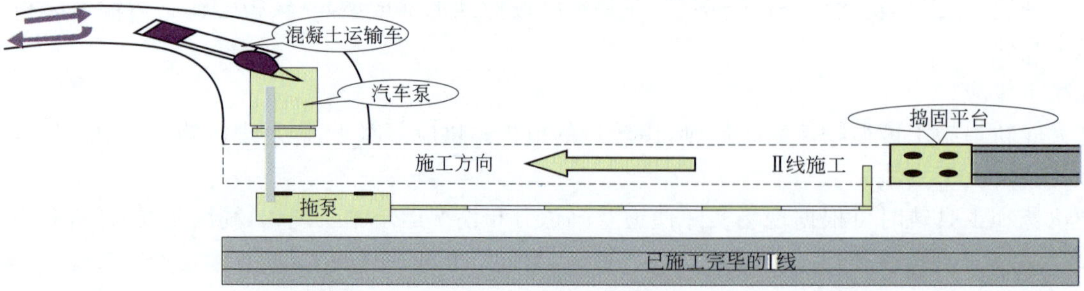

图 4-5-17 工况 3 物流

6. 检测与验收

(1)道床板外形尺寸允许偏差

顶面宽度±10 mm，中线位置 2 mm；道床板顶面与承台面相对高差±5 mm；伸缩缝位置±5 mm；平整度 2 mm(1 m 尺检查)。

(2)混凝土表面质量检查

表面密实，平整，颜色均匀，不得有露筋、蜂窝、孔洞、疏松、麻面和缺棱掉角等缺陷。混凝土道床板表面裂缝宽度应符合设计要求。主要技术指标见表 4-5-16。

表 4-5-16　双块式无砟轨道道床验收标准

序号	项目	容许偏差(mm)
1	轨距	±1
2	高低	间隔 5 m 的点：±2
		间隔 150 m 的点：±10
3	水平	1
4	方向	间隔 5 m 的点：2
		间隔 150 m 的点：10
5	轨枕间距	≤650
6	绝缘电阻	2 MΩ

(三)桥上双块式无砟轨道

1. 桥上双块式无砟轨道施工工艺流程

桥上双块式无砟轨道施工工艺流程如图 4-5-18 所示。

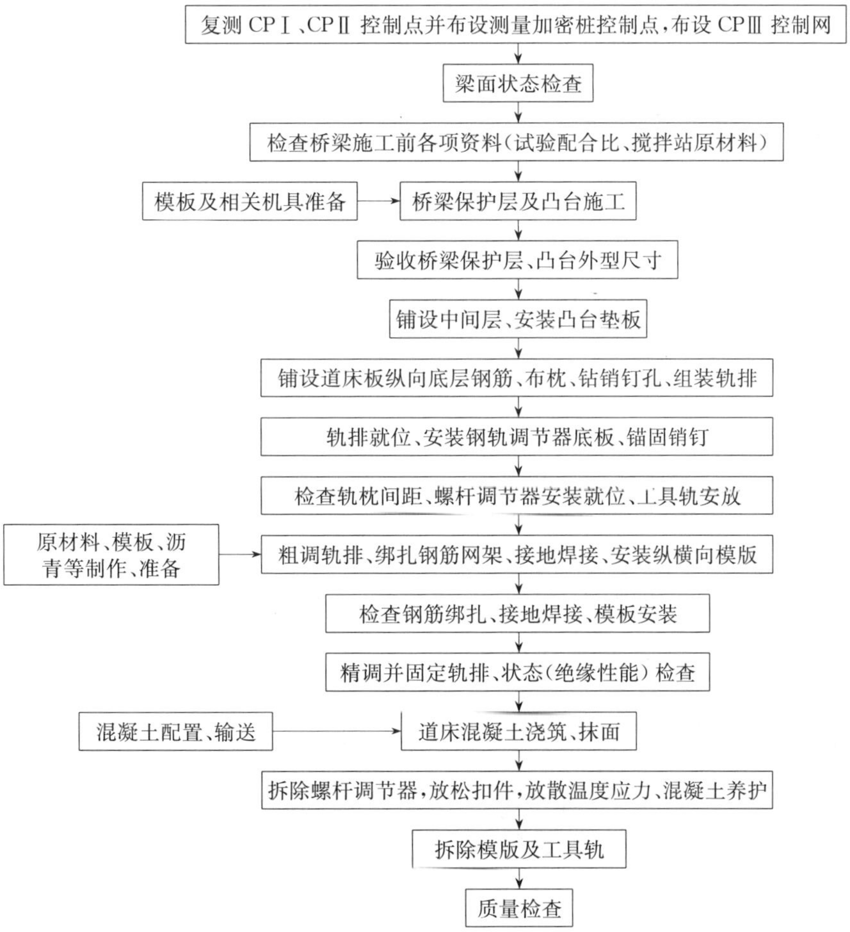

图 4-5-18　桥上 CRTSⅠ型双块式无砟轨道施工工艺流程

2. 施工方法和控制要点

(1)桥面防水层施工

高墩桥面保护层采用半幅施工方法,低墩桥面保护层采用全幅施工方法。

首先评估检测线下基础,包括桥梁的沉降变形评估和桥梁面的竣工测量,并进行防水层施工前的准备,包括梁面清洗、修补、找平,其平整度误差为±10 mm。然后涂刷基层处理剂,主要起到加强防水卷材与桥面混凝土粘结的作用。防水卷材铺设时,边铺设边用热熔器加热。防水卷材进行搭接时,先纵向搭接,再横向搭接。

(2)桥梁保护层、凸台施工

桥上双块式无砟轨道的道床板下设置C40钢筋混凝土保护层,每块道床板范围内设置三个限位凸台,道床板与保护层之间设置4 mm厚聚丙烯土工布中间层。在桥梁混凝土保护层中心沿线路纵向设置伸缩缝,并用聚氨酯密封胶填充。一般情况下,桥梁保护层、凸台施工利用混凝土罐车运输至现场浇筑人工捣固,困难情况下采用臂架泵进行泵送施工。

①施工准备

桥梁保护层、凸台施工前应对桥面进行验收,桥面应满足铺设无砟轨道的要求,其顶面平整,高程误差为±10 mm,并对桥梁表面进行清洁。施工时首先按设计图纸布置保护层钢筋网及凸台钢筋网并绑扎,然后对纵向接地钢筋的交叉点和搭接点按相关要求进行焊接,最后将保护层接地钢筋与防护墙预留接地钢筋进行焊接。

②施工要点

施工时首先将加工好的钢筋运输到施工现场,并提前按设计要求在桥面防水层上放线定位出纵、横向钢筋的位置,然后将钢筋铺设在画线位置处,钢筋绑扎完成后在钢筋网下安装混凝土垫块。抗剪凸台钢筋绑扎时应先将凸台中心位置放样到防水层上,然后按设计要求绑扎好凸台钢筋。

桥梁保护层、凸台采用C40混凝土,其性能指标要满足我国相关规范要求,并采取措施预防混凝土碱-骨料反应。混凝土浇筑前2 h应洒水湿润,桥面不得有明水。施工用混凝土采用泵送法或混凝土罐车直接抵达浇筑点分段进行浇筑混凝土施工,同时按要求设置横向排水坡。

保护层混凝土连续浇筑,混凝土保护层抹面时,务必保证表面光滑,这点和路基支承层刚好相反,在施工中要予以足够重视。同时应严格按设计进行高程控制,待保护层达到设计强度的70%后才能进行凸台混凝土的施工作业。

凸台混凝土浇筑前要对凸台范围内混凝土表面进行清洁,并预先湿润,然后根据测量放出的模板边线立好凸台模板。浇筑凸台混凝土时应防止撞击模板,当达到强度的70%以上后才能进行铺设中间层和弹性垫板安装作业。

混凝土保护层顶面应非常平整,其平整度要求6 mm/4 m,保护层和凸台顶面的高程误差为$_{-5}^{\ 0}$ mm。凸台厚度应不小于130 mm,其长度和宽度误差为$_{-5}^{\ 0}$ mm,浇筑完成后及时采用覆盖洒水养护,保持表面充分潮湿,养护时间不少于7 d,桥梁保护层施工如图4-5-19所示。

图4-5-19 桥梁保护层施工

图4-5-20 施工完成的桥梁凸台

根据设计,在凸台周围安装橡胶垫板和泡沫板,并用胶带纸封闭所有间隙。施工完成的桥梁凸台如图

4-5-20 所示。

③混凝土凸台施工应符合下列规定：

a. 凸台范围内梁面应凿毛，并冲洗干净，无积水。对桥面预埋钢筋应进行整理和除锈。

b. 按设计要求布设钢筋，并与桥面预埋钢筋绑扎成一体。

c. 根据 CPⅢ控制点测设混凝土凸台模板线，并用墨线现场弹出模板边线位置。模板采用钢模或木模，应支立牢固、可靠。

d. 按照设计要求和混凝土道床板设置计划表，在桥面组立模板。立模时应准确定位凸台的模板位置高程，立模完成后，会同监理进行隐蔽工程检查，确认无误后方可浇筑混凝土。

e. 凸台模板安装的位置及长、宽、高程允许偏差±3 mm。

④混凝土现场浇筑应符合下列规定：

a. 混凝土用原材料、拌制、运输、浇筑及钢筋连接、安装等均应符合《铁路混凝土工程施工质量验收补充标准》(铁建设〔2005〕160 号)和现行《铁路混凝土工程施工技术指南》(TZ 210)有关规定。

b. 当工地昼夜平均气温连续 3 d 低于＋5 ℃或最低气温低于－3 ℃时，应采取冬期施工措施，混凝土的入模温度不应低于 5 ℃；当工地昼夜平均气温高于 30 ℃时，应采取夏期施工措施，混凝土入模时的温度不宜超过 30 ℃。

c. 混凝土应由统一的拌和站集中供应，罐车运输，每车混凝土均做坍落度检查，坍落度应满足设计要求。

d. 拌制混凝土必须按配合比准确称量。混凝土在拌制过程中和浇筑前要严格控制坍落度，每班测定不少于 2 次。

e. 混凝土的强度等级必须符合设计要求。混凝土浇筑时，应留取强度检验试件。同一配合比每班次应至少取一组检验试件。

f. 每块凸台混凝土均应一次连续浇筑完成，不得中断。

g. 混凝土施工模板应内侧面平整，模板间接缝严密，模板和支承有足够的强度、刚度和稳定性，模板与混凝土的接触面必须清理干净，并涂刷隔离剂。侧模应在混凝土强度达到 2.5 MPa 以上，其表面及棱角不因拆模而受损时，方可拆模。

(3)铺设土工布、纵向底层钢筋

桥梁地段土工布铺设采用人工现场切割进行施工，底层钢筋采用人工现场按照设计要求进行布设施工。铺设土工布、纵向底层钢筋应在完成桥梁保护层、凸台施工，经现场检查符合设计要求后开始施工。所需物资材料根据设计用量运输至施工现场，做好施工前的准备工作。

桥梁施工使用的土工布应为厚 4 mm 的聚丙烯土工布，长度 3 000 mm，摩擦系数＞0.4，每 m^2 重量为 700 g。土工布接缝应与轨道方向垂直，采用对接方式并用胶带粘结，不能出现折叠和重叠。铺设土工布时，其边缘应比道床板宽出 20 cm，在土工布边缘采取固定措施。

按照图纸设计要求，土工布设计 3 200 mm 宽，长度根据梁长确定。铺设土工布前，应检查桥面各项指标满足设计、规范要求。将整卷土工布搬运至所要铺设的桥台或者梁跨中心放置下来，根据台长或者梁长进行切割，切割时把土工布一端对齐台尾或者梁端，每边预留 50 mm 富裕量(台应密贴于支承层边缘)，保证土工布铺上后满足要求。根据凸台位置，用 4 m 检尺靠近凸台的下底边缘，顺检尺在土工布上做出标记(之前应分出土工布的中线)，做完所有凸台标注线后，开始在土工布上切割，切割时考虑做出的标注线和弹性垫板预留尺寸，待切割完成后，放置于设计轨道位置。土工布铺设完成后应表面平整，无折皱、弯曲等现象。待保护层土工布铺设完成后，开始铺设凸台上表面土工布及凸台四周弹性垫板。利用切割下来的土工布，放置于凸台顶部，根据凸台实际大小进行剪贴，必须保证凸台顶部全部被土工布覆盖，完成后铺设弹性垫板。凸台混凝土保护层厚度不小于 25 mm，且凸台四周所用的、B 型弹性垫板应满足相关技术要求。弹性垫板顶面必须保证和凸台顶面平齐，然后利用施工图中要求的材质胶带进行密封，胶带密封必须保证四周粘结牢固。在铺设桥梁土工布时，如果土工布长度不足时，此时不允许土工布搭接，要求土工布进行对接，然后用胶带粘结；在布设凸台四周弹性垫板时，当凸台过高时，可以在弹性垫板下面垫泡沫以满足设计要求。已铺设完成的桥梁如图 4-5-21 所示。

桥梁地段按照设计图纸，钢筋规格型号、规定间距铺设道床板底层钢筋。布置钢筋时应注意在钢筋纵向搭接时搭接量的要求，每根钢筋搭接量不小于700 mm，两根相对钢筋搭接距离不小于1 000 mm，钢筋搭接要用绝缘卡进行连接绝缘(图4-5-22)。施工中随时检查钢筋的位置间距、尺寸，对于不合格项要立即停工整改，直至满足设计要求。

图4-5-21 已铺设完成的桥梁

图4-5-22 桥梁底层钢筋绑扎

(4)桥上轨道板施工

桥上轨道板施工包括布设轨枕、组装工具轨轨排、螺杆调节器的装配、轨道粗调、绑扎剩余钢筋、综合接地、安装纵横向模板、精调轨排并固定、混凝土道床板浇筑、钢轨调整器拆除和松扣件释放应力、混凝土养护、拆模拆架、拆工具轨等，其施工工艺与路基相关工序的施工工艺相同。

3. 设备工装

CRTSⅠ型双块式无砟轨道施工主要施工设备有：混凝土搅拌站、混凝土运输车、混凝土泵送车、混凝土输送泵、滑模摊铺机、轨料运输车、散枕设备、轨排粗调机、螺杆调整器、龙门吊、精调小车等(表4-5-17)。

表4-5-17 主要施工机械设备、机具配备

序号	设备名称	单位	数量	备 注
1	混凝土浇筑机	台	1	
2	粗调机	套	1	含全站仪TCRP1201型1台
3	可变跨龙门吊	台	2	带布枕和吊轨装置
4	精调小车	套	1	含全站仪TCRP1201型1台
5	双头电动扳手	台	2	
6	螺杆调节器	套	600	按400双米计
7	纵横向模板	米		
8	发电机	台	1	
9	电焊机	台	1	
10	钢筋切断机	台	1	
11	钢筋弯曲机	台	1	
12	混凝土切割机	台	1	
13	冲击钻	套	3	
14	扭力扳手	把	2	

4. 物流方案

在进行桥梁无砟轨道施工时，要结合施工现场实际情况编制相应的物流方案，确保施工物流的畅通。

(1)总体物流组织

根据施工桥梁地段线路调查情况，结合混凝土搅拌站的位置，查看沿线桥梁下便道、马道预留情况，按照先远后近、先Ⅰ线后Ⅱ线的物流进行组织，保证施工正常进行。总体工序可由以下组成：提前组装跨线龙门吊等施工设备→运输桥上保护层、凸台所需混凝土→运输钢筋→轨枕、工具轨运输→模板运输→运输道床板所需混凝土→倒运工具轨。

桥梁无砟轨道施工遵循物流组织原则，由较近的搅拌站供应混凝土，满足施工需要。

(2)运输轨枕、工具轨

运输轨枕和工具轨时可根据现场便道及马道分布情况运至施工现场，利用跨线龙门吊，根据数量均匀的摆放在两线间或线路两侧。

(3)钢筋运输

施工所需钢筋数量根据每天施工进度安排，由工程部提出计划。工区根据工程部计划进行钢筋加工，汽车运至施工现场后利用跨线龙门吊卸车。

(4)模板运输

施工所需模板可利用汽车运输，利用跨线龙门吊卸车。

5. 检测与验收

主要技术指标见表 4-5-18。

表 4-5-18 双块式无砟轨道保护层与凸台外形尺寸检查

序号	检查项目		检验标准	检测方法
1	保护层	顶面高程	$^{0}_{-5}$ mm	全站仪，水准仪
		宽度	±10 mm	尺量
		中线位置	3 mm	全站仪
		平整度	10 mm/3 m;6 mm/4 m	3 m 和 4 m 直尺/塞尺
		表面裂缝宽度	0.2 mm(验标)	塞尺
2	凸台	顶面高程	$^{0}_{-5}$ mm	全站仪
		中线位置	3 mm	全站仪
		两凸台中心间距	±3 mm	直尺
		横向宽度	$^{0}_{-5}$ mm	直尺
		纵向宽度	$^{0}_{-5}$ mm	直尺
		凸台高度	$^{0}_{-5}$ mm	水准仪
		平整度	6 mm/4 m	4 m 直尺和塞尺
		厚度	130～135 mm	厚度

(四)隧道内双块式无砟轨道

1. 隧道内双块式无砟轨道施工流程如图 4-5-23 所示。

2. 施工方法和控制要点

隧道无砟轨道施工工艺及技术与路基无砟轨道施工工艺比较相近。

(1)无砟轨道垫层施工技术

①无砟轨道基础垫层混凝土施工前，先测量填充顶面的高程，每个横断面测量 3 个高程点，纵向每 5 m 测量一个断面，通过填充顶面高程计算出无砟轨道基础垫层混凝土实际施工厚度(计算公式为：无砟轨道基础垫层混凝土实际施工厚度(m)＝内轨顶面高程－0.497－填充顶面高程)。将测量及计算数据报送项目部，并经现场监理工程师审核后，才能施工。

无砟轨道基础垫层混凝土施工受到其他工序影响，因此采用半幅施工。

先施工 360 cm 半幅，再施工另一侧 360 cm 半幅，最后集中施工 220 cm 变坡部分。在距通信信号电缆槽外壁 40 cm 处安装 50 mm×30 mm×3 mm 空心方钢，以便于滚杠滚压定位、找平、提浆。在适当时机拆除方钢，用混凝土补平方钢处的缺口。距隧道中线 110 cm 处纵向安装 30a 槽钢模板，距隧道中线 430 cm 处纵向安装 50 mm×30 mm×3 mm 空心方钢，以便于滚杠滚压定位、找平、提浆。在适当时机拆除方钢，用混凝土补平方钢处的缺口。隧道中部 220 cm 变坡部分施工时，两侧与已定型的混凝土面平整对接。中心半圆沟采用外径 159 mm 钢管截取半断面制作，用钢板将上口焊封。

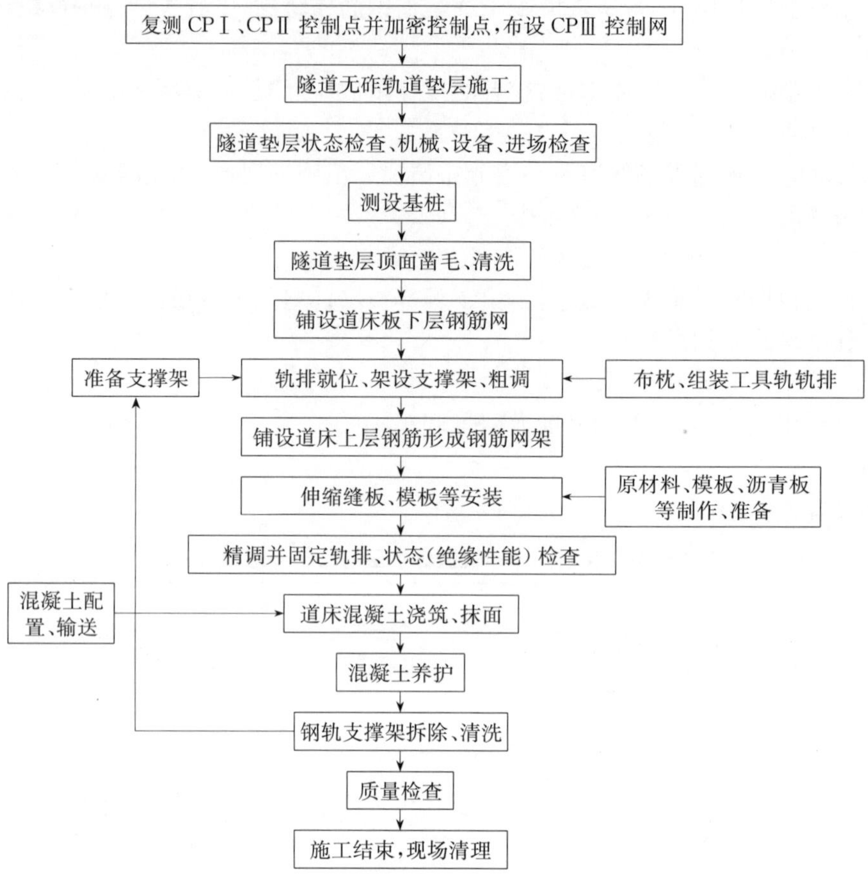

图 4-5-23 隧道内无砟轨道施工工艺流程

集中拌和站拌制混凝土，混凝土运输车运输，插入式振捣器振捣。半幅施工约 250 m(综合洞室处)设错车道(40～60 m)一处。

②填充顶面清理

安模前清除填充混凝土顶面的泥土及杂物，并用高压水清洗干净，露出干净的混凝土面。无积水后方可浇筑道床板混凝土。

③测量填充顶面高程，上报数据，审核后进行下一步施工。

④模板安装工艺技术要求

分幅处 30a 槽钢安装时要调直，每根两头焊接连接板，用 ϕ16 mm 螺栓连接，保证接缝严密和直顺。

安装分幅处槽钢模板和空心钢时，安置水准仪，边抄平，边固定，固定后应重复检查一次。确认固定中线、水平、平整度符合要求后再进行下道工序施工。

中心半圆沟采用外径 159 mm 钢管预留制作，安装时，在圆管上平面打上四个轴线标记，便于安装检查。圆管两侧轴线与混凝土面齐平。

圆管安装时，同样在填充混凝土顶面打眼，安插钢筋棍，将圆管与钢筋棍点焊固定，限制其上下、左右移动。

注意掌握空心方钢的拆除时机，即在人工抹平工序完成、混凝土初凝后(且有一定可塑性)拆除，便于取掉方钢和补平缺口混凝土的有效结合。拆除方钢后人工抹平缺口便可。

⑤垫层混凝土浇筑工艺技术要求

a. 摊铺混凝土：混凝土运至工地，放在槽内后，人工摊铺平整，混凝土坍落度宜控制在 12～14 cm。

b. 混凝土捣固：采用插入式振动器振捣。应严格把握振捣时间，防止漏振和过振。振动时间判断：第一，振动时混凝土不再有显著沉落；第二，混凝土表面不再出现大量的气泡；第三，混凝土表面均匀、平整并已泛浆。振动时间不可过短或过长，过短时混凝土振捣不实，过长时混凝土可能产生离析现象。振动的适宜时间约为 20～30 s，任何情况下也不宜小于 10 s。

c. 滚压：振捣完成后，即可进行滚杠滚压，滚压达到找平和提浆的目的，使混凝土表面平整、密实、粗糙。滚压时两端应均匀受力，使滚杠两端匀速滚动，起到找平和提浆的作用。滚平时应及时清除多余的混凝土和填补欠缺的混凝土。

d. 刮平：滚压后采用刮平尺刮平。刮平时清除槽钢顶面的混凝土，两人各持一端，平整、均匀搓动刮平。

e. 人工抹平：人工补眼修边及局部抹平，用混凝土原浆进行局部填补抹平，不得使用抛洒干灰或净水泥浆来补平，防止脱层或颜色不匀现象发生。

f. 平整度检查：在刮平、抹平过程中，随时检查平整度，对不合要求的及时处理。采用 2 m 靠尺纵向、横向检查平整度，平整度不大于 5 mm。

g. 工序影响处理：作好成品保护，一旦发生下道工序对上道工序造成的污染，影响内在和外观质量的应进行及时处理(清理)。

h. 接缝处理：半幅施工应在分幅处进行接缝凿毛处理，清理干净后，涂刷界面剂，然后开始浇筑下一幅混凝土；施工 3.6 m 半幅结束后，应在道床板 2.8 m 范围的表面采用钢丝刷拉毛粗糙，为道床板施工创造条件。

检查井与无砟轨道基础垫层混凝土相接处，注意控制其垫层混凝土表面的平整度和接缝质量。

综合洞室处及两个洞室中间的预埋管线，在基础垫层施工前，采用先拼接 $\phi100$ 预埋管试穿 $\phi40$ 硬质水管(相当于模拟电缆)，查看能否从两侧电缆槽内伸出；若有问题，必须立即将原施工的水电槽破除重新凿孔预埋管，整改检查合格后，进行下步基础垫层混凝土浇筑。

⑥垫层混凝土养护

采用覆盖保湿养护，混凝土灌注完成终凝后即可进行覆盖毡布或土工布洒水养护，养护不少于 14d。每次洒水完成后，关紧水龙头，避免长流水引起的水害发生。混凝土浇筑完成 7d 内严禁任何车辆通行。

(2)隧道垫层状态检查、机械设备进场检查

隧道地段道床板直接在仰拱回填层上的无砟轨道混凝土垫层上连续浇筑。道床板施工前对隧道进行验收、测量，应满足铺设无砟轨道道床板的要求。垫层表面的高程施工误差为$^{+5}_{-15}$ mm，宽度允许误差为$^{+15}_{0}$ mm。

(3) 轨枕、工具轨、钢筋等施工材料运输和卸车

轨枕、工具轨和钢筋等施工材料采用卡车或自制的轨道平板车经过二次倒运后运输到施工现场，然后采用跨双线的轮胎式可变跨龙门吊将运输到现场的双块式轨枕、工具轨及钢筋沿线路方向纵向散布，双块式轨枕每五根一组，四层一垛纵向沿线路方向分布堆放，每垛轨枕间距约 6.5 m，采用方木支垫，再紧靠轨枕边散布工具轨和钢筋。所有材料沿线路中心散布，并每隔 100 m 左右预留错车位置，确保施工现场道路畅通。

(4)基桩测设

CPⅢ控制网精度应达到设计要求，满足无砟轨道的施工要求。根据 CPⅢ测设线路中线，直线 10 m，曲线 5 m 设线路中心桩一个。

按照中线点密度，测设该点立模线位置，测设线路高程和设置线路中心线。

(5)隧道内道床板施工

隧道内道床板施工包括铺设底层钢筋、布枕、组装轨排、锚固销钉、安装螺杆调整器、粗调轨排，螺杆支撑架固定、架设上层钢筋网、综合接地、安装纵横向模板、精调轨排，轨排固定、浇筑道床板混凝土、拆除调整器，放松扣件，放散温度应力，混凝土养生等，其施工工艺与路基双块式无砟轨道相关工艺相同。

3. 物流组织

由于隧道内空间没有路基桥梁开阔，组织无砟轨道施工，对物流组织有更高的要求，特别是长大隧道。隧道内组织无砟轨道施工如图 4-5-24 所示。

在隧道内浇筑Ⅱ线混凝土，只能采用混凝土输送泵，如果混凝土输送泵出现故障会影响整个工作的开展，要对混凝土输送泵进行经常性检修，保证机械的正常运转。隧道内昏暗要做好现场照明，满足无砟轨道施工时机械进出要求，以免发生安全事故。在隧道内施工要认真做好隧道垫层清扫工作，并洒水控制扬尘。

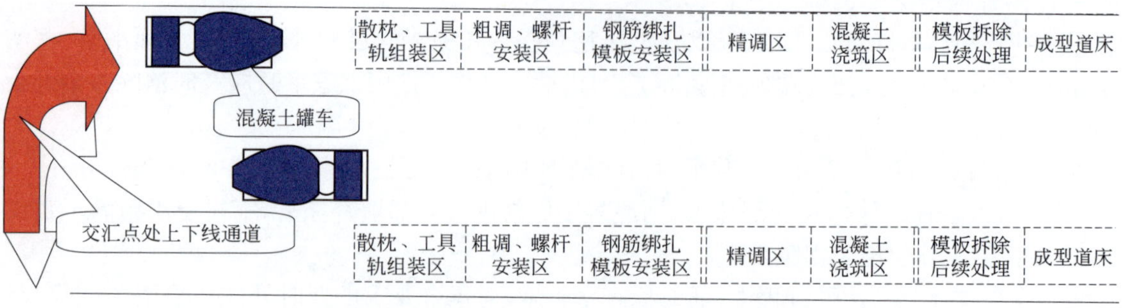

图 4-5-24　长大隧道内无砟轨道道床板施工物流组织方案

(五)过渡段施工

过渡段施工主要有:路桥、路隧、无砟与有砟。路桥及路隧过渡段一般设销钉和端梁、无砟与有砟过渡段在无砟道床板中设销钉。

1. 无砟轨道路桥、路隧过渡段施工工艺流程

无砟轨道路桥、路隧过渡段施工工艺流程如图 4-5-25 所示。

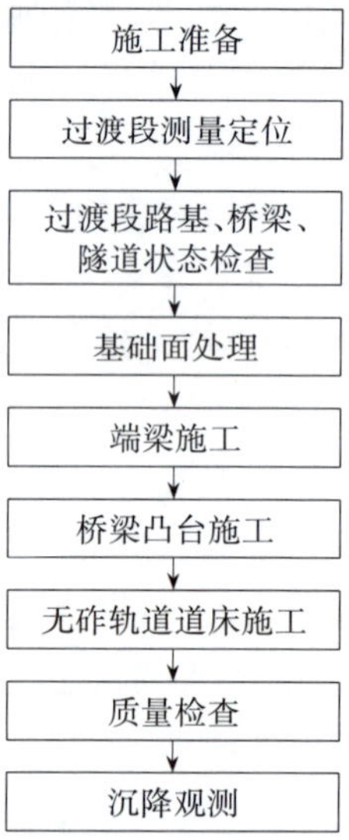

图 4-5-25　无砟轨道路桥、路隧过渡段施工工艺流程

2. 无砟轨道路桥、路隧过渡段施工

过渡段上铺设无砟轨道的核心问题是不均匀沉降控制,无砟轨道对沉降变形特别敏感。无砟轨道铺设后过渡段产生不均匀沉降将导致线路维修成本的增加;当线下结构物发生不均匀沉降超出无砟轨道扣件的可调范围而无法通过扣件调整时,将导致不得不对线下结构物进行维修;线下结构物不均匀沉降将导致轨道板开裂,引起轨道构件的更换和维修。此外,无砟轨道铺设后对路基沉降变形的调整范围很有限,一般局部的沉降应在扣件的可调范围,大范围的均匀沉降应满足线路竖曲线圆顺的要求。

影响过渡段沉降的因素较多,特别是地基在荷载的作用下沉降随时间发展,其沉降变化一般通过土体固结原理进行分析计算,但沉降计算的精度受多种因素影响,其结果只能是一个估算值,因此设计阶段沉降变形计算的精度不足以控制无砟轨道工后沉降。至今国内外均通过系统的沉降观测的实测资料来分析、预测较准确的沉降值。通过施工期系统的沉降变形动态观测,对实测沉降观测数据的分析、评估,评价地基最终沉降完成时间,验证或调整设计措施,使线下基础工程达到预定的沉降变形控制要求,推算出较准确的最终沉降量和工后沉降。

《客运专线铁路无砟轨道铺设条件评估技术指南》中规定,路桥、路隧等各类过渡段的工后沉降不大于 15 mm,路基与相邻结构物间的差异沉降不大于 5 mm,过渡段沉降所造成的路基与相邻结构物的折角不大于 1/1 000。

3. 过渡段施工原则

当路基长度不大于 10 m 时,路基地段不设置端梁,但每隔一个轨枕设置 4 根销钉;当路基长度大于 10 m 且不大于 20 m 时,在路基中间设置端梁;当路基长度大于 20 m 时,靠近桥梁一端均需设置端梁。但无论多长,隧道口内均需设置销钉。

(1)路桥过渡段

在路桥过渡段处,道床板应设置横向伸缩缝,根据桥台后路基处理情况,在距桥台 5～10 m 范围内路基一侧设置 C40 钢筋混凝土端梁。

(2)路隧过渡段

在路隧过渡段处,道床板应设置横向伸缩缝,在距隧道口 5～10 m 的路基一侧设置端梁。隧道一侧在道床板与仰拱回填层之间设置 4×5 列销钉。销钉采用 ϕ25 mm 钢筋,用植筋胶进行锚固。

4. 过渡段施工要求

过渡段在施工无砟轨道前,对基层沉降有着严格要求,一般路桥、路隧过渡段的工后沉降量不大于

15 mm，路基与相邻结构物间的差异沉降不大于 5 mm。

(1)过渡段道床板施工工艺流程

过渡段道床板施工工艺流程如图 4-5-26 所示。

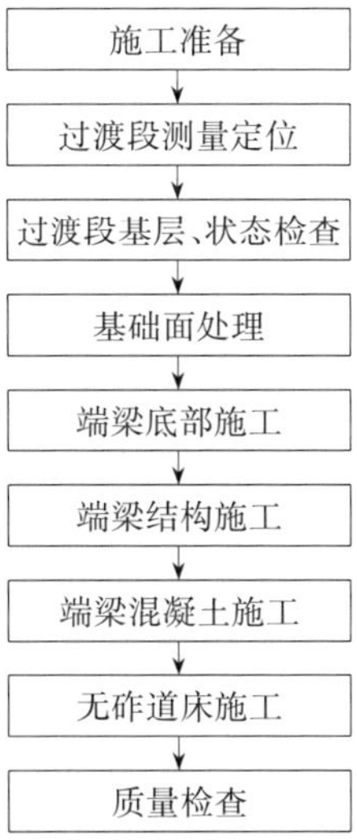

图 4-5-26　过渡段道床板施工工艺流程

(2)设置端梁

根据设计要求，在路桥、桥隧、路隧过渡段设置端梁。该工序对于控制过渡段道床板因温差较大而引起道床板与支撑层分离是十分重要的。首先根据轨枕布置位置确定端梁具体中心里程，以保证端梁位于轨枕的正下方。一般在距桥台或隧道口 5～10 m 范围内设置 C40 钢筋混凝土端梁，端梁单侧横向长 2.8 m，深 1.3 m；底部 1 m 范围内宽度为 0.8 m，上部 0.3 m 范围内宽度 1.4 m，形成倒梯形状梁帽（图 4-5-27）。施工方法如下：

①开挖基坑：根据设计测量放样出开挖线，利用挖掘机配合人工开挖基础。

②清理基底、铺设泡沫板。

③绑扎钢筋：钢筋交叉及平行紧靠处设置塑料绝缘卡。上部竖向钢筋应伸出端梁面至轨道板上层钢筋位置。

④混凝土浇筑：采用溜槽将混凝土倒至基底，用振动棒振捣混凝土。

⑤养护：养护采用土工布覆盖，洒水保证混凝土表面始终处于湿润状态。

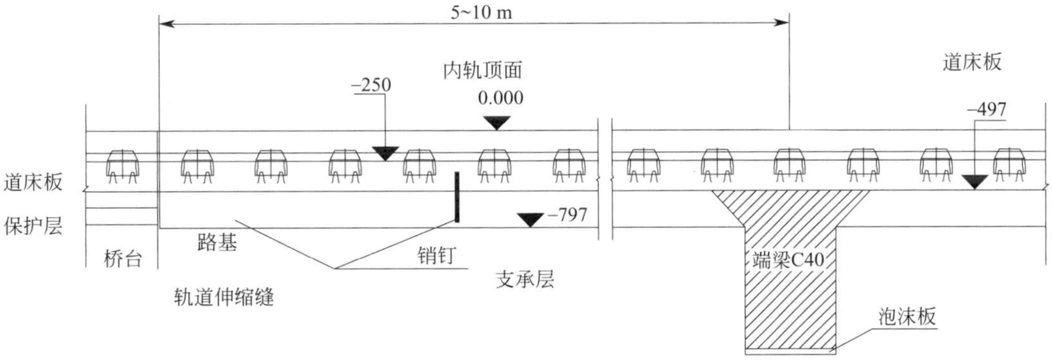

图 4-5-27　过渡段设置的端梁(单位：mm)

(3)设置销钉

根据设计要求，在路桥、桥隧、路隧过渡段。一般隧道段设置 5 排 20 根销钉，路基段设置 2 排 8 根销钉，桥梁段不设销钉。销钉必须保证锚固力及垂直度，该工序对于控制过渡段道床板因温差较大而引起道床板与支撑层分离同样是十分重要的。

(4)设置伸缩缝

过渡段施工时，在结构物分界处设一伸缩缝，伸缩缝采用 2 cm 厚软板填塞，并用密封条进行密封。不同轨道结构间的过渡段区域不得有工地焊接头和绝缘接头。布枕时，应避开不同结构物分界处。

(5)其他要求

①过渡段使用的轨道部件、塑料板等材料的规格、型号及其性能等应符合设计要求。

②过渡段的位置、长度及设置方法应符合设计要求。

③桥台尾部回填区的过渡应采取特别的措施，按设计要求安放泡沫板(如硬泡沫塑料板)，必要时也可同时加强无砟轨道的支撑系统(如增加端梁的钢筋或加大宽度)。

④使用的硬泡沫塑料板的刚度、减振效果、耐久性等性能应符合设计要求。

⑤回填区域距离桥台一定范围内应有一带钢筋的端部结构。端部结构的设置位置及结构形式应符合设计要求。

⑥在过渡段范围内应尽可能避免施工接头。无砟轨道轨道从桥梁到端部结构的回填区域内不允许存在用掘进法施工的横向排水孔或管路通过。

⑦严格按设计图纸要求做好路基与隧道、桥梁分界处的特殊处理工作。

⑧施工过程中认真保护沉降观测点，按要求做好沉降观测工作。

5. 有砟与无砟过渡段

新广州站无砟与有砟轨道分界里程为 DK2207＋034.735，从此处到新广州站均为有砟轨道，有砟轨道起点段分三段，每段长度均为 9.6 m，均采用ⅢC 枕、V 型弹条扣件，其中第一段采用垫板刚度 35 kN/mm、道砟全部胶接；第二段采用垫板刚度 45 kN/mm、轨枕盒内道砟不胶接；第三段采用垫板刚度 60 kN/mm、仅底砟胶接；道砟胶为硬质聚氨基甲酸乙酯树脂，为双组分胶。

(六)双块式无砟轨道施工经验与体会

1. 双块式无砟轨道一次成型，测量要求精度高，对线下工程构筑物沉降控制要求严，工作量大且工作面狭长，受环境影响较大，材料运输困难，施工难度大。需合理组织，统筹安排，确保运输线路畅通。

2. 线下构筑物沉降变形是否符合设计要求、沉降变形是否趋于稳定，是决定无砟道床成败的关键。

3. 由于客运专线对轨道几何尺寸的高精度、高平顺性要求，使得在客运专线无砟道床施工中如何对轨道进行精确测量定位成为保证轨道施工精度的关键。

4. 合理的配合比是有效增强轨道板混凝土各项性能的前提，严密的浇筑组织及科学的养护措施，是保证混凝土质量的根本。

5. 曲线超高桥梁、隧道地段一侧混凝土较厚、一侧混凝土较薄，施工过程中很容易涨模。经实践证明，模板固定时采取“一拉一顶”的措施是非常必要的。可在轨道精调完成后，在路基地段每间隔一根轨枕在超高侧支承层顶打入钢筋头，与轨枕桁架钢筋焊接固定。在桥梁地段采用简易工装，增加工具轨排横向支撑体系，横向支撑体系可支撑于桥梁防撞墙上，确保简易工装和轨排系统在施工过程中稳定。横向支撑体系参考综合试验段经验如图 4-5-28 所示。

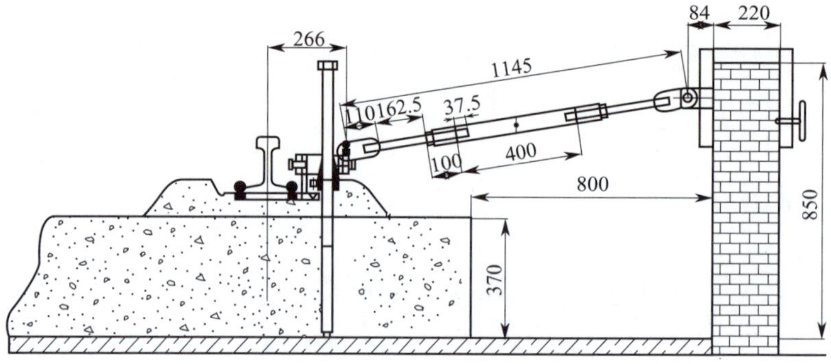

图 4-5-28 桥梁上轨排横向支撑(单位:mm)

6. 轨排精调完成后，必须将所有扣件按照设计及扣件安装要求安装到位，以免局部轨枕下沉，给后续无缝线路施工带来问题。

7. 道床板施工精调中力争测量温度与原 CPⅢ点位测量温度相近以减少系统误差。加强对工具轨的保护意识，安装前对轨枕进行扣件检查，对工具轨进行彻底清理。端梁和销钉施工必须规范到位。曲线超高地段，施工过程中很容易涨模，必须注意浇筑速度。

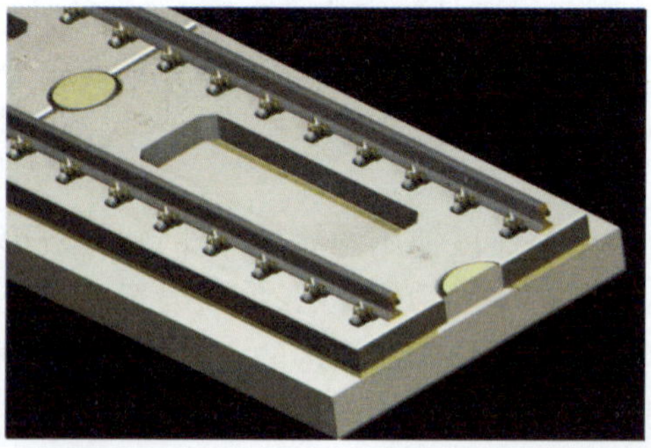

图 4-5-29 板式无砟轨道结构示意

二、板式无砟轨道施工

(一)创新单元板式无砟轨道

1. 主要工程数量

武汉综合试验段、新广州试验段中铺设创新单元板式无砟轨道结构。

2. 板式无砟轨道组成

单元板式无砟轨道主要由混凝土底座、凸型挡台、CA 砂浆调整层、轨道板、板下橡胶垫层(减振板用)、WJ-7B 扣件和 CHN60 kg/m 钢轨组成，如图 4-5-29 所示。

(二)路基单元板式无砟轨道施工

1. 施工工艺流程

单元板式无砟轨道施工主要工序是:在现场设乳化沥青生产基地,并配备沥青砂浆搅拌车、灌注车及运板小车和跨线龙门吊,对预制单元板进行现场铺设、灌注。单元板无砟轨道施工工艺流程如图 4-5-30 所示。

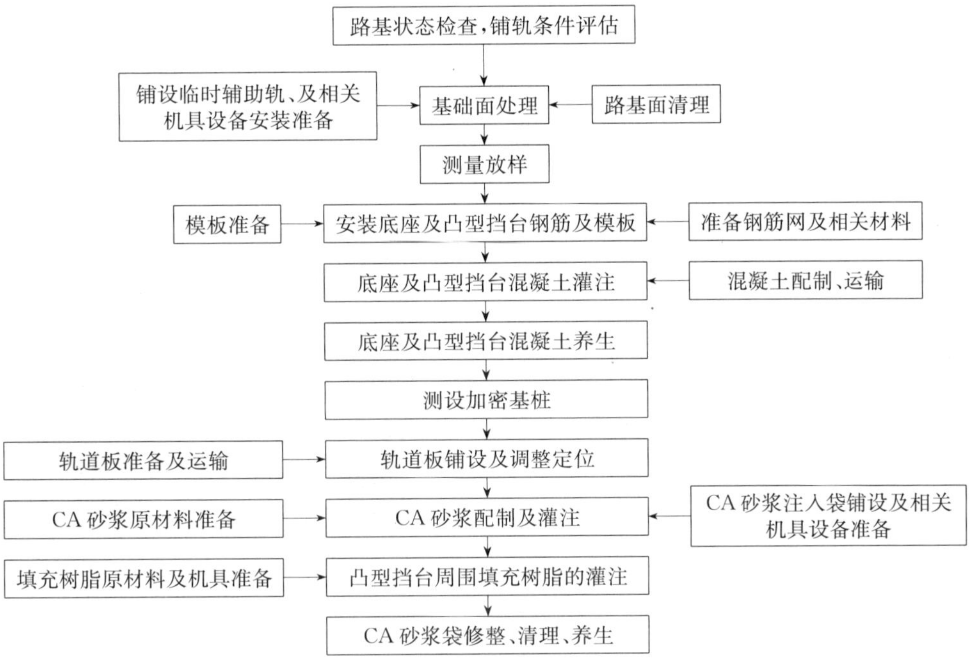

图 4-5-30　单元板无砟轨道施工工艺流程

2. 施工作业要点

(1)底座及凸台施工

人工清扫路基基床表层。在路基上根据 CPⅢ对底座板、凸台位置进行测量放样,获取底座板、凸台平面位置及路基高程。钢筋绑扎和安装模板要注意控制凸型挡台的位置。路基上每隔 3~4 块标准轨道板长度设置一道伸缩缝,伸缩缝对应凸型挡台中心位置,将凸型挡台分成两个半圆形。在底座板厚中间设置剪力棒,并用预设的支架固定。底座钢筋和模板符合要求后进行混凝土灌注。底座混凝土拆模 24 h 后,立即施工凸型挡台,保证新旧混凝土结合良好。挡台模型支立时采用精密测量的办法控制其位置,进行反复对中调平,使其距离的偏差及与线路中心线的偏差均符合表 4-5-19 要求。

表 4-5-19　混凝土底座及凸型挡台混凝土施工质量标准

序号	检验项目		标准要求	检验方法
1	底座外形尺寸	顶面高程	$^{+3}_{-10}$ mm	测量检查
2		宽度	±10 mm	测量检查
3		中线位置	3 mm	测量检查
4		平整度	10 mm/3 m	测量检查
5	外观	混凝土结构表面应密实、平整、颜色均匀,不得有露筋、蜂窝、孔洞、疏松、麻面和缺棱角等缺陷		目测
6	凸型挡台外形尺寸	圆形挡台直径	±3 mm	测量检查
7		半圆形挡台直径	±2 mm	测量检查
8		中线位置	3 mm	测量检查
9		挡台中心间距	±5 mm	测量检查
10		顶面高程	+5 mm	测量检查

(2)轨道板铺设

①基准器测设与安装

基准器测设依据CPⅢ控制网采用后方交会法进行,根据线路资料计算出基准器的坐标和高程,并由专人进行复核。采用全站仪粗测放样,精度控制在左右10 mm、上下5 mm以内,在凸台上的预埋凹槽内打孔,采用膨胀螺栓将基准器安装固定,并将基准器顶部调整至略高于凸形挡台顶面。如图4-5-31所示。

②轨道板运输及安装

轨道板通过板内预埋的起吊螺母及配套起吊螺栓,用龙门吊或汽车吊吊装,如图4-5-32所示,预先在两凸型挡台间的底座表面按设计位置放置支撑垫木。

图4-5-31 基准器的埋设

图4-5-32 单元板运输车和变跨龙门吊

采用高标号砂浆将已经设定好的基准器封固,仅留出标志顶端。填写基准器标签,粘贴在挡砟墙内侧或凸型挡台上,方便后续轨道板调整,标签样式如图4-5-33所示。

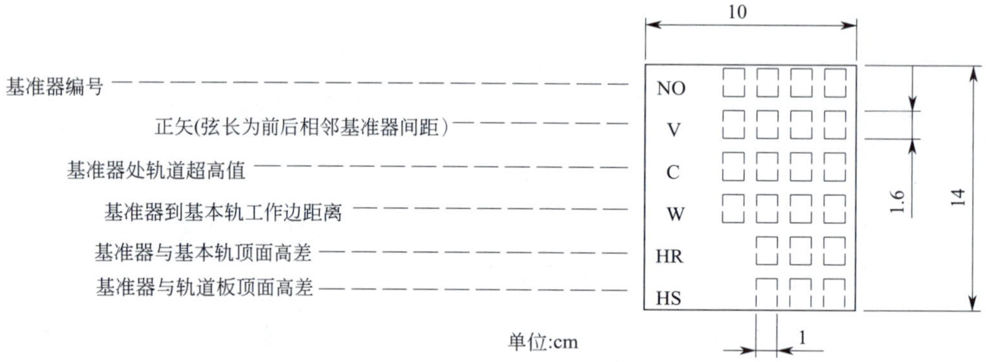

图4-5-33 基准器标签及符号意义(单位:cm)

轨道板安装采用轨行式随车吊进行。轨道板在提升站装车,沿铺设在两线之间的运输轨道推送至铺设工作面,随车吊实现左右线轨道板安装。轨道板采用吊架配合三角轨依据事先测设的基准器进行调整,紧随安装之后。

(3)轨道板状态精确调整

轨道板的精确调整即使用三角规及三向调板装置将轨道板的三维位置精确定位,并使用木楔将板水平方向固定、使用支撑螺栓将板竖直方向固定的过程。常用的三向调板装置有调板支架、三向千斤顶等。

①安装调整支撑螺栓

a. 轨道板大致就位后,取下轨道板起吊吊耳。

b. 在起吊螺栓预埋孔处安装轨道板支撑螺栓及顶托。

②三角规参数设置

a. 依据轨道板两端基准器参数表中的数据分别设定两端的三角规。

b. 超高要将三角规上超高测量仪的把手旋转对准设计超高值(C)的位置。

c. 坡度设定要将前支腿游标尺的固定把手松开,对准坡度校正尺。

d. 板面高度按照基准器数据(HS),旋转三角规前支腿上下高度设定螺母将游标对准,对准后锁定上下螺母。

③使用三向调板装置精确调整轨道板

a. 将设置好的两把三角规的前支腿分别放在与其相对应的基准器上,左右两条支腿分别准确放置在轨道板钢轨中心线上。

b. 将调板支架移动到与轨道板相对应的位置。

c. 将调板支架的底托板分别安置在轨道板支撑螺栓内侧附近,并调整手拉葫芦,使底托板与轨道板密贴,将轨道板缓缓提起至与凸形挡台大致等高,并与底座表面平行。

d. 调节调板支架侧边的顶板,使轨道板的中线与两端基准器连线重合。

e. 调节手拉葫芦竖向,使两端三角规的水准气泡居中,并使板端距凸型挡台的距离与设计相符。

f. 按上述 a~e 步反复调整,直至满足要求。

g. 轨道板的状态精确对位后,用木楔楔入轨道板与凸型挡台的缝隙中,使轨道板平面位置固定,并将支撑螺栓支承在底座混凝土上,取出板下垫木。

i. CA 砂浆灌注前复测轨道板状态,不合格时,按 a~f 条重新调整,直至符合要求。

(4)轨道板状态精调作业标准

轨道板状态精调作业标准见表 4-5-20。

表 4-5-20 轨道板精调质量标准 (单位:mm)

序号	检验项目		标准要求	检验方法
1	轨道板与底座间隙	普通型板	40	尺量
2		减振型板	30	尺量
3	轨道板与凸形挡台间隙		30	尺量
4	轨道板安装位置	中线位置	2	测量检查
5		支撑点处承轨面高程	±1	测量检查
6		与两端凸形挡台间隙之差	5	测量检查

(5) CA 砂浆拌制

CA 砂浆作为单元板式无砟轨道的调整层,灌注于单元板和混凝土底座之间,设计厚度为 5 cm。其力学性能和耐久性能直接影响到整个轨道系统的使用性能维护周期,其拌和物是否具有良好的可工作性也直接影响施工进度,所以 CA 砂浆技术是无砟轨道的关键技术。

CA 砂浆施工根据搅拌设备的形式可分为两种:线间施工法和线外施工法。武广铁路客运专线采用线外施工法,CA 砂浆搅拌车行走于线外的便道上,搅拌好的砂浆由砂浆运输车运至施工点进行灌注施工。

①根据灌注点的位置,就近选择地势平坦的地点停好砂浆搅拌车,必要时用挖掘机整平。

②将干粉料、乳化沥青、P 乳剂、消泡剂和引气剂用载重卡车运至搅拌现场。乳化沥青采用吨桶运输比较方便。

③待机械到位后,检查运转是否正常。砂浆搅拌车需由经过专业培训的人员进行操作。

④将袋装的干粉料拆袋加入加料斗中,用吊车吊起从砂浆搅拌车车顶加料口放入,乳化沥青和 P 乳剂用泵抽入储料仓,消泡剂和引气剂等外加剂分别由人工加入。在每次加完乳化沥青和 P 乳剂时,必须用水清洗齿轮泵。

⑤现场试验人员开具 CA 砂浆施工配料单,砂浆搅拌车操作人员向电脑中输入配料单上的施工配合比,

并设定预先确定的搅拌参数(搅拌时间和搅拌转数),启动按钮,开始搅拌。

⑥待搅拌完成后,打开搅拌机检修口取样进行检测。测定砂浆的温度、空气含量和流动度。所检指标合格方可进行灌注。

(6)CA 砂浆的灌注

①施工方法

a. 灌注前用三角规检查轨道板的安装精度,用钢尺检查水泥乳化沥青砂浆注入厚度,并做好记录。厚度检查 10 个点,两边各 3 个点,中间 4 个点。

b. 清理轨道板下杂物和积水。先人工将混凝土块、木屑等杂物清理干净,再用鼓风机进行清理。

c. 放置灌注袋。检查灌注袋的型号是否与轨道板型号一致,是否有破损。将灌注袋平铺于轨道板上,两端向中间对折,从轨道板中部放入,然后拉直,灌注袋横向中心线和轨道板横向中心线重合。在直线地段,使灌注袋的袋口向轨道板外侧;在曲线地段,灌注袋袋口朝向低的一侧。铺好后用木楔固定。

d. 用塑料布覆盖轨道板,以防砂浆污染轨道板。并在袋口位置的底座上也铺上塑料布。

e. 将灌注漏斗放在轨道板上,使灌注口和袋口对齐,把灌注袋口套在灌注漏斗的出料口用尼龙绳捆好,准备灌注。在灌注点放置两个塑料桶,用来装漏斗中剩余的砂浆。

f. 将成品斗中搅拌好的砂浆放进转运斗,用吊车将转运斗放置在农用车上,打开转运斗的搅拌装置,保证砂浆在运输和灌注过程中一直搅拌。用农运车将砂浆运至灌注点。

g. 接好灌注软管,打开阀门,使砂浆缓缓流进灌注袋。注意观察砂浆在灌注袋中的流动情况,在砂浆即将充满木楔位置时,及时拔掉木楔,在即将灌满的时候,放慢灌注速度,用手感觉每个支撑螺栓的松动情况,每条灌注袋对应的两个支撑螺栓有一个松动即停止灌注。

h. 当砂浆灌注饱满后,用扎带扎紧袋口,在灌注袋口部分,要留 20 cm 左右的砂浆,并用支撑架支撑。

i. 砂浆灌注 40 min 后,将袋口砂浆慢慢挤入灌注袋,然后用铁夹沿灌注袋缝纫线夹住。

②施工要点

a. 为了使砂浆灌注后纵边与轨道板边缘齐平,在放置灌注袋时,灌注袋的纵边要露出轨道板,对于灌注厚度为 5 cm 的灌注袋来说,纵边在垂直方向要多出轨道板 1.5 cm。

b. 铺设同一灌注袋时,至少要有 3 人同时操作,其中 2 人拉住灌注袋两端,1 人在框架板中间拉住灌注袋的边缘,这样才能保证灌注袋铺设平顺,无褶皱,使灌注袋纵边露出轨道板一样多。

c. 在曲线地段,为了防止轨道板在灌注过程产生滑移,要采用防滑支撑对轨道板进行固定。将防滑支撑置于混凝土底座上,一端与混凝土底座接触,另一端与轨道板接触,在与轨道板接触的一端上紧螺栓。

d. 每块板的砂浆应连续灌注,中间不得有间断。当一罐砂浆在灌完一块板有剩余时,在保证流动度合格的前提下,可以和下一罐连续灌注。

e. 为了保证灌注软管在转运斗上拆卸顺利,每次拆卸时用海绵或抹布将管口擦洗干净,转运斗出料口经常用高压水枪冲洗。

f. 在曲线地段,除观察支撑螺栓的松动情况外,还要观察灌注袋四个角的饱满程度。一定要使四个角鼓起,不能悬空。

g. 雨天或气温高于 35 ℃不宜灌注砂浆。

③施工质量验收标准

a. 保证砂浆灌注厚度 4 cm～10 cm;

b. 砂浆灌注要饱满,砂浆灌注袋不得有褶皱;

c. 砂浆灌注后悬空长度不得大于 3 cm。

(7)CA 砂浆的养生

CA 砂浆采用自然养生。CA 砂浆在经过 24 h,会出现收缩现象,这种收缩会使轨道板和砂浆填充层之间产生空隙,所以在 24 h 后必须迅速拆除轨道板支撑螺栓,按一块板 5 t 计算,作用在 CA 砂浆上的荷载仅为 0.006 MPa,而 CA 砂浆 24 h 的强度是大于 0.1 MPa 的,可以认为 CA 砂浆的强度支撑轨道板是足够的。在 CA 砂浆养生期间,要避免正在进行的施工对轨道板形成冲击。待养生强度大于 0.7 MPa 后,方允许重物在轨道板上行走。砂浆强度大于 1.8 MPa 时机车方可通行。此外，在拆除支撑螺栓后，应在支撑螺栓孔和吊环插孔中抹上防锈润滑剂，并安置防锈盖。

拆掉支撑螺栓同时，可沿袋口缝纫线将袋口砂浆切除，并用胶水或防水卷材将袋口封好。

(8)凸台树脂施工

在单元板式无砟轨道结构系统中，凸形挡台对轨道板起到限位的作用，单元板和凸形挡台间隙用树脂来填充。树脂就起到连接、传递力的作用。所以填充的树脂必须饱满、密实，且具有相当的弹性和强度。

凸台树脂施工在 CA 砂浆完成后进行。凸形挡台灌注用树脂为双组分聚氨酯，由 A、B 组分构成，能在 5～40 ℃温度条件下施工，A、B 组分混合后 24 h 硬化。凸台树脂也采用灌注袋的形式进行灌注。凸台树脂施工作业内容包括：施工前的准备工作(灌注位置的清理、凸台和轨道板的防护)、灌注袋的安放、树脂的搅拌、树脂的灌注和浇铸体的修整处理。

①施工要点

a. 气温超过 40 ℃以及雨天禁止施工。留意天气变化，下雨到来前应尽量避免施工。准备好防雨工装，下雨即将来临时，对灌注好的树脂立即用塑料薄膜覆盖，四周用胶布粘在轨道板上，防止树脂进水。树脂一旦进水，将会发泡，变得像泡沫一样。

b. 安放袋子要保证底部的聚乙烯泡沫条压到混凝土底座上，另外，在粘结过程中，拉扯袋子时要避免泡沫条与底座重新产生空隙。

c. 由于凸台间隙宽窄不一，有时需将底部泡沫条切割才能放入，但不要切割太多，安放时要保证泡沫有一定的压缩量和胀紧感，这样才能起到固定作用。长出的泡沫要裁掉，保证和轨道板齐平。

d. 粘合剂要全部刷到位，保证整个袋子粘到轨道板凹面和凸台侧面。

e. 粘贴袋子时，确因缝隙不均匀、袋子产生皱褶时，可在皱褶处用刀划开一个口子，把袋子理顺，但划开处要确保粘结牢固，防止浆液漏出。

f. 搅拌树脂时，A 组分的沉淀和 A、B 组分混合要充分均匀，否则将会严重影响硬化效果。严禁人工搅拌，搅拌过程中避免产生大的漩涡，防止引入气泡。

g. 严禁 A、B 组分单独使用。

h. 树脂灌注时，尽量避免污染轨道板及凸台和周边环境，溅到轨道板和凸台上的树脂，要尽快用溶剂擦拭干净。

i. 灌注完的树脂，要注意防护，防止灰尘杂物落入和行人踩踏。

②施工质量验收标准

a. 灌注树脂的凸台间隙要大于 3 cm。

b. 树脂混合液性能指标要求见表 4-5-21。

表 4-5-21　树脂混合液性能指标

序号	项目	单位	指标要求
1	粘度	Pa·s	≤10
2	可工作时间(工艺适应性)	min	≥20
3	硬化时间	h	≤24
4	承载时间	h	≤48
5	固化收缩量	mm	≤10

c. 树脂常规检验指标：弹性系数 10±2 kN/mm。

d. 树脂浇铸体指标要求①外观质量：表面无明显杂质、气泡、皱褶、裂纹；②硬度(邵尔 C)≥50°。

(9)轨道的调整

当 CA 砂浆抗压强度达到 1.8 MPa 时，就可以进行长轨铺设。铺设的钢轨要进行调整，方可达到设计精度。钢轨的调整主要靠扣件系统来实现。单元板式无砟轨道采用 WJ7 型扣件，扣件由绝缘缓冲垫板、铁垫板、锚固螺栓、轨下垫板、弹条、T 型螺栓、平垫块等组成。轨道调整的作业内容包括：轨向调整、轨距调整和轨道高低调整。轨向和轨距调整通过移动铁垫板来实现，轨道高低调整是在轨下垫板和铁垫板之间插入轨下调高垫板或充填式垫板和在铁垫板下插入调高垫板来实现。

钢轨横向位置调整量为－6～＋6 mm，轨距调整量为－12～＋12 mm，连续无级调整。钢轨高低位置调整量为 30 mm，调整级别为 1 mm，采用充填式垫板可实现无级调整。轨下调高垫板分 1 mm、2 mm、5 mm、8 mm 四种规格；铁垫板下调高垫板分 5 mm、10 mm 两种规格。轨下垫板的数量不得超过 2 块，总厚度不得大于 10 mm；铁垫板下调高垫板的数量不得超过 2 块，总厚度不得超过 20 mm。

测量轨道几何形位时，钢轨扣件必须拧至规定扭矩；充填树脂施工时，考虑轨下垫板的压缩量，调整高度可适当增加 1～1.5 mm；充填树脂灌注袋在直线段注入口置于轨道内侧，在曲线段注入口置于轨道低的一侧；充填树脂施工现场严禁烟火，雨天不得施工。

3. 设备工装

路基上单元板无砟轨道设备工装见表 4-5-22。

表 4-5-22 施工机具配备

序号	名称	数量	备　注
1	汽车泵	1 台	
2	插入式振捣棒	4 台	
3	8 m^3罐车	3 台	具体数量根据施工距离确定
4	变跨龙门吊	1 台	落板就位
5	三角规	1 套	调板
6	小型龙门吊	1 套	配合调板
7	CA 砂浆搅拌车	1 台	拌制 CA 砂浆
8	加料斗	2 个	给搅拌车供料
9	双头灌注漏斗	1 个	灌注 CA 砂浆

另备 CA 砂浆温度、流动度、含气量检测工具一套。

4. 物流组织

整个施工段划分为 5 个作业区，依次为：路基面清理区、底座作业区、轨道板铺设调整区、CA 砂浆灌注区、轨道板缝施工作业区，如图 4-5-34 所示。

图 4-5-34 单元型板无砟轨道铺设作业区划分示意

由于汽车泵占地面积相对较大，一旦灌注混凝土则造成局部便道堵塞，所以施工时，现场合理设置车辆的错车和调头点位，与底座施工无关的车辆尽量绕行。

(三)桥上单元板式无砟轨道施工

1. 施工工艺流程

单元板式无砟轨道施工工艺流程如图 4-5-35 所示。

2. 施工作业要点

桥上单元板式无砟轨道的施工作业要点与路基单元板式无砟轨道施工作业要点基本相同。

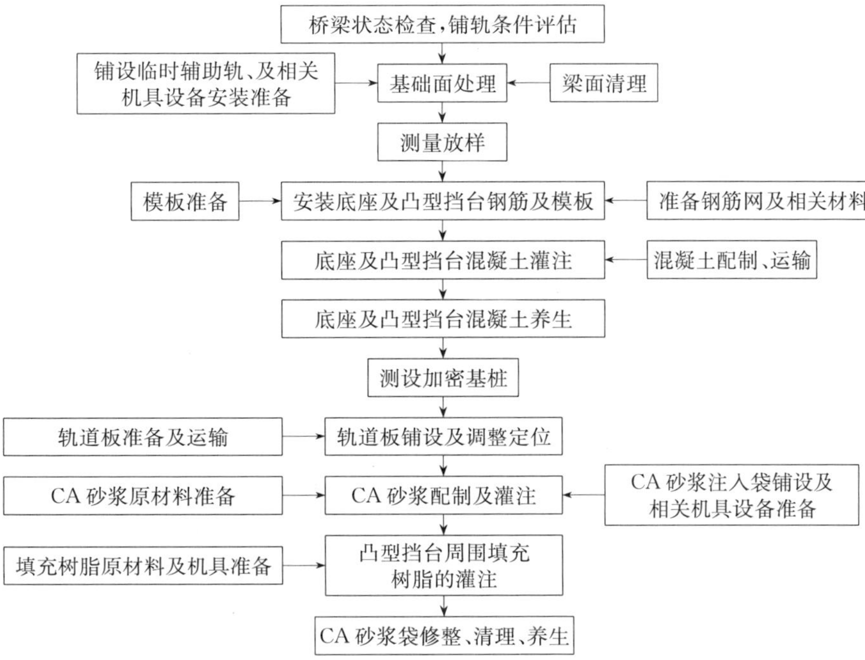

图 4-5-35 桥上单元板式无砟轨道施工工艺流程

(四) CRTS Ⅰ 型单元板式无砟轨道

1. 工程概况

新广州站板式无砟轨道铺设总长度为 29.332 双线公里。

2. 主要技术要求

(1)底座和凸形挡台外形尺寸

底座外形尺寸应符合表 4-5-23 的要求。

表 4-5-23 底座外形尺寸允许偏差

序号	项目	允许偏差	序号	项目	允许偏差
1	顶面高程	$^{+3}_{-10}$ mm	3	中线位置	3 mm
2	宽度	±10 mm	4	平整度	10 mm/3 m

凸形挡台外形尺寸应符合表 4-5-24 的要求。

表 4-5-24 凸形挡台外形尺寸允许偏差

序号	项目	允许偏差(mm)	序号	项目	允许偏差(mm)
1	圆形挡台的直径	±3	4	挡台中心间距	±5
2	半圆形挡台的半径	±2	5	顶面高程	$^{+5}_{0}$
3	中线位置	3			

(2)轨道板状态

轨道板状态应符合表 4-5-25 的要求

表 4-5-25 轨道板安装位置的允许偏差

序号	项目	允许偏差(mm)	序号	项目	允许偏差(mm)
1	中线位置	2	4	轨道板与底座的间隙	≥40
2	支撑点处承轨面高程	±1	5	轨道板与凸形挡台的间隙	≥30
3	与两端凸形挡台间隙之差	5			

(3)水泥沥青砂浆的性能指标要求

水泥沥青砂浆的流动度及可工作时间、含气量及单位容重、泛浆率、膨胀率等指标、抗压强度及弹性模量应符合表4-5-26的要求。

表 4-5-26 水泥沥青砂浆的性能指标要求

序号	项目	单位	指标要求	序号	项目	单位	指标要求
1	砂浆温度	℃	5～40	5	表观密度	kg/m^3	＞1300
2	流动度	s	18～26	6	材料分离度	%	＜1.0
3	可工作时间	min	≥30	7	膨胀率	%	1.0～3.0
4	含气量	%	8～12	8	泛浆率	%	0

3. 采用新技术

(1)绝缘技术

在轨道板、底座、凸形挡台内均采取了绝缘措施，有效保证轨道电路的传输距离。

(2)高精度测量

布设CPⅡ、CPⅢ高级控制网对无砟轨道线形进行控制。

4. 物流组织

(1)板式无砟轨道施工物流组织可采用轮轨式运输方案，采用60 kg/m钢轨提前铺设好临时运输轨道，轨道应圆顺、稳固，并注意通行限界。

(2)底座和凸形挡台的钢筋、模板等材料和周转料可由便道运输，汽车式起重机直接提升至工作面，人工散布就位，混凝土可采用泵送的方式浇筑。

(3)水泥沥青砂浆搅拌灌注车和运板车的施工方向应保持一致，保证运输通道的畅通。

(五)路基上CRTSⅠ型板式无砟轨道施工技术

1. 施工工序流程

路基上CRTSⅠ型单元板无砟轨道施工流程如图4-5-36所示。

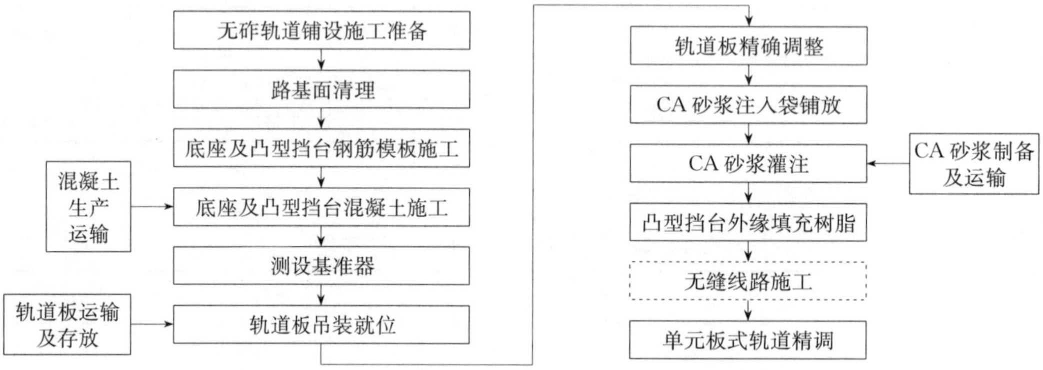

图4-5-36 路基上CRTSⅠ型板式无砟轨道施工工艺流程

2. 施工作业要点

(1)路基面清理与测量放样

路基基床表层采用人工清除浮砟，清理完毕的地段限制通行。以CPⅢ网为基准进行模板测量放样。

(2)底座及凸形挡台钢筋模板施工

以CPⅢ网为基准进行模板测量放样。根据测量放样控制线控制模板准确定位、安装、固定。底座和凸形挡台钢筋在钢筋加工场内集中下料、现场绑扎，并进行绝缘处理和检测。

底座钢筋根据工期要求，可现场绑扎钢筋也可预制成钢筋笼，在现场直接吊装铺设。钢筋骨架纵向钢筋与横向钢筋交叉点应采取绝缘处理措施，并对绝缘性能进行检查确认。底座及凸形挡台模板采用钢模。

①模板安装测量放样

a. 以CPⅢ网为基准利用全站仪和水准仪进行立模放样，使底座模板在正确位置上架立。

b. 凸台施工前应沿线路中心线进行底座高程检测，高程测量应按精密水准要求往返观测，闭合于 CPⅢ点。

c. 凸台的立模放样应用 CPⅢ网控制点进行，运用全站仪和精密水准仪。

②模板安装

a. 模板采用定型钢模板，按底座设计位置与高程支立模板，模板外侧支撑在固定设施上，确保模板稳定。

b. 根据底座计算高程调整模板的顶面高程，使底座高程达到设计要求。曲线地段混凝土底座施工时，曲线外侧模板高度满足曲线超高的设计要求。

c. 在底座伸缩缝处固定好 20 mm 厚的沥青板，防止沥青板上浮。

d. 模板安装必须稳固牢靠，接缝严密，不得漏浆，模板与混凝土的接触面必须清理干净并刷隔离剂。

③钢筋绑扎、绝缘检测

a. 底座和凸形挡台钢筋在钢筋加工场内集中下料，条件允许时可预先加工为钢筋网片。

b. 钢筋运抵工作面后利用钢筋编制架快速绑扎钢筋，交叉点处按要求进行绝缘处理。

c. 按照设计要求对钢筋网进行绝缘检测。

混凝土底座及凸形挡台模板安装标准见表 4-5-27。

表 4-5-27 混凝土底座及凸形挡台模板安装标准

序号	检验项目		标准要求(mm)	检验方法
1	底座模板	顶面高程	$^{0}_{-5}$	测量检查
2		宽度	±5	测量检查
3		中线位置	2	测量检查
4		伸缩缝位置	5	测量检查
5	凸形挡台模板	圆形挡台模板直径	±3	测量检查
6		半圆形挡台直径	±2	测量检查
7		中线位置	2	测量检查
8		中心间距	±2	测量检查
9		顶面高程	$^{+4}_{0}$	测量检查

混凝土底座及凸形挡台钢筋安装标准见表 4-5-28。

表 4-5-28 混凝土底座及凸形挡台钢筋安装标准

序号	检验项目	标准要求	检验方法
1	钢筋骨架绑扎扣安装	缺扣、松扣的数量不得超过应绑扎扣数的 5%。	观察、尺量和手扳检验
2	钢筋间距	±20 mm	观察、尺量
3	保护层厚度	$^{+10}_{-5}$ mm	观察、尺量

(3)底座及凸形挡台混凝土施工

底座及凸型挡台混凝土采用 C40 混凝土，底座混凝土施工拌和站集中生产混凝土，混凝土运输车运输，通过施工便道及另一线临时通道保证混凝土运输车的行驶和混凝土注入，第二线施工时采用泵送入模。底座和凸形挡台浇筑分两次进行。

① 混凝土集中生产和运输

a. 在拌和站集中生产底座及凸形挡台混凝土。

b. 按照物流组织方案组织混凝土运输车运输。

②混凝土浇筑

a. 混凝土浇筑前，应再次对底座范围内的杂物积水进行彻底清理。

b. 混凝土入模前对底板喷水雾湿润。

c. 混凝土浇筑过程中，由专人检查模板加固状态，确保定位准确、支撑牢固。

d. 混凝土入模前检查混凝土温度、坍落度，一般条件下混凝土的入模温度不应低于 5 ℃、不宜超过 30 ℃。

e. 混凝土浇筑过程中避免漏捣、过振，混凝土终凝前对表面进行拉毛。

③混凝土养生

a. 混凝土终凝后采用土工布和塑料膜覆盖，洒水养生。

b. 强度满足施工图要求后拆除模板(如无具体要求，侧模应在混凝土强度达到 2.5 MPa 以上，其表面及棱角不因拆模而受损时，方可拆模)。

c. 在混凝土未达到设计强度 80%之前，严禁各种车辆在底座上通行。

d. 底座混凝土拆模后 24 h，进行凸形挡台的施工。

底座及凸台混凝土施工质量标准见表 4-5-29。

表 4-5-29 混凝土底座及凸形挡台混凝土施工质量标准

序号	检验项目		标准要求	检验方法
1	底座外形尺寸	顶面高程	−3 mm/10 mm	测量检查
2		宽度	±10 mm	测量检查
3		中线位置	3 mm	测量检查
4		平整度	10 mm/3 mm	测量检查
5	凸形挡台外形尺寸	圆形挡台直径	±3 mm	测量检查
6		半圆形挡台直径	±2 mm	测量检查
7		中线位置	3 mm	测量检查
8		挡台中心间距	±5 mm	测量检查
9		顶面高程	$^{+5}_{0}$ mm	测量检查

(4)凸形挡台凹槽施工

①凹槽中心位置位于圆形凸形挡台圆的中心处，位于半圆形凸台半圆的中部。

②在圆形凸形挡台上弹出线路中心纵向墨线，纵横向位置偏差不大于 15 mm。

③垂直弹出最长横向墨线，两线交点处为圆形凸形挡台中心点，也就是凹槽中心点。

以此交点和纵横方向为基准，按照凹槽要求尺寸施工凹槽。凹槽尺寸为 12 cm×10 cm(横纵)，便于基准器的植入，其预留高度应小于基准器高度，基准器植入后基准销顶面应高出凸台顶面 1～2 mm。

3. 无砟轨道施工测量

底座和凸型挡台混凝土施工完毕，依据相邻 CPⅢ控制点及设计坐标，采用全站仪(1+1 ppm)直接进行基准器测设。基准器测设应满足下列要求：基准点与线路中线横向偏差不大于 2 mm；垂直于线路中线的偏差不大于 1 mm；基准点与凸台表面高程偏差不大于 2 mm；相邻基准器间的横向、高程允许偏差均不大于 1 mm；相邻基准点间距偏差不大于 2 mm，基准点间距偏差应在两相邻 CPⅢ控制点内调整。

4. 轨道板吊装、精调

轨道板采用轨道板运输车运至现场，吊装时安装专用吊具。使用三角规及三向调板装置将轨道板的三维位置精确定位，并用木楔将板水平方向固定、用支撑螺栓将板竖直方向固定。

5. CA 砂浆注入袋铺放

在轨道板吊装就位前，人工将 CA 砂浆注入袋预先铺放固定到位。CA 砂浆注入袋铺放作业区长度 200 m，分为底座表面清理工位、注入袋展平固定工位，长度各 100 m。

双线同步施工时，CA 砂浆注入袋铺放作业区不得与材料运输通道重叠；双线交替施工时，CA 砂浆注入袋铺放作业完成区不得行驶车辆。

(1)清理底座表面

人工清除底座表面施工杂物、并用高压风枪清扫，防止尖锐物品刺破注入袋。

(2)检查注入袋尺寸

注入袋应进行材料进场检验,按照规定质量检验批次、取样数量进行强度试验,并检查产品质量证明文件。目视检查注入袋是否完好无损伤,检查合格后方可进行正式铺设,防止在运输过程中产生的不合格品用于施工。

注入袋使用前,应按照单元板式无砟轨道结构设计文件和配板图确定铺板类型、CA 砂浆灌注厚度,选择对应尺寸注入袋,并尺量检查。

(3)展平固定注入袋

首先将折叠状态的注入袋平放于底座表面,使对折线与铺放位置中线相对。保证注入袋的位置要与板位相对应。对于直线段将注入袋的灌注口置于两线之间,曲线段将灌注口侧置于曲线外侧。

然后拉开展平注入袋、不得形成褶皱;注入袋铺好后,用胶带固定于混凝土底座上,防止铺板作业时将注入袋损坏并防止注入袋移位。灌注口暂时折叠、待轨道板下落就位后展开。

最后在两凸形挡台间的底座表面放置横向支撑垫木,尺寸为 300 mm×100 mm×50 mm;垫木放置在距轨道板端头 1 m 的对称位置处。

(4)灌注袋铺设作业标准

①注入袋原材料质量应进行原材料进场检验,性能指标符合设计。

②注入袋位置准确,折叠整齐,不得有褶皱。

6. CA 砂浆制备及运输

采用 CA 砂浆搅拌作业车制备和灌注,在现场加工场内将部分原材料加工为半成品后分类装罐、存放于砂浆搅拌作业车储料仓内,最后由搅拌作业车完成现场 CA 砂浆灌注作业。

(1)CA 砂浆原材料进场检验:

CA 砂浆制备所需细骨料、乳化沥青(A 乳剂)、P 乳剂、铝粉、水泥、水,应按规定的项目和抽样数量进行进场检验。

(2)CA 砂浆配合比试验

CA 砂浆灌注前,还应在基本配合比的基础上,根据 CA 砂浆拌制设备性能、现场施工气温条件、原材料含水率等指标,对基本配合比进行修正,确定施工配合比。

通过配合比试验,应确定抗压强度、弹性模量、流动度、可工作时间、膨胀率、材料分离度、含气量、单位容积质量、砂浆温度、泛浆率、抗冻性等性能指标。

为确保水泥沥青砂浆施工过程保持质量稳定,在施工中需要对流动度、坍落度、含气量指标进行试验和确认。

(3)CA 砂浆半成品料生产及运输

根据生产配方,将水加热至 80～90 ℃,乳化剂溶解入水内,充分搅拌,然后加入冷水,将乳化剂水溶液调温到 60～70 ℃。将沥青加热到 130～140 ℃,乳化机及各类输送泵加热到 80～90 ℃。

启动乳化机,启动乳化液及热沥青泵,先调整乳化液泵的转速,使乳化机内进入乳化液,然后调整热沥青泵的转速,加入沥青到乳化机内,控制乳化液泵和热沥青泵转速。观察乳化沥青的颜色,并抽取试样试验确定其油水比是否满足要求,满足要求后开启乳化沥青输送泵,将其输送至贮存罐内,并及时进行密封。

(4)干法拌制细骨料及混合料为干料

测定使用砂的表面含水率和吸水率,并从砂和水两方面进行配合比修正。使用河砂时,若未进行晾晒,使用时要测定表面含水率,进行必要的配合比修正。按配合比先将称量砂和混合料,砂按质量计量,感量为 1 kg。混合料按质量计量,感量为 0.1 kg。

启动搅拌机先将砂投入搅拌机内搅拌,再投入混合料,直至搅拌均匀。干料搅拌均匀后,输送至贮存罐内。再将乳化沥青、干料、水泥及铝粉等外加剂分类装罐,根据现场材料需求计划,分批运送,再装载到砂浆搅拌作业车储料仓内。

(5)CA 砂浆现场制备

测定原材料温度,CA 砂浆制备过程中,原材料适宜的贮存与使用温度参照表 4-5-30。

表 4-5-30　CA 砂浆原材料的温度管理

原材料与器械		施工时的贮存温度(℃)	使用时	
			限界温度(℃)	适宜温度(℃)
粉体	早强水泥、混合料细骨料、铝粉	5～25	5～30	10～25
液体	沥青乳剂、聚合物、水消泡剂、AE 剂	5～25	5～30	10～25

按照搅拌工艺确定的原材料投料顺序依次开启储料仓投料口,进行投料。投料顺序参照如下顺序进行:乳化沥青→水(消泡剂)→细骨料(砂)→混合料→水泥(引气剂)→铝粉。

根据不同原材料进入搅拌仓的时段,按照搅拌工艺确定的速度与时间控制搅拌机旋转速度与搅拌时间。搅拌机旋转速度与搅拌时间参照表 4-5-31。

表 4-5-31　搅拌机的旋转速度与搅拌时间

项　目	旋转速度(r/min)	搅拌时间(min)
沥青乳剂～细骨料	60～80	7
混合料～外加剂	110～120	
砂浆拌和	60～70	

由于沥青乳剂和水泥一接触就会产生反应,为有效地利用砂浆可工作时间,将水泥最后分散投入。不得长时间在超过要求的高速旋转下搅拌,确认导入所规定的空气量后,立即改为低速搅拌,直至 CA 砂浆搅拌完毕。CA 砂浆运输时间长时,应在灌注前约 10 min 放入铝粉,再高速旋转 1 min。CA 砂浆搅拌完毕,对 CA 砂浆的流动性、扩散度、含气量等指标进行检测,合格后装入成品仓待用。

(6)CA 砂浆制备及运输作业标准

CA 砂浆制备所用原材料根据设计和相关技术条件的规定,通过抽样试验检验、查验产品质量证明文件等方法进行进场检验。

CA 砂浆原材料检验抽样数量、检验方法、标准见表 4-5-32。

表 4-5-32　CA 砂浆原材料检验

序号	项目	抽样数量	检验方法
1	细骨料	每 400 m^3 或 600 t 为一批	观察和试验
2	乳化沥青(A 乳剂)	每 200 t 为一批	检查产品质量证明文件、试验
3	P 乳剂	每 50 t 为一批	检查产品质量证明文件、试验
4	铝粉	全检	检查产品质量证明文件
5	水泥	按《铁路混凝土工程施工质量验收补充标准》第 6.2.1 条规定	
6	水	按《铁路混凝土工程施工质量验收补充标准》第 6.2.6 条规定	

CA 砂浆的性能指标应符合设计和相关技术条件的规定。主要性能指标参见表 4-5-33。

表 4-5-33　CA 砂浆主要性能指标

序号	性能指标	单位	指 标 要 求		
1	抗压强度	MPa	1 d	7 d	28 d
			0.1	0.7	1.8～2.5
2	弹性模量	MPa	200～600		
3	流动度	s	16～26		
4	可工作时间	min	不少于 30		
5	膨胀率	%	1～3		
6	材料分离度	%	小于 3		
7	含气量	%	8～12		

续上表

序号	性能指标	单位	指标要求
8	单位容积质量	kg/L	>1.3
9	砂浆温度	℃	5～35
10	泛浆率	%	0
11	抗冻性	300次冻融循环试验后，相对动弹模量不得小于60%，质量损失率不得大于5%	

7. CA砂浆灌注

轨道板状态调整好后，应及时灌注CA砂浆。每工作班在灌注CA砂浆之前，应按规定进行工作性能指标试验。CA砂浆灌注采用CA砂浆搅拌作业车及配套小型机具进行。灌注完成后CA砂浆采用自然养护。

(1)灌注前，还应确认轨道板是否精确调整到位，是否发生偏移、有无废物等，检查注入袋的位置，并用塑料布覆盖在轨道板表面。

(2)灌注时，在灌注口安装注入软管(带控制阀门)，必须采用重力自流方式注入砂浆袋。

(3)当CA砂浆灌注需要通过泵送时，需要设置临时中转仓储存CA砂浆，再通过中转仓利用重力自然灌注。

(4)CA砂浆灌注时，将注入软管与CA砂浆注入袋口牢固连接，由CA砂浆施工人员控制阀门；用漏斗和漏管接收来自搅拌机或贮料罐的CA砂浆并由注入袋一侧的灌注孔灌入。

(5)每块轨道板下面的水泥沥青砂浆应连续灌注，水泥沥青砂浆的注入管口尽量接近轨道板面，以减小水泥沥青砂浆的落差，避免离析和带入空气。曲线或纵坡地段，应由低向高的方向进行灌注。

(6)水泥沥青砂浆应缓慢地连续注入，防止产生气泡；当注入到一半左右时，应进一步降低注入速度，并充分注意轨道板侧面水泥沥青砂浆的突起高度。当板边CA砂浆灌注厚度达到施工控制值、且完全覆盖轨道板底面后，结束灌注。

(7)曲线地段超高过大时，采取压板措施后灌注CA砂浆，防止板块受力漂浮。

(8)灌注时由专人在轨道板四角进行监控，防止轨道板受力偏斜，并监测轨道板顶面高程。

(9)灌注时，CA砂浆温度应保持在5℃～30℃的范围之内。尽量避免在雨天灌注，施工过程中若遇到下雨，应采取遮雨措施。暂停灌注时，要及时清洗搅拌机。

8. CA砂浆养护及整修

(1)灌注完成后，CA砂浆采用自然养生。养护期一般不少于7 d。

(2)在气温高于30℃或低于5℃时，应覆盖养护。

(3)当强度达到0.1 MPa且CA砂浆灌注时间达到24 h后及时拆除轨道板支撑螺栓，以保证轨道板与水泥沥青砂浆间紧密接触。

(4)养生期间不得在轨道板上加载。

(5)养生结束后，按设计要求完成修整工作，并清除灌注口处多余CA砂浆。

9. CA砂浆灌注作业标准

(1)CA砂浆配制灌注温度宜为5℃～30℃，并符合设计要求。

(2)每工作班应检测CA砂浆的流动度及可工作时间、含气量及单位容重、泛浆率、膨胀率等指标；制作抗压强度及弹性模量试件，并应符合设计及相关技术条件要求。

(3)CA砂浆灌注后应与轨道板密贴，不应有空隙。

(4)CA砂浆调整层应无损伤，个别损伤经修整后不影响使用。

(5)凸形挡台外缘填充树脂

本工序作业内容包括填充树脂配制、填充树脂灌注。

10. 树脂配制

(1)填充树脂在现场配制。树脂材料的配合比和性能指标应符合设计要求。

(2)根据树脂材料的可工作时间，确定树脂材料一次的拌和量。

(3)根据试验配合比确定材料比例、严格控制投料量。

(4)搅拌时,使用手摇或电动搅拌器在专用特殊混合容器内将材料搅拌均匀。

(5)当室外施工环境温度低于10℃时,需将树脂的液体温度调整到20℃以上混合。

(6)按规定随机取样制作100 mm×100 mm×25 mm的试件进行强度试验。

11. 树脂灌注

(1)灌注树脂应在板下CA砂浆灌注24 h并清洁、整理完毕后进行。

(2)树脂材料灌注前,应将凸形挡台周边填充间隙的垃圾、尘土、浮浆等异物处理干净,擦去水、油类物质,须保证施工面干燥、清洁。

(3)搅拌后的树脂材料必须在混合后20 min内注入。

(4)树脂宜在10℃~30℃温度条件下灌注。

(5)一个凸形挡台周围填充树脂必须一次灌注完成。

(6)首先在凸形挡台周围安放树脂灌注专用袋,并用布制橡胶带或粘着剂固定,以防止树脂泄漏。

(7)树脂应缓慢连续注入,尽量保持低位进行灌注作业、防止带入空气,保证灌注密实。

(8)树脂灌注作业标准

凸形挡台周围树脂的性能指标应符合设计及技术文件要求。主要性能指标参见表4-5-34和表4-5-35。

表4-5-34 凸形挡台周围填充树脂混合液性能指标

序号	项目	单位	指 标
1	粘度	Pa·s	≤10
2	可使用时间	min	≥10(30 ℃) ≥15(10 ℃)
3	固化收缩率	mm	≤10

表4-5-35 凸形挡台周围填充树脂固化物的性能指标

序号	项目	单位	性能指标
1	外观质量		表面无大的泡沫、气泡、折皱、裂纹
2	抗压强度	MPa	≥7.5
3	弹性系数	kN/mm	10±2
4	Asker-C表面硬度		>50
5	视密度	g/cm³	>1.05
6	疲劳性能	—	最大压缩量≤1.25 mm,无异常
7	剪切强度	MPa	≥1.96
8	粘结强度	MPa	≥0.49
9	耐腐蚀性	—	外观无异常,弹性系数变化率在±20%以内
10	耐热老化性	—	

填充树脂灌注质量标准见表4-5-36。

表4-5-36 凸形挡台树脂灌注质量标准

序号	检验项目	标准要求	检验方法
1	填充树脂高度	低于轨道板顶面5~10 mm	目测、尺量
2	灌注温度	10℃~30℃	测温、检查施工记录

12. 轨道的调整

与创新单元板式无砟轨道相同。

13. 设备工装

CRTSⅠ型单元板式无砟轨道设备工装见表4-5-37。

表 4-5-37　施工设备一览表

序号	设备名称	规格型号	单位	数量
1	运铺一体机		台	2
2	CA 砂浆灌注车	SLG3000A	台	4
3	三角规	KS584S	套	12
4	A 乳剂储罐	50 t	个	10
5	水泥储罐	40 t	个	10
6	轨道板调整吊架		套	12
7	汽车吊	25 t	台	2
8	CA 砂浆灌注车	SLG3000A	台	4

（六）桥梁上 CRTSⅠ型板式无砟轨道施工技术

1. 施工工序流程

桥梁上 CRTSⅠ型板式无砟轨道施工流程如图 4-5-37 所示。

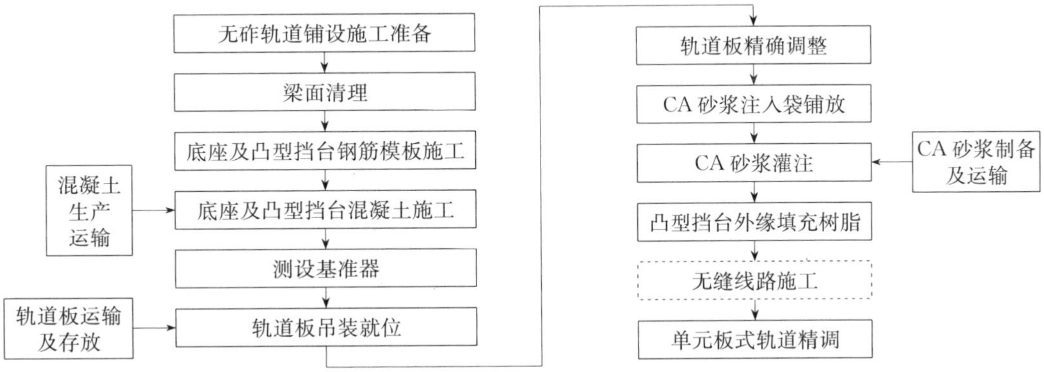

图 4-5-37　桥上 CRTSⅠ型板式无砟轨道施工工艺流程

2. 施工作业要点

(1)梁面清理

采用小型风镐对梁面进行凿毛，配合吹风机、人工清理废渣。按设计要求处理好桥面与底座之间的连接钢筋。如果需要植筋，则按照植筋工艺处理。清理完毕的地段限制通行。

其他工序同路基上 CRTSⅠ型板式无砟轨道施工。

(2)物流组织

客运专线桥梁大部分地段均为长大桥梁，并穿越城市、村庄等人口密集区，便道条件有限，因此必须根据工程特点，因地制宜的进行物流组织。施工管段内由于底座及凸台由其他单位施工，协调难度较大，在 1 线底座施工完毕后，利用 2 线作为临时通道，随车吊从存板基地取板直接运至相应工位散板，完成 1 线的 CA 砂浆灌注。由于时间紧张，没有在 1 线底座上存放 2 线轨道板的时间，因此在 2 线上板时，CA 砂浆灌注车走行轨占用了临时通道，仅能通过轮轨随车吊将轨道板从 1 线底座移至 2 线上，或从存板基地运至工作面。该物流组织方案功效较低。

较为理想的物流组织方案如下：

①轨道板从板场用平板卡车运至临近的存板基地，汽车吊吊板侧放。

②1 线底座施工完毕后，随车吊取板装车，每次装 2 块板。由随车吊运至桥下上板工位，由桥上汽车吊提升轨道板装到桥上随车吊上。

③随车吊上桥后，将轨道板沿线散布在施工完毕的 1 线底座上，连续拉通的底座要求集中上板散铺。

④1 线轨道板散铺结束后集中进行轨道板精调、铺设临时走行轨及 CA 砂浆灌注作业。

⑤1 线调板及 CA 砂浆灌注作业结束后，将 2 线的轨道板采用轨行平板自载吊散布在已灌注砂浆的 1 线轨道板面上。

⑥待2线底座施工完毕,基准器测设完毕后,采用轨行平板自载吊,将预先放于1线底座上的轨道板吊放至2线底座散板就位。

⑦进行2线的轨道板精调及CA砂浆灌注施工。

(七)隧道内CRTSⅠ型板式无砟轨道施工技术

1. 施工工序流程

隧道内CRTSⅠ型板式无砟轨道施工工艺流程如图4-5-38所示。

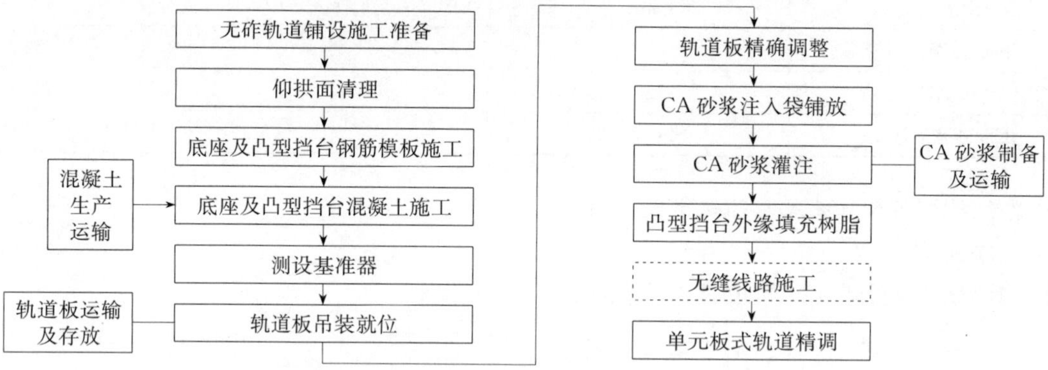

图4-5-38　隧道内CRTSⅠ型板式无砟轨道施工工艺流程

2. 物流组织

利用隧道进出口及斜井等作为物流的进出口,物流组织方案与路基基本相同。由随车吊经进出口或斜井进入隧道,后续物流方案与桥梁区间相同。

3. 施工关键工序

同路基上CRTSⅠ型板式无砟轨道施工。

(八)创新纵联板无砟轨道

1. 主要工程数量

武汉综合试验段纵联板无砟轨道约1.651 km,全部在路基地段铺设,线路平面布置上为直线,纵向坡度9.5‰。

2. 施工工序流程

纵连板底座为水硬性支承层混凝土,采用摊铺机施工,没有限位凸台,增加了限位销钉和纵联板连接。纵联板无砟轨道施工基本工艺流程如图4-5-39所示。

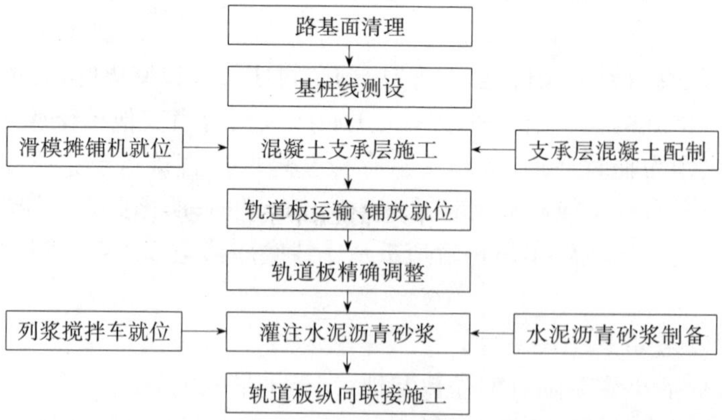

图4-5-39　纵联板无砟轨道施工基本工艺流程

3. 施工方法与控制要点

(1)混凝土支承层施工

支承层摊铺前完成路基面竣工测量。通过CPⅢ控制网测设支承层两侧引导线的位置,位于摊铺机两侧。支承层拌和料在拌和站内拌制,确定施工配合比,混凝土支承层配合比按60年使用年限设计。摊铺过程中注意观察设备的工作状况。要求支承层表面平整度达到 15 mm/4 m,高程误差为$^{+5}_{-15}$ mm。

(2)纵联式轨道板装运和存放

采用龙门吊装卸轨道板,利用专用吊具水平起吊。轨道板装车应采用方木垫块衬垫。在轨道板设计支撑点处支垫。

临时存放点应设置承载力满足要求的平台,不应产生不均匀沉降。路基地段存放于路肩。轨道板采用水平存放时,轨道板间采用方木垫起,存放层数不得超过 8 层。

(3)纵联式轨道板安装和精调

轨道板通过专用吊架、轮胎式可变跨龙门吊或汽车吊吊装、人工辅助就位。轨道板安装位置的允许偏差应符合表 4-5-38 的规定。

轨道板精调测量采用球型棱镜和速调标架法。利用全站仪在 CPⅢ网内进行自由设站,测量安置在轨道板上的棱镜,然后通过软件计算偏差值,对轨道板进行调整,直至合格。

表 4-5-38　轨道板安装位置的允许偏差

序号	项目	允许偏差(mm)	检验数量
1	中线位置	1	每板检查 3 处(两端和中部)
2	承轨面处板顶高程	±1	全部检查
3	纵向位置	5	两端承轨槽各检查 1 处

(4)水泥沥青砂浆灌注

施工前,针对工程特点、环境条件与施工条件设计初步灌注方案,进行实尺灌注试验,同时对灌板效果进行揭板检查,检查轨道板与水泥沥青砂浆的粘结情况、水泥沥青砂浆表面状态、板底砂浆充盈度等,以此确定水泥沥青砂浆的灌注工艺。水泥沥青砂浆原材料应严格按照施工配合比要求进行准确称量。

封边砂浆施工前应确定轨道板高程及轴向平顺满足要求。封边砂浆施工时,必须保证封边砂浆不进入轨道板板底。可采用薄铁皮或方木协助进行封边砂浆施工,如图 4-5-40 所示。

在砂浆灌注前,提前一天进行封堵砂浆施工,并设置排气孔。排气孔的设置应能保证灌注时板底空气的顺利、完全排放。在板端、板侧中部分别设置紧压装置,如图 4-5-41 所示。

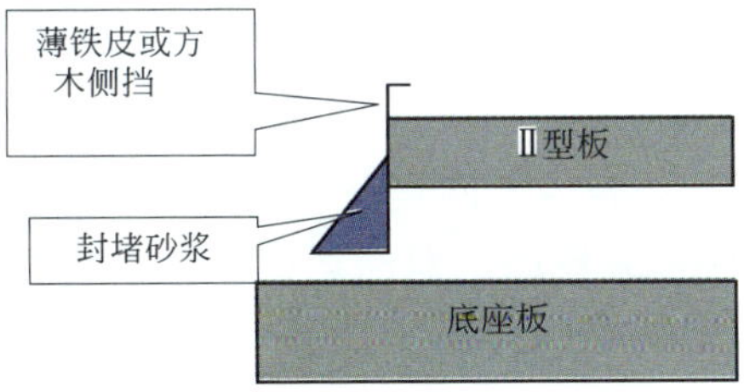

图 4-5-40　封边砂浆施工示意

图 4-5-41　轨道板的紧压装置

水泥沥青砂浆灌注前,检查千斤顶的受力状态及其紧固程度,并确定封边砂浆的强度有保证的情况下方允许灌注。水泥沥青砂浆的灌注应一次完成,其养护原则上按自然养护进行。

(5)纵向联接技术

①轨道板窄接缝施工

水泥沥青砂浆灌注完成并达到 7 MPa (约 7 d)后,即可进行窄接缝施工。施工前,应清除连接缝区表面污垢,在轨道板窄接缝处侧面安装模板,向窄接缝灌注砂浆,灌注高度控制于轨道板上缘以下约 6 cm 处(图 4-5-42)。灌注完成后应及时养生。

②轨道板纵向联接

垫层砂浆的强度达到 9 MPa 和灌注窄接缝砂浆强度达到 20 MPa 时可对轨道板实施张拉连接,如

图 4-5-43 所示。张拉锁拧紧施工通过扭距扳手操作，拧紧标准为 450 N·m。

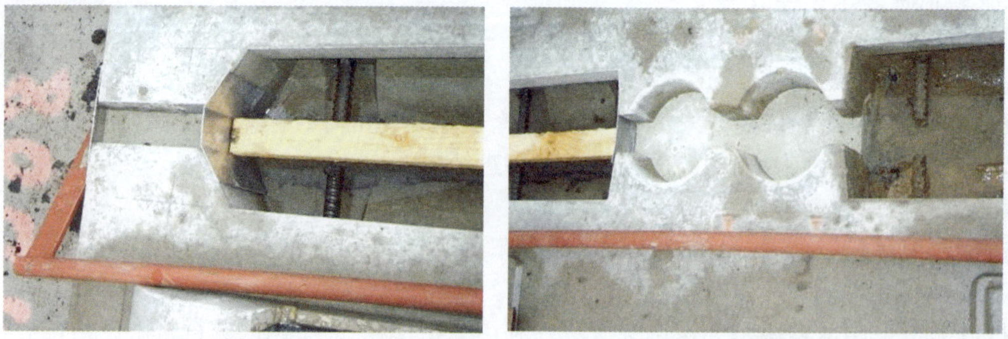

(a) 板边接缝　　(b) 板中接缝

图 4-5-42　轨道板窄接缝施工

图 4-5-43　轨道板纵向联接

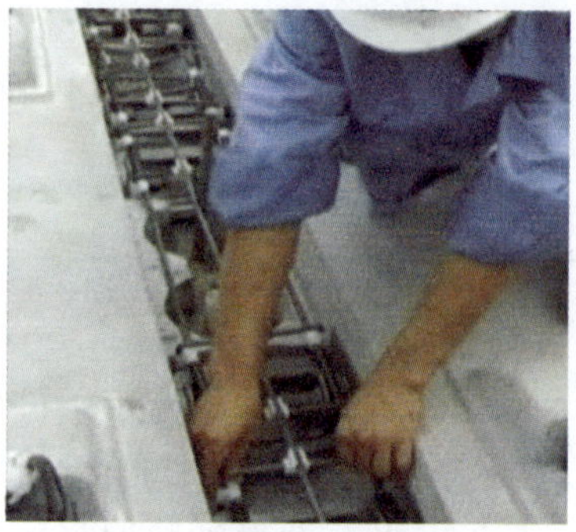

图 4-5-44　轨道板宽接缝施工

③轨道板宽接缝施工

每个宽接缝安放两个钢筋骨架，附加一根直钢筋定位，定位钢筋装在横向接缝的上方，定位筋与配筋间用尼龙绑扎带绑扎防止移位，如图 4-5-44 所示。

灌浆孔填充使用与宽接缝灌注相同的混凝土填充，与宽接缝施工一同完成。施工时应特别注意外观质量并顺接压出预裂缝。

4. 物流组织

支承层施工时，采用先施工左线(施工便道在右线侧)，后施工右线。混合料运输车经施工便道的联络线进行正线至摊铺地点卸料。

施工范围内沿线路铺设贯通施工便道，采用便道运输、双线交替铺板的方法组织施工。即利用施工贯通便道进行纵联式轨道板、水泥沥青砂浆及支承层混凝土施工材料和设备等无砟轨道物资的运输；自卸车运输支承层混凝土、摊铺机一次摊铺成形；纵联式轨道板采用改装平板车或轮胎式双向运板车运输、存放于路肩吊装作业区，然后随铺板进度利用汽车吊装卸轨道板、铺放就位；专用调板设备和测量仪器配合进行轨道板精确调整；移动式水泥砂浆灌注车进行砂浆现场制备和灌注作业。

(九)板式无砟轨道施工体会及建议

1. 体会

(1)底座及凸台施工重点是对高程及平面位置的现场监控，增强现场管理力量。对预埋水管、过轨管等注意不要漏埋。

(2)板式无砟轨道底座混凝土施工前，应进行工序交接，线下单位应向轨道施工单位提交线下构筑物竣工测量资料和与轨道工程有关的设计变更、线下工程施工质量验收等资料。

(3)底座外形尺寸允许偏差，特别是顶面高程控制允许偏差为＋3～－10 mm，要求现场混凝土顶面高程控制必须非常严格，每次底座混凝土抹面施工现场技术人员采用水平测量仪全程监控，确保底座混凝土顶面高程满足验标要求。

(4)凸形挡台外形尺寸允许偏差，特别是圆形挡台直径控制允许偏差为＋3～－3 mm，要求现场凸台位置控制非常严格，每个凸形挡台坐标位置必须由凸台和铺板施工单位分别核实坐标，无误后再到现场测设；凸形挡台模板安装必须固定，特别是在有超高地段，在混凝土浇筑时若挡台模板没固定牢，则易造成模板移位，满足不了验标要求，施工时须认真控制到位。

(5)基准器测设时，宜将全站仪架设到线路中线上，以消除基准器测设垂直线路方向的误差(中线偏差)。

(6)基准器的作用仅用来进行调板，而验标中要求的相关参数不能够满足调板需要，仍需增加轨道板面超高、基准器处纵坡等参数，而其他与轨道相关参数均可省去，由于曲线半径均较大，正矢值很小，可以忽略。

(7)轨道板精调宜采用调板支架进行调整，但验标中要求轨道板精调精度过高。

(8)CA 砂浆性能对温度相当敏感，不适合在高温天气地区抢工作业，无砟轨道工期通常被压缩至极短的时间，给工程质量带来隐患。

(9)无砟轨道施工物流组织是至关重要的，特别是板式无砟轨道底座施工组织最为关键；在施工底座混凝土中采取先施工一条线，二线施工以一线底座混凝土为无轨运输通道(一线凸台混凝土暂不能施工)，这样有效地解决了二线物流组织问题。

2. 建议

(1)无砟轨道施工应给予充足合理的施工时间，保证线下工程沉降稳定。

(2)对验标中基准器铭牌的相关参数进行修改。

(3)轨道板精调的精度可以适当放宽。

(4)宜采用箱梁预制时对梁面拉毛代替后期梁面凿毛。

(5)加快 CA 砂浆原材料的国产化进程及普及推广工作，降低无砟轨道工程造价。

第三节　跨区间无缝线路施工

一、工程概述

全线跨区间无缝线路施工分为 GDGCⅠ、GDGCⅡ、GDGCⅢ三个标段。分别有中铁十一局、中铁四局、中铁三局负责承包。

GDGCⅠ标起止里程为 DK1188＋000～DK1592＋585.18，正线长度 368.4 km。设横沟桥、黄秀桥铺轨基地两处。长钢轨铺设配备 500 m 长轨铺设设备 2 套，每台长轨铺设设备分别按 4～5 单线 km/日的铺设进度由两个铺轨基地同时进行。

GDGCⅡ标起止里程为长沙(DK1573)至湘粤省界(DK1901)，无缝线路施工总长 640 km。设向阳桥和白马垅铺轨基地两处。

GDGCIII 标正线里程为 DK1901＋261.72～DK2167＋000，247.513 双线公里，含新乐昌、新韶关、新清远、新英德等 4 个车站，另新增铺轨正线里程 DK2167＋000～DK2217＋091.76，共计 48.968 双线公里。本标段正线无砟道床无缝线路铺轨 492.539 km，新增 97.936 km。设安口铺轨基地一处。

二、铺轨基地的技术要求

(一)设置基地原则

铺轨基地宜设置在既有线车站附近，对运营线路干扰少，列车进出方便，基地应根据工作规模、进度要求、使用年限、现场条件等因素按经济技术综合比选确定。

基地内的股道按施工需要布置。建筑限界按技术标准执行，满足大型机械和机车车辆的作业、停放、进出及检修的要求。基地联络线的坡度和曲线半径应根据地形、运量和作业方法确定，长轨列车通过的曲线半径不宜小于 300 m，道岔不宜小于 9 号，最大坡度不宜大于正线的最大坡度，并按有关规定设置安全设施。

铺轨基地存轨区由固定门架、存轨台座、装卸长轨运输线路等部分组成，龙门架及存轨台座的类型、跨度、间距根据存轨能力的要求及场地情况确定。存轨台座根据存轨需要、地质情况计算承载力，确定基础的类型。

(二) 基地布置

1. 站场布置

站场整体要布置在同一高程上，进站和出站由于调车频繁，最好不要放在坡道上。站线有效长度保证

750 m,避免由于站线过短而频繁进行调车作业。

2. 固定式龙门吊设置:基地设 2 t/17 m 固定式龙门吊 32 台,负责 500 m、100 m 长钢轨的装卸。

3. 存轨台位设置:500 m 钢轨存放台宜采用混凝土地基梁,根据存轨重量计算地基梁的横截面尺寸和所需配筋,基础应牢固,并满足承载力要求。

4. 基地剖面

基地股道的布置要综合上述各方面的要求统筹规划,全面安排,以保证紧凑高效。各股道的数目和长度可按作业方式和作业量的大小确定。

(三) 基地作业

1. 长钢轨运输:长钢轨由焊轨厂沿既有线到达就近既有车站,采用自备内燃机车通过基地与既有车站临时道岔,将长轨列车牵引至长轨基地。

2. 长钢轨存放:合格长钢轨分左、右股整理堆码;不同厂家的钢轨应分别堆码;长钢轨存放台位要平整、稳固,各层钢轨之间设垫层支垫。

3. 装卸长钢轨:长钢轨装、卸车采用基地内固定龙门吊作业。

三、500 m 长钢轨铺设

(一)500 m 长钢轨铺设流程

无砟道床上长钢轨铺设采用 WZ500 铺轨机组进行铺设,铺设流程如图 4-5-45 所示。

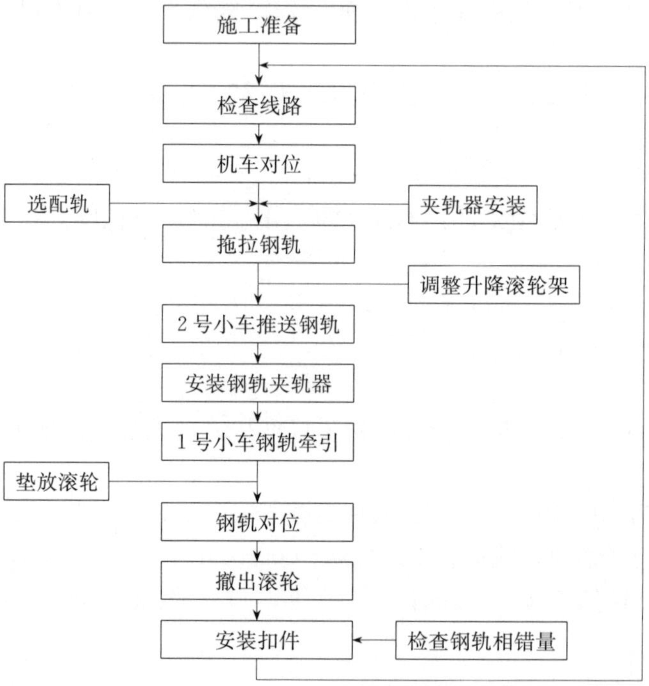

图 4-5-45 长轨铺设流程

(二) 长钢轨铺设及焊接施工工艺

1. 长钢轨卸车存放、装车及运输

(1)长钢轨编号

长钢轨应由焊轨厂按照配轨表的要求进行编号,并具有可追溯性。焊轨时应在每个焊头附近钢轨外侧轨腰上标明钢轨工作边位置,长钢轨编号及焊头编号。配对装车时应编写单元轨节铺轨流水号,并作好相应记录。长钢轨编号应用油漆标记,应色泽鲜明,字体端正、清晰、大小统一(图 4-5-46)。

(2)长轨存放

长轨存放区的轨垫间距不大于 5 m,多层存放时,应保持轨垫的上下对齐稳定。各层钢轨之间应采用六棱钢隔开,六棱钢间距 7.5 m,上下对齐,与各层钢轨垂直放置。长钢轨放置应整齐、平直、稳固。应在每个横担上方布置层间垫物,层间垫物应与横担中心垂直对齐,偏差量不大于 50 mm。六棱钢相错量控制在

50 mm左右，应尽量保证相错量在同一直线上，便于日后装车。

在长轨存放区左侧，空留出2.5 m位置专门进行短轨的码放，右边8.5 m位置专门进行500 m长轨的码放。钢轨存放不宜超过15层。

图4-5-46 长轨编号

(3)长钢轨卸车

从辊轮线上吊轨时，确保每一个夹具夹紧钢轨后，使用集中控制系统将长轨起吊、横移、下落放置在轨台上，并逐一摘去夹具。在长钢轨吊起行走过程中，设专人检查32台龙门吊电动葫芦统一运行情况，保证相邻两个夹具高度差不大于15 cm、水平位置直线偏差不大于15 cm，防止长钢轨吊装过程中变形。不同类型的长钢轨分开存放。一次装卸多根钢轨时，所吊钢轨应保持同一 高度。各台龙门吊起吊和走行应保持同步，作业过程中保证钢轨平顺。钢轨起吊、走行、下落应分步动作。钢轨应水平起吊，到位后方可走行，走行期间避免钢轨摆动，走行到位确认钢轨平稳后方可下落。

(4)长轨装车及运输

①长轨运输车进入长轨存轨区，停位须准确，保证长轨装车顺利进行。装车前必须对长轨车进行全面检查，确认长轨车达到装车条件方可进行长轨装车作业。

②500 m长轨装车时为防止长钢轨吊起后摆动和弯扭，应采用同步起落技术，使长钢轨的起吊与下落同步(图4-5-47)。吊装长钢轨时各龙门吊应同步作业，缓起，轻落，保持钢轨平直。

图4-5-47 长轨起吊装车

③长钢轨装车前应核实待装长钢轨编号，左右股长度应符合配轨计划。装车时按配轨表要求分左右股对称吊装，左右两股钢轨的编号分别为1、3、5、……和2、4、6、……(注：奇数为左股，偶数为右股，按卸车顺序依次排放)。

④取下长轨运输车每节平板车上立柱之间的横梁杆，把横梁杆放在平板车的一侧的纵梁上摆好。另安排人员在锁定车上取下锁紧装置的T型螺栓和压轨器，放在平板车上整齐地摆好。

⑤完成上述工作后，采用2 t龙门吊开始吊装长轨。考虑到前方铺轨现场拖拉长轨时是由两侧向中间逐根拖拉，顺序为：3/10、4/9、5/8、6/7、2/11、1/12故装轨时长轨放置的位置必须对号入座，在沿N17长轨运输车前进方向的左侧(广州方向)放置左股编好号的钢轨，右侧(武汉方向)放置右股编好号的钢轨。

⑥逐一将长钢轨的每个吊点顺序落入槽中，摘去夹具，移开龙门吊电动葫芦。长钢轨吊装时，轻吊轻放，避免碰撞伤长钢轨。

⑦插防翻器必须有专人负责，钢轨防翻设备两侧的凡士林涂抹均匀后，才能将防翻辊子顺序插入、加固好；并将间隔铁竖起使轨排推到位。

⑧长钢轨的装车应严格按配轨表要求分左右股对称吊装，按卸车顺序依次排放。

轨端要平齐，伸出承轨横梁0.5～1.0 m，在长轨列车需要通过山区小曲线半径时，此长度应相应延长。短轨不装在外侧。长轨吊装完毕后，应及时将长轨锁定牢固，并在锁定装置前用白漆标明记号。

2. 长钢轨的铺设

长钢轨采用纵向推送直接入槽的方法进行铺设(图4-5-48)。

(1)铺轨机组进入铺轨现场后，打开长钢轨运输车的锁轨装置及前端的用于防止长钢轨窜动的钢轨挡架。

(2)用钢轨夹夹住长钢轨利用推送车上的卷扬机将长钢轨从运输车向外拖出，进入钢轨推送装置，通过导向滚轮组将长钢轨推送到推送车的前端的落轨吊桥上。

(3)继续拖拉长钢轨，将长钢轨前端放入牵引车尾部的喇叭口中，用铁卡卡住并用斜楔固定，由牵引车牵引将长钢轨向前拖拉。钢轨拖拉过程中，在长钢轨底下的无砟道床上每 10 m 左右人工放置滚筒。

(4)当长钢轨拖拉至剩下约 10 m 时，应放慢拖拉速度(≤15 m/min)，当长钢轨尾端拖出落轨吊桥最后一个导向框架之后，再次减慢拖拉速度。

(5)在无砟道床上垫上枕木头，将长钢轨尾部从落轨吊桥上放下，然后用手摇起道机将钢轨下枕木头取出，机车向后牵引，直到长钢轨尾端与已铺设钢轨轨端基本对齐。

图 4-5-48　铺轨机组铺设长轨

(6)用撬棍架起长钢轨取出长钢轨下的滚筒，并将滚筒用加工的小推车向前倒运，用于对长钢轨铺设。用液压双头螺栓扳手将长钢轨扣件上紧，扣件每隔 6 个上一个。

(7)利用无眼夹具和鱼尾板将接头进行临时联结，消除接头错牙。

(8)通过以上操作，将长钢轨铺于道床上，铺设完毕铺轨机组进入下一个铺设循环。

3. 长钢轨焊接

长钢轨铺设后，即开始单元轨节焊接工作，将已铺设的 500 m 长钢轨焊接成 1.5～2.0 km 左右的单元轨节。单元轨节焊接采用移动式接触焊机进行。接触焊机由焊机头、柴油发电机组、伸缩臂、计算机控制系统、液压传动系统等组成，具有先进的脉动闪光焊接工艺及保压推凸功能，能满足现场单元轨节焊接及锁定焊要求，全套设备安装在一个集装箱内，由配置车辆装载运输。主要工艺流程如下：

(1)焊接设备组装调试、钢轨型式试验

按照组装程序进行设备组装，并进行全面调试。确认设备一切正常后，将待焊轨按照规定的检验要求焊接进行型式试验，确定焊接参数合格后可开始正式施工。

(2)钢轨接头除锈、打磨

在钢轨接头端面及两侧钢轨与焊机导电钳口部位间 500 mm 范围内采用手提式砂轮机打磨，打磨后钢轨表面应有金属光泽，不得有锈蚀，对母材的磨耗不得超过 0.2 mm。若打磨后的待焊时间超出 24 h 或有油水沾污，则必须重新打磨。

(3)钢轨焊接前设备检查

焊接前应按照焊机使用说明，检查主机、冷却系统、液压系统、电气控制系统是否正常；检查动力电压、水温、水位、油温、油位钳口上的焊砟及其他碎屑、推瘤刀上的焊接飞溅物是否清除；焊接参数是否符合实验结果。一切正常之后，在操作司机、工长签字确认后方可进行焊接工作。

(4)钢轨焊接

①准备工作完成后，用机车或轨道车推送移动式焊轨车运行到焊接接头处，特制集装箱将二位端前墙向上旋转到与顶棚平齐并锁定。起吊机构连同焊机沿轨道向外移动至端墙外平台；吊臂驱动油缸伸长降下旋转臂，将焊机降下接近钢轨，利用转盘转动，使焊机进入焊接工作位置；将焊机落下置于钢轨上，确保两钢轨间隙位于导轴上标记的正下方，降低焊机直到压在钢轨上。

②焊机机头上的两对钳口将两钢轨轨头夹紧，自动对准系统接头两侧各 500 mm 范围内，在水平和纵向两个方向上自动非常精确地对准(两端钢轨在纵向同时被相对抬高 0.6～0.8 mm/m)。两钳口在通以400 V 的直流电压后形成两个高压电极，提高焊接电流。启动焊接，激活自动焊接工序；分别进入预闪阶段、稳定的高压闪光阶段(该阶段应锁定钢轨夹紧选择开关，防止在焊接周期结束时焊机再次夹紧钢轨)、低压闪光，加速闪光以及顶锻阶段。顶锻完成后整个焊接过程结束。随后钢轨夹紧装置快速松开两钳口，在焊机头内的推瘤刀立即进行推瘤，从而完成一侧钢轨的焊接作业(图 4-5-49)。

图 4-5-49 长钢轨焊接

③焊机机架张开到最大位置，起升焊机直至完全离开钢轨焊接接头，去除推瘤焊砟，清洁焊机内部。然后将焊机调整到另一侧完成钢轨焊接。在完成一组焊接接头后，每间隔三根轨枕上紧扣件，焊机前行到下一个焊接接头处。

(5)焊后接头正火

正火时接头温度应降低到 500 ℃以下，然后用氧气-乙炔加热器将焊缝加热到 850～950 ℃，再自然冷却。正火温度采用红外线测温仪控制。

(6)钢轨焊后调直、打磨

钢轨焊缝正火完，温度降低到 300 ℃以下时，对钢轨进行调直。焊后打磨可以分成粗打磨和精细打磨，粗打磨利用手提式砂轮机对焊缝及附近轨头顶面、侧面、轨底上面和轨底进行打磨；焊缝踏面部位在常温下不能打磨，打磨时不得横向打磨，打磨面不得发黑、发蓝而应平整有光泽。精细打磨时，用钢轨打磨小车、扁平锉或细砂皮纸纵向打磨，打磨后，平直度在焊缝两侧各 500 mm 范围内轨顶面 0～+0.2 mm/1 m，轨头内侧工作面 0～+0.2 mm/1 m，轨底 0～+0.5 mm/1 m。

(7)焊接接头超声波探伤

每个钢轨焊头均应进行超声波探伤，探伤前应将焊缝处温度减低到 40 ℃以下，冷却可以用浇水法进行，但浇水时钢轨温度不得高于 250 ℃。在经打磨过的焊接钢轨轨底、轨腰、轨头上均匀涂抹探伤耦合剂，然后用探伤仪进行探伤。探伤结果不得有未焊透、过烧、裂纹、气孔、夹渣等有害缺陷，应满足 TB/T 2658.21—2007 标准。

(8)数据的记录及分析

每完成一个接头的焊接、除瘤、打磨、探伤后，应将相关数据、信息等资料收集、整理，并加以分析、存档。

(9)施工机具

施工机具见表 4-5-39。

表 4-5-39 焊轨机具配置

序号	工具名称	数 量	备 注
1	起道机	4 台	
2	撬 棍	4 把	

续上表

序号	工具名称	数　量	备　注
3	高能手提照明灯	4把	
4	红外线测温仪	1台	
5	波磨尺	1把	
6	电焊机	1台	焊接钢轨接头
7	探伤仪	1台	
8	手持砂轮机	4台	
9	角磨机	2台	打磨焊接接头
10	正火设备	1套	
11	锯轨机	2台	控制长轨相错量

（三）应力放散及锁定

线路应力放散、锁定是将道床几何形态质量基本达到设计规定且已经达到初期稳定状态的线路，在合适的轨温条件下，重新松开扣件、支起钢轨、垫上滚筒，使钢轨自由伸缩状态或自由伸缩后再强制拉伸，放散掉钢轨内的附加应力和温度力，在钢轨处于设计锁定轨温时的"零"应力状态下，将线路锁定完成无缝线路的过程。

应力放散、线路锁定作业时，根据测量轨温判断，当轨温在设计锁定轨温范围内时采用"滚筒放散法"；当轨温在锁定轨温范围以下时采用"拉伸放散法"，锁定焊采用K922型移动接触焊机进行焊接，线路经应力放散和锁定后形成无缝线路。

线路应力放散锁定施工工艺流程如图4-5-50所示。

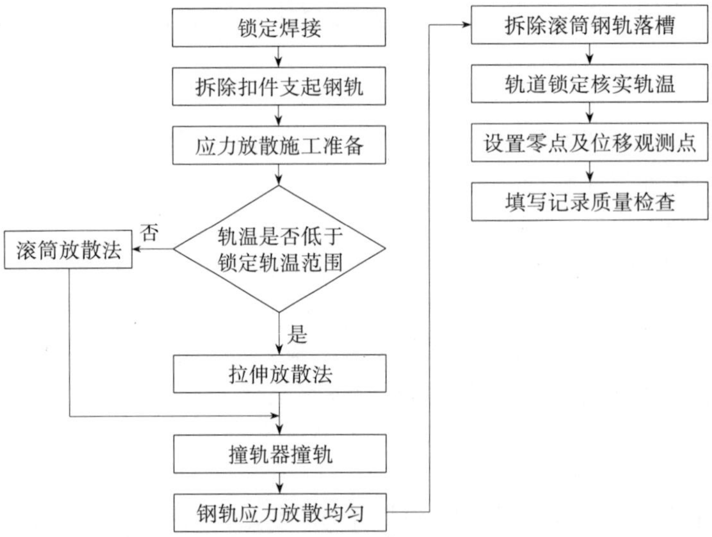

图4-5-50　线路应力放散锁定施工工艺流程

1. 拆除扣件

(1)施工人员配合负责钢轨扣件的拆除和安装，从始端向末端顺序拆卸。

(2)弹条、轨距块、绝缘垫片摆放在钢轨两侧的枕肩上，轨距块号码摆放正确。

(3)在拆除弹条时拆除前一已锁定单元轨节30 m的扣件，避免在焊头处产生应力集中。

2. 垫放滚筒

(1)用起道机支起钢轨，每隔12～15 m垫放一个滚筒，保证钢轨目视平顺。

(2)检查轨下橡胶垫板有无破损及其上有无石屑。

3. 放散应力

在单元轨节适当位置安装撞轨器，同时撞轨配合放散，直至钢轨伸长出现反弹现象，即判定钢轨达到零应力状态。

4. 做位移标记

每 100 m 做一个钢轨伸缩位移观测标记。

5. 计算拉伸量、锯轨量

(1)测量单元轨节始、中、末端轨温，取其平均值作为单元轨节的轨温。

(2)计算轨温：$T_0=(T_{始}+T_{中}+T_{末})/3$

(3)计算拉伸量 $\Delta L=a(T_{锁}-T_0)L$

式中　ΔL——钢轨拉伸量；

a——钢轨钢线膨胀系数，为 0.000 011 8/ ℃；

L——单元轨节长度(m)；

T_0——实际轨温；

$T_{锁}$——设计锁定轨温。

(4)计算锯轨量：$\Delta S=\Delta L+\lambda$

式中　ΔS——实际锯轨量；

λ——预留轨缝(mm)；

ΔL——钢轨拉伸量。

6. 钢轨拉伸锁定

(1)在单元轨节始端将钢轨拉伸器安装好。

(2)撞轨器撞轨配合拉伸，各位移观测标记点观测人员向始端技术人员报位移量，确保钢轨拉伸量均匀。

(3)当始端拉伸到计算拉伸量时，开始落钢轨、锁定。

(4)靠近钢轨拉伸器的一组逐个安装弹条，其他组先隔 5 根轨枕上一对扣件，然后分别按间隔 2 根轨枕、间隔 1 根轨枕补上扣件。

(5)设置位移观测标记。

(6)开始进行单元轨节始端的锁定焊接。

(四)无缝道岔焊接

无缝道岔焊接采用钢轨铝热焊接工艺，采用一次性坩埚，它是将配置好的铝热焊剂放入坩埚中，用高温火柴引燃焊剂，产生强烈的化学反应，高温钢水和熔渣产生分层，得到的高温钢水注入紧扣钢轨的砂型中，将砂型中已对正的钢轨端部熔化，钢水凝固后及时推瘤，即将两根钢轨焊接成一体，再经过打磨、探伤等工序，使铝热焊焊接接头达到技术要求。铝热焊施工工艺流程如图 4-5-51 所示。

图 4-5-51　铝热焊施工工艺流程

应力放散时，选择滚筒放散法，在设计轨温范围内进行锁定(一般在夜晚或清晨轨温稳定时段进行)，采用自由状态下进行放散锁定。由于心轨辙叉部分整体刚度很大，且较短，不进行应力放散，道岔区前后最短 60 m 范围内与道岔一起放散锁定，使道岔处于固定区。

道岔放散锁定在设计锁定轨温范围内，采取等温锁定，先锁定尖轨部分，再锁定基本轨。焊接时先焊接岔内锁定焊接头，再焊接岔外锁定焊接头。

道岔锁定流程为：施工准备→拆除扣配件(弹条、轨距块、销钉)→将基本轨从滑床板卡槽取出→垫滚筒→测轨温→钢轨反弹→拆滚筒→先上尖轨扣件→再上基本轨扣件→作位移观测标记→先道岔内部锁定→后道岔外部锁定。

1. 无缝道岔锁定焊及无缝线路锁定焊连时，均在设计锁定轨温范围内进行。

2. 尖轨辙跟接头的焊接及道岔前后与区间无缝线路焊接之前，应认真检查并整正道岔方向、高低、水平等各部分几何形位尺寸，尖轨限位器子母块间隙是否符合设计要求。道岔前后接头终焊之前，要先拆除临时渡线，并插入相应长度的焊接轨。

3. 对焊接道岔轨型及焊药成分、剂量、质量、模型进行检查确认，应进行焊接试验。

4. 焊接环境温度不应低于 5 ℃。

5. 有限位器的道岔，根据轨温调整限位器位置。

6. 施焊前对工具、设备、燃料进行检查确认，并按铝热焊焊接工艺要求施焊。

7. 施焊前对钢轨严格执行有关检验要求，确保焊缝平直度达到＜0～＋0.2 mm/1 m 指标。

8. 焊接顺序：先焊直基本轨，再焊直尖轨和直股外轨及辙叉直股，而后是曲尖轨、曲基本轨，最后是辙叉曲股和外曲轨。

9. 焊缝打磨，达到平直度要求，且焊缝打磨长度＞600 mm。

10. 进行焊缝超声波探伤、焊缝外观检验及道岔全长和各部尺寸复验。

四、钢轨伸缩调节器的铺设

(一)钢轨伸缩调节器的制造与出场检验

客运专线铁路有砟轨道钢轨伸缩调节器在工厂内试组装并验收，按以下要求进行检查：

1. 各部件尺寸应符合设计，不得超过允许公差。

2. 钢轨伸缩调节器在厂内组装验收前，应进行伸缩量试验，伸缩量不应小于设计值。基本轨及尖轨伸缩阻力应符合客运专线铁路钢轨伸缩调节器的相关技术要求，达不到要求应重新整治，直到合格。

3. 成组交货的钢轨伸缩调节器出厂时，制造厂技术检验部门应对产品零部件依据相关条件进行检验，并签发出厂合格证，提供铺设图和发货明细表。

(二)铺　　设

用 25 t 汽车吊将钢轨伸缩调节器吊上桥面，轨枕通过轨道平板运到现场，人工散枕并精确测量相对位置。铺设时，先摆放好枕木垫板，然后把固定钢轨的方木拆除，人工把组装好的钢轨摆放在指定位置，上好连接扣件，测量钢轨伸缩调节器总长，根据设计伸缩量作好调整。

五、施工经验与体会

1. 长轨在运输过程如果锁轨不规范，就会出现串轨，因此出车前必须仔细检查。

2. 牵引车进行拖拉长轨时，下部应垫放滚轮，并人工用撬棍辅助落位，以免钢轨刮碰到无砟轨道侧、边角，导致边角混凝土破损。

3. 气温较高条件下作业，长轨焊接前和应力放散前松扣件垫放滚轮时，应首先将长轨前端翘起，将轨头摆到承轨槽外侧，以免发生涨轨，造成钢轨弯曲，影响钢轨焊接，甚至发生安全事故。

4. 轨头焊接、粗磨完成后，要随时用探伤仪进行轨头质量检测。

5. 应力放散串轨时，容易将轨下橡胶垫板擦动移位，因此在串轨完成后拆卸滚轮前，应设专人仔细检查橡胶垫板位置。

六、轨道位移观测桩布设与观测

(一)设置原则

1. 位移观测桩按单元轨节设置，道岔区按道岔单元轨节设置。

2. 单元轨节起终点的位移观测桩尽量与焊接接头对应，纵向错动量不得大于 30 m，位移观测桩间相对位置应保持基本不变。

3. 无缝线路按单元轨节等距离设置位移观测桩，桩间距离不大于 500 m；当单元轨节长度不足 500 m 整倍数时，可适当调整桩间距离。

4. 每组道岔设置 5 对位移观测桩，即岔前、岔后、限位器、距离道岔前后各 50 m 处均设位移观测桩。

5. 桥梁地段，位移观测桩应设于桥梁固定支座附近的道床板中心位置。

6. 隧道内距洞口超过 200 m 地段不设位移观测桩。

7. 其他地段位移观测桩位置不受限制。

8. 长度大于 3 km 的隧道口，长度大于 500 m 的桥梁两端，单跨跨度大于 100 m 的连续梁、连续刚构、提篮拱或系杆拱两端，钢轨伸缩调节器基本轨接头和距离基本轨接头 100～150 m 处应增设位移观测桩。

（二）位移观测桩安装

通过在钢轨中性轴处粘贴观测标尺来设置位移观测桩，标尺的零点对应轨枕与道床板的分界线。观测时可采用三角板或垂球读取位移量。

正线每股道的左右两根钢轨都需要设置标尺。岔前、岔后每根钢轨均设置标尺，限位器处在基本轨和直尖轨上设置标尺。标尺中间设零点，总长度不小于 10 cm。

（三）观测桩编号

位移观测桩由铺轨单位进行编号，编号按列车运行方向顺序编号。编号以阿拉伯数字标注，编号方法为 ABCDEF。

A 为铁路局代号，武汉局代号 17，广铁（集团）公司代号 08。按公司相关纪要，两铁路局工务管界以 DK1339＋100 处划分。

B 为段内区间编号，视所在区间，按表 4-5-40 取值。

表 4-5-40　区 间 编 号

编号	区间	编号	区间
01	武汉—乌龙泉东	10	衡阳东—耒阳西
02	乌龙泉东—咸宁北	11	耒阳西—郴州西
03	咸宁北—赤壁北	12	郴州西—乐昌东
04	赤壁北—岳阳东	13	乐昌东—韶关西
05	岳阳东—汨罗东	14	韶关西—英德西
06	汨罗东—长沙南	15	英德西—清远
07	长沙南—株洲西	16	清远—广州北
08	株洲西—衡山西	17	广州北—广州南
09	衡山西—衡阳东		

C 为线别，1～2：1 为下行，2 为上行。

D 为轨别，1～2：1 为左轨，2 为右轨。

E 为单元轨节编号，01～99。车站中心的单元轨节作为下一区间的 01 号。

F 为该单元轨节内的观测桩编号，为 01～99。

观测桩编号标注在标尺前方轨腰上，为红底白字。

第四节　道 岔 施 工

一、概　　述

（一）18 号道岔

武广铁路客运专线长枕埋入式道岔基本轨设有轨距加宽（即 FAKOP），直向通过速度 350 km/h，侧向通过速度 80 km/h，道岔主要尺寸见表 4-5-41。

表 4-5-41　道岔主要尺寸

道岔号数	道岔总长（m）	前长（m）	后长（m）	辙叉角度	备注
18	69.000	31.729	37.271	3°10′47.39″	

（二）50 号道岔

50 号道岔属联络线道岔，无论是从结构线型还是用途都不同于小号码道岔，有以下几个特点：

（1）较长的结构尺寸

道岔全长 180.097 m，前长 90.502 m，后长 89.595 m，最长单件为基本轨，长达 63.146 m；而目前普遍使用的 18 号道岔全长 69 m，仅比 50 号道岔基本轨长一些。如此长大的道岔构件对运输吊装是一个挑战。

(2)较大的导曲线半径

目前18号道导曲线采用的是半径为1 100 m的单一圆曲线线型，而50号道岔则采取了"缓＋圆＋缓"的复合型线型，圆曲线半径更是达到7 300 m。

(3)较高的侧向通过速度

作为联络线类型道岔，50号道岔的侧向设计通过速度高达220 km/h。

(4)独特的轨距优化

50号道岔辙器区域设置轨距优化，最大优化加宽值15 mm。

二、长枕埋入式道岔

(一)技术标准

高速无砟道岔不同于普通线路道岔，各项铺设要求指标较高。铺设必须严格遵守《客运专线无砟轨道道岔铺设暂行技术条件》各项要求。无砟道岔铺设定位偏差及验收几何尺寸静态验收标准见表4-5-42和表4-5-43。

表4-5-42 道岔定位允许偏差

序号	检验项目	允许偏差(mm)
1	轨面高程	0 −5
2	中线	2

表4-5-43 无砟道岔静态(直向)平顺度允许偏差及检验方法

序号	项目	旅客列车设计行车速度 v(km/h)		检验方法
		200	$200<v\leqslant350$	
1	轨距	±1 mm	±1 mm	轨检小车
2	高低(弦长10 m)	2 mm	2 mm	
3	轨向(弦长10 m)	2 mm	2 mm	
4	水平	2 mm	1 mm	

(二)施工工序流程

铺设工艺流程如图4-5-52所示。

(三)施工工艺和控制要点

1. CPⅢ点交接及复测

由监理单位主持，从线下施工单位接收范围内的CPⅢ点、1对CPII点及辅助点、1对二等水准基点及测量成果。

组织测量人员对CPⅢ点和二等水准基点进行复核。当CPⅢ点复核测量结果与从线下施工单位接收的CPⅢ测量成果满足技术条件的限差要求时，直接采用线下施工单位交接的测量成果；如不满足限差要求，则上报监理单位，与线下施工单位组成联合测量组，对CPⅢ点进行复测。

2. 道岔定位测设

利用CPⅢ点测量成果，采用徕卡全站仪自由测站，后视8点棱镜测放道岔控制桩。每组道岔在直股的岔首、岔心、岔尾及两处轨排接缝和曲股的直圆、圆直、曲股岔尾以及道岔前后50～100 m范围内设置控制桩。在岔首、岔心、岔尾控制桩位置，垂直直股线路在道岔两侧分别设置外移桩。道岔控制桩在支承层上施测。为保证无砟道岔间的相互位置，各组道岔控制桩一次测设完成。道岔两端预留200 m的长度作为道岔和区间线路衔接测量的调整距离。放样精度保证在0.7 mm以内。测量的主要技术要求符合《客运专线无砟轨道铁道工程测量暂行规定》(铁建设〔2006〕189号表3.1.1、表3.1.2—2和第3.2.4条规定，并按第3.2.5条的规定进行平差)。

轨面高程采用徕卡DNA03高精度水准仪，钢轨轨底外侧支承上排里程、做标记点，测标记点的高程。

并出示上返高程交底。高程误差控制在±2 mm以内。水准测量按《客运专线无砟轨道铁路工程测量暂行规定》第4.1节有关精密水准测量的要求施测，并按表4.1.8中二等水准测量的规定平差。

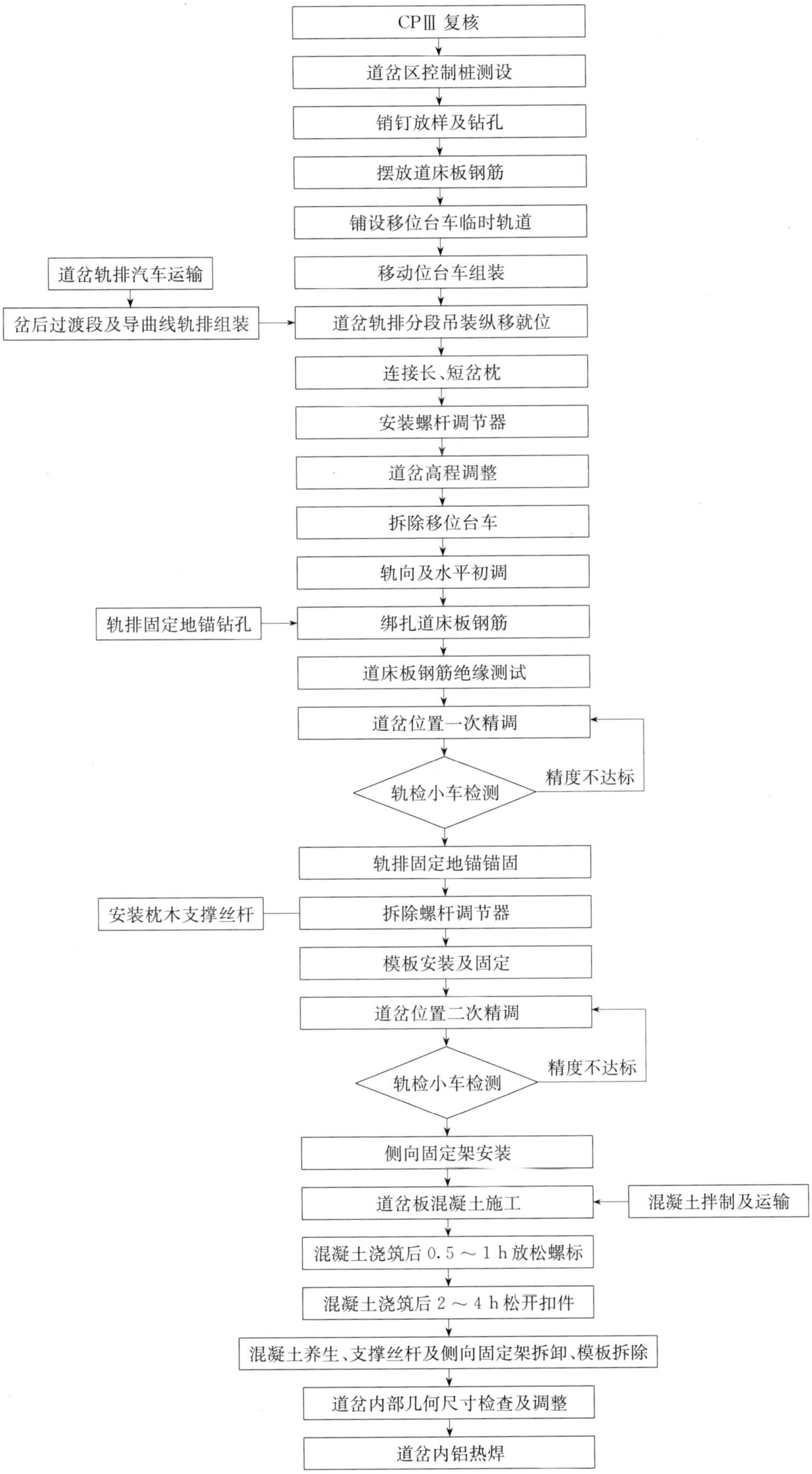

图4-5-52 长枕埋入式无砟轨道道岔施工工艺流程

控制基桩埋设要求：在稳固、可靠、不易破坏和便于测量处设置基桩，并应防冻、防沉降和抗移动。控制点标设应清晰、齐全。施工前根据现场实际情况增设加密桩。

3. 道岔定位、静态平顺度允许偏差和铺设施工允许偏差控制

(1)道岔定位时轨面高程要控制在 0～－5 mm，中线在 2 mm。

(2)静态平顺度要严格控制在轨距±1 mm，水平 1 mm，方向、高低误差±2 mm。

(3)铺设施工时严格执行《客运专线无砟轨道铁路工程施工质量验收暂行标准》(铁建设〔2007〕85 号)13.3.4 的规定，进行允许偏差的控制。

4. 道床板纵向钢筋布设、绑扎和接地处理及绝缘测试

在支承层施工完毕，混凝土表面凿毛处理后，立即使用高压水枪清理支承表面。道岔放样完毕后在组装平台设置前，预先按照设计数量将纵向钢筋放置在支承层顶面上，纵向钢筋要避开组装平台位置。

按照设计要求绑扎道床板钢筋，采用 HRB 热轧带肋钢筋，除根据设计要求纵向接地钢筋采用焊接外，道床板内纵向钢筋与横向钢筋、岔枕桁架钢筋交点处及纵向钢筋搭接处，根据设计要求均设置绝缘卡。保证"同一截面"内，同一根钢筋上不超过一个接头。保护层使用与道床板相同等级的混凝土垫块。

根据设计要求焊接接地钢筋，设置接地端子。

钢筋绑扎及接地处理完成后，进行绝缘性能测试，确保绝缘效果。

5. 道岔散轨件及小件吊卸

根据道岔控制桩位置，将导曲线段岔枕及辙叉后岔枕、转辙机、下拉装置等卸放在铺设位置一侧，导曲线钢轨也卸放在铺设位置线路一侧。

6. 转辙器段及辙叉段轨排平台安装

在转辙器段和辙叉段轨排位置，在支承层顶面设置工装平台，并利用徕卡 DNA03 水准仪调整工装平台高程，满足工装平台顶面高程与道岔灰枕底层钢筋设计高程一致或稍低 5～10 mm。

将运至的转辙器轨排及辙叉轨排利用汽车吊将轨排直接放置在工装平台上。轨排吊卸时，在转辙器及辙叉位置设置导向装置，将轨排准确放置在铺设位置，精度控制在±5 mm。

7. 导曲线段轨排组装和岔后、渡线的组装

在导曲线位置，支承层顶面设置轨排组装平台，将岔枕吊装到组装平台上，按照设计顺序安放岔枕，以钢尺控制，按设计调整岔枕间隔。控制牵引点处岔枕间距，不得小于设计尺寸。调整时严禁用撬棍插入岔枕扣件螺栓套管内撬拨岔枕。

钢轨件组装前须对钢轨质量进行检查，严格控制钢轨弯曲(包括高低和水平)，若有较大质量差异应用顶调设备预先进行调整。

然后将导曲线钢轨吊装到岔枕上，组装导曲线段轨排。调整、紧固道岔。吊装就位后，逐段拨正钢轨，使钢轨落槽，然后进行方向、轨距、密贴调整。调整基本到位后紧固扣件，扣件螺栓采用测力扳手终拧，紧定力矩符合设计规定。

钢轨采用无眼夹具和鱼尾板进行临时联结，使道岔形成整体，严格按照厂内标记的接头顺序和设计预留轨缝值进行。

8. 螺杆支撑架安装及道岔轨排下平台拆除

使用岔枕预留孔安装螺杆支撑架，将道岔轨排顶起，拆除道岔轨排下平台。

9. 道岔高程调整

利用精密水准仪测设道岔轨顶高程，将高程调整至设计高程以下 5 mm 位置。

10. 模板安装及固定

安装侧向模板。模板采用槽钢加工制造，并设置加固装置。

11. 侧向支撑螺杆安装

在道岔直股边每二根灰枕端头的支承层上用合金钻钻眼，深度为 250 mm，用植筋胶将侧向支撑螺杆锚固在支撑层上。

将侧向支撑可调节螺杆与灰枕底层钢筋焊连，调整可调螺母，可实现轨排位置横向调整。

12. 道岔一次精调

道岔一次精调测量工作采用徕卡 DNA03 高精度水准仪、徕卡全站仪完成。根据道岔区测量控制基桩进行逐点测量调整。道岔水平调整用高精度水准仪对道岔轨面逐点测量，确定道岔高程调整数值。调整竖向支撑螺杆丝杆高度精调起平道岔。道岔方向调整，先从线路中线控制桩引出，调整侧向支撑丝杆使道岔横移对中并固定，再从道岔两侧加密测量基标拉钢弦线复核轨道中线。用测量 FAKOP 位置来调整基本轨，保证基本轨的直线度。轨距及支距调整，以直基本轨一侧为基准，按照先调支距再调轨距的步骤进行，使尖轨检测点支距和导曲线支距允许偏差符合设计要求。调整尖轨、心轨密贴和顶铁间隙，确保在牵引点处密贴小于 0.2 mm。调整直线尖轨的直线度满足组装要求；曲线尖轨圆顺平滑无硬弯。严格控制轨距±1 mm，水平 1 mm，方向、高低误差±2 mm 的范围内。

13. 转换设备安装与调试

道岔转辙机安装前，对电气、机械性能进行测试，满足设备设计性能指标后才进行安装。转辙机安装按照如下次序进行：

(1)以垂直于道岔直股基本轨定位，在各牵引点分别安装转换装置和锁闭装置。

(2)以各牵引点动程控制，调整连接杆件定位。

(3)各部螺栓紧固，开口销齐全。各部绝缘安装正确，不遗漏，不破损。

(4)检测各牵引点动程和牵引力，检查转换机构工作状态，检查锁闭装置锁闭到位和表示状态，分别调试到位。

转换设备安装调试完成后，由工务和电务技术人员相互配合按如下次序进行调试：

(1)配合转换设备调试，进行道岔调整。局部细调轨距、支距及轨向调整，重点对尖轨和可动心轨密贴段检查调整，使允许偏差符合设计要求。

(2)密贴调整与转换设备调整同步进行，确保尖轨在切削范围内与基本轨密贴、可动心轨在轨头切削范围内分别与翼轨密贴，开通侧股时，叉跟尖轨尖端在切削范围内与短心轨密贴。

(3)转换设备应保证可动机构在转动过程中动作平稳、灵活，无卡阻现象。锁闭装置正确锁闭、表示正确。

(4)道岔轨距、方向、密贴和间隔等检测项点达到设计要求。

(5)对转换装置、锁闭装置工作性能检测值和道岔轨距、方向、密贴和间隔等几何尺寸检测值进行详细记录。

(6)转换设备调试合格后，作出定位标记。

道岔转换设备在调试结束后拆除。拆除后，再次检测道岔几何形位，复测线路高程、方向，对因拆除作业产生的偏移及时调整复位，精细调整道岔。

14. 道岔二次精调

采用轨检小车及其他检测工具检测道岔方向、高低、水平、轨距等几何形位指标，根据轨检小车检测数据确定精调数值。随轨检小车移动，根据检测反馈数值逐点对道岔水平、方向进行微调定位。

(1)调整竖向支撑螺杆高度精调起平道岔。道岔高低误差±2 mm 以内、水平 1 mm 以内。滑床台板坐实坐平，垫板与台板的间隙不超标。

(2)调整侧向支撑丝杆，对道岔方向超限点作局部精调。直股工作边直线度符合规定指标、曲股工作边曲线段应圆顺无硬弯。

(3)调整轨距、支距。使尖轨检测点支距和导曲线支距允许偏差在±1 mm 以内。

(4)调整钢轨非工作边、尖轨、可动心轨密贴和顶铁、滑床板辊轮间隙。保证密贴段密贴良好、确保在牵引点处密贴小于 0.2 mm。

整组道岔调试完毕对弹条螺栓、岔枕螺栓副、限位器螺栓、翼轨间隔铁螺栓副、长短心轨间隔铁螺栓副进行复拧，复拧扭矩达到 300 N·m 以上。

调整后的道岔按照客专无砟道岔铺设技术条件中的检测验收项点逐项检测道岔，混凝土浇筑前的道岔必须完全满足道岔铺设验收要求。

道岔二次精调一般需要进行多次，直至道岔内部尺寸和外部尺寸均满足要求为止。

15. 检查与评估

道岔精调工作完成后，根据现场道岔精调情况，由施工单位提出申请，业主组织咨询、设计、监理、施工等单位组成检查组根据测量数据报告的内容进行检查，同时对支撑体系、加固措施进行全面检查评估。各项工作满足设计要求并具备混凝土浇筑施工条件后，方可进行后续施工。

16. 道床板混凝土浇筑松开道岔扣件及混凝土养护

在评估报告同意进行道岔道床板混凝土浇筑后，必须对道岔再次进行测量与精调，并保留好混凝土浇筑前的测量成果。道岔再次精细调整到位并固定后，进行混凝土浇筑前准备。道床板 C40 混凝土由统一的拌和站集中供应，10 台混凝土搅拌运输车利用路堑上施工便道运输混凝土，2 台输送泵车在路堑上泵送混凝土入模，采用人工振捣。灌注顺序从辙叉部分分别向岔前和岔尾两个方向同时进行。

(1)混凝土浇筑

①混凝土灌注前必须用高压水枪清洗支承层，同时将混凝土岔枕洒水湿润，以利于界面结合，不得有积水。钢轨部件、垫板、滑床垫板、扣件等应加装临时防护膜和防护盒。

②原材料的质量证明由拌和站负责提供。每车混凝土均做坍落度检查，坍落度应为 140～160 mm。每一工作班制作 5 组标养试件，其中 3 组同条件试件。

③混凝土灌注过程中，保证振捣密实的同时，应有专人随时检查道岔轨排的固定装置、防止移位，并注意检查模板加固状态。

④混凝土入模后，立即插入振动棒振捣。对岔枕底部位置混凝土要加强振捣，确保混凝土的密实性，转辙机坑位置应加强捣固。捣固时严禁振动棒触碰支撑螺栓和侧向支撑装置。

⑤振捣完毕及时清理遗留在岔枕及钢轨部件、垫板、滑床垫板、扣件等处的混凝土。

⑥道床板混凝土表面采用人工抹平，确保道床板的顶面高程、平整度和排水坡度符合设计标准，抹面分粗抹和精抹 2 道工序。

⑦道床板混凝土浇筑达到初凝后及时拆出竖向支撑螺杆(辙叉部分除外)，在室外温度上升较快或轨温超过设计锁定轨温范围前及时松开鱼尾板和扣件螺栓，同时遗留孔洞以同级砂浆填充密实。

⑧混凝土入模温度不宜超过 30 ℃，每工作班至少测温 3 次，并填写测温记录。

⑨为保证混凝土入模温度，暑期采用夜间施工，并做好照明工作。

⑩预计浇筑时间在 5 h 以内。

(2)混凝土养生

①混凝土浇筑完毕及时覆盖保湿棉垫，覆盖养生，且不受阳光直射和风吹，随时浇水保持棉垫的湿润。

②在道床板混凝土养生期间，施工区严格封闭，严禁行人车辆在道岔上通过。

(3)混凝土施工工艺流程

浇筑前检查工作、加装临时防护模、接触面洒水、混凝土搅拌、混凝土运输、混凝土泵送入模、人工插入式振捣、人工抹平、拆除临时防护模、人工清理道岔污染、人工精抹、松开扣件螺栓、覆盖养生、拆除模板。

(4)道床板外形尺寸允许偏差满足表 4-5-44 要求。

表 4-5-44 道床板外形尺寸允许偏差

序号	项　目	允许偏差(mm)	序号	项　目	允许偏差(mm)
1	顶面与承轨台面相对高差	±3	3	中线位置	2
2	顶面宽度	±5	4	平整度	2 mm/m

(5)转辙机基坑外形尺寸允许偏差满足表 4-5-45 要求。

表 4-5-45 转辙机基坑外形尺寸允许偏差

序号	检查项目	允许偏差(mm)	序号	检查项目	允许偏差(mm)
1	深度	±4	4	轴线偏斜	5
2	宽度	±4	5	平整度	2 mm/m
3	轴线位置	2			

17. 道岔焊接及型式检验

根据《客运专线无砟轨道铁路工程施工质量暂行标准》第 14.3.1 条的规定，道岔内及两端与线路连接的钢轨锁定焊可采用铝热焊。

由于 BWG 道岔的特殊性，执行 TB/T 1632.3—2005 标准要做三种不同型式检验，第一种硬头轨与硬头轨的焊接，第二种是国产 U71Mn(k)与 U71Mn(k)的焊接，第三种是硬头轨与 U71Mn(k) 的焊接。型式检验由铁道部产品质量监督检验中心铁道建筑检验站进行检验。

铝热焊工艺的主要流程：准备工作→轨端干燥→轨端除锈去污→对轨→夹具安装→砂模安装→封箱→预热→坩埚安装→反映→拆模→推瘤→打磨

焊接顺序为先直、曲基本轨、后里轨，最后和区间钢轨焊联。在钢轨焊接前安装转换设备，进行联合调试，道岔状态满足检验要求。道岔内部钢轨接头焊接和与相邻无缝线路的焊联在设计锁定轨温范围内进行。焊接接头应满足 TB/T 1632 的要求。

不应在岔区内进行温度放散，特殊条件下可仅对直曲基本轨进行温度放散。

18. 道岔终调及验交前的整修

无砟道岔道床板混凝土浇筑完成后，经自检、电务互检合格后，电务及时安装转辙及锁闭装置。安装转辙机时，工务、电务部门应配合施工，并调试到最佳工作状态。道岔焊接不得影响转辙机拉杆与道岔钢轨的联结。

道岔焊接锁定后，对整组道岔包括前后过渡段进行最终的精细调整。调整后的道岔必须满足设计和列车高速运营要求，同时完全满足《客运专线无砟道岔铺设暂行技术条件》中道岔铺设验收基本项点各项要求。

道岔施工完成后，用钩锁器固定尖轨，直向限速通过，侧向使用道岔前须按相关程序协商，征得施工单位同意，并做好相关限速标志和防护工作。禁止工程列车在岔区起停。

设置专人看护，防止道岔部件、扣件、电务设备等丢失和破坏，按有关要求进行涂油和扣件复拧等工作。

19. 道岔的检测与验收

无砟道岔铺设完成后，按照《客运专线无砟轨道道岔铺设暂行技术条件》附表道岔铺设及检验要求的规定逐项检查，记录实测数据，归入技术档案，验收条件如下：

(1)A 类项目合格率 100%。

(2)B 类项目合格率 90%。

(3)C 类项目合格率 80%。

其中 B 类和 C 类项目均不应超过相应的客运专线道岔养护维修标准作业验收中规定的允许偏差，否则判定道岔不合格。

道岔铺设经检验合格后方可验交。

(四)施工机具

无砟道岔施工机具见表 4-5-46。

表 4-5-46　主要工装设备配置一览表

序号	设备名称	规格	单位	数量	备注
1	汽车吊	250 t	台	1	道岔运输
2	拖挂汽车	30 m、25 m、15 m	台	各 1	
3	汽车吊	25 t	台	1	导曲线组装
4	手摇式起道机	10 t	台	40	
5	内燃电动扳手		台	4	
6	移位台车		套	4	道岔轨排就位及安装
7	侧向固定装置		套	800	
8	轨道调节器		套	1 080	
9	枕木支撑丝杆	M27	根	3 040	
10	精测小车(带全站仪)	GPR1000S	台	2	

续上表

序号	设备名称	规格	单位	数量	备注
11	道床板钢模		米	800	道床板混凝土浇筑
12	混凝土汽车泵		台	3	
13	混凝土地泵		台	3	
14	混凝土运输车		台	6～10	

(五)施工体会

1. 道岔组装完成后，首先要对道岔内部尺寸进行检查，如轨距，支距，各项密贴指标等，确认达到规范要求后才可进行下道工序，可最大程度减少道岔精调工作量。

2. 精调作业全站仪自由设站，要保证使用 8 个 CPⅢ控制点，困难情况下可减为 7 个，但转站误差不能大于 2 mm(同一点两次设站校核，一般为上一站最后一个点)。最终精调完成后必须对整组道岔数据进行采集，禁止边精调边采集；

3. 调整作业人员的经验非常重要，因此道岔精调作业人员必须固定。

4. 支撑系统及加固方案必须严格按照施工方案认真落实到位，并安排专人检查。

5. 选用优质模板，保证混凝土表面质量。施工前适时对混凝土界面洒水湿润，控制混凝土入模温度 5～30 ℃、15～20 ℃为最佳，确保灌注期间及之后一段时间环境温度变化不大。

三、板式道岔

(一)道岔板预制

1. 道岔板制造工艺流程

参照无砟轨道板制造中道岔板制造部分。

2. 道岔板制造关键技术

(1)模板安装与检测

①模板安装前的准备:安装模板的位置地面应经过混凝土硬化处理，并表面平整，模板安装前要按设计模具支腿位置在地面划线放样，安装地脚螺栓 2 支撑钢板，安装过程要详细测量其平整度，使支撑钢板在同一水平面上。

②吊装模板框架:将已按设计加工好的模板框架，用行车配合准确吊装至支撑钢板上，并使支腿和支撑钢板位置对应，焊连支撑钢板与支腿底橡胶块下的钢板。

③安装支撑模板面的槽钢，并与框架焊接成一体，承轨台面板及排水槽面板通过提前已焊连的调平螺栓，与槽钢相连。

④用于灌注 CA 砂浆的灌浆孔硬质橡胶制品，用螺栓固定在模具底板上。

⑤侧向挡板:每次浇筑混凝土前，清理模具后，将侧向挡板安装定位，并通过磁力夹具或斜撑及挡板的组合固定。

⑥安装好的模具通过 DNA03 水准仪进行检测，并通过调整底部螺栓，使模板平整度在±0.5 mm 范围。

(2)钢筋的制作、绝缘检测及安装

Ⅱ型道岔板内钢筋由上下两层钢筋网片组成整体安装固定。钢筋间纵横节点用绝缘卡连接，底部保护层采用保护层塑料卡固定。

①道岔板钢筋网片制作加工

a. 钢筋下料

由于道岔板钢筋数量较少，种类较多，因此钢筋基本全部需要下料加工，用切割机按设计长度切割下料。下料时，去掉钢材外观有缺陷的地方，钢筋下料长度误差为:纵向钢筋±10 mm;横向钢筋±10 mm。

b. 钢筋网片制作及安装绝缘卡

将钢筋按照设计的位置摆放，手工将相应规格的绝缘卡按设计位置压入，使绝缘卡套在钢筋上，将上层的钢筋放入安装好绝缘卡的下层钢筋上，使绝缘卡另一承插口朝上，将切割好的横向钢筋对齐纵向钢筋的绝缘卡槽口，用专用工具将钢筋压入绝缘卡承插口，安装好钢筋网片并通过绝缘检测后，用车间 5t 桥式吊车将钢筋网片吊放到车间指定位置堆放。堆放时，应注意上下层钢筋网片的稳定。

c. 加工接地装置

接地装置在加工下层钢筋网片时安装，其中，接地套座由指定厂家定型加工，接地扁钢在车间下料成型，具体步骤如下：

(a)用切割机将 50 mm×4 mm 扁钢按设计长度切割下料。

(b)将横向接地扁钢和接地桥分别按设计要求精确放在设计位置处，如有偏差，及时调整。

(c)将直径 16 mm 螺纹钢筋放入设计位置处，并精确测量和调整其位置。

(d)在接地扁钢和接地套座与螺纹钢筋交叉和连接处施焊，应采用气体保护焊的方法双面焊接，焊接长度不小于 5 cm。

(e)接地装置加工完成后，即可开始安装绝缘卡并组装下层钢筋网片。

d. 检测绝缘电阻

钢筋网片组装完成后，及时检测其绝缘性能，绝缘电阻检测应形成记录。

②钢筋网片入模安装

钢筋网片的安装需要行车、运输车等设备、工装配合作业。

采用人工安装道岔板预埋件。先将预埋锚栓按设计位置放入钢筋网中，再通过连接螺栓与预埋件连接，并将锚栓拧紧固定，同时用绑带将锚栓与钢筋绑扎吊放到钢筋网片内。

安装完道岔板钢筋后，应系统地测试钢筋的电气绝缘性能，合格后，即可开始浇筑混凝土；浇筑过程注意检查钢筋的保护层厚度及预埋件的位置，发现偏移，及时纠正。

(3)道岔板混凝土施工

Ⅱ型道岔板的混凝土强度等级与标准轨道板一样，同为 C55 等级。

①混凝土的拌和、运输

混凝土拌和使用场内自动计量的拌和站拌和。运输采取吊斗、运输车和行车联合作业方式，混凝土运输过程中，应注意各环节的衔接，使混凝土在基本稳定的时间内运送到灌注工位，确保注入模具内的混凝土坍落度基本一致。一般情况下，混凝土运输到灌注地点的时间应不大于 15 min；如同一块需用两斗混凝土，其抵达灌注地点的时间间隔不得大于 20 min。

②混凝土灌注及振捣

将混凝土运输到道岔板模具上方，打开闸门，混凝土直接分层均匀的倾卸到道岔板模具中。每块板最好能在 2 次浇筑完成，不超过 3 次，每次注入混凝土后即启动模具下附着式振动器，对混凝土进行短时振捣，同时人工配合整平。注入混凝土完成时，振捣至密实为止。密实以混凝土表面泛浆，无气泡或少量气泡冒出为准。

③拉毛

混凝土拉毛采用简易拉毛机人工操作，在灌注完混凝土后，间隔 15～20 min 进行拉毛作业。使道岔板底面沿横向形成 0.5～1 mm 深的纹路。

④混凝土养护

在道岔板浇筑完毕后，应及时在混凝土表面覆盖帆布保湿、保温养护。在混凝土灌注 16h 后，同条件养护试件强度达到 48 MPa 以上时，即可撤掉帆布，开始道岔板脱模作业。

⑤道岔板的脱模、吊运及存放作业

道岔板待混凝土强度达到要求的强度标准后，就可以进行脱模作业。脱模前应先将道岔板的侧模拆除或松开，采用行车起吊配合压缩空气辅助的方法进行脱模作业。脱模时，将吊钩与预埋在道岔板上的螺栓拧紧后，移动行车到脱模地点；将吊钩与行车连接好后，再将行车移动到道岔板的中心位置，缓慢起吊，道岔板脱模操作必须稳定，避免速度过急，造成道岔板的损坏。待道岔板提出模具约 30 cm 距离后，脱模作业即告完成。

将道岔板提升至一定高度后，用人工辅助的方法缓慢移动，将道岔板移动到存放位置，在人工辅助下，将其下部的支承垫木准确安放在承轨台面下，人工配合，缓慢下降，直至平稳降落到支承垫木上。

由于道岔板的长度和宽度都不一致，因此道岔板最高可放二层，层间采用四块方木支撑。支承垫木的抗压强度应不小于 15 MPa,外形尺寸 175 mm×175 mm×200 mm(长×宽×高),加工误差标准为±2 mm。

道岔板安置好后及时对其形成记录,记录内容包括:道岔板的编号和生产日期等。

(4)道岔板翻转、钻孔

①道岔板翻转

道岔板存放 48 h 后,即可进行钻孔,钻孔前先将道岔板翻转。翻转道岔板由桥式吊车上的 2 台行车配合人工完成,其作业程序如下:

用 2 台行车和吊梁同步移动将道岔板吊运到地面空间较大的位置,道岔板平稳下放到支承的长垫木上,并在需要翻转的道岔板侧增加弹性橡胶垫;摘开一侧行车的挂钩,缓慢升起另一侧行车,并向需翻转侧缓慢边升边移动行车,直至将道岔板成直立状态后,再继续向前移动行车并人工配合将道岔板缓慢向相反方向降下,直到将道岔板平稳落到支承枕木上后,道岔板即完成翻转。

②道岔板的钻孔

道岔板钻孔采用磁力钻孔机,具体工艺如下:

a. 将翻转后的道岔板,在其板面两边端部划出中线的位置;

b. 将所对应的胎具上定位孔与划线位置对应复核,待达到要求的位置后,进行下步工作的施工;

c. 首先先钻角部的测量孔,将钻机对准要钻的孔位后,调整钻杆使其达到要求的平面位置和垂直度后,开始钻孔;

d 钻好第一个测量孔后,安装好定位销,再钻对角的第二个测量孔,安装好另外一个定位销后,再依次按顺序钻孔;

e. 每次钻孔时,一定要分清及识别钻孔的位置,即必须钻相同识别眼的孔位,避免出现较大的误差:

f. 钻完孔后,再核对孔的数量,确认无误后取下定位销,将胎具吊走,则道岔板钻孔完成,即可进行下一块板的钻孔。

③道岔板的孔位检测

道岔板钻孔完成后,要将其吊放至经检测、支垫平整的位置进行孔位检测,检测仪器采用莱卡 TCA1800 全站仪。道岔板的孔位纵横向误差均应控制在±0.5 mm 范围内。

(5)螺栓安装

①材料准备

由于所有的道岔板的扣件全部都在现场安装,车间内只安装道岔板螺栓,因此道岔板螺栓需要准备安装的材料,螺栓安装材料见表 4-5-47。

表 4-5-47 道岔板螺栓安装材料

序号	配 件	数 量
1	隔离套管 1.5″ L=90 mm 垫圈	192
2	六角螺杆 M27×390	1 620
3	调整套管	1 620
4	垫圈	1 620
5	六角螺母 M27	1 620
6	拴塞	1 620

②螺栓安装

首先将道岔板吊放到安装扣件的工位,根据每个孔位的作用,在需要安装螺栓的孔位安放相应规格的螺栓。为了将螺栓固定,在其顶部加装了临时固定用的套管和垫片。螺栓采用在底部栓塞内的六角螺母和垫圈固定,达到扣件安装时的作用。在车间内只需用扳手将要求安装好的螺栓拧紧,保证螺栓不掉落即可。

(6)质量检验

①模板工程

用数字水准仪(徕卡 DNA03)检测,承轨台平整度保证全部承轨台面在±0.5 mm 的要求。

模板的结构尺寸必须符合设计要求。检验应符合表4-5-48的规定。

表4-5-48 模板(具)安装允许偏差和检验方法

序号	项　目	允许偏差(mm)	检验方法	
1	单块模板	宽度	±10	尺量,不少于3处
2		长度	±20	
3		高度	±8	

②钢筋布置

钢筋的间距、钢筋保护层厚度应符合设计要求,其允许偏差和检验方法,参照表4-5-49。

表4-5-49 钢筋间距、保护层厚度允许偏差和检验方法

序号	项　目	允许偏差	检验方法
1	普通螺纹钢筋间距	±10 mm	尺量,制板单位抽查5处,监理单位平行检查
2	钢筋保护层厚度	±5 mm	

③混凝土性能及技术要求见表4-5-50。

表4-5-50 道岔板用混凝土性能要求

序号	项　目	指　标	备　注
1	16 h强度	≥48 MPa	
2	28 d抗压强度	≥55 MPa	
3	弹性模量	≥35 700 MPa	
4	抗弯强度	6 MPa	
5	入模温度	15～30 ℃	
7	施工坍落度	9～14或15～20 cm	
8	含气量	1%～4%	
9	水胶比	0.4～0.45	
10	水泥	380～450 kg	

④道岔板外形尺寸的允许偏差和检验方法应符合表4-5-51的规定。

表4-5-51 轨道板外形尺寸误差和检验方法

序号	项　目	允许偏差(mm)	检验方法
1	道岔板长度	±20	尺量,每板不少于2处
2	道岔板宽度	±10	
3	道岔板厚度	±8	

⑤道岔板钻孔

钻孔后的道岔板,用TCA1800电子全站仪检测,其孔位允许偏差纵向横向为±0.5 mm。

⑥螺栓安装

螺栓及配套件的材质、规格、型号、外观质量应符合设计或《客运专线无砟道岔铺设暂行技术条件》中的有关规定。安装的螺栓应保证在运输过程中不松动和丢失。

(7)产品标识

①产品标识及质量证明

为了将制作完成的道岔板识别区分出在线路上铺设的位置，因此在道岔板制作完成后，做出明显的标识和标记。

首先根据道岔板的生产时间和制造类型，在道岔板的端部编出道岔板的第一个编号，如 070905 8-1；在道岔板螺栓安装完成后，在道岔板的板顶面上做出标记和每个承轨台的序号标识，如在铺设的右下角的红色圆点标记，用以分清道岔板铺设的方向和位置。

②质量证明

道岔板生产完成后，对每道工序质检情况复查，出具保证其质量的产品质量合格证书。

(8)产品吊装、贮存与运输

①道岔板吊装作业

a. 起吊作业：在制板场，用行车、专用吊具及吊链起吊道岔板；在施工现场，则用 40 t 吊车、吊链起吊道岔板。

b. 应形成的记录：道岔板移交记录，包括移交道岔板的编号、在铺设沿线的堆放位置、产品的质量状态(合格证明、有无运输引起的损坏)等，移交记录应经预制、铺设单位代表互相签认后，各自存档。

②道岔板贮存

道岔板在车间组装完扣件后，即可临时存放。

将道岔板预埋的锚栓用吊装螺栓拧紧，采用吊链与螺栓固定，用行车吊起双吊链，移动到道岔板中心后，落下并将吊链与道岔板上螺栓固定，人工拉动吊链上的链锁，使吊钩处于锁紧状态，人工将 4 块垫木按要求的位置精确摆放在平整坚硬的地面上。垫木的抗压强度应不小于 15 MPa，外形尺寸 175 mm×175 mm×200 mm，加工误差标准为±2 mm，小心提升并移动道岔板，将道岔板放到要求位置上。每个位置处可堆放 2 层道岔板。

(二)道岔板铺设

1. 路基上岔区 CRTSⅡ型板式无砟轨道

(1)结构类型

板式无砟轨道道岔板系统由多层结构组成，自下而上为：防冻层、找平层、混凝土支承层和道岔板(预制件)。找平层铺设在防冻层上，厚度为 20 cm，混凝土支承层是厚度为 18 cm 的钢筋混凝土结构，混凝土标号为 C40，流动性强，预制道岔板板厚为 24 cm，混凝土标号为 C55，钢筋混凝土结构。

(2)道岔板铺装前的施工准备

①施工机具准备

道岔板铺设施工前首先应制作用于道岔板铺设、精调的特殊专用设备和预制件，包括精调垫块、吊具、精调爪及垫板、扣压装置、精调系统和自流平混凝土灌注的特殊设备以及专用设备等。

②自流平混凝土配比准备

自流平混凝土就是不需要振捣就能自动达到密实的混凝土，其设计的重点就是要保证混凝土具有良好的流动性和粘聚性，使得混凝土能够自动贯穿于整个道岔板中，不离析、不泌水。细骨料宜选择中粗天然河砂，粗骨料粒径宜选择为 5～10 mm，且骨料密度应小于 2.9 t/m³，经过多次试配，确定最佳理论配合比、水胶比及外加剂掺量，如图 4-5-53 和图 4-5-54 所示。

图 4-5-53 出机温度测试

③道岔板存放

为加快现场施工速度，可事先将预制好的道岔板集中存放于施工现场附近。预制板采用 2 排木墩进行支垫，最多堆码 2 层，如图 4-5-55 所示。

图 4-5-54 扩展度测试

图 4-5-55 道岔预制板堆放图

(3)机具设备

采用的机具设备见表 4-5-52。

表 4-5-52 机 具 设 备

序号	工序名称	单位	数量	备注
1	精调爪	套	300	精调用
2	吊车	台	2	50 t(吊板)
3	精调设备	套	1	
4	电焊机	台	2	
5	钢筋切割机	台	1	
6	发电机	台	1	150 kW
7	混凝土运输车	台	6	

(4)施工工艺流程及施工控制要点

①工艺流程如图 4-5-56 所示。

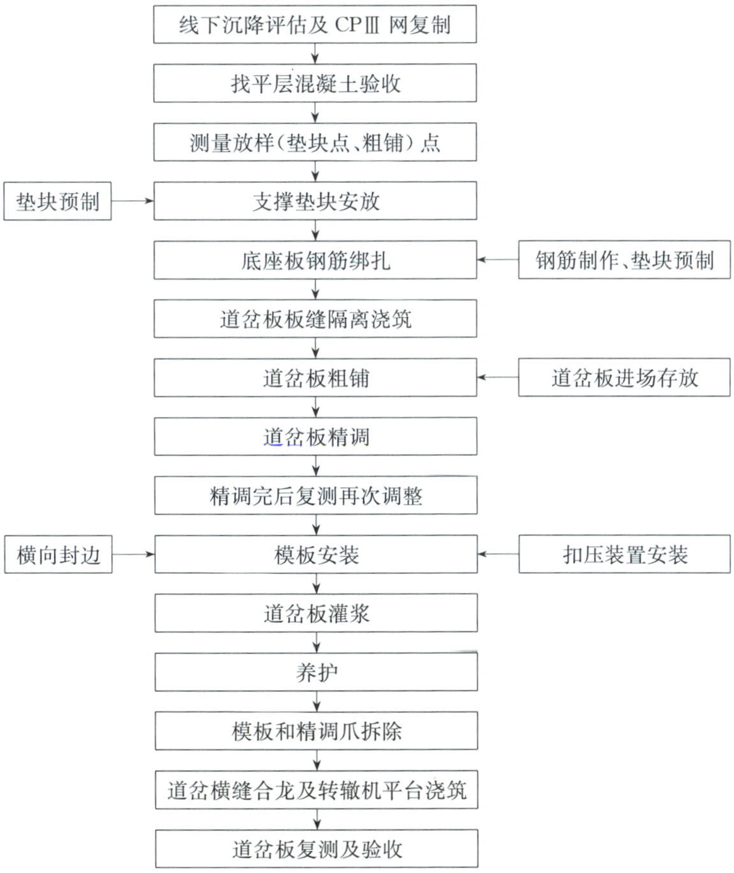

图 4-5-56 路基上岔区 CRTSⅡ型板式施工工艺流程

②施工控制方法

a. 构筑物沉降观测及CPⅢ精密测量网

为确保施工成品满足设计要求，道岔板铺设前，构筑物沉降观测及CPⅢ精密测量网必须通过专家评估，同时还应进行CPⅢ精密测量网的复核工作，要求其交会精度纵、横向误差控制在±0.3 mm、高程误差控制在±0.5 mm。

b. 找平层验收

按照设计及验标要求，对找平层进行表面平整度、高程、切缝等进行道岔板施工前的验收，要求高程误差在±10 mm范围内，平整度误差应在15 mm/4 m范围内，平面纵横向误差在±20 mm范围内，并用风力灭火机对表面杂物进行清理。

c. 道岔板施工放样

找平层验收合格后，依据道岔相对坐标及公共点坐标，换算出设计大地坐标，分别放出岔道板用的基准点、粗铺点，调节系统的混凝土垫块点的位置，并且在混凝土垫块点附近标明找平层高程以及到混凝土垫块上沿的高程，其放样的精度控制在±5 mm，高程精度控制在±1 mm。

d. 安装混凝土垫块及绑扎底座板钢筋

(a)垫块设置：依据放样好的位置进行精调垫块安装，其安装方式为先采用早强、粘结性好的砂浆在支撑垫块安放位置铺设一层2 cm厚的砂浆垫层来调节其高度及平整度，垫块位置横向±3 mm、纵向±5 mm、高度±5 mm，对影响垫块安装的钢筋可适当调整间距以避开。

(b)底座板钢筋绑扎：依据事先用墨线标记的位置进行钢筋绑扎施工，纵横向钢筋搭接处及纵向钢筋连接处均采用绝缘卡扣进行隔离，钢筋保护层采用预制好的45 mm×50 mm×800 mm的混凝土条来实现。底座板钢筋绑扎完成后应进行绝缘测试，要求绝缘电阻不小于2 MΩ。

e. 隔离墙混凝土

(a)板间扣压装置：板间扣压装置植筋采用钻头打孔，注入喜力得速凝胶，植筋位置应在道岔板板缝中心，纵向误差±20 mm，横向应在道岔板中线处但不能影响精调时全站仪的架设位置。

(b)隔离墙混凝土：隔离墙混凝土采用与底座板同标号的C40混凝土，宽度应为板缝宽度两侧各加7 cm，高程控制为道岔板底面以下3 cm，误差$^{-10}_{+5}$ mm。

f. 基准点的测量及平差

隔离带混凝土施工完成后(混凝土凝固)，通过CPⅢ网精确测量线路中心，标出每一块岔道板接头中心点，用钻机在中心点上钻取孔径为20 mm、深度100 mm的孔，安装锚杆，同时及时预埋基准点(GRP点)紫铜钉，并在混凝土达到一定强度测钉稳固后进行基准点(GRP点)的精确坐标测量，并对测量结果用平差软件进行平差处理，要求平差精度：平面±0.2 mm，高程±0.1 mm，作为精调道岔板的设站点和定位点。

g. 粗铺道岔板

首先将专用吊具上的带有吊链的螺栓与道岔板上预埋螺栓孔连接，然后用50 t吊车将道岔板缓慢吊放至临时方木块支墩上，初铺平面精度控制在±10 mm，高程精度控制在±5 mm，最后将精调爪(精调爪三个方向调到活动量的中间位置)安装在道岔板两侧的指定位置，旋紧高度调节螺栓使所有的支承点基本相同，保证其均匀受力，精调爪安装完后，取出道岔板下的方木块支墩，准备进行精调。

h. 精调道岔板

(a)总体思路：利用徕卡TCA2003全站仪测量道岔板四个角点测量板上棱镜孔位置的棱镜三维坐标，经全站仪快速精调系统对比后，确定三维方向的调整量，再使用精调爪的三维调整器进行逐步调整，最终达到设计的理论位置及高程。

(b)全站仪建站及定向：全站仪架设在道岔板之间的GRP基准点上，利用基准点进行设站(设站位置应距离精调道岔板在6～20 m范围内)和对中，利用一块已精调到位的轨道板直股上的一个棱镜点及对应的基准点来实现定向。

(c)精调数据测量：全站仪架设在轨道基准点上，通过快速测量系统，测量正在调整的道岔板上的4个(或6个)定位孔上棱镜的实际三维坐标，电脑通过事先输入的置放棱镜点理论坐标与实测坐标对比后，其偏差值会实时的显示在快速精调系统的屏幕上。

(d)道岔板精调:依据电脑屏幕显示的偏差值,按照先调整 4 个角点高程,再调整平面位置;短板精调时,尽量使用对角两点调整,在角点的高度及平面调整好后,再调整板中部高程的原则,通过道岔板四周的精调爪,对道岔板进行横向、竖向、纵向的调整,消除偏差量,直到道岔板达到高程±0.2 mm、横向±0.3 mm、纵向±0.4 mm 的偏差范围的要求。

(e)施工注意事项:精调完成后,借助辅助量尺、游标卡尺等,对相邻道岔板上的定位孔之间测距进行测量检查,可获得纵向补充控制仪器三角架的尺寸,目标棱镜的高度,棱镜加常数等必须准确无误。

(f)高速 SPS 精调方法不同点:其不同点在于道岔板还必须在纵向精确定位,道岔板的纵向和横向的精调时沿着正线一侧进行,并且还需借助于事先算得的定位孔的坐标值。

i. 道岔板的封边和扣压装置、模板安装

(a)封边:道岔板板缝处采用和自流平混凝土强度相等的 C40 混凝土进行封边,岔板封边应严密并保证灌注自流平混凝土时不溢出,封边过程中对基准点测钉用 PVC 管进行保护。

(b)扣压装置:为了确保自流平混凝土浇筑过程中道岔板不发生移位,应在道岔板两侧及板间设置扣压装置,侧向扣压装置间距为 3.7 m。扣压力由锚杆和角钢共同作用来实现,锚杆的植筋深度应达到 10 cm 以上,其抗拔力不小于 30 kN。

(c)侧向模板:采用定型钢模板,依据底座板边线进行支立,模板支立应垂直、稳固、平顺,相邻模板错台不超过 1 mm,采用黏贴双面胶来确保接缝严密。模板安装时,模板与混凝土垫块外侧有 2 cm 软纤维垫层。

j. 道岔板自流平混凝土灌注

(a)浇筑前准备工作

首先利用风力灭火机清除道岔板下的杂物,然后再用可旋转的高压喷枪对道岔板与找平层间的空间提前进行充分湿润。

依据计划浇筑的道岔板号,提前计算出所需的混凝土数量,根据计算数量及损耗确定混凝土每次的运输量。

对道岔板的平面、高程进行一次复核测量。

(b)自流平混凝土灌注

灌注前,应对混凝土的扩展度和入模温度进行及时检测,需满足扩展度在 70～80 cm,入模温度控制在 5 ℃～30 ℃之间。对于窄板(宽度小于 4.5 m)可采用运输罐车通过溜槽直接从一边进行不间断灌浆或采用吊车吊漏斗灌注,灌注必须一次性完成,严禁二次灌注作业。

在宽板灌注时,必须在板的两侧以均匀速度同时进行灌注,利用板间的排气孔排气。待混凝土灌注超过道岔板下沿大于 1.5 cm 时,在排气孔中插入 S 形铁钩,以确保灌注层和后浇混凝土更好地连接。

k. 安装道岔前剩余工作

当混凝土强度＞ 10 MPa 时可以拆除精调爪及模板,混凝土达到足够强度后两边做 2% 的排水坡,之后,土工布覆盖、洒水养护 7 d。期间,用同标号混凝土完成道岔板横向接缝及转辙机平台的施工,在道岔板间接缝位置,对伸缩缝用热沥青浇筑。

l. 道岔板复测

道岔板铺设完成后,要对其平面位置及高程进行复测,根据测量结果确定其位置是否满足线路平顺性要求。

2. 雷大桥特大桥上岔区 CRTSⅡ型板式无砟轨道

(1)结构类型

采用博格板道岔,由加高层、滑动层(两布一膜)、C30 钢筋混凝土底板座、3 cm 乳化沥青砂浆垫层和 24 cm 厚预制钢筋混凝土道岔板等五部分组成,混凝土标号为 C55,其长度和宽度随道岔几何确定。最长道岔板长度为 5.90 m,最宽道岔板宽度为 4.586 m,预制板最重为 11.85 t,最轻为 4.5 t。岔轨及其扣件采用 BWG 公司的钢轨及扣件,高度 24 cm。

(2)施工准备

①技术准备

施工前,成立专门的轨道工区开展现场施工组织,进行全面调查,从生活基地、道岔板的运输通道和存放、常规设备租赁、劳动力供应等方面具体落实。工程技术方面，进一步明确施工工期、技术标准，围绕技术标准开展施工前的技术准备，细化施工工艺；机械方面，做好设备进场组装、安排轨道板吊具、BZM砂浆中转运输车的加工试用；物资方面，安排道岔板支承垫木、塑料泡沫块、锚固胶、螺纹钢筋的购置和储存及加工。精调板用的多向调节架、扣压装置的确定及组织进场；测量基标、存板垫木的各项施工准备。

②工艺性试验准备

各种机具设备及物质材料的准备工作必须全面充分，满足前期的施工培训（工艺性试验）和后续的CRTSⅡ型道岔板铺设。

③人员准备

CRTSⅡ型道岔板铺设施工相关技术、机械、安全、试验及生产骨干的主要人员全部到位。

④机具设备准备

道岔板铺设需要的设备及工器具见表4-5-53。道岔板精调需要的设备及工器具见表4-5-54。

表4-5-53 无砟轨道道岔板铺设施工主要设备

序号	工序名称	备　注	序号	工序名称	备　注
1	精调爪	精调	10	扣压装置	灌浆
2	吊车(50 t)	铺板	11	空压机	清洗
3	洒水车	清洗	12	高压水枪	清洗
4	倒板运输车(20 t)	倒运博格板	13	鼓风机	清洗
5	150 kW柴油发电机	机具加工	14	木条(350×50×30)	存放、粗铺道岔板
6	移动式CA砂浆搅拌车	浇筑CA砂浆	15	氧割设备	机具加工
7	中转吊灌	转运	16	锚杆	扣压装置
8	植筋胶/枪(喜利得)	钢筋锚固	17	三马车	封边砂浆倒运
9	冲击钻/钻头	钢筋锚固			

表4-5-54 无砟轨道博格板测量仪器主要设备

序号	工序名称	型号	单位	数量	备注
1	全站仪	徕卡TCA2003	套	1	测量
2	电子水准仪	徕卡DNA03	套	1	测量
3	对中三角架		个	4	精调
4	钢尺/卷尺	30 m/5 m	个	1/3	测量
5	靠尺	4 m	把	1	检测平整度
6	百分表	0.01 mm	个	8	试验测量
7	紫铜钉		个	300	测量
8	扳手及套筒		套	10	精调

(3)工艺流程及施工方法

①工艺流程

雷大桥上板式道岔施工工艺流程如图4-5-57所示。

②桥上博格板道岔施工方法

a. 道岔板铺装前的施工准备

在道岔板施工前，必须对桥上施工完成的底座板进行复测验收，应满足设计及验标相关要求，即中线位置允许偏差为10 mm；顶面高程允许偏差为±5 mm；宽度允许偏差为$^{+15}_{0}$ mm；平整度允许偏差15 mm/4 m。底座板验收合格后，依据PVP软件及项目文件计算坐标，用CPⅢ网在已铺好的底座板上放样，分别放出道岔板铺设及精调用的粗铺点、基准点，精度控制在±1 mm。并且同时安装定位锥和测量钉，定位锥安装采用电锤钻孔，用鼓风器将孔内粉尘吹干净，利用树脂胶固定精轧螺纹钢，以此固定定位锥。定位锥锚杆为直径ϕ15 mm的螺纹钢筋，长550 mm。用钻机在基准点上钻取孔深为5 cm、预埋基准点(GRP点)紫铜钉，并在混凝土达到一定强度测钉稳固后进行基准点(GRP 点)的精确坐标测量,并对测量结果用 PVP 平差软件进行平差处理,要求平差精度:平面±0.2 mm,高程±0.1 mm,作为精调博格板的设站点和定向点。

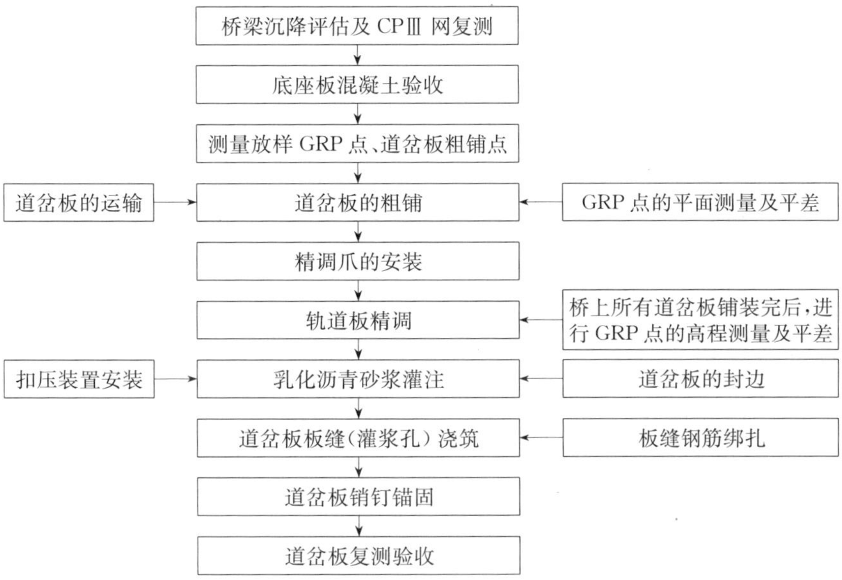

图 4-5-57　桥上博格板道岔施工工艺流程

b. 道岔板的粗铺

底座板混凝土强度大于 15 MPa,且混凝土浇筑时间大于 2 d,GRP 点平面测量完成后可进行道岔板的粗铺。道岔板粗铺前,测量确定各编号道岔板的位置,并在底座板上用墨线标示,同时标注轨道板编号。

道岔板粗铺定位。道岔板在吊装前,仔细核对编号,并对道岔板进行验收:道岔板边缘是否有损坏,如混凝土剥落,深度不得超出 5 mm,面积不得大于 50 cm^2;不得侵入板边缘 15 mm,长度不得大于 100 mm;不合格的道岔板严禁吊装使用。

由于现场实际条件制约,铺板采取吊车起吊,道岔板在桥面上运输采用 20 t 的运输车,先铺左线 3 号岔,再铺右线 1 号岔,铺设 3 号岔时吊车可以直接就位铺设,而铺设 1 号岔时,由于道岔板的重量及顺序,吊车必需先把板卸到左线上后,吊车再掉头进行 1 号岔铺设,因此从运输到道岔板粗铺就位需要时间长,每铺设一块板,平均需要 40 min,铺板工作面需要 4 台运板小车,2 台吊车。

道岔板铺设前,在 C30 混凝土底座板上放置 30 mm×50 mm×350 mm 的方木,每块板放 6 块方木条,方木条紧靠精调夹爪并放在混凝土底座板上,2/3 在板下面,1/3 在板外面,精调定位装置安装在岔道板两侧的指定位置,旋紧高度调节螺栓使所有的支承点基本相同,保证其均匀受力,精调爪安装前,要把精调爪三个方向调到活动量的中间位置。精调爪安装完后,取出道岔板下的方木条,准备下一步精调。

c. 轨道板精调

用徕卡 TCA2003 全站仪精测,使用精调爪对道岔板进行测量精调,道岔板精调通过全站仪测量板上棱镜孔位置棱镜三维坐标,经全站仪快速精调系统对比后,指导精调调整量实现。道岔板在工厂定位螺栓孔的同时,就已在板的四角各做一个定位孔,定位孔按图定坐标设计,宽度及长度较大的道岔板则在中部增加了 1～2 个定位孔,精调时通过测量安装在定位孔中的棱镜即可判定道岔板位置及调整量。

精调时,全站仪架设在道岔板之间的基准点上,利用基准点进行设站(设站位置应距离精调道岔板在 6～20 m 范围内)和对中,以上一块已经精调到位的轨道板直股上的一个棱镜点及对应的基准点两个点定向。

道岔板上安置棱镜点的理论坐标已经预存入全站仪快速精调系统,全站仪架设在轨道基准点上,通过快速测量系统,测量正在调整的道岔板上的 4 个(或 6 个)定位孔上棱镜的实际三维坐标,结果及与理论数据的差值会实时显示在快速精调系统的屏幕上,再通过道岔板四周的精调爪,对道岔板进行横向、竖向、纵向的调整,消除偏差量,直到道岔板达到要求。

在精调时,先调整 4 个角点的高度,再调整平面位置,短板精调时,尽量使用对角两点调整,在角点的高度及平面调整好后,调整板中部(两侧钳夹或板内螺栓)高程。精调完成后,对道岔板要加以保护,严禁踩踏。

精调完成后的道岔板定位精度控制在高程±0.2 mm,横向±0.3 mm,纵向±0.4 mm。

d. 道岔板的封边及扣压装置安装

道岔板精调完成后,在道岔板两侧及两道岔板之间预定位置安装扣压装置及进行道岔板的封边。

(a)道岔板封边

封边前应将板下灰尘吹除干净,同时对板封边范围进行预湿(以保证封的牢固)。封边施工沿轨道板四周的缝隙(2～4 cm 厚)进行。

道岔板两侧封边采用普通砂浆,封边砂浆须满足稳定性(灌浆时不被推移)及密封性要求,同时应保证拆封后外观整洁要求。轨道板封边时应在两侧面预留 6 个(每侧 3 个)排气孔,孔径为 25～30 mm,排气孔位置设在轨道板的下边。孔位要避开精调装置。封孔可采用专用孔塞或泡沫材料。

道岔板端部(板间)封边。轨道板对接处横向接缝的密封使用可刮抹的稠度较大的垫层砂浆,垫层砂浆密封可以排除灌浆后产生的应力不平衡。垫层砂浆的注入量应超出轨道板底边至少 2 cm。

首先在横向接缝中装入一纵向漏斗,砂浆经过漏斗灌入横缝中。灌浆时基准点不要被垫层砂浆掩盖,用塑料套管或一次性水杯护住。

(b)道岔板压紧装置

精调完成后设置(防灌注 CA 砂浆时板上浮)扣压装置。道岔板两侧中间部位增加设置固定装置。压紧装置由锚杆、L 型钢架及翼形螺母组成,锚杆锚固深度应为 100～150 mm,植筋胶(环氧树脂基为基础的)锚固,锚固完成的锚杆应确保处于垂直状态。压紧装置施工前,应进行锚杆抗拔试验。CA 砂浆灌注并硬化后压紧装置拆除。

e. 乳化沥青水泥砂浆施工

(a)灌浆前的准备工作

乳化沥青砂浆首先需要多次室内试验和现场灌板试验,确认稳定后才能进行正式灌注。灌浆前对侧面缝边进行目视检查,注意是否有裂缝或缝隙,若存在必须进行修补,同时还应检查六个排气孔是否通畅,砂浆能否顺畅的流出,灌浆孔是否干净,有无杂物和积水,如有杂物清除干净,有水一定在灌浆时增加灌浆量将水排出。为了防止灌浆过程中轨道板不浮起变形移位,必须安装压紧装置,并借助于放置定位锥的锚杆向下压住,其抗拔力不小于 30 kN。

灌浆前,在 C30 混凝土底座板和道岔板底面必须提前用可旋转的高压喷枪进行预湿,气温高时要将灌浆孔盖住,雨天或气温低时可以不作预湿。

(b)道岔板砂浆垫层的拌和及灌注

上述工作做好后,用移动式搅拌设备在合适地点生产垫层砂浆,每次灌注施工前均应进行砂浆试拌和,测量其扩展度、流动度、含气量、砂浆温度等指标,以微调并确定砂浆配合比。各项指标合格后即可进行轨道板垫层灌注施工。其中,流动度宜控制在 100 s±20 s 左右(砂浆测试量为 1 升);扩展度 300 mm±20 mm;含气量按≤10%控制;沥青砂浆温度(灌注时)≤35 ℃。每次施工应按规定留取试件。

砂浆从搅拌设备注入中间储存罐,利用单排车将中转料斗拉到灌浆地点桥下,然后用吊车起吊将料斗吊上桥,进行砂浆灌注,在灌浆时每次注入浇筑一块板所需的量。灌浆时,在灌浆孔中插上 PVC 管,管子的底端大概 7 cm 处切成 8 份,并用胶带进行密封,以保证和灌浆孔的良好结合且砂浆不流出,板上采取防护措施,保证道岔板不被污染,然后把已装满料的中间储存罐经过一条软管注入道岔板的中间灌浆孔,通过其他两个灌浆孔和排气孔观测灌浆情况,待所有排气孔处冒出垫层砂浆,则用小木塞塞住排气孔,灌浆结束进行下一块板的灌浆。

灌浆孔内垫层砂浆表面的高度至少要达到道岔板底边,而不能回落到底边以下。紧接着把灌浆孔中多余的砂浆扣出,其深度为轨道板顶面以下 15 cm,然后插入 S 形铁钩,确保砂浆垫层和后浇混凝土更好地连接,插入时注意保证有足够的保护层厚度。

f. 安装道岔前剩余工作

当垫层砂浆抗压强度至少达到 5 MPa 后,方可拆除道岔板下精调校正装置。

用同标号混凝土完成道岔板横向接缝及转辙机平台的施工,在道岔板间接缝位置,对伸缩缝用热沥青浇筑。

g. 复测验收

经过复测，施工后道岔板的平面偏差均在验标要求的合格范围之内，线路平顺性良好。

（三）板式道岔铺岔

1. 板式道岔结构

预制板式无砟道岔主要由支撑层、预制板和道岔钢轨组件组成，其中道岔钢轨组件主要包括以下几部分：

（1）道岔转辙器部分。包括直线段基本轨、曲线段基本轨、曲线段尖轨和直线段尖轨；

（2）连接部分。包括直线段导轨和曲线上导轨；

（3）辙叉部分。包括基本轨、护轨和辙叉；

（4）电务部分。包括电转机、密检器和下拉装置。

2. 板式道岔铺岔施工流程：

（1）道岔厂内组装及验收

BWG 道岔要求在道岔厂内进行预组装，项目部指派技术人员驻厂家与厂方技术人员共同对每组组装好的道岔进行验收，检查结果以测试表、检查记录的形式归档，双方共同确认。

（2）道岔钢轨件尺寸质量和道岔组装质量。要求达到 A 类检查项点合格率为 100%，B 类检查项点合格率为 90%，C 类检查项点合格率为 80%的要求。

（3）道岔进场后检查道岔产品在运输过程中是否发生损坏和变形。

3. 道岔运输及吊装

道岔用火车运输到既有火车站，再用汽车运至施工现场，运输过程中道岔尖轨、基本轨、辙叉组件部分整体运输，其余部分采用分解运输方式。构件装卸采用 50 t 吊车及大刚度、柔性吊带、多吊点专用吊具进行吊装。

4. 道岔进场验收及保护

道岔进场后，通知监理单位，共同对道岔进行检查验收，配件是否齐全，目测、尺量钢轨长度，对存在问题的进行拍照、签认，监理同意后方可使用。道岔存放后及时对其保护，用警示绳围圈道岔，树立警示牌，并用彩条布覆盖，防灰尘污染道岔配件及施工车辆碰撞，安排人员昼夜看守。

5. CPIII 控制基桩交接及博格板预制板复测

测量人员从线下单位接收 CPIII 控制基桩并对博格板预制板的高程、平面、进行复测。当 CPIII 点复核结果与线下单位接收的 CPIII 测量成果满足技术条件的限差要求时，就利用 CPIII 点测量成果，用徕卡全站仪自由测站，在直股的岔前、岔心、岔尾及两处轨排接缝和曲股岔尾以及道岔前后设置控制桩。

6. 清洁表面及博格预制板中的凹槽

清洁博格预制板，防止板上的脏物影响到道岔的高程。清洁表面及凹槽内（如灰尘、混凝土块等杂物）时要注意，孔中或其他缝隙中有无其他杂物。

7. 卸除螺栓

卸除 M27 螺栓，并把润滑油（凡士林）涂在螺杆的螺纹上，把拆除的间隔套放入木箱并寄回预制厂内二次利用。注意保护润滑螺栓不被弄脏。

8. 安装垫片

在专业技术人员的指导下组合并嵌入垫片，安装垫片时要检查垫片的型号和厚度。在大部分区域都是加 6 mm 垫片，在辙叉区域会需要多个垫片。

9. 安装弹性肋形基板

按照设计把弹性基板安装在规定的位置，在安装基板时注意基板的方向，标准型基板外侧标有三角形（轨底坡 1∶40），把有三角形标志的对向外侧，在放轨底胶垫时也应注意方向问题。倾斜轨面搭配平直式轨垫；平直轨面搭配倾斜形轨垫。

10. 扣紧螺栓

将 0 mm 号调整锥安装在基板的椭圆套筒中，然后将带有盘簧的六角螺栓及盖板 ka10，在用电动扳手拧紧螺栓前先手工拧进螺栓至螺母，再用电动扳手紧固螺栓，并用扭力扳手检查扭力是否达到 300 N·m。

安装前必须清洁螺纹，否则会损伤螺栓；在螺栓润滑后应立即安装。

11. 安装钢轨

安装钢轨前要对所有钢轨支座轨垫的安装位置及方向(斜度)进行检查，确认无误后就可以安装钢轨。通过在博格板上的控制点，用垂球、弦线对钢轨进行定位。

在对道岔进行定位时，先用博格板上的控制点对尖轨的直基本轨进行定位。在直基本轨定位好后，通过直基本轨前端上的标记点对曲基板轨进行定位。通过直、曲基本轨后端上的标记点对直、曲尖轨进行定位，然后对心轨进行定位。当对这两个区域定位完成后，对中间导轨部分进行安装，在安装时要预留出 4 mm 的轨缝。然后安装钢轨扣件(T 头螺栓，弹条，垫圈及螺母)并打紧。在紧固钢轨扣件时，中环缝隙到钢轨的距离要留 0.5 mm。

12. 安装锁闭装置、密检装置、下拉装置

在设计位置安装锁闭装置、下拉装置固定板以及安装检测杆垫块。

用六角螺栓 M27×340 固定固定板，用六角螺栓 M27×320 固定检测杆垫块。

在组装 HRS 锁闭装置时，先把锁闭件组装到基本轨上，然后连接鱼尾板和连接杆，再组装点承式伸缩支撑杆 BKL80，最后精调锁闭装置。

在安装密贴检查装置时，先装检测杆和密检器，然后在尖轨密贴状态下按照安装及维护手册进行调整工作。

(四)板式道岔施工体会及建议

1. 路基上岔区 CRTSⅡ型板式无砟轨道

(1)在钢筋绑扎前必须把道岔板抗剪筋的位置在找平层上标记出来，在钢筋绑扎时错开，保证粗铺时道岔板预埋抗剪筋与底座板钢筋不相冲突，以保证精调的质量与速度。不错开时，会出现精调过程中道岔板调不动(抗剪筋与底座钢筋冲突)，造成道岔板必须重新吊装返工，将会浪费大量时间。

(2)在安装精调爪过程中，精调爪的三个螺栓行程在放置前一定调到 1/2 处，保证道岔板精调时一次能调到位，三个螺栓中任何一个调整行程不在中间，都会增加重新安装精调爪的概率，造成大量工期浪费。

(3)灌浆前一定要把精调爪保护好(建议在安装精调垫板时套一个塑料带，灌浆前把精调爪包裹好)，以免灌浆的混凝土灌入精调爪里面，造成灌浆拆卸后损坏，降低精调爪使用寿命。

(4)每组道岔板精调完后(灌浆前)，必须要进行相应的复测工作，复测完后对数据进行整理，再进行调整。精调的数据与复测的数据往往存在一些波动，为保证道岔板的精度，数据符合要求才能灌浆。复测调整完的时间与灌浆的时间间隔不能太长(最好小于 12 h)，否则还要重新复测，以保证道岔板的精度。

(5)为保证无砟轨道道岔结构长期的耐久性，C40 自流平混凝土的配制是一项相当重要的工作，自流平混凝土配合比设计是底座板灌注能否顺利的关键，施工前必须进行严格的原材料选择和多次的室内试验，以及在施工现场进行大量的仿真模拟灌注试验。直至混凝土扩展度、和易性、强度等性能稳定后才能进行正式道岔板灌注施工。

(6)在进行宽板灌浆时，必须从板两侧同时以均匀速度灌注，保证板底灌注的混凝土粗骨料分布均匀，在对宽板做试验过程中发现，在从一侧灌注的道岔板，另一侧的粗骨料比较少，而从两侧同时灌注的道岔板，粗骨料分布均匀，效果更好。

2. 雷大桥上岔区 CRTSⅡ型板式无砟轨道

桥上道岔板的铺设在国内乃至国际均为首次，通过设计和施工研究相结合，解决多项前沿课题，为以后道岔板在桥上铺设奠定了基础。

(1)桥梁底座板的高程必须按设计规范施工，顶面的高程控制原则为宜低不宜高。太低灌注时会浪费太多的沥青砂浆，使用寿命也会降低。底座板太高保证不了砂浆灌注厚度，严重时导致整块板吊起，对高的底座板区域表面要进行削切(宜使用混凝土削切机)，以确保 CA 砂浆厚度至少满足 20 mm 要求。

(2)为保证无砟轨道道岔结构长期的耐久性，乳化沥青砂浆的配制是一项相当重要的工作，乳化沥青砂浆配合比设计是道岔板灌注能否顺利的关键，施工前必须进行严格的原材料选择和多次的室内试验，以及在施工现场进行大量的仿真模拟灌注、掀板试验。直至砂浆的流动度、扩展度、和易性、强度等性能稳定后才能

进行正式博格板灌注施工。

(3)在安装精调爪过程中，精调爪的两个螺栓行程在放置前一定调到1/2处，保证博格板精调时一次能调到位，两个螺栓中任何一个调整行程不在中间，都会增加重新安装精调爪的概率，造成大量工期浪费。

(4)由于道岔板宽板灌注需要的砂浆最多能达到1 m^3，而砂浆搅拌车最多能搅拌0.7 m^3，所以宽板必需搅拌2次并且使用2个中转料斗，在进行宽板灌浆时，待2个料斗都准备好后，才进行道岔板的灌注，保证灌注连续性。

第五节　轨道及道岔精调

一、轨道精调

(一)精调流程

轨道精调工作流程如图4-5-58所示。

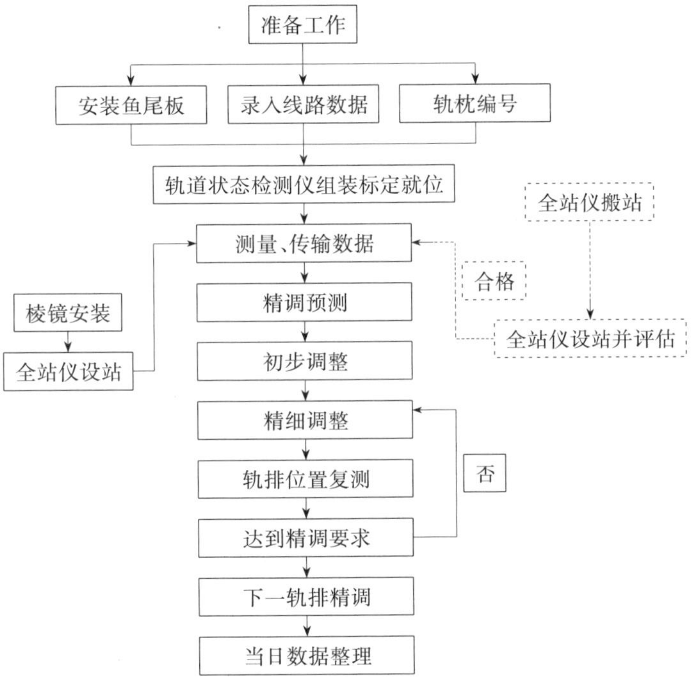

图4-5-58　精调工作流程

(二)静态精调

1. 轨道静态检测(数据采集)及调整标准

(1)轨道静态检测

①准备工作

a. 在轨道静态检测前长轨应已经放散锁定完成，在此前提下使用轨道精调小车进行数据采集。

b. 输入并核对设计数据(平曲线、竖曲线、超高、控制点，如存在断链，需分别输入，武广铁路客运专线左右线也分别输入)，一人输入、一人检测以保证数据的准确性。

c. 设置项目属性，如平面位置和高程测量基准等。

d. 全站仪和精调设备在使用前必须进行检校，否则采集数据不准，给后续施工带来困难。

②现场数据采集

a. 在现场数据采集前首先检查钢轨表面有无杂物，扣件弹簧和轨距挡板是否安装密贴。

b. 正倒镜检查全站仪水平角和竖角偏差，如果超过3 s，在气象条件较好的情况下进行组合校准及水平轴倾斜误差(a)校准；检查全站仪ATR照准是否准确，有无ATR的偏差也应少于3 s。

c. 使用至少8个控制点自由设站，其中前后至少各使用一个60 m以上的控制点。根据天气条件确定最大目标距离。状况好时控制在60 m以内，不好时将距离缩短。

d. 设站的同时组装轨检小车，将双轮部分靠近低轨，在稳固的轨道上校准超高传感器。

e. 一般每天开始测量前校准一次，如气温变化迅速，可再次校准；校准后可在同一点进行正反两次测量，测量值之和应在 0.3 mm 以内。

f. 将全站仪对准轨检小车棱镜，检查通信，关闭全站仪强力搜索，并锁定棱镜，进入施工模式检测数据，看数据是否稳定，否则重新建站。

g. 检核全站仪设站，看与上次检核结果的偏差，重复测量上一次设站已经测量过的 5～10 个点，如果偏差大于 2 mm，需重新设站。并进行交叠补偿，以避免设站精度对平顺性分析的影响。

h. 按指定间距，在设站区间内逐点采集数据。

(2)调整标准

轨道几何状态的调整标准见表 4-5-55。

表 4-5-55 轨道调整标准

轨面高程	± 10 mm	长波不平顺	10 mm/150 m，300 m 弦
平面位置	±10 mm	短波不平顺	2 mm/5 m，30 m 弦
轨距	± 1 mm	线间距	0/+10
水平/超高	±1 mm	超高变化率	1 mm/1.5 m
轨距变化率	1 mm/1.5 m	扭曲	2 mm/6.25 m

2. 精调设备及工具配套

安博格轨道精调小车及配套的测量仪器和棱镜；电子轨检尺；电动扭力扳手；钢钎；液压起道机。

3. 精调技术

包括调整方法及平顺性允许偏差管理值。

(1)确定调整方案所必要的测量工作

①为了对钢轨扣件进行调整，必须把每个承轨台的平面和高程数据通过轨检小车实际测量，以及小车软件对数据分析，并确定与设计值比较的差值，对需要调整的轨枕前后至少 150 m 处每个承轨台进行验收测量。

②通过测量数据，可以了解已经铺设的无砟轨道的实际线型情况，在测量验收前期，必须把每个承轨台的扣件上紧，并且完成钢轨焊接和打磨工作，只有这样，才能精确算出轨道实际偏差和实际应换垫片情况。

③轨道调整应整体考虑，由于存在短波和长波，不仅考虑 10 m 弦也要考虑到 150 m 弦。

④根据轨道精调测量数据分析测量结果。

根据剩余调整量，高程调整按短波不平顺 30 m 弦不大于 2 mm、300 m 弦不大于 10 mm、轨距不大于 1 mm 的原则进行。对于需要调整的，在表中模拟试算调整量，为了便于了解调整结果，在后面图形中显示调整后的图形，可初步反映线路的平顺性，指导后续调整。

(2)平顺性允许偏差管理值

平顺性允许偏差见表 4-5-56。

表 4-5-56 无砟轨道静态平顺性允许偏差 (单位：mm)

项目 设计速度	高低	轨向	水平	扭曲(基长 6.25 m)	轨距
$350 \geqslant v > 200$ km/h	2	2	1	2	±1
$v = 200$ km/h	2	2	2	3	+1 −2
弦长(m)	10 m		—		

注：轨距变化率不得大于 1‰。

根据精调后的测量检测数据进行轨道平顺性评估，须满足表 4-5-70 和表 4-5-71 要求。

(三)动态精调

动态调整主要是依据轨道动态检测报告和分析检测波形图，找出影响行车安全和旅客舒适度的局部或区段，通过用轨检小车、塞尺、弦线等对轨道进行测量评价，确定调整位置和调整量，对钢轨进行调整。动态调整是对轨道线型的进一步优化，使轮轨关系匹配更加良好，继而进一步提高高速行车的安全性、平顺性和舒适性，最终使轨道线路在运营过程中全面达到 350 km/h 及以上行车条件。

1. 主要技术指标

目前对轨道动态检测手段主要有：低速（不大于 60 km/h）轨道检测车、高速（250～350 km/h）轨道检测车、高速轨道动力学检测车、动态车载式添乘检测仪，通过不断的检测和调整，最终使轨道达到以下技术标准：

(1)轨道动态检测无Ⅰ级及以上偏差。

(2)轨道动力学检测无超标处所。

(3)TQI 值不能超限。按铁科院经验介绍，对动检车资料内 TQI 值大于 2.1 的段落和轨检车资料里 TQI 内大于 3.6 段落进行整改。

(4)轨道动态检测波形平顺，无突变、无周期性多波不平顺。

(5)轨道动态检测是按照《客运专线铁路工程竣工验收动态检测指导意见》的标准进行检测，动态检测中轨道各项参数指标可参考表 4-5-57 和表 4-5-58。

表 4-5-57 客运专线轨道工程动态验收标准(300～350 km/h)

超限级别 / 项目		Ⅰ级	Ⅱ级
		动态验收	动态验收
轨距(mm)		3 −2	4 −3
水平(mm)		3	5
三角坑(基长 2.5 m)(mm)		3	4
高低(mm)	波长 1.5～42 m	3	5
轨向(mm)	波长 1.5～42 m	3	5
高低(mm)	波长 1.5～70 m	5	6
轨向(mm)	波长 1.5～70 m	5	6
车体垂向加速度(m/s^2)		1	1
车体横向加速度(m/s^2)		0.6	0.6
轨距变化率(基长 2.5 m)(‰)		0.8	1
曲率变化率(基长 18 m)($1/m/m\times10^{-6}$)		1	1
横向加速度变化率(基长 18 m)(m/s^3)		0.8	0.8

表 4-5-58 轮轨动力学检测标准

检测项目	评价标准	检测项目	评价标准
轮轴横向力(kN)	48.03	横向平稳性	优：≤2.5；良好：2.5～2.75；合格：2.75～3.0
脱轨系数 Q/P	0.80	垂向平稳性	优：≤2.5；良好：2.5～2.75；合格：2.75～3.0
轮轴减载率 $\Delta P/P$	0.80(双峰)		

2. 轨道精调技术要点

在精调前需提前做好人员培训工作。精调人员应在轨道精调之前掌握轨道测量、数据分析、轨道调整方法，力争用最小的调整量达到最高的轨道精度，轨道精调主要步骤：

检测资料分析→现场核对检测→扣件更换→复查。

(1)资料分析

①低速检测资料分析：低速轨检提供的检测资料主要有：轨道Ⅰ级～Ⅳ级超限表、公里小结资料、区段总结资料、TQI 数值(200 m 一段)、STE 波形图，首先是根据轨道Ⅰ级～Ⅳ级超限报告表在波形图(轨道检测图形)中确定准确里程范围，其次应分析长波不平顺、波形突变点、连续多波不平顺及轨向、水平逆向复合不

平顺等，轨检车资料主要处理轨距和轨向两种超限类型。

②高速动检资料分析：高速动检提供的资料和低速轨检资料相比，只是多了动力学检测资料，首先根据铁科院动检提供的GEO检测图形，分析超限处所分布情况与轨道检测的不平顺信息之间是否存在对应关系，与前次检测是否重复出现等，动检资料主要处理三角坑、水平、高低等超限类型。

(2)现场核对检测

①检查工具：精调小车、轨距尺、弦线、1米直钢尺、塞尺等。

②检查项目：对轨道检测报告中Ⅰ级及以上偏差处所，波形图中的突变点、轨向和水平复合不平顺，动力学检测报告中的减载率、脱轨系数、轨道横向力超标处所进行核对检测。

③检查范围：轨道缺陷里程前后各50 m，必要时可适当扩大检查范围。

④检查方法：首先必须全面检查区段范围内的扣件、垫板，扣件应安装正确，无缺少、无损坏、无污染、无空吊，扭力矩达到设计标准(±10%)，弹条中部前端下颏与轨距块凸台间隙不大于0.5 mm，轨底外侧边缘与轨距块间隙不大于0.3 mm，轨枕挡肩与轨距块间隙不大于0.3 mm，确认无异常后再开始轨道几何尺寸检查。

a. 轨向：用10 m、20 m人工拉弦线对钢轨进行检查，逐根轨枕连续测量。

b. 轨距：用轨距尺检查，逐根轨枕连续测量。

c. 水平：用轨距尺检查，逐根轨枕连续测量。

d. 三角坑(基长2.5 m)：根据水平测量值，每隔三根轨枕计算水平变化率。

e. 高低：用10 m人工拉弦线对钢轨进行检查，逐根轨枕连续测量。

f. 减载率：重点检查焊缝平顺度，扣件、垫板状况。

g. 脱轨系数：重点检查扣件、垫板状况，多为扣件扣压力不足、吊板所致。

h. 轨道横向力和垂向力：重点检查轨向、水平，多为轨向和水平的复合不平顺的叠加所致，可以结合波形图一并检查分析，同样还应重点检查扣件、垫板密贴状况。

i. 长波不平顺的检查：根据轨道检测报告和波形图分析的轨向、高低长波(波长70 m)不平顺，采用轨道小车在波峰或波谷里程前后各300 m范围内进行测量。

j. 对连续短波不平顺的检查：根据轨道检测车波形图分析，轨向、高低存在的连续短波不平顺(波幅1.5～4 mm，波长6～9 m)，可采用轨道小车测量，也可采用人工拉弦线的方法进行测量。

(3)扣件更换

在对现场核对检查测量后，根据据小车模拟调整资料对轨道确实存在问题的段落的线路通过更换异型扣件进行调整，在更换扣件过程中，每次拆除扣件不得连续超过5根枕木(防止胀轨)，并且在更换扣件区段两端各松开1～2根轨枕扣件(只是松开，不拆除)，确保扣件更换能达到预期目的和平滑过渡。当需要更换扣件的段落较长时，为提高效率，可间隔的1根枕木(不包括松开的扣件)再拆除需要更换的5根枕木扣件，

根据资料分析和检测数据模拟结果，准确找出需要更换扣件的枕木位置，用横线加箭头标注出更换地段起始点，每根钢轨的枕木一侧用数字标注出调整量，另一侧取相反值对应即可。高程只需标注数字，正负即可分辨出降低或抬高。

一切检查无误后，现场负责施工人员组织拆换扣件。高程调整件更换需使用起道器将钢轨稍微抬起，平面个别轨距挡块需要使用小撬棍辅助更换，在扣件拆除后需对所拆除的扣件的轨枕承枕槽进行清扫，待承轨槽杂物清扫干净后再进行更换，需用弦绳和道尺对轨道进行校核，在模拟调整量表中的资料和现场轨道校核尺寸相吻合时再进行更换。

(4)复查工作

对调整扣件规格进行复查，扣件更换结束后，对已经更换的扣件和模拟资料进行核对检查，确认无误后按规定力矩上紧螺栓(在上螺栓时注意：路基、隧道和桥梁扣件所受压力不同)，回收调整下来的扣件，打扫干净道床表面(一般路基地段因回填级配碎石会有污染物，桥梁和隧道地段会较干净)。

对调整效果复查，对于只是个别更换扣件地段，可以用弦绳和道尺复核即可，对于长大区段调整的，用精调小车测量检查较好。对于与相邻单位连接的轨道，在扣件更换完成后，需对相邻轨道的几何状态进行检查，是否能够顺接并达到指标要求。

3. 注意事项

(1)在行车过程中，曲线(平曲线和竖曲线)头尾和道岔对行车的平稳性影响极大，在精调时，对道岔和曲线头尾前后150 m范围内需进行零缺陷调整，静态几何尺寸高精度，特别是方向、水平(超高)务必严格控制，实现平顺过渡，尽可能使与曲线上股(高股)同侧的钢轨比另股钢轨略高1～2 mm。切忌在缓和曲线头出现反超高和反弯；调整道岔时需以直股为主的原则进行调整，道岔前后各150 m轨道几何尺寸和平顺性务必满足要求。

(2)精调前测量工作一般选在阴天或夜间进行，严禁在高温、雨天、大雾、大风等条件下测量，避免测量误差过大和出现假数据，使用精调小车测量时，每台小车每天测量不能超过1 km，力争保证测量数据和现场实际基本吻合，尽力一次性更换调整到位，避免贪多求快，反复更换。

(3)各环节必须有专人负责，工作中不留缺陷、不存侥幸，更换结束后，最后复核是必要的，一方面可以检查调整效果是否合理，是否达到预期目的；另一方面也可为静态测量模拟试算提供决策依据。

(四)无砟轨道精调作业步骤

1. 双块式无砟轨道

(1)全站仪校检及设站

利用正倒镜检查全站仪水平角和竖角偏差，如果超过3 s，在气候条件较好的情况下进行组合校准及α角校准；检查全站仪ATR照准是否准确，如果满足标准要求，即可在施工中使用，否则需重新校正，如图4-5-59所示。

①定位：全站仪采用自由设站边角交汇法定位，即将全站仪架设在4对CPⅢ点间，通过2个测回重复观测这连续4对CPⅢ基点上的棱镜，自动平差、计算确定全站仪设站位置。

②设站评估：设站后，应按轨道测量的旋转方向，进行一次半测回的复测，如偏差大于1 mm时，应检查棱镜位置是否正确并重新设站。

③搬站：改变测站位置后，必须至少交叉观测后方利用过的4个控制点，并复测至少已完成精调的一组轨排，如偏差大于1 mm时，应重新设站。

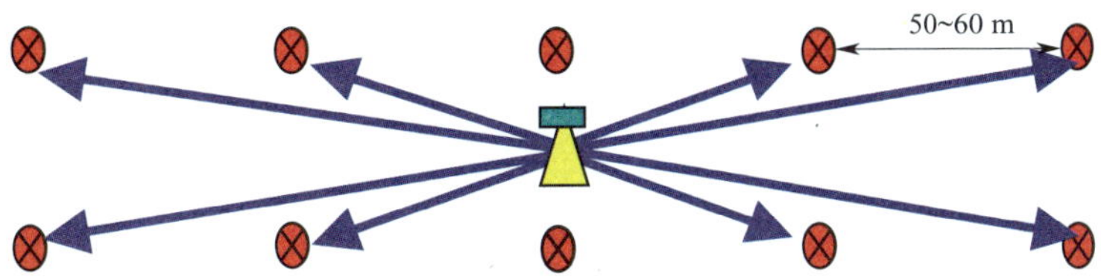

图4-5-59 设站方法

(2)全站仪、轨检小车连接

全站仪设站、轨检小车组装完成且检查各项连接正常后，将全站仪对准轨检小车棱镜，检查通信并锁定，利用轨检小车配套设备无线连接锚进行全站仪与小车的连接。

(3)轨检小车校检

全站仪与轨检小车连接完成且正常后，对轨检小车进行检校，采用正反向校核，即将轨检小车先面向轨道调整方向设置与全站仪连接测试无误后，关闭小车所有程序将小车旋转360°再与全站仪连接测试，两次测试数据误差不超过1 mm，即小车为合格，方可进行施工使用。

(4)测量调整

轨排测量调整可分为四个步骤：

①精调预测

使用轨道状态检测仪连续检测一个轨排，记录轨排几何形位偏差最大处的轨枕号。

②初步调整

将轨道状态检测仪推至该轨排偏差最大的轨枕处，开始正式调整。遵循“同级误差先中线后高程，非同级误差先大后小”的顺序对该处轨枕对应的螺杆调节器进行调整，减小该处中线及高程误差。

③精细调整

初步调整后，按照“先中间，后两端”的顺序，将检测仪对准螺杆调节器位置，从轨排中部开始调整，将轨排整体几何形位误差降低。调整后，将检测仪对准全站仪方向，从轨排一头逐根轨枕检测并调整至合格状态。轨道的调整主要包括轨道的轨向、轨距、中线、超高、高低、高程等6项指标。

④轨排复测

单个轨排所有调整工作完成后，逐根轨枕复测验收，合格后进入下一个轨排。精调后轨排高程与中线应满足：轨顶高程与设计高程允许偏差：±2 mm；紧靠站台为：0～2 mm；轨道中线与设计中线允许偏差为2 mm。

(5)自动与人工补偿

①自动补偿

将轨检小车停在当前设站区间的最后一对螺杆调节器上，其偏差尽可能调整到0，在下一站开始测量前不要移动轨检小车；全站仪搬站并重新设站，全站仪设站完成后，先不用采集数据查看偏差，两站测量同一个点的差值不能超过0.7 mm，否则需重新设站，或检查控制点精度质量。如果中线和高程在0.7 mm以内，在上一站最后一个点处再次采集数据，软件将自动开始进行交叠补偿。如图4-5-60所示。

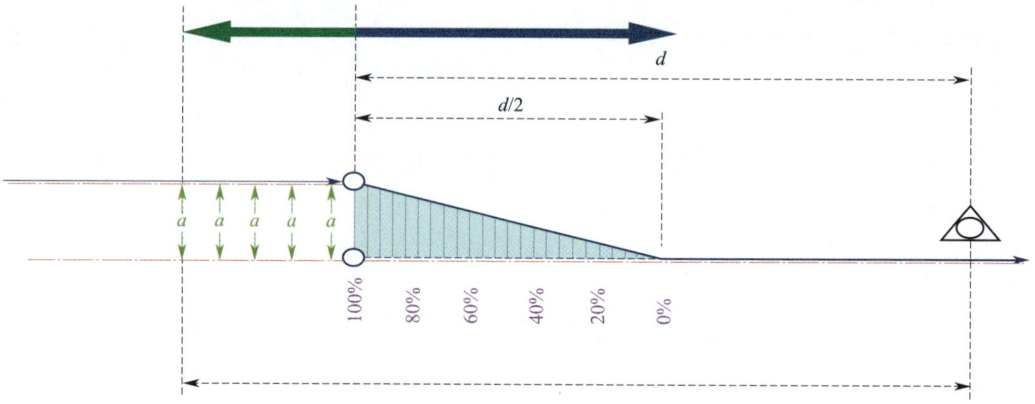

图4-5-60　交叠补偿

②人工补偿

如果设站测量意外中断或隔天进行测量，需人为设置交叠补偿。

在一节轨排调整后进行二次复测，同时根据轨检小车电脑显示数据情况，进行数据采集工作。

2. 板式无砟轨道

单元板式无砟轨道测量时，使用全站仪后视6～8个CPⅢ控制点，通过自由设站的方式，每隔5 m测设基准器的位置，全站仪设站方式与双块式无砟轨道相同。直线地段采用穿线法进行复核，曲线地段采用偏角法进行复核。同时在曲线地段还需要测量基准器的正矢，采用20 m的弦线，测量每间隔5 m位置处基准器的正矢。

精调时将设置好的两把三角规的前支腿分别放在与其相对应的基准器上，左右两条支腿分别准确放置在轨道板钢轨中心线上。将弦线穿过两端三角规前支腿上的挂环拉紧，测量人员使用直角尺测量轨道板上印刻的中心线与弦线的距离。根据测量数据，调节门吊的横向调节器支撑轨道边，推动轨道板移动，使轨道板的中线与两端基准器连接弦线重合，并使板端距凸型挡台的距离与设计相符。

(五)道岔精调

1. 准备工作

(1)取出所有道岔钩锁器，检查道岔尖轨与基本轨之间密贴间隙是否小于1 mm(直股和曲股都检查)。可用撬棍协助尖轨密贴，待反弹后看是否达到密贴。

(2)检查钢轨轨底是否存在吊板情况(特别是带滚轮的位置)，如有吊板情况发现通过增加调高垫板消除吊板。

(3)取出所有钩锁器，检查可动心轨与翼轨、滑床台密贴是否小于1 mm(直股和曲股)。

(4)检查SKL12扣件安装是否正确，检查弹条中舌与钢轨间隙是否满足0.1～1 mm之间，检查钢轨轨底与弹性基板外侧挡肩是否密贴，如不满足必须先调整至扣件安装合格。

2. 道岔测量

道岔测量必须严格控制测量精度。经常对全站仪进行校准测量，每次设站精度严格控制在容许范围以内。

测量时应逐根轨枕采集数据，道岔前、后至少采集 50～100 m 与道岔连接段的正线轨道数据。

3. 测量数据分析

道岔精调数据分析要根据采集的道岔前、后段正线数据一起分析。道岔数据报表中平面轨以内侧轨（通过活动心轨那一侧轨）为基准轨，高程以外侧轨（道岔外侧运行轨）为基准轨。

道岔数据分析有多种方法，利用精调软件分析，模拟出道岔调整量分析；也可以通过报表生成 CSV 文件导入 Eecel 进行分析和调整；还可以直接通过生成 PDF 文件，根据 PDF 报表进行计算分析。

4. 道岔调整

(1)平面线形调整

平面线形可以通过偏心锥来调整。根据分析得到的道岔调整数据，利用电动扳手松开 M27 螺杆，更换相应调整量的偏心锥并紧固 M27 螺杆使其达到 300 N·m。记录调整偏心锥的型号。在调整时注意符号法则，调整完成后重新测量验证调整效果。

(2)高程调整

根据分析得到的数据，在需要调整枕木位置用电动扳手松开 M27 螺杆，使用 2 台手摇压机抬起钢轨，根据调整数据更换调高垫片。松开压机，紧固 M27 螺杆使其达到 300 N·m，并做好调整记录。

通过反复测量及调整，使道岔内部尺寸达到验收条件，完成道岔精调施工。

5. 长枕埋入式道岔

全站仪设站方式与双块式无砟轨道相同。

(1)高程调整：道岔轨排准确对位后，在直股外侧支承层上设置高程基桩，采用水准仪逐点测量，比较设计与实测轨面高程，确定道岔高程调整数值。根据测量结果利用起道机将道岔轨排升起后拧紧螺杆调节器，提升高度以方便拆除移位车为准。待道岔轨排上螺杆调节器全部拧紧稳定后移位台车工班人员拆除移位台车，移走走行轨。

(2)方向调整：通过调整螺杆调节器起平道岔，高精度水平仪配合测量来进行：先从线路中线控制桩引出，全站仪测量控制，调整螺杆调节器的横移装置使道岔横移对中并固定，再从道岔两侧加密测量基标拉弦线复核轨道中线，10 m 弦量≤2 mm（弦线固定在直股钢轨外钢筋支架上，钢筋支架锚固在支承层上）。轨距加宽段轨向调整：先用全站仪控制岔前及尖轨跟端轨道中心，然后以直基本轨上的基准槽为准拉弦线调整轨向，误差控制在 2 mm/10 m 以内。

6. 板式无砟道岔

全站仪设站方式与双块式无砟轨道相同。

通过 CPⅢ 网精确测量线路中心，标出每一块道岔板接头中心点，在中心点预埋基准点（GRP 点）紫铜钉，并在混凝土达到一定强度测钉稳固后进行基准点（GRP 点）的精确坐标测量，并对测量结果用平差软件进行平差处理。要求平差精度：平面±0.2 mm，高程±0.1 mm，作为精调道岔板的设站点和定位点。

利用全站仪测量道岔板四个角点测量板上棱镜孔位置的棱镜三维坐标，经全站仪快速精调系统对比后，确定三维方向的调整量，再使用精调爪的三维调整器进行逐步调整，最终达到设计的理论位置及高程。

精调时，全站仪架设在道岔板之间的基准点上，利用基准点进行设站（设站位置应距离精调道岔板在 6～20 m 范围内）和对中，以上　块已经精调到位的轨道板直股上的一个棱镜点及对应的基准点两个点定向。在精调时，先调整 4 个角点的高度，再调整平面位置，短板精调时，尽量使用对角两点调整，在角点的高度及平面调整好后，调整板中部（两侧钳夹或板内螺栓）高程。

7. 注意事项及体会

(1)注意仪器建站脚架一定要踩紧，否则仪器容易产生漂移。漂移的产生主要是由于温度的变化及脚架底部土工布弹性引起脚架的变形造成的。

(2)重叠段处理时高程偏差在 1 mm 内时不用调，中线偏差不超出 1.5 mm 就可以，数据在检测表内看结果均值怎样,如个别点较大,说明数据结果可能是由于有遮挡或小车的震动一类的因素造成,不要刻意再去调。如差别超出以上范围,说明架站时各点没安好或仪器没踩紧。

(3)架站点距离精调小车最远不超出 5 根钢轨或 69 m,否则容易造成重叠段的检测数据值差别过大,混淆判断。偏差值如从远至近越来越小,说明建站精度有问题或定向点和定向方向有问题,但不超出高程偏差在 1 mm,中线偏差不超出 1.5 mm 可继续调整下根钢轨,但要在调的第一根钢轨上逐渐顺接,均匀过渡。

(4)仪器建站时对的第一个棱镜(施工左线时右侧最远的一个棱镜;施工右线时左侧最远的一个)是和混凝土浇筑机间隔最远的棱镜,防止 TPS 校正时施工人员的干扰;建站时棱镜范围不准有闲杂人员,须离开棱镜位置 1 m 以外。

(5)调每根钢轨时要用轨检尺检查两、三处水平,如和精调小车测值有较大出入时检校精调小车。

(6)每站调整的钢轨所有值要调整到 0.5 mm 以内,看显示的中线及水平均要在 0.5 mm 以内。

(7)TPS 的校正要在调完第一根钢轨、架站时间过长时,发现差值较大时校正,防止返工浪费时间,校正时点位精度要在 3 mm 以内。另外 TPS 校正在重叠段检查时发现偏差较大要归零,偏差不大时可以不归零,最后一根钢轨一定要归零处理。

(8)全站仪架站高度要尽量低一些,开机后要等待 5～10 min,仪器要在每天上班第一站时、晚上 22 点、凌晨 2 点左右校正仪器气泡和标定水平,总的原则是温差较大时一定要校正,全站仪的气泡校正要在梁的固定支座位置处校正。

(9)全站仪的高程注意棱镜高为－10 mm,架站时架设在线路中线上,仪器架千万注意不要接触到钢筋。

(10)精调小车的双轮梁要放置在线路的右侧轨道上。

(11)螺杆调节器一定要前后检查是否和混凝土接触情况,未贴紧用扭力扳手将端部拧紧,以手拧不动为宜。

(12)精调小车的棱镜要检查是否安好及组装时螺丝是否拧紧。

(13)仪器架站要保证仪器前后各有四个棱镜。以保证建站网型的对称及强度。

(14)精调时要注意精调小车的稳定性,否则数据不准。

(15)精调测量时要检查钢轨顶面及内轨部分是否干净,保证精调小车轮轨和钢轨严密接触,否则测量数据不准,产生错误。

第六章　站场及运营设备工程

武广铁路客运专线站场及运营设备工程主要包括站台、雨棚、跨线工程、列车检修等许多运营控制、管理和维修设施及运营设备。站场及运营设备，是旅客出入铁路系统的交接点或界面，也是列车进行整备、检查等作业的场所。站场人流及车流密度大，其施工质量好坏直接影响到人们出行安全。站场及运营设备工程涵盖了轨道、桥梁、地下、房建及设备等许多工种，其施工远比区间工程复杂得多。由于车站是衔接站后站房、四电、给排水等工程的平台，因此各个专业的管线在车站内分布密集、相互交叉及重叠。这些工程需要建设方、设计方及施工方紧密配合，积极协调、坚持不断创新才能顺利完成。

第一节　一般中间站场施工

武广铁路客运专线设计过程中遵照和谐发展和以人为本的设计理念，站场设计较以往有了较大的突破。中间站场的施工工艺也较其他线路的站场施工更为复杂，更具有其独特性。其中，咸宁车站的钢桁架结构雨棚，大跨度网架屋面及玻璃幕墙结构的站房设计与施工，耒阳车站因地质复杂采取的站场地基加固处理的设计和施工更具代表性。

一、咸 宁 站

新咸宁站站台雨棚，建筑总长度 450.3 m，分别在 20、38 轴线处设置伸缩缝。横向跨度柱距 56.90 m，纵向柱距 16.80 m，建筑高度 16.79 m。站棚结构覆盖面积为 29 800 m^2。横向主桁架梁采用空间三角形管桁架结构，纵向次桁架采用空间倒三角形管桁架结构，纵横桁架共同组成一个整体稳定的结构体系，布置如图 4-6-1 所示。

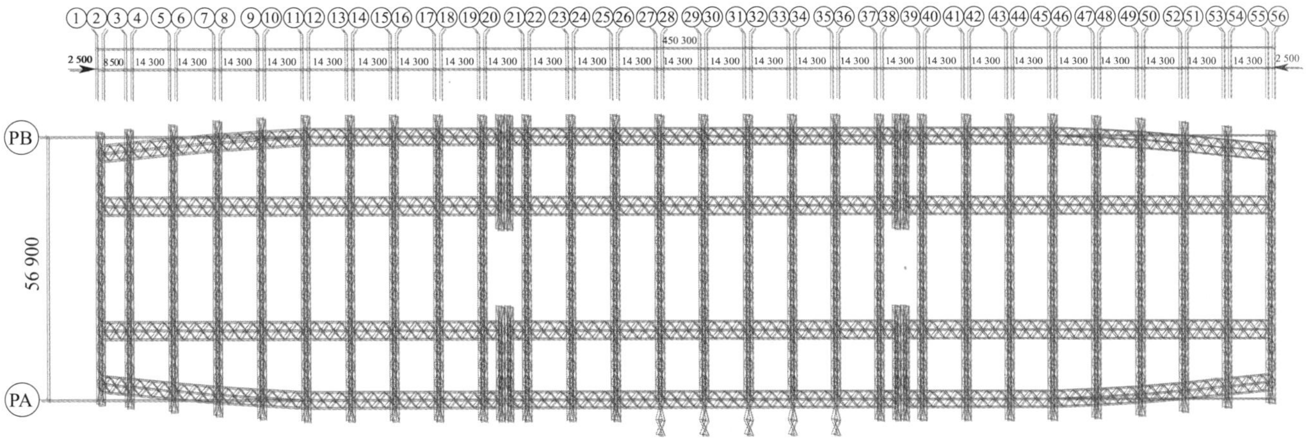

图 4-6-1　纵横向桁架平面布置(单位:mm)

站棚主桁架最大跨度 56.9 m，位于柱端的桁架高度 4.7 m，跨中高度 2.8 m，次桁架跨度 14.3 m，最大高度 3.8 m。因道路运输限高以及线路正线的一道及二道接触网在网架施工时已经带电，将桁架拼装后进行分段吊装，分段长度按净跨 1/3 划分，各分段长度及重量，见表 4-6-1。由于五股道、六股道的宽度所限，不能满足吊车转向及调整，起吊中心只能分别停放在两个站台面上，将拼装好的桁架段顺线路方向起吊至柱顶高程，利用导，向绳旋转 90°精确定位、调整桁架高程，并与另一端放置于临时支撑上，在高空进行对接后柱端焊接固定，之后再焊接对接接头。吊装顺序由 56 轴向 1 轴方向进行。主桁架对接完成后进行下一榀主桁架的吊装，次桁架随主桁架安装进度跟进固结。

表 4-6-1 桁架分段长度及重量

序号	桁架名称	短段重(t)	长段重(t)	长度(短/长)(m)	备注
1	HJ1	8.7	11.4	20.8/38.3	分两段吊装
2	HJ2	8.2	12.5	21.5/38.9	分两段吊装
3	HJ3	10.5	15.4	22.4/39.9	分两段吊装
4	HJ4	11.4	18.9	23.3/40.8	分两段吊装
5	HJ5	11.8	19.4	23.9/41.4	分两段吊装
6	HJ6	12.1	19.6	24.4/41.9	分两段吊装
7	HJ7	12.4	20.8	24.4/41.9	分两段吊装
8	HJ8	10.6/2.1	18.7	24.4/11.3/37	分三段吊装
9	HJ9	11.6	18.8	24.1/41.6	分两段吊装
10	HJ10	11.3	19.1	23.5/41	分两段吊装
11	HJ11	8.6	17.5	22.7/40.2	分两段吊装
12	HJ12	8.1	16.5	21.8/39.3	分两段吊装

(一)钢桁架吊装施工工艺流程

桁架现场拼装→桁架水平运输→临时支撑设置→分段吊装→高处对接→站台通道处吊装→桁架垂直度、侧向弯曲矢高测量→次桁架吊装→桁架结构的探伤检测→临时支撑卸载拆除。

(二)结构吊装

桁架杆件在工厂加工、编号,通过运输车辆按照分段长度中的编号杆件分别运输至一站台、二站台,在靠56轴端头堆放,在型钢焊接的拼装胎架上进行分段拼装。主桁架拼装时长段分为两节,每节拼装完成后在地面进行拼接。拼装完成后对桁架的焊缝、结构尺寸、跨中垂直度、侧向矢高进行检查,符合要求后运输至起吊点。制作期间必须要控制的是桁架预拱度设置,本工程桁架跨中最大预拱度(未考虑檩条、屋面及天花等衡载)按 50 mm 设置以确保桁架受力。

拼装好的桁架分别利用 16 t、25 t 吊车起吊至 10 t、20 t 载重量的平板车上,按照分段长度及重量沿三道、四道运输至起吊点。平板车由于长度满足不了桁架长度要求,在尾部增设一辆挂车以确保载重平衡。

考虑桁架转运难度及减少杆件转运、拼装数量,在二站台利用较小吨位 35 t 吊车起吊桁架短段,将长段桁架拼装设置在一站台,同时利用较大吨位 65 t 吊车进行起吊。结合每榀桁架的起吊中心和吊车的旋转半径、人行通道宽度不满足吊车作业的情况,吊车行走及布位情况如图 4-6-2 所示。

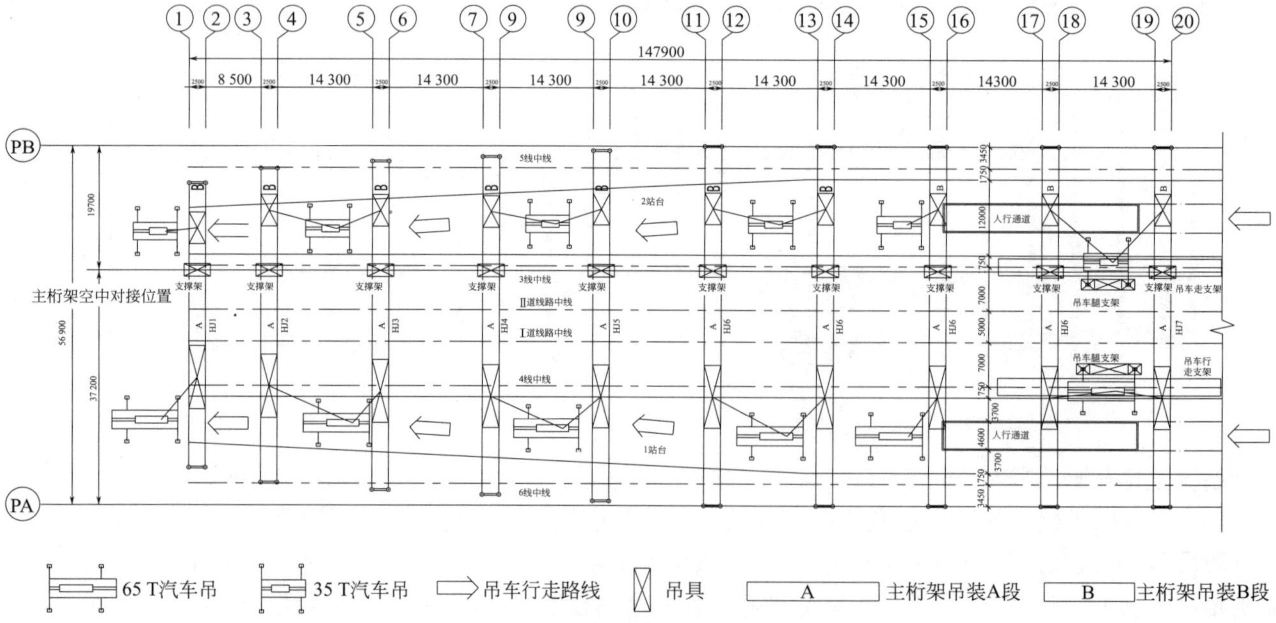

图 4-6-2 吊车行走及布位(单位:mm)

根据主桁架分两段吊装的方案,分段点距离 2 号站台靠正线四道边线 2.5 m 设置临时支撑点,支撑架位于桁架分段点正下方位置。

1. 固定支撑架设置

临时支撑架布置如图 4-6-3 所示。支撑架的截面宽度为 2.0 m×2.0 m，垂直步距为 2.0 m，立杆采用 ϕ168 mm×6 mm 无缝钢管，其他腹杆采用 ϕ89 mm×5 mm 无缝钢管；连接法兰板板厚 16 mm，采用 10.9S M20 大六角高强度螺栓连接，其他节点板厚 12 mm，顶部支撑采用 Q235B H 型钢制作搁置平台，其上铺设 20 mm 厚钢板，同时用于作业人员施工。为了确保临时支撑稳定，支撑架四周采用 ϕ15 mm 公称抗拉强度 1 570 N/mm^2 钢丝绳作为揽风绳。通过选取最重的一榀主桁架 HJ7，对其进行支撑架的强度和稳定性的验算，经验算，临时支撑架的强度和稳定性均满足使用要求。

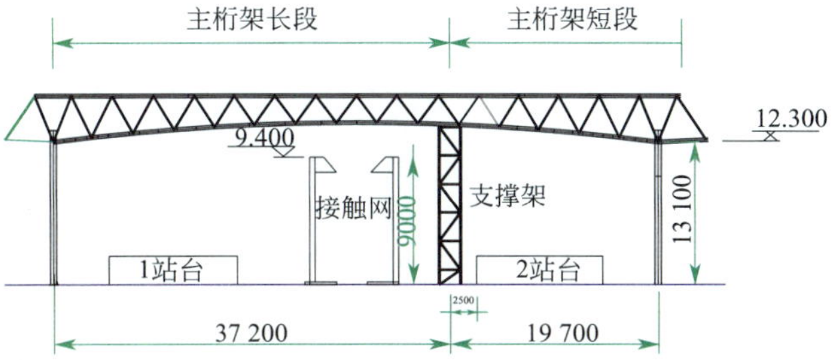

图 4-6-3 临时支撑架设置(单位：mm)

2. 主桁架分段吊装施工

主桁架在起吊前先对钢丝绳进行计算，选用 6 根 ϕ28 mm×8 m。然后试绑钢丝绳，找准桁架重心，便于起吊后柱顶固定并搁置在临时支撑架上，同时在靠柱端设置导向绳。起吊时根据信号工指示将桁架顺线路方向缓缓提升，并利用导向绳避免桁架横向偏移触碰接触网，在提升高度略高于柱顶高程时停止提升，并利用导向绳将桁架旋转，同时缓缓移转吊车。转体 90°并待桁架不再晃动后吊车缓慢地将桁架下放，在柱顶操作人员的配合下慢慢移进柱顶插板，完成桁架吊装，吊装步骤如图 4-6-4 所示。

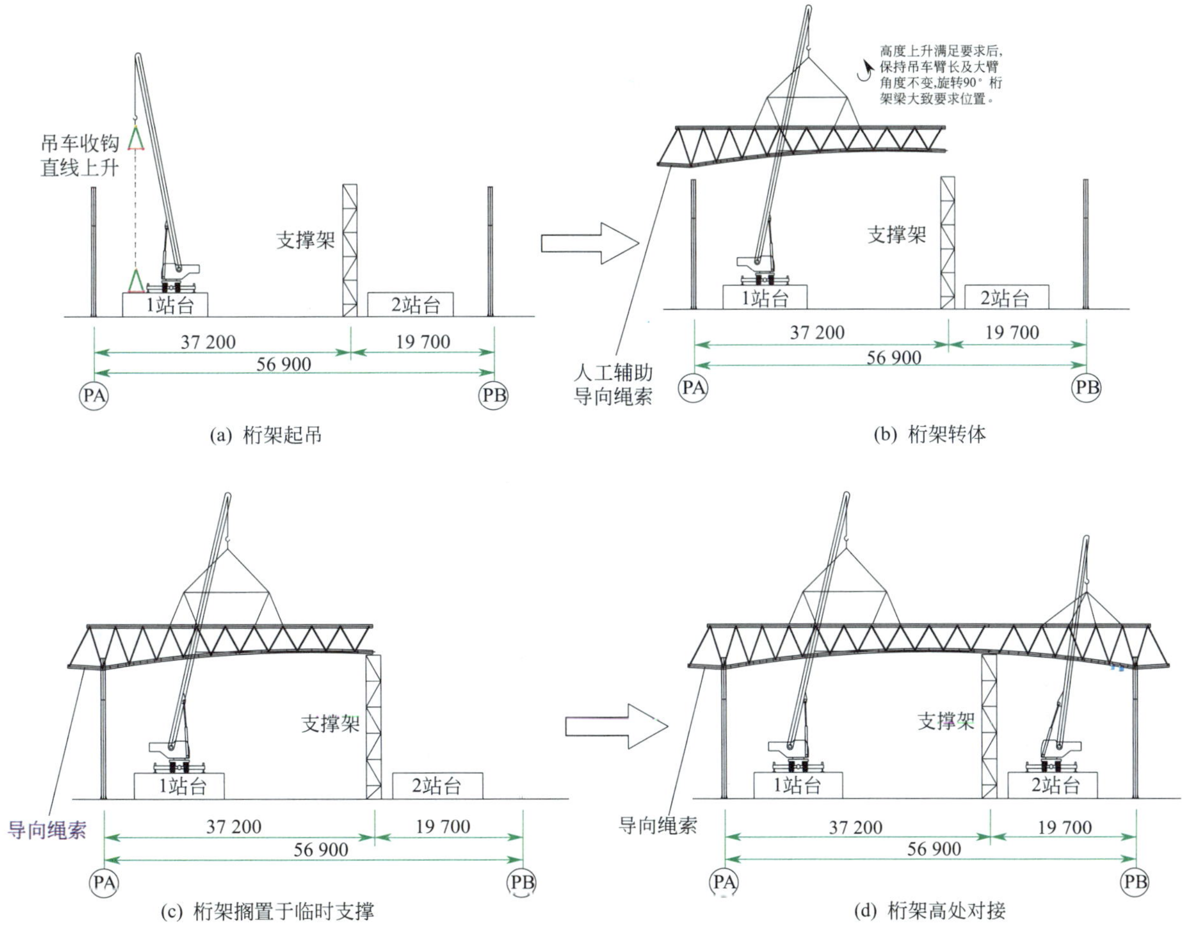

(a) 桁架起吊 (b) 桁架转体

(c) 桁架搁置于临时支撑 (d) 桁架高处对接

图 4-6-4 主桁架吊装顺序(单位：mm)

3. 主桁架高处对接

主桁架长短两段分别吊装就位后，精确调整桁架柱顶高程，支撑架位置由千斤顶进行微量调节，同时分别检查各段下弦杆与所相连接柱间相贯线接口是否满足要求，若有问题采用手工气割进行修整，直至满足要求。地上利用经纬仪对轴线进行复核，无误后焊接两端柱顶相冠线，最后焊接对接点。桁架对接时，通过设置卡玛首先将两段桁架上弦临时连接；然后从下弦杆开始，施焊下弦对接口。在一根焊接完成后，再开始另外一根下弦焊口。完成下弦对接后再焊接上弦对接口，以防止焊接变形造成桁架变形及构件内焊接残余应力过大。

4. 站台通道处吊装

按照安装整体部署，桁架吊装设备停放在站台面进行吊装作业。由于吊车在通道工作时，站台两边剩余3.7 m净宽的空间无法满足吊车吊装作业，在通道范围内站台外侧靠正线侧采用立杆、上部纵横向连接杆，均采用H300 mm×150 mm×5.5 mm×8 mm热轧H型钢，腹杆以及下横向连接杆采用L80 mm×10 mm角钢，下纵向连接杆采用28号槽钢搭设双排吊车支撑钢支架，钢架尺寸为1.2 m(宽)×1.5 m(高)×10 m(长)，其上铺设20 mm厚钢板，第一排钢支架距离站台边0.1 m，布置示意图如图4-6-5所示。

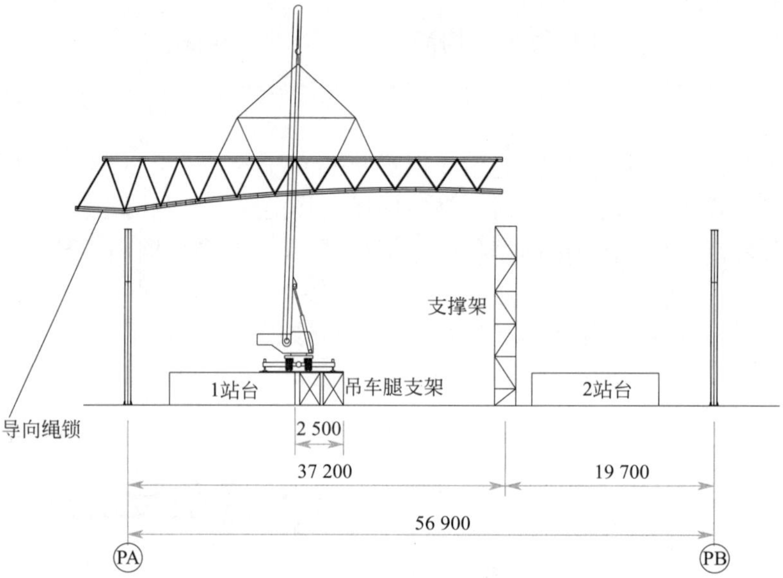

图4-6-5　站台通道处吊车钢架布置示意(单位：mm)

5. 桁架垂直度、侧向弯曲矢高测量

每榀主桁架安装完成后利用经纬仪进行桁架垂直度和侧向弯曲矢高复测，如出现跨中垂直度大于Min(h/250、10.0)、侧向弯曲矢高f大于Min(l/1 000、30.0)都应对桁架进行校正。经复核桁架垂直度和侧向弯曲矢高满足允许偏差后进行次桁架的安装。

次桁架吊装。次桁架的拼装、检查验收、运输同主桁架，相邻两榀主桁架吊装完成后立即进行次桁架的吊装，这样同主桁架连接成稳固的整体。

6. 桁架结构的探伤检测

按照《钢结构工程施工质量验收规范》(GB 50205—2001)进行探伤检测，主桁架对接焊缝共652条，均达到规范标准中一级焊缝Ⅱ级内部质量要求，次桁架相冠线焊缝720条，均达到二级焊缝Ⅲ级内部质量标准，满足设计要求。

7. 临时支撑卸载拆除

为了保证桁架结构稳定，同时保证桁架结构由施工状态缓慢过渡到设计状态，结构在拆除支撑后，保证桁架通过内、外支座的稳定受力，与设计初始位置相吻合，此间，桁架结构发生较大的内力重分布，并逐渐过渡到设计状态。因此，支撑架拆除时遵循“变形协调，卸载均衡”的原则，将通过放置在支架上的可调千斤顶，多次循环微量下降来实现“荷载平衡转移”，每次千斤顶同时下降高度基本一致，按每步不大于5 mm的等步下降法缓慢卸载，以避免千斤顶集中受力而导致临时支撑偏心受力的状况出现。整个桁架支撑体系以伸缩缝为界分为三个区域，从每个区域中间一榀桁架开始向两侧顺序进行卸载拆除。经检测，临时支撑卸载拆除后，最大跨度桁架跨中最大挠度为30.4 mm，满足要求。

通过科学安排、合理组织及施工工序的精细控制，新咸宁站站台雨棚钢桁架于2009年3月28日开始进场拼装，至2009年5月31日主次桁架吊装完成，克服了联调联试要“点”施工对安装的影响，优质高效地完成了施工任务，桁架节点焊接质量、主体结构整体垂直度及平面弯曲符合验收规范要求，同时保证了桁架在联调联试期间的行车和吊装施工安全，为客运专线跨越接触网线大跨度桁架吊装施工积累了经验。

二、耒阳站

耒阳站长 2 370 m，共 4 股道(中间Ⅰ、Ⅱ道为正线，左为 3 道，右为 4 道)，设旅客地下通道一座(DK1777＋704.5)，箱涵一座(DK1777＋530)。站房位于 DK1777＋520～＋730 左侧，站房均为钻孔桩基础，冲击钻成孔。

DK1777＋500～＋750 段上覆土层为 6～14 m 左右黏性土，上部为硬塑～软塑，底部局部为流塑；下伏基岩为灰岩，岩溶发育，溶洞、溶沟、溶槽发育，溶洞部分充填，部分半充填。据统计 385 孔整治注浆孔揭示的地质情况，55 孔见溶洞，占总孔数的 14%。其中 DK1777＋535～＋565 股道范围、DK1777＋570～＋605 右侧边坡至坡脚、DK1777＋605～＋685 右侧边坡中部，分布不规则的岩溶沟槽，深 14～38 m。

耒阳站填方高 6～9 m，原设计 DK1777＋500～＋750 段地基采用方桩、CFG 桩加固，正线范围采用 2.5 m 的堆载预压。股道范围基床底层及本体采用 A、B 组填料填筑。

基底岩溶采用压力注浆，封闭土、石界面，加固基岩顶面土体，填充土洞、溶洞以及岩溶管道，形成隔水帷幕层，阻隔上覆土体中地下水与岩溶水的联系。如图 4-6-6 所示。

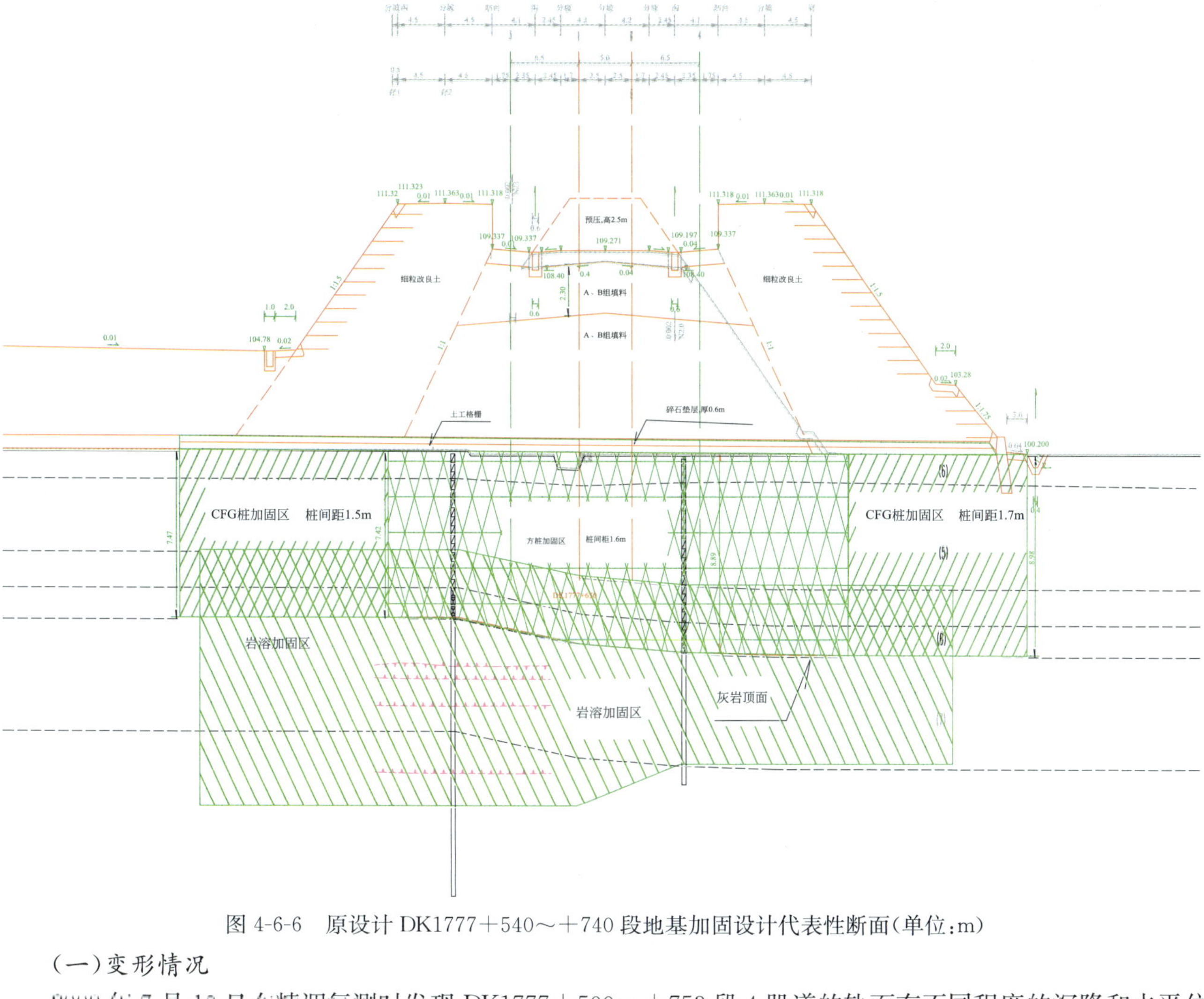

图 4-6-6 原设计 DK1777＋540～＋740 段地基加固设计代表性断面(单位：m)

(一)变形情况

2009 年 7 月 13 日在精调复测时发现 DK1777＋500～＋753 段 4 股道的轨面有不同程度的沉降和水平位移，竖向沉降主要发生在Ⅰ、Ⅱ道，最大沉降 44.6 mm，3、4 道沉降较小，最大沉降 17.7 mm；沉降中心大致在Ⅰ、Ⅱ道的 DK1777＋630～＋650(图 4-6-7)；水平位移仅发生在Ⅰ、Ⅱ道，最大位移在 DK1777＋577 附近(图 4-6-8)。

发现轨面变形后，武广公司多次召开路内外专家研讨会，对变形原因与整治方案进行分析研究。通过对变形情况、地质资料和施工资料综合分析，认为路基下沉是由于岩溶塌陷，地基土松动下陷，使地基加固桩承载能力降低所致。引起岩溶塌陷原因主要有相邻站房钻孔桩基大面积冲击成桩、造成地下水的强烈波动、对地下岩溶管道产生过大真空负压、对上覆土体产生侵蚀破坏等。

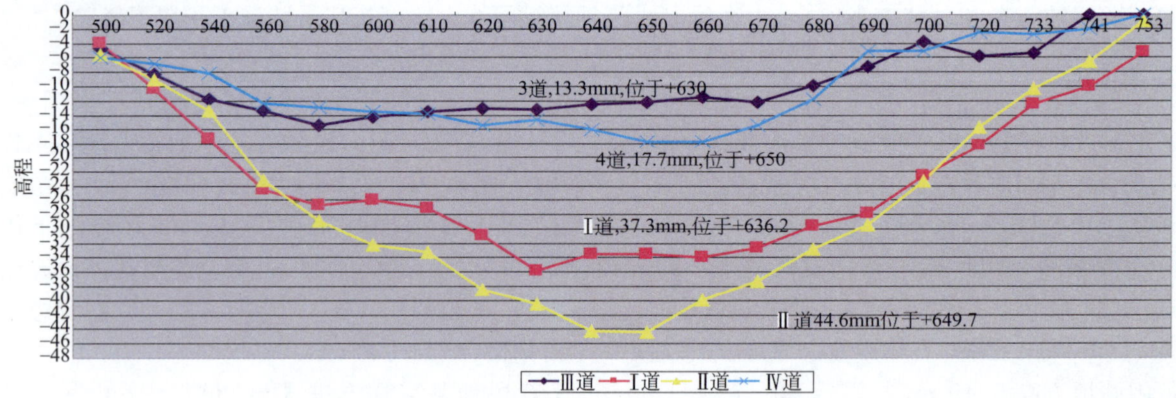

图 4-6-7　2009 年 7 月 13 日长轨复测高程变化曲线

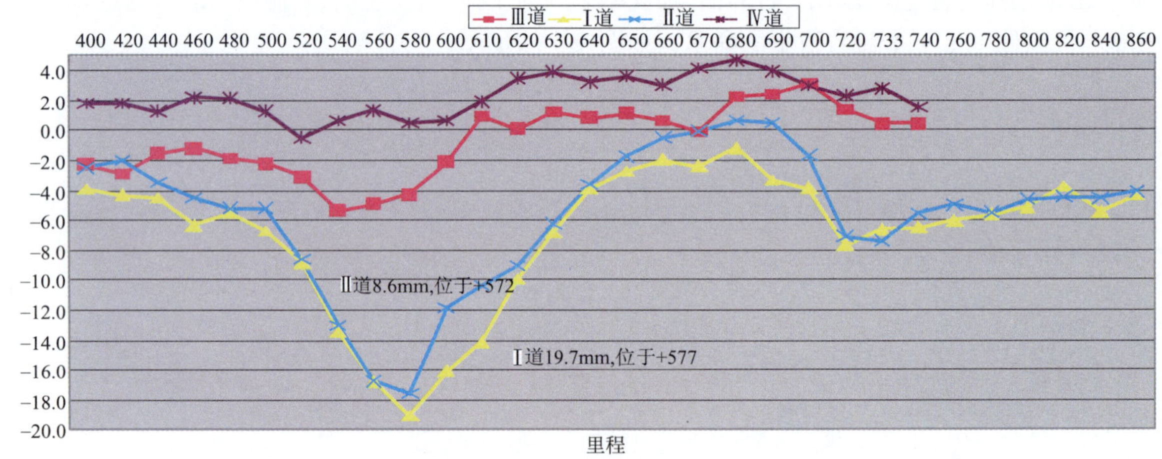

图 4-6-8　2009 年 7 月 13 日长轨复测水平位移曲线

(二)整治方案

耒阳站岩溶路基沉陷影响范围主要为 DK1777＋500～＋750 段 3 道至右侧边坡范围。由于岩溶塌陷已造成地基土、填土层产生了不同程度的扰动,复合地基承载能力降低,本着“宁强匆弱、彻底根治、不留后患”的原则,对岩溶进行补注浆,对扰动的地基土和填土进行补强加固。图 4-6-9 为主要整治方案。

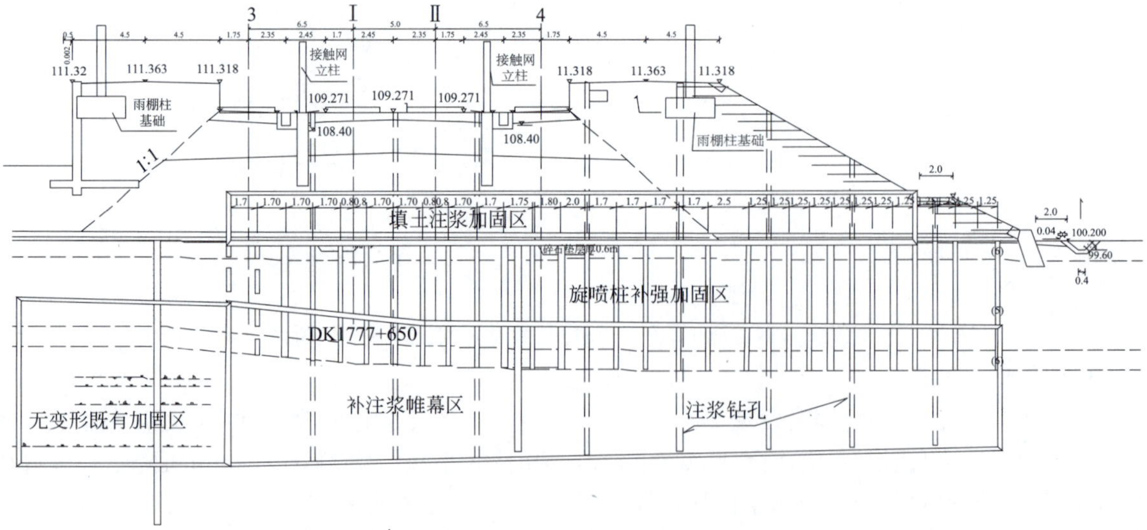

图 4-6-9　DK1777＋540～＋690 整治补强加固方案横断面(单位:m)

1. 岩溶注浆加固

对岩溶地基采用压力注浆进行补注浆加固。进一步封闭土、石界面,加固基岩顶面土体,填充土洞、溶洞以及岩溶管道。

(1)DK1777+500～+750 段补注浆范围为 3 道至右侧路堤坡脚，补注浆顶至基岩面以上土层中不少于 3 m，深至岩面以下 5～10 m，如遇溶洞，注浆孔深应进入溶洞底以下不少于 1 m；补注浆孔距一般为 5 m，对塌陷位置及薄弱地段，适当增加补充注浆孔，并有 3%～5%的注浆验证孔。

(2)DK1777+400～+500 及 DK1777+750～+950 两段进行侧向补注浆帷幕加固，每侧两排注浆孔，注浆孔距纵横向均为 5 m，注浆孔深进入基岩面以下不少于 5 m，形成减缓地下水径流通道的侧向帷幕。

(3)注浆水泥为 P42.5 普硅水泥，水灰比 1：0.8～1：1。送浆管路直径应大于 50 mm，管路长不宜大于 50 m。一般工作压力为 0.1～0.5 MPa，最大达 1.5 MPa 以上。终止注浆条件：终止注浆压力下注浆流量小于 40 L/min，维持 30 min 可停止注浆。

2. 旋喷桩加固补强

DK1777+530～+740 段地基采用旋喷桩加固补强。旋喷桩的横向间距为 1.6～1.8 m，纵向间距为 1.6～1.7 m，其中主沉降范围 DK1777+630～+670 段旋喷桩的纵向间距一般为 1.3～1.4 m，桩径 0.6 m，正方形布桩；DK1777+540～+685 段右侧边坡下旋喷桩按三角形布置，排距为 1.25 m。

3. 填料注浆加固

路堤下部 3～5 m 厚填土层采用低压注浆加固补强，注浆孔距在 5 m 左右。在地基加固整改过程中，加强对既有构筑物变形的施工控制，尽量减少整治施工中对路基中的雨棚柱基、接触网立柱基础、涵洞及旅客通道、挡土墙等既有构筑物的扰动。整改主要工程数量：注浆孔 586 孔(14 814 m)；旋喷桩 2 166 根(25 578 m)。

(三)整治工程施工综合技术

1. 岩溶注浆施工

岩溶注浆钻孔采用 MJG-100 型地质钻机钻孔，在钻填料层和黏土层时，只加少量水给钻头降温，钻填料层和软塑层时不使用循环水，套管及时跟进。岩溶注浆孔同时作为高压旋喷桩孔，在套管难以拔出的情况下，基岩比较完整地段，套管只下到褥垫层底，采用注浆软管下至孔底 2 m 范围内进行注浆，注浆完成后套管不再拔出。在遇溶洞、裂隙发育地段岩溶钻孔严格采用小套管跟进至基岩内 0.3～1 m，注浆完成后套管不再拔出，高压旋喷桩另行引孔。

注浆采用纯压入式注浆，注浆压力为 0.5～0.6 MPa，注浆过程中如有跑浆、冒浆，采用水玻璃双液注浆或多次注浆方式；如有串孔现象出现，则两个孔同时注浆。遇全充填溶洞时，采用水泥浆液注浆；溶洞为半充填或无充填时，先灌入中粗砂，然后采用水泥浆液或加入水玻璃双液注浆。终止注浆条件：终止注浆压力下注浆流量小于 40 L/min，维持 30 min 以上。岩溶注浆加固施工工艺流程如图 4-6-10 所示。

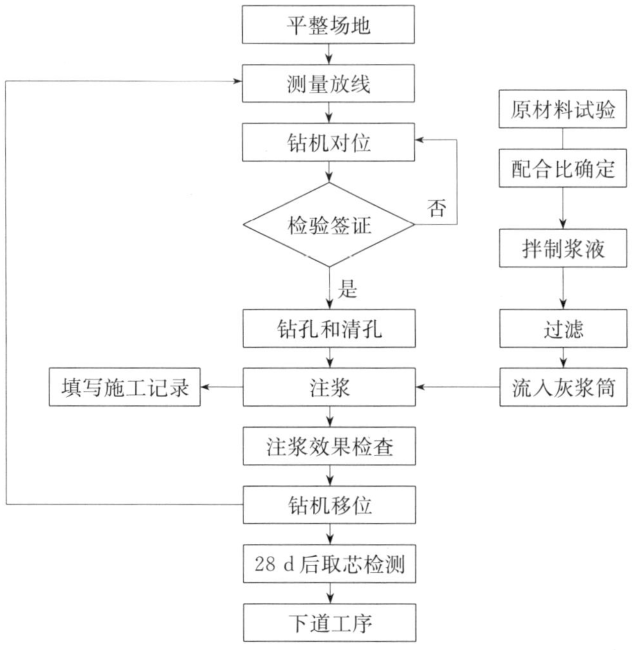

图 4-6-10　岩溶注浆加固施工工艺流程

2. 高压旋喷桩施工

高压旋喷桩引孔也采用 MJG-100 型地质钻机，深入基岩不少于 0.5 m。当原岩溶注浆孔作为高压旋喷桩孔，岩溶注浆完成后水泥浆凝固，则旋喷桩施工前再用地质钻机扫孔。

本工程由于受接触网和站台雨棚高度的影响，选择单管高压旋喷桩机施工，施工工艺流程如图 4-6-11 所示。根据试桩结果，桩底 3～5 m 浆液的喷射压力提高到 22～25 MPa，以上为 20 MPa，可以保证桩径达到 0.6 m。桩底 3～5 m 喷浆压力按 28 MPa 控制，以上为 25 MPa，且采用复喷工艺，桩径可达 0.8 m。高压旋喷桩施工时当钻头距桩底有 2 m 时开始送浆，钻头送达桩底（岩面）时脱档原地喷 1 min 后再缓慢提升。为避免上大下小，靠近接触网基础、雨棚柱基础等构筑物时，根据构筑物变形情况将压力降低到 10 MPa 左右，由于喷嘴堵塞或其他原因停机而重新旋喷时，搭接长度不少于 1 m。

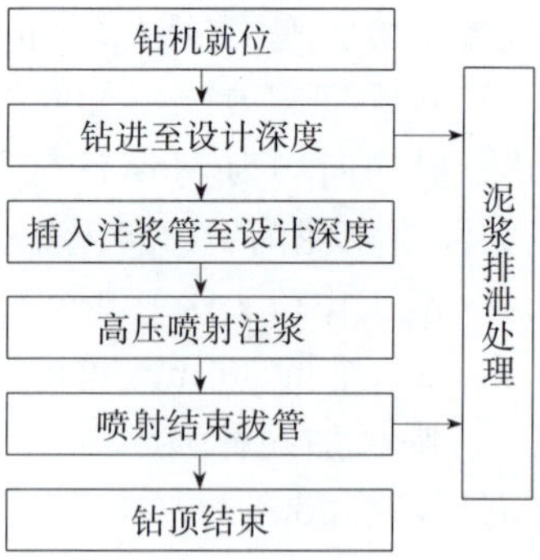

图 4-6-11　高压旋喷桩施工工艺流程

旋喷桩施工过程中出现不冒浆现象，采用降低旋喷桩的提升速度和旋转速度解决；出现相邻孔位水位上升现象，则适当降低注浆压力，不上升再增大注浆压力，出现相邻孔冒浆现象，适当降低旋喷压力，同时对冒浆孔进行堵塞；出现卡钻、埋钻杆现象，采用回填水泥砂浆后，在旋喷桩孔边重新引孔施作。

（四）加固过程变形趋势

为了加强对加固过程变形趋势的掌控，以及对加固效果的观测，2009 年 7 月 23 日重新建立观测点。沉降值统计表明，DK1777＋500～＋740 各观测点沉降在补充注浆与旋喷桩整治施工完成后，随着地基强度的增大，分别于 9 月 6 日、9 月 13 日沉降均开始趋于收敛，至 9 月 22 日，Ⅰ、Ⅱ道沉降基本趋于稳定（图 4-6-12），整治达到了预期效果。Ⅰ道最大沉降为 52.79 mm，Ⅱ道最大沉降为 63.91 mm，Ⅱ站台及Ⅱ站台雨棚日平均沉降量在 0.2 mm 左右，均在受控状态。

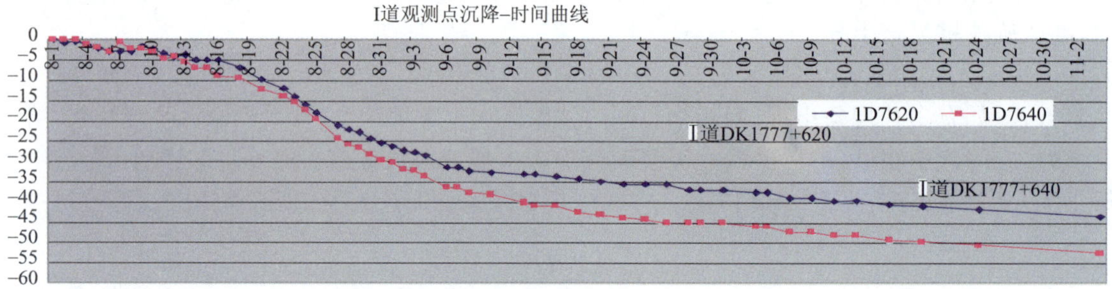

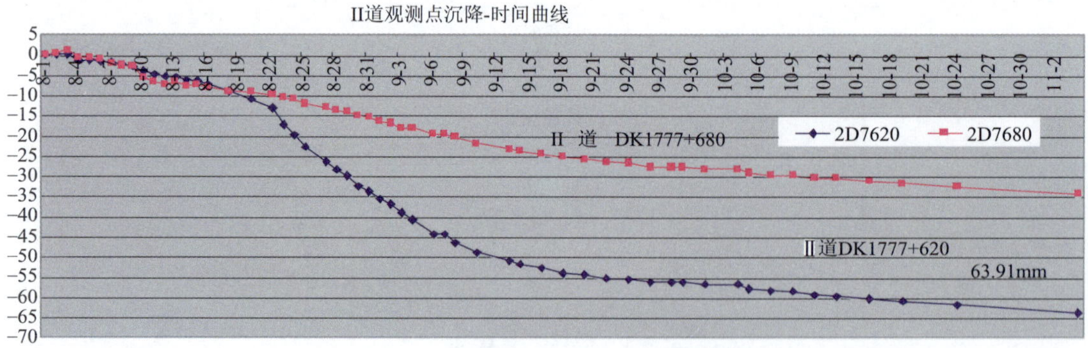

图 4-6-12　Ⅰ、Ⅱ道代表性观测点沉降-时间曲线图

（五）施工效果验证情况

1. 高压旋喷桩试桩

2009 年 8 月 2 日在 DK1777＋600 线路右侧坡脚外进行高压旋喷桩试桩，深度 8.7 m，喷浆压力 20～22 MPa，钻机转速 22～23 r/min，钻杆提升速度 20～23 cm/min。3 d 后开挖验证桩径，满足设计要求。对

成桩后的高压旋喷桩取芯验证，芯样连续性完整性较好，在桩身上中下三个部位分别取样做抗压强度试验，强度均大于 2.5 MPa，满足设计要求。

(a) 旋喷桩　　(b) 旋喷桩芯样

图 4-6-13　旋喷桩及芯样

F36-5 水泥土芯样多呈长柱状，少量短柱状，成分主要为水泥浆胶结物，其中芯样大于 0.5 m 的 2 段，0.5～0.2 m 的 17 段，0.2～0.1 m 的 29 段，小于 0.1 的 50 段，芯样颜色均匀，连续完整性较好强度较高，桩底与岩面结合较好。F59-8 水泥土芯样多呈长柱状，少量短柱状，成分主要为水泥浆胶结物，其中芯样在 0.5～0.2 m 的 18 段，0.2～0.1 m 的 31 段，小于 0.1 的 51 段。芯样颜色均匀，连续完整性较好，强度较高，桩底与岩面结合较好。如图 4-6-13 所示。

2. 岩溶注浆效果验证

从取芯情况来看，填土层(图 4-6-14)、基底(图 6-1-15)岩溶注浆所取芯样呈柱状，水泥浆液充填情况良好。通过沉降监测数据分析表明，岩溶补注浆、地基高压旋喷桩、填土层下部注浆的整治施工过程可控，施工质量可靠，整治达到了预期效果。

图 4-6-14　填土层取芯图片

图 4-6-15　基底取芯图片

第二节　长沙南站站场施工

一、工程概况

长沙南站起止里程为 DK1571＋100～DK1575＋100，中心里程 DK1571＋620，长达 4 km，最宽处达 573 m，用地达 110 万 m^2。新长沙站建设需拆迁主房达 350 多户、厂房达 90 多栋，涉及 335 户，各种待拆管线达 50 多处，其中有一处 220 kV 高压铁塔、一条 35 kV 高压线、三条军用电缆等。交通干扰及道路改移达 20 多处，主要有花侯路、劳动东路、战备路等交通干扰的排除及改移。

工程数量主要有：CFG 桩 65 万 m，水泥搅拌桩 10 万 m，钻孔桩 8 000 m，挖方 18 万 m^3，A、B 组填料 200 万 m^3，级配碎石 10 万 m^3。箱涵 5 座，立交桥 2 座，97.4 m。设车场 2 个，分别办理京港南北方向和沪昆东西方向客车始发、终到及通过作业，京港方向共设站台 8 座，到发线 16 条(含正线)。中心里程为 DIK1572＋650，距新汨罗站 98.75 km，距武汉站 383.1 km。

二、施工管理

本工程为局管项目，为项目、工区、施工队三级管理模式。

专业队伍分为土石方施工队、框架桥施工队、CFG 桩施工队及边坡附属施工队。

三、设计变更

设计变更增加了堆载预压、变更车站大桥过渡段填料。

四、新工艺、新设备

新工艺主要有 AB 组料填筑施工工艺，施工设备均为常规设备。

五、安全质量管理

（一）安全管理

1. 安全管理机构

成立以分部经理为组长，分部副经理和总工为副组长，工程部、安质部、物资设备部、及专职安全员为组员的安全领导小组，工班配置专职安全人员；逐级签订安全生产责任状，安全责任层层分解；组成横向到边，纵向到底的安全保证体系。

2. 安全管理制度

安全管理制度主要有：安全事故申报制度、安全教育培训制度、特种工持证上岗制度、安全检查制度、安全评比制度、安全生产宣传制度等。

施工前根据工程所处环境进行危险源识别，并根据评分识别重大危险源，按照安全责任要求和制度规定，在制订安全应急预案，施工中对重大危险源进行重点监控，展开定期与不定期的安全检查，并通报检查结果，根据分部安全管理办法进行奖励与处罚。

3. 安全措施

根据现场实际制订安全用电、施工机械安全技术、电气焊安全技术、高处作业安全等措施，强化全员培训，确保安全工作落实到位。

（二）质量管理

1. 严格岗前培训，坚持先培训后上岗

严格执行项目部质量管理办法，首先进行岗前培训，参加项目经理部、分部培训共计 25 次，累计培训人数达 2 600 人次，工人培训率达 100%。

2. 严格控制原材料进场检验制度

各种原材料进场后使用前，由物资部门向试验室提出检验申请，试验人员在监理旁站或见证情况下按规范要求的频率抽样，送中心试验室检验，合格后方可用于工程，混凝土运往工地后，对其各项指标进行检测，合格后方可灌注。通过原材料把关，确保用于工程的材料合格。

3. 严格图纸审核制度

图纸到位后，由总工程师组织技术人员对图纸进行审核，对结构尺寸、高程、钢筋数量进行复核，确保图纸无误。

4. 严格过程控制及三检制度

技术人员严格旁站制度，严把每道工序质量关，上道工序检验合格，才允许进入下道工序。施工中严格执行自检、互检、交接检制度，真实填写检查记录，及时向监理工程师报检。

5. 执行自控体系要求，奖罚分明

施工中，各作业人员按自控体系要求的职责、质量标准，做好本职工作，分部管理人员按照自控体系进行检查与考核，奖优罚劣，调动职工积极性。

6. 技术复核和隐蔽工程验收制度

制订技术复核制度，明确复核内容、部位及复核方法。制定隐蔽工程验收制度，在工程隐蔽之前必须经过验收签认。

六、竣工验收情况

竣工验收分静态验收与动态验收，静态验收分预验、初验、复验，根据预验、初验中存在的问题进行整改，并于 2009 年 12 月顺利通过复验。

第三节 联络线施工

武广铁路客运专线涉及的枢纽工程有武汉枢纽、长沙(株洲)枢纽、衡阳枢纽、广州枢纽、株洲南联络线、株洲北联络线为例，介绍联络线的施工情况。

一、株洲南联络线施工

(一)工程概况

1. 株洲南联络线分为东南联络线和南东联络线，东南联络线为沪昆下行线与武广线的连接线，管段起点里程为 DNDK0＋000，终点里程为 DNDK3＋513.134，全长 3 513.134 m，主要工程有：特大桥一座，大桥一座，隧道一座，涵洞 9 座；南东联络线为沪昆上行线与武广线的连接线，管段起点里程为 NDDK0＋000，终点里程为 NDDK3＋891.711，全长 3 891.711 m，主要工程有：特大桥一座，大桥一座，隧道二座，涵洞 5 座；设计时速为 200 km/h。

2. 施工条件：本段所经地区属湘中南温带亚湿润季风气候，四季分明，降水集中，地形较为平坦。线路与沪昆线交叉，并有许多乡村公路与线路交叉，交通便利。线路经过地段地下水和地表水丰富，河流较多，沿线村庄较多，电力供应充足。

(二)总体施工组织及规划实施

1. 工程实施指导原则

(1)施工技术指导思想

结合本段工程特点，项目部严格执行设计方案，加强施工技术管理，准确掌握技术标准，合理安排阶段工期，采取措施，减少施工干扰，组织技术人员认真审核设计图纸，编制施工过程作业指导书，在复核图纸的基础上详细进行技术交底，使现场施工完全在施工技术部门的指导控制下进行。

(2)施工管理指导原则

施工管理的指导原则是：“安全保工期、优质创信誉，管理出效益、全面争第一”。

2. 现场管理模式

根据本管段的施工环境及工程特点，现场施工管理采用项目队、各专职部门、工区三级管理模式。队长为决策层，各专职部门为管理层，工区为作业层。根据上述模式，本管段由两个土石方工区，两个桥涵工区，二个隧道工区，六个路基附属工区承担。

3. 临时工程

(1)临时用水：本地区地下水极其丰富，距地表仅 2 m，可直接使用。满足工地生活及生产需要。

(2)临时用电：本地区电网发达，可接线用于生活及生产，并同时配备 5 台 200 kW 发电机。

(3)临时便道：本地区路网发达，施工场地均有乡间道路(宽 5 m，泥石路面)。基本满足施工调迁及施工期间材料运输的要求。同时在路基施工时，在线路两侧征地范围内，我队自行修建施工便道，以满足路基机械化施工要求。

(4)临时施工驻地：设在株洲市清水塘，土方，隧道及桥涵施工队伍均在施工现场搭建临时房屋及租用当地民房。

4. 机械设备配置

挖掘机卡特 240，8 台；装载机日立 ex200，3 台；自卸车台东尼 12 t，8 台；解放 15 t，8 台；推土机台鞍山 120，3 台；压路机 3 台；搅拌机 2 台。

(三)施工工艺及方法

本段工程施工工艺较简单,除湘黔立交大桥、白马垄特大桥及炉家冲大桥 48 m 连续梁外,技术难度不大,按常规方法施工即可。

1. 涵洞及桥梁下部工程:

为确保桥涵工程质量,混凝土拌制全部采用电子计量。由 js500 强制式搅拌机拌制。为确保桥梁墩台内实外美,桥梁模板全部采用定型,整体式模板。模板拼装前,对模板进行打磨、清洁、涂油。为防止污染,涂油后即覆盖塑料薄膜,边浇筑边清除塑料薄膜。模板采用脚手架支护外围,采用工字钢加肋,打眼穿螺栓加固,模板内无拉筋。墩身墩帽一次浇筑成型。由试验人员根据试验室下发的混凝土施工配合比,在浇筑混凝土前先制作几组试块,根据现场粗细骨料情况,选取最佳方案。混凝土浇筑完毕后,覆盖塑料薄膜养护并安排专人定时洒水养生。

2. 路基工程:

管段内路基为高填方路堤及深挖路堑,施工工艺严格按照《铁路路基施工规范》及由技术部门编制的路基工程施工过程作业指导书进行。填土压实工艺流程分为四区段,八流程分层填筑施工。四区段是:填土→平整→碾压→检验;八流程是:施工准备测量、放线→基底处理→分层填筑→铺摊平整→碾压夯实→检验签证→路面整形→边坡修整。压路机司机根据密实标准,填土厚度,按试验人员提供的控制遍数进行压实。

3. 路基附属工程:

附属浆砌采用挤浆法分层、分段砌筑,砌缝砂浆密实、饱满,石料应互相咬搭、交错,砌体砌筑完毕后及时覆盖,洒水养生。

二、株洲北联络线

(一)工程概况

株北联络线由上行线(LSDK0+000 至 LSDK5+335.55)和下行线(LXDK0+000 至 LXDK4+384.08)组成,分别与京广铁路衔接。株洲北上行线终点 LSDK5+335.55 等于京广线 K1603+988.37,株洲北下行线终点 LXDK4+384.08 等于京广线 K1603+767.14,上下行线又分别延伸至 K1604+670,在白马垄车站进行对接。其中上行线 K1603+550 至 K1604+670 和下行线 K1603+195 至 K1604+670 为既有线路堤帮宽段。

联络线所处地势地形平坦开阔,地面高程为 40～50 m,辟为农田。谷地中水沟、水渠等广泛分布。既有京广线纵穿本区。京广线既有线路堤边坡喷播植草防护,坡率 1∶1.50,即既有线两侧坡脚分布 M7.5 浆砌片石排水沟,沟宽 8～10 m,沟深 1.0～1.5 m。京广线既有线主要以路堤形式通过本区,填方主要为人工填土:粉质黏土,褐黄色,经人工压密。谷地段表层为多分布有粉质黏土,褐黄色～棕红色,软塑,厚度一般小于 1.5 m,部分地段可达 3.0 m 以上,主要分布于谷地表层、沟谷中。其下为粉质黏土,褐黄色、棕红色,硬塑,厚度一般为 2.0～5.0 m。下伏基岩为 Ptbnw 砂质板岩,浅灰绿色,泥质结构,全～弱风化。谷地第四系土层中发育少量孔隙水,下部基岩中赋存少量基岩裂隙水。

(二)既有线施工重点和控制工程

1. 主要工程特点

(1)线路两侧帮宽长,施工条件复杂

京广铁路按照 6 min 一对车次算,每日有 240 对,运营时速 100～120 km/h。新建株北联络线上下行线设计速度:140～200 km/h,为有砟轨道。

本段上行线帮宽长度 1 120 m,下行线帮宽长度 1 477 m,主要工程内容包括路堤帮宽、涵洞接长、车站部分改造等。由于既有线路堤两侧均为河流和水塘,施工条件复杂,加之施工工期短,任务十分繁重。

(2)与既有线相互干扰大,安全防护工作突出

既有线为京广大动脉,运输繁忙,路堤帮宽地段和涵洞接长施工紧邻既有线,各项工序的安排要综合区间、车站统一考虑,安全防护要求高。

(3)地质复杂,不良地质状况多

主要有软土、松软土等。

(4)既有线路堤帮宽和涵洞接长施工任务量大，申请慢行点施工将严重制约着本段工程总体进度。

2. 重难点和控制工程

重点工程主要有：帮宽路段的软基处理(即 CFG 桩施工)、河道、水塘清淤和围堰施工等。工程难点有：既有涵洞接长施工，安全要求高。

(三)既有线路堤帮宽施工方法

路堤帮宽采用大小型机械结合、人工配合的方法进行施工，即在远离既有线地段采用大型机械施工，在靠近既有线地段采用小型机械配合人工施工，在机械不易靠近地段用人工进行开挖、回填和压实。

1. 施工工艺

既有线路基帮宽施工工艺流程如图 4-6-16 所示。

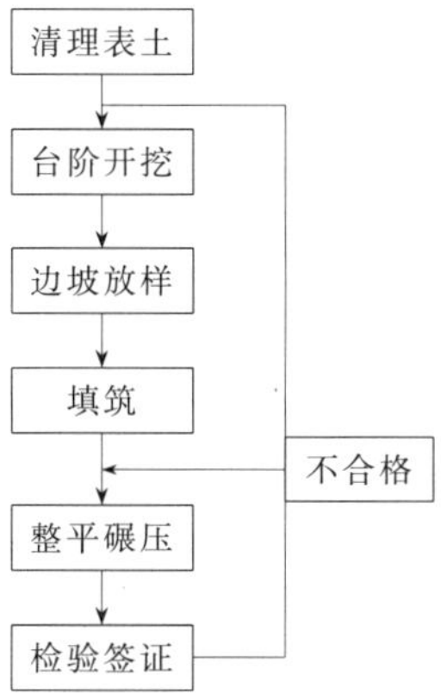

图 4-6-16 既有线路基帮宽施工工艺流程

(1)清理表土

施工前先做好既有线施工的相关安全防护工作之后，清除既有线两侧河道淤泥、表土、树桩、孤石等杂物，清除既有线支挡和坡面防护工程，同时做好相应草麻袋围堰防护措施，并进行原地面的平整、碾压。碾压结束后进行压实系数、地基系数的检测，检测标准见表 4-6-2。如达不到以上标准则按《新建时速140～200 公里客运专线铁路工程施工质量验收暂行标准》进行基底处理。

表 4-6-2 路堤基底处理技术要求

地基类型		$H\leqslant0.6$ m	0.6 m$<H\leqslant2.5$ m	$H>2.5$ m
黏性土	水位距地表>0.5 m	基床表层下换填级配碎石，$K_{30}\geqslant130$ MPa/m	挖除表层0.3～0.5 m，并回填整平压实，$K\geqslant0.95$，$K_{30}\geqslant130$ MPa/m	清除表土整平，$K\geqslant0.85$，$K_{30}\geqslant85$ MPa/m
	水位距地表<0.5 m		换填0.5 m渗水土，$K\geqslant0.95$，$K_{30}\geqslant130$ MPa/m	
砂类土、砂砾土		$K_{30}\geqslant130$ MPa/m	$K_{30}\geqslant130$ MPa/m	$K_{30}\geqslant110$ MPa/m
岩石		按风化情况，比照上述要求进行处理，坚硬岩石不做处理		

(2)台阶开挖

为保证帮填层与既有路堤横向结合稳固，填筑前先进行台阶开挖，台阶宽度为 1.0～1.5 m，台阶高度不大于 0.6 m，并挖向外 4%排水坡。表土清理完成后立即进行台阶的开挖施工。台阶开挖自下而上随填随挖，以免一次开挖完成导致路基滑坍而造成既有线运营事故。每层台阶开挖高度为该层填筑高度，宽度不小于两倍的台阶高度，开挖完成后用小型夯实机具夯填密实。

(3)填筑

帮宽路基采用B组细圆砾土填料，料场地点位于长沙市暮云镇西湖村，距离施工现场约 19 km。该土样属于级配较为良好的细砾土 B 组填料，呈红褐色。不但料源覆盖层薄(仅为 20cm 厚)，且埋深大于8 m，无夹层，储存量在 50 m^3，足以满足路基填料需求。土工试验测定该填料：最佳含水率 6.5%，最大干密度 2.16 g/cm^3，砾石最大粒径不大于 60 mm，大于 20 mm 粒径含量占 40%，小于 0.075 mm 的细粒含量为 12%，蒙脱石含量<1.11%，白云母占 1.5%，高岭石占 24.45%，石英占 71.4%，赤铁矿为 1.54%，自由膨胀率 $F_s<15\%$，液限 $W_L<23.7\%$，塑性指数 $I_P<11\%$。

上料前先测放路堤边桩，为保证路堤压实质量，填筑时路堤帮宽侧应加宽 0.5 m。填料按水平分层填筑，禁止斜层填筑。由于既有线施工场地狭窄，不利于车辆在填筑场地调头，故上料采用倒退法。上料前先根据填层所需填料数量及填筑面积计算卸料间距，专人指挥，确保一次卸料到位、填筑到位，同时保证车辆不侵入铁路限界。并行路堤地段，填筑时对既有边坡边挖边填，同步进行，对既有路基护坡要随拆随填，确保既有路基稳定。

拆除既有线拦护工程，按照先建后拆，分步实施，逐步取代的原则有序进行，不得随意削弱支挡结构，确保路基稳定。

(4)平整、碾压

①放线。在线路中桩和填筑边线，每 25 m 钉出边线。为保证路基边缘的压实度，边线应比设计线每边

宽出 50 cm。

②画网格。在有效的填筑范围内用白灰画网格,以便现场领工员指挥车辆按顺序倾倒填料。

③控制松铺厚度。填料虚铺厚度要挂线检查。按自卸汽车每车的方量和 35 cm 松铺厚度计算每个方格内的卸土车数,以控制填料的松铺厚度。

④防止离析的方法。从车厢两头装料,防止粗颗粒的集中;为防止集窝现象,采取定点卸料。

⑤接缝处理:填料应翻挖与新铺的填料混合均匀后再进行碾压,注意调整其含水率,纵向应避免工作缝。

平整采用推土机粗平,后用平地机精平的方式进行,如受场地影响不利于机械作业则采用人工平整。碾压采用 12 t 振动式压路机进行,碾压时第一遍采用静压,先慢后快。然后改为振动碾压,由弱振至强振,最快行速控制在 4 km/h。由两边向中间、纵向进退式进行,横向接头重叠不小于 0.4 m,两相邻填筑区段重叠不小于 1 m。压路机碾压不到的角落采用小型夯实机配合人工夯压密实。

(5)检测签证

碾压完成后,按填料种类采用静态变形模量 E_{V2},动态变形模量 E_{vd},主要检测路基在静态应力和动态应力作用下土体抵抗变形的能力,各项指标检测均要合格,报经驻地监理工程师检查、签证后,方可进行上层填料填筑,否则应查明原因,采取措施进行补压,直到重新检验合格。

(四)既有线接长涵洞施工

本管段内设计有涵洞接长 5 座,主要形式有左接长、右接长及两端接长。既有线的涵洞接长施工对既有线有或多或少的干扰。为保证既有线行车及涵下施工人员的安全,涵洞施工前采取切实可行的防护措施。施工前将施工方案、施工计划、安全保证措施报建设单位和线路运营管理单位审批,经批复后方可施工。

施工顺序:测量放线→既有路基加固防护→既有涵端、翼墙拆除→新旧涵接口处处理→基坑开挖、处理→基础施工→涵身施工→端翼墙施工→防水层施工→夯填两侧填土→砌筑出入口附属工程→拆除防护。

1. 施工方法

既有箱涵接长施工时,根据现场实际情况先采用挖孔桩基础对线路进行加固,箱体两侧根据实际需要对既有路基采用打设钢轨桩加挡土板进行防护;申请线路慢行后,再拆除既有端翼墙及基础,然后接长涵身,施工新端翼墙。为防止新旧基础发生不均匀下沉,两者之间设沉降缝,并做好接茬处的防水层。涵身面石尽量与既有涵墙面一致。

拆除原有护锥或较高的端、翼墙时,对影响边坡稳定的,分段拆除,对拆除后有坍塌危险时,及时加强支护。

(1)基础施工

线路做好防护之后,根据涵底地质的实际情况采用 CFG 桩或换填砂夹卵石加固或直接开挖、整平、压实后浇筑基础。

涵洞基坑一般采用挖掘机开挖,辅以人工清基。岩石采用风镐破碎或弱爆破松动开挖。非桩基涵洞基坑开挖后,立即以触探法对基底承载力进行检查,检查合格后基坑清理至设计高程。报验合格后,立即施工砂砾石垫层(采用振动夯实机分层夯实),并按设计浇筑混凝土封底。

基坑开挖时,做好截、排水设施(基坑外设挡水埂,坑内设环形排水沟、集水井随时抽除集水),防止基坑遭水浸泡、地基条件恶化。

(2)框架箱身施工

孔径$>$1.5 m 的框架涵采用原位分节现浇。框架涵身分 2 次浇筑成型:第 1 次浇筑底板及下梗肋以上 30 cm 墙身,第 2 次浇筑侧墙及顶板。

混凝土框架施工内模采用大面竹胶板,外模采用组合钢模板,框架内采用满堂钢管支架并按规定设置剪刀撑和扫地杆等。

为保证混凝土面美观,交通涵框架墙身采用无内拉杆模板施工(内模利用满堂支架向两侧顶紧,外模采用双联槽钢竖向加固)。

钢筋在棚内集中弯制,运至现场绑扎成型。

混凝土由 9 号搅拌站集中供应,泵送或吊机提吊浇筑。

浇筑底板前基础顶面凿毛并冲洗干净。

为加强两次浇筑的连接和保证框架整体防水性能，水平施工缝做成“凹”字形，即在第 1 次浇筑时将厚度为边墙厚度 1/3 的方木埋入混凝土中，待混凝土终凝后取出，且在方木取出前将施工缝凿毛、冲洗干净。

底板混凝土达到设计强度的 70%后，方可搭设支架、立模、绑扎钢筋、浇筑边墙及顶板混凝土。

混凝土分层浇筑(层厚不大于 40 cm)。浇筑时注意两边侧墙对称均衡进行，侧墙混凝土通过小直径导管或串筒浇筑，插入式振动器振实，底板、顶板混凝土采用插入式、平板式振动器振实，注意防止漏振或过振。

顶板混凝土强度达到规范许可值后，方可拆除模板及支撑，进行变形缝、防水层及附属工程施工。

(3)翼墙施工

现浇翼墙内模采用竹胶板、方木和钢管加固，外模采用组合钢模、钢管加固。基础施工时按规范预埋接槎钢筋，基础与墙身接触面凿毛清洗干净。因外墙面为非竖直面，应加强模板及其支撑系统的刚度、外模板采用地锚与基础连接以加强抗浮能力，采用坍落度较小的混凝土浇筑，浇筑速度不宜过快，以免模板爬升和出现墙面“鼓肚”现象而影响外观。

(4)防水层等施工

防水层施工前将涵身上的尖凸处打磨平整，泥土、杂物等清除干净，保持涵身表面干燥，以保证防水材料与涵身的黏结。

涵身两侧分层对称回填压实，锥坡砌体采用挤浆法砌筑，架设样架或靠尺控制圆顺度和平整度。

第四节　长沙动车运用所施工

高速动车组具有高速度、高可靠性的特点，动车组运用及检修技术是一项系统性强、科技含量高、理论与实践相结合的高新技术，它集中反映在动车运用及检修基地中。

动车运用及检修基地是客运专线重要组成部分，必须建立一套完备的运用检修系统为客运专线安全可靠、高效运营提供保障。动车检修基地的技术水平直接体现出我国客运专线的运营性能，因此其施工质量的好坏也直接影响到客运专线的运营。

根据全线统一施工部署，长沙动车运用所于 2008 年 12 月 15 日开工，在 2009 年 8 月底满足使用条件，2009 年 11 月竣工，历时近 1 年时间。施工单位通过合理部署，科学组织，精心施工，组建强有力的项目管理团队，克服了施工中不利因素，在各单位的配合下圆满完成了建设任务，确保长沙动车运用所提前具备使用条件，满足武广全线联调联试的要求。

一、房屋建筑施工

整个工程划分为基础工程、主体结构工程、装饰装修工程和设备安装工程四个施工阶段。

1. 基础工程

(1)桩基础工程

长沙动车运用所临修库及不落轮镟库、外皮清洗库、钢结构灯桥基础为钻孔灌注桩基础。钻孔灌注桩是基础工程的重点，施工中抓住钻孔、泥浆制备、钢筋笼加工、钢筋笼安装、混凝土浇筑等关键环节，实施全过程控制，确保工程质量，施工工艺流程如图4-6-17所示。

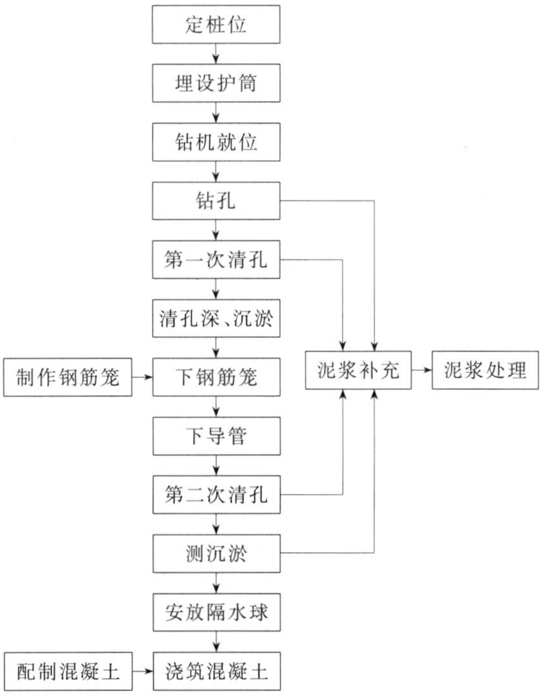

图 4-6-17　钻孔灌注桩施工工艺流程

(2)独立基础、条形基础工程

长沙动车运用所公寓及办公楼、信号室、变电所、空压机站等大多数房屋基础均采用柱下独立基础、条形基础。

土方开挖后，立即报请监理单位、勘察设计单位对基底岩层进行现场确认，保证基础岩层的岩性符合设计要求。基础钢筋工程、模板工程均进行独立的方案设计，并对施工技术方案进行会审、讨论，确保技术的科学性、合理性、指导性和前瞻性。施工中，加强过程控制，保证施工技术方案落实到位，保证施工质量。

(3)设备基础工程

本工程的特点之一就是大型的运营设备多。针对这一特点，项目部与设计院、各设备厂家积极沟通，提前介入，充分考虑使用、美观等要求，保证设备基础稳固可靠，为设备顺利安装做好前期工作。

2. 主体结构工程

本工程一、二级修检查库主库、轮对检测间、临修库及不落轮镟库三个房屋主体结构为钢结构。一、二级修检查库边跨、公寓及办公楼、信号室、外皮清洗库、变电所、空压机站、垃圾储运站等房屋为钢筋混凝土框架结构。轮对检测设备间、门卫、真空泵房、污水处理站、危险品存放库等房屋墙体为砌筑结构，屋面为现浇钢筋混凝土结构。现就钢结构、公寓及办公楼等房屋的施工组织阐述如下。

(1)钢结构工程

考虑到钢结构体量密度不大，但战线较长，故对一、二级修检查库采用 2 台 50 t 履带吊进行吊装，2 台 25 t汽车吊配合卸车。2 台履带吊分别从一、二级修检查库的北端、中部从北往南逐跨吊装。先将钢柱逐个吊装，接着进行钢屋架、天窗逐跨吊装；最后进行屋面、墙面檩条，屋面、墙面夹芯板的安装。在进行屋面、墙面施工时分出多个施工作业面，以满足总体施工进度的要求。

临修库及不落轮镟库采用 50 t 履带吊从房屋一端开始逐步进行吊装，轮对检测间采用 25 t 汽车吊进行大型构件的吊装。

(2)钢筋混凝土结构

结构施工时，钢筋、混凝土、模板等物料的运输是制约工程施工进度的关键。合理选择运输方式也是节省成本的强有力保障。考虑到合理安排施工进度，尽量节约成本，切实保证施工安全等因素，根据现场实际情况，对于一二级修检查库边跨、公寓及办公楼两栋建筑面积较大的房屋采用物料就近堆放，沿着建筑物较长方向铺设临时便道，分别采用 50 t 履带吊进行钢筋、模板的垂直运输。对于混凝土采用罐车运至现场，根据构件的实际情况制定运输计划，与搅拌站保持畅通的联系，保证混凝土的连续供应，采用天泵输送至各构件。

对钢筋制作及安装、模板安装及加固、满堂脚手架的布设等均进行单独的方案设计并经各个职能部门的审核、审批后严格执行。施工中，树立精品工程的理念，严格进行自检、抽检、交接检等检查程序，发现问题及时修正，严格按设计及规范要求施工，保证施工质量。

(3)装饰装修工程

按照设计要求，一般的办公、住宿等用房均为简易装修，内墙面为涂料面层，地面为地砖地面，部分顶棚采用矿棉板吊顶。装饰装修工程的重点是检修整备车间，比如：一、二级修检查库、临修库及不落轮镟库等大型设备车间，要求地面不仅要经久耐用，而且要求防静电、防尘等，故采用自流平地面。大型整备车间作业人员较多，对通风、采光、方便使用等要求高，窗户采用大型电动窗，包括电动平开窗和电动上悬窗。

①环氧自流平

环氧自流平涂料是以环氧树脂为成膜物，通过加入各种助剂，颜料、填料等加工而成，整个涂层包括封闭底漆、底层底漆、中层底漆、面漆、耐磨填料，具有以下几个特点：涂料自流性好，一次成膜在1 mm以上，施工简便；涂膜具有坚韧、耐磨、耐药性好、无毒不助燃的特点，表面平整光洁，具有很好的装饰性，可以满足 100 级洁净度要求等级；选用涂料在保证树脂的良好流动性同时，应能保持填料均匀不下沉，以保证固化后的涂料膜的装饰性和耐磨性能。

环氧自流平施工工艺流程为：基层处理→底涂刷底涂渗透剂→刷底涂撒粗砂→环氧粗砂浆层→打磨→细砂浆层找平→打磨吸尘→→面涂→打磨吸尘→面涂→划分界线→保养。

环氧自流平施工工序繁多，对施工环境要求很高，要求无尘、干燥，否则地面色泽等将得不到保证。在质量控制上从以下几个方面进行。

a. 表面状况：作为一种表面装饰性极强的自流平性涂料，要求自流平有良好的平整性，同时不应该有杂物等不良状况。

b. 饱满度：以前国内的许多自流平厂家基本上没有这个技术指标，但在日本等国家是一个基本的技术指标。国内通常采用反光率的一个指标来度量饱满度，要求在固化好的自流平地面上的反光率达到95%，而目前对国内许多生产厂家的产品进行测试表明，其反射率均不大于85%，从而造成亮度不高。

c. 硬度：作为地坪，要求固化后的地坪表面有一定的硬度，从而达到足够的耐磨性，填料会下沉的自流平涂料在固化后地坪的地面硬度不是太高，一般要求地坪的硬度>2H，以达到使用要求。

②大型电塑窗钢

南方夏天天气炎热，当动车进入库内检修时，检修车间内工作人员在车体下方检查时经常遇到通风不够，从而产生窒息感，甚至发生晕厥现象。所以工程采用通风量大的电动钢塑平开窗，其特点如下：

普通塑钢窗具有良好的外观、一定的机械强度和较低的成本，正逐渐代替铝合金窗而广泛地应用于建筑行业。平开窗能够保持通风面积接近窗洞面积，但由于平开窗为单边铰接的悬臂结构，塑钢线材端部又是通过螺栓连接，对于大面积塑钢平开窗，窗扇连接处的强度和刚度不够，窗扇反复启闭可能导致铰接处螺丝松动或钢板变形，影响窗户的正常使用。此外，现有电动平开窗的传动机构需要连杆和拉杆支架，零件复杂，传动环节多，不仅成本高，而且在载荷下容易产生振动和噪生，为此本工程采用经久耐用的传动系统。

为了满足JG/T 3041—1997、JB/T 7108—2002建筑外窗抗风压要求，钢塑平开窗窗框为镀锌管内衬骨架外贴PVC，而窗扇采用外开国家标准型材PVC。

开启、关闭方便，操作人员每次按动按钮就能开关18 m范围的平开窗。一旦停电，可通过电动装置离合器变成手动开关平开窗。在关窗过程中某一扇窗户有障碍物，为防止损坏窗户，开窗机自动停止。

本工程6 000 mm×4 000 mm电动塑钢平开窗立面如图4-6-18所示。

图4-6-18 电动塑钢平开窗立面(单位:mm)

单个窗扇结构如图4-6-19所示。

(4)设备安装工程

长沙动车运用所工程设备较多，体量大，施工难度高，要求精度高，设备安装工程的质量、进度等是决定武广全线联调联试能否顺利进行的决定性因素。

长沙动车运用所工程设备主要包括：轨道桥、作业平台、更换转向架设备、不落轮镟车床、电动落轮机、牵车机、洗车机、空心轴探伤设备、轮对踏面动态监测设备、安全联锁监控系统、信息系统、挡车器、立体仓库、滤筒清洗设备、滤网清洗设备、地面电源、头车修理平台、公铁两用车、空气压缩机等，分布于一二级修检查库及边跨、空压机站、轮对检测间、临修库及不落轮镟库、外皮清洗库、洗车线等房屋内或工点。

鉴于本工程设备安装的重要性，在进行主体结构施工初期，中铁建工集团有限公司武广铁路客运专线长沙动车运用所DCS标项目经理部就给予足够的重视，多次主动与中铁第四勘察设计院相关专家沟通，组织项目部管理班子认真研究，统一部署，要求各设备厂家提前介入，在设备基础施工时全程配合指导，施工时出现偏差及时纠正，确保设备安装过程顺利进行。

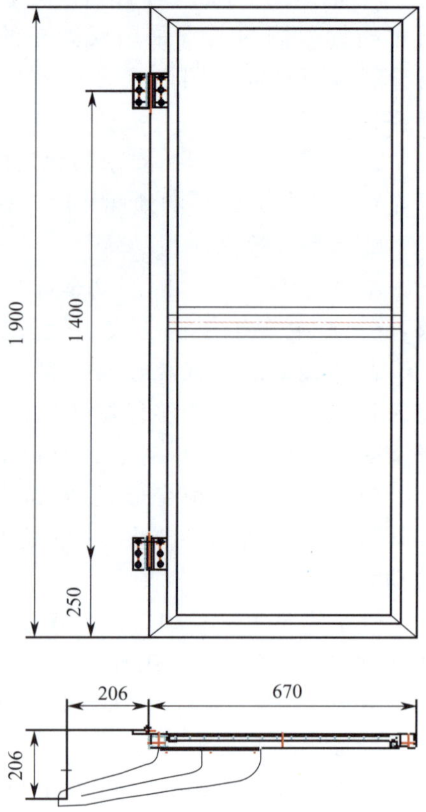

图 4-6-19　电动钢塑平开窗单个窗扇结构（单位：mm）

二、采暖与通风施工

（一）通　风

为消除污染、保护环境，根据各专业所提工艺要求，对生产过程中可能产生有害气体的车间设置机械通风除尘设施，机械排放可能产生的气体，以确保室内空气洁净度符合国家规定标准。设置场所包括充电间、消毒室、蓄电池室等（充电间、蓄电池室所设风机为防爆型）。

（二）空　调

根据各专业所提工艺要求，分别设置分体式或柜式空调器，设置场所包括信号继电器室、通信机械室、变配电所主控制室。综合楼内采用中央空调系统，其冷热源采用两台水冷螺杆式热泵机组，以地埋管侧作为冷热源，有效地起到了环保节能作用。空调设备的配置对运营设备的温度、湿度要求提供了保证，也改善了室内环境。

（三）室内给排水及热水供应

在室外设有给水排水管网的各站区房屋，均按要求设置室内给排水卫生设施。

1. 茶炉间设置电开水器供应开水。

2. 综合楼、检查库附跨办公区内设有浴室。综合楼浴室淋浴用冷热水由设于楼内高位冷、热水箱供给，热源来自太阳能热水系统和一台热回收空调主机。检查库附跨办公区浴室淋浴用冷热水由设于楼内高位冷、热水箱供给，热源来自带电加热太阳能热水系统。

（四）消　防

1. 综合楼、不落轮旋库按规范要求，其防火设计为消火栓消防灭火形式。

2. 信号机械室、变电所主控制室、电力配电所主控制室等设置固定式六氟丙烷气体灭火装置。本装置具备自动探测、自动报警、自动启用功能。

3. 所有房屋均按规范要求设置手提式灭火器，均采用3A型、磷酸铵盐手提式灭火器。

三、给排水工程施工

（一）工程概况

武广铁路客运专线长沙动车运用所给排水工程。主要是为生产及生活提供用水及将其产生的生活污水、废水排入市政排水管。昼夜最大用水量950 m^3（含综合维修段），其中客车上水214 m^3。由长沙市自来水源，经加压、消毒后，供动车所及综合维修段用水。

1. 给水工程

铺设钢丝网骨架塑料复合管分管外径200 mm及以上、管外径200～100 mm、管外径100 mm以下三种，共约19 440 m；水塔位于公寓及办公楼北侧，300 m^3×35 m；砌筑检查井67座；客车给水栓室及给水栓安装共42套；消火栓室及消火栓安装共102组；500 m^3消防水池一座。

2. 排水工程

铺设FRPP模压排水管管外径200 mm及以上、铺设HDPE管、铺设钢丝网骨架塑料复合管，管外径200 mm及以上、铺设钢丝网骨架塑料复合管管外径（200 mm以下）约5 600 m；砌筑检查井181座；钢筋混凝土及砖砌化粪池（2～100 m^3）共10座；污水抽升井（D4 m×7 m）共3座；斜板隔油池（50 m^3）共2座；污水处理站设备安装1套。

3．主要给排水设备及构筑物

(1)主要给水设备

IS100-65-615A型离心清水泵二台，一主一备；电化法二氧化氯消毒剂发生器100 g/h二套。给水加压站自动控制系统一套。二线检查库设一条客车上水线，设23套客车上水单元(含电动收管器)；存车场2股整备线，设19套客车上水单元(含电动收管器)。

(2)排水设备

设25 m^3/h、30 m^3/h、40 m^3/h的潜污泵三台。

(3)检查场污水处理流程

含油污水排入调节沉淀斜板隔油池后经污水抽升井排入湘府路市政下水系统。

(4)主要给排水构筑物

①给水构筑物：$V=500\ m^3$消防水池一座，$V\times H=300\ m^3\times 35\ m$钢筋混凝土倒锥壳水塔一座。

②排水构筑物：检查场设含污水处理站一处，内设50 m^3调节沉淀斜板隔油池一座，$V=100\ m^3$化粪池二座，10 m^3/d污泥干化场一座。污水抽升井3座，人工补洗场附近设50 m^3调节沉淀斜板隔油池一座，用于处理人工洗车含油污水。

4．室外消防

动车所室外采用低压消防，设置室外消火栓。消防与生活、生产共同用一套给水系统。最大室外消防用水量为检查库的40 L/s，动车存车线每二股道设一排地下式消火栓，间距50 m。

(二)给排水工程施工

1．钢筋混凝土倒锥壳水塔

水塔施工工艺流程如图4-6-20所示。

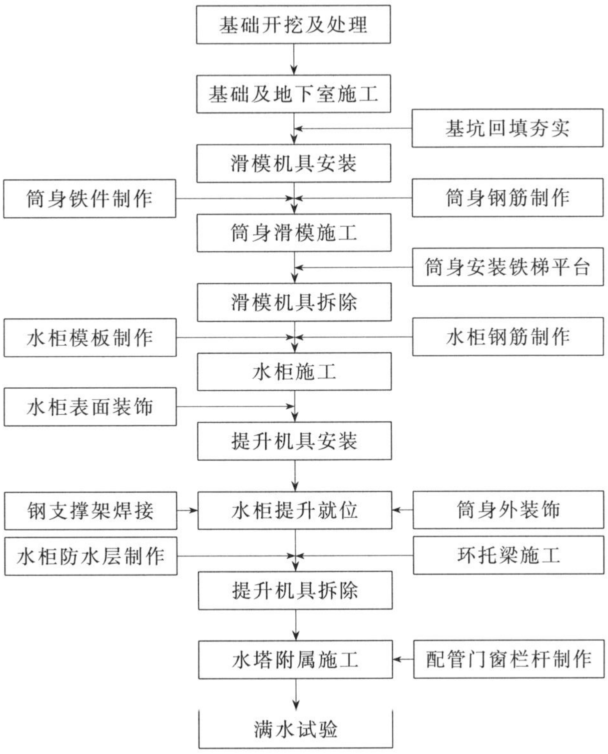

图4-6-20　水塔施工工艺流程

2．混凝土工程

该工程中混凝土工程主要为贮水类构筑物，所处位置紧靠车站站房；其特点是薄壁、长壁、并有抗渗要求，若混凝土施工不当，极有可能发生池壁开裂、蜂窝麻面等现象。项目部从混凝土原材料选择、配合比设计、混凝土搅拌、运输、浇筑、养护等各环节进行了详细的方案设计及有效地过程控制，保证了混凝土工程质量。

3. 管道铺设

(1)管材及管件的质量

管材进入施工现场后,首先检查管材尺寸误差是否超标,管材壁厚是否均匀、或有无严重变形,承口有无开裂,管材是否内含杂质,插口端倒角是否合乎标准,插口有无入深度标线等,管件与管材的规格、材质、标准是否一致。

(2)管道铺设

管沟开挖,基底处理、管道铺设、水压试验、土方回填等工序的施工质量都先经过自检,然后由现场监理检查签认。管道工作压力为 0.35 MPa;管道回填后,按规定做好水压试验,试验压力为 0.6 MPa,恒压 10 min,满足设计及规范要求。

第七章 房屋建筑及给排水工程

第一节 一般站房施工

武广铁路客运专线共设18个车站，其中客运站15个(包括始发站3个，办理部分始发终到旅客列车作业的中间站4个，一般中间站8个)和3个越行站。在房建和给排水工程中，一般中间站咸宁北站、耒阳西站和办理部分始发终到旅客列车作业的中间站衡阳东站的施工很具代表性。

一、咸 宁 站

咸宁北站的钻孔灌注基础施工和高支模大跨度梁的支撑体系为本标段的重点控制工程之一。该站所处的地理位置地质条件复杂多变，在地质勘探过程中发生掉钻现象，局部有溶洞分布。该站钻孔灌注桩有ϕ800 mm的桩280根、ϕ700 mm的桩302根。

咸宁北站属于大型公共建筑，其中涉及大范围、大空间的冷热源供要应，而地下换热器放置于孔径ϕ110 mm的孔内，钻孔深度达78 m，钻孔数量为288个，工程量大而且要求高。由于新建设车站的公共部分人流量大而且集中，需要大跨度梁及楼板结构。新咸宁车站站房主体一层，局部设夹层，主梁跨度最大达到25.2 m，(连续三跨25.2 m，单跨8.4 m，截面350 mm×800 mm)。温度后浇带缝宽800 mm，接缝为平直缝，混凝土较楼板、基础梁的混凝土强度等级要高一等级，采用C45的微膨胀混凝土，钢筋数量多且间距小。这就使钻孔灌注桩、高支模大跨度梁的支撑体系、温度后浇带及钢网架施工成为咸宁北站房建和给排水工程中的重点控制工程，对施工组织，工程质量，工艺水平提出了更高要求。

(一)钻孔灌注桩基础

1. 钻孔桩基础采用冲击钻钻成孔，汽车吊辅助人工的方式下放钢筋笼，导管法水下混凝土灌注成桩。

2. 对溶蚀发育轻微、空洞不大、施工时漏浆量小的桩基施工，采取反复投入黄土和片石，利用钻头冲击将黄土和片石挤入溶洞和岩溶裂隙中，还可掺入水泥、烧碱和锯末，增大孔壁的自稳能力。

3. 空洞较大的单层溶洞条件下的桩基施工，利用冲击钻过溶洞顶板后，灌注低标号混凝土，使混凝土面高于溶洞顶面，混凝土灌注时采取间歇方式，待混凝土达到一定强度后再继续钻孔，穿过低标号混凝土，钻至溶洞稳定层成孔。

4. 充填物为流塑状或空洞较大的多层溶洞条件下的桩基施工，采用双护筒跟进方式冲击成孔。外护筒直径要较设计桩径大20 cm，内护筒直径要较设计桩径大5 cm；外护筒下到岩面以后，即开始对覆盖层和顶板进行冲钻，其钻孔方法与传统的冲击钻孔方法相同，但成孔的桩径比设计桩径大7 cm，以便内护筒顺利通过顶板；当钢护筒打至第一层岩面或穿过溶洞到下一层岩面时，为使开孔坚实、竖直、圆顺和对继续钻孔起导向作用，在钻孔前抛0.5～1.0 m^3的小片石和适量黏土，借钻头冲击力把泥浆、石块挤向孔壁，以加固护筒刃脚；当内护筒下沉到位后，在内外护筒间进行填碎石压浆处理，以增加护筒的整体刚度。之后进行内护筒的排泥和稳固岩面的钻孔。

5. 溶洞发育且对桩基承载力有影响的桩基施工，在桩基施工前进行石粉加水泥压浆堆填处理，使溶洞封闭，钻孔过程中不漏浆，首先根据地质情况在每一根桩的中心位置钻注浆孔，通过取芯探明溶洞的高度及填充物的详细情况，然后进行压浆处理，待浆液凝固到一定强度后即进行钻孔桩的施工，施工按常规钻孔桩施工方法。

(二)高支模大跨度梁的支撑体系

1. 施工前，要做好相应的专项施工方案，并对模板支撑系统进行承载力、稳定性、变形等安全性验算，确保施工安全和质量可控。设计时，根据底模等的承载力及刚度确定搁栅木枋及行桄钢管的间距，而钢管行桄验算时，除考虑其抗弯、抗剪承载力外，要特别注意验算其下部节点扣件的抗滑承载力。

2. 对地面原土和回填土进行碾压、夯实，进行环刀取样检测，要求密实度 $\lambda_0 \geqslant 95\%$。

3. 在整个排架范围内的地基上满铺 150～200 mm 厚的碎石 1∶4 水泥石屑垫层，采用小型打夯机进行碾压密实，以提高支撑系统的基础承载力。

4. 支撑系统地基高于周围地面，并设通畅的排水沟，以防雨水浸泡地基而降低承载力。

5. 上下层地垅的间距均根据计算出的排架立杆纵横间距而定，每根立杆均设于纵横向地垅交叉处。

6. 设置间距 3 m 以内的竖向及水平向剪刀撑。

(三)温度后浇带施工

温度后浇带是混凝土工程中常用的施工工序，由于其与周围混凝土的浇筑时间不一致，混凝土标号高，并且钢筋数量多且间距小，从而容易出现裂缝，影响混凝土的质量。作为重点控制的工程之一，施工中采取以下措施保证其质量。

1. 后浇带跨内的梁板在后浇混凝土尚未浇筑前，两侧结构长期处于悬臂受力状态，在施工期间本跨内的模板和支撑不能拆除。

2. 后浇带的模板支撑体系为独立体系，并作出标记，各层间相互对齐，混凝土施工前专人负责管理、定期检查。

3. 后浇带模板支撑体系经过强度、刚度和稳定性计算，加强模板验收，注意板底起拱，防止模板变形。

4. 选择气温较低(但要为正温度)时浇筑后浇带的混凝土。

5. 采用比先浇混凝土强度提高一等级的微膨胀混凝土浇筑并加强养护。

6. 混凝土用水泥、水、骨料和外加剂等均检验合格。混凝土配合比，原材料计量、搅拌、养护和施工缝处理等均符合施工规范的规定。

7. 在后浇混凝土前要进行认真清理、洗刷、凿毛，对该处的混凝土一定要振捣密实，尤其是站房底板更要注意，以提高其结构自防水能力，避免渗水现象。

8. 后浇带的先浇混凝土完成后，要设法进行防护，顶部要遮盖，四周用临时栏杆或砌体围护，防止后浇带内垃圾堆积难以清理与施工过程中钢筋被污染、踩踏。

9. 待强度达到 100%时方可按由上往下的顺序拆除支撑体系。

(四)钢网架工程

钢网架因其轻质、高强的特点，广泛应用于站房等大跨度建筑中。采取厂内预制各种管件、现场原位高空拼装法进行施工，各种管件的尺寸根据气温情况进行温度修正，施工过程中还要根据现场条件进行内力及位移的监测。施工难点是网架挠度和合龙时支座偏移量的控制；钢网架施工工艺复杂，拼装精度要求严，过程控制难度大，高处作业风险高。

1. 根据工厂、工地现场的实际起重能力和运输条件，在钢网架施工前编制专项施工组织设计，并根据设计要求对各种构件进行二次设计，制订详细的加工方案、工艺，报监理批准。

2. 施工各种基本构件的预制均选择专业厂家加工。

3. 各种管件均须在专业胎模上加工。

4. 各种管件在进场之前均须在厂内专业台架上进行预拼装。

5. 钢网架根据现场条件，在地面拼装成合适大小的单元体后采用起吊设备吊至空中后进行高空原位拼装。

6. 任何节点及构件均不得强迫就位。

7. 不得用网架构件和未完全就位网架体作提升、撬压、纠偏工具。

8. 平面轴线有较大误差时(预埋件与设计要求)只能采用帮板的方法，同时不能将多余的预埋件余量切除，要保持支座的承压面。

9. 网架在需要调整以符合设计、土建、安装轴线重合度时，要采用顶升网架，并尽量减少网架各支点对预埋件的接触面积，在调整时注意保护网架体不向任何方向滑落。

10. 网架需要顶高时，要尽量采用液压千斤顶，但要顶在节点球的底面，不得直接作用在杆件上和球侧面。

11. 网架挠度的控制：在网架施工中，要求基础检测准确，对预埋高差控制规范，保证支撑点符合规范要求；网架拼装时，螺栓连接拧紧到位；施工中及时加支撑。

二、衡阳东站

衡阳东站工程体量及规模大，结构功能复杂，技术含量高，施工期间，主要采用以下新技术：

(一)钻孔灌注桩技术

衡阳东站的桩基础形式采用泥浆护壁钻孔灌注桩。基础设计等级为甲级，桩基安全等级为一级。主站房区域工程桩数量有 407 根桩，站台雨棚 186 根桩。桩直径为 ϕ800 mm 和 ϕ600 mm 两种，其中 ϕ800 mm 计 401 根(抗压桩 316 根，抗拔桩 85 根)，ϕ600 mm 计 6 根(均为抗压桩)。

因地质条件较为复杂，现场分别采用了冲击钻成孔，以及回转钻和冲击钻配合施工的方法成孔。冲击钻用于表层探孔、强风化泥岩和中风化泥岩成孔，回转钻用于粉质黏土、粉土、粗沙和圆砾层成孔。

施工工艺流程：定桩位→埋设护筒→钻机就位→钻孔→第一次清孔→测孔深、沉淤→下钢筋笼→下导管→第二次清孔→测沉淤→安放隔水球→浇筑混凝土。

(二)预应力张拉技术

衡阳东站的站台层、高架层为预应力梁板结构，主梁与次梁均为有粘结预应力钢筋混凝土结构；部分楼板采用无粘结预应力筋结构，楼板厚度为 150 mm。

设计要求：预应力筋采用高强低松弛钢绞线，钢绞线直径为 ϕ_s15.2 mm，强度标准值 f_{ptk}=1860 MPa，张拉端采用夹片式锚具，固定端采用挤压式锚具，有粘结预应力筋需预留孔道且采用金属螺旋波纹管，混凝土强度等级 C40。预应力筋约有 260 多吨。

施工工艺流程：安放梁底模→绑扎梁普通钢筋(梁侧模及端部先不封)→穿设波纹管→安放端部配件→穿设预应力筋→隐蔽验收→浇筑混凝土→养护、拆边模→张拉→冲洗孔道→孔道灌浆→封端

(三)大跨度、大空间钢结构桁架体系施工技术

站台钢雨棚平面尺寸为 413 m×126.28 m，结构形式为单层倒三角形管桁架结构，主桁架跨度最大为 45.45 m。

主站房屋盖采用大跨度空间钢桁架结构。进站天桥矩形钢管主桁架长达 122.48 m、支撑于混凝土结构上，最大跨度为 45.45 m，重达 193 t(单榀)，桁架主弦杆最大截面为口 900 mm×500 mm×60 mm，壁厚达到 60 mm。站房钢屋盖为曲面桁架，桁架最大高度为 4.62 m，最高点高程达到 31.600 m，主桁架跨度最大为 48 m，屋盖下弦距混凝土结构高度达 27 m，结构体系复杂，施工难度较大。经过多方论证，现场采用大型履带吊机，按构件类型分批组装，现场分段、分单元吊装的方法进行安装。

施工工艺流程：测量、放线 → 站台圆管柱吊装→ 站房钢骨柱、悬挑雨棚吊装 → 进站天桥安装 → 站台钢屋盖、站台雨棚开始进行分段拼装 → 站台雨棚进行吊装(靠近站房一侧暂不安装)→ 站房钢屋盖进行吊装(局部一 → 局部二 → 局部三)→ 站台雨棚靠近站房一侧进行吊装。

三、耒阳西站

(一)地基与基础部分

现场主要布置了 2 台 QTZ6015 自升塔式起重机(混凝土基础尺寸结合现场表层为回填土的情况选取 6 300 mm×6 300 mm×1 080 mm，持力层选择能够满足承载力要求的粉质黏土层。选择位置时避开溶洞及淤泥层地质，且无需补桩。)、3 台汽车吊、10 台冲孔设备及配套的泥浆泵、1 台混凝土地泵及 1 台天泵、钢筋加工设备一套等。本工程基础及主体结构全部采用耐久性混凝土，委托线路施工单位实验室试配，并委托其搅拌站供应。施工前认真选定原材料、配合比，制定切实可行的混凝土施工技术方案，对浇筑混凝土时的入模含气量、入模温度及养护期间的内外温差加以控制，在施工上确保混凝土浇筑质量，从而达到设计要求的耐久年限。钢筋全部采用甲控品牌，按规范要求现场抽样送检，合格后才允许使用。站房承台、地梁及雨棚独立基础采用 240 mm 或 370 mm 厚砖胎膜砌筑，保证了砖膜整体稳定性。

由于特殊的溶洞地质条件，站房桩基础施工前按设计要求，每条桩均做了补充勘探超前钻(每条桩至少一条超前钻)，探明持力层层面高程及桩端下岩层溶洞情况，并结合地勘报告，同时积极征求监理和地勘单位现场代表意见，为确定桩的终孔位置提供重要依据。在施工过程中，做好进尺、冲程等原始记录并加以分析，

取样鉴定持力层岩面,报监理和地勘单位认可,再钻至设计入岩深度,得到监理验收合格后方才终孔。按照设计及规范要求安制钢筋笼,保护层垫块固定到位,在运输、吊装过程中采取措施防止变形和避免碰撞孔壁。灌注混凝土前,二次清孔,利用测绳测量沉渣厚度(轻锤、重锤的深度差值),确保沉渣厚度不大于 50 mm。水下灌注混凝土是成桩过程的关键工序,在混凝土灌注上保证连续紧凑地进行,导管始终埋入混凝土面深度 2 m 以下,当混凝土灌注达到超灌高程后方停止浇灌。并按照要求每条桩均留置标养试块,达到 56 d 龄期后送检。为保证工程质量,以下关键工序及主要工序提请了监理现场验收:a. 桩位测放;b. 护筒埋设、桩位对中;c. 嵌岩深度及桩底持力层厚度确定;d. 测量孔深;e. 清孔后沉渣测定;f. 钢筋笼制作安装;g. 水下混凝土灌注。

需要特别注意的是,对于施工过程中遇到的溶洞地质条件,由于勘探钻头只有 10 cm 左右直径,较难全面反映大面积孔内地质和溶洞情况,且从《地勘报告》中得知基岩凹凸状态较严重,陡坎率大,较多溶洞呈“葫芦串”形式(有些溶洞较薄的岩层顶盖容易让人误判为已经到达持力层),而超前钻揭露的情况与地勘报告分析及设计参考桩长并不都吻合。因此,按照边施工、边发现、边将揭露的情况反映给监理和地勘单位代表,共同反复分析、研究相关资料及岩样,从而最终确定终孔位置。

钻(冲)孔灌注桩成孔过程中难免会出现漏浆、或因漏浆而塌孔、钻头被溶洞顶板卡住、斜孔等情况,除具体问题具体分析外,共性的处理方法仍是目前广泛应用的回填黏土、片石、水泥甚至混凝土,保证泥浆不流失或校正偏孔,使冲击钻孔顺利通过岩溶区。

经过努力,站房桩基础及站台雨棚基础于 2009 年 1 月 20 日全部完成。桩基础单桩竖向静载抗压承载力检测和小应变检测全部合格。

(二)主体结构部分

站房主体结构,除柱廊 14 根圆柱采用定型钢模外,其余全部采用标准木模散拼散支,保证了主体结构施工进度。钢筋连接上,规格 $\phi \geqslant 18$ 全部采用滚扎直螺纹套筒连接,确保钢筋骨架的质量。办公及设备区一层层高达到了 6.6 m,模板支撑体系按高支模要求设计及搭设。搭设前编制了细致的专项施工方案,选取最不利情况对梁、板底木方和支撑钢管的强度、抗弯、抗剪、挠度以及连接扣件抗滑、立杆稳定性进行了验算。施工过程中严格按照方案规定的杆件纵横距、步距和构造措施进行搭设,确保支撑体系的安全性。2009 年3 月 6 日站房主体结构全面封顶。

本工程在地梁及框架梁中采用了无粘结和有粘结预应力混凝土技术。由于普通钢筋布置密集,经常会遇到普通钢筋与预应力筋位置发生冲突,需要适当调整普通钢筋位置,保证预应力束的位置。严格按设计要求在混凝土强度达到 100%后方才张拉,预应力梁底部支撑架在张拉结束并灌浆后方才拆除。

站房屋面钢结构网架采用高空散装延伸安装法。起步从站房北区 22～23 轴开始,通过吊车把网架构件吊至脚手架上,先装三个上弦网格和两个下弦网格,以此块网架作为基准,向四周扩展。基准网架安装调整固定后,利用网架刚度大,稳定性好的特点,即可承受一定的荷载,在网架上弦球立起悬臂扒杆吊,由卷扬机起重或人工拉滑轮作为起重工具,将地面上或操作平台上组装好的单元节点(每单元节点由一个钢球和四根杆件组成)吊至空中就位。同时,安装工人坐在节点上,待高强螺栓对准钢球上的螺孔后拧紧,即完成一个单元节点的安装。以此安装顺序延伸扩展下去,直到整个网架安装完毕。

站台雨棚钢管混凝土柱外径为 900 mm,分为基础节和主体节,主体节的长度均超过了 10 m,超过一般振动棒的长度(9 m),且钢管内设置了较多的抗剪板,灌浆孔设计为 200 mm。诸多的因素造成了如采用普通混凝土灌注,将容易出现振捣不密实或者根本振不到的情况,项目部研究决定采用高抛免振混凝土,振捣问题迎刃而解。雨棚悬臂梁与斜拉杆、桁架片均先后在地面拼装,空中吊装就位,焊接固定。站台雨棚钢结构总长 450 m,按变形缝分为六段,最长一段桁架结构长 87.4 m。桁架施工过程中采用了超长钢结构焊接施工技术,重点对钢结构的焊接应力及变形采取了措施进行控制和消除。整个钢结构工程经第三方检测单位对焊缝按规范及设计要求检测,全部合格。

(三)屋面部分

站房压型钢板复合保温卷材屋面系统,由冲孔压型钢底板、无纺布及玻璃棉吸音层、压型钢板支撑层、隔气层、保温隔热板以及面层的 Sarnafil(渗耐)-PVC 抗紫外线高分子聚合物防水卷材组成。尤其是面层的

Sarnafil(渗耐)-PVC 防水卷材将国外先进的材料和技术融入到本工程施工技术中，成为屋面施工的技术亮点。如 PVC 卷材搭接缝采用热风焊接方式，接缝处的材质同母材，即等同于无接头的整块材料；配套螺钉独特的反螺旋设计，保证了固定件的设计荷载；专用垫片能够使卷材受力均匀、合理；在屋面阴阳角、女儿墙根部、虹吸式落水口、天沟、上人孔、排烟道等部位均有细致、成熟的处理方法，并配有专门的预制件，确保了节点的完整可靠，使屋面系统施工的技术含量得到了提高。

站台雨棚屋面系统，由冲孔压型钢底板、无纺布及玻璃棉吸音层、隔气层、夹心彩钢板组成。在钢管混凝土柱、斜拉杆穿屋面系统的节点处理时注意圆滑、避免生硬。同时防水处理上采用硅酮耐候胶嵌缝打底，中铺无纺布，面刷专门适用于金属屋面的防水涂料。经对站房及雨棚屋面按规范要求进行淋水试验，无渗漏。

（四）外立面幕墙部分

外立面幕墙制作安装工程品种多，材料新颖，有点式玻璃雨棚、玻璃幕墙、铝板幕墙、消防排烟窗、感应电动门等，以玻璃幕墙为主。玻璃幕墙采用断热氟碳喷涂铝合金中空 LOW-E 镀膜玻璃，使用前按规范要求对原材料进行了“四性”检测，检测值均合格。玻璃空腔采用等压设计原理，空腔内正负压力值为零。

高速铁路运营所造成的侧向风速非常大。为满足幕墙的允许变形，幕墙单元片结构采用悬挂体系，竖料下端可自由伸缩，连接角码具有三维可调。横竖料连接处为柔性连接，中间加垫厚度为 1 mm 的 PVC 垫片，在幕墙温度变形和机械变形时，不会因为金属间的摩擦而发出刺耳的噪声。铝料与铁件之间的连接亦为柔性连接，一是消除幕墙变形时金属间摩擦产生的噪声，二是消除不同金属间接触形成的电位差腐蚀。

在幕墙密封性的问题上，本工程从构造上进行了有效处理：采用两道密封，第一道为硅酮耐候密封胶密封，第二道为三元乙丙橡胶条密封。橡胶条采用新一代坚韧的耐候性热塑性 SANTOPRENE 密封胶条。经对站房幕墙系统按规范要求进行淋水试验，无渗漏。

（五）室内装饰部分

候车大厅顶棚整体为弧形，采用了弧形网架下曲面吊顶施工技术。吊顶系统由转换层钢架、配套龙骨、铝挂板，通过高强螺杆、吊筋以及钢板支托栓接；即将网架下螺栓球工艺孔与转换层钢架采用高强螺杆连接，转换层钢架与铝挂板配套龙骨采用吊筋连接，铝挂板与配套龙骨卡接，形成了一个整体的吊顶系统。弧形网架下曲面吊顶施工技术利用转换层钢架作为主龙骨，通过转换层钢架与弧形网架采用可调螺栓连接固定，有效地解决了整体曲面的变化。采用轻钢卡齿龙骨使得安装更加快捷，整体条形板块的平整度及直线度更容易得到控制。

公共部分墙面设计为石材墙面，采用活接龙骨密缝石材幕墙施工技术。活接骨架石材幕墙具有独立完整的结构系统，主要由立柱（主龙骨）、横梁（副龙骨）、面层石板三部分组成。石板通过不锈钢挂件和活接螺栓连接在横梁上，横梁与立柱焊接，本身采用活接螺栓连接。横梁和立柱组成了石板的边框，立柱通过角码、活接螺栓连接在主体结构预埋件上，这样就具有有利的三向调整的能力，比直接干挂法和普通骨架式石材幕墙具备更强地承受风载、地震力及温度应力的能力。密缝石材幕墙，即石板之间不打胶，采用密缝拼接，形成一种通风式的石材幕墙，使石板的后面空间与外侧连通，形成内外等压腔，便于空气的流通和潮气的蒸发。

墙面及地面石材采用了表面护理施工技术。采用专业护理剂对花岗石或大理石表面进行护理，不破坏石材内部的组成结构，并与石材的组成结构更加有利的结合。处理过后的石面具有防污、防水、防油作用，使石材表面达到光亮、清新、自然的效果，提高其表面的耐磨程度，使其光泽度保持得更久，为石材日常的使用、保养打下扎实的基础，利于日常清洁，延长石材的使用寿命。

第二节　长沙南站站房施工

一、概　　况

长沙南站是武广铁路客运专线的大型枢纽站房，体量大，技术含量高。在站房建设过程中创新及推广应用的新技术主要有以下方面：

1. 大直径旋挖钻孔桩施工技术的应用及旋挖钻机旋转式子弹头合金钻齿改良技术。

2. 低徐变耐久性混凝土的研究与应用,保证了站房100年的耐久年限。

3. 大体积混凝土裂缝防治技术。

4."站桥合一"施工技术。新长沙站采用上部大型建筑与下部桥梁共同组成的"站桥合一"新型结构形式,车站上部框架结构坐落于轨道梁上,其结构体系受力复杂,动力性能和结构稳定分析难度大,结构精度与变形控制要求极高。

5. 钢结构仿真计算与计算机辅助制造(CAM)技术的应用。

6. 树状柱铸钢节点足尺试验。

7. 大型树桩柱安装技术。树状柱由树干、主枝、分枝和节点组成,其中站房落客区的两根树状柱,柱距113 m,单根用钢量近400 t,支撑屋盖面积达到10 000 m^2,是迄今为止世界最大的树状柱。

8. 大跨度张弦梁施工技术。

9. 大型钢结构综合安装施工技术。

10. 大型站房施工过程监测和控制技术。

11. 定型组合钢模板施工应用技术。

12. 碗扣式钢管脚手架、悬挑式脚手架应用技术。

13. NALC轻质墙建筑节能和新型墙体应用技术。

14. 直立锁边铝镁锰板大型屋面施工技术,双曲聚碳酸酯采光屋面防渗漏节点技术。

15. EVA300高分子复合自粘防水卷材、聚氨酯防水涂膜、建筑密封材料的应用。

16. 超长无缝耐久性混凝土结构施工技术。站台层线侧的站房结构采用预应力钢筋混凝土结构,其顺轨向长度为249 m,设计要求不设置永久变形缝。

17. 应用预应力变角张拉技术,解决施工工期短、工作量大、作业面广、工程质量要求高的矛盾。

18. 玻璃、石材、金属板幕墙施工技术。

19. 单元式吊顶创新施工技术。

20. 综合布线技术。

21. 大型工程项目总包协调管理技术。有效解决了因工程规模大、专业队伍多,技术、工序等方面的协调事项多、管理难度大等问题。

二、总包协调管理

长沙南站规模宏大,设施先进,结构复杂,工序繁多。需要综合协调管理的任务非常繁重。长沙市地铁2号、3号线位于长沙南站大桥主跨(跨度49 m)区域,出站层以下,车站大桥桥墩紧贴地铁箱涵结构的两侧,承台与地铁箱涵底板结构处于同一平面,因此大桥系统的施工与地铁箱涵施工需相互穿插,密切协作;站台雨棚工程与线路工程的施工也需科学组织、交叉协作;装饰装修等工程与联调联试相关工作的组织配合。此外还需协调配合客运专线运营前诸多线路设备的安装调试工作以及站房西广场等市政工程。下面以站房工程与市政地铁工程积极协调管理保证了工程顺利进行。

(一)概　　况

长沙市地铁2号、3号线位于长沙南站出站层以下,与桥梁、线路方向垂直。站房中的9～14轴/A～Q轴(约100 m×300 m)区域为地铁开挖范围。地铁基坑西段为区间与风道,东段为箱涵。地铁土方开挖深度在绝对高程17.55 m左右(±0.00在绝对高程41.50 m),即从站房土方工程完成后的高程(32.0 m)再往下开挖14.45 m左右。站房工程8座大桥的桥墩及其承台、桩基,还有站房出站层的部分桩基(590条)、承台、底板结构都受其影响,必须密切协作,同步推进。

(二)总体部署

车站大桥桥墩桩基(共140根,直径ϕ1.8 m)的作业面在地铁基坑的底部。待地铁土方自西向东开挖到17.55 m,交接工作面后即开始车站桩基施工。随后桥墩的承台、墩柱与地铁工程流水作业,同时组织。地铁箱涵结构封顶,土方回填完成后再组织出站层结构施工,以及后续车站大桥三跨连续箱梁的施工。

（三）协调作业内容

1. 地铁土方开挖、桩基础工程与车站大桥桥墩桩基础的协作。

2. 地铁箱涵桩基础与车站大桥承台的协作。

3. 地铁箱涵结构与车站大桥桥墩的协作。

4. 地铁土方回填与站房桩基的衔接施工。

5. 垂直运输设备、场地排水等方面的协调配合。

（四）实施方案

1. 桥墩桩基础与地铁土方、桩基础工程的协调施工

地铁工程按从西往东的施工方向进行土方开挖，基坑底高程要求高出桥墩桩基础顶高程 20 cm。待 G 轴（西边第一座大桥的位置）的 1 号、2 号桥墩桩基础施工工作面具备施工条件后，施工双方进行场地交接，铁路方立即组织钻机进入施工现场进行桩基础施工，每个承台配备一台钻机。视土方开挖情况进行钻机数量调配，旋挖钻配备数量达到 6 台。

待车站大桥 G 轴承台钻孔桩施工完成后，向地铁施工单位移交该施工区域。地铁人工挖孔桩工程即开始施工。站房桥墩桩基础随地铁土方开挖继续向东推进。

2. 地铁箱涵桩基础与车站大桥承台的协调施工

车站大桥 1 号、2 号承台的桩基施工完成后，向地铁施工单位交接场地，地铁工程随后进行该区段人工挖孔桩的施工。与此同时，铁路方组织该处承台施工。承台施工必须走在地铁底板及其以上结构施工的前面，因为两者间距仅有 35 cm，不具备同时施工的条件，如果待地铁箱涵完成后再组织桥梁承台的施工，必然影响地铁防水及土方回填的施工，以致对总工期产生更大的影响。8 根桩的承台施工时间安排为 10 d，14 根桩的承台施工时间安排为 12 d。

3. 地铁箱涵结构与车站大桥桥墩的协调施工

由于地铁侧墙与桥墩之间的距离仅为 2.8 m，桥墩外侧就是地铁基坑的边坡。如果同一施工段地铁侧墙与桥墩同时施工，作业场地狭小，物料周转困难，因此考虑地铁侧墙与桥墩错开施工，在地铁箱涵底板施工期间组织桥墩施工。每个墩柱施工时间为 10 d、12 d。

4. 站房抗拔桩的协调配合施工

1 号、2 号桥墩以及地铁框架施工完成后，市政公司立即进行地铁外墙外防水及保护层施工，然后严格按照设计要求对基坑进行分层夯实回填。土方回填后及时拆除地铁基坑内用于地铁工程的塔式起重机，然后交接场地。开始组织地铁开挖范围内站房桩基（590 根）的施工。

由于地铁基坑支护采用大放坡钢筋网片喷混凝土护面形式，此钢筋网片势必影响后期站房抗拔桩的钻孔施工。因此回填土之前，先进行站房桩承台放线，将此位置处地铁基坑支护的钢筋网片进行剪除，以利于回填后的钻孔灌注桩的施工。

5. 群塔作业的协调配合

根据本工程施工总体部署以及工程施工特点，站房计划布置 4 台塔式起重机，最大覆盖半径 60 m。地铁计划布置 3 台塔式起重机，最大覆盖半径 56 m。这 7 台塔式起重机均考虑了对桩基础及承台等影响，以不影响结构施工为原则。

7 台塔式起重机覆盖了整个主站房区域，属于群塔作业，其中站房的 1 号、3 号塔式起重机与地铁的 1 号、2 号塔式起重机覆盖范围有局部交叉，因此需要在高度上错开 10 m 以上，并且需要统一协调指挥、密切配合，以免造成安全隐患。

另外，根据现场的实际情况，认真组织互相配合，协调周转材料，最大限度的发挥塔式起重机的利用率，为工程的顺利施工创造条件。

6. 排水系统的统一协调配合

长沙雨水较多，因此排水系统的完善将成为与地铁交叉施工中需要重点解决的问题。施工过程中排水包括地表排水和地下排水。总的思路是（地）上截（坑）下排。由基坑排水沟、集水井、地面排水沟、沉淀池、排水管组成。场区内进行有组织排水。现场考虑沟、管、泵结合的方式进行地表水的排放，沿基坑周边设置排水沟，在穿越道路的地段设置钢筋混凝土管。

17.5 m高程处沿地铁基坑下口周边设置排水沟，从东向西排水，汇集到西部的集水井内，再利用泥浆泵抽到32 m高程处的截水沟内统一排放。

32 m高程处沿地铁基坑周围上口设置闭合的截水沟，另外沿站房基坑下口周边设置排水沟，均从东向西排水，统一汇集到西部的集水井内，再利用泥浆泵抽到地面上的截水沟内统一排放。

三、旋挖钻改良技术

部分位于地铁基坑内的桩基工程设计桩径1.8 m，桩长32 m左右，要穿过中风化泥质砂岩，桩端坐落于弱风化泥质砂岩层。施工机械选用旋挖钻。

（一）存在问题

先用YTR230型旋挖桩机进行试钻。试钻时钻头采用直径1.2 m的锥齿螺旋钻头引钻，先进尺6～8 m，再用有沙筒截齿钻铣孔钻进。在钻进过程中发现钻头打滑，机械抖动厉害，钻进速度缓慢。

（二）原因分析

1. 钻进打滑：泥质砂岩性质遇水表面软化，机械性能最大加压力190 kN，钻杆自重8.5 t，动力头5 t，钻头2 t，加压80 kN，不能满足钻进压力。

2. 机械抖动：先采用自由落体钻杆结合螺旋式引钻，孔空心部分1.2 m，1.8 m的砂斗钻齿长，接触岩面0.3 m，接触面积小，钻齿磨损大，大口径外圆速度快，失去钻进平衡，产生机械激烈抖动。

3. 钻进速度缓慢：岩石坚硬钻渣形成粉状和泥浆状，砂斗钻筒外部加大刮土钢板尺寸4 cm，岩渣不能顺畅入斗，形成岩渣顶斗和钻头紧贴孔壁真空压力，钻杆扭矩力增大，摩阻力使其钻进速度缓慢。

（三）改良措施

针对上述问题对钻孔设备及工艺进行了改良：采用干成孔工艺法，自落钻杆改换系锁加压钻杆；钻头采用旋转式子弹头合金钻齿，加大钻齿密度和钻齿接触面积；在钻斗侧面与封底板处对称开侧面进渣孔。改良后大口径成孔一次性钻进，32 m孔深在9 h内完成。孔壁稳定，沉渣少，保证了工程质量及进度。

四、桥梁架体搭设技术

1. 概况

长沙南站车站大桥共有8座，位于站房G-G轴、H-H轴、J-J轴、K-K L-L轴、M-M轴、N-N轴、P-P轴、Q-Q轴，每座桥长度109.2 m，为三跨(30.1+49+30.1)m预应力连续箱梁。车站大桥下部为出站层，桥梁中跨下方是地铁箱涵，边跨对应出站层底板。

2. 架体搭设

支撑系统采用10 cm×10 cm的木方。采用满堂式WDJ碗扣支架，架杆采用外径48 mm，壁厚3.5 mm的钢管，支架立杆间距600 mm×600 mm，步距1.2 m。考虑支架的整体稳定性，在纵横向分别布置斜向钢管剪刀撑。支架搭设时，考虑在两侧设置施工平台、防护栏、防护网。连续梁的支撑体系自上而下依次为：木方，间距200 mm，跨度600 mm，平行线路方向布置；槽钢，采用[10槽钢，间距600 mm，跨度600 mm，垂直线路方向布设；钢管支架，立杆间距600 mm×600 mm的满堂式WDJ碗扣支架。桥梁搭设示意如图4-7-1所示。

此外中间49 m跨梁体位于地铁箱涵以上，经对地铁箱涵顶板结构核算，需要对其进行加固。结合地铁箱涵的结构，对其顶板、中板进行顶撑加固。加固区域为桥梁投影范围内地铁顶板及中板两层楼板结构，梁及其梁腋部位不做加固，作为施工、检修及监护通道。如图4-7-2所示。

五、钢结构安装栈道设计

1. 背景

长沙南站是“站桥合一”的大型高架站房，在工程施工过程中，受下部地铁工程的影响，车站大桥不能按期完工。按照早期策划，利用既有站台层桥梁搭设作业栈道的方案指导施工，势必影响到站房钢结构开工时间，以致影响到武广全线的联调联试。为此钢结构工程的作业栈道需进行专项方案设计。

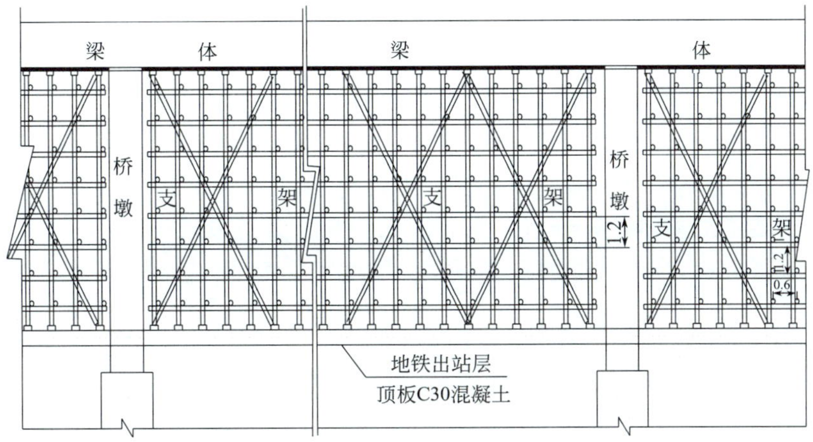

(a) 桥梁支架搭设立面

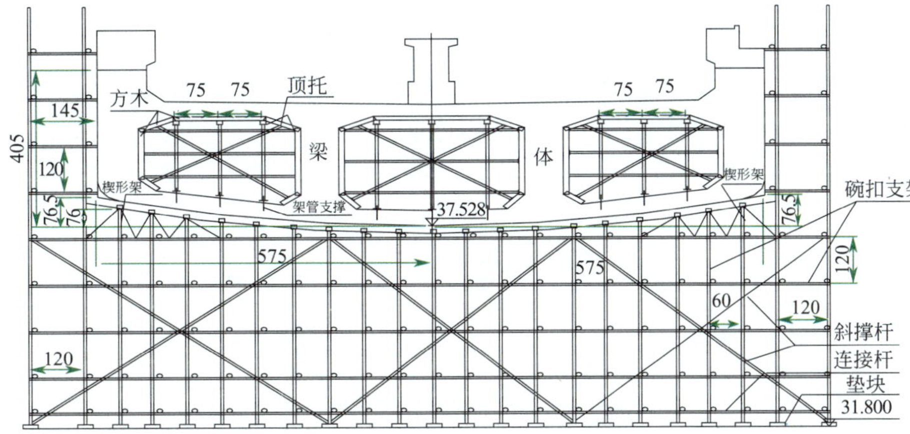

(b) 支架搭设横截面图

图 4-7-1 桥梁搭设示意(单位:cm)

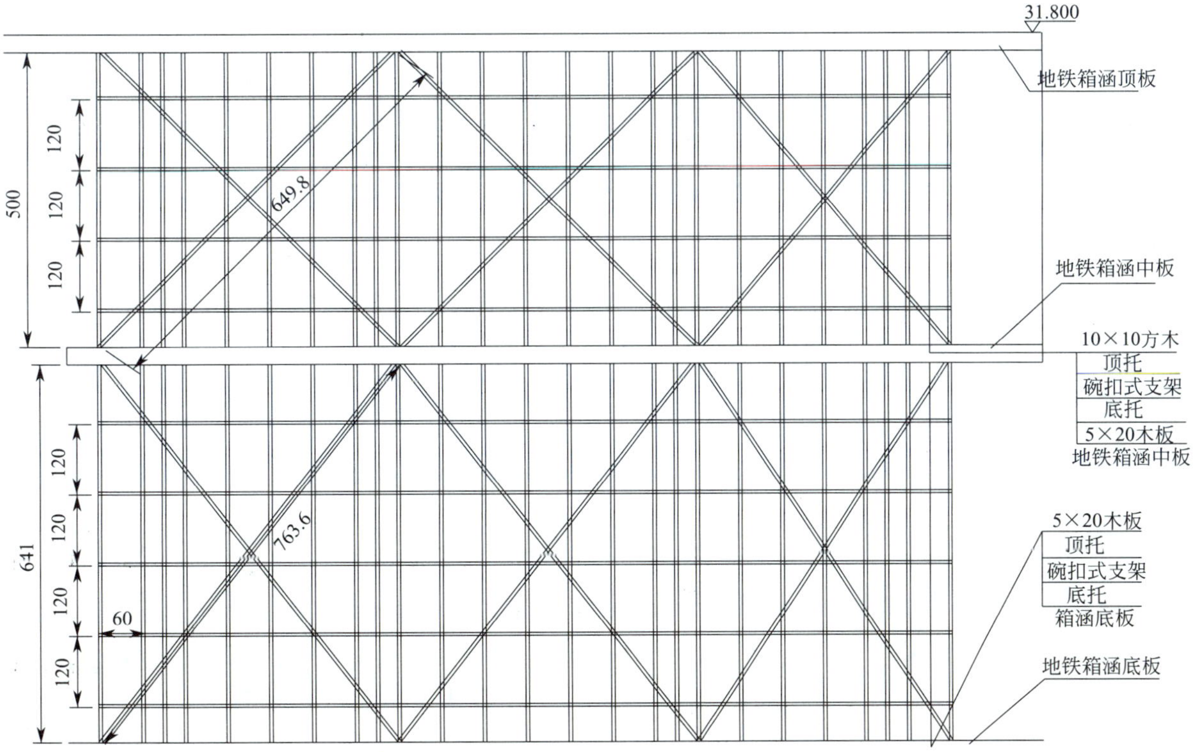

图 4-7-2 地铁楼板结构加固(高程单位:m;尺寸单位:cm)

2. 方案确定

作业栈道的设计基于施工现场情况、为避免对桥梁工程施工的影响及钢结构安装的便利，确定采用跨桥搭设方案，在桥梁施工期间就介入钢结构的安装，从而保证工期节点目标的实现。

3. 方案实施

跨桥栈道通过格构柱支撑路基箱形成，格构柱立于桥梁两侧，基础采用桩基、承台形式，在出站层基础与底板施工时同步完成。跨桥栈道的整体计算分析采用有限元分析与计算软件 MIDAS/GEN V7.1.2 完成，经过对最不利的荷载工况进行分析，格构支撑的位移、强度、刚度和稳定性，路基板承受应力和挠度均满足要求。如图 4-7-3 所示。

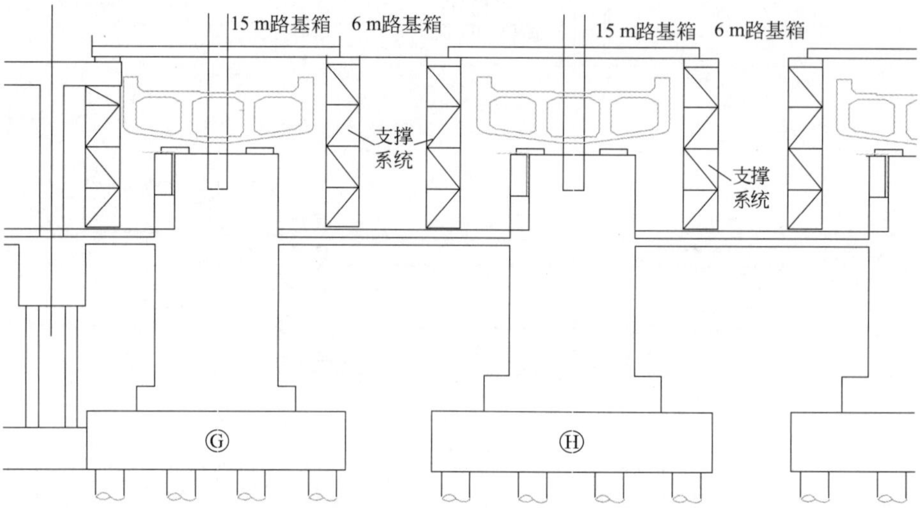

图 4-7-3 钢结构安装栈道示意

六、树状柱铸钢节点足尺试验

(一)概　况

树状柱结构是支撑主站房和站台雨棚屋盖系统的主承力结构，屋盖系统自重及所受竖向荷载均通过树状柱分枝向主枝传递，最后汇交到一点传至主干，各杆件以承受轴力为主。由于节点受力复杂，树状柱各杆件间均采用铸钢件连接。本工程铸钢节点体型巨大，单个铸钢节点最重达 23 t，并同时承受四向或三向空间荷载，在使用荷载作用下能否实现荷载的安全传递，事关整个站房工程的结构安全。

铸钢节点在设计时已进行了有限元分析，但考虑到受力复杂，受铸造工艺影响大等因素，选取 3 个有代表性的铸钢节点进行足尺试验，评价其安全性。

(二)试验过程

1. 测点布置(以 C1 铸件为例，如图 4-7-4 所示)

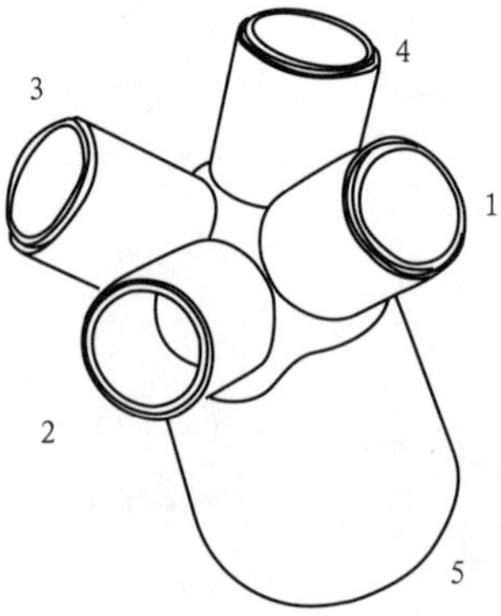

图 4-7-4 C1 杆件编号

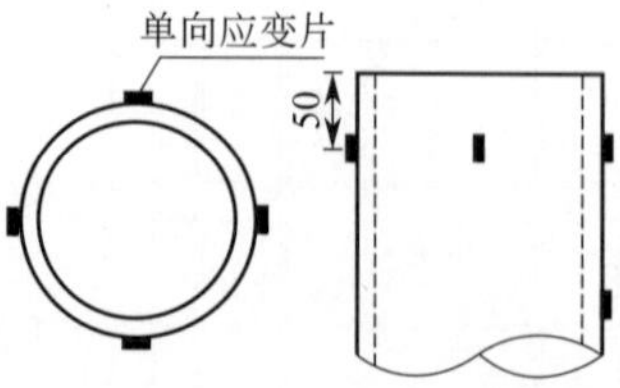

图 4-7-5 支管单向应变片(单位:mm)

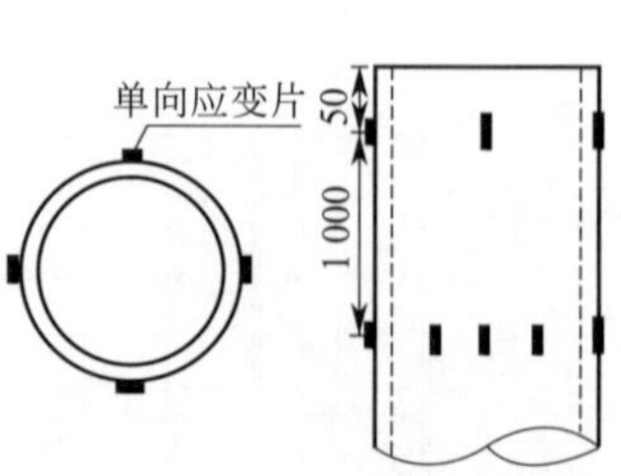

图 4-7-6 主管单向应变片(单位:mm)

节点试验内容主要是检测在加载条件下各支杆端部的应力以及节点核心区的应力，分别采用单向和三向应变片进行测试。

单向应变片用以测试节点各支杆的单向应变。在距铸钢节点支管端部 50 mm 处沿管径各布置四个单向应变片，根部各布置 1 个单向应变片如图 4-7-5 所示。在距主管端部 50 mm 处沿管径各布置四个单向应变片如图 4-7-6 所示，由于管件截面渐变，在距离第一排四个应变片 1 000 mm 处沿管径再布置 8 个单向应变片，总计 32 个单向应变片。

三向应变花用以测试铸钢节点核心区的 3 个方向的应变，从而根据理论计算公式推算出应变花所测平面内第一主应力及第二主应力，进而依据第四强度理论，得到该测点的 Mises 应力。根据以上原则，在靠近 4 个支管的交汇核心区，沿每个支管的管径根部布置 8 组应变花，在支管两交汇处，各布置一个应变花，总计 36 个应变花（图 4-7-7）。

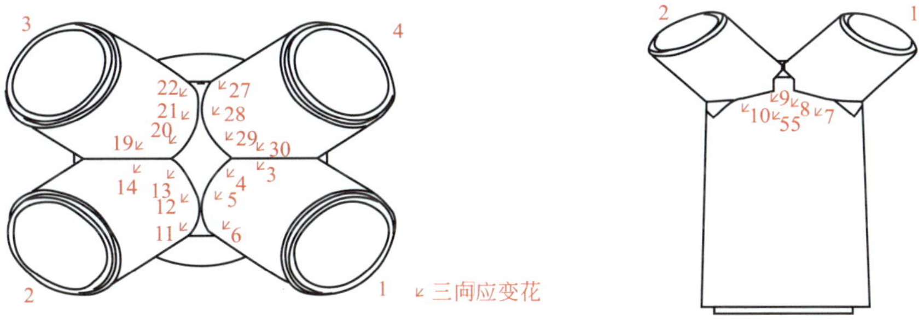

图 4-7-7　C1 节点三向应变花布置

2. 试验加载方案

根据设计提供的荷载，计算各支管节点试验加载力，试验加载力为设计荷载的 1.3 倍。在试验过程中，采用各杆件同步分级加载。本节点共进行 3 次循环加载，每次加载分为 13 级。

（三）试验结果

根据试验结果，铸钢件处于弹性状态，试验数据和有限元分析计算数据相比较，两者基本吻合，说明铸钢节点的制作质量优良，能够满足承载力设计要求，结构安全可靠。

七、大跨度张弦梁施工技术

主站房部分屋盖结构体系采用了张弦梁结构，跨度 45.4 m，单榀重量 45 t。利用非线性有限元法分析，采用逆迭代法，确定张弦梁的零状态即放样状态。通过对拉索施张过程的监控，保证了张弦梁初始态的几何尺寸。通过施工仿真计算，确保了张弦梁在拼装、张拉和吊装过程中的安全与精度。

施工中采用了“地面整体拼装、预应力张拉、双机抬吊”的安装方案。张弦梁拼装完成、张拉结束并经检验无误后，利用现场的 2 台 250 t 履带吊进行双机抬吊。为保证在起吊过程中的结构受力安全，吊点布置在张弦梁端部支座部位。张弦梁起吊到位后与屋面网架焊接球上的钢支座按简支梁形式进行连接，张弦梁之间的连接杆件随后安装，以保证张弦梁平面外稳定。

八、大型钢结构安装技术

（一）概　　况

钢结构是长沙南站的主要结构形式，站房钢结构主要包括竖向钢柱、高架层钢桁架、高架夹层钢梁、屋面钢网架和张弦梁几部分（图 4-7-8），而施工重点是站房高架层钢桁架和屋盖结构（钢网架、张弦梁）。长沙南站钢结构体量大，构件种类繁多，工期紧张。站房钢结构主要分布于两个层面，即屋盖和屋盖下方高架层楼面结构。需要综合考虑多方比较，确定实施方案。

（二）方案确定

通过对整体安装法、高空滑移法、高空散拼法等几种方案的比较，结合施工现实际情况，确定采用高空单

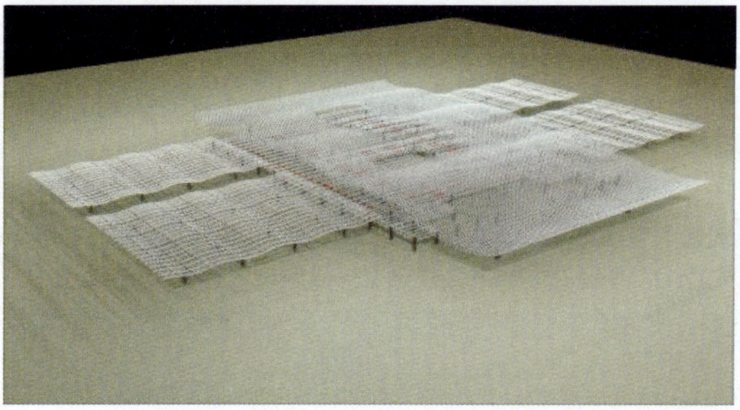

图 4-7-8　长沙南站钢结构工程整体模型

元拼装，逐间推进方案。

（三）方案实施

1. 设备选型

根据既定方案及现场施工情况，综合考虑站房结构特点、吊车作业半径等因素，选用 2 台 SCX2500 型 250 t 履带吊车及 2 台 SC1500 型 150 t 履带吊车进行站房钢结构的吊装。两台 250 吊车布置于中间栈道，150 吊车分布于两侧栈道。

2. 安装单元的确定

钢桁架根据构件重量采取分段、整榀确定单元；张弦梁每榀作为一个单元；屋面网架根据所选吊车的性能，结合支撑格构柱的分布确定，共划分为 122 个单元，单元最重 35 t，设置支撑点 488 处。支撑格构柱坐落在网架下方的站台层落客平台及与已安装完成的高架层钢桁架上。

3. 安装工况

按照由西向东，竖向同步，横向逐间推进的顺序组织安装，即由下到上完成一个区间内所有钢构件以后再向前推进，直到全部钢构件安装完成。

安装工况如图 4-7-9 所示。

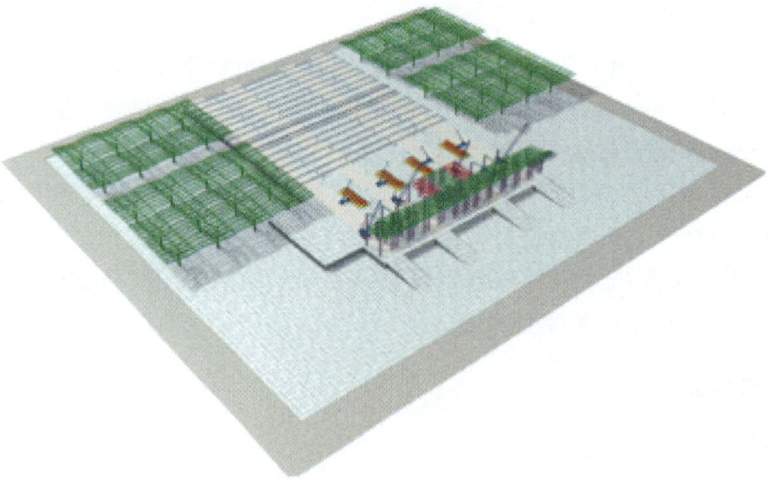

图 4-7-9　大型结构安装示意

4. 结构卸荷

结构卸载是将屋面钢结构从支撑受力状态转换到自由受力状态的过程。结构体系转换卸载具体方法是通过设置在支架或支撑顶部的可调节支撑装置（螺旋式千斤顶），按多次循环、微量下降的原则，来实现荷载的平稳转移。

(1)卸载条件

所有构件应全部安装到位、焊接结束;所有节点的连接已经完成,外形尺寸经验收合格;卸载当天的风力不得大于四级。

(2)卸载步骤及方法

根据现有的结构卸载、施工液压油缸操作技术条件与施工仿真计算结果,划分为三大区域,采用同区等距(局部不等距)、分步实施的方法来卸载,共分 35 步完成。

根据施工仿真计算结果,选择采用从中间向两边、局部间隔卸载的方法进行拆除支撑工作。卸载工具采用 20 t 螺旋式千斤顶．卸载时,应控制卸载速度,规定每旋转螺旋式千斤顶半圈(180°)为卸载行程控制单元,每次卸载量控制在 8 mm 左右,并应控制其误差范围在 1 mm 以内。

(3)监测

卸载时,应对结构的变形设置变形观测点,并根据监测结果与计算值进行对照,及时整理观测报告。

根据监测结果,长沙南站屋面网架全部卸荷完成后最大下挠量 108 mm,在屋面板等荷载全部加载后最大下挠量 138 mm,低于设计挠度的 1.15 倍,满足要求 。

第三节　采暖与通风施工

站房空调系统划分为四个系统,进站厅、普通候车厅、售票厅为低速风道全空气空调系统;管理办公用房采用风机盘管加新风系统;VIP 候车室、软席候车室、工艺设备用房采用变制冷剂流量多联空调系统;消防控制室采用分体空调器。冷冻机房内设置水冷螺杆式冷水机组。

关于通风部分:位于候车厅、售票厅等设机械排风系统,自然补风。水泵房、冷冻站、变配电所及各处卫生间设机械排风系统,自然进风。工艺机房、变配电房控制室等设有气体灭火系统的房间,设置灭火后通风换气系统。

一、空调水系统施工

(一)管道支架制作与安装

1. 安装流程

安装流程如图 4-7-10 所示。

支架选型 → 测量确定尺寸 → 下料、制作 → 除锈、防腐 → 支架现场安装

图 4-7-10　管道支架安装工艺流程

2. 施工方法及要领

(1)管道支架设置的位置、数量及形式应结合其他专业施工图及深化后的综合布线图进行,与其他专业管线并排走时应尽量考虑使用联合支架。

(2)管道支架加工制作前应根据管道的材质、管径大小等按标准图集选定支架的形式,并结合现场测量确定支架的高度,同时通过与其他专业的协调,避免与其他专业的管线发生“冲突”。

(3)管道支架的设置和选型必须满足管道的稳定和安全正确,符合管道补偿热移位和设备推力的要求,防止管道振动,允许管道自由伸缩并符合安装高度。

(4)需使用联合支架的部位,应根据各专业管线并结合现场的情况,对联合支架进行设计,经各专业会审后方可进行施工。

(5)管道支架采用集中式加工制作,形成选型、测量、绘制支架图、加工制作、现场安装的流水工序,加工质量必须符合规范要求,制作成形后应进行除锈和防腐处理。

(6)大件管道与水泵、冷水机组等设备的接头处须安装辅助支架,以防止过大的应力,临近亦须安装落地支架以免设备受力。对于机房内压力管道及其他可把振动传给建筑物的压力管道,必须安装弹簧支架并垫橡胶垫圈以达到减震的目的。

(7)垂直安装的总干管,其下端应设置承重固定支架,上部末端设置防晃支架固定。管道的干管三通与

管道弯头处应加设支架固定，管道支吊架应固定牢固，垂直安装较高的总干管应在中间部位适当增加承重固定支架。

(8)总干管的支架安装应配合结构进行铁件预埋。

(二)空调供回水管道安装

1. 安装流程

安装流程如图 4-7-11 所示。

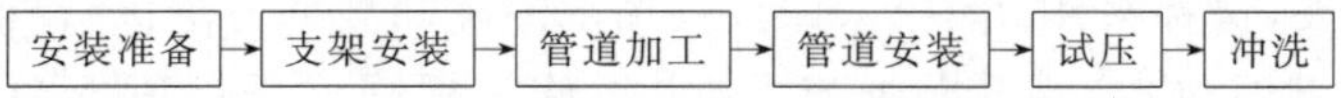

图 4-7-11 空调供回水管道安装流程

2. 空调供回水管道安装要求及注意事项

(1)按设计要求，本工程的空调供回水管小于 DN50 采用镀锌钢管，丝扣连接，大于 DN50 采用无缝钢管，焊接或法兰连接。空调供回水立管及水平管翻高形成气囊的最高处均设置排气阀，在吊顶内的排气阀采用手动型，在机房、管道井等处采用自动放气型。立管及水平管翻低的最低处均设置排水阀，立管底部排水阀前应有不小于 100 mm 的集污管段的长度。

(2)管道穿墙或楼板处设置套管，其内径比管道或保温层外径大 20～30 mm。安装在墙体内的套管，其两端应与墙面相平；穿楼板的套管应比建筑面层高 30 mm。管道的接头焊缝不得设在套管内。在保温工程竣工后，套管与保温层外径之间的空隙用不燃保温材料塞紧。

(3)机房和走廊内管道大而密集，管道的排列布置尤为重要。同时，综合协调空调、给排水、消防及供电等相关专业的施工。通过综合管线图、机电三维模型的制作，在二维图纸和三维空间上清楚表现各专业管道的空间位置和走向。通过制定详细的施工方案，解决管道安装的技术问题。如管道的支撑、提升、焊接等。通过协调结构、建筑与各机电专业以及各机电专业之间的施工顺序，保证工程紧张有序地进行，减少相互干扰和冲突。

(4)凡经过建筑的沉降缝位置，必须使用不锈钢金属软管；管道穿越外墙、内墙、楼板和屋面必须选择相应类型的套管；对于空调末端设备的凝结水管，必须设置水封；管道与设备连接必须加装相应规格的软接头；管道要保持适当的坡度，便于排水和通气；管道分支或汇合时只可以使用三通，禁止使用四通；管道施工完毕按技术规范的要求对管道进行色带标识。

3. 空调供回水无缝钢管管道安装

(1)管道安装前，施工班组先熟悉设计图纸，同时了解施工现场情况，做好管道安装前的准备工作，无缝钢管在安装前需作除锈刷漆处理，并将管内的杂物和铁锈清除干净，保持内外壁干燥。

(2)管道上的所有阀门在安装前必须先试压，试压合格后方可运至现场安装。

(3)管道安装过程中，如遇到管道安装位置相互交叉时，按"小管让大管，有压管让无压管"的原则进行协调。

(4)管壁厚 $\delta \leqslant 4$ mm 的钢管焊接时可不开坡口，但焊接时两管之间应有 2～3 mm 的间隙。钢管壁厚 $\delta > 4$ mm 时，要开单边坡口或 V 形坡口，坡口为 65°左右，焊接时两管之间应有 2～3 mm 的间隙。

(5)管道的切割可用管道切割机进行切割，并用自动开口机进行开坡口。切管机及开口机应调整其切割刀口的间距，使之与相应切割的管径相符合。

(6)管道对口时外壁必须平齐，用钢直尺紧靠一侧管道外表面，在距焊口 200 mm 另一侧管道外表面处测量，管道与管件之间的对口，也要做到外壁平齐。

(7)钢管的焊接应做到焊口平直度、焊缝加强面等符合施工验收规范要求，其焊缝不得有"未焊透"现象，焊口表面无烧穿、裂纹、结瘤、夹渣和气孔等缺陷，焊缝应平整、饱满，焊波均匀一致，焊高、焊宽及错口符合规范规定，焊瘤、飞溅药渣等及时处理，并刷二道防锈漆。

(8)管道与法兰焊接连接时，插入法兰盘的管子端部距法兰盘内端面为管壁厚度的 1.3～1.5 倍，便于焊接。焊接法兰时，保证管子与法兰端面垂直，用法兰靠尺从相隔 90°两个方向度量，里外施焊。法兰的衬垫不得突入管内，其外圆到法兰螺栓孔为好。紧固螺栓要按对称十字形顺序，分两次或三次拧紧，保证法兰衬垫受力均匀，同时保证法兰的严密性。拧紧后以露出螺母两扣螺纹为宜。

二、空调风系统施工

(一)金属风管及其部件制作

1. 工艺流程(图 4-7-12)

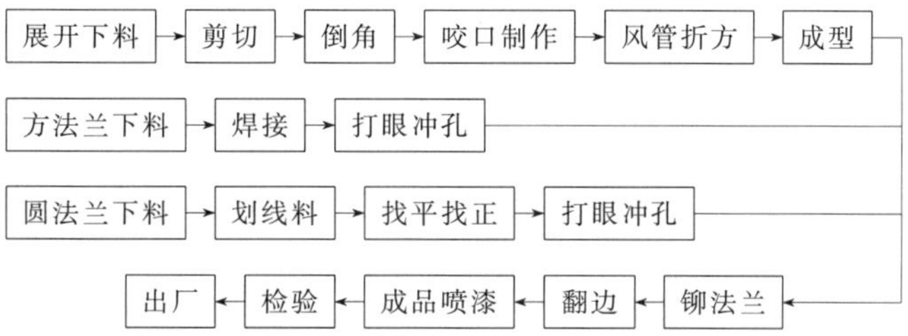

图 4-7-12　风管施工工艺流程

2. 风管制作

(1)风管不得有横向拼接缝,尽量减少纵向拼缝。矩形风管底边宽度等于或小于 800 mm 时,其底边不得有纵向拼接缝。

(2)当矩形风管边长大于或等于 630 mm 和保温风管边长大于或等于 800 mm,且其管段长度大于 1 250 mm 时,均应采取加固措施。

(3)法兰制作应该核对几何尺寸,找好平整度,对于相同尺寸的法兰,统一制作,统一钻孔,保证法兰具有互换性。

(4)金属风管与法兰连接时,风管的翻边要平整,并紧贴法兰,风管翻边宽度不小于 7 mm;风管的咬口缝,翻边四角处,周边,铆钉缝部位均涂密封胶密封。

(5)法兰螺钉孔和铆钉孔的间距不大于 100 mm。矩形法兰四角设螺栓孔。螺钉、螺母、垫片和铆钉采用镀锌材料,且不得使用空心铆钉。

(6)送风管法兰铆钉缝处涂密封胶,涂密封胶前首先要清除风管表面的尘土和油污。

(7)空调系统管径大于 500 mm 的风管设风量、风压测定孔,过滤器前后设测压孔,安装后将孔口封闭。

(8)风管、静压箱和部件要保持清洁,制作完毕后用中性清洗液将内表面油膜和污物清除干净,干燥后经检查达到要求即用塑料薄膜及胶带封口,清洗后立即安装的可不封口。

(9)风管与部件制作质量检查:风管制作保证项目的检查,风管的规格、尺寸必须符合设计要求;风管的咬口必须紧密、宽度均匀、无孔洞、半咬口和胀裂等缺陷。

(10)基本项目的检查,风管外观质量应达到折角平直,圆弧均匀,两端面平行,无翘角,表面凹凸不大于 5 mm;风管与法兰连接牢固,翻边平整,宽度不小于 7 mm,紧贴法兰,螺孔具备互换性;风管加固可靠、整齐,间距均匀对称。

(11)风管制作要在干净,专门的预制车间内进行;制作场地要随时保持清洁,制作时手套不许有油污,镀锌板、风管不允许在地面上拖行。

(12)制作法兰和吊架底座,切割,焊接场地应和风管制作场地隔开。铁构件刷油干燥后,才能进行装配安装。

(13)成品风管需用塑料薄膜和胶带封住开口处,风管分系统码放在成品库,安装时运入现场后拆开封口,如发现风管内有灰尘,应再次清扫干净后安装。未安装完的风管,对于本段风管的开口处,应用镀锌板加封条封住,防止现场灰尘进入风管。

(14)对于进入风管内的施工,必须有干净的工作服,工作手套,工作帽,最后出来时应顺原路线退出,并擦净风管内部的污迹。

(15)风管搬运装卸应轻拿轻放、防止损坏成品。

3. 风管安装

(1)风管安装应按先主管、后支管、再立管的顺序进行。安装前应把风管内外表面的污物清除干净。根据现场情况,采用分段吊装法,即先在地面上将风管连成 10～12 mm 左右,吊点处用两个手动葫芦进行吊装。为防止风管变形,吊点应设置在风管长度 1/3 及 2/3 处,吊点处风管底部应垫以角钢加固,吊装时两个葫芦应同时起吊、均匀受力。调节阀及防火阀应单独设置吊架。保温风管与支架横担应垫以与保温层同厚的硬木方。每条风管应至少设置两个防摆动的固定支架。安装后的风管应表面平整,不得错位及扭曲。

(2)风管安装前,先检查风管穿墙孔洞的尺寸、高程和支吊架的位置等是否符合要求,如出现预留洞偏差,应及时联系土建单位寻求解决。

(3)风管及部件安装前,在施工现场将风管及部件两端密闭膜打开,再一次将风管内未清理干净的灰尘擦拭干净。

(4)风管安装前,必须经过预组装并检查合格后,方可按编号顺序进行安装就位。

(5)风管与配件的可拆卸接口不允许安装在墙洞内。

(6)风管、静压箱、风口及设备安装穿过围护结构时,其接缝处应采取密封措施,做到清洁、严密。

(7)法兰填料一般风管采用厚 3～5 mm 的闭孔海绵橡胶板;防火阀的法兰垫圈采用厚 3～5 mm 石棉橡胶板,接头采用梯形或企口连接。

(8)经清洗干净包装密封的风管及其部件,安装时拆开端口封膜后,随即连接好,如安装中间停顿,应将端口重新封好。

(9)消声器安装的方向应正确,不得损坏和受潮。消声器应单独设支架,其重量不得由风管承受。

(10)防火阀安装前,检查其型号和位置是否符合设计要求、有无产品合格证,防火阀易熔片要迎气流方向安装,为防止易熔片脱落,易熔片在系统安装后再装,安装后做动作试验。

(11)所有风口、散流器、防火阀,在安装前均应检查其外观质量和灵活性、密封性,合格后方可安装就位。

(12)风口安装时将其清扫干净,保证风口与风管连接的严密、牢固;风口的边框与建筑装饰面贴实,其接隙加密封垫料或填密封胶;安装完毕的风口外表面保证其平整不变形,调节灵活。

(二)消声器安装

1. 消声器外表面应平整,不应有明显的划痕及锈蚀。

2. 吸声片外包玻纤布应平整无破损,两端设置的导风条应完好。

3. 紧固消声器部件的螺钉应分布均匀,接缝平整,不得松动、脱落。

4. 穿孔板表面应清洁,无锈蚀及孔洞堵塞。

5. 消声器安装的方向应正确,不得损坏和受潮。

6. 消声器应单独设支架,其重量不得由风管承受

(三)风阀安装

1. 安装防火阀时,应先对其外观质量和动作灵活性、可靠性进行检验,确认合格后方能安装,并务必保证阀体上的箭头标志方向与气流方向一致。

2. 防火阀必须单独配置支吊架,保证阀板转动灵活,连接风管不变形,阀柄操作方便。在吊顶内的防火阀下面应留检查口。

3. 与防火阀连接的过墙(楼板)风管,应设预埋管,预埋管采用厚度不小于 1.6 mm 的钢板制作。

(四)风口安装

1. 风口与风管的连接应严密、牢固,与装饰面相紧贴;表面平整、不变形,调节灵活可靠。

2. 明装无吊顶的风口,安装位置和高程偏差不应大于 10 mm;

3. 风口水平安装,水平度的偏差不应大于 3/1 000;

4. 风口垂直安装,垂直度的偏差不应大于 2/1 000;

5. 同房间内的相同风口的安装高度应一致,排列应整齐。

(五)风管安装防振动和噪声措施

1. 风机、空调机组基础按设计要求或施工规范要求减振。

2. 风机、空调机组与风管相连接采用软管连接,风机吸入口处的软管安装要做到松紧适度,避免因软接过松减小进出风口面积,而引起噪声和振动。

3. 风管制作、安装及与部件连接,连接严密,无漏风现象,以免产生漏风噪声。

4. 为防止风管振动,在每个系统风管的转弯处、与空调设备和风口的连接处设固定支架。

（六）风管严密性试验

风管安装完毕，需进行漏风量测试，依据规范规定，风管的漏风量检测采用漏光法定性检测和漏风量测试定量检测相结合的方式，漏光法适合于中、低压空调系统的严密性检验。本风系统采用漏光法。

漏光法检测是采用光线对小孔的强穿透力，对系统风管严密程度进行定性检测的方法。其试验方法是在一定长度的风管上，在黑暗的环境下，在风管内用一个电压不高于 36 V、功率在 100 W 以上的带保护罩的灯泡，从风管的一端缓缓移向另一端，试验时若在风管外能看到光线，则风管有漏风，并对风漏风处进行修补。

系统风管的漏光法检测采用分段检测、汇总分析的方法，被测系统的风管不允许有多处条缝形的明显漏光，低压系统风管每 10 m 接缝，漏光点不超过 2 处，100 m 接缝平均不大于 16 处；中压系统风管每10 m接缝，漏光点不超过 1 处，100 m 接缝平均不大于 8 处为合格。风管的漏光法检测如图 4-7-13 所示。

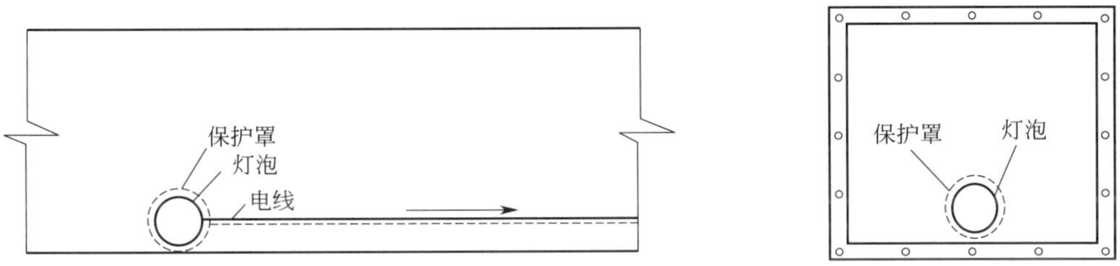

图 4-7-13　风管的漏光法检测

（七）风管保温

本工程所有保温及其辅助材料采用不燃或难燃型产品，穿越防火墙的保温风管，在防火墙两侧 2 m 范围内采用不燃材料保温。所有非保温材料制作的空调送、回、及经冷热处理的新风管都要保温，空调系统风管、采用难燃(B1 级)型闭泡橡塑绝热材料保温，保温材料的导热系数应≤0.032 W/(m·K)(0 ℃时)。空调风管保温厚度 30 mm。

1. 保温要求

(1)粘贴保温钉前要将风管壁上的尘土、油污擦净，将粘贴剂分别涂抹在管壁的粘贴面上，稍后再将其粘上。

(2)保温风管穿越墙体和楼板时，保温层不能间断。

(3)暴露在室外的风管，外包钢丝网水泥保护壳，再刷色漆二度。

(4)风管与空调设备的接合处，以及产生凝结水的部位，必须保温良好、严密、无缝隙。

(5)保温材料与风管之间必须密实、平整。

2. 成品保护

(1)保温材料现场堆放一定要有防水措施，尽可能存放于库房中或用防水材料遮盖并与地面架空。

(2)镀锌钢丝、保温钉及保温胶等材料应放在库房内保管。

(3)保温用料应合理使用，尽量节约用材，收工时未用尽的材料应及时带回保管或堆放在不影响施工的地方，防止丢失和损坏。

（八）管道保温

空调冷热水管、冷凝水管及部件(阀门、法兰盘)等均需保温。供回水管采用难燃型闭泡橡塑绝热材料保温，保温材料的导热系数应≤0.037 W/(m·K)(0 ℃时)。空调水管保温厚度：采用橡塑海绵保温材料。

1. 保温准备工作

(1)全面检查管道与墙面及其他管道、设备间的距离，发现不够保温位置时，需整改的要整改。

(2)清理管道表面的灰尘等杂物。选择符合管径要求的管套。

(3)管道已经通过试压、清洗、充水试验、水循环正常，非镀锌钢管除锈、刷二度防锈漆且油漆已经干燥。

2. 管道保温工序

(1)将橡塑保温管套沿纵向轻轻剖开，套入水管后，用手进行紧逼，然后用胶水密封管套纵缝。

(2)管套与管套之间连接时，必须在管套的端面(环缝)上涂上保温胶水，管套的纵缝要求错开，且纵缝一般不得垂直向下，管套与管套之间用胶水将接缝密封。

(3)管套与木环之间连接时，必须在管套端面和木环端面，分别涂上保温胶水，进行紧逼。

三、暖通空调工程主要设备安装

(一)冷水机组安装(详主机吊装方案)

冷水机组安装包含一台水冷螺杆式冷水机组，一台水冷螺杆式地源热泵机组。

1. 设备本体安装

(1)起吊前应全面检查吊点位置和加固结构的刚性，使其在起吊过程中不致产生永久变形，发生设备损坏事故或人身安全事故。

(2)起吊前应进行试吊，即将设备起吊到离开 200～300 mm 高度，检查各钢丝绳受力是否均匀，持续 5 min，再看有无下沉现象，如果情况良好，则可正式起吊。

(3)运用平板车或汽车将设备运至靠近冷冻机房的室外地坪。利用事先加工制作好的龙门架(与设备重量相匹配)将设备本体一次性起吊，启动汽车缓慢驶离悬空设备下方，将预先准备好的拖排或滚筒放置在悬空设备正下方，将设备慢慢放下置于拖排或滚筒上，然后用卷扬机将设备拖至混凝土基础上，并用千斤顶取出拖排或滚筒，然后用千斤顶找准，找平，找正。

2. 设备本体管道的安装

(1)安装前应对管子、阀门、管件进行仔细的检查，对不合格的材料必须进行更换，以确保质量要求。设备本体管道及工艺管道的安装应严格按设备本体管道图和工艺管道设计图及相关的规范、规程进行。

(2)管道安装前应核对与管道连接的部件、设备是否安装合格，管口方向、管径规格、法兰规格是否符合设计要求。管道安装时应按设计要求材质使用材料，使用前应进行外观检查，无材质证明的管材、管件不得使用。

(3)阀门安装前都要进行清洗检查，并经严密性试验合格后方可进行安装。低压阀门可按主干管阀门 100%试压，支管阀门抽 10%试压。

(4)阀门安装前必须按设计要求的规格、型号、压力范围进行核实，阀门安装中应注意介质流向、安装位置应正确并便于操作。

(5)管道安装前应清除管内杂物，安装时应严格按设计规定的坡度、坡向施工，管子的对接口应符合规范之要求，严禁强力对口。

(6)设备本体管道及工艺管道安装焊接完毕后，应按各管道系统(以材质、工作压力、工作温度为参数)所属类别，按有关规范要求进行 X 射线检查。

(二)冷却塔的安装

1. 冷却塔由生产厂家配合安装，施工时要注意冷却塔各部件的装卸和运输。冷却塔各部件在地面上可直接用吊车装卸，用卡车或叉车运输。

2. 施工要点

(1)冷却塔基础应与设备基础要求对应，高程和形式符合设计要求，并与屋面防水配合；

(2)设备配带的浮球阀等附件保管妥善，系统调试时再安装确保动作灵活；

(3)安装完毕灌水前应对设备托水盘做好清理，防止异物堵塞过滤网格；

(4)妥善安装防护网罩，确保电机风扇运行安全；

(5)系统高点安装排气点阀门，防止泄水不畅引起真空抽吸的事故；

(6)冷却塔安装应注意对冷却塔各支撑及基础进行找平找正，以保证各冷却塔积水盘水位相同；布水器的孔眼不能堵塞和弯曲变形，旋转部分必须灵活；喷水出口应水平、方向一致，不能垂直向下；拼接处平整、严密、牢固。

(三)风机的安装

1. 开箱检查时，核对通风机叶轮、机壳和其他部件的主要尺寸，进风口、出风口的位置等要与设计相符；叶轮旋转方向应符合设备技术文件的规定。检查外观和外露部分各加工面及转子有无碰伤、变形或锈蚀等情况；手动盘动叶轮有无卡滞现象。

2. 搬运和吊装过程中绳索要固定在承力吊环上，不得捆缚在转子和外壳或轴承盖的吊环上。绳索与外壳接触时要垫一衬垫，保护机件表面和其他处。

3. 减震器安装要求基础面平整，平整度符合设备技术文件要求。安装时按设计要求选择和布置，安装后各减震器受负荷的压缩量要均匀，不得偏心，若有压缩量不均或受力不均匀，要根据实际情况移动到适当的位置调整。通风机的地脚螺栓固定时，地脚螺栓处加垫圈和防松螺母，防止风机运行时振动将螺母振脱。

4. 风机吊装时，严禁采用膨胀螺栓，必须采用预埋件作为固定点。

5. 为减小风机的压头损失，提高风机效率，根据现场条件，安装时保证风机的出口至弯管的距离为风机出口长边的 1.5～2.5 倍，如现场条件不允许，在弯管内设导流叶片予以弥补。

6. 通风机与风管连接处，进风口连接长度为 100 mm，出风口软接长度为 150 mm。软接头接缝处做到严密和牢固，并且不允许软接头变径。管道风机安装时采用减振支吊架。

7. 通风机的进、出口风管直通大气处加装防鸟丝网。

（四）新风机及空调机组安装

1. 落地式安装：安装前先按设计图纸的尺寸放纵横安装基准线和基础几何中心线；如安装基准线与基础几何中心线偏差不大，则按基础几何中心线进行设备就位；设备就位后，有千斤顶顶高至一定高度，安装橡胶减震垫；减震垫安装牢固后，用加减薄钢片的方法精调水平度和垂直度，要求偏差不大于 0.1/1 000。安装时应平整，牢固。就位尺寸正确，连接严密，四角垫弹簧减振器，各组减振器承受荷载应均匀，运行时不得移位（详见安装图 4-7-14）。

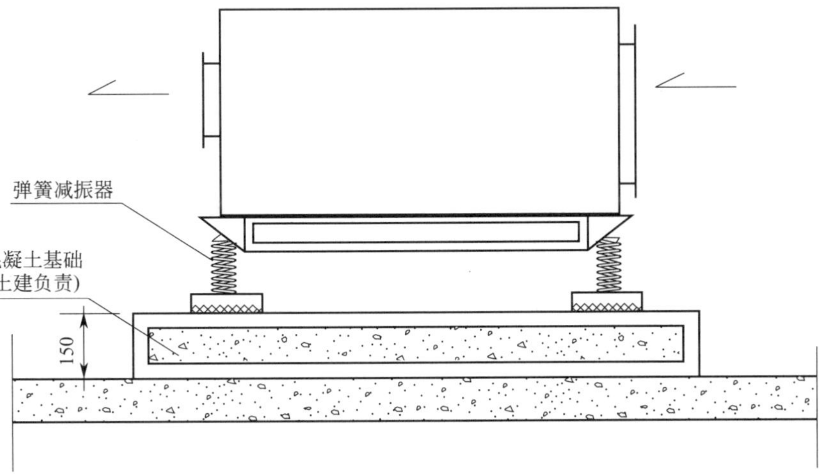

图 4-7-14　落地式安装（单位：cm）

2. 装式安装：吊杆用 ϕ10 mm～ϕ16 mm 圆钢制作，四个吊装固吊点（严禁采用膨胀螺栓）在土建结构施工时预埋铁构件。设备用手动液压车运至安装现象，支吊架准备就绪后，用手动葫芦把设备吊至安装高度，安装减振吊杆。设备安装牢固后，调整吊杆螺丝使设备的安装水平度、垂直度符合规范要求。安装时尽量提高其高程，以免影响天花高度（如有吊顶）。

（五）VRV 系统室内机的安装

1. 开箱检查及试验

盘管安装前应逐台检查电机壳体及表面交换器，不得有损伤、锈蚀、缺件等，之后应对盘管做单机通电及水压试验，通电试验时，机械部分不得摩擦，电气部分不得漏电，整机不得抖动不稳，水压试验时，试验压力为系统工作压力的 1.5 倍，定压观察 2～3 min，不漏、稳压为合格。

2. 室内机安装

（1）应由单独支、吊架固定，并应便于拆卸和维修，支、吊架吊杆与盘管相连处采用双螺母紧固，吊装后保持水平，保证冷凝水畅通地流到指定位置，暗装室内机下部的吊顶应留有活动检查口。风管、回风箱及风口与风机盘管机组连接处应严密、牢固。

（2）室内机吊装吊筋采用 8 号圆钢，吊杆与楼板连接采用 40 mm×4 mm 角钢，角钢与圆钢满焊连接，用 M10×85 膨胀螺栓固定在楼板上。吊装前，先确定室内机的安置位置及吊装高度，然后确定风机盘管吊杆的高度，吊杆一端要套丝，套丝不宜过长，吊杆与室内机连接采用螺栓固定连接。为减少室内机运行时因震动而产生噪声，在室内机吊装孔处需加橡胶减震及垫圈。

（六）泵类设备安装

1. 泵的安装就位

(1)用液压叉车将泵运至设备基础上。

(2)泵就位后，首先要通过垫铁调整，以泵轴中心线为基准找正，以进、出口法兰面为基准找平，使之符合技术要求。保证纵向安装水平偏差不大于 0.1/1 000，横向安装水平偏差不大于 0.2/1 000。

(3)泵安装后要注意保护，配管时不允许管道与泵法兰接口强制连接，法兰面要采用盲板进行保护，防止杂物进入泵体内。配管的管子内部和管端要清除杂物，并清洗干净，配管中要注意保护密封面，以保证连接处的气密性。管道与泵连接有各自的支架，以承受重量，连接后要复查泵的找正精度，发现偏差及时纠正。

2. 泵的单机试车

(1)试运转前，各紧固件连接部位不松动；手动盘动泵轴转子，转动应灵活自由、无卡滞现象；润滑油充注符合要求；与泵相连的管道通畅，并吹扫检验合格。

(2)脱开联轴器点动电机，查看电机叶轮转向是否正确。然后启动电机进行试运行，运转 2 h，运转稳定无异常现象为合格。

(3)重新连接并校对好联轴器，打开泵进水阀门，使泵和管路充满水，排尽空气后，点动电机，叶轮正常运转后再正式启动电动机，待泵出口压力稳定后，缓慢打开出口阀门调节流量。泵在额定负荷下运行 4 h 后，作好试车记录，当温升、泄漏、振动均符合要求且无异常现象即为合格。

(4)泵体水平度的测试：用框式水平仪在法兰面或精加工面上测量。

(5)泵体同轴度的测试：用百分表架在联轴节上，测量横向（径向）偏差，用塞尺测量轴向间隙。

(6)机泵试运转测试：机泵试运转时，用表面温度计测量机泵的轴承温升；用转速表测量电机的转速；用测振仪测量泵体的振动。

四、空调系统调试及试运行

（一）空调系统调试及试运行流程

空调系统调试及试运行流程如图 4-7-15 所示。

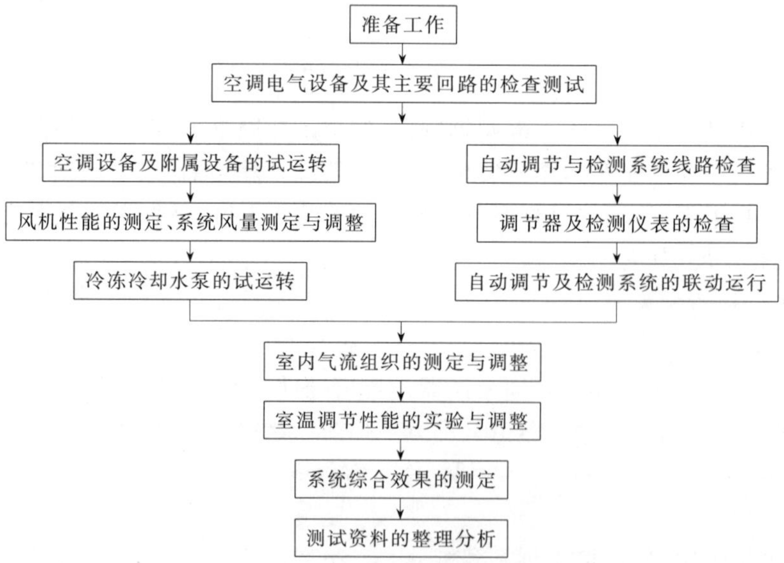

图 4-7-15　空调系统调试及试运行流程

（二）单机试运转

1. 水泵的试运转

水泵启动应经一次启动立即停止运转，检查叶轮与机壳有无摩擦及其他异常声音，并观察旋转方向是否正确。若一切正常可继续试运转。水泵启动时用钳形电流表测量电机启动电流，待运转正常后再测电机运转电流，保证电机运转电流不超过额定值。水泵运转过程中应常用螺丝刀抵在轴承外套上，仔细倾听轴承有无杂声以判断运转状态，测量轴承温度不超过 70 ℃，填料温度正常，基本无渗漏现象，振动仪测定水泵的径向振动符合技术文件要求，即振幅≤0.08 mm(电机转速为 1 450 r/min)，读取水泵进、出口压力表显示值，应与水泵扬程相符。

水泵运转正常后可进行不少于 2 h 的连续运转，若无问题，即水泵电机试运转合格，填写《设备机组试车运转记录》，若运转中出现异常，应立即停车，找出原因，排除故障，继续试运转直至合格。

2. 冷却塔的试运转：试运转时应检查风机运转状态及循环系统工作状态，记录运转中的有关数据，如无异常，连续运行时间应不少于 2 h，检查冷却塔供、回水是否平衡，补给水及集水池水位是否符合要求，测量电机启动及运转电流，控制其不超过额定值。运转完毕应清洁集水池，清扫沉积物。

3. 冷水机组的试运转：冷水机组的试运转工作由供货商派工程师执行，我方配合工作。但运转前应达到如下条件：

(1)冷冻站内的送、排风系统已能正常运转，并已调试符合设计要求。

(2)冷冻水管道保温工作已完成，并已交工验收。

(3)在确定供货商来现场调试的具体日期前 1～2 d，征得供货商同意后，将冷水机组、柜式空调器的进、出水阀门都打开，管道充水，启动冷冻(却)水泵运转 2 h 后，停泵清洗 Y 形过滤器滤芯，反复 2～3 次，直至检查合格。通过膨胀水箱对冷冻水系统充水加水，并加通过软化器处理的水，充满整个系统。

(4)所有空调设备自控调节系统、供电系统均已安装、调试完毕。

4. 通风机的试运转：通风机的试运转包括离心风机、轴流风机的试运转，主要都是试验风机。

(1)核对风机、电动机型号规格以及皮带轮是否与设计相符。

(2)检查轴承处是否有足够的润滑油。

(3)用手盘车，风机叶轮应无卡碰现象。

(4)检查风机调节阀门启闭是否灵活，定位装置是否牢靠。

(5)检查电动机、风机接地线连接是否可靠。

(6)送、回风口的调节阀，管道内的防火阀全部打开。

(7)风机的启动与运转：风机初次启动应先经几次点动运转，检查叶轮与机壳有无摩擦或不正常声音，旋转方向是否正确，确认无异常后方可试运转。启动时用钳形电流表测量电机启动电流，待运转正常后再测试运转电流，若运转电流超过额定值，应通过调节总风量调节阀，直至达到额定值为止。若运转过程中发现不正常现象，应立即停车检查，查明原因，消除故障后再运转。连续运转时间不少于 2 h，并作好《通风机试运转与通风系统风量测量调整记录》，测量风机轴承温升、最高温度的参数。滚动轴承外壳最高温度不得超过 70 ℃，滚动轴承不得超过 80 ℃。

5. 空调水系统的调试

(1)空调水系统的调试必须在管道试压、冲洗、保温完成后进行。

(2)水系统试运行开机程序为：冷却水泵→冷却塔→冷冻水泵→冷水机组。

(3)水系统试运行关机程序为：冷水机组→冷冻水泵→冷却水泵→冷却塔。

(4)冷冻水系统试运行，应尽量使通过各台冷水机组、冷冻水泵的水量接近相同，注意观察压力表、温度计，调节阀门使通过各台冷水机组、冷冻泵的水量、温差保持在合理范围。

(5)冷却水系统试运行，应尽量使通过各台冷水机组、冷却水泵、冷却塔的水量接近相同，注意观察压力表、温度计，调节阀门使通过各台冷水机组、冷冻泵、冷却塔的水量、温差保持在合理范围。

(6)风柜的水系统试运行，按不同的设计工况进行试运行，测定与调整室内的温度和湿度，使之符合设计规定参数，注意观察压力表、温度计，调节阀门使通过各风柜、风机盘管的水量、温差保持在合理范围。

(三)风系统的调试

1. 系统风量的调整：在进行通风机的试运转及对其性能进行综合测定之后，即可进行系统风量的测定和调整。目前使用的风量调整方法有流量等比分配法、基准风口调整法、逐段分支调整法及风口速比常法，具体根据实际确定。

柜式空调器风量调整：先调整各送风口风量（方形散流器调整人字闸，铝线形散流器调节导流板，百叶风口调节导流板）比例符合要求，再调各支管三通调节阀；最后调节各机房的新风防火阀开度，使新风量、回风量均等于设计值，即总风量与设计值相等，再实测一遍各送风口风量作为最后核实。在调整过程中必须注意机房门必须关好，严密不漏风为宜；用风速仪测新风口、回风口风速时应在距风阀 5～10 cm 处放风速仪，并使它与气流流向垂直。由于风门开启呈一定角度，气流截面有所缩小，所以在计算风量时宜将风门外框乘以系数 $\cos\alpha$（其中 α 为阀门叶片与水平线夹角）。

2. 室内正压的测定和调整

空调房间一般需要保持正压。如无特殊要求，室内正压宜在 5 Pa 左右，当过渡季节大量使用新风时，室内正压不得大于 5 Pa。

（1）测定方法

先实验是否处于正压状态。将燃着的香烟放在微开启的门缝处，若烟飘向室外，即为正压。将微压差计放在室内，其一端接橡皮管引至室外，读取室内静压即为正压值。

（2）调整方法

对于测量结果为负压的房间，有两种可能性：一是新风量比排气扇排风量少；二是门、窗渗漏比较严重。查出原因，进行调整即可。

3. 空调器性能的测定与调整

（1）风量的测定

空调器风量的测定与风机测定方法相同，并且在单机试运转时已调整好，可不必再测。

（2）送、回、新风干湿球温度的测定

送风干湿球温度的测定可用干、湿球温度计测送风风口的干湿球温度值作为空调器送风参数，回风干、湿球温度可在回风口测定，至于新风干、湿球温度即为室外参数。

4. 空调自动调节系统控制线路检查

（1）核实敏感元件、调节仪表或检测仪表和调节执行机构的型号、规格和安装的部位是否与设计图纸要求相符。

（2）根据接线图纸，对控制盘下端子的接线（或接管）进行核对。

（3）根据控制原理图和盘内接线图，对上端子的盘内接线进行核对。

（4）对自动调节系统的联锁、信号、远距离检测和控制等装置及调节环节核对是否正确，是否符合设计要求。

5. 敏感元件和测量元件的装设地点要求

（1）要求全室性控制时，应放在不受局部热源影响的区域内；局部区域要求严格时，应放在要求严格的地点；室温元件应放在空气流通的地点。

（2）在风管内，宜放在气流稳定的管段中心。

（3）“露点”温度的敏感元件和测量元件宜放在挡水板后有代表性的位置，并应尽量避免二次回风的影响。不应受辐射热、振动或水滴的直接影响。

6. 调节器及检测仪表单体性能校验

（1）敏感元件的性能试验，根据控制系统所选用的调节器或检测仪表所要求的分度号必须配套，应进行刻度误差校验和动特性校验，均应达到设计精度要求。

（2）调节仪表和检测仪表，应作刻度特性校验，调节特性的校验及动作试验与调整，均应达到设计精度要求。

（3）调节阀和其他执行机构的调节性能，全行程距离、全行程时间的测定，限位开关位置的调整，标出满行程的分度值等均应达到设计精度要求。

7. 自动调节系统及检测仪表联动校验

（1）自动调节系统在未正式投入联动之前，应进行模拟试验，以校验系统的动作是否正确，是否符合设计要求，无误时，可投入自动调节运行。

（2）自动调节系统投入运行后，应查明影响系统调节品质的因素，进行系统正常运行效果的分析，并判断能否达到预期的效果。

(3)自动调节系统各环节的运行调整，应使空调系统的“露点”、二次加热器和室温的各控制点经常保持所规定的空气参数，符合设计精度要求。

8. 空调系统综合效果测定：空调系统综合效果测定是在各分项调试完成后，测定系统联动运行的综合指标是否满足设计与生产工艺要求，如果达不到规定要求时，应在测定中作进一步调整。

(1)确定经过空调器处理后的空气参数和空调房间工作区的空气参数。

(2)检验自动调节系统的效果，各调节元件设备经长时间的考核，应达到系统安全可靠地运行要求。

(3)在自动调节系统投入运行条件下，确定空调房间工作区内可能维持的给定空气参数的允许波动范围和稳定性。

(4)空调系统连续运转时间，一般舒适性空调系统不得少于 8 h。

9. 资料整理编制交工调试报告

将测定和调整后的大量原始数据进行计算和整理，包括下列内容：

(1)通风空调工程概况。

(2)电气设备及自动调节系统设备的单体试验及检测、信号，联锁保护装置的试验和调整数据。

(3)空调处理性能测定结果。

(4)系统风量调整结果。

(5)房间气流组织调试结果。

(6)自动调节系统的整定参数。

(7)综合效果测定结果。

(8)对空调系统做出结论性的评价和分析。

第四节　给排水工程施工

给排水工程包括给水、排水、消防水、雨水处理等系统。主要内容有站房室内给水及排水系统、热水及饮水供应、空调循环冷却水系统、雨水排水系统，站房内室外给排水管网(包括进站通道内的给排水系统)、室内外消防给水系统及消防炮系统等。站房雨水系统采用虹吸和重力流排水方式，站台雨棚雨水采用重力流排水方式。排水采用雨、污分流排水系统，含油废水经隔油池处理后排放。雨水、污水经管道汇流后进入城市排水系统。

一、预留预埋施工

1. 认真核对施工图，确定预留孔洞、预埋件的坐标、高程和尺寸。预留预埋工作进行之前应会同监理及所有施工单位就预留孔洞、预埋件，给排水管道等的走向高程讨论研究，力求做到既符合规范和设计要求，又符合实际情况、避免交叉，如发现问题，专业人员应与土建技术人员进行沟通及时联系设计协商解决。

2. 根据已进行设计交底、会审后的图纸，应根据施工图纸对预埋件的数量、尺寸、位置核对准确，尤其应注意穿梁，穿地下室外墙及生活水池等防水要求高的部位的预埋件。在确认没有问题的前提下，配合土建进度进行预留、预埋。在土建浇筑混凝土前。套管设置应符合以下要求：给水、排水、雨水穿楼板及穿墙要设置套管，所有穿外墙的管道应设置钢制防水套管，套管与墙饰面齐平。穿墙套管与墙饰面齐平，穿楼板套管其上端面应高出完成后地面。卫生间及防水要求较高的地方要求高出完成后地面 50 mm，其下端面与楼板底部平。根据设计要求，所有预留预埋的套管内径均要大于管子外经一级，管道安装好以后，管道空隙用油麻填实，并用沥青灌平。

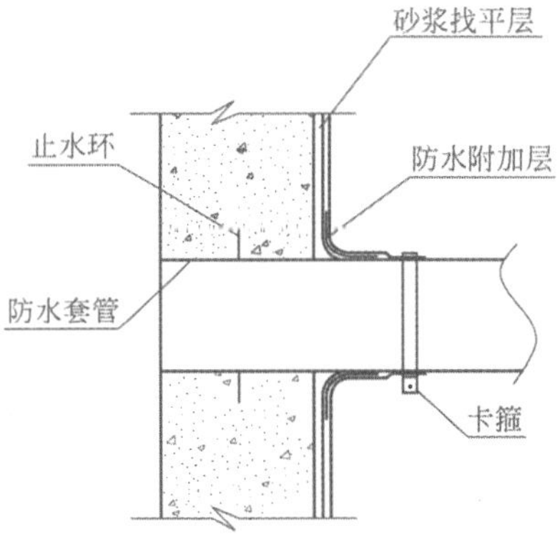

图 4-7-16　外墙穿墙套管防水层示意

3. 外墙穿墙套管周围应增加防水附加层，如图 4-7-16 所示。

二、给水管道安装

(一)管道支、吊架制作安装

管道支架选用型钢(角钢、槽钢)现场加工制作。

管道支吊架最大间距要求见表 4-7-1。

表 4-7-1　管道支、吊架最大间距表

管径(mm)	15	20	25	32	40	50	65	80
间距(m)	1.5	2.0	2.5	3.0	4.0	4.5	5	5.5

支吊架制作集中在加工场进行,以方便控制支架的制作质量。加工时要求用氧气、乙炔或砂轮切割机切料,如支架较大。支架的膨胀螺栓孔和抱箍穿孔要用钻床钻孔,不能用氧割开孔。支吊架连接采用焊接方法,焊接要求应符合焊接的质量标准。对同一直线上要求支吊架采用同一规格,对同层管道支吊架安装时,除要求坡度外,支吊架底线保持同一平面。支吊架制作好后要进行除锈和刷漆处理并按要求刷面漆。

(二)管道丝接

1. 给水

消防用钢塑管、镀锌钢管直径小于或等于 50 mm 时,采用丝接。

2. 管道连接工序为:断管→套丝→管件配装→管段调直。

(1)断管

管道丝扣连接安装施工时,管材量取长度决定后,用钢锯或无齿锯切割,砂轮锯断管时,应将管材放在砂轮锯卡钳上,对准划线卡牢,进行断管,断管时用力要均匀,断管后要将断口的铁膜、毛刺清除干净;使用手锯断管时,应将管材固定在压力案的压力钳内,将锯条对准划线,双手推锯,锯条要保持与管轴线垂直,推拉锯用力要均匀,锯口要锯到底,不许扭断或折断,以防断口变形。切割后应两端保持平整,用半圆锉除去毛刺,禁止使用气割下料。

(2)套丝

将断好的管材,按管径尺寸分次套制丝扣,一般管径 15～32 mm 者套二次,40～50 mm 者套三次。用套丝机套丝,将管材夹在套丝机卡盘上,留出适当长度将卡盘卡紧,对准板套号码,上好板牙,按管径对好刻度的适当位置,紧住固定板机,将润滑剂管对准丝头,开机推板,待丝扣套到适当长度,轻轻松开板机。用手工套丝时,先松开固定板机,把套丝板盘退到零度,按顺序上好板牙,把板盘对准所需刻度,拧紧固定板机,将管材放在压力案的压力钳内预留适当长度卡紧,将套丝板轻轻套入管材,使其松紧适度,然后两手推套丝板,带上 2～3 扣再站到侧面扳动套丝板,用力要均匀,待丝扣套成时,轻轻松开板机开退机板,保持丝扣应有的锥度。加工的管螺纹应平整,如有断丝、缺丝,其程度不得大于螺纹全扣数的 10%。

(3)配装管材、件

将已套好丝扣的管材,配装管件。配装管件时应将所需管件带入管丝扣,试试松紧度,在丝扣处缠生料带或麻后带入管件,然后用管钳将管件拧紧,接口紧固后,宜露出 2～3 扣丝,对于接口管道内壁被挤出的填料及接口处外露麻丝要清除干净,并在外露丝口上及时刷红丹防锈漆一道。编号放到适当位置等待调直。调直好后现场装配。

3. 管道卡箍式、卡压式连接

在保证规范要求的前提下,根据现场情况,与各个专业协调管线安装位置,高程、轴线。候车大厅建筑面积较大,因此布置的管线、灯具、风口都非常多。且错综复杂。为解决以上难题保证尽量减少管线、灯具等的重复安装、避开各个专业交叉情况,达到节约成本目的。由专业技术主管确定,专业之间进行一次设计、现场综合管线布线图。其总体原则确定如下:小管道让大管道,自动喷淋管道走最上层,(贴楼顶板、结构梁布置)主管道布置在大厅中间顶部南北穿越,支管两边分布;桥架布置在喷淋管下层,其布置位置错开喷淋管道;风管布置最底层。这样布置的目的是可以最大可能节约大管径配件,最大可能节约风管支管,有足够空间安装灯具、风口、喷头。

4. 塑料管道热熔连接

为保证施工质量,塑料管道采用热熔连接。

熔接弯头或三通时，按设计图纸要求，应注意其方向，在管件和管材的直线方向上，用辅助标志标出其位置。

连接时，应旋转的把管段导入加热套内，插入到所标志的深度，同时，无旋转的把管件推到加热头上，达到规定标志处，加热时间也可按热熔工具生产厂家的规定施工。

达到加热时间后，立即把管材与管件从加热套的加热头上同时取下，迅速、无旋转的、直线均匀的插入到所标深度，使接头处形成均匀凹凸缘，在上表规定的加工时间内，刚熔接好的接头还可校正，但严谨旋转。

三、排水管道安装

（一）排水 UPVC 管道粘结

1. 断管与试插：根据施工图纸或施工现场测量的尺寸对管道进行下料，然后根据所需要长度进行断管，断管时，断口要平整，并垂直于管轴线；用铁刀或刮刀除掉断口的飞刺和毛边，并倒角。粘结前应对承插口进行试插，自然试插深度以承口深度的 1/2～2/3 为宜，并作出标记。

2. 管道粘结：管道粘结不宜在湿度很大的环境下进行，操作场所应远离火源、防止撞击和阳光直射。在 −20 ℃以下的环境中不得操作；涂抹胶粘剂应使用鬃刷或尼龙刷。在涂抹胶粘剂之前应先用干布将承、插口处粘结表面擦净，用于擦揩承插口的干布不得带有油腻及污垢。若粘结表面有油污，可用酒精或者丙酮等清洁剂将其擦洗干净。粘结表面不得有尘埃、水迹及油污；涂抹胶粘剂时，必须先涂承口，后涂插口；涂抹承口时，应由里向外。胶粘剂应涂抹均匀，并适量；涂抹胶粘剂后，应在 20 s 内完成粘结。若操作过程中，胶粘剂出现干涸，应在清除干涸的胶粘剂后，重新涂抹；粘结时，应将插口轻轻插入承口中，对准轴线，迅速完成。插入深度至少应超过标记。插接过程中，可稍做旋转，但不得超过 1/4 圈。不得插到底后进行旋转；粘结完毕，应即刻将接头处多余的胶粘剂擦揩干净；初粘结好的接头，应避免受力，须静置固化一定时间，牢固后方可继续安装；在零度以下粘结操作时，不得采用明火或电炉等加热装置加热胶粘剂。

3. UPVC 管道的支、吊架：UPVC 管道的支、吊架的间距以及结构形式应符合设计规定，且在管道与支、吊架接触处，设置 3 mm 厚的软质垫块。

（二）室外排水管道安装

室外管道安装工艺流程如图 4-7-17 所示。

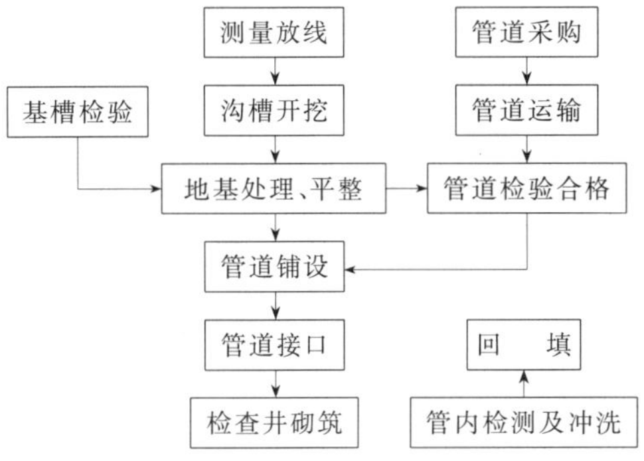

图 4-7-17　室外排水管道安装工艺流程

四、卫生洁具、地漏等安装

（一）地漏安装

地漏安装深度，坡度须符合规范要求；地漏低于安装处排水间 5 mm；地漏连接处严密不漏；其坐标允许偏差小于 10 mm。同时在地面施工时，应临时封堵好，以防水泥等其他进入地漏，堵塞地漏，在地面竣工后打开，将污物清净；应督促土建施工时，严格按要求灌严，确保地面坡度，以防地漏周围漏水。

（二）蹲式大便器安装

1. 将胶皮碗套在蹲便器进水口上，要套正，套实。用成品喉箍紧固。

2. 将预留排水管口周围清扫干净，把临时管堵取下，同时检查管内有无杂物。找出排水管口的中心线，并画在墙上。用水平尺（或线坠）找好竖线。将下水管承口内抹上油灰，蹲便器位置下铺垫白灰膏，然后将蹲便器排水口插入排水管承口内稳好。同时用水平尺放在蹲便器上沿，纵横双向找平、找正。使蹲便器进水口对准墙上中心线。同时蹲便器两侧用砖砌好抹光，将蹲便器排水口与排水管承口接触处的油灰压实、抹光。最后将蹲便器排水口临时堵封好。

3. 稳装多联蹲便器时，应先检查排水管口高程、甩口距墙尺寸是否一致。找出标准地面高程，向上测量好蹲便器需要的高度，找好墙面距离，然后按上述方法逐个进行稳装。

4. 延时自闭冲洗阀的安装冲洗阀的中心高度按规范要求。根据冲洗阀至胶皮碗的距离，断好 90°弯的冲洗管，使两端合适。将冲洗阀锁母和胶圈卸下，分别套在冲洗管直管段上，将弯管的下端插入胶皮碗内 40～50 mm，用喉箍卡牢。再将上端插入冲洗阀内，推上胶圈，调直找正，将锁母拧至松紧适度。扳把式冲洗阀的扳手应朝向右侧。按钮式冲洗阀的按钮应朝向正面。

（三）坐式大便器的安装

1. 将坐式大便器预留排水管口周围清理干净，取下临时管堵，检查管内有无杂物。

2. 将坐便器出水口对准预留排水口放平找正，在坐便器两侧固定螺栓眼处画好印记后，移开坐便器，将印记做好十字线。

3. 在十字线中心处用电锤打孔，栽好 ϕ10 mm 膨胀螺栓，将坐便器试稳，使固定螺栓与坐便器吻合，移开坐便器。将坐便器排水口及排水管口周围抹上油灰后将便器对准螺栓放平，找正，螺栓上套好胶皮垫、眼圈上螺母拧至松紧适度。

4. 对准坐便器尾部中心，在墙上画好垂直线，在距地平相应高度画水平线。根据水箱背面固定孔眼的距离，在水平线上画好十字线。在十字线中心处用电锤打孔，栽好 ϕ10 mm 膨胀螺栓。将背水箱挂在螺栓上放平、找正。与坐便器中心对正，螺栓上套好胶皮垫，带上眼圈、螺母拧至松紧适度（坐便器为联体水箱无此施工工序）。

（四）立式小便器安装

1. 立式小便器安装前应检查给、排水预留管口是否在一条垂线上，间距是否一致。符合要求后按照管口找出中心线。将下水管周围清理干净，取下临时管堵，抹好油灰，在立式小便器下铺垫水泥、白灰膏的混合灰（比例为 1∶5）。将立式小便器稳装找平、找正。立式小便器与墙面、地面缝隙嵌入白水泥浆抹平、抹光。

2. 将八字水门丝扣抹铅油、缠麻、带入给水口，用扳手上至松紧适度。其护口盘应与墙面靠严。八字水门出口对准鸭嘴锁口，量出尺寸，断好钢管，套上锁母及扣碗，分别插入鸭嘴和八字水门出水口内。缠油盘根绳拧紧锁母拧至松紧适度。然后将扣碗加油灰按平。

五、消防水系统安装

消火栓的栓口应朝外，并不应安装在门轴一侧，阀门中心距箱侧面为 140 mm，距箱后内表面为100 mm，允许偏差为±5 mm，其箱体安装的垂直度允许偏差为 3 mm。安装消火栓其阀门距地面、箱壁的尺寸符合施工规范的规定，水龙带与消火栓和快速接头的绑扎紧密，并卷折挂在托盘或支架上，消防水枪竖放在箱体内侧，自救式水枪和软管应放在挂卡上。暗装消火栓栓口根部应用水泥砂浆填塞、抹平，不得污染消火栓箱壁、底。

消火栓箱按设计要求高程固定在墙面上或墙洞内，要求箱底横平竖直固定牢固，对暗装消火栓箱，需将消火栓箱门预留在装饰墙面的外部。单出口消火栓箱的水平支管，应从箱的端部经箱底由下而上引入，栓口朝外。

消火栓门开启灵活，有明显标志，不应被装饰物遮掩，消火栓门四周的装饰材料颜色与消火栓门的颜色有明显的区别。消火栓箱在土建专业堵洞前应进行固定，采取四角固定方法，以免箱体产生变形。

室内各消火栓阀门中心距地 1.1 m，快速接头用喉箍卡加一道铅丝。

消防水泵接合器的组装应按接口、本体、连接管、止回阀、安全阀、放空管、控制阀的顺序进行。止回阀的安装方向应使消防用水能从消防水泵接合器进入系统。地上消防水泵接合器应设置与消火栓区别的固定标志。

六、喷洒头支管及喷洒头的安装

1. 喷洒头支管安装指吊顶型喷洒头的末端一段支管，这段管不能与分支干管同时完成，要与吊顶装修同步进行。支管管径为 25 mm，末端用 25 mm×15 mm 的异径管箍口，管箍口采用临时丝堵封堵，管箍口与吊顶装修层平。支管末端的弯头处 100 mm 以内应加管卡固定。支管安装完毕，应进行系统试压。

2. 喷淋头安装，吊顶内净空大于 800 mm 且有可燃物者应设上下喷头，上下喷头的型号和规格根据设计选择。各层平面图中所绘喷头定位，为下喷头位置，上喷头根据吊顶情况避开各类设备管道安装。如室内装修时需对喷头位置进行调整，必须符合国家有关规范的要求。消防喷淋喷头安装：有吊顶的下喷头带装饰盘；装饰盘与吊顶平，装在吊顶内的上喷头距楼板 100～150 mm。在宽度大于 1.2 m 的风管下应增设喷头。

3. 除图中注明外，喷淋配水支管配水管控制的标准喷头数见表 4-7-2。

表 4-7-2 配水管控制的标准喷头数

公称管径（mm）	52	32	40	50	70	80	100	150
控制的标准喷数	1	3	4	8	12	32	64	＞64

第八章　通信工程

第一节　工程概况

一、施工范围

工程通信系统包括 14 个子系统：通信线路系统、传输系统、电话交换及接入系统、数据网系统、专用移动通信系统、调度通信系统、会议电视系统、应急通信系统、综合网管系统、时钟及时间同步分配系统、电源系统、综合视频监控系统、车站段(所)综合布线系统、通信电源及通信信号机房环境监控系统。

在沿线两侧槽道内敷设通信光缆，在全线 18 个车站设置通信机房。在区间设置 GSM-R 基站 329 个、光纤直放站 485 处、信号中继站 53 个、线路所 1 处、牵引及供电等通信业务节点。

在武汉、广州设置 GSM-R 核心网节点网络设备。

在武汉、长沙、广州综合维修段，以及咸宁北、岳阳东、长沙南、衡阳东、郴州西、乐昌东、韶关西、英德西 8 个综合工区设置相关通信设备。

武汉枢纽、长沙枢纽、广州枢纽至既有铁通枢纽机房之间敷设光缆，实现互联互通。

在株洲北联络线，株洲南联络线；株洲西北联络线两侧敷设光缆及相关通信机房设置通信设备。

二、工程特点

武广铁路客运专线通信系统围绕 C3 试验及联调联试，为了保证武汉综合试验段及每个阶段轨道线路、牵引供电、C3 列控等试验及联调联试按进度要求顺利进行，在站前工程不完全具备的条件下需要分步开通通信系统中的各子系统。

第一步：在不具备通信设备安装及开通的条件下，必须先实施安装开通以下主要子系统设备，为 C3 试验提供必要的通信条件：通信线路；传输系统；调度通信系统；电话交换系统；数据网系统电源系统；GSM-R 数字移动通信系统

第二步：在 C3 试验及联调联试期间，利用夜间不运行列车时间段开通其余的 7 个子系统。

三、设备选型原则

(1)满足集成招标文件技术要求；

(2)满足 350 km/h 的 C3 列控系统对通信系统的要求；

(3)选择技术先进，适用性强、安全可靠性高、具备维护管理、通用标准性好的成熟产品；

(4)对关键系统要求在铁路线上具备实际运用案例；

(5)选用的设备厂商为 ISO9001 认证厂商，具有严格的产品质量保证体系。

(6)首先选用国内成熟产品，当国内没有成熟产品时，选用国外产品。

四、设备厂家

武广铁路客运专线传输系统、数据网系统、会议电视系统、电话交换及接入系统、时钟及时间同步系统及配套的相关设备选择华为公司的设备产品。

武广铁路客运专线电源系统及配套的相关设备选择艾默生公司的设备产品。

武广铁路客运专线 GSM-R 移动通信核心网和无线子系统采用议标方式选择诺西公司的设备产品组建；其中，正线无线系统中的光纤直放站采用 COMLB 公司产品，站房室内覆盖系统采用金信公司的设备。GSM-R 网络配套设备中的短消息系统采用华为公司设备；GPRS 接口服务器(GRIS 设备)采用铁科生产的设备；GPRS 归属位置寄存服务器(GROS 设备)采用北方交大生产的设备。

选择国铁华晨公司的设备组建综合视频监控系统、通信综合网管系统、应急通信系统。选择中软公司的FAS设备组建调度通信系统。选择世纪瑞尔公司的设备组建通信电源及环境监控系统。

第二节　施工方案、工艺流程和关键工艺工法

一、施工总体方案

根据工程线路长、通信系统设备多,设备采购周期长、工程建设周期短等特点,首先进行光、电缆线路和专用移动通信无线线路建筑工程,同时进行沟槽管线预埋配合;考虑到移动通信铁塔数量大,建设周期长,在条件具备时及早安排施工;然后再进行设备安装,最后进行标段内通信设备的系统调试。

工序安排:长途光缆线路、铁塔施工→传输接入、调度通信、电话交换、移动通信系统、同步时钟、电源系统安装调试→其他子系统安装调试→通信系统部分调试→通信系统调试。

二、工艺流程和关键工艺工法

(一)通信线路

1. 施工流程

通信线路施工流程如图 4-8-1 所示。

2. 施工准备

(1)光缆单盘测试

①光缆开盘检验:根据到货清单,核对到货光缆。收集好光缆出厂记录和合格证,工程竣工后作为移交归档。

②光缆单盘测试:单盘光缆测试率为 100%(全测)。用光时域反射仪(简称 OTDR)对光缆进行测试。

(2)光缆配盘

根据不同区间的不同长度,对光缆进行定位、配盘。在缆盘上标明敷设区间、敷设方向(上行侧或下行侧);在单盘测试记录上写明敷设区间、敷设方向(上行侧或下行侧)。

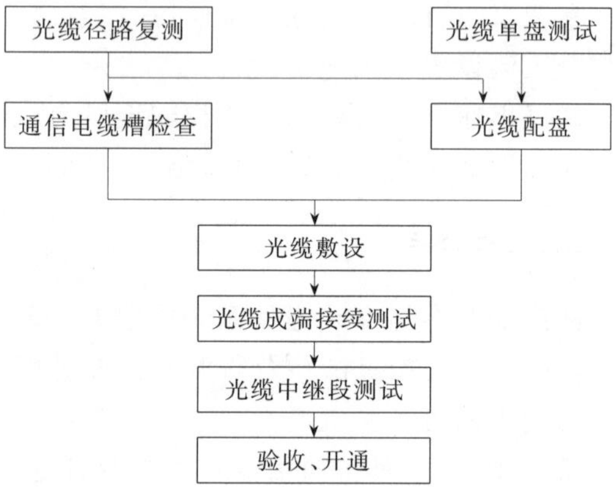

图 4-8-1　通信线路施工流程

3. 关键工艺工法

(1)光缆敷设

本工程光缆敷设,采用人工敷设和机械牵引敷设两种方法。

①人工敷设

认真核对光缆盘号,按配盘表编号,从区间端头开始敷设。光缆被放缆千斤顶支撑起腾空后将光缆头缓缓拉出,敷设劳力以每人 10～15 m 的距离间隔依次抬放,向区间另一方向前进,速度不宜过快,保持均匀,避免出现"背扣"和"浪涌"现象,在拐弯处弯曲弧度尽量大些,以保证光缆弯曲半径。当光缆被全部展放拉出后,将光缆捋直并放置于通信电缆槽内。一端的光缆被引入机房后,然后顺着一端沿着区间向另一端,将光缆摆放到位。

②光、电缆机械牵引敷设

a. 敷缆准备

在规定的作业时间段里将轨道车驶入作业地点。

将光缆盘用放缆千斤顶支撑脱腾空后,将千斤顶用 4.0 m 铁线在前后左右各方向固定(防止在行驶过程中受力缆盘倾倒)。

根据光缆外层端别,决定轨道车行驶方向。

敷缆前,准确测量区间引入口至机房位置的长度。

b. 光缆敷设、上架

将引入光缆拉出后先放置于轨道边。

车组在指挥员的口令下,以每小时不大于 4 km 的速度缓缓启动前行,车速由指挥员用信号或步话机进

行联络。

缆盘两侧各站 2 人，负责控制缆盘在钢轴上的左右移动和帮助缆盘转动(行驶过程中因线路弯道、缆盘转动时会向一侧偏移，而发生卡盘)。

车上用 3 人负责拉动线缆沿平板车后沿施放。保持有一定余留，防止轨道车行驶时所受张力过大。

车下 2 人随车行，将车上施放于轨道中心的线缆捡于轨道线路电缆槽一侧。

待放到另一侧光缆引入口时，人工将光缆引入到位，回过头来将放于轨道边的光缆一一放进电缆槽。

光缆进槽后出现的少量累积富余量向前逐步送展至末端。

标牌挂设(同人工敷设)。

施工作业完毕，清扫施工现场，并使整个作业时间控制在规定范围内。

(2)光缆接续

①光缆终端接续

光缆终端接续是指光缆进入机房后，在光缆配线架(ODF 架)或终端盒上与光尾纤进行收容接续，从而将需要的光纤下站后为传输提供通道。光缆终端接续在 ODF 架安装完毕后进行。光缆在机房防静电地板下作一定余留后进行开剥固定，按光缆芯数大小依次排列后，在 ODF 架底下固定架上用专用包箍(机内已配)进行固定。

光缆固定后，所有光缆开剥口保持在一条水平线上，做到牢固、整齐、美观。考虑到 ODF 架收容盘为抽屉式，光纤松套开剥长度以不影响收容盘进出为原则。过长或过短均会影响收容盘拉出和推入，而造成光纤损坏。

②光纤盘留

收容盘左侧为光纤收容盘留，接续后有 1～1.5 m 余留；收容盘右侧为尾纤收容盘留，接续后有 1～2 m 左右余留；

直通光纤盘留在收容盘最底层，避免尾纤使用过程中对直通光纤影响。

光缆接续完毕，将所有光缆挂上标牌。最后确认 ODF 机架可靠接地。

③光缆接续工艺

端头切除，用专用开剥器开剥光缆，两侧光缆各套入一只橡胶挡圈待用。

用酒精纱布擦拭光纤表面，在一侧光纤穿入光纤热缩加强管，按顺序在每根光纤上用不干胶编码纸编上号。

将光纤熔接机及专用工具放置在操作台上，用酒精纱布擦拭熔接机的 V 型槽、开剥钳的钳口、光纤切割器的切口部位，达到无尘、无油污、无潮气。

用被覆层开剥钳剥除光纤一次被覆层，用酒精棉轻轻擦拭剥除了一次被覆层的部位，顺一个方向除掉一次被覆层。

光纤端面处理，熔接时其端面倾斜度必须小于 0.5 度。

光纤接续完毕后对接头点进行检查，出现接头点有焊纹、接点成球状、接点变细、轴向偏差、气泡等现象必须重新接续。光纤接续合格后，立即用光纤加强管加强保护，确保收缩均匀，无气泡。

每接完一根光纤，把余长盘留在盘留板槽道内，光纤接头(加强管)放在盘留板两侧固定槽内。光纤收容时弯曲半径不小于 40 mm。

全部光纤接续完毕后，按要求在收容盒内放置接头卡片，标明每根光纤的接续损耗值及接续人、接续日期、气温情况等。

在盘留光纤和固定光纤接头加强管时，测试端用 OTDR 随时监视接续点的接头损耗，如果有附加损耗出现立即通知接续点找出原因或重新盘留。

(二)传输及接入系统

1. 施工流程

传输及接入系统中主要施工流程为：施工准备，设备安装，单机测试，检查设备通道的连通性，传输系统调试等内容。在这些流程中严格按照各自要求的工艺流程以及工艺流程的内容要求实施。

传输及接入系统施工流程如图 4-8-2 所示。

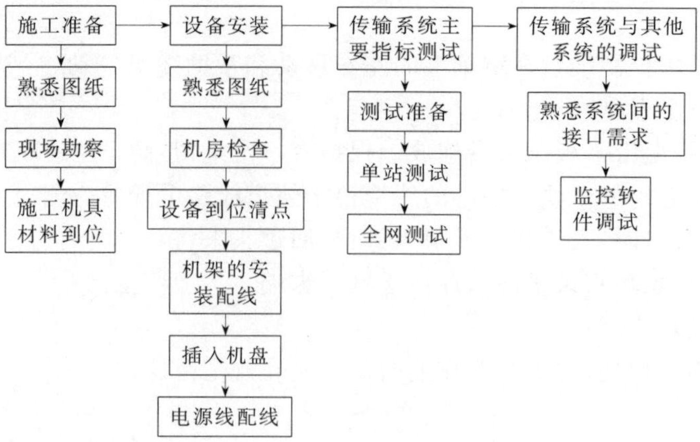

图 4-8-2　传输及接入系统施工流程

2. 施工准备

①熟悉图纸

在开工前，要核对施工设计图纸和相关文件，明确工程范围，熟悉相关技术规范和施工工艺，对作业人员进行技术培训。

②现场勘察

工程施工前，工程施工技术人员对设备用房进行现场勘察，检查机房环境应满足设备安装条件。对可预见的交叉施工作出具体施工安全措施，根据现场情况确立施工过程中的重点和难点，合理安排施工计划和各工序之间的衔接方式，制定行之有效的施工技术方案和施工安全措施。

3. 关键工艺工法

①设备检验

设备到货后，会同有关单位进行开箱检查，并符合相关要求。

②设备安装

机架安装按机房划线一底座固定一机架固定一机盘安插一安装清理的顺序进行。

a. 机房画线：机架安装前详细测量机房内部尺寸并与施工图纸核对。先根据施工图的具体要求和标注的各部尺寸（设备间的距离、设备与墙的距离、走道宽度等），画出机房的纵横中心线。再以中心线为基准，划出主走道边线，作为列架排列起点，最后确定第一列机架前面板垂直投影线，然后依次确定其他列的位置。

b. 底座固定：通信机房一般安装有防静电地板，这就需要按地板高度制作机架底座，并用膨胀螺栓固定在地面上。底座固定时先进行适当紧固，再进行水平、方位及高度调整，各方面均达到要求时，再做最终紧固。

c. 机架固定：将机架抬到底座上，按规定尺寸调整好机架位置，并检查机架垂度是否在允许范围内（如有偏差需要再次调平），用螺栓紧固机架与底座。

机架固定时，要注意设备安装手册有无加绝缘的要求，如有在制作或调整底座高度时，必须考虑绝缘的厚度，不因加绝缘使机架加高。

当列内有两个及以上机架时，应考虑机架顶部架间的连接，同样应注意是否有绝缘要求。

成列安装时，先把每个机柜调到大致的位置上，就位后再精确地调整第一面柜，再以第一面柜的柜面为基准逐台进行调整。机柜找正时，采用 0.5 铁片进行调整。但每处垫片最多不能超过 3 片。机柜找平找正后，应盘面一致，排列整齐，柜与柜之间及柜体与侧挡板均应用螺栓拧紧，之间接缝处的缝隙应小于 2 mm。

d. 机盘安插：根据设备操作手册及设备设计运用情况，设置机盘的可调跳线（如有），然后将各机盘插入设计规定的位置。特别注意机盘的防静电要求。

e. 安装清理：机架固定完毕，将附件、备件、说明书、各种手册等交给专人保管。特别应注意对有防静电要求的电路板、元器件进行清点或保管时应采取防静电措施。

③设备配线

a. 接地线的制作

设备硬件部分安装完成以后，首先应进行各种地线的敷设及制作连接，以避免其他作业时产生静电对设备造成损害。

根据设计要求选择相应截面积的铜线，进行接地装置到设备接地端子的连接，并且要尽可能地缩短距离，长度超过 50 m 时要适当加粗铜线截面积；

连接引线两端应镀锡或热浸锡，并将涂料、清漆、油漆等从紧固点附近清除，以保证金属表面的良好接触，所有的接地件应采取防腐措施，接地螺栓必须用机械方法加以紧固。

b. 电源线的敷设

机房直流电源线的路由、路数及布放位置应符合施工设计规定，所采用材料的规格、器材的绝缘强度及熔丝的熔断容量均要符合设计要求，不得在中间接头。

直流电源线的连接应牢固，接触良好，保证电压降指标及对地电位符合要求。电源线电压降从蓄电池到传输设备端子间，当采用窄电压范围供电时，不应大于 2 V，当采用宽电压范围供电时不大于 2 V。

机房的每路直流馈电线连同所接的列内电源线和机架引入电源线两端腾空时，用 500 V 兆欧表测试正、负线间和负线对地间的绝缘电阻不小于 1 MΩ。

采用皮线作直流馈电线，每对馈电线应保持平衡，正负线两端用统一红蓝标志。安装后的电源线末端必须用胶带等绝缘物封头，电缆剖头处必须用胶带和护套封扎。

电源线、信号线及用户电缆应分开布放，以免相互影响。

设备使用交流供电时，必须接有保护地线。供电前用 500 V 兆欧表对交流电源线进行线间和芯线对地绝缘电阻测试，测试值均不小于 1 MΩ。

c. 光纤连接、标识及防护

光纤连接：传送系统的光纤连接应符合设计要求，如果设计没有明确规定，则全线应采用统一的连接方法；按照纤序，"奇数"纤号连接上行站（A 站）"光发送口"、"偶数"纤号连接上行站（A 站）的"光接收口"。

光纤标识：光纤标识在通信站分 2 个部分（尾纤引入到 ODF 架上的标识工作在线路工程中已完成）。ODF 侧光纤标识方法要针对光纤接口板的物理位置、应用情况而定，如：S2（主）表示光纤连至物理槽号为 2 的光接口单元，此单元板为主用单元板。光设备侧的标示方法要考虑简捷明了，如：东/上 1（主收）表示该光纤属"东向"或"上行方向"线路的 1 根光纤，并接入本站光接口单元"主用"系统的"光接收口"。中间站由于无 ODF 架，可直接将光纤从终端盒引入光单元，其光纤标识方法与通信站光设备侧相同。

光纤防护：通信站采用机架上走线方式、小站采用地沟走线方式可直接使用塑料波纹管进行防护；如果通信站采用静电地板下走线方式可考虑塑料波纹管防护，或沿光纤布放路径加设木线槽方式进行防护。

d. 同轴电缆的布放、连接及标识

同轴头的制作：同轴头的制作须符合设备厂家的要求：选择与同轴电缆相适合的同轴头；开剥同轴电缆时不要造成内导体的损伤，内、外导体应保持整齐；用与同轴头相符的专用工具对内导体、外屏蔽层套管进行压接。制作完毕后，用万用表检查内、外导体应无短路现象。

同轴线的布放：同轴电缆的规格、路由等应符合施工设计规定，电缆排列必须整齐，外皮无损伤，电缆转弯均匀圆滑，弯弧外部保持垂直或水平成直线，电缆转弯的最小曲率半径大于 60 mm，布放走道同轴电缆必须绑扎，绑扎后的同轴电缆应互相紧密靠拢，外观平直整齐，线扣间距均匀，松紧适度，扎线用麻线时必须浸蜡，布放槽道电缆时可以不绑扎，但要求槽内电缆顺直，尽量不交叉，电缆不溢出槽道，在电缆进出槽道部位和电缆转弯处应进行绑扎或用塑料卡捆扎固定。

同轴线的标识：同轴电缆标识设备侧和 DDF 侧均应在距同轴头 1.5～2.0 cm 处粘贴标识标签，标签一式两份，分别粘到同轴电缆的两头，既标明同轴电缆的本端连接，又显示同轴电缆的对端连接，形成一一对应的连接关系，避免混淆。

e. 用户电缆的布放、连接及标识

用户电缆的连接：配线的色谱顺序和端子板上的端子应固定统一；数据业务和其他业务根据设计要求也严格按照色序进行配线，依照业务量的需要选择合适线型、规格的配线电缆，并要考虑适当的预留；配线架上的配线端子的分配顺序应固定统一：建议按调度—专用—自动—数据—其他等通信业务的先后顺序进行排列并考虑端子备用。

架间电缆插接与布线：插接架间电缆依据设计文件进行，电缆走向及路由符合厂家规定，架间电缆及布线两端要有明显标识，不得错接、漏接，插接部位紧密牢靠，接触良好，插接端子不得折断或弯曲，架间电缆及布线插接完毕后应进行整理，保持外观平直整齐。

用户电缆标识：设备侧和配线架侧均应在距用户电缆开剥边沿 1.5～2.0 cm 处粘贴标识标签。标签一式两份，分别粘在用户电缆的两头，既标明用户电缆的本端连接，又显示用户电缆的对端连接，避免发生连接错误。

（三）电话交换系统

接入网部分施工方法见传输系统，以下为电话交换系统的施工方法。

1. 施工流程

施工流程如图 4-8-3 所示。

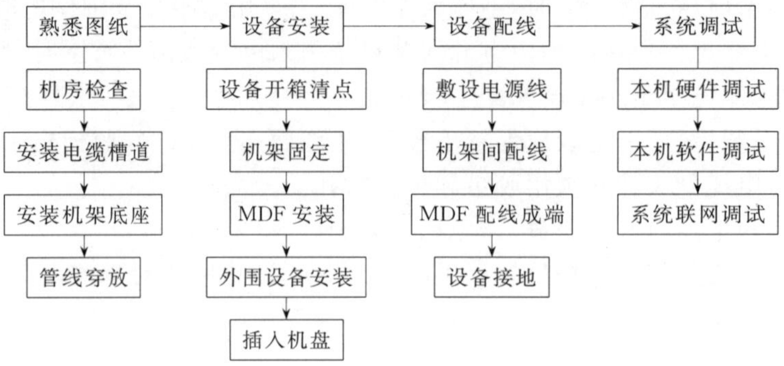

图 4-8-3 交换系统施工作业流程

2. 施工准备

（1）熟悉图纸

在设备硬件安装工作正式开始前，按照设备供货商提供的《设备安装流程》STS/EM03 文件要求，对安装条件和环境进行确认。

（2）现场检查

对机房的施工条件和环境条件进行检查，正常情况下，满足条件后方可进行设备安装施工。

3. 设备安装

（1）设备检验

设备到达现场开始安装前进行的设备检验，主要是设备的开箱清点检验，保证未经检验和缺件、损坏及不适用的设备不投入使用。

（2）交换设备安装

机架（柜）、控制台的安装应按下列工艺要求进行：

①机架的排列、安装位置及方向符合设计要求；

②机架完整、各零件完好无损、各种标志正确、清晰、齐全；

③螺栓全部拧紧、固定牢固；

④机架前后左右垂直、水平、垂直度符合施工规范的有关规定；

⑤机架可靠接地，接地电阻及地线路由符合设计要求；

⑥机架电路插板的数量、规格和安装位置符合要求，在安装有防静电要求的电路插板时，须戴上防静电护腕；

⑦控制台、测量台计费设备的安装位置、方向符合设计要求，台面水平、附件安装完整；

⑧台内接插件和设备接触可靠，内部接线符合设计及安装手册规定，台面整洁、无划痕。

告警设备安装在有人值班室的明显部位。

（3）总配线架的安装

总配线架底座安装位置与成端电缆槽相对应，各直列上下两端垂直倾斜误差不应大于 3 mm；电缆走线架、保安器接线排和端子板等安装整齐，不得倾斜或起伏不平，跳线位置应平直整齐，安装端子应牢固；相邻端子间的绝缘电阻、弹簧排不小于 100 MΩ，端子板不小于 500 MΩ；数字配线架(DDF)的安装位置符合设计要求，端子板、跳线环等安装应牢固端正；配线架必须可靠接地，接地电阻及地线路由符合设计要求。

4. 设备配线

与“传输及接入系统”配线要求相同。

(四)数据网系统

1. 施工流程

数据网系统中主要施工流程为：施工准备，设备安装，设备配线，系统调试。在这些流程中严格按照各自要求的工艺流程实施。数据网施工流程如图 4-8-4 所示。

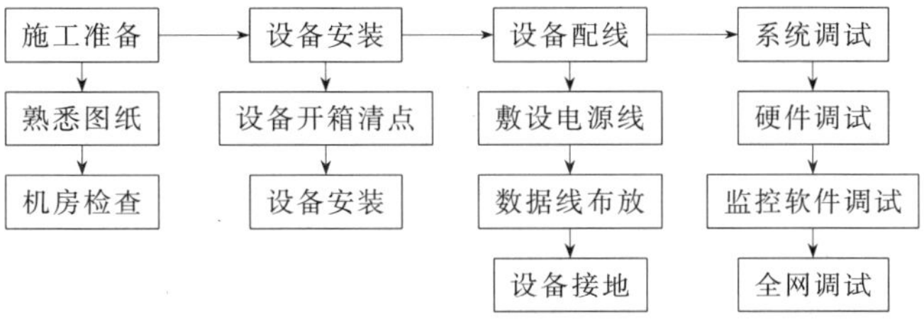

图 4-8-4　数据网施工流程

2. 施工准备

(1)熟悉图纸

在开工前，核对施工设计图纸和相关文件，了解设备的布放位置，明确工程范围，熟悉相关技术规范和施工工艺。

(2)机房检查

根据设备用房的要求，检查机房的门窗、防尘、温湿度、用电、通风及接地等条件是否满足设备安装运行的要求。

3. 设备安装

(1)设备检验

设备到达现场后先进行开箱清点检验，保证未经检验和缺件、损坏及不适用的设备不投入使用。

(2)设备安装

机柜、机架及配线架安装位置正确，排列整齐，安装牢固，漆饰完好，铭牌、标记清楚正确，并符合设计要求。

调制解调器(MODEM)架内机箱、机盘安放平稳，接插件接触良好。

数据传输设备、引入设备、配线设备及各类数据接口到达现场应进行检查，其型号、规格和质量应符合设计要求及相关产品标准的规定。

设备各机盘数量及端口配置应符合数据要求。

数据终端设备(DTE)、线路终端设备(DCE)、调制解调器(MODEM)或协议转换器等设备的参数设置正确。

保护地线与接地系统应可靠连接，并符合数据要求。

4. 设备配线

与“传输及接入系统”配线要求相同。

(五)GSM R 无线移动通信系统

GSM-R 数字移动通信系统是为武广铁路客运专线提供 C3 列控信息、CTC 调度命令车地间传送，以及提供运营指挥移动通信手段。

武广铁路客运专线 GSM-R 系统开通主要按五部分进行集成实施。

1. 沿线现场勘测

在通信系统工程实施初期，需对沿线基站站点选择进行现场勘测，落实基站机房及铁塔用地，为征地工作提供依据；

2. 电磁环境测试及清频

在通信系统工程实施初期，通号集成商组织测试队伍对高铁铁路沿线进行第一次电磁环境测试，为清频工作提供依据。

2007 年 3 月～4 月对武广全线(湖北 55 处、湖南 229、广东 166 处，共计 450 处)测试点进行定点频率监测。对突发干扰信号地点，测试组在夜间进行干扰源定点测试工作。为了保证测试质量，常连续几天野外工作，每天需要工作 12 h 以上才能完成测试任务。

由于部分省市移动公司 GSM-R 频率清退工作多次反复，部分区段进行了多达 18 次的重复测试。

3. GSM-R 核心网设备开通(含武汉、广州节点与北京、西安节点 GSM-R 互联)。

4. GSM-R 无线子系统工程开通(含铁塔基础施工及铁塔安装)

武广铁路客运专线 GSM-R 无线子系统由基站控制器(BSC)及沿线基站、直放站、漏缆组成。

在武广铁路客运专线分段开通的第一、二个区段及第四个区段开通时，由于站前工程制约，使沿线基站与 GSM-R 核心网间的传输系统无法开通，致使在咸宁至韶关间的 GSM-R 无线子系统采取了 3 次过渡方案开通。

武广铁路客运专线工期短，沿线隧道较多，直放站站点也多，对 GSM-R 无线子系统开通实施带来了较大难度。

5. 武广铁路客运专线 GSM-R 系统网优

武广铁路客运专线是国内在 350 km/h 时速下承载 CTCS-3 业务第一条高速铁路，国内外无网优经验可借鉴。

武广铁路客运专线桥梁、隧道众多，占线路总长的 40%左右，段隧道组成的隧道群众多，地形复杂，网优难度大。

无网优的测试、数据采集及处理、分析手段。

由于工期紧，没有给网优预留足够的时间和专门的测试动车。

清频工作在网优之前没有完成，影响测试数据的真实性和网优进度。

武汉、广州 GSM-R 核心网设备施工：

为了保证武汉综合试验段顺利开通，需用 2008 年 12 月前需要完成武汉 GSM-R 核心网设备的开通，才能实现试验段的无线系统开通。2009 年 5 月前开通广州核心网设备，为甬台温线、温福线高铁工程接入开通提供条件，并配合其开通。

武广铁路客运专线武汉、广州 GSM-R 核心网节点是全路 GSM-R 核心网结构中的一部分。根据全路 GSM-R 核心网网络规划，在北京、武汉、西安节点设置 TMSC 设备构成中国铁路 GSM-R 网络核心层移动汇接网，本工程需要进行武汉、广州节点与北京、西安节点的 GSM-R 核心网互联。核心网设备施工流程如下：

根据施工设计设备平面布置图，安装各类设备机架地座、机架；

在设备供货商督导下，安装各类设备子架、插板卡；

根据施工设计配线图，结合现场实际情况，敷设设备间各类线缆及接口终端；

在设备供货商的督导确认下，根据施工设计设备连接、接口运用图、端子分配图，检查核实各端口运用及设备连接是否正确；

在设备供货商督导下，先进行电源设备加电单机调试开通；然后分别给 MSC 设备、GPRS 设备供电加电调试开通；

根据施工设计及铁道部批复的 GSM-R 系统相关数据，设备供货商通过设备网管设备开通各子系统及数据制作；

系统运行稳定后，采用网管设备或专用仪器仪表进行系统测试及端口测试，子系统内功能测试。

各子系统开通运行后，与广州核心网设备实现 MSC、GPRS 互联互通；

完成武广铁路客运专线武汉、广州核心网互联互通后，进行武汉与北京、西安核心网设备实现 MSC、GPRS 互联互通。广州核心网与西安核心网 MSC 互联互通。

武汉节点与北京节点 GSM-R 核心网互联：

在全国铁路GSM-R核心网结构中，由于在武汉、北京GSM-R核心网节点分别设置以下设备：信令网、智能网、位置寄存器（HLRi）、域名解析服务器（DNS）、认证服务器（Radius）、GPRS归属服务器（GROS）、短消息中心（SMSC）设备，作为铁路GSM-R网络共用设备的异地冗余备份，致使武汉与北京的互联工作很复杂，而且北京节点是运营设备，造成实施的难度也很大。

根据北京一武汉GSM-R核心网节点互联工作实际需要，工程分为5个阶段实施，具体包括准备阶段、电路域互联、分组域互联、功能验证和正式运营。

该项目工作量巨大，涉及单位多，且世界上没有可借鉴的经验，该项目于2009年3月启动，历时5个月才完成，直接参加该项目的人数达到165人。

由于北京核心网节点属在网运用设备，因此具体实施均要求在夜间0点半至4点半间进行，且必须与相关路局提前申请施工时间。经铁道部统一协调，组织了20余次这样的要点施工，克服数十项技术问题、组织上千人次参加，终于顺利完成任务。

本次互联工作还顺利完成了北京、武汉和西安TMSC之间以及GSM-R网络共用设备之间的互联。TMSC间的互联成功标志着中国铁路GSM-R网络核心层移动汇接网已按铁路GSM-R网络技术规划正式构成，也标志着中国铁路GSM-R网络架构初步形成。

北京和武汉GSM-R网络共用设备（HLR、SCP、DNS、RADIUS、GROS）的互联成功，实现了铁路GSM-R网络共用设备的异地冗余备份功能，为全路GSM-R网络的安全运营奠定了基础。通过本次互联工作，锻炼了队伍，积累了大量经验，促进了工程、设计及维护管理水平。

无线子系统施工流程：

专用移动通信系统采用GSM-R设备组网，主要施工流程为：施工准备，径路复测、铁塔组立、天馈线安装、漏缆安装、设备安装，设备配线，系统调试。在这些流程中严格按照各自要求的工艺流程实施。专用移动通信系统施工流程如图4-8-5所示。

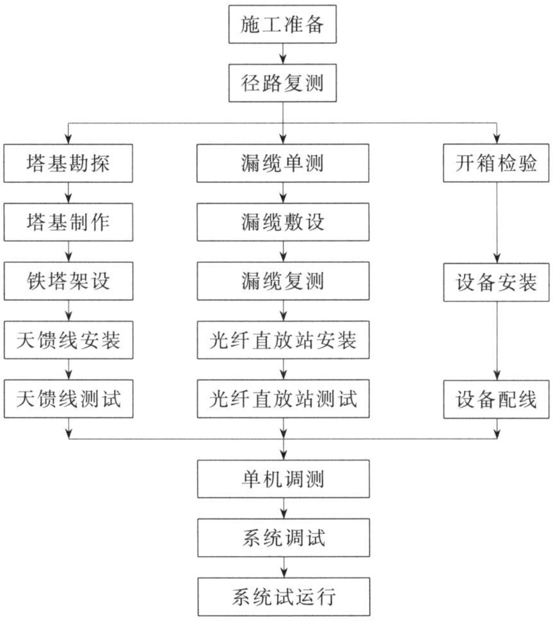

图4-8-5 专用移动通信系统施工流程

施工方法：

（1）施工准备

1）熟悉施工图纸，明确组网方式、系统功能。

2）准备好安装本系统设备所需材料的种类、规格及数量。

3）准备好安装本系统设备所需的施工机具和仪器仪表。

4）对机房进行调查，了解掌握管、槽位置，接地装置位置，检查室内装修、照明、电源状况是否满足施工要求，丈量机房尺寸是否满足施工图要求。

5)实地调查铁塔安装位置,铁塔安装必须由高处作业登高证的人员施工。

6)制定行之有效的安全措施,张贴于有关作业场所,做到人人皆知。

(2)设备开箱检验

设备到货后,会同有关单位进行开箱检查,并符合如下要求:

搬运或开箱小心操作,不得损伤设备、备品和元部件,也不得将包装箱倒置,开箱后,认真做好设备外观检查和记录。

设备程式、规格和数量符合设计要求或标书的规定,设备所附带的产品出厂文件、图纸、产品合格证、备品等,进行清点和集中妥善保管,并做好清点记录,文件图纸、合格证、备品等在完工交验时,移交运营接收单位。

设备和附备件、机内元部件及布线等齐全完整,测量和指示表盘等无损伤,机件无弯曲变形,无元部件脱落,焊接良好,无活动和断头现象,机件无受潮、发霉及锈蚀变质现象,镀层和漆饰完整,如发现不符合上述情况时,做好检验记录,凡质量不合格的设备和器材,一律不得使用。

在开箱检验中发现设备材料有缺件、损坏或不适用时,填写"质量信息反馈卡"送交供应商并及时取得联络,商定处理办法。

(3)漏缆安装

1)漏缆单盘测试

测试前,进行开盘检验,检查标识、盘号、盘长、包装有无破损,漏缆有无压扁损坏等现象并做好记录。

收集好漏缆出厂记录、合格证,根据出厂测试记录审查漏缆的电特性和物理性能(低烟、无卤、阻燃、防紫外线),满足设计要求。

单盘测试满足设计和施工规范要求,单盘测试后,端头用热可缩帽作密封处理。

若指标出现异常时查找分析原因并通知厂商处理予以解决。

2)安装漏缆夹具

画线:施工时,按设计规定的安装位置高度要求,进行画线打眼,打眼间距为每米 1 个,最大不超过 2 m,孔眼平直,不得成喇叭状。画出的线保持与轨面平行。

画线方法:采用记号滚筒法。

自制一下端带有轮子可移动的上端带有可调节高度的记号滚筒的轮式画线装置,将画线高度调节到漏缆安装高度距离后,在轨道上滑动,一个滚筒在安装高度上沿着墙进行。滚筒被涂上一层粉笔灰并安装在移动装置上。隧道壁上就会产生一条平直而平行于轨面的线条,夹子的间距就可以通过使用上面提到的间隔标尺沿着这条线被标出。

钻孔:在自制轨道梯车上,进入地点钻第一个孔后,将移至下一位置钻第二个孔,同时,在前一个孔内插入螺栓固定夹具。

夹具安装:隧道内,夹具安装要牢固,并采用特制膨胀螺栓,膨胀螺栓紧固后的埋深为(70±3)mm。

3)漏缆敷设安装

漏缆在敷设施工过程中,严禁急剧弯曲,弯曲半径必须符合规范要求。

本工程采用人工展放敷设,展放时人员间隔不超过 5 至 7 m,以免漏缆拖地。将漏缆拉出并放在安装漏缆夹具的轨道一侧,漏缆不得在地上拖拉,确保漏缆外护套完好无损、无挤压和变形现象。漏缆展放完毕,施工人员登上自制轨道梯车将漏缆安装在固定夹具中。安装时漏缆与墙距离符合产品安装要求规定,并保证开槽朝外。

漏缆敷设时,尽可能不与其他线缆交叉,如无法避免时,漏缆布设在其他线缆之上。弯曲半径不得小于漏缆直径的 15 倍。

电气化区段隧道内吊挂漏缆应在接触网回流线的另侧,必须在同侧时,与回流线或 PW 线的距离应大于 0.6 m,与吸上线交越时,漏缆外应做防护。

4)漏缆接续

漏缆接续是指漏缆和射频电缆连接器转换头接续和终端连接头接续。

漏缆连接器安装符合施工规范和设计规定要求。

对安装连接器的电缆部位用酒精进行清洗，去掉承力索约 300 mm，剥去漏泄同轴电缆的外护套、外导体、绝缘套管和绝缘螺旋体，露出内导体铜管 17 mm。

在此注意：电缆切口必须是没有槽口的位置，以保证无线信号传输的质量。

卸开连接器插座，按照尾螺母、垫圈、密封圈、垫圈、密封圈、垫圈、扁螺母和压环的顺序套在电线上。在此注意零件的顺序和扁螺母与压环的方向。

采用滚压法安装内导体芯子时注意在液压过程中，多滚压，少进刀。

安装外导体接触套，在剥开电缆护套及外导体时，注意保护好外导体，不可弄断或损伤。

装上带孔绝缘子时注意清洁。

旋进带插孔的内导体，安装压环和尾螺母。注意务必旋紧。

安装好外壳组件，注意螺旋器件必须旋紧，整个结构必须密封。

在连接器上缠绕粘胶带，外层加缠电工胶带。注意均匀与美观。

无论在隧道内外，漏缆及终端处，电缆外导体及承力索必须接地，隧道内与有线系统的地线共用，地线接地电阻小于 10 Ω，漏缆外导体与区间直放站机壳直接联通。

连接器装配后接头外部进行固定可靠的防护。

5)复测

用万用表进行通电试验，检查内、外导体装接情况，并轻敲连接器，万用表无变化；

用万用表检查绝缘电阻为无穷大；

各零部件必须旋紧，以不影响无线信号的稳定传输。

(4)设备安装配线

1)机房设备安装

机架固定：按照施工图位置，在机房地面上用 $\phi12$ mm 的膨胀螺栓将所有防震底座安装固定好(底座不得高于机房防静电地板)，将机架放置于防震底座之上再用 $\phi12$ mm 的螺栓连接。

机架必须安装牢固、美观，做到横平竖直，前后左右的倾斜偏差小于机架身长的 1‰。

配线电缆的型号、规格长度必须满足施工图要求。布放前后进行测试和外观检查，检查有无断线、混线和外皮破损现象。

配线上端子选用焊接时，焊点光滑、无毛刺，芯线绝缘无烫伤、开裂及后缩现象；选用卡接时须用专用卡接钳。卡接后，单根导线沿槽口垂直方向拉脱力大于 25 N，卡接寿命大于 200 次。制作各种专用连接头时，根据图纸要求，仔细核对线位有无差错。2 M 同轴头插拔寿命次数大于 1 000 次。2 M 同轴头拉脱力大于 50 N。

地线和机架连接良好，接地电阻满足施工图设计要求。

各种配线电缆均做好标记，表明型号、长度及起止设备名称。

2)直放站安装

施工时，直放站的安装位置须有必要的防盗、防寒、散热等要求。并充分考虑其防尘、放水、防震的要求。直放站不容许超出限界，安装牢固，能承受车辆高速行驶的强风影响，对行车不构成任何危险。

(5)铁塔安装

武广铁路客运专线在沿线区间采用四管塔；在车站采用独管塔；在广州市管内均采用独管塔；在武汉站采用景观塔。

铁塔施工分为三部分：基础施工、铁塔安装施工、铁塔上设备安装施工。

1)铁塔基础

施工单位依据基础施工图进行铁塔基础施工，基础施工需要尽早实施，考虑基础保养时间。

在制作铁塔基础时，同时需要设置铁塔接地体。

①铁塔基础施工前对下列内容进行进场质量检查：

水泥、钢筋(材)、焊条、焊剂的质量符合设计和技术标准要求，并具有出厂质量证明文件。

砂、石质量符合有关技术要求。

外加剂出厂质量合格证书和说明书。

②铁塔基础开挖过程中发现地下管线且无法避让时，应采取保护措施。

③铁塔基础按下列要求进行施工：

基础应建在坚实的地基上，不得建在浮土、垃圾土、流土和易受水冲刷的地方。

基坑开挖到设计深度后应核对地质资料，并进行地基承载力试验以确认是否符合设计要求。

基础浇灌前应埋设好防雷地线，防雷接地电阻应符合设计要求；根据需要也可在基础引出接地扁钢，接入防雷地。

根据铁塔塔靴固定螺栓孔的相互尺寸制作模板一副，将地脚栓用模板固定后，浇灌在基础里。

铁塔基础钢筋规格及绑扎方式应符合设计要求。

铁塔基础混凝土配比应符合铁塔基础设计规定的混凝土强度等级。

混凝土每一次浇灌，均应提取混凝土试块并进行试验。

基桩混凝土浇灌后 12 h 内用草垫或塑料薄膜加以覆盖并进行保湿养护，覆盖应严密并保持塑料薄膜内有凝结水，一般要养护 28 d 左右(由天气和温度决定)。

2)铁塔架设

图 4-8-6 为铁塔架设。

图 4-8-6　铁塔架设

在铁塔基础完成后，要及时进行铁塔安装，避免雨季高空违规施工。

四管塔施工采用现场组装方式施工，设备供货商将零散的材料运输到现场，设备供货商在现场组装安装。

独管塔采用吊装方式施工，设备供货商用大型机械车将分段的独管运输到现场，采用大型调车配合安装工人进行安装。

①铁塔安装前按下列要求对主要材料进行进场质量检验：

钢材的品种、规格、性能等应符合设计要求和相关技术标准的规定，并具有质量证明文件。

连接用高强度螺栓、普通螺栓、地脚螺栓等紧固标准件及螺母、垫圈等标准配件，其品种、规格、性能等应符合设计要求和相关技术标准的规定，并具有质量证明文件。

铁塔构件的镀锌层应均匀光滑、不舰皮，不得出现返锈现象。

②铁塔塔靴按下列要求进行安装：

正确安装塔靴，各塔靴的中心间距允许偏差±3.0 mm，各塔靴的高度允许偏差±3.0 mm。

塔靴调整好后，在塔靴钢板下面填充水泥砂浆或用钢结构做永久性支撑。

塔靴紧固螺栓应做防腐处理。

③自立式铁塔按下列要求进行安装：

铁塔相互连接的主材及其连接板在安装前需进行试装。

每一个结构单元安装完毕应及时进行校正和固定。

螺栓穿入方向一致，螺母拧紧后，螺栓外露丝扣应不少于 2 扣。

铁塔主体结构全部安装完，用经纬仪检查垂直度，其指标应符合设计要求。

平台安装位置应符合设计要求，铁塔楼梯踏步板应平髓，倾斜允许偏差±2.0 mm，均与铁塔结构件牢固连接。

天线支架挂高、方位符合设计要求，并与铁塔结构件牢固连接。

铁塔航空障碍灯安装位置应符合设计要求。当采用交流供电时其电源线应为屏蔽线，同时外屏蔽套上、下两端应接地。当采用太阳能电池作为电撇时应采用相应防雷措施。

为确保施工人员安全，在雷雨、冰雪、能见度低、五级以上大风等环境恶劣的条件下严禁登高进行铁塔安装。

④单管塔按下列要求进行安装：

施工安装前应进行现场勘察，预先进行场地平整和地面加固，以保证构件组装和大型吊装机械对施工场地的要求。

施工安装前预先核实塔基的边距、高程、水平度、基础混凝土的强度等，应符合设计要求，检查铁塔基础支承面、地脚螺栓的位置正确无误。

单管塔构件到达现场后应检查构件表面，应无明显变形、碰伤、裂痕等，应按图纸检查构件是否齐全，核实零部件是否匹配，组装、吊装工具是否齐全到位。

对采用杆体组装后再整体吊装的单管塔，在组装时应注意调节好各节杆体之间的直线度，并严格按工艺要求固定，以保证吊装时不脱节、不变形。

对采用逐节吊装、空中对接固定的单管塔，在施工时应注意在每节杆体吊装到位后，应用高强度骡栓初拧，调整好直线度后再复拧固定。

在单管塔形成整体的空间结构后，应自下而上逐节检查全部爆栓，终拧固定，并检测结构安装偏差，应符合设计要求。

塔顶平台、爬梯、天线支架、抱杆、走线架、走线槽和避雷针的安装应符合设计要求。

除武汉站外，每处铁塔按 2 个平台设置，在铁塔顶端安装避雷针及防航灯。

(6)天馈线安装

根据设计施工图在铁塔上端的铁塔平台安装 GSM-R 天线。天线的馈线沿铁塔内侧引下防护直埋进入通信机房。

（六）调度通信系统

1. 施工流程

调度通信系统中主要施工流程为：施工准备，设备安装，设备配线，系统调试。在这些流程中严格按照各自要求的工艺流程实施。调度通信系统施工流程如图 4-8-7 所示。

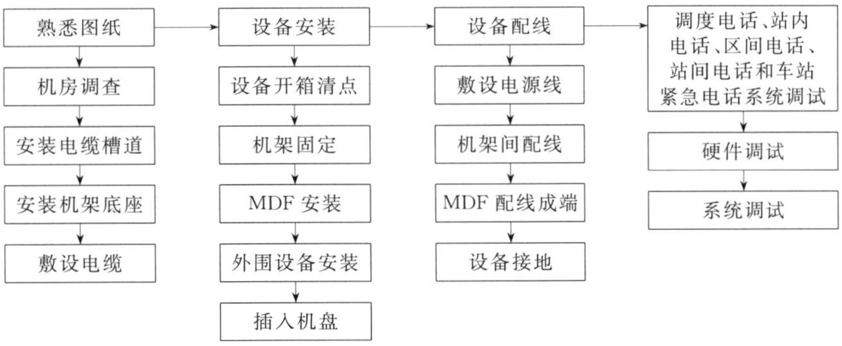

图 4-8-7　调度通信系统施工流程

2. 施工准备

①熟悉图纸

系统设备开始安装前，项目部技术人员对收到的施工设计图纸必须认真审阅，组织各有关职能部门进行图纸会审。

②现场检查

对机房的施工条件和环境条件进行检查，满足条件后进行设备安装施工。

③仪表配备

系统安装调试所配备的仪器仪表：水准仪、兆欧表、万用表、水平尺、模拟呼叫发生器、PCM 分析仪。

3. 设备安装

①设备检验

主要是设备的开箱清点检验，保证未经检验和缺件、损坏及不适用的设备不投入使用。

②设备安装

机架（柜）、控制台的安装。

配线架的安装、电缆交接箱、分线盒安装。

③设备配线

与“传输及接入系统”配线要求相同。

（七）会议电视系统施工方法

1. 施工流程

会议电视系统中主要施工流程为：施工准备，设备安装，设备配线，系统调试。各工序严格按照各自要求的工艺流程实施。会议电视系统施工流程如图 4-8-8 所示。

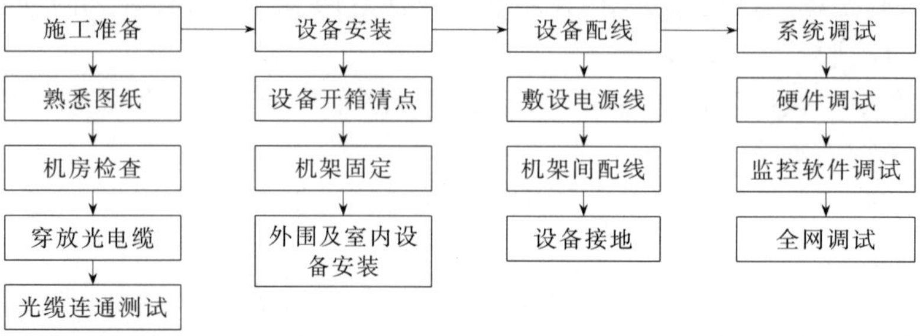

图 4-8-8　会议电视系统施工流程

2. 施工准备

①熟悉图纸

在开工前，核对施工设计图纸和相关文件，了解设备的布放位置，明确工程范围，熟悉相关技术规范和施工工艺。

②机房检查

根据设备用房的要求，检查机房的门窗、防尘、温湿度、用电、通风及接地等条件是否满足设备安装运行的要求。

3. 设备安装

（1）设备检验

设备到达现场后先进行开箱清点检验，保证未经检验和缺件、损坏及不适用的设备不投入使用。

（2）设备安装

会议电视设备安装应包括：终端设备、多点控制设备（MCU）。

设在电视会议室内的终端设备安装包括：视频输入输出设备、音频输入输出设备、信息通信设备和编解码器（CODEC）。

视频输入设备的安装包括：主摄像机、辅助摄像机、图文摄像机。主摄像机和辅助摄像机应分别放在会议室主席区的正面和侧面。图文摄像机可置于桌面上。

视频输出设备的安装包括：监视器、投影机、电视墙、分画面视频处理器和录像机等。其图像输出，可用画中画同时显示本会议室和其他会议室的情况。

会议电视的设备布置应符合下列要求：

①话筒和扬声器的布置应尽量使话筒置于各扬声器的辐射角之外；

②摄像机的布置应使被摄入物都收入视角范围之内，并宜从几个方面摄取画面；

③监视器的布置，应使与会者处在较好的视距和视角范围之内；

④会议室桌椅布置应保证每个与会者有适当的空间，空间应不小于 1 500 mm×700 mm，主席台宜适当加宽至 1 500 mm×900 mm；

⑤会议电视的传输信道应采用 G.703 E1 接口，传输速率 2 048 kbit/s，接口指标应符合 GB 7611—87《脉冲编码调制通信系统网络数字接口参数》国家标准中的相关规定。

4. 设备配线

与“传输及接入系统”配线要求相同。

（八）应急救援指挥系统施工方法

1. 施工流程

应急救援指挥系统施工流程如图 4-8-9 所示。

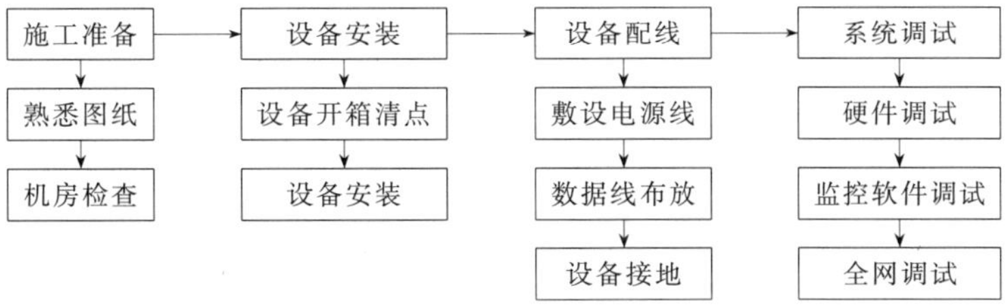

图 4-8-9　应急救援指挥系统施工流程

2. 设备安装

机架（柜）、监控终端的安装。

3. 设备配线

与“传输及接入系统”配线要求相同。

（九）同步及时钟分配系统

1. 施工流程

同步及时钟分配系统中主要施工流程为：施工准备，设备安装，设备配线，系统调试。各工序严格按照各自要求的工艺流程实施。

同步及时钟分配系统施工流程如图 4-8-10 所示。

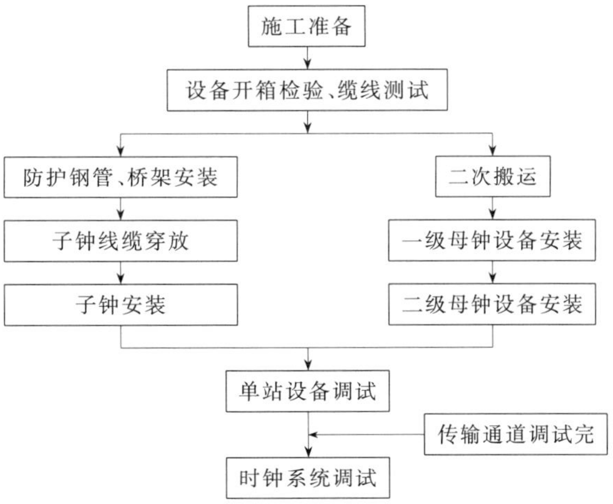

图 4-8-10　同步及时钟分配系统施工流程

2. 施工准备

(1)熟悉图纸

在开工前，核对施工设计图纸和相关文件，明确工程范围，熟悉相关技术规范和施工工艺，对作业人员进行技术培训。

(2)现场检查

审核设计文件，核对两级母钟、子钟的安装位置，核对各时钟的安装位置和设计文件是否相符合。

3. 时钟缆线穿放

根据图纸要求，核对时钟用控制线及电源线的型号规格，裁截穿放长度，穿放时首尾及有过线盒处用人工进行牵引和输送缆线，做到匀速拉动，避免用力过猛。

缆线穿放时，对钢管口有保护措施，缆线在管内不得有接头。

穿放完毕，对所有缆线进行直流测试并做好记录，做好缆线标识，标明缆线规格、型号、长度，设备起止点。

4. 设备安装

(1)设备检验

时钟系统的吊件加工的尺寸是否符合技术要求，时钟的外观是否有损伤和掉漆现象。

(2)时钟安装

根据施工图纸和设备安装说明书的要求，将时钟安装到位。安装要牢固，漆饰完整，外观良好。并注意是否有影响时钟观看的情况。若出现这一情况，与设计监理业主工程师商定纠正措施。吊架安装牢固，其负荷强度满足设备安装要求。

时钟安装在土建吊顶装修完工后进行，为防止其他专业交叉施工造成损坏，站厅、站台时钟安装完后，用适当的包装材料密封时钟外壳，阻止灰尘进入时钟机芯。

(3)主要设备安装

时钟系统的安装要求配线正确、无错漏现象，配线平整无交叉，预留合理，绑扎美观。并要求统一一、二级母钟、子钟的安装工艺。

数字显示子钟的安装，从吊架安装到子钟的固定，水平、垂直调整必须统一。指针式子钟的安装高度力求统一。

子钟的安装位置符合设计图纸要求，子钟配线成端预留有统一规定。

(4)设备接地

设备、线缆管线等接地符合设计要求。

(十)电源系统

1. 施工流程

电源系统施工流程如图 4-8-11 所示。

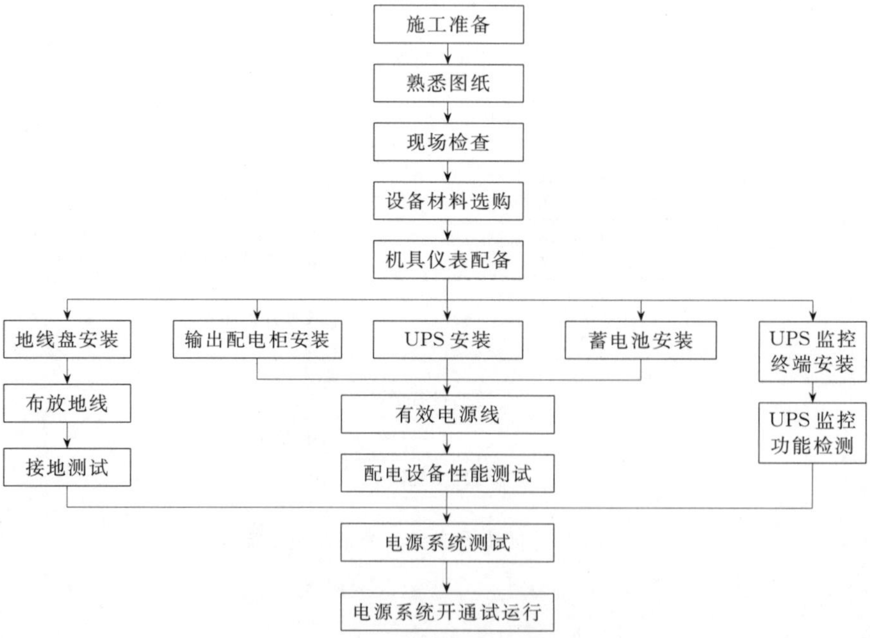

图 4-8-11 电源系统施工流程

2. 施工准备

(1)熟悉图纸

组织有关施工技术人员详细阅读设计文件，核对设计图纸及说明是否符合设计及施工规范，检查电源系统施工图纸是否齐全完备、与总体设计网图是否一致、工程数量与分部分项工程量清单是否一致。

(2)现场检查

组织项目部检查与设备安装有关的建筑物土建工程施工高程、尺寸、结构及工程质量是否符合设计要求。检查墙面、顶棚喷浆是否完毕、有无漏水,门窗玻璃安装完否、门可上锁;检查室内地面工程结束否,试通暗配管道、核对预留孔、预埋件的技术条件与施工图纸是否一致。

(3)设备进场检验

3. 主要设备安装

(1)设备搬运:根据电源柜的重量及形体大小,结合现场施工条件,决定采用哪种运输设备。吊装时吊索穿过吊环或挂在四角主要承力结构处,不得将吊索挂在设备部件上吊装。吊索的绳长度一致,以防受力不均,柜体变形或损坏部件。在搬运过程中要固定牢靠,防止磕碰,避免元器件损坏。

(2)设备支座制作安装:

电源柜在室内的位置原则上是按图施工,设备支座根据柜体尺寸选用 5~10 号槽钢或 50×5 角钢制作。预制加工并进行除锈刷漆。

设备支座制作好后与地脚螺栓同时按图所标位置或有关规定,配合土建工程进行预埋。

安装时用水平尺找正、找平,不平直度及水平度小于 1‰,全长小于 5 mm,基础槽钢位置偏差及不平行度小于 5 mm。设备底座顶部宜高出室内抹平地面 10 mm。

埋设的设备支座的做好良好接地。槽钢外露部分刷好丹漆,并油漆两遍。

(3)电源柜安装

安装电源柜在稳固设备支座的混凝土达到规定强度后进行,先按图纸规定顺序将柜做好标记,然后放置到安装位置上。

电源柜单独安装时,找好正面和侧面的垂直度。成列柜安装时,先把每个柜调到大致的位置上,就位后再精确地调整第一面柜,再以第一面柜的柜面为标准逐台进行调整。调整次序既可以从左到右,柜找正时,柜与型钢之间采用 0.5 铁片进行调整,但每处垫片最多不能超过 3 片。找平找正后,盘面一致,排列整齐,柜与柜之间及柜体与侧挡板均用螺栓拧紧柜之间接缝处的缝隙小于 2 mm。

在设备支座上安装柜体,采用螺栓连接,紧固件必须是镀锌制品,并采用标准件。根据柜底固定螺孔尺寸,在设备支座上用手电钻钻 ϕ12.5 mm 孔,用 M12 镀锌螺栓固定。电源柜按设计要求采用防震措施。电源柜固定好后,进行内部清扫,用抹布将各种设备擦干净。柜内无杂物,同时检查机械活动部分是否灵活,导线连接是否紧固。

UPS 不间断电源柜的型号、电气性能、技术指标、安装位置、安装方法、电源相序符合设计规定。UPS 安装符合:安装平稳、漆层无损伤;冷风口保持清洁,使冷却空气循环通畅;设备面板和内部仪表、表示灯指示正确;主开关、控制开关及旁路开关动作灵活、可靠,接触点压力适当;设备外壳接地良好。

(4)蓄电池组安装

①蓄电池的型号、容量、蓄电池组的电压和排列位置符合设计和产品技术条件;蓄电池柜符合设计要求。

②蓄电池安装及馈电线连接符合设计规定与验收规范;

③蓄电池排列整齐,距离均匀一致;蓄电池完整无损坏;蓄电池外壳无破裂,电池液无外溢,密封阀无松动;

④指示电池的浮充电压小于产品技术指标时、紧急放电后电池需要在短时间内充电时、单体电池的电压值参差不齐时均衡充电后达到产品技术条件。

(5)电源线布放

各种电源线的规格、敷设径路和走线固定方法,符合设计规定;电源线的布放平直整齐、稳固,不得有急剧转弯和起伏不平,严禁扭绞和交叉,交、直流电源配线,分开布放,不绑在同线束内;电源端子配线正确,配线两端的标志齐全。电缆的最小弯曲半径不得小于其外径的 6 倍。

(6)接地引接

在建筑电气联合接地装置检测点接地电组满足接地电组≤1 Ω 要求的条件以下。

地线盘安装时做到:引接点焊接牢固,接地铜排和螺栓结合紧密、导电性能良好;接地铜排端子分配符合设计要求；地线盘端子连接紧密。

电源柜的接地固定良好。每台柜宜单独与设备支座做接地连接，每台柜从后面左下部的设备支座侧面焊上鼻子，用不小于 6 mm^2 铜导线与柜上的接地端子连接牢固。电源柜装有电器的可开启的柜门，用软导线与接地的金属构架可靠地连接至通信设备的地线引线的线种和截面符合设计规定；设备可靠接地。

(7)UPS 集中监控系统安装

UPS 集中监控系统设备的安装位置符合设计图纸要求，设备的配线成端预留统一规定。电缆该绑扎的地方一定要绑扎，引出线要安装线槽，特别是在通信机房地槽里，电缆一定要绑扎有序。

(十一)综合视频监控系统

1. 施工流程

综合视频监控系统施工流程如图 4-8-12 所示。

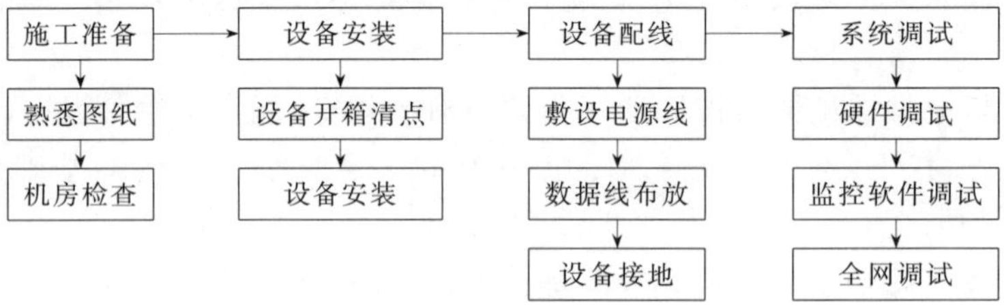

图 4-8-12 综合视频监控系统施工流程

2. 施工准备

(1)选定典型车站作为定标区域；

(2)审核施工设计图纸，核对摄像机的安装位置、车站值班室监控制台的安装位置、通信机房监控机架的安装位置。

(3)统一施工要求

①机架的安装必须牢固，水平、垂直度小于 2 mm。

②统一配线要求：从通信机房到摄像机、通信机房到监控控制台，根据设计图纸，在穿越车站吊顶时统一布放监控管线，统一布放电缆。

③电缆的绑扎要求：电缆的绑扎要从通信机房开始直到摄像机，通信机房到监控控制台，绑扎时按规范化施工要求实施。

④安装摄像机时，要注意摄像机镜头的视野范围，避免监视死角。

⑤定标区域完成以后，由业主和监理工程师检验合格后，其余区域要按照定标区域的要求渐次推进实施，以确保电视监视系统的安装质量。

3. 设备安装

(1)先进行摄像机电缆的穿放、摄像机支撑杆的安装，以配合车站土建吊顶的进行。

(2)控制中心监控设备的安装主要为监控机架、中心调度控制台和监视器的安装，机架安装时应竖直平稳，垂直偏差不得超过计划，控制台应安放竖直，台面水平，台面整洁无划痕，监控室内的电缆敷设应从机架、控制台、电视墙底部引入，将电缆顺着所盘方向理直，按电缆的排列次序放入槽内。

(3)确认架内电缆连接正确，机架插槽电路板安放位置正确，供电电压稳定正常，经施工监理确认后，正式通电试验，并利用控制中心调度台，实时对各车站进行图像监控，调看任意车站的任意摄像机画面，将画面显示在指定的监视器上，并能直接录放在长时间录像机上，对所有摄像头进行自动轮询，远程摄像机进行遥控，并显示工作板的状态信息和告警信息。

(十二)通信电源及环境监控系统

1. 施工流程

通信电源及环境监控系统中主要施工流程为：施工准备，设备安装，设备配线，系统调试。各工序严格按照各自要求的工艺流程实施。通信电源及环境监控系统施工流程如图 4-8-13 所示。

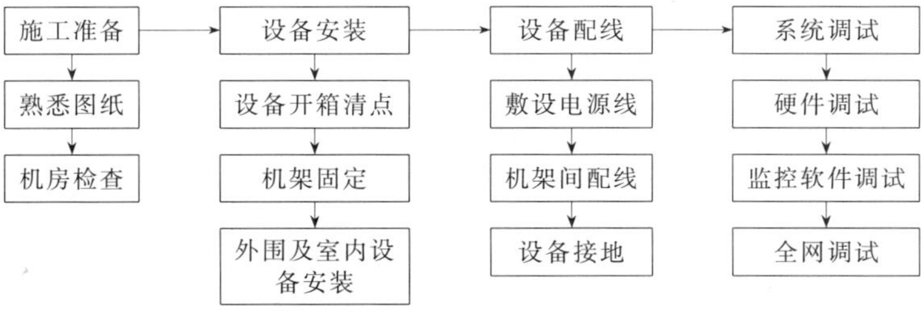

图 4-8-13 通信电源及环境监控系统施工流程

2. 施工准备

(1)熟悉图纸

在开工前,核对施工设计图纸和相关文件,明确工程范围,熟悉相关技术规范和施工工艺,对作业人员进行技术培训。

(2)现场检查

审核设计文件,核对设备的安装位置,和设计文件是否相符合。

3. 设备安装

(1)监控中心设备安装

(2)现场监控设备安装

各类传感器、变送器、探测器及直接数字控制器(数据采集与控制装置)的信号输入接线应正确可靠。

各类传感器、变送器、探测器应通过输出或接口模块与直接数字控制器(数据采集与控制装置)连接应接触可靠。

各类传感器、变送器、探测器的安装应符合下列规定:并列安装的同类传感器、变送器、探测器距地面高度一致,同一区域内安装的同类传感器、变送器、探测器高度允许偏差为±5 mm。外形尺寸与其他开关不一样时,以底边高度为准。

监控设备及支座和支架的安装应固定牢靠,不得松动。

4. 设备配线

与"传输及接入系统"配线要求相同。

(十三)车站、段所综合布线

1. 施工流程

车站、段所综合布线施工流程如图 4-8-14 所示。

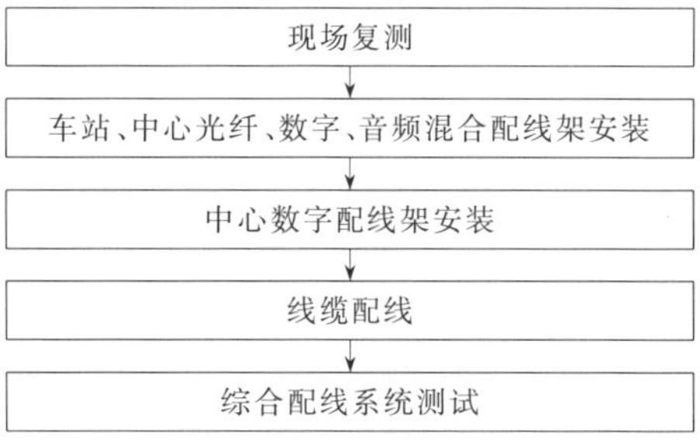

图 4-8-14 车站、段所综合布线施工流程

2. 管线及设备安装

(1)配线管的敷设

配线管应符合设计文件的规定,表面不应有穿孔、裂缝和明显的凹凸不平,内壁应光滑,不允许有锈蚀。在易受机械损伤的地方和在受力较大处直埋时,应采用足够强度的管材。

在配管时,根据实际需要长度,对管子进行切割。管子的切割可使用钢锯、管子切割刀或电动切管机。

管子和管子连接,管子和接线盒、配线箱的连接,都需要在管子端部进行套丝。套丝时,先将管子在管钳上固定压紧,然后在套丝,套完后应立即清扫管口,将管口端面和内壁的毛刺锉光,使管口保持光滑。

在敷设时,应尽量减少弯头,每根管的弯头不应超过 3 个,直角弯头不应超过 2 个,并不应有 S 弯出现。管口应光滑,并加有绝缘套管,管口伸出部位应为 25～30 mm。

配线管连接应牢靠,密封应良好,两管口应对准。套接的短套管或带螺纹的管接头的长度,不应小于配线管外径的 2.2 倍。

配线管进入信息插座的接线盒后,管口进入盒内的露出长度应小于 5 mm。明设管应用锁紧螺母或带丝扣管帽固定,露出锁紧螺母的丝扣为 2～4 扣。

(2)线槽的敷设

(3)配线设备的安装

3. 线缆布线

(1)线缆布放的一般要求

线缆布放前应核对规格、程式、路由及位置是否与设计规定相符合；

布放的线缆应平直，不得产生扭绞、打圈等现象，不应受到外力挤压和损伤；

在布放前，线缆两端应贴有标签，标明起始和终端位置以及信息点的标号，标签书写应清晰、端正和正确；

信号电缆、电源线、双绞线缆、光缆及建筑物内其他弱电线缆应分离布放。

布放线缆应有冗余。在二级交接间、设备间双绞电缆预留长度一般为 3～6 m，工作区为 0.3～0.6 m。特殊要求的应按设计要求预留。

布放线缆，在牵引过程中吊挂线缆的支点相隔检举不应大于 1.5 m。

线缆布放过程中为避免受力和扭曲，应制作合格的牵引端头。如果采用机械牵引，应根据线缆布放环境、牵引的长度、牵引张力等因素选用集中牵引或分散牵引等方式。

(2)建筑物水平线缆布线

①管道布线

管道布线是在浇筑混凝土时已把管道预埋在地板中，管道内由牵引电缆线的钢丝或钢丝，施工时只需通过管道图纸了解地板管道，就可做出施工方案。

对于没有预埋管道的新建筑物，布线施工可以与建筑物装潢同步进行，这样便于布线，又不影响建筑的美观。

②吊顶内布线

(3)建筑物垂直干线线缆布线

敷设垂直干线线缆有两种选择：向上牵引和向下垂放。

通常向下垂放比向上牵引容易些，因此当准备好向下垂放敷设时，应按以下步骤进行工作：

①在离建筑顶层设备间的槽孔 1～1.5 m 处安放线缆卷轴，使卷筒在转动时能控制线缆。将线缆卷轴安置于平台上，以便保持在所有时间内线缆与卷筒轴心都是垂直的，放置卷轴时要使线缆的末端在其顶部，然后从卷轴顶部牵引线缆。

②转动线缆卷轴，并将线缆从其顶部牵出。牵引线缆时，要保持不超过最小弯曲半径和最大张力的规定。

③引导线缆进入敷设好的电缆桥架中。

④慢慢地从线缆卷轴上牵引线缆，直到下一层的施工人员可以接到线缆并引入下一层。在每一层楼均重复以上步骤，当线缆达到最底层时，要使线缆松弛地盘在地上。在弱电间敷设线缆时，为了减少线缆上的负荷，应在一定的间隔上(如 5.5 m)用缆带将线缆扣牢在桥架上。

第三节　子系统调试

一、通信系统调试流程

通信系统调试流程如图 4-8-15 所示。

二、设备单机调试

(一)设备单机调试准备

通信机房环境需要具备通信设备安装开通条件，完成设备安装及配线；通信光缆线路敷设及引入完成；机房具体可靠接地，接地电阻符合要求；通信机房外供交流电具备正式供电条件；首先对通信电源设备进行开通调试合格，交直流电源符合设备使用技术要求；通信其他设备加电，进行单机调试。

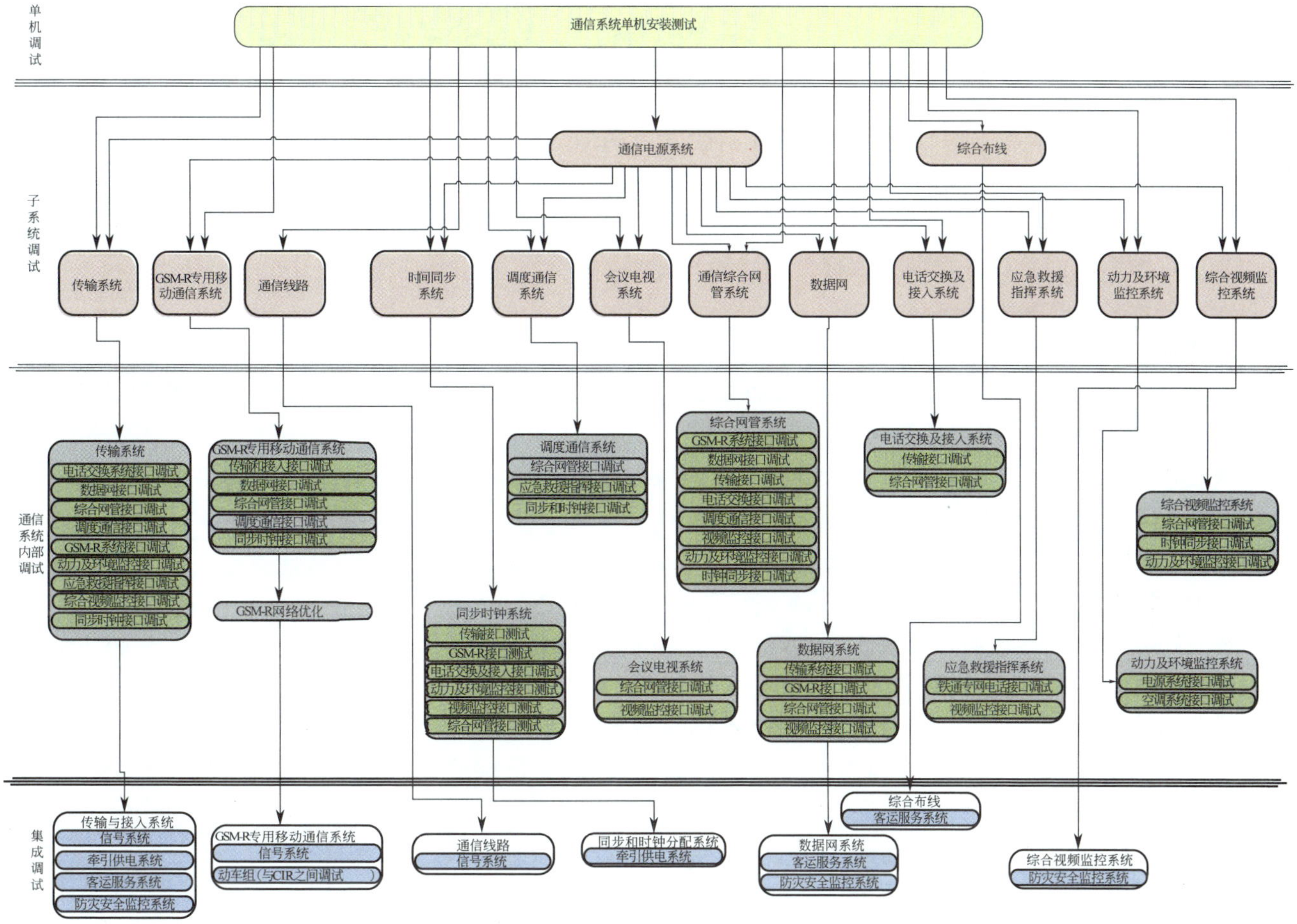

图 4-8-15 通信系统调试流程

(二)设备单机调试

设备单机加电后运转良好、内置风扇正常启动,各单机显示告警状态符合当前实际使用情况;各子系统性能调试宜在设备开机通电后 30 min 后进行。

按设备性能检查,应符合产品技术规格书要求。

三、子系统调试

(一)通信线路

1. 调试项目

光纤接续损耗平均值测试;光纤线路衰耗测试;光中继段 S、R 点间的最大离散反射系数及光中继段在 S 点的最小回波损耗。

2. 调试方法

参照《客运专线铁路通信工程施工质量验收暂行标准》(铁建设〔2007〕251 号),对通信线路进行调试,结果应符合设计要求或相关技术标准的规定。

(二)传输系统

1. 开通调试及性能测试项目

根据设计方案,进行 SDH 系统光通道开通调试;根据设计方案,进行传输系统保护切换试验测试;传输系统公务电话编号及调试;传输同步系统开通调试。以太网性能开通试验;根据 SDH 设备重要板卡冗余配置,进行故障主备用性能试验。

SDH 系统抖动性能、误码性能测试;光接口的平均发送光功率、接收机灵敏度、过载光功率和反射系数应符合《同步数字体系(SDH)光缆线路系统进网要求》(GB 15941)的规定;电接口输出信号(包括 AIS)比特率、输入口允许频偏主要指标应符合《同步数字体系(SDH)光缆线路系统进网要求》(GB 15941)的规定。

2. 调试方法

参照《客运专线铁路通信工程施工质量验收暂行标准》(铁建设〔2007〕251 号),对传输系统各项指标进行测试试,结果应符合设计要求或相关技术标准的规定。

参照《同步数字体系(SDH)光缆线路系统调试方法》(GB 16814)规定的方法。

分别对骨干层、接入层 SDH 系统主用光纤进行中断,试验保护倒换性能;对 SDH 设备的交叉板、电源板抽出一块板,观察重要板卡冗余配置作用性能试验。

通过传输系统网管设备帮助完成部分性能测试。

(三)电话交换及接入系统

1. 开通调试及性能测试项目

依据组网方案,将 OLT 设备与 ONU 设备及交换机间的 2 M 通道连接调试;依据组网方案及设备配置,OLT 设备、ONU 设备的用户集线比设置。

通过接入系统实现车站自动电话及点对点低速接口通信,应符合《铁路通信光纤用户接入网工程施工规范》(TB 10222—2002)中 2.4.2 的方法。

根据 ONU 设备重要板卡冗余配置,进行故障主备用性能试验。

2. 调试方法

参照《V5 接口互连互通调试技术要求》(YD/T 1165—2001)、铁路通信光纤用户接入网工程施工规范》(TB 10222—2002)规定的方法,以及产品说明书进行调试,结果应符合设计要求以及《同步数字体系(SDH)光缆线路系统进网要求》(GB 15941)等相关技术标准的规定。

通过接入系统网管设备,进行设备组网及数据配置;通过交换机放号配置,对 ONU 提供的自动电话进行入网拨叫通信测试。

对 ONU 设备的交叉板、电源板抽出一块板,观察重要板卡冗余配置作用性能试验。

通过系统网管设备帮助完成部分性能测试。

(四)数据网系统

1. 开通调试及性能测试项目

依据组网方案,将路由器、交换机设备间的互联通道连接调试;网络路由策略调试;各种业务接口调试。端到端性能调试;MPLS VPN 功能测试;防火墙及入侵检测功能;路由收敛功能及收敛时间;端口吞吐量;吞吐量下的包转发时延;丢包率;背对背缓冲能力;路由表容量。

2. 调试方法

通过数据网网管设备,依据数据网 IP 地址分配配置各设备间的连接接口配置 IP 地址。

通过数据网网管设备,对数据网互联通道开通测试。

1000Base 接口(LX、SX、T)调试分别按照《路由器测试规范—高端路由器》(YD/T 1156—2001)4.3.1、4.3.2、4.3.3 的方法。

POS 接口调试参见传输系统光接口性能调试。调试方法步骤见《同步数字体系(SDH)光缆线路系统调试方法》(GB 16814),需满足《同步数字体系(SDH)光缆线路系统进网要求》(GB 15941)相关规定。

参见《路由器测试规范—高端路由器》(YD/T 1156—2001)10.2 节及《路由器测试规范-低端路由器》6.1.1~6.1.3 节。

参照《IP 网络技术要求-网络性能测试方法》(YD/T 1381—2005)、路由器设备测试方法核心路由器》(YD/T 1156—2009)、《防火墙设备测试方法》(YD/T 1707—2007)、《路由器设备测试方法边缘路由器》(YD/T 1098—2009)规定的方法,以及产品说明书进行调试,结果应符合设计要求以及等相关技术标准的规定。

通过数据网设备网管及 VPN 网管设备帮助完成部分性能测试。

(五)GSM-R 移动通信系统

1. 静态调试

(1)调试项目

①无线子系统:基站系统与核心网连接开通调试,以及主要功能调试;

②核心网节点设备：依据设计组网方案，对核心网各种设备开通调试，并进行互联互通调试；

③GSM-R 核心网业务接通率、局间中继、同步性能、系统建立过程、语音业务、电路域数据业务、呼叫相关的业务、铁路特定业务、网络功能调试。

(2)调试方法

①无线子系统调试方法

基站收发信机主要指标调试方法：按现行通信行业标准《900/1 800 MHz TDMA 数字蜂窝移动通信网基站子系统设备技术要求及无线指标测试方法》(YD/T 883)进行检验。

直放站调试方法：按现行通信行业标准《900/1 800 MHz TDMA 数字蜂窝移动通信网直放站技术要求和测试方法》(YD/T 1337)或相关铁路行业标准进行检验。

②核心网调试方法

按现行通信行业标准《900/1800 MHz TDMA 数字蜂窝移动通信网通用分组无线业务(GPRS)设备测试方法：交换子系统》(YD/T 1242)进行检验。

通过网管设备帮助完成部分性能测试。

2. 动态调试

(1)调试项目

性能调试：电磁环境测试、场强覆盖测试、网络服务质量测试。

功能调试：调度通信系统功能测试、应用业务功能测试。

(2)调试方法

参照相关技术标准或产品技术说明进行检验，应符合设计要求和相关技术标准的规定。

通过网管设备帮助完成部分性能测试。

(六)调度通信系统

1. 测试项目

(1)依据组网方案，将调度主系统设备与车站分系统间的 2 M 通道连接调试；

(2)依据组网方案及设备配置，调度台、值班台、分机设置开通；

(3)通过接入系统实现车站调度分机延伸至牵引变电所；

(4)调度主系统设备与 GSM-R 交换机、既有调度主系统设备互联开通测试；

(5)信号音和铃流：拨号音、回铃音、忙音、空号音、铃流的频率、电平、谐波失真、断续时间；

(6)呼叫接续故障率试验；忙时呼叫尝试次数(BHCA)试验；组呼试验；强插、强拆试验；调度通信主、备用系统业务试验；调度交换机功能试验；调度/值班台功能试验。

2. 调试方法

通过调度通信系统网管设备，进行设备组网及数据配置；依据铁道部批复的编号方案进行放号配置，对调度通信通话进行入网拨叫通信测试。

参见铁道行业标准《铁路调度通信系统第 2 部分：试验方法》(TB/T 3160.2)相应项目进行检验，结果应符合设计要求或相关技术标准的规定。

(七)会议电视系统

1. 测试项目

主会场各设备(多点控制设备(MCU)和编解码器(CODEC)、调音台、摄像机、图像显示等设备)连接开通调试；分会场各设备连接开通调试；依据组网方案，通过数据网将会议主系统设备与车站分会场设备间的 FE 通道连接调试；视频质量：图像质量、清晰度、连续性、色调及色饱和度调试；音频质量：回声抑制、唇音同步、声音质量调试；各分会场设备通过授权组织召开会议电视试验；依据组网方案，本系统与既有系统互联互通召开会议电视。

2. 调试方法

参照通信行业标准《会议电视系统工程验收规范》(YD 5033)和产品说明书，对相应项目进行调试，结果应符合设计要求或相关技术标准的规定。

通过会议电视系统网管设备，进行设备组网及数据配置；依据铁道部批复的 IP 地址进行配置。

(八)应急通信系统

1. 测试项目

现场设备通过光缆方式接入调度所应急中心设备;现场设备通过无线方式接入调度所应急中心设备;现场设备通过卫星方式接入调度所应急中心设备;应急中心接收并显示现场上传的图像;应急中心与现场进行实时语音通信;

2. 调试方法

参照《铁路应急通信系统测试方法》规定的方法,以及产品说明书进行调试,结果应符合设计要求以及《铁路应急通信接入技术条件》(TB/T 3204—2008)等相关技术标准的规定。

(九)综合网管系统

1. 测试项目

通信综合网管系统各种设备间的连接调试开通;通信综合网管系统依据铁道部技术条件与通信各子系统网管设备的接入调试,实现数据采集及统计、显示。

界面功能调试、拓扑管理功能调试、告警管理功能调试、性能管理功能调试、报表管理功能调试、资源信息管理功能调试、流程管理功能调试、安全管理功能功能调试、在线帮助功能调试;

2. 调试方法

参照《客运专线铁路通信工程施工质量验收暂行标准》(铁建设〔2007〕251 号)规定的方法,以及产品说明书进行调试,结果应符合设计要求以及《铁路通信综合网络管理系统技术条件》(运基通信〔2008〕631 号)等相关技术标准的规定。

通过网管设备帮助完成部分性能测试。

(十)时钟及时间同步分配系统

1. 时钟同步系统开通调试

(1)调试项目

时钟同步内置钟频率准确度调试;主、备用时钟源接引设置及频率准确度调试;输入抖动、漂动容限测试;相位不连续性测试。

(2)调试方法

参照《数字同步网独立型节点从钟设备技术要求及检测方法》(YD/T 1011)规定的方法进行检测。

2. 时间同步系统

(1)调试项目

调度所二级母钟设备输出时间信号源的精度测试;三级母钟(或列车母钟)设备的时间源时延补偿调试。

(2)调试方法

参照《客运专线铁路通信工程施工质量验收暂行标准》(铁建设〔2007〕251 号)规定的方法,以及产品说明书进行调试,结果应符合设计要求以及《铁路时间同步网技术条件 V1.0》(运基通信〔2008〕599 号)等相关技术标准的规定。

(十一)电源系统

1. 测试项目

48 V 直流电源系统设备连接开通调试;交流 UPS 系统设备连接开通调试;输出、输入电压范围,以及电流测试;蓄电池浮充单体电压、均充单体电压试验测试;最大充电电流试验;两路外供交流电自动切换试验。

2. 调试方法

参照《客运专线铁路通信工程施工质量验收暂行标准》(铁建设〔2007〕251 号),对开关电源进行功能调试和性能调试,结果应符合设计要求或相关技术标准的规定。

在电源系统测试中,可利用通信电源及环境监控系统网管帮助完成部分性能测试。

(十二)综合视频监控系统

1. 测试项目

(1)开通调试项目

摄像机:接口检查、后焦调试、运行参数、技术指标;摄像机云台:PTZ 控制操作、云台地址码检查、云台控制协议检查、通信速率、云台限位检查;编码器:接口检查、通道分配及串口参数检查、IP 地址设置、图像参数设置、主流 PTZ 协议支持与摄像机控制、性能参数检查、网络传输特性检查、动态减帧功能、图像字符叠加、监视终端操作行为检查;视频光端机:接口调试、光纤连接线检查、逻辑地址分配;辅助光源调试

服务器:接口检查、CPU 型号及速率检查、内存及硬盘大小检查、操作系统检查、IP 地址配置检查、软件运行检查;磁盘阵列:接口检查、硬盘检查、端口速率检查;监控显示设备调试;视频监控点摄像机接入基站、车站编码器调试;沿线区间视频监控信息接入车站监控中心平台连接开通调试;车站站房视频监控信息接入车站监控中心平台连接开通调试;车站监控中心平台与区域中心监控中心平台连接开通调试。

(2)性能测试项目

监控中心平台性能试验:视频图像采集功能、实时监控功能、分发/转发功能、视频存储与回放功能、视频智能分析功能、系统互联和联动功能、其他功能;

系统性能调试:信噪比、图像画面的灰度级、视频信号的输入电平值、视频系统时延、视频通道的端对端性能调试、系统吞吐量、检索回放图像响应时间。视频监控终端权限设置性能试验;视频监控系统视频分析性能试验。

2. 调试方法

参照《客运专线铁路通信工程施工质量验收标准暂行标准》(铁建设〔2007〕251 号)规定的方法,以及产品说明书进行调试,结果应符合通信行业标准《铁路图像通信设计规范》(TB 10085—2009)和产品说明书,对相应项目进行调试,结果应符合设计要求或相关技术标准的规定。

利用网管设备帮助完成部分性能测试。

(十三)通信电源及通信信号机房环境监测系统

1. 前端采集设备

(1)调试项目

监控设备对开关电源及 UPS 信息的采集和控制;对空调的工作状态的采集和控制;对蓄电池组监测;对环境的监测。

(2)调试方法

参照《通信局(站)电源、空调环境集中监控管理系统第一部分系统技术要求》(YD-T 1363.1)及《通信局(站)电源、空调环境集中监控管理系统第四部分检验方法》(YD-T 1363.4)。

2. 监控中心设备

(1)调试项目

应用服务器性能测试;数据库服务器性能测试;终端采集测试;网络性能测试;

(2)调试方法

参照《通信局(站)电源、空调环境集中监控管理系统第一部分系统技术要求》(YD-T 1363.1)及《通信局(站)电源、空调环境集中监控管理系统第四部分检验方法》(YD-T 1363.4)。

(十四)车站、段所综合布线系统

1. 调试项目

各类配线部件检查;信息插座安装检查;缆桥架及线槽安装检查;综合布线通道调试。

2. 调试方法

参照 YD-T 1013—1999《综合布线系统电气特性通用测试方法》、《客运专线铁路通信工程施工质量验收暂行标准》(铁建设〔2007〕251 号)规定的方法,以及产品说明书进行调试,结果应符合设计要求以及相关技术标准的规定。

第四节 联调联试

一、目的

通过通信系统联调联试,对通信系统的性能指标、功能、接口等进行测试和调试,使通信系统达到设计要求。验证 GSM-R 数字移动通信系统在列车高速运行动态条件下的场强覆盖、网络服务质量、承载业务可靠

性等,重点是验证承载CTCS-3列控业务的系统特性、服务质量以及可靠性等。验证武广铁路客运专线通信系统为客运服务、牵引供电、信号等系统提供通信服务的质量和可靠性等。

通信系统的联调联试包括基本功能测试、应用业务功能测试、接口关系调试和通信系统可靠性测试等内容。

联试联试项目侧重于:传输系统自愈保护功能;数据网服务质量;调度通信系统功能测试及试验(含FAS调度台、值班台与车载台CIR间功能试验;GSM-R系统全基站、半数基站场强覆盖测试、QOS服务质量测试,基站环路保护测试;车载台CIR与信号CTC间调度命令传送功能试验。

二、通信系统子系统间联调调试

通信系统调试是为证明通信系统正常发挥整体功能而做的通信各子系统间的联调调试。系统调试可以在远程操作能力完全实现前进行,但在系统调试结束前,系统必须通过远程调试。

系统调试还包括故障条件下的性能调试,例如转换为冗余硬件;故障发生后设备和系统的恢复等。

(一)传输系统与相关系统接口调试

传输系统—电话交换及接入系统接口调试:检验传输通道满足电话业务要求。

传输系统—数据网接口调试:检验传输通道满足数据网业务要求。

传输系统—通信综合网管系统接口调试:检验综合网管可以获得SDH设备接口描述的告警及配置数据。检验通过综合网管观测到的告警数据是否实时,告警格式是否解析正确,能够自动清除;配置数据是否正确。

传输系统—调度通信系统接口调试:检验传输通道满足调度业务要求。

传输系统—GSM-R专用移动通信系统接口调试:检验传输通道满足GSM-R业务要求。

传输系统—通信电源及环境监控系统接口调试:检验传输通道满足通信电源及环境监控业务要求。

传输系统—应急救援指挥通信系统接口调试:检验传输通道满足应急救援业务要求。

传输系统—综合视频监控系统接口调试:检验传输通道满足综合视频监控系统业务要求。

传输系统—同步和时钟分配系统接口调试:检验传输通道满足时钟业务要求。

传输系统—通信线路接口调试:通信线路系统为传输系统提供物理传输媒介。

(二)电话交换及接入系统与相关联系统接口调试

电话交换及接入系统-传输系统接口调试:传输通道能满足电话交换及接入系统要求。

电话交换系统—通信综合网管系统接口调试:通信综合网管系统满足电话交换及接入系统要求。

电话交换及接入系统—同步及时钟分配系统接口调试:同步及时钟分配系统为电话交换及接入系统提供频率同步信号及时间信号,配合以确保电话业务系统时间的一致性。

电话交换及接入系统—调度系统接口调试:接入系统为调度系统实现远程调度电话分机接入调度系统,为调度系统提供通道,验证业务系统的实现及通道质量。

(三)数据网与相关联系统接口调试

数据网—传输系统接口调试:调试设备结构连接、接口IP规划配置、调试设备间点到点电路的时延、丢包率、抖动。

数据网—GSM-R专用移动通信系统接口调试:将调试仪接入数据网为GSM-R提供的接口,通过调试仪检测数据网为GSM-R提供的带宽。

数据网—通信综合网管系统接口调试:通过数据网网管界面发现系统告警和配置信息,并检验告警是否能够传送到综合网管。

数据网—综合视频监控系统接口调试:调试数据网系统是否能够为视频监控系统提供接口和带宽。

数据网—会议电视系统接口调试:检验数据通道满足会议电视系统业务要求。数据网带宽可满足各会场与MCU节点的网络带宽要求。确保业务网络可用性。

数据网—同步及时钟分配系统接口调试:同步及时钟分配系统为数据网系统提供频率同步信号及时间信号。

数据网—通信电源及环境监控系统接口调试:校验数据网系统是否能够为通信电源及环境监控系统提

供接口和带宽。

（四）GSM-R专用移动通信系统与相关联系统接口调试

GSM-R专用移动通信系统一传输系统接口调试：传输系统提供GSM-R系统的通信通道，对传输网络进行传输速率、响应时间测试。

GSM-R专用移动通信系统一数据网接口调试：检测数据网为GSM-R提供的带宽。

GSM-R专用移动通信系统一通信综合网管系统接口调试：测试GSM-R系统能否发送实时的告警信息、告警清除信息、及网络配置信息给综合网管；综合网管能否实时接收实时告警数据、告警清除信息及网络配置信息。通过综合网管告警监控界面，比较GSM-R网管系统告警，观测告警是否实时，告警格式是否正确，是否能够自动清除，是否完整。通过配置界面，比较GSM-R网管系统配置，观测配置数据信息是否正确。

GSM-R专用移动通信系统一调度通信系统接口调试：

GSM-R：通过2 M接口通道和调度系统的调度台建立连接，通过调度台呼叫GSM-R的机车综合通信设备用户，确定通话是否正常，号码显示是否正常。然后使用GSM-R上的机车综合通信设备用户呼叫调度台，确定通话是否正常，号码显示是否正常。

调度：通过该接口试验，验证两系统之间是否能完成如下功能：调度系统上的用户呼叫GSM-R用户；GSM-R用户呼叫调度系统用户；观察呼叫接续情况和调度台显示的呼叫名称、电话号码、呼叫优先级、呼叫状态等信息。通过2 M接口通道和MSC建立连接，在调度系统的主系统中接出一个调度台，通过调度台呼叫GSM-R的机车综合通信设备用户，观察通话是否正常，号码显示是否正常。然后使用GSM-R上的机车综合通信设备用户呼叫调度台，观察通话是否正常，号码显示是否正常。

GSM-R专用移动通信系统一同步和时钟分配系统接口调试：

时钟同步：检测网络是否联通、自动对时功能能否实现。

GSM-R：验证GSM-R系统是否能从时钟系统正确接收NTP信号，从而保障GSM-R系统的时钟同步。GSM-R专用移动通信系统一通信线路系统接口调试。通信线路系统为GSM-R专业移动通信系统的覆盖弱场的直放站系统提供光纤（短段光缆）物理传输媒介。

（五）调度通信系统与相关联系统接口调试

调度通信系统（FAS）—通信综合网管系统接口调试：通过综合网管告警监控界面，比较调度电话网管系统告警，观测告警是否实时，告警格式是否正确，是否能够自动清除，是否完整；通过配置界面，比较调度电话网管系统配置，观测配置数据信息是否正确。

调度通信系统（FAS）—应急救援指挥通信系统接口调试：指挥中心可对现场用户发起单呼，组呼等呼叫。调度系统对电话终端可进行编组管理，通过应急语音指挥台可对该组发起组呼呼叫，同时呼出该组所有成员进行通话，调度系统支持多方会议电话功能，具备录音功能等。

调度通信系统（FAS）—同步和时钟分配系统接口调试：主时钟系统负责给调度系统的维护终端以及各个分系统的操作台提供GPS时钟，从而保障全系统的时钟同步。调度系统从时钟系统接收NTP信号以保证达到同步输入，以及保证各个子系统告警记录时间和操作前台显示时间保持一致。

调度通信系统—传输系统接口调试：检验传输通道满足调度业务要求。

调度通信系统—GSM-R专用移动系统接口调试

调度通信系统—电话交换及接入系统接口调试：接入系统为调度系统实现远程调度电话分机接入调度系统，为调度系统提供通道，验证业务系统的实现及通道质量。

（六）会议电视系统与相关联系统接口调试

会议电视系统一通信综合网管系统接口调试：会议电视系统配置SNMP（简单网络控制协议），与综合网管系统建立SNMP通信，将MCU、会议终端等的设备状态信息传入综合网管系统，在综合网管系统中实现对会议电视设备的状态监视。

会议电视系统一数据网接口调试：检验数据通道满足会议电视系统业务要求。数据网带宽可满足各会场与MCU节点的网络带宽要求。确保业务网络可用性。

会议电视系统一综合布线系统接口调试：综合布线系统负责会议电视终端与MCU之间的线缆连接及

调试。

（七）应急救援指挥通信系统与相关联系统接口调试

应急救援指挥通信系统：铁通专网电话接口调试。

应急救援与铁通专网电话接口：调试应急中心与铁通专网内部电话之间通话，并能加入到现场的电话会议中。

应急救援指挥通信系统—综合视频监控系统接口调试：应急救援与视频监控的接口调试：调试应急救援现场动图可以传至调度中心的视频监控系统内，通过视频监控系统终端可以观看应急指挥现场实时图像，并进行存储。

（八）通信综合网管系统与相关联系统接口调试

根据铁道部《铁路通信综合网络管理系统技术条件》对综合网管系统南向接口的定义，不同专业的通信网络及应用系统常用的网络接口协议和业界遵循的标准如下表所示，南向接口的选取应遵照表4-8-1的要求。

表4-8-1 综合网管系统与相关系统的接口定义表

通信系统	接口协议	接口信息模型	接入位置
传输系统	以CORBA为主	主要遵循TMF814系列规范，有国际标准可供遵循。	EMS、SNMS
电话交换及接入系统	Rs232/FILE/TCP/CORBA		电话交换及接入系统或OMC
数据网系统	以SNMP、Syslog、NetFlow、ftp为主	网络承载设备主要遵循IETF的RFC系列，数据业务系统目前没有国际标准；网络承载设备部分有国际标准可供遵循。	数据网系统
调度通信系统	TCP/DB/FILE		调度通信系统
GSM-R系统	CORBA/Q3/FILE/DB/TCP	遵循国际铁路联盟（UIC）的标准；3GPP	GSM-R网络管理系统
会议电视电话系统	TCP/DB/FILE		会议电视电话系统
综合视频监控系统	TCP/DB/FILE		视频监控系统
时钟同步系统	TCP/DB/FILE		时钟同步系统
电源及环境监控系统	TCP/DB/FILE		电源及环境监控系统
其他系统	TCP/DB/FILE		其他网管系统

（九）同步和时钟分配系统与相关联系统接口调试

同步和时钟分配系统—传输系统接口调试：检验传输通道满足时钟业务要求。

同步及时钟分配系统—电话交换及接入系统接口调试：同步及时钟分配系统为电话交换及接入系统提供频率同步信号及时间信号，配合以确保电话业务系统时间的一致性。

同步和时钟分配系统—综合视频监控系统接口调试：调试NTP服务器与视频管理服务器的通信情况，对视频系统中的相关服务器、设备进行时间手动调整，验证与主时钟的自动同步。

同步和时钟分配系统—通信综合网管系统接口调试：通信综合网管系统从时钟系统接收NTP信号以保证达到同步输入，以及保证各个子系统告警记录时间和操作前台显示时间保持一致。

同步和时钟分配系统—数据网口调试：同步及时钟分配系统为数据网系统提供频率同步信号及时间信号。

同步和时钟分配系统—调度通信系统口调试：主时钟系统负责给调度系统的维护终端以及各个分系统的操作台提供GPS时钟，从而保障全系统的时钟同步。调度系统从时钟系统接收NTP信号以保证达到同步输入，以及保证各个子系统告警记录时间和操作前台显示时间保持一致。

（十）电源系统与相关联系统接口调试

通信电源为其他通信子系统提供直流或交流供电，以保证各子系统设备的正常运行。

（十一）综合视频监控系统与相关联系统接口调试

包括：

(1)综合视频监控系统—通信综合网管系统接口调试;
(2)综合视频监控系统—同步和时钟分配系统接口调试;
(3)综合视频监控系统—通信电源及环境监控系统接口调试;
(4)综合视频监控系统—传输系统接口调试;
(5)综合视频监控系统—数据网接口调试;
(6)综合视频监控系统—应急通信系统接口调试;
(7)综合视频监控系统—通信线路接口调试。

(十二)通信电源及通信信号机房环境监控系统与相关联系统接口调试

通信电源及环境监控系统—通信电源系统接口调试。

通信电源及环境监控系统—数据网接口调试。

通信电源及环境监控系统—综合视频监控系统接口调试。

通信电源及环境监控系统—同步及时钟分配系统接口调试。

(十三)通信线路与相关系统接口调试

通信线路—传输系统接口调试。

通信线路系统为传输系统提供物理传输媒介。

通信线路—综合视频监控系统接口调试。

通信线路系统为综合视频监控系统的远距离的前端设备提供光纤(短段光缆)物理传输媒介。

通信线路—GSM-R专业移动通信系统接口调试。

通信线路系统为GSM-R专业移动通信系统的覆盖弱场的直放站系统提供光纤(短段光缆)物理传输媒介。

(十四)车站、段所综合布线系统与相关联系统接口调试

综合布线系统—会议电视系统接口调试。

综合布线系统负责会议电视终端与MCU之间的线缆连接及调试。

三、集成调试

集成调试包括通信系统与信号系统、电力供电及牵引供电系统、客运服务系统、防灾安全监控系统、动车组、空调系统之间的接口调试,通过集成调试调试四电系统内部的系统性能、接口性能和整体能力。集成调试主要调试系统功能及接口,通过试验验证通信系统提供接口符合信号系统、电力供电及牵引供电系统、客运服务系统、防灾安全监控系统、动车组、空调系统接口要求。

(一)通信系统可靠性测试

(1)传输通道中断时通道的迂回保护测试,测试传输通道迂回保护切换时间等。

(2)GSM-R数字移动通信系统基站及光纤直放站间传输链路中断时,传输通道的保护功能测试,测试GSM-R系统基站间传输通道迂回保护切换时间等。验证光纤直放站间链路中断对业务的影响以及报警等功能。

(3)测试传输通道迂回保护对CTCS-3级列控、GSM-R、调度通信、CTC、数据网等系统的影响,在业务应用过程中人为进行传输通道的切换,评价传输通道保护功能对CTCS-3级列控、GSM-R、调度通信、CTC、数据网等系统的影响。

(二)通信系统与信号系统之间的调试

传输系统配合信号集中监测系统,辅助业务开通;GSM-R系统与CTC系统调度命令传送。通信线路系统为信号列控系统提供光纤物理媒介。

(三)通信系统与电力供电及牵引供电系统之间的调试

传输系统配合电力供电及电牵供电系统的SCADA、电化故标等系统业务调试,辅助业务开通。

同步及时钟分配系统可以为电力供电及牵引供电系统提供精确的时间信号。

通信电源系统接收电力供电系统提供的交流电源输入。

综合视频监控系统与电力供电及电牵供电系统的SCADA系统实现资源共享及联动。

（四）通信系统与客运服务系统之间的调试

传输系统、数据网系统、综合布线系统配合客运服务系统（查询、寄存、求助、导向、广播、监控、时钟、窗口对讲、DLP 等）的开通。

同步及时钟分配系统为客运服务系统提供精准的时间信号。

综合视频监控系统与客运服务系统实现资源共享及联动。

（五）通信系统与防灾安全监控之间的调试

传输系统、数据网、综合视频系统配合防灾安全系统业务调试，辅助业务开通。

与防灾系统软件进行互联，防灾系统软件向综合视频监控系统发送软件命令，综合视频监控系统接收后调动相关摄像机预置位进行关联。由防灾系统发送软件报警信号，监控系统执行相关摄像机预置位，对报警区域进行实时监控。

（六）通信系统与动车组之间的调试

GSM-R 专业移动通信系统配合车辆故障检测系统从车载台（CIR）中获取车次号工作是否正常。

与动车组的电源接口、检查 CIR 的直流供电输入是否正常。

（七）通信系统与空调系统之间的调试

通信电源及环境监控系统要求各个 RTU 发送/检测空调系统的相关控制信号/报警信号。

（八）通信系统与综合接地系统之间的调试

综合接地系统为通信电源系统（含通信机房地线盘）提供接地。

（九）通信系统与 C3 系统配合测试

1. GSM-R 电磁环境测试

根据信产部 2007 年发布的《关于铁道部和中国移动共用 900 MHz 移动通信网频率资源问题的函》（信部函〔2007〕186 号）的要求，我国铁路 GSM-R 通信系统与中国移动通信集团公司按地域共同使用 EGSM 频段（885～889/930～934 MHz），中国移动使用 EGSM 频段的信号电平在铁路轨道上方 4.5 m 处的最大值不大于－105 dBm。

2. GSM-R 场强覆盖测试

武广铁路客运专线 GSM-R 系统承载了 CTCS-3 级列控数据传输业务，GSM-R 系统的场强覆盖应符合表 4-8-2 的规定，95％时间地点概率条件下最小接收电平高于－92 dBm。

表 4-8-2 GSM-R 数字移动通信系统场强覆盖标准

终端种类	业务种类	接收天线位置	速度（km/h）	覆盖概率	P_{rmin}（dBm）
车载台	列控类数据	机车顶部	$v>280$	95％	－92

GSM-R 场强覆盖动态测试在不同速度等级条件下测试和统计 95％时间地点概率条件下的接收电平，重点查找接收电平低于设计指标的弱场区段、越区覆盖基站和区段、基站之间覆盖范围严重不均衡的区段等。根据测试结果，可对 GSM-R 基站的发射功率、天线方向角、天线俯仰角等参数进行合理调整，对 GSM-R 场强覆盖进行优化处理。

GSM-R 场强覆盖测试系统安装在试验动车组上，天线安装在动车组顶部。测试时，测量接收机使用脉冲触发方式采集接收电平数据，采样间隔 4 cm，统计区间为 100 m，测试系统按照 50％和 95％的时间地点概率进行数据统计。

3. GSM-R 网络服务质量测试

在试验动车组高速运行动态条件下，将进行 GSM-R 网络服务质量测试与网络优化。测试内容包括语音通信服务质量测试、分组数据域服务质量测试和电路数据域服务质量测试。根据测试结果对 GSM-R 网络参数进行调整和优化。

语音通信服务质量测试包括呼叫建立时间、呼叫成功率、掉话率、切换成功率、切换执行时间、小区重选特性、组呼建立时间、紧急呼叫建立时间等指标。

分组数据域服务质量测试包括 PING 延时、UDP 数据延时、吞吐量等指标。

电路数据域服务质量主要针对 CTCS-3 级列控业务相关的电路域服务质量进行测试，测试内容包括：网络注册时延、CSD连接建立时延、CSD连接建立失败率、CSD数据传输端到端时延、CSD连接失效率、CSD传输干扰时间、CSD传输无差错时间等。通过测试验证上述指标是否满足标准要求，为网络优化提供数据参考，验证高速环境下时变变参信道的快速信道估计、同步及自适应均衡技术、高效信道编码方案与译码算法的有效性，保障列控信息车地间的可靠传送。

武广铁路客运专线GSM-R基站子系统采用单网冗余覆盖的建设方案，非连续基站故障时GSM-R系统的服务质量仍然需要满足要求，所以GSM-R网络服务质量测试在全部基站打开、奇数基站打开和偶数基站打开三种情况下分别进行，并在280 km/h以下、300 km/h、350 km/h及以上等速度等级下分别进行测试。

测试时，利用测试手机和专用测试设备发起语音呼叫、电路数据传输和分组数据传输，跟踪空中接口Layer2和Layer3的信令，对不同测试条件下的网络服务质量进行测试和统计，根据测试结果调整网络参数，提高网络性能，以保证应用业务的传输质量和安全可靠性。

GSM-R网络服务质量测试与网络优化在试验动车组上沿武广铁路客运专线进行动态测试，不是连续进行的，而是测试→优化→测试交替进行。测试中，还考察光纤直放站区段对GSM-R网络服务质量的影响，评价光纤直放站组网结构的合理性。

（十）通信系统应用业务功能测试

（1）调度通信系统功能测试在列车高速运行条件下，进行调度通信系统的个别呼叫、功能寻址、位置寻址、组呼、紧急呼叫、多优先级处理等动态功能测试。

调度通信测试主要对调度员、车站值班员、助理值班员、司机、车长、公务人员间的话音通信进行试验，包括个别呼叫、位置寻址、功能寻址、组呼、紧急呼叫、多优先级处理等。由测试人员或应用人员（调度员、车站值班员、助理值班员、司机、车长、公务人员等）发起不同类型的呼叫，然后测试通话质量、呼叫成功率等。

测试中，考察光纤直放站区段对通话质量、呼叫成功率的影响。

（2）GSM-R应用业务功能测试在列车高速运行条件下，进行CTCS-3级列控数据传输、调度命令信息无线传送、车次号校核数据无线传送等业务系统动态功能测试。通过CTCS-3级列控系统的功能试验，验证通信系统为CTCS-3级列控系统提供电路域数据传输服务的质量和可靠性。

调度命令信息传送业务测试采用由地面测试服务器自动发送调度命令信息的方式进行，每天按照测试计划向试验动车组测试系统发送调度命令信息，接收测试用机车综合无线通信设备发送的自动确认和手动签收信息，统计调度命令信息发送成功率。

车次号校核数据传送业务测试采用由车载测试系统自动发送车次号校核数据信息，由地面测试服务器统计成功率的方法。

（十一）接口关系调试

（1）与CTCS-3级列控系统的联调联试中对GSM-R与CTCS-3级列控系统的接口信令进行监控，包括9.6 kbps CSD电路数据业务测试、CTCS-3车载单元发送Class mark 2测试、CTCS-3车载单元呼叫RBC的信令流程、PRI接口正常启动、MSC与RBC间PRI接口在传输中断恢复后重新启动等。

（2）与客运服务系统的联调包括数据网、传输通道、视频监控、时钟分配系统等。结合客运服务系统对监控系统的验证，对视频监控系统、时钟分配系统的功能进行验证。对提供给客运服务系统的数据网进行吞吐量、误码率、PING延时等指标测试，验证数据网的VPN、安全性等性能和功能。

（3）与GROS和GRIS的联调验证动车组跨路局（武汉局和广铁集团公司）运行时，CIR发送车次号校核数据目的IP地址自动更新的功能。

验证GRIS与CIR间数据传输的功能，包括调度命令信息和车次号校核数据等。

（4）与CTC系统的联调验证CTC接收CIR发送车次号校核数据的功能。验证CTC接收CIR发送列车启动和列车停稳信息的功能。验证CTC通过GSM-R系统向动车组发送调度命令信息（包括调度命令、红色许可证、绿色许可证、路票等）的功能。验证CTC通过GSM-R系统自动向动车组发送进路预告的功能。

（5）调度通信系统与既有数字调度通信系统间的互连互通检测调度通信系统和既有数字调度通信系统之间的连接方式、信令和功能。

第五节 经验体会和建议

一、经验体会

（一）加强员工培训

工程的最终质量是由一线施工人员的素质与水平决定的，对作业段施工人员组织集中培训，提高员工素质，才能有序推进，避免不必要的返工。

（二）强化过程控制

把施工项目、施工负责人、施工时间等内容详细记录，工程质量责任到人，做到有据可查，增强施工人员的质量意识和工作责任心。

（三）重视接口工程

站前预留、沟槽管道等接口工程大大提高了系统工程的质量，同时预留工程也成了制约四电工程进度与质量的关键。只有处理好了站前与站后等接口工程的进度质量，才能有效推进施工进度。成立了“四电”接口配合组，负责对接口工程的质量进行了检查和配合，对不合格处按要求及时整改。

二、建　议

(1)在工程实施前，站房设施图应根据工程进度尽早提供。

(2)建设单位征地时，应将中继站、通信基站、直放站、铁塔用地包括在内(单个征地难度大、费用高)

(3)站前应将电缆用沟槽管线与主体工程同步完成。在站前应将电缆用沟槽管线未贯通、盖板未铺好时，站后电缆不宜敷设。

(4)尽量减少通信光、电缆敷设与站前工程施工交叉。

(5)应避免站前工程应对通信、信号专业的过轨管错埋、漏埋、堵塞。其原因主要是过轨管道漏埋或是PVC管错埋成了钢管。解决方案：一是电缆绕行，二是路基钻孔重埋，三是疏通。带来的问题：一是绕行桥涵使电缆过长引起电抗的变化，而且增加投资；二是采用路基钻孔，但对路基的质量带来影响。建议：站前的沟槽管路施工应在信号工程施工前达到贯通、盖板敷设完毕。

(6)各接口衔接，为通信、信号施工创造进场条件。

第九章　信 号 工 程

第一节　工 程 概 况

一、简　　介

武广铁路客运专线全线设15个客运站，其中始发站有武汉站、长沙南站、广州南站3个，办理部分始发终旅客列车作业的中间站有岳阳东、衡阳东、郴州西、韶关共4个，一般中间站有咸宁北、赤壁北、汨罗东、株洲西、衡山西、耒阳西、清远、广州北共8个，另有乌龙泉、乐昌东、英德西等3个越行站。

调度中心设于武汉。全线在武汉、长沙、广州共设三个综合维修段。在武汉、咸宁北、岳阳北、长沙南、衡阳东、郴州西、乐昌东、韶关、英德西、广州南共设10个综合工区。

在武汉枢纽、长沙株洲地区、衡阳枢纽、广州枢纽设有武广铁路客运专线与既有京广线、湘黔线、湘桂线，以及既有京广线与湘黔线的联络线。

武广铁路客运专线信号系统主要由四个子系统组成：列车运行控制系统、车站联锁系统、CTC系统和集中监测系统。第一次采用了中国铁路CTCS-3级列车运行控制系统。

在实施中，CTCS-3级列控系统同时兼容CTCS-2级列控系统。这样的系统配置主要目标是两个：一是以CTCS-2级列控车载系统作为后备系统，即一旦CTCS-3级列控车载系统发生故障时，将自动转为由CTCS-2级列控车载系统控车。二是兼容，即在武广铁速铁路上，既能运行CTCS-3级列车，同时也能接纳由其他C2线路开来的C2列车上线运行，实现各线路的互连互通。

二、主要设备功能及设置原则

列控系统主要由无线闭塞中心(RBC)、地面列控中心(TCC)、轨道电路、应答器、车载设备、GSM-R无线通信系统等设备组成。

(一)无线闭塞中心(RBC)

无线闭塞中心(RBC)是CTCS-3级列控系统核心，是基于信号故障安全计算机的控制系统，根据地面子系统或来自外部地面系统的信息，如轨道占用信息、联锁进路状态等产生列车行车许可命令MA，并通过GSM-R无线通信系统传输给车载ATP设备，保证其管辖之内列车的运行安全。

武广铁路客运专线ETCS 2级列控系统共设9个无线闭塞中心(RBC)，设备全部集中放置在武汉站。其中4个大站(武汉、新长沙、新衡阳、新广州)分别由1台RBC控制，武汉和新长沙之间的区间由2台RBC控制，新长沙和新衡阳之间的区间由1台RBC控制，新衡阳和新广州之间的区间由2台RBC控制。

设置RBC本地操作终端，用于9台RBC的维护、诊断的操作，所有9台RBC的维护、诊断信息将发送至信号集中监测系统。

每个无线闭塞中心(RBC)最多可控制120列动车组，可与相邻的3个无线闭塞中心(RBC)和8个车站联锁设备接口，可同时管理500条列车进路。

无线闭塞中心(RBC)采用完全以通用工业处理器主板和操作系统为基础的计算机平台。该计算机平台安全概念的基础在于采用三个独立的专业型的商业处理单元，处理单元间仅通过数据通讯进行连接。两个高集成度的安全处理单元(A和B)依据EN50128的原则、采用不同操作系统，来运行达到SIL4级别的RBC软件。另外一套非安全的处理单元可实施服务功能。RBC平台的概念性功能结构如图4-9-1所示。

每个无线闭塞中心(RBC)通过4X2芯专用光芯构成的信号安全信息传输冗余以太网实现与车站联锁设备和临时限速服务器设备间信息交换。

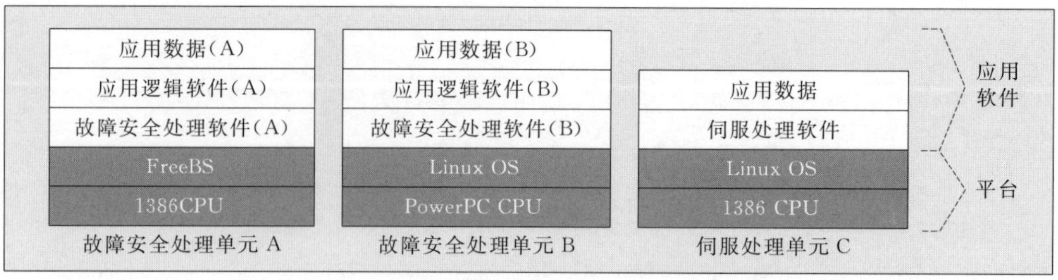

图 4-9-1 RBC 平台功能结构

无线闭塞中心(RBC)通过车站联锁计算机,获取轨道占用、信号(机)状态、道岔状态等信息。

无线闭塞中心(RBC)通过在调度中心的临时限速操作终端和临时限速服务器,获取临时限速命令信息。

无线闭塞中心(RBC)通过 RBC 本地操作终端向信号集中监测系统输出其工作状态、收发信息记录等信息。

(二)地面列控中心(TCC)

地面列控中心(TCC)是 CTCS-2 级列控系统核心,负责车站、区间轨道电路的编码和有源应答器的控制,并向车站联锁提供列车占用轨道信息。根据其管辖范围内轨道占用、联锁进路及边界条件等信息,按照 CTCS 相关技术规范规定的轨道电路码序、应答器信息,控制轨道电路的发码信息和应答器信息,并通过轨道电路和应答器向列车连续提供其行车所需要的运行许可。

地面列控中心(TCC)采用在车站联锁已成熟运用的 DS6-K5B 2 取 2×2 安全计算机平台,具有技术成熟、可靠等特点。地面列控中心(TCC)之间通过 125 M 信号专用光纤(4 芯)安全局域网进行连接,实现地面列控中心(TCC)之间、与车站联锁之间安全信息传输。

地面列控中心(TCC)与车站联锁、CTC(临时限速)、轨道电路等电子设备均采用串行数据通信的方式进行信息传输。

武广铁路客运专线各车站、线路所及中继站均设置一套地面列控中心(TCC),中继站距离一般不超过 15 km,特殊困难地段不能超过 20 km。

白马垅站改造、十里冲站改造分别设置一套列控中心(TCC)。

(三)轨道电路

1. 区间轨道电路

采用计算机编码控制的 ZPW-2000A 型无绝缘移频轨道电路,用以完成列车对轨道区段的占用检查及列车完整性检查,同时作为 CTCS-2 级列控系统地对车间连续信息传输媒介。

为满足高速线 300 km/h 速度 3 min 列车追踪运行的要求,并考虑轨道电路传输长度等条件,CTCS-3 级列控系统闭塞分区一般按 2 000 m 进行设计,靠近车站附近适当缩短闭塞分区的设置长度。为简化系统设计及系统结构,CTCS-2 级使用与 CTCS-3 级列控系统相同的闭塞分区设计。

无砟区段轨道电路设计长度一般情况不超过 1 000 m,轨道电路传输电缆长度一般不超过 7 500 m,特殊困难地段采用适当缩短轨道电路设计长度的方法,传输电缆可延长至 10 000 m。

区间、车站轨道电路载频统一排列,绝缘节两侧采用不同载频。上行正线、上行侧到发线采用 2 000 Hz、2 600 Hz,下行线正线、下行侧到发线采用 1 700 Hz、2 300 Hz。

轨道电路采用的追踪码序为:L5-L4-L3-L2-L-LU-U-HU,满足 350 km/h 速度列车安全运行的要求。

发送器采用 1+1 冗余方式,接收器采用双机并用方式,实现轨道电路系统的高可靠性。

2. 站内轨道电路

复杂大站:武汉站、新广州站、新长沙站、新衡阳站,正线及股道区段采用计算机编码控制的 ZPW-2 000 A 有绝缘轨道电路,其他区段采用 25 Hz 轨道电路。

一般车站:新赤壁站、新咸宁站、新汨罗站、新岳阳站、新株洲站、新衡山站、新衡阳站、新耒阳站、新郴州站、新韶关站、新清远站、新乌龙泉站、新乐昌站、新英德站以及 3 个线路所,全站采用与区间同制式采用计算机编码控制的 ZPW-2 000 A 有绝缘轨道电路。

为避免轨道电路机车信号邻线干扰,当站内横向相邻同方向载频的轨道电路长度超过 650 m(线间距不小于 5 m)时，应对轨道电路进行分割。

ZPW-2000A 轨道电路最小长度满足列车以最高运行速度通过时车载设备能够正常接收轨道电路信息(按 2.5 s 计算)。

道岔区段 ZPW-2000A 有绝缘轨道电路长度一般小于 400 m，包含 1～2 个道岔分支。特殊情况不应超过 600 m。

轨道电路采用追踪码序为：L5-L4-L3-L2-L-LU-U-HU，满足 350 km/h 速度列车安全运行的要求。

当侧线轨道采用 ZPW-2000A 有绝缘轨道电路时，列车进路具有连续的与其接近的地面信号(机)防护进路条件相对应的轨道电路信息。

发送器采用 1+1 冗余方式，接收器采用双机并用方式，实现轨道电路系统的高可靠性。

对于有长分支的轨道电路采用并联方式，如图 4-9-2 所示。

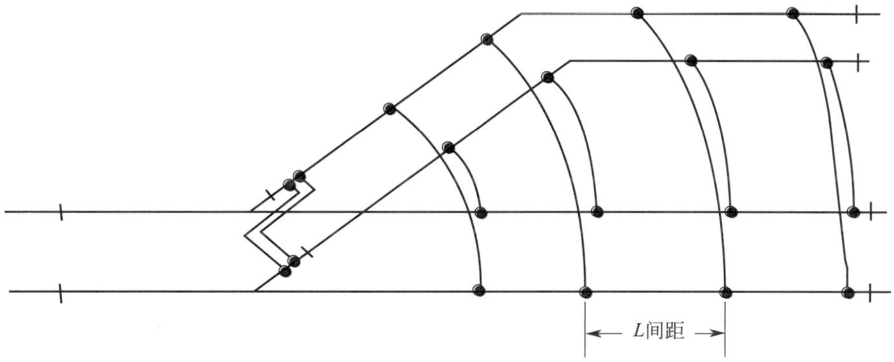

图 4-9-2　长分支轨道电路的处理

道岔区段轨道电路长度要求：机车信号电流要求为 500 mA(1 700 Hz、2 000 Hz 和 2 300 Hz)或 450 mA(2 600 Hz)的条件下，轨道电路长度如表 4-9-1 所列。

表 4-9-1　道岔区段轨道电路长度表

轨道区段类型	道床漏泄(Ω·km)	分路电阻(Ω)	轨道电路允许的最大长度(m)
道岔区段(含两个分支)	3	0.25	600

(四)应　答　器

在每个闭塞分区入口处、进站信号机(含反向)、出站信号机处设置应答器组，为 CTCS-2 车载设备提供定位、线路参数、临时限速等信息，其中定位信息也同时提供给 CTCS-3 级系统使用。

应答器将全部采用北京铁路信号工厂采用引进法国阿尔斯通公司应答器生产技术生产的满足铁道部相关应答器技术条件的应答器设备。

1. 应答器功能

无源应答器：实现列车定位校核功能，向移动列车提供精确的位置信息；对 CTCS-2 级模式运行的列车提供一定范围内的线路参数。

有源应答器：除具备无源应答器功能外，同时对按照 CTCS-2 模式运行的列车提供进路线路参数信息及临时限速信息。

应答器报文信息格式采用铁道部统一的技术标准，能够满足 CTCS-3 和 CTCS-2 系统互相兼容的要求。

2. 应答器设置原则

站内应答器的设置如图 4-9-3 所示。

进站信号机处：设置由 1 个有源应答器和无源应答器组成的应答器组，用于列车定位、CTCS-2 进路线路参数和临时限速。

反向进站信号机处：设置由 1 个有源应答器和无源应答器组成的应答器组，用于列车定位、CTCS-2 进路线路参数和临时限速。

出站信号机处：设置由 1 个有源应答器和无源应答器组成的应答器组，用于列车定位、CTCS-2 进路线

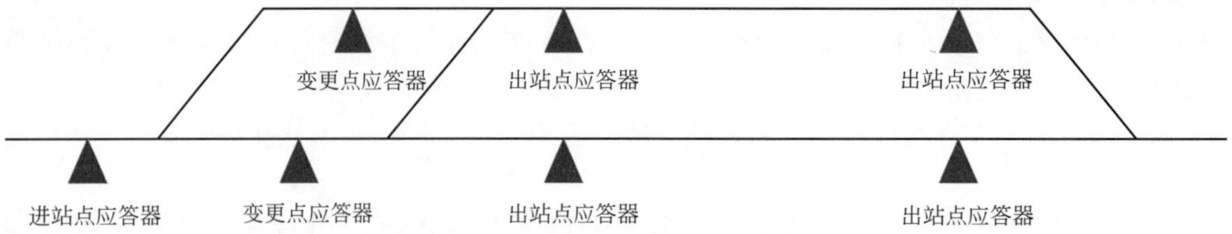

图 4-9-3 站内应答器

路参数、临时限速、绝对停车(当出站信号关闭时,应答器组发绝对停车报文,车载设备在完全监控、部分监控、调车监控、机车信号等工作模式下接收到该报文均应触发紧急制动)。

车站股道中间处:设置由 2 个(待定)无源应答器组成的应答器组,用于列车精确的进站定位停车(在正常停车点前 150~250 m)。

区间线路:每个闭塞分区入口处设置由 2 个及以上无源应答器组成的应答器组,用于列车定位、CTCS-2 进路线路参数。

进路变更点:对于有变更进路的地方,设置由 2 个无源应答器组成的应答器组,用于 CTCS-3 级列车的进路识别。

中继站处:上下行线各设置两组互为冗余由 1 个有源应答器和无源应答器组成的应答器组,主要用于提供 CTCS-2 临时限速信息,两组应答器之间的距离为(100±5)m。

调车信号机处:对于调车作业并冒进调车信号后将危及正线运行列车安全的调车信号机(处)设置由 1 个有源应答器和无源应答器组成的应答器组,提供调车危险信息。

级间转换分界点:连接点、预告点、执行点处各设置由 2 个无源应答器组成的应答器组,用于提供级间转换信息。

当由 CTCS-2 转 CTCS-3 级时,应设置连接点、预告点、执行点应答器组,连接点应答器应距执行点应答器间的距离应满足 CTCS-3 建立连接至少 40 s 时间的要求,以保证与 RBC 的无线连接在列车到达执行点前有效建立。

当由 CTCS-3 转 CTCS-2 时,应设置执行点应答器组。

各级间转换应答器组根据工程实际情况可与 CTCS-2 级系统相关应答器设备合用。

RBC 分界点:在两个 RBC 管辖范围分界点处设置由 2 个无源应答器组成的应答器组,用于提供 RBC 转换信息。

换相点:牵引供电换相点前一定距离(列车运行至换相点运行 15 s)和牵引供电换相点处设置 2 个无源应答器组成的应答器组,主要用于 CTCS-2 级系统为动车组提供过分相预告信息和换相信息。CTCS-3 级系统一般采用无线传输分相信息。

大号码道岔处:在 18 号以上道岔前第二个闭塞分区入口处应设置由 1 个有源应答器和无源应答器组成的应答器组,根据道岔区段及列车运行前方轨道区段空闲条件,给出道岔侧向允许列车运行的速度。

当用于定位的应答器组间隔超过 1 500 m 时,中间应增设 2 个无源应答器用于列车定位;

3. 电子编码器(LEU)

电子编码器(LEU)负责接收从列控中心传送的应答器报文信息,经转换为高频基带信号传送给有源应答器。

电子编码器(LEU)原则上设置于室内,与地面列控中心间采用 RS422 串行通信的方式进行信息传输,1 个 LEU 可控制连接四个有源应答器。控制高速正线有源应答器的 LEU 设备(包括:车站、中继站等)均冗余设置。在各站统一考虑 1 个 LEU 的备用设备放置在信号机械室。

电子编码器(LEU)与有源应答器间采用 LEU 专用应答器传输电缆进行连接,最远电缆长度为 2 500 m。若电缆长度超过 2 500 m,电子编码器(LEU)将放置在室外相关有源应答器处,通过增加光纤接口模块及光纤(2X2 芯),实现地面列控中心对电子编码器(LEU)的远程控制。

(五)列控车载设备

列控车载设备采用独立单元模块化结构,设置 2 个独立的核心处理单元分别负责 CTCS-3 系统、CTCS-

2 系统功能的处理。

当 CTCS-3 操控时，列车将与 RBC 通信，并读取应答器的数据。轨道电路编码将被忽略。如果列车在应答器里发现 CTCS-2 的数据，CTCS-3 级系统将仅忽略 CTCS-2 信息，即使车载设备没有收到要转换至 CTCS-2 的预告信息，列车仍将存储 CTCS-2 信息以备人工转换或自动转换后使用。

当列车按照 CTCS-2 操控时，列车将采集轨道编码数据，并读取应答器。如果与 RBC 的通信对话开放，列车不会让 RBC 发出的指令影响速度监控。如果列车在应答器中发现 CTCS-3 的信息，列车将忽略该信息。

车载设备采用分散型结构，尺寸较小，完成不同的计算和接口工作。这些设备通过一条串联数据总线彼此相连。采用标准的多车总线(即 MVB)和标准的 Profibus。在该总线的协议上，采用特殊的安全协议，以确保该系统达到 SIL4 级水平。

每个标准模块单元机箱机械如图 4-9-4 所示。该装置高为 200 m、宽为 65 mm、厚为 125 mm。这些装置之间和周围需要自由的空气流动用于冷却，标准重量 12 kg。

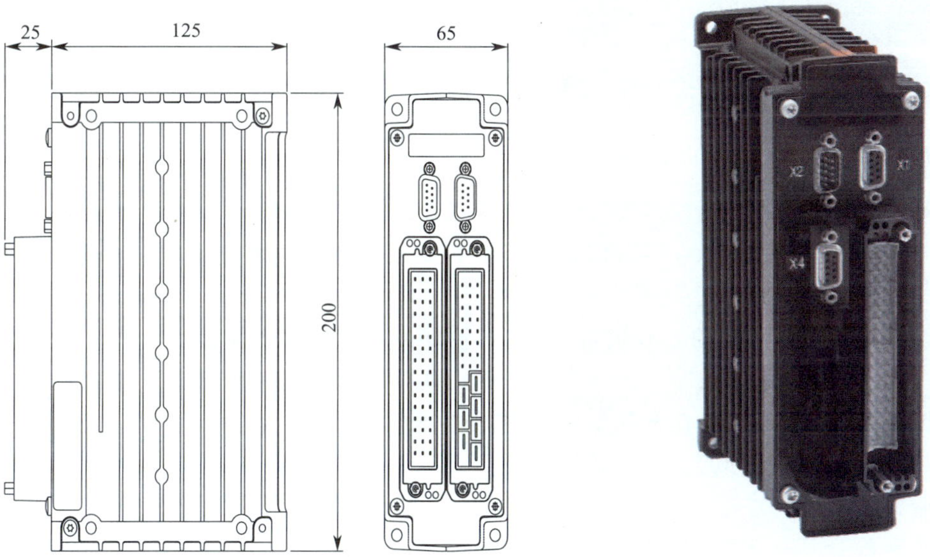

图 4-9-4 车载设备模块(单位:mm)

各标准单元有两块电路板。所有的连接都在单元的前面。机箱不需要打开。前面的连接器根据不同的功能类型而异。

各单元有一个内部的 DC/DC 变换器，旨在通过断路器直接与车辆的蓄电池相连。蓄电池电压可自由浮动或在正负端子接地。蓄电池电压可在 24～110 V 之间。

采用相同类型的机箱，有各种不同的单元，装有用于特殊用途的独特的硬件和软件，如 SDU，GCD，STU-V，VDX，DX and DI. 。VCU-lite(车辆控制单元)单元有一个功能强大的处理器和存储器，可以装载不同用途的软件。

有多个 VCU-lite (车辆控制单元)可以装载不同的软件，有不同的用途。

ATPCU：自动列车防护控制单元，提供核心 CTCS-3 功能。

C2：CTCS2 运行模式逻辑单元，提供核心 CTCS-2 功能。

SDU 单元(速度和距离单元)将用于速度接口，从转速表和雷达读出脉冲。

SDP 单元(速度和距离处理器)将用于计算速度和距离：计算从 SDU 输入的速度和距离。

下列各种型号的单元将用于欧洲电台：

(1)STU-V：安全传输单元-车载，处理与 GSM-R 接口的一般功能。

(2)GCD：一般的保密装置，处理开放式 GSM-R 上的安全信息的密码。

VDX 单元(安全数字接口(开关量))将用于紧急制动接口：具有一个输入和两个输出，出错的概率极其低。它还用做实时的看门狗(RTW),监督 ATP 系统处于激活状态。

下列各种型号的单元将用于驾驶台和列车接口。

(1)DX:数字接口(开关量),有 10 个输入和 6 个输出。

(2)DI:数字接口,有 16 个输入。

TSG(列车转换网关)单元将用于设备参数设置:监督 ATP 系统的数据总线。存储维护数据。

(六)级间转换

武广铁路客运专线 300～350 km/h 动车组通过联络线进出高速线均需要进行 CTCS-3 级模式与 CTCS2 级模式的级间转换,转换均由 CTCS-3 级系统负责控制,转换可在不减速条件下进行。

CTCS-2 级→CTCS-3 级转换前,应完成的工作包括 GSM-R 车载电台注册到 GSM-R 网络、车载设备与 RBC 建立通信会话、车载设备从 RBC 获得系统配置参数和行车许可等信息。如果在转换边界不具备 CTCS-3 级控车条件时,列车继续按 CTCS-2 级运行,直至 CTCS-3 级控车条件具备后,车载设备自动转入 CTCS-3 级工作。

CTCS-3 级→CTCS-2 级转换时,无线闭塞中心(RBC)提前一定距离给列车发送等级转换预告信息,同时在转换分界点设置应答器发送无条件等级转换命令信息,强制车载设备在通过分界点后转换为 CTCS-2 级控车。

级间转换时,车载设备的 CTCS-2 级控制单元与 CTCS-3 级控制单元应互相通信,确保不因转换触发制动。

(七)CTCS-3/CTCS-2 兼容

武广铁路客运专线地面轨道电路、应答器均按同时满足 CTCS-3、CTCS-2 级要求进行设置,并采用独立的地面列控中心(TCC)。轨道电路信息、应答器信息满足 CTCS-2 级有关技术要求,使地面系统与 CTCS-2 级完全兼容。

采用具有 CTCS-3 和 CTCS-2 功能的车载设备,实现车载设备与 CTCS-2 兼容。

(八)临时限速

对于有计划的临时限速作业,调度中心设置专用临时限速操作终端(放置在 CTC 维护台),施工调度员通过该终端对全线有计划的限速进行拟定,经行调员通过 CTC 行调台确认,形成临时限速调度命令并储存在调度中心临时限速服务器中。

临时限速服务器不断检查其存储的临时限速命令计划,即将到达执行时间的限速命令将通过临时限速操作终端提示给施工调度员进行激活。施工调度员确认并择机激活,经信号安全数据通信网分别下达给 RBC 和车站列控中心(TCC),RBC 和 TCC 分别处理执行。

CTCS-3 级和 CTCS-2 级采用统一的临时限速设置原则,限速命令、管辖范围应保持一致。中继站 TCC 临时限速由临近车站 TCC 负责转达。

临时限速的设置、取消均在调度中心进行,车站一般不进行临时限速的相关操作。设置与取消临时限速采用相同的操作原则。

(九)灾害防护

对于可以提前预测的灾害,如风、雨、雪等,可以采用临时限速的方法,确保列车运行安全。

对于塌方、落物等突发事件,应通过灾害监测系统(非本合同供货范围设备)及时监测出事件的发生,通过开关接点直接将信息传送给管辖事发地点范围的车站联锁和地面列控中心(TCC):

车站联锁接到灾害信息后,将相关进路立即关闭并将信息传输给无线闭塞中心(RBC),无线闭塞中心(RBC)通过 GSM-R 网络向在相关区段上运行的 CTCS-3 系统列车发送"停车"报文。

地面列控中心(TCC)接到灾害信息后,控制相关灾害闭塞分区轨道电路立即发出"H"码给在相关区段上运行的所有 CTCS-2 系统的列车。

车载设备接收到紧急停车命令后,将立即实施紧急制动进行停车。

(十)动车走行线运行

动车走行线采用 CTCS-2 级列控系统,按双方向追踪运行设计,在正、反向闭塞分区入口处分别设置应答器组,分别为正向运行列车和反向运行列车提供线路参数。

（十一）反向运行

武广铁路客运专线需反向运行时车站联锁按照自动站间闭塞方式办理接发车作业，列控系统与正向运行时的工作方式相同，区间轨道电路按与正方向相同的发码原则贯通发码，车载设备按照完全监控模式监控列车运行。

武广铁路客运专线反向运行时，列车应按规定降速至 250 km/h 及以下速度运行，CTCS-2 级系统反向运行限速参数由地面设备负责提供。

（十二）备用系统

武广铁路客运专线列控系统采用 CTCS-3 级并兼容 CTCS-2 级的列控系统，当 CTCS-3 级系统车载设备 ETCS 功能单元、GSM-R 通信系统、地面无线闭塞中心等设备故障时并列车运行速度满足 CTCS-2 级允许速度时转换到 CTCS-2 级系统，列车按 CTCS-2 级系统继续运行。

故障导致 CTCS-2 系统也无法正常工作时，列车将制动停车并隔离列控车载设备后，改由按调度命令行车。

三、设备厂商

RBC：通号公司与庞巴迪公司联合研制。

车载 ATP：通号公司与庞巴迪公司联合研制。

车站联锁：采用通号公司 DS6-K5B 计算机联锁。

TCC：采用通号公司设备。

CTC：采用卡斯柯设备。

集中监测：采用通号公司设备。

电源设备：由鼎汉公司提供。

轨道电路：采用 ZPW-2000A 无绝缘轨道电路。

第二节　施工方案、工艺流程和关键工艺工法

为统一综合试验段的信号施工标准，控制信号工程质量，在充分调研了武广铁路客运专线桥梁、路基、道床条件相关尺寸的基础上，在咸宁项目部建立了试验基地。

1. 现场调研主要包括下列内容：

（1）现场测量了高架桥地段防护墙距桥面高度、防护墙距电缆槽盖板高度、防护墙宽度、防护墙距线路中心基本限界；

（2）现场测量了路基地段级配碎石、防水层、支撑层、轨枕板层等断面尺寸；

（3）现场测量了各种轨枕板（双块式、纵连式、框架式轨枕板及创新型、再创新型轨枕板）的长度、高度、宽度及钢筋布置；

（4）现场测量了各种轨枕板至钢轨顶面高度的距离；

（5）在掌握了相关大量数据的基础上，购置了双块式轨枕、纵连式轨枕板、框架式轨枕板、钢轨、钢轨绝缘、信号器材、建筑材料等。

2. 试验基地建设

为了减少对线路的影响，在咸宁项目部模拟武广铁路客运专线现场场景，建立了与武广铁路客运专线现场线路同比例的试验培训基地。

试验基地模拟的主要线路包括：13 m 桥梁面、13 m 路基面、13 m 框式轨道板及钢轨组成的无砟轨道区段，40 m 长的防护墙、40 m 长的电缆槽道。

试验基地主要信号设备包括：高架桥地段防护墙上方向盒、终端盒、变压器箱、信号机、闭塞分区标志牌、轨道电路设备、扼流变压器、应答器等设备；路基地段方向盒、终端盒、变压器箱、信号机、闭塞分区标志牌、轨道电路设备、扼流变压器、应答器等设备。

3. 制定施工技术标准

为了保证武广铁路客运专线综合试验段施工标准统一，在试验段建设的基础上，按照信号工程工作流程

编制了《武广铁路客运专线武汉试验段信号工程施工技术标准》,并向武广公司提报了“关于武广铁路客运专线武汉试验段信号工程施工技术标准审订报告”(通武综〔2008〕012 号),经武广公司组织站前单位、设计单位、监理单位的专家审查,武广公司下发了“关于印发《武广铁路客运专线信号工程施工技术标准》的通知”(武广技装〔2008〕100 号)发布实施,为试验段工程施工统一了标准。

经过试验段设备安装检验,在综合试验段的基础上,对试验段的标准内容进行优化补充修订,编制了包括施工准备、电缆工程、地面固定信号机、转辙装置、轨道电路、地面应答器及轨旁电子单元、室内设备、防雷及接地、系统检验和试验等内容放的《武广铁路客运专线铁路信号工程施工技术标准(优化)》,并向武广公司提报了“关于武广铁路客运专线信号工程施工)标技术(优化准审批报告”。经武广公司审查,武广公司下发了“关于印发《武广铁路客运专线铁路信号工程施工技术标准(修订版)》的通知”,统一了全线标准。

4. 现场施工技术的工艺开发

(1)新型方向盒开发

在隧道内受救援通道和各种沟槽影响,同时受电缆弯曲半径技术条件的制约,传统的箱盒安装无法完成。在武广铁路客运专线工程中,新开发了电缆从侧面引入方式的方向盒,将传统的电缆由箱盒下部引入,改为侧面引入方式,彻底解决地形限制电缆弯曲半径不足,方向盒无法安装的传统问题。隧道内电缆侧向引入方向盒情况如图 4-9-5 所示。

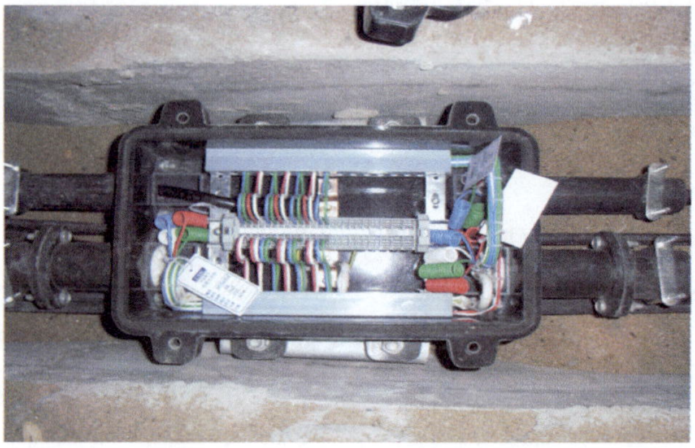

图 4-9-5 隧道内电缆侧向引入方向盒

目前有 FX4B、FX6B 型两种,分别适用于四根和六根电缆的引入。

(2)钢结构设备基础的应用

由于列车运行速度高,对设备安装的稳固性要求进一步提高,传统混凝土基础不能满足需求,全线室外箱盒设备都采用热镀锌钢结构基础,并采用砖砌围台防护。有效地解决了设备稳固问题,同时也对路基防水层进行了有效保护。

(3)防护墙设备基础采用防松通透螺栓

防护墙位于线路侧面,为保证信号不侵限,减少对行人通道占用,信号设备的箱盒、信号机、轨道电路调谐匹配和空芯线圈、扼流变压器基础均装于防护墙外侧墙壁上,为了防止振动造成螺丝松动,基础固定螺栓全部采用通透方式,螺帽采用了防松螺帽。

(4)轨道板上设备采用化学锚栓固定

无砟轨道板上应答器、轨道连接线、电容连接线等均装设与线路中心位置。由于武广铁路客运专线列车速度快,车速为 97.22 m/s,接近龙卷风的风速(12 级台风的风速为 33 m/s,龙卷风速度为 100~200 m/s),轨道板上的以上设备容易被吸起,在轨道板上允许安装位置及深度,采用化学锚栓对设备进行固定。

(5)闭塞分区停车标志牌

武广铁路客运专线区间不设信号机,在闭塞分区分界点处设停车标志牌及号码牌。闭塞分区停车标志牌在既有铁路中和铁路技术管理规程都是没有的。在武广铁路客运专线采用了整体安装和分立安装两种方式,根据不同情况进行选择,运营里程无法确定时,可采用分体方式,以避免由于里程变更多次更换,造成人力物力浪费。从司机平视角度和便于安装维护的角度,统一了安装方式和安装高度。停车标及号码牌分立式安装如图 4-9-6 所示。停车标及号码牌整体式安装如图 4-9-7 所示。

图 4-9-6　停车标及号码牌分立式安装示意

图 4-9-7　停车标及号码牌整体式安装示意

(6)轨道引接线

根据 ZPW-2000 设计要求，机械绝缘处钢轨引接线需绕过绝缘，同时要求贴近钢轨安装。

经测算长钢轨引接线长度为 7.2 m，由于 95 mm^2 钢轨连接线是钢包铜材料做成，硬度较大，不易固定。武广工程为解决固定问题，开发了尼龙固定卡具，每个绝缘节处用 8 套尼龙卡具。使钢轨引接线，自然密贴在钢轨外侧，并且不下垂，做到了美观实用。绝缘节处钢轨引接环线布置与固定方法如图 4-9-8 所示。

图 4-9-8　绝缘节处钢轨引接环线布置与固定

(7)轨道引接线卡具

ZPW-2000 轨道电路钢轨引接线要求四线并拢(图 4-9-9)，为在混凝土面线固定并拢，采用卡具固定方式解决。为防止长时间振动造成卡具与钢轨引接线的磨损造成短路问题，又在卡具上增加了绝缘护套。

(8)桥梁地段轨旁连接线的防护

由于区间轨道电路设备安装在防撞墙外侧，钢轨连接线从墙的外侧穿向内侧去与钢轨连接。在防撞墙与钢轨间的地段，连接线只能悬空跨过。这样，一方面，列车经过时因风速过大而有可能使线摆动，甚至出现侵限超高。维修人员行走过程中也会踩踏悬空线。不利于连接线的寿命；另一方面影响美观。基于此，经过多次试验，利用高强 PVC 管防护，很好地解决了这一难题。

(9)借助打孔模板，提高作业效率和精度

在防撞墙上方向盒、终端盒、无绝缘轨道设备支架的安装由于统一安装在防撞墙外侧，以防撞墙顶面作为基准面，以防撞墙配筋图为参考，根据设备支架的实际情况，利用钢筋探测仪进行多次探测，确定好各种箱盒设备的打孔模板，提高作业效率和精度。

(10)电缆上下桥特殊防护

信号机房的电缆沿不规则桥墩上桥至各个信号点，电缆的钢槽防护成了一大难点。不规则的箱梁与桥

图 4-9-9 增加绝缘护套的钢轨引接线固定方式

墩结构，又值高处作业，再加上电缆本身的自重，箱梁上又不允许用膨胀螺栓，给施工带来很大的难度。

经过多次现场察看，充分利用电脑绘制适当比例的三维立体图，计算桥梁的不规则结构，加工出适合本梁的钢槽单元，然后通过搭建脚手架，利用化学锚栓，将钢槽本体沿箱梁走向固定。同时，在钢槽内部附带电缆固定卡具，很好地解决了因电缆自身的重力而影响整体钢槽的加盖封闭。

(11)防止引接线磨损

由于线路上轨枕板、支承平台与立面间成 90°夹角，为解决混凝土轨枕板、支承平台直角对钢轨引接线造成磨损，将各台阶用斜面找平(图 4-9-10 和图 4-9-11)。为防止新增的混凝土斜坡与原轨枕板、支承平台结合不牢，在斜坡与地基、支承平台结合处增加了连接钢筋，确保了混凝土斜坡自身强度，有保证了与原有基础和支承平台间的连接牢固。

图 4-9-10 连接线防磨损混凝土斜坡

图 4-9-11 区间轨道连接线防磨损混凝土斜坡

(12)改进扼流变压器连接板

传统的机械绝缘处的两个扼流变压器之间的连接板，是由三块组合而成。根据几个设备管理单位的经验，此连接板有多处连接，因为牵引电流过大容易烧坏，武广工程将组合连接改为一体连接，解决了电气化区段连接板因电流过大容易烧伤的问题。如图 4-9-12 所示。

(13)隧道内信号机安装

隧道内信号机按铁道部标准要求，应安装在隧道壁上。如果采用双排机构，仅 1 500 mm 的救援通道就被占掉 1/2 以上，不利于紧急情况下的人员疏散。同时在隧道内列车高速运行时，产生的负压很大，双排机构比单排机构受力更大。武广铁路客运专线岳阳站采用了五灯位纵列式方式(与高柱进站信号机排列方式相同)，并在上部增加了固定点，确保了信号机的牢固，并减少了对救援通道的占用。如图4-9-13所示。

(14)应答器安装

应答器(图 4-9-14)是 CTCS-2 和 CTCS-3 级列控系统的主要设备，并且安装在线路中间。图 4-9-15～图 4-9-19 为不同轨道结构型式下的安装实例。

图 4-9-12 长度为 1 100 mm 整体式扼流变压器箱连接板

图 4-9-13 隧道内进站信号机双点固定

图 4-9-14 应答器组配

图 4-9-15 框式轨枕板地段应答器安装实例

图 4-9-16 双块式轨道板上应答器安装实例

图 4-9-17 普通混凝土枕上应答器安装实例

图 4-9-18 纵连板应答器安装实例

图 4-9-19 有砟地段宽轨枕板安装实例

12 级台风的速度仅为 33 m/s,武广列车时速为 350 km,风速为 97.22 m/s,接近龙卷风。因此武广铁路客运专线在应答器设备安装时,下部全部采用了进口化学锚栓,确保了应答器与道床的连接牢固。

(15)机柜侧面配线方式

室内机架柜组合侧面及分线防雷柜全部采用采用插接式铁路信号弹簧接线端子。多股铜芯软线在插入端子孔内时,容易造成松动,或卡断线丝现象,因此武广铁路客运专线弹簧接线端子处的 1 mm^2 及以下多股铜芯软线端头,全线采用了冷压接线端帽,保证了连接牢固。

第三节　子系统调试

一、地面固定信号机单项试验内容

(1)灯光位置排列、颜色配置必须符合设计文件规定。

(2)信号机灯泡主、副丝端电压应符合相关要求。

(3)信号机、进路表示器的显示距离符合要求。

二、轨道电路调试

ZPW-2000 轨道电路性能应符合以下要求,并填写检查记录表:

(1)调整状态下,在标准传输条件下(电缆长度 7.5 km 或 10 km),轨道电路必须满足一次调整。

(2)分路状态,在最不利条件下,在轨道电路任一处轨面用标准分路线分路时(电气绝缘节区域内除外),轨道电路接收器输入电压符合设计要求。

(3)机车信号短路电流,在最不利条件下,在轨道电路任一处轨面机车信号短路电流应符合表 4-9-2 的规定。

表 4-9-2　轨道电路任一处轨面机车信号短路电流

频率(Hz)	1 700	2 000	2 300	2 600
机车信号短路电流(A)	≥0.5	≥0.5	≥0.5	≥0.45

(4)进行轨道电路正、反方向性能测试。

三、S700K 型交流电动转辙机试验内容

(1)转辙机动作电流不大于 2 A,道岔因故不能转换到位时,故障电流不大于 3A。

(2)正常转换道岔时,滚珠丝杠动作平稳无异常噪声,摩擦连接器作用良好。

(3)转辙机的电源开关锁通电、断电性能良好,电源一旦被切断,非经人工恢复不得接通电源。

四、ZY(J)7 型电液转辙机安装试验要求

(1)溢流阀溢流压力应调整为额定转换力压力的 1.1～1.3 倍。道岔因故不能转换到底时,溢流阀应溢流。

(2)遮断器的常闭接点应接触良好,在插入手摇把时,常闭接点应能可靠断开,手摇把取出后,非经人工恢复不得接通常闭接点。

(3)锁闭柱与锁闭块两侧的间隙应符合其技术条件的要求。

五、ZD(J)9 型交流电动转辙机安装试验要求

(1)转辙机动作电流不大于 2 A,道岔因故不能转换到位时,故障电流不大于 3 A。

(2)转辙机在正常条件下,滚珠丝杠应转动灵活,回珠无卡阻,丝杠母两端密封应良好。

(3)道岔正常转动时,摩擦连接器不空转,摩擦连接作用良好,道岔尖轨因故不能转换到位时,摩擦连接器应空转。

(4)遮断器的常闭接点应接触良好,在插入手摇把时,常闭接点应能可靠断开,手摇把取出后,非经人工

恢复不得接通常闭接点。

六、道岔转换性能及状态检验要求

(1)普通单开道岔、重型及多点牵引道岔的转换时间符合相关设备的技术要求。

(2)可动部分在转动过程中动作平稳、灵活、无卡阻现象,旷量符合设计要求。

(3)转换动程、外锁闭量等主要技术指标符合设计要求。

(4)装有转换锁闭器、动力转辙机的道岔,道岔在定位和反位时,密贴段各牵引点的尖轨与基本轨、心轨与翼轨间有 4 mm 及其以上间隙时,道岔不能锁闭;密贴段外其他牵引点处尖轨与基本轨、心轨与翼轨间的不锁闭间隙符合相关规定。

七、道分密贴

道岔密贴检查器功能应符合设计要求及相关标准的规定。在密贴检查处尖轨与基本轨的间隙超过规定值时,不得接通道岔表示。

八、道岔下拉装置的电气性能和功能试验内容

(1)道岔下拉装置应具有可靠的锁闭和解锁功能。

(2)下拉驱动器启动电路工作 2 s 后,心轨转换电路方可执行转换命令,解除心轨与滑床板的下拉夹具,可动心轨方可转换。

(3) 在心轨转换过程中,下拉驱动器启动电路应保持工作状态,保证可动心轨转换到底;下拉驱动器启动工作时间超过 30 s 后应停止工作。

(4)可动心轨转换完成后,切断下拉驱动器启动电路,下拉夹具应将心轨与滑床板夹紧,下拉马达处于锁闭状态。

(5)道岔区段处于进路锁闭或有车占用状态时下拉驱动器不应启动。道岔调整时,关闭下拉装置的右路阀门,下拉装置应处于保压工作状态,调整完毕后,应检查下拉装置工作状态。

九、电源设备各种功能试验内容

(1)电源设备送电前应对电源屏内部器材性能进行检测;测量电源端子对地绝缘电阻,并符合相关标准的规定。

(2)电源屏的两路输入电源相序应一致。

(3)在规定的输入范围内,各供电模块工作正常,输出应符合设计要求。输出电源的电压、相位、极性正确。

(4)电源屏两路电源的转换时间不大于 0.15 s。

(5)电源过压、欠压、过载、短路、接地保护可靠。

(6)三相电源断相或错相时及时报警。

(7)接入最大负载后,设备能正常工作,各部件的温升应不超过质量证明文件及相关技术标准的规定,各相位间的电流应基本平衡。

(8)电源屏输出电源对地绝缘电阻、对地漏泄电流应符合产品技术标准的规定。

(9)智能电源应具备监测功能。智能监测显示系统在工作范围内动作显示正常,各种监测、存储、显示、报警、传输、呼叫功能应符合产品技术规定。智能监测显示系统的各种显示应与用仪表测试一致。

(10)智能电源应通过数据接口与信号集中监测联网。

十、不间断电源(UPS)和蓄电池的电源功能试验内容

(1)输出电源的电压极性正确。

(2)不间断电源(UPS)和蓄电池在外部电源停电时能自动切换,持续不间断供电时间应符合设计要求。

(3)不间断电源 UPS 和蓄电池故障时,应通过静态开关(或手动开关)接通旁路电源供电。

(4)UPS 工作正常、指示灯显示正确。

十一、车站联锁试验

车站联锁按联锁图表进行模拟试验,并检查下列联锁关系符合计算机联锁技术条件及设计文件的规定:

(1)联锁设备显示的采集信息、驱动单元,与采集对象、执行器件的状态一致。

(2)进路排列时信号机的开放、关闭及取消。

(3)进路排列时道岔的锁闭、解锁及开通状态。

(4)轨道区段的占用与空闲。

(5)进路的开通、解锁及取消。

(6)敌对进路的照查关系。

(7)计算机联锁系统的自诊断、自测试功能,硬件测试、软件故障监视和现场操作与信号设备动作记忆、查询、再现等功能,以及在线测试、维护、远程监视等功能应完善、齐全。

(8)主机和备机转换试验。

十二、列控中心系统工作状态试验内容

1. 系统的启动检查应满足的要求

系统在关机的情况下,启动其中的任意一系,此系能正常启动,并成为主控状态,启动另一系,自动进入备用状态。

当列控中心处于自动切换状态,同时启动两系,两系均能正常工作,且状态为一个主控一个备用。

表示系统的工作状态指示灯正确。

2. 系统的切换检查应满足的要求

在列控中心同步状态下,双机切换时,系统正常工作。

在列控中心同步状态下,关闭主控系,系统应自动切换到备用系。

在列控中心同步状态下,关闭备用系,主控系统仍能正常使用,不受影响。

3. 列控中心电源冗余检查应满足的要求

送电后两模块正常工作,电压应调整一致。

关闭其中任意一个电源模块,另一模块能够保证系统正常工作。

十三、无线闭塞中心(RBC)工作状态试验内容

1. RBC 机柜送电后,主、备用系统正常启动,指示灯显示正常、工作正常。

2. 当主系统故障后,能够自动切换到备用系统,当备用系统故障时,不影响主系统正常工作。

3. 维护终端工作正常,能够正确显示系统状态。

4. 检查司法记录器与 RBC 通信正常。

十四、临时限速服务器工作状态试验内容

1. 调整 TSR 本地时钟,时间校核以 CTC 为准。

2. 依次断开 TSRS 主机上的 CTC 网络通道,先报警、后中断。

3. 依次断开 TSRS 主机上的安全网络通道,先报警、后中断。

4. 重启 TSRS、TCC、RBC,依次对指定设备下达初始化命令,初始化成功。

十五、调度集中(CTC)工作状态内容

1. 机柜送电后,主、备用系统正常启动,硬件指示灯显示正常。

2. 当主系统故障后,能够自动切换到备用系统,当备用系统故障时,不影响主系统正常工作。

3. 调度中心行车调度、助理调度、车站维护操作终端能够正确显示系统工作状态。

十六、信号集中监测工作状态检验要求

1. 信号集中监测系统上电使用前应检查以下内容：

①检查系统供电电源是否为工频单相交流 220 V，系统电源应从电源屏两路转换稳压后经 UPS 引入；

②检查系统设备地线和防雷地线是否接入，接地电阻不大于 1 Ω；

③检查各电路板是否插牢，避免虚接；

④检查各传感器电源是否有短路和断路现象；

⑤按照工程图纸检查核对各路采集线是否正确。

2. 信号集中监测系统上电后应检查以下内容：

①机柜内各散热风扇是否运行完好，有无异常、异味；

②检查各采集分机电路板电源指示灯，正常情况为常亮且无闪动；检查工作指示灯，正常情况为均匀闪动（每秒闪动 1 次）；检查通信收发灯，正常情况为接收数据时收灯亮，发送数据时发灯亮，无数据收发时为灭灯；

③测量外接传感器工作电压是否在正常范围。

第四节 联调联试

一、概　述

根据《武广铁路客运专线联调联试及试运行大纲》要求，在铁道部的领导下，各参试单位按要求完成了各项准备工作，2009 年 8 月 23 日～12 月 6 日完成了武广铁路客运专线信号系统联调联试工作。

二、试验意义

武广铁路客运专线信号系统首次采用了 CTCS-3 级列控系统，列控系统的安全性、稳定性和可用性是保证武广铁路客运专线列车在 350 km/h 高速运行条件下高效、安全运行的关键技术之一。通过信号系统的联调联试，验证 CTCS-3 级列控系统的系统适用性与主要技术条件，信号系统的接口特性及主要技术条件，将为武广铁路客运专线信号系统的建设、验收与开通运营提供重要的技术支持。

三、试验系统构成

武广铁路客运专线信号系统由车站联锁系统、CTCS-3 级列控系统、CTC 系统和微机集中监测系统等组成。

（一）CTCS-3 级列控系统

CTCS-3 级列控系统由车载设备和地面设备组成，地面设备包括无线闭塞中心 RBC、临时限速服务器、车站列控中心、轨道电路、LEU 与应答器设备组成；

1. RBC 设备

RBC 是 CTCS-3 级列控系统的核心设备，具备与联锁、CTC、临时限速服务器、铁路数字移动通信系统（GSM-R）网络等的接口能力，并根据轨道电路、联锁进路等信息生成行车许可，通过 GSM-R 将行车许可、线路参数、临时限速信息传输给 CTCS-3 级列控车载设备；同时通过 GSM-R 接收车载设备发送的位置和列车数据等信息。

根据 RBC 容量限制，每台 RBC 管辖一定的线路范围和列车数量，武广铁路客运专线全线设置 9 台 RBC 设备，集中设置在武汉调度所，各 RBC 设备的管辖范围如图 4-9-20 所示。

2. 临时限速服务器 TSRS

临时限速服务器集中管理全线的临时限速，CTC 操作终端下达临时限速命令后，通过临时限速服务器对限速命令的合法性、限速数据的有效性等进行检验，并分别传送给 RBC 设备和 TCC 设备，通过 GSM-R 网络或应答器设备传送给车载设备。武广铁路客运专线全线设置 4 台临时限速服务器，集中设置在武汉站，各临时限速服务器的管辖范围见表 4-9-3。

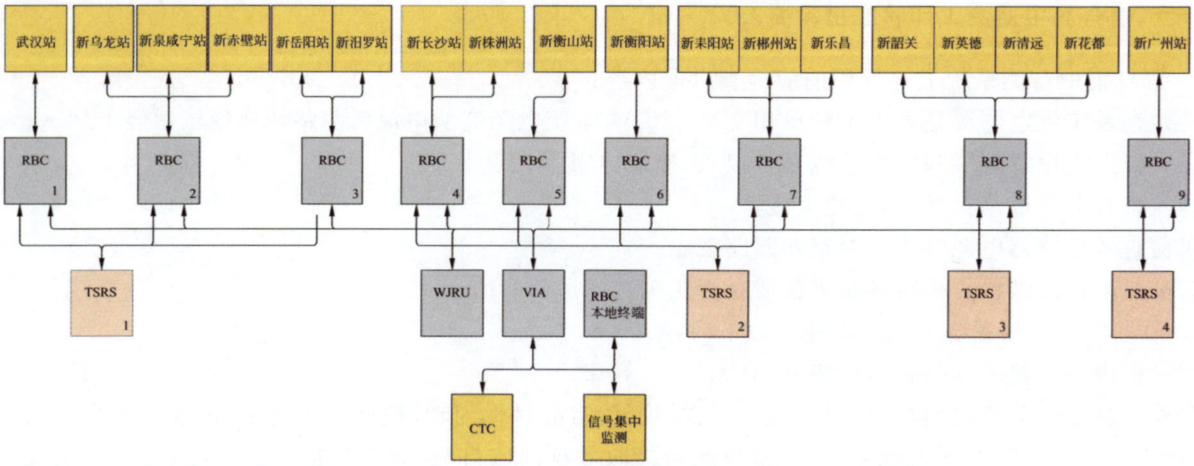

图 4-9-20 RBC 设备管辖范围

表 4-9-3 武广铁路客运专线临时限速服务器管辖范围

序号	TSRS 编号	起点站	终点站	备注
1	TSRS1	武汉站	中继 18	对应 CTC-1 台、TSRT-1
2	TSRS2	中继 9	中继 26	对应 CTC-2 台、TSRT-2
3	TSRS3	中继 27	中继 52	对应 CTC-3 台、TSRT-3
4	TSRS4	中继 53	广州南站	对应 CTC-4 台、TSRT-4

3. 列控中心 TCC

列控中心通过与轨道电路的接口，采集区间轨道电路占用与空闲状态，控制轨道电路低频信息编码和有源应答器报文。

武广铁路客运专线全线车站及中继站都设置 K5B 型列控中心设备，共计 72 套。

4. 轨道电路

轨道电路设备实现列车位置检测，并向车载设备发送低频机车信号信息。武广铁路客运专线全线采用 ZPW-2000A 站内区间一体化轨道电路，站内岔区直向通过时连续发码，侧向进路时岔区不发码。

5. 应答器

应答器包括有源应答器和无源应答器，向 C3 车载设备发送列车定位、等级转换和建立无线通信等信息，向 C2 车载设备发送应答器链接、临时限速、线路参数、轨道电路等信息。

武广铁路客运专线站内进出站信号机、中继站等处设置有源应答器，区间闭塞分区入口、RBC 切换点、分相区等处设置无源应答器。

（二）车站联锁系统

武广铁路客运专线全线采用 DS6-K5B 车站联锁系统（除广州南），共计 17 套；联锁系统新增加与 RBC 的接口，向 RBC 发送信号授权（SA）。

（三）CTC 系统

武广铁路客运专线采用分散自律调度集中系统（CTC），客运专线及与正线衔接的联络线均纳入 CTC 系统监控，CTC 系统还对沿线各动车段（所）内的接发车区进行监视。设武汉、广州两个调度所，其中武汉调度所调度集中（CTC）系统监视和控制武汉-广州站（不含），新广州站纳入广州调度所广深港调度台。

CTC 系统由调度所中心系统、车站级系统和调度中心与车站、车站与车站之间的广域网络系统三部分组成，新增加与 RBC 和 TSRS 的接口，CTC 操作台界面上应能显示 C3 列车的相关信息。

武汉调度所设置武广一台、二台和三台。

武广铁路客运专线通过安全信息网络将车站联锁系统、CTC 系统、RBC、列控中心、临时限速服务器等构成一个完整的系统，实现信息的双向安全传输。

接口方式及接口信息内容见表 4-9-4。

表 4-9-4 武广铁路客运专线网络接口及接口信息内容

序号	接口关系	接口方式	主要接口信息内容	备注
1	联锁-RBC	TCP/IP	进路类型、状态，降级状态，SA 区段 ID 号，危险点信息等	
2	CTC-RBC	协议转换器接口服务器	列车状态信息、文本信息，时间同步信息等	
3	RBC-TSRS	TCP/IP	临时限速命令及执行状态反馈信息	
4	RBC-GSM	ISDN PRI 接口	RBC 与车载之间交换传输的各种无线消息	

1. 试验区段

武广铁路客运专线信号系统联调联试试验区段为武汉站～广州北站，包括武汉、乌龙泉东、咸宁北、赤壁北、汨罗东、岳阳东、长沙南、株州西、衡山西、衡阳东、耒阳西、郴州西、乐昌东、韶关西、英德西、清远、广州北 17 个车站，包括正线和所有侧线。

CTCS-3 级列控系统的联调联试范围为：武汉站客专场（含）～广州北站（含）范围内正线线路及各车站，不包括广州北（不含）～广州南（含）。

CTCS-2 级的控制范围为：武汉站（含）～广州北（含）范围内正线线路及各车站。不包括广州北-郭塘联络线，株洲北、株洲南联络线以及长沙动车运用所及走行线。

武广铁路客运专线全线车站里程及正侧线股道数量见表 4-9-5。

表 4-9-5 武广铁路客运专线车站及正侧线股道

车站名	正侧线股道数	车站名	正侧线股道数	车站名	正侧线股道数
武汉	15	长沙南	16	乐昌东	4
乌龙泉东	4	株州西	7	韶关西	6
咸宁北	6	衡山西	4	英德西	4
赤壁北	4	衡阳东	12	清远	4
汨罗东	4	耒阳西	4	广州北	4
岳阳东	8	郴州西	6		

武广铁路客运专线试验区段全长 919.94 km，根据工程和调试进度，联调联试工作分 5 段进行，区段划分及完成时间见表 4-9-6。

表 4-9-6 武广铁路客运专线信号系统联调联试区段划分及完成时间

序号	区段划分	区段长度(km)	开始时间	完成时间
1	咸宁北—长沙南	262.61	8 月 23 日	9 月 20 日
2	长沙南—衡阳东	148.5	10 月 28 日	11 月 1 日
3	衡阳东—韶关西	260.65	11 月 2 日	11 月 17 日
4	韶关西—广州北	163.22	11 月 2 日	11 月 17 日
5	武汉—咸宁北	84.96	10 月 25 日	10 月 27 日

由于联调联试过程中部分车站侧线股道暂不具备条件，联调联试结束后长沙以南列控工程数据要进行调整，结合试验过程中所发现的问题和武广铁路客运专线联调联试总体计划安排，对部分项目、部分进路及侧线股道进行了复测，复测内容及时间见表 4-9-7。

表 4-9-7 武广铁路客运专线信号系统联调联试复测内容

序号	区段划分	开始时间	完成时间	备注
1	武汉站 1、2、3、4、9、10、11、12、13、14、15 道	11 月 28 日	12 月 1 日	结合专家组测试完成
2	岳阳东站 5、6、8 道	11 月 15 日	11 月 16 日	结合 ITC 测试
3	长沙南 1、2、3、4、13、14、15、16 道	12 月 1 日	12 月 6 日	结合长沙-广州北区段列控数据更新后复测试验
4	衡阳东 5、6、7、8、9、10、12 道			
5	郴州西 5、6 道			
6	韶关西 5、6 道			

2. 试验列车

根据试验内容的不同，武广铁路客运专线信号系统联调联试采用了以下动车组：

(1)CTCS-3 级列控系统试验：CRH3. 1. 2-067C、CRH3. 1. 2-072C、CRH3. 1. 2-071C、CRH3. 1. 2-077C、CRH3. 1. 2-078C；

(2)CTCS-3 级后备系统试验：CRH3. 1. 2-067C、CRH3. 1. 2-072C、CRH3. 1. 2-071C；

(3)跨线运行 C2 兼容性试验：CRH2-059A；

(4)重联与摘解试验：CRH3. 1. 2-080C、CRH3. 1. 2-072C。

四、联调联试目的、内容与评判标准

(一)目　　的

根据 CTCS-3 级列控系统特点，结合工程实施情况，对客运专线 CTCS-3 级列控系统的功能、安全性、可靠性进行验证和测试，根据试验结果，为系统结构完善与优化、系统验收与开通、制定客运专线运营组织方案和规章制度、指导运营和维护管理提供支持，并达到以下目的：

(1)验证 CTCS-3 级列控系统在最高 350 km/h 速度运行条件下的功能，能否正确地生成并通过 GSM-R 网络传输列控信息/命令，能否正确地实现 RBC 与 RBC 之间的切换，能否正确地实现 CTCS-3 级与 CTCS-2 级之间的转换，能否正确地控制列车运行；

(2)验证 CTCS-3 级列控系统后备模式在最高 300 km/h 速度运行条件下的功能，按照 CTCS-3 级列控系统系统需求规范等集成的地面信号系统在车地联动中，能否提供正确的、一致的 CTCS-2 级控车信息；

(3)验证武广铁路客运专线 CTCS-3 级列控系统与既有客运专线 CTCS-2 级列控系统的兼容性，装载 CTCS-2 级列控车载设备的动车组能否正确地接受客运专线地面发送的列控信息/命令，能否正确控制列车运行，满足客运专线应答器报文兼容性需求；

(4)验证无线闭塞中心与 CTC 系统、车站联锁系统、GSM-R 无线网络、临时限速服务器之间的接口关系，临时限速服务器与 CTC 系统、列控中心之间的接口关系；

(5)验证武广铁路客运专线跨线列车上下线和动车组进出动车段列控系统的控车功能和级间转换功能。

(二)联调联试内容

根据《武广铁路客运专线联调联试及试运行大纲》(以下简称《大纲》)，武广铁路客运专线信号系统联调联试包括如下主要内容。

1. CTCS-3 级列控系统功能联调联试

结合武广铁路客运专线联调联试时信号系统相关设备功能的实际情况，CTCS-3 级列控系统联调联试主要包括了注册与启动、注销、行车许可、临时限速、自动过分相、RBC 切换、级间转换、重联与摘解等 8 个运营场景(进出动车段、灾害防护两个场景因条件不具备没做，特殊进路和降级运行两个场景联调联试中不做)。

联调联试依据《客运专线 CTCS-3 级列控系统测试案例(V3. 0)》和《联调联试大纲》的要求，通过编制测试序列对功能特征进行验证。武广铁路客运专线联调联试共覆盖了其中的 183 个测试案例。

案例的选取原则如下：

(1)只针对车载本身的测试案例如 BTM 故障、TCR 故障、隔离模式等联调联试中不进行专门验证；

(2)联调联试前已明确暂不具备条件的测试案例，如 SL 模式、人工 TAF、机控、纯文本信息等，联调联试中不能验证；

(3)武广铁路客运专线不采用的功能相关的测试案例，如临时限速不可撤销、LOA、SVL 等，联调联试中不能验证；

(4)工程条件不具备无法测试的案例，如 C2/C3 等级转换点、进出动车段等，联调联试中不能验证；

(5)需实验室仿真条件支持的测试案例，联调联试中不能验证。

2. CTCS-3 级列控系统后备模式 CTCS-2 级列控系统功能联调联试

通过 CTCS-3 级列控系统后备模式功能试验，验证 CTCS-3 级列控系统地面设备提供 CTCS-2 级列控信息的正确性，CTCS-3 级列控车载设备集成的 CTCS-2 级列控系统功能的正确性。

运营场景 1:正线拉通试验。

正线拉通试验按联调联试总体计划分段进行,包括从武汉-广州北上下行全线。通过拉通试验,验证地面系统提供的 C2 列控信息的正确性和列控系统的整体功能。

运营场景 2:控车模式及模式转换试验。

列控车载设备根据不同的地面信息条件,可实现不同模式之间的转换,通过测试列控车载设备不同模式之间的转换条件、转换时机和速度监督等,验证地面系统提供控车信息的正确性。

运营场景 3:正线发车、停车、通过试验。

根据地面控制信息和进路条件,测试 C2 动车组正线发车、停车与通过功能,验证地面控制信息的正确性。试验地点为全线所有车站正线。

运营场景 4:侧线发车、停车、通过试验。

根据地面控制信息和进路条件,测试 C2 动车组侧线发车、停车与通过功能,验证地面控制信息的正确性。试验地点为全线所有车站主要侧线。

运营场景 5:临时限速试验。

测试列控车载设备接收到临时限速信息后的反应,验证地面临时限速服务器下达临时限速命令的正确性、临时限速命令归档、临时限速命令拆分、临时限速管辖范围等。

运营场景 6:引导接发车。

测试列控车载设备引导接车与引导发车功能,验证地面信号办理引导接车进路与发车进路功能。试验地点选择主要的车站侧线进路。

运营场景 7:反向运行。

测试列控车载设备反向运行时的控车功能,验证地面应答器链接关系、应答器数据、地面码序、上下行载频切换的正确性。

运营场景 8:冒进防护试验。

测试地面设备故障信号突然关闭时列控车载设备的防护功能,验证地面线路数据和动车组制动性能的一致性。试验地点选择在区间连续下坡道和进站信号机外方。

运营场景 9:自动过分相试验。

测试列控车载自动过分相功能,验证地面过分相预告和执行应答器报文的正确性。测试时设置 200 km/h和 250 km/h 两个速度级。

运营场景 10:故障模拟试验。

测试地面系统典型故障条件下列控车载设备的反应,验证列控系统的故障安全功能。

运营场景 11:灾害防护试验。

验证列控中心与防灾系统的接口,以及灾害报警信息发出后列控系统的正确反应。灾害系统主要考虑落物灾害。

运营场景 13:大号码道岔试验。

测试动车组通过大号码道岔时的速度监督功能,验证通过大号码道岔时应答器报文的正确性。测试地点选择在大号码道岔(50 号)进路。

3. 跨线运行 CTCS-2 级列控车载设备适应性试验

跨线运行 CTCS-2 级列控车载设备适应性试验主要验证装载其他制式 CTCS-2 级列控车载设备的动车组上线运行的适应性,试验区段选择在中继 3.1.2-咸宁北,试验内容从(2)中选取,主要包括:应答器报文接收;应答器链接;上下行载频切换与锁定;车载控车模式及模式转换;临时限速;自动过分相;正线通过;侧线接车;侧线发车;侧线通过;反向运行;引导接发车。

武广铁路客运专线采用 DS6-K5B 联锁系统,各站配置列控中心设备,负责应答器报文选择、轨道电路编码控制等功能。车站联锁系统的测试主要是结合列控系统动态试验,对联锁系统部分特殊设计、联锁系统与 RBC、列控中心、CTC 之间的接口关系进一步验证;联调联试过程中选择乌龙泉东站联锁系统作为测试点,结合 CTC 进路排列和列车运行情况,验证其基本联锁功能、特殊设计以及与 RBC、列控中心、CTC 等的接口关系。

4. 调度集中系统(CTC)结合测试

CTC系统结合试验结合列控系统动态测试同步进行，重点对CTC的基本功能、整体性能、接口关系等进行测试和验证，并在CTC模拟故障情况下，测试故障的影响范围，以及集成商提供的应对该故障的备有手段的有效性和合理性，保证CTC系统安全、有序、稳定运行。

武广铁路客运专线CTC系统按分散自律控制模式设计。指挥中心设在武汉调度所，设有三个行调台：武广一台管辖武汉到长沙、武广二台长沙到衡阳、武广三台管辖衡阳到广州。CTC系统的集成商为卡斯柯信号有限公司。武广铁路客运专线CTC系统由调度中心子系统、车站子系统及调度中心与车站、车站与车站之间的网络子系统三部分构成。

在武汉路局调度中心，设置三个行调台：武广一、二、三台。调度台设备包括行调员台、助调员和综合维修台。

中心机房设备有数据库服务器、应用服务器、通信前置服务器、网络设备、电源设备、防雷设备、网管、电务维护台等。

在武广铁路客运专线调度集中控制范围内的各个车站，安装CTC车站设备。

CTC系统提供与GSM-R、RBC、TSR相关信息系统的接口；CTC系统的测试内容如下。

(1)CTC系统基本功能测试

基本功能测试包括列车运行监视、车次追踪、计划编制基础数据管理、列车运行计划编制、计划管理、调度命令管理、集中控制、车站控制、数据回放、统计分析等。

(2)接口关系测试

与受控系统通信时，CTC系统控制功能、模式切换试验。受控系统包括联锁系统、列控中心设备、无线闭塞中心RBC、临时限速服务器等。

(3)与联锁系统接口

与联锁系统采用的接口形式、协议，在CTC各种控制模式下与联锁系统接口，CTC能够显示全部联锁系统信息，联锁系统能够接受并执行CTC系统发来的命令。

(4)与列控中心接口

与列控中心采用的接口形式、协议，在CTC各种控制模式下与列控中心接口，CTC能够显示全部列控中心信息，列控中心能够接受并执行CTC系统发来的命令。

(5)与无线闭塞中心RBC接口

与RBC采用的接口形式、协议，在CTC各种控制模式下测试CTC与RBC的接口和交互的信息，交互的信息包括：临时限速，区间、站内封锁信息，C3/C2降级升级信息，列车计划信息，列车位置、车次号信息，列车速度、停稳信息，SA-Section状态信息、限速状态信息等。

(6)与TDCS系统接口。

(7)故障模拟测试

测试故障的影响范围，以及集成商提供的应对该故障的备有手段的有效性和合理性。包括与受控系统通信故障测试，CTC设备故障测试，CTC系统通信故障测试，错误操作故障测试等。

(三)联调联试评判标准

(1)《CTCS技术规范总则(暂行)》、《CTCS-2级技术条件(暂行)》(科技运函〔2004〕14号)；

(2)《CTCS-2级列控系统列控中心及列控车载设备系统测试验收暂行标准》(报批稿)；

(3)《客运专线CTCS-2级列控系统配置及运用技术原则(暂行)》(铁集成〔2007〕124号)；

(4)《客运专线CTCS-2级列控系统列控中心技术规范(暂行)》(铁集成〔2007〕158号)；

(5)《铁路客运专线竣工验收暂行办法》(铁建设〔2007〕183号)；

(6)《客运专线铁路工程竣工验收动态检测指导意见》(铁建设〔2008〕7号)；

(7)《CTCS-3级列控系统系统需求规范(SRS)》(科技运〔2008〕127号)；

(8)《CTCS-3级列控系统系统应答器应用原则》(科技运〔2008〕144号)；

(9)《CTCS-3级列控系统系统临时限速技术规范》(科技运〔2008〕151号)；

(10)《CTCS-2级列控系统系统应答器应用原则》(科技运〔2008〕143号)；

(11)《CTCS-3 级列控系统总体技术方案》(科技运〔2008〕143 号);
(12)《武广铁路客运专线工程设计文件、技术规格书等》;
(13)《CTCS-3 级列控系统系统功能需求规范(FRS)》(科技运〔2008〕113 号);
(14)《CTCS-3 级列控系统系统 GSM-R 网络需求规范》(科技运〔2008〕168 号);
(15)《CTCS-3 级列控系统测试案例(V3.0)》;
(16)《客运专线 CTCS-3 级列控系统综合试验试验大纲》(铁技委函〔2009〕773 号文);
(17)《调度集中车站自律机与计算机联锁接口通信协议(V1.1)》(运基信号(2006)312 号);
(18)《GSM-R 与 CTC_TDCS 系统数据传输接口规范(暂行)》(运基通信〔2006〕185 号);
(19)分散自律调度集中系统(CTC)技术条件(暂行修订稿)》(科技运函(2004)15 号);
(20)《调度集中系统(CTC)数据通信规程》(运基信号〔2007〕696 号);
(21)《分散自律调度集中系统组网技术条件》。

五、结论及建议

(一)结　论

1. 武广铁路客运专线采用 CTCS-3 级(CTCS-2 级为后备模式)的列控系统方案,列控系统的应用功能总体上满足《CTCS-3 级列控系统总体技术方案》、《CTCS-3 级列控系统功能需求规范(FRS)(V1.0)》和《CTCS-3 级列控系统系统需求规范(SRS)(V1.0)》要求,满足 CTCS-3 级功能需求。

2. 根据《武广铁路客运专线联调联试及试运行大纲》、《CTCS-3 级列控系统测试案例(V3.0)》的要求和武广铁路客运专线实际情况,测试组通过注册与启动、注销、行车许可、临时限速、RBC 移交(双电台)、C3 区域内的等级转换、自动过分相、调车作业、降级运行、重联与摘解、特殊进路、人工解锁进路等共 12 个运营场景的功能试验,完成了试验大纲中确定的 185 个测试案例的测试,测试结果总体上满足《CTCS-3 级列控系统测试案例(V3.0)》的要求。

3. CTC 系统目前已具备模式转换、分散自律功能、调度中心人工排列进路、道岔操作、正线按计划自动排路以及行车指挥、监视、下发无线调令、临时限速命令等功能。

4. 联锁系统与 CTCS-3 级列控系统结合的功能满足设计要求,相关接口测试通过,满足功能要求。

总结论:武广铁路客运专线信号系统总体上满足 CTCS-3 级列控系统测试案例和相关技术规范要求,满足 CTCS-3 级功能需求。

(二)建　议

1. 案例测试和试验中发现的问题,应采取相应措施,尽快完善。

2. 进一步做好车载和地面设备的调试,提高设备稳定性。

3. 长沙南下行出站离去区段设置有分相区,且位于长大上坡道上,列车低速通过时将掉入分相区,需进一步研究相关整改措施。

六、信号系统评估体系

(一)系统功能及技术指标评估

系统功能评估主要对整个信号系统及各子系统的功能需求进行评估。在武广铁路客运专线中,信号系统的功能符合《CTCS-3 级列控系统总体技术方案》、《CTCS-3 级列控系统系统需求规范(V1.0)》、《CTCS-3 级列控系统功能需求规范(V1.0)》的要求,联锁系统功能符合《计算机联锁技术条件》(TB/T 3027—2002)的要求。在武广铁路客运专线中,对信号系统进行了静态验收、动态验收、初步验收。在初步验收一年后,国家主管部门或铁道部组织将对铁路客运专线进行验收。铁道部组织专家组在环形线、C3 列控实验室、武广现场对 C3 列控系统的功能进行测试,以对信号系统的功能进行评估。在本章第 2 节中,特殊应用的系统评估的一个目的就是验证被评估的 CTCS-3 级列控系统与总体技术方案(含系统功能)的一致性,确认其符合要求。

(二)硬件技术指标评估

在武广铁路客运专线中,对于 CTCS-3 级列控系统各子系统的硬件,需要进行以下评估:对于国产化产品的生产，由外方对国内制造企业的生产加工能力进行审核、对首件产品进行认证，以保证技术引进实施国产化的硬件产品，达到国外技术支持方的技术要求。

在《CTCS-3 级列控系统总体技术方案》表 8 中列出了硬件产品测试检验项目及标准，表 9 中列出了车载设备、地面室内、地面室外设备的测试检验项目。在武广铁路客运专线中，对 RBC、临时限速服务器、列控中心（TCC）、ZPW-2000A 轨道电路进行了型式试验，由铁道部质检中心进行检验，以证明 CTCS-3 级列控系统的各子系统满足相关的技术规范。

（三）安全评估

在武广铁路客运专线中，由于联锁是非常成熟的系统，因此未对联锁进行的安全性进行评估。作为新开发的 CTCS-3 级列控系统，其安全评估按照铁道部发布的《CTCS-3 级列控系统系统评估实施办法》执行。

按照《CTCS-3 级列控系统系统评估实施办法》，CTCS-3 级列控系统/子系统/设备的评估分成三个不同层面：(1)通用产品层：指可在不同独立应用中重复使用；(2)一般应用层：指可在一类具有共同功能的应用中重复使用；(3)特定应用层：指仅用于某一特定的条件或环境。

武广 CTCS-3 级列控系统评估和批准方案如图 4-9-21 所示。

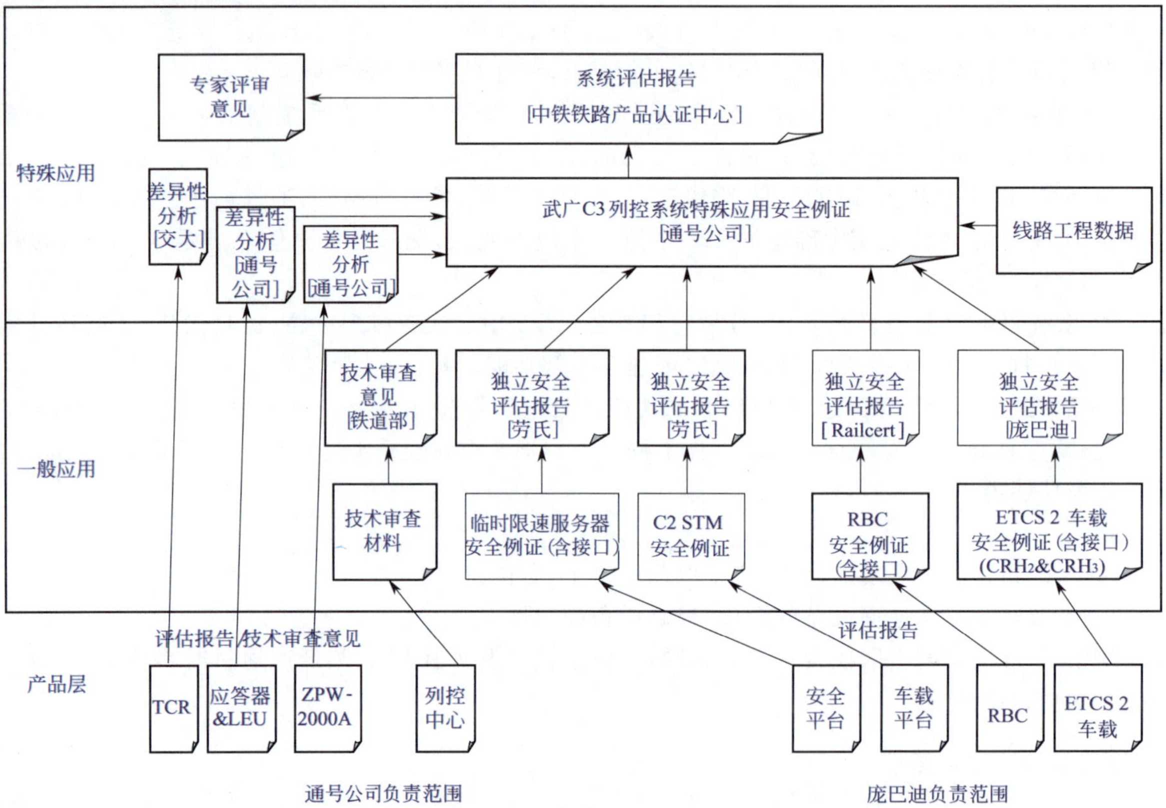

图 4-9-21 武广 CTCS-3 级列控系统评估和批准方案

产品层和一般应用层可以进行交叉认证，而针对某项工程的特殊应用层不能进行交叉认证。

根据《CTCS-3 级列控系统系统评估实施办法(V1.0)》，在系统评估中，对于已完成开发的子系统或关键部件，可采用互认性原则，不再进行评估，但需要补充对系统特定应用的功能需求、安全需求和危害影响分析的评估。

（四）产品层认证方案

ZPW-2000A 轨道电路和列控中心于 2007 年 11 月 16 日通过了铁道部的技术审查，并印发《ZPW-2000A 一体化轨道电路和列控中心(LKD2-T2)技术审查意见》。

应答器和 LEU 在产品层通过了按照欧洲 CENELEC 标准进行了安全认证，是按照 EN50126 和 EN50129 的 SIL4 的要求开发的。

C2 STM 采用庞巴迪的车载安全计算机，该平台已经通过欧洲 CENELEC SIL4 安全认证。

临时限速服务器产品层采用庞巴迪的与 RBC 相同的安全平台，该平台已经通过欧洲 CENELEC SIL4 级安全认证。

RBC 和 E2 车载通过了欧洲 CENELEC 安全认证。其认证包含 RBC 和 E2 车载的硬件、软件。

1. 一般应用(子系统)的评估方案

E2 车载针对 C3 列控系统所做的适配为 E2 车载一般应用，由庞巴迪内部独立的第三方进行评估。

RBC 针对 C3 列控系统所做的适配为 RBC 一般应用，由欧洲 Railcert 进行评估。

临时限速服务器在庞巴迪平台上加入了应用软件，此为临时限速服务器一般应用。由劳氏评估。

C2 STM 在庞巴迪的车载平台基础上加入了应用软件，此为 C2 STM 一般应用。由劳氏评估。

列控中心针对 C3 列控系统所做的改动由铁道部组织进行了技术审查。

CTCS-3 级列控系统在产品层和一般应用层已经获得的证书/评估报告/技术审查见表 4-9-8。

表 4-9-8　已经获得的证书/评估报告/技术审查

序号	子系统名称	证书名称	编　号
1	TSRS	LKX-T Te mporary Speed Restriction(TSR)Syste m Certificate	初稿
2	列控中心	ZPW-2000A 一体化轨道电路和列控中心(LKD2-T2)技术审查意见	科技运〔2007〕225 号
3	ZPW-2000A 轨道电路	ZPW-2000A 一体化轨道电路和列控中心(LKD2-T2)技术审查意见	科技运〔2007〕225 号
4	应答器	Certificate of Independent Safety Assess ment	A. P5040. 70. 13
5	LEU	EC Certificate of Design Exa mination	0942/2/H2/04/CCS/FREN/1047/032
6	C2 STM	C2 Onboard ATP Core Syste m ISA and Certification	SHI0065415-R05-00
7	RBC	庞巴迪负责	
8	E2 车载	庞巴迪负责	

2. CTCS-3 级列控系统认证方案

CTCS-3 级列控系统在武广铁路客运专线中特殊应用的的安全评估按照铁道部发布的《CTCS-3 级列控系统系统评估实施办法》执行，由中铁铁路产品认证中心进行评估。根据《CTCS-3 级列控系统总体技术方案》，系统评估报告作为客运专线开通运营的依据。系统评估分为系统设计、产品实现、测试验证和验收确认四个阶段，如图 4-9-22 所示。

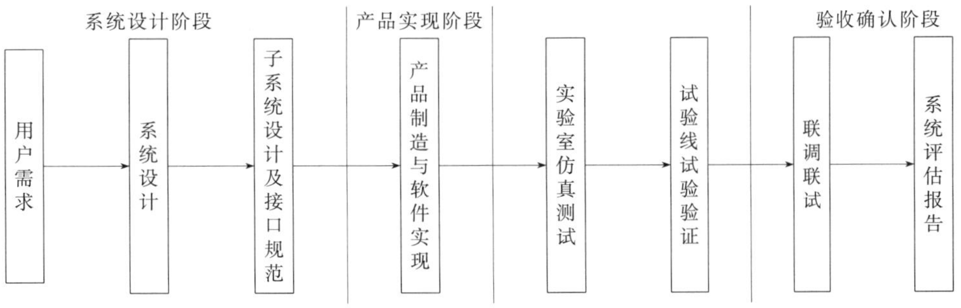

图 4-9-22　评估阶段示意图

(五)质量、配置管理

特殊应用的系统评估的一个目的就是检查被评估的 CTCS-3 级列控系统开发和产品制造过程的质量控制过程，使其符合 ISO9001 等相关标准的要求。因此需要进行相应的质量和配置管理，并接受外部第三方的审核评估。其中，配置管理包括设备软硬件和文档的配置管理。

第五节　经验体会和建议

客运专线的建设对于接口提出了更高的要求，无论是站前与站后专业见的配合，还是站后专业之间的配合，都因为综合管线、综合接地、系统防雷、系统集成的原因变得更为密切和细致。

一、接地和综合管线的站前站后配合

区间线路两侧设置区间贯通电缆槽，需要处理好并线桥梁、区间出岔处、桥隧、桥路、路隧过渡段等特殊区段的衔接关系。设备房屋距离线路侧电缆槽有一定的距离，电缆的引上引下、跨越水沟和各类障碍物等都需要有具体的可实施方案。

站内管线存在多专业平行和交叉问题，既有沿线路方向的干线和分支电缆槽，又有大量的横穿轨道的管线，同时存在高程冲突问题，因此，需要站场专业统筹考虑，各专业密切配合。

信号机与接触网安全防护距离不足问题。武广铁路客运专线采用AT供电方式，电气化带电导线除接触网导线外还有线路外侧的AF线，由于武广铁路客运专线不考虑开行双层集装箱的条件，接触网支柱高度有限，此外由于高速限界不同于既有线，信号机安装位置也与既往有所差别，造成信号机柱及梯子距离AF线的防护距离不足。由于设计前期专业间缺乏沟通，造成有关问题在实施完成后发现，为整改带来较多困难。需要相关专业及早进行沟通并寻找解决方案。

在武广公司的有效接口管理领导下，武广铁路客运专线首次启动接口管理程序，站前站后基本能够相互衔接，有效沟通，在站前施工过程中完成接地系统、管线系统的预留预埋工作，但由于观念转变尚存在不彻底之处、设计施工周期极短、各相关层面的技术储备不完善，在实际工程实施中尚存在预留预埋不到位、工艺不达标，甚至遗漏的现象，建议在今后的工作中能够保证站前、站后更充分的沟通、制定合理的设计施工周期，保证预留预埋更确切到位。

二、接地系统的详细设计

综合接地是个庞大而且又细致系统，本次武广的接地系统设计尚难言精细，尚未对各接地连接线、接地端子形成细致的图纸，也未对各设备接地使用的端子情况予以说明和分配，在今后的工程设计中需要投入更多的人力做好详细设计。

三、房屋防雷

随着对设备防雷的认识加强、相关防雷文件的出台，建筑物防雷成为系统防雷的一个非常重要的组成部分。目前武广铁路客运专线房屋设计涉及四个设计院、各设计院内分工界面不完全相同、对相关部文的理解不完全相同，造成设计、施工等各环节的程序不够流畅。建议在今后的工作中能够在设计、施工、管理等各层面明确分工、统一理解和认识，保证全线房屋防雷设计和施工质量。

四、设计里程和运营里程的关系及早明确

根据新近颁布的部文要求，列控数据将采用运营里程编制相应的数据表格，由于大量数据需要编写且每更新一次数据工作量非常巨大，因此尽早明确运营里程和设计里程的关系对列控数据的编制非常有意义。

五、设计前提条件应及早明确

工程建设中一些较大的突出问题主要与需求有关，如列车的运营交路，上下线兼容，运营管理模式，维护管理体制等系统性问题，应作为设计前提和边界条件，在设计之初即形成上下较为统一的意见。

第十章 电力工程

第一节 工程概况

一、施工范围

武广铁路客运专线电力供电子系统主要由沿线变配电所、电力线路、室外照明、动力配线、车站机电设备监控及火灾自动报警装置等设施组成。电力远动系统纳入全线SCADA统一调度。

(一)外部电源工程

1. 武汉站两路110 kV电源。

2. 乌龙泉东站、五里、洋塘、杨梅、沙口一路地方10 kV电源。

3. 除长沙南站、广州南站外其他各站两路地方10 kV电源。

4. 浏阳河隧道北口两路地方10 kV电源。

(二)10 kV及以上配电所

1. 武汉客站110 kV变配电所,110 kV侧外桥接线、10 kV侧2进12出。

2. 乌龙泉东站、五里、洋塘、杨梅、沙口1进4出10 kV配电所。

3. 咸宁北站、岳阳东站、浏阳北(浏阳河隧道北口)、衡阳东站、郴州西站、韶关西站、清远站2进8出10 kV配电所。

4. 赤壁北站、汨罗东站、株洲西站、衡山西站、耒阳西站、乐昌东站、英德西站、广州北站2进6出10 kV配电所。

5. 长沙南站与牵引变电所合建的2进10出10 kV配电所。

6. 广州南站与牵引变电所合建的2进12出10 kV配电所。

(三)10/0.4 kV变电所

1. 武汉站站场变电所。

2. 咸宁北站、岳阳东站、衡阳东站、郴州西站、韶关站等中间站站房内变电所及维修工区变电所。

3. 赤壁北站、汨罗东站、株洲西站、衡山西站、耒阳西站、清远站、广州北站中间站站房内变电所。

4. 乐昌东站、英德西站等越行站变电所及维修工区变电所。

5. 乌龙泉东站越行站变电所。

6. 广州南站站场2座变电所。

(四)区间、站场供电箱变

1. 区间信号中继站、无线通信基站、光纤直放站在二回10 kV贯通线上接引的双电源箱变。

2. 隧道供电在10 kV贯通线上接引的单或双电源箱变。

3. 区间立交桥排水泵站单电源箱变。

4. 武汉站、广州南站站场供电单或双电源箱变。

5. 韶关西站(不含)以北各站场道岔除雪装置单电源箱变。

(五)10 kV电力贯通线及电力线路

1. 武汉站至广州南站10 kV一级负荷贯通线。

2. 武汉站至广州南站10 kV综合负荷贯通线。

3. 各站及维修工区高、低压电力线路。

4. 为区间负荷供电的高、低压电力线路。

(六)站场及室外照明

各站站场及室外照明设施及供电。

(七)动力配线

除武汉站、广州南站、长沙南站站房外各站及维修工区动力配线。

(八)机电设备监控

除武汉站、广州南站、长沙南站站房外各中间站机电设备监控系统。

(九)火灾自动报警

除武汉站、广州南站、长沙南站站房外各中间站火灾自动报警系统。

二、施工特点

电力供电系统满足调度指挥、信号、通信、旅客服务等系统重要负荷安全可靠的要求。同时,为了让与行车安全密切相关的通信信号系统有足够的试验、调试时间,电力系统需要先期竣工。可见,客运专线电力系统的施工工作量大、工作面分散、细节杂而繁琐。

武广铁路客运专线电力系统贯通电缆共有 6 000 余条公里,电缆敷设是一项需要大量人力、物力的施工任务。现场施工根据电缆沟槽的实际贯通情况及时跟进,增加作业面,加派人力,采取绞磨机牵引敷设、电缆拖车敷设以及人工敷设相结合的方法。

沿线共设置 544 台箱式变电站,有位置特殊区段的箱式变电站需安装在山坡、隧道以及其他运输车辆难以到达的地方,造成设备就位困难,现场采取先分散运输再组装就位、轨道车运输、吊车吊装等各种方式。

箱式变电站内共计 6 600 余套电缆头制作任务,工作量巨大,同时制作工艺要求严格,现场专门组成多个电缆头制作小组,集中进行制作。

三、设备选型原则

1. 环保措施

武广铁路客运专线电力设备在选型过程中,充分意识到环境保护是我国的基本国策,在设计阶段和工程实施阶段始终考虑选用无污染、低于国家噪声标准的材料及设备。

2. 节能措施

(1)合理用电原则

根据高速铁路的特点,全线配电网络采用经济适用的 10 kV 中压系统,变电所深入负荷中心,降低线路损耗;根据用电负荷,选择相应容量的电力变压器,避免因变压器选择容量过大而造成工程投资的增加和供电过程中的不经济运行。

(2)节能设备选型

全线新增三相电力变压器一般选用目前通用的节能型变压器;变配电所采用集中无功补偿装置,个别大负荷、低功率因数的用电设备设就地补偿装置;需要变速、变扭矩的电机设变频调速装置;室外照明灯具采用效率高寿命长的高压钠灯或金属卤化物灯作为光源。电力线路选择合理的电缆径路及截面。

3. 保证供电质量和可靠性

新建铁路武广铁路客运专线为一条时速 300~350 km/h 的高速铁路,保证电力供电子系统的供电质量是一个至关重要的问题。电力供电子系统包括内容较多,由变配电所、高压电源、贯通线、箱式变电站、高低压架空及电缆线路等部分组成,为保证电力供电子系统供电性能的可靠性,电力系统所选用的设备为结构紧凑、性能先进、成熟可靠、经济适用的产品。

4. 设备选型说明

高、低压开关柜、箱式变电站采用质高价优的国内合资企业品牌产品的;低压开关柜内设置的空气断路器为远程可操作型;变电所内交直流设备采用高频充电模块、质高且寿命长的电池;贯通线采用非磁性铠装单芯铜芯电缆;电源采用铜芯、钢铠、三芯电缆;低压为铜芯、钢铠电缆,电缆生产厂为在国内具有较高信誉的知名厂家。

四、设备厂家

设备厂家见表 4-10-1。

表 4-10-1 设备厂家

序号	名　　称	规格型号	生 产 厂 家
1	10 kV 开关柜	GIS	厦门 ABB 开关有限公司 西门子中压开关技术(无锡)有限公司
2	0.4 kV 开关柜	组合式	安徽鑫龙电器股份有限公司
3	交直流电源柜		武汉巨业自动化设备工程有限公司
4	电力调压器	干式	中铁电化局集团保定铁道变压器有限公司
5	10/0.4 kV 电力变压器	干式	中铁电化局集团保定铁道变压器有限公司
6	并联电抗器	干式	中铁电化局集团保定铁道变压器有限公司
7	综合自动化系统		四川交大许继电气有限责任公司
8	电力箱式变电站(含箱式开关站)		武汉市武昌电控设备有限公司 安徽鑫龙电器股份有限公司 青岛特锐德电气有限公司
9	10 kV 贯通电缆	YJY63-8.7/15 kV-1×70(95)	青岛汉缆股份有限公司 江苏新远东电缆有限公司 上海南大集团有限公司 江苏中超电缆股份有限公司 湖南金杯电缆有限公司 远东电缆有限公司
10	环网柜	SF6 负荷开关柜	许继德理施尔电气有限公司
11	220 kV 干式变压器		银川卧龙变压器有限公司
12	220 kV 干式变压器		银川卧龙变压器有限公司
13	110 kV GIS 组合电器		厦门 ABB 华电高压开关有限公司

第二节　施工方案、工艺流程和关键工艺工法

一、施工方案

电力供电系统的施工主要包括：架空电力线路、电力电缆线路、10 kV 箱式变电站、10 kV 及以上变配电所、10 kV/0.4 kV 变电所、室外照明、动力配线、车站机电设备监控及火灾自动报警装置等组成。

电力专业施工工作量主要集中在区间贯通线电缆敷设及设备安装、站房配电所设备安装、外电源引入三部分。

根据武广铁路客运专线整个施工组织安排，区间电力专业先期具备施工条件，现场集中施工队伍进行贯通电缆的敷设，按照蛇形敷设做好预留。箱变等区间设备的安装同时作为同期施工的项目，工作量也很大，全线共 544 台箱式变电站，前期需要做好征地以及基础施工等工作。

站房内配电所的设备安装前，电力专业需与站房专业研究室内基础及预埋件的预留是否有差错，为后期的设备安装扫除障碍。

外电源的引入过程中，同地方电力部门的沟通、交涉是最主要的工作，需要有专业的人员提前进行技术方案、施工方案、路径规划等手续的报批工作。待 10 kV 配电所、区间设备都安装调试完毕之后，可将外电源引入，给铁路电力系统供电。

二、工艺流程

铁路 10 kV 电力工程施工项目主要分为三个部分，分别是 10 kV 贯通线路施工、10 kV 外电源架空电力线路、10 kV 配电所内设备安装调试。这三部分施工相互独立，各自施工流程如图 4-10-1 所示。

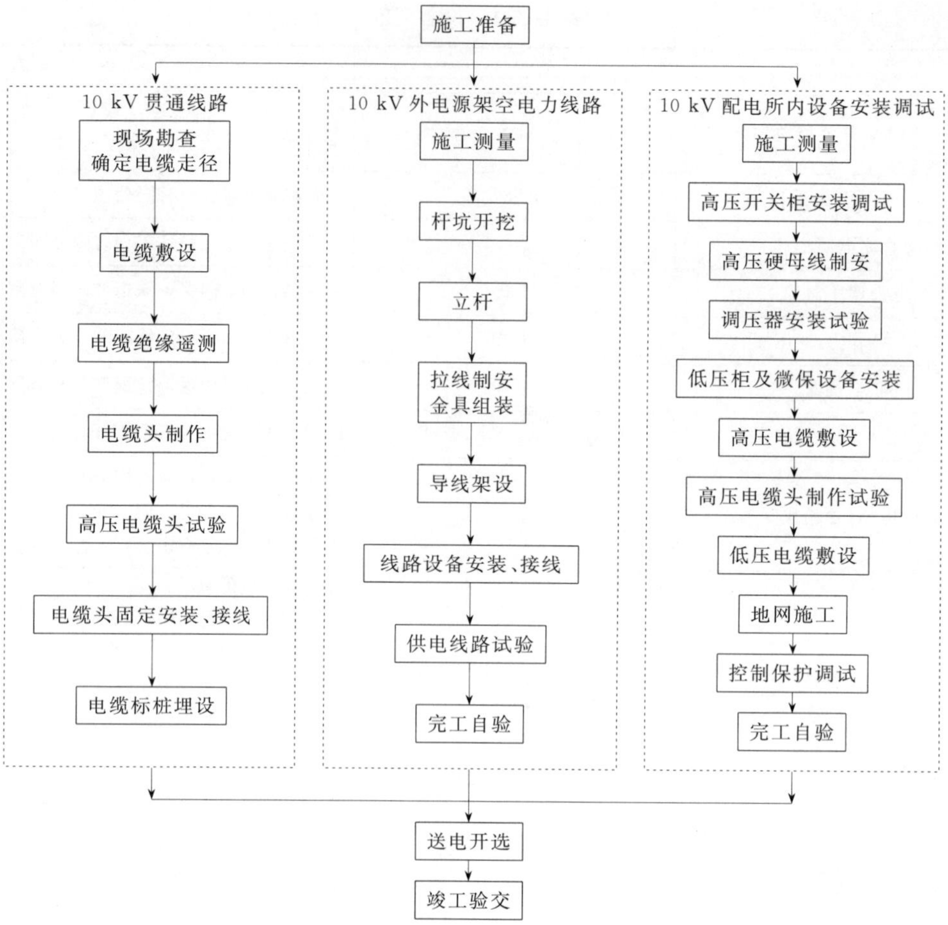

图 4-10-1 施工流程

三、关键工艺工法

(一)电缆线路施工测量及电缆配盘

1. 工艺要求

(1)控制点定测

在设计提出的线路控制点(线路起点、终点、转角点设备安装点)的桩位上,钉上测量标桩或做好测量标记,当附近有永久性建筑时,需测出二者之间的距离;若没有时,要设置做好辅助标记。

(2)线路定测

①进行线路测量时,必须对作为控制点的标桩进行复核测量,当检测结果表明桩点正确可靠时方可进行后续的测量工作;

②采用人工测量方式,使用测量绳及测量尺进行测量;

③根据事行确定的电力线路走向测量各控制点间的距离,并做好记录。记录应采用双记录复核制。记录员应按照记录表格逐项计算,严禁采用只计算第一测量值而其他测量值照抄第一测量值的记录方法,以防止计算错误;

④路基、桥梁、隧道的结合处及电缆上下桥等重要部位,均应标记为线路的重要控制点,在以上重要地段的测量长度要考虑适当的裕量,一般要在每处根据实际测量确定的长度要加 5 m;

⑤现场测量数据必须由 2 人分别记录,以便资料整理及数据确认工作。

(3)测量资料整理

①将线路测量采集的数据,进行整理,建立详细的线路定测台账,作业指导施工、物资申请、工程预算的基础资料;

②测量原始记录、资料、计算书、图表必须真实完整,并应由专人妥善保管,同时测量记录必须规范;

③测量结果计算前，必须对与施工测量相关施工图纸进行全面复核，确认测量计算所采用的设计数据正确无误，当发现图纸数据与复核结果不符合时应及时与设计单位联系解决，以防止设计图纸中设计施工数据错误导致计算结果发生错误。严禁使用未经设计部门认可的非正式图纸中的数据作为测量成果计算的依据。

(4)电缆配盘

①由工程技术人员根据测量结果进行电缆物资申请计划并编制电缆配盘计划；

②电缆配盘计划中应明确：电缆型号、电缆长度、电缆敷设地点及电缆相序等；

③在下一步的电缆敷设工作中，应严格要求按电缆配盘计划进行相应的电缆敷设工作，以免造成增加电缆接头制作等的额外工作。

2. 主要经验

(1)先测定控制点：在进行测量工作时，为了避免测量误差积累，应先在测区内选择若干点，通过测量和计算，计算出各点的坐标和高程，这种工作称为控制测量。然后再利用这些控制点进行测定或测设，以保证测量数据和测量成果具有较高的精度。

(2)内外业相结合、边工作边校核：测量工作中只有外业和内业相结合，才能很好地完成测量任务。

(3)测量路径的选择一定要依据设计施工图纸，按设计提供的施工图的技术要求制定施工工艺并经审定能达到设计要求。在全面开展施工测量作业前，应将确定的工艺报监理单位确认。

(4)测量工作是严谨的科学工作，必须认真对待。每一个观测数据，都要在现场认真检查，仔细核对，如观测数据有误或超过限差要求，必须立即重测，直到符合要求为止，以避免返工降低工作效率或对后续工作产生影响。

(5)电缆配盘：各控制点的间距不同及电缆路径的选择不同，造成电缆长度也不同，按一定的要求将每盘电缆进行编组、配盘，把长度不等的电缆安排在预定的段落内，以保证合理的经济效果。这种选盘配放电缆的工作叫“配盘”。电缆配盘必须以电缆线路图、电缆控制点的分布等为依据。

(二)箱式电力设备安装

1. 工艺要求

(1)施工准备

对设备运输通道的检查，为吊车吊装就位利用现有的施工便道尽量创造条件；依据设计图纸和技术标准的要求，对先期工程的基础进行检查和核实工作，以保证箱式变电所的基础螺栓预埋位置符合设计图纸要求。依据设计图纸、技术标准和以往的施工经验，对制造厂家的箱体和设备进行检查和核实工作，以保证箱体安装预留孔与基础预留螺栓对位。安装箱体前，应检查基础面的平整度，保证箱体底座与基础接触密贴，以防箱体变形。

(2)箱变运输

依据前期施工调查情况，尽量采用汽车运输方法，进行箱体的运输，利用汽车吊将箱体和设备吊装就位。设备进场通道上，车辆进出的路径范围内，道路畅通，地面平整并压实。拆除路径范围内相应的障碍物。基础周围的场地平整压实，无其他任何杂物。

(3)开箱检查

对运输到现场的箱进行设备外观检查和资料的交接验收，并做好开箱检查记录。

(4)箱变就位及安装

箱式变电所的箱体的就位，需将箱体由运输车辆上移至基础的安装位置。利用吊车将箱体吊起，安装在箱体基础上。测量基础预埋槽钢的相对位置。利用水平仪对设备基础上面进行水平检查。在基础的表面每隔 0.5 m 选择一个基准点，作为测试点，相邻基准点的水平度应不大于±1 mm，全长的不平度应不大于±3 mm，确保箱体安装的稳定性。箱变的箱体构件大部分体积大、重量大，利用吊车吊装箱体，安装在设计要求的基础位置。起吊绳安装的位置应严格按照箱体设计的要求，吊装点要在箱体标示的承重点，保证起吊过程中，箱体外形不因受力而变形。

在箱体吊装时，应有专业人员对整个吊装过程统一指挥，严格遵守货物起吊管理程序及施工规范，保证人员、设备的安全。当箱体吊到基础上方，且距基础表面的高度稍高于基础螺栓时，指挥人员应要求吊车减慢吊装速度。在箱体的四个角各有一名施工人员，利用圆木棒的一端以地为支点，小心的推动箱体，靠近标示的箱体的具体位置的红线，使箱体徐徐落在安装位置。用水平尺检测箱体水平度和垂直度，边调整边测量，直到箱体水平，符合设计要求，固定安装螺栓。

箱体吊装如图 4-10-2 所示。

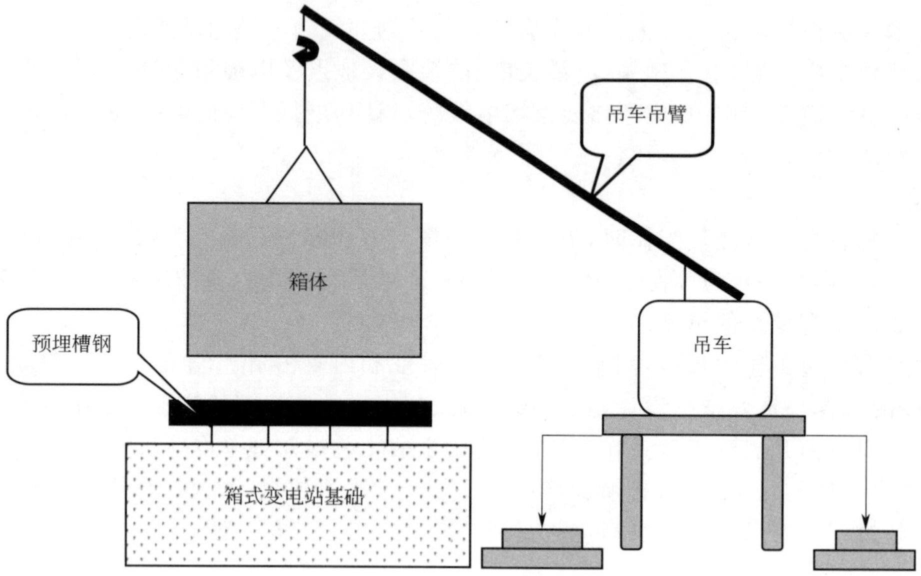

图 4-10-2 箱变就位安装示意

(5)尾工处理

柜体安装完毕后，确认各部的安装位置及尺寸是否符合设计要求，并清除箱体内的所有的工机具和杂物，保持箱体内的清洁。

2. 施工质量控制手段及方法

①设备在装卸和运输前应调查道路，制订安全措施。在装卸和运输过程中，不应有严重冲击或振动；运输倾斜角不得大于 15°。在运输途中应有防雨措施。

②设备在运输、保管期间应防止受潮、倾倒或遭受机械损伤，并应满足产品的技术要求。

③设备检查时周围空气温度不宜低于 0 ℃，检查时，场地四周应清洁，并应有防尘措施；雨雪天或雾天，应在室内进行。检查完后，必须清理，不得留有杂物。

④设备到达现场应进行外观检查、器身检查及检测。外观检查，所有附件应齐全，无锈蚀及机械损伤；连接螺栓应齐全，紧固良好无渗漏；瓷件应完好无损；变压器的浇铸体应无裂缝及破损，引线绝缘包扎应完好、固定牢固。设备的规格、型号必须符合设计要求。

⑤设备的安装位置、方向符合设计要求。

(三)10 kV 高压电缆敷设

1. 一般规定

(1)一级贯通敷设于大里程方向(广州方向)右侧，综合贯通敷设于大里程方向(武汉方向)左侧。

(2)在电缆沟槽内品字形敷设，蛇形敷设。示意图如图 4-10-3 所示。

(3)穿金属管敷设时，三根电缆应穿于同一根管内，并在管内绞编敷设。

(4)两条贯通线路或两条电源线路(进入箱变、配电所的两条线路)不宜敷设在同一径路内，当受条件限制时，必须采取隔离措施。

2. 施工方法

(1)电缆敷设

电缆敷设前对整盘电缆进行检查，用摇表对电缆芯-芯间、芯-地间的绝缘进行测量，符合要求的才可展放；检查电缆沟深度、电缆保护管敷设情况及路径，电缆沟底不应有带棱角的石头及异物。

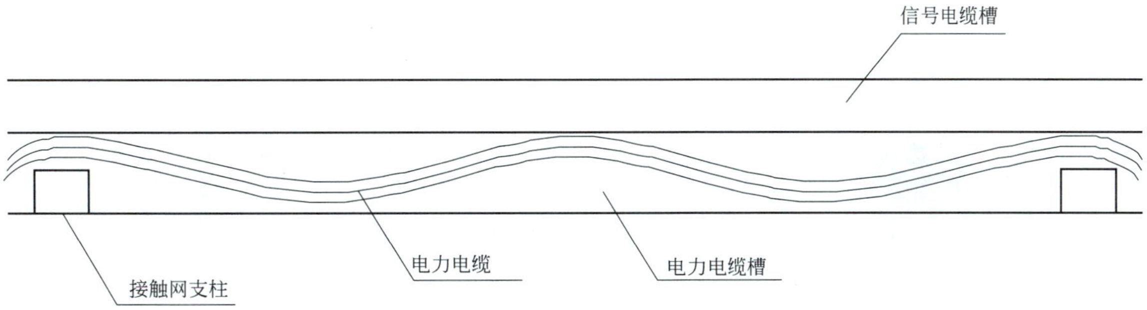

图 4-10-3 电缆沟槽蛇形敷设

一般常用的电缆敷设方式:采用电缆拖车敷设;采用绞磨机牵引敷设;采用人工敷设。

①采用电缆拖车敷设方式

武广铁路客运专线电力电缆一般敷设于桥梁、路基两侧的电力电缆沟内,而在铁路线路两侧一般有施工便道,此种情况下,采用电缆拖车敷设电缆是最佳选择。

电缆拖车由牵引车(一般为拖拉机)、拖车斗及固定在车斗上的电缆放线支架组成。电缆放线支架可为1组或3组。电缆拖车示意图如图 4-10-4 所示。

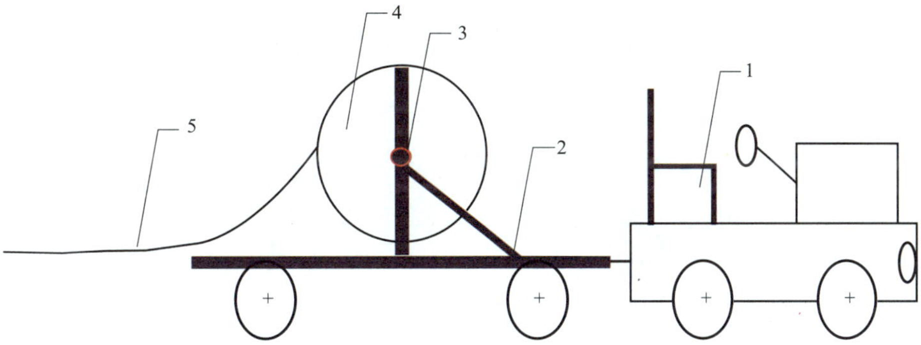

图 4-10-4 电缆拖车制造示意

1—牵引车;2—拖车斗;3—电缆放线支架;4—电缆盘;5—电缆

采用电缆拖车敷设电缆的施工方法及要求如下:

a. 将电缆拖车及电缆盘运抵至电缆敷设起点处;

b. 架设电缆盘,将要敷设的电缆盘(1 盘或 3 盘)吊放到电缆拖车上,电缆盘要牢固固定在电缆拖车放线架上,电缆要从盘上引出;

c. 敷设电缆设指挥员 1 人,负责电缆敷设的统一指挥。放线前,先从盘上拉出一定长度作缓冲段,其端头固定在地面坚固物上。指挥员要与牵引车司机约定好信号,根据电缆敷设情况指挥车辆的开动、停止及运行速度。

d. 放线车开动后,1~2 人在车上转动电缆盘,使其在敷设时保持动态平衡,车速与电缆展放速度作良好配合(车速约 30 m/min,即 1.8 km/h),电缆展放在地面上;

e. 电缆展施工完毕后,再用绳索将电缆人工吊拽至桥面或路基电缆槽内。

②采用绞磨机牵引敷设方式

采用绞磨机牵引是目前津秦高铁电力最常用的一种电缆敷设方式,其适用范围比较广,受环境制约影响比较小,一般地段均可以采用此敷设方式。绞磨机牵引敷设示意图如图 4-10-5 所示。

采用绞磨机牵引敷设方法和要求如下:

a. 将电缆放线支架固定于电缆敷设起点处,将电缆盘架放在支架上,注意电缆头要从电缆盘上引出;

b. 将绞磨机牢固固定在电缆敷设终点处,将牵引电缆用的钢丝绳从绞磨机上展放至电缆敷设起点的电缆盘处;

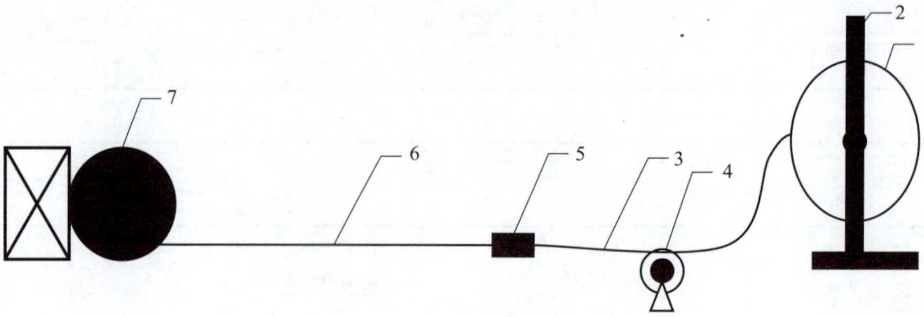

图 4-10-5 采用绞磨机牵引敷设电缆示意

1—电缆支架；2—电缆盘；3—电缆；4—地滚滑轮；5—电缆与钢丝绳连接处；6—钢丝绳；7—绞磨机

c. 将电缆从盘上引出适当距离，并将电缆头与牵引钢丝绳连接，一定要连接牢固并能承受一定的牵引力；

d. 开动绞磨机，徐徐收钢丝绳，2 人沿电缆引出方向根据钢丝绳收的速度转动电缆盘；

e. 设作业人员跟随电缆前进，沿电缆前进方向在电缆下部摆放滑轮，尽量不让电缆与地面产生摩擦，在电缆路径的转弯处应设万向转向滑轮，并设专人防护。

③人工敷设电缆方式

人工敷设电缆的方式不受地形条件的限制，一般情况下均可采用，其不足点是投入人力大、敷设速度慢，总体效率不高，但在特殊条件下人工敷设有其自身的优点，因此在实际施工中也较常用，其方法示意图如图 4-10-6 所示。

图 4-10-6 人工敷设电缆

采用人工敷设方法和要求如下：

a. 将电缆放线支架固定于电缆敷设起点处，将电缆盘架放在支架上，注意电缆头要从电缆盘上引出；

b. 将电缆从盘上引出适当距离，三至四人牵引电缆终端徐徐前进；

c. 在电缆支架处设作业人员 3 人以电缆抽出方向滚动电缆盘，减小对盘及电缆的牵引力；

d. 敷设人员跟随电缆引出长度加入(加入密度根据电缆重量确定)，沿线路每隔一定距离设通信指挥人员并及时以报话机通知电缆支架处及敷设人员电缆敷设状况；

e. 电缆拉出一段后，安排作业人员安放地滚滑轮，尽量防止电缆在地面上摩擦，损坏电缆外皮；

f. 参与电缆敷设的人员，必须有保证身体平衡的措施(比如，每人拿一木棒，用木棒支找平衡)。

(2)电缆整理、固定及标识

电缆敷设完后，要将电缆排列整齐。

单芯 10 kV 电缆敷设完后，应按品字形进行固定，将电缆每隔 5 m 左右用绑扎带进行绑扎。

在电缆的转弯、接头、终端处均应设置电缆标示牌，标示牌上的文字应清晰。

3. 施工质量控制手段及方法

(1)电缆按到场批次进行检查，电缆外表无绞拧、铠装压扁、护层断裂和表面严重划伤等缺陷，电缆的绝缘试验合格；电缆的规格、型号、质量符合设计要求和产品标准的规定。

(2)电缆埋设深度应符合下列规定：

①电缆埋入地下深度，由地面到电缆外皮距离应大于 0.7 m，穿越农田时应大于 1 m，并有相应的保护措施；在站台与其他电缆同沟埋设时应符合设计要求；

②在冻土地区敷设电缆时，应采取防止电缆受到损坏的措施；

③在岩石等困难地段电缆可浅埋，且防护措施应符合设计要求。

(3)电缆与客运专线铁路、公路、排水沟、城市街道、厂区街道交叉以及进入建筑物时应穿管保护。

(4)电缆敷设的最小弯曲半径应符合下列的规定：单芯交联聚氯乙烯绝缘电力电缆的弯曲半径 20D。

(5)电缆穿过小河、小溪敷设工程的质量检验应符合下列规定：

①保护管(槽)的埋设深度不应小于河床以下 0.5 m。石质河床可浅埋；

②电缆过河位置，线路走向等应符合设计要求。电缆的水底部分不应有接头。

(6)同沟敷设两条以上电缆时，不得重叠、交叉、扭绞。

(7)电缆中间接头的外壳与邻近电缆的距离不应小于 0.25 m，多根电缆接头要前后错开，其距离不应小于 0.5 m。直埋电缆接头盒外面应有保护盒。环氧树脂接头除外。

(8)电力电缆敷设时，在电缆终端头、中间头处应预留有适当的备用长度，高压电缆 5 m，低压电缆 3 m。允许偏差±500 mm。

(9)敷设的电缆外表无绞拧、铠装压扁、护层断裂和表面严重划伤等缺陷。

(10)电缆穿过小河、小溪的敷设时，在岸边，水底电缆与陆上电缆连接处的接头设有锚定装置。在河床及河岸易冲刷的地方，应有防止电缆被洪水及流水冲击的保护措施。

(11)电缆埋设标志应符合下列规定：直埋电缆在直线每隔 50～100 m 处，电缆接头、转弯或分歧处，进入建筑物处，穿过客运专线铁路、公路、河流的两侧及其他管路处有明显的方位标志或标桩。

(12)电缆标志牌的装设应符合下列要求：

①在电缆终端头、电缆接头、拐弯处、夹层内、隧道及竖井的两端、人井内等地方，电缆上应装设标志牌；

②标志牌上应注明线路编号。当无编号时，应写明电缆型号、规格及起讫点；并联使用的电缆应有顺序号；标志牌的字迹应清晰不易脱落；

③标志牌规格宜统一。标志牌应能防腐，挂装应牢固。

(13)桥墩两端和伸缩缝处的电缆应留有松弛量，松弛部分有减振措施并固定良好。

5. 经验及体会

(1)在放线架处、各转角都需配备一台对讲机，以便随时联络。

(2)搬运电缆时，不应使电缆松散及受伤，电缆盘应按电缆盘上箭头所指方向滚动。

(3)垂直运输时电缆的前端要有绳索牵引以防止电缆突然坠落伤人。

(4)展放过程中，要用放线架顺直展放，杜绝使电缆产生扭劲，每一处工作人员应严密监视电缆敷设情况，一旦有问题应立即停止牵引，并报告指挥、技术人员，待问题处理后，才继续展放。

(5)在路基、桥梁、隧道、站场的结合处，电缆上下桥处，电缆进入配电室内终端处时，均要保证足够的预留长度。

(6)电缆敷设完毕，应组织人力进行整理、固定。电缆桥架里的电缆要码放顺直整齐，严禁交叉、混缠、扭曲，拐弯弧度应一致。

(7)每一根电缆敷设完毕后要有专人在电缆的两头进行挂牌。电缆标牌上要标明电缆规格型号回路编号以及另一端的配电箱编号。

(8)有明显机械损伤的电缆严禁敷设，电缆敷设时，应防止电缆之间及缆与其他硬物之间的摩擦。

(9)在高空桥架上面的人员要有足够的照明，必须配备和正确使用安全带。

(10)每根电缆放出时、每根电缆敷设结束时都必须进入复核程序，即核对电缆的型号规格、始端名称、末端名称等并做好记录。

(四)10 kV 单芯电缆终端头制作

(1)凡使用的电缆及附件，均应符合现行国家或行业的技术标准，并有合格证件。

(2)电缆终端头的连接位置应符合设计要求。

(3)电缆终端头制作完毕,应进行电气性能试验。

(4)剥切电缆铠状带时,应使用钳子或专用工具,不得直接用手。

(5)剥切电缆护层、铠装带和屏蔽层时不得损伤主绝缘,屏蔽层的端部要平整,不得有毛刺。

(6)收缩材料如要切割时,切割面要平整,不得有尖角或裂口。

(7)雨雪及大雾天气不得进行施工。

(8)连续作业时,要防止汗水滴入绝缘材料内,防止受潮,而且要确保施工场地清洁、干燥、光线充足,操作人员需戴棉线手套。

(五)10 kV 单芯电缆中间接头制作

(1)凡使用的电缆及附件,均应符合现行国家或行业的技术标准,并有合格证件。

(2)电缆中间接头的连接位置应符合设计要求。

(3)电缆中间接头制作完毕,应进行电气性能试验。

(4)剥切电缆铠状带时,应使用钳子或专用工具,不得直接用手。

(5)剥切电缆护层、铠装带和屏蔽层时不得损伤主绝缘,屏蔽层的端部要平整,不得有毛刺。

(6)收缩材料如要切割时,切割面要平整,不得有尖角或裂口。

(7)雨雪及大雾天气不得进行施工。

(8)连续作业时,要防止汗水滴入绝缘材料内,防止受潮,而且要确保施工场地清洁、干燥、光线充足,操作人员需戴棉线手套。

(六)10 kV 三芯电缆终端头制作

(1)凡使用的电缆及附件,均应符合现行国家或行业的技术标准,并有合格证件。

(2)电缆铠装应良好接地,接地线应采用截面不小于 25 mm^2 铜铰线。

(3)电缆头位置应符合设计要求,带电引上部分与接地部分的距离不得小于 200 mm。

(4)检查电缆线路的相位,两端相位应一致。

(5)剥切电缆铠状带时,应使用钳子或专用工具,不得直接用手。

(6)剥切电缆护层、铠装带和屏蔽层时不得损伤主绝缘,屏蔽层的端部要平整,不得有毛刺。

(7)焊屏地线时必须使用烙铁,不得使用喷灯,以免损伤绝缘。

(8)收缩材料如要切割时,切割面要平整,不得有尖角或裂口。

(9)热收缩材料的收缩温度为 110～150 ℃,加热应用喷灯,使用时应注意火焰和热缩材料的距离。加热时,火焰缓慢接近材料并不断移动,应由起始部位向收缩方向进行,以利气体排出,收缩完的材料应光滑无皱折。

(10)雨雪及大雾天气不得进行施工。连续作业时,要防止汗水滴入绝缘材料内,防止受潮,而且要确保施工场地清洁、干燥、光线充足,操作人员需戴棉线手套。

(七)10 kV 气体绝缘开关柜组装

1. 施工质量控制手段及方法

(1)开关柜到达现场应进行检查,设备无锈蚀和机械损伤,其规格、型号、质量符合设计规定和相关产品标准的规定。

(2)开关柜的安装位置符合设计规定。

(3)开关柜的接地方式符合设计要求,本体接地可靠。

(4)开关柜的安全净距符合设计要求。

(5)开关柜上安装的元、器件固定牢靠;所有电器的功能标签齐全,规格一致。二次回路接线正确,连接可靠。

(6)与基础或构件间的连接固定牢靠,排列整齐。

(7)安装后开关柜应表面涂层完整,盘面清洁。

2. 经验与体会

(1)施工区域应设警示标志,严禁非工作人员出入。

(2)盘柜的就位组织工作,应由技术训练、有经验的人员担任,指挥信号应统一、准确。

(3)在盘柜的移动过程中,防止出现人身安全及设备损坏的现象发生。

(4)所有母线排装配工作都必须特别仔细地进行。最重要的是要避免损坏触点表面。连接前先用刷子刷氧化的铜表面。

(5)保持极端清洁。

(八)变配电所的盘柜安装

1. 施工工艺

按照设计文件规定,将盘、柜按顺序搬放到安装位置。首先把每面盘、柜大致调水平,然后从成列盘、柜一端的第一面开始调整,调整合格后按照设备的要求与基础槽钢进行固定。按照设计顺序组立盘柜,保证水平度和垂直度符合规范和验收标准;盘柜组立后即可安装附带的附件和电气设备。屏柜及设备接地端与底座接地端与接地母线可靠连接,按照设备厂家要求将盘、柜内接地铜排连接牢固。盘柜安装的允许偏差应满足施工及验收规范要求。

2. 施工质量控制手段及方法

(1)盘(柜)到达现场应进行检查,各类盘(柜)、控制台、端子箱等设备无锈蚀和机械损伤,其规格、型号、质量符合设计规定和相关产品标准的规定。

(2)各类盘(柜)、控制台、端子箱等设备的安装位置符合设计规定。

(3)各类盘(柜)、控制台、端子箱等设备的接地方式符合设计要求,本体接地可靠。

(4)各类盘(柜)、控制台、端子箱等设备的安全净距符合设计要求。

(5)盘、柜等设备上安装的元、器件固定牢靠;所有电器的功能标签齐全,规格一致。二次回路接线正确,连接可靠。

(6)各类盘、成套柜、控制台、端子箱与基础或构件间的连接固定牢靠,排列整齐。

(7)安装后盘柜应表面涂层完整,盘面清洁。

3. 经验及体会

(1)盘柜的就位组织工作,应由技术训练、有经验的人员担任。

(2)盘、柜在就位时,人力要足够,指挥要统一,狭窄处应防止伤人,在加垫时,不能将手伸入盘低,单面盘、柜拼装时,应防止靠盘时伤手。

(3)盘、柜在安装好之前,应有防止倾倒的措施,安装时应有专人扶持。

(九)二次电缆敷设及接线

1. 施工质量控制手段及方法

(1)二次回路接线正确,连接可靠。

(2)采用线槽或线把布线的二次回路接线固定牢靠,排列整齐;回路编号字迹正确、清晰,印制牢固、不易脱色。

(3)引入盘、柜内的电缆应排列整齐、固定牢固、编号清晰、避免交叉;强、弱电回路的电缆,应分别成束分开排列;铠装电缆的钢带切断处的端部应扎紧后接地;电缆屏蔽层应按设计要求的接地方式接地。

(4)盘、柜内和电缆沟内的导线不应有接头,每个接线端子的一侧接线不得超过2根;回路编号字迹正确、清晰,印制牢固、不易脱色。二次回路的电气间隙和爬电距离应符合下表的要求。

2. 经验及体会

(1)敷设整理电缆过程中,严防将电缆穿到非工作区域内。

(2)电缆二次接线过程中电缆芯线应随时拢紧成束,防止电缆芯线乱窜,防止扎伤身体或影响设备的安全运行。

(3)正确使用剥切工具及其他电工工具,防止受到伤害。

(十)10 kV 外部电源系统施工测量

1. 施工方法

(1)线路定位测量

根据设计交桩,并结合现场实际情况确定线路电杆的埋设位置。其方法是:

根据现场实际情况，宏观确定一段线路的主体走径，确定的原侧是：电杆位置便于施工及日常维护检修；距铁路及通信等线路的距离大于“倒杆距离”；距其他建筑物的距离符合规范要求。然后确定此段线路两端电杆的位置并用木桩标定。

从一端起，用测量绳按设计挡距排列杆坑位置，用经纬仪确定杆坑的横向中心，使其与此段线路两端的杆坑在同一条直线上。

直线杆顺线路方向位移，10 kV 及以下架空电力线路不应超过设计挡距的 3%，直线杆横线路方向位移不超过 50 mm。

如果在排列杆坑位置时发现问题，可以适当进行挡距或两端点杆坑位置的调整，直到符合各项要求。

利用此方法，将线路或分为若干直线线段进行测量定位。确定的杆坑位置应用木桩刷红色油漆标记，另外，为了便于施工时易于找到坑位，在标桩附近的明显位置加标记号。

(2)线路复核测量

施工前对设计的杆位中心桩及线路路径进行复测，其复测的方法及要求如下：

以设计勘测标定的两相邻直线桩为基准，用正倒镜分中法检查杆塔中心桩，若发现中心桩偏移，应将中心桩移正，若有误差时，其横线路方向的偏值应不大于 50 mm。

方向法复测线路转角值，对设计值的误差不应大于 1′30″。

用经纬仪视距法复核挡距，其误差不应大于设计挡距的 1%。

对线路地形变化较大的杆塔间有跨越物时，应该复测杆塔中心桩处、地形凸起点及被跨越物的高程，对设计测值的误差不超过 0.5 m。

对丢失的直线杆塔中心桩，可用正倒镜分中法补测。可按图 4-10-7 所示，将经纬仪安平于 C2 点，用正倒镜分中法定出 A、B 两点，再将仪器安平在 C3 点，用同样方法定出 C、D 两点，其中，C①C②A、C④C③ C 均为已知坑位中心。AB、CD 两线交叉于点 J，即为转角点。

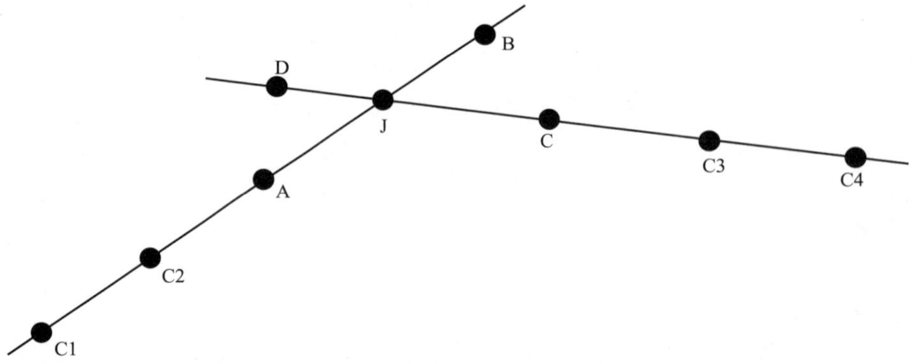

图 4-10-7 正倒镜分中法测量定位示意

2. 质量控制要点

线路挡距、直线区段线路的中心线、转角杆的位置、角度。

(十一)10 kV 外部电源系统电力电杆立杆

1. 施工方法

立杆采用机械和人工相结合的方法进行。

对于配电所内、车站附近及汽车吊车能到达的地方，采用汽车吊车立杆，以提高施工效率、较小工人劳动强度，并较为安全。

对于山区、丘陵地带及受地形限制的地方，则采用电动绞磨、叉杆立杆。如图 4-10-8 所示。

人工立杆时，每组配备一个有经验的人员负责现场统一指挥，所有人员分工负责，各负其责。在土质较软时，除 1 号、2 号地锚外增加 3 号、4 号地锚点并派专人监护。

人工立杆的关键在于确定叉杆，叉杆的根部应该在杆坑中心与绞磨中心的连线上，叉杆根部应固定，不能随着受力而纵向移动，为了减小叉杆根部的压强，一般在叉杆下部加垫一块木板。

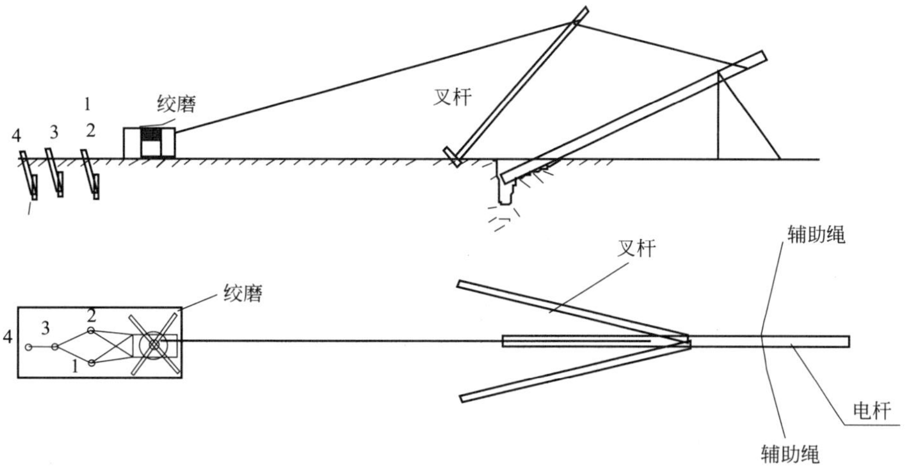

图 4-10-8　人工立杆示意

绞磨的操作人员应按照立杆指挥人员的命令控制绞磨，绞磨的启动、运行、停止都应缓慢进行，防止钢丝绳瞬间承受过大冲击力而发生断裂。在电杆缓缓拉起过程中，各方向的晃绳的位置、拉力应随电杆的情况而随时调整。

电杆根部到坑底后，用晃绳及绞磨钢丝绳将电杆的顶部固定，回填坑位至三分之一处，调整电杆的垂直度及横向中心位置，然后安装卡盘，回填夯实，每回填 500 mm 应夯实一次。

3. 质量控制要点

电杆的埋设深度应按照设计要求进行，当设计未作规定时，不宜小于表 4-10-2 所列数值。

表 4-10-2　电杆埋设深度　（单位：m）

导线名称及电压等级	直线杆	分支或转角杆
10(6)kV 与 10(6)kV	0.8(平原)	0.45/0.6
10(6)kV 与 0.38 kV	1.2	1.0
0.38 kV 与 0.38 kV	0.6	0.3
10(6)kV 与信号线	2.0	2.0

回填土后的电杆基坑设置防沉土层。土层上部面积不小于坑口面积，培土高度超出地面 300 mm。

调整使得转角杆的横向位移不大于 50 mm，转角杆向外角预偏，紧线后不应向内角倾斜，杆稍位移不应大于杆稍直径。

（十二）10 kV 外部电源系统拉线制安

1. 施工方法

在立杆完成后及时确定拉线地锚坑位。埋设时，拉线棒与拉线盘应垂直，连接处采用双螺母，其外露地面部分的长度应为 500～700 mm。

为了保证拉线受力良好，拉线与电杆的夹角不宜小于 45°，当受地形限制时，不应小于 30°，特殊情况下可以采用弓形拉线及撑杆等措施，拉线截面与材质应按设计规定。

承力拉线应与线路方向的中心线对正；分角拉线应与线路分角线方向对正；防风拉线应与线路方向垂直。

拉线棒出土处与规定位置的偏差，终端、顺向拉线不应大于拉线高度的 1.5%；合力、防风拉线不应大于拉线高度的 2.5%。

水平拉线跨越道路、铁路时，应满足设计要求，且对通车路面边缘的垂直记录应不小于 5 m，对铁路轨面的高度不应小于 7 m。

对地下具有腐蚀性土质情况，将埋入地下部分的加工件进行沥青防腐处理。拉线制安宜集中力量进行一个耐张段的拉线制安工作，以便形成架线生产能力。

2. 质量控制要点

控制拉线安装的角度(水平及垂直角度)，拉线棒与地锚板的连接情况以及拉线的松紧状况。

(十三)10 kV 外部电源系统导线架设

1. 施工方法

金具、拉线组装完后，组织人员进行导线架设。导线架设采用机械和人力牵引相结合的法进行张力牵引放线。

架设导线时要严格按设计要求施工，注意各个区段的导线规格型号。在架设导线时应严格按照导线张力曲线表进行。

架线时首先测量现场温度，根据现场温度查导线弛度表，确定导线弛度。

导线架设按照耐张段逐一进行，具体方法是：

(1)首先将导线盘安放在架设区域的一端，线盘处于顺线路方向便于导线展放。

(2)用 ϕ4 mm 铁线制作钢丝套，将开口滑轮挂在电杆上。一般情况下每个电杆均挂设一个滑轮。

(3)将导线的端头制作"O"型回头，便于人工或机械牵引。

(4)利用人力或机械牵引导线沿线路前行，导线经过电杆时，由施工人员将导线依次放置在各个开口滑轮槽内，直到将导线牵引到目标位置。

(5)导线牵引到目标位置后，将导线的"O"行头裁掉做耐张头挂在横担上。

(6)在导线架设的始端(放线盘端)将导线回收到一定驰度后，用紧线器将导线固定在电杆上。

(7)然后依次方法展放另外两根导线。三根导线放完后开始紧线。紧线一般是先同时紧外侧两根导线，然后紧中间的导线。紧线完成后做好耐张头挂在横担上。

(8)测量导线弛度，要求三根导线弛度相同并符合设计要求。

2. 质量控制要点

(1)导线在绝缘子或线夹上固定应缠绕铝包带，缠绕长度应超出接触部分 30 mm。铝包带的缠绕方向应与外层线股的绞制方向一致。

(2)10 kV 及以下架空电力线路的导线在同一档距内，同一根导线上的接头，不应超过 1 个。导线接头位置与导线固定处的距离应大于 0.5 m，当有防震装置时，应在防震装置以外。

(3)导线跨越标准铁路，一、二级公路及特殊管道时，不允许有导线接头。

(4)导线对地面的最小距离(在最大弛度时)不应小于表 4-10-3 所示数值。

表 4-10-3 导线对地面最小距离 (单位：m)

线路经过地段	架空电力线路电压(kV)		自动闭塞架空线路
	0.38/0.22	10(6)	高压线 10(6)kV
居民区	6.0	6.5	6.0
非居民区	5.0	5.5	5.0
交通困难地区	4.0	4.5	4.5

3. 经验及体会

(1)导线架设需要跨越公路、铁路、高压电力线路时须搭脚手架。

(2)导线架设采用每个耐张段逐一进行，导线架设完毕后测量导线弛度，如不符合设计要求及时调整。

(3)导线在针式绝缘纸上的绑扎固定应符合：

①直线杆，导线应固定在绝缘子顶部槽内；

②直线转角杆，导线应固定在绝缘子转角外侧的道槽内；

③直线跨越杆，导向应双固定，导线本体不应在固定处出现角度；

④换位杆，换位导线应固定在针式绝缘子拐角外侧的道槽内。

第三节 子系统调试

一、子系统调试

(一)安装试验

安装试验是在所有安装工作完成后进行的一项工作,主要内容有:盘柜安装位置是否正确,固定是否牢靠;盘柜表面及内部设备是否完好无损,盘柜是否可靠接地;各线缆是否有标识,标识是否正确,标签是否牢固;各种线缆是否按施工图要求正确敷设,是否按端口对应关系正确连接;线缆是否有损坏;金属电缆支架可电缆保护管是否可靠接地;各电缆管管口是否可靠封堵;电气距离是否满足要求等。

(二)部分试验

1. 电力设备单体试验项目(表 4-10-4)

表 4-10-4 电力设备单体试验项目

设备名称	试验项目
变压器或调压器	测量绕组连同套管的直流电阻 检查所有分接头变压比 检查变压器的三相接线组别 测量绕组连同套管的绝缘电阻 绕组连同套管交流耐压试验 测量与铁芯绝缘的各紧固件及铁芯接地线引出套管对外壳的绝缘电阻 额定电压下的冲击合闸试验 相位检查 变压器油介电强度试验
电抗器	测量绕组连同套管的直流电阻 测量绕组连同套管的绝缘电阻 绕组连同套管交流耐压试验 测量与铁芯绝缘的各紧固件及铁芯接地线引出套管对外壳的绝缘电阻 额定电压下的冲击合闸试验
互感器	测量绕组的绝缘电阻 绕组连同套管对外壳的交流耐压试验 测量互感器一次绕组、二次绕组的直流电阻 测量电流互感器的励磁特性曲线 测量 1 000 V 以上电压互感器的空载电流和励磁特性 检查互感器的三相接线组别和单相互感器引出线的极性 检查互感器变比 测量铁芯夹紧螺栓的绝缘电阻
GIS 开关柜	测量主回路绝缘电阻 测量每相导电回路的电阻 测量断路器分、合闸时间,弹跳时间,三相的同期性 交流耐压试验 测量分、合闸线圈的绝缘电阻及直流电阻 断路器、隔离开关操动机构的试验 检查隔离开关操作机构线圈的最低动作电压 SF6 气体试验
避雷器	测量绝缘电阻 测量金属氧化物避雷器的持续电流 工频参考电压或直流参考电压
电力电缆	测量绝缘电阻 直流耐压试验及泄漏电流测量 检查电缆线路的相位 测量金属屏蔽层和导体电阻比
低压电器	测量低压电器连同所连接电缆及二次回路的绝缘电阻 电压线圈动作值检查 低压电器动作情况检查 脱扣器整定情况检查 交流耐压试验 互感器及指示仪表通电检查

续上表

设备名称	试验项目
二次回路	测量绝缘电阻 交流耐压试验
接地装置	测量接地装置的接地电阻 各设备的接地连续性测试
仪表	外部检查 通电检查 仪表基本误差的测定

2. 电力设备整组试验项目(表 4-10-5)

表 4-10-5 电力设备整组试验项目

试验对象	试验项目
10 kV 变配电所	开关上电检查 直流传动 交流模拟量传动 开关自投
电力箱变	开关上电检查 直流传动 交流模拟量传动 开关自投

(三)电力供电系统试验

1. 电力供电系统试验范围

全线区间及车站的电力系统。

2. 电力供电系统试验项目

一级贯通全线停电,只有综合贯通送电的情况下,判断所有低压负载是否能正常工作。

综合贯通全线停电,只有一级贯通送电的情况下,判断所有低压负载是否能正常工作。

一级贯通支援供电的能力验证。综合贯通按正常供电方式带全部负荷,考察一级贯通支援供电的情况,同时录取支援供电时在电抗器不同的运行方式下的电网参数,验证其是否与设计计算相一致,为系统稳定运行打下基础。

综合贯通支援供电的能力验证。一级贯通按正常供电方式带全部负荷,考察综合贯通支援供电的情况;并且考察综合贯通越区供电时在电抗器不同的运行方式下的电网参数,验证其是否与设计计算相一致,为系统稳定运行打下基础。

正常运行方式下区间综合贯通线在电抗器不投、只首端投入、只末端投入、首末端均投入时的母线电压、功率因数、出线电流、末端电压以及电抗器投入切除时暂态电压电流波形。

通过单相短路试验校核电力供电设备保护的可靠性、选择性、灵敏性。录取在短电时的电网参数,验证其是否与设计计算相一致,为系统稳定运行打下基础。

通过三相短路试验校核电力供电设备保护的可靠性、选择性、灵敏性。录取在短电时的电网参数,验证其是否与设计计算相一致,为系统稳定运行打下基础。

通过录取电缆金属屏蔽层和铠装层电流、和电压来验证其截面的选择和护套的绝缘强度能否保证系统安全运行。

二、关键的质量控制点

1. 每个设备的单体试验严格按照实验标准来执行,确定该设备的电气参数、绝缘性能是否满足要求。

2. 系统调试主要是确定电力综自系统的远动控制、信息传递以及保护动作的准确性。

(1)控制功能

对所内开关、调压装置及其他可控设备可以在计算机上进行集中控制。改变某一对象运行状态的控制,包括开关合/分、自动装置投入/撤除等操作。在所内综合自动化系统设置模拟试验继电器,用于检测系统内部是否工作正确。

(2)状态监测

主要内容包括以下两种：

①对配电所进行实时数据采集，并通过监视器对供电设备运行状态进行实时监视。

系统通过间隔单元交流采样方式对配电所内电流、电压、功率等模拟量进行实时采集，对电度量可以通过与电度测量智能单元接口方式和通过计算方式实时获得，另外还可以通过召唤方式对测量量或数据(如整定值参数等)进行读取。

②对配电所内供电设备及相关设备非正常运行状态下的信息内容的实时监视。

异常运行状态信号内容主要包括：供电系统异常：如保护动作信号等；供电系统设备异常：如设备故障信号等；配电所自动化设备故障：如各种自检信息等；通道或配电所自动化设备电源故障；系统数据采集具有SOE、COS方式。

(3)保护动作

通过系统联调，测试每个测控单元保护动作的准确性，应该能及时上传故障信号、分闸故障回路、自动投切备用电源。如果达不到要求，需要进行现场检查原因，可能是由于接线有误、保护参数数值设置不合理、保护装置内部程序错误等等。

第四节　联调联试

一、目　　的

通过对武广铁路客运专线电力子系统的试验，验证电力子系统的供电能力。通过对电力远动系统的功能验证，检验电力子系统是否满足技术条件的要求及运行的需要，是否存在功能缺陷。

二、内　　容

以长沙配电所作为典型所的联调联试(长沙配电所北端是浏阳河配电所，南端是株洲配电所)。

(一)正常运行工况

1. 长沙配电所单边供电至浏阳河和株洲，线路空载。电抗器不投入，测量以下内容：长沙配电所母线电压、功率因数；长沙配电所武汉侧出线的电流；长沙配电所广州侧出线的电流；电力线路末端(浏阳河)的电压；电力线路末端(株洲)的电压。

2. 首端电抗器投入(末端电抗器不投入)，测量以下内容：长沙配电所母线电压、功率因数；长沙配电所武汉侧出线的电流；长沙配电所广州侧出线的电流；电力线路末端(浏阳河)的电压；电力线路末端(株洲)的电压；电抗器投入暂态工况，电压波形幅值、电流波形及幅值；切除电抗器暂态工况，电压波形幅值、电流波形及幅值。

3. 末端电抗器投入(首端电抗器不投入)，测量以下内容：长沙配电所母线电压、功率因数；长沙配电所武汉侧出线的电流；长沙配电所广州侧出线的电流；电力线路末端(浏阳河)的电压；电力线路末端(株洲)的电压；电抗器投入暂态工况，电压波形幅值、电流波形及幅值；切除电抗器暂态工况，电压波形幅值、电流波形及幅值。

4. 电抗器全部投入，测量以下内容：长沙配电所母线电压、功率因数；长沙配电所武汉侧出线的电流；长沙配电所广州侧出线的电流；电力线路末端(浏阳河)的电压；电力线路末端(株洲)的电压；电抗器投入暂态工况，电压波形幅值、电流波形及幅值；切除电抗器暂态工况，电压波形幅值、电流波形及幅值。

(二)支援供电工况

长沙配电所单边供电至浏阳河和株洲，线路空载，单边供电的电抗器均投入，支援供电至浏阳河(或株洲)。

1.(支援供电)电抗器不投入，测量以下内容：长沙配电所母线电压、功率因数；支援回路出线的电流；支援回路(浏阳河至株洲)的电压；支援回路线路末端的电压。

2.(支援供电)首端电抗器投入(末端电抗器不投入)，测量以下内容：长沙配电所母线电压、功率因数；支援回路出线的电流；支援回路（浏阳河至株洲）的电压；支援回路线路末端的电压。

3.（支援供电）末端电抗器投入（首端电抗器不投入），测量以下内容：长沙配电所母线电压、功率因数；支援回路出线的电流；支援回路（浏阳河至株洲）的电压；支援回路线路末端的电压；电抗器投入暂态工况，电压波形幅值、电流波形及幅值；切除电抗器暂态工况，电压波形幅值、电流波形及幅值。

4.（支援供电）电抗器全部投入，测量以下内容：长沙配电所母线电压、功率因数；支援回路出线的电流；支援回路（浏阳河至株洲）的电压；支援回路线路末端的电压；电抗器投入暂态工况，电压波形幅值、电流波形及幅值；切除电抗器暂态工况，电压波形幅值、电流波形及幅值。

（三）越区支援工况

长沙配电所供电至株洲，线路空载和负载，供电的电抗器均投入，同时越区支援至衡山。

1.（越区供电）电抗器不投入，测量以下内容：长沙配电所母线电压、功率因数；长沙配电所株洲侧出线的电流；电力线路末端（株洲）的电压；电力线路末端（衡山）的电压。

2.（越区供电）首端电抗器投入（末端电抗器不投入），测量以下内容：长沙配电所母线电压、功率因数；长沙配电所株洲侧出线的电流；电力线路末端（株洲）的电压；电力线路末端（衡山）的电压；电抗器投入暂态工况，电压波形幅值、电流波形及幅值；切除电抗器暂态工况，电压波形幅值、电流波形及幅值。

3.（越区供电）末端电抗器投入（首端电抗器不投入），测量以下内容：长沙配电所母线电压、功率因数；长沙配电所永乐侧出线的电流；电力线路末端（株洲）的电压；电力线路末端（衡山）的电压；电抗器投入暂态工况，电压波形幅值、电流波形及幅值；切除电抗器暂态工况，电压波形幅值、电流波形及幅值。

4.（越区供电）电抗器全部投入，测量以下内容：长沙配电所母线电压、功率因数；长沙配电所永乐侧出线的电流；电力线路末端（株洲）的电压；电力线路末端（衡山）的电压；电抗器投入暂态工况，电压波形幅值、电流波形及幅值；切除电抗器暂态工况，电压波形幅值、电流波形及幅值。

（四）短路工况

长沙配电所单边供电至浏阳河和株洲，线路空载。

1. 近端单相接地，测量以下内容：长沙配电所接地回路的电流波形和幅值。

2. 近端三相接地，测量以下内容：长沙配电所接地回路的电流波形和幅值。

3. 远端单相接地，测量以下内容：长沙配电所接地回路的电流波形和幅值。

4. 远端三相接地，测量以下内容：长沙配电所接地回路的电流波形和幅值。

5. 两个箱变之间的电缆单相接地，电缆首端接地、末端不接地，测量以下内容：长沙配电所接地回路的电流波形和幅值。

6. 两个箱变之间的电缆单相接地，电缆首端不接地、末端接地，测量以下内容：长沙配电所接地回路的电流波形和幅值。

7. 越区供电单相接地，测量以下内容：长沙配电所接地回路的电流波形和幅值。

8. 越区供电三相短路，测量以下内容：长沙配电所接地回路的电流波形和幅值。

（五）区间短路故障位置判断

长沙配电所单边供电至浏阳河和株洲，区间短路故障，试验以下内容：根据区间负荷点进出线短路电流判断故障位置。

（六）牵引工况（无机车运行）

长沙配电所单边供电至浏阳河和株洲，线路空载，线路上无机车运行。试验以下内容：

（1）电缆金属屏蔽层和铠装层电流测量：电缆两端接地；

（2）电缆金属屏蔽层和铠装层电压测量：两个箱变之间的电缆，只有首端接地，测第二个箱变处的电缆金属屏蔽层和铠装层的电压；

（3）电缆金属屏蔽层和铠装层电压测量：三个箱变之间的电缆，只有首端接地，测第三个箱变处的电缆金属屏蔽层和铠装层的电压。

（七）牵引工况（有机车运行）

长沙配电所单边供电至浏阳河和株洲，线路空载，同时线路上有机车运行。试验以下内容：

（1）电缆金属屏蔽层和铠装层电流测量：电缆两端接地；

(2)电缆金属屏蔽层和铠装层电压测量:两个箱变之间的电缆,只有首端接地,测第二个箱变处的电缆金属屏蔽层和铠装层的电压;

(3)电缆金属屏蔽层和铠装层电压测量:三个箱变之间的电缆,只有首端接地,测第三个箱变处的电缆金属屏蔽层和铠装层的电压。

(八)牵引短路工况

长沙配电所单边供电至浏阳河和株洲,线路空载,牵引某区段短路。试验以下内容:

(1)与牵引短路相对应区段的电缆金属屏蔽层和铠装层电流测量:电缆两端接地;

(2)与牵引短路相对应区段的电缆金属屏蔽层和铠装层电压测量:两个箱变之间的电缆,只有首端接地,测第二个箱变处的电缆金属屏蔽层和铠装层的电压;

(3)与牵引短路相对应区段的电缆金属屏蔽层和铠装层电压测量:三个箱变之间的电缆,只有首端接地,测第三个箱变处的电缆金属屏蔽层和铠装层的电压。

三、结　论

经过一系列的联调联试,以及对联调联试过程中暴露出来的缺陷进行整改,最终武广铁路客运专线电力系统的电能质量、供电能力以及高压电气设备绝缘性能、电气性能参数都满足相应的国家标准、铁路标准,并且电力综自系统的控制保护功能最终满足设计、运营维护的要求。

第五节　经验体会和建议

一、经验体会

(一)半成品保护

武广铁路客运专线电力施工工作量大、工期紧,因此在具备现场施工之前,就需将电力设备材料运至现场,因此作业面比较宽。这就要求这些设备材料在安装制作到位之前,做好防护工作,以免造成损失。

1. 箱变基础防护

对房建专业已做好的箱变基础,电力专业应按要求进行巡检,不合格的通知房建专业及时整改;道口、行人、车辆较多地方的箱变基础,需做明显标志,避免箱变基础被人或车辆损坏。

2. 电力电缆、箱变及其他设备防护

(1)对已运到现场的电力电缆应派专人进行看护,已敷设的电力电缆应按要求进行巡检,防止电缆被偷盗或被人及车辆等损坏。

(2)对已运到现场的箱变应及其他设备应按要求密封或上锁,并派人进行巡检,防止箱变及其他设备被偷盗或被人及车辆等损坏。

(二)电缆上下桥预留孔的问题

由于武广铁路客运专线线路很大部分采用高架桥,在桥梁段,10 kV 电力贯通电缆沿桥梁上的电力电缆槽内敷设,而各用间设备在桥梁下面,因此,存在电缆上下桥的问题。由于前期土建专业按设计要求预留锯齿孔,后期由于征地位置发生改变,导致锯齿孔位置设置得不太合理,将会造成电联电缆等材料的浪费。为解决这个问题,经过武广铁路客运专线公司组织几次专家会议商定,提出了在新的征地位置需要预留电缆上下桥孔的地方进行打孔的方案,从而解决了此问题。

(三)长大电缆敷设的问题

武广铁路客运专线全线 10 kV 贯通线路均为电缆线路,由于是大面积采用电缆方式,做好电力电缆施工的准备工作,尽量确保整盘敷设,减少电缆的接头就是减少不利因素。在敷设过程中,确保电缆不被磨损。

针对进行比较长的电缆线路敷设,施工存在相当的难度。针对此问题,经过施工技术人员的共同努力,编制了采用电缆拖车进行长大电缆敷设的施工方法,即将电缆放线支架固定在拖车上,采用拖车前进进行拖引的施工方法。

(四)电缆头制作工作

箱变接线工作复杂。接线工作有电缆头制作、插拔头安装(前插)、避雷器安装(后插)、流互安装、护层保护器安装、低压电缆接续等工序，每台接续需要 5～6 h，要考虑足够的时间和人力。

(五)电力电缆与通信信号电缆同沟

由于武广铁路客运专线建设工期短造成前期电缆沟槽管洞预留错误、交叉施工等问题，故在电缆敷设过程中存在着电力电缆与通信信号电缆同沟敷设的问题，针对这个问题，武广公司组织设计院、电力、通号施工单位召开了多次专题会议，最终圆满解决。

1. 电力及牵引供电系统部分电缆与通信信号同沟问题

(1)结合部位电缆预留井共用的情况，桥梁路基、隧道路基在电力电缆和通信信号电缆间设置沿铁路方向的竖直物理隔断；若不能设置竖直物理隔断的，则将电力电缆与通信信号电缆分为上下两层，下层电缆填沙后加砖隔离层与上层电缆分开；

(2)接触网上网电缆与通信信号电缆同沟的情况，水平同径路的上网电缆和通信信号电缆间设置物理隔断，垂直引上部分采用管防护，交叉处采用防火泥隔开；

(3)车站引入垂直交叉的情况，对后敷设的电缆采用物理隔断方式设置防护；

(4)所、亭引入电力电缆和通信电缆同沟的情况，挖沟的一方保持原状，后敷设电缆方改变电缆径路；若不能更改径路，则后敷设电缆方设置物理隔断防护；

(5)电力电缆余留在直放站室内防静电地板下方的情况，将多余的电力电缆拉出直放站室外，挖余留坑盘电力电缆余留。

2. 高低压电缆同沟敷设、电缆防护、电缆标桩等问题

此问题按照铁道部专家组意见，对同沟电缆进行了吊牌，并对电缆防护进行加强，对标桩进行补充。

二、建 议

接口管理是一项非常先进的项目管理手段，电力系统的建设过程当中存在着大量的接口，主要体现在：电力与桥梁、路基专业的接口、电力与房建专业的接口、电力与变电的接口、电力与信号专业的接口、电力与通信专业的接口、电力与 SCADA 专业的接口。建议在今后高铁工程实施过程中，各专业施工方要充分认识接口工程质量的重要性，各专业要认真抓好借口工程的施工管理工作，给高铁电力系统后期的施工创造良好的环境。

第十一章　牵引供变电工程

第一节　工 程 概 况

一、施工范围

武广铁路客运专线牵引供电系统采用AT供电方式。全线新建武昌东、乌龙泉东、泉口、坦渡、岳阳东、黄沙、李家段、长沙南、雷打石、衡山西、云集、余庆、荷叶坪、新杨梅、乐昌东、韶关、老唐屋、大石古、广州北、广州南共20座牵引变电所;新建19座分区所;新建38座AT所;新建1座武昌东AT所兼开闭所;新建2座直供开闭所(长沙动车运用所、株洲南联络线)。

二、施工特点

1. 武广铁路客运专线各所亭独立设置在铁路沿线征地红线之外,用地需四电房屋专业向地方政府征地并对所亭用地进行场坪、房屋建设、电缆沟制作,供变电专业在做好场坪后制作设备基础、敷设地网、设备安装。相对而言,供变电专业与其他专业施工接口较少,仅与四电房屋专业存在着接口。

2. 牵引变压器、自耦变压器等大型设备的运输对地面承受力、路面宽度要求比较高,在设备运输之前,需要对运输路线进行调查并对达不到运输要求的路段进行加固、拓宽等处理方式。

3. 牵引变电所室外设备基础数量多、承受力要求大,所以基础施工质量、进度都得有保障。

4. 27.5 kV电缆头制作工艺要求高、技术性强,需要经过专业培训的施工人员或者专业电缆头厂家技术人员制作。

三、设备选型原则

武广铁路客运专线牵引供变电子系统的接线方案在满足供电安全、可靠、灵活的要求下,尽量简单,并保证继电保护和自动装置的各种功能配置的可靠实现,结合两端枢纽的总体要求,以满足供变电技术指标为主。

1. 可靠性

也即安全性。由于变电设备是牵引网的重要组成部分,其重要性不言而喻,一旦出现故障则影响巨大。

2. 操作性

牵引供变电系统在运行过程中出现问题的时候,需要快速的找到故障点并解决。为了方便运营管理,要求变电设备具有较高的操作性,让值班人员能够轻松、方便地对设备进行操作。

3. 维修性

供变电系统设备动作频率高,因此较为容易产生故障,要求设备具有很高的可维修性。

四、设备厂家

设备厂家见表4-11-1。

表4-11-1　设备厂家

序号	名　　称	规格型号	生产厂家
1	牵引变压器	40/31.5 MVA　220×(1±2.5%)/2×27.5 kV	AREVA公司 银川卧龙变压器有限公司 云南变压器电气股份有限公司
2	牵引变压器	75/63 MVA　220±2.5%/2×27.5 kV	保定天威保变电气有限公司/中铁电化局集团保定铁道变压器有限公司联合体

续上表

序号	名　称	规格型号	生产厂家
3	自耦变压器	12.5/25 MVA 27.5/55 kV 1000/1 A 16/32 MVA 27.5/55 kV 1250/1 A	中铁电化局集团保定铁道变压器有限公司
4	27.5 kV 所用变压器	63 kVA,27.5±5%/0.23 kV	中铁电化局集团保定铁道变压器有限公司
5	27.5 kV 所用变压器	30 kVA 27.5±5%/0.23 kV	中铁电化局集团保定铁道变压器有限公司
6	10 kV 所用变压器	63 kVA 10±5%/0.4 kV	中铁电化局集团保定铁道变压器有限公司
7	10 kV 所用变压器	30 kVA 10±5%/0.4 kV	中铁电化局集团保定铁道变压器有限公司
8	220 kV 电压互感器		江苏省如高高压电气有限公司
9	220 kV 电流互感器		北京天威瑞恒电气有限责任公司
10	220 kV SF6 断路器	220 kV 2 500 A 三极	苏州阿海珐高压电气开关有限公司
11	220 kV 手动隔离开关	220 kV 2 500 A 三极	西安力华铁路科技发展有限公司
12	220 kV 带接地刀电动隔离开关	220 kV 2 500 A 三极	北京华美煜力电力技术有限公司
13	220 kV 避雷器	204 kV,10 kA	深圳银星电力电子有限公司
14	GIS 开关柜		西门子(中国)有限公司
15	综合自动化系统		四川交大许继电气有限责任公司
16	交直流盘	AC230 DC110	武汉巨业自动化设备工程有限公司
17	27.5 kV 中压电缆		河北邢台电缆有限责任公司
18	27.5 kV 电缆终端头		广东吉熙安电缆附件有限公司

第二节　施工方案、工艺流程和关键工艺工法

一、施工方案

牵引变电工程施工中统一工艺标准、实行程序化施工是牵引变电所施工方案的指导思想。从施工测量开始，利用先进的机械设备、精密的仪器对工程质量和进度进行有效控制。工程技术人员在接到施工图纸后，先期进行现场调查，发现问题按规定程序及时申报处理。

变压器、断路器、互感器、隔离开关、避雷器、盘柜等设备到现场后，按照有关工艺、工法组织施工，并请生产厂家派技术人员进行技术服务，由具有国家计量认证资质的试验室对设备的电气性能进行检查测试，并出具试验报告。并请业主、监理工程师到现场监督、监理。

根据本工程的工程特点，由施工技术部制定统一的工艺标准，实行标准化施工，工程质量达到安全可靠、整齐美观、标准统一。

严格按照二次电缆接线施工工艺和牵引变电所电缆工程实施工艺标准施工，电缆实现无交叉敷设、线槽布线、异型管烫印回路编号，电缆标志牌采用白色软塑料成品烫印标志牌等先进工艺、二次接线准确可靠，确保工程质量内实外美。

设备安装和二次接线完成后，由具有国家计量认证资质的试验室进行单体试验和整组传动试验，确保控制、保护、测量回路运转正常，达到高效可靠、减少维修的质量目标。在具备开通送电的条件下，按照铁路电力牵引供电工程标准化开通程序组织开通送电。

为保证施工质量和施工进度的顺利进行，常规部分的施工方法，选择已成熟的施工工艺进行组织施工；新技术、新工艺、新设备部分的施工，参照新设备提供商、技术支持方提供的安装规范，制定全线统一的施工作业指导书，满足工程的施工需要。

其中，隐蔽工程必须经监理检验后才能进行下一道施工作业；每一设备的工作接地和保护接地应单独与接地干线或接地网可靠连接，禁止将几个部件串联接地；所有设备接地线其露出地面部分及埋入地下部分均

应作防腐处理；架构组立之前必须对钢支架进行材质检查；应保证设备支架倾斜度不得大于3‰；整组试验前应做好试验程序表，要做到不缺、不漏，试验严格按试验程序表分回路及试验次序进行。凡需“远方”传动的电气设备在进行传动时必须室外、室内人员相配合并认真核对设备。

二、工艺流程

牵引变电工程施工工艺流程如图4-11-1所示。

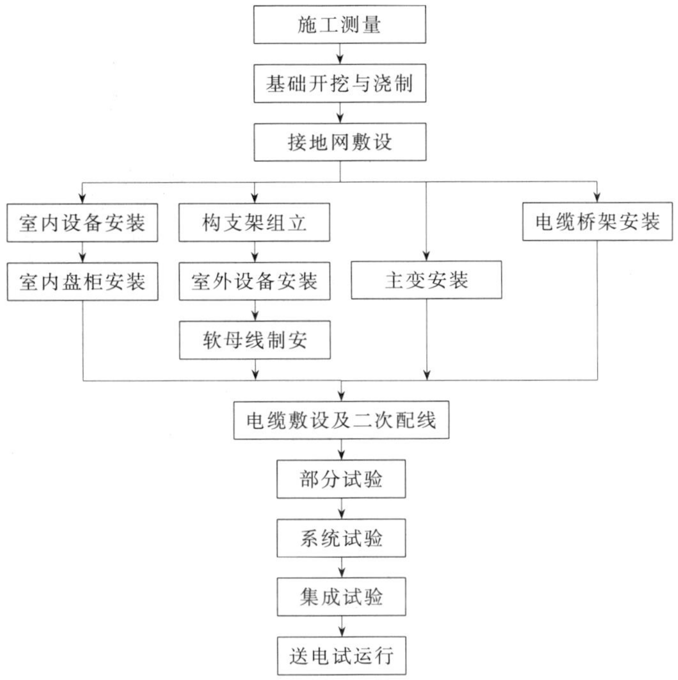

图4-11-1　牵引变电工程施工工艺流程

三、关键工艺工法

（一）钢结构门型构架及设备支架组立

1. 施工程序

施工准备→构架立柱吊装→构架横梁吊装→地线架吊装→设备支架组立→安装收尾。

2. 施工工艺

（1）施工准备

①平整场地，依现场实际情况确定组立顺序，以利吊车及人工作业。

②复测构架基础面高程是否满足设计要求。

③核实预埋螺栓尺寸及构支架底座螺孔尺寸，允许误差为2 mm，检查预埋螺栓露出基础面高度是否符合要求。

④构架和设备支架应分类运到安装位置附近，并按规定进行外观及质量检查，并对变形产品进行矫正，恢复结构形状。

（2）构架立柱吊装

根据起重机停靠位置及吊臂度，确定吊绳绑扎位置，指挥起重机将立柱吊离地面转到基础上方，使其根部安装孔与基础预埋螺栓相对，用螺帽将其固定。同一组构架支柱立完后要进行垂直度调整和相对位置的测量检查，如有偏差应调整至正确位置。

（3）构架横梁吊装

在横梁两侧应绑扎晃绳引导，正式起吊前应进行试吊，横梁吊到立柱顶后，使其安装孔与支柱安装孔相对，用螺栓加以固定，注意横梁吊环安装方向与施工图相符。

(4)地线架吊装

吊装到立柱顶时，应有人扶住，对准螺孔，用螺栓加以固定，用经纬仪测量，保证地线架与立柱在同一垂直中心线上，然后紧固螺栓。

(5)设备支架组立

设备支架可吊装也可用人工组立，在组立时应注意支架方向与施工图相符，同一轴线上支架组立完成后要逐个进行调整，确保其本体垂直且位于同一安装轴线后再加以固定。

现场设备支架组立如图 4-11-2 所示。

3. 质量控制要点

(1)紧固件应齐全，螺栓宜露出螺母 2～5 扣。紧固力矩值符合相关要求。

(2)横梁安装应注意起拱方向，应符合设计要求。

4. 经验及体会

(1)所有钢构架均应与基础垂直，在调整中用经纬仪测量，如有误差，可通过调节螺母调整。

(2)钢构架安装方向正确、牢固、水平，所有紧固件符合设计要求，镀锌层完整无锈蚀现象。

(3)横梁应平直，弯曲度不应大于对应长度的千分之五，构架与设备支架应垂直，倾斜度不应大于其高度的 3‰。

(4)同一轴线上安装的构架及支架电杆的偏移不应大于 20 mm，同一轴线上安装的构架及支架偏移不应大于 10 mm，同一组构架的高低差不应大于 5 mm。

图 4-11-2 现场设备支架组立

(二)接地网敷设

1. 施工流程

施工准备→地网沟开挖→均压带焊接及敷设→接地母线安装→接地沟回填→接地电阻测量。

2. 施工工艺

(1)地网沟开挖：按设计路径及位置开挖地网沟和打接地极，土壤坚实地带，可用洛阳铲打孔，将接地极直接埋入孔中夯实。

(2)均压带焊接及敷设：按每一条均压带的长度，将铜包钢绞线沿接地网沟边在地面上焊接成一个整体，敷设在土沟中，分段回填一些细土，然后进行各均压带之间及与接地极之间的焊接。分层回填夯实，将余土培在土沟上，待其自然下沉。

(3)接地母线安装：电缆沟内和室内接地母线使用镀锌扁钢敷设。电缆沟内及桥架的接地母线设置在电缆支架第一层，电缆沟各分支处的预埋型钢在接地母线焊好后，用镀锌扁钢与接地母线连接在一起；安装在室内电缆夹层的接地母线，应沿距地面应保持 300 mm 的间距，接地母线两端打膨胀螺栓用接地卡子固定；室内引至室外采用 $\phi16$ mm 圆钢，并与地网相连。

(4)测量接地电阻：对接地装置进行接地电阻阻值测量，测量时先应与所外避雷线断开，测量结果应符合设计要求，若确因土质或环境因素达不到设计要求时，可按规定程序申报使用降阻剂，以保证接地阻值符合设计要求。

(5)高阻处理

对于土质为风化岩、砾石、岩石等高电阻区的主接地网，应灵活施工。由于高电阻区的地质比较坚硬给地网的开挖及垂直接地体的敷设带来很大困难。风化石、砾石可以用风抢配合人工开挖；岩石地区还需放炮开沟。垂直接地体敷设时可用风钻或水钻钻眼并灌降阻剂，水平接地体上敷设降阻剂降阻。地网敷设完毕后用细土回填并夯实。根据需要降阻剂可采用高科技降阻剂效果会更好。如若接地电阻还达不到要求，及时与设计联系增加外引地网。

需要爆破地网沟开挖施工应指定专人负责，爆破工作人员必须受过爆破技术训练，熟悉爆破器材性能和安全规则，经当地公安部门考试合格，领取爆破证后方可参加爆破工作。

(6)放热焊

放热焊接剖面如图 4-11-3 所示。

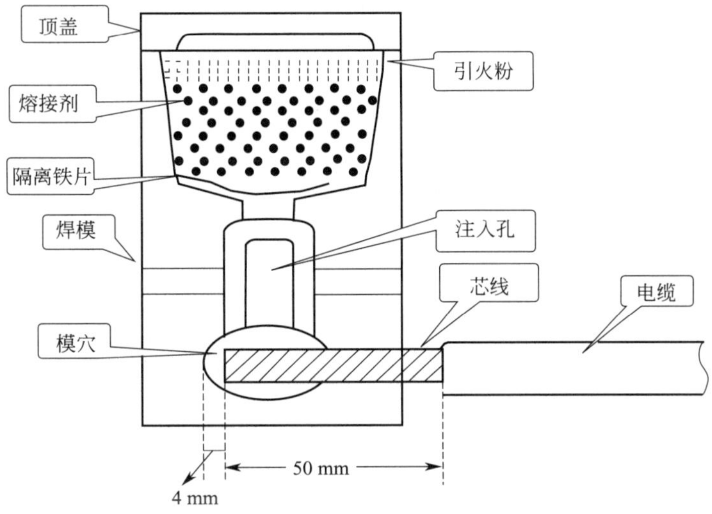

图 4-11-3 放热焊接剖面

①施工准备

a. 放热焊接操作之前,在使用前许用喷灯或其他方法对焊模加热驱除潮气。加热点涵盖整个模具表面,重点为模具模腔,反应腔。首次加热时间 10 min。

b. 用钢丝刷或砂纸打磨干净被熔接位置。

c. 在正式用于接地铜母线施工之前,对参加人员进行了操作技能培训,使其了解模具基本结构、使用方法和注意事项,并进行了各种型式接头的熔接实验,对达到要求的操作人员方可允许参加正式施工。两人一组,并穿戴好护具(眼镜、手套)

d. 在使用焊模前,应仔细检查其内面是否有焊渣或铜水凝固物,如发现应及时清理,以免在焊模开合面处密合不好,形成缝隙,导致熔焊时铜水外流。如发现开河面破损,应及时更换焊模。

②焊接物就位及模具安装将导体端部擦拭干净,待焊接的导体需平稳放置,模具固定导体以后,选取与之配套的模具并将导体插入模穴中心,待焊接导体接头处应对准模具中心导留孔。小截面导体间无须留缝隙,大截面导体之间对接需留有约 2 mm 的间隙,以便更好的熔接。固定后需要观察导体放置是否平稳,导体端部缝隙应位于模穴中心位置,且闭合模夹至锁定位置;模具是否有明显缝隙,防止反应过程中漏浆。(必要时可使用填缝胶)。

③加入反应粉

先将金属隔离片放置到模具反应腔底部(需注意铁片方向,凹面朝上,否则会严重影响熔接效果)以防药剂流入反映腔。然后缓缓倒入火药,并注意火药底部有一浅薄及透明的小塑胶带,内盛引燃火药之炭精。将此覆于火药上部,并均匀摊开,盖上顶盖。

④引火施焊

操作人员站在模具点火口的侧面,点燃引火粉,放热熔剂即在焊模的反应腔中进行剧烈的化学反应并猛烈燃烧。

⑤模具拆除及清扫

完全燃烧 5 min 后打开模具,用毛刷对模具仔细清除导体上、模具内的矿渣,直至矿渣被完全去除。如有少量矿渣吸附在反应腔之上,可在模具冷却后用 600 号砂纸进行清理,以备下次使用。

3. 施工质量控制手段及方法

(1)接地极的规格、长度及接地方式应符合设计要求。

(2)接地装置的接地电阻值应符合设计规定。

(3)接地体的埋设深度应符合设计要求。当设计无规定时,其埋设深度不应小于 600 mm,人行道上不应小于 1 m。

(4)独立避雷针的接地装置与接地网的地中距离不应小于 3 m,与道路或建筑物出入口的距离应大于 5 m,当不能满足规定时,应采取均压措施或铺设沥青路面。

(5)避雷针及装有避雷针、线的构架上的照明灯电缆或导线,应采用直埋于地下的金属保护管进行保护,电缆的保护管应接地,其地中埋设长度不得小于 10 m。

(6)电缆沟内接地母线的敷设方式及与地网的连接应符合设计要求,严禁将 25 kV 电器设备或装置的接地线接于电缆沟内的接地母线上。

4. 经验及体会

(1)接地干线至少应在不同的两点与接地网相连接,每一设备的工作接地与保护接地应单独与接地干线或接地网可靠连接,严禁将几个部件串联接地。所有设备接地线其露出地面部分采用镀锌件,埋入地下部分应作防腐处理。

(2)接地线引向建筑物的出入口处应设置明显的接地标志或接地符号;所有需要悬挂临时接地线的地点均应设置接地螺栓或接地板。

(3)接地线经过电缆沟时注意埋深要在电缆沟以下。

(4)焊模外的导线须使用适当的工具或物体进行固定或支撑,以便在熔接作业过程中,导线不至弹开(撑开)焊模或从焊模中脱出。特别是在进行有张力的硬铜线或其他导线时,更应注意该现象的发生。

(5)含水的导线应用喷灯进行烘干。

(6)当导线尺寸小于导线槽的尺寸时,为了在熔焊时避免铜水从其缝隙中流出,应使用填逢料(如防火泥)来充填缝隙。

(7)一次熔接所需粉量按熔模盖上的指示牌选取,熔粉过量或不足将造成接头凸凹不平。

(三)牵引变压器就位

1. 施工程序

(1)自锚滑行施工程序

施工准备→主变对位→器身顶升→传入滑轨→安装导链→牵引滑行→主变就位→位置调整。

(2)吊装施工程序

吊装准备→受力计算→变压器吊装就位。

2. 施工工艺

(1)自锚滑行

①施工准备

a. 整修变压器拖车进场通道,拆除妨碍拖车进场的各种障碍物。

b. 沿拖车入所路径,检查道路情况,并修整压实。

c. 用推土机沿着基础正面边缘推一土沟,深度等于拖车台面高度(从基础平面算起),宽度为 3 m。

②主变对位

a. 引导拖车进入土沟,车帮贴近基础的侧面。

b. 当变压器的中心对准基础中心时,停车下闸,车轮用三角木挚掩。

c. 当变压器距基础位置较远时,且受外部条件不能再靠近基础时,应该在拖车与基础之间的空挡处搭建木平台,确保主变压器的平稳运输。

③器身顶升

a. 在主变长轴一端用两台千斤顶将器身顶起,高度约为 200 mm,然后在器身下垫入枕木,撤除千斤顶。

b. 在主变压器长轴另一端用同样方法垫入枕木。

④穿入滑轨

a. 在主变压器器身牵引耳的正下方,平等穿入两根 50 kg/m 的钢轨作滑轨。

b. 挨着两滑轨的内侧平行穿入两根 43 kg/m 的钢轨作护轨。

c. 在滑轨两侧端头安装定位杆,拧紧定位螺母,限定滑轨轨距。

d. 分别从长轴两侧顶起器身撤出枕木,使主变落座在滑轨上。

⑤安装倒链

a. 在滑轨牵引侧端头套挂 500 mm 长的钢丝绳套。

b. 在主变压器牵引耳上套挂 2000 mm 长的钢丝绳套。

c. 将倒链倒至最长，吊钩挂长绳套侧，定钩挂短绳套侧，并稍稍张紧倒链。

⑥牵引滑行

a. 检查牵引系统的绳套，挂钩等是否固定牢靠。

b. 检查滑轨安放是否稳固，与其相关的枕木垛是否牢固。

c. 在钢轨顶面上涂抹凡士林(伸入变压器下面的部分，在穿入前应涂好凡士林。)

d. 每 4 个人一组牵拉倒链使主变压器在钢轨上缓慢滑行。

e. 滑行中要注意主变压器的行进方向，随时纠正偏移。

f. 主变压器滑至基础中心时，通知停止牵引。

⑦主变压器就位

用千斤顶将变压器顶起，垫入枕木。撤出滑轨及护轨，顶起主变压器，撤出枕木，将其落在基础上。

⑧位置调整

a. 检查主变压器长、短轴中心是否与基础中心线重合，偏差不得超过±10 mm。

b. 出现偏差时，在超出偏差值的一侧将主变压器顶起，并在其底座型钢下部放入十余根直径为 20 mm 的圆钢做滚杠，然后将主变压器落下。

c. 用导链牵拉主变压器调整方向侧的牵引耳，使主变压器在基础上进行少量移位，达到修正偏差值的目的。

d. 顶起主变压器，撤出圆钢，落座就位。

(2)吊装

①吊装准备

a. 新的变压器到货后，应先进行验收检查。确认无误后。方可进行吊装作业。

b. 用拖车将变压器运输到指定卸车位置。

c. 吊车按事先规划好的平面图位置进行站位。站位时应尽量靠近路边，支腿必须先铺垫一块 20 mm 厚的钢板。安装好吊装索具，吊机进入工作状态。

②受力计算

根据变压器的运输重量，对其吊装进行受力计算。最大的计算载荷为

$$Q_{max}=K_1\cdot K_2\cdot (Q+q) \qquad (4\text{-}11\text{-}1)$$

式中 K_1——动载系数，取 1.1；

K_2——不平衡系数，取 1.1；

Q——变压器重量；

q——吊索具重量。

根据最大计算载荷，确定吊车的起吊技术参数和吊装钢丝绳的选用。钢丝绳安全系数取 6～8 倍。

③变压器吊装就位

a. 将钢丝绳穿入变压器的吊装吊耳，绑扎牢靠，吊车按照计算好的技术参数进行一次试吊。

b. 试吊没有问题后，将变压器一次吊装就位。

现场变压器吊装如图 4-11-4 所示。

图 4-11-4 现场变压器吊装

3. 施工质量控制方法及手段

(1)主变压器在装卸和运输过程中的倾斜角度不得超过 15°，且不应有严重冲击和振动。

(2)充氮运输的主变压器，其充氮表压力应保持在正压0.01～0.03 MPa 范围内。

4. 经验及体会

(1)主变压器就位时要保证安装方向符合设计要求。

(2)牵引或顶升主变时,两台倒链或千斤顶的操作速度要平衡一致,动作要协调。

(3)滑轨的安放要平行、稳固,轨间距离应保证主变压器滑行的稳定。

(4)严禁在主变压器长轴一侧的两端同时顶升。

(四)牵引变压器附件安装工艺

1. 施工程序

施工准备→散热器安装→净油器安装→油枕安装→结防爆筒安装→高压套管安装→气体继电器安装→补充注油→呼吸器安装→指针式温度计安装→风扇安装及配线→安装工作收尾。

2. 施工工艺

(1)施工准备

①清除安装现场杂物,平整场地。

②安装附件及所带密封件,连接件应齐全,良好。

③气体继电器、套管、温度计经试验合格。

④散热器在安装前应用合格的变压器油进行循环冲洗和密封检查,无渗漏油现象。

(2)散热器安装

①制造厂有标记的按制造厂标记进行装配;制造厂无标记时,须测量散热器和油箱连接法兰的孔距,进行尺寸选配,编好标志。

②拆下散热器集油管封板,用白布蘸汽油擦净法兰接合面。

③关闭油箱蝶阀,取下法兰封板,擦净法兰接合面,擦净(或更换)密封胶垫,在胶垫两个接合面涂抹密封胶,然后将胶垫镶入法兰槽内。

④吊起散热器(靠油箱侧有排气孔的为散热器上端,靠外侧有排气孔为下端)至油箱近旁,调整高度和位置,使法兰相接,注意密封垫不要错位,带上螺母,并对角拧紧。

⑤依次安装全部散热器。

(3)安装净油器

①拆开净油器封板及上下盖,擦净内壁及管路锈污,用合格的变压器油清洗。

②装好下盖及滤网。

③装入制造厂规定重量的经干燥和用合格变压器油清洗干净并浸泡 24 h 后的吸附剂,以装满内腔为宜,装好上盖和连接管路。

④关闭油箱蝶阀,取下连接法兰封板,擦净法兰接合面及密封胶垫,涂上密封胶。

⑤把净油器装于箱体机座上,按对角拧紧螺母。

⑥打开下蝶阀和放气阀,让变压器油充满净油器。

(4)安装油枕

①打开油枕端盖及气体继电器连接的法兰封板,将内壁擦洗干净。

②将胶囊顺油枕方向放置平整,胶囊口安装不允许皱褶,要严密畅通,方向不应扭转。

③向胶囊内充 2 kPa 氮气作漏气检查,经检查无漏气后,将压力泄放,装上端盖。

④将油标管擦干净,装上浮子,轻轻拧紧固定螺母,将油标管固定,根据产品说明书规定做好油位标志线。

⑤打开小油枕端盖,从油标呼吸塞处注入变压器油,同时,不断剂压小胶囊,排尽小胶囊内的空气,当油标浮子浮起时,从油标放油塞处放油,使浮子落到油标底部后,关闭放油塞,装上呼吸塞。

⑥吊装油枕前,先将油枕与托架的连接螺栓松开,将油枕就位后,拧紧托架固定螺栓。

(5)安装防爆筒

①拆除防爆筒封板,清洗防爆筒内壁,装好隔膜或防爆玻璃。

②打开油箱顶部防爆座的封板,擦净接合面,在密封胶垫两侧涂抹密封胶,镶入密封槽内。

③将防爆筒吊至油箱顶部,喷口朝外,用螺栓固定于防爆筒座上,防爆筒与油枕间如有支承座,应予连接。

(6)安装高压套管

①用汽油擦净瓷套表面及法兰接合面,检查套管油位及有无渗油现象。

②拆下高压套管上端的接线板,导电密封头,从上向下穿入 $\phi 1.5$ mm 镀锌铁线。

③拆下油箱上高压套管座封板,清洗套管座法兰,擦净密封胶垫,涂抹密封胶,镶入法兰密封槽内。

④将高压套管吊起,油标朝外,放气塞在最高位置,吊至套管座上方时,将高压侧接线端栓在铁线上。牵引套管内穿入的铁线,落钩时要稳要慢,要扶正套管不要碰撞套管座,待法兰相接时,把铁线牵出套管顶端,上好法兰连接螺栓,穿上销子,上好导电座密封头和接线板。

⑤依次装好其他高压套管。

(7)安装气体继电器

①打开气体继电器封板,擦净连接法兰接合面,解除内部扎绳,触试开口杯和挡板动作应灵活。

②拆下油箱和油枕与气体继电器相连接的法兰封板,并擦净接合面和密封胶垫,涂抹密封胶,镶入密封槽内。

③将气体继电器置于两法兰中间,箭头指向油枕,适当拨动油枕,对好位置和间隙,如胶垫无错位,便可对角拧紧连接螺栓。

④拧紧油枕与支架的连接螺栓。

(8)补充注油

①在油箱注油阀上连接输油管路。

②打开散热器上、下蝶阀,拧开散热器、油枕、气体继电器、防爆筒、高低压套管上的排气孔。

③打开油箱注油阀,开启滤油机,将合格的变压器油注入油箱,自下而上监视各部排气阀,当排气阀出油时,立即关闭该排气阀,最后当油枕顶部排气阀也出现油流时,停止注油,关闭该排气阀。

④关闭油箱注油阀,拆除输油管路。

⑤静止 24 h 后从所有排气阀排气、放油,使油位略高于正常油位。

(9)安装呼吸器

①将 3%硅胶重量的氯化钴溶于水中,水量能被硅胶吸收为宜。

②将硅胶浸泡在氯化钴溶液中,使它充分吸收,直至硅胶变为粉红色。

③将粉红色硅胶在 115 ℃~120 ℃的烘箱内干燥处理,至全部变为蓝色为止。降温后装入呼吸器内。

④取下呼吸器罩、密封胶圈,在罩内注入变压器油至油面线后,将罩装上,密封胶圈不再装回。

(10)安装指针式温度计

①将温度计表面擦干净,固定在表座上,检查指针是否在整定位置。

②打开变压器顶盖上的测温座盖,擦净内腔,注入少量变压器油,插入测温包,油位以浸没测温包为宜,拧紧盖上的螺栓。

③将毛细管理顺,盘成直径不小于 50 mm 的圆圈,用卡子固定在变压器油箱上。

(11)风扇安装及配线

①风扇托架安装要水平、牢固。拉筋要调直,位置处于散热器中心。

②用 500 V 兆欧表测量风扇电机绝缘,其阻值应不低于 0.5 MΩ。

③将风扇固定在托架上、拨动风扇叶片应转动灵活。

④分别测量主接线盒至风扇分线盒及各分线盒间的环形电源供电回路的长度,将电缆和蛇皮管按测量长度下料。

⑤将电缆穿入蛇皮管,两端剥出芯线,校出并标上 A、B、C 相别。

⑥将蛇皮管两端分别卡在接线盒上。中间固定在油箱上,将电缆芯线按相别接到主接线盒和风扇分线盒端子上,形成供电环路。

⑦用 500 V 兆欧表校核回路接线、主接线盒及各分线盒的熔断器是否齐全,规格型号是否相符。

⑧用临时电源通电试验,检查电机转向是否正确,转动是否平稳灵活,有无卡阻、摩擦和振动现象。

(12)安装工作收尾

①检查各连接部位、油气阀门有否渗漏现象并处理,气阀应再次放气。

②蝶阀定位螺栓是否齐全，是否在全开位置固定。

③注油 24 h 后，取油样做耐压试验。

④装散热器之间的连接扁钢带。

⑤铁芯接地套管用 25 mm×4 mm 扁钢做好接地连接，油箱接地应紧固。

⑥清扫擦净油箱外表，锈蚀部位要补漆。

图 4-11-5 为变压器安装到位的实景。

3. 施工质量控制方法及手段

(1)变压器各部位均应无渗油现象。

(2)油漆完整，各相标志正确，接地可靠，顶盖上无杂物。

(3)油枕、散热器、净油器的油路阀门均应打开并准确定位。

(4)铁芯接地套管和油箱接地应可靠。

(5)油枕、高压套管油位正常，无假油位。

(6)分接开关挡位一致。

(7)温度计指示正确，整定值符合设计规定。

(8)补充注油后，变压器油需经简化分析合格。

图 4-11-5　变压器安装到位

4. 经验及体会

(1)雨天、雾天不宜进行附件安装。

(2)安装高低压套管及其他附件时，严防螺母、垫片及其他物品掉入箱内。

(3)补充注油时，油枕上及防爆筒排气孔塞要取下，让排气畅通、防止注油速度快时，内部压力升高，要监视油枕油标，油标出现油位后要放慢注油速度。

(4)场地应备灭火器材，设置严禁烟火标志牌。

(5)所有法兰连接处应用耐油密封垫圈密封。密封垫圈必须无扭曲、变形、裂纹和毛刺，应与法兰面的尺寸相配合，其压缩量不宜超过其厚度的 1/3。

(五)软母线制安工艺

1. 施工程序

施工准备→测量下料→金具安装→绝缘子安装→母线悬挂→弧度测量调整→过桥线连接→填写安装技术记录。

2. 施工工艺

(1)施工准备

①检查母线构架的安装工作是否已全部结束，并达到质量要求。

②清理施工现场内的障碍物，并对场地安放的设备做好安全防护。

(2)测量下料

①在现场选择宽阔平坦且靠近安装现场的地带，把母线线盘支起来。

②分别测量同一档距内每根母线的跨距长度，并根据设计给定的母线弛度及有关的技术条件计算每根母线的实际使用长度。

常用的测量和计算方法如下：

a. 母线的跨距长度为同一档距内两组构架横梁挂线环内沿之间的净距。

b. 悬式绝缘子串的长度为 U 型挂环内沿至碗头挂板销钉孔中心的距离。

c. 导线实际悬挂长度 S_1 的计算公式为

$$S_1 = L - S_{01} - S_{02} \times 8/3 \times F^2 / L + K \tag{4-11-2}$$

式中　L——两横梁挂线环间内沿之净距；

S_{01}、S_{02}——绝缘子串的长度；

F——导线的设计弛度；

K——不同安装跨距修正值，其值见表 4-11-2。

表 4-11-2 不同安装跨距修正值 K

导线规格＼跨距	10 m	15 m	20 m	25 m	30 m
150 mm^2 及以下	45	40	35	30	25
185 mm^2 及以上	50	45	40	35	30

d. 母线的下料长度为：实际悬挂长度、耐张线夹连接长度及尾巴线或直接引下的设备连接线长度的总和。一般情况下，尾巴线的预留长度为 150 mm。

③展放软母线，按计算出的下料长度进行测量及下料。

(3)金具安装

将已下料的软母线理顺调直，从母线一端测量出该侧耐张线夹的安装位置，并在母线与线夹销钉孔中心相对应的位置上标出定位点；从母线第一定位点处挂尺，按母线实际悬挂长度（设为 S1）测出第二定位点，也即另一侧耐张线夹销钉孔的中心位置；在母线安装耐张线夹的位置上，缠绕铝包带；把耐张线夹销钉孔的中心对准母线上标出的定位点，将线夹安装在母线上。

(4)绝缘子串安装

将试验检查合格的悬式绝缘子逐个清洗干净；按施工图中规定的悬挂方式，把绝缘子串及金具连接起来；把悬式绝缘子串用销钉连接在耐张线夹上。

(5)母线悬挂

在同一档距内两侧母线架构上，安装开口滑轮和挂线滑车，滑轮安装在母线终端侧，滑车安装在便于紧线或进行弛度调整一侧，安装位置在横梁挂线环左右均可；用大绳先将母线终端侧的绝缘子串绑扎牢固，经滑轮吊起来，固定在横梁上；母线另一侧采用上述方法，用大绳经滑车把母线拉起来，也固定在横梁上；在两侧横梁已挂好母线的挂线环内挂好弛度板，检查母线弛度是否符合设计要求。超出标准时，应将母线放下来，重新调整 S1 的数值，直至满足要求；第一条母线驰度符合要求后，即可依次悬挂本挡距内的其余母线，操作方法同上。

(6)弛度测量调整

每一挡母线全部挂好后，选一有代表性的母线为标准进行驰度测量；以有代表性的母线为标准，将其余母线的驰度均调整到与标准母线弛度相同。

(7)过桥线连接

①过桥线连接点两侧的母线安装工作结束后，即可在过桥线上部的横梁上搭靠大梯子。

②过桥线连接，各部分尺寸的确定方法如下：

a. 过桥线自然悬垂的最低点距横梁下沿的距离 h 一般不得小于该母线电压等级最小安全带电距离的 1.5 倍。

b. 在保证 h 尺寸不变的情况下，测定从耐张线夹末端至横梁中心铅垂线与母线交会点的距离，加上 2 倍并沟线夹长度及 20 mm 尾巴线长度，即为单侧过桥线长度。

③将过桥线两侧的母线按测定的长度进行裁切。

④把过桥线用并沟线夹连接起来呈水平状，调整线夹位置使 h 尺寸达到设定值，拧紧线夹螺栓，使其为悬链状自然垂下即可。

⑤同一挡距内同一电压等级的过桥线，连接后的自然下垂尺寸应一致，必要时应在安装后进行调整。

过桥线的连接如图 4-11-6 所示。

3. 施工质量控制方法及手段

(1)软母线不得有扭结、松股、断股及其他明显的损伤或严重腐蚀等缺陷。

(2)软母线与线夹连接应采用液压压接或螺栓连接。

(3)软母线和组合导线在挡距内不得有连接接头，并应采用专用线夹在跳线上连接；软母线经螺栓型耐张线夹引至设备时不得切断，应成为一体。

(4)放线过程中，母线不得与地面摩擦。

(5)切断母线时，端头应加绑扎；端面应整齐、无毛刺，并与线股轴线垂直。压接母线前需要切割铝线时，

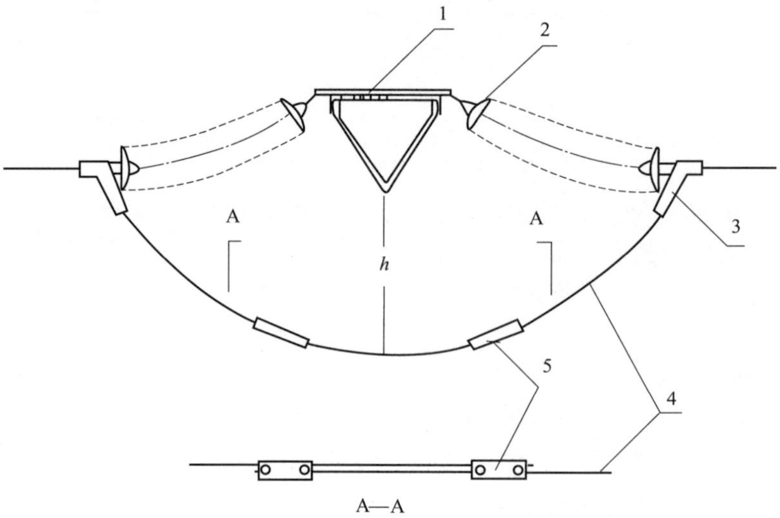

图 4-11-6 过桥线的连接

1—横梁；2—悬式绝缘子；3—耐张线夹；4—软母线；5—并沟线夹

严禁伤及钢芯。

(6)当软母线采用钢制螺栓型耐张线夹或悬垂型耐张线夹连接时，必须在母线表面缠绕铝包带，其绕向应与外层铝股的旋向一致，两端露出线夹口不应超过 10 mm，且其端口应回到线夹内压住。

(7)当软母线采用压接型线夹连接时，母线的端头伸入耐张线夹或设备线夹的长度应达到规定的长度。

(8)软母线和各种连接线夹连接时，尚应符合下列规定：

①母线及线夹接触面均应清除氧化膜，并用汽油或丙酮清洗，清洗长度不应少于连接长度的 1.2 倍，导电接触面应涂以电力复合脂。

②软母线的设备线夹与电器接线端子或硬母线连接时，应符合硬母线搭接的连接要求。

(9)采用液压型线夹连接母线时，应符合下列规定：

①压接用的钢模必须与被压管配套，液压钳应与钢模匹配。

②压接时必须保持线夹的正确位置，不得歪斜，相邻两模间重叠不应小于 5 mm。

③接续管压接后，基弯曲度不宜大于接续管全长的 2%。

④压接后不应使接续管口附近母线有隆起和松股现象，接续管表面应光滑、无裂纹。

⑤外露钢管的表面及压接管口应刷防锈漆。

⑥压接后六角形对边尺寸应为 $0.866D$，当有任何一对边尺寸超过 $0.866D+0.2$ mm 时应更换钢模(D 为接续管外径)。

⑦液压压接工艺应符合国家现行标准《架空送电线路导线及避雷线液压施工工艺规程》(试行)的有关规定。

(10)螺栓连接线夹应用力矩扳手紧固。

(11)使用滑轮放线或紧线时，滑轮的直径不应小于导线直径的 16 倍；滑轮应转动灵活；轮槽尺寸应与导线匹配。

(12)悬式绝缘子串的安装应符合下列要求：

①绝缘子串组合时，联结金具的螺栓、销钉及锁紧销等必须符合现行国家标准，其穿向应一致，耐张绝缘子串的碗口应向上，绝缘子串的球头挂环、碗头挂板及锁紧销等应互相匹配。

②弹簧销应有足够弹性，闭口销必须分开，并不得有折断或裂纹，严禁用线材代替。

4. 经验及体会

①作业开始前应对连梁角钢的焊接强度及构架横梁等的安装牢固程度进行检查。

②放线时，线盘要支放平稳，并设专人控制线盘的转速，避免损伤母线。

③架设母线时，母线下方不得有人站立或停留。母线紧起的初始，应对绝缘子串采取保护措施。

（六）带升降投光灯塔式避雷针安装工艺

1. 施工程序

施工准备→塔体避雷针安装→升降系统安装→投光灯架安装→避雷针体安装→投光灯具安装→升降系统电机安装→升降坠坨安装→控制箱及防爬板安装→升降系统电调试→基础散水帽。

2. 施工工艺

(1)准备工作

①按照装配图清点核对零配件数量。

②平整场地，核实避雷针高度及分段角钢，钢筋架，紧固件之间的对应安装位置

③核实预埋螺栓与避雷针底座螺孔尺寸，允许误差为±2 mm。检查预埋螺栓露出基础面高度是否符合规定。

(2)塔体及避雷针安装

①按照装配图和相应配件编号从下至上拼组塔体。

②调整斜拉筋使塔体始终保持正方形，且中心在一条中垂直线上，四根主角钢也在分别在四角的一条垂直线上。此项工作要反复进行，直到调直为止。

③主塔体安装完成后立即与接地网可靠连通接地。并安装塔体顶部升降滑轮和限止位器。

④使用汽车吊吊装避雷针针体，对镀锌层有损伤处，除污锈迹，刷涂防锈漆与调和漆各两道。

⑤用线坠分别对避雷针塔体四个棱角边进行垂直度检查。如不垂直可在避雷针底座与基础面之间加入垫铁进行调整。

⑥紧固避雷针底座连接螺栓并施加防松措施。

(3)升降投光灯装置安装调整

①在地面塔体四周组装升降投光灯灯架，穿引升降钢丝绳，连接手动或电动装置，安装坠砣杆及坠砣。

②在升降投光灯灯架上安装灯具，安装当地控制箱，分别进行照明和动力配线。

(4)保护帽浇制

①检查接地线及投光灯电缆保护管是否按施工图要求敷设并焊接可靠。

②清理避雷针基础面及底座上的杂物，并用水冲洗干净。

③用C15混凝土浇制保护帽，顶部锥状，最高点至基础面高度为200 mm，以能覆盖基础螺栓为宜，并要求光滑、易散水。

④覆盖草袋，浇水进行养护。

⑤填写安装技术记录。

3. 施工质量控制手段及方法

①避雷针的规格、型号、高度、安装位置应符合设计要求。

②避雷针钢格构塔体与针体之间，连接处焊接的连接圆钢规格应符合要求。焊缝应平整，不应有裂缝、夹渣、气孔等缺陷，焊接加强筋应符合钢筋搭接规定；塔体四角主角钢升高，采用内衬小角钢螺栓连接处应焊接跨接接地线。

③避雷针各部金属表面防腐层应完整。

④避雷针应安装牢固，用力矩扳手检查确认各部紧固件的紧固度，使之符合验标要求。整体垂直，倾斜度不应大于整体高度的3‰。

4. 经验及体会

①针体起吊时要进行试吊，确认可靠后再继续起吊。

②起吊过程中严禁工作人员在避雷针及起重臂下站立或停留。

③拼组塔体和安装连接针体，上下传递零配件或料具，应使用工具袋、绳索绑装吊上吊下，禁止抛扔。

④避雷针地网在组立避雷针之前就应完成，避雷针组立好后立即接地。

⑤独立避雷针的接地方式及接地阻值应符合设计要求。

⑥避雷针的接地引下线与接地网的连接应符合设计要求。

⑦避雷针组立好后应及时接地。

(七)220 kV 柱上互感器安装工艺

1. 施工工艺

(1)吊装准备

①用线坠和水平尺观察支架是否垂直及支架上钢板平面是否水平,托架安装方向是否正确。

②核对互感器铭牌、型号、规格是否符合设计要求,钢板孔距是否与设备孔距相一致。

③用汽油、棉纱将设备擦拭干净,并检查瓷体有无裂纹、破损。瓷件与铁件连接应紧固,无渗油。

④隔膜式储油柜的隔膜或金属膨胀器应完整无损,顶盖螺栓紧固,各种附件应齐全;油浸式互感器油位正常。

(2)吊装就位

①吊装机具进入吊装位置并放置稳固。

②用 ϕ12 mm 的钢丝绳套 2 根挂在设备的专用吊钩上,并在设备的中部拴好稳固绳。

③在瓷裙与钢丝绳接触的部位加软衬垫物。

④核对互感器极性标志根据施工图确定其朝向。

⑤设备吊离地面 100 mm 时,对吊绳和稳固绳要进行检查,确认安全后再继续起吊。

⑥起吊过程中,用稳固绳加以引导,防止碰伤设备。互感器吊至设备支柱上端后,调正方向缓缓下落对位。对位后应及时用螺栓固定。

(3)安装调整

①用线坠检查其垂直度,如不垂直,可在互感器底座与托架间加垫片调整,每处加垫不得超过 3 片。

②将固定螺栓对角拧紧。

③填写安装技术记录,并在适当时机进行分项工程质量检验评定工作。

现场柱上互感器安装如图 4-11-7 所示。

图 4-11-7 现场柱上互感器安装示意

2. 经验及体会

①设备外观应完整无缺损,油浸式互感器应无渗油,油位指示正常。

②互感器安装牢固,基座水平;并列安装时应排列整齐,相间距离符合规定;同一组互感器的极性方向应一致。

③装有吸湿器的互感器,其吸湿剂应干燥。

④装有保护间隙的互感器,应按制造厂规定调好保护间隙距离。

⑤互感器补油时,应按制造厂规定进行。

⑥互感器及其支架的接地可靠,接地线与设备连接的位置符合产品的技术规定,并列安装时标准统一。

⑦备用二次绕组应可靠接地(电压互感器备用二次绕组 N 端应接地,电流互感器备用二次绕组应经短路后接地)

(八)220 kV 柱上避雷器安装工艺

1. 施工流程

施工准备→底座安装→组装调整→附件安装→接地线制作→附件安装。

2. 施工工艺

(1)设备检查

①复核避雷器支柱构架是否与地面垂直,铁配件是否安装正确,上平面是否水平。

②将氧化锌避雷器外包装拆除,用棉纱擦拭干净,瓷件应无裂纹、破损。瓷套与铁法兰间的粘合应牢固。硅橡胶材质表面无划痕。

③用 2 500 V 兆欧表测定避雷器的绝缘电阻,其所测的绝缘电阻不做具体规定,但测出的阻值结果应相近。

④由试验人员对避雷器进行现场试验并确认合格,多节避雷器需经试验人员选配。

(2)底座安装

①用平锉将避雷器底座上平面的氧化膜，油漆除去，并应使上平面平整、光滑。

②将底座安装于避雷器支柱托架上，用水平尺检查其上平面是否水平，如不水平时，可在底座下加垫片进行调整。

③在上平面连接处涂一层电力复合脂。

(3)组装调整

①用平锉将避雷器各连接处的金属接触表面的污垢、毛刺等除去，接触面应平整并涂一层电力复合脂。

②将避雷器安装、找平。如有倾斜，可在法兰间加紫铜皮校正，并保证其导电良好，其缝隙用油腻子抹平后涂以油漆。

(4)附件安装

①将均压环与连接扁钢组装好，然后安装于避雷器顶盖上。

②将试验合格的动作记录器按施工图安装在支柱的下托架上，放电记录器宜恢复至零位。

(5)接地线制作

接地引下线宜短捷，采用电缆引至地网，与其熔接牢固。

(6)作业收尾

填写安装技术记录，并在适当时机进行分项工程质量检验评定工作。

3. 施工质量控制手段及方法

(1)避雷器外部应完整无缺损，封口处密封良好，安装应牢固，其垂直度应符合厂家的要求。

(2)避雷器各单元节之间接触紧密、密封，均压环、放电计数器安装位置符合规定。

(3)放电记录器应密封良好，动作可靠，并应按产品的技术规定连接；安装位置应一致，且便于观察；接地应可靠。

(4)均压环应安装水平，不得歪斜。

(5)并列安装的避雷器三相中心应在同一直线上；铭牌应位于易于观察的同一侧。

4. 经验及体会

避雷器的工作接地和保护接地应单独安装接地线与接地网或综合和接地可靠连接。

(九)220 kV 六氟化硫断路器安装工艺

1. 施工流程

施工准备→机构箱安装→本体安装→控制箱和机构箱安装→管路连接→SF6 充气、检漏→二次电缆连接→操作机构试动作→电气特性及闭锁检查→清理收尾

2. 施工工艺

(1)施工准备

开箱检查核对所需部件、配件及专用工具应齐备、完好，合格证及技术文件齐全；检查安装位置孔尺寸正确，固定校正支架，达到平整、垂直和牢固。

将三个极柱分开并整齐放置在平整坚固的地面上。端部底座下垫木枕。

(2)本体安装

本体安装之前，按照说明书检查每个极柱气体预充情况。

用吊车吊起极柱，平稳安装到支架上。

(3)控制箱和机构箱安装

将控制箱吊起，使用随机的螺栓将其固定在中间 B 相设备支架上，并按规定力矩紧固，安装过程如图4-11-8所示。

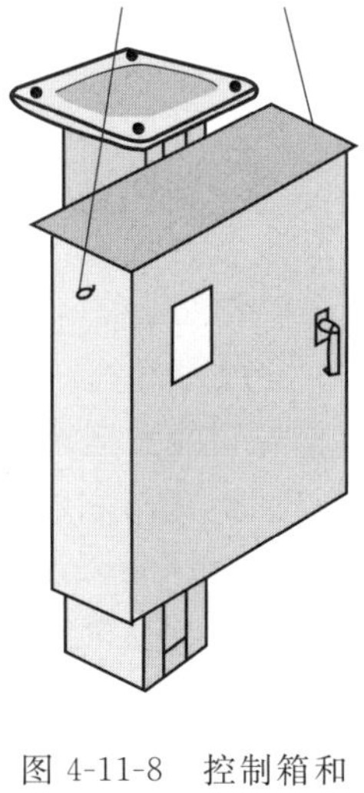

图 4-11-8　控制箱和机构箱安装示意

将 A、B、C 三相的机构箱分别放在各自极柱支架旁，用吊车吊起，将基座与支架法兰盘孔对齐，传入随机的螺栓，并按规定力矩紧固。

(4)管路连接安装

在管路的连接过程中，注意密封面的清洁和密封圈的完好状态。为了将气管连接到极柱的法兰上，将带有密封冒的连接螺母从法兰上拆除，然后进行尽管连接。

首先将三个气管焊接头和传动单元上的法兰两面平行对准，然后旋入锁紧螺母，并用力矩扳手拧紧。

(5)SF6 气体检漏、检水及充气

断路器出厂时已冲有大约 0.03 MPa 的 SF6 气体，安装补气前先对原有气体及罐体进行检水分测量[标准为 20 ℃时，小于(150～200)$\times 10^{-6}$(体积分数)]。如合格，再接入充气装置，首先确认体内气体压力，初步掌握漏气情况，然后再充入合格的气体至额定气压；如检水测量不合格，则应将体内 SF6 气体抽出，并抽真空，再注入高纯氮清洗，直至合格，最后注入合格的 SF6 气体。

(6)水分检测方法

用水分仪测量，选择晴好天气，充气 24 h 后进行，为保证测量真实性，测量系统(管路阀门)在取样前应用高纯氮预先干燥。

(7)抽真空及清洗方法

用工厂专配的真空泵和麦氏真空计，至少在 2 h 以上，真空度 133.3 Pa 以上。空后充 0.2 MPa 高纯氮，停留 12 h 以上，再抽一次真空，直至符合要求。

(8)充气

用厂家专配的充气装置进行充气，宜缓充，使液体气体充分汽化进入气隔。

(9)检漏(密封性试验)

定性检漏→采用检漏仪检测各部位，包括本体、法兰连接处、连接座内拉杆、气管焊口、密度继电器、气压表接头、连接密封处，先将以上部位用干布擦去表面油脂，再吹去残留气体，稍后用检漏仪探枪距被测点 1～2 mm 缓缓移动，合格时在原稳定状态下基本不变。定量检漏(常用挂瓶法)→定性检漏发现问题应定量检漏，方法是将标准的 1 000 mL 检漏瓶用氮气吹洗干净，并用检漏仪确认瓶内无 SF6 气体，将瓶子挂在有问题试品检漏孔上，拧紧螺栓，2 000 s后取下瓶子摇动使其收集的 SF6 气体均匀，将检漏仪伸进瓶内读出仪表格数，再根据仪器提供的曲线查出 SF6 气体浓度。

(10)操作结构试动作

按说明书要求调整弹簧操作机构、启动、停止、分合闸闭锁。拧紧三级阀压阀观察满合情况；打压，合闸，再打压至额定气压，松开高压放油阀放气至压力为零，确认防慢分性能；在额定操作电压下，进行快分、快合，观察机构运行是否平稳，并确认同期合合闸时间符合产品要求。六氟化硫断路器操作结构试动作如图 4-11-9 所示。

图 4-11-9 六氟化硫断路器操作结构试动作

3. 施工质量控制方法及手段

①基础的中心距离及高度误差不应大于 10 mm，安装底架顶面水平误差不大于 2 mm，相间中间距离误差不大于 5 mm。

②断路器本体应垂直、牢固、接地良好。

③ SF6 气体及使用的氮气其特性应符合 GB 12022 技术要求。

④断路器的同期和速度及其他各项动作参数符合产品要求及有关规定。

⑤密封槽面应清洗、无划伤，涂密封脂时，不得使其流入密封圈内侧与六氟化硫气体接触。

⑥设备接线端子应平整、清洁，载流部分不得有缺损及锈蚀。

⑦油漆完整，相色标志正确。

4. 经验及体会

①开箱及搬运时应注意保护瓷件，吊装时应用不小于 $\phi 20$ mm 的白棕绳穿入下法兰吊环内，再用 $\phi 16$ mm 绳将上部瓷套与主绳作一绑扎，以防翻倾，起吊时，注意防止下部油管和部件受较大外力。

②应选择无风沙，无雨雪天气进行作业。

③使用的充气及抽真空、检水分等仪器，严格按说明书进行，抽真空时应防止真空泵突然停止或因误操作引起倒罐事故。

④使用的仪器、工具、管路、阀门，密封垫必须清洁、干燥。

⑤操动机构控制箱配线后，应对操动机构控制箱的电缆进出口进行密封处理。

(十)220 kV 隔离开关安装工艺

1. 施工流程

施工准备→吊装就位→本体调整→主刀传动机构装配→主刀传动调整→地刀传动机构装配→地刀传动调整→涂油补漆。

2. 施工工艺

(1)施工准备

检查隔离开关支架是否水平方正,机构支架的高度和方向是否符合要求。检查、确认接线端子及载流部分清洁且接触良好,触头镀银无脱落;绝缘子表面清洁,无裂纹、破损;隔离开关底座转动部分灵活;操动机构的零部件齐全。

(2)吊装就位

将单极开关绑扎牢固后,先进行试吊,确认安全可靠再继续起吊。就位时调整开关方向使之符合产品规定,就位后及时拧紧固定螺栓。

(3)本体调整

调整好开关的相间距离,并保证底座相互平行、各接地刀转轴同心。调整各支柱绝缘子垂直于底架,在开关合闸后其动触头与触指间的距离应符合产品规定。调整各交叉连杆的长度及分合闸止钉的位置,使各开关的分合闸角度均达到产品的技术规定。

(4)主刀传动机构装配、调整

将隔离开关置于合位,依次安装水平连杆、垂直连杆,仔细调整相间拉杆、合闸拐臂拉杆及交叉连杆的长度,使各刀闸的开合角度及三相同期满足规定后,并拧紧所有可调连接头的锁紧螺母、撇开开口销。分别在刀闸处于分位或合位状态下,调整分合闸止钉,使之符合规定。用 0.05 mm×10 mm 塞尺检查触头与触指两侧的接触力,正常情况下应塞不进去,且两侧压力均匀。

(5)接地刀传动机构装配、调整

开关主刀闸处于分闸位置,分别检查各接地静触头是否与接地刀的闭合位置相对应,倾斜角度一致。确定各接地刀转轴定位环及闭锁板的位置后,配装水平连杆和垂直连杆。进行接地刀的分合闸操作,调整合闸拐臂连杆长度,确认分合闸位置符合要求,拧紧连杆的锁紧螺母。在主刀处于合闸状态下,操作接地刀合闸;或在接地刀处于合闸状态下,操作主刀合闸,闭锁装置应起作用,限制误操作。用 0.05 mm×10 mm 塞尺检查接地刀动、静触头的接触压力,应塞不进去。连接接地刀转轴与底架型钢间的接地软铜带,并按规定进行防氧化处理。

(6)涂油补漆

清洗主刀及接地刀触头的油污,除去氧化层后,涂敷一层凡士林。清洗传动机构及轴销处的油污,涂以适合当地气候的润滑剂。对开关金属腐蚀、脱漆部位及连杆的焊接部位进行除锈刷漆。接地刀垂直连杆通体刷黑漆。

(7)填写施工技术记录,并请监理工程师进行质量检查、签认。

3. 施工质量控制方法及手段

(1)隔离开关的相间距离与设计要求之差不应大于 10 mm,或符合制造厂规定;

(2)连杆内径与转轴或连接头的直径应匹配,两者间的间隙不应大于 1 mm。

4. 经验及体会

(1)将隔离开关的刀闸与起吊绳绑扎在一起,以防吊装作业时重心偏移而致设备倒翻。

(2)电动操作的隔离开关,应先手动进行分合闸调整,合格后再进行电动操作检查。

(3)在运行的变电所内搬动梯子,线材等长大物件时,应放倒搬运。

(4)隔离开关进行分合闸时,刀闸转动范围内不得有人。

(十一)27.5 kV GIS 开关柜安装工艺

1. 施工程序

安装前准备→底座安装→柜体连接→附件安装→一、二次电缆连接→SF6 检漏、检水及充气→整体检查→各种电气特性闭锁试验→清理收尾。

2. 施工工艺

(1)柜体基础框架的安装

①开关柜的现场安装应在27.5 kV高压开关室的土建工程彻底完工，电缆夹层施工完毕，且具备照明及现场安装电源之后进行，27.5 kV高压开关室应保持干燥，配备通风装置，温度湿度满足设备安装要求。

②GIS开关柜安装在室内基础框架上，为了使GIS开关柜能顺利安装，基础框架的埋设应在电气技术人员的配合下进行安装和调整检查。并严格遵照设计图纸及产品技术要求有关说明，整体框架预埋位置符合设计图纸要求。使用水平仪，调整整个基础框架，使其保持水平，并处于正确高度。基础框架上表面应高出27.5 kV高压开关室地坪5～8 mm。平面度允许公差±1 mm/m，框架全长不超过2 mm。直线度允许公差1 mm/m，框架全长不超过5 mm。

③根据GIS开关柜的安装尺寸，在槽钢上定出第一面开关柜安装孔位置，然后用钢卷尺定出所有开关柜的安装孔位置，并复核安装孔对角线应相等。

④基础框架应可靠接地，框架两端均应可靠接地。

(2)安装准备工作

①GIS开关柜运到施工现场后，及时进行开箱检查，检查开关柜外壳是否有碰撞痕迹，各部位螺栓应紧固，油漆完整无锈蚀现象。检查开关柜铭牌是否与设计相符，产品说明书、合格证、备品备件等技术资料是否齐全，并做好收集工作。

②在基础框架的上表面涂润滑脂，有利于开关柜的安装与对齐。

(3)GIS开关柜就位

用液压叉车或辊子垫将开关柜运到基础槽钢附近后，按设计图纸要求利用门型吊二面开关柜运至第一面柜附近约0.5～1 m远(以能容一个人宽的距离为限)的位置，大致调直并调整使两柜盘面保持在同一水平面上。其他开关柜照此依次放置好，如图4-11-10所示。

图4-11-10 GIS开关柜安放就位

(4)GIS开关柜拼接

①先用吸尘器将开关柜外表面清扫干净，然后拿掉母线套管防护罩并拆除套管外侧法兰挡板。检查套筒内母线固定螺栓是否缺失，松开母线双层铜排间的连接螺栓并取出套筒内的干燥剂。

②用不起绒的洁净无纺布或脱脂棉蘸无水酒精将套筒内表面、法兰链接面及母线铜排清理干净。将随机附带的润滑脂均匀涂抹至法兰连接面及法兰密封圈上，将密封圈压到法兰连接面处。

③用跨顶平行移动第二面柜缓慢接近第一面柜，柜移动过程中，在柜顶母线套筒操作法兰孔及两柜连接处观察母线搭接情况，如出现母线连接错误及相邻柜不在同一水平面等情况，应及时调整。两柜母线及套筒法兰完全接触后，检查接触面吻合情况，如有错位应及时调整。GIS开关柜拼接如图4-11-11所示。

④在柜顶母线套筒操作法兰孔处用力矩扳手将两面柜的母线铜排连接螺栓拧紧，对操作孔再次清洁后，放入干燥剂，安装套筒操作法兰盘。

⑤按照前面步骤，将剩余的开关柜连接完毕，然后将每面柜固定，固定点不少于两处。

图4-11-11 GIS开关柜拼接

(5)接地线安装

将柜间的接地铜排连接完成，用万用表测量确定所有接地铜排已贯通，用50 mm^2接地电缆将柜接地铜排与变电所电缆夹层内等电位母排连接起来，接地电缆数量应不少于两处。

(6)GIS开关柜气室充气

①开关柜安装完毕后，应及时进行充气。如开关柜安装后不能及时充气且空气湿度较大时，则首先应将边柜处及开关柜上套筒法兰盘打开，更换安装时放入的干燥剂。

②松开气室维护阀的锁紧帽，将充气管连接到开关柜面板上的气孔上，对母线气室、母线 PT 气室及断路器气室进行抽真空处理，直至开关柜面板的气压表显示母线气室内压力降至低于 2 kPa，用锁紧的真空泵测量压力，根据真空泵接管不同的内径和长度，让真空泵再工作 5～15 min 不等。拆去真空泵接管，维护阀便自动关闭。

③用微水仪检测气瓶内的六氟化硫气体微水含量，应小于 150 ppm。

④将六氟化硫气瓶接到充气小车的气阀上，通过小车上与开关柜气孔连接的充气管按照开关柜说明书要求进行充气。第一次充气的充气量不宜太多，控制在气压表充气气压上下限刻度范围之间的中间值即可，以免由于温度升高气体膨胀而造成气室气压错过规定的上限值。

⑤重新装上维护阀的锁紧帽。

(7)GIS 开关柜的现场试验

①开关柜气室充气后 24 h，检查现场安装的全部法兰接头和全部 SF6 气管是否有泄漏。检测泄漏时使用 SF6 泄漏检测仪。若发现气体泄漏，必须把泄漏点拆开，再重新密封。

②在调试或工频电压试验之前，必须检查所有气室的气体压力。在现场充气的所有气室在给气室充气后，等待 24 h 的温度补偿时间，然后检查气体压力。如果超过了压力表的极限值或者压力不足，需校正气体压力。

③按照电路图检查实际接线的一致性，用继电保护测试装置检查所有保护设备的功能。

④试验应象正常使用时一样，在装配好的设备上进行，非充气室的绝缘件的表面应擦拭干净。试验应在绝缘气体的额定运行密度下进行。试验时应依次将每一相的主回路导体与试验电源的高压连接，同时其他各相回路的导体应接地，并保证主回路的连通。

GIS 开关柜的现场试验如图 4-11-12 所示。

3. 施工质量控制方法及手段

(1)螺栓紧固力矩严格按照设备说明书要求执行，应符合下列要求：

①母线及法兰连接：20 N·m；

②机架连接螺栓：40 N·m；

③接地母线连接螺栓：70 N·m。

(2)用微水检测仪测试微量水时，应在 GIS 开关柜充气 24 h 后进行。测试数据应符合下列规定：

①与灭弧室相通的气室，应小于 150 ppm；

②不与灭弧室相通的气室，应小于 500 ppm。

图 4-11-12　GIS 开关柜的现场试验

4. 经验及体会

(1)GIS 开关柜搬运时，必须绑扎牢固，轻抬轻放，防止碰撞和挤压开关柜，防止砸伤人员。

(2)开关柜在室内的移动应采用辊子垫，若采用千斤顶或起重器应加保护措施并要均匀受力，以免将开关柜损坏。

(3)干燥剂暴露在大气中很快就失去效用，应注意减少干燥剂在大气中暴露的时间，不宜超过半小时。

(4)工作场地电压不稳时，应配接稳压设备。

(5)操作时 SF6 气体压力不正确将会毁坏开关柜的零件，因此，SF6 气体压力过高或过低时都不要将开关柜投入运行。

(6)对开关柜进行通电试验时，必须先检查开关柜各保护装置是否接好，各开关柜位置是否正确，检测时应严格按照各设备的操作程序进行。必须严格遵守安全用电规程，并安装相应容量的控制器及熔丝。

(7)凡是根据现场需要重新制定工艺标准时，都要制定相应的安全技术措施。

(十二)综合自动化及交直流盘柜组立

1. 施工工艺

(1)施工准备

配电盘(柜)到达现场后,要进行全面的检查,在前后基础槽钢上各选三个点(两头、中间),用水准仪测量基础槽钢的水平度和不直度,不直度每米小于 1 mm、全长小于 5 mm;水平度每米小于 1 mm、全长小于 5 mm;且基础槽钢上表面应高于地面 5～10 mm。如不符合要求,请房建专业处理。

(2)盘柜组立

按照设计文件规定,将盘、柜按顺序搬放到安装位置。首先把每面盘、柜大致调平,然后从成列盘、柜一端的第一面开始调整。使正列盘柜水平、垂直、接缝密贴、模拟线对应,然后安装盘柜间连接螺栓。

(3)安装固定

根据盘柜的结构,采用在基础槽钢上焊接固定螺栓或压板固定,每面盘柜不少于 4 个固定点。焊接后的螺栓要牢固垂直,与盘座角钢外缘间应有 5～10 mm 的间隙。

(4)补漆接地

根据盘柜表面的颜色,将油漆调配好。调好的油漆颜色尽量和盘柜表面颜色一致。用砂纸将盘柜缺漆部位打磨干净,然后用油漆刷沾漆认真修补。用 25 mm^2 的软铜扁平编织线将每列盘柜内的接地母线连通,软铜扁平编织线两端应搪锡。盘柜内的接地母线在整列盘柜两端与电缆沟内接地母线连接。清除连接点氧化膜后,涂一层电力复合脂。

(5)基础螺栓紧固后,螺栓长度宜露出螺母 2～4 扣;盘、柜的接地要牢固,接触良好;盘、柜的漆层完整无损伤,修补后的颜色应与原色一致;盘、柜间模拟线应整齐对应。

交直流盘柜完工现场如图 4-11-13 所示。

图 4-11-13　交直流盘柜完工现场

2. 经验及体会

(1)盘、柜在搬运、安装时要避免强烈震动;

(2)盘、柜在未固定牢靠前应有防倾倒措施;

(3)安装时,禁止用大锤等工具敲打盘、柜;盘、柜搬运安装时,工作人员要注意力集中,听从统一指挥,防止挤压手脚和撞坏盘、柜上的设备。

(十三)二次电缆配校线工艺

1. 施工程序

施工准备→电缆校线→固定电缆头→芯线排把→接线→校线。

2. 施工工艺

(1)施工准备

检查核对盘柜或配电装置的端子排是否符合设计要求,不符合要求的进行更换。以原理接线图和端子排接线图为依据,以制造厂提供的背面接线图或原理图作参照,分回路对配电装置或盘柜的内部配线进行一次全面校对,并对校线中发现的问题按设计要求改正过来,同时在背面接线图中把改正的部分标注清楚。在采用线槽布线的配电装置或盘柜内按技术要求安装塑料线槽。

(2)电缆校线、套标号牌

确定校对电缆的操作顺序,准备好相应的芯线标号牌。用剥线钳剥除待校电缆两端电缆芯线端头的绝缘层,用校线仪校线,确定该芯线的编号,并套上标号牌。

固定电缆头:按配线顺序把所有电缆头排列整齐,在电缆头以下 100 mm 处用细绑线把所有电缆绑扎成一束。根据电缆束的尺寸,制作电缆固定卡子。用电缆固定卡子把电缆束固定在盘柜的支架。将铠装接地线打成把,压接接线端子,连接在盘柜内的接地母线。

(3)芯线排把

把同一束电缆头绑扎好后,按芯线的自然排列顺序在距电缆头上沿 30～50 mm 的位置上进行第一道绑扎。将芯线理顺全部放入塑料线槽中,在线槽的中部和上部用尼龙扎带临时作一圈绑扎,避免芯线从线槽中脱出。自下而上将电缆芯线按编号镶入与端子排相对应的线槽槽孔中,芯线预留长度暂时预留在线槽外,接线后再收回线槽。按技术要求把线槽内的芯线每隔 400 mm 进行一次固定,然后即可进行接线。

(4)接线

确定芯线预留长度及线端绝缘剥除长度。截断芯线多余长度，按线芯实需长度剥除绝缘层，压接接线端子。采用压接端子时，线芯应伸出端子压环 1 mm，确保压接紧密。将预留长度进行弯曲或抽回线槽，按连接要求把芯线接到端子排上。按上述程序，自端子排最下端开始接线，直至全部完成。备用芯线一律不截断，其长出端子排高度的部分与端子排取齐排列整齐即可。

(5)校线

配线的连接工作完成后，将所有芯线从端子排上断开进行一次校线，并随校随将其恢复到原接线位置，确认全部无误后，即可拆除电缆头上的绑线，二次配线作业结束。

(6)清理收尾

将盘内外清扫干净，关闭配电盘(柜)的通道门，防止灰尘侵入。

3. 施工质量控制方法及手段

(1)引进盘、柜的电缆应排列整齐，避免交叉，并固定牢靠；

(2)电缆外护层切口与固定卡子上沿呈水平，卡子直接固定在盘、柜下沿的专用型钢上；

(3)铠装电缆的钢带不应进入盘、柜内，钢带的断口处必须扎紧；

(4)当采用屏蔽电缆时，其屏蔽层应接地；

(5)盘、柜内的电缆芯线，应有规律的按垂直或水平配置，不得任意歪斜或交叉连接；

(6)备用芯线应留有适当余度。电缆芯线的端部应标明回路编号，接线正确可靠。

4. 经验及体会

(1)使用汽油、香蕉水等易燃物品时，要有防火措施，周围不得有明火作业，用后要妥善保管；

(2)进行配线作业前，要将电缆沟盖板全部盖严，防止踏空摔伤；

(3)当在盘、柜内作业采用灯光照明时，接引的临时电源线应绝缘良好，无破损现象，人员离开时应随手切断电源；

(4)禁止蹬踏盘、柜内的设备进行作业。

(十四)电缆桥架安装

1. 施工程序

施工准备→弹线定位→预留孔洞→吊杆吊架安装→预埋膨胀螺栓→桥架安装→清理收尾。

2. 施工工艺

(1)施工准备

施工前对电缆桥架的型号进行核实，仔细阅读施工图，对电缆桥架的安装位置和路径有清楚的认识。了解建筑物墙体、顶棚、地面等的结构，以便采用相应的安装方法。

(2)弹线定位

根据设计图确定电缆进出、盒、箱、柜等电气设备的安装位置，从始端至终端(先干线后支线)找好水平或垂直线，用粉线袋沿墙壁、顶棚和地面等处，在线路的中心线进行弹线，按照设计图要求及施工验收规范规定，分匀挡距并用笔标出具体位置。

(3)预埋吊杆、吊架

在建筑物结构上按照桥架平面敷设图预留焊接吊点，间距为1.5～2 m。可将吊杆或吊架直接焊在固定位置处。也可利用万能吊具进行安装。

吊杆、吊架预埋如图 4-11-14 所示。

图 4-11-14　吊杆、吊架预埋

(4)金属膨胀螺栓安装

①金属膨胀螺栓安装要求

a. 适用于 C5 以上混凝土构件及实心砖墙上，不适用于空心砖墙。

b. 钻孔直径的误差不得超过＋0.5～－0.3 mm；深度误差不得超过＋3 mm；钻孔后应将孔内残存的碎屑清除干净。

c. 螺栓固定后，其头部偏斜值不应大于 2 mm。

d. 螺栓及套管的质量应符合产品的技术条件。

②金属膨胀螺栓安装方法

a. 首先沿着墙壁或顶板根据设计图进行弹线定位，标出固定点的位置。

b. 根据支架或吊架承受的荷重，选择相应的金属膨胀螺栓及钻头，所选钻头长度应大于套管长度。

c. 打孔的深度应以将套管全部埋入墙内或顶板内后，表面平齐为宜。

d. 应先清除干净打好的孔洞内的碎屑，然后再用木槌或垫上木块后，用铁锤将膨胀螺栓敲进洞内，应保证套管与建筑物表面平齐，螺栓端都外露，敲击时不得损伤螺栓的丝扣。

③埋好螺栓后，可用螺母配上相应的垫圈将支架或吊架直接固定在金属膨胀螺栓上。

(5)电缆桥架安装

①电缆桥架直线段连接应采用连接板，用爪型垫圈、弹簧垫圈、螺母紧固，接茬处应缝隙严密平齐。

②电缆桥架进行交叉、转弯、丁字连接时，应采用单通，二通，三通，四通或平面二通、平面三通等进行变通连接。

③电缆桥架与盒、箱、柜等接茬时，电缆进出口等处应采用抱脚连接，并用螺丝紧固，末端应加装封堵。

④建筑物的表面如有坡度时，电缆桥架应随其变化坡度。待电缆桥架全部敷设完毕后，应在配线之前进行调整检查。确认合格后，再进行槽内配线。

⑤地面电缆桥架安装地面电缆桥架安装时，应及时配合房建地面工程施工。先抄平，然后测定固定点位置，将上好卧脚螺栓和压板的电缆桥架水平放置在垫层上，然后进行电缆桥架连接。如电缆桥架与管连接；电缆桥架与分线盒连接；分线盒与管连接；电缆桥架出线口连接；电缆桥架末端处理等，都应安装到位，螺丝紧固牢靠。地面电缆桥架及附件全部上好后，再进行一次系统调整，主要根据地面厚度，仔细调整电缆桥架干线，分支线，分线盒接头，转弯、转角、出口等处，水平高度要求与地面平齐。

3. 施工质量控制方法及手段

(1)电缆桥架应平整，无扭曲变形，内壁无毛刺，各种附件齐全。

(2)电缆桥架的接口应平整，接缝处应紧密平直。槽盖装上后应平整，无翘角，出线口的位置准确。

(3)不允许将穿过墙壁的电缆桥架与墙上的孔洞一起抹死。

(4)电缆桥架的所有非导电部分的铁件均应相互连接和跨接，使之成为一连续导体，并做好整体接地。

(5)当电缆桥架的底板对地距离低于 2.4 m 时，电缆桥架本身和电缆桥架盖板均必须加装保护地线。2.4 m 以上的电缆桥架盖板可不加保护地线。

(6)电缆桥架经过建筑物的变形缝(伸缩缝、沉降缝)时，电缆桥架本身应断开，槽内用内连接板搭接，不需固定。保护地线和槽内导线均应留有补偿余量。

4. 经验及体会

(1)电缆桥架的规格必须符合设计要求和有关规范规定。

(2)电缆桥架两端必须进行可靠接地，直线距离超过 30 m 必须增加接地点。

(3)电缆桥架应紧贴建筑物表面，固定牢靠，横平竖直，布置合理，盖板(若有)无翘角，接口严密整齐，拐角、转角、丁字连接、转弯连接正确严实，电缆桥架内外无污染。

(4)可用金属膨胀螺栓固定或焊接支架与吊架，也可采用万能卡具固定电缆桥架，支架与吊架应布置合理、固定牢固、平整。

(5)电缆线路穿过梁、墙、楼板等处时，电缆桥架不应被抹死在建筑物上；跨越建筑物变形缝处的电缆桥架底板应断开。

(6)电缆桥架水平或垂直敷设直线部分的平直程度和垂直度允许偏差不应超过 10 mm。

(十五)27.5 kV 电缆敷设

1. 施工工艺

(1)电缆的运输及存放

电缆盘运输时，要防止损伤电缆。车辆运输电缆时，严禁将电缆盘直接从车上推下；用铲车运输电缆时，则应在起吊前使铲车的两根叉杆接触电缆盘两侧的法兰。采用汽车运输时，要将楔块放置在电缆盘下的两侧，防止其来回滚动和碰撞。

电缆盘在滚动时，应按缠紧方向滚动，电缆松动时严禁滚动。禁止将电缆盘平放搬运，平放储存。

电缆在运至现场前，应事先根据现场情况规划好存放场所。存放场所的选择，一方面要考虑不影响交通，另一方面要选择地势较高的地方，防止电缆浸泡在水中。

根据电缆敷设计划分批将电缆盘运至现场，电缆盘应分类摆放整齐。电缆盘之间应留有通道，以便检查电缆盘上的电缆型号、规格。

在现场存放期间，应保证电缆盘与包装无损伤且标记完整，电缆终端良好。如果发现缺陷，应做好记录并妥善处理。

(2)电缆敷设前准备

成立电缆敷设小组，并设专人负责，严格过程控制。

在敷设前，施工人员应熟悉电缆敷设清册和电缆桥架布置图。检查电缆及电缆安装材料的型号和技术规格符合设计要求。熟悉电气设备名称、电缆及电缆路径名称编号，并与桥架图纸上的电缆路径名称进行核对。

在敷设路径较暗的地方，应增加适当的照明；并且检查电缆敷设路径是否存在损坏电缆的因素，如有应及时处理。

在敷设电缆前，应根据电缆清册上的设计长度和实际情况计算电缆长度，以便合理安排电缆盘，减少电缆的接头数量。

按照电缆桥架布置图检查电缆路径的标记。检查所有相关电气设备是否已标记设备标识代码或标志。

(3)电缆敷设

根据电缆拉出的方向(与电缆盘标示箭头方向一致)用放线架将电缆盘升起，且电缆盘法兰边缘距地面150～200 mm。将电缆标志牌用透明胶带缠绕在电缆终端，然后将电缆从电缆盘上方缓缓拉出。

敷设时应有专人检验，专人检查敷设线路，在一些重要转弯处配备有经验的电缆工，电缆应平行敷设，不能绞在一起敷设，一根电缆敷设完，立即整理、绑扎、挂牌，以保证电缆敷设整齐、美观、正确。电缆敷设时应根据需要留出一定的备用长度。

在敷设电缆过程中应注意转弯部分，特别是十字交叉处，要求把分向一边的电缆一次性进行敷设，另一边的再作一次敷设，使交叉处排列整齐，在转弯处每根电缆要一致地相互平行转弯。电缆的弯曲半径大于其电缆外径的15～20倍。

敷设过程中，应随时检查电缆的外观，电缆是否被压扁、折曲、伤痕等，如有缺陷，应经处理后方可敷设，并作好带有损坏部位照片的记录。

每根敷设好的电缆两端必须正确标记电缆编号，必要时还应在电缆中间位置标记。如果电缆终端位于所外(比如接触网隔离开关处)，必须再加上一个符号，说明引出电缆的所名。

电缆在电缆桥架上敷设时，电缆路径上每段曲线的两端都应对电缆进行固定。敷设与固定应允许电缆的自由热膨胀。电缆固定夹具须为非磁性材料、防紫外线辐射及适应恶劣天气条件，至少应有30年的使用寿命。此外，电缆固定夹具须确保能够承受电缆重量，保持电缆固定安装，而不损坏电缆外屏蔽层，尤其是在电缆桥支架上。电缆固定夹具的固定承受力应至少为600 N，短路瞬时峰值承受力不小于10 kN。必须注意电缆夹具的螺钉需能承受纵向与横向的压力。

供电电缆在电缆沟内敷设时，与控制电缆等应按设计要求分层敷设，并按顺序排列整齐。电缆自上而下的排列顺序为：中压电缆、低压电缆、控制电缆。

供电电缆直埋敷设时，在穿过道路或铁路线路时，应使用内壁光滑的塑料管(PE或PVC)作为保护管。尽量安排合适的角度使电缆穿过。电缆横穿水道时，应遵守水利部门的相关规定，并且电缆管道要放置到足够深度。提供备用管槽作为预留，采用塑料盖密封备用管槽。埋于地下的管槽应伸出轨道或路面两端大约1 m。保护管内径比电缆外径大1.5倍。如果一个系统的3根单芯电缆穿过一条管道，管道内径必须控制在单条电缆直径的2.3～2.7或3.1倍以上，以防止电缆堵塞在管道的弯曲处。

当供电电缆敷设在长距离的直线电缆沟段时，应每隔大概15～20 m沿轴向使用地辊轴进行牵拉，牵拉力不大于15 kN。

电缆敷设好后两端应及时密封并设置好电缆标桩。

(4)清理收尾

按要求在电缆敷设记录上填写电缆实际敷设长度、日期、签名等记录。

2. 施工质量控制方法及手段

(1)电缆敷设后的弯曲半径不小于 800 mm。

(2)所有用于地下的供电电缆保护管直径不应小于电缆直径的 1.5 倍,保护管中心间横向距离至少 260 mm,垂直距离至少 360 mm。

(3)电缆水平固定间距一般为 900 mm,最大不超过 2 m。电缆垂直固定间距不应超过 600 mm。

3. 经验及体会

(1)所有的施工人员高处作业时必须系好安全带,并在使用前进行可靠性检查,安全带要系在上方牢固的构件上,防止高空坠落。

(2)电缆头在进行传递时,要注意安全,应用棕绳的一端将电缆头系牢固,另一端系在上方的构件上,以防在传递时电缆坠落砸伤人和设备。

(3)电缆盘在滚动时前后应有专人的指挥,前后用力一致,相互照应,以防挤伤人或碰坏设备。

(4)电缆盘用汽车运输时,在电缆盘底下要放置楔状木块,以防电缆盘从车上滚下伤人或造成其他事故;同时在运输时必须严格控制车速。

(5)如果温度低于−15 ℃,敷设过程中必须对电缆进行加热。

(十六)27.5 kV 插拔式电缆头制作安装

施工质量控制方法及手段如下:

(1)电缆只能用钢锯锯断而不能剪断;

(2)如接地线要求接在钟罩上,应将钟罩的颈部用砂纸打磨,再用卡子将接地线牢固固定在钟罩的颈部,但钟罩应有专用接地线并与接地网可靠连接;

(3)电缆头内有一测试线,如不需要,应制作时拆除;

(4)将电缆头插入电缆插座内,确认电缆头与插座配合适当,然后再进行压缩工序,以节省材料和缩短制作时间;

(5)电缆头制作,从剥切到完成须连续作业,一次性完成,防止受潮;

(6)电缆头制作过程中注意清洁,严禁在雨雾中施工,防止受潮;

(7)电缆终端头的制作,封闭严密;芯线连接紧密,绝缘带包扎严密;

(8)电缆头安装,固定牢靠,相序正确。

(十七)27.5 kV 热缩式电缆头制作安装工艺

(1)电缆头制作,从剥切到完成须连续作业,一次性完成,防止受潮。

(2)电缆头制作过程中注意清洁,严禁在雨雾中施工,防止受潮。

(3)电缆终端头的制作,封闭严密;芯线连接紧密,绝缘带包扎严密。

(4)电缆头安装,固定牢靠,相序正确。

(5)剥除护层、铠装层和金属屏蔽层时均不得损伤主绝缘,屏蔽层的端部要平整,不得有毛刺。

(6)焊接地线必须用电烙铁,不得用喷灯,以免损伤绝缘。

(7)热收缩材料如要切割时,切割面要平整,不得有尖角和裂口。

(8)热收缩材料的收缩温度为 110 ℃～150 ℃,加热应用丙烷喷灯或汽油喷灯,使用时注意火焰和热缩材料间的距离。

(9)加热时,火焰缓慢接近材料并不断移动,移动方向应由起始部位向收缩方向进行,以利气体排出。

第三节 子系统调试

一、子系统调试

为完成工程的不同试验阶段的试验任务,根据要求对所供设备、材料和工程产品进行试验和检验,保证经过试验检验的工程产品和设备满足工程系统可靠性、可用性、可维护性和安全性要求,适用于 350 km/h

高铁，确保高铁安全、可靠运营。

（一）高压电气设备单体试验

1. 断路器

电气连接检查→电气控制回路绝缘电阻测试→SF6 气体密度检查→电气和机械闭锁检查→当地/远方操作。

2. 隔离开关

电气和机械连接检查→电气控制回路绝缘电阻测试→电气和机械闭锁检查→当地/远方操作。

3. 避雷器

外观检查→电气连接检查→避雷器和绝缘基座的绝缘电阻测试。

4. 电压互感器

一、二次侧连接检查→油位和油压装置检验→一次侧和二次侧电路绝缘电阻测量→变比校验。

5. 电流互感器

一、二次侧连接检查→油位和油压装置检验→一次侧和二次侧电路绝缘电阻测量→变比校验。

6. 变压器

变压比校验→绝缘电阻测量→温度和压力装置校验→油介电强度校验→辅助设备连接检查→分接开关的机械操作→保护，报警和跳闸装置的操作试验。

7. 自耦变压器

变压比校验→绝缘电阻测量→温度和压力装置校验→油介电强度校验→辅助设备连接检查→保护，报警和跳闸装置的操作试验。

8. GIS 气体绝缘组合电器

电气连接检查→电气控制回路绝缘电阻测试→SF6 气体密度检查→电气和机械闭锁检查→当地/远方操作→保护、控制回路检查。

高压电气设备单体试验主要包括高压电器设备的绝缘电阻和主变吸收比测试，介损测试、直流耐压和泄漏电流试验、变压器和电压互感器直流电阻测试、接地电阻测试、流互变流比测试、断路器参数试验，隔离开关、负荷开关和断路器主回路导电电阻试验的相关试验、现场有条件的工频交流耐压试验等。

（二）继电保护单元件试验

所有牵引供电系统继电保护单元测试含综合自动化间隔层保护装置均应进行单元件试验。试验的内容包括其特性试验、保护整定试验、控制输入和输出检查及通信接口等测试。

（三）部分试验

1. 整组试验

整组试验进行变配电所内除本地监控系统以外的牵引变电控制、保护系统及中央信号系统的试验。

试验的内容包括：

(1)PT、CT 二次交流电流回路检查；

(2)控制、保护回路检查；

(3)信号显示、故障报警检查等；

(4)低电压模拟通电试验：在牵引变电所进线侧，施加 400 V 交流电，低压侧短接，相应的开关设备合闸，测量一二次侧电流和相位，做出主变压器差动回路向量图，保证差动回路的正确性。

2. 变电所综合自动化系统联调

本地综合自动化系统联调是指各牵引变电子系统变电所、AT 所、分区所和开闭所内各子系统之间的系统调试，试验的内容包括本地综合自动化系统与牵引变电子系统变电所、AT 所、分区所和开闭所内各设备间隔层间的控制保护、信号报警、电气参数测量的联合测试。

（四）系统试验

各子系统工程的试验将由承包人组织实施，由具有 300 km/h 以及以上成熟业绩的国外设备供货商提供测试指导文件并对试验结果进行确认。

1. 牵引变电子系统与 SCADA 联调

牵引变电子系统与SCADA联调构成牵引供电子系统《系统试验》的部分内容。

试验项目包括如下项目：

(1)SCADA与牵引变电子系统变电所内本地监控系统及各设备间隔层间的控制保护、信号报警、电气参数测量和接触网运行情况的联合测试；

(2)SCADA与牵引变电子系统分区所内本地监控系统及各设备间隔层间的控制保护、信号报警、电气参数测量和接触网运行情况的联合测试；

(3)SCADA与牵引变电子系统AT所内本地监控系统及各设备间隔层间的控制保护、信号报警、电气参数测量和接触网运行情况的联合测试；

(4)SCADA与牵引变电子系统开闭所内本地监控系统及各设备间隔层间的控制保护、信号报警、电气参数测量和接触网运行情况的联合测试。

2. 牵引变电所启动，向接触网送电

试验的内容包括但不限于：

(1)牵引供电系统联调试验完成后，外电网线路带电，外部电源调度下令，按照牵引供电系统电调下达的命令进行变电所受电启动，主变压器空载24 h；

(2)主变压器空载24 h后，分别向上下行接触网送电；

(3)AT所投入运行；

(4)分区所投入运行；

(5)开闭所投入运行；

(6)全线牵引供电系统带电。

二、关键的质量控制点

1. 每个设备的单体试验严格按照实验标准来执行，确定该设备的电气参数、绝缘性能是否满足要求。

2. 系统调试主要是确定变电专业综自系统的远动控制、信息传递以及保护动作的准确性。

(1)控制功能

对所内断路器、隔离开关及其他可控设备可以在计算机上进行集中控制。改变某一对象运行状态的控制，包括开关合/分、自动装置投入/撤除等操作。在所内综合自动化系统设置模拟试验继电器，用于检测系统内部是否工作正确。

(2)状态监测

主要内容包括两种。

①进行实时数据采集，并通过监视器对供电设备运行状态进行实时监视

系统通过间隔单元交流采样方式对配电所内电流、电压、功率等模拟量进行实时采集，对电度量可以通过与电度测量智能单元接口方式和通过计算方式实时获得，另外还可以通过召唤方式对测量量或数据(如整定值参数等)进行读取。

②对所内供电设备及相关设备非正常运行状态下的信息内容的实时监视

异常运行状态信号内容主要包括：保护动作信号等供电系统异常；设备故障信号等供电系统设备异常；各种自检信息等牵引所亭自动化设备故障；通道或牵引所亭自动化设备电源故障；系统数据采集具有SOE、COS方式。

(3)保护动作

通过系统联调，测试每个测控单元保护动作的准确性，应该能及时上传故障信号、分闸故障回路、自动投切备用电源。如果达不到要求，需要进行现场检查原因，可能是由于接线有误、保护参数数值设置不合理、保护装置内部程序错误等等。

①牵引变电所的保护

a. 主变保护

包括比率差动保护、差动速断保护、高压侧低压启动过电流保护、低压侧低压启动过电流保护、过负荷保护(Ⅰ段、Ⅱ段)、失压保护。

b. 馈线保护

包括Ⅰ、Ⅱ、Ⅲ段距离保护、电流速断保护、过电流保护、电流增量保护、一次自动重合闸。

②分区所保护的主要性能指标

包括三段距离保护、电流速断保护、过电流保护、失压保护、检有压自动重合闸。

③AT 所保护的主要性能指标

包括失压保护、检有压自动重合闸、差动保护。

第四节 联调联试

一、目的

通过对武广铁路客运专线牵引供电设备的运行试验，掌握不同列车密度下的牵引取流特点、变电所、分区所的电压水平、谐波、负序、功率因数、变压器利用率等参数。通过测试掌握引入电源供电系统的背景电压波动，背景谐波电压、负序电压水平。检验变电所正常状态下的供电能力和故障状态下的越区供电能力，以及接触网末端解裂状态下的供电能力。

二、内容

对牵引变电所综合自动化装置的功能验证，检验该系统是否满足技术条件的要求及运行的需要，是否存在功能缺陷。

(一)牵引变电所、分区所运行参数测试

1. 主变压器原、次边测试

(1)220 kV 侧电源进线电压 U_A、U_B、U_C；

(2)220 kV 侧电源进线电流 I_A、I_B、I_C；

(3)55 kV 侧母线电压 U_a、U_b；

(4)55 kV 侧馈线电流 I_{T1}、I_{F1}，I_{T2}、I_{F2}，I_{T3}、I_{F3}，I_{T4}、I_{F4}；

2. 分区所测试

(1)分区所两侧上、下行接触网末端并联时 27.5 kV 电压 U_1、U_2；

(2)分区所两侧上、下行接触网末端不并联时 27.5 kV 电压 U_1、U_2、U_3、U_4(需安排分区所上、下行接触网并联开关分断操作)；

(3)供电臂上、下行末端并联时穿越电流 I。

(二)重联列车和列车紧密追踪交会下的供电能力测试、验证

一个牵引变电所供电范围，满足重联列车和多列列车紧密追踪交会各列车取流工况，进行“牵引变电所、分区所运行参数测试”内容。

(三)牵引变电所综合自动化功能验证

武汉电调中心的牵引变电所综合自动化功能验证包括：

1. 监控部分

(1)人机界面正常显示；

(2)故障信号的显示；

(3)报表及运行曲线：日报、月报、电度量、电压电流曲线；

(4)打印制表：对控制操作的监视打印、程控操作的监视打印、故障信号打印、遥测量越限打印、故测仪参数打印、制表打印等。

2. 遥测部分

(1)变压器高压侧电压、电流，55 kV 侧母线电压、器电流，馈线电流，并补装置电流，地回流，轨回流，动力变电流；

(2)变压器油温；

(3)有功功率、无功功率、功率因数；

(4)有功电量、无功电量、动力变有功电量、系统频率；

(5)召测部分：负荷录波量、实时电量、故障录波量、故障报告、自检报告、事件报告。

3. 遥信部分

(1)当地/遥控方式开关位置信号，全所断路器、手车、负荷开关位置信号，全所电动隔离开关、隔离开关、接地刀闸位置信号，重合闸投入/退出信号，保护动作信号，断路器控制回路断线信号，电动隔离开关控制回路断线信号；

(2)变电所事故总信号，变电所预告总信号；

(3)主变通风故障、风机启动、过热信号，主变故障信号；

(4)自动装置动作信号，进线自投、主变自投信号，装置故障告警信号。

4. 遥控部分

包括全部断路器、全部隔离开关、重合闸投入/退出、装置复归、传递整定值。

第五节　经验体会和建议

一、经验体会

(一)主变等大型设备的运输经验

武广铁路客运专线牵引供电系统采用全并联 AT 供电方式，全线设置 20 座牵引变电所，19 座分区所，38 座 AT 所。

其中湖北、湖南省境内的 14 座变电所的牵引变压器采用 V/V 接线，该接线方式设置四台单相牵引变压器，变压器额定容量 2×(40+40)MVA，二台运行，二台备用。其余广东境内的 6 座变电所的牵引变压器采用单项接线，设置两台单相牵引变压器，单相变额定容量：2×75 MVA，固定备用。

全线 AT 分区所的接线为同一供电臂的上、下行之间通过断路器、隔离开关并联接线，每个分区所设置四台自耦变压器，其中二台自耦变压器通过断路器、隔离开关接入并联母线，二台备用。

AT 所接线为上、下行之间通过断路器、隔离开关并行接线，每个 AT 所设置二台自耦变压器，通过断路器、隔离开关接入并联母线。

由此可知，全线共有 68 台主变压器，152 台自耦变压器，变压器数量众多，体积很大，给运输带来了不小的压力。为了尽量降低变压器的运输对施工进展的影响，需提前了解变压器的参数以及现场勘测运输道路情况。

针对变压器道路运输问题，现场变电施工方协同各变压器厂家进行逐所现场勘查，结合路况、赔偿、修路代价等等综合因素，选择最安全、成本最小的运输方式。

武广铁路客运专线全线部分牵引所、亭不同程度上存在变压器运输困难问题，需要架桥、加固桥梁、修路才能提供变压器运输条件，尤其是新杨梅、老堂屋、衡山西、岳阳东、黄沙牵引变电所和新荣家湾 AT 所，大石古、荷叶坪牵引变电所主变压器采取轨道运输方式，武昌东牵引变电所主变运输则占用路基运输。具体的运输方案如下：

1. 武昌东变电所

采用汽车运输，经过施工便道上新建武广铁路路基，经过路基运输至武昌东牵引变电所附近(施工里程 K1233+873)处下铁路路基，下路基的位置至变电所内约 400 m 路段用灰土换填压实，加宽弯道处压实，然后运输至变电所。

2. 泉口牵引变电所

从嘉泉公路至变电所有 700 m 左右的便道，便道弯道进行加宽加固，坡度放缓，满足运输要求。

3. 岳阳东牵引变电所

铁铺里大桥至所内村道宽 2.5 m，长 300 m 左右，路面情况较差，扩宽至 6 m，并通过加固压实满足了运输要求。

4. 黄沙牵引变电所

采用汽车运输，在 G107 国道 K1542+095 处右转进入长湖乡道，从长湖乡道至变电所为长约 1 km 的便道，道路路况较差，加宽至 6 m 并压平压实。在长湖乡道上有处跨越水沟的桥桥面太窄，进行了加固。

5. 李家段牵引变电所

从 107 国道到变电所修建了一条长约 350 m、路面宽度 4 m、垫砂夹石且厚度 0.3 m 的道路通往所内。

6. 长沙南牵引变电所

从京珠高速路 13 号口下道，走黎托方向大约 3 km 向左拐进便道，再走大约 2 km 进所内，此处有一交通涵，净空高度 4.5 m，采取下挖 0.5 m 深，便道有大约 4 km 极其不平且 90 度弯道多，运输困难，进行了修整；所前修建一条长约 100 m、路面宽度 4 m、垫砂夹石且厚度 0.3 m 的道路通往所内。

7. 衡山西牵引变电所

采用汽车运输，从衡山县师古镇 107 国道 1747KM＋200M 处下便道，从路口前行约 3.5 km 到达变电所，该路段全程为乡村道路，进行了多处路面加宽处理。

8. 荷叶坪牵引变电所

主变压器由京广线向阳火车站转运至向阳铺轨基地，租用站前单位机车将主变运至荷叶坪牵引变电所卸车位置，临时占用股道卸车。

9. 新杨梅牵引变电所

从 107 国道宜章县沙坪乡政府北 50 m 处下县道 X007 至新杨梅变电所约 20 多公里，其中水泥路面有 13 km，剩余 7 km 均为便道，山谷中的道路非常狭窄、崎岖，路面凹凸不平，部分路段转弯半径较小，普通车辆可以通行，运输变压器重载车辆困难。主要问题反映在施工便桥、便道以及弯道上。现场进行了加固 3 座桥，新修 1 座桥，更改一处排灌管道，加宽加固 7 km 道路。

10. 韶关牵引变电所

所址位于 K2065＋723 铁路右侧，在武广铁路客运专线西联特大桥倒数 3 号桥墩右侧山包上。便道在铁路左侧，路较窄，进行了加宽，长度大约 300 m。从便道到所在西联特大桥倒数 7 号桥墩处穿过高铁，此部分修路 200 m，桥下道路下挖，保证；额道路坡度小于 15 度，然后到达变电所位置。

11. 老唐屋牵引变电所

如果采用汽车运输方案，需要修路 300 m，现路宽 2.5 m，需要加宽 1.5 m，路旁是橘园，需要征橘园 1.5 m×300 m。采用了从京广高速公路运至韶关以北 30 km 的武广铁路客运专线安口铺架基地，在通过武广铁路客运专线火车运至老唐屋变电所(K2135＋681)，用枕木和工字钢将武广铁路客运专线下行边的沟槽垫平，平移至变电所。

12. 大石古牵引变电所

如果采用汽车运输方案：运输通道从广清高速清远市下道(全程约有 70 km)，需要经过 18 座桥梁(其中有 8 处危桥)，最高限重 13 t，大部分为 7 t 或无标识载重量，另从老唐屋牵引变电所至高田镇有约 6 km 道路宽度不够(宽 3 m，拖车宽度为 3.4 m)不能通过，部分道路转弯处转弯距离不够需修路、砍伐竹木、拆除部分建筑物。修路修桥工程巨大，所以不考虑汽车运输方案，采用轨行车辆运输方案：汽车运至安口铺架基地，再通过武广铁路客运专线运至大石古变电所，用枕木和工字钢将武广铁路客运专线上行边的沟槽垫平(保护好无砟道床)，平移至变电所。

(二)27.5 kV 电力电缆的接地方式

武广铁路客运专线自商业运营以来，接连发生了多起变电所 GIS 开关柜下馈出线电缆保护层击穿、烧伤问题。经过专家多次论证分析主要原因是由于上网电缆采用的一端直接接地，而另一端不接地的接地方式，产生的感应电压造成，与电缆屏蔽层、保护层的接地电阻和保安器设置缺失等有关。为此，现场进行了一次全线平推整治工作，整治工作主要包括外观检查、电缆头接地线检查及接地电阻改善、必要处所加装护层保护器等项目。

1. 外观检查

外观检查原则上只在停电状态下进行，带电状态下只观察电缆头是否有放电迹象。电缆及电缆头在整改过程中如果出现需要移动或者重新固定电缆的时候，必须保证在断电的状态下操作。

电缆及电缆头的固定处必须采用非磁性材料卡具，检查固定抱箍处是否存在放电痕迹。

电缆头的接地一端的接地线应接地可靠，不接地一端的接地线、端子应用绝缘带包扎并固定在电缆上，不能与金属构架发生接触。

电缆及电缆头的表面应无划伤、砸伤等外力损伤，无开裂、放电痕迹。

2. 电缆头接地线检查及接地电阻改善

接地线应接地可靠、连接良好，不得出现不连接或者单根连接现象，电缆不得进行双端同时接地。

电缆头金属护套采用一端接地，接地线根据所处位置，必须与所亭地网或综合地线连接，并确保连接可靠。

3. 必要处所加装护层保护器

电缆头金属护套，另一端根据上网方式的不同，采用经护层保护器接地或不接地方式。其中：

(1)主变压器至 GIS 开关柜一端接地，另一端不接地方式。

(2)GIS 开关柜至接触网(全电缆方式)采用一端接地、另一端经护层保护器接地的方式。

接触网上网开关侧电缆头接地线应直接接地，与隔离开关架构或 H 型钢柱连接，确保接地良好，无放电痕迹。并相应检查 H 型钢柱与综合地线连接是否可靠，综合接地端子的接地电阻应小于 1 欧；

GIS 开关柜侧电缆头接地线经护层保护器接地(护层保护器规格型号待设计联络会确定)，确保接地良好。

(3)GIS 开关柜至接触网(电缆-架空-电缆方式)

首段电缆(即 GIS 开关柜至架空)采用一端接地、另一端经护层保护器接地的方式。GIS 开关柜侧电缆头接地线经护层保护器接地，要求与“GIS 开关柜至接触网(全电缆方式)”相同；架空杆塔侧电缆头接地线直接接地，根据杆塔所处位置，就近使用 50 mm^2 铜芯电缆与所亭地网或综合地线连接。与综合地线连接时，可以与桥墩的综合地线端子连接，但必须对综合地线端子进行接地电阻测试，接地电阻保证在 1 欧以内。

第二段电缆(即架空至上网开关)一端接地，另一端不接地方式。接触网上网开关侧电缆头接地线应直接接地，与隔离开关架构或 H 型钢柱连接，确保接地良好，无放电痕迹。并相应检查 H 型钢柱与综合地线连接是否可靠，综合接地端子的接地电阻应小于 1 Ω。架空侧电缆头接地线不接地，暂按不接护层保护器考虑，接地端子应用绝缘带包扎并固定在电缆上，不能与金属构架发生接触。

(4)站场电缆采用一端接地、另一端经护层保护器接地的方式(武汉、广州站)

站场电缆一端电缆头接地线应直接接地，与隔离开关架构或 H 型钢柱连接，确保接地良好，无放电痕迹。并检查 H 型钢柱与综合地线连接是否可靠，综合接地端子的接地电阻应小于 1 Ω；站场电缆另一端电缆头接地线经护层保护器接地(护层保护器规格型号待设计联络会确定)，确保接地良好。护层保护器未到货安装前，接地端子应用绝缘带包扎并固定在电缆上，不能与金属构架发生接触。

(5)若单根上网电缆长度＞1 000 m 时，则每隔 500 m 分段设置中间接头，每段电缆护层采用一端接地，另一端经护层保护器接地。如武汉站站场 AF 线电缆，广州变电所上网电缆，广州南站 AF 线电缆。

二、建　　议

(一)牵引变电所、分区所、AT 所、开闭所所址选择

所址选择原则为：

1. 电源进线走廊畅通；

2. 尽量少占农田，不占良田；

3. 公路便于引入所内，且力求短捷；

4. 具有适宜的地质条件，土石方工程量少；

5. 避免设在有严重污秽的地区；

6. 尽量避开高填方、拆迁大量建筑物、高架桥处、名胜古迹和电线路以及地下设施的地区；

7. 牵引变电所的所址高程应在百年一遇的洪水位之上；其余所的所址高程应在五十年一遇的洪水位以上；

8. 确定所址时，应考虑与电台、雷达站、机场、弱电线路以及地下管道、电缆、储油设施等邻近设施和周围环境的相互影响；

9. 牵引变电所的所址应考虑维护检测人员生活上的方便及水源条件，尽量设置在车站附近和维修工区附近。

根据以上原则，结合牵引供电布点方案来确定牵引变电所的具体位置。

(二)运营管理经验及建议

1. 供电设备可靠性高，维护工作量少，开关动作可靠，建议状态修与周期修相结合，检修周期较现行标准延长。

2. 巡视检修重点应考虑所亭与接触网的结合部，如上网开关、开关引线、供电线、避雷器等。

3. 保护定值

全并联运行方式下的保护配合比较复杂，设计院在前期也进行了详尽的数据分析和精心计算，但鉴于实际运行过程中和理论计算还是存在差异，需在以后长期运行中，积累对历史跳闸数据的分析整理，对保护定值进行修正。

4. 利用 GIS 开关柜地刀作业

27.5 kV 设备采用 GIS 开关柜室内布置，没有验电接地的位置，维护人员需熟练掌握 GIS 开关柜本体验电装置和地刀使用，确保作业安全，提高作业效率。

5. 所、亭值守

分区所、AT 所设计为无人值守，且不具备生活条件。地处山区道路条件差的所亭，在工区设置上应考虑抢修效率。

第十二章　综合SCADA系统

第一节　工 程 概 况

一、简　　介

武广铁路客运专线在武汉综合调度中心设置1套SCADA系统，通过武汉至广州牵引变电所、分区所、AT所、接触网开关站、电力配电所、电力变电站、通信中继站、通信区间站、信号列控设备各被控站实现对武汉至广州的牵引供电、电力、通信、信号设施进行集中监视和控制。

二、设备选型原则

SCADA系统性能取决于系统软硬件的水平及匹配性，本系统软硬件选型考虑了以下几方面原则：

(1)选用具有安全可靠性高、运行成熟、技术先进、符合中国铁路运行管理模式及特点、具有较高的柔软适应性、实时性高、可维护性高、可扩展能力强、标准化程度高的系统；

(2)系统软硬件结构设计基于RAS技术，采用模块化设计。

在考虑主机平台时，一方面从业务需求入手，要求平台能够稳定高效的运行现有业务；另一方面也要能够满足发展趋势所带来的新需求。基于上述原则推荐先进、可靠、高效的主流Unix服务器机型，使其无论在处理能力、可靠性，还是在高可用性、扩展性等诸多方面处于领先地位。并将特别关注平衡的系统整体性能和抗高负载能力这两个方面，以便能适应高铁调度业务量发展和调度系统极限运行的需求。

(1)要求主机平台有强大而平衡的处理能力

针对监控业务所涵盖的种类多样，数据格式复杂，实时响应指高程，要求主机平台能够支持大规模批量处理，尤其在高峰期间能够与磁盘系统配合，使整个系统性能平衡不会出现系统瓶颈，保证系统响应大压力的数据负载。

(2)要求主机平台有完整的高可用解决方案

调度系统所处理的业务均为关键业务。这就要求从硬件和软件平台的角度，能够提供高可用的解决方案。高可用方案针对可靠性、可用性、容错能力、最大无故障时间等方面提供完整科学的系统方案设计，其中包括支持多机备份、数据恢复以及灾难备份等技术，用以满足调度业务系统高可靠的运行。

(3)主机提供商具有完善的服务体系

用户已经越来越重视系统提供商的服务，因为系统的良好运行是与系统提供商的长期优良服务分不开的。只有得到了完善的服务，才能够没有后顾之忧。

(4)要求主机平台有丰富的扩展方式

要求主机系统在技术上具有强大的扩展能力，能够满足业务量的提升，同时能够为增加软件功能提供运行空间。

(5)要求主机平台有完善，方便的管理技术

主机的管理技术是整个系统中必不可少的关键组成部分，要求管理工具不但用于日常的系统管理工作，而且尽可能简洁易用，简化系统管理员繁重的工作。

(6)要求主机平台提供可靠的安全策略

调度系统中涉及大量关键数据，保证这些数据不被恶意破坏、非法侵袭是电脑系统安全策略所要解决的内容。安全策略提供网络、主机、业务等关键资源有力保护，为业务系统创造安全可信的运作空间。

(7)要求主机平台是能够长久发展的主流机种

计算机产业是发展迅速的产业，新技术不断涌现，旧产品快速淘汰。选择能够长久发展的主流机种可以减缓机器更换频率，提高主机的服务年限，更好的利用设备投资。

(8)开放性和先进性

所选系统平台应遵循国际、国内开放系统标准及协议，是当前业界的主流产品，已经得到广泛使用，占有较高的市场份额。在同类产品中处于领先地位已经在全球范围内的各种应用中大量采用，是经过各方面考验的先进和成熟的产品，采用先进技术设计和制造，具有高性能，同时又成熟可靠。

(9)可靠性，可用性和可维护性

稳定可靠，高可用，易维护，易管理。较高的 RAMS(可靠性、可用性、可维护性、安全性)特性，无单点故障，支持高可用的集群结构。完善的数据保护措施。

(10)可扩展性好

在 CPU 处理能力，存储容量，I/O 吞吐量方面有良好的扩充能力，可以通过垂直方式，也可以通过水平方式予以实现。

(11)安全性

系统有良好的安全措施，支持 C2 级或更高级别的安全标准。支持基于角色的访问控制。

(12)“需求驱动”和投资保护

系统的设计规模，以实际需求为依据，充分满足当前需求，同时为系统的扩充和升级留下余地，必要时能够使软件及应用系统平滑升级到更高级别的系统平台，以保护用户的软件投资。

基于对计算机设备的认识，本工程 SCADA 系统慎重选择美国 SUN 公司的基于 64 位 RISC CPU 技术的高端 UNIX 服务器、相配套的磁盘阵列、磁带阵列、调度员工作站等设备，显示器采用 20 英寸的专业液晶显示器；网络交换机等设备采用美国 CISCO 的核心交换机。主流的系统服务器、友好性强的人机界面和标准而强大的网络基础为高铁 SCADA 系统提供了坚实的运行硬件环境。

三、设备厂家

设备厂家见表 4-12-1。

表 4-12-1 设备厂家

序号	名　称	规格型号	生产厂家
1	调度端 SCADA 系统		成都交大光芒实业有限公司
2	RTU		成都交大光芒实业有限公司
3	计算机		惠普
4	打印机	HP P2015	惠普
5	打印机	HP Color 2600n	惠普
6	防火墙		美国网件

第二节 关键工艺工法

一、控制中心设备安装

1. 施工准备

将计算机，服务器，打印机，网络设备，线缆运输到施工现场，并配齐施工工具，施工图到位。

2. 控制室、机械室设备安装

按照施工图纸设备布置将计算机、服务器、打印机及网络设备安放到控制室和机械室的指定位置并固定好。

3. 通信电缆敷设

根据图纸上的编号将双绞线进行编号并贴标签进行标识，装上水晶头并测试所有双绞线的导通性，确保通信状况良好后安装到对应的电缆槽或电缆保护管。电缆之间应该至少间隔 30 cm 或者由电缆导管中的金属隔片隔开。

4. 组网

根据施工图纸上的编号将双绞线按着将控制中心已安装好的计算机、服务器、网络设备连接起来。

5. 电源线线敷设连接

将电缆从存储区运输到控制中心，根据施工图纸从不同的地方进路。电缆要安装到预安装的电缆桥架或管道。

电源电缆将敷设在架空地板下的电缆导管内。如果架空地板已经合上，在下一次电缆布线之前要先移除地板方块。在大楼各层之间，电缆穿过垂直的电缆竖井，在垂直方向，至少每 50 cm 固定电缆。

6. 现场清理

施工完毕后将所有工具收放入工具箱，现场垃圾清理干净。

7. 注意事项

(1)安装、运输过程中要注意不要损坏线缆。

(2)在 SCADA 监理的监督下才可以执行该工程。

(3)安装过程中要注意施工人员的人身安全，防止类似触电事故对人员造成的伤害。

(4)设备在安装、运输过程中要轻拿轻放，注意不要对设备造成损害。

二、被控站设备安装

1. 牵引变电所亭施工

(1)施工准备

将 RTU 机柜，线缆运输到施工现场，并配齐施工工具，施工图到位。

(2)通信电缆敷设

牵引所亭内内电缆分为控制室内 RTU 与箱式开关站内 FTU 间光纤，控制室内 RTU 与牵引供电综自系统间双绞线，控制室内 RTU 与通信机械室内 SDH 间双绞线，在施工过程中需根据通信单元的不同，各站系统配置方案图及施工图将电缆分清，首先应用 OTDR 测试仪测试光纤的导通性，用双绞线测试仪测试双绞线的导通性，然后做好标识。在双绞线敷设过程中可将所有线缆固定到所内控制电缆支架上，并穿管保护，敷设、固定完毕后应将各管口封死，敷设完毕后要再一次检测双绞线的导通性。在敷设与所外箱式开关站间的光纤时，由于保护钢管已经预埋好，需要将光纤绑在细钢丝上进行穿管作业，在操作过程中需要特别注意防止对光纤造成损坏，在敷设完毕后同样需要测试一下光纤的导通性。

(3)电源线敷设

在牵引所内控制室内的 RTU 从室内交、直流屏分别获取一路 AC230 V，两路 DC110 V 电源，首先将标识好电缆，然后根据施工图将对应的电源线敷设到相应的电缆支架上并固定好，将电缆引至 RTU 及交、直流屏。

(4)接地电缆敷设

首先将标识好电缆，然后将接地线按照施工图的线缆路径敷设好，一端引到接地端子，一端引至 RTU 机柜位置。

(5)RTU 机柜安装

根据安装图上的安装位置将 RTU 机柜投到指定位置，固定到地板上，将通信电缆敷、电源线、接地电缆引入机柜线槽内，根据施工图将电缆引到对应的端子排或端口。

(6)线缆连接

根据标识将电缆连接到机柜内对应的端子排。

2. 箱式变电站施工

(1)施工准备

将 RTU 机柜，线缆运输到施工现场，并配齐施工工具，施工图到位。

(2)通信电缆敷设

箱变内分为 RTU 与 FTU 间光纤，RTU 与信号集装箱或无线基站内 SDH 间双绞线，在敷设时首先应用 OTDR 测试仪测试光缆的导通性，用双绞线测试仪测试双绞线的导通性，然后做好标识。

在敷设双绞线时，由于保护钢管已经预埋好，需要将双绞线绑在细钢丝上进行穿管作业，在操作过程中需要特别注意防止对光纤造成损坏，在敷设完毕后同样需要测试一下双绞线的导通性。光纤在敷设时只需利用箱变底部检修夹层走线即可，敷设完毕后对导通性复测。

(3)电源线敷设

箱变内的 RTU 从信号集装箱或无线基站内交流切换箱获取一路 AC230 V 电源，首先标识电缆，然后根据施工图将对应的电源线敷设到相应的箱变与信号集装箱或无线基站间的电缆管，将电源线固定于细钢丝上进行穿管作业，将电缆引至 RTU 及交流切换箱。

(4)接地电缆敷设

首先标识电缆，然后将接地线按照施工图的线缆路径敷设好，一端引到接地端子，一端引至 RTU 机柜位置。

(5)RTU 机柜安装

箱变内内 RTU 机柜为 600 mm×300 mm×1 200 mm，根据安装图上的安装位置将 RTU 机柜底座安装到指定位置，固定到地板上后将上部机柜安装到机柜底座上并固定好连接螺栓，将通信电缆敷、电源线、接地电缆引入机柜内，根据施工图将电缆引到对应的端子排。

(6)线缆连接

根据标识将电缆连接到对应的端子排。

3. 配电所施工

(1)施工准备

将 RTU 机柜，线缆运输到施工现场，并配齐施工工具，施工图到位。

(2)通信电缆敷设

配电所分为控制室内 RTU 与综自系统间双绞线，RTU 与 SDH 间双绞线，在敷设时首先应用 OTDR 测试仪测试光缆的导通性，用双绞线测试仪测试双绞线的导通性，然后做好标识。在施工前应对现场情况了解清楚。在下出线的情况下，可利用所内的电缆沟或既有钢管进行电缆敷设，电缆沟的双绞线需要穿管保护，在需要穿管的地方，可参考箱变施工方法；在上出线的情况下，可利用所内的电力专业电缆支架，线缆在支架上固定时，水平方向每 50 cm 进行固定，垂直方向每 30 cm 进行固定。

(3)电源线敷设

控制室内的 RTU 从室内交流切换箱分别获取两路 AC230 V，首先标识电缆，然后根据施工图将对应的电源线敷设到相应的电缆沟或电缆管槽，将电缆引至 RTU 及交流切换箱。

(4)接地电缆敷设

首先标识电缆，然后将接地线按照施工图的线缆路径敷设好，一端引到接地端子，一端引至 RTU 机柜位置。

(5)RTU 机柜安装

中间站配电所内 RTU 机柜为 600 mm×800 mm×2 200 mm，根据安装图上的安装位置将 RTU 机柜安放到指定位置，固定到地板上，将通信电缆敷、电源线、接地电缆引入机柜内，根据施工图将电缆引到对应的端子排。

(6)线缆连接

根据标识将电缆连接到对应的端子排。

(7)注意事项

①安装、运输过程中要注意不要损坏线缆。

②在 SCADA 监理的监督下才可以执行该工程。

③安装过程中要注意施工人员的人身安全，防止类似触电事故对人员造成的伤害。

④设备在安装、运输过程中要轻拿轻放，注意不要对设备造成损害。

4. 接触网开关控制站光缆的敷设

(1)路由工程

①光缆敷设前首先要对光缆经过的路由做认真勘查，了解当地道路建设和规划。路由确定后，对其长度做实际测量，精确到 50 m 之内。还要加上布放时的自然弯曲和各种预留长度，各种预留还包括插入孔内弯曲、杆上预留、接头两端预留、水平面弧度增加等其他特殊预留。为了使光缆在发生断裂时再接续，应在每百

米处留有一定裕量，裕量长度一般为5%～10%。

②两根光纤接头处最好安设在地势平坦、地质稳固的地点，避开水塘、河流、沟渠及道路，最好设在电杆或管道出口处。

(2)光缆敷设

①新建管道内光缆均采用硬塑料管保护，塑料管一次布放的长度以方便光缆穿放为原则。

②光缆弯曲半径应不小于光缆外径的10倍，施工过程中不小于20倍。

③布放光缆的牵引力应不超过光缆允许的张力80%，瞬时最大牵引力不得超过光缆允许张力的100%，牵引力应加在光缆的加强件(芯)上。光缆布放过程中应无扭转，严禁打小圈、浪涌等现象发生。

④布放光缆必须严密组织并有专人指挥，牵引过程中应有良好联络手段。光缆布放完毕，应检查光纤是否良好。光缆端头应做密封防潮处理，不得浸水。

⑤光缆穿入管道或管道拐弯或有交叉时，应采用导引装置或喇叭保护管，不得损伤光缆外护层，光缆一次牵引长度一般不应大于1 000 m，超长时应采用∞字分段牵引。

⑥光缆放置在规定的托架上，并应留适当余量，避免光缆绷得太紧。接头所在人(手)孔内的光缆预留后应符合设计要求。预留光缆应按规定的位置妥善放置。

⑦架空光缆的预留在接头杆处预留，其两侧电杆作适当预留，预留长度15～20 m；过河架空光缆，河宽大于30 m的河流两岸各余留15～20 m，架空段每10个杆档光缆余留15～20 m。过河光缆余留在河岸的第一根杆子的邻杆上：接头余留应在接头杆上，各个接头点余留10 m。

(3)光缆的接续及安装

①一般规定

a. 光缆接续内容包括：光缆接续，护层和力口强芯的连接，接头损耗的测量，接头盒的封装以及接头保护的安装。

b. 光缆接续前应核对光缆程式和接头位置并根据接头预留长度的要求留足光缆。

c. 按光缆端别核对光纤并编号作永久性标志。

d. 光纤接续环境必须整洁，应在工作车内或有遮盖物的环境中操作，严禁露天作业。

e. 光纤接续应连续作业，以确保接续质量。采取措施，不得让光缆受潮。

②光缆接续

a. 将热保护套管穿入需熔接的光纤

确认在光纤剥线及剪断之前，将保护套管套在其中一根需要熔接的光纤上。

b. 去除光纤被覆

用光纤剥线钳一次性剥除20～30 mm长的光纤被覆。剥除时，光纤保持平直，绝对不准用力弯曲光纤或者把光纤掺在手指上。

c. 清洁裸光纤

用蘸有酒精的镜头纸(或脱脂棉)擦净光纤，去除光纤表面的被覆残留，擦前确保镜头纸(或脱脂棉)干净清洁。

d. 切断光纤

用专业的光纤切断工具—光纤切割刀切断光纤。如图4-12-1所示。一般建议切断长为14～16 mm(光纤切断后，不能再触摸，或者擦拭光纤)。

裸光纤清洁处理与切割如图4-12-2所示。

e. 放置光纤

将处理好的光纤放置于熔接机的V形槽中。打开防风盖后，找到位于熔接机顶部中间位置的V形槽和光纤夹。

首先将光纤夹顶钮向后推，松开光纤夹。抬起光纤夹可同时抬起裸光纤夹和包层光纤夹。将光纤放入V形槽，使光纤端面悬伸至熔接部位上方。光纤应大致位于V形槽和电极的中间。包层末端应和熔接机上的切断长标记对准。(注意：请勿将光纤端面触及任何部位，以免弄脏或损坏光纤)轻轻将光纤夹压片压下，使得光纤包层夹压紧光纤包层。

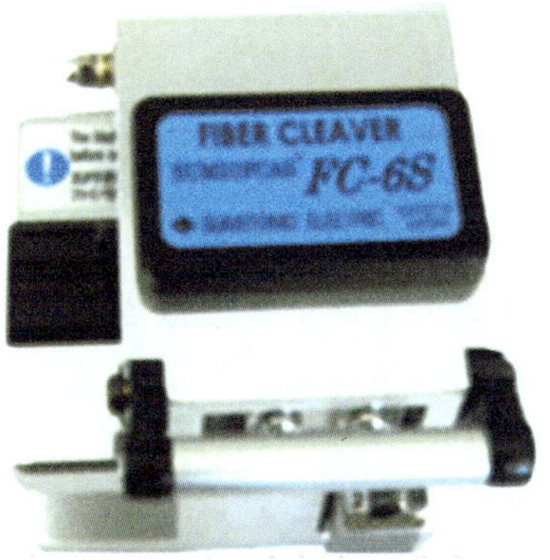

图 4-12-1 光纤切割刀

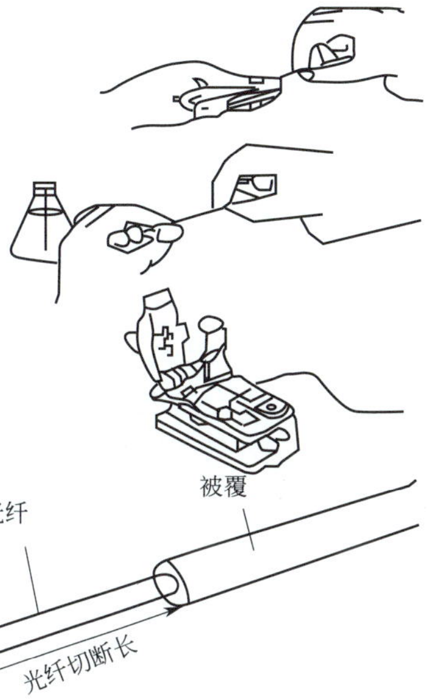

图 4-12-2 裸光纤清洁处理与切割

然后放下裸光纤夹，使光纤嵌入 V 形槽中。以相同方法处理另一根光纤。关闭防风盖，并确认光纤从防风盖两侧缺口中伸出。

f. 光纤熔接机自动熔接

在自动方式下，熔接机显示以下信息提示：

光纤端面间距调整；聚焦；瞬间电弧放电清除灰尘；光纤端面检查；*X*、*Y* 画面互换

在 *X* 和 *Y* 画面下对准光纤纤芯或光纤外径；电弧放电，高温熔化光纤端面；利用 HDCM 检查 *X* 和 *Y* 画面中的熔接结果；推定熔接损耗。

g. 检查熔接结果、推定熔接损耗

熔接完成时，会提示熔接的插入损耗，要记录下来。若熔接结果良好，屏幕提示"请打开防风盖"。并提示是否保存结果，请选择保存，输入年份和组号。有可能出现推定损耗为 0.00 dB 的情况，因为推定精度为 1%，但实际的损耗并非为 0，不过对于单模光纤已经可控制在 0.02 dB 以内。

h. 加热补强

熔接机内置的热加热补强器位于顶盖前部中央位置。轻轻拉直光纤，小心移动热保护导管使光纤位于其中心，并将他们一起放入加热器中央。将光纤放在加热器夹具的压柄上，使光纤及热保护套管进入加热器中。两端的夹具会同时关上，并通过磁铁固定光纤。按 HEATER SET，熔接机进入加热循环，收缩热保护套管。HEATER SET 键上的绿色 LED 指示灯表示加热器正在工作，如需取消加热，请在按 HEATER SET。

i. 取出熔接和加强完毕的光纤

约 90 s 后，熔接机蜂鸣器提示加热完成。抬起两端夹具，取出补强部分。轻拉光纤两端保持其平直。目测加热结果。

第三节 子系统调试

一、子系统调试

SCADA 子系统调试主要分为两部分：安装试验、单体测试。

（一）安装试验

安装试验是在所有安装工作完成后进行的一项检查工作，主要内容有：各 RTU 机柜安装位置是否正确，固定是否牢靠；机柜表面及内部设备是否完好无损，机柜是否可靠接地；各线缆是否有标识，标识是否正

确，标签是否牢固；各种线缆是否按施工图要求正确敷设，是否按端口对应关系正确连接；线缆是否有损坏；金属电缆支架可电缆保护管是否可靠接地；各电缆管管口是否可靠封堵；通信电缆与电源线之间距离是否满足设计要求等。

（二）单体测试

在安装试验完成后方可进行单体测试，测试需要在各被控站完成。

在进行单体测试前需要进行 VICOS P500 系统与 FTU、电力综自系统、牵引变电站控系统间的通信规约的模拟调试，以保证在进行单体测试时 SCADA 系统与各系统间的通信正常。

在单体测试过程中，SCADA 专业将装有 P500 系统的笔记本电脑通过双绞线接入到 RTU 的交换机上，在建立起连接后，依据各电力或牵引变电专业提供的 I/O 点表，按点的类型进行测试。

遥信：开关遥信量需根据所内、外各开关分合位的实际情况与图形界面内显示的开关分、合位进行对比，检查是否正确；报警信息遥信量可模拟相关报警促发条件或在站控系统内主动上报模拟信号。

烟雾报警、高温、凝露报警，在保障安全的前提下，在现场进行模拟，以此检验了设备是否可靠报警并且是否在 SCADA 系统内快速准确的反映。

遥控：对变电所内开关设备进行分合闸操作，检查相关开关是否可靠动作，并注意开关的遥信状态是否相应的发生改变。

通过单体测试进一步验证 SCADA 系统与箱变 FTU、变配电所综自、牵引变电站控系统间通信正确，被控设备分/合闸可靠，各传感器反应灵敏，各类电缆接线正确。

遥测：各电压、电流模拟量应全部准确的在 SCADA 系统图形界面上显示，并检查精度是否满足要求。

（三）系统调试

1. 被控站试验

在控制中心内软、硬件调试通过，SDH 网络完成，控制中心与各被控站通信正常且单体测试全部通过之后，可在控制中心进行远动子系统被控站试验。

①变电所

遥信：在控制系统界面内观察单线图上的各开关颜色（红-合，绿-分），并与现场试验配合人员进行核对，检查是否正确。对于其他不同于开关状态的遥信量，由于在单体测试过程已经测试通过，在控制中心内进行试验时，在控制中心内仅做 2%～5%的抽样验证。

遥测：在控制系统图形界面内可完整的显示各模拟量，并与现场试验配合人员进行核对，检查准确性。

遥控：为了保障在控制中心对开关分、合操作的可靠性，变电所内所有可控开关都要进行遥控操作。

②开闭所

遥信：在控制系统界面内观察单线图上的各开关颜色（红-合，绿-分），并与现场试验配合人员进行核对，检查是否正确。对于其他不同于开关状态的遥信量，由于在单体测试过程已经测试通过，在控制中心内进行系统试验时，控制中心内仅做 2%～5%的抽样验证。

遥测：在控制系统图形界面内可完整的显示各模拟量，并与现场试验配合人员进行核对，检查准确性。

遥控：为了保障在控制中心对开关分、合操作的可靠性，所内所有可控开关都要进行遥控操作。

③自耦所

遥信：在控制系统界面内观察单线图上的各开关颜色（红-合，绿-分），并与现场试验配合人员进行核对，检查是否正确。对于其他不同于开关状态的遥信量，由于在单体测试过程已经测试通过，在控制中心内进行系统试验时，在控制中心内仅做 2%～5%的抽样验证。

遥测：在控制系统图形界面内可完整的显示各模拟量，并与现场试验配合人员进行核对，检查准确性。

遥控：为了保障在控制中心对开关分、合操作的可靠性，所内所有可控开关都要进行遥控操作。

④变配电所

遥信：在控制系统界面内观察单线图上的各开关颜色（红-合，绿-分），并与现场试验配合人员进行核对，检查是否正确。对于其他不同于开关状态的遥信量，由于在单体测试过程已经测试通过，在控制中心内进行系统试验时，在控制中心内仅做 2%～5%的抽样验证。

遥测：在控制系统图形界面内可完整的显示各模拟量，并与现场试验配合人员进行核对，检查准确性。

遥控:为了保障在控制中心对开关分、合操作的可靠性,所内所有可控开关都要进行遥控操作。

⑤箱变

遥信:在控制系统界面内观察单线图上的各开关颜色(红-合,绿-分),并与现场试验配合人员进行核对,检查是否正确。对于其他不同于开关状态的遥信量,由于在单体测试过程已经测试通过,在控制中心内进行系统试验时,在控制中心内仅做2%～5%的抽样验证。

遥测:在控制系统图形界面内可完整的显示各模拟量,并与现场试验配合人员进行核对,检查准确性。

遥控:为了保障在控制中心对开关分、合操作的可靠性,所内所有可控开关都要进行遥控操作。

⑥环网柜

遥信:在控制系统界面内观察单线图上的各开关颜色(红-合,绿-分),并与现场试验配合人员进行核对,检查是否正确。对于其他不同于开关状态的遥信量,由于在单体测试过程已经测试通过,在控制中心内进行系统试验时,在控制中心内仅做2%～5%的抽样验证。

遥测:在控制系统图形界面内可完整的显示各模拟量,并与现场试验配合人员进行核对,检查准确性。

遥控:为了保障在控制中心对开关分、合操作的可靠性,所内所有可控开关都要进行遥控操作。

2. 控制中心试验

在完成控制中心内对被控站的试验之后,可在整个SCADA系统稳定运行一周后进行整个控制系统的试验。试验内容主要包括:

图形显示:在控制系统内可实时显示电压或电流的波形图,图形各点之间的时隔为20 ms,并可根据需要按天、小时、分、秒等进行图形显示,并可实现历史数据查询,所有图形可通过打印机打印。

程控:在控制系统内按需要设置一程控,并调用该程控命令,通过该程控可准确可靠的对开关进行操作。

通道:模拟主通道失效,备用通道应立即投入。

前置服务器:当任意一台前置服务器出现故障后,RTU应自动切换至另一台前置服务器上。

统计功能:通过归档服务器进行系统所具备统计功能测试,如模拟量数量、最大值等。

用户权限:分别以不同权限的用户登录系统,测试是否会出现"越权"操作现象。

3. 与时钟接口试验

与时钟系统试验需要通信专业与SCADA专业共同来进行,试验地点在控制中心。在SCADA系统与NTP服务器通信正常的前提下,可在SCADA系统内观察是否正确获取时钟服务器的时间。

4. 与视频监控接口试验

与视频监控系统试验主要是对SCADA归档服务器历史数据库的访问,在两系统间通信正常的前提下,在视频监控系统内首先检查是否可访问SCADA归档服务器的数据库,在确认数据库访问功能完好的情况下,在视频监控系统内利用相关的查询功能,看是否能正确查询到所需报警信息。

5. 与其他接口试验

与其他系统间的接口试验,可根据不同系统的实际功能需求及与SCADA专业间进行接口试验。

二、关键质量控制点

武广铁路客运专线被控端主干网络采用双环自愈的光纤以太环网,双环自愈可以保证任何一处断开,双环自动切换,双环的切换时间为300 ms,保证通讯的连续性。光纤以太环网充分利用光纤宽频带特点,在一个环上加载多个通讯速率为1 000 Mbit/s的以太网信号,使光缆得到充分利用。

通讯分站具有独立数据处理能力,将采集到的现场信号进行分析处理后,通过相应的通信接口经过网络传输到上层主机。这样大大减轻了上位机的负担,并且由于SCADA系统网络采用双环网结构,一个分站的故障不影响其他分站的运行,大大提高了通信的安全性。

武广铁路客运专线的SCADA系统的典型通道结构图如图4-12-3所示。图中,牵引变电所(10 kV电力配电所)作为通信主干道分支而来的网络节点,通过两个冗余互备的交换机与调度所进行通信。而区间的AT分区所及AT所(箱式变电站)的远动通信装置通过光纤串起来之后经牵引变电所(10 kV配电所)与调度所进行数据传输。两个相邻的牵引变电所(10 kV配电所)与区间的AT分区所及AT所(箱式变电站)则自组一个子通信环网,该网络结构为双环自愈性网络,它既有将所有所亭(箱式变电站)连接起来的短光纤,也有两个相邻牵引变电所(10 kV 配电所)直连的长光纤。这样,如果子网中出现断点,则这两个通信光路就可以自动切换,隔离掉故障点,保证 SCADA 系统的正常通信,从而也为通信专业提供了较为充足的查修时间。

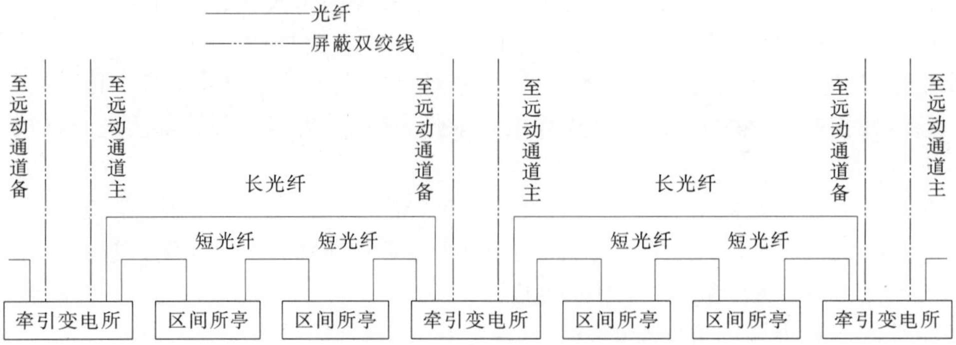

图 4-12-3 武广铁路客运专线 SCADA 系统的典型通道结构

第四节 联 调 联 试

一、前期准备

1. SCADA 系统联合调试前,应具备下列条件:

(1)控制站至各被控站或远动终端间的远动通道满足设计要求,并提供使用;

(2)控制站至各被控站间的电调电话应交付使用并畅通;

(3)必须为控制站提供可靠电源;

(4)牵引供电及电力供电设备的安装、调试已完毕;

(5)网络节点 IP 地址及被控制站信息点表应按照设计要求进行分配。

2. 远动专用通道应按下列规定进行测试和检查:

(1)远动通道由通信部门负责并打通,应满足牵引供电调度系统的要求;

(2)各网络节点或各被控端节点的接入方式和接线应符合设计要求。

3. 供电调度中心在进行系统联调之前,应进行下列项目的检验:

(1)对服务器和工作站设备进行硬件、软件的初始化,优化软件运行环境,使其满足系统运行要求;

(2)查路由器、集线器、网络中断器的规格、性能是否满足规定要求;网线的连接是否正确、可靠,导通是否良好;

(3)打印机自检打印结果是否满足要求,需要安装中文字库的打印机是否存在该配置。

4. 供电调度中心在进行系统联调时,应按下列项目进行检验:

(1)系统设备带电后,建立服务器与工作站之间及主机与外设之间的通信联络,检查网络通信功能是否满足产品的技术规定;

(2)由调度员工作站调用系统功能启动投影仪或模拟盘,检验声光信号、亮暗盘转换功能满足设计规定。

5. 试验打印机和画面拷贝机的功能满足产品的技术规定。

6. 确认各台主服务器的时钟同步。

7. 供电调度中心在正式进行与被控站之间的联调时,应首先在被控站用 I/O 模拟器进行模拟联调,以确认远动通道、调制解调器、通信服务器工作正常,应能准确进行且完成数据传输功能,且通过 I/O 模拟器检验、确认"四遥"或"五遥"功能的完整性。

8. RTU 与远动通道的连接可靠,与牵引变电所综合自动化系统、独立设置的网上开关控制器以及电力变配电所综合自动化系统(含箱式变 FTU)通信正常。

二、供电调度系统联调

供电调度联调应根据设计确定的信息点表,分别对每个牵引变电所(分区所、自耦所、开闭所以及上网开

关、车站开关、站厂开关)、电力变配电所(含箱式变)进行下列“四遥”功能试验:

1. 遥控试验应按试验操作程序,依遥控对象表内容分项逐个进行,被控对象可靠动作。

2. 遥控试验时,如果远动系统出现操作错误、系统故障、被控站发生故障和被控对象拒动,远动系统应具备一定的处理能力。

3. 遥信试验应按位置遥信和故障遥信分别进行:

(1)位置遥信应在遥控操作时逐个进行确认,显示器画面、投影系统(模拟盘)或调度台显示系统应与被控对象实际状态相一致,打印记录正确。设有线路带电光带显示的模拟盘显示应正确;

(2)故障遥信应按事故遥信对象表内容逐个模拟故障,显示器画面、投影系统(模拟盘)或控制台显示、报警应与被控对象实际状态一致,事故打印记录正确。

4. 遥测试验应按下列项目和要求进行:

(1)核对实际值与显示值,检查遥测精度应满足设计要求;

(2)具有动态显示功能的显示器应将遥测值进行动态显示。

5. 设有遥调变压器分接开关功能时,现场检查测量变压器分接开关位置应与调度中心遥控操作的显示状态一致,并符合有关标准规定。

6. 设有间隔层保护定值预置和整定组切换功能的远动系统,尚应按下列项目和要求进行试验:

(1)与综合自动化定值修改功能的权限应符合设计规定;

(2)核对各所间隔层保护整定组及整定值与设计提供的运行方式定值应一致;

(3)遥调保护定值及整定组,其数据更改、存储应符合产品的技术规定,并满足设计要求。

7. 检查确认牵引供电故障点标定系统信息,应符合设计要求。

系统在线自检功能检查应按以下项目进行:

(1)对存储器的自检,应自动完成;

(2)对系统各硬件模块的自检,功能良好,满足产品和设计要求;

(3)对以太网通道状态的监视功能应良好。

8. 系统切换功能检查应按下列项目和要求进行:

(1)主/备机切换:模拟在线机故障应自动或手动切换,离线机投入运行;

(2)主/备通道切换:模拟通道故障应自动或手动切换,备用通道投入运行;

(3)其他外设的主/备切换:模拟外设故障应自动或手动离线,备用外设投入运行。

9. 调度管理功能应符合下列要求:

(1)调度画面显示、打印制表和显示器画面硬拷贝功能应良好,满足设计要求;

(2)供电调度中心与复示终端的控制权限管理及功能应符合设计要求。

第五节　经验体会和建议

一、经验体会

(一)通信通道对 SCADA 的制约

武广铁路客运专线的 SCADA 调试受多种因素的制约,尤其是通信通道的运行稳定对 SCADA 的调试影响很大,由于工期紧迫,留给 SCADA 的联调联试时间不多,加上通信通道开通初期不够稳定,给 SCADA 的调试造成不利影响。

调试过程,通信通道出现问题是无可厚非的,主要是需要找到问题根源所在,根据武广铁路客运专线 SCADA 系统调试的经验,大致有以下几个原因:

1. 光缆被破坏,出现断裂;

2. 光纤熔接质量不高,导致光纤的衰耗指标不稳定,影响光纤的正常运行;

3. 光纤活接头或光纤尾纤连接器积灰造成通道衰耗增加,进而造成传输数据丢包严重或者直接导致通道阻断;

4. 2 M 屏蔽双绞线的水晶头压接质量不高,接触不良,造成通道运行不稳定;

5. 尾纤连接质量不高,接触不良,造成保护不稳定。

(二)SCADA与相关专业的接口

在武广铁路客运专线中SCADA需要与电力、牵引供电、通信几个专业进行配合。

SCADA与电力配合:SCADA向电力提出用电需求,RTU安装位置及空间要求,电力专业设计方需将用电需求及RTU安装需要纳入自己的设计方案内;电力专业的综自、RTU厂家与SCADA一起进行技术细节沟通及工作界面划分:通信规约以SCADA为准统一采用IEC 60870-5-104,SCADA就104协议向综自及RTU厂家做出解释并提供相关技术文档,SCADA向电力专业的综自、FTU厂家提供三遥点表模板。综自、FTU厂家基于SCADA专业提供的点表模板将各被控设备厂家提供的各三遥点纳入点表内,并负责向SCADA就点表内容做出解释说明。

SCADA与牵引供电配合:SCADA向牵引供电提出用电需求,RTU安装位置及空间要求,牵引供电专业设计方需将用电需求及RTU安装需要纳入自己的设计方案内;牵引供电与SCADA一起进行技术细节沟通及工作界面划分:通信规约以SCADA为准统一采用IEC 60870-5-104,SCADA向牵引供电提供三遥点表模板。牵引供电基于SCADA专业提供的点表模板将三遥点纳入点表内,并负责向SCADA就点表内容做出解释说明。

SCADA与通信专业配合,SCADA向通信专业提出通道需示求,如带宽、物理接口类型,通信专业将需求纳入设计方案。京津工程中通信专业为SCADA提供10Mbps带宽的物理通道,传输网络为冗余配置的双网结构,接口界面划分在SDH机柜,物理接口类型为RJ45。

(三)SCADA系统调度端运行中常见故障及处理

调度系统中可以反映出调度系统本身设备的运行状态,被控站系统设备(RTU或综合自动化系统)的运行状态,通道设备的运行状态及所监视的变电设备的运行状态。

1. 调度端设备显示信息及分析

显示调度系统设备的运行状态,可以查询调度设备的启动/停止记录。

调度设备中的UPS停电时还可通过网络信使通知各网络节点工作站,提示UPS电池所能供电的时间,以便调度人员及时做好处理。

2. 被控站设备运行情况监视及分析

SCADA系统被控站一般由传统RTU或综合自动化系统组成。

RTU可以通过板级,自检命令测试被控站各模板。

对变电所综合自动化系统可以通过对其各保护测控单元的状态监视其工作状态。

3. 通道故障监视及分析

在调度员工作站由形象的动态通道监视图标,调度员在完成遥控操作时也可以先确认通道的正常,也可以通过对某一被控站的实验对象进行控制测试通道(及测控模块)。

通道故障也可通过一些调度命令的提示进行判断。如在控制操作时的超时提示,在调度端发控制命令时,如果在指定时间内得不到回复,则本次操作取消并提示超时。

例如:当发遥控选择命令时,如果30 s没有回复,则调度端取消本次操作并提示"遥控选择超时",这时可初步判断为通道故障;发控制命令时,30 s没有收到相应的遥信变位,也会提示"遥控执行超时",这时如果被控站收到信息,则开关已动作,遥信没有返回,上行通道可能故障。如果开关没动作,被控站没有收到执行令,上下行通道都可能故障。

4. 牵引供电设备故障监视及分析

常规RTU,判定跳闸的方法是调度软件根据上送的故障信息,开关变位信息及时间,判定是否是故障跳闸,如是,则在调度员工作站上给出跳闸提示并进行事件记录,如果RTU有故测报文上送,则提示短路电流,短路阻抗及公里标。

变电所综合自动化系统,除上述调度端判别故障外,变电所也同时上送故障报告,提示跳闸信息,重合信息,故障点标定信息。调度端弹出窗口提示故障报告,并给出音响报警。画面跳闸对象闪烁。

被控站采用综合自动化后,跳闸时将会产生大量的报警信息(可多达上百条),为了加速事故分析及处理,当出现事故报警时故障判定步骤:调度分析人员首先要读弹出的故障报告,获取本次事故的详细信息,如果还需要一些辅助信息(相关的预告信息),可查看故障细目窗口(或事件记录),及通过分析员工作站召本次故障相关的故障录波。

如果有故障影响报警,画面对象闪烁,但无弹出的故障报告窗口,则可通过细目窗口查或事件记录查看由调度端记录的跳闸相关信息。

5. 其他故障信息的判断及分析

对一些故障,如变电所频繁上送的一些抖动预告信号,这些抖动信号均在时间分辨率内,不能过滤,但又大量上送,影响了事故的及时发现及处理。这时要及时通知变电所做相应的处理。

对一些特殊故障现象无法判故障点,有时需要开放报文测试窗口,记录上,下行报文,记录故障时的特殊提示,由专业维护人员确定故障点,也可远程登陆进行维护。

二、建　　议

(一)通信通道的畅通

通信通道的建设应及早实施并保证开通后的稳定运行,否则对 SCADA 后期的调试造成制约,影响 SCADA 的联调联试。

(二)设置多种工况下的保护定值

牵引供电系统因运行方式不同,其保护整定值有所不同,牵引所综合自动化系统间隔层保护均为微机保护,可设置的多组整定值,并可在综自后台或控制中心进行定值组的切换,当牵引供电运行方式改变时,应能通过远动方式遥调保护装置整定值组,满足设计要求。AT 供电方式下,故障点标定系统以供电臂 AT 中心点吸上电流比原理,辅之以牵引变电所该供电臂阻抗保护,判断短路故障点。试验时,一般在同一供电臂各 AT 中性点电流互感器二次通入一定的电流,触发故障启动信号(距离保护一、二段或过流保护),本供电臂故标系统继电器(电流型,具有追忆功能)应可靠启动,各点电流值经专用通道(或远动系统通道)上传至牵引变电所,进行数据处理,再传输至控制中心,在显示设备表示出该供电臂故障点至牵引所的距离。

第十三章　接触网工程

第一节　工 程 概 况

一、施工范围

1. 武广铁路客运专线正线，包含武汉站北端(起点里程 K1224＋000)至广州南站(终点 DK2295＋600)全线正线，以及武汉站、广州南站等在内的所有新建客站的到发线、牵出线、安全线。

2. 武汉枢纽、长沙南(株洲西)、衡阳东枢纽、花都地区、广州南枢纽等配套工程，含联络线等枢纽内工程相关的各类线路，其中有：武汉普速客车联络线；株洲北联络线，株洲南联络线；株洲西北联络线。

二、施工特点

支柱安装施工、拉线安装不利用轨道施工，可同时开展多个工作面，如果站前单位施工的支柱基础及拉线基础进度，能满足立杆进度要求，则该两个项目，不会成制约工程完工的主要问题。如果由于方案、供货和预留质量、进度等原因不能及时形成完整锚段，将对后续紧凑的交叉施工和进度带来影响。

根据接触网工程倒排工期节点进度可知：影响工期的主要为占用轨道线路施工的上部作业。站前施工铺轨安排为，先进行右线施工，完成后拆除右线铺轨联络道岔，开始左线的铺轨。由此可知接触网在跟进铺轨施工中，前期始终只有一个工作面向前推进。

随着站前另一侧作业面的提供，接触网悬挂部分施工投入二个作业面平行作业。

三、设备厂家

接触网零部件由德国保富铁路公司、中铁电化局集团宝鸡保德利电气设备有限责任公司提供，承力索、接触线由 NKT 公司提供，电动隔离开关由 SDCEM 公司提供。

其他主要设备、材料见表 4-13-1。

表 4-13-1　其他主要设备、材料表

序号	设备名称	生产厂家
1	高压电缆	邢台鑫晖铜业特种线材有限公司
2	隧道及硬横梁吊柱	中铁电气化局集团宝鸡器材有限公司 石家庄中铁曙光电气化器材有限公司
	AF 线吊柱	中铁电气化局集团宝鸡器材有限公司 石家庄中铁曙光电气化有限公司
3	H 钢柱	石家庄曙光厂，保定制品厂，镇江大全，北京继瑜，轨道系统
4	铝包钢芯铝绞线	邢台鑫晖铜业特种线材有限公司
5	腕臂底座	中铁电化局集团宝鸡器材厂
6	棒式绝缘子	景德镇南瓷绝缘子有限公司 苏州电瓷厂有限公司 湖南醴陵特种电瓷电器厂
7	镁铜承力索	邢台鑫晖铜业特种线材有限公司
8	银铜接触线	烟台金晖铜业有限公司

第二节　施工方案、工艺流程和关键工艺工法

一、施工方案

(一)施工准备及对土建接口预留验收

接触网专业安装技术人员、质量监督人员及物资管理人员提前介入，主要进行以下工作：

(1)进行技术施工图纸的接受与审核,编制物资供应计划,进行物资筹备。

(2)结合本工程的特点,充分考虑本工程的工期要求和高架桥上施工时的相互干扰等,提出施工方法和施工组织方案。编制施工组织方案的实施计划,并与其他设备与建筑装修工作相协调。

(3)制定施工图交底工作计划。

(4)检查安装机具的种类、数量及功能是否满足施工要求;检查场地是否满足进场条件。

(5)对各级施工人员进行有关安装工艺质量及安全等方面的培训,并经考核合格,方准参加本工程的施工。

(6)检查结构预留孔洞、沟槽及设备基础是否符合要求,发现与设计不符者,应及时提出,并与站前专业协商处理。见表 4-13-2。

表 4-13-2　施工准备检查项目

序号	检查项目	检查内容	检查手段	备　注
1	接触网基础	接触网支柱及拉线预留的基础	对照图纸检查基础位置;使用模具检查基础型号	
2	C 型滑道	隧道内 C 型滑道预留预留位置是否合适	对照图纸检查位置;使用模具检查滑道的型号	
3	车站网架	是否为安装接触网吊柱预留了节点	对照图纸检查位置	
4	电缆通道	沟槽管线、电缆井、位置	对照图纸检查位置	
5	综合接地	建筑物的结构接地、贯通地线	测量接地电阻;察看土建单位的施工图纸	
6	变电所内预留	各种预埋件、预留孔、沟槽位置是否合适	对照图纸检查位置	

(二)支柱安装方案

支柱的安装不利用轨道,利用施工便道或正线垫层进行运输与安装,必须在无砟轨道铺设以前完成,使用汽车平板车运输支柱至立杆位置,用汽车起重机吊装。利用经纬仪测量支柱的斜率,在支柱底面加钢垫片或调整螺帽的方法,调整支柱斜率到位后,拧紧螺栓。支柱安装后,要在支柱线路侧标记轨顶面高程,作为支柱上安装保护线肩架、馈线肩架、腕臂底座、下锚底座等配件测量起点,测量支柱斜率、侧面限界、钢柱相对于轨面埋深等数据作为计算腕臂的原始数据。

(三)附加线架设方案

保护线为 LGJ-120/20,由于线索较粗,不利于人工展放,故应采用轨道机械放线,在支柱安装后,把保护线肩架安装在规定高度,架线作业车和平板组成架线车组,平板车在行车前进方向,线盘放置在平板上。架线时车组运行到起锚柱,人工引保护线挂在锚柱上,在架线作业车的小吊机吊臂顶端挂闭口大滑轮,将线放入滑轮,小吊机伸高、偏斜至合适位置,保证作业车推动平板车前进时,保护线恰好能自然越过支柱顶端,落在肩架上,架线车以小于 1.5 km/h 均速度推动平板车前进,至下锚位置,人工跟进,将线通过滑轮悬挂在支柱上,下锚位置紧线时要加装拉力计,通过手搬葫芦紧线,达到规定张力时,断线落锚。最后人工将线固定在肩架上。保护线架上后,再在保护线上规定位置安装馈线肩架。

保护线一锚段(约 2 km)架设时间测算:起锚 5 min,带线运行 60(2 km)min,用滑轮悬吊保护线延时 25 min,紧线落锚 15 min,绑扎固定(平均 40 个绑扎点)利用不占用轨道时间,综合占用轨道时间 105 min。

正馈线为 LGJ-300/20,架线方案与保护护线类似,由线索更粗,不能利用架线作业车的小吊机,架线车组为平板放置线盘在前,中间为轨道吊车,悬挂闭口大滑轮,提高线索高度,最末为作业车。架线程序与保护线相同。

正馈线一锚段(约 2 km)架设时间测算:起锚 7 min,带线运行 65(2 km)min,用滑轮悬吊保护线延时 35 min,紧线落锚 15 min,绑扎固定(平均 40 个绑扎点)利用不占用轨道时间。综合占用轨道时间 122 min。

(四)腕臂安装方案

腕臂安装的工艺流程:测量→计算→腕臂预配→运料至现场→腕臂安装→作安装记录。腕臂的测量、安装从精度上要求应在附加线受力后进行。腕臂安装一般利用作业车进行(若采取人工安装方案,在流水作业过程中也存在人员和工序上的时间性要求),由平板车和作业车组成一个安装车组,平板上堆放预配好的腕臂及底座等到材料。作业车运行到安装支柱位置时，先将一批材料吊装在作业平台上，将作业平台上升到腕臂安装位置，进行安装腕臂底座、再安装腕臂，完毕后，作业平台降低归位。再运行至下一支柱（约 50 m），进下一组腕臂的安装，如此循环，作业平台上材料用完时，再吊装一批。一组安装车组 1 h 安装数量低于 7 组，为此通常采用，机械运料到位，再由 5 人一组进行人工安装，人工安装腕臂。

（五）承力索架设方案

为保证承力索架设的质量，架线拟采用奥地利进口的普拉塞恒张力架线车，型号为 CEM100.12，或采用法国进口的吉斯玛，型号为 WA200ER，普拉塞一次只能吊装一个线盘，放完一个线盘后，需取下空线盘，吊装更换新线盘，才能进行下一锚段的施工；吉斯玛一次能吊装 2 个线盘，也需吊装更换新线盘才能进行 2 个锚段的施工。恒张力车般开动后，为保持张力平稳，要求匀速前进，不宜间断行车，为提高施工速度，一般在恒张力后跟进一台作业车，将承力索悬挂在腕臂上。

承力索架设工艺流程：施工准备（线盘吊装、转换柱、曲内柱腕臂加支撑）→运行至起锚柱→安装补偿装置→起锚→恒张力架线车运至落锚柱、作业车跟进用滑轮将承力索悬吊在腕臂上→紧线调整补偿装置 ab 值→断线落锚→架设承力索中锚→捣线、取悬吊滑轮。

一般 1.5 h 完成一个承力索锚段（1 400 m）的架设。更换新线盘费时 1 h。

（六）接触线架设方案

为保证接触线架设的质量，减少硬点数量，防止接触线扭面，要求采用普拉塞架线或吉斯玛架线。架设接触线时，需要用 S 钩加滑轮将接触线临时悬吊在承力索上，一般每跨需要 4 处，在吊弦安装完成后，才能取下 S 钩加滑轮。

接触线架设工艺流程：施工准备（线盘吊装、转换柱、曲内柱腕臂加支撑）→运行至起锚柱→安装补偿装置→起锚→恒张力架线车边放线，边用 S 钩加滑轮形式，将接触线悬挂在承力索上→紧线调整补偿装置 ab 值→断线落锚→返回中锚位置，架设接触线中锚。一般 1.5 h 完成一个接触线锚段的架设（1 400 m）。

（七）悬挂调整方案

悬挂调整一般在接触线完成蠕伸后（两种方式，自然延伸需要 6～8 周；超拉需要约 72 h）再进行，主要施工内容有：

（1）定位装置的预配、安装：每套腕臂上要配一套定位装置，接触线架设完毕后，测量承力索高度及支柱受力后的支柱斜率，结合腕臂预配数据，计算出定位装置预配数据，然后进行定位装置预配，定位装置安装需占用轨道，可采用梯车或作业车，要求由中锚位置开始分别向两下锚方向安装，防止出现接触线扭面。

（2）吊弦和弹性吊索的安装施工：流程为：测量→计算→预配→安装。现场测量主要数据有承力索高度、跨距（两悬挂点间距）、线路在该跨距内的凹凸变化率等。吊弦计算采用微机计算，预配采用专用设备和操作台。吊弦安装时，要求先在钢轨上测量，作安装位置标记，一般由两悬挂点向跨中测量，把测量误差累积在跨中。吊弦安装时，一般采用梯车安装，需要占用轨道作业。弹性吊索安装调整工艺和精度要求半个锚段内一般只能由一组作业，故弹链安装调整比简链耗时。

（3）电连接安装：电连接类主要有横向电连接、关节电连接、道岔电连接，股道电连接等，采用载流整体吊弦段一般锚段有 3 组，关节电连接一个锚段关节有 4 根，车站内一般每处道岔处有一根道岔电连接，正线与侧线之间、侧线与相邻侧线间有股道电连接。

综合完成一个锚段接触安装悬挂需要 4 h。

（八）设备安装方案

接触网主要设备有：隔离开关、负荷隔离开关、避雷器、分断绝缘器。需要占用轨道作业。

二、工艺流程

武广铁路客运专线接触网均采用全补偿弹性链型悬挂。接触网工程施工工序流程如图 4-13-1 所示。

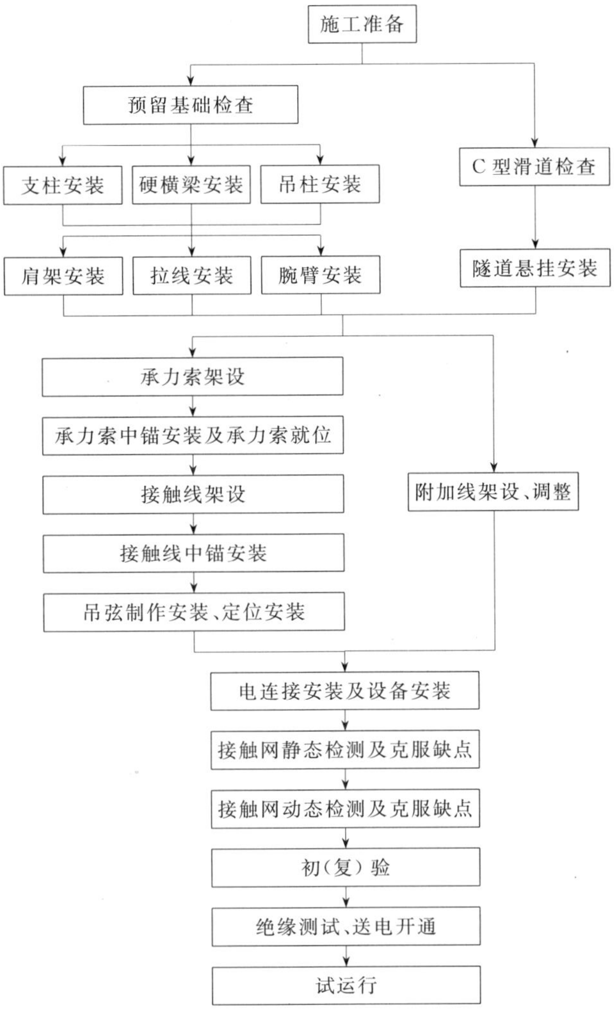

图 4-13-1　新建接触网工程施工工序流程

三、关键工艺工法

(一)接触网交桩测量

采用全站仪测量;全站仪测量具有精度高的优点,且在无砟轨道、站场未成型,根据线路资料即可进行基础高程、侧面限界测量,以便确认预留基础是否符合要求,并为H型支柱选型和打孔位置确定提供数据。

(二)土建预留接触网支柱与拉线基础检查、整改

接触网基础是站前单位在桥梁、路基施工一并进行的。接触网支柱安装前,应对预留的基础进行检查,发现不合格必须进行整改。

检查内容主要包括:预留接触网基础顶面高程检查、基础螺栓质量、外漏长度及间距检查等。

对于接触网基础为站前预留的,应提前介入,按照设计图纸对基础的类型、位置(限界、跨距)、质量等进行检查,采用模型板方式检查,用于检查螺栓间距,模型板按照支柱底板进行加工。

1. 检查程序

(1)预制箱梁:桥梁预制厂的检查→架梁后方位的确认→二次灌注后的最终检查。

(2)现浇梁和路基地段:直接现场检查。

2. 内业技术准备与要求

(1)制定接口预留检查制度、检查记录表。

(2)制作基础螺栓检查确认工具,准备测量工具。

3. 工艺要点

(1)配合人员到达现场后,用50 m钢尺对桥面支柱土建螺栓预埋的跨距进行复核,如与设计图不符时,

应向土建施工单位提出，如与设计图偏差过大时，土建施工单位应纠正。

(2)核对拉线预埋方向

对拉线地脚螺栓预埋的方向与设计图核对，如与设计图相反，应向土建施工单位提出，桥梁预制单位应纠正。

(3)核对支柱基础限界

配合人员应用5 m钢尺，核对土建施工单位预埋的支柱和拉线基础限界，如与设计图偏差过大，应向土建施工单位提出，施工单位纠正。

(4)核对预埋螺栓间距

配合人员用地脚螺栓孔模板，对已固定的支柱、拉线基础螺栓间距进行检查，如孔模板套不上，用2 m钢尺检测，并向土建施工单位提出，进行整改。如图4-13-2所示。

图4-13-2 核对基础螺栓间距

4. 桥梁和路基段接触网基础问题及处理重点

螺栓间距超标、不垂直，材质防腐不合要求甚至锈蚀严重，螺栓高程、螺纹长度不一致，基础扭面、基础未设接地及端子、基础遗漏等，一些早期拉线基础螺栓直径采用20 mm(应为24 mm)。

5. 质量标准与控制点

(1)拉线基础预埋位置应符合设计要求，严禁预埋在设计反方向。

(2)支柱、拉线基础位置、限界均应符合设计要求。

质量检验项目见表4-13-3。

表4-13-3 质量检验项目

序号	项 目	误差要求
1	螺栓组中心距线路中心线的距离	$^{+50}_{0}$ mm
2	螺栓组中心顺线路方向偏移	±50 mm
3	基础预埋件应牢固可靠，螺栓外露长度及螺纹长度	$^{+10}_{0}$ mm
4	螺栓相邻间距	±1 mm
5	螺栓对角线间距	±1.5 mm
6	预埋钢板应与基础面齐平或略高	$^{+5}_{0}$ mm
7	预埋钢板中部预留孔中混凝土略高于预埋钢板顶面	$^{+5}_{0}$ mm
8	预埋钢板应水平，高低偏差	<5 mm
9	螺栓应垂直于水平面，每个螺栓的中心偏差在顶端偏移	<1 mm
10	靠近线路侧螺栓连线的法线应垂直线路中心线，一组螺栓的整体扭转	±1.5°
11	基础面至轨面距离(以内轨为标准)；基础面高出路基面距离；基础平台尺寸；预埋钢板尺寸	±5 mm
12	基础断面尺寸；钢筋保护层厚度	$^{+20}_{0}$ mm

6. 经验与体会

(1)施工前，技术人员应对配合人员进行技术交底，使配合人员清楚设计原则和技术标准。

(2)配合人员要与桥梁预制人员加强联系，密切配合，共同做好支柱、拉线地脚螺栓预埋施工，确保一次达标，符合设计要求。

(3)将检查结果和精调建议整理后提报业主、监理和站前单位，并关注精调效果。

(4)配合业主组织和研究问题的整改方案，对现场整改样品提出完善意见。

(三)隧道预留槽道检查

1. 检查程序

施工准备→测量跨距→槽道类型检查→槽道组间距测量→槽道组平直度及垂直度检查→埋深检查→T

型螺栓安装空间检查。

2. 检查要点

(1)核对跨距

配合人员到达现场后，用 50 m 钢尺对隧道预埋槽道组的跨距进行复核。

(2)槽道组类型检查

对预埋槽道组的类型方向与设计图核对。

(3)槽道组平直度和垂直度检查

测量人员应用丁字尺、线坠及钢尺，核对土建施工单位预埋槽道组的平直度和垂直度。

(4)核对槽道间距

检查人员登上加高梯车，利用钢卷尺测量槽道组两端和中间处的槽道间距，然后计算平直度或垂直度是否满足设计要求。

(5)核对槽道埋深

检查人员登上加高梯车，利用钢卷尺测量槽道组两端和中间处的槽道埋深，是否处于 0～5 mm 之间。

(6)检查槽道安装空间

检查人员登上加高梯车，利用 T 型螺栓在槽道内滑动，如槽道内各处均能顺利通过，说明满足安装要求。

3. 质量控制与检验

(1)槽道位置、类型符合设计要求。

(2)槽道防腐良好，无弯曲变形情况。

(3)接触网吊柱预埋槽道组误差为±50 mm；补偿下锚预埋槽道组误差为±50 mm。

(4)同一组槽道内槽道间误差为±2 mm；所有单个槽道允许嵌入误差(槽道底面与台车模板距离)≤5 mm。

(5)所有弧形槽道中心线与隧道中心线垂直度误差为±5‰L(L 为槽道长度)。

(6)所有直形槽道中心线与线路中心线平行度误差为±5‰L(L 为槽道长度)。

(7)补偿下锚槽道组内直形槽道中心线与弧形槽道中心线垂直度误差为±5‰L(L 为槽道长度)。

(8)隧道内槽道组间(接触网吊柱跨距)允许施工误差为±500 mm。

(9)所有槽道安装还应同时满足产品本身的各种工艺控制要求，工程质量。

4. 处理的主要问题

水泥掩盖滑道和没有留充填物普遍，间距超标普遍、成八字形状、嵌入超标，未标记隧道中心线无法确认方位。漏埋、错型号、错位置、扭曲变形等。下锚处滑道不水平。闪络接地未焊接。

5. 经验与体会

必要的技术准备和条件是配合检查和后续安装的主要环节。

(1)提前介入，与土建施工单位联系，根据施工单位分布及施工进度，分组配合、指导槽道预埋，需站前提供的滑道检查确认条件：

①清理出槽道表面的混凝土覆盖层，及槽道内部的水泥；

②作好槽道的标记工作，标出槽道的型号、实际施工里程，便于测量及记录；

③标出槽道的测量参照物(图 4-13-3)：隧道中心线、股道中心线；

④槽道施工单位提供自检表，并由监理签字认可槽道质量合格后，作为移交的基础资料；自检表应涵盖预埋设计图中要求的全部参数，测量数据应与现场相符，如槽道间距应测量左侧间距、右侧间距等；

⑤槽道施工单位对存在安全质量隐患的槽道、废弃槽道应作出特别书面说明，现场必须作出不合格品明显标记，防止接收单位误施工；

⑥槽道施工单位提供必要的现场测量工具如测量车平台、游标卡尺、钢卷尺(5 m、50 m)、接地电阻表(测量槽道与综合接地的联结情况)，以便现场确认；

(2)对配合人员进行技术交底，使配合人员熟悉施工图了解设计原则和技术标准及注意事项；

(3)施工前，应会同站前施工单位，对槽道预埋质量进行全面检查，并填定记录表。

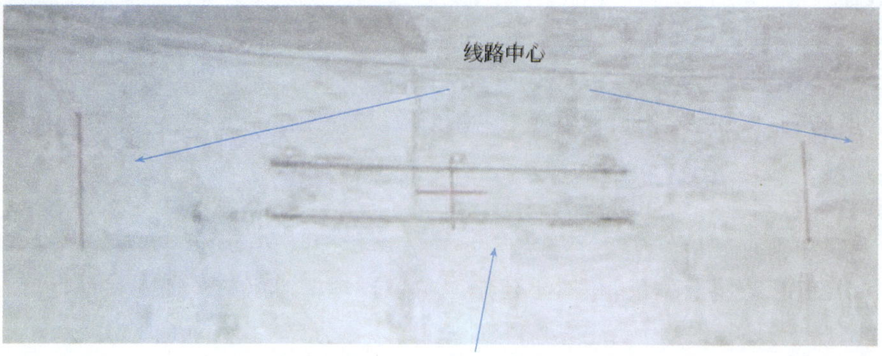

图 4-13-3 隧道中心隧道预留槽道检查

(四)接触网支柱安装

1. 安装方式

接触网支柱安装方式有两种,一为汽车吊安装方式,二为安装列车安装。如图 4-13-4 和图 4-13-5 所示。

图 4-13-4 无砟轨道前立杆方式

图 4-13-5 无砟轨道后立杆方式

汽车吊安装为武广铁路客运专线支柱安装主要方式。此方式的特点是利用支撑层/防水层和无咋轨道施工间隙,或者利用无咋轨道和铺轨施工间隙,与站前单位交叉施工。缺点是基础预留和螺帽垫片提供不及时、支柱供应滞后地段或混凝土无法采用此方式,需采用安装列车进行安装。

安装列车安装支柱方式,优点是可以进行全线的支柱安装,且效率高,但要在轨道铺设完成后进行,不利于工序衔接和紧张工期要求。

2. 主要施工工序

螺母预调整。在进行支柱吊装前,提前安装下部螺母,用自制水平尺调整水平,再戴好垫片,以减少支柱安装后的整正工作量,如图 4-13-6 所示。

图 4-13-6 螺母预调整

支柱安装。支柱安装前应核对基础型号及支柱型号,支柱吊装应采用高强度尼龙吊装带,防止损伤支柱表面漆层及镀锌层。根据支柱自身重量的大小和跨度对吊车采取加固、支撑等安全措施,同时注意线路上方有无高压线缆及跨线建筑物,确保施工安全。

3. 经验与教训

(1)由于铺轨后剩余工期有限，应尽可能在无砟轨道前完成立杆。

原因之一是没有支柱，接触网所有安装工作无法开展；同时如果遇到安装问题或接口问题或方案问题，没有时间克服。

原因之二是如果铺轨后利用安装列车立杆，与轨道施工和接触悬挂施工产生干扰，相互制约过多。

(2)通过武汉综合试验段实施，把上述的交叉施工经验在全线予以高度重视，通过加强与站前单位的协调，在轨道之前完成80%以上的立杆工作。

(五)接触网支柱整正

1. 操作要点

(1)支柱整正要严格控制支柱的斜率，重点是锚柱、转换柱、曲线区段(分区内区外)等。

(2)整正完成后，地脚螺栓螺母要配齐，支柱底板下的六个螺栓要求在同一平面，支柱斜率调整后，应重新调整底板下的螺母，使其全部受力。

(3)按照规定的紧固力矩紧固底板上部螺母，否则容易出现损坏底板下部螺母或支柱反倾。如图4-13-7所示。

图4-13-7　螺母安装及调整

2. 质量控制和检验

(1)一般桥梁地段基础面距离轨顶面设计高度为330 mm，路基地段基础面距离距轨顶面设计高度为500 mm，支柱安装时根据基础面高程测量数据对支柱打孔位置进行复核。

(2)H型钢柱法兰盘下底面至基础顶面距离为50 mm。

(3)地脚螺栓紧固力矩应符合设计要求。

(4)基础顶板与支柱底板间填充的砂浆应符合设计要求。

(5)H形钢柱端面应与线路平行，支柱扭面允许偏差为±2°。

(6)钢柱侧面限界应符合设计要求，在任何情况下，严禁侵入基本建筑限界。支柱斜率(从钢柱底部算起)允许施工偏差，见表4-13-4。

表4-13-4　允许施工偏差

斜率方向	支柱类型	施工偏差(mm/m)	备　注
横线路方向	中间柱、关节内中心柱、对锚柱、锚柱	2～5(田野侧)	直线柱及曲外柱
	中间柱、关节内中心柱、对锚柱、锚柱	0～2(田野侧)	曲内柱
	转换柱	0～2(线路侧)	
顺线路方向	中间柱、转换柱、对锚柱	±2	
	接触悬挂锚柱	偏向拉线侧10～15	受力后偏向拉线侧0～5 mm/m

3. 经验和体会

(1)支柱装配采用预留孔内安装形式，钢柱底座位置预留了间距100 mm的三排孔，基础高度施工偏差在±50 mm内选用标准钢柱，超过该值的选用特型(孔位)钢柱。

(2)当侧面限界小于2.95 m或曲内正定位、转换柱等侧面限界小于3.0 m，通过软件验证不能保证零部件安装位置时，要作为异型柱，调整预留孔位置，支柱类型确定时特别注明。

（六）腕臂底座、回流线肩架、馈线肩架安装

新尝试：

1. 腕臂底座在支柱吊装前安装到支柱上，这样不仅便于支柱吊装，且减少高处作业，提高施工效率。

2. 附加线底座、拉线及设备安装底座一般是支柱安装完成后，在支柱上安装。

整体组装方法如图 4-13-8 所示。

图 4-13-8 整体组装方法

（七）硬横梁安装

1. 施工程序

施工准备→硬横梁组装→硬横梁安装→结束。

2. 工艺要点

(1)硬横梁预组装

①硬横梁检查全部合格后，方可进行预组装。

②按设计图纸，组装同一组硬横梁，各段先用木方垫起，如图 4-13-9 所示。

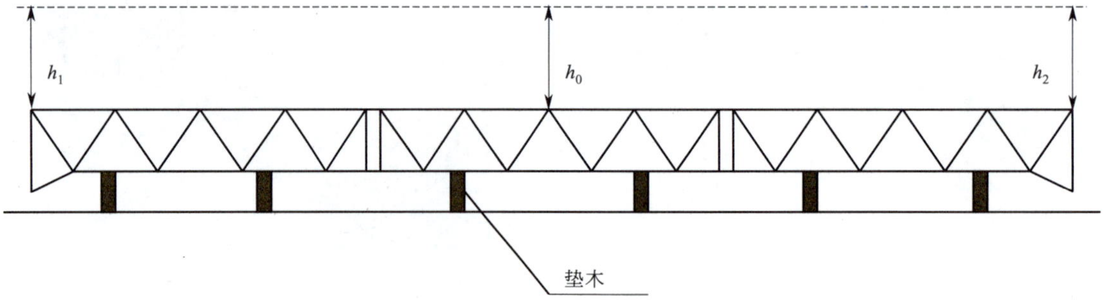

图 4-13-9 硬横梁组装

③将横梁对接上，用木棍调整，并使其中心轴线在一条直线上。

④连接一半连接螺栓预组装，用水准仪测横梁拱度 f 值，$f=(h_1+h_2)/2-h_0$。

⑤f 值达标后，可安装其余一半并连接螺栓，f 值达到设计要求值时，方可组装。

⑥组装时，连接螺栓穿向应符合设计要求，即横梁边段与支柱连接时，螺栓从支柱外向内方向穿，当横梁边段与横梁中段连接时，螺栓穿向由线路向田野侧。

⑦将预配组装好的硬横梁吊放在安列平板车上，并加固牢靠。

(2)安装硬横梁

①先测量横梁总长度和两支柱间距值，应基本吻合。

②封闭点给后，两支柱分别各上两人，系好安全带，用小绳吊上紧固扳手及连接螺栓和定位销钉，如图 4-13-10 所示。

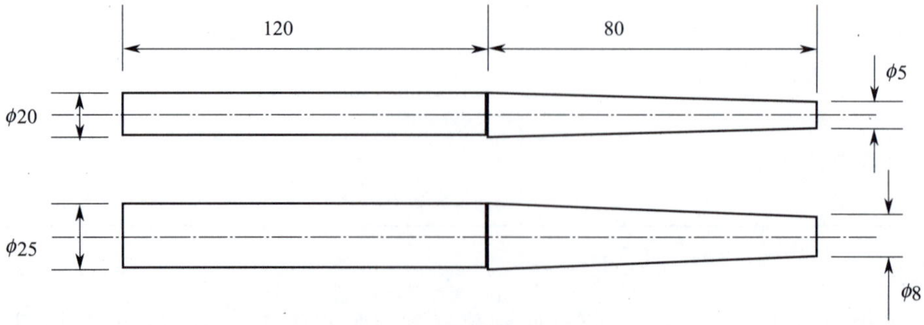

图 4-13-10 定位销(单位：mm)

③安列停在距安装硬横梁位置 6～7 m 左右处，吊车伸出吊臂落吊钩，配合人员找出横梁重心，系好尼

龙套，并把尼龙套套在吊钩上，在横梁两头各系好两条晃绳，吊车司机启动吊车，升臂，起钩，将横梁缓缓吊起。

④负责人指挥拉晃绳人员将横梁转向 90°，杆上人员配合使横梁两端分别对准支柱。

⑤吊车司机缓缓落吊钩，杆上人员扶梁对位，并利用定位销钉，对好横梁与支柱连接孔位，另一人配合将连接螺栓穿入连接孔，并用梅花扳手逐个循环拧紧，用力矩扳手检测达标。

⑥另一支柱重复⑤程序。

⑦如横梁与实际跨度有微小差距时，可松开支柱地脚螺栓，用撬杠撬支柱底板，使横梁与支柱连接处密贴，杆上人员按⑤程序连接螺栓并达标。

⑧用经纬仪或支柱斜率测量仪调整支柱，地脚螺栓紧固牢靠，紧固力矩应符合设计要求。

⑨重复上述①、②、③程序，进行下组安装(最好分两组作业，一组预组装，一组安装)。硬横梁安装如图 4-13-11 所示。

图 4-13-11　硬横梁安装示意

3. 主要设备机具配置

硬横梁安装主要设备机具配置见表 4-13-5。

表 4-13-5　主要设备机具

序号	名　　称	规　格	单　位	数　量	备　　注
1	安装列车		列	1	包括机车，平板车
2	吊车		台	1	吊臂长 16 m
3	电工工具		套		作业人员人均一套
4	加弧靠上杆梯子		套	2	
5	水平仪		台	1	拼接测量
6	经纬仪		台	1	整杆用
7	定位销钉	ϕ25 mm/ϕ18 mm	件	2/2	特制

4. 质量控制和检验

(1)连接螺栓应对角循环逐步紧固，其紧固力矩应符合设计要求。

(2)硬横梁运抵工地后，应按照要求生产厂家提供的“技术条件”进行外观检查，其主要检查项目应符合下列要求：

①全梁跨度的允许偏差：30 m$<L<$40 m 为±25 mm；$L<$30 m 为±10 mm；L 为两柱的理论中心距；

②全梁挠曲：立位检查其挠曲失高(+)$\leqslant L/1\,000$(L 为梁长)；

③梁身扭曲：目测不明显，最大扭曲$\leqslant L/125$(L 为梁高)；

④抱箍应基本圆整，局部变形(焊接变形)不宜过大；孔群中心线应与抱箍中心线重合，允许偏差±3 mm；

⑤各连接孔距允许偏差±1 mm；孔径的椭圆度允许偏差±1.5 mm；错孔(指零件的不同心度)偏差在 0.5～1.0 mm 的，每组孔中心允许数量为 50%；偏差在 1.0～1.5 mm 的，每组孔中心允许数量为 10%。

(3)吊装硬横梁应用尼龙套，防止破坏镀锌层。

(4)按照《电气化铁路硬横梁制造技术条件》及《武广铁路客运专线接触网单跨硬横梁安装及构造图》进行检验。

(5)横梁支柱顺、横线路方向均应直立,施工允许倾斜度为 2 mm/m。

(6)支柱中心线与横梁纵向中心线应重合,且支柱中心连线与线路正线垂直,施工允许偏差不应大于 1.5°。

(7)横梁安装后,横梁下缘距最高轨面距离应符合设计要求,施工允许偏差为 $^{+100}_{0}$ mm。

(8)横梁表面镀锌应均匀,完整无损,如有破损,应喷锌。

5. 主要经验

(1)采用的高强度吊装带,强度必须满足相应的支柱起吊何载。每次起吊前都应检查其磨损情况,损伤严重时,应及时更换。每次吊支柱离地时,可停顿一会,观察吊装带变形情况,确认安全后,继续施工。

(2)硬横梁支柱应预紧地脚螺栓;硬横梁安装时,螺母可适度松动,以便配合横梁安装,但不得卸掉。

(3)横梁吊装过程中,应在横梁两端安装晃绳,晃绳应受力,并根据施工负责人的指挥缓缓移动横梁。操作步调一致,保证横梁平稳,避免较大晃动。

(4)杆上作业人员应站在横梁的反方向,头部应低于横梁高度,以防横梁急剧摆动伤人。

(八)隧道内吊柱安装

1. 内业技术准备

(1)吊柱说明。吊柱如图 4-13-12 所示。吊柱型号为"DZx-αL",其中"DZ"表示吊柱;"x"为各类吊柱型号,分为 1/2;"α"为各类吊柱的底板倾角代号;"L"为吊柱的长度。

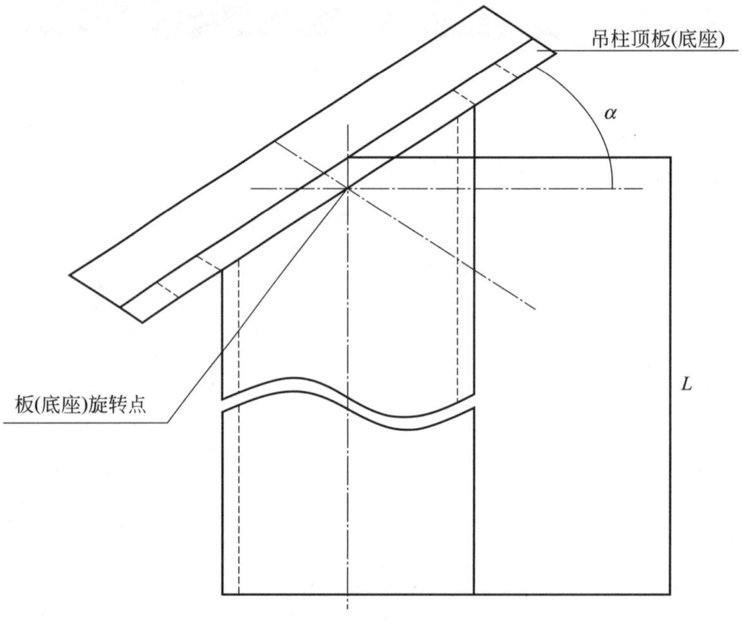

图 4-13-12 吊柱安装示意

(2)根据现场隧道顶倾角和净空高度,按照"吊柱顶板倾角分类及其适用范围"适用隧道顶倾角的适用范围确定选用吊柱 α 代号和 L 值。见表 4-13-6。

表 4-13-6 吊柱 α 代号

代号 α	A	B	C	D	E	F	G	H
顶板倾角	0°	5°	10°	15°	20°	25°	30°	35°
适用隧道顶倾角	0°～2.5°	2.5°～7.5°	7.5°～12.5°	12.5°～17.5°	17.5°～22.5°	22.5°～27.5°	27.5°～32.5°	32.5°～37.5°

2. 施工程序

施工准备→预留滑道质量检查和数据测量→吊柱提报→材料运输→吊柱外观质量检查→吊柱安装→吊柱整正→测量检查→填写记录。

3. 操作要点

(1)吊柱安装

①组装作业台或采用升降台:先在要安装吊柱的槽道位置处将作业台组装,作业台顶踏面高 8.7 m。

②测量安装位置:由两作业人员上作业台,放下线坠并垂吊,地面人员与之配合,测量吊柱限界,台上人员移动线坠,当与限界一致时,用记号笔作记号,再根据吊柱顶端法兰宽度,画出法兰盘前后两边沿的位置,并剔出槽道内的填充物。

③两台上作业人员用钢卷尺和水平尺相互配合测量两边沿线的高差(标准吊柱顶法兰盘倾斜 3.5 度,高差应为 31 mm),以确定垫片的厚度及位置。(每垫 1 mm 约引起吊柱下端水平方向偏移 9 mm)。

④在距吊柱法兰边外 100 mm 处,对角位置各安装一套转向滑轮悬吊支点(吊柱支撑固定板),并拧紧 T 形螺栓,穿入钢丝套,并挂上 1.5T 闭口大滑轮,放入棕绳,棕绳两端垂地。

⑤地面人员在距吊柱顶端 1 200 mm 处,将吊柱支撑 U 螺栓临时固定,紧贴其下,用两根钢丝套分别捆绑,将两根棕绳各一端系牢在钢丝套上,T 型螺栓临时松弛装在法兰盘上。(吊柱地面摆放时要与吊柱的安装方向一致,避免在空中旋转吊柱)。

⑥辅助人员分成两组,各牵引棕绳的另一端,同时牵接棕绳,缓缓将吊柱提起。

⑦吊柱升高到位后,作业台人员与地面人员相互配合,将吊柱对到安装位置,作业台上人员将 T 型螺栓逐个插入槽道内,并旋转 90°,并预拧紧 T 型螺栓。如图 4-13-13 所示。

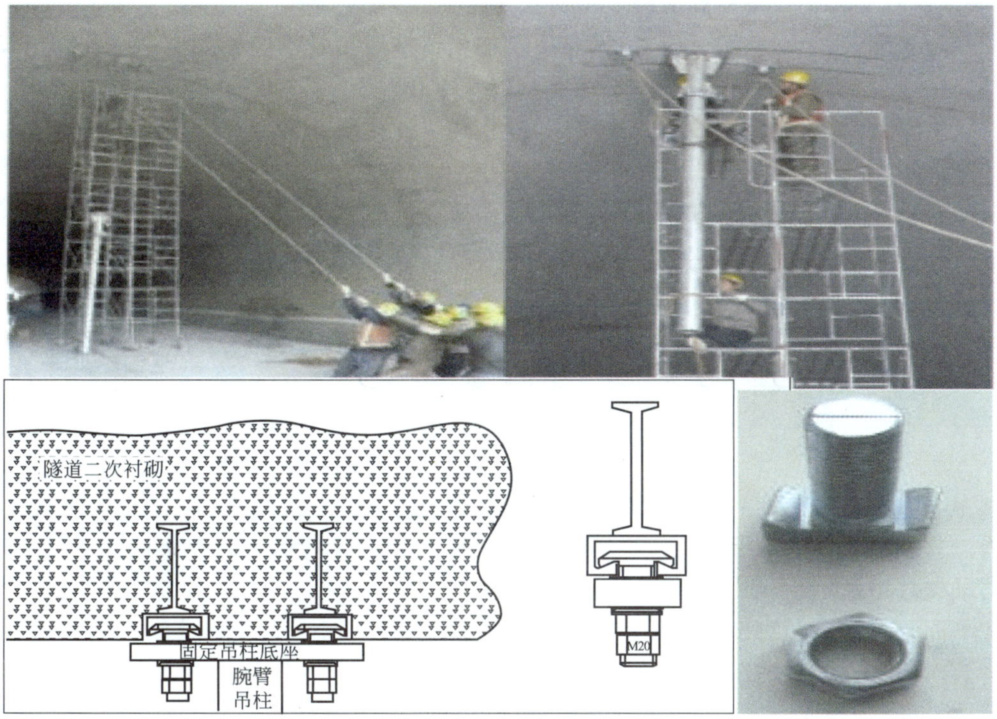

图 4-13-13 吊柱安装

(2)吊柱整正

①测量吊柱的斜率及限界值,如不合格,还需卸下吊柱,重新更换调整垫片厚度或调整限界值,再安装吊柱,合格则记录斜率值,并继续拧紧螺母,达到紧固力矩值至 120 N·m。

②安装吊柱支撑,并使支撑处于受拉状态,并将各螺栓拧至额定紧固力矩,取下棕绳、闭口滑轮、转向滑轮悬吊支点。

4. 质量控制和检验

(1)T 型螺栓安装标准

①移动 T 型螺栓找到槽道口后,旋转 T 型螺栓,使 T 头长度方向与槽口纵向一致并插入槽底部,沿顺时针方向旋转 90°,锁紧螺母扭紧力矩为 120 N·m。

②安转完毕检验螺栓,螺栓头部标志槽应与槽道垂直。

③根据现场实际情况加装斜垫片、锥面垫圈、球形垫圈。

④T 型螺栓距槽道端部最小距离为 25 mm。

(2)吊柱安装技术要求

①滑槽嵌入标准要求为不大于 5 mm。

②吊柱位置。吊柱侧面限界图纸要求曲外 2 700 mm,直线和曲内 2 800 mm。允许误差$^{+10}_{-5}$ mm。

③垫片(闭合)可采用 1～3 片,每个垫片厚度宜为 3 mm、5 mm 或 10 mm,最大合计厚度(底盘空隙)不应超过 15 mm。否则,应改变底盘与吊柱的加工制造角度。

④吊柱受力后,要求为垂直,向受力反方向偏斜 0～0.5%;初安装时,一般吊柱按向受力反方向倾斜 0.5%～1%施工(吊柱下端向腕臂安装侧倾斜);悬挂下锚非支腕臂的吊柱,垂直安装,吊柱下端向腕臂反侧倾斜 0～0.5%。

⑤腕臂底座位置:上底座对于低轨顶面高度为 7 000 mm;下底座对于低轨顶面最低为 5 100 mm。

5. 主要经验

(1)施工前应重点对滑槽间距进行检查,轻微超标的根据相关会议纪要在底板上改变间距。

(2)吊柱进场后,进行支柱质量和各类型号检查,尺寸偏差符合设计图纸要求。

(3)吊柱吊装前,根据吊柱的斜率要求,对柱底提供加装闭合垫片进行精确调整,垫片总厚度不应超过 15 mm,否则应改变吊柱底板加工角度。

(4)滑槽嵌入超标应将底板范围内混凝土凿平。

(5)槽道漏埋,错埋,八字形间距误差,不满足要求的槽道按照增补槽道处理措施锚拴固定设计图进行整改,站前单位实施。

(6)最终吊柱位置对相邻线路的最小限界应满足《新建时速 300～350 km 客运专线铁路设计暂行规定》(铁建设〔2007〕47 号)1.0.7 条建筑限界要求,并注意曲线地段的加宽。直线地段吊柱与建筑限界的关系。同时满足受电弓在动态情况下的吊柱的瞬间间隙不小于 200 mm 的要求,直线区段水平晃动 250 mm,曲线区段水平晃动 350 mm。

(九)支柱装配测量计算(含整体吊弦)

1. 工艺流程

工艺流程为:测量→内业整理→输入计算→加工数据→结束。

2. 操作方法

(1)测量

①限界测量

限界值为近轨轨面处支柱前沿至轨道中心的距离。对于有防撞墙影响的高架桥上采用丁字尺、水平尺及线坠配合测量支柱限界,如图 4-13-14 所示。限界值等于 $A+B+C$(防撞墙的厚度应实测)。测量限界值均以轨面所在平面为测量面。对于无防撞墙的路基段、站场可采用 XCY-Ⅱ型接触网几何参数检测仪或丁字尺、水平尽配合测量支柱侧面限界。

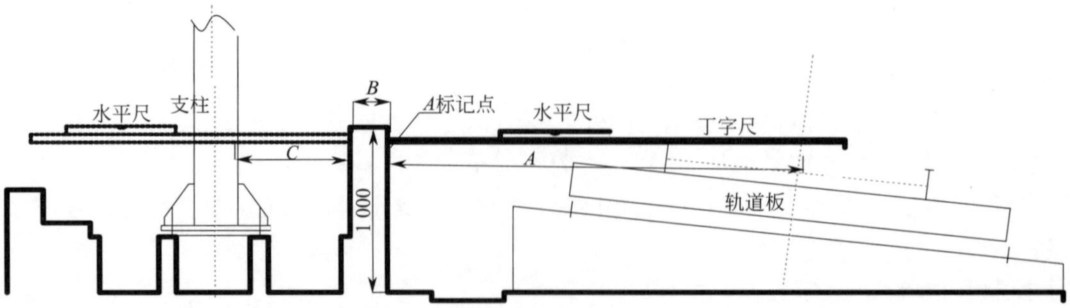

图 4-13-14 侧面限界测量方法(单位:mm)

硬横梁吊柱侧面限界可用经纬仪、丁字尺和水平尺配合测量。

②支柱倾斜值测量及斜率换算

斜率的测量值以支柱内沿的倾斜率为准。经纬仪置于跨距中间位置，镜身距线路中心距离与被测支柱前沿到线路中心距离相一致。在最低轨轨面线处水平放置钢卷尺。经纬仪镜筒沿支柱前沿顶端向轨面标记处垂直转动至最低轨轨面处，读取钢卷尺数据。为被测支柱倾斜值。硬横跨吊柱可用经纬仪抄到丁字尺上，量取读数。各种支柱的斜率如下计算：

斜率＝支柱倾斜值/H，其中：

H 型支柱，H＝支柱总长－轨面至基础面距离；倒立柱，H＝倒立柱的长度。

③超高测量及轨面标注

置镜点在距支柱 15～20 m 的两路基板之间的通道上。在支柱点处两轨面上竖好塔尺，调整水平仪器，读取塔尺读数，并作记录；两轨面塔尺读数相减即为超高值。对于无防撞墙的路基段及站场可采用丁字尺与水平尺配合，在支柱位置将丁字尺置于轨面上，将水平尺放置于丁字尺上调整丁字尺使其气泡居中后使用钢卷尺读取水平尺底与最低轨之间的距离。

轨面标注测量点在客专工程中应以最低轨的轨面为准，因此对于其他工程如需要平均轨面高程的，测量方法应参考其他相关工艺资料。具体测量方法如下：支柱处轨面标注对于有防撞墙的高架段可采用水平仪配合塔尺进行测量。

步骤如下：将塔尺分别垂直置于两钢轨上，在防撞墙外侧电缆沟侧支好水平仪分别读数找出最低轨（超高明显处可直接测量最低轨）并反至支柱上用红色油漆按图一所示进行标注。对于无防撞墙的路基段及站场可采用丁字尺与水平尺配合进行测量标注。方法如下：对于曲外支柱可先将丁字尺置于外轨与支柱内沿间通过水平尺调平，先记下外轨轨面位置而后减去该点超高后进行标注；对于曲内支柱可直接进行标注。

④上底座预留孔安装高度的测量

H 型支柱，在进行支装计算过程中需要相对准确的上底座至最低轨间的高度值。由于预留基础高程的误差及支柱调整的误差其每一个支柱的预留上底座安装孔距最低轨的高度需进行现场测量。具体方法如下：

根据计算程序要求的数据及 H 形钢柱的标识，腕臂上底座至最低轨的高度 MHB 为：

$$MHB=H-B-h$$

式中　MHB——上底座安装高度(对最低轨面)；

H——支柱高度(支柱型号中表示)；

B——支柱顶至上底座的距离(支柱型号中表示)；

H——支柱底至最低轨面的距离。

⑤承力索高度的测量，应以承力索安装到位，接触线架设后，测量承力索铅垂于轨面的高度为准。

(2)内业整理

测量任务由各个测量组专业技术负责人组织人员依据工艺要求和有关文件资料认真测量，并将测量结果按照相应形式整理完成交到支柱装配计算组。

(3)输入计算

依据程序要求将整理的各部数据依次输入，支柱装配计算包括组合定位装置。

根据软件计算要求，其主要程序输入内容如下：

①锚段常规数据输入设定；

②恒定线路半径区段输入；

③恒定线路超高区段输入；

④恒定线路坡度输入；

⑤锚段关节特殊类型选择；

⑥中锚柱类型选择；

⑦支装测量数据输入。

(4)加工数据

①腕臂计算参数输入后，需计算人员精心调试，确保各方面达到要求。调整后需改变装配形式的应注明。

腕臂计算界面如图 4-13-15 所示。

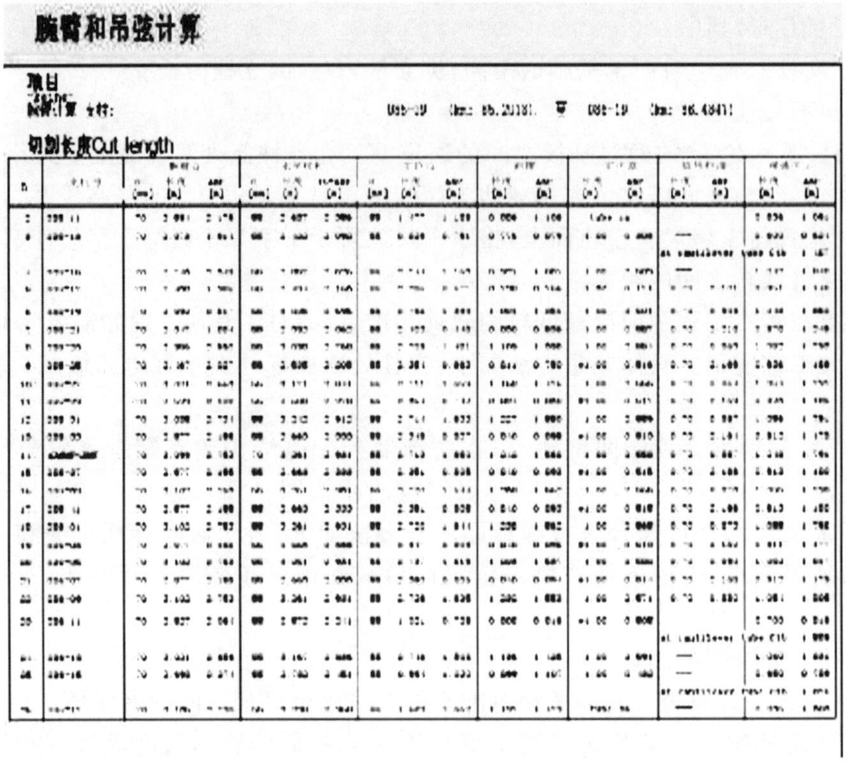

图 4-13-15　腕臂计算结果(下料结果)界面示意

②整体吊计算，承力索的高度应根据接触线架设后，测量结果进行输入，整体吊弦计算结果界面如图4-13-16所示。

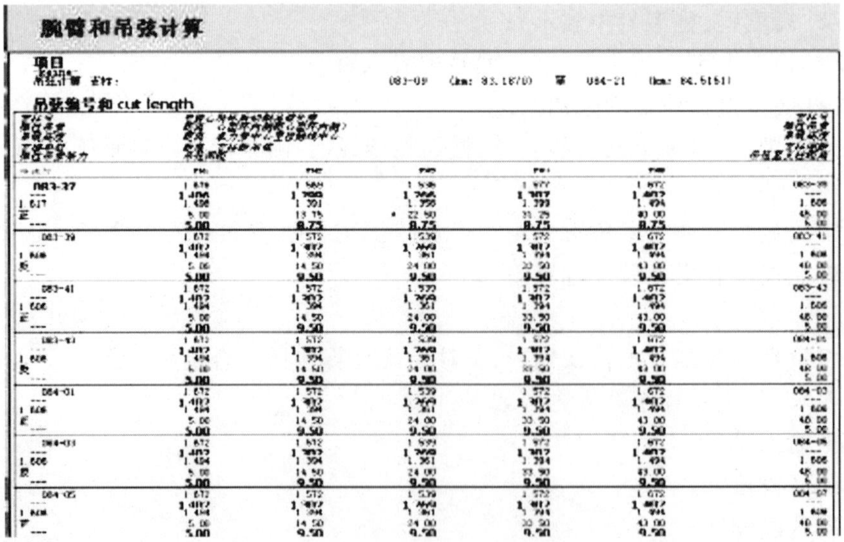

图 4-13-16　整体吊弦计算结果示意

界面中要求输入的项有区间、锚段、支柱号、底座类型、腕臂类型、定位器类型、定位形式、导高、结构高度、钢轨轨距、上下腕臂底座间距、斜腕臂底座离地距离(以上数据取默认值)、支柱限界、拉出值、超高、支柱倾斜率等。

3. 经验与体会

(1)宜在附加悬挂架设完成后，进行支柱装配测量并符合下列规定：

①支柱倾斜度宜采用经纬仪测量；

②现场实测线路曲线外轨超高应精确到毫米。

(2)腕臂底座安装高度应符合设计要求，根据基础高程偏差情况选择预留孔安装位置，允许偏差±50 mm(由于站前预留问题，该误差已超过验标规定)。

(3)支柱装配各部件尺寸应采用支柱装配软件计算，计算值精确到 mm。并应保证安装后承力索距轨平面距离符合设计要求，施工偏差为$^{+20}_{0}$ mm。

(4)定位装置计算时，需注意侧面限界小于 3.0 m 时曲内正定位、锚段关节转换柱、倒立柱、道岔柱等支柱装配零件位置是否符合安装要求。若改变拉出值和定位器型号，应取得设计和督导同意，并验证动态包络线的符合性。

(5)所有装配在计算时应验证动态包络线的符合性。

(十)支柱装配预配安装

1. 预配工机具配置

支柱装配预配工机具见表 4-13-7。

表 4-13-7 预配工机具

序号	名　称	规　格	单位	数量	备　注
1	切割机	台式	台	1	
2	电钻	台式	台	1	
3	梅花扳手	M17,19,18,21	套	4	
4	力矩扳手		套	2	
5	钢卷尺	2 m	把		预配人员人均 1 把
6	钢卷尺	5 m	把		预配人员人均 1 把
7	划线笔	钳工划线笔	把	3	
8	预配平台		台	2	
9	钳子	200 mm	把		预配人员人均 1 把
10	记号笔		支	2	标记用
11	压接钳		把	1	压接定位管吊线用
12	管钳		把	1	

2. 预配工艺流程

预配工艺流程：根据预制表做提料单→测量、下料→腕臂打孔→组装腕臂及定位装置→结束。

3. 预配操作方法

(1)提料

预制组根据腕臂预配表提取材料，从库房领取，并进行外观检查和型号数量确认，严禁使用不合格品。

(2)下料

根据腕臂预制表，在作业台上用钢卷尺测量出平、斜腕臂、定位管及腕臂支撑的下料长度，并用划线笔在管上做标识。将腕臂管、定位管及腕臂支撑管用卡具卡紧，用切割机准确切取预配所需用料，断面应整齐且与本体垂直。

(3)钻孔，打眼

平腕臂下料后需在与棒瓶相联端单侧钻孔，打眼。

(4)预配腕臂

①按支柱装配预制表尺寸，在斜腕臂上用钢卷尺测量出双套管连接器位置、定位环和安装腕臂支撑的套管单耳安装位置，用划笔划线标识。戴好定位环和套管单耳等连接螺栓处止动垫片，再用梅花扳手拧紧定位环和套管单耳的连接螺栓及斜腕臂的双耳终端线夹，并用力矩扳手检测达标。把止动垫片搬

到位。

②按支柱装配预制表尺寸，在平腕臂上用钢卷尺测量出安装腕臂支撑和平、斜腕臂连接的双套筒连接器及承力索支撑线夹的安装位置，用划笔划线标识。戴好连接螺栓处的止动垫片，再用梅花扳手拧紧其连接螺栓，并用力矩扳手检测达标。把止动垫片摁到位。带上平腕臂管帽。如图 4-13-17 所示。

图 4-13-17　组装平台

(5)预配组合定位装置

①在安装好双耳套筒的定位管上，按计算长度，用钢卷尺测出安装定位器支座、吊线的钩头定位管卡子和安装防风拉线的 55 型环头卡子安装位置，用划笔划线标识。

②从另一头穿入限位支座线夹，定位管拉线用钩头定位管卡子及 55 型环头卡子，并按设计要求安装在各自位置，用梅花扳手拧紧其连接螺栓，并用力矩扳手检测达标。把止动垫片摁到位。安装好管帽。

③把定位管和定位器连接在一起，用 $\phi 2.0$ mm 铁线捆扎在一起，在定位管上标记安装的支柱号。(正定位可与腕臂捆在一起)

④把定位支座与定位器的电连接，固定一端在定位支座另一端待正式安装时再进行连接。

(6)加工防风拉线和定位管斜拉线

①在防风拉线预制平台上，按平台上的刻度测量、下料。

②用煨弯器将不锈钢线两头煨成规定的环，如图 4-13-18 所示。

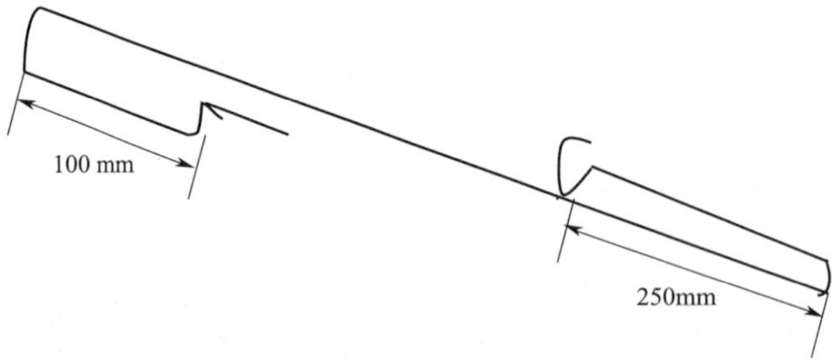

图 4-13-18　防风拉线

③长环穿进定位环后，把一钢制圆环套进长环的回头，然后用钳子将回头煨成圆弧形。

④定位管吊线的钢丝绳长度为计算长度(需由现场定位调整后测量验证)再加两头回头的长度，量出后，标出断点，在断点两边绑缠胶带，以防散股，用切割机切断不锈钢绳。两头先将压接管套入，再将心形护环套入回头内，用力拉线头，按设计长度测量总长度并确认，用压接钳先压好一头压接管(每个压接管压两个坑)，再复测一次，再压接第二个压接管，完成后将两线头压好线鼻子，全部结束后加贴上安装支柱号予以标识。

(7)组装

①把定位管腕臂支撑杆、定位器及定位管吊线用 $\phi 2.0$ mm 铁线捆扎好。

②把平、斜腕臂用 $\phi2.0$ mm 铁线捆扎成一整体。以锚段为单位整理、标识并标明支柱号。

③用塑料袋和草袋绑扎好绝缘子，与腕臂分开存放，安装腕臂时一起领取，现场安装前再与腕臂连接，以便运输，使绝缘子不易损坏。

(8)腕臂安装

两人抬起斜腕臂，将斜腕臂棒瓷的连接板插入腕臂底座，一人扶住底座配合，斜腕臂棒瓷连接板的孔与下底座连接板孔对齐，把螺栓销穿入，将腕臂支撑与平、斜腕臂上的套管单耳连接好，按照力矩要求紧固螺帽。如图 4-13-19 所示。

图 4-13-19 腕臂安装方法

4. 经验与措施

(1)支柱装配的预配应采用专用预配台具进行，预配的各项长度尺寸偏差不应大于 3 mm。预配完毕后，应进行复测，未达标应重新预配。

(2)顶紧螺栓顶端为圆形杯口状，是防确保安装稳定的重要部件，不得用其他零件替代，确保紧固力矩值 75 N·m。

(3)定位管吊线固定钩，背向斜拉线安装，即正定位时朝向支柱，反定位时反向支柱，安装位置如下：

①中间柱和以下未经提到的安装类型的定位管钩，正定位方式安装时在距导线定位线夹支柱侧 400 mm，反定位方式安装时在距导线定位线夹线路侧 400 mm 处；

②非绝缘关节时：可以调节吊线固定钩的位置，以保障腕臂偏移时，定位管吊线不与另一支承(导)线相磨；

③绝缘关节时：应较核斜拉线与另一支承(导)线的绝缘距离，必要时可调整定位管钩位置；

④道岔定位支柱装配按图纸要求。个别情况可视实际情况而定。

(4)防风拉线环距定位器头 600 mm。防风拉线环的 U 螺栓穿向补偿下锚方向(以中心锚结为界)，与水平向上呈 45°状态。防风拉线与定位器连接处钩与双线处于同一平面内。采用钢制圆环套进长环回头。

(5)定位管吊线(7×19，$\phi6$ mm 不锈钢丝绳)两端均加装鸡心环，采用压接方法固定，线头上压接线鼻子，与载流吊弦预制相同。

(6)组合承力索座下悬挂定位管吊线的钩型线夹缺口，正定位朝远离支柱侧，反定位朝支柱侧。

(7)关节内(两线或三线并行段)支柱装配棒式绝缘子采用 16 kN 型；关节外的支柱(含接触悬挂锚柱)采用 12 kN 型。

(8)同一支柱有多根腕臂时，应腕臂上明确标明安装位置(如 123 号有三根腕臂可用 123-北、123-中、123-南来区分)。

(9)对于侧面限界超标严重的支柱，需通过软件验证调整底座安装位置(预留孔位已预先考虑)，保证定位环安装位置。为保证定位器的安装和受力符合要求，套管绞环偏离承力索座的距离最大可调整到500 mm(提供督导确认)。

(十一)承力索架设—线索展放

1. 施工程序

施工准备→起锚→承力索展放→落锚→结束。

展放前的准备：

①检查架线锚段的支柱装配及补偿装置是否安装正确，并调查所架设锚段范围内线路附近、线路上方电力线等干扰情况。

②加固腕臂，复线区段曲线处每隔 3～4 跨加固一次，方法如图 4-13-20 所示。铁线不宜过紧，能承受紧线时腕臂偏移力即可。单线区段曲线内侧支柱腕臂加固方法如图 4-13-21 所示。转换柱采取将工作支与非工作支用双股 $\phi4$ mm 镀锌铁线绑在一起来固定。

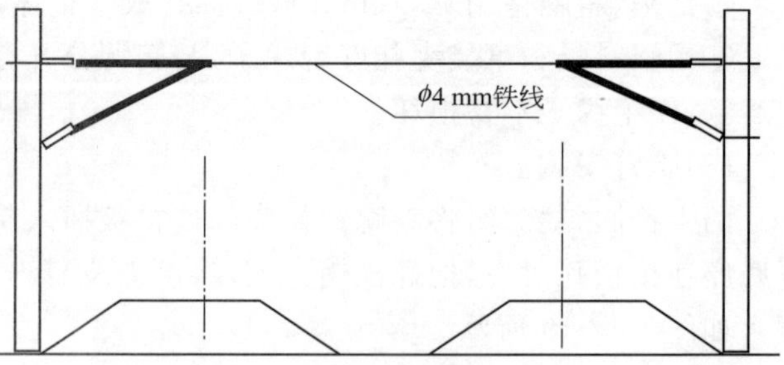

图 4-13-20　直线及曲线支柱腕臂对拉固定

③检查架线机械、工具和材料的质量及数量是否符合作业要求，并将工具和材料装在架线车组上。

④起锚人员提前到达现场，检查支柱强度及拉线、坠砣及棘轮补偿等是否达到要求。用 $\phi4$ mm 镀锌铁线将棘轮与棘轮框架固定在一起，使棘轮不能转动。

⑤架线车编组顺序为：张力架线车＋轨道吊车＋平板车。

⑥检查线盘号与锚段号是否符合，打开线盘注意线头方向是否正确。

⑦技术人员应按设计图纸提前做好放线计划及示意图，发给各项施工负责人每人一份。

⑧提前将架线请点要求及架线作业计划表提交给线路临管单位，将放线车组停放在临建车站，架线当天架线人员在封闭点前提前一个小时到达。

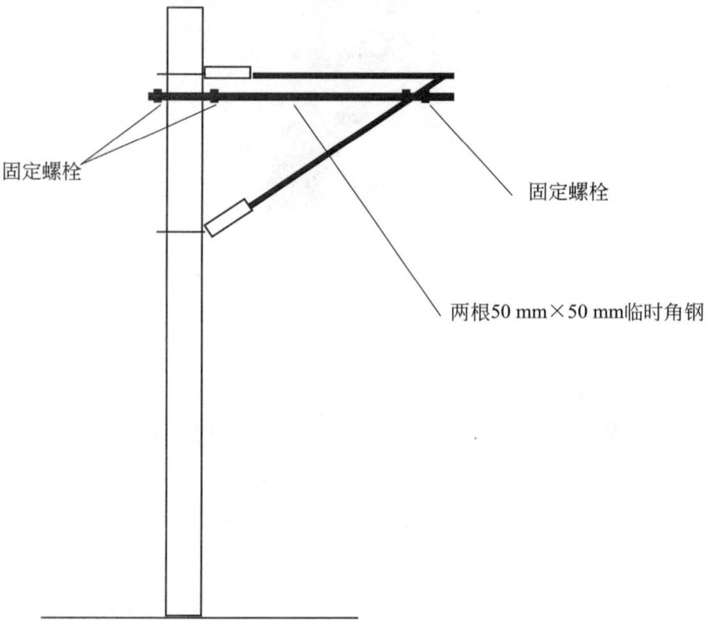

图 4-13-21　曲内柱腕臂固定

2. 施工工艺

(1)安装

放线前应事先将起锚端的锥套式终端锚固线夹安装好，为放线做好准备。

(2)起锚

①接到线路封锁命令后，架线车组运行至起锚支柱位置停车。

②架线作业人员人工转动线盘与绞盘，将线索端头拉到补偿装置附近。

③司机按程序操作，将立柱升到工作高度，同时将立柱滑轮托架落到最低位置。

④架线车上 2 作业人员上作业平台组装绝缘子等起锚零件，旋转平台靠近锚柱补偿装置位置处。起锚人员一人上杆，配合架线车上人员把补偿滑轮递给架线车上人员，并检查补偿绳是否在棘轮槽内，架线车上人员应根据放线计划表看起锚是否穿线，如需穿线，则架线车停在需穿线位置然后穿线，穿线后起锚人员将承力索拉至锚柱与补偿装置连接。

⑤进行作业车与架线车解体，摆正作业车平台，起锚人员下杆，起锚完成。如图 4-13-22 所示。

(3)承力索展放

①司机驾驶放线车开始放线。

②作业平台上 1 人观察线条的走向，1 人负责指挥司机操作。架线车向前运行至下一支柱时停车。1 人负责扳正腕臂并扶住，2 人抬起承力索放入承力索支撑线夹处的滑轮内，完成后，架线车继续往前架线。

图 4-13-22　承力索起锚示意图

③架线车上的作业平台基本接近下锚柱时，指挥人员与起锚人员随时联系，掌握起锚处的变化状况。指挥架线车停止展放，准备进行落锚。

(4)落锚

①架线到落锚地点后，司机将工况选择开关保持在 3 号位不动，司机遥控操作，将作业台转向锚柱，并使放线车体倾向下锚侧(田野侧)。

②落锚施工人员在承力索和下锚连接线之间适当位置安装紧线器，用链条葫芦把补偿装置与承力索连接。下锚人员配合紧链条葫芦，当链条葫芦加力至葫芦逐渐向田野侧偏移，司机配合逐渐降低承力索的张力，待实际张力稳定后，把张力与百分比的给定值同时设为“0”，此时线索基本到下锚方向。

③链条葫芦继续紧线，起、下锚人员观察坠砣串及 b 值，当 b 值符合设计要求时，通知紧线人员停止紧线。

④司机将立柱缓慢下落，使立柱顶线索松开。立柱下落后，如张力与百分比值都已到零，但从外观看不出从架线车立柱顶部引出的线索完全松弛，此时可应下锚人员要求向起锚方向稍微移动架线车(距离约 0.5～1 m)以彻底使金属线松弛。此时，严禁使用遥控器移动架线车，必须在司机室内操作。

⑤断线安装终端线夹：根据《承力索锥套式终端锚固线夹安装(拆卸)》作业指导书制作要求，先准确对位(在起锚、落锚坠砣高度按表 1 调节都符合设计要求的情况下，进行对位剪线)剪线后，严格按承力索终端线夹安装作业指导书安装好终端线夹。

⑥将承力索锥套式终端锚固线夹与落锚补偿装置的复合绝缘子连接牢靠。

⑦紧线操作人员缓慢松链条葫芦，拆除链条葫芦和紧线器，架线车归位，即完成正式落锚连接，如图 4-13-23所示。架线车司机操作使作业平台及车体归位至正常位置。

⑧架线人员将卷扬机和钢丝绳与剩余线头连接，司机将工况转换开关用 2 号位，百分比设 25%，用遥控器收线。

⑨如封闭时间还可架线，施工负责人指挥架线人员吊装线盘，重复上述②、③、④程序架设另一锚段线。

3. 经验与措施

(1)复线曲线处加固应根据曲线半径和承力索的张力计算垂直张力大于水平张力时，方可采取加固措施。

(2)起锚处承力索补偿坠砣在支柱上加固：在支柱适当位置处安装一临时固定抱箍，用钢丝套把坠砣固定在支柱上(或用尼龙套固定在坠砣固定框架适当位置处)。

(3)放线宜采用恒张力架线车，行驶速度 3～5 km/h，承力索架线张力为 8 kN(由于普拉塞车低于 8 kN 无法监测张力)。

(十二)接触线架设—线索展放

1. 施工程序

施工准备→起锚→接触线展放→落锚→结束。

2. 主要设备机具配置

图 4-13-23 承力索落锚

接触线架设主要设备机具见表 4-13-8。

表 4-13-8 接触线架设主要设备机具

序号	名 称	规 格	单位	数量	备 注
1	恒张力放线车	普拉塞 CEM100.121	组	1	进口
2	平板车		辆	1	装备用线盘
3	轨道吊车		辆	1	吊线盘用
4	放线滑轮		个	80	采用尼龙滑轮
5	S 钩		个	80	钩上套塑料套
6	断线钳	弧口	把	1	落锚用
7	倒链葫芦	5 t	个	1	落锚用
8	紧线器		个	1	夹承力索用
9	紧线器		套	2	夹补偿绳用
10	脚扣	型号根据杆型定	套	2	起落锚各 1 套
11	防护用具		套	3	
12	接触线平直度检测尺		套	1	导线生产厂家提供
13	接触线平直度校正器		套	1	导线生产厂家提供
14	温度计	摄氏	个	2	起落锚各 1
15	临时固定抱箍		套	2	

3. 放线前的准备

(1)检查架线锚段的承力索已架设,并归位。检查补偿装置是否安装正确。

(2)检查放线机械、工具及材料的质量及数量是否符合作业要求,并将工具和材料装在架线车上。

(3)事先向架线人员进行技术交底培训,使每个作业人员均为合格的操作者。

(4)起锚人员提前到达现场,检查支柱强度及拉线、坠砣及棘轮补偿等是否达到要求。在支柱合适位置安装固定抱箍,把坠砣提到设计位置后,固定在临时抱箍上(或用尼龙套固定在限制框架合适位置上),使坠砣串基本保持在该位置。

(5)架线车编组顺序为:恒张力架线车(头车)+轨道吊车+平板车。

(6)技术人员应按设计图纸提前做好放线计划及示意图,发给架线车司机、驻站联络人和施工负责人每人一份。

(7)提前将架线封闭线路要点的架线作业计划提交给线路临管单位运输部门调度,以便安排作业封闭点计划。

(8)施工前应将架线车组停放在需架线区间的邻近车站,将所放锚段的线盘装在车上,并将接触线平直度整正器安装调试好。

(9)架线当天，架线人员全体人员应在封闭点前一个小时到达车站，并上车准备。

(10)检查线盘号与锚段号是否符合，打开线盘注意线头方向是否正确。

(11)架线人员配合将卷扬机钢丝绳缠绕在绞盘上，恒张力架线车司机按操作程序将张力和百分比的设定值设为“0”，工况转换开关用 1 号位；将压块与绞盘的间隙适当调大，把卷扬机离合器脱开位(离合器手把在内侧)，按走线方向绕过绞盘(绕 1 圈半)，最后从绞盘下面向线盘方向引出(架线作业人员配合)并将接触线与网套连接好。助理司机摇动支架，将立柱顶部张力滑轮抬高。

(12)司机按程序操作，先把线盘与两个绞盘上的线收紧，将百分比设为 20%，工况转换开关用 1 号位。将“绞盘缓解”按钮按下后，线盘应缓慢转动，直到把线收紧为止。

(13)司机按程序把选择开关(电器柜上)打到遥控位，工况转换开关用 2 号位，把卷扬机离合器扳到接合位，操作遥控器收回卷扬机钢丝绳，同时将线盘上的金属线引出，缠绕在两个绞盘上。

(14)司机按程序操作，解除线盘移动定位，并用细绑线将打开后的线盘移动定位板固定住。把工况转换开关扳到 3 号位，用手稍微推、拉摇动杆，线盘应随着左右横向移动。

(15)司机按程序操作，将液压装置全部恢复到原始位置，所有的定位销(定位板)置于锁定位。

(16)提前将接触线校直器安装在架线上立柱位置，并调整好。如图 4-13-24 所示。

图 4-13-24 接触线平直度校直器在放线过程

(17)将接触线头与网套分离，将卷扬机离合器扳到脱位，人工将卷扬机钢丝绳收回，把接触线拉向作业台。待放接触线起锚端引过柱顶部张力滑轮(接触线平直度校正器)，将其拉到作业平台，架线人员按《接触线锥套式终端锚固线夹安装(拆卸)》安装指导书安装好起锚端终端锚固线夹，使终端锚固线夹的位置置于作业平台长度的 2/3 处，并将接触线放在校正器内，合好校正器，拧紧连接螺栓。

4. 施工工艺

(1)起锚

①接到线路封锁命令后，架线车组运行至起锚支柱位置停车，司机摘开高速运行挡，转换到液压走行档位。将工作台栏杆扶起固定好，解除作业台回转定位，绞盘架摆动定位。把工况转换开关扳到 1 号位，并在操作室计算机显示器上确认，同时确认张力和百分比皆为“0”。

②司机按程序把工况控制板上“线盘制动缓解”和“绞盘制动缓解”按钮持续按住，将线盘和绞盘缓解。

③架线作业人员人工转动线盘与绞盘，将线索端头拉到补偿装置附近。

④司机按程序操作，将立柱升到工作高度，同时将立柱张力轮托起。

⑤架线车司机遥控操作，旋转并升作业平台靠近锚柱补偿装置位置处。起锚人员一人上杆，配合架线车上人员将补偿连接件复合绝缘子递给架线车上人员，并检查补偿绳是否在棘轮槽内、平衡绳是否平顺，架线车上作业人员将接触线终端锚固线夹与复合绝缘子连接上。

⑥司机遥控操作，使架线平台归位。将架线车与轨道吊和平板车解体，起锚人员下杆，起锚完成。

(2)接触线展放

①架线车司机在操作台上将放线距离数值清零，计算机故障确认(清零)设定架线参数(即张力等)。架线速度选 1 速。将张力轮下降，司机用遥控器操作放线车开始放线。

②作业负责人负责观察线条的走向，并负责指挥司机和作业人员操作，1人准备工具吊弦，两人挂工具吊弦和滑轮，架线车边走边挂，每跨不少于4个，工具吊弦上部挂在承力索上，下部挂滑轮，再将接触线挂在滑轮内。如图4-13-25所示。

③展放过程中，指挥人员特别注意协调张力车走向速度和挂线作业人员的一致性，恒张力车应尽可能避免停车、启动，并避免两车间距过大(对接触线平直度影响较大)。

④架线车上的作业平台基本接近下锚柱时停止展线，指挥人员与起锚人员随时联系，掌握起锚处的变化状况，并根据此情况指挥司机和架线人员使架线车停止前进，准备进行落锚。

图4-13-25 放接触线挂工具吊弦

(3)落锚

①架线到落锚地点后，司机将工况选择开关保持在3号位不动，司机遥控操作，将作业台转向锚柱，并操作使放线车体倾向下锚侧(田野侧)。

②落锚施工人员在接触线和下锚连线的适当位置安装紧线器，用链条葫芦把补偿装置与接触线连接。紧链条葫芦，当链条葫芦加力至葫芦逐渐向田野侧偏移，司机配合逐渐降低接触线的张力，待实际张力稳定后，把张力与百分比的给定值同时设为"0"，此时线索基本到下锚方向。

③链条葫芦继续紧，起、下锚人员观察坠砣串及b值，当b值符合设计要求时，通知紧线作业人员停止紧线。

④司机将立柱缓慢下落，使立柱顶线索松开。立柱下落后，如张力与百分比值都已到零，但从外观看不出从架线车立柱顶部引出的线索完全松弛，此时可应下锚人员要求向起锚方向稍微移动架线车(距离约0.5～1 m)以彻底使金属线松弛。此时，严禁使用遥控器移动架线车，必须在司机室内操作。

⑤断线安装终端锚固线夹：根据《接触线锥套式终端锚固线夹安装(拆卸)》安装指导书工艺制作要求，先准确对位(在起锚、落锚坠砣高度都符合设计要求的情况下，进行对位剪线)剪线后，严格按接触线终端锚固线夹安装作业指导书安装好终端线夹。

⑥将接触线锥套式终端锚固线夹与落锚补偿装置的复合绝缘子连接牢靠，将接触线校正器螺栓松开，抬起校正器，取出接触线。

⑦紧线操作人员缓慢松链条葫芦，拆除链条葫芦和紧线器，架线车归位，即完成正式落锚连接。架线车司机操作使作业平台及车体归位到正常位置。如图4-13-26所示。

图4-13-26 落锚操作

⑧架线人员将卷扬机和钢丝绳与剩余线头连接，开关在"1"号位，百分比设25%，张力为0。按控制板上线盘制动缓解和绞盘制动缓解纽，把线头收回到立柱滑轮附近。司机将工况转换开关用2号位，百分比设25%，用遥控器收线。

⑨在一个锚段找3～5个跨距用接触线平直度检测尺检测所放锚段接触线平直度是否符合要求，如图4-13-27所示。

图 4-13-27 接触线平直度现场检测及检查尺

5. 质量检验

(1)接触线的平直度检测标准:每隔 300 m,在不同悬挂点用塞尺检查导线与检测尺之间的间隙,其间隙不得大于 0.05 mm。

(2)安装前将线夹拆开,并确认锥套式终端锚固线夹是否使用过二次,安装前事先加贴一永久标记(如刻一凹槽),确认不了不得使用,并作出标记隔离存放。

(3)接触线质量应符合铁道行业现行标准《电气化铁道用铜及铜合金接触线》(TB/T 2809)的规定。

(4)接触线的规格、型号应符合设计要求。

(5)接触线应按设计锚段长度对号架设。承力索、接触线不得有接头。

(6)正线接触悬挂工作支改变方向时,该线与原方向的水平夹角不宜大于 4°,困难情况下不宜大于 6°。

(7)站场正线及重要线的接触线应在下方,侧线及次要线的接触线应在上方。

(8)补偿装置应符合设计要求,补偿绳应无磨支柱现象,坠砣完整无损。

6. 经验和措施

(1)复线曲线处加固应根据曲线半径和承力索的张力计算水平张力大于垂直张力时,方可采取加固措施。

(2)工具吊弦的长度应事先根据设计额定张力计算,分为 A、B 两种,即靠近悬挂点为 A,跨中为 B,放线时按型号位置安装。放出的接触线应处于平顺状态,避免有明显上下起伏,该要求对接触线平直度影响较大。

(3)起锚处,用 ϕ4 mm 镀锌铁线将接触线棘轮与棘轮框架固定在一起,使棘轮不能转动。

(4)放线采用恒张力架线车,行驶速度 3～5 km/h,接触线架线张力由接触线生产厂家设定,宜为 8～12 kN。

(5)接触线展放后,应及时按照施工程序将定位器卡上,否则自由放置的导线会引起自然扭面。扭面后的导线,如果实施矫正,波浪湾无法彻底根除。

(十三)整体吊弦安装—测量

1. 施工程序

施工准备→测量悬挂点承力索高度→侧另跨距→结束。

2. 施工工艺

(1)测量悬挂点承力索高度

将多功能接触网检测仪放置在悬挂点下轨面上,操作检测仪,测出承力索距钢轨水平面的距离值报记录人。如图 4-13-28 所示。

(2)测量跨距

一人拉尺头,一人拿尺尾,其余一人中间扶钢尺,并拿平面图或事先将当天测量跨距记录在一张纸上,向拿钢尺人报设计跨距数,一般每跨分两尺测完(曲线地段分三尺),如与实际不符,将测得的值进行加减后报记录人。

3. 质量控制

（1）曲线沿外轨测量，但要注意"直缓"，"缓圆"点的位置，将准确位置距支柱值测出报记录人。

（2）由于承力索、接触线在曲线上两支柱间是直线（即弦长），而测出的值是弧长值，要精确的话，可按图4-13-29 及下列公式计算（缓和曲线计算复杂不用计算）。

图 4-13-28　激光测量仪测量

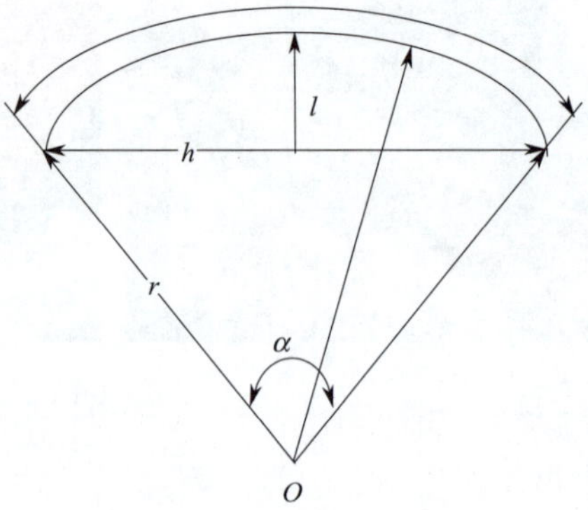

图 4-13-29　弧长值计算

$$r=(c^2+4h^2)/(8h)$$
$$l=0.017\,453\alpha\cdot r$$
$$\alpha=57.296\,1/r$$
$$c=2\sqrt{h(2r-h)}$$
$$h=r-\sqrt{4r^2-c^2}/2$$

（十四）整体吊弦安装—预制

1. 施工程序

施工准备→计算吊弦长度→预制第一个心形环→测量切割长度预制第二个心形环→复核吊弦长度→压接包装→结束。

2. 施工准备

（1）领取预制计算单并根据预制计算单和载流式整体吊弦的部件（图 4-13-30）和整体吊弦类型从库房领取预制所需数量。检查外观质量并放置在预配作业台旁。

图 4-13-30　载流式整体吊弦部件

1—线鼻子；2—吊弦线；3—压接环；4—心形环

（2）预制前应将适当长度的吊弦线进行适度预张拉。

（3）吊弦预制单说明，见表 4-13-9。

表 4-13-9　吊弦计算输出

跨距编号	YD1	D1	D2	D3	D4	D5	D6	D7	D8	YD1
27～29	—	20	27.14	34.28	41.42	—	—	—	—	—
	—	0.441 5	0.699 0	1.010 3	1.375 4	—	—	—	—	—
	—	0.891 5	1.149 0	1.460 3	1.825 4	—	—	—	—	—
	—	0.349 5	0.607 0	0.918 3	1.283 4	—	—	—	—	—

续上表

跨距编号	YD1	D1	D2	D3	D4	D5	D6	D7	D8	YD1
29～31	—	7.33	14.66	21.99	29.32	36.65	43.96	—	—	—
	—	1.594 7	1.451 1	1.364 4	1.334 4	1.361 1	1.444 3	—	—	—
	—	2.044 7	1.901 1	1.814 4	1.784 4	1.811 1	1.894 3	—	—	—
	—	1.502 7	1.359 1	1.272 4	1.242 4	1.269 1	1.352 3	—	—	—
31～33	—	6	12.86	20.72	28.58	36.44	—	—	—	43.3
	—	1.439 1	1.365 1	1.326 0	1.334 5	1.391 1	—	—	—	1.439 0
	—	1.889 1	1.815 4	1.776 0	1.784 5	1.841 1	—	—	—	1.889 0
	—	1.347 1	1.273 4	1.234 0	1.242 5	1.299 1	—	—	—	1.347 0
33～35	6	12.78	20.56	28.34	36.12	—	—	—	—	42.92
	1.411 3	1.354 6	1.297 4	1.303 9	1.374 1	—	—	—	—	1.437 9
	1.861 3	1.804 6	1.747 4	1.753 9	1.824 1	—	—	—	—	1.887 9
	1.319 3	1.262 6	1.205 4	1.211 9	1.282 1	—	—	—	—	1.345 9

YD1 列：表示位于弹性吊索上的吊弦。

D1～D8 列：表示位于承力索上的吊弦。

计算结果的第一行：表示吊弦距离左侧定位点的水平距离。

计算结果第二行：表示吊弦长度的计算值(承力索/弹性吊索中心到接触线中心的距离)。

计算结果第三行：表示吊弦线的切割长度。

计算结果第四行：表示吊弦两头心形环内侧的距离，即为吊弦预制实际长度。

3. 施工工艺

(1)预制第一个心形环

①将吊弦线穿过压接套环，在线的终端形成一个环后，再将线头穿回压接套环，并拉出。

②在预制台上测量压接套环外的直线长度(300 mm)，如图 4-13-31 所示。

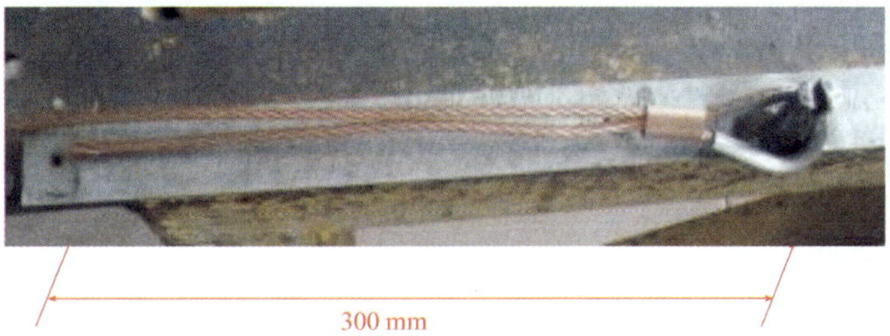

图 4-13-31　测量载流环长度

③回头长度测量好后，从测量柱取出，将线放入测量柱上的槽内，用力拉使压接套管和鸡心环尽量密贴。

④检查吊弦线在鸡心环槽内是否有偏移，压接套管和鸡心环相对位置是否垂直，如没有偏移和垂直，则从测量柱的槽内取出，放入压接钳的模具内压接。如有偏移和不相对垂直，则要调整。

⑤将压接套管放入压接钳的压模内，操作压接钳压接。本线侧压一个，载流环侧压两个。如图 4-13-32 所示。

⑥压好后，从压接钳的模具内取出。

(2)测量切割长度，预制第二个心形环

①压接完一个心形环后，在预制台上测量吊弦线切割的长度(图 4-13-33)。先确定 A、B 两个参考点(A 参考点是用于测量载流环的切割长度，B 点是用于手工测量吊弦切割长度。)

在预制台刻度(E)上读取手动测量的吊弦切割长度(切割长度为计算结果第四行数据＋300 mm)。

②取带心形环的线头，将环固定在预制平台的销钉 A(手动测量吊弦)处，按上述测量切割长度 L_Z，用断线钳切断吊弦线。如图 4-13-34 所示。

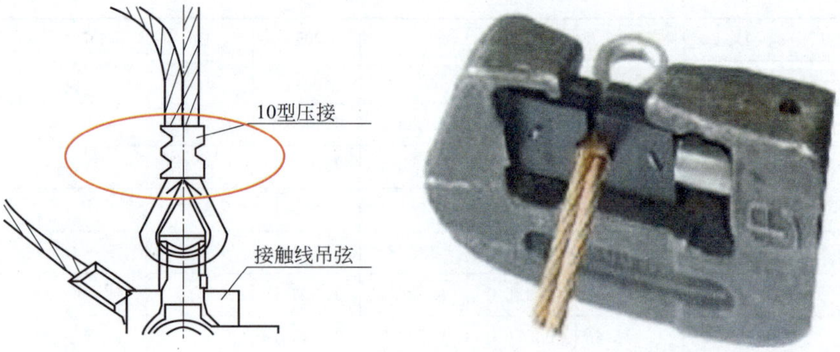

图 4-13-32　压接套环在压钳模内

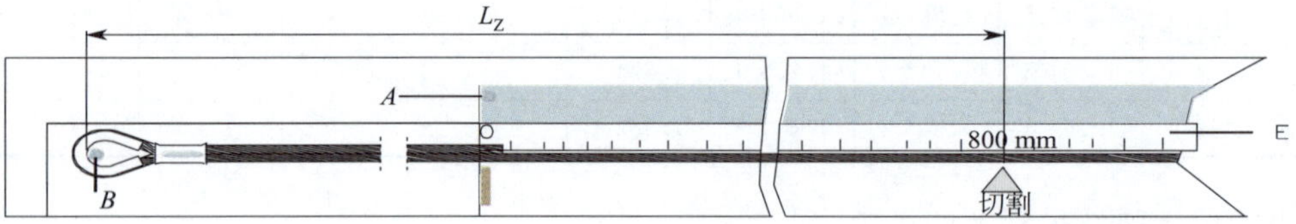

图 4-13-33　测量长度

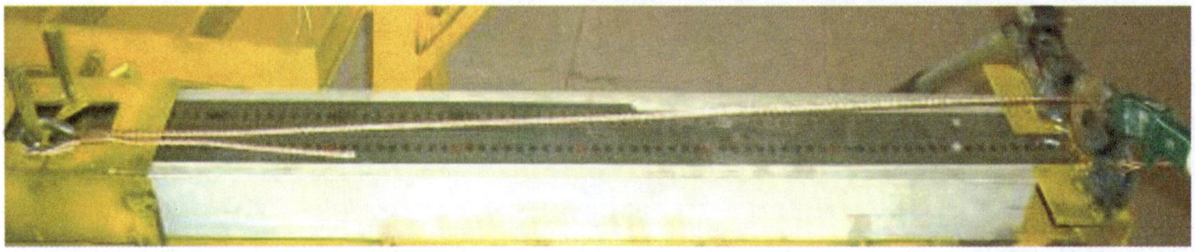

图 4-13-34　切割长度

③将带心形环的一侧挂在制作平台上的滑动块上(载流环线朝下),指针对在吊弦制作长度的刻度上,卡紧滑块;另一侧在制作平台的零起点与挂线柱上放入心形护环,将吊弦线穿入压接套管并将吊弦线向上回弯放入心形护环内再从压接套管穿出,然后回头与紧线装置连接,开始紧线,吊弦线至绷紧状态时,将用专用工具推压接套管使其靠近心形护环;松紧线装置,取出吊弦,在压接钳上进行压接。载流环方向与①相反。如图 4-13-35 所示。

图 4-13-35　预制第二个心形环

(3)复核吊弦长度

在预制平台上检查吊弦长度,用销钉 A 钩住一个心形环,用刻度尺(E)读取另一个套环内缘的尺寸,与计算表中的值进行对比,确定预制的精确度(即偏差)。

(4)压接吊弦线鼻子

①在载流环线头上安装线鼻子,心形环(4)和线鼻子(1)的排列方向如图 4-13-36 所示。

②合模压接必须保证压接模具上下模合龙，无间隙，一次压接到位，压接后尺寸如图 4-13-37 所示。

③重复上述程序②固定压接另一头的线鼻子。并注意线鼻子的相对位置。

(5)标识包装

①预制完一根后，在不干胶标签上注明锚段号、××-××支柱第×根吊弦，并贴在承力索吊弦线夹一端的压接套环上，以确保对号入座，准确安装。

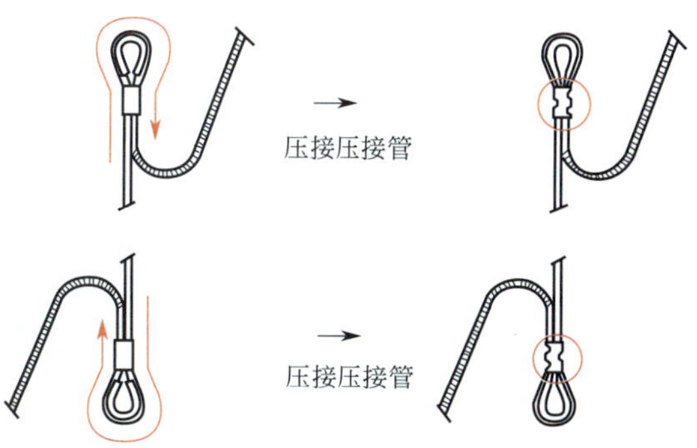

图 4-13-36　心形环和线鼻子排列及方向

②一个锚段为一大单元，即为 2～3 捆，一个跨为一个小单元(用铁线串在一起)，为避免吊弦变形，在中间加一方木(与吊弦长相等)，外包尼龙编织袋，均匀地用铁线捆紧 3 道，并加标签，注明××-××区间或车站××锚段××-××支柱，以便运输和安装。

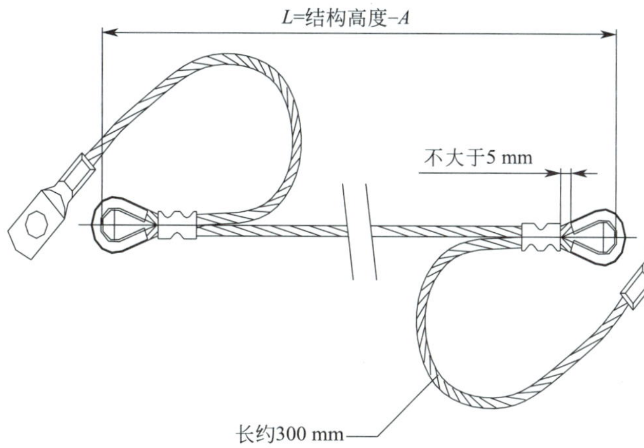

图 4-13-37　心形环压接方向

4. 经验和措施

(1)吊弦必须在库房并采用专用平台和专用工具预制。

(2)预制操作人员应经培训，合格后方可预制作业。

(3)切割吊弦线时，应在切割处两边绕扎胶带，以免线头散股。

(4)两压接套环应在同一平面内，两端线鼻子的弯曲方向相反。

(5)预制吊弦按站区并按一个锚段为大单元，五跨吊弦为一捆，一跨吊弦为一个小单元。

(6)每根吊弦应贴标签，标签应注明××锚段××-××支柱第×根吊弦。

(7)包装时按一个锚段为 2～3 捆，包装后应加贴标签，标签应注明区间或车站，××锚段××-××支柱。

(8)吊弦总长度(LH)不应小于 500 mm。

(9)吊弦线在使用前应预张拉(张力为 3.5 kN 左右)。

(十五)整体吊弦安装

1. 施工程序

施工准备→检测腕臂顺链路偏移值→测量吊弦位置，安装吊弦→测量导高→结束。

2. 施工工艺

(1)测量吊弦安装位置，安装吊弦

①测量人员带测量工具下车，按计算表，开始测量吊弦安装位置，用粉笔在钢轨上作出标志。或采取沿着导线测量的方法(一端使用夹子)。

②作业车对位，升作业台，作业台上安装人员扶起作业凳，上凳系好安全带，一人将需安装的吊弦传递给安装人员。

③施工负责人用线坠对准钢轨上的安装位置，反引到承力索上，安装人员配合，并标记安装位置。先安装承力索上的吊弦线夹，再安装接触线上的吊弦线夹。承力索上吊弦线夹安装图如图 4-13-38 和图 4-13-39 所示。

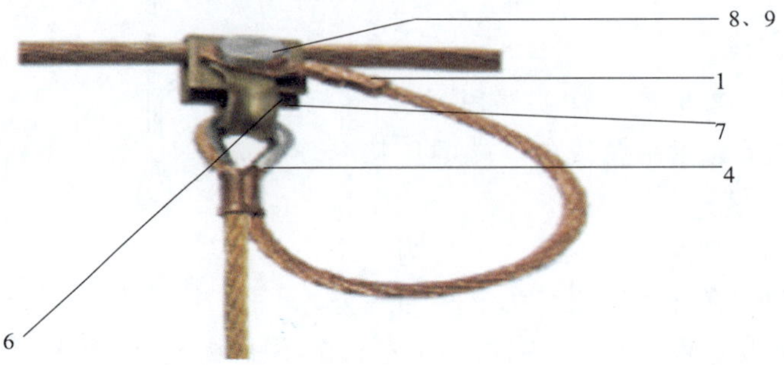

图 4-13-38 承力索上吊弦线夹安装

1—线鼻子；4—心形环；6—线夹箍；7—吊环；8、9—六角螺栓 M10、六角螺母 M10

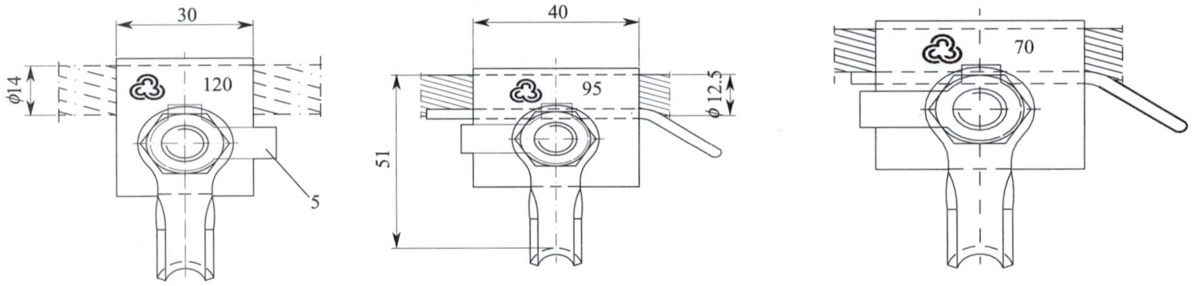

图 4-13-39 承力索吊弦线夹安装(单位：mm)

注：螺纹卡子仅限 95 mm²、70 mm² 型整体吊弦使用。

④先用刷子清除掉承力索、接触线安装吊弦线夹部位的灰尘和氧化物层，并在安装位置涂一层电力复合脂。

⑤拆开吊弦线夹，先将吊弦线夹的线夹箍 6 固定在承力索上，将吊弦穿过吊弦心形环 4，将六角螺栓 8 穿过线鼻子 1 及防松垫片的孔，把吊环 7 推过线夹箍 6，将六角螺栓穿入吊环 7 和线夹箍 6 及防松垫片，带上六角螺母。

⑥将 U 型销钉从六角螺栓 8 和承力索之间插入，如图 4-13-40 所示。

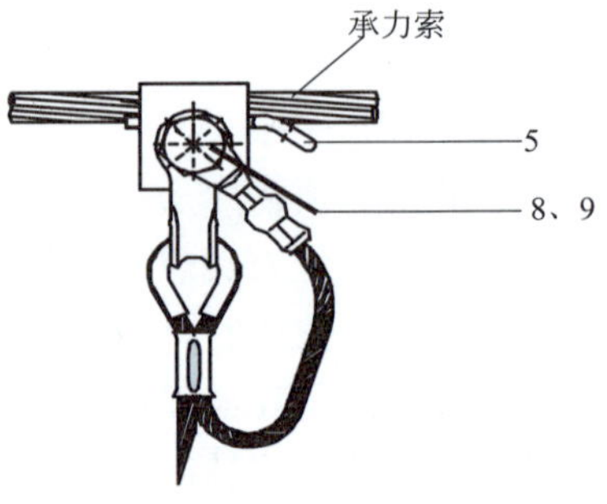

图 4-13-40 U 型销钉安装

(仅 95 mm² 承力索使用)

5—U 型销钉；8、9—六角螺栓 M10

⑦用梅花扳手拧紧螺栓 8 与螺母 9，用力矩扳手检测紧固力矩并达标，然后再按要求将防松垫片的长短折弯将止动垫片摁到位。

⑧拆开接触线吊弦线夹，以便安装。将吊环 7 穿过吊弦心形环 4，将六角螺栓 8 穿过线鼻子 1 的孔及防松垫片的孔，把吊环 7 推过线夹箍 6，抬住接触线，将线夹箍放置在接触线的凹槽里，把带线鼻子的六角螺栓 8 推进吊环 7 和线夹箍 6 及防松垫片，带上螺母。安装人员用线坠检测吊弦垂直度，并调整达标。再用梅花扳手紧固，并用力矩扳手检测紧固力矩应符合设计要求。并按要求将防松垫片的长短片折弯，如图 4-13-41 和图 4-13-42 所示。将止动垫片摁到位。

⑨重复上述①～⑧程序进行下一吊弦安装。

(2)导高测量

①一个锚段吊弦安装全部完成后，应逐悬挂点、吊弦点检测接触线下缘距轨面连线的高度。

②接触线高度变化的坡度及预留弛度均为 0。相邻两根吊弦间的导高差不大于 10 mm(通常不大于 5 mm)。

3. 质量检验

(1)整体吊弦布置应符合设计要求，位置偏差应在±50 mm 范围内，吊弦预制长度偏差应在±1.5 mm

以内。吊弦应无散股和断股现象。线夹连接螺栓紧固力矩符合设计要求。

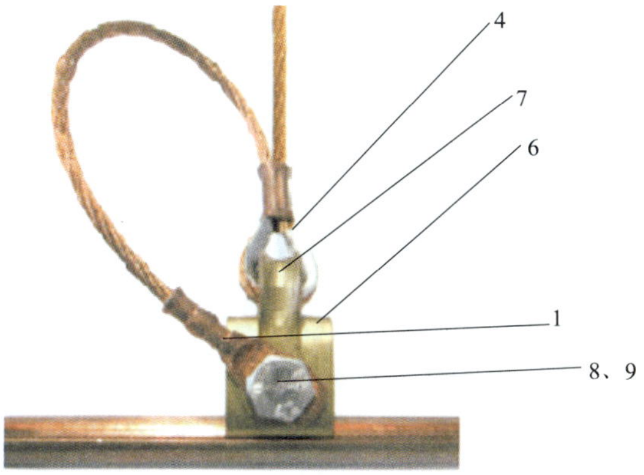

图 4-13-41　接触线吊弦线夹安装

1—线鼻子；4—心形环；6—线夹箍；7—吊环；8、9—六角螺栓及螺母 M10

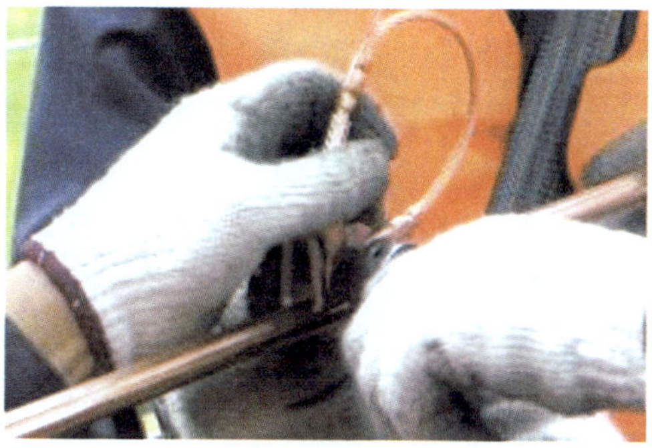

图 4-13-42　接触线吊弦线夹安装

(2)平均温度时，整体吊弦顺线路方向垂直安装，承力索吊弦线夹与接触线吊弦线夹在垂直方向的相对误差为±20 mm，直线区段吊弦线夹应端正、牢固，曲线区段吊弦线夹应垂直于接触线工作面。

(3)一个锚段全部安装完毕后，应逐悬挂、吊弦点检测接触线下缘距轨面连线的高度，并应符合下列规定：

①悬挂点导高差不得大于 10 mm，跨中吊弦处导高差应满足预留弛度为 0 的要求。

②触线高度变化的坡度为 0。

(4)简单链型悬挂同一跨内相邻吊弦处的接触线高度差应符合设计预留弛度的要求，允许偏差不得大于 5 mm。

(5)弹性链型悬挂相邻吊弦点处接触线的高度差不应大于 10 mm，如图 4-13-43 所示。

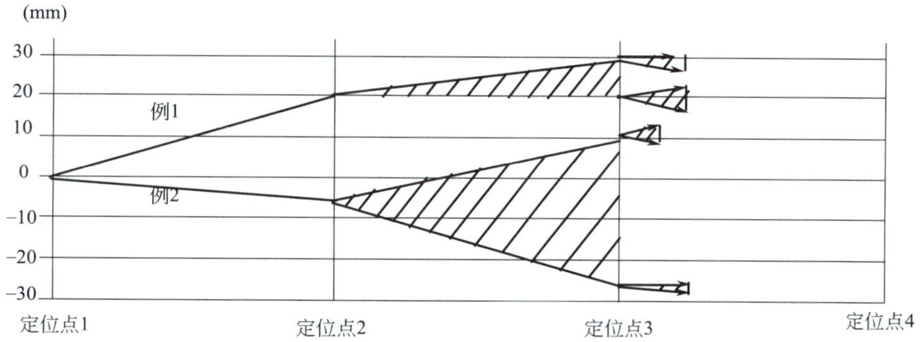

图 4-13-43　弹性链型悬挂曲线

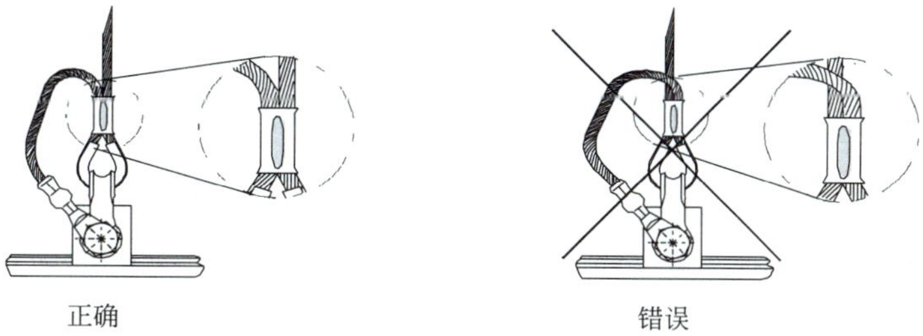

图 4-13-44　导线环安装

4. 经验和措施

(1)吊弦间距按计算值布置,安装应从中心锚结向下锚侧进行。

(2)每跨吊弦间距累计测量偏差小于 150 mm 时,应将误差布置在跨中。如大于 150 mm 时,应上报技术负责人,不得安装。

(3)吊弦的导线环安装如图 4-13-44 所示。

(4)吊弦的导线环,接触线端朝向行车前进方向侧,承力索端朝向行车的反方向侧。如图 4-13-45 所示。

(5)吊弦应端正,垂直及线夹倾斜角度小于 15°时(谨慎执行),线鼻子 1 应安装在螺栓头 8 侧,如图 4-13-46 所示。

(6)吊弦间距测量的起测点与闭合点均以悬挂点为准。

(7)每一悬挂点拉出值方向应在布置表中明确,并注明吊弦线夹螺栓穿向。

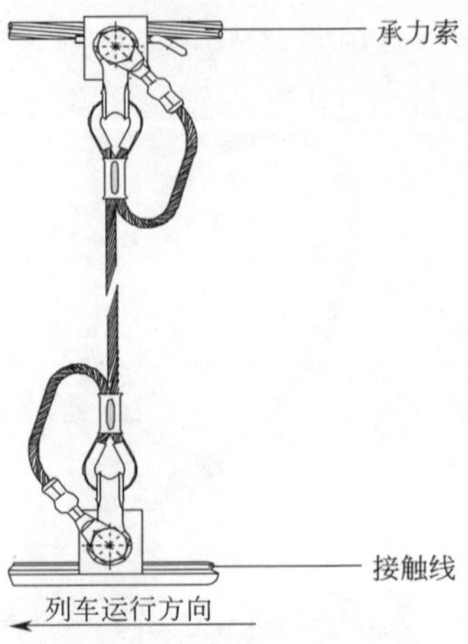

图 4-13-45 导线环的位置

(8)作业过程严禁踩踏接触线或给接触线施加外力,以保证接触线的平直度。

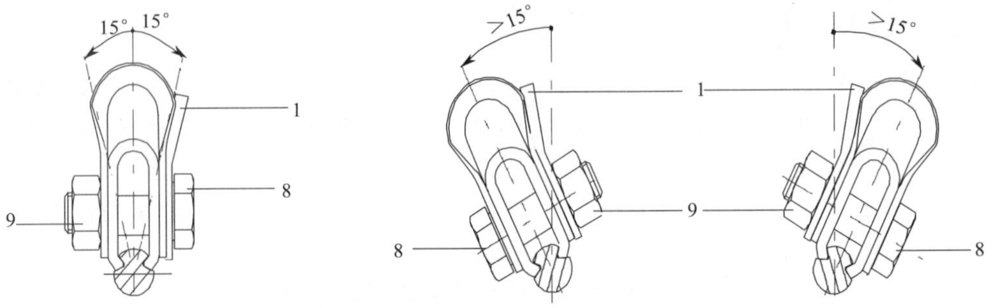

图 4-13-46 螺栓安装

1—线鼻子;8—六角螺栓;9—六角螺母

第三节 子系统调试

一、子系统调试

(一)安装试验

安装试验是在所有安装工作完成后进行的一项检查工作,主要包括:腕臂和接触网、棘轮布置、锚段关节、中心锚结固定、分段绝缘器、绝缘子和操作机构、道岔、棘轮,检查内容分别见表 4-13-10～表 4-13-18。

表 4-13-10 腕臂安装检查

序号	腕 臂	参考文件	批 准
1	支柱固定件位置正确,无扭曲或转向	详细设计	
2	腕臂管部件位置正确(U 形螺栓、眼螺栓、线夹)防松垫片	腕臂图纸	
3	结构高度、承力索和接触线的拉出值位于误差范围内	接触网布置图	
4	腕臂/定位器依据温度偏移	腕臂图纸	
5	腕臂支撑正定位/反定位		
6	腕臂与绝缘子的连接及定位管	腕臂图纸	
7	承力索在支撑线夹中安装位置,使水平力朝向螺栓方向	安装手册	
8	承力索应有衬套	安装手册	
9	衬套开口不在螺栓方向	安装手册	
10	衬套涂有电力脂	安装手册	
11	防风拉线定位环应朝向下锚方向且 45°朝下	腕臂图纸	

续上表

序号	腕　　臂	参考文件	批　　准
12	接触线处在正常位置时，防风拉线定位环应外露 40 mm		
13	定位器长度正确	腕臂图纸	
14	接触线抬高小于 200 mm 时，定位器不能接触限位钉	基本设计	
15	用工具检查定位器的限位间隙	腕臂图纸	
16	接触线夹安装紧固	定位器图纸	
17	接触线夹紧紧卡住接触线槽	定位器图纸	
18	接触线线夹 U 形销钉向上弯曲＞60°	定位器图纸	
19	定位管钩形终端线夹上有带槽销钉		
20	β 开口销安装在行车的反方向		
21	所有 19×52 和 19×100 销钉带 β 开口销	腕臂图纸	
22	螺栓与螺母连接紧固	安装手册扭矩表	

表 4-13-11　接触线安装检查

序号	接 触 网	参考文件	批　　准
1	吊弦截流环在接触线上顺着行车方向，在承力索上为逆着行车方向		
2	电连接安装长度足够(根据表格)	施工图	
3	吊弦线夹安装应保证螺母侧比螺栓头侧高	施工图	
4	吊弦线夹涂有电力脂	安装手册	
5	吊弦压接和安装正确	安装手册	
6	锥套式终端线夹处有销钉和开口销	施工图	
7	电连接的 C 形和 E 形线夹正确	安装手册	
8	电连接线有正确的形状	施工图	
9	滑动吊弦用在结构高度＜500 mm	施工图	
10	线鼻子在接触线吊弦线夹处 45°向上	施工图	
11	接触线没有扭面	安装手册	
12	螺栓与螺母连接紧固	安装手册	

表 4-13-12　锚段关节安装检查

序号	锚段关节	参考文件	批　　准
1	机械和电气限界正确	详细设计	
2	如果接触线受 250 N 的抬升力，双腕臂不能相互触碰	详细设计	
3	所有绝缘子位置正确	接触网布置、详细设计	
4	所有电连接线位置正确	接触网布置、详细设计	

表 4-13-13　接触网降高安装检查

序号	接触网降高	参考文件	批　　准
1	机械和电气限界正确	详细设计	
2	如果接触线受 250 N 的抬升力，双腕臂不能相互触碰	详细设计	
3	所有绝缘子位置正确	接触网布置、详细设计	
4	所有电连接线位置正确	接触网布置、详细设计	

表 4-13-14 绝缘子和操作机构安装检查

序号	绝缘子和操作机构	文 件	批 准
1	绝缘子和操作机构检查需要目视和机械检查		
2	目视检查		
3	检查所有绝缘子、连杆、所有线缆没有损坏并且有防腐措施		
4	连杆固定件安装正确		
5	检查操动杆与第一和最后一个(靠近开关)固定架的距离。顶部最小 110 mm;下部 200 mm		
6	如果隔离开关闭合,连杆上必须有一定的压力保证良好接触		
7	眼螺栓安装紧固		
8	眼螺栓间距离符合设计		
9	绝缘子连杆不能接触其他部件		
10	检查连杆短管长度下端 1.22 m		
11	上端 2.00 m		
12	检查电动操作机构、帽和锁功能		
13	电动操作机构以及避雷器的电缆终端部件安装正确,没有损坏		
14	引弧角、触点和电气连接点涂有电力脂	安装手册	
15	接触网与线间的连接必须紧固		
16	所有带电部件和接地部件之间保护距离正确	施工图,标准,合同	
17	在通过手动曲柄操作隔离开关情况下,电动操作机构的安全开关必须切换到"关闭"位置	安装手册	
18	将隔离开关置于"闭合"位置,然后切换到"打开"位置,从而核实操作过程没有阻滞,触点接触合适(电动操作机构的滑动离合器没有启用)	安装手册	
19	引弧角必须在开关整个过程中互相接触	安装手册	
20	如果电动操作结构进行电气连接,这样操作测试可以由电动操作机构执行		
21	基于安全考虑,两种测试(手动与电动操作机构)最好都反复进行,以确保开关工作正常		

表 4-13-15 中心锚结固定安装检查

序号	中心锚结固定	文 件	批 准
1	中心锚结处腕臂偏移值为 0	接触网安装图	
2	中锚绳张力与弛度正确		
3	如果中锚绳张力适当,锚柱上的螺旋扣将处于中间位置		
4	中心锚结绳不应与承力索交叉(中锚绳应安装在承力索支撑线夹支柱侧)		
5	例外:如果两个锚柱位于轨道两侧,则中锚绳必须从下面穿过承力索		
6	中锚绳与承力索适当位置安装铜铝过渡衬套		
7	保护衬套涂上电力脂		
8	承力索支撑线夹左右侧大约 30 cm 处正确安装承力索中锚线夹		
9	接触线"Z"形中心锚结线正确安装中心锚结线夹		
10	接触线"Z"形中心锚结应安装在下一跨距跨中		
11	接触线"Z"形中锚线张力适当(在其他情况下:去掉吊弦,抬高接触线)		
12	螺栓螺母间连接牢固		

表 4-13-16 分段绝缘器安装检查

序号	分段绝缘器	文 件	批 准
1	分段绝缘器与轨面平行安装		
2	分段绝缘器应安装在轨道中心线上方(最大偏差±100 mm)	安装手册	
3	分段器的滑轨与正线(动态)之间距离≥1.50 m,特殊困难情况下为≥1.22 m)	安装手册	

续上表

序号	分段绝缘器	文　　件	批　　准
4	接触线与承力索垂直水平面		
5	悬挂类型依据跨内不同位置		
6	承力索上绝缘棒必须安装在分段绝缘器的正上方中心位置(中心位置25 ℃)		
7	锥套形终端线夹完整(β型销钉)		
8	分段绝缘器的接触线高度应进行调整,根据受电弓抬升力设置超过临近悬挂点高度	安装手册	
9	全部零部件必须完整组装,质量良好		
10	支撑轮均匀运转		
11	悬挂类型必须完整,水平度控制在误差范围内		
12	铜线固定适当,终端折起几毫米		
13	螺拴与螺母连接牢固		
14	销钉与开口销完整		
15	所有销钉同侧安装		
16	开口销开口夹角正确(90°)		
17	所有接触线夹应装在接触线槽中		
18	分段绝缘器的绝缘棒正确安装		
19	转轮正确放置		
20	在分段绝缘器的滑轨下沿与接触线下沿等高	安装手册	
21	滑轨与接触线的持续转换	安装手册	
22	固定螺栓螺母上的保护帽		
23	滑轨与绝缘棒之间的保护距离2～3 mm	安装手册	
24	滑轨不能用手折弯	安装手册	
25	接触线没有扭面	安装手册	

表 4-13-17　道岔安装检查

序号	道　　岔	文　　件	同　　意
1	道岔区接触网必须交叉	基本设计,工程指导	
2	接触网系统接触线与受电弓的接触位于此区域,该区域轨道间距是0.80～1.05 m。	基本设计,工程指导	
3	道岔悬挂处两支接触网的拉出值最大是±0.30 m	基本设计,工程指导	
4	轨道开口0.80 m处,两条接触线必须位于受电弓中心的同一侧	基本设计,工程指导	
5	如有可能,道岔悬挂点与接触线交叉点之间距离超过2.50 m	基本设计,工程指导	
6	如有可能,接触线交叉点与主轨道轴之间距离不大于拉出值－50 mm	基本设计,工程指导	
7	定位器接触线线夹与吊弦夹不能位于无线夹区域		
8	交叉承力索不能相互摩擦		
9	在线交叉点处的接触线高度高于道岔支悬挂处20 mm	基本设计,工程指导	
10	接触线交叉点的线岔		
11	线岔螺栓安装正确		
12	道岔两侧的交叉吊弦安装正确		
13	道岔吊弦应安装滑动吊弦		
14	滑动吊弦螺栓应带开口销		
15	两电连接应安装在交叉点前的非支线上。		
16	根据温度表安装电连接		
17	C,E—线夹安装正确且压接牢固	安装手册	
18	线长、测量与吊弦位置正确		

表 4-13-18 棘轮布置安装检查

序号	棘轮布置	文 件	同 意
一	线绳位置与线圈		
1	线绳不应互相缠绕，交叉；应绕在棘轮的正确的一侧		
2	基于温度表的线圈数		
	滑轮位置		
3	滑轮必须保持严格垂直	安装手册	
4	滑轮已涂上油脂，螺纹包括端盖	安装手册	
5	止动板调整到 48 mm		
	坠砣限制架		
6	坠砣限制架位置保持垂直	安装手册	
7	坠砣杆上方：端盖与开槽销		
8	坠砣杆下方：锁紧环		
9	坠砣抱箍孔不应触到坠砣管	安装手册	
二	坠砣串		
10	基于温度表调整高度		
11	坠砣数量与重量正确		

(二)接触网静态检测和低速动态检测(冷滑行试验)

接触网工程的检测是评价工程质量的科学和公正的依据，而检测的项目、标准和可靠的检测手段是检测技术的关键，接触网检测分静态检测和动态检测两个阶段。

2009 年 7 月 14 日至 11 月 11 日之间，铁科院使用测试车 CRH_2-061 对接触网进行了静态和动态测试，最高时速达到 353 km。

对时速 60 km 的 18 次静态测试和 11 次动态测试进行了评估。

从 2009 年 12 月开始，大量的列车在全线开始试运行，并且动态测试时速达到 350 km。

在对接触网静态数据进行测量，以及 EEB 完成了相应的消缺工作之后，试运营开始。

1. 静态检测

静态检测主要在工程安装阶段对接触网结构几何参数的测试：

导线高度；拉出值；限界；动态包络线。

采用多功能激光接触网测量仪和限界检测车进行无接触静态检测。

测试采用带受电弓 SSS400+(受电弓-6 号)的铁科测试车 CRH_2-061，该测试车还配备了采用 DB 技术的接触力测量系统和无接触光学测量系统。如图 4-13-47 和图 4-13-48 所示。

图 4-13-47 CRH_2-061 动车组测试

图 4-13-48 安装在测试车 CRH_2-061 顶部的测量设备

在对静态测量结果进行评估时，应注意以下几点：

(1)在测量几何数据位置时(60 km/h)，受电弓的布置

在对几何数据位置进行测量时，要求降下 6 号受电弓(从行车方向观察，在 4 号弓之前)，升起 4 号受电弓。4 号受电弓处导线抬升不会对 6 号受电弓处光学测试结果有影响。

对接触线的几何高度分别进行了升 4 号受电弓和不升 4 号受电弓的测试。结果显示，当出现缺陷时，接触线高度错误大约有 10 mm。如图 4-13-49 所示。

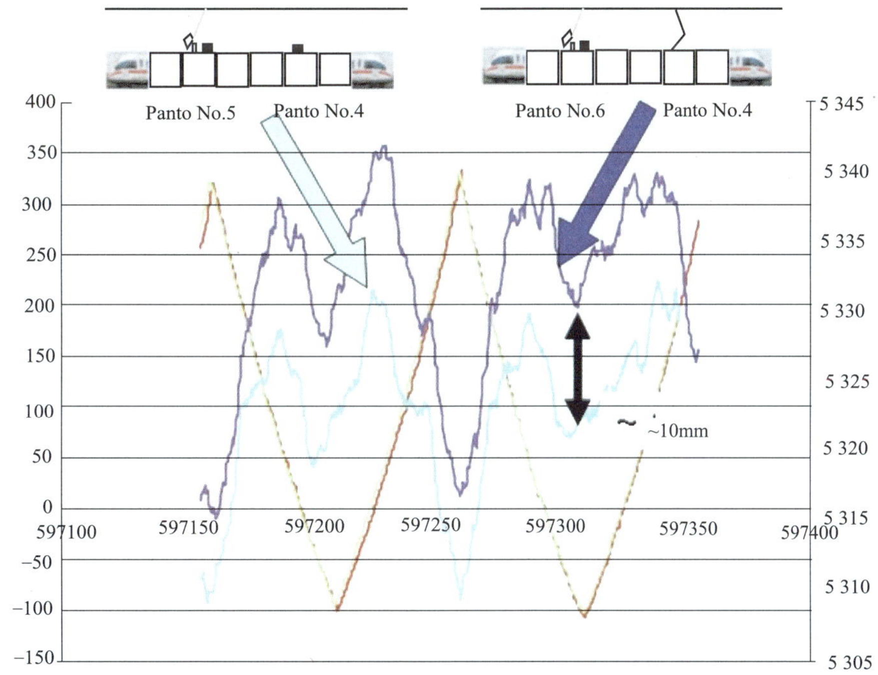

图 4-13-49 接触线高度误差

接触线的高度应该在一个水平上，处于绝对静止的位置，要再减小 10 mm。

(2)CRH_2-061 行车方向

使用双弓进行测试如图 4-13-50 所示。

使用无接触光学测量系统对以下数据进行测量：

①接触线拉出值(考虑了列车的上下振动和左右晃动)；

②接触线高度(考虑了列车的上下振动和左右晃动)。

通过测试行驶，对接触线的几何位置进行验证。并且要严格执行基本设计中规定的允许公差。武广铁

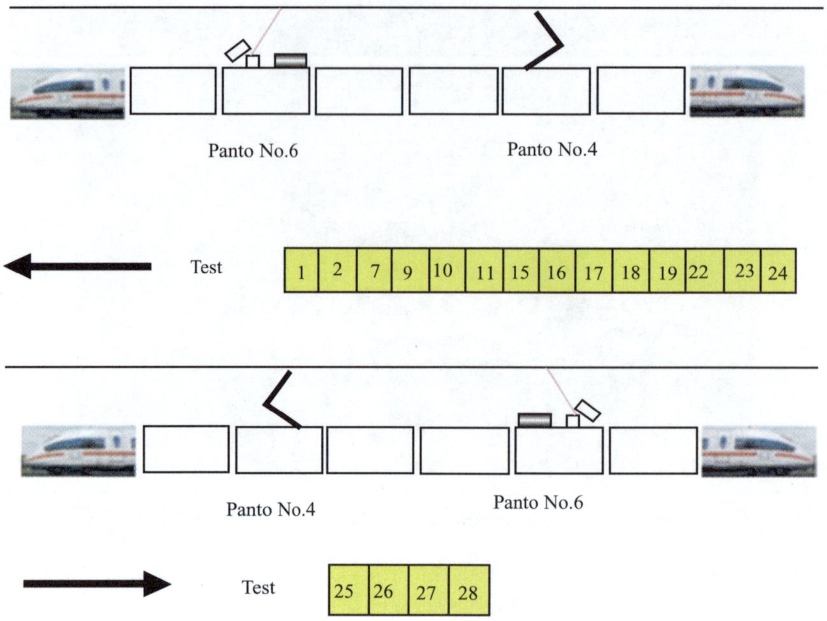

图 4-13-50 受电弓的布置和行车方向

路客运专线项目接触网静态测试概况见表 4-13-19。

(3)接触网几何数据允许公差

表 4-13-19 接触网拉出值

设计值	允许误差
±300 mm	±30 mm

导高及工作坡度如图 4-13-51 所示。

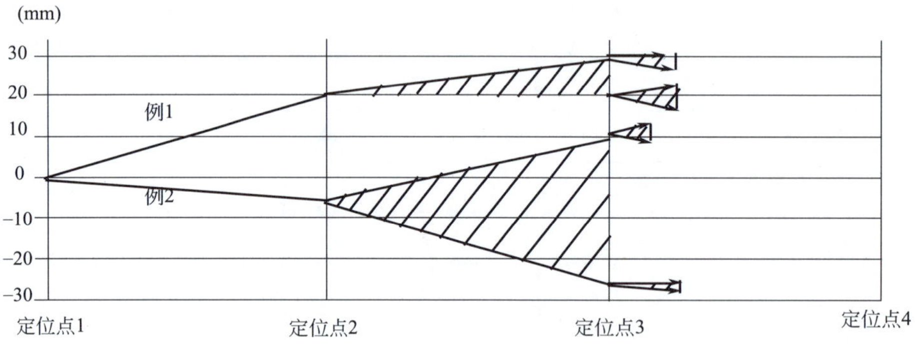

图 4-13-51 导高及工作坡度

常规导高:5.30 m

允许误差:±30 mm,其值为支撑点-支撑点±20 mm(同方向/±10 mm(不同方向))

①假设(支撑点 1 到支撑点 2)的公差值为+20 mm,下一个支撑点(支撑点 3)处的导高则应保持相同或抬高。不允许另一侧的接触线向下倾斜。

支撑点 1 FH=5 300 mm

支撑点 2 FH=5 320 mm

Line a…FH=5 330 mm

支撑点 3

Line b…FH=5 320 mm

ΔFH=+20 mm

ΔFH=+10 mm

ΔFH=0mm

②假设(支撑点 2)不采用最大误差值,在另一方向接触线的工作坡度则允许达到最大值。

支撑点 1　FH＝5 300 mm

支撑点 2　FH＝5 295 mm　　ΔFH＝－5 mm

支撑点 3　FH＝5 310 mm　　ΔFH＝＋15 mm

③假设(支撑点 2)不采用最大误差值,给定的导线(b 线)坡度相同,(b 线)则可采用 20 mm 最大坡度值。

支撑点 1　FH＝5 300 mm

支撑点 2　FH＝5 295 mm　　ΔFH＝－5 mm

支撑点 3　FH＝5 275 mm　　ΔFH＝－20 mm

表 4-13-20 为武广铁路客运专线项目接触网静态测试概况。

表 4-13-20　武广铁路客运专线项目接触网静态测试概况

序号	区间	上下/下行	试验次数	试验日期	状态评估	精调开始日期	精调完成日期
1	武汉—长沙	下行	1	2009.07.14	1	2009.07.18	2009.09.20
2	武汉—长沙	上行	2	2009.07.13	1	2009.07.16	2009.09.20
3	咸宁—长沙	下行	7/1	2009.07.14/08.12	2	2009.08.16	2009.09.20
4	咸宁—长沙	上行	9/2	2009.07.13/08.15	2	2009.08.20	2009.10.30
5	长沙—耒阳	上行	10	2009.08.08	1	2009.08.13	2009.10.30
6	长沙—耒阳	下行	11	2009.08.11	1	2009.08.13	2009.10.30
7	(武汉—乌龙泉)—咸宁	上行	15/2	2009.07.13/09.26	(1)/2	2009.09.29	2009.10.30
8	武汉—乌龙泉	下行	16	2009.09.26	1	2009.09.29	2009.10.30
9	长沙—耒阳	上行	17/10	2009.08.08/09.28	2	2009.09.29	2009.10.30
10	衡阳—耒阳	上行	18	2009.09.29	1	2009.10.05	2009.10.30
11	长沙—衡阳	下行	19/11	2009.08.11/10.05	2	2009.10.09	2009.10.30
12	乐昌—花都	下行	22	2009.10.09	1	2009.10.15	2009.11.15
13	乐昌—花都	上行	23	2009.10.10	1	2009.10.15	2009.11.15
14	耒阳—乐昌	下行	24	2009.10.10	1	2009.10.16	2009.11.15
15	耒阳—(花都—广州)	上行	25/18	2009.09.29/11.09	2/(1)	2009.10.03	2009.11.30
16	耒阳—(花都—广州)	下行	26/24/22	2009.10.10/11.10	2/(1)	2009.10.13	2009.11.30
17	(武汉—乌龙泉)—咸宁	下行	27	2009.11.11	(2)/3	2009.11.13	2009.11.30
18	(武汉—乌龙泉)—咸宁	上行	28	2009.11.11	(2)/3	2009.11.13	2009.11.30

所进行的试验次数和由施工单位所进行的消缺工作,依据不同的区间段,有所不同。

在武汉—长沙区间进行了两次测试,每次测试之后都由施工单位相应地进行必要的消缺工作(在武汉-咸宁区间进行了第 3 次测试,并且对测试结果已经进行了评估)。

在长沙—耒阳—花都区间进行了 2 次测试。针对测试结果进行消缺工作。如图 4-13-52 所示。

(4)接触网静态数据的评估

将测试数据和竣工里程数及支杆位置整合在一起。在测试记录中,记录了连贯的里程数(试验里程,没有短链)以及相应的支柱线杆位置和支柱号,以便能够准确的定位每一个支柱。

(5)静态数据的整体评价

接触网(接触线)精确的几何数据完全在允许公差的范围之内,是接触网良好动态表现的前提条件。

因此在安装完成所有接触网设备之后,要给予测试和消缺工作足够大的重视。

全线的接触网设备(正线)需要至少两次利用 CRH_2-061 上的光学测量设备进行测量。在得到的测量结果之后。将一起对测量结果进行必要的评估。

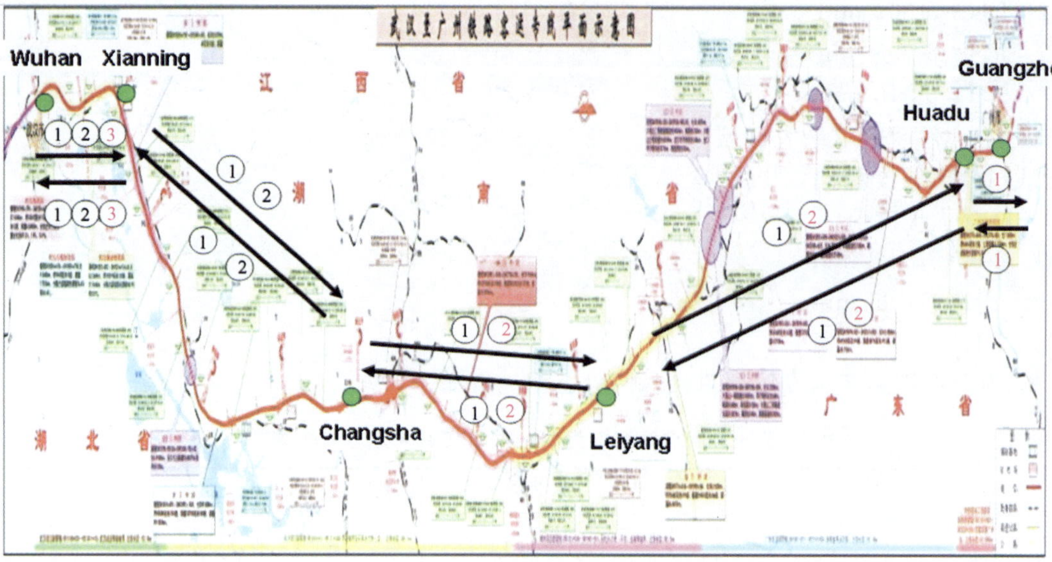

图 4-13-52　全线的测试和评估现状

在对测量结果进行了评估的基础上，施工单位对接触网进行了消缺的工作。

根据目前的经验，在第二次对接触网进行了调整之后，接触网良好的几何位置已经可以满足进行以下项目的条件：

①进行动态试验（接触力测量）；

②开始试运行。

2. 低速动态检测

低速动态检测采用接触网冷滑装置或接触网弓网接触力测量装置；测量内容主要为：弓网接触力、定位器抬升（检测车测量、地面测量）、受电弓运行加速度、离线率、视频记录等。

（三）接触网送电（空载带电）

接触网空载带电主要是对接触网绝缘器件的绝缘性能进行检验，送电前要对全线接触网进行全部的检查，检查内容主要包括：全部绝缘子和隔开开关和操作机构工作正常、接地系统功能完整，可以使用、绝缘良好，无接地情况发生、所有临时地线连接已拆除、全部隔离开关处于送电方案指定位置。电化局安装公司检查合格后，填写《接触网供电臂具备通电条件证书》，并由施工单位负责人签字后，向接触网送电。

（四）动态检测（热滑试验）

在空载运行正常后再进行接触网热滑行试验，以检测接触网的弓网关系，检测车组在运行时有无拉弧现象等。包括：

1. 动态接触压力测量测试；

2. 受电弓运行加速度；

3. 离线率；

4. 视频记录等；

5. 受流测试。

接触网热滑行试验采用接触网检测设备-接触线位置和厚度检测系统，包括非接触式光学仪器检测和以最高运行速度检测，该装置对接触网调整提供依据。

根据检测结果，进行分析，给出接触网每个定位点接触线高度及拉出值具体整改要求。

根据检测结果，定位点问题处理后，再进行更细致的检测，即检查接触网的预留驰度及坡度，也就是要精确测量每一处的接触线高度，对每根吊弦的长度进行检查，对不合适吊弦提出调整要求。

铁科院接触网检测设备主要对接触网的接触压力、弓网接触力、水平（垂直）加速度、离线率等质量的验收评价。如图 4-13-53 所示。

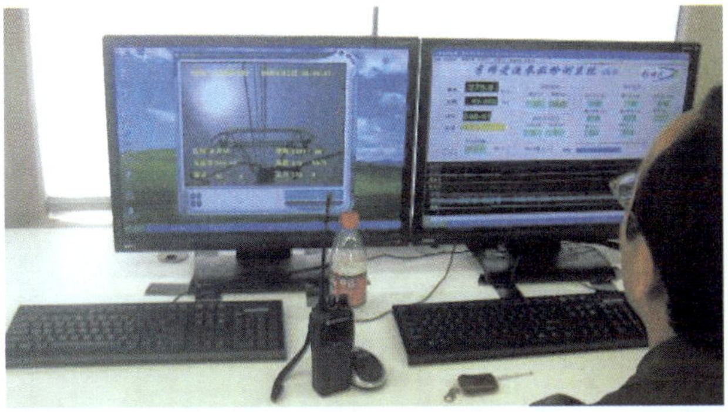

图 4-13-53　铁科院的验收评价

二、关键质量控制点

接触网专业施工像土建专业重视路基工后沉降一样高度重视接触网施工精度。由于高速接触网的施工误差是在毫米级的，禁止夜间架线作业，禁止施工人员踩线作业，只有建立了严格的制度，确实执行规范的操作程序，才能保证 350 km/h 的速度目标值。

2009 年全线接触网专业施工技术管理骨干 100 余人在武汉进行了为期 5 d 的接触网专业技术的培训学习，由德国保富铁路公司、安凯特公司对上线骨干进行安装工艺和架线技术培训，并对考试合格的人员发放了培训合格证。在武汉试验段的施工过程中，要求实行首段首项示范，充分发挥好德国保富铁路公司作为接触网施工督导的作用，现场施工严格按照德国督导的要求，认真做好接触网施工的每一步工序，确保质量满足客运专线的要求。

按照客专技术标准规范，制定纠偏措施对控制点进行控制。由操作者进行自检、互检，边操作边检查，注重施工细节，确保程序流程、操作标准达到质量规定的要求。加强了接触网测量、计算、预配、安装和接触网镁铜 150 接触导线架设、接触网弹性吊索安装、调整等控制点的质量控制。

在施工中，在腕臂预配时将各种螺栓的拧紧力矩除张贴在车间内，还将力矩及腕臂温度偏移量、电连接安装长度、中锚弛度等技术标准制作成方便携带的卡片，随时检查，确保施工质量。同时现场购买先进的测量工具、整杆使用全站仪或经纬仪、调整使用激光测量仪，腕臂预配、安装采用扭力扳手进行连接紧固控制，研制开发了数显弹性吊索张力控制工具，整体吊弦预制压接平台，受电弓包络线检测仪，腕臂偏移激光检测仪，在使用恒张力架线车的同时，加装平直器进行接触线平直度的控制，使用专用测量工具对接触线平直度进行检测，把施工偏差的质量控制在最小允许范围。确保腕臂预配偏差控制在 10 mm 内，吊弦预制偏差在 1.5 mm 以内，弹性吊索张力偏差在 0.1 kN，通过检测，在已架设调整成型的锚段，导线波浪弯控制在小于 0.1 mm 范围内，承力索、导线张力控制在 21 kN 和 30 kN 标准值的 1%，将关键的导线高度内控标准确定为 5 300 mm±20 mm，小于客运专线标准 30 mm 的要求。通过试验段的施工和试验段积累的技术工艺，建立和制定了系统集成项目质量内控标准，并在全线进行了贯穿执行。通过引进国外关键工序和设备的安装作业指导书及其先进的技术，进行了原始创新、集成创新和消化吸收再创新，形成拥有自主知识产权的技术工艺和施工规范，改进和提高了系统集成工程质量。

第四节　联 调 调 试

接触网子系统试验包括以下内容：动车组弓网受流性能、接触网动态抬升量、接触网静态弹性、接触网安全检测。通过武汉综合试验段接触网的试验，掌握 300～350 km/h 线路接触网的性能，为武广铁路客运专线全线高速接触网积累试验数据。

一、目　　的

验证动车组受电弓在武汉综合试验段接触网下运行的受流性能，研究高速弓网关系，评价动车组的弓网适应性；测试武广铁路客运专线接触网的动态抬升量，评价接触线的动态抬升是否安全；测试接触网的静态弹性，计算静态差异系数，研究接触网的基本性能。

二、弓网受流性能试验

（一）试验对象

单列动车组弓网受流性能试验：一列 CRH_2-300 动车组的受电弓；

双列重联弓网受流性能试验：两列 CRH_2-300 动车组，其中一列动车组的受电弓安装测试设备，试验中，此列动车组处于从控位置。

（二）试验内容

实验内容包括：

（1）弓网动态接触力测试；

（2）离线（火花）测定；

（3）接触线平顺性（受电弓所受的垂向加速度）；

（4）接触线动态高度；

（5）受电弓运行状态图像监视；

（6）动车组运行工况包括：单列运行和双列重联运行。

（三）试验方案

在 CRH_2-300 动车组的被测受电弓上安装测量各种传感器，信号处理及传输装置，将信号引至动车组内的数据采集系统，在动车组高速运行时测量弓网受流性能，单台受电弓的测量系统示意图如图 4-13-54 所示。

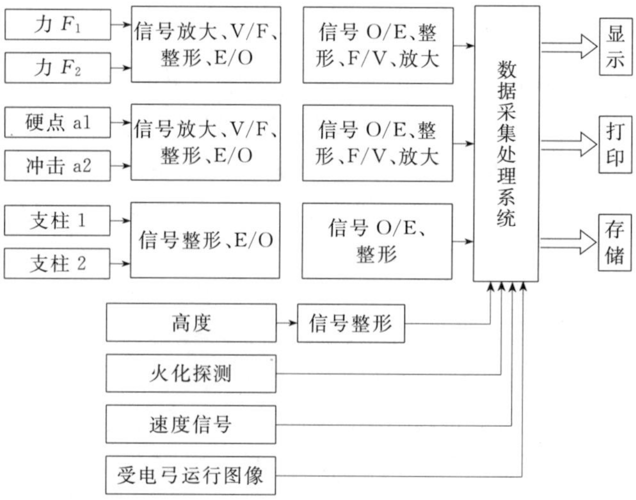

图 4-13-54　单台受电弓测量系统电气总体方案

（四）数据处理

各项试验数据用计算机数据采集系统存贮数据，在测量过程中，数据采集系统对检测的接触网每跨内的各个测量参数进行计算、分析和统计，同时，对试验区段的测试数据进行分析汇总统计，对弓网受流性能试验除用计算机存储数据外，还可用图像合成技术将受电弓运行状态图像与对应的测试数据合成后，录像保存。

三、接触网动态抬升量试验

通过地面测量的方式试验武汉综合试验段接触网悬挂的各典型断面（如：跨中、定位点、线岔、锚段关节）的动态抬升量。

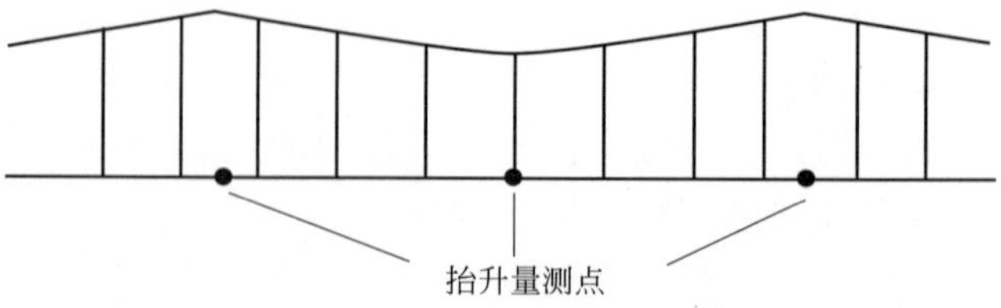

图 4-13-55　区间内接触线动态位移测点示意

（一）试验地点

接触线抬升量：跨中、定位点、锚段关节定位处、线岔处，测试断面试验前另行确定。如图 4-13-55 和图 4-13-56 所示。

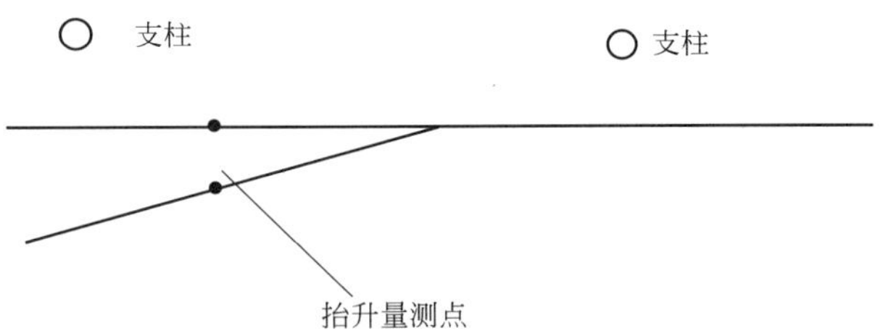

图 4-13-56 线岔处接触线动态位移测点示意

（二）测试方案

1. 图像处理方案

选择接触网上要测量的位置，在被测的接触导线附近安装标准参照板，作为振动位移的尺寸参照物。测量时，用摄像机对准这一点，当机车受电弓通过这一位置时，摄像机录像，事后对所录图像进行分析处理，可计算出接触导线的振动情况，得出导线振动的最大振幅、振动频率等参数。

2. 位移传感器方案

在测点安装位移传感器、电源、信号传输通道和数采系统，测量接触线动态位移。

四、接触网静态弹性试验

接触网静态弹性试验武汉综合试验段区间内上下行各两个典型锚段每一跨距内各吊弦处的静态弹性。具体地点根据接触网竣工平面图确定。

（一）应答器自动过分相试验

武汉综合试验段正线共有 39 处电分相，分别在各牵引变电所和 AT 分区所的上网处。为满足时速 200 km的动车组到时速 350 km 的客运专线运行的需要，在 39 处电分相的位置不但安装时速 350 km 的电分相，而且安装时速 350 km 的动车组的应答器式自动过分相。

应答器式自动过分相试验包括安装试验和运行试验。

（二）下行线正向运行试验

时速 350 km 的动车组从起始点发车，在下行线运行，逐个经过各所亭的自动过分相。

（三）上行线正向运行试验

时速 350 km 的动车组从新广州上行线，逐个经过各所亭的自动过分相，运行至起始点。

（四）下行线反向运行试验

时速 350 km 的动车组从新广州的下行线，逐个经过各所亭的自动过分相，运行至起始点。

（五）上行线反向运行试验

时速 350 km 的动车组从起始点发车，在上行线运行，逐个经过 A 各所亭的自动过分相。

五、试验标准

参照《客运专线铁路工程竣工验收动态检测指导意见》铁建设〔2008〕7 号。

（一）弓网动态接触力

弓网动态接触力一般按一个跨距为分析单位，分析参数有：最大值、最小值、平均值和标准偏差。各参数评判标准如下：

最大值：(N)

最小值：$F_{min}=20$(N)

平均值：$F_m \leqslant 0.000\,97V^2+70$(N)

标准偏差：$\sigma \leqslant 0.3\times F_m$(N)

（二）离线（火花）测定

离线火花的分析参数：最大火花时间、每公里火花次数、离线火花率。评判标准如下：

一次最大离线时间不大于 100 ms；

每公里火花次数不大于 160 次；

离线率：<0.14%。

（三）接触线平顺性（受电弓滑板所受的垂直加速度）

参考值：200～300 km/h，垂向加速度不大于 588 m/s²（60 g）；300～350 km/h，垂向加速度不大于686 m/s²。

（四）受电弓运行轨迹（动态高度）

接触导线最大垂直振幅 $2A \leqslant 150$ mm。

（五）抬 升 量

抬升量不大于 100 mm。

（六）接触网静态弹性

弹性差异系数计算公式：$\mu=\frac{e_{max}-e_{min}}{e_{max}+e_{min}}\times 100\%$。

简单链形悬挂：$\mu<25\%$；弹性链型悬挂 $\mu<10\%$。

六、仪器设备

（一）弓网受流性能试验仪器设备表

弓网受流性能试验仪器设备见表 4-13-21。

表 4-13-21 弓网受流性能试验仪器设备表

序号	名　称	数量	型号	精度	生产厂家
1	加速度计	2	PCB-200	1%	PCB 公司
2	激光测距器	2	LT3	2%	德国 BANNER
3	压力传感器	4	—	1%	北京伟业
4	离线（火花）检测仪	2	—	1%	机辆所
5	数据采集系统	2	—	0.1%	NI 公司
6	支柱探测器	2	DN110	—	SICK 公司
7	图像监视系统	2	—	—	机辆所
8	测速传感器	2	DF8	1%	德意达公司

（二）接触网抬升量测试仪器设备表

接触网抬升量测试仪器设备见表 4-13-22。

表 4-13-22 接触网抬升量测试仪器设备表

序号	名　称	数量	型号	精度	生产厂家
1	位移计	10	LXW-5POT	1%	北京地杰公司
2	摄像机	4	NVVZ14	—	松下公司
3	数据传输系统	4	—	1%	机辆所
4	数据采集系统	2	—	1%	NI 公司
5	尺寸标志牌	2	—	0.1%	机辆所
6	高压侧电源	10	—	—	机辆所

（三）接触网静态弹性测试仪器表

接触网静态弹性测试仪器见表 4-13-23。

表 4-13-23 接触网静态弹性测试仪器表

序号	名　称	数量	精度	生产厂家
1	静态弹性测试仪	4	1%	机辆所
2	计算机	2	—	IBM 公司

七、试验条件

(一)动车组整备场地要求:接触网应能停电作业,便于试验人员进行受电弓及测量设备检修和整备。每天试验完毕,铁科院试验人员及动车组维护单位上车顶检测受电弓状态和测试设备。

(二)被测受电弓的静态压力调至 70 N。

(三)试验时按试验组要求升降指定受电弓。

(四)每一试验速度等级恒速持续时间不低于 200 s。

(五)集成商与铁科院共同确定接触网各典型断面(跨中、定位点、线岔、锚段关节)的位置。

(六)线路试验前,施工单位提供接触网作业车两台及技术人员配合铁科院试验人员在各测点的接触网上安装接触线动态抬升量测量设备。

(七)线路试验过程中,施工单位根据铁科院试验组的要求,提供接触网作业车配合试验人员对测量设备进行试验和整备。

(八)接触网施工单位提供接触网作业车配合铁科院试验人员进行测试,试验人员使用专用仪器在接触网作业车的平台上对各测点的接触网静态弹性进行测量和记录。

第五节 经验体会和建议

一、经验体会

为适应武广铁路客运专线站前站后高速施工需求,确保工期和工程质量,深入研究无咋轨道和四电集成施工衔接、施工接口关系,优化施工组织方案,先后制定了"全线四电集成施工组织设计"、"武汉综合试验段四电集成施工组织设计"、"武广铁路客运专线四电接口预留检查和确认方案"、"武汉综合试验段和全线四电集成试验大纲",并实施集成项目部、施工分部和作业队三级动态管理和控制。

研究高速接触网施工工艺,组织首件工艺试验,制定了"武广高速接触网施工技术标准"和 62 项"接触网施工作业指导书"。特别是 30 kN 张力镁铜 150 接触线展放工艺、全补偿弹性链型悬挂调整工艺、18 号及 50 号无交叉线岔安装调整工艺、隧道内高速接触网施工工艺等均为国内首次采用且在国际上为最先进工艺和安装技术。

支柱测量整正使用全站仪和经纬仪;接触悬挂测量调整使用激光测量仪;弹性吊索安装调整开发专用张力调整工具;腕臂和整体吊弦预制开发采用专用预制平台并全部实现扭矩扳手连接紧固确保安装可靠性;接触线平直度使用专用测量工具对全部接触网锚段实施测量和展放质量确认,接触线平直度控制在 0.1 mm 范围内。腕臂和吊弦通过精确测量、计算、预制、安装调整,最终施工偏差的控制在极为严格的范围内,如吊弦高差 10 mm,确保接触网的施工质量达到 350 km/h 高速要求。

外方督导人员进行全过程全方位的督导,对施工安装的质量进行确认。施工安装的质量检查,外方提供检测方法和检验标准,对中方的质量检查人员进行培训,使中方质量检查人员掌握质量检查的方法和标准。

德铁检测设备,分非接触式检测和动态检测,测量精度和准确性高,数据经过图形转换和分析判断后可直接指导接触网精调工作,在用以判断和评价弓网质量上较确切。

武广计算软件由 BB 公司提供并经过工程验证修改完善,中方技术人员操作。其软件的系统性和实用性很强,各种悬挂形式均在考虑范围内。

二、建　　议

(一)接口预留工程的质量和进度

武广铁路客运专线在公司组织下取得了不错成绩,四电单位介入也取得应有作用,但由于是第一条长大且线路复杂客专,各方经验不足。提供加强全方位技术和管理培训,并研究预留问题的整改方案,解决了四电设备安装问题。

建议:今后客专或高速,接口预留依然是管理重点。

（二）保证施工应有的周期

一个是进场条件，一个是设计方案。通常总工期不可改变，四电工期短，技术方案的确定和图纸供应是否能够尽早提供，保证物资设备的订货和施工进度。赶工期影响质量。

建议：倒排进场条件所需的站前工期节点关门时间，倒排技术方案和设计出图时间。

（三）施工资源配置和人员技术素质不够

建议：重点研究恒张力车配置方案；专用工机具主要研究激光测量仪、非接触式检测设备配置，其他工具主要是高质量的专用扳手、压接系列工具。管理人员、技术人员、组织人员、操作人员配置和培训是项目管理重点。在组织机构中考虑设置替代督导职能的部门。

第十四章 信息系统

第一节 工程概况

一、工程范围

本项目客运服务系统主要由票务系统和旅客服务系统构成。

1. 票务系统

票务系统是以席位管理和交易处理为核心，建立广泛的销售渠道，适应多种售检票方式、多种支付形式和灵活的营销策略，售票以人工与自助式售票相结合、检票以自动检票为主的实时交易系统。

全路客运专线集中设置一个票务中心系统，通过票务专网与售票终端相连接，完成席位集中管理、交易实时处理、基础数据维护、销售策略实施、统计、收入管理等票务系统核心功能，通过强有力的安全保障措施，确保其安全稳定不间断运行。

在车站及相关机构设置业务管理监控终端，完成日常业务管理。车站检票以自动检票为主。车站设置客票销售终端（窗口售票机、自动售票机、补票机）和检票终端（进站检票机、出站检票机），并通过网络设备接入客运专线铁道部中心票务系统。客票代售点的销售终端通过拨号等方式接入车站，再通过车站接入客运专线铁道部中心票务系统。

2. 旅客服务系统

旅客服务系统以信息的自动采集为基础，以为旅客提供全方位信息服务为目标，实现客运车站信息自动广播、导向、揭示、监控等功能，运用多样化的服务手段为旅客提供优质的服务，实现旅客服务的信息化。

旅客服务系统的设置旨在体现以人为本的理念，在旅客出行前、进站、候车、乘车、换乘、出站等各环节上提供全方位的信息服务。通过对引导、揭示、广播、监控、查询、求助、寄存、站台票发售等服务资源进行有机的整合，形成统一的旅客服务平台。

旅客服务系统总体采用两级架构，分别部署在区域中心和车站，铁道部设置旅客服务小型集成管理平台。

区域中心旅客服务系统以集成管理平台为核心，原则上实现对所辖区域大型车站旅客服务系统的监视，对中小型车站旅客服务系统的集中管控；在紧急情况下，可以代管大型车站旅客服务系统；完成区域内公共音视频数据的制作、发布和转发，以及系统间信息共享和功能联动。

大型车站旅客服务系统以集成管理平台为核心，集成导向揭示、广播、监控、时钟、查询、求助、站台票发售、寄存子系统，连接火灾报警等外部系统，实现对本站旅客服务系统的集中监视和控制，完成系统间信息共享和功能联动，紧急情况下接受区域中心代管。

中、小型车站旅客服务系统根据线路情况可由区域中心集中管控，为旅客提供导向、广播、时钟等多样服务。

二、设备选型原则

（一）高系统可靠性设计

客运服务系统业务和数据处理中心主机系统采用必要的冗余、备份和负载均衡设计，以确保中心系统的健壮性和可拓展性。

客运服务系统为即时数据处理信息系统，通过科学合理的设计，采取必要的可靠性措施，保障系统 7×24 h 不间断运行。

（二）高系统安全性设计

考虑系统处理业务的重要性，采取必要的信息安全防护措施，保障系统受到攻击而不影响业务的开展。

考虑到客运服务系统要从其他相关信息系统获取信息，并为其他相关系统提供数据支持，系统通过科学合理的设计保障系统间数据交换的安全、可靠和高效。

(三)高系统性能设计

考虑到系统将处理大量信息处理请求,通过科学合理的设计,保障系统运行的高效性。满足客票交易和客服系统对时效的要求。

系统采用的数据库具有很强的并发性,保证了数据库系统较高的并发访问能力。

(四)成熟和先进性原则

系统结构设计、系统配置、系统管理方式等方面采用国际上先进同时又是成熟、实用的技术。

(五)开放性和标准化原则

在设计时,系统提供开放性好、标准化程度高的技术方案;设备的各种接口满足开放和标准化原则。

(六)易扩展原则

所有系统设备不但满足当前需要,并在扩充后满足可预见将来需求,如服务器的扩展,应用的扩展等。保证建设完成后的系统在向新的技术升级时,能保护现有的投资。

(七)易管理原则

整个系统的设备应易于管理,易于维护,操作简单,易学,易用,便于进行系统配置,在设备、安全性、数据流量、性能等方面得到很好的监视和控制,并可以进行远程管理和故障诊断。

(八)完备的系统应急功能

如何在紧急情况下及时地疏导旅客进行疏散,保证旅客人身安全,是客运专线运营中一个最重要的问题。为此客运服务系统提供了完备的系统应急功能。客运服务系统与消防系统、公安系统和监视系统紧密结合,在发生紧急情况时,系统可立即中断正常信息发布,并通过声音和图像报警的形式,提醒旅客紧急避险。

三、设备厂家

表 4-14-1 所示为设备选型厂家。

表 4-14-1 设备选型厂家

序号	设备名称	供应商名称
1	进出站检票机	易程科技股份有限公司
2	自动售票机	中国铁道科学研究院
3	票房售票机	易程科技股份有限公司
4	DLP 大屏幕	广东威创视讯科技股份有限公司
5	LED 显示屏	南京洛普股份有限公司
6	PDP 显示屏	乐金电子(中国)有限公司
7	公共广播	提讴艾(上海)电器有限公司
8	视频监控摄像头	松下电器(中国)有限公司
9	时钟系统	烟台持久钟表集团有限公司
10	自助查询机	北京思路信科技发展有限公司
11	小件寄存柜	深圳市智莱科技有限公司
12	求助系统	北京挪拉斯坦特芬通信设备有限公司
13	自助站台票机	广州广电运通金融电子股份有限公司
14	安检仪	同方威视技术股份有限公司
15	门禁设备	北京市门吉利磁电工程研究所
16	票务系统安全保障平台	深圳市永达电子有限公司
17	防火墙	联想网御科技(北京)有限公司
18	UPS	以色列伽玛创力有限公司
19	服务器	上海惠普有限公司
20	网络设备	杭州华三通信技术有限公司

第二节　施工方案、工艺流程和关键工艺工法

一、总体施工方案、流程

1. 第一阶段

综合布线，室外及室内预埋件、吊挂件、壁挂件、支架、托架的加工及安装。（根据中标厂家提供的加工图纸及安装方案，加工需要安装的吊挂件、壁挂件、支架、托架等。根据设计的设备布点图纸，在指定位置安装设备的吊挂件、壁挂件、支架、托架。）实施过程中需要与土建相关施工项目同步进行。对此，经理部将加大与土建、装修等相关各专业的配合与协调，配备足够的施工力量，确保施工项目同步进行。

2. 第二阶段

各系统终端设备的安装和配线。设备到货以后，根据设计图纸及厂家提供的安装图纸，在既有吊挂件、壁挂件、支架、托架的位置上安装终端设备及设备配线。

3. 第三阶段

机械室及配线间内集成设备的安装及配线，经理部将安排经过专门培训的技术工人负责该部分的施工，确保施工质量和工期。

4. 第四阶段

完成系统调试。由各专业工程师完成各子系统调试并完成整个系统联调联试，使系统具备试运行条件。

施工流程如图 4-14-1 所示。

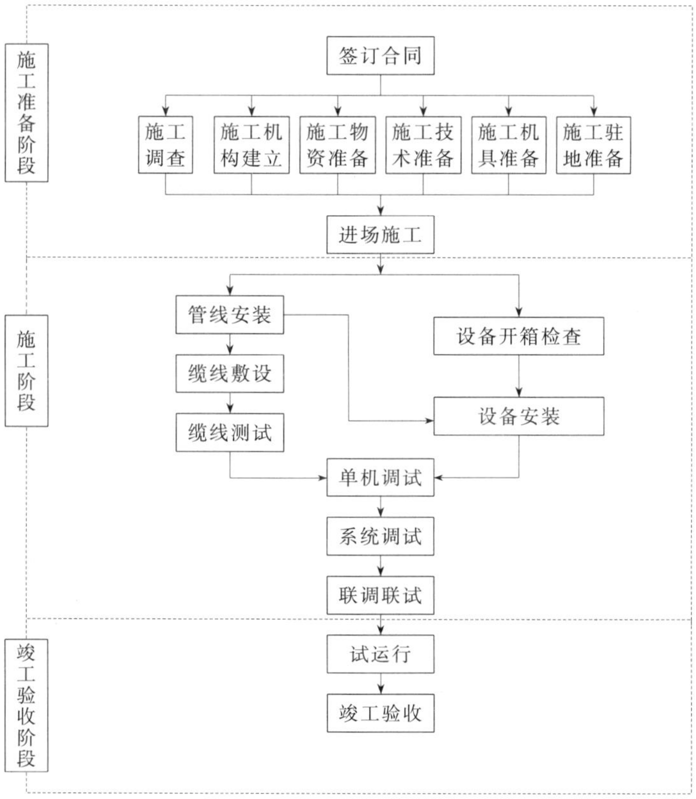

图 4-14-1　施工流程

二、分项施工方案、工法

（一）控制机房

1. 设备安装

根据审批方案，严格按照施工工艺安装。

设备机柜应严格按照设备平面设计图进行安装，安装时充分利用水平尺，定位仪反复比较保证垂直度，

水平度在设备安装规范范围内，机柜内元器件安装应考虑防滑和加固处理，以防造成位移。机柜底部采用绝缘处理，保证设备的整体绝缘效果。

使用钻孔定位模板进行钻孔、安装螺栓。根据车站的具体情况，抽测螺栓强度。设备安装时．要轻搬轻放，设备水平偏差、垂直偏差应符合设计要求。

独立设备安装完毕及时进行检查，检查设备的水平、垂直偏差、安装强度等。设备安装完毕，会同建设单位、供货商、驻地监理进行设备安装检查验收，做好检查记录。

设备安装总体原则是设备型号、规格符合设计及供货合同规定，内部设备接(插)件(盘)完整，符合施工图设计要求。

设备安装必须小心轻放避免震动及划漆，交叉施工时必须具有防尘设施。

机房设备以及各系统终端设备安装时，统一考虑安装位置，做到协调一致。避免位置冲突。

设备配线：地面电缆槽的安装，配线电缆的布放，电缆头的制作、电缆的绝缘、对号测试、做好电缆名牌并标记、电缆与设备的连通、与相关专业接口的对接。同时做好防雷接地装置。配线时，应遵照设备内部配线图及设备连接图的规定。进行防水处理。用防水胶密封终端盒、出线管孔、设备底座。综合布线必须平直、扎把方正、标识清晰、弯度适中。

2. 子系统调试

制定应急方案。在设备加电之前，仔细检查各回路、支路线缆的连接，确认无误后方可合闸加电。设备正常运行以后，配合做好设备的性能测试及参数试验。当出现意外情况时应及时采取应急方案，以保证设备的安全。

(二)网络系统

对机房条件进行确认，检查机房面积、机房高度、沟、槽、管、洞等是否符合设计要求，是否具备设备安装条件。确定设备的安装位置和安装方式。检查机房交流电源是否到位，交流电源是否满足设备使用，设备用电与空调用电是否分开，电源电压是否稳定。检查地线是否已经引入，阻值是否符合要求。落实确定各种配线的长度和布线方式。

1. 设备安装

设备机架固定方式应符合设计或厂家规定，防震加固措施符合设计要求，各紧固部分应牢固无松动现象，各种零件不得脱落或碰坏，机架安装采用整体连接固定方法，即制作与设备机架相符和与静电地板高度相等的安装底座和采用调平调直导轨进行安装、连接和固定，如此可对设备前后、左右、高矮平面进行调整，保证设备整体稳固和整齐美观。

2. 缆线布放

电缆的规格、路由等应符合施工设计规定，电缆排列必须整齐，外皮无损伤，电缆转变均匀圆滑，弯弧外部保持垂直或水平成直线，电缆转弯的最小曲率半径大于 60 mm，布放走道电缆必须绑扎，绑扎后的电缆应互相紧密靠拢，外观平直整齐，线扣间距均匀，松紧适度，布放槽道电缆时可以不绑扎，但要求槽内电缆顺直，尽量不交叉，电缆不溢出槽道，在电缆进出槽道部位和电缆转弯处应进行绑扎或用塑料卡捆扎固定，电缆两侧均应在距同端头 2.0 cm 处粘贴标识标签，标明去向和用途。

3. 缆线接续

信息模块的压接一般有 2 种：①用打线工具压接；②不要打线工具直接压接。根据工程实施经验，采用打线工具进行压接模块。

对信息模块压接时应注意以下几个问题：

①双绞线是成对相互拧在一起，按一定距离拧起的导线可提高抗干扰的能力，减少信号的衰减，压接时一对一对拧开放入与模块相对的端口上；

②在双绞线压处不能拧、撕开，并防止有断线的伤痕；

③使用压线工具压接时，要压实，不能有松动的地方；

④双绞线开绞不能超过要求。

其他各种线缆的接续应符合设计和规范要求。

（三）导向系统

1. 吊挂式显示屏安装

吊挂式显示屏一般用于站台信息屏、编组屏以及通道屏，安装于站台顶部的混凝土或钢梁结构上以及站内的进出站口。

（1）在带吊顶站台雨棚上安装

①吊挂件分别由上部吊杆、下部吊杆及显示屏连接件组成，采用螺栓进行连接，下部吊杆穿入上部吊杆中。安装时上部吊杆安装于站台顶部的主体上，隐藏于站台顶部主体与站台吊顶之间，在站台上只能看到下部吊杆及显示屏。吊杆的高度可以根据现场调查确定，下部吊杆的上部可加工多个调节孔，用于调节下部吊杆插入上部吊杆的长度，从而达到调节整体吊杆高度的目的。

②吊挂件的安装。

a. 吊挂件在混凝土结构上的安装

由于显示屏会受到风荷载及列车运行所带来的震动，所以吊挂件顶部的法兰盘需采用牢固的化学锚栓与混凝土结构相连接。

b. 吊挂件在钢梁结构上的安装

采取将吊挂件顶端法兰盘与钢梁结构进行焊接的方式进行安装。

③吊挂件与显示屏的连接。将两个吊挂件按要求调整到高度一致，利用手拉葫芦将显示屏吊到安装高度进行安装。吊挂件与显示屏通过显示屏连接件进行连接，连接件下部与显示屏连接，上部深入到吊挂件下部吊杆的连接槽内通过螺栓与下部吊杆连接，连接件可以在槽内以螺栓为轴心进行轻微摆动，这样可以通过显示屏的轻微摆动减少风荷载对显示屏及吊挂件的影响。

实际安装效果如图 4-14-2 所示。

图 4-14-2 实际安装效果（在带吊顶站台雨棚上）

（2）在无柱雨棚站台上的安装方式

无柱雨棚站台显示屏安装，要考虑包括显示设备重量、附属设备重量及维护结构重量等各种荷载，按照所有荷载的最不利组合进行屏体结构设计。

①双杆安装方式。

显示屏吊挂固定件采用抱箍形式与雨棚的钢管梁连接，固定件和吊杆的连接采用螺栓，可以使吊杆自然垂直于地面。

吊杆分为上下两部分，可以调节高度；与显示屏的连接件与前面所述相同。

实际安装效果如图 4-14-3 所示。

②单杆安装方式。

显示屏吊挂件采用抱箍加焊接的方式与站台无柱雨棚钢梁管进行连接。首先利用导链将吊杆吊上，吊杆法兰与站台钢梁管通过抱箍连接，利用吊杆的自重使吊杆与地面垂直。然后将吊杆上部法兰与钢梁管焊接。将线缆通过穿线孔引下，吊杆下部与显示屏外框架连接。为保证显示屏在风力作用下的稳定度，吊杆应伸入到屏体结构件中，利用法兰连接，同时上部进行焊接。

实际安装效果如图 4-14-4 所示。

图 4-14-3　实际安装效果(双杆安装方式)

(3)对于体积及重量较小,且不受风载荷影响的室内通道屏,可采用吊链的形式进行安装。利用法兰盘和膨胀螺栓在顶部进行吊链固定,吊链下部连接显示屏。房屋吊顶以下部分的吊链外套钢管进行装饰,钢管根据现场情况及要求进行喷涂处理。

图 4-14-4　实际安装效果(单杆安装方式)

(4)吊挂式显示屏的安装与房建及装修等施工单位牵扯较多,一定要做好与相关单位的密切配合,掌握他们的施工工期计划,尤其是吊顶安装的时间和步骤,合理安排的施工计划。吊挂件的安装要在吊顶施工之前完成,待吊顶完成后进行显示屏的安装。

2. 立柱式显示屏的安装

3. 壁装式大型显示屏的安装

4. PDP 显示屏安装

5. 线缆成端及设备配线

(1)根据设计要求进行线缆的成端,配线前使用 500 V 兆欧表对配线进行测试,配线线间绝缘电阻应大于 30 MΩ,电源配线应大于 1 MΩ(不带端子)。电源零线与火线间绝缘电阻应符合设计要求。若使用光纤传输,光纤熔接后要使用 OTDR 进行测试。

(2)设备上线后根据实际情况留出足够的预留,配线成端预留要统一。线缆两端应按照图纸提供的线号用标签进行标识,根据线色来进行端子接线,并应在图纸上进行标识,作为施工资料进行存档。

6. 加电调试

(四)广播系统

1. 线缆敷设及测试

(1)广播系统线缆敷设主要分为两个部分,一是控制室和主机房及各分配线间之间的网络布线,二是扬声器布线和其他终端布线。网络布线根据设计要求可采用多模光纤或至少五类屏蔽双绞线。扬声器布线:扬声器全部采用高电压输出,因此在信号传输距离上面很远,扬声器布线一般采用:

①距离为 0～250 m 之内,ZR-RVS2×1.5 的音箱线;

②距离为 250～500 m 之内,ZR-RVS2×2.5 的音箱线;

③呼叫站布线:ZR-RVVP2×1.0;

④噪声探测器布线:ZR-RVVP2×1.0;

⑤音量控制器布线:采用四线制,即有一对音频信号线和一对控制信号线。

(2)各种广播线缆在敷设前要先进行测试,线缆合格才能进行敷设。广播线缆的规格、质量、路由、截面和位置应符合施工图的要求和相关施工规范及验收标准的规定。

(3)两端设备处的线缆应根据实际情况留有足够的冗余。线缆的两端均须粘贴标签,以标明走线的去向与来源线缆的走向,标识以系统信源下行为去向,即以机房内设备点为起始端,现场扬声器或噪声探测器为最终端点。

(4)线缆的布放应自然平直,不得产生扭绞、打结等现象,不应受到外力的挤压和损伤。在线缆进出线槽部位、转弯处应绑扎固定,不同类型的线缆应分束绑扎。

(5)在防静电地板下可以将线缆直接布放在地板上,但应注意顺直不凌乱,尽量避免交叉,并适当用扎带固定,布线要整齐美观,不得堵住送风通道。

(6)线缆敷设完成后还应进行测试,以检验敷设过程中缆线是否有损伤,为设备的安装及调试打好基础。

2. 预埋吊杆

广播系统部分扬声器需要提前进行吊杆的制作和预埋,根据设计图纸并结合车站房建及装修施工进度将预制好的吊杆预埋到相应的位置,为扬声器安装做好准备。

3. 机房设备安装

(1)机房设备包括监控室设备和客服主机房及配线间设备。监控室内安装系统管理设备、语音合成设备、信源设备、监听设备及操作员终端;客服主机房及配线间安装数字功率放大器、相关的控制/检测及切换设备等。

(2)大型机柜采用槽钢基础时,先检查槽钢基础是否平直,其尺寸是否满足机柜要求。多台排列时,从一端开始安装,逐台对准孔位,用镀锌螺栓固定。机架固定后应端正、稳固;机架前后及左右倾斜偏差,应小于机身高度的1‰,每列机柜的正面应在同一直线上。不满足要求时,可用铁垫片加以校正,校正完毕后对安装螺栓进行紧固。

(3)机柜安装时,底座背板应与墙壁距离0.8 m,当广播机柜与其他机柜同时摆放时,与其他机柜保持整体协调。

(4)控制台的安装位置应符合设计要求,安装要牢固;台列安装整齐,机台边缘应成一直线,相邻机台紧密靠拢,台面相互保持水平,衔接处无明显高低不平现象。控制台上以及控制台内设备配备完整,安装就位,标志齐全、正确。

(5)CD机、收扩音机、录音机等组合音响设备安装在机柜内时,根据设计要求及设备说明书逐台装入机柜,上好螺栓,固定平整。

(6)上述设备为桌上静置式时,先将专用桌放置好,再进行设备安装。安装时要考虑设备的连接线的固定、走向及预留。

(7)设备安装完后,调试前应将电源开关置于断开位置,各设备采取单独试运转后,然后整个系统进行统调。

4. 终端设备安装

(1)吸顶扬声器安装

(2)室内壁挂扬声器安装

①直接安装:

根据设计要求找好高程,严格按照扬声器后面标注的安装孔位置在墙壁上打眼,直接利用膨胀螺丝进行安装。在墙壁上打眼使用专用的冲击钻,不要破坏墙壁。把现场布线与扬声器线连接,将余留线缆整理好;将扬声器固定在安装挂件上。膨胀螺丝、扬声器上的螺丝等一定要拧紧,以防扬声器掉落。

②利用托架及预埋件进行安装:

当建筑物不能直接打眼安装时,先在建筑物上预埋挂件,利用扬声器的托架和螺栓螺母进行安装。

(3)吊挂扬声器安装

(4)现场音量控制器安装

(5)噪声探测器安装

5. 设备配线

(1)设备配线之前首先对线缆进行检查和测试,使用500 V兆欧表测试扬声器线路各分区绝缘电阻,并做好记录,线缆测试合格后进行设备上线。

(2)机房内设备上线后线缆的余留长度与设备等高为好;终端设备上线根据安装方式进行适当余留,余留的最小长度不能小于0.5 m。

(3)设备上线后要保留好线缆两端的标识,以利于设备维修。

(4)如果是功率可选择性扬声器,扬声器不同抽头接线功率不同,因此要按图纸注明的功率要求接线。接线要在扬声器接线端子上并接,不允许在两个扬声器之间的线路上并接,以便于维护和故障的排除。

6. 加电调试

(五)监控系统

1. 线缆敷设及测试

(1)监控系统线缆主要包括光纤,双屏蔽视频同轴电缆,控制电缆,超五类屏蔽双绞线以及电源线。摄像机到配线间之间的视频传输根据设计要求采用光纤或同轴电缆,一般站台等干扰比较大的地区建议采用光纤传输,其他地方采用视频同轴缆;客服主机房与客服控制室的控制计算机与网络交换机之间以及所有配线间视频编码器与网络交换机之间的连接至少采用五类屏蔽双绞线,RJ45 接口。

(2)线缆的品种、规格、质量必须符合设计要求和相关施工规范及验收标准的规定。各种线缆敷设前要先进行测试,线缆合格才能进行敷设。

(3)在敷设线缆之前,先检查所有沟、槽、管、孔是否已经完成并符合要求,路由以及位置是否与设计相符,确定有无遗漏。

(4)布放线缆应排列整齐,不拧绞,尽量减少交叉,交叉处粗线在下,细线在上,不同电压的线缆应分类绑扎

(5)管内穿入多根线缆时,线缆之间不得相互拧绞,管内不得有接头。

(6)引至摄像机终端的线缆应留有一米的余量,以免影响摄像机的转动;摄像机的同轴电缆、控制线及电源线均应进行固定,不能用摄像机的插头承受电缆自重。

(7)各类线缆的施工应严格执行相关的施工规范及验收标准,线缆敷设完成后两端必须做好标记,其中控制线应做好极性标记。

(8)监控室内线缆的敷设应符合下列要求:采用地槽或墙槽时,电缆应从机架、控制台底部引入,线路应理直,按次序放入槽内;拐弯处应符合电缆弯曲半径要求。线缆在防静电地板下布防应理顺放直,线路两端应留适度余量,并标示明显的永久性标记。

(9)所有线缆敷设完成后要进行测试,以检查敷设过程中是否对线缆造成损伤等。

2. 预埋支架、加工底座

在施工中,部分室外球机和枪机需要进行安装支架、吊杆的加工和预埋,根据设计图纸并结合房建施工进度进行摄像机支架、吊杆的加工并预埋到相应的位置,为摄像机安装做好准备。

机房设备在防静电地板上安装机柜时,采用 50 mm×50 mm×5 mm 标准角钢制作底座,几台机架成排安装时应制作连体底座。

3. 机房设备安装

(1)机房内机架安装应平稳、牢固,机架垂直偏差不得超过机身高度的 1‰;几个机架并排在一起,前面板应在同一平面上并与基准线平行;机架内的设备、部件的安装,应在机架定位完毕并加固后进行,安装在机架内的设备应牢固、端正;机架上的固定螺丝、垫片和弹簧垫圈均应按要求紧固不得遗漏。

(2)控制台的安装位置应符合设计要求,控制台应安放竖直,台面水平,附件完整,无损伤,螺丝紧固,台面整洁无划痕,台内接插件,和设备接触应可靠,安装应牢固,内部接线应符合设计要求,无扭曲脱落现象。

(3)监视器的安装应符合设计要求,安装位置应使屏幕不受外来光直射,当不可避免时,应当加遮光罩遮挡,监视器的外部可调节部分,应暴露在便于操作的位置,并可加保护盖。控制台上的其他设备外部可调节部分,也应暴露在控制台外便于操作的位置。

4. DLP 设备安装

车站综合监控室内 DLP 投影显示墙主要由 DLP 屏幕、多屏拼接控制系统和维护管理终端组成。如图 4-14-5 所示。其安装步骤为:底座拼装、箱体拼装、屏幕拼装、光机安装、其他设备安装、系统连线。

(1)底座安装:将底座安装在水泥地面上,不要直接在防静电地板上安装。安装完后对底座水平平面度

和前端直线度进行粗调。

(2)背投箱安装:箱体由包装箱内取出后一定要将箱体放在水平地面上,最好能有支撑物,以防箱体倒下。按照系统编号首先安装下层中间位置的背投箱,然后安装其他箱体。背投箱拼装完成后,检查箱体的垂直度、直线度、平面度等,其误差应满足要求。

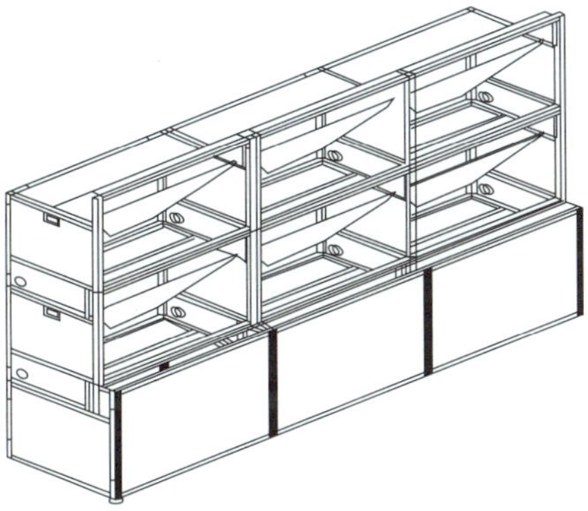

图 4-14-5 DLP 设备安装

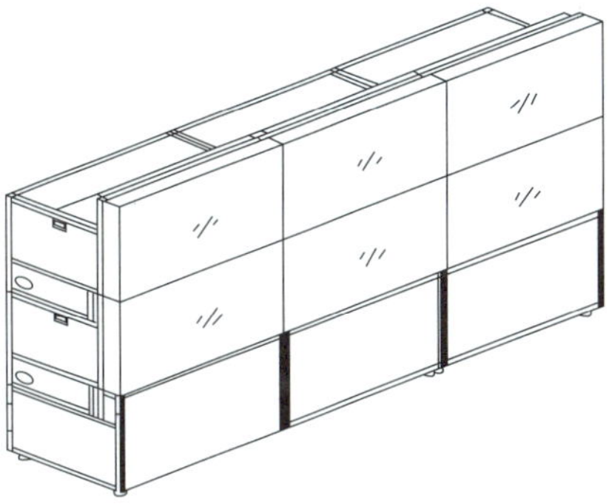

图 4-14-6 屏幕安装

(3)屏幕安装:屏幕安装如图 4-14-6 所示。屏幕为易碎品,安装时要小心谨慎。首先找出下层中间位置的屏幕,小心安装在底座托板上,初步紧固屏幕螺杆;调节底座地脚,使屏幕处在水平位置;调节屏幕水平调整件确保屏幕与背投箱垂直的边距相等,然后小心紧固屏幕螺杆。以此屏幕为基准向两旁安装其他屏幕,先初步紧固屏幕螺杆,进行调整,使相邻屏幕处在同一平面,垂直拼缝满足要求,然后小心进行螺杆紧固。按次步骤安装上层的屏幕。所有屏幕安装完后测量水平度、垂直度、直线度等,使之满足要求,最后将整个大屏幕墙体与地面及墙壁进行固定。大屏幕墙完成后的情况如图 4-14-7 所示。

图 4-14-7 大屏幕墙实际效果

(4)光机部件安装:上述工作完成后进行光机部件的安装,安装完成后按说明书进行连线及设置。

(5)进行其他设备的安装:大屏幕显示系统中包括一些辅助设备,例如多屏拼接控制器、视频矩阵、RGB 矩阵、用户控制 PC、用户信号源等。根据设计要求及现场情况,将这些辅助设备安装到指定位置。

5. 摄像机安装

(1)摄像机到货后,立即组织进行开箱检查工作,设备应无碰撞凹陷,锈蚀及螺丝脱落现象。说明书、合格证、备品备件完整齐全。检查完毕建立台账,与说明书、合格证等一起妥善保管;发现问题尽快与供货单位联系解决。

(2)摄像机安装前须进行编码和测试:根据安装位置、地址码表和摄像机说明书等对摄像机进行编码设置。编码完成后进行通电,使用视频测试终端进行测试,正确无误后进行安装。

(3)室外球型机安装

室外球型机可以分吊装和壁装方式。

①摄像机吊装步骤

a. 按照设计找好安装位置，在安装位置开孔。然后将预先布放的摄像机线缆从孔中拉下，做好接头准备。

b. 拆开摄像机，取下摄像机的上基座，从上基座上取下附件管：

c. 安装机架。将摄像机支架用膨胀螺栓固定在顶部安装面上，将附件管装入支架，将缆线穿过支架引出，与摄像机上基座上的电缆进行接续。使用四支螺丝将摄像机上基座固定在附件管上，使用硅泥等防水材料填充支架与附件管之间的缝隙。

d. 线缆的连接。剪掉控制线的水晶头，剥开四芯中的绿黄两芯，将此绿黄两芯与敷设的控制线相焊接，接好后用防水胶带缠好；将球机电源线与敷设的电源线相焊接，如果铺设的电源线只有两芯，则球机电源线的绿白线(地线)剪断不接，接好后用防水胶带缠好；将敷设的视频同轴缆焊好视频头后直接接到球机的视频输出插头上，并用防水胶带缠好。

e. 根据监控设备地址码和摄像机说明书进行球机的波特率、地址及协议的设置。编码完成后使用视频测试终端进行测试。打开球机顶盖后，可见以下的拨码开关(摄像机品牌不同拨码开关会有所不同)：

f. 安装摄像机。将防掉落钢丝钩住机架，将摄像机固定到上基座上，上紧螺丝，摄像机安装完毕。

以上是使用摄像机自带的支架进行安装，有些位置的摄像机安装需要利用自制并提前预埋的支架进行安装，或与显示屏结合安装，这些摄像机的安装除支架不同外，其他步骤及安装方法与前面方法完全相同。

②在墙壁上安装

(4)枪机的安装

6. 线缆成端及设备配线

(1)摄像机同轴缆成端的 BNC 头焊接时不能出现虚焊、假焊，混线、断线，焊接完成后线的绝缘性能良好。控制缆的正负极性应接正确，不能接反。光纤接续后要使用 OTDR 进行测试。

(2)上线前测试现场敷设的视频电缆、控制电缆、网线的电气性能是否良好，光纤衰耗是否合格。若线缆敷设工序与设备安装工序相隔时间较长，在设备安装前重新复测线缆的性能。

(3)摄像机安装前，确认电源电压是否满足设备要求。摄像机分为 24 V 直流供电和 220 V 交流供电两种，24 V 供电的摄像机需加装 220 V/24 V 的变压器。由于现场有 380 V 供电设备，为防止误接 380 V 电源，加电前需测试电压。确认无误后，方可给摄像机连接电源线。

7. 加电调试

(六)时钟系统

1. 线缆敷设及测试

(1)时钟系统所使用的缆线一般可分为两大类：信号线和电源线。信号线常用的有标准的五类、超五类、六类非屏蔽 UTP 或屏蔽 STP 双绞线，也可以使用非标准的双护套屏蔽聚氯乙烯软线 RVVP4×1.0，一般情况下使用超五类双绞线。电源线可采用 BVV 或 RVV 线，一般情况下使用双护套聚氯乙烯软线 RVV3×1.0。具体施工中应以设计为准。

(2)线缆的品种、规格、质量必须符合设计要求和相关施工规范及验收标准的规定。各种线缆敷设前要先进行测试，线缆合格才能进行敷设。

(3)缆线敷设前检查管线安装是否完成，管线出线位置是否正确。电源线与信号线要分开敷设，各种线缆敷设完成后要有足够的余留，线缆两端要做好标识。

(4)大型车站母钟和子钟之间采用 RS422 接口的点对点总线式的连接方式。母钟到子钟或其他计算机设备的极限传输距离为 1 200 m，超过 1 200 m，需增加中继器。且应根据选用厂家设备情况，控制每路上接入的子钟数量。

(5)线缆敷设完成后还应进行测试，以检验敷设过程中缆线是否有损伤，为时钟设备的安装及调试打好基础。

2. 机房设备安装

(1)机房设备主要为二级母钟、NTP 网络时间服务器及接口设备、维护终端。其中二级母钟、NTP 网络服务器及接口设备安装于客服主机房内，维护终端安装于监控室内。网络时间协议(Network Time Protocol)是一种通过因特网服务于计算机时钟的同步时间协议。它提供了一种同步时间机制，能在庞大而复杂多样的因特网中用光速调整时间分配。NTP 网络时间服务器是一种分布式子网，能自我组织操作、分层管理配置，经过有线或无线方式同步逻辑时钟达到国家标准时间。此外，通过本地路由选择运算法则及时间后台程序，服务器可以重新分配标准时间。

(2)车站二级母钟安装

①车站二级母钟柜内采用模块化设计；与外部设备之间的连线均采用下部走线方式，在防静电地板下走线。

②二级母钟安装环境要求：温度－10 ℃～65 ℃，相对湿度 5%～95%，防尘、防震。

③根据二级母钟安装尺寸及机房防静电地板高度制作设备底座。底座采用 50 mm×50 mm×5 mm 国标角钢制作，全焊接结构，进行防锈处理。

④按照设计图纸对母钟底座进行定位，母钟安装位置前后距其他设备及墙面距离要满足设计要求，底座与地面用膨胀螺栓固定，底座与机架之间采用螺栓螺母进行固定。

⑤母钟机架安装应平稳、牢固，机架垂直偏差不得超过机身高度的 1‰；母钟与其他机架并排安装时，前面板应在同一平面上并与基准线平行；机架上的固定螺丝、垫片和弹簧垫圈均应按要求紧固不得遗漏。

⑥时钟系统车站二级母钟为其他子系统提供标准时间 RS422 接口，并开放时间协议，接口类型为 RJ45，各接口之间相互独立并隔离。采取的隔离措施为光电耦合器。

⑦GPS 天线安装

车站母钟包括 GPS 时间信号接收单元，GPS 信号接收单元是为了获取全球定位系统高精度的时间数据而设置，以实现时间系统的无积累误差运行。施工中需要安装 GPS 天线，GPS 天线通常安装在客服机房楼顶的空旷、无遮挡处。安装位置要在建筑物的避雷范围以内，安装高度高于安装平面 1.5 m 以上。

3. 子钟安装

子钟安装方式一般分为壁挂式和吊挂式，或与显示屏结合的方式进行安装。

(1)壁挂式安装。

(2)与显示屏结合。

在站台上指针式时钟一般与站台信息屏结合安装，时钟在站台信息屏上选择合理的位置，既醒目又不单独占用独立空间。结合方式从拼接和色彩搭配上尽量做到美观统一，使站台信息屏和指针式时钟具有整体性效果，使乘客在乘车的过程中随时掌握时间的信息，乘客无须刻意寻找时钟。

4. 设备配线

(1)设备配线之前首先对敷设好的缆线进行检查和测试，合格后进行设备配线。用 500 V 兆欧表进行测试，配线绝缘电阻：线间应大于 30 MΩ；电源配线应大于 1 MΩ。

(2)由传输系统提供一个 2 M 口经 E1/RS232 转换器转换为 RS232 接口接车站二级母钟，作为上一级母钟与车站二级母钟之间的通道。

(3)设备配线后线缆两端要做好标识，并根据要求留有足够的冗余。

5. 加电调试

(七)门禁系统

1. 线缆敷设、测试

(1)门禁系统线缆分为两种：信号线及电源线。

电源线：主要给电磁锁，读卡器等提供电源。一般情况采用 RVVP 线，线径根据设计要求确定。

信号线：主要是读卡器信号线、出门按钮控制线、门磁信号线及各种数据线。线缆主要为五类或超五类双绞线及 RVVP 线。

(2)现场测量计算门禁系统电缆的实际敷设长度；核查各类预留沟、槽、管、洞是否满足线缆敷设要求。

(3)线缆的品种、规格、质量必须符合设计要求和相关施工规范及验收标准的规定。各种线缆敷设前要先进行测试，线缆合格才能进行敷设。

(4)电源线与信号线要分开敷设，各种线缆敷设完成后要有足够的余留，线缆两端要做好标识，屏蔽电缆的屏蔽层均需单端可靠接地。

(5)门禁控制器箱到天花的走线要求加套管埋入墙内或用钢管加以保护，以提高防盗系统的防破坏性能。

(6)所有线缆敷设完成后再次进行测试，以检验敷设过程中是否对缆线造成损伤，为门禁设备的安装及调试打好基础。

2. 门禁控制箱安装

(1)控制箱的箱体板与框架应与建筑物表面配合严密；严禁采用电焊或气焊将箱体与预埋管口焊在一起。

(2)根据设计确定门禁控制箱的安装位置，在无具体要求时宜安装于较隐蔽及安全的地方，防止人为的恶意破坏。

(3)控制器箱的交流电源应单独走线，严禁与信号线和低压直流电源线穿在同一管内。

(4)安装明装壁挂式控制器箱时，找准高程用冲击钻打眼，埋入胀管螺栓进行固定，安装要牢固。要求箱体背板与墙面平齐，其高度以设计要求为准。

3. 终端设备安装

(1)终端设备安装前要与相关施工单位配合在门框开孔。

(2)读卡器、出门按钮、电磁锁等终端设备的安装位置应符合设计及产品说明书的要求，一般情况下读卡器、出门按钮的安装高度距地面为1.4 m，与门框边沿水平距离为0.1 m，读卡器安装在室外，出门按钮安装在室内。

(3)读卡器的安装应紧贴墙面，安装牢固，一般通过螺丝直接固定在暗装86接线盒上，读卡器的安装应紧贴墙面，四周无缝隙，安装牢固，面板端正，配件齐全。不要将读卡器安装在金属物体上，两台读卡器之间的距离不要少于30 cm。

(4)安装电磁锁：首先核对锁具的规格、型号是否与其安装的位置、高度、门的种类和开关方向相适应。将电磁锁的固定平板和衬板分别安装在门框和门扇上，然后将电磁锁推入固定平板的插槽内，最后固定螺丝。在安装电磁锁时，一定要使锁体和继铁板能紧密的结合，否则会出现吸力不够的情况。

4. 设备线缆连接

接线前，先将已敷设好的线缆进行对地和线间的绝缘测试。测试合格后严格按照设备接线图接线，接完后进行校对，确认准确无误。机房设备采用专用导线将各设备进行连接，机房设备、屏蔽线应按要求进行接地，接地电阻符合设计要求。

5. 加电测试

(八)自动售检票系统

1. 终端安装工艺要求

(1)各类终端设备周围应留足够的操作和维护空间。

(2)设备、底座安装牢固，底座与地面间应作防水处理；设备安装应垂直水平。

(3)服务器、工作站、交换机、打印机安装稳定、牢固，位置准确，符合设计要求，通风散热符合设计要求。

(4)机柜固定牢固、垂直、水平，同列机柜正面位于同一平面。

2. 自动检票机安装工艺

(1)将闸门放置在地面保证平稳。

(2)用粉笔线在地面上定位闸门阵列安放的位置(闸门阵列的中间应该被定位。标记第一个闸门垂直中线)。注意：第一个闸门一定要准确的垂直并水平中间，因为其他闸门定位是基于第一个闸门。

(3)从一个极点开始，在第一个闸门位置安放闸门钻孔模板。确定与粉笔线水平并垂直。

(4)在这个闸门模板旁边，定位一个合适的间隔区。

(5)在通道模板旁放置另一个闸门模板。确定与粉笔线水平。

(6)使用在闸门模板上的孔口，为模板的锚栓在地面上选择四个参照点。左边两个右边两个。

(7)重复(4)～(6)直到所有的孔被标记。

(8)用锤钻通过钻孔模板向地面钻12个孔(用12 mm的金刚石钻头或Hilti硬质合金TE钻头，根据规格）。确保每个锚栓进入混凝土至少 120 mm（根据现场情况，如果达不到 120 mm 应该与闸机厂家确认后调整打孔深度）。

(9)清除孔的灰土。

(10)移除钻孔模版安置闸门

(11)用化学锚栓物质填充孔并把螺纹棒放入孔中。

(12)看是否闸门平衡。如果需要加钢质垫片。垫片不能超过 9.5 mm 厚而且必须放在地面与闸门框架底部顶角处。

(13)等待 20 min 化学锚栓物质变干。

(14)使用扳手拧上 12 个螺母确保闸门与地面安全固定。

(15)使用密封剂将每个闸门底部封好（推荐 3M 5200 Marine Adhesive）

(16)安放斜坡。

(17)用化学锚栓物质填充孔并把螺纹棒放入孔中。

(18)看是否斜坡平衡。如果需要加钢质垫片。垫片不能超过 9.5 mm 厚而且必须放在地面与斜坡框架底部顶角处。

(19)等待 20 min 化学锚栓物质变干。

(20)使用扳手拧上 4 个螺母确保闸门与地面安全固定。查阅 Hilti 产品技术说明。

(21)使用密封剂将每个闸门底部封好（推荐 3M 5200 Marine Adhesive）。

3. 线缆布放

闸门供电：单相 230 VAC（－10%）；3 线电缆；50/60 Hz（－10%）；2 400 W（最大）；控制和信号线必须离电源线至少 0.3 m。每一个闸门的服务电源插座是 230 VAC，6 A 带一个分离的断路开关。

火线接到 L，零线接到 N，地线-安全的地线必须连接到一个系统地线上。地线电阻必须遵守国际和本地工业安全规则和或电气规程的要求。所有地线连接的完整性应该进行阶段性的检查。为了安全，地线连接点必须连接到邻近的建筑物钢铁上（如钢桁的支架，托梁）

4. 实际效果：如图 4-14-8 所示。

图 4-14-8　自动售检票系统实际效果

（九）求助系统

1. 立柱式求助按钮安装

立柱式求助按钮直接安装在地面上，找好安装位置，在地面上打眼，利用膨胀螺栓直接固定好求助按钮，将线缆接通，安装完成。

2. 壁装式求助按钮安装

首先按图示尺寸核对求助按钮在墙壁上预留尺寸及高程是否正确，如不符，应提前进行处理。壁装式求助按钮由两部分组成，嵌入式安装盒和按钮面板。先将嵌入式安装盒嵌入在预留好的墙壁开口内，根据安装盒四个安装条形孔在墙上画线，取出安装盒，在墙上打眼安装膨胀管。然后将安装盒利用膨胀螺栓固定在墙壁上，最后将按钮面板用四个安装螺丝固定在嵌入式安装盒上。

（十）查询系统

自动查询终端采用靠墙直接立于地面的安装方式。

自动查询终端采取就近取电，引自相邻配线间，电源线采用 RVV3×2.5，通讯线采用超 5 类屏蔽双绞线从终端自动查询机引至配线间交换机。

（十一）安检系统

根据设计图纸及厂家的施工要求，在准确、合适的位置安装安检仪。在既有线槽内布放配线电缆，保证布线平直、扎把方正、标识清晰、弯度适中。设备供电方式为就近取电。

（十二）客运服务安全保障平台

机柜安装的位置应符合设计要求，注意机柜垂直度、水平度、稳定度、设备间隙等应符合规范要求。系统设备安装依照经批准的设计文件设备布置图，合理分配柜内空间。

（十三）其他系统

其他系统包含办公自动化、公安管理信息、综合布线系统、仪器仪表。

1. 后台设备安装

交换机、服务器安装采用 19 号机柜安装。机柜安装的位置应符合设计要求，注意机柜垂直度、水平度、稳定度、设备间隙等应符合规范要求。系统设备安装依照经批准的设计文件设备布置图，合理分配柜内空间，在插拔电路板、单元盘时应戴防静电手环。

2. 设备配线

配线时应争取一次性敷设完所有的配线电缆；应根据机柜内设备布置情况合理安排配线走向；配线前电缆必须进行对号，配线完成后芯线必须进行复测；配线完成后应加注明显清晰的线缆标识，表明线缆用途、起始位置等。

3. 终端设备软、硬件安装

为各业主安装终端设备、PC 机和打印机等设备，安装相关路局统一版本办公应用软件。

第三节 调试有关情况

一、子系统调试

（一）票务系统调试

在子系统调试中，主要测试以下各项功能，保证功能实现，工作良好。为全线的联调联试提前做好准备。

1. 窗口售票系统

票务业务功能：车站窗口售票系统售票功能、退票功能、收入管理功能、统计管理功能及系统管理功能均保证实现既有 TRS 票务系统业务功能。

另具备热敏打印功能、写磁与读磁功能、自动上纸功能、车票自动定位与剪切功能、定位标记检测容错功能、写磁与校验功能、废票处理功能、工作参数设置功能、故障检测与报警功能、初始化的故障检测、工作状态下的状态检测和故障监测、故障维修诊、错误报警及正常维护提醒机制、上电自检功能、看票号功能、成票磁信息读取功能、空白票作废功能、成票废票功能、图形下载、编辑、存储与打印功能、制票总张数查询功能、灯光/显示提示功能、车票排出功能。

2. 补票机

旅客可以在车站进行补票；支持补票收取手续费，对于特定的情况加收票款，能够灵活设置手续费和票款额度；车站补票的情况包括：携带品超重、超大、儿童超高、越站乘车、无票乘车、不符合优惠条件乘车等；记录补票存根;对补票存根分类存储、整理、管理、统计;补票存根需要作为清算依据之一。

3. 自动检票系统

自动检票机测试,运行参数接收,时钟同步客户端,检票日计划接收,进站出站检票,控制命令接收,检票存根上传,状态信息采集,软件升级,界面设计。

4. 自动售票系统

自动售票机向旅客提供以下基本功能:现金购票、银行卡购票、整叠出票、硬币找零、纸币找零、收据打印、广告播放、语音提示、人体接近感应功能、求助功能、监控摄像功能、储值卡业务。

车票发售、现金购票、银行卡购票、找零功能、收据打印。

5. 广告播放

设备根据从车站计算机下载的广告播放参数进行播放多媒体广告,在无旅客操作期间,可通过旅客显示器播放预先录制的影音片段作为广告宣传。

(二)旅客服务系统

在子系统调试阶段,对各个系统进行单独调试,测试功能,为联调联试做准备。

1. 大屏幕 DLP 显示系统

全屏显示多窗口显示、多路视频信号输入和显示、多路 RGB 信号输入和显示、网络信号显、各类信号混合显示、多制式支持、自动检测和匹配、显示参数调节、显示预案、计划任务管理、设备状态监视、灯泡功率可调、故障报警、网络接口。

2. 导向揭示系统

引导显示功能、列车到发信息显示功能、售票显示功能、临时信息发布显示功能、综合资讯发布功能、检票同步提醒、视频信息显示功能、时钟发布显示、模版制作、播放列表制作管理、数据读取、发送、显示及接收、系统显示控制功能、系统管理维护功能、系统自诊断、信息优先级管理、日志管理、参数设置功能、用户权限管理、监控。

3. 数字广播系统

自动广播功能、人工广播功能、背景音乐功能、控制与管理功能、监视与检测功应急广播功能、自动增益控制功能。

4. 视频监控系统

视频监控功能、视频录像及回放功能、报警联动功能、快球摄像机控制功能、系统管理功能。

5. 时钟系统

同步校对功能、自动校时和追时功能、时间显示功能、监控功能、兼容和扩展功能。

二、联调联试

在联调联试阶段,主要测试票务系统、集成平台系统接收上级信号的准确性、及时性。

(一)票务系统

1. 检票基础数据获取

自动检票系统通过路局客票系统接口服务器从客票系统中获取基础字典、列车运行图数据,并以此为基础编制基本检票计划;通过旅客服务系统与运调系统接口服务器获取列车到发变化信息,根据需要自动编制并执行动态调整计划,并将调整后的检票日计划下发到自动检票机,从旅客服务系统获取正确的时钟信息,并在系统内同步时钟。

2. 检票计划管理

检票计划管理是自动检票系统的核心功能,以车次为单位、按基本检票计划和动态调整计划分别进行管理,实现了自动检票机检票业务的全面控制。

3. 基本检票计划编制

完成基本检票计划的编制、查询与修改功能。基本检票计划是由车站业务人员依据客票系统的基础数据,以及车站乘降作业组织方案提前编制而成,主要包括车次、发站、到站、检票起止时间、使用的自动检票机、计划有效时间等信息。

自动检票系统服务器每天根据基本检票计划和动态调整计划自动生成检票日计划，并传输到自动检票机和相关系统。

4. 动态调整计划执行

动态调整计划是对基本检票计划的临时修改和补充，可用动态调整计划对检票日计划进行调整，主要包括计划类型、执行规律、车次、发站、到站、检票起止时间、实际发车日期及时间、使用的自动检票机、操作员等信息。

动态调整计划可分为立刻开检、开检取消、立刻停检、停检取消、检票口调整、列车晚点、恢复正点、晚点未定、未定取消、检票时间调整、列车停运、列车恢复开行、列车改点、增加临时列车等业务操作流程。

动态调整计划执行分为两种情况：一是车站操作人员根据实际情况手工输入执行，如立刻开检、立刻停检、检票口调整等；二是自动检票系统根据从运调系统获取的列车运行信息自动生成并执行的动态调整计划，如列车晚点、恢复正点等。

动态调整计划执行时立刻修正已生成的检票日计划并及时传输到自动检票机和相关系统。

5. 检票日计划下发

系统在每天自动生成检票日计划或通过动态调整计划修正检票日计划后，以自动检票机为单位进行检票日计划的下发。自动检票机根据接收的检票日计划进行检票业务。

6. 日计划生成日期定义

设置检票日计划的生成提前日期。

7. 自动检票机参数设置和数据交换

自动检票系统服务器与自动检票机间采用 TCP/IP 协议完成数据的上传与下载。一方面实现自动检票机运行参数和检票日计划的设置和下载；另一方面从自动检票机获取设备运行状态信息、采集自动检票机检票信息等。

8. 用户管理

完成自动检票系统的授权管理，操作员只能按照系统规定的权限进行操作，保证系统应用安全。

9. 结班统计

根据自动检票机上传的检票存根数据进行统计分析并提供相关报表。检票存根统计分析图、自动检票机作业日报表。

10. 系统管理

后台系统数据可能由于硬件或软件故障而变得不能使用，因此必须制定一个切实可行的备份与恢复策略，以防止数据库可能出现的异常情况而造成的不必要的数据丢失。

11. 日志监控

系统日志主要功能有检票日计划生成日志、动态调整计划执行日志、检票日计划下载日志、客票数据传输日志等。

(二)旅服系统集成平台

1. 总体功能

易通平台集成导向揭示、广播、监控、求助、时钟、查询，与火灾报警、楼宇自控等系统进行互联。按运营需要制作业务模版，根据列车到发、检票等相关业务信息，自动生成广播计划和综合显示计划，实现综合业务操作。并对各子系统设备进行集中监控和报警管理。

易通平台在紧急情况下启动应急预案为决策人员提供综合决策信息，为操作人员提供及时的操作指导，提高整体应急处理能力。为运营人员提供完整的、定制化的权限管理。通过数据统计、报表制作与打印功能，满足各类统计数据业务需求。

易通平台功能分为业务集成功能、集成管理功能和外部接口功能。

2. 业务功能

易通平台集成导向揭示系统、广播系统、监控系统、查询系统、求助系统、时钟等子系统。各子系统的业务操作集成在易通平台上完成，各子系统执行易通平台监控指令，并完成本系统的维护管理。

第四节 经验体会和建议

客运服务系统作为站后工程的一个组成部分，具有技术先进性、设备多样性、施工交叉性等特点，通过武广铁路客运专线客运服务系统的实施，有如下经验体会及建议。

一、综合管线的站前站后配合

由于信息系统的施工是在站房基础结构成形，开始装修时进入施工现场，整个施工时间比较短，进入站房，首先的工作就是要和站房单位建立好良好的沟通机制，完成监控、广播等系统的管线预埋以及线缆防护工作。此时也要和站房装修单位配合好，管线铺设完成后，再进行墙面封装。

但由于各施工单位的要求不同，信息专业的施工工序难免会对各装修单位造成进度的影响，在装修单位在墙面开始铺设管路时，为了完成工程进度，先进行了装修面铺设工作，并未通知信息专业。信息管路在后期需要进入墙面，造成已经完成的墙面部分拆除工作，带来了一定量的工作重复，加大了人工成本。

但经过此样问题在武广会议上的提出，武广公司计装部立即针对此问题进行了问题的分析，并拿出了解决方案。在武广公司的有效接口管理领导下，武广铁路客运专线首次启动接口管理程序，站前站后基本能够相互衔接，有效沟通，避免了错过管线预埋的良好时机，使得两家施工单位在工程现场配合良好，有事都可以电话沟通，配合完成各自专业工作。

二、需求变化对竣工数量变化的影响及合理化建议

在施工过程中，随着工程主体的不断完善，使用人员为使系统功能更契合实际环境，同时也为旅客提供更便捷的服务，其对具体的使用需求也将产生变化和调整。比如显示屏的尺寸或安装位置、摄像机的安装位置及覆盖范围、扬声器的声场效果等。在此情况下，设计单位及施工单位（也包括站前施工单位）都势必需要对施工方案进行调整，从而造成工程量的变化或对已完工作量的返工。

针对以上情况，建议采取如下措施以尽量减少此种变化情况的发生：

1. 对施工图进行多次讨论，重点关注使用环境及功能效果，讨论单位要包含具体的使用、施工单位及相关技术人员，同时聘请相关专家参加，以汇总各方意见，提升设计效果。

2. 根据实际施工情况，选定某一特定车站作为标准站先期进行施工，并对施工情况进行检查和研讨，以对设计及施工效果、环境协调性、功能可行性进行评估，在评估通过后作为后期施工的模板或样板，进一步减少需求变化从而减少工程量变化，提高施工进度，减少施工成本。

第十五章　防灾安全监控工程

第一节　工 程 概 况

一、施工范围

防灾安全监控系统主要考虑自然灾害对高速铁路行车安全的影响，结合列车运行信息化处理，实现自然灾害在线监测预警、超限报警，进而实现自动控车或人工手动控车的目的。本系统负责监视全线自然灾害以及危及行车安全的情况，提供预防预警告警信息，并通过综合调度中心下达行车、救援、维修管理等命令。

防灾安全监控系统的监控对象直接与行车安全相关，部分对象直接参与列控，因此，具有很高的重要性。因此系统设计时在其可靠性、安全性方面均做了充分的考虑。

系统由各子系统、通信基站监控单元、防灾安全监控中心系统以及传输网络设备等组成。

从前端控制单元、传输通道到中心数据处理设备、网络设备均采用了双冗余结构，极大地保证了系统的高可靠性。

对于直接涉及行车控制的异物侵限部分，系统操作采用软硬件互锁、密码确认等多重手段来保证操作的安全性；前端控制部分采用了具有故障安全的继电器逻辑来保证操作的安全、可靠性。

同时该系统采用了完全开放式的体系结构，软硬件均便于未来其他防灾监控对象的接入，具有良好的扩展性。

二、设备选型原则

按照技术上先进、经济上合理，使用上适用的原则，以及可行性、维修性、操作性和能源供应等要求，进行调查和分析比较，确定设备的优化方案。

(1)厂商的选择

如国内没有成熟产品，可选用国外产品，否则使用国内成熟产品。同类设备尽可能选取同一厂家的产品，这样在设备可互连性、协议互操作性、技术支持等方面都更有优势。

(2)扩展性考虑

主干设备选择应预留一定的能力，以便将来扩展，而低端设备则够用即可，因为低端设备更新较快，且易于扩展。应具有独立知识产权，以保证对新技术的支持。

(3)根据方案实际需要选型

参照整体设计要求的基础上，根据实际性能需求、适用范围选型。

(4)选择性能价格比高、质量过硬的产品

为使客户的投入产出达到最大值，能以较低的成本、较少的人员投入来维持系统运转，因而要求系统具有较高的可靠性。全系统的可靠性主要体现在设备的可靠性，尤其是主干设备的可靠性以及线路的可靠性。

(5)可靠性

由于升级的往往是核心和主干设备，其重要性不言而喻，一旦瘫痪则影响巨大。

(6)可管理性

一个大型系统可管理程度的高低直接影响着运行成本和业务质量。因此，所有的节点都应是可网管的，而且需要有一个强有力且简洁的网络管理系统，能够对整个系统的使用、运行状况等进行全方位的监控和管理。

(7)标准性和开放性

由于一个集成系统往往是一个具有多种厂商设备的环境，因此，所选择的设备必须能够支持业界通用的开放标准和协议，以便能够和其他厂商的设备有效地互通。

三、设备厂家

设备厂家见表 4-15-1。

表 4-15-1　设备厂家

序号	设备名称	规格型号及厂家	序号	设备名称	规格型号及厂家
1	监控单元	CR-NMS 世纪瑞尔	4	电源	AC-DC 朝阳
2	风速仪	Gill	5	异物监测控制器	世纪瑞尔
3	雨量计	维萨拉	6	UPS	OVERTOP

第二节　关键工艺流程、工法和控制要点

一、电缆敷设方法

1. 电缆敷设准备

根据施工设计图，核实电缆径路范围内地下管线、障碍及土质情况。确定电缆与其他管线平行、交叉距离，以及达不到要求时的防护措施；确定电缆引入位置；确定电缆的存盘位置、运输、敷设方案。

2. 电缆单盘测试及配盘

工电缆单盘测试，验证电缆的主要电气特性是否符合要求；根据电缆出厂测试记录，进行电气特性测试，测试结束后，用热缩帽封头，并在电缆盘上标明自编盘号、A 端（或 B 端），整理测试记录；对配盘后的电缆加以标识。

3. 电缆敷设

敷设时首先检查电缆外观，核对盘号、A、B 端，在引入处、转弯处、预留处、防护处设专人监护，保证电缆的预留量和最小弯曲半径。穿钢管时，钢管端口要加强保护，防止损伤电缆。认真做好电缆防护的质量检查工作，严格按隐蔽工程检查、签证制度施工。

4. 电缆接续

电缆接续 A、B 端对接，相同的芯组内颜色相同的芯线相接；电缆接续完毕，及时进行芯线对地、线间绝缘电阻值测试；电缆接续材料的质量、型号、技术指标符合有关规定。

5. 电缆防护

电缆穿越过道时，防护钢管两端各延伸出轨端长度不得小于 500 mm，钢管内径大于电缆外径的 1.5 倍，管口处用麻袋片堵严。

6. 电缆引入

电缆引入电缆井转弯时，均匀圆滑、整齐美观，不得出现硬弯或背扣现象；引入电缆，排列整齐并分段固定，备用芯线安装在端子上；电缆终端有标明去向的铭牌；电缆引入工作结束后，将电缆引入孔及引入管道口密封。

7. 室外电缆测试

对电缆进行绝缘电阻、芯线对地电阻、芯线直流电阻等电气参数进行测试，检查电缆电气特性是否满足电缆的技术要求。

二、风监测了系统设备安装方法

风速风向计设于线路的迎风侧，距离轨面 4 m±0.5 m 高，安装方向与线路方向同侧，结合武广铁路客运专线的选点方案，可考虑安装在 GSM-R 基站铁塔上和接触网杆上，对于安装在接触网杆的情况，需要安装在线路迎风侧与线路方向同侧的外侧。现场设备可设在接触网杆上，采用抱箍安装的形式，具有防水、防尘等功能。所有现场设备不得侵入线路限界。

安装方案如图 4-15-1 和图 4-15-2 所示。

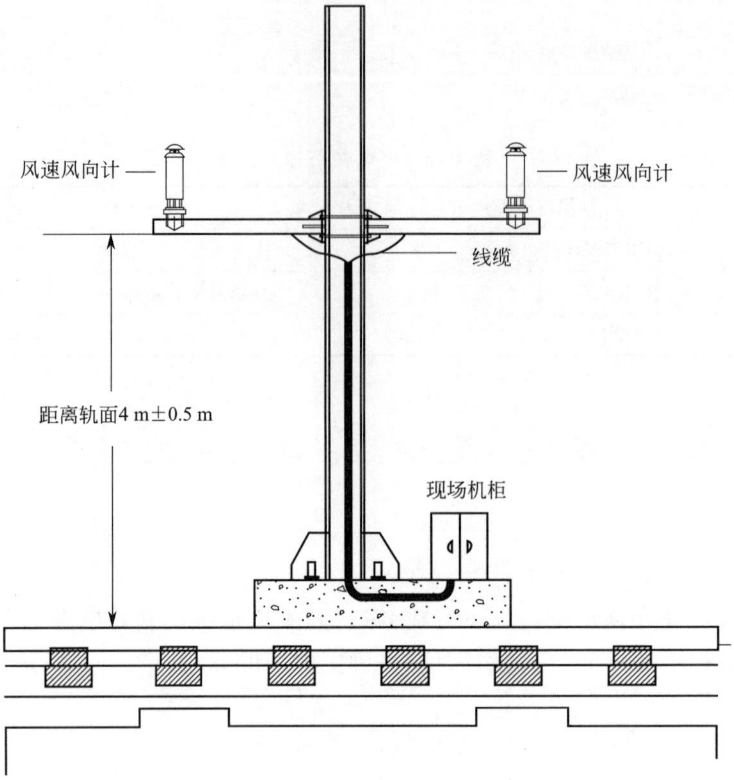

图 4-15-1 接触网杆上安装风速仪示意

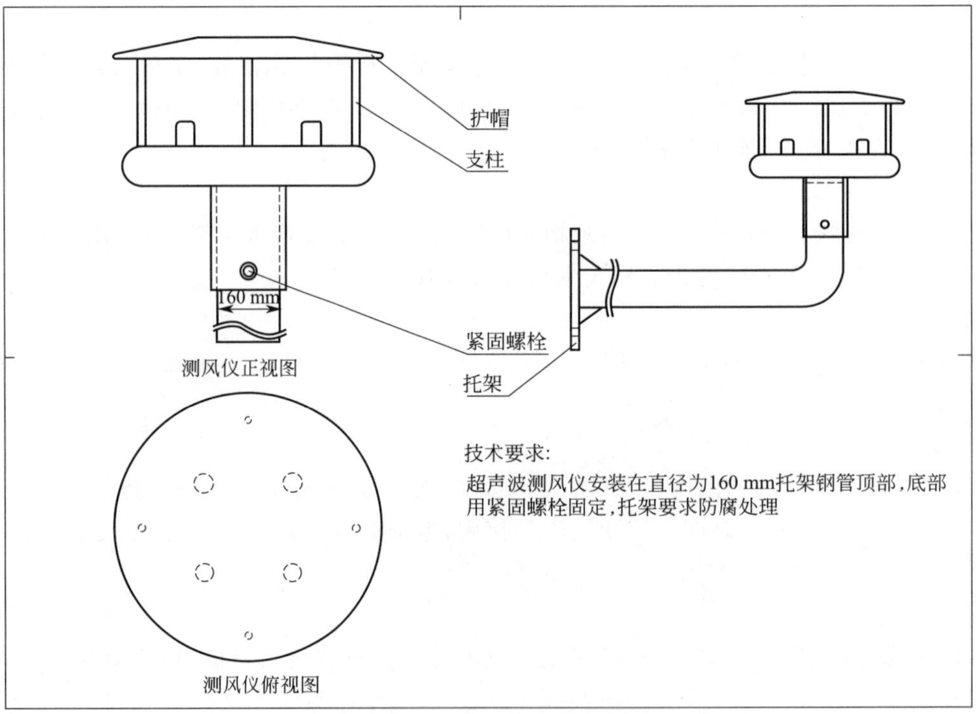

图 4-15-2 风速仪安装示意

三、雨量计安装方法

雨量计一般与风速仪同址设置,综合武广铁路客运专线的雨量计测点设置,一般均安装在大桥上或者车站和维修工区。对于雨量计的安装,在有条件的情况下可建设标准的雨量场进行监测,无条件情况下可选择安装在四面无遮挡的宽敞地域用水泥墩做支柱,安装高度视具体情况而定,确无更合适的安装场所时可安装在维修工区和车站的屋顶。安装方案如图 4-15-3 所示。

图 4-15-3 雨量计安装成品

四、异物侵限监控子系统设备及安装方法

1. 公跨铁双电网传感器施工

(1)已预埋有安装螺栓的公跨铁立交桥，双电网传感器采用型钢悬臂安装

①双电网传感器沿公路桥长度方向的设置范围为：双线并行区段，设置范围不小于上、下行线路的外轨外侧间距和由上、下行线路的外轨外侧起向线路外方各延伸 5 m 的长度之和，如：5 m 线间距处，双电网传感器沿公路桥长度方向的设置范围按 18 m 计算。

图 4-15-4 为双电网传感器成品图。

图 4-15-4 双电网传感器成品

②双电网传感器垂直于公路桥宽度方向的设置范围为：1.5 m+0.5 m(0.5 m 与 1.5 m 部分呈 135°夹角)。

③一个双电网传感器单元的尺寸为 1.0 m(沿公路桥长度方向)×1.5 m+0.5 m(垂直于公路桥方向或沿客运专线方向)，型钢悬臂的长度为不小于 1.5 m。

电网传感器在水平金属网上按照能够全面防护金属网的要求布设，采用绝缘柱子固定，并增加紧固和防滑措施。

异物控制器置于区间机房内，连接监控单元。

传感器安装工作主要包括：悬臂支承座组合件安装、金属防护网的安装、敷设双电网传感器、安装接线盒与接线。

安装如图 4-15-5 所示。

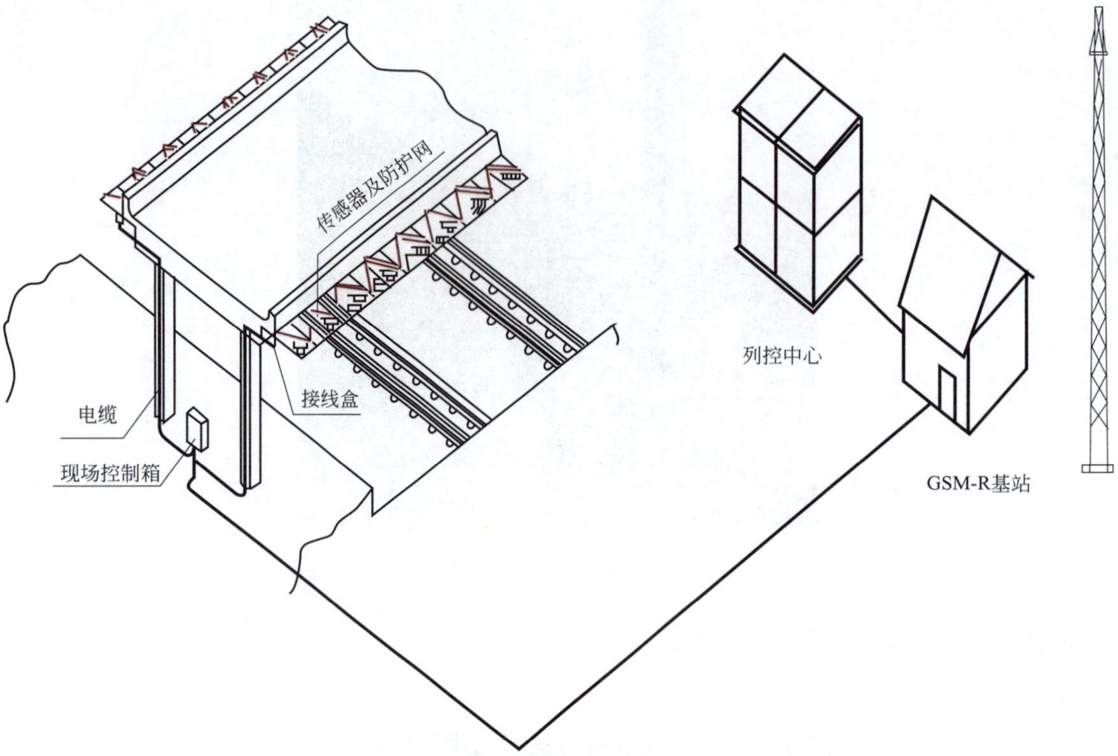

图 4-15-5　异物侵限安装示意

传感器安装效果如图 4-15-6 所示。

图 4-15-6　异物侵限安装效果

(2)无预埋安装螺栓的公跨铁立交桥，双电网传感器采用型钢悬臂安装

此种类型的桥梁需要首先通过用化学锚栓的手段埋设植筋预埋件、安装法兰，其他工作同上。

上述所有情况下，现场控制器通常安置在铁路沿线附近，现场控制器与电网传感器连接。在选择好的地点，做好混凝土基座，待混凝土基座凝固后，方可进行现场控制器的安装。

2. 隧道口双电网传感器安装

隧道口双电网传感器，可安装在隧道专业已施工完成的被动式柔性防护网上，安装双电网用的绝缘子可固定安装在防护网刚性支架上的铁路侧，或者建议异物侵限双电网传感器敷设在隧道口延伸部上方，采用水平网架安装形式。水平防护网防限尺寸参照铁道部标准执行。传感器设置范围按照 30 m

考虑。

3. 公铁并行双电网传感器安装

在公铁并行的路段，当公路高于铁路路基时，应重点监控。如图 4-15-7 所示。建议采用立网方式，在客运专线专用护栏内侧(靠近客运专线侧)立金属柱，柱高 1 m，间隔 2 m，在柱上安装防护网和双电网传感器。图 4-15-8 为公铁并行传感器安装示意图

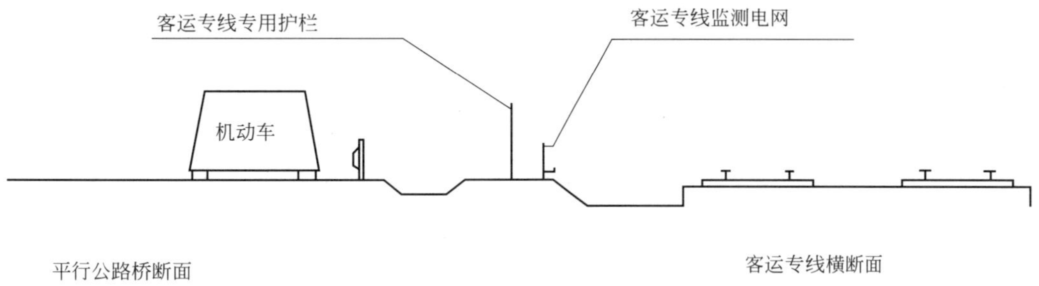

图 4-15-7　公铁并行示意

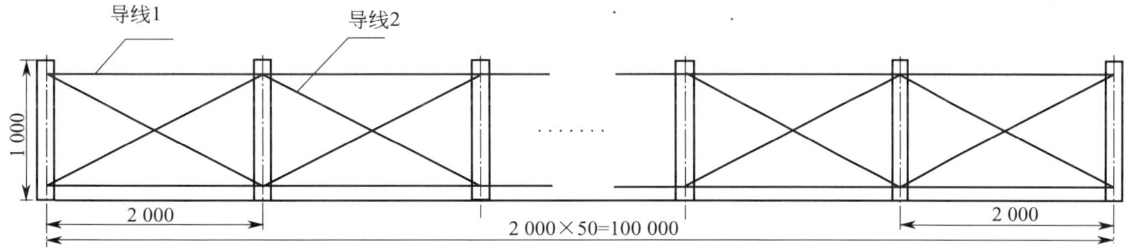

图 4-15-8　公铁并行传感器安装示意(单位：mm)

五、监控单元设备及安装方法

1. 电缆引入及配线

(1)电缆从地沟或防静电地板下引入机柜。

(2)电缆的成端制作、电缆接地连接完成后将电缆固定。采用电缆的成端工艺，能够阻止内屏蔽数字信号电缆的潮气进入，从而保持电缆的绝缘性能长期处在良好状态。同时将内屏蔽、铝护套、钢带连接封闭在胶体内，防止连接部位因氧化而引起的接触不良。

(3)根据电缆配线图进行电缆分线。由于内屏蔽数字信号电缆采用皮泡皮结构，绝缘层强度较低，施工时需防止损坏芯线的绝缘层。

(4)电缆两端进行屏蔽接地，即将钢带、铝护套、内屏蔽层进行接地。将钢带、铝护套、内屏蔽用 7×0.52 铜芯塑料线引出后，连接到接地端子排上。

(5)供电和数据传输不采用同一四芯组，扭绞电缆芯线组在线槽内不开绞。

(6)电缆芯线与室外导通、测试，确认正确后与端子连接。

2. 线缆桥架安装

(1)桥架安装要求

①机架安装完毕后，水平、垂直度应符合生产厂家规定。若无厂家规定时，垂直度偏差不应大于 3 mm；

②机架上的各种零件不得脱落或碰坏，各种标志应完整清晰；

③机架的安装应牢固，应按施工的防震要求进行加固；

④桥架安装位置应符合施工图规定，左右偏差视环境而定，最大不应超过 50 mm；

⑤桥架水平每米偏差不应超过 2 mm；

⑥垂直桥架应与地面保持垂直，并无倾斜现象，垂直度偏差不应超过 3 mm；

⑦桥架节与节间用接头连接板拼接，螺钉应拧紧。两桥架拼接处水平度偏差不应超过 2 mm；

⑧桥架转弯半径不应小于其槽内的线缆最小允许弯曲半径；

⑨盖板应紧固；

⑩支吊架应保持垂直，整齐牢靠，无歪斜现象。

(2)设置桥架支撑保护

①水平敷设时，支撑间距一般为1～15 m，垂直敷设时固定在建筑物构体上的间距宜小于1 m。

②金属桥架敷设时，下列情况设置支架或吊架：线缆接头处、间距2 m、离开桥架两端口0.5 m处、桥架走向改变或转弯处。

③在活动地板下敷设线缆时，地板内净空不应小于150 mm。如果活动地板内作为通风系统的风道使用时，地板内净高不应小于300 mm。

3. 各地线与综合地线连接

防灾安全监控系统室内设备及现场设备均纳入客专轨道交通工程贯通地线系统工程。贯通地线与防灾设备的安全地线、防雷地线、屏蔽地线、防静电地线、逻辑地线、电源线的中性线或地线等电位可靠连接，采用焊接法与综合地线连接。

六、调度所终端设备及安装方法

(1)机柜设备及终端安装

(2)上电调试

(3)调度所设备连通后测试

主要测试项目及测试内容见表4-15-2。

表4-15-2 调度所设备测试项目及测试内容

序号	测试项目	测试内容		要求
1	通信故障	人为切断通信线路，监控终端报警并记录		有信号，并有记录
2	供电故障	人为切断现场电源后	查看监控终端是否正常工作	正常工作
			故障报警信号	有信号
			查看记录内容不丢失	记录不丢失
3	记录检索	按时间、子项目或记录顺序检索记录		检索工作正常
4	中文显示界面	能显示各项操作、现场实时信息、信息传送故障和报警信息		显示正常
5	向CTC、运调系统发送信息	监控终端向CTC、运调发送报警、解除报警信息		传送正常

(4)防火墙通电测试报告

防电墙通电测试内容是检查安全设备加电后状态是否正常。

第三节 调试有关情况

子系统可以看作是风监测点、雨监测点、异物侵限监测点等单点系统。根据武广铁路客运专线防灾系统中数据采集监测的整个设计应用架构，因为全部数据的采集都是按照OPC技术标准完成，实际应用中对各子系统的调试也是通过OPC Server与OPC Client的交互实现完成的，因此，本子系统的调试是根据OPC中的相应变量值来确认调试结果。表4-15-3为测试项目。

OPC(OLE for Process Control，用于过程控制的OLE)是一个工业标准，管理这个标准国际组织是OPC基金会，OPC基金会现有会员已超过220家。遍布全球，包括世界上所有主要的自动化控制系统、仪器仪表及过程控制系统的公司。基于微软的OLE(现在的Active X)、COM(部件对象模型)和DCOM(分布式部件对象模型)技术。OPC包括一整套接口、属性和方法的标准集，用于过程控制和制造业自动化系统。

OPC服务器通常支持两种类型的访问接口，它们分别为不同的编程语言环境提供访问机制。这两种接口是：自动化接口(Automation interface)；自定义接口(Custom interface)。自动化接口通常是为基于脚本编程语言而定义的标准接口，可以使用VisualBasic、Delphi、PowerBuilder等编程语言开发OPC服务器的客户应用。而自定义接口是专门为C++等高级编程语言而制定的标准接口。OPC现已成为工业界系统互联的缺省方案。

表 4-15-3　测试项目

序号	测　试　项　目	测　试　内　容
1	数据库服务器双机热备测试	测试数据库服务器双机热备功能，当主服务器遇到设备故障或网络故障时，自动将服务转移到备用服务器
2	应用服务器双机热备	测试应用服务器双机热备功能，当主服务器遇到设备故障或网络故障时，自动将服务转移到备用服务器
3	存储设备磁盘冗余测试	测试存储设备在单块硬盘发生故障的情况下，存储数据的完整性
4	核心网络交换机冗余测试	测试单台核心网络交换机发生故障的情况下，系统网络通信不受影响
5	监控单元主机冗余测试	测试监控单元主机的冗余功能，单个主机故障不影响监控单元正常运行
6	监控单元双电源冗余测试	测试监控单元电源的冗余功能，单个电源故障不影响监控单元正常运行
7	监控单元网络冗余测试	测试监控单元网络冗余功能，单个网络交换机故障不影响监控单元正常运行
8	风向风速实时监测功能	测试大风监测点风速风向实时监测功能
9	大风报警及限速提示	测试系统在风速超过报警阈值时，是否正确报警及限速提示
10	大风报警时限功能测试	测试系统是否在规定时间内报警及解除报警
11	风监测数据查询统计分析	测试系统大风查询统计功能
12	雨量实时监测	测试全线雨量数据实时监测功能
13	雨量报警及限速提示	测试系统在雨量超过报警阈值时，是否正确报警及限速提示
14	雨量监测数据查询统计分析	测试系统雨量查询统计功能
15	异物侵限实时监测	测试全线异物监测点实时监控功能
16	异物侵限监测报警处置及恢复	测试监测点发生异物侵限报警时，处置及恢复功能
17	异物侵限监测查询统计分析	测试系统异物侵限查询统计功能
18	系统报警优先级功能测试	测试系统在多种灾害同时报警时，是否按照报警优先级别显示报警提示
19	系统报警时效性测试	测试系统从监测点发现灾害发生到调度终端发出报警所用的时间
20	现场监测设备状态监控	测试系统对风速风向仪、雨量计、双电缆传感器等设备状态监测功能
21	监控单元设备状态监测	测试系统对监测单元设备状态监测功能
22	监控数据处理设备状态监控	测试系统对监测数据处理设备状态监测功能
23	与列控联锁系统接口功能测试	测试系统在异物侵限报警时，是否正确将报警信息传送到联锁系统

第四节　经验体会和建议

1. 武广铁路客运专线防灾安全监控系统施工的主要特点是时间紧、任务重、雨季施工、夜间施工，本系统的重点和难点工程主要是：电缆敷设、异物侵限监测网及钢结构件安装、异物侵限监控子系统双电网传感器现场设备安装。

2. 调试维护经验

对于 RTU 通信不稳定或中端的，首先从 RTU 的 RS485 通信口查起，可以通过串口工具监视的方式，看看 PCC 命令有没有发下来，然后再看看 RTU 的数据有没有给 PCC 回复信息，依次检查防雷，三层隔离，一直到 PCC 的 IF 接口，包括中间的线缆，逐步判断排解，查出问题所在；如遇到有设备烧毁现象，则需要排查相邻电气设备有无烧毁现象，可提前准备好配件使用更换法逐一进行排查，直至找到故障所在为止。下去调试之前可以详细查一下该站点的详细的历史记录，看看有无规律，是不是受到行车的影响，这样可以初步判断可能的故障点所在，做好充分的准备，以提高调试成功率。

对于一些风速仪通信不稳定的基站，调试方法和 SIXNET 通信不稳的思路类似，可以查看报警历史记录，找出一些规律，做好准备。通常来说，先前所用的防雷 24D3 的隐患较大，如果防雷出现问题，他的表现是没有任何规律的，包括每次的报警时间、报警时间段、报警频率、持续时间都没有任何规律可循。

如果有一些很有规律的，比如白天行车时间会通信中断，但到了晚上就没有报警了，这种情况大部分是风速仪头跟航空插头之间的接触不良引起，接触不良包括航空插头没有拧紧，航空插头不合格，内部的线缆接触不良等。这种情况表现地比较有规律，通常行车时间会出现通信中断，非行车时间表现的就比较正常。另外一些风速仪通信彻底中端的，可以查看有无受到强干扰，比如雷击等原因，可以先查看防雷有没有烧毁，防雷没问题然后查看风速仪的供电，如果感觉正常的话，可以借助串口工具监听一下通信状态，或借助 RTU 上边的数据收发指示灯，来判断故障点所在。

对于一些温度气压不正常的，首先检查接线，没问题的情况先更换传感器，对于个别的风点可以重新烧写 RTU 程序。

第十六章 综合接地系统

第一节 路基综合接地

一、综合接地贯通电缆的埋设

1. 综合接地贯通电缆的材质、规格、埋设位置

综合接地贯通电缆采用高分子导电塑料护套贯通地线，导线截面为铜当量 70 mm^2 的铜缆。路基综合接地线埋设位置：路基两侧通信信号电缆槽外侧内壁正下方基床底层内，埋深距轨顶面 1.805 m，距每侧线路中线 4.2 m，两侧各设一根。每侧贯通地线每隔 50 m 左右（路基接触网基础位置）及公跨铁、人行天桥处各引出一根分支线，左右两侧贯通地线每 500 m 进行横向连接一次。综合地线示意图如图 4-16-1 所示。

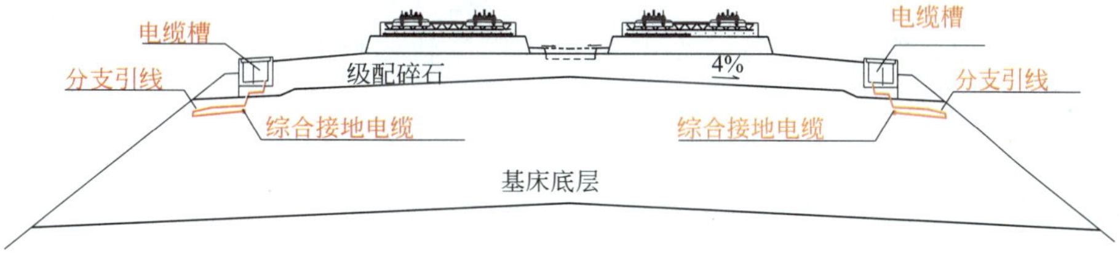

图 4-16-1 路基综合地线示意

2. 综合接地贯通电缆的埋设

(1)施工工艺流程，如图 4-16-2 所示。

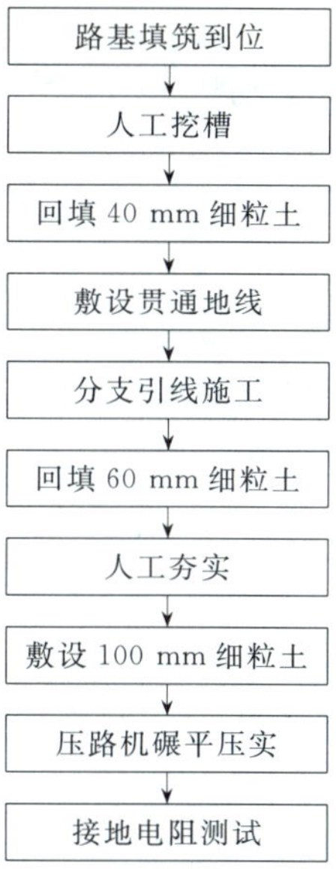

图 4-16-2 综合接地贯通电缆的埋设施工工艺流程

(2)施工要点

①路基面碾压平：路基基床底层 A、B 组填料按正常填筑工艺施工至轨面设计高程下约 1.75 m 时，进行路基面的碾压平整，检测合格。

②测量定位：在路基面上测设纵向贯通地线埋设位置（每侧距线路中心 4.20 m）撒白灰标识。

(3)成槽：沿白灰线用切割机械或人工以锹、镐等小型工具在填筑面开挖出约 100 mm 深、宽度约150 mm的小槽。清除槽内虚砟及碎石块等坚硬凸出物，达到设计高程且平整无突变起伏，满足铺设综合接地线的要求。

(4)铺设综合贯通地线：经检查合格后向小槽内回填 40 mm 厚的粒径不大于 5 mm 的土壤，然后敷设综合地线，地线敷设采用电缆支架，人力拉引。贯通地线接续原则上除配盘长度外不得出现人为接头，困难区段端头间隔 200 m，贯通地线端头处裸铜导体进行密封防腐处理。

(5)分支引接及横向连接线的埋设

①分支引接及横向连接线的埋设：贯通地线敷设完成后每隔 50 m 左右（路基接触网支柱基础位置）及公跨铁、人行天桥处引出一根分支引接线，每 500 m 路基两侧贯通地线进行横向连接一次。分支引连接线与综合贯通地线的型号、规格相同，引接线与综合贯通地线用“C”字连接器以压接方式连接，压接采用 12 t 的专用压接钳。

在埋设纵向贯通电缆时将分支电缆引至路基边坡并预留出回折长度。

通信信号电缆槽施工时，在槽底留出小孔，将引接线引入电缆槽内。

②接续保护

操作要点：引接线及横向连接线与路基综合贯通地线接头采用环氧树脂冷浇筑剂或采用自紧防腐胶带缠裹进行防腐处理。质量要求：接续质量满足设计要求。

(6)人工夯实:综合贯通地线及分支、引节横向连接线敷设完后,回填 60 mm 粒径不大于 5 mm 的土壤,人工用小型冲击夯夯实。

(7)保护层施工:在夯实完成后,再在地线位置上部铺设不小于 100 mm 厚的 A、B 组填料。用压路机碾平压实,进行正常的路基填筑施工。

二、接地电阻测试

综合接地电缆埋设后,进行接地电阻测试,确保综合接地系统的接地电阻不大于 1 Ω。并填写“路基地段综合接地接口检查记录表”,电阻测试按 500 m 检测一点。路基地段综合贯通地线接地电阻测试采用 ZC 系列接地电阻测试仪,采用直线布极法和三角形布极法,或采用数字接地电阻测试仪测试接地电阻。

第二节 无砟轨道综合接地

无砟轨道综合接地主要施工过程如下:

(1)轨排粗调完成后,铺设横向钢筋和上层纵向钢筋。

(2)按照《无砟轨道通用设计图》(路基、桥梁、隧道分册)进行钢筋布置。

(3)绑扎底层钢筋,同时在纵横向钢筋交叉处、纵向钢筋与轨枕行架下层钢筋交叉处以及纵向钢筋搭接处设置绝缘卡,并用塑料带绑扎牢固。

(4)道床板钢筋绑扎完后,应采用兆欧表进行绝缘性能测试,确保钢筋绝缘措施符合要求。

(5)按照施工图,进行接地钢筋、接地端子的焊接,焊接接地端子时,单面焊接长度不小于 20 cm,接地端子要紧贴模板。

第三节 桥梁综合接地

桥梁综合接地系统主要包括桥墩内接地钢筋安装、墩底墩顶端子安装、梁内综合接地钢筋安装、贯通地线敷设等。

一、桥墩内综合接地施工

1. 在每根桩基内选择一根钢筋作为接地钢筋,要求在同一纵向上的所有桩基础(2 或 3 个)中抽取一根作为接地钢筋,必须焊接在同一根纵向接地钢筋上,构成“+”垂直交叉。另加横向接地钢筋,使其与纵向接地钢筋在每根桩基础中心处构成“+”水平交叉,构成底层接地钢筋网,凡交叉位置必须在两对角位置加“L”型钢筋,两面搭接长度均大于 50 mm,整条焊接要饱满,厚度不小于 4 mm,不准出现空却、遗漏或虚焊。

2. 统一在大里程方向,底层钢筋网适当位置选一根底层钢筋作为横向接地钢筋,必须与每根纵向钢筋进行“+”交叉焊接。

3. 在选用的接地钢筋上,桥墩纵向中心两侧各 105 mm 处,焊接两根专用接地钢筋 N1(垂直于承台基础)为 ϕ20 mm 圆钢。与底部接地钢筋为“L”型焊接,同时须在对侧增加“L”型焊接。当位于地面以下 30 cm 时(承台或墩身底部),在两根专用接地钢筋 N1 之间焊接专用连接钢筋 N2,两者之间为“L”型焊接,同时须在下侧增加“L”型焊接。向大里程方向垂直于 N2 在中间位置焊接专用连接钢筋 N3,且与 N2 之间为“L”型焊接,同时须在对侧增加“L”型焊接。

4. 在 N3 对应基础表面处,预先固定好接地端子 A1,与 N3 焊接时要求双面焊接,搭接长度不小于 20 cm,整条焊缝要饱满,厚度不小于 4 mm,不准出现空却、遗漏或虚焊。为了确保焊接质量,建议在预留适当长度的基础上,先把 N3 与接地端子 A1 焊接,然后在进行 N3 与 N2 的焊接,同时在灌注混凝土前做好标记,为后续复测做好准备,要注意对接地端子 A1 成品的保护,复测时必须全部外露。

5. 墩身顶部接地端子 A2,A3 位于桥墩中心两侧各 105 mm,距大里程侧面 25 cm 位置,顶部与上部混凝土面平齐。务必做好成品的保护,尤其是其内部的丝扣确保完好。

6. 当桥墩为扩大基础时,利用基础底层钢筋网作为接地体,钢筋为 ϕ20 mm,间距为 20 cm×20 cm(或者另外铺设一层，纵横间距 1.0 m）。其他焊接同桩基础桥墩。

7. 采用接地电阻测试仪对桥墩台接地端子的测试，应小于 10 Ω。

二、梁内综合接地施工

梁内接地采用钢缆将墩顶端子与梁底端子进行连接，钢筋按照设计图纸进行焊连，不能遗漏。

1. 接地钢筋设置

箱梁综合接地钢筋共有 13 个部位，具体为：

(1)N1ϕ30 mm 圆钢或 ϕ25 mm 构造钢筋（肋钢），梁体顶部两端横桥向钢筋，共 2 根，到梁端距离为 75 cm，到梁顶净距 2.4 cm；

(2)N1′ϕ16 mm 圆钢或保护层横向钢筋，梁体两端保护层横桥向钢筋，共 2 根，到梁端距离为 75 cm，到梁顶净距 2.5 cm；

(3)N2ϕ20 mm 圆钢，梁体两端腹板内竖向钢筋，共 4 根，到梁端距离为 75 cm，到梁底距离 12 cm；

(4)N3ϕ16 mm 圆钢，防撞墙接地端子竖向连接钢筋，与 N1 焊接，共 4 根，高出梁顶 24.5 cm，到梁端距离为 75 cm；

(5)N4ϕ16 mm 圆钢，竖墙 A 接地端子竖向连接钢筋，与 N1 焊接，共 4 根，高度直至竖墙 A 的顶部，到梁端距离为 75 cm；

(6)N5ϕ16 mm 圆钢，竖墙 A、B 之间接地端子竖向连接钢筋，与 N1 焊接，共 4 根，高度直至横向排水坡顶部，高度为 6.6 cm，到梁端距离为 75 cm；

(7)N6ϕ16 mm 圆钢，梁体顶部纵向连接钢筋，2 根位于预制梁体内，在防撞墙中心的底部，与 N1 钢筋焊接，到梁顶的净距为 5.4 cm，4 根位于梁体保护层中，其中 2 根与箱梁中心线对称，间距 1.1 m，到梁顶的净距为 4.1 cm；2 根位距防撞墙内侧混凝土边缘的距离为 33 cm，到梁顶的净距为 4.1 cm；

(8)N7ϕ16 mm 圆钢，保护层在防撞墙处连接钢筋，与 N9 焊接，共 4 根，到梁端距离为 75 cm；

(9)N8ϕ16 mm 圆钢，接触网处连接钢筋，共 2 个；

(10)N9ϕ20 mm 圆钢，防撞墙内竖向连接钢筋，与 N7 焊接，共 4 根，到梁端距离为 75 cm；

(11)N10ϕ16 mm 圆钢，防撞墙底部横向连接钢筋，共 28 根；

(12)N11ϕ16 mm 圆钢，防撞墙底部纵向连接钢筋，共 28 根；

(13)N12ϕ16 mm 圆钢，防撞墙顶部竖向连接钢筋，共 4 根，到梁端距离为 75 cm。

接地钢筋采用“L”型钢筋焊时，双面焊缝长度不小于 55 mm；纵、横、竖向接地钢筋采用搭接焊时（严禁采用对焊施工），单面焊缝长度不小于 200 mm，双面焊缝长度不小于 100 mm。

2. 接地端子设置

单孔箱梁共需埋设接地端子 12 个，其中梁底 4 个，端子焊接在 N2 钢筋上，顶部朝下，以利于与墩顶预埋的端子对接需要；电缆槽 A 墙顶 2 个，端子焊接在 N4 钢筋上，端子顶面应与混凝土顶面齐平，与声屏障接地扁钢连接；电力电缆槽内 2 个，端子焊接在 N5 钢筋上，端子外露高度为 68 mm，与保护层混凝土顶面齐平，与纵向贯通接地电缆连接；防撞墙内侧面 2 个，端子焊接在 N3 钢筋上，端子顶面与防撞墙侧面混凝土齐平，与无砟轨道道床板接地端子连接；接触网基础顶面 2 个，端子焊接在 N8 钢筋上，端子顶面与接触网基础顶面混凝土齐平，位于接触网基础的纵向中心线上，距离混凝土外侧面 60 mm，以确保端子不被接触网支柱地盘钢板盖压，与接触网接地线连接。接地钢筋采用“L”型钢筋焊时，双面焊缝长度不小于 55 mm；纵、横、竖向接地钢筋采用搭接焊时（严禁采用对焊施工），单面焊缝长度不小于 200 mm，双面焊缝长度不小于 100 mm。

三、贯通地线敷设施工

贯通地线敷设在电力电缆槽内，通过 L 型连接器与每跨梁梁端端子相连。

第四节　隧道综合接地

隧道内综合接地系统包括接地钢筋、贯通地线、接地端子设置。

1. 不同围岩地段综合接地施工

(1)Ⅲ级围岩地段综合接地施工

在施工隧道系统锚杆时，每环选择5根系统锚杆作为接地锚杆，环向间距6m，纵向间距为约一个台车长度控制。选择的接地锚杆必须与ϕ16 mm专用的环向接地钢筋焊接牢固，焊接采用“L”形钢筋搭接焊接，搭接长度200 mm。

环向接地钢筋的底部，要求预留连接钢筋，以保证环向接地钢筋与通信信号电缆槽侧墙上部的ϕ16 mm纵向接地钢筋连接。连接时采用焊接。

(2)Ⅳ、Ⅴ级围岩地段综合接地施工

施工隧道系统锚杆时，每环选择5根系统锚杆作为接地锚杆，环向间距6 m，纵向间距按一个台车长度控制。选择的接地锚杆必须与钢架焊接作为接地极，焊接必须牢固，焊接采用“L”形钢筋搭接焊接。

钢架的底部，要求焊接ϕ16 mm的连接钢筋，以保证环向接地钢筋与通信信号电缆槽侧墙上部的ϕ16 mm纵向接地钢筋连接。

2. 综合洞室综合接地施工

综合洞室二次衬砌施工前，在洞室的左右两侧二衬混凝土内各预留1个接地端子，接地端子预埋在距底板混凝土面以上30 cm的位置。为了保证接地端子与通信信号电缆槽侧墙上部的ϕ16 mm纵向结构钢筋连接，预留连接钢筋，连接时采用焊接。

3. 明洞段综合接地施工

隧道明洞段在施工仰拱钢筋时，选择仰拱衬砌内侧的结构钢筋作为接地钢筋，选择方法：以纵、横向间距为1 m选择，纵横向接地钢筋之间点焊连接。

以一个台车长度作为接地极单元，然后在台车中部位置选择一根仰拱内侧环向结构钢筋为环向接地钢筋，该环向接地钢筋与纵向结构钢筋用“L”形连接钢筋搭接焊接。在两侧水沟电缆槽底通过竖直的ϕ16连接钢筋与通信信号电缆槽侧墙上部的ϕ16 mm纵向接地钢筋连接，采用“L”形钢筋搭接焊接。

4. 隧道水沟电缆槽综合接地施工

水沟电缆槽混凝土施工前，必须将所有的防闪络环向接地钢筋、综合接地环向钢筋与纵向接地钢筋焊接到位，经专人检查合格并报监理工程师验收后，方可进行下一步工序操作。

隧道进、出口里程处设置8个接地端子，每侧各4个接地端子。

隧道内通信信号、电力电缆槽内的接地端子按照间距100 m设置一处，且通信信号电缆槽侧墙线路侧外缘内的接地端子和接地母排槽道按照间距50 m设置一处。

接地端子固定采用螺栓安装在水沟电缆槽的面板上，也可以采用紧贴模板面板用钢筋头支立固定的方式进行，但要求接地端子的平面紧贴模板面板。

5. Ⅳ、Ⅴ级围岩隧道内初期支护综合接地设置

利用隧道系统锚杆和钢架为接地极，以约6 m为间距选择锚杆作为接地锚杆，以约一个台车长度为间距选择钢架为环向接地钢筋，用于接地的钢架与接地锚杆焊接牢固，并与通信信号电缆槽侧墙上部的1根ϕ16 mm纵向结构钢筋连接。

6. 仰拱综合接地设置

利用仰拱的上层结构钢筋为接地极，接地极的面积和间距由一个台车长度确定，每个接地极需一根ϕ22 mm(ϕ20 mm、ϕ25 mm)环向钢筋通过ϕ16 mm连接钢筋与纵向接地钢筋连接，此根环向接地钢筋与用于接地的纵向结构钢筋和仰拱用于接地的纵向结构钢筋之间施作采用“L”形焊接，仰拱其他用于接地的纵、环向钢筋间采用点焊，焊点间距1 m×1 m。

7. 电缆槽综合接地设置

利用两侧通信信号电缆槽侧墙上部纵向贯通的1根ϕ16 mm结构钢筋作为纵向接地钢筋，此根钢筋每100 m断开一次。

在通信信号槽侧墙上部的纵向接地钢筋与贯通地线连接处，在4个电缆槽侧壁上和通信信号电缆槽侧墙线路侧外缘各设置1个接地端子(即每100 m设置6个接地端子)，并在相邻的连接处中间里程处在通信信号电缆槽侧墙线路外侧外缘再设置1个接地端子(每50 m在通信信号电缆槽侧墙线路侧外缘内设置1个接地端子)。

第十七章　工 程 接 口

第一节　专业间工程接口的施工

一、概　　况

接口技术是系统集成技术的重要内容之一，站后预留接口质量直接影响客运专线的整体性，对建成后运营至关重要，对于以土建施工为主的单位来说是一个新的课题，站后预留接口施工与站前土建同步施作，接口施工贯穿于站前土建施工过程之中，做到接口预留正确。

站后预留接口施工主要内容包括：

1. 路基专业

接触网基础施工、过轨管（电力、通信、信号、接触网、牵引供电等）埋设、贯通地线及分支电缆敷设等。

2. 无砟轨道

接地钢筋、接地端子、结构钢筋绝缘设置等。

3. 桥梁专业

墩台（含桩基础、桩基承台、明挖扩大基础）接地钢筋及端子设置、墩身及梁部电缆爬架上桥槽道、梁部接触网基础施工、梁部接地钢筋及端子设置、梁部锯齿形槽口设置等。

4. 隧道专业

接触网基础预埋槽道安装、防闪络钢筋设置、综合洞室附近的过轨管埋设、初支内接地设置、电缆沟槽上的接地钢筋及端子设置等。

二、路基接口

（一）路基与通信工程接口

1. 电缆槽

通信与信号电缆合槽，设于两侧路肩上，电缆槽和盖板均设计为 C25 预制钢筋混凝土，宽 0.7 m（通信、信号槽内净宽分别为：0.2 m、0.3 m，每 0.5 m 采用一根 ϕ8mm 倒 U 型镀锌钢筋分隔），槽内净高 0.3 m，内填中粗砂，电缆槽采用侧向排水，于外侧壁底部预留泄水孔，泄水孔直径 5 cm，每 5 m 一处，将电缆槽内水引出。

电缆槽预制：预制场地选择在地势平坦、易排水的场地或既有箱梁预制场，施工场地进行硬化处理，配置震动式平台。采用低频震动台振捣工艺，振捣时间严格控制。

电缆槽开槽：因电缆槽位于路肩位置，路基填料在基床部位密实坚硬，按照设计要求，电缆沟槽安排在基床表层完成后开挖。预先按设计位置，现场采用经纬仪及水准仪分别放样出沟槽的位置，现场设点标识出沟槽开挖的平面及高程位置。

电缆槽安装：槽成型后立即安装电缆槽，人工配合起重机具安装电缆槽，挂线施工，安装过程做到轻吊轻放，防止电缆槽损坏。电缆槽安装完成后，对电缆槽与路基基床之间的空隙采用填料回填或与槽同标号混凝土回填，人工小型蛙式夯机夯实。

槽内填砂：选择符合要求的中粗砂，采用小型自卸车运抵现场，逐段铺至槽内，铺设标准为满填。

盖板安装：盖板底采用砂浆垫平，确保混凝土盖板顶面平整，安装稳固；安装混凝土盖板时，应确定安装顺序，挂线作业，控制缝宽，确保均匀一致，并尽可能把公差范围一致的预制件安装在同一部位或地段，确保线型顺直、平滑、美观。盖板在桥头或隧道洞口加盖异形盖板。

2. 手孔

手孔是过轨管转接的出口，凡有过轨管的位置，在路肩位置按照设计要求设置手孔，手孔净宽 1.5 m，手孔与盖板设计为C25钢筋混凝土。

手孔开挖：手孔安排在基床表层完成后开挖。预先按设计位置，现场设点标识出手孔开挖的平面及高程位置。

手孔现浇：安排在手孔开挖成型后进行，并保证与相邻电缆槽线形平顺。混凝土采用集中拌和站生产，在混凝土灌注至设计高程后，应将其顶面用抹刀抹平。

3. 过轨管

通信信号电缆过轨钢管设计高程在轨面下997 mm的位置，在路基基床表层第一层级配碎石施工完后，挖槽埋设。按照设计图纸事先确定好过轨管现场埋设的具体位置，路基填筑达到过轨管的埋设高程后，用经纬仪及水准仪测出平面和水平位置。开槽宽度和长度满足安放管道的要求，深度一般为15～20 cm。

管道安放前采用夯实机具对槽底土进行夯实，平整水平，检测满足压实标准后安放管道。管道内预留两根钢丝。管道连接为焊接，要保证内壁光滑无毛刺。

回填与路基相同的A、B组填料，回填料的最大粒径不得大于20 mm，且级配良好，必要时回填料中可掺入5%水泥。

(二)路基与信号工程接口

1. 信号电缆槽

一般情况下，信号与通信电缆合槽设置，中间设倒"U"型钢筋分隔，信号电缆要设置于靠近线路侧，其同路基接口的施工要求标准和工艺要求。

2. 过轨管线埋设

信号电缆有横向过轨需求时，同样要设置过轨管作为横向过轨通道，其施工标准和工艺要求混凝土同路基与通信工程接口。

(三)路基与电力工程接口

路基与电力接口主要为电力电缆槽、手井、过轨管。电缆槽内净宽0.4 m，采用现浇或预制的方法进行施工，现浇施工过程主要包括开挖电缆槽、现场绑扎钢筋、浇筑混凝土、铺设中粗砂及铺设盖板。过轨管过轨位置在路基基底，在路基基底完成后填筑前铺设。施工方法同路基与通信工程接口。

(四)路基与接触网接口

接触网支柱的基础型号为A、B、C、D四类，拉线基础分为单拉线及双拉线基础。接触网基础位于电缆槽内侧，基础中心距线路中心3.2 m，基础面高程为内轨面高程下45 cm。接触网基础采用长螺旋钻干钻及人工挖孔成孔，主要施工过程包括：测量放线、挖孔、安放钢筋笼、灌注孔桩混凝土、开挖承台基槽、绑扎承台钢筋及预埋件、灌注承台混凝土。

测量放线：按设计图所确定的里程位置，放出线路中心，在垂直线路中线方向由线路中心向外3.2 m定出接触网基础中心，用铁钉、红漆标示，并沿线路的纵横向放出基础中心桩位的保护桩。以便施工过程中可以随时恢复桩位，进行复核。在上部承台施工时，用经纬仪再次复核基础中心。

挖孔：钻孔机就位时，必须保持平稳，不发生倾斜、位移，为准确控制钻孔深度，在机架上或机管上作出控制的准确标尺，以便在施工中进行观测、记录。调直机架挺杆，并确认钻杆垂直，对好桩位(用对位圈)，开动机器钻进、出土。人工挖孔采用气动式风镐，人工挖孔时，做好安全防护。

钻到设计深度后，必须在孔底处进行空转清土，然后停止转动，提出钻杆。清除孔底的松土然后人工用木槌进行夯实。弃土在钻孔完成后立刻清除运走。

成孔检查：用测深绳(锤)测量孔深，孔深满足设计要求；用吊绳测定成孔垂直度，不符合要求的用旋挖钻机打磨孔壁，直到符合设计要求。

成孔后如因特殊不能及时灌注混凝土，则在空孔附近做明显安全警示标记，并进行防护。同时对孔口采取有效的防水措施，防止雨水进入孔内。

安放钢筋笼：在成孔的同时，进行钢筋笼制作，将桩基钢筋、承台钢筋、下锚螺栓形成一个整体，要保证下锚螺栓预留位置的准确。钢筋笼放到设计位置时，进行固定。同时将预留接地端子与桩基础主筋焊接，焊接为双面焊接，长度不小于$6d$(d为钢筋直径)且不小于10 cm。近轨侧接地端子在承台顶往下100 mm处，远轨侧接地端子在柱脚底板顶往下55 cm处。

钢筋笼在钢筋房加工制作，经检查合格后，用汽车运输到下笼地点，采用人工配合吊车下放钢筋笼，钢筋笼放入前应先绑好混凝土垫块（强度不得低于C25）；吊放钢筋笼时，要对准孔位，垂直吊入，缓慢下沉，避免碰撞孔壁。

灌注孔桩混凝土：经过成孔检查后，填好桩孔施工记录，应立即灌注混凝土。混凝土在混凝土拌和站集中拌制，混凝土罐车运输到工点。混凝土浇筑时，如混凝土自由倾落高度大于2 m，采用串筒下料至孔底，浇筑混凝土时应连续进行，一次灌注完成，采用插入式捣固棒分层振捣密实。

开挖承台基槽：桩基础施工后，及时按排基础承台施工，承台基坑用人工使用小型机具开挖。开挖尺寸满足设计要求，开挖尺寸误差应进行严格控制。为不破坏路基的整体质量，承台开挖后，路基填土面以下部分，不立模板，基坑满灌混凝土。路基填土面以上部分支模灌注混凝土。承台采用无水机械切缝，人工开挖成形。

承台基槽开挖到位后，清除底部松土，桩基础的顶面采用人工凿毛处理。同时做好基础开挖的防排水措施，基坑内严禁积水，基坑开挖验收合格后进行混凝土浇筑施工。

绑扎承台钢筋及预埋件：承台钢筋在钢筋加工房按设计尺寸下料加工，运至现场进行绑扎焊接。

接触网基础综合接地预留：支柱基础面高程为线路内轨面高程下45 cm，每个接触网基础预埋两个接地端子，轨道侧预留接地端子为支柱基础面下10 cm处，电缆槽侧预留接地端子为支柱基础面下55 cm处，接地端子应与桩基础内的主筋进行焊接，焊接如采用双面焊接，焊接长度不小于10 cm，采用单面焊接，焊接长度不小于20 cm。接地端子最终预留的表面应与混凝土面平齐，接地端子表面进行封堵，严禁水泥砂浆等渣子进入端子内。

下锚螺栓预埋：接触网基础按基础类型预埋下锚螺栓，螺栓的长度满足设计要求。

螺栓定位：螺栓下部按设计要求用两道ϕ16 mm的钢筋环箍定位。螺栓与钢筋环箍采用焊接连接。灌注混凝土前，螺栓上部用地脚螺栓定位钢模进行准确定位，确保混凝土捣固时螺栓不移位，定位钢模用槽钢制作，上面设两排螺栓定位孔，孔径ϕ40 mm，上下孔距离22 cm，孔间距严格按H型支柱基础螺栓间距尺寸设定。浇筑基础混凝土时，基础顶面伸出的螺栓用定位钢模固定，定位钢模固定在钢管支撑架上，支撑架不得与模板及钢筋笼分连接。通过调节定位钢模及钢管支撑架的位置及高程使地脚螺栓按设计要求精确定位。混凝土灌注完且形成一定的强度后，螺栓上部定位钢模才可以取掉。基础上露出的螺栓采取内涂凡士林，外用黄胶带缠裹进行保护。

灌注承台混凝土：混凝土在混凝土拌和站生产，由混凝土罐车运输至现场，采用溜槽入模（不高于2 m时直接入模）。浇筑混凝土时应连续进行，分层振捣密实。浇筑完毕后的12 h对混凝土加以覆盖和浇水养护。混凝土养护期不得少于7 d。

（五）路基与环保接口（声屏障基础）

路基声屏障基础为插板式金属声屏障，施工单位仅完成基础部分，基础部分为$D=0.8$ m的钻孔桩，桩长6 m，钻孔桩间距为4 m，H型立柱间距为2 m，底部设宽0.5 m的通长底梁。声屏障基础施工严格执行《建筑桩基技术规范》(JGJ 94—94)及国家有关施工验收、规范和规定，主要施工过程有：挖孔桩施工、钢筋的制作与安装、灌注混凝土、地梁浇筑、边坡恢复。

考虑到路基填料及桩孔位于边坡的特点，孔口开挖深度达0.5～1 m时，立即模灌注C15混凝土围圈（锁口）护壁。护壁厚不小于15 cm。护壁模型可加工成两块活动可拆除模型。锁口顶面靠路基边坡外侧地面齐平，靠线路一侧以浆砌片石或混凝土支挡防止路肩表面水流入孔内。

1. 混凝土围圈护壁时应满足的要求

(1)孔壁支撑混凝土由上而下逐层灌注。顶层应一次整体灌注，以下各层分段开挖。上下层混凝土纵向接缝应纵向相互错开。分层高度以垂直开挖而不坍塌为原则，一般每层0.8～1 m。

(2)浇灌护壁混凝土时，用捣固器振动捣实，保证护壁混凝土强度及安全。若想尽快达到设计强度要求，可以使用速凝剂。

(3)孔壁支撑混凝土壁厚和拆模强度应能满足土压力要求。

(4)挖孔过程中，要经常检查桩身净孔尺寸和平面位置。桩的中轴线偏斜不得大于孔深的0.5%，截面尺寸必须满足设计要求。孔口平面位置与设计桩偏差不得大于2 cm。

(5)挖孔达到设计深度后，把孔底的松渣、浮土、护壁污泥、淤泥、沉淀等扰动过的软层全部清理掉；并通知监理工程师对孔底高程、形状、尺寸、深度等进行检验，合格后放入钢筋笼浇筑混凝土。

2. 钢筋的制作与安装

钢筋笼较短，在加工厂集中整体制作，运至现场一次吊装就位。钢筋安装的允许偏差见表4-17-1。

表4-17-1 钢筋安装的允许偏差

序号	名称		允许偏差
1	钢筋总截面面积的偏差(指更换钢筋规格时)		−2%
2	双排钢筋，其排与排间距的局部偏差		±5 mm
3	同一排中受力钢筋间距的局部偏差	柱、梁	±10 mm
4	分布钢筋间距		±20 mm
5	箍筋间距	绑扎骨架	±20 mm
		焊接骨架	±10 mm
6	弯起点的偏差(加工偏差±20 mm包括在内)		±30 mm
7	保护层厚度		±10 mm

3. 地梁浇筑

地梁浇筑前每隔4 m留0.25 m×0.125 m的泄水孔，与通信电缆槽的泄水孔相连通。地梁浇筑后地梁与通信电缆槽间隙采用沥青混凝土填塞。

施工时桩基混凝土浇筑必须振捣到位，分层厚度不大于30 cm，混凝土下料高度要控制在2 m范围内(高于2 m时必须使用串桶或加接导管)。

由于现场通信电缆槽电缆及纵向贯通电缆已铺设，在声屏障施工前通知四电人员进行电缆保护。

4. 注意事项

施工前认真调查涵洞、地基加固等结构物有无冲突，桥台如何连接，如有冲突，请设计单位现场核查布桩。浇筑地梁前，认真核实地角螺栓预埋位置、丝杆外露高度；浇筑完成后，再次复查地角螺栓预埋位置及丝杆外露高度，进行修正达标。

三、无砟轨道接口

1. 无砟轨道绝缘接地方案

路基和隧道地段，利用上层纵向钢筋中中间1根及最外侧的2根纵向结构钢筋作为道床板纵向接地钢筋。在纵向上将道床板划分成长度不大于100 m的接地单元，每100 m设一个接地端子。两接地单元间的所有纵向钢筋搭接处必须全部进行绝缘，单元内的非接地纵向钢筋应在自然搭接处进行绝缘。横向接地钢筋利用道床板内的横向结构钢筋，一般应尽量采用接地单元中部的横向钢筋。纵横向接地钢筋间采用焊接方式连接，其他纵横向钢筋搭接处均采用绝缘搭接。桥上每块道床板内取三根纵向结构钢筋作为纵向接地钢筋，道床板中部一根，两端各一根；一根横向结构钢筋作为横向接地钢筋，横向接地钢筋一般位于道床板中部；每块道床板的两端各设一个接地端子，接地端子尾端与纵向接地钢筋焊连。相邻道床板的接地端子通过单根截面为200 mm^2的不锈钢钢缆纵向相连，形成一个接地单元，接地单元最大长度不超过100 m，并采用T形单点接地方式与贯通地线接地端子相连。

2. 接口施工的关键点

接地端子设置，型号位置正确，表面外露良好，丝扣不进浆。绝缘卡设置，无遗漏，无破损，尤其在接地钢筋焊接处容易损坏。接地钢筋要可靠焊连，采用目测尺量的方法进行，焊缝长度及厚度满足设计要求，并敲掉焊渣。绝缘性能测试达标，仪器采用兆欧表(500 V以上)，要确保结构钢筋、块枕的钢桁架、接地钢筋任意两者之间以及任意两根结构钢筋之间电阻值大于2 MΩ，尤其是三根纵向接地钢筋与块枕的钢桁架之间要认真测试。

水、作业工具、人等因素均对绝缘指标造成一定影响，所以绝缘性测试在上述因素消除后方能得到准确值。

四、桥梁接口

(一)桥梁与通信、信号电力接口

在防撞墙的外侧分别设置信号槽、通信槽、电力电缆槽。电缆槽由竖墙和盖板组成,竖墙采用现浇施工竖墙高度 340 mm,宽度 100 mm,每 2 m 设置一道 10 mm 厚断缝,用油毛毡填塞。注意预留过轨电缆孔位。模板采用组合钢模。竖墙起分隔电缆、信号、通信电缆沟和支承电缆槽盖板的作用,按每 2 m 一段为一个单元,接触网一般支柱基础及下锚拉线基础连同竖墙一起灌注。在有接触网支柱等基础时适当调整竖墙长度。施工时保持竖墙顶面的高度一致,以保证电缆槽盖板受力均匀,遮板安装完后,就可以浇筑竖墙的混凝土。盖板采用塑料模具。平板振动器进行捣固、确保混凝土质量。灌注盖板混凝土时,其顶面要进行第二次赶光、抹平,底板要放置水平,有利于安装的质量,确保外形美观。安装时盖板下部须抄垫严实,不得形成翘板现象,同时要严格控制盖板顶面的高程盖板间的缝隙要均匀一致,使安装好后的缝隙处在一条直线上,盖板间错台不大于 1 mm,特别是要防止盖板在铺设过程中形成的翘板现象。

浇筑竖墙的混凝土,模板采用竹胶板。竖墙大里程距梁端约 900 mm 设置一接地端子,接地端子用胶带包裹,顶面高于竖墙混凝土顶面 3 mm。

(二)桥梁与接触网接口

桥梁接触网支柱基础分 A、B、C、D 四种型号,按照设计图纸,位于通信电缆槽内,距离线路中心 5.65 m,底脚螺栓外露 22 cm,主要施工过程如下:

在水平地面上,放置好精加工的模具,穿好螺栓与底板,进行精心焊接。取出焊接完毕的接触网支柱基础,根据梁体位置与尺寸型号放在梁体模板上。在绑扎钢筋过程中,时刻注意对接触网支柱基础底面钢板以及螺栓的保护,不因任何施工造成螺栓丝扣的损坏。梁体钢筋绑扎完毕后,采用精确测量、坐标定位法固定接触网支柱基础准确里程以及与线路的垂直度,水平尺确定支柱的水平面。确保不出现扭面、不平整等不规范现象。浇筑前,套上固定标准钢板,内径为 ϕ39.5 mm,并检查螺栓间距。浇筑过程中,由专人负责支柱基础的定位与保护,不因振捣引起超出误差的变形或者砂浆造成对螺栓的污染。浇筑结束后,进行检查核实,对个别存在微小误差的螺栓间距及时调整。混凝土终凝后,取下固定钢板,对螺栓依次进行塑料薄膜、牛皮纸包裹封闭,使其在梁场以及架设完毕后保证丝扣的洁净。

(三)桥梁与环保接口(声屏障基础)

桥梁声屏障有两种形式:一种为整体式声屏障,较为笨重,另一种为金属插板式声屏障。整体式声屏障采用统一制作的刚模板,进行预制安装。主要施工过程包括安装模板、加工钢筋、安装钢筋及预埋件、浇筑混凝土、养护等强、运输、安装上桥。

五、隧道接口

(一)隧道与通信、信号电力接口

隧道与通信信号、电力的接口主要为通信信号电缆槽、电力电缆槽施工,主要施工过程包括测量定位、绑扎安装钢筋、固定模板、浇筑混凝土、铺设盖板,模板采用大块整体式钢模,混凝土集中拌和,插入式振捣器振捣,浇筑混凝土后加强养护,养护时间不少于 7 d。

(二)防闪络接地系统

槽道加固与防闪络接地设置:

1. Ⅲ级围岩地段防闪络接地施工

槽道组固定好后,先将加固钢筋网片焊接在槽道背后的锚杆上,要求每个槽道锚杆均与钢筋网片钢筋单面焊接。

然后将环向接地钢筋紧贴网片钢筋焊接,布置在槽道组的中间位置,与钢筋网片焊接不少于 3 处,采用“L”形钢筋搭接焊接。环向接地钢筋的底部,要求预留伸出混凝土表面长度大于 20 cm 的钢筋头,以保证环向接地钢筋与通信信号电缆槽侧墙上部的 ϕ16 mm 纵向接地钢筋连接。环向接地钢筋需采用钢筋头或钢筋保护层垫圈进行固定定位,以保证钢筋保护层厚度。环向接地钢筋和连接钢筋均采用 ϕ16 mm 螺纹钢。

2. 下锚段槽道防闪络接地施工

在二次衬砌混凝土施工前，每个槽道基础后设置一组格栅钢架(7榀格栅)加固槽道，并在每组钢架中选择1根ϕ20 mm环向钢筋作为接触网专业的防闪络环向接地钢筋，环向接地钢筋的底部要求预留能伸出混凝土表面长度大于20 cm的连接钢筋，以便与通信信号电缆槽侧墙上部的ϕ16 mm纵向接地钢筋连接。

3. Ⅳ、Ⅴ级围岩地段防闪络接地施工

在钢筋绑扎时，先选择好内层纵向结构钢筋和环向结构钢筋为接地钢筋。

纵向接地钢筋：拱顶槽道投影线两侧按环向间距0.5 m各选9根(共18根)作为纵向接地钢筋；上述投影线两侧各1.5 m外的其他位置，按环向间距1 m各选8根(共16根)纵向结构钢筋作为纵向接地钢筋。要求选择的ϕ16 mm纵向接地结构钢筋每100 m断开一次。

环向接地钢筋：在纵向接地钢筋约50 m处，选择1根内层环向主筋为环向接地钢筋。环向接地钢筋与纵向接地钢筋采用“L”形连接钢筋搭接焊接，环向接地钢筋的底部要求预留能伸出混凝土表面长度大于20 cm的钢筋头，以便与通信信号电缆槽侧墙上部的ϕ16 mm纵向接地钢筋连接。

4. 明洞段防闪络接地施工

在钢筋绑扎时，选择明洞拱墙二衬内侧结构钢筋为接地钢筋。

纵向接地钢筋：拱顶槽道投影线两侧按环向间距0.5 m各选择9根(共18根)，再往拱腰位置间距1.5 m处开始按环向间距1 m各选7根(共14根)纵向结构钢筋作为纵向接地钢筋。要求ϕ16 mm纵向结构接地钢筋贯通明洞段衬砌混凝土，不得随意断开。

环向接地钢筋：在纵向钢筋的中间位置，选择内层环向结构钢筋作为环向接地钢筋。环向与纵向接地钢筋均采用“L”形连接钢筋搭接焊接，环向接地钢筋的底部要求预留能伸出混凝土表面长度大于20 cm的钢筋头，以方便与通信信号电缆槽侧墙上部的ϕ16 mm纵向结构钢筋连接。

(三)隧道与接触网接口(滑道)

隧道内接触网槽道分A、C、D、F、G五种类型，隧道中预埋槽道分为L=2.5 m、2 m、1.5 m三种，安装精度要求高。

1. 材质及型号符合设计要求。

2. 安装误差：嵌入偏差5 mm；倾斜偏差单槽±3 mm，两槽±12 mm/m；间距偏差±10 mm；平行偏差±5 mm/m；与水平或垂直方向的偏差±5 mm/m；垂直线路位置偏差±30 mm。

3. 槽道预埋施工方法采用衬砌台车模板开二次定位孔螺栓定位法。

(四)隧道与照明及安全指示系统接口

隧道照明供电原则：100～500 m左右的隧道照明单电源供电，大于500 m的隧道照明采用双电源供电，低压供电线路的供电半径为1.5 km左右；100～500 m的隧道单电源接引于10 kV综合负荷贯通线，大于500 m的隧道双电源接引于10 kV综合负荷贯通线及10 kV一级负荷贯通线。

1. 隧道照明控制

100～500 m的隧道照明控制：正常照明灯采用两端控制，开关设于隧道两端洞口，可使用设于隧道外控制箱内的按钮打开或关闭全隧道照明灯；疏散指示灯在首端控制箱控制。

大于500 m的隧道照明控制：正常照明灯采用分段两端控制，分段开关设于隧道两端洞口和隧道洞室内，紧急情况下可使用布置在隧道内的紧急按钮打开全隧道照明灯；疏散指示标志灯在综合洞室控制箱控制，平时常开。

大于500 m的隧道照明远动控制：在综合洞室内设置智能监控装置(RTU)；在第一个或最后一个综合洞室设智能监控通信接口，从通信接口敷设光缆至隧道附近的通信基站；通过通信光缆专用通道上传至综合维修段控制室。

2. 设备安装及技术方案

设备安装前，编制详细的施工方案和措施，并组织人员对灯具、照明配电箱等进行全面检验，检查触头是否锈蚀、外观有无损伤，机械部分是否转动灵活等。禁止不合格品进入施工现场。

照明设备安装支架的结构尺寸、预埋件、安装方位、安装间距等符合设计要求，设备安装稳固、位置正确。灯具轮廓线形与隧道协调、美观。配电箱安装牢固、方位正确。照明设备的电力线、信号线、接地线端头制作规范；按设计要求采取线缆保护措施、布线排列整齐美观、无交叉拧绞，安装固定、标识清楚。设备表面光泽一致、无划伤、无刻痕、无剥落、无锈蚀。

3. 隧道照明设备安装

大于 100 m、小于 500 m 的隧道设正常固定照明，光源采用 100 W 高压钠灯，照明灯沿隧道两侧交错布置，水平间距为 30 m、距地 3.5 m(灯中心到地面的垂直距离)。

大于 500 m 的隧道设正常固定照明并作为疏散应急照明使用，光源采用 50 W 无级荧光灯，照明灯沿隧道两侧交错布置，水平间距一般为 20 m、距地 2.5 m。

隧道照明灯具均使用外膨胀螺栓固定于隧道壁上，在隧道侧壁的水平位置上，间距 200 mm 钻 2-ϕ16 mm孔，孔深 85 mm，将 M12 膨胀螺栓塞入孔中，套上灯具支架，然后将 M12 螺母拧紧。膨胀螺栓为内迫式不锈钢材料。

将隧道灯具稳妥地安装于灯具支架上，并按照设计及实际配光要求调整灯具的仰俯角度。

大于 100 m 的隧道设疏散指示灯及标志灯，光源采用 3 W LED 灯，疏散指示灯沿隧道两侧对称布置，水平间距一般为 25 m、距地 0.5 m。疏散指示灯的电源线，进线和出线分别穿钢管(ϕ32 mm 的钢管)贴壁敷设，两钢管的间距为 10 cm，分别用管卡子与隧道壁固定，钢管的下端进入电缆槽内，砸槽面往下 15 cm 到 25 cm，并做好恢复电缆槽。标志灯的电源线穿钢管(ϕ32 mm 的钢管)贴隧道壁敷设，上端管口距地 3 m 的位置，下端进入电缆槽内，砸槽并恢复。

设置在隧道综合洞室洞口上的标志灯距地 3.2 m。

隧道口及综合洞室内电源箱、RTU、照明控制箱均为明挂，箱体底边距地 1.3 m；EPS 为落地靠墙安装。

所有灯具、开关箱、按钮箱、EPS 等的防护等级为 IP65。

隧道内的灯具安装、设备安装及配线安装应满足列车 350 km/h 时运行的要求。

4. 隧道照明配线方式

隧道供电电源电缆、标志灯电源电缆干线、控制电缆及监控光缆沿隧道电力电缆槽敷设。

隧道照明干线电缆沿隧道壁水平安装时采用电缆挂钩敷设，挂钩安装间距为 0.8 m，电缆安装高度为距灯具上缘 0.2 m。隧道长度为 500 m 以上的隧道，电缆挂钩打眼为垂直距地 3 m。隧道长度为 500 m 以下的隧道，电缆挂钩打眼为垂直距地 4 m。电缆支架固定牢固，固定电缆支架的螺栓采用 M10×95 的镀锌膨胀螺栓，单螺帽螺栓紧固后外露螺杆长度不小于 3 个丝扣。

除沿隧道壁采用电缆挂钩水平敷设的电缆和沿电缆槽敷设的电缆外，其他电缆均采用穿钢管沿隧道壁明敷。

敷设前应按设计和实际路径计算每根电缆的长度，合理安排每盘电缆，减少电缆接头。

电缆在展放前应试验相间及各相对地的绝缘电阻控制缆测试选用 0～500 V 兆欧表，线间及对地绝缘不小于 50 MΩ。

1 kV 及以下电源电缆测试选用 0～1 000 V 兆欧表，相间及各相对地绝缘不小于 500 MΩ。10 kV 高压电缆测试选用 0～2 500 V 兆欧表，相间及各相对地绝缘不小于 2 000 MΩ。1 kV 以上的电缆宜做耐压试验，确认电缆合格后方可敷设。敷设后的低压电缆绝缘电阻不小于 50 MΩ。

隧道照明接地系统采用 TN-C-S 系统。

各综合洞室电源箱、照明控制箱从隧道综合接地母线引 PE 线。

隧道内疏散指示灯及标志灯回路、其他照明回路从各个洞室电源箱或照明控制箱接引 PE 线。PE 线沿洞室壁明敷(采用 WDZ BV 500，1×25)的 PE 线，ϕ32 mm 的钢管敷设。

第二节　工程接口的质量控制

一、路基接口

(一)路基与电力工程接口

1. 电力电缆槽

路堤地段设于坡脚排水沟的外侧、路堑地段设于侧沟外侧平台上，顶部高程同于沟顶高程，电缆槽外廓宽 0.4 m、内部净宽 0.25 m、净高 0.3 m，采用 C30 混凝土现场浇筑而成，电缆槽底部靠近水沟间隔 5 m 设直径为 5 cm 的 4%的排水孔，采用中粗砂进行满填，顶部加盖 C25 混凝土盖板，通过砂浆来将盖板表面整平、固结，每 10 m 预留 1 块活动盖板。

2. 电缆过轨管埋设

(1)电力电缆过轨

主要用于通信、信号、电力设备、隧道照明系统的用电，电力电缆从路基基底通过，采用直径为 150 mm 的 3 根镀锌钢管防护，钢管铺设连接完成后应对其浇筑混凝土进行防护，确保其不发生明显变形，并管内预留 2 根钢丝，以备后期穿缆只用。路基水沟外侧设置电缆井进行连接，电缆井采用 C25 混凝土现场浇筑，其内净空尺寸长×宽×高为 1 m×0.8 m×0.3 m，顶部加设 C25 混凝土盖板。

(2)牵引供电电缆过轨

主要用于供电线、回流线、控制线的横向过轨，电缆从路基基底通过，采用直径为 150 mm 的不同根数的通常锌钢管或高强 PVC 管防护，管道铺设连接完成后应对其浇筑混凝土进行防护，确保其不发生明显变形，并管内预留 2 根钢丝，以备后期穿缆使只用。路基水沟外侧设置电缆井进行连接，电缆井采用 C25 混凝土现场浇筑。

(3)牵引供电电缆手井孔

适用于电缆需要进入分区所、变电所等大型设备内部机房的位置，一般是在机房为位置不大于 350 m 范围内的对应基底过轨的地点(一般为 3 处)分别在路基两侧排水沟内侧平台上修筑 GDJ2 型电缆井和对应机房的位置单侧在排水沟内外侧平台上修筑 GDJ0 型电缆井，电缆井间通过架设在水沟上的对应设计图纸所需数量的高强 PVC 管进行连接，同时还需在 GDJ2 型电缆井处沿护坡修筑上坡槽道与路肩的电缆井连接，上、下坡槽道设计尺寸同上，DDJ0 型电缆井纵向宽 3.5 m、横向宽 1.9 m，深度依据过轨管埋设深度而定并高出地面 0.45 m，GDJ2 型电缆井纵向宽 2.5 m、横向宽 1.6 m，深度为 0.85 m，顶面与平台面齐平，电缆井顶部均加盖 C25 混凝土盖板封闭。

(4)电缆引入中继站及通信机房等

此线施工任务由站后单位负责，机房引出电缆通过挖沟埋设，通过 GDJ 型电缆井、过轨管及坡面电缆槽等进入线路，继续敷设。

(二)路基与接触网工程接口

1. 接触网电缆过轨

过轨管道一般为 2 根 ϕ100 mm 高强 PVC 管，管道顶面距轨面 997 mm，一般是在路基基床表层级配碎石填筑完成后开槽、预埋钢管施工，并用 C25 混凝土进行封闭，管内预留 2 根钢丝以便于后期穿入通信信号电缆使用。

2. 路肩电缆手孔

过轨管道与路肩两侧的电缆手孔直接相连，电缆手孔采用 C25 钢筋混凝土现场浇筑，内净空长×宽×高为 1.5 m×1.5 m×0.55 m，顶部加盖 10 cm 厚混凝土活动盖板。电缆手孔顶部高程及坡度与路肩沥青混凝土或 C25 混凝土封闭层等同，以利于水流顺利排除。

3. 接触网支柱及拉线基础

(1)分类及尺寸

接触网基础共有 9 类，分为 A1、A2-1、A2-2、B1、B2、B2-1、B2-2、C1、C2-1 型；拉线基础分为单拉线和双拉线两类，接触网支柱及拉线基础横向中心均距路肩 1 100 mm，距离路基中心 5 700 mm，负偏差不得大于 3 mm，接触网及拉线基础采用 C50 混凝土现场浇筑，不同类型的接触网基础尺寸及底部基础类型及尺寸见表 4-17-2 和表 4-17-3。

表 4-17-2　各种基础类型尺寸

基础类型	混凝土顶部尺寸(mm)		预埋螺栓				螺栓间距(mm)	
	横向	纵向	个数	长度	型号	螺纹	横向	纵向
LJ-A1、LJ-A2-1、LJ-A2-2	700	1 100	6	1 420	M39	220	430	160
LJ-B1、LJ-B2-1、LJ-B2-2	700	1 800	8	1 420	M39	220	430	160

续上表

基础类型	混凝土顶部尺寸(mm)		预埋螺栓				螺栓间距(mm)	
	横向	纵向	个数	长度	型号	螺纹	横向	纵向
LJ-C1、LJ-C2-1	700	1 800	10	1 420	M39	220	430	160
LIDLX-1、LJDLX-2	ϕ700		4	1 100	M24	220	100	100
LISLX-1、LJSLX-2	ϕ700		6	1 100	M24	220	200	160

表 4-17-3 底部基础类型及尺寸

接触网基础类型	底部基础			基础顶面高出路肩高度(mm)
	类型	数量	直径(mm)	
LJ-A1、LJ-A2-1、LJ-A2-2	钻孔灌注桩	1	ϕ700	550
LJ-B1、LJ-B2-1、LJ-B2-2	钻孔灌注桩	2	ϕ700	550
LJ-C1、LJ-C2-1	钻孔灌注桩	2	ϕ700	550
LIDLX-1、LJDLX-2	钻孔灌注桩	1	ϕ700	550
LISLX-1、LJSLX-2	钻孔灌注桩	1	ϕ700	100

(2)施工控制

为确保接触网支柱及拉线基础下钢板及螺栓预埋位置的准确性，在混凝土浇筑施工前，利用配套的上钢板对接触网支柱基础和拉线基础螺栓进行间距控制，上钢板在上下均用螺帽将其拧紧，以确保螺栓间距的准确性，同时为防止螺栓整体扭动，在接触网支柱及拉线基础预埋螺栓上下层钢筋之间均增设井字形定位筋，直接焊接在预埋钢筋上，确保螺栓顶部高程满足设计高度要求。

待基础混凝土浇筑完成后，首先应复核螺栓间距和距线路中线的距离是否满足要求，并对超限部分进行整改，同时对螺栓丝扣部分涂以凡士林并用塑料布包裹覆盖。

(3)施工注意事项

由于接触网支柱中心距线路中心的距离偏小是最大的制约因素，因此在基础钢板预埋控制时，可将设计位置向外移动 2 cm，确保施工后的间距在设计要求的合格范围之内。

接触网支柱及拉线基础支柱螺栓外露丝扣部分的保护尤为重要，避免因混凝土浇筑过程中造成的污染给后续清理带来极大困难，确保顺利与站后单位进行交接。

由于外露螺栓属于一个细长结构，受到碰撞后极易造成弯曲、淬断，所以在路基基床表层上部结构施工时的机具设备应远离螺栓，避免因螺栓的变形给后续整改带来较大的困难。

预埋是应仔细研读图纸，确保螺栓的摆放方向与设计一致，避免返工。

(4)接地端子埋设及接地线连接

接触网基础共需埋设接地端子 2 个，一个位于接触网基础靠近无砟轨道道床板的侧面上，距离基础混凝土顶面 10 cm，与无砟轨道道床板上预留的端子连为一体；1 个位于靠近电缆槽侧的侧面上，距离基础混凝土顶面 65 cm，与通信、信号电缆槽内站后接地线连为一体。

靠近道床板侧的接地端子直接与基础钢筋焊接在一起，实现接地，靠近路肩电缆槽侧的端子通过电缆槽下纵向贯通接地线引出的线头与接地端子尾部套接，并将其整体固定在设计位置，然后直接浇筑基础混凝土即可实现接地。

(三)路基与环保工程接口

1. 声屏障基础

路基金属插板式声屏障设计高度 2.65 m，基础采用直径为 800 mm 的 C30 钢筋混凝土钻孔灌注桩，钻孔桩间距 4 m，桩顶距路肩顶 620 mm，基础中心距线路中心为 7.25 m。桩顶设纵向通长一般为高 420 mm、宽 500 mm 的声屏障条基，在桩顶处的条基高度为 620 mm。

声屏障立柱通过基础预埋的 8.8 级 M24 的高强摩擦地脚螺栓套接，通过螺母及垫圈以及灌注重力式砂浆进行固定。当条基施工完成后，应首先对螺栓上的杂物及混凝土残渣进行全面清理同时根据套板再次检测螺栓纵横向间距，及时进行调整，并建立检测台账，以利于站后单位进行后期安装的各构件的采购工作，一般情况下螺栓纵横向偏差为±3 mm、预埋位置间的中心距偏差为±5 mm，螺栓顶面超出条基顶面高度为100 mm。

声屏障立柱及隔声板安装完成并调整好线形后将螺栓进行最终固定，并及时采用重力式灌注砂浆来封闭立柱底板与预留槽之间的缝隙，待强度达到设计要求后，松开内侧螺栓套接地扁钢并重新复紧，完善声屏障的接地系统。

2. 施工注意事项

(1)按照设计明确的声屏障的纵、横向位置，结合路基基底处理布设图，对现场施工的钻孔灌注桩基础位置进行一次合理分布，重点是要尽量在低矮路堤中避开基底处理(CFG、预应力管桩等)桩帽的设置位置，同时还应满足设计要求的与桥头的最大距离要求。

(2)钻孔桩施工时，应做到集中连续作业，确保成孔一个就灌注一个，不能大面积施工，避免因开挖过多造成路基本体质量遭到破坏，同时做好防雨措施，避免雨水流入孔内造成的路基浸泡。

(3)此项施工最好是在无砟轨道支承层或基床表层级配碎石未施工前实施，避免因后续交叉施工的干扰，加大后期施工难度，或影响施工质量。

二、无砟轨道接口

1. 保护层内接地钢筋

每孔梁的保护层属于一个综合接地单元，每半幅保护层两侧设置4根纵向通长的接地钢筋，在防撞墙预埋保护层钢筋中靠近梁端侧的一根ϕ16 mm圆钢作为接地钢筋，并在防撞墙上标注其位置，紧靠防撞墙接地钢筋处增加1根ϕ16 mm钢筋作为横向接地钢筋，纵向接地钢筋在纵向上全部焊连，横向接地钢筋与防撞墙应焊连，接地钢筋在纵横交叉处采用"T"形连接，接地钢筋与接地端子采用"L"形连接，焊接时双面焊缝长度不小于100 mm、单面焊缝不小于200 mm，焊缝深度不小于4 mm。

2. 道床板接地钢筋及端子埋设

每个综合接地单元不大于100 m，每线无砟轨道在道床板上层钢筋的最外侧及中间设置3根通长纵向接地钢筋，1根ϕ20 mm横向接地钢筋(采用结构钢筋)，接地钢筋在纵横交叉处采用"T"形连接，接地钢筋与接地端子采用"L"形连接，焊接时双面焊缝长度不小于100 mm、单面焊缝不小于200 mm，焊缝深度不小于4 mm，在每块道床板的外侧、靠近分隔缝处于接地钢筋上焊接一个接地端子，顶面朝外，即每块道床板设置两个接地端子。道床板内上下层的钢筋在每个搭接处均要设置绝缘卡进行绝缘，并用扎丝带进行固定，防止在浇筑黏土过程中脱落，确保接地效果达到最佳，绑扎未完成后要进行绝缘电阻测试，达到设计要求后，方可浇筑混凝土。

3. 接地线连接

无砟轨道道床的每个综合接地单元不大于100 m，每块道床板间的接地端子均需采用横截面积不小于200 mm^{2}的不锈钢缆进行连接，每100 m左右再与防撞墙上预留的接地端子采用横截面积不小于200 mm^{2}的不锈钢缆进行连接，待全桥的整个接地系统全部连接完成后，还需对桥梁上部的各处接地端子的接地电阻进行测试，并建立检测台账。

三、桥梁接口

(一)桥梁与通信、信号及电力工程接口

1. 电缆槽施工

对于13.4 m宽标准箱梁通信、信号、电力专业的电缆槽共有3道，尺寸分别为400 mm、400 mm、350 mm，对于12 m宽箱梁通信、信号、电力专业的电缆槽共有2道，通信、信号电缆合槽，尺寸分别为650 mm、350 mm，采用C30混凝土现场浇筑，槽内设置防水层及C40纤维混凝土保护层，按照向内的1.5%横坡设置，最外侧厚度72 mm、最内侧厚度40 mm，电缆槽竖墙在对应桥梁防撞墙位置设置过水孔，并在竖墙顶部加盖5 cm厚水泥基质混凝土盖板，盖板底部采用水泥砂浆进行支垫、固结，确保盖板顶部平整、齐缝，同时每隔10 m设置一道活动盖板，便于穿缆和检查。

2. 贯通地线敷设及连接

纵向贯通接地电缆位于电力电缆槽中，采用外包塑料保护层、横截面积不小于 70 mm^2 的铜缆进行敷设，纵向接头处采用 2 个 C 型夹和专用压力扳手进行“一”字形连接，并用胶条对连接裸露处进行包裹封闭；在每个梁端预留接地端子处与事先连接好的带有线鼻子的同类型电缆采用 2 个 C 型夹和专用压力扳手进行“一”字形连接，同时并用胶条对连接裸露部分进行包裹封闭，线鼻子处通过专用螺杆拧入预留的接地端子里面。

3. 预留槽道或圆孔

(1)预留槽道

适用于控制电缆上、下桥，设置于梁缝处的对应 2 孔梁梁端，单孔梁锯齿形槽口纵向宽度均为 250 mm，横向最小宽度由外向内分别为 250 mm、300 mm、300 mm。在预留槽道处的 2 孔箱梁翼缘板、腹板外表面预埋 EHMQ-41 型槽道，翼缘板横向间距为 1 200 mm、腹板竖向间距为 750 mm。

(2)6×ϕ80 圆孔

适用于上网电缆及回流电缆上、下桥，6×ϕ80 mm 圆孔纵向中心线与接触网中心线重合，横向中心线距离接触网基础中心的纵向距离为 1 750 mm(靠近梁端侧)，6×ϕ80.mm 圆孔纵向设置 3 排、每排 2 个，纵向间距300 mm、横向间距 280 mm。在预留圆孔处的箱梁翼缘板、腹板外表面预埋 EHMQ-41 型槽道，翼缘板纵向间距为 1 500 mm、腹板竖向间距为 750 mm。

4. 施工注意事项

(1)事先应对设计院下发的各种预埋类型设计进行仔细统计造册，然后对对应处具体的工点和墩位、梁号进行核实，以利于在箱梁预制中准确预埋或设置。

(2)纵向接地线连接后应及时进行接地电阻测试工作，对于不满足设计要求的地点应尽早进行处理，避免后期掀抬盖板造成的困难及破坏既有盖板的平顺性。

(3)会同业主及站后单位尽早共同明确工程后期站后各种设备、房屋的具体位置，以利于确定最佳的上下桥位置。

(二)桥梁与接触网接口

1. 接触网支柱及拉线基础分类及尺寸

接触网基础共有 5 类，分为 A1、A2、B、C、D 型；拉线基础分为单拉线和双拉线两类，接触网支柱及拉线基础横向中心均距梁端 1 050 mm，距离桥梁中线 5 650 mm，负偏差不得大于 3 mm，接触网及拉线基础采用 C50 混凝土现场浇筑，不同类型的接触网基础尺寸及预留构筑物尺寸见表 4-17-4 和表 4-17-5。

表 4-17-4　各种基础类型尺寸

基础类型	混凝土顶部尺寸(mm)		预埋螺栓				螺栓间距(mm)	
	横桥向	顺桥向	个数	长度	型号	螺纹	横桥向	顺桥向
QJ-A1	700	700	6	835	M39	220	430	160
QJ-A2	1 000	700	6	835	M39	220	430	160
QJ-B	1 000	700	8	835	M39	220	430	160
QJ-C	1 000	700	10	835	M39	220	430	160
QJ-D	1 280	700	14	835	M39	220	430	160
QJLX-1	400	400	4	735	M24	130	150	150

表 4-17-5　预留位置高出梁顶距离

基础类型	顺桥向孔洞尺寸(mm)			基础顶面距梁顶高度(mm)	基础底部距梁顶高度(mm)
	宽	高	底部距梁顶高度		
QJ-A1	120	150	100	430	0
QJ-A2	120	150	100	430	100
QJ-B	120	150	100	430	100
QJ-C	120	150	100	430	100
QJ-D	150	120	140	430	140
QJLX-1	120	150	100	430	0

2. 施工控制

接触网支柱及拉线基础下钢板及螺栓预埋施工均在预制箱梁过程中完成，为确保其位置的准确性，在混凝土浇筑施工前，利用配套的上钢板对接触网支柱基础和拉线基础螺栓进行间距控制，上钢板在上下均用螺帽将其拧紧，以确保螺栓间距的准确性，同时为防止螺栓整体扭动，在接触网支柱及拉线基础预埋螺栓上下层钢筋之间均增设井字形定位筋，直接焊接在预埋钢筋上。

待箱梁运架完成后，首先应复核螺栓间距和距线路中线的距离是否满足要求（是否因架梁误差造成偏差），并对超限部分进行整改，同时对螺栓丝扣部分涂以凡士林并用塑料布包裹覆盖。在浇筑接触网基础混凝土时还应通过检查套板固定螺栓顶部，防止产生螺栓间距超标。

3. 施工注意事项

(1)由于接触网支柱中心距线路中心的距离偏小是最大的制约因素，因此在基础钢板预埋控制时，可将设计位置向外移动 2 cm，确保施工后的间距在设计要求的合格范围之内。

(2)接触网支柱及拉线基础支柱螺栓外露丝扣部分的保护尤为重要，避免因混凝土浇筑过程中造成的污染给后续清理带来极大困难，确保顺利与站后单位进行交接。

(3)由于外露螺栓属于一个细长结构，受到碰撞后极易造成弯曲，所以在桥面附属吊装、存放预制构件或机具设备时应远离螺栓，避免因螺栓的变形给后续整改带来困难。

(4)基础混凝土浇筑完成后还应对螺栓间距进行复核，及时调整。

(三)桥梁与环保工程接口

1. 屏障基础预制

本标段声屏障有多种类型，涉及与站后单位交接的只有金属插板式声屏障基础。每孔梁声屏障基础类型共有两类，一类是长度为 2 m 的中板、一类是长度为 1.3 m 的边板，首先应按照设计院提供的安装地点确定线路参数（曲线、直线）、结合不同声屏障高度类型来最终确定声屏障基础预制的类型（4 个预埋螺栓、6 个预埋螺栓）及不同类型的预制数量，并逐孔建立台账，确保后期安装的准确性。由于插板式声屏障是一种定型产品，分段长度均为定数，为此对于预制过程中的预埋螺栓应准确定位，要求的允许偏差在 ±10 mm 以内，预制件的长度偏差应控制在 $^{+5}_{-20}$ mm，同时还应通过套板来保证螺栓间距的准确性。

2. 屏障基础安装

安装预制件时，一方面应符合预制件类型是否与台账上的类型一致，另一方面安装应从中间向梁端进行，同时在安装的过程中逐个检查两个预制件之间的螺栓的间距是否满足安装要求，对于超限部位应及时进行调整到位，螺栓上的混凝土残渣清理干净，确保后期站后安装声屏障顺利进行。

四、隧道接口

(一)隧道与通信、信号及电力工程接口

隧道内通信、信号、电力专业的电缆槽共有 2 道，通信、信号电缆合槽，尺寸分别为 350 mm、300 mm，净高 30 cm，采用 C30 混凝土现场浇筑，槽底间隔 3～5 m 设置一处 4 cm 的泄水槽，确保积水排向两槽中间的侧沟中，并在竖墙顶部加盖 5 cm 厚水泥基质混凝土盖板，盖板底部采用水泥砂浆进行支垫、固结，确保盖板顶部平整、齐缝，同时每隔 10 m 设置一道活动盖板，便于穿缆和检查。

(二)隧道防闪络接地系统接口

1. Ⅳ、Ⅴ级围岩隧道内防闪络接地设置

利用两侧通信信号电缆槽侧墙上部的 1 根 ϕ16 mm 纵向结构钢筋作为纵向接地钢筋，在接触网基础附近二次衬砌的纵向结构钢筋应与接触网基础焊接作为接地钢筋；接触网垂直向上在拱顶的投影两侧，共选 9 根纵向结构钢筋作为纵向接地钢筋；上述投影两侧各 1.5 m 外的其他位置，以 1 m 为间距，选择 1 根纵向结构钢筋作为纵向接地钢筋；纵向接地钢筋在每个作业段间连接，约 100 m 断开一次。在纵向接地钢筋约 50 m处，选择一根环向结构钢筋作为环向接地钢筋，纵、环向接地钢筋间应连接，并且环向接地钢筋应与两根贯通地线连接。

2. 明洞地段隧道内防闪络接地设置

利用明洞二次衬砌内侧纵、横向结构钢筋作为接地钢筋，接地钢筋具体设置参照Ⅳ、Ⅴ级围岩隧道内防闪络接地设置。

用于接地的钢筋连接应采用焊接工艺，焊缝长度为单面焊接长度不小于 200 mm，双面焊接长度不小于 100 mm，钢筋间十字交叉时采用 ϕ16 mm 的“L”形钢筋进行焊接；锚杆与钢架或者专用环向接地钢筋间的焊接面积应不小于 360 mm^2。

（三）隧道与接触网工程接口

1. 槽道定位前准备

检查槽道内发泡填充物的完整状态，如有残缺，应进行填补。

对于两根一组的槽道，应根据设计要求的槽道平行间距，用钢筋或型钢焊接牢固。

依据台车模板上槽道的设计要求位置，在模板台车上开螺栓二次定位安装长孔，每根槽道上固定点建议为两个（槽道两端部各一处），隧道顶部 2.5 m 的弧形槽道固定点建议为 3 点（槽道两端、中间各一处）。

二次定位安装长孔的开孔原则：应结合所有槽道预留台车模板布置图进行统筹优化，减少模板开孔数量，开孔方向按图施工；应避开台车模板的加固支撑、顶升固定点及各种连接结构；应严格按图控制槽道距台车边缘的距离。

2. 槽道一次定位

绑扎第二层网片钢筋后，按照设计位置，测量出槽道布置位置，在钢筋网外层将事先焊接好的成组槽道就位。

在锚杆后部锚杆处，垂直槽道方向，间隔绑扎几根短筋，长约 30 mm，将锚杆和短筋绑扎固定在钢筋网上。

根据接地要求，将槽道锚杆与相应的接地钢筋可靠焊接。

将槽道与模板固定位置（开孔位置）的发泡填充物扣除。

3. 槽道二次定位

台车移动就位到指定位置后，油缸顶升拱顶、拱腰模板到位，与网片钢筋上固定的槽道接近贴住后，通过二次定位孔，找到并调整槽道位置。

将 T 形螺栓穿过钢模板上的二次定位长孔，放入槽道，水平旋转 90°，可参考 T 形螺栓安装外部检查标准（即后部压痕垂直于槽道方向）。

将开孔封堵钢板安装在二次定位孔的 T 形螺栓上，扭紧螺母，使槽道紧贴模板，进行模板上精确的二次定位。

对模板上开的二次定位孔需要采取可靠的封堵，封堵钢板可用铆钉与台车模板固定，确保局部不会出现漏浆，脱模后不造成外观缺陷。

4. 浇筑及脱模

台车模板封堵后，进行二次衬砌浇筑。

衬砌脱模后先松开 T 形螺栓螺母，打开开孔封堵，旋转 T 型螺栓 90°取出螺栓，收回模板脱模。T 形固定螺栓、螺母可重复使用。

将槽道固定点处重新填补上发泡填充物，做好后续养护。

衬砌台车移走后，利用全站仪对预埋槽道的位置再次进行测量，重点是槽道的两端距线路中线的左右距离是否相等、两槽道之间的纵、横向间距是否满足设计要求，以利于后期制定更加合理的措施来克服施工偏差。

（四）隧道与照明、安全指示系统工程接口

首先应参照隧道照明设计图纸在隧道内标识出各种灯具、连接线的位置、高度，其中纵向连接线共有 2 道，1 道沿隧道衬砌壁明挂，距离电缆槽盖板顶面 3.7 m，间隔 80 cm 采用配线挂架进行固定；1 道沿电力电缆槽敷设。照明灯具安装位置距离电缆槽盖板顶面 3.5 m，间隔 30 m 进行布设，通过壁挂电缆供电；指示距离距电缆槽盖板顶面 0.5 m，间隔 30 m 进行布设，通过电缆槽内敷设的电缆供电，供电电缆采用 ϕ32 钢管进行防护；隧道照明控制箱分别位于隧道进、出口地左右侧，采用 TN-C-S 接地系统，外接电源引入控制箱部分由站后单位负责施工。

第十八章　高性能混凝土施工

第一节　原材料选择

一、水　　泥

水泥宜选用硅酸盐水泥或普通硅酸盐水泥，混合材宜为矿渣或粉煤灰。有耐硫酸盐侵蚀要求的混凝土也可选用中抗硫酸盐硅酸盐水泥或高抗硫酸盐硅酸盐水泥。不宜使用早强水泥。

水泥的技术要求除应满足上述要求外还应满足下列要求：水泥的比表面积不宜超过 350 m^2/kg（硅酸盐水泥、抗硫酸盐硅酸盐水泥）；80 μm 方孔筛筛余不应超过 10%（普通硅酸盐水泥）；游离氧化钙含量不应超过 1%；碱含量不应超过 0.80%；水泥熟料中 C_3A 的含量不宜超过 8%，在氯盐环境下不应超过 10%；氯离子含量不宜大于 0.1%（钢筋混凝土），预应力混凝土氯离子含量不宜超过 0.06%。其中当骨料具有碱-硅酸反应活性时，水泥的碱含量不应超过 0.6%，C40 及以上混凝土用水泥的碱含量不宜超过 0.6%。

二、矿物掺和料

1. 矿物掺合料应选用品质稳定的产品。矿物掺合料的品种宜为粉煤灰、磨细粉煤灰、矿渣灰或硅灰。
2. 粉煤灰的技术要求应满足表 4-18-1 的规定。
3. 矿渣灰的技术要求应满足表 4-18-2 的规定。
4. 硅灰的技术要求应满足表 4-18-3 的规定。

表 4-18-1　粉煤灰的技术要求

混凝土强度等级	细度(%)	Cl^-(%)	需水量比(%)	烧失量(%)	含水率(%)	SO_3 含量(%)	CaO 含量(%)
C50 以下	≤20	≤0.02	≤105	≤5.0	≤1.0(干排灰)	≤3.0	≤10(对于硫酸盐侵蚀环境)
≥C50	≤12		≤100	≤3.0			

表 4-18-2　矿渣的技术要求

名称	Mg 含量(%)	SO_3 含量(%)	烧失量(%)	Cl^-(%)	比表面积(m^2/kg)	需水量比(%)	含水率(%)	28 d 活性指数(%)
技术要求	≤14	≤4.0	≤3.0	≤0.02	350～500	≤100	≤1.0	≥95

表 4-18-3　硅灰的技术要求

名称	烧失量(%)	Cl^-(%)	SiO_2 含量(%)	比表面积(m^2/kg)	需水量比(%)	含水率(%)	28 d 活性指数(%)
技术要求	≤6	≤0.02	≥85	≥18 000	≤125	≤3.0	≥85

三、细 骨 料

1. 细骨料应选用级配合理、质地均匀坚固、吸水率低、空隙率小的洁净天然中粗河砂，也可选用专门机组生产的人工砂。不宜使用山砂。不得使用海砂。

2. 细骨料的颗粒级配（累计筛余百分数）应满足表 4-18-4 的规定。

表 4-18-4　细骨料的累计筛余百分数(%)

级配区 / 筛孔尺寸(mm)	Ⅰ区	Ⅱ区	Ⅲ区
10.0	0	0	0
5.00	10～0	10～0	10～0
2.50	35～5	25～0	15～0

续上表

筛孔尺寸(mm)＼级配区	Ⅰ区	Ⅱ区	Ⅲ区
1.25	65～35	50～10	25～0
0.63	85～71	70～41	40～16
0.315	95～80	92～70	85～55
0.160	100～90	100～90	100～90

注:除 5.00 mm 和 0.63 mm 筛档外,砂的实际颗粒级配与表 1-4 中所列的累计筛余百分率相比允许稍有超出分界线,但其总量不应大于 5%。

3. 细骨料的粗细程度按细度模数分为粗、中、细 3 级,其细度模数分别为:粗级(3.7～3.1)、中级(3.0～2.3)细级(2.2～1.6)。

配制混凝土时宜优先选用中级细骨料。当采用粗级细骨料时,应提高砂率,并保持足够的水泥或胶凝材料用量,以满足混凝土的和易性;当采用细级细骨料时,宜适当降低砂率。

当所用细骨料的颗粒级配不符合要求时,应采取经试验证明能确保工程质量的技术措施后,方允许使用。

4. 细骨料的坚固性用硫酸钠溶液循环浸泡法检验,试样经 5 次循环后其质量损失应不超过 8%。细骨料的吸水率应不大于 2%。

5. 采用天然河砂配制混凝土时,砂的有害物质含量应符合规定。

当砂中含有颗粒状的硫酸盐或硫化物杂质时,应进行专门检验,确认能满足混凝土耐久性要求时,方能采用。

6. 细骨料的碱活性应采用砂浆棒法进行检验,且细骨料的砂浆棒膨胀率应小于 0.10%,否则应采取抑制碱-骨料反应的技术措施。

7. 当采用专门机组生产的人工砂或混合砂配制混凝土时,人工砂及混合砂的压碎值应小于 25%;经亚甲蓝试验判定后,人工砂及混合砂的石粉含量应符合表 4-18-5 的规定。

表 4-18-5　人工砂及混合砂中石粉含量

混凝土强度等级		＜C30	C30～C45	≥C50
石粉含量(%)	MB＜1.40	≤10.0	≤7.0	≤5.0
	MB≥1.40	≤5.0	≤3.0	≤2.0

四、粗 骨 料

1. 粗骨料应选用级配合理、粒形良好、质地均匀坚固、线胀系数小的洁净碎石,也可采用碎卵石,不宜采用砂岩碎石。

2. 粗骨料的最大公称粒径不宜超过钢筋的混凝土保护层厚度的 2/3(在严重腐蚀环境条件下不宜超过钢筋的混凝土保护厚度的 1/2),且不得超过钢筋最小间距的 3/4。配制强度等级 C50 及以上混凝土时,粗骨料最大公称粒径不应大于 25 mm。

3. 粗骨料应采用二级或多级级配,其松散堆积密度应大于 1 500 kg/m^3,紧密空隙率宜小于 40%,吸水率应小于 2%(用于干湿交替或冻融循环下的混凝土应小于 1%)。

4. 当粗骨料为碎石时,碎石的强度用岩石抗压强度表示,且岩石抗压强度与混凝土强度等级之比不应小于 1.5。施工过程中碎石的强度可用压碎指标值进行控制,且应符合表 4-18-7 的规定。

若粗骨料为碎卵石,碎卵石的强度用压碎指标值表示,且应符合表 4-18-6 的规定。

表 4-18-6　粗骨料的压碎指标(%)

混凝土强度等级	＜C30			≥C30		
石粉含量(%)	水成岩	变质岩或深成的火成岩	火成岩	水成岩	变质岩或深成的火成岩	火成岩
碎石	≤16	≤20	≤30	≤10	≤12	≤13
卵石	≤16			≤12		

5. 粗骨料的坚固性用硫酸钠溶液循环法进行检验，试样经5次循环后，其质量损失率应符合表4-18-7的规定。

表4-18-7 粗骨料的坚固性指标

结构类型	混凝土结构	预应力混凝土结构
质量损失率(%)	≤8	≤5

6. 粗骨料中的有害物质含量应符合表4-18-8的规定。

表4-18-8 粗骨料的有害物质含量(%)

强度等级 / 项目筛孔尺寸(mm)	<C30	C30～C45	≥C50
含泥量	≤1.0	≤1.0	≤0.5
泥块含量	≤0.25		
针、片状颗粒总含量	≤10	≤10	≤8
硫化物及硫酸盐含量(折算成 SO_3)	≤0.5		
氯离子含量	≤0.02		
碎卵石中有机质含量(用比色法试验)	颜色不应深于标准色。当深于标准色时，应配制成混凝土进行强度对比试验，抗压强度比不应小于0.95		

7. 粗骨料的碱活性应首先采用岩相法检验。若粗骨料含有碱-硅酸反应活动性矿物，其砂浆棒膨胀率应小于0.10%，否则应采取抑制碱-骨料反应的技术措施。不得使用具有碱-碳酸盐反应活性的骨料。

五、外 加 剂

1. 外加剂应采用减水率高、坍落度损失小、适量引气、能明显提高混凝土耐久性且质量稳定的产品。外加剂须经铁道部鉴定或评审，并经铁道部产品质量监督检验中心检验合格。

2. 外加剂的性能应满足表4-18-9的要求。

表4-18-9 外加剂的性能

序 号	项 目		指 标	备 注
1	水泥净浆流动度(mm)		≥240	
2	硫酸钠含量(%)		≤10.0	
3	氯离子含量(%)		≤0.2	
4	碱含量($Na_2O+0.658K_2O$)(%)		≤10.0	
5	减水率(%)		≥20	
6	含气量(%)		≥3.0	用于配制非抗冻混凝土时
			≥4.5	用于配制抗冻混凝土时
7	坍落度保留值(mm)	30 min	≥180	用于泵送混凝土时
		60 min	≥150	用于泵送混凝土时
8	常压泌水率比(%)		≤20	
9	压力泌水率比(%)		≤90	用于泵送混凝土时
10	抗压强度比(%)	3 d	≥130	
		7 d	≥125	
		28 d	≥120	
11	对钢筋锈蚀作用		无锈蚀	
12	收缩率比(%)		≤135	
13	相对耐久性指标(%)200次		≥80	

六、拌和水

1. 拌和用水可采用饮用水。当采用其他来源的水时，水的品质应符合表 4-18-10 的要求。

表 4-18-10 拌和用水的品质指标

项目	预应力混凝土	钢筋混凝土	素混凝土
pH 值	>4.5	>4.5	>4.5
不溶物(mg/L)	<2 000	<2 000	<5 000
可溶物(mg/L)	<2 000	<5 000	<10 000
氯化物(以 Cl^- 计)(mg/L)	<500	<1 000	<3 500
硫酸盐(以 SO_4^{2-} 计)(mg/L)	<600	<2 000	<2 700
碱含量(以当量 Na_2O 计)(mg/L)	<1 500	<1 500	<1 500

2. 用拌和用水和蒸馏水(或符合国家标准的生活饮用水)进行水泥净浆试验所得的水泥初凝时间差及终凝时间差均不得大于 30 min，其初凝和终凝时间尚应符合水泥国家标准的规定。

3. 用拌和用水配制的水泥砂浆或混凝土的 28 d 抗压强度不得低于用蒸馏水(或符合国家标准的生活饮用水)拌制的对应砂浆或混凝土抗压强度的 90%。

4. 拌和用水不得采用海水。当混凝土处于氯盐环境时，拌和水氯离子含量应不大于 200 mg/L。对于使用钢丝或经热处理钢筋的预应力混凝土，拌和水氯离子含量不得超过 350 mg/L。

5. 养护用水除不溶物、可溶物可以不作要求外，其他项目应符合表 4-18-10 的规定。养护用水不得采用海水。

第二节 高性能混凝土的搅拌和运输

一、拌搅

1. 混凝土原材料应严格按照施工配合比要求进行准确称量，称量最大允许偏差应符合下列规定(按重量计)：胶凝材料(水泥、掺合料等)±1%；外加剂；骨料±2%；拌和用水±1%。

2. 搅拌混凝土前，应严格测定粗细骨料的含水率，准确测定因天气变化而引起的粗细骨料含水率变化，以便及时调整施工配合比。一般情况下，含水率每班抽测 2 次，雨天应随时抽测，并按测定结果及时调整混凝土施工配合比。

3. 应采用卧轴式、行星式或逆流式强制搅拌机搅拌混凝土，采用电子计量系统计量原材料。搅拌时，宜先向搅拌机投入粗骨料、水泥、矿物掺合料和外加剂，搅拌均匀后，再加入所需用水量，待砂浆充分搅拌后再投入粗骨料，并继续搅拌至均匀为止。上述每一阶段的搅拌时间不宜少于 30 s，总搅拌时间不宜少于 2 min，也不宜超过 3 min。

4. 冬期搅拌混凝土前，应先经过热工计算，并经试拌确定水和骨料需要预热的最高温度，以保证混凝土的入模温度控制在 5 ℃～30 ℃之间。应有限采用加热水的预热方法调整拌和物温度，但水的加热温度不宜高于 80 ℃。当加热水还不能满足要求或骨料中含有冰、雪等杂物时，也可先将骨料均匀地进行加热，其加热温度不应高于 60 ℃。水泥、专用复合外加剂及矿物掺和料可在使用前运输到位。

5. 炎热季节搅拌混凝土时，应采取在骨料堆场搭设遮阳棚、采用低温水搅拌混凝土等措施降低混凝土拌和物的温度，或尽可能在傍晚和夜间搅拌混凝土。

二、运输

1. 混凝土运输应选用能确保浇筑工作连续进行、运输能力与混凝土搅拌机的搅拌能力相匹配的运输设备。

2. 运输混凝土过程中，应保持运输混凝土的道路平坦畅通，保证混凝土在入暖棚进行自然预热，但不得直接加热。运输过程中保持均匀性，运到浇筑地点时不分层、不离析、不漏浆，并具有要求的坍落度和含气量等工作性能。

3. 运输混凝土过程中，应对运输设备采取保温隔热措施，防止局部混凝土温度升高(夏季)或受冻(冬季)。应采取适当措施防止水分进入运输容器或蒸发，严禁在运输混凝土过程中向混凝土内加水。

4. 应尽量减少混凝土的转载次数和运输时间。从搅拌机卸出混凝土到混凝土浇筑完毕的延续时间以不影响混凝土的各项性能为限。

5. 若采用搅拌罐车运输混凝土，当罐车到达浇筑现场时，应使罐车高速旋转 20～30 s，再将混凝土拌和物喂入泵车受料斗或混凝土料斗。

6. 采用混凝土泵输送混凝土时，除应按 JGJ/T 10—95 的规定进行施工外，还应特别注意如下事项：

(1)在满足泵送工艺要求的前提下，泵送混凝土的坍落度应尽量小，以免混凝土在振捣过程中产生离析和泌水。当浇筑层的高度较大时，尤应控制拌和物的坍落度，并且使用串筒浇筑；一般情况下，泵送下料口应能移动；当泵送下料口固定时，固定的间距不宜过大，一般不大于 3 m。

(2)泵送混凝土时，输送管路起始水平管段长度不应小于 15 m。除出口处可采用软管外，输送管路的其他部位均不得采用软管。输送管路应用支架、吊具等加以固定，不应与模板和钢筋接触。高温或低温环境下，输送管路应分别用湿帘和保温材料覆盖。

(3)向下泵送混凝土时，管路与垂线的夹角不宜小于 12°，以防止混入空气引起管路阻塞。

(4)混凝土一般宜在搅拌后 60 min 内泵送完毕，且在 1/2 初凝时间前入泵，并在初凝前浇筑完毕。在交通拥堵和气候炎热等情况下，应采取特殊措施防止混凝土坍落度损失过大。

(5)因各种原因导致停泵时间超过 15 min，应每隔 4～5 min 开泵一次，使泵机进行正转和反转两个方向的运动，同时开动料斗搅拌器，防止斗中混凝土离析。如停泵时间超过 45 min，应将管中混凝土清除，并用压力水或其他方法冲洗管内残留的混凝土。

第三节　高性能混凝土质量控制要点

一、配合比设计质量控制

配合比设计是混凝土质量控制的基础和关键所在。影响高性能混凝土配合比设计质量的因素有很多，从武广铁路客运专线高性能混凝土的应用来看，水胶比和单位用水量的控制、掺合料种类和掺量的确定、外加剂的品种类型的选取和骨料级配及砂率的确定是其重点。

1. 水胶比的确定

水胶比是混凝土中水的用量和胶凝材料用量的比值。在普通混凝土配合比设计方法中，是按混凝土强度等级计算水灰比；高性能混凝土配合比设计中，则要根据不同环境作用等级选择水胶比。过大的水胶比特别不利于高性能混凝土的内部微结构发展，从而影响到混凝土的耐久性与强度；较低的水胶比能够降低混凝土的孔隙率并减少孔隙尺寸，并可以充分发挥矿物掺合料的作用；尽管混凝土中存在未充分水化的水泥颗粒，但可作为一种坚强的细微集料发挥其作用；实践证明在一定范围内，水胶比的少许降低会使混凝土强度有较大的提高。因此在设计配合比时，只要条件允许应尽可能降低水胶比。在武广铁路客运专线，高性能混凝土的水胶比一般在 0.30～0.40 之间。

2. 单位用水量的控制

单位用水量是单位体积混凝土中的拌和用水用量；是控制混凝土耐久性质量的一项重要指标；由于掺合料和高效减水剂的使用，在一定程度上已经可以控制高性能混凝土坍落度的大小；同时在高性能混凝土中骨料的最大粒径波动范围很小，对用水量的影响也很轻微；此外单位用水量的降低可以减少混凝土水泥浆体量，而使骨料所占比列相应增大，这对提高混凝土耐久性大有好处；因此在保证混凝土有足够的水化用水和工作性能的前提下，混凝土的单位用水量应该越小越好；从武广铁路客运专线高性能混凝土的生产实践来看，单位用水量选择在 130～160 kg/m^3 之间较为合适。

3. 骨料级配及砂率的确定

混凝土的密实程度取决于其中骨料的空隙含量，骨料的空隙含量的大小又取决于骨料的级配和砂率，通过调整骨料的级配使得不同粒径集料相互填充，将骨料空隙降至最小，再通过调整粗细骨料的用量，确定空隙率最小时的砂率；加之矿物掺合料的润滑作用；可以最大限度降低混凝土中水泥浆的用量；达到混凝土致密化同时改善骨材界面密实性的效果；使得混凝土的渗透性降低，后期强度和混凝土抗化学侵蚀性能提高。因此确定合理的粗集料级配和砂率，对高性能混凝土的耐久性非常重要。由于骨料本身的材质受地理条件限制较大，只能通过大量的试验来确定骨料的最佳级配和砂率。

4. 掺合料种类和掺量的确定

混凝土中掺入矿物掺合料后，除了其具有的火山灰效应能促进水泥的进一步水化外，其未水化的颗粒还能够填充结构中的空隙，优化了混凝土的微孔结构，改善了混凝土和易性，从而减少了混凝土的单位用水量和水泥浆量；同时也降低水化热，改善混凝土抗化学侵蚀性能，提高了其后期强度，保证了其耐久性能。因此应尽可能地多掺加矿物掺合料。掺合料的种类通常有粉煤灰、磨细矿粉和硅灰；粉煤灰因早期强度偏低，其掺量应根据水泥实际强度和施工季节的温度条件进行调整，宜在25% ～30%之间；磨细矿粉的早期强度较高，一般不宜单掺，宜和粉煤灰同时掺入，其总量应控制在30%～50%之间；硅灰粉的掺量则主要应兼顾到施工性能，如混凝土黏度过大、拌和物流动性损失过快而影响混凝土可泵性时则应适当减少用量，宜在20%～30%之间。

5. 外加剂的品种类型的选取

基于抗裂、耐久性、强度、施工性能要求，高性能混凝土中宜选用聚羧酸型的多功能复合外加剂；其减水率宜为20%以上，并具有适度引气或缓凝的作用；同时还应与胶凝材料有较好的相容性。

二、原材料的质量控制

(一)水 泥

1. 水泥中矿物混合材料的控制

在使用加有矿物混合材料的水泥时，必须弄清楚所加入的矿物混合材料的质量和参加工艺；以便更好地发挥混凝土中矿物掺合料的作用，达到更有效控制混凝土质量的目的。

2. 水泥强度控制

强度高的水泥质量不一定好；这是因为我国目前的水泥生产工艺中，提高强度的手段是增加水泥中的C_3A含量和增大比表面积；这会产生混凝土水化热高、微结构不良、收缩大、抗裂性和耐腐蚀性差、长期强度下降等一系列问题；而且C_3A还是环境中化学腐蚀介质对混凝土侵蚀的主要对象；因此必须对水泥中的C_3A含量和比表面积提出限制；控制水泥的早期强度，以确保混凝土满足耐久性要求。

3. 水泥中碱含量控制

水泥中碱含量过高会引起混凝土开裂，而碱含量过低会导致大坍落度的混凝土泌水率增加；因此必须将水泥中的碱含量限制在一个合理的范围内。

控制技术要求见参数表4-18-11。

表4-18-11 水泥的技术要求

项 目	技术要求
比表面积	≤350 m^2/kg 硅酸盐水泥、抗硫酸盐水泥
游离氧化钙含量	≤1.0%
碱含量	≤0.80%；(当骨料具有碱-硅酸反应活性时，或C40以上混凝土碱含量不应超过0.60%)
熟料中的C_3A含量	非氯盐环境下≤8.0%；氯盐环境下≤10.0%
Cl^-含量	钢筋混凝土不宜大0.10%；预应力混凝土≤0.06%

(二)细 骨 料

1. 取样控制

混凝土用砂一般为天然河砂，其质量有很大的不确定性和不均匀性；因此日常质量检测时其样品的代表性尤显重要；而在实际生产中，往往容易轻视对取样质量的控制，其样品的代表性不够，造成对砂质量的判断不够准确；因此必须严格按照《普通混凝土用砂质量标准及检验方法》(JGJ 52)规定的方法进行取样；必要时应根据砂的实际质量状况增加取样的部位、点数、频率和数量；以确保样品的代表性和检测结果的准确性；达到精细控制混凝土质量的目的。

2. 含泥量控制

砂中的含泥量对混凝土的耐久性和工作性都有影响，必须严格按《铁路混凝土工程施工质量验收补充标准》(铁建设〔2005〕160 号)文件中标准要求进行控制；由于砂是天然开采的，在实际控制中应严格掌握，必要时应采取清洗等措施进行严格控制。

3. 云母含量、轻物质含量等的控制

砂的这些质量指标检验时比较繁琐，在实际控制中容易引起忽视；必须严格按《普通混凝土用砂质量标准及检验方法》(JGJ 52)进行检验，以确保砂的质量满足要求。

4. 碱活性检验

细骨料必须先进行岩相法分析，确定其是硅酸类岩石骨料或碳酸盐类岩石骨料，再确定其用砂浆棒法(硅酸类岩石骨料)和岩石柱法(碳酸盐类岩石骨料)进行检验，然后根据试验结果判断是否是活性骨料。

(三)粗 骨 料

1. 粒形和级配控制

粗骨料的粒形和级配不好，必然加大混凝土的胶凝材料总量和单位用水量；这会加大混凝土的收缩量和有害介质的扩散系数，降低其低抗渗性，对混凝土的耐久性不利；因此必须对粗骨料的粒形和级配进行严格控制。粗骨料的粒形主要是通过控制针、片状颗粒含量来控制的；尽管现行标准中要求的针、片状颗粒含量最大可到 10%，但实践证明其含量最好不要超过 5%。碎石即使在采石场加工后有良好的级配，也会在运输过程中遭到破坏；可以通过先分级供应，到混凝土搅拌站后再采用二级或多级级配进行掺配的措施予以控制；在掺配级配时，应注意控制碎石的最大粒径，一般来说骨料的最大粒径小，则混凝土的抗渗性能越好；堆积密度和表观密度也是反映级配好坏的指标；堆积密度越大，则空隙率越小，级配越好；一般要求粗骨料的空隙率应该限制在 40%以下。此外应采购反击式破碎机生产的碎石，而不得使用颚式破碎机生产的碎石。

2. 碱活性检验

粗骨料首先应采用岩相法进行检验，若骨料含碱--硅酸反应活性矿物，其浆棒法膨胀率应小于 0.10%，否则应按要求采取抑制碱-骨料反应的技术措施，不得使用具有碱—碳酸盐反应的活性骨料。

3. 吸水率

骨料的吸水率对混凝土耐久性有着重要影响，这也是在实际控制中容易忽视的；吸水率大，则加大了混凝土的长期收缩，降低了抗裂性；这也是不得采用砂岩骨料的原因。《铁路混凝土工程施工质量验收补充标准》(铁建设〔2005〕160 号)标准规定粗骨料的吸水率应小于 2%；用于干湿交替或冻融环境条件下的混凝土应小于 1%。

(四)矿物掺和料

1. 粉煤灰应重点控制其烧失量、需水量比；一般说来粉煤灰的烧失量、需水量比越大，对混凝土耐久性的不利影响也越大；《铁路混凝土工程施工质量验收补充标准》(铁建设〔2005〕160 号)标准规定：C50 以下混凝土用粉煤灰的烧失量不得大于 5%，需水量比不得大于 105%；C50 以上混凝土用粉煤灰的烧失量不得大于 3%，需水量比不得大于 100%。

2. 磨细矿渣粉重点控制的是其比表面积；比表面积过大，则混凝土的温升、化学收缩和自收缩也会随着磨细矿渣粉的掺量增加而增加；而比表面积过小，则水化速度慢，对混凝土强度增长不利；《铁路混凝土工程施工质量验收补充标准》(铁建设〔2005〕160 号)标准规定磨细矿渣粉比表面积应在 350～500(m^2/kg)之间。

3. 硅灰可以显著提高混凝土轻度和抗化学腐蚀性；但其高活性会使混凝土的温升提前，加大混凝土的自收缩；因此应和需水量小的矿物掺合料复合使用。《铁路混凝土工程施工质量验收补充标准》(铁建设〔2005〕160 号)标准规定硅灰的比表面积应不得小于 18 000 m^2/kg。

(五)外 加 剂

随着混凝土泵送工艺的普遍应用应重点控制外加剂的减水率、坍落度保留值和压力泌水率比等质量指标，以减少混凝土的单位用水量，提高其可泵性；《铁路混凝土工程施工质量验收补充标准》（铁建设〔2005〕160号）标准规定：外加剂的减水率不得小于20%；坍落度保留值30 min时不得小于180 mm，60 min时不得小于150 mm；压力泌水率比应不得大于90%。

（六）拌和用水

拌和用水的控制重点在于定期检测，当采用地表水时应根据水质变化加大检测频率；《铁路混凝土工程施工质量验收补充标准》（铁建设〔2005〕160号）标准规定：任何新水源、同一水源使用达一年者每批检验一次；同一水源涨水季节每批检验一次。

三、搅拌质量控制

1. 搅拌设备的技术要求

高性能混凝土应在混凝土拌和站集中搅拌生产；其搅拌设备应采用电脑自动控制的强制式搅拌机，可以自动记录并保存每盘混凝土的施工配合比、实际材料用量、计量误差、搅拌时间等数据。

2. 施工配合比控制

应准确测定骨料含水率并据此正确换算成施工配合比；同时依据《混凝土配合比施工配料通知单》准确输入相关数据；以确保配合比的严肃性、准确性。

3. 投料顺序和搅拌时间控制

高性能混凝土搅拌正确的投料顺序为：细骨料＋水泥＋矿物掺和料（搅拌均匀后）→水（搅拌成砂浆后）→粗骨料（充分搅拌后）→外加剂（搅拌均匀后）→拌和料出搅拌机。高性能混凝土由于加入了粉煤灰和外加剂，在拌制混凝土时应适当延长搅拌时间，以改善混凝土的流动性，减小混凝土泌水和混凝土强度值的离散性。见表4-18-12。

表4-18-12　高性能混凝土的最短搅拌时间　（单位：min）

搅拌机容器（L）	混凝土坍落度（mm）		
	＜30	30～70	＞70
≤500	1.5	1.0	1.0
＞500	2.5	1.5	1.5

4. 拌和站计量误差控制

高性能混凝土搅拌站必须采用对计量误差具有自动补偿功能的电子自动计量系统；计量器具应定期进行检定，在搅拌机经大修、中修或迁移至新的地点后，必须对计量器具重新进行检定；每一工班正式称量前，还应对计量设备进行复秤校核；同时在混凝土搅拌过程中，操作人员应随时观察误差情况，并采取有效措施及时消除超标误差；此外还应对电脑中记录的误差信息定期进行误差大小、出现频率和发展趋的分析，并根据分析结果对计量系统进行维护和检定校核。见表4-18-13。

表4-18-13　原材料计量允许偏差

序号	原材料名称	允许偏差（%）
1	水泥、矿物掺和料	±1
2	粗、细骨料	±2
3	外加剂、拌和水	±1

四、运输及浇筑控制

1. 高性能混凝土应采用混凝土运输车进行运输，在运输过程中，应确保混凝土不发生离析、漏浆、严重泌水及坍落度损失过多等现象；尽量减少混凝土的转载次数和运输时间，以保证混凝土入模时间和连续浇筑；当运至施工现场的混凝土有轻微离析现象时，应在浇筑前对混凝土进行适度二次搅拌，但严禁再次加水。

2. 高性能混凝土的浇筑

混凝土浇筑前应检查钢筋的混凝土保护层厚度控制措施时候有效；混凝土应分层进行连续浇筑，不得随意留施工缝；浇筑时混凝土自由倾落高度不宜超过 2 m；否则应增加串筒，溜管或振动管等设施辅助下落。见表 4-18-14。

表 4-18-14 混凝土分层浇筑厚度

振捣方法		浇筑层厚度(mm)
插入式振动		振捣器作用部分长度的 1.25 倍
表面振动	无筋或配筋稀疏的结构	25
	配筋较密的结构	15
附着式振动		30

混凝土在浇筑过程中，应按施工工艺选择正确的振捣器具，随时对混凝土进行振捣并使其均匀密实；振捣过程中要防止过振和漏振；同时应加强检查模板接缝的密合情况，防止产生漏浆。振捣完毕，应及时修整、抹平混凝土裸露面，待定浆后再压光或拉毛；抹面时严禁洒水，并应防止过渡操作影响混凝土表面质量。

五、养护控制

高性能混凝土浇筑完毕应在规定的时间及时进行养护，保持其内部水分不受损失；对水平构件应立即进行表面覆盖；对垂直构件要立即封住顶面并在混凝土达到一定强度时及时松开模板，从顶面注水养护；养护用水除不溶物、可溶物不作要求外，其他质量指标要求应与拌和水一致；养护的温湿度和持续时间应严格按标准或工艺要求执行；另外混凝土养护不仅仅是浇水保湿，还要控制混凝土的温度变化；在保湿养护的同时，采取必要的保温或散热措施控制混凝土表面温度与内部温度和气温之间的温差；对较厚构件，在浇筑后的初始几个小时内要注意散热；当混凝土表面以结硬或处于温度下降阶段，则应及时覆盖保温，防止降温速度过快。

六、温度控制

在生产实践中，温度对高性能混凝土质量的影响越来越大，必须严格控制；其原则是：升温不可太早和太高；升温和降温速度不能过快；混凝土中心和表面之间、新老混凝土之间、混凝土表面和气温之间的温差不宜太大；其控制方法要根据气温、混凝土内部温度、构件尺寸和形式、约束情况、混凝土配合比等具体条件的不同来确定。见表 4-18-15。

表 4-18-15 混凝土温度控制要求

控制项目	控制要求(℃)
入模温度	5～30
混凝土内部和表面温差	≤15
混凝土表面温度和气温之间温差	≤15
混凝土表面温度和养护水温之间的温差	≤15
新老混凝土之间的温差	≤15

七、质量检测

在高性能混凝土施工中应按规定对混凝土拌和物性能、力学性能和耐久性能进行检测，并根据检测结果及时调整混凝土配合比或采取其他针对性控制措施，以确保高性能混凝土质量满足设计和标准规范的要求。见表 4-18-16。

表 4-18-16　高性能混凝土质量检测要求

检验项目		检验频次	检验方法
拌和物性能	坍落度	1. 搅拌站首盘混凝土 2. 浇筑地点没 50 m^3 混凝土取样检验 1 次 3. 每班或每一单元结构物至少 2 次	《普通混凝土拌和物性能试验方法标准》(GB/T 50080)
	和易性		
	含气量		
	泌水率	每班至少 1 次	
力学性能	抗压强度	每班、每结构物、每 100 m^3 混凝土至少 1 组	《普通混凝土力学性能试验方法标准》(GB/T 50081)
耐久性能	电通量	1. 同标段、同施工工艺、同配合比混凝土至少 1 次 2. 每 5 000 m^3 混凝土取样检验 1 次	《铁路混凝土工程施工质量验收补充标准》附录 H
	抗渗性		《普通混凝土长期性能和耐久性能试验方法》(GBJ 82)
	抗冻性		

第十九章 联调联试及试运行

联调联试和试运行是高速铁路工程的重要环节，也是高速铁路正式投入运营的关键。按照铁道部的有关规定，客运专线开通前必须进行联调联试及检测试验。根据《关于印发〈武广铁路客运专线剩余工程施工组织专题会议纪要〉的通知》(铁建设函〔2009〕58 号)文件精神和运输局客运专线技术部要求，铁科院和武汉局、广铁集团、武广公司共同编制完成“武广铁路客运专线联调联试及试运行大纲(送审稿)”。2009 年 4 月 29 日，铁道部运输局在北京组织召开了《武广铁路客运专线联调联试及试运行大纲》审查会。根据专家组评审意见，铁科院等对大纲进行了修改，形成《武广铁路客运专线联调联试及试运行大纲(报批稿)》。2009 年 5 月 20 日，铁道部以铁集成函〔2009〕653 号文批复了《武广铁路客运专线联调联试及试运行大纲》。

武广铁路客运专线联调联试自 2009 年 5 月 19 日开始现场踏勘，到 12 月 5 日联调联试基本完成历时近六个月。在铁道部有关部门直接领导和高度重视、武汉铁路局和广铁集团精心组织、武广公司的通力合作下，经过全体参试人员的日夜奋战，顺利完成了武广铁路客运专线动态检测相关任务。

铁科院对各项动态检测的数据，进行了分析、整理，根据《客运专线铁路工程竣工验收动态检测指导意见》(以下简称“动态检测指导意见”)和相应的设计文件、技术合同及其他相关技术标准等，对武汉～广州南的工程质量进行了评价，编写完成了《武广铁路客运专线动态检测总报告》。

第一节 概　　况

武广铁路客运专线动态检测内容包括轨道状态、供变电系统、接触网系统、通信系统、信号系统、综合接地系统、客运服务系统、防灾安全监控系统、轨道结构、道岔、路基及过渡段、桥梁、噪声振动及声屏障、电磁兼容性、隧道内列车空气动力学、隧道内气动效应及轨道与路基结构探地雷达等 17 项专项检测内容。其中，轨道与路基结构探地雷达在汨罗东—耒阳西进行了测试，由于无砟轨道板和底座内钢筋数量多、密度大，对电磁波产生屏蔽效应，致使探测效果不理想，经请示批复后取消该项检测内容。

为保证武广铁路客运专线联调联试及检测试验工作顺利进行，铁科院成立了武广铁路客运专线联调联试及试运行工作组，组织铁科院有关研究所技术人员，组成各专业测试组，于 2009 年 6 月 27 日陆续进入武广铁路客运专线现场，进行检测试验准备。

按照《武广铁路客运专线联调联试及试运行大纲》，武广铁路客运专线联调联试分五个区段进行，五个区段分别为乌龙泉东—长沙南、汨罗东—耒阳西、衡阳东—韶关西、乐昌东—广州南和武汉—咸宁北。由于乌龙泉东—咸宁北间下行线存在铺轨基地相通的临时道岔，为提高试验效率，乌龙泉东—长沙南区段调整为咸宁北—长沙南；第二段联调联试系统速度试验期间，耒阳西不具备条件，因此动车组在耒阳西机外折返；由于安口铺轨基地临时道岔未改造完成及调整扣件未到位等原因，衡阳东—韶关西区段改为衡阳东—乐昌东。随之，乐昌东—广州南区段改为郴州西—广州南。广州南站不具备条件，因此动车组在广州南机外 K2285 处折返；武汉—咸宁北段联调联试的系统速度试验没有单独安排，在全线预拉通试验和其他区段系统速度试验中穿插进行。

武广铁路客运专线五个区段联调联试内容和过程基本相同，内容基本可以分为两大部分：系统速度试验和信号系统联调联试。系统速度试验首先是准备工作，包括地面测点准备和试验动车组上线条件的确认等。若地面测点包含轨道结构、桥梁和路基及过渡段等测试项目时，需对上述项目的地面测点进行 5 km/h 的准静态标定。随后依据轨道、接触网状态和动车组动力学性能检测结果，逐级进行提速，速度分别为 200 km/h、220 km/h、240 km/h、260 km/h、280 km/h、300 km/h、310 km/h、320 km/h、330 km/h、340 km/h、350 km/h。单列动车组速度试验完成后，再进行双列重联动车组的速度试验，主要目的为检验后弓的弓网受流性能。经过上述系统速度试验，线路具备动车组以 350 km/h 速度通过条件后，进行信号系统的联调联试，遍历每个车站的到发线及区间正线，对其信号系统进行全面检验。

咸宁北—长沙南系统速度试验于 2009 年 6 月 27 日开始，到 7 月 24 日结束，共计 28 d。其中，试验准备 8 d，动车组上线 14 d，全天停轮安排轨道、接触网和信号设备状态整治和精调 6 d。动车组共计运行 88 个单程，合计运行里程 23 110 km。

汨罗东—耒阳西系统速度试验于 2009 年 7 月 29 日～8 月 31 日，共计 34 d。其中，试验准备（含接触网热滑和静态验收）10 d，动车组上线 18 d，全天停轮安排轨道、接触网和信号设备状态整治和精调 4 d，由于设备故障试验取消 2 d。动车组共计运行 66 个单程，合计运行里程 18 292 km。

衡阳东—乐昌东系统速度试验于 2009 年 9 月 3 日～10 月 10 日，共计 38 d。其中，试验准备（含接触网热滑和静态验收）12 天，动车组上线 20 天，全天停轮安排轨道、接触网和信号设备状态整治和精调 6 d。9 月 30 日和 10 月 2 日、3 日进行了全线预拉通试验，限速区段按规定限速。动车组共计运行 68 个单程，合计运行里程 27 049 km。

郴州西—广州南系统速度试验于 2009 年 10 月 14～10 月 31 日结束，共计 18 d。其中，试验准备（动车组上线条件确认）1 d，动车组上线 11 d，全天停轮安排轨道、接触网和信号设备状态整治和精调 6 d，因设备故障取消试验 1 d。衡阳东—乐昌东和郴州西—广州南机外区段的重联动车组试验于 10 月 29 日～31 日一并进行。动车组共计运行 62 个单程，合计运行里程 15 634 km。

武广铁路客运专线信号系统联调联试于 2009 年 8 月 23～11 月 17 日，共包括 8 个 RBC、17 套联锁和 72 套列控中心。依据系统速度试验完成时间和到发线开通情况，信号系统联调联试分四段进行，分别为：咸宁北—长沙南、长沙南—衡阳东、衡阳东—乐昌—广州北和武汉—咸宁北。长沙南站、衡阳东站、郴州西站和韶关东站的部分股道及广州南站尚未开通，不具备联调联试条件。待工程完工后，适时进行信号系统联调联试、提交检测报告。

咸宁北—长沙南段信号系统联调联试于 2009 年 8 月 23 日～9 月 20 日，共计进行了 16 d 试验。试验分两个阶段进行，第一阶段为 8 月 23 日～9 月 2 日，主要进行 CTCS-3 级列控系统正线进路相关内容的测试，共计完成 38 个测试序列；第二阶段为 9 月 12 日～9 月 20 日，主要进行 CTCS-3 级列控系统侧线进路、CTCS-3 级后备系统功能、跨线运行 CTCS-2 级列控系统兼容性相关内容的测试，同时对前一阶段试验中发现的部分问题进行复测，共计完成 48 个测试序列。两阶段合计运行里程 20 012 km。

长沙南—衡阳东段信号系统联调联试于 2009 年 10 月 28 日开始，11 月 1 日结束，共计进行了 5 d 试验，完成 26 个测试序列，合计运行里程 3 861 km。

衡阳东—乐昌—广州北段信号系统联调联试于 2009 年 11 月 2 日开始，11 月 17 日结束，采用两列动车组同时在衡阳—乐昌和韶关—广州北进行，共计进行了 16 d 试验，完成了 65 个测试序列，运行里程 14 993 km。

武汉—咸宁北段信号系统联调联试于 2009 年 10 月 25 日～10 月 27 日，共计进行了 3 d 试验。其中，10 月 25～26 日进行 C3 系统的联调联试；10 月 27 日进行 CTCS-3 级列控系统后备 CTCS-2 级列控系统的联调联试，共计完成 20 个测试序列，运行里程 1 670 km。

2009 年 11 月 7 日、8 日和 11 日，采用单列和重联 CRH_2 型动车组进行了武汉—广州北 CTCS-3 级列控系统的拉通试验。11 月 19 日～24 日，采用 CRH_2-068C 动车组和其他 CRH_2 型动车组及 CRH_3 型动车组进行了武汉—广州北 CTCS-3 级列控系统的拉通试验，同时对全线轨道、接触网状态、动车组动力学性能及 GSM-R 网络服务质量进行了复测。动车组共计运行 12 个单程，合计运行里程 11 591 km。

武广铁路客运专线联调联试期间，CRH_2 型动车组最高试验速度 378km/h，CRH_3 型动车组最高试验速度 383 km/h。动车组累计运行里程 13.6 万余公里。

第二节　接触网系统

采用安装在 CRH_2-061C 动车组 6 号车上的光学图像采集分析系统进行接触网非接触式检测，检测参数包括，接触线拉出值、接触线高度、两支接触线的水平、垂直距离。联调联试中，对武汉车站—广州南车站上、下行分别进行了两次非接触式精调检测，第一次为缺陷判断检测，第二次为缺陷整治复测检测，关于精调检测值的分析，都采用最后一次检测数据作为分析评价静态几何状态的依据。

1. 检测目的和内容

光学非接触式测试的主要目的是通过检测接触网静态几何参数，包括拉出值、接触线高度、两支接触线水平距离、垂直距离等，利用设计标准、施工标准对施工质量进行验证，为施工单位提供准确、可行的精调整改方案，使施工质量最终完全符合设计标准要求。

非接触式检测内容为对武广铁路客运专线武汉车站—广州南车站上、下行正线进行接触网静态几何参数检测，全部检测数据都采用试验公里标（连续竣工公里标）和支柱号作为定位信息。

2. 评判标准

接触线拉出值严重超限标准：450 mm。

接触线拉出值一般超限标准：430 mm（武广铁路客运专线拉出值最大设计值为 400 mm，允许施工误差为±30 mm）。

接触线高度的精调标准：5 300 mm±30 mm。

两相邻吊弦的高差精调标准：±10 mm。

两相邻定位点的高差精调标准：定位点—定位点 20 mm/10 mm。

3. 检测方法

为了避免取流受电弓与接触网之间的相互作用扰动接触线，要求降下 6 号受电弓，采用 4 号受电弓取流，并且 4 号受电弓始终处于光学非接触式检测设备的后方，如图 4-19-1 所示。下图中箭头指示的方向为运行检测的方向，升起的受电弓为 4 号车受电弓。

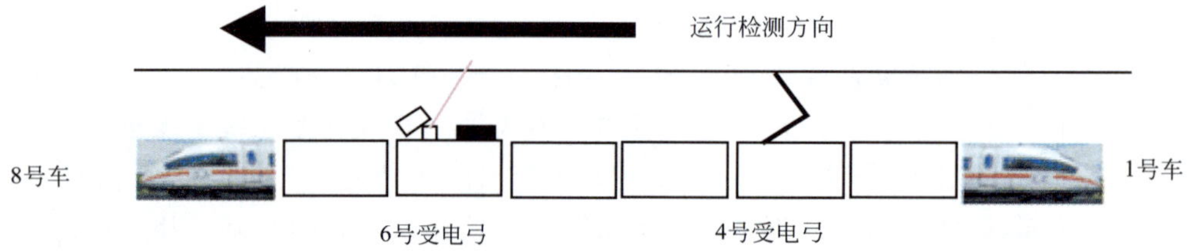

图 4-19-1 受电弓运行方向示意

4. 检测结果和数据分析

(1)拉出值

根据《接触网安全工作规程》与《接触网运行检修规程》，以及武广铁路客运专线的设计标准、施工标准，450 mm 作为静态拉出值的限界值，大于 450 mm 的为严重超限数据。

2009 年 11 月 11 日完成对武广铁路客运专线上、下行全线非接触式复测检测，下行线共检测出 4 处限界值超限数据；上行线共检测出 4 处限界值超限数据。

根据《接触网安全工作规程》与《接触网运行检修规程》，以及武广铁路客运专线的设计标准，设计最大拉出值为 400 mm，允许施工误差为±30 mm，所以 430 mm 作为静态拉出值的安全值，大于 430 mm 小于 450 mm的为一般超限数据。

2009 年 11 月 11 日完成对武广铁路客运专线上、下行全线非接触式复测检测，下行线共检测出 8 处一般超限数据；上行线共检测出 9 处一般超限数据。

(2)接触线高度

根据武广铁路客运专线的设计标准，非锚段关节处的接触线高度为 5 300 mm，施工允许误差为±30 mm。

1)吊弦处接触线高度

①下行线

截止 2009 年 11 月 11 日最后一次复测为止，下行线存在 220 根吊弦处接触线高度超出设计、施工允许误差，吊弦处接触线高度最大值在 LK1 189.371 处为 5 459.2 mm；最小值在 LK1 875.741 处为 5 162.3 mm。超限数据主要分布在 LK1 180～LK1 280 和 LK1 740～LK2 140 等两个区段范围内，如图 4-19-2 所示。

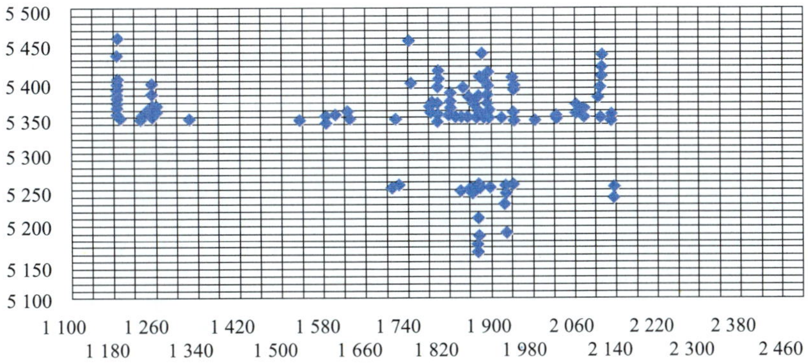

图 4-19-2　下行线吊弦处接触线高度超限分布

②上行线

截止 2009 年 11 月 11 日最后一次复测为止，上行线还存在 134 根吊弦处接触线高度超出设计、施工允许误差，吊弦处接触线高度最大值在 LK1 875.703 处为 5 415.2 mm；最小值在 LK 1 872.5 处为 5 209.2 mm。超限数据主要分布在 LK1 180～LK1 360 和 LK1 520～LK1 620，以及 LK1 820～LK2 140 等三个区段范围内，如图 4-19-3 所示。

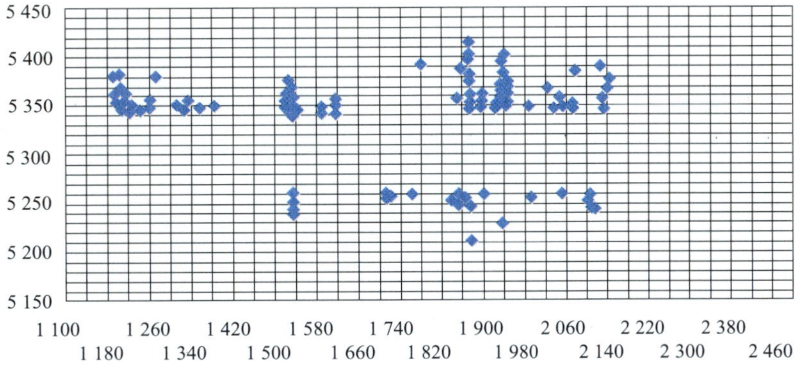

图 4-19-3　上行线吊弦处接触线高度超限分布

2)定位点处接触线高度

①下行线

截止 2009 年 11 月 11 日最后一次复测为止，下行线存在 98 个定位点处接触线高度超出设计、施工允许误差，定位点处接触线高度最大值在 LK2 109.808 处为 5 455.6 mm；最小值在 LK 1 929.214 处为 5 190.4 mm。超限数据主要分布在 LK1 180～LK1 280 和 LK1 740～LK2 140 等两个区段范围内，如图 4-19-4 所示。

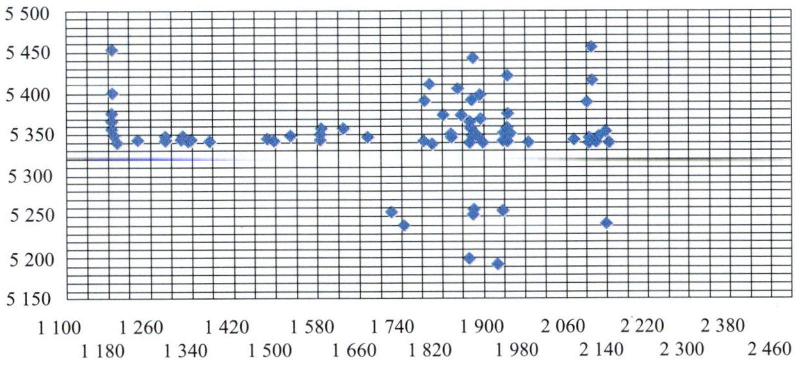

图 4-19-4　下行线定位点处接触线高度超限分布

②上行线

截止 2009 年 11 月 11 日最后一次复测为止，上行线存在 88 个定位点处接触线高度超出设计、施工允许误差，定位点处接触线高度最大值在 LK1 943.812 处为 5 467.2 mm；最小值在 LK1 933.712 处为 5 234.2 mm。超限数据主要分布在 LK1 180～LK1 340 和 LK1 500～LK1 580，以及 LK1 860～LK2 140 等三个区段范围内，如图 4-19-5 所示。

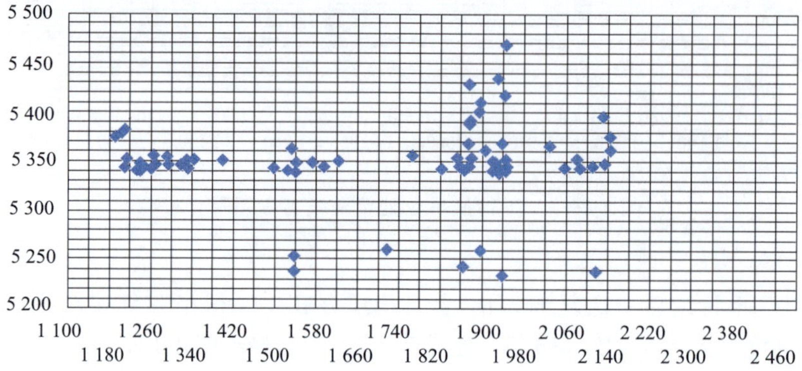

图 4-19-5　上行线定位点处接触线高度超限分布

(3)接触线高差

1)相邻定位点高差

①下行线

截止 2009 年 11 月 11 日最后一次复测为止，下行线存在 307 跨相邻定位点高差超出设计、施工允许误差，相邻定位点高差最大值在 LK 1 881.975 处为 134.6 mm；大值超限数据主要分布在 LK1 180～LK1 200 和 LK1 780～LK1 940，以及 LK2 100～LK2 140 等三个区段范围内，如图 4-19-6 所示。

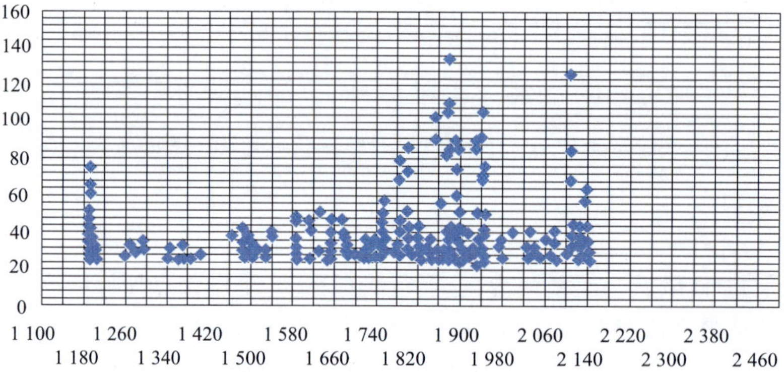

图 4-19-6　下行线相邻定位点高差超限分布

②上行线

截止 2009 年 11 月 11 日最后一次复测为止，上行线存在 304 跨相邻定位点高差超出设计、施工允许误差，相邻定位点高差最大值在 LK1 943.812 处为 126 mm；大值超限数据主要分布在 LK1 860～LK1 940 和 LK2 100～LK2 140 等两个区段范围内，如图 4-19-7 所示。

2)相邻吊弦高差

①下行线

截止 2009 年 11 月 11 日最后一次复测为止，下行线存在 108 处相邻吊弦高差超出设计、施工允许误差，相邻吊弦高差最大值在 LK1 875.692 处为 43.4 mm。大值超限数据主要分布在 LK1 860～LK1 900 区段范围内，如图 4-19-8 所示。

②上行线

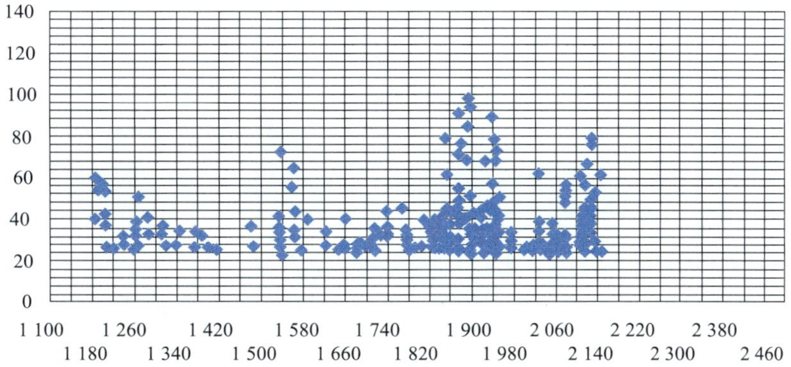

图 4-19-7 上行线相邻定位点高差超限分布

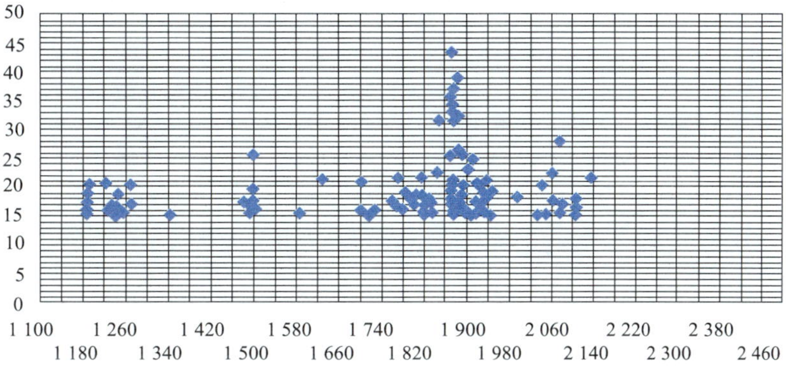

图 4-19-8 下行线相邻吊弦高差超限分布

截止 2009 年 11 月 11 日最后一次复测为止，上行线存在 76 处相邻吊弦高差超出设计、施工允许误差，相邻吊弦高差最大值在 LK1 780.373 处为 40.5 mm；大值超限数据主要分布在 LK1 860～LK1 900 区段范围内，如图 4-19-9 所示。

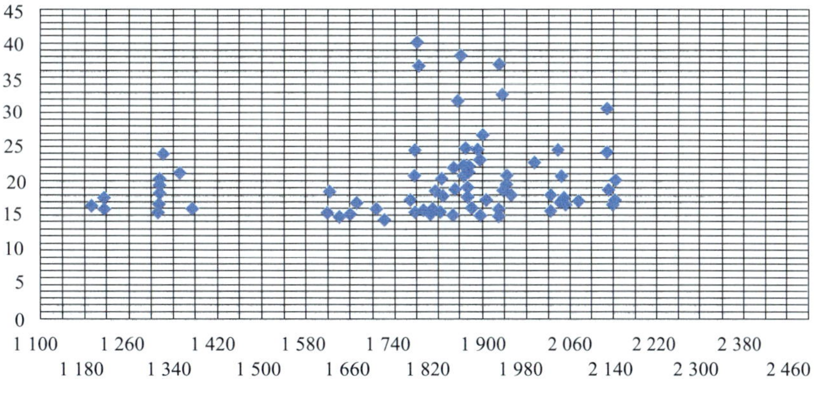

图 4-19-9 上行线相邻吊弦高差超限分布

5. 结论和建议

(1)结论

1)拉出值

截止 2009 年 11 月 11 日最后一次光学非接触式复测时止，下行线共有 12 处拉出值超限，占全线的 0.062%，上行线共有 13 处拉出值超限，占全线的 0.067%。

2)接触线高度

截止 2009 年 11 月 11 日最后一次光学非接触式复测时止，下行线存在 318 处接触线高度超出施工允许误差，占全线定位点和吊弦数的 0.24%。上行线存在 221 处接触线高度超出施工允许误差，占全线定位点和吊弦数的 0.16%。

上、下行线接触线高度超限占全线定位点和吊弦数的比例甚小，并且接触线高度均在受电弓最高工作高度和最低工作高度范围内和定位点处接触线高度超限处所均未形成“V”字形，不影响行车安全和全线总体受流性能，但部分超限处所会造成受电弓冲击过大和产生火花，影响弓网运行寿命，需进行彻底整治。

3)接触线高差

截止 2009 年 11 月 11 日最后一次光学非接触式复测时止，下行线存在 307 跨相邻定位点高差、108 处相邻吊弦高差超出施工允许误差，占全线的 0.31%。上行线存在 304 跨相邻定位点高差、76 处相邻吊弦高差超出施工允许误差，占全线的 0.28%。

上、下行线接触线高度超限占全线定位点和吊弦数的比例甚小，超限跨内接触线坡度均小于 3‰，并且由武广铁路客运专线接触网的弹性均匀度可知，检测出的静态高差超限不会造成动态高差超限，不影响行车安全和全线总体受流性能，但部分超限处所会造成受电弓冲击过大和产生火花，影响弓网运行寿命，需进行彻底整治。

(2)建议

建议施工单位对全线接触网进行进一步精调。

根据建议施工单位进行了全线接触的精调。

第三节 通信系统

2009 年 7 月 6 日～11 月 2 日，按照联调联试及动态检测总体安排，分别采用 CRH_2-068C 和 CRH_2-061C 检测列车对武广铁路客运专线通信系统分 5 个区段进行了联调联试和动态检测，分别是武汉—咸宁北区段、咸宁北—长沙南区段、汨罗东—耒阳西区段衡阳东—乐昌东区段、郴州西—广州南(K2 285)区段，累计检测里程 71 255 km，检测列车运行最高速度 350 km/h。

2009 年 11 月 21、22 日，对武广铁路客运专线全线通信系统进行补充测试，累计检测里程 3 872 km，检测列车运行最高速度 350 km/h。

1. 目的

验证 GSM-R 数字移动通信系统在列车高速运行条件下的场强覆盖、网络服务质量、承载业务可靠性等是否满足设计要求等，特别是验证 GSM-R 系统电路域(CSD)网络服务质量是否满足承载 CTCS-3 级列控信息传输业务的设计要求，同时验证通信系统为客运服务、运营调度、牵引供电、信号等系统提供通信服务的质量和可靠性等。

2. 检测内容和评判标准

(1)检测内容

包括 GSM-R 电磁环境测试、GSM-R 场强覆盖测试、GSM-R 网络服务质量测试、GSM-R 系统应用业务测试、通信系统可靠性测试和数据网业务测试等。

1)GSM-R 电磁环境测试

我国铁路 GSM-R 通信系统与中国移动通信集团公司按地域共同使用 EGSM 频段(885～889/930～934 MHz)。如果存在较大 GSM-R 频段电磁干扰，将会造成 GSM-R 系统掉话、掉网、GPRS 数据丢包、CSD 数据连接丢失等现象，对武广铁路客运专线 GSM-R 系统的开通运营将产生影响。

通过检测可以掌握武广铁路客运专线沿线 GSM-R 工作频段的电磁环境，特别是公网 GSM 系统对 GSM-R 工作频段的干扰情况，为频率规划和电磁干扰的查处提供依据，确保武广铁路客运专线 GSM-R 系统的良好运用。

2)GSM-R 场强覆盖测试

武广铁路客运专线 GSM-R 系统采用单网冗余交织覆盖的组网方式，GSM-R 场强覆盖测试在全部基站打开、奇数基站打开和偶数基站打开三种情况下分别进行动态检测，统计 95%时间、地点概率条件下的接收电平。查找弱场地区、覆盖不均衡和越区覆盖等区段，提出调整天馈系统和基站参数方案，优化全线无线覆盖，以达到设计和验收标准。

3)GSM-R 网络服务质量测试

受集成商进行 GSM-R 网络优化工作未完成的限制，进行了以下项目的 GSM-R 网路服务质量测试：

①语音通信服务质量

a. MS-MS 呼叫建立时间与呼叫建立成功概率；

b. MS-FT 呼叫建立时间与呼叫建立成功概率；

c. FT-MS 呼叫建立时间与呼叫建立成功概率；

d. 切换成功率和切换执行时间。

②CSD 电路数据域服务质量

a. 网络注册时延；

b. CSD 连接建立时延和连接建立失败率；

c. CSD 传输端到端时延(4.8 kbps 40 byte 数据块)；

d. CSD 链路失效概率；

e. CSD 传输干扰率时间(4.8 kbps40 byte 数据块，包括传输无差错时间和传输干扰)。

武广铁路客运专线 GSM-R 系统承载 CTCS-3 级列控信息传输业务，CSD 电路数据域服务质量按全部基站打开、奇数基站打开、偶数基站打开三种情况进行了测试。

4)通信系统可靠性检测

武广铁路客运专线传输接入系统采用华为公司 Optix OSN-3500/2000 设备。骨干节点为武汉通信站、咸宁、赤壁、岳阳、汨罗、长沙、株州、衡山、衡阳、耒阳、郴州、乐昌、韶关、英德、清远、花都、广州、东山等车站。接入层站间节点为武汉、乌龙泉、咸宁、赤壁、岳阳、汨罗、长沙、株州、衡山、衡阳、耒阳、郴州、乐昌、韶关、英德、清远、花都、广州。站间共享环为 3 个：区间电牵环站、偶数基站环、奇数基站环。以武汉至长沙段为例，传输系统拓扑结构如图 4-19-10 所示。

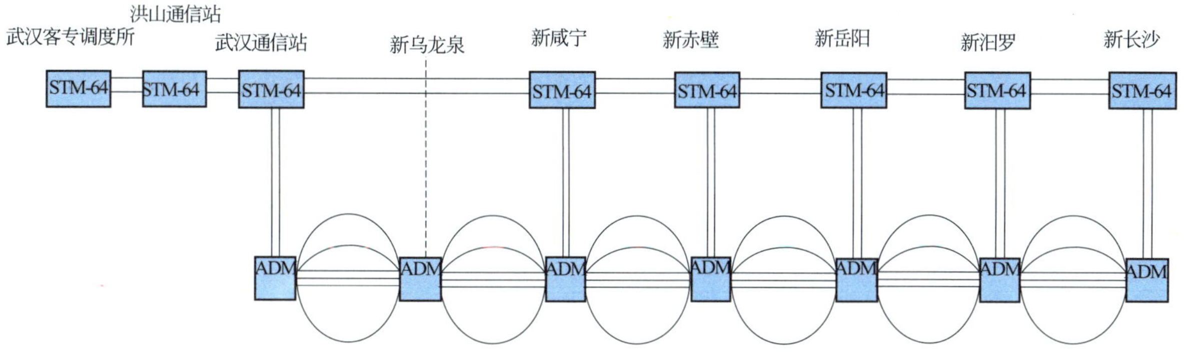

图 4-19-10　武广铁路客运专线传输系统拓扑结构

武广铁路客运专线通信系统可靠性检测内容包括：

①骨干层传输系统光缆的保护功能；

②接入层传输系统光缆的保护功能；

③传输系统保护倒换对 GSM-R 系统、调度系统、CTC 系统、数据网的影响；

④GSM-R 系统的基站通道环的保护功能及基站传输端口倒换过程对业务的影响；

⑤调度通信系统通道环的保护功能及调度系统的通道环倒换对业务的影响；

⑥GSM-R 光纤直放站系统的通道保护功能。

通过测试，验证传输系统的可靠性、安全性以及是否满足武广铁路客运专线业务需求。

5)数据网性能和功能测试

武广铁路客运专线数据网主要承载综合视频监控、动力及环境监控、电视会议、运输调度等业务系统，并为其他系统接入预留网络条件。

通过测试，判断构成数据网的所有设备和所有骨干链路工作是否正常，参数设置是否正确，性能指标是否达到设计要求，能否满足数据系统的应用要求。

①数据链路性能指标测试

先后在长沙和武汉做了两次测试。对于武广铁路客运专线数据网从接入层、汇聚层和核心层的每一条骨干链路进行单独的数据链路的能测试。根据 RFC2544，分别测试不同帧长度下的吞吐量、时延、丢包率等三项性能指标。

②VPN 建立和隔离功能验证测试

在长沙和武汉各抽测一次。

(2)参考标准

执行武广铁路客运专线勘察设计中关于联调联试及试运行制定的标准。

3. 检测方法

(1)GSM-R 电磁环境

GSM-R 电磁环境测试采用频谱扫频方式。将测量接收机 ESPI 设定为频谱扫描测试方式，扫描GSM-R 下行频段 930～934 MHz，扫描周期 100 ms，最大峰值检波，分别记录频谱扫描范围内接收电平的最大值、最小值和当前值。

同时启动 GPS 定位子系统，存储定位信息，定位信息包括经纬度、行驶速度。

将频谱测试与路径测试绑定，利用 GPS 定位系统使每个时段的频谱扫描数据与动态测试列车行经地点相对应。

频谱扫描最大值用于表征在测试区间被测频带内出现过的电平最大值，可以反映被测区间 GSM-R 频段内的干扰分布和强度。

(2)GSM-R 场强覆盖

1)检波方式

测量接收机 ESPI 设置为峰值检波方式。

2)取样间隔

按照《GSM-R 无线网络场强及 QoS 指标测试方法》的要求，取样间隔为 4 cm。

3)统计区间

按照《GSM-R 无线网络场强及 QoS 指标测试方法》的要求，统计区间取为 100 m。

4)数据统计

按 95%时间、地点概率统计武广铁路客运专线 GSM-R 系统场强覆盖情况。

统计的接收电平是 ESPI 接收机入口接收电平减去车顶天线增益，再加上馈线损耗得到的，为折合到车顶天线处的接收电平。

(3)GSM-R 网络服务质量

1)MS-MS 呼叫建立时间和呼叫失败概率

采用 8 W 测试模块拨打另一个 8 W 测试模块并通话，被叫测试模块设置为立即自动接听。呼叫优先级 3，最大接入时间 20 s，每次通话时长 5 s，呼叫间隔 30 s。

2)MS-FT 呼叫建立时间和呼叫失败概率

采用 8 W 测试模块拨打地面测试 FAX 台，被叫 FAX 台设置为立即自动接听。呼叫优先级 3，最大接入时间 20 s，每次通话时长 5 s，呼叫间隔 30 s。

3)FT-MS 呼叫建立时间和呼叫失败概率

地面采用专用测试软件拨打车载 8 W 测试模块并通话，被叫测试模块设置为立即自动接听。呼叫优先级 3，最大接入时间 20 s，每次通话时长 5 s，呼叫间隔 30 s。

4)切换成功率

测试手机采用长时间与固定终端通话方式，在列车移动过程中跟踪切换信令，完成切换功能，根据切换信令计算切换成功率。

5)切换执行时间

测试手机采用长时间与 FAS 终端通话方式，统计切换执行时间。

6)CSD 连接建立时延

8 W 测试模块周期性向地面 CSD 测试服务器发起 CSD 连接请求,地面 CSD 测试服务器收到请求自动与测试模块建立 CSD 链路。记录连接请求方从发起连接请求到收到连接已成功建立的指令之间的时间间隔。

7)CSD 连接建立失败概率

8 W 测试模块周期性向地面 CSD 测试服务器发起 CSD 连接请求,地面 CSD 测试服务器收到请求自动与测试模块建立 CSD 链路,记录连接建立失败次数与连接建立请求总次数之比值,测试时设置最大允许连接接入时间 10 s,保持时间 5 s,间隔时间 30 s。

8)CSD 最大端到端传输时延(4.8 kbps 40 byte 数据块)

8 W 测试模块向地面 CSD 测试服务器发起 CSD 连接请求,地面 CSD 测试服务器收到请求与测试模块建立 CSD 链路,采用 4.8 kbps 数据速率,传输 30 字节用户数据包,向地面测试服务器连续发送数据,地面测试服务器收到后转发至发端模块,在发端计算和统计 CSD 传输时延;测试时设置最大允许连接接入时间 10 s,间隔时间 30 s。

9)CSD 链路失效概率

8 W 测试模块向地面 CSD 测试服务器发起 CSD 连接请求,地面 CSD 测试服务器收到请求与测试模块建立 CSD 链路,记录在累积的连接保持时间内非主动释放的累积次数,测试时设置最大允许连接接入时间 10 s,间隔时间 30 s。

10)传输干扰时间

8 W 测试模块向地面 CSD 测试服务器发起 CSD 连接请求,地面 CSD 测试服务器收到请求与测试模块建立 CSD 链路,测试终端发送和接收 ASCII 码的数据帧实现对 TTI 的测试,记录传输干扰时间 TTI(从第一个出错的数据帧出现开始计时到出现第一个无错的数据帧时结束),测试时设置最大允许连接接入时间 10 s,间隔时间 30 s,两个连续数据帧的发送间隔不大于 10 ms。

11)传输无差错时间(4.8 kbps40 byte 数据块)

8 W 测试模块向地面 CSD 测试服务器发起 CSD 连接请求,地面 CSD 测试服务器收到请求与测试模块建立 CSD 链路,测试终端发送和接收 ASCII 码的数据帧实现对 TREC 的测试,记录传输无差错时间 TREC(从出现第一个无错的数据帧开始计时到出现第一个出错的数据帧结束),测试时设置最大允许连接接入时间 10 s,间隔时间 30 s,两个连续数据帧的发送间隔不大于 10 ms。

12)网络注册时延

通过周期性记录 8 W 测试模块注册到 GSM-R 网络的时间,统计网络注册时延。

(4)通信系统可靠性

1)传输系统骨干层保护倒换

通过传输网管配置武汉通信站～东山通信站监测通道;通道在东山通信站软环回。通过网管关闭激光器的方式中断武汉通信站～东山通信站之间的工作光纤;利用 SDH 分析仪测试保护倒换时间。

2)传输系统接入层保护倒换

通过传输网管分别配置接入层偶数基站环、奇数基站环的监测通道,通过网管关闭激光器的方式中断及恢复传输光纤。利用 SDH 分析仪监测通道保护倒换时间。

3)传输系统保护倒换过程对 GSM-R 业务的影响

通过传输网管关闭激光器的方式分别模拟骨干层、622 M 接入层光缆传输中断。

4)传输系统保护倒换过程对调度通信系统业务的影响

通过网管关闭激光器。

5)传输保护倒换过程对数据网业务的影响

武汉站以太网测试仪监测数据网业务,同时利用传输网管关闭激光器的方式中断武汉通信站至咸宁之间的 10 G 工作光纤。

6)传输保护倒换过程对 CTC 系统的影响

通过网管关闭激光器,验证骨干层传输系统保护倒换不影响 CTC 业务。

7)GSM-R 系统通道保护环功能测试

通过传输网管将 2 M 业务去激活。

8)GSM-R 直放站系统通道保护功能测试

通过拔光纤的方式模拟光纤故障。通过直放站网管观察近端机、远端机告警。利用 GSM-R 手机测试 GSM-R 话音业务。

(5)数据网

测试分为在长沙通信站和武汉通信站分两次进行。在两台汇聚路由器上分别接入网络测试仪,根据网络拓扑,制定测试方案。更改系统设置,建立唯一的备测数据链路,然后做端对端双向性能测试。

在长沙通信站,测试了汇聚路由器间千兆通道和湖南车站接入环路的数据链路性能。

在武汉通信站,共进行了 5 条独立链路端对端测试。包括湖北段车站接入环路、武汉通信站经武汉核心路由器到广州核心路由器环回链路、武汉通信站经武汉核心路由器到广州核心路由器,再经广州汇聚路由器并接入的车站环路、武汉通信站经武汉核心路由器到广州核心路由器再到长沙汇聚路由器环回链路、武汉通信站经武汉核心路由器到广州核心路由器再到长沙汇聚路由器并接入的车站环路。除湖北段本地接入环路外,其他 4 个测试都是经过长途线路的远程多节点的组环测试。

VPN 建立和隔离功能验证,检查路由表确认已 VPN 建立,然后通过连通性测试来检验同 VPN 内部互通性和不同 VPN 之间不可互通性以及 VPN 与非 VPN 的不可互通性。

VPN QoS 的因设计方未做这方面的要求,厂商未做设置,未进行测试。

4. 结论及建议

(1)结论

通过对武广铁路客运专线通信系统的 GSM-R 电磁环境、GSM-R 场强覆盖和 GSM-R 网络服务质量等的联调联试和动态检测,在通信系统设备工作正常条件下,主要测试项目大部分满足客运专线铁路通信工程有关标准要求。

截止 2009 年 12 月 3 日,由于集成商网络优化工作尚未完成,仍存在不合格项目:

①个别区段仍存在 GSM-R 同频段干扰信号;

②全基站覆盖条件下的 CSD 传输无差错时间;

③奇数基站覆盖条件下的 CSD 传输干扰时间、CSD 传输无差错时间和 CSD 链路失效概率;

④偶数站覆盖条件下的 CSD 传输无差错时间和 CSD 传输干扰时间。

(2)建议

①针对 GSM-R 电磁环境存在问题的区段继续进行 GSM-R 电磁干扰清除工作,条件具备时安排复测;

②集成商继续进行奇数基站和偶数基站条件下的 GSM-R 网络优化工作,条件具备时安排复测;

③在联调联试和动态检测期间,多次出现 GSM-R 基站和直放站未能正常工作的现象,建议集成商和维护单位加强对重点区段 GSM-R 基站和直放站的维护,保证系统正常运行。

第四节　信　号　系　统

一、地面信号系统

2009 年 06 月 27 日至 2009 年 11 月 18 日,SY25T999255 电务试验车、SY25K998149 电务试验车、CRH_2-061C 综合检测车和 0 号高速综合检测列车对武广铁路客运专线的地面信号设备进行了 94 次动态检测,累计检测里程 27 322 km。

1. 目的

通过地面信号设备动态检测及检测数据分析,对武广铁路客运专线轨道电路特性、补偿电容工作状态和应答器报文数据进行验证,为信号设备整改提供依据。

2. 内容和评判标准

根据《客运专线铁路工程竣工验收动态检测指导意见》,信号动态检测主要内容及评判标准具体如下:

(1)轨道电路检测

(2)补偿电容检测

对补偿电容位置、步长、工作状态进行检测,全线补偿电容检测合格率应为100%。

(3)应答器位置和报文的检测

应答器报文正确、完整和有效。

(4)参考标准

①铁建设〔2008〕14号《客货共线铁路工程竣工验收动态检测指导意见》;

②铁建设〔2008〕7号《客运专线铁路工程竣工验收动态检测指导意见》;

③铁运〔2008〕142号《铁路信号维护规则》;

④运基信号〔2005〕443号《电务试验车动态检测系统技术条件》。

3. 方法

采用SY25T 999 255电务试验车、SY25K 998 149电务试验车、CRH_2-061 C综合检测车和0号高速综合检测列车,通过车上安装的信号动态检测系统完成轨道电路特性、补偿电容状态和应答器检测。

4. 检测结果分析

武广铁路客运专线地面信号设备检测结果采用2009年11月17日0号高速综合检测列车拉通试验时的检测数据进行分析。

(1)补偿电容

2009年11月17日,检测发现补偿电容失效6个。

(2)轨道电路

2009年11月17日,未发现轨道电路故障区段。

(3)应答器

2009年11月17日,0号高速综合检测列车共计检测出应答器问题10个。

2009年11月17日,在广州北至广州南间发现有6个有源应答器发送默认报文(报文计数器252),4个应答器安装位置错误。

发送默认报文的有源应答器编号为:071-4-57-017-2、071-4-57-019-2、071-4-58-021-2、071-4-58-023-2、071-4-58-016-2、071-4-58-018-2。

安装位置错误的应答器编号为071-4-57-030-1、071-4-57-030-2、071-4-57-028-1、071-4-57-028-2,如图4-19-11所示。

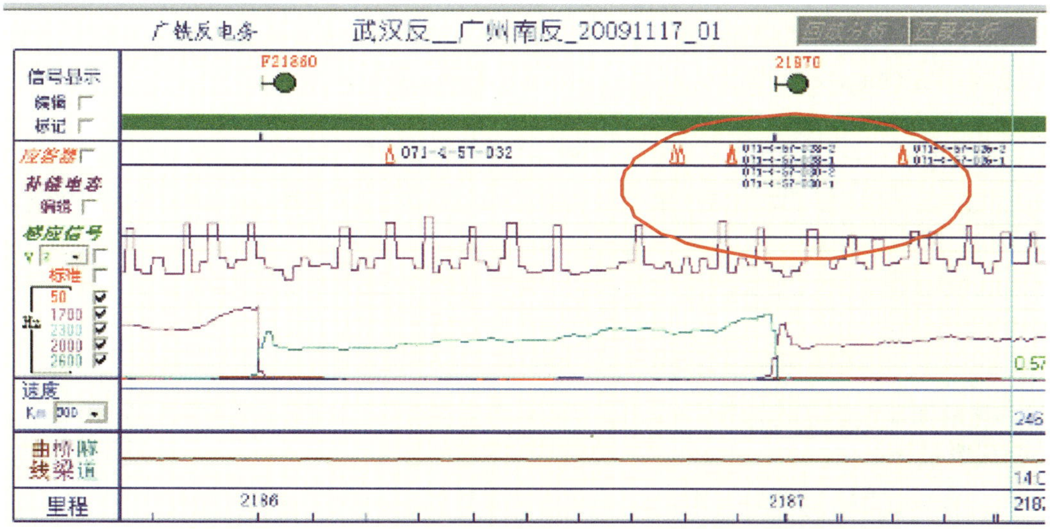

图4-19-11 广州北至广州南间4处应答器安装位置错误

5. 结论及建议

在2009年11月17日的检测中,0号高速综合检测列车自武汉运行至K2 285处,未发现轨道电路故障,发现补偿电容失效6个,发现广州北至广州南间应答器问题10处。

建议整改后对2009年11月17日发现的广州北—广州南间的应答器问题进行复测。

二、列控系统检测

武广铁路客运专线信号系统由CTCS-3级列控系统、车站联锁系统、CTC系统和微机集中监测系统等组成，其中CTCS-3级列控系统为我国首次应用。CTCS-3级列控系统是基于GSM-R无线通信传输列车运行许可信息、应答器设备提供列车测距修正与定位基准信息、轨道电路检查轨道占用及列车完整性的列车运行控制系统；为满足兼容性要求，CTCS-3级列控系统通过统筹考虑车载及地面设备配置，集成了CTCS-2级列控系统的功能。

武广铁路客运专线主控模式为CTCS-3级列控系统，为350 km/h及以上动车组主用列控模式，CTCS-2列控系统为跨线动车组主用列控模式和350 km/h动车组降级备用列控模式。列控系统采用连续速度控制模式，满足双方向运行、正向追踪间隔不大于3 min要求。武广线CTCS-3级列控系统包括车载ATP设备和地面设备，地面设备由无线闭塞中心(RBC)、临时限速服务器(TSRS)、客专列控中心(TCC)、ZPW-2000(UM)系列轨道电路、应答器(含LEU)、GSM-R通信接口设备等组成；RBC、车站联锁、列控中心、临时限速服务器、CTC设备等通过安全信息传输网络实现各子系统间的安全信息交互传输。无线闭塞中心(RBC)是CTCS-3级列控系统的核心设备，RBC根据车载子系统、地面联锁与CTC系统、临时限速服务器、地面外部系统提供的列车状态、轨道占用、临时限速命令、联锁进路状态、灾害防护等信息，产生针对所控列车的行车许可(MA)及线路描述、临时限速等控制信息，通过GSM-R无线通信系统传输给CTCS-3级车载子系统，武广线RBC设备采用集中设置方式。

武广铁路客运专线全线(武汉—广州北)共设置9台RBC设备、17套联锁设备、72套列控中心设备、套临时限速服务器。武广线信号系统动态检测区段为武汉—广州北，正线里程为919 km，包括武汉站、乌龙泉东站、咸宁北站、赤壁站等17个车站和中继1～中继53共53个中继站；信号系统动态检测工作从2009年7月份正式开始，11月底结束。先后运用了CRH_2-067C、CRH_2-068C、CRH_2-071C、CRH_2-072C、CRH_2-080C动车组等进行检测，检测结果根据最后一次检测结果进行评价。

1. 目的

信号系统动态检测主要对客运专线CTCS-3级列控系统的功能、安全性、可靠性进行验证和测试，根据试验结果，为系统结构完善与优化、系统验收与开通、制定客运专线运营组织方案和规章制度、指导运营和维护管理提供支持，达到以下目的：

(1)验证CTCS-3级列控系统在最高350 km/h速度运行条件下的功能，能否正确地生成并通过GSM-R网络传输列控信息/命令，能否正确地实现RBC与RBC之间的切换，能否正确地实现CTCS-3级与CTCS-2级之间的转换，能否正确地控制列车运行；

(2)验证CTCS-3级列控系统后备模式在最高300 km/h速度运行条件下的功能，按照CTCS-3级列控系统系统需求规范等集成的地面信号系统在车地联动中，能否提供正确的、一致的CTCS-2级控车信息；

(3)验证无线闭塞中心与CTC系统、车站联锁系统、GSM-R无线网络、临时限速服务器之间的接口关系，临时限速服务器与CTC系统、列控中心之间的接口关系；

(4)验证武广铁路客运专线集成的地面系统发送的CTCS-2级列控系统控车信息与跨线运行CTCS-2级列控车载设备的适应性；

(5)结合动态测试，验证武广铁路客运专线车站联锁系统与CTC系统的部分功能。

2. 内容和评判标准

动态检测内容包括：

(1)CTCS-3级列控系统功能动态检测

(2)CTCS-2级列控系统功能动态检测

(3)跨线CTCS-2级列控车载设备功能适应性检测

(4)联锁系统功能动态检测

联锁系统的动态检测主要是结合列控系统动态试验，对联锁系统部分特殊设计、联锁系统与RBC、列控中心、CTC之间的接口关系进一步验证。测试内容包括：

①进出站信号机点灯关灯试验；

②接车进路保护区段联锁功能测试；

③股道停稳标志(40 S)；

④正线接近锁闭闭塞分区数量测试；

⑤计算机联锁系统与 CTC 系统，即与 CTC 车站终端设备的接口测试。串行接口通信协议的测试和信息交换功能、控制权限转换的测试；

⑥计算机联锁系统与 RBC 接口测试，验证联锁系统在各种进路和轨道区段占用/空闲情况下向 RBC 发送 SA 的功能。

(5)CTC 系统功能动态检测

CTC 系统功能动态检测结合列控系统动态检测同步进行，重点对 CTC 的基本功能和接口关系进行测试和验证，主要内容包括：CTC 系统基本功能测试，基本功能测试包括列车运行监视、车次追踪、计划编制基础数据管理、列车运行计划编制、计划管理、调度命令管理、集中控制、车站控制、数据回放、统计分析等。

(6)接口关系测试

验证与受控系统通信时，CTC 系统控制功能、模式切换试验。受控系统包括联锁系统、列控中心设备、无线闭塞中心 RBC、临时限速服务器等。

评判标准依据包括：

1)引用标准

a.《CTCS 技术规范总则(暂行)》、《CTCS-2 级技术条件(暂行)》(科技运函〔2004〕14 号)；

b.《CTCS-2 级列控系统列控中心及列控车载设备系统测试验收暂行标准》(报批稿)；

c.《客运专线 CTCS-2 级列控系统配置及运用技术原则(暂行)》(铁集成〔2007〕124 号)；

d.《客运专线 CTCS-2 级列控系统列控中心技术规范(暂行)》(铁集成[2007]158 号)；

e.《铁路客运专线竣工验收暂行办法》(铁建设〔2007〕183 号)；

f.《客运专线铁路工程竣工验收动态检测指导意见》(铁建设〔2008〕7 号)；

g.《CTCS-3 级列控系统系统需求规范(SRS)》(科技运〔2008〕127 号)；

h.《CTCS-3 级列控系统系统应答器应用原则》(科技运〔2008〕144 号)；

i.《CTCS-3 级列控系统系统临时限速技术规范》(科技运〔2008〕151 号)；

j.《CTCS-2 级列控系统系统应答器应用原则》(科技运〔2008〕143 号)；

k.《CTCS-3 级列控系统总体技术方案》；

l.《武广线工程设计文件、技术规格书等》；

m.《CTCS-3 级列控系统系统功能需求规范(FRS)》(科技运〔2008〕113 号)；

n.《CTCS-3 级列控系统系统 GSM-R 网络需求规范》(科技运〔2008〕168 号)；

o.《计算机联锁技术条件》(TB/T 3024—2002)；

p.《分散自律调度集中系统技术条件(暂行)》(修订稿)；

q.《客运专线信号安全数据网组网方案》。

2)关键参数评价指标

关键参数评价指标见表 4-19-1。

表 4-19-1 关键参数评价指标

关键参数	数值	参照标准
GSM-R 网络注册时延	40 s	CTCS-3 级列控系统总体技术方案
RBC 连接时延	10 s	CTCS-3 级列控系统总体技术方案
数据交换时延	15～20 s	CTCS-3 级列控系统总体技术方案
位置报告的重复发送周期	6 s	CTCS-3 级列控系统总体技术方案
接车股道列车停稳计时	40 s	CTCS-3 级列控系统总体技术方案
车载设备发出过分相提示时，列车前端与分相区之间的距离	10 s 走行距离	CTCS-3 级列控系统总体技术方案

续上表

关 键 参 数	数 值	参 照 标 准
车载设备发送过分相指令时,列车前端与分相区之间的距离	3 s 走行距离	CTCS-3 级列控系统总体技术方案
RBC 对处于越行状态的列车发送新的 FS MA 时,须判断新的进路占用与列车报告位置的时间间隔	6 s 以内	CTCS-3 级列控系统总体技术方案
联锁一次向 RBC 发送的最大信号授权数量	15 个闭塞分区的信号授权	CTCS-3 级列控系统总体技术方案
允许 RBC 删除相关列车注册信息的通信中断判断条件	通信中断 5 min	CTCS-3 级列控系统总体技术方案
车载设备重复请求无线连接次数	3 次	CTCS-3 级列控系统总体技术方案
无线消息的重复发送次数	3 次	CTCS-3 级列控系统总体技术方案
速度容限值 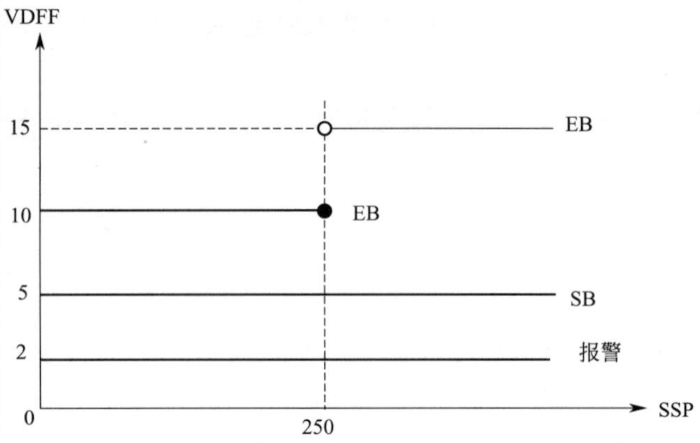		CTCS-3 级列控系统总体技术方案
DMI 显示最大距离	32 000 m	CTCS-3 级列控系统总体技术方案
MA 请求重复周期,默认值	60 s	CTCS-3 级列控系统总体技术方案
模式转换时确认模式转换的时间	5 s	CTCS-3 级列控系统总体技术方案
粘着系数值(1)非光滑轨道	100 %	CTCS-3 级列控系统总体技术方案
粘着系数值(2)光滑轨道	70 %	CTCS-3 级列控系统总体技术方案
等级 0/STM 中金属部件的安全距离	300 m	CTCS-3 级列控系统总体技术方案
应答器组默认定位精度	12 m	CTCS-3 级列控系统总体技术方案
司机对粘着因素的更改	不允许	CTCS-3 级列控系统总体技术方案
调车模式(允许)的速度限制	40 km/h	CTCS-3 级列控系统总体技术方案
目视模式(允许)的速度限制	40 km/h	CTCS-3 级列控系统总体技术方案
引导模式(允许)的速度限制	40 km/h	CTCS-3 级列控系统总体技术方案
不适用模式(允许)的速度限制(机车信号模式)	80 km/h	CTCS-3 级列控系统总体技术方案
开口速度值	0 km/h	CTCS-3 级列控系统总体技术方案
溜车防护、退行防护和停车防护的距离	5 m	CTCS-3 级列控系统总体技术方案
使用常用制动方式制动到目标点	是	CTCS-3 级列控系统总体技术方案
允许缓解紧急制动	仅在停稳时	CTCS-3 级列控系统总体技术方案
触发“越行 EoA”功能的最大限速	0 km/h	CTCS-3 级列控系统总体技术方案
激活“越行 EoA”功能后监控的最大允许速度	40 km/h	CTCS-3 级列控系统总体技术方案

续上表

关键参数	数值	参照标准
激活“越行 EoA”功能后屏蔽列车冒进防护功能的运行距离	没有限制	CTCS-3 级列控系统总体技术方案
激活“越行 EoA”功能后屏蔽列车冒进防护功能的最大运行时间	60 s	CTCS-3 级列控系统总体技术方案
目视模式下,司机按压警惕按钮后允许走行的距离	300 m	CTCS-3 级列控系统总体技术方案
目视模式下,司机按压警惕按钮后允许走行的时间	60 s	CTCS-3 级列控系统总体技术方案
目视模式下,提示司机按压警惕按钮的距离	150 m	CTCS-3 级列控系统总体技术方案
目视模式下,提示司机按压警惕按钮的时间	50 s	CTCS-3 级列控系统总体技术方案
运行时允许更改司机号	不允许	CTCS-3 级列控系统总体技术方案
无线通道监控时限到后,系统将做出反应(T-COntact)	常用制动	CTCS-3 级列控系统总体技术方案
最新接收电报在 RBC 的建立后的最大时间 T-NVCONTACT	7～20 s	CTCS-3 级列控系统总体技术方案
在冒进后防护状态下允许的退行距离	0 m	CTCS-3 级列控系统总体技术方案
目视模式下的运行的最大允许距离	∞	CTCS-3 级列控系统总体技术方案
应答器平均传输速率	564.48 kbps ±2.5%	应答器技术条件

3. CTCS-3 级列控系统功能动态检测

CTCS-3 级列控系统联调联试通过编制测试序列的方法来进行。通过 CTC 或车站联锁设备在每一个试验区段内排列典型进路,并根据不同测试案例的要求,由地面模拟相关测试条件。正线试验最高速度 350 km/h,侧线最高速度 80 km/h。

(1)行车许可、模式转换与 RBC 切换功能动态检测

①正线通过、正线接发车

主要测试项目:注册和启动、正线接发车、正线通过、应答器信息接收、机车信号信息接收、无线通信功能、RBC 切换、模式转换、注销等。

测试进路 1:武汉站 7 G 发车,上行线反向运行,乌龙泉东站Ⅱ G 接发车,咸宁Ⅱ G 接车。

测试进路 2:咸宁Ⅱ G 发车,上行线运行,乌龙泉东站Ⅱ G 通过,武汉站 6 G 接车。

测试进路 3:武汉站 6 G 发车,上行线反向运行,乌龙泉东站Ⅱ G 接发车,咸宁Ⅰ G 通过,赤壁战 3 G 接车。

②正线引导接发车、正线引导通过

主要测试项目:注册和启动、行车许可、正线引导接发车、正线引导通过、RBC 切换、模式转换、注销。

测试进路 4:咸宁站 3 G 发车,上行线运行,乌龙泉东站Ⅱ G 引导接发车,武汉站 6 G 接车。

③侧线通过、侧线接发车

主要测试项目:注册和启动、行车许可、侧线通过、侧线接发车、RBC 切换、模式转换、注销。

测试进路 5:武汉站 6 G 发车,上行线反向运行,乌龙泉东站 4 G 接发车,咸宁 4 G 接、车。

测试进路 6:咸宁 4 G 发车,上行线运行,乌龙泉东站 4 G 接发车,武汉站 5 G 接车。

测试进路 7:武汉站 5 G 发车,下行线运行,乌龙泉东站 4 G 接发车,咸宁北站 6 G 接车。

测试进路 8:赤壁北站 3 G 发车,咸宁 6 G 通过,上行线运行,乌龙泉东站Ⅱ G 通过,武汉站 7 G 接车。

测试进路 9:武汉站 7 G 发车,下行线运行,乌龙泉东站Ⅱ G 通过,咸宁 4 G 接车。

测试进路 10:武汉站 7 G 发车,下行线运行,乌龙泉东站 3 G 接车。

测试进路 11:武汉站 7 G 引导发车,下行线运行,乌龙泉东站Ⅱ G 通过,咸宁站 3 G 通过,赤壁站Ⅰ G 接车。

测试序列 12:赤壁北站Ⅰ G 发车,上行线运行,咸宁站 4 G 通过,乌龙泉东站 4 G 接发车,武汉站 6 G 接车。

④侧线引导接发车、侧线引导通过

主要测试项目:注册和启动、行车许可、侧线引导接发车、侧线引导通过、RBC 切换、模式转换、注销。

测试进路:

测试序列 12:咸宁北站 6 G 引导发车,上行线运行,乌龙泉 4 G 引导接发车,下行线反向运行,武汉站 6 G 接车。

测试序列 15:武汉站 6 G 引导发车,下行线运行,乌龙泉东站引导接发车,咸宁站 3 G 接车。

测试序列 14:咸宁 4 G 发车,上行线运行,乌龙泉东站 4 G 引导接发车,武汉站 7 G 接车。

⑤关闭驾驶台

主要测试项目:注册和启动、行车许可、RBC 切换、模式转换、注销。

测试进路:

测试序列 21:列车运行至 12 474 BG 时,停车,关闭驾驶台,重启后以目视模式通过 RBC 切换边界,在收到 RBC2 的完全模式的行车许可后转入完全模式。

测试序列 14:列车运行到 12 513 AG 时,关闭驾驶台,之后打开驾驶台以目视模式发车,收到 RBC2 给出的完全模式行车许可后转完全模式通过 RBC 切换边界。

(2)行车许可缩短功能检测

1)区间轨道区段故障占用

主要测试项目:注册和启动、行车许可缩短、注销。

测试进路:

测试序列 7:列车运行至 12 374 BG 时设置 12 494 BG 占用。

2)站内轨道区段故障占用

主要测试项目:注册和启动、机外停车、行车许可缩短、注销。

测试进路:

测试序列 5:列车运行至 13 030 AG 时,人工取消咸宁北站ⅡG 接车进路,列车停在咸宁北站 XF 信号机前,3 min 解锁。

测试序列 6:列车运行至 12 336 AG 时,人工取消武汉站 6 G 接车进路,列车停在武汉站 S 信号机前。

测试序列 7:列车运行越过乌龙泉东站进站信号机 XF 时,设置乌龙泉东站 4 G 故障,列车越过出站口时乌龙泉东站 4 G 恢复正常;列车运行到达中继 5 时,设置咸宁北站 3-5 DG 故障。

测试序列 8:列车运行接近乌龙泉东站时,设置乌龙泉东站 4-6 DG 区段故障。

3)道岔表示故障功能测试

测试序列 16:列车到达中继站 1 时,设置武汉站 4 号道岔表示故障,进站信号机机外停车。

测试序列 22:列车运行至 12 283 BG 时,人工取消武汉站 7 G 接车进路,列车停在武汉站 SF 信号机前。

测试序列 20:列车运行至 K1 232+537 时,设置武汉站 2 号道岔失去表示,目视模式进站。

4)关闭 RBC 边界信号机

主要测试项目:注册和启动、行车许可缩短、注销。

测试进路:

测试序列 11:列车运行到 12 435 BG 时,关闭 RBC1/2 边界信号机,列车以目视模式通过边界后打开边界信号机。

测试序列 12:列车运行到 12 593 AG 时,关闭 RBC2/1 边界信号机,列车以目视模式通过边界后打开边界信号机。

(3)临时限速功能动态检测

1)区间临时限速

主要测试项目:列控中心交界处临时限速、RBC 交界处临时限速、中继站处临时限速、离去区段临时限速、接近区段临时限速。

测试进路:

测试序列 5:设置 RBC1/RBC2 切换处(K1 248+392～K1 250+365)临时限速设为 160 km/h。设置中继 3 附近 K1 261+196～K1 262+196 临时限速 250 km/h。

测试序列 6:设置 RBC1/RBC2 切换处(K1 248+392～K1 250+365)临时限速设为 160 km/h。中继 5 附近 K1 295+967～K1 296+966 临时限速为 120 km/h。

测试序列 7:设置 K1 248+392～K1 250+365 临时限速设为 200 km/h。K1 255+250～K1 255+350 临时限速 250 km/h。K1 291+000～K1 291+100 临时限速 200 km/h。

测试序列 8:设置 K1 248+392～K1 250+365 临时限速设为 200 km/h。K1 302+900～K1 303+000 临时限速 200 km/h。

测试序列 11:设置 K1 248+392～K1 250+365 临时限速设为 200 km/h。

测试序列 15:设置 K1 248+392～K1 250+36 临时限速设为 160 km/h。

测试序列 21:设置中继 6 附近 K1 320+451～K1 322+430 临时限速 200 km/h。

测试序列 22:设置 K1 336+637～K1 338+430 临时限速 160 km/h。

测试序列 14:设置中继 4 附近 K1 286+073～K1 284+092 临时限速 200 km/h。

测试序列 3:设置 K1 248+392～K1 250+365 临时限速设为 120 km/h。

测试序列 4:K1 248+392～K1 250+365 临时限速设为 120 km/h。中继 1 附近 K1 239+452～K1 238+476 临时限速为 80 km/h。中继 5 附近 K1 295+967～K1 296+966 临时限速 160 km/h。

2)站内临时限速

主要测试项目:站内正线临时限速、站内侧线临时限速、咽喉区段临时限速。

测试进路:

测试序列 6:武汉站侧线 6 G 临时限速为 45 km/h。

测试序列 22:咸宁北站 6 G 临时限速 120 km/h。

测试序列 3:咸宁北站侧线 3 G 临时限速 45 km/h。

测试序列 19:设置咸宁北站 3 G 临时限速 45 km/h。

测试序列 20:设置咸宁北站 4 G 临时限速 45 km/h。

(4)等级转换

1)CTCS-2 级转换到 CTCS-3 级

主要测试项目:C3 区域内的等级转换。

测试进路:

测试序列 11:武汉站 5 G 出站时,手动选择 C2,出站后转 C3。

测试序列 15:武汉站 6 G 发车时手动选择 C2,出站后转为 C3。

测试序列 21:乌龙泉东站ⅡG 发车前,关闭 MT 电源,以 C2 发车,发车后恢复 MT 电源,出站后转入 C3。

测试序列 13:列车武汉站 7 G 发车时,手动选择 C2,列车越过武汉站出站信号机 SF 前恢复 MT 单元正常,出站后转 C3。

测试序列 19:武汉站出站时手动选择 C2,出站后转入 C3。

2)CTCS-3 级转换到 CTCS-2 级

主要测试项目:无线通信中断降级转换到 C2 控车

测试进路:

测试序列 8:列车运行至 12 534 AG 时,断开 RBC1 的 PRI 电缆,由于无线超时,降到 C2 允许速度后司机确认转入 C2。

测试序列 11:列车运行至中继 5 附近 12 969 BG 时,关闭 MT 电源,由于无线通信中断,C3 转 C2。测试序列 12:列车运行至中继 1 附近 12 315 BG 时,关闭 MT 电源,由于无线通信中断,C3 转 C2,列车以 C2 运行至武汉站 6 G,停车后恢复 MT 电源。

测试序列 15:列车运行至中继 5 时,断开 RBC2 与咸宁北站联锁的通信连接,转入 C2 后停车,停车后恢复 RBC 与联锁的通信,以 C3 运行。

测试序列 20:列车运行至中继 7 处,关闭 MT 电源,由于无线通信中断,转入 C2 等级。

(5)调车作业及调车危险防护

主要测试项目:站内调车及调车危险。

测试进路:

测试序列13:列车以C3运行至咸宁北站站外,司机选择调车模式,禁止调车,以FS模式运行至咸宁北站4 G停车,司机选调车,进入调车模式,关闭本务端驾驶台,换端调车折返,经过出站口调车防护应答器BXF后,冒进,实施紧急制动停车。

(6)拆除应答器及应答器换位

主要测试项目:应答器链接及数据一致性

测试进路:

测试序列19:拆除武汉站出站口附近应答器组B12 269。拆除乌龙泉东站出站口附近应答器组B12 745中的第一个应答器。交换咸宁北站出站口附近应答器组B13 113的第一个和第二个位置。

4. CTCS-2级列控系统功能动态检测

CTCS-2级列控系统功能动态检测通过CTC或车站联锁设备在武汉～赤壁北间排列典型进路进行,并根据进路条件的不同,地面设置临时限速、故障占用等相关测试条件。正线试验最高速度300 km/h,侧线最高速度80 km/h。

(1)正线通过、正线接发车

主要测试项目:正线通过、正线接发车、应答器链接、应答器数据、报文选择功能、轨道电路码序。

测试进路1:武汉站6 G发车,上行线反向运行,乌龙泉东站Ⅱ G通过,咸宁3 G接车。

测试进路2:咸宁北站3 G发车,上行线运行,乌龙泉东站Ⅱ G通过,武汉站7 G接车。

(2)侧线接发车

主要测试项目:侧线接发车、应答器链接、应答器数据、报文选择功能、轨道电路码序。

测试进路3:武汉站7 G发车,上行线反向运行,乌龙泉东站4 G接发车,咸宁4 G接车。

测试进路02:咸宁4 G发车,上行线运行,乌龙泉4 G接发车,武汉站7 G接车。

(3)临时限速

1)站内临时限速

主要测试项目:股道正线临时限速、股道侧线临时限速、咽喉区的临时限速。

测试序列01:乌龙泉站内限速120 km/h。

测试序列02 :乌龙泉站内限速120 km/h。

2)区间临时限速

主要测试项目:列控中心交界处临时限速、中继站处临时限速、离去区段临时限速、接近区段临时限速。

测试进路:

测试序列01:设置武汉1LQ限速45 km/h。K1 249+333～K1 249+433临时限速200 km/h。

测试序列02:设置咸宁1LQ限速80 km/h,K1 249+333～K1 249+433临时限速200 km/h。

5. 结论及建议

(1)结论

1)在动态试验过程中,车载设备能可靠接收应答器报文,应答器位置及链接关系正确;

2)动态试验过程中测试的进路轨道电路码序正确,车载TCR设备能可靠接收地面信号,并正确显示;

3)CTCS-3级车载设备在后备模式控车条件下,能根据地面提供的列控数据,按照规定的模式和速度监督曲线监督列车运行。

(2)建议

试验过程中部分轨道电路区段运行不稳定,出现掉码或闪红,建议加强轨道电路维护和监测。

第五节　防灾安全监控系统

1. 系统调试技术团队组织结构

施工过程中根据工程的实际和工期进度，合理组织有资质的试验单位和有成熟业绩的调试人员进行电气设备试验和子系统试验以及参与集成试验和试运行。

根据武广铁路客运专线防灾安全监控系统系统技术特点、施工工期以及承包建设模式，联合体项目部根据系统工程建设需要，成立系统技术部，支持项目建设、系统调试工作。组织机构如图4-19-12所示。

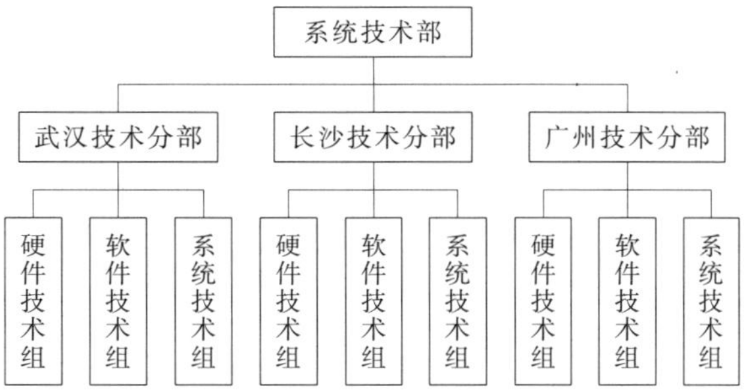

图 4-19-12　组织机构

2. 系统调试投入的人力资源、仪器仪表、交通及通信设备

(1)人力资源

为确保系统工程顺利建设，根据先行施工要求，联合体项目部系统技术部人力资源配置见表4-19-2。

表 4-19-2　武广防灾安全监控系统人力资源

部　门	职　务	职　称	人　数
系统技术部	指挥部项目副经理	系统集成高级项目经理	1
	总工程师	高级工程师	1
武汉技术分部	分部负责人	系统集成项目经理	1
	硬件工程师	工程师	3
	软件工程师	高级程序员	1
	软件工程师	程序员	2
	系统工程师	工程师	3
长沙技术分部	分部负责人	系统集成项目经理	1
	硬件工程师	工程师	5
	软件工程师	高级程序员	1
	软件工程师	程序员	2
	系统工程师	工程师	5
广州技术分部	分部负责人	系统集成项目经理	1
	硬件工程师	工程师	2
	软件工程师	高级程序员	1
	软件工程师	程序员	1
	系统工程师	工程师	2
合计			33

(2)仪器仪表

为满足现场施工技术督导和调试需要，系统技术部配备仪器仪表见表4-19-3。

表 4-19-3 仪器仪表配置

序号	设备名称	来源	单位	数量
1	便携式移动计算机	既有	台	35
2	通用电气工具	新购	套	20
3	数字万用表	新购	台	20
4	网络测试仪	新购	台	10
5	手持式风速仪	既有＋新购	台	10
6	便携式温湿度气压仪	既有＋新购	台	10
7	带刻度液体容器	新购	个	10
8	稳压电源	既有＋新购	台	10

(3)交通车辆

根据现行施工计划和工期要求，以及系统设备的地理分布，系统技术部交通车辆配置见表 4-19-4。

表 4-19-4 交通车辆配置

序号	车辆类型	品牌	来源	单位	数量
1	越野车	国产	租赁	辆	3
2	越野车	进口	既有	辆	2
3	小型面包车	国产	租赁	辆	3
合计					10

(4)通信设备

根据现场施工条件、路线以及公网通信覆盖情况，技术部配备表 4-19-5 所列的通信设备，随时满足现场技术工作的通信需要。

表 4-19-5 通信设备配置

序号	设备名称	品牌	来源	单位	数量
1	GSM 手机	国产	自有	部	33
2	CDMA 手机	进口	新购＋自有	部	23
3	对讲机	国产	新购＋自有	台	23
4	耳麦	国产	新购	付	27
5	即时通信软件	ireal	自有	套	1

3. 出厂验收试验

供货商进行所供设备的出厂验收试验。主要设备的出厂验收试验在工厂进行。出厂试验项目按照规定和相关的标准及工厂的质量程序进行试验。出厂试验前供货商邀请业主参加监造，参与型式试验、常规试验、出厂试验，并提供相关的技术服务。

专为本次项目设备进行全部的型式试验，以便证明达到相关技术条件的要求。

出厂试验项目按照约定和相关的标准及工厂的质量程序进行试验。

对采用国内生产设备的，如线材、零部件、设备等，由我方提出验收方案后，提交业主人员确认并根据业主人员确认的方案进行全面的检验，提出检验报告；对采用国外生产设备的，在业主人员的指导下进行抽检。根据规格书和业主的图纸进行所有的安装，安装之后检查所有安装完的工程设备材料都能满足功能、工艺和偏差要求。

4. 系统调试实施方案

(1)技术队伍培训

对于所有项目技术人员，在到达现场从事技术工作以前，均需在公司内部进行严格的技术培训、安全培训，直至能够独立完成所负责工作范围内的技术工作，考试合格后，方能派往工程现场。本项工作 2009 年 12 月 20 日开始，至 2010 年 1 月 28 日完成，派往现场从事技术工作人员共计 23 人，所有硬件工程师和系统工程师均进驻现场。

(2)技术督导

技术督导是施工过程中的第一个技术环节，主要工作是指导现场施工，对施工过程进行现场技术把关，确认，并对施工完成的单点，单站进行简单的测试和验收，使工程建设不产生重复施工。为确保现场施工进度需要，负责技术督导的工程师的吃、住、行均与施工队伍同步，紧密结合，不产生因技术督导不到位而产生施工缺陷，造成系统工程质量隐患和影响工期。

(3)单点设备调试

单点设备调试是系统调试的最基础部分，也是整个防灾工程系统调试工作量最多的环节。在武广项目紧张的工期下，该项工作与施工安装同步进行，现场技术工程师在进行技术督导的同时，完成站点设备安装后，立即由安装工程人员配合。利用安装工程的发电机提供电源。为确保设备安全，各技术督导对均配备 1 台稳压电源。单点设备调试的临时电源均需要进行稳压后，对设备加电调试。调试设备包括风、雨、异物侵限监控设备、基站监控单元，以及各室外设备安装点至接入基站光电缆。

(4)网络系统调试

网络系统调试工作是全系统调试的最关键的部分，该项工作直接影响后期的系统调试工作。主要由四电集成商负责完成，系统技术部分别在武汉、长沙、广州专门设置网络工程师进行督促，并组织点对点测试工作，确保各管段在单元站调试工作进行时，其基站与数据中心通道保持畅通。确保单元站调试工作不受影响，尽量不产生因通道问题产生的重复工作。该项工作于设计施工交底会后，在 2009 年 12 月 25 日展开，至 2010 年 1 月 25 日结束。

(5)单元站系统调试

单元站系统调试，即基站监控单元及其外部所有引入设备整体通电调试。该项调试工作需待以基站为单元的其他外围设备均安装完成，并具备加电条件后，方可全部开展。由于工期紧张，本次工程的单站设备调试工作待施工完成 1 个单元站安装后立即开展。

在调试工作过程中不具备供电条件，将利用基站、车站照明电源接入 UPS 后供电，直至具备正式电源后，由安装人员和技术人员公司到现场进行切换。

(6)数据处理中心调试

数据处理中心是防灾系统的核心，数据中心系统调试包括硬件系统(即：服务器，存储设备)和软件系统调试。数据中心调试工作与网络系统调试同步进行，以便单元站系统调试时能够及时接入现场数据，并保证单元站系统数据的准确性。

(7)专业应用终端调试

本系统专业应用终端包括数据处理中心维护终端、工务终端和调度所终端。维护终端与数据处理中心系统同期安装装调试，调试期间作为工程师站使用，待系统建设完成后，作为专用维护终端使用；工务终端和调度所终端调试需要在数据中心软硬件系统基本完成调试后方可进行。

(8)系统调试

系统调试是指在单站设备，单元站系统、数据处理中心系统均完成调试后，进行的全面复查、修改，以及故障恢复工作。本阶段调试工作主要内容包括，全面检查各站点设备运行状况，对故障站点设备进行整改恢复；对软件系统功能进行全面检测和修改等；完成各专业终端调试，权限分配等。

(9)第三方系统联合调试

系统联合调试是至防灾系统与第三方系统(包括时钟系统、列控系统)对接、调试。其中与时钟系统的对接调试与数据处理中心系统调试同期进行。与列控系统调试需要等到本系统完成调试后，与列控厂家协调配合进行，时间依据列控系统对防灾系统接口建设进度。

(10)系统静态试验

武广铁路客运专线防灾系统静态实验包括异物检测电网现场故障模拟实验，风雨数据仿真实验等，该项工作由铁科院在联调联试期间进行，联合体系统技术部派3组专业人员现场配合。实验范围包括所有安装异物侵限监控设备点位故障模拟实验、与列控的模拟实验，部分风、雨检测仿真数据输入实验等。

(11)系统开通试运营

完成系统静态试验后，防灾安全监控系统进入开通试运行阶段，在试运行阶段。系统技术部组织相关软件、硬件和系统工程师对系统运行状况，设备工作状态等相关运行数据进行监控，记录。并对运维单位工程师进行系统操作，设备维护等相关技术培训，确保系统工程从建设到运维的平滑过渡。

为完成工程不同试验阶段的试验任务，根据相应文件的要求对所供设备、材料进行试验和检验，经过试验检验的设备满足工程系统可靠性、可用性、可维护性和安全性要求，确保本工程安全、可靠运营。

施工过程中根据工程的实际和工期进度，合理组织有资质试验单位和有成熟业绩的调试人员进行工程的设备试验和子系统试验以及参与集成试验和验收。

工程中所有材料和设备及系统调试能满足专用技术要求及通用技术要求。

除有规定外，所有的试验都将按相关标准要求进行。

对于监控单元、轨旁控制器/风雨数据采集传输单元等专用设备出厂前必须经过铁道部产品质量监督检验中心通信信号检验站的抽样检验，抽样检验的范围和内容为监控单元、轨旁控制器等专用设备的工作环境温度性能。抽检比例为10台(套)抽检1台(套)，不足10台(套)按抽检1台(套)，如果有1台(套)抽检不合格，则全部抽检。本工程铁道部共抽回16台机柜进行检验。

第六节　综 合 接 地

按照武广铁路客运专线联调联试试验计划，咸宁北—长沙南段动车阶段综合接地测试时间为2009年7月5日～7月21日，共测量了64个单程的数据，最高速度350 km/h；重联测试时间为7月22日～7月24日，共测量了14个单程过车数据，最高速度350 km/h。综合接地专业选择了2个测点，分别是新岳阳牵引变电所测点(K1 434+662)和跨京珠联络线特大桥测点(K1 441+854)。

汨罗东—耒阳西段联调联试动车阶段综合接地测试时间为2009年8月12日～8月31日，共测量了70个单程的动车组数据，最高速度350 km/h；其中重联列车试验测试时间为8月30日～8月31日，共测量了8组过车数据，最高速度350 km/h。综合接地专业选择了2个测点，分别是K1 632+050株洲西跨湘江特大桥(桥梁断面)，K1 640+500株洲西站上行进站信号机(路基断面)。

衡阳东—乐昌东段联调联试动车阶段综合接地测试时间为9月17日～9月27日，共测量了47个单程的动车组数据，最高速度350 km/h。综合接地专业选择了4个测点，分别是K1 873+350天鹅岭隧道(隧道断面)，K1 881+300郴州西站上行进站信号机处(路基断面)，K1 882+300下邓家湾特大桥(桥梁断面)，K1 884+165 AT分区所。

郴州西—广州南段联调联试动车阶段综合接地测试时间为10月16日～11月7日，共测量了49个单程的动车组数据，最高速度350 km/h。其中重联列车试验测试时间为10月29日～10月31日以及11月7日，共测量了11组过车数据，最高速度350 km/h。综合接地专业选择了2个测点，分别是K2 140+700大燕河特大桥(桥梁断面)，K2 141+391茶屋AT分区所。

2009年11月18日～11月20日对新岳阳牵引变电所(K1 434+662)进行复测，共测量了13个单程的动车组数据，最高速度340 km/h，其中重联列车测试数据6组。

武广铁路客运专线各阶段综合接地测点布置如图4-19-13～图4-19-16所示。

1. 目的

通过对武广铁路客运专线动车组运行时钢轨电位和各牵引回流导线的电流的测试，检验钢轨电位是否满足标准要求，牵引回流是否正常。通过测试积累综合接地应用于AT供电、无砟道床线路的实测数据及被测量变化规律等基础资料，为今后同类型线路综合接地的设计、施工、验收和相应规范制定提供依据。

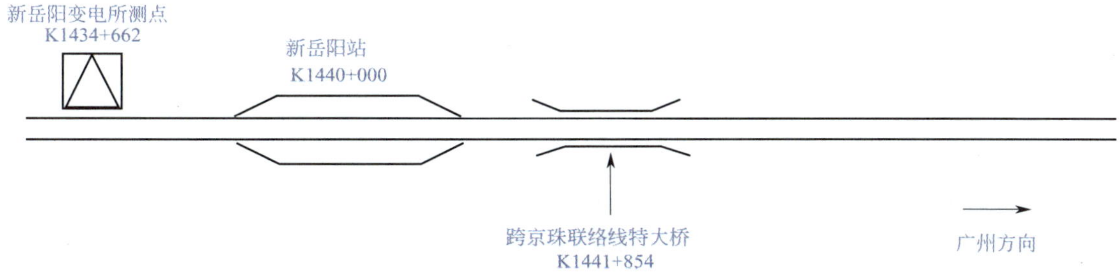

图 4-19-13 武广铁路客运专线(咸宁北—长沙南段)综合接地测点布置

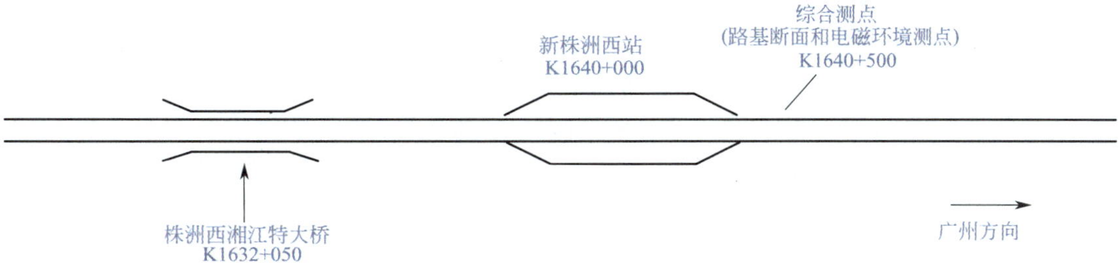

图 4-19-14 武广铁路客运专线(汨罗东—耒阳西段)综合接地测点布置

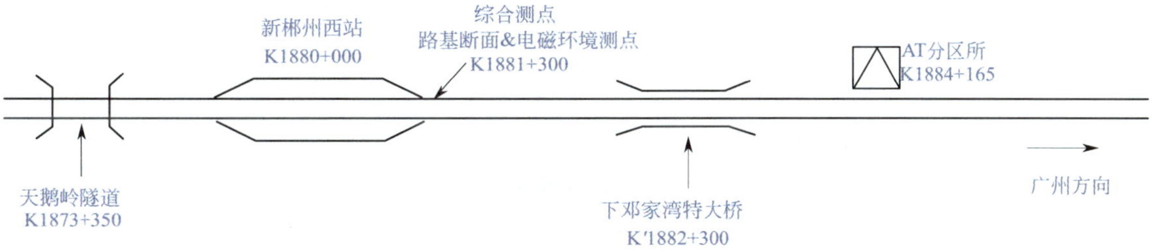

图 4-19-15 武广铁路客运专线(衡阳东—乐昌东段)综合接地测点布置

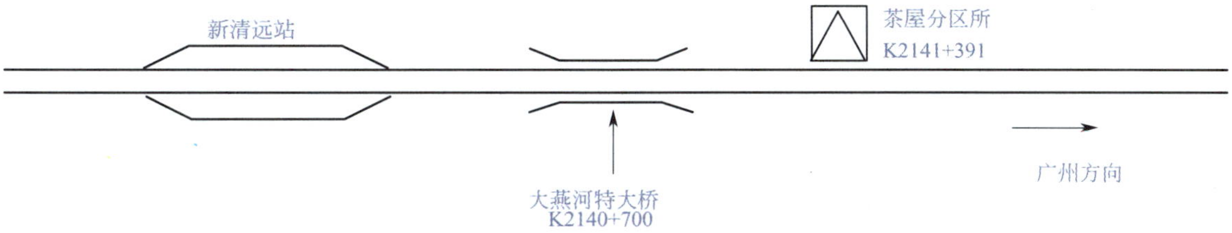

图 4-19-16 武广铁路客运专线(郴州西—广州南段)综合接地测点布置

2. 测试内容、方法及评判标准

执行武广铁路客运专线勘察设计所制定的测试内容、方法及评判标准。

3. 数据分析

(1)各阶段桥梁断面测点实测数据与分析

①咸宁北—长沙南段跨京珠联络线特大桥测点实测数据分析

根据实测数据通过分析可得出:大桥测点动车轨压实测最大 36 V,支柱电压最大值为 0.19 V,均满足铁道部《铁路防雷、电磁兼容及接地工程技术暂行规定》(铁建设〔2007〕39 号)中,正常情况下,钢轨电位<120 V(>300 s)的要求。

综合本测点牵引回流数据,上行线列车通过时贯通地线回流最大 26 A,最小 5 A。下行线列车通过时贯通地线回流最大 31.5 A,最小 5.8 A。

②汨罗东—耒阳西段株洲西湘江特大桥测点实测数据分析

根据株洲西湘江特大桥测点实测数据可得出:株洲西湘江特大桥测点动车试验阶段钢轨电位实测最大

值为 31 V，满足铁道部《铁路防雷、电磁兼容及接地工程技术暂行规定》(铁建设〔2007〕39 号)中，正常情况下，钢轨电位<120 V(>300s)的要求。

综合本测点牵引回流测试数据，下行线列车通过时贯通地线回流最大 13.9 A，最小 2.5 A。上行线 8 月 14～8 月 30 日过车贯通地线回流 53.5 A 以上达 15 次，最大 434.6 A，最大值偏大，但最后一天 8 月 31 日重联试验上行线过车数据回复正常。

③衡阳东—乐昌东段下邓家湾特大桥测点实测数据与分析

根据下邓家湾特大桥测点实测数据可得出：下邓家湾特大桥测点动车试验阶段钢轨电位实测最大值为 37.8 V，满足铁道部《铁路防雷、电磁兼容及接地工程技术暂行规定》(铁建设〔2007〕39 号)中，正常情况下，钢轨电位<120 V(>300 s)的要求。

综合本测点牵引回流数据，上行线列车通过时贯通地线回流最大 27 A，最小 7 A。下行线列车通过时贯通地线回流最大 21 A，最小 5 A。

④郴州西—广州南段大燕河特大桥测点实测数据与分析

根据大燕河特大桥测点实测数据可得出：大燕河特大桥测点动车试验阶段钢轨电位实测最大值为 36.8 V，满足铁道部《铁路防雷、电磁兼容及接地工程技术暂行规定》(铁建设〔2007〕39 号)中，正常情况下，钢轨电位<120 V(>300 s)的要求。

综合本测点牵引回流数据，上行线列车通过时贯通地线回流最大 28.9 A，最小 6.9 A。下行线列车通过时贯通地线回流最大 31 A，最小 4 A。

(2)各阶段车站路基断面综合测点实测数据与分析

①汨罗东—耒阳西段株洲西站综合测点实测数据与分析

根据株洲西站综合测点实测数据，可以得到：

a. 钢轨电位。当综合测点动车轨流 250～300 A 时，钢轨电位均可达到 8～10 V。动车试验阶段钢轨电位最大测试值 10.4 V，支柱电压最大值为 9 V。钢轨电位均满足铁道部《铁路防雷、电磁兼容及接地工程技术暂行规定》(铁建设〔2007〕39 号)中，正常情况下，钢轨电位<120 V(>300 s)的要求。

b. 牵引回流。动车通过时，钢轨回流占总回流比例为 62.1%～66.3%，保护线回流占 20.3%～21.3%，下行侧贯通地线回流占 5.1%～8.9%。上行线列车通过时下行侧贯通地线回流最大 30 A；下行线列车通过时贯通地线回流最大 57.7 A。

相比其他已建成客运专线，本阶段测试结果显示武广铁路客运专线(汨罗东～耒阳西段)所选测点钢轨回流较大，保护线回流占总回流比例偏小。

②衡阳东—乐昌东段郴州西站综合测点测试数据与分析

根据郴州西站综合测点实测数据，可以得到：

a. 钢轨电位。当综合测点动车轨流 250～300 A 时，钢轨电位均可达到 8～10 V。动车试验阶段钢轨电位最大测试值 10.5 V，支柱电压最大值为 9.5 V。钢轨电位均满足铁道部《铁路防雷、电磁兼容及接地工程技术暂行规定》(铁建设〔2007〕39 号)中，正常情况下，钢轨电位<120 V(>300 s)的要求。

b. 牵引回流。动车通过时，钢轨回流占总回流比例为 46.7%～47.2%，保护线回流占 28.0%～30.5%，贯通地线回流占 22.8%～24.8%。上行线列车通过时贯通地线回流最大 116 A；下行线列车通过时贯通地线回流最大 136.1 A。

相比其他已建成客运专线，本阶段(衡阳东—乐昌东段)所选测点钢轨回流较大，保护线回流占总回流比例偏小。

(3)各阶段隧道断面测点实测数据与分析

根据天鹅岭隧道测点实测数据，可得出：天鹅岭隧道测点动车试验阶段钢轨电位实测最大值为 28.9 V，满足铁道部《铁路防雷、电磁兼容及接地工程技术暂行规定》(铁建设〔2007〕39 号)中，正常情况下，钢轨电位<120 V(>300 s)的要求。

综合动车测试阶段数据，上行线列车通过时贯通地线回流最大 31 A，最小 6 A。下行线列车通过时贯通地线回流最大 34 A，最小 10 A。

(4)各阶段牵引变电所及 AT 分区所测点实测数据与分析

①咸宁北—长沙南段新岳阳牵引变电所实测数据与分析

a. 新岳阳牵引变电所初测结果分析

通过测试发现，7.5日～7.16日测试结果显示，变电所实测钢轨回流占总回流的46.2%，PW线回流占总回流的41.4%，地网回流占12.4%，与其他线路相比回流分配比例在正常范围内。

在7.16日～7.24日的测试中发现，变电所地网回流实测值明显增大，测试结果表明，实测地网回流占总回流的45%，钢轨回流占总回流的33.1%，PW线回流占总回流的21.9%。

b. 新岳阳牵引变电所复测结果及分析

通过测试发现，2009年11月18日～11月20日测试结果显示，变电所实测钢轨回流占总回流的43.1%，PW线回流占总回流的44.8%，地网回流占12.0%，牵引回流各参数测试值大小与回流分配比例与已建成客运专线的联调联试测试结果相当。对比第一阶段测试结果，本次复测新岳阳牵引变电所牵引回流各参数测试值大小与回流分配比例已回归正常规律，未出现7月16日～7月24日变电所地网回流实测值明显增大的情况。

②衡阳东—乐昌东段AT分区所实测数据与分析

通过测试发现，AT分区所实测钢轨回流占总回流的62.0%，PW线回流占总回流的36.7%，地网回流占1.3%，其中接地网回流测试结果明显小于以往客运专线联调联试对牵引变电所测试的接地网回流。

③郴州西—广州南段AT分区所实测数据与分析

通过测试发现，茶屋AT分区所实测钢轨回流占总回流的49.6%，PW线回流占总回流的42.9%，地网回流占7.5%，其中接地网回流测试结果明显小于以往客运专线联调联试对牵引变电所测试的接地网回流，与第三阶段(衡阳东～乐昌东段)联调联试中AT分区所的测试结果相比，接地网回流占总回流比例略有增大。

(5)各阶段接地电阻实测数据与分析

①汨罗东—耒阳西段接地电阻实测数据与分析

武广铁路客运专线(汨罗东—耒阳西段)路基接地电阻测点采用三极法进行测量。被测点与电流极距离P1为140 m。测量时被测点与电压极距离P2由近及远逐点增加，当相邻3个P2变化小于5%的测点仪表测得的接地电阻示值小于5%时，取其中间值为接地电阻真实值。根据这一原则，武广铁路客运专线(汨罗东～耒阳西段)接地电阻测点接地电阻为0.475 Ω，满足《客运专线综合接地系统设计原则》(暂行)(工管〔2006〕18号文通知印发)，贯通地线接地电阻不大于1 Ω的限值要求。

②衡阳东—乐昌东段接地电阻实测数据与分析

武广铁路客运专线(衡阳东—乐昌东段)路基接地电阻测点采用三极法进行测量。被测点与电流极距离P1为140 m。测量时被测点与电压极距离P2由近及远逐点增加，当相邻3个P2变化小于5%的测点仪表测得的接地电阻示值小于5%时，取其中间值为接地电阻真实值。根据这一原则，武广铁路客运专线(衡阳东—乐昌东段)接地电阻测点接地电阻为0.683 Ω，满足《客运专线综合接地系统设计原则》(暂行)(工管〔2006〕18号文通知印发)，贯通地线接地电阻不大于1 Ω的限值要求。

5. 结论

(1)钢轨电位

路基断面汨罗东—耒阳西段测点钢轨电位最高为10.4 V，支柱电压最大值为9 V；衡阳东—乐昌东段测点钢轨电位最高为10.5 V，支柱电压最大值为9.5 V。

桥梁断面咸宁北—长沙南段测点钢轨电位最高为36 V，汨罗东—耒阳西段测点钢轨电位最高为31 V，衡阳东—乐昌东段测点钢轨电位最高为37.8 V，郴州西—广州南段测点钢轨电位最高为36.8 V。

隧道断面衡阳东—乐昌东段测点钢轨电位最高为28.9 V。

动态检测结果表明，各阶段不同断面钢轨电位测试结果均满足铁道部《铁路防雷、电磁兼容及接地工程技术暂行规定》(铁建设〔2007〕39号)中，正常情况下，钢轨电位<120 V(>300 s)的要求。

(2)牵引回流

①路基测点

路基断面汨罗东—耒阳西区段测点钢轨回流占总回流比例为62.1～66.3%，保护线回流占20.3%～

21.3%,下行侧贯通地线回流占5.1%~8.9%。上行线列车通过时下行侧贯通地线回流最大值30 A;下行线列车通过时贯通地线回流最大值57.7 A。

列车通过衡阳东—乐昌东区段路基测点时,钢轨回流占总回流比例为46.7%~47.2%,保护线回流占28.0%~30.5%,贯通地线回流占22.8%~24.8%。上行线列车通过时贯通地线回流最大值116 A;下行线列车通过时贯通地线回流最大值136.1 A。

相比其他已建成客运专线,武广铁路客运专线路基测点测试结果显示,汨罗东—耒阳西区段及衡阳东—乐昌东区段所选测点钢轨回流比例偏大,保护线回流比例偏小。

②桥梁测点

桥梁断面咸宁北—长沙南段上行线列车通过时贯通地线回流最大值26 A,最小值5 A;下行线列车通过时贯通地线回流最大31.5 A,最小值5.8 A。

汨罗东—耒阳西区段,桥梁测点下行线列车通过时贯通地线回流最大13.9 A,最小2.5 A。上行线列车通过时贯通地线回流最大434.6 A,最小12.5 A,重联最后一天上行线贯通地线回流恢复正常。

衡阳东—乐昌东区段,桥梁测点上行线列车通过时贯通地线回流最大测量值27 A,最小值7 A。下行线列车通过时贯通地线回流最大值21 A,最小值5 A。

郴州西—广州南段测点上行线列车通过时贯通地线回流最大值28.9 A,最小值6.9 A。下行线列车通过时贯通地线回流最大值31 A,最小值4 A。

武广铁路客运专线桥梁测点贯通地线电流最终测试结果正常。

③隧道测点

隧道断面衡阳东—乐昌东段测点测试数据显示,上行线列车通过时贯通地线回流最大值测量值31 A,最小值6 A。下行线列车通过时贯通地线回流最大值34 A,最小值10 A。

武广铁路客运专线隧道测点贯通地线电流测试结果正常。

④牵引变电所及AT分区测点

牵引变电所及AT分区所测试结果中,咸宁北—长沙南段新岳阳牵引变电所实测钢轨回流占总回流的43.1%,PW线回流占总回流的44.8%,地网回流占12.0%,牵引回流最终测试结果中各参数测试值大小与回流分配比例正常。

衡阳东—乐昌东段AT分区所实测钢轨回流占总回流的62.0%,PW线回流占总回流的36.7%,地网回流占1.3%,其中接地网回流测试结果明显小于以往客运专线联调联试对牵引变电所测试的接地网回流。

郴州西—广州南段测试结果显示,茶屋AT分区所实测钢轨回流占总回流的49.6%,PW线回流占总回流的42.9%,地网回流占7.5%,其中接地网回流测试结果明显小于以往客运专线联调联试对牵引变电所测试的接地网回流,与第三阶段(衡阳东—乐昌东段)联调联试中AT分区所的测试结果相比,接地网回流占总回流比例略有增大。

最终测试结果表明,武广铁路客运专线牵引变电所及AT所各回流途径分配比例正常。

(3)接地电阻

武广铁路客运专线汨罗东—耒阳西区段接地电阻测点测试结果为0.475 Ω,衡阳东—乐昌东区段接地电阻测点测试结果为0.683 Ω,均满足《客运专线综合接地系统设计原则》(暂行)(工管〔2006〕18号文通知印发),贯通地线接地电阻不大于1 Ω的限值要求。

第七节 电磁兼容

按照武广铁路客运专线联调联试试验计划,武广铁路客运专线第二阶段(汨罗东~耒阳西段)电磁兼容测试时间为2009年8月18日至8月31日。选择通过列车速度达到设计速度及周围较为开阔的株州西站区作为代表性测点,共计测试了46次动车组通过时产生的无线电干扰数据,最高速度350 km/h。其中重联列车试验时间为8月30日、31日两天,共测量了8组过车数据,最高速度350 km/h。动车组采用CRH_2-061C和CRH_2-068C列车,重联动车组中,采用动车组CRH_2-061C和CRH_2-068C列车进行重联。

武广铁路客运专线(衡阳东～乐昌东段)电磁兼容测试时间为9月18日～9月27日。选择通过列车速度达到设计速度及周围较为开阔的郴州西站区作为代表性测点，共计测试了34次动车组通过时产生的无线电干扰数据，最高速度350 km/h。动车组采用CRH_2-061C和CRH_2-068C列车。

1. 目的

检测武广铁路客运专线动车运行时产生的无线电干扰是否满足相关标准要求。

2. 内容和评判标准

(1)内容

测量列车通过时产生的电磁辐射。

(2)评判标准

IEC 62236-2 铁路应用电磁兼容性—第2部分：整个铁路系统对外界辐射。

3. 测点布置和测试方法

(1)测点布置

列车通过时电磁辐射测量，选择没有其他电磁辐射源(高压电力线、其他并行电气化铁路等)的开阔场地。根据现场调查，汨罗东—耒阳西段测点选择在株州西站区上行进站信号机处(K1 640+500)；衡阳东—乐昌东段测点选择在郴州西站区上行进站信号机处(K1 881+300)。

(2)测试方法

无线电干扰测量：根据EN50121-2标准，测量天线距线路外轨中心线10 m，环天线环面平行于线路，双锥天线垂直极化，天线底部高出轨面约2 m。测量接收机设置为峰值检波，短波和超短波两套设备同时测量，测量1 MHz和150 MHz两个代表性频点。记录每次过车最大值为该次测量代表值。

4. 数据分析

(1)汨罗东—耒阳西段无线电干扰数据及分析

根据各次过车峰值检波最大值，图4-19-17、图4-19-18给出动车组运行时2个代表性频点电磁辐射随速度变化曲线。300～350 km/h速度段1 MHz无线电干扰最大88 dB(μV/m)，150 MHz最大71 dB(μV/m)，均满足IEC62 236-2标准限值要求；电磁辐射随速度变化不大；重联动车组产生的无线电干扰等于或略大于单列产生的无线电干扰。

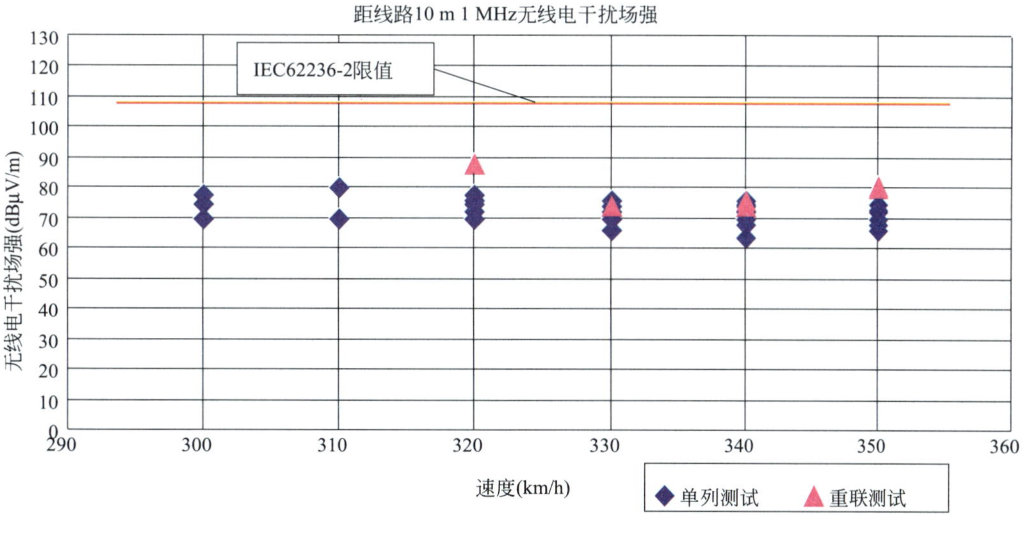

图4-19-17 1 MHz辐射场强随速度变化曲线

(2)衡阳东—乐昌东段无线电干扰数据及分析

根据各次过车峰值检波最大值，图4-19-19和图4-19-20给出动车组运行时2个代表性频点电磁辐射随速度变化曲线。

由图可见，260～350 km/h速度段1 MHz无线电干扰最大90 dB(μV/m)，150 MHz最大71 dB(μV/m)，均满足IEC62 236-2标准限值要求；电磁辐射随速度变化不大。

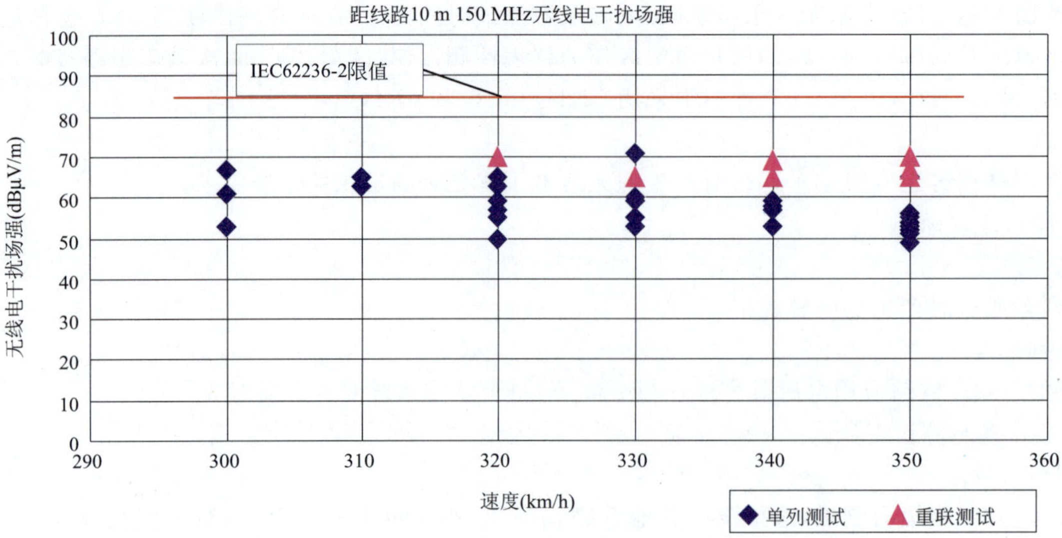

图 4-19-18 150 MHz 辐射场强随速度变化曲线

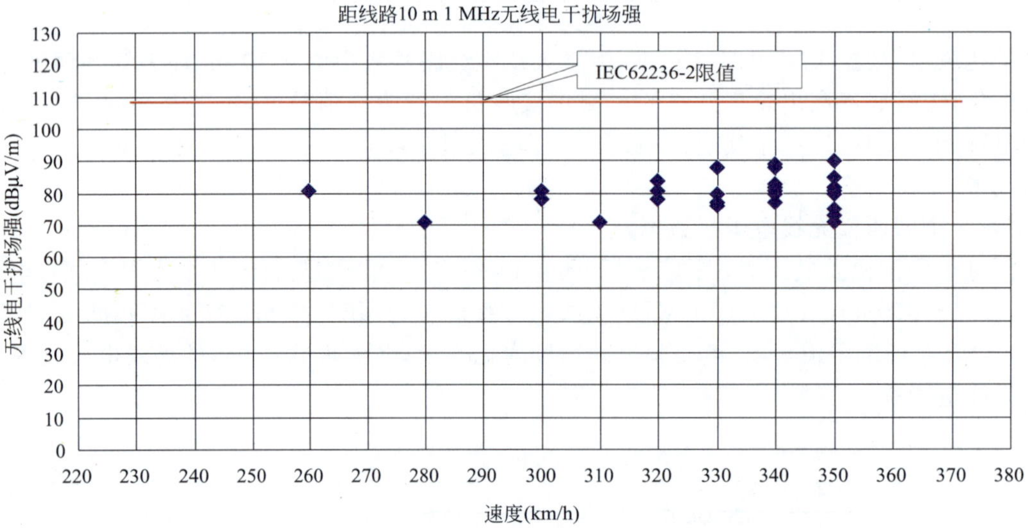

图 4-19-19 1MHz 辐射场强随速度变化曲线

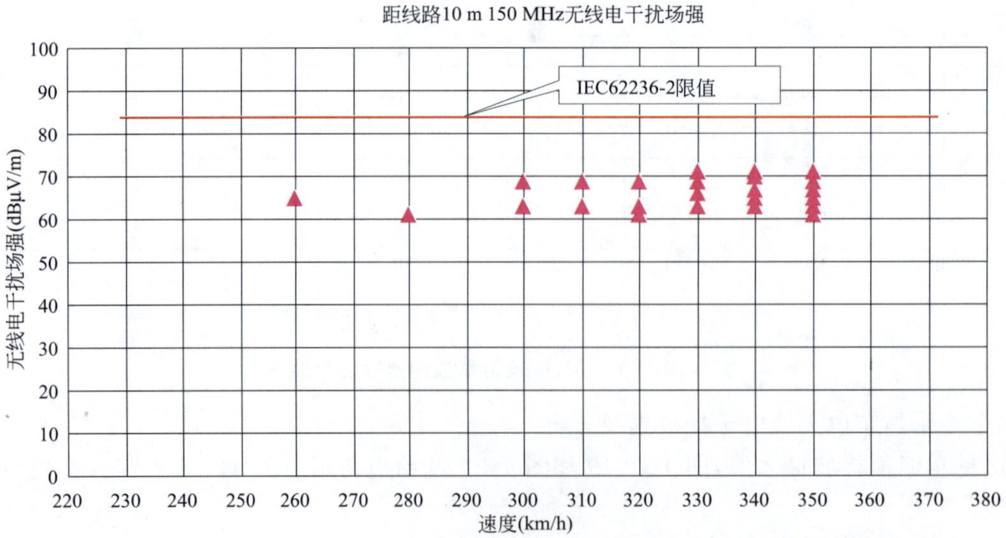

图 4-19-20 150 MHz 辐射场强随速度变化曲线

5. 结论和建议

武广铁路客运专线各阶段动态监测结果显示，动车组运行产生的射频电磁场实测值均满足 IEC62 236-2 标准中的限值要求。

第八节　环境振动、噪声及声屏障测试

武广铁路客运专线噪声振动及声屏障动态检测包括 5 项内容：列车运行辐射噪声、铁路环境振动、铁路边界噪声、声屏障降噪效果和结构气动力效应。全段共布设 11 个断面 45 个测点。所选断面为典型的路基和桥梁区段。本次动车组测试对应的最高运行速度为 350 km/h。

1. 目的

(1)检测桥梁、路基区段，在动车组以不同速度运行时的噪声源强是否满足国家标准限值的要求；

(2)检测开通运营后，铁路环境振动是否符合城市环境振动的要求。

(3)检测开通运营后，铁路边界噪声是否满足国家标准限值要求；

(4)检测声屏障设施在动车组运行通过时的降噪效果；

(5)检测声屏障设施在动车组运行通过时的结构气动力效应(气动风压、位移、应变和自振频率)是否满足相关要求。

2. 内容和评判标准

(1)检测内容

根据《武广铁路客运专线联调联试及试运行大纲》、《客运专线铁路工程竣工验收动态检测指导意见》(铁建设〔2008〕7 号)的要求及武广铁路客运专线工程和环境的具体情况，主要检测内容如下：

①噪声动态检测项目；

②振动动态检测项目；

③结构气动力效应。

(2)评判标准

关于噪声限值，根据《铁路边界噪声限值及其测量方法》(GB 12525—90)，在距铁路外侧轨道中心线 30 m 处，昼夜间等效声级不得高于 70 dB(A)；根据《列车运行辐射噪声限值评判标准》(GB/T 13 669(报批稿))，在距铁路外侧轨道中心线 25 m、高于轨面 3.5 m 处，350 km/h 速度对应的 *TEL* 限值不得高于 94 dB(A)。

关于振动限值，根据《城市区域环境振动标准》(GB 10070—88)，在距铁路外侧轨道中心线 30 m 外，昼夜间最大振级不得高于 80 dB。

声屏障气动力的评判标准为：①声屏障立柱底部应力测试值：不超过材料许用应力；②底部脉动力计算值：设计脉动风压值≤2.5 kPa；③挠度设计值：立柱≤$L/200$，声屏障单元板≤$L/100$(L 为声屏障高度)。

不同测量内容所对应的评判标准分别见《城市区域环境振动标准》、《铁路边界噪声评判标准》及《机车车辆及动车组运行辐射噪声限值》。

3. 测点布置及测试方法

(1)测点布置

①列车运行辐射噪声、环境振动、铁路边界噪声、声屏障减噪效果测试各断面测点布设见表 4-19-6。

表 4-19-6　列车运行辐射噪声测点分布

序　号	区　　段	测试点位	
		水平距离(m)	测点高度(m)
1	列车运行辐射噪声测点分布	25	轨面以上 3.5
2	环境振动	30	地面
3	铁路边界噪声测点分布	30	地面以上 1.2
4	声屏障降噪效果测点分布	30	轨面以上 1.5

各区段测点分布示意如图 4-19-21～图 4-19-24 所示。

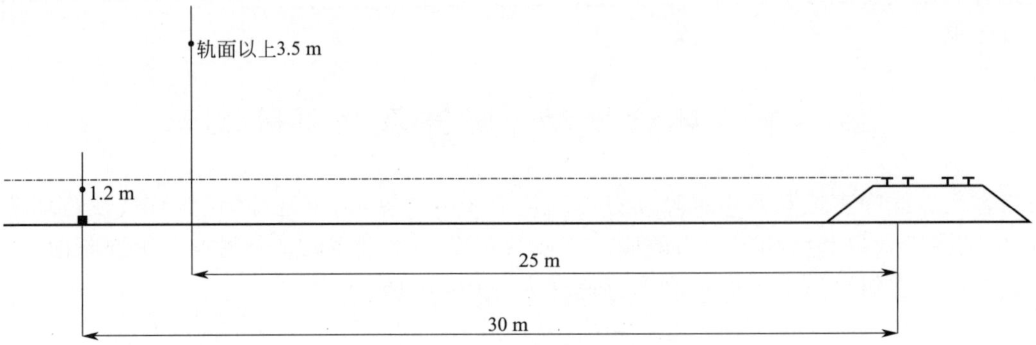

图 4-19-21　路基区段测点分布

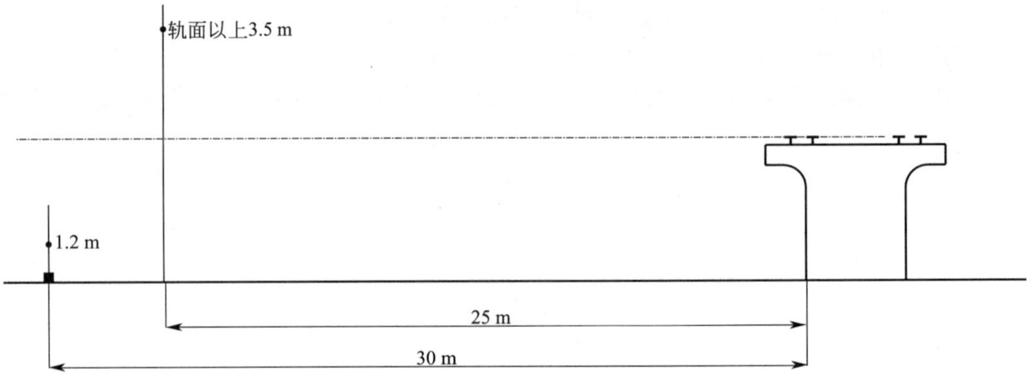

图 4-19-22　桥梁区段测点分布

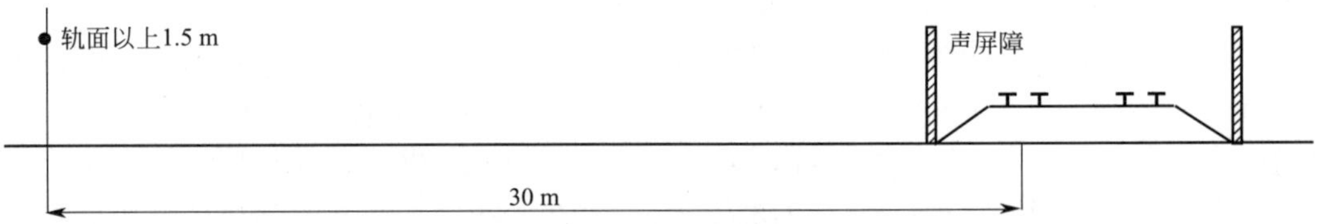

图 4-19-23　路基声屏障测点分布

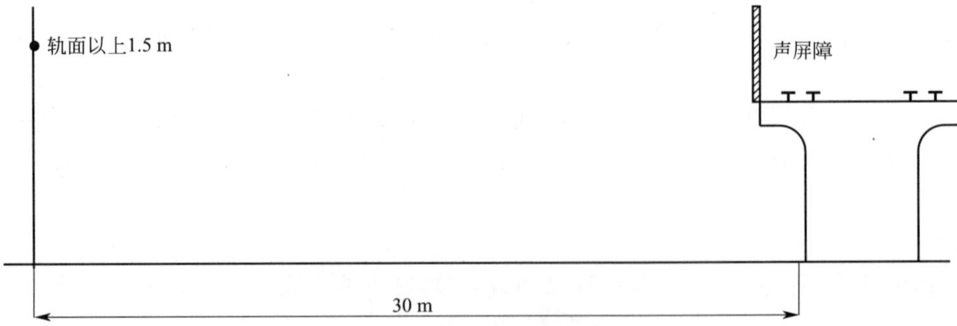

图 4-19-24　桥梁声屏障测点分布

②声屏障结构气动力测点分布

a. 脉动风压、位移、应变

3 m 高路基声屏障脉动风压测点布设在第三根立柱底部。位移测点布设在声屏障端部第三跨单元板中部，第三根立柱顶部。应变测点布设于第三根立柱加强肋上部。

2.15 m 高桥梁声屏障脉动风压测点布设在第二根立柱底部。位移测点布设在声屏障端部第三跨单元板中部，第三根立柱顶部。应变测点布设于第二根立柱根部。

测试点的具体布置如图 4-19-25 和图 4-19-26 所示。

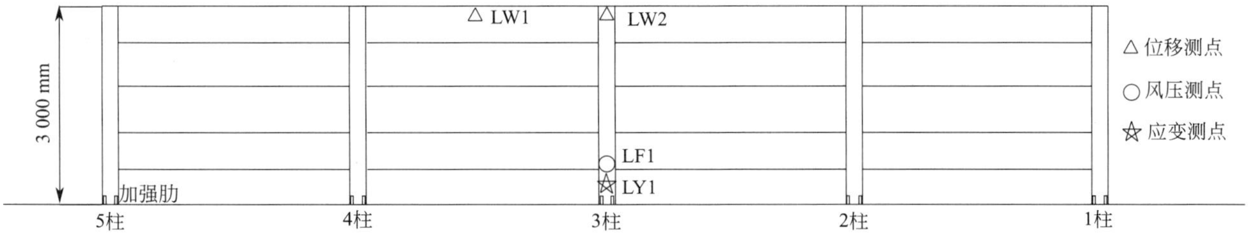

图 4-19-25　3 m 路基声屏障气动力测试点位

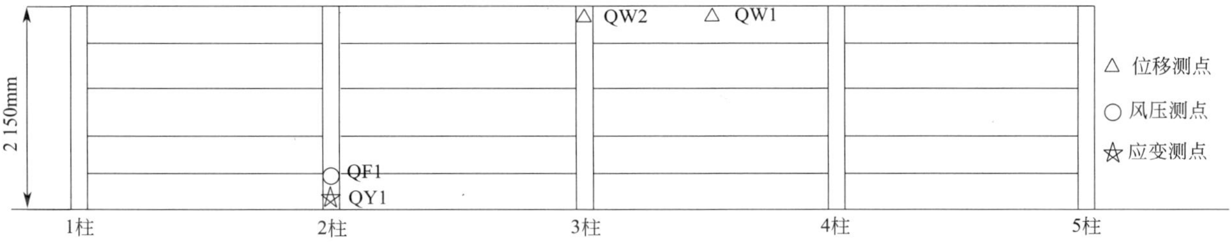

图 4-19-26　2.15 m 桥梁声屏障脉动风压测试点位

b. 固有频率

3 m 路基声屏障：在声屏障端部第三跨声屏障单元板，测点为第 1、2、3、4、5 块铝合金单元板上缘 1 点，第三根立柱顶部 1 点。

2.15 m 桥梁声屏障：在声屏障端部第一跨声屏障单元板，测点为第 1、2、3、4、5 块金属单元板上部各 1 点，第二根立柱顶部 1 点。

固有频率测点布置如图 4-19-27 和图 4-19-28 所示。

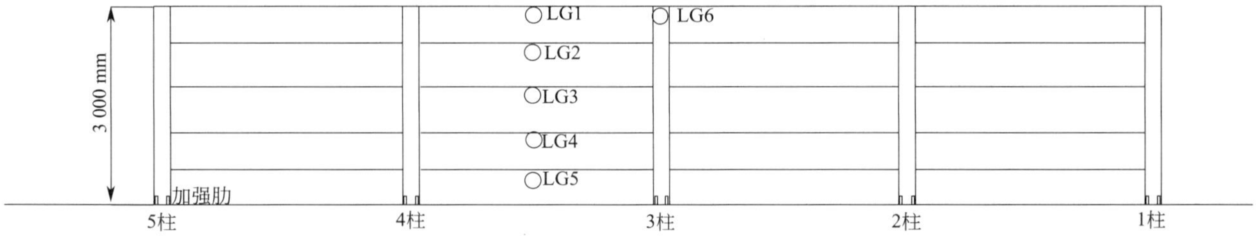

图 4-19-27　3 m 高路基声屏障固有频率测试点位

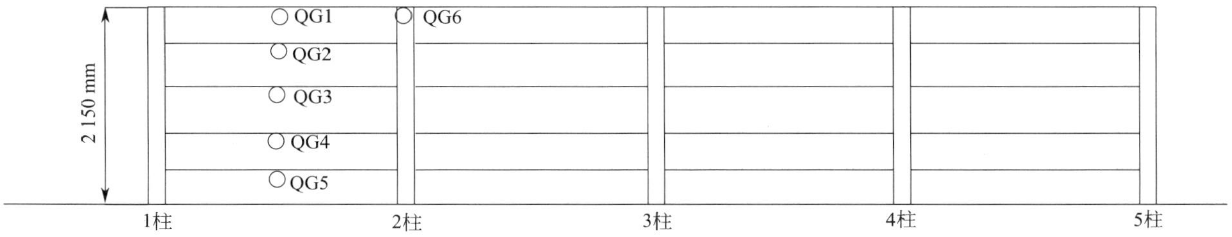

图 4-19-28　2.15 m 高桥梁声屏障固有频率测试点位

(2)测试方法

测试方法满足《客运专线铁路工程竣工验收动态检测指导意见》及相关标准中相应测量方法的要求。

①噪声动态检测项目

噪声动态检测项目包括列车运行辐射噪声(*TEL*)、铁路边界噪声($L_{\text{eq昼夜}}$)和声屏障降噪效果(插入损失(*IL*))三个项目。

列车运行辐射噪声(*TEL*)：车辆辐射噪声测量符合《声学　铁路机车车辆辐射噪声测量》(GB/T 5111—

2002)中 11.1 或 ISO/DIS 3095:2 004《铁路车辆辐射噪声测量》中及《声学 环境噪声测量方法》(GB/T 3222—94)中的规定。测试动车组以 200～350 km/h 速度运行时,距离铁路外轨中心线 25 m、高于轨面 3.5 m 处的辐射噪声水平。测点距反射物距离不小于 1 m。

铁路边界噪声($L_{eq昼夜}$):铁路边界噪声按工程设计近期参数,如列车对数、昼夜间列流比、列车运行速度等进行计算,计算方法符合《铁路建设项目环境影响评价噪声振动源强取值和治理原则规程》(铁计〔2006〕44号)的规定。

声屏障降噪效果(插入损失(IL)):声屏障插入损失的检测及评价方法符合国家现行标准《声屏障声学设计和测量规范》(HJ/T 90—2004)、《铁路声屏障声学构件技术要求和测试方法》(TB/T 3122—2005)中的有关规定、《客运专线铁路工程竣工验收动态检测指导意见》中的相关要求。

②振动动态检测项目

铁路环境振动检测测试方法符合《城市区域环境振动测量方法》(GB 10071—88)和《铁路环境振动测量方法》(TB/T 3152—2007)的规定。环境振动测点布设在距铁路外侧轨道中心线 30 m 处,振动传感器应平稳地安放在平坦、坚实的地面上。避免置于如草地、砂地、雪地或地毯等松软的地面上。

③结构气动力

气动力测试系统主要是通过对声屏障关键部位动应力、风压及其振动位移的测试,了解和掌握列车气动力与声屏障结构安全的关系,测量列车通过声屏障时列车风对声屏障结构产生的影响。

检测系统主要由传感器、IMC 集成测控数采系统、无线远程监控系统、GPS、无线远程数据传输系统和计算机等部分组成。各传感器将测得的压力信息经 IMC 集成测控数采系统放大、AD/DA 转换后记录在计算机中进行处理,GPS 用于确定标准时间。

4. 数据分析

检测中尽可能保证了测试仪器、试验方法的统一,以便分析比较不同线路条件对列车辐射噪声、振动影响的差异。

(1)动车组运行辐射噪声

①运行辐射噪声

动车组以 200～350 km/h 速度通过以上桥梁、路基处区段时,运行辐射噪声与速度的变化关系见表 4-19-7和表 4-19-8。

表 4-19-7 桥梁区段动车组运行辐射噪声水平 *TEL* (单位:dB(A))

车速(km/h)	距离(m)	K1 444+925	K1 597+500	K1 841+736
200	25	79.1	81.1	79.3
210	25	79.8	81.8	79.9
220	25	80.4	82.5	80.5
230	25	81.1	83.1	81.0
240	25	81.6	83.7	81.5
250	25	82.2	84.3	82.1
260	25	82.8	84.9	82.5
270	25	83.3	85.5	83.0
280	25	83.8	86.0	83.5
290	25	84.3	86.5	83.9
300	25	84.8	87.0	84.3
310	25	85.2	87.5	84.7
320	25	85.7	87.9	85.1
330	25	86.1	88.4	85.5
340	25	86.5	88.8	85.9
350	25	86.9	89.2	86.2

表 4-19-8　路基区段动车组运行辐射噪声水平　（单位：dB(A)）

车速(km/h)	距离(m)	K1 448+276	K1 598+000	K1 825+236
		L_{eq}	*TEL*	*TEL*
200	25	83.9	83.7	82.8
210	25	84.5	84.4	83.4
220	25	85.1	85.1	84.1
230	25	85.7	85.8	84.6
240	25	86.2	86.4	85.2
250	25	86.7	87.0	85.7
260	25	87.2	87.5	86.2
270	25	87.7	88.1	86.7
280	25	88.1	88.6	87.2
290	25	88.6	89.1	87.7
300	25	89.0	89.6	88.1
310	25	89.4	90.1	88.6
320	25	89.8	90.5	89.0
330	25	90.2	91.0	89.4
340	25	90.5	91.4	89.8
350	25	90.9	91.8	90.2

通过分析可知：

a. 当动车组以 200～350 km/h 速度通过 K1 444＋925，K1 597＋500，K1 841＋736 三处桥梁区段时，在距外侧轨道中心线 25 m、轨面以上 3.5 m 处的列车通过辐射声级（*TEL*）曲线回归值均满足《机车车辆及动车组运行辐射噪声限值》(GB/T 13669（报批稿））中动车组运行辐射噪声评定指标 *TEL* 限值三级标准。

b. 当动车组以 200～350 km/h 速度通过 K1 448＋276、K1 598＋000、K1 825＋236 三处路基区段时，在距外侧轨道中心线 25 m、轨面以上 3.5 m 处的列车通过辐射声级（*TEL*）曲线回归值均满足《机车车辆及动车组运行辐射噪声限值》(GB/T 13 669（报批稿））中动车组运行辐射噪声评定指标 *TEL* 限值二级标准。

c. 动车组以 200～350 km/h 速度通过桥梁、路基这两种典型区段时，辐射噪声随速度提高有所增大。

d. 武广铁路客运专线全线桥梁区段均设有 1.0 m 高的防撞墙和护栏，起到了较好的隔声作用，根据检测结果，桥梁区段动车组运行辐射噪声级比路基区段低 3～5 dB(A)。

②动车组幅值特性

图 4-19-29、图 4-19-30 分别给出了动车组以 350 km/h 速度通过路基、桥梁区段时辐射噪声的幅值特性。

可以看出，当动车组通过测点位置时，通常瞬时声级水平高于本底噪声 20 dB(A) 以上，声级变化率在 10 dB(A)/s 以上，且呈现车速越高，瞬时声级与本底噪声的声级差值和声级变化率越大的趋势。噪声能量主要集中在列车通过测点正前方位置；列车通过时声级无明显的峰值出现，这与动车组动力分散及良好的流线性外形有关。

③动车组频率特性

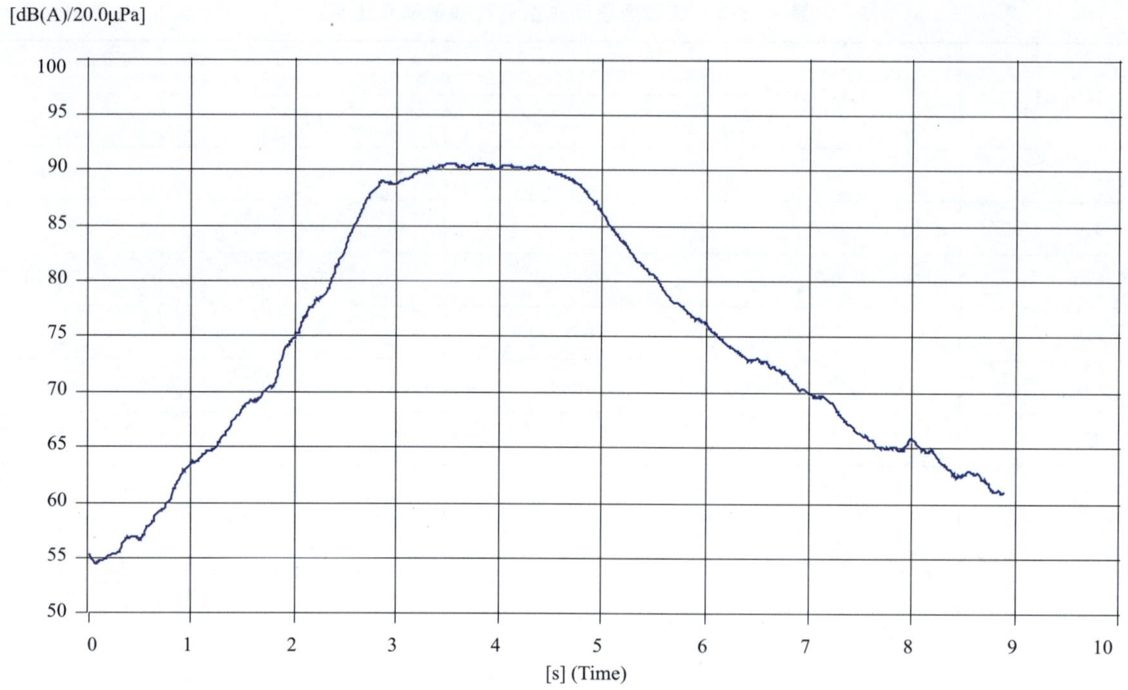

图 4-19-29 K1 825+236 路基区段动车组辐射噪声幅值特性(v=350 km/h)

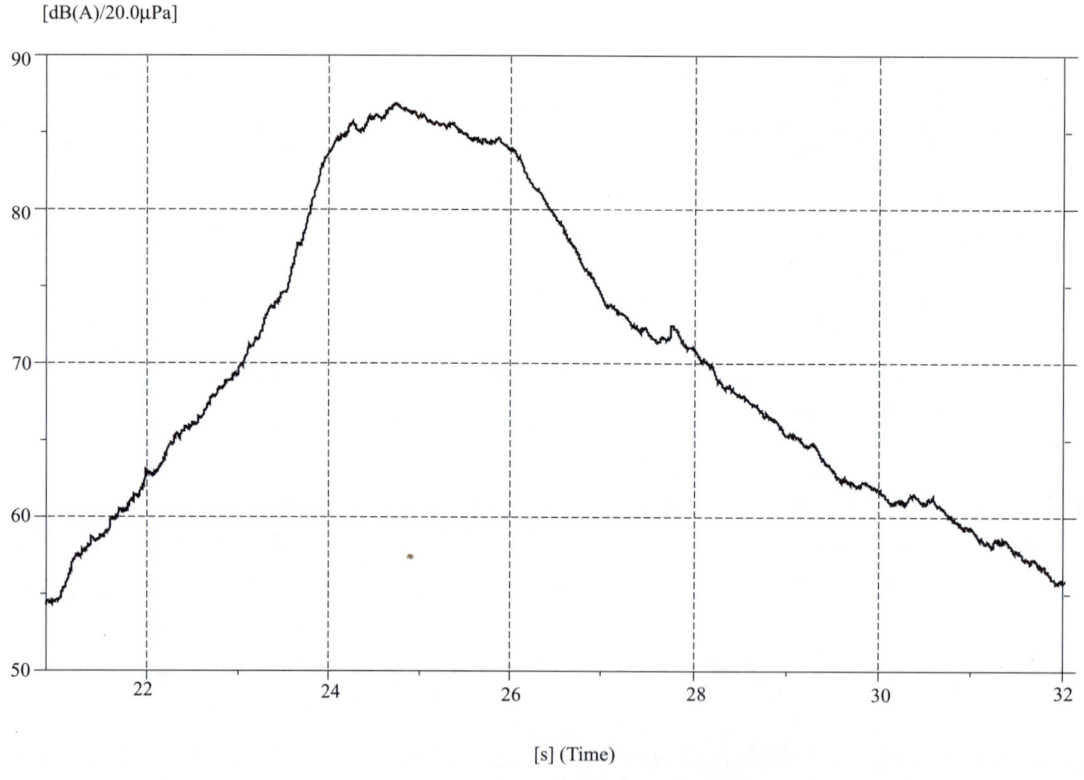

图 4-19-30 K1 841+736 桥梁区段动车组辐射噪声幅值特性(v=350 km/h)

图 4-19-31、图 4-19-32 分别给出了动车组以 350 km/h 速度通过路基、桥梁区段时辐射噪声的频率特性。

由图可知：CRH_2-300 型动车组以 350 km/h 速度高速运行时，在路基、桥梁区段的声能量主要集中在低频段(f=40～80 Hz)和中频段(f=500～800 Hz)。与桥梁区段相比，路基区段随频率的增加声能量衰减较为平缓。

(2)动车组环境振动

①动车组振动

动车组运行产生的环境振动测试结果见表 4-19-9 和表 4-19-10。

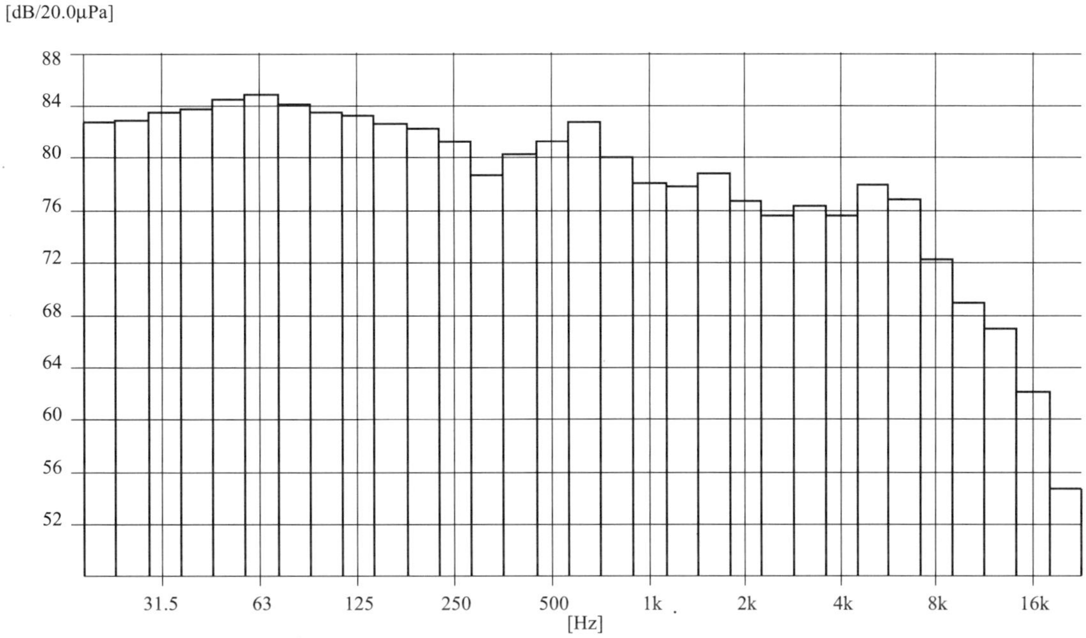

图 4-19-31 K1 825+236 路基区段动车组辐射噪声频率特性(v=350 km/h)

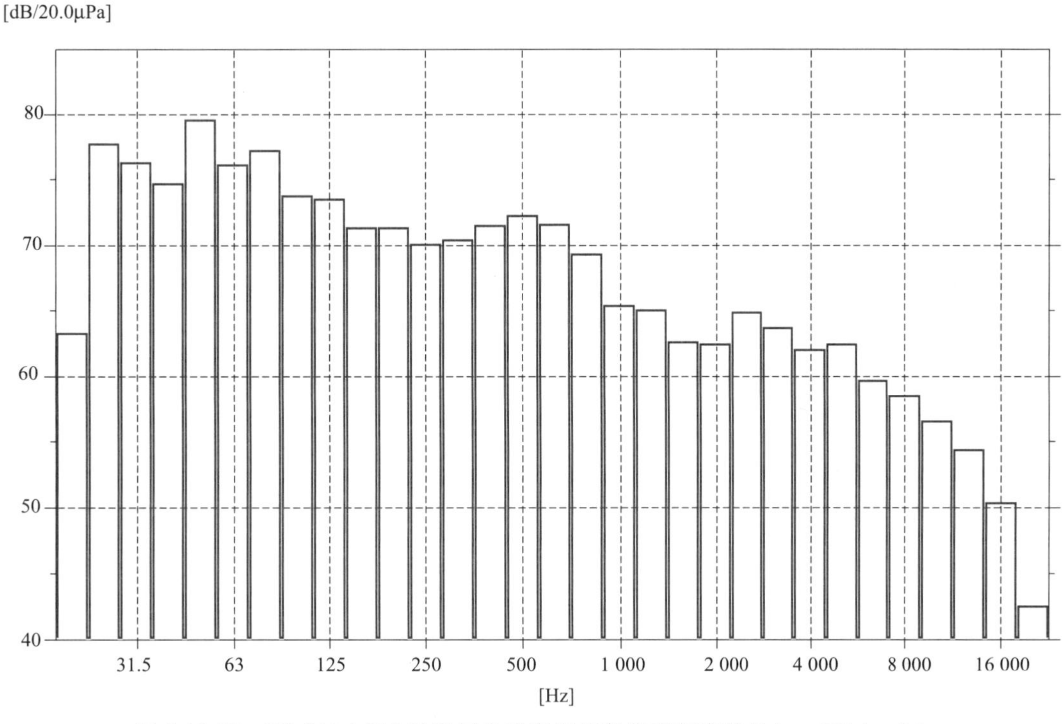

图 4-19-32 K1 841+736 桥梁区段动车组辐射噪声频率特性(v=350 km/h)

表 4-19-9 桥梁区段动车组环境振动测试结果 $VL_{Z,max}$ （单位:dB)

车速(km/h)	距离(m)	区段		
		K1 444+925	K1 597+500	K1 841+736
200	30	56.3	63.1	60.3
210	30	57.7	63.7	61.1
220	30	59.0	64.4	61.8
230	30	60.2	65.0	62.5
240	30	61.4	65.6	63.2
250	30	62.6	66.1	63.9

续上表

车速(km/h)	距离(m)	区段		
		K1 444+925	K1 597+500	K1 841+736
260	30	63.7	66.7	64.5
270	30	64.7	67.2	65.1
280	30	65.8	67.7	65.7
290	30	66.7	68.2	66.3
300	30	67.7	68.7	66.8
310	30	68.6	69.1	67.3
320	30	69.5	69.6	67.8
330	30	70.4	70.0	68.3
340	30	71.2	70.4	68.8
350	30	72.0	70.8	69.3

表 4-19-10 路基区段动车组环境振动测试结果 $VL_{Z,max}$ (单位:dB)

车速(km/h)	距离(m)	区 段		
		K1 448+276	K1 598+000	K1 825+236
200	30	62.7	59.9	60.8
210	30	63.4	60.9	61.7
220	30	64.1	61.9	62.6
230	30	64.8	62.8	63.4
240	30	65.4	63.8	64.2
250	30	66.1	64.6	65.0
260	30	66.6	65.5	65.7
270	30	67.2	66.3	66.4
280	30	67.8	67.1	67.1
290	30	68.3	67.8	67.8
300	30	68.8	68.5	68.4
310	30	69.3	69.2	69.0
320	30	69.8	69.9	69.6
330	30	70.2	70.6	70.2
340	30	70.7	71.2	70.8
350	30	71.1	71.8	71.3

动车组以 200～350 km/h 速度分别通过桥梁、路基区段时,环境振动最大值随速度的变化曲线如图 4-19-33和图 4-19-34 所示。

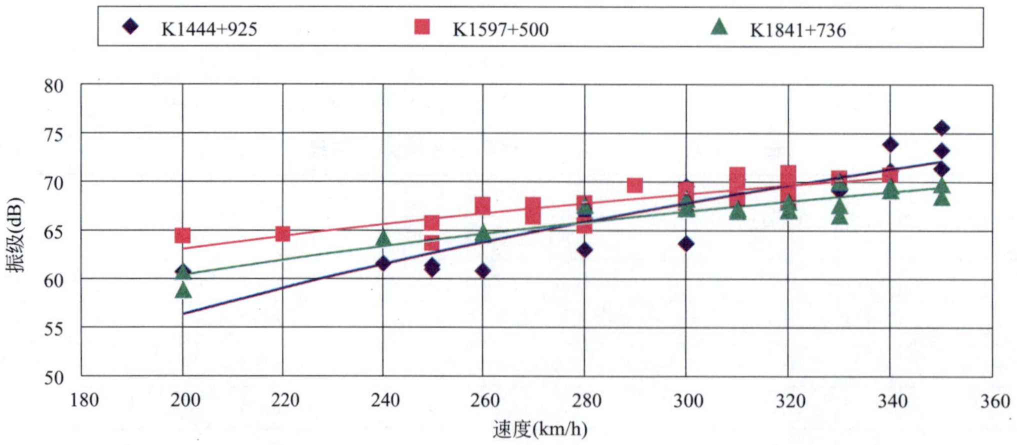

图 4-19-33 动车组通过桥梁区段振级随速度变化关系

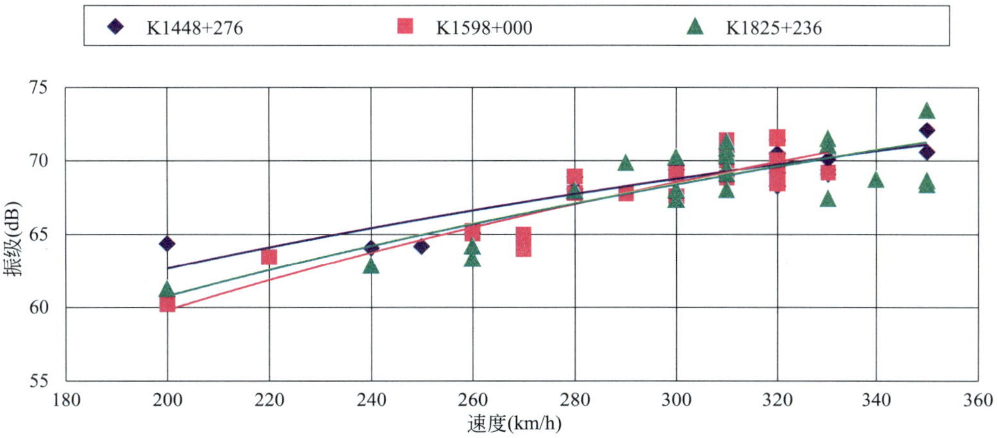

图 4-19-34　动车组通过路基区段振级随速度变化关系

在本次试验测量环境条件下，有实测结果可知：动车组以 200～350 km/h 速度通过桥梁、路基区段时，在距外侧轨道中心线 30 m 处地面环境振动 $VL_{Z,max}$ 均满足《城市区域环境振动标准》(GB 10070—88)中铁路环境振动评定指标 $VL_{Z,max}\leqslant 80$ dB 要求。

②动车组频率特性

测试结果表明：动车组以 350 km/h 通过路基、桥梁区段时，环境振动主频出现在 40 Hz。

(3)铁路边界噪声($L_{eq昼夜}$)

铁路边界噪声与车流量、昼夜列流比例、列车编组、列车运行速度、线路条件等工程参数有关。根据工程设计文件，武广铁路客运专线全天车流按扣除综合维修天窗时间后平均分配。昼、夜间的车流量基本呈平均分布，在扣除天窗时间后昼间车流量占总车流量的 84%，夜间车流量占总车流量的 16%。

根据《铁路建设项目环境影响评价噪声振动源强取值和治理原则规程》(铁计〔2006〕44 号)规定的铁路环境噪声预测计算方法，铁路边界噪声(L_{eq})预测计算结果见表 4-19-11。

表 4-19-11　铁路边界噪声($L_{eq昼夜}$)预测计算结果　　(单位：dB(A))

区　段	线路类型	预测计算结果			
		2010 年		2018 年	
		昼间	夜间	昼间	夜间
咸宁北～岳阳东	路基	65.2	61.0	68.4	64.2
	桥梁	61.5	57.3	64.7	60.6
岳阳东～长沙南	路基	65.7	61.5	68.7	64.5
	桥梁	62.0	57.8	65.0	60.8
长沙南～株洲西	路基	65.9	61.7	69.2	65.0
	桥梁	59.5	55.3	62.7	58.5
株洲西～衡阳东	路基	66.5	62.3	69.1	64.9
	桥梁	60.1	55.9	62.6	58.4
衡阳东～郴州西	路基	64.1	56.9	66.4	59.2
	桥梁	60.8	53.6	63.1	55.9
郴州西～韶关西	路基	—	—	—	—
	桥梁	60.9	53.7	63.1	55.9
韶关西～广州南	路基	—	—	—	—
	桥梁	61.2	54.0	63.3	56.1

由表可知：对应于近期(2010 年)、中期(2018 年)工程设计参数条件下，边界噪声 $L_{eq昼夜}$ 昼夜间可满足《铁路边界噪声限值及测量方法》(GB 1 2525—90) 70 dB(A)的标准限值要求。

(4)声屏障降噪效果

根据武广铁路客运专线线路及声屏障设置条件，选取路基、桥梁区段处声屏障进行测试，测量距铁路外侧轨道中心线 30 m，高于轨面 1.5 m 处声屏障降噪效果——声屏障插入损失 *IL*。

① 路基、桥梁声屏障降噪效果比较

CRH_2 型动车组列车通过路基声屏障的声屏障插入损失值(*IL*)测量结果见表 4-19-12。

表 4-19-12 CRH_2 型动车组通过 K1 824+976 路基声屏障插入损失值(*IL*) (单位:dB(A))

车速(km/h)	距离(m)	高度(轨面以上 1.5 m)		
		路基噪声	声屏障噪声	声屏障插入损失(IL)
330	30	88.7～89.2	80.7～81.6	6.5～8.0
350	30	88.1～89.0	81.6～82.5	6.5

CRH_2 型动车组列车通过桥梁声屏障的声屏障插入损失值(*IL*)测量结果见表 4-19-13 和表 4-19-14。测试列车为：CRH_2 型动车组和 CRH_2 型重联动车组。

表 4-19-13 CRH_2 型动车组通过 K1841+736 桥梁声屏障插入损失值(*IL*) (单位:dB(A))

车速(km/h)	距离(m)	高度(轨面以上 1.5m)		
		桥梁噪声	声屏障噪声	声屏障插入损失(*IL*)
320	30	83.4～83.9	76.3～77.5	6.4～7.1
330	30	83.9	77.5	6.4
340	30	85.1	78.6	6.5
350	30	86.7	80.2	6.5

表 4-19-14 CRH_2 型重联动车组通过 K1841+736 桥梁声屏障插入损失值(*IL*) (单位:dB(A))

车速(km/h)	距离(m)	高度(轨面以上 1.5 m)		
		桥梁噪声	声屏障噪声	声屏障插入损失(*IL*)
300	30	84.5	77.5	7.0
310	30	85.0	78.6	6.4
320	30	85.6	78.0	7.6
330	30	86.5	79.9	6.6
340	30	87.2	80.2	7.0

由测量结果可知：距铁路外侧轨道中心线 30 m，高于轨面 1.5 m 处，路基声屏障降噪效果为：6～8 dB(A)；桥梁声屏障降噪效果：CRH_2 动车组为 6～7 dB(A)，CRH_2 重联动车组为 6～7 dB(A)。

②不同高度声屏障降噪效果比较

本次测试对 K1 985+341～K1 841+635 桥梁声屏障试验段处两种不同高度的声屏障(包括 2.65 m 高和 3.15 m 高两种不同高度的声屏障，声屏障距铁路外侧线路中心由 4.175 m 缩小为 3.4 m)进行测试，测量距铁路外侧轨道中心线 30 m，高于轨面 1.5 m 处声屏障降噪效果——声屏障插入损失 *IL*。测试列车包括两种动车组车型：CRH_2 型和 CRH_3 型。

CRH_2 型动车组和 CRH_3 型动车组通过桥梁两种形式声屏障插入损失值(IL)测量结果见表 4-19-15 和表 4-19-16。

表 4-19-15　CRH2 型动车组列车通过桥梁声屏障插入损失值(IL)　(单位:dB(A))

车速(km/h)	距离(m)	列车运行辐射噪声 L_{eq} 曲线回归值			声屏障插入损失(IL)	
		对照点	2.65 m 声屏障	3.15 m 声屏障	2.65 m 声屏障	3.15 m 声屏障
220	30	79.3	70.0	69.3	9.3	10.0
240	30	80.5	71.7	71.1	8.8	9.4
250	30	81.1	72.5	72	8.6	9.1
260	30	81.7	73.3	72.8	8.4	8.9
280	30	82.7	74.7	74.3	8.0	8.4
300	30	83.7	76.0	75.7	7.7	8.0
310	30	84.1	76.7	76.4	7.4	7.7
320	30	84.6	77.3	77.1	7.3	7.5
330	30	85.0	77.9	77.7	7.1	7.3
340	30	85.4	78.4	78.3	7.0	7.1
350	30	85.9	79	78.9	6.9	7.0

表 4-19-16　CRH3 型动车组列车通过桥梁声屏障插入损失值(IL)　(单位:dB(A))

车速(km/h)	距离(m)	列车运行辐射噪声 L_{eq} 曲线回归值			声屏障插入损失(IL)	
		对照点	2.65 m 声屏障	3.15 m 声屏障	2.65 m 声屏障	3.15 m 声屏障
250	30	83.6	73.6	72.1	10.0	11.5
300	30	86.2	77.1	76.0	9.1	10.2
310	30	86.6	77.7	76.8	8.9	9.8
320	30	87.1	78.3	77.4	8.8	9.7
330	30	87.5	78.9	78.1	8.6	9.4
340	30	87.9	79.5	78.7	8.4	9.2
350	30	88.3	80.1	79.4	8.2	8.9

CRH2 型动车组、CRH3 型动车组通过桥梁区段(对照点)和桥梁声屏障(2.65 m 和 3.15 m 高度)列车噪声随速度变化关系如图 4-19-35 和图 4-19-36 所示。

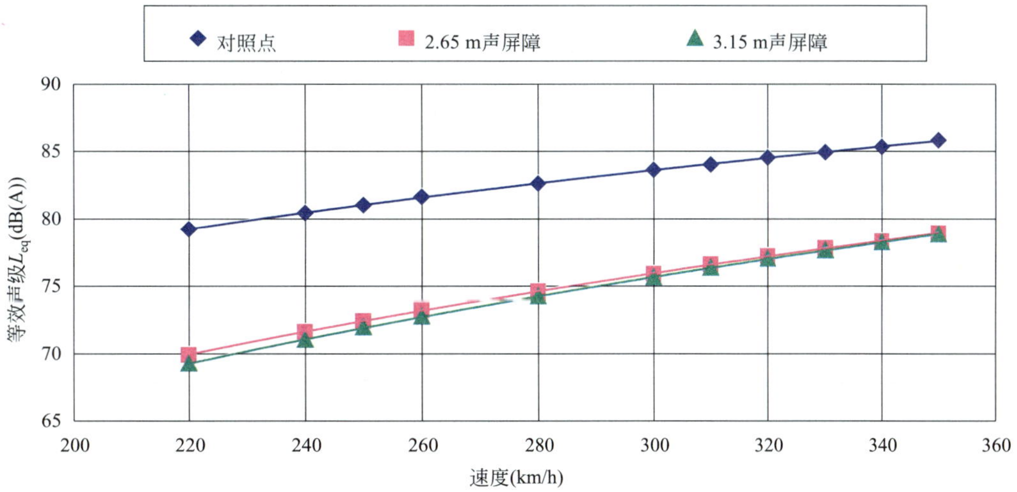

图 4-19-35　CRH2 型动车组通过声屏障及对照点运行辐射噪声随速度变化关系

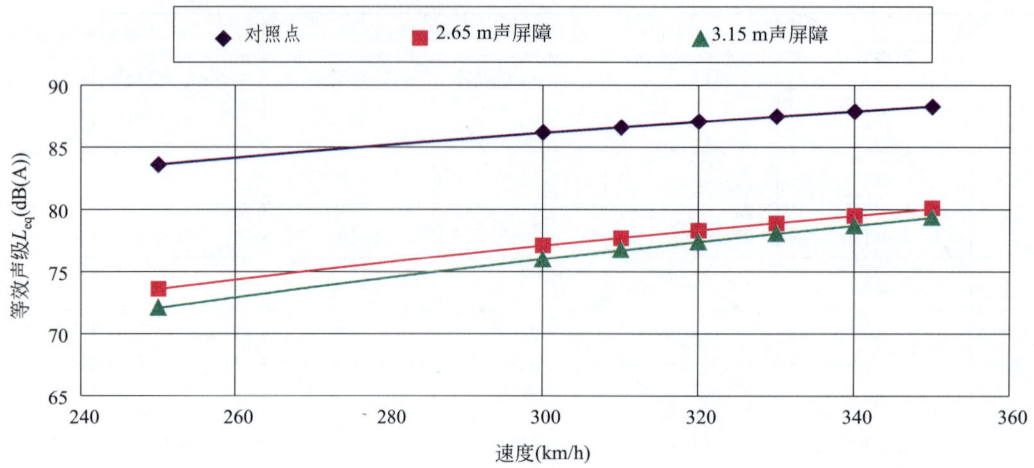

图 4-19-36　CRH3 型动车组通过声屏障及对照点运行辐射噪声随速度变化关系

由测量结果可知：

2.65 m 高桥梁声屏障降噪效果：CRH2 型动车组列车为 6.9～9.3 dB(A)，CRH3 型动车组列车为7.0～10.0 dB(A)。

3.15 m 高桥梁声屏障降噪效果：CRH2 型动车组列车为 8.2～10.0 dB(A)，CRH3 型动车组列车为 8.9～11.5 dB(A)。

3.15 m 高声屏障降噪效果较 2.65 m 高声屏障提升 2 dB(A)左右。随着速度的增加，声屏障降噪效果有减小的趋势。

(5)声屏障结构气动力效应

①风压测试数据分析

气动压力测试采用绝压式风压传感器帖在声屏障内、外侧，测量声屏障受到的压差。表 4-19-17 为 CRH2 动车组重联以不同速度通过 3 m 路基声屏障和 2.15 m 桥梁声屏障时声屏障所受到的最大压差。

由表可以看出，3 m 高路基声屏障内外侧压差最大正压 455 Pa，最大负压－469 Pa。2.15m 高声屏障内外侧压差最大正压 448 Pa，最大负压－411 Pa。

表 4-19-17　路基桥梁声屏障气动压力测试结果

速度(km/h)	风压(Pa)	LF1 内侧风压	LF1 外侧风压	LF1 压差	QF1 内侧风压	QF1 外侧风压	QF1 压差
300	最大正压	418	92	326	418	86	332
	最大负压	－418	－96	－322	－374	－83	－291
320	最大正压	438	95	343	439	94	345
	最大负压	－391	－85	－306	－416	－92	－324
330	最大正压	494	103	391	504	100	404
	最大负压	－512	－117	－395	－453	－110	－343
340	最大正压	524	140	384	551	135	416
	最大负压	－496	－105	－391	－516	－105	－411
350	最大正压	574	119	455	562	114	448
	最大负压	－595	－126	－469	－520	－120	－400

图 4-19-37 和图 4-19-38 为 3 m 高路基声屏障和 2.15 m 高桥梁声屏障所受风压最值随速度变化趋势。

②位移测试数据分析

表 4-19-18 为 CRH2 动车组重联以不同速度通过 3 m 路基声屏障和 2.15 m 桥梁声屏障时声屏障立柱和立板的最大位移。

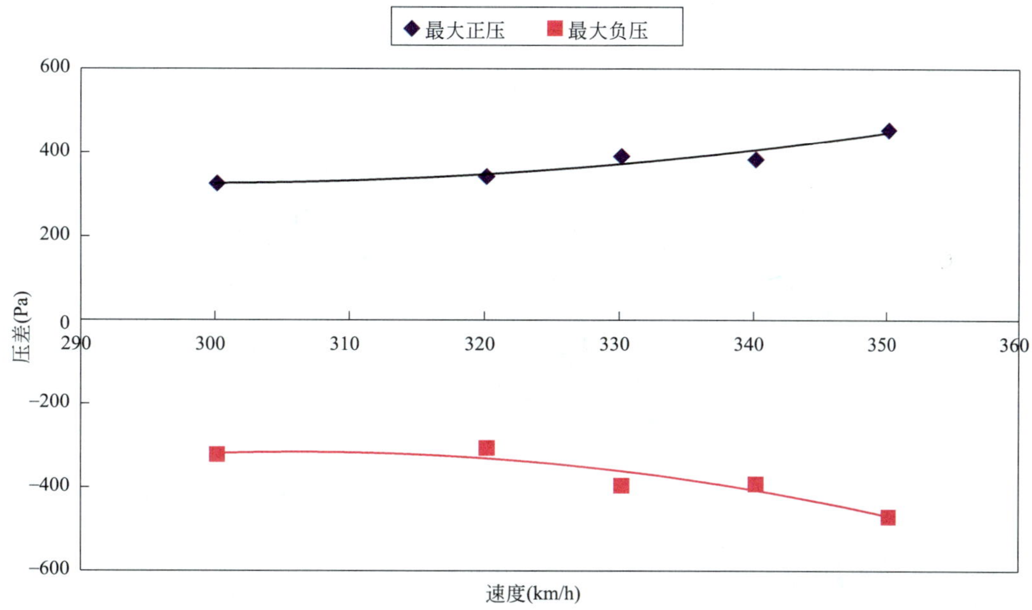

图 4-19-37　3 m 路基声屏障风压最值随速度变化趋势

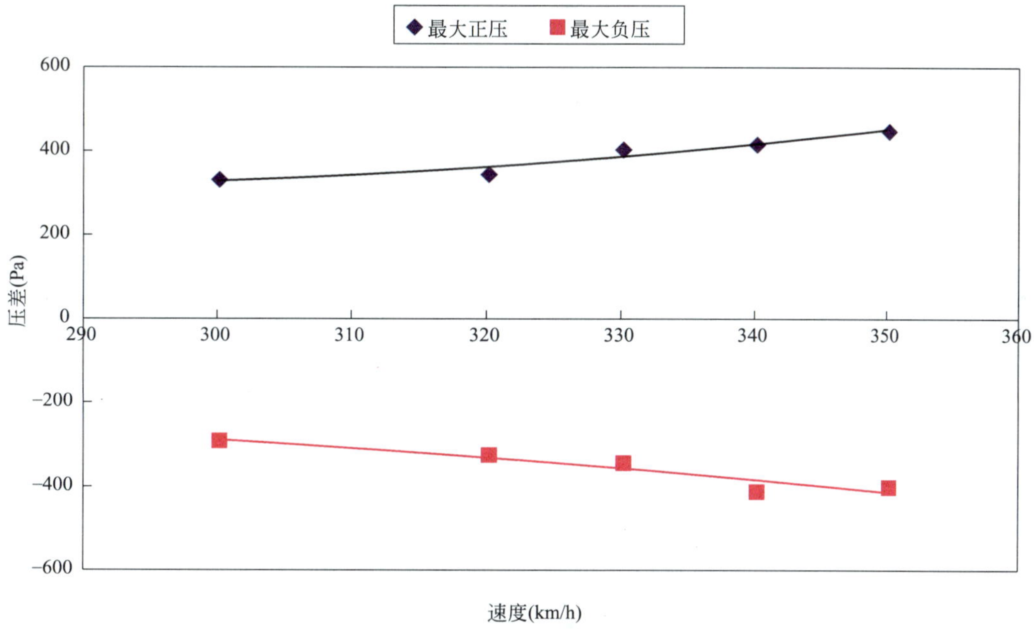

图 4-19-38　2.15 m 桥梁声屏障风压最值随速度变化趋势

表 4-19-18　路基桥梁声屏障气动压力测试结果

速度(km/h)	位移(mm)	LW1	LW2	QW1	QW2
300	最大正位移	3.8	1.4	2.11	0.64
	最大负位移	−1.7	−3.7	−1.15	−1.05
320	最大正位移	4.69	1.62	2.40	0.50
	最大负位移	−2.59	−4.14	−1.22	−1.14
330	最大正位移	5.57	1.92	3.09	0.76
	最大负位移	−3.25	−4.90	−1.73	−1.27
340	最大正位移	6.86	2.13	3.40	0.79
	最大负位移	−4.63	−4.94	−1.84	−1.58

续上表

速度(km/h)	位移(mm)	LW1	LW2	QW1	QW2
350	最大正位移	6.73	2.19	3.67	0.93
	最大负位移	−4.12	−5.52	−2.28	−1.50

由表可以看出,3 m 高路基声屏障立柱最大正位移 2.19 mm,最大负位移−5.52 mm;立板最大正位移 6.73 mm,最大负位移−4.12 mm。2.15 m 高桥梁声屏障立柱最大正位移 0.9 mm,最大负位移−1.5 mm;立板最大正位移 3.67 mm,最大负位移−2.28 mm。

图 4-19-39～图 4-19-42 为 3 m 路基声屏障和 2.15 m 桥梁声屏障不同位移测点最值随速度变化趋势。

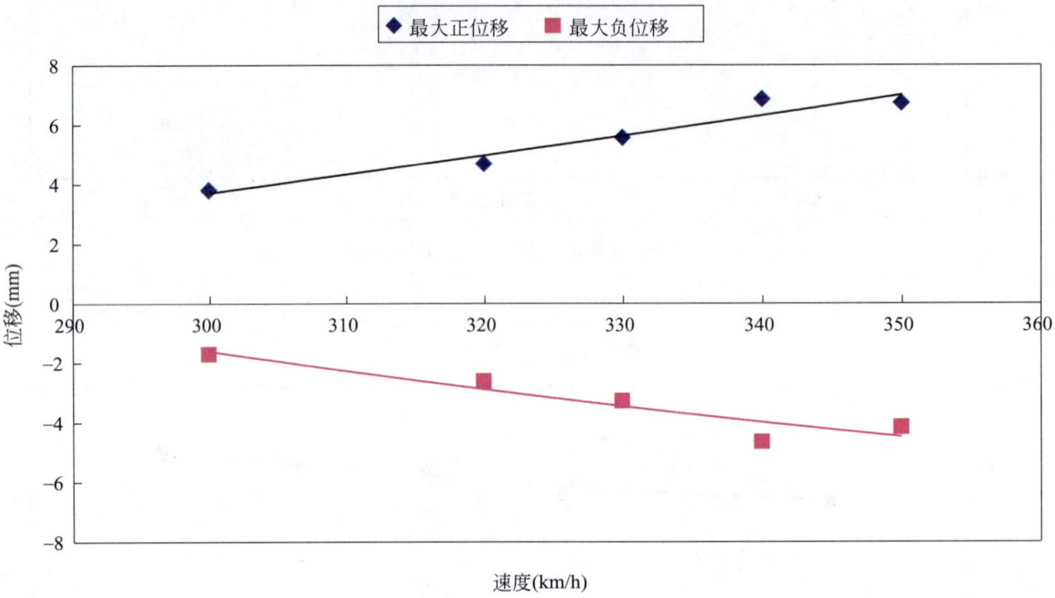

图 4-19-39　3 m 高路基声屏障 LW1 位移测点最值随速度变化趋势

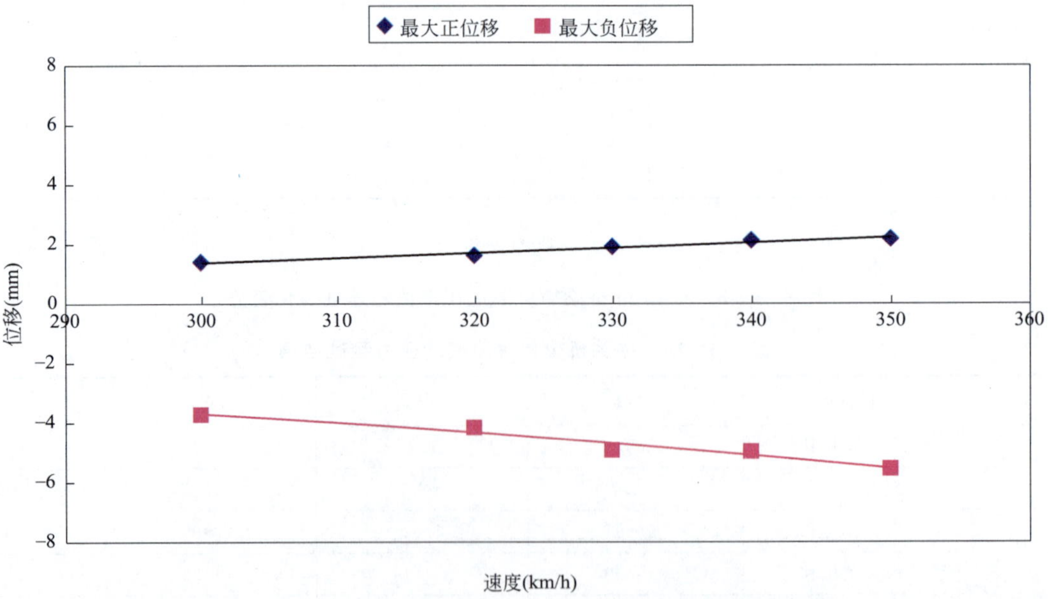

图 4-19-40　3 m 高路基声屏障 LW2 位移测点最值随速度变化趋势

③应力测试数据分析

表 4-19-19 为 CRH_2 动车组重联以不同速度通过 3 m 路基声屏障和 2.15 m 桥梁声屏障时声屏障立柱最大应力。

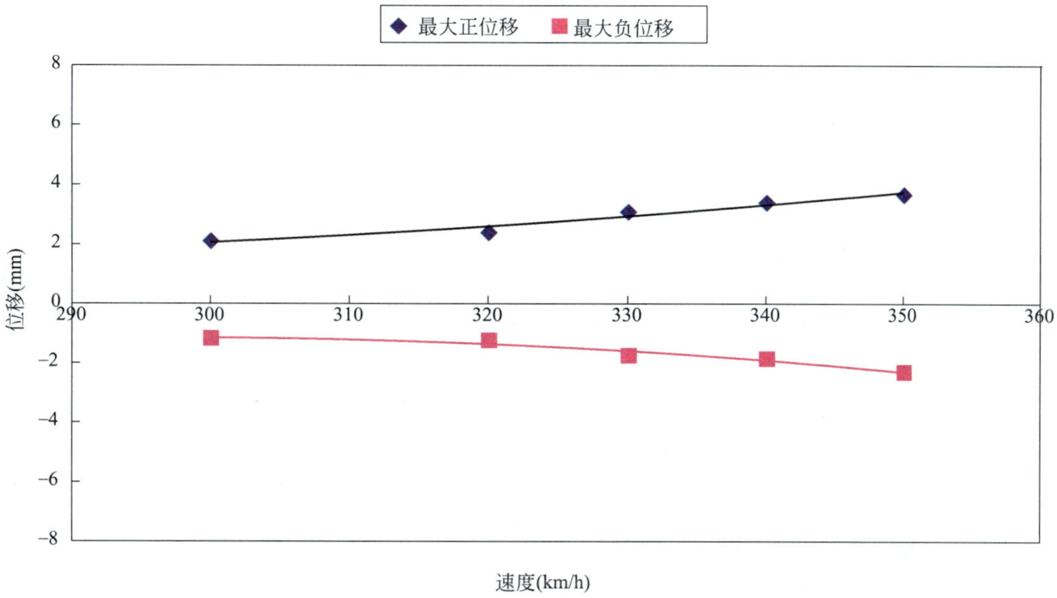

图 4-19-41　2.15 m 高桥梁声屏障 QW1 位移测点最值随速度变化趋势

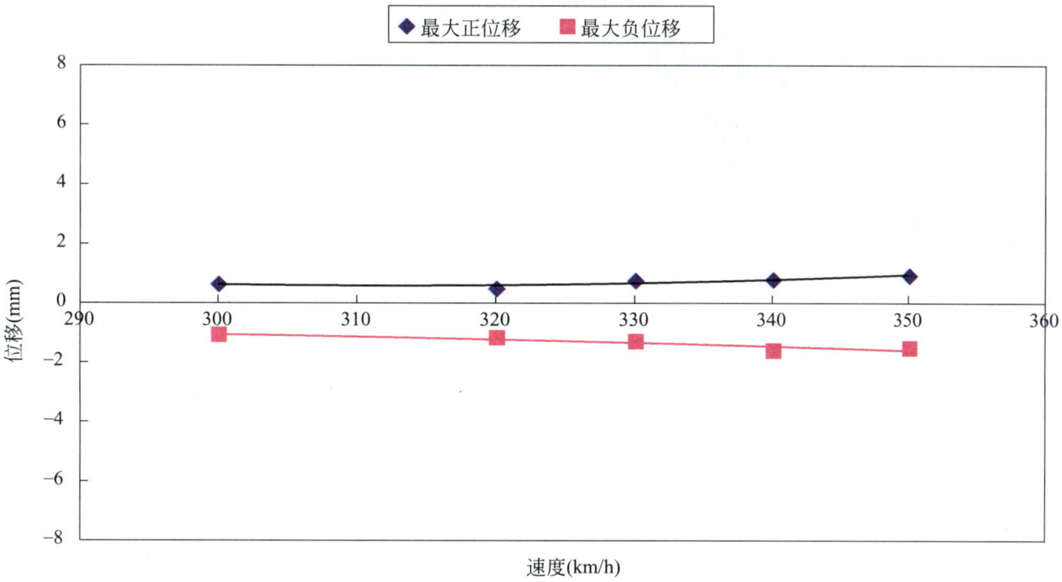

图 4-19-42　2.15 m 高桥梁声屏障 QW2 位移测点最值随速度变化趋势

表 4-19-19　路基桥梁声屏障气动压力测试结果

速度(km/h)	应力(MPa)	LY1	QY1
300	最大正应力	11.95	1.96
	最大负应力	−9.26	−3.65
320	最大正应力	12.11	2.02
	最大负应力	−10.97	−3.76
330	最大正应力	15.14	2.32
	最大负应力	−12.16	−5.73
340	最大正应力	16.00	2.51
	最大负应力	−13.63	−5.28
350	最大正应力	17.87	2.63
	最大负应力	−13.55	−5.34

由表可以看出，3 m 高路基声屏障最大正应力 17.87 MPa，最大负应力－13.63 MPa。2.15 m 高桥梁声屏障最大正应力 2.51 MPa，最大负应力－5.28 MPa。

④固有频率数据分析

利用锤击法，敲击声屏障立板及其立柱顶部。当激励停止时，其振动就会减弱，根据得到的衰减波形，推算出声屏障的固有频率。表 4-19-20 为两种形式声屏障立柱和立板的固有频率测试结果，图 4-19-43 为桥梁立板衰减波形。

表 4-19-20 两种型式声屏障立柱和立板的固有频率测试结果

3 m 路基声屏障	LG1	LG2	LG3	LG4	LG5	LG6
固有频率(Hz)	83.0	80.0	83.0	82.0	85.5	17.5
2.15 m 桥梁声屏障	QG1	QG2	QG3	QG4	QG5	QG6
固有频率(Hz)	18.0	16.9	19.6	20.0	33.3	28.6

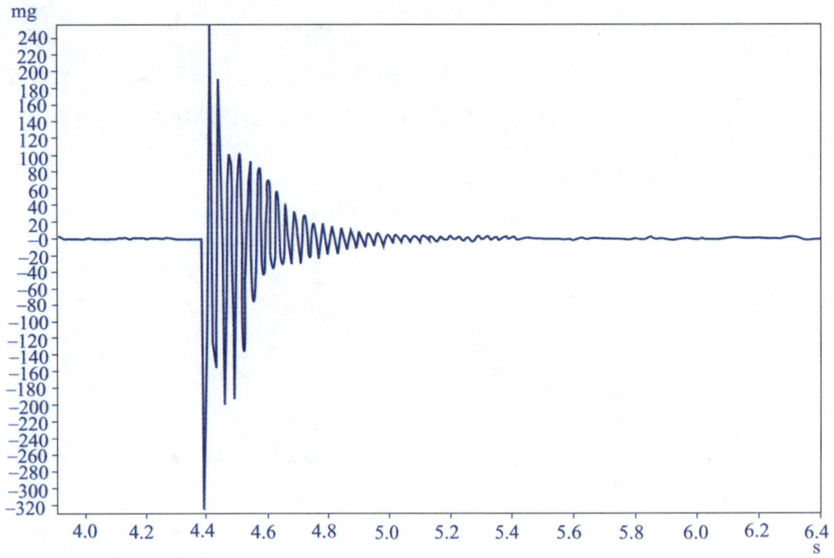

图 4-19-43 桥梁声屏障立板衰减波形

固有频率测试结果表明：3 m 高路基声屏障立板的固有频率为 82～86 Hz，立柱的固有频率为 17.5 Hz。2.15 m 高桥梁声屏障立板的固有频率为 16～34 Hz，立柱的固有频率为 28.6 Hz。当动车组以 300 km/h～350 km/h 速度运行时，动车组气动力的振动频率 f_d 为 3.2～3.8 Hz，声屏障的自振频率远大于动车组气动力的激励频率，未发生共振效应。

由以上分析得结论如下：

a. 声屏障设置在距铁路外轨中心线 4.275 m 处，桥梁距铁路外侧轨道中心线 2.2 m 处设置了高于桥面 1.0 m 的防护墙。3 m 高路基声屏障测试得到的内外侧压差最大正压值≤0.46 kPa、最大负压值≤－0.47 kPa；2.15 m 高桥梁声屏障测试得到的内外侧压差最大正压值≤0.45 kPa、最大负压值≤－0.40 kPa。两种声屏障气动风压均低于理论设计值，路基声屏障气动压力略高于桥梁声屏障。动车组无论是驶入还是驶出声屏障，其最大正压和最大负压均发生在头波，即由列车头部产生。

b. 3 m 高路基声屏障立柱位移极值 5.52 mm，立板位移极值 6.73 mm；2.15 m 高桥梁声屏障立柱位移极值 1.5 mm，立板位移极值 3.67 mm。两种型式声屏障位移极值均在挠度设计值范围内。最大位移产生于列车头部经过时刻。

c. 3 m 高路基声屏障应力极值 17.87 MPa，2.15 m 高桥梁声屏障应力极值 5.28 MPa。两种声屏障应力极值均低于许用应力。路基声屏障立柱应力极值出现在加强肋上部。

d. 两种型式声屏障结构的自振频率远大于动车组气动力的激励频率，未发生共振效应。

5. 结论及建议

(1) 结论

①当动车组以 350 km/h 及以下速度通过不同桥梁测点区段时，在距线路中心线 25 m、轨面以上 3.5 m 处的列车通过辐射声级（*TEL*）曲线回归值均满足《机车车辆及动车组运行辐射噪声限值》（GB/T 13 669（报批稿））中动车组运行辐射噪声评定指标 *TEL* 限值三级标准。

当动车组以 350 km/h 及以下速度通过不同路基测点区段时，在距线路中心线 25 m、轨面以上 3.5 m 处的列车通过辐射声级（*TEL*）曲线回归值均满足《机车车辆及动车组运行辐射噪声限值》（GB/T 13669（报批稿））中动车组运行辐射噪声评定指标 *TEL* 限值二级标准。

②武广铁路客运专线开通运营后，对应于近期（2010 年）、中期（2018 年）工程设计参数条件下，铁路边界噪声 Leq 昼，夜可满足《铁路边界噪声限值及测量方法》（GB 12 525—90）70dB(A)的标准限值要求。

③武广铁路客运专线开通运营后，线路两侧地面环境振动可满足《城市区域环境振动标准》（GB 10 070）中铁路环境振动评定指标 $VL_{Z,max}$≤80 dB 要求。

④声屏障降噪效果：路基声屏障降噪效果为：6～8 dB(A)；桥梁声屏障降噪效果：CRH_2 动车组为 6～7 dB(A)，CRH_2 重联动车组为 6～7 dB(A)。在 K1 985＋341～K1 841＋635 桥梁声屏障试验段处两种不同高度的声屏障（包括 2.65 m 高和 3.15 m 高两种不同高度的声屏障，声屏障距铁路外侧线路中心由 4.175 m 缩小为 3.4 m），2.65 m 高桥梁声屏障降噪效果：CRH_2 型动车组列车为 6.9～9.3 dB(A)，CRH_3 型动车组列车为 7.0～10.0 dB(A)；3.15 m 高桥梁声屏障降噪效果：CRH_2 型动车组列车为 8.2～10.0 dB(A)，CRH_3 型动车组列车为 8.9～11.5 dB(A)。

⑤声屏障结构气动力效应：3 m 高路基声屏障气动压力略高于 2.15 m 高桥梁声屏障路基声屏障。动车组驶入、驶出声屏障，其最大正压和最大负压均发生在头波，即由列车头部产生。两种声屏障应力极值均低于许用应力。路基声屏障立柱应力极值出现在加强肋上部。两种型式声屏障结构的自振频率远大于动车组气动力的激励频率，未发生共振效应。

(2)建议

①测量结果表明：当动车组列车以 350 km/h 速度运行时，铁路边界噪声（$L_{eq昼,夜}$）长沙南—株洲西段中期设计年度预测计算结果 69.2 dB(A)已接近《铁路边界噪声限值及测量方法》（GB 12 525—90） 70 dB(A)的标准限值要求。建议今后铁路运营后随时关注边界噪声，超标时及时调整车流量，做好线路、车辆的养护，并从源头缓解列车运行时噪声的影响。

②现场试验测量时，发现武广铁路桥梁声屏障与路基声屏障结合部有长约 2 m 左右的缝隙，这势必对声屏障降噪效果会产生较大影响，建议对这些缝隙进行封闭处理，以保证声屏障的降噪效果。

第九节　路基及过渡段

武广铁路客运专线路基总长 320.194 km，路基基底地基土为风化岩或岩质地基土地段长 102.03 km（不含花岗岩全风化层），地基土为黏性土、花岗岩全风化层、砂土地段路基总长为 212.91 km，其中黏性地基占路基总长 84%，路基基底黏性土压缩层厚超过 10m 地段路基总长有 81.705 km。武广联调联试第Ⅲ阶段路基及过渡段于 2009 年 5 月～7 月进行打孔、预埋传感器基桩等准备工作，2009 年 9 月 3 日～14 日进行传感器安装及系统调试，2009 年 9 月 15 日～28 日进行 CRH_2-068C 实车运行下路基及过渡段动态响应测试。

1. 目的

路基作为无砟轨道的基础，要保证列车的高速运行，其动力性能必须满足自身稳定以及无砟轨道结构的要求。武广铁路客运专线铁路软土、松软地基土，破碎软岩、软硬岩互（夹）层路堑边坡，岩溶分布较广，地基处理方式有桩网结构、CFG 桩、强夯置换、基底岩溶注浆等方法，通过对无砟轨道的路基及过渡段动力性能进行测试，评价路基动力性能，研究无砟轨道路基动力参数的特点及分布规律，为武广铁路客运专线铁路的运营管理提供基础数据，为今后高速铁路、客运专线无砟轨道结构进一步优化设计提供科学依据。

2. 内容和评判标准

根据武广线路基结构型式、填料性质和地基加固处理方式，主要选取典型路堤、路堑和路桥过渡段进行测试，分析基床的动变形和振动特性，结合路基土自身的强度特性，评价其工程适应性。主要测试内容包括：

(1)路基基床表层顶面的动变形、振动加速度；

(2)路基基床底层的振动加速度；

(3)过渡段动变形沿纵向的分布规律；

(4)不同路基结构下动力特性的对比分析。

当路基地基土体最大剪应变小于临界体积效应剪应变时，在列车循环荷载作用下，路基基床将不出现累积变形。临界体积效应剪应变参考 Vucetic 汇总的资料，对于武广铁路客运专线铁路采用的填料为 0.01%。在采取武广铁路客运专线铁路的轨道结构及路基型式以及相应填料的情况下，通过实测数据的分析计算，基床表层动变形限值为 0.22 mm。

3. 测点布置和测试方法

(1)测点布置

根据武广铁路客运专线铁路路基的特点，共选择六个测试断面，包括两个路桥过渡段与四个路基测试断面。其中路桥过渡段包括填方和挖方地段，路基测试断面包括高路堤、矮路堤、半填半挖路基与路堑，各测试断面特性见表 4-19-21。

表 4-19-21 路基及过渡段测试断面

序　　号	名　　称	里　　程	选点依据及说明
1	路堑	K1 875+065	高速区段
2	路桥过渡段	K1 874+175	挖方区路桥过渡段，高速区段
3	路堤	K1 880+945	半填半挖区段高路堤，高速区段
4	路堤	K1 881+245	矮路堤，高速区段
5	路堤	K1 881+400	高路堤
6	路桥过渡段	K1 881+952	填方区路桥过渡段

路基及过渡段主要测试动车组通过时路基表面动变形和振动加速度与基床表层底面的振动加速度，不同路基结构传感器布置如图 4-19-44～图 4-19-46 所示。

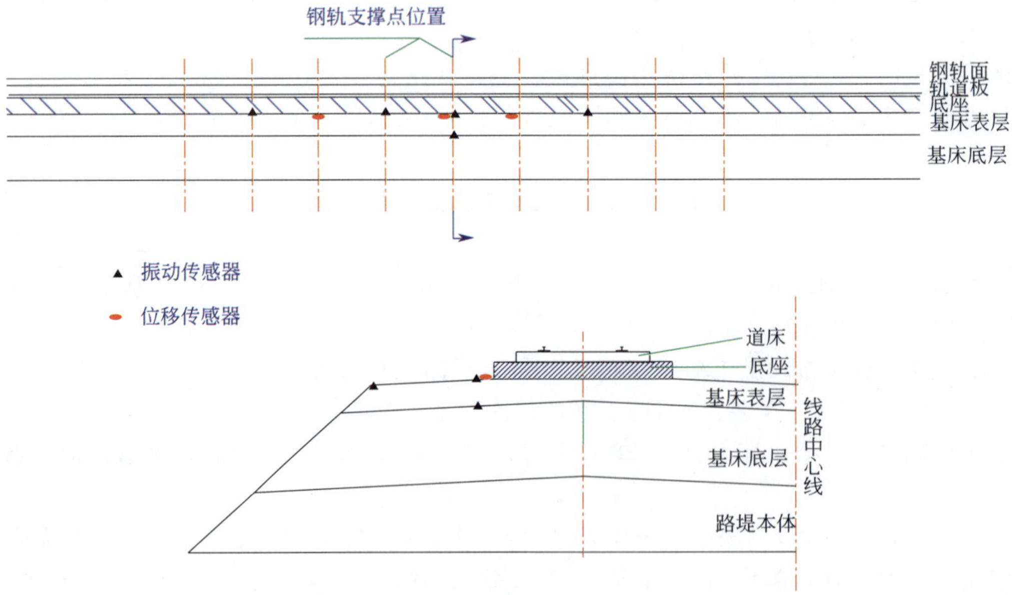

图 4-19-44　路堤

(2)测试方法

动变形测试：电涡流位移计＋数据采集与处理系统；

振动加速度测试：压电式(电磁式)加速度传感器＋数据采集与处理系统。

4. 数据分析

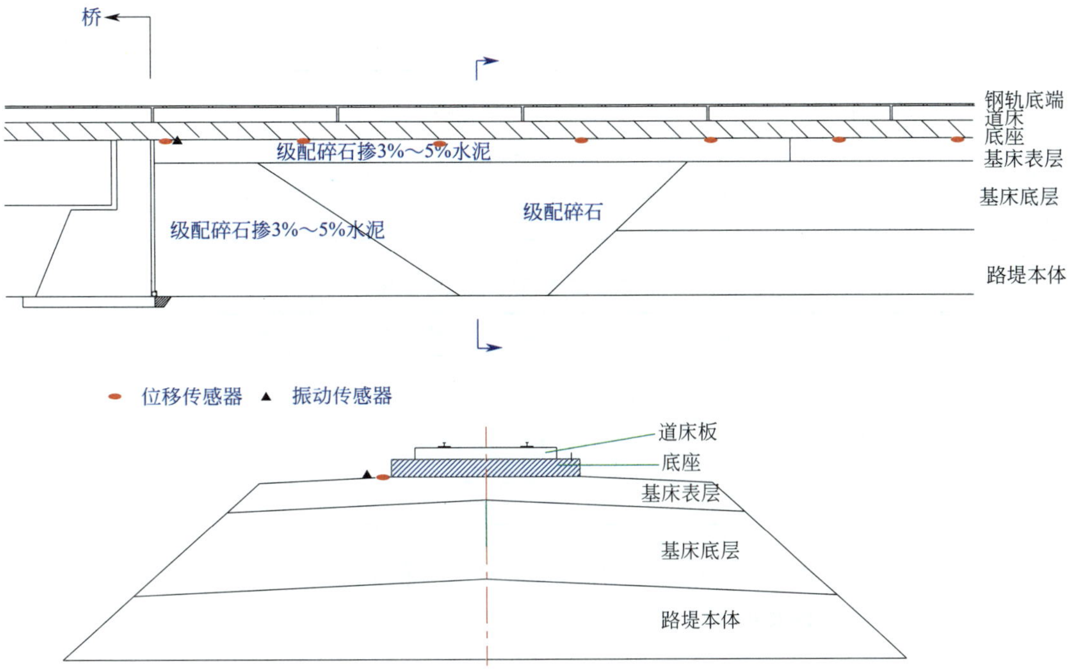

图 4-19-45 路桥过渡段

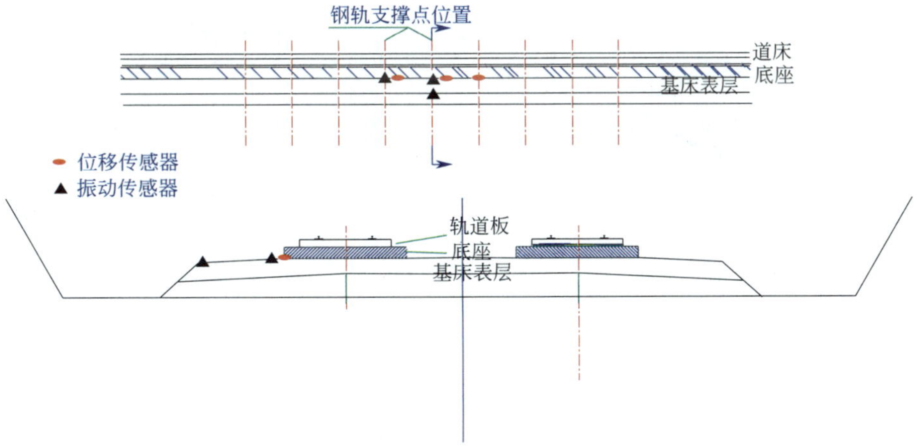

图 4-19-46 路堑

(1)高路堤动力特性试验

在高路堤基床表面设置 3 个位移计，在基床表层顶面和底面设置 4 个加速度传感器，CRH2-068C 动车组通过时动变形、振动加速度与车速关系如图 4-19-47 和图 4-19-48 所示。

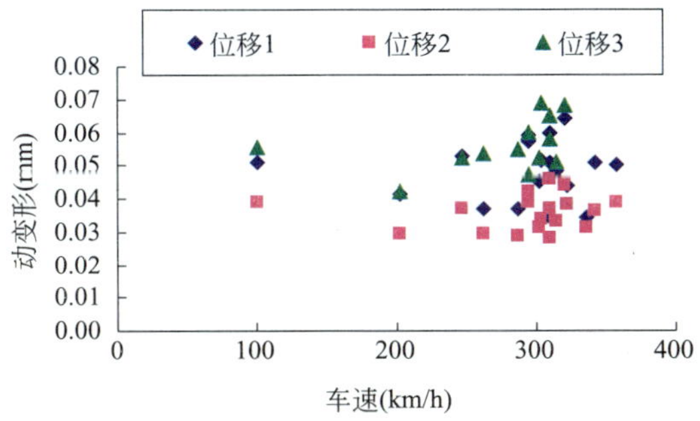

图 4-19-47 动变形与车速

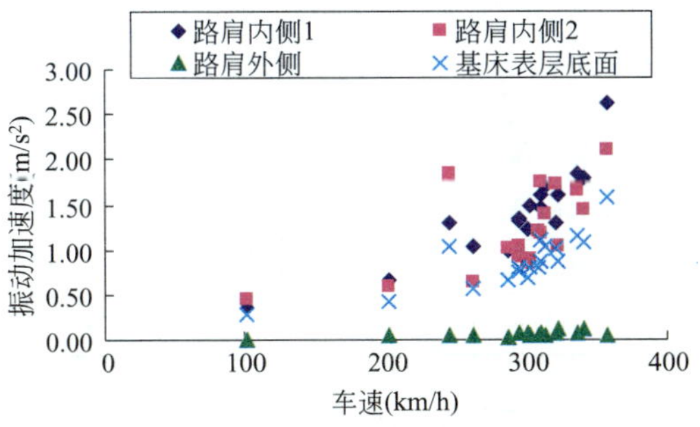

图 4-19-48 振动加速度与车速

对动变形和振动加速度测试数据进行统计，结果见表 4-19-22 和表 4-19-23。

表 4-19-22 高路堤动变形统计

测点位置	均值(mm)	最大值(mm)	均方差
位移计 1	0.048	0.064	0.009
位移计 2	0.036	0.046	0.005
位移计 3	0.056	0.068	0.008

表 4-19-23 高路堤振动加速度统计

测点位置	均值(m/s^2)	最大值(m/s^2)	均方差
路肩内侧 1	1.382	2.629	0.486
路肩内侧 2	1.208	2.095	0.466
路肩外侧 3	0.059	0.114	0.026
基床表层底面	0.864	1.574	0.299

高路堤基床表面动变形最大值 0.068 mm，振动加速度最大值 2.6 m/s^2，动变形小于 0.22 mm，在列车动荷载作用下不会产生塑性累积变形。

(2) 矮路堤动力特性试验

在矮路堤基床表面设置 2 个位移计，在基床表层顶面和底面设置 4 个加速度传感器，CRH_2-068C 动车组通过时动变形、振动加速度与车速关系如图 4-19-49 和图 4-19-50 所示。

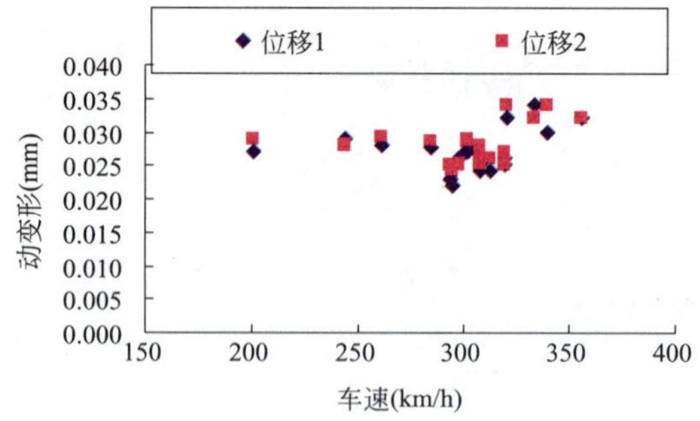

图 4-19-49 动变形与车速

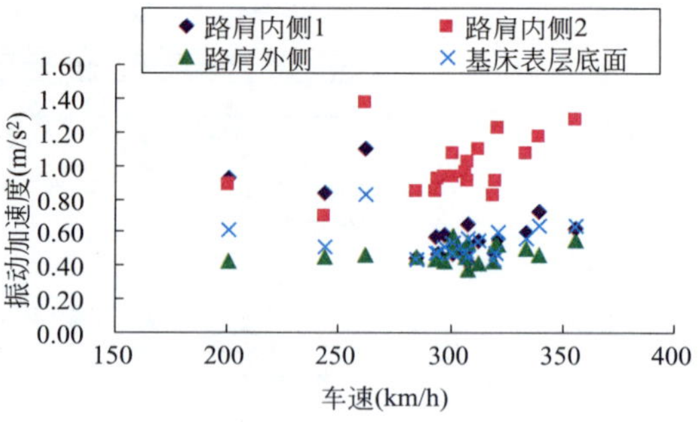

图 4-19-50 振动加速度与车速

对动变形和振动加速度测试数据进行统计，结果见表 4-19-24 和表 4-19-25。

表 4-19-24 高路堤动变形统计

测点位置	均值(mm)	最大值(mm)	均方差
位移计 1	0.027	0.034	0.003
位移计 2	0.028	0.034	0.003

表 4-19-25 高路堤振动加速度统计

测点位置	均值(m/s^2)	最大值(m/s^2)	均方差
路肩内侧 1	0.581	1.098	0.166
路肩内侧 2	1.002	1.370	0.174
路肩外侧 3	0.465	0.571	0.055
基床表层底面	0.528	0.823	0.097

高路堤基床表面动变形最大值 0.034 mm，振动加速度最大值 1.37 m/s^2，动变形小于 0.22 mm，在列车动荷载作用下不会产生塑性累积变形。

(3)路堑动力特性试验

在路堑基床表面设置 3 个位移计，在基床表层顶面和底面设置 3 个加速度传感器，CRH_2-068C 动车组通过时动变形、振动加速度与车速关系如图 4-19-51 和图 4-19-52 所示。

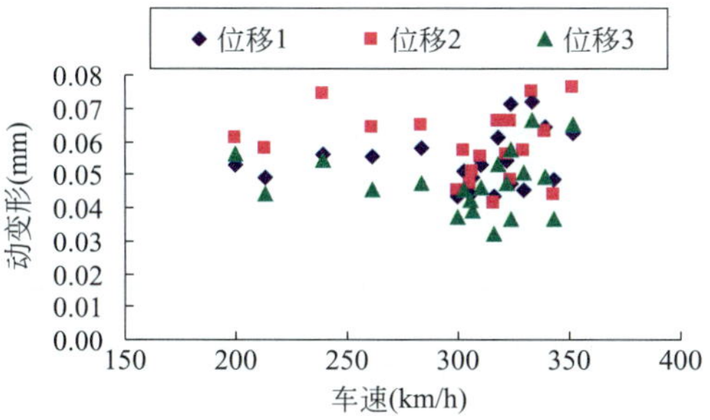

图 4-19-51　动变形与车速

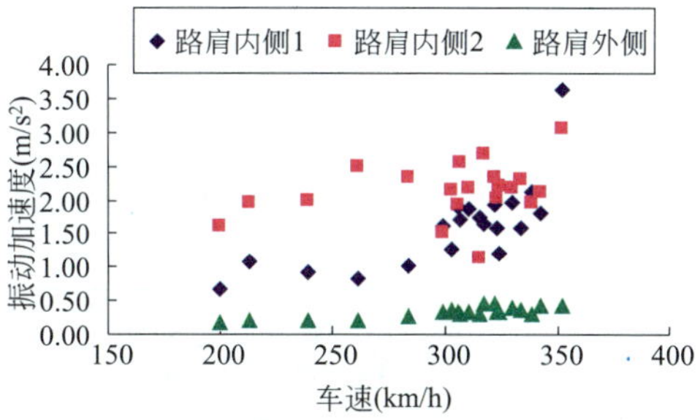

图 4-19-52　振动加速度与车速

对动变形和振动加速度测试数据进行统计，结果见表 4-19-26 和表 4-19-27。

表 4-19-26　高路堤动变形统计

测点位置	均值(mm)	最大值(mm)	均方差
位移计 1	0.054	0.072	0.009
位移计 2	0.058	0.076	0.010
位移计 3	0.047	0.066	0.009

表 4-19-27　高路堤振动加速度统计

测点位置	均值(m/s^2)	最大值(m/s^2)	均方差
路肩内侧 1	1.598	3.638	0.637
路肩内侧 2	2.130	3.043	0.423
路肩外侧	0.313	0.452	0.083

高路堤基床表面动变形最大值 0.076 mm，振动加速度最大值 3.64 m/s^2，动变形小于 0.22 mm，在列车动荷载作用下不会产生塑性累积变形。

(4)半填半挖路堤动力特性试验

在半填半挖路堤基床表面设置 3 个位移计，在基床表层顶面和底面设置 4 个加速度传感器，CRH_2-068C 动车组通过时动变形、振动加速度与车速关系如图 4-19-53 和图 4-19-54 所示。

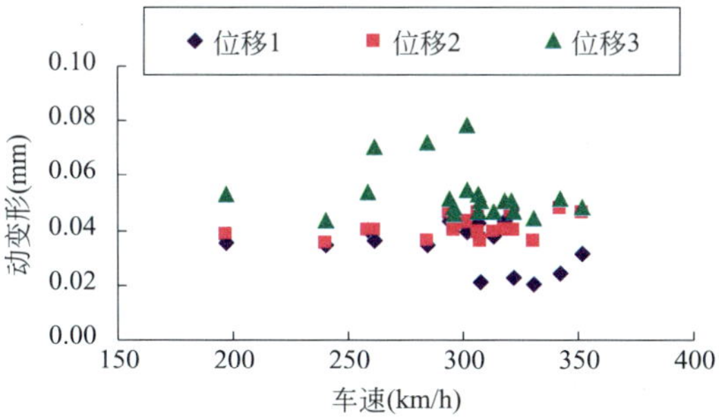

图 4-19-53　动变形与车速

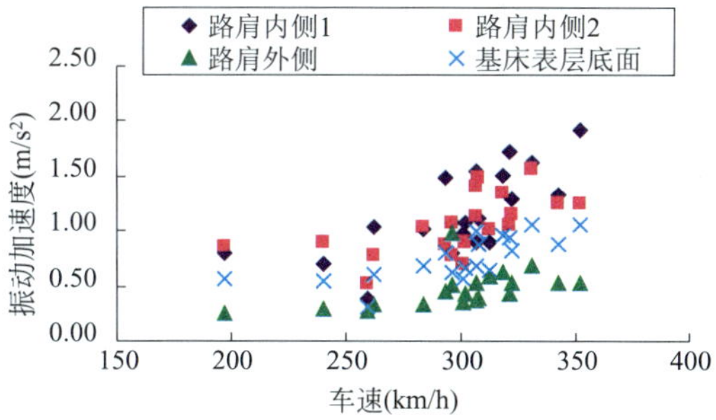

图 4-19-54　振动加速度与车速

对动变形和振动加速度测试数据进行统计，结果见表 4-19-28 和表 4-19-29。

表 4-19-28　高路堤动变形统计

测点位置	均值(mm)	最大值(mm)	均方差
位移计 1	0.036	0.047	0.009
位移计 2	0.041	0.048	0.004
位移计 3	0.053	0.078	0.010

表 4-19-29　高路堤振动加速度统计

测点位置	均值(m/s^2)	最大值(m/s^2)	均方差
路肩内侧 1	1.149	1.911	0.388
路肩内侧 2	1.046	1.548	0.275
路肩外侧 3	0.452	0.957	0.171
基床表层底面	0.731	1.053	0.200

半填半挖路堤基床表面动变形最大值 0.078 mm，振动加速度最大值 1.91 m/s^2，动变形小于 0.22 mm，在列车动荷载作用下不会产生塑性累积变形。

(5)填方路桥过渡段动力特性试验

在填方路桥过渡段基床表面沿线路纵向设置 7 个位移计，距桥台距离分别为 1.2 m、6 m、11 m、16 m、21 m、26 m 和 31 m，在桥台附近设置 1 个加速度传感器，CRH_2-068C 动车组通过时动变形、振动加速度与车速关系如图 4-19-55 和图 4-19-56 所示。

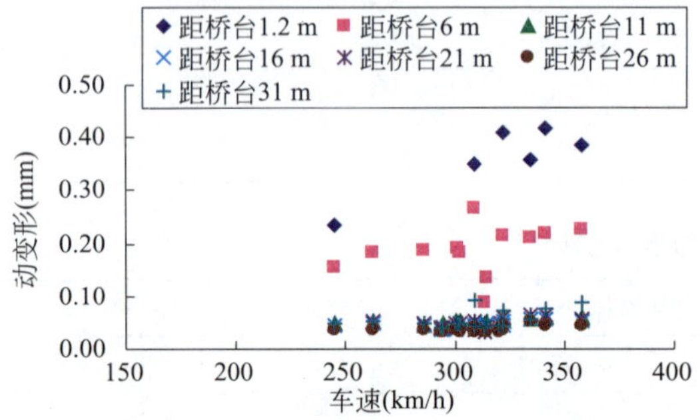

图 4-19-55　动变形与车速

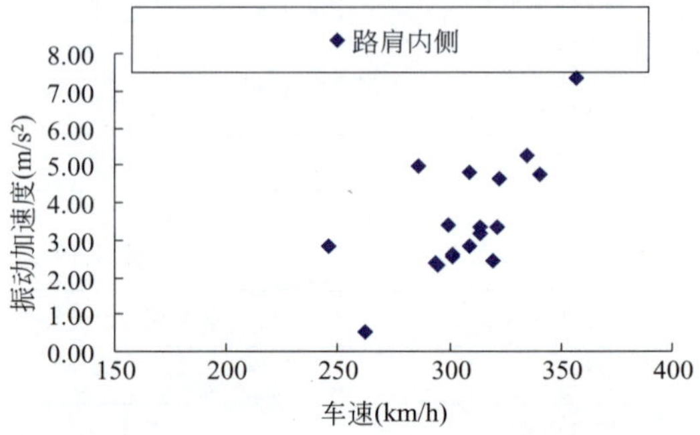

图 4-19-56　振动加速度与车速

对动变形和振动加速度测试数据进行统计，结果见表 4-19-30 和表 4-19-31。

表 4-19-30　高路堤动变形统计

测点位置	均值(mm)	最大值(mm)	均方差
距桥台 1.2 m	0.359	0.417	0.066
距桥台 6 m	0.177	0.265	0.059
距桥台 11 m	0.050	0.059	0.005
距桥台 16 m	0.045	0.056	0.006
距桥台 21 m	0.048	0.063	0.009
距桥台 26 m	0.037	0.051	0.006
距桥台 31 m	0.054	0.091	0.016

表 4-19-31　高路堤振动加速度统计

测点位置	均值(m/s^2)	最大值(m/s^2)	均方差
路肩内侧	3.518	7.314	1.527

填方区路桥过渡段距桥台 1.2 m 处所测动变形均值 0.359 mm，最大值 0.417 mm，均值和最大值都大于 0.22 mm；距桥台 6 m 处所测动变形均值 0.177 mm，最大值 0.265 mm，最大值大于 0.22 mm；其余测点最大值都小于 0.22 mm。通过对现场进行观测，动变形大的地方路基面和底座接触位置出现了裂缝，其余

地方没有出现裂缝。如图 4-19-57 和图 4-19-58 所示。

图 4-19-57 动变形大

图 4-19-58 动变形小

为了进一步分析动变形过大导致的原因，对出现裂缝的地方分别测试路基面相对于基桩以及底座相对于路基面的动变形，结果路基面相对于基桩动变形均值 0.029 mm，底座相对于路基面动变形均值 0.359 mm，大变形主要由于底座与路基面接触不良所导致。

为进一步探明大变形地段路基填料及其与底座接触情况，采用探地雷达对底座以下部分进行检测，结果如图 4-19-59～图 4-19-62 所示，变形大的地方基床表层与底座出现分离现象，路基基床内部填料有异常现象。轨道结构支承层与路基存在离缝现象，路基内部存在异常，影响线路的平顺性和轨道结构的正常使用，存在行车安全隐患。应进一步查明原因，进行处理，并在运营养护维修过程中加以重视。

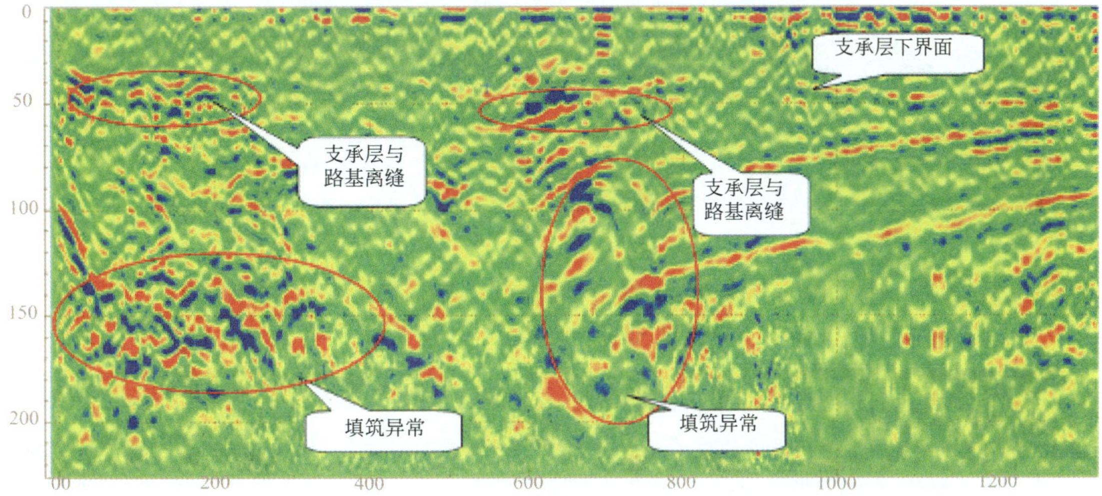

图 4-19-59 下行线支承层表面探测剖面

由于过渡段差异沉降控制及填筑较为困难，容易出现问题，建议对全线过渡段进行检查，对外观出现异常的地方，做进一步探查，及时发现类似所测高填方过渡段的情况，并进行处理。

下行线支承层表面探测剖面在距桥头 0～3 m 及 5.8～7.8 m 范围下方的路基中存在异常；对应位置的支承层与路基存在离缝。

下行路肩表面探测剖面在桥头 5.8～7.8 m 路肩下方，深度 0.5～1.8 m 处路基内部存在异常。

线间雷达探测剖面在 3～5.8 m 深度为 1.0～1.6 m 处，及 7.2～9.5 m 处深度 0.9～1.6 m 路基内部存在异常，在 5～9 m 及 10.5～13 m 处的线间填充层与路基存在离缝。

上行线支承层表面探测剖面在 0～0.3 m，3.8～9.8 m 支承层下方路基内部存在异常；在 2.5～3.5 m、4～10 m 及 11～13 m 处支承层与路基存在离缝。

上行线路肩探测剖面在 1.7 及 1.9 m 深度 0.5 m 处存在两条管线；在 0～3 m 深度 1.3～2 m 处、8.2～

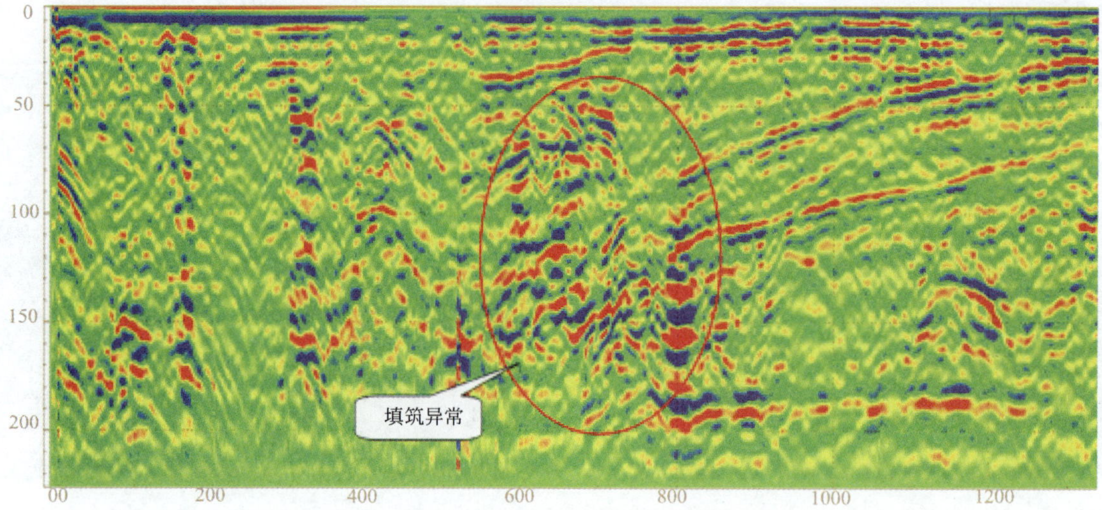

图 4-19-60　下行路肩表面探测剖面

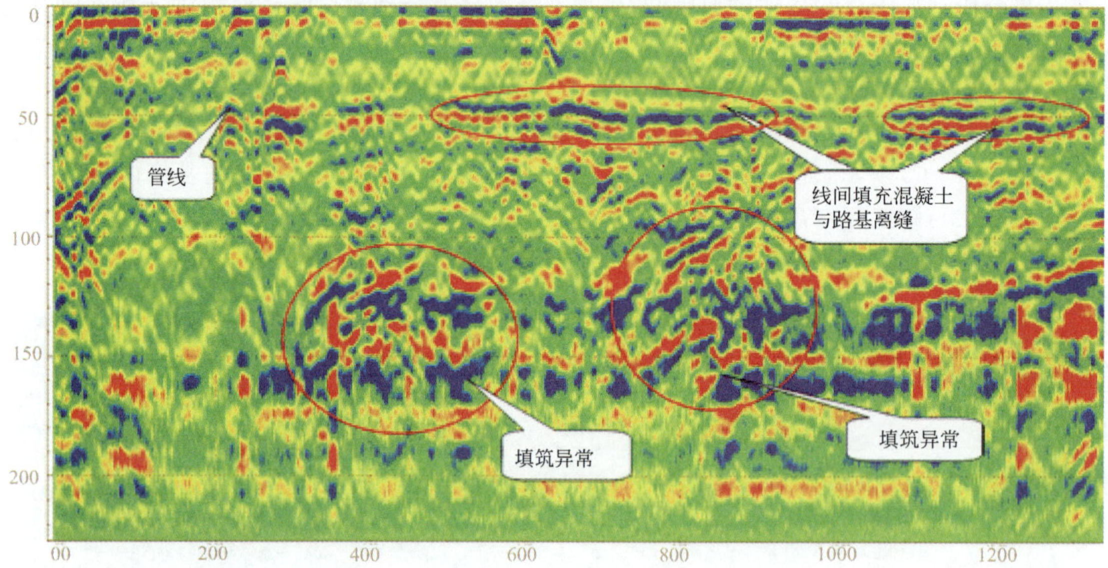

图 4-19-61　线间探测剖面

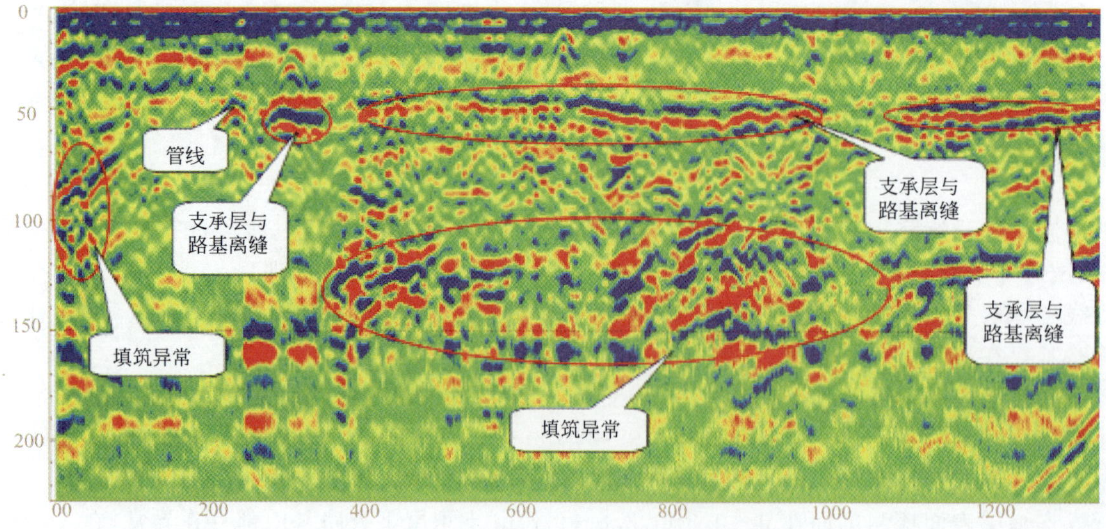

图 4-19-62　上行线支承层表面探测剖面

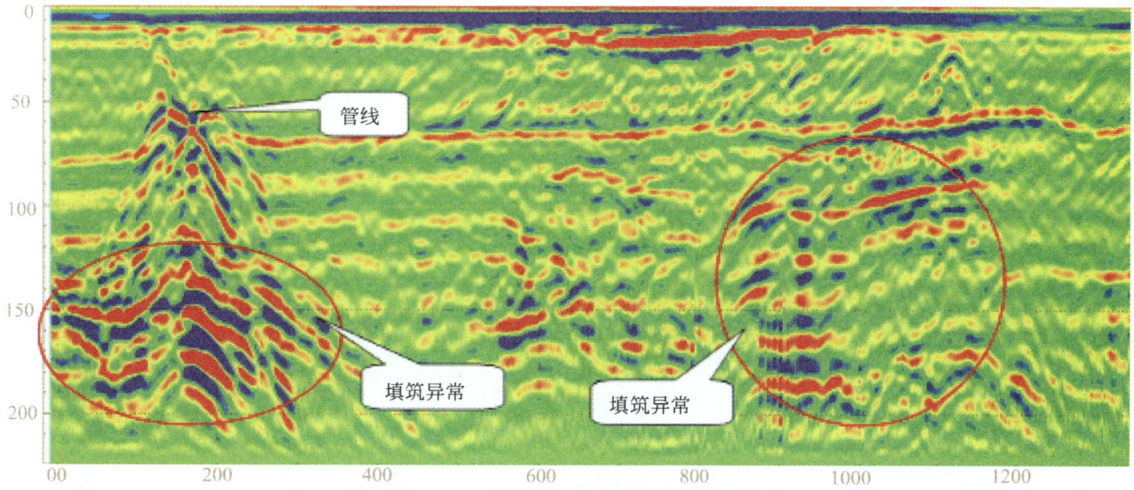

图 4-19-63 上行路肩表面探测剖面

11.5 m 深度 0.8～1.8 m 处路基内部存在异常。

(6)挖方路桥过渡段动力特性试验

在挖方路桥过渡段基床表面沿线路纵向设置 7 个位移计，距桥台距离分别为 1.2 m、6 m、11 m、16 m、21 m、26 m 和 31 m，在桥台附近设置 1 个加速度传感器，CRH2-068C 动车组通过时动变形、振动加速度与车速关系如图 4-19-64 和图 4-19-66 所示。

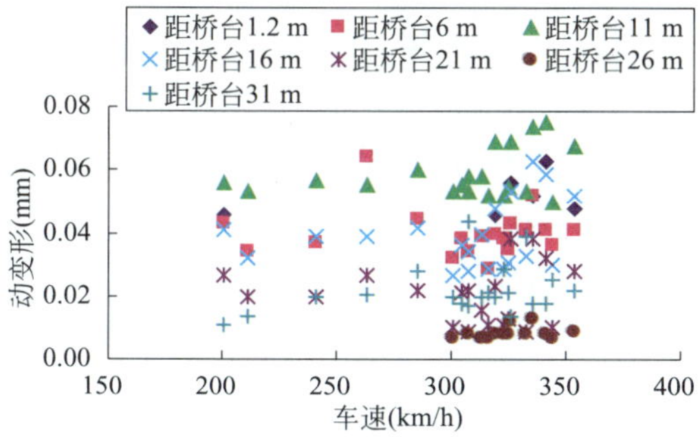

图 4-19-64 动变形与车速

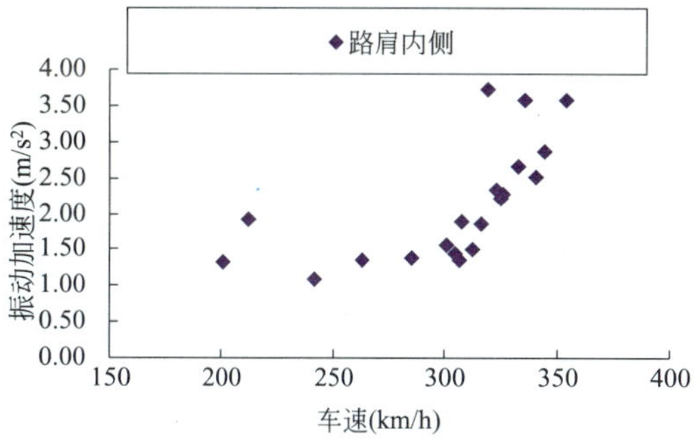

图 4-19-65 振动加速度与车速

对动变形和振动加速度测试数据进行统计，结果见表 4-19-32 和表 4-19-33。

表 4-19-32 高路堤动变形统计

测点位置	均值(mm)	最大值(mm)	均方差
距桥台 1.2m	0.053	0.063	0.007
距桥台 6m	0.040	0.064	0.008
距桥台 11m	0.059	0.075	0.008
距桥台 16m	0.039	0.063	0.011
距桥台 21m	0.020	0.038	0.010
距桥台 26m	0.008	0.013	0.002
距桥台 31m	0.023	0.044	0.008

表 4-19-33 高路堤振动加速度统计

测点位置	均值(m/s^2)	最大值(m/s^2)	均方差
路肩内侧	2.231	3.739	0.794

挖方区路桥过渡段所测动变形最大值 0.075 mm，振动加速度最大值 3.74 m/s^2，动变形小于 0.22 mm，在列车动荷载作用下不会产生塑性累积变形。

5. 结论及建议

(1)结论

通过不同车速条件下动车组运行试验，测试武广铁路客运专线路基及过渡段 6 个试验断面的动力特性，对数据进行整理分析得到如下结论：

①动车组不同速度通过时，被测高路堤、矮路堤、路堑、半填半挖路堤、填方路桥过渡段和挖方路桥过渡段最大动变形分别为：0.068 mm、0.034 mm、0.076 mm、0.078 mm、0.417 mm、0.075 mm；最大加速度分别为：2.6 m/s^2、1.4 m/s^2、3.6 m/s^2、1.9 m/s^2、7.3 m/s^2、3.7 m/s^2。满足高速铁路对路基性能的要求。

②下邓家湾特大桥武汉端填方路桥过渡段动变形过大，无砟轨道底座与路基表面存在离缝现象，雷达检测表明路基内部填筑异常。

(2)建议

下邓家湾特大桥武汉端填方路桥过渡段路基动变形过大，建议对全线过渡段进行排查，对外观出现异常的地方，做进一步雷达探测，发现类似现象及时进行处理。

第十节　轨道动力性能测试

武广铁路客运专线正线轨道结构类型：以铺设双块式无砟轨道为主；正线采用 60 kg/m、100 m 定尺长、非淬火无孔 U71Mn 新钢轨；同时配备了 SKI 15 弹条的 Vossloh 300-1U 扣件，扣件高度 34 mm，扣件垫板静刚度 22.5 kN/mm，动刚度 40 kN/mm；采用 WG-1 型双块式预制轨枕，轨枕间距不大于 650 mm。

由于汀泗河系杆拱桥通过计算梁端转角等因素引起的上拔力较大，故在梁缝处设计了过渡板与限位板特殊轨道结构型式，并采用扣压力相对较大的 BWG 扣件取代了 Vossloh 300-1U 扣件和 WG-1 型双块式轨枕，桥上其余地段采用 SKI B15 弹条小阻力扣件，过渡板底面设板式支座，板端部设限位结构以限制过渡板在横向的移动，因此对于这种特殊轨道结构型式进行了轨道动力学测试。

根据武广铁路客运专线轨道结构特点，对于不同的线下基础轨道结构动力性能检测共选择区间轨道结构 5 个工点和 350 km/h 钢轨伸缩调节器 1 个工点，共 6 个工点。区间轨道结构包含：系杆拱桥过渡板上无砟轨道、隧道内无砟轨道、路隧过渡段无砟轨道、普通路基上无砟轨道、路桥过渡段无砟轨道；钢轨伸缩调节器选择了株洲西湘江特大桥下行线武汉端 1 组单向调节器。

在武广铁路客运专线联调联试及检测期间，CRH_2-068C 型动车组通过轨道结构动力性能测试工点的最高速度为 350.9 km/h。

1. 目的

通过对区间轨道结构和钢轨伸缩调节器动力性能测试，评价轨道结构的安全性、稳定性、轨道垂向刚度的合理性及振动特性，确定其性能是否满足相关技术标准和设计要求。同时结合轨道状态检测和动车组动力学性能检测，为武广铁路客运专线轨道结构的综合评价提供依据。

2. 检测内容和评判标准

(1)检测内容

根据“动态检测指导意见”要求，结合武广铁路客运专线轨道结构特点，轨道结构动态检测选择了如下测试工点：K1 324+678 汀泗河系杆拱桥上无砟轨道；K1 875+040天鹅岭隧道内无砟轨道；K1 875+070 路隧过渡段无砟轨道；K1 875+120 路基段无砟轨道；K1 875+210 大水洞特大桥路桥过渡段无砟轨道；K1 631+720钢轨伸缩调节器(株洲西湘江特大桥下行线武汉端)。

检测内容主要包括：列车运行安全性参数、轨道结构动力响应和振动变形特征共布置 104 个测点(表 4-19-34)。

(2)评判标准

根据“动态检测指导意见”和《高速动车组整车试验规范》(铁运〔2008〕28 号)，以及国外经验、国内研究成果和相关设计规范等，形成本次检测的评判标准。

3. 测试方法

（1）测点布置

武广铁路客运专线轨道结构测点布置如图 4-19-67 所示，测试内容和测点数量见表 4-19-34。

表 4-19-34 测试工点的测试内容和测点数量汇总

测试内容	测点数					
	系杆拱桥上无砟轨道	天鹅岭隧道内无砟轨道	路隧过渡段无砟轨道	路基段无砟轨道	路桥过渡段无砟轨道	钢轨伸缩调节器
轮轨垂直力、水平力	8	4	4	5	6	8
钢轨轨头横向位移	4	2	2	2	2	2
钢轨垂向位移	8	2	2	5	5	—
过渡板垂向位移	2	—	—	—	—	—
橡胶垫板压缩变形	—	—	—	—	—	6
钢轨垂向加速度	2	1	1	1	1	6
底座垂向加速度	—	—	—	1	—	—
路基面、梁面加速度	2	—	—	1	1	1
合计	28	10	10	16	16	24
总计	104					

（1）参照《轮轨水平力、垂直力地面测试方法》TB/T 2489—94 标准，用剪应力法测试轮轨垂直力 P 和横向水平力 Q，据此计算脱轨系数 Q/P、轮重减载率 $\Delta P/P$ 及轮轴横向力（Q_1-Q_2）等列车运行安全性参数，同时结合动车组装有的测力轮对，对列车运行安全性进行检测。

（2）用弹片式位移计测试钢轨及轨枕的横向和垂向位移及动态轨距变化量。

（3）用压电式加速度计和电阻应变式加速度计测试钢轨、轨枕（道床板）及道床（梁面、支撑层）振动加速度。

轮轨垂直力 P、轮轨水平力 Q 采用轮轨力标定架现场进行标定，并根据试验列车 5 km/h 通过测试点进行准静态标定和校核；各项位移测试采用塞尺现场进行标定；用标准应变源对动态应变仪进行校核及导线误差的修正。

4. 数据分析

在轨道结构动态检测期间，动车组通过轨道结构检测工点的实际最高速度 345.7～350.9 km/h。

（1）区间轨道结构

①列车运行安全性

动车组通过轨道结构测试工点时地面实测脱轨系数、轮重减载率和轮轴横向力等列车运行安全性参数统计见表 4-19-35，动力学性能监测动车组运行安全性指标统计见表 4-19-36。

表 4-19-35 动车组通过各测试工点时安全性参数统计

断面	脱轨系数		轮重减载率		轮轴横向力(kN)	
	最大值	平均值	最大值	平均值	最大值	平均值
系杆拱桥上	0.22	0.05	0.52	0.08	5.9	2.2
隧道内	0.21	0.04	0.35	0.08	13.3	5.5
路隧过渡段	0.11	0.03	0.45	0.13	10.9	3.7
路基段	0.17	0.06	0.38	0.09	13.9	4.2
路桥过渡段	0.13	0.07	0.37	0.09	12.8	7.6

表 4-19-36 动力学性能监测动车组运行安全性指标统计

断面	速度(km/h)	脱轨系数	轮重减载率	轮轴横向力(kN)
系杆拱桥上	345.2	0.14	0.40	9.9
隧道内	346.0	0.12	0.48	13.7
路隧过渡段	346.2	0.23	0.39	20.4
路基段	346.2	0.32	0.25	19.5
路桥过渡段	346.2	0.26	0.38	21.2

a. 脱轨系数

动车组通过时地面实测最大值为 0.22,平均值为 0.05;动力学性能检测最大值为 0.32。

b. 轮重减载率

动车组通过时地面实测最大值为 0.52,平均值为 0.08;动力学性能检测最大值为 0.48。

c. 轮轴横向力

动车组通过时地面实测最大值为 13.9 kN,平均值为 4.2 kN;动力学性能检测最大值为 21.2 kN。

检测结果表明,动车组作用下的脱轨系数、轮重减载率及轮轴横向力均在其相应安全值内。

②轨道结构的动荷载

a. 轮轨垂直力

动车组通过轨道结构测试工点时实测轮轨垂直力等轨道结构动荷载参数统计见表 4-19-37。

表 4-19-37 无砟轨道结构动荷载参数统计 (单位:kN)

轮轨垂直力									
系杆拱桥上		隧道内		路隧过渡段		路基段		路桥过渡段	
最大值	平均值	最大值	平均值	最大值	平均值	最大值	平均值	最大值	平均值
105.5	70.7	105.8	70.1	100.7	69.1	93.4	61.8	105.2	64.1

动车组通过时实测最大值为 105.8 kN,平均值为 70.1 kN。实测轮轨垂直力在设计荷载以内。

b. 动载系数

动车组通过轨道结构测试工点时实测动载系数统计见表 4-19-38。

表 4-19-38 动车组作用下动载系数统计

动载系数									
系杆拱桥上		隧道内		路隧过渡段		路基段		路桥过渡段	
最大值	平均值	最大值	平均值	最大值	平均值	最大值	平均值	最大值	平均值
1.82	1.24	1.38	1.09	1.82	1.06	1.17	1.04	1.25	1.09

动车组作用下的动载系数最大值为 1.82,平均值为 1.24。

③轨道结构的稳定性

动车组通过轨道结构测试工点时实测钢轨横向位移及动态轨距变化量等轨道结构稳定性参数统计见表 4-19-39。

表 4-19-39 轨道结构稳定性参数统计

钢轨横向位移(mm)									
系杆拱桥上		隧道内		路隧过渡段		路基段		路桥过渡段	
最大值	平均值	最大值	平均值	最大值	平均值	最大值	平均值	最大值	平均值
0.35	0.11	0.56	0.29	0.52	0.20	0.57	0.25	0.62	0.39
动态轨距变化(mm)									
系杆拱桥上		隧道内		路隧过渡段		路基段		路桥过渡段	
最大值	平均值	最大值	平均值	最大值	平均值	最大值	平均值	最大值	平均值
0.40	0.14	0.75	0.45	0.61	0.33	0.77	0.42	0.92	0.54

在动车组作用下的钢轨横向位移方向均指向钢轨内侧,动态轨距变化均为轨距缩小。

a. 钢轨横向位移

动车组通过时实测最大值为 0.62 mm。

b. 动态轨距变化量

动车组通过时实测最大动态轨距变化量为 0.92 mm,在动车组作用下的动态轨距变化均在动态轨距管理值范围以内。

④轨道垂向刚度

钢轨垂向位移是评估轨道弹性的主要参数，其大小可反映轨道垂向刚度的差异，轨道弹性还与路基刚度、桥梁刚度等有关，对双块式无砟轨道结构而言，其道床板下刚度较大，基本无弹性，轨道弹性主要靠扣件系统提供。

动车组通过轨道结构测试工点时实测钢轨垂向位移等轨道垂向刚度参数统计见表 4-19-40。

表 4-19-40 钢轨垂向位移统计

钢轨垂向位移(mm)							
隧道内		路隧过渡段		路基段		路桥过渡段	
最大值	平均值	最大值	平均值	最大值	平均值	最大值	平均值
1.16	0.84	1.02	0.78	1.06	0.81	1.09	0.76

动车组通过汀泗河系杆拱桥无砟轨道时实测钢轨垂向位移及过渡板垂向位移等轨道垂向刚度参数统计见表 4-19-41。

表 4-19-41 钢轨垂向位移、过渡板板中垂向位移、挠度动力系数统计

钢轨垂向位移(mm)				过渡板垂向位移(mm)	挠度动力系数	
Vossloh 扣件		BWG 扣件			实测值	《300～350 暂规》
最大值	平均值	最大值	平均值		$\mu_{实测}\times P_{运营}$	$\mu_{设计}\times P_{设计}$
1.10	0.76	1.59	1.28	0.69	$0.23P_{zk}$	$0.73P_{zk}$

a. 钢轨垂向位移

动车组通过 Vossloh 300 型扣件系统时钢轨垂向位移实测最大值为 1.16 mm，平均值为 0.84 mm，轨道动刚度平均值约为 81～92 kN/mm，动车组经过轨道各测试工点时轨道动刚度值基本相当，说明轨道垂向刚度较均匀。通过汀泗河系杆拱桥梁端过渡板上 BWG 扣件系统时钢轨垂向位移实测最大值为 1.59 mm，平均值为 1.28 mm，由于其静刚度为 17.5 kN/mm，而 Vossloh 300 型扣件垫板静刚度 22.5 kN/mm，故 BWG 扣件系统钢轨垂向位移略大于 Vossloh 300 型扣件系统。

b. 过渡板垂向位移

汀泗河系杆拱桥梁端过渡板为钢筋混凝土结构，长 3 600 mm，宽 2 800 mm，厚 390 mm，过渡板地面设板式支座；限位板由钢筋混凝土现场浇筑而成，通过梁面植筋与桥面相连，限位板上设限位装置，以限制过渡板横向移动。

由于过渡板下设板式支座，其相当于跨度为 3 m 的桥梁，据此布置了过渡板板中垂向位移测点。

动车组通过梁端过渡板时过渡板板中垂向位移最大为 0.69 mm。

⑤轨道结构振动特性

动车组通过轨道结构测试工点时，实测钢轨、道床板、底座、路基面、梁面等垂向振动加速度统计见表4-19-42。

表 4-19-42 钢轨、道床板、底座、路基面和梁面垂向振动加速度统计(m/s^2)

系杆拱桥上			隧道内		路隧过渡段	
钢轨	道床板	梁面	钢轨	道床板	钢轨	道床板
1 686	22.4	0.6	910	29.0	1 182	21.8

路基段				路桥过渡段		
钢轨	道床板	底座	路基面	钢轨	道床板	梁面
1 140	26.8	18.9	5.1	867	21.6	5.4

动车组通过系杆拱桥上时实测钢轨振动加速度最大值为 1 686 m/s^2，道床板振动加速度为 22.4 m/s^2，

梁面振动加速度为 5.4 m/s^2；通过隧道时实测钢轨振动加速度最大值为 910 m/s^2，道床板振动加速度为 29.0 m/s^2；通过路隧过渡段时实测钢轨振动加速度最大值为 1 182 m/s^2，道床板振动加速度为 21.8 m/s^2；通过路基段时实测钢轨振动加速度最大值为 1 140 m/s^2，道床板振动加速度为 26.8 m/s^2，底座振动加速度为 18.9 m/s^2，路基面振动加速度为 5.1 m/s^2；通过路桥过渡段时实测钢轨振动加速度最大值为 867 m/s^2，道床板振动加速度为 21.6 m/s^2，梁面振动加速度为 5.4 m/s^2。

实测钢轨、道床板、底座和路基面振动加速度测试结果均在“动态检测指导意见”的要求范围内。

(2)钢轨伸缩调节器

①列车运行安全性

动车组通过钢轨伸缩调节器时实测脱轨系数、轮重减载率和轮轴横向力等列车运行安全性参数统计见表 4-19-43。

表 4-19-43 动车组通过时各安全性参数统计

断面	最高通过速度(km/h)	脱轨系数		轮重减载率		轮轴横向力(kN)	
		最大值	平均值	最大值	平均值	最大值	平均值
尖轨尖端前	350.9	0.19	0.06	0.59	0.18	14.1	3.8
尖轨跟端后		0.13	0.04	0.53	0.15	11.1	2.5
动力学性能	349.2	0.33		0.65		20.7	

a. 脱轨系数

动车组通过时地面实测最大值为 0.19，平均值为 0.06；动力学性能检测为 0.33。

b. 轮重减载率

动车组通过时地面实测最大值为 0.59，平均值为 0.18；动力学性能检测为 0.65。

c. 轮轴横向力

动车组通过时地面实测最大值为 14.1 kN，平均值为 3.8 kN；动力学性能检测为 20.7 kN。

检测结果表明，动车组作用下的脱轨系数、轮重减载率及轮轴横向力均在其相应安全值内。

②轨道结构的稳定性

动车组通过钢轨伸缩调节器时实测钢轨横向位移及动态轨距变化量等轨道结构横向稳定性参数统计见表 4-19-44。

表 4-19-44 轨道结构横向稳定性参数统计

最高通过速度(km/h)	钢轨横向位移(mm)		动态轨距变化(mm)	
	最大值	平均值	最大值	平均值
350.9	0.16	0.07	0.25	0.11

在动车组作用下的钢轨横向位移方向均指向钢轨内侧，动态轨距变化均为轨距缩小。

a. 钢轨横向位移

动车组通过时实测最大值为 0.16 mm。

b. 动态轨距变化量

动车组通过时实测最大动态轨距变化量为 0.25 mm。在动车组作用下的动态轨距变化均在动态轨距管理值范围以内。

c. 轨道垂向刚度

为了研究伸缩调节器刚度均匀性，在整个调节器范围内间断测试了的铁垫板下橡胶垫板的弹性变形，通过弹性变形量的变化来反映轨道结构动态刚度变化情况。

动车组通过钢轨伸缩调节器时实测橡胶垫板的压缩变形统计见表 4-19-45。

表 4-19-45 橡胶垫板压缩变形参数统计 (单位:mm)

最高通过速度(km/h)	压缩变形 1		压缩变形 2		压缩变形 3		压缩变形 4		压缩变形 5		压缩变形 6	
	最大值	平均值	最大值	平均值	最大值	平均值	最大值	平均值	最大值	平均值	最大值	平均值
350.9	0.81	0.66	0.72	0.65	0.68	0.56	0.76	0.61	0.82	0.68	0.75	0.62

动车组通过时橡胶垫板压缩变形实测最大值 0.82 mm,相应平均值 0.68 mm。动车组通过整个调节器范围内橡胶垫板压缩变形基本相当,说明调节器范围内轨道结构刚度均匀性较好。

③轨道结构振动特性

动车组通过钢轨伸缩调节器时,实测钢轨、道床板、梁面垂向振动加速度统计见表 4-19-46。

表 4-19-46 钢轨、道床板、梁面垂向振动加速度统计 (单位:m/s^2)

最高通过速度(km/h)	钢轨		道床板	梁面
	过渡区	非过渡区		
350.9	2 978	2 998	24.3	0.39

动车组通过钢轨伸缩调节器过渡区时实测钢轨振动加速度最大值为 2 978 m/s^2,非过渡区实测钢轨振动加速度最大值为 2 998 m/s^2,道床板振动加速度为 24.3 m/s^2,梁面振动加速度为 0.39 m/s^2。

动车组通过调节器过渡区和非过渡区钢轨垂向振动加速度数值基本相当,说明过渡比较平稳。

实测钢轨、道床板和梁面振动加速度测试结果均在"动态检测指导意见"的要求范围内。

(3)动车组对全线轨道动力学性能检测结果

采用 CRH_2-068C 动车组对武广铁路客运专线上下行全线线路进行车辆动力学性能检测,实测稳定性(安全性)和平稳性指标最大值见表 4-19-47。

表 4-19-47 车上实测稳定性(安全性)和平稳性指标最大值统计

	速度(km/h)	脱轨系数	轮重减载率	轮轴横向力(kN)	车体横向平稳性	车体垂向平稳性
上行线	345.7	0.46	0.87(单峰)	30.34	2.77	2.13
下行线	346.5	0.59	0.90(单峰)	24.44	2.50	2.36

(1)脱轨系数、轮重减载率、轮轴横向力均在相应安全限值内。

(2)车体横向平稳性除上行线极少数点为良好外其余均为优,垂向平稳性均为优。

5. 结论

(1)列车运行安全性

动车组通过时脱轨系数、减载率和轮轴横向力均在相应安全限值内。

(2)轨道结构的动荷载

动车组通过时,钢轨承受的动荷载最大为 105.8 kN。轮轨垂直力在设计荷载以内,其结构强度具有较大的安全储备。

(3)轨道结构的稳定性

钢轨横向位移主要由轮轨垂直力偏心作用产生的向内小翻引起,动车组通过时,左右轨横向力主要指向道心,动态轨距变化主要表现为动态轨距的缩小。

钢轨横向位移实测最大值为 0.62 mm,动态轨距变化量最大为 0.92 mm,在动态轨距管理值范围以内,相对应的动车组动力学性能测试结果中,车体横向平稳性指标均为优良,表明扣件系统能够提供较好的保持动态轨距的能力,轨道横向稳定性好。

(4)轨道的垂向刚度

动车组通过各测试工点时钢轨垂向位移实测最大值为 1.16 mm,平均值为 0.84 mm,轨道垂向动刚度较均匀,相对应的动车组动力学性能测试结果中,车体垂向平稳性指标均为优,扣件系统弹性满足动车组

350 km/h 通过的舒适性要求。

(5)轨道结构的振动

动车组通过时,钢轨振动加速度最大为 2 998 m/s^2,道床板振动加速度最大为 29.0 m/s^2,底座振动加速度最大为 18.9 m/s^2,路基面振动加速度最大为 5.1 m/s^2,梁面振动加速度最大为 5.4 m/s^2,加速度检测结果均在"动态检测指导意见"的要求范围内。

综上分析表明,动车组经过大桥桥头平衡板上轨道结构,路隧过渡段、路桥过渡段等不同线下基础的区间轨道结构及钢轨伸缩调节器时列车运行安全性满足相关限值要求,轨道结构稳定性好,列车运行平稳。

综合轨道结构动力性能检测及全线动车组动力学性能监测结果,表明武广铁路客运专线轨道结构稳定性、轨道部件强度及轨道垂向刚度等可以满足 350 km/h 动车组运行安全性、平稳性要求。

第十一节　大号码道岔动力性能测试

正线道岔为新铁德奥道岔有限公司提供的 BWG 18 号及 50 号道岔。正向通过速度为 350 km/h,侧向通过速度分别为 80 km/h、220 km/h。

转辙器部分采用了动态轨距优化技术(FAKOP),轨距加宽最大值为 15 mm,其轨距加宽区段的长度、起始位置、加宽的量值是和曲基本轨与直尖轨的配合相关联的。该技术的基本原理是使轮对左右两车轮的滚动半径趋于相同,避免激扰蛇形运动,同时加大尖轨厚度,提高尖轨的耐磨性。

岔区扣压件主要采用 SKL12 弹条,扣压力为 10～12 kN。低刚度的弹性基板是其特色之一,支点刚度为 17.5 kN/mm。弹性基板的铁垫板采用锻造工艺加工,再和其他部件与橡胶硫化为一体(大号码道岔可动心轨辙叉部分不采用硫化处理),同时消除了部件间的配合间隙,为道岔扣件系统的技术特点之一。

岔区轨下基础分为两种结构:轨枕埋入式无砟轨道及板式无砟轨道。在武广铁路客运专线乌龙泉至花都段正线共 97 组板式无砟轨道道岔,除郴州西站有两组 18 道岔(渡线)位于雷大桥特大桥上,其余均设置在路基上。道岔板式无砟轨道系统是是由预制道岔板组成,道岔板之间不须采用纵向连接,也不再横向施加预应力,而是通过底座在纵向贯通连接,铺设在路基上的找平层(类似水硬性或沥青承载层)之上,或铺设在桥面上的钢筋混凝土底座板之上。

根据道岔布置方式选择株洲南线路所下行线 L2 岔位 50 号道岔及郴州西站桥上 3 号、路基上 5 号岔位 18 号道岔进行动力学性能测试。

在武广铁路客运专线联调联试及检测期间,试验列车为 CRH_2-068C 型动车组。动车组通过株洲南线路所 L2 号岔位最高速度为 352.3 km/h,通过郴州西站 3 号、5 号岔位最高速度为 350.9 km/h。

1. 目的

(1)考核动车组直、侧向通过客运专线无砟轨道可动心轨道岔的安全性和平稳性;

(2)验证新铁德奥道岔公司生产道岔 Zul60 尖轨、普通钢轨制造的翼轨、整体锻造心轨、扣件系统、岔枕、转换和锁闭装置等关键部件在高速行车条件下的适应性;

(3)通过对岔区板式无砟轨道的动态测试,评价岔区板式无砟轨道结构的动力性能及对道岔的适应性;

(4)验证道岔轨道刚度的合理性、岔区轨道刚度的均匀性、道岔前后轨道刚度过渡的平顺性。

2. 内容及评判标准

(1)检测内容

根据"动态检测指导意见"要求,结合武广铁路客运专线轨道结构特点,道岔结构动态检测选择了如下测试工点:K1 631 株洲南线路所 L2 岔位 50 号板式无砟轨道道岔;K1 879 郴州西站雷大桥桥上 3 号岔位 18 号道岔;K1 879 郴州西站路基上 5 号岔位 18 号道岔。

1)安全性指标

轮轨垂直力 P 和轮轨水平力 Q,据此计算机车车辆内外轮脱轨系数 Q/P、轮重减载率 $\Delta P/P$ 及轮轴横向力(Q_1-Q_2),判定试验列车运行的安全性。

2)道岔部件的变形

逆向进岔时尖轨尖端开口量;尖轨尖端前基本轨轨头横向位移及轨距动态变化;翼轨横向位移。

3)轮轨垂直力在尖轨和基本轨上的过渡

在曲基本轨上轨头宽度 10 mm、20 mm、30 mm、40 mm、50 mm 处连续布置测点测试作用在其上的垂直力变化，从而得到轮轨垂直力在直尖轨和曲基本轨上的过渡范围和过渡比例。

4)轨道刚度

过渡段、尖轨尖端前部、尖轨中部、尖轨跟端、连接部分支距垫板处、连接部分通用垫板处、特种断面翼轨处、心轨跟端、岔尾长岔枕处测试钢轨的垂向位移；

5)道岔转换设备测试

①转换设备动态试验测试

a. 尖轨牵引杆件动态应力(动作杆 3 点)；

b. 心轨牵引杆件动态应力(动作杆 2 点)。

②转换设备静态试验测试

a. 尖轨转换阻力；

b. 心轨转换阻力；

c. 转辙器部位转换夹异物试验。

(2)评判标准

根据“动态检测指导意见”和《高速动车组整车试验规范》(铁运〔2008〕28 号),《客运专线道岔暂行技术条件》,形成本次检测的评判标准。

3. 测点布置和测试方法

(1)测点布置

武广铁路客运专线道岔结构测点布置如图 4-19-66 和图 4-19-67 所示。

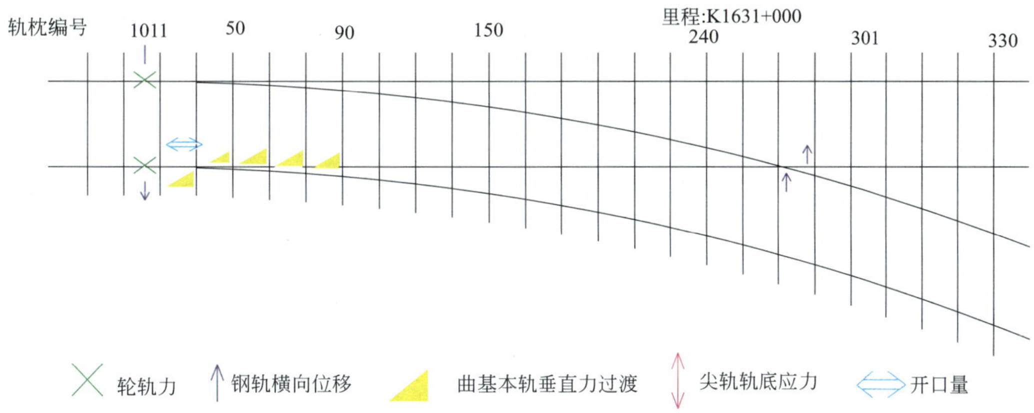

图 4-19-66　株洲南线路所 L2 号岔位 50 号道岔测点布置

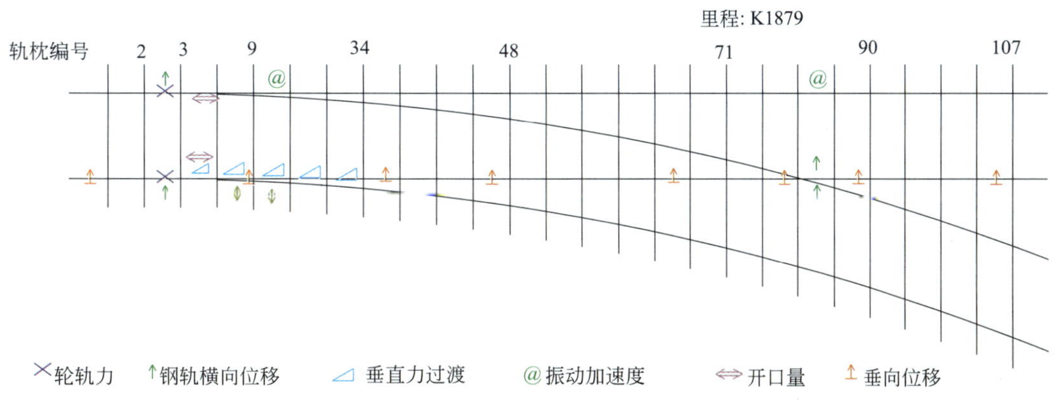

图 4-19-67　郴州西站 18 号道岔测点布置

(2)测试方法

①参照《轮轨水平力、垂直力地面测试方法》TB/T 2 489—94 标准，用剪应力法测试轮轨垂直力 P 和横向水平力 Q，据此计算脱轨系数 Q/P、轮重减载率 $\Delta P/P$ 及轮轴横向力(Q_1-Q_2)等列车运行安全性参数。

②尖轨、基本轨横向弹性位移

采用弹片式位移计测试道岔区段曲线尖轨、基本轨横向弹性位移，从而计算出曲线尖轨开口量及尖轨尖端轨距扩大量，结合轮轨水平力评判道岔结构的稳定性。

③转辙机拉杆应力及心轨、翼轨应力

采用"应力法"测试尖轨、转辙机拉杆和锁闭铁应力以判定道岔关键部件和锁闭杆件的强度和动力性能。

轮轨垂直力 P、轮轨水平力 Q 采用轮轨力标定架现场进行标定，并根据试验列车 5 km/h 通过测试点进行准静态标定和校核；各项位移测试采用塞尺现场进行标定；用标准应变源对动态应变仪进行校核及导线误差的修正。

4. 数据分析

在道岔结构动态检测期间，动车组实际通过最高速度为 350.9～352.3 km/h。

(1)株洲南线路所 L2 岔位

①列车运行安全性

地面实测脱轨系数最大值 0.11，动力学实测脱轨系数最大值 0.36，均小于限值 0.8；地面实测减载率最大值 0.31，动力学实测减载率最大值为 0.88，但是为单峰减载；地面实测轮轴横向力最大值 10.64 kN，动力学实测轮轴横向力最大值 31.6 kN，小于动车组限值 48.03 kN。车体横向加速度最大值 1.30 m/s^2，为Ⅱ级但是小于Ⅲ级；车体垂向加速度最大值 0.90 m/s^2，为Ⅰ级，均不需要零时补修或者限速。

检测结果表明，动车组作用下的脱轨系数、轮重减载率及轮轴横向力均在其相应安全值内。

②道岔区部件变形

基本轨横向位移实测最大值 0.28 mm、翼轨横向位移实测最大值 0.27 mm，均小于限值 1.5 mm；尖轨开口量实测最大值 1.22 mm，小于限值 4 mm。

③道岔区部件强度

部件强度测点选择在直尖轨顶宽 40、50 mm 处轨底应力。

直尖轨顶宽 40 mm 断面处，轨底应力实测最大值 74.9 MPa；直尖轨顶宽 50 mm 断面处，轨底应力实测最大值 56.5 MPa，远小于许用应力 335 MPa。

④轮轨垂直力过渡

轮轨力过渡测点选择在直尖轨顶宽 10 mm、20 mm、30 mm、40 mm、50 mm 处。

直尖轨在顶宽 30 mm 以前基本不承受垂直力，垂直力的过渡绝大部分在顶宽 30～40 mm 间约 8 m 长的范围内完成(顶宽约 30 mm 断面轨枕号 35 号、顶宽约 40 mm 断面轨枕号 48 号)。过渡较快，可以满足动车组直向安全通过及舒适性的要求。

⑤岔区轨道刚度

无砟轨道主要由扣件提供弹性，岔区轨道刚度测试通过在岔区选择不同部位的钢轨垂向位移来评价轨道刚度取值合理性和钢轨均化化效果。各测点岔枕编号分别为 28、111、136、220、258、301 号。

各测点钢轨垂向位移实测平均值在 0.48～1.40 mm 间，各测点钢轨垂向位移平均为 0.97 mm。考虑到岔区扣件 17.5 kN/mm 的节点刚度，轨道整体刚度实现了低刚度，轨道刚度取值较为合理，但是各测点钢轨垂向位移相差较大，轨道刚度均匀化效果稍欠缺。

⑥转换设备测试结果

a. 转换阻力测试结果

株洲南线路所 L2 岔位 50 号道岔的转换阻力。测试结果表明，道岔尖轨、心轨的转换阻力均满足转辙机额定输出力要求。各牵引点处转换力实测最大值 4 680 N，小于安全指标 6 000 N。

b. 转换夹异物试验

对株洲南车站 L2 岔位 50 号道岔转换夹异物试验，测试结果表明：道岔第 1 密检器反位，第 2 密检器定位和反位，第 2 密检器反位，第四密检器定位和反位 5 mm 均有表示，不满足指标要求。施工单位对不合格项目进行了调整，调整后均符合规范指标，满足列车运行要求。

c. 动态应力试验结果

动态应力的试验道岔为株洲南车站的 L2 岔位 50 号道岔。道岔为右开道岔，转辙机安装在道岔曲股。测试结果表明：

道岔转换系统，转辙器采用 S700 K 电动转辙机牵引。动态应力测点主要布置在转辙器第 1、2、3、4、5、6、7、8 牵引点和辙叉第 1、2、3 牵引点。

动车组直向通过 L2 岔位时：各点锁钩最大应力 126 MPa，小于许用应力 620 MPa。

(2)郴州西站桥上 3 号岔位道岔

①列车运行安全性

动车组直侧向通过 3 号岔位时，地面测试脱轨系数最大值 0.41，减载率最大值 0.57，轮轴横向力最大值 27.39 kN。动力学测试脱轨系数最大值 0.44，减载率最大值 0.67，轮轴横向力最大值 35.10 kN，均小于动车组相应限值。车体横向加速度最大值 1.21 m/s^2，大于Ⅱ级但是小于Ⅲ级；车体垂向加速度最大值 0.94 m/s^2，为Ⅱ级，均不需要零时补修或者限速。

②道岔区部件变形

动车组直向通过 3 号岔位时，基本轨横向位移实测最大值 0.31 mm，翼轨横向位移实测最大值0.47 mm 之间，均小于限值 1.5 mm；尖轨开口量实测最大值 0.28 mm 之间，远小于 4 mm 限值。

动车组侧向通过 3 号岔位时：基本轨横向位移实测最大值 1.10 mm，翼轨横向位移实测最大值0.64 mm 之间，均小于限值 3.0 mm；尖轨开口量实测最大值 0.29 mm 之间，远小于 4 mm 限值。

③桥上道岔区轨道板相对梁面位移最大值

轨道板相对于梁面纵向位移最大值为 0.07 mm，横向位移最大值 0.03 mm，垂向位移最大值 0.04 mm。各项测试数据量值均非常小，表明动车组动态加载下，桥上岔区板式无砟轨道能够保持较好的稳定状态，以保持轨道状态的稳定及减小对梁体的冲击。

④转换设备测试数据与分析

郴州西站 3 号岔位道岔为左开道岔，转辙机安装在道岔直股，采用 S700 K 转辙机牵引。

⑤转换阻力测试结果与分析

a. 郴州西站 3 号岔位 18 号道岔的转换阻力测试。测试结果：道岔尖轨、心轨的转换阻力均满足转辙机额定输出力要求。各牵引点处转换力实测最大值 4 980 N，小于安全指标 6 000 N。

b. 转换夹异物试验

各测点转换夹异物实验结果均符合规范指标，满足列车运行要求。

c. 动态试验结果与分析

动车组直侧向通过 3 号岔位时，各点锁钩最大应力 38.55MPa，小于许用应力 620MPa。

(3)郴州西站路基上 5 号岔位道岔

①列车运行安全性

对动车组通过岔区时地面实测脱轨系数、轮重减载率和轮轴横向力等列车运行安全性参数进行了测试；对动力学性能进行了监测。测试结果表明：地面实测脱轨系数最大值 0.35，动力学实测脱轨系数最大值 0.31，均小于限值 0.8；地面实测减载率最大值 0.42，动力学实测减载率最大值为 0.69，；地面实测轮轴横向力最大值 25.32 kN，动力学实测轮轴横向力最大值 33.48 kN，小于动车组限值 48.03 kN。车体横向加速度最大值 1.24 m/s^2，大于Ⅱ级但是小于Ⅲ级；车体垂向加速度最大值 0.92 m/s^2，为Ⅱ级，均不需要零时补修或者限速。

检测结果表明，动车组作用下的脱轨系数、轮重减载率及轮轴横向力均在其相应安全值内。

②道岔区部件变形

对道岔区基本轨、翼轨横向位移、尖轨开口量实测最大值进行了实测。测试结果表明：基本轨横向位移实测最大值 0.63 mm、翼轨横向位移实测最大值 0.63 mm，均小于限值 1.5 mm；尖轨开口量实测最大值 0.18 mm，远小于限值 4 mm。

③轮轨垂直力过渡

轮轨力过渡测点选择在直尖轨顶宽 10 mm、20 mm、30 mm、40 mm、50 mm 处。通过测试结果:

动车组直向通过 5 号岔位时:在直尖轨顶宽 20 mm 断面,尖轨承担大约 15%的轮轨垂直力;在直尖轨顶宽 30 mm 断面,尖轨承担大约 68%的轮轨垂直力;在直尖轨顶宽 40 mm 断面,尖轨承担大约 89%的轮轨垂直力。轮轨垂直力转移主要尖轨顶宽 20～40 mm 范围内完成。过渡较快,能够保证列车过岔的平稳性和舒适性。

④道岔区刚度均匀化效果

测试在路基上 5 号岔位尖轨前普通区间扣件处、岔区 10 号枕处、27 号枕处、44 号枕处、70 号枕处、93 号枕处、104 号枕处、109 号枕处布置测点,测试钢轨垂向位移,以评价轨道刚度及均匀化效果。测试结果:

动车组直向通过 5 号岔位时:普通区间轨道处钢轨垂向位移平均值 0.86 mm,岔区内各测点钢轨垂向位移平均值在 0.38～1.91 mm 之间,岔区内各测点平均值为 1.01 mm。岔区扣件系统较好地解决了低刚度的问题,为提高动车组过岔的舒适性提供了保障。但是在尖轨、心轨区段钢轨垂向位移与均值相差较大,刚度均匀化方面稍有欠缺。

⑤转换设备测试数据与分析

郴州西站 5 号岔位道岔为右开道岔,转辙机安装在道岔直股,采用 S700K 转辙机牵引。

a. 转换阻力测试结果与分析

道岔尖轨、心轨的转换阻力均满足转辙机额定输出力要求。各牵引点处转换力实测最大值 4 874 N,小于安全指标 6 000 N。

b. 转换夹异物试验

5 号岔位第二密检器反位 5 mm 有表示,不满足指标要求。随后施工单位对不合格项目进行了调整,调整后均符合规范指标,满足列车运行要求。

c. 动态试验结果与分析

动车组直向通过 5 号岔位时:各测点锁钩最大应力 48.72 MPa,小于许用应力 620 MPa。

根据动力学测试结果,武广铁路客运专线上下行道岔实测脱轨系数最大值 0.49,小于限值 0.8;减载率实测最大值 0.87,为单峰减载(清远站);量值横向力最大值 43.83 kN(清远站),小于限值 48.03 kN。横向平稳性最大值 2.10,垂向平稳性最大值 2.35,均为优。

5. 检测结论

综合道岔动力性能检测及动车组动力学监测结果,武广铁路客运专线道岔结构部件的稳定性、岔区薄弱环节的部件强度、岔区轨道刚度均匀性、轮轨垂直力的过渡及桥上岔区板式无砟轨道稳定性等可以满足动车组安全及平稳运行的要求。

第十二节　桥梁动力性能测试

根据武广铁路客运专线桥梁的分布状况和对有代表性桥梁进行动态检测的选取原则,桥梁动态检测选择了汀泗河特大桥(140 m 钢箱系杆拱)、与 140 m 钢箱系杆拱相邻的 32 m 预应力混凝土简支箱梁和 24 m 预应力混凝土简支箱梁各一孔、胡家湾特大桥(112 m 钢管混凝土提篮拱)、与 112 m 钢管混凝土提篮拱相邻的一孔 32m 预应力混凝土简支箱梁、株洲西湘江特大桥(60+5×100+60) m 预应力混凝土连续箱梁、雷大桥特大桥(40+64+40) m 预应力混凝土连续箱梁和雷大桥特大桥 6×32 m 预应力混凝土连续箱梁。动态检测从 2009 年 7 月 5 日开始,至 10 月 6 日结束,CRH_2 动车组通过桥梁动态检测测试工点的最高速度为 349.5 km/h。

动态检测主要测试桥梁结构的自振特性和 CRH_2 动车组以各种速度通过桥梁时的动力响应(竖横向自振频率、阻尼比、动力系数、挠跨比、梁端转角、竖横向振幅、竖向振动加速度、端横梁动挠度、跨梁缝处相邻两个钢轨支承点间的相对横向和竖向位移等)。

依据对车线桥进行系统性分析的原则,对武广铁路客运专线的典型桥梁(汀泗河特大桥、胡家湾特大桥、陆水特大桥、株洲西湘江特大桥和衡阳西湘江特大桥)进行动车组通过桥梁时运行安全性和平稳性的分析。

1. 检测目的

通过测试桥梁自振特性和 CRH_2 动车组以各种速度通过典型桥梁时的动车组和桥梁的动力响应，据以分析结构在动载作用下的工作状态（包括大跨度桥梁与相邻小跨度桥梁的过渡、长大桥梁等跨布置引起的竖向周期性不平顺效应、动车组安全性和平稳性指标），判断桥梁是否具有合理的竖向和横向刚度，分析、评价动车组通过桥梁时的安全性和平稳性。

2. 检测内容和评判标准

检测内容和评判标准均按照勘察设计有关联调联试的相关规定执行。

3. 测点布置和测试方法

（1）测点布置

根据武广铁路客运专线桥梁状况及选取原则，武广铁路客运专线桥梁动态检测测点布置如图4-19-68～图 4-19-71 所示，测试流程如图 4-19-72 所示。

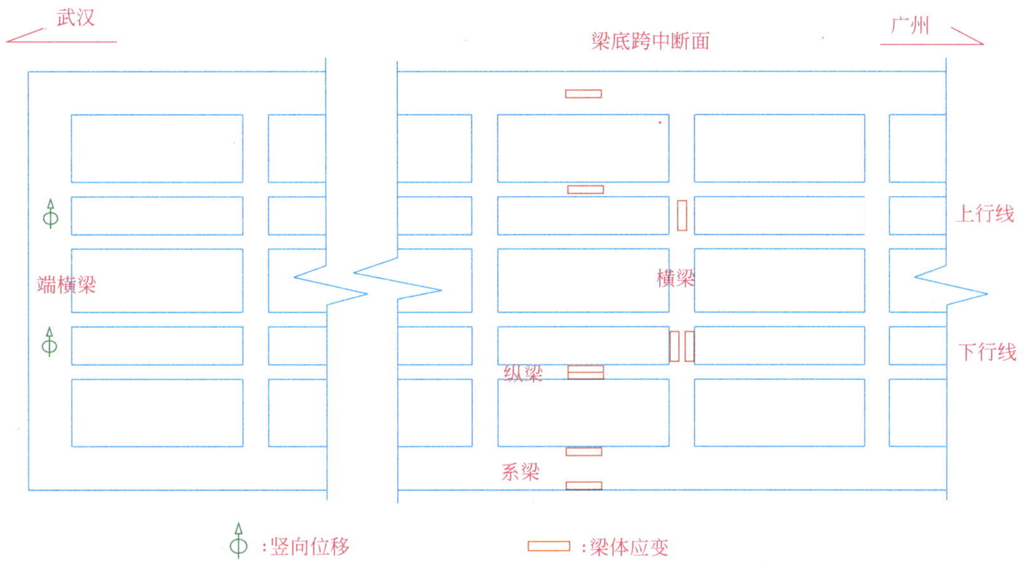

图 4-19-68　汀泗河特大桥 140 m 系杆拱桥测点布置

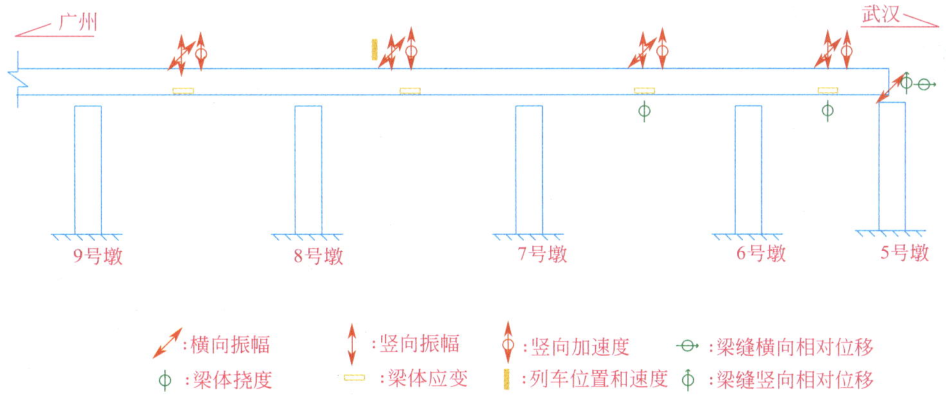

图 4-19-69　株洲西湘江特大桥（60＋5×100＋60）m 连续梁测点布置

(2)测试方法

①时域数据处理应符合的规定

对记录的测试数据应进行时奇异项、零点飘移、趋势项、记录波形和记录长度的检验；被测试结构的自振频率，可在无载时间段记录曲线上比较规则的波形段内取有限个频率的平均值；被测试结构的阻尼比，可按自由衰减曲线求取；被测试结构各点的幅值，应记录信号幅值除以测试系统的增益，并按此求得振型。应消除系统误差，舍弃因过失误差产生的可疑数据。

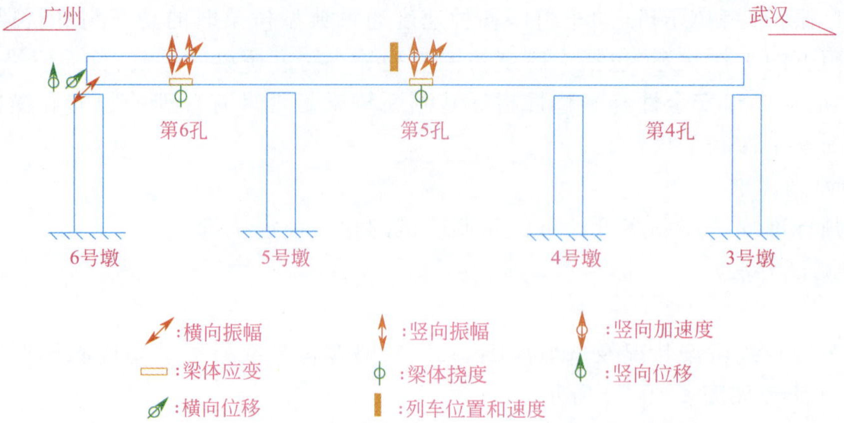

图 4-19-70 雷大桥特大桥(40＋64＋40)m 连续梁测点布置

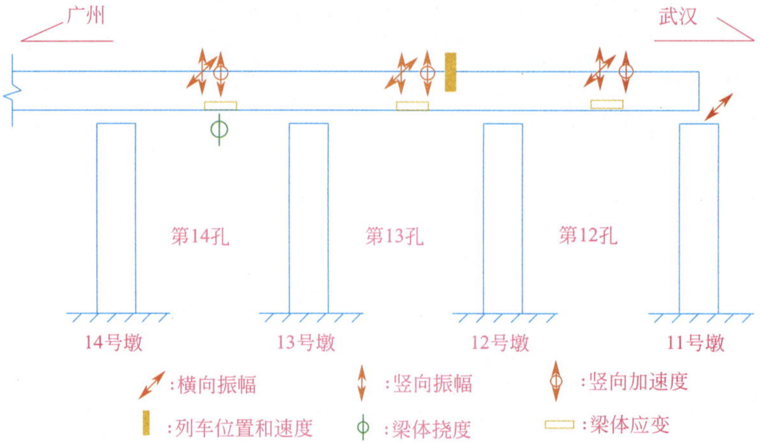

图 4-19-71 雷大桥特大桥 6×32 m 连续梁测点布置

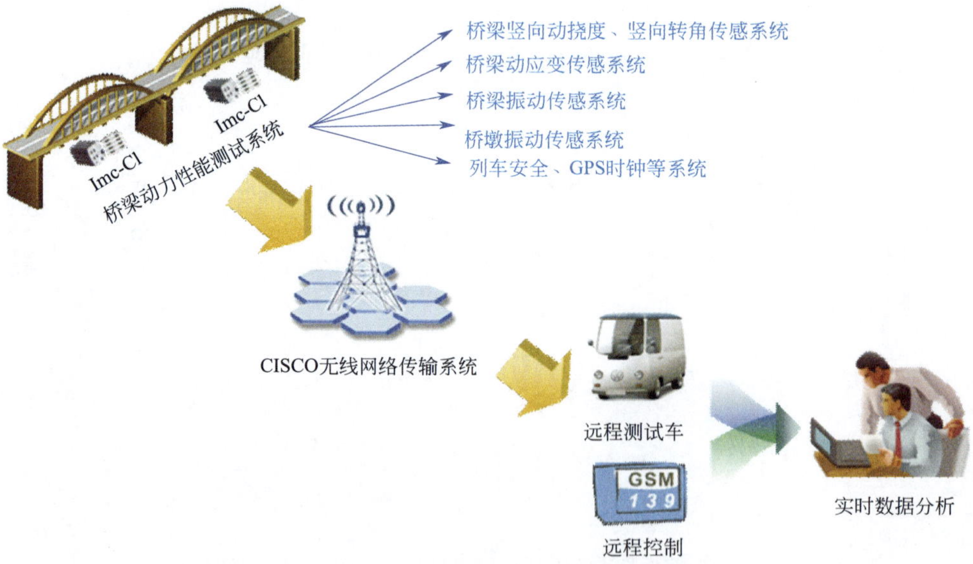

图 4-19-72 桥梁动态检测测试流程

②频域数据处理应符合的规定

采样间隔应符合采样定理的要求;对频域中的数据应采用滤波、零均值化方法处理;被测试结构的自振频率,可采用自谱分析或傅里叶谱分析方法求取;被测试结构的阻尼比,宜采用自相关函数分析、曲线拟合法或半功率点法确定。被测试结构的振型,宜采用自谱分析、互谱分析或传递函数分析方法确定。进行谱分析时,应合理选择时间窗函数,以减少泄漏,在桥梁检测的实际运用中可选择汉宁(Hanning)、哈明(Hamming)、凯塞一贝塞尔(Kaiser-Bessel)或其他合适的时间窗函数。

③分析轮对的激励与结构的瞬时响应关系。

④直接从动挠度、动应力实测波形获得其相应的动力系数时：

从动挠度波形：$1+\mu=\frac{\delta_{dmax}}{\delta_{smax}}$

从动应力波形：$1+\mu=\frac{\sigma_{dmax}}{\sigma_{smax}}$

式中 δ_{dmax}——实测最大动挠度值；

δ_{smax}——取低速（准静态）最大挠度值；

σ_{dmax}——实测最大动挠度值；

σ_{smax}——取低速（准静态）最大挠度值。

从动挠度获取的动力系数为结构的整体动力系数；从应力波形获得的动力系数为该应力点具体结构件的动力系数。

⑤对振动波形应进行的分析

a. 桥梁振动时域波形的判读

对预检后的桥梁振动时域波形样本进行判读，目视检查或结合频谱分析，确认结构的各种特征频率。

b. 桥梁振幅

(a)基线两侧基本对称的振动波形，振幅可由任一方向的单峰值得出。

(b)基线两侧很不对称的振动波形，振幅应由较大的单峰值得出。注意波形必须是经过预检，去掉奇异项，修正零线飘移、趋势等误差，并经正确滤波后确认非失真的波形。

c. 结构各阶振动的自振频率和阻尼比特性

(a)由实测时域余振波形的自由振动衰减曲线确定：

自振频率

$$f_0=\frac{m}{mT}$$

阻尼比

$$D=\frac{1}{2\pi}\cdot\frac{1}{m}\ln\frac{A_n}{A_{n+m}}$$

式中，m 为自由振动衰减波形图上量取振幅的整周期波数。

(b)由环境微振动频谱分析确定：

自振频率

$$f_0=\frac{\omega_0}{2\pi}$$

阻尼比

$$D=\frac{\Delta\omega}{2\omega_0}$$

式中 $\Delta\omega$——$X_{max}/\sqrt{2}$处的频带宽；

X_{max}——功率谱峰值；

f_0——自振频率。

d. 结构强迫振动频率

截取振动时域波形样本中铁路机车和车辆的最大振幅时段的波形段，分别作最大熵法频谱分析，求取机车和车辆对结构产生的强迫振动频率。当该时域波形呈共振形态时，最大熵法频谱分析得出的强迫振动频率即为结构在该荷载下的有载自振频率。

⑥选取试验列车进桥前、出桥后的路基区段和桥上全部区段，分析试验列车在各区段的脱轨系数、轮重减载率、轮轴横向力、运行平稳性。

4. 数据分析

武广铁路客运专线动态检测中，CRH_2 动车组通过桥梁测试工点时的试验速度见表 4-19-48。

表 4-19-48 CRH2 动车组通过桥梁测试工点时的试验速度

序　　号	测试梁型		测点中心里程	试验速度(km/h)
1	汀泗河特大桥	140 m 系杆拱	K1 324+776	201.1～345.7
2		32 m 简支箱梁	K1 324+690	
3		24 m 简支箱梁	K1 324+662	
4	胡家湾特大桥	112 m 提篮拱	K1 342+860	160.7～349.5
5		32 m 简支箱梁	K1 342+786	
6	株洲西湘江特大桥	(60+5×100+60) m 连续梁	K1 632+023	195.2～349.5
7	雷大桥特大桥	(40+64+40) m 连续梁	K1 878+696	198.0～349.5
8		6×32m 连续梁	K1 879+030	196.7～349.5

(1)梁体横向自振频率和横向振动阻尼比

实测梁体横向自振频率和横向振动阻尼比与国内外原型桥梁试验结果吻合。

(2)梁体竖向自振频率和竖向振动阻尼比

实测梁体竖向自振频率满足《客运专线动态验收指导意见》限值要求，常用跨度双线简支箱梁也满足不需进行动力检算的竖向自振频率限值；实测梁体竖向振动阻尼比与国内外原型桥梁试验结果吻合。

(3)梁体竖向挠跨比和挠度动力系数

CRH_2 动车组双线准静态加载时跨中最大挠度(扣除盆式橡胶支座竖向位移)换算至 ZK 活载的跨中竖向挠跨比均满足《客运专线动态验收指导意见》限值和设计值要求，且均有较大裕量。

CRH_2 动车组作用下，汀泗河特大桥 140 m 钢箱系杆拱 1/4 跨、株洲西湘江特大桥(60+5×100+60) m 连续梁 60 m 跨、雷大桥特大桥(40+64+40) m 连续梁 40 m 跨、雷大桥特大桥 6×32 m 连续梁 32 m 跨(第 14 孔)实测挠度动力系数与运营动力系数的关系图如图 4-19-73～图 4-19-76 所示。

从关系图中可以看出，汀泗河特大桥 140 m 钢箱系杆拱 1/4 跨、6×32 m 连续梁 32 m 跨(第 14 孔)跨中实测挠度动力系数基本都小于运营动力系数，但存在小部分超出运营动力系数的现象；株洲西湘江特大桥(60+5×100 +60) m 连续梁 60 m 跨、雷大桥特大桥(40+64+40) m 连续梁 40 m 跨跨中实测挠度动力系数均小于运营动力系数。

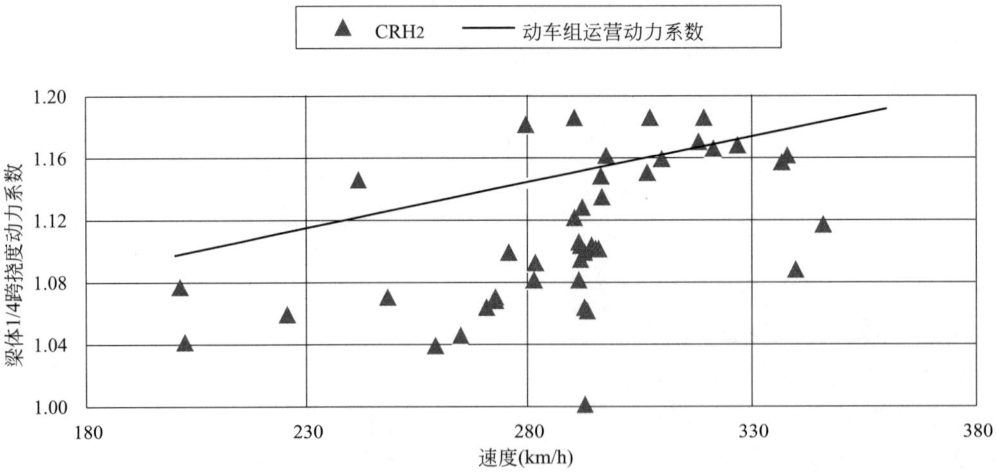

图 4-19-73 汀泗河特大桥 140 m 系杆拱 1/4 跨挠度动力系数与运营动力系数关系

通过比较 CRH_2 动车组作用下的竖向动力作用与设计荷载的竖向动力，可以看出，CRH_2 动车组作用下雷大桥特大桥(40+64+40) m 连续梁的竖向动力作用大于设计荷载作用下的竖向动力作用，雷大桥特大桥 6×32 m 连续梁的竖向动力作用小于设计荷载作用下的竖向动力作用。

(4)梁端竖向转角

CRH_2 动车组准静态双线加载时，梁端竖向转角(换算至 ZK 活载)均满足《客运专线动态验收指导意见》、《高速铁路设计规范》梁端竖向转角限值和设计值要求。

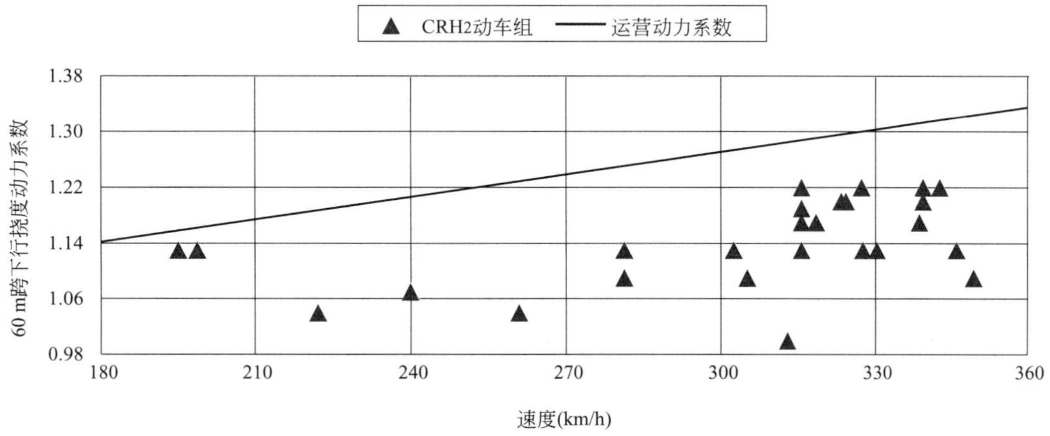

图 4-19-74　株洲西湘江特大桥(60＋5×100＋60) m 连续梁 60 m 跨挠度动力系数与运营动力系数关系

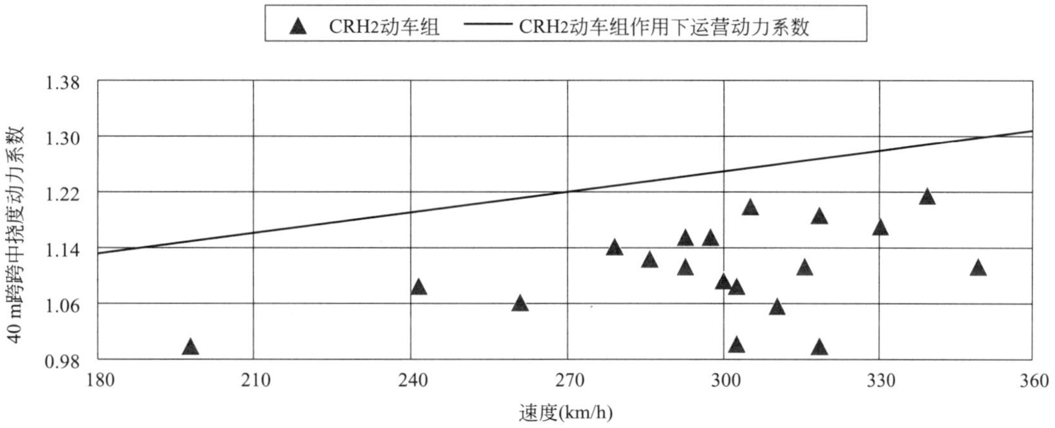

图 4-19-75　雷大桥特大桥(40＋64＋40) m 连续梁 40 m 跨挠度动力系数与运营动力系数关系

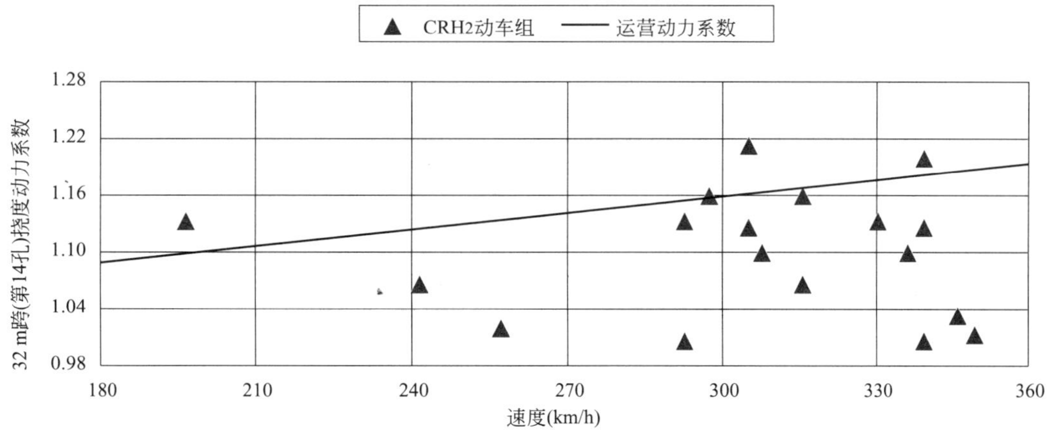

图 4-19-76　雷大桥特大桥 6×32 m 连续梁 32 m 跨(第 14 孔)挠度动力系数与运营动力系数关系

(5)跨中横向振幅

实测梁体跨中横向振幅最大值均远小于《铁路桥梁检定规范》通常值(客车，$160 < v \leqslant 200$ km/h)；由于动车组质量较小、编组较短，激励能量有限，实测跨中横向振幅均较小，未发生明显共振现象。

(6)跨中和 1/4 跨竖向振幅

测试过程中，除汀泗河特大桥 140 m 系杆拱 1/4 跨竖向振幅有竖向共振现象发生，但由于动车组质量较小、编组较短，激励能量有限，实测桥梁竖向振幅仍较小；其余测试桥梁跨中竖向振幅均较小；且未发生明显共振现象。

(7)墩顶横向振幅

实测墩顶横向振幅最大值均远小于《铁路桥梁检定规范》通常值。在试验车速范围内,动车组质量较小,激励能量有限,实测墩顶横向振幅均很小,横向未发生明显共振现象。

(8)梁体跨中动应变及动力系数

实测应变动力系数与运营动力系数的关系如图 4-17-77～图 4-19-90 所示。

从关系图中看出,汀泗河特大桥 24 m 简支箱梁、胡家湾特大桥 32 m 简支箱梁、株洲西湘江特大桥(60+5×100+60) m 连续梁 60 m 跨(第 6 孔)、100 m 跨(第 7 孔)、100 m 跨(第 9 孔)、雷大桥特大桥(40+64+40) m 连续梁 64 m 跨(第 5 孔)、40 m 跨(第 6 孔)、雷大桥特大桥 6×32 m 连续梁 32 m 跨(第 12 孔)、32 m 跨(第 13 孔)的实测应变动力系数均小于运营动力系数,而汀泗河特大桥 140 m 系杆拱桥跨中下行侧系梁、汀泗河特大桥 32 m 简支箱梁、胡家湾特大桥 112 m 提篮拱桥、株洲西湘江特大桥(60+5×100+60) m 连续梁 100 m 跨(第 8 孔)和雷大桥特大桥 6×32 m 连续梁 32 m 跨(第 14 孔)的实测应变动力系数有超过运营动力系数的现象。

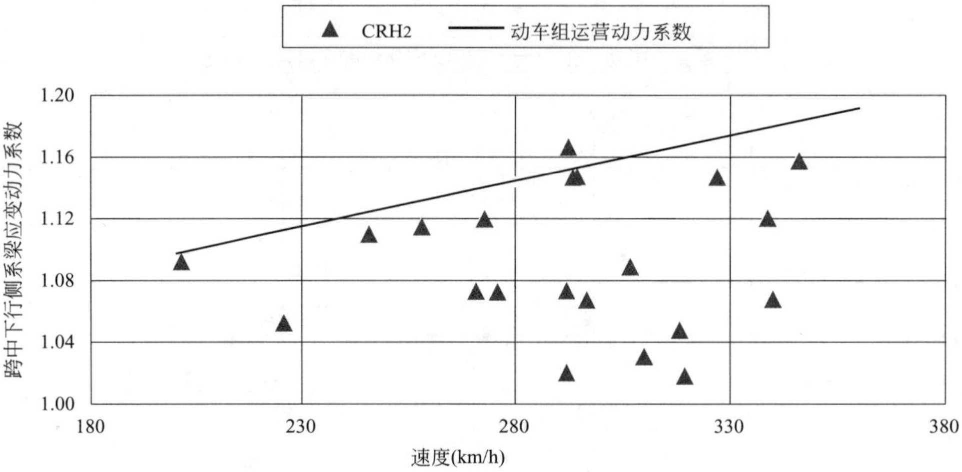

图 4-19-77 汀泗河特大桥 140 m 系杆拱桥跨中下行系梁应变动力系数与运营动力系数关系

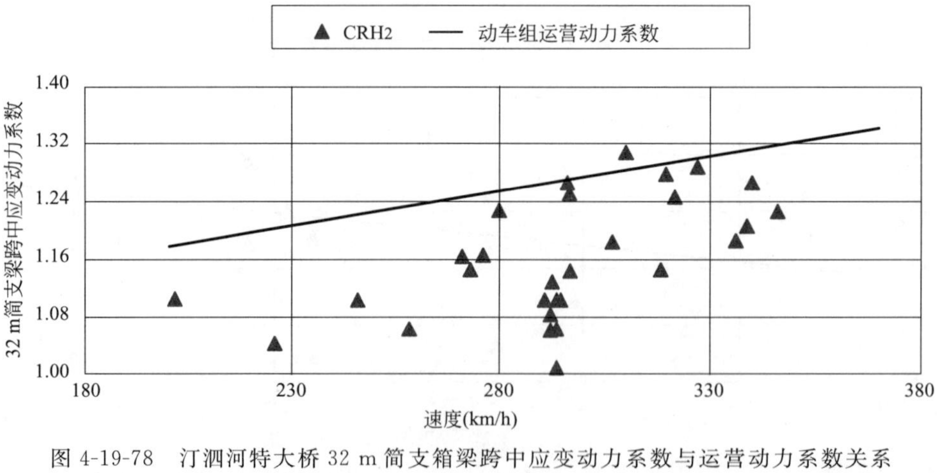

图 4-19-78 汀泗河特大桥 32 m 简支箱梁跨中应变动力系数与运营动力系数关系

CRH_2 动车组作用下的竖向动力作用与设计荷载的竖向动力作用比较见表 4-4-17,CRH_2 动车组作用下的竖向动力作用均小于设计荷载的竖向动力作用,但 CRH_2 动车组作用下雷大桥特大桥(40+64+40) m 连续梁的竖向动力作用大于设计荷载作用下的竖向动力作用。

(9)梁体振动加速度

CRH_2 动车组作用下梁体竖向振动加速度(20 Hz 低通数字滤波后)实测值均满足《客运专线动态验收指导意见》无砟桥面强振频率不大于 20 Hz 的竖向振动加速度不大于 5.0 m/s^2 的要求。

(10)端横梁挠度和动力系数

CRH_2 动车组作用下汀泗河特大桥端横梁实测挠度值均小于《客运专线动态验收指导意见》端横梁的拼

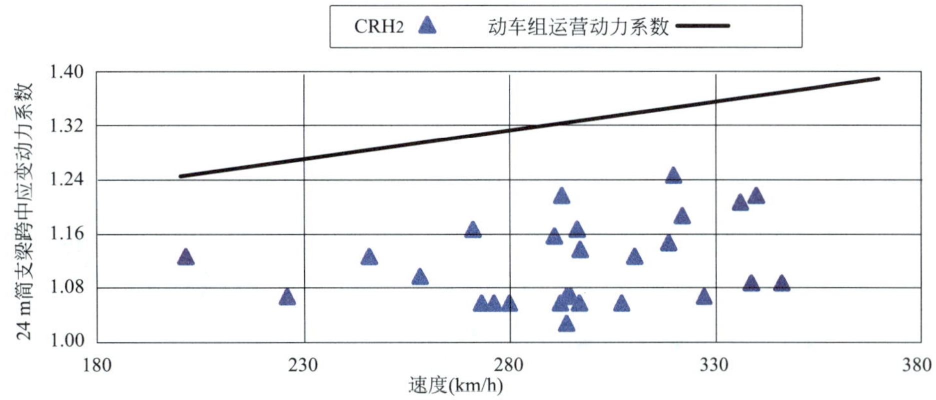

图 4-19-79　汀泗河特大桥 24 m 简支箱梁跨中应变动力系数与运营动力系数关系

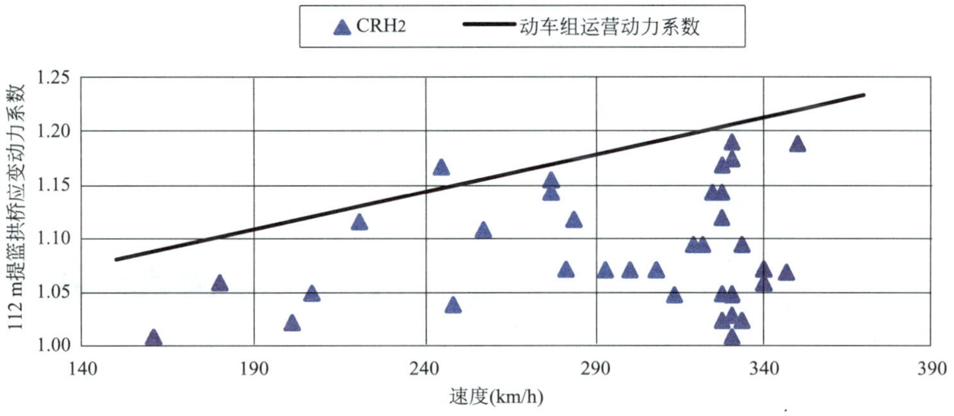

图 4-19-80　胡家湾特大桥 112 m 提篮拱桥跨中应变动力系数与运营动力系数关系

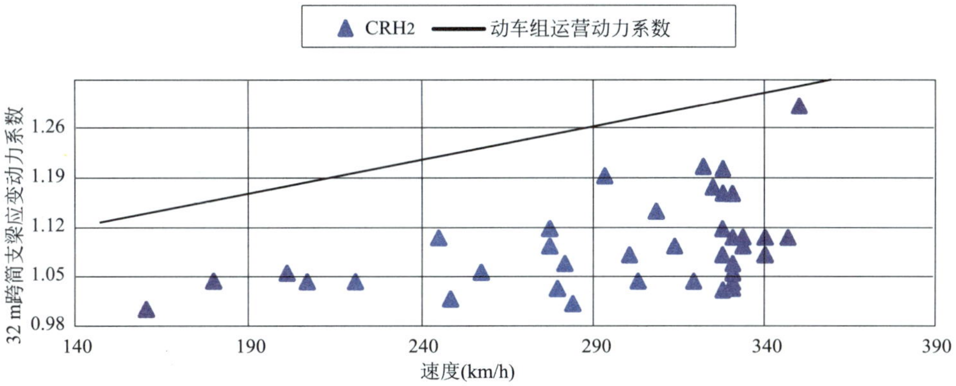

图 4-19-81　胡家湾特大桥 32m 简支箱梁跨中应变动力系数与运营动力系数关系

接纵梁位置处的挠度限值 1 mm。实测端横梁竖向动力作用小于设计荷载作用下竖向动力作用。

(11)梁缝两侧钢轨支承点间的相对横向和竖向位移

CRH_2 动车组作用下，实测株洲西湘江特大桥（60＋5×100＋60）m 连续梁 60 m 边跨和雷大桥特大桥（40＋64＋40）m 连续梁 40 m 边跨梁缝两侧相邻两个钢轨支承点间的相对横向和竖向位移实测结果均满足《客运专线动态验收指导意见》和《客运专线无砟轨道铁路设计指南》1 mm 要求。

5. 动车组通过桥梁时运行安全性分析

(1)轮重减载率

CRH_2 动车组在汀泗河特大桥、胡家湾特大桥、陆水特大桥、株洲西湘江特大桥和衡阳西湘江特大桥上通过时，动车组轮重减载率均满足《客专验收指导意见》中的安全限值要求，但陆水特大桥、株洲西湘江特大桥的动车组轮重减载率偏大，运营中应加强观测。从整体趋势看，随 CRH_2 动车组行车速度的提高，动车组

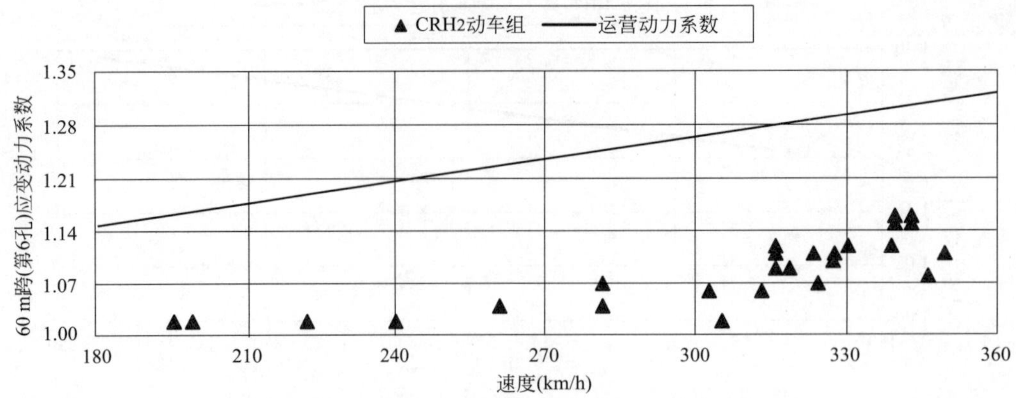

图 4-19-82 株洲西湘江特大桥(60＋5×100＋60)m 连续梁 60m 跨(第 6 孔)跨中应变动力系数与运营动力系数关系

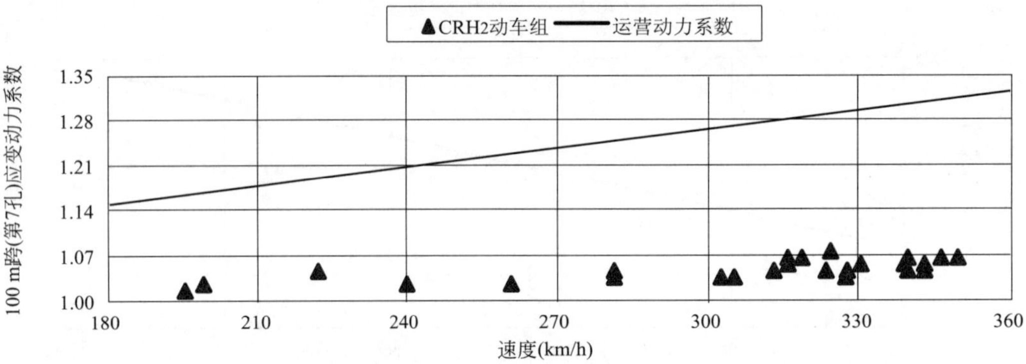

图 4-19-83 株洲西湘江特大桥(60＋5×100＋60) m 连续梁 100 m 跨(第 7 孔)跨中应变动力系数与运营动力系数关系

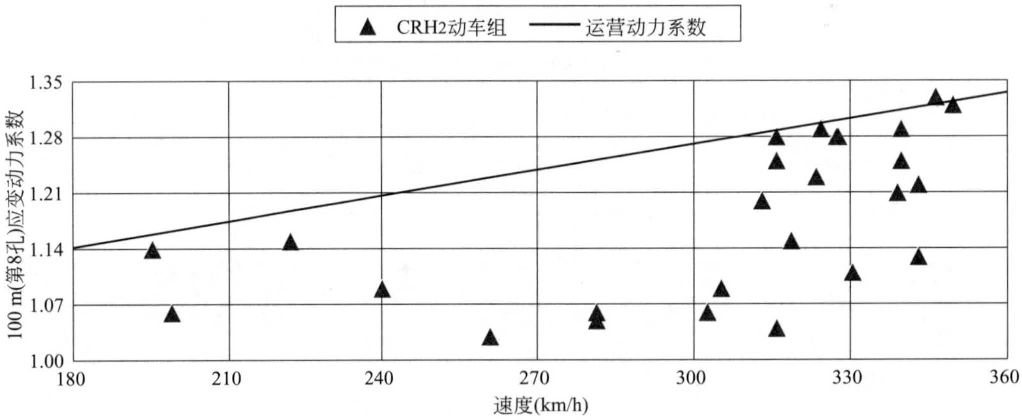

图 4-19-84 株洲西湘江特大桥(60＋5×100＋60) m 连续梁 100 m 跨(第 8 孔)跨中应变动力系数与运营动力系数关系

的轮重减载率变化平缓。

(2)脱轨系数

CRH_2 动车组在汀泗河特大桥、胡家湾特大桥、陆水特大桥、株洲西湘江特大桥和衡阳西湘江特大桥上通过时，动车组的脱轨系数均满足《客运专线动态验收指导意见》中的安全限值要求；从整体趋势看，CRH_2 动车组进出桥时，动车组脱轨系数变化平缓。

(3)轮轴横向力

CRH_2 动车组在桥上通过时，动车组的轮轴横向力均满足《客运专线动态验收指导意见》中的安全限值要求；从整体趋势看，CRH_2 动车组进出桥时，动车组轮轴横向力变化平缓。

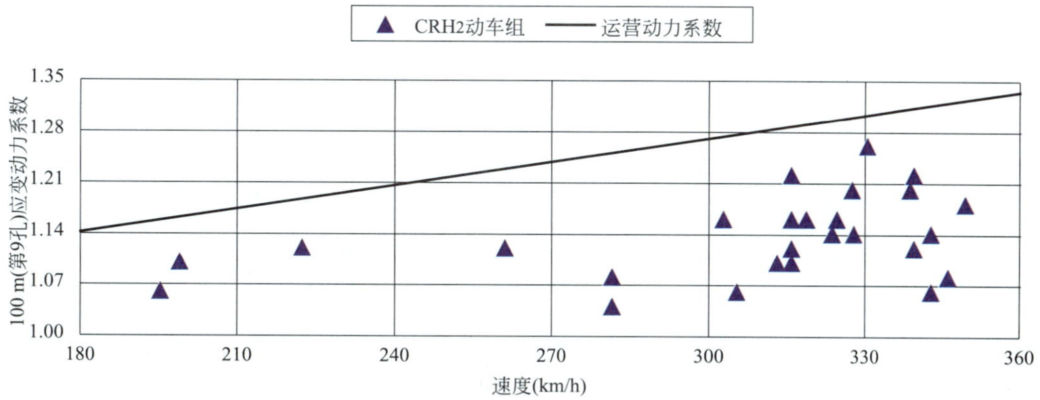

图 4-19-85 株洲西湘江特大桥(60＋5×100＋60)m连续梁100 m跨(第9孔)跨中应变动力系数与运营动力系数关系

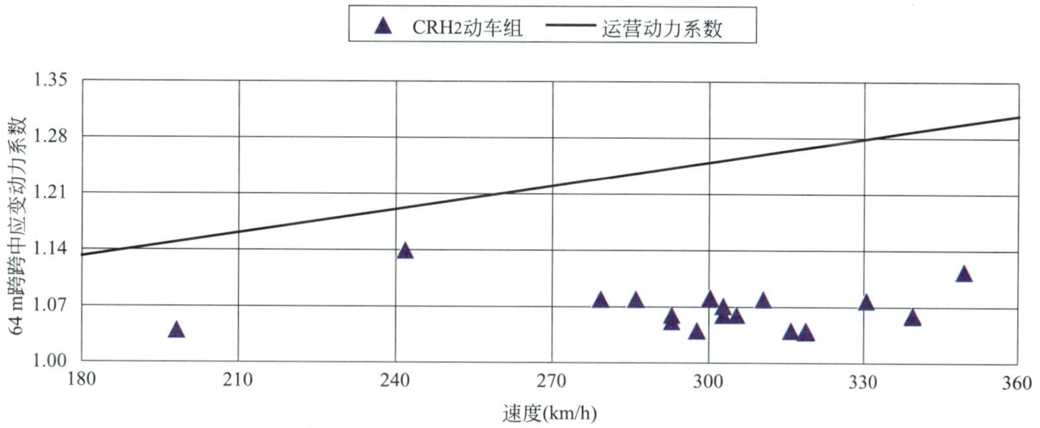

图 4-19-86 雷大桥特大桥(40＋64＋40)m连续梁64 m跨(第5孔)跨中应变动力系数与运营动力系数关系

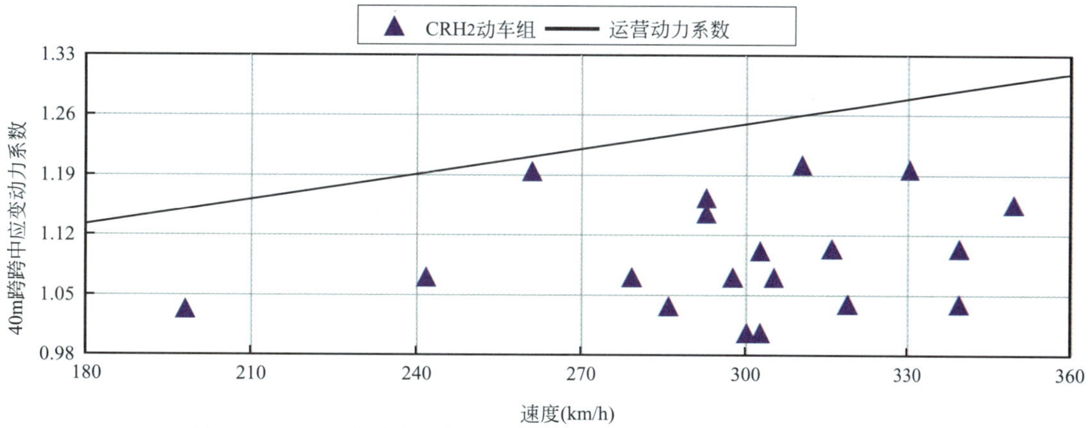

图 4-19-87 雷大桥特大桥(40＋64＋40)m连续梁40 m跨(第6孔)跨中应变动力系数与运营动力系数关系

通过以上分析可知，CRH_2动车组在桥上通过时，各项安全性指标均能满足《客运专线动态验收指导意见》中的安全限值要求，在现有桥梁横向和竖向刚度条件下，能够满足动车组通过桥梁时的安全性要求。

6. 动车组通过桥梁时运行平稳性分析

(1)横向平稳性

CRH_2动车组在桥上通过时，动车组横向平稳性指标均满足《客运专线动态验收指导意见》中平稳性指标优($W \leqslant 2.5$)的要求；从整体趋势看，CRH_2动车组进出桥时平稳性指标差别不大，变化较平缓。

(2)竖向平稳性

CRH_2动车组在桥上通过时，动车组竖向平稳性指标均满足《客运专线动态验收指导意见》中平稳性优

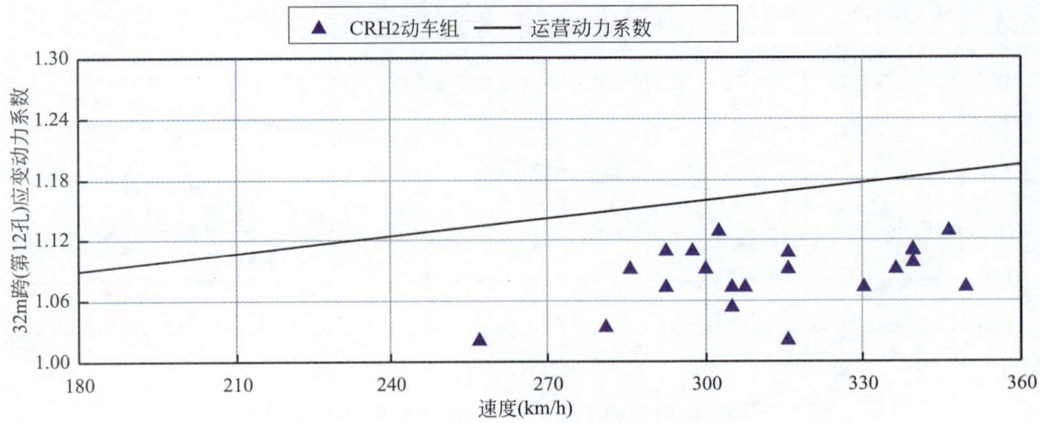

图 4-19-88 雷大桥特大桥 6×32 m 连续梁 32 m 跨(第 12 孔)跨中应变动力系数与运营动力系数关系

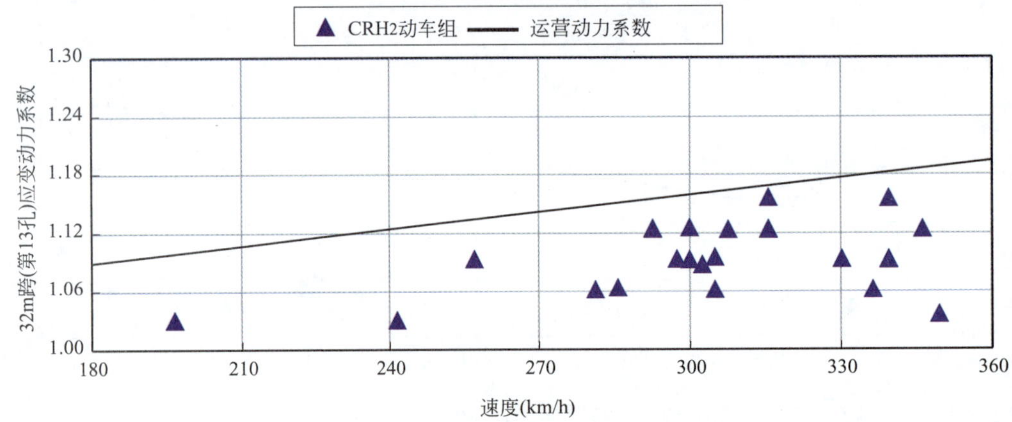

图 4-19-89 雷大桥特大桥 6×32m 连续梁 32m 跨(第 13 孔)跨中应变动力系数与运营动力系数关系

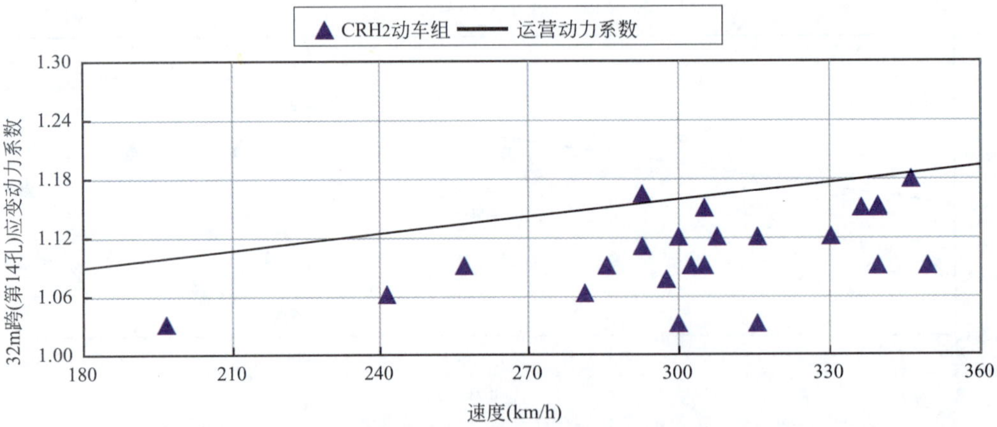

图 4-19-90 雷大桥特大桥 6×32 m 连续梁 32 m 跨(第 14 孔)跨中应变动力系数与运营动力系数关系

(W≤2.5)的要求;从整体趋势看,CRH_2 动车组进出桥时平稳性指标差别不大。

通过以上分析可知,CRH_2 动车组在桥上通过时,横向和竖向平稳性指标均满足《客运专线动态验收指导意见》中平稳性优(W≤2.5)的要求,说明在现有桥梁横向和竖向刚度条件下,能够满足动车组通过桥梁时的平稳性要求。

7. 结论

通过对武广铁路客运专线汀泗河特大桥(140 m 钢箱系杆拱、32 m 预应力混凝土简支箱梁、24 m 预应力混凝土简支箱梁)、胡家湾特大桥(112 m 钢管混凝土提篮拱、32 m 预应力混凝土简支箱梁)、株洲西湘江特大桥(60+5×100+ 60) m 预应力混凝土连续箱梁、雷大桥特大桥((40+64+40) m 预应力混凝土连续箱梁和 6×32 m 预应力混凝土连续箱梁）的动态检测和对动车组通过典型桥梁时运行安全性和平稳性分析，得出主要结论：

（1）实测桥梁横、竖向自振频率均满足《客运专线动态验收指导意见》限值要求。

（2）实测桥梁（换算至 ZK 活载）的竖向挠跨比均满足《客运专线动态验收指导意见》限值和设计值要求。

（3）实测桥梁梁端、两梁之间竖向转角均满足《客运专线动态验收指导意见》限值和设计值要求。

（4）实测汀泗河特大桥 140 m 系杆拱、32 m 简支箱梁、24 m 简支箱梁和胡家湾特大桥 112 m 提篮拱、32 m简支箱梁、雷大桥特大桥 6×32 m 连续梁在动车组作用下的竖向动力作用均小于设计荷载作用下的竖向动力作用，实测雷大桥特大桥（40＋64＋40）m 连续梁 64 m 跨（第 5 孔）、40 m 跨（第 6 孔）在动车组作用下的竖向动力作用大于设计荷载作用下的竖向动力作用；实测桥梁挠度、应变动力系数基本在运营动力系数范围内。

（5）实测桥梁跨中横向振幅均远小于《铁路桥梁检定规范》通常值，且未发生明显共振现象。

（6）实测中除汀泗河特大桥 140 m 系杆拱 1/4 跨竖向振幅有竖向共振现象发生，但由于动车组质量较小、编组较短，激励能量有限，实测桥梁竖向振幅仍较小；其余测试桥梁跨中竖向振幅均较小；且未发生明显共振现象。

（7）实测桥梁墩顶横向振幅均较小，未发生明显共振现象。

（8）实测桥梁竖向振动加速度（20 Hz 低通数字滤波后）最大值为 0.270 m/s^2，满足《客运专线动态验收指导意见》无砟桥面强振频率不大于 20Hz 的竖向振动加速度不大于 5.0 m/s^2 的要求。

（9）实测汀泗河特大桥 140 m 系杆拱端横梁最大挠度值为 0.40 mm，小于《客运专线动态验收指导意见》端横梁的拼接纵梁位置处的挠度限值 1 mm，实测端横梁竖向动力作用小于设计荷载作用下竖向动力作用。

（10）实测梁缝两侧钢轨支点间最大横向、竖向相对位移分别为 0.19 mm、0.19 mm；均满足《客运专线动态验收指导意见》和《客运专线无砟轨道铁路设计指南》规定梁缝两侧的钢轨支点横向和竖向相对位移不应大于 1 mm 的要求。

（11）CRH_2 动车组在武广铁路客运专线典型桥梁（汀泗河特大桥、胡家湾特大桥、陆水特大桥、株洲西湘江特大桥、衡阳西湘江特大桥）上通过时，安全性指标（脱轨系数、轮重减载率、轮轴横向力）均能满足《客运专线动态验收指导意见》中的安全限值要求；横向和竖向平稳性指标均满足《客运专线动态验收指导意见》中平稳性优（$W \leqslant 2.5$）的要求，说明在现有桥梁横向和竖向刚度条件下，能够满足动车组通过桥梁时的安全性、平稳性要求。

综上所述，武广铁路客运专线试验桥梁横、竖向刚度均满足相关规范和设计文件要求，动力性能良好，能够满足 350 km/h 动车组运行安全性和平稳性要求。

第十三节　动车组动力学、牵引制动和空气动力学性能测试

一、隧道内气动效应

武广铁路客运专线隧道内气动效应测试自 2009 年 7 月 2 日开始，2009 年 10 月 10 日结束，试验选取五尖大山隧道、浏阳河隧道、石门岭隧道、海棠隧道、九子仙隧道、银岭头隧道、蓝坪隧道和大瑶山 1 号隧道等 8 座隧道进行现场测试。试验采用 CRH_2-068C 动车组，试验速度级为 180 km/h、200 km/h、220 km/h、240 km/h、260 km/h、280 km/h、300 km/h、310 km/h、320 km/h、330 km/h、340 km/h、350 km/h。隧道交会试验速度级为 250/250 km/h、300/300 km/h、320/320 km/h、340/340 km/h、350/350 km/h。现场测试共分三个阶段进行，测试区段总体上位于咸宁北至乐昌东，测试里程为 K1 309＋900～K1 964＋207。

1. 试验目的

（1）测试隧道内瞬变压力的变化规律，为论证隧道断面参数的合理性提供依据。

（2）测试动车组通过时洞内附属设施表面压力，研究气动荷载对隧道内附属设施产生的影响，确保行车安全。

2. 测试内容

(1)瞬变压力

在隧道内各断面边墙位置安装气压传感器(图 4-19-91)测试气压变化曲线,分析瞬变压力的变化规律。

(2)列车风

在隧道各断面及隧道口 20m 处边墙位置安装风速传感器(图 4-19-92)测试列车风变化曲线,分析列车风的变化规律。

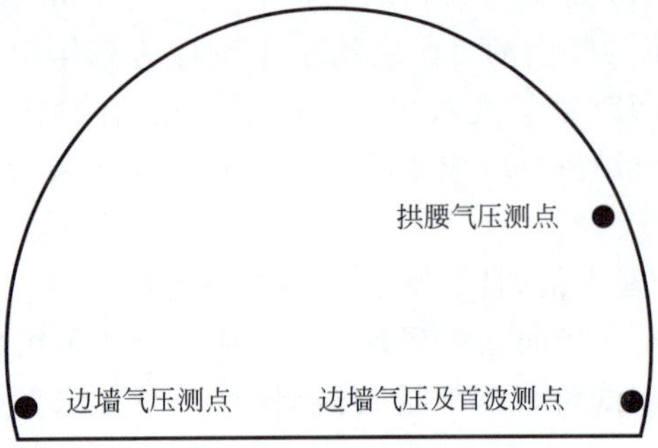

图 4-19-91 隧道气压测点横断面布置示意

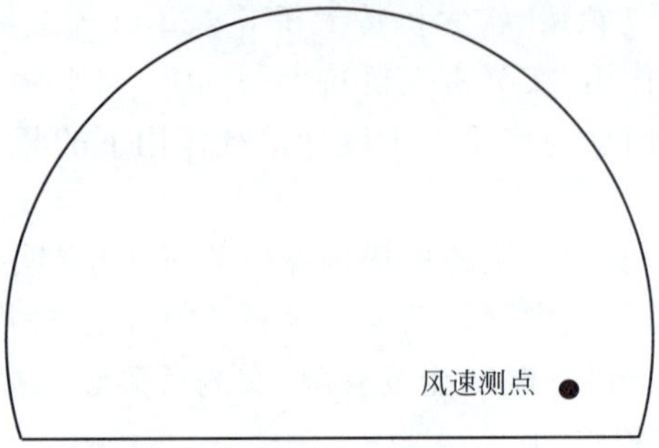

图 4-19-92 隧道风速测点横断面布置示意

(3)附属设施气动力

分别在隧道内照明灯、指示灯、下锚坠陀、仪器箱等附属设施安装气压传感器进行测试。测点布置如图 4-19-93所示。

(a) 照明灯

(b) 下锚坠陀

(c) 指示灯

(d) 仪器箱

图 4-19-93 隧道内辅助设施测点布置示意

3. 测点布置和测试方法

(1)测点布置

各隧道洞内气压传感器、列车风传感器及洞口微气压波传感器测点布置详图分别如图 4-19-94～图 4-19-101所示。

(2)测试方法

试验测试系统主要由传感器、IMC 集成测控数采系统、无线远程监控系统、无线远程数据传输系统和笔

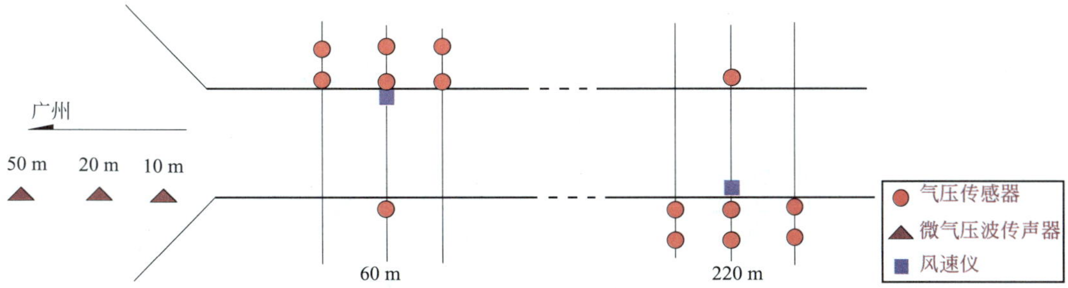

图 4-19-94　五尖大山隧道传感器布置示意

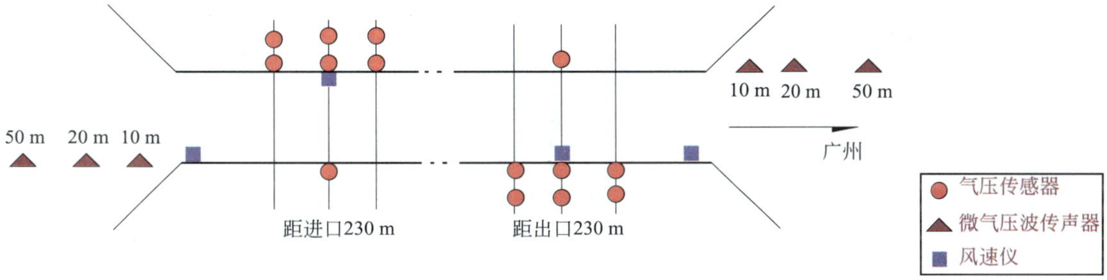

图 4-19-95　浏阳河隧道传感器布置示意

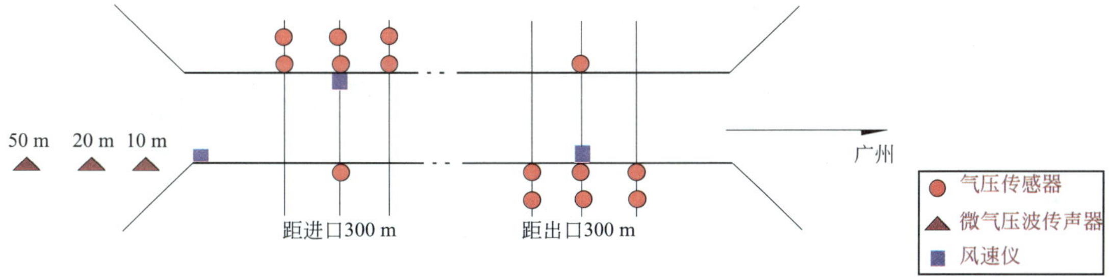

图 4-19-96　石门岭隧道传感器布置示意

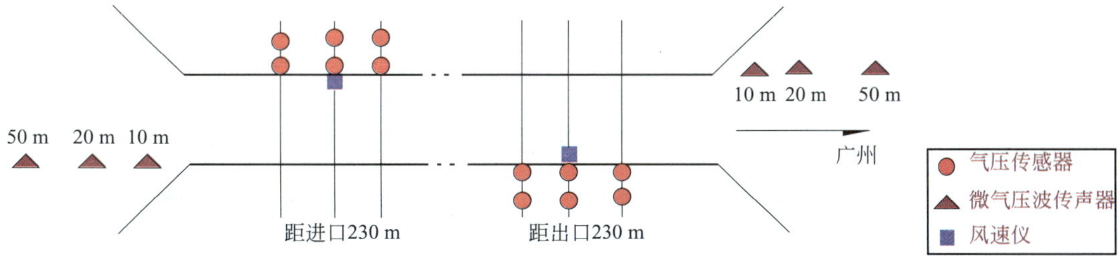

图 4-19-97　海棠隧道传感器布置示意

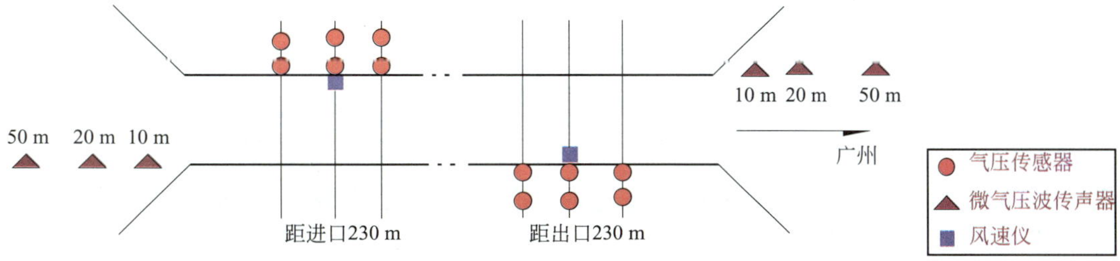

图 4-19-98　九子仙隧道传感器布置示意

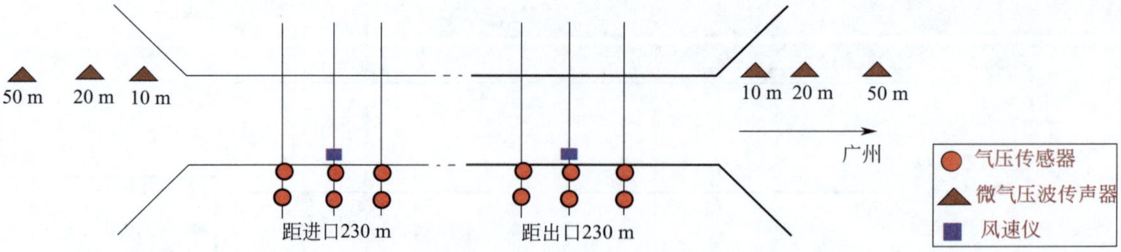

图 4-19-99　银岭头隧道传感器布置示意

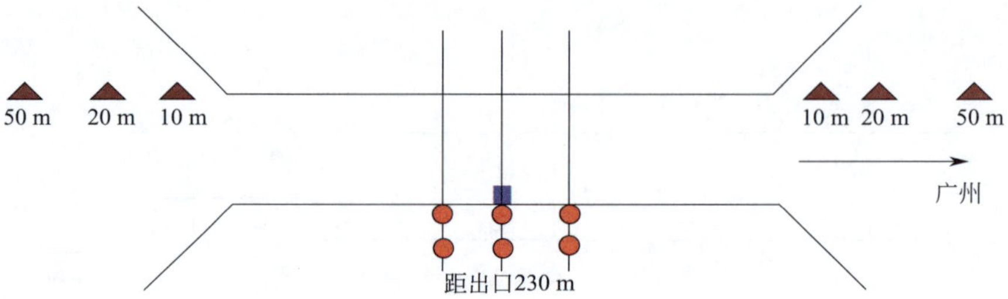

图 4-19-100　蓝坪隧道传感器布置示意

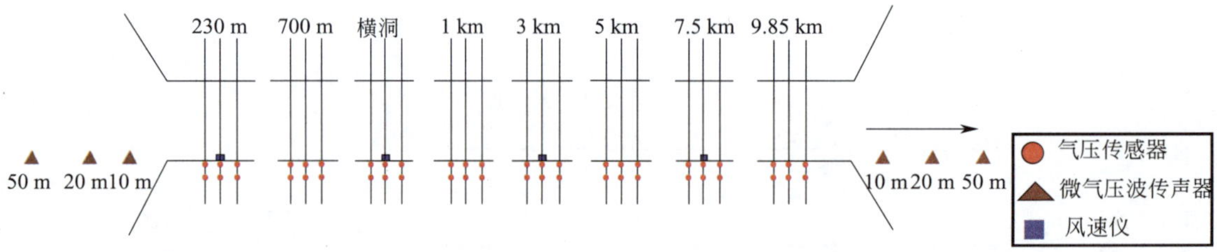

图 4-19-101　大瑶山 1 号隧道测试断面纵断面布置

记本电脑等部分组成。

4. 测试结果及分析

(1)瞬变压力

1)单列 CRH_2-068C 动车组通过时隧道内瞬变压力

当 CRH_2-068C 动车组以不同速度通过各隧道时，不同隧道内测得的瞬变压力测试结果如下：

①五尖大山隧道

动车组通过五尖大山隧道时出口内 60 m、220 m 处瞬变压力测试结果见表 4-19-49。

表 4-19-49　动车组通过五尖大山隧道(6 857 m)时出口内瞬变压力测试结果

断面位置(出口内)	速度(km/h)	武汉—广州		广州—武汉	
		3 s 变化极值(kPa)	峰峰值(kPa)	3 s 变化极值(kPa)	峰峰值(kPa)
60 m	300	2.44	2.45	2.26	2.26
	350	3.54	3.55	3.10	3.11
220m	300	2.52	2.72	2.59	2.59
	350	3.69	3.89	3.71	3.71

由上表可以看出当动车组以 350 km/h 通过时，隧道内测得的瞬变压力 3 s 变化极值最大值为 3.71 kPa，峰峰值最大值为 3.89 kPa。

②浏阳河隧道

动车组通过浏阳河隧道时进口内 230 m、出口内 230 m 处瞬变压力测试结果见表 4-19-50。

表 4-19-50 动车组通过浏阳河隧道(10 115m)时进出口内 230 m 处瞬变压力测试结果

断面位置	速度(km/h)	武汉—广州		广州—武汉	
		3 s 变化极值(kPa)	峰峰值(kPa)	3 s 变化极值(kPa)	峰峰值(kPa)
进口内 230 m	300	2.79	2.94	2.67	2.92
	350	3.77	3.97	3.93	3.95
出口内 230m	300	2.20	2.61	2.83	2.83
	350	3.30	3.47	3.93	3.93

由上表可以看出当动车组以 350 km/h 通过时，隧道内测得的瞬变压力 3 s 变化极值最大值为 3.93 kPa，峰峰值最大值为 3.93 kPa。

③石门岭隧道

动车组通过石门岭隧道时进口内 300 m、出口内 300 m 处瞬变压力测试结果见表 4-19-51。

表 4-19-51 动车组通过石门岭隧道(1 704 m)时进出口内 300 m 处瞬变压力测试结果

断面位置	速度(km/h)	武汉—广州		广州—武汉	
		3 s 变化极值(kPa)	峰峰值(kPa)	3 s 变化极值(kPa)	峰峰值(kPa)
进口内 300 m	300	2.57	2.88	2.57	2.67
	350	3.77	3.93	3.47	3.99
出口内 300m	300	2.98	3.09	2.98	3.02
	350	3.97	4.07	3.91	4.03

由上表可以看出当动车组以 350 km/h 通过时，隧道内测得的瞬变压力 3 s 变化极值最大值为 3.97 kPa，峰峰值最大值为 4.07 kPa。

④海棠隧道

动车组通过海棠隧道时进口内 230 m、出口内 230 m 处瞬变压力测试结果见表 4-19-52。

表 4-19-52 动车组通过海棠隧道(2 898 m)时进出口内 230 m 处瞬变压力测试结果

断面位置	速度(km/h)	武汉—广州		广州—武汉	
		3 s 变化极值(kPa)	峰峰值(kPa)	3 s 变化极值(kPa)	峰峰值(kPa)
进口内 300m	305			3.60	3.60
	345			4.35	4.35
出口内 300m	300	2.32	2.92	2.91	3.12
	350	3.23	4.04	3.93	4.23

由上表可以看出当动车组以 350 km/h 速度级通过时，隧道内测得的瞬变压力 3 s 变化极值最大值为 4.35 kPa，峰峰值最大值为 4.35 kPa。

⑤九子仙隧道

动车组通过九子仙隧道时进口内 360 m、出口内 230 m 处瞬变压力测试结果见表 4-19-53。

表 4-19-53 动车组通过九子仙隧道(2 728 m)时进出口内测点处瞬变压力测试结果

断面位置	速度(km/h)	武汉—广州		广州—武汉	
		3 s 变化极值(kPa)	峰峰值(kPa)	3 s 变化极值(kPa)	峰峰值(kPa)
进口内 360m	300	2.95	2.97		
	350	4.11	4.67		
出口内 230m	300	2.92	3.44	2.74	3.02
	350	3.98	4.59	3.61	3.91

由上表可以看出当动车组以 350 km/h 速度级通过时，隧道内测得的瞬变压力 3 s 变化极值最大值为 4.11 kPa，峰峰值最大值为 4.67 kPa。

⑥银岭头隧道

动车组通过银岭头隧道时进口内 230 m、出口内 230 m 处瞬变压力测试结果见表 4-19-54。

表 4-19-54 动车组通过银岭头隧道(977 m)时进出口内 230 m 处瞬变压力测试结果

断面位置	速度(km/h)	武汉—广州		广州—武汉	
		3 s 变化极值(kPa)	峰峰值(kPa)	3 s 变化极值(kPa)	峰峰值(kPa)
进口内 230 m	300	3.63	3.63	4.06	4.06
	350	4.59	4.59	5.35	5.35
出口内 230m	300	3.39	3.60	3.77	3.94
	350	4.37	4.63	4.86	5.22

由上表可以看出当动车组以 350 km/h 速度级通过时，隧道内测得的瞬变压力 3 s 变化极值最大值为 5.35 kPa，峰峰值最大值为 5.35 kPa。

⑦蓝坪隧道

动车组通过蓝坪隧道时进口内 230 m 处瞬变压力测试结果见表 4-19-55。

表 4-19-55 动车组通过蓝坪隧道(547m)时进口内 230 m 处瞬变压力测试结果

断面位置	速度(km/h)	武汉—广州		广州—武汉	
		3 s 变化极值(kPa)	峰峰值(kPa)	3 s 变化极值(kPa)	峰峰值(kPa)
进口内 230m	300	3.57	3.67	3.48	3.75
	350	4.73	4.76	4.53	4.79

由上表可以看出当动车组以 350 km/h 速度级通过时，隧道内测得的瞬变压力 3 s 变化极值最大值为 4.73 kPa，峰峰值最大值为 4.79 kPa。

⑧大瑶山 1 号隧道

动车组通过大瑶山 1 号隧道时隧道内不同测试断面瞬变压力测试结果见表 4-19-56。

表 4-19-56 动车组通过大瑶山 1 号隧道(10 081 m)时不同测试断面瞬变压力测试结果

断面位置	速度(km/h)	武汉—广州		广州—武汉	
		3 s 变化极值(kPa)	峰峰值(kPa)	3 s 变化极值(kPa)	峰峰值(kPa)
进口内 230 m	300	2.37	2.37	2.10	2.22
	350	3.68	3.68	3.12	3.28
进口内 700 m	300	1.96	2.74	1.94	2.79
	350	2.71	3.68	2.72	3.89
进口内 800 m 横通道	300	1.58	2.32	1.54	2.22
	350	2.39	3.48	2.35	3.38
进口内 1000m	300	1.56	2.11	1.38	2.28
	350	2.34	3.05	2.08	3.44
进口内 3000m	300	1.63	2.17	1.42	2.44
	350	2.48	3.30	2.13	3.65
进口内 5000m	300	1.91	2.52	1.90	2.37
	350	2.60	3.50	2.68	3.25
进口内 7500m	300	2.07	2.75	2.12	3.01
	350	2.87	3.83	3.03	4.31
进口内 9850m	300	2.61	2.61	2.80	2.80
	350	3.55	3.55	3.93	3.93

由上表可以看出当动车组以 350 km/h 速度级通过时，隧道内测得的瞬变压力 3 s 变化极值最大值为 3.93 kPa，峰峰值最大值为 3.93 kPa。

2)动车组交会时隧道内瞬变压力

①九子仙隧道交会

CRH_2-068C 动车组与 CRH_2-071C 动车组在九子仙隧道内交会时进口内 360 m、出口内 230 m 处瞬变压力测试结果见表 4-19-57。

表 4-19-57　动车组在九子仙隧道(2 728 m)内交会时瞬变压力测试结果

测试断面	运行方向	车速(km/h)	3 s 变化极值(kPa)	峰峰值(kPa)	备　注
进口内 360 m	武汉—广州 广州—武汉	350 350	9.28	9.28	洞口附近交会
出口内 230 m	武汉—广州 广州—武汉	340 340	5.51	6.55	洞口附近交会

由上表可以看出当两列动车组以 350 km/h 速度交会时，隧道内测得的瞬变压力 3 s 变化极值最大值为 9.28 kPa，峰峰值最大值为 9.28 kPa。

②大瑶山 1 号隧道交会

CRH_2-068C 动车组与 CRH_2-071C 动车组在大瑶山 1 号隧道内交会时瞬变压力测试结果见表 4-19-58。

表 4-19-58　动车组在大瑶山 1 号隧道(10 081 m)内交会时瞬变压力测试结果

运行方向	车速(km/h)	测点位置(距北口距离)	3 s 变化极值(kPa)	峰对峰极值(kPa)	备　注
动车组 武汉—广州 动车组 广州—武汉	288～340	230m	3.19	3.47	交会点 距北口 1/3 附近
		800 m	3.19	3.50	
		1 000 m	1.64	3.88	
		3 000 m	2.28	3.64	
		5 000 m	2.69	4.07	
		7 500 m	2.51	4.28	
		9 850 m	3.70	4.47	

由上表可以看出当两列动车组交会时，隧道内测得的瞬变压力 3 s 变化极值最大值为 3.70 kPa，峰峰值最大值为 4.47 kPa。

(2)列车风

①CRH_2-068C 动车组通过时列车风

当 CRH_2-068C 动车组以 350 km/h 通过各隧道不同测点时测得的列车风测试结果见表 4-19-59。

表 4-19-59　动车组通过各隧道不同测点时列车风测试结果

隧道名称	测试断面	运行方向	列车风速(m/s)
五尖大山	出口内 60 m 处	广州—武汉	42.06
	出口内 220 m 处	武汉—广州	41.64
浏阳河	进口内 230 m 处	广州—武汉	22.60
	出口内 230 m 处	广州—武汉	13.58
石门岭	进口内 300 m 处	武汉—广州	23.88
海棠	出口内 220 m 处	广州—武汉	19.66
九子仙	进口内 200 m 处	武汉—广州	32.60
	出口内 220 m 处	武汉—广州	42.50
银岭头	出口内 220 m 处	武汉—广州	22.01

续上表

隧道名称	测试断面	运行方向	列车风速(m/s)
蓝坪	出口内 220 m 出	武汉—广州	22.79
大瑶山 1 号	进口内 220 m 处	武汉—广州	15.55
	进口内 800 m 处	武汉—广州	20.69
	进口内 7 500 m 处	武汉—广州	22.28

由上表可以看出,当 CRH_2-068C 动车组以 350 km/h 通过各隧道时,各隧道内测得的列车风基本上都超过了 14 m/s。

②交会时隧道内列车风

当 CRH_2-068C 动车组与 CRH_2-071C 动车组在隧道内交会时,九子仙隧道和大瑶山 1 号隧道内不同位置测点测得的列车风测试结果见表 4-19-60。

表 4-19-60 动车组交会时隧道内不同测点列车风测试结果

隧道名称	测试断面	运行方向	交会速度(km/h)	列车风速(m/s)
九子仙	进口内 200 m 处	武汉—广州 广州—武汉	350 350	30.10
	出口内 220 m 处	武汉—广州 广州—武汉	350 350	47.96
大瑶山 1 号	进口内 220 m 处	武汉—广州 广州—武汉	330 290	22.08
	进口内 800 m 处	武汉—广州 广州—武汉	330 300	18.41
	进口内 7 500 m 处	武汉—广州 广州—武汉	326 302	27.87

由上表可以看出,当动车组在九子仙隧道内交会时产生的列车风最大值为 47.96 m/s,在大瑶山 1 号隧道内交会时产生的列车风最大值为 27.87 m/s,都超过了 14 m/s。

(3)辅助设施气动力

动车组以不同速度通过五尖大山、浏阳河、石门岭隧道时,隧道内附属设施受到的气动力见表 4-19-61。

表 4-19-61 动车组通过隧道时测得附属设施气动力测试结果

实际车速(km/h)	五尖大山隧道辐射设施气动力(kPa)					浏阳河隧道进口(kPa)	浏阳河隧道出口(kPa)	石门岭隧道进口(kPa)
	照明灯	下锚坠陀	指示灯	挡风板	信号箱	指示灯	指示灯	指示灯
280	1.55	1.73	1.68	1.73	2.50	2.52	2.63	2.64
300	1.93	2.02	1.94	2.02	2.82	3.06	2.83	2.99
320	2.32	2.58	2.52	2.58	3.15	3.46	3.31	3.50
340	2.65	3.09	2.85	3.10	3.69	3.88	3.77	3.89
350	2.77	3.14	2.91	3.14	4.07	4.03	3.95	4.14

附属设施受到的气动力虽在承受能力之内,但由于列车高速通过时产生的活塞效应可能会造成隧道内附属设施变形或者长期脉动风载作用下的疲劳与松动等,因此对隧道内的辐射设施的安全性提出了更严格的要求,需要定期进行检查与加固处理。

5. 结论

通过对武广铁路客运专线五尖大山、浏阳河、石门岭、海棠、九子仙、银岭头、蓝坪、大瑶山 1 号隧道的现场气动性能实车测试,得到如下测试结论。

(1)隧道壁瞬变压力值随动车组速度的增加而增加,约与列车速度的平方成正比。压缩波沿隧道壁向前传播的过程当中,空气的密度和温度随之增加,引起声速的提高,压缩波的后端比前端传播得更快,造成波前梯度会逐渐增加,波形变陡。

(2)照明灯、下锚坠陀、指示灯、挡风板、仪器箱等附属设施受到的气动力均与列车速度平方成线性关系。附属设施受到的气动力在所能承受的气动荷载范围之内。

(3)距隧道壁一定位置处的列车风速与列车运行速度呈线性关系。动车组以 350 km/h 速度级通过时,测得的隧道内列车风最大值为 42.5 m/s。

二、隧道内列车空气动力学

1. 检测目的

验证动车组在隧道内运行及交会时的空气动力效应是否满足相关标准要求,验证动车组高速通过隧道或在隧道内交会时的安全性、舒适性。

2. 检测内容

测试内容为动车组通过隧道或在隧道内交会时列车表面及车厢内部空气压力。

3. 评判标准

(1)车厢内外压差

根据铁道部颁发的《200 km/h 及以上速度等级铁道车辆强度设计及检测鉴定暂行规定》(科教装〔2001〕21 号)和《高速动车组列车整车检测规范》(铁运〔2008〕28 号,第 8.1.4 节),车辆钢结构及门窗的静强度评定中气动载荷按车体内外压差 4 000 Pa 进行加载考核。

(2)车厢内部空气压力变化

参照《铁路隧道设计施工有关标准补充规定》(铁建设〔2007〕88 号):

单线隧道:车内 < 0.80 kPa/3 s;

双线隧道:车内 < 1.25 kPa/3 s。

4. 测试方法

(1)测试地点

检测隧道选取海棠隧道、九子仙隧道、银岭头隧道、蓝坪隧道、坪土隧道、大瑶山 1 号隧道等长度大于 500 m 的隧道进行检测。

(2)测试方法及测点布置

车载测试系统通过瞬态压力传感器测量列车通过隧道和在隧道内交会时车厢内、外空气压力变化。CRH_2-068C 动车组和 CRH_2-071C 采用同一种测试系统。

(3)测点布置

车外测点在测试动车组两侧对称地布置,主要布置在头车司侧窗、车头变截面、车间风挡、车体侧窗等典型部位。图 4-19-102 为 CRH_2-068C 动车组车内、外测点布置示意图。其中,CRH_2-068C 动车组部分实际测点照片如图 4-19-103 所示。

CRH_2-071 C 共布置 4 个测点。3 个车外压力测点位于 CRH_2-071 C 的 1 车两侧中部窗中心高度及 1 车右(会车侧)司机室车窗下部,1 个车内压力测点位于 1 车车厢中部,见表 4-19-62。

表 4-19-62 CRH_2-071C 动车组的测点布置

测点	位置
1 号	1 号车右(会车侧)中部窗中心高度
2 号	1 号车左(非会车侧)中部窗中心高度
3 号	1 号车右(会车侧)司机室车窗下部
4 号	1 号车车厢中部

在整个检测期间,CRH_2-068 C 动车组上行时布置空气动力学测点的 8 号和 7 号车位于动车组运行前方,下行时 1 号车在前、布置空气动力学测点的 8 号和 7 号车位于动车组运行后方;CRH_2-071 C 相反,下行

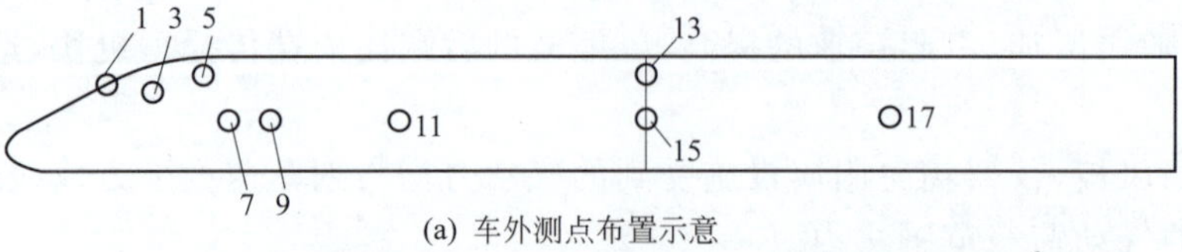

(a) 车外测点布置示意

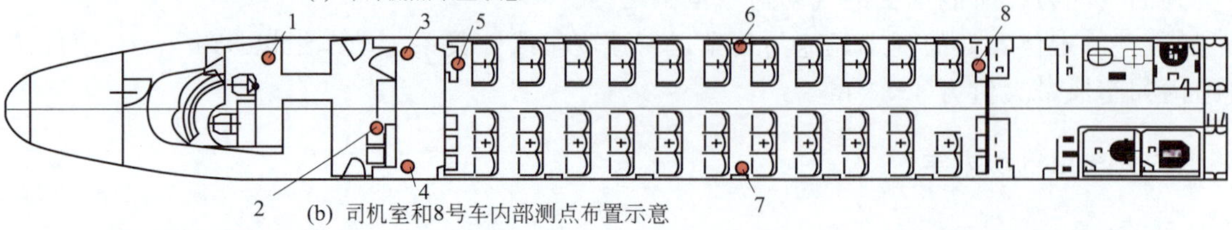

(b) 司机室和8号车内部测点布置示意

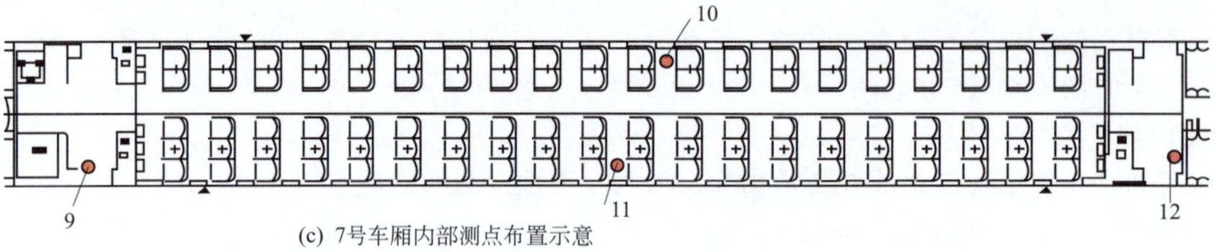

(c) 7号车厢内部测点布置示意

图 4-19-102 动车组列车测点布置

(a) 8车司机室侧窗边车外测点

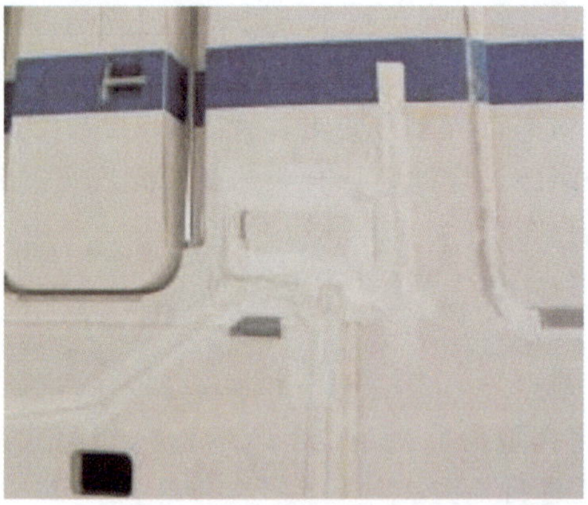

(b) 8车二位端门外附件测点

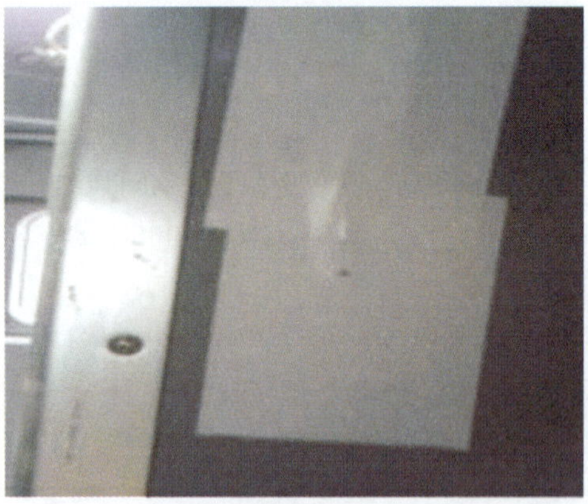

(c) 司机室通道测点

(b) 车体中部车外车窗边测点

图 4-19-103 CRH2-068 C 动车组部分实际测点布置

时布置空气动力学测点的 8 号和 7 号车位于动车组运行前方，上行时 1 号车在前、布置空气动力学测点的 8 号和 7 号车位于动车组运行后方。

5. 数据分析

(1)单列动车组隧道通过

表 4-19- 63～表 4-19-68 分别为 CRH2-068 C 动车组以不同速度往返运行通过海棠隧道、九子仙隧道、

银岭头隧道、蓝坪隧道、坪土隧道和大瑶山 1 号隧道时的主要测试结果。

表 4-19-63 CRH2-068 C 动车组通过海棠隧道的主要测试结果

运行速度(km/h)	行别	车外压力变化(Pa)	车内压力变化(Pa)		车内外压差(Pa)
		最大值	最大值	3 s 最大值	最大值
200	下行	1 858	846	329	543
200	上行	1 381	833	292	592
240	下行	2 449	970	353	1 061
240	上行	1 718	1 082	334	763
260	下行	3 023	1 205	487	1 837
260	上行	2 199	1 372	547	722
280	下行	3 541	1 302	634	1 393
280	上行	2 257	1 302	400	794
300	下行	3 326	1 404	715	1 396
300	上行	2 766	1 635	521	897
310	下行	3 761	1 492	732	1 610
310	上行	3 123	1 749	650	1 257
320	下行	3 480	1 496	747	1 553
320	上行	3 315	1 968	809	1 312
330	下行	4 131	1 727	861	1 761
330	上行	3 312	1 999	818	1 299
335	上行	3 287	1 977	745	1 356
340	下行	4 168	1 738	878	1 903

表 4-19-64 CRH2-068 C 动车组通过九子仙隧道的主要测试结果

运行速度(km/h)	行别	车外压力变化(Pa)	车内压力变化(Pa)		车内外压差(Pa)
		最大值	最大值	3 s 最大值	最大值
200	下行	1 604	791	300	513
200	上行	1 270	730	263	593
240	下行	2 652	1 039	415	1 104
240	上行	1 581	791	322	690
260	下行	2 582	1 264	445	1 298
260	上行	1 900	1 412	601	753
280	下行	3 608	1 453	650	1 550
280	上行	2 167	1 141	482	808
300	下行	3 819	1 640	671	1 524
300	上行	2 635	1 527	668	954
310	下行	3 991	1 661	692	1 820
310	上行	2 727	1 619	648	1 071
320	下行	4 055	1 774	699	1 628
320	上行	2 792	1 689	759	1 018
330	下行	4 685	1 905	827	1 898
330	上行	3 098	1 895	807	1 230
340	下行	3 882	1 980	790	2 120
340	上行	3 196	1 916	777	1 422
350	下行	5 167	2 111	826	2 304

表 4-19-65 CRH2-068 C 动车组通过银岭头隧道的主要测试结果

运行速度(km/h)	行别	车外压力变化(Pa)	车内压力变化(Pa)		车内外压差(Pa)
		最大值	最大值	3 s 最大值	最大值
200	下行	1 497	533	359	686
200	上行	1 357	686	372	709
240	下行	2 450	818	555	1 320
240	上行	1 850	823	500	1 189
260	下行	2 963	993	501	2 203
260	上行	2 065	1 062	707	1 137
280	下行	2 936	990	767	1 732
280	上行	2 277	967	608	1 190
300	下行	3 299	1 105	829	2 168
300	上行	2 797	1 119	854	1 610
310	下行	3 810	1 105	895	2 014
310	上行	3 037	1 218	968	1 747
320	下行	3 552	1 119	921	2 144
320	上行	3 202	1 265	976	1 790
330	下行	4 089	1 172	1 015	2 268
330	上行	3 209	1 285	1 004	1 843
340	下行	4 240	1 247	1 043	2 457
340	上行	3 306	1 292	1 000	1 853
350	下行	5 286	1 262	1 064	2 974

表 4-19-66 CRH2-068 C 动车组通过蓝坪隧道的主要测试结果

运行速度(km/h)	行别	车外压力变化(Pa)	车内压力变化(Pa)		车内外压差(Pa)
		最大值	最大值	3 s 最大值	最大值
200	下行	1 197	555	191	523
200	上行	1 000	526	349	528
240	下行	1 642	310	358	923
240	上行	1 330	602	357	1 048
260	下行	2 184	730	372	2 046
260	上行	1 819	757	427	1 318
280	下行	2 819	784	520	1 663
280	上行	2 083	1 066	605	1 468
300	下行	2 811	963	447	1 900
300	上行	2 713	866	693	1 962
310	下行	4 080	1 070	558	2 023
310	上行	2 778	908	779	1 791
320	下行	3 302	1 186	558	1 823
320	上行	3 056	1 140	850	2 125
330	下行	3 602	1 113	616	2 145
330	上行	3 127	904	800	2 114
340	下行	3 585	1 083	639	2 264
340	上行	2 980	880	767	2 037
350	下行	3 603	812	688	2 450

表 4-19-67　CRH2-068 C 动车组通过坪土隧道的主要测试结果

运行速度(km/h)	行别	车外压力变化(Pa)	车内压力变化(Pa)		车内外压差(Pa)
		最大值	最大值	3 s 最大值	最大值
200	下行	1 576	853	283	593
200	上行	1 211	682	288	623
240	下行	2 541	1 137	493	1 149
240	上行	1 805	897	390	845
260	下行	2 904	1 291	551	1 760
260	上行	1 900	1 412	571	753
280	下行	3 384	1 412	576	1 532
280	上行	2 231	1 183	504	877
300	下行	3 488	1 531	686	1 617
300	上行	2 586	1 567	653	927
310	下行	4 098	1 574	722	1 802
310	上行	2 628	1 519	700	1 219
320	下行	3 878	1 589	720	1 871
320	上行	2 714	1 528	771	1 141
325	下行	4 279	1 839	769	2 044
325	上行	2 882	1 794	763	1 177
330	下行	4 160	1 903	767	2 220
330	上行	2 973	1 780	749	1 344
340	下行	4 155	1 803	694	2 093
350	下行	4 779	2 005	812	2 330

表 4-19-68　CRH2-068 C 动车组通过大瑶山 1 号隧道主要测试结果

运行速度(km/h)	行别	车外压力变化(Pa)	车内压力变化(Pa)		车内外压差(Pa)
		最大值	最大值	3 s 最大值	最大值
200	下行	2 407	1 925	403	508
200	上行	2 199	1 887	237	563
240	下行	3 268	2 053	536	925
240	上行	2 356	1 971	380	674
260	下行	3 147	2 026	617	1 312
260	上行	2 884	2 191	571	644
280	下行	3 450	1 781	619	1 145
280	上行	3 017	1 854	433	852
300	下行	3 271	1 672	656	1 189
300	上行	3 205	2 253	681	853
305	下行	4 265	1 752	747	1 335
305	上行	3 141	2 168	637	962
315	下行	3 461	1 676	782	1 199
325	下行	5 076	1 730	1 003	1 867
330	下行	4 235	1 768	956	1 505
340	下行	3 984	1 676	1 030	1 616

注:由于坡度和过分相等原因,表中速度为大瑶山 1 号的实际测试速度级。

表中的数据为针对所有测点数据进行的统计结果。压力变化最大值是指从动车组即将进入隧道并且受到隧道气动效应影响开始，至动车组离开隧道后隧道气动效应影响消失为止，期间动车组车内外空气压力的最大变化量。车内压力变化的 3 s 最大值是指动车组在上述气压受到隧道气动效应影响期间，动车组车厢内部空气压力在任意 3 s 内变化量的最大值。

(2)动车组在隧道内交会

根据检测大纲，在九子仙隧道中点(K1 866＋388，误差范围±200 m)和大瑶山 1 号隧道内距隧道南口约 1/3 隧道长度位置处(K1 935＋000，误差范围±200 m)进行了两组交会检测。

为对比交会地点对交会压力波的影响，还在九子仙隧道内距北出口 400 m(K1 865＋424，误差范围±200 m)和大瑶山 1 号隧道内距隧道南口 416 m(K1 938＋000，误差范围±200 m)进行了两组交会试验。

①九子仙隧道中部交会

九子仙隧道中部交会时两列动车组速度一致，各次交会中动车组速度分别为 250 km/h、300 km/h、320 km/h、340 km/h、350km/h，检测结果见表 4-19-69。

表 4-19-69　CRH_2-068 C 动车组在九子仙隧道交会的主要检测结果

CRH_2-068C		CRH_2-071C		车外压力变化(Pa)	车内压力变化(Pa)		车内外压差(Pa)
速度	行别	速度	行别	最大值	最大值	3s 最大值	最大值
250	下行	250	上行	2 994	1 586	619	1 390
250	上行	250	下行	3 415	1 358	651	1 228
300	下行	300	上行	4 449	1 906	787	2 322
300	上行	300	下行	5 676	1 783	843	2 341
320	下行	320	上行	5 617	2 017	952	2 401
320	上行	320	下行	5 669	1 960	1 009	2 297
340	下行	340	上行	6 454	2 146	951	1 642
340	上行	340	下行	6 492	2 089	909	3 224
350	下行	350	上行	7 046	2 221	1 009	3 031
350	上行	350	下行	6 249	2 358	1 020	2 659

②九子仙隧道北口交会

九子仙隧道北出口附近交会的检测速度分别为 340 和 350 km/h 两种，两车检测速度一致，CRH_2-068 C 动车组检测结果见表 4-19-70，CRH_2-071 C 动车组检测结果见表 4-19-71。

表 4-19- 70　CRH_2-068 C 动车组在九子仙隧道北口交会主要检测结果

CRH_2-068C		CRH_2-071C		车外压力变化(Pa)	车内压力变化(Pa)		车内外压差(Pa)
速度	行别	速度	行别	最大值	最大值	3s 最大值	最大值
340	下行	340	上行	5 518	1 981	1 111	3 886
340	上行	340	下行	7 033	1 831	1 164	3 037
350	下行	350	上行	5 414	2 028	1 129	4 134
350	上行	350	下行	6 633	1 919	1 123	3 292

表 4-19-71　CRH_2-071 C 动车组在九子仙隧道北口交会主要检测结果

CRH_2-068 C		CRH_2-071 C		车外压力变化(Pa)	车内压力变化(Pa)		车内外压差(Pa)
速度	行别	速度	行别	最大值	最大值	3s 最大值	最大值
340	下行	340	上行	5 936	2 072	1 088	3 162
340	上行	340	下行	4 157	1 316	564	3 676
350	下行	350	上行	6 482	1 136	728	3 302
350	上行	350	下行	4 420	1 472	691	3 998

③大瑶山 1 号隧道距南口 1/3 交会

由于线路坡度和检测动车组牵引能力等因素的影响，大瑶山 1 号距南口 1/3 位置交会时，两列动车组交会速度不尽相同。表 4-19-72 和表 4-19-73 分别给出了大瑶山 1 号距南口 1/3 交会时 CRH_2-068 C 动车组和 CRH_2-071 C 动车组的实际交会速度和主要检测结果。

表 4-19-72 CRH_2-068 C 动车组在大瑶山 1 号隧道距南口 1/3 交会主要检测结果

CRH_2-068 C		CRH_2-071 C		车外压力变化(Pa)	车内压力变化(Pa)		车内外压差(Pa)
速度	行别	速度	行别	最大值	最大值	3s 最大值	最大值
250	下行	250	上行	3 276	2 232	605	1 341
250	上行	250	下行	3 654	2 144	613	1 329
300	下行	280	上行	3 471	1 405	747	1 764
280	上行	300	下行	4 196	2 190	625	1 251
320	下行	290	上行	4 958	1 831	779	2 550
295	上行	320	下行	4 283	2 129	626	1 679
330	下行	290	上行	5 116	1 827	837	2 165
290	上行	330	下行	5 282	2 261	663	1 892

注：由于坡度和过分相等原因，表中速度为交会的实际速度级

表 4-19-73 CRH_2-071 C 动车组在大瑶山 1 号隧道距南口 1/3 交会主要检测结果

CRH_2-068 C		CRH_2-071 C		车外压力变化(Pa)	车内压力变化(Pa)		车内外压差(Pa)
速度	行别	速度	行别	最大值	最大值	3s 最大值	最大值
250	下行	250	上行	2 840	2 613	689	1 315
250	上行	250	下行	2 878	2 226	713	1 260
330	下行	280	上行	3 271	2 636	838	1 104
280	上行	300	下行	3 269	1 782	1 041	1 616
320	下行	290	上行	4 510	2 890	991	2 490
295	上行	320	下行	3 564	1 635	821	1 830
330	下行	290	上行	3 745	2 681	707	1 831
290	上行	330	下行	3 990	2 264	878	1 957

注：由于坡度和过分相等原因，表中速度为交会的实际速度级。

④大瑶山 1 号南口交会

大瑶山 1 号南口交会中两动车组速度均不相同，其检测速度级分别为 340/300、300/340、350/300、300/350 km/h，具体交会位置离隧道南口 416 m。大瑶山 1 号距南口附近交会时 CRH_2-068C 动车组和 CRH_2-071C 动车组的主要检测结果见表 4-19-74 和表 4-19-75。

表 4-19-74 CRH_2-068 C 动车组在大瑶山 1 号隧道距南口 1/3 交会主要检测结果

CRH_2-068C		CRH_2-071C		车外压力变化(Pa)	车内压力变化(Pa)		车内外压差(Pa)
速度	行别	速度	行别	最大值	最大值	3s 最大值	最大值
250	下行	250	上行	3 276	2 232	605	1 341
250	上行	250	下行	3 654	2 144	613	1 329
300	下行	280	上行	3 471	1 405	747	1 764
280	上行	300	下行	4 196	2 190	625	1 251
320	下行	290	上行	4 958	1 831	779	2 550
295	上行	320	下行	4 283	2 129	626	1 679
330	下行	290	上行	5 116	1 827	837	2 165
290	上行	330	下行	5 282	2 261	663	1 892

注：由于坡度和过分相等原因，表中速度为交会的实际速度级。

表 4-19-75 CRH2-071 C 动车组在大瑶山 1 号隧道距南口 1/3 交会主要检测结果

CRH2-068C		CRH2-071C		车外压力变化(Pa)	车内压力变化(Pa)		车内外压差(Pa)
速度	行别	速度	行别	最大值	最大值	3s 最大值	最大值
250	下行	250	上行	2 840	2 613*	689	1 315
250	上行	250	下行	2 878	2 226	713	1 260
330	下行	280	上行	3 271	2 636	838	1 104
280	上行	300	下行	3 269	1 782	1 041	1 616
320	下行	290	上行	4 510	2 890	991	2 490
295	上行	320	下行	3 564	1 635	821	1 830
330	下行	290	上行	3 745	2 681	707	1 831
290	上行	330	下行	3 990	2 264	878	1 957

注：由于坡度和过分相等原因，表中速度为交会的实际速度级。

6. 结论

(1)CRH2-068 C 动车组通过隧道过程中，车厢内外压差最大值为 2 974 Pa(345 km/h 通过银岭头隧道，动车组尾部)，满足《200 km/h 及以上速度级铁道车辆强度设计及试验鉴定暂行规定》中车内外压差小于 4 000 Pa的要求；车内压力的 3s 最大变化值为 1 064 Pa(345 km/h 通过银岭头隧道，动车组尾部)，满足《铁路隧道设计施工有关标准补充规定》中双线隧道车内空气压力变化<1.25 kPa/3s 的要求。

(2)在隧道交会过程中，除 CRH2-068 C 动车组出现过一次车内外压差最大值达到 4 134 Pa(交会速度 350/350 km/h，交会地点九子仙隧道内距隧道北出口 400 m 处)外，其他所有工况车内外压差最大值均低于 4 000 Pa，满足《200 km/h 及以上速度级铁道车辆强度设计及试验鉴定暂行规定》(科教装〔2001〕21 号)的要求；车内压力的 3 s 最大变化值为 1 164 Pa，满足《铁路隧道设计施工有关标准补充规定》(铁建设〔2007〕88 号)中双线隧道车内空气压力变化<1.25 kPa/(3 s)的乘坐舒适度要求。

第十四节　动车组动力学性能检测

在武广铁路客运专线的动力学性能动态检测中，以 CRH2-068C 动车组为主，CRH2-061C 动车组为辅。两列动车组均装有测力轮对和加速度传感器，用于监测试验过程中动车组的运行稳定性(安全性)和运行平稳性，从动车组动力学响应的角度检测线路状态。

1. 目的

监测试验过程中车辆的运行稳定性(安全性)和运行平稳性，根据车辆运行稳定性和运行平稳性测试结果，从动车组动力学响应的角度检测线路状态，指导线路整改，评判线路是否满足相关要求。

2. 内容和评判标准

测试内容和评判标准参见《武广铁路客运专线联调联试及试运行大纲》。

3. 方法

在检测使用的动车组上安装测力轮对和加速度传感器(7、8 号车)，测试轮轨力、构架和车体的振动加速度，通过计算处理得到动车组经过线路各个位置的运行稳定性(安全性)和运行平稳性，以检测线路状态。

4. 数据分析

按五个阶段分析动态检测数据，结合最终拉通试验数据对武广铁路客运专线进行评判。

(1)武汉至赤壁北

武汉—赤壁北区间进行了单列动车组运行试验和重联动车组运行试验。单列运行试验采用 CRH2-068C 和 CRH2-061C 动车组，重联运行试验采用 CRH2-068C 与 CRH2-079C 重联，在下行线路进行试验。

根据 350 km/h 速度级单列运行试验数据、重联运行试验数据，得出结论：

①轮轴横向力、脱轨系数和轮重减载率均符合要求。

②转向架横向稳定性符合要求，未出现横向失稳。

③车体横向平稳性在个别区段为良好，大多区段为优。

④单列拉通试验中车体垂向平稳性为优。

(2)咸宁北—长沙南

咸宁北—长沙南区间进行了单列动车组运行试验和重联动车组运行试验。单列运行试验采用 CRH2-068C 动车组，重联运行试验中 CRH2-068C 分别与 CRH2-067C 和 CRH2-061C 重联。

根据 350 km/h 速度级单列运行试验数据、重联运行试验数据，得出结论：

①轮轴横向力、脱轨系数和轮重减载率均符合要求。

②转向架横向稳定性符合要求，未出现横向失稳。

③车体横向平稳性在个别区段为合格，部分区段为良好，大多区段为优。

④车体垂向平稳性均为优。

(3)汨罗东—耒阳西

汨罗东—耒阳西区间进行了单列动车组运行试验和重联动车组运行试验。单列运行试验分别采用 CRH2-068C 和 CRH2-061C 动车组，重联运行试验采用 CRH2-068C 与 CRH2-061C 重联。

根据 350km/h 速度级单列运行试验数据、重联运行试验数据，得出结论：

①轮轴横向力、脱轨系数和轮重减载率均符合要求。

②转向架横向稳定性符合要求，未出现横向失稳。

③车体横向平稳性除在个别区段为良好外，其他区段均为优。

④单列拉通试验中车体垂向平稳性均为优。

(4)衡阳东—乐昌东

衡阳东—乐昌东区间进行了单列动车组运行试验、侧向通过道岔试验、隧道内动车组交会试验、重联动车组运行试验。单列运行试验采用 CRH2-068 C 和 CRH2-061 C 动车组，以 CRH2-068 C 动车组为主。侧向通过道岔试验采用 CRH2-068 C 动车组。隧道内交会试验采用 CRH2-068 C 与 CRH2-071 C 动车组。重联动车组运行试验采用 CRH2-068 C 与 CRH2-072 C 和与 CRH2-079 C 分别重联。

2009 年 10 月 5 日在郴州西站的 1 号和 3 号岔位进行了侧向通过道岔试验，试验分 70(5 个单程)、80(6 个单程)、90(6 个单程)km/h 共 3 个速度级。试验采用 CRH2-068C 动车组，试验中 8 号车位于列车北端，1 号车位于南段。1、3 号道岔均为 18 号道岔，位于郴州西站北端。

2009 年 10 月 7 日至 10 月 10 日在九子仙隧道(耒阳西—郴州西间 K1 865＋024～K1 867＋752)和大瑶山 1 号隧道(郴州西—乐昌东间 K1 928＋335～K1 938 ＋416)内进行了动车组交会试验。交会试验采用 CRH2-068 C 和 CRH2-071 C 动车组，其中 CRH2-068 C 在下行线运行，CRH2-071 C 在上行线运行。试验分 250、300、320、340、350 km/h 共 5 个速度级，每个速度级 1 个往返。在大瑶山 1 号隧道内因线况等条件限制，部分速度级低于计划交会速度。

九子仙隧道内交会地点 2 处，分别为：K1 866＋388 附近、K1 865＋424 附近。大瑶山 1 号隧道内交会地点 2 处，分别为：K1 935＋000 附近、K1 938＋000 附近。

根据 350 km/h 速度级试验数据、侧向通过 18 号道岔试验数据、隧道内交会试验数据、重联试验数据，得出结论：

①轮轴横向力、脱轨系数和轮重减载率均符合要求。

②转向架横向稳定性符合要求，未出现横向失稳。

③车体横向平稳性除在个别区段为良好外，其他区段均为优。

④车体垂向平稳性在交会试验和重联试验中部分区段出现不合格，分析认为是车辆状态变差造成垂向平稳性增大。最后拉通试验中车体垂向平稳性均为优。

(5)郴州西—广州南

郴州西—广州南区间进行了单列动车组运行试验和重联动车组运行试验。单列运行试验采用 CRH2-068 C 和 CRH2-061 C 动车组，重联运行试验中 CRH2-068 C 分别与 CRH2-072 C 和 CRH2-079 C 重联。

根据 350 km/h 速度级单列运行试验数据、重联运行试验数据，得出结论：

①轮轴横向力、脱轨系数和轮重减载率均符合要求。

②转向架横向稳定性符合要求,未出现横向失稳。

③车体横向平稳性在个别区段为良好,大多区段为优。

④单列拉通试验中车体垂向平稳性为优。

(6)拉通试验数据

2009 年 11 月～12 月,采用 CRH_2-068 C 动车组在武汉至广州北区间进行了单列拉通试验,试验最高速度级 350 km/h。12 月 2 日为最新拉通试验数据。根据单列拉通试验数据,结论:

①轮轴横向力、脱轨系数和轮重减载率均符合要求。

②转向架横向稳定性符合要求,未出现横向失稳。

③车体横向平稳性在个别区段为良好,大多区段为优。

车体垂向平稳性为优。

第十五节　动车组弓网受流性能测试

通过 CRH_2-068 C 动车组进行单列和双列重联工况下的弓网受流性能检测验和接触网性能测试,调整和优化了动车组受电弓的空气动力学性能,同时精调了接触网个别断面的性能,保证了武广铁路客运专线接触网与动车组受电弓具有良好的弓网适应性,使武广铁路客运专线动车组单列和双列重联的试验速度达 350 km/h,接触网系统满足动车组 350 km/h 及以下的运营要求。

一、单列动车组弓网受流性能试验

1. 检测目的、内容和评判标准

(1)检测目的

测试单列动车组弓网受流性能,评价动车组的弓网适应性,并根据测试结果对接触网、受电弓进行调整。

(2)检测内容及评判标准

①弓网动态接触力测试

弓网动态接触力一般按一个跨距为分析单位,分析参数有:最大值、最小值、平均值和标准偏差。各参数评判标准如下:

最大值:$F_{max}=F_m=3\sigma$(N)

最小值:$F_{min}=20$(N)

平均值:$F_m\leqslant 0.000\,97V^2+70$(N)　V:检测速度(km/h)

标准偏差:$\sigma\leqslant 0.3\times F_m$(N)

②离线(火花)测定

火花次数不大于 1 次/160 m,一次最大离线时间不大于 100 ms。

③硬点(受电弓所受的垂直加速度)

垂向加速度不大于 588 m/s^2(60 g)。

④受电弓运行轨迹(动态高度)

接触导线最大垂直振幅:$2A\leqslant 150$ mm

2. 试验方法

在 CRH_2-068 C 动车组被测受电弓上安装测量各种传感器,信号处理及传输装置,将信号引至检测车内的数据采集系统,在动车组运行时测量弓网受流性能。

主要测试仪器:弓网接触力测量装置、接触线动态高度测量仪、硬点加速度测试仪、离线火花探测仪、信号传输通道、支柱探测器、高压侧电源、数据采集及处理系统、图像监视系统、测速传感器等。

(1)弓网接触力测试

在受电弓弓头加装测力传感器,测试动车组运行时的弓网接触力性能。

(2)离线(火花)测定

在车顶的受电弓附近安装离线火花测量仪,测定离线火花发生的地点,统计离线次数。记录不同车速运行状态下的数据，考核弓网受流质量。

(3)硬点(受电弓滑板所受的垂向加速度)

在受电弓上安装硬点测量装置，测试受电弓运行时所受的冲击加速度，以此来检测接触线存在的硬点，评价受电弓运行的安全性。

(4)受电弓滑板运行轨迹(接触线动态高度)

在车顶安装激光测距器，动态测量受电弓滑板的运行轨迹。同时测量出接触线动态最大高度，最小高度以及接触线一跨内的振动幅度。

(5)受电弓运行状态图像监视

在动车组车顶安装摄像机，监视弓网运行状态，并与有关测试数据进行图像合成。

(6)试验数据记录

各项试验数据用计算机数据采集系统存贮数据，对弓网受流性能试验除用计算机存储数据外，还可用图像合成技术将受电弓运行状态图像与对应的测试数据合成后，录像保存。

(7)受电弓运行方向

测试受电弓为 CRH_2-068 C 动车组 6 号车受电弓。受电弓运行方向如图 4-19-104 所示。

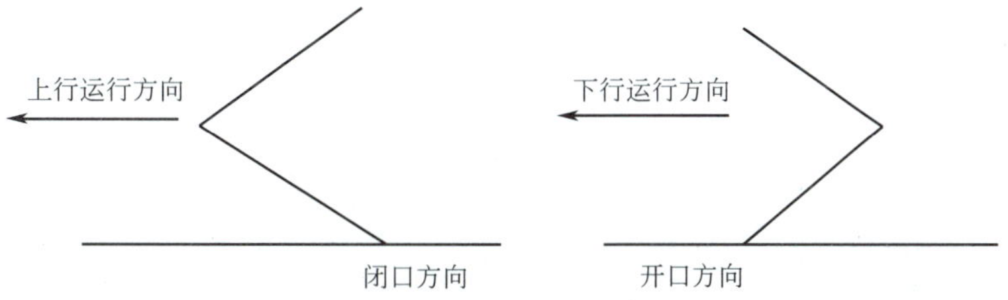

图 4-19-104 受电弓运行方向示意

3. 检测结果

(1)检测结果分析处理方法

弓网受流性能测试数据的统计方法是以接触网的跨距作为基本统计单位，在每一跨内，分析统计出弓网接触力的最大值、平均值和最小值；硬点的最大值；接触线的最高动态高度、最小动态高度和动态高度差以及离线火花次数。

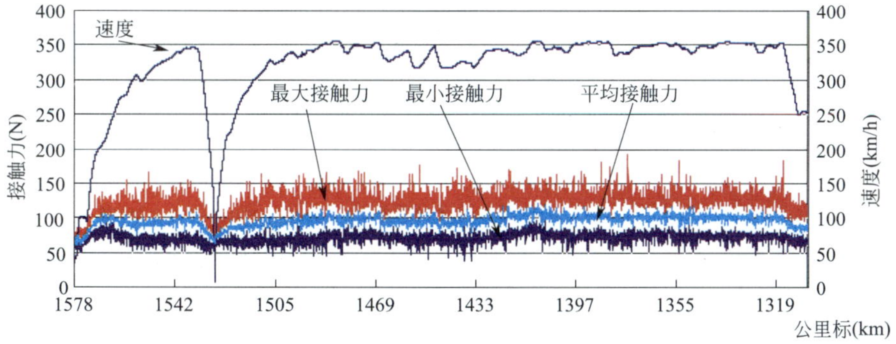

图 4-19-105 第一段(咸宁北-长沙南)上行弓网接触力全程曲线(速度 350 km/h)

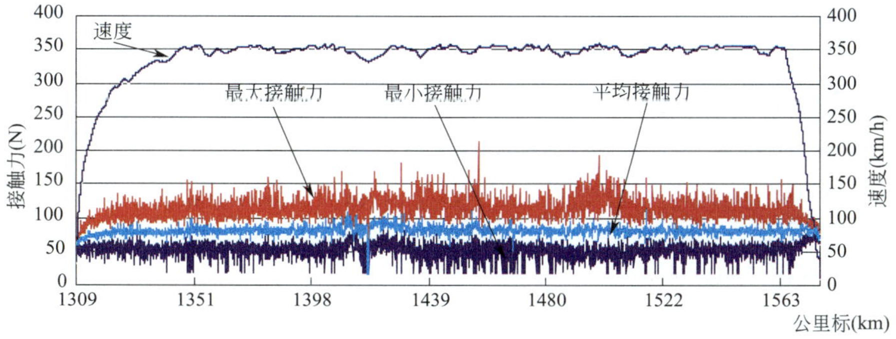

图 4-19-106 第一段(咸宁北-长沙南)下行弓网接触力全程曲线(速度 350 km/h)

(2)检测结果散点图

为了掌握整个检测区段的弓网受流性能,给出了 350 km/h 检测速度下的全程接触力曲线图和最高速度等级下的全程硬点散点图(以咸宁北—长沙南为例)。

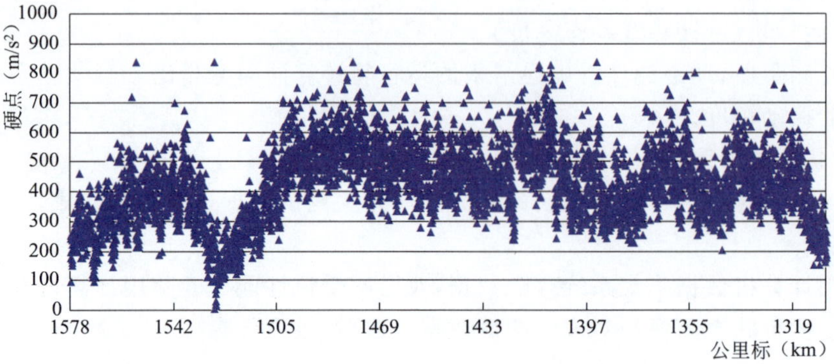

图 4-19-107 第一段(咸宁北-长沙南)上行全程硬点散点(速度 350 km/h)

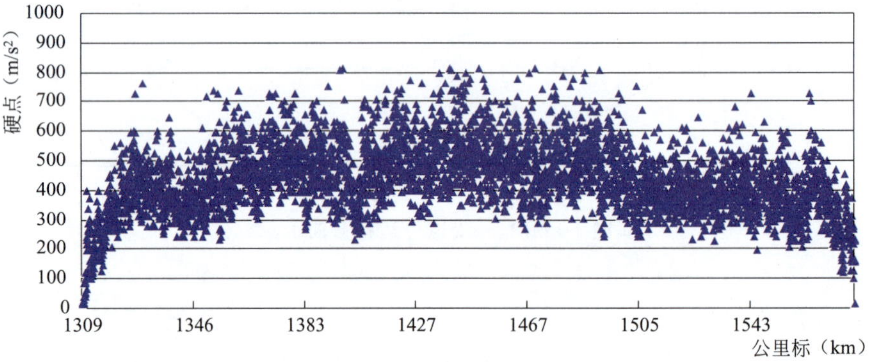

图 4-19-108 第一段(咸宁北-长沙南)下行全程硬点散点图(速度 350 km/h)

(3)离线火花次数统计(表 4-19-76)

表 4-19-76 第一段离线火花次数统计

线别	受电弓运行方向	速度级(km/h)				
		280	320	330	340	350
下行	开口方向	2 731	—	3 640	4 238	4 042
	闭口方向	—	1 897	1 903	2 153	1 843
上行	开口方向	2 615	—	3 904	3 991	3 995
	闭口方向	—	1 422	1 730	1 852	2 125

4. 结论

武广铁路客运专线单列动车组弓网受流参数的检测结果如下:

(1)下行线受电弓开口方向及上行线受电弓闭口方向 350 km/h 运行时弓网接触力最大值、最小接触力、平均接触力在相应速度下的数值分布符合相关标准。

(2)硬点数值基本分布在 392～588 m/s^2 区间内,个别点的硬点值大于 588 m/s^2,说明接触网个别处存在不平顺,需要进行精调。

(3)在测试过程中,受电弓开口方向运行时离线(火花)次数比受电弓闭口方向运行时多,个别隧道内离线(火花)较多,而且出现连续离线火花。

(4)检测区段接触网高差均较小,无超出 150 mm 的点。

(5)总之,武广铁路客运专线单列动车组弓网受流性能参数符合相关标准要求。

二、双列重联动车组弓网受流性能检测

1. 检测目的、内容和评判标准

(1)检测目的

验证 CRH2 068 C 动车组重联时受电弓的动态性能是否符合相关标准要求。

测试 CRH2 068 C 动车组重联时受电弓在检测线路接触网下的受流性能是否符合相关标准要求

(2)检测内容

同单列动车组弓网受流性能(多接触线动态高度项)检测;

(3)评判标准

同单列动车组弓网受流性能(另多一项接触线动态高度)检测。

(4)受电弓运行方向

测试受电弓为 CRH2－068 C 动车组 6 号车受电弓和 CRH2 动车组。受电弓运行方向如图 4-19-109 和图 4-19-110 所示。

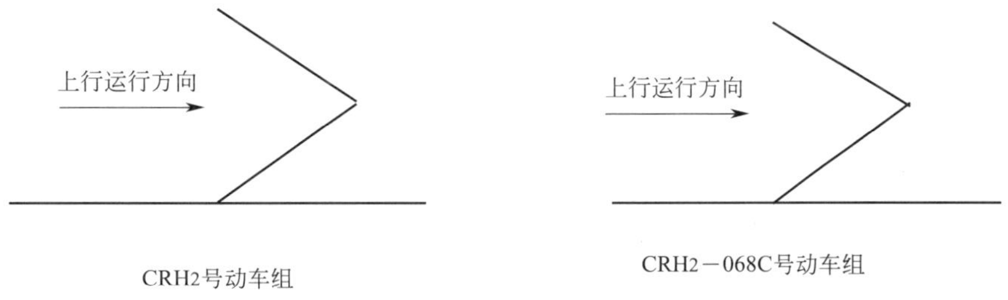

图 4-19-109 动车组重联上行受电弓运行方向示意

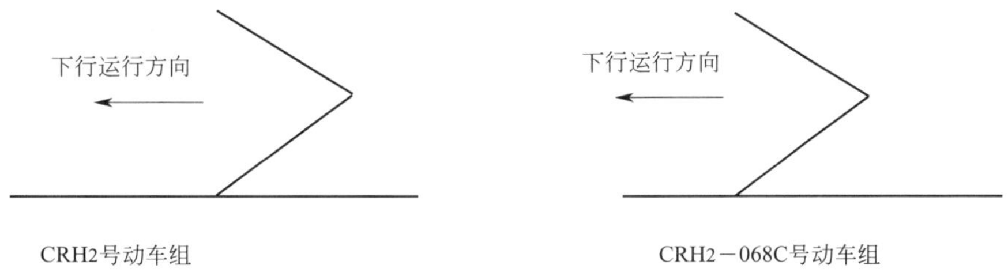

图 4-19-110 动车组重联下行受电弓运行方向示意

2. 检测结果

检测结果分析处理方法:弓网受流性能测试数据的统计方法是以接触网的跨距作为基本统计单位,在每一跨内,分析统计出弓网接触力的最大值、平均值和最小值;硬点的最大值;接触线的最高动态高度、最小动态高度和动态高度差以及离线火花次数

3. 结论

武广铁路客运专线双列重联动车组弓网受流参数的检测结果:

下行线受电弓开口方向及上行线受电弓闭口方向 350 km/h 运行时弓网接触力在相应速度下的数值分布符合相关标准;

硬点数值基本分布在 392～588 m/s^2 区间内,个别点的硬点值大于 588 m/s^2,说明接触网个别处存在不平顺,需要进行精调。

在测试过程中,受电弓开口方向运行时离线(火花)次数比受电弓闭口方向运行时多,个别隧道内离线(火花)较多,而且出现连续离线火花。

检测区段接触网高差均较小,无超出 150 mm 的点。

武广铁路客运专线双列重联动车组弓网受流性能参数符合检测相关标准要求。

第十六节　轨道、接触网状态检测

一、轨道几何状态检测

1. 目的

根据《武广铁路客运专线联调联试及试运行大纲》的要求，2009 年 6 月 27 日～11 月 24 日，轨检车 WX999 249、WX999 287、WX999 290、SY998 799，综合检测车 CRH_2-061 C、CRH_2-068 C 对武广铁路客运专线正线进行了轨道几何状态动态检测。通过试验准备阶段和试验过程中对轨道几何状态进行检测，为线路维修整治提供数据，使轨道状态达到试验要求，确保试验顺利进行。

2. 内容和评判标准

(1)检测内容

包括 1.5～42 m 波长范围高低、1.5～120 m 波长范围高低、1.5～42 m 波长范围轨向、1.5～120 m 波长范围轨向、轨距、水平、三角坑、车体横向加速度、车体垂向加速度。

(2)评判标准

①运营管理标准

武广铁路客运专线轨道检测标准执行科技基〔2008〕65 号中批复的客运专线 300～350 km/h 轨道不平顺动态管理值(简称《运营管理标准》)。

②验收指导意见

《客运专线铁路工程竣工验收动态检测指导意见》(简称《验收指导意见》)中的 300～350 km/h 验收标准是用于指导联调联试而采用的轨道管理标准。

线路动态验收评价标准分为验收Ⅰ级超限、验收Ⅱ级超限两级。其中验收Ⅰ级标准指作业验收管理值，验收Ⅱ级标准指日常保养管理值。

严禁出现验收Ⅱ级超限，每公里验收Ⅰ级轨道几何评价指标超限数应不大于 5 处。区段标准差不允许超过表规范要求。

3. 轨道动态检测结果分析

重点分析 160 km/h 轨道检查车的最新检测数据。武汉至长沙南段选用 2009 年 11 月 24 日检测结果，长沙南至郴州西段选用 2009 年 11 月 7 日检测结果，郴州西至广州南段选用 2009 年 11 月 24 日检测结果。

(1)《验收指导意见》标准

①幅值

由于检测速度不满足 $V\max \pm 10\%$ 的要求，未对车体加速度进行评价。检测结果用于指导线路的整治维修，使轨道几何状态达到优良要求。

②均值

均值管理通过计算左高低、右高低、左轨向、右轨向、轨距、水平、三角坑等 7 项指标每 200m 的标准差，求和得到轨道不平顺质量指数(TQI)。根据验收办法，分别计算每个区段的 TQI，并剔除干扰项(道岔是 BWG 公司的带尖轨构造加宽型)。武广铁路客运专线上、下行 TQI 均满足验收要求。

(2)运营管理标准

①幅值

下行轨道几何无 II 级及以上偏差，I 级偏差 18 处，上行轨道几何无 II 级及以上偏差，I 级偏差 68 处。轨检车最高检测速度为 160 km/h，与设计速度存在较大速差，不宜对横向加速度进行评价。综上所述，武广铁路客运专线全线轨道几何状态符合《客运专线 300～350 km/h 轨道不平顺动态管理值》标准要求。

②均值

均值管理标准与验收标准中的均值管理一致。

均值管理通过计算左高低、右高低、左轨向、右轨向、轨距、水平、三角坑等 7 项指标每 200 米的标准差，求和得到轨道不平顺质量指数(TQI)。

根据验收办法，分别计算每个区段的 TQI，并剔除干扰项（道岔是 BWG 公司的带尖轨构造加宽型）。武广铁路客运专线全线上、下行 TQI 均满足验收要求。

4. 结论

武广铁路客运专线轨道动态几何状态满足科技基〔2008〕65 号文发布的《客运专线 300～350 km/h 轨道不平顺管理值》的要求。

区段轨道 TQI 平均值满足科技基〔2008〕65 号文发布的《客运专线 300～350km/h 轨道不平顺管理值》轨道质量指数 TQI 管理值 5.0 的要求。

二、接触网性能检测

在广州南—广州北区间下行线，测试 819 号支柱～823 号支柱间二跨接触网静态弹性。在清远站下行线，检测 73 号定位点动态抬升量。

1. 检测目的

测试正线接触网悬挂的静态性能及检测正线接触网动态抬升量是否符合标准规定。

2. 检测内容和评判标准

(1)内容

测试接触网静态弹性，计算接触网静态弹性差异系数及检测接触网断面的接触线动态抬升量。

(2)评判标准

动态抬升量：接触线动态抬升量不大于 120 mm。

3. 检测方法

(1)接触网静态弹性测试：

施工单位提供接触网作业车进行配合，测试人员使用专用仪器在接触网作业车的平台上对各测点的接触网静态弹性进行测量和记录。

(2)接触线动态抬升量检测

检测地点在定位点处，当受电弓通过检测位置时，用摄像机录像，事后对所录图像进行分析处理，可计算出接触线的振动情况，给出振动波形，得出接触线振动的最大振幅等参数。

4. 数据分析

(1)接触网静态弹性：

测试地点：广州南—广州北区间下行线，测试 819 号支柱—823 号支柱间二跨。

测试时间：2009 年 10 月 18 日。

接触网静态弹性测试数据见表 4-19-77 和表 4-19-78。

表 4-19-77 接触网静态弹性数据

测点位置	819 号	1	2	3	4	5	6	821 号
压力(N)	173	165	167	145	151	175	150	159
位移(mm)	40	40	40	40	40	40	40	40
静态弹性(mm/N)	0.231	0.242	0.240	0.276	0.265	0.229	0.267	0.252
弹性差异系数(%)	9.31							

表 4-19-78 接触网静态弹性数据

测点位置	821 号	1	2	3	4	5	6	823 号
压力(N)	159	162	163	149	150	163	157	155
位移(mm)	40	40	40	40	40	40	40	40
静态弹性(mm/N)	0.252	0.247	0.245	0.268	0.267	0.245	0.255	0.258
弹性差异系数(%)	4.48							

(2)接触线动态抬升量检测结果

测试地点:清远站,下行线 73 号定位点。

测试时间:2009 年 10 月 27～31 日。

接触线动态抬升量最大值见表 4-19-79。

表 4-19-79 接触线动态抬升量最大值 (mm)

位置速度(km/h)	73 号定位点(单列)	73 号定位点(重联)
330	32	42
340	32	69
350	30	42

(3)振动波形

CRH2 单列动车组、双列重联检测速度下的接触线动态抬升曲线如图 4-19-101～图 4-19-116 所示。

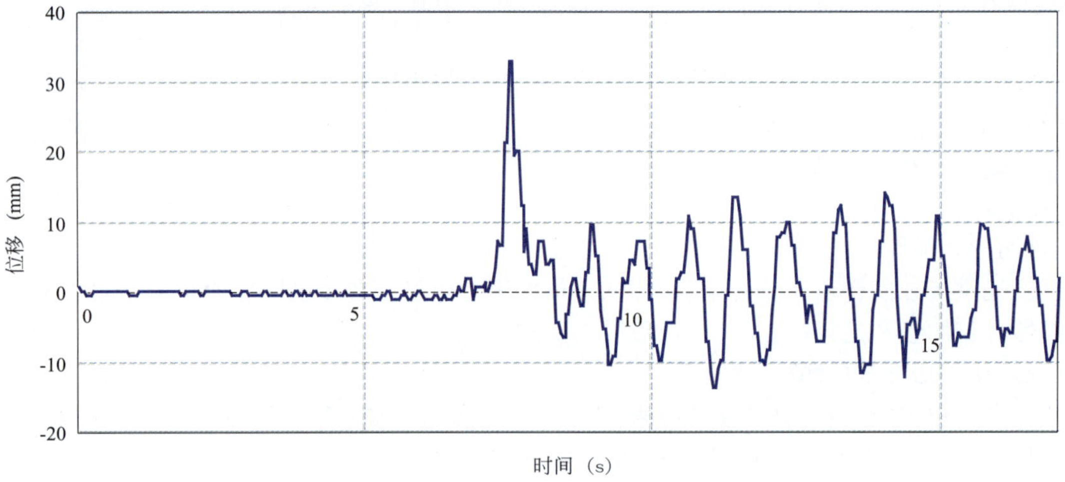

图 4-19-111 接触线动态抬升曲线(单列 CRH2 速度 330 km/h)

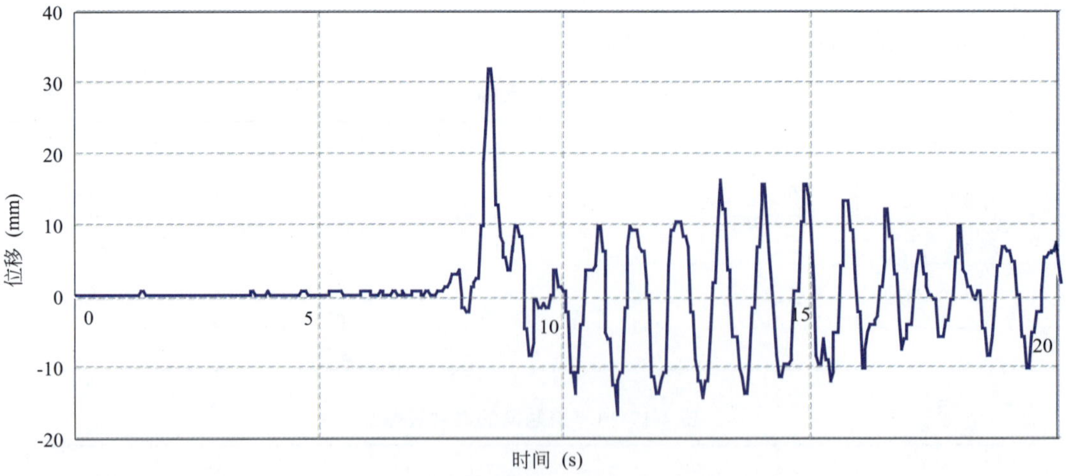

图 4-19-112 接触线动态抬升曲线(单列 CRH2 速度 340km/h)

5. 结论

CRH2 动车组单列和双列重联运行速度 350 km/h 工况下,武广铁路客运专线接触线动态抬升量最大值符合相关标准规定。

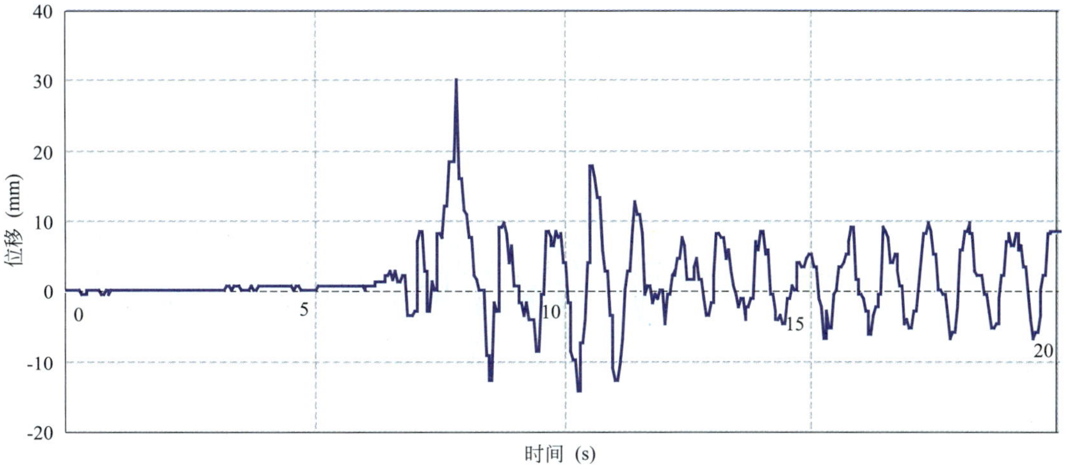

图 4-19-113 接触线动态抬升曲线(单列 CRH_2 速度 350 km/h)

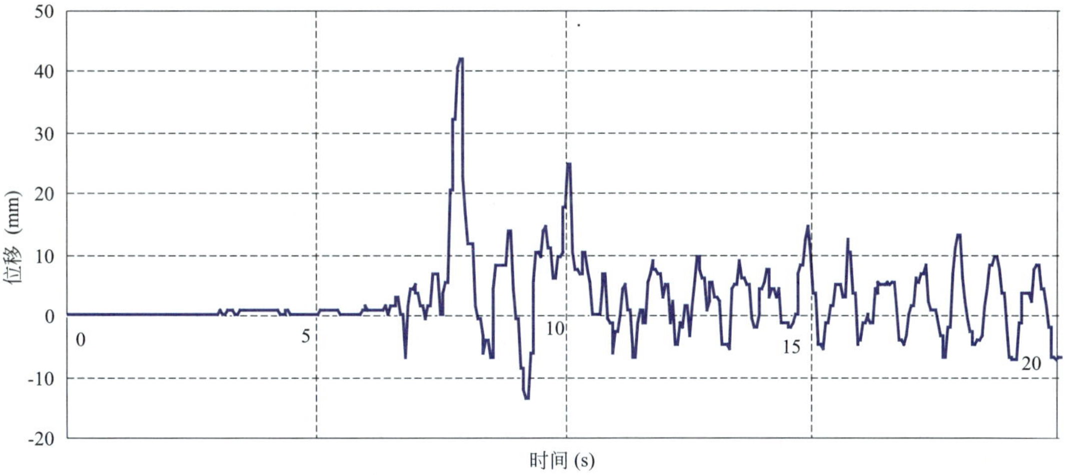

图 4-19-114 接触线动态抬升曲线(CRH_2 双列重联 速度 330 km/h)

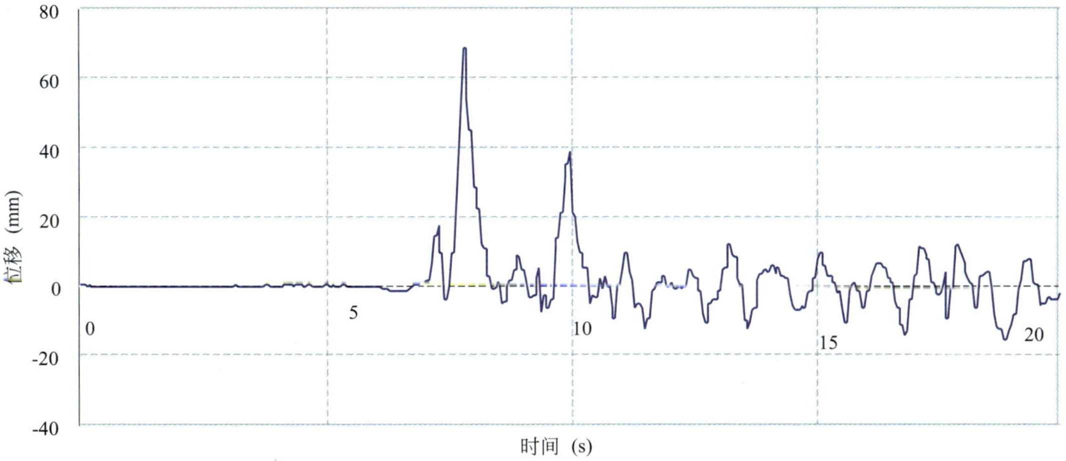

图 4-19-115 接触线动态抬升曲线(CRH_2 双列重联 速度 340 km/h)

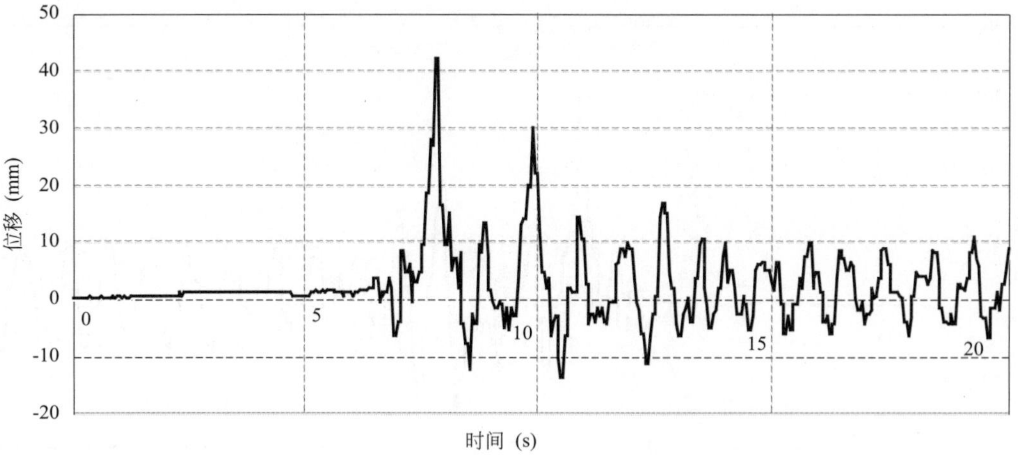

图 4-19-116 接触线动态抬升曲线（CRH_2 双列重联 速度 350 km/h）

第十七节 总结论和建议

一、总 结 论

1. 武广铁路客运专线轨道状态、接触网、路基及过渡段、轨道结构、道岔、桥梁等满足 CRH_2 型、CRH_3 型单列和重联动车组 350 km/h 速度运行的安全性、平稳性要求。

2. 武广铁路客运专线隧道气动效应和列车空气动力学以及气动力作用下的动车组动力学性能指标满足 CRH_2 型和 CRH_3 型单列、重联动车组 350 km/h 通过隧道或在隧道内交会时的安全性、平稳性要求。

3. CRH_2 型和 CRH_3 型动车组以 350 km/h 运行时，振动、噪声和电磁兼容性满足相应标准要求。

4. 通信系统在全部基站工作条件下，总体满足语音和电路域相关指标要求。

5. CTCS-3 级列控系统、联锁系统和 CTC 等系统功能满足设计要求，满足开通运营时速 350 km 要求。

二、建 议

(1)建议继续加强轨道精调，重点消灭验收Ⅱ级偏差以及整公里Ⅰ级偏差大于 5 处的地段。

(2)根据检测结果进一步对接触网进行精调，特别是出现连续离线（火花）的区段。

(3)建议集成商继续进行半数基站 GSM-R 网络优化工作和仍存在 GSM-R 频段电磁干扰区段的清频工作。完成上述工作后，需再对全线 GSM-R 网络进行复测。

(4)试验过程中部分轨道电路区段运行不稳定，出现掉码或闪红，建议加强轨道电路维护和监测。对 CTCS-3 级列控系统复测中可能出现的问题尽快解决。

(5)鉴于下邓家湾特大桥武汉端填方路桥过渡段路基动变形过大现象，建议对全线过渡段进行排查，对外观出现异常的地方，做进一步雷达探测，发现类似现象及时进行处理。

(6)建议开通运营后随时关注边界噪声，从源头降低列车运行噪声对环境的影响。

(7)建议对桥梁声屏障与路基声屏障结合部的缝隙进行封闭处理，以保证声屏障的降噪效果。

针对上述检测结果和提出的建议、意见，设计、施工等相关单位随即采取措施，进行整改并通过了复测，确保了 2009 年 12 月 26 日正式投入运营。

第五篇

科研与技术创新

在武广铁路客运专线建设过程中，以全长 62.16 km 的武汉综合试验段建设为载体，通过原始创新、集成创新、引进消化吸收再创新，进行软土地基、复杂岩溶地基处理和路基填筑技术攻关，有效控制了路基的工后沉降；开展大跨度无砟轨道桥梁技术研究，实现了在大跨度(168 m)预应力连续梁、1-140 m 钢箱系杆拱桥上铺设无砟轨道；组织水下隧道施工技术攻关，成功修建了我国第一座穿越城市河流和高速公路的大断面铁路隧道；创建科学、系统的线下结构沉降变形观测与分析评估系统，合理确定无砟轨道开铺时间；建立严谨、科学、系统的(CPⅠ、CPⅡ、CPⅢ)三网合一的精密工程测量控制网系统，实现了无砟轨道铺设与轨道精调的高精度；实现双块式无砟轨道再创新，研发并应用了 18 号高速道岔、扣件和钢轨伸缩调节器，成功铺设了大号码板式道岔；建立了严密的站前站后接口设计与施工管理系统；首次采用大张力接触网线和弹性链型悬挂设计，提高了弓网受流性能，初步建成了具有完全自主知识产权的 CTCS-3 级列控系统技术标准体系和技术平台。特别是在线下结构沉降变形控制、双块式无砟轨道铺设、板式道岔铺设、全补偿弹性链型悬挂接触网、CTCS-3 列控系统等多方面形成了具有我国自主知识产权的长大干线高速铁路成套技术。

第一章　科研与技术创新的组织和实施

武广铁路客运专线建设过程中，在铁道部的统一组织下，整合路内外资源，以全长62.16km的武汉综合试验段建设为载体，以技术创新支撑武广铁路客运专线工程建设，通过原始创新、集成创新、引进消化吸收再创新，系统掌握了高速铁路建造技术，走出了一条铁路自主创新的成功之路，形成具有自主知识产权的高速铁路技术体系，取得了一系列技术创新成果。

一、加强科研与技术创新的组织领导

建设伊始，武广公司将科技攻关和技术创新作为建设一流高速铁路的关键工作，牢固树立“科研武广”建设理念，成立了科技攻关和技术创新工作领导小组，加强组织领导，主要领导亲自牵头，高度重视，着力推进。根据铁道部颁布的科研项目大纲，结合武广铁路客运专线的关键技术和科研重点，制定了武广铁路客运专线技术创新规划，组织设计、施工、科研机构、高等院校，进行大量的科技攻关和技术创新。

各参建单位及时成立了科技攻关和技术创新的组织机构，配备足够的资源，营造良好的环境和条件，结合工程实际，组织多方位、多层次的专题研究。加强对技术创新人才的培养，组织技术和管理人员进行专业培训、考察交流和技术研讨，提高技术创新能力。通过健全创新机制，激励广大技术人员参与技术创新的积极性，充分发挥他们的主观能动性。注重按规划要求落实鉴定、评审，做好技术创新的总结和推广，及时有效地指导工程实践，最大限度地发挥技术创新的效益，促进工程建设。

二、抓好科研项目的立项和推进

建设之初，武广公司和参建各方就迅速启动科研立项工作，做到早立项。通过多渠道申请，多方面筹备科研资源，绝大部分科研项目在2003～2007年完成了立项。按照科研项目管理的归口单位，分为铁道部控、工(建)总控、局(院、校)控三个层次，各种科研立项159项，其中，重大的、全局性的科研项目报铁道部立项，共有32项，占科研项目总数的20%。

各科研项目都针对武广铁路客运专线建设过程中的一系列设计、施工和管理难题，研究亟待解决、不可回避的重大问题，例如长大隧道、新结构桥梁、线下基础工程沉降控制、无砟轨道、牵引供电、CTCS-3级列控系统等关键技术难点。科研项目涉及站前、站后工程各个专业，大部分科研项目需要填补国内空白，部分项目在国际上也颇具难度。为总结推广技术创新成果，组织编写了武广铁路客运专线建设技术汇编，推进和指导工程建设。

武广公司加强对科研工作的检查指导，制定了科研管理办法，定期或不定期召开会议，适时对科研项目的实施情况组织检查、评估，研究推进措施。全线科研项目多，参与科研的单位多，需要组织协调科研攻关与工程建设方面的多家单位；研究内容复杂，大量项目涉及试验室内模型试验和工程现场测试，需产、学、研通力合作，部分科研项目需成立科研项目部，长期驻扎现场。武广公司加大了科研项目实施的组织协调力度，确保科研项目的按期完成。

三、以武汉综合试验段为载体

武汉综合试验段承担武广铁路客运专线站前、站后工程综合性试验任务。武广公司将武汉综合试验段作为技术创新的载体，积极推进试验段建设过程中的技术创新。通过重点专业的中外联合设计、咨询和施工，对路基填筑及沉降控制、精测网、无砟轨道、四电工程等专业工程的设计理念、施工工艺和质量标准，开展多项科研攻关，在铁道部的统一组织下开展无砟轨道再创新试验研究，建立和完善了我国高速铁路技术标准体系。通过综合性的系统试验，验证了各项技术的可靠性，并及时组织成果鉴定，在全线进行推广。

四、与工程建设过程紧密结合

武广铁路客运专线各项科研工作推进与工程进展紧密结合，及时将阶段性成果用于工程实际，一方面满足了工程建设的需要；另一方面也使科研成果在工程实践中得到验证和提高。例如，《武广铁路客运专线残积层红黏土路基变形特性及路堑边坡稳定性试验研究》课题，在2004～2005年勘察与初步设计期间，铁四院率先展开了典型工点的载荷试验与对比勘探试验研究，将研究得到的红黏土地基变形特征与规律、变形参数的获取方法、沉降计算办法等阶段成果用于指导全线勘察设计，在施工期间又开展了现场试验段研究，修正了研究成果，使之得到进一步提升。中铁十四局通过《客运专线CRTSⅠ型双块式无砟轨道综合施工技术》课题研究，一方面，自行设计并通过鉴定的双块式无砟轨道道床板高性能混凝土配合比，满足了高性能混凝土供应需求；另一方面，结合施工现场，研究国内外施工技术特点，优化资源配置，实践总结了先进的CRTSⅠ型双块式无砟轨道施工工艺，并将其运用到管段内无砟轨道施工中，使之在全线率先完成无砟轨道施工，比原施工组织工期提前4个月20 d，较业主调整后施工组织工期提前20 d。

五、充分发挥中外联合咨询的作用

通过中外联合咨询模式，充分发挥外方的技术优势，引进了国外高速铁路先进的技术和管理方法，吸收其成熟的技术成果，确定设计技术标准，解决了设计、施工中一系列关键技术问题，并结合国内技术水平和资源，进行技术创新和再创新。例如，在施工图设计阶段，公司组织外方咨询单位，对施工图设计进行技术咨询和审核，先后召开30多次设计单位与外方咨询单位的沟通会议，明确了桥梁荷载组合、承台六面配筋、道岔梁、路基沉降标准、涵洞长度分节等一系列设计标准问题。在沉降评估体系的建设过程中，公司组织外方咨询与设计、施工、院校等单位一起研究，历时一年，编制了实施大纲，制定了观测方法、评估标准，开发出了评估软件，对有效控制沉降变形创造了条件。在高速道岔铺设施工中，公司组织博格公司、BWG公司、海德坎普公司等外方技术专家，深入现场对铺设施工过程进行技术指导，保证了高速道岔的铺设精度和工期。

第二章 科研与技术创新的主要成果

一、创新研究简况

武广铁路客运专线项目筹建过程中，在无砟轨道及其线下工程、高速接触网系统、列控系统、动车检修基地、大型客站等方面，面临一系列技术难题亟待克服。

经系统研究和重点攻关，通过原始创新、集成创新、引进消化吸收再创新，课题研究取得一系列重大成果，及时指导了武广铁路客运专线的设计、施工，解决了建设过程中的难题。

武广铁路客运专线的建设实践表明，其课题成果形成了具有我国自主知识产权的时速 350 km 高速铁路长大干线设计、施工等成套修建技术，实现我国高速铁路长大干线建设质的飞跃，对系统完善我国高速铁路技术体系具有重要的促进作用。

二、主要科技创新

通过对武广铁路客运专线关键技术进行研究，形成设计时速 350km 高速铁路长大干线成套技术，在无砟轨道、桥梁、路基、隧道、高速牵引供电、C3 列控设计、动车基地、大型客站、高速行车组织、精密控制测量等十大系列技术方面有重大创新。

(一)无砟轨道技术创新

1. 无砟轨道按三重地基叠合梁理论设计技术。

2. 再创新 4 种无砟轨道结构：在引进双块式、板式 2 种无砟轨道的基础上，研究设计了 CRTSⅠ型双块式、CRTSⅠ型板式、CRTS Ⅱ型板式、道岔区轨枕埋入式、道岔区板式等 5 种无砟轨道结构，并依托武汉综合试验段等，再创新设计、建造了 CRTSⅠ型双块式、CRTSⅠ型板式、CRTSⅡ型板式和道岔区轨枕埋入式等 4 种无砟轨道结构。

3. 大跨度桥梁铺设无砟轨道设计技术：采用过渡板等技术手段，在 140 m 钢箱系杆拱、(70＋125＋70) m 连续梁、(94＋168＋94) m 连续刚构等桥梁上按 350 km/h 标准铺设无砟轨道。

4. 长联连续梁铺设无砟轨道钢轨伸缩调节器设计技术：在衡阳湘江桥(64＋4×116＋64) m 连续梁、株洲西湘江桥(60＋5×100＋60) m 连续梁上，铺设了无砟轨道钢轨伸缩调节器。

5. 道岔区桥梁铺设无砟轨道设计技术：创新纵横向限位装置，在雷大桥特大桥、昌山特大桥上道岔区铺设了无砟轨道。

(二)桥梁技术创新

1. 大跨度桥梁技术：140 m 下承式钢箱系杆拱、(94＋168＋94) m 连续刚构等为高速铁路同类结构中最大跨度。

2. 特大型车站复杂咽喉区无缝线路道岔群桥梁技术，成功应用于武汉站、广州南站。

3. 大跨度混凝土连续梁桥设计技术，32 m 简支箱梁桥桥墩墩顶横向线刚度控制技术。

4. 规模化场制大吨位简支箱梁的制、运、架成套技术。

(三)路基技术创新

1. 无砟轨道路基结构形式与标准横断面设计技术。

2. 无砟轨道路基填料与填筑技术。

3. 无砟轨道路基高标准沉降控制技术。

4. 无砟轨道过渡段路基强度与变形控制设计技术。

(四)隧道技术创新

1. 内净空 100 m^2 大断面隧道修建技术。

2. 隧道全封闭防水技术。

3. 隧道空气动力学技术。

(五)高速牵引供电技术创新

1. 接触网技术:自主研发应用高速 SiFCAT350 接触网技术体系,应用 150 mm^2 铜镁接触线、大张力、弹链新型高速接触网系统技术,2009 年 12 月创造了时速 394.2 km 的双弓运行世界纪录。

2. 线岔定位技术:无交分和辅助三线定位线岔技术。

3. 高铁牵引供电和动车组联合仿真技术:创立了 350 km/h、3 min 追踪、23 000 kW 大功率动车组重联、牵引电流达 1 000 A 的 AT 供电技术体系。

4. 大功率单相牵引变压器及相关设备配置技术。

(六)C3 列控设计技术创新

1. 研究确定了设计时速 350 km、最小追踪间隔 3 min 的列控方案——CTCS-3 级列控系统。

2. 研究提出无线闭塞中心(RBC)设计技术。

3. 研究提出 GSM-R 覆盖冗余设计技术,含单基站覆盖、弱场区段覆盖方案等技术。

(七)动车基地技术创新

1. 动车组均衡修技术。

2. 自主研发高速铁路动车组周转图工程设计计算机分析系统。

3. 自主研发三维设计仿真技术。

(八)大型客站技术创新

1. 提出“站桥合一”的客站设计理念与结构体系,系统形成高速铁路桥建合一站房设计理论、设计方法、技术标准及建造技术。

2. 高速铁路桥建合一结构体系清水混凝土异型刚构拱桥关键技术。

3. 特大型旅客站房建筑节能技术。

4. 特大型旅客站房建筑声学设计技术。

5. 桥建合一站房大跨度枝状支撑空间曲面钢结构施工技术。

(九)高速行车组织技术创新

1. 建立双层规划模型并开发专用软件,优化武广铁路客运专线旅客列车开行方案。

2. 构建客运票价的系统动力学模型,确定了项目经济分析的科学方法。

(十)精密控制测量技术创新

1. 精测建网技术与分段投影技术。

2. 长隧道内 CPⅡ测设新技术。

3. 精密三角高程代替二等水准测量技术。

4. 研制 CPⅢ棱镜强制对中支架,研制“机载 CPⅢ数据采集系统”和“铁路工程精密控制网测量数据处理系统”。

三、技术成果水平、技术经济指标及其推广应用

(一) 技术成果水平

与当前国内外同类项目主要技术成果对比,并经查新证明:

课题成果在无砟轨道大跨度桥梁、高速 SiFCAT350 接触网、桥建合一大型客站等方面,在国际同类高速铁路技术中属顶级者或首次运用。

课题成果在无砟轨道及其线下路基、隧道工程,CTCS-3 级列控,动车组周转图分析系统与三维设计仿真、精测等关键技术方面取得了重大突破,系统填补了我国高速铁路技术空白,无砟轨道路基系统技术、CTCS-3 级列控等部分核心技术更是我国高速铁路技术的本源。

精测研发成果打破了国外同类技术在我国高速铁路建设中的垄断地位。

综上所述,武广铁路客运专线关键技术研究成果,实现了我国高速铁路长大干线建设质的飞跃,整体水平国际一流,部分项目国际领先。

（二）技术经济指标

试运行时，两车重联、双弓取流，最高时速 394.2 km。

2009 年 12 月 26 日，按时速 350 km 开通运营，全程约 3 h 直达，令全球瞩目。

调试检测及高速运营实践表明，武广铁路客运专线关键技术成熟可靠，总体技术经济指标首屈一指，是我国高速铁路建设成功的现实典范，对促进我国高速铁路技术进步并引领国际高速铁路技术发展具有重要意义。

（三）推广应用情况

创新研究成果直接应用于指导武广铁路客运专线的设计、施工。

部分成果被纳入高速铁路标准与规定，成为行业标准。

在武广之后的高速铁路建设中，于郑武、宁杭、杭长、合福、武咸等项目中得到推广应用。

研究成果社会效益巨大，经济效益显著。

四、获科技奖励及专利授权情况

（一）获科技奖励情况

已获主要科技奖励情况见表 5-2-1。

表 5-2-1　获主要科技奖励情况

获奖时间	奖项名称	获奖项目名称	奖励等级	授奖部门（单位）
2005	中国铁道学会科学技术奖	牵引网电压、电流分布及接触网工程接地技术研究	二等	中国铁道学会
2006	中国铁道建筑总公司优秀设计软件奖	高速铁路动车组周转图工程设计计算机分析系统	二等	中国铁道建筑总公司
2007	铁道部铁路工程勘察设计优秀计算机软件奖	高速铁路动车组周转图工程设计计算机分析系统	三等	铁道部
2008	国家测绘科技进步奖	精密三角高程测量研究	二等	中国测绘学会
		精密控制测量技术在铁路客运专线中的应用	三等	
	中国铁道建筑总公司科学技术奖	客运专列车运行脉动数值模拟研究和结构优化	二等	中国铁道建筑总公司
2009	湖北省科技进步奖	武广客专浏阳河隧道设计关键技术研究	三等	湖北省科技厅
	中国铁道建筑总公司科学技术奖	铁路客运专线信息系统总体架构研究	一等	中国铁道建筑总公司
		武广客专浏阳河隧道设计关键技术研究	二等	
		武广客运专线动车组运用检修体系研究	二等	
2010	湖北省测绘科技进步奖	铁路工程精密控制网测量数据处理系统	一等	湖北省测绘学会
	中国铁道建筑总公司科学技术奖	武广高速铁路无砟轨道综合技术研究与应用	一等	中国铁道建筑总公司
		高速铁路电气化及电力关键技术研究及其武广工程示范	一等	
		武广客运专线噪声治理综合技术研究	一等	
		高速铁路动车组检修基地关键技术研究	一等	
		武广高速铁路精密控制测量技术研究	一等	
		武广高速铁路列控系统关键技术研究	二等	
		武广客专隧道全封闭防水技术研究	三等	
	铁道部优秀工程设计奖	武广客专无砟轨道设计	一等	铁道部
		武广客专大瑶山隧道	一等	
		武广客专浏阳河隧道	一等	
		武广客专通信、信号、信息系统	一等	

续上表

获奖时间	奖项名称	获奖项目名称	奖励等级	授奖部门(单位)
2011	中国铁道学会科学技术奖	武广高速铁路桥梁关键技术研究	一等	中国铁道学会
		高速铁路电气化及电力关键技术研究及其武广工程示范	一等	
		武广高速铁路无砟轨道综合技术研究与应用	二等	
		武广高速铁路无砟轨道路基关键技术研究	二等	
		客运专线电分析设置方案与运行时分目标关系仿真评估	三等	
		武广客运专线噪声治理综合技术研究	三等	
	中国铁道建筑总公司科学技术奖	武广高速铁路残积层红粘土路基变形特性及路堑边坡稳定性试验研究	一等	中国铁道建筑总公司
		无砟轨道过渡段路基的变形控制技术及施工工艺的试验研究	三等	
	铁道部优秀工程设计奖	武广高速铁路汀泗河特大桥	一等	铁道部

(二)专利授权情况

截止2011年4月,已获发明专利授权2项,其他知识产权25项,另有14项发明专利、1项新型实用专利已获受理或进入审查阶段。

第三章　各专业工程技术创新

第一节　路 基 工 程

通过技术咨询，引进了国外基础工程设计计算方法、精密测量技术及无砟轨道工后沉降控制标准及评价方法，在武汉综合试验段进行多项科学研究和试验验证，形成武广铁路客运专线线下基础工程沉降控制技术体系。

路基按工后“零沉降”理念设计，允许最大工后沉降按 15 mm 控制，比德国要求更严格。对工后沉降值不能满足要求的地段，根据各工点的地基条件、填土高度、施组计划等具体情况，分别采用了 CFG 桩、搅拌桩复合地基、换填、冲击碾压、预压等地基加固措施，其中 CFG 桩为武广铁路客运专线最主要的地基加固措施。对深厚层软土、过渡段等沉降控制难度大的地段，采用 PHC 预应力管桩或钻孔灌注桩桩网结构，或短地基加固桩联合堆载预压的加固措施。

全线路基工程在无砟轨道地段岩溶路基技术、桩-网结构、组合型过渡段、软岩风化物改良土填料、深路堑高边坡稳定性监测与信息化施工等 5 个方面均有重大创新；在 A、B 组填料粒径控制标准、路堤式路堑、桩帽式 CFG 桩复合地基、格宾挡墙、深路堑高边坡预加固技术、路基边坡复合式绿色防护设计、土工合成材料在路基工程中的应用等 7 个方面有显著突破。优化了结构物过渡段的设计与施工控制，通过采用不同材料不同类型的过渡形式，使轨道刚度逐渐变化，减小沉降差，降低振动，减缓路基变形，实现路基纵向和竖向刚度逐渐过渡的要求。

对路基的基底、路堤本体、路基面进行沉降变形监测，由施工单位采集变形监测数据，监理按 30% 进行平行监测检查，委托第三方进行沉降评估。武广铁路客运专线实测总沉降量一般在 40 mm 以内，最大沉降为 132 mm。铺轨时工后沉降一般在 10 mm 以内，最大为 13.5 mm。

第二节　桥 梁 工 程

全线桥梁比重占 48.2%，创新“宜桥则桥”、“以桥代路”设计原则。全线多处跨越既有铁路、高等级公路、湖泊、长江、湘江和珠江水系，采用的大跨径桥梁数量多、结构复杂，在设计、施工和线性控制上如何满足 350 km/h 无砟轨道铺设要求方面，大量使用了新技术、新结构、新材料和新工艺。大跨径桥梁，例如，汀泗河特大桥主跨 140 m 钢箱系杆拱，是世界同类高速铁路中最大跨度，东湖特大桥等 3 座桥梁主跨采用 112 m 尼尔森系钢管混凝土提蓝拱，陆水特大桥、王灌冲大桥等主跨（70＋125＋70）m 连续梁，株洲湘江特大桥主跨（60＋5×100＋60）m 连续梁，衡阳湘江特大桥主跨（64＋4×116＋64）m 连续梁，流溪河特大桥主跨（94＋168＋94）m 连续刚构，跨珠江东平水道主跨（99＋242＋99）m 连续钢桁拱等。新结构、特殊结构桥梁，例如，武汉、广州南站“站桥合一”，耒水特大桥主跨（40＋2×72＋40）m 四线连续梁，黄土湾大桥（70＋70）m T 型刚构，高丰村大桥、雷大桥特大桥、昌山特大桥等道岔桥。在大跨度、新结构桥梁设计、施工技术方面取得显著突破，研发了 900 t 整孔箱梁制运架成套技术，实现预制箱梁工厂化生产。

第三节　隧 道 工 程

全线共设隧道 226 座，长 177.6 km，为满足列车高速通过隧道时产生的空气动力效应及旅客舒适度的要求，隧道轨面以上净面积 100 m^2，设计为高 8.78 m、宽 13.2 m 的马蹄形断面，开挖断面达到 150～160 m^2。为确保大断面隧道的施工安全和质量，组织有关各方采取超前预报、强化初期支护、加强监控量测、确定各工序之间的安全距离等措施，确保了施工安全质量。重点针对大断面矿山法施工浏阳河水下隧道、大瑶山1号隧道高水压处理、以海棠隧道为代表的岩溶隧道施工、交通干扰严重的金沙洲隧道施工,以及以尖峰顶隧道为代表的大量浅埋或偏压隧道施工,组织科研攻关,成功攻克了复杂地质条件下大断面隧道施工难题。

第四节 轨 道 工 程

通过对引进技术的消化吸收,实现了轨枕生产工厂化、无砟轨道与道岔施工的机械化,全面掌握了轨道和道岔焊接、锁定、精调技术。中方自行设计制造了18号无砟高速道岔、无砟钢轨伸缩调节器,中外联合开发了50号板式道岔、桥梁上18号板式道岔系统,大面积铺设了板式道岔。

经过静态、动态调试,轨道精度迅速提升。160 km/h轨检合格率达到100%,优良率接近100%;上下行平均扣分2~3分/km,消灭了Ⅱ级扣分;平均TQI上行3.37,下行3.33。350km/h动车组轨检合格率、优良率均达到100%;上下行平均扣分3分/km,消灭了Ⅱ级扣分;平均TQI上行2.32,下行2.27。良好的轨道状态赢得世界各国铁路同行的高度赞誉。通过对引进技术的消化吸收、再创新,提升了我国无砟轨道、道岔的整体技术水平。

第五节 通 信 工 程

一、设计创新

(一)全球第一个投入运营的时速350 km、提供C3列控通道的GSM-R系统

武广铁路客运专线时速高达350 km,一次开通接近1 000 km、采用GSM-R系统承载列控信息,在世界尚属首次,高可靠的GSM-R系统设计是武广铁路客运专线的重大亮点。验收测试的结果表明,武广铁路客运专线GSM-R系统C3线路服务质量指标(QoS)优于欧洲已开通的同类线路,居于世界领先地位。

(二)路内首创C3线路GSM-R系统隧道通用组网模式

武广铁路客运专线线路经过湘南、粤北山区,地形条件复杂,全线共有隧道226座、隧道长度177.6 km,大量的连续隧道群对无线覆盖方案设计是巨大的挑战,如何在复杂的地形条件下实现网络的高可靠性是武广铁路客运专线GSM-R无线覆盖设计面临的难题。在借鉴国外其他高速铁路项目设计方案的基础上,武广铁路客运专线GSM-R移动通信系统采用单网交织冗余覆盖方案,路内首创了短隧道、隧道群、长隧道的无线覆盖模型及组网模式,为中国铁路C3线路的弱场覆盖提供了高可靠的解决方案,目前已成为其他C3高速铁路线路GSM-R系统隧道通用组网模式。在路内首次采用了长隧道区域基站隧道外集中设置的方案,方便了设备的维护管理。通过对网络正常工作和单点故障条件下C/I值的研究,明确了6频组复用的频率规划方案,满足了列控业务的需求。

(三)首次提出GSM-R单基站覆盖范围的最小值并在工程中得到验证

为保证列控信息的高可靠传送,武广铁路客运专线GSM-R系统采用交织单网冗余覆盖方案,当某一个基站出现故障时,相邻两个小区的覆盖电平仍然能够达到系统规定的性能要求。在深入研究基站覆盖、基站重叠区、列控信息传送QoS指标需求等多项因素的基础上,提出正常工作模式下市区单基站小区覆盖范围约为2~2.5 km、郊区单基站小区覆盖范围约为3~4 km的设计原则,并结合工程实施及试验段工程的实测情况对上述原则进行了调整。综合考虑工程现场征地条件的限制以及基站切换点易受天气、地形条件的变化影响等因素,提出了单基站覆盖范围的最小值应该为2.5 km的设计原则,有效保证了列控信息传送QoS指标的要求。

(四)首次提出铁路枢纽GSM-R网络覆盖统一规划设计方案

武广铁路客运专线GSM-R网络在引入武汉、广州等铁路枢纽时面临着多条铁路线汇合的情况,区域内线路纵横交错、线路等级各不相同,枢纽地区铁路GSM-R系统的建设面临网络容量需求大、业务需求种类丰富,但频率资源有限的问题,此类区域的无线小区规划、频率分配、切换设置成为难题。武广铁路客运专线在武汉、广州枢纽进行了GSM-R系统设计的统一规划,采用联合基站设置方式解决了共线和枢纽地段的无线覆盖和频率规划问题,研究并解决了基站容量、小区规划、联合频率规划、切换关系设置等问题,利用参数

设置等技术来控制移动台的有效接入，解决方案具有创新性。同时还提出了在联合基站设置方式下设备编号、短号码编号路由、组呼区、LAC 区、路由区等的设置方案，为铁道部 GSM-R 系统编号规范中共线部分的编制方案提供了参考。

（五）路内首次建成武汉、北京核心网节点互备网络

武广铁路客运专线武汉、广州 GSM-R 核心网工程设计明确了全路 GSM-R 移动通信系统核心网的整体架构，是中国铁路移动通信系统建设的重要里程碑。武汉节点为全路两套基础网络之一，设计采用武汉与北京节点互为备用的建设方案。为满足武汉、北京节点达到实时备用的需求，HLR 系统采用内存式公共网络数据库，实现了地理位置冗余、本地冗余及负荷分担，保证了故障状态下 HLR 系统切换时间小于 1 s；同时根据应用需求提出了智能网系统、分组数据网系统的切换及备用方式的设计方案。武汉、广州 GSM-R 核心网设计方案不仅完成了单节点工作时中继链路/信令链路的设计，而且考虑了全路移动通信用户联网的需求。武汉、北京核心网节点基础网络备用方案的设计借鉴了国外高铁及公众移动网络的设计经验，其设计方案达到国际先进水平。

（六）全路首次开通跨局、跨 MSC 组网的数字调度通信系统

武广铁路客运专线调度系统按照维修管界进行组网，武汉、广州 MSC 只与本地的调度主系统互联，武广调度所跨局呼叫需要跨 MSC、调度主系统，武广铁路客运专线是全路第一条开通跨局、跨 MSC 进行调度组网，为后续类似工程项目提供了工程开通经验。

（七）全路首次应用通信综合网管系统

武广铁路客运专线是全路第一条采用通信综合网管，实现通信各子系统的综合网管。

（八）全路采用集装箱通信区间机房

武广铁路客运专线首次采用国产化集装箱通信区间机房，区间通信机房相关专业配套及通信施工工艺实现标准化，开创了大规模使用集装箱式区间通信机房的先例。

二、施工创新点

（一）标准化施工创新

在工程实施中，坚持进行“首件、首段”定标，做出样板示范后，再全面推广。

（二）采用箱式机房的创新

经过科学预测，反复论证，果断采取措施，设计和制作了箱式机房，使原来必须在现场完成的安装、配线、模拟试验、内部接口试验等工作，改到厂内进行，这样就大大的缓解了现场因受各种客观因素影响无法进行的工作，缩短了现场施工工期。

（三）技术、工艺创新

改进漏缆接地引接线及漏缆安装方式，提高了漏缆的可靠性，保证了 GSM-R 信号的传输质量，为安全行车提供了保障。

改造隧道内光缆终端盒的光纤引入及规定方式，配合设备供货商成功研制成密封的、对尾纤进行防护及尾纤头固定，稳定直放站光缆终端盒质量。避免直放站设备尾纤受列车通过时造成的松动，尾纤连接返工现象；又统一了安装标准，提高了工程质量。

第六节 信号工程

一、车-地信息传输首次实现了开环控制向闭环控制的转变

列控系统主要是通过列车与地面之间的信息传输来实现运行控制的。在以前的列控系统中，这种车地信息的传输方式都是由地面单向地把信息传送给列车，而列车的信息无法反馈给地面，车地信息传输处于一种开环状态，比如地面控制中心向列车发送停车命令后，列车到底有没有停车，地面并不知道。而车地信息实现闭环控制后，列车在接收到地面的停车指令后会及时地把采取的行动反馈给地面控制中心，如果地面接收到的不是制动的信息，那么会继续追加一个命令给列车，让车停下。这在以前是做不到的。对于工业控制来讲，安全控制必须是闭环控制，C3 列控系统首次实现了车地信息传输的闭环控制，从而大大地提高了系统

的安全性和可靠性。

二、对于列车移动体的控制首次采用了无线通信的方式

要实现闭环控制，既有的系统设备是无法满足的，轨道电路无法承载这项任务，应答器虽然可以实现双向传输，但它只能传输某一个点的信息，不能传输连续信息。随着移动通信技术的飞速发展，无线通信被公认为对移动体实施控制的最便捷和最理想的方式。C3 系统车地信息双向传输正是通过 GSM-R 无线通信的方式实现的。

GSM-R 是一种基于公共无线通信系统技术、专为满足铁路应用而开发的数字式无线通信系统。在 C3 列控系统中，GSM-R 是地面核心设备 RBC 和车载 ATP 设备的连接纽带，它可以通过 RBC 把移动授权和线路数据发送给车载系统，也可以把列车的位置、速度、状态等信息通过车载设备传送给地面控制中心 RBC 系统。信息传输的大容量、实时性是 GSM-R 的最大优势。

GSM-R 移动通信系统是一个开放的传输系统，参与通信的成员数量不固定，可能包括未知的电信服务。对这样的传输系统，必须考虑非法访问的问题。为了保证通信安全，需要考虑消息的可靠性、完整性、时效性和消息的先后次序。一般可以通过消息认证和信息加密等防御技术来确保信息传输的安全性。

三、首次实现了对列车运行位置的实时监测

在 C2 系统中，地面控制中心只能确定列车占用哪个闭塞分区，至于列车究竟处在闭塞分区的哪个位置则无法判断。而在 C3 系统中，列车每经过一个应答器都会向地面控制中心系统报告自己的位置，而在越过应答器后，车载设备则会根据列车的运行速度计算出列车越过上一个应答器的距离，这样就实现了地面控制中心对列车运行位置的实时监控。

四、首次通过网络实现了远程控制

以前的控制方式基本都属于本地控制范畴，比如联锁就是在车站通过电缆来控制本地的道岔。而 C3 系统的地面控制中心 RBC 系统一共有九个，都统一放置在武汉站，这九个 RBC 可以通过网络采集武广全线 1 000 km 的线路信息，并可以实时对 1 000 km 以外广州的列车进行远程控制，这也是 C3 系统实现的一大突破。这个突破可能会给若干年后的信号设计带来革命性的变化，比如以后可能在国内只需建立几个地面控制中心就可以了，现场设备尤其是轨旁设备将会大大减少。

五、信号数据传输首次采用了通用的以太网

C3 系统中的信号数据传输网采用了工业标准的通用以太网，武广线大量的安全设备比如联锁、RBC、列控中心和临时限速服务器等都连接在这个通用网络上。以前，大家都认为以太网是通用网络，用来传输铁路信号并不安全。但是 C3 系统突破了传统的信号传输理念，通过在通用网络的基础上增加安全通信协议的方式确保了网络的安全性，从而使列控的各个子系统设备之间信号传输告别了传输媒介种类和规格复杂多样的局面，而拥有了一个统一的网络平台，在确保安全性的同时，大大提高了整个列控系统运行的效率。

六、信号安全设备首次采用了“通用硬件＋安全软件”方式构建

这主要体现在引进的 C3 核心设备 RBC 系统中。RBC 的硬件不像联锁和列控中心等设备，需要开发一个专用的二乘(二取二)的安全计算机平台，它就是普通的服务器。它的安全性主要是通过开发特殊的安全软件来保障。武广线首次采用通用的硬件平台来实施 1 000 km 这么大规模的实时安全控制，绝对是一个史无前例的理念创新，这种创新将对通号设计院这样以软件开发为主的企业的未来发展带来长久而深远的影响。

我国的硬件生产与国外发达国家相比一直比较落后，也就是说的制造工艺水平较低，基础工业发展发展滞后。但是，拼不过硬件，可以拼软件，软件生产是的强项，甚至在某些领域开发出来的软件功能要比老外的强很多。如果信号安全设备都采取“通用硬件＋安全软件”的方式来构建，那么在硬件方面就可以不再自行生产了，直接采购通用的服务器就可以了，这样就能够腾出很大一部分精力，尽最大可能地集中于安全软件

的开发上，集中于信号专业上，从而使在铁路信号技术激烈的竞争当中“扬长避短”，获得更好更快的发展。

采用通用硬件平台有一个很大的优势就是全世界的行业内公司随时可以给你提供服务，比如 20 年后，现在的 RBC 服务器已经下市了，但是 IBM 会推出新的服务器，到时候购买就可以了。但是如果开发一个专用的二乘(二取二)安全计算机，几年后可能发现芯片在市场上买不到了，还得重新设计，很不方便。其实，当时在确定武广铁路客运专线项目的国外合作伙伴时，最终选择了技术实力较差的庞巴迪，而没有选择技术实力雄厚的西门子和安萨尔多，其中一点考虑就是，看中了庞巴迪 RBC 系统的通用硬件平台。现在北京信号厂生产 RBC 都是先定购服务器和机柜，然后组装发往现场，既方便又快捷。不过硬件通用后，软件技术含量就大大提高了，庞巴迪在武广线卖给的 RBC 软件，一套将近 1 500 万。

至于说采用通用硬件构建信号安全设备是不是以后的发展趋势，现在还不能做出定论，理论界对于有没有必要再去开发专用硬件设备也存在着争议，因此，对于武广线的这个创新突破如何评价，还有待实践的检验。

通用硬件平台对周围的工作环境要求比较高，比如 RBC 系统，它是放置在地面信号楼机房的，机房温度升高了，可以安装空调给设备降温。但是车载系统不具备这个条件，它的工作环境很差，列车上的电磁辐射、电磁干扰以及温度、湿度、气压等环境都无法满足通用硬件平台的工作要求。因此，武广车载 ATP 采用的是专用安全计算机平台。

七、自主开发临时限速服务器

在武广铁路客运专线 C3 系统中，限速命令是由 CTC 下达的，但是 CTC 并不对限速命令进行管理，所谓管理是指调度员下达某个区段的限速命令后，要由设备对这个命令进行甄别，看应该下达 a 站还是 b 站，如果没有这种管理，那调度就像是一个广播一样，向全线所有的设备“广播”一个限速命令，但是其实这个命令可能只与一个车站有关系，其他站的设备都与这个限速命令无关。

对于限速命令进行管理本来可以对通过 CTC 增加一项功能来实现，但是武广线 CTC 的供货商认为这种管理涉及安全问题，不同意这样做。这样就在系统设计上新增了一个单独的设备来对限速命令进行管理，这就是临时限速服务器的诞生背景。目前武广线上的临时限速服务器只是管理临时限速命令，以后还可能发展到管理列控的数据，即发展为列控系统的管理服务器。

现在回头来看，如果当时 CTC 供货商同意对 CTC 进行一些改动，增加一点功能，那么也就不会有临时限速服务器这个设备了。现在参与国外的项目其实都不配备临时限速服务器，因为 CTC 设备由通号设计院行车所来供货，这样对 CTC 的修改就有了主动权。

八、临时限速服务器发送给应答器的限速报文实现了实时编码

在武广铁路客运专线 C3 系统中，临时限速服务器的限速命令以报文的形式发送给应答器，这种报文是实时生成的，也就是说可以实现任意速度、任意长度、任意数量的临时限速设置。欧洲铁路目前还做不到这样，它的 E1 系统中限速报文都提前存储在应答器中，一般只有三条报文，只能实现三个等级的速度限制。所以说应答器限速报文的实时生成也是武广 C3 的一大创新。

九、首次采用系统评估的方式对整个 C3 系统进行技术鉴定

系统评估由相对独立于生产、设计部门的质检部门、质量体系认证机构和铁道部授权的国内知名专家或审查组承担，涵盖从方案论证、设计开发、生产制造、施工调试直到试运行的工程实施整个过程，对所有核心部件、设备、子系统的必要信息和安全证据进行全方位的整体评价。系统评估是整个 C3 攻关过程的最后一环，对于保证 C3 系统满足相关标准的要求，降低安全风险具有重要作用。

第七节　电力工程

一、系统接地方式

武广铁路客运专线 10 kV 电力贯通线系统采用中性点经低电阻接地运行方式。当发生单相接地故障，

继电保护装置动作，及时切断故障线路。由于采用了低电阻接地系统，中性点与大地之间用很小的电阻相连，一旦发生单相接地故障，就会产生高达几百安培的接地电流，必须设置零序电流保护，迅速可靠地将这个电流切断。低电阻接地系统中继电保护的选择性和灵敏度较好。

二、系统无功补偿方案

武广铁路客运专线在全线两回 10 kV 电力贯通电缆线路上每隔 10 km 左右分别分散设置了箱式电抗器，起到了补偿接地电容电流、补偿容性无功功率、降低线路容性电流、限制线路末端电压上升的综合作用，具有如下优点：

1. 维护较方便，可与区间箱式变压器同时进行。
2. 贯通线故障隔离时，剩余段补偿仍然均匀。
3. 能有效降低线路容性电流。
4. 投资相对较小，不需设置专用房屋，可采用箱式电抗器与区间箱式变电站相邻布置。

三、电缆接地方式

武广铁路客运专线电力贯通线电缆金属护层的接地方式采用的是线路一端单点直接接地的方式，并且在线路另一端经电缆护层电压限制器接地。如果采用线路两端直接接地方式，则因为电缆金属屏蔽层中在正常和故障情况下都有感应电流通过，实际上是把电力电缆金属屏蔽层作为铁路贯通地线使用，如此一来电缆金属屏蔽层就需要满足一定的载流量要求，其截面积一般不能小于 16 mm^2，从而增加了贯通线电缆投资。

四、调压变压器的接线方式

武广铁路客运专线调压变压器选择采用△/Y 接线方式，具有如下优点：

调压变压器空载运行中，Y/Y 接线组别一次侧为"Y"接线，激磁电流为正弦波。由于变压器磁化曲线的非线性，铁芯磁通为平顶波，含有三次谐波成分较大，对于三芯柱铁芯配变，奇次磁通无通路，只有通过空气隙、箱壁、夹紧螺栓形成通路，这样就增加了磁滞及涡流损耗；△/Y 接线中，奇次谐波电流可在高压绕组内环流，这样铁芯中的磁通为正弦波，不会产生前者的损耗。同容量的配变空载损耗 Dyn11 接线比 Yyn0 接线可减少 10%。

五、电力贯通线单芯铜芯电缆

武广铁路客运专线电力贯通线采用的是三根单芯电缆，其优点很多，主要有以下几点.

1. 单芯电缆与柜内终端连接时，可避免交叉，使电气安全间距较宽裕，改善了安装作业条件。
2. 70 mm^2 三芯电缆用直径 2 500 mm 运输成盘长度大约为 500 m 左右，70 mm^2 单芯电缆用直径 2 500 mm 运输成盘长度大约为 1 200 m 左右，可见单芯电缆运输成盘长度大约为三芯电缆运输成盘长度的 1.25 倍，在工程运用中可尽量减少电缆中间接头，增强运行可靠性。
3. 单芯电缆较同截面的三芯电缆载流量增加约 10%，可使电缆截面选择降低一档。
4. 单芯电缆发生单相故障时，单芯电缆只更换故障相电缆，并且单相故障，难以发展成为相间短路。
5. 容许弯曲半径较小，有利于电缆敷设。

六、高压开关柜采用全封闭 SF6 绝缘开关设备(GIS)

GIS 开关柜可节省变配电所的面积，缩小车站规模，而且在维护方面节省人员和费用，从综合方面来讲，SF6 气体绝缘开关柜比较有优势。

七、其他新设备、新材料

武广铁路客运专线采用了统一模式的箱式变电站、干式节能型电力变压器，低压开关柜采用智能型模数化组合柜型，同时 10 kV 变配电所配置的综合自动化系统、低压监控装置以及区间箱式变电站上设置的 RTU 均纳入 SCADA 子系统，由综合调度中心对电力设施集中监控。以上措施大大提高了供电可靠性，使主要电气设备免维护少维修。

第八节 牵引供变电工程与综合 SCADA 系统

1. 首次提出了牵引供电设计采用高速机车车辆参数仿真拟合的方法，完成了 350 km/h 高速列车 32 项牵引供电设计必需的参数，与 2009 年开通运营后实测的运营车辆参数吻合度高达 95%以上。

2. 牵引供电系统仿真计算软件开发应用集成及仿真设计评估体系建立，实现了武广铁路客运专线牵引供电系统的牵引网供电能力、动车组电气参数运用实时工况、牵引回流钢轨大地系统整个电气回路中三大部分的全功能的关联计算、集成评估。

3. 首次通过多系统联合仿真技术研究，分析了武广铁路客运专线各子系统兼容性关系，对高速铁路电分相设置方案与运行时分目标关系的仿真评估研究，对整体系统运行时分的顶层需求进行了兼容性评估和预测，准确率高达 99%。

4. 首次对大负荷电气化铁道牵引网钢轨电位进行了数值计算分析，揭示出钢轨电位分布特征及规律。

牵引供电需要解决的第四个技术问题是钢轨电位问题。高速、高密度的高速铁路牵引负荷电流比常规铁路大得多。由于高速铁路采用新的路基和道床技术，钢轨—大地漏泄电阻都比较大，导致钢轨电位要比既有电气化线路高得多，威胁到人身和设备安全，必须采取一定的技术措施把钢轨电位降低到限制值以下。

5. 牵引变压器的接线型式

根据地方供电电源的实际情况，武广铁路客运专线在湖北省、湖南省境内的牵引变电所牵引变压器采用两台单相变压器组成 V/X 接线型式，在广东省范围内采用国际创新的单台单相牵引变压器接线型式。这两种接线的牵引变压器采用次边带中性点的变压器，从而取代牵引变电所每回馈线需设置一台自耦变压器，不仅满足铁路供电的要求，而且节省占地面积、减少设备投资 1 亿元。

6. 单相牵引变压器 27.5 kV 侧主接线型式

广东省范围内牵引变电所是采用的单台单相牵引变压器接线型式，由于单台单相牵引变压器容量大，动车在紧密运行状态下 27.5 kV 侧母线电流超过 3 000 A，高达 4 000 A 左右，国内外没有能满足如此大容量的成熟开关设备。为此，决定采用两台单相变压器组成 V/X 接线型式的 27.5 kV 侧主接线型式，这种接线型式使通过开关设备的电流减少，满足采用单相牵引变压器的要求，不仅给将来运营发展预留扩容条件，而且避免了二次工程，同时使武广高速的牵引变电所 27.5 kV 接线型式统一化、标准化。

7. 牵引网供电臂接线方式

供电臂接线方式是牵引变电所馈线供电区段内的 AT 所和分区所的主接线包括本牵引变电所馈线接线方式的组合。牵引变电所 2×27.5 kV 上、下行供电线之间设置联络电动隔离开关，不但实现上、下行断路器、开关及供电线间的互为备用，而且在该牵引变电所因故退出运行时，上、下行供电线之间设置联络电动隔离开关闭合可使越区供电的末端电压得到改善。该接线方式在满足供电并联运行方式要求前提下，其接线简捷，设备配置少，各所保护设置简单，易配合。

8. 牵引变电所与铁路电力变电站合建方式

边山(新长沙)、广南(新广州)牵引变电所与广州南(新广州)220/10 kV 铁路电力变电站合建，不仅共用两路 220 kV 进线电源，而且共用进线设备和所用电源设备，不但节省了 220 kV 电源投资，而且节约了设备投资、建设用地和生产房屋，同时变电所 220 kV 主接线设计合理，牵引变电所和电力变(配)电所的主变压器可按照各自的运行方式运行，互不影响。

9. 设备集成化、小型化

考虑牵引变电所选址、用地困难，广南(新广州)牵引变电所 220 kV 的电气设备采用高可靠性、少维修、免维护的气体绝缘(GIS)组合电器设备。

全线牵引变电所、开闭所、分区所、AT 所 2×27.5 kV 和 1×27.5 kV 的电气开关设备采用了能满足高速铁路供电高可靠性要求的少维修、免维护的气体绝缘(GIS)开关柜设备。使变电设备集成化、小型化，节约了建设用地。

10. 牵引网故障测距方法

武广铁路客运专线的2×25 kV牵引网故障测距方法设计采用了“AT中性点吸上电流比”法和电抗法进行测距两种故障测距方式。在正常AT供电运行方式下，当某供电臂上行(或下行)牵引网出现永久性短路故障时，其测距采用“AT中性点吸上电流比”法；当保护装置启动将开关跳闸，其间分区所、AT所全部退出运行后，牵引变电所馈线自动重合闸装置动作，使牵引网的供电，而此时分区所、AT所还未投入，牵引网的供电为直供方式，由于牵引网出现的是永久性短路故障，故障仍存在，因此测距方法必须采用电抗法。

11. 牵引变电接地装置纳入综合接地

为确保人身和设备安全使接地系统安全可靠性更高，牵引变电所、分区所、AT所接地装置通过钢轨回流接地线与钢轨扼流线圈所相连的线路贯通综合接地相连。牵引变电所、分区所、自耦变压器所接地装置纳入综合接地系统可有效降低牵引变电所、分区所、自耦变压器所接地电阻，对一些高土壤电阻率地区，接入综合接地系统，可减少工程投资，同时接地装置材料采用耐腐蚀的铜质材料，使接地系统安全更可靠。

12. 供电远动系统采用牵引供电和电力综合监控系统(SCADA)，以适应高速铁路运营管理模式，满足高速铁路供电系统调度指挥需求，为其供电系统运行管理提供了安全、可靠、高效的指挥保证。

第九节 接触网工程

一、实现了接触网设备、零部件国产化

通过引进、消化、吸收，推进中外合资、合作企业的建立，搭建接触网设备、零部件制造平台，使国内授权的设备供货方掌握相关制造技术，具备接触网设备、零部件制造能力，实现高速电气化铁路牵引变电关键制造技术的国产化。

二、中外联合设计实现技术创新

在武汉综合试验段I13～I18锚段约10 km的接触网采用铁四院自主创新研究设计的承力索23 kN+接触线28.5 kN张力体系，在试验和运营中顺利运行350 km/h，达到了要求。

三、施工工艺创新

武广铁路客运专线接触网核心施工工艺包括：国内首次150 mm^2镁铜接触线恒张力展放；弹性悬挂调整；静动态检测和接触网精调技术；隧道内支持结构和棘轮补偿装置；无交叉线岔。

第十节 信息系统

武广铁路客运专线信息系统设计首次实现了对长大干线运输组织、客运营销、经营管理三大领域的全面覆盖；首次实现跨局长大干线客运服务系统深度集成，实现了信息的高度共享和业务的高效联动；首次实现了一个基地不同车型运用检修的全修程统一调度、管理与追踪。信息系统设计充分体现以人为本、服务运输的设计理念，为旅客提供多样化、高质量的服务，为动车的安全运营提供可靠保障，为生产管理提供先进手段，信息系统设计达到了国内外领先水平。

一、结合运输生产的实际需要，首次实现长大干线信息化全面覆盖

武广铁路客运专线信息化建设以科学发展观为指导，按照国家信息化建设基本框架和铁路跨越式发展思路，紧密结合铁路运输生产的实际需要，以运输组织、客运营销、经营管理为信息化建设重点，加强基础建设，整合既有资源，建成技术先进、结构合理、功能完善、管理科学、经济适用、安全可靠、具有中国特色的铁路智能运输信息系统，实现调度指挥智能化、客运营销社会化、经营管理现代化，在提高运输效率、优化资源配置、保障运输安全、提高服务质量、提升管理水平等方面发挥明显作用，为铁路跨越式发展提供技术

支撑与保障。

武广铁路客运专线信息系统设计覆盖了运输组织、客运营销、经营管理三大领域，包括票务管理、旅客服务、办公管理、公安管理、维修管理、动车组管理等应用系统。其技术方案先进，设备装备达到了国际、国内领先水平。

二、采用先进的自动售检票技术，首次实现跨局范围新旧票制衔接

全线跨越武汉铁路局、广铁集团，共15个车站，票务管理系统采用先进的自动售检票设备，并结合运营组织需求合理分区布置，实现了旅客购票、检票的自助式操作，体现了客运专线售检票系统快尽快出、方便快捷的特点。车站售票采用纸质磁介质车票，沿线既有售票设施采用纸质条码票。车站级票务系统按省界范围分别接入广州、长沙、武昌3个联合站及广州、武汉地区票务中心设计，实现新旧两种票制共库并存。

三、采用最新深度集成技术，首次实现长大干线旅客服务系统自动联网运行

旅客服务信息系统采用最新的深度集成技术方案，构建了高度集成的车站级集成管理平台，对各类数据存储和信息处理业务进行集中，实现了信息的高度共享和业务的高效联动。全线15个车站设置车站级旅客服务信息系统，设置统一的车站级集成管理平台，采用最新的深度集成技术方案，集成了导向揭示、客运广播、视频监控、时钟、求助、查询、寄存、站台票、安检等多个子系统。

武广铁路客运专线首次实现了客运服务系统与TDMS的互联，创新地利用了路局TD结合的阶段性成果，通过在路局TMIS主机房增设消息转发服务器，从TD结合的消息服务器获取实时列车到发信息，再转发至各车站的集成管理平台。车站级旅服系统集成管理平台从路局TDMS系统自动获取实时的列车到发信息，作为车站各旅服子系统的基础数据源，自动生成车站客运导向、广播等内容。本项技术创新实现了车站客服系统列车到发信息从人工手动录入到自动实时接收的根本性变革，不仅减轻了客运人员的劳动强度，还提高了系统的运行效率和信息的实时性、准确性。

四、采用模拟设计手段，在铁路大型客站首次实现建筑声学与电声学的完美结合

车站客运广播系统首次采用电声场与建筑声场协同设计理念，综合考虑车站建筑布局、装修材质、听音范围等因素，采用软件模拟、现场实验等技术手段，实现了电声和建声的完美结合。武汉、长沙南、广州南3个大型客站采用了基于Cobrenet技术的数字网络广播系统，实现了超大扩音规模需求下，播音控制与声场接入的高度灵活和可靠。

五、首次采用系统工程设计方法，实现多系统协同设计与完美结合

车站导向揭示系统首次采用了系统工程的设计方法，在显示屏布点及尺寸计算中综合考虑旅客进出站流线、客运组织方式、显示内容编排及模块尺寸、建筑空间布局、室内装修、静态标识、广告及资讯发布等因素，达到了先进性、实用性、协调性和经济性的效果。

第十一节　防灾与安全监控工程

一、水平监测网的双电网传感器创新

水平监测网采用双电网冗余方式，当汽车或汽车货物毁损其中一套网时，系统只报警，列车不停车；当两套网同时毁损时，系统报警并经信号列控系统使列车立即停车。本方案采用铁四院科研成果：2007年8月"《客运专线异物侵限监测报警系统研究》(〔2007〕铁四院科评审第〔36〕号")，该成果为路内首创。

经过现场调查，在有潜在危险的隧道口也设置了异物侵限监测报警系统，同样也做到了最大程度保证列车行车安全；除了双电网监测网平尺寸大小和安装方式与公跨铁桥水平监测网不同外，其余监测原理和报警均同公跨铁桥水平监测网。

二、风速风向仪布点方法的创新

大风气象将对铁路正常运营造成晚点、停运或列车倾覆等不利后果，在没有防风预警监控措施时，运输效率将会大幅降低。安装本系统并实时监控大风的风速风向，经过系统运算和内嵌程序的判断，为行车指挥控制提供较为合理的行车速度命令，为调度部门启动应急预案提供决策依据。本线防风预警系统采用铁四院科研成果：2007 年 6 月“《客运专线防风预警监控系统研究》(鄂科鉴字〔2007〕第 72413194 号)”，该成果为路内首创。

三、风速风向仪和雨量计安装位置和方法的创新

风速风向仪和雨量计直接在接触网立柱上安装，可以不用新设安装基础，不用专门为风、雨监测点设置单独的安装立柱，节省了用地和安装材料，也克服了桥梁上预留防灾设备安装基础带来的不便。

四、采用环保节能设计理念的创新

监测点现场设备包括风速风向仪、雨量计、双电网探测器、监控单元等，均采用环保节能低功耗设备；设计由监控单元远程供电，在监测点现场与监控单元之间敷设一根电缆，可同时远程供电和传输数据，这种设计方案节省了投资，也简化了系统结构，便于施工和设备保养维护。

五、悬臂梁的安装方法的创新

本工程公跨铁桥已完成立网安装，采用金属支架结合杠杆的特制施工工具进行悬臂梁和金属网的施工。施工中在桥上立 4 m 高的金属支架，支架顶端安装杠杆，工人在安全带的保护下吊在护栏外侧。安装时通过杠杆将悬臂梁越过立网吊到护栏外侧，安装工人将悬臂梁安装在预先安装好的后植筋上。该施工工具具有制作简单、应用方便的特点，并且施工速度较快。

六、设备自检功能的创新

防灾安全监控系统具有集中综合网管功能模块，能够进行系统各级设备的自检及集中检测功能。综合网管系统对综合监控系统的全部设备监视和控制。系统中参与集中网管的设备单元包括工作站(显示终端)、服务器、网络设备、基站数据采集主机等，覆盖系统所有环节。

第十二节　其　　他

一、精测控制网技术

武广铁路客运专线按分级布网、逐级控制的原则，建立了由基础平面控制网(CPⅠ)、线路控制网(CPⅡ)、基桩控制网(CPⅢ)组成的平面控制网以及由二等水准控制网、CPⅢ精密水准控制网组成的高程控制网，为工程建设提供精密工程测量控制基准。全线共布设精测网 CPⅠ点 413 个，CPⅡ点 1 602 个，CPⅢ点 29 538 个，二等水准点 599 个，形成了勘测控制网、施工控制网和运营维护控制网“三网合一”的精密测量控制体系。采用高精度测量控制网，有效控制了无砟轨道铺设和轨道精调的精度。

二、接口与综合接地

武广铁路客运专线设计时速 350 km，其施工是一项庞大的系统工程，加强武广铁路客运专线建设中的接口管理工作，明确有关的设计标准、工作流程，规范接口作业，科学有序地全过程控制好接口质量，对系统、完整地实现武广铁路客运专线建设中各专业无缝衔接有着重要的意义。

综合接地系统是客运专线技术的重要组成部分，其技术性能直接关系到客运专线电子、电气设备安全可靠运行和人身安全防护要求。在工程设计和实践中做好等电位连接并保证系统中接地电阻小于 1 Ω。桥梁、隧道等结构物接地系统中涉及的接地极、连接钢筋、接地钢筋等充分利用结构物中的非预应力钢筋，确保接地效果和降低工程造价。

三、综合试验技术

在铁道部的统一组织下，由两个铁路局、铁科院、武广公司、各参建单位、车辆厂等联合进行联调联试。联调联试内容涵盖工务工程、牵引供电、通信信号、动车组、运营调度和客运服务等6大系统，共17个大项、400多个子项的联调联试。包含：轨道系统、供变电系统、接触网系统、通信系统、信号系统、客运服务系统联调联试；综合接地，电磁兼容性，环境噪声、振动，路基及过渡段、轨道、道岔、桥梁等动力性能，防灾安全监控系统测试；动车组动力学性能、牵引制动、空气动力学性能试验和轨道几何状态检测。重点是对轮轨关系、弓网关系、机电耦合、列车控制等方面进行检测、调试、优化各系统间的接口功能，使整体系统的功能达到最优，实现高速度、高密度、高安全性、高平稳性组织行车的设计目标，满足运输要求。

全线联调联试分5个区段进行，共历时6个月。检测列车开行400余列次、累计检测12万余km，试验列车开行2000余列、试验里程累计100万余km。2009年12月23～24日，武广铁路客运专线联调联试和试运营报告通过了铁道部组织的专家技术评审。

附　录　一

大　事　记

2002年

• 7月4日，国家发展计划委员会《印发国家计委关于审批新建武汉天兴洲公铁两用长江大桥工程项目建议书的请示的通知》（计基础〔2002〕1056号）批准该项目立项。

2003年

• 3月，在十届全国人大会议上，湖北代表团37名代表、广东代表团30名代表不约而同地提出议案，希望国家尽快立项，建设京广铁路客运专线。

• 7月22日，铁道部计划司以计长函〔2003〕124号文公布铁道第二、四勘察设计院为武广铁路客运专线预可行性研究方案竞选优胜单位。

2004年

• 5月9日，铁道部以铁劳卫函〔2004〕236号通知，决定成立武广铁路客运专线建设筹备组，编制15名，其中组长1名、副组长3名。

• 7月，国家发展和改革委员会《印发国家发展改革委关于审批新建武汉天兴洲公铁两用长江大桥工程可行性研究报告的请示的通知》（发改交运〔2004〕1503号）批复该项目可行性研究报告。

• 7月30日，国家发展和改革委员会《印发国家发展改革委关于审批新建铁路武汉至广州客运专线项目建议书的请示的通知》（发改交运〔2004〕1500号）批准该项目立项。

• 8月，国家发展和改革委员会《印发国家发展改革委关于审批广州铁路枢纽新广州客站及相关工程项目建议书的请示的通知》（发改交运〔2004〕1412号）批准该项目立项。

• 9月22日，铁道部和湖北省人民政府《关于新建武汉天兴洲公铁两用长江大桥工程初步设计的批复》（铁鉴函〔2004〕522号）批复该项目初步设计。

• 9月27日，铁道部发展计划司《关于武汉天兴洲公铁两用长江大桥工程开工建设的通知》（计综函〔2004〕291号）批准该项目开工建设。

• 10月1日，铁道部与广东省人民政府就广东境内铁路建设有关问题进行了会谈。会后以铁办函〔2004〕558号文印发了会谈纪要。

• 10月3日，铁道部以铁劳卫函〔2004〕537号通知，决定撤销武广铁路客运专线建设筹备组，成立武广铁路客运专线公司筹备组，编制50名，其中组长1名（正局级）、副组长3名（副局级，含总工程师、总会计师。）。

• 11月26日，铁道部与湖北省人民政府就湖北境内铁路建设有关问题进行了会谈。会后以铁计函〔2004〕734号文印发了会谈纪要。

• 11月28日，铁道部《关于广州枢纽新广州站及枢纽相关工程站前工程初步设计的批复》（铁鉴函〔2004〕716号）批复该项目站前工程初步设计。

• 12月3日，国家发展和改革委员会《印发国家发展改革委关于审批新建铁路武汉至广州客运专线可行性研究报告的请示的通知》（发改交运〔2004〕2772号）批复该项目可行性研究报告。

• 12月16日，铁道部与湖南省人民政府在长沙就湖南境内铁路建设有关问题进行了会谈。会后以铁计函〔2004〕799号印发了会议纪要。

• 12月28日，国家发展和改革委员会《印发国家发展改革委关于审批广州铁路枢纽新广州站及相关工程可行性研究报告的请示的通知》(发改交运〔2004〕2356 号)批复该项目可行性研究报告。

●12 月 31 日,铁道部《关于新建铁路武广铁路客运专线工程试验段站前工程初步设计的批复》(铁鉴函〔2004〕853 号)批复了武汉工程试验段站前工程初步设计。

2005年

●1 月,国务院常务会议通过的《中长期铁路网建设规划》确定:2005 年开工建设武广铁路客运专线,2010 年建成。

●5 月,中铁八局与德国海特坎普戴尔曼哈尼尔有限责任公司组成的联合体中标承建的武汉工程试验段开工建设。

●5 月 22 日,铁道部《关于新建武广铁路客运专线大瑶山一号等六座隧道初步设计的批复》(铁鉴函〔2005〕306 号)批复了大瑶山一号等六座隧道初步设计。

●5 月 26 日,铁道部发展计划司《关于变更武汉天兴洲大桥出资者代表及建设管理单位的通知》(计建函〔2005〕184 号)将天兴洲大桥项目中的武汉站(含)至乌龙泉段纳入武广铁路客运专线合资建设范围。

●5 月 28 日,铁道部与湖北、湖南、广东三省的出资者代表共同签署了《合资建设经营武广铁路客运专线合同书》和《武广铁路客运专线有限责任公司章程》。

●6 月 18 日,武广公司召开第一次股东会和第一届董事会第一次会议,明确了公司的组织领导机构和运作机制。

●6 月 21 日,武广铁路客运专线有限责任公司在湖北省注册成立。

●6 月 23 日,铁道部在长沙浏阳河工地召开武广铁路客运专线开工动员大会。

●6 月 30 日,武广公司与铁四院、铁二院、欧博迈亚联合体签订了《工程咨询合同》。根据双方约定,由联合体对武广铁路客运专线站前和站后的技术质量负总责。

●7 月,6 座重点隧道工程和先建段相继开工建设。

●8 月 22 日,中共中央总书记、国家主席胡锦涛在视察建设中的武汉天兴洲长江大桥时指出“将武广铁路客运专线建设成为中国铁路建设史上新的里程碑工程”。

●9 月,路基工程陆续开始施工。

●11 月 21 日,铁道部《关于广州枢纽新广州站及枢纽相关工程 DK2167+000～DK2216+000 段站前工程修改初步设计及站后工程初步设计的批复》(铁鉴函〔2005〕882 号)批复该项目 DK2167+000～DK2216+000 段站前工程修改初步设计及站后工程初步设计。

●12 月 21 日,一部三省《关于武汉至广州客运专线乌龙泉至花都段初步设计的批复》(铁鉴函〔2005〕783 号)批复该项目初步设计。

2006年

●1 月,重点隧道开始进洞施工。

●1 月 10 日,湖北省召开 2005 年企业界 20 件大事发布会,铁四院勘察设计的我国“里程最长、技术标准最高、投资最多”的客运专线——武广铁路客运专线开工入选 20 件大事。湖北省副省长任世茂向该院副院长何义斌颁发了奖牌。

●1 月 23 日,武广公司召开武广铁路客运专线工作会议,对武广铁路客运专线全面开工后的各项工作进行了具体部署。

●1 月 26 日,铁道部《关于开工建设武广铁路客运专线武汉至花都段工程的通知》(铁计函〔2006〕66 号)批准该项目开工建设。

●3 月 1 日,武广公司召开 2006 年武广铁路客运专线建设工作会议,贯彻全国铁路工作会议和全路建设工作会议精神,对 2006 年武广铁路客运专线全年建设工作进行了全面部署。

●3 月,乌龙泉至花都段 6 个线下土建工程标段开工建设。

●5 月,铁道部要求对全线路基地段进行清理,对路基沉降难以满足铺设无砟轨道要求的地段进行了以桥代路，共增加桥梁约 80 km。全线桥隧总长占线路长度的比例达到 66.7%。正线轨道一次铺设跨区间无缝线路，全线铺设无砟轨道。

● 6 月 27 日，铁道部《关于开工建设广州铁路枢纽新广州站及相关工程的批复》（铁计函〔2006〕499 号）批准该项目开工建设。

● 11 月 28 日，铁道部《关于广州枢纽新广州站及枢纽相关工程新广州站补充初步设计的批复》（铁鉴函〔2006〕971 号）批复该项目新广州站补充初步设计。

● 12 月 15 日，铁道部《关于新建武汉天兴洲公铁两用大长江大桥及相关工程新建武汉站工程初步设计的批复》（铁鉴函〔2006〕1054 号）批复该项目补充初步设计。

2007年

● 1 月 10 日，在江夏梁场开始预制第一孔箱梁。

● 2 月 2 日，武广公司召开 2007 年武广铁路客运专线建设工作会议，贯彻全国铁路工作会议和全路建设工作会议精神，对全面实现武广铁路客运专线 2007 年攻坚目标具体部署。

● 3 月 15 日，开始预制梁架设。

● 3 月 29 日，开始第一孔现浇箱梁施工。

● 5 月 28 日，武广铁路客运专线湖南段首片 900 t 箱梁在汨罗市麻园坡特大桥工地架设成功，此举是武广湖南段的重大突破，意味着湖南段正式进入桥面施工阶段。

● 8 月 1 日，武广公司召开 2007 年下半年建设工作会议，贯彻年初建设工作会议精神，总结分析 1～7 月份建设工作，具体安排下半年工作，对实现全年攻坚目标进行再动员、再部署。

● 11 月，长沙南站开工建设。

2008年

● 1 月 29 日，为促使工程建设各项工作协调有序进行，武广公司下发武广综〔2008〕4 号文《关于推行“六位一体”管理的决定（试行）》。

● 1 月 29 日，武广公司召开 2008 年武广铁路客运专线建设工作会议，贯彻全国铁路工作会议和全路建设工作会议精神，总结武广铁路客运专线 2007 年建设工作，部署 2008 年建设任务。

● 3 月 12 日，开始第一段无砟轨道施工。

● 4 月，铁道部在武汉综合试验段召开武广铁路客运专线无砟轨道工程实验和技术创新现场会议。

● 5 月，线下主体工程基本完工。

● 6 月 27 日，四电系统集成开工建设。

● 6 月 29 日，开始从横沟桥铺轨基地向北铺设武汉综合试验段长轨。

● 7 月 1 日，在湖北咸宁市的武广铁路客运专线向阳特大桥上，中国铁建十一局集团的铺轨机将一段长达 500 m 的钢轨平稳地铺落在无砟轨道上。它标志着我国第一条时速 350 km 的铁路客运专线——武汉至广州铁路客运专线全线正式开始铺轨。

● 7 月 4 日～5 日，在武广铁路客运专线建设决战之际，湖南省省长周强率常务副省长徐宪平、副省长陈肇雄、长沙市市长张剑飞等冒着酷暑，专题调研武广铁路客运专线浏阳河隧道和新长沙站建设，看望慰问一线干部职工。武广公司董事长兼总经理王志坚，中国铁建铁四院副院长汤友富等陪同调研。

● 7 月 9 日，武广公司在株洲主持召开会议，决定在新株洲站增加一个铺轨基地，由东南联络线连通湘黔线和武广铁路客运专线作为长轨运输通道。

● 7 月 16 日上午，武广铁路客运专线的首条电气化接触网导线，飞架在乌龙泉一咸宁区间的华家湾特大桥上空。这是我国首次采用的镁铜合金 150 mm^2 截面导线，它的架设标志着我国首条时速 350 km 的主干线——武广铁路客运专线电气化工程全面铺开。

● 9 月 1 日，四电系统开工。

● 10 月，沿线中间站站房开工建设。

● 11 月，铁道部在武汉综合试验段召开全路建设质量现场会议。

2009年

●1月5日,完成全部现浇梁。

●1月6日,武汉综合试验段开始综合试验。

●2月4日,武广公司召开武广铁路客运专线2009年建设工作暨全线开通运营动员大会,总结武广铁路客运专线2008年建设工作,为实现年底开通运营目标进行动员部署。铁道部卢春房副部长到会并作了重要讲话。会议表彰和奖励了"建功立业"劳动竞赛中涌现出的先进集体和个人。

●3月9日,由中铁电化局集团西安电化公司负责承建的武广铁路客运专线湖南长沙段新株洲至新衡山区间架起第一根接触线,标志着武广铁路客运专线湖南长沙段电气化接触线架线施工全面展开。

●3月21日,铁道部领导到武广铁路客运专线现场办公,对武广铁路客运专线武汉综合试验段、武汉站先后进行了实地检查,系统听取有关单位的汇报,对确保武广铁路客运专线年底顺利开通作出部署。

●3月31日,完成全部预制箱梁架设。

●5月,控制性工程——武汉天兴洲长江大桥开通。

●6月1日,完成全部无砟轨道施工。

●6月27日上午,铁道部领导在武广公司董事长兼总经理王志坚、副总经理邓卫升、汤晓光等陪同下检查指导新长沙站站房工程。

●6月27日,开始分五个区段进行联调联试。

●7月28日,隧道全部贯通。

●7月28日,铁道部卢春房副部长与湖南省周强省长、韩永文副省长就武广铁路客运专线等有关问题进行了会谈,达成了一致意见。会后以铁计函〔2009〕1284号文印发了会议纪要。

●9月1日,武广铁路客运专线广东段的调试车辆开始从湖南进入韶关境内,这标志着武广铁路客运专线广东段已经正式进入调试阶段。

●9月20日,全部隧道和四电工程竣工。

●9月26日,完成最后一段长轨铺设(至新广州站外)。

●10月3日~4日,铁道部领导今年第三次来到武广铁路客运专线进行现场办公,登车添乘时速350 km动车组列车指导综合试验。

●10月31日,完成全线联调联试。

●11月6~7日,铁道部运输局基础部、工程管理中心在湖北武汉组织召开了武广铁路客运专线工程工务专业静态验收报告审查会。同意广州铁路(集团)公司、武汉铁路局和武广公司关于武广铁路客运专线工务工程静态验收结论。工程总体质量合格,具备进行联调联试、动态验收条件。同意通过静态验收。

●11月11日,进行全线拉通试验。

●12月6~7日,铁道部运输局基础部、工程管理中心在湖北武汉组织召开了武广铁路客运专线工程工务专业动态验收报告审查会。同意武汉铁路局、广州铁路(集团)公司和武广公司关于动态验收报告提出的武广铁路客运专线能够满足动车组350 km/h及以下速度正常运行要求的结论。同意通过动态验收。

●12月9日,武广铁路客运专线成功试运行。从广州南站发车至武汉站,用时不到3 h。其间,列车跑出394.2 km时速,创造两车重联情况下的世界高速铁路最高运营速度。

●12月14日~15日,铁道部组织对武广铁路客运专线进行初步验收工作。验收委员会认为经过动态检测和运行试验,武广铁路客运专线达到最高速度350km/h的运行条件。同意通过初步验收。

●12月26日,武广铁路客运专线正式开通运行,从武汉至广州运行时间三小时零八分。

2010年

●1月19日,湖南省委副书记、省长周强考察了武广铁路客运专线长沙南站,乘坐世界上目前速度最快的国产"和谐号"动车组前往郴州调研。周强强调,要充分放大武广高铁效应,促进湖南在更高起点上实现新的跨越；并为车组留言："中华民族发展的重要标志——奔向高铁时代"。

●3 月 7 日，武广公司与武汉铁路局、广州铁路(集团)公司联合召开高铁运营阶段总结暨办公会，对工程质量回访工作进行具体布置。

●6 月 30 日，在暑期运行图实施前夕，铁道部领导再次添乘高速动车组列车，检查武广铁路客运专线长沙至广州段，对加强武广铁路客运专线运营管理工作提出明确要求。

●7 月 1 日，全路实行暑期列车运行图后，武汉日均开行动车组列车由 33 对增至 63 对。

附 录 二

参 建 单 位

中铁第四勘察设计院集团有限公司
中铁二院工程集团有限责任公司

中南建筑设计院股份有限公司
武汉市建筑设计院
上海联创建筑设计有限公司
中铁工程设计院有限公司

德国欧博迈亚工程设计咨询有限公司

中铁一局集团有限公司
中铁三局集团有限公司
中铁四局集团有限公司
中铁五局集团有限公司
中铁八局集团有限公司
中铁大桥局集团有限公司
中铁隧道局集团有限公司
中铁建工集团有限公司
中铁十一局集团有限公司
中铁十二局集团有限公司
中铁十四局集团有限公司
中铁十五局集团有限公司
中铁十六局集团有限公司
中铁十七局集团有限公司
中铁十八局集团有限公司
中铁十九局集团有限公司
中铁二十五局集团有限公司
中铁电气化局集团有限公司
中国铁路通信信号集团公司
中国建筑股份有限公司
德国海德坎普轨道工程有限公司

沈阳铁路局建设监理公司
山东济铁工程建设监理公司
北京通达监理公司
黑龙江中铁建设工程监理有限公司
郑州中原铁道建设工程监理公司

韩国铁道施设公团

华铁工程咨询有限公司
甘肃铁一院工程建设监理公司
北京铁城建设监理有限公司
北京中铁诚业建设监理有限公司
德国铁路咨询有限公司

西南交通大学工程建设监理公司
武汉桥梁建筑工程监理公司
天津新亚太工程建设监理公司
云南铁路工程监理公司
法国赛特路公司

华南铁路建设监理公司
济南铁路顺达工程建设监理公司
广东至艺工程建设监理公司
广东省广梅汕建设监理公司
长沙中大建设监理公司
荷兰阿卡迪斯公司

华南铁路建设监理公司
广东至艺工程建设监理公司
德国 PEC＋S 公司